内蒙古自治区地方志丛书

呼和浩特市志

1986—2015

（上册）

《呼和浩特市志》编纂委员会 编

方志出版社
Publishing House of Local Records

图书在版编目（CIP）数据

呼和浩特市志．1986—2015 /《呼和浩特市志》编纂委员会编．—北京：方志出版社，2022.12

ISBN 978-7-5144-4591-6

Ⅰ．①呼…　Ⅱ．①呼…　Ⅲ．①呼和浩特－地方志－1986—2015　Ⅳ．① K292.61

中国版本图书馆 CIP 数据核字（2021）第 002479 号

责任编辑：丛　珺
责任校对：张玉霞
责任印制：梅中英
出 版 者：方志出版社
地　　址：北京市朝阳区潘家园东里 9 号（国家方志馆 4 层）
邮　　编：100021
网　　址：http://www.zgfzcb.cn
发　　行：方志出版社图书营销中心（010-67110500）
印　　刷：内蒙古金诺印务有限公司
开　　本：787 毫米 ×1092 毫米　1/16
印　　张：136.25
字　　数：3000 千字
版　　次：2022 年 12 月第 1 版
印　　次：2022 年 12 月第 1 次印刷
定　　价：1600.00 元（上、中、下册）

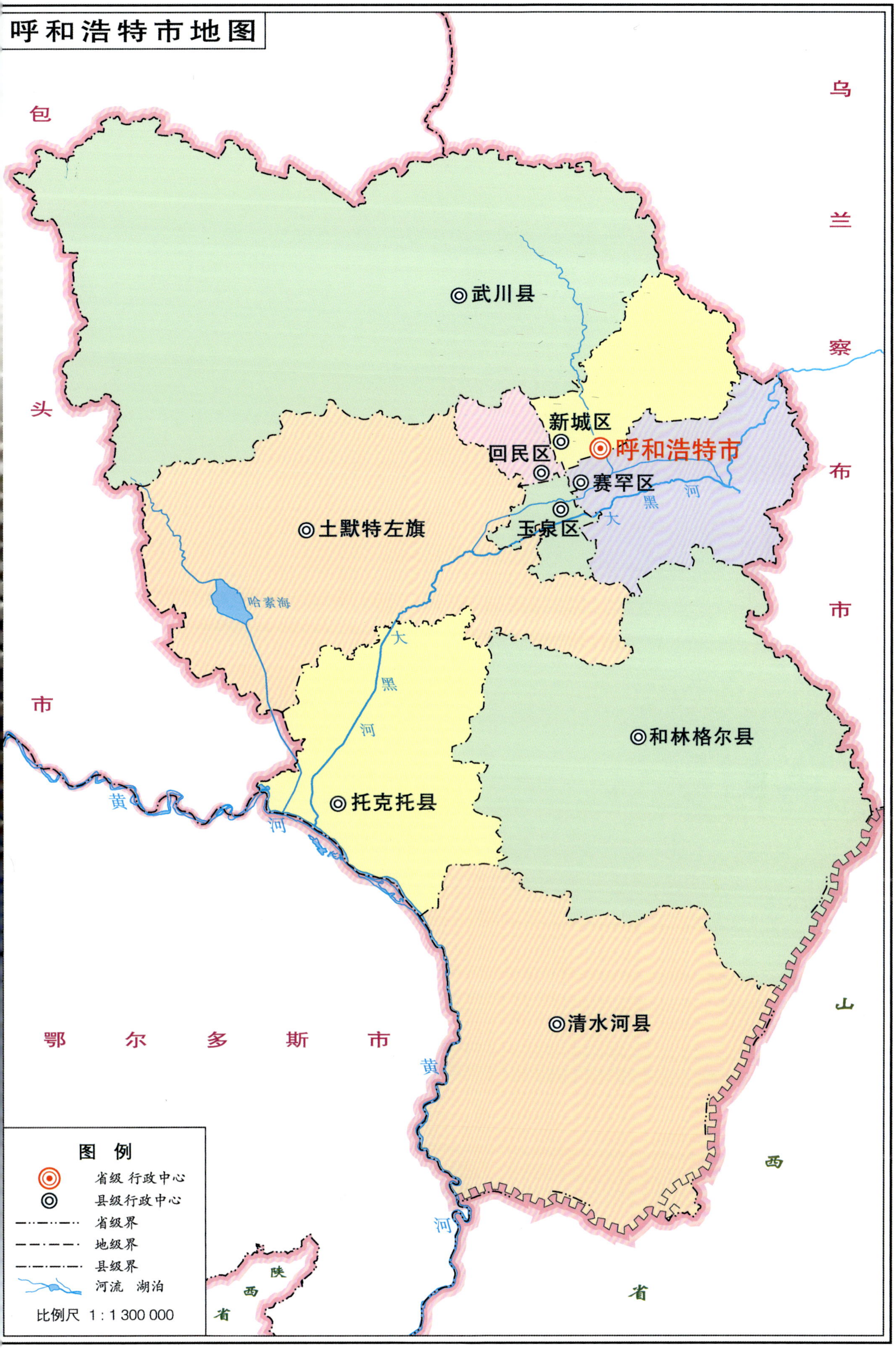

审图号：蒙S（2020）022号

内蒙古自治区测绘地理信息局 监制

▲草原丝绸之路文化公园

▲ 呼和浩特市区鸟瞰图

▲ 呼和浩特白塔国际机场

▲ 呼和浩特东站

▲ 呼和浩特博物馆

▲ 呼和浩特体育场

▲ 公主府立交桥

▲ 牛角桥

▲ 五塔寺

▲ 万部华严经塔

▲ 内蒙古科技馆

▲ 内蒙古博物院

▲ 内蒙古美术馆

▲ 昭君博物院

▲ 武川县大青山抗日游击根据地展馆

▲ 托克托县南湖公园

▲ 新城区保合少镇恼包村

▲ 土默特左旗哈素海景区

▲ 清水河县老牛湾黄河大峡谷

▲ 清水河县境内明长城

▲ 中山西路海亮广场

▲ 新华东街万达广场

▲ 大盛魁文化创意产业园

▲ 塞上老街

▲ 土默特左旗国家现代农业示范区

▲ 沙良物流园

▲ 金宇兽用疫苗国家工程实验室

▲ 内蒙古大唐国际托克托发电厂

▲ 中国电信云计算内蒙古信息园

▲ 呼和浩特市中环产业园

▲ 内蒙古伊利实业集团股份有限公司总部园区

▲ 内蒙古蒙牛乳业（集团）股份有限公司质量研发大楼

▲《呼和浩特市志（1986—2015）》（稿）评审会议全体人员合影（拍摄于2020年）

《呼和浩特市志（1986—2015）》

编 纂 委 员 会

《呼和浩特市志（1986—2015）》

编 辑 部

《呼和浩特市志（1986—2015）》

评 审 委 员 会

（2020 年 8 月 27 日）

主 任 委 员： 徐睿霞　呼和浩特市人民政府副市长

贺　彪　内蒙古自治区地方志编纂委员会办公室主任

副主任委员： 查干浪涛　内蒙古自治区地方志编纂委员会办公室原副主任、副译审

赵　明　呼和浩特市人民政府办公室调研员

成　　员： 姚思泰　内蒙古自治区地方志编纂委员会办公室盟市志业务处处长、副编审

薛瑞冬　内蒙古自治区社会科学界联合会社团管理与社科评奖部部长

赵海渊　内蒙古自治区地方志编纂委员会办公室综合处二级调研员

韩　泽　内蒙古自治区地方志编纂委员会办公室副编审

郝文强　内蒙古自治区地方志编纂委员会办公室盟市志业务处副编审

玉　红　内蒙古自治区地方志编纂委员会办公室盟市志业务处三级主任科员

董丽娜　内蒙古自治区地方志编纂委员会办公室综合处四级主任科员

《呼和浩特市志（1986—2015）》

资料提供人员

（按姓氏笔画排列）

于　宁	于滨滨	马　艳	马利君	马昕宇	王　妍	王　剑
王　罡	王　巍	王天琪	王永强	王旭东	王兴中	王进生
王连革	王宪富	王雪婧	王彩玲	王嵩垚	王嘉韬	云　璐
云丹娜	乌力吉其其格		乌日汉	巴特尔	邓晓君	石　英
史美娜	白美丽	包玉荣	包立春	冯　丹	兰志敏	庄丽丹
刘　畅	刘　娟	刘　靖	刘　燕	刘　璐	刘小平	刘安庆
刘志远	刘鑫颖	安　伟	安占长	许　炼	许耀廷	孙　平
孙　璠	孙长春	苏　敏	苏德夫	杜占江	杜思远	李　文
李　剑	李　原	李　娟	李　蓉	李宏燕	李树茂	杨世宝
杨志峰	杨希婷	杨靖宇	杨慧敏	杨毅宽	肖莉莉	吴　楠
谷　雨	邸　茜	沈　珂	沈碧馨	宋　畅	宋　亮	张　萌
张　斌	张　鹏	张文雨	张伟用	张全载	张守敏	张宏涛
张建平	张建国	张贵英	张俊清	张彦茹	张晓菲	张继隆
张瑞军	阿立雅	阿拉达尔	陈　罡	陈　霞	陈立忠	陈攀攀
武　强	其木格	畅卓燕	呼　和	罗新鹏	郑　瑶	赵　伟
赵永光	赵美丽	赵险峰	赵清水	赵福来	郝水娥	郝敏丽
段宇丰	贺　伟	秦　欢	秦韶琼	索彩凤	夏冬梅	徐　瑞
徐飞林	高晓东	高慧媛	郭　娜	郭　婧	郭永奎	郭志敏
郭拥平	郭建东	席仲玉	唐利新	唐艳花	萨日娜	常昭群
崔映瑜	康德文	梁国柱	智　华	路晨虹	赛　罕	谭　睿
樊　泗	颜培英	潘建智	薛　文	薛晓玲	霍佳雨	

序

“盛世修志，志载盛世”。修编志书是赓续绵延地方人文根脉、展示当代社会风貌的重要方式，是中华民族延续几千年的优良传统。《呼和浩特市志（1986—2015）》接续1986年至2015年这段呼和浩特市发展和巨变的重要历史时段，是呼和浩特市史志事业和精神文明建设的一大成果，也是讲好呼和浩特故事、提升首府文化能级的一项重大工程。特别是随着我国人民生活实现了全面小康的历史性跨越，党带领人民迈上全面建设社会主义现代化国家新征程之际，出版这部志书，对我们坚定历史自信、文化自信，建设中国式现代化首府具有十分重要的意义。

历史是最好的教科书，在前进的道路上，不管走得多远、多光辉，也不能忘记走过的路。呼和浩特有着悠久的历史和灿烂的文化，在改革开放和社会主义现代化建设的伟大征程上，历届市委、市政府带领全市各族干部群众凝心聚力，开拓创新，埋头苦干，积极应对各种风险挑战，经济综合实力显著提升，基础设施日益完善，民生福祉持续改善，生态环境明显改善，社会治理成效显著，各民族团结进步共同繁荣，打造出“中国乳都”、国家历史文化名城、国家森林城市、中国优秀旅游城市、全国十大幸福城市等一系列城市名片，并荣获全国民族团结进步模范城市、全国双拥模范城市和国家卫生城市等荣誉称号，在首府发展进程中留下了浓墨重彩的历史印迹。

修史立典，存史启智，以文化人。呼和浩特续志遵前志体例，内容观照历史、尊重现实，图文并茂，如实记载了改革开放以来，呼和浩特市在全面深化改革、全面建成小康社会关键时期所发生的历史性变化和取得的历史性成就，充分彰显了中国特色社会主义道路自信和社会主义制度的无比优越性。在此，对辛勤付出、参与编修志书的同志们表示崇高的敬意和致谢！同时，对志书编纂和出版给予大力支持的专家学者和相关机构，表示衷心感谢！

中国共产党已走过百年辉煌历程，团结带领各族人民实现了第一个百年奋斗目标，正向全面建设社会主义现代化国家的第二个百年奋斗目标前进，离实现中华民族伟大复兴的中国梦愈来愈近。站在新的历史起点上，呼和浩特市正以崭新的姿态，迎接新时代的挑战与机遇。征程万里风正劲，重任千钧再出发。我们坚信，在中国共产党的坚强领导下，全市各族人民将更加紧密地团结在以习近平同志为核心的党中央周围，坚定不移地贯彻落实中央和自治区的各项决策部署，铸牢中华民族共同体意识工作主线，不忘初心，牢记使命，感恩奋进，一往无前，全力开创“美丽青城”现代化建设新局面！

《呼和浩特市志》编纂委员会

2022 年 6 月

凡 例

一、《呼和浩特市志（1986—2015）》以马克思列宁主义、毛泽东思想、邓小平理论、“三个代表”重要思想、科学发展观、习近平新时代中国特色社会主义思想为指导，坚持铸牢中华民族共同体意识工作主线，坚持辩证唯物主义和历史唯物主义的立场、观点和方法，全面、真实、客观、系统地记述呼和浩特市历史与现状。

二、本志记述内容上限为1986年，下限为2015年。为彰明因果，个别内容适当延伸。

三、本志采用述、记、志、传、图、表、录7种体裁，以志为主，辅以图表。篇目设置坚持科学分类，结合现实社会分工，充分体现时代特色、地方特色和专业特色。

四、本志设篇、章、节、目，各篇章以类系事、以时为序，横排门类、纵述史实。志首设概述、大事记；其次为各分志，按自然、经济、政治、文化、社会的顺序分为31篇；志末设人物、附录及编纂始末。选取典型彩色图照集于卷首，分类编排；大事记以编年体为主，辅以纪事本末体，力求各大事记述要素齐备；表格和附录随文穿插，与文字叙述互为补充。

五、本志采用现代汉语语体文、记述体，遵从志体，述而不作。行文采用第三人称。时间表述，采用公元纪年。人物称谓直述其姓名，必要时冠以职务。组织机构、会议、文件、法规等较长的名称，第一次使用全称，同时括注简称，以后使用简称。

六、本志语言文字的使用严格遵照《中华人民共和国国家通用语言文字法》规定；标点符号的使用遵照中华人民共和国国家标准《标点符号用法》（GB/T 15834—2011）；数字用法遵照中华人民共和国国家标准《出版物上数字用法》（GB/T 15835—2011），小数点后四舍五入；计量单位，采用公制计量单位，涉及农业、水利等，部分内容仍沿用市制计量单位“亩”。

七、为便于与现行政区划接轨，本志中地名、单位和职务名称均以不同时期的实际称谓记述，如有需要，括注今名。大事记中“△”表示与前一条大事为同一时间。志中所用“全区”“自治区”均指“内蒙古自治区”；“全市”“市”均指“呼和浩特市”。

八、本志人物篇采用传略、简介、名录的形式，其中人物传略、烈士简介坚持“生不立传”原则，收录对呼和浩特市经济建设、社会进步做出重大贡献的已故人物和牺牲的烈士，以生年先后顺序排列，生年相同者以卒年为序；人物名录收录在呼和浩特市各行各业中涌现出的模范人物，以评选先后为序。

九、本志所用照片，由各供稿单位提供；图片下限适当延至2021年，未标明拍摄时间的图片其拍摄时间均为2021年。

十、本志采用资料主要来源于各相关部门、单位、旗县区供稿，部分资料取自市档案馆或各部门档案室，辅以少数经过考证的书刊资料和口碑资料。

十一、本志所用资料经考证后入志，不随文脚注出处。全志所涉及的综合性数据，以市统计部门、市政府发布的报告、文件中的统计数据为准，无统计数据的以供稿单位数据为准。

十二、本志中涉及的违法人员，在其名字后标注“*”。

总 目 录

[illegible]

目　录

上　册

第二篇　地　理

第三篇　环境保护

第四篇　城市建设

第五篇　交通　邮政　通信

第六篇 农牧渔业

第七篇　林业　水利

第八篇　工　业

第九篇　开发区

[illegible]

[illegible]

[illegible]

ᠭᠤᠷᠪᠠᠳᠤᠭᠠᠷ ᠬᠡᠪᠲᠡᠭᠡᠯ ᠮᠣᠩᠭᠣᠯ ᠬᠡᠯᠡᠨ ᠦ ᠦᠭᠡ ᠵᠦᠢ

ᠲᠠᠪᠤᠳᠤᠭᠠᠷ ᠳᠡᠪᠲᠡᠷ [illegible]

ᠬᠣᠷᠢᠳᠤᠭᠠᠷ ᠳᠡᠪᠲᠡᠷ ᠮᠠᠯ ᠤᠨ ᠡᠮᠨᠡᠯᠭᠡ

概　述

一

呼和浩特是蒙古语，意为“青色的城”。呼和浩特市位于内蒙古中部，北纬40° 51′ ~ 41° 8′，东经110° 46′ ~ 112° 10′。东依蛮汗山与乌兰察布市卓资县、凉城县交界；南邻黄河，与鄂尔多斯市准格尔旗隔河相望；西与包头市土默特右旗相邻。北跨阴山（大青山），与包头市达尔罕茂明安联合旗、乌兰察布市四子王旗相邻。全市总面积1.72万平方千米，其中市区面积2065平方千米、旗县区面积15121平方千米。辖新城区、回民区、玉泉区、赛罕区市内4个区及土默特左旗、托克托县、和林格尔县、清水河县、武川县5个旗县，设1个国家级经济技术开发区。

呼和浩特地形复杂多样，大青山、黄河一北一南，夹杂山地、丘陵、平原等多种地形。境内主要分为两大地貌单元，北部大青山山地丘陵，东西全长213千米，南北宽约20千米，平均海拔1500米左右，最高峰海拔约2280米。东南部蛮汉山为山地地形，呈东北—西南走向，南北距离约21千米，东西最宽处约12千米，平均海拔1500米左右。南部及西南部为土默川平原地形，地势平坦，由黄河及其支流大黑河冲击而成，主要包括大青山前洪积倾斜平原、蛮汗山前洪积冲积平原和中部冲积平原，地势自东北向西南倾斜，东西长330千米，南北最宽处约为70千米，土壤肥沃、水源丰富，历史上称之为“丰州滩”，是呼和浩特地区主要农业产粮区，有“塞上江南”的美誉。境内河流总长度1075.8千米，河网密度为每平方千米0.177千米。中温带干旱半干旱大陆性季风气候，年平均气温3.5 ~ 8℃，年平均降水量337 ~ 418毫米，四季变化明显，森林覆盖率约为24.9%。

境域自然资源丰富。全市森林资源总面积70.36万公顷、草原总面积48.36万公顷，有乡土树种27科47属64种，其中乔木13科22属32种、灌木12科23属30种、木质藤本2科2属2种；拥有湿地块368块，总面积3.33万公顷；全市水资源总量12.85亿立方米，其中地表水资源量3.37亿立方米，地下水资源量9.48亿立方米。矿产资源有煤、铁、金、银、盐、芒硝、石墨、石灰岩、黏土及建筑用石料等25种；野生动物共有21目62科247种，其中兽类3目7科14种、啮齿类2目6科21种、鸟类16目49科212种。自然保护地11处，其中国家级自然保护区1个、国家级湿地公园2个、国家级森林公园1个、国家级地质公园1个、自然公园6个。

二

呼和浩特有着悠久的历史和灿烂的文化，是华夏文化的发祥地之一。呼和浩特地区的人类文明史可以追溯到50万年前。位于保合少镇大窑村南山的“大窑文化”遗址证明，早在旧石器时代，这里就已经有人类居住。1979年文化部正式把这处遗址命名为“大窑文化”，1986年呼和浩特被国务院批准为第二批历史文化名城。

“大窑文化”掀开了呼和浩特人类文明的历史，依稀可辨的赵长城遗迹诉说着战国赵武灵王“胡服骑射”的历史，青冢昭君墓见证了各民族交往交流交融的一段佳话，“盛乐”古城记载了北魏拓跋鲜卑的龙兴，“白塔耸光”承载着辽、金、元时期丰州城的繁盛。明隆庆六年（1572），蒙古土默特部首领阿拉坦汗与明廷“隆庆和议”建立和平友好关系，并在这里修建“归化城”，蒙古族人民称之为“库库和屯”（即呼和浩特）。格鲁派藏传佛教传入，呼和浩特成为召庙文化盛行之地。清乾隆四年（1739），清王朝在归化城东北部新建“绥远城”。随着驰名中外的“大盛魁”等旅蒙商号的兴起，呼和浩特逐渐成为商贾汇集、百业兴旺、人口密集的北方重镇。清代诗人以“小部梨园同上国，千家闹市入丰年”的优美诗句来描绘这里的繁荣景象。1913年，“归化”“绥远”二城合并为归绥县。1929年1月，绥远省政府成立，将归绥撤县定为省会。

1949年9月19日，历尽沧桑的呼和浩特和平解放。1950年1月20日，归绥市人民政府成立。1954年4月，绥远省划归内蒙古自治区，同时取消归绥这个带有歧义的名称，恢复为呼和浩特，并把呼和浩特市定为自治区首府。同年5月，中共呼和浩特市委员会成立。6月，呼和浩特市第一届人民代表大会第一次会议胜利召开，选举产生呼和浩特市人民委员会，掀开了呼和浩特历史的新篇章。

在市委、市政府正确领导和各族人民的共同努力下，呼和浩特市在政治、经济、文化等各项事业都取得了巨大的成就。特别是改革开放以来，全市各级党委、政府团结带领各族人民，坚持不懈地贯彻党的各项方针政策，聚精会神搞建设，一心一意谋发展，取得改革开放和现代化建设的显著成绩。如今的呼和浩特，正按照“五位一体”总体布局和“四个全面”战略布局，奋进新时代踏上新征程，着眼于全面建成小康社会、实现中华民族伟大复兴，以新时代新发展理念为指引，不断转变发展方式、转换发展动能，焕发出新的生机和活力，成为华北地区最具活力的省会城市之一，荣膺国家森林城市、中国优秀旅游城市、国家历史文化名城、全国十大幸福城市、全国民族团结进步模范城市、全国双拥模范城市等称号，并誉为“中国乳都”。

三

党的十一届三中全会后，随着改革开放和现代化建设的日益深入，呼和浩特市经济发展渐入佳境。1986—1999 年，全市生产总值年均增长 11.6%，较 1978 年前平均增速提升 4.3 个百分点。进入新世纪后，在国内经济快速增长的拉动下，全市经济实现重大跨越，经济增速曾连续 7 年位居 27 个省会城市之首，年均增长达 24.3%。财政收入稳步增长，综合实力显著提升。“十五”时期，地区生产总值年均增长高达 25.8%；财政总收入年均增长 32.3%，五年翻了两番，固定资产投资五年累计完成 1120 亿元，超过了前 9 个“五年计划”的投资总额，经济发展既快又好，改革步伐不断加快，人民生活更加殷实，开创了改革开放和现代化建设的新局面。“十一五”时期，呼和浩特市紧紧抓住西部大开发的历史机遇，有效应对金融危机、三聚氰胺事件等复杂形势和严峻考验，着力推动和落实“一核双圈一体化”发展战略，扎实推进改革发展稳定各项工作，全市经济社会实现了又快又好的发展。新型工业化、城镇化和农牧业现代化进程明显加快，经济总量迅速扩大，综合实力显著提升。2008 年全市地方财政总收入突破百亿元大关，2009 年超过 200 亿元。地区生产总值较“十五”期末翻一番以上，年均增长 15.6%，发展速度始终处于全国省会城市领先水平。“十二五”时期，全市按照“打造两个一流、推进三个建设、实现两个率先”总体要求，着力稳增长、促改革、调结构、惠民生、防风险，努力建设“五大基地”，全力打造“六道亮丽风景线”等，经济社会发展实现了重大跨越。地区生产总值连续跨越 2000 亿元和 3000 亿元两个台阶，年均增长达 9.7%。2015 年，全市地区生产总值实现 3090.5 亿元，是 1986 年 15.45 亿元的 200 多倍；人均地区生产总值 10.15 万元，是 1986 年 885 元的 114.60 倍；全市地方财政总收入 247.40 亿元，是 1978 年的 176.70 倍，是 1986 年的 82.70 倍。随着财政实力的不断增强，对经济社会发展的支持力度逐年加大，财政支出规模持续提高。2015 年，全市地方财政支出达 360.65 亿元，是 1986 年的 102.7 倍，是 2000 年的 18.15 倍。经济持续快速发展，老百姓的钱袋子也鼓起来了，2015 年城乡居民人均可支配收入分别达 3.74 万元、1.35 万元，年均增长 10.6%、11.5%，始终保持“两个同步”。城乡居民收入比为 2.77，达到小康指标要求。

呼和浩特市工业体系由“小而弱”的纺织、化工、食品、建材、机械制造业，逐步转变为“大而强”的食品加工、电力能源、电子信息、生物医药、现代化工、光伏材料六大优势特色产业。全市工业呈现出运行平稳、结构优化、动力转换、质量提升的转型发展新局面。全市规模以上工业增加值年均增长 11.4%，一直高于全区平均水平。截至 2015 年，伊利、蒙牛两大乳品企业分列全球乳业 20 强第 10 位、第 11 位；全市电力总装机突破 1000 万千瓦，达 1050 万千瓦，位居全国地级市前列；中石油 500 万吨炼油扩能改造项目完成并投产；单晶硅产能达 5 万吨，多晶硅产能达 5000 吨，太阳能电池组件产能达 300 兆瓦。全市乳制品产量、原油加工量、外送电量、单晶硅产量等均居全区第一位。工业总产值由 1978 年的不足 5 亿元增长到 2015 年的 1667.6 亿元，增长近 334 倍。呼和浩特市建立起以乳业、发电、光伏、生物制药和石油化工五大主导产业的现代工业体系，带动呼和浩特市经济技术开发区、和林格尔经济开发区、金山高新技术开发区等一批各具特色的国家级、省级开发区不断发展壮大。

通过实行家庭联产承包责任制、农村税费改革、农村土地“三权”改革等一批影响深远的改革，“三农”深层次矛盾和问题得到有效解决，社会主义新农村建设不断推进，农村生产条件逐年改善，特别是危房改造、道路交通、电力通信、安全饮水等工程的实施，让农村面貌发生了质的变化。农业的基础地位日益强化，改革的成果逐渐显现。通过坚持不懈地开展以改土治水为中心的农田基本建设，全市水浇地占全部耕地面积的 40% 以上，主要农作物良种覆盖率超过 90%，农业综合机械化率达 80% 以上，农业科技贡献率提高至 60% 以上。2000 年后，随着“乳业兴市”战略的深入发展和以和林格尔、清水河、武川三县为肉羊生产基地的有序建设，逐步构筑起以奶牛规模化养殖、设施农业、农畜产品深加工、都市农业为核心的现代农牧业体系。首府农业实现由传统农业向高效农业、特色农业、现代农业的转型。截至 2015 年，全市土地确权合同签订率达 90.7%，农村土地流转面积达 17.11 万公顷，农民专业合作社达 4084 家；蔬菜保护地种植面积达 8600 公顷；奶牛规模化养殖水平达 97%；苜蓿草种植面积达 2.13 万公顷；各类农牧业龙头企业 267 家，实现销售收入 1287 亿元。

传统服务业和现代服务业竞相发展，商贸流通、餐饮住宿、交通运输等传统服务业得到全面提升，以现代物流、金融保险、旅游会展、云计算、中介等新兴服务业为特征的现代服务业体系，成为支撑全市经济平稳健康发展的重要支柱之一。随着中国电信、中国联通、中国移动等一批数据中心的建成和投入使用，阿里巴巴、京东商城、腾讯、百度、搜狗、浪潮、华为等一大批互联网企业大数据应用项目的入驻，云计算服务器达 66 万台，信息化助推经济结构优化调整的成效日益显现。国家创新驱动战略实施以来，充分发挥首府自治区高校和科研院所集聚优势，经过不断努力，呼和浩特相继被列为“国家电子商务示范城市”“国家信息惠民试点城市”“国家智慧城市试点”“国家新能源示范城市”“宽带中国示范城市”“国家一级物流园区布局城市”等试点示范，进行先行先试，为呼和浩特新经济、新产业的发展注入了新的动能、新的活力。截至 2015 年，全市高新技术企业达 196 户，占全区总数的 37%，居自治区首位；科技创新对经济增长的贡献率达 52%，处于全区领先水平。沙良物流园区、城发恼包快递电商产业园的建成运营，培育形成航天云网、中国薯网、华蒙通等 20 余家大型交易平台，和通研、大白鲨等一批有区域影响力的电商服务企业。全市形成金川、金桥、新城、农牧、盛乐等 5 个具有一定规模的电商集聚区和 1 个电商快递产业园，同时拥有电商企业近 2000 家。孵化出蒙清、绿牧食品等一批具有发展潜力的网商。对外贸易结构进一步优化，利乐包装、阜丰生物等重点外贸企业不断壮大。境外投资在巩固俄罗斯、蒙古国等传统市场的同时，拓展到美国、澳大利亚、新西兰等国家以及中国香港地区的新兴市场，境外投资企业数量发展到 116 家。党的十八大以来，呼和浩特市积极主动融入和服务国家“一带一路”倡议、京津冀协同发展战略，深入落实《建设中蒙俄经济走廊规划纲要》，着力推进“呼包鄂”“呼包银榆经济区”区域经济协同发展。2015 年，成功举办首届“中蒙博览会”及多场主题论坛和展览，成为促进中蒙乃至东北亚地区贸易、投资、旅游和文化交流等经济合作的新平台。

四

进入 21 世纪，呼和浩特市城市建设步入快车道，市政基础设施建设投入力度不断加大，新型城镇化不断推进，城乡人居环境显著改善，公共服务功能日趋完善，城乡建设管理日新月异。经过国务院的三次批复，呼和浩特市城乡规划由城区控制转为市域整体控制，规划控制建设用地从 1979 年的 65 平方千米增加到 1999 年的 114 平方千米，再增加到 2015 年的 310 平方千米。在“北控、东优、南拓、西联”方针的指导下，城区北部大青山生态初步恢复，东部水源地实现有效管控，南部和林格尔新区破茧而出，西部城区一体化蓄势待发。到 2015 年，呼和浩特市建成区面积达 260 平方千米，较改革开放前扩大了 5 倍。呼和浩特从一个不足 50 万人的小城市，发展到 200 万人以上规模的大城市，城市各项建设日新月异，城市面貌不断更新，人民幸福感不断增强。

按照建设“现代化区域中心城市”的指导思想，呼和浩特市构建“市内大循环、外围大辐射、区域大联通”的现代化、立体式综合交通网络。建成市政道路 1367 条，总长度 1013.06 千米，总面积 2949.17 万平方米，路网密度每百平方千米超过 44.95 千米，居全区首位，实现建成区“八横八纵”主干道路网建设。呼朔（呼和浩特—山西朔州）高速公路、国道 209 线和林格尔至清水河段一级公路等重大公路建设项目建成通车，基本实现首府至旗县按一级公路的标准相连通。城市轨道交通地铁 1

号线、地铁2号线经国务院批准、国家发改委批复开工建设。盛乐新机场建设获得中国民航局选址意见的批复。呼张高速铁路、呼包鄂城际铁路开工建设，呼朔太（呼和浩特—朔州—太原）高铁纳入规划建设，为呼和浩特市早日进入全国高铁网奠定良好的基础。

市委、市政府坚持“打造宜居宜业现代化城市”的先进理念，把切实推进住房保障、服务百姓安居作为呼和浩特市住房发展的主线和首要任务。通过稳定发展房地产市场，基本形成以普通商品住房、经济适用住房、廉租住房、公共租赁住房和棚户区改造回迁安置住房“五位一体”、租售并举的住房体系。从“十一五”时期开始，全市累计投入资金约50亿元，对1755个、2327万平方米老旧小区进行全面改造提升，惠及居民约37万户、100万人。建设各类保障性住房23.64万套，解决近80万名低收入群众的住房问题。全市人均住宅面积从有统计数据以来的不足6平方米增加到现在的46.77平方米。并相继建成新希望家园、汇豪天下等一批高标准住宅小区，以及万达广场、海亮广场、维多利摩尔城等一大批重点重大城市大型综合体，极大地改善了人居环境，提升了城市功能、品位和综合承载能力。

坚持绿色、生态、可持续发展，不断加强和改善公共服务设施建设。全面推进“气化呼和浩特”工程，大力推广普及清洁能源，燃气普及率达96.82%。拆并整合和燃气化改造分散燃煤锅炉，城区集中供热率达83.4%；跻身为全国天然气利用水平较高的城市。坚持“以热电联产为主、清洁能源为辅、积极推广电供热”原则，大力发展热电联产，统一进行供热管网改造，实现热网互联互通，真正实现绿色、环保、可持续。

坚持以人民为中心的发展思想，不断完善城市综合管理体系建设。城市管理经历了从体制不顺、粗放式低水平管理到综合执法、精细化高效能管理的转折和过渡。特别是进入“十二五”时期，呼和浩特市积极推进城市执法体制改革，整合市政公用设施运行、市容环境卫生、园林绿化、公共空间秩序、违法建设、环境保护、交通、应急和小区环境秩序管理等方面的全部或部分工作。城市管理事权由过去的67项增加到256项，初步实现城市综合执法一体化、城市管理精细化、环卫作业市场化、监督管理数字化和执法巡护网格化，构建大部门制管理和综合执法格局，成为全国第一个完成执法体制改革的城市，并形成样板经验在全国推广。积极推进城乡“一体化发展”，将219个城中村、城边村纳入城市管理标准实施一体化管理，其中144个村落实现环卫作业市场化管理。不断加强社会治安综合治理，“平安首府”建设深入推进，始终保持着对各种违法犯罪活动严打的高压态势，切实维护首府社会安宁，发挥作为自治区首府和首都“护城河”城市的重要作用。积极推进户籍制度改革，原有城乡“二元”户籍制被取代，落户首府门槛进一步降低。截至2015年，全市常住人口306万人，常住人口、户籍人口城镇化率分别达67.5%、52.0%。推行长效化管理机制，对城市管理实施全方位智慧化监管和绩效考评。呼和浩特市发展成为具有较高现代化水平和层次品位、具有浓郁民族文化和草原特色、具有较强综合服务功能和辐射带动力的“草原都市”。

五

从首府人民群众最关心最直接最现实的需要出发，不断改善城乡办学条件，深化教育综合改革，推进素质教育，努力办好人民满意的教育，在开创首府教育现代化建设新征程中取得可喜的成就。全市普及九年制义务教育，适龄儿童入学率达100%。特别是党的十八大以来，呼和浩特市在全面实施“校安工程”的基础上，投入资金35.76亿元，新建、改扩建44所中小学，建筑面积94万平方米，新增中小学学位4.5万余个。学前教育纳入政府公共服务范畴，通过实施两期学前教育行动计划，建成公办幼儿园93所，新增学位2.5万个。截至2015年，全市有各类大中小学校409所，其中中小学校321所、在校学生数31.6万人；有幼儿园320所，在园幼儿数6.13万人。初步构建起“广覆盖、保基本、有质量”的城乡普遍受益、趋于合理的学前教育公共服务体系，幼儿园办园条件得到大幅度改善。

科技事业创新发展，科技进步贡献率不断提高。截至2015年，全市拥有各类国家级科技园区5个、国家级科技企业孵化器2个；拥有自治区级高新技术产业园区2个、自治区级科技企业孵化器8个；拥有自治区级农业科技园区和特色产业化基地7个、市级农业科技示范园47个；全市高新技术企业达131家，居自治区首位；全市建成各级各类企业研发机构共计267个；2015年专利申请总量为3203件，专利授权量为1814件，有效发明专利1655件，万人有效发明专利拥有量5.4件。专利申请量、授权量、有效发明专利及万人有效发明专利拥有量稳居自治区首位。

通过积极打造“大文化”格局，基本形成四级公共文化设施网络。群众文化活动丰富多彩，公共文化服务体系建设迈入快速发展的新阶段。呼和浩特市县两级图书馆、文化馆（站）、博物馆、美术馆均免费开放；科技馆、工人文化宫、妇女儿童活动中心等对市民提供基本公共文化服务项目。打造大青山生态旅游区、敕勒川文化旅游区等文化旅游综合体，清水河大峡谷国家地质公园等一批精品景区，大召、大盛魁、将军衙署等一批精品历史文化街区和文化创意产业园。截至2015年，全市有公共图书馆10个，藏书360.8万（册、件）；博物馆5个，藏品18.2万件；艺术表演团体6个；广播电视台6座、广播综合人口覆盖率均达99.2%；体育场25座、体育馆8个。

以人民健康为中心，开创了健康呼和浩特建设新局面。截至2015年，全市医疗卫生机构总数达2011个，有医师8882人、护士8798人，床位1.78万张，病床使用率76.5%，人民群众看病就医更加便捷。积极推进公立医院改革，坚持医疗、医药、医保“三医联动”，制定落实40多项改革措施，全市所有公立医院实行药品采购“两票制”和零差率销售，累计让利患者约5亿元。大力开展分级诊疗，医联体建设、医养结合试点工作，全市建成医疗集团3个，专科联盟43个，医共体12个，设立名医工作室32个，市区社区卫生服务中心36个，旗县区卫生院78个，全市基本医疗保险城乡居民覆盖率达96.16%，大病保险覆盖城乡所有参保居民，基本公共卫生均等化水平大幅提升。全面加强市场安全监管，全市创建食药安全示范街70条、示范单位1269家，放心肉菜示范超市15家，打造特色美食街16条。深化“厨房革命”成果，实现“明厨亮灶”“四化管理”1.54万家，占总数的96%。全力抓好食品“六小”“网络订餐”“小饭桌”等整治工作。严把从农田到餐桌、从实验室到医院的每一道防线，严守人民群众“舌尖上的安全”，全市没有发生较大食药安全突发事件，首府食药监管事业取得了历史性成就。

民生与社会保障水平逐步加强。呼和浩特市各级民政部门坚持以基本民生保障为重点，从困难群众的安危冷暖、切身利益出发，推进各项民政事业健康发展，托住基本民生保障的底，促进经济社会发展。1978年，全市各类福利类收养性单位只有1个，收养人数115人。2015年，全市各类养老服务机构达50个，养老服务床位合计7181张；儿童福利机构1家，收养孤儿250余名；他们的基本生活、医疗、教育、就业、住房等全部纳入制度性保障。2008年开始建设的呼和浩特市民政福利园成为中西部地区乃至全国新型福利园建设管理的先进典型。“十二五”期间，全市累计支出城乡低保资金18.8亿元，投入救灾资金9091.2万元，救助受灾群众约38.6万人。贫困人口比例大幅下降，5年累计减贫11.95万人。双拥工作成效显著，连续七次荣获“全国双拥模范城”称号。建立覆盖全市所有人群的社会保障安全网，养老、医疗、失业、工伤、生育保险制度日趋完善。截至2015年，全市养老保险覆盖人数达139万人。基本医疗保险覆盖人数达214万人，基本实现全民医保。失业、工伤、生育保险参保人数分别达到50.5万人、40.25万人、37.16万人，覆盖绝大多数职业群体。全市持社会保障卡人数达212.86万人，89项功能、应用全部开通，基本实现社会保障卡在社保领域的电子凭证、信息记录、自助查询、缴费和待遇领取功能。

全面加强行政审批服务工作，营造首府经济社会持续健康发展环境。2009年2月，呼和浩特市政务服务中心综合服务大厅和6个专业服务大厅同时挂牌启动运行，以深化行政审批制度改革为突破口，以推行集中审批服务为核心，大力改革行政管理体制，切实规范权力运行机制，协调推进三级公共服务体系建设，制定公布“八张清单”，全面推行“双随机、一公开”“多证合一”改革和“放管服”改革，全市构建起“一枚印章管审批”全新审批模式。截至2015年末，全市13个部门82个事项实现“最多跑一次”，28个部门273个事项实现“只进一扇门”，减少审批环节50%，市本级行政许可事项减少33.8%，新时代制度红利得到有效释放。

六

秉承“绿水青山就是金山银山”的发展理念，坚持生态治市、绿色治市，集中力量加强生态文明建设，成果显著。

生态经济成为经济高质量发展的重要引擎。按照“科技+基金+大数据+文化”的发展模式，呼和浩特市以乳业为主导的绿色食品产业，以光伏材料为龙头的新材料产业，以草、树为特色的生态环保产业，以新能源汽车为代表的先进装备制造产业和以云计算为基础的大数据应用产业“齐头并进”。供给侧结构性改革持续深化，拆除70万吨落后水泥生产线，依法关闭产能落后的污染“小散企业”，引导阜丰生物、齐鲁制药等企业实施产品升级技术改造，去产能的同时推动产业整体转型升级。优先发展公共交通，开通公共交通线路160条以上，覆盖城区260平方千米，新能源公交汽车达1000辆，公共交通机动化出行分担率提高到48%，有力缓解了市区交通压力。全面推进供热体制改革，积极推动“厂网分离”，拆并整合城区分散燃煤锅炉房，推广使用天然气、地热等清洁能源。全面推进工业挥发性有机物治理和清洁生产改造，完成石油炼制企业、储油库、加油站、油罐车油气回收改造。建立企业排污“红黑榜”制度，强化企业治污责任。对全市100多家企业产生的固体废物进行分类监管，完成全市土壤污染例行监测，推广测土配方施肥技术，大力推进农药绿色防控技术。

实施以“一镇、四库、七节点、多沟系”为主要建设内容的大青山前坡生态建设工程，建成敕勒川草原，大黑河综合治理工程实现注水，城市水系生态建设工程全面启动。建立和完善生态补偿机制，实施天然林资源保护、退耕还林、退牧还草、京津风沙源治理、森林生态效益补偿、中幼林抚育等国家重大修复工程和项目，开展防护一川（土默川平原区）、修复两山（大青山和蛮汗山区）、绿美三线（公路、铁路、河流水系），形成城乡一体化的生态建设体系，城市宜居度不断提高，生态环境不断改善，经济社会持续发展能力不断提高的新局面。

制定《呼和浩特市耕地草原河湖休养生息规划》，统筹兼顾生产、生活和生态，以控制耕地草原河湖开发规模、降低利用强度、恢复生态功能。全面实施“五河四库三湖”城市生态水系建设工程，推进河道综合整治和生态恢复，有效改善区域水环境面貌。落实最严格的水资源管理制度，强制关闭城市公共供水管网覆盖范围内自备水井，全面推进分质分类供水，提高再生水利用水平。完成污水处理厂提标扩建工程和城市黑臭水体治理，城市污水处理率为95%以上，再生水回用率为35%以上，地表水国控考核断面水质达标率为75%。呼和浩特市被评为全国节水型示范城市。

重点实施天然林资源保护、京津风沙源综合治理、重点流域水土流失整治等生态建设工程和人居环境综合整治等基础性建设工程。大力推进城市湿地、城市园林、城市绿地、城市绿道等建设，充分利用闲置土地、荒山坡地开展植树造林，全面提升“三环两带”、出城口等重点区域绿化水平。加快实施“揽山入城”战略，开展全民绿化大行动，全部关停大青山保护区内采矿、采砂、采石等企业，从根本上解决大青山私挖乱采等破坏生态行为。

持续加强美丽乡村基础建设力度。进入21世纪以来，全市累计改造农村危房7万户以上，建设标准化卫生室300多个、文化室400多个，完成300多个村的电网改造，新建改造水源近600个、管网近5000千米，解决20多万人的安全饮水问题，完成街巷硬化5000千米以上，具备条件的建制村全部通上沥青水泥路。全市畜禽粪污综合利用率为72.8%，生活垃圾治理的村庄为25.4%，村庄绿化覆盖率为21.4%，农村集中供水率为94%。

进入新时代，呼和浩特坚持可持续发展战略，积极探索生态优先、绿色发展的新路子，守护好祖国北疆这道亮丽风景线，在祖国北疆构筑起万里绿色长城。呼和浩特市不断创新治理方式，有效恢复区域地质环境和生态景观，多管齐下改善空气质量，城市生态环境质量明显改善，群众满意度明显提升。截至2015年，呼和浩特市空气优良天数达272天，单位地区生产总值能耗0.53吨标准煤/万元，单位地区生产总值电耗754千瓦时/万元。全市森林覆盖率达24.9%，建成区绿化覆盖率达34%，村庄绿化率达55%；人均公园绿地面积17.3平方米，活立木总蓄积820多万立方米；$PM_{2.5}$平均浓度36微克/米^3；水质达标率达100%。经过持续不断的环境治理和生态建设，呼和浩特成为环境良好和适宜人居的塞上明珠，并位列国家森林城市、国家优秀旅游城市。

回顾从1986年至2015年呼和浩特市30年的发展历程，在中国共产党的坚强领导下，呼和浩特市在改革开放的春风中破茧而出，在时代的机遇与挑战面前奋勇前行，各项事业取得了辉煌成就。立足新时代，踏上新征程。在习近平新时代中国特色社会主义思想指引下，中共呼和浩特市委和市人民政府团结带领全市各族人民，牢牢把握铸牢中华民族共同体意识工作主线，凝心聚力、笃定前行，以饱满的热情和昂扬的斗志，在全面推进首府经济社会高质量发展的道路上阔步前行，奋力开创中国式现代化呼和浩特新篇章！

大事记

1986 年

1 月 1 日 内蒙古饭店开业。该饭店共 20 层，高 71.7 米，建筑面积 3340 平方米，系三星级现代化多功能综合性服务饭店。

1 月 30 日 呼和浩特首届经济体制改革展览会在呼和浩特市举办。

3 月 16 日 自治区政府在呼和浩特市托克托县、乌兰察布盟和林格尔县的氟中毒重病区召开现场会议，研究防氟改水措施。自治区党委副书记、自治区主席布赫在讲话中指出，一些贫困地区往往是由于疾病才穷的，疾病是贫困的根子，只有先治病，保护劳动力，才能发展生产，脱贫致富。

3 月 20 日 自治区颁发中华人民共和国居民身份证试点工作，在呼和浩特市玉泉区正式开始。

4 月 13—17 日 以上海市委副书记、市长江泽民为团长，上海市顾问委员会常委肖卡为副团长的上海市经济技术贸易代表团一行 19 人，到呼和浩特市参观考察。

5 月 4 日至 9 月 14 日 全国实行夏时制。呼和浩特市委办公厅、政府办公厅联合印发文件，在全市实行夏时制。

5 月 10 日 自治区政府公布第二批（33 处）文物保护单位。呼和浩特地区贾力更烈士故居、大窑文化遗址、大召、席力图召、延福寺、清代将军衙署旧址入选。

5 月 13 日 由呼和浩特市少年儿童组成的内蒙古自治区少年儿童艺术团，到北京中南海怀仁堂为乌兰夫等国家领导人演出。

7 月 8 日 北京—呼和浩特卫星通信地球站开通使用。

7 月 13 日 国家科委顾问杨浚到呼和浩特市考察“星火计划”项目，并参观呼和浩特市机电研究所科技成果展览和郊区精养鱼试验塘。自治区党委常委、自治区科委主任许令妊，自治区副主席赵志宏及呼和浩特市副市长刘学敏等陪同。

7 月 23 日 市委副书记、市长贾才代表市政府向原国民党第九兵团司令、曾参加过绥远“九一九”起义的自治区人大常委会副主任孙兰峰，颁发起义人员证明书。

7 月 中国篮球协会“山丹杯”女子篮球赛在呼和浩特市举行。

8 月 10—24 日 全国少数民族题材电视剧、电视艺术片（音乐、舞蹈）“骏马奖”首届评奖大会在土默特左旗举行。

9 月 12 日 全国古典式、自由式摔跤冠军赛在呼和浩特市举行。

9 月 18 日 呼和浩特—喇嘛湾公路正式通车，自治区党委副书记千奋勇、自治区副主席刘作会为通车剪彩。

10月10—15日 国家旅游局在呼和浩特市举行“全国旅游保值”培训班。全国29个省、自治区、直辖市的159名代表参加培训。

11月22日 经中央爱国卫生运动委员会灭鼠专家鉴定组鉴定，认定呼和浩特市为国内第一个无鼠害首府城市。

12月15日 呼和浩特长途汽车站竣工启用。该站位于呼和浩特火车站西侧，建筑面积6606平方米。

12月19日 呼和浩特市被国务院确定为国家历史文化名城。

1987年

2月12日 呼和浩特市委办公室印发《关于进一步抽调干部下乡，推动农村两个文明建设工作的通知》，抽调机关干部下乡帮助旗县乡镇开展工作。

4月1日 根据邮电部决定，呼和浩特市开始实行邮政编码。

4月30日 呼和浩特—海拉尔微波干线竣工，试播成功。

5月30日 呼和浩特市电信局开通长途全自动电话。

6月22—27日 首届乌兰牧骑建设理论讨论会在呼和浩特市召开，文化部部长王蒙出席，中国群众文化学会会长周巍峙作专题发言。

6月30日 自治区最大的体育场——呼和浩特市人民体育场扩建竣工，该体育场建筑面积1.5万平方米，可容纳3.5万名观众。

7月9日 庆祝自治区成立40周年重点建设项目内蒙古彩电中心大楼竣工。彩电大楼位于呼和浩特市中心的新华广场。地面17层，地下1层，高77.4米，加上楼顶30米的放射塔，共107.4米，总建筑面积2.3万平方米。

7月13日 内蒙古妇幼保健院在呼和浩特市落成，建筑面积2.7万平方米，由12层住院楼、5层门诊楼、4层婴儿楼及附属工程共4个部分、36个项目组成。

7月18日 华北电网大同—丰镇—呼和浩特220千伏联网工程并网运行。

7月21日 呼和浩特机场大型候机楼落成，建筑面积1.07万平方米，属国内一流水平。

7月29日 以国家副主席乌兰夫为团长，中共中央政治局委员、书记处书记习仲勋为副团长的中央代表团到呼和浩特市，参加内蒙古自治区成立40周年庆祝活动。全国人大常委会副委员长班禅额尔德尼·确吉坚赞发来贺电。

8月1日 呼和浩特市各族各界5万多人举行盛大集会，热烈庆祝内蒙古自治区成立40周年。乌兰夫宣读中共中央、国务院、全国人大常务委员会给内蒙古自治区的贺电；自治区党委副书记、自治区主席布赫讲话。

△ 呼和浩特市邮政局开办区内特快专递服务。

8 月 5 日 中央代表团离开呼和浩特返京，中央代表团成员乌兰夫、李贵等继续在内蒙古考察工作，20 日返回北京。其间，中共中央委员、最高人民法院院长郑天翔考察内蒙古高级人民法院及呼和浩特市中级人民法院。

8 月 10 日 市委副书记、市长贾才和日本爱知县冈崎市市长中根镇夫正式签署《中国内蒙古呼和浩特市和日本国爱知县冈崎市缔结友好城市的协议书》。

8 月 10—17 日 1987 年全国省级政治理论刊物年会在呼和浩特市召开。会议认为，宣传工作必须紧紧围绕中共十一届三中全会以来的两个基本点路线展开。

8 月 11—13 日 内蒙古、黑龙江、吉林、辽宁、新疆、甘肃、宁夏、青海八省区蒙古语文工作协作小组第二次组长会议在呼和浩特市召开。

8 月 13 日 国家副主席乌兰夫回到家乡土默特左旗看望干部群众，参观《土默特左旗建设成就展览》。

8 月 31 日 首届全国少数民族科技史学术讨论会在呼和浩特市召开，19 个省、自治区、直辖市的 60 余位少数民族科技史学专家、学者参会。

9 月 6 日 全国研究住房制度改革会议在呼和浩特市召开。

9 月 呼和浩特市郊区毫沁营乡建成自治区最大的水产冷库。可储藏海产品和鲜鱼 350 吨。

10 月 16 日 对外经济贸易部副部长、党组副书记李岚清到呼和浩特市考察内蒙古民族集团有限公司。

10 月 22 日 呼和浩特市歌剧团在北京民族文化宫演出大型歌舞剧《塞上昭君》。党和国家领导人习仲勋、陈丕显、邓力群等观看演出。自治区及呼和浩特市领导陪同。

12 月 20 日 呼和浩特牧机研究所研制的“牧草机械研制和中间试验”项目，获全国科学进步二等奖；自行研制成功的 9KX-304 型颗粒饲料压制机、与大同牧机厂共同研制的 9FQ-40 型饲草粉碎机，获全国科学技术进步三等奖。

1988 年

1 月 9 日 内蒙古自治区最大的中外合资企业——内蒙古青松制衣有限公司建成投产。

1 月 13 日 呼和浩特大窑文化遗址、金刚座舍利宝塔被国务院公布为第三批全国重点文物保护单位。

1 月 16 日 呼和浩特市委发出《关于下放企业领导干部管理权限的通知》。

1 月 20 日 国家计划委员会批复同意在呼和浩特建设一套以重油为原料的年产30万吨合成氨、52万吨尿素装置的大型化肥厂。

1 月 22 日 铁道部在呼和浩特市召开“到发线未装设轨道电路车站防止错办进路现场会”，推广呼和浩特铁路局研制成功的“应答式脉冲轨道电路防止有车线接车装置”。

3 月 8 日 市政府同意组建内蒙古通达实业股份有限公司。公司实行董事会领导下总经理负责制，党政工团实行民主选举制，党团书记和工会主席均实行兼任制。公司通过跨行业，跨所有制形式的联营承包，是呼和浩特改革试点企业。

4 月 呼和浩特铁路局银川—北京 169/170 次旅客列车，被国务院表彰为“民族团结先进集体”。

6 月 10 日 呼和浩特证券公司开办国库券转让业务。

6 月 12 日 内蒙古首家跨地区、跨行业、跨部门、跨所有制企业集团——中国“3S”毛毯集团，在呼和浩特成立。

6 月 18 日 内蒙古工学院与呼和浩特市土默特左旗催化剂厂、江西向塘化肥厂实行厂校挂钩、科研生产相结合，首创国内新型稀土低铬中温变换催化剂。

6 月 26—29 日 1988 年全国中国式摔跤锦标赛暨“浩雁杯”赛在呼和浩特市举行，内蒙古队获团体第二名。

7 月 3 日 国家和自治区重点建设项目呼和浩特炼油厂、内蒙古化肥厂在呼和浩特市南郊开工兴建。两厂共投资 1.5 亿元。

7 月 3—5 日 全国首届“搏克”邀请赛在呼和浩特市举行。

7 月 6 日 呼和浩特市民族艺术团在土耳其伊斯坦布尔市举行的第四届国际艺术节民族舞蹈比赛中，获第 5 名。

7 月 9 日 自治区首家合作律师事务所——呼和浩特市第一合作律师事务所开业。

7 月 10 日 呼和浩特市百货公司青城劝业场四楼营业厅开业，是呼和浩特市百货公司由管理服务型向经营管理服务型过渡的一种新尝试。

7 月 30 日 呼和浩特建筑集团总公司成立。

8 月 3—7 日 首届少数民族省区民族歌手大奖赛在呼和浩特市举行。

8 月 6 日 由新疆、西藏、广西、宁夏、内蒙古 5 个自治区联合组成的全国少数民族自治区首府商业经济协会在呼和浩特成立。

8 月 23—25 日 东北地区第 6 次、华北地区第 4 次经济技术协作会议在呼和浩特市召开。会上组建华北供销网络、电子网络、金融网络、高校科技开发集团和东北科技网络、信息网络。华北、东北地区共达成协作项目 64 项，协作总金额 2.13 亿元。

8 月 25 日 全国少数民族自治区首府城市市长联席会第二次会议在呼和浩特市

召开。自治区副主席刘作会和国家民族事务委员会、计划委员会有关部门负责人出席会议。

8 月 28 日 内蒙古通达公司投资 350 万元购进匈牙利产伊卡路斯豪华大客车 20 辆，开辟呼和浩特—包头公路客运业务。

8 月 29 日至 9 月 6 日 中、蒙、苏铁路代表会议在呼和浩特市召开。这是 22 年中在呼和浩特市举行的首次有苏联参加的三国铁路代表会议。

9 月 7 日 中国纪念第 22 届“国际扫盲日”大会在呼和浩特市举行，17 个省、自治区、直辖市的 60 余名教育工作者参加。

10 月 9—14 日 全区盟市委书记会议在呼和浩特市召开。会议要求各级党组织、各地区、各部门坚决贯彻中共十三届三中全会精神，认真治理经济环境，整顿经济秩序，全面深化改革。

10 月 29 日 中国民用航空内蒙古自治区管理局开辟呼和浩特—武汉—广州、呼和浩特—石家庄—南京—上海、呼和浩特—石家庄—上海 3 条新航线。于 11 月 16 日起营运。

11 月 1—16 日 呼和浩特建筑集团总公司与苏联赤塔州有关方面签订《关于内蒙古呼和浩特建筑集团总公司向苏联赤塔州后贝加尔建筑总公司提供 2000 名技术工人劳务合同》。苏方提供 20 个总造价为 2.5 亿元人民币工程项目，由中方施工。

11 月 29 日 呼和浩特建筑集团总公司和苏联签订价值近 9 亿元人民币的劳务输出合同和意向书。该公司第一批 450 名劳务人员于 12 月 15 日抵达苏联。

12 月 8 日 第七届全国人民代表大会常务委员会副委员长乌兰夫，因病医治无效，于 14 时 45 分在北京逝世，终年 82 岁。18 日，乌兰夫遗体告别仪式在北京市举行。

1989 年

1 月 1 日 市委、市政府印发《关于进一步深入开展增产节约、增收节支运动的决定》。

1 月 12 日 内蒙古首届中学生“明安图杯（蒙语授课）”科技竞赛发奖大会在呼和浩特市举行。来自全区 11 个盟市 14 所民族中学的 30 名学生，分别获得一、二、三等奖和鼓励奖。

1 月 16 日 为防止粮食熟制品外流，面额为 500 克、1 千克、2 千克的呼和浩特市地方粮票开始流通。

2 月 21 日 市委、市政府印发《关于发展副食品生产的意见》，提出发展副食品生产，实现肉、菜、糖、奶、蛋、鱼等副食品基本自给。

3月15日 市政府表彰奖励全国十佳运动员、国际级运动健将高凤莲。授予她“体坛精英”称号，奖励4室1厅楼房1套，18吋彩电1台和组合家具1套。

4月14日 自治区、呼和浩特市两级党委宣传部、自治区计划生育委员会、统计局联合召开“中国11亿人口日”大会。

4月 呼和浩特机床附件总厂厂长曲有义，获第四届全国优秀企业家（金球奖）称号。

△ 自治区第一部新编县志——《武川县志》出版发行。

5月15—17日 呼和浩特市机床附件厂获在法国巴黎举行的第十七届国际优质奖杯，这是中国机床工具行业获得的第一个国际奖杯和证书。

5月27日 自治区石油重点工程呼和浩特市炼油厂正式由国家批准建设。

6月20日 中国马头琴学会在呼和浩特成立。自治区著名蒙古族马头琴演奏家齐·宝力高任中国马头琴学会会长。

6月26日至7月3日 政协呼和浩特市第七届委员会第一次会议在呼和浩特市召开。会议审议通过《政协呼和浩特市第六届委员会常务委员会工作报告》等。

6月28日至7月5日 呼和浩特市第九届人民代表大会第一次会议召开。出席代表319名，会议听取和审议市委副书记、市长贾才代表市政府所作的《政府工作报告》，计委主任高延青所作的《关于呼和浩特市1989年国民经济社会发展计划（草案）的报告》。

7月2—7日 中国儿童发展中心召开的民族儿童发展研讨会在呼和浩特市举行。

7月7—9日 1989年第十二届河北、河南、陕西、山西、内蒙古5省区田径对抗赛在呼和浩特市举行。

7月15日 市政府为确保市民蔬菜供应，规定农贸市场蔬菜实行限价销售，零售价格不得高于国营牌价的30%。

8月1—7日 由中国少年报社和内蒙古少工委联合主办的中国好少年、中国好儿童颁奖大会暨小骏马夏令营在呼和浩特市举行。

8月4—11日 中、蒙、苏三国铁路局间易货贸易技术劳务合作第二次例会在呼和浩特市举行，签订新的三国易货贸易合同和协议书10余项。

8月11日 全国首届生态经济学讲学会在呼和浩特市举行。

8月22—24日 全国第二届“搏克”邀请赛在呼和浩特市举行。

8月25—28日 内蒙古第二届少数民族传统体育运动会在呼和浩特市举行。

9月1日 自治区级文物保护单位清代将军衙署对外开放，同时举办内蒙古文物普查展览。

9月22日 自治区党委在呼和浩特市举行《乌兰夫回忆录》首次发行仪式。

10 月 5 日 由国家科学技术委员会（以下简称国家科委）、国家计划委员会（以下简称国家计委）、能源部、农业部联合组织的新能源政策、规划研讨会在呼和浩特市召开。

10 月 24 日 自治区党委副书记、自治区主席布赫会见蒙古人民共和国驻华大使云登·敖其尔。双方就蒙古人民共和国在呼和浩特恢复设立总领事馆建馆等有关事宜交换意见。

10 月 27 日 自治区新闻出版局和八省区蒙古语文工作协作小组在呼和浩特市联合举办首届蒙古文图书评奖大会。53 部蒙古文编著图书获奖。

11 月 18 日 市电信局 1.2 万门程控电话自动交换机开通。

12 月 5 日 “乌兰夫同志光辉的一生”展览在土默特左旗展览馆开幕。自治区党委书记王群、中央顾问委员会委员廷懋为开幕式剪彩。

12 月 30 日 呼和浩特市房地产交易市场成立。

1990 年

2 月 8 日 自治区党委书记王群到首府现场办公，就搞活市场、提高企业素质、提高经济效益、克服经济困难、搞好经济工作等问题作出指示。

2 月 26 日 自治区政府决定，对呼和浩特市女子柔道队的高凤莲给予通令嘉奖。自 1985 年以后，高凤莲多次代表国家和自治区参加国际国内重大比赛，共获世界冠军 11 次、全国冠军 9 次，为国家及自治区争得荣誉。

2 月 呼和浩特市第二制药厂生产的“塞光牌”正北芪蜂王浆口服液，获第三十二届国际养蜂会议金奖。

3 月 4 日 自治区妇女青年委员会到呼和浩特市郊区攸攸板乡与农村妇女一起，举行纪念“三八”国际劳动妇女节 80 周年座谈会。自治区政协副主席兼妇女青年委员会主任云曙芬参加活动。

3 月 11 日 民航内蒙古区局新辟呼和浩特—石家庄—广州、呼和浩特—太原、呼和浩特—包头—西安 3 条航线，4 月 1 日起运营。

3 月 19—22 日 政协呼和浩特市第七届委员会第二次会议在呼和浩特市召开。出席会议的委员 254 人，列席 21 人。会议通过《政协呼和浩特市第七届委员会第二次会议决议》，同意常委会工作报告和提案工作情况报告。

3 月 23—24 日 自治区人大常委会审议并批准《呼和浩特市实施〈中华人民共和国集会游行示威法〉规定》的决议。

3 月 26—30 日 呼和浩特市第九届人民代表大会第二次会议召开，出席代表 271

名。市委副书记、市长贾才作《政府工作报告》。

4月1日 呼和浩特市开始实行酒类专卖管理。

5月5日 蒙古人民共和国大人民呼拉尔主席团主席彭·奥奇尔巴特，在轻工业部部长曾宪林和夫人陪同下，到呼和浩特市进行参观考察。自治区党委副书记、自治区主席布赫及夫人，自治区副主席文精，呼和浩特市委副书记、市长贾才等陪同参观考察。

5月17日 乌兰夫研究会在呼和浩特市成立。第七届全国人民代表大会常务委员会副委员长习仲勋、杨成武为名誉会长，孔飞为会长。

6月30日 呼和浩特—准格尔煤田22万伏高压输变电工程一次并网成功。

7月10日 蒙古人民共和国驻呼和浩特总领事馆恢复设立。

7月29日 国家"八五"重点工程呼和浩特炼油厂动工，这是自治区唯一的一家炼油化工企业。

8月7日 武警内蒙古总队驻呼和浩特市、包头市的2500名官兵，在内蒙古赛马场举行阅兵和军事业务训练成果汇报表演。自治区党政军领导检阅部队并观看表演。

9月7日 第十一届亚洲运动会东北路主火炬交接传递仪式在呼和浩特市新华广场举行。自治区党委副书记、自治区主席布赫从辽宁省副省长王文元手中接过火炬。世界柔道冠军高凤莲担任内蒙古传递火炬的第一位主火炬手，火炬在内蒙古传递，途经呼和浩特市、包头市、巴彦淖尔盟、乌海市。12日，亚运火炬由自治区副主席赵志宏等一行护送，前往宁夏回族自治区。

9月10日 自治区第一所实验中学——呼和浩特市实验中学成立（设在呼和浩特市第三中学）。

9月23—30日 中共中央总书记、中央军委主席江泽民，中央书记处候补书记、中央办公厅主任温家宝，中央军委委员、总后勤部部长赵南起到内蒙古呼伦贝尔盟、伊克昭盟、巴彦淖尔盟、包头市和呼和浩特市考察。

10月5日 呼和浩特—包头明线改光纤通信工程开工建设。1991年6月15日竣工，投入试运行，8月1日正式开通。工程东起呼和浩特电信枢纽，终至包头电信大楼。全长184千米，采用法国里昂电缆公司12芯光纤电缆和荷兰菲利普公司的光端机，设终端站2个，中继站2个，共安装4套140兆的通信终端设备，每套可开通电话电路1920条。

11月1日 中国国际航空公司内蒙古分公司开辟呼和浩特—北京—济南—黄山，呼和浩特—北京—郑州—襄樊两条新航线，均当日往返。

11月5日 呼和浩特市牧机厂试制的4T-2型甜菜挖掘与土壤深松机，通过自治区级鉴定，填补了内蒙古甜菜收获机械的一项空白。

11 月 20 日 蒙古人民共和国出口商品展览会在呼和浩特市举行。

1990 年 自治区政府决定，在呼和浩特市实施“菜篮子”工程。

△ 国家“七五”重点科技攻关项目——CTS-14 型大幅面高速滚动式绘图机，由中国科学院电工研究所和呼和浩特市电子设备厂联合研制成功，通过机电部和中国科学院的联合鉴定，填补了中国滚动式绘图的空白。

△ 内蒙古民族商场销售总额达 1.01 亿元，创利税 1000 余万元，成为全国少数民族自治区第一家销售额突破亿元的国营商店。

1991 年

1 月 19—22 日 全区第七届运动会速度滑冰比赛在呼和浩特市举行。

1 月 20 日 内蒙古通达商场剪彩开业。同时举办呼和浩特地方工业名优特产品迎春展销会。

1 月 26 日 呼和浩特市和珠海市结为友好城市。

1 月 31 日 呼和浩特市焦化厂民用煤气气源新焦炉投入运行。市区居民煤气用户由 3 万户增加到 7 万户。

1—8 月 全区第七届运动会在呼和浩特市举行。全区各盟市、行业（产业）体协的 2391 名各族运动员参加甲、乙类 17 个项目的比赛。4 人 5 次破 4 项全国纪录；29 人(队)67 次刷新 25 项自治区纪录;240 人(队)285 次改写 75 项自治区少年纪录。

2 月 4 日 市电信局是国内首家使用最新型 SJC-02 型程控式用户电报交换设备，该期工程开通 256 路自动转报系统和 512 线程控用户电报交换机。

2 月 27 日 第四届全国少数民族传统体育运动会呼和浩特分赛组委会在呼和浩特市成立。国家民委、体委及广西、新疆、西藏、青海、甘肃、内蒙古等省区市有关部门负责人出席呼和浩特分赛组委会成立大会暨第一次筹备工作会议。自治区党委副书记、自治区主席布赫任组委会名誉主任，自治区副主席赵志宏担任组委会主任。第四届全国民运会于 1991 年 11 月在广西壮族自治区南宁举行，其中马上竞标和表演项目于 1991 年 8 月 4 日在呼和浩特市举行。

3 月 1 日 市晋剧团青年演员宋转转获中国戏剧家协会颁发的第八届中国戏剧“梅花奖”，是自治区第一位获此殊荣的演员。

3 月 31 日 那达慕大会主会场——内蒙古赛马场扩建工程开工。扩建后的赛马场观礼台增至 2000 个座位，赛马场跑道周长将国际标准扩展到 1000 米。正门两侧建两座具有民族特色的雕塑。

4月2日 呼和浩特市首家拍卖行首次拍卖成交1万元。

4月9—14日 政协呼和浩特市第七届委员会第六次会议召开。

4月10—15日 呼和浩特市第九届人民代表大会第三次会议召开。

4月15日 内蒙古电视机厂生产的“天鹅”牌21吋直角平面遥控彩色电视机，获第二届北京国际博览会金奖。

4月16日 自治区商业厅、市政府联合举办内蒙古自治区春季商品展销订货会，展销会第一天成交额达1300万元。

4月28日 经铁道部批准，呼和浩特—乌兰巴托国际直通旅客列车通车。

4月30日 乌兰夫纪念馆奠基仪式在呼和浩特植物园举行。

5月4日 自治区党委、政府在呼和浩特市召开各族各界群众大会，热烈庆祝内蒙古自治区成立45周年。

5月9日 呼和浩特市女子曲棍球队获1991年全国女子曲棍球锦标赛冠军。

5月11日 市政府印发《呼和浩特市人民政府关于鼓励外商投资的优惠政策》。

5月12日 呼和浩特市第一个国营时装自选商场在大南街百货大楼开业。

5月15日 呼和浩特市第一条地方铁路——东郊呼哈铁路集配站开通。

6月15日 邮电部重点工程项目呼和浩特—包头长途通信光缆开通。

6月19日 呼和浩特市与辽宁省阜新市结为友好城市。市委副书记、市长贾才和阜新市委副书记、市长戴明勋分别在协议书上签字。

6月24日 联合国世界粮食计划署委派农业、水利、畜牧、林业领域4位专家到托克托县进行粮食援助，并对中国3924项目进行评估，9月24日通过评估。WFP-中国3924项目是利用世界粮食计划署的援助，提引黄河水灌溉，扩大水浇地面积，综合开发农、牧、林业生产的扶贫项目。

7月8日 呼和浩特市第一家中外合资快餐店——美国加州牛肉面大王快餐厅开业。

7月25日 华北地区社会科学联合会第八次协作会议在呼和浩特市召开。会议围绕社会科学联合会,为贯彻落实“十年规划”和“八五”计划服务,为领导决策服务，以及社会科学和自然科学如何协同，为改革开放和社会主义现代化服务等重要问题进行交流和研讨。

8月1日 市委、市政府召开全市安全生产会议。会议通报市第二橡胶厂硫化罐爆炸引发5人死亡的重大事故。11月18日，市第二橡胶厂爆炸事故获呼和浩特市保险公司的企业财产保险赔款68.33万元，这是呼和浩特市保险史上最大的一起企财险赔款。

8月2日 位于内蒙古民族商场前的全市第一座人行过街天桥建成启用。

8月4日 全国第四届少数民族运动会呼和浩特分赛场马上项目运动会在内蒙古赛马场开幕。全国6个省区14个少数民族的运动员参加比赛和表演。中共中央顾问委员会常委陈丕显，自治区党委书记王群，自治区党委副书记、自治区主席布赫，国家民委副主任文精，国家体委副主任徐寅生、刘吉等领导及呼和浩特地区1.3万名各族群众参加开幕式。

8月5日 自治区首届那达慕商品交易会开幕式在呼和浩特市举行。

△ 呼包光缆电线通信工程开通。

8月12—20日 中、蒙、苏三国铁路代表会议在呼和浩特市举行。会议就三国国际铁路联运中有关问题进行协商，达成新的议定书。

8月15—19日 自治区首届那达慕大会和自治区第一届草原旅游节在呼和浩特市举行。大会以“团结、友谊、开放、奋进”为宗旨，融文体、经贸、旅游为一体，以传统的那达慕文体活动为媒介，以经济贸易商品展销为重点，突出地区特色和强烈的时代气息。国家领导人、中央各部委、各省、自治区、直辖市及部分外国驻华使节、知名人士和其他国内外宾客、内蒙古自治区领导参加大会。内蒙古电视台和中央电视台向全国及东南亚部分国家和地区现场直播开幕式盛况。

8月18日 内蒙古那达慕大会举行国内经济技术协作项目签字仪式，全市工业系统在那达慕期间成交额达2亿元以上，居全区各盟市之首。

8月29日 国家主席杨尚昆结束对蒙古人民共和国的考察，乘专机抵达呼和浩特市。自治区党政军领导到机场迎接。

8月30日至9月4日 全区第七届运动会在呼和浩特市举行。本届运动会共设15个比赛项目，12个盟市、各行业体协、厂矿企业2000余名运动员参加。呼和浩特市代表团名列团体总分和金牌总数榜首。

9月4日 国内首次采用预应力斜拉体系的大型建筑——呼和浩特白塔机场斜拉索钢结构机库竣工。

9月21日 呼和浩特公众网移动电话系统开通，填补了自治区电信通信空白。

9月23日 呼和浩特市食品公司建成呼和浩特地区最大的恒温库，总储藏量为500吨。

10月8—10日 全区第五届残疾人运动会在呼和浩特市举行。该届运动会是自治区历史上规模最大、比赛项目最多的残疾人运动会。呼和浩特市获田径赛总分第3名。

10月12日 内蒙古、新疆、青海、黑龙江、吉林、辽宁、甘肃、宁夏八省区蒙古语文工作协作小组第四次组长会议在呼和浩特市举行。成立八省区协作小组蒙古语名词术语委员会。

10 月 20 日 以呼和浩特市民族歌舞团演员为主体的中国少数民族艺术团一行 30 人，应邀到波兰维斯瓦市参加第十七届国际民间艺术节，代表团演出的文艺节目获第一名，同时被授予特别奖。

10 月 30 日 蒙古人民共和国人民军歌舞团抵达呼和浩特进行考察演出。

11 月 11 日 在全国民族体育先进集体和先进工作者表彰大会上，呼和浩特蒙古族学校获“先进集体”称号。

11 月 20—25 日 蒙古人民共和国出口商品交易会在呼和浩特市开幕。

12 月 1 日 自治区第一个航空港——呼和浩特航空口岸经国务院批准对外开放。

1992 年

1 月 6 日 自治区党委、政府、内蒙古军区印发《关于命名 1990—1991 年度自治区级文明单位的决定》，命名呼和浩特市长途汽车站等 97 个单位为文明单位。

1 月 7 日 市委召开七届二次全委（扩大）会议，确定全市农业和农村工作总的指导思想、奋斗目标和主要任务，动员全市各族人民为推动全市农业和农村工作再上新台阶而奋斗。

1 月 16 日 呼和浩特市召开“市长向市民汇报会”，市委副书记、代市长白音及市政府有关部门负责人、市内三区区长向 200 余位市民代表汇报工作。

1 月 23 日 自治区邮电管理局在呼和浩特市举行引进西班牙 S-1240 程控交换机工程草签仪式，工程于 1993—1994 年全部投产。呼和浩特市市话总容量超过 5 万门并全部实现程控数字化。

3 月 18 日 内蒙古金宇（集团）股份有限公司由原呼和浩特市金洲材料公司为主要发起人，经自治区、呼和浩特市两级体改委批准设立，是自治区首家按照国家规范要求由全民所有制企业改制成的股份制公司。

3 月 26 日 国务院口岸办联合验收组宣布，呼和浩特白塔机场正式辟为航空口岸。

3 月 31 日 呼和浩特—乌兰巴托国际航线首航剪彩仪式在呼和浩特白塔机场举行；开通后的航班设定为：每周二、五两个班次，当日往返。

4 月 5 日 市政府向河北省张家口市政府赠送多松年烈士铜像仪式在少年宫举行。出生于土默特左旗的多松年少年投身革命，1927 年在张家口牺牲。铜像由内蒙古民族商场、民族特种工艺厂、内蒙古第三毛纺织厂等 8 家企业捐资制作。

4 月 7 日 利用社会捐资助学款兴建的第一座教学楼——呼和浩特市回民区南马路小学教学楼破土动工。

4 月 20 日 市委、市政府成立呼和浩特市经济开发区领导小组。

4月23日 内蒙古自治区呼和浩特证券公司更名为内蒙古自治区证券公司。

4月25日 呼和浩特旧城第一住宅小区17栋供回迁户居住的住宅楼动工兴建，这是呼和浩特市首次成片改造危旧房屋。

4月30日 经中共中央批准建立的乌兰夫同志纪念馆工程奠基仪式在呼和浩特市植物园举行。

5月22日 中共中央明确，呼和浩特市可以实行沿海开放城市的有关政策。

6月1—5日 中国北方细毛羊生产性能国际研讨会在呼和浩特市举行。

6月4日 市委、市人大、市政府、市政协四大班子领导和自治区计委领导召开办公会议，决定成立呼和浩特如意高新技术开发区管理委员会和如意高新技术开发区总公司董事会。市政府授予开发区管委会市一级的权利，统一管理开发区内的各项事务。

6月15—21日 中国呼和浩特铁路局与俄罗斯东西伯利亚铁路局易货贸易工作会晤在呼和浩特市举行。

7月1日 第一列满载二连阿尔善油田原油的专用列车驶入呼和浩特炼油厂。

△ 蒙古国航空公司开通乌兰巴托—呼和浩特—乌兰巴托航线。20日，首航到达呼和浩特机场。

△ 中国银行呼和浩特分行更名为中国银行内蒙古自治区分行。

7月8日 呼和浩特如意高新技术开发区动工兴建。开发区总体规划面积6.8平方千米，南部为工业生产区，北部为生活区，中部为行政、商业、金融、文化综合服务区。

7月13日 市政府印发《关于深化改革开放经营搞活经济的决定》，鼓励国营、集体企业和个体经营者开办早点摊位和夜市，方便做好企业（集团）公司的审批工作，对新建公司放宽注册资金和企业名称限制。

7月14日 全国女子柔道邀请赛在呼和浩特市举行，来自各省区市的13个代表队参赛。呼和浩特市队敖登、李秦香、秦玉英、霍玉荣分获61公斤级、48公斤级、56公斤级和72公斤级4个级别冠军。

7月20—26日 全国马术锦标赛在呼和浩特市举行。内蒙古代表队囊括三项团体冠军，孟克、张河分获场地障碍赛和三日赛个人冠军。

7月22日 市委、市政府召开新闻发布会，决定在乌素图沟以西，霍寨沟以东，京包铁路以北，呼包公路以南，东西长5千米，南北宽2千米，总面积约10平方千米的地段开辟金川经济开发区。

7月28日 呼和浩特市被自治区党委、政府和内蒙古军区命名为“双拥模范城”。新城区、回民区、玉泉区被命名为“双拥模范区”。

7月31日 市委、市政府印发《关于〈贯彻中共中央、国务院关于加快发展第三产业的决定〉的实施意见》，要求全市抓住机会，下大力气，加快首府第三产业的发展步伐。

8月1日 自治区第一家老年公寓——呼和浩特市老年公寓建成。

8月3日 呼和浩特市召开首届私营企业代表大会，成立市私营企业协会，选举产生首届理事会。

△ 全国民族文化工作经验交流会在呼和浩特市举行，来自新疆、广东、北京等20个省、自治区、直辖市的文化厅厅长及文化部、中央宣传部、国家民委、自治区部分领导出席。会议总结交流了民族文化工作的新经验、新做法，以加快民族文化事业的发展步伐。

8月3—10日 全区首届乌兰牧骑艺术节召开。艺术节期间，来自全区各地的几支乌兰牧骑代表队和自治区直属艺术团体、呼和浩特市艺术团体先后在自治区政府礼堂和乌兰恰特演出28场，举办乌兰牧骑理论研讨会、图片展览等多项活动。中共中央政治局常委李瑞环、文化部部长高占祥以及国务院古籍整理出版规划小组组长匡亚明等领导与自治区党委书记王群，自治区党委副书记、自治区主席布赫一同观看乌兰牧骑演出并与演员合影留念。

△ 世界银行亚洲分行负责人率托克托电厂项目投资考察团一行4人，到托克托县进行实地考察。

8月4日 呼和浩特炼油厂试生产出首批柴油、汽油等合格产品，结束了自治区没有石油加工能力的历史。

8月8日 中共中央政治局常委李瑞环考察内蒙古第二毛纺织厂，自治区及呼和浩特市领导陪同考察。

8月13日 中国星火计划成果向中西部转移暨内蒙古技术洽谈会在呼和浩特市开幕，17个省区市的300余名代表，携带400余个项目参会。

8月15日 中国内蒙古对外经济贸易交流会在呼和浩特市开幕。参加开幕式的有中共中央宣传部、国务院港澳办公室、国家计委、国家科委、对外经济贸易部（以下简称经贸部）、广播电影电视部等有关部门领导；有山东、辽宁、广东、云南、广西等省区领导以及港澳台地区代表；有来自美国、日本、独联体、欧洲部分国家、蒙古国等30余个国家和地区的知名人士和客商。交流会历时10天，共设7个展厅及室外展场，195个展位，展出商品1万余种。

8月16—23日 内蒙古1992年那达慕草原旅游节暨国际马术邀请赛在呼和浩特市举行。来自19个国家和地区的90个旅游团（队）的1800余名客人参加，创汇近40万美元。

8月20日 中国古代北方民族考古文化国际学术研讨会在呼和浩特市举行。

8月28日 由纺织工业部、农业部主办的羊毛拍卖交易市场——呼和浩特市羊毛拍卖交易中心开业。

8月29日 国务院副秘书长徐志坚一行到土默特左旗，就解决环境污染问题进行现场办公。

8月21日 全区最大的综合商场——内蒙古立达国际商场工业品批发市场在呼和浩特市举行奠基仪式。

9月1日 中国工商银行内蒙古自治区分行在呼和浩特市开办牡丹信用卡业务。

9月10—14日 自治区第一届产学研洽谈会在呼和浩特市召开，区内外300余家企业、21所大专院校、科研院所及区外27所高等院校、科研院所的600名专家、学者、工程技术人员和企业界人士出席。

9月17—18日 自治区党委、政府召开经济工作座谈会，讨论加快呼和浩特市、包头市、伊克昭盟东胜市“金三角”经济开发区建设问题。

9月29日 国家重点建设工程——华北石油管理局呼和浩特炼油厂一期工程竣工并投入试生产，结束了自治区没有石油炼制工业的历史。

10月1日 市体改办组织召开内蒙古民族商场集团总公司改组为内蒙古民族商场股份集团公司大会，内蒙古民族集团公司成为呼和浩特市国有企业中首家股份制试点企业。

△ 呼和浩特市放开粮食及粮食制品价格，结束城镇居民凭粮证购买口粮的历史。

10月13日 世界粮食计划署援助托克托等三县农业和基础设施发展项目实施计划在北京签字。计划署将在五年中无偿援助内蒙古呼和浩特市托克托县，乌兰察布盟凉城县、和林格尔县88962吨小麦，折合1565.3万美元；中国政府5年内将提供1012万美元配套资金和建设项目所需物资等，改善自治区5万余户近23.5万农村人口的经济状况。

10月25日 呼和浩特市召开机构改革暨推行国家公务员制度工作会议。

10月 由呼和浩特市蒙古族学校组成的内蒙古女子足球队获全国青年女子足球赛冠军。

11月15日 建于呼和浩特市植物园内的乌兰夫同志纪念馆竣工，并于23日开馆。

11月23日 林业部批准建设乌素图国家级森林公园。

11月26日 经市政府研究决定，公主府、喇嘛洞、天主教堂、多松年烈士故居等11处文物古迹被列为市级文物保护单位。

12月2日 呼和浩特市五金公司改组为内蒙古金宇股份集团公司，是呼和浩特市首家由国有企业独立组建的股份制企业。

12月31日 呼和浩特市被全国双拥工作领导小组命名为“全国双拥模范城”。

12月 呼和浩特市实现基本养老保险基金盟市级社会统筹。

1992年 呼和浩特卷烟厂缴税2.36亿元，连续四年被国家统计局确认为全国500家最佳经济效益企业之一。

1993年

1月1日 全市公安系统22个派出所全部建立起人口基本信息微机管理系统。

1月4日 呼和浩特炼油厂大型设备能量回收机组联机试车一次成功，开创国内炼油行业同类设备试车投产的最高水平。

1月13日 市电信局完成1992年自治区及呼和浩特市重点工程1.8万门市话程控工程。

1月27日 内蒙古民族商场（集团）总公司转制为内蒙古民族商场股份有限公司（集团）。

2月14日 市政府批准，呼和浩特市回民奶食品总厂改组为内蒙古伊利实业股份有限公司，为全市首家转制的大中型股份制企业。

2月15日 呼和浩特市托克托发电厂工程开工建设。

2月23日 自治区政府公布呼和浩特市第二职业高中等13所学校为自治区级重点职业高级中学。

2月25日 呼和浩特如意经济技术开发区首家中外合资企业——内蒙古阿尔巴斯羊绒衫有限公司开业。

3月5日 市电信局开通寻呼机（又称BP机）汉字寻呼系统。

3月7日 土默特左旗邮电局2000门程控电话割接开通，是自治区第一个旗县邮电局引进国外程控交换机，也是第一个利用光缆进入全国和国际长途直拨电话通信网的旗县邮电局。

△ 市电信局开通114微机查号系统，结束人工查询电话号码的历史。

3月9日 呼和浩特高空指挥中心在白塔机场成立。根据民航内蒙古区局航管中心与北京、兰州、西安、沈阳等高空指挥区责任人签订的协议，呼和浩特空管系统将接管自治区境内东起赤峰市西老府，西到巴彦淖尔盟磴口县，北至中蒙边界，南到山西省平朔的空域，7000 ~ 12000米高层空间民航器活动的指挥，对所辖空域内的民用航空器实行空中交通管制、告警、航行情报服务，结束了民航内蒙古区局仅限于指挥7000米以下中低空民航器活动的历史。

3月15日 呼和浩特市大南街百货大楼被国家物价局、人民日报社、商业部、国家技术监督局、中国财贸工会和中国消费者协会联合评为“全国执行物价计量政策法规最佳单位”。自治区及呼和浩特市有关领导为大南街百货大楼挂匾。

3月15—18日 政协呼和浩特市第七届委员会第五次会议召开。会议审议通过市政协副主席皇甫臣作的《政协呼和浩特市第七届委员会常务委员会工作报告》。

3月16—19日 呼和浩特市第九届人民代表大会第五次会议召开，市委副书记、市长白音作《政府工作报告》。

3月17日 呼和浩特市蒙古族学校女子足球队代表中国，到以色列参加“世界中学生足球锦标赛”。以五战五胜的战绩获冠军，6名选手还被评为优秀运动员。

3月18日 中国投资银行呼和浩特分理处成立。

3月20日 利用捐资助学资金兴建的呼和浩特市锡林南路小学教学楼破土动工。

4月1日 联合国世界粮食计划署援助内蒙古的3924项目开工，自治区农委、3924项目办在托克托县3924项目区的大黑河输水交叉工地举行开工仪式。

4月8日 托克托县邮电局开通2000门数字程控电话交换机，并通过数字微波传输电路进入全国自动网，工程总投资1500万元。托克托县在全区16个贫困县中首先开通程控电话，呼和浩特地区电话全部进入程控交换网。

4月9日 土默特左旗中英合资盘古工业城暨内蒙古盘古制品有限公司，在土默特左旗金山开发区举行奠基仪式。

4月14日 呼和浩特市电影票票价放开。

4月15日 国家外汇局呼和浩特分局开始承办业务。

4月18日 中国国际航空公司内蒙古分公司经营的呼和浩特—乌兰巴托国际航线复航。

4月22日 全国人大常委会副委员长布赫到内蒙古电缆厂考察。

△ 呼和浩特炼油厂催化产品精制车间催化器机组爆炸起火，造成660余万元损失。内蒙古人民保险公司累计赔款达630余万元。

4月29日 市政府印发《呼和浩特市住房制度改革实施方案》。

5月1日 内蒙古汽车齿轮厂获“全国先进集体”称号和“五一劳动奖状”。

5月3日 2架波音737-300型飞机落户呼和浩特白塔机场。

5月5日 伊利股份制改组结束，国有股占38%，社会法人股占52%，企业职工股占10%。同日，内蒙古伊利实业股份有限公司召开成立大会暨首届股东代表大会，产生董事会和监事会。

5月18日 市电信局投资47万美元引进的移动电话系统，一期扩容工程竣工开通使用。

5月20日 呼和浩特市有线电视节目开通。

5 月 22 日 中国国际航空公司内蒙古分公司使用波音 737-300 型客机，开通呼和浩特—广州直达航线，每周两班。

5 月 26 日 建成于 1969 年的呼和浩特火车站旧站舍爆破拆除。

5 月 28 日 邮电部“八五”计划重点建设项目——呼和浩特邮政枢纽工程通过邮电部组织的验收，工程总投资 2963 万元，建筑面积 1.31 万平方米，内部安装推式悬挂分拣机、包裹分拣机等邮政分拣设备，形成机械化流水作业线。

5 月 30 日 北京军区某给水工程团在托克托县乃只盖乡新营子村打出一口深 280 米的自流井，结束当地群众常年饮用有害氟水的历史。

6 月 2 日 自治区党委副书记、自治区主席乌力吉到呼和浩特市调研经济工作。

6 月 7 日 呼和浩特—集宁汽车专用二级公路（呼和浩特段）举行开工典礼，交通部部长黄镇东及自治区、呼和浩特市领导参加开工典礼。

6 月 15 日 呼和浩特市召开第三届科学技术节大会，出资 103.5 万元，重奖呼和浩特地区有突出贡献的科技人员。

6 月 26 日 中国建设银行内蒙古自治区分行在呼和浩特市发行建设银行维萨卡和万事达卡，开办信用卡业务。

6 月 30 日 呼（呼和浩特）包（头）高速公路开工奠基。该条高速公路全长 146.6 千米。

6 月 内蒙古考古学家在位于呼和浩特市东郊大窑村山坡上，挖掘出土大量距今 70 万年前的动物化石。有剑齿虎、熊、河套大角鹿等动物的部分或完整的化石。

△ 呼和浩特市被国家科委列为全国科技兴市重点联系城市。

7 月 5 日 内蒙古电视机厂与日本夏普公司技术合作生产的天鹅（夏普）牌 25 英寸彩色大屏幕电视机问世。

7 月 15 日 市政府将新城区作为推行全国统一代码标识制度试点区。

7 月 16 日 市政府批准的第一家工业企业集团——呼和浩特正北实业（集团）总公司成立。

7 月 16—18 日 纪念毛泽东诞辰一百周年理论研讨会在呼和浩特市举行。全国政协副主席、中国科学院院长胡绳出席开幕式并讲话。

7 月 18 日 中共中央政治局委员、国务院副总理邹家华调研考察呼和浩特—包头高速公路建设。交通部部长黄镇东、自治区副主席沈淑济陪同考察。

7 月 20 日 呼和浩特火车站举行站房扩建工程奠基仪式。工程总投资 5000 万元，建筑面积为 2.8 万平方米。

7 月 20—24 日 新疆、青海、宁夏、广西、云南、西藏、贵州和内蒙古八省区民委主任联席会议在呼和浩特市召开，会议交流贯彻落实中央民族工作会议精神，加强民族团结、促进各民族共同繁荣进步的经验，并就在民族地区深化改革，扩大开放，建设社会主义市场经济体制的新形势下进一步做好民族工作，进行深入的研讨。

7月22日 呼和浩特市固定电话普及率达每百人9.78部，位列全国省会城市第8位。

7月29日 呼和浩特—海拉尔卫星通信系统扩容工程完工，新增卫星电路240条。

8月2日 联合国粮食及农业组织驻华代表科瑞希到呼和浩特市考察工作。

8月6日 自治区最大的商业贸易中心股份制商业企业集团内蒙古民族商场股份有限公司（集团）正式投入运营。集团由全民所有制为主体的民族商场（集团）总公司改组而成，营业面积4万平方米，经营商品5.79万余种。

8月9日 国航内蒙古分公司启用波音737–300型客机，开通呼和浩特—深圳航线，每周飞行一班。

8月12日 全国政协副主席吴学谦到呼和浩特市考察。

△ 中国民航呼和浩特售票处联网投入运行，可销售呼和浩特至全国各大城市的联程、回程机票。

8月16日 国际草地资源学术会议在呼和浩特市召开。这是全国草原学界首次组织召开的国际草地学术会议。美国、澳大利亚、日本、加拿大、新加坡、印度、哈萨克斯坦、南斯拉夫、南非等国家及中国台湾的240余名草地学专家、学者参加会议，共提交252篇学术论文。会议对草地资源利用、保护和动态监测，牧草种子资源多样性及牧草育种，草地农业系统的理论与应用3个议题进行讨论和学术交流。

8月24日 呼和浩特钢铁厂生产的10 ~ 20毫米系列小圆钢，获全国冶金产品博览会“用户可信产品”和“金杯奖”。

9月1日 联合国技术信息促进系统中国分部呼和浩特中心站开通。

9月5日 市电信局开放114长途查号业务，停用174长途查号台。

9月9日 全国农业广播电视学校第九次教务工作会议在呼和浩特市召开，除西藏、台湾外，来自全国的70余位农广校教务负责人参加会议。

9月14日 自治区第一座50万立方米干式煤气柜在呼和浩特市建成。

9月15日 应呼和浩特市卫生防疫站与中华预防医学会呼和浩特市分会邀请，台湾慈善慈济综合医院院长、国际知名砷性皮肤癌与砷性“乌脚病”研究学者曾文宾教授一行8人到呼和浩特市，开展学术交流活动。

9月26日 和林格尔县境内一处遭破坏的北魏时期大型砖室墓，经清理发现墓中尚存20余平方米的彩绘壁画，再现1500年前敕勒川优美自然景观。

10 月 4 日 国家计委批准自治区重点建设项目——“引黄入呼”工程立项，项目总投资约 10 亿元。

10 月 30 日 呼和浩特市有线电视入网户达 2 万户，覆盖面积 30 平方千米，可同时传输 16 套节目。

11 月 2 日 国航内蒙古分公司开通呼和浩特—锡林浩特—北京空中航线。

11 月 15 日 呼和浩特市郊区西菜园村成为自治区第一个亿元村。

11 月 21 日 呼和浩特实验电炉厂自行设计研制成功中国新一代超高温电阻炉，在氧化条件下炉膛温度可达 800℃，填补了国内空白。

11 月 24 日 呼和浩特炼油厂发生含硫废气泄漏事件，影响波及全市，属较大污染事故，被罚款 5 万元。

11 月 27 日 市委召开常委（扩大）会议，研究“蓝天绿地”工程问题。会议原则同意《呼和浩特市“蓝天绿地”工程实施方案》，要求有关部门制定具体规划，将该工程纳入城市总体规划。

12 月 9 日 呼和浩特炼油厂溶剂脱沥青装置在运行中突然起火，损失 73.4 万元，人保内蒙古分公司赔款 71.4 万元。

12 月 15 日 内蒙古第一毛纺织厂生产的“山丹”牌毛毯获商业部颁发的“争创一流产品，争创一流服务”最畅销国产商品 1993 年“金桥奖”。

12 月 16 日 呼和浩特白塔机场实现航空口岸全封闭管理。

1994 年

1 月 1 日《呼和浩特晚报》由 4 开 4 版扩为 4 开 8 版，市委书记贾才，市委副书记、市长白音分别为扩版题词。

1 月 3 日 自治区党委副书记王占、自治区副主席赵志宏先后到土默特左旗、托克托县农村砷中毒和氟中毒地区考察改水工作。市委副书记、市长白音，副市长却金扎布一同考察。

1 月 4 日 呼和浩特航空港被国家口岸办授予先进单位称号。

1 月 11—17 日 呼和浩特市代表团在全区第八届运动会获团体总分第三名。

1 月 15 日 “中国·日本少年儿童美术、书法、摄影比赛”结束，呼和浩特市蒙古族学校选送参评的剪纸作品中有 36 幅获奖。其中，学生木其日的作品《欢乐的节日》获银奖；教师荣凤敏获“中日优秀辅导教师大奖”。

1 月 29 日 市政府发布关于在部分地区禁止燃放烟花爆竹的通告。

2 月 4 日 “引黄入呼”学术会议在呼和浩特市召开。会议评审自治区环境科学研究所编撰的《呼和浩特市引黄供水工程环境影响报告书》。

2月28日 市锅炉制造总厂设计制造的TC型体内擦洗浮动床钠离子交换器，被国家专利局授予“中国专利优秀奖”。

3月1日 邮电部决定，中国与韩国间开办国际邮政汇票互换业务，内蒙古地区由市电信局受理该项业务。

3月19日 呼和浩特铁路局168个车站全部实现电气集中控制，居全国12个铁路局之首，结束人工扳道的历史。

3月20日 市电信局2万门市话程控交换机扩容工程投产，全市5万部电话全部实现交换程控化，传播数字化。

3月20日 全区邮电系统“八五”计划西班牙SESA公司2万门程控电话扩容工程一次割接成功。

3月22日 呼铁局为全国12个铁路局中首家开通计算机确报系统的铁路局。

4月1日 自治区境内第一条首府至盟市所在地的快速邮路干线——呼和浩特—锡林浩特快速干线自办汽车邮路投入运行。5月1日正式开通。邮路全长665千米，途经武川县、四子王旗、苏尼特右旗、苏尼特左旗、阿巴嘎旗等地，邮车班期为逐日班，双向对开。沿途各旗县市可以全部开办国内邮政特快专递业务。

4月2日 全国百家电子企业排序结果揭晓，内蒙古电视机厂列第36位。

4月6日 市政府决定，内蒙古伊利实业股份有限公司和内蒙古金宇集团股份有限公司实行计划单列。

△ 呼和浩特钢铁厂新建10吨电炉竣工投产，是地方钢铁工业“八五”规划目标的项目之一。

4月9日 市政府决定在市蔬菜水产公司实行无主管企业试点并进行股份制改造，组建成立食全食美股份有限公司。

4月10日 内蒙古青松制衣有限公司生产的“仕奇牌”西装，获首届中国十大名牌西装称号。

4月18日 自治区规模最大的平战结合人防工程——呼和浩特市人防地下城在呼和浩特火车站举行奠基仪式。

4月29日至5月2日 中共中央政治局常委、国务院总理李鹏结束亚洲5国之行，离开乌兰巴托回国抵达呼和浩特市。其间，到呼和浩特市机床附件总厂、内蒙古青松制衣有限公司考察。

4月30日 市电信局引进德国西门子公司1.5万门程控电话交换机正式投产运行，使全市市话交换机总容量达6.9万门。

5月2日 呼和浩特—锡林浩特快速汽车邮路开通。该邮路是呼和浩特至锡林郭勒盟所在地第一条快速长途自办汽车邮路。

5 月 10 日 呼和浩特—二连浩特、多伦长途汽车客运开通。

5 月 11—18 日 呼和浩特市第十届人民代表大会第一次会议在呼和浩特市举行，319 名代表参加会议。市委副书记、代市长张国民作《政府工作报告》。

5 月 12 日 呼和浩特航空口岸被国家口岸办公室授予“先进口岸”称号。

6 月 13 日 国家科委将呼和浩特市列为全国科技兴市试点城市。

6 月 20 日 国务院物价检查组一行 5 人到呼和浩特市，对首府市场物价和粮食价格改革的情况进行检查。

6 月 22 日 国务委员李贵鲜到呼和浩特市如意开发区考察。自治区副主席赵志宏陪同考察。

△ 自治区党委、政府和内蒙古军区召开全区双拥模范城（旗县区）命名大会。呼和浩特市和土默特左旗分别获“双拥模范”城（县）称号。

7 月 4—10 日 呼和浩特市民族歌舞团赴俄罗斯参加国际民间艺术节，获 4 个大奖中唯一一个特别奖。

7 月 5 日 老一辈无产阶级革命家乌兰夫铜像及革命烈士多松年、李裕智、贾力更、刘洪雄、高凤英等雕像在呼和浩特大青山革命公墓落成。

7 月 7 日 呼和浩特市实验中学和新城区苏虎街小学，被全国中小学教改委评定为全国中小学教育整体改革试验基地学校。

7 月 12 日 由全国人大常委会环境保护委、国家环境保护局等组成的“中华环保世纪行”执法检查团到呼和浩特市如意、金川经济开发区和内蒙古化肥厂、呼和浩特炼油厂检查环保工作，并听取市政府环境保护工作汇报。

7 月 19 日 呼和浩特市第一家农村开放型敬老院在郊区西菜园乡厂汉板村举行落成典礼。

7 月 21—25 日 自治区第八届运动会在呼和浩特市举行。12 个盟市、厂矿企业、行业体协近 3000 名运动员参会。本届运动会设 16 个项目 225 枚金牌。呼和浩特市代表队获 62 枚金牌，居金牌榜首位。

7 月 22 日 由于突降大暴雨，大黑河上游出现 27 年来最大流量每秒 1450 立方米的大洪峰。副市长呼尔查和土默特左旗、托克托县、郊区党政领导及有关部门的负责人和解放军、武警官兵及两岸群众纷纷赶到抗洪抢险第一线，经过奋战使第一次洪峰安全通过。

△ 全国双拥工作领导小组以民政部、解放军总政治部的名义授予呼和浩特市全国双拥模范城（县）称号。

7 月 26 日 自治区第一家集信息交流及商品批发为一体的服务型交易场所——

内蒙古信息交易市场在呼和浩特市开业。

7月28日 市政府在工人文化宫举行“国事、民事、家事大家谈”大会，参加大会的工人、农民、知识分子、解放军指战员、机关干部等各族各界群众代表，提出关于呼和浩特市经济、社会发展问题384个，全市四大班子领导和有关部门负责人现场解答热点问题。

8月4—7日 全国马术锦标赛在呼和浩特市举行。内蒙古代表队获盛装舞步赛团体冠军。

8月6—11日 全国第十一届贝贝杯足球赛在呼和浩特市举行。北京、上海、郑州、沈阳等地22支小足球队参加比赛。

8月9日 八省区人大常委会主任座谈会在呼和浩特市召开，议题为加快经济立法，引导、保障和促进社会主义市场经济体制建设和发展。

8月9—10日 中共中央政治局常委、中央书记处书记胡锦涛到呼和浩特市先后考察农村、工厂企业、科研单位。自治区党委书记刘明祖，自治区党委副书记、自治区主席乌力吉陪同考察。

8月16—18日 自治区第三届国际马术邀请赛在呼和浩特市举行。来自新西兰、日本、菲律宾、伊朗、澳大利亚、韩国、蒙古国等国及中国香港的10个代表队参加比赛。中国内蒙古队获团体第三名。

8月18日 经自治区政府批准，市政府追认杨恩会为革命烈士。杨恩会生前是土默特左旗供销社土畜产总公司职工，1993年12月7日晚，为保护国家财产与闯进公司作案的歹徒英勇搏斗不幸牺牲。

△ 内蒙古民族商场股份有限公司长乐宫购物中心开业。国家体改委副主任王仕元、全国政协常委巴图巴根及自治区、呼和浩特市领导为购物中心开业剪彩。

△ 市政府授权伊利公司经营呼和浩特市牧工商公司所属的9个企业和市粮食局所属配合饲料厂的国有资产，合并组建伊利乳业集团。

8月24日 国家“九五”期间重点工程建设项目——托克托电厂新建工程通过国家计委立项。

8月25日《昭君出塞》邮票首发式在自治区政府礼堂广场举行。中国对外友好协会副会长周巍峙，国家民委、邮电部、自治区及呼和浩特市领导及有关省市负责人、海外宾客、集邮爱好者1000余人出席首发式。

9月1日 托克托县南坪乡霍家圪洞小学一批因家庭贫困而失学或将要失学的儿童，从老师手中接过“希望工程结对救助卡”。至此，托克托县成为中国第一个没有失学儿童的国家级贫困县。

9月4日 自治区申报的唯一重点技工学校——呼和浩特铁路司机学校，被劳动部命名为“国家重点技工学校”。

9月5—7日 内蒙古国际自由式摔跤邀请赛在呼和浩特市举行。俄罗斯和山西、吉林、河北、内蒙古近50名运动员参加比赛。内蒙古一队的都古尔和巴图孟克分别在48公斤级和100公斤级比赛中获胜。

9月10日 中共中央政治局委员、国务院副总理李岚清，全国人大常委会副委员长布赫，分别为内蒙古师范大学附中40年校庆题词：“振兴民族的希望在于教育，振兴教育的希望在于教师。”“深化教育体制改革，不断提高教学质量。”

9月13日 参加第六届“远南”残疾人运动会的内蒙古运动员、教练员获奖人员庆功大会在呼和浩特市举行，全区9名运动员共夺得金牌13枚、银牌5枚、铜牌2枚。边建欣和李伟朴分别被评为“十佳运动员”和“十佳教练员”。

9月14日 在杭州召开的全国中小学整体改革研讨会暨讲习会上，呼和浩特市夺得全国中小学整体改革专业委员会所授实验基地10块金牌中的3块，呼和浩特市回民区成为全国第一个教育整体改革区域性实验基地。

10月 郊区西菜园乡、巧报乡乡镇企业突破10亿元。

11月24日 回民区被教育部授予全国第一个教育整体改革区域性试验基地。

11月27日 呼和浩特市最大的残疾人福利企业，呼和浩特市星光树脂衬布厂投入试生产。生产的新型树脂衬布和无纺衬布，填补自治区及西北地区的空白。

11月下旬 自治区党委书记刘明祖到呼和浩特市郊区、土默特左旗、托克托县的20家乡镇企业调研，对呼和浩特市乡镇企业发展给予高度评价。

12月2日 呼和浩特市市区公共汽车部分线路实行无人售票。

△ 呼和浩特精密制管厂和燕山大学共同研制开发的三层卷焊钢管，通过自治区科委鉴定，国际制管工业重大技术突破填补了国际空白。

12月9日 自治区政府印发《关于表彰内蒙古自治区首批科技先导型企业的决定》，授予呼和浩特机床附件厂等17家企业自治区首批“科技先导型企业”称号。

△ 市盲聋哑协会原副主席、离休干部阿拉坦仓创造出世界第五种盲文语言——蒙盲文。

12月16日 呼和浩特发电厂5号机组（5万千瓦）一次发电并网成功。

12月26日 市第一医院门诊病房综合楼举行落成典礼。新建门诊病房综合楼总建筑面积1.26万平方米，总高度38.8米，床位200张，并配备集中供氧系统、紧急呼叫系统、消防自报警喷淋系统等现代化设施。

12月29日 中共中央政治局委员、中央书记处书记吴邦国到呼和浩特市国有企业，就如何搞活国有企业建立现代企业制度进行调研。充分肯定呼和浩特市国有企业的改革实践，并作出指示。

12 月 30 日 内蒙古第三毛纺织总厂生产的“荣冠”牌梭织羊绒围巾 09 系列产品，获“唯尔佳”杯新产品一等奖，填补国家粗纺呢绒产品的空白。

1994 年 呼和浩特市开通全国航空售票微机联网，并开办航空特快专递业务。

△ 郊区西菜园乡取得自治区乡镇企业总产值“六连冠”。

1995 年

1 月 4 日 自治区政府 1995 年第一次常务会议决定将和林格尔县整建制划归呼和浩特市管辖。

1 月 5 日 呼和浩特市新建的长途汽车南站投入试运营。汽车南站位于石羊桥西路，1993 年底开工建设，占地面积 2.4 万平方米，建筑面积 9300 平方米，总投资 1680 万元。南站日发车 110 个班次，吞吐客流近 1 万人，是呼和浩特市发往包头、乌海、托克托县及山西、河北等毗邻省、自治区的交通枢纽。

1 月 11 日 市委副书记云锋、副市长呼尔查率有关部门负责人和民营企业家到和林格尔县考察。根据自治区党委决定，在国务院批复前，交接工作由乌兰察布盟和呼和浩特市先行运作。

2 月 2 日 内蒙古第一毛纺织厂生产的“山丹”牌绒线系列产品在全国销售商品评比中，获全国最畅销商品“金桥”奖。

3 月 30 日 由中国综合开发研究院和中国工业经济学会联合主办的“仕奇现象与中国名牌发展战略高级研讨会”在北京市召开。全国人大常委会副委员长布赫和第八届全国人民代表大会常务委员会副委员长李沛瑶到会并讲话，自治区党委常委、呼和浩特市委书记白音介绍首府实施名牌战略的情况。

3 月 31 日 经国家计委批准立项的“八五”期间国家重点建设项目，北京—呼和浩特—银川—兰州通信光缆干线内蒙古段开工。

4 月 1—3 日 建设部部长侯捷一行 4 人到呼和浩特市调研，听取市政府和有关部门就首府城市规划、建设、管理的情况汇报，并考察呼和浩特的市政公用行业和建筑业。

4 月 2 日 呼和浩特—大连航线通航。该航线途经河北省石家庄、秦皇岛机场，航程 1129 千米，飞行时间 3 小时 35 分。

△ 呼和浩特市郊区医院医生庄家骊撰写的论文《〈脾胃论〉甘温除热五方剖析》，获第二届世界传统医学大会暨“超人杯”世界传统医学优秀成果大奖赛国际优秀成果奖。

4 月 12 日 呼和浩特市被国务院列为重新组建仲裁机构的 7 个试点市之一。该机构依法独立于行政机构，以一裁终局的方式解决经济以及其他财产权益纠纷。

4月18日 呼和浩特市第一家以公司国有资产为投资主体的产权式企业——呼和浩特大众锅炉（集团）有限责任公司成立。

4月28日 呼和浩特海关驻市邮政局办事处成立，开始办理邮递物品报送、验关业务。结束自治区进出口国际邮件需要到区外报送、验关的历史，加快自治区内国际邮件的传递速度。

5月5日 乌素图国家森林公园开工奠基。乌素图国家森林公园是1992年经林业部批准、自治区及呼和浩特市两级政府立项的林业重点开发建设项目，被确定为向自治区成立50周年献礼项目。

5月9日 内蒙古第三毛纺织总厂为第四次世界妇女大会赞助100万元签字仪式在北京人民大会堂举行。

5月10日 呼和浩特—武汉—深圳—福州航线开通。航线全长2356千米，飞行4小时12分。

5月11日 在全国农村文化暨表彰文化县先进工作会议上，呼和浩特市郊区政府获全国文化先进县称号。

5月12日 在由21个国家和地区参加的1995年北京国际服装服饰博览会上，内蒙古第三毛纺织总厂（荣冠集团）参展的“荣冠”牌梭织羊绒围巾，获服饰金奖。

5月17日 呼和浩特市移动电话实现自动漫游通达省市达14个省、自治区、直辖市。

5月22日 自治区党委书记刘明祖到呼和浩特市，就国有和个体粮站、菜市场、牛羊肉市场、农贸市场和义乌小商品批发市场调研后指出，要充分认识发展第三产业的重要意义，广开待业人员的就业渠道，认真抓好“菜篮子”“米袋子”工程，做好平抑物价工作，切实提高城镇居民的生活水平。市委书记白音，市委副书记、市长张国民陪同调研。

5月23—25日 呼和浩特市举行“南北经贸合作恳谈会”，中共中央统战部、全国工商联及北京、石家庄、珠海、番禺、泉州、太原等市工商联的领导和民营企业家参会。与会代表实地考察金川、如意开发区和义乌小商品批发市场、伊利公司等，并与首府企业界广泛接触，进行项目洽谈，对口联谊。

6月1日 市委副书记、市长张国民召开紧急办公会议，贯彻自治区党委书记刘明祖关于平抑物价的指示精神，专题研究控制物价措施。

6月3—6日 全国人大常委会委员、中央纪委委员、中共中央统战部副部长万绍芬，率全国省级统战部联络处长参观团一行46人，到呼和浩特市就谋求边疆与内地省份的合作之路，促进统战工作为经济建设服务功能的深化进行调研。

6月6—8日 全国政协副秘书长、全国工商联副主席胡德平率香港合作实业有限公司董事长助理、中国项目总监贾呈会，中国国民福利互助会会长郑中伟等实业家和专家，对市二环路、安居工程、发电厂项目进行考察。并与市领导和有关部门负责人就项目投资进行洽谈。

6月25日 呼和浩特本地电话网号码由6位升到7位。

6月28日 中国国际航空公司内蒙古分公司增开呼和浩特—北京—锦州航班。

6月30日 自治区党委副书记、自治区主席乌力吉签署发布《内蒙古自治区企业最低工资暂行规定》，自1995年7月1日起施行。确定全区分为三个类别标准：呼和浩特为一类地区，月最低工资标准为180元。

7月5日 由内蒙古经济广播电视台和《新体育》杂志社主办，内蒙古第三毛纺织总厂独家赞助的“荣冠杯”全国围棋名人邀请赛，在呼和浩特市开幕。国内围棋高手陈祖德、聂卫平、马晓春、陈临新等参加比赛。

7月17日 呼和浩特—北京快速干线汽车邮路开通。

7月19日 市政府召开加强物价控制工作会议，力争将全市零售物价总水平控制在15%左右。

7月21日 和林格尔唐墓首次发现贴塑陶器，对研究唐代北方草原文明，东西方文化交流史很有价值。

7月27日 自治区政府决定追认3月16日晚被歹徒枪杀的市公安局新城区东风路派出所所长吴文艺为革命烈士，自治区公安厅为他追记个人一等功。

7月31日 中共中央对外宣传办公室主任曾建徽一行3人到如意开发区调研，并对开发区的招商引资、开发建设及“九五”规划发展目标表示赞赏。自治区及呼和浩特市有关领导陪同。

8月1日 共青团中央第一书记李克强到呼和浩特市考察。

8月6日 国务院物价检查组到呼和浩特市检查物价工作。

8月8日 金川工业园区举行建区三周年庆祝活动，国务院特区办副司长吴恒桂，呼和浩特市委、市政府领导参加庆典仪式。

8月9日 市公安局迎新路派出所被自治区命名为一级规范化派出所。

8月16—19日 首届全国少数民族武术比赛在呼和浩特市举行。内蒙古青城武馆队获散打比赛团体冠军。

8月22日 国家安居工程呼和浩特“兴隆小区”开工奠基仪式在玉泉区举行。兴隆小区规划占地面积6.34公顷，总建筑面积8.61万平方米，配套公共设施面积3520平方米。

8月31日 在第五十届世界统计大会上，内蒙古第三毛纺织总厂（荣冠集团）

被国家统计局、中国技术进步评价中心命名为“中国梭织羊绒制品之王”，厂长荣文彬获首批“中国经营管理大师”称号。

8月 澳大利亚政府援助回民区小学教育项目开始实施。援助资金28万元人民币，用于改善回民区教师进修学校和2所小学的教学设备以及补充教师培训经费。

9月16日 全国9所“全国教育整体改革实验基地学校”之一的呼和浩特市实验中学举行建校40周年庆祝活动。

9月23日 由市集邮公司、市集邮协会、北京邮星贸易公司联合主办的呼和浩特1995年邮品拍卖会在呼和浩特市举行。拍卖邮品173项，成交额52万元，创自治区历次邮品拍卖最高纪录。《全国山河一片红》以8.1万元的高价拍卖。

△ 呼和浩特—包头—东胜快递干线汽车邮路开通，全长312千米。

9月27日 自治区“八五”计划重点公路建设项目，110国道呼和浩特—集宁段二级汽车专用公路改建工程全线贯通。工程全长124.5千米，1993年6月开工。

10月16日 自治区地税局呼和浩特稽查分局成立。负责呼和浩特市、自治区部分直属企业的税务稽查。

10月18日 呼和浩特新客站扩建工程竣工投入使用。新客站总建筑面积3.8万平方米，主体建筑高24米共5层，中央钟楼高42米共7层，可容纳5000人候车。

10月20日 110国道呼和浩特—集宁段汽车专用二级公路建成通车。起于呼和浩特市塔利，终点至集宁市西门，全线长124.45千米，是国家12条国道主骨架之一，是呼和浩特通往首都北京的干线公路。

10月22日 国家一级干线北京—呼和浩特—银川—兰州段部分电信线路投入试运行，2000线长途程控交换机同时投入使用。

10月23—27日 在第三届全国城市运动会上，呼和浩特市代表队获5枚金牌，5枚银牌，团体总分169.99分。金牌总数在49个代表团中名列第10位。

10月29日 市民间歌舞团创作演出的民族历史歌舞剧《也兰公主》获第四届中国戏剧节最高奖——优秀演出奖、编剧奖、导演奖、优秀表演奖等10项单奖。

11月6日 郊区民族小学发生学生挤压事故，7人死亡、3人重伤。中国人保财险内蒙古分公司赔款4.1万元，并向市委、市政府捐赠15万元慰问金。有关事故责任人被依法追究刑事责任。

11月15日 新华航空公司使用波音737-300型客机，开通北京—呼和浩特航线，每周飞行1班。

11月21日《国务院关于同意〈内蒙古自治区乌兰察布盟和林格尔县、清水河县划归呼和浩特市管辖〉的批复》，批准上述2县划归呼和浩特市管辖。

12月13日 内蒙古达拉特发电厂一期配套重点工程——呼和浩特供电局220千

伏昭君变电站建成送电。

1995 年 郊区西菜园乡以 17 亿元的总产值获自治区乡镇企业总产值第一名。

1996 年

1 月 3 日 呼和浩特发电厂 6 号机组、达昭 220 千伏输变电工程及金川 110 千伏电站投产运营。

1 月 9 日 自治区政府决定从 1996 年 1 月起，乌兰察布盟武川县划归呼和浩特市管辖。

1 月 14 日 经国家、自治区两级人防办和市政府批准兴建的全区规模最大的平战结合人防工程——草原地下城营业。

△ 市交警支队回民区大队二中队代理中队长狄永红，获全区第三届“内蒙古十杰青年”称号。

1 月 10—15 日 政协呼和浩特市第八届委员会第四次会议召开。会议审议通过市政协主席云淑贤作的《政协呼和浩特市第八届委员会常务委员会工作报告》。

1 月 11—16 日 呼和浩特市第十届人民代表大会第四次会议召开，市委副书记、市长张国民作《政府工作报告》。

1 月 22 日 在全国第三次城市卫生检查评比中，呼和浩特市被评为“国家卫生城市”。

1 月 26 日 内蒙古伊利实业股份有限公司在上海证券交易所 A 股上网向社会公开发行。发行 1715 万股，每股面值 1 元，发行价 5.95 元。计划募集资金 1.02 亿元，当日上海证交所收市时，实收认购资金 21.08 亿元，有效申购户数 363292 户，股数 36667.87 股，中签率 4.72%。

同月 内蒙古第一毛纺织厂成为 ISO 9000 ： 1994 质量体系首批认证单位。

3 月 5 日 呼和浩特—大同—太原快速汽车邮路开通。

3 月 19 日 呼和浩特市政府举行与匈牙利中华工商联光彩事业投资项目签字仪式，全国工商联副主席胡德平，自治区及呼和浩特市领导出席。

3 月 22 日 内蒙古伊利实业股份有限公司、内蒙古民族商场获自治区“十佳股份制企业”称号。

3 月 31 日 国航内蒙古分公司恢复呼和浩特—北京—常州—北京—呼和浩特、呼和浩特—北京—黄山—北京—呼和浩特的航线。

4 月 8 日 联合国世界粮食计划署援华项目——内蒙古 3924 项目 1996 年工作会议在呼和浩特市召开。

4月11日 呼和浩特市被建设部评为“1995年度全国城市环境综合整治先进省会城市”；副市长连辑获“1995年全国环境综合整治先进省会市市长”称号；市城建局局长王志绥获“1995年全国城市环境综合整治先进省会市城建局长”称号。

5月18日 自治区成立50周年大庆献礼项目——鼓楼立交桥开工奠基仪式举行。

6月1日 中日友好清水河县暖泉希望小学奠基仪式，在清水河县暖泉乡阳湾村举行。

6月8日 市政府与彩虹电子（集团）公司，在自治区政府礼堂举行内蒙古电视机厂划归彩虹电子（集团）公司交接签字仪式。国家经贸委、电子工业部、自治区及呼和浩特市领导，彩虹集团副董事长、总裁吴维仁出席签字仪式，电子工业部副部长张文义、自治区副主席沈淑济及副市长呼尔查分别在签字仪式上讲话。

7月1—5日 全国首届色拉西马头琴大奖赛在呼和浩特市举行，齐·宝力高获“大师奖”，敖那拉图获成年组一等奖，苏依拉格日乐获少年组一等奖。

7月8日 呼和浩特—北京—秦皇岛—青岛航线开通。

8月12日 国务院特区办主任葛洪升、国务院特区办秘书局局长曹振相到呼和浩特市如意经济技术开发区调研。

8月13日 国家科委副主任邓楠一行6人考察呼和浩特如意经济技术开发区。

8月20日 呼和浩特—石家庄—香港包机航线开通。

8月27日 呼和浩特炼油厂通过国家有关部门的工程竣工验收，交付生产。

9月8日 市益华新型防水厂生产的SBS改性沥青柔性油毡，在第三届中国科技新产品名产品博览会上获金奖。

10月18日 呼包高速公路黑色路面全线贯通，结束自治区无高速公路的历史。

12月2日 国家“九五”重点工程、世界银行1997财政贷款项目、中华人民共和国成立后自治区投资最大、引用外资最多的托克托火电工程，通过世界银行项目评估。

1997年

2月5日 内蒙古伊利实业股份有限公司举行成立大会。

2月17日 呼和浩特市召开防治大气污染动员会，确定“三年见成效，五年达到国家二级标准”的治理大气污染目标。市委书记白音讲话，要求各级政府要充分认识环境工作的重要性、紧迫感，要把这一涉及全局和长远利益的工作摆上重要议事日程，要加大宣传力度，形成齐抓共管的强大合力，把环境保护工作搞好。

2月25日至3月1日 政协呼和浩特市第八届委员会第五次会议召开。会议审议通过市政协主席云淑贤作的《政协呼和浩特市第八届委员会常务委员会工作报告》等。

2月26日至3月2日 呼和浩特市第十届人民代表大会第五次会议召开，市委副书记、代市长冯士亮作《政府工作报告》，会议选举冯士亮为呼和浩特市市长。

3月26日至4月1日 自治区化学工业调研组到呼和浩特炼油厂、内蒙古化肥厂、土默特左旗化肥厂、土默特左旗催化剂厂、市化工总厂、市日化公司以及市橡胶厂、市第二橡胶厂等化工企业就生产经营和“九五”计划安排及结构调整设想进行调研。市计委石化工业调研组陪同调研。

4月1日 北京市委副书记、市长贾庆林率北京市党政代表团到和林格尔县考察慰问，与自治区及呼和浩特市两级党政领导共商对口扶贫工作。

5月10日 在开展“学济南交警、树行业新风”活动中，市交警支队获全国公安系统“先进集体”称号并立集体一等功。

5月15日 内蒙古仕奇集团有限责任公司成立。

5月18日 鼓楼立交桥冠名权（含广告发布权）面向全国公开拍卖，市政广告公司以2000万元的最高价获冠名权。

6月2日 国家经贸委主任王忠禹一行考察内蒙古仕奇集团和内蒙古伊利实业集团股份有限公司。

6月12日 自治区党委书记刘明祖、自治区副主席张廷武及水利部有关负责人到清水河县集雨节水灌溉工程调研。

6月18日 鼓楼立交桥竣工通车典礼仪式举行。

6月22—23日 中共中央政治局委员、国务委员、国家体改委主任李铁映到呼和浩特市考察自治区成立50周年大庆献礼项目和部分企业。

7月12日 水利部部长钮茂生到清水河县、托克托县调研农田水利工程。

7月15日 自治区成立50周年大庆重点献礼项目——西北地区最大的垃圾无害化综合处理场竣工剪彩仪式举行。

7月16日 北一环路、兴安北路、呼哈路、兴安路公铁立交桥竣工通车剪彩仪式举行。

7月20日 自治区成立50周年庆祝大会在呼和浩特市举行，中央代表团团长邹家华，副团长布赫、罗干、万国权、王克出席大会。全市各族各界群众举办丰富多彩的活动，庆祝盛大节日。夜晚，在呼和浩特体育场举行“双洋之夜”大型焰火文艺联欢晚会。

7月24日 全国政协常委袁木一行到呼和浩特市考察企业改革工作。

7月25日 呼和浩特市与烟台市举行缔结友好城市签字仪式，呼和浩特市领导白音、冯士亮、周喜成、连辑、郝建中和烟台市委书记王树建出席签字仪式。

8 月 1 日 内蒙古伊利实业集团股份有限公司举行托管呼和浩特市牧工商总公司接收仪式。

8 月 10 日 中央电视台《正大综艺》到呼和浩特市拍摄并播出专辑。为表达对内蒙古人民传统节日“那达慕”的祝贺，中央电视台将原本 45 分钟的节目延长到 97 分钟。

8 月 22 日 内蒙古新华书店成立 50 周年庆祝大会在呼和浩特市举行。

8 月 27 日 呼和浩特师范学校举行建校 75 周年庆典。

9 月 29 日 全区首家私营企业党组织——中共呼和浩特市私营企业联合委员会成立。

10 月 15—16 日 中共中央政治局常委、国务院副总理李岚清到呼和浩特市第二职业中等专业学校调研，并赠言“科教兴国，振兴中华”。

11 月 19 日 自治区直属医药企业——内蒙古大唐药业股份有限公司、呼和浩特医药集团总公司、呼和浩特制药厂下划呼和浩特市交接仪式举行。

11 月 28 日 呼包两市勘界协议书签字仪式举行，自治区及呼和浩特市领导王凤岐、王振义，包头市副市长张洪祥及自治区和呼包两市有关方面负责人出席签字仪式。

12 月 20 日 内蒙古呼运（集团）有限责任公司成立仪式举行。

1997 年 新城区财政总收入首次突破亿元。

1998 年

1 月 21 日 市文化商城举行落成典礼仪式。

2 月 23—27 日 政协呼和浩特市第八届委员会第六次会议召开。会议审议通过市政协主席云淑贤作的《政协呼和浩特市第八届委员会常务委员会工作报告》。

2 月 24—28 日 呼和浩特市第十届人民代表大会第七次会议召开，市委副书记、市长冯士亮作《政府工作报告》。

5 月 15 日 呼和浩特—北海光缆工程内蒙古段全线竣工。

5 月 29 日至 6 月 18 日 市委、市政府组建以市委常委、纪委书记王铁小为组长的市建工系统深化企业改革调研组，进驻特困企业内蒙古第一建筑公司（国有大型一级施工企业）工作，实施“以资带人，置换身份，脱钩重组，分块搞活”的改革方案。

7 月 10—16 日 第三届中国曲艺节 · 内蒙古之夏在呼和浩特市召开。全国 28 个省、自治区、直辖市和解放军的近 300 名曲艺工作者和著名表演艺术家带来 85 个节目，分别在呼和浩特市、包头市和土默特左旗巡回演出。

7月28—29日 中共中央政治局常委、国务院总理朱镕基到呼和浩特市考察工业经济和城市建设工作，呼和浩特如意经济技术开发区、金川工业园区调研。

8月28日 呼和浩特市举行“引黄入呼”工程开工奠基仪式。

8月29日 中共中央政治局委员田纪云到呼和浩特市考察工作。

9月8日 呼和浩特市举行农村电网改造建设工程启动暨北什轴35千伏变电站奠基仪式。

9月18日 辛辛板污水处理厂日处理10万吨扩建一级处理工程竣工投入运行。

9月26—27日 中共中央政治局常委、全国人大常委会委员长李鹏到金川工业园区考察。自治区党委书记刘明祖，自治区党委副书记、自治区主席云布龙陪同。

10月25日 国家生态环境建设重点县——和林格尔生态环境建设项目工程启动。

11月16日 自治区党委书记刘明祖到托克托县华蒙金河（集团）实业有限公司考察。

11月28日“金河工程”高级理论研讨会在北京市举行，全国人大常委会副委员长布赫、国家民委副主任文精及自治区及呼和浩特市领导出席会议。

12月14日 中共中央政治局常委、中央纪委书记尉健行到呼和浩特市考察工作，自治区党委书记刘明祖陪同考察。

12月28日《呼和浩特经济统计年鉴》获全国地方统计年鉴一等奖和时间效益奖。

1999年

1月13日 呼和浩特市调整市辖区行政区划领导小组召开第一次会议。根据市委、市政府决定，开始进行市辖区行政区划调整工作。

1月14日 内蒙古蒙牛乳业有限责任公司成立。

1月28日至2月1日 中共中央总书记、国家主席、中央军委主席江泽民及中共中央政治局委员、国务院副总理吴邦国，中共中央政治局委员、中央书记处书记、中央办公厅主任曾庆红，自治区党委书记刘明祖，自治区党委副书记、自治区主席云布龙一同到内蒙古仕奇集团、内蒙古伊利实业集团股份有限公司、山东三角集团呼和浩特有限责任公司、内蒙古家畜改良工作站、内蒙古大学实验动物研究中心和蒙古学研究中心、呼和浩特经济技术开发区金川工业园区考察。并看望解放军驻内蒙古部队二〇五旅和给水工程团；同驻呼部队团以上和武警部队、公安民警的干部代表见面，听取呼和浩特市委、市政府领导的汇报。江泽民为呼和浩特市题词：“团结拼搏，求实创新，把呼和浩特建成社会主义现代化首府城市”。

3月14日 和林格尔县现代农业示范区建设工程启动。园区规划面积6666.67公顷，涉及2个乡10个自然村。

3月26日至4月2日 政协呼和浩特市第九届委员会第一次会议召开。会议审议通过市政协主席云淑贤作的《政协呼和浩特市第八届委员会常务委员会工作报告》。选举产生新一届主席、副主席、秘书长。

3月27日至4月3日 呼和浩特市第十一届人民代表大会召开。市委副书记、市长冯士亮作《政府工作报告》。选举产生新一届政府市长、副市长。

4月4日 市委召开全市深入开展“三讲”（讲学习、讲政治、讲正气）教育动员大会，市党政军领导出席会议。

4月9日 内蒙古蒙牛乳业有限责任公司与和林格尔县签订合同，在盛乐经济开发区投资兴建蒙牛生产基地。蒙牛第一个自建生产线基地——和林格尔生产基地开工。

5月10日 呼和浩特市调整市辖区行政区划领导小组召开第二次会议，研究调整市辖区行政区划的初步意见和方案，将原来的3个城区、1个郊区调整为城乡一体化管理的4个区。

6月8日 呼和浩特市首次采用电脑派位进行开学分配活动。

6月23—24日 呼和浩特市调整市辖区行政区划领导小组分别在新城区、回民区、玉泉区举行调整市辖区行政区划交接会议。宣布从7月1日起，市辖区的各项工作按照调整后的区划运行。

8月8日 国家环境保护总局党组书记、局长解振华一行到呼和浩特市调研环境保护工作。

8月18日 内蒙古蒙牛乳业股份有限公司在自治区工商局注册，更名为内蒙古蒙牛乳业股份有限公司。法定代表人牛根生。

8月20—30日 中国·呼和浩特第一届昭君文化节在昭君墓举办。

9月4日 市委、市政府邀请自治区有关专家对呼和浩特市生态市建设工程项目进行论证。项目通过绿色通道工程、平原绿化工程、大青山林业生态工程、沿河生态保护工程、宜林荒山荒坡绿化工程、种苗工程等6大工程的建设，改善全市生态环境，减少进入黄河泥沙量。

9月19日 呼和浩特市举行内蒙古TCL王牌电器有限公司开业庆典。

10月3日 在国务院第三次全国民族团结进步表彰大会上，呼和浩特市被授予“全国民族团结进步模范集体”称号。市民委获“全国民族团结进步模范集体”称号。

11月6—12日 “视觉第一中国行动”辽宁省对口支援呼和浩特市医疗队，在呼和浩特市实施白内障手术 1068 例，脱盲率 100%，脱残率和人体晶体植入成功率 90% 以上。

11 月 30 日 在自治区精神文明建设“五个一工程”工作暨表彰会上，呼和浩特市报送的电视剧《苦水湾·甜水湾》、广播剧《风雨大清河》、图书《和林格尔剪纸集》、歌曲《额吉的乡音》、文章《龙头围着市场转、农民跟着龙头干》等 5 件作品获奖。

12 月 16—17 日 自治区党委副书记、自治区主席云布龙到武川县调研。强调抓住西部大开发机遇，促进农村牧区经济发展。

12 月 28 日 呼和浩特供电局举行海东 110 千伏输变电工程启动投入运行剪彩仪式。

2000 年

1 月 21 日 经国家工商行政管理总局商标局审核，国家商标评审委员会研究通过，“仕奇”“伊利”2 个品牌被国家工商总局批准认定为国家驰名商标。

2 月 22—27 日 政协呼和浩特市第九届委员会第二次会议在内蒙古军区招待所召开。出席会议的委员 294 人，列席 43 人。会议听取审议《政协呼和浩特市第九届委员会常务委员会工作报告》等。

2 月 23—28 日 呼和浩特市第十一届人民代表大会第二次会议召开。市委副书记、代市长柳秀作《政府工作报告》，会议选举柳秀为市长。

3 月 1 日 呼和浩特市开始换发全国统一样式户口簿。

△ 中国银行呼和浩特市新城区支行发生一起金额 900 万元的假银行承兑汇票诈骗案，经公安机关全力侦破，犯罪嫌疑人被抓捕归案，损失全部追回。

3 月 3 日 呼和浩特市实施西部大开发战略领导小组办公室召开第一次中心组学习会。会议研究制定首府 9 个重点开发建设项目，即基础设施建设、生态市建设、农田水利设施建设、发展特色农牧业、产业结构调整、对外开放、科教兴市、小城镇建设、特色旅游业。

4 月 22 日 呼和浩特市第一项农区畜牧业示范工程——土默特左旗此老乡秃力亥村“奶牛养殖示范小区”开工奠基。

4 月 26 日 国家开发银行总行授权国家开发银行呼和浩特分行与市自来水公司签订引黄供水工程项目 3 亿元贷款合同。

5 月 9 日 呼和浩特市教育委员会批准呼和浩特秋实中学与内蒙古农业大学联合创办内蒙古农业大学附属秋实中学成立。

5 月 14 日 国务院《关于同意内蒙古自治区调整呼和浩特市市辖区行政区划的

批复》，同意调整呼和浩特市市辖区行政区划，郊区更名为赛罕区。调整后，新城区面积为700平方千米，玉泉区面积为270平方千米，回民区面积为175平方千米，赛罕区面积为1013平方千米。

5月31日 全国政协副主席、全国工商联名誉副主席孙孚凌，全国政协副主席、台盟中央主席张克辉率领，由各民主党派中央、全国工商联及无党派人士代表组成的西部大开发考察团到呼和浩特市考察。

6月2日 农业部部长陈耀邦一行5人到武川县考察生态建设、旱地高产建设和退耕还林还草进展情况。

6月8日 市委、市政府召开调整市辖区行政区划新闻发布会。会议宣布：呼和浩特市市辖区行政区划调整经国务院和自治区政府批准，郊区更名为赛罕区。调整后，全市辖新城区、回民区、玉泉区、赛罕区、土默特左旗、托克托县、和林格尔县、清水河县、武川县。

6月28日 内蒙古仕奇实业股份有限公司仕奇实业股票在上海证券交易所挂牌上市，募集资金5.83亿元。自治区及呼和浩特市相关领导出席庆典挂牌仪式。

7月3日 国务院以《国务院办公厅关于做好国务院各部门分流人员学习培训后工作安排等问题的通知》复函自治区政府："同意呼和浩特经济技术开发区为国家级经济技术开发区，实行现行的国家级开发区政策。"

7月4—6日 全国林区治安工作座谈会在呼和浩特市召开。全国28个省、自治区、直辖市的林业公安代表，围绕生态环境保护，加强林区治安以及法治工作建设交流经验。

7月7—8日 华北地区体育场馆网球赛在呼和浩特市举行。华北地区各体育场馆的12支代表队参加比赛。内蒙古体育馆队和北京奥林匹克体育中心队分获冠亚军。

7月10日 最高人民检察院检察长韩杼滨到呼和浩特市调研考察。

7月12日 呼和浩特电厂2×200兆瓦发电供热机组工程正式开工，该工程项目总投资17.5亿元，内蒙古电力（集团）有限公司、新力能源开发有限公司、香港超宝控股公司三方合资经营建设，组建成立内蒙古丰泰发电有限公司。

7月中旬 全国生态环境建设重点县综合治理工程监理北方片区经验交流会在呼和浩特市举办。国家计委、自治区计委以及全国10余个生态环境建设重点旗县的领导出席会议。会上，和林格尔县相关负责人就生态环境综合治理情况作了发言。

7月22日 中国·呼和浩特第二届昭君文化节在呼和浩特市体育场开幕。中共中央宣传部，财政部、国家计委、经贸委、信息产业部的有关领导，自治区领导刘明祖、乌云其木格、杨利民、任亚平、张国民等参加开幕式。市委副书记郝存柱主持开幕式。市委副书记、市长柳秀致辞。

7月28日 呼和浩特—郑州—海口航线开通。

8月2—28日 全国首次全民健身乒乓球邀请赛在呼和浩特市举行，是中国乒协为贯彻国务院颁发的《全民健身计划纲要》而举办的一次全国性赛事，也是中国首次以“全民健身”命名的体育赛事。

8月4日 自治区药品监督管理局在呼和浩特西郊垃圾场公开销毁在呼和浩特地区查出的600个品种、价格30余万元的假劣药品。

8月18日 呼和浩特经济技术开发区管理委员会举行揭牌仪式。

△ 市委、市政府发文成立呼和浩特经济技术开发区党工委、管委会，将如意开发区管理委员会即原呼和浩特经济技术开发区管理委员会，更名为呼和浩特经济技术开发区如意区管理委员会。

9月28日 呼和浩特市档案馆通过自治区特级档案馆考评组的考评。

9月29日 呼和浩特市开始筹建金桥开发区，规划面积13.6平方千米，北接市区，西至呼阳公路，东到哈拉沁沟滨河新区，南抵太平营村，东西宽4千米，南北长10千米，分为工业一区（高新技术产业区）和工业二区（石化工业区），是自治区20家重点工业开发区之一。

12月1—12日 国家计委第五稽查组、第十三稽查组分别对呼和浩特市污水处理二期工程和华蒙金河集团年产1万吨L–赖氨酸项目进行稽查。

2001年

1月4日 市人大常委会城建环保委、市委宣传部、市直属机关工委等19家单位联合发出通知，要求市各行政机关、企事业单位，认真落实自治区《关于“双百万”京（津）北绿色屏障世纪林（草）工程的实施方案》。

2月5—10日 政协呼和浩特市第九届委员会第三次会议在内蒙古军区招待所礼堂召开。市委副书记、市长柳秀在会上就如何做好新形势下人民政协工作讲话。

2月6—11日 呼和浩特市第十一届人大常委会第三次会议在自治区政府礼堂召开。市委副书记、市长柳秀作《政府工作报告》。

2月13日 呼和浩特市召开旧城区改造暨临时性建筑拆除工作部署大会。市委副书记、市长柳秀代表市政府与市四区政府及各有关部门负责人签订《呼和浩特市城区平房、危旧房、小街小巷改造及临时建筑拆除工作目标任务责任状》。

4月11日 呼和浩特市召开奶业发展研讨会。市委主要领导强调，要坚定不移地实施奶业兴市战略，打造内蒙古乳品业的绿色品牌形象，促进区域经济整体持续、快速、健康发展。

4月18日 托克托县被建设部命名为“第三次全国城市环境综合整治优秀县城”。

5月26日 市体育局在新华广场举行呼和浩特各族各界支持大红鹰全民健身万里行、支持申奥大签名活动，中央电视台、浙江卫视、宁波电视台、内蒙古电视台、《人民日报》（海外版）及呼和浩特市各媒体进行报道。

6月13日 经国务院批准，内蒙古革命烈士陵园（呼和浩特大青山革命公墓）被民政部命名为第四批全国重点烈士纪念建筑物保护单位。

9月10日 全市党政机构改革动员大会在市政府会议厅召开。市委副书记李振海主持会议并讲话。市委副书记、市长柳秀代表市委、市政府作动员讲话。市委常委、组织部部长传达自治区党委、政府关于呼和浩特市党政机构改革方案的批复和呼和浩特市党政机构改革方案。

9月24日 民政部考察组一行到呼和浩特市考察老年福利、服务设施建设。

10月19日 呼和浩特市举行党政机关新办公大楼落成庆典剪彩仪式。市迁建工程领导小组组长郝存柱主持剪彩仪式。

10月30日 经世界银行扶贫项目考察团到清水河县实地考察调研论证，清水河县被列入中国西部扶贫世界银行贷款重点县。

11月1日 托克托电厂一期工程被列为自治区工业经济重点项目。

11月15—16日 国务院扶贫开发领导小组副组长胡富国、国务院扶贫办副主任高鸿宾一行4人，到呼和浩特市对扶贫工作进行实地调研。

12月5日 在中国食品工业协会20周年庆祝大会上，“伊利”被授予中国食品工业20大著名品牌称号。

12月13日 中共中央宣传部、组织部，国家经济贸易委员会、中华全国总工会联合印发《关于表彰全国思想政治工作优秀企业的决定》，内蒙古铁骑集团纺织厂上榜。

12月15日 呼和浩特—包头高速公路二期工程开始通车试运行。

2002年

1月9—13日 政协呼和浩特市第九届委员会第四次会议在内蒙古军区招待所召开。出席会议的委员304人，列席52人。会议听取审议《政协呼和浩特市第九届委员会常务委员会工作报告》等。

1月10日 呼和浩特市第十一届人民代表大会第四次会议在自治区政府礼堂召开。市委副书记、市长柳秀作《政府工作报告》。

1月18日 和林格尔县盛乐经济园区被农业部命名为全国乡镇企业科技园区。

2 月 28 日 全市旅游工作会议暨创建中国优秀旅游城市动员大会召开。市委副书记、市长柳秀要求全市各部门要充分认识加快发展旅游业的重要意义，加快旅游资源开发利用，用新思路、新机制、新办法指导全市旅游工作。

3 月 2 日 由中国社会科学院、自治区经贸委主办的内蒙古农牧产业结构调整与中国沿海地区食品市场发展研讨会在和林格尔县召开。中国社会科学院国务院发展研究中心和国家经贸委等八部委的专家学者，就如何促进食品行业向更高层次发展及内蒙古地区畜牧产业结构调整与发展等问题进行研讨。

3 月 14 日 全市基础教育工作会议召开。市委副书记、市长柳秀就呼和浩特市重点做好改革和完善农村义务教育体制等工作发表讲话。

3 月 23 日 伊利婴幼儿奶粉获国家免检产品证书。

3 月 中国·呼和浩特昭君文化节被确定为全国 100 个大型民间艺术活动之一。

4 月 14 日 市政府主持召开《呼和浩特水资源可持续利用规则》专家审查会。水利部水资源司、中国水利水电科学研究院、中国市政工程华北设计研究院、内蒙古农业大学、自治区水利厅及呼和浩特市有关单位的专家参加审查。中国工程院院士陈志悦主持审查会。

5 月 14—17 日 全国水务管理体制改革研讨会在呼和浩特市召开。水利部副部长敬正书、索丽生，自治区副主席傅守正出席，市委副书记、市长柳秀讲话。全国总工会农林水部副部长卞元荣应邀出席会议。国务院体改办、国务院发展研究中心和水利部有关部局的专家、学者、部门领导及全国 25 个省、自治区、直辖市水利部门的领导参加会议。会议期间，与会代表考察呼和浩特市“引黄入呼”工程金河水厂和辛辛板污水处理厂等水利工程。

6 月 4 日 自治区政府根据国务院法制办公室有关复函的精神，确定呼和浩特市为相对集中行政处罚权试点城市。

6 月 7 日 哈拉沁水库开工。副市长郭健为开工剪彩，并要求有关单位要加强团结，紧密配合，确保工程质量如期完成。

7 月 17 日 全国人大常委会副委员长、全国妇联主席、中国红十字会会长彭珮云，全国妇联副主席、书记处书记沈淑济一行到呼和浩特市考察。

8 月 2 日 市委副书记、市长柳秀会见到呼和浩特市参加中国·呼和浩特第四届昭君文化节的乌兰巴托市代表团、日本吹田市代表团、美国加利福尼亚代表团、加拿大新联华集团代表团。

8 月 3 日 中国·呼和浩特“乾坤缘”第二届国际民间艺术节开幕。市委常委、宣传部部长刘香芸主持开幕式。马来西亚、葡萄牙、韩国、泰国、俄罗斯、蒙古国、以色列的艺术团体以及中国香港特别行政区青年团、新疆乌鲁木齐艺术团、青海玉树民间艺术团、呼和浩特市民族歌舞团、内蒙古小鸿雁艺术团等共计13个表演团体组成的表演队伍，从新华广场出发沿新华广场、博物馆等12条市区主要街道进行表演。

8月5日 呼和浩特市举行经贸洽谈会重点项目签约仪式。美国、德国、韩国、新加坡等国家和中国香港、台湾地区的企业代表；北京、上海、浙江、深圳、大同、包头等省市的企业代表以及呼和浩特市的项目单位和企业代表参加签约仪式。本次洽谈会签约项目55项，项目总投资30.32亿元，协议引资金额21.9亿元。

8月7日 澳门特别行政区行政长官何厚铧到呼和浩特市参观考察。

8月10日 中共中央纪律检查委员会常委、秘书长吴定富等一行到呼和浩特市调研考察。

8月18日 省道104线呼和浩特—武川新公路建成通车。

8月22日 由中国计算机用户协会和信息产业部电子信息中心技术工程部主办的中国企业信息化研讨会暨展示会在呼和浩特市召开。

9月3日 以全国人大常委会委员、财经委员会委员张学东为组长的全国人大调研组一行6人到呼和浩特市，对就业工作有关情况到和林格尔县盛乐经济园区蒙牛乳业集团进行调研。

9月4日 中国首届白银年会在呼和浩特市开幕。来自10个国家和不同地区的300多位专家学者、企业界人士参加会议。

9月23日 以蒙古国乌兰巴托市市长米·恩和宝力德为团长的乌兰巴托市政府代表团一行120人到呼和浩特市进行为期一周的友好考察。市委副书记、市长柳秀会见代表团一行。蒙古国驻呼和浩特总领事萨·朝伦巴特尔参加会见。

10月15日 在中国奶业协会第四次会员代表大会暨成立20周年大会上，内蒙古伊利实业集团股份有限公司被授予“奶业优秀企业”称号。

11月19日 呼和浩特市举行引黄供水工程竣工庆典仪式。引黄工程是国家、自治区的重点工程。

12月10日 呼和浩特市房地产产权市场处被建设部命名为第四批全国建设系统文明示范窗口单位。

12月14日 呼和浩特市青城公园三角湖一名儿童不幸落水，现场各界群众奋不顾身，勇救落水儿童。内蒙古农业大学郝龙彪、刘业、王超3名学生在救援行动中不幸遇难。市委、市政府号召全市人民向舍己救人的英雄学习，命名在“12·14”营救落水儿童事件中参与救援行动的刘小杰、付瑞瑞、杜晨泽、计新亮为“见义勇为模范市民”。

12月25日 市财政局被财政部授予“全国财政系统先进集体”称号，是自治区唯一获此殊荣的地市级财政局。

2003 年

1 月 13 日 市卫生局被卫生部授予“2002 年度全国卫生监督先进集体”称号。市卫生局局长桂忠获“全国防治地方病先进个人”称号。

1 月 16 日 内蒙古广播电视信息网络有限公司呼和浩特分公司成立大会暨揭牌仪式举行。

2 月 7 日 中国·呼和浩特全国医药保健品春季交易会在内蒙古展览馆开幕。

2 月 12 日 市委副书记、市长柳秀在新城宾馆会见瑞典利乐公司首席执行官蔡尔柏一行。蔡尔柏对伊利、蒙牛生产状况及利乐包装生产设备的使用情况进行调研。

2 月 26 日 共青团中央、全国少工委决定追授“12·14”营救落水儿童英雄群体中牺牲的郝龙彪、刘业“全国优秀共青团员”称号，追授王超“全国优秀少先队员”称号，号召全国广大青少年向英雄们学习。

3 月 11 日 自治区民政厅决定追认在“12·14”呼和浩特市勇救落水儿童过程中牺牲的郝龙彪、刘业、王超为革命烈士。

4 月 4 日 国家和自治区重点建设项目——托克托电厂一期工程一号机组（60 万千瓦）成功并网发电，直供京津塘地区。

4 月 7 日 市委副书记、市长柳秀主持召开市政府常务会议，研究《呼和浩特市市区道路地名命名、更名方案》。

4 月 8—11 日 政协呼和浩特市第九届委员会第五次会议在内蒙古军区招待所召开。出席会议的委员 300 人，列席 61 人。会议听取和审议《政协呼和浩特市第九届委员会常务委员会工作报告》等。

4 月 12 日 呼和浩特市第十一届人民代表大会第六次会议在自治区政府礼堂开幕。市委副书记、市长柳秀作《政府工作报告》。会议补选牛玉儒为市人大常委会主任。

4 月 15 日 呼和浩特市召开非典型肺炎（简称“非典”）防治工作会议。通报全市“非典”防治工作情况，部署“非典”防治工作。

4 月 24 日 以中央纪委驻卫生部纪检组组长张凤楼为组长的国务院督查组一行 7 人到呼和浩特市，就“非典”防治工作进行检查指导。

4 月 25 日 市委召开常委（扩大）会议。自治区党委常委、市委书记牛玉儒要求全市总动员，采取强有力措施，坚决打赢“非典”这一仗。市委副书记、市长柳秀就落实防治“非典”各项措施提出具体要求。

5 月 2 日 自治区副主席郝益东一行到新城区西街办事处胜利路社区、赛罕区中专路西社区、中山西路市委 6 号院居民小区及玉泉区大南街办事处友谊社区，就社区开展防“非典”工作进行专项督查，提出指导性意见。

5月6日 市委副书记、市长柳秀就抗击“非典”市民关注、关心的问题，接受内蒙古电视台《当日观察》面对面专访。柳秀介绍呼和浩特地区“非典”疫情形势以及“非典”防治情况。

5月9日 大兴安岭林管局医院61人组成的第一批医疗工作组抵达呼和浩特市。自治区卫生厅厅长杨成旺，市委副书记、市长柳秀等到火车站迎接。柳秀代表市委、市政府、呼和浩特地区“非典”防控指挥部及全市各族人民对大兴安岭林管局医院医护工作组的到来表示热烈的欢迎和衷心的感谢。

6月10日 呼和浩特经济技术开发区如意区大唐药业高科技园区等4个重点项目，举行开工奠基仪式。

6月28日 省道103线呼和浩特—城壕段高速公路在呼大公路6千米处开工奠基。

7月1日 自治区举行2个重点工程项目——呼和浩特公路主枢纽组织管理中心和呼和浩特机场高速公路辅道落成典礼仪式。

7月25日 呼和浩特地区抗击“非典”表彰大会召开。91个集体和755名个人受到表彰奖励。自治区党委常委、市委书记、市人大常委会主任、呼和浩特地区非典型肺炎防控指挥部总指挥牛玉儒主持会议并讲话。市委副书记、市长柳秀发表讲话。呼和浩特市党政军六大班子的领导出席会议。

8月6日 呼和浩特市举行天然气输配项目的标志性工程——金川天然气门站储配站奠基仪式。

8月9—11日 国务院土地市场治理整顿工作督查组，到呼和浩特市进行土地市场秩序工作督查。

8月12日 第十九届全国省会城市计委主任联席会议在呼和浩特市召开。国家发展和改革委员会副主任朱之鑫，规划司司长杨伟民、综合司副司长石刚出席会议。

9月1日 第十届少数民族首府市暨全国部分城市卫生工作协作会在呼和浩特市召开。

10月18日 呼和浩特职业学院成立。全国人大常委会副委员长乌云其木格和全国人大常委会原副委员长布赫给学院发来贺电，并分别题词。

10月26日 呼和浩特卷烟厂、呼和浩特市煤气化总公司、市公交总公司第三汽车公司、内蒙古金宇集团生物药品厂被中华全国总工会授予“全国模范职工之家”称号。

11月7日 市煤气化总公司举行天然气置换通气仪式。

11月21日 国家旅游局创优验收组一行对呼和浩特市进行为期4天的检查验收。根据验收程序，国家创优验收组听取呼和浩特市创建中国优秀旅游城市的工作汇报。

12 月 2 日 呼和浩特市建成自治区最大的生猪屠宰基地——西苑屠宰加工厂。

12 月 7 日 以民政部纪检监察局局长朱存芳为组长的救灾、低保、优抚工作检查组到呼和浩特市检查工作。

12 月 15 日 中国首次载人航天飞行展（内蒙古展）在自治区政府礼堂开展。

2004 年

1 月 8—9 日 全国拥军优属拥政爱民工作会议召开。呼和浩特市获“全国双拥模范城”殊荣。呼和浩特市连续 5 次被授予“全国双拥模范城”称号。

1 月 19 日 呼和浩特市被国家旅游局命名为“中国优秀旅游城市”。

2 月 11 日 全市防治高致病性禽流感工作会议召开。市委副书记、市长、市防治高致病性禽流感指挥部总指挥柳秀讲话。

4 月 1 日 国家税务总局总经济师王力到呼和浩特市，对基层税务征管工作进行调研。

4 月 6 日 市政府决定对全市城中村和近郊农村违法自建房屋和乱搭乱建行为进行集中清理整顿。

4 月 19—25 日 政协呼和浩特市第十届委员会第一次会议召开。审议通过《政协呼和浩特市第九届委员会常务委员会工作报告》等。选举产生新一届主席、副主席、秘书长。

4 月 20—26 日 呼和浩特市第十二届人民代表大会第一次会议在自治区政府礼堂召开。市委副书记、市长柳秀作《政府工作报告》。

4 月 29 日 市煤气化总公司改制更名为市煤气有限责任公司。

5 月 9 日 在全国、全区组织开展的以“掌握安全生产知识，争做遵章守纪职工”为主题的“安康杯”竞赛活动中，内蒙古三联化工集团、呼和浩特卷烟厂获 2003 年度全国“安康杯”竞赛优胜企业称号，市总工会刘廷俊获优秀组织者称号。内蒙古三联化工集团、呼和浩特卷烟厂、内蒙古第二电力建设工程公司、市建筑公司第二十一项目部获自治区先进单位称号，市总工会获优秀组织单位称号。

5 月 11 日 呼和浩特市召开专项整治网吧等互联网上网服务营业场所工作会议。部署加强对农村网吧市场进行规范管理的工作。

6 月 29 日 中国·内蒙古首届国际草原文化节暨呼和浩特第五届昭君文化节冠名权拍卖招商动员会召开。

7 月 2 日 全国省会（首府）城市第十一届保密工作会议在呼和浩特市召开。全国各省会、首府城市及直辖市 70 余名代表参加会议。

7月10日 中国阿联酋国际足球赛在呼和浩特市人民体育场开幕。中国国家男子足球队在亚洲杯赛前的最后一场热身赛中，凭借郑智最后时刻的点球，以2∶2战平阿联酋国家男子足球队。赛后，呼和浩特市委副书记、市长柳秀为郑智颁发最佳球员奖。

7月15日 国家旅游局验收组对呼和浩特市申报验收单位进行检查验收，呼和浩特市蒙丰锦绣园等3家旅游景区定为首批“全国工农业旅游示范点”。

8月6日 中国·内蒙古首届国际草原文化节暨呼和浩特第五届昭君文化节开幕式——“伊利情”（天堂草原大型歌舞晚会）在呼和浩特市人民体育场开幕。

8月14日 自治区党委常委、市委书记牛玉儒，因病医治无效在北京逝世，享年52岁。18日，牛玉儒的遗体告别仪式在北京八宝山殡仪馆吊唁厅举行。中共中央宣传部部长刘云山、全国人大常委会副委员长乌云其木格等中央国家机关部委领导，自治区党委书记储波，副书记王占、岳福洪等自治区领导，市委副书记、市长柳秀，市人大常委会主任吴一微、市政协主席刘香芸参加告别仪式。

9月3日 西部六省（区）中心城市园林科技信息网第23次会议在呼和浩特市召开。乌鲁木齐、西宁、兰州、西安、银川及呼和浩特市6个西部省区中心城市园林部门近80人参加会议。其间，与会代表对呼和浩特市的城市绿化工作进行实地观摩。

9月7日 中国西部省（区）省会（首府）城市第四届文化局长联席会议在呼和浩特市召开。乌鲁木齐市、拉萨市、西安市、西宁市、昆明市、兰州市、成都市、银川市、呼和浩特市9个西部省（区）省会（首府）城市的文化局负责人及相关人员参加会议。

9月23日 首届中国东西部学校合作大会·全国中学校长工作交流会峰会暨呼和浩特市普通高中建设与发展工作会议在自治区政府礼堂召开。

9月24日 呼和浩特市生活垃圾生化处理厂竣工投产剪彩庆典仪式举行。上海美商国际集团董事长郭荣宗，市委副书记、市长柳秀，自治区及呼和浩特市有关方面负责人出席。

9月25日 科技部副部长邓楠一行到呼和浩特市对内蒙古蒙牛乳业股份有限公司、内蒙古宇航人高新技术产业有限责任公司、内蒙古金宇集团生物制药厂进行考察。

9月25—26日 全国少数民族自治区城市市长联席会第十八次会议在呼和浩特市召开。乌鲁木齐、拉萨、南宁、银川、鄂尔多斯、北海、延吉等城市的代表参加。呼和浩特市副市长张院忠介绍呼和浩特市的基本情况，并就“贯彻落实科学发展观，推动少数民族自治区城市更快更好地发展”讲话。

9月27日 中共中央纪委、中央组织部巡视组到呼和浩特市巡视。

10月11日 中国首届“成吉思汗”杯蒙古舞蹈大赛落下帷幕。市民族歌舞团获

2个金奖、3个银奖、3个铜奖。

11月26日 自治区成立60周年献礼项目，自治区规模最大的生态区——呼和浩特市生态花园建设启动。呼和浩特市生态花园建设指挥部召开成员会议，就生态花园的建设情况和工作进行部署。

11月30日 中共中央总书记、国家主席、中央军委主席胡锦涛就学习牛玉儒作出重要指示。胡锦涛向勤政为民、鞠躬尽瘁的牛玉儒表示崇高敬意和深切怀念。他强调，党需要这样的好干部，人民需要这样的贴心人。我们应该学习他、宣传他，让千千万万个牛玉儒式的好干部涌现出来。中共中央政治局常委、国家副主席曾庆红，中共中央政治局常委李长春也就学习牛玉儒作出指示。

12月7日 由西部12省、自治区、直辖市主流媒体发起和联合主办的“中国西部大开发五周年系列暨中国·新西部高层论坛”在北京市召开。武川县由于在马铃薯产业化方面做出的突出贡献，被组委会评为中国西部特色经济最佳县，并称武川为“土豆之乡”。

12月16日 赛罕区被科技部评为全国科技进步示范区，同时获人事部和科技部共同颁发的“科技管理系统先进集体”称号。

12月20日 由中共中央纪委、中共中央组织部、中共中央宣传部、中央保持共产党员先进性教育活动领导小组和自治区党委共同主办的“党的好干部、人民的贴心人”牛玉儒先进事迹报告会，在自治区政府礼堂举行。自治区党委书记储波讲话。自治区党委副书记杨利民主持报告会。自治区及呼和浩特市两级机关干部、各企事业单位干部群众、各高校师生代表等共1400余人到场聆听报告会。

2005年

1月28日 市政府与创维集团在呼和浩特市举行投资3亿元、建设年产400万台、产值达60亿元的彩电生产基地合作项目签约仪式。市委主要领导及创维集团董事局副主席、总裁张学斌参加签约仪式。

3月16日 伊利集团利乐包装产品突破100亿包。自治区副主席乌兰，市委常委、宣传部部长云丽珠，瑞典驻华公使、中国乳制品工业协会领导、中外营养学家、瑞典利乐公司代表出席“突破100亿包”产品封口下线仪式。

3月29日至4月2日 政协呼和浩特市第十届委员会第二次会议在内蒙古军区招待所召开。会议审议通过《政协第十届呼和浩特市委员会常务委员会工作报告》等。

3月30日至4月3日 呼和浩特市第十二届人民代表大会第二次会议在自治区政府礼堂召开。市政府主要领导作《政府工作报告》。

4 月 11 日 土默特左旗乌兰夫故居被国家旅游局列入全国红色旅游经典景区。

4 月 12 日 呼和浩特白塔机场扩建工程开工，扩建后的白塔机场作为 2008 年北京奥运会首都机场主备降场之一，也是自治区成立 60 周年基础设施建设项目。

6 月 9 日 内蒙古伊利实业集团股份有限公司联手自治区科技厅合作发起成立的内蒙古乳业研究院揭牌。

7 月 4 日 新城区西街办事处艺术厅北街社区获“全国社区服务示范区”称号，是自治区唯一获此荣誉的社区。

7 月 6 日 全国保护性耕地会议在武川县召开。农业部农业机械推广司司长王智才、自治区副主席雷·额尔德尼及市领导高炜明等参加现场观摩。

7 月 23 日 国际民间艺术节组织理事会（CIOFF）第九届亚洲民间艺术节暨中国·呼和浩特第四届国际民间艺术节在呼和浩特市开幕。来自 17 个国家和地区的 26 个表演团体，以艺术大游行的形式向青城各族人民展示独具民族特色、充满浓厚异域风情的精彩文艺节目。

8 月 9—10 日 国家绿化委员会办公室一行 3 人到和林格尔县南北山义务植树基地，大青山前坡自治区、呼和浩特市党政军义务植树基地和大青山全国绿化义务植树基地进行考察指导。

8 月 15 日 由国务院、自治区、呼和浩特市三级新闻、外宣部门组织的部分外国媒体驻北京记者采访团一行，到伊利集团进行参观考察。

8 月 25 日 中华全国供销合作总社党组书记、理事会常务副主任周声涛到呼和浩特市调研供销合作社发展情况，并参观考察内蒙古伊利实业集团股份有限公司和内蒙古蒙荷牧场。

8 月 28 日 中国乳品工业协会成立十周年庆典暨第十一次年会在自治区政府礼堂举行。呼和浩特市被中国轻工业联合会、中国乳制品工业协会命名为“中国乳都”。全国政协常委、中国轻工业联合会副会长、国际乳联中国国家委员会主席潘蓓蕾，代表中国轻工业联合会、中国乳制品工业协会向市领导颁发“中国乳业之都——呼和浩特市”的牌匾。

9 月 8 日 市政府决定从 2005 年秋季起，对全市农村家庭经济困难义务教育阶段的学生和城市低保家庭义务教育阶段学生实行免费提供教科书，免收杂费，同时对寄宿生补助生活费。

9 月 15 日 新城区公安分局获“全国优秀公安局”称号。

10 月 1 日 自治区最大的游乐场——呼和浩特市阿尔泰游乐园对外开放。

10 月 26 日 呼和浩特市第一中学在全国精神文明建设工作表彰会上获“全国文明单位”称号。

11月16日 内蒙古伊利实业集团股份有限公司在呼和浩特市与北京市奥组委签约，成为北京2008年奥运会乳制品赞助商。全国人大常委会副委员长乌云其木格，全国政协副主席、工商联主席黄孟复发来贺电，祝贺伊利成为北京奥运会赞助商。北京奥组委执行副主席兼秘书长王伟及北京奥组委赴呼和浩特市一行其他成员，国家著名运动员、奥运会冠军刘翔、郭晶晶出席签约仪式。

12月1日 国务院食品放心工程检查组对呼和浩特市进行为期3天的综合评价工作，听取市政府综合评价汇报。

12月20日 中国工程院院士、内蒙古大学校长旭日干被绑匪绑架。案件发生后，自治区公安厅调集警力，仅用13个小时将旭日干解救，将4名绑匪缉拿归案。

12月26日 呼和浩特经济技术开发区获自治区科教兴区突出贡献奖。

2006年

1月1日 由呼和浩特制作的“中国乳都·呼和浩特”城市形象宣传片，在中央电视台中文国际频道播出。

1月24日 侦破“12·20”旭日干院士被绑架案件有功单位和个人表彰大会在自治区政府礼堂举行。会上宣读了中央领导对“12·20”案件侦破作出的重要批示。大会对成功侦破“12·20”案件有功的市公安局等4个集体和123名个人进行表彰。

2月21日 由自治区测绘事业局和市国土资源局共同编制的《呼和浩特市影像地图集》完成，这是呼和浩特市首部影像图集。

2月24—28日 政协呼和浩特市第十届委员会第三次会议在内蒙古军区招待所召开。出席会议的委员317人，列席70人。会议听取审议《政协呼和浩特市第十届委员会常务委员会工作报告》等。

2月25日 呼和浩特市第十二届人民代表大会第三次会议在自治区政府礼堂举行。市政府主要领导作《政府工作报告》。

3月13日 和林格尔县庙沟建制村被司法部、民政部授予“全国民主法制示范村”称号，成为呼和浩特市唯一获此殊荣的建制村。

4月11日 呼和浩特市“4050”下岗失业人员、零就业家庭成员、企业离退休人员环境卫生检察员、督察员上岗启动仪式在新华广场举行。

5月9日 呼和浩特市、包头市、鄂尔多斯市人才资源开发区域合作框架协议签字仪式在包头市举行。并召开呼、包、鄂人才资源开发区域合作组第一次联席会议。合作的主要形式是建立三市人才资源开发区域合作联席会议制度，联席会议每年一次，由成员单位轮流承办，定期举行。

5 月 26 日 以全国人大常委会委员、全国人大财经委员会副主任委员闻世霞为组长的《中华人民共和国节约能源法》执法检查组到呼和浩特市，就全市贯彻实施情况进行执法检查。

5 月 30 日 呼和浩特市庆祝“六一”国际儿童节暨表彰大会召开。会议对近几年涌现出的实施“春蕾计划”先进集体、先进个人、“十佳春蕾园丁”、“十佳春蕾女童”、优秀“春蕾女童”、“为国教子、以德育人”好家长、合格“小公民”进行表彰。

6 月 23 日 在中国奶业协会主办的第二届中国奶牛发展大会上，呼和浩特市获“全国牛奶生产强市”称号；土默特左旗、赛罕区、和林格尔县、托克托县获“全国牛奶生产强县”称号。

7 月 1 日 呼和浩特市被国家知识产权局列为国家知识产权试点城市。

7 月 2 日 全国人大常委会副委员长司马义·艾买提率全国人大常委会《中华人民共和国民族区域自治法》执法检查组到内蒙古伊利实业集团股份有限公司进行考察。

7 月 4 日 香港著名实业家、慈善家田家炳捐助呼和浩特市第四十一中学 250 万港元用于学校建设，市第四十一中更名为呼和浩特市田家炳中学。同日，田家炳到革命老区武川县，参加武川县第三中学更名武川县田家炳中学的揭牌仪式，并为该校捐助 200 万港元用于学校建设。

7 月 8 日 呼和浩特市被建设部列为“国家可再生能源在建筑中应用示范城市”。

8 月 2 日 由国家林业局、国家发展和改革委员会、财政部、国家统计局、国家环保总局联合组成的调研组到呼和浩特市，就退耕还林工程实施 5 年的情况进行调研。

9 月 10 日 呼和浩特火车东站奠基仪式在新城区南店村举行。

11 月 1 日 呼和浩特市在中国城市经济学会组织的全国性评选中，获“中国旅游竞争力百强城市”称号。

12 月 21 日 由中央电视台、北京大学民营经济研究院与《环球企业家》杂志社联合主办，面向全国中外企业开展的社会责任理念与实践的大型调查——《中国企业社会责任调查》结果公布，内蒙古伊利实业集团股份有限公司、内蒙古蒙牛乳业股份有限公司入选中国最具责任感企业 20 强。

12 月 22 日 乌兰夫诞辰 100 周年纪念大会在土默特左旗塔布赛乡举行。乌兰夫长女、自治区红十字会名誉会长云曙碧，自治区人大常委会副主任云秀梅，呼和浩特市副市长包钢及有关部门负责人参加纪念大会。25 日，乌兰夫诞辰 100 周年铜像揭幕仪式在土默特学校举行。

2007 年

1 月 14—16 日 国家食品药品监督管理局食品放心工程综合评价检查组一行 8 人到呼和浩特市对农产品种养基地和中小型食品生产加工企业进行综合评价检查，并对实施食品放心工程情况进行综合评价。

1 月 29 日 由国务院发展研究中心、北京大学、搜狐联合主办的以“公众形象与企业可持续发展”为主题的“2006 企业公众形象年会”在北京市召开。内蒙古伊利实业集团股份有限公司、内蒙古蒙牛乳业股份有限公司获“2006 中国最佳企业公众形象”奖。

2 月 3—6 日 政协呼和浩特市第十届委员会第四次会议召开。市政协主席刘香芸向大会作报告。会议审议通过《政协呼和浩特市第十届委员会常务委员会工作报告》等。

2 月 4—7 日 呼和浩特市第十二届人民代表大会第四次会议在自治区政府礼堂召开。市政府主要领导作《政府工作报告》。

3 月 29 日 呼和浩特市煤气有限责任公司与中国燃气控股有限公司重组更名挂牌仪式在新城宾馆举行，新组建的公司命名为呼和浩特中燃城市燃气发展有限公司。

4 月 9 日 由北京大学管理案例研究中心和《经济观察报》举办的“2006 年度中国最受尊敬企业”评选结果公布，伊利与联想、华为、招商银行、微软、IBM、惠普等企业同列 20 强，被誉为“中国最受尊敬企业”。

4 月 17 日 中共中央办公厅、国务院办公厅环保联合督查组到内蒙古丰泰电力发电有限公司、呼和浩特辛辛板污水处理厂进行考察。

4 月 18 日 呼铁局在呼和浩特火车站举行包头—广州列车开行首发仪式。

5 月 20 日 第十七次“全国助残日”的主题是“保障残疾人权益,共建和谐社会”。呼和浩特市 40 个社区同时组织开展以为残疾人办实事、办好事为特色的一系列形式多样的助残扶困活动。

6 月 13 日 呼和浩特市第一个社区信息网络——新城区东街办事处社区信息化网络开通。

6 月 15 日 以全国人大常委会环资委副主任委员曹伯纯为组长的全国人大节能减排调研组到呼和浩特市，就节能减排工作情况进行调研。

6 月 24 日 中央外宣办六局副局长、筹备办公室宣传组副组长李延风带领的由《人民日报》、新华社、《解放军报》、《光明日报》、《经济日报》、中央电视台、《农民日报》等 30 余家新闻媒体组成的中央新闻采访团到呼和浩特市，就自治区成立 60 周年所取得的成就进行前期采访报道。

7月1日 全国广播记者“走进内蒙古”大型新闻采访团到呼和浩特市集中采访。市委常委、秘书长兰恩华，市委常委、宣传部部长云丽珠等在内蒙古饭店接受采访。

7月3日 教育部部长周济、副部长陈小娅率国家“两基”（基本实施九年义务教育和基本扫除青壮年文盲）督导检查团一行，对呼和浩特市“两基”工作进行督导检查。

7月8—9日 劳动和社会保障部部长田成平到伊利新工业园和赛罕区人民路街道劳动保障事务所和人民路街道办事处等企业和社区进行调研。

7月14—15日 人事部全国人才流动中心、自治区人事厅和市政府共同举办的2007中国呼和浩特人才智力交流大会，在内蒙古国际会展中心举行。

8月2日 中国民族商品交易会暨中国·内蒙古第四届国际草原文化节、呼和浩特第八届昭君文化节在呼和浩特市人民体育场开幕。全国人大常委会副委员长乌云其木格宣布“两节一会”开幕。全国政协副主席黄孟复，自治区党委书记储波，商务部副部长姜增伟、国家发展和改革委员会副主任王金祥、中国贸促会会长万季飞、国家工商总局局长周百发等国家部委办领导，新疆维吾尔自治区党委副书记、自治区主席司马义·铁力瓦尔地等31个省、自治区、直辖市及市人大常委会主任吴一微等参加开幕式。德国诺丁琳种畜基因产品公司亚太总裁司拉夫,蒙古国总统顾问巴·尼玛苏荣等来宾也参加了开幕式。

8月4日 以“交流、合作、互利、共赢”为主旨的呼和浩特投资贸易洽谈会在国际会展中心多功能厅召开。国家发展和改革委员会副主任、国务院西部开发办公室副主任王金祥，中央委员、中国航天科技集团公司总经理张庆伟，副总经理马天瑞，商务部副司长王小川，中国贸促会会议展览部部长于晓东等应邀出席。

8月8日 以中共中央政治局常委、中央书记处书记、国家副主席曾庆红为团长的中央代表团抵达呼和浩特，参加内蒙古自治区成立60周年庆祝活动。在呼和浩特白塔机场，代表团受到首府各族各界群众的热烈欢迎。

△ 由中共中央总书记胡锦涛亲笔题写鼎名的“民族团结宝鼎”赠鼎仪式在内蒙古博物院广场举行。中共中央政治局常委、中央书记处书记、国家副主席、中央代表团团长曾庆红及自治区党委书记储波为中央政府赠送自治区的宝鼎揭幕。中共中央政治局委员、国务院副总理、中央代表团副团长回良玉致辞；全国人大常委会副委员长、中央代表团副团长乌云其木格宣读中央代表团向自治区干部群众赠送的纪念品清单。全国政协副主席、中央统战部部长、中央代表团副团长刘延东，全国政协副主席、中央代表团副团长白立忱，中央军委委员、解放军总政治部主任、中央代表团副团长李继耐，自治区党委书记储波，自治区政协主席陈光林，内蒙古军区

司令员郑传福等出席赠鼎仪式。中央代表团成员、中央党政军群有关部门，北京市及广西壮族自治区、西藏自治区、宁夏回族自治区、新疆维吾尔自治区的领导及呼和浩特市领导出席赠鼎仪式。

△ 内蒙古自治区成立60周年庆祝大会在呼和浩特市体育场举行。中共中央政治局常委、中央书记处书记、国家副主席、中央代表团团长曾庆红，中共中央政治局委员、国务院副总理、中央代表团副团长回良玉，全国人大常委会副委员长、中央代表团副团长乌云其木格，全国政协副主席、中央统战部部长、中央代表团副团长刘延东，全国政协副主席、中央代表团副团长白立忱，中央军委委员、解放军总政治部主任、中央代表团副团长李继耐和代表团其他成员出席庆祝大会。自治区政府主要领导宣布大会开始。回良玉宣读中共中央、全国人大常委会、国务院、全国政协、中央军委发来的贺电。曾庆红发表讲话。自治区党委书记、人大常委会主任储波讲话。曾经在内蒙古工作过的布赫等老领导、老同志和自治区党政军领导以及离退休的省级老同志出席庆祝大会。庆祝大会举行大型文艺表演“草原赞歌”。

9月8日 集旅游、文教、科普、休闲、度假为一体的首府最大的综合性公园——南湖湿地公园一期工程建设竣工并开园接待游客。

9月20日 市公安局玉泉区公安分局民警宝力格被人事部、公安部追授为全国公安系统一级英雄模范。同日，公安部宣传局副局长杨锦一行专程到宝力格家中慰问宝力格妻子。

9月22日 呼和浩特职业学院举行建校100周年庆祝大会。中共中央政治局委员、书记处书记、中央宣传部部长刘云山为呼和浩特职业学院题词:“百年老校逢盛事，千秋伟业铸辉煌”。

10月7日 和林格尔县前夭子水库被水利部水利风景区评审委员会评定为第七批“国家水利风景区”。

10月9日 第八届全国少数民族传统体育运动会内蒙古火炬传递活动在呼和浩特市启动。

10月18日 内蒙古伊利实业集团股份有限公司被中国食品工业协会评为“中国食品产业最具成长领袖品牌”。

10月19日 自治区政府驻北京联络处迁址北京内蒙古宾馆并举行庆典仪式，同时北京内蒙古宾馆移交呼和浩特市。

11月1日 国道209线清水河—偏关段一级公路竣工通车仪式在清水河县举行。工程路线起点清水河县城南大桥，终点山西省偏关县水泉乡政府东。

11月9日 全市学校安全工作现场会在托克托县民族中学召开。呼和浩特市教育、安监、公安等部门负责人，各旗县区教育部门负责人，呼和浩特市中小学校长等参加现场会。与会人员参观托克托县伍什家镇中心小学校舍，并在托克托县第二中学观看消防逃生自救疏散演练。

11 月 24 日 “第三届中国优秀企业公民”表彰大会在北京人民大会堂举行。内蒙古伊利实业集团股份有限公司和内蒙古蒙牛乳业股份有限公司获“中国优秀企业公民奖”称号。

11 月 25 日 呼和浩特市开展贫困家庭先天性心脏病“明天计划”的第一批受助者——来自呼和浩特市 5 个农业旗县区贫困家庭中患先天性心脏病的 49 名儿童，乘火车到天津滨海新区泰达国际心血管病医院接受免费心脏手术治疗。

12 月 26 日 呼和浩特市被自治区政府命名为“自治区级卫生城市”。

12 月 29 日 市政府与中国航天科工集团第六研究院举行装备制造基地合作签字仪式。

12 月 30 日至 2008 年 1 月 3 日 政协呼和浩特市第十一届委员会第一次会议在内蒙古军区招待所礼堂召开。会议审议通过《政协呼和浩特市第十届委员会常委会工作报告》等。选举政协呼和浩特市第十届委员会主席、副主席、秘书长及常务委员。

2008 年

1 月 3—5 日 呼和浩特市第十三届人民代表大会第一次会议召开。大会表决通过关于设立市十三届人大专门委员会的决定和大会选举办法。

1 月 8 日 全国双拥模范城（县）命名暨双拥模范单位和个人表彰大会在北京人民大会堂举行，呼和浩特市再次获“全国双拥模范城”称号。呼和浩特市连续 6 次获此殊荣。

1 月 9 日 呼和浩特市将城市低保标准由每人每月 230 元提高到 260 元，农村低保标准由每人每年 1000 元提高到 1200 元；农村五保对象集中供养标准由每人每年 1300 元提高到 1500 元，分散供养标准由每人每年 1000 元提高到 1200 元。同时城市医疗救助最高标准由 5000 元提高到 1 万元，农村医疗救助最高标准由 3000 元提高到 5000 元。

1 月 10 日 在全国交通建设系统工人先锋号颁奖仪式上，呼和浩特市 5 路公交车队获评“全国交通建设系统工人先锋号”。

2 月 3 日 在全国县（市）科技进步考核中，呼和浩特市获 2005—2006 年度全国科技进步考核先进市称号，呼和浩特市连续 12 年获此殊荣。同时参与考核的托克托县、赛罕区、和林格尔县、新城区、玉泉区和回民区全部通过考核，其中托克托县、赛罕区、和林格尔县、新城区和玉泉区获评全国科技进步考核先进县（区）。

2月21日 呼和浩特市残联与市公交总公司为残疾人免费乘坐公交车核发IC卡工作结束。全市共为残疾人发放免费乘车证IC卡近5000张。

3月14日 市疾病预防控制中心通过国家实验室认可评审。

△ 北京奥组委城市联络组第四组工作人员一行5人到呼和浩特市，对奥运火炬传递路线和相关景点进行考察。

3月15日 呼和浩特市破获一起自治区成立后最大的新型毒品案。

4月2日 “沙棘种植标准化示范区”“小香米种植农业标准化示范区”“奶牛养殖标准化示范区”“绿色马铃薯种植标准化示范区”“无公害玉米种植农业标准化示范区”“红辣椒种植标准化示范区”6个农业标准化示范区项目，被国家标准化管理委员会列入第六批全国农业标准化示范区一类项目。

△ 呼和浩特市困难职工帮扶中心被中华全国总工会授予“全国工会模范帮扶中心”称号。

4月14—15日 自治区党委、政府在包头市召开呼、包、鄂三市经济工作座谈会，全面总结分析三市经济社会发展趋势，谋划三市下一步发展。会议强调，三市要不断解放思想，坚持改革开放，在新的历史起点上又好又快发展。

5月1日 距北京奥运会开幕100天万人长跑暨全民健身活动展示大会在新华广场举行。

5月12日 四川省汶川县发生特大地震灾害。同日，内蒙古伊利实业集团股份有限公司在全国启动社会责任应急预案，向灾区捐款100万元，并在2小时内从四川邛崃工厂紧急调配2吨牛奶送到灾区。13日，伊利集团从全国调拨的第二批物资支援地震灾区。

5月14日 市委、市政府致电阿坝藏族羌族自治州党委、政府，向灾区人民转达呼和浩特市各族人民的亲切慰问，并捐赠100万元。

△ 市委办公厅、市政府办公厅联合印发《关于在全市开展向地震灾区捐款捐物活动的通知》，在全市开展为地震灾区捐款捐物活动。

△ 四川省汶川县8.0级特大地震发生后，呼和浩特市人民群众捐助善款。至16时，呼和浩特市红十字会收到善款32万余元。

△ 7时许，市公安局100名特警队员携带抢险救援器材，搭乘专机从呼和浩特白塔国际机场起飞，飞往四川地震灾区，参加抢险救援。15时，市消防支队60名消防救援人员组成增援应急机动队，在自治区消防总队统一领导下，赶赴四川抗震救灾。

6月5日 公安部副部长孟建柱批示，为牺牲在工作岗位上的呼和浩特市消防支队清水河县消防大队原副大队长张占春追记一等功。

6月14日 全国博鳌房地产论坛在海南省开幕，呼和浩特市作为博鳌房地产论坛的主要合作城市组团出席此次论坛，并获得“改革30年中国最具投资潜力城市”称号。

7月1日 全国人大常委会执法检查组到呼和浩特市，就贯彻实施《中华人民共和国未成年人保护法》情况进行执法检查。

7月5日 自治区政府授予在呼和浩特市工作的屋瑞克·斯莱登和毕俊卿2位外籍专家“2007年度自治区骏马奖”。

7月8日 北京2008年奥运会火炬接力内蒙古自治区暨呼和浩特传递活动在内蒙古博物院民族团结宝鼎广场举行。

7月14—15日 全国人大常委会《中华人民共和国环境影响评价法》执法检查组到呼和浩特市，对贯彻落实《中华人民共和国环境影响评价法》情况进行执法检查。执法检查组一行先后对金山开发区、中化三联塑胶（内蒙古）有限责任公司、金桥热电厂进行实地检查。

7月15日 全国政协常委、民族和宗教委员会主任田聪明到呼和浩特市参观考察。

8月5日 呼和浩特电视台第一辆电视转播车——“6+2”标清全数字电视转播车启动。

8月12日 自治区政府发布《关于自治区2007年城市环境综合整治定量考核结果的公告》，呼和浩特市以总分81.48分第六次蝉联12个盟市首位。

8月30日 北京2008年残奥会圣火从西安转站到呼和浩特市，开始“中华文明线”的第二站传递。残奥会火炬接力呼和浩特市传递起跑仪式在成吉思汗广场举行。

9月1日 呼和浩特市城乡中小学生全部实施“两免一补”政策，即免杂费、免课本费、补家庭困难学生生活费。惠及全市29万名城乡中小学生。

9月5日 第二届中国民族商品交易会暨中国·呼和浩特第九届昭君文化节在呼和浩特市体育场开幕。

9月9日 大青山抗日游击根据地创建70周年纪念大会在武川县举行。自治区党委副书记岳福洪，自治区党委常委、宣传部部长乌兰，内蒙古军区副政委陈运火，自治区人大常委会原副主任、自治区老区促进会会长王凤岐出席纪念大会，曾经在大青山抗日游击根据地战斗过的老战士代表，自治区有关部门负责人，呼和浩特市、包头市、乌兰察布市有关领导出席纪念大会。

△ 自治区爱国主义教育基地、红色教育基地、廉政教育基地揭牌仪式暨红色旅游公路竣工和大青山抗日游击根据地展馆落成剪彩仪式，在武川县得胜沟乡蘑菇窑村举行。

9月12日 人力资源和社会保障部、公安部授予呼和浩特特警队“公安系统抗震救灾英雄集体”称号；公安部抗震救灾前线指挥部授予呼和浩特特警队“灾区群众满意的公安特警队”称号；市公安局特警支队被自治区党委、政府授予“内蒙古自治区抗震救灾抢险救援先进集体”称号；4人被公安部授予“全国公安系统抗震救灾先进个人”称号；9人被评为“灾区群众满意的公安特警”；9人被自治区党委、政府授予“内蒙古自治区抗震救灾抢险救援先进个人”称号；特警支队所属5个单位荣立集体二等功；民警20人荣立一等功、民警50人荣立二等功。

10月9日 呼和浩特市儿童福利院举行落成剪彩仪式。

10月18日 呼和浩特市蒙古族幼儿园举行整体改造建设工程竣工庆典仪式。

11月8日 由市质监局组织申报的“沙棘种植农业标准化示范区”“小香米种植农业标准化示范区”“奶牛养殖标准化示范区”“绿色马铃薯标准化示范区”“无公害玉米农业标准化示范区”“绿色食品红辣椒农业标准化示范区”，通过国家标准化管理委员会审批，成为“全国第六批农业标准化示范区”项目。

11月26日 华北地区占地面积最大的机动车驾驶人管理中心——内蒙古呼和浩特市机动车驾驶人管理中心举行落成庆典仪式。

12月2日 由内蒙古人民广播电台、呼和浩特人民广播电台联合推出的全区广播记者庆祝改革开放30周年“和谐草原行”大型主题直播——《天堂草原和谐家园》在玉泉区清泉街社区直播。

12月10日 省道104线呼和浩特—武川段一级公路建设奠基仪式在回民区段家窑村委会新址举行。

2009年

1月5日 呼和浩特市水环境治理项目——公主府、章盖营污水处理厂通水运行。

1月6日 武川县德胜沟大青山抗日游击根据地旧址、新城区国防教育中心，被自治区党委宣传部命名为第三批全区爱国主义教育基地。

1月8日 市地方病防治中心获“全国地方病重点监测先进集体”称号。

1月20日 由呼和浩特市政府、内蒙古电视台、玉泉区政府、鄂尔多斯羊绒集团、北京晋商博物馆共同投资拍摄的电视剧《大盛魁》开机。

1月21日 市公安局经侦支队被国家知识产权局、公安部评为知识产权执法保护先进集体，并予通报表扬。

2月13—17日 政协呼和浩特市第十一届委员会第二次会议在内蒙古军区招待所召开。会议审议通过《政协呼和浩特市第十一届委员会常务委员会工作报告》等。

2月14—18日 呼和浩特市第十三届人民代表大会第二次会议在内蒙古人民会堂召开。

3月16日 呼和浩特市在第二届中国城市旅游竞争力年会上获“中国旅游竞争力百强城市”称号。

3月26日 人力资源和社会保障部办公厅印发《关于公布首批国家级创建创业型城市名单的通知》，呼和浩特市被列为首批国家级创建创业型城市。

3月29日至4月2日 自治区党委、政府在呼和浩特市召开第六次呼、包、鄂经济工作座谈会。会议强调要立足发展新阶段，抢抓发展新机遇，争创发展新优势，推动三市科学发展再上新台阶。

4月17日 呼和浩特市第一家大规模的物流园区——内蒙古晋丰园煤化物流园区在土默特左旗沙尔营服务中心奠基。

4月28日 呼包鄂国家信息化和工业化融合创新实验基地揭牌暨内蒙古软件创意示范基地开工奠基仪式，在新城区鸿盛工业园区举行。

4月30日 固伦恪靖公主博物馆开馆。固伦恪靖公主府始建于清康熙年间，是康熙皇帝六女儿与额尔喀蒙古土谢图汗部联姻出嫁后居住的府邸，距今300余年，是保存完整的清代公主府。

5月9日 由市政府、内蒙古电视台主办的电视连续剧《大盛魁》文化创意产业园启动仪式，在北京人民大会堂内蒙古厅举行。全国人大常委会原副委员长布赫，全国政协原副主席陈锦华，新华社原社长、全国新闻工作者协会主席田聪明，中国电视艺术家协会党组书记黎鸣，自治区副主席刘新乐及副市长白金祥出席启动仪式。

5月16日 中央纪委副书记张惠新到呼和浩特市考察党风廉政建设和反腐败工作。自治区党委书记储波，自治区党委副书记、自治区主席巴特尔，自治区党委常委、纪委书记张力，自治区党委常委、秘书长符太增及市委常委、纪委书记朝鲁，市委常委、秘书长狄瑞明等陪同考察。

5月18日 全国社会治安综合治理表彰大会电视电话会议在北京市召开。大会对2005—2008年全国社会治安综合治理先进集体、先进工作者、优秀地市以及平安建设先进县进行表彰，托克托县获“全国平安建设先进县”称号。

6月12日 武川县德胜沟大青山抗日游击根据地旧址，被中共中央宣传部公布为第四批（87个）全国爱国主义教育示范基地。

7月6日 呼和浩特市被确定为全国劳动保障监察两网化管理工作试点城市。

7月17日 第三届中国民族商品交易会暨第十届中国·呼和浩特昭君文化节在呼和浩特市体育场开幕。卫生部副部长王国强、中央纪委驻交通运输部纪检组组长杨利民、全国人大常委会农业委员会副主任尹成杰、中央纪委驻卫生部纪检组组长李熙、中央纪委驻国家税务总局纪检组组长冯惠敏以及中外友好国际合作中心、中国市场学会负责人应邀出席开幕式。蒙古国乌兰巴托市副市长毕·孟和巴特尔、蒙古国驻呼和浩特总领事馆总领事策·巴桑扎布等外国友人出席开幕式。

7月24—28日 第五届中国国际会展文化节暨中国国际节庆艺术典礼在成都市举行。呼和浩特市获2008—2009年度“中国十大创意节庆城市”奖；中国·呼和浩特昭君文化节被评为2008—2009年度“中国十大品牌节庆活动”。

7月28日 国家级经济技术开发区第十八次党建工作研讨会在呼和浩特市召开。会议由商务部外资司司长李志群主持。郑州、成都、长沙、西安、昆明等全国54个国家级经济开发区的代表100余人参加研讨会。

8月4日 中央人民广播电台、《光明日报》《内蒙古日报》《呼和浩特日报》、内蒙古电视台、呼和浩特电视台等中央、自治区、呼和浩特市三级共28家，媒体记者参观赛罕区学府花园路社区公共服务站、赛罕区金宇文苑社区服务中心、新城区市民服务中心和呼和浩特市政务服务中心综合服务大厅，采访呼和浩特市构建三级公共服务体系的理念、举措以及三级公共服务体系建设情况。

8月5日 在《经济观察报》、中国区域经济学会联合举办的首届“中国最具投资潜力开发区”评选活动中，呼和浩特经济技术开发区获“中国最具投资潜力十强开发区”称号。

8月10日 由文化部、教育部、自治区政府联合主办，自治区文化厅、教育厅、市政府承办的第三届中国少年儿童合唱节在呼和浩特市开幕，全国22个省、自治区和直辖市的26支少年儿童合唱团的儿童1000余人参加演出。

8月22日 第十一届全国运动会火炬内蒙古传递活动在呼和浩特市体育场外围举行。

8月26日 15时41分左右，托克托县黄河东营段非法营运船只与黄河浮桥相撞，造成该船倾覆，15人全部落入黄河。15时50分接到救援报警后，市、县两级政府启动应急救援预案。市委主要领导高度重视，指示有关领导和部门开展救援等各项相关工作。截至18时，从黄河内打捞搜救7人，送往托克托县医院抢救。其中6人脱险，1人抢救无效死亡，其余8人失踪。

8月29日 中共中央政治局原委员、国务院原副总理吴仪到呼和浩特市参观考察内蒙古蒙牛乳业（集团）股份有限公司、昭君博物院、内蒙古博物院，并在内蒙古体育馆观看“绿色内蒙健康之源”草原风情之夜晚会。

9月2—6日 第七届西部城市党史工作协作会在呼和浩特市召开，15个省区市、120余名史志工作者参加会议。

9月3日 呼和浩特市首个村民监督委员会在新城区保合少镇甲兰板村成立。

△ 呼和浩特市被国家体育总局和教育部列为“全国青少年校园足球布局城市”。

9月10日 国家统计局中国经济景气监测中心发表《中国城市发展研究报告》，

以16个指标构成的评价体系，对全国286个地级及以上城市进行评价。呼和浩特市入选为中华人民共和国成立60周年城市发展代表。

9月24日 成吉思汗公园、大青山生态路、扎达盖公园三大生态重点项目竣工典礼在成吉思汗公园举行。

9月27—28日 由中国会展节庆高峰论坛组委会、全国会展评选活动办公室联合主办的“2009中国会展（节庆）创新发展论坛”暨庆祝中华人民共和国成立60周年——中国会展节庆颁奖典礼在上海市举办。“中国·呼和浩特昭君文化节”“中国民族商品交易会”分别获“建国60周年·中国最具影响力的节庆活动”奖、“建国60周年·中国最具影响力的品牌展会暨政府主导型展会百强”奖。

9月29日 呼和浩特市庆祝中华人民共和国成立60周年缅怀革命先烈活动在内蒙古革命烈士陵园举行。全市各族各界群众代表2000余人参加活动。

△ 国务院第五次全国民族团结进步表彰大会在北京市举行。内蒙古伊利实业集团股份有限公司获“全国民族团结进步模范集体”称号。

10月1日 “万众爱国情”呼和浩特地区庆祝中华人民共和国成立60周年升旗仪式暨“三城同创”大型签名活动在新华广场举行。自治区及市主要领导，首府地区机关、企事业单位干部职工、解放军和武警部队代表、青年志愿者、各级“劳动模范”“三八红旗手”、民族团结先进个人、道德模范和“十佳市民”代表参加活动。

10月10日 新城区、新城区西街办事处和东街办事处老缸房社区分别被民政部命名为“全国和谐社区建设示范城区”“全国和谐社区建设示范街道”“全国和谐社区建设示范社区”。

10月17日 呼和浩特第二监狱4名囚犯杀害1名狱警后越狱逃窜。20日，呼和浩特市警方在和林格尔县境内发现4名越狱囚犯，公安、武警在抓捕过程中当场击毙1名囚犯，抓获3名囚犯。抓捕过程中1名民警受伤。30日，自治区侦破“10·17”案件总结表彰大会在呼和浩特市举行。会议总结“10·17”案件，表彰奖励在侦破工作中做出突出贡献的立功人员、先进集体和先进个人。

10月19日 中共中央政治局常委、全国政协主席贾庆林到呼和浩特市考察。实地调研内蒙古金海伊利乳业有限责任公司、内蒙古晟纳吉光伏材料有限责任公司等企业生产情况。

10月25日 中共中央政治局委员、中央书记处书记、中央组织部部长李源潮就第三批学习实践科学发展观活动开展情况到呼和浩特市考察。实地调研蒙牛六期液态奶生产线、澳亚国际牧场、赛罕区大学西路办事处学府花园路社区，并考察呼和浩特市城市建设情况。

10月29日 呼和浩特白塔机场扩建工程航站楼工程获中国建筑业协会“2009年

度中国建设工程‘鲁班奖’”。

11 月 2 日 武川县兴旺农副产品专业合作社理事长兰熙鹏获“全国百佳农产品经纪人入围奖”。

11 月 15 日 住房和城乡建设部城市总体规划纲要审查工作组到呼和浩特市审查2009—2020 年呼和浩特市城市总体规划纲要。

11 月 23 日 教育部副部长陈小娅率教育部基础教育司一行到呼和浩特市，就中等职业学校和中小学开展深入学习实践科学发展观活动情况进行调研。

12 月 1 日 全国国防教育工作会议在北京市召开，乌兰夫纪念馆被命名为“国家国防教育示范基地”。

△ 经国务院新型农村社会养老保险试点工作领导小组同意，人力资源和社会保障部批复，武川县为自治区首批 10 个新型农村社会养老保险试点县。

12 月 4—6 日 2009 年中国新能源产业发展年会在北京市召开。呼和浩特市获“最具投资价值的中国新能源产业城市”称号，武川县获“2009 中国新能源产业百强县”称号。

12 月 17 日 住房和城乡建设部全国建设领域节能减排检查组到呼和浩特市，对建设领域节能减排工作进行检查。

12 月 20 日 “第二届中国经济百人榜、品牌百强榜”评选活动在北京人民大会堂揭晓。内蒙古伊利实业集团股份有限公司获“共和国 60 年最具影响力品牌 60 强”称号。内蒙古蒙牛乳业股份有限公司获“年度十大风云品牌”“共和国 60 年最具影响力品牌 60 强”称号，内蒙古蒙牛乳业股份有限公司董事会主席牛根生获“共和国60 年影响中国经济 60 人物”称号。

12 月 25 日 国道 209 线和林格尔—清水河段一级公路开工奠基仪式在清水河县王桂窑乡举行。

12 月 27—28 日 以江西省政协主席傅克诚为组长的中央学习实践科学发展观活动第六巡回检查组到呼和浩特市，对第三批学习实践活动开展情况进行调研检查指导。

12 月 29 日 市社会扶贫工作促进会、市老区建设促进会成立。

2010 年

1 月 4 日 亚洲博鳌·中国标杆城市表彰暨中国区域经济可持续发展战略高峰论坛上，呼和浩特市获“中国招商引资突出贡献城市”奖。

1 月 16—17 日 国家林业局“创森”申报指导组一行到呼和浩特市，就创建国家森林城市情况进行考察指导，听取有关工作情况汇报。

1月18日 国务院安委会督查组到呼和浩特市开展安全生产调研督导。到中国海洋石油天野化工股份有限公司、玉泉区创升气体有限公司、武川县冀东水泥有限公司进行实地调研。

1月24—25日 中共中央办公厅、国务院办公厅联合督查组到呼和浩特市，就贯彻落实《中共中央办公厅、国务院办公厅关于做好2010年元旦、春节期间有关工作的通知》精神等情况进行督查。

1月28日至2月1日 政协呼和浩特市第十一届委员会第三次会议在市党政办公大楼1号会议厅召开。会议审议通过《政协呼和浩特市第十一届委员会常务委员会工作报告》等。

1月29日 呼和浩特市第十三届人民代表大会第三次会议在内蒙古人民会堂召开。市政府主要领导代表市政府向大会作工作报告。

1月30日 呼和浩特市国家森林城市建设总体规划评审会召开，由中国科学院院士蒋有绪，中国森林城市论坛组委会秘书长、国家创森办主任、国家林业局宣传办主任程红，国务院参事盛伟彤，中国森林城市论坛组委会副秘书长、国家创森办副主任、国家林业局宣传办副主任叶智等9人，组成的总体规划评审组专家一致通过《呼和浩特市国家森林城市建设总体规划（2010—2020）》。

3月26日 呼和浩特电视台获第八届“全国优秀公益广告评选先进单位”称号。

△ 中国·呼和浩特留学人员创业园（新址）揭牌奠基仪式，在呼和浩特经济技术开发区举行。

△ 全国公安机关爱民模范先进事迹报告会召开。市公安局玉泉区公安分局石东路派出所副所长兼三里营东社区民警耿成全获“全国爱民模范”称号。

3月30日 中共中央统战部二局局长赵学义率中央统战部少数民族代表人士队伍建设调研组到呼和浩特市调研，并与少数民族代表进行座谈。

4月2日 “中国绿色名县发展论坛及成果”颁奖大会在北京人民大会堂举行。和林格尔县被评为“中国绿色名县”。

4月6日 市建委被住房和城乡建设部授予“全国住房城乡建设系统创建文明行业示范点单位”称号。

4月7日 中国旅游研究院发布《2010年第一季度全国游客满意度调查报告》，公布国内50个城市游客满意度排名，呼和浩特市位居其中。

4月16—17日 国家林业局创建国家森林城市综合考察组到呼和浩特市，对“创森”工作进行考察。市委、市政府召开专题汇报会汇报创建国家森林城市工作。国家创森考察组认为，呼和浩特市作为干旱半干旱塞北城市，创建森林城市中取得的成绩不容易、不简单、不寻常，让人震撼。特别是创建森林城市中的一些做法不仅在局部，在全国也具有典型示范作用。

4 月 27 日 国家关注森林活动组织委员会举办，国家林业局、全国政协人口资源环境委员会、湖北省政府、经济日报社联合主办的第七届中国城市论坛在湖北省武汉市开幕，呼和浩特市被全国绿化委、国家林业局授予“国家森林城市”称号。

5 月 18 日 国道 110 线兴和—集宁—呼和浩特段一级公路改扩建工程开工仪式在乌兰察布市集宁区白海子镇举行。

5 月 20 日 青海省玉树地震发生后，全市共收到捐赠资金 6.91 亿元。其中，市红十字会接收捐赠资金 6.05 亿元，市慈善总会接收捐赠资金 8519 万元。共收到捐赠物资折价 2631 万元。捐赠物资全部运往灾区。

5 月 25 日 国务院安委会督查组到呼和浩特市，就贯彻落实全国安全生产电视电话会议和《国务院办公厅关于继续深入开展“安全生产年”活动的通知》等进行安全生产督查。督查组听取相关领导安全生产工作汇报，对西郊电厂、呼和浩特长途汽车南站进行督查。

6 月 19 日 市四区 8035 名小学毕业生通过计算机派位升入中学。

6 月 20 日 呼和浩特市启用公交专用车道。首次启用的公交专用车道是新华东街。

6 月 29 日 全国深化政务公开推进政务服务经验交流会在呼和浩特市召开。

7 月 1 日 全国政协经济委员会副主任李德水率全国政协考察团到呼和浩特市，就着力扩大内需促进经济发展方式转变、发展战略性新兴产业工作进行调研。

7 月 6 日 “10・17”暴动越狱案在市中级人民法院进行一审公开宣判，以暴动、越狱罪、抢劫罪、绑架罪、盗窃罪依法判处乔海强、董佳继、李洪斌死刑，剥夺政治权利终身。

7 月 10 日 由国家体育总局体操运动管理中心、中国健美操协会主办的 2010 年第九届“浩沙杯”全国万人健美操大赛在呼和浩特市启动。

7 月 15—18 日 中共中央政治局常委、中央纪委书记贺国强到包头、鄂尔多斯、呼和浩特、乌兰察布等市，深入企业、城市社区和农牧业，就学习贯彻西部大开发工作会议精神，加快经济方式转变、加强党风廉政建设和反腐败工作等问题进行调研。

7 月 16 日 第四届中国民族商品交易会暨第十一届中国・呼和浩特昭君文化节在呼和浩特市体育场开幕。

△ 第四届中国民族商品交易会暨第二届中国・呼和浩特国际汽车展览会在内蒙古国际会展中心开馆。

△ 由商务部商贸服务管理司主办，自治区商务厅、市政府承办的全国内贸领域会展工作座谈会在呼和浩特市召开。全国各省、自治区、直辖市、计划单列市商务

主管部门及全国商贸领域会展主办单位，有关展馆的负责人参加会议。

7 月 26 日 环境保护部部长周生贤一行到呼和浩特市，参观考察蒙牛乳业六期工程、澳亚国际牧场。

7 月 28 日 2010 年度“全球乳业 20 强”在荷兰银行发布：蒙牛从 2009 年的第 19 位跃居第 16 位；伊利第一次跻身榜单，列第 17 名。

8 月 2 日 首届全球绿色经济财富论坛在北京市召开。内蒙古伊利实业集团股份有限公司董事长潘刚获“全球绿色经济十大领军人物”称号，伊利集团获评“全球绿色经济十大领军企业”。

8 月 4 日 中国红十字会总会常务副会长王伟一行到呼和浩特市，对市红十字会工作进行调研。

8 月 5—6 日 全国人大常委会副委员长、中国红十字会会长华建敏一行到呼和浩特市，对托克托县双河镇、新营子镇和黑水泉村红十字会基层组织建设进行调研，并到市第二中学对青少年红十字会工作情况进行调研。

8 月 7—10 日 中共中央政治局原常委、中央纪委原书记吴官正到呼和浩特市，对工业经济发展和城市建设等工作进行调研。

8 月 8 日 呼和浩特—北京远程新干线投入使用。呼和浩特—北京全程 600 千米的行程物流运输时间仅需 12 小时。

8 月 10—11 日 住房和城乡建设部督查组到和林格尔县，对旗县及农村牧区保障性住房情况进行督查，并就呼和浩特市重点项目和保障性安居工程建设情况听取市委、市政府汇报。

8 月 18 日 内蒙古中环光伏材料有限公司“绿色可再生能源太阳能电池用单晶硅材料产业化工程”一期项目竣工暨二期项目开工典礼仪式，在中环项目基地举行。

8 月 23—26 日 全国人大常委会原副委员长布赫到市蒙古族幼儿园、南湖湿地公园、成吉思汗公园、维斯塔斯、大召、席力图召、大盛魁文化创意园、土默特左旗农业综合开发技术研究推广中心、内蒙古京剧团等地，就呼和浩特市教育、城市建设、工业生产、农业发展等情况进行参观考察。

8 月 24 日《新中国从这里走来》西柏坡精神——内蒙古革命斗争史，全区巡回展在呼和浩特市开展。

8 月 27 日 自治区党委书记胡春华到呼和浩特市调研北出城口拆迁改造，满都海公园东门街景整治、赛罕区桃李巷小街巷改造、新华大街综合改造、二环路两侧绿化及高压走廊绿化带建设工程以及如意行政商务金融区规划情况和火车东站交通枢纽综合功能规划建设情况。强调呼和浩特市的城市框架已经拉开，在今后的工作中要在完善建成区和规划区的功能上下功夫，提升城市整体形象，努力把呼和浩特打造成一流的首府城市。

8月29日 中共中央政治局委员、北京市委书记刘淇率北京市代表团一行参观考察内蒙古金海伊利乳业有限责任公司奶粉生产线和维斯塔斯风力系统（中国）有限公司风电设备生产车间。

8月31日 由国家发展和改革委员会举办的全国服务业发展改革工作座谈会在北京市召开。呼和浩特市被列为国家服务业综合改革试点城市。

9月1日 农业部部长韩长赋到伊利、蒙牛两大乳品企业调研，详细了解奶源基地建设和乳制品生产经营情况。

△ 呼和浩特市提高失业保险金发放标准。失业人员月平均领取的失业保险金为840元，月平均增加190元。采暖期间，每月领取80元取暖费。

△ 国务院节能减排第六督查组到呼和浩特市检查指导工作，对呼和浩特市的节能减排工作给予充分肯定，希望各级各部门按照节能减排目标责任制的要求，将工作细化、量化、具体化，打好节能减排攻坚战，确保完成“十一五”节能减排目标。

9月5日 呼和浩特市被财政部、科技部等四部委确定为公共服务领域节能与新能源汽车示范推广试点城市。

△ 新城区中山东路街道办事处被中国社会福利教育基金会社区发展基金，授予“2010年全国社区服务先进街道”称号。

9月7日 文化部全国文化市场交叉执法检查组到呼和浩特市，对部分网吧、图书音像店及歌舞、游艺娱乐场所进行执法检查，同时检查案卷制作等情况。

9月8日 由中国红十字总会指导，中国红十字基金会、贝因美集团、索贝国际机构联合主办，内蒙古红十字会协办的全国公益慈善救助计划——“幸福温暖大草原”捐赠仪式在呼和浩特市启动。

9月14日 自治区创建国家环保模范城市验收组召开专家意见交流会，对呼和浩特创建国家环境保护模范城市工作的验收审查作出总结。专家组对呼和浩特市创模工作给予充分肯定和高度评价。

9月16日 市公安局交警支队车辆管理所被公安部交管局评为“全国一等车管所”。

10月8日 呼和浩特职业学院举行新校区落成典礼。

10月26日 中央督查组到赛罕区大学西路办事处学府花园路社区，就贯彻落实中央关于维护民族团结和社会稳定工作情况进行检查指导。

10月29日 国务院食品安全整顿工作督导检查组到呼和浩特市督导检查食品卫生工作。督导组先后到泰利达乳业有限公司、蒙伊萨食品有限责任公司、香格里住宅小区二期工地食堂、内蒙古锦江国际大酒店等食品加工、生产企业进行实地调研。

11 月 2 日 托克托县“无公害玉米种植农业标准化示范区”“红辣椒种植标准化示范区”、武川县政府组织实施的“绿色马铃薯种植标准化示范区”、蒙牛乳业“奶牛养殖标准化示范区”、内蒙古宇航人高新技术产业有限责任公司“沙棘种植标准化示范区”、清水河县“小香米种植农业标准化示范区”6 项国家级农业标准化示范区项目，通过国家标准化委员会考核验收。

11 月 5 日 回民区新华广场健身站、素热泰威风鼓队、玉泉区汇豪天下小区健身点、新城区满都海站点被全国妇联、国家体育总局联合命名为“全国妇联健身示范站点”。

△ 万达集团投资 60 亿元建设的总面积 130 万平方米的城市综合体——万达广场开业。

11 月 11 日 市综合应急救援支队成立。

11 月 18 日 呼和浩特市在第六届中国国际物流节上获“2010 物流中心城市最佳投资环境奖”“2010 物流业发展突出贡献奖”。

11 月 22 日 联合国儿童基金会驻华代表魏英瑛一行到呼和浩特市第二十六中学，就留守、流动儿童的生活、学习情况进行调研。

11 月 27 日 全国政协常委、人口资源环境委员会副主任张黎，全国政协人口资源委员会委员、全国妇联执委肖燕军，国家老龄办副主任闫青春及国家有关部门人员组成的检查组到呼和浩特市，就《中国老龄事业发展“十一五”规划》执行情况进行检查评估。

12 月 6 日 2010 中国第五届小康论坛在北京市召开。呼和浩特市获国内唯一的“2010 中国小康最佳政务服务城市”称号。

12 月 15 日 呼和浩特—邯郸—温州航线开航仪式在邯郸机场举行。通航仪式结束后，邯郸市与呼和浩特市签约建立成为友好城市。

12 月 16 日 由新华社新闻信息中心、新华网、《新华每日电讯》、《参考消息》等国内主流媒体主办的 2010 年度中国企业社会责任峰会在北京人民大会堂开幕，内蒙古伊利实业集团股份有限公司获“2010 中国企业社会责任榜杰出企业”称号。

2011 年

1 月 4 日 呼和浩特市共有 8 家景区（点）通过 A 级景区评定验收。其中，神泉生态旅游景区被国家旅游局评定为国家 AAAA 级旅游景区；白石生态旅游景区、哈达门高原牧场、蒙古风情园、清·固伦恪靖公主府、乌兰夫故居被评定为国家 AAA 级旅游景区；云滚洞旅游度假山庄、将军衙署被评定为国家 AA 级旅游景区。

1月4—9日 政协呼和浩特市第十一届委员会第四次会议在内蒙古人民会堂召开。会议审议通过《政协呼和浩特市第十一届委员会常务委员会工作报告》等。

1月6日 呼和浩特市第十三届人民代表大会第四次会议在内蒙古人民会堂召开。市委副书记、代市长代表市政府向大会作《政府工作报告》。

1月7—8日 中国新能源产业经济发展年会在北京市举行。呼和浩特市获“2010中国最具投资价值新能源城市”“中国低碳政府榜样”称号。

1月14日 呼和浩特留学人员创业园被科技部认定为国家科技企业孵化器，是呼和浩特市第一个国家级留学人员创业园。

1月16日 自治区党委书记、自治区人大常委会主任胡春华参加自治区第十一届人大第四次会议呼和浩特市代表团分组审议。指出要认真审议报告，仔细领会报告精神，在加快发展的同时，转变经济发展方式，坚持走富民强区之路，通过5年时间逐步实现人民收入增长与经济增长同步。

1月29日 自治区副主席布小林率自治区、呼和浩特市两级工商、文化、商务等12个部门负责人到大学路图书音像市场、维多利商厦、维多利超市和华联超市金兴店，对呼和浩特市开展打击侵犯知识产权和制售假冒伪劣商品集中整治活动情况进行检查。

2月12日 2011中国·呼和浩特全国医药保健品交易会在内蒙古展览馆开幕。吉林省、河北省等全国32个省、自治区、直辖市的2600余名企业代表参展。

2月18日 市公安消防支队武川县中队因公牺牲战士张旭追悼会在市殡仪馆举行。自治区消防总队机关干部、培训基地在培大学生教官、市消防支队官兵及社会各界群众300余人前去吊唁。

2月28日 在呼和浩特火车东站站前广场举行张家口—呼和浩特客运专线、呼和浩特—准格尔—鄂尔多斯铁路建设动员大会暨呼和浩特火车东站开通运营仪式。

3月1日 自治区党委书记胡春华到呼和浩特市青少年活动中心项目、新城区“新城家园”经济适用房及廉租房项目、呼和浩特北出城口拆迁建设工程、玉泉区五里营城中村改造项目、自治区党政新区周边拆迁和如意行政商务金融中心区规划建设工程等现场，考察呼和浩特市城市建设和重点项目进展情况。

3月21—22日 中共中央政治局常委、国务院副总理李克强到内蒙古考察。李克强先后到包头、呼和浩特市，深入企业车间、研究院所，走进城镇社区、乡村农舍，重点对内蒙古“十二五”规划实施、经济发展和民生工程建设进行考察。

3月22日 由亚洲食品信息中心、国际冷链联盟联合主办的2011亚太食品饮料绿色科技峰会在上海市召开。内蒙古伊利实业集团股份有限公司获“亚太绿色经济杰出贡献奖”，成为中国乳品行业内唯一获奖者。

3 月 25 日 公安部政治部批复，追授市消防支队武川县中队攻坚班班长张旭为革命烈士。

3 月 29 日 呼和浩特—南昌—三亚航线首航仪式在呼和浩特白塔国际机场航站楼二楼进港大厅举行。

3 月 30 日 人力资源和社会保障部副部长胡晓义一行到呼和浩特市，就全市人力资源和社会保障工作进行调研。调研组一行到市第一医院病房详细询问住院病人参加医疗保险和养老保险情况，听取对社会保障体系建设方面的意见建议。

4 月 22 日 由自治区党委宣传部、自治区公安厅政治部、自治区公安消防总队联合组织的张旭先进事迹报告会在呼和浩特市举行。

4 月 25 日 国家民委党组书记杨传堂一行到伊利全球奶粉样板工厂和伊利新工业园调研。杨传堂希望伊利集团在安全生产、稳定运行的基础上，继续做大做强，提高产品在全球的知名度，为民族工业的发展做出贡献。

4 月 30 日 自治区党委书记胡春华到赛罕区乌兰察布东街街道办事处、中专路街道办事处、大学西街街道办事处和大学东街街道办事处调研。强调要适应形势发展变化，大力加强城市街道社区建设，推进社会管理创新，不断提升街道办事处的管理和服务水平。

5 月 6 日 国家“863”重大科技专项——万头奶牛科技产业化示范牧场项目签字仪式在和林格尔县盛乐经济园区蒙牛集团总部举行。

5 月 10 日 第十一届中国国际有机食品和绿色食品博览会在北京市举办，内蒙古伊利实业集团股份有限公司生产的“金典有机奶”获国际有机食品金奖。

5 月 17—18 日 全国人大食品安全执法检查组到呼和浩特市就贯彻落实《中华人民共和国食品安全法》等情况进行执法检查。

6 月 8 日 中国科学技术协会印发《关于命名 2011—2015 年度全国科普示范县（市、区）的决定》，新城区、赛罕区、回民区、托克托县被命名为“2011—2015 年度全国科普示范县（市、区）”。

△ 呼和浩特市被科技部认定为“国家创新型试点城市”。

6 月 11 日 中国社科院经济所和首都经贸大学联合发布首个《中国城市生活质量指数报告》，在全国 30 个省会城市排行中，呼和浩特市排名第五。

6 月 12 日 中国科协和财政部授予呼和浩特市少数民族科普工作队、和林格尔县城关镇大南沟蔬菜种植协会、赛罕区金河镇根堡村蔬菜示范基地，托克托县科普惠农养殖示范基地“全国科普惠农兴村先进单位”称号，武川县得胜沟乡东坡村杨福龙“全国科普惠农兴村带头人”称号。

7 月 1 日 市公交总公司开通 100 路公交车。

7月5日 全国现代戏优秀剧目——由呼和浩特市民间歌舞剧团排演的大型二人台现代剧《花开花落》在北京民族文化宫大剧院演出。

7月6日 全国政协调研组到呼和浩特市，就加快转变经济发展方式，促进经济社会又好又快发展进行调研。

△ 全国少数民族自治区首府市政协工作联席会第十八次会议在呼和浩特市举行。南宁市、拉萨市、银川市、乌鲁木齐市政协代表围绕提高人民政协工作的科学化水平，探讨交流首府市政协在履行职能和加强自身建设方面的经验和做法。

7月15日 第五届中国民族商品交易会暨第十二届中国·呼和浩特昭君文化节在呼和浩特市体育场开幕。第十届全国政协副主席李蒙、中国市场学会会长俞晓松以及部分国家有关部委办局、社会团体、高等院校、科研院所等负责人参加开幕式。自治区及呼和浩特市部分领导出席开幕式。开幕式晚会由《草原的天堂》《温暖的故乡》《绿色的畅想》3个篇章组成。

7月29日 财政部党组书记、部长谢旭人一行到呼和浩特市，就保障性安居工程、基层财政所建设情况等进行考察。谢旭人一行先后到赛罕区金河镇农业综合开发中低产田改造项目区、金河镇中心卫生院、金河镇财政所、玉泉区“康居家园”公共租赁住房项目建设工地、市财政局以及财政部驻内蒙古财政监察专员办等场所，了解当地农业综合开发、医改工作进展、基层财政所建设保障性安居工程建设等情况。

8月1日 自治区副主席刘新乐一行到呼和浩特市，就保障性住房建设工作情况进行考察。要求保障性住房建设要切实严把质量关，做到安全施工，将保障性住房建设的质量放在第一位，把每个保障性住房项目建成配套完善、功能齐全、质量过硬的优质放心工程，把这个为民办实事的民心工程办实办好。

△ 澳门特别行政区行政长官崔世安率澳门经贸代表团到呼和浩特市，就全市经济社会发展情况和旅游业发展情况进行考察。中央政府驻澳门特别行政区联络办公室主任白志健参加考察。

8月15—17日 全国人大常委会原副委员长布赫到呼和浩特市考察。布赫一行先后到大盛魁文化产业创意园、南湖湿地公园、大青山革命烈士陵园、土默特左旗民族中学了解呼和浩特市城市建设、文化事业发展等情况。

8月16日 自治区党委书记胡春华实地考察呼和浩特抽水蓄能电站的建设情况。指出呼和浩特抽水蓄能电站建设，是内蒙古实现电力多元化发展的项目之一，有关部门要支持项目建设，保证工程按期建成，并争取把该项目建设成为示范工程，实现企业地方互利双赢。

△ 中国·呼和浩特少数民族文化旅游艺术节在内蒙古乌兰恰特剧院开幕。全国

人大常委会原副委员长布赫、国家民委副主任丹珠昂奔、文化部副部长杨志今、各省区市的有关领导出席开幕式。

8月20日 内蒙古云曙碧公益事业基金会、呼和浩特市慈善总会2011年度“慈善圆梦”贫困大学生救助助学金发放仪式举行，9个旗县区27名贫困大学生每人获得5000元救助金。

8月25日 以液晶模组整机一体化为核心的TCL内蒙古液晶产业园开工奠基仪式，在新城区鸿盛工业园举行。

9月26日 乌兰夫纪念馆被中央纪委监察部确定为首批全国廉政教育基地。

10月12日 国家发展和改革委员会副主任、国务院医改办主任孙志刚一行到玉泉区兴隆巷社区卫生服务中心，就医疗卫生体制改革进展情况进行督查。

10月25日 中国联通与市政府签署协议，中国联通西北（呼和浩特）基地项目落户呼和浩特市鸿盛工业园区。双方代表签约。

10月29日 第二届中国民族节庆峰会暨“2011优秀民族节庆”授牌仪式，在北京全国政协礼堂举行。呼和浩特市举办的第十二届中国·呼和浩特昭君文化节获“2011优秀民族节庆”奖。

12月29日 呼和浩特市被商务部确定为标准化菜市场示范工程试点城市，给予2000万元资金支持。

2012年

1月7日 国务院参事室调研组到武川县、和林格尔县调研指导扶贫工作。

1月10日 全国总工会慰问团到呼和浩特市，看望慰问部分企业及企业困难职工和劳模。

1月31日 自治区党委书记胡春华到清水河县就园区和项目建设、城镇规划建设和民生社会事业发展进行调研。希望清水河县要加快经济发展步伐，尽快摆脱贫困落后状态。

1月31日至2月4日 政协呼和浩特市第十一届委员会第五次会议在内蒙古人民会堂召开。300多名市政协委员参加大会。会议审议通过《政协呼和浩特市第十一届委员会常务委员会工作报告》等。

2月1—5日 呼和浩特市第十三届人民代表大会第五次会议在内蒙古人民会堂召开。市委副书记、代市长秦义作《政府工作报告》。

2月2日 市委副书记、代市长秦义会见中国航天科技集团公司副总经理张建恒一行，双方就内蒙古神舟硅业项目建设相关事宜及硅产业发展进行深入交流。

2月10—11日 自治区党委常委、市委书记那顺孟和到新城区大青山坡底防火点、毫沁营森林公安派出所、毫沁营镇塔沟造林点、太伟高尔夫球场、保合少镇水磨村、野马图村、新城区防火指挥中心、青少年生态园、大青山野生动物园、回民区段家窑影视城、回民区攸攸板镇毫赖沟移民新村、乌素图森林公园、乌素图村、武川县大青山生态项目区、哈达门森林公园、武川县大梁管护站等地，实地考察大青山前坡村庄建设、退耕还林工程建设、生态建设以及呼和浩特市北出城口综合整治、大青山前坡移民和旅游开发、经济林种植、大青山后坡生态项目建设情况等。

2月17日 农业部百乡万户调研组一行4人对呼和浩特市2011年农牧业工作和2012年春耕备耕工作进行为期12天的调研。调研组走访和林格尔县盛乐镇和城关镇11个村，调查农户220户，对呼和浩特市支农惠农政策落实、土地承包权属落实、土地承包经营流转、春耕备耕、动物疫病防控、农民种植意向、农民收入构成变化、农技推广体系改革建设、农民对农技的需求等情况进行深入了解。

3月22日 国务院扶贫办发布《国家扶贫开发工作重点县名单》。托克托县、和林格尔县、清水河县调出国家扶贫开发工作名单。

3月23日 呼和浩特经济技术开发区与土默特左旗签署托管沙尔沁镇的协议，呼和浩特经济技术开发区将迁址沙尔沁镇区域内，将为呼和浩特经济技术开发区的发展拓宽道路，也为加快全市工业经济发展，补齐工业短板奠定基础。

4月7日 自治区首个青年创业人才示范基地、青年就业创业见习基地，在呼和浩特经济技术开发区留学人员创业园揭牌成立。

4月10日 以中国红十字会总会副会长、党组副书记郭长江为组长的调研组对呼和浩特市红十字会基层组织建设、学校青少年红十字教育及应急救护培训等工作进行实地考察。

4月12日 自治区党委书记胡春华到武川县调研时强调，扶贫开发工作是自治区的头号民生工程，武川县是呼和浩特市唯一的国家贫困县，在万名党员干部“下基层办实事转作风”活动和脱贫攻坚工作中，要做好组织工作，整合各种资源，一定要为群众办实事，要把呼和浩特市的扶贫计划落到实处，要加强以党支部为核心的基层组织建设，努力打好新一轮脱贫攻坚战。

5月10日 在和林格尔盛乐现代服务业集聚区和新城区鸿盛工业园区同时举行中国·内蒙古呼和浩特云计算产业基地暨重点项目开工奠基仪式。

5月17—18日 全国政协副主席陈奎元率全国政协调研组到呼和浩特市，调研长城保护工作。

6月7日 中共中央组织部副部长、人力资源和社会保障部部长尹蔚民到呼和浩特市考察。尹蔚民一行先后到新城区市民服务大厅、内蒙古伊利实业集团股份有限公司、土默特左旗察素齐镇此老村考察。

7月1日 中国联通西北（呼和浩特）基地项目在新城区鸿盛工业园区开工建设。

7月5日 共青团自治区委员会追授武川县消防大队战士程鹜“青年五四奖章”，并号召全区各级团组织、团员青年要向程鹜学习，立足岗位，锐意进取，为建设繁荣富强、和谐美好的内蒙古贡献智慧和力量。

7月7日 呼和浩特市首家民营博物馆——斯琴塔娜艺术博物馆开馆。

7月19日 交通运输部副部长高宏峰一行到呼和浩特市，就交通运输工作开展情况进行调研。

7月25日 卫生部部长陈竺一行到呼和浩特市考察调研。

7月28日 连日强降雨使呼和浩特市防汛抗灾工作面临严峻形势。自治区党委书记胡春华连夜到呼和浩特市部分受灾地区和防汛前线，考察了解受灾情况和防汛措施，听取有关部门关于防汛抗灾工作的汇报。

8月11—12日 由自治区政府、市政府、中国通信学会光通信委员会、中国光学学会纤维光学与集成光学专业委员会等共同主办的“2012国际光纤通信论坛”在呼和浩特市举行。

8月12日 中国电信云计算内蒙古信息园首座数据中心机房封顶仪式在和林格尔县举行。

9月1日 国务院新闻办副主任崔玉英一行到呼和浩特市检查指导工作。

9月10日 民政部调研组到市民政福利院和赛罕区巨海社区，对呼和浩特市民政工作进行调研。

9月25日 自治区公安厅为市公安局配发100辆安装有3G无线图传设备的警车从内蒙古国际会展中心出发，进入巡区开始执勤。

10月23日 自治区党委书记胡春华到呼和浩特市考察重点项目建设情况时强调，要全力抓好各类项目建设，确保在建重点项目尽快竣工投产，努力为经济平稳较快发展注入强劲动力。

△ 中央纪委驻卫生部纪检组组长李熙一行到呼和浩特市，就医疗卫生事业、卫生服务信息化建设以及医改工作情况进行调研。

10月30日 TCL内蒙古液晶产业园落成投产庆典仪式和创维内蒙古产业基地扩建投产庆典仪式在如意广场举行。

11月5日 市卫生局新农合管理中心与中国医学科学院医学信息研究所建立新农合信息平台，呼和浩特市在跨省就医管理上实现信息共享，成为全国首个开展跨省就医管理地区。

12月7日 市直属机关学习中国共产党第十八次全国代表大会精神专题讲座在

市党政机关办公大楼举行。特邀国家行政学院经济学教研部主任王健教授作题为《转变经济发展方式建设美丽中国》的报告。

12月12日 国家部委联合督察二组到呼和浩特市，就贯彻落实《国务院关于促进内蒙古经济社会又好又快发展的若干意见》情况进行督察，并与呼和浩特市有关部门进行座谈。

12月19日 自治区党委常委、市委书记那顺孟和主持召开市委常委（扩大）会议，传达贯彻中国共产党第十八次全国代表大会会议精神。

12月25日 赛罕区羊盖板万头牧场园区举行奶牛入园启动仪式，4000头荷斯坦奶牛陆续入驻园区。

2013年

1月1日 市四区范围内60周岁（含60周岁）以上老年人免费乘坐公交车。

1月2—6日 政协呼和浩特市第十二届委员会第一次会议在内蒙古人民会堂召开。会议审议通过《政协呼和浩特市第十一届委员会常务委员会工作报告》等。选举政协呼和浩特市第十二届委员会主席、副主席、秘书长和常务委员。

1月3—7日 呼和浩特市第十四届人民代表大会第一次会议在内蒙古人民会堂召开。市委副书记、市长秦义作《政府工作报告》。

1月20日 呼和浩特市首批公共租赁住房配租公开摇号现场会在新城宾馆举行。

2月7日 内蒙古自治区（鸿盛）大学科技园揭牌暨建设启动仪式在呼和浩特鸿盛工业园区举行。

3月26日 自治区党委书记王君到呼和浩特市就工业经济发展情况进行调研。

3月29日 呼和浩特市召开创建全国文明城市动员大会。自治区党委常委、宣传部部长乌兰，自治区党委常委、市委书记那顺孟和讲话，市委副书记、市长秦义与各地区、各部门代表签订创建全国文明城市责任状。

4月11日 呼和浩特市召开人感染H7N9禽流感防控工作会议，并确定市第二医院和内蒙古第四医院为人感染禽流感定点收治医院。会议要求全市各级各部门联防联控，对全市防控工作进行统一部署和指导。

4月17日 由国家发展和改革委员会主办，自治区发展和改革委员会、市政府承办的“交流·合作·发展·共赢”为主题的呼包银榆经济区首届市长联席会议在呼和浩特市召开，内蒙古自治区、宁夏回族自治区、陕西省两区一省13个市的相关负责人参加会议，就呼包银榆经济区区域发展交流沟通，共商大计。

4月28日 国家云应用检测中心、台湾统一饮品生产基地等10个重点项目在和林格尔经济开发区集中开工。

5月8日 国家防汛抗旱总指挥部副总指挥、水利部部长陈雷一行到呼和浩特市考察。

△ 省道210线和林格尔县城关镇改线工程开工仪式在和林格尔县举行。

5月16日 自治区党委常委、纪委书记张力一行到呼和浩特市，就“严肃工作纪律整顿机关作风”和行政审批制度改革等情况进行专题调研。

6月6日 自治区党委书记王君先后到赛罕区、玉泉区和新城区，就城市建设进行专题调研。

6月9日 科技部专家组就呼和浩特市金山高新区升级国家高新区进行调研。

6月25日 “伊泰情”第十届中国·内蒙古草原文化节开幕。自治区党委常委、宣传部部长乌兰在开幕式上致辞。全国政协民族和宗教委员会主任朱维群，中国社科院副院长武寅，全国政协民族和宗教委员会委员王伟出席开幕式并观看演出。

7月5日 中央人民广播电台台长王求率走基层、转作风、改文风系列报道《倾听内蒙古》采访报道组，到和林格尔县云计算产业基地参观，并对云计算产业发展现状及未来规划进行深入采访。

7月8—9日 自治区党委常委、市委书记那顺孟和先后主持召开3个座谈会，就自治区党委常委会贯彻落实中央八项规定和自治区28项具体规定、反对“四风”问题、加强常委会工作、开展党的群众路线教育实践活动等情况，分别征求市党政班子成员、人大常委会和政协主要负责人、法检两院院长、旗县区党政正职、基层群众代表的意见建议。

7月16日 全国双拥工作调研组到呼和浩特市，检查指导全国双拥模范城（县）创建工作并召开座谈会。

7月19日 第七届中国民族商品交易会、第十四届中国·呼和浩特昭君文化节、第三届中国·呼和浩特少数民族文化旅游艺术节在内蒙古国际会展中心开幕。

7月24日 全国政协“推动沙漠治理”专题调研组到呼和浩特市调研。

7月25日 由呼和浩特民族演艺集团和北京天创文投公司联合制作，呼和浩特民族演艺集团排演的大型民族舞台剧《马可·波罗传奇》在内蒙古人民会堂上演。

8月16日 由市政府、中国信息安全测评中心、工信部国际经济技术合作中心及自治区发展和改革委员会、经信委、科技厅、云计算产业领导小组办公室主办的2013首届国际云计算博览会在呼和浩特市开幕。

8月27日 国家发展和改革委员会调研组到呼和浩特市，就首府机场迁建、城市轨道交通及京呼客专项目建设情况进行调研。

8月28日 全国政协经济委员会调研组到呼和浩特市，就“完善房地产市场调控政策，促进房地产行业平稳健康发展”进行专题调研。

9月29日 呼和浩特市召开全市干部大会，传达贯彻自治区党委关于深入学习贯彻习近平总书记系列重要讲话精神的意见和精神，并对呼和浩特市党政机关违规公务用车治理工作、党政机关停止新建楼堂馆所和清理办公用房工作，国庆期间做好廉洁自律工作作出部署。自治区党委常委、市委书记那顺孟和在会上讲话。

10月7日 市委副书记、市长秦义到市妇幼保健院等医疗卫生建设项目进行调研，强调公共医疗卫生项目建设作为一项重要的民生工程，要在坚持“硬件”建设和“软件”服务同步提升的基础上，优化医疗卫生服务，努力提高呼和浩特市医疗卫生服务能力和水平，全力营造健康和谐的医疗卫生环境，方便于民。

10月25日 呼和浩特市保障性住房建设重点项目——“塞外安康新居”公租房项目举行开工奠基仪式。

12月11日 赛罕区小黑河以北区域城中村改造村民安置房首期交付仪式在大台什村举行。

12月20日 呼和浩特市委党的群众路线教育实践活动领导小组第一次全体会议召开。市委副书记、政法委书记、市委党的群众路线教育实践活动领导小组副组长赵江涛主持会议并讲话。

12月24日 全市县处级干部学习贯彻习近平总书记系列讲话和中共十八届三中全会精神集中轮训班开班。

2014年

1月1日 呼和浩特市数字化城管信息系统开通运行。

1月8日 呼和浩特市成功申报国家公交都市建设示范工程第二批创建城市，创建工作从2014年开始至2018年，为期5年。

2月7—9日 呼和浩特市县处级以上领导干部就第二批党的群众路线教育实践活动开始4天封闭学习。自治区党委常委、市委书记那顺孟和作专题辅导报告。

2月12日 全市党的群众路线教育实践活动动员会召开，自治区党委常委、市委书记那顺孟和作动员讲话。

2月18—22日 政协呼和浩特市第十二届委员会第二次会议召开。会议审议通过《中国人民政治协商会议呼和浩特市第十二届委员会常务委员会工作报告》等。

2月19—23日 呼和浩特市第十四届人民代表大会第二次会议在内蒙古人民会堂召开。市委副书记、市长秦义作《政府工作报告》。

3月18日 呼和浩特市被国家能源局列入第一批新能源示范城市创建名单，在

“十二五”期间全国将建设100座新能源城市和1000座新能源示范区。

3月20日 呼和浩特市召开“勇于担当、攻坚克难”主题活动动员大会，自治区党委常委、市委书记那顺孟和主持会议并讲话。

3月31日 市委副书记、市长秦义考察火车站、火车东客站，就2个火车站周边交通枢纽及有关项目改造建设等事宜进行现场办公，确定延伸青城1号、2号公交线，改造东客站站台匝道，优化车站周边交通体系，方便广大市民，并要求相关部门加快建设改造项目进度。

4月4日 国务院安委会工作组到呼和浩特市，就安全生产工作进行督查。

4月8日 呼和浩特市被全国普法办通报表彰为全国“六五”普法中期先进集体。

4月9日 自治区党委常委、市委书记那顺孟和主持召开全市党的群众路线教育实践活动旗县区委书记座谈会。传达学习中共中央总书记习近平在兰考县委常委扩大会议上的讲话精神和国务院总理李克强在参加翁牛特旗委扩大会议上的讲话精神，传达学习自治区党委书记王君在自治区第二批教育实践活动盟市委书记座谈会上的讲话精神，听取各旗县区第二批教育实践活动进展情况汇报。强调要高标准、高质量抓好学习教育、征求意见、督查指导工作，切实做到发展改革工作和教育实践活动“两不误”“两促进”,以教育实践活动的丰硕成果推动首府经济社会更好更快发展。

4月23日 由国家体育总局健身气功管理中心、自治区体育局、市政府主办，市体育局承办的全国百城健身气功交流展示系列活动启动仪式在新华广场举行。

6月9日 由人民网主办的“2014城市发展质量论坛暨全国民生改善典范城市发布会”在北京市举行。呼和浩特市入选“全国民生典范城市”名单。

7月11日 全国中职院校技能大赛中，呼和浩特市获2个二等奖、8个三等奖。

7月18日 第三届中国草业大会在呼和浩特市召开。农业部副部长于康震、国务院发展研究中心副主任刘世锦致辞，自治区副主席王玉明出席大会，自治区政协副主席董恒宇作主题演讲。

7月20日 第八届中国乳都·呼和浩特乳业发展国际论坛在内蒙古国际会展中心举行。论坛主题为“乳制品新产品研发及乳制品、原料奶的质量监管”。

7月23日 国家档案局考察调研组到呼和浩特市托克托县就档案馆库建设情况进行调研。

7月26日 世界环保大会（WEC）组委会在北京市召开“2014低碳变革：机遇与挑战”圆桌会议暨“第四届国际碳金奖盛典”，内蒙古伊利实业集团股份有限公司获“2014国际碳金奖”。

8月13日 市委副书记、市长秦义主持召开和林格尔县蒙牛国际小镇规划研讨会。指出盛乐区域产业基础、设施基础、生态基础等都非常好，发展潜力很大，希望把盛乐区域建设好，按照产城一体化的要求和目标，建成产业、文化、创新、旅游业等发展高地，打造未来首府高水平的卫星城，成为拉动和支撑呼和浩特转型发展的重要节点。建设蒙牛小镇就是要借助蒙牛产业品牌，巩固产业，完善配套，提升品位，按照城市建设标准，把蒙牛小镇打造成符合国际标准的、具有特色和吸引力的卫星城。

9月10日 环境保护部环保专项行动督查组到呼和浩特市,就环保项目调研检查。

9月12日 中央党的群众路线教育实践活动第二巡回督导组杨衍银一行到呼和浩特市，听取市党的群众路线教育实践活动工作汇报。自治区党委常委、市委书记、市委党的群众路线教育实践活动领导小组组长那顺孟和汇报呼和浩特市党的群众路线教育实践活动工作情况。

9月30日 在我国首个烈士纪念日，自治区、呼和浩特市党政军领导及首府各族各界代表1500多人，在呼和浩特市青城公园烈士纪念广场举行公祭烈士仪式。

10月10日 “呼和浩特发布”政务微博上线启动仪式在国际会展中心新闻发布厅举行。

10月23日 呼和浩特新机场选址获中国民用航空局批复。

11月12日 总投资67亿元的自治区及呼和浩特市重点工业项目呼和浩特抽水蓄能电站1号机组投入运行，电站总装机容量120万千瓦，年发电量20.07亿千瓦时。

12月4日 市城发公司举行中德财政合作利用德国促进贷款3500万欧元，建设呼和浩特市集中供热项目采购合同签约仪式。

12月11日 教育部副部长刘利民到呼和浩特市胜利街小学、第三十八中学调研。

12月12日 自治区首台、全国第二台30万千瓦等级高背压机组启机并网，金桥热电厂2号机组完成高背压切改，启机并网。

2015年

1月4日 新城区中山东路街道新华社区、新城区锡林路街道中山里社区、回民区环河路街道太平街社区、玉泉区昭君路街道南湖社区、赛罕区人民路街道水文社区被民政部授予2014年“全国综合减灾示范社区”。

1月16—19日 政协呼和浩特市第十二届委员会第三次会议召开。会议审议通过《政协呼和浩特市第十二届委员会常务委员会工作报告》等。

1月17—20日 呼和浩特市第十四届人民代表大会第三次会议召开。市委副书记、市长秦义作《政府工作报告》。

2月1日 呼和浩特市网上信访信息化系统试运行。

2月28日 全国精神文明建设工作表彰暨学雷锋志愿服务大会召开，呼和浩特市被授予第四届“全国文明城市提名城市”称号。中共中央总书记、国家主席、中央军委主席习近平会见第四届全国文明城市、文明村镇、文明单位和未成年人思想道德建设工作先进代表，并发表重要讲话。市委副书记、市长秦义代表呼和浩特市参加会见并出席会议。

3月1日 为扎实推进全区足球运动改革与发展试点工作，开展校园足球工作，以“快乐足球 放飞梦想”为主题的自治区青少年校园足球日公益活动暨“校长杯”校园足球联赛启动仪式，在呼和浩特市蒙古族学校举行。

3月3日 全区第一家网络新闻发布平台——呼和浩特网络新闻发布于每周二9时在呼和浩特新闻网定时播出，每周邀请全市各地区、各部门、各单位相关负责人走进呼和浩特新闻网网络新闻发布演播间，以视频、文字的形式介绍本地区、本部门、本单位职能范围内的党务、政务信息，回应社会各界关心的热点问题。

4月15日 呼和浩特市城市轨道交通建设规划获国务院批准。

5月4日 由市精神文明建设委员会、市委宣传部主办，市文明办、呼和浩特日报社、呼和浩特广播电视台、呼和浩特民族演艺集团承办的第四届“最美青城人”暨2014年度呼和浩特市道德模范颁奖晚会在呼和浩特市举行。

5月11日 亚洲足球联合会第一副主席张吉龙一行到呼和浩特市，就体育场馆建设情况进行考察。

5月19日 财政部副部长刘昆一行到呼和浩特市，就全市经济社会发展情况进行调研。

5月21日 第三届全国网络媒体创新融合发展论坛暨第五届中国互联网品牌大奖颁奖仪式在北京市举行，呼和浩特新闻网获“全国地方网站最具影响力品牌奖”。

6月2日 市政府组织驻呼银行业、金融机构和重点企业，召开金融支持重点工作和重点项目工作会议。共有20家金融机构和30家重点工作、重点项目承担单位签署总额达629.62亿元的项目融资协议。

6月4日 在国家卫生和计划生育委员会主持下，依托国家新农合信息平台，新型农村合作医疗跨省就医结报试点签约仪式在北京市举行，呼和浩特市作为试点城市与北京大学人民医院签署新型农村合作医疗跨省就医结报协议。凡呼和浩特市符合条件的外转参合患者在北京大学人民医院即可按照协议享受与在本地定点医疗机构就诊同样的即时结算服务。

6月12日 国务院副秘书长、国家信访局局长舒晓琴到呼和浩特市，就打造“阳光信访”工作开展情况进行调研。

6月25日 副市长刚布和与蒙古国驻呼和浩特总领事巴·宾巴道尔吉在成吉思

汗公园共同为“中蒙友谊林”纪念碑揭幕。

6月29日 呼和浩特市启动老旧小区供排水管网及二次供水设施改造工程。改造包括105个片区381个小区的1162座楼房,一期工程历时三年改造完成,总投资9.59亿元。

7月1日 呼和浩特铁路局开启内蒙古最美草原旅游专列“草原之星”,从呼和浩特站出发安全抵达锡林浩特站。

7月21日 市政府与中兴通讯股份有限公司、中兴能源有限公司举行战略合作协议签约仪式。中兴通讯股份有限公司、中兴能源有限公司董事长侯为贵参加签约仪式。市委常委、常务副市长狄瑞明代表市政府与中兴通讯股份有限公司副总裁弓月中签订关于云计算、大数据和智慧城市等方面的战略合作协议,分管副市长代表市政府与中兴能源有限公司副总裁崔雅萍、中兴新能源汽车有限责任公司董事长孙枕戈签订关于光伏产业、智能微电网及新能源无线充电公交战略合作协议。

8月5日 第十六届中国·呼和浩特昭君文化节、第五届中国·呼和浩特少数民族文化旅游艺术活动在内蒙古民族艺术剧院开幕。

8月6日 “大召—大盛魁”区块国家文化产业示范基地揭牌仪式在玉泉区大盛魁文化创意产业园举行。

8月7日 住房和城乡建设部专家实地考察组到呼和浩特市,就呼和浩特市创建国家园林城市工作进行考察评估。

8月12日 国家知识产权局印发《关于表扬2014年度国家知识产权试点示范城市工作先进集体和先进个人的通知》,呼和浩特市被评为2014年度国家知识产权试点示范城市工作先进集体,也是自治区唯一获此殊荣的城市。

8月13日 全国政协副主席、全国工商联主席王钦敏带领调研组到呼和浩特市,就非公有制经济及中小微企业发展情况进行调研。

8月20日 呼和浩特市举行快速路试通车暨呼和浩特轨道交通1号、2号线开工仪式。

8月28日 农业部在呼和浩特市召开部分省玉米结构调整暨“粮改饲”推进落实会,交流各地玉米结构调整和“粮改饲”试点的做法和经验,部署安排玉米结构调整工作。农业部财政司、种植业司、畜牧业司等部门负责人及内蒙古、河北、山西、辽宁、吉林、黑龙江、广西、贵州、云南、陕西、甘肃、宁夏、新疆等13个省、自治区农牧业部门的分管负责人参会。

△ 纪念中国人民抗日战争暨世界反法西斯战争胜利70周年——“历史的见证——呼和浩特地区抗日战争时期档案展览”在市档案馆开展。

8月30日 全国妇联副主席、书记处书记、党组成员焦扬一行到呼和浩特市,就妇女儿童工作、家庭文明建设工作，以及寻找“最美家庭”活动开展情况等进行调研。

8月31日至9月1日 财政部副部长史耀斌一行到呼和浩特市，就经济社会发展情况进行调研。

9月1日 呼和浩特市各界在武川县大青山革命烈士陵园举行纪念中国人民抗日战争暨世界反法西斯战争胜利70周年活动。

9月6日 全市千名干部下乡驻村“推进‘四个全面’、加强重点工作落实”动员大会召开。自治区万名干部下基层“推进‘四个全面’、加强重点工作”派驻呼和浩特市调研督导组副组长陆文祥出席并讲话。

9月10日 全国政协委员考察团一行30余人到呼和浩特市，就特殊教育进行考察。

△ 市政府与银企投资合作签约仪式在内蒙古饭店举行。自治区党委常委、秘书长符太增，自治区党委常委、呼和浩特市委书记那顺孟和等出席签约仪式。中国市场学会，自治区财政厅、发展和改革委员会、金融办、交通投资公司、银监局、证监局、保监局相关负责人及10余家金融机构与重点企业主要负责人出席签约仪式。共签署10项合作协议，发起设立4只基金，累计签约金额1190亿元，签约项目涵盖市政基础设施、轨道交通、城市棚户区（城中村）改造、机场迁建等领域。

9月11日 自治区首家盟市级党政企客户端“呼和浩特发布”客户端上线仪式在新华社内蒙古分社举行。“呼和浩特发布”客户端是由市委、市政府与新华社内蒙古分社合办，是集政务资讯、时事新闻、首府风貌、生活服务、在线互动为一体的全方位掌上服务平台，供广大市民免费下载。

10月16日 以国家卫生计生委副主任、中医药管理局局长王国强为组长的督导组到呼和浩特市，就卫生计生民生工作实施情况进行督导并举行座谈会。

10月18日 市政府与中科院云计算中心举行签约仪式。自治区党委常委、市委书记那顺孟和出席签约仪式。市委常委、常务副市长狄瑞明代表市政府与中科院云计算中心签约。

10月21—24日 由呼和浩特市交通投资公司筹办的呼和浩特市地铁1号、2号线一期工程总体设计评审会在呼和浩特市召开。会议邀请北京、上海、广州、深圳等地的21名知名专家组成专家组进行评审。地铁1号、2号线一期工程总体设计通过专家评审。

△ 呼和浩特市“12349”便民为老服务中心启动。呼和浩特市“12349”便民为老服务中心是由民政部门批准成立的公益性便民为老服务机构。

10月23日 以“同行草原·丝绸之路，联结合作发展走廊”为主题的首届中国—

蒙古国博览会在呼和浩特市开幕。中共中央总书记、国家主席习近平，蒙古国总统额勒贝格道尔吉分别向大会发来贺信。中共中央政治局委员、国务院副总理刘延东，蒙古国副总理策·奥云巴特尔发表主旨演讲。自治区党委书记王君致欢迎辞，自治区党委副书记、自治区主席巴特尔主持大会，商务部副部长高燕和蒙古国大呼拉尔委员、工业部部长道·额尔登巴特分别致辞。

10月24日 中蒙肉业合作洽谈会在呼和浩特市召开。内蒙古自治区副主席刘新乐，蒙古国国会议员、蒙古国肉类协会总裁德·巴特朝格图，蒙古国食品与农牧业部国务秘书尼·阿荣包乐德等出席洽谈会。中蒙两国近200家企业参加洽谈会，推出有效肉类合作项目15个，共签订包括中蒙国际肉类交易中心等在内的各类投资项目15个，成交金额80亿元。其中最大的项目为中蒙国际肉类交易中心，投资项目金额60亿元。项目定址为赛罕区保全庄农贸市场，打造国际化肉类产品交易中心。

△ 中国乳业大数据平台启动发布会在呼和浩特市举行。发布会由市政府、和林格尔县政府、市农牧业局主办，国云数据科技有限公司和内蒙古魔镜数据科技有限公司等单位协办。

△ 商务部与蒙古国工业部在呼和浩特签署关于联合举办中蒙博览会的谅解备忘录。中蒙双方将自2015年起，每2年在呼和浩特市举办一次中蒙博览会，并将博览会打造成为促进中蒙乃至东北亚地区贸易、投资、旅游和文化交流等经济合作的新平台。

11月3日 市公安局交管部门开通互联网预选机动车号牌业务。

11月17日 主题为“地域特色·建筑文化·城市振兴”的呼和浩特传统文化建筑保护利用暨文化产业发展座谈会在玉泉区大盛魁文化创意产业园内召开。

11月26日 呼和浩特市召开城市公立医院综合改革动员大会。按照统一部署，从12月1日零时起，包括自治区直属医院、市直属医院、市四区医院、内蒙古医科大学附属医院和解放军、武警部队医院，以及企业、院校医院等在内的全市38家城市公立医院将全部取消药品加成，实施零差率销售，并将探索管理体制、运行机制、医保支付、人事薪酬等方面的综合改革之路。

11月28日 呼和浩特市举行公共租赁住房公开摇号配租活动。此次摇号公租房项目3个,共计提供户型面积均为35～50平方米的摇号房源1.10万套。参加赛罕区“阳光美居”公租房项目摇号申请人共计1.25万人。为保证此次摇号的公平、公正、公开，自治区公证处进行全程监督公证。

12月4日 工信部公布呼和浩特市为2015年“宽带中国”示范城市。

12月13日 由内蒙古食品商会、中国健康安全网主办，以“拥抱电商时代，助推三农经济”为主题的内蒙古首届互联网＋农产品产业大会暨健康安全网名优特产合作洽谈会在呼和浩特市召开。大会旨在运用“互联网＋农产品”这种新兴模式，解决农产品买难、卖难问题，实现“网货下乡”和“农产品进城”的双向流通。

第一篇

政　区

第一章　建　置

第一节　地理位置

呼和浩特市位于内蒙古自治区中部。1995 年前，东、南均与乌兰察布盟相邻，西接包头市、伊克昭盟。地理坐标为北纬 40° 06′ ~ 41° 44′，东经 110° 44′ ~ 112° 11′；总面积 6079 平方千米。

1995 年、1996 年，和林格尔县、清水河县和武川县先后由乌兰察布盟划归呼和浩特市，市境域扩大。

1996 年后，呼和浩特市东邻乌兰察布盟（乌兰察布市），西接包头市、伊克昭盟（鄂尔多斯市），南抵山西省，北连包头市、乌兰察布盟。地理坐标为北纬 40° 51′ ~ 41° 08′，东经 110° 46′ ~ 112° 10′；东西长 119 千米，南北宽 87 千米，总面积 17186.1 平方千米。

第二节　行政区划

1986 年，呼和浩特市下辖 4 个区 1 个旗 1 个县，分别是新城区、回民区、玉泉区、郊区、土默特左旗和托克托县。

1995 年 11 月 21 日，乌兰察布盟所辖的和林格尔县、清水河县划归呼和浩特市。1996 年 5 月 18 日，乌兰察布盟所辖的武川县划归呼和浩特市。

1999 年，呼和浩特市区划调整，郊区保合少乡、小井乡、毫沁营乡、攸攸板乡、小黑河乡、桃花乡和西菜园乡 7 个乡分别划归新城区、玉泉区、回民区管辖，新城区人民路街道、大学西路街道划归郊区管辖。2000 年 6 月，市政府印发《关于调整我市市辖区行政区划的通知》，调整呼和浩特市市辖区行政区划，郊区更名为赛罕区。

截至 2015 年，呼和浩特市下辖 4 个区 1 个旗 4 个县，分别是新城区、回民区、玉泉区、赛罕区、土默特左旗、托克托县、和林格尔县、清水河县和武川县。

第二章 旗县（区）

第一节 新城区

一、概况

新城区位于呼和浩特市城区东北部。1986年，新城区东邻郊区，南与玉泉区、郊区相邻，西接回民区、玉泉区，北依郊区，总面积34.95平方千米。辖西街、东街、中山东路、锡林郭勒北路、海拉尔东路、大学西路、人民路、东风路8个街道。总人口27万人。1999年，行政区划调整，新城区2个街道划入郊区，郊区毫沁营、保合少、小井3个乡以及巧报乡、罗家营乡部分农村划归新城区管辖。1999年后，新城区东邻乌兰察布盟卓资县，南连郊区（赛罕区），西接回民区，北依武川县。地理坐标为北纬40° 48′ ~ 41° 07′，东经111° 35′ ~ 112° 05′。东西最大距离40.5千米，南北最大距离37.4千米。总面积660.6平方千米。截至2015年，新城区辖海拉尔东路街道、锡林路街道、中山东路街道、东街街道、西街街道、东风路街道、迎新路街道、成吉思汗大街街道、保合少镇。总人口39.31万人，其中少数民族人口8.18万人。

二、自然环境

新城区地形主要由平原、山前冲积扇、山地三部分构成，山区约占全区面积60%。城区系大青山南麓山洪冲积倾斜平原，平均海拔1050米。大青山在区境内东西长约40.5千米，南北宽约10千米，最高峰料木山海拔2149.5米。主要山峰有料木山、蟠龙山、骆驼山、平顶山、虎头山、猴儿山和圣水梁；主要山沟有红山口沟、哈拉沁沟、哈拉更沟、古路板沟、奎素沟和面铺窑沟。新城区土壤类型比较丰富，山区形成灰色森林土（黑土型）、灰褐土；丘陵多为栗褐土（红土型）、灰色草甸土、草甸沼泽土、粗骨土；平原为洪淤栗褐土、砂石土等。

新城区年平均气温6.7℃，山区比平原低2 ~ 3℃；冷热变化剧烈，夏季平均气温21.3℃，极端最高气温38.5℃；冬季平均气温-7.4℃，极端最低气温-30.5℃。平均年降水量397.9毫米，多集中在7—8月。日照充足，全年日照时数2862.8小时。霜冻在春、秋两季出现，春季终霜迟，秋季初霜早。无霜期132 ~ 174天。春季以西北风、西南风居多，夏季以西南风、偏南风居多，秋冬季以偏北风、西北风居多。

新城区资源较丰富，区境内有脊椎动物218种、鸟纲173种、两栖爬行纲12种；有高等植物852种、野生经济植物339种。乔木以次生的白桦、山杨为主，灌木主要有虎榛子、绣线菊、珍珠梅、黄刺玫等，草本有线叶菊、千里香、白莲蒿群落。

矿产资源有脉金、砂金、花岗石、大理石、云母、石墨、石英石、石灰石、紫石英、铁、黏土、砂石以及较少的铍。

三、经济建设

（一）农业

1986 年，新城区作为呼和浩特市城区的主要组成部分，农业用地少，第一产业规模较小。1999 年，区划调整后，新城区农业规模增大。此后，新城区第一产业占三次产业比重逐年下降，质量逐年上升。以农业基础设施建设为重点，以节水灌溉为中心的特色产业和以龙头企业为主体的农牧业产业化局面逐步形成。2001 年，新城区第一产业总产值 7000 万元，三次产业结构比例为 1 ∶ 34.1 ∶ 64.9。2003 年，通过合理调整和优化种植业、养殖业结构，由原来的“二元”结构转向粮食、经济作物、饲草饲料“三元”结构，发展生态农业，第一产业总产值首次超过 1 亿元。2012 年，第一产业总产值 3.9 亿元，三次产业结构比例为 0.3 ∶ 10.8 ∶ 88.9。2015 年，新城区三次产业结构比例为 0.4 ∶ 11.4 ∶ 88.2。

（二）工业

1986 年，新城区没有大型工业企业，第二产业主要是为数不多的街办企业。1990 年以后，第二产业经济开始有所发展。1999 年，区划调整后，新城区第二产业经济持续、快速发展。2001 年，建设鸿盛工业园区，占地面积 11 平方千米，2007 年园区升格为自治区级开发区，2008 年定位为高科技研发园区。新城区形成以服装加工、机械装备制造为重点的产业发展格局。2009 年，呼包鄂地区国家“两化融合”创新实验基地落户园区，开展以自治区软件创意基地为核心的一期建设。引进京蒙碳纳米、F–12 高强有机纤维、通信级塑料光纤、工大博远风电装备制造、河套酒业分装配送中心等高科技工业项目 10 个，其中，4 个项目填补国家相关领域空白。截至 2010 年，入园企业 57 家。其中，规模以上工业企业 3 家。2015 年，新城区规模以上工业增加值 16 亿元。

（三）服务业

1986 年，新城区是呼和浩特市的商业中心，劝业场等商场生意火爆，个体商户发展迅速。1987 年，建成百灵商场，一座商业、文化综合大楼，总投资 399.6 万元，占地面积 3258 平方米。20 世纪 90 年代后，新城区以现代服务业为主体的第三产业空前繁荣。2001—2005 年，新城区调整优化经济结构，社区服务业、旅游业和建材业、高新技术产业、科技教育文化产业成为新的经济增长点。2006—2010 年，商贸、物流、餐饮娱乐等传统服务业升级改造，同时发展新兴服务业。2011—2015 年，发展物流、金融、保险、软件、信息、商务服务等生产性服务业，引进兴业银行、鄂尔多斯银行、内蒙古蒙银村镇银行、阳光保险公司，建设奈伦国际金融商务中心、太伟方恒金融广场。截至2015年，新城区内共有各类金融、证券、保险机构64家。有规模以上服务业企业113个，实现营业收入331.5亿元。社会消费品零售总额400亿元。金融保险、现代物流、总部经济、电子商务、休闲旅游等现代服务业和新兴服务业占服务业比重49%。

四、社会事业

（一）城建

1986—2000年，新城区修建道路近100条，总面积近40万平方米。铺设给水、排水管道近1万延长米。先后解决集中供热、供气、小街巷改造、垃圾处理、污水处理、灾害救助等问题。2001—2006年，投入6亿多元，综合改造小街巷96条，完成成吉思汗大街、哲里木路建设。2003年，编制30平方千米北区（东起东河，西至赛罕路，南起京包铁路，北至G6高速公路）建设总体规划，推进城乡一体化。2007年后，拆迁改造麻花板、府兴营2个“城中村”，整治小哈拉沁沟河道。2010年，建成成吉思汗街道特色景观区和东河新区。2014年，三合村、代洲营等6个“城中村”列入国开行棚户区改造贷款项目。编制完成北部边缘区域控制性详细规划，推进三合村、毫沁营等15个棚户区拆迁改造。截至2015年，新城区面积扩展到65平方千米，常住人口城镇化率达到84%，现代化宜居城区建设跨入发展新阶段。

（二）交通

1986年，新城区地处呼和浩特市中心区域，交通便利。新华大街、锡林路、中山路三条主干道均从新城区穿过或连接。1999年，区划调整后，新城区交通路网规模扩大，道路建设的重点从单一的城市道路建设变为城乡道路并重。2005年后，新城区加快城市道路建设，完善城镇道路体系，陆续建设城市跨河桥、公铁立交桥和人行过街天桥。2007年后，修筑黄花窝铺—坝上段8千米乡油路，哈拉沁—乌兰不浪段5.7千米村油路，保合少—脑包2.6千米水泥路，青山大道、圣水梁旅游专线等200千米农村道路。打通大青山“一环”公路，实现村村通公路。2015年，完成赛马场北路等15条“断头路”征拆任务，改建小街巷和市政道路106条，城市快速路建成通车。

（三）环保

1986—1999年，由于辖区内少有工业企业，城区环境较为良好，但周边回民区、玉泉区工业企业集聚，对新城区的空气质量有明显影响。2000年后，随着工业发展，汽车普及，环境问题逐年加剧，环保治理手段也逐渐加强。2010年后，新城区加强城区园林绿化，重点实施3.6千米的东河水系和6.7千米的北垣街带状公园建设。建设东河滨河文化创意公园，在海拉尔东街跨河桥和成吉思汗大桥8个跨河节点布置广场。城区绿化覆盖率37%，人均公共绿地面积16平方米。拆除采暖锅炉，并入联合供暖网，区域交通、环境噪声均达到国家标准要求，饮用水源水质达标率100%，城区烟尘控制区覆盖率100%。2015年，编制完成大青山前坡生态旅游总体规划和7个专项规划。实施万亩草场二期453.33公顷、百草园146.67公顷、10家农业企业腾退土地140公顷绿化工程。

（四）科技

1986年，新城区有驻区科研单位100个。其中，国务院直属9个，自治区直属80个，市直属11个。有各级驻区科技管理机构2个，科研及学术团体82个，科技开发及人才培训机构3个，技术市场1个，专利管理及服务机构3个，科技情报网站信息机构53个，科技咨询服务机构86个，电子计算中心4个，科技馆、电教馆2个，监测机构4个，标准计量机构3个，质量监督监测机构22个。1991年后，新城区每年举办科普宣传周、科技节暨科技进步月活动。2001年后，科学技术经费支出均占本级财政预算支出1%以上。地方应用技术研发资金逐年增长，2002年，地方应用技术研究与开发资金为200万。选聘科技特派员开展科技服务，膜下滴灌技术等一大批科研成果在生产实践中得到转化、推广和应用。实施科技计划项目39项，新增国家高新技术企业22家，认定呼和浩特市企业研发中心3家，申请专利752项。建设新城区农业科技博览园，打造蒙草百草园、鑫冠农业科技园等特色观光项目，建成呼和塔拉草原、万亩森林公园等生态项目。2015年，中国联通西北（呼和浩特）基地部分建成运营，百度、搜狐等10余家数据应用企业入驻鸿盛园区，TCL新增背光模组生产线投产并完成产值25亿元。

（五）教育

1986年，新城区制定《新城区幼儿园实行目标管理的改革方案》，开始对区属幼儿园考核评估。1993—1997年，苏虎街小学、海拉尔路小学、东落凤街小学、新桥小学被评定为自治区义务教育示范学校。2000年，新城区中小学入学率100%。新城区逐年增加教育投资，开展“教育信息现代化工程”“优质高中建设工程”“名师名校建设工程”。2007年后，改建15所中小学。先后被教育部命名为“校本教研基地区”“全国两基达标先进区”。2015年，新城区政府收购滨海学校建立实验中学察哈尔校区，建成国家级足球、心理健康等特色学校15所。

（六）文化

1986年，新城区各街道办事处及驻区单位文艺表演队联合举行大型文艺巡游活动。1988—1989年，新城区举办2届文化艺术节，艺术节设8个项目，分别为歌咏大合唱比赛、交谊舞比赛、儿童服装表演、书画展、戏剧表演、诗歌朗诵比赛、少儿舞蹈赛、职工篮球赛等，每届历时3个月。2001年后，连续多年获得“全国先进文化区”称号，新城区建成一批文化基础设施。推出大型马文化实景剧《千古马颂》及《大青山赋》等文化作品。2015 年，建成社区（村）文化室等基层公共文化服务场所 66 处。12 个非遗项目进入自治区和市级保护名录。新城区是呼和浩特市文化大区，内蒙古博物院、将军衙署博物院、内蒙古科技馆、内蒙古美术馆、新城区图书馆等文化设施。

（七）体育

1986 年，新城区群众体育组织有老年人体育协会、中国象棋协会、乒乓球协会、篮球协会等。2000 年后，新城区内建有自治区体育馆、市体育场，以及一批全民休闲健身一站式体育中心。自行车骑游、徒步、冰雪运动会等一批户外运动项目晋升为自治区品牌体育活动，区内多次举办全国步道登山赛、中蒙俄自行车骑游赛等大型体育赛事。每年开展不少于 15 项大、中型全民健身赛事。2005 年，在呼和浩特市首届城市运动会上获总分第一、金牌第一的成绩。2010 年，建成锡林北路社区文体中心。2015 年，建成笼式足球场 13 处，安装健身器材 26 套。举办大青山步道全国登山赛、“区长杯”足球联赛等体育活动。

（八）卫生

1986—2000 年，新城区每年举办医务人员培训学习班 2 期，年均学习人数 205 人次。1989 年，新城区享受公费医疗人数 3368 人，全年支出经费 64.3 万元。1999 年，新城区有 7 个街道办事处社区卫生服务部。年内，入户居民健康调查 6.21 万户 18.75 万人，建立家庭病床 620 张，签订家庭卫生保健服务合同书 219 份，建立家庭健康档案 1.54 万份。2001 年后，疾病预防控制主要进行艾滋病、结核病、布鲁氏菌、手足口病、禽流感防控，前五位传染病发病率控制在十万分之二十左右。2007 年 11 月，被国家卫计委评为“全国计划生育优质服务先进单位”。2008 年 6 月，被国家卫计委评为“全国流动人口计划生育信息化建设先进单位”。2015 年，被自治区卫计委评为“全区计划生育协会先进集体”，被国家及自治区确立为“中日技术合作加强中国中西部地区生殖健康家庭保健服务能力建设项目示范点”“国家预防艾滋病项目示范点”。

第二节　回民区

一、概况

回民区位于呼和浩特市城区西北部。1999 年前，回民区东邻新城区，南连玉泉区，西接郊区，北依郊区，总面积 19.5 平方千米。辖 6 个街道，分别是通道街、中山西路、环河街、新华西路、光明路、海拉尔西路。总人口 15.4 万人。1999 年，行政区划调整，郊区攸攸板乡划入回民区。1999 年后，回民区东邻新城区、郊区（赛罕区），南连玉泉区，西接金川开发区、土默特左旗，北依武川县。地理坐标为北纬

40° 80′ ~ 41° 08′ ，东经 111° 36′ ~ 112° 30′ 。东西最大距离 18 千米，南北最大距离 19 千米。总面积 194.4 平方千米。2002 年 7 月 31 日，市政府批准设立钢铁路街道办事处。截至 2015 年，回民区辖新华西路街道、中山西路街道、光明路街道、海拉尔西路街道、环河街街道、通道街街道、钢铁路街道、攸攸板镇。总人口 23.71 万人，其中少数民族人口 5.08 万人。

二、自然环境

回民区地形主要由平原、山前丘陵、沟壑、山地四部分构成，主要山峰有蜈蚣坝、西笔架山、砚台山、马头山、半山、摩天岭、大白山、南天门山。境内有 5 条河流，分别是扎达盖河、五里沙河、坝口子沟、霍寨沟和毫赖沟，多属季节性沟河。乌素图沟常年有清水流出，建有 1 座水库。回民区土壤类型比较丰富，山区多为灰色森林土（黑土型）、灰褐土；丘陵多为栗褐土（红土型）、灰色草甸土、草甸沼泽土、粗骨土；平原多为洪淤栗褐土、砂石土等。

回民区年平均气温 5.6℃，夏季平均气温 21.6℃，极端最高气温 38℃；冬季平均气温 –13℃，极端最低气温 –39℃。平均年降水量 410 ~ 447.2 毫米，多集中在 7—8 月。有效积热比较充足，可满足各类农作物生长需要。霜冻在春秋两季出现，春季终霜迟，秋季初霜早。春、冬季多西北风，常有 6 ~ 7 级大风，有时夹杂沙尘暴，夏、秋季多东南风。

回民区资源较丰富，区境内有鸟类 141 种，兽类 29 种。其中，豹、雪豹、狼、盘羊、青羊等属国家级保护动物。野生植物有 400 余种。其中，药用植物有甘草、黄芪、麻黄、知母、枸杞等；油用植物有芨芨草、芦苇、龙须草、马莲等；果类植物有酸枣、酸梨、山葡萄、杏等；淀粉植物有沙蓬、野荞麦等。大青山山区森林资源较丰富。矿产资源有大理石、花岗石、砂石等。

三、经济建设

（一）农业

1986 年，回民区农业用地极少。1999 年，呼和浩特市区划调整后，回民区有耕地 800 公顷，开始发展第一产业。2001 年，回民区建成坝口子农业科技示范园，农作物播种面积 1201.93 公顷，粮食总产量 155.9 万千克，蔬菜总产量 3100 万千克。回民区发展精品高效农业，形成一批以种植无公害蔬菜为主的蔬菜基地和具有生态效益、经济效益的林果业基地，农业向特色农业、现代农业转型。2010 年，农作物总播种面积 846.67 公顷。其中，粮食作物面积 766.67 公顷，经济作物面积 106.67 公顷。粮食总产量 3779.6 吨。2014 年，落实农机具购置补贴支农惠农政策。2015 年，扶持发展农民专业合作社，成立东乌素村合作社、元山子合作社、毫赖沟合作社。

（二）工业

1986 年，机械工业是回民区第二产业的重要组成部分，较著名的企业有呼和浩特钢铁厂，还形成几个工业集聚区域。其中，规模最大的是位于海西路与工农兵路的新生钢铁厂（“新钢”），是钢铁联合企业，所属企业有锅炉厂、炼铁厂、阀门厂、耐火材料厂、塑料厂、橡胶厂、焦化厂等。20 世纪 80 年代后期，回民区工业经济的重点是发展街办企业，截至 1990 年，回民区共有街办企业 45 家，工业总产值 0.17 亿元。2001 年，14 家企业与工业经济园区签订入园协议，项目总投资 1.67 亿元。2010 年，工业总产值 46.28 亿元。其中，规模以上工业总产值 37.8 亿元。工业增加值 17.4 亿元。其中，规模以上工业增加值 14.1 亿元。2015 年，回民区规模以上企业有 14 家，规模以上工业总产值 33.2 亿元。其中，股份制企业 16.9 亿元，外商及港澳台投资企业 16.3 亿元。规模以上企业中，轻工业产值 1.9 亿元，重工业产值 31.4 亿元，金海工业园区转型为金海电子商务基地，被评为自治区级服务业集聚区。

（三）服务业

1986 年，回民区是呼和浩特市较早的商业区域。太平街等地多有商贩聚集，形成规模较大的市场，主要经营牲畜、布匹、铁器、牛羊肉以及各类食品。20 世纪 90 年代，回民区的中山西路成为呼和浩特市的主要商业街，各类大小商场、商店集中于此，规模最大的是民族商场。2001 年后，回民区开始建设中山西路商贸服务业集聚区、金海现代物流产业集聚区、新华西街总部经济集聚区、成吉思汗西街文化艺术产业集聚区、大青山生态旅游产业集聚区、金海电子商务集聚区六大服务业集聚区。2010 年，服务业增加值 190.15 亿元，社会消费品零售总额 234.22 亿元。编制《回民区服务业发展规划》。2015 年，回民区第三产业实现增加值 357.13 亿元。三次产业比例 0.14 ∶ 10.57 ∶ 89.29。社会消费品零售总额完成 416.42 亿元。

四、社会事业

（一）城建

1986 年，回民区的城市建设水平较低，设施落后，改造难度大。1990 年，回民区共有各种路灯 3022 盏；铺设 11 条道路的雨水排管，管道总长 2.35 万米。1991 年，回民区新修高架灯塔 3 座。1993 年，配置县府街三道巷电灯 16 盏、西村沿河路 19 盏、敬老院东路 12 盏、阿吉拉沁南路 4 盏、钢铁路六道巷 10 盏、南茶坊西街 9 盏、轧钢北路 40 盏、阿吉拉沁路西巷 11 盏。1995 年，安装排水管线 1800 米，更换维修污水收水口 30 个。2000 年，更换井圈 26 个、雨水箅子 136 个、污水井口 4 个，维修排水管道 560 米，维修检查井 170 眼。2005 年，投资 3589 万元，完成 7 条道路改造、25 条街巷的绿化美化亮化和 6 个建成小区的绿化改造。配合市政府完成新华西街和通道南北路的拓宽改造，启动新华公园建设工程。完成海亮广场、通道北路出城口和呼准铁路等项目的拆迁任务。2010 年，拆除城区危旧房屋 16.5 万平方米，完成全年任务的 165%。总投资 7.7 亿元，总建筑面积 22 万平方米的云鼎公寓等 3 个项目全部完工。总投资 67 亿元，完成总建筑面积 223 万平方米的燕莎玫瑰园二期等 20 个项目建设。西龙王庙村改造工作基本完成，塔布板、青山等 9 个村改造工作启动实施。总投资 4.5 亿元、总建筑面积 32 万平方米的刀刀板就业新村等 4 个项目基本完工。总投资 58 亿元、总建筑面积 232 万平方米的桃源水榭二期等 8 个续建项目稳步推进。设计供热能力 500 万平方米的巴彦热源厂主体建成。总投资 40 亿元、总占地面积 153 万平方米、总建筑面积 285 万平方米的内蒙古广播影视数字传媒中心等 14 个项目开工建设。总投资 146 亿元、总占地面积 406 万平方米、总建筑面积 815 万平方米的伊泰公司华府岭秀住宅小区等 32 个项目落户新区。2015 年，完成棚户区征拆任务 70 万平方米，交付回迁安置房 75 万平方米。成立 9 个征拆指挥部，完成西二环、北二环 6 处重要节点的征拆工作，完成工农兵路、二环快速路、断头路、呼准鄂铁路征拆任务。

（二）交通

1986 年，回民区道路数量较多，但部分路段质量较差，多为老路、小路。1990 年，回民区共有大、小街巷 233 条。其中，硬化路面道路 183 条。1995 年，修建小街巷 14 条，面积 2.4 万平方米。2000 年，修建 26 条小街巷，共 4849 米，面积 2.82 万平方米；新修方砖路 3 条，面积 350 平方米。2005 年，改造道路 7 条，面积 3.45 万平方米。2010 年，投资 1443 万元，完成大寺北巷、东洪桥街等 18 条小街巷的改造工作。完成总投资近 6 亿元的环城水系回民区段综合治理工程建设。2015 年，北出城口立交桥、鄂尔多斯西街立交桥投入使用，二环快速路回民区段全线贯通。化工街建成通车，鄂尔多斯西街、乌素图主路南延伸段全部完工，经七路等 9 条道路开工建设。完成吕祖庙街等 45 条小街巷维修改造。建成生态路跨乌里沙河桥主体建成。

（三）环保

1986 年，回民区改造炉灶 30 台，其中无烟煤炉灶 7 台。1990 年，新建 1 个煤烟控制区，面积 1.17 平方千米，覆盖率 5%；共改造锅炉 246 台，其中 219 台符合标准。1997 年，回民区有燃煤使用户 2.37 万户，推广使用型煤 6872 户，推广精煤 2833 吨，推广民用型煤 7392 吨，推广面积 58%。1998 年，推广使用型煤 7200 户。2005 年，回民区建成烟控区 38.38 平方千米，城区烟控区覆盖率 100%；建成噪声控制区 20.92 平方千米，城区噪声控制区覆盖率 100%。2010 年，北出城口滨河绿地完成拆迁面积 1.3 万平方米。投资 1.2 亿元，新建绿地 16.6 万平方米，栽植树木 66 万株。城区人均公共绿地面积 10.34 平方米。2015 年，回民区完成 47 条道路、

42个小区和5个村庄的绿化改造，栽植各类苗木及地被植物85万株（丛）。

（四）科技

1990年，回民区新技术应用协会成立，各办事处成立科普协会。2001年，回民区建成无公害蔬菜科技示范园区、林路渠田综合示范基地。2002年，建成葡萄科技示范基地、大枝李子示范基地。同年，金海工业园区建成，引进高新技术企业，推广、应用高新技术和适用技术，形成一批靠技术创新突破带动的新兴产业。2005年，完成2个工业项目、1个农业项目的新技术应用和推广。2010年，投入地方应用技术研究与开发资金335万元。推广自治区级以上新技术、实用技术5项。呼和浩特众环（集团）有限公司被评为第四批全国企事业知识产权试点单位。2015年，回民区投入科技项目经费200万元，为8家重点企业争取自治区级和市级应用技术研究与开发项目资金306万元。

（五）教育

1990年，回民区有公办幼儿园3所，入托幼儿2064人。1993年，回民区有中学15所，其中教办中学9所、企业办6所；有小学27所，其中教办校15所、厂办校12所。有在校学生1.55万人，少数民族学生3637人。2000年，回民区有教办幼儿园4所，入托幼儿1400人。机关、企事业单位幼儿园20所，入托幼儿3123人。2005年，有区属教办中学14所，有初中在校生1.18万人，高中在校生5658人；有职业高中2所，有在校生655人；民办中学8所，有在校生3258人。回民区有教办小学39所，其中城区22所、农村17所，有在校学生1.95万人。有民办小学4所，有在校学生994人。2010年，回民区普通中学有在校生1.71万人，职业中学有在校生527人，普通小学有在校生1.94万人。义务教育阶段适龄儿童入学率100%，高中入学率98.27%，高考上线率92.28%。二环路以内8个城中村中小学毕业生纳入城区中学招生范围。完成教育基础设施投资1.44亿元，城区23所中小学抗震加固工程全部竣工，塔布板小学新建工程基本完工。2015年，回民区普通中学在校生2.24万人，职业中学在校生289人，普通小学在校生2.36万人。义务教育阶段适龄儿童入学率100%，高中入学率98.23%，高考上线率94.63%。推进教育信息化，中、小学互联网接入率、多媒体教室拥有率均90%以上。成立贝尔路小学教育集团，组建完成“市第十六中—铁二中教育联盟”。启动呼和浩特市第七中学、一间房小学、倘不浪小学等5所学校幼儿园改扩建项目。

（六）文化

1986年，回民区推荐作品《欢乐的节日》入选“世界89个国家传统节日摄影展”。1990年，回民区图书馆藏书1.25万余册，共接待读者1.1万人次，图书流通1.86万册。1990年后，各街道办事处陆续成立文化站，攸攸板乡成立电影放映队。1997—2005年，回民区图书馆举办18次少儿读书演讲会、故事会。2000年，回民区举办第一届广场消夏艺术节，7个街道办事处和攸攸板镇分别举办广场消夏艺术节。2005年，回民区境内有电子游戏厅5处、舞厅3个、录像影视中心放映厅3个、量贩式KTV7个、酒吧93个、工人文化宫1座。2010年，组织各类文体活动143场次，放映电影138场次。在段家窑影视城拍摄反映北方农村生活的电影《大碌碡和他的村民们》。承办第十九届全国回族学研讨会。2015年，回族掼跤、回族婚礼和马头琴制作技艺被列入自治区非物质文化遗产名录。开展群众性文化体育活动200余次。

（七）体育

1986年，位于回民区的市人民体育场，设有田径场、足球场、灯光篮球场、篮球练习场、网球场、游泳池、乒乓球室、体操训练室、摔跤房等场地。1995年，回民区有健身活动点80余个，经常健身人数4万余人。1997年，回民区体育场建成投入使用，设有跑道和篮球、排球场地。2005年，辖区内有田径体育场（馆）8座，场地面积11.87万平方米；游泳池7座，场地面积1700平方米；网球场8个，场地面积9570平方米；篮球场38个，场地面积4940平方米；篮球馆6个，场地面积6068平方米；健身房11个，场地面积1984平方米；排球、门球场14个，场地面积1851平方米；乒乓球房6个，场地面积1444平方米；棋牌室5个，场地面积843平方米;操场55个，场地面积24.49万平方米;各类比赛活动场地14个，场地面积1.37万平方米。2008年，完成北京奥运会和残奥会火炬传递任务，获内蒙古自治区火炬传递活动先进集体奖。2015年，新建2个体育主题公园和4个笼式足球场，举办首届“区长杯”足球联赛。

（八）卫生

1986年，回民区共有1964人享受公费医疗，共使用经费18.36万元。1989年，由防疫站、妇幼保健站抽调14名医护人员，成立防保站。各街道办事处先后成立防保站，每个办事处防保站有工作人员3人。1989—1991年，共为3.68万名0～7岁儿童进行结核、乙肝、麻疹、百日咳、白喉、破伤风、脊髓灰质炎疫苗接种，为2.12万人次进行流脑、感冒、乙脑、风疹、腮腺炎疫苗接种，为3.68万名儿童、孕产妇进行健康检查。1999年，在街道防保站基础上建成6个街道社区卫生服务部。2002年，辖区内有7个社区卫生服务部、23个社区卫生服务站。2005年，辖区内有药店61个,旗县级以上医疗机构9个,厂矿及民营医院7个,个体诊所139个,社区诊所31个。2010年，辖区内有医疗机构169个、床位4363张、卫生技术人员5202人(包括其他卫生技术人员423人)。卫生技术人员中,有执业医师1967人、执业助理医师61人、注册护士2245人、药剂师318人，检验人员188人。公共场所食品卫生和医疗市场监督覆盖率均达100%，药品集中招标采购率90%。新型农村合作医疗农民参合率96.68%。投资400万元的中山西路社区卫生服务中心改造工程全部完工。截至2015年，辖区内有医疗机构241个、床位4653张、卫生技术人员5882人。卫生技术人员中，有执业医师2152人、执业助理医师113人。公办医疗机构全部实行药品零差价销售，公共场所和医疗机构卫生监督覆盖率100%。

第三节　玉泉区

一、概况

玉泉区位于呼和浩特市城区西南部。1999年前，玉泉区东邻新城区，南连郊区，西接郊区、回民区，北依回民区，面积5.64平方千米。辖大南街、长胜街、小召前街、长和廊、兴隆巷5个街道。总人口10万人。1999年，行政区划调整，郊区3个乡划入玉泉区。1999年后，玉泉区东邻郊区（赛罕区），南、西接土默特左旗，北依回民区，地理坐标为北纬40° 48′ ~ 41° 08′，东经111° 36′ ~ 112° 02′。总面积207.2平方千米。截至2015年，玉泉区辖大南街街道、长和廊街道、小召前街街道、兴隆巷街道、石羊桥东路街道、鄂尔多斯路街道、西菜园街道、昭君路街道、小黑河镇。总人口20.22万人，其中少数民族人口3.55万人。

二、自然环境

玉泉区地处土默川平原，北部属于洪积与冲积的山前倾斜平原，南部为大黑河冲积平原。自然地形北高南低，东高西低，总体地势平坦。海拔北部约1050米，西南约1020米，平均海拔1035米。主要河流有大黑河、小黑河、扎达盖河、石羊桥河。玉泉区土壤类型包括潮土、碱潮土、盐化潮土和草甸潮土。其中，分布最广的是潮土和盐化潮土。

玉泉区年平均气温5 ~ 6℃，冬季较长，约占半年，最冷月1月，平均气温-13.2℃；最热月7月，平均气温21.9℃。极端最高气温37.8℃；极端最低气温-34.5℃。平均年降水量400毫米，多集中在7—8月。年平均日照时数1600小时，年总辐射127.3千卡/厘米^2。无霜期130天左右。风较多，全年静风日100天左右。大风季节多在春季；主导风向是西北风。

玉泉区的野生动物有少量旱獭、野兔、田鼠、黄鼬、灰鼠、黄鼠、蜥蜴等哺乳动物，以及麻雀、乌鸦、野鸡、杜鹃、啄木鸟、猫头鹰、布谷鸟、翠鸟、蜂鸟、石鸡、大雁、鹌鹑、画眉、百灵鸟等鸟类，除麻雀、乌鸦外，其他鸟类的数量较少。野生植物有甘草、蒲公英、艾蒿、益母草、沙棘、枸杞、苜蓿、水菖蒲、芦苇、车前子等数十种，产量均较小。矿产资源有6个薄煤层，埋藏较深，暂无开采价值。

三、经济建设

（一）农业

1999年前，玉泉区没有农业。1999年，呼和浩特市区划调整后，郊区55个建制村划归玉泉区，开始出现第一产业。玉泉区远郊以种粮为主，粮菜并举；近郊着力发展蔬菜和农副产品，是全市蔬菜副食品生产基地的重要组成部分。2005年，玉泉区第一产业总产值2.02亿元。2010年，第一产业总产值2.24亿元。2015年，第一产业总产值5.61亿元。其中，农业总产值2.46亿元。农作物总播种面积4753.3公顷。其中，粮食播种面积3875公顷，产粮2.76万吨。荒山荒（沙）地造林面积20公顷，育苗面积100公顷。有果园20公顷，年产鲜果93吨。畜牧养殖业比较发达，2015年末，牲畜存栏总数5.98万头（只），其中牛0.98万头、羊3.4万只、猪1.6万头，年产猪牛羊肉2373吨。鸡、鸭、鹅等禽肉年产量340吨，兔肉年产16吨。渔业产值1351.37万元。

（二）工业

1986年，玉泉区有区属工业（含建筑业）企业81家。其中，区直属工业企业18家，建筑企业3家，街道企业46家，校办企业14家。第二产业总产值2101.25万元，实现利润253.81万元。1995年，第二产业总产值1.71亿元，工业产品销售产值1.54亿元，工业产品产销率90.27%，基本实现产销衔接。至1998年，区计经委直属18家工业企业全部转制，街道企业和校办企业先后转制。2000年，玉泉区创建裕隆工业园区。2001年，裕隆工业园区基础设施投入2014万元，基本实现水、电、通信、供暖“四通”，15家企业与园区管委会签订入园协议，9家企业开工建设，5家企业建成投产，入园企业累计到位资金2100万元，其中固定资产投资1070万元。2005年、2010年第二产业总产值分别为24.94亿元、65.78亿元。2015年，第二产业总产值82.14亿元。有规模以上企业20家，原值7.84亿元，其中，有限责任公司2家、股份有限公司2家、私营企业16家。年产值23.93亿元。

（三）服务业

20世纪80年代末至90年代初，玉泉区有商业服务网点600余家，主要集中在大北街、大南街、南茶坊街和石羊桥东路、石羊桥西路（鄂尔多斯大街），形成几条繁华的商业街。2001年，玉泉区社会商品零售额达2.66亿元。到2005年，玉泉区第三产业总产值33.83亿元。2010年，第三产业总产值115.76亿元。2015年，玉泉区第三产业总产值224.16亿元。有批发零售贸易和住宿餐饮业网点1.8万户，从业人员4.5万人。其中，限额以上批发业（主营业务收入在2000万元及以上的）9家，限额以上零售业（主营业务收入在500万元及以上的）12家。零售业中有大型超市1家、百货店3家、专业店和专卖店8家。全年社会消费品零售总额213.1亿元。玉泉区旅游资源丰富，是呼和浩特市“民族历史文化特色区”，年接待旅游人数515.3万人次，旅游收入3.27亿元。

四、社会事业

（一）城建

1986年，玉泉区新命名街道17条，恢复原名7条，修建道路9条，修建下水管网道路7条、上水管网道路4条，维修路灯街道3条。1990年，改造道路11条，改造上水管网道路5条，安装路灯道路7条。1995年，新修道路2条，硬化便道8条。2000年，修整道路7条，修补道路6条。2005年，玉泉区完成拆迁危旧平房2544户，拆迁面积31.15万平方米，开工建设面积49.42万平方米，竣工面积32.62万平方米，投入资金3.31亿元。共引进房地产开发企业14家，签订旧城区改造协议10个，城中村改造协议4个，开发占地面积46.52万平方米，建筑面积88.94万平方米，投资9.92亿元。全年小街巷改造完成8条，综合整治小街巷77条，植树3.49万株，绿化庭院40个，绿化旧小区6个，建设花街4条。拆临拆违7511.44平方米，清理垃圾12万吨。2010年，改造小街巷19条。2015年，玉泉区启动“三年棚改”工程。完成房屋、道路征迁建筑面积30万平方米，实施东二道河、南营子等5个棚户区（城中村）的征迁改造。

（二）交通

1986年，经过玉泉区的公交线路有6条。2005年，完成石南路和鄂尔多斯大街等4条主次干道拓宽改造工程。2006年，建设3条公路，长4.06千米。开始实施公路“村村通”工程。2007—2012年，玉泉区建设公路20余条，总长约80千米。域内建有内蒙古通达长途汽车南站，是呼和浩特地区公路客运枢纽，日进出车辆170余辆次。2015年，玉泉区打通滨河南路、巴彦淖尔南路等8条断头路。全年公路客运量150万人次，货运量150万吨。截至2015年，经过区境的公路有国道1条、省道2条、县道3条、乡道6条，公路总长度283.2千米。

（三）环保

1986年，玉泉区作为呼和浩特市人口最为集中的城区，环境问题主要体现在居民生活污染。冬季进入采暖期，平房多采用传统火炉取暖。1997开始，玉泉区环保局与各街道办事处工作人员进入居民小区宣传型煤推广政策和普及型煤知识，同时玉泉区改造茶浴炉炉灶16台，推广精煤3325吨，推广民用型煤1.32万吨，推广率63%。1999年，治理锅炉烟尘企业7家，治理生产噪声企业6家，改造污水处理企业3家。2000年，小黑河镇讨尔号村创建生态示范村，建成草场666.67公顷，天然马莲滩近万亩，观光、蔬菜花卉大棚30座。玉泉区将讨尔号村和章盖营村的2平方千米低湿盐化草甸规划为生态功能保护区，编制《玉泉区生态保护规划》，绘制生态保护规划图。2005 年，玉泉区拆除、改造锅炉 27 台，茶炉 20 台，总悬浮颗粒物（TSP）下降值居市四区之首，空气质量明显改善。2006 年，玉泉区关闭 28 座砖窑，减少耗煤量 10 万吨。2008 年，在小黑河镇南台什村南的荒地建设生态养殖示范小区，在讨尔号村建设敕勒川人家生态示范区，新建垃圾集中回收站，有机肥使用率 100%，秸秆综合利用率大于 70%。2013 年，完成小黑河镇国家级生态镇创建及西地村、杨家营村、贾家营村 3 个自治区级生态村和昭君路街道自治区级生态办事处的创建。2014 年，小黑河镇被环境保护部评为国家级生态乡镇。2015 年，小黑河镇百什户村和密密板村获评自治区级生态示范村。

（四）科技

1986 年，玉泉区成立青少年科技辅导协会。2000 年，在玉泉区范围内进行农业适用技术、计算机、网络操作技术培训 8000 人次，率先推广安装“农信机”40 台，创建科技园区 1 处、科普文明社区 3 处。2001 年，玉泉区科委展出科技展板 90 余块，组织讲座 30 余次，参观者 6000 余人次。2008 年，玉泉区科技局聘请驻区大专院校、科研院所和科技企业技术人员 15 人，组成玉泉区科技特派员队伍。2012 年，玉泉区科技局建立科技人才档案库，共 247 人。2015 年，玉泉区有 1839 人获得专业技术任职资格。其中，高、中级职称 609 人，占总数 33.12%。区内有各种学会、协会 12 个，有国家专利 51 项。

（五）教育

1986 年，玉泉区有小学 18 所，在校生 1 万余人，教职工 800 余人；区办幼儿园 1 所，入园儿童 200 余人，保教员 40 余人。1987 年，玉泉区建成第一家民办幼儿园。1996 年，玉泉区办起第一所民办小学。2000 年，玉泉区有公办小学 17 所，在校学生 1.55 万人；有民办小学 3 所，在校学生 1506 人；有区属中学 5 所，在校学生 4008 人。2005 年，玉泉区有公办小学 15 所，在校学生 1.46 万人；有民办小学 5 所，在校学生 3860 人；有区属中学 8 所，在校学生 8457 人。2010 年，有公办小学 32 所，在校学生 1.75 万人；有民办小学 5 所，在校学生 3442 人；有区属中学 9 所，在校学生 1.03 万人。截至 2015 年，玉泉区有中、小学校 46 所，在校学生 3.7 万人，教职工 2108 人；有民办中等职业学校 4 所，在校学生 1666 人，教职员工 105 人；有幼儿园 28 所，在园幼儿 7236 人，教职员工 867 人。适龄儿童入学率和小学生巩固率均为 100%；初中入学率 100%，巩固率 99.9%。驻区大、中专院校 5 所，教职工 1072 人，在校生 1.23 万人。

（六）文化

20 世纪 80 年代末，境内有影剧院 3 座，年放映电影 3500 多场次，观众 800 多万人次。后 3 座影剧院相继拆除。1992 年，《玉泉报》创刊，1994 年停刊。玉泉区文化艺术机构有区文化馆和区图书馆。区文化馆面积500平方米，设有多功能活动室、阅览室、展览室、自习室、少儿活动室、健身室等。区图书馆面积1500平方米，馆内设有成人阅览室、老年人阅览室、少儿阅览室、电子阅览室、视障阅览室、图书借阅处、多功能活动厅、活动展厅、文献资料室、采编室、书库等。馆藏图书4万余册。乡、镇和街道都建有文化站。2003年，在东五十家街建乳都剧场。驻区文艺团体有市晋剧团、市民间歌舞剧团和市民族歌舞团。小黑河乡文化站被评为“全国农村先进文化站”。2010年，大召区块文化产业聚集群被评审为自治区文化产业示范基地，并作为自治区唯一一家文化产业企业申报国家级文化产业园。大盛魁文化创意产业园开工建设。电视连续剧《大盛魁》开始拍摄。开展节庆会展活动，配合昭君文化节组织开展大召文化庙会。截至2015年，玉泉区有草原书屋和社区书屋51家。其中，农村书屋36家，社区书屋15家；蒙古文书屋4家、汉文书屋47家。书屋年度平均借阅率80%。

（七）体育

1986年，五塔寺小学足球队获得“北方十省市足球赛”第一名。1986—2005年，玉泉区每年组织1次小学生田径单项对抗赛，1次冬季越野赛。1986—2010年，玉泉区每年组织1次全区职工田径运动会。玉泉区体育场是呼和浩特城区最早的灯光篮球场，2009年拆除。2010—2015年，玉泉区每两年组织1次职工田径运动会、1次中小学生田径运动会。截至2015年，玉泉区建有运动场、篮球场、排球场、网球场、门球场、训练馆等21处。街道社区有健身路径6处，安装各类健身器材47件（套）。

（八）卫生

1986年，玉泉区有区属医院、门诊部等医疗机构9个，设床位160张，医务人员300余人。1989年后，玉泉区推行儿童计划免疫保偿制，当年出生的儿童入保率89%。1990年，儿童入保率100%。1997年，有0～6岁儿童7563人，体检6289人，体检率83.2%。2006年后，玉泉区承担中央补助地方公共卫生专项资金碘缺乏病防治项目。2012年，开始实施农村妇女免费“两癌”（乳腺癌、宫颈癌）筛查项目。截至2015年，玉泉区有区属医院2个、卫生院2个、社区卫生服务机构25个、民营医院12个。共有医院25家，床位2280张，医务人员2552人。有个体诊所127个，其中西医39个、中医65个、口腔诊所23个。玉泉区每万人拥有病床29张、医务人员41人。

第四节 赛罕区

一、概况

1986—1999年，郊区环绕呼和浩特市城区四周，东邻乌兰察布盟卓资县，南连乌兰察布盟凉城县，西接土默特左旗，北依武川县。地理坐标为北纬40° 36′ ~ 41° 58′，东经111° 27′ ~ 112° 10′。面积2056平方千米。其中，平原面积804平方千米，山区、丘陵面积1252平方千米。林木覆盖面积2.45万公顷，荒山坡地7.1万公顷，草牧场4万公顷，耕地4.7万公顷。郊区辖巧报、西菜园、西把栅、小黑河、攸攸板、桃花、太平庄、毫沁营、八拜、黄合少、罗家营、保合少、榆林、小井和章盖营15个乡，共239个建制村，363个自然村。

1999年5月，呼和浩特市行政区划调整，郊区保合少乡、小井乡、毫沁营乡划入新城区，攸攸板乡划入回民区，小黑河乡、桃花乡、西菜园乡划入玉泉区；新城区人民路街道、大学西路街道划入郊区。2000年5月，郊区更名为赛罕区。

地理坐标为北纬40° 36′ ~ 40° 57′，东经111° 40′ ~ 112° 10′。总面积1002.9平方千米，东至乌兰察布市卓资县，南接和林格尔县，西邻玉泉区、土默特左旗，北依新城区。赛罕区辖人民路街道、大学西路街道、乌兰察布东路街道、大学东路街道、中专路街道、昭乌达路街道、敕勒川路街道、巴彦街道、榆林镇、黄合少镇、金河镇。总人口46.85万人，其中少数民族人口9.06万人。

二、自然环境

赛罕区整体处于土默川平原东北部，大部分是大黑河冲积平原。地形特点北高南低，东高西低，东北偏高，西南偏低，山地与平原呈自然坡度，平均坡度2% ~ 3%。区内有大青山支脉蛮汉山，主脉向南延伸，主要山峰有敖包山、马鬃山、脑包山。各山峰海拔在1300 ~ 1500米之间。主要河流有大黑河、小黑河，流域面积5000余平方千米。1995年后，大黑河河道因深掘采沙而断流。土壤类型包括灰褐土、黑垆土、草甸土、盐土和沼泽土。

赛罕区年平均气温6.5 ~ 8.8℃，极端最高气温38.5℃；极端最低气温 –34℃。平均年降水量394.9毫米，多集中在7—8月。年平均日照时数3000小时，最高日照时数3226.7小时。无霜期129天左右。风较多，冬春季多偏西风和西北风，夏秋季多偏南风和偏东风，常有6 ~ 7级大风。

域内野生动物有狍子、獾子、狐狸、狼、野兔等；野生禽类有野鸡、雕、石鸡、半翅、沙鸡等。大青山和蛮汉山背坡生长白桦树、山杨树、松树、榆树等乔木，另有集中的灌木。阳坡有人工栽植的松树。山区丘陵有大量自然生长的黄芪、红芪、党参、甘草、防风、蒲公英等药材。矿产资源有沸石、珍珠岩、云母、石灰石等。

三、经济建设

（一）农业

赛罕区（郊区）是呼和浩特市地产蔬菜的主要供应区域。1986年，郊区菜田面积3400公顷，保护地面积27.2公顷，年产蔬菜总量14.8万吨；粮食种植面积3.38万公顷，总产4463吨；大小牲畜存栏12.3万头（只）；鱼塘面积46.67公顷，年产鲜鱼10.5吨。1990年，郊区蔬菜播种面积2533.33公顷，蔬菜品种170余种，商品菜上市量1.33亿千克。1991年,蔬菜总产量2.65亿千克,家畜总头数35.8万头（只），鲜鱼产量135万千克。2005年，赛罕区蔬菜种植面积4933.33公顷，无公害蔬菜商品量2.5亿千克。建成14个标准化奶牛养殖小区和5个综合服务站，奶牛存栏13.8万头，奶产量40万吨，奶牛高产优质品种率80%以上。2015年，区内有66.67公顷以上基地18个,33.33公顷以上基地8个,6.67公顷以上基地25个,形成以102省道、呼凉公路、河西路沿线为主的3个蔬菜种植带，蔬菜年产量38.2万吨。建有万头奶牛牧场2个。整合扩建中小型牧场30个，建立奶业合作社22个。

（二）工业

1986—1990年，郊区乡镇企业主要有西菜园玛钢厂、巧报风机厂、桥靠机械厂、攸攸板青山锅炉厂。1990年，乡镇企业从业人员9600人，固定资产6819万元，年收入1.33亿元，主要产品100余种。1991年，郊区工业总产值23.63亿元，乡及乡以上工业总产值2.9亿元，工业增加值7600万元。其中，区属工业总产值4500万元，工业增加值1180万元，三资企业11家。2000年，赛罕区工业总产值17.8亿元，乡及乡以上工业完成产值1.8亿元，增加值6808.2万元。2005年，赛罕区规模以上工业企业完成工业总产值51.37亿元，实现现价工业增加值9.6亿元，产销率101.52%。其中金桥开发区完成工业总产值39.55亿元,实现工业增加值5.46亿元，产销率102.73%。独立核算工业完成产值2.4亿元，实现增加值0.88亿元。乡街企业完成增加值26.2亿元，其中完成工业增加值9.998亿元。全年完成工业固定资产投资29.2亿元，工业引资到位23.7亿元。金桥开发区工业一区基础设施达到“七通一平”，工业二区基础设施达到“五通一平”。入区工业企业33家，金桥热电厂、蒙昆卷烟厂、天野化工（甲醇、聚甲醛）项目、中石油呼和浩特分公司技改项目相继开工建设。2010年，启动金桥日处理5万吨污水处理厂项目。完成中石油500万吨炼油扩能改造项目原油罐区土建工程。中海油6万吨聚甲醛项目投产。神舟硅业二期3000吨多晶硅项目试生产。中环单晶硅项目一期工程竣工投产，390兆瓦二期项目投产。2015年，赛罕区规模以上工业增加值86亿元，是2010年的2倍，年均增长14.6%，位列全市第一。规模以上工业企业32家。工业固定资产投资累计完成210亿元。

（三）服务业

1986年，郊区以蔬菜种植业为主体，第三产业处于起步阶段。1995年，郊区第三产业所占比重为34.1%。2000年，赛罕区第三产业所占比重为46.8%，第三产业所占比重逐年增加，结构的调整促进经济健康发展。2001年，第三产业实现增加值15.50亿元。2005年，赛罕区第三产业增加值94.7亿元。2010年，依托区位优势，开发呼和浩特市东南部商贸中心，打造金宇文苑街、东影南路特色餐饮街，建成万达广场、中海锦绣城、东岸国际等高档现代化商业和住宅区，万千百货、华润万家、家乐福超市等商业实体陆续签约或进驻，高等职业教育园区服务区投入使用，餐饮、商贸等服务业保持较快增长。浦发银行、民生银行、光大银行、包商银行、国家开发银行、光大证券等金融企业分支机构和中国移动内蒙古分公司、内蒙古东部电力有限公司、中国华电集团内蒙古能源公司等企业总部相继入驻。引进蒙西物流、利丰汽车公园等物流企业，京东石油物流、烟草仓储中心等项目有序推进。同时，开发舍必崖等农家乐观光、农村特色旅游。新建“万村千乡市场工程”农家店20家，升级改建区级标准化配送中心2个。2010年，全区第三产业增加值达220亿元，第三产业对经济增长的贡献率和吸纳就业能力持续提高。2015年，赛罕区服务业增加值完成400亿元，是2010年的1.8倍，服务业对财政贡献率70%以上。总投资10.5亿元西北地区最大的物流园区沙良物流园投入运营，全国第二大电商京东商城、内蒙古最大的便利连锁超市利客集团、一站式汽车服务平台诸葛修车入驻。总投资5.98亿元的城发金河物流园区加快建设，建成后将成为首府农产品、粮油贸易最大的集散枢纽。总投资20亿元的利丰汽车公园项目12个4S店全部封顶，集汽车销售、展览于一体的物流配送中心初具规模。万达中央商务集聚区被正式确认为自治区级服务业集聚区。开工建设永泰城、新华联·雅园、中海蓝湾、凯元广场、万正尚都总部等14个总投资444.8亿元的城市综合体项目。

四、社会事业

（一）城建

1999年7月前，郊区城镇化进程缓慢。2000年，赛罕区开始对西把栅乡、巧报镇、金河镇、巴彦镇进行“城中村”改造。2008年，赛罕区首次建设廉租房。2009—2014年，赛罕区改造小街巷77条，总长度46.8千米，改造雨、污水管网8600延长米。2010年，赛罕区开始“棚户区”、老旧小区改造。2015年，完成拆迁131.6万平方米，新建续建后罗家营村、黑土凹村等11处、154栋安置房。综合整治老旧小区67个，打造标准化物业管理小区168个。

（二）交通

1986年，郊区主要公路有飞机场路、呼托路、百茂路、呼哈路、罗合路、大添路、黄井路、黄白路、苏榆路、迎宾路，主要桥梁有庆丰桥、哈拉沁桥、铺路桥、水磨桥、二道河桥、毫沁营桥、桃花板桥、乌素图桥、卯独沁桥、十八台桥、厂汉板桥、小黑河桥、苏木沁桥、廿家桥、陶卜齐桥、东大黑河桥。过境铁路有京包线，过境公路有110国道、京包高速公路、呼凉公路、呼阳公路、呼清公路、呼托公路、呼武公路。2010年，赛罕区新修通乡、通村公路3条，总长7.4千米，硬化村内道路167.1万平方米，实现所有建制村“村村通”油路和绝大多数村内道路硬化。2015年，经过赛罕区境域有国道2条、省道4条、高速公路4条、专用公路3条、县道11条，过境铁路3条。完成城市快速路、呼伦路跨小黑河桥等16条断头路建设。

（三）环保

1986年，呼和浩特市近郊村庄产生生活垃圾1034吨。20世纪80年代末，郊区大气污染主要来自烟煤燃烧和西郊电厂、水泥厂、化肥厂、焦化厂、砖瓦厂废气排放。1996年，郊区境内乡、镇企业污水排放总量18.25万吨。工业废水直接排入地表水体，污染地下水。1996—2013年，赛罕区（郊区）先后取缔110国道两侧煤炭市场54家、造纸厂19家、土炼金厂1家，没收违规餐饮煤气灶1195台，责令环保不合格搅拌站20家、碎石厂1家、粉末厂1家限期搬迁，常规检查42家供热企业锅炉除尘、脱硫、司炉操作、燃煤使用，取缔无证经营4家。2015年，赛罕区栽植各类树木208万株（丛），新建垃圾转运站21座。工业固体废物处置利用率和集中处理率100%。消减二氧化硫85.4吨、氮氧化物20.6吨、烟尘18吨，城区及近郊村庄产生生活垃圾3.1万吨。

（四）科技

1986—1994年，郊区开展科普讲座、科技现场示范、科技美术展览、科技摄像展览、电台广播、报纸宣传、录像播放，定期发送由郊区科委、科协联合主办的《科技简报》。1996年后，郊区每年开展科普宣传月活动。2001年，市第十八中学、市植物园、大学路小学、锡林南路小学被赛罕区科技局确定为青少年科普示范基地。2005—2007年，赛罕区各中、小学开展“大手拉小手”科技小发明、小创造活动，确定南门外小学、赛罕区青少年素质教育基地为赛罕区青少年科普科技教育示范基地，兴安南路民族小学建成青少年科普活动气象站。赛罕区选派科技特派员为辖区种植养殖技术提供专业指导。开展科技进社区、“三下乡”、科技宣传周等科普宣传活动。培育内蒙古种星种业有限公司玉米商业化育种+成果转化创新人才团队。国家富民强县行动计划项目、国家星火计划“高寒地区厚墙体日光温室蔬菜丰产栽培技术开发应用”项目通过验收。2010年，投入科技经费1280万元，安排项目44项，争取自治区、呼和浩特市科技项目 8 项。加快“三网合一”科技信息服务模式的推广应用，为 40 个村委会和 3 个合作社配备电脑等信息化设备。2015 年，投资 2525 万元，实施科技项目 32 个。

（五）教育

1986—1991 年，郊区有村办托幼园 145 所。其中，包括户办幼儿园，分布在各乡、镇。2001 年赛罕区开始“撤点并校”。2002 年“教办”改称中心校。2007 年学前班停办。2008 年，有农区中心校 8 所，所属小学 67 所，城区小学 13 所，民办小学 5 所。截至 2015 年，赛罕区有小学 32 所，其中城区小学 10 所、农区小学 21 所、民族小学 1 所；有中学 14 所，其中城区中学 8 所、农区中学 4 所、民族中学和民族实验学校各 1 所。

（六）文化

1986 年，郊区文化馆编辑出版《文学作品集》，收录郊区业余作者创作的小说、散文、诗歌、电视文学剧本 41 篇。1987 年，郊区文化馆收集创编《民间文艺风情录》《大秧歌剧概述》《戏剧作品集》《书画摄影集》。1992 年，举办郊区美术、绘画、书法作品展览会，展出作品 170 余幅。1996 年后，郊区图书馆扩大规模，在乡村、社区设置分馆。2000—2005 年，每年在乡村和社区巡回举办赛罕成就展，贺新年书画笔会和绘画、书法、摄影、剪纸、手工艺作品展。2013 年，赛罕区文化馆成立书画院，展出书画作品 56 幅、剪纸作品 30 幅，并现场创作书画。年内，举办“内蒙古—江西首届南北书画消夏笔会暨作品展”，展出两地名家作品 160 余幅。赛罕区是全国、自治区文化先进区，建成覆盖全区的三级公共文化服务体系，春节、元宵节期间举办民俗文化节活动，开展民俗社火等文化活动。依托公共图书馆、文化馆、文体活动中心资源，开展非遗申报、知识大讲堂、少儿故事汇、书画比赛。建设“赛罕区基层综合性文化服务微平台”微信公众平台。公共文化设施长期对市民开放使用，建设有社区“10 分钟文化圈”、农村“15 分钟文化圈”。2015 年，赛罕区送戏、送电影 1500 多场，组织开展书画比赛、万人健身等特色文体活动 110 余场次。

（七）体育

1986 年，郊区体委举办郊区职工、农民田径运动会。1988 年，郊区举办农民运动会，设篮球、乒乓球、象棋 3 个项目，300 余人参赛。1989 年、1996 年、2000 年，赛罕区（郊区）职工农民运动会分别与中、小学生运动会联合举办。2000 年后，每年组织 1 次“万人登山活动”。2013 年，举办“社区健身大玩家”特色健身赛，2000 余人参加，项目有麒麟鞭、空竹笼、陀螺、武术、健身气功、花式毽球、花式篮球、轮滑、花式自行车等。截至 2015 年，赛罕区建成 17 块笼式足球场地，组织足球夏令营、足球嘉年华、足球邀请赛等各类足球活动。

（八）卫生

1986 年，郊区卫生局印发《郊区卫生系统岗位责任制考核标准试行办法》，在郊区医疗单位逐级实行招聘制，财务实行定额管理。1991 年，郊区制定传染病报告、登记、访视、疫情处理等制度。1995 年，郊区传染病报告率 97.6%。1996 年，郊区开展卫生区域规划，整顿医疗市场，建设村卫生室，30% 村卫生室达到标准。1998 年，各乡、镇推行医疗卫生机构分级管理，开展达标活动，乡、镇卫生院分级管理达标率 100%。2002 年，赛罕区医疗单位推行“医疗卫生服务承诺”“病人选择医生”“一日清单制”“院长值班制”。2010 年，赛罕区印发《赛罕区乡镇卫生院人事体制改革实施方案》，乡、镇卫生院实行全员聘用制度，聘期 3 年，实行合同管理。截至 2015 年，赛罕区城区设 6 个社区卫生服务中心和 52 个社区卫生服务站，平均每 6000 个居民拥有 1 个社区卫生服务机构，社区居民步行 15 分钟即可获得公共卫生和基本医疗服务；农村医疗卫生以 2 所区医院带动乡、镇医院和 119 个村卫生室，构成区、乡、村三级卫生服务网。赛罕区参加农村合作医疗农民 10.64 万人，参合率 99.96%，乡村医生巡诊实现全覆盖，公立医疗卫生服务机构全部实行药品零差价销售。

第五节　土默特左旗

一、概况

土默特左旗位于呼和浩特市西部，东邻回民区、玉泉区，南连和林格尔县、托克托县，西接包头市土默特右旗，北依武川县，地理坐标为北纬 40° 26′ ~ 40° 56′，东经 110° 47′ ~ 111° 48′。东西最大距离 87 千米，南北最大距离 55 千米。总面积 2765.0 平方千米。截至 2015 年，土默特左旗辖察素齐镇、毕克齐镇、善岱镇、台阁牧镇、白庙子镇、敕勒川镇、沙尔沁镇、塔布赛乡、北什轴乡。总人口 36.58 万人，其中少数民族人口 4.62 万人。

二、自然环境

土默特左旗地处内蒙古高原，北部为山地，属阴山山脉中段，大青山中部，最高点为金銮殿峰，海拔 2270 米。南部为平原，属土默川平原北端，海拔 1000 米左右。主要山峰有金銮殿峰、西九峰、东九峰、马化龙山、楼华山、大青山、青山尖、老虎头、此老山、狮子山、圆山子山、盘道山；主要沟谷有霍寨沟、东白石头沟、水磨沟、喇嘛洞沟、黑牛沟、苏盖营沟、大朱尔沟、东沟、西沟、大万家沟、西白石头沟、古雁沟；主要河流有大黑河、小黑河、什拉乌素河。土壤类型有灰褐土、草甸土、沼泽土、盐土。

土默特左旗年平均气温 7.7℃，1 月气温最低，月平均气温 -11.1℃，极端最低气温 -30.4℃；7 月气温最高，月平均气温 23.2℃，极端最高气温 38.7℃。平均年降水量 393.1 毫米，集中在 6—8 月。年平均日照时数 2847.5 小时，最高年 3254 小时，最低年 2322 小时。年平均无霜期 168 天，霜冻平均出现日期 9 月 25 日。年平均风速 1.76 米 / 秒，年平均大风天数为 18 天。

土默特左旗资源较丰富，有脊柱动物 218 种，其中兽类 33 种、鸟类 173 种、两栖爬行类 12 种。野生动物主要有狍子、青羊、沙狐、草原鹰、兔子、刺猬、梅花鹿、黄羊、野鸡、白尾鹞、红隼、红脚隼及国家一级保护动物金雕、胡秃鹫、黑鹳。有高等植物 1007 种，其中种子植物 874 种、蕨类植物 24 种、苔藓植物 109 种。野生植物主要有白桦、油松、云杉、杜松、山杨、落叶松、黄刺玫、山樱桃、虎榛子、绣线菊、蒿类、针茅等。矿产资源有煤、泥炭、铀、钍、铁、铜、铅、锌、镍、金、石墨、水泥灰岩、白云岩、云母、石棉、陶土、水晶、石英等。

三、经济建设

（一）农业

1986 年，土默特左旗产业结构主要是第一产业和第二产业，农业总产值远大于工业总产值。1990 年后，土默特左旗农牧业产业化进程逐年加快。通过优化农业内部结构，传统种植业比重持续下降，畜牧、蔬菜、水果、水产等优质高效农产品所占比重上升，传统农业向现代农业转变，休闲观光型高效农业、光伏设施农业产生效益。2001 年，牧业年度牲畜总头数 76.51 万头（只）。年末奶牛存栏 4.1 万头，鲜奶产量 10 万吨，有挤奶站 132 座。全旗总播面积完成 6.14 万公顷，粮食总产量 2.19 亿千克，农业总产值 13.44 亿元。2010—2015 年，土默特左旗发展以规模化奶牛养殖为主的农区畜牧业，推进奶牛规模化养殖，建设现代牧场园区，奶牛规模化养殖比例 96%。2015 年，被农业部认定为国家现代农业示范区。全旗有工商行政部门登记注册的各类农民专业合作社 868 家，合作社成员 4360 人。

（二）工业

1986—1990 年，土默特左旗从片面追求重工业发展，转向以提高经济效益为中心。以全民所有制工业和集体所有制工业为主体，其他私有和个体工业迅速发展，产值大幅增长。1990 年，全旗工业总产值 1.26 亿元，农业总产值 1.01 亿元，工业总产值首次超过农业总产值。1995 年，全旗工业总产值 13.70 亿元，农业总产值 3.76 亿元。工业总产值远超农业总产值。2005 年，全部工业增加值 14.2 亿元；规模以上工业增加值 3.2 亿元；规模以上工业经济效益综合指数达 161%。2010—2015 年，规模以上工业增加值增速年均递增 8.5%，金山高新园区综合配套设施日趋完善。2013 年 12 月，国务院批复将金山高新技术产业开发区升级为国家高新技术产业开发区。2015 年，规模以上工业增加值增速同比增长6.6%。金山开发区有入区企业85家，引进资金206亿元，形成乳业、装备制造、生物医药、新材料、节能环保五大主导产业，金山热电、伊利金山乳业、三联化工、鲁阳新材料等龙头企业发展壮大。

（三）服务业

1986年，第三产业在土默特左旗产业结构中占比小，1995年后，第三产业占比逐渐增加。2005年第三产业总产值20.14亿元。2010年第三产业总产值62.15亿元。2015年，第三产业总产值117.92亿元，敕勒川文化旅游区部分建设项目开始营业，逐渐成为首府周边休闲度假区；沙尔营物流园区转型升级，对接呼和浩特新机场临空经济区。

四、社会事业

（一）城建

1986年，完成政府街、全胜路、新兴街、工农路的路面硬化，总长4.09千米，硬化面积4.44万平方米。71个国营集体单位、1419个家庭连接自来水管网，全年铺设管网10.67千米。1990年，工农路硬化968米。完成中山路公铁立交桥污水泵站及外排水工程,安装污水泵2台。安装供水管线12.24千米,管网入户546户。1995年，铺设沙河路、呼包路、政府街排水管道，改造人民路、全胜路排污受水口。2001年编制《土默特左旗察素齐镇城市总体规划》。2011年编制《内蒙古自治区呼和浩特市土默特左旗察素齐镇城市总体规划（2012—2030）》。2012年后，先后完成察素齐镇敕勒川大街、和平路、草原街、世纪路等道路新建改建工程。实施文化中心、奥林匹克体育场、体育馆、金山学校、政务中心等基础设施工程。实施街心公园和街景绿化、亮化改造工程，推进保障安居工程，完善环卫基础设施、公共卫生配套设施，察素齐镇获评国家卫生县城。全旗农村基础设施条件得到根本改善，毕克齐镇杨家堡村获评全国文明村镇。开展民族特色精品建设工程、民族特色村寨工程和民族文化改造提升工程。动车经停察素齐站，交通环境优化，居民出行方便。农村电网结构完善，自来水普及率98%。2015年，续建敕勒川大街东段、和平北路及和平南路；新建图尔根路、迎宾路；完成奥林匹克公园工程一期、二期、三期地下管网、绿化建设及花岗岩、大理石铺装；铺设毕克齐镇35千米污水管网、白庙子镇20千米污水管网、沙尔营园区污水管网。

（二）交通

1986年，土默特左旗公路旅客运输营运总里程1013千米。1990年，公路运输旅客人数94万人次，旅客周转量3941万人千米。1995年，公路运输旅客人数54.8万人次，旅客周转量2396.3万人千米。2000年，公路运输旅客人数17.74万人次,旅客周转量886.8万人千米。成立永昌公司察素齐城郊环城公共汽车分公司，开始有公交汽车。2015 年，建设农村公路 136.8 千米，硬化街巷 481.8 千米。经过土默特左旗的公路主要有 110 国道、京藏高速、呼和浩特—清水河公路、呼和浩特—托克托公路、呼和浩特—塔布赛公路。经过土默特左旗的铁路主要有京包复线电气化铁路、京包铁路第二双线、呼准鄂铁路、呼准铁路，城乡路网功能日趋完善。

（三）环保

1986—1999 年，察素齐镇及周边地区大气污染主要来自烟煤燃烧和水泥厂、化肥厂、砖瓦厂、轴承厂等企业的废气排放。大气污染冬季重于夏季，早晚重于白天。2000 年后，旗环保局出台烟尘控制管理办法，一些乡镇企业转产、关闭，察素齐镇居民炊饮开始使用天然气、电能、太阳能，城区统一供暖，大气污染有所改善。但随着机动车辆增加，汽车尾气污染成为新隐患。2005—2007 年，整治察素齐镇蒙源供水有限责任公司、陶思浩水厂、善岱水厂等主要集中式饮用水源地周边环境，3 个饮用水源地水质均达到国家饮用水水质标准。2011 年，察素齐镇污水处理厂和生活垃圾无害化处理厂开始运行，城市污水集中处理率 30%，生活垃圾无害化处理率 98%。2015 年，土默特左旗完成大气和水污染综合治理工作，万元生产总值能耗持续下降。开展沙尔营煤炭物流交易中心煤场环境污染专项整治行动，依法关停大青山国家级自然保护区内 31 户违法、违规企业。提升改造大青山前坡绿化及京藏高速公路两侧绿化，恢复城壕高速公路植被 133.33 公顷。强制性拆除大青山自然保护区及二级水源地内的 15 家无环保手续的违法石料建材加工企业，取缔废旧塑料加工点 16 家。

（四）科技

1986 年，土默特左旗科技馆建成。1988—1989 年，参加全市农村“五一”科技杯竞赛，连续获得“五一”科技奖。1990 年，推广小麦模式化栽培、甜菜的高产高糖生理栽培、旱作农业栽培、畜种改良、疫病防治、庭院经济种植、配方施肥、增产素和稀土微肥等科技成果。2001 年，从宁夏林科院枸杞研究所引进热风炉制干技术。2011 年，推广优质牧草种植、奶牛优质冻精冷配、奶牛性控繁育、蔬菜保护地栽培、厚墙体日光温室蔬菜栽培、沼气沼渣沼液利用等技术。2015 年，申报市级以上各类科技计划项目 32 个，完成立项 19 项，其中国家级 2 项、自治区级 3 项。引进国家级高新技术企业 1 家，自治区级工程技术中心 1 家，自治区级企业研发中心 1 家。

（五）教育

1986 年，全旗有旗民族中学、察素齐一中、察素齐二中、毕克齐中学 4 所高中。1988 年，建立旗蒙古族幼儿园。2005 年，全旗有公办幼儿园 6 所，其中直属园 2 所、乡镇幼儿园 4 所。2010 年，全旗有公办幼儿园 9 所，其中直属幼儿园 2 所、乡镇幼儿园及学校附属园7所。2015年，旗乌兰夫幼儿园被市教育局认定为市级示范园。旗第二幼儿园完成重建，台阁牧中心幼儿园、兵州亥中心幼儿园、贾力更学校附属幼儿园建成并投入使用。全旗有小学29所，其中公办27所、民办2所。

（六）文化

1986年，土默特左旗图书馆有藏书1.92万册。1986—1993年，图书馆未购进图书，馆内藏书缩减至1.3万册。1995年，有19个乡、镇文化站，有图书阅览室19个，有藏书3.56万册；教室（展览室）19个；游艺活动室19个；电影、电视放映室19个；业余党校19个；成人教育学校19所；村社火队78个；村文艺队15个。2000年，旗图书馆有藏书3.64万册。2014年，土默特左旗建成崖柏博物馆，旗乌兰牧骑创作、演出大型现代歌剧《多松年》、歌曲《土默川的秋天》《土默川新歌》、舞蹈《布里亚特姑娘》《吉祥土默川》、二人台小戏《小两口唱土左》《逛金山》。2015年，全旗9个乡镇建成综合文化站,完成建制村“村村响”“户户通”“地面数字电视”工程建设，白塔寺公园开始对外开放。

（七）体育

1986年后，全旗体育活动广泛发展，城镇居民多喜爱参与乒乓球、门球、排球等项目，农牧区群众则多喜爱传统的骑马、射箭、搏克等项目。1994年，举办全旗职工篮球赛。2003年，旗体育运动中心竣工并举办全旗运动会，设置田径、篮球、拔河、搏克、象棋、门球、乒乓球、射击8个项目，2000余名运动员参加比赛。2008年，3人经选拔代表土默特左旗参加北京奥运会呼和浩特站的火炬传递。举办全旗干部、职工乒乓球联赛。2015年，土默特左旗奥林匹克体育场、体育馆投入使用。

（八）卫生

1986年，土默特左旗人民医院门诊楼投入使用，旗政府成立计划免疫协调小组，下设计划免疫协调小组办公室，办公室设在旗卫生防疫站。1995年，旗疾控中心成立地方病检验室，可开展10项水质检测。2000年3月，实施防砷防氟改水项目，结束部分地区群众长期饮用高砷高氟水的历史。2003年，土默特左旗人民医院获自治区“非典”防控工作先进集体称号。2009年后，新建旗人民医院、旗中蒙医院投入使用，一批高标准乡、镇卫生院投入使用，基层卫生应急能力得到提升，土默特左旗被评为自治区卫生应急规范化旗县。2015年,台阁牧卫生院等5所卫生院交付使用，续建8所卫生院，完成疾控中心和卫生监督改、扩建，建设70所村卫生室。

第六节 托克托县

一、概况

托克托县位于呼和浩特市西南部，东邻和林格尔县，南连清水河县、鄂尔多斯市准格尔旗，西接包头市土默特右旗、鄂尔多斯市准格尔旗，北依土默特左旗，地理坐标为北纬 40° 05′ ~ 40° 35′，东经 111° 02′ ~ 111° 32′。东西最大距离 42 千米，南北最大距离 54.5 千米。总面积 1407.8 平方千米。截至 2015 年，托克托县辖双河镇、新营子镇、五申镇、古城镇、伍什家镇。总人口 20.31 万人，其中少数民族人口 1.20 万人。

二、自然环境

托克托县地处黄土高原，地势为东南高，西北、西南低，地形由丘陵地形过渡到平原地形，主要由丘陵区、山前倾斜平原、湖积台地、宽谷洼地和冲积平原五部分组成，海拔 1000 ~ 1277 米。主要河流有黄河、大黑河、什拉乌素河、宝贝河、哈素海退水渠、银号河、沙河 7 条。其中黄河为过境河流，其他为入境间歇河流。土壤类型有草甸土、盐硝土、风沙土、栗褐土、沼泽土、灰褐土等。

托克托县年平均气温 8.3℃，一年中 1 月最冷，平均温度 -8.2℃，7 月最热，平均温度 24.0℃，温度由南向北递减。平均年降水量 384.9 毫米，年最多降水量 509.7 毫米，年最少降水量 248.7 毫米，降水量由南向北递增。年平均日照时数 2801.2 小时，最长 2937.9 小时，最短 2683.1 小时。全年平均无霜期 169 天。年无霜期最短 150 天，最长 210 天。一年中多以偏西风为主，只有 7—8 月以偏南风和偏东风为主。

托克托县野生动物及人工栽培的药材植物种类繁多，野生动物主要有獾、狐狸、草兔、蛇、石鸡、灰山鹑、雉鸡等；栽培药材植物主要有枸杞、甘草、黄芪等。矿产资源有黏土、砂石和盐硝。

三、经济建设

（一）农业

1986 年，托克托县被国务院确定为第一批国家级贫困县。1986—1990 年，托克托县调整产业结构，注重调整种植业，稳定粮食作物种植面积，扩大经济作物种植比例，开发枸杞、葡萄等特色农业，建成永圣域奶牛基地乡、满水井奶牛村。实施联合国援建的 WFP-2814 水产项目，建成 235 公顷高标准鱼池的养殖生产基地，并通过联合国世界粮食计划署验收。1991—2010 年，托克托县调整农业产业结构，农业生产持续快速发展。实施麻地壕黄河灌溉区续建配套建设项目、毛不拉扬水站扩容改造项目；扩大井水灌溉区建设，实施新打机电井和节水灌溉项目；实施农业综合开发、土地整理项目，加固防洪抗洪堤坝、疏通运洪泄洪渠道，改善农业生产条件。2015年，农林牧渔业总产值37.66亿元，其中农业产值11.51亿元、林业产值2059万元、牧业产值25.05亿元、渔业产值7146万元。全县粮食产量25万吨。

（二）工业

20世纪80年代中后期，托克托县加快工业发展速度。1990年，全县乡及乡以上工业总产值4454.1万元。1990年后，工业企业改革，组建和发展股份制、合作制、个体私营企业，调整产业和产品结构。2000年，托克托县确立"工业强县"战略，工业结构转变为成规模现代化工业。全县工业产值4.7亿元。2003年，开始筹建托克托工业园区。2010年，全县规模以上工业增加值111.67亿元。工业固定资产投资完成21.21亿元。截至2015年，托克托工业园区有入园企业43家，规模以上工业企业27家。全县工业总产值389.28亿元，工业增加值156.61亿元。

（三）服务业

1986年后，托克托县形成多种经济成分、多种渠道、多种经营方式的商贸流通体制。2000年，全县社会商品零售总额2.29亿元。2001年后，托克托县进行商业经济体制改革，以私营经济为主体，实行多种经济成分，多种经济形式的流通体制。2010年，呼和浩特铁路局恒诺集团铁路物流园开始试运行。完成5000平方米的正荣商品连锁配送中心建设及1000平方米行政综合大楼建设，在自治区率先建成配送网站及电子商务平台。累计建成108家"万村千乡"农家超市，其中正荣商品电子连锁店10家。累计销售家电下乡产品1.61万台，销售金额2829万元，其中国家补贴金额303万元。截至2015年，全县有注册商业企业469户，个体商业4362户。全县社会消费品销售总额138.0亿元。

四、社会事业

（一）城建

1986—1990年，托克托县建成建设银行、农业银行、保险公司、工商银行和税务局等单位办公、营业楼。1991年，铺设排水管道1100米，建成日排水量4000吨的污水泵站1座。1992—1993年，铺设排水管道3128米，建成污水井72座、收水口93个，年排水量10万吨。1995—1996年，铺设污水管道1500米、雨水管道1400米。到2000年，铺设排水管道14.9千米，设井283个、收水口229个、二级排污水泵站1座，县城排水管网形成西排、东排2个体系。建有南梁森林公园、西街心公园、东街心公园、玫瑰园4处公园，县城新区绿地面积8.89万平方米。2015年，托克托县人均居住面积35.8平方米。城区有主要道路13条，给排水管线178.6千米。城镇自来水供水覆盖面积15平方千米，供水管网158千米，普及率95%。集中供热面积258.8万平方米。城镇交通设施、标识完善，建成交通、治安智能化监控系统，监控覆盖范围20平方千米。新建、改建公园 8 处，共 82.2 万平方米。

（二）交通

1986 年，托克托县建成呼和浩特—大饭铺公路，托克托县境内长度 50 千米，经过永胜域、伍什家、新营子、燕山营 4 个乡、镇，12 个村。2000 年，县境有公路 23 条，总长 366.8 千米。其中，省道 1 条，长 50 千米；县道 10 条，长 186.4 千米；乡道 12 条，长 130.4 千米。2001—2015 年，全县建设省道、县道、乡道、村道和专用公路 156 条，总里程 997.11 千米，公路技术等级普遍提高，晴雨通车率 85.72%，公路密度 70.42 千米 / 百千米 ^{2}，农村普遍建有小油路、水泥路。2015 年，全县有大、小客货营运车辆 4864 辆，有长途客运线路 27 条，日运营客车 95 辆；有城镇公交线路 9 条，日运营公交客车 42 辆；有出租小客车 114 辆，昼夜运行。全年完成客运量 65.19 万人次，完成货运量 2397.41 万吨。

（三）环保

1986—1995 年，全县造林 1.05 万公顷，植树 778.4 公顷，造林保存面积 9962 公顷，保存率 95.17%，林网化程度 54%。1996 年，对全县工业污染源和城关镇内机关单位、个体工商户污染源进行调查。其中，有县级企业 8 家，乡镇企业 35 家；餐饮业 105 家，理发服务业 67 家。1997 年，完成全县污染物排放申报登记。2000 年，开始实施城市集中供暖工程。2001—2015 年，全县实施污水治理工程 60 项，建成一级污水处理厂 10 座，工业园区二级污水处理厂 1 座，中水处理厂 2 座，高盐水晾晒池 3 座，县城污水处理厂 1 座。大唐托电 10 台机组全部配备脱硫脱硝设施，园区 6 家企业接入集中供气管网，县城实现集中供热。工业园区建成南郊固废垃圾处理厂。整顿拆除 S301 线两侧违法违规小煤厂 332 家。县城绿化覆盖面积 513 万平方米，绿化普及率 94.4%。全县有公园绿地 82.16 万平方米、附属绿地 40.39 万平方米、居住区绿地 142.4 万平方米、机关企事业单位绿地 92.3 万平方米、生产绿地 33 万平方米、防护绿地 33.35 万平方米。城镇绿化率 30.14%，绿化覆盖率 36.7%，人均公园绿地面积 10.3 平方米。2015 年，建成工业园区污水处理工程，日处理 6000 ~ 8000 吨污水。实施异味治理项目 24 项。

（四）科技

1986 年，托克托县开始探索科技带动农业发展的路子。1988 年，县种猪场培育的“内蒙古白猪类群”猪经自治区科委鉴定验收，定名为“内蒙古白猪”新品系。20 世纪 90 年代，托克托县引进推广小麦、马铃薯、荷兰色素甜椒、无籽西瓜、章丘大葱、益都红椒、无壳南瓜、新黑田 5 寸人参胡萝卜、星火花葵、京亚和里扎马特葡萄等 17 个品种。地膜覆盖技术在大田作物栽培中广泛推广，机铺膜技术在生产中广泛应用。全县推广粮粮套种、缩垄增行、立体化种植、区域化种植、果粮间作种植、豆类地膜覆盖旱作农业、地膜覆盖穴播、甜菜纸筒育苗移栽、农作物秸秆氨化、秸秆还田、杂豆丰产栽培、塑料淀粉容器降解袋等10余种新技术。2000年，全县有44个科技项目获奖，95位科技人员受到表彰奖励。其中，9人获得市长特别奖。2001—2015年，全县获得国家专利198件，3项获得自治区科技成果三等奖，19项分别获得市科技进步一、二、三等奖，2人获得市长特别奖。2004年，托克托县启动“百万农民科技培训工程”。2014年，托克托县被授予“自治区可持续发展试验区”称号，连续2年获得“全国科技进步考核先进县”称号。2015年，全县引进创新技术人才21人，建成粉煤灰综合利用技术创新团队。

（五）教育

1986年，托克托县有小学103所，学生2.09万人，入学率98.4%。建成托克托第二中学，城关中学改为第一农职业高中，全县农村中学增至7所。1986—2000年，托克托县增加教育投入，调整教育结构和学校布局。2000年，全县有幼儿园13所，小学附设幼儿学前班107个，有完全小学106所，有普通公办完全中学3所，高级职业学校2所，私立中学2所，有农村初级中学12所。全县在校学生（包括幼儿园）3.67万人，有教职工4027人。2001—2015年，托克托县“撤点并校”，调整中小学布局。2015年，全县共有幼儿班268个，在园幼儿7054人；共有完全小学17所，教职工1070人，在校生1.16万人，小学适龄儿童入学率100%；全县有初中班142个，在校学生6183人；高中教学班113个，高中在校生5145人，教职工总人数1201人。民族幼儿园有16个教学班，有幼儿700余人，教职工55人；民族小学有26个教学班，教职工98人；民族中学有初中、高中班55个，教职工259人。

（六）文化

20世纪80年代末，托克托县民间文艺和戏曲推陈出新，形成二人台和现代歌舞相融的民间曲艺形式。元宵节社火远近闻名，双墙秧歌获第三届中国社火艺术节金奖。涌现出一批绘画、书法、戏剧、民间文学等创作人才和文物收藏者。1986年，县文化馆收集整理全县民间文学、民俗风情、社火节目，出版《民间文学》专辑。1992年，建成自治区首家旗县级博物馆——托克托县博物馆，收藏文物2000余件。1995年，被评为“自治区文化先进县”。2000年，全县各类图书发行量70万余册，报刊50余种，县图书馆藏图书3万余册。创作大型舞台剧《君子津》、舞蹈《家乡的小河》。2010年，出版发行《云中文苑》《托克托文史资料》第七辑和《托克托民俗》。2013年，云中郡古城遗址入选全国第七批文物保护单位。2014年，镇虏卫故城遗址、海生不浪文化遗址入选自治区第五批文物保护单位。编辑出版《托克托文史资料》第八辑和《托克托史话》《双河奔流》。2015年，“托克托面塑”“黑水泉寿阳鼓”被列为自治区非物质遗产保护项目。中央电视台戏曲频道录制的现代大型历史剧《君子津》在内蒙古民族艺术剧院展演，编辑出版《书法绘画剪纸》《民间收藏》《摄影作品》《民间社火》《风味美食》五种《托克托文化》丛书。

（七）体育

1986年，“老干部之家”建立，老年体育活动逐步开展，主要有排球、羽毛球、克郎球、台球、中国象棋等项目。1987年，成立老年体协。1996—2000年，成立乒乓球协会、信鸽协会和老年中国象棋协会等。2012年，筹备建设县文体大厦，包括体育馆、游泳池、健身房等场馆，并在玫瑰园广场筹备健身体育活动中心。举办全县篮球、乒乓球、羽毛球、台球、老年门球、中国象棋等群众体育活动。2015年，托克托县全民健身中心投入使用，新建、改建文体活动广场62处，举办“移动杯”乒乓球赛、“联通杯”羽毛球赛、“县长杯”足球联赛。

（八）卫生

1986年，托克托县成立县中医院，有中医药技术人员20人。20世纪90年代，托克托县开展医疗卫生“三项建设（房屋、设备、人才），两个整顿（医疗、医药市场）”工作。2000年，全县有医疗卫生机构20个，病床277张，医疗技术人员528人，有建制村卫生室120个，有医疗防疫人员211人，有妇幼保健人员129人。2000年后，开展医疗、医药、疾病防治、妇幼保健改革。2005年，在全市首先实行新型农村合作医疗制度，开展11类43项基本公共卫生服务项目，全县医疗卫生机构使用国家基本药物。2015年，有县直卫生医疗机构9个，医疗点289个，有专业技术人员512人。镇级医疗卫生机构10所，其中镇卫生院8所、社区卫生服务中心2个。专业技术人员106人。村卫生室256所，乡村医生268人；社区卫生站6所、厂校医务室7所、个体诊所13个、民营医院1所。

第七节　和林格尔县

一、概况

和林格尔县位于呼和浩特市东南部，东邻乌兰察布市凉城县、山西省朔州市右玉县，南连清水河县，西接托克托县，北依土默特左旗、赛罕区。地理坐标为北纬39° 58′ ~ 40° 41′，东经111° 26′ ~ 112° 18′。东西最大距离85千米，南北最大距离90千米。总面积3447.8平方千米。1995年11月，由乌兰察布盟划归呼和浩特市。截至2015年，和林格尔县辖城关镇、盛乐镇、新店子镇、羊群沟乡、黑老窑乡、大红城乡、舍必崖乡、巧什营乡。总人口20.09万人，其中少数民族人口1.25万人。

二、自然环境

和林格尔县地势东南高、西北低，依次由山地向丘陵再向平原区过渡，海拔

1020 ~ 2031 米。最高的山峰是黑山（东摩天岭），海拔 2031 米。主要河流分属浑河、黑河两大水系。其中，浑河干流部分流经和林格尔县南部长 75 千米，较大的支流有前石门河、海流屯河、马厂河、不浪沟河、古力半几河、骆驼沟河、密令沟河等，干流为东西向。县境北部的河流有宝贝河、茶坊河、石匣沟河等，属大黑河水系，并最终在托克托县境内注入黄河。土壤类型有栗褐土、灰褐土、潮土、盐土、沼泽土、风沙土、石质土等。

和林格尔县年平均气温 5.6℃，极端最高气温 37.5℃，极端最低气温 -34.5℃。平均年降水量 417.5 毫米，降水天数 75 天，多集中在 7—8 月。日照率 66%，太阳年辐射量 137 千卡 / 厘米 ^{2}，每亩 913 万千卡，是自治区太阳辐射富区之一。县境内风力资源丰富，多西北风，间有西南风，平均风力 2 级，最大风力 8 级，最大风速每秒 24.5 米。年均大风日数 14 天，多出现在 3—5 月，最多 23 天。

和林格尔县有丰富的野生动植物资源，野生动物有主要狍子、狼、狐狸、獾、黄鼬、兔、黑乌蛇、百灵、布谷、啄木鸟、雕、猫头鹰等；野生植物主要有山丁子、海棠子、山梨、山杏、山楂、柄扁桃、山葡萄、沙枣、甘草、麻黄、黄芪、党参、地椒子、知母、冬花、枸杞、黄芩、芦苇、蒲草、红心藻、水葱等。矿产资源有花岗岩、黄金、石墨、云母、铀、铜、铁、石油、石榴籽石、石灰石、浮石、耐火土、红黏土、盐碱等。

三、经济建设

（一）农业

1986 年，和林格尔县工农业总产值 1.1 亿元，粮食总产量 5358 万千克，大小畜年末数量为 17.6 万头（只），农民人均纯收入低于 200 元。20 世纪 90 年代后，和林格尔县推动农牧业产业化，创建农业综合开发示范园区、生态园区，推进前夭子水库续建等重点项目工程。2001 年，全县粮食总产量 7.25 万吨，牧业年度牲畜总头数 46.36 万头（只），奶牛年末存栏数 2.58 万头。2005 年，农民人均纯收入 4390 元。全县奶牛养殖户 1.4 万余户，奶牛饲养量 11.1 万头，鲜奶产量 42.8 万吨。蒙羊肉业公司竣工投产，全年购进小尾寒羊 10 万余只，肉羊存栏 51.6 万只，年出栏肉羊 50.4 万只，建成养羊小区 14 处，肉羊专业村 115 个，基地建设覆盖农户 2.1 万户。马铃薯种植面积 1.7 万公顷，生产鲜薯 18.5 万吨。引进瑞典康莱纳公司调味品和变性淀粉项目，厂房主体竣工。沙棘、柠条产业稳步发展。全县有 75% 以上的农户融入农业产业化经营中，农民产业化经营的纯收入人均 3000 余元。和林格尔县被农业部、国家发改委等八部委授予“全国农业产业化先进集体”称号。2010 年，全县粮食总产量 18.04 万吨。新建、扩建规模化、标准化奶牛牧场 41 处，牧业年度家畜总头数 82.2 万头（只）。露地蔬菜种植面积 700 公顷，保护地投产面积 56.93 公顷，蔬菜总产量 5.2 万吨。全年发放各类支农惠农资金 1.2 亿元。依托现代农业园区的示范带动，建成小农户科技园 220 个，推广展示新品种 119 个，推广新技术 49 项，纯增效益 1000 余万元。和林格尔国家农业科技园区被科技部、农业部等六部委批准认定为第三批独具畜牧业特色的国家农业科技园区。2015 年，全县第一产业完成增加值 22.50 亿元。农村常住居民人均可支配收入 1.03 万元。全县农作物播种面积 6.94 万公顷，其中粮食播种面积 5.15 万公顷，粮食产量 17.41 万吨。蔬菜种植 580 公顷。牲畜存栏 55.7 万头（只）。

（二）工业

20 世纪 90 年代后，和林格尔县推动工业化、城镇化进程，调整一、二、三产业结构，创建经济园区、石材园区、电力园区，推进和林格尔电厂等重点项目工程。1999 年，创建盛乐经济园区。到 2001 年，盛乐经济园区引进企业 17 家，协议引进资金 21.8 亿元，有 11 家企业入区建厂，其中 7 家企业建成投入生产。2010 年，全县完成工业增加值 84 亿元，其中规模以上工业增加值 68 亿元。必威安泰生物科技、纷美（泉林）包装、中粮可口可乐等项目相继建成投产，和林电厂、燕京啤酒、龙源风电等在建项目稳步推进，初步形成食品加工、石材建材、电力等多种产业竞相发展的格局。2015 年，新增规模以上工业企业 5 家，累计 45 家。蒙牛纯甄生产线、蒙羊调味品、可口可乐灌装新增生产线、必威安泰公司生物反应器项目建成投产，华琳食品项目完成主体建设，京能盛乐热电年底正式核准并网发电；桃李食品、纷美包装三期项目建成投产。神舟光伏一期项目建成发电，累计发电 2900 万度。和林电厂累计完成投资 20.57 亿元。美捷新能源项目签约落户，欧凯华宇建材建成投产。全县规模以上工业总产值 196.92 亿元。工业固定资产投资完成 46.46 亿元。轻工业完成产值 187.59 亿元；重工业完成产值 9.33 亿元；轻工业产值占规模以上工业产值的 95.3%。主要产品产量，乳制品 74.35 万吨，其中液体乳 73.22 万吨；冷冻饮品 0.76 万吨；软饮料 60.97 万吨；纸制品 12.69 万吨。

（三）服务业

1986 年，全县社会商品零售总额 3747 万元。2000 年 7 月，和林格尔县开始实施南山生态百亭园的建设，先期完成可行性研究报告和景区功能分区的规划。把园区 5 平方千米划分为盛都功阙、百亭园、中华钱币坛、西洋园、现代园林区、民族民俗园、宗教文化园、生态观光园八个功能分区，称“南山八景”。到 2002 年，完成水、电、路等基础性工程，种植近 50 个品种的各类树木 60 万株；中华钱币坛、百亭园、宗教文化园初具规模，共完成投资 2400 万元。2005 年，以盛乐百亭园和盛乐经济园区为重点，接待游客 51.5 万人次，其中盛乐百亭园接待 15.3 万人次，旅游收入 5800 万元。盛乐百亭园被评为“全区文明旅游风景区”“全区环境保护教育基地”。在旅游业的带动下，餐饮、交通运输、金融保险、商贸流通及通信等行业得到发展，消费需求扩大，全社会消费品零售总额达 6.1 亿元。第三产业增加值完成 11 亿元，首次超过第一产业增加值。2010 年，蒙牛工业园被评为国家 AAAA 级工业旅游园区，南山生态文化旅游园区基础设施更加完善，全年接待游客 86.28 万人次。物流业迅速崛起，引进山煤集团公司，投资 2.3 亿元，建成大红城煤炭集运站；引进总投资 8.4 亿元的大红城三多煤炭物流园区建设项目。2015 年，全县服务业增加值完成 55 亿元。启动编制和林格尔县旅游发展总体规划和南山公园修建性详细规划。开工建设南山公园北侧西片区文化体育旅游服务中心。建成盛乐博物馆游客服务中心。举办“和盛生态”2015 内蒙古第六届盛乐芍药旅游节，接待游客 168 万人次。呼和浩特盛乐现代服务业集聚区新建续建云鼎生态休闲谷创意农业产业园、高科嘉园主楼（建成三层）、华蒙通物流、内蒙古颐高国际电子商务产业园、中国电信云计算内蒙古信息园、中国移动（呼和浩特）数据中心、云计算创客中心、赛科星家畜种业研发中心、云计算基地科技城等项目。其中，中国电信 4 栋数据机房楼全部投入运营，签约入驻企事业单位 31 家；引进国云数据建设中国乳业大数据平台、北京保华集团新媒体产业园、内蒙古颐高国际电子商务产业园等项目；大红城煤炭集运站启动运行。呼和浩特盛乐国际机场选址报告获得中国民航局的批复立项。

四、社会事业

（一）城建

1986 年，和林格尔县县城规划面积 6 平方千米。1987 年，县城规划面积扩展至 16 平方千米。1997 年，完成 209 国道城关镇段，北起维他奶厂西至桥西门墩约 5 千米道路两侧临时建筑及新华街两侧建筑的拆迁。1998 年，完成步行街两侧建筑拆迁。2006 年，规划区控制面积 403 平方千米，用地面积 90 平方千米。2010 年，完成城关镇北区控制性详细规划，编制旧城区 4 个片区土地修建性详细规划。完成城关镇北区新盛街绿化及地下管网配套工程，开工建设东一街、东三街道路工程。城关镇污水处理厂建成投入使用，启动垃圾处理场建设工程，全年新建、续建 23.6 万平方米住宅小区。2015 年，全县完成 33 项城建重点工程；完成金河大道带状公园与和盛路景观带绿化工程；完成 36 条街、巷硬化工程。建成农贸市场和劳务市场各 1 个；建成休闲健身广场 14 个；建成水冲厕所 17 座、旱厕 3 座。

（二）交通

1986 年，和林格尔县境内有国道 1 条、省道 1 条、县道 3 条、乡道 8 条，总长 488.63 千米。1999 年，和林格尔县融资改造国道 209 线和林格尔县至市区段。之后，先后建设丰准铁路、呼朔高速、准兴重载高速、国道 209 线、省道 214 线以及众多农村公路，形成横贯东西、纵贯南北的立体交通网络。2005 年，改造拓宽 11.3 千米的园园公路；完成盛乐经济园区至巧什营21.4千米的通道绿化任务。2010年，和林格尔经济开发区至金桥开发区的市政道路——金盛路建成通车，国道209线和清段改建、扩建工程全面开工。2012年后，全县实施“村村通、户户连”公路建设，所有乡、镇、建制村交通便捷，物流、人流、信息流畅通。截至2015年，全县公路通车里程达1000千米。

（三）环保

1986年，和林格尔县有居民烧煤灶2000盘、工业窑炉15座、机关单位取暖锅炉10座。大气中粉尘与二氧化碳成分高，废气、废水、废渣多。城建部门在规划时将污染严重的工厂建在郊外，噪声大、粉尘多的单位与居民区分开，县委、县政府鼓励居民和单位开发庭院经济，在庭院周围栽种植物，净化空气。1998年，和林格尔县被列为国家生态环境建设重点县。2000年，县委、县政府提出“生态立县战略”。2001年，全县森林覆盖率近30%。2004年，和林格尔县被全国绿化委员会授予“全国绿化模范县”称号。至2010年，全县有林地面积15.2万公顷，全县森林覆盖率33%。其中，城市森林覆盖率40%以上，城区内绿化覆盖率36%，村屯绿化率31%，滩川区农田林网化程度85%，水岸绿化率81%，通道绿化率82%。截至2015年，全县新增水土保持治理面积7.34万公顷，盛乐服务业集聚区垃圾处理厂完成设计施工，实施89个自然村的人居环境综合整治。

（四）科技

1986年，和林格尔县有专业科技人员1156人，17个乡、镇建立农牧林综合科技服务站，有在职技术专业人员175人，171个村民委员会建立科普小组。逐步形成县、乡、村三级科技服务网络。1991年后，在全县推广肉蛋鸡饲养、奶牛养殖、生猪“四良四改”、配方施肥、青贮技术等实用科技，采取试验示范的方式，推广农业技术，促进农业增产增效。2005年，开通“农牧业专家服务台”，24小时全天候服务，启动“96048”农牧业科技服务热线。2011年，组建科技信息网络，完善建制村、企业、学校、社区、农民科技协会、综合科技服务中心27个“三网合一”科技信息示范点，推广农业科技成果、农业科技资讯、农民科技培训和产品交易。2012年开始，全县建立和推行科技特派员工作机制，选派科技特派员15人。2013年，县科技部门组建50名科技特派员队伍，与工厂企业、农牧业产业化基地进行技术对接。在盛乐工业园区设立大学生创业孵化基地，宇航人高技术产业有限公司、中国西部良种繁育中心等高科技企业落户园区，蒙牛乳业集团公司等一批企业成立科研中心，设立国家级和自治区级实验室。2001—2015年，全县共评定科技成果16项，获国家专利152项，引进运用科技成果62项；累计争取国家、自治区科技项目32个，支持科技专项经费3650万元。2015年，申报获批自治区级、市级科技项目28项，争取科技专项基金1500万元。

（五）教育

1986年，和林格尔县开展“两基”达标软硬件建设。到2000年，累计投入资金7128万元，改造、新建校舍12万平方米，维修校舍3.9万平方米，实现“两基”达标。2001年后，和林格尔县调整教学点，新建、改造校舍，引进内蒙古师范大学，形成从幼教到高校的教育格局，办学条件、师资力量得到加强。大学升学率明显提高，从1989年的400余人增加到2000年的700余人，2015年超过1000人，位列全市各旗县首位。截至2015年，全县有普通中学6所，小学16所，幼儿园20所。

（六）文化

1986年，全县16个乡建立文化站，站内开展书报阅览、电视收看、棋类比赛等文化娱乐活动。县电影公司放映800场，县乌兰牧骑演出177场。1991—2000年，和林格尔县新建一批文化设施。其中，有文化馆、图书馆、青少年活动中心、体育场、体育馆各1座，乡、镇文化站13处，以及一批农村书屋，各中、小学均设有图书馆（室）。2007年，盛乐博物馆建成并投入使用，有藏品554件（套）、珍贵文物6件（套）。先后成立剪纸学会、作家协会、书画协会等。各种文艺团体经常到农村、企业、学校、部队，开展文化进基层活动。剪纸协会发展会员600余人，抢救民间剪纸精品数万件，并从中精选出数百件，编辑出版《和林格尔剪纸集》《和林格尔——中国民间剪纸艺术之乡》《中国民间剪纸集成·和林格尔卷》等，举办第二届国际民间剪纸艺术展，作品在日本、丹麦、法国等国家展出。2015年，全县新建和改扩建农村综合文化站13个、农家书屋146个、农村文化大院15家、村级文化活动室78个、戏台16个和文化广场30个，安装“户户通”设备5000套，为148个村安装“村村响”设备。成立盛乐历史文化研究会，组建盛乐文化产业发展投资有限公司，与内蒙古师范大学合作共建和林格尔乌兰牧骑。

（七）体育

1986年，全县有学校运动队123个，队员4000余人。每年举行全县中、小学生运动会，比赛项目有田径、篮球、排球等。1986—1995年，每年举办1次全县职工篮球联赛，共有15个代表队参赛。不定期举办职工运动会、农民运动会、长跑赛事。1995年后，县体育场、职工体育馆以及各乡镇文化广场配备体育器材，修建健身步道、自行车道、登山步道等。全县有超过4万人经常参加健身活动。2011年，和林格尔体育活动中心主体工程完工。2015年，举办全县职工运动会、“县长杯”足球联赛，承办“初元杯”全国青少年足球邀请赛。

（八）卫生

1986年，和林格尔县人民医院有主治医师1人、医师15人、医士34人、护士14人，可开展胃切除、脾摘除、胆梗阻等手术。全县地方性甲状腺病发病率2.03%，是国家地甲病控制达标县。1993年，投入360万元建设县人民医院，建筑面积4579平方米，有病床100张。改造城关镇、巧什营、新店子、大红城等乡镇中心卫生院。2010年，投资1亿元新建县人民医院，占地7万平方米，成为全县唯一的二级乙等医院。截至2015年，全县有医疗卫生机构190家，床位479张，卫生技术人员496人，执业（助理）医师341人，注册护士438人，后备乡村医生25人。

第八节　清水河县

一、概况

清水河县位于呼和浩特市南部，东邻山西省朔州市平鲁区、右玉县，南连山西省忻州市偏关县，西接鄂尔多斯市准格尔旗，北依托克托县、和林格尔县。地理坐标为北纬39°　35′　~ 40°　11′，东经111°　21′　~ 112°　07′。总面积2818.1平方千米。1995年11月，由乌兰察布盟划归呼和浩特市。截至2015年，清水河县辖宏河镇、喇嘛湾镇、城关镇、老牛湾镇、窑沟乡、北堡乡、五良太乡、韭菜庄乡4个镇4个乡。总人口14.20万人，其中少数民族人口1624人。

二、自然环境

清水河县地处内蒙古高原和黄土高原中间地带，北部地势平缓，东南部丘陵起伏。主要由低缓丘陵、低山丘陵、丘陵沟壑、山石山区、冲积平原五部分组成。全县平均海拔1374米，最高点为东南部北堡乡南柳沟村边马鞍山，海拔1833米；最低点为西南部老牛湾镇的老牛湾村，海拔915米。主要河流有黄河、清水河、浑河。黄河由北向南流经县境西缘，清水河、浑河在宏河镇岔河口村汇合后注入黄河。土壤类型有栗钙土、栗褐土、灰褐土、潮土、风沙土、沼泽土、盐土、石质土等。

清水河县年平均气温7.7℃，最热月7月，月平均气温22.9℃，最冷月1月，月平均气温-10.2℃。年极端最高气温39.5℃，年极端最低气温-29.4℃，温度由西向东递减。平均年降水量450毫米，降水集中在6—9月。其中，8月降水量最多。降水量由西向东递增。年日照时数2445.1 ~ 3375.9小时。年平均无霜期145天。大风天气较少，多在春季。

清水河县森林覆盖率32.9%，县境内野生动、植物资源丰富，主要野生动物有狼、狐狸、獾、黄鼬、白鼬、黄鼠、鼢鼠、岩鸽、石鸡、斑翅山鹑、环颈雉、猫头鹰、雀鹰、百灵、鹁鸪、斑鸠等；野生植物主要有云杉、落叶松、油松、杜松、旱柳、山杨、白桦、虎榛子、大果榆、川麻黄、马齿苋、黄芪等。矿产资源有煤、石灰岩、白云岩、耐火黏土、高岭土、石墨、磷、铁、锰、铝土等。

三、经济建设

（一）农业

1986 年，清水河县被确定为国家级贫困县，农业总产值仅 2312 万元。1990 年，农业总产值 6900 万元。1995 年，农业总产值 8656.70 万元。2000 年，农业总产值 2.45 亿元。2005 年，农业总产值 3.40 亿元。2010 年，农业总产值 4.50 亿元。2015 年，粮食产量 6850 万千克，肉羊出栏 70.60 万只，生猪出栏 4.60 万头，奶牛存栏 1.14 万头，肉牛存栏 4600 头，鲜奶产量 6.10 万吨，猪牛羊肉产量 7700 吨。海红果、山杏、大接杏、沙棘等经济林产业有明显发展。清水河县小香米、小香瓜、米醋、胡油、黄米面、海红果等地域特产热销。

（二）工业

1986 年，清水河县工业总产值 2204 万元，其中全民工业产值 1136 万元、集体工业产值 936 万元、个体工业产值 132 万元。1988 年，清水河县硫铝酸盐特种水泥厂投入试产。1989 年，全县工业总产值 3200 万元。年产 8 万吨的水泥厂投试产，年产 1500 吨工业硅投产。1995 年、2000 年、2005 年、2010 年全县工业总产值分别为 1.36 亿元、2.77 亿元、5.4 亿元、19.4 亿元。截至 2015 年，有规模以上工业企业 15 家，产值 26.48 亿元。初步形成以建材、能源、化工、金属冶炼及农产品加工为主的工业体系。

（三）服务业

1986 年后，清水河县的商贸业由国家计划购销逐步转向市场调节，形成多形式、多层次、多渠道的经营体系，实行店组承包，发展集体、个体商饮服务业，变独家购销为众家经营，商饮服务网点遍布城乡。2000 年，全县社会消费品零售总额达 9781 万元。2000 年、2005 年、2010 年第三产业总产值分别为 1.55 亿元、5.7 亿元、16.1 亿元。2015 年，清水河县三次产业结构比例为 10 ∶ 42 ∶ 48，产业结构得到优化。完成黄河大峡谷旅游区续建工程，推进地质博物馆、通用机场、杨家川水景观工程等项目，老牛湾国家地质公园开园。完善石峡口生态度假区、云滚洞度假山庄等旅游景区基础设施，清水河县旅游接待突破 57 万人次，实现旅游收入 2 亿元。

四、社会事业

（一）城建

1986 年，受经济条件制约，清水河县的城镇化水平较差。1989 年，修建南园至洗马沟的简易钢缆吊桥。1994 年，将钢缆吊桥改建为钢桥，建成清水河县城南大桥。1997 年，永安街两侧新建公共厕所 3 座，维修县城内居民区公共厕所 12 座。1999 年，埋设主供水管道28千米，支网管道100千米，供水点9处，入户3500户，入户率98%，供水人口1.1万人，生活日用水575吨。2009年后，改造永安街、青安路、金都路、体育路、林业路，新建滨河南街、滨河北街和花园路。城区面积由3.4平方千米拓展至7.6平方千米，建设地下管网、市政道路、跨河大桥、垃圾处理厂、污水处理厂、集中供热厂、集中供水厂；完成河道综合整治，建成滨河公园、银滚山长城公园。截至2015年，在城关镇建成22个住宅小区和3个廉租房住宅小区。

（二）交通

1986年，国家补贴粮棉布折价164.8万元，加县内自筹资金，由县交通部门测绘设计，乡村组织施工，修建8条乡村公路，共计301.25千米。1996—1999年，清水河县新修5条乡镇公路，总长76.5千米。至2000年，全县境内有干线公路3条。其中，国道2条，总长193.77千米；省道1条，长8.8千米；县道3条，长124.3千米；乡村公路340千米。2005年，建成城湾客货码头和老牛湾客运码头，城湾客货码头有泊位2个，码头等级为Ⅱ级。老牛湾客运码头有泊位1个，码头等级为Ⅲ级。全县有旅游客轮4艘，旅游快艇33艘、海事巡逻艇1艘。2010年，国道209线清水河—偏关段一级（一幅）、国道109线清水河—大饭铺段一级（一幅）公路建成通车，开工建设国道209线和林—清水河段一级公路，配合开工山东荣成—乌海过境高速公路、大准铁路增二线等重大交通项目，复工建设国道109线城关镇—十七沟段一级（一幅）公路。截至2015年，全县有铁路1条（复线），通车里程37.75千米；公路119条，通车里程1197.90千米。其中，高速公路2条，国道2条，省道1条，县道3条，乡道13条，村道98条，形成铁路、公路、水上旅游路线等交通运输网络。年货运物流总量突破500万吨，实现运输收入1.5亿元。

（三）环保

1986年，清水河县开始"三北防护林"二期工程建设，规划6.5万公顷，至1995年，累计造林9.4万公顷，被自治区政府评为"造林绿化先进县"。1998—2000年，一控双达标专项行动中，关停资源浪费、污染严重的"五小企业"60家。2001年，取缔一批无证违法经营煤炭销售摊点，取缔小炼铁企业4家，金属镁厂1家，查处商业网点150家，清理煤炭市场30个，查处采矿企业15家，编制《清水河县生态保护规划》。2004年，更新改造取暖锅炉13台。2006年，开展"整治违法排污企业，保障群众健康"环保专项行动，出动执法人员218人次，检查企业73家次，查处环境违纪违规问题，关停整顿6家环境违法企业。通过退耕还林、植树造林，植被得到恢复，森林覆盖率32.9%，生态环境明显好转，获"全国绿化模范县"称号。2010年，建设清水河县城关镇污水处理厂。2015年，清水河县对工业企业实行"一企一档"规范化管理；取缔关停无环保审批手续的石料厂、砖厂，取缔关停窑沟乡众鑫高岭土有限责任公司和工业园区红旗砖厂，要求排放超标企业限期整改；天泰化工、运昇镁业完成料场防风抑尘改造；天浩水泥和污水处理厂完成在线监测设备更新改造，全部实现联网；审批42个建设项目环境影响评价。

（四）教育

1986年，清水河县创办第一所公立幼儿园。1990年，成立清水河县第一高级职业中学。1994年，全县建成希望小学19所。1996年，14个乡镇基础义务教育工作通过验收。1998年9月，清水河县普通高级中学从清水河县一中分离，是全县唯一一所普通高级中学。至2000年，全县有46所小学。2002年，喇嘛湾镇中学改名为清水河县民族中学。2004—2007年，全县有54所中小学建立地面卫星单向接收系统。2009—2010年，城关第一小学、城关第三小学、逸夫小学建成标准化实验室，县民族中学建成标准化物理实验室和生化实验室。2015年，全县有幼儿园10所、小学6所、初中3所、高中1所。

（五）文化

1986年，县文化馆所属文学创作、美术、书法、摄影等协会因人事变动等自行解散，所办刊物经费不足，来稿有限，于1987年停办。1996年，元宵节期间，清水河县组织80余人文艺表演队参加全市文艺表演活动。组织全县业余歌手大奖赛。1997年，举办“庆回归，迎大庆”歌咏比赛。2000年后，每年举办“广场消夏文化节”“长城文化节”。先后举办“美丽清水河”书画摄影展、清水河县非物质文化遗产保护项目展、“丹青展童心”儿童书画展等展览。每年春节期间，清水河地区均组织传统社火活动，内容包括秧歌、花车、花轿、花篮舞、霸王鞭、旱船、高跷、抬阁、骡驮轿、转九曲等。民间艺术有剪纸、刺绣、炕围画、塑艺、砖雕等。截至2015年，各乡、镇设有“农家书屋”103个，共藏书15.45万余册；县境内有全国重点文物保护单位1处——清水河明长城；自治区级文物保护单位6处，分别是西岔遗址、黑矾沟窑址群、岔河口四公主碑、柳青河戏台、清泉寺戏台、伏龙寺，有自治区级非物质文化遗产3项，分别是清水河瓷艺、秧歌（清水河踢鼓子秧歌）、骡驮轿婚俗。

（六）体育

1986年后，清水河县成立老年人体育协会、职工体育协会、农民体育协会和门球、中国象棋等单项体育协会。1991年后，每年对全县中小学生进行1次体格检查。1994年后，全县初中毕业生均进行体育考试，成绩计入总分。1995—1999年，每年举办1次全县中小学生田径运动会。2000年后，成立篮球协会、乒乓球协会、羽毛球协会、足球协会、门球协会、太极拳协会、象棋协会，每年组织比赛。2003年后，每年举办1次全县职工环城越野赛。全民健身宣传周活动中进行越野登山比赛和千人6千米健步走活动。截至2015年，清水河县建有乒羽中心1座、体育场1处。县体育场、城关镇小广场、县政府旧址广场、城关镇各社区设置健身器材。红河、老牛湾、北堡、韭菜庄、五良太5个乡、镇文化站建成小型全民健身中心，室外建有标准篮球场、羽毛球场、健身路径；室内有乒乓球桌、台球桌等。部分建制村建成农民小型健身活动站。

（七）卫生

1986年后，县卫生部门推广使用一次性产包，对高危孕妇设专档管理，新法接生率100%。至1998年，孕产妇死亡率下降至10.4‰，全面控制产褥热。2001—2015年，组织基层卫生人员业务培训30期，乡、村两级卫生人员培训率100%；每年至少组织2次卫生下乡义诊活动。2003年，启动“世界银行贷款中国结核病控制”项目，全县所有乡镇推行现代结核病控制策略，实现结核病归口管理，对确诊涂阳病人实行全疗程免费抗结核药物治疗。2008年后，实施“出生缺陷预防”项目，对全县孕妇采取孕前3个月及孕早期3个月普服叶酸片措施，平均投服率90%以上。2012年，启动县级公立医院综合改革，完善医疗纠纷化解机制，推行医疗责任保险，建立第三方医疗纠纷调解机制。截至2015年底，全县城乡居民基本医疗保险制度全覆盖，人均基本公共卫生服务经费补助标准从2010年的15元提高至2015年的40元，服务范围由9类33项扩大至11类50项。建立纸质健康档案11.72万人，电子健康档案11.60万人，建档率84.7%。城乡居民基本医疗保险政府补助标准由2008年的每人每年80元提高到2014年的340元，城镇职工、城乡居民基本医疗保险政策范围内住院费用报销比例分别从2008年的60.6%、31.3%提高至2014年的77%、70%。建立城乡居民大病保险、医疗救助、城乡居民普惠性健康体检等制度。全县基本医疗保险参保率96.8%。全县人均期望寿命为73.75岁，孕产妇死亡率下降到15.8/10万以下，婴幼儿死亡率下降至8.09‰以下，五岁以下儿童死亡率下降至10.53‰以下。全县有医疗卫生机构113家，其中县级医疗卫生机构4所、乡镇卫生院12所、社区卫生服务中心2所、看守所医务室1所、村卫生室94所。医疗卫生机构床位总量从2000年的204张增加至440张。清水河县医院达到二级乙等医院标准化建设水平。农村基层基本实现“一乡一院、一村一室”目标。

第九节　武川县

一、概况

武川县位于呼和浩特市北部，东邻乌兰察布市四子王旗、卓资县，南连新城区、回民区和土默特左旗，西接包头市土默特右旗、固阳县，北依包头市达尔罕茂明安联合旗。地理坐标为北纬40° 47′ ～ 41° 23′，东经110° 31′ ～ 111° 53′。东西最大距离110千米，南北最大距离60千米。总面积4682.3平方千米。1996年5月，由乌兰察布盟划归呼和浩特市。截至2015年，武川县辖可可以力更镇、哈乐镇、西乌兰不浪镇、大青山乡、上秃亥乡、德胜沟乡、二份子乡、哈拉合少乡、耗赖山乡3个镇6个乡。总人口17.30万人，其中少数民族人口6616人。

二、自然环境

武川县地处内蒙古高原中部，阴山山脉中段，大青山北坡下。地势南高北低，东西以山地丘陵镶嵌山间盆地横向延伸，全境以山地丘陵为主。地形主要分为山地、丘陵、盆地、沟谷隘4种。海拔1240 ～ 2327米。主要山峰有脑包梁山、狼牙山、老虎山、神庙山、平顶山、石人山、东脑包山、双脑包山等。主要沟谷有克力沟、庙沟、韭菜沟、前禾子沟、井儿沟、黑牛沟等。主要河流有卯独沁河、抢盘河、榆树店河、克力沟河、耗赖河、中后河、塔布河、巴拉干河。土壤类型有石质土、灰褐土、山地黑土、栗钙土、草甸黑土5类。

武川县年平均气温4.2℃，年平均最低气温 -2.1℃，年平均最高气温11.6℃。极端最低气温 -31.9℃，极端最高气温34.9℃。一年中1月最冷，平均温度 -14.0℃，7月最热，平均温度20.1℃。温度由东南向西北递减。平均年降水量377.8毫米，6—8月降水量占全年降水量的55% ～ 65%。年平均日照时数2961.7小时。年均无霜期110天。冬季多偏西风和西北风，夏季多南风。

武川县野生动物主要有梅花鹿、青羊、白鼬、大头羊、狼、狐狸、狍、蒙古百灵、环颈雉等；野生植物主要有柴胡、防风、黄芪、枸杞、碱草、发菜、蕨菜、沙棘等。矿产资源有金、银、锰、铁、钨、石墨、石英、石灰岩等。

三、经济建设

（一）农业

受气候条件制约，武川县农牧业生产长期处于广种薄收状态。1986年，县政府将哈乐乡确定为商品粮基地试点乡。1994年，全县开展大规模农田水利基本建设。注重莜面和马铃薯2个优势特色农作物种植。2008年，武川县开始发展以马铃薯为主的设施农业产业化发展链，以肉羊、绒山羊为主的生态畜牧业产业化发展链，以莜麦、荞麦为主的多种经营特色绿色保健食品业发展链，促进传统农业向避灾、设施、高效的现代农业转变。2009年，武川县被“生态文明与区域绿色发展”论坛评为“中国绿色名县”。2013年，武川县调整种植结构，种植优质牧草6.67万公顷，年出栏肉羊100万只，种植优质高效农作物6.67万公顷。2015年，建成食用菌温室大棚1300座，年产量1800吨，产值1020万元。新建50个标准化养殖场、20个家庭牧场，全县粮食总产量 15.6 万吨。

（二）工业

20 世纪 80 年代末，武川县工业经济以资源型为主，企业有县水泥厂、大理石厂、制酒厂、酱油酿造厂等。1989 年，扩建水泥厂，新建银铅选厂、铁合金厂。1997 年，县制酒厂新车间建成投产，县水修厂改组为荣鑫水泥塑料制品有限责任公司，选用韩国进口线型高压聚乙烯为原料生产塑料管，成为企业转制后第一个经济增长点。2004 年，引进呼和浩特鑫川炼铁厂、内蒙古冀东水泥有限责任公司、内蒙古聚德鑫冶金有限公司等 25 家企业。2006 年，成立武川经济开发区。2009 年，全县工业增加值实现 16 亿元，其中规模以上工业增加值完成 9 亿元。冀东水泥二期工程全部完工投入生产，余热发电项目一台机组并网发电；蒙电环保材料项目建成投产。武川经济开发区完成财税收入 6971 万元。华能新能源、中国国电、中国风电 3 家风电项目开工并完成 15 万千瓦建设任务，华能新能源一期、二期工程并网发电，国电公忽洞滩风场一期工程即将并网发电。长江三峡集团公司控股重组呼和浩特抽水蓄能电站签署战略合作协议。2010 年，冀东水泥年产熟料 320 万吨、水泥 200 万吨的两期生产线全部投产，2 台余热发电机组并网发电；永业生物科技、安利冶炼技改项目建成试产。华能新能源、中国国电、中国风电 3 家风电项目完成 30 万千瓦建设任务，总发电量 3.1 亿千瓦时；抽水蓄能电站完成投资 1.3 亿元。国金矿业一期、二期生产线全面达产，日处理原矿 800 吨，全县黄金产量 430 千克，年产铁精粉 55 万吨。武川经济开发区、金三角开发区、石材园区基础设施建设投入资金 1.1 亿元，工业总产值 16.2 亿元；固定资产投资完成 6.03 亿元。2015 年，环聚新能源一期项目和抽水蓄能电站 3 号、4 号机组并网发电，华能六期和蒙能新能源风电项目完成前期手续办理。牧源、蒙歌来、牧郎等一批农畜产品精深加工项目建成投产。

（三）服务业

20 世纪 90 年代初，武川县开始发展旅游业，以集体、私人经营为主。1998 年，全县社会消费品零售总额 1.29 亿元。2005 年，旅游产业正式纳入全县总体开发建设规划。以得胜沟大青山抗日游击根据地红色文化旅游和哈达门绿色生态旅游为主。连续举行燕麦（莜面）文化节、冰雪旅游文化节吸引游客。旅游业在地区生产总值中所占比重明显提高。2008 年。全县社会销售品零售总额 5.60 亿元。城乡服务、电商平台、快递物流、现代通信、餐饮服务业发展较快，消费市场规模扩张，社会消费品零售总额增长，三次产业结构逐步优化。2010 年，借助首府打造“京津夏都”战略机遇，依托武川深厚的历史文化资源、生态资源和区位优势，推进特色文化旅游名县建设。组织开展武川县旅游发展总体规划及部分重点旅游项目单体规划编制工作。完成得胜沟红色旅游二期总体规划和遗址修复工程；编制完成哈达门高山牧场旅游商务高端开发规划；开工建设阴山历史博物馆，吉雅塔拉风电草原旅游区投入运营，完成卯独沁景区尊胜寺一期工程。全年农家乐、民俗旅游接待游客约 22 万人次，实现收入 1200 余万元。2015 年，通往哈达门高山牧场的县道 X033 线完成升级改造，完成景区游客服务中心相关审批。全县新登记各类经济组织 1978 户；新增注册资金总额 17.9 亿元。

四、社会事业

（一）城建

1986 年，由于财政困难制约，武川县可可以力更镇市政公用设施建设投入少、欠账多，行路难、吃水难、上厕难、排洪难等矛盾日趋突出。1991 年，完成镇内主干道人行道方砖硬化 3.4 万平方米。铺设武川二中至抢盘河排污水管 1.42 千米，可可以力更镇铺设供水管道 8.35 千米，沿城周栽植高秆杨护城林 3.1 万株。1992 年，建成青山集贸市场，总面积 5.68 万平方米。至 1997 年，城区建成水源井 5 眼、供水管道 26.4 千米、支管道 32.4 千米、高位供水池 2 处，日供水量 900 立方米。1998—2009 年，新建、改建主次干道 21 条，长度 16.3 千米，硬化小街巷 15 条，长度 4.97 千米，新建排水管道 23.09 千米，新增路灯 418 盏。建设绿地面积 3 万平方米，新建垃圾填埋场 2 处。新建改建维修公厕 80 座，其中标准水冲厕所 3 座。2010 年，编制《武川县可可以力更总体规划》《武川县城市总体规划》《北河整治规划》《东河景观规划》《南山历史文化生态园规划》等城区规划。2015 年，推进东河综合治理工程，棚户区改造拆除房屋 308 户，河道治理、桥梁、景观绿化工程基本完工，蓄水拦沙工程主体完工，滨河西路工程开工建设。推动城镇供热、供气基础设施升级扩容，完成经济开发区污水处理厂建设。完成农行家属楼等 4 个老旧小区建筑节能改造。完成东河两岸及城区绿化 40.3 万平方米。

（二）交通

1986—1997 年，武川县利用国家以工代赈粮棉布、工业品和专项投资 792.4 万元，县交通局测量设计并施工修建公路 5 条、108.3 千米。至 2009 年，全县有公路 52 条，通车里程 913.68 千米。其中，省道 3 条，通车里程 214.7 千米；县道 3 条，通车里程 67.6 千米；乡镇公路 13 条，通车里程 295.04 千米；村道 31 条，通车里程 336.34 千米；专用公路 2 条，通车里程 15 千米。截至 2015 年，武川县建成呼武一级双向四车道高等级公路，改造完成省道 104 线、311 线，县道 018 线等 5 条县级公路。建成井尔沟—得胜沟、得胜沟—李齐沟、可可以力更镇—得胜营等红色旅游公路。

（三）环保

1986年，武川县有林业专业户、重点户3000余户，造林5666.67公顷。1987—1990年，全县造林面积 9333.33 公顷，保存面积 4000 公顷。1991 年后，开展以中部农防林联网配套为主的工程建设。至 1997 年，全县完成造林面积 2.9 万公顷，保存面积 2.13 万公顷。1999 年，开展排污申报登记、污染治理、生态保护。2000 年，重点开展“一控双达标”，全县 32 家污染源企业取缔 3 家，申请停产 7 家，达标排放 22 家。2005 年，可可以力更镇城区开始实施集中供热。2008 年，关停取缔地条钢窝点 6 家，查处违法排污矿山企业 10 家。可可以力更镇污水处理厂开工建设。2012 年，武川县被国家林业局授予“全国生态建设突出贡献奖”。2015 年，开展以大青山北坡及重要通道为重点的绿化工程，完成京津风沙源治理人工造林 666.67 公顷，省道 104 沿线立体绿化 13.3 千米。实施农村节水灌溉安全饮水水土保持防汛抗旱等水利工程项目 11 项，新增和改善节水灌溉面积 1910.67 公顷。

（四）教育

1988 年，武川县撤销西乌兰不浪、二份子、哈乐农职业高中，改办普通初中，全县只保留厂汉木台农职业高中，县第二中学恢复高中招生。1992 年，全县有小学 125 所，幼儿园 9 所，在园幼儿 1450 人，适龄幼儿入园率 78%。1994 年，实施希望工程，全县有 740 名小学生得到救助。1995 年，全县农村小学管理体制实行以乡为单位的中心校制，改中心校为学区运行一年后，又恢复中心校制。1996 年，全县初中入学率 90% 以上，经自治区教育厅验收成为全区普及实验县。1997 年，全县有幼儿园 10 所，在园幼儿 1566 人，城镇适龄幼儿入园率为 99%，农村为 33%。东土城乡等 7 所农职初中改为普通初中。1998 年，全县有县直完全中学 3 所，县直小学 4 所，农村有地区中学 4 所，乡学区 19 个，县直幼儿园 1 所，民办幼儿园 5 所，在园幼儿 818 人。2005 年，县第三中学整体并入县第一中学。部分中、小学实行教师聘任制，双向选择、竞争上岗。2006 年后，全县义务教育阶段中、小学将原来的“五三制”改为“六三制”。2007 年，全县有县直中学 2 所，县直小学 5 所，乡中心校 8 所，单设中学 2 所。2009 年，教师实行绩效工资制。全县幼儿园 17 所，在园幼儿 2119 人。截至 2015 年，县城中小学全部实现楼房化、信息化、操场化、现代化，普通高中本科上线率 42.8%。

（五）文化

1986 年，武川县文化单位主要有文化馆、文物保护管理所、图书馆、新华书店、电影发行放映公司和乌兰牧骑。1987 年，举办全县业余歌手电视大奖赛。1988 年，举办全县首届美术培训班。1991 年，举办首届“千盏花灯闹元宵”活动。1990 年，全县设图书销售网点 36 个，1997 年增加到 40 个。1998—2007 年，县乌兰牧骑年均下乡演出 150 场，县电影管理站年均下乡放映 600 场。每年举办 1 次图书馆服务宣传周。2007 年，“武川县爬山调”列入自治区首批非物质文化遗产保护项目，2008 年列为国家级非物质文化遗产保护项目。同年，“武川莜面制作技艺”列为自治区第二批非物质文化遗产保护项目。2015年，编排大型爬山调抗战历史剧《青山儿女》，创办首份文艺期刊《武川文艺》。

（六）体育

1986年后，武川县先后成立职工体育协会、农民体育协会、老年人体育协会和围棋、象棋、田径等单项体育协会，工间操在各单位逐渐推行。1989年，县政府制定体育活动月方案，各级各类学校召开达标运动会。1990年，开展“迎亚运”群众性长跑活动。1997年，举办千人长跑和个人广播体操比赛。2005年，在可可以力更镇青山园宣传文化中心、可可以力更镇广场、县委广场建成全民健身活动站，其中2个活动站配套“健身路径”。承办自治区拳击队与俄罗斯西伯利亚地区队拳击比赛。2007年，建成综合健身馆1座。2009年，全县体育人口占总人口的39.4%。2015年，举办“县长杯”足球赛。

（七）卫生

1986年后，武川县采取预防接种与计划免疫相结合的综合性预防措施，各种传染病发病率大幅度下降。1987—1997年，全县妇幼保健重点防治危害较大的妇女“两病”（乳腺癌、宫颈癌）和儿童“四病”（小儿佝偻病、营养缺乏性贫血、肺炎、腹泻），推行新法接生。1989年，武川县被列为“中国—联合国儿童基金会人口基金1990—1994年加强基层妇幼卫生及计划生育服务项目县”。1992年，全县有卫生院22个。1996年，完成乡镇卫生院组建。1997年，全县多数村委会建成卫生室。至1997年，形成县、乡、村三级医疗卫生保健网络，全县共有医疗卫生人员469人。1998—2009年，每年开展全县范围的医疗单位验证换证和执业医师考核，不定期检查全县血液制品、采供血、剧毒、麻醉制品及医疗废弃物等事项，监督率100%。2001年后，所有乡镇推行现代结核病控制策略，实现结核病归口管理。2006年，第五轮全球基金艾滋病控制项目在武川县启动。2003年，开展新生儿卡介苗和乙肝第一针接种，2006年后，实现5苗全程免费接种。2008年，扩大免疫规划，12苗免费接种，接种率95%以上。至2009年，全县有乡镇卫生院19所，其中中心卫生院4所、一般卫生院15所。2015年，县医院成为自治区公立医院综合改革试点，城镇居民基本医疗保险参保人数1.60万人。

第三章 人 口

第一节 人口规模

一、人口总量

1986 年，全市户籍人口有 174.4 万人。2000 年，全市户籍人口有 209.2 万人，比 1986 年增加 34.8 万人。2010 年，全市户籍人口有 229.6 万人，比 2000 年增加 20.4 万人。2015 年，全市户籍人口有 238.6 万人，比 2010 年增加 9 万人。

1986—2015 年呼和浩特市户籍人口变化情况表

表 1-3-1

年份	户籍人口（万人）	性别比（以女性为 100）	人口密度（人 / 千米 ^{2}）
1986	174.4	115.0	101
1987	177.1	114.9	103
1988	179.7	114.4	104
1989	182.7	112.4	106
1990	185.7	113.2	108
1991	187.1	113.1	109
1992	188.4	112.9	109
1993	190.3	112.4	110
1994	192.1	112.5	112
1995	194.5	111.6	113
1996	197.4	111.6	115
1997	200.4	111.2	116
1998	204.4	110.7	119
1999	207.8	110.3	121
2000	209.2	108.4	121
2001	211.8	108.1	123
2002	213.5	108.1	124
2003	213.9	108.3	124
2004	214.7	107.8	125
2005	213.5	106.9	124
2006	215.8	106.5	125

续表 1-3-1

年份	户籍人口（万人）	性别比（以女性为 100）	人口密度（人／千米^2）
2007	220.8	106.0	128
2008	224.3	106.0	130
2009	227.4	105.4	132
2010	229.6	104.8	133
2011	232.3	104.5	135
2012	230.3	104.0	134
2013	234.0	103.5	136
2014	238.0	102.9	139
2015	238.6	102.8	139

2004 年后，呼和浩特市开始进行常住人口统计，全市常住人口有 259.1 万人。后逐年稳定增长，2010 年有 287.4 万人，2015 年有 305.9 万人，居自治区第三位，占全区常住人口的 12.2%。

2004—2015 年呼和浩特市常住人口变化情况表

表 1-3-2

年份	常住人口（万人）	性别比（以女性为 100）	城镇化率（%）	人口密度（人／千米^2）	自然增长率（‰）
2004	259.1	107.9	55.1	150	3.5
2005	263.7	108.1	56.2	153	4.5
2006	267.8	107.4	57.8	155	4.2
2007	271.8	107.6	59.0	158	5.1
2008	277.0	107.0	60.3	161	5.0
2009	282.2	107.0	61.0	164	4.7
2010	287.4	104.1	62.5	167	5.3
2011	291.2	103.9	63.8	169	4.5
2012	294.9	103.9	65.2	172	4.9
2013	300.1	103.8	66.2	175	4.7
2014	303.1	103.9	66.9	176	4.8
2015	306.0	104.0	67.5	178	3.1

二、人口分布

（一）分布格局

1986 年，呼和浩特市人口最多的城区是新城区，有 29.5 万人；人口最少的城区是玉泉区，有 10.1 万人；人口最多的旗县是土默特左旗，有 31.3 万人；人口最少的旗县是托克托县，有 16.7 万人。1991 年，人口最多的城区是新城区，有 33.3 万人；人口最少的城区是玉泉区，有 10.7 万人；人口最多的旗县是土默特左旗，有 32.4 万人；人口最少的旗县是托克托县，有 17.5 万人。1995 年，人口最多的城区是新城区，有 35.6 万人；人口最少的城区是玉泉区，有 11.3 万人；人口最多的旗县是土默特左旗，有 33.5 万人；人口最少的旗县是清水河县，有 13 万人。2000 年，人口最多的城区是赛罕区，有 34.9 万人；人口最少的城区是玉泉区，有 18.7 万人；人口最多的旗县是土默特左旗，有 34.4 万人；人口最少的旗县是清水河县，有 13.5 万人。2005 年，人口最多的城区是赛罕区，有 36.3 万人；人口最少的城区是玉泉区，有 18.5 万人；人口最多的旗县是土默特左旗，有 35.0 万人；人口最少的旗县是清水河县，有 13.7 万人。2010 年，人口最多的城区是赛罕区，有 40.8 万人；人口最少的城区是玉泉区，有 19.9 万人；人口最多的旗县是土默特左旗，有 36.4 万人；人口最少的旗县是清水河县，有 14.6 万人。2015 年，人口最多的城区是赛罕区，有 46.9 万人；人口最少的城区是玉泉区，有 20.2 万人；人口最多的旗县是土默特左旗，有 36.6 万人；人口最少的旗县是清水河县，有 14.2 万人。1986—2015 年，城镇人口占全市人口比例由 39% 增长至 67%。

（二）人口密度

1986 年，呼和浩特市人口总数 174.4 万人，人口密度为 287 人 / 千米 ^{2}。其中，人口密度最高的是新城区，人口密度最低的是土默特左旗。

1995 年、1996 年，随着和林格尔县、清水河县和武川县的先后划入，呼和浩特市的土地面积大幅增加，全市人口密度相应减小。之后，常住人口逐年增加，人口密度相应增加。按照常住人口计算，全市人口密度由 2004 年的 150 人 / 千米 ^{2}，增加到 2015 年的 178 人 / 千米 ^{2}。按照户籍人口计算，1986 年人口密度为 101 人 / 千米 ^{2}，后逐年增加，1990 年为 108 人 / 千米 ^{2}，2000 年为 121 人 / 千米 ^{2}，2010 年 133 人 / 千米 ^{2}，2015 年为 139 人 / 千米 ^{2}。

第二节　人口变动

一、自然变动

1986—2015 年，呼和浩特市人口自然增长率最高的年份是 2007 年，增长率为

10.1‰。人口负增长的年份是 2005 年和 2012 年，出现负增长的原因是死亡人口数量增加。

1986—2015 年呼和浩特市人口自然变动情况表

表 1–3–3

年度	出生人口（人）	出生率（‰）	死亡人口（人）	死亡率（‰）	人口自然增长率（‰）
1986	16182	12.68	6651	5.13	7.55
1987	18355	14.15	5629	4.34	9.81
1988	18451	13.96	5799	4.39	9.57
1989	22279	16.53	5434	4.03	12.50
1990	29507	21.50	6933	5.05	16.45
1991	16367	11.79	5471	3.94	7.85
1992	17948	12.82	4793	3.42	9.39
1993	18249	12.91	4816	3.41	9.5
1994	15961	11.14	5167	3.6	7.54
1995	21676	12.27	8629	4.89	7.38
1996	23324	11.9	8638	4.4	7.5
1997	23054	11.59	7782	3.91	7.68
1998	24539	12.13	8260	4.08	8.05
1999	21428	10.40	7176	3.48	6.92
2000	31195	15	22652	10.9	4.1
2001	22105	10.5	6279	3.0	7.5
2002	19097	9	6117	2.9	6.1
2003	—	—	—	—	—
2004	22207	10.4	9788	4.6	5.8
2005	21123	9.9	24898	11.6	–1.7
2006	18667	8.7	8087	3.8	4.9
2007	29645	13.6	7600	3.5	10.1
2008	24986	11.2	5656	2.5	8.7
2009	28040	12.4	11909	5.3	7.1
2010	27225	11.9	18042	7.9	4.0
2011	24324	10.5	5231	2.3	8.2
2012	26419	11.4	31472	13.6	–2.2
2013	29819	12.8	9567	4.1	8.7

续表 1-3-3

年度	出生人口（人）	出生率（‰）	死亡人口（人）	死亡率（‰）	人口自然增长率（‰）
2014	35598	15.1	12455	5.3	9.8
2015	23714	10.0	10981	4.6	5.4

说明：表中“—”表示无数据

二、机械变动

1986—2015 年，呼和浩特市人口机械增长率最高的年份为 2007 年，增长率为 9.7‰。人口机械增长出现负增长的年份为 1990 年、2005 年、2012 年和 2015 年，人口机械增长率分别为 –0.59‰、–4.8‰、–5.8‰和 –2.8‰。

1986—2015 年呼和浩特市人口机械变动情况表

表 1-3-4

年度	迁入人口（人）	迁出人口（人）	人口机械增长率（‰）
1986	4332	32832	8.22
1987	39998	30200	7.55
1988	43584	31705	8.99
1989	43607	32628	8.15
1990	32975	33791	–0.59
1991	27087	24204	2.08
1992	22541	20992	1.11
1993	27352	22808	3.21
1994	27867	22566	3.7
1995	36774	26924	5.58
1996	40036	29183	5.53
1997	38852	27937	5.49
1998	49370	29802	9.67
1999	44674	23999	10.03
2000	47400	34248	6.3
2001	54608	34764	9.4
2002	54569	39879	6.9
2003	—	—	—
2004	47444	44728	1.3
2005	42234	52463	–4.8

续表 1-3-4

年度	迁入人口（人）	迁出人口（人）	人口机械增长率（‰）
2006	54718	41065	6.4
2007	62649	41416	9.7
2008	43282	22314	9.4
2009	46229	31044	6.7
2010	70452	58886	5.1
2011	40575	30107	4.5
2012	44490	57938	–5.8
2013	105619	87962	7.6
2014	58233	41889	6.9
2015	70798	77526	–2.8

说明：表中“—”表示无数据

第三节　人口构成

一、性别构成

1986 年，呼和浩特市人口性别比（以女性为 100）为 115。此后人口性别结构趋于均衡，出生人口性别比不断优化。2015 年，人口性别比为 104。

1986—2015 年呼和浩特市人口性别比情况表

表 1-3-5

年份	男（万人）	女（万人）	人口性别比（以女性为 100）
1986	93.3	81.1	115.0
1987	94.7	82.4	114.9
1988	95.9	83.8	114.4
1989	96.7	86	112.4
1990	98.6	87.1	113.2
1991	99.3	87.8	113.1
1992	99.9	88.5	112.9
1993	100.7	89.6	112.4
1994	102.0	90.7	112.5
1995	102.6	91.9	111.6
1996	104.1	93.3	111.6
1997	105.5	94.9	111.2

续表 1-3-5

年份	男（万人）	女（万人）	人口性别比（以女性为 100）
1998	107.4	97	110.7
1999	109.0	98.8	110.3
2000	108.8	100.4	108.4
2001	110.0	101.8	108.1
2002	110.9	102.6	108.1
2003	111.2	102.7	108.3
2004	134.5	124.6	107.9
2005	137.0	126.7	108.1
2006	138.7	129.1	107.4
2007	140.9	130.9	107.6
2008	143.2	133.8	107.0
2009	145.9	136.3	107.0
2010	146.6	140.8	104.1
2011	148.4	142.8	103.9
2012	150.3	144.6	103.9
2013	152.9	147.2	103.9
2014	154.4	148.7	103.8
2015	156.0	150	104.0

说明：2004 年前为户籍人口，之后为常住人口

二、年龄构成

1990 年，全国第四次人口普查时，全市 0 ～ 19 岁有 49.12 万人，占市区总人口的 34.07%；20 ～ 59 岁有 83.69 万人，占市区总人口的 58.05%；60 岁及 60 岁以上有 11.36 万人，占市区总人口的 7.88%。2000 年，全国第五次人口普查时，全市 0 ～ 19 岁有 70.18 万人，占市区总人口的 29.33%；20 ～ 59 岁有 145.40 万人，占市区总人口的 60.76%；60 岁及 60 岁以上有 23.71 万人，占市区总人口的 9.91%。2010 年，全国第六次人口普查时，全市 0 ～ 19 岁有 61.91 万人，占市区总人口的 21.60%；20 ～ 59 岁有 192.13 万人，占市区总人口的 67.02%；60 岁及 60 岁以上有 32.62 万人，占市区总人口的 11.38%。

1990—2010 年呼和浩特市人口普查年份按常住人口划分的年龄构成情况表

表 1-3-6

年龄（岁）	人口普查年份（人）		
	1990 年	2000 年	2010 年
0 ~ 4	117480	122317	130523
0	25152	24929	22755
1	24906	21561	26417
2	23361	25412	27301
3	21862	24516	27933
4	22199	25899	26117
5 ~ 9	122296	154259	126168
5	26733	29998	24684
6	23554	28501	27170
7	24924	31981	21113
8	24656	33389	25965
9	22429	30390	27236
10 ~ 14	105784	187490	141556
10	20745	42968	28334
11	19766	38734	25555
12	20395	35363	29072
13	21366	36512	28399
14	23512	33913	30196
15 ~ 19	145651	237731	220874
15	23563	39645	34429
16	27159	46862	36052
17	29026	46358	42580
18	30788	55811	51392
19	35115	49055	56421
20 ~ 24	159928	220218	330228
20	35579	48943	85396
21	36692	43017	79328
22	31225	42362	63606
23	26463	39432	55389
24	29969	46464	46509
25 ~ 29	158048	246408	249918
25	32286	46054	46421
26	37991	49324	52384
27	38136	49072	48013
28	25135	49804	54589

续表 1-3-6

年龄（岁）	人口普查年份（人）		
	1990 年	2000 年	2010 年
29	24500	52154	48511
30 ~ 34	132943	223925	231113
30	27315	54286	48199
31	24121	44760	43176
32	28600	48220	45183
33	26424	35569	43165
34	26483	41090	51390
35 ~ 39	119565	220681	272397
35	27506	43791	51598
36	25873	48124	54945
37	23222	55428	54633
38	22907	42647	55165
39	20057	30691	56056
40 ~ 44	77238	185535	244918
40	20083	39685	59164
41	15174	33776	50250
42	15611	36460	52589
43	14628	39036	39378
44	11742	36578	43537
45 ~ 49	61206	169181	230452
45	12175	38741	46157
46	10360	36634	50622
47	11058	32950	57131
48	13834	32337	44670
49	13779	28519	31872
50 ~ 54	66182	109548	192594
50	13589	26904	41317
51	13395	23645	35299
52	12885	20068	37914
53	13149	22469	40408
54	13164	16462	37656
55 ~ 59	61759	78529	169648
55	12840	15654	38543
56	13257	14851	37430
57	12943	13564	33677
58	12366	16259	31901
59	10353	18201	28097
60 ~ 64	39427	83654	107289
60	7934	17896	27121

续表 1-3-6

年龄（岁）	人口普查年份（人）		
	1990 年	2000 年	2010 年
61	7453	16087	23699
62	8078	16678	19718
63	7734	16048	21203
64	8228	16945	15548
65 ~ 69	32750	72880	71708
65	8154	15731	14911
66	6976	15185	13780
67	6291	15941	12698
68	5943	14130	14550
69	5386	11893	15769
70 ~ 74	22399	39881	68053
70	5180	10258	15566
71	4481	7291	13423
72	4562	8320	13412
73	4382	7162	12903
74	3794	6850	12749
75 ~ 79	12296	25974	49742
75	3231	7192	11601
76	3004	5767	11153
77	2305	5003	10541
78	2030	4465	9132
79	1726	3547	7315
80 ~ 84	5098	10848	20196
80	1434	3108	6183
81	1182	2327	3925
82	1049	2121	4008
83	812	1857	3345
84	621	1435	2735
85 ~ 89	1385	3180	7567
85	488	1085	2453
86	330	796	1831
87	310	579	1388
88	152	400	1138
89	105	320	757
90 ~ 94	176	539	1434
90	73	214	563
91	51	115	355
92	24	108	233

续表 1-3-6

年龄（岁）	人口普查年份（人）		
	1990 年	2000 年	2010 年
93	16	65	154
94	12	37	129
95 ~ 99	28	115	220
95	11	36	89
96	11	23	58
97	1	24	26
98	3	14	25
99	2	18	22
100 岁及以上	2	2	17

三、民族构成

呼和浩特市有汉族、蒙古族、回族、满族、朝鲜族、达斡尔族、鄂伦春族、鄂温克族、壮族、藏族、锡伯族、苗族、土家族、彝族、维吾尔族等 42 个民族。1986 年，全市户籍人口中少数民族人口 16.1 万人，占全市户籍人口的 9.23%。其中，在少数民族人口中，蒙古族占 71.02%、回族占 18%、满族占 8.82%，其他少数民族占 2.16%。1990 年，全市户籍人口中少数民族人口 19.08 万人，占全市户籍人口的 10.28%。其中，在少数民族人口中，蒙古族占 72.21%、回族占 16.43%、满族占 9.19%，其他少数民族占 2.17%。2000 年，全市户籍人口中少数民族人口 25.31 万人，占全市户籍人口的 12.10%。其中，在少数民族人口中，蒙古族占 74.28%、回族占 13.71%、满族占 9.71%，其他少数民族占 2.3%。2010 年，全市户籍人口中少数民族人口 30.3 万人，占全市户籍人口的 13.20%。其中，在少数民族人口中，蒙古族占 76.25%、回族占 12.25%、满族占 9.07%，其他少数民族占 2.43%。2015 年，全市户籍人口中少数民族人口 33.77 万人，占全市户籍人口的 14.16%。其中，在少数民族人口中，蒙古族占 76.92%、回族占 11.43%、满族占 9.12%，其他少数民族占 2.53%。少数民族人口在呼和浩特市户籍人口中的占比逐年增加。

1986—2015 年呼和浩特市按户籍人口划分的少数民族人口构成情况表

表 1-3-7　　单位：人

年份	总人口	蒙古族	回族	满族	朝鲜族	其他少数民族
1986	161046	114382	28987	14198	824	2655
1987	168850	120820	29529	14932	843	2726
1988	177836	127975	29962	16127	881	2891
1989	184776	132498	31073	17251	924	3030

续表 1-3-7

年份	总人口	蒙古族	回族	满族	朝鲜族	其他少数民族
1990	190841	137803	31363	17540	920	3215
1991	194124	140121	31644	18055	950	3354
1992	197877	143406	31668	18397	922	3484
1993	203450	147058	32297	19602	958	3535
1994	207872	150734	32552	19926	967	3693
1995	212078	153989	32777	20520	983	3809
1996	219903	159770	33492	21658	1016	3967
1997	227638	166333	33856	22328	1055	4066
1998	234950	172775	34065	22855	1043	4212
1999	247759	184427	34382	23563	1045	4342
2000	253123	188010	34712	24580	1099	4722
2001	263522	196943	35181	25517	1096	4785
2002	267201	200289	35343	25605	1094	4870
2003	268063	201207	35355	25502	1115	4884
2004	260159	193435	35320	25363	1103	4938
2005	271654	204849	35464	25249	1121	4971
2006	275501	208342	35472	25384	1141	5162
2007	282716	214465	35877	25966	1130	5278
2008	289492	219957	36321	26402	1144	5668
2009	296438	225738	36731	26900	1161	5908
2010	303020	231060	37129	27487	1180	6164
2011	310120	237011	37493	28022	1193	6401
2012	312819	239651	37193	28321	1175	6479
2013	322493	247645	37732	29147	1215	6754
2014	335211	257894	38501	30406	1271	7139
2015	337749	259780	38619	30793	1281	7276

1990—2010 年呼和浩特市人口普查年份按常住人口划分的少数民族构成情况表

表 1-3-8　　单位：人

少数民族	1990 年	2000 年	2010 年
总人口	187706	277007	367968
蒙古族	132659	204846	285969
回族	32186	38417	41403

续表 1-3-8

少数民族	1990 年	2000 年	2010 年
满族	18305	26439	30637
朝鲜族	1159	1246	1249
达斡尔族	2232	2663	3045
鄂伦春族	29	69	112
鄂温克族	263	377	518
壮族	224	327	475
藏族	82	422	454
锡伯族	106	133	158
苗族	100	443	696
土家族	81	188	560
彝族	16	367	516
维吾尔族	60	158	169
其他少数民族	196	912	2002

2015 年呼和浩特市少数民族分布情况表

表 1-3-9　　单位：人

少数民族	合计	市区				旗县				
		新城区	回民区	玉泉区	赛罕区	土默特左旗	托克托县	和林格尔县	清水河县	武川县
蒙古族	259780	62800	24276	28314	75775	42549	9334	10565	1261	4906
回族	38619	5443	21566	3490	4058	1922	1147	309	101	583
满族	30793	10974	4245	3150	8477	1064	731	1405	143	604
朝鲜族	1281	508	174	134	415	22	14	3	—	11
达斡尔族	3019	1288	271	190	1190	45	23	9	2	1
鄂伦春族	98	34	15	10	29	10	—	—	—	—
鄂温克族	406	166	54	24	150	3	—	8	1	—
壮族	377	114	45	51	75	35	17	20	3	17
藏族	349	46	6	16	34	92	50	41	15	49
锡伯族	180	79	20	13	66	1	—	—	1	—
苗族	367	49	17	27	53	58	86	13	19	45
土家族	372	61	24	33	112	51	28	18	13	32
彝族	311	16	7	10	14	98	96	12	19	39
维吾尔族	78	41	11	7	14	4	—	—	—	1

续表 1-3-9

少数民族	合计	市区				旗县				
		新城区	回民区	玉泉区	赛罕区	土默特左旗	托克托县	和林格尔县	清水河县	武川县
其他少数民族	1719	174	102	59	161	277	430	142	46	328
总计	337749	81793	50833	35528	90623	46231	11956	12545	1624	6616

说明：表中“—”表示无数据

四、文化构成

1990 年，全国第四次人口普查，呼和浩特市区未上过学的有 23.65 万人，高中及以下学历的有 96.72 万人，大学专科及以上学历的有 9.37 万人。受教育人口占 6 岁及以上人口的 81.77%，受高等教育人口占 6 岁及以上人口的 7.22%。2000 年，全国第五次人口普查，市区未上过学的有 24.06 万人，高中及以下学历的有 17.8 万人，大学专科及以上学历的有 21.64 万人。受教育人口占 6 岁及以上人口的 89.26%，受高等教育人口占 6 岁及以上人口的 9.66%。2010 年，全国第六次人口普查，市区未上过学的有 13.41 万人，高中及以下学历的有 19.79 万人，大学专科及以上学历的有 59.8 万人。受教育人口占 6 岁及以上人口的 95.05%，受高等教育人口占 6 岁及以上人口的 22.06%。

1990—2010 年呼和浩特市人口普查年份按常住人口划分的文化构成情况表

表 1-3-10　　单位：人

受教育程度	人口普查年份		
	1990 年	2000 年	2010 年
6 岁及以上人口	1297428	2240580	2711408
未上过学	236501	240645	134122
小学	350360	605967	566798
初中	389377	754577	944443
高中	227476	422962	468021
大学专科	49256	125879	314182
大学本科	44458	86473	260263
研究生	—	4077	23579

说明：表中“—”表示无数据

五、职业构成

1990 年，全国第四次人口普查，呼和浩特市区国家机关、党群组织、企业、事业单位人员 7.04 万人；专业技术人员 10.15 万人；商业、服务业人员 8.99 万人；农、林、牧、渔、水利业生产人员 28.65 万人；生产、运输设备操作人员及有关人员 21.08 万人；不便分类的其他从业人员 1952 人。2000 年，全国第五次人口普查，市区国家机关、党群组织、企业、事业单位人员 11.64 万人；专业技术人员 12.56 万人；商业、服务业人员 17.63 万人；农、林、牧、渔、水利业生产人员 51.49 万人；生产、运输设备操作人员及有关人员 22.87 万人；不便分类的其他从业人员 450 人。2010 年，全国第六次人口普查，市区国家机关、党群组织、企业、事业单位人员 14.86 万人；专业技术人员 18.01 万人；商业、服务业人员 32.52 万人；农、林、牧、渔、水利业生产人员 38.85 万人；生产、运输设备操作人员及有关人员 29.92 万人；不便分类的其他从业人员 2290 人。

1990—2010 年呼和浩特市人口普查年份按常住人口划分的职业构成情况表

表 1-3-11　　单位：人

从业人员类别	人口普查年份		
	1990 年	2000 年	2010 年
合计	761114	1162360	1343740
国家机关、党群组织、企业、事业单位人员	70425	116369	148570
专业技术人员	101493	125580	180070
商业、服务业人员	89957	176340	325180
农、林、牧、渔、水利业生产人员	286524	514890	388480
生产、运输设备操作人员及有关人员	210763	228710	299150
不便分类的其他从业人员	1952	450	2290

六、城乡人口构成

1986 年，呼和浩特市总人口 174.4 万人，其中城镇人口 68.3 万人、乡村人口 106.1 万人。

1996 年，全市总人口 197.4 万人，其中城镇人口 96.7 万人、乡村人口 100.7 万人。

2004 年，全市常住人口 259.1 万人，其中城镇人口 142.7 万人、乡村人口 116.4 万人。从城乡结构看，随着城区规模扩张和外来人口流入，2004—2015 年，全市共有 36 个乡改镇，城镇区域规模扩大，教育、医疗、文化、交通等公共设施的不断扩建和完善，吸引周边地区人口流入，常住人口城镇化率由2004年的55.1%提高至2015年的67.5%，提高12.4个百分点，年均提升幅度为1.1个百分点，城镇化建设逐步推进。

2015年，全市常住人口有306万人，其中城镇人口有206.5万人、乡村人口有100.5万人。

第四节　计划生育

一、管理工作

1986年，呼和浩特市计划生育委员会内设办公室、宣传科、综合科。1994年10月，增设科技科。1996年5月，内设办公室、政策法规科、规划统计科、宣传教育科、科学技术科。2004年9月，更名为市人口和计划生育委员会，增设人口发展科，内设科室8个。2010年10月，增加人口基础信息库建设职责，内设办公室、宣传教育科、政策法规科、人口研究科、发展规划与信息科、流动人口服务管理科、科学技术服务科和财务科。2014年，市人口和计划生育委员会与市卫生局合并，组建市卫生和计划生育委员会。

二、生育政策

1986年，呼和浩特市计划生育政策规定干部职工、城镇居民只能生1胎，农村提倡1胎，独女户和有特殊情况的可生2胎。

1988年4月，市政府颁布《呼和浩特市计划生育暂行规定》，有计划地安排二胎生育的具体条件。同年，全市开始实行人口与计划生育目标管理责任制。

20世纪90年代后，市级和旗县区制定与《内蒙古自治区计划生育条例》相配套的实施细则与制度。旗县区以上计划生育工作人员持证上岗，依法征收社会抚养费。同时开始实行党政领导人口与计划生育目标管理责任制。1991年开始，每年召开有党政主要领导参加的计划生育工作会，兑现上年目标管理责任制奖惩，签订当年目标管理责任制，安排部署计划生育工作。1992年12月，成立市计划生育药具管理站，免费发放避孕药具。发放范围包含新城区、回民区、玉泉区、土默特左旗、托克托县、郊区。1994年，开始实行计划生育工作对整体工作"一票否决"。

2002年7月，市计划生育委员会对特殊情况的生育审批进行统一规定。2003年8月，取消全市户籍人口一孩生育证管理制度，改"按计划生育"为"按政策生育"，简化生育管理办证程序。2004年4月，对完善和落实全市计划生育利益导向机制和激励机制有关事宜作具体规定。2005年4月，建立流动人口季报制度。在送药上门基础上，推行避孕药具一卡通。设置一卡通发放网点240个，覆盖各旗县区。2006年9月，从项目、政策、资金等各个方面形成对计划生育家庭的具体配套措施。2008年，在全市范围内实施计划生育利益导向民生工程，农村计划生育帮扶家庭奖扶对象年龄从60岁提前到50岁。独生子女父母奖励费发放列入全市党政领导责任制考核内容，独生子女父母奖励费从5元提高至10元。2009年，市、县两级投入人口计划事业费人均12.5元。2010年，全市人口计生事业费人均21元。2011年，市、县、乡三级人均预算24.5元，比自治区标准提高1.5元。

2013年5月，修改完善《生育服务证》管理办法。2014年4月，开始落实单独二孩生育政策。

截至2015年，全市形成市、县、乡、村（居）的计划生育工作网络。选配村居（社区）计生工作人员，报酬按照村（居）主任标准纳入财政预算统一发放，乡镇（街道）计生办主任实行副科级待遇。旗县区设立流动人口机构，在流动人口集中的乡镇（街道）、村居（社区）增加专职管理人员。新城区、玉泉区、托克托县对村（居）计生助理员建立养老保险制度。赛罕区对乡镇（办事处）计生干部发放劳动保护用品费，最高每年可享受2000元，对连续从事人口计生工作满10年离职的村（居）计生助理员，一次性给予生活补助2000元。新城区、回民区将村（居）计生助理员岗位津贴、生活补助纳入财政预算。

第五节 人民生活

一、劳动就业

中共十一届三中全会后，经济体制改革推动劳动就业制度的改革，开始实行企业自主用工和从业人员自主择业的政策。伴随着多种经济类型的发展和壮大，全市从业人员逐年增加。全市城市职工人数由1986年的39.8万人增至2015年的40.7万人，是1986年的1倍多。

居民收入来源趋于多元化，收入水平显著提高。1986年，呼和浩特市在岗职工年平均工资突破1000元达1280元，2002年增加到1.12万元，2006年达到2.29万元，2008年增加到3.09万元，2011年增加到4.05万元，2014年增加到5.05万元。2015年增加到5.37万元，是1986年的42倍，年均增长14.7%。

1986—2015 年呼和浩特市职工人数及工资情况表

表 1-3-12

年份	年末职工人数（人）	职工工资总额（万元）	职工平均工资（元）
1986	397821	50153	1280
1987	408913	53949	1323
1988	420795	62097	1506
1989	419369	67071	1604
1990	434017	75252	1750
1991	449426	87015	1953
1992	467663	108342	2337
1993	483638	142207	2881
1994	496661	191395	3800
1995	477370	199528	4200
1996	472391	217747	4597
1997	460086	241430	5195
1998	433662	241453	5486
1999	344395	233909	6648
2000	311265	244190	7548
2001	291748	262112	8717
2002	283168	322778	11158
2003	286669	378397	13092
2004	288177	488657	16663
2005	294293	597507	19715
2006	292050	696228	22948
2007	293742	807126	26732
2008	297348	937267	30872
2009	298707	1057177	33997
2010	310692	1200455	37685
2011	320453	1369546	40476
2012	335508	1575290	44402
2013	404342	2049486	48635
2014	412795	2170163	50467
2015	407177	2227518	53698

说明：1999 年后职工均指在岗职工。在岗职工平均工资 = 在岗职工工资总额 / 在岗职工平均人数

二、城乡居民收入

随着改革开放的深入，呼和浩特市城乡经济和社会事业蓬勃发展，国民经济开始快速增长，城乡居民生活质量大幅度地改善和提高。全市城镇居民人均可支配收入从1986年的855元到1989年达1065元，1995年达3008元，1999年达5167元，比1986年增长5倍多，年均增长14.8%。其间，通过调整、优化产业结构，农民增收渠道实现多元化。1986年农民纯收入为313元，1990年达574元，1995年达1243元。1999年“奶业兴市”战略的成功实施，农民从中获得丰厚的回报，农民纯收入实现2387元，比1986年增长6.6倍，年均增长16.9%。城乡居民摆脱贫困，由温饱逐步迈向小康。

2000—2005年，市委、市政府抓住国家实施西部大开发战略机遇，体制机制建设和开放型经济发展进入新阶段。全市企业的市场主体地位基本确立，国有工商业基本完成转制。同时，实施农民税费改革，减轻农民负担，提高城乡居民生活水平。2005年，城市居民人均可支配收入达1.22万元，比2000年增加6796元，年均增长16.7%；农民人均纯收入达4631元，比2000年增加2092元，年均增长12.6%。财政收入达81.2亿元，城乡居民基本实现小康。

2006—2010年，呼和浩特市推进“城中村”改造工程，个体和私营经济蓬勃发展，各项惠农政策持续贯彻实施，为城乡居民收入增长注入活力。财产性收入和转移性收入成为新的增长亮点，其增速超过工资性收入和经营性收入，在可支配收入中的比重有所上升，城乡居民收入渠道多元化，收入内部结构也有所优化。2010年，城镇居民人均可支配收入2.52万元，农民人均纯收入8746元，比2005年分别翻了一番，年均增速分别为15.7%和13.6%。

2011—2015年，全市工业在转型中稳步增长，服务业对经济的支撑作用更加明显。农村稳步推进现代高效农业发展，增速超越城镇。2015年，城乡居民可支配收入分别为3.74万元和1.35万元，年均增速分别为6.7%和7.7%。1.7万名农村贫困人口实现动态稳定脱贫。

三、城乡居民消费

1986—2015年，呼和浩特市城乡总体生活水平和生活质量得到提高。1999年，城镇居民恩格尔系数由20世纪80年代初的52.53%首次下降到40%以下，城镇居民消费结构出现质的变化，逐步从温饱向小康转型。

2015年，呼和浩特市城镇、农村居民人均生活消费支出分别为2.65万元和1.44万元，是1986年851元和305元的31.2倍和47.1倍，年均增速分别为12.6%和14.2%；城乡居民家庭恩格尔系数显著下降，人民生活水平明显提高。

（一）衣

1986—2015 年，城乡居民衣着需求从“穿暖”向“穿美”转变，从“一衣多季”向“一季多衣”转变，从“请裁缝做衣”到“上商场购衣”转变，更加追求品牌化和个性化。2015 年，城乡常住居民人均衣着消费支出分别为 2639 元和 1074 元，其中人均用于购买成衣的支出分别是 2013 元和 805 元。

（二）食

1986—2015 年，呼和浩特市食品消费逐步多样化，食物结构逐步优化，过去市场供应紧缺的肉、禽、蛋、奶、水产品、鲜瓜果等副食品消费量大幅增加。2015 年，呼和浩特市城镇常住居民人均食品支出为 6728 元，是 1986 年 405 元的 16.6 倍；农村常住居民人均食品支出为 3425 元，是 1990 年 660 元的 5.2 倍。城乡居民消费观念由传统的饮食家庭化开始向省时、方便、丰富新鲜的社会化方向转变，快餐食品、熟食品成为居民喜欢并选择的食物。在外用餐成为普通百姓的消费时尚。2015 年城乡居民人均在外饮食服务支出分别为 1595 元和 383 元，较 1986 年大幅提高。

（三）住

1986—2015 年，呼和浩特市住房制度改革以及“安居工程”的实施，促使房地产业的迅猛发展。越来越多的城乡居民告别老旧的居住环境，拥有自己的“不动产”，搬进户型合理、环境优美、设施齐全的新家，人均住房面积也大幅增加。截至 2015 年，呼和浩特市城镇常住居民家庭拥有自有住房率达 92%，其中近五成家庭实现购买商品房自住，商品住房拥有率达 49%。人均自有住房面积为 32.10 平方米，农村居民人均自有现住房面积为 31.30 平方米，城乡居民住房一年比一年宽敞，从 20 世纪 80 年代的单元楼和 90 年代的二室一厅、三室一厅到跨入 21 世纪的小高层、复式住宅、别墅，居民住房条件的居住环境和住房质量极大提高。2015 年城市用水普及率达 99.90%。1990 年供热管道 28 千米，供热面积为 203 万平方米；2015 年供热管道长度 2873 千米，供热面积 1.04 亿平方米。有 61.30 万户居民家庭的厨房摆脱燃煤，用上快捷清洁的液化石油气和天然气燃料，燃气普及率 98.60%。超过 70% 的家庭拥有自装热水洗澡设施，6% 的家庭使用饮用水过滤器。农村常住居民家庭住房建筑材料为钢筋混凝土、砖混、砖瓦结构的比例达 90% 以上，水泥或柏油路面的比例达 56% 以上。

（四）行

1986—2015 年，呼和浩特市公共交通工具不再是出行的唯一选择，家用汽车、摩托车、电动车进入普通百姓家庭，交通消费在消费支出中开始占据重要地位。2015 年，城乡居民人均交通消费分别为 3056 元和 1328 元，较改革开放初期大幅增长。2001 年,城乡居民百户家庭汽车（包括生活用汽车）拥有量分别为 1 辆。2015 年，城乡居民每百户家庭汽车拥有量分别为38.3辆和28.5辆，城市每万人拥有公交车辆由2001年的3.9辆增加到11.5辆。

（五）用

1986—2015年，呼和浩特市城乡居民对耐用消费品的需求由“实用”到“享受”的发展过程，家庭财产的更新频率明显加快，消费对象开始由原来的彩电、洗衣机、冰箱逐渐发展到空调、计算机、移动电话。截至2015年，城镇居民每百户拥有空调、计算机、移动电话量分别为10.1台、56.3台、228.4部，农村居民每百户拥有空调、计算机、移动电话量分别为3.4台、22台、220.6部。城镇居民每百户洗衣机、彩电、冰箱的拥有量分别为98.8台、102.8台、100.3台，农村居民每百户洗衣机、彩电、冰箱的拥有量分别为88.3台、100台、94.6台。

（六）文化娱乐

1986—2015年，呼和浩特市城乡居民对文娱方面的追求愈来愈强，电影、卡拉OK等娱乐活动丰富人们的日常生活，旅游休闲、健身和假日活动消费逐渐成为人们重要的娱乐生活内容。2015年，城乡居民人均文化娱乐服务支出分别为1643元和363元。

1986—2015年呼和浩特市城乡居民人均可支配收入及生活消费性支出情况表

表1-3-13　　单位：元

年份	城镇居民人均可支配收入和生活消费性支出			农村居民人均纯收入和生活消费支出		
	居民可支配收入	居民生活消费支出		居民纯收入	居民生活消费支出	
		总支出	其中：食品支出		总支出	其中：食品支出
1986	855	851	405	313	305	—
1987	912	876	434	327	330	—
1988	972	1018	497	393	374	—
1989	1065	1001	539	461	415	—
1990	1149	1023	529	574	466	—
1991	1281	1202	608	619	507	—
1992	1544	1413	676	723	576	—
1993	1981	1782	796	846	758	—
1994	2735	2372	1058	999	882	—
1995	3008	2785	1325	1243	1056	—
1996	3514	3171	1429	1689	1122	660
1997	4435	3398	1452	1974	1393	743
1998	4739	3674	1548	2271	1341	716

续表 1–3–13

年份	城镇居民人均可支配收入和生活消费性支出			农村居民人均纯收入和生活消费支出		
	居民可支配收入	居民生活消费支出		居民纯收入	居民生活消费支出	
		总支出	其中：食品支出		总支出	其中：食品支出
1999	5167	4173	1613	2387	1413	662
2000	5354	4613	1623	2539	1558	693
2001	5931	4866	1701	2561	1610	641
2002	6696	5525	1922	2822	1610	666
2003	7906	6332	2172	3169	1991	721
2004	9967	7418	2532	4109	2355	962
2005	12150	8768	2960	4631	2767	1100
2006	14055	9831	3227	5308	3050	1153
2007	16920	11432	3615	6121	3267	1250
2008	20267	13145	4129	7051	3756	1500
2009	22397	14752	4356	7802	4823	1778
2010	25174	16624	4983	8746	5526	2061
2011	28877	19106	5854	10038	7090	2778
2012	32646	21095	6492	11361	8175	2814
2013	32003	22919	6031	11398	11110	2881
2014	34723	24844	6487	12538	12232	3420
2015	37362	26547	6728	13491	13223	3425

说明：从 2013 年起为城镇、农村常住居民人均可支配收入及生活消费支出，“—”表示无数据

第二篇

地　理

第一章　地　貌

第一节　地貌分区

一、地形地貌

1986年，呼和浩特市的自然地形地貌有山地、丘陵、平原和沙丘，其中山地1812.8平方千米，占总面积的29.8%；丘陵74.5平方千米，占总面积的1.2%；平原4147.2平方千米，占总面积的68.2%；沙丘44.5平方千米，占总面积的0.8%。分为大青山构造侵蚀剥蚀中山区、土默川平原、缓坡湖积台地、蛮汉山低山丘陵和黄土丘陵、湖泊河流等地貌分区。地貌形态划分为中山、低山丘陵和平原。地势北高南低，东高西低，由东北向西南呈阶梯状缓倾斜，坡降在3‰～5‰。境内海拔最高2271.6米，最低990米，平均海拔1050米。

二、大青山构造侵蚀剥蚀中山区

（一）山

大青山属阴山山脉，呼和浩特市境内山体东西长约110千米，南北宽约20千米，最窄地段约4千米。对南北气流起阻挡作用，造成山体南北两侧气候的明显差异，成为农牧业生产的自然界线。地质构造基础是内蒙古台背斜，由太古界、元古界的变质岩系，中生界陆相碎屑岩及含煤岩系和不同时代侵入的中酸性岩体组成。山体主脊西高东低，察素齐镇北部主要山峰海拔在2000～2200米，最高峰金銮殿山峰海拔2271.6米；市郊北部的主要山峰海拔在1800～2100米，最高峰圣水梁海拔2149.6米。山体在长期的自然侵蚀和剥蚀作用下形成波浪起伏的中山地貌，相对高差数百米至千米以上。山体南北形态不对称，南坡陡，坡面基岩裸露，残坡积物为不同岩性岩屑，土层贫薄，不适农业；北坡缓，低山、丘陵与滩地相结合，水土资源较丰富，植被发育，适宜发展农林牧业。

大青山（牛角山）位于土默特左旗陶思浩乡北5.5千米处，白石头沟东侧，海拔2161.5米，山体线平缓，外围地势陡峻，山体对称，南陡北缓，呈锥形高于群山。植被发育，林木茂密。由上侏罗统砂岩、页岩组成，岩层走向东西，向南倾斜。

卧龙山　位于土默特左旗万家沟正北，红星结村向北东2.2千米；山体周围地下水位较高，北东1840米有泉水出露。由上侏罗统砾岩、砂岩、页岩组成，呈背斜构造产出。

楼华山 位于土默特左旗察素齐镇北东9千米，大朱尔沟西侧，海拔1732.9米，西、南陡峭，北、东稍缓，由元古界马家店群白云岩组成，以“飞来峰”形式覆于侏罗系大青山组砂砾岩上。

三皇庙 位于土默特左旗境内，沿呼包公路西行24千米，在大青山远处，直立节理发育，岩石呈长柱状，堆砌成峰。蕴藏大型石墨矿。由侏罗系大青山组砂砾岩组成，以南为太古界乌拉山群含石墨片麻岩及大理岩。

金銮殿山 位于土默特左旗毕克齐镇北，是大青山在呼和浩特市境内的主峰，海拔2271.6米，高出山前平原1200米，由元古界马家店群大理岩及混合岩化片岩组成。

大白山 位于回民区霍寨沟沟口东，呈北西向展布，海拔1404米。主体由元古界二道洼群白色大理岩组成。

半山 位于回民区乌素图沟东，海拔1671米，山峰呈西北向条带状。西侧悬崖峭壁，东侧山势平缓，南北山脊走向蜿蜒。由太古界乌拉山群混合岩化片麻岩和大理岩组成。

摩天岭 位于回民区乌素图北西14千米，市区与武川县交界处，海拔2081米，由元古界马家店群大理岩组成。

蜈蚣坝 位于呼和浩特—武川公路16.5千米处，顶峰海拔1671米，由上侏罗统大青山组砾岩及砂岩组成。

料木山 位于新城区哈拉沁村正北约8千米处。海拔2050米，西侧悬崖绝壁，其他三面平缓。由元古代片麻状花岗岩组成，岩体南北长7千米，东西宽2.5千米，呈岩株侵入元古界二道洼群大理岩、片岩之中。

骆驼山 位于新城区黄花窝铺村南西2千米处。有2个主峰，海拔分别为2018.8米、2004米，由元古界二道洼群大理岩和片岩组成，岩层东西向展布，向北倾斜。

蝠龙山 位于新城区罗家营乡生盖营北，距乌兰不浪约5千米，由元古界二道洼群的大理岩和片岩组成。

虎头山 位于新城区小井乡塔坝南东1.5千米处，海拔1823米，由元古界马家店群板岩、片岩和大理岩组成。

平顶山 位于虎头山南西4千米，奎素西沟和水磨沟之间。山顶平缓，是燕山期花岗岩经风化剥蚀所致。

猴儿山 位于新城区奎素沟口北约5千米。最高处海拔1815.3米，主体由太古界乌拉山群片麻岩、大理岩组成，地质构造属穹隆构造，中间为燕山期花岗岩。

圣水梁 位于赛罕区与乌兰察布市卓资县交界处，海拔2149米。由燕山期内红色二长花岗岩组成，岩石中有裂隙水。

兔儿山 位于新城区保合少乡大窑村南。兔儿山四道沟有完整的第四系剖面。

脑包山 位于赛罕区榆林乡北约6千米。海拔1483.8米。由元古界二道洼群蛇纹石化大理岩及燕山期花岗岩组成。花岗岩与大理岩的接触带普遍形成石棉矿化。

（二）沟

大青山主要沟谷走向为南北向，流域面积大于 50 平方千米的沟有 16 条。

哈拉沁沟　位于呼和浩特市东北 8 千米，沟长 55.6 千米，流域面积 708.7 平方千米，清水流量 0.2 米 ^{3}/ 秒，多年平均流量 2622 万立方米。

乌素图沟　位于回民区西乌素图村，沟长约 26 千米，流域面积 174.7 平方千米，径流量 698.8 万立方米，流水汇集于乌素图水库。

东白石头沟　位于土默特左旗兵州亥乡北 5.5 千米处，沟长 13 千米，流域面积 97.5 平方千米，多年平均径流量 390 万立方米，流水汇集于五一水库。

水磨沟　位于土默特左旗毕克齐镇东北 6.5 千米处，沟长 68.2 千米，流域面积 138.9 平方千米，纵坡 0.9‰，清水流量 0.2 ～ 0.5 米 ^{3}/ 秒，多年平均径流量 4972 万立方米，流水汇集于红领巾水库。

万家沟　位于土默特左旗察素齐镇西 8 千米处，沟长 67.9 千米，流域面积 853.4 平方千米，平均纵坡 1.1‰，清水流量 0.2 ～ 0.5 米 ^{3}/ 秒，多年平均流量 4700 万立方米，水流经大西河注入哈素海。

三、土默川平原

土默川平原又称土默特川平原或前套平原。东至蛮汉山，南抵黄河，西起西山嘴，北始大青山。近似三角形，也称呼和浩特三角形平原。东西长 290 千米，南北宽 50 ～ 70 千米。海拔 1000 ～ 1200 米；平均坡降 1/7000 ～ 1/900，组成物质主要为湖相、河湖相冲积和洪积相碎屑堆积物。为新生代陷落湖盆的基础上形成的冲积—洪积、冲积—湖积平原。东南部受和林格尔丘前阶梯状断裂影响，北部受呼包断裂控制，形成有北什轴和哈素海 2 个沉降中心的断陷—场陷盆地。包括大青山山前倾斜平原、大黑河冲湖积平原和黄河冲湖积平原。呼和浩特所辖区域属土默川平原东半部，东西长约 100 千米，南北最宽处达 70 千米，海拔多在 1000 ～ 1150 米，北、东及东南三面环山，西南傍水，呈箕状分布于大青山脚下。东北高，如奎素沟海拔 1260 米；西南低，在大黑河河口处海拔不足 990 米。在南北方向上，大青山山前与和林格尔丘前呈相向倾斜，平原中部的大黑河海拔最低，发源于山地和丘陵的河流均汇入大黑河。

（一）大青山山前倾斜平原

分布于大青山南麓，哈素海、小黑村、太平庄以北地区，长约 90 千米，宽约 10 千米。由大青山南麓各沟口形成的洪积锥裙、冲洪积扇裙、河冲洪积—湖积扇前带构成。山前倾斜平原北高南低，坡度较大，尤以山麓地带明显。京包铁路以北地域，地面坡降在 1/100 ～ 1/80，以南地带小于 1/200，向南逐渐趋于平缓。在东西方向上，山前倾斜平原显示出东高西低的特点。山前倾斜平原由第四系全新统河上更新统冲洪岩块、砂卵石、砂砾石、砂河亚黏土组成，岩性在垂直河水平方向上变化较大。颗粒由山前向南逐渐变细，南缘出现粉砂，黏沙土夹泥炭层的沉积。

（二）大黑河冲湖积平原

地形平坦，地处第四纪湖盆地中心，沉积物粒度较细，含水层富水性差。分布在山前倾斜平原以南，托克托县大北窑村、南嶂县营村，土默特左旗二道凹村，赛罕区黄合少镇一线以北，哈素海退水渠以东到蛮汉山山前。东西长 85 千米，南北宽 20 ~ 40 千米，是土默川平原的主体。地形平缓，微向西南倾斜，地面平均坡降为 1‰ ~ 4‰。海拔 990 ~ 1100 米。由大黑河、什拉乌素河摆动的上更新统—全新冲积层和湖积层组成。岩性为砂、砂砾石、黏沙土、亚黏土与淤泥互层，地表主要为黏土质粉砂，冲积平原上残留有北东—南西向的黑河故道。

（三）黄河冲湖积平原

位于哈素海退水渠以西，南至黄河北岸的高低河漫滩。由现代黄河冲积平原和近代黄河冲积平原构成。现代黄河冲积平原，宽 0.2 ~ 3 千米，呈带状蜿蜒于黄河北岸，由粉砂、黏沙土组成。高河漫滩平原高出水面 1.4 ~ 2 米，海拔 988 ~ 1000 米。近代黄河冲湖积平原分布于现代黄河冲湖积平原以北，湖积由粉砂、细砂、黏沙土、砂黏土互层组成。地形平坦开阔，微向东南倾斜，地面残存蛇曲状黄河故道，地面坡降 1‰ ~ 2‰，海拔 990 ~ 1100 米。水土资源丰富，有利农业发展，但受平原交接洼地影响，地表排水不畅，农田盐渍化、沼泽化不断扩大。

第二节　地貌特征

一、高原地貌

高原地貌区域属内蒙古高原北缘，区内分布剥蚀丘陵，丘陵山顶浑圆，地形起伏较小，海拔 1400 ~ 1800 米，山体相对高差 50 米，自然坡角为 3 ~ 15 度，地表多被第四系残坡积、风成粉沙土覆盖，植被稀疏，冲沟分布于山体两侧，近南北向展布，两侧多第四系冲洪积堆积物。沟谷冬季干枯，夏季流水，流向由南向北，水量少，遇暴雨时有短暂洪水发生。区内植被类型单一，群落结构简单，其地带性植被为典型草原植被，草本植物主要有小针茅、羊草、矮蒿、叶锦鸡儿草，植被平均覆盖度约为 35%，最低为 10%，最高为 55%，群落高度多在 10 厘米以下；木本植物主要有灌木，以柠条、沙柳为主。主要分布于武川县。

二、中山地貌

中部山区为阴山山脉中段的大青山区，海拔 1300 ~ 2270 米，最高点金銮殿山海拔 2271 米。山势较陡，植被较差，部分地段基岩裸露，风化较强烈，山顶多浑圆状，山体坡度 15 ~ 30 度，坡底多被第四系冲洪积层覆盖。区内植被类型单一，群落结构简单，地带性植被为典型草原植被，草本植物主要有小针茅、羊草、矮蒿、叶锦鸡儿草，植被平均覆盖度约为 25%，最低为 10%，最高为 45%，群落高度多在 10 厘米以下；木本植物主要有灌木，以柠条、沙柳为主。分布于赛罕区、新城区、土默特左旗和武川县。

三、平原地貌

平原区呈东西向条带状沿大青山分布，属土默川平原，海拔 1000 ~ 1150 米，北部由冲洪积扇裙相连构成，扇体大小不等，自北向南倾斜；向南逐渐变缓，地表被第四系冲洪积层覆盖，地势平缓，植被较发育，地带性植被为典型草原植被，草本植物主要有本氏针茅—冷蒿、本氏针茅—百里香草原群落和百里香群落，植被平均覆盖度约 45%，最低 20%，最高 50%，群落高度多在 10 厘米以下；木本植物主要有灌木、乔木，灌木以虎榛子、土庄绣线菊、柄扁桃等中生灌丛为主，乔木以针叶林为主。该区域为主要农业种植区，分布于新城区、回民区、赛罕区和玉泉区。

四、黄土丘陵地貌

该区位于呼和浩特最南端，属黄土高原北部，海拔 1090 ~ 1650 米；区内丘陵顶部较圆，较为平坦，坡面较缓，中部 5 度左右，向下大于 5 度，地形切割程度强烈，水系较发育，雨季易产生洪水，大部分地表被第四系黄土覆盖，厚度较大，少产部分基岩出露，植被发育程度较差，类型较单一，群落简单，地带性植被为典型草原植被，草本植物主要由本氏针茅—冷蒿、本氏针茅—百里香草原群落和百里香群落所组成，植被平均覆盖度约 45%，最低 20%，最高 50%，群落高度多在 10 厘米以下；木本植物主要有灌木、乔木，灌木以虎榛子、土庄绣线菊、柄扁桃等中生灌丛为主，乔木以落叶林、樟子松为主。分布于和林格尔县和清水河县。

第二章　水　文

第一节　水文特征

一、地质对水文的影响

呼和浩特地下水分为浅层水含水层和深层水含水层，埋藏深度、水质、水量均由北向南呈有规律的变化，根据地质构造划分为山丘区和平原区。

（一）山丘区

根据水文地质条件的不同，划分为北部大青山山丘区和东南部蛮汉山黄土丘陵区。

北部大青山山丘区　南以大青山南侧山前断裂为界，主要在武川县境内。构造长期上升形成侵蚀构造，基岩裸露或覆以薄层第四系松散沉积层。区内节理发育，受大气降水入渗形成裂隙潜水，或以泉水溢出的形式汇入地表水，或通过断裂裂隙补给河谷潜水与深层水。含水层岩性由太古界变质岩、元古界碳酸盐、吕梁—燕山期以花岗岩为主的火成岩、部分古生界至中生界的陆相碎屑岩等组成。水位埋深10～50米，部分地区在50～100米；单井出水量200～500米^3/日。山区河谷及丘陵区分布有第四系全新统潜水，其含水层岩性为冲洪积砂、卵砾石、碎石，厚度5～15米；水位埋深2～5米；排泄方式主要为人工开采、潜水蒸发及向下游侧向径流排泄。

东南部蛮汉山低山黄土丘陵区　主要包括和林格尔县及清水河县的低山丘陵黄土区。该区上部广覆厚度不同的第四系黄土，下部寒武系、奥陶系地层较为齐全，石炭系、二叠系地层分布较零散。黄土组成颗粒较细，给水度在0.025～0.5，略大于黏土，垂直节理发育，透水性强，贮水能力低，滞留水量少。地下水主要接受大气降水补给；水位埋深受丘陵冲沟切割程度影响，变化大，浅处10余米，深处40米以上。居民饮用水井出水量小于1米^3/时，当在下伏弱透水层层面形成层间滞水时，在沟谷处以泉水形式沿层面溢出。低山区赋存基岩裂隙水、岩溶裂隙水。基岩裸露，河谷发育，切割强烈，基岩含水层不连续，不利于大气降水入渗的存储，造成地下水贫乏，且多为脉状岩溶裂隙水，富水性不均一，无统一自由水面；排泄方式主要为人工开采、潜水蒸发及向下游侧向径流排泄。

（二）平原区

平原区构造属新断陷盆地，由于盆地北部、东南部山地丘陵不断抬升，盆地大幅度下降使盆地内沉积巨厚的第四系松散岩类。第四系地层颗粒粗，结构松散，有利于大气降水直接入渗，平原区北部大青山山前断裂，易对平原区造成侧向补给；北部大青山山地丘陵区分布许多大小不等的沟谷，沟谷内地表水直接补给地下水。平原区地下水补给源充沛。从含水岩组看，平原区上部上更新统至全新统赋存潜水、微承压水，底板埋深多在100米以上，受垂直和水平补给，与大气降水和地表水交替强烈；中部中更新统上段多淤泥和黏土，隔水性良好；下部中更新统下部含水组受隔水层覆盖而承压，顶板埋深100米以下，深层承压水仅受山前断裂带的侧向补给，与大气降水和地表水的交替较弱，补给周期长。

浅层水含水岩组　平原区内普遍分布有浅层水含水岩组，由于所处部位及地貌单元不同，水量、水质及其水位埋深等均有不同，具有明显地带分布特征。主要有山前洪积平原和大黑河冲湖积平原。

山前冲洪积平原主要位于市区和土默特左旗北部，大青山山前断裂南侧。由于受乌素图断裂控制，使断裂东西两部分浅层水的水文地质特征有很大差异。乌素图断裂以东地区，山麓阶地和黄土丘陵区所分布的Q23—4地层，一般为透水不含水地层；扇裙带含水层岩性以冲洪积砂砾石为主，为孔隙潜水，由扇顶到扇缘含水量逐渐增大，水位埋深逐渐变浅，山前扇裙沿山一带水位埋深在20 ~ 40米，单井出水量在50 ~ 500米^3/日，扇缘东段埋深在5 ~ 20米，西段在5 ~ 10米，单井出水量均大于500米^3/日；乌素图断裂以西，含水层厚度、水量由扇顶向扇缘逐渐减小，颗粒由粗变细，水位埋深由深变浅。

大黑河冲湖积平原主要包括土默特左旗和市区中南部、托克托县以及和林格尔县的平原区，地层由上更新统和全新统冲湖积物组成，含水层岩性为含卵砂、砾石、中粗砂、粉细砂等。其含水层水量、水质、埋深等分布规律主要受大黑河古河道控制。从古河道上游向下游（由东向西），含水层颗粒由粗变细，含水层岩性由含卵砾石变为中粗砂、粉细砂，含水层厚度也由薄变厚，水量由大变小;水位埋深3 ~ 5米，单井出水量大于500米^3/日。

深层水含水岩组　深层水含水岩组的分布规律主要受岩相古地理控制，由东北部的冲洪积相向湖盆地带过渡为湖积相，含水层岩性由粗变细，由单层变为多层薄层，水量由大逐渐变小，含水层顶板由浅变深，水位由深变浅。含水层岩性在北部山前近滨带为砂、砾、卵夹砂、砾石；远滨带含少量淤泥质，淤泥质、黏质土互层；东南地带河滨三角洲为卵砾石，前缘变细为砂砾石、砾砂和中粗砂；湖盆内由浅湖到湖心带，岩性由中砂、中细砂，渐变为细砂、粉砂。单井出水量在东部大黑河古河滨三角洲大于1000米^3/日，山前湖滨带在1000米^3/日左右，湖滨前缘在500 ~ 1000米^3/日，湖积台地前缘多小于500米^3/日。

二、气候对水文的影响

呼和浩特市属中温带半干旱大陆性气候，冬季漫长寒冷，少雪；夏季短而温热，降水集中；春季干旱多风，秋季日光充足，凉爽短促；气温日较差和年较差大，冷暖变化剧烈，无霜期较短，降水少且集中，气候干燥。

（一）降水

呼和浩特地区降水量大部分地区在150 ~ 450毫米,平均年降水量为275.4毫米。地区分布总的趋势为南部多于北部，山地多于平原，山地迎风坡多于背风坡。阴山山前因面临海洋气流来向，降水量达400 ~ 500毫米，其他地区降水量不足300毫米。降水量年内分配极不均匀，年际变化也大。降水多集中在夏季6月、7月、8月，大部分地区超过200毫米，最多达350毫米以上，约占全年总量的70% ~ 80%。由于降水过于集中，夏季和夏秋之交极易造成水灾和内涝；与此相反，冬春少雨雪，大部分地区在55毫米以下，约为全年总量的20%～30%；春旱严重。各地最多年与最少年降水量的比值均在2.5倍以上，有的地方竟达6倍。

（二）蒸发

由于大陆性气候导致呼和浩特市地区蒸发量较大，多年陆地水面蒸发量1600～2500毫米，蒸发量与降水量分布规律相反，蒸发量超过降水量的3～5倍。黄河上游地区根据西二道河、店上村、陈梨窑站观测资料统计，年平均蒸发量为1081.7毫米。最大日蒸发量为21.4毫米，发生在2000年；黄河中游地区从挡阳桥观测资料看，年平均蒸发量为1844.8毫米，最大日蒸发量为23.2毫米，发生在2001年。

（三）洪水

呼和浩特河流洪水主要集中在汛期，黄河干流水系河流也有凌汛发生。一般3月中旬至5月中旬，为凌汛洪水发生季节，6—10月为暴雨洪水发生季节。黄河干流水系洪水多在7月下旬至9月下旬，其频率在85%以上，季节性河流则多在6月上旬至9月中旬。各支流洪水过程多为单峰型，而北部山区河流由于受到多雷暴雨的影响，洪水过程为尖瘦型，洪水历时短，突发性强，强度大，笼罩面积小。黄河流域上游地区实测到的最大流量2190米^3/秒，发生在美岱水文站，发生日期1958年；黄河流域中游地区实测到的最大流量5830米^3/秒，发生在清水河县小庙子乡放牛沟水文站，发生日期1969年8月1日。

（四）枯水

冬、春季是呼和浩特市全年降水量最少的季节，河流封冬，水量减少进入枯水期。呼和浩特地区大部分河流是短小的山洪沟，属间歇河流，枯水期基本干枯断流，大黑河冬季枯水季流量0.72米^3/秒。

（五）径流

呼和浩特地区径流不均，洪水主要来源于大气降水，但由于下垫面的不同，在地区分布上差异较大。洪水时暴涨暴落、峰大量小、含沙量大、时令性强，多为山溪性河流。径流系数的大小，取决于当地降水、蒸发、土壤、植被、地貌等因素，呼和浩特大青山一带径流系数约为0.10～0.15，其他地区在0.10以下。各站径流量大部集中在7月、8月、9月，其中以8月较多，占年径流量的30%左右，6—9月占年径流量的70%。

第二节　河湖水系

一、河流

呼和浩特市河流分属黄河及内陆河水系。注入黄河的1级支流有大黑河、浑河、杨家川3条。境内主要有大黑河、浑河两大水系。大黑河发源于乌兰察布市卓资山县十八台乡东躺子南山顶，经卓资山、旗下营至陶不齐折向西南，经美岱、三两于托克托县河口镇注入黄河，河长236.5千米。上游山区海拔2000 ~ 2500米，地势较缓，植被差，覆盖率为30%以下，土壤以沙性为主，水土流失严重。左岸有牛角川沟、石人湾沟、什拉乌素河、宝贝河。浑河发源于山西省平鲁县，在长城杀虎口附近流入呼和浩特境内，经和林格尔县的二道边、太平窑、大红城从西南进入清水河县，在岔河口附近汇入黄河，宽浅式河床，河床以砂砾石为主。浑河较大的支流有沧头河、马营河、石门沟、马场河、二道营子河、密令河、古力半几河、清水河。另外还有44条河沟分别从左右两侧汇入。

黄河流经呼和浩特南部边缘102.5千米，自托克托县双河镇什四份村进入，从清水河县老牛湾镇营盘峁村出境，流经托克托县37.5千米、清水河县65千米。流域范围除北部武川县在内陆河流域外，其余均在黄河流域范围，面积为1.56万平方千米，占全市总面积90.4%，占自治区黄河流域面积10.26%。同时75%的地表水来自过境的黄河。境内有大小河流21条，中小型水库26座。除黄河、浑河、清水河、古力半几河其余均是季节性河流。在干旱之年，河流下游基本干涸无水。

呼和浩特地区面积较大，由于各流域土壤、植被及降水情况的不同，河流的含沙量也大小不一。南部山区由于植被覆盖差，易形成暴雨洪水，水土流失严重，含水量较大，实测最大断面平均含水量在100千克/米^{3}以上，侵蚀模数在7000 ~ 10000米^3/千米^2。北部大青山山区及后山为700 ~ 3000米^3/千米^2。

二、湖泊

境内主要湖泊有哈素海，系黄河变迁遗留的牛轭湖，呈西南东向展布，属大黑河系的外流湖泊。哈素海位于土默特左旗的哈素乡境内，最大储水面积28.45平方千米，湖面水位989米左右，平均深度1.4米左右，湖区中南部较深，达3米左右。湖区容量8000万立方米。

第三章　气　候

第一节　气候特征

一、气温

呼和浩特属典型的蒙古高原中温带大陆性季风气候，四季分明，寒暑变化剧烈。全年气温变化呈正态分布，年初和年末温度最低，年中最高；最冷月为1月中旬，最热月为7月。气温的年较差比较大，地域分布为托克托县最高，武川县最低。年平均气温日较差 12 ~ 14℃，和林格尔县最大，市区最小。年平均气温日较差冬春大，夏季小。最大年平均气温日较差一般出现在 5 月，最小年平均气温日较差一般出现在 7 月。

二、降水

呼和浩特降水量分布北少南多。年际相差较大，最多与最少之比在 2.2 ~ 3.7。1986—2015 年，平均降水变幅为 363.6 毫米，最大降水变幅 477.0 毫米，最小降水变幅 262.0 毫米。

1986—2015 年呼和浩特市各站年平均降水量变幅情况表

表 2-3-1　　单位：毫米

站名	最多年降水量	最少年降水量	最多与最少年之比	平均年降水量	年降水量变幅
武川县	485.2	223.2	2.2	340.6	262.0
土默特左旗	628.3	194.6	3.2	386.6	433.7
市区	654.1	177.1	3.7	393.0	477.0
托克托县	509.7	196.1	2.6	358.8	313.6
和林格尔县	590.6	229.5	2.6	391.9	361.1
清水河县	578.1	244.2	2.4	424.9	333.9
平均	574.3	210.8	2.8	382.6	363.6

三、日照

呼和浩特日照时间长，属国内日照丰沛地区，全年日照时数 2704 ~ 2918 小时，南部清水河县、北部武川县日照较多，市区日照最少。

1986—2015 年呼和浩特市各站年平均日照时数情况表

表 2-3-2　　单位：小时

项目	武川县	土默特左旗	市区	托克托县	和林格尔县	清水河县
日照时数	2918	2844	2704	2837	2886	2918

四、四季

呼和浩特温度分布南高北低，四季变化明显，差异较大。春季干旱多风，冷暖变化剧烈；夏季温热短暂，降雨同季；秋季降温迅速，常有霜冻；冬季漫长，寒冷少雪。

呼和浩特冬季为 130 ~ 182 天，武川县最长 182 天，土默特左旗最短 130 天。冬季多寒潮和强降温天气，且伴有大风或降雪。24 小时最大降温强度 10 ~ 15℃，8 级以上大风日数占全年大风日数 30%。

春季升温快，干旱多风，5 月平均气温升温幅度 7℃以上；春季平均降水 57 毫米，占全年降水量 15%；大风日数占全年大风日数 50%，蒸发量是降水量 10 倍左右；是四季中空气湿度最小的季节。

武川县全年没有夏天，其他地区夏季 71 ~ 92 天，7 月日平均气温 19.6 ~ 23.8℃，最高气温 35℃以上，昼夜温差大，降水占全年总降水量 60.6%，集中于 7 月、8 月。

秋霜早，秋季短暂，8 月下旬到 9 月初进入秋季，除武川县外其他地区秋季约 2 个月，气温下降迅速，9 月平均气温下降 6℃左右；10 月平均气温下降 7 ~ 8℃。无霜期 130 ~ 170 天，中南部 9 月下旬初霜；北部山区及武川县 9 月中旬初霜。

1986—2015 年呼和浩特市各站四季分配情况表

表 2-3-3

站名	冬			春			夏			秋		
	初日（日/月）	终日（日/月）	间隔（天）	初日（日/月）	终日（日/月）	间隔（天）	初日（日/月）	终日（日/月）	间隔（天）	初日（日/月）	终日（日/月）	间隔（天）
武川县	16/10	15/4	182	16/4	—	—	—	—	—	—	15/10	183
土默特左旗	1/11	20/3	130	21/3	31/5	82	1/6	25/8	86	26/8	31/10	67
市区	26/10	20/3	146	21/3	10/6	82	11/6	20/8	71	21/8	25/10	66
托克托县	26/10	25/3	151	26/3	31/5	67	1/6	31/8	92	1/9	25/10	55
和林格尔县	26/10	31/3	157	1/4	10/6	71	11/6	20/8	71	21/8	25/10	66
清水河县	26/10	25/3	151	26/3	31/5	67	1/6	20/8	81	21/8	25/10	66

说明：表中“—”表示无监测数据

第二节　气候要素

一、温度

呼和浩特年平均气温 3.8 ~ 8.2℃。以阴山山脉为界，阴山以北小于 4℃，阴山以南 7℃以上；武川县 3.8℃，是全市最冷地区；托克托县 8.2℃，是全市最热地区。1986 年，武川县年平均气温 2.4℃，是 1986—2015 年全市年平均气温最低点；1998 年，托克托县年平均气温 9.3℃，是 1986—2015 年全市年平均气温最高点。呼和浩特最冷月（1 月）平均气温 -14.0 ~ -10.0℃，最热月（7 月）平均气温 19.6 ~ 23.8℃，平均气温年较差 33.5 ~ 34.8℃，武川县最小，托克托县最大。

年平均最高、最低气温分布趋势基本与年平均气温一致。全市年平均最高气温 5.8 ~ 9.3℃，年平均最低气温 2.4 ~ 6.7℃。

全市日平均极端最高气温，武川县低于 28.0℃，其余地区均在 31.0 ~ 32.5℃。2005 年 6 月 22 日，托克托县 40.5℃，是全市最高气温极值。极端最高气温 7 月出现频率 29%，6 月 57%，5 月下旬 14%。日平均极端最低气温，武川县、土默特左旗、

和林格尔县在 –26.0℃以下，其余地区均在 –25.0 ～ –24.0℃。2002 年 12 月 26 日，武川县出现 –33.6℃的全市极端最低气温。极端最低气温多出现在 12 月下旬至 1 月中旬，12 月出现频率 86%，1 月 14%。

历年最高气温≥ 35℃日数为 27 ～ 95 天，日最高气温≥ 35℃日数出现最多的年份为 1999 年、2001 年，≥ 35℃日数累计出现次数最多的是托克托县；全市历年最低气温≤ –25℃日数最多的是武川县，清水河县最少；≤ –25℃日数累计出现次数最多的年份为 2002 年，年低温累计出现次数最多的旗县地区是武川县，为 24 次。

2015 年呼和浩特市各月及年平均气温情况表

表 2–3–4

月份	气温（℃）			降水日数（天）	降水量（毫米）	日最大降水量（毫米）	日照时数（小时）
	平均	最高	最低				
全年	7.7	33.9	–20.5	90	361.9	30.0	2666.3
1	–0.8	5.2	–20.0	8	2.9	1.0	174.1
2	–5.8	10.4	–20.0	6	8.2	3.5	184.7
3	1.7	21.2	–16.4	0	0.0	0.0	282.0
4	9.0	29.0	–6.0	6	26.0	14.5	273.1
5	16.0	31.4	–0.8	5	15.2	9.1	313.4
6	19.2	31.6	5.7	13	57.7	23.0	236.4
7	22.7	33.9	13.5	12	61.3	21.4	292.6
8	21.7	32.4	12.0	8	27.1	8.8	281.2
9	15.1	27.9	4.5	13	106.2	30.0	192.8
10	8.2	21.5	–6.2	5	9.6	4.2	245.6
11	–0.5	11.8	–20.5	12	46.7	19.8	80.4
12	–7.4	4.1	–17.1	2	1.0	0.7	110.0

2015 年呼和浩特市气象情况表

表 2–3–5

地区	最高气温		最低气温		最大风速		初霜日（日/月）	终霜日（日/月）	无霜日（天）
	极值（℃）	日期（日/月）	极值（℃）	日期（日/月）	极值（℃）	日期（日/月）			
武川县	29.6	27/6	–24.3	27/1	13.1	26/10	15/9	19/4	145
土默特左旗	34.9	27/7	–19.9	27/1	12.6	15/4	5/10	6/3	209
市区	33.9	27/7	–20.5	26/11	20.1	15/4	13/10	11/4	173
托克托县	35.0	27/7	–19.2	31/1	10.2	10/6	5/10	16/4	174
和林格尔县	35.4	27/7	–21.7	27/1	10.9	15/4	5/10	20/4	170
清水河县	34.8	27/7	–21.0	31/1	16.1	15/4	5/10	3/4	180

1986—2015年呼和浩特市各站极端气温情况表

表2-3-6　　单位：℃

站名	日平均极端最高气温	日平均极端最低气温	极端最高气温	出现日期	极端最低气温	出现日期
武川县	27.9	-28.3	36.2	2005-06-22	-33.6	2002-12-26
土默特左旗	31.3	-26.0	38.7	2005-06-22	-30.4	2002-12-28
市区	32.5	-23.1	38.9	2010-07-30	-27.2	2013-01-03
托克托县	32.5	-24.8	40.5	2005-06-22	-29.7	2002-12-27
和林格尔县	31.4	-27.6	39.8	2005-05-28	-33.1	2002-12-27
清水河县	32.1	-24.7	40.3	2005-06-22	-29.4	2002-12-26

二、降水

呼和浩特年降水总量为340.6～4224.9毫米。降水量自东南向西北递减。清水河县年平均降水量421毫米，为全市最多地区；武川县年平均降水量340.6毫米，为全市最少地区。降水变率大的区域为沿大青山的市区和土默特左旗。

1986—2015年呼和浩特市各站年平均降水量情况表

表2-3-7　　单位：毫米

项目	武川县	土默特左旗	市区	托克托县	和林格尔县	清水河县
年降水量	340.6	386.6	393.0	358.8	391.9	424.9
年降水变率	19.1	23.2	26.4	19.6	21.2	15.9
4—9月降水变率	20.5	26.8	29.1	23.6	23.3	17.9

各季节降水量分配不均匀，夏季最多，平均199～253毫米，占年降水量60.5%；秋季次之，平均69～91毫米，占年降水量的21.9%；春季再次之，平均47～69毫米，占全年降水量15.1%；冬季最少，平均8～11毫米，占全年降水量的2.5%。2004年，土默特左旗年降水628.3毫米，为全市历年最多；2011年，市区年降水177.1毫米，为全市历年最少。夏季平均降水量以武川县214毫米为最少，清水河县253毫米为最多。日最大降雨强度为1998年7月12日的148.9毫米，出现在土默特左旗。

1986—2015年呼和浩特市各站大到暴雨和暴雨年平均日数情况表

表2-3-8　　单位：天

雨量	武川县	土默特左旗	市区	托克托县	和林格尔县	清水河县
大到暴雨（≥25毫米）	1.7	3.0	3.3	2.4	2.5	2.8
暴雨（≥50毫米）	0.2	0.5	0.5	0.3	0.4	0.4

年平均降水日数68 ~ 85天。降水日数中部少、南北部多，武川县年平均降水日数85天，为全市降水日数最多的地区；托克托县和土默特左旗年平均降水日数68天，为全市降水日数最少的地区。降水日数主要集中在6—9月，降水日数占全年降水日数57%；其中以7—8月降水日数最多，占全年降水日数31%。

年最长连续降水日数为8 ~ 12天。清水河县最长，为12天；土默特左旗、托克托县最短，为8 ~ 9天。年最长连续无降水日数51 ~ 87天，其中土默特左旗与和林格尔县最长，均为87天，清水河县和武川县最短，分别为51天和52天。

年平均降雪日数22.2天，年最多降雪日42.2天，出现在武川县。全市年平均积雪日数43.2天，北部、南部均多于中部；武川县年平均积雪日最多，为65天。最大积雪深度30厘米，1991年3月27日出现在市区。

三、风

呼和浩特季风气候明显，风向随季节交替而改变，全年除静风外，主导风向以西北风和西南风居多。春季以西北风、西南风居多，夏季以西南风、偏南风居多；秋冬季以偏北风、西北风居多。

全年平均风速为1.6 ~ 2.9米/秒。北部的武川县最大，南部的清水河县次之。各季平均风速春季最大，冬季最小。

1986—2015年呼和浩特市各站四季大风（大于6级）频次一览表

表2-3-9　　单位：次

站名	春季（3—5月）	夏季（6—8月）	秋季（9—11月）	冬季（12月至次年2月）
武川县	15	5	4	4
土默特左旗	10	4	2	2
市区	8	4	2	2
托克托县	1	1	0	0
和林格尔县	4	2	1	1
清水河县	8	5	2	1

四、日照

呼和浩特年日照时数在2704 ~ 2918小时，北部武川县和南部清水河县平均年日照时数最高，均为2918小时；中部市区最少，为2704小时；春季平均日照时数808小时，夏季平均日照时数818小时，秋季平均日照时数701小时，冬季平均日照时数604小时，分别占全年日照时数的28%、28%、24%、20%。年日照百分率为61% ~ 66%，大青山北部、清水河县日照率66%、市区61%。

年日照时数年际的变化除清水河县变化不大外，其他地区均呈现一定程度的减小趋势。市区和托克托县下降幅度最大。各站日照时数的年内分布形态相似，均呈单峰型，1 月开始逐渐增加，5 月达到峰值，年底降至最低值。各地日照百分率年平均为 65% ～ 67%。

作物生长期（4—9 月）日照时数 1561 ～ 1605 小时，占年总日照时数 56%。四季中夏季最多，春季次之，冬季最少。日照百分率的分布与年日照时数分布基本一致，北部、南部大于中部。

五、湿度

呼和浩特年平均相对湿度全市差异不大。市区较小，不足 50%；其余地区在 51% ～ 55%。平均相对湿度的四季分配为冬季 54% 左右，春季 38% 左右，夏季 55% 左右，秋季 56% 左右。

1986—2015 年呼和浩特市各站各月及年相对湿度情况表

表 2–3–10　　单位：%

站点	1 月	2 月	3 月	4 月	5 月	6 月	7 月	8 月	9 月	10 月	11 月	12 月	全年
武川县	59	53	45	37	39	49	60	64	60	55	57	60	53
土默特左旗	58	49	43	35	37	47	60	65	61	56	57	58	52
市区	55	47	40	33	34	43	54	58	56	53	54	55	48
托克托县	58	50	43	36	37	47	57	63	60	56	57	57	52
和林格尔县	61	55	47	39	40	49	60	66	64	61	61	62	55
清水河县	55	49	42	36	38	47	58	63	60	56	54	54	51

六、蒸发量

大青山以南地区蒸发量的分布与年降水量分布基本一致，清水河县 2006 毫米，为全市蒸发量最高。武川县降水量小，但蒸发量较中部稍大。一年中 5 月蒸发量最大，1 月蒸发量最小，各地最大与最小蒸发量之差为 200 ～ 300 毫米。

1986—2015 年呼和浩特市各站各月蒸发量一览表

表 2–3–11　　单位：毫米

站点	1 月	2 月	3 月	4 月	5 月	6 月	7 月	8 月	9 月	10 月	11 月	12 月	全年
武川县	26.6	46.4	103.4	204.7	282.7	275.9	243.3	197.2	156.2	111.6	56.4	30.3	1734.8
土默特左旗	24.2	48.1	110.3	217.0	288.9	271.3	234.6	183.7	146.0	107.6	49.4	26.3	1707.3
市区	33.3	53.5	115.6	210.1	240.5	239.0	213.1	178.1	141.3	108.5	54.7	35.5	1623.2

续表 2-3-11

站点	1月	2月	3月	4月	5月	6月	7月	8月	9月	10月	11月	12月	全年
托克托县	23.0	43.9	102.1	189.2	263.2	262.9	241.0	192.8	148.6	105.9	47.6	26.0	1646.1
和林格尔县	24.3	44.5	103.6	208.2	281.1	275.6	244.0	195.4	151.3	106.6	54.1	26.9	1715.6
清水河县	32.6	58.1	127.9	236.1	314.8	311.1	278.7	220.5	179.0	131.6	74.8	40.3	2005.5

七、气压

呼和浩特各站气压年平均值为 86.01 ~ 90.08 千帕。气压的月变化以 12 月为最高，武川县较为特殊，全年月最高出现在 10 月，7 月最低。气压日变化呈二峰二谷型，日最高气压值出现在 8—9 时，次高值出现在 22—23 时；日最低气压值出现在 15—16 时，次低值出现在 4—5 时。

1986—2015 年呼和浩特市各站月平均气压情况表

表 2-3-12　　单位：千帕

站点	1月	2月	3月	4月	5月	6月	7月	8月	9月	10月	11月	12月	全年
武川县	83.98	83.88	83.76	83.64	83.58	83.40	83.39	83.69	84.03	84.23	84.13	84.08	83.82
土默特左旗	90.57	90.35	90.06	89.75	89.53	89.24	89.18	89.54	90.02	90.39	90.50	90.63	89.98
市区	87.06	86.87	86.60	86.31	86.10	85.83	85.77	86.12	86.57	86.91	87.01	87.13	86.52
托克托县	90.68	90.45	90.17	89.84	89.63	89.33	89.26	89.62	90.11	90.49	90.62	90.74	90.08
和林格尔县	89.10	88.90	88.66	88.40	88.20	87.94	87.89	88.23	88.69	89.02	89.09	89.17	88.61
清水河县	88.71	88.52	88.29	88.04	87.85	87.58	87.54	87.88	88.32	88.66	88.71	88.79	88.24

八、地温

呼和浩特秋冬季平均地面温度呈现北低南高分布，清水河县是全市平均地面温度最高的地区，武川县最低；春夏季平均地面温度最高为土默特左旗，武川县最低。

1986—2015 年呼和浩特市各站月平均地面温度情况表

表 2-3-13　　单位：℃

月份	武川县	土默特左旗	市区	托克托县	和林格尔县	清水河县
1 月	−14.4	−11.7	−12.2	−11.0	−12.8	−10.9
2 月	−9.1	−4.7	−5.9	−4.8	−6.4	−5.0
3 月	−0.6	4.0	2.6	3.4	2.2	3.2
4 月	9.2	14.5	12.6	13.3	12.1	12.6
5 月	17.4	22.8	20.5	21.4	20.6	20.4
6 月	22.7	28.0	25.6	26.7	26.1	25.2

续表 2-3-13

月份	武川县	土默特左旗	市区	托克托县	和林格尔县	清水河县
7 月	24.5	29.2	26.9	28.5	27.6	26.6
8 月	21.6	25.4	24.0	25.0	24.5	23.6
9 月	14.9	18.7	17.3	18.3	17.4	17.4
10 月	6.1	9.5	8.0	9.0	8.3	8.8
11 月	−4.2	−1.1	−2.0	−1.2	−1.8	−0.7
12 月	−12.1	−9.8	−10.2	−9.1	−10.5	−8.6

呼和浩特地面平均温度年季间变化与气温基本相同，冬季最低、春季回升、夏季最高、秋季下降。地面平均温度最低值在 1 月，深度增加，最低值出现的时间推迟，320 厘米深的地温最低值在 4 月。地面平均温度最高值在 7 月，深度增加，最高值出现的时间推迟，320 厘米深的地温最高值在 9 月。地面温度日变化振幅最大，深度增加日变化振幅越小，320 厘米处日变化约为 0。

九、无霜期

呼和浩特初霜北部平均见于 9 月中旬，中南部见于 9 月下旬；终霜北部平均见于 5 月上旬，中南部见于 4 月中下旬。无霜期 132 ~ 174 天，北部山区及武川县最短，市区及土默川平原最长；全市最长无霜期是市区 2014 年的 213 天，最短是武川县 1988 年的 87 天。

1986—2015 年呼和浩特市各站初、终霜日期、无霜期情况一览表

表 2-3-14

站名	终霜（日 / 月）	初霜（日 / 月）	无霜期（天）	80% 保证率（%）	90% 保证率（%）	标准差（天）
武川县	5/5	14/9	132	110	99	26
土默特左旗	12/4	25/9	169	148	137	25
市区	10/4	28/9	174	156	146	21.7
托克托县	19/4	25/9	159	143	135	19.1
和林格尔县	24/4	26/9	155	139	134	19.2
清水河县	2/5	25/9	146	130	121	19.3

十、冻土

呼和浩特冻土深度年变化大。1986—2015 年，武川县最大冻土深度 154 ~ 271 厘米，土默特左旗 81 ~ 155 厘米，市区 88 ~ 124 厘米，托克托县 74 ~ 134 厘米，和林格尔县 114 ~ 187 厘米，清水河县 95 ~ 153 厘米。

1986—2015 年呼和浩特市年最大冻土深度情况表

表 2-3-15　　　　单位：厘米

年份	武川县	土默特左旗	市区	托克托县	和林格尔县	清水河县
1986	271	109	123	126	176	148
1987	217	102	117	105	151	115
1988	250	102	126	104	169	128
1989	242	98	103	87	123	106
1990	237	105	117	115	166	131
1991	223	90	101	102	151	110
1992	203	99	113	109	164	125
1993	215	115	107	134	171	110
1994	205	106	114	117	153	128
1995	207	102	104	121	153	129
1996	264	113	124	123	127	120
1997	235	109	118	107	121	104
1998	202	95	105	104	115	112
1999	197	92	96	83	114	105
2000	208	105	122	116	154	137
2001	216	101	120	104	146	118
2002	207	102	101	97	137	101
2003	196	84	99	93	117	121
2004	248	99	104	101	159	140
2005	251	94	106	95	132	116
2006	189	81	98	97	160	104
2007	154	82	88	75	122	95
2008	218	109	114	99	183	150
2009	188	108	97	80	172	130
2010	195	129	101	91	166	135
2011	212	148	111	106	162	143
2012	221	155	118	103	187	153
2013	187	123	124	99	120	133
2014	180	114	98	78	151	110
2015	185	139	99	74	144	100

第三节 气候分区

一、温热半干旱气候区

本区海拔在 920 ~ 1200 米，地势平坦，西低东高，北、东、南三面环山，黄河由西向东南沿市界而过，是由黄河流域、大小黑河流域、浑河流域构成的土默川平原。

大青山的屏障，减轻来自北部的风沙、寒冷，背风向阳，光热条件相对较好。全年太阳总辐射 140 千卡 / 厘米^2，年日照时数 2900 小时以上，≥ 10℃积温 2973 ~ 3125℃，无霜期 150 ~ 158 天，年平均气温 6.2 ~ 9.1℃，生长季月平均温度 17℃以上，夏季各月平均气温在 20 ~ 23℃，适合农作物生长发育。气温日较差较大，气温≥ 10℃期间平均日较差 13 ~ 14℃。

本区处于夏季风影响的边缘地带，大青山的地理条件使土默川平原面朝东南水汽流向，加上地形抬升作用，降水条件较为有利，夏季平均降水量占平均年降水量的 50% ~ 70%。光、热、水资源配合较好。

二、温和半干旱丘陵气候区

本区海拔在 1250 ~ 1500 米，丘陵、浅山、沟壑众多，气候特点是光热较好，热量变化剧烈不稳定，雨量较温热半干旱气候区偏大，受地形抬升影响，夏季雨量较大，局部易出现暴雨、冰雹等强对流天气。局地山洪几乎年年都有。本区内全年总辐射为 145 千卡 / 厘米^2，区内年日照时数在 3000 小时，年平均温度 6.2 ~ 7.4℃，年≥ 10℃活动积温 2257 ~ 2968℃，年降水量 372.1 ~ 411.2 毫米，生长季降水量 340 ~ 360 毫米。温度分布趋势由西南至东随海拔增加而逐渐降低，降水则相反，无霜期 120 ~ 141 天，本区≥ 5℃积温均 3000℃以上，夏季温暖且日较差大。

三、冷凉半干旱气候区

本区海拔多在 1600 米以上，位于大青山北部，蛮汉山黄土高原高山区，属乌兰察布高原，山体南陡北缓。南坡海拔多在 1800 ~ 2200 米，相对高差几百米至上千米。北坡起伏和缓，海拔高而相对高差小。

本区内年平均气温在 2.0 ~ 5.5℃，海拔高处 0.5℃。最冷月（1 月）平均气温 -15℃以下，极端最低气温 -37.0℃，最热月（7 月）平均气温 18.8℃，极端最高气温 33.6℃，6—8 月平均气温 19℃以下。日平均气温≥ 10℃，日数多为 122 天，年≥ 10℃活动积温在 1545 ~ 2257℃，年≥ 5℃积温 2400℃左右，日数 160 天，无霜期 117 天，最短是东西部高寒区，不足 100 天。年平均降水量 274.0 ~ 334.0 毫米。4—9 月平均降水量 316.0 毫米。年日照时数 2900 ~ 3100 小时（年辐射量 140 ~ 160 千卡 / 厘米^2），生长季日照时数 1600 小时。

本区主要气候特点是冬长而寒冷，基本无夏，雨量偏少，日照充足，大风日数多，气候干燥。土壤较贫瘠，水、热不足，无霜期短，气温日较差大。

第四章　物　候

第一节　植物候

呼和浩特市境内植物生长期较短，一般 120 ～ 180 天，一般年草本植物生育期 180 天左右，木本植物生育期 165 天左右，禾谷植物生育期 120 天左右。

3 月上旬，南部清水河地区气温回升；3 日下旬，北部武川地区气温回升，冰雪日渐消融，地表层开始解冻，草本、木本植物最先萌动。市境内臭黄蒿南部萌动期在 3 月 10 日左右，北部萌动期在 3 月下旬。羊草南部地区萌动期在 3 月 15 日左右，北部地区萌动期在 3 月下旬至 4 月上旬。木本植物萌动期在 3 月中旬。武川县一带独心菜（辣麻麻）萌动期在 3 月 20 日左右。南部清水河地区最早开始春耕，约在 3 月 10 日前后。农谚有“立春雨水掏擂粪，惊蛰春风备春耕”之说。3 月下旬开始播种小麦，此时臭黄蒿开始展叶，马莲开始萌发。北部地区春耕时间较南部约晚 30 ～ 35 天。

4 月，大部分植物萌动发芽。上旬，南部地区羊草、马莲先后展叶，蒲公英萌发，这时灌木山樱桃、山杏、针茅等也开始萌发展叶;北部地区马莲冬芽萌动，羊草、臭黄蒿展叶，蒲公英、车前子冬芽萌动。南部地区 4 月初（清明节）种植大蒜。农谚有“大蒜清明不在家、入伏不在地”之说，农村进入农忙之时。中旬，北部地区马莲展叶，灌木冬芽萌动，农村进入农忙之时。中下旬之间南部地区播种莜麦、高粱、谷子、马铃薯等作物。下旬北部地区草本植物进入生长期，开始播种小麦、莜麦、马铃薯等。

5 月，草本植物多进入生长盛期，南部木本植物进入开花期，北部木本植物多进入生长期。上旬北部地区榆树进入开花期，南部榆钱满枝。上、中旬南部地区小叶杨繁花飞扬，车前子进入生长盛期，而北部地区多数草本植物、木本植物开始进入开花期。6 日前后是立夏节令，南部清水河一带播种胡麻，农谚有“立夏种胡麻，九股八根叉；小满种胡麻，到老也开花”之说。中、下旬南部地区适宜播种瓜豆之类，农谚有“小满前后，安瓜种豆”之说。下旬，南部地区杨柳花期将尽，榆树展叶，马莲、车前子、山杏、樱桃进入花期。北部地区较南部略晚，下旬开始播种蔬菜和瓜豆、夏季花田作物，主要集中在小满节令前后。

6 月，北部地区气温升高，植物多进入生长盛期，南部地区由暖变热，进入雨季汛期，农作物进入生长盛期。上旬南部地区开始夏锄，中旬北部开始夏锄，开花植物进入开花末期和结果期。下旬，南部禾谷类作物进入拔节抽穗期，北部臭黄蒿、羊草进入开花末期。

7月，气候炎热，南部地区夏田作物进入成熟期，秋田作物进入拔节吐穗期，马铃薯进入开花结实期，农谚说“山药开花结圪旦”。北部地区进入雨季，植物生长，禾谷作物进入生长盛期。上、中旬南部地区开始收小麦、夏莜麦、豌豆和大蒜。农谚有“小麦不受中伏的气”之说，中伏多在7月下旬，黄杏始熟。7月下旬到8月上旬，北部地区多数草本植物进入果实成熟期。

8月，天气仍热，秋风渐起。农谚说“秋风不刮籽不来”，南部清水河一带的大秋作物进入扬花结实盛期。下旬，全市进入秋收季节，农谚有“处暑闻镰响，瓜菜先遭殃”之说。处暑前后北部武川一带小麦成熟，开始拔割，有“麦子处暑草，不拔自跌倒”之说。

9月，秋风凉，树叶黄，草本、木本植物停止生长，叶子开始变色。上旬进入白露时令，农谚有“白露放大田”“白露抢收，不收则丢”“秋风糜子寒露谷，霜降守住黑豆哭”之说，大秋作物普遍成熟，可以收割。中、下旬开始收马铃薯、萝卜。至9月末全市范围内秋收逐步结束。

10月，天气变冷，昼夜温差大。各种植物渐次停止生长，草本植物进入枯黄期，7日前后有“寒露百草枯”的农谚。木本植物开始落叶。葡萄树需整枝盘条，入坑覆盖保暖过冬。中、下旬开始霜降，农谚有“立冬不歇牛，还有十天犟疙揉”，意为10月底和11月初还可以勉强秋翻地。

11月，气候转冷，土层逐渐冻结，地表植物停止生长，树叶落尽，草木沉寂，粮食归仓。

第二节　动物候

呼和浩特地区冬寒期较长，有6个月左右，北部地区冬季到来较南部略早，一般年从10月下旬至次年4月下旬，南部地区一般年从11月初至次年3月底。北部武川一带冬眠动物的冬眠期约为150天，南部清水河一带冬眠期在120天左右。冬眠动物有蛇、青蛙、黄鼠、刺猬、獾以及部分昆虫等。候鸟有燕子、大雁（豆雁）、大杜鹃（布谷鸟）等。

2月，天气渐暖，春天伴随雁归，从清水河一带开始，逐渐向北推进，下旬时节“数九”中的“八九”。农谚有“七九河开河不开，八九雁来雁准来”“七九、八九沿河看柳”之说。

3月上旬，惊蛰前后，南部地区的冬眠动物率先复苏，中旬黄鼠出洞，下旬蚁虫出现。月末蛇始见，农谚有“3月3日蛇出洞，9月9日蛇钻窟”之说。北部地区要到月末，草原黄鼠苏醒出洞，密度逐渐增大。山、绵羊经过长期的风雪严冬和枯草期，体质下降，俗话有“九尽羊干”（数九天结束时，羊膘也消耗完了）的说法。

4月上旬，蛇出洞。黄鼠开始发情交配。上旬始见燕子南来，安家筑巢。中旬，南部地区部分昆虫的成虫（蛾）始出，下旬大量出现，同时北部地区昆虫成虫开始出现。月末，青蛙始见，农谚有“3月青蛙呱呱叫，农家户户把谷泡”（3月指农历，实为公历4月）之说。北部地区大雁平均始见期在4月25日。

5月，北部地区青蛙平均5月4日始见。南部地区昆虫幼虫出现。燕子开始产蛋孵雏，孵化期约30天，雏燕从脱壳到出窝起飞约15天。中旬布谷鸟始鸣。此时北部地区家燕始来，平均5月12日始见。5月下旬，北部地区大量昆虫成虫出现。5月下旬到6月上旬，可见大量幼虫。

6月，南部地区牛、羊膘肥体壮，开始发情交配，孕期为5个月，此时羊肉味道鲜美，清水河地区有“六月六，西葫芦烩羊肉”之说。大畜配种和母鸡孵化也多在此月。北部地区的青蛙6日始鸣，6月上旬产卵。6月中旬黄鼠幼鼠出现，密度增高。武川一带家燕筑巢期一般为6月中旬，当地相传有一种自然现象，在农历五月初五这一天，青蛙绝迹，俗称“躲端午”。据传说，如能在这天抓到青蛙，用瓦扣焙干，是治疗疮疔的良药。7月，黄鼠幼鼠出现，黄鼠密度增大，幼鼠始与母鼠分洞居住，独立生活。中旬，北部地区家燕进入产蛋期，孵化期为26 ~ 33天。雏燕从出壳到离巢需7 ~ 11天。7—8月，大量昆虫经历卵、幼虫、蛹变为成虫，开始繁殖。

8月，秋高气爽，草茂叶繁，牲畜抓膘。北部地区幼鼠进入成熟期并分居，数量达到高峰。武川一带青蛙平均8月27日绝鸣。月末，南部地区布谷鸟南飞。

9月，清水河一带青蛙绝鸣，下旬开始入眠。野生动物处于生长旺盛期，皮毛俱佳，俗语有“9月的狐子、10月的狼、11月的兔子似金黄”。9月后，草原黄鼠大量进食，储存食物准备冬眠。9月末，成虫陆续死亡，有的以卵、蛹越冬；月末，各地燕子南飞越冬。北部地区家燕平均绝见期在9月24日，青蛙平均绝见期9月19日，大雁平均绝见期9月30日。

10月，南部大雁南飞越冬，北部黄鼠进入冬眠。

11月，土地封冻，各地冬眠动物均入洞冬眠，月末进入小寒节令，始杀猪宰羊。

12月到次年1月是母羊产仔（冬羔）旺季，1月进入产羔高峰期。

家养动物繁殖交配期各不相同。猫和狗在3月和9月（农历二月、八月）交配，俗称“二八月猫嚎窝、狗嫌窝”。民间流传描述家畜孕期的农谚：“骡马三百三（330天），牛是九月半（9个月加半个月），羊是五个月，毛驴近一年，兔是三十天，猪是三三三（3个月加3周加3天），母鸡抱窝二十天”。

第五章　土壤　植被

第一节　土　壤

一、土壤类型

呼和浩特土壤类型比较丰富，有灰色森林土、灰褐土、栗褐土、栗钙土、沼泽土、潮土、灰色草甸土、山地草甸土、盐土、粗骨土、风沙土 11 个土类，17 个亚类。土壤分布的规律是：海拔 1900 ~ 2000 米以上的中山，年平均气温较低，水分条件好，生物循环积累和淋溶过程明显，形成森林土壤和淋溶森林土壤；海拔 1600 米以下的石质山区和黄土丘陵区形成灰褐土、粗骨土及过渡类型的栗褐土，山前倾斜平原及黑河冲积平原，地形平缓，形成隐域性潮土、盐土等。灰色森林土、灰褐土、山地草甸土、粗骨土基本在大青山山地和蛮汉山山地；栗褐土、栗钙上基本在丘陵、台地；平原潮土为主，面积约 28 万公顷，其次是沼泽土、风沙土、灰褐土、栗褐土。占土壤总面积近 70% 的潮土、灰色森林土、灰褐土，腐殖质层厚度均在 20 ~ 40 厘米，有机质含量在 1% ~ 2%，最高为 9.6%，有利于发展农业生产。

呼和浩特土壤资源质量较好，但地区间和地类间差异十分明显。各旗县区宜农耕地占比均较高。一、二级宜农耕地集中分布在土默特左旗、赛罕区、托克托县和和林格尔县的土默川平原；三、四、五级耕地集中分布在清水河县、武川县和和林格尔县的丘陵区。后备宜农土地主要分布在托克托县、和林格尔县、土默特左旗和赛罕区，数量少、质量低、多为零星片状分布，开发难度较大。全市后备宜林土地资源充足，分布广泛且集中，适宜人工种草，发展饲草饲料地和进行草田轮作的牧业土地资源丰富，开发利用潜力大。全市主要耕地土壤为潮土、栗钙土和栗褐土，土壤养分含量普遍较低，下层培肥难以满足各类农作物稳产、高产的需求。

二、土壤分布

（一）新城区、玉泉区、回民区

黑垆土 分布于大青山前洪积扇及东部黄土状丘陵区，垂直地带的上限为灰褐土，下限为草甸土。小黑河镇黑垆土分布面积较小，保合少镇的分布面积最大，占黑垆土总面积的 52.14%，其次为毫沁营镇和攸攸板镇，分别占 37.44%、10.42%。

草甸土 属隐域性土壤，面积为 3981.22 公顷，占耕地总面积的 29.73%。主要分布于山前洪积扇的扇缘和河流两岸的冲积平原。

潮土 属隐域性土壤，与草甸土复区分布，三市区该土类面积为 1473.83 公顷，占耕地总面积的 11%，一、二、三级耕地面积大，四级耕地面积较小，无五级耕地分布，

分别占该土类的35.15%、30.89%、29.40%、4.50%。

灰褐土　分布于大青山垂直地带上，该土类面积为764.98公顷，占耕地总面积的5.71%，三、四、五级耕地面积大，一、二级耕地面积较小，分别占该土类的45.22%、35.85%、17.95%和0.58%、0.40%。

盐土　分布于大小黑河流域，成土母质以冲洪积母质为主，与草甸土、潮土复区分布，该土类面积为495.69公顷，占耕地总面积的3.70%，一、二级耕地面积大，分别占该土类的58.02%、30.37%，三、四级耕地面积较小，分别占该土类的6.50%、5.12%。

（二）赛罕区

草甸土　主要分布在大小黑河流域，少量分布在山前洪积扇的扇缘地带及什拉乌素河两侧的冲积平原。该土类耕地面积1.90万公顷，占总耕地面积43.85%。成土母质为冲洪积物和湖积物。

黑垆土　分布在大青山前洪积扇及东部黄土状丘陵地区，该土类耕地面积2.20万公顷，占总耕地面积50.78%。

灰褐土　属赛罕区低中山地垂直带土壤，该土类耕地面积为930.17公顷，占总耕地面积的2.15%。

盐土　与盐化草甸土镶嵌分布，主要分布在地下水排泄不畅的封闭地、平洼地、灌区两侧，金河镇南部为集中分布区。该土类面积1395.54公顷，占总耕地面积的3.22%。

（三）土默特左旗

草甸土　主要分布在黄河、黑河灌区和什拉乌素流域大面积冲积平原上，在山前冲积扇的边缘地带也有分布，面积9.92万公顷，占全旗总耕地面积的86.48%。

灰褐土　主要分布在大青山山地和冲洪积扇中、顶部，面积为1.08万公顷，占全旗土壤总面积的9.44%。

沼泽土　主要分布在旗境内的黄河灌区及其冲积扇的低洼处，总面积727.61公顷，占全旗土壤总面积的0.63%。

盐土　呈片状与盐化草甸土混合分布，总面积3353.85公顷，占全旗土壤总面积的2.92%。

栗钙土　主要分布在沙尔沁乡东部黄土丘陵地带，面积597.15公顷，占全旗土壤总面积的0.52%。

（四）托克托县

灰褐土　分布于燕山营乡大石窑村东南与清水河县相邻的蛮汉山系，总面积约339.7公顷，占全县土壤总面积的0.24%。其中，耕地2.40公顷，占全县耕地面积的0.004%。

栗褐土　主要分布在县境东部的冲积平原与和林格尔丘陵山前冲洪积倾斜平原交会地带和湖积台地边缘地带，北麓属蛮汉山灰褐土带的边缘部分，总面积约9063公顷，占全县土壤总面积的6.4%。其中，耕地2207.15公顷，占全县耕地面积的3.39%。

草甸土　分布以黄河、黑河流域呼和浩特—托克托（呼托）公路两侧最为常见，面积为9.36万公顷，占全县土壤总面积的66.09%。其中，耕地5.66万公顷，占全县耕地面积的86.85%。

盐土　主要分布在黑河、黄河灌区及什拉乌素河流域呼托公路两侧，并于盐化草甸土插花分布，面积为1.91万公顷，占全县土壤总面积的13.49%。其中，耕地4441.65公顷，占全县耕地面积的6.81%。

沼泽土　分布于沟间的低平洼地，面积为785.73公顷，占全县土壤总面积的0.56%。其中，耕地376.43公顷，占全县耕地面积的0.58%。

风沙土　主要插花分布在南坪乡、黑城乡、燕山营子乡等，面积1.68万公顷，占全县土壤总面积的11.85%。其中，耕地1548.52公顷，占全县耕地面积的2.38%。

（五）和林格尔县

灰褐土　分布于东南部中低山地及丘陵、边缘和山前洪积扇的中上部，包括黑老窑，城关镇胜利营、新店子，大红城三道营，盛东镇灯笼素一带，总面积1.07万公顷。

栗褐土　全县均有分布，面积4.36万公顷，占全县土壤总面积66.1%。

潮土　主要分布在茶坊河、宝贝河、马厂河、古力半几河、浑河流域的冲积平原及河谷阶地漫滩，面积5956.87公顷，占全县土壤总面积的9%。

盐土　分布于舍必崖乡黑麻洼和羊群沟一带，面积79.75公顷，占全县土壤总面积的0.12%。

沼泽土　主要分布在城关樊家窑、盛乐镇土城子、大红城、羊群沟一带河谷低洼以及积水的洼地，面积79.63公顷，占全县土壤总面积的0.12%。

风沙土　分布在城关镇、大红城、舍必崖、盛乐镇、盛乐经济园区、新店子、羊群沟乡的山地丘陵及平原川区河流两岸及坡角地带，面积为4628.18公顷，占全县土壤总面积的7%。

石质土　主要分布在城关镇、大红城、黑老窑、盛乐镇、新店子、羊群沟的土石高原山区，面积为982.93公顷，占全县土壤总面积1.5%。

（六）清水河县

栗钙土　主要分布在喇嘛湾、王桂窑、五良太北部西北部，与托克托县、和林格尔县相接，下界与沙土、草甸栗钙土、草甸灌淤土交错分布。草甸栗钙土为栗钙土带内的隐域性土壤，主要分布在喇嘛湾、王桂窑、五良太沿河谷一级阶地及丘陵盆地的较低部位。面积为9896.33公顷，占总耕地面积的15.31%。

栗褐土 全县分布较广泛，主要在沿清水河县两岸、杨家川、北堡一带的黄土丘陵。

灰褐土 主要分布在北堡一带，切割深度 50 ~ 200 米，由南向北阶梯式逐渐倾斜，下界与栗褐土相接。分布范围较小，面积较小。

潮土 属隐形土壤，主要分布在盆地青、杨家窑、城关镇、小庙子、五良太、王桂窑、喇嘛湾等河谷流域中呈条带状分布。

风沙土 主要分布在喇嘛湾、王桂窑、五良太，靠近黄河个别乡也有零星分布。

沼泽土 主要分布在城关镇、小庙子的河谷低洼地带或者冲洪积河漫滩，面积小、范围小。

盐土 属隐域性土壤，主要分布在喇嘛湾镇桥河畔村正南。

石质土 主要分布在山地的顶部或者向阳陡坡以及黄河沿岸。

（七）武川县

栗钙土 主要分布在大青山山麓以北，东南部分布在哈乐、红旗、车铺等一带，西北部分布在东红胜、二份子，与达尔罕茂明安旗交界。南部与灰褐土带和山地黑土带相连，北部与四子王旗、达尔罕茂明安旗境内栗钙土带相接。面积 5068.85 公顷。

灰褐土 主要分布在大青山山地中低山平缓坡上，与山地黑土交错分布，下界与暗栗钙土、栗钙土相接，构成山地土壤明显的垂直分布带谱，面积 10.41 万公顷，占全县土壤总面积 22.56%。

草甸土 分布在武川境内大小河流河漫滩一级阶地扇缘地带以及山间或丘陵低平地，面积 1.92 万公顷，占全县土壤总面积的 4.14%。

山地黑土 主要分布在大青山的五道沟梁、井眼梁和红旗乡的淖梁以及与车铺、哈乐镇的交界地带，面积 2.07 万公顷，占全县土壤总面积的 4.5%。

石质土 分布在东起红旗乡淖梁，西至哈拉门独乡的村空梁一线的大青山山顶部和陡坡，其次在北部丘陵的顶部，少量零星分布，面积 6.38 万公顷，占全县土壤总面积的 13.8%。

第二节 植 被

一、森林植被

呼和浩特市有乡土树种 25 科 45 属 64 种，其中乔木 13 科 22 属 32 种、灌木 12 科 23 属 30 种、木质藤本 2 科 2 属 2 种。分布于大青山北坡，以及东部蛮汉山高海拔处的阴坡、半阴坡。建群种以次生的白桦、山杨为主，油松和华北落叶松也有少量分布。在土默特左旗金銮殿山北侧，保留着小面积的云杉。灌木主要有虎榛子、绣线菊、珍珠梅、黄刺玫等。草本有寸草、隐子草、黄花、羊草、八仙花等。

二、山地草原植被

分布于大青山、蛮汉山的阴坡和半阴坡，主要植被有虎榛子、珍珠梅、沙棘、山榆、铁杆蒿、芍药、山丹、酸模、唐松草、地榆等。

三、干草原植被

水平地带性的主要植被类型，主要植被有冷蒿、羊草、百里香、赖草、早熟禾、针茅、铁线莲、兰刺头、蒲公英、小叶锦鸡儿等。

四、草甸草原植被

多分布于平原区，常见的植被有萎萎菜、寸草、紫菀、三棱草、苦菜、芦苇、臭黄蒿、狼尾草、冰草、早熟禾、马莲、湿草等。

五、盐生植被

多分布于中部、西部平原和低洼处一带，生长的植被有碱蓬、芨芨草、剪刀股、大车前、碱葱等。

六、沙生植被

分布于西南部较干旱地区，主要植被有白茨、沙蓬、狗尾草、沙蒿、针茅、猫头刺等。

第六章　自然资源

第一节　土地资源

一、资源利用

呼和浩特市土地资源类型多样，分布不均，地区差异大。大青山山地生物资源多样，土地利用以林牧为主，是山前平原水源涵养区和生态屏障；山前洪积扇及扇缘地带，人口密集，交通便捷，是发展林果、蔬菜、农畜产品加工基地及商业服务中心；土默川平原地势平坦，土地肥沃，气候温和，水源充沛，是粮、糖、油商品生产区；南部及阴山北麓丘陵区地广人少，农林牧交错，是发展杂粮、油料、薯类和畜牧业生产基地的区域。

以市区为中心，以京包铁路、呼包高速公路、呼准一级公路为干线，由近郊至远郊，由平原至山区，土地综合利用具有明显的城郊型特点。城镇化率、建设用地率、土地集约经营水平依次降低，为城镇服务的土地利用功能及效益差异明显。

呼和浩特市的耕地布局地域特点突出，南部黄土丘陵及阴山以北丘陵地区以旱地为主，分布零散，中部平原地区耕地中水浇地面积较大，集中连片。

1986 年，呼和浩特市土地总面积 60.79 万公顷。其中，平原面积为 44.69 万公顷，占总面积的73.5%；山区面积为16.1万公顷，占总面积的26.5%。土地资源利用主要是农业用地，包括耕地、牧草地和林地。其次是居民点和未利用地，其他用地占比较小。全市有耕地面积17.33万公顷，占总土地面积的28.5%；林业用地11.33万公顷，占总土地面积的18.6%；草场、草滩、草坡等畜牧业用地16.67万公顷，占总土地面积的27.4%；村镇、交通、河流占地约8万公顷，占总土地面积的13.2%；荒山6.67万公顷，占总土地面积的11.2%。

1996年，根据《呼和浩特市1996年土地利用现状变更调查》数据，全市土地总面积171.88万公顷。全市农用地159.30万公顷，占土地总面积的92.68%。其中，耕地60.76万公顷，占土地总面积的38.14%；园地3582.29公顷，占土地总面积的0.22%；林地24.27万公顷，占土地总面积的15.24%；牧草地72.85万公顷，占土地总面积的45.73%；水面1.07万公顷，占土地总面积的0.67%。建设用地8.51万公顷，占全市土地总面积的4.95%。其中，居民点及工矿用地5.69万公顷，占建设用地面积的66.87%；交通用地1.5万公顷，占11.71%；水利设施用地1.31万公顷，占15.42%。未利用地4.07万公顷，占全市土地总面积的2.37%。其中，滩涂、苇地1.22万公顷，占未利用地面积的29.96%；荒草地、盐碱地、沼泽地、沙地、裸土地、裸岩石砾地、田坎、其他等未利用土地2.85万公顷，占未利用地面积的70.04%。全市土地利用率97.63%，森林覆盖率12.23%，水浇地占耕地面积的25.87%，菜地占耕地面积的0.71%，人工及改良草地占牧草地面积的2.27%，城镇建设用地占居民点及工矿用地面积的20.16%。

2005年，根据《呼和浩特市2005年土地利用现状变更调查》数据，全市土地总面积171.06万公顷。其中，农用地159.34万公顷，占土地总面积的92.61%；建设用地7.96万公顷，占土地总面积的4.63%；其他土地4.75万公顷，占土地总面积的2.76%。农用地中耕地56.88万公顷，占土地总面积的33.06%；园地4632.18公顷，占土地总面积的0.27%；林地31.27万公顷，占土地总面积的18.18%；牧草地67.27万公顷，占土地总面积的39.10%；其他农用地3.45万公顷，占土地总面积的2.00%。在建设用地中城乡建设用地6.57万公顷，占土地总面积的3.82%；交通水利用地1.02万公顷，占土地总面积的0.59%；其他建设用地3741.46公顷，占土地总面积的0.22%。在其他土地中水域1.86万公顷，占土地总面积的1.08%；自然保留地2.90万公顷，占土地总面积的1.68%。

截至2015年，呼和浩特市土地总面积为171.86万公顷。土地利用结构以农用地为主，建设用地和其他土地比重较小。其中，农用地面积155.14万公顷，占土地总面积的90.27%；建设用地面积10.98万公顷，占土地总面积的6.39%；其他土地面积5.74万公顷，占土地总面积的3.34%。在农用地中，耕地面积55.96万公顷，占土地总面积的 32.56%；园地面积 4812 公顷，占土地总面积的 0.28%；林地面积 36.55 万公顷，占土地总面积的 21.27%；牧草地面积 58.74 万公顷，占土地总面积的 34.18%；其他农用地面积 3.40 万公顷，占土地总面积的 1.98%。建设用地中，城乡建设用地面积 8.59 万公顷，占土地总面积的 5.50%，交通用地 1.22 万公顷，占土地总面积的 0.71%，水利用地 3100 公顷，占土地总面积的 0.18%。

耕地主要分布在武川县、土默特左旗、和林格尔县，分别占全市耕地面积的 25.88%、20.82%、19.50%，市四区耕地比重仅占全市耕地的 10.60%；园地主要分布在土默特左旗和新城区，分别占全市园地面积的 40.96%、28.75%，园地比重最小的地区为玉泉区，为 0.26%；林地主要分布在清水河县、和林格尔县，占全市林地一半以上，比重分别为 29.24%、26.86%；牧草地主要分布在武川县，占全市牧草地面积的 45.03%；其他农用地主要分布在土默特左旗，占全市其他农用地的 29.94%，城乡建设用地主要在土默特左旗、赛罕区、和林格尔县，占全市城乡建设用地的比重分别为 18.84%、17.13%、14.52%；交通用地主要在土默特左旗、和林格尔县，比重分别为 21.59%、18.67%；水利用地主要分布在土默特左旗，比重为 40.25%。

二、自然保护地

呼和浩特市自然保护地整合优化后面积 25.83 万公顷，共保留自然保护地 11 处，其中国家级自然保护区 1 个、国家级湿地公园 2 个、国家级森林公园 1 个、国家级地质公园 1 个、自然公园 6 个。

三、湿地资源

呼和浩特市共拥有湿地块 368 块，总面积 3.33 万公顷。其中重要湿地资源包括浑河国家湿地公园，面积 840.31 公顷；哈素海国家湿地公园，面积 606.67 公顷；石人湾县级湿地自然保护区，面积 3000 公顷。

第二节 水资源

一、自产地表水资源量

根据《内蒙古自治区水资源及其开发利用调查评价》，呼和浩特当地自产地表水资源量 4.79 亿立方米，其中市区 4196 万立方米、土默特左旗 4735 万立方米、托克托县 1306 万立方米、和林格尔县 1.26 亿立方米、清水河县 1.29 亿立方米、武川县 1.22 亿立方米。

二、地下水资源量

呼和浩特多年平均地下水资源量 9.73 亿立方米，其中市区 1.88 亿立方米、土默特左旗 2.23 亿立方米、托克托县 6269.43 万立方米、和林格尔县 1.12 亿立方米、清水河县 1.10 亿立方米、武川县 2.77 亿立方米。

三、自产水资源总量

呼和浩特水资源总量 11.88 亿立方米，其中地表水资源量 4.79 亿立方米、地下水资源量 9.73 亿立方米，地表水与地下水重复量 2.64 亿立方米。

各旗县区自产水资源总量分别为市区 1.89 亿立方米，土默特左旗 2.38 亿立方米，托克托县 5747.89 万立方米，和林格尔县 1.87 亿立方米，清水河县 1.66 亿立方米，武川县 3.50 亿立方米。

四、自产水资源可利用总量

呼和浩特水资源可利用总量为 7.65 亿立方米，其中地表水资源可利用量为 2.20 亿立方米、地下水资源可开采量为 6.01 亿立方米，地表水与地下水间重复利用量为 5545 万立方米。

五、黄河客水水资源量

呼和浩特客水主要是黄河分配水量，初始水权 5.1 亿米^3/ 年。其中，支流（大黑河、浑河）分配水量 1.18 亿米^3/ 年，支流水量在当地水资源量内统计。

呼和浩特黄河干流水量指标 3.92 亿立方米，分配给麻地壕灌区、毛不拉灌区、哈素海灌区、沿黄小灌区、托克托电厂、引黄入呼供水工程，合计为 3.60 亿立方米，剩余水量指标为 3200 万立方米。

呼和浩特市黄河干流水量分配情况表

表 2-6-1　　单位：万立方米

灌区、工业及生活	初始水权量
麻地壕灌区	6000
毛不拉灌区	1000
哈素海灌区	7800
沿黄小灌区	505
托克托电厂	6100
引黄入呼供水工程一期	6300
引黄入呼供水工程二期	8300
其他	3195
合计	39200

1986—2015 年呼和浩特市自产水资源平均值情况表

表 2-6-2　　单位：万立方米

旗县（市、区）	地表水资源量		地下水资源量					水资源总量		地下水与地表水资源量间重复计算量（矿化度＞2 克／升）	地下水与地表水资源量间重复计算量（矿化度≤2 克／升）
	多年平均	可利用量	山丘区	平原区	地下水资源总量	其中：矿化度≤2 克／升地下水资源量	地下水可开采量	水资源总量	其中：矿化度≤2 克／升水资源量		
			地下水资源量	平原区地下水资源量							
合 计	47877.00	21984.00	60962.02	76921.91	104887.20	97313.60	60086.41	124249.69	118779.18	2103.09	26411.43
市区	4196.00	1926.71	9581.57	17365.42	18786.86	18786.84	17725.18	18942.68	18942.66	0.00	4040.18
土默特左旗	4735.00	2174.20	10940.44	35572.56	24211.95	22302.92	19900.91	25172.11	23807.59	544.51	3230.33
托克托县	1306.00	599.68	246.51	12644.75	11722.63	6269.43	6246.76	9710.97	5747.88	1490.12	1827.54
和林格尔县	12583.00	5777.82	6278.41	5577.01	11362.81	11151.46	6016.29	18854.55	18711.66	68.46	5022.80
清水河县	12856.00	5903.17	11039.07	15.88	11054.95	11054.95	2224.33	16555.15	16555.15	0.00	7355.80
武川县	12201.00	5602.41	22876.02	5746.29	27748.01	27748.01	7972.94	35014.23	35014.23	0.00	4934.77

第三节　气象资源

一、光能资源

呼和浩特地区由于海拔高、气候干燥、日照时间长、太阳辐射强，光能资源丰富，日照时数在 2704 ～ 2918 小时。其中，北部武川县最长，占全年总日照时数的 56%。全市太阳辐射量 1658822 ～ 1727769 千瓦时 / 米 ^{2}，仅次于西藏高原和西北部分地区。

二、风能资源

呼和浩特地区年平均风速和大风日数（最大风速大于 17 米 / 秒）的分布规律呈高山及前山地区多，平原地区少的趋势。武川县及清水河县高海拔地区的年平均风速在 2.3 ～ 3.3 米 / 秒，年大风日数在 6 ～ 15 天，最多达 81 天，最少 13 天。平原地区年平均风速在 1.8 ～ 1.9 米 / 秒，年大风日数达 19 天，最多达 49 天，最少 9 天。地区差异特别明显。春季大风约占全年总大风日数的 50% ～ 60%，其分布规律基本相同。平均风速的季节变化以春季最大，夏季最小，冬季大于秋季。

第四节　矿产资源

一、分布情况

截至 2015 年，全市发现金属、非金属、煤炭、矿泉水等矿产种类 51 种。其中，列入《内蒙古自治区矿产资源储量表》的矿种 22 个，矿产地 87 个，包括大型矿床 9 处、中型矿床 16 处、小型矿床 62 处。此外有未上储量表的矿种 29 种，矿产地 70 处。大中型矿床规模的矿种有铌钽（铷）矿、水泥用大理岩、水泥用石灰岩、高岭土、饰面用花岗岩、陶瓷土、石墨、石榴子石等。

大青山及其北部金属矿产以铁、金、铌钽（铷）等为主，非金属矿产有水泥用大理岩、化工用白云岩、晶质石墨矿等。和林格尔县及清水河县以饰面用花岗岩、水泥用灰岩、高岭土、陶瓷土、石榴子石等非金属矿产以及煤矿为主。

呼和浩特市的优势矿产为铌钽（铷）、铁、金、高岭土、饰面花岗岩、水泥用大理岩和灰岩等，其中铌钽（铷）、水泥用大理岩、饰面用大理岩保有资源储量居自治区第一位；高岭土、饰面用花岗岩、化工用白云岩居自治区第二位。

二、金属矿产

呼和浩特金属矿产主要有金、铁、银、铅、锌、铜、钨等，分布在武川县和土默特左旗。截至 2015 年，全市铁矿上表矿区 28 处，矿床规模均为小型。全市铁矿石查明资源储量较大的有5处，多属太古界“鞍山式”铁矿，均为贫铁矿；金矿上表矿区14处，全为小型，部分伴生铜金属；银矿上表矿区9处，全为小型，部分伴生铅锌；铌钽矿1处。

三、非金属矿产

呼和浩特非金属矿产主要有水泥用石灰岩、水泥用大理岩、化工用白云岩、黏土、石墨、石榴子石、饰面用花岗岩、饰面用大理岩、云母、高岭土等；其次有泥炭、水泥配料用砂、钾长石、建筑用辉绿岩、建筑用玄武岩、云母、矿泉水等。其中，大理岩类、白云岩类、饰面石材花岗岩、高岭土等为优势矿种。主要分布在清水河县、和林格尔县和武川县。

截至2015年，水泥用石灰岩上表矿区矿床规模大型2处、中型1处、小型3处。水泥用大理岩矿床规模大型3处、中型3处，部分质量较好的作为饰面用大理岩进行开采。化工用白云岩矿有上表矿区1处，矿床规模为小型。饰面用花岗岩上表矿区5处，矿床规模全部为小型。饰面用大理岩矿床规模中型2处、小型1处。高岭土是呼和浩特的优势矿产之一，上表矿区矿床规模大型1处、中型1处。石墨矿上表矿区3处，均为中型。

四、能源矿产

呼和浩特能源矿产上表矿区有7处，煤类为焦煤、无烟煤、长焰煤、褐煤，主要分布在清水河县、武川县。

2015年呼和浩特主要矿产资源种类一览表

表2-6-3

矿产	全市上表矿种		已发现但未上表矿种	
	种类	矿种名称	种类	矿种名称
金属矿产	10	铁、金、银、铜、铅、锌、钨、镁、铌钽、铷	1	镁
非金属矿产	11	化工用白云岩、石墨、石榴子石、水泥用石灰岩、高岭土、陶瓷土、砖瓦用黏土、水泥配料用黏土、水泥用大理岩、饰面用花岗岩、饰面用大理岩	25	冶金用白云岩、冶金用石英岩、泥炭、云母、水晶、长石、石榴子石、建筑石料用灰岩、制灰用石灰岩、建筑用白云岩、建筑用砂、建筑用砂岩、建筑用页岩、建筑用玄武岩、饰面用辉绿岩、建筑用辉绿岩、建筑用花岗岩、浮石、建筑用大理岩、片麻岩、千枚岩、饰面用蛇纹岩、闪长岩、建筑用石料（凝灰岩）、角闪岩
能源矿产	1	煤	1	地热
水气矿产	—	—	2	矿泉水、地下水

第五节　野生动植物资源

一、动物资源

呼和浩特野生动物共有 21 目 62 科 247 种。其中，兽类 3 目 7 科 14 种；啮齿类 2 目 6 科 21 种；鸟类 16 目 49 科 212 种；鱼类 3 亚目 4 科 15 种。属于国家保护动物的鸟类有 12 种，兽类有 3 种。一级保护动物有黑鹳、游隼，二级保护动物有盘羊、云豹、青羊、大天鹅。

二、植物资源

呼和浩特市从南到北，由西至东水热条件不同，地形地貌差异较大，所以自然植被类型也有所不同。植被分布规律的特点是从南向北、从东向西由森林植被逐渐过渡到灌丛草原，干草原、草甸草原，同时尚有岩生植被、沼泽植被和沙生植被。植被共分为森林植被、山地草原植被、干草原植被、草甸草原植被、盐生植被、沙生植被六种类型。

分布在市境山区、丘陵、台地和平原的野生种子植物和习见栽培植物共有 770 余种，隶属 89 个科 370 个属。其中，乔木树种有油松、白皮松、毛枝云杉、杜松、白桦、山杨、小叶杨、旱柳、白榆、蒙桑等；灌木树种有虎榛子、绣线菊、柄扁桃、栒子木、酸麻子、东陵绣球、柠条、灌木铁线莲等；野生果树树种有秋子梨、面果子、欧李、沙棘、山葡萄、山荆子等；观赏植物有黄刺玫、山刺玫、金露梅、大瓣铁线莲、金莲花、翠雀花、野罂粟、石竹、山丹、二色补血草、百里香等；油料植物有文冠果、芝麻菜、野亚麻等；纤维植物有芦苇、芨芨草、马莲、早熟禾等；药用植物有党参、黄芪、麻黄、芍药、草乌头、五味子、短梗五加、沙棘、宁夏枸杞、地榆、苦参、甘草、银柴胡、秦艽、远志、黄芩、细叶益母草、车前、柴胡、紫菀、大蓟等；优良牧草有紫苜蓿、草木樨、扁蓿豆、芦豆苗、羊草、披碱草、冰草、无芒雀麦、白草、水稗等。

第七章　自然灾害

第一节　气象灾害

一、旱灾

呼和浩特各季节发生气象干旱的频率变化复杂，多以轻旱、中旱为主。夏季干旱发生频率以土默特左旗最高，清水河县最低，夏季重旱、特旱出现频率高于其他季节；秋季干旱发生频率武川县最高，和林格尔县最低；冬季干旱发生频率市区、清水河县最高。

1986 年，呼和浩特发生 60 年罕见旱灾，托克托县 12.4 万人受灾，受灾面积 2.67 万公顷，成灾面积 2.67 万公顷，绝收面积 8524 公顷，直接经济损失 1621 万元，均为农业直接经济损失。受灾面积 2.2 万公顷，成灾面积 1.75 万公顷，绝收面积 4500 公顷，和林格尔县 17 个乡镇，172 个建制村，792 个自然村，8.13 万人受灾，因灾死亡大小牲畜 78 头（只），直接经济损失 950 万元。

1987 年，托克托县半年无雨，全县严重旱灾，受灾面积 3.29 万公顷，成灾面积 3.29 万公顷，绝收面积 4545 公顷。5.29 万人受灾，直接经济损失 2246 万元，均为农业直接经济损失。

1989 年，土默特左旗发生旱灾，全旗受灾面积 4616 公顷，成灾面积 2604 公顷，绝收面积 2012 公顷。5.21 万人受灾，直接经济损失 692 万元。清水河县发生旱灾，受灾农作物面积 2.85 万公顷，直接经济损失 820 万元。

1990—2014 年，全市共发生 48 次干旱。累计受旱面积 405.13 万公顷、成灾面积 173.47 万公顷、因旱灾造成 116.03 亿元损失，农业直接经济损失 67.72 亿元、牧业直接经济损失 4.31 亿元。春季干旱发生 8 次。其中，轻度干旱 1 次，发生于 2000 年；中度干旱 3 次，分别发生于 1994 年、1996 年、2001 年；重度干旱 5 次，分别发生于 1993 年、1995 年、2011 年、2013 年、2014 年。夏季干旱年发生 9 次。其中，轻度干旱 5 次，分别发生于 1991 年、2001 年、2002 年、2005 年、2009 年；中度干旱 4 次，分别发生于 1999 年、2007 年、2010 年、2011 年。秋季干旱发生 11 次。其中，轻度干旱 7 次，分别发生于 1991 年、1994 年、1998 年、2000 年、2002 年、2005 年、2009 年；中度干旱 2 次，分别发生于 1999 年、2007 年。冬季干旱发生 10 次。其中，轻度干旱 2 次，分别发生于 2007 年、2012 年；中度干旱 3 次，分别发生于 1995 年、1997 年、1999 年；重度干旱 3 次，分别发生于 1996 年、2010 年、2013 年；特大干旱 2 次，分别发生于 1992 年、2009 年。其中，2009 年春夏，全市范围年降雨量罕见偏少。和林格尔县农作物绝收面积 1.10 万公顷，减产半成以上面积占总耕地面积 60% 左右。清水河县干旱长达 70 余天，遭受的干旱为 50 年所不遇，全县 6.67 万公顷农作物，干旱成灾 6 万公顷，绝收 5.33 万公顷；林地受旱面积 4.67 万公顷，直接经济损失 8000 万元；草场受旱面积 3.21 万公顷，其中 2200 公顷干枯死亡，受灾牲畜 23.1 万头（只），死亡 352 头（只），直接经济损失 385 万元；有 4.2 万人，2.7 万头（只）大牲畜因旱缺水。武川县旱灾涉及全县 8 个乡镇，93 个村委会，2.03 万户，7.1 万人全部受灾，占农业人口的 49%，造成 2.5 万人，31 万头（只）牲畜饮水困难，并有 24.86 万公顷草牧场、8 万公顷林地、64 万头（只）牲畜受灾，造成农牧业、林业等损失 4.74 亿元。

连季旱发生 7 次。其中，秋冬连旱 2 次，分别发生于 1992 年、1997 年；冬春连旱 2 次，分别发生于 1995 年、1996 年；春夏连旱 2 次，分别发生于 2001 年、2011 年；夏秋冬连旱 1 次，发生于 2009 年。春季连旱年发生于 1993—1996 年、2000—2001 年；夏季连旱年发生于 2001—2002 年；冬季连旱年发生于 1995—1997 年；冬春连旱年发生于 1995—1996 年；连年旱 1999—2001 年、2005—2007 年。

2014 年，全市作物受旱面积为 14.39 万公顷，占实际播种面积的 31.7%；轻旱为 7.66 万公顷，占实际播种面积的 16.9%；重旱为 6800 公顷，占实际播种面积的 1.5%；作物受灾面积为 1.78 万公顷，占实际播种面积的 3.9%；成灾面积为 3.27 万公顷，占实际播种面积的 7.2%；绝收面积为 713.33 公顷，占实际播种面积的 0.16%。因旱造成 4.76 万人、大牲畜 9.57 万头（只）饮水困难。林业种植面积为 32.76 万公顷，受旱面积为 6.47 万公顷，其经济损失 1.4 亿元；牧草种植面积为 44.46 万公顷，受旱面积为 19.00 万公顷，牲畜受灾 11.49 万头（只），其经济损失 0.1 亿元；水产养殖因旱减产 9 万吨，经济损失 19.1 万元。自治区防汛抗旱指挥部办公室研究决定，自 2014 年 8 月 4 日 12 时起启动抗旱Ⅲ级应急响应，并开展抗旱应急救灾工作。

2015 年，呼和浩特地区降水异常稀少，局部地区出现历史罕见的持续干旱少雨气候。武川县东部、托克托县西南部为轻旱，和林格尔县、清水河县大部为重旱，其余地区为中旱。特别是清水河县遭遇历史罕见的持续干旱少雨气候。窑沟乡、单台子乡、五良太乡、喇嘛湾镇遭受严重的干旱灾害，受灾人口达 3.91 万人，受灾面积 1.51 万公顷，成灾面积 1.51 万公顷，其中玉米 4799 公顷、荞麦 941 公顷、谷类 4427 公顷、马铃薯 3002 公顷、油料 1240 公顷、豆类 692 公顷，干旱造成农作物减产四成以上，农业直接经济损失 5752 万元。

1986—2009 年呼和浩特市干旱发生危害程度统计表

表 2-7-1

年份	人口受灾情况					农作物受灾情况			损失情况				
	受灾人口（万人）	伤亡人口（人）	伤病人口（人）	被困人口（人）	饮水困难人口（万人）	受灾面积（公顷）	成灾面积（公顷）	绝收面积（公顷）	倒塌房屋（间）	损坏房屋（间）	因灾死亡大牲畜（头只）	直接经济损失（万元）	农业直接经济损失（万元）
1986	44	0	0	0	3.9	183180	155847	23324	0	0	0	7771	370169.9
1987	27.52	0	0	0	3.8	129215	128193	40287	0	0	0	8506	306232.32
1988	11.78	0	0	299	1.2	50503	42724	8879	0	0	0	2242	104667.98
1989	24.38	0	0	0	4.2	99785	97773	37332	0	0	0	6667	241585.58
1990	9.87	0	0	0	1.1	45430	37775	8850	0	0	0	5468	97533.97
1991	13.5	0	0	0	3.5	53540	51873	2842	0	0	0	2918	111190
1992	15	0	0	0	2.7	95029	86906	19443	0	0	0	3400	204795.7
1993	19.3	0	0	0	1.8	45576	25034	9793	0	0	0	3060	83484.1
1994	4.68	0	0	0	0	53453	10476	7150	0	0	0	3022	74105.68
1995	11.25	0	0	0	0	21313.3	20373.3	6420	0	0	0	7989	56106.85
1996	3	0	0	0	0	4667	0	1000	0	0	0	300	5970
1997	25.26	0	0	0	1	90399.6	37100	3733.6	0	0	230	15248	156736.46
1998	2	0	0	0	0	6000	6000	0	0	0	0	3000	15002
1999	74.47	0	0	0	6.83	253986	227989.6	42861.6	0	0	0	52208.9	645400.77

续表 2-7-1

年份	人口受灾情况					农作物受灾情况			损失情况				
	受灾人口（万人）	伤亡人口（人）	伤病人口（人）	被困人口（人）	饮水困难人口（万人）	受灾面积（公顷）	成灾面积（公顷）	绝收面积（公顷）	倒塌房屋（间）	损坏房屋（间）	因灾死亡大牲畜（头只）	直接经济损失（万元）	农业直接经济损失（万元）
2000	39.97	0	0	0	7.04	138666	124196	35190	0	0	0	20249.1	388701.37
2001	59.91	0	0	0	8.45	216067.3	184693.6	71155.3	0	0	0	42303.2	598729.51
2002	—	—	—	—	—	—	—	—	—	—	—	—	—
2003	/	/	/	/	/	/	/	/	/	/	/	/	/
2004	9.56	0	0	0	0	11833.3	9073.3	2473.3	0	0	0	3874.4	27263.86
2005	69.44	0	0	0	11.0	264117	—	121046.7	0	0	0	103983.9	103444
2006	/	/	/	/	/	/	/	/	/	/	/	/	/
2007	22.52	0	0	0	10.16	447104.7	183040	95960.7	0	0	0	24743	0
2008	/	/	/	/	/	/	/	/	/	/	/	/	/
2009	33.92	0	0	0	15.79	241039.4	217593.3	110518.2	0	0	0	111866.3	96366.3

说明：表中“/”表示当年未发生此灾害，“—”表示无数据

二、寒潮

1986—2015 年，各站年平均发生寒潮次数 1.1 ～ 14.4 次，整体自南北向中间递减。2008 年 5 月 8 日，武川县出现一次寒潮过程，降温幅度达 9.2℃，最低气温 0.9℃，并伴随剧烈大风影响产生气象灾害。

三、沙尘暴

呼和浩特沙尘暴发生频繁，分布整体呈南北多，中部少。1986—2015 年，武川县发生沙尘暴 73 次、呼和浩特市区 54 次、土默特左旗 35 次、托克托县 32 次、和林格尔县 53 次、清水河县 83 次。

2000 年 4 月 19 日、24 日，呼和浩特市区发生沙尘暴灾害。午后开始能见度不足 100 米，随后降雨，形成泥浆雨。28 日、29 日，市区出现扬沙和沙尘暴，西北风 6 ～ 7 级，短时 8 ～ 9 级，能见度不足 200 米。

2002 年后，全市沙尘暴灾害的发生次数总体呈下降趋势。

2008—2010 年，全市沙尘暴发生在减少中又有回升。

2012 年开始，全市沙尘暴发生逐渐减少。武川县、托克托县、和林格尔县在 2012 年后均未发生沙尘暴。

四、洪灾

1988 年 6 月 29 日、7 月 18 日、21 日、22 日、24 日以及 8 月上旬，和林格尔县连续 6 次遭受洪雹袭击，1 个多月降雨 310.6 毫米，全县 17 个乡镇受灾，受灾人口 1.30 万户 5.7 万人。其中，轻灾 4200 户 1.6 万人，重灾 8695 户 4.09 万人，特重灾 84 户 362 人。8 人死亡。受灾农作物 2.58 万公顷，成灾面积 1.91 万公顷，绝收面积 6756 公顷；死亡牲畜 1949 头（只）；倒塌房屋 1592 间，其中住房 193 间、凉房 605 间、牲畜棚圈 1154 间，造成危房 2148 间；洪水冲毁塘坝 18 座、机电井 29 眼、截伏流 1 处，水库 1 座、滚水坝 5 座、水闸 37 个、筒井 29 眼、渠道 13 千米、人畜饮水工程 42 处、枢纽工程 4 座、改河淤地工程 4 处、扬水站 2 处，陈梨窑水库出现滑坡。全县 8 条共 217.6 千米长的县、乡公路不同程度被毁坏。经济损失 1560 万元。1992 年 8 月 2 日，暴雨导致郊区 3 个村被洪水围困，受灾人口 860 户。1994 年 7 月 22 日，大黑河上游出现 1969—1994 年最大流量的洪峰，最大流量 1450 米^3/ 秒。

2005 年 8 月 24 日 15 时，武川县突降大雨，伴有直径为 3 ～ 5 毫米的冰雹，半小时内降水量 30 毫米以上，1 小时降水量 32.7 毫米，日降水量 46.3 毫米。降雨使可可以力更镇旧城西北巷大部分住户院内进水，部分住户房内有积水，土木结构房屋有倒塌现象，约 10 户住房损坏，其中 2 户房屋严重变形不能居住。

2006 年 7 月 13 日 20 时至 14 日 8 时，清水河县单台子乡出现大暴雨，降水量 120 毫米。通信中断，部分道路被冲毁。25 日 20 时至 26 日，清水河县单台子乡再次出现大暴雨，降水量 90 毫米，部分道路被冲毁。8 月 8—9 日，和林格尔县发生暴雨，全县大面积受灾，受灾人口 1.09 万人，倒塌房屋 146 间，直接经济损失 347 万元。农作物受灾面积 551 公顷，成灾面积 361 公顷，粮食减收 1350 吨，农牧业直接经济损失 122 万元。水利设施破坏严重，损坏护岸 2 处，水闸 1 座，灌溉设施 5 处，机电井 11 眼，农业经济损失 115 万元。工业、交通运输业也遭到不同程度破坏，直接经济损失 40 万元。

2008 年 6 月 11—18 日，清水河县韭菜庄乡、武川县、土默特左旗相继发生暴雨洪涝灾害，受灾人口 8.89 万人，2 人死亡，转移安置人口 402 人。农作物受灾面积 1.70 万公顷，绝收面积 7060.5 公顷，因灾损坏房屋 472 间、倒塌房屋 58 间，死亡牲畜 59 头（只），农业经济损失 4983.8 万元，直接经济损失 1.28 亿元。其中，6 月 18 日，武川县突降暴雨，上秃亥乡降水量 70.6 毫米，引发山洪。可可以力更镇、上秃亥乡、大青山乡、得胜沟乡、西乌兰不浪镇 5 个乡镇 31 个村委会遭受严重冰雹及洪涝灾害，受灾人口 7155 户、2.94 万人，1 人死亡。受灾农作物 9643.2 公顷，绝收面积 4583.73 公顷。洪水冲毁三护工程坝 3560 米，饮水井 8 口，冲毁灌溉井 33 眼，冲毁储窖 277 个，冲垮道路 4.54 万米。倒塌房屋 54 间，不同程度损坏房屋 442 间。

2010 年 7 月 16 日下午，土默特左旗陶思浩区域服务中心出现短时强降水伴有冰雹，强降水引发山洪，倒塌房屋 98 间，损坏 168 间，紧急转移安置 77 人，饮水困难 400 人。山洪、冰雹灾害致使土默特左旗察素齐、把什、陶思浩 3 个乡镇、区域服务中心受灾，受灾人口 3.36 万人，农作物受灾面积 3645.7 公顷，农作物绝收面积 1705 公顷，直接经济损失 4193.8 万元。

2011 年 6 月 14 日，武川县遭受暴雨灾害，8 个村委会，63 个自然村，2106 户，7236 人受灾。冲毁农田 1317.6 公顷，倒塌房屋 8 间，死亡牲畜 73 头（只），冲毁堤坝 250 米、菜窖 7 处、饮水井 10 眼、灌溉井 4 眼、道路 8580 米、桥梁 2 座、过水路面 3 处、电杆 3 根，镇政府所在地的三层商铺地下室全部被水浸泡，奶牛养殖区以及种植大户都有较大的损失，直接经济损失 657.43 万元。

2012 年 7 月 20—22 日、24—26 日、27—28 日，呼和浩特出现大范围强降水天气，大部地区为中到大雨，局部地区大到暴雨，降水总量最大值出现在和林格尔县盛乐镇，为 240.0 毫米。和林格尔县、清水河县、托克托县 21 日降水量为 1971 年以后单日历史极值。降雨引发多地水患灾害，8 个旗县区，25 个乡镇受灾人口 12.75 万人。紧急转移人口 1.64 万人，死亡 5 人，倒塌房屋 1336 间，直接经济损失 6.43 亿元。农作物受灾面积 4.57 万公顷，绝收面积 1.19 万公顷。粮食减产 3.35 万吨，死亡牲畜 1130 头（只），损毁蔬菜大棚 607 座。农林牧渔业直接经济损失 3.30 亿元。水利设施损毁严重。损坏堤防 121 处、87.92 千米，堤防决口 62 处、13.79 千米，冲毁护岸

20处、水闸11座、塘坝9座，损毁灌溉设施143处，冲毁机电井156眼、淹没泵站2座，水利设施直接经济损失9800万元。公路中断5条次，供电中断6条次，工业交通运输业直接经济损失300万元。全市投入抢险人员2.96万人次，出动抢险运输设备1280班次，机械设备1460台班。投入抢险编织袋8.4万条、砂石料32.4万吨、钢材7吨、救生衣40件、抗灾用油208吨、抗灾用电15.3万度，物资消耗价值1260.5万元。

2013年6月6日下午，清水河县韭菜庄乡出现暴雨，受灾人口14户、37人，基础设施严重破坏。其中，受损房屋15间，水淹粮食500多袋，死亡牲畜8头（只），马铃薯贮窖灌水5座，受损桥梁3座，出水河道垮塌300米。直接经济损失100万元，其中财产损失40万元、基础设施损失60万元。6月30日至7月2日，和林格尔县大红城乡出现强降水天气，降雨量94毫米，全乡15个建制村60个自然村受灾，受灾作物215.2公顷，受灾人口712户、2615人。倒塌民房84间、棚圈29间，死亡牲畜56头（只），直接经济损失363万元。7月14—15日，土默特左旗暴雨引发山洪。其中，沙尔沁镇降雨170毫米，沙尔沁镇、沙尔营区域服务中心、察素齐镇、枳芨梁乡部分农田被淹。受灾人口5662人，紧急转移安置102人。农作物受灾面积1133.34公顷，绝收面积347.75公顷；倒塌房屋10间，严重损坏21间，直接经济损失1980万元。托克托县最大降水量古城镇160.1毫米，农作物受灾面积621公顷，绝收面积140公顷，倒塌房屋77间。直接经济损失281.8万元。和林格尔县最大降水量巧什营乡155毫米，全县10个乡镇不同程度受灾，直接经济损失998.95万元，受灾人口6213人，转移安置93人，倒塌房屋90间，严重损毁房屋120间，一般损毁658间，受灾农作物274.33公顷，冲毁道路49千米，死亡牲畜29头（只）。

表 2-7-2

1986—2015 年呼和浩特市洪涝发生危害程度统计表

年份	人口受灾情况					农作物受灾情况			损失情况				
	受灾人口（万人）	死亡人口（人）	伤病人口（人）	被困人口（人）	饮水困难人口（人）	受灾面积（公顷）	成灾面积（公顷）	绝收面积（公顷）	倒塌房屋（间）	损坏房屋（间）	因灾死亡大牲畜（头、只）	直接经济损失（万元）	农业直接经济损失（万元）
1986	5	2	0	0	0	3390	2676	712	1	25	4000	530	11342
1987	9.4	2	2	3000	0	33258	2828	24123	71	171	4840	1983	70328.4
1988	14.91	16	0	560	0	43320	27320	28333	97	226	778	6402	107112.91
1989	3.26	0	0	0	0	3043	2183	1260	500	780	685	557	9131.26
1990	4.93	0	0	0	0	6964	6436	1618	3	232	377	1154	16791.93
1991	12.06	0	0	0	0	20720	5415	12081	7	27	26	2634	40929.06
1992	14.89	2	0	0	0	54447	24878	32449	518	670	2917	5283	121474.89
1993	0.89	7	0	0	0	2600	0	1200	40	60	450	67	4464.9
1994	14.33	12	156	63	0	50163	42831	13238	1790	2888	535	4329.7	116340.0
1995	8.19	1	0	0	0	14730	7843	6367	2329	118954	0	5472	157957.2
1996	18.19	8	1	0	0	33019.3	21425	5279.6	1190	1328	13336	6955.8	83245.0
1997	6.52	1	0	0	0	14060	14060	3796	169	0	4194	2616.48	39001
1998	17.55	2	0	0	0	46306	37287	23834	328	440	5616	29441	143375.6
1999	0.86	0	0	0	0	809	803	87	0	0	0	673	2372.9
2000	0.56	5	0	0	0	2333	2333	1053	27	0	200	124.12	6095.7
2001	—	—	—	—	—	—	—	—	—	—	—	—	—

续表 2-7-2

年份	人口受灾情况					农作物受灾情况			损失情况				
	受灾人口（万人）	死亡人口（人）	伤病人口（人）	被困人口（人）	饮水困难人口（人）	受灾面积（公顷）	成灾面积（公顷）	绝收面积（公顷）	倒塌房屋（间）	损坏房屋（间）	因灾死亡大牲畜（头、只）	直接经济损失（万元）	农业直接经济损失（万元）
2002	17.93	0	0.35	0	0	30446.6	23441	13146	410	870	1526	12120	82136.9
2003	8.44	0	0	0	0.2	13510	7470	6657.1	378	430	243	6866.6	35647.3
2004	0.18	0	0	450	0	1121	1093	29.6	192	169	0	626.3	3726.1
2005	—	—	—	—	—	—	—	—	0	0.01	0.02	5	0
2006	1.09	0	0	0	0	551	361	0	146	0	0	347	0
2007	/	/	/	/	/	/	/	/	/	/	/	/	/
2008	8.89	2	0	0	0	—	—	—	94	410	571	8893.8	5195.2
2009	0.34	0	0	0	0	1325.1	1325.1	124	5	3	63	2087	1380
2010	4.59	0	0	0	0.15	5.31	2.96	2.36	129	50	1	5725.85	5261.3
2011	1.30	0	0	0	0	3410	3410	42	26	208	0	1836	0
2012	15.92	5	14	334	1.30	57086.17	41227.21	15189.53	2578	5447	3655	8482.38	100544.8
2013	3.85	2	0	0	0	4277.84	2779.4	645.75	247	1151	29	6626.8	1660
2015	0.35	0	0	0	0	328	0	0	0	30	904	326.6	144.1

说明：表中“/”表示当年未发生此灾害，“—”表示无数据

五、冰雹

1986—2015 年，呼和浩特共发生 457 次冰雹。武川县平均每年 14.7 次，是全市冰雹日数最多地区；和林格尔县 3.5 次，是全市最少地区。6—8 月为冰雹多发季节。

2004 年 6 月 22 日，土默特左旗枳芨梁乡降雹 5 分钟。7 月 6 日，武川县哈乐镇降雹 10 分钟。9 月 4 日，武川县大豆铺乡、东土城乡降雹 15 分钟，雹灾导致农作物大部分减产、部分绝产。

2005 年 7 月 31 日，武川县纳令沟乡降雹，最大冰雹直径 50 毫米。全乡农作物受灾面积 493.5 公顷。

2006 年 7 月 24 日 15—16 时，武川县可可以力更镇、哈乐镇、大青山乡降雹 5 ~ 10 分钟，最大直径 15 毫米。主要受灾地区哈乐镇，农作物受灾面积 2242.8 公顷，绝收面积 225.6 公顷，直接经济损失 960 万元。2008 年 6 月 18 日晚，武川县降雹。

2010 年 7 月 9 日 16 时，受强对流天气影响，土默特左旗枳芨梁乡降冰雹。冰雹最大直径 15 毫米，降雹时间持续 30 多分钟左右，同时伴有大风，风雹灾害导致枳芨梁乡部分自然村农作物受损。16 日 17 时 30 分，土默特左旗把什区域服务中心降雹 10 分钟，冰雹最大直径 15 毫米。19 日 18 时，清水河县宏河镇降雹 15 分钟，最大直径 37 毫米，3 个建制村 24 个自然村受灾。受灾面积 1666.7 公顷，经济损失 1250 万元。

2011 年 6 月 7 日 19 时，土默特左旗北什轴乡、三两区域服务中心降雹 30 分钟，伴有 8 级大风，受灾人口 9 人。倒塌房屋 3 间，损坏房屋 2 间；直接经济损失 4.3 万元。13 日 17 时，土默特左旗大岱区域服务中心、枳芨梁乡降雹 15 分钟。14 日 22 时 30 分，武川县德胜沟乡、哈乐镇降雹 10 分钟，最大直径 10 毫米。7 月 11 日下午，托克托县新营子镇出现强对流天气并伴有冰雹，最大直径 8 毫米。

2012 年 7 月 3 日，新城区保合少乡水磨村降雹 15 分钟，最大直径 10 毫米。农作物受灾面积 333.33 公顷。5 日，新城区保合少乡庄子村、保合少村、水泉村降雹 8 分钟，最大直径 30 毫米。受灾面积 373.33 公顷。

2013 年 6 月 25 日 13 时 2 分，清水河县城关镇降雹 16 分钟，最大直径 17 毫米。15 时，清水河县韭菜庄乡降雹 23 分钟，最大直径 22 毫米。7 月 7 日 14 时 30 分，托克托县新营子镇柳二营村、荒地窑村、乃莫营村、小口子村、那木架村降雹 5 分钟，直径多为 5 ~ 6 毫米，最大直径 9 毫米。

2014 年 6 月 25 日 15 时 40 分，土默特左旗陶思浩区域服务中心降雹 30 分钟，最大直径 20 毫米。

2015 年 7 月 21 日 14 时 50 分，清水河县城关镇、北堡乡、单台子乡、韭菜庄乡、窑沟乡降雹 6 分钟，最大直径 16 毫米。

1986—2015 年呼和浩特市冰雹发生危害程度情况表

表 2-7-3

年份	人口受灾情况					农作物受灾情况			损失情况				
	受灾人口（万人）	死亡人口（人）	伤病人口（人）	被困人口（人）	饮水困难人口（人）	受灾面积（公顷）	成灾面积（公顷）	绝收面积（公顷）	倒塌房屋（间）	损坏房屋（间）	因灾死亡大牲畜（头只）	直接经济损失（万元）	农业直接经济损失（万元）
1986	5.3	0	0	0	0	14871	4004	8167	0	0	0	970	28017.3
1987	7.87	0	0	0	0	31586	7753	14132	0	0	50	1649	55177.87
1988	5.86	0	0	0	0	16632	15697	4268	0	0	0	1483	38085.86
1989	7.1	0	0	0	0	10846	3983	7863	0	0	0	2041	24740.1
1990	9.6	0	0	0	0	32943	29093	12956	0	0	51	2601	77653.6
1991	7.38	0	0	0	0	21612	6312	5600	0	0	81	1391.8	35004.18
1992	7.42	0	0	0	0	39423	23660	16270	0	0	52	2518	81930.42
1993	12.65	0	0	0	0	28887	5327	12310	0	0	110	1990	48636.65
1994	2.64	0	0	0	0	19487	19283	2124	0	0	0	792	41688.64
1995	12.07	0	0	0	0	31364.7	23499.7	9500	0	0	391	2562	67329.47
1996	8.74	0	0	0	0	12696.3	11461.6	5999.7	0	0	0	2638.4	32804.74
1997	3.4	0	0	0	0	4559	1226	2862	0	0	0	1183	9833.4
1998	2.688	0	0	0	0	11285	8500	1740	0	0	0	1564.4	23092.088
1999	9.04	2	0	0	0	19013	3363	7833	42	0	900	1847	33049.04
2000	12.65	0	0	0	0	20542	9052	4056	0	0	0	5352.3	39014.95
2001	7.88	0	0	0	0	6508.6	2857.6	2257	0	0	926	4133	16690.08

续表 2-7-3

年份	人口受灾情况					农作物受灾情况			损失情况				
	受灾人口（万人）	死亡人口（人）	伤病人口（人）	被困人口（人）	饮水困难人口（人）	受灾面积（公顷）	成灾面积（公顷）	绝收面积（公顷）	倒塌房屋（间）	损坏房屋（间）	因灾死亡大牲畜（头只）	直接经济损失（万元）	农业直接经济损失（万元）
2002	23.13	0	0	0	0	69005.6	44826.6	26611	37	0	0	29118	169634.3
2003	20.2783	0	0	0	0	29253.1	24563.7	10470.7	13	7	27	14025	78383.8
2004	6.4132	0	0	0	0	14464.7	11376	5051	61	136	0	3142.4	34237.5
2005	—	—	—	—	—	—	—	—	0	0	0	2013.6	1763.6
2006	—	—	—	—	—	2242.8	—	225.6	—	—	—	960	—
2007	2.25	0	0	0	0	5407.3	0	709.7	0	25	0	5606.1	0
2008	1.94	0	0	0	0	8227	1050	993	0	0	0	5922	0
2009	22.98	5	0	0	0	83359.1	70132.2	29686.3	58	224	138	73917.54	68646.3
2010	12.8453	0	0	0	0	19.47	10.57	5.94	0	0	0	15923.6	13382.5
2011	0.8936	0	0	0	0	6562.6	4085	0	8	0	73	4575.43	3075
2012	0.1427	0	0	0	0	1400	1400	291	0	0	0	1000	0
2013	4.1507	0	0	0	0	22935.5	2745.6	872	51	0	0	13164	3201
2014	1.1171	0	1	0	0	9111	0	0	0	0	24	5958	2
2015	1.4601	0	0	0	0	16258	1790.9	544.6	0	0	23	4216.3	1252.3

说明：表中“—”表示无数据

六、霜冻

1995年，呼和浩特春霜结束晚，秋霜降临早，霜冻危害严重。终霜结束偏晚3～5天，但由于干旱播种推迟，春霜未对作物造成严重影响。9月10—14日，最低气温先后降至0℃以下，连续数日出现强霜冻，喜温作物和晚播作物全部遭受冻害。

1998年5月下旬，终霜结束期比常年晚7～10天，造成较大影响，部分地区的作物需要毁种，部分地区作物幼芽及幼苗受冻。

2004年4月下旬末、5月初及中旬出现霜冻，5月16日5时极端最低气温降至0℃，出现轻霜冻，北部部分地区出现冰冻。

2006年9月9日，出现初霜冻，部分地区伴有结冰现象。

第二节　生物灾害

一、草地螟

2000年，全市草地螟发生面积5.6万公顷。2002年，发生面积7.33万公顷，密度70～200头/米^2，密集区300～400头/米^2。2003年，全市一代幼虫、二代幼虫农田发生面积12.48万公顷，成灾面积2.91万公顷，绝收面积9000公顷。2004年，发生面积5000公顷。2008年，发生历史上罕见的草地螟灾害，一代成虫发生面积54.61万公顷，二代幼虫发生面积59.97万公顷。其中，农田发生面积2.36万公顷，占全市农作物总播面积一半以上，草滩发生面积36.33万公顷；成虫百步惊蛾2000～5000头，二代幼虫虫口密度100～800头/米^2，个别生长繁茂的草滩密度1000～1500头/米^2。2009年，发生面积2.74万公顷，其中农田2.0万公顷。

二、蝗虫

1986年、1990年、1996年、1998年、1999年、2001年、2008年、2009年、2012年是土蝗重发生年。土蝗频繁发生，发生面积呈逐年增长趋势，由4万余公顷增至20万公顷左右。农田蝗虫密度一般为15～40头/米^2，密集处80～150头/米^2，造成部分农田绝收。1997年、2001年、2003年、2004年、2005年大发生年份，7月下旬至8月上旬，以亚洲小车蝗为主的土蝗迁入城区，密集处虫口密度1000头/米^{2}以上。

1996—2012 年呼和浩特市大发生年份蝗虫危害情况表

表 2-7-4　　单位：公顷

时间	发生面积	侵入农田面积	成灾面积	绝收面积
1996	44622	19513.8	8058.6	3196.8
1998	48618	14319	5261.4	—
1999	74592	18781.2	10589.4	4129.2
2000	193140	34165.8	24708.6	865.8
2001	112554	27439.2	13386.6	532.8
2003	116550	16650	—	—
2008	193806	30103.2	5661	—
2009	247752	26640	13320	3330
2010	217116	25308	13320	1332
2011	93240	15318	—	—
2012	135198	19314	—	—

说明：表中“—”表示无数据

三、黏虫

1986 年，呼和浩特麦田发生黏虫灾害，受灾面积 6.87 万公顷。其中，郊区发生面积 2.3 万公顷，严重发生 1.69 万公顷。1990 年、1995 年、1997 年、1998 年全市麦田黏虫大发生，虫口密度 30 ~ 50 头 / 米 ^{2}。2000 年后，随着小麦面积的减少，黏虫发生面积下降。

四、马铃薯晚疫病

2004 年，全市大面积发生马铃薯晚疫病，面积 1.33 万公顷，武川县、清水河县、和林格尔县均有发生。2012 年，全市大面积暴发马铃薯晚疫病，面积达 5.4 万公顷，病株率 40% 以上的面积达 1.4 万公顷，个别农田全部发病，一片焦黑。

五、蔬菜病虫害

1998 年、2000 年、2001 年、2004 年、2007 年、2009 年、2011 年，全市大面积发生玉米红蜘蛛虫害，面积 2.67 万 ~ 5.33 万公顷，有虫株率 90% 左右，百株虫量万头以上。2009 年，玉米红蜘蛛发生面积约 5.6 万公顷，发生严重的有 5330 公顷，单株虫量轻者 300 ~ 5000 头，重者 1 万 ~ 5 万头，虫株率 30% ~ 80%，危害严重的地块达 100%。2011 年，发生面积 2.2 万公顷，土默特左旗是主要发生地。

2001 年、2005 年、2008 年、2010 年、2011 年，全市发生中等至偏重玉米红蜘蛛虫害。有虫株率 30% ~ 50%，多则 90% ~ 100%；单株有虫 10 ~ 60 头，严重地块 80 ~ 200 头 / 株。2005 年、2006 年、2007 年、2008 年、2010 年、2011 年发生面积分别为 4.55 万公顷、3.33 万公顷、3.47 万公顷、4.27 万公顷、5.93 万公顷、3.75

万公顷。

小菜蛾年发生面积 1.33 万 ~ 2 万公顷，占油菜播种面积的 50% ~ 80%，干旱年份危害加重。2000 年，武川县 2 万公顷油菜发生菜蛾。

六、刺萼龙葵

2011 年，刺萼龙葵在土默特左旗金山开发区医学院、察素齐镇杨家堡村一带首次发现后迅速蔓延。2015 年，土默特左旗察素齐镇、毕克齐镇、台阁牧镇、白庙子镇和北什轴乡发生刺萼龙葵，范围面积约 13.33 万公顷。赛罕区也不同程度发生。主要开展人工机械清除和化学药剂方法进行灭除。

七、鼠害

20 世纪 80 年代末，呼和浩特地区较少发生鼠害，鼠害防治一般使用溴敌隆、大隆等。20 世纪 90 年代，清水河县定为国家级鼠情监测点，武川县定为自治区级鼠情监测点。

2000 年前后，鼠害防治多采用毒鼠强、毒鼠硅、氟乙酰胺、氟乙酸钠等。2003 年后，主要使用敌鼠钠盐、杀鼠灵、溴敌隆等为主的新型抗凝血剂杀鼠剂。

2007 年，呼和浩特市鼠害发生面积 12.13 万公顷，百夹捕获率 1% ~ 10%，多种作物不同程度地遭受鼠害。其中，经济作物（瓜果类、向日葵）、杂粮（糜、谷、粟、荞麦）、小麦受害较重，造成减产 3% ~ 10%，最高达 30% 以上。2008 年，呼和浩特市完成农田鼠害防治 4.18 万公顷次，农户灭鼠 3.29 万户。2009 年，呼和浩特市农田鼠害发生面积 9.33 万公顷。其中，清水河县、武川县、和林格尔县中等发生，发生面积 6.47 万公顷；其他旗县轻发生，发生面积 1.53 万公顷。防治面积 5.40 万公顷，其中化学防治 2.27 万公顷；农户鼠害发生 10.8 万户，防治 9.9 万户。

2011 年，全市农田鼠害发生面积 8.67 万公顷。其中，清水河县中等发生，发生面积 4.33 万公顷；其他旗县轻发生，发生面积为 4.34 万公顷。农户发生 5.98 万户。全市农田鼠害综合防治面积 5.24 万公顷。

2012 年，全市农田鼠害发生面积 8.67 万公顷。其中，清水河县中等发生，发生面积 4.67 万公顷；其他旗县轻发生，发生面积为 4 万公顷。农户发生 6.15 万户。全市农田鼠害综合防治面积 6.33 万公顷。

八、检疫性有害生物

20 世纪 80 年代，农田恶性杂草野燕麦开始发生。2010 年，呼和浩特全国农业植物检疫性有害生物发生种类主要是番茄溃疡病、黄瓜黑星病和列当属杂草。

2010年呼和浩特市全国农业植物检疫性有害生物发生情况表

表2-7-5

有害生物种类	分布旗县区	分布乡镇	发生面积（公顷）	寄主植物	防控情况
番茄溃疡病菌	赛罕区	西把栅乡	0.05	番茄	全部拔除
黄瓜黑星病菌	赛罕区	西把栅乡、黄合少镇	1.33	黄瓜	化学防治
	土默特左旗	毕克齐镇、察素齐镇、白庙子镇	1.00	黄瓜	化学防治
	玉泉区	小黑河镇	0.73	黄瓜	化学防治
	托克托县	新营子镇	0.33	黄瓜	化学防治
	和林格尔县	城关镇	0.13	黄瓜	化学防治
	新城区	毫沁营镇	0.07	黄瓜	化学防治
	回民区	攸攸板镇	0.20	黄瓜	化学防治
列当属	土默特左旗	枳芨梁乡、大岱乡、善岱镇	17.32	向日葵	部分拔除
	托克托县	双河镇、古城镇、五申镇	23.58	向日葵	部分拔除
	和林格尔县	舍必崖镇	1.07	向日葵	部分拔除

第三节　地质灾害

一、地震

1986—2015年，呼和浩特地区共发生8次里氏3.0级以上地震，分别为1986年2月6日，和林格尔县发生里氏3.0级地震；3月7日，和林格尔县发生里氏3.0级地震。1992年2月2日，和林格尔县发生里氏3.1级地震。1995年9月7日，土默特左旗发生里氏3.2级地震。1996年11月9日，和林格尔县发生里氏3.1级地震。1998年7月20日，和林格尔县发生里氏3.6级地震。2003年6月10日11时24分，托克托县永圣域乡（北纬40°　45′，东经111°　28′）发生里氏4.2级地震，有感范围较大，北起市区，南至托克托县永圣域乡南崞县营，东至和林格尔县公喇嘛乡，西至土默特左旗察素齐镇。长轴为70千米，呈北东70度，短轴方向北西20度，长35千米，其面积约1924平方千米。宏观震中位于托克托县永圣域乡与土默特左旗沙尔营乡交界处，震中烈度为Ⅴ度。土默特左旗沙尔营乡吉雅图村中土木结构房屋及未做地基处理的砖木结构房屋出现不同程度裂缝或原有裂缝加宽、延长。震中区地震发生时多数人听到地声像推土机从附近驶过，明显感觉到震动，门窗作响，尘土掉落，室内的人感到惊慌，震动持续时间较短。个别房屋产生细微裂缝，学校、医院等公共设施和民用建筑物基本完好，不影响使用。地震没有造成房屋倒塌、人畜伤亡，未造成严重破坏和损失。2006 年 3 月 3 日，土默特左旗发生里氏 3.2 级地震。

二、地质灾害隐患

呼和浩特地质灾害隐患点 366 处，其中崩塌 252 处、滑坡 11 处、泥石流 84 条、地面塌陷 15 处、地面裂缝 1 条、河岸坍塌 2 处。按灾害规模划分，大型 12 处，中型 82 处，小型 272 处。受威胁人口 1.19 万人，潜在经济损失 5.02 亿元。主要分布于土默特左旗、和林格尔县、回民区，其中和林格尔县 107 处，占全市灾害隐患点总数的 29.23%；清水河县 64 处，占全市灾害隐患点总数的 17.49%。

2010—2014 年，全市共发生地质灾害 7 处，主要分布在武川县和新城区，灾害类型崩塌 3 起、地裂缝 1 起、泥石流 3 起。

呼和浩特市地质灾害隐患点险情地域分布情况表

表 2-7-6

地区	灾害类型						合计（处/条）
	崩塌（处）	滑坡（处）	泥石流（条）	地面塌陷（处）	地裂缝（条）	河岸坍塌（处）	
新城区	29	1	5	0	0	0	35
回民区	25	1	6	0	0	0	32
赛罕区	11	0	0	0	0	0	11
玉泉区	10	0	0	0	0	0	10
武川县	14	1	34	2	1	0	52
清水河县	45	2	15	2	0	0	64
和林格尔县	93	4	10	0	0	0	107
托克托县	13	1	0	0	0	0	14
土默特左旗	13	1	14	11	0	2	41
小计	253	11	84	15	1	2	366

2010—2014年呼和浩特市地质灾害发生情况表

表 2-7-7

灾害点位置	类型及数量	灾情时间	诱发原因	规模	稳定性
武川县	崩塌（2处）	2010.11.08 2013.07.01	切坡	小型	不稳定
	地裂缝（1处）	2010.10.21	爆破振动	小型	不稳定
新城区	崩塌（1处）	2010.11.02	采石	小型	不稳定
	泥石流（3处）	2012.07.26 2013.07.01 2014.07.07	持续降雨	小型	不稳定

第三篇

环境保护

第一章　环境保护管理

第一节　管理机构

1986年，呼和浩特市城乡建设环境保护局设环境保护办公室、环境保护科学研究所、环境保护排污监理所。1992年7月，环境保护办公室从市城建局分离，更名为呼和浩特市环境保护局，为市政府直属机构，内设机构8个。1994年，市环保局所属环境监察大队和环境监理所合并为环境监理处。

2001年，市环保局内设党委办公室、行政办公室、组织人事科、开发保护科、污染监理科、综合计划科、科技法规科，设机关事务中心、宣教中心、信息中心。下设市环境监测站、市环境监理处、市环境科研所、市能源办公室。

2002年机构改革，增加监察室，组织人事科改为人事教育科，市能源办公室改为市清洁能源推广办公室。

2006年，市环保局机关由7个科室增加为10个科室，分别为党委办公室、行政办公室、人事教育科、科技法规科、综合计划科、监督管理科、污染控制科、辐射管理科、自然保护科、监察室，设机关事务中心、宣教中心、信息中心，新增环境信息监控平台，下设环境监测中心站、环境监察支队、环境科研所、清洁能源推广办公室。

2008年，环境信息监控平台更名为环境信息自动监控中心。新增清洁生产审核中心、机动车排气检测管理中心、废油脂管理办公室、开发区环保分局。

2010年，市环保局内设党委办公室、行政办公室、人事教育科、污染控制科、辐射管理科、监督管理科、综合计划科、自然保护科、科技法规科、监察室。下设宣教中心、信息中心、环境信息自动监控中心、固体废弃物管理中心、清洁生产审核中心、机动车排气检测管理中心、机关事务中心、废油脂管理办公室、开发区环保分局、环境监测中心站、环境监察支队、环境科研所、清洁能源推广办公室。

2012年，市环保局内设办公室、人事教育科、科技法规科、规划财务科、科技监测科、污染物排放总量控制科、环境影响评价科、监督管理科、污染防治科、自然保护科、核安全与辐射安全管理科、行政事项审批办公室和纪检监察室。下设环境监测中心站、市环境监察支队、市环境科学研究所、机动车尾气监测中心、清洁能源推广办公室、宣教中心、机关事务中心、环境信息自动监控中心、信息中心、开发区环保分局、废油脂管理办公室、清洁生产审核中心、固体废弃物管理中心。市环境监测中心站升格为相当副处级。

2014 年撤销信息中心。2015 年市环境监测中心站加挂市辐射监测站牌子。

第二节 依法治理

一、法律法规

1992 年 6 月，呼和浩特市环境保护办公室成立环保法规科。1994 年 4 月，撤销法规科。2000—2004 年，市政府印发《呼和浩特市大气污染防治管理条例》《呼和浩特市城市噪声污染防治管理办法》《呼和浩特市大气污染防治管理条例实施细则》《呼和浩特市废弃食用油脂污染防治管理办法》。

2007 年，市环保局纠正违反环保法律法规和规范性文件的错误做法。2010—2012 年，开展地方性法规清理及行政处罚自查、评查。2013 年，开展环保行政处罚自由裁量权暂行规定培训，开展行政复议工作规范化建设。2014 年，召开第一次全市重点污染源自动监控暨法治培训会议。

2015 年，市环保局组织培训学习《环保行政处罚自由裁量权暂行规定》，征集《内蒙古自治区环境保护条例》修订意见。

二、执法监察

1986—1993 年，呼和浩特市环境执法工作围绕“一控双达标”工作，监管排污企业（主要为采暖企业）并征收排污费，年平均征收排污费 120 万元，仲裁环境污染事件 14 起，受理来信来访 304 人次。1994—1996 年，累计征收排污费 1283.7 万元。

2000 年，市环保局征收排污费 300 万元，行政处罚 8 件，受理群众信访 33 件，办结率 100%。2001 年，征收排污费 640 万元，查处各类环境违法行为 368 次，处罚金额 210.6 万元。其中，对建筑施工噪声违规查处 112 次，处罚金额 13 万元。受理群众信访 45 件，办结 45 件；接待群众上访 54 件，解决 38 件。

2003 年开始，市环保局在全市开展“严查不法排污企业、保障人民群众身体健康”环保专项行动，重点围绕钢铁、水泥、铁合金、电石、炼焦等能耗高、污染重的企业和群众反映强烈的油烟、噪声扰民问题，以及建设项目违反环保法律法规的土政策等问题进行清理整顿，共出动执法人员 1364 人次，清理整顿不法企业 47 家，其中取缔、关停 48 家，限期整改 7 家，行政处罚 30 家。

2004 年，市环保局出动执法人员 2247 人次，清理整顿 664 家，立案查处 69 家，其中取缔、关停 41 家，限期整改 8 家，行政处罚 30 家。2005 年，检查企业 1369 家，下达行政处罚告知书 168 件，受理群众信访 1250 件，处理率 100%。

2006年，市环保局对全市455家工业污染源进行执法监察，经过治理100%达标。对清水河和武川县小炼铁、电厂和铁合金行业，进行集中整治、限期治理和关停。征收排污费1708万元。

2007年，市环保局成立整治违法排污企业专门领导小组，制定实施方案，出动执法人员970人次，查处违法企业69家，对“新五小”“十五小”企业进行立案调查，下达行政处罚决定书，责令其停产，并通过供电部门停止供电，以防其死灰复燃。征收排污费2144万元。

2008年，市环保局检查企业2184家次，立案38件，受理群众投诉1889次，全部结案。征收排污费3233万元。2009年，下达行政处罚60件，办结52件，收缴罚金53.4万元。受理群众信访1575件，案件处理率和群众满意率100%。征收排污费2540万元。

2010年，市环保局执行处罚分离，下达行政处罚60件，收缴罚金53.4万元。受理群众信访案件1575件，处理率和结案率均为100%，群众满意率98%。2011年，征收排污费3441万元，受理群众信访1635件，处理率和结案率100%。

2012年，市环保局开展10次专项行动，严厉打击违法排污、恶意排污和超标排放行为。全年出动执法人员8592人次，检查企业3292厂次，立案查处企业91家，结案71家，处罚金额116.2万元。下达限期治理通知书23份、商请函22份，其中停产治理4家，依法关闭企业1家。征收排污费5665万元。受理群众投诉信访案件382件，转办12319城建热线投诉628件，处理率和结案率均达100%，满意率达98%以上，在12319城建热线考核评比中连续10个月排名第一。

2013年，市环保局出动执法人员3702人次，检查企业1804厂次，整改26家企业。其中，责令停产6家，提出整改要求的20家。立案查处44家违法违规企业，结案44家，处罚金额66.5万元。2014年，检查企业739家次，排查出问题企业241家，责令停产91家，限期整改132家，取缔3家，行政处罚16家。

2015年，市环保局按照新修订的《中华人民共和国环境保护法》开展环境执法检查，约谈违规企业12次36家，移交纪委约谈企业12家，移交法院1起，移交移送公安处理12起，行政拘留8人。262家企业建立企业污染防治档案，建立三级台账82家，四级台账90家。

三、宣传教育

1986年，市环保局开展“6•5”世界环境日纪念活动。1987年，创办《青城环境报》。1988年8月，首次举办“爱鸟周”“地球日”纪念活动，之后每年举行。拍摄环保主题电视连续剧《她从雾中来》。

1994年3月，《呼和浩特市晚报》增设《蓝天绿地》专版。1995年，发行内蒙古自治区首枚环境保护纪念封。1997年，成立“呼和浩特市电视台环保记者站”，建立环保宣传通信网络。1998年，《呼和浩特环境》杂志创刊。首次举办“环保活动月”，之后将每年5月20日至6月20日定为呼和浩特市“环保活动月”。1999年，举办“中华环保世纪在呼和浩特市”大型宣传活动。2000年，举办首届“‘仕奇杯’环境好新闻评选”活动。

2001年，市环保局开展“让清洁能源走进千家万户”活动。2002年，在全市中小学开展“环保教育六个一”工程，即每学期每个学生读一本环保书籍，画一幅环保图画，提一项环保建议，唱一首环保歌曲，搞一次环保调查，做一件环保实事活动。2003年，组织专家在9个旗县区就“创建绿色学校”进行巡回演讲。2004年，举办首届“青少年环保科技大赛”。2005年，市第二中学被国家环保总局评为“国家级绿色学校”，该校是呼和浩特市第一所国家级绿色学校。

2006年，各旗县区创建“环保模范街”。全市印制发放3000套创建国家环保模范城海报、300套搪瓷环保宣传铁牌、2.5万册《创建国家环保模范城市民手册》。印制“创建国家环保模范城”宣传条幅200余条，在主要街道悬挂。6月，举办“创建环保模范城”主题宣传，项目有自行车拉力赛启动仪式、中小学生“小手绘青城”现场书画赛、环保警示教育展览以及“创建环保模范城”万人签名。7月，各单位、商场、医院、电梯门口的600多个广告电视循环播放“创建国家环保模范城”公益广告宣传短片。在新华广场举办主题为“创建环保模范城市，共建绿色生态家园”的消夏文艺晚会。

2007年，市环保局验收36个创建申报“绿色学校”“绿色社区”“绿色餐饮企业”“环境优美乡镇”“环境教育基地”等称号的单位，表彰15所绿色学校、4个绿色社区、7个绿色餐饮企业、6个环境优美乡镇、4个环境教育基地。2008年，开展环保志愿者创建国家环保模范城进社区、进学校活动，印发《学校环保宣传手册》《社区环保宣传手册》《市民创建国家环保模范城手册》。

2009年，市环保局印发《你我同心携手共创——呼和浩特创建国家环保模范城市倡议书》。2010年，发放“创建国家环保模范城低碳减排”宣传资料和环保购物袋19万份。2011年，全市100多个社区安装创建国家环保模范城宣传栏，利用市区5000多辆出租车LED显示屏、1200辆公交车后挡风玻璃宣传标语、50多辆公交车体广告、10余个大型商场电子屏以及电梯播音、手机短信等媒介，进行创建国家环保模范城宣传。2013年，举办呼和浩特市地区企业环境教育培训班。2014年，新城区中山东路办事处新华社区、赛罕区明和园社区被命名为首批自治区级“环境友好社区”。

2015年，市环保局与内蒙古电视台共同制作10期环保专题访谈节目。开通“呼和浩特环保”公众号、“呼和浩特市环保”官方微博。

第二章　环境质量与污染源

第一节　环境质量

一、大气环境质量

20世纪80年代末，呼和浩特市环境监测中心站开始对大气质量进行监测，监测方式不断丰富，监测能力逐年提高。2000年后，大气监测由人工手动监测改为自动监测。

2006—2015年呼和浩特市城市环境质量监测情况表

表3-2-1　　单位：天

年份	综合污染指数	三项污染物的分担率由大到小	环境空气质量为二级和好于二级的天数
2006	2.54	SO_2、NO_2、PM_{10}	331
2007	2.47	SO_2、NO_2、PM_{10}	331
2008	2.09	SO_2、PM_{10}、NO_2	341
2009	2.07	SO_2、PM_{10}、NO_2	346
2010	1.82	SO_2、PM_{10}、NO_2	349
2011	2.15	SO_2、PM_{10}、NO_2	347
2012	2.17	PM_{10}、SO_2、NO_2	348
2013	—	—	201
2014	—	—	242
2015	—	—	276

说明：表中“—”表示无数据

2007—2015年呼和浩特市空气质量监测情况表

表3-2-2

年份	可吸入颗粒物（微克/米^3）	二氧化硫（微克/米^3）	二氧化氮（微克/米^3）	细颗粒物（微克/米^3）	一氧化碳（毫克/米^3）	臭氧（毫克/米^3）	综合指数
2007	0.08	0.06	0.05	—	—	—	2.47
2008	0.70 0.07	0.82 0.05	0.58 0.05	— —	— —	— —	2.09

续表 3-2-2

年份	可吸入颗粒物（微克/米^3）	二氧化硫（微克/米^3）	二氧化氮（微克/米^3）	细颗粒物（微克/米^3）	一氧化碳（毫克/米^3）	臭氧（毫克/米^3）	综合指数
2009	0.75 0.08	0.82 0.05	0.5 0.04	— —	— —	— —	2.07
2010	0.66 0.07	0.75 0.04	0.41 0.03	— —	— —	— —	1.82
2011	0.76 76	0.9 54	0.49	— —	— —	8.31	2.15
2012	0.92 92	0.82 49	0.44 35	— —	— —	9.01	2.17
2013	146	56	40	57	1.9	7.88	40.63
2014	121	50	44	46	1.9	8.47	43.66
2015	103	34	39	43	1.3	6.02	44.47

说明：表中“—”表示无数据

2006—2011 年，呼和浩特市城市环境质量监测采用自动监测系统，设 5 个监测子站，2012 年增为 7 个。监测项目为可吸入颗粒物（PM_{10}）、二氧化硫、二氧化氮。其中，2010 年、2011 年如意监测点监测温室气体（甲烷、非甲烷总烃、二氧化硫），2011 年糖厂监测点和如意监测点监测臭氧。除 2011 年糖厂监测点可吸入颗粒物（PM_{10}）未达标外，其他均达到《环境空气质量标准》（GB 3095—1996）2000 年修改单中的二级标准。

2013 年后，全市设 8 个监测子站，监测项目为可吸入颗粒物（PM_{10}）、细颗粒物（$PM_{2.5}$）、二氧化硫、二氧化氮、一氧化碳、臭氧、降尘和硫酸盐化速率。2013 年，全市可吸入颗粒物（PM_{10}）、细颗粒物（$PM_{2.5}$）超过《环境空气质量标准》（GB 3095—2012）二级标准，二氧化硫、二氧化氮达到二级标准。

2014 年，全市可吸入颗粒物（PM_{10}）、细颗粒物（$PM_{2.5}$）、二氧化氮超过《环境空气质量标准》（GB 3095—2012）中的二级标准，二氧化硫达到二级标准。

2015 年，全市可吸入颗粒物（PM_{10}）、细颗粒物（$PM_{2.5}$）、二氧化氮、二氧化硫超过《环境空气质量标准》（GB 3095—2012）中的二级标准。

二、水环境质量

（一）地表水质量

2002 年 6 月开始，呼和浩特市扎达盖河（西河）、哈拉沁河（东河）、什拉乌素河、黄河、浑河执行《地表水环境质量标准》（GB 3838—2002）Ⅲ类标准，大黑河、小黑河执行Ⅴ类标准，湖泊执行Ⅳ类标准，水库执行Ⅴ类标准。

2007 年，采用综合污染指数法（P 值法）监测 13 项指标，黄河河口镇、喇嘛湾断面为Ⅲ类水质；大黑河民生渠、浑津桥、大（黑河）入黄（河）断面水质分别为Ⅲ类、劣Ⅴ类、Ⅴ类水质；小黑河庆丰桥、三两桥、章盖营、小（黑河）入大（黑河）断面水质，除庆丰桥断面全年无水，其余 3 个断面均为劣Ⅴ类水质；浑河入黄处断面水质为Ⅲ类水质。西河县府街桥、西瓦窑断面水质分别为Ⅴ类、劣Ⅴ类水质；东河如意大桥断面水质为Ⅴ类；浑河入黄断面水质为Ⅲ类；什拉乌素河小阿哥断面水质为劣Ⅴ类。全市湖库水质均为Ⅲ类。

2008 年，采用综合污染指数法（P 值法）监测 14 项指标，黄河河口镇、喇嘛湾断面为Ⅲ类水质；大黑河民生渠、浑津桥、大（黑河）入黄（河）断面水质分别为Ⅲ类、劣Ⅴ类、Ⅴ类水质；小黑河庆丰桥、三两桥、章盖营、小（黑河）入大（黑河）断面水质，除庆丰桥断面全年无水，其余 3 个断面均为劣Ⅴ类水质；浑河入黄处断面水质为Ⅲ类水质。西河县府街桥、西瓦窑断面水质分别为Ⅴ类、劣Ⅴ类水质；东河如意大桥断面水质为Ⅴ类；浑河入黄断面水质为Ⅲ类；什拉乌素河小阿哥断面水质为劣Ⅴ类。全市湖库水质均为Ⅲ类。

2008—2010 年，市环保局监测 23 项指标，2011 年、2012 年监测 22 项指标，2013—2015 年监测 21 项指标。

（二）降水质量

2007 年，呼和浩特市开始对降水质量（酸沉降）进行监测，各测点均未监测到酸雨，pH 值 6.02 ~ 8.66，平均降水量在 400 毫米以上，最高出现在 2013 年，为 564.6 毫米。通过 2011—2015 年降水化学组分监测结果显示，阴离子中含量最高的是硫酸根离子，年均值在 8.06 ~ 16.23 毫克 / 升。阳离子中钙离子含量最高，年均值在 3.56 ~ 7.90 毫克 / 升。

（三）饮用水质量

2008 年，呼和浩特市开始监测饮用水水质，监测地下水厂 6 家；2009 年，监测 9 家；2010 年，监测 8 家。每年监测频次 12 次。2011—2015 年，监测地下水厂 9 家，每年监测频次 12 次。各年监测结果均符合《地下水质量标准》（GB/T 14848—1993）中的Ⅲ类标准。

2008—2015年呼和浩特市主要河流水质监测情况表

表3-2-3

年份	黄河		大黑河			小黑河				浑河	西河		东河	什拉乌素河	湖库（水库）		
	河口镇	喇嘛湾	民生渠	浑津桥	入黄河口	庆丰桥	三两桥	章盖营	入大黑河口	入黄河口	县府街桥	西瓦窑	如意大桥	小阿哥	红领巾水库	五一水库	哈素海
2008	Ⅲ类	Ⅲ类	Ⅲ类	劣Ⅴ类	Ⅴ类	—	劣Ⅴ类	劣Ⅴ类	劣Ⅴ类	Ⅲ类	Ⅴ类	劣Ⅴ类	Ⅴ类	劣Ⅴ类	Ⅲ类	Ⅲ类	Ⅲ类
2009	Ⅲ类	Ⅲ类	Ⅲ类	劣Ⅴ类	Ⅴ类	—	劣Ⅴ类	劣Ⅴ类	劣Ⅴ类	Ⅱ类	Ⅴ类	劣Ⅴ类	Ⅳ类	劣Ⅴ类	Ⅴ类	Ⅳ类	Ⅴ类、化学需氧量超标
2010	Ⅲ类	Ⅲ类	Ⅳ类	Ⅴ类	Ⅴ类	—	劣Ⅴ类	劣Ⅴ类	劣Ⅴ类	Ⅱ类	Ⅴ类	劣Ⅴ类	Ⅳ类	劣Ⅴ类	Ⅳ类 富营养	Ⅳ类 中度富营养	Ⅴ类、化学需氧量超标、富营养
2011	Ⅲ类	Ⅲ类	Ⅲ类	劣Ⅴ类	Ⅴ类	—	劣Ⅴ类	劣Ⅴ类	劣Ⅴ类	Ⅲ类	Ⅴ类	劣Ⅴ类	Ⅴ类	劣Ⅴ类	中营养	中营养	富营养
2012	Ⅲ类	Ⅲ类	Ⅳ类	劣Ⅴ类	Ⅴ类	—	—	劣Ⅴ类	劣Ⅴ类	Ⅲ类	—	—	—	—	Ⅳ类、富营养	劣Ⅴ类 富营养	劣Ⅴ类 富营养
2013	Ⅲ类	Ⅲ类	Ⅲ类	劣Ⅴ类	Ⅴ类	劣Ⅳ类	—	劣Ⅴ类	劣Ⅴ类	Ⅲ类	—	—	—	—	劣Ⅴ类 轻度富营养	Ⅳ类 中营养	劣Ⅴ类 轻度富营养
2014	Ⅲ类	Ⅲ类	Ⅲ类	劣Ⅴ类	Ⅴ类	劣Ⅴ类	—	劣Ⅴ类	劣Ⅴ类	Ⅲ类	—	—	—	—	劣Ⅴ类 轻度富营养	劣Ⅴ类 轻度富营养	Ⅴ类 轻度富营养
2015	Ⅲ类	Ⅲ类	Ⅲ类	劣Ⅴ类	Ⅴ类	劣Ⅴ类	—	劣Ⅴ类	劣Ⅴ类	Ⅲ类	—	—	—	—	劣Ⅴ类 轻度富营养	劣Ⅴ类 轻度富营养	Ⅴ类 轻度富营养

说明：“—”表示无监测数据

2007—2015 年呼和浩特市地表水质量情况表

表 3-2-4

名称	断面	功能目标	年度	水质类别	监测频次	综合污染指数	超标因子
黄河	头道拐	Ⅲ	2008	—	—	—	—
		Ⅲ	2009	Ⅲ	9	2.74	—
		Ⅲ	2010	Ⅱ	—	2.43	—
		Ⅲ	2011	Ⅱ	—	4.58	—
		Ⅲ	2012	Ⅲ	—	4.95	—
		Ⅲ	2013	Ⅲ	—	4.76	—
		Ⅲ	2014	Ⅲ	4	4.53	—
		Ⅲ	2015	Ⅲ	—	4.8	—
	河口镇（引黄入呼取水口）	Ⅲ	2007	Ⅲ	—	3.27	—
		Ⅲ	2008	Ⅲ	7	4.33	—
		Ⅲ	2009	Ⅱ	12	2.77	—
		Ⅲ	2010	Ⅱ	12	2.74	—
		Ⅲ	2011	Ⅲ	—	4.47	—
		Ⅲ	2012	Ⅲ	—	5.81	—
		Ⅲ	2013	Ⅲ	—	4.84	—
		Ⅲ	2014	Ⅲ	4	4.91	—
		Ⅲ	2015	Ⅲ	—	4.77	—
	喇嘛湾	Ⅲ	2007	Ⅲ	12	3.39	—
		Ⅲ	2008	Ⅲ	12	4.01	—
		Ⅲ	2009	Ⅲ	12	2.63	—
		Ⅲ	2010	Ⅲ	—	2.44	—
		Ⅲ	2011	Ⅲ	—	4.66	—
		Ⅲ	2012	Ⅲ	—	4.92	—
		Ⅲ	2013	Ⅲ	—	4.59	—
		Ⅲ	2014	Ⅲ	4	4.75	—
		Ⅲ	2015	Ⅲ	—	4.44	—
大黑河	民生渠	Ⅴ	2007	Ⅲ	6	0.86	—
		Ⅴ	2008	Ⅲ	6	1.12	—
		Ⅴ	2009	Ⅲ	6	0.84	—
		Ⅴ	2010	Ⅳ	—	0.87	—
		Ⅴ	2011	Ⅲ	—	4.41	—
		Ⅴ	2012	—	—	5.07	—
		Ⅴ	2013	Ⅲ	—	5.01	—
		Ⅴ	2014	Ⅲ	4	5.53	—
		Ⅴ	2015	Ⅳ	—	6.14	—

续表 3-2-4

名称	断面	功能目标	年度	水质类别	监测频次	综合污染指数	超标因子
大黑河	浑津桥	V	2007	劣V	6	24.47	—
		V	2008	劣V	6	22.43	氨氮、化学需氧量、生化需氧量、高锰酸盐指数、总磷、阴离子表面活性剂
		V	2009	劣V	6	18.91	—
		V	2010	劣V	–	2.39	—
		V	2011	劣V	—	40.35	—
		V	2012	—	—	37.02	—
		V	2013	劣V	—	40.63	—
		V	2014	劣V	4	43.66	—
		V	2015	劣V	—	44.47	—
	大黑河入黄河口	V	2007	V	10	2.15	—
		V	2008	V	10	2.64	氨氮、化学需氧量
		V	2009	V	9	2.28	—
		V	2010	V	—	2.56	—
		V	2011	V	—	11.83	—
		V	2012	—	—	13.25	—
		V	2013	V	—	16.01	—
		V	2014	V	4	13.53	—
		V	2015	劣V	—	38.59	—
小黑河	庆丰桥	V	2007	劣V	—	18.21	—
		V	2008	—	0	—	—
		V	2009	—	0	—	—
		V	2010	—	0	—	—
		V	2011	—	0	—	—
		V	2012	—	0	—	—
		V	2013	劣V	4	—	—
		V	2014	劣V	4	—	—
		V	2015	劣V	4	—	—
	三两桥	V	2007	劣V	—	23.78	—
		V	2008	劣V	6	29.73	高锰酸盐指数、化学需氧量、生化需氧量、氨氮、总磷、石油类、阴离子表面活性剂
		V	2009	劣V	6	28.09	—
		V	2010	劣V	—	20.23	—
		V	2011	劣V	—	—	—
		V	2012	劣V	—	—	—
		V	2013	劣V	—	—	—
		V	2014	劣V	—	—	—
		V	2015	劣V	—	—	—

续表 3-2-4

名称	断面	功能目标	年度	水质类别	监测频次	综合污染指数	超标因子
小黑河	章盖营	V	2007	劣V	—	28.59	—
		V	2008	劣V	6	28.14	高锰酸盐指数、化学需氧量、生化需氧量、氨氮、总磷、石油类、阴离子表面活性剂
		V	2009	劣V	6	25.91	—
		V	2010	劣V	—	20.96	—
		V	2011	劣V	—	47.74	—
		V	2012	劣V	—	37.23	—
		V	2013	劣V	4	44.34	—
		V	2014	劣V	4	49.96	—
		V	2015	劣V	4	53	—
	小(黑河)入大(黑河)前	V	2007	劣V	—	28.75	—
		V	2008	劣V	6	28.96	高锰酸盐指数、化学需氧量、生化需氧量、氨氮、总磷、石油类、阴离子表面活性剂
		V	2009	劣V	6	36.29	—
		V	2010	劣V	—	21.23	—
		V	2011	劣V	—	46.88	—
		V	2012	劣V	—	40.57	—
		V	2013	劣V	—	42.86	—
		V	2014	劣V	—	50.65	—
		V	2015	劣V	—	52.05	—
		—	2016	—	—	—	—
西河	县府街桥	V	2007	V	—	57.57	—
		V	2008	V	6	2.60	—
		V	2009	V	6	2.64	—
		V	2010	V	—	2.2	—
		V	2011	V	—	—	—
		—	2012	—	—	—	—
		—	2013	—	—	—	—
		—	2014	—	—	—	—
		—	2015	—	—	—	—

续表 3-2-4

名称	断面	功能目标	年度	水质类别	监测频次	综合污染指数	超标因子
西河	西瓦窑	Ⅴ	2007	劣Ⅴ	—	2.01	—
		Ⅴ	2008	劣Ⅴ	6	59.57	高锰酸盐指数、氨氮、化学需氧量、生化需氧量、挥发酚、石油类、阴离子表面活性剂、总磷、溶解氧
		Ⅴ	2009	劣Ⅴ	6	52.24	—
		Ⅴ	2010	劣Ⅴ	—	51.11	—
	如意大桥	Ⅴ	2007	Ⅴ	—	0.93	—
		Ⅴ	2008	Ⅳ	6	1.32	—
		Ⅴ	2009	Ⅳ	6	1.52	—
		Ⅴ	2010	Ⅴ	—	1.21	—
		Ⅴ	2011	Ⅴ	—	—	—
浑河	入黄河处	Ⅲ	2007	Ⅲ	—	2.86	—
		Ⅲ	2008	Ⅱ	6	3.49	—
		Ⅲ	2009	Ⅱ	7	2.66	—
		Ⅲ	2010	Ⅱ	—	—	—
		Ⅲ	2011	Ⅱ	—	—	—
		Ⅲ	2007	Ⅲ	—	2.86	—
		Ⅲ	2008	Ⅱ	6	3.49	—
		Ⅲ	2009	Ⅱ	7	2.66	—
		Ⅲ	2010	Ⅱ	—	—	—
		Ⅲ	2011	Ⅱ	—	—	—
什拉乌素河	小阿哥	Ⅴ	2007	劣Ⅴ	—	24.74	—
		Ⅴ	2008	劣Ⅴ	6	15.95	氨氮、生化需氧量、化学需氧量、总磷
		Ⅴ	2009	劣Ⅴ	6	7.07	—
		Ⅴ	2010	劣Ⅴ	—	—	—
		Ⅴ	2011	劣Ⅴ	—	—	—
湖泊水库	哈素海	Ⅲ	2008	—	2	1.84	高锰酸盐指数、总氮、化学需氧量、生化需氧量、石油类
		Ⅳ	2009	—	2	2.05	—
		Ⅳ	2010	Ⅳ	2	1.51	—
		Ⅳ	2011	Ⅳ	2	6.77	—
		Ⅳ	2012	—	2	6.24	—
		Ⅳ	2013	—	2	5.67	—
		Ⅳ	2014	Ⅴ	2	6.21	—
		Ⅳ	2015	—	2	10	—

续表 3-2-4

名称	断面	功能目标	年度	水质类别	监测频次	综合污染指数	超标因子
湖泊水库	红领巾水库	Ⅲ	2008	—	2	1.18	总氮、化学需氧量
		Ⅴ	2009	Ⅴ	2	1.54	—
		Ⅴ	2010	Ⅳ	2	1.3	—
		Ⅴ	2011	劣Ⅴ	2	5.41	—
		Ⅴ	2012	—	2	6.43	—
		Ⅴ	2013	—	2	5.63	—
		Ⅴ	2014	劣Ⅴ	2	6.26	—
		Ⅴ	2015	—	2	9.54	—
	五一水库	Ⅲ	2008	Ⅳ	2	1	总氮、化学需氧量
		Ⅴ	2009	Ⅳ	2	0.89	—
		Ⅴ	2010	Ⅳ	2	0.89	—
		Ⅴ	2011	Ⅴ	2	5.1	—
		Ⅴ	2012	—	2	5.24	—
		Ⅴ	2013	—	2	3.94	—
		Ⅴ	2014	劣Ⅴ	2	4.55	—
		Ⅴ	2015	—	2	7.75	—

说明："—"表示无监测数据

2007—2015 年呼和浩特市降水质量监测情况表

表 3-2-5

年份	样品数	降水量（毫米）	pH 值			电导率（微西门子／厘米）	离子组分（毫克／升）								
			范围值	均值	酸雨频次		硫酸根	硝酸根	氟离子	氯离子	铵离子	钙离子	镁离子	钠离子	钾离子
2007	130	—	7.09 ~ 8.66	7.84	0	113	20.68	6.27	0.5	2.03	2.78	19.05	1.04	1.86	0.95
2008	—	—	—	7.84	0	—	—	—	—	—	—	—	—	—	—
2009	101	—	6.12 ~ 8.39	6.84	0	—	—	—	—	—	—	—	—	—	—
2010	121	—	6.02 ~ 8.29	6.53	0	—	—	—	—	—	—	—	—	—	—
2011	98	177.1	6.04 ~ 8.13	6.62	0	74	16.23	1.84	0.23	1.59	2.53	7.20	1.68	0.91	0.57
2012	127	551.4	6.10 ~ 8.36	6.72	0	54	8.92	1.36	0.07	0.69	1.69	3.56	0.48	0.63	0.39
2013	123	564.6	6.44 ~ 8.19	6.87	0	59	12.44	1.05	0.13	1.36	2.53	7.90	0.84	1.13	0.68
2014	127	389.4	6.52 ~ 7.98	6.84	0	58	14.73	0.82	0.18	1.22	2.45	6.11	0.90	1.22	0.78
2015	139	361.9	6.02 ~ 8.14	6.55	0	50	8.06	3.17	0.19	1.31	3.24	4.36	0.49	1.15	0.51

2007—2015年呼和浩特市饮用水监测点位一览表

表3-2-6

年份	类型	个数（个）	断面	功能	监测频率（次）	目标等级	实际等级
2007	地下水	6	第一至第五水厂、东门外水厂	深层水	12	Ⅲ	Ⅲ
2008		6	第一至第五水厂、东门外水厂	深层水	12	Ⅲ	Ⅲ
2009		9	第一至第五水厂、东门外水厂、金川水厂、白塔水厂和如意水厂	深层水	如意水厂2、其他水厂12	Ⅲ	Ⅲ
2010		8	第一至第五水厂、东门外水厂、金川水厂和如意水厂	深层水	12	Ⅲ	Ⅲ
2011		9	第一至第五水厂、东门外水厂、金川水厂、白塔水厂和如意水厂	深层水	12	Ⅲ	Ⅲ
2012		9	第一至第五水厂、东门外水厂、金川水厂、白塔水厂和如意水厂	深层水	12	Ⅲ	Ⅲ
2013		9	第一至第五水厂、东门外水厂、金川水厂、白塔水厂和如意水厂	深层水	12	Ⅲ	Ⅲ
2014		9	第一至第五水厂、东门外水厂、金川水厂、白塔水厂和如意水厂	深层水	12	Ⅲ	Ⅲ
2015		9	第一至第五水厂、东门外水厂、金川水厂、白塔水厂和如意水厂	深层水	12	Ⅲ	Ⅲ

三、噪声环境

2007 年，呼和浩特市根据《城市区域环境噪声》（GB 3095—1996）规定，开始对全市交通干线噪声环境监测，统计交通干线平均等效声级。全市监测交通干线 45 条，设监测点 160 个，交通干线平均等效声级 69.5 分贝；环境噪声共监测网格数 205 个，等效连续声压级加权平均值 54.7 分贝；对 5 个城市功能区进行噪声监测，其中内蒙古党校、工会大厦、化工厂监测点在昼间、夜间均有超标；昭君大酒店、交通学校监测点昼间达标，夜间有超标现象。

2008 年开始，根据《声环境质量标准》（GB 3096—2008）规定限值，监测全市区域环境噪声，统计全市等效连续声压级。全市监测交通干线 51 条，设监测点 160 个，交通干线平均等效声级 69.5 分贝；环境噪声共监测网格数 205 个，等效连续声压级加权平均值 54.6 分贝；对 5 个城市功能区进行噪声监测，其中内蒙古党校监测点二、三季度夜间超标，工会大厦监测点一季度昼间及三、四季度夜间超标，化工厂监测点全部达标，昭君大酒店监测点全年夜间均超标，交通学校监测点二季度昼间及四季度夜间均超标。

2009 年，全市监测交通干线 51 条，设监测点 160 个，交通干线平均等效声级 69.5 分贝；环境噪声共监测网格数 205 个，等效连续声压级加权平均值 54.6 分贝；对 5 个城市功能区进行噪声监测，其中内蒙古党校监测点二、三季度夜间超标，工会大厦监测点一季度昼间及三、四季度夜间超标，化工厂监测点全部达标，昭君大酒店、交通学校监测点全年夜间均超标。

2010 年，全市监测交通干线 51 条，设监测点 160 个，交通干线平均等效声级 69.0 分贝；环境噪声共监测网格数 205 个，等效连续声压级加权平均值 54.4 分贝；对 5 个城市功能区进行噪声监测，其中内蒙古党校监测点二季度夜间超标，工会大厦监测点四季度夜间超标，化工厂监测点全年昼间、夜间全部达标，昭君大酒店、交通学校监测点全年夜间均超标。

2011 年，全市监测交通干线 52 条，设监测点 160 个，交通干线平均等效声级 69.3 分贝；环境噪声共监测网格数 205 个，等效连续声压级加权平均值 54.6 分贝；对 5 个城市功能区进行噪声监测，其中内蒙古党校监测点二季度夜间超标，工会大厦监测点三季度昼间、夜间全部达标，化工厂监测点全年度昼间、夜间全部达标，昭君大酒店、交通学校监测点全年夜间均超标。

2012 年、2013 年，全市监测交通干线 55 条，设监测点 87 个，交通干线平均等效声级 69.3 分贝；环境噪声共监测网格数 132 个，等效连续声压级加权平均值 54.5 分贝；对 5 个城市功能区进行噪声监测，其中内蒙古党校监测点全年昼间、夜间全部达标，工会大厦监测点三季度昼间、夜间超标，化工厂监测点全年昼间、夜间全部达标，昭君大酒店、交通学校监测点全年夜间均超标。

2014 年，全市监测交通干线 55 条，设监测点 87 个，交通干线平均等效声级 69.0 分贝；环境噪声共监测网格数 132 个，等效连续声压级加权平均值 54.2 分贝；对 5 个城市功能区进行噪声监测，其中内蒙古党校监测点全年昼间全部达标，夜间除二季度外也均达标；工会大厦监测点全年昼间的监测值除一季度外均达标，夜间全部达标；化工厂监测点全年昼间、夜间全部达标，昭君大酒店、交通学校监测点全年夜间均超标。

2015 年，全市监测交通干线 70 条，设监测点 87 个，交通干线平均等效声级 69.1 分贝；环境噪声共监测网格数 132 个，等效连续声压级加权平均值 54.1 分贝；对 5 个城市功能区进行噪声监测，其中内蒙古党校监测点除一季度夜间超标外，其他季度昼间、夜间全部达标；工会大厦监测点全年昼间、夜间全部达标；化工厂监测点全年昼间、夜间全部达标，昭君大酒店监测点二季度昼间、夜间超标，其他季度昼间、夜间全部达标；交通学校监测点全年昼间、夜间全部达标。

四、土壤环境质量

2011 年，呼和浩特市开始监测土壤环境质量，监测村庄土壤项目 20 项，均达到《土壤环境质量标准》（GB 15618—1995）中的Ⅱ类标准，达标率 100%。

2012 年，全市土壤监测项目全部达标。评价项目为酸碱度、阳离子交换量、砷、镉、钴、铬、铜、汞、铅、镍、硒、锌以及 8 种有机氯农药。执行标准为《土壤环境质量标准》（GB 15618—1995）中的Ⅱ类标准以及《全国土壤污染状况评价规定》。

2013 年，监测蔬菜种植区土壤环境质量，选择 14 种重金属和 12 种有机污染物，全市 15 个点位单位项污染指数均小于 1，全部达标。

2014 年，监测集中式饮用水水源地周边土壤环境质量，选择 10 种重金属和 3 种有机污染物，依据《土壤环境质量标准》（GB 15618—1995）中的Ⅰ级标准和Ⅱ级标准，全市 10 个集中式饮用水水源地监测点位全部达标。

2015 年，监测畜禽养殖场周边土壤环境质量，选择 8 种重金属污染物和 3 种有机污染物，依据《土壤环境质量标准》（GB 15618—1995）Ⅱ级标准和《全国土壤污染状况评价技术规定》，全市 15 家畜禽养殖场周边土壤监测点位全部达标。

五、生态承载力

2010 年，市属旗县区生态环境质量状况只有清水河县等级为优，其他旗县区的生态环境质量状况的等级为良。

2011—2012 年，市辖区和土默特左旗生态环境状况指数明显上升；托克托县、和林格尔县和武川县指数上升分别为 1.38、1.25、1.11，均在无明显变化范围内；而清水河县生态环境状况指数下降 0.003。

2011—2015年，各旗县区生态环境状况指数整体呈先上升后下降趋势，2011—2012年上升明显，除武川县和清水河县，其余旗县区生态环境状况均呈现剧烈波动或较大波动，2012—2015年变化较缓。

第二节　环境污染源

一、污染源统计

2006年，呼和浩特市按照国务院印发《关于开展第一次全国污染源普查的通知》要求，开始环境污染源统计工作。

2006—2010年呼和浩特市污染源排放总量一览表

表3-2-7

年份	废水排放总量（万吨）	化学需氧量排放总量（吨）	氨氮排放总量（吨）	二氧化硫排放总量（吨）	氮氧化物排放总量（吨）	烟尘排放总量（吨）
2006	6964.89	34862.80	3754.04	130074.29	134786.57	43597.59
2007	6284.67	30699.99	3687.59	107704	126232.65	23748.72
2008	10003.38	30855	5002.16	94789.99	106260.93	21975.96
2009	9491.42	30713.01	4705.27	94699.99	103182.35	21733.33
2010	12718.45	37001.26	6227.46	102000.08	128211.53	23767.58

说明：“十一五”期间，氮氧化物指标统计方法和核算方法并未统一，导致个别年份数据出现异常变化

2011—2015年呼和浩特市污染源排放总量一览表

表3-2-8

年份	废水排放总量（万吨）	化学需氧量排放总量（吨）	氨氮排放总量（吨）	总氮排放总量（吨）	总磷排放总量（吨）	石油类排放总量（吨）	二氧化硫排放总量（吨）	氮氧化物排放总量（吨）	烟尘排放总量（吨）
2011	13753.75	141516.89	4795.29	30035.08	3073.68	3.12	112304.15	195253.41	33952.25
2012	13733.45	132444.83	4760.49	23330.11	1698.93	1.51	104000.00	192368.00	25792.58
2013	14017.37	129697.58	4701.58	24065.46	1755.74	3.69	100447.70	162046.97	56480.30
2014	20908.11	131301.06	4882.82	40658.81	5923.70	4.53	101191.93	134423.58	88282.61
2015	17547.61	131417.73	5830.14	45358.41	6098.78	56.35	81265.70	119613.62	59803.20

说明：1.“十二五”环境统计增加农业源相关污染物统计，导致废水污染物总量增加

2. 2013年起，按照环境保护部要求，烟粉尘排放量统计中加入无组织排放统计，导致烟粉尘量快速增加

二、工业污染源

呼和浩特市的工业污染源主要统计工业废水排放量、工业废水需氧量排放量、氨氮排放量、工业废气二氧化硫排放量、氮氧化物排放量和烟尘排放量等数据，2011年后增加工业废水中的石油类统计。

2006—2015年，工业废水排放量多在1800万～3000万吨，各年最低排放量是2007年的1367.09万吨，2014年排放量最高，为7249.17万吨。工业废水化学需氧量由2006年的1.32万吨逐年下降，2009年到最低值2474.05吨，后逐年增长。其中，2014年达最高值1.52万吨。氨氮排放量在2006—2009年，略有起伏，自2009年起逐年增长。石油类自2011年开始统计后，排放量每年成倍增长，尤其是2015年达56.23吨，较2014年增长11倍。

工业废气方面，二氧化硫排放量最高为2006年的12.1万吨，最低为2015年的6.73万吨，其间各年略有起伏，排放量总体逐渐下降。氮氧化物排放量总体逐年下降，但2011年、2012年例外，排放量分别高达16.74万吨和16.35万吨，其他年份8万～13万吨。烟尘排放量各年起伏不定，最高排放量为2014年的6.76万吨，最低排放量为2009年的1.27万吨。

2008年，呼和浩特市进行污染源自动监控系统建设，年底联网试运行。2011年，全市重点污染源自动监控系统共联网监控企业50家，运行污染源自动监测设备105套。21家废气在线监控企业共排放二氧化硫3.56万吨，其中3家30万千瓦以上电厂共排放二氧化硫1.86万吨，占总排放量的52.18%；安装氮氧化物监测设备13套。废气在线监控企业共排放氮氧化物7.25万吨，其中3家火电企业的排放量为6.39万吨，占总排放量的88.1%；2011年，COD（化学需氧量）在线监控企业24家，包括6家污水处理厂和18家涉水企业，COD排放量为3491.08吨，其中6家污水处理厂排放量为2462.78吨，占总排放量的70.5%；氨氮在线监控企业2家，氨氮总排放量为18.17吨。

2012年，全市重点污染源自动监控系统共联网监控企业48家，运行污染源自动监测设备136套。其中，烟气自动监测设备58套，COD自动监测设备45套，氨氮自动监测设备33套。污染源安装的自动监测设备全部实现第三方运营。27家废气在线监控企业共排放二氧化硫4.10万吨，其中4家30万千瓦以上电厂共排放二氧化硫1.89万吨，占总排放量的46.2%；共排放氮氧化物7.38万吨，其中4家火电企业的排放量为6.40万吨，占总排放量的86.7%；COD在线监控企业28家，其中包括10家污水处理厂和18家涉水企业，COD排放量为5198.03吨，其中10家污水处理厂排放量为3973.27吨，占总排放量的76.43%；氨氮在线监控企业19家，主要安装在国控污染源上，氨氮总排放量为338.99吨。其中，10家污水处理厂排放量为188.38吨，占总排放量的55.57%。

2013年，全市重点污染源自动监控系统共联网监控企业43家，运行污染源自动监测设备125套。其中，烟气自动监测设备55套，COD自动监测设备40套，氨氮自动监测设备30套。28家废气在线监控企业共排放二氧化硫4.17万吨，其中5家30万千瓦以上电厂共排放二氧化硫2.40万吨，占总排放量的57.5%；共排放氮氧化物4.92万吨，5家火电企业的排放量为3.67万吨，占总排放量的74.57%；COD在线监控企业29家，COD排放量为5436.81吨，其中11家污水处理厂排放量为4381.83吨，占总排放量的80.6%；氨氮总排放量为973.43吨，其中11家污水处理厂排放量为864.08吨，占总排放量的88.76%。

2014年，全市重点污染源自动监控系统共联网监控企业43家，运行污染源自动监测设备122套。其中，烟气自动监测设备55套，COD自动监测设备40套，氨氮自动监测设备29套。28家废气在线监控企业共排放二氧化硫2.85万吨，5家30万千瓦以上电厂共排放二氧化硫1.28万吨，占总排放量的45%;共排放氮氧化物3.13万吨，5家火电企业排放量为1.94万吨，占总排放量的61.9%；共排放烟尘5090.01吨，5家30万千瓦以上电厂排放量为2376.63吨，占总排放量的46.6%。COD在线监控企业29家，COD排放量为5027.65吨，11家污水处理厂排放量为3953.45吨，占总排放量的78.6%；氨氮总排放量为1200.82吨，其中11家污水处理厂排放量为1090.96吨，占总排放量的90.8%。

2015年，全市重点污染源自动监控系统共联网监控企业44家，运行污染源自动监测设备138套。其中，烟气自动监测设备63套，COD自动监测设备41套，氨氮自动监测设备34套。28家废气在线监控企业共排放二氧化硫2.40万吨，5家30万千瓦以上电厂共排放二氧化硫1.10万吨，占总排放量的45.8%；共排放氮氧化物2.40万吨，5家火电企业的排放量为1.19万吨，占总排放量的49.7%；共排放烟尘4478.3吨，5家30万千瓦以上电厂排放量为1779.5吨，占总排放量的39.7%。COD排放量为3800.8吨，11家污水处理厂排放量为3126.6吨，占总排放量的82.3%；氨氮总排放量为1021.3吨，11家污水处理厂排放量为984.2吨。

2006—2015 年呼和浩特市工业污染源排放情况表

表 3-2-9

年份	工业废水				工业废气		
	排放总量（万吨）	工业废水化学需氧量（吨）	氨氮（吨）	石油类（吨）	二氧化硫（吨）	氮氧化物（吨）	烟尘（吨）
2006	1849.30	13195.92	240.98	—	121131.29	118810.57	38032.59
2007	1367.09	5392.94	190.28	—	98503	110256.65	18183.72
2008	2976.98	4552.56	246.62	—	81597.00	90284.93	16410.96
2009	2373.92	2474.05	236.32	—	74040.99	84561.35	12731.33
2010	2636.87	2853.42	368.94	—	82813.08	98290.53	14765.58
2011	2650.30	9486.45	564.50	3.03	107186.60	167386.30	25329.21
2012	2186.50	10347.97	638.8	1.21	99374.75	163464.15	18371.94
2013	2081.97	10542.91	631.23	3.35	96190.38	131664.72	48822.08
2014	7249.17	15174.47	651.91	4.52	91360.39	98837.44	67615.70
2015	3111.10	11031.42	711.25	56.23	67279.16	86282	37983.43

说明：表中“—”表示无数据

三、农业污染源

呼和浩特市对农业污染源排放情况统计，主要为农业源化学需氧量排放量、氨氮排放量、总氮排放量和总磷排放量。其中，农业源化学需氧量排放量、氨氮排放量总体呈逐年递减，总氮排放量、总磷排放量在 2014 年、2015 年大幅上涨。

2011—2015 年呼和浩特市农业污染源排放情况表

表 3-2-10　　　　单位：吨

年份	农业源化学需氧量排放量	氨氮排放量	总氮排放量	总磷排放量
2011	114408.17	1318.70	30035.075	3073.56
2012	104673.03	1229.88	23330.11	1698.36
2013	100841.85	1169.41	24065.46	1755.09
2014	96926.54	1257.42	40658.81	5923.70
2015	98755.68	1126.00	39302.62	5702.04

四、生活污染源

呼和浩特市的城镇生活污染源排放情况统计，主要为城镇生活污水排放量、城镇生活污水化学需氧量排放量、氨氮排放量、生活及其他二氧化硫排放量、氮氧化物排放量和烟尘排放量等。其中，城镇生活污水排放量逐年增长。城镇生活污水化学需氧量排放量逐年增长，2011 年陡然减半，而后重新逐年增长。与之相仿，氨氮排放量大体呈现逐年增长，同样在 2011 年减半，而后恢复到大体逐年增长的状态。生活及其他二氧化硫排放量逐年增长，2011 年排放量骤然下降，降幅超过 73%。2005—2010 年，氮氧化物指标统计方法和核算方法并未统一，导致数据变化巨大。烟尘排放量呈现阶梯式变化，以 2 ～ 3 年为一个阶段，成倍增减，变化最大为 2014 年，较 2013 年增长近 5 倍。

2006—2015 年呼和浩特市城镇生活污染源排放情况表

表 3-2-11

年份	城镇生活污水排放量（万吨）	城镇生活污水化学需氧量排放量（吨）	氨氮排放量（吨）	生活及其他二氧化硫排放量（吨）	氮氧化物排放量（吨）	烟尘排放量（吨）
2006	5115.58	21666.88	3513.06	8943	15976	5565
2007	5115.58	25307.06	3497.31	9201	15976	5565
2008	7026.396	26300.44	4755.54	13193	15976	5565
2009	7117.5	28238.96	4468.95	20659	18621	9002
2010	10081.58	34147.83	5858.52	19187	29921	9002
2011	11103.44	17266.67	2845.36	5117	645	4837.5
2012	11543.18	17040.51	2828.23	4624.71	637.25	3584.48
2013	11930.89	17957.21	2834.21	4257.28	665.2	3763.01
2014	13654.49	19110.73	2907.89	9831.54	5358.91	16776.69
2015	14432.06	21267.88	3925.44	13986.54	4776.63	17926.53

五、其他污染源

呼和浩特市的集中式污染治理设施排放情况统计，主要为废水排放量、化学需氧量排放量、氨氮排放量、总磷排放量、石油类排放量、废气二氧化硫排放量、氮氧化物排放量和烟（粉）尘排放量等数据。

2011—2015 年呼和浩特市集中式污染治理设施排放情况表

表 3-2-12

年份	废水排放量（万吨）	化学需氧量排放量（吨）	氨氮排放量（吨）	总磷排放量（吨）	石油类排放量（吨）	废气二氧化硫排放量（吨）	氮氧化物排放量（吨）	烟（粉）尘排放量（吨）
2011	0.01	355.6	66.73	0.12	0.09	0.55	2.11	2.54
2012	3.77	383.32	68.58	0.56	0.3	0.55	2.11	2.54
2013	4.50	355.6	66.73	0.65	0.35	0.05	2.02	0.21
2014	4.45	89.31	65.60	0.01	0.01	0	0	0
2015	4.45	362.75	67.46	2.42	0.12	0	0	0

第三章　环境监测与治理

第一节　环境监测

一、水环境监测

20世纪80年代中期，呼和浩特市开始对市域内的地表水进行监测。20世纪80年代末对地下水进行监测。1989年，全市环境保护监测中心站地面水监测河流4条，分别为黄河、大黑河、小黑河、西河，监测断面12个，分别是河口镇、大（黑河）入黄（河）前、民生渠、浑津桥、三两桥、章盖营、一间房、污水处理厂、汇河前、汇河后、庆丰桥、西瓦窑，监测项目包括酸碱度、化学耗氧量、生化需氧量、氨氮、砷、汞、硬度等16项，黄河监测频率每年3次，丰水期、平水期、枯水期各监测1次。大黑河、小黑河和西河监测频率每年6次，丰、平、枯水期各监测2次。湖泊、水库监测点位4个，分别是哈素海、五一水库、红领巾水库、乌素图水库，监测项目包括酸碱度、化学耗氧量、生化需氧量、氨氮、悬浮物、汞等10多项，监测频率每年1次。同年开展地下水监测，监测点位10个，分别为东水厂、南水厂、西水厂、北水厂、后巧报、孔家营、如意河、三贤庙、西水磨、南营子。其中，4个深层承压水、6个浅层水，监测酸碱度、化学耗氧量、生化需氧量、氨氮、砷、汞、硬度等17个项目，监测频率每年1次。

1990年，小黑河取消汇河后断面。河流各断面监测项目增加到20多项。1991年，调整小黑河断面，将汇河前断面调整为小（黑河）入大（黑河）前断面，取消污水处理厂断面。1995年，黄河各断面监测频率调整为每年6次。

1997年，新增2条河流、3个断面的监测，即黄河在原有点位基础上增设七零桥断面，新增清水河城关大桥断面、浑河挡阳桥断面，监测项目及频率与往年相同。

1998年，增加什拉乌素河小阿哥断面，并对其开展例行监测，监测项目及频率与其他断面相同。

2000年1月，按照国家环境保护总局要求，市环境监测中心站实施《地面水环境质量标准》（GHZB1—1999），并将浑河挡阳桥断面调整为入黄河处断面，同时取消清水河城关大桥断面。

2001年1月起，向国家总站上报呼和浩特市水源地水质月报。按照《地下水质量标准》（GB/T 14848—1993），地下深层承压水监测项目增加到23项，监测频率为每月1次，全年12次；地下浅层水监测频率增加到每年2次。同年将黄河七零桥断面调整为喇嘛湾断面，取消小黑河一间房断面和乌素图水库测点的监测。湖泊水库监测频率调整为每年6次。

2002年6月1日起实施《地表水环境质量标准》（GB 3838—2002）。市环境监测中心站地表水（河流、湖库）所有断面监测项目增加到24项。2003年，湖泊水库监测频率调整为每年2次。

2006年，对全市城区地表水东河如意大桥监测断面、西河县府街桥监测断面设置进行认证并开始监测，监测频率为每年6次，监测项目为24项。2008年，新增地表水饮用水源地水质黄河蒲滩拐（引黄入呼取水口）断面水质监测，按照《地表水环境质量标准》（GB 3838—2002）要求，监测项目29项，监测频率每月1次。

2009年，黄河水质监测新增头道拐断面。地下饮用水新增金川水厂、如意水厂、白塔水厂的监测。开展《地表水环境质量标准》（GB 3838—2002）地表水环境质量标准基本项目24项、集中式生活饮用水地表水源地补充项目5项、集中式生活饮用水地表水源地特定项目80项共109项以及地下饮用水源地水质39项全分析工作。开展农村（畜禽养殖）浅层水环境质量专项监测工作，选取赛罕区、和林格尔县和土默特左旗11个地下浅层水监测点，监测项目8项，监测频率每季度1次。

2012年，取消东河如意大桥、西河县府街大桥、小黑河三两桥、什拉乌素河小阿哥市控断面。

2014年，建成黄河喇嘛湾、引黄（河）入呼取水口2个水质自动监测站，并通过自治区环保厅的验收，填补全市黄河水质监测断面完全靠手工监测的空白。2015年完成黄河入境断面自动监测系统建设。

二、大气环境监测

20世纪80年代中期，呼和浩特市开始对大气质量进行监测。1986年大气监测采取手动监测。

1989年，优化环境空气监测点位，设玉泉区小召、呼和浩特市糖厂、内蒙古牧机所、自治区公安厅、内蒙古第四毛纺织厂5个大气环境监测国控点位，执行《环境空气质量标准》（GB3095—1982），监测项目有二氧化硫、氮氧化物、总悬浮颗粒物，同时开展降尘、硫酸盐化速率的静态监测。1990年，开展降水监测，逢雨、雪必测，监测项目有降水量、电导率、氯离子、硫酸根离子、硝酸根离子、氟离子等阴、阳离子。

1992年5月，国家环保局重新优化监测点位，内蒙古第四毛纺织厂监测点变更为市控点。

1996年10月1日，开始执行《环境空气质量标准》（GB 3095—1996），对二氧化硫、氮氧化物、总悬浮颗粒物实施24小时连续监测。1997年，与国家环境监测总站联网，每周上报大气综合污染指数。

2000年，呼和浩特市糖厂点位增设首套大气自动监测系统，并在市监测站设置大气自动控制中心，监测项目为可吸入颗粒物（PM_{10}）、二氧化硫、二氧化氮。其他3个监测点位的监测方式和监测项目不变。2001年6月5日，开始向国家总站预报空气质量。同年，取消内蒙古第四毛纺织厂大气监测点。2004年7月，自治区公安厅、玉泉区小召监测点自动监测系统投入使用，并实时上报数据。

2007年6月，新增牧机所和如意开发区两个自动监测点位，经国家环保总局验收并于7月1日并网正式运营。全市5个空气点位全部实现自动化监测。新建2座机动车尾气监测点并投入使用，全年共监测车辆4.13万台，首检合格率86.26%。

2008年，新建5条机动车尾气检测线，检测机动车7.60万辆。对80家企业污染源进行监测，室内监测260次，上报大气监测数据4.34万个。市环境监测中心站标准化建设通过自治区环保局的验收。

2009年，新建金川电力学院、化肥厂生活区2个环境空气自动监测站。2010年，取消近郊的对照点赛罕区民族小学测点，迁建自治区公安厅、内蒙古牧机所大气自动站。

2011年，温室气体设备通过自治区中心站的验收，并建成温室气体与中国环境监测总站数据直连系统，实现甲烷、非甲烷总烃和二氧化碳的自动连续监测。完成内蒙古化肥厂生活区站和呼和浩特市糖厂子站$PM_{2.5}$设备的安装；完成化肥厂生活区站、金川电力学院站与自治区中心站直连。

2012年，新增内蒙古第一监狱环境空气监测点。12月27日，呼和浩特市开始向公众实时发布空气质量监测结果。

2013年1月1日起，呼和浩特市开始按照新的《环境空气质量标准》（GB 3095—2012），通过对玉泉区小召、呼和浩特市糖厂、兴松小区、呼和浩特市第二十九中学、如意水处理厂、内蒙古工业大学金川校区、内蒙古化肥厂生活区、内蒙古第一监狱8个空气监测子站，实施大气污染物二氧化硫、二氧化氮、$PM_{2.5}$、PM_{10}、一氧化碳和臭氧6项因子的监测工作，与自治区环保厅、环境保护部联网，实时采集、监控、传输数据，并通过市环保局官方网站为公众提供实时查询服务。推行车辆环保标志管理，对“黄标车”实行交通管制，共检测机动车20余万辆，检测率90%以上，治理3.3万尾气超标车辆，环保标志发放率90%。

2014年，市环境保护局共监测分析各项有效数据6.57万个，上报有效数据4.24万个（不含自动监测的57.44万个数据）。在大青山南坡开始新建野生动物园、南店2个空气子站。全年在线监控企业共排放二氧化硫2.9万吨，氮氧化物3.1万吨，COD0.53万吨，氨氮0.12万吨及烟尘0.5万吨。呼和浩特市国控重点污染源自动监测设备数据传输有效率为96.28%，在自治区排名第三位。

2015年，完成呼和浩特市$PM_{2.5}$源解析工作并上报环境保护部。完成大青山野生动物园、南店2个空气自动站点的建设。对列入国控重点污染源自动监测数据传输有效率考核基数范围的30家企业严格管控，每半年对4家在线监测第三方运营商进行运维考核。全年自动监测数据传输有效率为97.06%。投资170万元，完成6个高空视频和15个低空视频监控建设任务，对重点污染源及面源污染进行24小时全程监控。

三、噪声环境监测

20世纪80年代中期，呼和浩特市开始监测城市环境噪声，每年监测1次交通干线噪声和区域环境噪声。1990年3月，根据《城市区域环境噪声标准》（GB 3096—1982）将道路交通干线噪声划分为42条主要交通干线，120个监测点；区域环境噪声按400米×400米距离划分成204个网格。

2003—2004年，交通干线噪声平均值和区域环境噪声平均值分别低于国家规定的标准。2005年，监测噪声数据4760个。

2006年，调整城市噪声功能区划及交通、区域噪声点位，调整后道路交通噪声为51条干线，160个监测点，道路总长184千米。区域环境噪声按600米×600米网格距离，将建成区域（工业区除外）划分成205个网格，网格覆盖面积73.8平方千米。

2007—2008年，交通干线噪声平均值为69.5分贝，区域环境噪声平均值为54.6分贝，分别达到国家规定标准。2010年10月，完成10个新建噪声自动监测点选点。2012年，调整交通、区域噪声点位。

截至2015年，全市道路交通噪声为70条干线，87个监测点，道路总长239.94千米，区域环境噪声按1200米×1200米网格距离，将建成区域划分成132个网格，网格覆盖面积190.08平方千米。

四、土壤环境监测

2007年5月，呼和浩特地区土壤调查点位开始监测，设76个监测点。完成《呼和浩特市生态环境（土壤类型/利用）状况调查报告》。2008年完成74个土壤的取样制样分析工作。

2011年，对呼和浩特市中化三联塑胶内蒙古有限公司、内蒙古三联化工股份有限公司周边土壤进行监测。2012年，土壤监测点位调整为金河镇前三富村、和林格尔县、土默特左旗毕克齐镇水磨村、公喇嘛乡郭家营村。2013年，土壤监测点位调整为赛罕区西把栅乡保全庄村、赛罕区太平庄乡白塔村。

2014年，全市土壤监测点位设引黄入呼水源地、北郊公园水源地2个饮用水源地监测区域，满都海公园、植物园、成吉思汗公园、如意广场、锡林公园5个公园绿地，内蒙古大学住宅小区、金泉小区、人和小区、讨号板新村、五里营居民小区

5 个居民小区绿地，乌兰察布西街、沿河南路、成吉思汗大街、如意河大街、锡林郭勒南路 5 条道路绿化带。

2015 年，土壤监测点位调整为内蒙古犇腾牧业有限公司和林牧场、内蒙古犇腾牧业有限公司双号牧场、内蒙古伊利畜牧发展有限责任公司伊利示范牧场等畜禽养殖场周边。

五、辐射监测

2009 年 4 月，呼和浩特市环境监测中心站加挂市辐射监测站牌子开展辐射监测工作。2010 年 5 月，完成辐射监测自动站建设基础工作。2011 年 8 月，完成国控点辐射自动监测站的安装、调试工作。2012 年，对全市 95 个核技术利用项目单位逐一进行检查，未发现环境安全隐患。各项目单位均办理核技术应用单位环境影响评价手续，并取得辐射安全许可证。环境监测中心还给 8 个使用Ⅲ类射线装置的单位发放辐射安全许可证。

2014 年，对全市 109 个核技术利用项目单位，逐一进行检查其中涉及放射源使用单位 35 个，涉及流动放射源使用单位 7 个，涉及固定放射源使用单位 28 个，在用密封放射源 202 枚，Ⅱ、Ⅲ类射线装置使用单位 79 个；为全市 5 个使用Ⅲ类射线装置的单位发放辐射安全许可证；内蒙古自治区人民医院的 1 枚废弃放射源 Co–60 送往包头源库，其他放射源均处于正常使用状态。

2015 年 4 月，呼和浩特市国控点辐射自动监测站通过环境保护部验收。

六、农村环境质量监测

2010 年，呼和浩特市开始农村环境质量监测，在土默特左旗兵州亥村布设监测点位，监测该村环境空气、地下水、土壤。完成 2008—2009 年土地利用、覆盖动态解译以及 2009 年度土地利用、覆盖解译工作并上报解译数据，建立野外核查数据库。

2012 年，完成呼和浩特市生态环境 10 年变化（2000—2010）遥感调查与评估野外核查工作，并向内蒙古自治区环境监测中心站上报数据，完成《呼和浩特市 2011 年度生态环境遥感监测与评价野外核查报告》《呼和浩特市 2011 年度生态环境质量评价报告书》。对农村浅层地下水进行试点监测。

2013 年，监测点位调整为小黑河镇达赖庄村，监测点位 18 个。开始对土默特左旗重点防控区域周边土壤 12 项、地下水 24 项、环境空气 4 项污染物进行每年 1 次的监测。开展旗县、乡镇集中式地下水饮用水源地水质监测，监测项目 24 项，监测频率每年 2 次。

2014 年监测点位调整为武川县（二道洼村、五道沟村、三圣太村、枪盘河上下游、哈拉沁水库）。2015 年增加和林格尔县（打墙沟村、樊家窑村、沙坝四号村、三道河断面、大红城断面）和清水河县（三十一号村、杨家窑村、北槽碾村、喇嘛湾断面）监测点位。

第二节　污染防治

一、污染监管与控制

1989年后，国家环保总局连续7年对环境保护重点城市进行定量考核，呼和浩特市作为国家重点城市，也开始进行城市环境综合整治定量考核（简称“城考”）。2002年，启动总投资34.5亿元的环城水系（包括西河、东河、小黑河城区段）综合整治工程。呼和浩特市“城考”分值逐年提高。由2005年的74.1分提高到2010年的100.19分。2006—2011年，城市环境综合整治定量考核排名均为自治区第一。

2005年，市政府印发《呼和浩特市进一步加强污染防治改善城市空气质量行动计划》，提出“拆并结合，以并补拆，以区域联供补集中供暖，以计划外补计划内，鼓励采用清洁能源供暖”的思路。全市空气污染指数优于二级标准以上天数为311天，2006年313天，2007年331天，2008年341天，2009年346天，2010年349天。区域环境噪声及交通干线噪声保持较好水平。环境保护部门对饮用水水源地污染情况进行专项执法检查，对水源地保护区内环境安全隐患进行排查和整治，完善饮用水源地应急预警制度。清理整顿饮用水水源保护区内违章建筑，对饮用水水源地保护区设立界标、交通警示牌及水源保护区宣传牌。地表水环境功能区水质达标率方面，“城考”民生渠断面水质达标率多年保持100%。加大对上游排污企业废水排放的监管力度，禁止企业直接排放废水，新建生活污水处理厂，对排入河流的生活污水集中收集处理。同时，对污染企业采取关停、限期治理、在线监控、定期监测、逐月督察等监管措施，加大对清洁能源推广及汽车尾气的检测及治理力度。拆除、改造全市小锅炉，实施集中供热。成立大唐再生资源公司，利用高铝粉煤灰生产氧化铝联产活性硅酸钙，项目年设计利用粉煤灰70万吨，年产氧化铝3000吨。2010年，呼和浩特市工业固废处置利用率达93.70%。加大对工业危险废物及医疗废物的监管，多年处置率均为100%。

截至2015年，呼和浩特市先后扩建辛辛板污水处理厂，新建章盖营污水处理厂及公主府污水处理厂，生活污水处理能力26万吨。集中整治城中村及城乡接合部的垃圾，生活垃圾处理率95%以上，升级扩建西郊垃圾场，迁建东郊垃圾场，西郊垃圾场采用卫生填埋法，东郊垃圾场是集生活垃圾、污水处理厂污泥、餐厨垃圾处置于一体的综合垃圾处理场。

二、燃料结构调整

1986 年 3 月，市政府印发《关于防治煤烟型大气污染的决定》，要求 1987 年 9 月以前对城区内 30% 的茶炉及固定商业用户供应煤气。推行试用型煤，市区内型煤（蜂窝煤）居民 7000 户，供应能力 1 万吨以上。全年煤气气化率 2.1%。

1987 年，建成 2 个规模 1 万吨 / 年的型煤厂，设立 6 个型煤供应站，由燃料公司每年供应 3 万吨无烟块煤。全年铺设煤气低压管道 58.5 千米，调压站 13 个，气柜 2 个，煤气用户 1.86 万户，相当于节煤 3 万吨左右，减少烟尘生成量 1200 吨，减少二氧化硫排放 900 余吨。全年煤气气化率 11.1%。

1988 年，全市有煤气用户 2.19 万户。1989 年，制定《呼和浩特市型煤管理办法》；建成 1 条 10 万吨型煤生产线，在型煤供应不足的情况下，全年型煤普及率 4.23%，煤气普及率 20%，市政府开展推广型煤宣传。1990 年，煤气工程投资 198 万元，新增煤气用户 9375 户，其中非居民用户 2990 户、液化石油气用户 4000 户，气化率 28.5%。

1992 年，市政府印发《呼和浩特市使用型煤暂行管理办法》。全年液化石油气供应总量 2400 吨，用气人口 7 万人。1993 年，市内 2721 户饮食网点中，有 934 户全部使用型煤或其他清洁燃料，占比 34%，1363 户部分使用型煤，占比 53%；全市饮食网点灶眼总数 7400 个，使用型煤的灶眼 3763 个，占 51%。市区全年销售型煤约 1.4 万余吨，型煤普及率 8.03%，城市煤气用户约 3 万余户，液化石油气用户约 2 万余户。

1994 年，市政府印发《清洁燃料推广实施管理办法》《关于推广清洁能源推广实施管理办法》，在玉泉区建设居民使用型煤示范区，在商业网点普遍推行清洁燃料，由单一型煤推广扩大到使用无烟煤、煤气、液化气、液体燃料、电等清洁燃料，全年新增使用清洁燃料居民 1.5 万户，商业网点新增清洁能源用户 2169 户。其中，餐饮业 487 户，民用型煤普及率 13.33%。

1995 年，呼和浩特市开始实施“蓝天绿地工程”，集中供热二期工程、煤气二期工程改变了城镇居民烧煤取暖、燃灶习惯，改善市区燃料结构。实现 51 条主次干道餐饮业的燃气化，改灶 980 个。新增液化石油气用户 1.5 万户、煤气用户 4000 余户，在居民中推广使用型煤 8000 户，全市商业网点基本实现无烟化。全年共销售型煤 3.13 万吨，型煤普及率 17.4%，煤气总供给量 1757.46 万立方米，比 1994 年增加 263.16 万立方米，液化气总供给量 7878.49 吨，城市气化率 54.37%。

1996 年，市环保局等部门联合印发《征收城区烟煤大气环境污染补偿暂行管理办法》《原煤市场暂行管理办法》《民用型煤宏观调控暂行管理办法》《石油液化气统一协调暂行管理办法》《联合供暖暂行管理办法》。全市液化石油气供气总量 9540 吨，液化气用户 3 万户，煤气用户 5.5 万户，气化率 60.1%。

1997 年，全市型煤生产厂家 23 家，生产能力月产 5 万吨；全市 91.4% 的商业网点使用型煤或其他清洁燃料；全年扩大集中供热面积 23 万平方米，新增煤气用户 4000 户。

1998 年，市政府要求市区、近郊区工业及采暖锅炉，未改用清洁燃料的茶浴炉、食堂灶全部使用精煤。全市煤气用户 7.1 万户，推广精煤 85 万吨，市区 100 余家单位茶浴炉改用燃气、燃油、型煤等清洁能源。1999 年，全市供应煤气量 269.42 立方米，煤气用户 7.7 万户；液化气供应量 0.81 万吨，液化气用户 5.6 万户，气化率 64.18%。

2000 年，全市有 16.3 万平方米新建住宅楼采用电热膜采暖，在建工程中有 13 万平方米采用电热膜采暖。开展天然气入呼工程，建成煤气采暖住宅小区 13.41 万平方米。2001 年，建成清洁燃料采暖住宅楼 94.7 万平方米，推广型煤 110 万吨，获评全国清洁能源示范城市。

2002 年，呼和浩特市建立煤炭经营企业年审、煤炭准运准销、煤质检测等制度，清理非法煤炭市场 100 余家、检测不合格煤炭 2000 余吨。和林格尔县城关镇、托克托县城关镇、土默特左旗察素齐镇实现联合供暖。各旗县政府所在地均使用精煤。

2003 年，全市集中供暖一、二、三期供热面积达 700 万平方米，炊事用户使用清洁能源 17 万户，取代燃煤 22 万吨，减少排渣 7 万吨。

2004 年，全市推广使用精煤 130 万吨。集中供暖二期供热面积 394.8 万平方米、三期供热面积 411.4 万平方米。集中清理非法煤炭经营点 2 次，共检查煤炭经营点 500 个，取缔 180 个。建成天然气入呼工程金川门站和 6 座加气站，新铺设燃气管网 50 千米，新增燃气用户 1.10 万户，全市燃气管道用户 15 万户，天然气锅炉使用率 23.04%。

2005 年，全市 91 家单位治理采暖锅炉 155 台，新铺设天然气管网 54.3 千米。全市共有天然气加气站 9 座。天然气、液化石油气和煤气用户 16.7 万户，天然气锅炉 152 台（合计 157 蒸吨），采暖面积 200 万平方米，城市气化率 78.13%。

2006 年，呼和浩特市城市集中供热普及率 49.58%。新增天然气用户 1.55 万户，铺设供气管网 47.1 千米，城市燃气普及率 82.93%。2007 年，全市建设农村家庭沼气池 4436 个。

2008 年，全市取缔煤炭经营点 7 个。完成内蒙古昆明卷烟有限公司天然气替代工程，推广燃气采暖锅炉 1 台，壁挂炉 600 台，新建和林格尔县、土默特左旗察素齐镇加气站，全市新增天然气用户 3.2 万户。

2009 年，全市实施清洁能源替代项目 8 个，使用清洁能源替代 67 台。建设天然气管道 27.5 千米，新增天然气用户 4.13 万户，全市燃气用户超过 30 万户，供气区域开始向周边旗县扩展。对燃用高硫煤的企业加倍征收排污费。

2010年，全市清洁能源供热普及率85%；建成总长1300千米的天然气地下输气管网，公交车和出租车均使用天然气，清洁能源使用率50.18%。2011年，全市煤气用户32.22万户，城市燃气普及率92.9%。

2012—2013年，全市推进“煤改气”工程，推广低硫、低灰纯煤，城区清洁能源使用率90%以上。2014—2015年，天然气管网覆盖二环路以内99%以上住户，燃气化普及率98.6%。

三、重污染行业治理

1986—1990年，呼和浩特市对大气污染型企业进行整治，排查整治40个重点企业。完成呼和浩特市炼铁厂高炉烧结粉尘和烟尘综合治理项目。1989年，开工建设呼和浩特市发电厂煤粉系统和除尘设施改造项目。

1991—1993年，呼和浩特市禁止在城区内熬制沥青，搬迁呼和浩特市植物油厂肥皂车间。制定13家重点污染企业限期治理项目，截至1993年，完成9家。1994年，计划21项重污染企业治理项目，年底完成17项。

1995年，呼和浩特市开始实施“蓝天绿地”工程，其中包括热力二期、煤气二期、化工总厂电石炉更新改造及烟尘粉尘综合治理、呼和浩特钢铁厂环境综合整治、呼和浩特炼铁厂煤气发电、呼和浩特市橡胶厂锅炉更新改造、呼和浩特市糖厂综合治理等7项骨干工程，均涉及重污染行业治理。

1996年，改造呼和浩特市糖厂旧锅炉系统，对呼和浩特市发电厂旧粉煤灰场进行治理。1997年，排查“十五小”企业225家，取缔、关停和采取措施224家。

1998年，调控大气污染型企业结构，推广精煤、燃油、燃气等清洁能源。对企事业单位锅炉治理改造，淘汰落后燃煤设备，分批次整治老污染源。

1999年，全市开展“一控双达标”工作。77家单位列入全市“一控双达标”治理的重点污染源，年底完成率60%。关停市炼钢厂、市糖厂等较大污染源，将化工厂石灰窑迁出城区。2000年，全市共取缔土法选金点108家，清理尾泥200余吨。

2001年，呼和浩特市按区域功能分为3个层次调整产业布局，一环路内重点发展第三产业，适当发展无污染的城市型工业，禁止建设工业企业，结合城市改造和企业转制，将重污染企业或设备迁出市区，改造老工业区。二环路沿线地区重点发展科技含量高的无污染企业，加快如意、金川开发区建设，建设石化、电力、文化等各类经济小区。二环路外建设市级工业园区，在小城镇建设中扶持盛乐、金河等工业园区。重点对工业污染源达标排放进行综合治理，对停产擅自开工的15家企业进行再次停产处罚。

2002年，全市取缔“十五小（指1996年《国务院关于加强环境保护若干问题的决定》中明令取缔关停的十五种重污染小企业）”“新五小（国家经贸委、国家发改委限期淘汰和关闭的破坏资源、污染环境、产品质量低劣、技术装备落后、不符合安全生产条件企业）”企业36家，取缔巩固率100%。“一控双达标（1996年《国务院关于环境保护若干问题的决定》中确定的2000年要实现的环保目标）”工作中停产、破产企业209家。其中，14家企业经治理验收后恢复生产。针对全市455家工业污染源开展排放达标检查，达标率100%。

2003年，市环保局依法关停内蒙古三联化工厂开放式电石炉。2004年，关闭使用淘汰落后工艺、设备的重污染企业19家。2005年，搬迁呼和浩特市炼铁厂、内蒙古青山乳业有限责任公司。

2006年，完成内蒙古大唐托电二期、三期以及呼和浩特市丰泰电厂2×200兆瓦机组脱硫项目。搬迁市焦化厂，关停鹰翔水泥有限公司。伊利、蒙牛、大唐托电、天野化工等企业成为呼和浩特市第一批环境友好型企业。2007年，为16家企业安装污染源在线监测设备。

2008—2012年，市环保局对不具备污水处理条件、环保不达标、无可靠污染防治措施或污染物没有可靠处理工艺的项目不予审批，实现以环保准入倒逼经济转型。5个工业园区规划环评取得批复，编制完成6个园区的规划文本。中石油500万吨/日炼油扩能改造项目通过环境保护部审批。

2013年，呼和浩特市承担的8个国家责任状项目，除金山电厂和蒙丰特钢外，北方联合电力有限公司呼和浩特金桥热电厂1号机组脱硝工程开始运行并通过验收。内蒙古大唐国际托克托发电有限责任公司8号、11号机组脱硝工程通过验收。冀东水泥5000吨/日生产线脱硝工程、天浩水泥4000吨/日生产线脱硝工程建设完工。

2014年，对全市电力、水泥等行业进行脱硫、脱硝和除尘升级改造，搬迁城区内和周边工业项目进园区，要求新建项目必须进园区。淘汰武川境内不合格的铁合金炼制项目。

2015年，完成中石油280万吨/年催化再生烟气及阜丰、齐鲁等企业共1855吨生产性燃煤锅炉脱硫脱硝工程；完成城发、富泰等供热企业共1900蒸吨锅炉脱硫除尘改造，以及城区133台分散燃煤锅炉拆并整合及燃气改造。按照纪念抗战胜利70周年空气质量保障要求，严格减排防控措施，对14家重点工业企业实施停产，对6家企业实施限产30%以上，126个工地停工，重点企业实施24小时驻厂监管。保障期间，呼和浩特市实现连续20余天环境空气质量优良。

四、水污染防治

1988—1995年，呼和浩特市开展“蓝天绿地工程”。1997年，内蒙古化肥厂、呼和浩特炼油厂废水污染农田1333.33公顷，绝产近600公顷，牲畜中毒死亡近1500

头（只），直接损失268万元。化肥厂、炼油厂分别赔偿218万元、50余万元。

2001—2002年，全市加强对饮用水源地水质的监测和保护，对日排工业废水超过1000吨的企业实行在线监测，有效防止地下水污染，饮用水源地水质100%达标。2002年，共出动环保执法人员1786人次，检查企业795家次，立案查处企业143家，处理结案企业67家，罚款12.7万元。其中，未办理环保审批手续企业42家，超标排污单位16家，使用淘汰、落后设备企业26家。环保部门对92家企业下达限期停产整顿通知书，取缔关停21家，对29家企业加倍征收排污费。

2003年开始，全市饮用水源地水质连续6年达标。主要工业企业建成污水处理设施61套，工业废水排放达标率从2003年的80.57%上升到2006年的86.6%。城市生活污水集中处理能力保持60%左右。2004年，全市开展“严查不法排污企业、保障人民群众身体健康”环保专项行动。

2005年，呼和浩特市建成金宇集团生物制药厂污水处理工程，托电集团扩建污水处理项目和石药集团污水处理厂，并投入运营。申请日元贷款9.2亿元人民币，筹建3个污水处理厂和扩建辛辛板污水处理厂。完成内蒙古天野化工集团有限公司污水处理工程技改项目；中国石油呼和浩特市石化公司、内蒙古生物制药厂污水治理工程完工；内蒙古金威斯化纤有限公司污水处理设施开始运转；内蒙古金河集团污水处理厂通过验收，污水排放达到农灌标准。

2006年，全市455家工业污染源经过治理100%达标，并对清水河和武川县小炼铁、电厂和铁合金行业，进行集中整治、限期治理和关停；对托克托县工业园区石药集团污水不达标问题，停产整治，改造和更新工艺设备。对10家水重点企业污染源安装废水监测设备。

2007年，呼和浩特市公主府污水处理厂投入运行，章盖营污水处理厂、辛辛板污水处理厂二期工程投入运行。全市二级污水处理达30万吨/日，城市生活污水集中处理率达85%以上，中水回用率达20%以上。和林格尔县盛乐园区蒙牛乳业日处理1万吨污水处理厂、伊利金山奶粉厂污水处理工程投入运行，托克托县工业园区日处理2万吨污水处理厂运行良好，金山园区日处理3万吨污水处理厂开工建设。

2008年，呼和浩特市如意白塔污水处理厂及配套管网工程累计完成投资1328万元。赛罕区大学城污水处理厂一期工程完成调试。玉泉区裕隆工业园区污水处理厂完成可研和环评审批手续。

2009年，市区投入运行生活污水处理厂5座，日处理能力26.4万吨，生活污水处理能力达96%以上；在建生活污水处理厂6座、工业园区污水处理厂4座。编制完成《什拉乌素河污染防治规划》《饮用水水源地基础环境调查及评估》。2010年，辛辛板污水处理厂日处理15万吨工程完工。

2011 年，清水河县城关镇污水处理厂建设完工，土默特左旗察素齐镇污水处理厂、托克托县双河镇污水处理厂主体工程、和林格尔县城关镇污水处理厂、武川县可可以力更镇污水处理厂均投入运行。金山开发区污水处理厂建设完工，铺设主管网。内蒙古丰蒂妮羊绒制品有限公司废水治理工程投入运行。

2012 年，金桥污水处理厂投入运行。全市建成城镇污水处理厂 8 座，生活污水集中处理率 95.83%，全年处理率 96%，新增三级处理能力 9 万吨 / 日。

2013 年，呼和浩特市开展城镇、乡镇和农村集中式饮用水水源保护区划分工作。按照《呼和浩特市城区地下水饮用水水源保护区划定方案》要求，编制完成《呼和浩特市城区地下水饮用水补充水源保护区划定方案》《呼和浩特市托克托县双河镇乃同饮用水水源保护区划定方案》《呼和浩特市乡镇集中式饮用水水源保护区划定方案》，全面完成饮用水源保护区标志设置、乡镇和农村饮用水源保护区划定及一级保护区物理围网建设工作，开展饮用水源保护专项执法行动，加强备用水源管理。编制《呼和浩特市 2013 年度重点流域水污染防治规划实施方案》。

2014 年，玉泉区裕隆工业园区 2 万吨污水处理厂开工建设。推进污水处理厂的新建、提标、增容改造，新建城市污水管网 597.2 千米，改建管网 20.8 千米，投资 3000 万元支持市辖 5 个旗县污水处理厂运营，投入运营的污水处理厂 15 座，日处理规模达 46 万吨。投资 3000 万元对托克托县“氧化塘”和污水存放池进行深度处理，截至 2014 年末管网建设基本完工，同时对 6 家未达到国家排放标准的生物发酵及制药企业实施关停整治。开展饮用水水源地和 254 眼水源井的日常水质监测，对饮用水水源地污染情况进行 7 次专项执法检查。

2015 年，完成呼和浩特市班定营日处理 2 万吨污水处理厂续建任务，金川南区（阜丰、齐鲁、天皓）3 个排污口接入班定营污水处理厂。完成辛辛板、章盖营、公主府污水处理厂提标、增容主体工程，处理水质标准由一级 B 升级到一级 A，辛辛板、章盖营污水处理能力分别增加 5 万吨 / 日、6 万吨 / 日。金桥开发区污水泵站出水管道工程 102 省道南延伸段开工，铺设管道 1800 米；完成小黑河沿线 24 千米收水管网 19.8 千米。对旗县城镇污水处理厂实施运营补贴，全年补贴 193 万元，保证其正常运维。对托克托县官地营 120 万平方米污水存放池进行回抽处理达标，并综合利用，“污水湖”隐患得到根治；对“氧化塘”废水回抽处理，完成管网铺设 2.7 千米。同时，对其他生物发酵及制药企业进行废水治理，达标排放；常盛制药采用三级反渗透膜处理技术，处理水循环利用，实现“零排放”。对市区 13 口水源井周边违法违章建筑、垃圾、排污口进行拆除、清理和封堵，关停取缔红吉水库一级水源地砖厂、奶站，搬迁清理大青山前坡水源地内康宝养殖场、康辉牧业第四分公司和新四季养殖场等污染企业，清理整治哈拉沁、红领巾及五一水库上游及周边企业。

五、大气污染防治

1986 年，呼和浩特市静电除尘厂迁址玉泉区南茶坊。1988—1995 年，全市开展“蓝天绿地工程”。1989 年，确定呼和浩特市型煤厂为型煤研制试点。1990 年，举行第一届型煤炉具展示会。1991—1993 年，对污染企业挂黄牌、挂黑牌和曝光。1994 年开展“环保世纪行”活动。1996 年确定为呼和浩特市“环保年”。

1998 年，市政府召开汽车尾气防治工作协调会。1999 年开始，在全市推广使用电热膜采暖。2002 年，全市开始建设“烟控区”和“噪控区”。加强机动车排放污染防治，环保、公安等部门配合，共检测机动车 3.1 万辆，对不合格车辆采取安装尾气净化器的措施。2003 年，投资 154 万元，为旗县配套医疗废弃物焚烧炉及运转装置；投资 304 万元，在西郊垃圾处理场建设焚烧炉、购置运转设备。

2004 年，全市天然气、液化气和煤气用户达 26 万户，自治区兽医工作站等 8 家单位使用天然气采暖，城市气化率达 18.13%；建成 6 座机动车加气站，将 510 辆公交车和 500 余辆出租车改装为双燃料车。清洁能源利用率 37%。

2005 年，市环保局成立拆并锅炉工作组开展锅炉拆并工作，共拆除锅炉 39 台；拆除、改造茶浴炉 34 台。对 15 家单位的 22 台工业锅炉和 91 家单位的 155 台采暖锅炉下达限期治理决定。清理整顿电石、铁合金、焦化行业，取缔 1 家小炼焦厂，对 21 家符合国家准入条件企业下达限期完成污染设施建设的通知。取消 7 家企业的经营资格，督促煤炭经营企业进入煤炭集中交易市场。

2006 年，全市拆并 93 家 136 台锅炉和 80 家 101 台茶浴炉。对 115 家单位的 172 台采暖锅炉和 33 台工业锅炉进行限期治理。清水河县农村试点推广沼气，60 余户试验成功。大唐托克托发电厂 3 ~ 6 号机组、呼和浩特发电厂脱硫设施通过自治区验收。为 20 家大气污染重点企业，安装废气在线监测设备。

2007 年，全市拆并 61 台锅炉和 42 台茶浴炉。取缔国道、省道两侧非法煤炭市场。2008 年，拆除分散燃煤供暖锅炉 366 台，限期治理 392 台，淘汰火电机组 4 台、关停 16 家污染严重企业，取缔 60 余家“十五小”“新五小”企业（“十五小”“新五小”企业是指 1996 年《国务院关于加强环境保护若干问题的决定》中明令取缔关停的 15 类重污染小企业，以及原国家经贸委、国家发改委限期淘汰和关闭的破坏资源、污染环境、产品质量低劣、技术装备落后、不符合安全生产条件企业），挂牌督办 27 家企业。电力机组安装脱硫装置，运行稳定。重点工业废水、烟尘、二氧化硫、粉尘达标率均保持 100%。全市 64 家企业安装自动监测系统 116 套，国控重点企业在线监控率 100%，区控重点企业在线监控率 86%，全部电厂、污水处理厂实现工况监控。建成 20 条机动车尾气检测线，全年检测率 82%。

2009 年，全市 228 家煤炭经营企业中 221 家通过年检，通过率 97%。土默特左旗煤炭物流园区开工建设。检测大唐托电等21家重点生产企业用煤煤质，出具煤质检测报告93份。落实《呼和浩特市2009年燃煤锅炉茶浴炉、改造治理实施方案》，拆并锅炉79台，更换除尘设备65套，拆除改造茶浴炉37台。检测机动车8.85万台，机动车尾气年检率达80.1%。城区空气质量二级以上天数达346天，占全年总天数的94.8%，在北方15个省会城市中排名第1位，在全国47个重点城市中排名第19位，其中优的天数达121天，占全年总天数的33.2%。全市发电企业脱硫设施运行稳定，脱硫效率保持在90%以上，在7处集中供热锅炉开展脱硫试点。

2010年，呼和浩特市被环境保护部确定为12个机动车排气污染防治示范城市之一。《呼市机动车尾气管理条例》提交市人大常委会。开展机动车排气检测二期建站工作，完成机动车尾气可析源分析。全年二级以上空气质量天数达349天，其中一级天数为126天，在北方15个省会城市连续排名第1位。结合在线监控与现场监察建立重点企业月督察制度，督察发电厂10次。安装脱硫设施的发电厂综合脱硫效率保持90%以上。

2011年，市区集中供热达85%，建成天然气汽车加气站22座，城区公交车和出租车全部使用天然气，清洁能源使用率达50.18%。建成机动车尾气监控平台和2个固定遥测站，遥感检测车投入使用。全年二级以上空气质量天数达347天，其中优121天、良226天。

2012年，全市拆并锅炉29台，完成9台锅炉除尘器治理，拆除改造茶浴炉12台，大型集中供热锅炉安装脱硫设施2台。完成大唐托电4号、7号、8号、11号机组，金桥电厂1号、2号机组，金山电厂1号、2号机组的脱硝工程建设任务。大唐托电综合脱硫效率提高3个百分点，其余发电厂综合脱硫效率提高2个百分点。完成天浩水泥、冀东水泥、城发公司、富泰热脱硝工程改造，综合脱硝效率达30%以上。

2013年，市环保局与南开大学城市空气颗粒物污染防治实验室联合开展$PM_{2.5}$源解析，提出防治措施。结合“煤改气”工程，改造二环路以内64座分散燃煤锅炉，城区清洁能源使用率90%以上，全市清洁能源使用率58.88%。清理搬迁103省道两侧煤炭市场及园区，取缔、拆除和搬迁煤场379家。对“黄标车”（指新车定型时排放水平低于国Ⅰ排放标准的汽油车和国Ⅲ排放标准的柴油车的统称）实行交通管制，检测机动车20余万辆，同比增长134.54%，检测率90%以上，治理3.3万尾气超标车辆，环保标志发放率90%。

2014年，全市110座“煤改气”分散燃煤锅炉，签订协议106家。开始实施呼和浩特科林热电有限公司550万平方米、北方联合电力有限责任公司呼和浩特金桥热电厂500万平方米“乏气”（指间接用蒸汽设备排放的高温凝结水中夹带没有被污染的低温蒸汽）供热工程，每年节约标准煤70余万吨。全年共检测13.85万辆机动车尾气，环保检测率 80% 以上，治理尾气超标车 2.45 万辆，合格率 95% 以上。对经治理仍不达标的老旧车辆不予发放环保合格标志，淘汰“黄标车”1426 辆。通过切断生产用电、拆除相关设备等方式清理取缔造成大青山南坡粉尘污染的白灰腻子粉厂 37 家、碎石场 8 家、沙场 2 家、搅拌站 4 家，清理设备 54 套。全年全市空气质量达标天数为 242 天。

2015 年，全市拆并整合及燃气化改造燃煤锅炉房 26 座，涉及供热面积 157.81 万平方米。其中，拆并整合 15 座，涉及供热面积 72.45 万平方米；燃气化改造 11 座，涉及供热面积 85.36 万平方米。完成全市 18 台共 770 万千瓦火电机组脱硫脱硝除尘改造，完成 13 台共 1305 吨工业企业生产性锅炉脱硫脱硝工程、4 台 400 蒸吨供热锅炉脱硫除尘工程建设，对 26 座分散锅炉房实施拆并整合或燃气化改造。完成中石油年产 280 万吨催化再生烟气及阜丰、齐鲁等企业共 1855 吨生产性燃煤锅炉脱硫脱硝工程；完成城发、富泰等供热企业共 1900 蒸吨锅炉脱硫除尘改造；完成城区 133 台分散燃煤锅炉拆并整合及燃气改造。机动车环保检测站实现与国家和自治区、市三级环保部门联网，对机动车排气检测中的视频监控、过程数据采集、检测结果判定、异常数据预警等进行监控。全年共检测机动车辆 27.2 万辆，发放绿标 24.6 万枚，淘汰“黄标车”7394 辆。全年空气质量达标天数为 276 天，比 2014 年增加 34 天，达标率 75.6%。

第四章　环保科研

第一节　科研机构

1986 年，呼和浩特市环境保护科学实验研究所有职工 41 人。其中，专业技术人员 37 人，行政人员 4 人；大专以上学历人员 17 人、中专 9 人、高中以下 15 人。

1994 年 3 月，呼和浩特市环境保护科学实验研究所更名为呼和浩特市环境科学研究所。有职工 50 人。其中，专业技术人员 46 人，行政人员 4 人；大专以上学历人员 46 人、中专 2 人、高中以下 2 人。专业技术人员占全所总人数的 92%，具有中级职称 16 人、高级职称 1 人，中、高级技术人员分别占技术人员总数的 32%、2%。

1996 年，市环境科学研究所有职工 51 人。其中，专业技术人员 47 人，行政人员 4 人；大专以上学历人员 44 人、中专 4 人、高中以下 3 人。专业技术人员占全所总人数的 92.2%，具有中级职称 23 人、高级职称 6 人，中、高级技术人员分别占技术人员总数的 48.9%、12.7%。

2012 年，市环境科学研究所部分人员调整至市机动车排气检测管理中心。调整后，市环境科学研究所本科以上学历人员 18 人，其中硕士研究生 2 人。专业技术人员 26 人，占全所总人数的 65%，具有中级职称 12 人、高级职称 10 人，中、高级技术人员分别占技术人员总数的 30%、25%。

2015 年，市环境科学研究所专业技术人员占 80% 左右。本科以上学历人员 24 人，其中博士研究生 6 人、硕士研究生 3 人。专业技术人员 27 人，占全所总人数的 73%，具有中级职称 15 人、高级职称 9 人。中、高级技术人员分别占技术人员总数的 55.6%、33.3%。

第二节　科研项目

一、环境规划

1992 年，市环境保护局印发《呼和浩特市煤烟型大气污染综合整治方案》《呼和浩特市饮用水地下水源保护区划分与保护工作研究》。1996 年编制《呼和浩特市环境综合整治规划》。

2002 年，市环保局编制完成《呼和浩特市清洁能源规划》、全市生态功能区划和《呼和浩特市生态环境保护纲要》。2003—2004 年，编制完成《呼和浩特市地表水环境功能区划》，并通过自治区和国家验收。

2006 年，市政府发布《呼和浩特市“十一五”环境保护规划》《呼和浩特市创建国家环境保护模范城市规划》。市环保局编制完成创建环保模范城市总体规划和环境宣传教育、环境管理能力建设、污染控制 3 个专项规划，协调有关部门完成经济和社会发展、城市基础设施、生态建设 3 个专项规划。2008—2009 年，编制《什拉乌素河污染防治规划》《饮用水源地保护区规划》。2010 年编制《呼和浩特市重金属污染防治规划》。

2011 年，市政府发布《呼和浩特市环境保护“十二五”规划纲要》《呼和浩特市城镇饮用水水源地环境保护规划（2012—2020 年）》。

2012—2013 年，市环保局印发《呼和浩特市乡镇饮用水源保护区划定方案》《呼和浩特城区地下饮用水源保护区补充划定方案》《呼和浩特市托克托县双河镇乃同饮用水水源保护区划定方案》。

2014—2015 年，市环保局印发《呼和浩特市农村集中式饮用水源保护区划定方案》《呼和浩特城市总体规划环境保护专项规划》。

二、课题研究

1986—1989 年，市环保局完成《呼和浩特市工业污染源调查评价技术报告》《呼和浩特市城市发展的生态环境对策研究报告》。开展“呼和浩特市新城西街烟尘控制区试点示范工程”。

1990—1992 年，市环保局制定《恶臭污染调查及恶臭标准》。开展“呼和浩特市大气污染调查及污染途径分析”“呼和浩特市民用型煤推广对策探讨”的项目研究。

1993 年，市环保局完成“呼和浩特市环境与能源协调发展决策与支持系统开发”中的子课题“呼和浩特市污染气候特征资料分析”“呼和浩特市环境与能源协调发展决策与支持系统开发”中的分课题“呼和浩特市污染排放特征研究及环境质量分析”，参加联合国开发计划署科研项目“呼和浩特市环境与能源协调发展决策支持系统”。进行“电气化——呼和浩特市居民炊、暖发展的趋势”研究。1994 年，开展“呼和浩特市西河水质污染现状分析及治理方案探讨”的项目研究。1998 年，承担世界银行和中国环科院“呼和浩特市工业污染控制系统研究”科研项目。

2003—2004 年，市环保局完成呼和浩特市大气污染源的调查分析和评估。2007—2009 年，开展“北方沼气新技术研发示范与环境空气质量相关性研究”“典型城市扬尘污染防治对策研究”的项目研究。“工业蒸汽锅炉高效燃烧支持系统综合应用课题”获 2008 年度呼和浩特市科技进步三等奖。完成《呼和浩特市典型乡镇饮用水水源地基础环境调查及评估报告》。

2009—2013 年，市环保局开展了环境保护部公益性专项研究课题“干旱半干旱地区草原煤田开发环境影响后评估及生态修复示范技术研究”。完成《呼和浩特市黄河蒲滩拐地表饮用水水源地自查报告》《呼和浩特市农村饮用水水源地基础环境调查及评估报告》。

2011—2012 年，市环保局承担了国家环保公益项目——“呼和浩特市环境安全与健康应急决策系统示范项目”。完成《呼和浩特市集中式饮用水水源现状评估报告（2010 年度）》《呼和浩特市城镇饮用水水源地环境现状调查报告（2011 年）》。开展呼和浩特、包头两市煤炭储运市场煤尘污染调研，编写《呼、包两市煤炭储运市场煤尘污染防治对策调研报告》《内蒙古自治区煤炭物流管理办法》。

2013—2014 年，市环保局完成了“全国重点地区环境与健康专项调查预调查”的子课题“内蒙古呼和浩特市重点地区环境与健康专项调查预调查”。完成《呼和浩特市集中式饮用水源环境状况评估报告（2012 年度）》《呼和浩特市地级以下城市集中式饮用水源环境状况评估报告（2012 年度）》《呼和浩特市“十二五”环境保护规划中期评估报告》《全国城市饮用水源地环境保护规划（2008—2020）呼和浩特市实施情况评估报告》《重金属污染防治“十二五”规划中期评估报告》，制定《呼和浩特市大气重污染应急预案》《呼和浩特市境内大黑河水质调查报告》《呼和浩特市集中式饮用水源环境状况评估报告（2013 年度）》《呼和浩特市地级以下城市集中式饮用水源环境状况评估报告（2013 年度）》《呼和浩特市环保产业现状调查报告》《呼和浩特市“十二五”环境保护规划中期评估报告》。

2015 年，市环保局开展了“呼和浩特市生态文明建设与制度研究”“内蒙古呼和浩特市重点地区环境与健康专项调查”。完成《呼和浩特市集中式饮用水源环境状况评估报告（2014 年度）》《呼和浩特市地级以下城市集中式饮用水源环境状况评估报告（2014 年度）》《呼和浩特市水污染防治工作方案》。

第四篇

城市建设

第一章　城乡规划

第一节　规划管理

1988 年 11 月，呼和浩特市城乡建设环境保护局下属市测量队改为市勘察测绘管理处。1996 年 5 月，市勘察测绘管理处加挂呼和浩特市勘察测绘研究院的牌子，实行一套人马、两块牌子的管理体制。1998 年 3 月，市建设局成立市城市规划设计院。

2001 年 3 月，根据《内蒙古自治区党委、政府关于呼和浩特市党政机构改革方案的通知》，正式组建呼和浩特市规划局，为市政府职能部门。设办公室、用地规划科、城市规划科、建筑规划科、市政规划科、法规监察科。

2002 年，增设村镇规划管理科。2003 年，对规划管理部门与国土资源部门城市测绘管理方面的职能进行调整明确，将城市测绘管理划归市规划局。同年，成立呼和浩特市城市规划设计审查中心、呼和浩特市城市规划技术服务中心，为市规划局所属科级事业单位。2 月，为加强市政府对城市规划的集中统一管理，设置呼和浩特市经济技术开发区规划分局、呼和浩特金桥经济技术开发区规划分局，机构规格为科级，隶属市规划局。

2006 年，增设计划财务科、人事教育科。2008 年，增设行政审批办公室。6 月，市规划局设置新城区、赛罕区、回民区、玉泉区市四区规划分局，机构规格为科级。

2009 年，村镇规划管理科更名为旗县城镇规划科。地下管线测量业务从市城市规划信息管理中心调整到市勘察测绘管理处。5 月，成立呼和浩特市规划展览馆，科级事业单位。同时，市勘察测绘管理处升格为市规划局所属副处级事业单位，挂市勘察测绘研究院牌子。

2012 年 5 月，将市规划局所属市勘察测绘管理处测绘行政管理职能以及人员、编制划入市国土资源局。2013 年，实施城市管理相对集中行政处罚权工作，市城建监察规划支队和相应行政处罚职能划转市城市管理行政执法部门。

2015 年，呼和浩特市规划局内设办公室、人事科、财务科、城市规划科、用地规划科、建筑规划科、市政规划科、旗县城镇规划科、法规监察科和行政事项审批办公室 10 个职能科室。下辖呼和浩特市勘察测绘研究院（副处级）、呼和浩特市城乡规划设计研究院、呼和浩特市城市规划技术服务中心、呼和浩特市城市规划设计审查中心、呼和浩特市城市规划信息管理中心、呼和浩特市规划展览馆、呼和浩特经济技术开发区规划分局、呼和浩特市规划局新城区规划分局、呼和浩特市规划局回民区规划分局、呼和浩特市规划局玉泉区规划分局、呼和浩特市规划局赛罕区规划分局 11 个事业单位。

第二节　城市总体规划

一、呼和浩特市城市总体规划（1976—2000）

1974 年初，根据国务院印发《关于城市的改建和扩建要做好规划经过批准纳入国家计划大中城市的建设》的要求，开始修订呼和浩特市城市总体规划；规划由自治区城建局组织编制，1979 年 10 月 29 日获得国务院批复。总体规划分为前言、城市现状及存在主要问题、城市总体规划、市政工程设施规划 4 个部分。规划期限远期到 2000 年，近期到 1985 年。规划范围为呼和浩特市中心城区。总体规划确定呼和浩特市为自治区首府，是全区的政治、经济、文化中心。从工业发展看，呼和浩特市是拥有机械、轻纺、化工、冶金、电子等初具规模的综合性工业城市。规划确定城市人口至 1985 年为 55 万人。

城市基本建设用地，按照节约用地的原则，挖掘土地潜力，充分利用闲置空地，提高土地使用率，尽量不占或少占农田、菜地。控制新建项目，特别是占地多、用水量大的项目，可以放在周边旗县区，以发展小城镇，促进地方工业的发展。提高建筑层数，合理控制建筑密度，市区的住宅建筑一般为 4 ～ 6 层；民用建筑逐步实现统一建设。到 1985 年城市总用地将由 46 平方千米增加到 52 平方千米，城市总用地从人均 114 平方米下降到 104 平方米。城市生活居住用地从人均 51.95 平方米下降到 43.65 平方米。远期城市用地基本控制在 65 平方千米左右。

二、呼和浩特市城市总体规划（1996—2010）

1990 年初，自治区和市政府确定对《呼和浩特市城市总体规划》进行修编。1991 年 8 月，市城乡建设局向市政府常务会议作规划修编汇报；11 月 22 日，市政府向市九届人民代表大会常务委员会第 17 次会议作调整《呼和浩特市城市总体规划纲要（草案）》的报告，会议审议并原则通过《呼和浩特市城市总体纲要》。

1996 年 11 月 10—11 日，自治区建设厅组织召开《呼和浩特市城市总体规划纲要》暨《呼和浩特市市域城镇体系规划》论证会；20 日，市十届人民代表大会常务委员会第 18 次会议再次审议通过《呼和浩特市城市总体规划纲要》《呼和浩特市城镇体系规划》。1997 年 12 月，市政府报请自治区政府转报国务院审批《呼和浩特市城市总体规划（1996—2010 年）》。1999 年 6 月 3 日，获得国务院批复。

总体规划由文本、说明、附加说明、基础资料和图则组成。文本包括总则、城市发展战略、城市性质与规模、市域城镇体系、市区布局、城区布局、名城保护、生态环境、对外交通、城市交通、市政公用设施、城市防灾、近期建设、实施措施14个部分；说明包括城市总体布局、经济社会发展规划、城镇体系规划、城市性质说明、人口规模说明、用地规模说明、近期建设规划、历史名城保护规划、城市环境保护规划、城市市场规划、城市郊区规划、城市交通规划、人防工程规划、园林绿地系统规划、城市给水规划、城市排水规划、城市电力规划、城市电信规划、城市燃气规划、城市供热规划、城市邮政设施规划、城市防洪规划、城市消防规划、城市环境卫生规划、城市抗震规划、城市土地定级规划26个部分。规划确定呼和浩特市是自治区首府和政治、经济、文化中心，国家历史文化名城，中国北方沿边开放地区重要的中心城市。

规划贯彻“严格控制大城市规模，合理发展中等城市和小城市”的方针。对城市人口坚持有效控制、引导发展的原则。重点控制城市人口规模，引导农业剩余劳动力向小城镇转移，加强小城镇建设，并实现城乡人口的合理分布。市域至2000年总人口控制在215万人以内。2010年，总人口控制在248万人以内，城市化水平达68%。市区至2000年城市实际居住人口93万人。其中，非农业人口78万人，农业人口5万人，暂住人口10万人（1年以上）。2010年，城市实际居住人口110万人。其中，非农业人口95万人，农业人口5万人，暂住人口10万人。城区至2000年实际居住人口90万人。其中，非农业人口75.2万人，农业人口5万人，暂住人口9.8万人。2010年，城市实际居住人口105万人。其中，非农业人口90.3万人，农业人口4万人，暂住人口10.7万人。

贯彻“十分珍惜和合理利用每寸土地，切实保护耕地”原则，城市用地规模与城市人口和经济发展相适应，合理布局、紧凑发展。至2000年，市域城镇建设用地165平方千米，2010年222平方千米。至2000年，市区人均建设用地103.6平方米，市区建设用地96.32平方千米；至2010年，市区人均建设用地103.6平方米，市区建设用地114平方千米。

城区采用“集中式”布局形态。根据实际情况和自然条件，将城区分为6个分区，其间以城市干道相连，形成“多中心”布局结构。城区建设以集中体现现代化首府城市为主要职能，以发展商业、贸易、金融、行政、信息、咨询、旅游、服务等产业为主，兼顾发展高新技术产业，重点调整不适宜在城区继续存在的职能。注重从城市整体保护历史文化名城，特别是其传统格局和宏观环境，强调城市的总体景观风貌。改善旧城环境，调整城市整体格局，建设良好的生态框架和层面。保护自然景观轴线，刻画依山傍水、山河交会、人文景观荟萃的城市特色。加强对重点保护地段和旧城风貌区的控制。

三、呼和浩特市城市总体规划（2011—2020）

2003年，市政府委托中国城市规划设计研究院对《呼和浩特市城市总体规划》进行修编。

2009年8月，受自治区政府委托，自治区建设厅主持召开《呼和浩特市城市总体规划纲要（2011—2020）》论证会，并于2010年3月通过审查。2015年11月，国务院批复《呼和浩特市城市总体规划（2011—2020）》。

呼和浩特市城市总体规划的规划期限为2011—2020年,远景展望至21世纪中叶。本次规划分为3个层次。第一层次是市域行政区范围，第二层次是城市规划区范围，第三层次是中心城区规划范围。中心城区规划范围北面以大青山生态保护区和京包高速公路为界，东、南以绕城高速公路为界，西以土默特左旗行政边界为界，在中心城区范围进行城市总体布局。

根据城乡规划法和呼和浩特城市空间拓展以及资源管理的需要，规划将市辖区（面积为2100.7平方千米）及其周边隶属呼和浩特市的哈素海保护区核心区及周边部分区域（面积约为54平方千米）和拟纳入呼和浩特经济技术开发区的如意南区（面积约22平方千米)作为城市规划区。城市规划区总面积为2176.7平方千米。2020年，呼和浩特中心城区建设用地规模控制在310平方千米以内。从资源环境、城市定位和城市经济社会发展需求3个方面进行综合研究，提出呼和浩特城市发展目标，以及实现目标所必需的生态保障和资源保障。

确定呼和浩特市为自治区首府和政治、经济、文化中心，国家历史文化名城，北方沿边地区重要的中心城市。至2020年，中心城区规划人口规模258万人，以260万人为上限。中心城区建设用地规模控制在310平方千米以内。人均城市建设用地控制在120平方米以内。

中心城区规划城市未来空间发展主要方向为:北控、东优、南拓、西联。集中成片，规模发展。北部地区控制建设用地发展，主要作为山前的生态控制地带。优化完善城市东部功能。重点拓展南部、西南部新区（大黑河、小黑河之间）的发展空间，通过金川开发区、金山开发区向西加强与土默特左旗、包头市的联系。重点突出呼和浩特市的自然要素特色与历史文化特色，形成“山、水、城”融为一体的城市格局。中心城形成“两带、两轴、三心”的空间结构。“两带”为北部大青山生态涵养带和南部大黑河生态涵养带。“两轴”为东西向的新华大街和南北向的锡林路城市综合功能发展轴。“三心”分别为以火车东站为核心的东部中心，以中山路为核心的老城中心以及以内蒙古大学为依托的南部中心。

中心城空间布局以现状建成区为中心，外围功能组团为拓展空间，形成“八片区、四组团”的空间形态。包括金海、铁北、西河、中心、东部、西南、南部新市区、东河“八片区”;金川、金川南区、金桥3个工业组团和白塔空港物流组团“四组团”。

确定历史城区的范围北至北垣街、乌兰恰特东街、乌兰恰特西街，东至东护城河街，西至扎达盖河，南至乌兰察布西街、健康街、鄂尔多斯大街、大学西街，包含历史上归化城和绥远城以及两城之间的建设区域，面积为8.43平方千米。保护“两城一街”历史城市空间结构。“两城”即归化城（旧城）和绥远城（新城）；“一街”即连接2个历史城区的中山路及其周边分布的近代建筑集中区。对2座古城及其遗址范围进行整体保护，重点保护2座古城的传统格局和现存传统景观风貌。归化城保护范围为中山西路以南，公园西路以西，石羊桥路以北，扎达盖河以东，面积2.54平方千米。绥远城保护范围为历史城墙的位置，面积2.48平方千米。保护中山西路的宽度、走向，严格控制两侧建筑高度、建筑性质。严格保护中山西路建设控制区内的历史建筑，新建建筑在高度、风貌等方面需与历史建筑相协调。

呼和浩特历史城区内部以及附近划定的3片历史文化街区，分别是归化城内的塞上老街—大召历史文化街区、席力图召—大盛魁历史文化街区和历史城区北部的公主府历史文化街区。塞上老街—大召历史文化街区保护范围为东至大南街，北至新生街，南至文庙前街和鄂尔多斯大街，西至通顺南街。其中，塞上老街两侧10～30米，大召前街西侧60米，东侧至大南街为2条历史街道的保护范围；保护范围面积约为19.9万平方米。保护范围外延50米为建设控制地带，面积约为48.5万平方米。席力图召—大盛魁历史文化街区保护范围西至大南街，南至东兴旺巷及巧尔齐召以南，东至小召前街，北至四眼井巷片区。保护范围面积约15.8万平方米。建设控制地带范围西至大南街，南至西五十家街，东至小召前街和五塔寺北街，北至大东街和四眼井巷，面积约32.5万平方米。公主府历史文化街区保护范围北至呼和浩特职业学院，西至赛罕路，南至海拉尔大街，东至市橡胶厂，街区保护面积约4.95万平方米。建设控制地带北起呼和浩特职业学院，西至赛罕路，南至海拉尔大街，东至小哈拉沁沟，面积约15.4万平方米。

第三节　城镇体系规划

一、呼和浩特市城镇体系规划（1996—2010）

呼和浩特市城镇体系规划在1990年编制呼和浩特市城市总体规划时，作为总体规划的一项内容同步编制，未单独编制城镇体系规划。

依据全国基本实现现代化分“三步走”的发展战略，遵循城市化、市场化的规律，合理分配市域人口和产业，优化资源配置，制定市域城镇体系发展的合理措施。控制市区规模，重点建设二级城镇，发展小城镇。逐步形成以城区为核心，以新设市域市和各县城为依托，以建制镇为基础的市域城镇体系。

市域城镇分为4个等级、3个级别发展轴带。第一级为市区，第二级为察素齐镇、托克托县城，第三级为清水河、武川、和林格尔3个县城和3个建制镇，第四级为21个建制镇。一级发展轴带为京包铁路、国道110沿线，二级发展轴带为呼大公路（呼和浩特—大饭铺）和拟建的呼准地方铁路（呼和浩特—准格尔）沿线，三级发展轴带为呼武公路（呼和浩特—武川）、国道209沿线。

第一级中心城市人口规模110万人，第二级城镇人口规模8万～10万人，第三级城镇人口规模3万～5万人，第四级城镇人口规模0.5万～2.5万人。规划期内逐步改变城镇体系规模结构不合理状态，改善城镇之间规模梯度上的跌落和断层。

市区是市域城镇体系的核心，并与包头市构成自治区城镇体系的“双中”结构。市区集中体现自治区政治、经济、文化、教育、信息中心的综合功能，并担负着中国北方沿边开放地区重要中心城市的职能，在带动整个区域发展中起着枢纽作用。市区重点强化城区与各组团的产业分工，使第三产业向内集聚，第二产业逐步向外围地区、组团及郊县有机疏散。

市域农业逐步向基地化、商品化、集约化发展。市域旅游资源分为中心圈层和郊野圈层。中心圈层以历史文化资源为主题，是保护和建设的重点，构成国家历史文化名城的核心；郊野圈层以自然资源为特色，利用草原景观、历史文化遗存和民族传统特色，形成特色旅游氛围。

二、呼和浩特市城镇体系规划（2011—2020）

结合呼和浩特城镇规模等级结构及特点，规划呼和浩特市城镇体系规划等级为5级。第一级：呼和浩特市区，为市域综合服务型城市，也是市域经济、文化、信息等主要辐射源，人口在200万人以上；第二级：土默特左旗察素齐镇、托克托县双河镇、和林格尔县城关镇，为区级综合服务型城镇，是区级经济、文化、信息主要辐射源，规划人口规模为10万～15万人；第三级：清水河县城关镇和武川县可可以力更镇，为地域中心，提高城镇的综合功能与经济基础，带动南北山地地区发展，规划人口规模为5万～10万人；第四级：重点建制镇，包括赛罕区金河镇，土默特左旗毕克齐镇、善岱镇、白庙子镇，托克托县新营子镇、五申镇，和林格尔县盛乐镇，清水河县喇嘛湾镇，为乡镇级经济、文化和信息中心，多为单一的产业功能区，规划人口规模为3万～10万人；第五级：一般建制镇，为乡镇级行政中心和商贸中心，也是地区乡镇企业主要分布地区，包括台阁牧镇、伍什家镇、古城镇、新店子镇、宏河镇、西乌兰不浪镇、哈乐镇、保合少镇、黄合少镇、榆林镇，规划人口规模为1万～3万人。

结合市域、县域、镇域社会经济各方面的发展基础、发展潜力及职能类型，规划呼和浩特市域城镇职能结构划分为综合型城镇、专业型城镇 2 种类型。综合型城镇有呼和浩特市区、土默特左旗察素齐镇、托克托县双河镇、和林格尔县城关镇、清水河城关镇、武川县可可以力更镇；专业型城镇有毕克齐镇、善岱镇、白庙子镇、新营子镇、五申镇、盛乐镇、喇嘛湾镇、金河镇、台阁牧镇、伍什家镇、古城镇、新店子镇、宏河镇、西乌兰不浪镇、哈乐镇、保合少镇、黄合少镇、榆林镇。

根据呼和浩特市域内城镇空间布局和城镇发展趋势，规划市域城镇体系空间结构为“一核三轴”。“一核”为呼和浩特中心城区，范围为绕城高速公路与京包高速公路围合的区域。市区发展强化核心作用，提升功能，完善结构，控制北部，优化东部，发展南部、西南部新区，通过开发区加强与外围城镇和包头的联系，形成科学的城市格局。“三轴”为市域东西、南北和西南三条城镇发展轴。东西城镇发展轴是国道 110 线、京包铁路、呼包高速公路，同向横贯整个市域。南北城镇发展轴是国道 209 线纵向发展轴线。国道 209 线北起呼和浩特，南至北海，是市域内纵向的重要公路。西南城镇发展轴是呼准铁路、呼准高速、呼鄂城际铁路纵向发展轴线。

第四节　勘测与规划

一、勘察测绘

1987—2000 年，呼和浩特市勘察测绘管理处施测市区四等导线点、四等三角点、1∶5000 影像图控制点；埋设市区四等水准点、永久性水准标石 100 余块，完成罗家营测区二等水准 32 千米。呼和浩特市勘察测绘管理处与国家城市测量 GPS（全球卫星定位系统）应用研究中心对市平面控制网进行改造，测设 GPS 点 72 个；在市区内加密三等控制点 3 个，四等三角点 10 个，四等导线点 34 个；布设市区主干道一、二级导线 46.6 千米，埋设永久性测量标志 200 余个；完成线路长度约 42 千米的市绕城路项目控制测量。1998 年 5 月，市政府印发《呼和浩特市测绘管理办法》。

1998—2007 年，市城市规划部门完成市区 1∶2000、1∶5000、1∶25000 比例尺航空摄影测量，1∶2000 比例尺、1∶5000 比例尺影像图调绘，完成土默特左旗察素齐镇 1 ∶ 2000 比例尺影像图调绘，完成市区 1∶500 比例尺航测数字化成图 80 平方千米、1∶1000 比例尺航测数字化成图 198 平方千米、1∶2000 比例尺航测数字化成图 700 平方千米，完成自来水管线 1∶1000 比例尺航测数字化成图 140 平方千米，完成武川县可可以力更镇、和林格尔县城关镇、清水河县王贵窑子乡 1∶2000 比例尺航测数字化成图 170 平方千米，完成覆盖市区及周边 1100 平方千米的真彩色影像图和覆盖市区 380 平方千米的卫星遥感影像图，完成自治区党政办公区 7.5 平方千米“三维虚拟现实景观”数据模型。

2009—2010 年，市城市规划部门完成 GNSS（全球卫星导航系统）连续运行卫星定位综合性服务系统建设工程基准站 10 个，完成“呼和浩特市高精度三维 GPS 控制网建立及似大地水准面精化”项目。

2008—2015 年，市城市规划部门创建园林城市绿化遥感测试项目 1 ∶ 1000 地形图 600 平方千米，完成市区建成区及相连地区面积约 1200 平方千米范围高分辨率（0.05 米）航空摄影测量任务，完成规划展览馆“寻找家园”互动项目高分辨率影像图，面积 1000 平方千米。

二、规划许可

1993 年 3 月，呼和浩特市人大常委会颁布《呼和浩特市城市规划管理办法》。1998 年，建立城市规划委员会制度，推行“部门问策、专家议策、规委决策”的城乡规划决策运行机制，成立首府城市规划委员会。2003 年，更名为城市规划评估委员会。2008 年，更名为城市规划建设管理委员会，下设项目规划设计审查委员会，办公室设在市规划局。

2000 年，市规划局办理 30 个 GPS 点的委托保管书；对市属 5 个旗县的 26 家丙、丁级测绘单位进行年度测绘资格审查。2001 年，普查全市地区四等水准点 70 余个，为 5 家测绘单位审查办理测绘资格证，查处违章测绘案件 10 起。

2004 年，市规划局核发在建高层建筑（大于 50 米）45 幢，总建筑面积 139.9 万平方米；组织完成各种大型村镇改造项目论证 10 项。2005 年，市政府发布施行《呼和浩特市市辖区农村宅基地规划和用地管理办法》《呼和浩特市城市规划专家评估委员会工作方案》。

2007 年，市规划局制定完善《城市规划管理技术规定》《城市规划行政处罚规定》《建设工程规划验收制度》《城市规划政务公开手册》《城市道路交通管理手册》《岗位责任制》《执法责任制》《首问负责制》；同年，开始推行全程办事代理工作制。组织召开建设项目规划论证会 19 次，共 40 个项目；向自治区建设厅报送规划选址初审意见 8 项。

2008 年，市规划局发放规划条件及选址意见共 162 项；核发建设用地规划许可证 55 项，总用地面积约 33.73 万平方米；核发建设工程规划许可证副本 64 项，总建筑面积约 437 万平方米；核发建设工程规划许可证 39 项，总建筑面积约 113.73 万平方米。完成规划审批主要道路建设 10 项，供电 11 项，供热 12 项；完成地下管线放线工作 13 项；共计检验线 86 件，竣工验收 91 件。

2009 年，市规划局核发各类规划许可 470 余件，其中选址意见书 67 件，用地面积 86.7 万平方米；提出规划条件 119 件，用地面积 192 万平方米；核发建设用地规划许可证 75 件，用地面积 513.8 万平方米；核发建设工程规划许可证（副本）58 件，建筑面积 504 万平方米；核发建设工程规划许可证 72 件，建筑面积 359 万平方米；核发市政类建设工程规划许可证及道路、管线等各类文件 80 余件。

2010 年 6 月 1 日，市人大常委会颁布施行《呼和浩特市城乡规划条例》。2011 年，市规划局核发规划许可 620 件。其中，规划设计条件 233 件，总用地面积约 7677 万平方米；建设项目选址意见书 45 件，总用地面积约 342 万平方米；建设用地规划许可证 112 件，总用地面积约 749 万平方米；建设工程规划许可证（建筑类）134 件，总用地面积约 806 万平方米，总建筑面积约 1003 万平方米；建设工程类规划许可证（市政类）61 件，建设工程规划验收合格证 35 件，总建筑面积约 255 万平方米。

2014 年，市规划局核发建设项目 464 件。其中，规划设计条件 189 件，建设用地面积 1006.10 平方米；建设用地规划许可证 63 件，建设用地面积 383.20 万平方米；建设工程规划验收合格证 21 件，建筑面积 224.10 万平方米；建设工程规划许可证（市政）49 件；其他规划许可证 142 件。

2015 年，市规划局通过审批平台办理核发建设项目 92 项。其中，选址意见书 22 项；建设用地规划许可证 26 项；建设工程规划许可证 44 项。发布施行《呼和浩特市建设项目规划报建阶段审批工作方案（试行）》《关于建设项目规划报建阶段征求意见的函》，实行牵头部门组织联审部门进行同步受理、同步审批工作，最大限度压缩项目审批时间。全年审批核发建设项目 475 件。其中，规划条件初审意见 25 件，建设用地面积 137.16 万平方米；村镇设计通知书 5 件，建设用地面积 75.80 万平方米；规划设计条件 102 件，建设用地面积 414.86 万平方米；建设项目选址意见书 48 件，建设用地面积 15.60 万平方米；建设用地规划许可证 63 件，用地面积 26.90 万平方米；建设工程规划许可证（建筑）105 件，建筑面积 919.29 万平方米，征缴配套费 1130.25 万元；建设工程规划许可证（市政）73 件；建设工程规划验收合格证 54 件，建筑面积 405.89 万平方米。

第二章　城乡建设

第一节　城乡建设管理

1984 年，呼和浩特市建设局、房产处、环保办、焦化厂等单位合并，组建成立呼和浩特市城乡建设环境保护局。1992 年，市城乡建设环境保护局更名为市建设局。房产处独立为房管局。

2001 年 9 月，市建设局、市建筑工程管理局合并，组建呼和浩特市建设委员会。内设党委办公室、行政办公室、人事教育科、计划财务科、科学技术科、建筑业管理科、工程建设质量管理科、勘察设计科（呼和浩特市抗震办公室）、城市建设科、村镇建设科、政策法规科、招投标管理办公室、纪检监察室、老干部科 14 个职能科室。2003 年，撤销招投标管理办公室。

2007 年，市建设委员会内设党委办公室、行政办公室、计划财务科、人事教育科、工程建设质量管理科、城市建设科、纪检监察室、法规科、审计科、勘察设计科、老干部科、建筑市场管理科、村镇建设科、科学技术科、机关党委、机关工会等。下设 32 个二级单位。其中，企业 3 家、事业单位 29 个。

2010 年，市建设委员会更名为市城乡建设委员会。内设党委办公室、行政办公室、计划财务科、人事教育科、工程建设质量管理科、城市建设科、纪检监察室、法规科、审计科、勘察设计科、老干部科、建筑市场管理科、村镇建设科、科学技术科、机关党委、机关工会 16 个科室。下设 31 个二级单位。其中，企业 2 家、事业单位 29 个。

2011 年，市城乡建设委内设党委办公室、办公室、人事科、财务科、城市建设科、工程建设科、建筑市场科、勘察设计科、村镇建设科、建筑节能科、政策法规科、监督审查科、行政事项审批办公室 13 个科室；3 个科级单列机构，分别为机关党委、纪检监察室、老干部科。下设 30 个二级单位，其中企业 3 家、事业单位 27 个。

2013 年，市城乡建设委内设党委办公室、办公室、人事科、财务科、城市建设科、工程建设科、建筑市场科、勘察设计科、村镇建设科、建筑节能科、政策法规科、监督审查科、行政事项审批办公室、信访办公室 14 个科室；3 个科级单列机构，分别为机关党委、纪检监察室、老干部科。下设 27 个二级单位，其中企业 3 家、事业单位 24 个。

2015 年，市城乡建设委员会内设党委办公室、办公室、人事科、计划财务科、城市建设科、工程建设管理科、建筑市场管理科、勘察设计科、村镇建设科、建筑节能与科技科、政策法规科、监督审查科、行政事项审批办公室、信访办公室 14 个科室；3 个科级单列机构，分别为机关党委、机关纪委、离退休人员工作科。下设 20 个二级单位。其中，企业 4 家，分别为呼和浩特市富泰热力股份有限公司、呼和浩特中燃城市燃气发展有限公司、中房集团呼和浩特市房地产开发公司、呼和浩特市燃气热力公司；事业单位 16 个，分别是机关事务服务中心、市政工程管理局、市建设工程质量监督站、市公用事业局、市建筑企业管理站、市建设工程招投标管理办公室、建委供暖处、市城建档案馆、市建筑工程安全管理行政执法大队、市城建培训中心、市市政工程技术服务中心、市建安工程劳保费管理办公室、市建设工程造价管理站、市劳务市场建设劳务站、市建设工程施工图审查中心、市政府投资非经营性项目代理建设办公室。

第二节　城市道路

一、道路

1986—1990年，呼和浩特市累计投资4180万元，新铺设北垣东西街、兴安南路、巴彦淖尔南北路及拓宽通道南北街、公园西路、新城东街、东风路、东影路、鄂尔多斯路、东顺城街、钢铁路的沥青路面；兴建小街巷110条，长66.7千米；铺装沥青路68万平方米，提高路面等级，使城市主干道形成网络。拥有市区道路569条，长336.2千米，面积353.1万平方米；铺设道路468条。

1991年，全市新建新城南北街、车站东西街、满达商城东路、赛马场南路全长5.78千米，共3.06万平方米。全市有大小街巷571条（包括土路），全长339千米，总面积378万平方米。其中，建成高级、次高级道路（包括小街小巷）468条、272千米、280万平方米。1993年，完成钢铁路西段、光明路、东影南路、人民电影院前街、灯泡厂北路的新建工程。1994年，完成鄂尔多斯路、乌兰察布路改造和民主立交桥引道，即“两路一桥”工程。1995年，建成地校街、华安街，共4895平方米。

1996年，全市完成乌兰察布西路、赛马场路拓宽及路灯改造，新建展览馆东路；同年，开工建设鼓楼立交桥、兴安北路公铁立交桥工程、一环路；1997年6月底全部竣工。1998—2000年，建设完成新城北街公铁立交桥及哲里木路、南一环路诺和木勒大街和石东路段、呼伦贝尔南路大学路—水上公园北路段、锡林南路大学路—南一环段、展览馆西路、中专路、人民路。2000年，全市道路长度由1999年390千米增至414千米，道路面积由1999年433万平方米增至484万平方米。

2003年，全市新建钢铁路、赛罕路、中山路、呼哈路、公园东路、公园南路、新城东西街、车站东西街、海拉尔路、乌兰察布路、通道北街。2004年，拓宽改造新华大街、锡林路、呼伦贝尔路等19条主次干道，新增道路面积203万平方米。铺装便道28万平方米，沥青、砼罩面70.5万平方米。拓宽改造小街巷道路27条，综合整治小街巷71条。2005年，新扩建新华西街、鄂尔多斯大街、哲里木路等主次干道，形成8横8纵、全部8车道的道路框架。

2006年，全长42千米的二环路竣工通车；全年新建云中路、园一路、七纬路、乌兰察布东路、丁香路、呼伦贝尔南路（水上公园北街—南二环）、石羊桥南路、西顺城街、腾飞路、兴安南路、呼伦贝尔南路南段（南二环—小黑河）、预备役师路、世纪五路。2009年，新建光明西街、如意路、公交五公司东巷、阿拉善南路、新生街、赛马场北街、热源厂东巷、丁香路、三和村二街、土默特大桥三角带引道工程、展东路北段。至2010年，市区道路长度719.8千米，道路面积1609.3万平方米，人均道路面积 10.23 平方米。

2011 年，全市完成核心道路改造 13 条，新续建道路 18 条，新续建桥梁 11 座。硬化、量化、绿化改造市四区的 116 条小街巷，城市道路微循环功能逐步显现。年底，全市有主、次干路、支路、街坊路 1228 条，其中主干道 38 条、次干道 59 条、支路 420 条、街坊路 643 条、开发区道路 68 条。桥梁通道 66 座，道路总长度 724.9 千米，建成区道路面积 1651 万平方米，人均城市道路面积 10.24 平方米。2013 年，重点建设南二环快速化改造工程，增加右转弯车道，进行十字路口渠化，建设公交港湾。2014 年 3 月，二环快速路工程全线开工。

2015 年 7 月 31 日，快速路通车，除海西路跨线桥等进行匝道施工外，其余立交桥、跨线桥全部完工并通车；便道铺装、智能交通、BRT 等附属工程基本完成。截至 2015 年，全市共有道路 1354 条，总长度 898.17 千米，总面积 2505.82 万平方米，其中机动车道面积 2072.34 万平方米、人行道面积 433.48 万平方米，人均城市道路面积 13.32 平方米。

1986—2015 年呼和浩特市道路建设情况表

表 4-2-1

年份	修补路面（平方米）	硬化路面（平方米）	沥青路面维修（平方米）	方砖维修（平方米）	铺装、维修人行步道（平方米）	修补侧石（米）
1986	土路 5126	—	35213	10076	—	1365
1987	土路 1044	—	36634	15621	—	2495
1988	土路 135	—	24927	8578	—	3371（平方米）
1989	土路 140	—	—	—	—	—
1990	土路 306989	—	43900	12371	—	3810
1991	12 处 5824	—	31898	15907	7 条共 35200	4400
1992	—	—	—	—	—	—
1993	966 处 28816	—	230 处 15798	—	68864	3753
1994	389 处 7140	60440	2067 处 38109	63 处 3679	—	1149
1995	—	—	68944	11748	—	16369
1996	11422.42	88458	36262	7059	—	2247
1997	36000	—	34863	14378	8983	24316
1998	800	—	49178	3341	—	2845（平方米）
1999	—	46000	39955	137855	—	113822
2000	—	86332	21845	42880	—	148
2001	—	—	—	—	—	—
2002	10079	—	17908	6494	—	1820（平方米）
2003	—	51000	74226	98957	131932	71794
2004	—	—	26330	72057	—	38161
2005	—	—	229117	72766	393716	33876
2006	—	—	39705	69356	—	15708
2007	8266	409039	55269	—	13674455	31000

续表 4-2-1

年份	修补路面（平方米）	硬化路面（平方米）	沥青路面维修（平方米）	方砖维修（平方米）	铺装、维修人行步道（平方米）	修补侧石（米）
2008	7648	310300	231400	—	36900	7706
2009	—	343300	318500	—	61437	37403
2010	—	—	2131580	69300	79817	86787
2011	—	—	268934	—	—	12933
2012	183271	71600	2091601	27791	572638	503230
2013	—	1825000	102824	105252	474662	621879
2014	276 条（段）	1648000	221798	119507	504869	2424583
2015	147 条（段）	8149000	238042	—	415000	4529000

说明：“—”表示未施工项目

2013—2015 年呼和浩特市快速路建设情况表

表 4-2-2

年份	工程名称	建设地点	建设长度	开工时间	竣工时间
2013	南线快速路改造工程 1 标段	西二环—巴彦路东侧	全长 5.7 千米	2013 年 10 月 8 日	尚未竣工
	南线快速路改造工程 2 标段	巴彦路东侧—双树西巷东侧	全长 4.56 千米	2013 年 11 月 8 日	2015 年
	南线快速路改造工程 3 标段	昭乌达路西侧—东二环立交西侧	全长 3.88 千米	2013 年	尚未竣工
	南线快速路改造工程 4 标段	东二环立交西侧—远经二路	全长 4.1 千米	2013 年 9 月 1 日	尚未竣工
	呼杀（呼和浩特—杀虎口）线快速路工程	保全街—世纪大街	全长 1304 米、红线 100 米	2013 年 7 月	2015 年
		世纪大街—杀虎口收费站	全长 4200 米、红线 100 米	2013 年 7 月 12 日	2015 年 11 月
	北出口立交桥	北二环与通道街	互通式立交	2013 年 5 月 24 日	尚未竣工

续表 4-2-2

年份	工程名称	建设地点	建设长度	开工时间	竣工时间
2014	东线快速路改造工程 1 标段	保全街—鄂尔多斯立交桥南止点	全长 2.2 千米	2014 年 3 月 10 日	2015 年
	东线快速路改造工程 2 标段	鄂尔多斯立交桥北止点—公路铁路地道北止点（含下穿铁路地道）	全长 4 千米	2014 年 3 月 10 日	尚未竣工
	东线快速路改造工程 3 标段	公路铁路地道北止点—国道 110 线	全长 4.2 千米	2014 年 3 月 10 日	—
	西南二环立交桥	西南二环	互通式立交	2014 年 3 月 1 日	尚未竣工
	西二环南延伸段	西南二环立交桥—呼准公路收费站	全长约 9 千米、红线 70 米	2014 年 3 月 1 日	尚未竣工
	西线、北线快速路改造工程	通道北路北出口立交桥西止点—西南二环立交桥北止点	全长约 11.29 千米	2014 年 3 月 7 日	尚未竣工
		察哈尔大街立交桥西止点—通道北路北出口立交桥东止点	全长约 9.42 千米	2014 年 3 月 7 日	尚未竣工
	西线快速路工程—海拉尔西街跨线桥	海西路与西二环	—	2014 年 3 月 7 日	尚未竣工
2015	快速路 BRT 快速公交系统	快速路全线	全长	2015 年 8 月 1 日	—
	快速路交通工程 1 ~ 7 标段	—	—	2015 年	尚未竣工
	快速路工程路灯材料采购 1 ~ 3 标段（电缆）	—	—	2015 年	尚未竣工
	快速路路灯材料采购 1 ~ 7 标段	—	—	2015 年	尚未竣工
	快速路景观亮化工程 1 ~ 8 标段	—	—	2015 年	尚未竣工

说明：“—”表示无统计数据

二、桥梁

1986—1990 年，市政部门对昭君路东桥、海拉尔街大桥、通道北路公路铁道（简称公铁）立交桥进行改建。新建完成连接城市铁路两侧交通的赛罕路立交桥引道工程，面积 4.46 万平方米。至 1990 年底，市区有桥梁 14 座，其中立交桥 2 座，即呼伦贝尔路立交桥、赛罕路立交桥。

1991 年，建成全市第一座人行过街天桥——中山西路人行过街天桥，建筑面积 894 平方米，立交桥横跨 4 个交叉路口，立在繁华闹市间。至年底，市区有桥梁 15 座，面积 1.02 万平方米。1996 年，"两桥一路"即鼓楼立交桥、兴安北路公铁立交桥工程、一环路开工，1997 年 6 月底全部竣工，一环路建设基本开通。

2001 年，海拉尔大街（内蒙古财经学院）人行天桥建成。2004 年，建成内蒙古大学过街天桥。

2005—2008 年，新建北垣东街跨东二环立交桥、北垣街立交桥、红山口桥、西扎达盖河北桥、太平街西河桥；建成内蒙古农业大学过街天桥。2009 年，新建锡林路跨河桥、云中路跨河桥。

2010—2011 年，新建海东路跨东河桥、腾飞路公铁立交桥、海西路胜利桥、锡林路跨小黑河桥、云中路跨小黑河桥、光明路原制药厂桥、大庆路漫水桥、光明路漫水桥、海西路漫水桥、海西路第十三中学桥、内蒙古大学南门过街天桥、满都海过街天桥。至此，全市共有桥梁 55 座，其中人行天桥 46 座。同年，呼和浩特市第十四中学地下人行通道、呼和浩特市第十九中学地下人行通道、通道街地下人行通道、博物馆小游园地下人行通道、呼和浩特市第三中学地下人行通道、内蒙古医科大学附属医院地下人行通道、远经二路互通地下通道建成投入使用。

2012 年，新建呼和浩特市第一中学跨乌里沙河桥、东库街跨兴安路高架桥、生态路跨乌素图沟桥、海东路如意河大桥。2013 年，中山路十字路口通道、东客站北广场及地下综合体工程建成。同年，新建昭君路跨小黑河桥、清真西寺跨河桥、巴彦路跨小黑河桥、兴安南路跨大黑河桥、阿尔山跨小黑河桥、生态路跨哈拉沁沟桥。2014 年，新建生态路跨乌里沙河桥、敕勒川大街跨东河桥、兴安路跨小黑河桥、昭乌达立交桥、东二环跨小黑河桥、呼伦贝尔路跨小黑河桥、海西路桥。

截至 2015 年，全市共有桥梁 80 座，其中立交桥、人行桥 59 座。

三、照明

1986—1990 年，市政部门更新全部路灯旧光源，将白炽灯改建为光照度大的新光源汞灯或钠灯，累计安装路灯 2440 盏。至 1990 年，全市有路灯 7756 盏。

1991 年，市政部门新增路灯 438 盏。在自治区首届那达慕大会前夕吊装第一支高杆灯，在市区主要交叉口新安装 5 套高 30 米、照明半径 50 米的高杆灯，光源总功率48千瓦。

1997年，市政部门安装完成中山路、锡林路、新城东西街、呼伦路20千米的青城便道灯。至年底，全市有路灯1.08万盏。

2002年，市政部门对文化宫街、新华东街、新华西街、通道南街、海东路等25条道路安装路灯，完成鼓楼立交桥亮化工程。完成《呼和浩特市城市道路亮化整治规划》编制任务，主次干道亮灯率98%。

2005—2008年，市政部门完成新华广场—首府广场—博物院三角带为中心辐射及主要街道的楼宇亮化任务。对计划外的机场路3座立交桥进行亮化。

2010年，呼和浩特市区有道路照明灯15.40万盏。截至2015年，市区有道路照明灯23.30万盏。

1986—2015年呼和浩特市路灯建设情况表

表4-2-3

年度	新增（套）	维修（盏次）	增补（套）	改造（套）	更换电线电缆（米）	敷设电缆（米）	拆除（套）
1986	233	13950	40	359	5260	—	—
1987	249	15177	59	白炽灯1118	4600	—	—
1988	83	15337	99	44	6285	—	—
1989	—	—	—	—	—	—	—
1990	112	16099		169	3170	—	—
1991	高杆灯5套	16858	30套	182套329盏	6680	—	—
1992	—	—	—	—	—	—	—
1993	148套148盏	16253	38套38盏	—	4915	—	—
1994	76套76盏	16878	22	75	2080	—	—
1995	49套	20075	10	71	5620	—	—
1996	128套	16000	30	56	6395	—	207
1997	高杆灯1套；投光灯122套；七火灯6套；路灯15套；铁杆灯134套	19045	—	135	6544	—	—
1998	钢管路灯72套；钠灯144盏	17561	节能灯泡1170盏	—	3570	—	51
1999	—	8000	—	—	—	—	—
2000	422	20000	—	—	1400	—	—
2001	—	—	—	—	—	—	—

续表 4-2-3

年度	新增（套）	维修（盏次）	增补（套）	改造（套）	更换电线电缆（米）	敷设电缆（米）	拆除（套）
2002	七火花灯 147 套 1029 盏；双臂灯 127 套 254 盏；单臂灯 4 套三火投光灯 35 套 105 盏；双臂三火灯 16 套 48 盏；三火风帆灯 49 套 98 盏	—	—	—	—	—	385
2003	单臂双火灯 113 套；双火灯 69 套；风帆式灯 46 套；双臂三火灯 14 套；双臂灯 24 套；15 米三火投光灯 4 套；单臂灯 25 套；庭院灯 9 套；地埋灯 69 套；草坪灯 3 套；投光灯 12 套；发光棚 2 组；民族造型灯 2 套	23360	—	—	1018	—	—
2004	路灯 516 套；景观灯 368 套	10000	—	—	2000	12000	583
2005	景观灯 42 套；投光灯 152 套；地埋灯 22 套；双火灯 322 套；双臂三火灯 124 套；三火灯 308 套；风帆灯 42 套	47842	23	—	3155	1800	—
2006	3536 套	12771	—	—	2052	—	—
2007	1946 套	42691	—	—	160530	—	—
2008	252 套	41000	—	—	28000	12743	—
2009	949 套	55000	—	110	20000	—	—
2010	807 套	41000	—	—	10667	20052	—
2011	1196 套；灯饰 38000 套	17334	—	—	47748	—	—
2012	—	10729	—	833	36400	30000	—
2013	763 套	13360	—	973	48763	6000	—
2014	725 套	6923	—	—	59585	174000	—
2015	1661 套	4825	120	—	17883	522000	—

说明：“—”表示未施工项目

四、架空线改造

2014年，为满足呼和浩特东二环架空线路入地改造需要，新建丁香路综合管廊项目建设工程监控中心1座，沿丁香路（万达东郊变电站—滨河北路）建设双舱综合管廊容纳架空110千伏、220千伏以及10千伏电缆；根据各管线入廊规模、管廊内部剩余空间尺寸，在管廊内增设直径300毫米给水管1根、直径100毫米直饮水管3根以及通信光缆。沿管廊两侧直埋铺设雨水管、污水管及中水管；同年5月工程开工建设，2015年10月主体工程完工，总投资9.75亿元；监控中心位于新华大街与丁香路十字路口东南角，建筑面积391.98平方米，地上面积255.44平方米，地下面积136.54平方米。呼和浩特市丁香路综合管廊工程将东郊220千伏变电站向南的架空高压电力线路通过入地改造，释放东二环（新华东街—滨河北路）附近土地约133.33公顷，用以建设主题公园和城市绿廊。

第三节　城市燃气

一、煤气

20世纪80年代初，市焦化厂一期煤气工程开始筹备。1983年9月11日，市焦化厂以焦炉煤气为气源，为本厂5栋家属楼输送民用煤气试用成功，118户职工使用煤气。同年，煤气一期工程开工建设。

1985年2月，市焦化厂煤气第一期工程首次向市区300户居民输送煤气，呼和浩特市燃气事业起步。1986年3月，市焦化厂与煤气工程筹备处合并，对外两块牌子，即焦化厂、煤气公司。焦化厂由原来单纯生产冶金焦炭的工厂，转变为集炼焦制气、化产、净化、煤气安装、输配、维修为一体的多方位生产服务性企业。同年，市政府印发《关于防治煤烟型大气污染的决定》，要求1987年9月前对城区内30%的锅炉及固定商业用户供应煤气。

1987年，市焦化厂铺设煤气低压管道58.5千米，煤气用户1.86万户。1988年5月，一期工程竣工验收，总投资为3900万元，建成5.4万平方米煤气净化储配站1座、储气柜2座、调压站13处，煤气用户2.19万户。1989年煤气普及率20%。1990年，煤气工程投资198万元，新增煤气用户9375户。至1990年末，全市人工煤气生产能力为9.6万米^3/日，储气能力10.8万米^3/日，管道长度59千米，生产总量1040万立方米，供气总量899万立方米，用气户数2.1万户、7.8万人。

1991年，第一储备站建成，包括洗萘、脱硫工艺设施，5.4万立方米的低压湿式储气罐2座，加压车间和化验调度楼等附属设施；建成中压管网24千米，低压管网36千米，调压站15座，庭院外网112千米，入户管网190千米，以及管修所、煤气管理站等附属设施；供气覆盖面积约 22 平方千米。1992 年城市煤气用户约 3 万余户。

1993 年 3 月，市焦化厂（煤气公司）更名为呼和浩特市煤气化工总公司，列入预算外公益事业企业管理；同年，第二储备站建成高 64 米储气 5.4 万立方米的干式储气柜主体，配备主设备 3 台煤压机；年末，全市建成中压管网 22.5 千米，低压管网 60 千米，庭院管网 100 千米，管道总长 182.5 千米，调压站 17 座。1994 年，新增使用清洁燃料居民 1.5 万户，商业网点新增清洁能源用户 2169 户。

1995 年，开始实施“蓝天绿地”工程，煤气二期工程改变城镇居民烧煤取暖、燃灶习惯，改善市区燃料结构；对 51 条主次干道餐饮业进行燃气化改造，改灶 980 个；新增煤气用户 4000 余户；全年煤气总供给量 1757.46 万立方米，比 1994 年增加 263.16 万立方米。1996 年全市煤气用户 5.5 万户。1998 年煤气用户增加到 7.1 万户。

1999 年，全市煤气供应量达 269.42 立方米，有煤气用户 7.7 万户。

2000 年后，呼和浩特市开始启动“天然气入呼”置换工程。2003 年建成基本覆盖整个城区的地下燃气管网。

2004 年 1 月，市煤气化工总公司转制为呼和浩特市煤气有限责任公司。2006 年 8 月，市煤气有限责任公司与中国燃气控股有限公司签订“合资合作协议”，公司整体增资扩股，中国燃气控股有限公司以 4 亿元入股市煤气有限责任公司。2007 年 3 月，市煤气有限责任公司与中国燃气控股有限公司重组，注册成立呼和浩特中燃城市燃气发展有限公司。

2008 年 9 月，呼和浩特中燃公司分 6 次对全市仍使用人工煤气的 3.3 万用户进行天然气置换。至此，呼和浩特市告别人工煤气，全市实现天然气化。同年 10 月 9 日，呼和浩特市焦化厂正式停产；2009 年 7 月 28 日开始拆除。

1990—2007 年呼和浩特市煤气供应及使用情况表

表 4-2-4

年份	生产能力（万米^3/日）	储气能力（万立方米）	管道长度（千米）	生产总量（万立方米）	供气总量（万立方米）	家庭用量（万立方米）	家庭用气户数（万户）	用气人口（万人）
1990	9.6	10.8	59	1040	899	868	2.13	7.8
1991	16.4	10.8	172	1123	1096	729	2.67	9.7
1992	16.4	11.0	172	1272	1241	1195	3.03	11.0
1993	16.4	11.0	172	1395	1339	1290	3.66	13.1
1994	16.4	16.0	196	1543	1494	1426	4.13	14.8
1995	16.4	16.0	256	1757	1710	1615	4.81	17.0
1996	16.4	15.0	274	2428	2243	2103	5.53	20.0
1997	16.4	15.0	292	2434	2384	2154	6.33	21.8

续表 4-2-4

年份	生产能力（万米^3/日）	储气能力（万立方米）	管道长度（千米）	生产总量（万立方米）	供气总量（万立方米）	家庭用量（万立方米）	家庭用气户数（万户）	用气人口（万人）
1998	16.4	15.0	308	2716	2612	2365	7.15	25.0
1999	16.4	15.4	346	6692	2691	2353	8.39	28.0
2000	16.4	20.8	389	7157	3123	2332	9.94	33
2001	16.4	20.8	429	8066	3540	2500	11.05	37
2002	16.4	20.8	458	9917	4098	2642	12.15	41
2003	16.4	10.8	250	13114	5045	2835	5.8	20.0
2004	16.4	10.8	250	12499	2189	1679	5.5	19.0
2005	16.4	10.8	250	2399	2347	1213	4.7	17.0
2006	16.4	10.8	250	2541	2541	967	4.6	16.5
2007	16.4	10.8	250	3416	2416	1017	3.3	16.5

二、天然气

1999 年 4 月，市煤气化总公司向市委、市政府提交《关于如何更好地实施自治区天然气利用项目的思路与建议》《呼和浩特市天然气需求量调研报告》，并委托中国冶金建设集团鞍山焦化耐火材料设计研究总院编制《呼和浩特市天然气输配工程项目建议书》《呼和浩特市天然气输配工程可行性研究报告》，为“天然气入呼”工程的立项和实施提供科学可靠的依据。2000 年 7 月，市政府确定市煤气化工总公司为呼和浩特市天然气输配工程项目法人。10 月，自治区计划委员会批准呼和浩特市天然气输配项目立项。2002 年 10 月全线开工。管道线路全长 506 千米，年输气能力为 9.5 亿立方米。

2003 年，根据长庆气田至呼和浩特市的天然气长输管线的建设计划，市政府组织成立呼和浩特市天然气置换工作领导小组。市煤气化工总公司研究制定置换方案，决定采取不停气、分期分区直接置换的方式，从 11 月 8 日至 12 月 6 日，利用 29 天的时间，分 12 次对全市部分区域的 8 万多户民用户、171 户公共福利用户和 1 家工业用户进行天然气置换人工煤气工作。9 月 1 日，为便于用户咨询，市煤气化工总公司开通面向全市用户的客户服务热线“96707”。9 月 30 日，长庆气田至呼和浩特市天然气管道工程全线通气。11 月 8 日，正式接入呼和浩特市燃气管网，日最大供气量 386 万立方米。

2004 年，全市建成“天然气入呼”工程金川门站和 6 座加气站，新铺设燃气管网 50 千米，新增燃气用户 1.10 万户，全市燃气管道用户 15 万户，天然气锅炉使用率 23.04%。市煤气有限责任公司启动 CNG 汽车加气站建设方案，在回民区西龙王庙建成自治区及呼和浩特市首座 CNG 加气站，与市公交公司达成协议，先期在公交公司部分场站和天然气金川门站建设CNG汽车加气站，并制定优惠的CNG价格政策，市区内全部公交车率先使用天然气。同时，鼓励出租车改用CNG燃料。与汽油相比，以天然气为燃料能够减少一氧化碳排放80% ~ 90%、氮氧化物30%左右、二氧化碳24%、二氧化硫80% ~ 90%。

2005年，建成16千米次高压管线，新铺设天然气管网54.3千米，改造旧管网6千米、中低压调压站2座。新建辛辛板、东风路、北垣街3座天然气加气站。全市共有天然气加气站9座。

2006年，新增天然气用户1.55万户，铺设供气管网47.1千米，城市燃气普及率82.93%。2007年，全市建设农村家庭沼气池4436个。

2008年，完成内蒙古昆明卷烟有限公司天然气替代工程，推广天然气采暖锅炉1台，壁挂炉600台，新建和林格尔县、土默特左旗察素齐镇加气站，全市新增天然气用户3.2万户。

2009年，建设天然气管道27.5千米，新增天然气用户4.13万户，全市燃气用户超过30万户，供气区域开始向周边旗县扩展。2010年，建成总长1300千米的天然气地下输气管网，公交车和出租车均使用天然气，清洁能源使用率50.18%。2011年，全市天然气用户32.22万户，城市燃气普及率92.9%。

2012—2013年，城区清洁能源使用率90%以上。2014—2015年，天然气管网覆盖二环路以内99%以上住户，燃气化普及率98.6%。截至2015年，城市天然气管网覆盖南至和林格尔县城关镇、盛乐园区、如意南区，北至呼武公路，东至机场、高职园区，西至金山开发区、察素齐镇，同时覆盖托克托县、清水河县、武川县、凉城县、商都县等周边旗县。天然气次高压主干管网形成以二环路为核心、西连金山开发区、南接盛乐园区的格局，总长度约2850千米。城区建成CNG汽车加气站15座，市区内80%以上的公交车、出租车及部分社会车辆使用天然气。年底，全市天然气民用户56.33万户，工商用户1.02万户；天然气用气总量为61988.21万立方米，其中民用6998.59万立方米，占比11.29%；采暖用气26123.49万立方米，占比42.14%；CNG用气量为15728.49万立方米，占比25.37%；商业为10697.13万立方米，占比17.26%；工业为2440.73万立方米，占比3.94%。

2003—2015年呼和浩特市天然气供应及使用情况表

表4-2-5

年份	储气能力（万立方米）	管道长度（千米）	供气总量（万立方米）	家庭用量（万立方米）	用气户数（万户）	家庭用户（万户）	用气人口（万人）
2003	10.0	250.0	33.0	33.0	8.1	8.0	28.0
2004	10.0	327.0	2410.0	1765.0	9.6	9.5	34.0

续表 4-2-5

年份	储气能力（万立方米）	管道长度（千米）	供气总量（万立方米）	家庭用量（万立方米）	用气户数（万户）	家庭用户（万户）	用气人口（万人）
2005	10.0	434	4396	989	11.4	11.3	40.0
2006	10.0	491	8651	1196	13.5	13.3	46.7
2007	10.0	528	13180	1342	17.9	17.6	54.0
2008	10.1	650	17210	2148	25.8	25.4	90.0
2009	10.8	690	21281	2565	31.3	30.8	94.6
2010	10.8	1350	30623	4171	36.1	35.5	122.7
2011	10.8	1766	38199	4353	40.4	38.4	121.3
2012	10.8	2200	42050	5300	44.8	44.8	134.3
2013	12.0	2342	37474	6591	51.0	50.0	176.0
2014	12.0	2463	40809	5582	54.2	53.1	185.9
2015	12.0	2580	61988	6999	57.3	56.3	185.9

三、石油液化气

20 世纪 80 年代，呼和浩特市个别单位建立石油液化气站，主要用于解决本单位职工的生活用气问题。

1990 年 7 月 29 日，呼和浩特炼油厂开工建设，1992 年 9 月 29 日投产。全市液化石油气用气总数 1.55 万户、3.7 万人。全年液化石油气供应总量 2400 吨，用气人口 7 万余人。

1993 年，市城建局组织制定《呼和浩特市燃气管理暂行办法》《呼和浩特地区石油液化气储罐厂（站）安全检查管理制度的通知》等，促进石油液化气规范使用及管理。截至年底，全市液化石油气经营单位有 13 家，其中建有液化石油气储罐设施的有 8 家，储气罐总容量为 1210 立方米；液化气槽车 11 辆，76 吨位；火车槽车 4 辆，52 吨位。全市液化石油气用户 2 万余户。

1994 年，市政府印发《清洁燃料推广实施管理办法》《关于推广清洁能源推广实施管理办法》。1995 年，开始实施“蓝天绿地工程”，全市新增液化石油气用户 1.5 万户，液化气总供给量 7878.49 吨。

1996 年，市环保局等部门联合印发《石油液化气统一协调暂行管理办法》。全市液化石油气供气总量 9540 吨，液化气用户 3.5 万户。1999 年，全市液化气供应量 8100 吨，液化气用户达 5.6 万户。

2000 年 7 月 1 日，呼和浩特炼油厂由中国石油天然气股份有限公司直接管理，更名为中国石油天然气股份有限公司呼和浩特石化分公司（简称呼和浩特石化分公司）。全市液化气供应量累计 9138 吨，液化气用户 6.7 万户、22.3 万人。2004 年，全市液化气供应量达 8.52 万吨，液化气用户 11.4 万户、38.1 万人。

2005 年 12 月 1 日，呼和浩特石化分公司与华北石油管理局呼和浩特炼油厂综合服务处进行合并重组，成为集炼油、后勤服务、多种经营为一体的地区综合性石化公司。全市液化气供应量 7.89 万吨，液化气用户 11.6 万户、11.2 万人。

2006 年后，随着天然气入呼工程建成，天然气使用普及率逐年增加，液化石油气用户逐年下降。2010 年，全市液化气供应量 7760 吨，液化气用户 7.4 万户、22.6 万人。

2015 年，全市液化气供应量 1.08 万吨，液化气用户 5 万余户、20 多万人。

1990—2015 年呼和浩特市液化石油气供应及使用情况表

表 4–2–6

年度	供气总量（吨）	家庭用气户数（万户）	用气人口（万人）
1990	1860	1.55	5.7
1991	1922	1.60	5.8
1992	2400	2.00	7.0
1993	3350	2.75	9.5
1994	6000	5	17.4
1995	7878.49	6	20.7
1996	9540	3.5	22.9
1997	7772	5.70	19.7
1998	6006	44.05	14.9
1999	8100	5.6	21.2
2000	9138	6.70	22.3
2001	62665	6.91	22.9
2002	57045	7.07	23.3
2003	75586	11.0	35.8
2004	85237	11.4	38.1
2005	78900	11.6	11.2
2006	43650	15.9	15.3
2007	18420	15.4	49.3
2008	13566	11.4	34
2009	20000	9.3	22.6
2010	7760	7.4	22.6
2011	9996	9.5	28.6
2012	15173	14.5	43.4
2013	10003	9.5	28.6
2014	6059	5.8	17.3
2015	10800	5.0	20.0

第四节 城市供热

一、热源与管网建设

1985 年，国家批准呼和浩特市供热第一期工程建设。工程投资 5974 万元，规模为供热能力 205 百万大卡 / 时，供热面积 307 万平方米，铺设热力管道 30 千米。同年 9 月 6 日，呼和浩特市集中供热一期工程破土动工。1987 年 10 月 20 日，一次试车投产成功，首次实现集中供热面积 53.2 万平方米，结束呼和浩特市没有集中供热的历史空白。至 1991 年，全市有供热主干线 1 条、7.2 千米，干线 6 条、7.6 千米，支干线 6.3 千米，庭院支管 24.2 千米，热力点 53 个。一期集中供热工程投入运行 5 年间，累计取消分散锅炉房 75 座、锅炉 119 台、烟囱 104 个，年节约标准煤 131 万吨，年节约电量 2.92 万千瓦小时。1992 年，呼和浩特市成立联合供暖办公室，管理城市集中供热。

1993 年，呼和浩特市第一期城市集中供热续建工程完工，新增供热面积 15 万平方米；建成热力站 56 个，供热能力 250 万平方米，供热面积 204 万平方米。市区集中供热能力 415 兆瓦 / 时，供热总量 31550 亿千焦 / 年，供热管道长度 37 千米，供热面积 394 万平方米。

1996 年，市区集中供热能力 715 兆瓦 / 时，供热总量 55500 亿千焦 / 年，供热管道长度 104 千米，供热面积 583 万平方米。2000 年，集中供热能力 825 兆瓦 / 时，供热总量 65500 亿千焦 / 年，供热管道长度 118 千米，供热面积 758.3 万平方米。

2001 年，开工建设集中供热二期工程，建设规模为总供热面积 510 万平方米，供热能力 406 兆瓦。批准计划总投资为 60632.7 万元，包括日元贷款 35 亿日元（折合人民币 2.99 亿元）。建设工期为 3 年。主要建南北 2 座热源厂，其中南热源厂 5×58 兆瓦的锅炉、北热源厂 4×29 兆瓦的锅炉，供热管网主支干线总长 43.5 千米，建热力站 69 座，锅炉和管网均采用计算机监测和控制。

2002 年 7 月，开工建设集中供热三期工程。工程由自治区电管局科林热电有限公司实施。当年完成城市西南郊管网建设，铺设管道 18.6 千米。富泰热力公司投资 300 万元，对呼和浩特热电厂 5 号、6 号发电机组进行升级改造；投资 100 多万元，为金元集团新建换热站 1 座，增加供热面积 7 万平方米。2003 年，续建集中供热部分管网，新增供热面积 330 万平方米，集中供热面积达 1434.3 万平方米，集中供热普及率达 55.8%。

2004 年 8 月，为解决热源厂产生的粉煤灰渣，市城发投资有限责任公司开工建设粉煤灰综合利用项目，工程投资 1601.61 万元。项目新建储灰筒仓 8 个，年储灰 4

万吨；建筑砌块和超细复合粉煤灰生产线，年产商品精细粉煤灰 1.6 万吨，粉煤灰陶粒 3.2 万立方米，年产小型空心砌块 4 万立方米。工程于年底完工。

2005 年，新建热力站 2 座，改造热力站 17 座。12 月，集中供热二期工程竣工通过验收，形成 510 万平方米的供热能力。2006 年，新建热力站 4 座，改造热力站 8 座，维修接管锅炉房 12 座。市区西北区域集中供热项目一期热网扩建工程开工建设。

2007 年，光明热源厂完成 2 台锅炉的安装任务，并投入使用；巴彦热源厂和范家营热源厂开展前期设计、监理、地勘项目等工作。完善桥靠热源厂 2×58 兆瓦锅炉设施、三合村热源厂 2×70 兆瓦锅炉设施，新建部分管网和热力站。4 月，金桥热源厂 8×70 兆瓦锅炉设施开工建设，12 月正式开始供热，供热能力 464 万平方米，实现供热面积 196.6 万平方米。

2008 年开始，按照全市供热既有管网改造实施方案，优化城市热源点规划建设，对长乐宫区域、团结小区、玉泉区（大召区块）锅炉房进行拆并整合，新建热力站 2 座，铺设热力主管线 550 米，拆除分散锅炉房 5 座，整合供热面积 33 万平方米，新增供热能力 22 万平方米。三合村热源厂新建 1 台 70 兆瓦锅炉，外网铺设 7.12 千米，建设热力站 12 座；金桥热网铺设主干线 8.3 千米，支干线 7.3 千米，建设热力站 13 座。

2009 年，对运行 15 年以上的二级管网重点进行更新改造，新建 1 台 65 吨热水锅炉，维修管网 31.2 千米，更新改造热力管网 25.3 千米，拆并整合锅炉房 34 座，整合供热面积 83.25 万平方米，应急接管锅炉房 16 座，涉及供热面积 41.33 万平方米。2006—2009 年，拆并旧锅炉 37 家、供热面积 215.17 万平方米，接收旧锅炉房 6 家（包括糖厂旧锅炉房）、供热面积 34.62 万平方米。

2010 年，全市供热面积达 1800 万平方米。其中，东区集中供热工程三合村热源厂建成 1×70 兆瓦台锅炉；桥靠热源厂 3×358 兆瓦台锅炉全部完工投入运行；辛家营热源厂建成 2×270 兆瓦链条投入运行炉；铺设供热管网 22.4 千米，建设热力站 24 座。金桥热网工程完成支线 4.2 千米，建设热力站 7 座。拆并入网旧锅炉房 15 座、供热面积 42.39 万平方米。

2011 年，市城发公司开始筹建“扩三建二”的供热工程，扩建桥靠热源厂、三合村热源厂、辛家营热源厂，新建金桥调峰热源厂、毫沁营热源厂，增加供热能力 6000 万平方米，其中桥靠热源厂供热区域开工建设。截至 2011 年末，全市总供热面积达 7845 万平方米，集中供热面积 6469 万平方米，集中供热普及率 82%。

2012 年，市城发公司续建桥靠、三合村热源厂，扩建辛家营热源厂外网工程。共新建及扩容热力站 42 座，铺设管网 21 千米，桥靠热源厂安装 2 台锅炉并投运 1 台。全市共拆并或接管分散锅炉房 30 座，新增供热面积 600 万平方米，管网改造 110.3 千米；集中供热面积 7900 万平方米，集中供热普及率 89%。

2013年开始，呼和浩特市实施“气化呼和浩特”工程，投资13.57亿元，对全市259座分散燃煤锅炉房、3015.6万平方米供热面积实施燃气化改造，实现二环路内“无煤化”。全年对64座燃煤锅炉房进行燃气化改造及拆并整合，其中分散锅炉房拆并整合工程13项。更新改造二次管网70.2千米。完成桥靠热源厂2×70兆瓦热水锅炉、三合村热源厂2×70兆瓦热水锅炉、辛家营热源厂1×84兆瓦热水锅炉扩建，并投入运营。全市集中供热面积8772万平方米，集中供热普及率92%。

2014年，全市拆并整合及燃气化改造分散燃煤锅炉房120座，投入运行105座，其中“煤改气”74座，拆并整合30座，涉及供热面积为834.55万平方米。新建供热一次管网81千米，更新改造一次管网48千米，更新改造二次管网完成226.48千米。全市集中供热面积为9660万平方米。

2015年，全市集中供热面积达1.01亿平方米。供热企业有3座，分别是呼和浩特市热电厂、金桥热电厂和金山热电厂，热电联产供热面积达3037万平方米，占总供热面积的29.7%；大型热源厂5座，分别是桥靠热源厂、三合村热源厂、辛家营热源厂、光明热源厂和巴彦热源厂，供热面积达2705万平方米，占总供热面积的26.7%。燃气及清洁能源供热面积达2300万平方米，占总供热面积的22.8%；10万平方米以上燃煤锅炉房55座，供热面积达2000万平方米，占总供热面积的19.8%；10万平方米以下分散小锅炉房从525座减少到22座，供热面积从1341万平方米减少到96万平方米，占总供热面积的0.9%。截至2015年末，全市完成燃煤锅炉房拆并及清洁能源改造325座锅炉房585台锅炉，涉及供热面积2384.43万平方米。

1990—2015年呼和浩特市城市集中供热情况表

表4-2-7

年度	供热能力（兆瓦/时）	供热总量（亿千焦/年）	供热管道长度（千米）	供热面积（万平方米）
1990	351	22650	28	203
1991	374	33570	45	238
1992	489	32890	47	341
1993	415	31550	37	394
1994	462	35840	39	494
1995	684	49780	41	523
1996	715	55500	104	583
1997	742	57300	106	615
1998	761	56200	114.4	667
1999	782	59000	116	692.2
2000	825	65500	118	758.3

续表 4-2-7

年度	供热能力（兆瓦 / 时）	供热总量（亿千焦 / 年）	供热管道长度（千米）	供热面积（万平方米）
2001	1029	66600	166	855.5
2002	1317	78500	204	1196.0
2003	1829	92600	204	1434.3
2004	1862	117600	233	1474
2005	1869	142500	239	1904
2006	2656	147800	330	2271.6
2007	3017	133600	330	2967.2
2008	3502	192900	481	3667.6
2009	4686	345000	591	4060.1
2010	6555	226100	670	6469.0
2011	7395	261300	768	7489.0
2012	7395	261300	768	7900
2013	7422	408500	1420	8772
2014	9844	828600	1717	9660
2015	14161	1200800	2873	10138

二、重点热源工程

（一）东区集中供热

2005 年，为改善呼和浩特市大气环境，扩建改造集中供热一期工程。完成投资 10.97 亿元，总供热能力 1370 万平方米，热水锅炉总容量 879 兆瓦，热水管网 60.8 千米，热力站 107 座，蒸汽锅炉总容量 40 米 ^{3}/ 时，蒸汽管网 1.9 千米。供热范围包括呼和浩特市呼伦贝尔路以东的所有区域。其中，桥靠热源厂扩建 5×58 兆瓦热水锅炉，一级热水管网 25.5 千米，热力站 39 座；三合村热源厂扩建 4×70 兆瓦和 1×29 兆瓦热水锅炉，一级热水管网 17.9 千米，热力站 37 座；辛家营热源厂新建 4×70 兆瓦热水锅炉和 2×20 米 ^{3}/ 时蒸汽锅炉，一级热水管网 17.4 千米，蒸汽管网 1.9 千米，热力站 31 座。

（二）集中供热二期

2001 年，市城发公司开工建设集中供热二期工程，设计供热规模 510 万平方米。完成投资 6.06 亿元。规划供热范围是呼伦贝尔路以东的所有区域，建设桥靠、三合村 2 个热源厂。其中，桥靠热源厂占地 10.13 公顷，建有 5×58 兆瓦循环流化床锅炉；三合村热源厂占地 7.2 公顷，建有 4×29 兆瓦循环流化床锅炉。热力管网 43.5 千米、热力站 80 座、110 千伏变电站 1 座、10 千伏变电站 2 座。

（三）金桥新市区工业园区热源厂

2003 年开工建设，为东区集中供热工程的第三个热源厂。完成投资 1440 万元，占地 9.33 公顷，新建 2×20 米 ^{3}/ 时蒸汽锅炉，配套建设供热管网 2.6 千米。2004 年

10 月 15 日竣工投产，形成 2×20 米 ^{3}/ 时蒸汽供热能力，铺设供热蒸汽管道 2059 米，热水管道 7962 米，外网管道 5022 米。

（四）金桥热网

2007 年开工建设，热源部分由北方电力负责建设。完成投资 3.41 亿元。供热范围为大黑河以北，呼伦贝尔路以东，鄂尔多斯大街以南及东二环以西区域。当年建成供热主干线 18.8 千米，全线贯通，建设热力站 6 座，形成供热能力 970 万平方米。新建一级热水管网 78.93 千米，新建热力站 114 座、中继泵站 1 座、调度中心 1 座。鉴于金桥区域由金桥热网进行供热，拆除金桥新市区工业园区热源厂。

（五）桥靠、三合村区域集中供热

2011 年开工建设，项目总投资 9.12 亿元，扩建桥靠、三合村热源厂，共建设 6×70 兆瓦燃气锅炉，5×70 兆瓦燃煤锅炉，供热管网 38.9 千米，热力站 63 座，新增供热能力 1470 万平方米。其中，桥靠热源厂供热区域，增加供热能力 789 万平方米，新建 3×70 兆瓦热水锅炉、3×70 兆瓦热燃气锅炉，一级热水管网 24.8 千米、热力站 33 座；三合村热源厂供热区域，增加供热能力 681 万平方米，新建 2×70 兆瓦的热水锅炉、3×70 兆瓦热燃气锅炉，一级热水管网 14.10 千米、热力站 30 座。

（六）辛家营热源厂集中供热

2012 年开工建设，项目总投资 4.37 亿元，扩建辛家营热源厂（B 车间），建设 3×84 兆瓦燃煤锅炉、供热管网 22 千米、热力站 29 座，新增供热能力 500 万平方米。

（七）辛家营、金桥、毫沁营区域集中供热

2015 年开工建设，项目总投资 24.29 亿元。其中，利用亚洲开发银行贷款 1.5 亿美元，扩建辛家营热源厂，新建金桥调峰热源厂、毫沁营热源厂、和林京能盛乐热电厂—呼和浩特长输供热管线。项目新建 5×70 兆瓦燃气锅炉、2×25 兆瓦电锅炉、中继加压泵站 2 座；改造新建 2×70 兆瓦燃气锅炉；新建长输供热管线 37.26 千米、供热管网 79.37 千米、首站 1 座、热力站 191 座，新增供热能力 2971.13 万平方米。

三、供热企业选介

（一）呼和浩特富泰热力股份有限公司

呼和浩特富泰热力股份有限公司前身为呼和浩特市热力公司。1983 年 9 月，呼和浩特市热力公司筹备处成立，隶属呼和浩特市建设局。1993 年 9 月，呼和浩特市热力公司筹备处更名为呼和浩特市热力公司。1996 年 6 月，市热力公司改制为呼和浩特富泰热力股份有限公司。1997 年 6 月，市热力公司由国有中型一档企业整体转制为呼和浩特富泰热力股份有限公司。2015 年，公司总资产约 13 亿元，年产值约 3.5 亿元。实际供热面积 1600 万平方米。

（二）呼和浩特市城发供热有限责任公司

2006年，市城发公司提出“投资入网，既是用户又是股东”的市场化供热设施改革。公司利用市场机制，按照投资多元化、运营企业化、服务社会化的思路，引入社会投资参与集中供热设施建设，组建呼和浩特市城发供热有限责任公司。注册资金3710万元，股东及投资人共13家。至2009年，共有入网股东及投资人84家。2014年，公司承担供热面积3124.7万平方米，采暖用户20.48万户。2015年，市城发供热有限责任公司投入资金1000万元，对14个小区近40万平方米的区域进行二次管网改造。同年，实施供热烟气治理项目。

第五节　城市供排水

一、城市供水

（一）供水管理

呼和浩特市是全国40个重点缺水城市之一，地下水是全市生产和生活用水的唯一水源。1986年后，城市管网铺设按照《呼和浩特市城市专项规划》，呼和浩特市自来水公司制定供排水管网建设计划，按照国家工程建设程序，通过公开招投标方式，组织进行施工图设计、工程施工等工作。供水管道材质主要采用铸铁管、预应力管、镀锌管、铜板管、UPVC管及球墨铸铁管等。

1989年，正式成立呼和浩特市节水办公室，开源与节流并重，加强生产生活用水管理和水资源开发，宣传节约用水和保护水资源，对城市供水的重点工业企业和生活用水户进行计划考核管理，实行节奖超罚。1986—1990年，全市累计投资1145万元，新增水源井17眼，新增和改造管网长32千米。新建给水计量化验中心，购置微机调度和计量化验设备等，提高供水企业的生产能力和管理水平。同时，进行节水技术改造57项，使工业用水重复利用率由1985年的23%提高到1990年的51.2%，工业万元产值取水量由430吨下降到182吨。1989年、1990年，呼和浩特市先后获自治区和全国先进节水型城市的光荣称号。

1991年，全市有自来水厂4座，水源井85眼，清水池12座，总容量1.9万立方米。日生产能力28.7万立方米，管道长度243千米，全年供水量1亿余立方米。日平均生活用水量217升/人，自来水用水普及率为88.4%。1993年，全市自来水厂增至5座。1998年，为解决城市水资源稀缺，呼和浩特市启动“引黄入呼”工程建设。2000年，全市有自来水厂7座。

2001年4月，呼和浩特春华水务开发集团有限责任公司成立，负责全市供排水、污水处理、再生水回用等业务的建设运营管理。为市属国有企业，隶属市水务局。同年，新建金川水厂。全市自来水厂增至8座，均为地下水厂。

2002年1月，经市政府批准，授权春华水务公司对全市既有和在建的城市水务资产进行经营管理。11月，市国有资产管理委员会印发《关于对国有资产授权管理的通知》，将隶属于市水务局的2家国有企业，即市自来水公司和清源排水设施建设有限责任公司的全部资产授权春华水务公司经营。

2003年，"引黄入呼"供水一期工程开始取水，经托克托预沉厂—排泥厂、金海水库—金河水厂试运行，生产出符合国家饮用水标准的自来水，并转入试生产阶段，基本具备向市区供水的能力。城市配水管网改造工程完成鄂尔多斯路等13条路段的改造任务，具备引黄水向石化小区日供水5万立方米、呼和浩特市发电厂日供水6万立方米的配水条件。

2004年，市区完成供水管网主次干道和小街巷改造工程25条。完成供水量6703.71万立方米，售水量6325.41万立方米，供水水质综合合格率99.31%。2005年，市区完成供水量5876.27万立方米，售水量4544.75万立方米，供水水质合格率99.31%。饮水水源水质达标率100%。新建2个售水站，实施内蒙古出版社宿舍楼、回民区教育局宿舍楼等9个小区智能水表改造工程，累计完成投资1亿元。

2006年，全市有自来水厂9座，供水综合水质达标率99.73%。"引黄入呼"工程完成续建预沉厂—排泥厂的管道工程，金海水库—金河水厂管道工程、市区管网碰头工程、金河水厂电器、仪表安装工程，预沉厂区二期设备安装工程等，完成投资7000万元。新增铺设"引黄入呼"供水工程配水管网153.31千米，总投资2.79亿元。铺设和改造市区给水管道100千米，完成投资7000万元。根据《市政府关于封闭城市公共供水管网覆盖范围内自备井的通告》的要求，封闭90家自备井水源用户，占全市自备井水源用户总数的90%以上。2007年，市区供水水质综合达标率99.41%。安装更换智能水表7232套，新建售水点2个。

2008年8月，按照市委、市政府的总体安排，在水务一体化的框架下，以自来水公司为基础，组建水费征收中心、供排水管网应急抢修维护发展公司、水质监测中心。按照国家水质管理有关标准，对所有水源井、出厂水、管网水质进行定时监测，年平均采集各类水样1万余个、监测数据12.4万个。全市自来水出厂水水质合格率100%。市区供水水质综合合格率98.8%。2009年，建设金川南区日供水3万立方米水厂1座，铺设配水管网30千米，总投资8000万元。全市共建成售水点13个，更换安装智能水表1.54万套，完成投资6962万元。2010年，供水水质综合合格率98.8%，市区供水1.12亿立方米。完成成吉思汗大街、滨河南路、世纪六路、桃李巷、站南路、站西路9400米供水管网铺设任务。

2011年，市区供水水质综合合格率98.8%，集中式饮用水源地地下水水质达标率100%，供水管网维修及时率97%，市区自来水供水量达1.40亿立方米。2012年，市区供水水质综合合格率98.8%；市区自来水供水量1.37亿立方米。2013年，配合市政道路建设对市内供水管网进行升级改造和新建。对老旧小区供排水进行改造和接管工作。

2014年，为实现供排水管理一体化，经市委、市政府批准，由春华水务集团公司整合排水事业管理处、自来水公司、供排水管网发展公司、春华水务应急供水公司、水费征收中心组建呼和浩特市供排水有限责任公司。同时，组织编制《呼和浩特市城市防洪规划》《呼和浩特市城市排水（雨水）防涝综合规划》《城区分质分类供水规划》，计划实施重点水务建设项目共8大项、18个具体项目，工程由市春华水务公司具体实施。开工建设供排水管网改造工程（含给水、雨水、污水、中水管网改造工程）、大青山南坡供水工程、饮用水安全信息系统建设工程等7个项目。

2015年，春华水务集团投资9.59亿元实施老旧小区供排水管网及二次加压设施改造工程，计划改造105个片区381个老旧小区，分两年完成。当年完成30个片区的改造建设工作任务，各加压泵房均正常投入运行。5月31日，“引黄入呼”二期工程开工续建，6月30日正式通水试运行，7月7日起开始不间断供水，金河水厂“引黄入呼”二期工程实现日平均供水4万立方米。截至2015年，市区共有水厂11座，供水加压站6座，水源井479眼，供水主管网长811千米。公共管网供水面积约210平方千米，供水人口约230万人，日均供水量约40万立方米，年供水量为1.31亿立方米，年售水量1.05亿立方米。

（二）重点供水工程

“引黄入呼”一期工程　1998年，呼和浩特市启动“引黄入呼”一期工程。工程线路跨越托克托县、和林格尔县、土默特左旗及郊区，全长近100千米。金河净水厂坐落于大黑河北岸、占地26.67公顷。水厂引进7500电感耦合等离子体质谱仪、6890气相色谱仪等国外先进检测仪器，检测能力从43项增加到104项，对水质的检测参数达221项。2003年一期工程试运行，日供水20万立方米。黄河水在预沉厂将大量泥沙预沉后在金海水库进行沉淀。经金海调蓄水库再次沉淀的黄河水在金河净水厂经过处理，达到饮用水标准。通过兴安路加压站和巴彦路加压站，最终进入市民家中。

“引黄入呼”二期工程　2015年5月31日，“引黄入呼”二期续建工程开工建设，全市引黄供水工程总建设规模40万米^3/日，工程一次设计，土建部分一次建设，设备、电力、自控等分期实施。二期续建工程总投资4.83亿元，建设规模为20万米^3/日，建设内容包括岸边泵站、预沉厂、金河净水厂、巴彦路加压站、兴安路加压站二期设备采购及安装，岸边泵站、预沉厂、金河净水厂维修工程，二期电力电气工程，自控系统工程，市区二期遗留配水干管、新建二期平流池、排泥场续建等工程。同时，新建金河净水厂深度处理工程，深度处理规模为40万米^3/日。主要建设有提升泵站、臭氧接触池、活性炭翻板滤池以及配套的自控仪表电气和建筑安装工程等。同年，完善引黄配水管网，将30万米^3/日的引黄水调配到市区周边各工业园区，同步封停各工业园区自备井，实现工业全部使用黄河水或中水。其中，大青山生态供水3万米^3/日，托电工业园4万米^3/日，金桥开发区10万米^3/日，金川南区5万米^3/日，沙尔沁工业园区5万米^3/日，鸿盛工业园区3万米^3/日，供居民生活杂用10万米^3/日。

1990—2015年呼和浩特市供水情况表

表4-2-8

年度	生产能力（万米^3/日）	其中地下水（万米^3/日）	管道长度（千米）	全年供水量（万立方米）	用水人口（万人）
1990	27.9	27.9	243	10048	59.3
1991	28.7	28.7	243	9990	61.4
1992	29.7	29.7	243	10106	62.0
1993	32.2	32.2	270	10327	62.9
1994	34.2	34.2	274	11011	63.5
1995	36.8	36.8	347	10948	70.1
1996	23.0	23.0	348	10868	70.2
1997	23.6	23.6	348	11152	70.6
1998	24.2	24.2	372	10876	71.1
1999	38.7	38.7	388	10668	78.0
2000	38.7	38.7	404	10477	79.4
2001	38.7	38.7	408	10957	89.1
2002	58.5	38.2	525	10777	92.1
2003	58.7	38.2	525	10591	95.0
2004	58.7	38.2	558	12574	104.0
2005	58.7	38.4	558	12203	105.0
2006	58.7	38.3	568	12410	122.9
2007	49.7	29.7	582	10259	126.6
2008	49.7	29.7	656	11231	125.7
2009	49.7	29.7	681	12600	125.7
2010	49.7	29.7	689	11859	148.1
2011	55.3	35.3	718	13986	161.1
2012	55.6	35.6	724	13718	186.4
2013	54.7	34.7	754	13836	186.9
2014	62.6	42.1	790	14876	188.0
2015	56.6	36.5	811	13081	188.0

二、城市排水

（一）排水管理

1986年，全市有污水处理厂1座。1988年开始，对市区13千米护城河进行综合治理，消除明排沟渠，改为管道和暗沟排放，雨、污分流。从呼伦贝尔南路起改为大口径管道，向南排放入小黑河。从公园西路起改为暗沟，排放到辛辛板旧河道。

1989年，市污水处理厂新建5万吨/日一级处理系统投入运营，城市污水处理率30%。至1990年末，城市排水管网315千米，污水管道服务面积43平方千米，雨水管道服务面积20平方千米。1986—1990年，呼和浩特市一期排水工程累计完成投资额1393.1万元，新建排水管网51.7千米，整修护城河12千米；污水处理厂建成日处理8.1万吨污水提升部分和一级处理部分，污泥处理部分大部分建成。

1991年，全市建成排水管道320千米，其中雨水管道82千米、污水管道214千米。同时建成雨水调节池1座，容量1.78万立方米，整修护城河12千米。

1992—1993年，全市建成海拉尔西路雨水管道882米、果园西路雨水管道979米，汛期玉泉区养鱼池地区抢险建成污水管道1654米、雨水管道229米；建成构件街、华安街、团校西巷等5条街巷的污水管道1654米；建成满都海公园雨水管道404米；光明路西段铺设雨水管道2283延长米，钢铁西路铺设830延长米，南茶坊贸易客栈路铺设251延长米，钢铁大桥北铺设267延长米，呼哈路铺设污水管道486延长米。建设昭乌达路、公园南路部分排水设施。至1997年，全市有城市排水管道总长397千米，污水年排放量8244万吨，城市污水处理率20.71%。

1998年，筹建公主府5万吨污水处理厂，扩建辛辛板污水处理厂10万吨/日污水处理及配套管网工程。全市城市排水管道总长402千米，污水年排放量8030万吨，城市污水处理率27.7%。至2000年，市区排水管道总长478千米，污水年排放量8030万吨，城市污水处理率41.33%。2001年，辛辛板污水处理厂一期工程建设完成，日处理能力15万吨，处理工艺为一级处理，城市排水管道总长530千米，城市污水管网覆盖率80%。全年污水年排放量8030万吨，城市污水处理率46.33%。

2002年，呼和浩特市开始筹建水环境治理项目，全市疏通污水管道4.56千米，雨水管道100.4千米，雨水、污水受水口连接管27.98千米，护城河清淤5千米，清淘污水检查井1.06万座、雨水检查井2461座、雨水收水口4161座。完成主次干道雨水管网改造12条、污水管网3条；小街巷雨水管网4条、污水管网21条。完成投资7681.52万元，占总投资的77%。辛辛板污水处理厂5万吨/日、10万吨/日一级处理运转正常，日平均处理污水13万吨，处理率为45%。辛辛板污水处理厂二期10万吨/日二级处理建成运行，处理污水1800万吨，水质完全符合国家排放标准。

2004年，市政府申请日元贷款9.15亿元，拟建公主府污水处理厂（5万吨/日）、章盖营污水处理厂（6万吨/日）、如意白塔污水处理厂（5万吨/日）及管网工程，辛辛板污水处理厂改扩建工程及配套污水管网工程、城市雨水管网工程。全年完成污水管网工程27.8千米。市区排水管道总长733千米，污水年排放量7956万吨，污水处理总量4279万吨，城市污水处理率60.94%。

2005年，扩建辛辛板污水处理厂，新建章盖营污水处理厂、公主府污水处理厂、如意白塔污水处理厂，污水管网改造工程全面开工建设。全年累计疏通污水管道568.27千米、雨水管道115.9千米，疏通雨、污水收水口连接管39.48千米，雨、污水管道疏通率分别达100%、98%。全市污水年排放量8030万吨，污水处理总量5213万吨，城市污水处理率61.92%。

2006年，完成辛辛板污水处理厂、如意白塔污水处理厂部分管网建设。各工业园区也相继开工建设园区污水处理厂。年内城市排水管道总长809千米，污水年排放量7818万吨，污水处理总量3500万吨，城市污水处理率59.11%。

2007年，城区共疏通污水管道650.79千米，雨水管道135.79千米，清淘污水检查井15076座、雨水检查井400座、维修排水设施1164座。雨、污水管网疏通率达100%，污水检查井、雨水收水口清淘率达97%以上。市区排水管道总长809千米，污水年排放量7826万吨，污水处理总量3550万吨，城市污水处理率59.10%。

2008年，公主府污水处理厂完成二级通水设备安装及单机调试，厂外总干管网铺设完成进厂；辛辛板污水处理厂扩建工程初沉池、二沉池桩基工程完工。配套污水管网累计铺设完成30千米；如意白塔污水处理厂完成管网设计；章盖营污水处理厂完成设备安装，厂外配套污水管网累计铺设完成28千米，具备通水条件；城市雨水管道改造工程铺设管道17千米。全年共疏通污水管道713.24千米，雨水管道145.32千米，雨、污水连接管61.21千米；污水检查井清淘17170座次，雨水检查井清淘4272座次，雨水收水口清淘7540座；检查井维修1565座次，雨水口维修793座次。

2009年9月，公主府污水处理厂、章盖营污水处理厂通过自治区环保部门验收正式运行；辛辛板污水处理厂扩建工程全部完工通水试运行。其中，公主府污水处理厂负荷率达61%，章盖营污水处理厂负荷率达70%，辛辛板污水处理厂负荷率96%。市区排水管道总长897千米，污水排放总量1.01亿吨，污水处理能力21万吨/日，污水处理总量5521万吨，城市污水处理率73.8%。

2010年，和林格尔县城关镇污水处理厂、托克托县双河镇污水处理厂、武川县可可以力更镇污水处理厂及土默特左旗察素齐镇污水处理厂调试运行。市区排水管道总长962千米，污水排放总量9488万吨，污水处理能力26万吨/日，污水处理总量7315万吨，城市污水处理率96%。

2011年，建成清水河县城关镇污水处理厂、金山开发区污水处理厂。年内，城市排水管道总长1080千米，污水排放总量1.12亿吨，污水处理能力26万吨/日，污水处理总量8214万吨，城市污水处理率95.5%。

2012年，为解决金桥炼油厂及周边居民生活污水处理问题，春华水务集团公司投资约5.6亿元，在金桥开发区金桥热电厂西侧建设金桥污水处理厂及厂外管网工程，处理规模4万吨/日，处理工艺采用AAO+微絮凝过滤+消毒，出水水质执行《城镇污水处理厂污染物排放标准》（GB 18918—2002）一级A标准。市区排水管道总长1174千米，污水排放总量1.10亿吨，污水处理能力26万吨/日，污水处理总量8783万吨，城市污水处理率96%。

2013年底，金桥污水处理厂通水试运行。厂外管网工程建设配套污水管网37.5千米，污水提升泵站1座。城市排水及污水处理。雨、污水管道疏通率100%，污水检查井、雨水收水口清淘率97%。城市排水管道总长1418千米，污水排放总量1.11亿吨，污水处理能力26万吨/日，污水处理总量8959万吨，污水集中处理率达95%。

2014年7月，按照市政府部署，呼和浩特春华水务集团公司接管裕隆工业园区污水处理厂建设工程并改扩建为班定营污水处理厂，规模为2万吨/日。处理工艺采用TU氧化沟，出水水质1万吨一级A标准，1万吨一级B标准。对辛辛板、章盖营和公主府污水处理厂实施提标改造工程。

2015年，全市共有5座污水处理厂。呼和浩特春华水务集团公司组织实施辛辛板污水处理厂扩建及提标改造工程、章盖营污水处理厂扩建及提标改造工程、公主府污水处理厂提标改造工程，总投资6.4亿元。辛辛板污水处理厂扩建及提标改造工程，从15万吨/日的二级处理系统提高至20万吨/日，处理工艺采用改良AAO+絮凝+沉淀+纤维转盘过滤，出水水质执行一级A标准，工程于2015年11月通水试运行。章盖营污水处理厂扩建及提标改造工程，从6万吨/日的二级处理系统提高至12万吨/日，处理工艺采用改良AAO及高效生物转盘+絮凝+沉淀+过滤，出水水质执行一级A标准，工程于2015年11月通水试运行。公主府污水处理厂提标改造工程，从5万吨/日的二级处理系统提高至一级A处理系统，处理工艺采用SBR+MBBR+活性砂过滤，出水水质执行一级A标准，工程于2015年11月通水试运行。新建雨、污分流工程，供排水有限责任公司配合春华水务集团公司完成“黑臭水体”治理，疏通污水管道325.8千米，清淘污水检查井6191座，对22条重点街道的18千米排水管道、老旧管网及积水点进行疏通和改造。新建、改造雨水管道长度1242.77千米，服务面积260.85平方千米。雨水系统包括乌素图沟子系统、扎达盖河子系统、小黑河子系统，其服务面积分别为27平方千米、77平方千米、75平方千米。全市城区污水处理能力31万吨/日，出水水质执行《城镇污水处理厂污染物排放标准》（GB 18918—2002）一级标准，其中6万吨三级处理出水水质执行一级 A 标准。全市城区污水处理能力 43 万吨 / 日，出水水质执行《城镇污水处理厂污染物排放标准》（GB 18918—2002）一级 A 标准。市区排水管道总长 1996 千米，污水排放总量 1.05 亿吨，污水处理能力 30 万吨 / 日，污水处理总量 9607 万吨，城市污水处理率 91.8%。

1990—2015 年呼和浩特市排水情况表

表 4–2–9

年度	排水管道长度（千米）	其中污水管道长度（千米）	污水年排放量（万吨）	污水处理总量（万吨）
1990	315	—	19（此为每日排放量）	—
1991	320	—	20（此为每日排放量）	—
1992	326	—	8002	—
1993	332	—	8002	—
1994	343	—	8035	—
1995	396	—	8030	—
1996	393	—	8035	—
1997	397	—	8244	—
1998	402	—	8030	—
1999	407	—	8030	—
2000	478	—	8030	—
2001	530	—	8030	2860
2002	660	—	8407	2860
2003	674	384.6	7978	4257
2004	733	428.6	7956	4270
2005	733	435.9	8030	5213
2006	809	510	7818	3500
2007	809	510	7826	3550
2008	887	434	8985	3500
2009	897	439	10080	5521
2010	962	484	9488	7315
2011	1080	525	11189	8214
2012	1174	549	10974	8783
2013	1418	644	11096	8595
2014	1996	986	11810	9568
2015	1996	986	10465	9607

说明：表中“—”表示无数据

（二）重点企业

章盖营污水处理厂　2006 年 6 月开工建设，位于玉泉区章盖营村北，新建规模为二级处理 6 万吨 / 日，其中三级处理 3 万吨 / 日、二级处理采用 AAO 工艺，并新建、改建配套污水收集管网；2008 年 12 月通水试运行，三级处理部分于 2011 年 7 月投入运行。

公主府污水处理厂　2006 年 6 月开工建设，位于回民区海拉尔西路，新建规模为二级处理 5 万吨 / 日，其中三级处理 3 万吨 / 日污水处理厂、二级处理采用 CAST 工艺。并新建、改建配套污水收集管网；2008 年 12 月通水试运行，三级处理部分于 2011 年底投入运行。

辛辛板污水处理厂　1982 年，由呼和浩特市排水事业管理局建设。1984 年，辛辛板污水处理厂的污水提升部分投入运行，日提升能力达 8 万吨以上。1989 年建成 5 万吨 / 日一级处理系统。1998 年，实施 10 万吨 / 日扩建及管网工程。2002 年建成 10 万吨 / 日二级处理系统。2008 年 7 月，在原辛辛板污水处理厂 10 万吨 / 日处理能力的基础上扩建 5 万吨 / 日二级处理工程；2010 年底完成，扩建后二级处理能力达 15 万吨 / 日，污水处理采用改良 AAO 工艺；并新建、改建配套污水收集管网。

三、水价管理

1986 年，呼和浩特居民生活用水价格为 0.1 元 / 米 ^{3}，园林绿化和消防用水都是无偿使用。1988 年，居民生活用水价格调整为 0.12 元 / 米 ^{3}，其他（含绿化）用水价格为 0.05 元 / 米 ^{3}，行政机关、事业单位用水价格为 0.15 元 / 米 ^{3}，工业用水价格为 0.2 元 / 米 ^{3}。

1991 年，居民生活用水价格由 0.12 元 / 米 ^{3} 调整为 0.15 元 / 米 ^{3}，其他（含绿化）用水价格由 0.05 元 / 米 ^{3} 调整为 0.1 元 / 米 ^{3}，行政机关、事业单位用水价格由 0.15 元 / 米 ^{3} 调整为 0.25 元 / 米 ^{3}，工业用水价格由 0.2 元 / 米 ^{3} 调整为 0.35 元 / 米 ^{3}。

1996 年，居民生活用水价格调整为 0.5 元 / 米 ^{3}，其他（含绿化）用水价格调整为 0.3 元 / 米 ^{3}，行政机关、事业单位用水价格调整为 0.6 元 / 米 ^{3}，工业用水价格调整为 1.0 元 / 米 ^{3}，商业、餐饮、服务行业用水价格为 1.5 元 / 米 ^{3}。

1998 年，其他（含绿化）用水价格调整为 0.6 元 / 米 ^{3}，行政机关、事业单位用水价格调整为 0.8 元 / 米 ^{3}，商业、餐饮、服务行业用水价格调整为 2 元 / 米 ^{3}，特殊行业用水价格为 3 元 / 米 ^{3}。1999 年，居民生活用水价格调整为 0.75 元 / 米 ^{3}。

2000 年，居民生活用水价格调整为 1.1 元 / 米 ^{3}，其他（含绿化）用水价格调整为 0.8 元 / 米 ^{3}，行政机关、事业单位用水价格调整为 1.2 元 / 米 ^{3}，工业用水价格调整为 1.3 元 / 米 ^{3}，商业、餐饮、服务行业用水价格调整为 2.5 元 / 米 ^{3}，特殊行业用水价格为 7 元 / 米 ^{3}。

2003 年，居民生活用水价格调整为 1.5 元 / 米 ^{3}，其他（含绿化）用水价格调整为 1.4 元 / 米 ^{3}，行政机关、事业单位用水价格调整为 1.9 元 / 米 ^{3}，工业用水价格调整为 2 元 / 米 ^{3}，商业、餐饮、服务行业划为经营服务一类和经营服务二类，一类用水价格为 3 元 / 米 ^{3}，二类用水价格为 4 元 / 米 ^{3}，特殊行业用水水价调整为 10 元 / 米 ^{3}。

2005 年，居民生活用水价格调整为 1.95 元 / 米 ^{3}，其他（含绿化）用水价格调整为 1.6 元 / 米 ^{3}，行政机关、事业单位用水价格调整为 2.7 元 / 米 ^{3}，工业用水价格调整为 2.6 元 / 米 ^{3}，经营服务一类用水价格为 4 元 / 米 ^{3}，经营服务二类用水价格为 5 元 / 米 ^{3}，特殊行业用水价格调整为 13 元 / 米 ^{3}。

2009 年后，为实现水资源的优化配置，合理制定、调整水价并利用价格杠杆提高全社会的节水意识，结合呼和浩特市实际，对城市供水价格进行调整。

截至 2015 年，居民生活用水价格调整为 2.35 元 / 米 ^{3}，经营服务类用水价格调整为 5 元 / 米 ^{3}，工业用水价格调整为 3.5 元 / 米 ^{3}，特殊行业用水价格调整为 20 元 / 米 ^{3}，绿化用水价格调整为 2.35 元 / 米 ^{3}。同时，升级改造营业收费系统，实现跨网点、多渠道缴费，在市区 30 个营业网点安装自助缴费终端 41 台。

第六节　乡（镇）村建设

一、小城镇建设

20 世纪 90 年代，呼和浩特市启动小城镇建设。市委、市政府按照“资源共享、优势互补、形成可持续发展格局”的思路，引导优势乡镇企业合理积聚、完善市场体系、发展农业产业化经营和社会化服务与小城镇建设密切结合起来，重点发展县城和部分基础条件较好、发展潜力大的中心镇，建成具有带动辐射能力的农村区域经济和文化中心。特别是 1999 年后，和林格尔县建设盛乐经济园区，形成以“蒙牛”为龙头的乳业加工产业，带动周边农村种养殖业的发展；清水河县形成“城镇—集镇—乡村连接”的小城镇建设体系，并利用地理优势，引进华润集团建设电厂；土默特左旗、托克托县、和林格尔县初步形成作为首府卫星城市的基础设施框架。

2001 年，市测绘处聘请太原航测大队对市辖区县及重点乡镇进行航测，按照地形图资料，和林格尔县城关镇，土默特左旗察素齐镇、毕克齐镇，武川县可可以力更镇，托克托县城关镇、托克托电厂新区，清水河县城关镇均聘请具有乙级以上资质的单位进行规划设计。截至年底，全市小城镇建设新修道路 19.24 千米、34.6 万平方米，铺设雨水、污水管道总长 12.93 千米，安装路灯 180 盏，新植行道树 665 株，花灌木 206 株，草坪 6323 平方米，新建营业性用房建筑面积 7.3 万平方米，总投资 7900 万元。

2003 年，全市 5 个旗县城关镇共新建道路 7 条 17.8 千米，改造小街巷 8 条 3.6 千米，完成绿化面积 3.5 万平方米，栽植各种树木 1.06 万株，安装路灯 465 套，新建公厕 7 座、维修 20 座。

2004 年，全市规划部门完成旗县城关镇总体规划 2 个，建制镇规划 2 个，集镇规划 1 个，村庄规划 16 个。各旗县城关镇、集镇完成拆迁 267 户，拆迁面积 3.26 万平方米。新建道路 4.14 千米，面积 4.97 万平方米。改造小街巷 14 条，面积 2.25 万平方米，铺装便道 0.42 万平方米，安装路灯 2355 盏，栽植行道树 6.17 万株，铺设草坪 1.45 万平方米；新增自来水用户 410 户，铺设雨污水管道 12 千米；新建公厕 8 座，维修 16 座；新建和林格尔县西大桥。

2005 年，各旗县城关镇、集镇共完成拆迁 142 户，拆迁面积 3.4 万平方米；搬迁移民 1600 户、5050 人；新修道路长 7.77 千米、面积 28 万平方米；改造小街巷 15 条，完成垫层施工的新修道路长 16 千米、面积 28 万平方米；安装路灯 86 套，铺设雨水、污水管道 10 千米，自来水管网改造入户 1080 户；完成新建和林格尔县城关镇蓄水量为 1000 立方米的水厂工程 1 座；新建 1.95 万平方米的金三角综合批发市场 1 个；栽植行道树 2.5 万株，铺植草坪 5.3 万平方米；完成开发住宅小区 9 万平方米，商住楼 5.3 万平方米；新建公厕 10 座，维修 20 座，购置环卫设施吸粪车 2 台、柴油自卸车 8 台、装载机 3 台。完成小城镇建设投资 2.9 亿元，比 2004 年增加 1.08 亿元。

2006—2008 年，全市 5 个旗县完成自治区级重点镇规划 10 个，县域村镇体系规划 1 个，县域村镇体系规划方案 3 个，社会主义新农村规划 20 个。新建道路 5 条、18.5 千米、57.8 万平方米；改造道路 5 条、6.7 千米、21.2 万平方米；改造小街巷 48 条、9.5 万平方米，铺设人行道彩砖 1.5 万平方米、大理石 5.2 万平方米；新建长 60 米、宽 12 米大桥 1 座；铺设雨水、污水管网 35.6 平方千米；安装路灯 955 套、1910 盏；新建公共厕所 16 座。栽树 2.1 万株，种花草 30 万株。累计完成投资 4.59 亿元。

2009 年，完成小城镇建设改造道路 9 条；硬化小街巷、铺设彩砖 4.6 万平方米；新建污水处理厂 4 座；新建垃圾处理厂 5 座；新建公共厕所 5 座；植树 56 万株，铺草坪 15 万平方米。

2010 年，旗县完成新建道路 14 条，续建道路 15 条，配套路灯 1027 套，铺设雨、污水管网 15.01 千米，建设廉租房 988 套，绿化面积近 2 万平方米。

2011 年 8 月，市委、市政府印发《呼和浩特市加快推进小城镇建设工作实施方案》，明确小城镇建设的指导思想、基本原则、工作目标、重点工作、工作步骤和工作要求，要求全力实施“一核双圈”战略部署，通过 3 ~ 5 年时间，使全市旗县所在地城关镇“三年见成效，五年大变样”，形成城镇布局合理、结构健全、区域基础设施配套完善、交通便捷、生态宜居、大城市和小城镇相协调的发展新格局，城镇功能、品位、特色、生态建设、宜居水平等均进入自治区先进行列。5 个旗县城关镇共投资 12.29 亿元，新建道路 10 条、36 千米，改造小街巷 9 条，安装路灯 1420 套；新建污水处理厂 4 座，铺设雨、污水管网 52.25 千米；新建垃圾处理厂 5 座;铺设草坪 1.93 万平方米，植树 5000 株（丛），新安装路灯 1420 套。至 2012 年，城镇化率达 40%，自来水供给率达 98%，污水处理率达 60% 以上，垃圾处理填埋覆盖率达 85%，人均城市道路面积达 8 平方米以上，建成区绿化率达 33%。

2012 年,市级财政投资 1 亿元,专项支持各旗县政府所在地为重点的小城镇建设，优化商业网点及学校、幼儿园、社区、医疗卫生等公共服务机构布局，增强小城镇吸纳和承载人口能力，并要求小城镇建设要“小而美、小而特、小而强”。

2013 年，全市 5 个旗县完成城关镇的总体规划、建设规划和县域村镇体系规划编制,旗县 30 个乡镇总体规划的评审修改和 83 个社会主义新农村规划编制工作。2014 年，呼和浩特市投资 10.43 亿元，全面改造疏通村镇道路交通脉络、建设完善公用基础设施以及实施农村危旧房改造等，改变和提升 5 个旗县的城镇容貌和服务功能。土默特左旗、托克托县、和林格尔县、清水河县、武川县的建成区面积分别为 36 平方千米、13 平方千米、12 平方千米、12 平方千米、8 平方千米。根据住房和城乡建设部《关于开展美丽宜居小镇、美丽宜居村庄示范工作的通知》要求，组织开展自治区级美丽宜居小镇、美丽宜居村庄示范的申报工作。年内，托克托县双河镇河口村被列入内蒙古自治区第二批美丽宜居村庄名录；清水河县口子上村、老牛湾村被列入第三批中国传统村落名录。

2015 年，清水河县城关镇被列入第三批全国特色景观旅游名镇名村示范名单，清水河县单台子乡老牛湾村村委会入选住房和城乡建设部第一批田园建筑优秀作品一等优秀作品名单。

二、农村危旧房改造

2009 年，呼和浩特市开始实施国家危房改造，中央、自治区、市、旗县区分级补助，以重点帮助住房最危险、经济最贫困农户解决最基本的住房问题。至 2010 年，为 4875 户农村困难群众解决住房问题，保障农村困难群众的居住安全。

2013 年开始，除中央对建筑节能示范户补助 2500 元 / 户外，对贫困地区（集中连片特殊困难地区县和国家扶贫开发重点县）增加 1000 元 / 户补助。

2009—2014 年呼和浩特市农村危旧房改造情况表

表 4-2-10

年份	改造户数（户）	其中建筑节能示范户数（户）	补贴资金（元 / 户）	中央对节能示范户补贴（元 / 户）
2009	875	83	14720	2000
2010	4000	299	14720	2000

续表 4-2-10

2011	2700	500	17232	2000
2012	4000	700	18732	2500
2013	4000	1800	18732	2500
2014	4400	550	24000	2500

2015 年，自治区下达呼和浩特市国家农村危房改造任务 1 万户。实际完成农房抗震改造任务 8680 户，贫困地区改造补助 2249 户，建筑节能改造示范户 3400 户。截至 2015 年，全市累计完成 29975 户国家农村危房改造。其中，中央、自治区、市级累计补贴约 5.28 亿元。村镇每年开展关于国家危房改造申报程序、施工安全、房屋质量、资金拨付等方面的检查工作。

第七节　建筑业管理

一、管理机构

1984 年 5 月，呼和浩特市集体建筑企业管理站成立，为科级单位，隶属呼和浩特市城乡建设环境保护局，未设科室。1992 年 4 月，呼和浩特市集体建筑企业管理站更名为呼和浩特市建筑业管理站。1997 年 5 月，市机构编制委员会批复同意其内设综合办公室、财务科、土建管理科、装饰企业管理科、专业企业管理科、构配件企业管理科、统计科、协会和计算机档案室。为自收自支事业单位。1998 年 4 月，市建筑业管理站更名为市建筑企业管理站（简称企管站）。2002 年 12 月，企管站由自收自支改为全额拨款。2009 年 5 月，经市编办批复同意企管站装饰企业管理科、专业企业管理科、构配件企业管理科分别更名为外进企业管理科、诚信信息管理科、行业管理办公室。

2010 年，明确由市城乡建设委建筑市场管理科负责指导、协调、监督全市建筑市场各方主体的市场行为。2014 年 3 月，企管站转为参照公务员法管理单位。

二、建筑企业管理

1986 年，全市有内蒙古第一建筑工程公司、呼和浩特市建筑工程公司、内蒙古第三建筑工程公司、呼和浩特市建筑安装公司 4 家大型国营一级建筑安装企业，均隶属呼和浩特市建筑工程管理局。另有部分小型国营建筑企业，由其他系统和单位建立。全市有不同等级资质的集体建筑企业 150 个。

1990 年，全市有建筑业施工单位 97 个，职工总数 6.33 万人。其中，国营施工单位 18 个，职工有 4.15 万人；集体性施工单位 79 个，职工有 2.18 万人。主要施工单位有内蒙古第一建筑工程公司，内蒙古第三建筑工程公司，呼和浩特市第一、第二建筑工程公司及呼和浩特市建筑安装公司等。

2000年后，大量外进建筑业企业进入呼和浩特地区建筑市场。2002年，完成内蒙古第三建筑工程公司、第二建筑工程公司、呼和浩特市建筑安装公司的转制工作。

2003年开始，企管站开展建筑业企业人员职称评审申报工作，累计申报初级、中级职称6000余人，提升全市建筑业专业技术人员的保有量。培训建筑业各类从业人员2856人次，其中培训关键岗位管理人员561人次、职业资格培训309人次、行业科技人员继续教育1986人次，对呼和浩特地区16家应参加资质年检的企业及实体企业进行年检，年检率为100%。对53家地址发生变化的企业进行实地审查，实地年检率达100%。

2004年，企管站培训各类建筑从业人员7608人次。其中，培训关键岗位管理人员596人次，执业资格培训432人次，行业科技人员继续教育1980人次，应急性培训2600人次，安全生产培训2000人次。

2006年，企管站培训各类管理人员1245名，进行继续教育3853人次，表彰优秀项目经理51名。对全市244家建筑业企业全部进行初审，年检率、实地审查率均达100%。对17家初审合格新申办企业的材料上报自治区建设厅，经审核颁发资质证书。鼓励和引导本地区实力较强的一级资质建筑业企业走“强强联合”发展道路，筹备组织特级资质建筑业企业，同时支持部分发展较好的二级资质企业申请成为一级资质企业。2006年开始，企管站承担外进建筑业企业备案管理工作，出台《呼和浩特市外进建筑业企业备案管理程序》，为54家外来建筑业企业进行资质备案。同时，率先在全区开展建筑市场诚信体系建设工作，出台《呼和浩特市建筑市场责任主体信用评价管理办法》，创建建筑市场诚信信息微机管理系统，建立建筑企业诚信档案，使建筑市场各方责任主体、个人的信用情况实现计算机化管理。

2007年后，企管站逐步健全和完善预防建设领域拖欠工程款长效机制，出台《关于预防呼和浩特地区建设领域拖欠工程款的若干意见》，建立工程款支付的事前、事中、事后的全过程监控机制，有效预防拖欠工程款问题的发生。实施24小时值班制，配合有关部门加强对投诉来访的处理力度，落实首问责任制，做到受理、办理、反映、反馈渠道畅通。至2007年，呼和浩特市完成国务院提出的“三年清欠工作”目标任务，累计解决拖欠工程款10.87亿元，清欠总比例97.17%。

2008年10月1日，全市开始实施《呼和浩特市建筑市场责任主体诚信行为信息管理试行办法》，启动不良行为记录制度。全年征集建筑企业诚信记录241条，涉及责任主体128家。对有不诚信行为记录的企业负责人进行约谈和曝光，对拒不整改的企业限制投标。对建筑业企业资质实行动态管理，完成资质初审33项，对133

家有资质的企业进行不定期资质核查。对98家外来建筑业企业进行资质备案。同时，依规重点加大对提供各种虚假证书和材料骗取备案资格承揽工程等违法违规行为的处罚力度，预防各类违法违规行为的发生。审核注册一级建造师460人，注册二级建造师1182人，数量居自治区首位。完成自治区通用的《呼和浩特地区建设工程材料预算价格》编制，整理资料1.7万余种。

2009年，市建委制定印发《呼和浩特市外进建筑业企业管理暂行办法》，为183家外进企业办理备案，对73家外进建筑业企业作出停止其在呼和浩特地区承揽项目的处罚。对整改后达到要求的35家企业恢复在呼承揽工程的资格。全年抽查建筑业187家，占企业总数的66%；接受企业资质申请咨询133家；受理企业资质申请108家次；为183家外进企业办理备案。对73家外进建筑业企业作出停止其在呼和浩特地区承揽项目的处罚，对整改后达到要求的35家外进企业恢复其在呼承揽工程的资格。全市新增注册建造师939名，其中一级98名、二级841名。配合市有关部门解决拖欠农民工工资案件51件，协调解决拖欠农民工工资7490万元。

2010年，全市受理企业资质申请62家，审核三级企业资质申请86家，为78家企业办理资质变更。追讨拖欠农民工工资2521.34万元。至年底，全市共有建筑业企业329家。其中，施工总承包企业123家，包括一级企业14家、二级企业29家、三级及以下企业80家；专业承包企业127家，包括一级企业7家、二级企业31家、三级企业86家、不分等级3家；设计施工一体化企业13家；劳务分包企业66家。

2012年，全市有建筑业企业384家，专业承包企业140家，劳务分包企业89家，设计施工一体化企业27家。二级以上施工总承包和专业承包企业达到建筑业企业总数的78%以上。全市从业人员约13万人。全年共办理总承包、专业承包、劳务分包、园林绿化、监理外进企业资质备案382家，单项工程项目备案88个。

2013年9月，根据《呼和浩特市城建委第四次建设工程管理联席会议纪要》要求，全市外进建筑业企业的备案管理工作改由市城建委市场科负责。同时，完善统一的行政监督管理制度，建筑业企业外进队伍（总包、专业、劳务）管理由市场科监管，外进园林绿化企业登记备案由城建科监管，外进勘察设计企业登记备案由设计科监管，外进监理、招标代理、造价咨询企业登记备案由工程科监管。

2014年，全市新增建筑企业88家，升级企业44家（其中14家升级为一级资质），增项及增项升级企业49家，资质变更企业96家。2013年9月至2014年12月，在市城乡建设委网站共发布1117家外埠建筑施工企业信息，其中总承包企业565家（其中特级企业82家）、专业承包企业415家、劳务分包企业76家、设计与施工企业61家。

截至2015年底，全市共有建筑业企业566家，其中施工总承包企业195家、专业承包企业164家、劳务分包企业127家、设计与施工一体化企业80家。企业资质涵盖房屋建筑、铁路、交通、水利、电力、信息产业等专业。全市共有注册建造师6870名，其中一级1055名、二级5815名，注册建造师数量位居自治区前列。

三、工程招标管理

2005年4月，成立呼和浩特市建设工程招投标管理办公室（简称市招标办），隶属呼和浩特市城乡建设委员会，全额拨款事业单位。内设监督科、管理科、合同审查科、综合办公室。

2006年，市招标办出台《呼和浩特市建设工程招标代理机构和招标代理专职人员管理规定》，针对招标代理机构及专职人员的从业性质和从业行为，明确管理规定，颁发“呼和浩特市建设工程招标代理专职人员上岗卡”；制定《呼和浩特市招标代理机构信用手册》《呼和浩特市建设工程招标代理专职人员工作手册》《呼和浩特市建设工程招标投标评标委员会管理规定》。2007年，在全市聘请社会监督员。

2008年，市招标办出台《呼和浩特市旗县区招投标管理工作暂行办法》，加强对旗县区招投标市场的监督管理。制定《呼和浩特市施工合同备案管理规定》，对承发包双方的行为、合同备案制度、合同内容的审查、履约情况等方面作出明确规定。全年应招标工程的招标率、应公开招标工程的公开招标率、建设工程合同备案率、档案完整率、归档率均100%。

2009年，市招标办实行项目报建时现场核查和项目中标后跟踪制度。为避免先开工再进行招投标等虚假招标情况的发生，市招标办在受理建设工程招标报建申请时，首先组织工作人员深入工程建设地点实地了解情况，现场核查，防止先定后招和虚假招标的现象。

2010年，市招标办开展投标单位廉政建设核查。联合检察机关建立呼和浩特市建设工程招投标行贿犯罪档案查询系统。2011年，为治理建筑市场相关从业人员“一人多岗、一证多用”现象，市招标办协调市建委印发《关于呼和浩特市建设工程项目实施注册建造师、总监理工程师押证管理的通知》，实行建造师（项目经理）和总监理工程师押证上岗制度。出台《外进招标代理机构备案管理办法》，建立起外进招标代理机构入呼代理项目备案管理制度。

2012年，市招标办建立《呼和浩特市招标代理机构行业自律公约》。在全部960个招投标项目中，本地企业中标项目占64.5%。2013年，市招标办印发《关于切实改进和加强招投标管理工作的通知》，制定“建立呼和浩特市招投标项目管理平台”等6项制度，推行招标公告、招标文件通过管理平台网上审核方式，将招标申请由四级管理方式变为一级管理，启用新的中标通知书格式，加强标后管理，改进和加强市的招投标管理工作。

2014年，市招标办协调市城建委印发《关于非国有投资工程建设项目有关招投标事宜的通知》《关于调整非国有资金投资工程项目发包方式的通知》。按照“简化程序、提高效率”的原则，对非国有投资建设工程项目，由项目业主自主决定是否进入公共资源交易平台进行交易，并依法自主选择招标方式，招投标过程由全过程监督备案改为一次性备案。

2015 年，市招标办完成各类建设项目招投标监督备案 858 项（标段）。其中，国有项目 797 项（标段），中标造价 150.74 亿元，建筑面积 572.55 万平方米；非国有项目 61 项（标段），中标造价 64.15 亿元，建筑面积 323.57 万平方米。非国有投资项目直接发包备案 11 项（标段），造价 18.21 亿元，建筑面积 57.28 万平方米。年内，市招标办印发《呼和浩特市建设工程施工招标评标定标办法（试行）》，对辖区内的房屋建筑和市政基础设施工程评标、定标、中标公示发布、标段划分、招标控制价、联合体投标等都做出规定。同时，为规范国有投资项目招标评标活动，消除评标过程中人为因素的影响，增强技术标评标的保密性，提高竞标质量，保障招标投标活动公开、公平、公正。印发《关于国有投资项目招标实行暗标评审的通知》，从 2015 年 3 月 1 日开始，对国有投资项目实行暗标评审。

2005—2015 年呼和浩特市建筑工程招投标情况表

表 4–2–11

年份	招投标项目（标段）				造价（亿元）	建筑面积（万平方米）
	总项目数（个）	公开招投标数（个）	邀请招标数（个）	监督备案合同数（个）		
2005	308	226	82	—	28.11	230.49
2006	271	163	108	183	54.03	462
2007	129	78	51	145	31.44	313.39
2008	69	52	17	105	21.5	190
2009	200	172	28	95	49.87	333
2010	195	128	67	195	78	774
2011	463	—	66	—	192.7	854.5
2012	960	898	62	—	256.6	1106
2013	839	791	48	604	261.6	1204
2014	899	835	64	781	235.7	903
2015	858	—	—	858	214.89	896.12

说明：“—”表示无数据

四、建筑施工管理

1985—2001 年，由呼和浩特市建筑工程管理局内设施工科负责全市建筑工程管理。2001 年，呼和浩特市建设委员会成立后，施工科为其内设科室。12 月，设立工程建设质量管理科。2002年，审批签发施工许可证146个，投资总额9.95亿余元，建筑面积107.98万平方米；验收备案工程67项，竣工验收建筑面积368.81万平方米。

2003年，市建委对建设工程施工现场安全大检查，检查工程374项，受检面积271万平方米，总投资20.26亿元，受检项目中达到优良的工程有40个，优良品率11%。全年共监管在建工程项目340项，报建工程监督覆盖率为100%，为竣工备案工程提供工程质量监理报告212项，竣工备案工程质量合格率为100%，其中22项工程被评为呼和浩特市地区“青城杯”优质样板工程，12项工程被评为市级优良工程，8项工程获自治区样板工程。呼和浩特市所管辖监督的施工工地中，创建自治区级安全生产、文明施工优良工地15个，市级安全生产、文明施工优良工地40个，施工现场死亡率为0。2004年，查处违规建设项目47项，排查各类安全隐患1137个。

2006年，市建委审批发放建设工程施工许可证82项，总投资28.4亿元，建筑面积330万平方米，发放率为100%。监督在建工程1908项，面积1354.7万平方米。其中，监督办理正式监督注册手续工程922项，面积485.6万平方米；非正式监督注册手续工程986项，面积869.1万平方米。报建工程质量监督覆盖率、工程质量责任书签订率、竣工备案工程质量合格率均为100%。10项工程被评为“用户满意住宅工程”，12项工程被评为“青城杯”优质样板工程，17项工程被评为市级优良工程。培训各类管理人员1245名，进行继续教育3853人次，表彰优秀项目经理51名。试行“住宅工程质量分户验收”。检查在建工程项目429项，对违规工程进行停工处理，对其中64项工程下达行政处罚决定书。2个工地被评为“内蒙古自治区建筑施工安全文明示范工地”。

2008年，市建委监督工程项目1160项，面积1087.5万平方米，报建工程质量监督覆盖率、工程质量责任书签订率、竣工备案工程质量合格率均达100%。28项工程被评为2007年度“用户满意住宅工程”，17项工程被评为“青城杯”优质样板工程，创建自治区级安全生产文明工地32个。检查在建工程项目735项，检查率100%，对查出的136项违规建设工程全部实施行政处罚，施工现场事故低于住房和城乡建设部规定的指标。

2009年，市建委审查备案各类建设工程合同81项。监督工程项目810项单位工程，面积847万平方米，报建工程质量监督覆盖率、工程质量责任书签订率、竣工备案工程质量合格率均为100%。创建市级文明工地60个，申报创建自治区级安全生产文明工地41个。建筑市场执法检查工程项目505项，检查率100%。对查出的300余项违规建设工程全部进行处罚。安全检查项目355项，检查覆盖率100%。

2011年，市城建委检查在建房屋工程2045项，总建筑面积3131万平方米；

市政工程77项。监督工程项目1903项，建筑面积2441万平方米，报监工程监督覆盖率100%。

2014年，市城建委监督单位工程2791项，总建筑面积约4609.5万平方米。报监工程监督覆盖率100%，出具工程质量监督报告496项，总建筑面积约575.5万平方米。竣工备案工程质量合格率100%。监督市政道路桥梁65项。全年安全检查项目1804项，检查覆盖率100%。2015年，全年监督市政工程79项，安全检查项目1417项，检查覆盖率100%。

五、装饰装修工程管理

20世纪90年代，呼和浩特市建筑装饰装修工程作为建筑工程中的一个分部工程，一般由土建施工单位与主体工程同时施工，并参与单位工程竣工验收和质量等级评定。工程内容多为室内外抹灰、面层涂（喷、滚）刷作业、楼地面（以水泥楼地面为主、部分公建项目使用水磨石地面）工程、木及铝合金门窗等。装饰装修市场整体处于起步阶段。装饰业管理以消防和资质管理为主要内容，由建筑主管部门与公安部门、工商部门进行检查和治理。

1995年后，住宅、室内二次装饰开始流行，装饰装修市场活跃。地面以铺贴瓷质地砖、原木地板为主，条件较好的住户开始使用花岗岩地面。墙面流行三合板墙裙、喷塑或贴PVC墙纸、木门套。顶棚采用三合板或石膏线条、花式吊顶；门窗多改为铝合金边框，外墙面装饰没有多少变化。公共建筑工程地面流行铺贴花岗岩、镜面地砖。医院、学校等多为水磨石地面。铝塑板贴面、玻璃幕墙作为外墙立面点缀，在临街工程中逐步使用。同年5月，根据轻工部相关文件，呼和浩特市建设工程质量监督站成立市内装饰工程质量监督机构，隶属呼和浩特市建设行政主管部门，负责呼和浩特地区室内装饰工程质量验收，并开展工程检验、室内装饰工程检测、环境检测咨询等。

2011年，全年共检验工程114项次，合格率98.3%，在监督下逐项完成整改；印发验收通知单88项，工程质量跟踪意见书65项；审理施工许可证申报资料30套，年检补验12项；检测室内装饰工程（含家装）155次，经验收的室内装饰工程检测率为100%。

2015年4月，市建筑技术推广站、市室内装饰工程检审站整建制划入市建设工程质量监督站。将市建筑技术推广站、市室内装饰工程检审站更名为市建筑技术推广科、市室内装饰工程检审科。

第三章　园林建设

第一节　园林管理

1976 年，经市委、市政府批准设立呼和浩特市园林管理处。1984 年，成立公主府公园和园林科研所。1990 年，成立新城区园林绿化管理所。

1994 年，成立郊区（赛罕区）园林绿化管理所。1997 年，市园林管理处更名为市园林管理局，为市建设局所属副处级事业单位。同年，成立玉泉区园林绿化管理所。2000 年，成立回民区园林绿化管理所。

2013 年 12 月，市园林管理局升格为市政府直属，相当于正处级事业单位。

2014 年 11 月，市园林管理局调整为市政府工作部门。内设办公室、人事科、财务审计科、政策法规科、规划建设科、生产计划科、城市绿化管理科、绿化市场管理科、安全监管科。

第二节　园林绿化

一、园林规划

20 世纪 80 年代初，根据国务院 1979 年 10 月批准的呼和浩特市总体规划，制定《呼和浩特市城市园林绿化规划方案（1980—2000 年）》。方案强调城市园林绿化是清洁、文明的现代化城市的标志之一，提出“1985 年基本实现呼和浩特市绿化，到 2000 年实现城市园林化”的具体方针政策。

1999 年 6 月，根据国务院批准的《呼和浩特市总体规划（1996—2010 年）》，制定《呼和浩特市城市绿地系统规划（1996—2010 年）》，经市政府常务会议批准实施。规划主要以提高呼和浩特市大环境质量为目标，运用现代城市生态园林的观点，构筑城乡园林一体化的生态园林框架，形成多层次、多景观、高水平的园林风格。

2003 年、2008 年、2010 年，为适应呼和浩特市城市拓展和社会发展需要，呼和浩特市城市绿地系统规划分别进行 3 次修编。修编后的《呼和浩特市城市绿地规划（2011—2020）》以大青山为天然屏障和绿色背景，以河流和道路为骨架，以组团之间的楔形绿地与城市公园相结合，形成“一核、二带、五区、多廊道”（“一核”：中心城区范围内的绿地生态系统规划建设；“二带”：大青山地区防护林带和沿黄防护林带；“五区”：武川县、土默特左旗、托克托县、和林格尔县、清水河县及城区和近郊周边村庄的绿地集中区；“多廊道”：道路、河流两侧的绿化防护景观带）的总体生态格局。

2010年，市园林局再次修编完成《呼和浩特市城市绿地系统规划（2011—2020）》，2013年8月经市政府常务会议批准实施。2014—2015年，市园林局在城市建设过程中，采取有效措施，严格实施《呼和浩特市城市绿地系统规划（2011—2020）》，确保各项园林绿化指标达到预期目标。

二、城区绿化

1986—1990年，市区园林绿化投资1646万元，建成公主府公园，将呼和浩特市第一苗圃改造为植物园，同时新辟乌兰察布路、清真大寺、市制药厂前等小游园，并对部分街道、厂区、庭院进行绿化和美化；投资55.3万元，更新北防风林煤气储气柜东段14公顷林地，全部新植针阔混交林。至1990年末，全市有人民公园、满都海公园、公主府公园、大青山公园4个公园。市区庭院园林绿化达标单位200个，在主干道路口设置十几组花坛和树坛，累计植树125万株。全市园林绿地面积386万平方米。其中，公共绿地179万平方米，绿化覆盖率26.4%，人均公共绿地面积2.7平方米。

20世纪90年代，呼和浩特市绿化处于渐进增长期。2000年，城区园林绿地面积达2478万平方米，绿化覆盖率26.9%，人均公共绿地面积5.9平方米。2001年，市园林局完成北门广场绿化1.25万平方米，栽植针叶树9800株，阔叶树186株，宿根花卉8400株，草花5000株，盆花2000盆，播种草坪2400平方米，分栽草坪2800平方米。新华广场过渡绿化工程总占地面积1.3万平方米,绿化面积7800平方米，栽植各种树木1000株，绿篱1.1万株，草花2600平方米，草坪6200平方米。

2002年，市园林局完成如意广场、市政中心广场绿化。改造北郊防风林面积61万平方米，旱地风景园建设栽植树木9.99万株，建设围栏2万米。主次干道、小街巷行道树补植1.84万株。完成花街建设4.51万平方米。道路绿化种花种草1.47万平方米，栽植地锦3万株，新上围栏6952米。在公园、游园、部分十字路口摆设花坛25处。普查、建档古树名木，确定古树名木26株，共10个树种，分布于乌素图召、坝口子村、将军衙署等处。

2003年，市园林局完成《呼和浩特市城市绿地系统规划》，修订《呼和浩特市城市园林绿化建设管理办法》。完成机场路—东风路、市政广场、新城区政府广场、赛罕区政府广场、回民区政府广场、“五横五纵”（包括全市30条主次干道和1个环岛）、北郊公园一期改造及各公园、游园等园林绿化工程，共植树81万株，植草坪42.3万平方米，种植草花87.8万株，建设花街16条，摆设花坛58处，沿街拆墙透绿6处、2200延长米。

2004年，市园林局完成新华广场、伊利广场、青城公园、满都海公园等20个公园广场绿地改造，建设北郊公园、春度公园、树木园，完成仕奇公园、动物园、植物园、滨河公园的规划设计。全市主次干道、小街巷、公园、广场共栽植树木15万株，其中大树2万株。主要景观街摆放花钵900套、盆花300万盆，布置花坛52处。完成通道北路、兴安路、呼伦北路、昭君路、金海路、哲里木路6个出城口道路绿化改造工程，超考核目标1个。完成游园绿地建设30块，新增绿地16万平方米。对46处老旧小区绿化改造。

2005年，市园林局在市区主次干道、小街巷、公园、游园、广场栽植树木200余万株，其中大树3万棵，各种地被植物50万株；新增绿地近350万平方米，全市绿化覆盖面积达3371万平方米，市区绿化覆盖率26.1%；人均拥有公共绿地面积由2000年的5.9平方米增加至8.6平方米。

2006年，市园林局新建、续建大青山野生动物园、滨河公园、苏雅拉公园、北郊公园、小黑河绿地、昭君广场、阿尔泰游乐园、新华公园；完成大召、席力图召、五塔寺、阿吉纳、观音庙景点建设。二环路景观带、民族宗教文化风情旅游带、乌兰察布东街等13条景观街栽植树木93.8万株、草花230.4万株、草坪18.6万平方米，地被植物5万株，摆设特色大型花坛9处。南湖湿地公园栽植树木27万株（丛）、水生植物5万株、草坪86.6万平方米；阿尔泰游乐园栽植树木32.7万株（丛）、草花22.9万株、草坪2.5万平方米。昭君路南出城口栽植树木1.3万株（丛），栽植草花1.3万株，铺草坪1.2万平方米。

2007年，市园林局新建玉泉、希贵图、苏雅拉3个公园和10处绿地、广场，完成南湖湿地公园、大青山野生动物园的续建工程。为庆祝内蒙古自治区成立60周年，对成吉思汗大街等10条景观街进行绿化，绿化整治南出城口（国道209线）、北出城口（呼武公路）、西出城口（金海路），栽植树木166万株（丛）、草花356万株（盆）、草坪71万平方米，摆设特色大型花坛50处，摆放300万盆花。在阿尔泰游乐园举办大型菊花展，展出菊花20万盆。

2008年，市园林局围绕“生态园林化、环境宜居化”建设目标，市区新增绿地面积324.9万平方米；绿化覆盖面积5135万平方米，其中公共绿地面积2142.6万平方米；人均公园绿地面积上升到15.7平方米。启动建设成吉思汗公园、大青山旅游开发区景观路。其中，完成成吉思汗公园绿化面积7.6万平方米，栽植树木5343株（丛），建设人工湖7000平方米。续建南湖湿地公园、大青山野生动物园、阿尔泰游乐园等7个公园。完成青城公园11万平方米的湖底防渗工程和湖岸改造工程。市区栽植树木130万株（丛），栽植草花220万株（盆），栽植草坪6万平方米，栽植地被12.7万平方米，在市内主要干道摆放立体花坛47个、盆花100万盆。在奥运会期间，举办大型菊花展览，展出菊花10万盆。

2009年，呼和浩特市启动“万棵大树进青城”工程，一次性引进数万余株树龄在10年甚至是20年以上的成型大树，栽植在新华广场、大召广场等11个重点广场、公园和新华东街等城市主干道。成吉思汗公园、扎达盖公园、大青山生态路开放、通车；续建湿地公园；在新华广场举办呼和浩特市第三届大型菊花展，展出菊花15万余盆，品种60余种。市区共栽植树木275.32万株（丛），栽植草花680万株（盆），栽植草坪5.4万平方米，新增绿地面积324.9万平方米。

2010年，呼和浩特市以提升城市核心区绿化为重点，以完善和建设道路绿地景观为突破口，栽植各类树木近700万株，市区绿化覆盖面积增加到5892万平方米，其中公园绿地面积2422万平方米；市区绿化覆盖率35.70%，人均拥有公共绿地面积15.4平方米。新建高压走廊带状公园、锡林公园一期工程、锡林南路延伸段道路绿化工程等3项工程，续建成吉思汗公园、扎达盖公园、大青山野生动物园等20个公园。在市区主干道植树274万余株（丛），栽花草340万株（墩）。在新华广场举办第四届大型菊花展，展出菊花15万盆，品种60余种。4月27日，在国家关注森林活动组织委员会举办的第七届中国城市森林论坛会上，呼和浩特市获得“国家级森林城市”称号。

2011年，呼和浩特市新续建敕勒川公园、北出城口景观项目和锡林公园等重点工程，将城市绿色组团向东、向南、向北扩展。对全市37个公园、游园、广场、绿地进行绿化景观升级改造，对27条主、次干道进行景观提升及树木栽植、补植，对4条主干道沿线的16处主要节点景观进行绿化。市区内拥有各类公园21个，各类游园、广场37处，街头绿地113处。在新华广场举办第五届大型菊花展，展出各色菊花16万盆。

2012年，完成改造动物园、湿地公园等。新建道路配套绿化工程10项，完成绿地建设6块，完成北出城口和东出城口绿化工程。市区栽植树木524.9万株（丛）。在新华广场举办第六届菊花展，展出各类菊花8万余盆。

2013年，呼和浩特市新建哈拉沁生态保护区、植物园、乌素图召文化保护区、新钢公园。其中，在哈拉沁生态保护区栽植各类树木约80万株（丛），乌素图召文化保护区栽植各类树木41.6万株（丛）。配套绿化17条新建、改造道路，新建道路绿化11条，升级改造道路绿化6条。市区栽植各类树木538万株（丛），铺装草坪16万平方米；栽植地被520万平方米，草花180万平方米。在市区主干道节点、广场摆放花坛10个，累计摆放盆花35万盆。在新华广场举办第七届菊花展，展出菊花5万余盆，品种60余种。

2014年，市四区每个区平均拥有10万平方米以上的公园3～5个，基本达300米见绿、500米见园。市区内拥有各类公园24个，游园、广场45处，街头绿地109处。全年完成绿化建设面积1820.4万平方米,共栽植各类苗木1945万株(丛)。启动八拜湖湿地生态景观建设项目、扎达盖河下游生态治理项目、103省道出城口和高压走廊绿地改造项目。在新华广场举办第八届菊花展，展出菊花5万余盆，品种60余种。

截至2015年，呼和浩特市有各类公园24处，游园广场52处，街旁绿地120处。生产绿地面积356.65万平方米，附属绿地面积3590.16万平方米，防护绿地总面积896.62万平方米，其他绿地812.86万平方米。城市园林绿地面积1.41亿平方米，绿化覆盖率37%，人均公共绿地面积17.32平方米。同年，呼和浩特市被住房和城乡建设部命名为国家园林城市。成吉思汗公园生态节约型景观治理项目获得2015年中国人居环境奖，青城公园、满都海公园、成吉思汗公园、阿尔泰游乐园、大青山野生动物园被评为自治区重点公园，呼和浩特市托克托县被评为自治区园林县城。

1986—2015年呼和浩特市城市园林绿地情况表

表4-3-1

年份	城市园林绿地面积（公顷）	绿化覆盖率（%）	人均绿地面积（平方米）
1986	383	22.8	1.5
1987	364	26.3	1.5
1988	364	26.0	1.3
1989	364	26.4	1.7
1990	386	26.4	2.7
1991	1480	26.4	2.7
1992	1969	26.4	2.7
1993	2019	26.4	2.6
1994	2025	26.4	3.2
1995	2062	26.4	3.1
1996	2187	27.0	3.1
1997	2187	27.0	3.0
1998	2318	20.6	6.2
1999	2477	28.1	6.0
2000	2478	26.9	5.9
2001	2534	19.5	4.5
2002	2666	20.5	4.9
2003	2916	22.5	4.5
2004	3104	22.4	6.2
2005	3371	26.1	8.6
2006	4239	30.1	10.6

续表 4-3-1

年份	城市园林绿地面积（公顷）	绿化覆盖率（%）	人均绿地面积（平方米）
2007	4791	33.8	13.9
2008	5135	35.1	15.7
2009	5183	35.5	16.0
2010	5892	35.7	15.4
2011	6129	36.0	16.4
2012	7198	36.1	15.1
2013	8546	36.5	15.3
2014	9279	40.3	17.3
2015	14077	37.0	17.3

第三节　城市绿地

一、公园绿地

（一）青城公园

青城公园位于回民区中山西路南侧，东起公园东路，南接大学西街，西至公园西路，北临中山西路。周围有文化、娱乐、商业等公共建筑，属文化休闲综合型公园。青城公园始建于1931年，因以卧龙岗和老龙潭为主要景点而建，故称龙泉公园。1950年公园更名为人民公园，1953年增建动物园，1955年修建人工湖，1997年6月更名为青城公园。2003年9月，公园免费向游客开放。公园占地总面积46.5万平方米，其中水面面积10.2万平方米，硬化面积7.2万平方米，园林建筑、设施面积4.5万平方米，绿地面积24.6万平方米。树木品种84种，2.51万株（丛），其中乔木1.26万余株、灌木1.25万丛，主要以杨柳科、蔷薇科、木犀科、忍冬科及松柏科植物为主，绿地率75%。公园分为水上活动区、游艺区、文化休闲娱乐区、动物园区、花卉展览繁育区。2006年，按照市政府统一规划，将动物园区整体搬迁到北郊大青山自然保护区，新建大青山野生动物园。截至2015年，青城公园保留水上活动区、游艺区、文化休闲娱乐区。

（二）满都海公园

满都海公园位于乌兰察布西路68号，城市中心地带。“满都海”的名称源于满都海彻辰夫人的名字。1973年建成，1980年对外开放。1985年，投资125万元修建展览温室、长廊、凉亭、护岸、码头、小船。1986年对湖堤进行改造。1987年对公园进行绿化改造。1991年，改造维修园容园貌、园内设施。1997年，根据国家“211”工程（是指面向21世纪、重点建设100所左右的高等学校和一批重点学科的建设工程）的需要，将满都海公园东西整体面积4万平方米划拨给内蒙古大学。2003年9月，公园免费对外开放。2006年，建设园内外环路到中心岛的大桥。公园占地总面积18万平方米，其中绿化面积14.75万平方米，绿地率81.97%。种植树木49种、9219株（丛），其中乔木5802株、灌木3488丛，杨柳科、蔷薇科、木犀科、忍冬科和常绿树种松科、柏科植物较多。五叶地锦40.4平方米；牡丹园有牡丹、芍药共217株，花坛花带3600平方米；绿篱面积966.46平方米，品种有小叶女贞、紫叶小檗、桧柏、侧柏、绣线菊和暴马丁香；草坪面积1.3万余平方米。公园布局紧凑，主景与背景虚实并举，山、路、桥、水搭连，河湖环绕，河上架桥设亭、河边栽花种柳，"藕塘烟雨""敕勒天苍""古丰轩阁""怡红青坞""广群园芳""方壶桥""望青桥""飞虹桥""惠仙桥"形成景色各异的园林艺术景观。园内分东门（下陷式广场）、牡丹园、三叠泉、园内广场、体育活动区、儿童游乐区等。年均客流量60余万人次，日均客流量2000人次，节假日最高客流量20万人次。

（三）乌兰夫公园

乌兰夫公园位于呼和浩特市新华西街26号，原址为第一苗圃，始建于1957年。1984年，成立呼和浩特市园林科研所。1987年5月，园林科研所与第一苗圃合并，将苗圃改为科研所的试验场。1990年，呼和浩特市植物园建成开园。1991年，自治区党委、政府决定并经中共中央批准，在园内建成乌兰夫纪念馆。1995年，在乌兰夫纪念馆西侧建设人工湖，占地面积7800平方米。1997年，乌兰夫纪念馆被中共中央宣传部命名为全国爱国主义教育示范基地。2002年，被国家旅游局评为AAA级旅游景区。2005年，被命名为全国百家红色旅游重点景区。2006年，为纪念乌兰夫诞辰100周年，经自治区政府批准，呼和浩特市植物园更名为乌兰夫公园。同时，对公园进行二次改造，乌兰夫纪念馆周边绿化和全园绿化连为一体。公园占地面积25万平方米，其中乌兰夫纪念馆占地面积3万平方米，建筑面积2100平方米。园内建有松柏园、月季园、丁香园、百花园、蔷薇园、水生植物区6个专类园及引种实验区、苗木基地。种植的灌木类、针叶类树种300余种，先后引进木本植物39科66属287种（含变种），宿根草本19种。温室花卉品种繁多，从我国南方地区、国外引进花卉品种共400余种。

（四）公主府公园

公主府公园位于呼和浩特火车站西北处，东起铁路生活区，南邻呼和浩特火车站，西至通道北路立交桥，北接壤海拉尔大街，从中被哈拉沁沟分隔为河东、河西2个区域。前身为公主府花园。1984年开始筹建，1990年7月开园，属区域性文化休闲公园。园中央耸立着1933年建立的"华北军第五十九军抗日阵亡将士公墓纪念碑"，为呼和浩特市重要历史文物。1996年，自治区政府将其确定为内蒙古自治区文物重点保护单位及内蒙古自治区级爱国主义教育基地。2004年公园进行改造建设。全园占地面积约16.58万平方米，其中河西区13.28万平方米、河东区3.30万平方米。全园绿地面积11.66万平方米，绿地率70.33%；绿化覆盖面积11.79万平方米，绿化覆盖率71.11%。硬化面积4.92万平方米，其中河西区有广场7个、河东区有广场3个。园内有树木38种，其中针叶树1400余株、阔叶树6400余株、花草灌木2700余丛，绿篱600平方米，地被植物10.70万株，草坪0.74万平方米，花卉栽种面积2000平方米。公主府公园的主要景观是山桃林，林内有5000余株山桃，占全园植物的65%。是全市唯一一处规模成形的山桃林景观。2012年，公主府公园被市委宣传部命名为呼和浩特市爱国主义教育基地。

（五）内蒙古乌素图国家森林公园

内蒙古乌素图国家森林公园位于呼和浩特市区北部大青山中段前坡，东西长约80千米，南北平均宽约10千米。前身为乌素图实验林场、古路板林场、大青山林场。1992年，经林业部批准建立内蒙古乌素图国家森林公园。1994年后，每年在公园开展植树造林活动，年抚育面积达33公顷。2006年7月，公园作为AAA级旅游景区对外开放，设立劈柴沟旅游区、白石头沟旅游区、喇嘛洞旅游区、水磨沟旅游区、狩猎区、乌素图旅游中心，规划总面积约8万公顷。前期重点开发区域占地2.33万公顷，其中山林地2万公顷、冲积扇平原3333公顷。公园主要以草原生态环境为主，植被覆盖率90%，是黄河上中游和华北京津地区的重要生态屏障。园内林区主要为人工林和防护林、水土保持林、水源涵养林。园区内植物种类相对较少，且多为草本、木本和水生植物，松科植物成为森林公园主要植被类型，占植被总量80%。公园内动物总计40余种，其中小型哺乳类动物12种、鸟类9种、爬行类5种、无脊椎动物和两栖类约10余种。有国家级保护动物梅花鹿、矮马。2013年，内蒙古乌素图国家森林公园被国家林业局授予"绿色长城"称号，2015年被自治区林业厅授予"内蒙古最美森林公园"称号。

（六）北郊公园

北郊公园位于新城区呼伦贝尔北路西侧、海拉尔路以北、成吉思汗大街以南；北邻赛马场、体育场，南接内蒙古蒙文专科学院、呼和浩特教育学院和自治区人防办，东起新城区麻花板村东口，西至回民区工农兵路以东。1993年，市政府决定将防风林呼伦路至赛罕路（今通道北路）段34万平方米改造成北郊公园。1996年5月，市园林处将赛罕路以西，原属绿化工程队管理的西段防风林全部移交北郊公园。公园占地面积53万平方米，其中绿地面积47.43万平方米。公园主体树种为油松，占全园树种的80%，树龄均在60年以上，树高8米以上。园内其他树种有落叶松、樟子松、桧柏、云杉、侧柏、新疆杨、小叶杨、垂柳、国槐、垂榆、白蜡、梓树、山桃、火炬等28个品种。地被植物除东西2个主入口广场和水体景观区为人工草坪，气象局西路两侧为锦田和萱草，其他均为自然式生长的野生尖草和开花的各种野生地被植物。公园内建有供游人休息的木制凉亭、仿古凉亭、蘑菇亭等5座，共92.54平方米；有木栈道67.85平方米，钓鱼台1座。园内还有健身器械。2004年春季，北郊公园被纳入市内公园改造的项目，进行重建规划和设计。2007年，北郊公园核心区段更名为希贵图公园。

（七）仕奇公园

仕奇公园位于赛罕区水上公园北街与和兴巷交会处，始建于1997年。公园占地面积20万平方米。其中，绿地面积14万平方米，绿化覆盖面积16.04万平方米，绿地率70%，绿化覆盖率80.21%。园内树种有针叶树1600余株，阔叶树种600余株，花灌木600余丛，地被植物、草本花卉及草坪共7.50万平方米。

（八）内蒙古青少年生态示范园

内蒙古青少年生态示范园位于回民区攸攸板镇一间房村北，东与新城区红山口新村比邻，西与坝口子村相邻。始建于2001年10月，园区内累计完成投资近2亿元。园区占地面积667万平方米。园内栽种油松、云杉、侧柏、桧柏、白蜡、火炬、连翘等30余个品种近300万株苗木，植被覆盖率85%。园内建有文化广场、“神舟五号”成功返回纪念广场、“12·14英雄纪念碑”、青年舞台、叠水池、旱地喷泉、水上大世界、越野卡丁车赛场、青少年素质拓展训练基地。

（九）春度廉政文化公园

春度廉政文化公园位于赛罕区乌兰察布东街与丰州路交汇处东。原为春度公园，由园艺研究所树木园改建而成。始建于2004年，同年10月开园，2011年对公园内部进行重建。公园占地面积约12万平方米；绿地面积10.27万平方米，绿化覆盖面积10.90万平方米，绿地率85.58%，绿化覆盖率90.83%。硬化面积7100平方米。园内建有荷花池、小广场、假山、喷泉；南北2条溪流，水域面积6171平方米。有健身小广场5处，面积1000平方米，配有健身器材和乒乓球桌。园内有绿化植物种类45种、6.13万株（丛）。绿地植物有樟子松、油松、果树、山桃、叶梅等。园内绿树成荫，是市民休闲娱乐的场所。2013年7月，公园被呼和浩特市纪律检查委员会确定为廉政教育基地，更名为春度廉政文化公园。

（十）大青山野生动物园

大青山野生动物园位于呼和浩特市区北部，东到红山口，南邻呼包高速公路，西至呼武公路，北靠大青山，处于G6高速（包茂高速）公路交会点。前身为青城公园动物园。2005年，市政府决定将青城公园动物园搬迁至北郊大青山自然保护区，并完成规划。公园占地面积826万平方米，拥有平原、丘陵、山地等独特而丰富的地形、地貌。其中，绿地面积 699.62 万平方米，水域面积 2.68 万平方米，绿地率 84.70%，绿化覆盖率 93.20%。2006 年，完成动物园内的道路、公用建筑物建设，并且部分向游人开放。2007 年，完成绿化栽植工程后全面投入使用，栽植 40 余种植物、109.65 万株（丛）。

动物园分动物露天表演场、食草动物区、水禽观赏区、猛兽区、野猪和狼放养区、野餐营地区、服务休闲区等 15 个主要功能区。园内有大型馆舍 14 处，各类小、中型馆舍 20 处。馆舍均有保暖、通风等设施，下水、上水、采光等符合动物的饲养条件。大青山野生动物园拥有的平原、丘陵、山地等独特地形，为动物的半野生饲养提供便利条件，园内有动物 12 大类，近 80 个品种 2206 只，其中大中型猛兽 72 只，热带动物 10 余只。园中饲养的西伯利亚虎、非洲长颈鹿、非洲狮、大洋洲赤袋鼠、热带黑帽猴、肯尼亚猴、大鸨以、遗鸥、金刚鹦鹉都是世界珍稀动物。大青山野生动物园为国家 AAA 级旅游景区，有 62 个景点。2013 年，完成小动物园区改造工程，改造面积约 20 公顷，兽舍 40 余个。

（十一）阿尔泰游乐园

阿尔泰游乐园位于新城区兴安北路东侧，成吉思汗大街与呼哈路交会处。是在北郊防风林、麻花板村、三合村以及沙坑和垃圾场的基础上，利用沙坑和垃圾场的原貌改建而成。始建于 2005 年，同年 10 月建成开园。游乐园占地面积 70 万平方米，其中绿地面积 52.60 万平方米，绿地率 75.14%；绿化覆盖面积 54.62 万平方米，绿化覆盖率 78.03%。硬化面积 4.94 万平方米，其中广场有 5 处，占地面积 8900 平方米，园路及其他小步道、踏步道等硬化面积 3.36 万平方米，建筑面积 6900 平方米。园内有植物 60 余种、10.28 万株（丛），主要以杨柳科、蔷薇科、木犀科、忍冬科、卫矛科、豆科、松科、柏科等植物为主；花坛花带 2100 平方米；绿篱有小叶女贞、紫叶小檗 2 个品种计 2700 平方米；草坪 47.72 万平方米；沙地柏 2500 平方米。模纹花坛面积 2 万平方米。

（十二）新华公园

新华公园位于回民区政府对面，北邻新华西街。原为呼和浩特市第一机床厂，2006 年改建为公园，占地面积 13.88 万平方米，其中硬化面积约 3.46 万平方米、水域面积 9345 平方米，绿地面积 9.49 万平方米，绿化覆盖面积 11.35 万平方米，绿地率 68.37%，绿化覆盖率 81.77%。园内种植针叶树 2204 株，阔叶树 3463 株，水禽观赏灌木 5691 丛。主要景点有兰亭、景观奇石、人工湖、木桥等。

（十三）玉泉公园

玉泉公园位于玉泉区鄂尔多斯西街南侧，观音庙对面。原为南茶坊馨芳园农贸市场，2006 年改建为公园，占地面积 5.8 万平方米，分前广场、环塔广场、留云园、青山园、芳亭园5个功能区。公园中心建有宝尔汗佛塔，塔高86.8米，占地面积4303.36平方米。

（十四）扎达盖公园

扎达盖公园位于呼武公路以东，北二环以北，呼包高速公路以南，扎达盖河以西，原为呼和浩特市公路管理局中心苗圃。公园占地面积20万平方米。2006年9月划归市园林局。公园由人工湖游览区、健身娱乐区、生态景观区、采摘区4大景区组成。主要景点有20多个，分别为人工湖、茶舍、木亭、芳草亭、果园、网球场、羽毛球场、排球场、主入口广场、次入口广场、林荫广场、庭院广场等。

（十五）南湖湿地公园

南湖湿地公园位于玉泉区昭君路南段西侧，南邻玉泉区政府驻地。原址为鱼塘、沙坑、草地。2005年，由市园林局投资，整合周边荒地，对水塘改建扩建，2007年9月正式建成。公园占地面积699万平方米，其中湖面面积133万平方米，绿地面积539万平方米，道路硬化面积27万平方米，绿地率77.11%。公园采用完善的生态设计方案，每天有2万立方米净水引入湖区，流动循环，常年水质保持Ⅱ类标准以上，为天然的涵养水源地、首府城市净化空气的天然“绿肺”工程。园内栽植针叶树3.74万棵，阔叶树7.8万棵，花灌植物57.3万株，地被植物156.19万株。园内野生湿地植物资源丰富，有各种植物100余科，湿地植物36科74种，各类候鸟20余种，水生鱼类18种以及各种鼠兔、草兔、黄鼠等湿地兽类。每年都有大量候鸟，如大雁、白鹤迁徙到湿地公园栖息，数千只鸟类在此过冬。2013年，公园完成草原风光区、码头及归凤广场的改造建设工程，并投入使用。园区内有西湖风景区、南湖风景区、渔业区、草原风光区、农业观光区，是一座生态园林综合性公园。

（十六）成吉思汗公园

成吉思汗公园位于新城区成吉思汗大街，东邻展览馆东路，南至名都小学，西连阿尔泰游乐园，北与北二环路为界。原址为市郊采砂场，砂场经过开采形成深坑，后改建为东郊垃圾处理厂。1992—2001年，为呼和浩特市城市生活垃圾的集中填埋区。2008年，市园林管理局开始施工建设，通过覆盖新土、栽植各种树木、修建凉亭水榭和人工湖，建成公园，2009年9月竣工并免费开放。公园占地总面积55.70万平方米，其中绿地面积45.32万平方米，绿地率81.36%，绿化覆盖率84%。园内共种植70余种、176万株（丛）园林绿化树木，公园绿化覆盖面积中乔、灌木所占比率为76%。公园地面分2个区，地下由横跨成吉思汗大街总长70米、宽15米、高11米的圆拱形地下隧道相连接，南通南区人工湖，北接北区大峡谷。主要景点有成吉思汗骑马雕塑、假山、人工湖等。2013年新建凉亭1座。2015年，公园生态节约型景观治理项目获得中国人居环境奖。

（十七）锡林公园

锡林公园位于玉泉区锡林郭勒南路南段路东。东至绿地，南邻小黑河，西邻锡林郭勒南路，北邻世纪六路。原为呼和浩特市园林第二苗圃。始建于2010年，2012年4月建成并对外开放。公园占地面积29.8万平方米，其中绿地面积19.8万平方米、水面面积3.1万平方米，道路广场等硬化面积6.9万平方米。园内栽植62种植物、2.02万株（丛）。其中，常绿树8种，阔叶乔木、亚乔木40种，花灌木11种，地被植物3种。植物造景选用抗旱节水的乡土植物，主要为丁香、山桃、杨树、柳树、榆树、油松、樟子松等，形成乔、灌、草相结合，色彩丰富，植物高低层次分明、错落有致的绿化景观。公园分为齐礼迎宾、六乐同和、射石饮羽、寓教于乐、树林漫步、慧明书院、中心广场、心湖泛舟8个景区，是体现现代教育主题的休闲公园。

（十八）东河公园

东河公园位于呼和浩特市政府办公大楼东侧的东河河道两侧，建成于2012年。公园占地面积180万平方米，栽植有垂柳、白蜡、国槐、红端木、接骨木等植物。公园内音乐喷泉广场拥有先进的自动数控音乐喷泉及综合水景表演系统。

（十九）五万亩森林公园

五万亩森林公园位于新城区保合少镇古路板村东。始建于2012年。公园以奎素村生态路为中轴，在南、北两侧栽植1333万平方米的树木，连同北侧山区20世纪70年代栽植成活的森林1333万平方米、退耕还林667万平方米及内蒙古自治区、呼和浩特市党政军义务植树基地，共同组成绿化园林，森林植被总面积约3333万平方米。园内主要栽植果树、云杉、樟子松等经济和观光树种，铺设有6千米长的环形观光路。

（二十）敕勒川公园

敕勒川公园位于赛罕区敕勒川大街东段。东邻小黑河，南接鄂尔多斯大街，西连腾飞路，北至敕勒川大街。2013年6月建成。公园占地面积38.6万平方米。其中，绿地面积约30万平方米，活动场地面积4万余平方米，水域面积3万余平方米。公园分为生态体验区、风情游憩区、休闲活动区及和谐花园。建有桥梁4座，广场15座，假山跌水8个。绿化植物70余种，其中乔木30余种、亚乔木和灌木30余种、花卉10余种。草坪23万平方米，公园绿化面积中乔木、灌木覆盖率75.80%。

（二十一）哈拉沁生态公园

哈拉沁生态公园位于新城区京藏高速公路北侧。地处哈拉沁河沿岸，为大青山前坡生态治理工程。2015年9月建成开园。公园占地面积800万平方米，包括以东西延伸的生态路为界的南北两区，其中南区467万平方米、北区200万平方米，以及133万平方米的哈拉沁沟地段。生态公园累计栽植各类乔灌木1000万株（丛）。南区的沙坑公园原址为采砂地，取沙后形成沙坑，为减少治理成本，因地制宜改造成沙坑景观。园内设有人工湖、景观平台、木栈道、凉亭，外加120余万株苗木的下嵌式万亩生态公园。新增林地4667万平方米。

二、广场绿地

（一）新华广场

新华广场位于市中心新华大街与锡林郭勒北路交会处。始建于1956年，当时面积不足3万平方米。1997年、2001年、2004年先后进行大规模改造，广场占地面积至6万平方米、硬化面积3.7万平方米、绿化面积2.2万平方米。栽种银杏树、国槐、丁香树等高大、名贵的树木及多种观赏花木，铺设有不同形态草坪。2006年，新华广场荣获全国“特色文化广场”荣誉称号。

（二）市政府广场

市政府广场位于新城区新华东街与腾飞路交会处西北角呼和浩特市党政综合大楼前。始建于2001年，2003年建成。广场占地面积11万平方米，其中绿化面积7万平方米。市政府广场分为中心广场、楼前广场和楼后广场。广场的植物配置乔、灌木相结合，针叶树与阔叶树结合，树木与草坪草花相得益彰，别具景观特色。

（三）伊利广场

伊利广场位于回民区西顺城街与通道南路交会处。原为北门广场，内蒙古伊利实业集团股份有限公司出资改造建设，冠名伊利广场。2001年7月1日建成开放。广场占地面积4.85万平方米，其中绿化面积占61.2%。是娱乐演出、休闲健身、喷泉观赏的综合性场所。

（四）如意广场

如意广场位于赛罕区腾飞南路与如意和大街交会处东北角如意开发区。始建于2002年，2003年建成。广场占地面积10万平方米。广场南部有占地近1.5万平方米油松林，种植有北方地区罕见的红叶小檗、山桃等树木，以及造型各异的草坪。是集休闲、娱乐、游览、文艺演出、体育比赛为一体的大型生态综合广场。

（五）成吉思汗广场

成吉思汗广场位于新城区成吉思汗大街中段南侧成吉思汗公园。建成于2007年内蒙古自治区成立60周年大庆前夕。2010年向西扩建19万平方米，并将东侧1.8万平方米绿地划入成吉思汗广场。绿化面积13万平方米。

（六）府兴广场

府兴广场位于新城区成吉思汗大街与通道北路交会处，由府兴营村拆迁后改建。始建于2007年。广场占地面积12万平方米，其中绿化面积8.6万平方米。

（七）体育广场

体育广场位于新城区成吉思汗大街与气象局西路交会处东南角呼和浩特体育场。

2006 年建成。广场占地面积 18 万平方米，其中绿化面积 8.5 万平方米，栽植有山桃、丁香、云杉等树种。

三、道路绿地

呼和浩特市道路绿化结合《呼和浩特市城市绿地系统规划（2011—2020）》要求，并长期坚持与道路同时延伸，绿化模式由单纯的行道树栽植，向多样化、立体化、人性化模式转化。新建道路严格按照《城市道路绿化规划与设计规范》的要求进行建设施工，老旧道路结合实际情况进行绿化提升改造。道路绿化坚持以“适地适树”的原则，符合植物间伴生的生态习性配置植物；注重乔木、灌木、地被植物相结合，做到“黄土不露天”；符合行车视线和行车净空要求；绿化树木与市政公用设施的相互位置统筹安排，保证树木的立地条件与生长空间。截至 2015 年，兴安南路、腾飞路、海拉尔大街、乌兰察布东路、公园南路、二环路等多条道路达到林荫路标准。

道路景观提升工程包括成吉思汗西街、新华西街、金桥开发区绿地景观提升工程 3 个项目，建设规模 107 公顷，共栽植各类苗木 303 万株（丛）。二环快速路绿化工程，建设规模 90 公顷，共栽植各类苗木 192 万株（丛）。截至 2015 年，呼和浩特市城区道路共 274 条。其中，主次干道 106 条，支路、街坊路 168 条。城市道路长度 478.89 千米，两旁种植有行道树的道路长度 456.12 千米，绿化普及率 95.25%。

2015 年呼和浩特市主要道路绿化情况表

表 4-3-2

序号	道路名称	起止地点	道路长度（米）	绿化覆盖率（%）
1	中山路	通道路—呼伦路	2500	94
2	鄂尔多斯大街	西二环—银河南路	15699	95
3	锡林郭勒路	火车站—小黑河	7316	95
4	石羊桥路	中山西路—南二环	3400	96
5	世纪五路	呼伦贝尔南路以西—大台什路东	2100	90
6	世纪六路	双树西巷—大台什路	3550	90
7	通道路	高速路口—大黑河	16506	95
8	大学街	石羊桥路—东二环	7077	95
9	新华大街	西二环—如意大桥	14602	95
10	光明大街	锡林郭勒路—西二环	6769	94
11	海拉尔大街	远经二路—彩虹桥	17581	95
12	巴彦淖尔路	鄂尔多斯大街—北二环	5937	94
13	北垣街	火车东站—呼伦贝尔南路	7642	95
14	丁香南路	乌兰察布路—南二环	2840	92
15	爱民路	展东路—呼伦北路	3934	90

续表 4-3-2

序号	道路名称	起止地点	道路长度（米）	绿化覆盖率（%）
16	东影路	新建东街—北垣街	2800	90
17	丰州路	南二环—北垣街	4327	95
18	腾飞南路	新华大街—南二环	4940	93
19	腾飞北路	新华东街—成吉思汗大街	2504	95
20	军区教导大队东路	海拉尔西路—北二环	2356	94
21	敕勒川大街	东二环—敕勒川大桥	1900	94
22	二环路		39909	95
23	滨河路（赛罕区）	一纬路—学苑街	2100	91
24	四纬路	东二环—滨河路	2000	92
25	远五纬路	哈拉沁路—哈拉更路	1500	92
26	如意路	新华东街—鄂尔多斯大街	3000	90
27	金二路	汇金道—金一道	1500	94
28	金四路	汇金道—金　道	1600	95
29	金二道	金二路—金五路	1200	95
30	金三道	110 国道—金五路	2000	95
31	机场路	如意大桥东—坝堰村西口	6500	90
32	园二路	东二环—远经二路	2740	94
33	成吉思汗大街	鸿盛工业园区—西二环	21151	95
34	兴安路	110 国道—南二环	9286	90
35	哲里木路	北二环—新华大街	4732	90
36	呼伦贝尔路	110 国道—世纪五路	9604	90
37	展览馆东路	成吉思汗大街—南二环	6800	90
38	新建大街	锡林郭勒南路—东二环	6020	90
39	世纪四路	世纪一路—大台什路	1040	90
40	世纪七路	世纪一路—如意小区	1200	90
41	世纪一路	世纪四路—世纪七路	1140	90
42	昭乌达路	新华大街—大黑河	10607	93
43	乌兰察布路	呼伦贝尔南路—东二环	5190	91
44	如意和大街	东二环—远经二路	2873	90
45	银河道路	敕勒川大街—茶坊桥	5269	96
46	哈拉沁路	新华东街—鄂尔多斯大街	4000	95
47	世纪大道	金桥大桥南端—西喇嘛营	1750	92
48	乌尼尔街	达尔登路—帅家营	2060	90
49	惠民街	赛罕区法院南门—闻都小区北门	2250	90

四、生产绿地

呼和浩特市生产绿地建设始于20世纪50代初。1957—1985年，全市共有园林苗圃3个，总面积107.5万平方米。

1985年，呼和浩特市在第一苗圃基础上改建园林科研所，后在科研所用地内筹建市园林植物园，占地25.4万平方米，二者同处一园，一套机构、两块牌子。1992年，呼和浩特市第一苗圃改建为乌兰夫公园；7月，园林局征用土默特左旗兵州亥乡小里堡村土地120万平方米用于重建呼和浩特市第一苗圃。

2000年3月，新建第一苗圃及第三苗圃用于筹建内蒙古伊诗兰雅苗木花卉股份有限公司。在城市快速发展过程中，原有苗圃逐渐消失或改建成为公园绿地，随着城市绿化事业的高速发展，苗木需求量日益增加，呼和浩特地区原有苗圃却在不断减少，只能靠从外地调动解决苗木问题。

2001年，市林业局在玉泉区桃花乡建设呼和浩特市乌素图实验林场。2006年，市园林局与市林业局协商，租用呼和浩特市乌素图实验林场土地作为呼和浩特市园林苗木实验示范基地，又称桃花苗圃，并签订土地使用权转让协议书，租期26年，这期间园林局对该土地有合法的所有权和经营权。

2010年，呼和浩特市第二苗圃改建为锡林公园。同年，市园林局在黄合少乡筹建黄合少国有生态苗圃，将该苗圃定位为集苗木种植、培育与供应及科普教育于一体的大型省级园林苗圃。

截至2015年，全市有生产绿地39家，总面积1141.06万平方米，占城市建成区面积的4.96%。

2015年呼和浩特市生产绿地一览表

表4-3-3　　　　单位：万平方米

序号	名称	具体位置	面积	建成年份
1	南店苗圃	赛罕区机场路路北，东站附近	12.00	1955
2	三苗圃	赛罕区鄂尔多斯东街	53.53	1960
3	铁路苗圃	赛罕区学苑东街路北	15.08	—
4	东郊果园	赛罕区机场路路南	78.66	1960
5	内蒙古农业科学院园艺研究所	赛罕区丰州路与乌兰察布东路西南角	6.31	—
6	西苗圃	玉泉区鄂尔多斯大街路南	24.00	2000
7	桃花苗圃	玉泉区市敬老院东侧	24.66	2000
8	鸿盛花木基地	新城区鸿盛工业园区	18.00	2006
9	回民果园生态林	回民区新华西街路北	11.59	—

续表 4-3-3

序号	名称	具体位置	面积	建成年份
10	黄合少生态苗圃	赛罕区黄合少乡	200.00	2011
11	南郊苗圃	玉泉区 209 国道警官学校西	99.00	2003
12	呼和浩特市赛罕区忠信园艺园	赛罕区保全庄	4.67	2008
13	内蒙古大地生态农林科技研究发展中心	赛罕区保全庄	10.20	2004
14	内蒙古国丽花木园林有限公司	赛罕区合林村	54.00	2009
15	内蒙古春之雷园林绿化工程有限公司	赛罕区良种场	4.02	2013
16	呼和浩特市蒙苗种植有限公司	玉泉区政府南侧	99.00	2002
17	呼和浩特市佳元生态建设有限公司	赛罕区黄合少镇南地村西	13.40	2010
18	内蒙古蒙草草产业有限公司	赛罕区西把栅乡讨号板村	32.50	2010
19	呼和浩特市奥淳苗木种植有限责任公司	新城区保合少镇	100.50	2010
20	内蒙古今牛绿化有限公司	赛罕区东喇嘛营村	3.35	2011
21	呼和浩特市佳华苗木有限责任公司	赛罕区乔家营村	3.35	2011
22	呼和浩特市润野农牧有限公司	赛罕区金河镇班定营村	5.36	2012
23	呼和浩特市赛罕区蒙强苗圃	赛罕区巴彦镇程家营村	3.35	2012
24	呼和浩特市东林泰苗圃园艺有限责任公司	赛罕区金河镇羊盖板村	13.40	2012
25	内蒙古荣鼎兴农牧业科技有限公司	赛罕区黄合少镇西讨速号村	100.50	2012
26	内蒙古金实园林地被植物繁育有限责任公司	赛罕区黄合少镇河西农场	6.70	2012
27	呼和浩特市赛罕区鑫绿苑苗木花卉种植园	赛罕区西巴栅乡六犋牛村	6.70	2012
28	内蒙古林盛英健林业发展有限公司	赛罕区金桥世纪二路	7.97	2012
29	呼和浩特市赛罕区景盛花木园	赛罕区东古楼村	4.69	2012
30	呼和浩特市凯盛林业育苗有限责任公司	赛罕区黄合少镇东黄合少村	28.14	2013
31	内蒙古国丽花木园林有限公司	赛罕区八拜村	11.59	2013
32	玉泉区霁泓苗圃	玉泉区小黑河镇密密板村	1.34	2013

续表 4-3-3

序号	名称	具体位置	面积	建成年份
33	内蒙古碧海天农林科技有限公司	赛罕区榆林镇东干丈村南	33.50	2013
34	呼和浩特市赛罕区圣兴苗木种植基地	赛罕区黄合少镇西讨号村	3.35	2013
35	内蒙古北方园林绿化工程有限责任公司	赛罕区什兰岱村	20.90	2013
36	内蒙古元艺园林有限责任公司	赛罕区金桥开发区	4.49	2013
37	呼和浩特市昊祥园农林牧有限公司	赛罕区金河镇河湾村	9.38	2013
38	呼和浩特市赛罕区荟翠苑花木种植园	赛罕区黄合少镇面梁村	4.02	2013
39	二道河园林基地	玉泉区呼托出城口	1.36	2013

五、防护绿地

呼和浩特市在干燥多风、水土流失严重的自然条件下，根据“因地制宜，因需设防”的原则，加强防护绿地建设。截至 2015 年，建成区内规划防护绿地面积为 1001.42 万平方米，实施防护绿地为 896.62 万平方米，实施率为 89.57%。全市防护绿地主要有 12 处，其中回民区 6 处、玉泉区 2 处、新城区 2 处、赛罕区 2 处。

2015 年呼和浩特市防护绿地调查情况表

表 4-3-4

序号	绿地名称	绿地面积（万平方米）	区属	合计（万平方米）
1	G6 京藏高速两侧防护绿地	136.46	回民区	262.04
2	乌素图沟水土保持林	65.32		
3	乌里沙河防护绿地	32.25		
4	扎达盖河防护绿地	10.05		
5	呼包铁路防护绿地	8.30		
6	金川防风林	9.66		
7	大黑河水土保持林	145.83	玉泉区	238.79
8	小黑河防护绿地	92.96		
9	东河防护绿地	64.07	新城区	76.05
10	铁路防护绿地	11.98		
11	小黑河防护绿地	221.80	赛罕区	319.74
12	高压走廊南延伸段防护绿地	97.94		

六、游园绿地

2000年后，呼和浩特市利用城市中小块零星空地建造小绿地、小广场、小花园。小游园的面积一般在1万平方米左右，也有数百平方米，甚至数十平方米的，绿化率一般在80%以上。小游园在绿化配置上要符合其兼有街道绿化和公园绿化的双重性的特点。截至2015年，全市有游园绿地52处。

第四章　城市综合管理

第一节　管理机构

20世纪80年代初，呼和浩特市环境卫生管理工作由卫生部门划归爱国卫生运动委员会（简称爱卫会）管理。

1994年，将市爱卫会环卫科和清洁公司划归市城乡建设局。1995年，撤销市城建局环卫科，成立呼和浩特市环境卫生管理处。

1997年4月，成立呼和浩特市城市环境综合整治管理办公室，内设办公室、综合管理科、执法监督科、宣传科。下辖城管综合执法支队、城管综合执法机动纠察大队、临建执法大队、机关事务服务中心4个事业单位。1998年，市环境卫生管理处升格为副处级单位，更名为市环境卫生管理局。

2001年，市城管办内设办公室、综合管理科、执法督查科、宣传科。下辖城管综合执法支队、城管综合执法机动纠察大队、临建执法大队、机关事务服务中心。同年9月，撤销市城管办、市爱卫办、市环卫局，组建成立呼和浩特市市容管理局，并对人员进行调整划转。市市容管理局内设党委办公室、行政办公室、市容市貌管理科、环境卫生管理科、户外广告管理科、法制科、宣教科。下辖城管综合执法支队、城管综合执法机动纠察大队、临建执法大队、机关事务服务中心、市环境卫生管理处5个事业单位。

2002年初，增设局纪检监察室。同年10月，根据市委要求，市市容管理局下划市四区214人。改革后，市市容管理局内设科室未变，下辖城管综合执法支队、机关事务服务中心、市环境卫生管理处3个事业单位。

2003年，原清洁事业管理处将车辆清洗审批工作移交市环境卫生管理处。2005年，市市容管理局内设办公室、纪检监察室、市容市貌管理科、环境卫生管理科、户外广告设置管理科、宣教科、法制科；下设城管综合执法监察支队、环境卫生管理处、生活垃圾处置管理处、机关事务服务中心4个事业单位。

2009年5月，机构改革，呼和浩特市市容管理局更名为呼和浩特市城市管理行政执法局。内设办公室、人事科、财务科、法制监督科、户外广告管理科、市容市貌管理科、宣传教育科、审批办公室、静态车辆管理办公室。

2010 年 10 月，呼和浩特市城市管理行政执法局升格为正处级，内设办公室、人事科、财务科、法规科、户外广告管理科、市容市貌管理科、环境卫生管理科、宣传教育科、静态车辆管理办公室、行政事项审批办公室，独立设置纪检监察室。

2015 年，市城市管理综合执法局新增建设项目执法监督科，内设 11 个职能科室和 1 个纪检监察室。下设市城市管理行政执法监察一支队、二支队、三支队，呼和浩特市环境卫生管理局，呼和浩特市城市管理指挥中心，呼和浩特市城市管理行政执法局机关事务服务中心，呼和浩特市城市管理行政执法督察大队，呼和浩特市城环环卫产业发展有限公司（国有企业）。

第二节　市容市貌管理

一、综合管理行政执法

1997 年 4 月，由呼和浩特市城市环境综合整治管理办公室执法监督科承担组织、实施、监督和指导城市管理执法工作的职能；5 月，市城管办印发《卫生监督管理费管理办法暂行规定》；9 月，印发《呼和浩特市城市管理方案》。

1998 年 3 月，市政府确认市城管办为城市管理行政执法机构，同意市城管办在行政管理职责范围内行使行政处罚权，负责市四区及各旗县的市容、环卫、园林、环保等工作的综合执法及管理，对市政及其他公用设施进行监督管理。市城管办印发《城管纠察队员“十五不准”规定》，对执法风纪、精神风貌、文明言行、内部管理及执法水平等方面进行规范。

1999 年，为规范城市管理行政执法行为，市城管办制定并实行《城管执法程序暂行规定》，对执法程序作出明确规定。同年，针对市区内马路市场屡禁不止现象，市政府印发《呼和浩特清理整顿马路市场暂行办法》，明确对马路市场的管理及处罚规定。

2000 年，市城管办印发《清理整顿户外广告工作方案》《清理整顿马路市场工作方案》《清理整顿临时建筑工作方案》和《落实“门前三包”责任制工作方案》。

2001 年，市城市环境综合整治办公室撤销。按照“建管分离、综合执法”的原则，成立呼和浩特市市容环境管理局，下设呼和浩特市城市管理综合执法支队。同年 10 月，根据国务院法制办《关于在内蒙古自治区呼和浩特市开展相对集中行政处罚权试点工作的复函》，批准呼和浩特市为“城市管理相对集中行政处罚权试点市”。

2002 年，呼和浩特市按照“两级政府、三级管理、四级网络”的体制构想，为强化各区城市管理的执法力量，将隶属市市容局的 4 个执法大队整建制划转到市四区，提升基层执法力量。10 月，市政府颁布《呼和浩特市市容市貌环境卫生管理条例》，成为呼和浩特市第一部城市管理综合性地方法规。条例涵盖市容市貌、环境卫生、环卫基础设施建设与管理等内容，明确将规划、市政、园林、环保、工商、公安交通等方面的全部或部分行政处罚权由市容环境卫生管理部门行使。

2003 年 7 月，市政府发布《呼和浩特市户外广告设置经营管理办法》。同年，市市容局印发《呼和浩特市市容管理行政执法和监察管理规定》《呼和浩特市经营性户外广告设置审批实施方案》。2004 年，市政府第二次常务会议通过《呼和浩特市城市环境卫生设施管理办法》。

2005 年 5 月，根据市政府《关于实行行政执法人员资格制度的通知》要求，实行行政执法人员资格制度，凡从事行政执法工作的执法人员必须取得行政执法资格。市容局执法人员在市政府的统一安排下开展培训考核及资格认证工作。同时，市市容局印发《市容市貌检查评分办法及评分标准》《户外广告目标管理考评试行办法》《市区挡路果皮箱管理规定》《呼市市容环境道路管理标准（试行）》《呼市市容环境道路管理标准（试行）实施工作方案》。年内，办理审批事项 267 件，符合办理条件申报件的申报办结率达 100%。先后 3 次对全系统执行城市管理法律法规情况进行执法检查，并配合市政府法制办对 2 件执法案件进行个案监督，通报批评和查处违纪执法人员 26 人。

2006 年，市政府第 22 次常务会议通过《呼和浩特市市容环境卫生“门前三包”责任制管理办法》。同年，市市容局印发《呼市市容管理局信息管理制度》。组织实施市容管理义务监督员制度，从机关干部、新闻记者、人大代表、政协委员、个体商户等社会各阶层选拔 99 名责任心强、关心城市管理工作的人士担任市容管理义务监督员，重点对破坏市容环境的现象进行监督反映，并监督市容执法人员的依法行政、文明执法行为及市容整治工作开展情况、整治效果。

2007—2008 年，市政府重新修订颁布《呼和浩特市户外广告设置管理办法》。印发《呼和浩特市户外广告设施设置规划指导原则》《呼和浩特市城市建筑物和构筑物外立面保洁管理规定》《呼和浩特市人民政府办公厅关于开展建筑垃圾扬尘污染专项治理工作实施意见》。市市容局制定《呼市市容管理局早、夜市管理规定》《呼市市容管理局便民市场管理规定》，并向经营摊主发放《临时占地记分登记卡》，实行统一积分登记管理。会同市公安局编制《呼和浩特市停车场建设管理办法（草案）》，根据实际情况编制停车场规划。全面实施市容管理“定人、定岗、定责、包路段”的“三定一包”管理工作制度，在市区 77 条主次干道及重点小街巷确定 428 名一线执法队员进行定岗管理，指定 30 名城管监察队员进行巡回检查，设置城管“值岗亭”。

拍摄制作大型专题片《守护青城、守望梦想》。

2009年，市政府令第11号公布《呼和浩特市停车场管理办法》。重点推行“错时管理工作制”“三包一定”管理责任制和“日检查、周反馈、月通报”长效管理制度。

2010年，市市容局组织编制《城市管理行政执法责任制材料汇编》《呼和浩特市城市管理行政执法局规范行政处罚裁量权实施标准（试行草案）》。完成1457名执法人员证件换发和320人新办执法证申领，以及执法队员制服编号备案、执法车辆编号备案。

2011—2012年，市政府重新修订《呼和浩特市市容环境卫生管理条例》，对全市城市管理系统新进人员进行行政执法业务培训，培训人员400余人次，发放执法文书80本并进行专项讲解安排。为全市城市管理行政执法系统涉及换发执法证件1620人次，完善行政执法责任制制度、梳理行政执法主体、推行罚缴分离制度等。

2013年，成立呼和浩特市城市管理行政执法监察一、二、三支队和行政执法督察大队，建立“市级领导、区级参与、分类管理、各有侧重”的综合执法机制和“统一领导、分级管理、市区结合、以区为主”的市容环境卫生管理机制。至2013年末，共有1290余家单位建立三包档案，累计补签新的“门前三包”责任状近1.5万份，新确定丁香路、文化宫街、锡林南路等20条示范街。修改完善《呼和浩特市市容环境卫生管理条例》《呼和浩特市城市管理综合执法管理办法》。

2014年，根据市政府公布的92项行政审批事项目录，市城管局负责户外广告设置许可、发布、悬挂、张贴的行政审批，建筑垃圾、砂石运输从业许可的行政审批，以及建筑物外立面装修审核和停车场设置经营审批。印发《呼和浩特市城市管理行政执法局行政局行政审批管理规定》，明确行政审批办职责、城管窗口服务职责、行政审批办理事项等内容。同年，印发《餐厨垃圾收运管理工作方案》。

2015年，呼和浩特市全面推行“大城管”管理，推进区级城管执法体制改革。重点开展“门前三包”“店外烧烤”“校园周边环境秩序”“早夜市和流动摊点”“户外广告”“车窗抛物”“建筑渣土运输”“工地围挡”等10项专项整治，特别是对鄂尔多斯西街、金海路沿线、人民公园周边早夜市等重点难点区域进行集中综合整治。同时，建立长效化、网格化管理机制，采取定岗管理和流动巡查的方式，保持常态化严管，实现“范围广、过程细、程度精、质量高”的城市管理精细化目标。推行“批管分离、责权一致、相互制约”的服务管理机制，制定印发《呼和浩特市城市管理行政执法局行政审批管理规定》，对保留的审批事项全部归口到行政审批办公室集中审批。

二、流动市场整治

2001年，市市容管理局成立后，加强对马路市场、流动摊贩、户外广告等清理整顿。

全年累计清理流动摊贩8万余人次，占道经营1.28万处，马路仓库近6000处，马路作业2580多处，乱堆乱放3160处，清理店外出摊3万余户次，清理取缔早夜市87处，入城畜力车近1000辆（次）。

2002年，市市容管理局累计清理早夜市62处，店外出摊7万处次，清理流动摊贩近26万人次，查扣各类违章占道车辆1.8万辆次。2003年，设置早市夜市58个，清理整治自发早夜市216处，使近2万人规范入市经营。

2004年，市市容管理局累计清理整顿马路市场9200余处，店外出摊7300余户次，各类流动摊贩9万余人次，查扣各类违章车辆2000多辆次。清理整治各类自发形成的早市、夜市260多处，增设3个早夜市，使2000多名经营者就近入市。

2005年，市市容管理局下达市容环境整改通知书7820份，清理店外出摊1.20万处、马路市场1280处、自发形成的早夜市126处、店外作业276处、流动摊贩4万多人次、畜力车92辆。清理取缔市区一环路以内未经批准的露天汽车销售市场14处，清理违章车辆494辆。查处未经批准违法搭建的临时工棚、施工围挡、破墙开店和建筑物外立面装修378处。

2006年，为迎接自治区成立60周年大庆，对市区主干道、小街巷、城区出入口、市区“窗口”地段、校园周边和文化节主要活动场所周边市容环境进行综合整治。全市累计清理马路市场2840余处、店外店1.24万处、占道经营8060余处、流动摊贩6.95万人次、马路施工作业592处、畜力车600余辆，规范乱停乱放自行车2600余辆次、机动车700余辆次，取缔露天台球案160处，查扣烧烤车657辆。清理违法占道夜市摊点600余处、2000余人次，规范经营夜市210处。完成示范办事处、示范街道网络化责任区划分，建立“门前三包”工作档案，同时配备“门前三包”监督人员。

2007年，市市容管理局按照疏堵结合原则，在市四区选择42条（处）既不影响街景容貌和交通秩序、又能够方便市民群众生活购物的街道，开辟为临时便民市场。结合创建国家环保模范城工作，将烧烤摊点清理整治重点放在新华东街等30多条主次干道和市区“窗口”地段、广场、宾馆饭店周边及部分小街巷。同时配备专门的清扫保洁人员，对夜市摊点周边的卫生进行清扫。

2008年，市市容管理局在市四区开辟临时便民市场125条（处），由各区市容局实行规范化管理。2009年，累计清理取缔以马路市场、店外出摊和占道经营为主的违法经营行为8.6万人次，马路施工作业2650处，畜力车1100余辆，规范乱停放自行车和机动车6.6万辆次。

2010年，市市容管理局取缔南二环、大学东街、植物园、文化宫街等一批长期存在的马路夜市及烧烤摊点。全年累计清理马路市场、店外出摊、占道经营、流动摊贩、马路施工作业 12.75 万处，畜力车辆 9704 辆，清理夜市商户、烧烤摊户 4300 个。实现对新华大街“严管示范一条街”的重点规范整治。

2011 年，市市容管理局清理取缔新华大街、呼伦南北路、锡林南北路、昭乌达路等主次干道、重点街巷和地段的马路市场、占道经营、店外出摊等影响市容的违章现象，累计清理流动摊贩 5849 处次、占道经营 8552 人次，清理店外店、店外作业、店外堆物 1.58 万处，店外出摊 2500 余处次。清理旧货市场 95 户，废品回收站 134 户，建材市场 10 余处。签订新版“门前三包”责任状 4 万余份，进行联合检查 12 次，专项检查 25 次。规范夜市摊点 60 余处，清理取缔夜市摊点 470 余处。完成新建便民市场 15 个，其中大中型永久性市场 3 个、棚架市场 11 个、政府资金补偿性市场 1 个。

2012 年，全市规范管理夜市摊点 60 余处，清理取缔自发形成的夜市摊点 470 余处。对既有的 80 余处马路便民市场，全部规范到便道以上经营，并要求配备垃圾袋收集自产垃圾，统一由保洁工进行收集清运。合理利用市区边死角地块闲置的土地资源，新建便民市场 15 个，其中建设大中型永久性便民市场 3 个、棚架市场 11 个、政府资金补偿性便民市场 1 个。

2013 年，全市累计出动执法人员 2.2 万余人次，车辆 2100 余台次。清理影响市容景观的马路市场 820 余处，店外出摊 7800 余处次，流动商贩占道经营 8900 余处，马路加工作业 720 余处。印发《关于进一步做好早夜市（含便民市场）管理的通知》，加强对已建成便民市场的管理。清理违法占道早市 120 处，夜市 530 处，非法烧烤摊 1700 余处。印发《关于做好校园周边市容环境综合整治的通知》，清理学校周边食品摊点 2700 余处，查扣非法出版物 30 余处，清理非法出版物 270 余本，光碟 80 余张。

2014 年，呼和浩特市完成新建各类型便民市场 100 处市场（改造城市边死角地块 30 处）选址，启动运行市场 20 个。全年累计清理马路市场 93 处，店外出摊 2.08 万处次，流动商贩占道经营 1.04 万处，马路加工作业 267 处。2015 年，全市建成便民市场 107 处。

三、户外广告管理

2001 年，市市容管理局清理拆除大型广告塔 14 处，大型落地广告、楼顶广告牌 20 多块，拆除清理街头小广告牌近 4000 块，取缔过街横幅、门头、楼体条幅及各类条幅 2358 条（幅），清除过街广告杆 61 根，责令补办手续广告牌 110 块，规范店名招牌 260 块。

2002 年，市市容管理局拆除各类乱设乱立小广告牌 8000 多块，取缔各类条横幅 1 万多条，拆除各类临街扩建门斗（橱窗）471 处，面积 2300 多平方米。对东风路、机场路等43条主次干道的各类户外广告、牌匾进行清理整顿。拆除各类牌匾、楼顶、楼体及灯箱广告牌近2万块，更换门头牌匾6888块。累计查处家政、中介搬家公司62家，查扣各类机动车辆37辆，捣毁广告窝点49个。

2003年，市市容管理局取缔拆除广告招牌5000多块条，规范店牌2223块，启用“追呼”系统查处违法人员100余人。2004年，开通城管警示短信系统，发送短信1.7万余条次，处罚当事人32人。

2005年，市市容管理局办理店招牌匾设置批准手续295件，其中霓虹灯广告牌匾52块，办理条幅类临时宣传品审批事项914件。8月开始，按照《呼和浩特市户外广告设置经营管理办法》，对全市不符合设置标准的经营性户外广告进行集中清理整治。

2006年，市市容管理局拆除各类经营性户外广告牌59处、184块，计2.65万平方米。清理不规范广告牌匾1.27万块，清理乱搭挂条幅861条。

2007年，按照市政府要求，市市容管理局设置创建国家环保模范城市公益性广告牌10块。取缔未经批准自行设置的各类临时条（横）幅8960条、各类立式广告牌6698块。对市区29条主次干道两侧的1993块广告牌和绿地、绿化带内以及宽度在4米以下的人行便道设置的落地式经营性户外广告牌进行拆除。同时，对市区主次干道两侧6300余块陈旧、破损的店招牌匾进行规范整治。在中山东路、中山西路和艺校十字路口设置18块高档次的落地式公益宣传灯箱。协调内蒙古日报社设置多功能阅报栏40块、新华通讯社电子阅报栏20块。

2008年，按照《呼和浩特市户外广告设施设置的规划指导原则》，市市容管理局对中山路的户外广告设施设置进行详细的规划设计，建立户外广告设施设置档案。建立包括网络、报纸、电话、短信在内的“四位一体”的城市小广告治理服务系统。在社区和主要干道设置公益阅报栏30个。

2009年，市市容管理局全面拆除市区内未经审批和陈旧破损的广告设施以及利用电话亭、出租车指示牌、路名牌等设施发布经营性内容的户外广告牌匾5000余平方米。在市区主要路段新设置高档次公益宣传灯箱和阅报栏。在市区部分建筑物上设置大型电子显示屏。2010年，拆除楼顶、墙体、“擎天柱”等广告牌匾类设施154处、5.7万平方米。

2011—2012年，市市容管理局累计拆除各类户外广告牌匾45块7835平方米，查处、拆除巡查发现及群众举报的违规广告18处、356平方米。对健康街西口、大学西街交通学校路口周边地段有碍市容观瞻的户外广告实施集中拆除、移位，面积900余平方米。完成呼伦路、锡林路、昭乌达路、车站东街、乌兰察布路商业店招牌匾的更新、更换任务。

2013 年，市市容管理局制定印发《呼和浩特市店招牌匾设置规范》《呼和浩特市户外电子显示屏设置规范》《呼和浩特市户外电子显示屏设置管理规定》。3 月，对全市未经审批及陈旧破损和设置不规范、不合理的店招牌匾进行整治拆除，按照统一标准进行设置和更换。9 月，按照市政府《关于对出城口、机场路广告牌匾集中整治的通告》《呼和浩特市出城口户外广告整治工作实施方案》要求，组织对机场路的户外广告牌展开全面、彻底的整治拆除行动，拆除“擎天柱”和楼顶户外广告牌 116 处。同时，对二环路以内的“擎天柱”和 LED 液晶屏进行摸底备案，对建成区范围内落地式户外广告牌和建筑物楼顶、楼体设置的户外广告进行整治拆除，共拆除 1400 余块户外广告牌。对市区内不按规定利用 20% 时间播放公益广告，以及造成噪声污染和光污染的 LED 液晶屏进行全面整治。

2014 年，市市容管理局组织制定《户外电子显示屏设置规范》《户外广告发展规划》《呼和浩特市机场路和北连线落地式广告牌规划设计方案》。将二楼以下店招牌匾审批和监管权限全部下放到市四区，简化审批手续。2015 年，重点实施户外广告、店招牌匾集中整治，清除各类违法店招、灯箱、小 LED 等广告牌匾 1.74 万块、20 余万平方米。

四、静态车辆管理

2003 年，市市容管理局在市四区设置机动车停车场 3507 个，组织在 18 条主干道两侧施划自行车停放标线。2007 年，在新华大街、昭乌达路等 31 条主次干道两侧设置总计 7800 米的自行车停放架，初步解决临街自行车乱停乱放影响市容市貌的问题。

2009 年，市市容管理局完成与市交警支队道牙以上静态车辆管理交接工作后，对新华大街、中山东西路、昭乌达路等 11 条主次干道两侧的 4 处机动车停车场和 22 处非机动车停车场（点）设施进行全面更新改造。同时，在新华大街、乌兰察布东西街等 9 条主次干道便道上新划停车泊位 2300 个，新开辟新城西街颐高数码商城、锡林北路国际商贸城、新华大街维多利广场等 5 个智能化停车场。

2010 年，全市停车场管理向市场化运行转换，新设机动车停车场 28 处，非机动车停车场 10 处。对私设收费停车场、车辆乱停乱放进行有效整治，发放车辆违章停放提示卡 5620 余张，查处私设机动车非机动车停车场 50 处。

2011—2012 年，全市新建机动车停车场 25 个。至 2012 年末，全市有纳入市城管局管理的非机动车停车场 92 个，机动车停车场 80 个，其中智能化机动车停车场 34 个，停车泊位 6500 余个。施划免费停车泊位约 5000 个，设置免费停车场指示牌 23 块。取缔非法车场 30 余处，拆除车位锁 150 余个。

2013 年，全市新建停车场 29 个，重新施划停车泊位 2800 余个，维修场地 6000

多平方米。2014 年，市城管局完成《呼和浩特市停车场建设规划》。全年新建机动停车场 20 个，施划免费停车泊位 1.5 万个。2015 年，新增机动车停车场 26 个，停车泊位达到 1.81 万个。

五、公共自行车交通服务

2013 年 9 月，启动呼和浩特市公共自行车交通服务系统建设。至 2013 年末，建成指挥中心 1 个、售卡点 3 个、公共自行车交通站点 120 个，共投放自行车 5100 辆。2014 年，完成公共自行车二期项目站点建设 120 个，投放自行车 5100 辆。2015 年，新建公共自行车站点 130 个，投放公共自行车 5000 辆。

六、数字城管信息平台建设

2013 年 9 月 25 日，呼和浩特市数字化城管信息平台建成并试运行，依托数字化城市管理方式，对环境卫生、市容监察、市政设施、建筑工地等全部实施数字化监管。至 2014 年末，链接到市指挥中心平台网络终端的单位达 99 个，全部实现互联互通。初步完成全市范围内部事件的基础数据普查和信息入库，将 190 万平方千米建成面积划分为 6688 个万米网格、188 个信息采集责任单元，实现信息采集区域的全城区覆盖。同时，将“12319”城建热线整合并入数字城管信息平台，开通数字城管微信公众平台和“12319”特服短号码彩信平台。接入市交警指挥中心智能交通视频监控系统，共享新城区平安社区网格化管理。组建城环信息服务公司，招聘 217 名专职信息采集员，专门负责对建成区所有管控责任信息区域城市管理信息的采集。

2015 年，呼和浩特市数字城管信息平台共采集案件 13.15 万件，其中有效案件 11.6 万件。案件累计应处置数 11.01 万件，其中处置 10.17 万件，处置率 92.43%。

第三节　环境卫生管理

一、环卫队伍建设

1985 年底，全市环境卫生队伍人数共 1569 人。1995 年，呼和浩特市环境卫生管理处组建 50 人的环卫监察中队，各区环卫局、办事处管理本辖区环境卫生工作逐步加强。

1997 年，市人大常委会将每年的 8 月 18 日确定为呼和浩特市“环卫工人节”。在首届环卫工人节上，市委、市政府授予 10 位环卫职工“优秀城市美容师”称号、69 位环卫职工“环卫先进工作者”称号。同时，市政府印发《关于保护环卫职工合法权益，提高环卫职工待遇的通知》，对保护环卫职工合法权益、解决环卫职工住房、增加环卫职工岗位补贴和工资、提高环卫职工保健津贴标准、部分退休环卫职工按全额发放退休工资、解决部分环卫职工家属城镇户口、解决环卫临时工离岗后补贴、组织环卫职工到外地旅游休假、对环卫职工进行体检、解决环卫职工子女入学问题等进行了明确规定。

2003年，市市容管理局为4000名环卫工人（含各旗县）换发作业服装。2005年，全市3180名一线环卫清扫保洁人员人均增资120元，增资幅度达到40%，为历年全市环卫工人工资增长幅度最大的一次。首次为全市1500多名环卫保洁人员免费进行身体健康检查，并为1400名一线环卫保洁人员配发防风眼镜。2006年，购置环卫作业服装1200套，环卫保洁夹1200只。

2007年，环卫工人月工资由改革开放初的30元增长到680元。更新环卫工作服4500套，为全市环卫工人发放劳保福利150万元。2008年，为全市4700多名环卫工人人均增加工资120元。

2009年，市城管局为全市5500多名环卫工人每人每月增加绩效工资200元。环卫保洁时间由过去的“二班制”改为“三班制”。2010年，为6000名环卫工人购买最高20万元的意外伤害保险，发放价值200万元的劳保用品，慰问金和慰问品共计48万元。

2012年，全市新增环卫工人2360名。将全市环卫工人工资由每月880元提高到每月1000元。为全市5543名一线环卫工人发放肥皂、毛巾、白糖、茶叶、草帽、棉鞋、棉衣等福利劳保物资。

2013年，一线环卫工人大额意外伤害商业保险参保率达100%，投资220多万元为一线环卫工人发放个人劳保用品。为全市环卫工人每月增加120元工资，为59名环卫工人子女办理中考入学照顾降分待遇。

2015年，全市有环卫工人8801名。环卫临时工工资增长到1610元，用人单位均为临时工购买人身意外伤害保险和雇主险。同时，环卫工人每人每年享受365元的劳保福利待遇。

二、垃圾清运

1986—1990年，市区环境卫生清扫面积约500万平方米，市内生活垃圾日产夜清。环卫部门新增和更新运垃圾车辆56辆，新购置吸粪车16辆。逐步引进真空吸粪车、密封式垃圾车、叉车、装载机、三翻自卸垃圾车、液压自动装卸垃圾车、单臂吊垃圾车等机械设备，垃圾清运和粪便清淘部分实现机械化操作。至1990年末，全市有垃圾车124台，吸粪车23辆。每年清运垃圾38万吨，粪便4.6万吨。

1991年，市区道路清扫面积430万平方米。市区生活垃圾年产生量约38万吨，年清运垃圾44万吨。其中商业、建筑垃圾6万吨。环卫部门拥有各种环卫车辆139辆，总功率9997千瓦。

1995年，在全市推广“垃圾不落地”工程，定时定点收运，逐步取缔玉泉区等老城区一些小街巷的垃圾明点。1997年，为减少生活垃圾产生源头的二次污染，全市推行垃圾袋装化试点工作。环卫部门购进机扫车4辆，全市主干道、广场等主要地段由机械作业代替人工清扫。

1998年，开始购进垃圾压缩车，随着城区面积的不断扩大，城区环卫作业面积、道路以及生活垃圾产量逐年增加。全市有132辆压缩式垃圾清运车，278台各式环卫专用自卸车。城市年清运城市生活垃圾近60万吨。1999年后，陆续购入洒水车、铲雪机、多功能融雪撒布机等先进的环卫作业车辆，使全市的环境卫生作业机械化程度和工作效率迅速提高。

2003年，“两个文明”现场会期间，市环卫部门制定《迎接2003年全区两个文明建设现场会呼和浩特市环境卫生工作方案》，在市区主干道上增设机扫车8辆、洒水车4辆，投入果皮箱2000余个。“非典”期间，协调市四区政府、市容局、环卫局投入大量人力、物力、财力，突击清运居民日常生活垃圾11.9万立方米，建筑垃圾10.6万立方米，出动清运车辆8200台次，动用大型铲车2000余台，环卫清运人员5000余人次。累计为市四区环卫一线工人发放防护服850套，口罩1150只，手套400副，消杀药品1200余千克，消毒净40袋，大小喷雾器80余个。

2004年，市环卫部门购置清扫车8辆，清洗车2辆，医疗垃圾清运车4辆，垃圾清运车8辆，各型环卫车辆420辆。为确保冬季市容环境卫生面貌，根据实际情况制定《全市冬季环境卫生工作整治实施方案》。同年，市政府出台《呼和浩特市城市车辆清洗管理办法》，规范城市车辆清洗行业作业标准及要求。在市区12条主次干道临街商业店铺全面推行垃圾袋装化工作，下发垃圾袋2万个，完成602栋居民住宅楼垃圾道口封闭任务，共封闭垃圾道口1.2万个。

2005年，环卫部门购置双臂吊垃圾运输车8辆。累计封闭832栋居民住宅楼2.5万个垃圾道口，设置垃圾收集容器3328个，全市新增垃圾袋装居民户数1.79万户，全市垃圾袋装化覆盖率提高34.8%。2006年，全系统采取赊购和延期付款方式购进各型环卫作业车辆97台。

2007年，环卫部门购置装载机1台，除雪撒布车5台，垃圾压缩车3台，小型自卸车3台，手推车600辆。组织开展军民共建、全民动员、环卫部门参与的环境卫生社会公益劳动，对城中村、城乡接合部、铁路沿线、河道、居民社区等重点区域环境卫生进行集中清理整治，参与人数2600多人，共清理积存垃圾1200余吨。协调组织责任部门维修城中村、城乡接合部公共厕所11座，垃圾收集池27个和部分道路的公共受水口；完成市区内河道和河堤上居民倾倒垃圾的清理整治，累计清理垃圾1000余吨，在河堤上建设垃圾池13个，摆放垃圾集装箱6个；清理铁路沿线积存垃圾500多吨，设置隔离护栏和落地广告牌4000多延长米，并对周围进行硬化和绿化；协调市四区对辖区居民社区内的积存垃圾和卫生死角进行大规模的集中清理整治，整治社区 21 个，清理积存垃圾点 29 处，清理垃圾 1350 多吨。

2008 年，环卫部门购置大型机扫车 4 台，主要负责二环路的清扫作业。从 6 月开始，各区主要道路、商业繁华街道、旅游景点、车站、广场等周边，道路清扫保洁时间按要求延长至 23 时，其他道路保洁时间各区环卫局根据实际情况相应延长。至 2009 年袋装化率 72%。

2010 年，环卫部门推行道路清扫保洁“三班倒”管理制度，主次干道和小街巷保洁时间分别达到 18 小时和 12 小时以上，道路保洁率达到 100%。确定的 54 条“环境卫生示范街”实现标准化、规范化作业管理。购置道路清洗车、除雪撒布车等作业车辆机具 18 台（套），垃圾日平均清运超 1550 吨，清运率达到 100%。

2011 年开始，环卫部门在确定的 65 条道路上每天布置 34 台机扫车和 8 台道路冲洗车作业，道路机械化清扫（含清洗）面积达 615.54 万平方米，道路机扫率超过 40% 以上。累计出动环卫人员 3 万多人次，出动车辆 1.3 万多辆次，共清理积存垃圾约 10 万余吨。市四区新增一线环卫作业工人 2360 人。对中山西路等 50 条主要道路推进“环境卫生示范街”标准化管理工作。对 171 个十字路口的环境卫生管理做到“定人、定岗、定标准”，确保路面卫生达到“五净、五无”（五净：机动车道净、非机动车道净、便道净、花树池净、绿地净；五无：无积土、无污水、无乱倒垃圾、无果皮纸屑、无人畜粪便）。

2012 年，环卫部门组织开展春夏秋冬季垃圾集中清理整治活动，全年累计出动环卫人员 2.4 万余人次，出动车辆 8765 车次，清理积存垃圾 9.24 万余吨；每季度开展 1 次对背街小巷、居民区（重点是无物业管理、破产贫困企业、平房以及沿街居民区）积存垃圾和卫生死角的大规模集中清理活动，累计出动环卫人员 6000 余人次，出动车辆 1894 车次，共清理积存垃圾 7600 余吨。2013 年，投资 1.1 亿余元，购置各类环卫作业车辆 202 台，道路机扫、洗扫覆盖率达 60% 以上。对城中村、城郊接合部、出入城口、河道周边、铁路沿线、小街巷、居民社区等区域的环境卫生进行大规模集中清理，投入人力 9560 人次，出动车辆机具 7100 余台次，整治治理城中村 41 个，清理城乡接合部卫生死角 138 处，累计清理各类积存垃圾 16 万余吨。

2014 年，环卫部门投入人力 1.05 万人次，车辆 8520 台次，整治清理城中村 38 个，清理城乡接合部积存垃圾区域卫生死角 145 处，累计清理各类积存垃圾 41 万余吨。对滨河路、丰州路、海东路延伸段、二环快速路等 10 条发生严重污染的路段进行集中治理，累计出动车辆 300 余台次，出动人员 300 余人次，清理污染路面面积 3000 多平方米。开展环卫管理进社区活动，对破产、倒闭、困难企业家属区，无物业管理社区，平房居民区等环卫管理薄弱区域进行环境卫生集中整治，累计开展专项整治活动 20 次，清理积存垃圾近 6.5 万吨。

2015 年，环卫部门新购置各类环卫作业车辆 152 台，全市拥有道路清扫车 316 台，机扫面积 3000 余万平方米，道路机扫、冲洗作业覆盖率达 65% 以上，特别是城区快速路和火车东站区域道路清扫保洁实现机械化作业全覆盖。全市拥有道路清扫保洁工约 8800 人，环卫清洁工日均清扫面积 5300 平方米；环卫专用车辆 683 台，道路清扫面积为 4668.43 万平方米。

三、垃圾处理

1990 年前，全市没有一座垃圾处理厂，城市垃圾处理率为 0，大部分城市垃圾在城市周边裸露堆放。

1990 年后，全市垃圾在产量迅速增加的同时，垃圾的构成及特性也发生很大变化。城市生活垃圾中有机成分占总量的 60%，无机物约占 40%，其中废纸、塑料、玻璃、金属、织物等可回收物约占总量的 20%。1995 年，呼和浩特市规范城市生活垃圾处理，市财政投资 700 万元，建成西郊垃圾无害化处理场一期工程，日处理粪便 100 吨、生活垃圾 750 吨，处理方式以卫生填埋为主。

2000 年后，随着经济社会的快速发展和城市规模的不断扩大，西郊垃圾无害化处理场的处理能力逐渐不能适应城市发展的要求。2003 年，市政府通过招商引资，由美商集团独资建设日消纳 600 吨生活垃圾的呼和浩特市美商生活垃圾生化处理厂（东郊垃圾厂），通过国外资金，引进关键技术和设备，是按照较高污染控制标准来建设的现代化大型垃圾处理厂，使全市生活垃圾处理向“资源化、减量化、无害化、产业化”的良性循环方向发展。2004 年 9 月 24 日，东郊垃圾厂竣工投产，使呼和浩特市具备生活垃圾百分百无害化处理的能力。2006 年，共填埋生活垃圾 10 万吨，覆盖土方 3 万立方米，焚烧医疗垃圾 1000 余吨，做到日产日清。

2009 年，西郊无害化垃圾处理厂扩建项目总占地面积 25.93 万平方米，11 月 9 日一期工程竣工，总库容量为 415 万立方米，新增日处理能力 550 吨。截至 2011 年，全市共有无害化处理厂 2 座，生活垃圾日产日清，垃圾无害化处理能力 1980 吨 / 日，垃圾无害化年处理量 57.6 万吨，城市生活垃圾无害化处理率 97.99%。呼和浩特市医疗废物集中处置中心项目和渗滤液处理项目全部竣工并投入使用，全年处理医疗废物 1900 吨、渗滤液 1500 立方米。2013—2014 年，新建建筑垃圾消纳场 5 座。

2015 年，全市垃圾分类处理能力明显增强，全年接收处理生活垃圾 54.80 万吨，处理污泥 1.68 万吨；共接收处置全市 1720 家医疗机构的医疗废物 5044.28 吨；接收处理餐厨垃圾 8645.08 吨。垃圾无害化处理能力 1250 吨 / 日，生活垃圾无害化处理率 100%。

四、垃圾箱设置与管理

1986 年，市区街道用新制果皮箱取代笨重粗糙的铸铁果皮箱。1995 年，结合城市道路设置开始投放新型复合材料果皮箱1000余只。

2003—2004年，环卫部门新购置垃圾集装箱44个，设置不锈钢果皮箱4000个，垃圾桶230个，垃圾收集容器3328个。2005年，在全市23条主次干道两侧安装新型环保材料果皮箱1334个。2006—2008年，设置环保型分类果皮箱5700余个，在19条街道安装具有多种收集功能（可回收、不可回收、有害垃圾）的果皮箱800余个。

2010年，环卫部门在全市增设垃圾集装箱260个，安装道路果皮箱2300个。开展以城中村、城郊接合部、河道、居民社区、校园周边为重点的环境卫生集中清理整治，累计清理卫生死角4600多处，清理积存垃圾2.1万吨。在接管的城中村环卫作业工作中，有29个城中村基本实现环卫作业标准化和专业化，在21个城中村中配备固定垃圾收容器210个。2011年，新设置2000个果皮箱，维修、更换果皮箱近600个。2013年，新购果皮箱3200个，维修、更换破损果皮箱600个。

截至2015年底，全市154条主次干道、621条小街巷，除不具备条件（无便道、便道宽度不足、便道未硬化路段）设置的区域外，建成区共设置分类果皮箱6700余个，中心城区基本全覆盖。

五、垃圾转运站建设与管理

1993年底，新城区环卫局新建第一座垃圾转运站，1994年开始启用。垃圾转运站的启用有效避免了垃圾收集的二次污染。1995年后，市内开始大规模新建垃圾转运站。2003—2008年，全市累计新建垃圾转运站47座。2009年，新建、改建垃圾转运站20座，全市垃圾转运站108座，基本覆盖市区的垃圾收集。

2010年，环卫部门新建压缩式垃圾转运站水冲厕所连体样板设施2座，地坑式垃圾转运站2座，新建改建压缩式垃圾转运站20座。2011年，新建、改建垃圾转运站20座，其中投入使用4座。

2013年，环卫部门新建环卫场站1座，压缩式垃圾转运站18座，在城中村建设地坑式转运站32座。2014年，建成压缩式垃圾转运站12座，地坑式垃圾转运站39座，环卫工人休息室4处，道路清扫作业车辆取水站2座。

2015年，环卫部门新建压缩垃圾转运站16座，各类垃圾转运站40座。全市累计建成垃圾转运站173座。其中，压缩式垃圾转运站145座，占城区转运站比例的84%。

六、公共厕所建设与管理

1986年后，市清洁公司筹备处负责全市公厕的清淘、清运工作。1986—1990年，环卫部门在城区新建厕所36座，维修厕所340座。1991年，城区内有公共厕所374座，其中水冲式公厕35座。1995年，全市开始大规模公厕改造，公厕建设以水厕为主。至1997年底，城区有公厕364座。

2000年后，城区内公厕建设以水冲公厕为主，逐步改建旱厕为水冲公厕。同年，环卫体制改革，撤销市清洁事业管理处，人员和车辆下放到各区环卫局和西郊垃圾无害化处理厂，由各区负责本辖区旱式公厕的清淘、粪便清运工作。2003—2004年，新建、改建一类水冲公厕36座，环保免冲公厕13座。2005—2006年，累计建成水冲公厕87座、旱式公厕26座。2007年，新建水冲公厕16座，购置智能移动公厕15座，车载移动公厕1台，为自治区成立60周年大庆主会场周边设置临时简易公厕3座。

2008年，全市新建、改建旱厕31座，其中新城区13座、赛罕区11座、玉泉区7座。新建、改建水冲公厕14座，在繁华路段增设移动公厕4座。同时，开展公厕运行承包管理市场化运作试点，全市共对外承包水冲公厕37座，另有110座水冲公厕为软承包或直接由环卫局管理。2009年，新建、改建公厕20座，全市有水冲公厕333座，水冲公厕比例为75%。2010年，新建压缩式垃圾转运站水冲厕所连体样板设施2座、水冲公厕20座。

2011—2012年，新建水冲公厕20座，在市区内18条人流量较大的路段以及部分街心花园、城市广场设置58座共86个坑位的新型移动公厕，对主次干道两侧及繁华路段58座水冲公厕进行改造装饰。从2011年10月1日起，全市环卫部门管理的181座水冲公厕全部对市民免费开放。2013年，新建、改建公厕20座，设置新型移动公厕46座。

2014年，全市开工建设水冲公厕13座，其中新城区3座、回民区2座、玉泉区3座、赛罕区5座，便捷式公厕22个坑位，城中村旱式公厕24座。2015年，新建水冲公厕16座，设置太阳能便捷式公厕40座，建成旱式公厕24座，对全市212座水冲公厕进行维修改造升级。市区公厕保有量614座，缓解公厕布局不合理和部分街道如厕难问题。

七、卫生城市创建

1990年，呼和浩特市被全国爱国卫生运动委员会办公室列入全国卫生先进城市前10名。1995年，在全国城市卫生检查评比中，被全国爱国卫生运动委员会办公室评为“国家卫生城市”。1998年，再次被评为“国家卫生城市”。2002年7月，为争创国家级卫生城市，加强市容和环境卫生管理，市人大常委会会议通过《呼和浩特市市容环境卫生管理条例》，规定市容环境卫生管理工作实行“统一领导、分级管理、多方参与、公众监督”，坚持“管理与服务、教育与处罚相结合”的原则，使市城管部门对违反市容环境卫生管理和其他城市管理相关规定、有碍市容市貌的行为进行集中行使行政处罚权时有了法规依据。

2004年5月，市政府常务会议审议通过《呼和浩特市城市环境卫生设施管理办法》，明确环境卫生设施管理主体、环境卫生基础设施规划、设计、建设、管理及相关单位、作业主体、个人各自的责、权、利等，制定相应的罚则，全市环境卫生设施的建设和管理实现统一规划、合理布局、规范管理、美化整洁。

2005年，市市容管理局对市属5个旗县进行两次环境卫生全面检查与考评，并提出指导整改意见30多条。

2008年10月，市政府印发《呼和浩特市城区环境卫生管理责任制绩效考核管理办法》，开展城区环境卫生管理责任制绩效管理考核。考评采用百分制考评方式，将检查项目赋100个标准分，依据标准进行检查打分考评。内容包括市四区环卫作业部门全体作业人员持证（胸卡）上岗、建立层级监督检查考核评比机制、出台相应检查考核打分标准、完善分级通报监督制度、建立季度奖惩制度。

2009年9月，市市容管理局印发《呼和浩特市城市建筑垃圾管理办法》，对全市产生建筑垃圾的建设、施工、拆迁单位以及进行房屋装饰、装修的个人处置建筑垃圾的条件和程序，对运输单位管理获得运输资质的条件、开展运营活动的要求，对建筑垃圾消纳场设置条件、经营要求进行设定。改变以“围追堵截”为主的监管方式，对建筑垃圾的产生、运输、消纳及运营单位进行统一监管，确立“疏堵结合，以疏为主”的工作模式。

2010年2月，市政府印发《关于对若干严重影响市容环境卫生行为开展专项整治的通告》，对严重影响市容环境卫生的不文明行为开展专项整治工作。同年，市环卫局对城市建筑垃圾经营权实行规模控制，有偿使用制度，费用专用账户制度和建设、运输、消纳联单3项制度，市环卫局完成并上报《市容局确定建筑垃圾运输经营权工作方案》。

2012年，为加强对全市车辆清洗站的规范化管理，制定印发《呼和浩特市机动车辆清洗站设置标准》，对全市车辆清洗站的设置场地、内部设施、服务标准、从业人员作业要求、申办条件等作出具体规定。

2013年，为加强建筑施工工地现场及道路运输管理，市环卫局制定《建筑垃圾管理检查事项及标准》《错时路查工作及施工现场驻场环卫监督工作安排》，并对建设工地进行驻场管理。同时，为整改工地施工过程中存在的各种问题，结合建设工程现状，设计施工现场检查记录表、工程概况登记表。

2014年，市环卫局根据《呼和浩特市城区环境卫生管理责任制绩效考核管理办法》要求，推进市容环卫精细化管理，根据道路所在区域的重要程度、车流量和人流量等情况划分为一级、二级、三级、四级4个类别进行清扫保洁作业分级管理，对不同级别的道路保洁时间、洒水频次、机扫频次、清洗频次等作具体要求。同年，针对沙尔沁工业园区管理工作存在环卫作业标准不一、作业不够规范、管理制度不健全、环卫工作专业性不强等问题，市环卫局经调研形成《沙尔沁工业园区环境卫生工作调研报告》。

2015年，市环卫局为落实城区环境卫生绩效考核管理工作，加强道路清扫保洁日常管理工作，修订完善《呼和浩特市城区环境卫生管理责任制绩效考核管理办法》，对城区路街巷清扫保洁工作实行分级管理，对不同级别的道路从保洁时间、洒水频次、机扫作业、清洗错时管理等作出具体要求。市环卫局制定印发《"城中村"环卫作业服务市场化运行实施指导意见》，各区环卫部门和企业对32个"城中村"的环境卫生管理工作进行接管，"城中村"环境卫生质量明显提升。同时，通过加大对早间普扫、中午交接班无缝对接管理、增加保洁频次、适当延长作业时间、加强对"三班倒"作业人员巡查管理等措施，加强环境卫生管理力度。

第五章 住房保障和房屋管理

第一节 管理机构

1986年，呼和浩特市房屋管理工作管理机构为市房地产管理处。1987年4月，市房产处勘测建筑设计室更名为市房产处建筑勘测设计所。

1991年4月，市房地产管理处生产科和房管科合并为经营科。营业房管段改为市房地产管理处第一房管所，楼房房管段改为第二房管所，新城房管段改为第三房管所，中山房管段改为第四房管所，大召房管段改为第五房管所，兴隆房管段改为第六房管所。

1994年10月，市房地产管理处改为市房地产管理局，同时挂市房屋改革办公室的牌子。

1996年12月，市房地产交易管理所改为市房地产市场管理处，市房屋产权监理所改为市房屋产权产籍管理处，市住房资金管理中心改为市住房资金管理处，市第一房管所改为市第一房屋管理处，市第二房管所改为市第二房屋管理处，市第三、第四、第五、第六房管所改为市第三、第四、第五、第六房屋管理处，市材料场改为市物资供应处，并设有市供暖管理处、市经营管理处、市房地产监察大队、市民用建筑设计院等二级单位。1997年2月，成立市房地产开发管理办公室，为市房产管理局所属科级事业单位。

2001年12月，市房产管理局把具体管理事务和专业性、技术性的业务工作转移下放给所属事业单位，减少审批事务。市房产管理局内设党委办公室、办公室、人事科、综合管理科、计划财务科、住房制度改革办公室、房政科。2002年4月，市房管局所属第一房产处改为呼和浩特市福园物业管理有限责任公司；第二房管处改为呼和浩特市恒生物业管理有限公司；第三房管处改为呼和浩特市天新物业管理有限责任公司；第四房管处改为呼和浩特市万帮物业管理有限责任公司；第五房管处改为呼和浩特市玉成物业管理有限责任公司；第六房管处改为呼和浩特市华隆物业管理有限责任公司。改组后的6个物业管理有限责任公司不再隶属市房产局，市房产局只对其进行行业指导与管理工作。同时成立内蒙古蒙源咨询服务中心。同年，房管科更名为政策法规科；房屋产权产籍工作由市房地产监察大队移交市房地产产权市场管理处；廉租房组织管理职能由综合科移交房委办；危旧房鉴定、新技术、新材料推行和统计等由综合科负责。

2005年，市房地产管理局内设党委办公室、工会、团委、监察室、信访接待室、办公室、人事科、综合管理科、计划财务科、住房委员会办公室、政策法规科。所属二级单位有市物业管理处、市房地产开发经营管理处、市拆迁管理办公室、市房地产产权市场管理处、市住房资金管理中心、市房产局供暖处、市房产局经营管理处、市房地产监察大队、市房地产开发企业协会。9月，市安居工程办公室更名为市住宅产业化促进中心。

2008年12月，成立市房地产管理局技术委员会。2010年10月，设立市住房保障和房屋管理局，内设党委办公室、办公室、人事科、财务科、政策法规科、住宅与房地产业科、住房保障科、住房公积金监管科、行政事项审批办公室、纪检监察室、离退休人员工作科。市房产管理局职责划入市住房保障和房屋管理局。

2015年，市住房保障和房屋管理局内设党委办公室、办公室、人事科、财务科、政策法规科、住宅与房地产业科、住房制度改革委员会办公室、住房公积金监管科、行政事项审批办公室。下设12个二级单位。其中，副处级单位5个，分别是市物业管理处、市房地产开发监督管理处、市房屋征收管理办公室、市房地产产权市场管理处、市住房公积金管理中心；科级单位7个，分别是市住房保障和房屋管理局供暖管理处、市住房保障和房屋管理局经营管理处、市住房保障中心、市住宅产业化促进中心、市房屋安全管理鉴定中心、市房地产信息中心、市住房保障和房屋管理局咨询投诉中心。

第二节　住房制度改革

一、组织保障

1988年，呼和浩特市成立住房制度改革领导小组，办公室设在房产处，主要任务是调查公有住房底数，对公有住房出售进行试点。1992年，市政府印发《关于鼓励职工购买优惠住房的通知》，开始向单位干部职工按标准价出售公有住房部分产权。1995 年，开始向单位干部职工按成本价出售公有住房。1999 年，在市住房制度改革领导小组的基础上成立市住房制度改革委员会，办公室设在市房产局。负责住房资金管理、住房公积金决策、住房分配货币化、公有住房改革、经济适用住房建设、廉租住房制度建立。1999 年 6 月，转变住房实物分配，逐步实行住房分配货币化。2002 年 1 月 1 日，开始市机关事业单位住房货币化补贴。2003 年 4 月，福利分房停止。2005 年，住房货币化补贴资金打破原有的按比例分配的模式，实行由财政预算安排和单位自筹资金共同负担，补贴拨付方式实行国库直接支付，取消原住房资金管理中心开设的住房补贴个人账户。新职工住房货币化补贴资金纳入财政预算管理。对于属于财政工资统发单位的新职工住房补贴，由财政将其住房补贴随工资发放。属于财政非工资统发单位的新职工住房补贴，由财政将其住房补贴拨入新职工所在单位，由其所在单位随工资发放。

二、廉租住房建设

2004 年，呼和浩特市开始实施廉租住房管理，颁布《呼和浩特市城镇廉租住房管理办法》。同时，市政府印发《关于批转〈呼和浩特市城镇廉租住房管理办法实施意见〉的通知》。在分配和管理方面实行租赁补贴和实物配租相结合、优先配租和轮候相结合的保障方式，由旗县区住房保障管理部门根据实际情况进行分配，孤老病残等特殊困难家庭优先于其他困难家庭，无房户优先于有房户。廉租住房租金标准实行政府定价，按照维修费和管理费确定为每平方米 1 元，之后租金标准随着城市最低生活保障标准的调整进行相应调整。全年，全市建设廉租住房 9690 套、45.43 万平方米，分配 7597 套、35.58 万平方米。

2005 年，由市区两级财政分比例筹措资金，确定每年建设一定量的廉租房。回民区、玉泉区各自建设 100 套廉租房。2006 年，全市发放廉租房补贴户数共计 949 户，发放补贴资金 149.02 万元。共 140 户困难住户核减租金 1.45 万元。2007 年，市房产管理局成立住房保障中心，编制《呼和浩特市解决城市低收入家庭住房困难发展规划（草案）》。全市租赁补贴户累计达到 1055 户，发放资金 173.8 万元。2008 年，呼和浩特市投资 8750 万元建设廉租住房 5.12 万平方米，共计 1062 套。提高最低收入家庭廉租补贴，由原来每平方米 6 元，提高到每平方米 10 元。2009 年，市四区廉租房建设投资 8946 万元，5 个旗县廉租房建设投资 1167 万元。廉租补贴户数 4249 户，补贴资金额 1000 余万元。2010 年，通过新建、回购以及结合国有工矿棚户区改造，共建设廉租房 5187 套，为 7222 户廉租补贴家庭发放补贴资金 1860.5 万元。2011 年，开工建设廉租住房 3986 套，发放廉租补贴 2100 万元，补贴家庭 7472 户。

2012 年开始，实行保障性住房新政策，廉租住房和公共租赁住房统筹建设，并轨运行管理，不单独兴建。各旗县新建廉租住房项目 7 个，共计 1059 套。

三、经济适用住房建设

2005年，开始实施经济适用住房。2006年，呼和浩特市的经济适用房的建设规模为100万平方米，投资约13亿元，分别在新城区建设“河西航苑”“新城家园”项目，在回民区建设“温馨家园”项目，在玉泉区建设“科苑佳园”项目。经济适用住房执行申请人资格审核制度，经两榜两公示审核程序，对符合购买经济适用住房条件的家庭，发放“经济适用住房准购证”。经济适用住房价格执行政府指导价，由市住房保障和房屋管理局会同市发改委根据建造成本和地理位置等因素测算得出。规定经济适用住房限购面积为65平方米，高层、小高层可以适当放宽标准，但每种套型增加的建筑面积不得超过10平方米。购买经济适用住房满5年，购房人可以按照政府所定的标准向政府交纳土地收益等相关价款后，取得完全产权或上市交易。

2008年，市房产管理局出台《呼和浩特市经济适用住房实行登记及摇号销售试行办法》，首次公开摇号销售，共有上市房源798套，6.07万平方米。

截至2014年，全市共建设经济适用住房5.56万套、542.95万平方米，分配约5.3万套。2014年以后，市政府取消经适房项目行政审批，不再批复建设，符合申购经济适用住房人群的住房困难问题通过公租房统筹解决。

四、公共租赁住房建设

2010年，呼和浩特市开始实施公共租赁住房，当年开工建设400套。公共租赁住房主要采取定向配租、摇号配租和自行分配3种分配方式。定向配租主要针对工作在一线工作岗位的环卫工人、公交车司机及市级劳模等住房困难群体。市住房保障管理部门提供房源，申请单位根据实际情况进行配租；摇号配租主要面向呼和浩特市符合申请条件的中低收入群体；自行分配针对经济技术开发区以及大型工业园区建设的公共租赁住房。主要解决辖区内中低收入群体及稳定就业的外来务工人员的阶段性住房问题。公租房配租要求家庭人均月收入低于城市最低生活保障金7倍以下（当时为3010元），无房或家庭人均建筑面积低于15平方米。公共租赁住房租金标准由市住房保障部门会同市物价、财政部门，依据呼和浩特市经济发展水平、供应对象支付能力以及商品住房市场租金水平等因素确定，具体价格控制在市场租金水平的70%以内。公共租赁住房租金标准按年度实行动态调整，市住房保障部门经营管理处负责公租房的后期管理、运营等，每年向社会公布一次。公共租赁住房申请工作采取通过网络逐级上报审核备案的方式进行。由居委会将通过初审的申请人信息报办事处公示，公示无异议的通过网络上报区住房保障管理部门，区住房保障管理部门复审后上报市住房保障管理部门审批，最后通过审批的申请人进入公租房实物配租轮候库等待摇号配租。

截至2015年，市住房保障和房屋管理局先后出台《呼和浩特市公共租赁住房管理办法》《呼和浩特市人民政府办公厅关于加强公共租赁住房建设和管理相关事宜的通知》《呼和浩特市新建公共租赁住房建设项目室内装修标准》《呼和浩特市公共租赁住房长期租赁补贴实施指导意见》《呼和浩特市公共租赁住房出售管理办法》。全市建设公共租赁住房3.64万套，207.73万平方米，分配3.08万余套。通过租赁补贴保障中低收入住房困难家庭5.24万余户，发放租赁补贴资金约1.25亿元。并将新就业大学毕业生纳入公租房租赁补贴范围，主要包括国家促进就业项目“三支一扶”招募人员；社区民生志愿服务人员；中小企业和非公有制人才储备计划招募人员；高校毕业生就业见习计划招募人员等。

第三节　房地产管理

一、房地产开发

1986年，呼和浩特市有房地产企业3家，均无资质，全部是国有企业。1989年，呼和浩特市开始房改试点。在内蒙古日报社、自治区高级人民法院、内蒙古送变电工程公司、内蒙古第二毛纺织厂、市文化局等单位进行房改试点。同年，在新城区建成呼和浩特市最早的住宅小区——团结小区。该小区占地面积43公顷，建筑面积27.9万平方米，其中住宅面积24.4万平方米。

1989年后，住房保障方式逐渐从福利分房向住房分配货币化的模式转变。随着房地产行业相关法规体系的逐步完善，呼和浩特市房地产行业的产值逐年升高。

1995年，全市开始实施安居工程。1995—1997年，自治区共向呼和浩特市下达39万平方米的安居工程建设目标。1997年，市政府发布《呼和浩特市房地产开发管理办法》，全市共有44家市属房地产开发公司进行资质年检。同年，市政府实施28万平方米的地方安居工程。1998年，呼和浩特市制定住房改革的总体方案，停止福利分房。在住房改革政策的推动下，经济适用住房建设逐步成为全市住宅建设主体。全市经济适用房开工面积占房地产开发面积的68.4%，完成投资5.89亿元，占住宅总投资的60%。同年，呼和浩特市开始实施建设金园小区、华隆小区等旧城改造项目。1999年，市政府印发《关于取消和降低城镇住宅建设部分税费的通知》，城镇住宅建设的成本降低。至2000年，呼和浩特市人均居住面积达到9平方米的小康居住水平。国家经济适用住房试点小区昭君新村完工，总占地面积10.89公顷，总建筑面积16万平方米，累计完成投资1.9亿元。昭君新村项目是全市第一个推出跃层设计的项目。

2001年，市政府印发《呼和浩特市城市住宅建设标准》《呼和浩特市住宅小区竣工验收管理办法》《呼和浩特市住宅建设管理规定》等法规性文件。2002年，印发《呼和浩特市住宅区竣工综合验收管理办法》。

2003年1月起，在全市房地产开发企业实行《房地产开发项目手册》上报制度。同年，全市完成房地产开发投资28.75亿元，施工面积370万平方米，新开工242万平方米，竣工161万平方米。全市人均建筑面积达到21.3平方米。

2004年，全市共完成房地产开发投资26.43亿元，施工面积411.73万平方米，新开工234.34万平方米，竣工62.29万平方米。全市人均建筑面积达到23平方米。市政府招商引资的重点扶持项目新希望家园小区开工建设，开发占地面积46.7万平方米，总投资金额超过10亿元；东达城市广场项目占地面积4.34万平方米，是一个以住宅、办公、餐饮、娱乐、文体服务为一体的高层建筑群体。同年，呼和浩特市被自治区建设厅定为全区第一个开展商品住宅性能认定的试点城市。自治区建设厅住宅产业化中心对丽苑阳光城（二期）、丽苑阳光城（三期）、汇豪天下、东达城市广场4个项目进行AA级住宅性能认定，丽苑阳光城（二期）获自治区优秀住宅小区的称号。年内，房地产开发项目手册动态管理系统投入使用。

2005年7月，“2005年中国·呼和浩特房屋暨新型建材展销会”召开。展会共成交商品住宅5.48万平方米，成交金额1.32亿元；二手房成交2051平方米，成交金额234万元。

2006年，全市确定23个重点住宅项目并进行网上展示，总占地面积为488.31万平方米，建筑面积约690.82万平方米，总投资金额约为116.79亿元，包括中高档住宅小区和经济适用住房小区。

2008年，呼和浩特市调整商品房供应结构，控制高档商品房建设规模，增加中低价位中小型住宅建设，90平方米以下户型住宅的新开工面积占全年新开工总面积的71%。对老旧城区和城中村的危房进行调查摸底并确定10个城中村改造项目，总规模423.5万平方米，总户数1.07万户；6个城中村完善项目，总规模约367.5万平方米，总户数9811户。至年底，全市人均住宅面积29.4平方米。

2009年，市住房保障和房屋管理局编撰《呼和浩特市地区住宅产业现代化成套技术集》，确定华茂东方等10个可再生能源建筑为应用示范推广项目。启动建筑节能减排和绿色建筑评价。巨华时代广场、保全农贸市场、金隅时代3个项目通过审核申报为2009年太阳能光建筑应用示范项目，华茂东方被申报为自治区第一个“绿色建筑”项目。市区开展旧小区房屋节能改造调查。

2011年，市政府印发《呼和浩特市实行住房限购政策的实施细则》，开始实行商品房明码标价备案制度，要求销售部门一次性公开全部房源并明码标价对外公示，约谈销售单价过高的房地产企业。京能花园、金隅时代城小区申报国家住宅示范工程。全市实行商品住宅装修一次到位制度，实施住宅工程部品与产品备案方案，建立绿色建材和产品推荐名录公布制度。开展太阳能光电建筑应用示范项目申报。

2013年，呼和浩特市房地产投资和新开工幅度有所下降。5月，完成第一批43个老旧小区的既有居住建筑节能改造工程的返修工作，投入金额5.38亿元对300个老旧住宅小区进行综合整治改造。8月，成立呼和浩特保障性住房发展建设投资有限责任公司。成立市全装修住宅建设工作领导小组，制定《关于推进住宅全装修工作实施方案的通知》，原则上全装修住宅占项目住宅总量比例不低于30%；廉租房、公共租赁住房项目全装修住宅占项目住宅总量100%。年内，新华联雅园、华茂名居、希望加州华府二期3个项目获得住房和城乡建设部二星级绿色建筑标识。

2014年，呼和浩特市房地产投资下降、房地产新开工面积大幅减少、销售市场观望情绪浓厚、工程进度普遍缓慢。7月，呼和浩特市盛世名筑一期、二期住宅项目获得住房和城乡建设部一星级绿色设计标识。年内，金隅时代城、希望加州华府、金泰丽湾3个"国家康居示范工程"项目通过住房和城乡建设部及自治区住房和城乡建设厅的达标考核验收。

2015年，市住房保障和房屋管理局按照市政府《关于进一步促进房地产市场平稳健康发展的实施意见》，扩大住房公积金使用范围，将贷款额度上限提高至80万元，购买首套房的首付比例下调至20%，将贷款期限调整为1～30年。依据《呼和浩特市棚户区改造购买回迁安置房办法（试行）》去库存，在托克托县、武川县、赛罕区的4个棚改项目共回购安置房955套，回购面积11.03万平方米。合理引导住房消费，普通住房单套建筑面积标准由120平方米以下调整为144平方米以下，并执行相应税率政策。

二、房屋征收与拆迁管理

1988年，市房地产管理处对东马道巷以南至议事厅巷以北拆迁138户；通道南街路西拆迁135户；呼和浩特市制药厂宿舍拆迁130户。其中，住户129户，网点1户；大南街、小东街拆迁257户；通道北街路东、路西拆迁126户；车站东街路南拆迁占地总面积8950平方米；通道南街路东拆迁108户。1989年，拆迁公园西路101户，占地面积3.51万平方米；拓宽通道南街拆迁282户，占地面积2.98万平方米，建筑面积7499.86平方米；兴建通达商场拆迁78户，占地面积3822平方米，建筑面积1949.20平方米；新城北街路西拆迁占地面积6426平方米，建筑面积3130.95平方米。

1991年，首届那达慕大会前，为整顿市容拆迁196户，占地面积1.43万余平方米。1992年，拆迁范围南起大西街，北至西顺城街，东起大北街，西至小北街，拆迁15条街、巷，占地面积11万余平方米，拆迁总户数1108户。1994年，拆除内蒙古大学东墙所有的临街商业网点，拆迁占地总面积13.20万平方米，总户数489户，建筑总面积 2.74 万平方米；拓宽呼哈路南段拆迁占地面积 4800 平方米，建筑面积 2168.29 平方米。拆迁人民路、姑子板、公路处、乌兰察布东路、小召前、西河沿、县府街、大南街、头道巷几十个沿街违章商业网点。全年办理拆迁许可证 35 个，占地总面积 10.61 万平方米，建筑总面积 8.26 万平方米，总户数 1575 户。

1995 年 5 月，完成呼包高速公路 3.65 万平方米的拆迁任务；对赛罕路、呼哈路、机场路、兴安北路、乌兰察布东路、旧城大南街、大西路等进行改造拆迁，拆迁 1316 户，建筑面积 4.75 万平方米。全年对外办理拆迁许可证 42 个，拆迁占地总面积 8.29 万平方米，建筑面积 3.52 万平方米，总户数 862 户，总间数 2073 间。

1996 年，完成鼓楼立交桥、兴安北路公铁立交桥、民航大厦、赛马场路、乌兰察布西路等地拓宽改造拆迁，拆迁总户数 439 户，总建筑面积 2.79 万平方米；完成哲里木路、昭乌达路、红旗街、人民路等道路的拆迁任务，拆迁总占地面积 9920 平方米，房屋总建筑面积 2728.94 平方米；完成昌平小区和满西巷小区拆迁工作，昌平小区完成拆迁总面积 1.05 万平方米，占地面积 200 平方米；满西巷小区拆迁总户数 271 户，房屋建筑总面积 9593.31 平方米，占地总面积 1.71 万平方米；呼伦贝尔南路和支农巷铺设煤气管道，拆除房屋建筑面积 1050 平方米，占地面积 3400 平方米；拆除临时商业网点 28 户，房屋建筑面积 1.81 万平方米，占地面积 4217.4 平方米。全年拆迁项目共 90 项，总占地面积 62.16 万平方米，总建筑面积 20.98 万平方米，总户数 5691 户。

1997 年，对北一环路、4 个出城口、兴安南北路、赛马场东路、机场路、人民路、呼伦贝尔南路段、儿童食品厂、鼓楼立交桥两侧、24 条主次干道两侧违章建筑和有碍市容的临时商业网点进行建设改造拆迁和市容整治；人民路（六段）改造拆迁 4800 平方米，人民路（四段）改造拆迁 6410.75 平方米；西马路改造拆迁 4582.50 平方米；儿童食品厂改造拆迁 3.58 万余平方米；兴安北路公铁立交桥路北拆迁 2255.80 平方米；车站东西街、北垣西街拆迁 4032.60 平方米；青松制衣商业网点拆迁 4349 平方米。兴安南路商业网点拆迁 3360 平方米；南茶坊道路两侧改造拆迁 9971.45 平方米；新华广场改造拆迁 7899.64 平方米；北一环路拓路拆迁 1.45 万平方米；赛马场路改造拆迁 6348.29 平方米；新城鼓楼立交桥拆迁占地面积 1800 平方米，建筑面积 1.59 万平方米；兴安北路立交桥拆迁占地面积 3.86 万平方米，户数 127 户，建筑面积 4704.38 平方米；呼伦北路道路拓宽拆迁 9.24 万平方米；哲里木路道路改造拆迁占地面积 8000 平方米，建筑面积 6000 平方米；红旗街改造拆迁 1.37 万平方米，户数 181 户，建筑面积 7757.72 平方米；大学路文化市场改造 6552 平方米，户数 116 户。建筑面积 3773.33 平方米；人民路道路改造 9600 平方米，建筑面积 1418.31 平方米；国航大厦拆迁 5754 平方米，建筑面积 2440 平方米；昭乌达路改造拆迁 4 万平方米，户数116户；昌平小区开发拆迁占地面积1.8万平方米，户数198户；满都海西巷改造拆迁占地面积1.41万平方米，户数171户，建筑面积8593.71平方米；祥和小区开发拆迁占地面积1.57万平方米，户数290户，建筑面积8432平方米；昭君新村开发拆迁占地面积10.64万平方米，户数1126户，建筑面积3.13万平方米；一毛小区拆迁占地面积2.6万平方米，建筑面积1万平方米，户数337户；动力居住小区开发占地面积5.93万平方米，建筑面积1.38万平方米，户数720户；农行办公、住宅楼改造拆迁1.89万平方米，占地面积7000平方米，户数105户；北方药业综合楼改造拆迁占地面积1.9万平方米，建筑面积9000平方米，户数180户。

1998年，市区街道改造，拆除新城区东风路南建筑1280平方米；拆除新城区附中东巷建筑5600平方米；回民区祥和小区安居工程，拆除建筑10.73万平方米；回民区光明路进行道路改造，拆除建筑1.54万平方米；玉泉区大南街危旧房改造，拆除建筑7282平方米；新城区中专路道路改造，拆除建筑6500平方米；新城区展西路进行道路改造，拆除建筑面积2700平方米；新城区八一市场院内进行市场改造，拆除建筑面积2800平方米；新城区东影南街危旧房改造，拆除建筑2750平方米；战备路进行道路改造，拆除建筑面积7800平方米；郊区西菜园路段600米进行道路改造，拆除建筑面积1877.43平方米；新城区南马神庙街进行危旧房改造，拆除建筑1.41万平方米；新城区华安街进行危旧房改造，拆除建筑7750平方米；全年注册拆迁项目145项，拆迁总户数7210户，总建筑面积29.8万平方米，占地面积50.9平方米。

1999年，清理整顿哲里木路、新城南北街、昭乌达路道路两侧的建筑物及其他设施；拆除乌兰察布路、新城东街、中山路、鄂尔多斯路、战备路、南马路、赫力大厦、青安饭店、麻花板村口违章建筑，共拆除违章建筑260起，清运废土1.10万立方米。2000年12月，全市各旗县区成立拆迁公司。

2001年，根据2001年11月1日国务院颁发《城市房屋拆迁条例》，呼和浩特市政府修订《呼和浩特城市房屋拆迁条例》，印发《呼和浩特市城市房屋拆迁管理条例实施办法》《呼市房屋拆迁纠纷裁决规则》《呼市城市房屋拆迁评估管理规定》《呼市城市房屋拆迁资金监管管理规定》，初步形成拆迁管理法规体系。

2002年，全年办理、更换房屋拆迁许可证30件。共拆迁建筑面积83万平方米、8000多户。完成东瓦窑村“城中村”改造38户拆迁，占地面积6536.28平方米，建筑面积4560.96平方米；呼伦贝尔南路水上公园危旧房改造中完成拆迁75户，占地4600平方米，建筑面积2180平方米；前巧报村1408平方米、10户的道路拓宽工程和学府花园2280平方米、26户的安居拆迁工程。

2003年，全年拆迁建筑面积53.81万平方米、6213户。市辖4区全年共完成拆迁5312户、建筑面积38.57万平方米。其中，回民区完成1286户、建筑面积9.09万平方米，新城区完成拆迁835户、建筑面积10.71万平方米，玉泉区完成拆迁2756户、建筑面积13.90万平方米，赛罕区完成拆迁435户、建筑面积4.88万平方米。

2004年2月，启动占地23.35万平方米的讨号板村拆迁改造。全年核发房屋拆迁许可证23件，更换房屋拆迁许可证29件，拆迁2700余户，总建筑面积约30万平方米。回民区完成拆迁400余户，总建筑面积3万平方米，新城区完成拆迁1500余户，总建筑面积1.5万平方米，玉泉区完成拆迁360户，总建筑面积1万平方米，赛罕区完成拆迁100余户，总建筑面积3万余平方米。

2005年，全市共办理房屋拆迁许可证90件，换证32件，拆迁建筑面积246.4万平方米。

2007年，全年共发放房屋拆迁许可证105件。其中，延期许可61件，拆迁量控制在自治区下达的72.9万平方米的范围之内。

2008年，发放“房屋拆迁许可证”25件，房屋拆迁面积24.4万平方米、约3300户；涉及“城中村”拆迁改造项目12项，60余万平方米、3000余户。

2009年，全年共发放房屋拆迁许可证96件。其中，新办23件，换证73件。

2010年，全市完成拆迁建筑面积239万平方米，共计约1.4万户。其中，“城中村”拆迁改造建筑面积168.07万平方米；旧城区、棚户区危旧房拆迁改造45.93万平方米；实施“新亮美绿净畅”建设项目拆迁25万平方米。市拆迁办直接监管完成7个重大工程项目和公益性建设项目拆迁，共完成拆迁面积约18万平方米。包括机场高速路两侧景观带拆迁，约10万平方米，347户，净地26.67公顷；内蒙古科技馆、演艺中心、瞭望塔建设项目拆迁，约5.8万平方米，141户，净地5.8公顷；南店火车东客站站前广场糖研所拆迁项目，拆约5700平方米，95户，净地6.13公顷；北垣街景观带拆迁项目约5180平方米，55户；市第十四中学两侧景观建设项目拆迁，拆除商业门脸房25户，约1650平方米；丰州路两侧景观建设项目拆迁，拆除商业门脸28户，约3700平方米；市委供暖处家属楼拆迁，拆除住宅28户，约2000平方米。全年共核发房屋拆迁许可证26件。

2011年10月，“城中村”项目核发房屋拆迁许可证129份。其中，新办16个。2012年，市委、市政府确定对全市43个“城中村”进行整体拆迁改造，核发拆迁许可证53份共计1500万平方米。2013年9月起，停止办理房屋拆迁单位资质年检初审、拆除单位资质年检工作。

2015年，重点开展呼和浩特市鹰祥水泥有限责任公司生活区的拆迁征收，确保国家北方足球训练基地重点工程如期展开，涉及征收水泥厂职工房屋840余户，截至年底，签订房屋征收与补偿意向性协议占厂区住宅房屋的半数以上。

三、棚户区改造

2010年,呼和浩特市开始实施棚户区改造。确定19个国有工矿棚户区改造项目，总规模38万平方米，解决低收入住房困难家庭6709户，其中低保范围547户。

2011年，全市棚户区改造回迁房2.49万户。2012年，城市棚户区年度改造任务为2.5万户，拆迁改造510万平方米。2013年，开工建设棚户区改造回迁安置房1.32万套，完成投资33.50万元。

2014年，棚户区改造2.84万套，依托保障房公司市级保障性住房的融资平台，获得支持呼和浩特市2013—2016年棚户区改造专项贷款资金186亿元的授信额度，截至年末，成功签订合同20.26亿元，实际发放17.24亿元。2015年，完成回迁房安置2.81万套，289.16万平方米。

截至2015年，自治区下达棚户区改造任务12.98万户，自治区备案14.04万户、2556.42万平方米,实际完成14.62万户、1193.53万平方米,其中纯货币补偿3.03万户。

四、房产交易与产权产籍管理

1999年，市政府印发《呼和浩特市已购公有住房和经济适用住房上市交易管理暂行办法》，呼和浩特市正式启动住房二级市场。6月，成立市房地产交易中心，与市房地产市场管理处合署办公。12月，产权产籍监理处、市场管理处合并为市产权产籍市场管理处。

2000年，市政府印发《呼和浩特市城镇房屋权属登记管理办法》《呼和浩特市城市房屋拆迁管理条例实施办法》，成立呼和浩特市房产局房屋置换中心。同年，市房地产市场管理处与市房屋产权产籍监理处合并为市房地产产权市场管理处，赛罕区城建局房屋管理交易所整建制划转到市房产局产权市场处。

2001年8月，市产权产籍档案馆正式交付使用，占地面积3600平方米。新建档案馆完全实现现代化的办公程序和管理模式。

2002年,市房地产产权交易大厅被列为呼和浩特市行政服务中心的3个“一厅式”办公大厅之一。产权交易大厅邀请税务、银行、土地等相关部门同时进驻大厅,形成“一条龙”服务。组建住房二级市场信息库，设立住房二级市场信息网站，设置电子显示屏滚动发布房地产供求信息。同时采用中介联锁的形式，与市内有实力的房地产中介公司联合推出连锁店形式的中介服务，提供看房直通车，解决信息传输不畅等问题。大厅设置咨询台、热线电话、增设IC卡电话、触摸屏查询电脑、各业务窗口配备电脑和语音扩大对讲系统等。

2005年7月，市政府发布《呼和浩特市城市房地产交易管理条例》,《呼和浩特市城市房地产交易市场管理条例》同时废止。2006年10月，各区房屋租赁管理职能收回市房产局。2007年，市房地产产权市场管理处开通商品房销售网上签约和网上申请权属登记系统。2008 年 7 月，开始在产权市场处办事大厅使用产权证指纹肖像数码密押防伪系统。

2010 年 8 月起，市住房保障和房屋管理局施行《呼和浩特市房地产开发建设项目联合验收管理办法》。

2011 年 4 月 1 日起，市区实行住房限购政策，对有 1 套住房的呼和浩特市（含市四区五旗县）户籍居民家庭（含部分家庭成员为呼和浩特市户籍居民的家庭，包括夫妻双方及未成年子女，下同）、非呼和浩特市户籍居民家庭，限购 1 套住房（含新建商品住房和二手住房）。包头市、鄂尔多斯市户籍的居民在呼和浩特市市区购房享受呼和浩特市户籍居民的政策。

2012 年 6 月，市住房保障和房屋管理局印发《呼和浩特市商品房预售资金监管办法》《呼和浩特市二手房屋交易资金监管办法》。

2014 年 3 月，市政府开始清理 2010 年 10 月 31 日前建设审批手续不全即开工建设的历史遗留项目，决定对“五证”（国有土地使用证、建设用地规划许可证、建设工程规划许可证、建筑工程施工许可证、商品房预售许可证）齐全因超容积率补缴土地出让金问题，不能联合验收的住宅建设项目，先行组织联合验收合格后，市住房保障和房屋管理局可以先办理房屋产权初始登记手续并向购房群众办理产权分户，发放产权证。对项目公共配套设施和开发企业所属商业部分建筑，通过产权权利限制追究违规行为。6 月，市政府对经济适用住房项目中配建的商业用房、开发企业主体消失、无法办理房屋权属登记手续的建设项目、依据“以房养路”政策开发建设的项目以及因住房限购政策限制无法办理房屋产权分割登记的遗留问题建设项目等 10 个事项提出解决处理方案。

2015 年 10 月，呼和浩特市新建商品房转让手续费和存量住房转让手续费分别降为每平方米 2 元和 4 元；11 月，取消房屋租赁手续费。全年受理各类申请登记 7.42 万件，办理商品房预售许可 111 件，新建商品房初始登记 325 件，新建商品房转移登记 7501 件，二手房转移登记 1.09 万件，抵押登记 1.97 万件，期房签约 2.67 万件，现房签约 4919 件，共发证 6.68 万册。

五、物业管理

1996 年 10 月，市政府发布《呼和浩特市物业管理试行办法》。1997 年 5 月，成立市物业管理办公室。全市有物业管理企业 15 家，物业从业人员 980 人，物业管理面积 200 万平方米（住宅面积 120 万平方米、非住宅面积 80 万平方米）。物业管理包括住宅小区、写字楼、开发区等。

1998 年，全市物业管理企业 36 家，从业人员 2254 人，管理面积 353 万平方米（住宅面积 229 万平方米、非住宅面积 124 万平方米）。管理范围扩展到商业街区、工矿区、高等院校。

1999 年 8 月，市物业管理办公室更名为市物业管理处。2000 年 4 月，市政府发布《呼市住宅区物业管理办法》。

2000 年 4 月，市政府发布《呼市住宅区物业管理办法》，并据此先后印发《物业管理企业资质审查管理办法》《维修基金使用管理办法及细则》《物业小区招投标管理办法》《呼和浩特市物业企业资质管理规定》《呼和浩特市物业管理企业招投标暂行规定》《呼和浩特市住宅共用部位、共用设施设备维修基金管理规定》《业主委员会成立登记备案管理办法》《呼和浩特市住宅小区物业管理实施规定》《关于物业管理企业相关费用收取的通知》《物业管理机构与原挂靠单位或开发企业脱钩的通知》等。

至 2002 年末，呼和浩特市注册物业管理企业 177 家，其中二级企业 5 家、三级企业 32 家、四级企业 38 家、临时资质 102 家，物业管理从业人员 5000 余人。物业管理面积 1344 万平方米，物业覆盖率 56%。累计归集维修基金 1004 万元。获得国家级优秀小区称号 6 个，获自治区级优秀小区称号 15 个，获市级优秀小区称号 10 个。市住房资金管理中心被评为全区文明单位、全国建设系统窗口服务示范单位。

2003 年 10 月，市政府办公厅印发《关于开展城镇居住物业区域划分工作的通知》。按照“两级政府，三级管理，四级网络”的管理模式，全市开展物业管理区域划分工作。

2004 年，市物业管理处制定出台《呼和浩特市物业管理办法》，规范专项维修资金的备案程序，明确备案范围和类型，确定物业管理办公用房的留置标准。全年收缴维修基金 2080 万元，接收物业管理用房 2460 平方米；归集拖欠专项维修资金 289 万元。至 2004 年底，全市有物业管理企业 173 家，物业管理面积 1806.02 万平方米，成立业主委员会 111 家。

2005 年，市物业管理处新办理物业管理企业 37 家，新增物业管理面积 514.03 万平方米。启动专项维修资金信息管理系统，实现专项维修资金信息化管理。全市产生 4 个国家级物业管理示范项目，7 个自治区级优秀、示范项目。市四区按照统一标准、样本，相继完成区域划分的基础性工作。全年办理前期物业管理招投标备案登记手续的项目 30 个，备案总建筑面积为 262 万平方米。有 23 个小区成立业主大会并组建业主委员会。

2006 年，市物业管理处办理物业管理企业 22 家，新增物业管理面积 188.47 万平方米，组建业主大会 22 家。办理登记备案项目 102 个，新增备案面积达到 200 万平方米，留置物业管理用房 5098 平方米，收缴专项维修资金 3598 万元。办理前期物业管理招投标备案登记手续的项目 81 个，备案总建筑面积为 347 万平方米。桥华世纪村紫园、国贸大厦为国家级物业管理示范项目，如意住宅小区、通信枢纽中心大楼为自治区级优秀项目，以及内蒙古检察院办公楼、机场航站楼、北方联合电力办公楼自治区级示范项目通过国家、自治区考评组的考评验收。

2007 年，市物业管理处制定出台《呼和浩特市商品住宅维修资金使用细则》《物业承接验收实施细则》《物业管理 3A 住宅小区（大厦）标准》。全年办理物业管理企业 25 家，新增物业管理面积 244 万平方米，组建业主大会 16 家。办理前期物业管理登记备案手续的有 125 家企业，总建筑面积为 573 万平方米。

2008 年，市物业管理处办理物业管理企业 40 家，新增物业管理面积 367 万平方米，新备案业主委员会 49 家。截至 12 月，呼和浩特市物业管理企业数量达到 188 家，物业管理面积总计 3037 万平方米，物业管理覆盖率达 61%。办理前期物业管理登记备案手续的项目 58 个，登记面积 275 万平方米。出台《新建住宅物业共享部位、共享设施设备保修金管理办法》。受理物业维修资金登记备案 40 件，新增备案面积达到 120 万平方米。全年共收缴物业维修资金 2271 万元，维修资金总额 1.7 亿元。

2009 年，呼和浩特市整治老旧住宅小区，新建或整修门房 262 个，安装大门 315 个，补建围栏 2.07 万余米，配置垃圾箱 2932 个，垃圾车 1078 辆。老旧小区无人管理的状况基本解决。受理万元物业维修资金登记备案 62 件，新增备案面积约 384 万平方米。

2010 年，全市共有物业服务企业 235 家。其中，新办理物业服务企业 28 家，新增物业管理面积 399.46 万平方米。7 月，呼和浩特市开始征缴保修金。12 月，市政府批准市物业管理处维修资金收缴标准，多层建筑维修资金由每平方米 18 元调至每平方米 50 元。年内共受理物业维修资金登记备案 26 件，新增备案面积 81 万平方米，留置物业管理用房 3336.45 万平方米，收缴物业管理用房维修资金 8.5 万元。

2011 年，全市投入资金 2.2 亿元，改造 194 个老旧小区，面积 460 万平方米，受益人口 17 万人。受理物业维修资金登记备案 25 件，新增备案面积 196 万平方米，留置物业管理用房 1.11 万平方米。全年保修金备案企业 24 家，开发企业缴交保修金 3800 万元，保修金免备案企业 27 家。

2012 年，市政府发布《呼和浩特市住宅专项维修资金、收缴、管理和使用细则》。市、区两级财政按 1 ∶ 1 的匹配比例，投资 5.55 亿元，整治改造老旧小区 325 个。整治包括楼房本体维修，院内硬化、亮化、绿化、美化，地下管网改造等。受理物业维修资金登记备案 25 件，新增备案面积 196 万平方米，留置物业管理用房 1.11 万平方米。40 家开发企业缴交保修金 4900 万元。截至 2012 年底，全市物业服务企业数量达到 271 家，管理面积达到 7211 万平方米，从业人数 2.21 万人，物业管理行业营业总收入 7.64 亿元。全市成立业主委员会 343 家，物业管理覆盖率达到 56%。

2013 年，市、区两级政府按 1 ∶ 1 的匹配比例，投资 5.58 亿元，整修改造老旧小区 300 个。9 家备案企业缴交保修金 919.5 万元，免备案企业 9 家。

2014 年，市物业管理处选择 210 个物业管理项目进行提升物业管理水平，打造标准化住宅小区；选择 400 个改造后的老旧住宅小区进行准物业管理升级。受理物业维修资金备案 31 件，新增备案面积 334 平方米，留置物业管理用房 1.25 万平方米。7 家备案企业缴交保修金 1537.35 万元，免备案企业 24 家。

2015 年，市、区两级政府按 1 ： 1 的匹配比例，投资 10.04 亿元，整修改造老旧小区 300 个，受益人口 4.7 万户、12 万人。受理物业维修金登记备案企业 15 家，新增备案面积 200 万平方米，留置物业管理用房 6776.41 平方米。7 家备案企业缴交保修金 2941.28 万元，免备案企业 22 家。全市共有物业服务企业 368 家，物业管理面积 8946.2 万平方米，从业人员 3.7 万人，行业总收入 11.92 亿元。

1997—2015 年呼和浩特市物业管理情况表

表 4-5-1

年份	管理企业（家）	管理面积（万平方米）	从业人员（人）	获国家级、自治区级优秀项目奖
1997	15	200	980	国家示范奖 1 个
1998	36	353	2254	
1999	70	430	4000	
2000	92	989	3800	自治区创优达标奖 2 个、自治区示范奖 1 个
2001	162	1392.42	4700	
2002	177	1344	5000	自治区创优达标奖 3 个、自治区示范奖 1 个
2003	191	1712.32	5153	自治区示范奖 1 个
2004	176	1841.37	5338	自治区创优达标奖 3 个、自治区示范奖 9 个
2005	174	2378.7	5639	国家示范奖 4 个、自治区创优达标奖 6 个、自治区示范奖 1 个
2006	184	2415.75	6373	自治区示范奖 1 个
2007	166	9223	9223	
2008	182	3043.06	12377	
2009	207	4261.88	13248	
2010	237	5138.78	15450	自治区创优达标奖 12 个
2011	241	5328.6	16487	自治区创优达标奖 8 个、自治区示范奖 8 个
2012	274	7100	22134	国家示范奖 4 个自治区创优达标奖 2 个、自治区示范奖 4 个、
2013	284	7908	25700	自治区创优达标奖 9 个、自治区示范奖 2 个
2014	336	7774.7	31000	自治区创优达标奖 6 个、自治区示范奖 7 个
2015	368	8946.2	37000	自治区创优达标奖 11 个、自治区示范奖 3 个

2001—2015 年呼和浩特市专项维修资金使用情况表

表 4-5-2

年份	商品房		房改房	
	数量（套）	金额（万元）	数量（套）	金额（万元）
2001—2004	8	6.09	—	—
2005	21	126.87	—	—
2006	25	144.00	56	360.59
2007	28	216.90	57	500.00
2008	46	436.40	123	1146.68
2009	61	542.99	96	1161.50
2010	48	625.95	60	1047.47
2011	57	939.59	41	855.81
2012	68	1037.28	45	575.15
2013	64	818.66	32	570.21
2014	38	802.08	26	335.51
2015	47	1462.90	17	217.21

说明：表中“—”表示无数据

2009—2015 年呼和浩特市住宅专项维修资金收缴情况表

表 4-5-3

年份	户数（户）	面积（万平方米）	金额（万元）
2009	14318	162.31	4421.52
2010	27486	319.05	9577.78
2011	9317	110.45	5116.21
2012	10557	124.86	5948.45
2013	7592	89.98	5406.13
2014	11808	144.65	8705.30
2015	9303	117.33	8740.00

第四节　住房公积金管理

一、公积金缴存

1993 年，呼和浩特市住房资金管理中心成立，隶属于市房地产管理处，主要负责市四区及各旗县及呼和浩特铁路局沿线地区住房公积金的管理。1995 年，试行公积金制度，住房公积金缴存比例按 5% 施行。1996 年开始在全市行政、企事业单位实行公积金制度。1999 年 5 月住房公积金缴存比例由 5% 提高至 6%。至 2000 年底，全市住房公积金归集累计突破 1 亿元。

2001年，全市住房公积金归集1亿元。2003年，全市住房公积金归集1.35亿元。2004年，相继在土默特左旗、和林格尔县、清水河县、武川县推行住房公积金制度。土默特左旗缴交住房公积金95万元，清水河缴交住房公积金44万元，武川县缴交住房公积金50万元，和林格尔县也开立公积金账户。全市住房公积金归集1.67亿元。至2004年底，全市有13万人实施住房公积金制度，住房公积金归集7.5亿元。

2005年，全市住房公积金归集3.31亿元。2006年，设立土默特左旗、托克托县、和林格尔县住房公积金管理部，调整移交铁路住房公积金管理机构。全市住房公积金归集4.76亿元，较2005年增长29.6%。2007年，全市住房公积金归集5.55亿元，首次突破5亿元大关。2006—2007年的归集总额达到前10年的总和。

2008年，全面实行公积金支取一级审批管理制度，实现即来即办。全市归集总额为6.31亿元。市属行政事业单位的住房公积金缴交比例提高至12%；市四区的住房公积金缴交比例提高至8%；旗县的住房公积金缴交比例提高至6%；中央驻呼单位、企业单位的住房公积金缴交比例为6%～12%，部分有条件的单位适当提高，超出部分缴纳税费。2月，呼和浩特市住房资金管理中心接收呼和浩特铁路局住房公积金管理机构。

2009年，全市归集住房公积金11亿元。至2009年底，全市住房公积金累计归集总额60.52亿元，共有缴存单位2669家、缴存职工23.82万人。

2010年，全市归集住房公积金16.47亿元。新增开户单位166家，新增缴存职工3.19万人。2011年，全市归集住房公积金18.38亿元。

2012年，完善旗县公积金业务，将公积金归集面扩展至乡镇一级，并逐步缩小与市区缴存比例的差距。全年归集住房公积金26.37亿元。

2013年11月，呼和浩特市住房资金管理中心武川县管理部成立。至2013年底，全市累计归集住房公积金162.83亿元。2014年，全市归集住房公积金29.77亿元。

2015年，呼和浩特市住房公积金管理中心归集住房公积金37.79亿元。

二、住房公积金贷款

2000年11月，呼和浩特市开始办理个人住房公积金贷款，贷款最高额度为3万元。12月，发放首批公积金个人贷款，总额116万余元。

2002年3月，根据购买经济适用住房的需求公积金个人贷款额由原3万元提至5万元。

2003年，全市发放公积金贷款5029万元。2004年，为完善住房公积金制度，维护住房公积金缴存者的合法权益，市住房资金管理中心制定出台《住房公积金支取管理细则》《住房公积金贷款管理办法》《住房公积金托管户管理办法》，规范提取和使用公积金行为。相继在武川县、土默特左旗、和林格尔县、清水河县开展住房公积金贷款业务。至2004年底，全市累计发放公积金贷款1804户、金额9845.5万元，支持购房面积50.1万平方米，直接拉动消费金额5.2亿元。

2005年，全市发放公积金贷款1.1亿元，支持购房面积16.06万平方米，拉动呼和浩特市住房消费2.26亿元。

2006年，市住房资金管理中心进一步提高贷款额度，对属于市四区的单位职工，贷款额度由原来的8万元提高到12万元，对行政事业单位、市直属行政事业单位由原来的12万元提高到15万元。全年发放个人住房公积金贷款1834户、金额1.9亿元，支持职工购房面积达23.9万平方米，拉动呼和浩特市房地产消费达3.85亿元。

2007年，全市发放个人住房公积金贷款2456户、金额2.32亿元，支持职工购房面积29万平方米，拉动住房消费共计5.07亿元。

2008年，全市支取公积金2.25亿元，发放个人住房贷款2492户、3.15亿元，直接拉动住房消费6.37亿元，住房公积金使用率达到89.4%。

2009年，加大旗县职工住房公积金贷款的发放力度，贷款额度由10万元增加到30万元，贷款年限由原来的职工退休年龄向后延长5年。各旗县贷款总户数为743户、贷款金额6231万元。全年，全市发放公积金贷款5.32亿元，支取公积金3.85亿元。至2009年底，全市累计支取住房公积金21.15亿元，为2.98万户职工放贷19.84亿元，支持购房面积总计281万平方米，直接拉动住房消费38亿元。

2010年，全市支取住房公积金6.45亿元，其中用于购、建住房的3.74亿元，占支取总额57.98%。为4467户家庭发放个人住房公积金贷款6.85亿元，公积金的使用率达到80.7%。提取公积金收益523万元，用于补充廉租房建设资金。

2011年，全市支取住房公积金7.68亿元，为3722名职工发放个人住房公积金贷款6.26亿元，拉动住房消费12.69亿元，拉动住房面积39.92万平方米。旗县管理部住房公积金使用率达112.5%。2012年，全市支取住房公积金8.64亿元，为2570户家庭发放住房公积金贷款5.52亿元。

2013年，市住房资金管理中心与商业银行推出组合贷款业务，在住房公积金贷款最高额度无法满足缴存职工住房资金需求的情况下，申请商业银行贷款，两种资金采用抵押贷款方式，统一时间发放、统一时间偿还、统一贷款期限，并为59户发放贷款2102万元，缓解缴存职工资金压力。至2013年底，全市累计支取住房公积金58.19亿元，累计为4.73万户职工家庭发放住房公积金贷款51.13亿元。同时，建立面向个体工商户和自由职业者的住房公积金制度，扩大住房公积金惠及群体，提高制度覆盖面。为76户个体工商户和自由职业者建立住房公积金制度，其中为36户发放贷款1614万元。

2014年，呼和浩特市放宽公积金使用及贷款条件，本人、配偶及双方直系亲属均可使用住房公积金，连续正常缴交公积金 6 个月以上的职工即可申请住房公积金贷款。简化业务程序，取消住房公积金贷款公证费用，新增公租房租金提取业务。新开通 12329 服务热线、网上办事大厅，发展在线自助服务。全年提取住房公积金 19.71 亿元，为 3873 户家庭发放住房公积金贷款 10.68 亿元。

2015 年，市住房公积金管理中心将异地购房、购买车库、装修、租房等纳入公积金使用范围，提高公积金最高贷款额度。设立清水河县住房公积金管理部，实现市属五旗县公积金服务网点全覆盖。全年办理住房公积金各类提取 33.05 亿元，向 1.2 万名缴存职工发放住房公积金贷款 34.49 亿元，拉动住房消费 1 亿元，带动房地产开发面积 98.41 万平方米。

1995—2015 年呼和浩特住房公积金管理中心业务状况一览表

表 4-5-4　　单位：万元

年度	归集	支取	贷款
1995	7.66	—	—
1996	1161.73	32.18	—
1997	1579.35	95.96	—
1998	2861.33	428.78	—
1999	4260.09	1094.49	—
2000	5239.70	1757.65	—
2001	10054.86	3572.61	4297.10
2002	15559.27	5629.70	5140.00
2003	18200.44	4038.73	5168.50
2004	25370.92	6626.96	9845.50
2005	33070.54	8450.57	11969.50
2006	47626.64	14517.37	22239.00
2007	55473.06	26129.01	31364.00
2008	79083.38	26502.37	34808.00
2009	104504.31	36093.90	59573.00
2010	146115.20	50975.14	62083.50
2011	165614.68	65738.40	62813.50
2012	196012.49	63504.15	48871.00
2013	243588.96	99102.94	79630.50

续表 4-5-4

年度	归集	支取	贷款
2014	264575.51	131905.67	96272.80
2015	285513.80	255854.98	245256.00
合计	1705473.92	802051.60	779331.90

说明：表中“—”表示无数据

第五篇

交通　邮政　通信

第一章 交 通

第一节 公 路

一、管理机构

1986年，呼和浩特市交通运输局担负着市境内公路建设、管理、养护以及道路、水路运输行业监理等职责，下辖内蒙古呼运集团有限责任公司、内蒙古通达股份有限公司、呼和浩特市大运集团总公司、呼和浩特市交通运输管理处、呼和浩特市交通科研所、呼和浩特市非机动车管理所、呼和浩特市小额征费处、呼和浩特市公路管理局、呼和浩特市公路工程局、呼和浩特市公路勘察设计院、呼和浩特市公路工程质监站、呼和浩特市公路工程监理所。

2001年，根据呼和浩特市党政机构改革方案，设置呼和浩特市交通局，将交通战备建设管理从呼和浩特市人防办转隶至市交通局，交通企业经营性项目投资、生产计划等生产经营权转交给企业。

2002年，市交通局所属各企、事业单位改革。2005年，市交通局下辖市交通运输管理处、市公路管理局、市公路工程局和市地方海事局、市交通局机关事务中心、市交通综合信息中心、市公路勘察设计院、市公路质量监理所、市地方征费稽查处、市交通科研所、市非机动车运输管理所、自治区养路费征稽局呼和浩特市分局12个事业单位，以及内蒙古呼运集团有限责任公司、内蒙古通达股份有限责任公司、呼和浩特市大运集团总公司。2007年，呼和浩特市大运集团总公司破产倒闭。2009年，燃油税改革，市非机动分局划归市道路运输管理局；市交通征费稽查处划归市路政监察支队，自治区养路费征稽局呼和浩特市分局人员部分划归地方税务局，部分划归自治区路政监察总队呼和浩特市支队。

2015年，市交通运输局内设党委办公室、行政办公室、人事科、计划财务科、公路科、运输科、政策法规科、交通战备科、监察室、规划科、安全科和离退休人员管理科12个科室。下设呼和浩特市交通运输管理局、呼和浩特市公路管理局、呼和浩特市公路工程局、呼和浩特市地方海事局4个副处级事业单位；呼和浩特市公路勘察设计院、呼和浩特市公路工程监理所、呼和浩特市公路质量监督站、呼和浩特市交通科研所、呼和浩特市路政监察支队、呼和浩特市交通局机关事务中心和呼和浩特交通综合信息中心7个科级事业单位；管理市公共交通总公司1家国有企业；

行业指导内蒙古呼运集团有限责任公司、内蒙古通达实业股份有限公司 2 家企业。下辖呼和浩特市新城区交通运输局、赛罕区交通运输局、土默特左旗交通运输局、托克托县交通运输局、和林格尔县交通运输局、清水河县交通运输局、武川县交通运输局。

二、公路建设

（一）项目投资

1986 年 9 月，历时两年 4 个月，总投资 8330 万元的呼—准（呼和浩特—准格尔）公路呼—喇（呼和浩特—喇嘛湾）段竣工，长 90.09 千米，桥梁涵洞 250 座道，是自治区第一条高标准二级公路。1988—1989 年，投资 685 万元，对呼—清（呼和浩特—清水河）公路 10.5 ～ 26 千米段按二级路标准进行改建，并对呼武（武川）、呼托（托克托县）、呼凉（凉城）、呼东（东胜）等路的部分路段进行改建。1990 年，全市有路面里程 1154 千米，其中高级、次高级路面 453 千米；绿化里程 707 千米，其中干线公路实现全线绿化，新修桥梁 33 座、9268 米。新建、改建乡镇公路 185 千米，对 10 个主要公路的出口路段进行黑色路面改造。1985—1990 年，由交通部、自治区交通厅、市财政投资及补贴，养路费补贴、劳务，以及利用以工代赈项目的粮、棉、布、工业品投资等 1200 多万元，新建、改建公路 30 条、250 余千米，桥梁 360 余米。

20 世纪 90 年代，随着交通建设投资体制改革逐步深化，投资主体多元化新格局逐渐形成。呼和浩特市公路交通建设投资方式也取得历史性的变化，加之政府引导投资行为功能不断放大，筹融资渠道多元化局面初见成效。积极利用贷款、集资、合资、合作和 BOT 方式，形成国家投资、地方筹资、政策引资、社会集资、银行贷款、民营企业投资、利用外资和人民群众投工投劳的多条腿走路。1991—1995 年，争取国家投资 2.8 亿元。公路养护总投资 2856.2 万元，养护费用由 1990 年的 257 万元，提高到 1995 年的 675.6 万元，年均递增 83.72 万元。完成稀浆封层 10 千米，旧桥抗震加固 5 座，实施 GBM 工程（中国特色的公路标准化、美化建设工程的简称）89 千米。这一时期，公路养护、基建工程贯彻“三保”（保工期、保质量、保效益方针）。

1996—2000 年，呼和浩特市争取国家投资 8.4 亿元，利用国内银行贷款 4.5 亿元，参照 BOT 方式引导利用民营企业投资 2 亿元。呼和浩特市积极配合自治区重点工程建设，先后完成呼包高速公路一期工程建设，110 国道改造和呼包高速公路二期工程建设。2001—2005 年，完成路网改造和大中修工程建设投资 20.3 亿元，改造里程 1107 千米。

2006—2010 年，全市完成公路建设投资 76.2 亿元，其中路网改造、公路改建、公路养护大中修工程及危旧桥梁改造完成建设投资 3.8 亿元。2011—2015 年，完成交通运输固定资产投资 320.4 亿元，完成规划投资任务的 133%，是全区投资增速的 200%，开创呼和浩特交通建设史上新的里程碑。

（二）高速公路建设

1993 年 6 月 30 日，呼和浩特—包头高速公路举行奠基仪式，7 月 20 日开工建设。全程 151.13 千米。呼包高速公路为国家主干线“五纵七横”北京至拉萨的重要组成部分，是自治区境内第一条高速公路。1997 年 7 月 8 日，正式通车运行。

2005 年，呼和浩特市境内有高速公路里程 132 千米，其中北京—拉萨高速公路（京藏高速）呼和浩特境内长度 125 千米（时称 G025 线，后改为 G6 线），机场高速公路 7 千米。

2010 年，呼和浩特市有高速公路里程 263 千米。其中，G6 京藏高速 125 千米，G060 绕城高速 58 千米，机场高速 12 千米（含连续线），S31 呼大高速 68 千米。

2015 年，呼和浩特市有高速公路里程 516 千米。其中，G6 京藏高速 127.5 千米（含连接线 2.5 千米），G060 绕城高速 58 千米，机场高速 12 千米，S31 呼大高速 75.5 千米（含连接线 8.5 千米），G18 荣乌高速 60 千米，S24 准兴高速 92 千米，S29 呼朔高速 91 千米。

G6 京藏高速呼和浩特段　G6 高速公路里程在呼和浩特境内 125 千米，其中呼—包高速公路 97 千米（含匝道 2.5 千米）、呼和浩特—集宁（呼—集）高速公路 30.5 千米。

1993 年 7 月 20 日，呼包高速公路（一幅）开工建设。起点自呼和浩特市东塔利，与呼—集汽车专用二级公路相衔接，向西穿过呼和浩特市北郊，经土默特左旗察素齐，至包头东兴，全程 146.48 千米。其中，呼和浩特境内 97 千米，含呼—集汽车专用二级公路改建为高速公路的 3.52 千米。呼—包高速公路一期工程采用平原微丘区高速公路标准（一幅），全封闭、全立交；设计行车速度 120 千米 / 时，路基宽 13.5 米、路面宽 12.5 米，其中互通立交段 6.1 千米为全幅路基、宽 27 米；全线采用沥青混凝土高级路面；大、中、小桥梁 31 座、3615.5 延长米，小桥涵 615 道（座），大、中桥面净宽 12.5 米、小桥与路基同宽；分离式立交桥 12 座、67.18 延长米，互通式立交桥 5 处；桥梁设计荷载汽车超—20 级。1996 年 10 月 18 日，呼—包高速公路（一幅）全线黑色路面贯通。1997 年 7 月 8 日，正式通车运行。2000 年 6 月 22 日，呼—包高速公路二期工程（另一幅）开标，当年开工建设。2001 年 12 月 15 日完工通车试运行，2003 年竣工通车。

2000 年，呼—集汽车二级专用公路呼和浩特市境内罗家营至三应窑子段，在呼—包高速公路二期工程（另一幅）建设中，改建为高速公路。全线采用四车道高速公路标准建设，设计行车速度 100 千米 / 时，路基宽度 26 米，桥涵与路基同宽；全线桥涵设计车辆荷载采用汽车—超 20 级，挂车—120。2001 年 12 月交工。至此呼—集汽车二级专用公路两幅修建完毕。2004 年 9 月，呼—集汽车二级专用公路呼和浩特境内三应窑子—水泉段 14.5 千米竣工，全部改建为高速公路。

呼和浩特机场高速公路 呼和浩特机场高速公路为市区通往呼和浩特白塔机场的专用公路，起点自市区新城东门外，至飞机场统称为飞机场专用线。呼和浩特机场高速公路分两期建设。一期工程为主线，2001 年 10 月开工建设，2002 年 10 月竣工通车；二期工程为机场路连接线及机场路互通立交工程，2003 年 4 月开工建设，2006 年 9 月竣工通车。机场高速公路全长 11.45 千米，其中主线长 6.65 千米、连接线长 4.8 千米。项目总投资约 6.81 亿元。

呼和浩特市绕城高速公路（G060） 呼和浩特市绕城高速公路起点位于 G6 线呼—集高速公路罗家营互通东约 5 千米的脑包村东侧，终点在呼—包高速公路的白石头沟大桥东 347 米处与呼—包高速公路相接，建设里程 57.89 千米，采用双向四车道高速公路标准建设，路基宽 26 米，设计行车速度 100 千米 / 时，全封闭、全立交；桥涵设计汽车荷载采用公路— I 级，全线设置六处互通立交（保合少、白塔、金河、昭君、白庙子、金山），一处停车区（昭君），一处养护及监控中心（金河）。采取“贷款修路，收费还贷”方式筹资建设，2005 年 10 月开工建设，2008 年 12 月建成通车试运行。

S31 线呼（呼和浩特）—城壕高速公路 S31 线呼（呼和浩特）—城壕高速公路是省际通道阿荣旗—北海公路的重要组成部分。2004 年 9 月 20 日开工建设。境内呼和浩特—燕山营段长约 67 千米，连接线 8.5 千米。起点位于呼和浩特市二环路与原呼大公路交界处，经章盖营、本滩、刘家营、新得利、旧圪台，沿友谊渠东侧经乔富营、伍什家、章盖营等，在蒲滩拐与黄河大桥引线相接。为新建四车道高速公路，路基宽 24.5 米。2006 年 11 月 15 日竣工通车。工程采用 BOT 方式承建，总投资 19.5 亿元。核准收费年限 30 年。

G18 线荣（荣成）—乌（乌海）高速呼和浩特段 G18 线荣（荣成）—乌（乌海）高速（呼和浩特段）起自清水河县十七沟（蒙晋界），经杨家川、阳坪、店墕子，在小沙湾跨越黄河，止于鄂尔多斯市准格尔旗大饭铺。2009 年 12 月，国家发展和改革委员会批复《工程可行性研究报告》。2010 年 9 月，交通运输部批复《工程初步设计》。为双向四车道高速公路，采取“贷款修路，收费还贷”方式筹建，呼和浩特市境内路线全长 60 千米。2011 年 4 月开工建设，2013 年 12 月建成通车试运行。

S24 准格尔—兴和运煤重载高速 S24 准格尔—兴和运煤重载高速（鄂尔多斯大路—凉城永兴）公路起于鄂尔多斯市准格尔旗大路新区规划煤炭物流中心北侧，过黄河经洼窑子、大红城、新店子，在永兴镇大坡底与永兴至麻迷图公路相接。S24 在呼和浩特境内全长 91.6 千米。2007 年 4 月开工建设，2013 年 11 月建成试运行。项目参照 BOT 模式建设。

S29 呼—朔高速呼和浩特至杀虎口段高速公路　S29 呼—朔高速起于呼和浩特市赛罕区金河镇八拜村东侧 600 米处，向南跨越呼和浩特市绕城高速公路，经金河镇、公喇嘛、盛乐开发区、城关镇、新店子镇，在山西省右玉县杀虎口与右玉高速公路相接。S29 在呼和浩特境内全长 90.8 千米，为双向四车道高速公路。采取“贷款修路，收费还贷”方式筹建，2010 年 4 月开工建设，2013 年 12 月建成试运行。

（三）国道建设

1990 年，国道 110 线和国道 209 线在呼和浩特境内总里程 159.3 千米。其中，G110 线 124.3 千米、G209 线 35 千米。1995—1996 年，和林格尔县、清水河县、武川县划入呼和浩特市。国道 209 线由原来的呼和浩特—和林格尔县四铺北桥延伸至清水河县与山西省偏关县交界处的川峁，公路里程由 35 千米延长至 182 千米；国道 109 线东起清水河县与山西省平鲁县交界的十七沟，西至清水河县与鄂尔多斯市准格尔旗交界的黄河东岸的冯家塔，自东向西穿越清水河县，境内里程 101 千米跨过呼和浩特市辖区。呼和浩特境内国道由 2 条增至 3 条，公路里程由 159.3 千米增至 407 千米。

2005 年，全市有国道里程 523 千米。其中，G025 京包高速公路 125 千米，G110 京包公路 125 千米，G209 呼北公路 172 千米，G109 京新公路 101 千米。2010 年，全市有国道里程 581 千米。2015 年，全市有国道里程 620 千米。

国道 110 线京银公路呼和浩特段　呼和浩特段东起赛罕区那只亥，西至土默特左旗协力气，公路里程 124.3 千米。1991—1993 年，改造国道 110 线呼和浩特段。1993—1997 年，建设国道 110 线呼和浩特—集宁二级汽车专用公路塔利至水泉段。2001 年，改造国道 110 线危旧桥梁。2002—2005 年，建设呼包高速公路辅道技术改造工程。

国道 109 线京藏公路呼和浩特段　呼和浩特段东起清水河县与山西省交界的十七沟，西至清水河县与鄂尔多斯市交界的黄河东岸冯家塔，境内里程 101 千米。1997 年 7 月，开工建设，1999 年 7 月，建设完成。2006 年，建设国道 109 线十七沟—清水河公路，起点自清水河县与山西省交界处的十七沟，向西北基本沿旧国道 109 线前进。经十七沟北、桦树沟南，至 K5+000 处离开原路；到 K7+200 处向北偏，经韭菜庄南、大老窑、前营盘、后营盘，离开原线，继续向西，基本与旧 109 线平行，在刘胡梁处与原线再次重合，经小庙子乡，在蒙家梁（桩号为 K577+850）与国道 109 线清水河—大饭铺段一级一幅公路相连，路线全长 44.2 千米。2011 年，建设完成。清水河—大饭铺段公路是国道 109 线呼和浩特西段，东起清水河县小庙子国道 109 线与国道 209 线交叉处，西行跨越黄河止于鄂尔多斯市大饭铺。2007 年，开工建设，2011 年，竣工通车。

国道209线呼北公路　国道209线呼和浩特段起自玉泉区南茶坊，经昭君墓、桃花乡、沙尔沁乡，止于清水河县与山西省偏关县交界的川峁，计程182千米。1988年、1996年、1997年、1999年先后改建。2001年8月，呼和浩特—和林格尔段一级公路工程建设项目开工。2004年7月。和林格尔—王桂窑段，2001年4月，开工建设，2003年9月，竣工通车。2003年4月，清水河—偏关段公路开工，2007年10月，竣工通车。

（四）省道建设

1986—1995年，呼和浩特境内有省道4条，总里程175.12千米。其中，S101呼锡线呼和浩特—张三坝段36.67千米，S102呼阳线呼和浩特—老丈窑段42.45千米，S103呼大线呼和浩特—喇嘛湾段80千米，S104呼白线呼和浩特—坝顶段17千米。1995—1996年，和林格尔县、清水河县、武川县划归呼和浩特市，境内省道数量、里程均有增加。S101线延伸至武川县曹家湾，S103线延伸至喇嘛湾大桥，S104线延伸至武川县二份子，新增S210线和林格尔城关镇—杀虎口公路（S209线），新增S311线集宁—固阳公路哈乐至杨树坝段。

2003年，国道110线呼和浩特境内东段变更为省道S105线呼和浩特—经棚公路，起点为罗家营，终点为那只亥，公路里程26.4千米。2005年，呼和浩特境内有省道7条，总里程483千米。分别为S101线呼和浩特—呼乌界69千米，S102线呼凉公路48千米，S103线呼大公路90千米，S104线呼白公路113千米，S105罗家营—呼乌交界线19千米，S210线呼杀公路54千米，S311哈乐—杨树坝90千米。2010年，全市省级公路里程551千米，新增省道S31呼大高速公路68千米。

2015年，全市省级公路里程745千米，新增S24准至兴高速92千米，S29呼朔高速91千米，机场高速11千米。

省道101线　在呼和浩特境内69千米。其中，呼和浩特段（罗家营—哈乐公路工程）起点在呼集高速公路罗家营互通立交桥北出口，北经古路板村进入大青山，再经水磨村、黄花窝铺村、门斗沟村、德胜营村、大兰旗村、小兰旗村，至大青山北麓哈乐镇北与武川—乌兰花公路相接，南北走向，全长45.319千米。山岭重丘区二级公路标准，设计速度40千米/时。

省道102线　路线自呼和浩特市昭乌达路终点向东314.6米起，建设起点为K0+314.6处，跨越炼油厂专用铁路线，经格尔图、章盖营、碾格图、公喇嘛、西沟门，终点为呼和浩特市与乌兰察布市交界处，建设终点桩号K41+675，呼和浩特境内长度41.368千米。

省道103线　起点自呼和浩特市市区西口，经白庙子、燕山营、喇嘛湾至鄂尔多斯市准格尔旗大饭铺。呼和浩特段止于托克托县与清水河县交界的80千米处，全线为二级公路。1995 年，清水河县划归呼和浩特市后，省道 103 线呼和浩特段随之延伸至喇嘛湾黄河大桥东，全长 90 千米。2003 年，延伸至山西省河曲县，全长 194 千米。

省道 104 线　起点为呼和浩特市市区公主府，经坝口子、蜈蚣坝、武川可可以力更镇至包头白云鄂博，全长 212 千米。呼和浩特段止于武川县与包头市达茂旗交界的二份子，公路里程 119 千米。

省道 105 线　呼和浩特至赤峰经棚公路，全长 582 千米。呼和浩特境内起点自罗家营，终点至乌兰察布市卓资县旗下营镇油房营村那只亥，里程 26.4 千米。2004 年，省道 105 线起点至 K7+300 段变更为呼包高速公路辅道（国道 110 线）。

省道 210 线　原为省道 209 线，2003 年，省道 209 线规划为省道 210 线；起点自和林格尔县，经新店子，止于山西省右玉县杀虎口，全长 55 千米。路线起于和林格尔县城关镇新民街、胜利南路交叉路口，经胜利营、窑沟村、新店子、二道边村，终点与山西省右玉县公路相接，全长 54.3 千米。

省道 311 线　原为县级公路 0516 线。2003 年 6 月，变更为省道 311 线，起点自武川县哈乐，终点至包头市固阳县海流图。呼和浩特段起点为武川县哈乐，终点至呼包交界线，境内里程 99.82 千米。

（五）县道建设

1986 年，呼喇公路建成通车，全长 90 千米，是自治区第一条碎石沥青路面公路。1990 年，呼和浩特市建有县道 456 千米。其中，二级公路 1 千米，三级公路 285 千米，四级公路 170 千米。有路面里程 416 千米。其中，高级次路面 154 千米，中级路面 58 千米，低级路面 204 千米。无路面里程 40 千米。2005 年，全市有县级公路 33 条，853 千米。2010 年，全市有县级公路 34 条，859 千米。2015 年，全市有县级公路 35 条，934 千米。省道 101 降等级为 X003 机场连接线，路线位于新城区。G109 线十七沟—下城湾段降等级为 X036，路线位于清水河县。

（六）乡道建设

1986 年，呼和浩特市有少数偏远乡镇没有通公路，居民进出不便。1990 年，呼和浩特市 45 个乡镇全部通公路，801 个村嘎查有 594 个通公路。全市建有乡道 554 千米。其中，三级公路 82 千米、四级公路 472 千米。有路面里程 379 千米。其中，高级次高级路面 13 千米、中级路面 158 千米、低级路面 208 千米；无路面里程 175 千米，占总里程的 31.59%。2005 年，全市新改建县乡村公路 950 千米。完成 75 个建制村通公路建设任务。截至 2005 年，全市 77 个乡镇全部通公路。其中，73 个乡镇通油路，乡通油路率 95%。1007 个建制村有 951 个通公路，村通公路率 94%。435 个建制村通油路，通油路率 43%，全市乡级公路里程 1816 千米。2010 年，乡级公路里程 1912 千米，增加 96 千米。2015 年，乡级公路里程 1990 千米，增加 78 千米。

（七）专用公路建设

1990 年，市区通往市郊的专用公路有 3 条，共 25 千米。其中，二级公路 2 千米，三级公路 22 千米，四级公路 1 千米，高级、次高级路面 18 千米，低级路面 7 千米。晴雨通车里程 17 千米，分别是市区至哈拉沁采石场公路（呼和浩特市水泥、白灰、石料等建筑材料主要供应通道）8 千米，市区至东方红砖瓦厂公路 8 千米，市区至白塔机场公路 9 千米。

1992 年，专用公路全部变更为县道。1995—1996 年，和林格尔县、清水河县、武川县相继划归呼和浩特市，全市有专用公路 24 千米，均为四级公路，低级路面。1997 年，减除郭林窑—萨凉线公路 5 千米、程家窑—和杀线公路 9 千米、后圪臭沟—和杀线公路 10 千米专用公路。

2001 年，自治区第二次公路普查结果调整后，恢复专用公路 22 千米；三级公路 20 千米、四级公路 2 千米，次高级路面。2005 年，全市专用公路有河西公司专用公路 1 条 22 千米。截至 2015 年，全市有专用公路里程 121 千米。

三、附属设施

（一）桥梁

1990 年底，呼和浩特境内共有大、中、小桥梁 313 座 9274 延米。其中，永久式桥梁 311 座 9252 米、临时式桥梁 2 座 22 米。

2005 年，境内干线公路桥梁有大桥 42 座 6948.7 米，中桥 67 座 4382.8 米，小桥 385 座 6220.88 米。2010 年，境内干线公路桥梁有大桥 60 座 1.19 万米，中桥 131 座 8196.9 米，小桥 523 座 6238.9 米。

2015 年，境内干线公路桥梁有特大桥 1 座 1778 米，大桥 137 座 3.27 万米，中桥 181 座 1.20 万米，小桥 576 座 9387 米，互通立交桥 6 处。

特大桥　呼和浩特境内有特大桥 1 座，即托克托县黄河特大桥。位于托克托县境内蒲摊拐村和准格尔旗的大沟门村之间，起于省道 103 高速公路的蒲滩拐，桩号为 K62+500，跨黄河后终于城壕，桩号为 K65+824，全长 3324 米。桥梁长 1778 米，宽 24.5 米。2003 年 7 月开工建设，2006 年 12 月建成通车。

大桥　呼和浩特境内有大桥 74 座。其中，如意河大桥位于机场高速公路起点，2002 年 4 月，按机场路主道宽度进行改建，北侧加宽 5 米，2003 年 6 月建成完工；武川一号大桥位于武川—格根塔拉一级公路 K0+260 处，桥梁全长 105.6 米，2013 年 6 月开工建设；南桦树沟大桥位于清水河县韭菜庄乡境内荣乌高速 K1278+714 米处，桥梁全长 145.6 米。2010 年 10 月开工建设，2013 年 12 月建成通车。

互通立交桥　2015 年，呼和浩特境内有互通立交桥 20 处。其中，G060 绕城高速公路有保合少、白塔、金河、昭君、白庙子、金山互通立交桥 6 处；机场高速公路有罗家营、机场互通立交桥 2 处；S31 呼大高速有白庙子、大羊场互通立交桥 2 处；G6 呼包高速公路有公主府、金川、毕克齐、察素旗、哈素海互通立交桥 5 处；S24 准兴高速有和林南、新店子互通立交桥 2 处；S29 呼杀高速有呼和浩特南、新店子、和林格尔互通立交桥 3 处。

（二）隧道

截至 2015 年底，呼和浩特境内有隧道 5 处 6262 延米。其中，G18 荣乌高速公路隧道 2 处 3843 延米，S104 呼武公路下行线隧道 3 处 2419 延米。

桦树墕隧道　位于荣乌高速公路十七沟（晋蒙界）—大饭铺（呼和浩特市境内），隧道设计长度为左线 1417 米，右线 1381.5 米，隧道净高 5 米，路面净宽 10.75 米，设计行车速度 80 千米 / 时。

窑沟隧道　位于荣乌高速公路十七沟（晋蒙界）—大饭铺（呼和浩特市境内），隧道设计长度左线 2462 米，右线 2387 米，隧道净高 5 米，路面净宽 10.75 米，设计行车速度 80 千米 / 时。

大青山Ⅰ号隧道　位于 S104 线 K12+798 处，设计长度 1885 米，隧道净高 5 米，路面净宽 10.25 米，设计行车速度 80 千米 / 时。

大青山Ⅱ号隧道　位于 S104 线 K22+001 处，该隧道设计长 258 米，隧道净高 5 米，路面净宽 10.25 米，设计行车速度 80 千米 / 时。

大青山Ⅲ号隧道　位于 S104 线 K23+027 处，隧道设计长 260 米，隧道净高 5 米，路面净宽 10.25 米。

（三）涵洞

1990 年底，市公路管理处管养的干线公路共有涵洞 554 道。1996 年，全市公路涵洞总数为 3604 道，其中国道 887 道、省道 591 道、县道 994 道、乡道 1132 道。2015 年，市境内公路涵洞总数 4050 道，其中国道 795 道、省道 702 道、县道 1139 道、乡道 1374 道、专用公路 40 道。

（四）服务区

截至 2015 年，呼和浩特境内有服务区 13 个，其中 G6 京藏高速 3 个、G601 呼和浩特市绕城高速 1 个、G7 京新高速 1 个、S29 呼朔高速 3 个、S31 呼大高速 1 个、S24 准兴高速 2 个、G18 荣乌高速 2 个。

2015 年呼和浩特境内高速公路服务区一览表

表 5–1–1

高速公路线路名称	服务区名称	布局形式	位置桩号
G6 京藏高速	榆林服务区	双侧分离式	K444+200
	呼和浩特市西服务区	双侧分离式	K506+600
	哈素海服务区	双侧分离式	K537+500
G601 呼和浩特市绕城高速	昭君服务区	双侧分离式	K28+500
G7 京新高速	呼和浩特市东服务区	双侧分离式	K205+600
S29 呼朔高速	石嘴子服务	双侧分离式	K27+000
	武松服务区	双侧分离式	K50+700
	大宝山服务区	双侧分离式	K74+800
S31 呼大高速	永圣城服务区	双侧分离式	K33+200
S24 准兴高速	红城服务区	双侧分离式	K46+060
	新庄停车区	双侧分离式	K76+575
G18 荣乌高速	清水河服务区	双侧分离式	K18+902
	柳青梁停车区	双侧分离式	K71+400

四、运输工具

（一）客运车辆

1986 年，呼和浩特长途卧铺车多是经公交车改装而成，车厢内安装上下铺，行李放在车顶。1990 年底，全市有长途客运车 178 辆。公路旅客运输主体为市运输公司客运分公司，其次为通达长途客运分公司，兼有一定数量社会车辆。之后数年，呼和浩特市客运车辆成倍增长，档次不断提高，豪华型客车和舒适型客车成为客运市场上的主导车辆。2004 年，呼运（集团）客运公司的各类营运客车共有 418 辆。其中，高级客车 113 辆，经营客车班线 208 条。跨省区班线 65 条，跨盟市班线 91 条，以呼和浩特长途汽车站为中心，发往北京、天津、石家庄、太原、大连、银川、郑州等地区。2005 年，全市有长途客运汽车 927 辆。2010 年，全市运营客车数量略有下降，档次提高，空调车占运输车辆总数的 95%，配备电视机、音响的车辆超过 95%。2015 年，全市共有旅客运输车辆 882 辆（不包含旅游客车），座位数 3.24 万个，其中高级客车占客车总数 99.09%。

（二）货运车辆

1986 年，呼和浩特载货汽车数量少，运力小，多为解放牌、东风牌载货汽车。1990 年底，全市有载货汽车 1.14 万辆，通过 40 余条货运干线连接山西、北京、天津、东北三省，西安、乌鲁木齐等地。1991—2005 年，货运数量成倍增加，货车数量随之增加。主要车型为一汽解放重卡、东风天龙、中国重汽等，逐步淘汰高能耗、小吨位的中、小型货车。2005年底，全市有货运车辆2.84万辆。其中，大型、中重型比重占57%，危货、厢货、集装箱、冷藏车以及普货车占43%。2015年，全市有普货车辆3.33万辆，占总车数的87.5%，危险品运输车辆1539辆，占总车数的4%。厢式货物运输车辆3101辆，占总车数的8.1%。特种运输车辆（吊车、水泥灌装车等）共167辆，占总车数的0.4%。

（三）专用车辆

呼和浩特市的专用汽车有吊车、油罐车、铲车、叉车、大型运输车等10余种。1990年底，全市有特种专用汽车594辆。2005年发展到1500余辆。截至2015年，全市有危险品运输车辆1539辆、厢式货物运输车辆3101辆、特种运输车辆167辆。

（四）人力三轮车

呼和浩特市人力三轮车主要承担零星货运和客运运营。20世纪90年代，市交通局设立非机动车管理所，管理人力三轮车。2009年，非机动车管理所划归市交通运输管理局。此后，呼和浩特市人力三轮车逐渐退出道路运输市场。

五、公路客运

（一）运输线路

1990年，呼和浩特市开辟定期长途客运班车线路45条，其中跨省5条、备用线10条。营运里程7879千米，其中省外里程488千米。全市有64个乡、镇100%通班车，468个村庄通汽车。

1991年后，呼和浩特市道路旅客运输市场在核发经营许可证、道路运输证、线路标志牌的基础上，建立客运线路三级审批制度，对客运线路、站点、班次按照管理职责权限实行分级审批，实行悬挂线路标志标牌运行制度，对客运班车进站、发车、售票、票据、结算业务实行统一管理。客运市场同时存在国营、集体、个体多种经营模式。呼和浩特—包头日发车100余次。呼和浩特运输公司开通呼和浩特市至山西省、北京市以及河北省张家口市、石家庄市等省际线路。

2000年4月，市交通局公司化，整合个体经营者，形成以市运输公司、内蒙古通达公司为主，辅以平安利达公司以及其他个体运输户的旅客运输市场。2001—2005年，以呼和浩特长途汽车站为中心，发往区外的定期班线有北京市、天津市、石家庄市、太原市、银川市、郑州市等。发往区内的定期班线有包头市、鄂尔多斯市、巴彦淖尔市、乌海市、乌兰察布市、赤峰市、锡林浩特盟等。至2005年，呼和浩特市有班线客运车辆927辆，客运班线营运线路346条，全市苏木乡镇客运班车通车率100%，建制村通车率97%。公路运输客运量3764万人，旅客周转量41.56亿人千米。

2006—2010年，呼和浩特市客运企业增开客运班线35条，总数381条。较2005年增长10.1%，客运班车通达全国16个省区市，道路运输客运量占综合运输体系 87%。2011 年，完成旅客运输 1766 万人次、客运周转量 44.83 亿人千米。2013 年，完成旅客运输 1070 万人次，客运周转量 21.20 亿人千米，道路旅客运输客运量、旅客周转量呈逐年下降趋势。

截至 2015 年，全市共有道路客运企业 21 家，不包含旅游客运企业。客运车辆 882 辆（不包含旅游客运客车），座位数 3.24 万个，中高级客车占客车总数的 99.09%；客运班线 747 条，其中省际、盟市际班线 401 条，旗县际及旗县内班线 346 条。农村客运班线 61 条。全年完成旅客运输 699 万人次，客运周转量 15.11 亿人千米。

（二）旅游客运

呼和浩特旅游汽车运输客车包含专业运输企业和社会运输车辆。专业运输企业主要是日常长途客运和旅游包车，社会运输车辆是配合旅游部门而运营的旅游客车。旅游客车一般是由豪华型和舒适型车辆组成。

旅游客运市场采取包车牌照管理。旅游旺季，旅游公司申领包车牌，交旧领新，控制一次性发放数量，其他时间在运管部门申领包车牌，包车牌一趟一牌。2011 年 12 月，建成呼和浩特市旅游汽车服务平台，基本实现网签旅游用车合同、网络选车用车、网络评价。2015 年，全市有旅游运输企业 12 家，客运车辆 715 辆，座位数 2.48 万个，全部具有从事省际包车客运经营资质。

（三）车站建设

1986 年 10 月，呼和浩特客运北站建成，为一级客运站，位于呼和浩特市车站西街 1 号，总面积 6600 平方米，占地面积 1 万平方米。

1995 年 1 月，呼和浩特客运南站建成，为一级客运站，位于玉泉区鄂尔多斯大街 65 号，占地面积 2.9 万平方米。2005 年，全市有客运站 19 个。其中，一级站 2 个，二级站 1 个，三级站 4 个，农村客运站 12 个。2005—2006 年，客运南站改建，日发车班次 155 次，设有班线 107 条；客运北站改建后，日发车班次 290 次，设有班线 171 条。2006 年，客运西站投入使用，位于呼和浩特市新城区车站西街 39 号，为二级客运站，日发车班次 150 次，设有班线 25 条。

至 2010 年，全市客运场站建设完成投资 1.38 亿元。其中，主枢纽场站 7400 万元，农村客运站 1760 万元，其他场站 4650 万元。建成农村乡镇客运站 38 个、招呼站 67 个、候车厅 40 个。建成托电工业园区二级客运站和土默特左旗沙尔营客运站、哈素海客运站、和林格尔县黑老窑客运站、清水河县单台子客运站、武川县井儿沟客运 5 个农村客运站。2011 年，完成武川客运站、公交智能指挥中心建设。2012 年，全面实行公路客运实名制售票。2013 年，汽车客运东枢纽站建设完成投资 6800 万元。

2015 年，全市共有等级客运站 47 座。其中，一、二、三级客运站 9 座，农村客运站 38 座。市区有呼和浩特长途汽车站、通达南站、客运西站 3 个客运站。汽车客运东枢纽站主体工程完工。

六、公路货运

（一）普通货物运输

20世纪80年代末，呼和浩特货物运输市场快速发展，国营、集体货物运输企业纷纷倒闭或转型，相继退出市场，个体货运占据货运市场主导地位。

1990年，全市有载货汽车1.14万辆。其中，公路运输部门国营货车233辆、拖车162辆，集体运输企业货车470辆、挂车219辆，占车辆总数的6.41%；个体联户、私营货车5770辆，占车辆总数50.4%；机关事业单位占43.64%，营业性运输拖拉机3158辆。1991年后，营业性货运车辆增加，公路货物载货汽车向大功率、专业用车、重型车辆方向发展。1996年，呼和浩特运输公司宣布解散货运公司，营业性货车全部成为私营或私营联合体。

2000年前，呼和浩特市的特种车运输只有吊车且大部分不超过20吨。个别大吨位的吊车属国企所有，大件物品装卸搬运基本由专业公司承担。大件运输车辆、冷藏车数量有限，车型结构失衡。2000年后，货运发展围绕"奶业兴市，打造中国乳都"城市发展战略，调整车型结构，优先发展冷藏运输车、罐式鲜奶运输车、零担货运等专用车辆。随着运输业发展，水泥搅拌车、散装水泥运输车、水泥泵车、冷藏车、集装箱车、吊车、大件运输车、罐车等各种特种车辆数量迅速增加。2003年后，出现大量社会资金购买大吨位运输车辆从事煤炭运输的情况，运力大于市场运量需求，资源浪费，车户遭受经济损失。截至2005年，全市有货运车辆2.88万辆，总计20.09万个吨位。完成货运量5196万吨，货物周转量3.7亿吨千米。

2008年，全市共完成货运量5222万吨，货物周转量171.11亿吨千米。道路货物运输货运量逐年呈上升趋势。2011—2015年，平均运距分别是336.9千米、337.58千米、201.1千米、193.55千米、194.93千米。全市完成普通货物运输量69.3亿吨，货运周转量1613.6亿吨千米，分别比2006—2010年增加99.09%、86.02%。截至2015年，全市有普货车3.33万辆，占营运货车总数87.5%；厢式货物运输车3101辆，占总车数8.1%；特种运输车辆如吊车、水泥灌装车、搅拌车、集装箱车等比例较小，共167辆，占总车数0.4%。完成货运量1.54亿吨，货物周转量300.97亿吨千米。

（二）危险货物运输

1995年前，呼和浩特道路危险货物运输仅限国有企业的化工产品，全市共有运输车辆32辆。2000年，全市危险品运输车辆不足100辆，主要以栏板货车为主。2005年，危险货物运输车辆全部安装行车记录仪。2014年，全部安装卫星定位监控系统，24小时专人监控。截至2015年，有危险品运输车辆1539辆，占货运总车数4%，9类危险品全部涵盖。

（三）物流配载运输

呼和浩特是全国45个公路主枢纽城市之一。物流配载运输前身是零担货物运输。1988年，呼和浩特运输公司零担运输站改称呼和浩特运输公司零担运输分公司，购置车辆、建设库房。至1990年，呼和浩特运输公司零担运输分公司拥有8辆箱式封闭形专用零担车，48个吨位，有小吊车、叉车各1辆，零担仓储库使用面积1200平方米。开辟5条阜外路线，区外至北京、天津、沈阳、保定、石家庄、太原、大同等地；区内西至包头、巴彦淖尔，北通百灵庙、乌兰花等，南通和林格尔、托克托县、清水河、凉城，东至乌兰察布、兴和、丰镇等地。在北京、天津、石家庄等地设零担运输站点8个，班次30个，年运量4000余吨，行程70余万吨千米。

2000年后，随着大型专业货运企业退出市场，呼和浩特物流配载运输逐渐兴起，虽然有一定的发展，但基本为自发性的，没有形成有效衔接一体化的物流体系。2015年，全市有各种规模物流企业300余户。主要模式有运输物流、仓储物流、城市配送物流、邮政物流、提供综合服务和专线运输等。

1998—2015年呼和浩特市公路运输情况表

表5-1-2

年份	公路里程（千米）	客运量（万人）	客运周转量（万人千米）	货运量（万吨）	货运周转量（万吨千米）
1998	3114	1393	111976	3100	101858
1999	3416	1829	196008	1409	134637
2000	3707	2101	219849	2105	155116
2001	3529	2324	253726	2141	166547
2002	3612	3150	355674	3043	237030
2003	3602	2985	349114	3852	308139
2004	3697	3690	407439	5171	436934
2005	3749	3764	415628	6131	741851
2006	3789	3821	421840	7104	925313
2007	6068	3842	424001	7356	956541
2008	6236	1352	345159	5222	1711085
2009	6284	1383	355181	7045	2345431
2010	6549	1605	405585	8116	2736375
2011	6606	1766	448273	10189	3432656
2012	6695	1721	429614	12790	4317665
2013	7100	1070	211957	12144	2442052
2014	7258	675	184016	13710	2653548
2015	7295	551	149908	15440	3009718

七、规费征收

（一）养路费

1991 年，呼和浩特市养路费按营运收入额的 15% 计征。货车养路费费额按核定载重吨位每月每吨 130 元计征；客车按每月每吨 140 元计征。1993 年后，机动车养路费调整为每月每吨 150 元;客车调整为每月每座 160 元。城市出租汽车 5 座以下(包括 5 座）调整为每月每座 120 元标准征收。1994 年，客运线路营运里程在 100 千米以下按 35 元 / 月 · 座计征；100 ~ 150 千米循环车辆按 55 元 / 月 · 座计征；150 千米以上按 70 元 / 月 · 座计征。2001 年，旅游车养路费按照出厂标定座位减 2 个座位数量征收，标准为 35 元 / 月 · 座计征。2009 年，税费改革取消养路费征收。

（二）地方小额养路费

呼和浩特市小额养路费主要是指摩托车与农用车养路费，由市征费稽查处征收与管理。征收标准为：摩托车（轻骑每月每辆 5 元、二轮每月每辆 7 元、侧三轮每月每辆 10 元）按全年 10 个月计征。畜力大型车（安装 32×6 及以上轮胎）按每月 18 元计征；畜力小型车（安装 32×6 及以下轮胎）按每月 6 元计征。农用运输车全年需缴 8 个月，每月每吨按 150 元计征。拖拉机全年需缴 4 个月，每月每吨 150 元计征。

（三）车辆购置附加费（税）

1987—2004 年，呼和浩特市车辆购置附加费（税）由市征稽分局征收。1993 年前，国内生产组装的车辆购置附加费费率为 10%；进口车辆购置附加费费率为 15%。1993 年 11 月，车辆购置附加费统一改为 10%。2005 年 1 月后，由市国税局负责征收。

（四）运输管理费

1986—1991 年，呼和浩特市运输管理费按公路运输（汽车维修）经营者的营业额征收，收费标准最多不超过 1%，货运管理费按车辆吨位计收，每月每吨 7 元。1992 年，公路运输管理费费额标准为货车每月每吨 13 元；客车（含面包车）每座每月 2 元。2004 年，营运性客货运输业户均由所在地交通运输管理部门按营业额 0.8% 计征。对财务统计制度不健全、营业额难以计算或临时参加营业性运输的，实行定额征收，按月根据车辆吨位（包括挂车）和客座折算核收，汽车（包括拖拉机）每吨每月 13 元，农用车每吨每月 9 元。

八、公路通行费

（一）高速公路

S31 线呼大高速公路呼和浩特段设 2 个收费路段。主线 K11+500 处设 1 处收费站，托克托县大羊场村 K70+400 处设 1 处匝道收费站，收费年限 30 年。呼和浩特至城壕高速公路黄河大桥是一个单独的收费公路项目。收费站设在 K76 处，收费年限 30 年。

S29 呼朔高速公路呼和浩特段设呼和浩特南收费站（K0+400）、盛乐收费站

（K22+850）、和林格尔收费站（K35+400）、新店子北收费站（K64+050）、新店子收费站（K67+200）、蒙晋界和林格尔收费站（K76+235）6个收费站。收费年限20年，收费期限届满前如已还清贷款则终止收费。

呼和浩特绕城高速公路设有郭家营收费站（K0+000）、白塔收费站（K9+596）、金河收费站（K23+525）、昭君收费站（K33+929）、白庙子收费站（K47+571）、金山收费站（K60+076）6处匝道收费站，收费年限20年，如提前偿还银行本息则终止收费。

G18荣乌高速公路呼和浩特段设蒙晋界主线收费站（K1+500）、十七沟匝道收费站（K2+378）、清水河南匝道收费站（K30+240）、窑沟匝道收费站（K58+977）4处收费站。收费年限20年，收费期限届满前如已还清贷款则立即终止收费。

G6京藏高速公路呼和浩特段梅力盖图—哈素海段设卓资山、旗下营南、呼和浩特东、呼和浩特、呼和浩特西、毕克齐、察素齐7个匝道收费站和哈素海收费所。

G7京新高速公路呼和浩特段保合少—十八台段设三岔、金盆和旗下营3个匝道收费站。

（二）国道

G209线呼和浩特市—和林格尔段公路设桃花（K7+700）、南园子（K43+000）2个收费站，双向收费，一收一验，不重复收费，收费年限25年；和林格尔—清水河王桂窑段公路收费站位于清水河县的乌兰不浪村（K84+920），收费年限14年。2007年10月，G209线清水河—偏关一级公路建成通车。设清偏收费站（K140+200），收费年限25年。

G109线呼和浩特段设2个收费站。其中，东线十七沟—清水河一级公路，设天井村收费站（K533+500），收费年限25年；西线清水河—大饭铺一级公路及小沙湾黄河大桥设黄河西岸小沙湾村收费站（K600+175），收费年限26年。

G110线呼和浩特段梅力盖图至哈素海段一级公路设有卓资山、榆林2个收费站。

（三）省道

S101线呼和浩特段建水磨村收费站（K11+520）。2003年10月，建成收费。双向收费，收费年限25年。

S102线呼和浩特—杨树湾一级公路建收费站2个。其中，在格尔图（K3+900）处设收费站，杨树坝（K41+550）处设验票站，两站一收一验。2005年11月，建成收费，收费年限28年。2013年8月，市政府补偿经营企业后，提前取消格尔图收费站，经营企业将杨树坝验票站作为收费站，继续经营。

S103线呼和浩特段建收费站2个。1998年，采取“贷款修路，收费还贷”方式，改造该段公路K0至K40。1999年4月，在白庙子村K16处设收费站开始收费，贷款本息还清后停止收费。1999年7月，呼和浩特—大饭铺公路二期改建工程50.1千米竣工。2003 年 12 月，合并移交呼和浩特—蒲滩拐段高速公路 BOT 项目中统一收费。2006 年 10 月，在 K77+500 处设验票站 1 处，与白庙子收费站一收一验。

S104 线呼和浩特段建收费站 3 个。2001 年 9 月，建成东房子收费站（K18+260）。2002 年 8 月，建成段家窑收费站（K8 + 968），收费年限 27 年。2012 年 6 月，建成大青山收费站（K8+975），收费年限 20 年。

S210 线呼和浩特段建胜利营收费站（K5+075）。1999 年 11 月，采取“贷款修路，收费还贷”方式，筹资建设省道 210 线。2001 年，建成通车。2002 年 3 月，开始收费，双向收费，收费年限 15 年。2015 年 7 月，提前还清贷款本息，取消收费。

（四）县道

X014 萨（拉齐）凉（城）路萨（拉齐）托（克托县）界—新营子段二级公路全长 42 千米。2002 年 10 月，建成通车，在托克托县那木架村设收费站（K82+600），收费年限 20 年。

（五）乡道

Y009 清水河县喇嘛湾—下城湾沿黄二级公路全长 40.8 千米。2004 年 9 月，建成通车，设沿黄收费站（K0+500），收费年限 25 年。

第二节　铁　路

一、运营管理

1986 年，呼和浩特铁路局机关设有 25 个行政处室，在呼和浩特区域设有呼和浩特站、车务段、机务段、工务段、电务段、工务大修段、电务大修段、通信段等主要运输生产单位，另有工程处、设计院、公检法、医院、防疫站、房建段、林场机构或单位以及中小学和幼儿园。

1999 年 9 月，市铁路局客运公司成立。2000 年 7 月，撤销呼和浩特客运运营、包头客运运营、呼和浩特客车车辆、包头客车车辆 4 个分公司，由公司直接管理车队（车间）。2004 年 5 月，撤销客运公司，成立客运处，呼和浩特客运运营管理中心更名为市铁路局呼和浩特客运段。2006 年 3 月，呼和浩特客运段与包头客运段合并为包头客运段，段址设于包头。

2015 年，市铁路局机关设有 45 个行政处室，在呼和浩特区域设有呼和浩特站、工务段、供电段、电务段、货运中心、工务机械段、通信段等主要运输生产单位。另有旅游广告集团、外经集团、物资公司、房建生活段、疾控所房建公司、机辆公司等非运输企业。

二、路网建设

（一）京包铁路

1989年11月28日，京包（北京—包头）铁路大包（大同—包头）复线全线开通。京包线从旗下营至民族站K615+800处进入呼和浩特市境内，线路由东向西至美岱召附近K751+400处，在呼和浩特市境内共136千米。设有民族、陶卜齐、沙良、呼和浩特南、瓜房子、毕克齐、察素齐、陶思浩、美岱召车站。京包线在呼和浩特境内共有桥梁240座，总延长14.3千米。其中，特大桥4座，总延长5.71千米；大桥13座，总延长2.13千米；中桥90座，总延长5.11千米；小桥133座，总延长1.39千米。有隧道2座，总延长3.18千米，均属中长隧道。2006年，大包电气化改造工程开工。2009年5月全线贯通。

（二）集包铁路

2009年3月，集宁—包头铁路呼和浩特段动工。线路位于既有京包铁路通道中段，东起乌兰察布市境内古营盘站，途经呼和浩特市，终点到包头站，设计最高时速160千米/时，为I级双线电气化铁路。2012年7月，全线建成通车。2015年底，集包铁路营业长度314.2千米，线路延展长度742.96千米。其中，正线627.16千米，站段岔特线115.80千米。呼和浩特市、包头市、集宁区（乌兰察布市）三市间形成3小时铁路交通圈，包头东至呼和浩特运行时间缩短至1小时30分、呼和浩特至集宁南运行时间缩短至1小时4分。集包铁路呼和浩特境内设陶卜齐、白塔、呼和浩特东、呼和浩特、呼和浩特西、台阁牧、察素齐、三卜素站。境内有桥梁174座，总延长15.39千米。其中，特大桥6座，总延长9.52千米；大桥7座，总延长1.86千米；中桥72座，总延长3.21千米；小桥89座，总延长793.94米。有隧道3座，总延长3.55千米，均属中长隧道。

（三）呼准铁路

2006年11月，呼和浩特—准格尔铁路开通运营。线路初期北起京包线呼和浩特西站，南至准东铁路周家湾站，为单线铁路。由伊泰集团公司投资建设，以煤炭运输为主的地方铁路。2014年8月，伊泰集团呼准铁路复线开通运营。2015年底，呼准铁路运营长度105.8千米，呼准单线路延展长度126.50千米。呼和浩特境内里程94千米。设王气、永圣域、托克托、耿庆沟站。有桥梁89座，总长9.74千米。其中，特大桥3座，总长3.11千米；大桥23座，总长4.58千米；中桥41座，总长1.75千米；小桥22座，总长290.78米。

（四）丰准铁路

1989年，丰镇—准格尔铁路开工建设，为自治区地方铁路，准格尔煤田配套工程。丰准铁路设计标准为I级单线电气化铁路，年输送能力1500万吨，总投资10亿元。1992年，竣工通车。呼和浩特境内里程109千米，设前石门、外西沟、新店子、鸡鸣驿、庙沟、大红城、三枝树、二道河、王桂窑、清水河、老牛湾站。

三、隧道、桥梁

呼和浩特境内共建有铁路隧道5条，总长6.72千米。其中，最长为集包线旗下营隧道，全长2千米；最短为集包线二道河二号隧道，全长581米。

境内铁路共有特大、大型桥梁54座，总长26.51千米。其中，最长为集包线台阁牧立交桥，全长2.76千米；最短为京包线舍必崖2号立交桥，全长103.32米。

2015年呼和浩特市境内铁路隧道一览表

表5-1-3

序号	线名	行别	运营状态	中心里程	隧道名	所在区间	全长（米）	修建时间
1	京包	上	运营	DK613+21	旗下营2隧道	旗下营—民族	1608	1983
2	京包	下	运营	DK613+246	旗下营1隧道	旗下营—民族	1567.6	1983
3	集包	双	合资	DK791+039	新旗下营隧道	旗下营东—陶卜齐	2000	2012
4	集包	双	合资	DK796+665	二道河一号隧道	旗下营东—陶卜齐	967	2012
5	集包	双	合资	DK798+095	二道河二号隧道	旗下营东—陶卜齐	581	2012

2015年呼和浩特市境内铁路特大、大型桥梁一览表

表5-1-4

线名	桥名	行别	运营状态	中心里程	所在区间	全长（米）	建成年度	设计用途
京包	万家沟西支	双	运营	DK720+219	察素齐—陶思浩	126.4	1959	—
集包	跨改集包左右线	双	运营	DK491+31	呼和浩特—台阁牧	2240.89	2015	立交
集包	跨改集包右线	双	运营	DK500+947	呼和浩特—台阁牧	2005.41	2015	立交
京包	陶卜齐	双	合资	DK625+463	陶卜齐—沙良	1110.9	2012	排洪
京包	黑沙兔	双	合资	DK631+29	陶卜齐—沙良	403.6	2012	排洪
京包	美岱	双	合资	DK633+49	陶卜齐—沙良	156.23	2012	灌溉
京包	大黑河5号	双	合资	DK635+12	陶卜齐—沙良	772.8	2012	排洪
京包	河西路	双	合资	DK639+838	陶卜齐—沙良	116.18	2012	立交
京包	讨什号	双	合资	DK648+503	沙良—呼和浩特南	140.84	2012	排洪
京包	舍必崖2号	双	合资	DK653+587	沙良—呼和浩特南	103.32	2012	立交

续表 5-1-4

线名	桥名	行别	运营状态	中心里程	所在区间	全长（米）	建成年度	设计用途
京包	前白庙子	双	合资	DK654+669	沙良—呼和浩特	115.56	2012	立交
京包	茂盛营子	双	合资	DK660+246	沙良—呼和浩特南	116.88	2012	立交
京包	昭君	双	合资	DK663+371	沙良—呼和浩特南	675.69	2012	立交
京包	沙儿营	双	合资	DK676+621	呼和浩特南—瓜房子	120.63	2012	立交
京包	沙儿营	站	合资	DK676+627	呼和浩特南—瓜房子	120.65	2014	立交
京包	呼大高速立交	双	合资	DK677+223	呼和浩特南—瓜房子	169.5	2012	立交
京包	大黑河 6 号	双	合资	DK679+811	呼和浩特南—瓜房子	3152.41	2012	排洪
京包	小黑河	双	合资	DK682+469	呼和浩特南—瓜房子	310.4	2012	排洪 立交
京包	规划路 1 号	双	合资	DK683+404	呼和浩特南—瓜房子	124.88	2012	立交
集包	大黑河 2 号	双	合资	DK793+14	旗下营东—陶卜齐	639.11	2012	排洪
集包	大黑河 4 号	双	合资	DK795+946	旗下营东—陶卜齐	460.79	2012	排洪
集包	大黑河 5 号	双	合资	DK797+44	旗下营东—陶卜齐	403.03	2012	排洪 立交
集包	大黑河 3 号	双	合资	DK799+104	旗下营东—陶卜齐	1146.2	2012	排洪
集包	大黑河 4 号	双	合资	DK801+312	旗下营东—陶卜齐	734.79	2012	排洪
集包	台阁牧	双	合资	DK511+253	台阁牧—察素齐	2756.01	2012	立交
集包	水磨沟	双	合资	DK522+838	台阁牧—察素齐	306.44	2012	排洪
集包	大西沟	双	合资	DK528+179	台阁牧—察素齐	109.72	2012	排洪
集包	万家沟	双	合资	DK543+261	察素齐—三卜素	178.4	2012	排洪
呼准	呼大高速立交	双	合资	DK17+731	—	169.99	2015	排洪
呼准	—	单	合资	DK26+84	甲兰营—永圣域	110	2006	—
呼准	什拉乌素河	单	合资	DK29+629	甲兰营—永圣域	381	2006	—
呼准	—	单	合资	DK37+645	甲兰营—永圣域	134.7	2006	—
呼准	—	单	合资	DK43+381	永圣域—托克托	150.36	2006	—
呼准	—	单	合资	DK44+548	永圣域—托克托	126.66	2006	—
呼准	—	单	合资	DK49+759	永圣域—托克托	110	2006	—
呼准	银河	单	合资	DK58+865	永圣域—托克托	134.7	2006	—
呼准	—	单	合资	DK63+051	永圣域—托克托	125.66	2006	—

续表 5-1-4

线名	桥名	行别	运营状态	中心里程	所在区间	全长（米）	建成年度	设计用途
呼准	峁不拉	单	合资	DK82+06	托克托—耿庆沟	306	2006	—
呼准	耿庆沟	单	合资	DK85+293	耿庆沟—何家塔	422.13	2006	—
呼准增二	桃花干渠	单	合资	DK12+401	王气—永圣域	110	2014	排洪
呼准增二	什拉乌素河	单	合资	DK15+19	王气—永圣域	381.7	2014	排洪
呼准增二	峁不拉	单	合资	DK68+043	托克托—耿庆沟	305.5	2014	排洪立交
呼准增二	耿庆沟	单	合资	DK71+291	耿庆沟—何家塔	426.13	2014	排洪
呼甲联络	沙儿营	单	合资	DK0+073	—	120.63	2012	立交
呼甲联络	呼大高速立交	单	合资	DK0+661	—	169.5	2012	立交
呼甲联络	大黑河 7 号	单	合资	DK2+162	—	959.37	2012	排洪
呼王联络	—	下	合资	DK2+772	呼西—倘不浪	104.12	2006	—
呼王联络	跨京包客专线	上	合资	DK3+002	呼西—倘不浪	1387.88	2006	排洪立交
呼王联络	乌素图沟	下	合资	DK3+725	呼西—倘不浪	142.02	2006	—
呼王联络	—	单	合资	DK7+861	倘不浪—甲兰营	138.2	2006	—
呼王联络	—	单	合资	DK11+329	倘不浪—甲兰营	240.1	2006	—
呼王联络	—	单	合资	DK13+452	倘不浪—甲兰营	159.4	2007	—
呼王联络	济通渠	单	合资	DK17+537	甲兰营—永圣域	109.3	2014	—
呼王联络	大黑河	单	合资	DK18+705	甲兰营—王气	770.73	2014	排洪立交

四、铁路车站

1986 年，呼和浩特境内设呼和浩特、呼和浩特西、察素齐、毕克齐、台阁牧、攸攸板、南店、白塔、郭家营等站。2010 年，新建呼和浩特东站。2012 年，增加呼和浩特南站。截至 2015 年，呼和浩特境内共有铁路车站 18 座，分属京包线、集包线、呼准线。

（一）呼和浩特站

呼和浩特站位于呼和浩特市车站东街41号。20世纪80年代后，历经“大包双线”、数次“大提速”、电气化、客货线分离等一系列更新改造。2014年，呼和浩特站进行大规模改造。辖一等站1个，即呼和浩特东站；二等站3个，分别是白塔、呼和浩特南、耿庆沟；三等站4个，分别是台阁牧、甲兰营、官牛犋、托克托；四等站3个，分别是何家塔、沙良、王气站；五等站3个，分别是倘不浪、永圣域、瓜房子。

（二）呼和浩特东站

2006年12月，呼和浩特东站开工建设，距呼和浩特站8.7千米。2010年12月建成运营。建筑总面积9.83万平方米。其中，无站台柱雨棚建筑面积3.99万平方米，站房建筑面积5.84万平方米，内含售票厅976平方米、贵宾候车区（前厅及3个贵宾室）共810平方米，行包房3367平方米，以及普通候车区、软席候车区、团体候车区、母婴候车区、出站厅、出站广场、设备及部分办公用房等。客流采用“上进下出”与“平进下出”的流线。站房3层，主体为钢结构，建筑高45.5米，总体布置设客车到发线16条，正线4条，中间站台7座，站台西端设5米宽行包地道1座。站房设电梯24部。最高旅客聚集人数1.6万人。

2015年呼和浩特市境内铁路车站一览表

表5–1–5

序号	线名	行别	车站名	拼音字头	股道数	中心里程
1	京包	双	民族	MZ	4	DK615+856
2	京包	双	陶卜齐	TBQ	5	DK621+607
3	京包	双	沙良	SL	7	DK645+7
4	京包	双	呼和浩特南	HHHTN	21	DK674+9
5	京包	双	瓜房子	GFZ	5	DK689+05
6	京包	双	毕克齐	BKQ	5	DK702+233
7	京包	双	察素齐	CSQ	5	DK715+971
8	京包	双	陶思浩	TSH	5	DK733+345
9	京包	双	美岱召	MDZ	5	DK751+489
10	集包	双	陶卜齐	TBQ	4	DK806+996
11	集包	双	白塔	BT	6	DK823+9
12	集包	双	呼和浩特东	HHHTD	7	DK830+943
13	集包	双	呼和浩特	HHHT	8	DK839+642
14	集包	双	呼和浩特西场	HHHTXC	16	DK844+033
15	集包	双	台阁牧	TGM	5	DK858+738

续表 5–1–5

序号	线名	行别	车站名	拼音字头	股道数	中心里程
16	呼王联络	上	倘不浪	TBL	1	DK4+59996
17	呼王联络	下	※ 倘不浪	TBL	1	DK4+72569
18	呼王联络	单	甲兰营	JLY	7	DK15+052

五、铁路运输

1986 年，呼和浩特境内铁路旅客发送量 239 万人，货物发送量 194 万吨。1988 年，铁道部投资 150 万元，修建呼和浩特站集装箱场地，购置安装 36 吨门吊，新建办公楼及场地硬化面 1.2 万平方米。1989 年投入使用，解决了呼和浩特市不能办理大型国际集装箱到发业务的问题，开辟了呼和浩特—韩国国际集装箱运输业务。

1990 年，呼和浩特火车站旅客发送量 229 万人，货物发送量 123 万吨。1991 年，呼和浩特—乌兰巴托国际联运列车正式运行。

1995 年，呼和浩特火车站旅客发送量 220 万人。春运期间，增开呼和浩特—白城临客 25 趟；暑期增开呼和浩特—白城临客 24 趟，乌海西—北京南 541/2 次延长至天津。全年完成货物发送量 237 万吨。

1997 年，对列车运行图进行调整，管内旅客列车由 31 对增加为 34.5 对。1998 年，有两对长途车和两对管内车运行区段延长。包头—北京 517/518 次延长至石家庄，使呼和浩特铁路局客车首次进入京广线。

1999 年，国家开始实行五一国际劳动节、国庆节和春节 3 个黄金周的休假制度，铁路统一调配运行图及车辆配比开展小长假运输。投资购置新型客车 99 辆，整修客车 812 辆，改善车内服务设施，将 90 次、484 次、192 次、358 次等列车调整运行区段、压缩运行时间；将 205/6 次列车延长至东胜，将 483/4 次列车延长至汉口，将 541/2 次列车延长至秦皇岛；出让列车冠名权，开行“仕奇”号、“蒙古王”号、“昭君”号等列车，开行发往香港、澳门、昆明等地的旅游专列。2000 年，呼和浩特火车站发运旅客 379 万人，货物发送量 256 万吨。

2005 年，呼和浩特车务段撤销，原有职能部分划归呼和浩特站，部分划归集宁车务段。同年 5 月，首开呼和浩特至德国法兰克福“如意号”集装箱专列。全年完成旅客发送量 509 万人，货物发送量 320 万吨。2010 年，完成旅客发送量完成 663 万人，货物发送量 1451 万吨。

2013 年 4 月，呼和浩特铁路局成立货运中心。2014 年，货运中心购置装卸机械 582 台、集装箱 1400 个、托盘 8200 个。中心下设呼和浩特车间、沙良车间、物流配送部、用户服务部。其中，用户服务部下设 6 个快运营业部。中心管辖晋丰元物流园、铁通物流园，管辖西货场、沙良现代物流园铁路货场，管辖专用线 35 条。

2015 年 3 月，开工建设沙良现代物流园，占地面积 122 公顷。其中，铁路港面积 60.8 公顷、公路港面积 61.2 公顷，项目一期投资 10.3 亿元，设计年吞吐能力 1500 万吨，是全国最大的公铁联运现代化物流园区和西北地区商贸物流集聚区。同年 4 月，“95306”大宗货物网上交易平台上线运行，全路首列煤炭在线上交易。截至年底，全局完成“95306”注册企业 9106 家、门店展示 1461 家。

2015 年，呼和浩特铁路局调整运行图 5 次，新增始发或途经呼和浩特旅客列车 16.5 对。其中，直通 3.5 对，分别为包头—深圳东 Z184/3 次、包头—南宁 Z338/7 次、包头—通辽 K896/5 次、呼和浩特东—乌兰浩特 K2014/3 次；提高列车径路等级 1 对，即呼和浩特—成都东 1717/8 次调整为 K195/6 次。管内开行呼和浩特—乌海 T6307/8 次，动车组 D6751 ~ D6774 次 12 对，结束呼和浩特铁路局无动车的历史，实现“呼包集城市间 1 小时直达”。全年，呼和浩特火车站旅客发送量增长至 1040 万人。平均每年递增 4%，30 年间旅客发送量增长 4.46 倍。其中，春运发送旅客 316.1 万人；清明节小长假发送旅客 38 万人；“五一”小长假发送旅客 47.42 万人；端午节小长假发送旅客 41.2 万人；暑运期间共计开行临客 2 对计 37 趟次，开行呼和浩特东—锡林浩特 4664/5 次、4666/3 次临客 1 对计 17 趟，开行呼和浩特东—锡林浩特“草原之星”旅游专列 7 趟，发送旅客 619 万人。9 月 25 日至 10 月 7 日，“十一”黄金周发送旅客 146 万人。为满足额济纳“胡杨节”旅客需求，隔日加开呼和浩特—额济纳 Y631/2 次“草原之星”旅游列车 4 趟，运送旅客 1744 人。全年货物发送量 3363 万吨，货运周转量 128.53 亿吨千米。

1986—2015 年呼和浩特铁路运输情况表

表 5-1-6

年份	车站（个）	营业里程（千米）	营业线路（条）	货物发送量（万吨）	旅客发送量（万人）
1986	14	118	1	194	239
1987	14	118	1	109	275
1988	14	118	1	114	300
1989	14	118	1	117	271
1990	14	124	1	123	229
1991	14	124	1	131	243
1992	14	124	1	150	257
1993	14	124	1	207	270
1994	14	124	1	204	241
1995	14	124	1	237	220

续表 5-1-6

年份	车站（个）	营业里程（千米）	营业线路（条）	货物发送量（万吨）	旅客发送量（万人）
1996	14	124	1	230	222
1997	14	124	1	172	242
1998	14	124	1	223	279
1999	14	124	1	224	319
2000	14	124	1	256	379
2001	14	124	1	273	398
2002	11	107	1	299	413
2003	11	107	1	302	384
2004	12	106	1	369	480
2005	12	106	1	320	509
2006	8	106	1	378	566
2007	6	106	1	379	565
2008	6	107	2	565	595
2009	6	107	2	1084	617
2010	8	107	2	1451	663
2011	15	229	2	1497	681
2012	15	289	3	1940	692
2013	12	247	3	2990	990
2014	12	238	3	4268	910
2015	12	238	3	3363	1040

第三节　民　航

一、民航管理

2003 年前，呼和浩特机场由民航自治区管理局管理。同年 12 月，按照民航属地化改革的要求，机场由内蒙古民航机场集团公司一体化运营。2010 年 6 月，呼和浩特机场公司分设运行，是内蒙古民航机场集团公司全资子公司。2015 年 5 月，集团公司母子公司管理模式变更为总分公司后，呼和浩特机场公司成为内蒙古民航机场集团公司的分公司。

二、机场建设

（一）呼和浩特白塔国际机场

呼和浩特白塔国际机场位于呼和浩特市正东偏北，距离市中心 14.3 千米。1987 年 7 月，呼和浩特白塔机场首次扩建工程竣工。工程总投资 2300 万元，按每小时可容纳进出港旅客 450 人设计。延长后的跑道总长 2600 米，宽 45 米。助航灯光改建为Ⅰ类精密进近灯光和中光强简易进近灯光系统。机场扩建后，飞行区等级为 4C 级，可昼夜起降 B737 同类型及以下机型。滑行道扩建后长 180 米，宽 18 米。停机坪和站坪扩建后分别增至 5.62 万平方米和 1.34 万平方米。跑道、滑行道、停机坪均为水泥混凝土结构。建成候机航管楼，建筑面积 1.01 万平方米。其中，候机楼部分 8474 平方米。1991 年，被国务院批准为航空口岸机场。1993 年，被国际民航组织确认为国内 14 个国际定期航班机场之一。

1997 年 7 月，机场第二次扩建工程竣工。工程总投资 1.12 亿元，飞行区等级由 4C 级升为 4D 级，可以昼夜起降 B767、Ty-154、Yak-42 等同类型及以下机型。完成航站楼行李传送、保安监控、消防报警、广播、离港、时钟、安检、航班显示等系统及 2 条登机桥、3 台自动扶梯的安装工程，新建停车场 12.64 平方千米；扩建航站楼，增加建筑面积 9979.27 平方米。2000 年 12 月，机场三期改扩建工程竣工，机场跑道延长至 3200 米。2007 年 6 月，机场四期改扩建工程竣工。7 月，呼和浩特白塔机场在波音 B747 客机试飞成功后，经中国民用航空总局批复同意更名为“呼和浩特白塔国际机场”，并确定为 2008 年北京夏季奥林匹克运动会备降机场。8 月，呼和浩特白塔国际机场四期改扩建工程启用，新跑道长 3600 米、宽 45 米。飞行区等级由 4D 级升为 4E 级，可供 B747-400 同机型及以下大型客机起降，并能保证空客 A380 客机备降。民航站坪机位增至 32 个，新航站楼面积为 54.50 平方千米，并配备 11 座登机廊桥。

2012 年 10 月，内蒙古自治区启动呼和浩特白塔国际机场迁建项目。2014 年，改造公务机坪，改造后共有 10 个 B 类停机位。

（二）呼和浩特新机场

2012 年 10 月，启动呼和浩特新机场项目（呼和浩特白塔国际机场迁建）。2014 年 10 月，中国民用航空局函复内蒙古自治区发展和改革委员会，批复《呼和浩特新机场选址报告》。新机场位于和林格尔县巧什营镇，规划用地 12.25 平方千米，涉及 8 个村。其中 4 个村需要整体拆迁，共 1145 户，3117 人，房屋建筑面积 15.77 万平方米。11 月，市政府向自治区政府上报《关于呼和浩特市机场迁建工程立项的请示》《呼和浩特新机场预可行性研究报告》。

2015 年 1 月，《呼和浩特新机场预可行性研究报告》经自治区审核上报国务院、中央军委。截至2015年底，先后取得中咨公司出具的新机场预可研评估报告、北京军区空军司令部出具的军地协议、中国民用航空局行业意见和自治区政府出具的资本金承诺函，新机场立项审批前置组件工作全部完成，报国家发改委等部门审查。

（三）通用机场

2015年，呼和浩特市土默特左旗、托克托县、清水河县、武川县规划建设通用机场纳入自治区民航发展规划。民航设计院、飞行程序设计室初步筛选出清水河县鹿头峁、大台子2个预选场址，鹿头峁场址为首推场址。

（四）空港经济区

2015年7月，呼和浩特白塔空港物流园区管委会完成《呼和浩特新机场空港经济区空间布局补充研究及沙尔沁园区15.5平方千米用地研究》。10月，委托国家发改委综合运输研究所完成《呼和浩特草原丝绸自由贸易区发展战略规划研究报告（征求意见稿）》。

三、航线

（一）国内航线

1987—1988年，民航内蒙古区局使用运七型、Bae-146型客机运营的区内航线共5条，分别为呼和浩特—锡林浩特—呼和浩特、呼和浩特—北京—赤峰—北京—呼和浩特、呼和浩特—北京—通辽—北京—呼和浩特、呼和浩特—北京—通辽—海拉尔—通辽—北京—呼和浩特、呼和浩特—北京—通辽—乌兰浩特—通辽—北京—呼和浩特。

1990年，国航内蒙古分公司运营的区内航线共5条，呼和浩特—北京—通辽—海拉尔—通辽—北京—呼和浩特、呼和浩特—锡林浩特—呼和浩特、呼和浩特—北京—海拉尔—北京—呼和浩特、呼和浩特—北京—通辽—乌兰浩特—通辽—北京—呼和浩特、呼和浩特—赤峰—呼和浩特。不重复里程为2512千米。每周由呼和浩特始发航班10个。

1996年，取消呼和浩特—北京—通辽—海拉尔—通辽—北京—呼和浩特航线。航线不重复里程为3549千米。每周由呼和浩特始发航班9个。截至1999年，国航内蒙古分公司承担44条自治区内外、国内外干线航空运输的正班、加班和国际旅客包机飞行任务。飞行16省、区、直辖市，共32个城市，飞行不重复里程3.72万千米。

2001年，民航内蒙古区局开通呼和浩特—通辽、呼和浩特—乌兰浩特、呼和浩特—锡林浩特—海拉尔、呼和浩特—锡林浩特、呼和浩特—大连、呼和浩特—太原、呼和浩特—天津、呼和浩特—沈阳等航线，呼和浩特至青岛、杭州、大连的旅游包机航线。呼和浩特机场航班由早晚集中变为全天运营。

2002年，先后开通8条区内外航线，恢复呼和浩特—南京、呼和浩特—杭州等旅游航线。实施呼和浩特—青岛旅游包机业务。7月，因中国民用航空总局禁止无ACAS的飞机飞越及起降北京、上海、广州等相关的九大机场和几条繁忙航路，由Bae-146型飞机执行的呼和浩特—武汉—广州、呼和浩特—武汉—深圳等部分航线停航。

2003年，开通呼和浩特—合肥旅游航线。2004年，引进东方航空公司，开通呼和浩特—上海航线，并在呼和浩特设立过夜基地；引进南方航空公司，开通呼和浩特—北京、呼和浩特—广州航线。在旅游旺季开通呼和浩特至青岛、大连、武汉、南京、济南、厦门、广州等旅游包机航线。

2005年，呼和浩特形成国航、海航、东航、南航等11家航空公司共同参与运营的局面，运营航线51条，通航城市35个。其中，呼和浩特—北京、呼和浩特—上海、呼和浩特—广州航线为内蒙古地区的精品航线。新开辟呼和浩特—深圳、呼和浩特—天津—青岛、广州—呼和浩特—海拉尔、广州—呼和浩特—锡林浩特、广州—呼和浩特—满洲里、呼和浩特—西安—成都、成都—呼和浩特—哈尔滨等航线。

2006年，新开辟呼和浩特—石家庄—南京、呼和浩特—满洲里、呼和浩特—郑州—武汉、呼和浩特—太原—武汉、兰州—呼和浩特—大连、兰州—呼和浩特—沈阳、呼和浩特—贵阳、呼和浩特—宜昌、呼和浩特—郑州、呼和浩特—沈阳、海拉尔—呼和浩特—深圳、满洲里—呼和浩特—深圳、满洲里—呼和浩特—太原—济南、呼和浩特—武汉—深圳、沈阳—呼和浩特—昆明等航线。

2007年，新开辟呼和浩特—郑州—重庆、呼和浩特—西安—贵阳、呼和浩特—天津—南昌、呼和浩特—哈尔滨—呼伦贝尔、呼和浩特—烟台、呼和浩特—烟台—南京、石家庄—呼和浩特—呼伦贝尔、呼和浩特—杭州、西安—呼和浩特—沈阳、沈阳—呼和浩特—乌鲁木齐、呼和浩特—郑州—宁波、呼和浩特—北京南苑、三亚—呼和浩特—鄂尔多斯、三亚—呼和浩特—满洲里航线、三亚—呼和浩特—哈尔滨航线等航线。

2008年，经停呼和浩特白塔机场航线达63条，分别为呼和浩特—北京、呼和浩特—上海、呼和浩特—广州、呼和浩特—深圳—海口、呼和浩特—成都、呼和浩特—天津、呼和浩特—海拉尔、西安—呼和浩特—沈阳、呼和浩特—赤峰、呼和浩特—锡林浩特、呼和浩特—通辽、呼和浩特—乌兰浩特、呼和浩特—满洲里、呼和浩特—南京、北京—呼和浩特—乌海、呼和浩特—济南、呼和浩特—青岛、呼和浩特—大连、呼和浩特—武汉、呼和浩特—沈阳、呼和浩特—天津—青岛、海拉尔—呼和浩特—广州、满洲里—呼和浩特—广州、呼和浩特—太原—济南、呼和浩特—武汉—深圳、呼和浩特—西安、海拉尔—呼和浩特—深圳、呼和浩特—南苑、呼和浩特—石家庄—南京、呼和浩特—郑州—深圳、呼和浩特—杭州、海拉尔—呼和浩特—杭州、沈阳—呼和浩特—昆明、呼和浩特—赤峰—大连、呼和浩特—哈尔滨、呼和浩特—通辽—

大连、呼和浩特—成都—昆明、包头—呼和浩特—广州、呼和浩特—济南—厦门、呼和浩特—烟台、天津—呼和浩特—乌鲁木齐、呼和浩特—天津—烟台、鄂尔多斯—呼和浩特—三亚、呼和浩特—哈尔滨—海拉尔、海拉尔—呼和浩特—上海、呼和浩特—海口、哈尔滨—呼和浩特—三亚、哈尔滨—呼和浩特—西安、满洲里—呼和浩特—三亚、呼和浩特—长沙、沈阳—呼和浩特—乌鲁木齐、呼和浩特—郑州—济南、大连—呼和浩特—银川、呼和浩特—徐州—上海、呼和浩特—赤峰—沈阳、呼和浩特—太原—重庆、海拉尔—呼和浩特—郑州、石家庄—呼和浩特—海拉尔、呼和浩特—石家庄—长沙、呼和浩特—太原—广州、海拉尔—呼和浩特—武汉、呼和浩特—郑州、满洲里—呼和浩特—武汉。同年，大新华快运航空公司投入 3 架 ERJ145、1 架 E190 飞机，运营航线 20 条。组建模拟航空公司，承租 4 架 ERJ-145、2 架 CRJ-200、1 架 E-190、3 架 B737 飞机，运营航线 21 条。

2010 年，内蒙古民航机场集团公司运营新增呼和浩特—上海浦东、呼和浩特—二连浩特、呼和浩特—乌海、呼和浩特—杭州、呼和浩特—石家庄、呼和浩特—合肥、呼和浩特—宁波、呼和浩特—重庆、呼和浩特—三亚、呼和浩特—乌鲁木齐、呼和浩特—包头—广州、呼和浩特—鄂尔多斯—杭州、呼和浩特—满洲里—哈尔滨、呼和浩特—太原—昆明、呼和浩特—长沙—海口、呼和浩特—石家庄—上海虹桥、呼和浩特—太原—上海虹桥、呼和浩特—鄂尔多斯—武汉、呼和浩特—郑州—重庆、呼和浩特—邯郸—温州、呼和浩特—长沙—深圳、呼和浩特—长沙—福州、呼和浩特—济南—广州、呼和浩特—银川—兰州、呼和浩特—洛阳—深圳、呼和浩特—石家庄—贵阳、呼和浩特—郑州—香港、锡林浩特—呼和浩特—鄂尔多斯、锡林浩特—呼和浩特—鄂尔多斯—武汉、乌海—呼和浩特—上海、乌海—呼和浩特—北京、赤峰—呼和浩特—广州、通辽—呼和浩特—重庆、沈阳—呼和浩特—重庆、沈阳—呼和浩特—银川、长春—呼和浩特—乌鲁木齐等航线。启动“支线快线”运营模式，旺季日航班量 7 班，淡季 4 班，平均客座率 80.4%。

2011 年，“呼锡支线快线”（呼和浩特—锡林浩特）日航班量保持 4 班以上，实现淡季盈利；呼和浩特至乌兰浩特、呼伦贝尔、赤峰、通辽、乌海航线加密，具备开通“支线快线”的条件；全年共有 5 家航空公司 17 架支线飞机投入内蒙古航线运营，呼和浩特与区内 12 个机场实现通航，开通 6 条区内支线间互通航线。

2012 年，实现除西宁、拉萨及台北外，至国内其他 28 个省会城市的通航。新增南宁、漠河、桂林、兰州、榆林、香港、澳门、普吉岛 8 个通航城市，至重点城市航班量日均超过 1 班。3 月 27 日，重庆—郑州—呼和浩特航线首航成功，西部航空首次进驻内蒙古航空市场。完善枢纽建设方案和中转业务流程，与支线机场确立定期的联络制度。5 月 29 日，中国邮政航空公司开通的呼和浩特—郑州—南京货运航线，是呼和浩特机场引入的第一架定期货运航班，填补呼和浩特机场定期货运航班的空白。北京首都航空公司在呼和浩特机场设置过夜基地。

2013 年，新增经停航线 9 条。天津航空、首都航、南航等航空公司对 18 条航线加密，每天 1 班 B777 执飞北京航线。

2014 年，落实“省会通”工作，与除拉萨外所有省会城市通航，全年运营。加密北京、昆明等 11 条航线的航班密度，新增西宁、济宁等 5 个通航点。7 月，瑞丽航空公司开通昆明—太原—呼和浩特航线。

2015 年，新开吕梁、秦皇岛 2 个通航点。增加支线机场至呼和浩特机场的航班频次，赤峰、通辽至呼和浩特的航班分别为每日 6 班和 7 班，呼伦贝尔—呼和浩特的航班旺季每日 16 班。呼和浩特机场实现与除拉萨以外的所有省会城市通航。

（二）地区航线

2006 年，国航开辟运营呼和浩特—香港航线。2009 年 9 月，南航使用 B737-800 型飞机开辟呼和浩特—郑州—香港航线。

2012 年 7 月，澳门航空公司使用空客 321 型飞机开辟呼和浩特—澳门包机航线，实现香港地区定期航线常态化。

2013 年 2 月，台湾长荣航空公司使用麦道 83 型飞机开辟呼和浩特—台北航线。2014—2015 年，远东航空公司使用麦道 83 型飞机先后开辟呼和浩特—台中清泉岗、呼和浩特—高雄航线。2015 年呼和浩特—台北航线增加至每周 5 班。

（三）国际航线

1992 年 3 月，国航内蒙古分公司使用 Bae-146 型客机开辟呼和浩特—乌兰巴托国际航线。7 月，蒙古国航空公司使用安 -24 型客机开通乌兰巴托—呼和浩特国际航线，此航线开通后一直连续保持着正常航班飞行。1998 年，开通呼和浩特—俄罗斯货运包机。

2001 年 6—7 月，国外货运航空公司使用 B707 型飞机执行 5 班呼和浩特—加尔各答货运包机航线；8 月，泰国航空公司使用空客 A300 型飞机执行 2 班呼和浩特—泰国曼谷包机航线。

2002 年，国航内蒙古分公司开通呼和浩特—曼谷的旅游包机、哈萨克斯坦的货运包机业务。全年共保障独联体货运包机出港 175 班，货物发运量 7974.6 吨。

2006 年 7 月，大韩航空公司使用 B737-800 型飞机执行 13 班呼和浩特—韩国首尔包机航线。

2007 年 7 月，南方航空公司使用空客 A319 型飞机执行呼和浩特—伊尔库茨克包机航线。

2009 年，增加呼和浩特—乌兰巴托航线密度，恢复呼和浩特—首尔包机航线。

2010 年 7 月，东方航空公司使用 B737-300 型飞机开辟呼和浩特—烟台—济州岛航线；8 月，天津航空公司使用 ERJ-190 型飞机开辟乌兰巴托—呼和浩特—天津航线。

2011 年，呼和浩特—首尔、呼和浩特—济州岛相继复航。7 月，韩国易斯达航空公司使用 B737-700 型飞机开辟呼和浩特—济州岛包机航线。

2012 年，旅游旺季开通呼和浩特至首尔、济州岛、普吉岛旅游包机航线。

2013 年 4 月，泰国航空公司使用 B767-200 型飞机开辟呼和浩特—泰国曼谷包机航线。

2014 年，恢复呼和浩特至韩国首尔、济州的旅游包机航线。7 月，济州航空公司使用 B737-800 型飞机开辟呼和浩特—韩国清州包机航线。增加呼和浩特—乌兰巴托的航班。

2015 年 4 月，韩国真航空公司使用 B737-800 型飞机开辟呼和浩特—韩国江原道包机航线；6 月，春秋航空公司使用空客 A320 型飞机开辟呼和浩特—石家庄—名古屋航线。

1990—2015 年呼和浩特白塔机场起降航班情况表

表 5-1-7

年份	起降架次（次）	主要机型	航线条数（条）	通航城市（个）	航空公司数量（家）
1990	1389	B733、B146、AN4、YN5	16	18	—
1991	1821	B733、B146、AN4、YN5	16	19	—
1992	1255	B733、B146、AN4、YN5	13	13	—
1993	1462	B733、B146、AN4、YN5	11	13	—
1994	1595	B733、B146、AN4、YN5、YNB7	12	12	—
1995	1751	B733、B146、AN4、YN5、YNB7	14	14	—
1996	1953	B733、B146、AN4、YN5、YNB7	15	15	—
1997	1906	B733、B146、AN4、YN5、YNB7	15	15	—
1998	1856	B733、B146、AN4、YN5、YNB7、IL6	13	13	—
1999	2873	B733、B146、AN4、YNB7、A320、IL6	15	15	
2000	3239	B733、B146、AN4、TU5、A320、ERJ、IL6	17	17	8
2001	4571	B733、B146、D38、ERJ、A320、AN4	24	24	12
2002	4341	B733、B146、D38、ERJ、A320、AN4、CR2	24	22	14

续表 5-1-7

年份	起降架次（次）	主要机型	航线条数（条）	通航城市（个）	航空公司数量（家）
2003	4312	B733、D38、DH8、A320、CR2、ERJ、AN4、B738	19	19	11
2004	6505	B733、D38、DH8、CR2、ERJ、M82、B738、B734、A319、A320、F100、IL6	28	27	9
2005	7950	B733、B734、B738、CR2、D38、320、ERJ、A319、M82、DH8、F100、IL6	38	32	12
2006	10341	B733、B734、B738、CR2、D38、A319、A320、ERJ、F100、IL6	47	35	11
2007	12507	B733、B737、B738、B734、A319、A320、D38、CR2、ERJ、M90、F100、B752	62	41	18
2008	26527	B733、B737、B738、B734、A319、A320、D38、CR2、ERJ、EM4、E90、M90	6B7	38	18
2009	33190	B733、B737、B738、B734、A319、A320、D38、CR2、ERJ、EM4、E90、M90	71	46	20
2010	43331	B733、B737、B738、B734、A319、A320、A321、CR2、ERJ、EM4、E90、M90	81	51	20
2011	48870	B733、B737、B738、B734、B777、A319、A320、A321、CR2、ERJ、EM4、E90、M90	96	53	21
2012	55990	B733、B737、B738、B734、B777、A319、A320、A321、ERJ、EM4、E90	112	57	22
2013	62799	B733、B737、B738、B734、B777、A319、A320、A321、ERJ、EM4、E90	132	63	23
2014	65221	B733、B737、B738、B734、B777、A319、A320、A321、ERJ、EM4、E90	129	65	31
2015	74177	B737、B738、B777、B787、A319、A320、A321、A330、M83、EM4、E90、CR9、MA6	139	64	29

说明：表中“—”表示无数据

四、航空运输

1986 年，呼和浩特白塔机场旅客运输量完成 1.71 万人次，其中出港旅客 9582

人次，到港旅客 7555 人次；货物邮件运输量完成 162.8 吨。1990 年，旅客运输量为 10.06 万人次，货物邮件运输量完成 614 吨。1995 年，旅客运输量 25.35 万人次，货物邮件运输量完成 1012 吨。

2000 年，呼和浩特白塔机场旅客运输量 37.70 万人次，货物邮件运输量完成 1.16 万吨。2005 年，呼和浩特白塔机场年旅客吞吐量首次突破 100 万人次，达 110.04 万人次；货物邮件运输量完成 8553 吨。2010 年，呼和浩特白塔机场完成旅客吞吐量 366.34 万人次，完成货邮吞吐量 2.07 万吨。2015 年，呼和浩特白塔机场完成旅客吞吐量首次突破 700 万人次，达到 744.63 万人次；货邮吞吐量完成 3.61 万吨。

1986—2015 年呼和浩特市航空运输量统计表

表 5-1-8

年份	旅客流量（人）		货邮流量（吨）	
	发运量	到达量	发运量	到达量
1986	9582	7555	52	111
1987	38739	28417	177	314
1988	53416	43148	300	222
1989	59828	51517	279	220
1990	53853	46756	294	320
1991	83758	72762	398	352
1992	78926	74176	242	200
1993	95791	93174	447	423
1994	109403	112418	441	652
1995	125575	127961	401	611
1996	128630	132516	405	636
1997	125138	130044	346	685
1998	133246	140007	5143	604
1999	140964	148433	17500	774
2000	182146	194817	10759	869
2001	218461	229785	3663	994
2002	234444	243371	9037	1236
2003	249505	258120	11705	1547
2004	405920	413275	10805	2186
2005	563337	537080	5457	3096

续表 5-1-8

年份	旅客流量（人）		货邮流量（吨）	
	发运量	到达量	发运量	到达量
2006	776234	733409	5079	4563
2007	915482	923272	5860	6554
2008	1062383	1059522	5774	7537
2009	1451003	1447658	4962	9551
2010	1831990	1831393	7490	13185
2011	2165677	2165852	7508	17710
2012	2705749	2729488	8003	20671
2013	3085533	3064749	10021	22579
2014	3236402	3233230	11167	25406
2015	3775445	3670805	11234	24844

第四节　航　运

一、海事监管

1995 年前，呼和浩特市港航监督管理的水域有市区的人民公园、土默特左旗的哈素海及托克托县境内的黄河段。

1996 年，和林格尔县、清水河县划归呼和浩特，港航监督管理的水域延伸至清水河县境内的黄河段与和林格尔县境内的白二爷沙坝库区。管辖水域总面积 178.5 平方千米。其中，哈素海 144 平方千米、黄河段 118.1 千米。

2005 年，呼和浩特市有取得新版《水路运输许可证》的企业 3 家、个体经营户 9 个；通过海事管理部门审核的船舶 37 艘，已换发新版《船舶营业运输证》。其中，哈素海 16 艘、托克托县 3 艘、清水河县 16 艘、青城公园 2 艘；持证上岗人员 37 人。

2006—2010 年，清水河县、托克托县成立地方海事处。市地方海事局启用网络版 VIMS5.0 船检发证管理系统。

2011—2015 年，每年“凌汛期”、“五一”节、清明节、端午节、中秋节、“十一”黄金周期间，市地方海事局对各渡口、码头开展安全检查，如发现存在安全隐患，及时下达督查通知，要求旗县海事机构限期整改，并将结果上报市地方海事局。对于游客较为集中的渡口、码头市地方海事局要求旗县海事机构安排专人值班，严防死守，杜绝水上安全事故发生。

二、航道

黄河途经呼和浩特托克托县、清水河县。1986 年，呼和浩特境内的黄河航运以人力船为主，机动船少。1990 年，黄河航运有小木筏子、机动船和较少的拖轮。2000 年，淘汰木筏子，增加柴油机驱动的游船和渡船，其中渡船为私人渡运船舶。

呼和浩特境内所辖 107.5 千米黄河水域，其中托克托县黄河段 37.5 千米，清水河县黄河段 70 千米。4 月开始正常通航，全年通航期 7 ~ 8 个月。

呼和浩特市辖区黄河航道分为 3 段。万家寨库区航段（万家寨大坝—塔哈拉川）河面开阔，宽 300 米以上，水深最浅处 3 米，河床稳定，两岸悬崖峭壁，流速极弱，跨河建筑物有钢架人行桥 1 座、架空电缆 2 条，无碍航建筑物，该水域是呼和浩特市黄河流域内通航条件最好的航段。塔哈拉川—喇嘛湾镇航段（清水河县—托克托县交界）属山区河流，航宽 100 米以上，水深 3 米，跨河建筑物有高压架空电缆 4 条、大准铁路黄河特大桥、喇嘛湾公路大桥和国道 109 公路大桥，无碍航建筑物。此航段水流集中，主航道明确，航道顺直微弯，有少量礁石，航行条件相对较差。喇嘛湾镇—托克托县航段属平原航段，航道弯多，滩浅，弯曲半径大，分叉少，水流集中，泥沙质河床，航宽 110 米，水深 1.2 米，跨河建筑物有省道 103 黄河高速公路大桥、准格尔旗巨合滩公路大桥。2010 年 12 月，此航段各类浮桥全部清除，渡口全部撤销。

2011—2015 年，黄河航道年清淤量均为 7 万立方米以上。海事监管部门取缔不合格渡口，拖离不合格渡船。

三、码头

呼和浩特境内有土默特左旗哈素海旅游码头、托克托县神泉生态旅游码头、清水河县城湾旅游码头、清水河县老牛湾旅游码头、和林格尔县前夭子水库旅游码头、湿地公园旅游码头 6 座旅游码头，登记注册船舶 95 艘，注册船员 71 人。

（一）清水河县城湾客、货码头老牛湾客运码头

2004 年 7 月，清水河县城湾客、货码头老牛湾客运码头开工建设。截至 2015 年，2 码头共有船员 55 人，船舶 38 艘。其中，快艇 31 艘、画舫观光船 1 艘、其他船只 6 艘，可营运游船 37 艘。

（二）和林格尔县前夭子水库

和林格尔县前夭子水库面积约 167 万平方米，没有通航能力。截至 2015 年，有船舶 4 艘。

（三）土默特左旗哈素海码头

土默特左旗哈素海码头位于土默特左旗哈素海旅游景区的中心区湖边。码头占地面积为 4000 平方米，建筑分为上下两层，整体造型酷似现代游艇。截至 2015 年，

有船员 18 人，船舶 22 艘。其中，快艇 6 艘、画舫观光船 4 艘、摇橹观光船 12 艘，可营运游船 22 艘。

（四）托克托县神泉旅游码头

托克托县神泉旅游码头位于托克托县河口管委会郝家窑村黄河下游段。2009 年 11 月设立。截至 2015 年，有船员 15 人，船舶 4 艘。

四、渡口

1999 年 8 月，黄河工贸集团在麻地壕渡口建成 100 吨级铁驳浮桥，各种机动车辆和运煤带挂货车都可通行。2004 年 5 月，鄂尔多斯大明集团建成过境运煤专线 1 条，先在东营子村架起浮桥通行，后建成黄河公路大桥。2006 年 12 月，黄河高速公路特大桥竣工通车，2 座公路大桥建成后，乘船渡河者数量骤减，私人渡口船舶均改为旅游渡运经营，均无从业资质。2009 年 9 月，托克托县政府撤销境内手续不健全的私人渡口，海事部门将船舶封停上岸。

2011 年，呼和浩特托克托县有东营子、麻地壕、河口、郝家窑、蒲滩拐、毛不拉 6 道经营性渡口；清水河县大井沟、冯家塔 2 道经营性渡口。共有渡船 5 艘，其中托克托县 2 艘、清水河县 3 艘。

截至 2012 年，呼和浩特有毛不拉渡口、蒲滩拐渡口（2 处）、神泉生态旅游景区渡口（原郝家窑神泉山庄渡口）和前房子施工渡口，均分布在托克托县境内。登记的 5 艘渡船均停止使用。

第五节　城市公交

一、运营机构

1986—1988 年，呼和浩特市公共汽车公司隶属市城乡建设环境保护局。下辖一队、二队、三队、四队、出租车队、保修厂、罗马吉普修理厂 7 个单位。1988 年更名为市公共交通公司。1992 年，市公共交通公司隶属市建设局。1996 年更名为市公共交通总公司。2001 年，市公共交通总公司隶属市建设委员会。2010 年 4 月转隶市交通运输管理局。2015 年，市公共交通总公司下辖第一汽车公司、第二汽车公司、第三汽车公司、第四汽车公司、第五汽车公司、金川汽车公司、出租汽车公司、保修厂、通和驾校、广告公司、印刷厂 11 家单位。

1986—2015 年呼和浩特市公交总公司经济指标一览表

表 5-1-9

年份	职工人数（人）	总收入（万元）	利润（万元）
1986	1450	333.41	-90.30
1987	1628	431.94	-143.60
1988	1773	495.06	-162.80
1989	1805	483.55	-173.50
1990	1891	562.25	-240.73
1991	2040	669.96	-332.46
1992	2071	820.73	-508.70
1993	2115	1059.34	-773.70
1994	2120	1282.12	-954.81
1995	2098	1318.59	-966.55
1996	2075	1528.80	-1026.60
1997	2150	2058.90	-1083.46
1998	1948	2356.83	-1022.62
1999	1971	2417.17	-961.56
2000	1844	2608.16	-1276.69
2001	1859	4161.52	-1154.73
2002	1930	5466.29	-932.39
2003	2029	5673.98	-225.36
2004	2176	8353.15	-493.37
2005	2478	10374.00	-781.96
2006	2999	13195.42	-745.57
2007	3712	17008.10	-1543.43
2008	4145	19836.84	-2018.77
2009	4425	21321.31	-5852.77
2010	4662	23580.02	-5463.91
2011	5021	22735.46	-1346.62
2012	5250	24044.39	-2124.39
2013	5268	22099.17	-5532.94
2014	6103	20615.52	-18462.1
2015	6544	24112.98	-22921.09

二、运营线路

1986年，呼和浩特市有公交线路20条，运营车辆205辆，线路长度384.15千米，线网长度286.29千米。当年，新开3条，延伸5条，改造1条，形成覆盖城区的公交网络。同时，在3路、4路、5路、6路、7路、8路、18路7条线路上增设12辆早、午、晚高峰车，乘车人次急剧增加，由平均每日5.6万人次上升至平均每日16.5万人次，11月的月票发行量为1.73万余张。1987年，新开2条线路，调整部分线路的配车数。进入冬季，高峰客流剧增，由其他线路抽调出10辆车投入3路、4路、5路、7路、8路参加冬运。

1991年，全国少数民族运动会和自治区那达慕大会期间，开辟从旧城北门、油泵油嘴厂、皮革厂分别至赛马场的专线，配备铰接车21辆。每条线路运行间隔12分钟，参加管理营运人员共计700人次，新制作站牌、站杆70套。市区主要干线的运营车辆安装电脑自动报站器110套，配备无线电通信设施。1992年，开通南茶坊—机床附件厂、皮革厂—管理干部学院、皮革厂—给水团3条线路，运营里程1.26万千米，投入车辆4辆，运送乘客3.7万人次。春运期间增加6辆铰接车投入运营，增加工作日340个，高峰加车运送乘客90万人次。1993年，延伸旧城北门—如意开发区线路，新开县府街西口—煤机厂—火车站线路，增延线路总长度11.3千米。

1996年，开通25路南茶坊—金川线路。1997年，延伸线路4条，新开辟线路3条。6月，在市区14条主干线上增加配车44辆，开通16路、30路、20路、22路等拥军线路和17路扶贫线路。1998年，近郊35路、12路、14路、25路以及市区部分线路，受到个体客运车辆干扰、侵占，公交客运市场受到严重冲击。2000年，开通36路、42路中巴线路，延伸30路、32路、8路，恢复17路通车，调整7条线路。购置87辆车辆更换3路、1路等运量大线路的车辆，对其他主要线路增加配车数，缩短候车时间。

2001年，市公交公司购入60辆客车更新2路、4路、5路车辆，开通26路，全市公交线路总长度560.4千米，线网长度326千米，营运线路40条。其中，市区线路30条，包括大巴线路8条，中巴线路12条，郊区线路10条，营运车辆432辆。2003年，全年新开线路6条，延伸线路10条，新购置车辆117辆，新增月票发售点4个。2004年，公交智能调度系统投入使用，安装GPS调度车载系统193辆车。购置车辆130辆，开通新线4条，调整线路4条，延伸线路9条。维多利商厦、回民区医院双向增设4个公交站点。每日运营车次在原有基础上增加860个车次，车辆增加50余辆，营运车辆普遍提速1～2分钟。全市新建不锈钢候车亭150个、站牌180个、新式不锈钢站杆100个。2005年，开通新线路3条，延伸线路9条，新增公交车180台。启用IC卡收费系统和GPS公交智能调度系统，33条线路604台公交车安装车载机。

2006年，新开线路7条，延伸改造线路15条，购置新车236辆，完成天然气改造。2007年，购置公交车300辆，新开通公交线路10条，延伸线路5条，总行驶里程7000万千米，客运量2.2亿人次，正点率94%。2008年，购置车辆156辆，新开公交线路8条，延伸线路12条，全年营运线路81条，总行驶里程1.04亿千米，总客运量2.6亿人次，线网长度475.9千米，正点率95%以上，首末班车正点率100%。2009年，成立市公共交通和出租汽车公司，年内购置新车100辆，开通新线5条，延伸改造线路8条，线路长度1437.5千米，线网长度488.7千米，总行驶里程1.2亿千米，总客运量4.2亿人次，营运车辆正点率95%以上，首末班车正点率100%。2010年，购置新车132辆，新开通线路5条，延伸改造线路13条，线路长度1558.9千米，线网长度506千米，总行驶里程1.5亿千米，总客运量4.5亿人次，正点率97.43%，车次率95.52%，首末班车正点率100%，出行分担率28%。在新华大街开通全市首条公交专用通道。

2012年，开通102路，线路首次采用双层公交车。开通103路，延伸改造7路、20路、21路、26路、29路、32路、41路7条线路，延伸长度51千米。2013年，购置公交车430辆，截至年底，营运车辆保有量2643台。开通青城1、2号免费公交线，开通K1、K2、环1、环2等4条线路。2014年，依据《呼和浩特市公交线网优化调整规划》，市公共交通总公司调整、完善由快速骨干线、辅助线、城郊补充线组成的新型公交网络。全年优化整合线路7条，调整、延伸线路17条，开通快速线8条，开通城郊专线6条。

2015年，全市新开通线路7条，调整线路11条，调整优化线路39.3千米，延伸线路22.1千米，新增线路116.1千米。改造主次干道和乘车人群集中节点的候车亭，更新改造站牌、候车亭500个。在大学东街、学苑街、鄂尔多斯街、五塔寺东街、五塔寺前街、东西五十家街施划30千米公交专用道。截至2015年，全市开设公交线路105条，公交线路长度2002.3千米，线网长度635.6千米，线网覆盖率为3.6千米/千米^2。公交线路100%覆盖城区的主次干道，占全市出行总量的20%，机动化出行率达到48%。

1986—2015年呼和浩特市公交线路营运指标一览表

表5-1-10

年份	线路条数（条）	公交车数量（辆）	线路长度（千米）	线网长度（千米）	总行驶里程（万千米）	客运量（万人次）
1986	20	205	384.15	286.29	588.68	4163.68
1987	21	206	374.55	313.54	797.62	6118.30

续表 5-1-10

年份	线路条数（条）	公交车数量（辆）	线路长度（千米）	线网长度（千米）	总行驶里程（万千米）	客运量（万人次）
1988	22	210	380.55	286.29	875.37	7140.70
1989	21	207	362.80	277.79	885.24	6731.97
1990	20	209	346.10	282.41	904.90	6326.00
1991	22	221	371.15	289.25	953.76	6457.30
1992	24	221	396.90	294.25	1034.84	6044.53
1993	25	213	407.20	300.35	1058.49	5394.53
1994	25	214	407.20	300.35	1068.28	5132.93
1995	25	244	401.80	289.75	1033.51	4511.15
1996	22	220	304.50	204.60	989.70	4088.40
1997	31	326	405.05	259.15	1197.70	4208.23
1998	30	301	427.40	288.00	1255.12	4422.90
1999	33	333	451.80	300.70	1313.05	4474.44
2000	35	366	499.00	313.45	1588.84	4185.82
2001	40	432	560.40	327.20	2102.05	4863.32
2002	44	509	623.40	344.50	2456.12	7652.65
2003	46	603	672.90	347.80	2648.89	7817.05
2004	51	729	824.40	380.50	3973.50	12500.13
2005	54	828	908.60	398.70	5239.34	16852.72
2006	61	1032	1032.30	419.20	6538.68	22293.67
2007	72	1032	1227.00	457.90	8561.69	23690.56
2008	80	1509	1356.50	475.90	10332.30	25706.68
2009	85	2018	1437.50	488.70	12148.72	42324.29
2010	90	2022	1558.90	506.00	15046.90	44966.00
2011	92	2073	1638.90	547.30	15680.99	34142.20
2012	94	2261	1685.10	547.30	15493.17	34787.74
2013	97	2643	1747.90	462.30	15540.00	35321.43
2014	101	3193	1871.20	612.70	17286.99	37739.88
2015	105	3843	2002.30	635.60	19274.71	40366.46

三、安全管理

1986 年前后，市内公交车行车事故较多，主要原因是违章停车、行驶速度过快、精力不集中以及交通法规观念不强。1988 年，市公交公司制定安全行车和安全生产措施，对驾驶人员进行交通法规教育，配合交通大队开展车辆年检和新的《中华人民共和国道路交通管理条例》考核，受考核率100%，合格率100%。公司责任事故间隔里程计划30万千米，实际完成160.8万千米。全年共发生经济损失200元以上的交通事故22起。其中，死亡事故6起，主要责任重大死亡事故2起。1989年，发生行车主要责任事故6起，死亡事故3起。其中，主要责任、次要责任、无责任各1起，行车责任事故安全间隔里程147.54万千米。1991年，全年行车责任事故间隔里程88万千米。1993年，安全责任事故间隔里程63.9万千米。2000年，安全责任事故间隔里程145万千米。2001年，发生事故85起。其中，重大事故2起，一般事故16起，轻微事故67起。2002年，全市公交车共发生事故47起。其中，同等责任事故以上（含同等责任）40起，次要责任6起，无责任1起。安全责任事故间隔里程229.13万千米。2009年，行车事故频率0.32次/80万千米。2010年，行车事故频率0.18次/80万千米。

2015年，全市公交车发生事故101起。其中，死亡事故5起，行车事故频率0.42次/80万千米。

四、公交票务

（一）票价

1986年，公交普票市区票级分别为5分、1角、1角5分、2角、2角5分。售票方式是人工售票、划票。1987年1月，市区票价开始实行3站5分制、6站1角制的3站进制计价。1990年4月，市区票价由3站5分制调整为6站1角制。1991年10月，市区票价由6站角进制调整为4站角进制。1993年，成立公交五公司，开设小公共汽车的运营，小公共汽车市区票价1元一票制，郊区0～10千米票价2元。1994年，开始在3路、4路试行无人售票，物价部门审批票价为4角/人一票制。由于无人售票不设找零，实际实行的是5角/人一票制。1996年6月，市区公交票价实行5角/人一票制。1997年，全部线路实行无人售票。2000年9月，公交票价由5角/人一票制调整为1元/人一票制。2007年，实现IC卡票务管理。至2015年票价无变化。

（二）月票

1986年，郊区12路月票价格为每人20元/月，13路月票价格为每人8元/月，其他线路月票价格为每人7元/月；市区月票价格为每人3.5元/月，学生月票价格为每人2元/月。1987年9月，开始实行通用月票和公用月票，持通用月票者可乘郊区和市区各种线路，票价每人40元/月；公用月票可乘全市区各条线路，不贴照片，票价每人30元/月。1990年5月，市区月票由每人3.5元/月调整为每人5.5元/月。郊区月票13路由每人8元/月调整为9元/月，15路由每人8

元/月调整为10元/月。1990年5月，25路专线月票每人15元/月。1991年10月，学生月票每人2元/月调整为4元/月；市内职工月票每人5.5元/月调整为8.5元/月；郊区月票每人10元/月调整为15元/月，13路、14路每人9元/月调整为14元/月，取消7元、8元票制，12路仍执行每人20元/月。1993年6月，学生月票每人4元/月调整为8元/月，职工月票每人8.5元/月调整为15元/月，14路、15路为每人20元/月。1994年12月，实行无人售票，月票按原价执行。1997年5月，职工月票每人15元/月调整为30元/月；学生月票每人8元/月调整为15元/月。2000年9月，职工月票每人30元/月调整为40元/月，学生月票每人15元/月调整为25元/月，郊区15路月票每人40元/月调整为60元/月。年满60周岁的老年人月票价格与学生月票价格相同。

2006年12月，金穗公交IC卡系统投入使用。普通乘车卡最低充值20元，每次乘车0.95元（优惠5%），可跨年、跨月使用。成人月票卡定额充值40元，每月乘坐110次。

（三）免费乘车

1986年初，市区内盲人可凭“盲人协会标志”免费乘坐公交车。1987年后，其他类型的残障人士凭残联发放的残疾证免费乘车。1994年后，元旦、春节、国庆节、建军节期间现役军人免费乘车。1997年7月后，离休干部凭自治区“离休干部优待证”可3个月免费乘坐市内公共汽车（不包括郊区线、中巴）。

2000年后，离休干部凭自治区“离休干部优待证”免费乘车。10月，停止残障人士凭残疾证免费乘车，统一办理免费乘车证。2003年后，现役军人持军官证、士兵证免费乘车（不含中巴）。2005年1月后，伤残军人可办理免费乘车证，外地伤残军人可直接凭伤残证免费乘车。2007年后，统一办理残障人士（含伤残军人）免费乘车IC卡，每年年检一次。

2010年5月后，全市70周岁以上老年人凭“敬老优待证”办理免费公交IC卡。2013年1月后，60周岁以上的居民可持市公交总公司老年卡免费乘坐公交车。

第六节　出租汽车

一、运营

1986年，呼和浩特市区有出租汽车47辆、出租后三轮摩托70辆。汽车品牌有华沙、伏尔加、212吉普、上海等，拉达、波罗乃茨、菲亚特、达契亚等老旧车辆也大量进入出租车市场。主要停靠在火车站、巴彦塔拉饭店、旧城北门等自然形成的站点。

1990年，全市出租车开始启用计程计价器，三轮摩托车退出客运出租市场。6月，颁布《呼和浩特市客运出租汽车管理办法》。截至1996年，全市有出租车2854辆，车辆老旧。1997年，新增437辆三箱夏利轿车进入出租汽车市场。4月，定额拍卖新增客运出租汽车经营权。1999年底，全市的老旧出租车全部更新替换完毕。

2000年，全市有出租汽车公司25家，出租汽车3960辆。其中，夏利3505辆、富康88辆、捷达87辆、红旗18辆、桑塔纳260辆、其他品牌车型2辆。2003年9月，颁布《呼和浩特市客运出租汽车管理条例》。2005年，更新客运出租汽车1251辆，全市共有客运出租汽车4553辆，其中市区3966辆。2006年，全市更新出租车2025辆，分别为富康874辆、桑塔纳756辆、捷达330辆、现代34辆、东风雪铁龙22辆、红旗5辆、中华4辆。其中，双燃料车1793辆，汽油车200辆，柴油车8辆。2007年，全市新增出租车700辆，车型以北京现代索纳塔和上海大众桑塔纳为主。2009年，市区增加901辆出租汽车，规定车辆购置价格15万元以上。

2011—2015年，全市开展打击“黑车”专项行动，查处各类道路运输行业违章2.22万例。其中，无证经营7798例，套牌出租车212例，异地营运224例，不打计价器或者擅自提价1206例，拒载1956例，其他违章1.08万例。

2013年11月后，呼和浩特市取消客运出租汽车经营权定额拍卖费。2014年，市区增加1000辆出租汽车，新增车型主要为新款捷达、新款桑塔纳和北京现代伊兰特，以及其他同价位车型。神州、滴滴、易到等专车企业进入呼和浩特市，神州专车约有车辆200余台，车型多为帕萨特、奥迪、凯美瑞及别克GL8；滴滴、易到专车约有车辆500台，专车经营在呼和浩特市属起步阶段，对传统巡游出租汽车的影响并不明显。呼和浩特市出租汽车行业协会开展出租汽车“95128”电召平台建设。

2015年，全市共有出租汽车7228台。其中，市区6568台，车型主要为桑塔纳、捷达、速腾、索纳塔、御翔等，车辆颜色以绿色、黄色、薄荷青色为主，均为油气混合动力，安装卫星定位及摄像设备。全市共有出租汽车公司33家。其中，市区出租汽车公司25家，万人拥有量29.85辆，从业人员1.02万人。全市出租车日均客运量约51.2万人次，年客运量约1.86亿人次，出行分担率8.5%。

二、运价

2009年前，市区出租汽车运价为起步价6元，包含最初2千米，10千米以内每千米1.3元，10千米以后每千米1.5元，停车等候每5分钟按1千米计费1.3元。昼夜一致。速度低于12千米/时，时距并计，每运行5分钟按1千米计费。21时至次日6时，每千米加收0.1元夜间行驶费。夜间起步价6.2元。2010年9月以后，出租汽车临时加收燃料附加费1元/车次。

2014年，调整市区出租汽车运价，起步价8元，包含最初2千米，10千米以内每千米1.5元，超出10千米每千米收取2元，停车每5分钟计费1.5元，速度低于

12千米/时，时距并计，每运行5分钟计费1.5元，每日7时到9时、17时到19时2个高峰期加收低速等候费，每5分钟2元。21时至次日6时，基价千米数后，每千米加收0.5元夜间行驶费。建立出租车运价与燃料联动机制，车用天然气涨幅在50%以内，客运出租车运价维持不变；车用天然气涨幅超过50%，采取加收燃料附加费、市政府发放临时补贴或调整客运出租汽车运价的办法。

第七节　轨道交通

2014年3月，国家发改委、住房和城乡建设部受理《呼和浩特市轨道交通建设规划》。4月，召开线网规划评审会。5月，国家发改委委托中国国际工程咨询公司评估建设规划。6月，《呼和浩特市轨道交通建设规划及线网规划环境影响报告书》上报环境保护部。9月，环境保护部环评司召开《呼和浩特市轨道交通建设规划及线网规划环境影响报告书》审查会。审查认为环评报告结论总体可信，可作为规划优化调整和实施的依据。11月，环境保护部下达批复意见，呼和浩特市已具备发展城市轨道交通的条件。

2015年4月，国家发改委印发《呼和浩特市轨道交通近期建设规划批复通知》，呼和浩特市成为全国第39个获批建设轨道交通项目的城市。7—9月，完成《项目选址意见书》《客流预测专题报告》《地质灾害危险性评估报告》《社会稳定性风险分析报告》《社会稳定性风险评估报告》《节能评估报告》《环境影响评价报告》《国土预审报告》《文物保护专题报告》《安全预评价》《水土保持方案》的批复和成果，落实资本金承诺函和银行贷款意向函。

呼和浩特市轨道交通线网规划线路5条，批准先期建设规划为地铁1号线、地铁2号线一期工程。地铁1号、2号线工程总长为51.4千米，总投资约338.81亿元。地铁1号线一期工程自金海工业园区—白塔站，线路长为23.2千米，设站19座；地铁2号线一期工程自新店东—茂盛营站，线路长为28.2千米，设站24座。9月，呼和浩特市地铁1号线开工建设。10月，市机场铁路办与市交通投资公司完成轨道交通1号、2号线一期工程交接，同步启动第二轮轨道交通建设规划编制工作。1号、2号线一期工程计划2020年开通运营。

第二章 邮 政

第一节 邮政管理

1986年，呼和浩特市邮政、电信分设，单独经营。呼和浩特市邮政局辖市区各邮电局所和郊区、托克托县、土默特左旗邮电局，下设邮电支局13个、营业处4个、邮电所29个。

1988年后，呼和浩特市邮政局、电信局按照国务院提出加快邮电发展要贯彻“统筹规划，条块结合，分层负责，联合建设”的方针，在发展传统业务的同时，相继开办邮政储蓄及异地存取，特快专递、邮政快件、有声信函和礼仪电报等各种新业务，运输工具也有较大发展。至1990年，呼和浩特市邮政局辖新城（新城西街）、中山路（中山东路）、北门外（旧城北门外）、火车站（站前）邮电分局、呼和浩特市郊区、土默特左旗（察素齐）、托克托县（托克托县新区）邮电局等62个邮电局所。

1993年10月，市邮政局管辖的土默特左旗、托克托县邮电局整建制划归市电信局管理，撤销郊区邮电局，所辖农村电话部分划归市电信局管理。12月，成立市邮政局郊区邮电分局。1994年6月，市邮政局成立大宗邮件中心局。1998年9月，邮电分营，撤销郊区邮电分局及旗县邮电局，设立土默特左旗、托克托县、和林格尔县、清水河县、武川县邮政局。同年11月，《呼和浩特市邮政通信管理条例》公布施行。

2000年，市邮政投递总公司成立，设立社区服务中心122处、代投点333个。成立市邮政营业局，将报刊发行局和报刊零售公司合并。市邮政局下辖郊区邮政局、土默特左旗邮政局、托克托县邮政局、和林格尔县邮政局、清水河县邮政局、武川县邮政局6个旗县区邮政局；设投递总公司、邮政营业局2大服务平台，以及报刊零售公司、邮电广告公司、邮政广告公司、集邮公司、市运公司、储汇局、速递局、礼仪局、邮购局、机要局、物流配送中心、通信业务发展公司、保险业务部13个专业局、公司、中心。

2002年，市邮政局将邮政营业局按南北方向划分为营业一分局、营业二分局；设邮政储汇局、邮政速递局、机要局、邮购局、邮政礼仪局、电信业务局、联通业务局、投递总公司、集邮公司、邮电广告公司、邮政广告公司、邮政运输局、邮政物流中心、保险业务部14个专业局、公司、中心。全市邮政支局所总数为124处，其中自办邮政支局（所）62处、代办邮政所35处。

2003年，市邮政局严格按照自治区邮政局《关于核定盟市邮政局机构设置和管理人员编制的通知》要求，内设机构缩减为“一室五部”，即综合办公室、人力资源部、计划财务部、市场经营部、安保视察部、网络运行部。将国际速递业务从速递局剥离，单独成立国际速递业务局；完成营业体制重组，将市内营业一、二分局重组为一、二、三分局；年底成立大客户服务中心。

2006年8月，邮政实行政企分开。2009年，将原邮政营业局分设为邮政营业一分局、二分局。理顺代理金融业务局、保险部、包件业务局、邮政营销局的运行和管理职能，成立农资分销业务局。

2012年10月，成立市邮政管理局，监管全市邮政类业务及快递企业。2013年，市邮政管理局内设综合办公室、人力资源部、计划财务部、市场经营部、监督检查与安全保障部及工会6个职能部室，下设8个专业局、5个区邮政分局、5个旗县局。成立如意邮政分局、社区邮政营业局、金融机具维护中心，郊区邮政分局更名为金桥邮政分局。撤销市场营销研发中心，成立市场策划营销总部。2014年，市邮政局更名为中国邮政集团公司呼和浩特分公司（简称市邮政分公司）。市邮政管理局内设市场监管科、普遍服务科和办公室。发行投递局与包裹投递局合并，成立报刊发行投递局。

2015年，市邮政分公司设办公室（党委办公室）、财务部、人力资源部（党委组织部）、党委党建工作部、监察室、工会6个综合职能部门；市场营销部、服务质量部（普遍服务部）2个市场经营部门；运营管理部、金融业务部、集邮与文化传媒部、包裹快递部、渠道平台部5个经营支撑部门。辖新城区邮政分公司、玉泉区邮政分公司、赛罕区邮政分公司、回民区邮政分公司、金桥邮政分公司、土默特左旗分公司、托克托县分公司、和林格尔县分公司、清水河县分公司、武川县分公司10个旗县区分公司。

第二节　邮政设施

一、邮政网点

1986年，呼和浩特市有邮电局所46个，多集中于市区。1987年，增加5个邮政营业点。13个邮政支局（所）建成标准化支局，28个农村支局（所）有27个建成标准化支局（所）。1990年，邮电局所62个，1999年，市邮政局在云南省昆明市设立鲜花批销中心，成为自治区首家批销鲜花业务局。

2001年，整合市内投递网络，组建社区中心投递段道，扩大业务种类，邮政大用户专格由9个增加到22个。呼和浩特邮政绿卡网通过改造切换至自治区中心。电子汇兑系统城市中心、5个旗县中心和市内20个电子汇兑网点建成并入全国网；开发代收电费及快递包裹收寄系统、综合信息管理系统、大用户管理系统。全市有邮政支局所114处。其中，自办邮政支局所82处、代办邮政所32处；设在农村的局所70处，市区内局所44处；电子化支局、所50处。有邮政报刊零售亭及图书销售点70处。其中,设在旗县区邮政局的报刊图书销售点有17处。有集邮品销售点13处。有邮政社区服务中心121处、邮政信报箱群400处、邮政信筒信箱213个、邮局用户信箱4866个、信报箱格口8.33万个、邮政妥投点1.54万个。

2002—2003年，新增“185”用户服务中心系统受理台席10个，中继线30条，具备咨询、查询、受理投诉、增值业务和电话银行5项服务功能；新增城市邮政网点8处，更新、新增报刊亭39处。

2005年，邮政储蓄系统与汇兑系统实现互联互通，邮政代理保险业务系统上线。全市新增邮政营业网点7处，建成储蓄精品网点和骨干网点21处。2006年，全市有营业网点134处，其中市区81处、农村53处；局所总数中电了化支局80处。新增高档集群信报箱1000格口，信报实现彻底分投。

2007年12月，市邮政局全面启动揽收网格化调整，以中山路至新华街为横轴，呼伦路为纵轴，北至北二环路，南至南二环路，西至巴彦路，东至展览馆东路，将市区划分为4个区域，将如意开发区至展东路设为一个区域，金川开发区东至巴彦路设为一个区域，共设6个揽收区域，28块揽收网格，增加6名区域经理和28名客户经理，负责各自区域揽收收入增长、各揽收段道大客户维系和各揽收员欠费目标控制。全市有投递段道262条，农村投递路线106条。

2009年，改造市内精品及标准化网点9处，标准化农村邮政营业网点29处。投资2000万元，建成邮政“缴费一站通”合作营业厅100处，新增营业网点2处，改造邮政网点7处，调整投递段道30条，维修信报箱2.6万格口，新增集群信报箱8000格口。

2010—2012年，新建邮政“缴费一站通”合作营业厅117处，新建邮政营业网点6处，整合搬迁网点12处，改造邮政网点8处，新增投递部2处；新增投递段道30条，新增集群信报箱3.1万格口。

2013年，市邮政局核查邮政营业网点106个、投递处理场所59个、投递段道357条。重新优化组建投递三网运行模式，包裹投递局设置包裹投递部2个，按市区行政区划划分为投递点4个，设置投递段道35条。市区规划电动车账单投递段道30条；设置报刊发行投递部10个，按照就近上段原则设置投递段道，共设置投递段道165条，其中机动车段道38条、电动自行车段道127条。

2014年，全市有邮政营业网点107处，其中市区62处、旗县城镇及农村45处，局所总数中电子化支局80处。

2015年，全市有邮政普遍服务营业网点113处。其中，城市网点57处，农村牧区网点56处。邮政普遍服务营业场所乡、镇覆盖率86.67%。营业网点平均服务半径18.4千米，平均服务人口2.96万人。设置邮政信筒（箱）215个，邮政报刊亭39处。城市投递频次7天/周，农村牧区投递频次3天/周。城市邮件妥投率95%。

二、邮路建设

1986—1990年，全市邮路总长度1.50万千米，其中航空邮路9000余千米、铁路邮路4000余千米、自办汽车邮路900余千米、委办汽车邮路40余千米、摩托车邮路500余千米、自行车邮路500余千米。农村邮路1000余千米，农村投递线路6000余千米。航空邮路9条。其中，省际航空邮路4条，即呼和浩特—北京、呼和浩特—广州、呼和浩特—上海、呼和浩特—西安；自治区内邮路5条，即呼和浩特—赤峰、呼和浩特—通辽、呼和浩特海拉尔、呼和浩特—乌兰浩特、呼和浩特—锡林浩特。

1999年，撤销呼和浩特市至兰州501/2次火车邮路；开通呼和浩特市至银川汽车邮路；撤销呼和浩特市至大同、呼和浩特市至锡林浩特快速汽车邮路。呼和浩特市至锡林浩特市普件车由2日到达改为当日到达。撤销清水河县至呼和浩特市、托克托县至呼和浩特市快速汽车邮路，改为普件带运。呼和浩特市邮政局派押的一级、二级干线由12条调整为7条。至2000年底，全市共有农村投递路线49条，邮路总长度2355千米（单程）；市内投递段道112条。

2001年，市邮政局与蒙牛乳业集团、天津顶益公司合作，开通呼和浩特—包头、呼和浩特市区—各旗县配送专线。2003年，全市共有农村投递路线52条，邮路总长度2401千米(单程)。市内投递段道164条。整合16个大户投递段道，实现集中分发，集中投递。整合120处邮政社区服务中心和段道，减少投递员50人。

2004年，对火车站等12处营业网点进行彻底改造。新增邮政营业网点8处，邮政支局所总数129处，其中农村局所54处、市区内局所69处；局所总数中电子化支局、所65处。全市有农村投递路线105条，邮路总长度（单程）7295千米。市内投递段道226条。

2006年，全市邮路总长2102千米，总条数48条。其中，自办汽车邮路23条，总长800千米；委办汽车邮路10条，总长553千米；其他邮路15条，总长749千米。城市投递段道258条，总长度（单程）1.05万千米；农村投递路线106条，总长度（单程）7515千米；步班投递路线10条，总长度（单程）1258千米。

2008年，为适应市场竞争需要，加快呼和浩特地区与盟市间特快邮件的传递速度，相继开通呼和浩特至海拉尔、通辽、赤峰、满洲里、乌兰浩特、锡林浩特的航空邮路。

全市邮路总长 1927 千米，总条数 42 条。其中，自办汽车邮路 20 条，总长 774 千米；委办汽车邮路 9 条，总长 480 千米；其他邮路 13 条，总长 673 千米。城市投递段道 239 条，总长度（单程）8115 千米；农村投递路线 107 条，总长度（单程）7621 千米；步班投递路线 11 条，总长度（单程）1451 千米。

2010 年，全市邮路总长 2102 千米，总条数 40 条。其中，自办汽车邮路 21 条，总长 800 千米；委办汽车邮路 10 条，总长 553 千米；其他邮路 9 条，总长 749 千米。城市投递段道 259 条，总长度（单程）7959 千米；农村投递路线 106 条，总长度（单程）7504 千米；步班投递路线 3 条，总长度（单程）231 千米。

截至 2015 年，全市邮路总长 1200 千米，总条数 22 条。其中，自办汽车邮路 11 条，总长 560 千米；委办汽车邮路 9 条，总长 555 千米；其他邮路 2 条，总长 85 千米。城市投递段道 255 条，总长度（单程）8636 千米；农村投递路线 118 条，总长度（单程）8721 千米。

三、邮政设备

1986—1990 年，全市邮政系统新建厂房 4017 平方米，运输工具有火车邮箱 15 节、汽车 38 辆、摩托车 67 辆。截至 2001 年底，全市共有邮政生产用车 157 辆、计算机 551 台、商业信函制作系统 2 套、邮资机 7 台、过戳机 8 台、自动取款机（ATM）21 台、POS 机 70 台。

2002—2004 年，新增和更新机动车辆 104 辆、计算机 152 台、邮资机 46 台。2005 年，更新邮政前端设备，新增计算机及网络终端 265 台，打印机 136 台，点钞机 78 台，新增和更新车辆 33 辆。2006 年，新增计算机及网络终端 112 台，打印机 99 台，点钞机 85 台；新增和更新车辆 28 辆。全市各类邮运车辆保有量 260 辆。

2007 年，市邮政局完成电子化支局系统升级、“汇兑大集中”“储蓄前置省集中”和全国营业系统与网运系统的互联互通。新增更新计算机及网络终端 53 台、打印机 42 台、传真机 13 台、小型复印机 61 台。新增 ATM 机 10 台，点钞机 50 台。新增和更新车辆 53 辆；装修改造旗县局邮政储蓄网点 20 处；投递网建设取得重大进展。新增自行车 187 辆，新增分拣台 10 套，装修改造生产场地 1500 平方米；新增 28 个揽收段道，新增远程终端 2 台，速递网彻底实现揽投分离。

2009—2010 年，全市邮政系统累计新增更新计算机及网络终端 179 台、打印机 113 台、点钞机 117 台；新增汽车 31 辆、摩托车 60 辆、电动车自行车 192 台。

2011—2012 年，全市邮政系统累计新增更新计算机及网络终端 171 台、复印机 33 台、传真机 27 台、打印机 66 台、点钞机 132 台、扎把机 81 台、捆钞机 5 台、商函封装机 1 台，新增 E-POS 机 228 部、ATM 机 12 台，新增监控探头 50 套；新增汽车 17 辆，电动自行车 20 辆。

2013年，市邮政局核查176个邮筒箱、162辆邮政标识车辆并建立档案。2014年，新增汽车19辆、摩托车47辆、电动车63辆，新增设备198台，补建空白乡镇网点4处，网点装修6处，投递部迁址改造1处。

2015年，市邮政分公司装修改造网点23处，投递部迁址改造4处，新增投递部8处；布放POS机1200部；新增CRS一体机5台；更新配置计算机46台，网络终端88台，监控探头136套；新增汽车1辆。截至2015年底，全市邮政系统有各类邮运汽车174辆，摩托车118辆，自有房屋面积7.78万平方米。

第三节　邮政业务

一、函件

1986年前，国内函件业务主要分为信函、明信片、印刷品、盲人读物4类；国际函件业务种类有信函、明信片、印刷品（包括印刷品专用袋）、小包、盲人读物和保价信函6类。市民多选择平邮，选择特快专递较少。1986年7月1日，呼和浩特市邮政局开办国内、国际特快专递邮件业务。邮件不分邮件种类、寄递区域，凡适合邮寄的书信、文件、资料、物品等均可交寄，从收寄到投递的全过程均由专人处理，专袋封发，选择最快的火车或航班运输，专人专车投递。9月，自治区内各盟市所在地邮政局凡通达铁路、汽车、航空邮路的，最大运递时限不超过24小时的均可办理。

1987年11月，在呼和浩特、包头、乌海、集宁、临河、海拉尔、赤峰、通辽等8市局，与国内196个大中城市首批开办国内邮政快件互寄互递业务。选用快速有效的车航班次，按规定时限组织运递，用户交寄邮件时即可知晓到达时间。对于时间性较强的会议通知、录取通知、请柬、银行信件等都按快件收寄。1988年后，特快专递、邮政快件受到用户欢迎，递达数量大幅增长。1989年末，全市特快专递7130件，邮政快件34.2万件。至1990年，邮政快件通达国内1960个市（县），特快专递通达69个国家和地区。1986—1990年，全市函件业务量累计1347.9万件。

1992年，全市特快专递4.10万件。邮政自有收入2591.4万元，实现利润375.1万元。1993年，特快专递11.26万件，机要文件业务总量40.52万元。邮政快递数量增长，业务收入大幅提升。1995年，全市特快专递收入527万元，较1994年增长57.8%。特快业务分别占业务收入的11.5%。广告信函、邮购、货运业务均有较大幅度增长。市邮政局组建发投局、广告信函邮购业务局，开始专业化经营。邮政自有收入6540万元。

1996年，市邮政局开始开展驾驶执照、行车执照、IC卡、进出口铁路提货单等特快专递业务，快递业务收入924万元，同比增长75.3%。市区30个自办支局、所中的22个电子化支局分拣封发实现出口邮件的无单作业。信函广告、邮政礼仪、邮购、直送业务分别完成168万元、38万元、24万元、215万元，较1995年分别增长102%、280%、140%、53.6%。1997年6月，呼和浩特市信函自动分拣系统投入试运行，12月开始办理国际货运业务。1998年，邮递类业务收入4773.65万元，特快专递业务收入881万元。1999年，全市邮政业务总量5996.37万元；邮递类业务收入5387.06万元，同比增长12.85%；特快专递业务收入1084万元，同比增长23.04%；函件业务量1220.03万件、包件业务量20.9万件。2000年，全市邮政业务总量6725万元，同比增长10%。邮递类业务收入5713万元，同比增长20.2%。

2001年，全市邮政业务总量13518.06万元，同比增长101%。邮递类业务收入7035.58万元，同比增长23.15%。2002年，全市邮递业务收入5840.87万元，占业务收入比重30.66%。其中，函件、包件、报刊、特快分别较2000年增长27.87%、11.87%、0.66%、7.77%。2003年，全年办理快递包裹13.46万件，增收171.83万元，占包件业务总量的41.3%。2004年，全市邮政业纯增有效收入605万元。8月，开通邮政航空全夜航，推出一、二线城市次晨达、次日递业务。2005年，组织开展不同形式的EMS服务，全市函件业务同比增长2.72%，特快业务同比增长7.34%。同城物流和农资分销分别同比增长21.95%和101%。货运业务全年实现业务收入141万元。

2006年，函件业务收入同比增长6.5%。年内，有效地址数据1.26亿条，自有名址信息135万条。启动纳税人账单、交警执法告知单等项目，年收入120万元。全市邮政贺卡揽收数量由2005年的133万枚增长至200万枚，增长50.38%。特快业务同比增长10.2%。物流业务收入508.1万元。同城物流规模扩大，烟草配送同比增长30%，超市配送、旗县票据配送增长10%以上。中邮快货发展迅速，规模和收入分别同比翻两番。

2007年，全市函件、速递、报刊等业务保持较高增长速度，分别为36.16%、23.01%、14.16%。移动账单、纳税人账单、交警执法告知单、招生商函、第三届少儿书信大赛业务收入同比增长36.16%。成功揽收蒙牛等国家级大型企业"幸运邮天下"2家，业务收入达50万元。各类直邮定制型、高端销售型贺卡和小批量明信片销售达315万枚，位列全区第一。2月14日，自治区首个邮政直营中心在呼和浩特市邮政函件局挂牌运行，开设邮资信封、邮资明信片、邮政贺卡、邮送广告、账单等业务。

2008年，移动账单、纳税人账单、交警执法告知单、招生商函、高考大礼包、迎奥运知识竞答、第四届少儿书信大赛等项目业务收入同比增长43.6%。2010年，成立普斯特邮政图书报刊发行分公司、市场营销研发中心。

2011年，全市邮务类业务收入7802.78万元；速递物流类业务收入560万元。2012年，校园包裹业务收入41万元。联合各大院校学生会志愿者进驻网点开展爱心包裹募捐。市邮政局与自治区妇联等多家单位举行母亲包裹启动仪式。2013 年，全市邮务类业务收入 1.02 亿元，同比增长 11.1%；速递物流类业务收入 503 万元。2014 年，全市邮政业务收入累计完成 2.01 亿元，业务总量 1.54 亿元。2015 年，全市邮政局所总数中电子化支局 82 处、综合网点 64 处、邮政网点 54 处。全年邮政业务收入累计完成 2.2 亿元。

二、邮政储蓄

1986 年 6 月 25 日，呼和浩特市邮政局开办邮政储蓄业务。初期开办个人活期储蓄和定期储蓄。活期储蓄 1 元起算，存期不限，凭存折随时存取。定期储蓄包括整存整取、零存整取等。同年 12 月 15 日，呼和浩特市邮政局利用电报通信网开办邮政活期储蓄异地存取业务，并与全国 22 个省区 47 个城市的 59 个储蓄点互通存取业务。当年，有邮政储蓄储户 6524 户，吸收存款余额 316.53 万元。1987 年，全市增加 16 个邮政储蓄点。

1988 年，全市有邮政储蓄网点 26 个。其中，土默特左旗、托克托县、郊区设网点 7 个。9 月 1 日，开办保值储蓄，凡存期满三年的定期储蓄和整存整取实行保值，按期支付应得利息，再按当时国家公布的保值率给予补贴。1989 年，开办有奖储蓄和有奖有息储蓄。之后开办大额储蓄业务，分 500 元、1000 元券，为 1 年期。1990 年，全市邮政储蓄网点 28 个，吸收储蓄存款余额 5044.2 万元，邮储收入 151.38 万元。

1992 年，全市邮政存款余额 1.64 亿元，邮储收入 301.85 万元。1994 年邮政储蓄余额突破 3 亿元。1995 年，全市邮政储蓄余额突破 4 亿元，达 4.5 亿元。邮政储蓄收入 1290 万元，占邮政业务收入的 28%。1996 年，全市储蓄网点有 41 处，基本覆盖市区主要街道。投入 ATM20 台，分布在市区的较大商场和邮电支局内。1997 年邮政储蓄余额突破 6 亿元。1999 年，全市邮政储蓄网点 71 处，其中实现通存通兑 49 处，ATM 机 21 台。邮政储蓄绿卡发放量 4.56 万张，各项承诺兑现率 100%。邮政储蓄收入 4671.5 万元。2000 年全市邮政储蓄余额达 14.18 亿元。

2001 年，呼和浩特邮政绿卡网通过改造切换至自治区中心，电子汇兑系统城市中心、5 个旗县中心和市内 20 个电子汇兑网点建成并入全国网。全市有邮政储蓄网点 73 处，储蓄余额同比增长 2.84 亿元，累计达到 17.02 亿元，市场占有率 10.03%。邮政储蓄收入 4900.6 万元。2002 年，对 67 个储蓄网点、60 台 POS 机和 18 台 ATM 机进行银联卡改造，邮政储蓄余额较 2001 年净增 4.16 亿元，市场占有率 10.2%。2003 年，全市邮政储蓄余额达 26 亿元，市场占有率 10.6%。邮储业务收入 1.75 亿元，占邮政业务总收入的 39%。

2004 年，市邮政局新增邮政营业网点 8 处，全市有邮政储蓄网点 77 处。其中，异地通存通兑网点75处。全年邮储累计余额29.15亿元，储蓄业务收入占邮政业务总收入46.48%。2005年，新增储蓄精品网点和骨干网点21处。邮政储蓄系统与汇兑系统实现互联互通，邮政代理保险业务系统上线。邮政储蓄余额较2004年净增6.61亿元。绿卡发卡量13.8万张，是历年发卡总和的2倍，POS机消费额由2004年的10万元增至2142万元。

2006年，全市邮政储蓄余额较2005年纯增4.7亿元，吸储成本大幅度下降。新增绿卡15.2万张，累计发卡量28.5万张，POS机消费额增至6500万元，同比增长3倍多。新增投入使用ATM机12台，每台ATM日均交易量达到40笔，ATM机总数达24台。

2007年3月1日，按照自治区邮政公司要求，市邮政储蓄正式开办储蓄定期存单小额质押贷款业务。年内，共开办该项业务网点35个，办理贷款1364万元，发放贷款金额8144万元。同年，开发邮政储蓄代理基金69种，实现收入501万元。与3所大专院校签订制作3万枚校园联名卡发放协议。

2008年，市邮政局配合自治区邮政公司完成储蓄银行部分业务、资产和人员的剥离，稳妥推进主辅分离改革，成立中国邮政储蓄银行呼和浩特市分行和市邮政局邮政储汇业务发展部。

2009年，中国邮政储蓄银行呼和浩特市分行实现业务收入7113.97万元，同比增长20.89%，业务结构占比提高4.82个百分点；全年纯增储蓄余额2.96亿元，累计余额达到31.92亿元，市场占有率达到6.46%。代理保险业务保费额达到1.23亿元，同比增长25.75%。开发农网烟草款归集业务，开办市内出租车加气款和石油款归集业务，归集款累计余额达到6.98亿元。对公业务期末余额1.7亿元。5个旗县局储蓄余额纯增均突破3000万元，代发涉农资金8500万元，发放贷款300万元。

2010—2013年，全市邮政代理金融类业务收入累计3.67亿元。截至2015年全市开办邮政储蓄网点60处。

三、邮票销售

1986年1月，中国邮政总公司“丙寅虎年邮票”在呼和浩特发售。1988年，呼和浩特市“集邮热”回升，全年销售邮册5000余本，办理1989年新票预订1.4万户。至1990年，集邮业务累计收入380多万元。

1992年，全市集邮业务量529.5万枚，同比增长62.3%，邮票销售收入267.5万元，同比增长62.9%。1993年，呼和浩特市兴起礼仪专递，点歌明信片、明星企业名片逐渐被社会所接受。全市集邮业务量449.89万枚，邮票销售收入324万元，同比增长19.56%。1995年，全市集邮业务收入6615万元，同比增长47.8%。开发礼仪服务和鲜花业务，礼仪业务收入11万元。1996年，市邮政局邮票公司先后参加亚洲邮展、全国邮展，销售额180万元。1999年，全市有集邮品销售点10处，集邮业务量1445.21万枚，集邮业务收入3298.06万元。

2000年，全市集邮业务收入4157万元，同比增长26%。2001年，集邮业务收入2760万元，同比下降34.37%。2002年，市邮政局邮票公司开发《内蒙古电力第三届文化艺术节》《内蒙古邮电100年纪念册》《中国呼和浩特第四届昭君文化节》等6种个性化邮票小版折，收入385万元。全年集邮业务收入4521万元。2003年，开发《全区两个精神文明现场会》《内蒙古网通公司》《呼和浩特市商业银行中秋慰问大用户》《民族团结进步表彰月》《内蒙古农大建校50周年校庆》《大唐托电》6种个性化小版折集邮册，创收114.1万元。开发航天邮品，包含首日封2.18万枚、个性化小版折7000册、抗“非典”邮册375册，实现收入32.46万元。2004年，开发个性化邮品2.4万册，实现收入97万元；先后开发教师节个性化邮品300册、中秋节个性化邮品简装册2000册、精装册1000册，销售额24万元。2005年，开发《首府风光》《天堂草原》《中国乳都》，销售8300册，开发个性化邮品超过1万版。2008年，全市代理集邮业务量翻番，累计完成2197万元，超进度1437万元，同比增长371.4%，为年计划的289%。2009—2010年，全市新邮预订、形象年册等完成量和完成比例均列全区第一。

2012年6月，市邮政局邮票公司组织召开邮品和金银制品展销会，展出邮品30多种，主要有钱币类、金银类、热点邮品类、内蒙古风情画册等，现场出售邮品、画册3万元，销售金银制品42万元，累计实现收入45万元。

2013年9月，市邮政局邮票公司举办“赏中秋明月，集方寸臻品——呼和浩特市中秋节高档邮品鉴赏会”，邀请340名用户参加鉴赏会，展出115种邮品，销售邮品176.3万元。8月，签订《创城礼仪手册制作协议》，市委宣传部编写《呼和浩特市市民文明礼仪手册》，市邮政局承办，第三方广告招商赞助完成创城手册项目的开发、制作、投放。由市邮政局设计、招商、制作并投递，全市发行量50万册，收入294万元。

2014年，市邮政管理局按照《邮票发行监督管理办法》规定，对纪念特种邮票销售网点开展现场核查，并对纪特邮票的发行销售进行检查，全年对《甲午年》《邓小平同志诞生110周年》等重大题材邮票发行工作进行9次专项检查。按照自治区邮政公司“集邮业务转型发展”要求，如意分局丁香路支局举办邮展活动，展出邮票系列60多个品种，实现销售22.3万元；新城分局山水支局、赛罕分局长乐宫邮政支局、武川县新世界支局分别举办邮展活动，销售邮品近100万元。7月，市邮政公司举办“赏三峡愿景集方寸臻品”邮展会，现场销售邮品100余万元。活动共组织、调配6大类、200余种集邮品，现场展销“全国山河一片红”、编号票、老纪特、“猴票”等众多珍稀邮票。8月，在内蒙古人民会堂举办2014年“迎中秋第三轮生肖邮票设计师陈绍华先生签售会”，展出各类邮品200余种，活动以“陈绍华与十二生肖（精、简版）”“毛泽东同志诞生120周年邮册”“中国四连体邮册”为主打产品，共计销售216册，收入69.28万元。

2015年1月，举办“迎新春，珍稀邮品、钱币、贵金属邮票展销会”，销售邮品150余万元。5月，举办“《西游记》邮票签售暨珍稀邮品品鉴会”，现场销售邮品132万元。9月，举办“纪念抗战70年，实现中国富强梦——邮票设计大师签售会暨珍稀邮品品鉴会”，《中国梦》《抗战与黄河》等邮票一经推出便被抢购一空，销售收入300万元。

四、报刊投递

1986—1990年，市邮政局订销报纸4109万件，订销杂志297.4万份。1992年，全市累计订销报纸4863.9万份，累计订销杂志375.1万份，分别同比增长7.05%和11.55%，订销报刊流转额1259.8万元，同比增长17%。1993年，全市订销报刊流转额1487.96万元，同比增长18.65%。1995年，全市报刊业务收入668万元，占邮政业务收入的14.6%。

1996年，全市报刊业务收入944万元，同比增长40.3%。1997年5月，开始接办《上海证券报》在全国的邮发业务。1999年，全市共有邮政报刊图书销售亭75处，报刊业务收入1346万元，报纸销售3892.65万份，杂志销售271.28万份。

2003年7月，市邮政局报刊零售公司开办邮政图书音像城。图书城面积155平方米，以销售教辅类图书、音像为主，当年收入2.2万元。10月，报刊零售公司组织对全市34个报刊零售点和34个邮政支局报刊零售点公开招标，全部中标。

2005年，市邮政局投递总公司组建畅销报刊发行投递网，完成全国报刊系统统版工程，实现电子化支局系统与生产作业系统的互联互通。

2008年，市邮政局改革报刊发行投递局体制，分别成立报刊发行局、邮政投递中心。2010年，一次性报刊流转额完成5928万元，第三方订阅市场一次性流转额纯增600万元。畅销报刊增幅高达80%，在全国领先。

2013年，整合优化全市报刊普邮投递网，设置10个报刊发行投递部，按照就近上段原则设置投递段道，共设置投递段道165条，其中机动车段道38条、电动自行车段道127条。

2015年，市邮政分公司开展投递计件改革，将原有的16个投递部整合为10个，内部处理实行联合作业，外部将原有的224条段道整合为184条，清退租用房屋3处。全年投递报纸6110万份、杂志152万份，党报城市上午见报率100%，乡镇当日见报率50%。

2006—2015 年呼和浩特市邮政业务情况一览表

表 5-2-1

年份	邮政业务总量（万元）	函（包）件（万件）	汇票（万元）	杂志（万元）	报纸（万元）	邮政储蓄余额（万元）	集邮业务（万枚）
2006	18909	1504.1	39	232	4029	405128	421.6
2007	19815	695.5	52	240	3969	406448	369.4
2008	18431	695.6	53	162	4225	289713	372.9
2009	20016	579.7	44	158	4442	319180	224.8
2010	22455	1096.2	44	242	4419	356332	543.0
2011	21301	829.8	48	227	5200	388173	598.9
2012	24683	900.4	51	233	5132	451763	612.1
2013	55225	735.4	44	222	5855	456431	764.8
2014	77935	883.9	36	309	6395	463744	660.0
2015	86491	795.0	22	142	6045	475839	879.6

第四节　物流快递

一、快递业发展

1986 年，呼和浩特市邮政局开办国内、国际特快专递邮件业务，与国内 196 个大中城市开办国内邮政快件互寄互递业务。1994 年，市邮政局开始通过民航班机载运特快邮件。1996 年，外资企业嘉里大通物流有限公司在呼和浩特市成立分公司。1997 年，包头鼎立通国际货物运输代理有限公司在呼和浩特市设置分公司，代理联邦快递（FedEX）业务。

2001 年，民航快递内蒙古分公司成立。2002 年，中铁快运呼和浩特分公司成立；一统公司在呼和浩特市设置加盟企业。12 月，中日合资企业宅急送快运在呼和浩特市设置内蒙古自治区分公司，呼和浩特设 5 个营业所。

2003 年，申通快递在呼和浩特市设置加盟企业；外资企业中外运敦豪公司设置中外运敦豪公司呼和浩特分公司，业务主要依托外贸厂商，办理国际快递业务。2004 年，天天快递在呼和浩特设置办事处。2005 年 4 月，中通快递设立呼和浩特中通物流有限责任公司。9 月，包头市全一物流有限公司在呼和浩特设立分公司。同年，中铁快运呼和浩特分公司与中铁行包快递有限责任公司呼和浩特分公司合并重组。

2006 年，上海 DDS 速递、北京飞豹快递在呼和浩特市设置加盟企业。圆通快递设置呼和浩特分公司。5 月，呼和浩特长胜联运有限责任公司成立，为外资企业，以货运为主，兼做国际快递业务代理，代理荷兰 TNT 的业务，代理日本佐川急便的快递业务。2007 年 1 月，希伊艾斯快递在呼和浩特市设置加盟企业。5 月，汇通快运在呼和浩特市设立呼和浩特汇通快递公司。3 月，联邦快递（中国）有限公司收购大田公司呼和浩特分公司，设置联邦快递（中国）有限公司呼和浩特分公司。4 月，呼和浩特市君立国际货运代理有限公司成立，为外资企业，经营国际快件，为服务承包商，代理 UPS 在呼和浩特的国际快递业务，代理日本佐川急便的快递业务。7 月，顺丰速运在呼和浩特市设置分公司。9 月，鑫飞鸿快递在呼和浩特市设置加盟企业呼和浩特鑫飞鸿快递服务部。11 月，北京急脚递在呼和浩特市设置加盟公司呼和浩特广友快递有限责任公司。韵达公司设置呼和浩特加盟企业。同年，一统公司改称呼和浩特回民区传志快运服务部。

2009 年，北京乐畅快递有限责任公司设立呼和浩特自营分公司。2010 年 5 月 29 日，经呼和浩特市工商联合会、呼和浩特市民政局批准，呼和浩特市物流协会成立，有 55 个物流企业入会。6 月，中国邮政速递物流股份有限公司呼和浩特市分公司（简称市速递公司）挂牌成立，隶属中国邮政速递物流股份有限公司，有呼和浩特市分公司、托克托县营业部、和林格尔县营业部 3 家自营网点。年内，全市特快业务收入 2376 万元。

2013 年，全市快递业务收入 2.7 亿元。快递业务量 1194.93 万件，最高日处理量突破 28 万件。2014 年，全市快递业务收入 5.3 亿元，同比增长 94.2%；快递企业业务量 2393.34 万件，同比增长 100.29%，累计投递量 3260.94 万件，同比增长 144.6%，日均处理量 15 万件，最高峰 52 万件，同比增加 24 万件，增幅 85.7%。主要品牌企业进港量同比增加 78%，出港量同比增加 117%。

2015 年，全市有快递企业 54 家（含各品牌快递企业在呼和浩特市设立的不具有法人资格的分公司），设分支机构 274 个，城市网点覆盖率 100%，乡镇快递网点覆盖率 71%。全年，快递业务量 2688.09 万件，同比增长 12.32%；快递业务收入 5.88 亿元，同比增长 10.91%。快递日均处理量 20 万件以上，最高日处理量 66 万件。“双十一”（即每年的 11 月 11 日）期间，全市出口件量同比增长 40.7%。

二、注册企业

2009 年，呼和浩特市邮政局对快递企业进行备案，全市办理备案的快递企业共 34 家。分别是呼和浩特市广友快递有限责任公司、呼和浩特市长胜联运有限公司、中外运敦豪国际航空快件有限公司呼和浩特分公司、内蒙古百富东方快运服务有限责任公司、呼和浩特市新城区顺一通物流服务部、广州顺丰速运有限公司呼和浩特分公司、包头市全一物流有限公司呼和浩特公司、北京中外运速递有限公司呼和浩特分公司、民航快递有限责任公司内蒙古分公司、中外运空运发展股份有限公司内蒙古分公司、呼和浩特圆通速递服务有限公司集宁圆通速递分公司、北京宅急送快运股份有限公司呼和浩特分公司、北京宅急送快运股份有限公司呼和浩特北垣街营业厅、北京宅急送快运股份有限公司呼和浩特牛街营业厅、北京宅急送快运股份有限公司新城营业厅、中铁快运股份有限公司呼和浩特分公司、嘉里大通物流有限公司内蒙古分公司、呼和浩特回民区传志快运服务部、呼和浩特市邮政速递分局、呼和浩特中通物流快运服务部、内蒙古一函申通科技有限公司、呼和浩特市韵达快递服务有限责任公司、呼和浩特市君立国际货运代理有限责任公司、包头鼎力通国际货物运输代理有限公司呼和浩特市分公司、呼和浩特天天快递、北京明邦运通国际运输服务有限公司呼和浩特分公司、呼和浩特市新城区飞鸿快递服务部、呼和浩特呼圆快递有限责任公司、呼和浩特市同城快递有限责任公司、内蒙古邮政快递物流有限责任公司呼和浩特市分公司、北京乐畅快递有限责任公司呼和浩特分公司、呼和浩特市新城区希伊艾斯快递服务部、呼和浩特市新城区送发快递服务部、北京宅急送快运股份有限公司呼和浩特赛罕区营业厅。

三、许可企业

2010 年，全市有 14 家快递企业依法获得经营许可，分别为内蒙古邮政速递物流有限公司、呼和浩特呼圆快递有限责任公司、内蒙古韵必达速递有限公司、呼和浩特市韵达快递服务有限责任公司、内蒙古一函申通科技有限公司、呼和浩特市红山快递有限责任公司、内蒙古吉达物流有限公司、呼和浩特市优速快递服务有限公司、呼和浩特市天天快递有限责任公司、内蒙古百富东方快运服务有限责任公司、内蒙古顺丰速运有限公司、呼和浩特市速通快递有限责任公司、呼和浩特市蒙速快递有限责任公司、呼和浩特市广友快递有限责任公司。

2011 年后，许可企业逐年增多。至 2014 年，新增的许可企业有呼和浩特市博通快递服务有限公司、内蒙古聚贤快递有限公司、内蒙古小蜜蜂快递有限公司、呼和浩特市中商速尔快递有限公司、呼和浩特市平达快递有限责任公司、呼和浩特市骥通快递有限责任公司、呼和浩特市华赫配送服务有限责任公司、呼和浩特市中通物流有限责任公司、内蒙古苏宁云商销售有限公司、呼和浩特市飞康达远成快递服务有限公司、内蒙古德美多式联运有限责任公司、内蒙古圆通速递有限公司、呼和浩特市捷便达报业有限责任公司、呼和浩特君立国际货运代理有限责任公司、呼和浩特市双丰快递有限公司、中铁快运股份有限公司呼和浩特市分公司、民航快递有限责任公司内蒙古分公司、中外运敦豪国际航空快件有限公司呼和浩特市分公司、中外运空运发展股份有限公司内蒙古分公司、联邦快递（中国）有限公司呼和浩特市分公司、嘉里大通物流有限责任公司内蒙古分公司、呼和浩特市融尚经贸有限责任公司、内蒙古吉速物流有限责任公司、呼和浩特市弘扬物流信息咨询有限公司。

2015 年，新增许可企业有内蒙古平达速运有限公司、内蒙古海悦通国际货运有限责任公司、内蒙古聚贤快递有限公司、内蒙古德邦物流有限公司、内蒙古弘通物流有限公司、内蒙古优速物流有限公司、呼和浩特市骥通快递有限责任公司、内蒙古华洋物流有限公司、内蒙古倾诚商务服务有限公司、现代之路（内蒙古）跨境电商物流有限公司、呼和浩特市全峰快递有限责任公司、内蒙古驷马快递服务有限公司、内蒙古近邻宝科技有限公司、现代之路跨境电商物流有限公司、内蒙古世阳快运有限公司、内蒙古宅急送快运有限公司、土默特左旗申通快递科技有限责任公司、呼和浩特市华赫配送服务有限责任公司、呼和浩特市城发物流有限责任公司、内蒙古博聚仁商贸有限公司。

第三章　通　信

第一节　通信管理

一、呼和浩特市电信局

1986 年，呼和浩特市电信、邮政分设，单独经营。呼和浩特市电信局承担市话及郊区通信业务。

1998 年 10 月，邮电分营后，市邮政局、市电信局分别对所辖各旗县（市）邮政局、电信局实行直接管理。1999 年，设呼和浩特移动通信分公司，归内蒙古移动通信公司管理。旗县设移动通信营业部，由呼和浩特移动分公司负责管理。

二、中国移动呼和浩特分公司

1999 年，自治区邮电管理局按固定通信业务和移动通信业务完成电信分营，成立内蒙古移动通信公司呼和浩特分公司，隶属内蒙古移动通信公司，实行垂直管理。7 月，呼和浩特市电信局、呼和浩特移动通信分公司、内蒙古邮电管理局共同签署《电信分营交接书》，呼和浩特移动通信分公司开始独立运营。各旗县设立移动通信营业部，由分公司负责管理。8 月，呼和浩特移动通信分公司设立综合办公室、网络部、市场经营部、财务部和人力资源部。9 月，内蒙古自治区移动通信公司呼和浩特市营销中心成立，所属旗县移动通信机构名称为营业部。2000 年 8 月，撤销呼和浩特移动分公司，人员和资产并入内蒙古移动公司。2004 年 7 月，成立内蒙古移动通信有限责任公司呼和浩特分公司。2006 年 9 月，更名为中国移动通信集团内蒙古有限公司呼和浩特分公司。2008 年 6 月，中国铁通呼和浩特分公司并入中国移动呼和浩特分公司，中国铁通固话及宽带等业务归中国移动。

三、中国网通呼和浩特分公司

2000年1月，内蒙古通信公司呼和浩特分公司成立。内设综合办公室、党群工作部、人力资源部、财务部、安全保卫部、服务督查部、经营服务部、计划建设部、运行维护部、二枢纽管理办公室，下设5个旗县局。2003年8月，分公司决定实施营销体制改革，将市区范围划分成8个电话局。内设综合办公室、法律事务部、党群工作部、监察部、工委、人力资源部、财务部、安全保卫部、服务督查部、小灵通无线市话局、市场部、营业部、大客户服务部、订单调度中心、号线管理中心、计算机中心、计费账务中心、客户服务中心、数据多媒体通信局、数据多媒体网管中心、电话信息服务中心、计划建设部、运行维护部、网管交换维护中心、传输维护中心、动力维护中心、线路维护中心、接入网维护中心、二枢纽管理办公室等42个部室，下设8个电话局和5个旗县分公司。

2004年，内蒙古通信公司呼和浩特分公司按照市场线、网络线、综合线设置组织机构，通过改革将原设机构42个调整为45个；依据收入规模与用户数量将原有的8个电话局细分为20个电话局。同时成立员工夜校、基层党校。

2005年，根据体制改革要求，内蒙古通信公司呼和浩特分公司完成对内蒙古线务局、呼和浩特市线务局人员接收工作，成立光缆维护中心，负责原长途通信线务局的各项维护、管理职责。

2006年，内蒙古通信公司呼和浩特分公司更名为中国网通（集团）有限公司呼和浩特市分公司。内设综合部、党群工作部、纪检监察部、工会、人力资源部、财务部、安全保卫部、派驻审计处、采购物流中心、服务督查部、市场经营部、市场拓展中心、计划建设部、网络运维部、大客户服务中心、商务客户中心、支撑共享中心、客户服务中心、数据维护中心、网管中心、设备维护中心、光缆维护中心、线路维护中心37个部室，下设9个电话局和5个旗县分公司。

2008年10月，中国网通（集团）有限公司呼和浩特分公司与中国联通呼和浩特分公司合并，成立中国联合网络通信集团有限公司呼和浩特分公司。

四、中国联通呼和浩特分公司

1999年，中国联通呼和浩特分公司成立。同年5月，信息产业部发布关于将国信寻呼有限责任公司成建制划入中国联通公司的通知。8月，成立中国联通呼和浩特寻呼事业部。2000年10月，撤销内蒙古国信公司及所属分公司，成立中国联通内蒙古分公司寻呼事业部及各盟市分公司寻呼事业部。2005年后，呼和浩特地区无线寻呼业务开始萎缩，无线寻呼用户逐年减少。

2008年10月，中国联通与中国网通合并为中国联合网络通信集团有限公司，经营中国联通的全球移动通信系统（GSM）业务及中国网通的固网业务。年内，中国联合网络通信有限公司呼和浩特市分公司成立，内设综合部、综合业务体验馆、信息化支撑中心、安全保卫部、财务部、传媒广告中心、党群工作部、个人客户部、工会、光缆维护中心、呼和浩特审计处、计划与物资管理部、纪检监察室、家庭客户部、客户服务部、客户服务中心、客户响应中心、清欠中心、人力资源部、商务客户中心、设备维护中心、市场部、数据维护中心、网络管理中心、网络建设部、线路中心、移动网络公司财务部、移动网络公司网络建设部、移动网络公司运维与网优中心、运行维护部、政企客户中心 31 个部门，下设 19 个营销中心、4 个线路中心分局及 5 个旗县分公司。

2010 年，中国联通呼和浩特分公司成立渠道中心、电子渠道中心和商居营销中心，对集团客户部采取准事业部制管理。内设综合部、综合业务体验馆、信息化支撑中心、安全保卫部、财务部、党群工作部、电子渠道中心、工会、集团客户事业部、计划与物资管理部、纪检监察室、客服呼叫中心、客户服务部、区域审计分部、渠道营销中心、人力资源部、商居营销中心、市场销售部、网络公司光缆维护中心、网络公司客户响应中心、网络公司数据维护中心、网络公司网管与网优中心、网络公司网络建设部、网络公司线路维护中心、网络公司运行维护部、网络公司综合部、信息导航中心 27 个部门，下设 10 个营销中心、4 个客户响应分部、5 个旗县分公司。

截至 2015 年，中国联通呼和浩特分公司内设 30 个部门，下辖 5 个旗县分公司。下设 17 个驻地网营销网格、7 个渠道营销网格、1 个连锁卖场、8 个集团行业中心、3 个高校营销网格、1 个中小学营销网格、6 个商企营销网格、1 个农村营销网格、17 个客户响应分部。

五、中国电信呼和浩特分公司

2008 年 10 月，中国电信呼和浩特分公司成立，开通多址通信系统（CDMA）业务和网络，成为全业务运营商。截至 2015 年，中国电信股份有限公司呼和浩特分公司下设管控支撑部门 15 个；设土默特左旗分公司、武川县分公司、和林格尔县分公司、清水河县分公司与托克托县分公司 5 家旗县分公司；设金桥、金川、如意三家开发区分公司；设政企营销中心 6 个，营业部 13 个。

第二节　邮电分营前通信网络

一、通信网络及设施

1986 年 7 月，市邮电局卫星地球站投入使用，开通卫星电路 7 条。10 月，呼和浩特至北京 300 路小同轴电缆载波工程竣工，割接和开通 198 条电路。年底，市话交换机总容量 1.33 万门，实装 9757 门，市内电话普及率 4.57 部 / 百人。

1987年5月，市邮电局开办“174”长途查号业务和长途电话直拨业务。7月，使用程控空分长途终端交换机开通呼和浩特至北京、西安长途全自动话路，当年开通自动话路38条。1988年2月，开办礼仪电报业务。种类有庆贺电报、吊唁电报、请柬电报，均作为特别业务处理。8月，设立“173”长途特快接续台。10月，团结小区400门小交换工程动工，1989年4月割接开通。

1989年11月，市邮电局对卫星地球站进行扩容，开通呼和浩特—乌兰巴托国际明线载波话路。市话六一局、六六局、六七局投产。开通EWASD程控电话1.2万门。至年底，市内电话普及率每百人6.2部。有全自动长途电话电路115条，长途直拨有权用户297户，可直拨全国300多个城市的电话。

1990年，全市有长话业务电路586条，其中有线电路510条、国际话路1条、一级电路266条、二级电路319条。全自动电路258条，半自动电路68条；架空明线180条，电缆330条。10月，北京—呼和浩特300路小同轴电缆载波开始扩容，12月割接开通。

1991年1月，市话二、三分局复式计费工程竣工投入使用，呼和浩特市内电话公用网电话实现自动控制复式计次计费。1992年2月，呼和浩特—海拉尔LOR数字卫星工程、长途2000线工程和8000门程控工程竣工投入使用。6月，京中小同轴电缆960路扩容改造工程竣工验收，新增扩容2个960路系统，增开长途电话1320条。10月，市邮电局开办无线自动寻呼“193”投放使用。12月，市话程控1.8万门工程割接使用。

1993年3月，市邮电局开通BP机汉字寻呼系统。取消原无线寻呼人工台电话号码“668800”，启用新号码“126”。7月，市邮电局从德国西门子公司引进5.5万门EWSD程控交换设备。8月，购进市话号线集中管理系统，在全国邮电部门率先使用法国2PX/20-620小型计算机，新装电话实现配线、配号全部由微机处理。9月，开通“128”汉字BP机寻呼台、“168”电话信息自动服务台以及“121”天气预报台。

1994年1月，市邮电局开通“127”自动寻呼系统。3月，西班牙S-1-40型2万门市内电话程控交换机制接入网，呼和浩特市实现市话交换程控化、传输数字化。4月，引进西门子公司1.5万门程控交换机，市话交换机总容量6.9万门。5月，在呼和浩特、包头间开办移动通信漫游业务。8月，市邮电局六七分局2万门程控交换机扩容割接成功，形成由4个独立分局点点相连的多局制市话通信网。全市城区电话普及率14.9%。

1995年5月，市邮电局长途2.3万路端扩容工程电源分部割接成功。6月25日0时，呼和浩特市电话号码由6位升为7位。11月，2.3万路端S-1240长途数字程控电话交换设备启动成功并网运行。全市电信长途程控交换机总容量增加至3万路端。

1996年4月，北京—呼和浩特—银川—兰州光缆干线工程呼和浩特市设备安装及中继站、电源2个单项工程竣工验收。6月，市邮电局无线寻呼实现全国联网漫游，用户可在全国30个省、自治区、直辖市的272个地级以上城市漫游。10月，引进西门子D900移动交换设备，开通GSM数字移动电话系统，覆盖土默特左旗。12月，无线寻呼台人工台台号统一合并为“126”，取消“128”。

1997年1月，开通“170”“180”“189”特服电话专号。3月，开设全区首家特约经销点。5月，开通“300”中国电话卡业务。7月，呼和浩特—通辽干线传输网南线光缆工程全线开通。六五分局程控交换机割接成功。

1998年3月，“112”集中受理系统改造工程开通。6月，托克托县燕山营子乡开通无线接入系统120门，是无线接入系统在自治区的首次应用。9月，开办交互式会议电话业务，通话费按当时普通电话通话资费标准向所有参加会议者收取，会议基本租用费和加收的会议租用费只向会议的组织者收取。为鼓励用户使用，开通前半年免收基本租费。1999年1月1日，邮政、电信开始按新的管理体制单独运行。

二、电报传真

1986年，呼和浩特至石家庄、上海、沈阳、天津省际直达报路分别接入对端自动转报系统。1987年4月，呼和浩特市邮电局64路自动转报机投入使用，并开通呼和浩特至南京、杭州、济南和自治区内临河市直达载报双工电传电路并全部接入自动转报网。1989年，开通呼和浩特至兰州直达载波双工电传电路并接入自动转报网。同时将呼和浩特至大同、海拉尔、乌兰浩特电路分别接入自动转报网。1990年，呼和浩特至北京（2路）、上海、天津、沈阳、南京、杭州、济南、石家庄、西安、太原、银川、兰州等13路电传电路接入省际一级报路，呼和浩特至大同进入自动转报网省际二级报路。土默特左旗、托克托县、武川县、和林格尔县、清水河县等旗县邮电局也进入自动转报网。同年，呼和浩特市邮电局64路自动转报机更换为256路自动转报机。

1991年2月，呼和浩特市电报搬迁及扩容安装工程割接开通。工程开通256路自动转报系统和512线程控用户电报交换机。电报业务主要分为天气电报、水情电报、公益电报、新闻电报、普通电报、汇款电报等。1992年，呼和浩特到各盟市局采用时分多路复用（DTM）和多频分载报机设备进行传输,并且采用先进的智能终端，淘汰55型机械电传机，开通投产用户电报交换机，用户在办公室可以与国内外用户进行通信。1993年2月，自治区邮电管理局通报开办公众用户传真业务的城市及区内开办公众真迹传真业务的公众用户传真号码，呼和浩特为 0471-665224。

1995 年，新开办鲜花礼仪、祝贺婚礼、祝贺开业庆典、吊唁电报等业务。1996 年呼和浩特开通传真存储转发系统。2000 年后，电报业务简化为普通电报。随着程控电话全面普及，电报业务量开始逐渐萎缩。至 2007 年电报电路设备全部停用。

三、长途电话

1986 年，呼和浩特至 16 个省会城市有直达电路。全年，省际一级电路新增开呼和浩特至北京 12 路、至天津 2 路、至上海、沈阳、太原、石家庄各 1 路；增开省际二级电路呼和浩特至张家口、大同各 1 路；省内二级电路主要增开呼和浩特至阿拉善左旗、集宁各 3 路，至赤峰、通辽各 2 路，至海拉尔、乌兰浩特、扎兰屯各 1 路。同年 11 月，北京—呼和浩特 300 路小同轴电缆载波工程竣工开通。大同—丰镇—凉城—呼和浩特埋设六管小同轴，装 300 路端机 4 端，有人增音机 2 部，无人增音机 35 部，24 路电缆载波机 5 端，12 路电缆载波机二端，可开通 984 路电路，陆续使用。

1987 年，省际一级长话电路新增呼和浩特至北京 49 路、广州 2 路、西安 4 路、天津 9 路、太原 4 路；新开呼和浩特至成都 2 路、重庆 1 路；省际二级电路新开通呼和浩特至忻州 1 路；区内二级电路增开呼和浩特至海拉尔 1 路、乌兰浩特 1 路、通辽 3 路、锡林浩特 4 路、集宁 4 路、东胜 2 路、临河 3 路；新开通呼和浩特至召河（旅游点）、察哈尔右翼后旗、兴和、莫力达瓦达斡尔族自治旗各 1 路，呼和浩特至旗县有直达电路的增至 40 处。6 月，呼和浩特—海拉尔开通半自动电路 1 路;7 月，首次开通呼和浩特至北京、西安全自动电路 38 路。

1988 年，省际一级电路新开呼和浩特至福州 1 路、哈尔滨、大连、保定各 2 路。呼和浩特至旗县直达电路增开至宁城县 1 路。开通呼和浩特至海拉尔、满洲里、牙克石、扎兰屯半自动电路。1989 年，首次开通呼和浩特市—乌兰巴托国际明线载波话路 1 路。

1990 年，省际一级电路呼和浩特至北京增 74 路、广州增 9 路、西安增 4 路、天津增 12 路、石家庄增 10 路、新开至南京 1 路、杭州 2 路；省际二级电路呼和浩特至张家口增 4 路、大同增 6 路；区内二级电路呼和浩特至包头 16 路、集宁 10 路、乌兰浩特 4 路、海拉尔 4 路，包头—武川 1 路，包头—托克托 1 路。呼和浩特市可与国内 757 个城市直拨长途电话，可与港澳及国际 186 个国家和地区直拨长途电话。呼和浩特与工业城市包头市至区外 21 个省市有直达电路 284 路。呼和浩特至 11 个盟市所在地有直达电路 198 路，至盟市所在地以外的 38 个旗县有直达电路的 97 路。其中在 18 个边境旗市中，呼和浩特至满洲里、二连浩特市、科尔沁右翼前旗、苏尼特右旗、苏尼特左旗、东乌珠穆沁旗、阿巴嘎旗、达尔罕茂明安联合旗、四子王旗、乌拉特中旗、乌拉特后旗、阿拉善左旗等 12 个旗市有直达电路。

进入 20 世纪 90 年代后，随着干线光缆迅速增加，原长途明线模拟机线设备开始逐步淘汰。1991 年,呼和浩特市—包头光缆建成,开通内蒙古第一个数字传输系统。之后对呼和浩特—包头光缆、北京—呼和浩特小同轴系统进行扩容。5 月，在呼和浩特—包头间开通全区第一条光缆 4 次群系统。

1992 年,呼和浩特市邮电局 2000 线长途程控交换机等长途传输与交换工程投产，呼和浩特市—薛家湾等微波工程竣工投产。同年，呼和浩特卫星地球站进行 FDM 电路扩容。通信容量由 96 路扩至 192 路。并按照业务矩阵新开、增开呼和浩特—成都、呼和浩特—青岛（济南）、呼和浩特—广州卫星电路。同年，自治区邮电管理局决定建设呼和浩特—准格尔、海拉尔—呼和浩特卫星通信微波工程。至 1994 年底，呼和浩特至北京的长途电路数 617 路，到地盟市有 12 路及以上直达电路的盟市数 11 个、平均 115.2 路，至盟市以外的县（市）平均 4 路。

1996 年，邮电部批准北京、呼和浩特、兰州、乌鲁木齐 4 个地球站四期扩容工程。6 月，呼和浩特市邮电局人工长途台转入智能长途台。由此，长途电话由微机接续取代人工接续,使用几十年的插塞式人工接续台被全部淘汰,同时实现长话接续无纸操作。

1997 年，呼和浩特—通辽直埋光缆工程、呼和浩特第二长途电信枢纽工程完工。完成北京—呼和浩特—银川—兰州光缆 SDH 扩容工程。新增长途自动交换机 6.41 万门。自治区邮电管理局将呼和浩特、包头、乌兰察布盟、乌海、巴彦淖尔盟、伊克昭盟和阿拉善盟的人工台合并，在呼和浩特设置人工台 113 台，作为自治区内长话汇接中心，负责人工长话业务的接续、查询等项业务。

1999 年，完成北京—呼和浩特—银川—兰州、呼和浩特—北海国家一级光缆干线区内段 2.5G 扩容工程。呼和浩特第二长途电信枢纽工程竣工。

四、固定电话

1986 年初，呼和浩特市话交换机总容量达 1.33 万门，实装 8207 户，安装率 62%，出局线 2.28 万对，机线比为 1∶1.72。市内电话普及率为每百人 4 部。

1987—1989 年，呼和浩特市二分局增扩步进制交换机 7000 门、呼和浩特市四分局扩容 800 门。1989 年 11 月，呼和浩特市局从联邦德国引进 1.2 万门 EWSD 型程控交换机开通使用，在中山东路 52 号院内市话六六分局装 8000 门，并设 2 个远端模块局，石羊桥南路六七分局装 3000 门，兴安南路六一分局装 1000 门。1990 年，土默特左旗、托克托县城区内电话交换机容量分别为 800 门和 600 门，实装率达到 88%、95.33%。全市总容量 2.68 万门。投币公用电话在市内的主要街道开始使用。

1992 年,呼和浩特市电信局 1.8 万门市话交换机投入运行,市内交换机总容量 4.43

万门。1994年，呼和浩特市所有旗县实现长途传输数字化、市话交换程控化，市区电话普及率达到17.97%。

1995年6月25日，呼和浩特市率先建成扩大的C3本地电话网，电话号码统一升为7位。市电信局用交换机14.34万门。

1996年，和林格尔县、清水河县电话并网升位成功，两县与呼和浩特市共用一个长途区号0471。年内，呼和浩特开通全国计算机互联网系统和传真存储转发系统。同时，呼和浩特本地网网管系统投入试运行。

1997年3月，自治区邮电管理局批准市电信局环城光缆传输工程，规模为建设24芯以上光缆196千米、远端机19个，并建设相应的SDH和用户环路设备。7月，市电信局利用比利时混合贷款引进2万门EWSD程控交换机及线路配套工程，投产运行后割入用户1.08万户，缓解呼和浩特市北郊地区装机难的状况，完善市话网络布局。1998年，市电信局用电话交换机总容量达28.53万门。

五、移动通信

1991年6月7日，自治区邮电管理局与瑞典爱立信公司签订合同，建设呼和浩特公众蜂窝式移动电话通信系统，9月21日正式开通。同年，全市移动通信用户70户。至1993年，全市有模拟移动通信交换机容量1000门，移动通信总信道48个，移动通信无线话机1612台。

1994年5月1日，在呼和浩特、包头之间开办自治区内移动通信人工漫游业务。实现移动电话在包头、东胜和土默特左旗、托克托县的自动漫游。全市移动电话用户达3112户。

1996年，呼和浩特市建成覆盖所属旗县的GSM网。全市模拟蜂窝移动通信基站数13个，交换机容量4万路，信道扩容至636个，移动通信信道总数2131个，移动通信网城市覆盖率达76.3%。10月，市电信局在区内首次开通GSM数字移动电话系统，并覆盖土默特左旗。

1997年，呼和浩特市电信局完成“139”网号中“471”放号任务，根据内蒙古数字移动电话网（GSM）的编号方案，邮电部移动局为内蒙古分配新的网号“138”，并为呼和浩特分配新的H1H2H3号码“471”。

1998年8月，中国电信GSM数字移动通信系统一期工程在呼和浩特市及部分旗县区竣工开通并开始对外放号。全市有900兆模拟蜂窝移动通信交换机容量5万路，模拟蜂窝移动电话基站数20个，模拟蜂窝移动通信信道总数1028个。数字电话用户3.23万户。

1999年7月底，呼和浩特市移动通信从电信局分离后，成立内蒙古移动通信公司呼和浩特分公司，归内蒙古移动通信公司管理。12月，内蒙古移动公司提出有计划地将模拟用户免费转入数字网。2000 年 3 月，移动通信模拟网退网工作正式启动。至 2001 年底，全市移动用户转网率达 97%，大部分模拟基站关闭。

六、无线寻呼

1992 年，呼和浩特市电信局引入集人工、自动为一体，汉字、数码兼容的 1.2 万门无线寻呼系统，无线自动寻呼“193”投放使用，同时启用人工寻呼“126”。1994—1995 年，根据邮电部无线寻呼系统“完整性”“先进性”“统一性”的要求，自治区统一采用台湾赫力集团的寻呼系统（主机为 DEC 公司小型机），无线寻呼联网工程全部开通。网络结构分为二级，第一级以呼和浩特市为中心星形连接 11 个盟市，第二级以盟市为中心星形连接所属旗县。联网后用户号由 5 位升为 7 位，实现跟踪寻呼、异地寻呼和漫游寻呼等功能。

1996 年 4 月，“126”“127”寻呼台进入全国寻呼网，呼和浩特无线寻呼完成全国和全区联网，并在加快系统扩容的基础上，启用二、三频点。12 月 22 日零点，呼和浩特市电信局无线寻呼台台号由原来的“126”“128”统一合并为“126”。12 月 27 日，市电信局无线寻呼系统扩容工程竣工，容量从 6 万户增加到 20 万户，并实现“126”人工台、“127”自动台并存发送。同日 23 时起，原华通寻呼台并入呼和浩特市电信寻呼台，使用电信“126”“127”寻呼号。

1997 年，呼和浩特市无线寻呼网向苏木乡镇拓展。1998 年 7 月，全国高速寻呼网呼和浩特市工程竣工，建有 9 个基站，容量为 10 万户。寻呼区以网状网方式联入全国网，覆盖呼和浩特市区以及土默特左旗、托克托县、和林格尔县、清水河县、武川县等地。该网人工台接入采用特服号“198”，自动台接入采用特服号“199”。

2002 年后，寻呼业务逐年萎缩。2005 年寻呼设备停止运行。

第三节　邮电分营后通信网络

一、中国移动呼和浩特分公司

1999 年 7 月，中国移动呼和浩特分公司开始独立运营后，数字移动电话号码由 10 位升至 11 位。后推出全球通、动感地带、神州行三大移动品牌，号码从最初的“9”字头的 A、B 网，到“139”“138”“137”“136”“135”等。

2000 年，市营销中心加快 GSM 放号速度，引导模拟用户向 GSM 网转移。将邮政储蓄等代办企业引入收费服务前台，对前台业务受理流程进行闭环管理。全年，办理模拟用户拆机 763 部，办理模转数 1968 部。5 月，推出 IP 业务和低速手机上网服务。

2001 年 1 月，中国移动呼和浩特分公司营销中心清理交换机和营账系统中 GSM 与 TACS 网的用户数据。5 月，开始对模拟网用户办理数字网业务。6 月，关闭模拟手机国际漫游功能。推出“神通卡”“话费自主餐”等业务。

2002年，中国移动呼和浩特分公司采取手机捆绑政策，将高端用户与GPRS数据业务绑定，开通IP直通车业务，推出有人值守、无人值守及商务公话等公话业务。至年底，有CMNET用户7户，WLAN点10个，无人值守154部，有人值守195部，商务公话300部。2003年，新增“动感地带”用户3.67万户。

2004年，全市开通12个室内微蜂窝基站，建成3个小区覆盖微蜂窝基站，利用直放站等网络优化设备完成盲区覆盖19处。动态调整网络资源，超闲小区从年初103个降低到年底77个。年内，完成GSM基站扩容工程G2交换局扩容2万门、G3交换局扩容2万门，交换总容量扩容10万门、新建基站35个、新建微蜂窝29个、扩容基站168个、扩容微蜂窝12个，基站总数295个，载频2804个，移动网络覆盖达99.96%。

2005年，全市新建基站54个。其中，村村通工程18个，微蜂窝9个；新增载频727块，本地网基站343个，载频3411个，利用自建光缆引接基站166个。至年底，光缆传输引接率71%，自有传输引接率86%，引接市区营业厅32个，大用户7个，旗县营业厅14个。11月，开通3G演示厅8个。年内，完成2次阶段性网络优化，1次大规模频率规划，城区覆盖率由年初的98%提高至99.93%；无线掉话率由年初的1.08%降低至0.25%；高速公路覆盖率98.75%。同时，推出“刮刮卡”“预存话费送话费”“一元购机”“漫游特价”等活动。

2006年，中国移动呼和浩特分公司智能网神州行用户开放GPRS业务。完成GSM扩容和村通一期、二期工程建设，新建宏基站106个。全市累计新建基站141个。其中，35个微蜂窝，累计新增载频2531套。基站总数482个，载频总数5081个。建设完成呼和浩特市本地/城域网光缆线路工程、村通配套光缆线路工程；全年累计敷设光缆697千米，引接基站109个，市区基站光传输接入率82%，旗县基站光传输接入率62%，全网自有传输接入率90%。完成13个大用户、43个营业厅的光传输接入。完成36千米城域网管道工程主干道、基站引接敷设，引接基站45个、大用户及营业厅32个。完成65座大楼的室内分布和38个住宅小区覆盖。全年网络接通率91.39%，全天最高话务量18.14万ERL（爱尔兰）。实行先体验后消费，全年彩铃用户53.07万户，普及率53.06%；彩信用户9.56万户。

2007年，全市新建基站290个，扩容基站276个，新增载频4183套，新增并替换13个基站控制器，新增13个码型速率转换器（TRAU）。至年底，基站总数803个，载频总数9130套。全年敷设光缆1544.59千米，累计光缆长度3200皮长千米。敷设城域网管道57.5千米，累计传输管道长度560孔千米。新增光传输接入基站220个，累计建成595个光传输接入基站，全网基站光传输接入率74%，全网基站自有传输接入率99.48%。

2008年，全市新建基站255个，新增载频3693套、自有传输接入基站280个，敷设光缆1225千米。至年底，基站总数1038个，载频总数1.29万套，月均话务量1054万ERL。全年小区完好性99.74%，光缆接入率86.49%。年内，完成GSM扩容工程和传送网建设工程。完成中国移动呼和浩特分公司成立以后规模最大的一次网络调整割接，涉及BSC29个、基站406个和传输电路617条。放开WLAN无线上网业务使用范围，取消原WLAN业务仅向99全球通客户开放的规定，有无线宽带上网需求的“动感地带”和“神州行”客户亦可申请开通WLAN无线上网业务。

2009年，中国移动呼和浩特分公司推出G3上网本产品，消费需求层次由“基本通话”升级为“多媒体化和多用途化”。全年新建2G/3G基站926个，2G/3G基站总数1951个，增幅90.34%；2G/3G新增载频8296套，2G/3G载频总数2.12万套，增幅64.30%。日均语音话务增幅21%，数据业务增幅近300%。

2010年，中国移动呼和浩特分公司完成管道施工416千米，引接光缆2323千米。2G基站总数1649个，增幅33%，载频总数2.04万套，增幅27.8%。全年语音话务增幅14.56%，数据业务增幅132%。调整全网1535个基站归属，开通149个1800M站点、1988块载频入网。同年，退出移动400、彩信手机报、无线商话业务，正式启用188号段。

2011年，中国移动呼和浩特分公司推广TD终端，加快TD用户发展。拥有BSC22台、2G/3G基站2524个、载频3.15万套、1.10万千米传输管道和光缆、1340个WLAN物业点、600条集团专线。

2012年，全市新建2G基站196个，新建TD基站408个，替换老旧载频1.04万块。载频数达3.47万套，AP数1.06万个，集团专线964条。推进合约和V网拓展，全年引入重点应用80项。G网年话务量2.18亿ERL，T网年话务量1036.9万ERL。互联网出口带宽能力提升100%，城域网建成11个汇聚节点。

2013年，中国移动呼和浩特分公司成立自营厅运营中心，完成自营厅集中化管理试点建设。新建2G及村村通基站171个，新增载频1237个，完成许可扩容2442个。新建开通TD基站558个、汇聚机房14处、传送网管道113千米、传送网光缆线路3315千米，本地网、城域网PTN成环率36.89%。建成开通集团专线505条，改造7个铁通宽带小区光纤，新建宽带小区16个。开通“乡镇通”农村无线数据业务点26个。

2014年，全市3G工程宏站微站开通率100%，完成4G工程一期建设，新建站完成88.48%。传送网光缆完成93%，管道完成89%。在5个核心自营厅搭建4G网络环境，在公交青城1、2号线推广4G体验活动。

2015年，全市新增4G基站822个、载频4411个，4G覆盖率92.5%，4G城区ATU下载速率提升38%。新建有线宽带小区端口4.36万个。建设乡、镇通基站204套，2G基站通信用户500人以上的村基本实现乡镇通业务全覆盖。全市4G网络用户82

万户，渗透率 33.66%。截至 2015 年，在全市开通“134”“135”“136”“137”“138”“139”“147”“150”“151”“152”“157”“158”“159”“178”“182”“183”“184”“187”“188”等 2G、3G、4G 移动通信业务的经营服务。

二、中国网通呼和浩特分公司

1999 年 2 月，呼和浩特 GSM 电话网开通试运营，网号为“130”“131”。包括后付费和基于智能网平台的全如意预付费业务。

2000 年 9 月，中国联通启动 CDMA 网络建设计划。2001 年 7 月，取消电话初装费、邮电附加费等政府性基金。全年完成固定资产投资 3.69 亿元，新增交换能力（含接入网）14.6 万门，本地网交换机容量达 48.58 万门，接入网总容量达到 12.96 万门；新增光缆 3900 芯千米，光缆总长达到 2.36 万芯千米；数据通信端口新增 5724 个，总数达 1.06 万个。全年，发展电话用户 9.06 万户，其中小灵通 2.41 万户。电话用户累计达到 38.27 万户。发展来电显示用户 3.59 万户，综合业务数字网用户 836 户。新增数据及多媒体业务用户 2.49 万户，累计达 3.90 万户。

2002 年，中国网通呼和浩特分公司完成小灵通网络优化和扩容工程，固定电话放号 6.01 万部，发展“小灵通”6.05 万部，发展来电显示 8.95 万户。5 月，GPRS 在呼和浩特商用。

2003 年，中国网通呼和浩特分公司拥有总长达 2.08 万芯千米传输光缆，1.56 万管孔千米的管线；交换机总量达 70.23 万门，数据通信端口总数达到 2.7 万个，互联网出口带宽达 2G。完成固定电话放号 5 万余部，发展“小灵通”用户 13.94 万户；发展 ADSL 用户 1 万余户，发展来电显示 8.57 万户。

2003 年，中国网通呼和浩特分公司拥有总长达 2.08 万芯千米传输光缆，1.56 万管孔千米的管线；交换机总量达 70.23 万门，数据通信端口总数达到 2.7 万个，互联网出口带宽达 2G。完成固定电话放号 5 万余部，发展“小灵通”用户 13.94 万户；发展 ADSL 用户 1 万余户，发展来电显示 8.57 万户。

2005 年，中国网通呼和浩特分公司新增交换容量 1.8 万门，本地网交换机总容量达到 100.7 万门，交换机实占容量达到 75.38 万门，光缆总长达到 5.1 万芯千米。新增固定电话 8100 户，达到 47.81 万户。新增小灵通用户 1.16 万户、达到 27.35 万户，网络接通率完成 97.28%。互联网出口带宽达到 15G。宽带新增 2.89 万户，达到 8.18 万户。8 月，按照自治区及信息产业部的总体要求，呼和浩特市正式启动“村村通电话工程”，11 月全部开通放号，有 150 个建制村彻底告别不通电话的历史。

2006 年，中国网通呼和浩特分公司更名为中国网通（集团）有限公司呼和浩特市分公司。年内，新增交换能力 3.2 万门，本地网交换机总容量达到 81.9 万门；交换机实占容量达到 49.43 万门；新增光缆 8086.35 芯千米，光缆总长达到 6.23

万芯千米；数据通信宽带端口新增 2.19 万个，总数达到 13.2 万个；城域网端口新增 243 个，总数达到 4466 个。固定电话净增 1.36 万户，宽带用户净增 3.24 万户；增值业务占比达 6.32%。

2007 年，中国网通（集团）有限公司呼和浩特市分公司拥有本地网光缆 2731 千米，固话交换机总容量 83.56 万门，无线市话总容量 45.61 万线。IP 承载网出区总带宽 20G，ADSL 端口总数 13.29 万个，基础数据网 DDN 端口容量 2216 个。

截至 2008 年，中国网通（集团）有限公司呼和浩特市分公司实施"光进铜退"项目，解决宽带接入。完成 2 期 G 网工程建设。本地网光缆 2211.65 皮长千米，固话交换机总容量 42.85 万门，无线市话总容量 48.73 万线；IP 承载网出区总带宽 20G；ADSL 端口总数 20.48 万个，基础数据网 DDN 端口容量 2389 个。宽带用户净增 2.77 万户，固话和小灵通用户累计达到 57.80 万户，净增"亲情 1+"用户 9176 户。

三、中国联通呼和浩特分公司

2003 年 3 月，中国联通新时空 CDMA1X 网络在呼和浩特开通投入商用，联通无线数据业务"联通无限（U-Max）"品牌上市。2004 年，内蒙古自治区通信公司呼和浩特分公司业务由单一的 GSM 移动业务发展为移动（GSM130、CDMA133）、数据（165）因特网、17910/17911IP 电话、"193"长途、无线寻呼等业务。2005 年 4 月，启用宽带多媒体计费系统。2007 年 5 月，开通"114"失物招领公益热线。

2008 年 10 月，中国联通呼和浩特分公司成立后，经营中国联通的全球移动通信系统（GSM）业务及中国网通的固网业务。

2009 年，根据工业和信息化部的要求，对无线市话进行清频退网，出台小灵通转网等优惠政策。本地网光缆 5418.93 皮长千米，固话交换机总容量 45.17 万门，无线市话总容量 48.73 万线；IP 承载网出区总带宽 20G；ADSL 端口总数 22.64 万个，基础数据网 DDN 端口容量 2389 个。宽带用户净增 3.46 万户，固定电话用户较 2008 年净增 2.5 万户，2G 出账用户较 2008 年净增 12.1 万户；3G 出账用户达 6700 户。开展 3G 网络建设项目，一期工程投资 4.57 亿元，新增宏基站 362 个，新增交换容量 37 万；二期工程建设基站 70 个，实现市区和 5 个旗县城区重点区域的 3G 覆盖。组织实施 4 期"光进铜退"项目，实施完成 165 个点，累计退铜近 500 千米；实施 EPON 项目 169 项。

2010 年，中国联通呼和浩特分公司建立从营销中心到营销经理的分级管理体系。所属本地网光缆 6376.52 皮长千米，固话交换机总容量 45.22 万门，无线市话总容量 48.73 万线；IP 承载网出区总带宽 20G；ADSL 端口总数 22.46 万个，基础数据网 DDN 端口容量 2235 个。固话用户净增 6120 户；宽带用户净增 3.04 万户；2G 出账用户净增 9.89 万户；3G 出账用户净增 4.99 万户。GSM 网新建基站 13 个，开通 9 个；GSM 村通工程新建基站 8 个全部开通。WCDMA 网工程，建设基站 211 个，开通 191

个。WLAN 工程投资 711 万元，建设站点 32 个，开通 19 个。

2011 年，中国联通呼和浩特分公司有本地网光缆 9692.85 皮长千米，固话交换机总容量 43.95 万门，无线市话总容量 48.73 万线；IP 城域网出口总带宽 80G；ADSL 端口总数 25.99 万个，基础数据网 DDN 端口容量 2235 个。宽带用户净增 3 万户；移动净增通话用户数为 9.4 万户。新建开通 GSM 网基站 54 个；新建开通 GSM 村通工程基站 21 个。WCDMA 网工程建设基站 122 个。WLAN 工程建设站点 81 个，开通 64 个。同年，在自治区率先推广"体验式营销"，落实自营厅营销转型；推广"沃·家庭""沃·商务"等融合产品。开通"130""131""132""155""156""185""186"等 2G、3G、4G 移动通信业务的经营服务。

2012 年，中国联通呼和浩特分公司有本地网光缆 9819.39 皮长千米，固话交换机总容量 35.42 万门，无线市话总容量 48.52 万线；IP 城域网出口总带宽 100G；ADSL 端口总数 23.28 万个，基础数据网 DDN 端口容量 2235 个。宽带用户净增 3 万户；3G 出账净增用户数为近 13 万户。新建开通 GSM 网基站 163 个。建设开通 WCDMA 网基站 224 个。建设 WLAN 工程站点 7 个，开通 6 个。

2013 年，中国联通呼和浩特分公司有本地网光缆 1.22 万皮长千米，固话交换机总容量 32.57 万门；IP 城域网出口总带宽 100G；ADSL 端口总数 85.26 万个；移动网络交换容量（VLR）达到 168 万户，WCDMA 基站总数 1612 个，GSM 基站总数 1428 个。宽带用户净增 2.5 万户；3G 出账净增用户数为近 19 万户。

2014 年，中国联通呼和浩特分公司正式开展 4G 业务，新增 4G 专属号段"176"。全市小灵通网络停用。本地网光缆 1.40 万皮长千米，固话交换机总容量为 16.22 万门。IP 城域网出口总带宽 180G；宽带端口总数 95.98 万个；移动网络交换容量（VLR）达到 187 万户，WCDMA 基站总数 1960 个，GS 米基站总数 1426 个。宽带用户净增 2.0 万户；移动宽带净增用户数为近 6.9 万户。实施宽带光纤技术改造项目市区 116 项、旗县 31 项。建设开通 WCDMA 基站 43 个。

截至 2015 年末，中国联通呼和浩特市分公司拥有移动电话客户 130 余万户、固定电话客户 40 余万户、宽带客户 20 余万户。本地网光缆 1.40 万皮长千米；IP 城域网出口总带宽 240G；宽带端口总数 131.7 万个；移动网络交换容量（VLR）达到 193 万户，WCDMA 基站总数 2545 个，GSM 基站总数 1409 个。成功打造实施"智慧城市""数字城管""移动警务"等智能化平台项目。

四、中国电信呼和浩特分公司

2002 年，中国电信呼和浩特分公司新建 DC1 长途局。2003 年后，中国电信呼和浩特分公司建设光宽带和 4G"天翼双百兆"，拓展 ICT 行业应用、固定和移动互联网业务。在自治区率先推出移动支付翼支付业务。同年，开始发展宽带业务，先后采用 ADSL、FTTX+LAN、FTTH 等多种宽带实现方式。市内电话网也全面投入使用，市内电话网均以 CC08、ZXJ10 电话程控交换机为中心，通过市话电缆线与电话终端直接相连构成。8 月开始投资建设 UT 平台，成为公司的第一套 NGN 业务平台，主营业务为 IP 话吧。市内电话交换机总容量为 5.9 万门。

2006 年，中国电信呼和浩特分公司根据集团的统一部署，在呼和浩特建设软交换 DC1-TG1 长途局。省出口总带宽从 9G 扩容到 11G，原有呼和浩特市出口的边缘接入路由器从 Juniper M160 升级为 Juniper M320。

2009 年，中国电信呼和浩特分公司华为软交换端局全部部署完成。同年，全面启动 3G 数字蜂窝移动通信业务，开通“133”“153”“180”“181”“189”“173”“177”等专属号段的移动通信服务。

2011 年，启动“宽带中国，光网城市”建设。2013 年开始，中国电信呼和浩特分公司对全网低速率接入方式小区开展提速改造，大幅提升光纤接入普及率和宽带接入速率，宽带速率从 2012 年的 2 ~ 4 兆提升至 20 ~ 50 兆。

2014 年，中国电信呼和浩特分公司开始部署 LTE FDD 及 TD-LTE 制式的 4G 网。2015 年，合约销量 1650 户，用户真实性 80%。全市建成服务宽带用户的社区店 290 多家，社区店的定位从街区业务服务点转型为家庭宽带服务中心。宽带速率从 20 ~ 50 兆提升至 50 ~ 100 兆。全网 4G 基站数量合计 1023 个。完成 ADSL 小区改造，覆盖 1622 个小区、80.92 万户用户，光覆盖比例 72.9%，端口平均利用率 38.7%。通过 OLT 下沉、三方合作，实现乡村通宽带。截至 2015 年，中国电信呼和浩特分公司全市平均光纤宽带住宅覆盖率超过 72%；移动网络 4G 信号覆盖全市。未通光缆乡镇自建光缆到达，乡镇自建光缆成环率 90%，建制村光缆到达率由 47% 提升至 57%。

1986—2015 年呼和浩特市邮电业务情况一览表

表 5-3-1

年份	邮电业务总额（元）	城市电话（万户）	乡村电话（万户）	移动电话（万部）
1986	1005	1.01	—	—
1987	1226	1.20	—	—
1988	1530	3.43	—	—
1989	1737	3.84	—	—
1990	3932	2.17	0.05	—
1991	5212	2.49	0.05	0.01
1992	7126	2.94	0.05	0.06
1993	11513	4.13	0.07	0.16

续表 5-3-1

年份	邮电业务总额（元）	城市电话（万户）	乡村电话（万户）	移动电话（万部）
1994	17572	7.20	0.09	0.31
1995	20315	10.54	0.08	0.74
1996	26841	11.49	0.05	1.49
1997	—	—	—	—
1998	50479	17.60	0.42	5.99
1999	71533	21.43	0.66	9.00
2000	118213	27.56	1.66	21.90
2001	147766	35.46	2.81	30.12
2002	143865	49.51	3.75	53.14
2003	195207	69.98	4.76	74.70
2004	245430	76.67	6.02	94.40
2005	311128	80.68	6.95	117.02
2006	391758	71.49	7.85	153.80
2007	511450	79.01	5.61	135.02
2008	576012	74.49	4.44	161.50
2009	688024	74.96	3.30	252.03
2010	478451	67.28	3.02	276.02
2011	397954	68.42	3.08	330.04
2012	444399	69.58	3.17	370.61
2013	502277	71.54	3.11	400.39
2014	554892	73.20	3.10	390.52
2015	652055	68.00	2.80	336.21

说明：表中“—”表示无数据

第六篇

农牧渔业

第一章　农牧业管理

第一节　管理机构

1986—1992 年，呼和浩特市的农牧业管理机构为市农牧水利局，内设办公室、政工科、计财科、农业科、畜牧科、经副科，下设农业技术推广站、种子站、农业经营管理站、农业科学研究所、畜牧畜医工作站、水产站和畜禽场。1992 年 4 月，水利职能划出，更名为市农牧局。1996 年，调整为市农业局和市畜牧副食局。

1997 年，成立市环保能源监测管理站，与市农业技术推广中心一个机构两块牌子。负责外来入侵生物调查防治、农业面源污染综合调查和防控、农田残膜污染治理、秸秆综合利用，组织开展农业资源环境保护宣传教育、科普培训。

2001 年后，市畜牧副食局、市乡镇企业局由市农业局管理。2004 年，组建市农牧业局，主管全市农业、畜牧业和农村经济工作。2010 年，市推进农牧业产业化办公室行政职责划入市农牧业局。在市农牧业局兽医科基础上成立市兽医局，由市农牧业局管理。2014 年，市兽医局行政职责划入市农牧业局。

2015 年，市农牧业局内设机构 18 个，下设局属事业单位 26 个。

第二节　农业法治

2001 年，市农业局成立法规科，下达“四五”普法规划。规范种子、农药经营许可证的发放。2002 年，出台《呼和浩特市牛的人工授精管理办法》《加强村级财务化解村级债务实施办法》。2003 年，印发《关于深入开展毒鼠强专项整治工作的实施方案》。2007 年，开展“绿剑打假护农”专项治理行动。2008 年，出台《呼和浩特市生鲜乳质量安全管理试行办法》。2009 年，出台《呼和浩特市沼气建设管理办法》《农村沼气安全应急预案》《呼和浩特市基本菜田保护条例》。

2010 年，市农牧业局与二级行政委托执法单位签订行政执法委托书。2011 年，市农牧业局制定《呼和浩特市动物及动物产品承运人管理办法》，开展“瘦肉精”等违禁药品专项整治。2012 年，全市开展涉农乱收费问题专项治理。

2013 年，市农牧业局发布《呼和浩特市非主要农作物品种登记管理办法》。2015 年，印发《呼和浩特市农牧业系统“六五”普法工作实施方案》，梳理市农牧业局权责清单，依法确定市农牧业局本级行政执法主体资格。

第二章　农业综述

第一节　农业改革

一、第一轮土地承包

20 世纪 80 年代初，呼和浩特市在农村进行以“包产到户”为主要形式的生产责任制改革，全面推行“大包干”土地家庭联产承包责任制，即第一轮土地承包。承包期 15 年，至 1997 年期满。土地按人平均分到户，由户经营。每户完成国家定购、农业税，向集体交管理费，用于集体积累、水电、工本费等。至 1986 年，全市 45 个乡镇、673 个建制村全部实行包产到户责任制。包产到户后，实行“交够国家的、留下集体的、剩下都是自己的”的分配制度，每个农户按承包土地亩数交纳农业税，除向村集体缴纳如村干部补贴、民办教育经费等项摊派款外，留下全是农民自己的。第一轮土地承包极大地调动农民的生产积极性，农民中除种地的外，剩余劳力开始务工经商，涌现出从事养殖业、种植业、手工业、运输业、房屋维修、农机维修、饮食业、服务业、修理业和米面加工业等专业户和企业家。

1986 年后，市委、市政府坚持贯彻党的“以经济建设为中心，坚持四项基本原则，坚持改革开放”的基本路线，始终把农业作为关系大局稳定的基础来抓，强调家庭联产承包责任制符合绝大多数地区生产力发展水平，具有旺盛的生命力，应保持稳定，并进一步完善，充分发挥其优越性；在土地经营方面，根据“大稳定，小调整”的原则，征得群众意愿，对过于零散、不便经营、不利于投入的土地，可适当调整；有条件的地方，在群众自愿的基础上，稳妥推进连片种植和适度规模经营，发展新的集体经济，生产经营方式实行分类指导，不搞“一刀切”。随着全市农村生产责任制的逐步完善，农村经济向着商品化、专业化、社会化方向发展。1987 年后，全市农村在坚持土地等基本生产资料公有制的前提下，把家庭分散经营与集体统一服务结合起来，建立有统有分、统分结合的双层经营体制。

二、第二轮土地承包

1993 年 11 月，中共中央、国务院发布《关于当前农业和农村经济发展的若干政策措施》，明确“在原定耕地承包到期之后，再延长三十年不变”。1997 年，第一轮土地承包到期，按照中央、自治区党委和市委统一部署和政策要求，全市 96 乡镇、1095 个建制村普遍开始实施第二轮土地承包工作。第二轮土地承包遵循“土地承包再延长 30 年不变”“大稳定、小调整”“不随意打破生产队土地所有权的界限，在农村范围内平均承包”“不得利用小调整提高承包费，增加农民负担”等政策基础上，规定在新的承包期内实行“增人不增地”“减人不减地”的政策。各旗县区以各村为单位，由村委会与农民签订第二轮土地承包合同，依法为农户颁发《农村土地承包经营证》。至2003年，全市72个乡镇、1017个建制村、29.7万户农户基本完成第二轮土地承包工作。

三、土地流转

1992年12月30日，自治区人大常委会颁布《内蒙古自治区农牧业承包合同条例》，明确规定第三方转包时要与承包方签订合同，原承包合同确定承包方与发包方权利与义务关系不变，转包期不得超过承包期。呼和浩特市部分农区开始农村土地承包经营权流转。

1996年后，随着二轮土地承包政策的实施，农村进城务工人员增加和人口流动，土地以外出务工人员出租、转包等方式流转。2002年后，按照中共中央《关于做好农户承包地使用权流转工作的通知》要求，呼和浩特市开始全面实施土地使用权流转制度，允许在不改变土地集体所有权和用途的前提下，对承包土地进行转包、转让、互换和入股等。各旗县区先后建立土地流转服务组织和土地承包经营调解纠纷仲裁机构。推广使用土地使用权流转合同示范文本，建立土地流转合同鉴证、土地流转登记备案等制度，强化对土地流转的监督、指导和服务。2005年，农村土地经营权合理流转总面积3486公顷。2008年，合理流转土地面积5986公顷。

2009年，市政府印发《关于推进农村土地承包经营权流转工作的意见》，赛罕区、土默特左旗、托克托县、和林格尔县、武川县均成立农村土地流转服务中心，37个乡镇成立农村土地流转服务站，700多个建制村设农村土地流转信息员，基本形成旗县区有农村土地流转服务中心，乡镇有农村土地流转服务站，村有农村土地流转信息员的三级土地流转服务体系。全市流转土地4.53万公顷，涉及农户3.38万户。2010年，全市农村土地流转面积5.12万公顷，占农民家庭承包经营土地面积的14.7%，涉及农户3.85万户。

2011年，全市新增土地流转面积1.44万公顷，累计农村土地流转面积6.67万公顷，占农民家庭承包经营土地面积的19.3%。2013年，全市合理流转土地1.96万公顷，农村土地流转总面积累计达8.64万公顷，土地流转涉及46个乡镇，656个建制村的7.34万户农户，占全市家庭承包总户数的27.2%。

2014年2月，根据《农村土地承包经营权流转管理办法》《农业部关于做好当前农村土地承包经营权流转管理和服务工作的通知》要求，市政府印发《关于推进农村土地承包经营权流转工作的意见》，对推进全市农村土地承包经营权工作的指导思想、工作目标、建设内容、基本原则以及主要措施作出明确规定。要求各旗县区逐步建立规范的土地流转市场。让参与土地承包经营权流转的农户较非流转农户收入要有明显增加。要用契约、合同规范流转双方的权利和义务，签订规范的土地流转合同。实现规模化、集约化经营的流转土地，重点扶持土地股份合作社、农民专业合作社、家庭农场等不同组织流转土地。逐步规范农民自行流转，3 年内规范率达到 80%，5 年内规范率达到 100%。土地流转市场的建立将为农户土地流转提供有关法律政策宣传、流转信息、流转咨询、价格评估、合同签订指导、利益关系协调、纠纷调处等服务。全年新增土地流转面积 1.41 万公顷。

截至 2015 年底，全市农村土地流转面积累计达 10.81 万公顷，土地流转涉及 48 个乡镇的 772 个建制村，涉及农户 7.28 万户，占全市家庭承包总户数的 26.94%。

四、农业税费改革

2001 年，开始实施农村税费改革。2002 年 7 月，市政府根据国务院和自治区要求，印发《呼和浩特市农村税收改革实施方案》，全面推行农村税费改革，取消屠宰税、乡统筹和集体农民集资，调整农业税政策，改革村提留征收，只向农民征收农业税。取消劳动积累工和义务工平衡收费。税费改革后，农民减税率 35.5%。2004 年，对农民发放良种补贴、农机补贴、奶牛良种补贴、能繁母猪补贴等。2005 年，在全区率先取消农业税、牧业税和农业特产税，减轻农牧民负担，调动农牧民生产积极性。

五、乡镇财政管理体制改革

2003 年开始，呼和浩特市在新财税收入管理框架下实施乡镇街道财政管理体制改革，推进街道财政建设，完善协税护税体系，实行“乡财县管乡用”制度，构建起较为科学、规范的乡街财政管理体制和财税征管体制。2004 年，市政府决定在全市所有旗县区选择试点乡镇进行“乡财县管乡用”改革，试点乡镇数为 26 个。改革坚持“财权事权相统一、预算管理权限不变、资金所有权和使用权不变、财务审批权不变”的原则，成立“乡财县管收付中心”，以乡镇为独立核算主体，实行“预算共编、账户统设、集中收付、采购统办、票据统管”的财政管理方式。2005 年后，全市 72 个乡镇全面实施“乡财县管乡用”制度。

六、推行村级财务集中核算

2001 年开始，全市试行村集体经济组织财务集中核算工作和村会计聘任、委派制度。2003 年，全市共有 31 个乡镇建立村级财务集中核算中心，部分乡镇配套推行农村财务电算化。2005 年，全市有 43 个乡镇建立村级财务集中核算中心，涉及建制村 845 个，占全市建制村总数的 83%；财务公开达到规范化标准的村有 820 个，占全市总村数的 80%。2008 年，全市 40 个乡镇全部建立村级财务核算中心，所有建制村实行财务公开、民主理财制度，规范化的村有 984 个，占总村数的 97.1%。

第二节　农业经济

一、农牧业生产

1986年，全市耕地面积15.72万公顷，农作物播种面积15.12万公顷，粮食产量16.17万吨；年末牲畜存栏数55.12万头（只），其中大牲畜存栏9.93万头（只）；肉类总产量6765吨；鲜奶产量1.37万吨。1986年后，呼和浩特市全面贯彻落实中共中央、国务院《关于发展高产优质高效农业的决定》，农业基础地位得到进一步巩固和加强，在实施“科技兴农”的同时，多渠道、多形式地加大对农业的投入，促进农业的综合生产能力不断提高和农村经济的全面发展，农业生产持续增长，粮食生产连续6年获得丰收。到1990年，全市耕地面积15.51万公顷，农作物播种面积15.50万公顷，粮食产量32.7万吨；牲畜年末存栏数63.99万头（只），其中大牲畜存栏达10.55万头（只）；肉类总产量8011吨；鲜奶产量3.03万吨。

1991年后，呼和浩特市大力实施“两高一优”农业政策，增加农业投入，以市场为导向，优化种植业结构，推进科技兴农战略，以提高农业科技的含量，推动农村经济全面发展。1995年，全市农作物播种面积34.46万公顷，粮食产量70.6万吨；牲畜年末存栏数181.3万头(只)，其中奶牛存栏达到12.2万头；肉类总产量4.71万吨；鲜奶产量7.4万吨。农牧业机械总动力达69.2万千瓦，机耕作业面积9.74万公顷，机耕面积占耕地面积的比重增加到55.62%。

1996年后，市委、市政府以调整农业产业结构为重点，以发展奶牛养殖业、多渠道增加农民收入为核心，首府农业经济进入崭新的历史阶段，农牧业经济得到快速发展，乳品业迅速崛起，奶牛养殖业也由农户散养不断向规模化迈进。2000年，全市耕地面积56.02万公顷，农作物播种面积40.66万公顷；鲜奶产量23.1万吨。农牧业机械总动力达112.61万千瓦，机耕作业面积21.95万公顷。

进入21世纪，呼和浩特市优化农牧业经济结构，实施“奶业兴市”战略，奶业迅速发展，全市奶牛存栏、鲜奶产量、人均鲜奶占有量、乳品加工企业销售收入四项指标在全国大中城市中均位居第一。呼和浩特市被授予“中国乳都”称号。2005年，全市耕地面积50.95万公顷，农作物播种面积40.67万公顷，粮食总产量114.8万吨；家畜年末存栏199.2万头（只），其中奶牛存栏头数68.7万头；肉类总产量11.09万吨；鲜奶产量227.8万吨。全市农业机械总动力151.67万千瓦，机耕作业面积25.06万公顷。

2006年后，呼和浩特市加快农牧业产业化进程，大力推进社会主义新农村建设，全市农业生产持续稳步增长。特别是进入“十二五”时期，呼和浩特市全面推进农业改革发展，切实加快农业现代化步伐，加大强农惠农力度，农业综合生产能力持续增强，种植业结构进一步优化，强农惠农政策落实到位，农民收入增长明显。2010 年，全市耕地面积 56.54 万公顷，农作物播种面积 44.34 万公顷，粮食总产量 116.1 万吨；家畜年末存栏 261.7 万头（只），其中奶牛存栏头数 70.5 万头；肉类总产量 9.9 万吨；鲜奶产量 305.4 万吨。全市农业机械总动力 206.23 万千瓦，机耕作业面积 39.95 万公顷。

2015 年，全市农作物总播面积 46.15 万公顷，粮食总产量 130.3 万吨；家畜年末存栏 269.6 万头（只），其中奶牛存栏头数 58.6 万头；肉类总产量 10.4 万吨；鲜奶产量 287.2 万吨。全市农业机械总动力 258.9 万千瓦，机耕作业面积 40.43 万公顷。

二、农牧渔业总产值

1986 年，全市农牧渔业总产值按 1980 年不变价格计算约 1.56 亿元，其中农业产值约 1.19 亿元、牧业产值 3595 万元、渔业产值 82 万元。

1990 年，全市农牧渔业总产值按 1980 年不变价格计算约 2.23 亿元，其中农业产值约 1.70 亿元、牧业产值 4987 万元、渔业产值 319 万元。

1995 年，全市农牧业增加值 15.0 亿元。全市农牧渔业总产值按 1990 年不变价格计算 11.67 亿元，其中农业产值 6.90 亿元、牧业产值 4.55 亿元、渔业产值 2158 万元。作为农村经济支柱的乡镇企业迅速发展。1995 年，全市乡镇企业 6 万个，总产值 100.8 亿元，分别在 1990 年基础上翻了两番和四番。

2000 年，全市农牧渔业总产值约 37.71 亿元，其中农业产值 20.24 亿元、牧业产值约 16.89 亿元、渔业产值 5882 万元。

2005 年，全市农牧渔业总产值约 82.59 亿元，其中农业产值约 25.99 亿元、牧业产值约 53.95 亿元、渔业产值约 7147 万元，农牧渔服务业产值 8467 万元。

2010 年，全市农牧渔业总产值约 162.39 亿元，其中农业产值约 46.41 亿元、牧业产值 110.13 亿元、渔业产值约 1.47 亿元，农牧渔服务业产值约 1.62 亿元。

2015 年，全市农林牧渔业增加值约 126.23 亿元，是 2005 年的 2.7 倍。全市农牧渔业总产值 225.28 亿元，其中农业产值约 70.97 亿元、牧业产值约 146.0 亿元、渔业产值约 2.91 亿元，农牧渔服务业产值约 2.43 亿元。

1986—2002 年呼和浩特市农牧渔业产值一览表

表 6-2-1　　单位：万元

年份	合计	农业产值	牧业产值	渔业产值
1986	15580	11903	3595	82
1987	14759	11061	3537	161
1988	16415	12896	3338	181
1989	19130	14382	4502	246
1990	22269	16963	4987	319

续表 6-2-1

年份	合计	农业产值	牧业产值	渔业产值
1991	55889	39348	15179	1362
1992	61811	42091	18190	1530
1993	74750	49678	23339	1733
1994	88000	54195	31924	1881
1995	116689	69049	45482	2158
1996	307824	194849	109712	3263
1997	367962	218003	146052	3907
1998	374002	218509	150926	4567
1999	348736	188599	155202	4935
2000	377148	202383	168883	5882
2001	377258	156935	213797	6526
2002	505673	214058	284043	7572

说明：1986—1990 年按 1980 年不变价格计算，1991—1995 年按 1990 年不变价格计算，1996 年后按当年价格计算

2004—2015 年呼和浩特市农牧渔业产值一览表

表 6-2-2　　单位：万元

年份	农牧渔业总产值				农牧渔服务业产值
	合计	农业产值	牧业产值	渔业产值	
2004	722522	269935	394057	8533	11376
2005	825869	259945	539532	7147	8467
2006	916137	287486	602412	7147	8088
2007	1088521	360471	685414	10089	10926
2008	1331549	398838	883656	10903	14394
2009	1377800	419900	905900	11600	15100
2010	1623901	464060	1101321	14680	16171
2011	1950793	530735	1348493	21719	18231
2012	2133999	615302	1443316	24497	19963
2013	2350602	890556	1380672	26394	21740
2014	2230274	773222	1377510	27581	23153
2015	2252770	709657	1459953	29091	24310

三、农村基础建设

20 世纪 80 年代末至 90 年代，呼和浩特市按照市场需求，调整农村产业结构，开始改变单一发展粮食生产的状况，大力发展乡镇企业和多种经营，使种植业、养殖业、乡镇企业和第三产业协调发展，农村经济开始向商品化和专业化健康地发展。

2000年后，呼和浩特市农村道路、交通、通信、水电等公共事业也得到长足发展。全市完成4个总面积2.8万公顷的现代农业示范园区基础设施建设，基本实现渠、路、林、田、水五配套，逐步达到田成方、林成网、地平整、渠相通、路相连，并全部实现节水灌溉。至2002年，共平整土地和方块田976块，修筑农田路515千米，植树51万株，防渗渠602千米，铺设低压管道116千米，新打配机电井493眼，新装变压器53台。

2005年，呼和浩特市第一批国债农村户用沼气项目批复建设。至2010年底，全市累计投入资金7100余万元，建设完成农村户用沼气2.93万户，养殖小区和联户工程14处，大中型沼气工程3处，乡村服务网点80个。

2006年，呼和浩特市确定兵州亥村、杨家堡村、豆腐窑村、北岛拉板村、四铺村、高茂泉窑村、三圣太村、三卜树村、讨思浩村、攸攸板村、大库仑村、东把栅村、舍必崖村13个社会主义新农村建设试点村。全市建制村中自来水受益村906个，通有线电视村728个，通宽带村达772个，占全市建制村比重分别达96%、77.8%、82.4%。2010年，全市投入资金71.7亿元，完成509个村庄的基础设施改造，农村面貌实现新变化。

2012年，建设和完善2009—2011年批复的11处中央预算内大中型沼气工程项目，户用沼气完成5400户，乡村服务网点服务设备全部接收到位。

2013年，市委办公厅、市政府办公厅联合印发《关于2013年社会主义新农村示范村建设的指导意见的通知》，重点建设38个新农村示范村。在新农村建设中采取项目整合、财政补助、部门（企业）帮扶、社会捐助、村民自筹等方式，加大资金投入力度，每个示范村投入将达到4000万元以上。按照“彰显特色、设施配套、节能环保、注重品位”的要求，实现“四通五化”（“四通”指通路、通电、通水、通信，“五化”指硬化、美化、亮化、绿化、净化）。对新农村示范村建设的总体要求、主要任务、建设原则、区域布局等提出指导性意见。围绕新农村建设“生产发展、生活宽裕、乡风文明、村容整洁、管理民主”的要求，坚持“农民主体、规划先行、连片推进、实事求是”的原则，开展新农村示范村建设。

截至2015年，全市基本建成新农村示范村96个，村庄基础设施及配套设施建设达到“四通五化”，基本公共服务设施达到“六有”（有保障、有阵地、有学校、有卫生室、有文化室、有便民超市），农村社会管理达到“四提高”（提高民主管理水平、提高公共安全水平、提高班子服务群众能力、提高群众满意度）。全市建制村中自来水受益村906个，通有线电视村728个，通宽带村772个，占全市建制村比重分别为96%、77.8%、82.4%。

第三节　农业结构

一、农业区划

呼和浩特市地区种植业区划，根据所处地理位置划分，以大青山为界分为前山区和后山区。前山区主要是土默特左旗、托克托县、和林格尔县、清水河县和市区，农作物以玉米、蔬菜为主。后山区为武川县，耕地面积较大，主要作物是小麦，占全市小麦播种面积的92.8%，马铃薯占全市播种面积的72.1%，杂粮占全市播种面积的46.9%，油菜籽占全市播种面积的82.1%，葵花占全市播种面积的52%。

根据作物种植情况划分，玉米种植区有土默特左旗、托克托县、和林格尔县、赛罕区和玉泉区，种植面积较大，品种多，更新快，应用新技术多，产量高。小麦种植区主要在武川县，品种为当地传统小红麦，适口性好，产量低。杂粮、杂豆种植区主要在武川县、清水河县、和林格尔县，品种为谷子、莜麦、荞麦、绿豆等。油料种植区主要在土默特左旗、武川县、清水河县、和林格尔县。葵花种植区主要在土默特左旗和武川县。油菜籽种植区主要在清水河县和武川县，胡麻籽种植区主要在土默特左旗、和林格尔县和清水河县。

2000年后，各旗县区发挥地区优势，因地制宜进行农业布局。赛罕区明确提出近郊发展蔬菜生产、中远郊以发展奶牛养殖业为重点的战略，把蔬菜生产和奶牛养殖作为全区农业发展的主导产业；土默特左旗、和林格尔县以奶业为基础，以伊利、蒙牛为龙头，扩大饲草料种植面积；清水河主要发展杂粮、杂豆的种植，体现地方特色农业。武川县确定薯、羊、兔、药为四大支柱产业，按照中东部丘陵区、西部山区及西北部地区几大区域进行具体分布。

二、农业结构调整

1986年后，呼和浩特市调整农村产业结构，实行因地制宜。宜粮则粮、宜林则林、宜牧则牧、宜渔则渔，以不违背经济规律和自然规律为准则。转移剩余劳动力，发展乡镇企业，全市农业向养殖业、加工业延伸。在自治区的帮助下，全市建立6个商品粮基地乡，在经费上每年给予重点投入。截至1990年，在世界粮食计划署援助下，在土默特左旗、托克托县盐碱低洼地开挖666.67公顷精养鱼塘；郊区章盖营乡因势利导发展成为奶牛乡，郊区奶牛占全市农村奶牛的60%以上，而章盖营乡的奶牛又占郊区奶牛的70%多。

2000年后，全面发展高效经济作物，增加饲草种植，粮、经、饲结构比例为74.7 ：20.0 ：5.3；引导农民进一步转变农业生产经营方式，扩大民间专业协会和农村经纪人队伍，带动当地农业结构调整，重点推广玉米大垄双行覆膜栽培、病虫害综合防治、旱作基本田建设，综合抗旱、平衡施肥、农机节本增效等适用增产增效技术。同时，在伊利、蒙牛2家企业的拉动下，出现为养而种的形势。种植结构得到合理调整，粮食作物播种面积降至70%以下，经济作物和其他作物种植面积提高至30%以上。农业结构发生变化，养殖业比重增加，全市奶牛头数由20世纪80年代初的8.3万头增加到2007年的64万头。

2007年后，呼和浩特市转变农业增长方式，发展优质、高产、高效农业。全市农作物播种面积达41.13万公顷，其中粮食播种面积达28.45万公顷；新增基本菜田1333公顷，其中保护地面积200公顷，全市蔬菜总产量达到58.7万吨，地产菜自给率接近50%。截至2010年，全市农作物播种面积达45.05万公顷。其中，玉米、马铃薯播种面积分别18.74万公顷和9.58万公顷，蔬菜播种面积达1.13万公顷，全市新建无公害蔬菜基地2个，新建蔬菜保护地35公顷。

截至2015年底，全市蔬菜保护地种植面积8600公顷，地产菜供应率达到57.8%；建成运营规模化养殖牧场302个，奶牛规模化养殖比例达到97%；苜蓿草种植面积2.05万公顷，产量15万吨；具有一定接待能力的休闲农业经营者和农家乐109家，带动农户4688户。

第四节　农业产业化

一、乡镇企业

1986年后，呼和浩特市的乡镇企业持续深化改革，完善经营机制，成为农村经济的重要支柱。全市乡镇企业总收入由1985年的7502万元，发展到1990年的2.95亿元；工业总产值由1985年的7792万元，发展到1990年的2.77亿元，占全市工业总产值的10.8%。实现利润由1985年的1074万元，上升到1990年的3066万元；上缴税金由1985年的3469万元，增加到1990年的1217万元。形成农林牧副渔全面发展、农工商综合经营的经济格局，拥有机械、冶金、建材、采矿、轻化纺织、食品、饲料等20多个行业和门类、260多个产品。其中，55个产品列入国家计划，8个产品出口创汇，6个产品获自治区（部）优质产品称号。

1990年，呼和浩特市玛钢厂和呼和浩特市电缆厂晋升为自治区级先进企业，11家企业被市政府命名为“小型巨人企业”，其中3家企业连续4年被评为“小型巨人企业”。涌现出工业总产值100万元以上的企业27家。呼和浩特市郊区把乡镇企业作为发展经济的支柱产业，乡镇企业发展快速。截至1992年底，郊区共有乡镇企业1.27万家。其中，乡村集体企业784家，联办企业86家，私营、个体企业1.19万家，从业人员7.43万人。全年共实现企业总产值8.64亿元，实现利润7657万元。托克托县逐步形成以种植业、养殖业、加工工业为主的产业体系。面向市场，开拓农副产品的深加工，推动农村产业结构的调整，促进传统农业向产业化发展。截至1996年底，托克托县乡镇企业总数1.31万个，从业人员4.18万人，总产值31亿元，实现利税2.9亿元，出口产品交货值1.51亿元，发展总值居全区第9位，乡镇企业产值约占农村社会总产值的65%。其中，工业产值占全县工业总产值的75%，农民人均纯收入中乡镇企业占49%，实际上缴税金2900余万元。乡镇企业成为呼和浩特市国民经济的重要支柱和财政收入的重要来源。

进入21世纪，随着市场环境的变化，乡镇企业发展受到影响。市委、市政府提出“开发名牌产品、创办知名企业、建设规模基地、培育规范市场、带活相关产业、促进地方经济、致富一方百姓”的工作思路，调整优化农业产业产品结构，按照农业生产经营的商品化、集约化、科学化、现代化的要求探索、实践，逐步形成“种、养、加相结合，产、供、销一条龙”的产业化格局。根据资源优势，适时提出“奶业立市”的口号，先后建起伊利集团、蒙牛乳业、华蒙金河一批内联基地，外联市场，能够直接带动农牧业发展的龙头骨干企业。伊利集团、蒙牛乳业的发展壮大，带动呼和浩特市奶牛饲养业的迅猛发展。全市奶牛饲养超过3万户，奶牛10.5万头，每年奶业收入近4亿元。奶业的发展带动种植业、饲料加工、包装业和运输业等相关产业的发展，解决10余万人的就业。先后建立饲料添加剂、脱水蔬菜、玉米淀粉、蔬菜保鲜、中药材加工、羊绒皮革加工等60余家企业，初步形成公司连农户、农户连基地的产业链，实现农业增产、农民增收、农村致富。

2004年9月，根据自治区党委和政府关于农牧业产业化行政管理部门明确机构、上下对口的要求，市委、市政府对市推进农牧业产业化工作领导小组进行调整，并在原乡镇企业局的基础上成立市政府推进农牧业产业化办公室，加挂呼和浩特市乡镇企业局牌子，作为市委、市政府主抓农牧业产业化工作的专门机构。呼和浩特市农牧业产业发展按照“因地制宜、积极调整、区域布局、择优发展”的方针，坚持“效益调高、结构调优、质量调优”的总体要求，围绕粮、油、肉、蛋、奶、蔬菜、水产、药材、经济林等主导产业，把农田基本建设、农业综合开发、农业科技推广与基地建设结合起来，做到基地、项目、目标、措施、样板、领导、督查、奖惩八配套。形成各具特色的种植基地600余个，水产养殖为主的专业村、专业乡镇180多个。

2007年，全市乡镇企业完成增加值173.8亿元，其中工业增加值完成113.3亿元，上缴税金15亿元。农牧业产业化加工企业实现销售收入480.7亿元。实现增加值141.3亿元，同比增长19.8%。全市农民人均从产业化经营中得到的收入为4100元，产业化带动农户达26万户。销售收入百万元以上加工企业146家，总资产231.3亿元。加工企业收购农畜产品资金达125亿元。

2010年后，呼和浩特市农业综合开发办立足地方主导产业和区域资源优势，以农民增收为目标，扶持农业优势特色产业集聚发展，成效逐年显现。清水河县依托地域和资源优势，培育和发展了一批具有地方特色的农业支柱产业基地。截至2015年，市农业综合开发办累计为清水河县投资5000余万元，用于扶持龙头企业和农民专业合作社，重点培育形成10余家年销售额上千万元的龙头企业。扶持龙头企业新建和扩建小杂粮加工生产线两条，小杂粮生产和深加工能力6000吨，冷榨亚麻油生产能力5000吨；扶持龙头企业新建166.67公顷肉驴养殖基地1个，新建占地687公顷安格斯肉牛种繁育与育肥基地1个；扶持果类、药材类、菌类、鲜奶类加工转化企业新建、扩建生产线4条、新增香菇菌棒生产能力300万棒，新建万寿菊加工生产线1条、实现年初加工万寿菊500吨，新建羊奶奶站1座、实现年收购羊奶纯奶7000吨以上。基本形成围绕“小杂粮、经济林、肉驴、肉牛、奶山羊、土鸡”等主导产业的发展体系。内蒙古蒙清农业科技开发有限责任公司（简称蒙清）发展成为集杂粮育种、种植、加工、销售、连锁餐饮、电商运营、“五谷杂粮文化”体验为一体的农业+互联网综合农业，形成一、二产业融合发展的全产业链格局。2015年，蒙清成为内蒙古唯一入选京东电商全国粮油供应商的企业。蒙清产品进入京东自营产品名单，电商月销售突破100万元，产品辐射全国各地。清水河县小香米通过国家质监总局认定为中华人民共和国地理标志产品，蒙清商标连续两次被评为内蒙古著名商标。

截至2015年底，呼和浩特市共有各类农牧业产业化龙头企业310家。其中，国家级7家、自治区级66家、市级237家。农牧业龙头企业中上市企业8家，2015年新上市3家，获得中国驰名商标企业8家、商标13个。销售收入500万元以上农业企业170余家。销售收入超过500万元的农畜产品加工企业100家，实现销售收入1370亿元，约占自治区销售总收入的30%，排在各盟市之首。

二、农民专业合作社

2000年后，呼和浩特市各级政府和农业部门采取扶持措施，发展农村各类专业合作经济组织27个，经纪人及营销大户575户。2005年，全市有规范运作的经济合作组织30家。2008年，全市注册登记的专业合作组织59个，其中合作社有30个。2009年，全市新增农民专业合作组织390个，总数达到449个。2010年，全市共有注册登记的农民专业合作社690个，社员总数为1.49万人，带动农户5万多户，涉及种植、养殖、运销、信息技术、农机服务等多个领域。2011年，全市注册登记的农民专业合作社新增215个，累计达到905个，其中涉及种植、养殖、运销、信息技术、农机服务等多个领域，社员总数1.6万余人，带动农户6万多户。筛选出市级农民专业合作示范社30家，其中申报自治区级示范社15家。2013年，全市注册并在农牧业主管部门备案的农民专业合作社 1326 个，社员总数 1.54 万人，带动农户 6.80 万户。2014 年，新增注册并在农牧业主管部门备案的农民专业合作社 1137 个，社员总数 2.79 万人，带动农户 7 万多户。截至 2015 年末，全市注册的农民专业合作社共 2672 个，其中国家级示范社 22 个，社员总数 3.3 万多人，带动农户 11 万户，拥有种养殖大户 9508 个。

三、农业示范园区建设

2000 年，呼和浩特市开始建设现代农业示范区。在赛罕区、土默特左旗、托克托县、和林格尔县各建设 7000 公顷现代农业示范园区，共计 2.8 万公顷。截至 2002 年，基本实现渠、路、林、田、水五配套，逐步达到田成方、林成网、地平整、渠相通、路相连，并全部实现节水灌溉。累计平整土地和方块田 976 块，修筑农田路 515 千米，植树 51 万株，防渗渠 602 千米，铺设低压管道 116 千米，新打配套机电井 493 眼，新装变压器 53 台。同时，重点开展 4 个总面积 5333 公顷的"精品示范区"建设，建设标准达到"五高五化"。种植青贮玉米 753 公顷，粮饲兼用玉米 1333 公顷，优质牧草 122 公顷，建设新品种、新技术展示田 1333 公顷。和林格尔县、土默特左旗的示范园区建设效果显著；和林格尔县公喇嘛乡农业示范园区核心示范园（和林格尔县农民科技示范培训教育基地）占地 40 公顷，试验示范推广新品种、新技术，每年培训农民 2 万人次，并在建设核心示范园区的基础上开展小农户科技园建设。

2004 年，全市共建成核心示范区 5 个，总面积近 266.67 公顷。分别是公喇嘛乡大林坝村农作物新品种展示区，面积 8 公顷；大林坝村农作物优良品种示范区，面积 66.67 公顷；西沟门乡禾华农牧业科技开发公司青贮玉米新品种展示和示范区，面积 81.33 公顷；托克托县专、特用玉米和优质葵花等作物品种示范区，面积 66.67 公顷；毕克齐无公害蔬菜生产示范区，蔬菜温室 10 栋，通过核心示范区的试验、展示，年内共展示玉米、饲用高粱、饲用甜菜、苜蓿、向日葵、马铃薯、粮饲兼用玉米，优质青贮、专用玉米、各种蔬菜十几类近 300 个品种，真正成为引导广大农民实行科学种田、选择优良品种的平台。

2005 年，增加清水河县、武川县 2 个旱作农业示范园区，集中进行玉米、马铃薯、小杂粮等新优品种的展示、示范。承担农业部、自治区农作物品种展示项目，共安排玉米、饲用高粱、马铃薯三大类作物品种 90 个，展示面积 14.67 公顷，以玉米为主的农作物品种示范面积达 104.67 公顷。全市建成赛罕区、土默特左旗、托克托县、和林格尔县、清水河县、武川县 6 个各具特色的农业示范园区。

2010 年，建成全市第一个蔬菜标准园区赛罕区根堡村蔬菜标准园区，建有 1000 栋高效节能日光温室。2011 年，建成土默特左旗昌德和蔬菜标准园区。2012 年，赛罕区根堡村蔬菜标准园区建设400栋高效节能日光温室。同年，按照国家、自治区的总体安排，全市落实完成国家级万亩高产创建示范片18个，其中玉米11个、马铃薯2个、小麦3个、杂粮2个，并完成整乡制玉米示范片1个，"三个百万"工程（玉米高产创建推广6.67万公顷、马铃薯一级以上脱毒种薯推广6.67万公顷、节水灌溉及旱作农业综合技术集成推广6.67万公顷）共增加粮食23.7万吨。

2013年，武川县在可可以力更镇新建1个466.67公顷的测土配方施肥整建制推广农业示范园区，结合自主式喷灌、膜下滴灌和半固定式喷灌等节水方式集中展示马铃薯和小麦的种植全过程，同时建成200公顷的马铃薯种薯繁育园区。清水河县宏河镇一间房村建设设施农业展示园区，主要推广和示范小杂粮。赛罕区根堡村蔬菜标准园区建设500栋高效节能日光温室。

2015年，呼和浩特市实施粮食高产创建活动，落实国家级万亩高产创建示范片17个，其中玉米9个、马铃薯4个、杂粮3个、小麦1个，共计面积1.17万公顷；落实整建制玉米高产创建示范片1个，高产创建总面积1.44万公顷，辐射带动面积2.51万公顷。土默特左旗建设兵州亥蔬菜标准园区，规模为670公顷，把什乡建成670公顷膜下滴管园区；和林格尔县公喇嘛现代农业示范园区成为国家级现代农业园区。截至2015年末，"三个百万"增粮工程，总面积达21.2万公顷。

第五节　农业生态

一、产地土壤环境质量检测

2009年，呼和浩特市开展农产品产地土壤质量安全普查。2012年，开始建立农产品产地土壤环境质量档案，涵盖全市9个旗县区，41.73公顷耕地，共6801个取样点位。其中，一般农田1738个点位、重点区域5063个点位。摸清全市农区主要农作物土壤中铅、镉、铬、汞、砷的含量、分布范围和面积，建立农产品产地土壤环境质量档案。2014年，建立农产品产地土壤样本库，完成土样整理，整理装瓶上架样品9万余个，对信息不完整样品登记造册。

二、地膜残留与回收利用

20世纪80年代中期，呼和浩特地区开始使用地膜，主要集中在玉米种植。之后，使用地膜的作物类型和地膜用量逐年增长，废弃地膜的残留量也日益增大，造成残膜污染。

2009年，全市种植业地膜使用量5470.15吨，残留量1021.04吨，残留率18.67%，残膜污染高于全国平均水平。地膜回收方法以人工捡膜到地边与作物根茬一并焚烧为主，无科学回收机制，造成农田残膜回收率仅50%，近一半地膜残留在土壤中。部分承包者在种植前，只粗略拣出地表大块的残膜，残膜滞留量达 60%。

2012 年，呼和浩特市开展生物降解地膜试验示范，在玉米地进行氧化生物双降解地膜试验。2015 年，开展农田地膜残留监测。全市农作物播种面积 44.67 万公顷，地膜覆盖面积 20.53 万公顷，近 50% 的地块连年覆盖地膜。水浇地 90% 以上使用地膜，平均每亩地用膜 3.5 千克，占全市总播种面积的 45.96%，地膜使用量约 1.08 万吨。和林格尔县地块深度 0 ～ 20 厘米残膜重量 4.79 克，土默特左旗地块深度 0 ～ 20 厘米残膜重量 18.33 克。

三、农业面源污染普查

2008 年初，呼和浩特市开展第一次全国污染源普查农业污染普查，以 2007 年 12 月 31 日为普查基准点。种植业普查农户数 2553 户。养殖业普查奶牛养殖户 1.88 万户，奶牛 18.14 万头；肉牛养殖户 7 户，肉牛 121 头；生猪养殖户 316 户，生猪 5.31 万头；蛋鸡养殖户 500 户；肉鸡养殖户 11 户。赛罕区、玉泉区、土默特左旗、托克托县、和林格尔县、清水河县的 238 个水产养殖户符合水产业普查标准。2012 年后，每 2 年开展一次农业面源污染更新调查。

四、农村能源综合利用

呼和浩特地区农作物秸秆主要分布在土默特左旗、托克托县、和林格尔县、赛罕区，以玉米、薯类、小麦、豆类及杂粮等秸秆为主。全市农作物秸秆理论资源量 197.32 万吨。其中，玉米秸秆 166 万吨，薯类秸秆 16 万吨，小麦秸秆 6.7 万吨，其他谷物（高粱、谷子等）秸秆 6.8 万吨，豆类秸秆 1.57 万吨，其他秸秆 2500 吨。

农作物秸秆中玉米占有很大比重，玉米总播面积 17.33 万公顷。其中，5.33 万公顷秸秆直接以青贮的形式回收作为饲料使用，其余 12 万公顷籽粒玉米所产秸秆 166 万吨，农户和企业打捆回收用作粗饲料占 1/3，秸秆粉碎直接还田作肥料及其他用作燃料、基料化的占 1/3，其余 1/3 多废弃田间焚烧。马铃薯种植 6.53 万公顷，生产秸秆 16 万吨，主要分布在武川县 3.33 万公顷，产秸秆 8 万吨；清水河县 1.4 万公顷，产秸秆 3.9 万吨；和林格尔县 1.59 万公顷，产秸秆 3.6 万吨；其余旗县区共产秸秆 5000 吨。马铃薯秸秆 80% 随耕翻施入农田做肥料，20% 回收农户做粗饲料。小麦秸秆机械收割粉碎还田用作肥料。其他杂粮杂豆谷物秸秆大部分农户收回作牲畜饲料。向日葵秸秆主要由农户收集用作炊事燃料，小部分留田间粉碎还田。

呼和浩特市农作物秸秆综合利用方式有肥料化、饲料化、燃料化及基料化 4 种形式。肥料化、饲料化为主要利用途径。肥料化利用 37.9 万吨，占理论资源量 19.2%；饲料化利用 66.87 万吨，占理论源量 33.89%；燃料化利用 18.65 万吨，占理论源量 9.45%；基料化利用 18.43 万吨，占理论源量 9.32%；废弃和焚烧秸秆

55.3 万吨，占理论源量 28.14%。

五、绿色食品、无公害农产品

2001 年，呼和浩特市成立无公害蔬菜生产基地建设领导小组，编制无公害蔬菜生产方案和生产技术规程，建立目标管理责任制，开展农药残留检测、销售市场的宣传和筹建等工作。

2002 年，全市优质专用农作物品种推广面积 4.44 万公顷，无公害瓜果菜生产面积 7600 公顷，其中无公害蔬菜生产面积 1933 公顷，示范田面积 140 公顷。

2003 年，全市无公害蔬菜生产基地 3467 公顷。示范田面积 347 公顷，涉及 7 个旗县区、21 个乡镇、90 个自然村。2004 年，建成核心示范田 5 个，总面积 266.67 公顷。

2006 年，全市申报农产品生产基地 9 个，总面积 6.97 万公顷。申请续证的基地 6 个，共计 1.47 万公顷。全市累计认定无公害农产品基地 18.78 万公顷，占全市粮、经作物总播面积的 54.6%。全市申报无公害农产品认证企业 6 家，认证产品 9 个。认证绿色食品 7 家企业 70 个产品，认证有机食品 3 家企业 19 个产品。2007 年，全市无公害获证基地 26 个，产品数量 62 个，认证产量 76.3 万吨。

2008 年，市农牧业局对 13 个生产单位、44 个种植业产品进行环境调查和产品检验。对 4 个生产单位、8 个无公害农产品复查换证。全年新认证 15 个绿色食品。总计新认证无公害农产品、绿色食品产品 59 个，完成目标任务 118%。

2009 年，组织各旗县区技术人员进行产地认定及产品认证工作的技术培训。组织自治区农畜产品质量安全中心的专家和市农畜产品质量安全中心的工作人员对各旗县区无公害申报单位进行环境评价，形成 4 份环境调查报告。全年完成 4 个生产单位、25 个无公害农产品的认证申报及 1 家企业的绿色食品续展、1 家企业绿色食品申报。至 2009 年，全市无公害农产品获证企业 40 家，认证产品 118 个，绿色食品有效使用绿标企业 5 家，产品 25 个，总产量 40.63 万吨。

2010—2011 年，全市新认证无公害农产品生产单位 5 个，产品数 39 个。无公害农产品获证企业 45 家，认证产品 141 个，认证产品产量 90.2 万吨。绿色食品有效使用绿标企业 5 家，产品 26 个，总产量 38.75 万吨。

2013 年，全市新认证及复查换证无公害农产品 12 个，产品数 16 个。无公害农产品获证企业 40 家，认证产品数量 141 个，种植业面积 9.84 万公顷，畜牧业 29.6 万头（羽）。绿色食品有效使用绿标企业有 6 家，产品 28 个。

截至 2015 年，全市新认证及复查换证无公害农产品企业 8 家，产品 18 个。无公害农产品获证企业 21 家，认证产品数量 70 个，种植业面积 8.32 万公顷，畜牧业 23.6 万头（羽），渔业 473 公顷。绿色食品有效使用绿标企业 10 家，产品 46 个。

六、农业生态旅游

2007 年，市旅游局选择 10 家农户为“呼和浩特市农家乐定点接待户”，推动发展乡村旅游。全市农家乐旅游共接待游客 12 万人次，营业收入达到 100 万元。

2010 年，全市有“农家乐”旅游接待户 180 家，接待游客 130 万人次，旅游收入 1.7 亿元。位于新城区保合少镇的呼和浩特香岛生态农庄创建为国家级休闲农业和乡村旅游示范点。

2011—2015 年，托克托县嘉丰农业科技示范园、武川县宝坤农业科技发展有限责任公司、和林格尔县祥如休闲农庄、托克托县神泉山庄、回民区东乌素图林果蔬菜专业合作社、土默特左旗阳光半岛生态园有限公司、土默特左旗昌德和休闲农庄、清水河宏河滩休闲农业旅游示范区、托克托县东胜卫度假区、和林格尔绿野农牧业发展有限公司、赛罕区百岁果蔬种植专业合作社等先后创建为自治区级休闲农业和乡村旅游示范点。武川县、托克托县、新城区等先后创建为自治区级休闲农业和乡村旅游示范县。

第三章　种植业

第一节　耕　地

一、耕地面积

1986 年，全市耕地面积 15.72 万公顷，占土地总面积的 25.86%，人均耕地面积 0.12 公顷。1996 年后，和林格尔县、清水河县和武川县先后划归呼和浩特市，全市耕地面积大幅增加。根据 2005 年呼和浩特市土地利用现状变更调查数据，全市耕地面积 56.89 万公顷，占土地总面积的 33.06%，其中新城区 1.01 万公顷、回民区 1653.33 公顷、玉泉区 7426.67 公顷、赛罕区 4.74 万公顷、土默特左旗 11.22 万公顷、托克托县 6.12 万公顷、和林格尔县 10.85 万公顷、武川县 14.93 万公顷、清水河县 7.10 万公顷。

2006 年后，呼和浩特市按照“面积不减少、质量有提高，布局总体稳定”的基本农田调整方针，优先将具有完善农业设施、质量好、集中连片的耕地划为基本农田集中区，进行重点扶持和保护，推进农业生产的产业化布局。基本农田布局主要集中分布在武川县中北部、土默特左旗中南部、市辖区绕城高速以南和以东地区、托克托县北部和中东部，和林格尔县的西北部和浑河以北地区。2015 年，全市耕地保有量 50.25 万公顷，占土地总面积的 33.06%，人均耕地面积 0.16 公顷。耕地面积最大的是武川县 13.53 万公顷，新城区、玉泉区和回民区合计 1.34 万公顷，土默特左旗 11.47 万公顷、托克托县 6.52 万公顷、赛罕区 4.33 万公顷、和林格尔县 6.6 万公顷、清水河县 6.46 万公顷。

二、耕地土壤类型

全市耕地土壤类型有潮土、风沙土、灰褐土、栗钙土、栗褐土、石质土、盐土、沼泽土、草甸土、黑垆土、山地黑土 11 类。其中，面积最大的是草甸土，共有 18.84 万公顷，占全市耕地面积的 37.48%；其次是栗钙土，共有 11.71 万公顷，占耕地总面积的 23.29%，其他类型的土壤均面积较小；最少的是沼泽土，共有 1206.67 公顷，占耕地总面积的 0.24%。

三、农作物播种面积

1986 年，全市农作物播种总面积 35.29 万公顷，之后 10 余年均为 33.33 万公顷。2000 年突破 40 万公顷。2001 年不足 30 万公顷。2002 年，37.58 万公顷，之后呈增长趋势。2006 年，再次突破 40 万公顷。2015 年，45.37 万公顷。农作物以粮食作物为主，播种占比最大的是谷类和薯类，最小的是蔬菜、瓜果和豆类。粮食作物有小麦、玉米、杂粮、豆类、马铃薯；经济作物有油料、甜菜、药材、蔬菜和瓜类；其他作物是青饲料。种植品种逐年变化，新品种引进较多，特别是玉米和蔬菜。逐年将老式耕作方式用新的耕作方式和机械化作业取代。

1986—2004 年呼和浩特市农作物播种情况表

表 6-3-1

年份	农作物总播种面积（万公顷）	粮食作物播种面积（万公顷）	粮食总产量（万吨）
1986	35.29	26.15	26.8
1987	34.1	25.3	22.4
1988	34.71	25.36	37.4
1989	35.15	26.67	38.8
1990	35.43	27.25	54.2
1991	35.46	27.66	53.4
1992	35.66	27.46	59.3
1993	35.39	27.47	67
1994	35.29	26.15	26.8
1995	34.46	26.82	70.6
1996	34.37	27.56	93.3
1997	34.86	27.65	95.1
1998	34.92	27.96	95.5
1999	34.77	27.51	75.8

续表 6-3-1

年份	农作物总播种面积（万公顷）	粮食作物播种面积（万公顷）	粮食总产量（万吨）
2000	40.66	28.95	84.2
2001	30	22.44	56.4
2002	37.58	25.16	84.3
2003	37.41	22.83	91.8
2004	38.95	24.13	115.5

2005—2015 年呼和浩特市农作物播种情况表

表 6-3-2　单位：万公顷

年份	农作物播种面积	粮食作物播种面积	谷类作物播种面积	豆类播种面积	薯类播种面积	油料播种面积	蔬菜、瓜果播种面积	青饲料播种面积
2005	38.95	24.13	14.84	1.54	7.75	7.12	0.75	3.70
2006	40.67	27.08	17.37	1.90	7.82	5.70	1.13	6.25
2007	—	—	—	—	—	—	—	—
2008	43.58	31.88	20.61	2.63	8.64	3.16	1.32	6.49
2009	44.14	31.64	20.05	1.874	9.71	5.35	1.54	4.79
2010	44.33	32.13	20.03	2.02	10.01	5.11	1.59	4.69
2011	44.34	32.13	20.55	2.13	9.46	5.14	1.67	3.93
2012	44.54	32.33	21.13	1.91	9.29	5.36	0.64	3.02
2013	44.44	32.49	23.31	1.96	7.22	5.91	0.86	2.96
2014	44.98	32.67	23.40	1.44	7.82	5.95	1.62	2.21
2015	45.37	32.89	24.26	1.43	7.20	5.03	1.60	3.27

说明：表中“—”表示无数据

第二节　粮　食

一、主要粮食作物种植

呼和浩特地区主要粮食作物有小麦、玉米、马铃薯、豆类和杂粮。1996—2000 年，粮食作物播种面积保持在 26.67 万公顷左右，1998 年产量 95 万吨左右。2001—2004 年，面积下降至 22.33 万～25 万公顷，占总播面积的 74.8%，产量随面积增减波动，2004 年产量为历年最高达 115.5 万吨。2008 年，粮食作物播种面积 31.88 万公顷，占农作物播种面积的 70% 左右。2006—2012 年，粮食产量 110 万～120 万吨。2015 年，粮食作物播种面积 32.89 万公顷，为历年最高。2013—2015 年，粮食产量连续三年突破130万吨。

二、小麦

20世纪80年代后期，陆续引进内麦19号、永良4号等品种。1987年，全市对发展小麦生产进行专门研究部署。1999年前，小麦约占粮食播种面积的20%，大青山以南地区小麦种植面积较小，大青山以北武川县主要种植小红麦。2000年后，受价格的影响，小麦播种面积逐年下降，种植面积约6万公顷。2001年，稳定在2.67万公顷左右，产量也从2000年前的10万吨以上，下降到5万吨左右。

2009年，自治区开始实施良种补贴，凡种植小红麦的农户每亩补贴10元。全市种植面积2万余公顷。武川县小麦种植面积较大，占全市小麦总播面积的60.3%，并逐渐增长。2010年占比90.1%。2015年占比95.5%。

三、玉米

20世纪80年代后期，呼和浩特地区玉米种植面积占粮食播种面积的20%，随着乳品企业发展，奶牛数量增加，玉米种植面积快速增长。2002年，玉米种植面积占粮食播种面积的34.6%。2005年占43.8%。2015年占53.4%，面积为17.52万公顷。全市玉米产量较高，水地旱地平均单产500千克以上。2015年，达到最高产量102.87万吨。

四、马铃薯

1986年，呼和浩特地区种植的马铃薯品种主要有“克星1号”。1993年，引进山药脱脂花白中心系列品种，成为马铃薯种植主体系列品种。1986—1996年，马铃薯种植面积保持在5.33万公顷以内，占全市粮食播种面积的20%，从1997年开始逐年增加。

2000年后，随着农业产业结构的调整，马铃薯加工业的兴起和市场发展的需求，马铃薯品种结构发生变化，由单一的鲜食型品种向多用途品种发展。主要品种有冀张薯3号、希森3号、希森6号、弗乌瑞特、兴佳2号、夏坡帝、克星一号、大西洋、康尼贝克等。

2006年，武川县塞丰马铃薯种业有限公司成立，每年提供脱毒种薯原原种400万粒、原种480吨、一级种3500吨。2008年，形成以武川塞丰马铃薯种业有限公司为主，以和林格尔县、清水河县良种场为辅的马铃薯繁育体系。品种逐年更新换代，种类增加。2009年，全市马铃薯播种面积达10.01万公顷，占全市粮食播种面积的31.4%。2006—2011年，保持在8.67万~10万公顷。马铃薯占粮食播种面积比例从20%逐年增加至30%以上。2012年，全市马铃薯种植面积7.22万公顷，产量21.9万吨，单产最高年份，亩产1010千克。

2012年后，马铃薯种植面积逐年下降到6.67万公顷左右，占粮食播种面积的20%。马铃薯鲜薯平均单产正常年份800千克，最高1000千克。

2015 年，全市马铃薯种植面积 6.28 万公顷，总产量 14.18 万吨。其中，武川县马铃薯种植面积 4.53 万公顷，总产量 12.63 万吨；清水河县马铃薯种植面积 1.23 万公顷，总产量 1.03 万吨；和林格尔县马铃薯种植面积 2800 公顷，总产量 1051 吨。

五、豆类

呼和浩特地区主要种植豌豆、绿豆、红小豆，占粮食播种面积的 7%，面积较大的是和林格尔县和清水河县。1986—2001 年，全市豆类（除大豆）播种面积在 1.67 万 ~ 2.33 万公顷。2002—2005 年，降至 1.33 万公顷。2006—2008 年，在 1.2 万公顷左右。2009—2014 年，下降至 6000 ~ 8000 公顷。2015 年，全市豆类种植面积 1.49 万公顷，总产量 1.2 万吨。全市种植的食用豆类，大多具有抗旱、耐寒、耐瘠、适应性强、生育期短等特点。适应当地自然气候条件，可以间混套复种，可以粮草（肥）间作，可以粮菜两用。

（一）大豆

又称黄豆，各旗县区均有种植，面积较大的是和林格尔县和清水河县。2000 年前，种植面积 1 万公顷左右，占粮食播种面积的 3.7%，产量在 1 万吨左右；2001—2008 年，种植面积有明显下降，在 5000 公顷以下，占粮食播种面积的 1.2%，产量降到 5000 吨左右；2009—2012 年，受价格的影响和国家对大豆种植户补贴的作用，大豆种植面积迅速增加，回升到 1.33 万公顷左右，占粮食播种面积的 4.2%，产量增加到 1 万 ~ 1.5 万吨。

2013 年后，国家取消大豆种植补贴，大豆种植面积降至 6500 公顷以下，产量在 7000 ~ 3500 吨。2015 年，大豆种植面积 5100 公顷，总产量 3500 吨。

（二）豌豆

又称寒豆、荷兰豆，在清水河县有种植。一般在清明时节后 10 天开始播种。亩产 50 ~ 75 千克。

（三）蚕豆

又称大豆，4 月下旬至 5 月上旬播种，主要种植在武川县，面积不大。亩产 100 ~ 125 千克。

（四）绿豆

主要种植在清水河县、和林格尔县和托克托县，5 月中下旬播种。亩产 50 ~ 60 千克。

（五）小豆

又名红小豆。主要种植在和林格尔县，市区也有种植但面积不大。亩产 75 ~ 100 千克。

六、杂粮

呼和浩特地区杂粮作物主要是谷子、高粱、莜麦、糜子、黍子、荞麦等，占粮食播种面积的 11.6%。主要种植在武川县、和林格尔县、清水河县的旱作区。武川县种植莜麦、荞麦和黍子面积较大，和林格尔县和清水河县主要种植谷子、高粱、糜子和黍子。

（一）谷子

种植主要集中在清水河县、和林格尔县。2000 年前，一直保持在 6500 公顷以上。2001 年，下降到 3000 公顷左右。2010 年，回升至 4000 余公顷。2015 年，张杂谷的引进使谷子种植面积增加到 8600 余公顷。谷子在正常年份平均单产每亩 100 千克左右。

（二）莜麦

种植主要在武川县。2000 年前，呼和浩特地区莜麦种植面积保持在 1.33 万公顷左右。2001—2007 年，下降到 1 公顷。2008 年，回升并达到最高，为 1.82 万公顷。2015 年，莜麦种植面积 1.33 万公顷，产量平均每亩 100 千克以内。

（三）荞麦

呼和浩特地区荞麦种植主要在武川县，荞麦是当地主要农作物，占全市荞麦种植的 87% 以上。主要品种有小棱荞麦、大棱荞麦、韩国小粒、温沙和茶色黎麻道等。1986—2015 年，呼和浩特地区荞麦种植面积在 1.33 万 ~ 1.67 万公顷变化。单产在 70 千克左右。

（四）黍子

2000 年前，呼和浩特地区黍子种植面积一直保持 1.33 万公顷以上。2001 年后，逐年下降。2005—2015 年，降至 3000 ~ 5000 公顷。平均单产为每亩 100 千克左右，最高为 2004 年，亩产 138 千克。

（五）糜子

糜子主要种植在武川县、清水河县、和林格尔县。1986—2002 年，呼和浩特地区糜子种植面积 3000 ~ 6000 公顷。2003 年后，一直下降，2015 年，降至 2000 公顷左右，平均单产为每亩 100 千克。

第三节　蔬　菜

一、蔬菜产业发展

1986 年后，呼和浩特市逐步放开蔬菜产销体制，由国营蔬菜公司包销向菜农直接上市转变，郊区东瓦窑村委会投资建成东瓦窑农副产品批发市场。1988 年，为缓解副食品供应偏紧的矛盾，农业部提出建设“菜篮子工程”。1989年，呼和浩特市开始实施“菜篮子工程”，将蔬菜保护地建设作为重点纳入“菜篮子工程”。郊区新建日光温室33.33公顷，是全市前40年温室建设总和。1990年，全市有蔬菜保护地面积173.33公顷，菜农按照市场需求安排种菜，品种增多，质量提高。

1991年开始，全市大力发展新菜田，建设蔬菜保护地。新建、扩建朝阳菜市场、中山西路菜市场、锡林北路菜市场、钢铁路菜市场、西街菜市场和五塔寺菜市场，新建大台机械化恒温冷库。市蔬菜水产公司收购、销售蔬菜的亏损补贴随着城市人口的增加、蔬菜种植面积的扩大逐年加大。1992年，亏损补贴达400万元。同年，清水河县果丹皮厂转制为清水河县脱水蔬菜加工厂。1993年，呼和浩特市蔬菜水产公司结束延续35年的蔬菜统购包销的经营模式，开始体制改革，收购、销售蔬菜的亏损补贴也随之取消。1994年，市蔬菜水产公司整合部分资产，组建内蒙古食全食美股份有限公司。

1996年，清水河县、和林格尔县开始建设蔬菜保护地。市政府调整蔬菜保护地建设补贴政策，建1亩日光温室补贴2000元，建1亩大棚补贴1000元。1999年，全市蔬菜保护地有746.67公顷，露地菜田有6500公顷，蔬菜总产量60.7万吨，人均蔬菜占有量300千克。2000年，内蒙古食全食美股份有限公司重组，成为独立法人，市蔬菜水产公司随之注销。托克托县成立内蒙古蒙川绿色食品有限公司。2001年，呼和浩特市开始建设无公害蔬菜生产基地。2001—2002年，蒙川绿色食品有限公司建成脱水蔬菜、保鲜蔬菜2条生产线。清水河县、托克托县2家脱水蔬菜企业年加工蔬菜能力15万吨。2002年，开始认定无公害蔬菜生产基地和制定无公害蔬菜生产技术规程。2003年，成立以市长为组长的呼和浩特市实施蔬菜市场准入制度协调领导小组，印发《呼和浩特市人民政府关于加强蔬菜质量安全管理工作的通告》。清水河县脱水蔬菜加工厂经技术改造，成为北方地区规模最大的蔬菜综合加工企业，拥有当时世界一流的全自动脱水蔬菜生产线。

2004年，市政府制定《呼和浩特市蔬菜质量安全管理办法（试行）》，无公害蔬菜生产基地认定面积9300余公顷，发布《无公害蔬菜标准》（蒙QHH/T013-042）。城市化进程加快，奶牛养殖业快速发展，全市菜田面积、保护地面积逐年减少。2005年，全市菜田面积减少至5300余公顷，保护地面积减少至420公顷，蔬菜总产量减少至44.7万吨。2006年，市政府印发《关于加快呼和浩特市蔬菜生产基地建设的实施意见》，开始第二轮蔬菜生产基地建设，引进厚墙体日光温室建造技术，出台蔬菜生产基地建设激励政策，建1亩日光温室财政补贴6000元，建1亩大棚、中棚财政补贴2000元，新菜田建设打1眼机井补贴2万元。同年，内蒙古食全食美股份有限公司投资建成美通无公害农产品物流中心。

2009 年，市政府制定《呼和浩特市基本菜田保护条例》。2006—2010 年，全市新建蔬菜保护地 1100 公顷。其中，厚墙体日光温室 433 公顷，大棚、中棚 326.67 公顷，普通日光温室 340 公顷。

2012 年，呼和浩特市开始第三轮蔬菜保护地建设，以 66.67 公顷为 1 个建设单元，重点建造厚墙体日光温室。建 1 亩日光温室，市财政补贴 2 万元，旗县区财政补贴 1 万元。在赛罕区保素村建成产地蔬菜批发市场。

2014 年，市政府印发《呼和浩特市肉类蔬菜流通追溯管理办法（试行）》。随着瓜果、蔬菜、花卉新品种及配套技术的引进，建成土默特左旗永春草莓基地、昌德和樱桃番茄基地、四季青西红柿基地；赛罕区万春鑫紫苏叶基地、黑沙图火龙果基地、百岁园观光休闲农业基地、蒙兰花卉瓜果基地；清水河县蒙宏香瓜、豆角基地；武川县蒙禾源食用菌基地；和林格尔县绿野火龙果基地；托克托县郝家窑葡萄基地；新城区塔利花卉基地、讨思浩草莓基地等。

截至 2015 年，全市新建和完善以厚墙体日光温室为主要类型的保护地 1033 公顷，设施农业占地面积 8000 公顷。在设施农业生产中，种植蔬菜作物 1600 公顷，年产蔬菜 35 万吨；种植草莓、葡萄、油桃、火龙果等果树作物 400 公顷，年产水果 9000 吨。冬春淡季蔬菜自给率 25%，夏秋旺季蔬菜自给率 65%。

二、蔬菜保护地建造技术

1989—1999 年，全市推广建造日光温室结构。由内蒙古农牧学院林维申教授设计，采光角 23.5 度，跨度 6 米，砖墙结构中间填充麦秆、石棉等材料，覆盖物是草帘。2006 年 4 月，市农牧业局制定《呼和浩特市蔬菜生产基地建设技术规范》，明确新型日光温室的结构和建设要求，引进厚墙体日光温室建造技术。厚墙体日光温室冬季可生产果类菜。2012 年 4 月，出台《呼和浩特市蔬菜保护地建设技术要求》，建设标准提高，主推厚墙体日光温室。

三、育种、引种及栽培技术示范推广

1986—1999 年，市蔬菜研究所先后选育呼杂 64 号（蒙白 1 号）、呼杂 34 号（蒙茄 4 号）、087（蒙椒 5 号）、呼椒 1 号、呼椒 2 号、呼 79-1（呼茄 1 号）、杂 1 号（内茄 1 号）、呼茄 6 号、呼茄 7 号、呼椒 3 号、呼椒 4 号等系列品种。1991 年，市蔬菜研究所引进荷兰豆、西兰花、生菜、空心菜、芥蓝等 21 个蔬菜品种，示范种植 7.53 公顷。9 月，全国农业技术推广总站在呼和浩特市召开北方七省（市区）大白菜观摩考察交流会。1992—1993 年，实施“2 万亩棚菜综合配套栽培技术”项目。1992—1994 年，郊区开展“二月黄瓜上市”试验示范研究，因生产成本高没有得到推广。1993—1994 年，实施“内蒙古西部四城市露地果菜丰产栽培技术”攻关活动。20 世纪 90 年代中后期，引进试验、示范黄瓜嫁接育苗技术，砧木是黑籽南瓜，采用靠接法嫁接。1994—1996 年，实施优质芦笋种植基地开发项目，在市果园建成 2 公顷优质芦笋种植示范区，引进示范 UC-72、CU-157 和华盛顿 500 等优良品种。1997 年，自治区农业多种经营站在郊区桥靠村科技队日光温室进行 EVA 膜、PE 三层复合紫光膜、PE 防老化膜等功能性棚膜的日光温室田间对比试验。郊区实施自治区级农业标准化重点示范区项目“露地蔬菜综合标准化”，实施面积 68 公顷。1998 年，内蒙古农牧学院在郊区攸攸板村建立 3.33 公顷芦笋基地，研制芦笋茶。1999—2000 年，实施“茄子嫁接栽培技术”科技承包项目。2004 年，试验种植“卡依罗”硬果番茄品种。2007—2008 年，实施“无公害蔬菜生产技术集成与推广”，引进示范推广膜下微喷节水灌溉、泥炭营养块育苗、温室顶部机械化放风、茄子嫁接抗寒越冬栽培，以及沼气、沼液、沼渣利用等技术。2007—2011 年，实施蔬菜集约化育苗技术集成创新与示范推广项目，示范推广营养块育苗、穴盘基质育苗、嫁接育苗等技术。2013 年，开始在武川县发展冷凉蔬菜，引种早甘蓝、莴笋、娃娃菜等 13 余公顷。2010—2015 年，在全市 31 个规模化设施农业生产基地实施农业部设施蔬菜标准园创建项目。在 11 个基地展示以智能化放风、温湿度观测、视频监控为主要内容的“智慧农业”，提高温室智能化管理水平。

第四节　经济作物

一、果树类

1988 年，开始实施“呼和浩特市果树十年绿色工程”。截至 1994 年，全市新栽果树面积 984.87 公顷，占全市果树面积的 50%。其中，庭院种植 470.27 公顷，涉及农户 2.19 万户。大接杏从原来的 1.33 公顷发展到 200 公顷，中小苹果从原有的 71.33 公顷发展到 167.67 公顷。

2001 年，呼和浩特市开始重点实施大青山山前冲积扇果树经济林建设工程。全市果树种植面积由 2001 年的 6300 余公顷发展到 2005 年的 1.24 万公顷，庭院果树面积 573 公顷。其中，大接杏 479 公顷、李子 358 公顷、大苹果 50 公顷、中小苹果 3670 公顷，苹果梨种植面积 68 公顷、葡萄种植面积 140 公顷、山杏种植面积 6780 公顷。

2005 年后，形成大青山以南 110 国道两侧优质李子、杏及中小苹果生产基地。托克托县黄河“一溜湾”是主要葡萄生产基地，主栽托县葡萄及少量的元白品种。近郊很多果园因城市建设征用土地和树种老化问题，大接杏、中小苹果、杏树面积逐年减少。2010 年，全市果树面积 8000 公顷。其中，李子 1100 余公顷，大接杏 267 公顷，中小苹果 4200 公顷，葡萄 267 公顷，苹果梨 33 公顷，用于山体绿化的山杏 2400 公顷。

2011年后，生态建设、退耕还林带动果树苗木市场，秋红李、小苹果的市场滞销推动土默特左旗毕克齐镇果树种植结构调整，很多果农砍掉老树，卖掉小果树，转型果树苗木的繁育，导致毕克齐镇结果果树面积不断减少。2015年，全市露地果树面积6400公顷。其中，李子800公顷，大接杏133公顷，中小苹果2870万公顷，葡萄267公顷，山杏2330公顷。设施果树面积272公顷。其中，葡萄85公顷，草莓54公顷，火龙果9公顷，油桃、毛桃、李子、樱桃等124公顷。

（一）杏、李子

1989年，引进山东崂山大接杏，高接在坝口子果园，该品种产量高、品质优，随后陆续在郊区东乌素图村、一间房、元山子，土默特左旗的鸟儿素、大旗、毕克齐推广。1996年，土默特左旗毕克齐果园引进秋红李，高接当地小李树，1998年全部挂果。2000年，引进秋红李成苗1500株，定植在土默特左旗毕克齐镇大旗村。2001年，在新城区乌兰不浪村、红山口村、野马图村和回民区东乌素图村、土默特左旗大旗村定植32.5公顷。1998—2005年，引进金杏、桃杏、玉皇李。

（二）葡萄

1987年，开始引进和推广巨峰、白香蕉、紫牛奶等品种，在土默特左旗把什村育苗，同时推广庭院葡萄种植技术。2000—2002年，托克托县引种京亚、京优、巨玫瑰等品种。2007年，市多种经营站更名为市经济作物工作站，引进维多利亚、奥古斯特、森田尼无核、火焰无核、失富罗莎、克伦生无核、红地球、里扎马特等新品种，定植在托克托县黄河“一溜湾”的海生不拉村。

（三）苹果

1998年，在托克托县黄河“一溜湾”的海生不拉村引种宁丰系列大苹果。2001年，推广“123”小苹果、沈农2号、黄太平、大果海红果等。

（四）草莓

2008年，呼和浩特地区开始在日光温室内栽培草莓，陆续引进红颜、章姬、甜查理、京桃香、甘露、随珠、白草莓等新品种。

（五）其他果树

2011年后，随着观光休闲农业的发展，在温室内引进栽培大樱桃、油桃、毛桃、火龙果、蟠桃等。

二、瓜类

（一）西瓜

呼和浩特地区西瓜种植集中在土默特左旗、托克托县、和林格尔县。露地西瓜栽培一般多以中晚熟品种为主，成熟期在8月中下旬，品种有中熟西农8号、中晚熟齐抗901、中早熟抗枯1号、郑杂、新红宝等。随着都市观光休闲农业的发展，温室种植的早熟小果型礼品西瓜受游客喜爱，采摘价每千克 20 元，每亩收入 2 万元，主要品种有黄小帅、红小帅、红小玉、黄小玉、西研京蜜等。1996 年，种植面积 1130 公顷，产量 3.31 万吨。2000 年，种植面积增加到 2700 公顷。2001 年，种植面积下降到 1510 公顷。2002 年开始，种植面积逐年增加，2005 年达到 2950 公顷，产量 12.85 万吨。其中，和林格尔县 900 公顷，土默特左旗 800 公顷，托克托县 600 公顷，3 个旗县种植面积占全市总面积的 78%，2006 年增至 3770 公顷。2006—2013 年，种植面积在 3300 公顷上下波动，2013 年开始种植面积逐年减少，2014 年种植 2350 公顷。2015 年种植 1740 公顷，总产量 6.73 万吨。其中，土默特左旗 787 公顷，和林格尔县 580 公顷，托克托县 320 公顷，销售均价每千克 1.6 元。2008 年，开始在温室内种植礼品西瓜，亩产 1000 千克。

（二）香瓜

俗称甜瓜，土默特左旗塔布赛乡口肯板村和托克托县五申镇剌尾沟村，因处于大黑河河道旧址，土地肥沃，种植薄皮香瓜历史悠久。20 世纪 90 年代中期开始，2 个村香瓜种植面积不断扩大。1996 年，种植面积 380 公顷，产量 4900 吨。

2006 年，全市香瓜种植面积 1170 公顷，产量 2.62 万吨。其中，土默特左旗种植 800 公顷。2010 年，全市香瓜种植面积 1213 公顷。其中，土默特左旗种植 970 公顷。2015 年，全市香瓜播种面积减少到 707 公顷。其中，土默特左旗种植 520 公顷。随着设施农业种植结构的多元化，设施香瓜面积增加，引进厚皮品种。同年，全市设施香瓜种植 33 公顷，平均亩产 1500 千克。口肯板、剌尾沟及周边村香瓜种植面积 330 余公顷，品种有泽甜系列、早甜系列等。

（三）打籽西瓜

2001 年，呼和浩特地区开始种植打籽西瓜（籽瓜）和打籽葫芦，集中在托克托县和土默特左旗。2009 年，全市种植打籽西瓜 2790 公顷。其中，托克托县种植 1770 公顷，土默特左旗种植 1020 公顷。2015 年，种植面积 2670 公顷，产量 4226 吨。打籽西瓜亩产 150 千克，品种有新籽瓜一号、黑大片等。

三、食用菌类

20 世纪 80 年代中期，呼和浩特地区开始引种平菇，最初是利用近郊闲置的大型菜窖栽培。20 世纪 90 年代后期，开始在日光温室内栽培。2000 年后，随着栽培面积的增加，开始引种技术要求较高的香菇、双孢菇。2010 年，全市用于食用菌栽培的温室不到 20 公顷，主要分布在赛罕区、玉泉区、新城区、和林格尔县，栽培比较分散。平菇采收期为当年 10 月至次年 4 月，年产量约 1 万吨。2011—2015 年，全市食用菌产业成为科技扶贫项目，香菇、滑子菇、木耳等高端食用菌产量逐年增加。

四、中药材类

呼和浩特地区有丰富的野生中药材资源。1986 年，野生甘草面积约 1.33 万公顷，野生黄芩面积约 1 万公顷，主要集中在清水河县。20 世纪 90 年代中后期，随着中药材市场的形成，中药材种植面积逐年增加。2001 年，全市中药材种植面积 5600 公顷。其中，枸杞种植面积为 3467 公顷。枸杞种植面积快速增加的同时，出现较重的病虫害，农民无公害生产意识较低，防治措施不科学，大量使用国家明令禁止的剧毒农药，导致产品质量的下降，加上品种老化、粒小等原因，枸杞产品逐渐丧失市场竞争力。同时，因中药材市场价格低迷，种植收入下降，种植面积逐年减少。2005 年，全市中药材种植面积减少至 1300 公顷。其中，枸杞种植面积 770 公顷，甘草种植面积 253 公顷，黄芪等其他中药材种植面积 280 公顷。2010 年，全市枸杞种植面积 66.67 公顷。2011 年后，中药材市场价格逐步回升，黄芪、黄芩种植面积不断增加。2015 年，全市人工种植中药材面积 268.4 公顷。其中，黄芪 1227 公顷，分布在武川县、和林格尔县、土默特左旗、清水河县；人工黄芩 1470 公顷，分布在武川县、清水河县；枸杞 67 公顷，分布在托克托县；板蓝根 47 公顷，分布在和林格尔县；甘草 10 公顷，分布在土默特左旗；麻黄 27 公顷，分布在清水河县。

五、甜菜类

1986 年，全市甜菜种植面积 15 万公顷，品种有协作 2 号、呼育 302、合育 201、协作 302、呼育 303、毕抗 1 号等，总产量 26.26 万吨，市糖厂原料甜菜首次出现供过于求的状况。1987—1989 年，甜菜种植面积大幅度下降，产量锐减。1989 年，全市甜菜种植面积减少至 10 万公顷。1990 年，市政府以硬性指标把甜菜种植面积落实到土默特左旗、托克托县、郊区，并适当增加甜菜补贴，同时市糖厂调整收购价格，全市甜菜生产回升。1990 年，甜菜种植面积恢复到 1.02 万公顷，总产量 1.51 万吨，比 1989 年增加 6 万吨，基本保证市糖厂的原料供应。1993 年，市政府取消甜菜种植硬性指标，改为指导性计划。甜菜种植效益较差，农民不愿种植。市糖厂收购甜菜开始给农民“打白条”（欠款单位开具的非正规收据或欠条），且折扣太多，挫伤农民积极性。1996 年，全市种植面积为 3487 公顷。很多农民将甜菜出售给包头糖厂。1997 年，全市甜菜种植面积又增加到 5773 公顷。是年，市糖厂没有收购甜菜，农民全部出售给包头糖厂。1998 年市糖厂彻底停产，2000 年宣布破产。2001 年，自治区修订甜菜种植区划，将土默特平原划入甜菜适宜种植区。2005 年，由于大量引进国外种子，甜菜单产达到 3.5 吨，种植面积减少到 753 公顷。因土默特左旗种植的甜菜的糖锤度比其他种植区域高 2 个百分点。2006 年，包头糖厂将土默特左旗列为重要的原料生产基地，实行订单种植，甜菜收购价提高到每吨 290 元，种植面积开始增加。当年，种植 1327 公顷，2008 年增加到 1960 公顷。2009 年，因包头糖厂收购折扣增多，收购价随调整为每吨 320 元，但甜菜与玉米相比种植效益较低，农民种植积极性大减。全市种植面积仅有 833 公顷。2010 年种植面积减少到 760 公顷。2011 年，包头糖厂将收购价提高到每吨 470 元。2011—2015 年，全市甜菜的年种植面积维持在 667 公顷左右。

六、花卉类

因地域与气候的局限性，呼和浩特花卉业起步较晚。1996 年，内蒙古农牧学院在农场建设花卉大观园，带动附近大台村村民在土墙体日光温室内种植花卉。2000 年后，全市花卉需求量大幅度增加。2005 年，花卉种植主要以草花为主，兼有干花花材的生产、加工，种植面积 15 公顷，年生产量为 1000 万株（盆），销售额 180 余万元，品种有串红、矮牵牛、石竹、万寿菊等 20 余种。盆花销售绝大部分从外地购入，年进货量 4 万余盆，品种以花色艳丽的蝴蝶兰、蕙兰、仙客来、杜鹃、凤梨等为主。市区经销花卉的商店有 32 家。2005 年，全市鲜切花种植面积 1.4 公顷，市场销售的鲜切花大部分依靠外地购入，全年鲜切花销售量 400 余万枝，年销售额 900 余万元，品种以玫瑰、康乃馨、菊花、百合为主。

2012 年后，随着连栋智能温室的建设，全市鲜切花种植面积增加较快，建成新城区香岛公司蝴蝶兰、塔利蝴蝶兰、赛罕区蒙兰花卉、经济开发区山路公司火鹤等种植基地。

2015 年，全市用于绿化的草花种植约 2000 万株，品种主要有万寿菊、串红、矮牵牛等，平均售价每株 0.5 元左右。温室鲜切花种植 6.67 公顷，约 55 万株种苗，种植品种主要有百合、郁金香、玫瑰、剑兰、蝴蝶兰、向日葵、扶郎花、小菊等，年产花枝约 100 万株。

第五节　种子　肥料

一、种子

（一）主要农作物

1986—2015 年，呼和浩特市通过自治区农作物品种审定委员会审定、认定的农作物品种有 119 个。其中，玉米 48 个、小麦 3 个、大麦 4 个、向日葵 7 个、大豆 4 个、甜菜 8 个、谷子 4 个、亚麻 1 个、胡萝卜 3 个、辣椒 4 个、马铃薯 5 个、燕麦 3 个、高胆草 3 个、番茄 2 个、胡麻 1 个、洋葱 2 个、糜子 2 个、绿豆 2 个、油菜 2 个、棉花 3 个、亚麻 1 个、食用菌 1 个、大白菜 1 个、茄子 5 个。

（二）非主要农作物

2012 年，非主要农作物品种登记权限下放市级农业行政主管部门，2013 年 1

月，市农牧业局出台《呼和浩特市非主要农作物管理办法》。2013—2015 年，通过市农作物品种推荐小组登记的农作物品种有 50 个。其中，黄瓜 6 个、番茄 3 个、甜椒 6、辣椒 4 个、茄子 2 个、菜豆 3 个、西葫芦 2 个、西瓜 3 个、大葱 1 个、药材 1 个、籽用西葫芦 5 个、高丹草 1 个、欧李 6 个、地被石竹 3 个、红甜菜 1 个、胡萝卜 1 个、洋葱 1 个、藜麦 1 个。

（三）种子经营

1997 年，市农业局将市种子管理站和市种子公司分设。市种子管理站负责主要农作物生产许可证的资质审核。2001 年，市种子公司转制，由市农业局收回，成立内蒙古金坤种业有限公司。呼和浩特市推进种子企业改革，种子生产经营企业数量规模发生明显变化。至 2002 年，全市种子生产经营企业增加至 20 个。其中，注册资金 300 万元以上的种子经营企业 17 个，注册资金 100 万元以上的种子经营企业 3 个。2009 年，全市注册资金 300 万元以上种子生产经营企业有 30 家。其中，主要农作物杂交种子生产经营企业 28 家，马铃薯种薯生产经营企业 2 家；注册资金 100 万元种子生产经营企业 7 家。其中，马铃薯种薯生产经营企业 3 家，农作物常规种子生产经营企业 4 家。2010 年，按照《内蒙古自治区农作物种子条例》，对主要农作物杂交种子生产经营企业的注册资金由 300 万元提高至 500 万元，全市注册资金 500 万元以上种子生产经营企业 8 家。其中，主要农作物杂交种子生产经营企业 6 家，马铃薯种薯生产经营企业 2 家；注册资金 100 万元种子生产经营企业 6 家。其中，常规农作物种子生产经营企业 3 家，马铃薯种薯生产经营企业 3 家。2011 年，农业部、国家工商局发布《农作物种子生产经营管理办法》，水稻、玉米杂交种子生产经营企业的注册资金由 500 万元提高至 3000 万元，其他主要农作物生产经营企业的注册资本为 500 万元。截至 2015 年底，全市注册资金 3000 万元以上具有玉米种子生产经营资质的企业 2 家，注册资金 500 万元以上种子生产经营企业 8 家。其中，马铃薯种薯生产经营企业 6 家，玉米、水稻以外主要农作物种子生产经营企业 1 家，非主要农作物种子生产经营企业 1 家。

（四）种子繁育

呼和浩特市种子生产主要以小麦、玉米、马铃薯为主，蔬菜及其他作物生产较少。1991—1993 年，全市只有小麦良种生产，生产面积 11 公顷。1994—2000 年，玉米、马铃薯生产田出现，面积逐年增加。2001 年是“十五”期间种子工程实施的第一年，全市良种繁育体系重点加强新品种的引进和试验示范工作，培育稳定和相对稳定的种子生产基地。全市安排各类作物良种生产面积 2300 公顷。种子包衣面积达 7.73 万公顷。引进各类农作物种子 97 个，其中玉米种子 47 个，小麦 9 个，蔬菜瓜类 23 个，其他作物 18 个。为配合“奶业兴市”战略的实施，示范优质蛋白玉米“中单 9409”2130 公顷、“永良 15”6.67 公顷。主要农作物良种覆盖率 97%，新种应用率 24.6%。至 2002 年，建成种子生产基地 3500 公顷。其中，玉米制种基地 2300 余公顷。山东、江苏、山西、辽宁等 10 余个省都在呼和浩特生产玉米种子。蔬菜种子生产满足国内需求外，也承担日本、韩国、荷兰等国家的种子生产。

2005 年，全市良种补贴面积 4.35 万公顷，其中国家良种推广补贴共 4 万公顷、自治区良种补贴 3500 公顷。确定玉米良种补贴品种 14 个、马铃薯良种补贴品种 4 个，供种企业 8 家。全市农作物良种使用率达 95%。2007 年，在清水河、和林格尔县和武川县实施马铃薯脱毒种薯繁育及推广体系建设项目。涉及 16 个乡镇 1066 家良种繁育户。当年完成原种生产面积 50 公顷，一级种薯生产完成 480 公顷，种薯繁育基地新建网室 8.7 公顷。

2010 年，马铃薯脱毒苗繁育原原种（微型薯）121 公顷；原原种繁育原种 723 公顷，产量 2.15 万吨；原种扩繁 6060 公顷，产量 16.46 万吨；一级种薯推广面积 4.68 万公顷，占全市马铃薯种植面积的 50%。建成运营蔬菜集约化育苗中心 2 个，依托育苗中心，在 7 个旗县区共建立育苗示范点 15 个，完成育苗 1450 万株，示范推广面积 389 公顷。其中，穴盘基质育苗 1440 万株，示范推广面积 386 公顷；泥炭营养块育苗 10 万株，示范推广面积 2.67 公顷。种类有黄瓜、番茄、青椒、西葫芦、茄子、绿菜花等。

截至 2015 年，全市主要粮食作物全部实现良种化，主要农作物良种覆盖率达 96% 以上，其中玉米新品种 162 个，马铃薯脱毒种薯使用率达 95% 以上。果蔬类引进西红柿等四类 41 个品种，冷凉菜引进西兰花等五类 16 个品种，推广瓜果类蔬菜田秀 3 号茄子等 10 余个品种。

2006—2015 年呼和浩特市新品种展示示范及推广情况表

表 6-3-3

年份	展示示范作物及品种数	推荐玉米新品种数	全市玉米示范点及面积	推广玉米新品种（个）	玉米新品种推广面积（公顷）	玉米播种面积（万公顷）	新品种占播种面积（%）	推广新品种效益（万元）	玉米收购价格（元／千克）
2006	玉米等 6 类作物 100 个品种	17	8 个点 120 公顷	7	1.63	12.95	12.6	1764.0	1.44
2007	玉米等 4 类作物 65 个品种	13	8 个点 153.33 公顷	11	3.71	11.28	32.9	4003.2	1.44

续表 6-3-3

年份	展示示范作物及品种数	推荐玉米新品种数	全市玉米示范点及面积	推广玉米新品种（个）	玉米新品种推广面积（公顷）	玉米播种面积（万公顷）	新品种占播种面积（%）	推广新品种效益（万元）	玉米收购价格（元／斤）
2008	玉米 50 个品种	15	8 个点 166.67 公顷	11	5.22	13.01	40.1	5950.8	1.52
2009	玉米 30 个品种	23	10 个点 200 公顷	15	6.03	13.33	45.3	6878.0	1.52
2010	玉米 20 个品种	32	10 个点 213.33 公顷	16	6.81	14.12	48.2	9291.1	1.82
2011	玉米 28 个品种	35	10 个点 246.67 公顷	18	7.89	14.68	53.7	11830.0	2.00
2012	玉米 76 个品种	38	11 个点 286.67 公顷	23	9.04	14.40	62.8	14509.2	2.14
2013	玉米 62 个品种	35	9 个点 138.67 公顷	25	10.12	15.17	66.7	17153.4	2.26
2014	玉米 85 个品种	50	6 个点 346.67 公顷	27	11.29	14.84	76.1	19130.9	2.26
2015	玉米 78 个品种	56	5 个点 233.33 公顷	30	13.05	15.65	83.4	19570.0	2.00

二、肥料

1986 年，呼和浩特地区化肥主要在小麦、马铃薯作物上使用，其他作物多沿用传统的种植方式。20 世纪 90 年代后期，化肥开始大量施用，施用范围、施用量逐年增加。但施肥不科学，随意性较大，出现重氮磷肥、轻钾肥的施肥状况。2005 年，全市化肥施用量（折纯）7.69 万吨，氮肥（折纯）4.68 万吨，磷肥（折纯）1.38 万吨，钾肥（折纯）2760 吨，复合肥（折纯）1.35 万吨。

2015 年，全市化肥施用量（折纯）约 11.91 万吨，比 2005 年增加 54.97%；氮肥（折纯）约 6.69 万吨比 2005 年增加 43.09%；磷肥（折纯）约 2.33 万吨比 2005 年增加 68.63%；钾肥（折纯）7170 吨比 2005 年增加 159.78%；复合肥（折纯）约 2.17 万吨比 2005 年增加 60.73%。

2005—2015 年呼和浩特市化肥施用量情况表

表 6-3-4　　单位：吨

年度	化肥施用量（折纯）	氮肥	磷肥	钾肥	复合肥
2005	76879	46772	13816	2760	13531
2006	83244	50051	16846	3752	12595
2007	82328	47465	17996	4130	12737
2008	86149	50623	17455	4353	13718
2009	91840	50872	18559	6354	16055
2010	95154	52238	19991	6769	16156
2011	106939	60576	20926	6900	18537
2012	111231	63971	21267	6413	19018
2013	115833	64972	23050	7018	20779
2014	115552	66153	22413	6438	20548
2015	119140	66924	23298	7170	21748

第六节　病虫害防治

一、农作物病虫害防治

1986 年，黏虫灾害严重，应用糖蜜诱杀器、谷草把引杀成虫、捕杀幼虫、药剂防治幼虫、挖沟封锁等措施，防治面积 5.07 万公顷。

1995 年，全市农作物病虫害防治面积上升到 8.67 万～10 万公顷。1996 年，和林格尔县、武川县和清水河县划归呼和浩特市，种植农作物逐渐以玉米、马铃薯、杂粮杂豆、蔬菜等作物为主，病虫害防治重点变为草地螟、蝗虫、小菜蛾、玉米红蜘蛛、蔬菜病虫害等，防治面积 25 万公顷。

1998 年前，呼和浩特地区主要控制禾谷类黑穗病（小麦散黑穗病和腥黑穗病、燕麦坚黑穗病、大麦坚黑穗病、玉米丝黑穗病、高粱黑穗病、谷子黑穗病、糜黍黑穗病）和地下害虫（小地老虎、细胸金针虫、华北蝼蛄、蛴螬）。1999 年后，主要防控蝗虫、黏虫、草地螟、马铃薯晚疫病等重大病虫和玉米红蜘蛛、双斑萤叶甲、地下害虫、菜蛾、麦蚜、马铃薯病害等常发病虫害及蔬菜病虫害。采取的措施有农业防治（选用抗病品种，轮作倒茬）、物理防治（杀虫灯诱蛾、黄板诱蛾、性诱剂诱杀等）、化学防治（种子处理，土壤处理、喷施农药）及生物防治（天敌保护、喷施生物农药）。

2001 年，全市病虫草鼠害发生面积 29.56 万公顷，防治面积上升到 27.26 万公顷。其中，综防统治面积 2.47 万公顷。2004 年，马铃薯晚疫病在武川县哈乐乡、清水河县、和林格尔县发生，发生面积 1.33 万公顷。全市农作物病虫草鼠的发生面积 53.24

万公顷次，防治面积48.40万公顷次。2010年，全市主要发生的病虫害有蝗虫、菜蛾、玉米红蜘蛛、地下害虫、双斑莹叶甲等。全市农作物病虫草鼠的发生面积77.41万公顷次，防治面积47.26万公顷次。2013年，全市完成2.4万公顷蔬菜瓜果和15.33万公顷大田农作物病虫绿色防控，建立10个绿色防控示范区，核心示范区面积953.33公顷，辐射带动面积9533公顷。2014年，全年农作物病、虫、草、鼠发生面积70.79万公顷次，防治面积68.27万公顷次，农作物病、虫、草、鼠中等偏重发生。

2015年，全市农作物病虫害绿色防控13.33万公顷，确定13个绿色防控示范区，核心示范区面积1100公顷。完成4.67万公顷蔬菜瓜果和8.67万公顷大田农作物病虫绿色防控。加大对农药产品质量和农药标签的抽检力度，对全市35户农药经营单位进行审查，抽取农药标签226个，合格率84.5%。抽检全市8家生产企业和15家经营企业。

二、绿色防控技术

（一）无公害蔬菜及绿色防控

2000年，呼和浩特在自治区内率先开展无公害蔬菜生产基地建设示范工作，在赛罕区太平庄乡保素村建设4公顷温室无公害蔬菜生产基地。2001年，农业部启动“无公害食品行动计划”，全市无公害蔬菜生产基地发展到130余公顷。在生产基地开展无公害蔬菜安全生产和标准化生产技术的试验、示范和推广，引进、试验、示范和推广黄板、防虫网、银膜和杀虫灯等技术。截至2004年，累计推广无公害技术800公顷，引进、推广抗病蔬菜新品种21个；筛选适宜蔬菜生产基地使用杀虫剂8种，杀菌剂9种。2004—2005年，市质量技术监督局分2批发布《呼和浩特市无公害蔬菜生产技术规程和部分产品质量标准》。

2007年，呼和浩特市开始建设绿色蔬菜基地。在土默特左旗毕克齐镇实施蔬菜主要病虫害绿色防控示范田8公顷，带动周边菜田200公顷。绿色防控示范区选择病虫害严重的蔬菜新区，以防治白粉虱、黄瓜霜霉病为主，兼顾斑潜蝇、蚜虫、螨类害虫和番茄早晚疫病、番茄叶霉病、黄瓜灰霉病等其他病虫害控制，以生物防治、物理防治为主要手段，配合高效低毒低残留化学防治开展绿色综合防治。在土默特左旗毕克齐镇大齐村和二道街村，引进丽蚜小蜂、寄生白粉虱，以虫治虫进行生物防治；利用黄板和防虫网进行物理防治；配合农药防治等系列防治，通过试验示范，有效控制白粉虱、黄瓜霜霉病等病虫害。

2011年，开始示范和推广绿色防控技术。在绿色防控过程中示范推广膜下滴灌、厚墙体温室顶部放风、嫁接育苗、黄板、防虫网、杀虫灯、生物农药、性诱剂、沼渣沼液等防治病虫害技术。2012年，全市大面积推广绿色防控技术，完成2.4万公顷蔬菜瓜果和15.33万公顷大田农作物病虫绿色防控，确定8个绿色防控示范区，核心示范区面积 536.67 公顷。

2014 年，全市完成 5.27 万公顷蔬菜瓜果和 9.47 万公顷大田农作物病虫绿色防控，建立 13 个绿色防控示范区，核心示范区面积 1100 公顷。其中，赛罕区、土默特左旗、托克托县和清水河县蔬菜病虫害绿色防控技术示范面积 160 公顷，辐射带动 1600 公顷；武川县、和林格尔县马铃薯绿色防控技术示范面积 133 公顷，辐射带动 1333 公顷；清水河县城关镇、单台子乡农区鼠害绿色防控技术示范面积 667 公顷，辐射带动 6667 公顷；清水河县单台子乡有机杂粮基地病虫害绿色防控技术示范面积 133 公顷，辐射带动 1333 公顷。

2015 年，全市完成农作物病虫害绿色防控 13.67 公顷。其中，蔬菜瓜果 4.67 公顷，大田农作物 9 万公顷。以蔬菜、瓜果、玉米和马铃薯等为重点，确定 8 个绿色防控示范区，核心示范区面积 1533 公顷，辐射带动面积 2.46 万公顷。示范区绿色防控技术到位率 90% 以上，防控效果 85% 以上，减少化学农药使用 50% 以上，每亩防治成本平均降低 10%，危害损失 10% 以内。辐射带动区绿色防控技术到位率 75% 以上，防控效果 80% 以上，减少化学农药使用 30%，防治成本平均下降 5%，示范区农产品农药残留不超标，农产品质量提高。

（二）专业化统防统治

1986 年，呼和浩特地区病虫害防治以一家一户的组织形式为主。1995 年，开始针对有迁飞性、毁灭性的害虫，如黏虫、草地螟、菜蛾及玉米红蜘蛛等病虫害，进行大面积统防统治。2004 年，呼和浩特地区出现专业化防治组织。2012 年，专业化防治组织数量逐渐增加。2015 年，全市有工商注册的专业化防治组织 22 个。其中，18 个在农业部门备案，3 家组织为企业型，1 家专业合作社。全市共有队员 910 名，拥有大、中型药械 58 台，日作业能力 516.8 公顷，服务形式以代防代治为主。全年实施专业化统防统治 8.93 万公顷次，防治作物主要有玉米、马铃薯、小麦、油菜、蔬菜及果树，防治对象主要有玉米螟、草地螟、黏虫、双斑萤叶甲、玉米红蜘蛛、马铃薯晚疫病等暴发性病虫、常发性病虫以及农田化学除草等。专业化防治较农民一家一户的防治用药量平均下降 25%、防治成本下降 10% ~ 30%，防效提高 20% ~ 30%。

三、化学除草

1986 年，土默特左旗开始推广化学除草，小麦化学除草 667 公顷。20 世纪 90 年代后，小麦除草剂使用面积逐年加大，引进乙草胺、燕麦畏等除草剂。1995 年，托克托县开始在胡萝卜上用氟乐灵除草。1997 年，全市开始用巨星除草剂，并开始使用乙草胺进行玉米除草，此后玉米除草剂使用范围逐年加大，主要品种有异丙草·莠悬、扑·乙、乙莠、玉农乐、乙草胺、都尔、禾耐斯、拉索、除草通。2000

年，托克托县推广氟乐灵防治红萝卜杂草800公顷，示范、推广草甘膦防治果园杂草。2001年后，全市玉米种植面积逐年大幅增加，除草剂品种主要为玉米田除草剂，如烟嘧磺隆、莠去津、乙草胺等。

2015年，玉米化学除草10万公顷次以上，使用除草剂品种有乙草胺、丁草胺、苯磺隆、苄嘧磺隆、吡嘧磺隆、莠去津、百草枯、草甘膦、MCPA、精喹禾灵、氟乐灵、二甲戊乐灵、咪唑乙烟酸、氟磺胺草醚、烯禾啶、二氯喹啉酸、高效吡氟氯禾灵、草除灵、苯噻草胺、苯达松、嗪草酮、异恶草酮、氯嘧磺隆、精恶唑禾草灵、绿磺隆、甲磺隆。

四、农区鼠害治理

1989—1990年，呼和浩特市开展农区鼠害普查，全市共有鼠种15种，主要为草原黄鼠、子午沙鼠、大家鼠、小家鼠、仓鼠、中华鼢鼠。20世纪90年代，清水河县定为国家级鼠情监测点。2000年，武川县定为自治区级鼠情监测点。

2000年前，灭鼠药剂使用溴敌隆、大隆、毒鼠强、毒鼠硅、氟乙酰胺、氟乙酸钠等急性且毒性非常高的杀鼠剂。2002年，国务院禁止生产使用毒鼠强等杀鼠剂。2003年开展大规模整治活动后，呼和浩特地区主要使用以敌鼠钠盐、杀鼠灵、溴敌隆等为主的新型抗凝血杀鼠剂。

2007年，全市农区鼠害发生面积12.13万公顷，百夹捕获率1%～10%，多种作物不同程度地遭受鼠害。其中，经济作物（瓜果类、向日葵）、杂粮（糜、谷、粟、荞麦）、小麦受害较重，造成减产3%～10%，最高30%以上。2008年，全市农区鼠害发生面积14万公顷，防治4.52万公顷次，3.29万户农户参与灭鼠。2009年，全市农区鼠害发生面积9.33万公顷，综合防治5.41万公顷，农户鼠害防治9.9万户。2011年，全市农区鼠害发生面积8.67万公顷，防治面积5.24万公顷。其中，生态防治3.33万公顷，生物防治1.2万公顷，物理防治3000公顷，化学防治4067公顷，每亩挽回损失6%。统一灭鼠示范面积1133公顷，毒饵站灭鼠面积2667公顷，农户防治6.15万户。投入防鼠经费45万元，出动劳力5.5万人，投入鼠夹5.2万只，建立毒饵站3000个。

2015年，全市农区鼠害发生4.27万公顷，防治9233公顷。清水河县投入防鼠经费105万元，出动劳力5.3万人，配置杀鼠毒饵2.58吨，建立毒饵站6500个，投入鼠夹8000余个，选派防治技术人员100余人次，通过举办田间学校和现场会共培训农民800余人次，发放灭鼠技术资料6000余份。通过生态控制、生物防治、人工捕杀、化学防治等措施开展鼠害防治工作，防治效率85%以上。

第七节　农药、农机管理

一、农药管理

1986年，呼和浩特地区完成对高残留有机氯杀虫剂六六六、滴滴涕的替代，主要推广的杀虫剂有敌敌畏、辛硫磷、乐果；杀菌剂有拌种双、粉锈宁、克菌丹；蔬菜用药有DT、乙磷铝、瑞毒霉等。1998年后，全市各级植保站负责辖区内的农药管理工作。1999年，全市开始实行农药经营资格审查制度。各级植保站按照《农药管理条例》的要求，开展对农药经营单位的技术人员、经营场所、仓储条件和防火设施的现场勘查和资格审查，对农药经营户的经营资质进行审批。杀虫剂主要有对硫磷、甲基对硫磷、甲基异柳磷、氧化乐果、甲胺磷、马拉硫磷等有机磷杀虫剂；杀菌剂有百菌清、多菌灵、甲基托布津、代森锰锌、拌种双等。

2000年后，呼和浩特地区开始发展无公害蔬菜生产，禁止在蔬菜作物使用高毒农药。2002年，市政府印发《呼和浩特市人民政府关于禁止在蔬菜等农作物生产中使用剧毒高毒农药的通告》。全市开展以种衣剂质量抽检、农药标签抽样、农药质量抽检为重点的农药市场检查。2003年，开展“毒鼠强”专项整治工作，收缴“毒鼠强”等禁用杀鼠剂114千克。全市建立农药残留检测体系，在市植保站设立1个检测站，在四市区和3个蔬菜批发市场设立7个检测室，同时开展无公害农产品产地认定。

2004年，禁止在国内销售和使用含有甲胺磷等5种高毒有机磷农药的复配产品。全市核准杀鼠剂经营单位68家，其中农区56家、城区12家。

2007年，全市清理市场中的高毒农药，置换农区存留高毒农药，共置换甲胺磷等5种高毒农药130.5千克，高毒有机磷农药产品彻底退出农业生产。2008年后，将高毒农药检查作为农药市场执法检查重点。

2010年后，中低毒有机磷农药、菊酯类农药、阿维菌素、吡虫啉等高效、低毒、低残留农药作为替代品在农业生产中大量应用。2014年，开展农药使用专项整治，完成蔬菜抽样数2575个，无超标。全市取得农药经营资格的农药经销户有230余家。

二、农机机械

1986年，全市机械总动力310.01千瓦，拖拉机保有量5749台，其中大中型拖拉机保有量2044台，小型拖拉机保有量3705台；有各种机引农具3544台，其中大中型1293台，小型2251台。机耕、机播水平分别为31%、4.5%，无机械化收获作业。

1990年，全市机械总动力45.01万千瓦，拖拉机保有量1.34万台，其中大中型拖拉机保有量2283台，小型拖拉机保有量1.12万台；有各种机引农具1.05万台，其中大中型784台，小型9669台。机耕、机播、机收水平分别为4.73%、0.49%、0.05%，机械化作业综合水平 2.05%。

1995 年，全市机械总动力 64.96 万千瓦，拖拉机保有量 2.38 万台，其中大中型拖拉机保有量 2346 台，小型拖拉机保有量 2.15 万台；有各种机引农具 2.09 万台，其中大中型 1099 台，小型 1.98 万台。机耕、机播、机收水平分别为 8.41%、1.58%、0.68%，机械化作业综合水平 4.04%。

2002 年，春耕春播投入各类拖拉机 2.47 万台，各类播种机 2892 台。开展农机市场管理，核发农机销售、维修、加工营业许可证 618 个。组织 113 台联合收割机，赴山东、河南、河北、天津等地跨区作业收割小麦 5730 公顷，创收 286 万元。引进推广犁用马铃薯播种机 130 台、多功能揉碎切草机四种类型 2000 台。全市机耕、机播、机收面积分别为 22.38 万公顷、14.27 万公顷、3.33 万公顷。

2003 年，全市农作物的耕、播、收农机化水平达到 52.7%，拥有农用机动车 7.44 万台（辆），其中大中型拖拉机 2132 台、9.46 万千瓦；小型拖拉机 4.15 万台、46.84 万千瓦；农用三轮、四轮运输车 3.08 万台。小型饲料加工机械保有量达 6102 台，秸秆及牧草收获加工量达 5.03 亿千克。农副产品加工动力机械 1.12 万台、8.72 万千瓦；作业机械 1.01 万台。市政府每年补贴 100 万元资金，共推广饲草收贮加工机械 4000 多台，推广大中型耕、播、收机械 74 台（套）。

2004 年，全市完成机耕面积 24.88 万公顷，机播 18.59 万公顷。完成保护性耕作面积 3067 公顷，以补贴的形式扩大青贮玉米和牧草收贮加工机械推广普及范围，推广补贴机械 1000 台，其中补贴推广大中型拖拉机 61 台，大中型玉米青贮收获机械 10 台，大中型耕种机械 13 台。对开发的马铃薯收获机械和保护性耕作机械进行引进试验，引进大中型马铃薯收获机 22 台。

2005—2006 年，全市补贴购置农机具 480 台，其中补贴购置大中型拖拉机 60 台。全市共引进、购置、改装保护性耕作机械 484 台（套），完成保护性耕作 4867 公顷，保护性耕作辐射面积 4600 公顷，共实施保护性耕作面积 9467 公顷。

2007 年，全市补贴购置农机具 688 台。完成机耕面积 26.9 万公顷，机播面积 21.93 万公顷。2008 年，全市农业综合机械化水平达到 59.8%，比 2007 年提高 2 个百分点。全市拖拉机、联合收割机在册 2.19 万台，其中大中型拖拉机 934 台、小型拖拉机 2.05 万台、联合收割机 483 台，驾驶员 1.1 万人。

2010 年，全市拥有机械总动力 206.2 万千瓦，拖拉机保有量 7.72 万台，其中大中型拖拉机保有量 3673 台，与其配套机具比为 1 ∶ 1.64；小型拖拉机保有量 7.35 万台，与其配套机具比为 1 ∶ 1.71；有各种机引农具 13.15 万台，其中大中型 6008 台，小型 12.55 万台。平均每 6.67 公顷拥有机械动力 30.51 千瓦，机耕、机播、机收水平分别为 89%、83%、25%，机械化作业综合水平达 68%。

2011—2012年，全市购置农机具4504台，受益农户3522户。年内完成机耕面积39.39万公顷，机播面积39.26万公顷，机械浇灌地面积6.07万公顷，机收面积14.25万公顷。全市农业机械化水平达到70.5%。

2013年，全市农业综合机械化水平达到78.7%。2014年，综合机械化水平达81.3%，比2013年增长2.6个百分点。

2015年，全市农业机械总动力258.9万千瓦，拖拉机保有量8.57万台，其中大中型拖拉机保有量1.07万台，小型拖拉机保有量7.5万台。有各种机引农具16.05万台，其中大中型1.79万台，小型14.25万台。全市完成机耕面积40.43万公顷，机播面积41.23万公顷，机收面积32.98万公顷，实施机械化精少量播种面积10.33万公顷，秸秆根茬还田达到5.59万公顷，机耕、机播、机收水平分别达到93%、90%、72%，机械化作业综合水平达到85.8%，同比提高近5个百分点，较全国平均机械化水平高23个百分点。

第四章　畜牧业

第一节　草牧场

一、草原建设与保护

20世纪80—90年代，呼和浩特地区农业用地中最多的是牧草地，自由放牧导致草场破坏日渐明显。

2000年后，呼和浩特实施“奶业兴市”战略，加强优质饲用农作物和牧草基地建设。2002年，全市共种植优质牧草9333.33公顷，其中66.67公顷以上集中连片规模种植18处共2466.67公顷。

2003年，市政府通告全市禁止放牧。全市人工种草面积9.03万公顷，其中优质牧草种植面积2.43万公顷，新增草原围栏8066.67公顷。截至年底，全年优质牧草保存面积5.84万公顷。2004年，全市实行禁牧休牧面积75.33万公顷，新增围栏面积5400公顷。

2005—2006年，全市草原建设与保护面积73.1万公顷，其中人工种草5.96万公顷。实行禁牧休牧面积达57.44万公顷，草地围栏面积2066.67公顷。2007年，全市草原建设与保护面积达96.53万公顷，其中人工种草面积达6.82万公顷。

2008年，全市完成草原建设24.35万公顷，其中人工种草完成4.98万公顷。全市草原鼠害发生面积29.57万公顷，防治面积5633.33公顷；草原虫害发生面积42.82万公顷，防治面积30.62万公顷。

2010年，呼和浩特有天然草原总面积48.33万公顷，包括平原丘陵温性草原、山地温性草原和低地盐化草原等类型。当年，完成草原建设26.39万公顷，其中人工种草完成5.8万公顷，草地围栏2.73万公顷，草场改良9300公顷。

2011—2012年，完成草原建设20.44万公顷，其中人工种草完成5.06万公顷，草场改良完成6966.67公顷，草地围栏1.4万公顷。2013年，完成草原建设14.47万公顷，其中人工种草完成5.52万公顷、草场改良4300公顷、草地围栏7906.67公顷。全市草原鼠虫害发生面积19.39万公顷，防治面积1.63万公顷。

2014年，完成草原建设17.36万公顷，其中人工种草3.95万公顷、草场改良4273.33公顷、草地围栏666.67公顷。全市草原鼠虫害面积9.16万公顷，其中虫害危害面积1.43万公顷，化学防治面积1.01万公顷；鼠害危害面积1.47万公顷，生物防治面积9333.33公顷。

2015年，完成草原建设19.48万公顷。人工种草面积16.25万公顷。草原鼠虫害发生面积9.29万公顷，防治面积1.33万公顷。按照《内蒙古自治区完善草原确权承包工作实施方案》要求，有序推进草原确权工作。

二、饲料作物种植

2003年底,全市青贮玉米种植面积5.03万公顷。制作青贮饲料124.6万吨。2004年,全市饲草料种植面积15.01万公顷，其中青贮玉米种植面积7.64万公顷。为进一步推广农作物秸秆“两贮一化”（青贮、微贮、氨化）技术，凡是新建奶牛饲养小区、园区的养殖场（户）,均要求建设青贮窖（池）。全年,共新建青贮窖（池）2.12万个，新增饲草料加工机具4082台（套）。

2005—2006年，全市饲料作物种植11.28万公顷，青贮玉米及饲用玉米种植8.73万公顷，青贮量达265万吨。

2007年，全市种植青贮面积7.88万公顷。年内，新建青贮窖1.31万个、30.28万立方米。青贮窖累计5.3万个，贮窖容积61.86万立方米。

2010年后，大型奶牛养殖场与农民签订种售合同，通过订单形式解决奶牛的优质饲草料种植，全市发展订单草业共1.53万公顷，其中优质牧草666.67公顷，燕麦1333.33公顷,青贮玉米1.33万公顷。全市饲料作物种植5.6万公顷,饲用灌木种植1.65万公顷。全市青贮种植面积9.68万公顷。

2011—2012年，饲料作物完成4.9万公顷，饲用灌木完成1.27万公顷，青贮种植面积7.11万公顷，贮量达157.3万吨。

2013年，结合国家振兴奶业种植苜蓿行动，市农牧业局印发《呼和浩特市地区苜蓿种植利用技术规范（试行）》，建设优质饲草料基地，扩大优质牧草，尤其是苜蓿草种植面积,确定1万公顷优质苜蓿种植任务。当年,全市种植苜蓿草面积2万公顷。

完成饲用灌木种植 1.87 万公顷、饲料作物 5.87 万公顷。

2014 年，全市优质苜蓿草种植面积 3133.33 公顷，累计种植面积 2.17 万公顷，苜蓿草产量 18 万吨。饲用灌木种植 1.28 万公顷、饲料作物 6.27 万公顷、青贮种植面积 5.37 万公顷。

2015 年，全市新种植高产优质苜蓿草 710.07 公顷。至年底，全市苜蓿草保留面积 1.33 万公顷，平均亩产干草 700 ~ 800 千克。人工种植苜蓿草面积 2.05 万公顷。全年苜蓿草产量 15 万吨，价格达 1900 元 / 吨，收入约 700 元 / 亩。

第二节　畜牧养殖

一、养殖业发展

1986 年，呼和浩特地区家畜年末存栏 134 万头（只）。其中，奶牛 8.3 万头，肉类总产量约 1.49 万吨，牛奶产量 1.4 万吨。1986 年后，全市畜牧业各项主要指标逐年增长，个别年份有所起伏但变化不大。

1998 年，呼和浩特市开始建设挤奶站，在全国首创“分户饲养、集中挤奶、定期核算、按时付款”的模式。1999 年，市委、市政府提出“奶业兴市”发展战略。

2000 年，全市牲畜存栏达 188.7 万头（只），奶牛头数达 18.6 万头。全市肉类总产量约 8.78 万吨、牛奶产量 23.1 万吨。2001 年呼和浩特提出打造“中国乳都”的发展目标。

2003 年，市政府制定《呼和浩特市贫困地区发展肉羊实施方案》，在贫困地区发展以小尾寒羊为主的肉羊生产。年末，全市牲畜存栏达 158.7 万头（只），奶牛头数达 40.4 万头。全市肉类总产量约 9.2 万吨、牛奶产量 100.8 万吨，禽蛋总产量将达 3.3 万吨。

2005 年，全市家畜存栏 199.2 万头（只），奶牛头数达 68.7 万头。全市肉类总产量约 11.1 万吨，奶类产量达 282.1 万吨。8 月，呼和浩特市被中国轻工业联合会、中国乳制品工业协会授予“中国乳都”的荣誉称号。

2007 年，成立专业养殖公司和专业经营牧草的公司，奶牛饲养从分散饲养逐步向养殖小区、养殖牧场和养殖园区过渡，集中程度和集约化水平提高。年底，全市绵羊存栏 250.5 万只。其中，小尾寒羊占 60%，同比增长 1.5%。全市有种羊场 3 处，引进肉羊加工企业 1 处，一期工程年加工能力 150 万只，养羊专业户 906 户。年末，全市牲畜总头数达 214.2 万头（只），奶牛存栏达 64 万头。奶、肉、蛋、毛绒产量分别约 292.9 万吨、7 万吨、3.2 万吨和 2600 吨。

2008 年，出台《呼和浩特市生鲜乳质量安全管理试行办法》。同年，市政府印发

《2008—2012 年肉羊发展实施方案》，每年安排 1000 万元用于引进种公羊。2008 年，全市牲畜总头数达 245.3 万头（只），奶牛存栏 70 万头。奶、肉、蛋、毛绒产量分别约 305 万吨、8.1 万吨、3.3 万吨和 3856 吨。

2009 年，全市奶牛存栏达 70 万头。鲜奶产量 305.3 万吨，肉类产量约 9.1 万吨，禽蛋产量 2.9 万吨。

2010 年，全市奶牛存栏 70.5 万头。全年肉类总产量达 9.9 万吨，牛奶产量 305.4 万吨；家禽存栏 300 万羽，禽蛋产量 3.3 万吨。

2011 年，牲畜总头数达 264.1 万头（只）。其中，奶牛存栏 70 万头；羊存栏 254.6 万只；生猪存栏 41 万头。全年肉类总产量约 10.18 万吨；牛奶产量 307.4 万吨；禽蛋产量 3.1 万吨。

2012 年，市政府办公厅印发《2012 年现代农牧业发展重点项目实施方案》，制订奶牛规模化牧场建设、奶牛外购、苜蓿草种植补贴政策。补贴标准为新建牧场按每增加 1 头奶牛补贴 2000 元，自繁奶牛使用性控冻精的每支冻精补贴 100 元，每头受孕奶牛按 2 支安排，整合提升千头以下的牧场、新增加的外购奶牛每头补贴 2000 元。优质苜蓿种植补贴标准为：对达到建设要求和标准的基地，每亩补贴土地流转费 500 元，连续补贴 3 年，补贴的流转费由旗县区农牧部门直接发到农民手中。年末，全市牲畜总头数达 261 万头（只），其中奶牛存栏 66.7 万头；生猪存栏 39 万头，能繁母猪 4.0 万头。全年肉类总产量约 10.1 万吨；牛奶产量 310.8 万吨；禽蛋产量 3.3 万吨。

2013 年，市政府办公厅印发《2013 年现代农牧业重点项目实施方案》，提出外购奶牛 5 万头、自繁奶牛 3 万头、整合提升增加奶牛 2 万头，新建万头牧场 2 个、5000 头牧场 3 个、3000 头牧场 1 个、2000 头牧场 6 个，整合提升千头以下牧场 50 个。年末，全市奶牛存栏 58.6 万头，肉类总产量约 10.1 万吨，奶类产量 277.8 万吨。

2014 年，市政府办公厅印发《关于做好 2014 年农牧业重点工作的通知》，要求完成 2012 年、2013 年牧场建设项目并购牛入场。同时，加大规模化牧场建设力度，开展养殖小区、奶站和养殖场的改造工作。

2015 年底，全市共运行奶牛牧场（小区）302 处。其中，农业部挂牌标准化示范场 19 处，全市规模化程度为 95%，良种化率 100%。年末，全市家畜存栏 269.6 万头（只）。其中，奶牛 58.6 万头。肉类总产量约 10.41 万吨，牛奶产量 287.2 万吨。

1986—2015年呼和浩特市畜牧业主要指标一览表

表 6-4-1

年份	家畜年末存栏（万头／万只）	奶牛（万头）	肉类总产量（吨）	牛奶产量（万吨）
1986	134.0	8.3	14862	1.4
1987	132.6	7.4	15706	2.0
1988	145.7	7.6	13630	2.1
1989	—	—	—	—
1990	152.1	8.3	17607	3.1
1991	150.0	8.4	21161	3.6
1992	148.7	8.3	25818	4.4
1993	156.5	8.9	33220	5.0
1994	168.1	10.5	40761	6.7
1995	181.3	12.2	47068	7.4
1996	195.7	14.6	59785	8.9
1997	200.8	15.5	72696	11.1
1998	208.7	16.4	80329	12.7
1999	197.7	16.5	86600	15.1
2000	188.7	18.6	87830	23.1
2001	166.5	21.4	91754	40.0
2002	156.2	27.9	93392	64.5
2003	158.7	40.4	92033	100.8
2004	179.2	57.1	102254	152.1
2005	199.2	68.7	110895	227.8
2006	210.1	62.1	74141	282.1
2007	214.2	64.0	70028	292.9
2008	245.3	70.0	80834	305.0
2009	251.3	70.0	90601	305.3
2010	261.7	70.5	98501	305.4
2011	264.1	70.0	101758	307.4
2012	261.0	66.7	101139	310.8
2013	252.4	58.6	100977	277.8
2014	261.2	58.6	103608	282.2
2015	269.6	58.6	104064	287.2

说明：表中“—”表示无数据

二、奶牛养殖

1986年后，全国奶牛业出现滑坡，波及呼和浩特市奶牛业生产，在饲料供应、收购加工鲜奶等方面出现一些新情况、新问题。1987年，市政府下发《关于大力发展奶牛业的几项规定》，对集体、农民向国家交售鲜奶，实行“以奶换料”的政策，供应标准调整为每交售1.5千克鲜奶供应0.5千克平价饲料；对国营奶牛场、科研教学单位饲养的奶牛仍实行定量供应，一年一核定；每头牛日粮标准调整为种公牛8千克、基础母牛6千克、青年牛2千克、牛犊0.5千克。1989年，市政府下发《关于加强奶牛饲料管理的通知》，理顺奶牛饲料产销秩序，堵塞漏洞。至1990年，全市有奶牛8.3万头，产奶3.1万吨。

20世纪90年代后，市政府提出“奶业兴市”战略，全方位加大奶牛养殖业投资力度，奶牛养殖业迅速发展，全市奶牛数量大幅增加。随着伊利实业集团股份有限公司、蒙牛集团先后成立，在奶牛养殖村建立鲜奶收购站，基本形成奶户散养、集中收购产、供、销一体化，使奶牛养殖业规模稳步增长。涌现出多个奶牛养殖专业村、专业户。至2000年，全市奶牛存栏18.6万头，鲜奶产量23.1万吨。

2001年，全市奶牛存栏21.4万头，鲜奶产量40.0万吨。2003年，全市奶牛存栏40.4万头，其中引进国外高产奶牛3.40万头，鲜奶产量100.8万吨。全市有饲养奶牛9万头以上的基地旗县2个，赛罕区9.34万头、土默特左旗9.70万头，5万～9万头的基地旗县为和林格尔县5.91万头，2万～5万头的基地旗县为托克托县4.27万头、玉泉区2.09万头。建成千头以上的奶牛基地乡镇40个，其中1000～3000头的乡镇12个、3000～5000头的乡镇10个、5000～1万头的乡镇10个、1万头以上的乡镇8个。全市有奶牛养殖户8.6万户，其中饲养5头以上的奶牛专业户4.2万户。全市累计建成挤奶站844处，奶牛冷配站（点）1750个。

2004年，全市奶牛存栏57.1万头，其中引进国外高产奶牛6462头，鲜奶产量达152.1万吨。全市共建成10万头以上奶牛基地旗县区2个，其中土默特左旗奶牛存栏15万头，在全国县级区域排名第二。建成5万～10万头奶牛基地县2个，建成1万～5万头奶牛基地旗县1个；建成千头以上奶牛基地乡镇47个，其中奶牛存栏1000～3000头的乡镇15个、3000～5000头的乡镇8个、5000～1万头的乡镇12个、1万头以上的乡镇12个。全市奶牛养殖户11.2万余户，其中饲养5头以上奶牛的专业户4.8万余户。在建成46个区域化、规模化、功能设施比较完善的奶牛养殖小区和牧场园区的基础上，新建奶牛小区31个，累计建成挤奶站1227座。

2006年，市政府提出在全市新建100处规模500～1000头奶牛的养殖小区，除伊利集团、蒙牛乳业等企业计划建设60处未动工外，旗县区新建和扩建46处。新建完善畜牧业综合服务站31处。全市建成奶牛小区127处，约有20%的奶牛进区饲养。

2007 年，先后四次调高原奶收购价格，从每千克 1.76 元，调整为淡季每千克 2.20 元，旺季每千克 2.00 元，小区原奶收购价格平均每千克 2.20 元以上，平均涨幅 25% 以上。市政府补贴资金 1000 万元，其中小区建设补贴 600 万元、冻精补贴 300 万元、青贮窖补贴 100 万元。年内动工新建奶牛小区 27 处，全市建成奶牛小区 171 处，奶牛进区饲养率 30%；挤奶站总数 1266 处。争取国家良种补贴项目资金 780 万元，冻精 52 万支，选配奶牛 26 万头，覆盖全市基础母牛的 50%。全市 13.06 万头母牛犊享受补贴，补贴资金共计 6530 万元。

2008 年，“三聚氰胺”事件（河北省石家庄三鹿集团股份有限公司生产的三鹿婴幼儿奶粉受三聚氰胺污染）发生后，市委、市政府迅速制定出台应对“三聚氰胺”事件的各项工作措施，全面开展对饲料生产企业、奶站和生鲜乳运输环节的治理整顿，进一步完善奶源质量管理长效机制。同年，市政府下达奶牛标准化规模养殖场补贴资金 1000 万元，补贴 20 处奶牛标准化规模养殖场。在国家扶持政策的推动下，建成奶牛规模养殖场 190 个。2008—2009 年，争取国家奶牛良种补贴资金累计 1275.6 万元，冻精 85.04 万支，覆盖全市 9 个旗县区的 42.52 万头基础母牛。

2009 年，市委、市政府提出打造国内一流优质奶源基地，提高规模化、标准化、集约化养殖水平，加快以奶牛养殖小区为重点的优质奶源基地建设步伐，实施“357、百千万”工程的发展目标，三年内使奶牛高标准集中饲养率达 30%、50% 和 70%；百头左右的奶牛小区牧场由农户实施，千头左右的由乡镇实施，万头左右的由龙头企业实施。全市累计建成饲养 100 头以上的规模化奶牛养殖场 236 个，奶牛规模化饲养的比例达 30%。当年，新建总设计规模为 9.5 万头的养殖场 50 个，其中万头牧场园区 2 个；千头牧场园区 31 个；百头牧场园区 17 个。百头牧场平均投资 300 万元，千头牧场平均投资 1000 万元，万头牧场平均投资 1 亿元左右，建设资金总投入约 4.6 亿元。

2011—2012 年，在国家标准化奶牛牧场改扩建工程及“357、百千万”工程项目的推动下，全市奶牛规模化养殖水平显著提升。全市累计建成规模化牧场 359 个，其中建成百头以上 271 个、千头以上 84 个、万头以上 4 个；奶牛规模化饲养达 70%。对全市范围内所有的挤奶站不定期抽检，使全市的挤奶站、养殖场、运输车的检查率 100%，全年共抽检牛奶 1040 批次样品，合格率 100%，有效地保障生鲜乳质量安全。

2013 年，新建规模为 8.2 万头奶牛牧场 14 个，整合提升或改造建设中小型牧场 127 个。全市共建成奶牛牧场（小区）348 处，规模化饲养达 75%。争取国家奶牛良种补贴资金 1137 万元，补贴冻精 75.8 万支，覆盖全市 9 个旗县区的 42.52 万头基础母牛。

2014 年，制定《呼和浩特市奶牛场建设技术标准》。新建规模为 4.48 万头奶牛牧场 17 个，续建牧场 14 个，改扩建牧场 34 个。全市运营的规模化牧场 315 个，奶牛规模化养殖达 90% 以上。引进国外高产奶牛 2.16 万头。争取国家奶牛标准化规模场改扩建项目补贴资金 1360 万元，补贴冻精 75.8 万支。

2015 年，全市共建成并运营奶牛牧场 302 个，其中万头牧场 8 个、千头牧场 132 个、百头牧场 162 个，奶牛规模化达 97%，奶牛平均单产达 7 吨。奶牛优质冻精使用覆盖率 100%。

三、肉羊养殖

1986 年，呼和浩特平原地区以养殖绵羊为主，山区主要饲养山羊，养殖量逐年增加。羊以农户散养为主，饲养品种以毛用或毛肉兼用品种为主，利用淘汰老弱母羊和去势公羊生产羊肉。随着人民生活水平提高，畜产品消费结构优化，逐渐出现规模化饲养。

2003 年，全市建成羊人工授精站（点）429 个，羊人工授精 75.56 万只。新增肉羊种羊生产 4948 只，绒山羊种羊生产 1635 只。2004 年，全市生产肉种羊 4777 只，绒山羊种羊生产 1103 只。

2005—2006 年，全市肉羊饲养量 310 万只，购进优质种公羊 959 只，基础母羊 4.03 万只。扶持培育年出栏 100 只以上的养羊大户 899 个，新建羊人工授精站（点）1000 处，总数达 1470 处。

2007 年，新建标准化养羊小区 2 处，建成养羊专业村（自然村）43 个，存栏 100 只以上养羊专业户 906 户。建成羊人工授精站 335 个，人工授精点 1550 个，实施羊人工授精 44.25 万只。通过发展肉羊产业，使 20 万名农民实现增收。争取自治区良种补贴项目 90 万元，购进优质种公羊 709 只。

2008 年，市委、市政府制定《呼和浩特市 2008—2012 年肉羊产业发展规划》，决定在和林格尔县、清水河县、武川县等山丘区发展肉羊养殖，加快肉羊产业的发展。年末，全市肉羊存栏 258 万只，养羊户 8.49 万户。建成养羊专业村（全村 90% 的农户养羊，养羊收入是主要收入来源）142 个，养羊小区 4 个。基础母羊存栏 50 只以上养羊大户 8586 户，饲养量近 60 万只，占全市羊存栏的 23%。从武川县、土默特左旗种羊场、赛澳种羊场调拨 100 只优质种公羊，全部投放到新建的人工授精站。建成“四有”（房舍、器械、种公羊、配种员）羊人工授精站 61 处。争取自治区肉羊良种补贴 125 万元，建成规模养羊场 889 个。

2009 年，全市肉羊饲养量 358.1 万只，基础母羊 123 万只。引进肉用种公羊 2075 只；新建人工授精站 40 处；建成小尾寒羊纯繁场 3 处，每年可向社会提供纯种小尾寒羊基础母羊3000只，扶持发展规模养殖户3263户，其中基础母羊在50只~100只的2155户，100只以上的1108户。

2010年，全市累计建成养羊专业村115个，养殖小区4个、种羊场7个、人工授精站476处。肉羊饲养量达430万只，其中和林格尔县126万只、清水河县95万只、武川县106万只；基础母羊达151万只，其中和林格尔县43.1万只、清水河34.2万只、武川县36.5万只。引进肉用种公羊2070只，扶持养殖大户3153户。

2011年，国家现代肉羊产业技术体系建设项目在新城区、托克托县、和林格尔县、清水河县、武川县实施。在和林格尔县、清水河县、武川县各扶持建设肉羊养殖专业村1个，通过专业村的示范作用逐步扩大肉羊养殖规模与效益。全年购进优质种公羊2010只，新扶持养羊大户3616户，其中50~100只基础母羊大户2362户，100只以上基础母羊大户1254户。新建人工授精站43个。全市养羊大户累计9547户。其中，养殖规模在50~100只有6181户，100只以上有3366户。累计建成人工授精站476处，供种场7个。

2012年，全市调拨优质种公羊2032只，新扶持养殖大户3069户，建成人工授精站40个。按照《呼和浩特市2008—2012年肉羊产业发展规划》，累计投资3524万元，调拨优质种公羊9314只，建设人工授精站215个，发展规模养羊户1.31万户。

2013年，全市肉羊饲养量首次突破500万只。规模养羊户1.31万户，其中出栏100只以上的7255户，规模化程度达50%以上。完成绵羊、山羊配种131.4万只。建成肉羊人工授精站10个。武川县被自治区家畜改良站确定为全区2个肉羊人工授精试点之一。

2014年，全市肉羊饲养量560万只。完成绵羊、山羊配种100.54万只。建成肉羊人工授精站18个，共配种3784只。

2015年，全市100只以上规模化养殖场6000家，成功培育饲养规模万只以上肉羊联合体2个。

第三节　品种改良

一、牛

呼和浩特市奶牛养殖业具有悠久的历史，根据生产、生活的需要，大致分为奶牛、肉牛及乳肉兼用型。20世纪80年代，奶牛冷配技术在呼和浩特市推广。1986年，全市基础母牛平均产奶量是20世纪70年代初期的3倍多。全市所养奶牛绝大多数为3代以上的黑白花，基本形成具有黑白花特征的奶牛群，基础母牛平均单产逐年提高。1994年，使用奶牛同期发情技术、人工授精和超数排卵技术。1998年，建立健全种畜、草种良种繁育体系，通过引种、选育、胚胎移植等技术手段，实现奶牛良种及改良种70%以上。2002年6月，出台《呼和浩特市牛的人工授精管理办法》，配种员实行持证上岗。全市开展农业部立项的“万枚高产奶牛胚胎移植富民工程”项目。2003年,印发《呼和浩特市奶牛养殖科技服务实施方案的通知》。2005年，呼和浩特市研究和推广奶牛X/Y精子分离——性别控制产业化关键技术。2007年，市政府为新城区、赛罕区、土默特左旗、和林格尔县、武川县的规模养殖场、养殖小区使用的1.5万支冻精每支补贴200元。

2008年，市政府为新城区、赛罕区、和林格尔县的规模养殖场、养殖小区使用的2万支冻精每支补贴150元。全市共有配种员600人、配种站点1800个。

2014年，呼和浩特市推广研究奶牛超级性控技术。截至2015年，全市良种及改良种奶牛63.97万头,其中黑白花种奶牛62.55万头。奶牛良种及改良种公牛1190头，其中黑白花种公牛924头。

（一）中国荷斯坦奶牛

原名中国黑白花奶牛，于1992年更名为“中国荷斯坦奶牛”。呼和浩特市奶牛品种以荷斯坦奶牛为主，主要分布在赛罕区、土默特左旗、托克托县、和林格尔县。

中国荷斯坦奶牛在一般饲养条件下，母牛305天产奶量一胎5000千克以上，二胎6000千克以上，三胎以上产奶量6300千克以上，乳脂率3.4% ~ 3.7%，乳蛋白2.8% ~ 3.2%。优良中国荷斯坦奶牛高产核心群的平均单产超过10000千克。中国荷斯坦奶牛繁殖无季节性，主要以人工授精为主。母牛性成熟平均为11 ~ 12月龄，初配月龄平均为16 ~ 18月龄，发情周期18 ~ 21天，妊娠期282 ~ 285天；公牛10 ~ 12月龄性成熟，13 ~ 17月龄可试采精，18月龄后即可正常采精生产冷冻精液。

中国荷斯坦奶牛成年牛体重和体尺一览表

表6–4–2

性别	体重（千克）	体斜长（厘米）	体高（厘米）	胸围（厘米）	管围（厘米）
公	1050 ± 150.0	200.0 ± 10.0	162.5 ± 12.5	227.5 ± 7.5	22.5 ± 0.5
母	650.0 ± 98.8	170.0 ± 5.0	145.5 ± 10.0	192.5 ± 7.5	19.0 ± 0.5

（二）肉牛及乳肉兼用型

呼和浩特地区肉牛品种较为杂乱，以本地西门塔尔牛、三河牛、荷斯坦牛公牛、本地黄牛等及其杂交改良牛为主。

二、马

20世纪80年代中后期，呼和浩特市经济发展转型，机械化发展迅速，机械耕作和运输逐步替代畜力，军马和农耕役用马大量退出，养马数量下降。21世纪初，市场需求变化，养马数量上升，马匹用途变化，大部分作为骑乘用马、旅游景点用马、影视作品拍摄用马以及食用马。养马业向现代化发展，呼和浩特市成立马术协会、马术俱乐部，养殖品种主要有纯血马、温血马、蒙古马、矮马等。截至 2015 年，全市有能繁殖母马 1886 匹、耕役马 2478 匹、种公马 120 匹、良种马 205 匹、改良种马 535 匹。

三、驴

20 世纪 80 年代，全市有配种站 20 余家、种公驴 31 头，品种有关中驴和本地驴。随着驴的役用功能逐步被机械取代，驴存栏量下降。随着人民生活水平提高，饮食结构调整和保健养生意识增强，市场对驴产品的需求量逐步增长，2013 年，呼和浩特地区开始出现集种驴科研、生态养殖、技术培训服务输出于一体的驴产业科技型企业。截至 2015 年，全市有能繁殖母驴 1.07 万头、耕役驴 1.36 万头、种公驴 492 头、良种驴 547 头、改良种驴 4826 头。

四、羊

呼和浩特市养殖绵羊品种以小尾寒羊及其杂交羊为主，引进品种有杜泊羊、萨福克羊、德国肉用美利奴羊、无角陶赛特羊和澳洲白绵羊，用来改良本地羊和小尾寒羊。养殖绒山羊主要是从辽宁盖州市引入的绒山羊和从鄂尔多斯引入的阿尔巴斯绒山羊，奶山羊主要是由关中引入的萨能奶山羊。

1986 年，呼和浩特市绵羊养殖大面积采用人工授精，利用澳大利亚进口设备，对肉用种公羊采取电击刺激法采精，人工授精技术完善。1997 年，人工授精和超数排卵 2 项技术被推广到绒山羊养殖。2005 年，和林格尔县、清水河县、武川县等山丘区开始发展肉羊养殖产业，引进小尾寒羊基础母羊。2008 年开始引进杜泊、萨福克、德国美利奴、道赛特等肉用或肉毛兼用羊。2010 年后，开展杂交试验，建立最佳杂交体系。在羊群规模不大，种公羊比较充足的地方，多采用自然交配。种公羊不足的地方采用人工授精技术。截至 2015 年，全市有寒羊 55.19 万只、细毛羊及改良羊 34.08 万只、半细毛羊及改良羊 10.69 万只。种公绵羊 1.82 万只，其中寒羊 1.23 万只；改良种绵羊 52.76 万只。种公山羊 6521 只，改良种山羊 21.64 万只。

五、猪

1986 年，呼和浩特市的猪肉供应处于完全开放的状态，猪肉价格随供需关系浮动。在价格作用下，群众养猪积极性高涨，养猪业逐渐兴起。土默特左旗种猪场、托克托县种猪场、郊区种猪场逐步引入大白、杜洛克等良种瘦肉型猪更新猪群。内蒙古牧科院培育出内蒙古白猪，内蒙古农业大学培育出内蒙古黑猪，引进河套平原的大耳猪，养猪业逐步向瘦肉型猪发展，利用杂种优势发展商品瘦肉猪。以农户传统品种为母本、国内外瘦肉型良种为父本，进行二元或三元杂交生产瘦肉型商品猪。

全市逐步发展基本实现公猪良种化、母猪地方良种化和育肥猪杂交一代化的“三化”养殖模式。1991 年，呼和浩特市大力推广“四良四改”养猪配套技术及“良种、良舍、良料和良法”饲养技术。改养本地猪为杂交改良猪，改冬季冷舍养猪为暖棚养猪，改单一饲料为配合饲料，改传统的“掉架子”育肥为“饮清水湿拌料”直线快速育肥。

呼和浩特地区猪的品种以杜洛克猪、长白猪、大白猪及三元杂交猪为主。主要特点是生长速度快、饲料报酬高、体型好、瘦肉率高、肉质好，加之适应性强，应激敏感现象少，易饲养等特点，适合规模化养殖。截至 2015 年，全市繁殖仔猪 40.71 万头，购进 15.06 万头，卖出 43.01 万头，能繁殖的母猪 4.08 万头，种公猪 1867 头，良种猪 12.82 万头，改良种猪 12.39 万头。

六、鸡

1986 年，在全市推广良种鸡，为单一蛋鸡生产。全年出笼 121 万羽。1989 年后，在发展蛋鸡同时开始培育肉鸡养殖，二者并重发展，逐步提升品种优良化。1998 年后，全市推广海兰褐蛋鸡。呼和浩特市养殖鸡主要为蛋鸡，养殖品种以海兰褐为主，唯一一个家禽种畜禽场养殖品种为伊萨褐。引进的肉鸡品种主要有双 A 肉鸡、艾维茵肉鸡、罗斯 308。截至 2015 年全市鸡出笼 245 万羽。

第四节　疫病防控

一、疫情防控

1986 年，土默特左旗、托克托县和郊区发现羊疥癣疫情点 59 个，发病羊 3801 只，死亡 179 只。4—5 月，郊区种猪场 21 头猪发生附红细胞体病，死亡猪 7 头。至 1986 年，全市牛肺疫达到消灭标准。

1987 年，土默特左旗、托克托县发现流行性乙型脑炎疫情、狂犬病疫情。其中，狂犬病发病 18 只、死亡数 16 只。土默特左旗、托克托县和郊区发生羊疥癣疫情，发病 5073 只、死亡 254 只。

1988 年，土默特左旗、托克托县和郊区发现猪流行性乙型脑炎、羊疥癣、狂犬病，其中羊疥癣发病数 6.8 万只；狂犬病发病数 56 只，死亡数 42 只。1989 年，土默特左旗、托克托县和郊区发生羊疥癣疫情，发病 2.2 万只、死亡 198 只。郊区发生禽霍乱疫情，1745 只鸡发病、全部死亡。土默特左旗、托克托县发生 9 起狂犬病，先后咬死 1 人，咬伤 12 人；咬死牲畜 6 头（只），咬伤 16 头（只）。

1990 年，土默特左旗发生羊痘疫情，151 只羊发病、死亡 8 只。全市 45 个乡 436 个疫点 781 群羊感染羊疥癣病，4.82 万只羊发病。全市约 1100 只羊发生羊脑包虫病。

1991 年，全市推行畜禽防疫目的管理双轨责任制，针对“2123”动物保健工程［消灭马鼻疽、羊痘；扑灭口蹄疫；稳控布氏杆菌病（布病）、马传染性贫血；控制猪瘟、鸡新城疫、羊疥癣］，防疫任务指标分别落实到各级政府和畜牧部门。

1993 年 3 月，土默特左旗讨思浩乡发生猪口蹄疫，蔓延至全市 3 个旗县，10 个乡，25 个自然村，1320 头猪死亡。1994 年 1 月，托克托县古城乡什力邓村发生猪口蹄疫。1995 年 3 月，和林格尔县北倒拉板村发生猪口蹄疫，85 头猪发病。

1996 年后，围绕呼和浩特市“九五”畜禽疫病防治规划的 13 种地方病（猪丹毒、猪肺疫、仔猪副伤寒、兔出败、鸡法氏囊、鸡马立病、鸡痘、鸡喉气管炎、鸡传染性支气管炎、鸡产蛋下降综合征等）开展畜禽疫病防控。同年，土默特左旗善岱乡、大岱乡、铁帽乡、哈素乡，和林格尔县新丰乡一间房建制村佛爷沟自然村、巧什营乡巧什营村，清水河县小庙子乡贺家山建制村新庄窝自然村先后发生猪口蹄疫，91 头猪发病。年内，4 个旗县发生羊痘疫情，120 余只羊发病。

1997 年，市政府办公厅印发《呼和浩特市人民政府办公厅转发市畜牧局 财政局关于在全市实行畜禽疫病防制分级管理报告的通知》，要求从 1997 年起实行畜禽疫病防治分级管理。同时，开始执行《内蒙古中西部四盟二市防制羊痘联防公约》，联防 3 年。2 月，土默特左旗北什轴乡北什轴村、塔布乡，武川县安字号村、可可以力更镇发生猪口蹄疫，474 头猪发病，死亡 148 头。托克托县乃只盖乡、古城乡和燕山营乡发生猪、牛、羊口蹄疫混合感染。8 月，和林格尔县公喇嘛乡、元山子乡，清水河县韭菜庄乡、王桂窑乡发生炭疽疫情，死亡大牲畜 12 头（匹）、羊 104 只。

1998 年，和林格尔县董家营乡小甲赖村，武川县可镇、上秃亥镇上秃亥村、中后河乡大可以村发生炭疽疫情，死亡羊 56 只、猪 3 头、牛 4 头。截至 1998 年，呼和浩特市消灭马鼻疽。

1999 年，市政府制定《呼和浩特市牛皮蝇蛆病防治五年规划实施方案》，决定至 2003 年连续 5 年在全市开展大规模的牛皮蝇蛆病防治工作，实现全面控制牛皮蝇蛆病的目标。年内，将奶牛口蹄疫列入强制免疫计划。同年，郊区八拜镇沙梁村、武川县蘑菇窑乡双井梁村发生炭疽疫情，死亡牛 1 头、猪 1 头；玉泉区、回民区、清水河县盆底青乡碓臼沟村发生奶牛口蹄疫，扑杀奶牛 1016 头；12 月，武川县纳令沟等 6 个乡发生 O 型羊口蹄疫，扑杀牲畜 2645 头。

2000 年，土默特左旗、托克托县、和林格尔县发生牛口蹄疫，177 头牛发病。2001 年，实施以口蹄疫和牛皮蝇蛆病防治为重点的“2124”动物保健工程（扑灭五号病、羊痘，严防禽流感，稳控布病、马传贫，控制牛皮蝇蛆病、猪瘟、鸡新城疫、羊疥癣）。2 月，玉泉区桃花乡密密板发生奶牛口蹄疫；10 月，赛罕区西把栅乡东大黑河、武川县乌兰不浪镇库略图村发生炭疽疫情，死亡羊 9 只、驴 5 头。

2002年8月，赛罕区1头奶牛发生炭疽死亡，死亡牛被卖掉，去向不明；9月，和林格尔县1只羊患炭疽死亡，死亡羊被畜主食用，2人感染炭疽。全市开始对禽流感强制免疫。2003年10月，对全市32.59万头奶牛进行结核病、布病检测，检出布病阳性3350头，疑似122头，布病阳性率1.0%；检出结核阳性2267头，疑似608头，结核阳性率0.69%。

2004年，市政府成立市动物防疫工作指挥部和市防治高致病性禽流感指挥部，市长任总指挥，制定呼和浩特市高致病性禽流感防治应急预案，印发《关于加强高致病性禽流感防治工作的紧急通知》《关于做好畜禽疫病防治消毒工作的通知》《呼和浩特市人民政府关于加强动物防疫体系建设的实施意见》，市本级和各旗县区分别成立动物疫病防控中心，乡镇成立动物防疫工作站，村设立动物防疫员。

2005年10月，赛罕区巴彦镇腾家营村兴星珍禽养殖场发生高致病性禽流感疫情，疫点扑杀禽类9.35万羽。2006年，和林格尔县羊群沟乡白其口村，清水河县韭菜庄乡、窑沟乡、宏河镇、城关镇发生布病疫情，扑杀阳性牛6头，羊648只，疫情由外购动物引起。10月18—20日，排查猪高热病33.9万头，发现异常68头，无害化处理21头，治疗痊愈47头。

2007年，呼和浩特市开始对高致病性猪蓝耳病强制免疫。市农牧业局印发《呼和浩特市动物标识及动物疫病可追溯体系建设工作实施方案》。2008年，呼和浩特市启动动物标识及动物疫病可追溯体系建设，完成系统人员培训、网络建设、信息录入等工作，完成耳标佩戴牛34.3万头、羊112.11万只、猪15.33万头，传输信息6682条。

2009年，市农牧业局印发《关于加强猪流感防控工作的紧急通知》，成立领导小组，制定防控措施。2010年，动物标识及动物疫病可追溯体系完成耳标佩戴牛50.8万头、羊190.8万只、猪30.6万头。年内，市农牧业局制定《呼和浩特市畜间布病溯源灭点行动实施方案》，开展以畜间布病溯源灭点行动为重点的布病防控。

2011年，全市布病溯源灭点共溯源3411人，涉及99个乡、镇的1328个村7.10万户，流行病学调查易感畜100.21万只，化验监测100.89万只，检出阳性1.82万只，确定疫点873个，截至2012年1月15日，疫点全部拔除，扑杀阳性畜3.24万只，紧急免疫羊238.74万只。2012年，布病溯源人间病患1211人，确定畜间疫点566个，涉及全市47个乡镇、4个街道，726个村。溯源检监测羊104.31万只，检出阳性畜1.40万只，全部无害化处理，疫点全部拔除。

2013年，全市布病溯源灭点共溯源1058人，监测羊48.51万只，累计拔除疫点202个，扑杀病羊5839只，市区畜间布病防控达到控制标准。同年，自治区组织对全市兽医实验室的考核工作，市动物疫病防控中心兽医实验室和各旗县区兽医实验室均通过考核。

2014年，完成布病免疫羊335.71万只、牛22.11万头，溯源1167例网报病例，化验监测羊9.29万只，拔除疫点60个，扑杀羊1550只。

2015年，全市投入经费104.91万元，对2011年后布病溯源灭点的新老疫点，特别是重复发生的疫点的圈舍、院落、街道及其他污染场所、用具、设施设备进行消毒。使用消毒药品68.32吨，消毒疫点1227个，面积922.64万平方米。其他场所使用消毒药品53.2吨，面积929.1万平方米。年内，结核病监测奶牛养殖场47个，监测奶牛9.36万头，阳性奶牛2295头，淘汰奶牛1830头；布病监测奶牛养殖场13个，散养户15户，监测奶牛6487头，阳性奶牛105头，淘汰奶牛7头。

二、疫情监测

1986年，马鼻疽监测5.28万匹，阳性89匹。1987年，马鼻疽监测4.94万匹，阳性89匹；牛布病监测121头；牛结核病监测2000头，阳性3头；牛肺疫监测5283头；羊布病监测593只。1988年，马鼻疽监测2.01万匹，阳性41匹；羊布病监测1786只，阳性1只；牛结核病监测206头，阳性17头；牛白血病监测200头；牛副结核病监测206头，阳性3头。诊断猪瘟15例、鸡新城疫120例、狂犬病2例、兔瘟8例、鸡喉气管炎80例、马立克氏病30例。1989年，马鼻疽监测1.77匹，阳性15匹；牛副结核监测151头，阳性1头。

2002年，完成疯牛病、牛瘟、牛肺疫采样送检358头份;种畜禽场口蹄疫、布病、猪瘟采血化验207头份，禽流感、鸡新城疫、鸡白痢监测90只份。全市完成布病监测3977头份，禽流感监测6396只，马传贫、马鼻疽各监测300匹；奶牛结核检疫监测414头。2003年，重点监测16种动物疫病。共监测狂犬病13只份，采集禽血3390羽份，猪血清141头份，牛脑10头份，牛胎盘200份，牛血清2204头份，羊血清609只份。检测奶牛布病、结核病7.70万头。2005年，全市完成8种重大动物疫病实验室监测，监测牛羊猪口蹄疫326头份，其中阳性羊12只、阳性猪1头，全部无害化处理。监测牛布病1.38万头份，阳性98头，监测牛结核病7634头份，阳性151头。禽流感监测禽类1.36万羽份，猪661头份，棉拭子样品240份，鸡新城疫300羽份，猪瘟100头份，猪蓝耳病100头份，猪伪狂犬病100头份，均为阴性。

2006年，监测各类样品12.63万份。其中，高致病性禽流感禽类血清9659羽份、口蹄疫血清4982头份、猪瘟270头份、鸡新城疫2500羽份、炭疽300头份、牛布病9.69万头份、羊布病1.12万头份、猪布病462头份。2007年，一免监测6736头（羽）份血清样品。其中，禽类3710羽份、牛2090头份、猪359头份、羊577只份。奶牛口蹄疫二免及高致病性禽流感二免共采血牛血清3081份、鸡血清3940份、猪血清26份；全市日常监测禽流感2289份、口蹄疫2837头份。全市奶牛布病、结核病监测 11.32 万头。

2008 年，集中抗体监测禽流感和鸡新城疫各 3.61 万羽份，监测口蹄疫 3.15 万头份，监测猪瘟 245 头份，监测高致病性猪蓝耳病 245 头份，监测奶牛布病、结核病 1295 头份，监测羊布病 481 头份。各旗县区日常监测高致病性禽流感 6575 羽份，监测牲畜口蹄疫 O 型 4518 头份，亚洲Ⅰ型 2596 头份，监测猪瘟 264 头份，监测鸡新城疫 1151 羽份。

2009 年，全市共监测禽流感血清样品 2.23 万羽份、口蹄疫样品 2.06 万头份、猪瘟样品 1649 份、鸡新城疫样品 5626 羽份。2010 年，完成血清学监测 4.30 万头（羽）份、病原学监测 3000 头份。

2011 年，全市共完成高致病性禽流感、口蹄疫、猪瘟、鸡新城疫等重大动物疫病免疫抗体监测 18.82 万头（羽）份。2012 年，开展免疫抗体监测，监测禽类血清样品 1.69 万羽份，监测高致病性禽流感（Re-4 株）1.06 万羽份，监测高致病性禽流感（Re-6 株）6275 羽份，合格数 5799 羽份；口蹄疫免疫抗体监测牛、羊、猪血清样品 3.27 万头份，其中牛口蹄疫 O 型监测 1 万余头份、牛口蹄疫亚洲Ⅰ型监测 5479 头份、牛口蹄疫 A 型监测 5723 头份、羊口蹄疫 O 型监测 5277 头份、羊口蹄疫亚洲Ⅰ型监测 1848 头份、猪口蹄疫 O 型监测 3228 头份。猪瘟免疫抗体监测 2726 头份，鸡新城疫监测 5112 羽份，免疫抗体合格率均超过国家规定的 70% 合格标准。布病监测羊 104.31 万头份，检出阳性数 1.40 万头份，阳性率 1.34%。病原学监测羊血清样品 1125 头份，阳性数 61 头份，阳性率 5.42%。2013 年、2014 年，全市重大动物疫病免疫抗体集中监测及日常监测分别为 3.49 万头份、14.46 万头份。

2015 年，全市完成重大动物疫病集中监测及日常监测 46.05 万头份。其中，市级开展春防及奶牛二免疫抗体集中监测 1.23 万头份，旗县区日常监测 44.82 万头份，免疫抗体效价均高于国家标准；高致病性禽流感免疫抗体监测 8982 羽份，合格 8785 羽份，合格率 97.8%；牛、猪、羊口蹄疫免疫抗体监测 2.17 万头（口、只）份，合格 2.05 万羽份，合格率 94.5%；高致病性蓝耳病免疫抗体监测 824 头份，合格 581 头份，合格率 70.5%；猪瘟免疫抗体监测 1917 头份，合格 1626 头份，合格率 84.8%；鸡新城疫免疫抗体监测 5255 羽份，合格 5123 羽份，合格率 97.5%。市级动物疫病病原学监测牛、羊口蹄疫及禽流感样品 5080 份次。其中，口蹄疫 4420 份，禽流感 660 份，经过感染抗体筛查、RT-PCR 技术复查，监测结果均为阴性。布病监测 41.85 万只，阳性畜 8322 只，阳性率 1.9%。包虫病监测犬粪便样品 400 份，结果均为阴性。

三、流行病学调查

2003 年，呼和浩特市开始畜禽流行病学调查。年内，全市布病流行病学调查共抽查牛 2.43 万头、羊 5.33 万只。其中，牛、羊流产率分别为 0.25% 和 0.8%。2004 年，流调全市 18 个乡、镇的 36 个建制村的牛 5620 头、猪 985 头、禽类 4 万羽、羊 1052 只，均未发现病例。禽流感未检出阳性；布病血检牛 2.23 万头，阳性 393 头；血检羊 5814 只，阳性 15 只；病菌检测牛 417 份、羊 187 份，阳性 9 份。2005 年，流调全市 77 个乡镇、867 个建制村、7889 户养殖户的牛 3.58 万头、羊 2.11 万只、猪 1886 头、禽类 36.57 万羽，均未发现疑似病例。2008 年，针对高致病性禽流感、口蹄疫、猪瘟、鸡新城疫和高致病性猪蓝耳病 5 种动物疫病调查全市 15 个乡镇、69 个自然村、789 个散养户、52 个规模养殖场，均未发现疑似病例。小反刍兽疫流行病学调查 15 个乡镇、33 个自然村、69 户散养户、6 个规模羊场的 1464 只羊，未发现疑似病例。2009 年，流调全市 288 个自然村、1.16 万个养殖户、57 个规模养猪场、7 个屠宰场的 12.9 万牛头、羊 12.5 万只、猪 9.3 万头、禽类 1.40 万羽，未发现疫情。

2010 年，累计调查牛 28.84 万头、羊 36.68 万只、猪 4.23 万头、禽 35.69 万羽。其中，规模养殖场 1487 个，散养户 1828 户。2011 年，流调全市规模养殖场 600 余个，散养户 9 万余户，累计调查各类动物 400 多万头（只）。2012 年，流调全市 80% 以上的村，调查规模养殖场 732 个，散养户 7.29 万户，调查牛 32.8 万头、羊 263.2 万只、猪 18.49 万头、禽 256.15 万羽。2013 年，流调全市 45 个乡镇 80% 以上的村，4.84 万户散养户、461 个规模养殖场，共流调牛 105.07 万头、羊 433.37 万只、猪 66.25 万头、禽 1141.27 万羽。

2014 年，流调全市 58 个乡镇、4560 个自然村、13.15 万户散养户、1142 个规模养殖场，共流调牛 114.13 万头、羊 1734.28 万只、猪 188.88 万头、禽 1718.56 万羽。

2015 年，流调全市 52 个乡镇、3854 个自然村、6.75 万户散养户、1095 个规模场，共流调牛 45.4 万头、羊 384.58 万只、猪 24.7 万头、禽 348.25 万羽，连续 5 年流调未发现异常情况。

第五章　渔　业

第一节　渔政管理

1986 年，市农牧水利局农业综合科有渔政执法人员 5 人，负责呼和浩特市地区的渔业资源监督检查。1990 年 5 月，成立市渔政监督管理站，共有执法人员 8 人。1995 年，颁布《呼和浩特市渔政管理办法》。

2003 年，开始无公害认证。2006 年，呼和浩特市第一艘渔业船舶在黄河清水河县城坡码头下水，开始对黄河呼和浩特段所有捕捞船舶进行初步的检查检验和摸底统计，查封不符合下水条件的捕捞船舶并责令整改。2008 年，开展有机水产品产地认证和三品一标认证，成立市渔业船舶检验处。

2006 年后，对船舶的检查数量和对船员的培训数量逐年上升。2006—2015 年，累计检验船舶 1377 艘，培训船员 3742 人。其中，检查船舶数量最多的是 2013 年，共计检查 164 艘；培训船员人数最多的是 2015 年，共培训 740 人。

2007—2015 年，累计在黄河、哈素海水库、前夭子水库等大、中、小水域连续增殖放流 8 年，对养殖水域进行生态养护修复。

2006—2015 年呼和浩特市船舶检验情况表

表 6-5-1

年度	检验船舶数量（艘）	培训船员数（人）
2006	49	86
2007	87	110
2008	98	140
2009	98	136
2010	98	160
2011	98	210
2012	98	260
2013	164	550
2014	154	420
2015	154	740

第二节　渔业资源

一、水域资源

呼和浩特市共有水域 9288 公顷，可利用水域 6871 公顷，池塘 1643 公顷，湖泊 227 公顷，水库 6088 公顷，河沟 713 公顷。利用水域面积 8193 公顷，河流主要有黄河、小黑河、什拉乌素河、宝贝河、清水河、浑河和古力半几河。黄河经托克托县、清水河县流入山西省境内，全长 102.5 千米。流经托克托县 37.5 千米，平均宽 160 米。

二、饵料生物资源

全市水域浮游生物有蓝藻、绿藻、裸藻、甲藻、隐藻、黄藻、衣藻 7 门。浮游动物主要有原生动物（以沙壳虫为优势）、轮虫、枝角类、桡足类，底栖动物主要有水蚯蚓、摇蚊幼虫、螺、蚌、蚬等。水生物维管束植物有芦苇、蒲草、杏菜、眼子菜、聚草、轮叶黑藻等。水域浮游生物为鱼类的生长提供丰富饵料资源。

三、鱼类资源

呼和浩特市主要鱼类全部为鲤形目，多数属于黄河水系河套区土著品种，有黄河鲤、鲫鱼、兰州鲶、麦穗鱼、棒花、花鳅、翘嘴鲌等；内地引进品种有草鱼、白鲢、鳙鱼、团头鲂、福瑞鲤、中科三号鲫鱼、俄罗斯鲤等，本地区杂交品种有德黄鲤等。有节肢动物 1 种，为十足目方蟹科种类河蟹。

养殖水域中主要经济鱼类是鲫鱼、鲤鱼、草鱼、鲢鱼，产量较高；以及鳙鱼、团头鲂、银鲫，产量较低；杂鱼有麦穗、棒花、泥鳅和花鳅；河蟹在土默特左旗哈素海和托克托县池塘有养殖，产量不大。

四、水质状况

全市地表水质良好，基本无污染，“2814”项目区和水库、湖泊、塘坝周围均无工业污染。只有小黑河流经市区南部，市区工业废水和生活污水大量排入，使小黑河污染严重，不能用于渔业生产。全市大部分水质呈微碱性（pH 值 7.8 ～ 8.8）。水质透明度 30 ～ 80 厘米，水库、湖泊水质透明度 60 厘米，全市水温在 15℃以上有 180 天，水温在 15℃以下 120 天，全市各水体的鱼类生长期 4 月至 10 月中旬，鱼类生长期 5 ～ 6 个月。

呼和浩特市境内水域水质的重金属离子、有机污染物指标均未超标，无有毒有害物质超过规定标准的水体，渔业水质符合《地表水环境质量标准》（GB 3838—2002）和《渔业水质标准》（GB 11607—1989）。

第三节　渔业生产

改革开放后，特别是《中共中央、国务院关于放宽政策、加快发展水产的指示》文件印发后，呼和浩特市渔业生产稳步发展，水产品产量逐年增长。1987 年，成立呼和浩特市小黑河姜家营渔场，先后承担名特优水产品养殖技术的试验、示范、新品种的引进、技术培训咨询等业务。随着渔业生产的发展，特别是进入 20 世纪 90 年代，呼和浩特市渔业生产稳中有增长，“吃鱼难”问题根本解决。

池塘养殖主要集中在托克托县和土默特左旗。2001 年，全市鲜鱼产量 7662 吨。2003 年，全市人工养殖水面 4626.67 公顷，池塘养殖面积 1533.33 公顷，塘坝 1000 多个，人工养殖总水面积 6666.67 公顷；全市水产品总产量 7701 吨，其中人工养殖产量 7111 吨，捕捞产量 590 吨。全市现有渔户 964 户，渔业人口 7568 人，渔业劳动力 2159 人，其中专业劳动力 1509 人，兼业劳动力 650 人。

2006 年，土默特左旗“2814”项目区被授予“农业部水产健康养殖示范区”。2008 年，全市鲜鱼产量 9818 吨，比 2001 年增加 2156 吨。其中，名优特产品产量

2828吨，河蟹产量30吨。中小水面养殖面积200公顷；网箱养殖面积由2001年的100平方米增长到4500平方米；池塘名优特养殖面积1067公顷；河蟹推广面积2066公顷，是2001年的10倍；渔业总产值13810万元，比2001年渔业总产值增加6148万元。截至2010年，全市池塘养殖面积1455公顷，产量6599吨，平均单产4535千克/公顷，最高产量6000～7500千克/公顷。

托克托县作为呼和浩特地区第二大水产养殖基地，渔业养殖历史悠久，有养殖水面666.67公顷，养殖品种包括黄河鲤鱼、鲇鱼、草鱼、鲢鱼、鲫鱼等，2013年，推广芙瑞鲤30万尾、豫选黄河鲤10万尾，实施池塘清淤改造、鱼类养殖与增殖等技术，全县水产品产量2350吨，产值5470万元。2014年，与中国水科院淡水渔业研究中心签订战略合作协议，推广"剑鲤"及其他适合北方且具有较高经济价值的淡水苗种200万尾。加强渔业品牌建设，培育渔业专业合作组织5家、渔业养殖公司1家。其中，召湾村鲤鱼专业合作社是自治区西部首家获得国家QS质量认证的渔业专业合作社，其经营的养殖基地被国家确定为标准化绿色养殖基地。托克托县利用渔业养殖资源和黄河渔家文化，发展"渔家乐"休闲旅游接待点46户。年接待游客16万人次，产值2650万元。

2015年，全市渔业产值29091万元。其中，土默特左旗12662万元，托克托县7146万元，和林格尔县4225万元，清水河县2645万元，玉泉区1351万元。

2006—2015年呼和浩特市主要鱼类养殖品种产量情况表

表6-5-2　　单位：吨

年份	鲤鱼	草鱼	鲫鱼	鲢鱼	鲇鱼	鳊鱼	总计
2006	3754	656	691	2974	124	26	8225
2007	3963	747	734	3224	102	10	8780
2008	3949	843	805	3214	65	26	8902
2009	4111	883	847	3305	67	24	9237
2010	4538	951	958	3525	67	23	10062
2011	4945	1000	972	3990	67	20	10994
2012	5495	1108	1083	4407	70	21	12184
2013	6102	1200	1182	4821	61	22	13388
2014	6326	1234	1218	4934	62	21	13795
2015	6564	1280	1259	5122	64	23	14312
合计	49747	9902	9749	39516	749	216	109879

2006—2015 年呼和浩特市渔业及渔业流通和服务业产值一览表

表 6-5-3　　单位：万元

年份	合计产值	渔业产值				渔业流通和服务业产值			
		小计	捕捞	养殖	苗种	小计	水产流通	水产（仓储）运输	休闲渔业
2006	9685.1	6990.7	812	5150.3	1028.4	2694.4	—	—	2694.4
2007	11209.8	9479.8	767.3	6385.9	2326.6	1730	—	—	1730
2008	13810	11929	1124.98	8083.85	2721.17	1881	—	—	1881
2009	16279.98	13915.29	1187.95	10145.6	2581.74	2364.69	30	540.4	1794.29
2010	18541.63	15452.43	1350.15	11545.88	2556.4	3089.2	103	594.4	2391.8
2011	19973.73	16522.05	1362.11	12457.93	2702.01	3451.68	105.08	710.4	2636.2
2012	21878.24	18096.57	1491.91	13645.17	2959.49	3781.67	115.13	778.31	2888.23
2013	23511.82	19611	1616.76	14787.09	3207.15	3900.82	122.04	832.79	2945.99
2014	24225.02	19284.39	1552.09	15230.72	2501.58	4940.63	207.46	899.42	3833.75
2015	24991.58	19631	1743.01	16767.99	1120	5360.58	186.72	764.51	4409.35

说明：表中“—”表示无数据

第四节　技术推广

1986—1990 年，池塘精养半精养技术在郊区、托克托县、土默特左旗“2814”项目区推广，技术逐渐成熟。1993 年，池塘增氧机技术引进呼和浩特市。1995 年，增氧机技术在全市推广。1993 年，成立土默特左旗“2814”桥庞示范联合渔场，主要进行池塘精养、高产高效、池塘增氧机饵料机、河蟹网围养殖、池塘“80 ∶ 20”养殖等技术的推广，带动“2814”项目区水产养殖业发展。1995 年，市科委项目——小体积网箱养鲤（网箱规格 1 ~ 1.5 立方米），在和林格尔县樊家窑乡和石嘴子乡 8 公顷塘坝内进行实验，单箱最高产量 276 千克，获呼和浩特市科技进步三等奖。

1996—2000 年，池塘养殖技术成熟，大批学习淡水养殖的学生进入水产站，新的养殖技术被快速试验并示范推广。池塘增氧技术、全价膨化颗粒饲料推广，池塘精养面积不断扩大。呼和浩特市万亩商品鱼养殖基地（土默特左旗 433.33 公顷、托克托县和郊区 233.33 公顷）基本形成。名特优养殖业兴起，网箱养鱼试验成功，引进很多新品种。1999 年，网围半精养河蟹在哈素海试验成功，结束自治区不能养殖河蟹的历史。

2001—2005 年，呼和浩特市涌现出一批渔业养殖科技示范户。引进河蟹、南美白对虾、武昌鱼、高背银鲫、锦鲤、葛胡子鲶鱼等新品种。2001 年，市水产站小黑河姜家营试验渔场池塘河蟹养殖试验成功。市水产站小黑河姜家营实验渔场的温室大棚罗非鱼养殖试验成功。2002 年，大规格草鱼全价配合饲料养殖成功，解决呼和浩特市地区大规格草鱼种外调难题。年内，养殖规格达每尾 100 克以上，亩产 400 ~ 500 千克。2006 年，福瑞鲤的池塘高效养殖使亩产达 66.67 千克以上。引进俄罗斯鲤鱼、中科三号鲫鱼等新品种并大面积推广。池塘乌鳢养殖在土默特左旗试验成功，在土默特左旗“2814”项目区推广养殖。2007 年，瓦氏雅罗鱼受精卵在土默特左旗池塘养殖成功而且产量可观，后由于特种水产品的种子引进的问题，没有进行推广。

2011—2015 年，池塘生物制剂预防鱼病技术全市推广。护渔宝互联网池塘监控技术在 20 多户水产养殖示范户中推广，养殖风险降低。池塘微孔循环增氧技术全市推广。

第七篇

林业 水利

第一章　林　业

第一节　管理机构

1986年，呼和浩特市林业局（简称市林业局）内设综合科、政工科、业务技术科、经营管理科。同年，成立呼和浩特市大青山森林警察直属大队，下设土默特左旗、郊区、市属3个中队。1990年增设防火办。市林业局下设经营林场3个、造林林场3个、苗圃4个、林业站14个、森保站4个。1992年增设森林公安科。1996年，内设行政办公室、党委办公室、人事教育科、防火办公室、资源林政科、森林公安分局。

2001年，市林业局内设行政办公室、党委办公室、人事教育科、造林绿化科、资源林政科、森林公安科、防火办公室。下设森林保护站、市木材检查站、市乌素图实验林场、市绿化委员会办公室。2002年，增设呼和浩特市林业工作站、呼和浩特市林业开发总公司。根据市政府第58次常务会议纪要，成立内蒙古大青山自然保护区管理局，为准处级事业单位，隶属市林业局管理。2003年，撤销造林绿化科，增设业务科、纪检监察室。2007年，增设场圃产业科，成立乌素图国家森林公园管理处。

2008年，市林业局在木材检查站的基础上设立林业综合行政执法大队。土默特左旗、和林格尔县、武川县、清水河县分别设木材检查站。2009年，市林业局内设行政办公室、党委办公室、人事教育科、业务科、资源林政科、森林公安科、防火办公室、纪检监察室、场圃产业科9个科室；下设市绿化委员会办公室、乌素图国家森林公园管理处、大青山自然保护区管理局、市林业工作站、市森林保护站、市林业综合行政执法大队、市乌素图实验林场7个二级单位。

2010年，撤销业务科，增设造林绿化科。在森林公安科基础上成立呼和浩特市森林公安局。2011年，增设财务科、行政审批办公室、农村林业改革发展科。2013年，撤销乌素图国家森林公园管理处、大青山自然保护区管理局，职能划归内蒙古大青山自然保护区管理局。

截至2015年，市林业局内设行政办公室、党委办公室、人事教育科、财务科、资源林政科、防火办公室、场圃产业科、行政审批办公室、造林绿化科、农村林业改革发展科和纪检监察室11个科室。下辖市绿化委员会办公室、乌素图国家森林公园管理处、市森林公安局、市林业工作站、市森林保护站、市林业综合行政执法大队和市乌素图实验林场7个二级单位。全市9个旗县区林业主管部门中，除回民区和玉泉区外，均设立资源林政股。

第二节　林业改革

一、林权制度改革

2000年，呼和浩特市实施退耕还林工程后，全市有4279公顷退耕地定权发证，共发放林权证6.75万本。2003年，市政府印发《呼和浩特市集体林权登记发证工作实施方案》，选择在土默特左旗大青山前冲积扇区经济林带建设及在和林格尔县、清水河县、武川县退耕还林工程中个体承包造林基础比较好的地区进行试点。2004年，全市共完成退耕还林林权登记发证面积5423.2公顷，其中发证面积301.78公顷，发证份数195份。

2009年，呼和浩特市启动新一轮集体林权制度改革，先期开展集体商品林改革。全市共有集体林业用地42.91万公顷，其中公益林38.59万公顷、商品林4.32万公顷。改革涉及9个旗县区，44个乡镇，1003个建制村，31.2万农户，107.2万人。市政府印发《呼和浩特市集体林权制度改革工作方案》，各旗县区相继出台集体林权制度改革方案，成立林业改革领导小组。选择和林格尔县羊群沟乡、清水河县窑沟乡进行集体公益林改革。在集体林权制度改革中有农民和社会资金参与。商品林改革以家庭承包经营、集体统一经营、联户合作经营、股份合作经营等方式为主，共有4种改革模式。公益林改革对成林的公益林以家庭承包形式为主，统一按二轮土地承包人口为基数，按人口折算人均林地面积，以户为单位承包经营；对部分村民在外地打工，分户不易管理，效益不太明显的灌木林地等情况，按族姓联户承包经营；股份合作经营，采用分股不分山，分林不分地，均等持有，经营效益按股分配；新造幼林和封育林地暂时由村集体组织统一经营，待林木生长稳定后改为家庭承包经营。至2012年底，全市完成各项林改任务43.03万公顷，完成确权面积42.98万公顷，确权率99.88%，发证面积42.98万公顷，发证率99.88%，发证83231本。

2015年，呼和浩特市开展集体林权制度配套改革，进行林木、林地评估、流转、抵押贷款等服务平台建设，在和林格尔县、清水河县启动试点。

二、生态文明评价考核体系

2012年开始，呼和浩特市将生态文明评价考核指标纳入各地区、各相关部门年度考核体系，建立造林成效考核制度、森林资源保护管理制度、森林防火通报制度等，把生态建设项目完成情况、资源消长、生态效益作为经济社会发展的考核指标，纳入地区及党政主要领导政绩考核评价体系，综合评定每届政府的绩效。

三、林地保护利用规划

2001 年后，呼和浩特市严格落实国家禁止滥开垦、滥放牧、滥采和自治区“五个严格”（对国家重点工程项目区以及自然保护区，要严格实行禁牧，确保项目建设成果；对生态移民工程的迁出区和封育区，要严格实行禁牧，确保生态不反弹；对严重沙化退化及生态脆弱的地区，要严格实行禁牧，确保生态自然恢复；对草原畜牧业，要严格实行草畜平衡制度，全面推行禁牧休牧轮牧；对农区和半农半牧区畜牧业，要严格实行禁牧，全面推行舍饲圈养）保护制度，坚持森林采伐凭证制度、限额管理制度、公示制度、林地分类管理和用途管制制度，从严控制工程建设项目占用和征收林地规模，完成全市林地保护利用总体规划和旗县区林地保护专项规划，划定大青山自然保护区、蛮罕山黄土丘陵水土流失治理区、黄河及一级支流流域保护区、哈素海湿地保护区、托克托县沿黄湿地、清水河地质公园等重点保护生态系统，形成全市建设与保护“一张图”。对生态区位重要和生态特别脆弱地区，实施生态移民、全面封育、禁牧、禁伐，建立封禁保护区，促进生态自然修复。

2015 年，市林业局按照林地用途管制和国家林业局《建设项目使用林地审核审批管理办法》的有关规定审核上报建设项目。将托克托县南湖湿地、和林格尔县石咀子水库纳入市级湿地保护范围，启动前期申报，着手编制托克托县南湖湿地、和林格尔县石咀子水库湿地保护规划，计划到 2020 年全面完成。同时，依据《呼和浩特市林地保护利用规划》和全市湿地基础数据，启动划定呼和浩特市林地和湿地保护红线。

四、国有林场改革

2014 年，市林业局开始国有林场改革。在自治区《国有林场改革方案》尚未下达情况下，按照逐步推进原则，对全市 15 个国有林场基本情况进行摸底调查，掌握了国有林场资源状况、债权债务、人员情况等基本信息，开始编制呼和浩特市国有林场森林经营方案。

五、行政审批制度改革

2010 年 6 月 1 日，根据呼和浩特市政务服务中心总体安排，市林业局成立行政审批办公室，将分散在市林业局不同科室的行政许可、非行政许可审批和服务事项办理职能，包括木材运输证、木材经营加工许可证、林木种苗生产许可证、林木种苗经营许可证、植物检疫证核发，以及申请野生动物驯养繁殖许可证和野生动物经营加工许可证的审核，统一调整到“审批办”负责承办，并全部进驻市政务服务中心开展工作，其他部门不再办理行政许可、非行政许可审批和服务事项。

2014 年，按照国家和自治区简政放权和扩权强县试点工作的要求，市林业局将原涉及林业的 8 项行政许可事项中的 4 项下放至旗县区，取消收费 1 项；和林格尔县境内森林采伐、工程建设项目占用征收林地的审批审核权限下放至县林业局；将审批程序、报件、办理时限向社会公开，开通绿色通道，采取一事一议、一次告知、跟踪服务、限时办结等措施，提高办事效率。

第三节　林草资源

一、林业资源

（一）林地

20 世纪 80 年代后期，呼和浩特市加强生态建设，因地制宜安排造林，设计林地、林带，并加强检查验收，提高造林成活率和保存率。

根据两次森林资源清查和“三北”防护林体系工程造林检查，至 1990 年，全市有林地面积 10.47 万公顷，其中国营 5.07 万公顷；山区（包括丘陵）4.45 万公顷、平原区 6.02 万公顷；土默特左旗 4.8 万公顷、托克托县 2.55 万公顷、郊区 3.12 万公顷。森林覆盖率 17.2%。1995 年，林地面积 11.60 万公顷，森林覆盖率 18.9%。

2004 年，全市林业用地面积 79.73 万公顷，占总土地面积的 46.32%。其中，林地面积 13.70 万公顷，宜林地面积 28.19 万公顷。活立木总蓄积 480.48 万立方米。2005 年，全市林业用地面积由 1999 年的 66.50 万公顷增加到 86.76 万公顷，森林覆盖率由 1999 年的 17.9% 提高到 20.69%。

2009 年，全市林地面积达 51.53 万公顷，森林覆盖率达 29.8%；建成区公共绿地面积达 2143 万平方米，人均 16.08 平方米，建成区绿化覆盖率达 35.14%。

2010 年，各旗县区编制《县级林地保护利用规划（2010—2020 年）》。县级林地保护利用规划将所有林地落实到山头地块，建立数据库，形成林地“一张图”。2012 年，市印发《关于加强林地保护管理工作的通知》。

2014 年，自治区党委、自治区政府启动扩权强县试点工作，和林格尔县作为试点之一，境内需要上报自治区林业厅或国家林业局的工程建设项目使用林地，不再经市林业局审核。

2015 年，托克托县纳入扩权强县试点县。2000—2015 年，全市林业主管部门审核、审批使用林地的建设项目 603 个、林地面积 5877.85 公顷。其中，审核同意占用征收林地项目 588 个、面积 5606.91 公顷，审批临时占用林地项目 14 个、面积 261.07 公顷，审批林业生产辅助设施占用林地项目 1 个、面积 9.87 公顷。

2000—2015 年呼和浩特市建设项目使用林地审核审批面积一览表

表 7-1-1

年份	批准使用林地项目		使用林地建设项目类别					
			占用征收林地		临时占用林地		林业生产辅助设施占用林地	
	项目（个）	面积（公顷）	项目（个）	面积（公顷）	项目（个）	面积（公顷）	项目（个）	面积（公顷）
2000	11	79.04	11	79.04	—	—	—	—
2001	19	71.50	18	68.24	1	3.26	—	—
2002	13	18.75	13	18.75	—	—	—	—
2003	18	186.97	17	183.35	1	3.61	—	—
2004	17	256.10	17	256.10	—	—	—	—
2005	27	255.15	27	255.15	—	—	—	—
2006	49	558.93	48	554.47	1	4.47	—	—
2007	31	234.47	31	234.47	—	—	—	—
2008	37	241.02	36	231.14	—	—	1	9.87
2009	21	251.07	20	144.14	1	106.94	—	—
2010	22	302.47	22	302.47	—	—	—	—
2011	48	711.29	48	711.29	—	—	—	—
2012	142	1853.07	134	1727.22	8	125.85	—	—
2013	50	318.84	49	304.59	1	14.25	—	—
2014	47	307.82	47	307.82	—	—	—	—
2015	51	231.36	50	228.67	1	2.69	—	—
合计	603	5877.85	588	5606.91	14	261.07	1	9.87

说明：表中“—”表示无数据

（二）林木蓄积量

1990 年，全市林木总蓄积量 351.68 万立方米，其中国营林场活立木总蓄积 80.11 万立方米。

2006 年，全市林木总蓄积量 909.33 万立方米。其中，幼龄林蓄积量 28.01 万立方米，中龄林蓄积量 201.30 万立方米，近熟林蓄积量 86.53 万立方米，成熟林蓄积量 266.20 万立方米，过熟林蓄积量 285.97 万立方米，疏林地蓄积量 3.98 万立方米，四旁树蓄积量 29.35 万立方米，散生木蓄积量 7.99 万立方米。

2015 年，全市林木总蓄积量 821.32 万立方米。其中，幼龄林蓄积量 38.73 万立方米，中龄林蓄积量 145.96 万立方米，近熟林蓄积量 106.04 万立方米，成熟林蓄积量 125.17 万立方米，过熟林蓄积量 369.67 万立方米，疏林地蓄积量 3.18 万立方米，四旁树蓄积量 28.29 万立方米，散生木蓄积量 4.26 万立方米。土默特左旗、和林格尔县、武川县、清水河县林木蓄积量分别占全市的23.62%、19.12%、15%、13.07%。其中，幼龄林主要分布在新城区、土默特左旗、清水河县，分别占全市幼龄林蓄积量的20.86%、15.43%、21.22%；中龄林主要分布在土默特左旗、武川县，分别占全市中龄林蓄积量的46.84%、19.18%；近熟林主要分布在新城区、土默特左旗，分别占全市近熟林蓄积量的30.3%、35.09%；成熟林主要分布在土默特左旗、托克托县、和林格尔县，分别占全市成熟林蓄积量的29.19%、19.18%、23.59%；过熟林主要分布在和林格尔县、清水河县、武川县，分别占全市过熟林蓄积量的24.18%、23.43%、15.04%；疏林地主要分布在土默特左旗、清水河县，分别占全市疏林地蓄积量的32.37%、30.92%；四旁树分布在托克托县、清水河县，分别占全市四旁树蓄积量的34.2%、25.75%；散生木分布在土默特左旗、和林格尔县，分别占全市散生木蓄积量的46.44%、25.56%。

二、草原资源

1986—1988年，全市草原总面积17.91万公顷，草地资源可利用面积14.93万公顷。全市草场面积占总土地面积的24.6%，主要分布在大青山山地，占全市草场总面积的56.1%；其次为平原区，占草场总面积的35.6%；丘陵草场面积最小，只占草场总面积的8.3%。土默特左旗草场总面积6.36万公顷，占全市草场总面积的35.5%；郊区草场总面积8.16万公顷，占全市草场总面积的45.6%；托克托县草场总面积3.39万公顷，占全市草场总面积的18.9%。

1995年、1996年，原属乌兰察布盟的和林格尔县、清水河县、武川县先后划归呼和浩特市，全市草原面积增大，变更为75.36万公顷。其中，和林格尔县、清水河县、武川县草原面积分别为13.07万公顷、19.51万公顷、24.87万公顷。全市草原类型组成演变为温性草甸草原类、温性典型草原类、低地草甸类等大类。

2010年，全市草原总面积为48.36万公顷，可利用面积44.32万公顷。全市草原面积占全市国土总面积的28.14%，占全区草原面积的0.64%。全市草原类型包括温性草甸草原类、温性典型草原类、低地草甸类等3大类6个亚类。

截至2015年，全市草原面积53.09万公顷，较2010年新增4.73万公顷。

第四节　造林绿化

一、“三北”防护林工程

1986—1995年，呼和浩特市“三北”（西北、华北、东北）防护林建设二期工程完成人工造林4.95万公顷，人工模拟造林2.58万公顷，封山育林1.15万公顷。1996—2000年，三期工程完成人工造林4.90万公顷，人工模拟造林1.95万公顷，封山育林 5733.33 公顷。2001—2010 年，四期工程完成人工造林 6.39 万公顷，人工模拟造林 420 公顷，封山育林 1866.67 公顷。2011—2012 年，五期工程完成人工造林 7333.33 公顷。二期到五期累计完成人工造林 16.97 万公顷，人工模拟造林 4.57 万公顷，封山育林 1.91 万公顷。2002—2012 年，中央财政共投入资金 8584 万元。

二、人工造林

1986—1990 年，全市完成造林 3.6 万公顷，人工模拟飞播造林 1000 公顷。1991—1995 年，累计造林 3.47 万公顷。其中，造林合格面积 2.40 万公顷，飞播造林有效面积 1300 公顷。1997—2000 年，全市人工造林合格面积累计 13.12 万公顷。

2001 年，全市完成人工造林合格面积 4.28 万公顷；造林整地 3.33 万公顷，人工模拟飞播造林 813 公顷。2002—2003 年，全市完成人工造林合格面积 8.13 万公顷。“三北”防护林四期工程人工造林完成 2667 公顷；天保工程飞播造林完成 3.50 万公顷。

2004 年，完成天保工程飞播造林 7000 公顷。2005 年，全市林业生态建设工程人工造林完成 9320 公顷，天保工程飞播造林完成 4110 公顷。2006—2007 年，“三北”防护林四期工程建设完成人工造林 4690 公顷；天保工程累计完成人工模拟飞播造林 2.44 万公顷。

2008 年，天然林资源保护工程完成 2.61 万公顷；“三北”防护林四期工程人工造林完成 3270 公顷；非国家重点工程造林完成 1.45 万公顷，创建国家森林城市年度任务均完成。2009—2015 年，全市累计完成人工造林 10.70 万公顷。

三、退耕还林

2000—2001 年，清水河县和武川县作为试点开展退耕还林工程，期间完成退耕还林 1.33 万公顷，荒山荒地造林 2.87 万公顷。至 2001 年，全市完成退耕面积 6666.66 公顷，还林（草）面积 2.24 万公顷。造林整地面积 3.33 万公顷。

2002 年，9 个旗县区全面实施退耕还林。全年完成退耕还林面积 5.1 万公顷。2003 年，全市退耕还林工程完成人工造林面积 2.77 万公顷。

2004 年，全市完成退耕还林面积 2120 公顷，其中完成退耕地造林面积 666.67 公顷、完成荒山荒地造林面积 3.11 万公顷。2005 年，全市完成退耕地还林面积 2666.67 公顷，荒山荒地造林面积 6666.67 公顷。关闭大青山矿点，恢复植被造林面积 166.67 公顷。2006 年，全市完成退耕还林面积 6326.67 公顷，其中退耕地还林面积 937.33 公顷、荒山荒地造林面积 5457.93 公顷。

2008 年，启动巩固退耕还林项目，包括基本口粮田建设、农村能源建设、生态移民建设、后续产业建设、技能培训、补植补造等项目。全年完成退耕还林工程 7353.07 公顷。2010 年全市完成退耕还林工程 3333.33 公顷。

截至 2013 年，完成退耕还林面积 3.09 万公顷，其中生态林 3.03 万公顷、经济林295公顷、草地385.33公顷；荒山荒地造林10.9万公顷，封山育林1.27万公顷。发放造林补助费16050万元、粮食补助资金11.03亿元、现金补助资金2.1亿元。累计退耕农户8.67万户，受益人数31.71万人，涉及乡镇44个。

2015年，启动新一轮退耕还林工程，规划退耕还林工程面积2万公顷，计划2020年完成。主要安排在和林格尔县3333公顷、清水河县3333公顷、武川县1.33万公顷。截至2015年，全市完成经济林建设面积1914.4公顷、补植补造面积8.16万公顷，退耕还林工程建设及补助发放资金9231.89万元。

四、封山育林

1986—1990年，全市完成封山育林面积342.4公顷。1991—1995年，封山育林面积6700公顷。

2001年，全市封山育林面积9300公顷。育苗面积859.87公顷，中龄林抚育面积4433.33公顷，幼龄林抚育面积7360公顷。2002年，封山育林面积6066.67公顷，其中天然林保护工程封山育林面积1133.33公顷。育苗面积706.67公顷，其中新育苗面积400公顷。2003年，封山育林面积1.69万公顷，其中天然林保护工程飞播造林面积9848公顷，育苗面积553.33公顷、新育苗面积23.56公顷、容器育苗3106万袋。2004年，封山育林面积1.98万公顷。完成育苗面积581.87公顷，其中新育苗面积321.6公顷；完成容器育苗2198万袋。

2005年，全市封山育林面积2.5万公顷，其中天保工程封山育林面积2.03万公顷。育苗面积571.47公顷。2006年，封山育林面积3.59万公顷。2008年，完成育苗面积3.53万公顷。其中抗旱造林完成面积7580公顷；容器苗完成面积4800公顷；机械化造林完成面积2733.33公顷；封育区育林技术应用完成面积1.6万公顷；“两行一带”造林技术完成面积666.67公顷；优良树种推广完成面积686.67公顷；乡土树种推广完成面积2793.33公顷。2009—2014年，全市累计围栏封育完成面积11.75万公顷。

截至2015年末，全市实有封山（沙）育林面积21.6万公顷。

五、义务植树

1988年3月，自治区绿化委员会印发《关于认真搞好全民义务植树规划的通知》，呼和浩特市制定短期（1988—1990年）、长期（1991—2000年）义务植树规划。1986—1990年，全市完成义务植树1096.5万株。

1992年，自治区绿委办下发通知，在全区普遍推行义务植树登记卡制度。制作义务植树登记卡，在呼和浩特市新城区、托克托县等少数乡镇和单位试点。1991—1995年，全市义务植树累计完成1287.48万株。1999年，市委、市政府作出建设“生态市”的决定。

2001—2005 年，全市累计义务植树 2519.61 万株，平原绿化示范工程完成 600.67 公顷，栽植树木 90.78 万株。2003 年，呼和浩特大青山义务植树基地被列入全国义务植树示范基地，完成造林绿化 3330 公顷。和林格尔县获“全国绿化模范县”称号。2004 年，呼和浩特市新城区绿委办（城建）、清水河县政府被自治区政府授予“年度义务植树和造林绿化先进集体”称号。

2007 年，全市义务植树完成 642.5 万株，完成基地建设 3333.33 公顷。2008 年，共完成义务植树 714 万株，完成基地建设 4420 公顷，参加人数 160 万人。2010 年，全市完成义务植树 672 万株。

2013 年，全市全民义务植树 680 万株。2015 年，组织开展自治区、呼和浩特市两级党政军领导义务植树活动，26 家单位参加纪念林基地建设，在武川县新开辟区县市三级绿化委义务植树基地。加强历年党政军义务植树基地的管理，设立永久性标牌，明确权属、管护主体，巩固建设成果。开展庭院绿化达标创建活动，分别评选出绿化先进单位 9 个、园林式居住小区 9 个，推荐全国绿化先进集体 1 个、先进个人 2 人。全年完成义务植树 441 万株。

六、零星植树

1986—1995 年，全市完成零星植树 990.1 万株。

2001 年，全市完成植树 293.48 万株，完成计划任务的 104.81%。2002 年，全市完成四旁植树 309.01 万株，占计划任务的 110.36%。绿色通道工程 G110 国道、S102 省道、S103 省道共完成补植 20 万株，并成型。县乡道路绿化完成 50 万株。

2003—2005 年，全市完成四旁植树 871 万株。2006 年，全市完成和林格尔县盛乐园区到巧什营公路绿化 49.47 公顷，盛乐园区到公喇嘛公路绿化 49.47 公顷；完成 S102 省道和林段公路绿化 32.87 万公顷、赛罕区段护路林建设 19 公顷；完成 S209 国道玉泉区段护路林建设 13.65 公顷、土默特左旗段护路林建设 65.6 公顷。

2007 年，全市完成四旁植树 1333.33 公顷，植树 280 万株。完成标准农田防护林建设工程（含农业综合开发任务）任务 1268.67 公顷，栽植树木 210 万株；完成大青山冲积扇农田防护林建设工程绿化任务 124.67 公顷，栽植树木 13.5 万株。市交通局完成国道 110 线两侧、绕城高速公路两侧（每侧 5 米）绿化合格面积 289.1 公顷。

2010 年 11 月，金盛公路绿化开工建设，全长 23 千米，规划公路每侧绿化 50 米，工程涉及赛罕区、土默特左旗、和林格尔县，绿化面积近 240 公顷。2011 年，全部完成绿化任务，基本形成宽林带的道路防护林。2012 年，工程转入补植和管护阶段，共补植各类树木 9.22 万株（丛），其中乔木、亚乔木 6.8 万株、灌木 2.42 万丛。

2013 年，完成金盛公路，国道 209 线清水河段，武川县 S101、S104 省道等绿化工程，共计 1.54 万公顷，其中公路绿化长度 295.4 千米、1900 公顷；城镇绿化

11个共计1186.67公顷；村屯绿化52个共计386.67公顷；厂矿园区绿化167个共计633.33公顷；黄河两岸绿化626.67公顷。

2014年，巩固提升和启动实施京藏高速公路、呼杀高速及和托一级直线、金盛路、国道209线、S104省道等通道绿化工程，累计实施通道绿化总长度480.3千米，完成绿化面积4884.75公顷，境内国省干道防护功能和沿线景观得到明显提升。

2015年，全市完成重点区域绿化任务2.32万公顷，占年度任务的108%，其中通道绿化2933.33公顷，村屯绿化113.33公顷，厂矿园区绿化200公顷，城镇周边绿化7600公顷，黄河流域绿化600公顷，大青山绿化4533.33公顷，其他绿化7200公顷，完成投资30亿元。

七、大青山南坡生态保护绿化工程

2007年，呼和浩特市启动大青山冲积扇经济林带建设工程，完成建设任务2300公顷，完成率59%。其中，新城区因建设过程中征地等原因，仅完成66.67公顷，完成率4%；土默特左旗完成2133.33公顷，完成率达100%；回民区完成补植100公顷，完成率达100%；和林县农业示范园区、重点防护林建设工程，完成建设任务（新造林、补植）173.73公顷。

2012年，市政府投入资金1.1亿元推进地方生态工程。启动大青山南坡生态保护绿化工程，规划用三到四年时间，将150平方千米的大青山生态公园建设成为绿树掩映、曲径通幽、白墙蓝瓦、田园风光、自然和谐的首府后花园。工程涉及新城区3000公顷、回民区400公顷，绿化总面积近3400公顷（不包括市水务局承建万亩草场666.67公顷和园林公园各666.67公顷）。工程分三期组织实施。截至2012年底，一、二期工程完成绿化面积1433.33公顷。

2013年，完成大青山南坡生态保护绿化工程面积1.02万公顷。截至2015年，建设形成150平方千米大青山南坡绿化工程。

第五节　资源保护

一、森林防火

（一）防火管理区

呼和浩特市的森林防火管理区域划分为特殊管理区域（特高危火险区）、重点管理区域（高危火险区）、一般管理区域（一般火险区）3类。其中，特殊管理区域包括赛罕区、新城区、回民区、土默特左旗、武川县的大青山山区；和林格尔县的蛮罕山山区；清水河县的南、北两山生态治理区。重点管理区域包括清水河县除南、北两山生态治理区外的其他生态建设项目区；和林格尔县除蛮罕山山区，东、西

6667公顷外的其他项目区；武川县中部丘陵区、北部风蚀沙化区；赛罕区中部丘陵区；土默特左旗沙尔沁林场；托克托县东大圐圙林场、南梁生态建设区；全市所有通道绿化工程区。一般管理区域包括土默特左旗的平原区域；托克托县的平原区域；玉泉区全境；新城区的平原区域；赛罕区西部的平原区域；回民区的平原区域。

呼和浩特市的森林防火期是10月1日至次年5月31日。其中，4月1—30日为防火戒严期。森林防火对象包含69.33万公顷森林、林木、林地。2000年后，随着退耕还林工程、天然林保护工程、禁牧、休牧、围封转移等措施的实施，植被恢复迅速，项目区腹地积累大量可燃物，可燃物载量超负荷，部分地段可燃物载量为临界值的2～3倍。由于经济活动日益频繁，流动人口逐年增加，农牧民防火意识差，火源管理难度较大。呼和浩特市地处西风带，春、秋两季干旱、风多，全年枯草期8个月，林区内村庄多，进入林区道路四通八达，自然条件对防火工作不利。

（二）防火管理

20世纪80年代后，呼和浩特市防火事业得到全面发展。先后成立市防火委员会、市森林防火指挥部，由分管农业的副市长为总指挥，市警备区司令员、市政府副秘书长、市林业局局长、市农牧业局局长为副总指挥，市有关单位负责人和旗县区政府分管领导为成员。森林防火指挥部下设办公室，办公室设在市林业局，负责日常事务工作。各旗县区和有森林防火任务的乡镇设防火指挥部。

20世纪90年代，全市各级防火指挥部贯彻“预防为主，积极消灭”的方针，采取联防责任制，对重点林区、重点季节、生态建设项目区实行全面防御，均未发生重大火灾事故。

2000年后，全市各级防火指挥部加强森林防火宣传教育，提高人民群众的防火意识。在全年两季的防火期，“清明节”“五一”“八月十五”“十月初一”等重点节假日，对一些重点林区、高火险区和火灾多发区，加派人员、兵力，加强防范、严格查堵火源，杜绝人为火灾的发生。

2004年，市各级防火指挥部制定重特大火灾事故的处置预案，配备对讲机、风力灭火机等设施设备，新建防火瞭望塔4座。2005年4月，市政府印发《呼和浩特市建立和完善森林消防队伍组织管理体系的意见》。各地加强对快速扑火队员的培训与演练，2007—2011年，全市共举办各类培训班180期，培训半专业扑火队员1.44万人，培训防火指挥长370人，参加森林消防实战演练4000人。2011年，全市共发放宣传单10万余张、挂历500册、一次性宣传水杯8000余个、张贴戒严令1000张、张贴刷写标语3万条、悬挂横幅1000条、出动宣传车辆1500余台次、防火彩旗1500面，手机群发信息15万余条，在市区主要路口制作20面宣传牌，呼和浩特电视台滚动播出防火宣传标语3000条次。

2012—2015年，市委、市政府每年召开全市森林防火会议，对冬春交替时期防火工作进行安排部署，下发《呼和浩特市防火戒严令》《呼和浩特市冬、春季森林草原防火工作实施方案》，派督导组到各旗县区检查落实情况，杜绝火灾隐患。

二、森林病虫害防治

1987年，林业部颁布《森林病虫害预测预报管理办法》。1989年，林业部颁布森林害虫的第一个测报办法《春尺蠖预测预报办法》。1991年后，呼和浩特市大量应用灯光诱测和性信息素诱测，对具有趋光性、趋化性的森林害虫进行预测预报。同年，在全市21.25万株的杨、柳、榆树上，光肩星天牛的平均虫口密度高达每株69.1头。

2001—2002年，全市森林病虫害防治面积分别为1.63万公顷、1.22万公顷，防治率分别为85.8%、93%；种苗产地检疫率分别为97%、100%；监测覆盖率均为100%。重点对光肩星天牛、松毛虫、中华鼢鼠进行防治。

2003年，全市有林地面积18.87万公顷，病虫鼠害发生面积1.63万公顷，成灾面积2967公顷。完成防治面积1.46万公顷，防治率87.3%。针对森林病虫鼠害发生危害比较严重的情况，对光肩星天牛、落叶松毛虫、舞毒蛾、落叶松尺蛾、中华鼢鼠等进行重点监测。

2004年，全市森林病虫害的发生面积2.30万公顷，成灾面积4560公顷。完成防治面积2.04万公顷，其中化学防治3189公顷、生物制剂防治1.05万公顷、人工防治6726公顷，防治率达88.68%。同时，加强森林植物检疫，办理检疫证书625份。明确规定凡种苗、花卉及其他繁殖材料必须实施产地检疫。全年，共签发产地检疫合格证379份，实施产地检疫面积5.76万公顷，种苗产地检疫率达100%。

2005年，由于干旱、少雨等气候原因，全市林业有害生物发生范围和危害程度与往年相比均有不同程度的增加，发生总面积2.9万公顷，其中病害面积930公顷、虫害面积1.49万公顷、鼠害面积9800公顷、兔害面积3300余公顷。全市成灾面积3400公顷。完成防治面积2.57万公顷，其中化学防治面积4200公顷、生物制剂防治面积4867公顷、人工防治面积1.28万公顷、其他防治面积3867公顷，防治率为88.7%。对危害较重的林业有害生物如落叶松尺蛾、沙棘木蠹蛾、中华鼢鼠、棕背平鼠等进行重点监测，设立94个监测点，304名监测员，监测覆盖率达100%。

2006年，全市对主要林业有害生物采取积极措施进行科学防治，大力推行无公害防治，全年无突发性林业有害生物灾害发生，林业有害生物发生面积3.30万公顷，其中重度发生面积3220公顷、中度发生面积1.08万公顷、轻度发生面积1.89万公顷。防治面积2.59万公顷，其中仿生防治1.18万公顷、化学防治667公顷、人工防治1.12万公顷、其他防治1840公顷。林业有害生物的种类主要有森林鼠、兔害、沙棘木蠹蛾。实施产地检疫苗木906公顷。全市共设立94个测报点，304个监测点，初步形成覆盖全市的监测预警网络体系。

2007—2013年，全市无突发性林业有害生物灾害发生。重点加强对外来林业有害生物的检测检疫。实施产地检疫年均860余公顷。病虫害的主要种类有森林鼠害、松毛虫、沙棘木蠹蛾、天幕毛虫、杨潜叶跳象和杨树烂皮病，有效防治率均达93%以上。

2014年，在市森防检疫部门对造林苗木的产地检疫和调运复检中，发现美国白蛾蛹，针对疫情，市政府召开紧急动员会议，成立防控美国白蛾指挥部，印发《呼和浩特市人民政府办公厅关于开展防控美国白蛾的紧急通知》，与各旗县区政府签订植物疫情防控责任状，并紧急下拨疫情防控经费，由于安排部署及时、防控措施到位，疫情没有进一步扩散。全市林业有害生物发生面积4.62万公顷，成灾率5.58‰；防治面积4.63万公顷，其中无公害防治面积为4.57万公顷，无公害防治率98.7%；实施产地检疫410公顷，产地检疫率100%；基本建成监测预警网络体系，测报准确率90%。“四率”指标均达国家要求。

2015年，全市林业有害生物发生面积3.59万公顷，防治面积3.22万公顷，防治率90%。其中，无公害防治面积3.22万公顷，无公害防治率100%。对所有调运苗木开展产地检疫和复检，实施产地检疫430公顷，产地检疫率100%，查验检疫证书156份，复检各类苗木146万株。

三、自然保护区

（一）内蒙古大青山国家级自然保护区

位于阴山山脉中段大青山区，2000年8月建立。由呼和浩特市、包头市、乌兰察布市共计16个林场组成，其中呼和浩特市有古路板、乌素图、实验林场、五道沟、井尔沟、五家村、大青山、白石头沟、万家沟9个林场。

保护区东西长217千米，南北宽18千米，面积3906平方千米。海拔1800～2000米，主峰大青山海拔2338米。保护区地势自东向西逐渐升高，属中山地貌。土壤有山地棕褐土、栗钙土、山地草甸草原土。分布有针茅、冷蒿、虎榛子、绣线菊、杜松、油松、侧柏、山杨、白桦、云杉、落叶松。森林覆盖率43%，植被覆盖率80%。主要保护对象为山地森林灌丛、珍稀野生动植物及水源涵养地。属自然生态系统类保护区。

截至2015年，保护区高等植物有852种，隶属127科422属，其中种子植物736种，隶属88科348属，分别占保护区高等植物科、属、种数的69.3%、82.5%、86.4%；蕨类植物19种，隶属9科12属，分别占7.1%、2.8%、2.2%；苔藓植物97种，隶属30科62属，分别占23.6%、14.7%、11.4%。保护区有野生真菌157种，隶属2亚门3纲13目42科88属157种。其中子囊菌亚门有4目7科8属8种，分别占保护区大型真菌科、属、种数的16.7%、9.1%、5.1%；担子菌亚门有9目35科80属149

种，分别占83.3%、90.9%、94.9%。保护区脊椎动物有218种，隶属24目55科123属，其中兽类有33种，隶属6目12科25属；鸟类有173种，隶属15目37科89属；两栖爬行类有12种，隶属3目6科8属。

内蒙古大青山国家级自然保护区为国家AAA级旅游风景区，主要景点有哈达门森林公园、乌素图国家森林公园、白石头沟国家森林公园等。2003年10月，经自治区政府批准为自治区级（省级）自然保护区。2008年1月，经国务院批准晋升为国家级自然保护区。

（二）哈素海湿地自然保护区

位于土默特左旗西南部，距呼和浩特市区70千米。东与善岱镇相邻，南以民生渠为界，西与包头市土默特右旗相邻，北至呼包铁路。地处大青山南麓的冲积平原上，原为黄河故道，由于此处地势低，北部大青山上多条沟谷内流下来的山洪汇集于此，形成常年积水，至今有100多年历史。总面积183.16平方千米。主要保护对象为湖泊、湿地、珍稀濒危野生动植物、水源涵养地。保护区独特的湿地生态环境，孕育种类繁多的水生、湿生植物，湿地鸟类、两栖类动物以及鱼类等，茂密的芦苇荡和丰盛的水草，每年都吸引着众多的鸟类在迁徙途中停留、栖息、越冬。

1996年12月，土默特左旗批准成立哈素海湿地自然保护区。2008年被列入内蒙古自治区级自然保护区。2011年成为国家级自然保护区。

（三）摇铃沟自然保护区

位于清水河县韭菜庄乡摇铃沟村，距清水河县城30千米。区域面积36平方千米，最高海拔1680米。保护区为自然形成的一条沟壑，森林植被资源丰富，沟壁岩石矗立，沟底溪水长流。保护区内主要树种有落叶松、樟子松、油松、黄刺玫，野生动物有野兔、黄羊、梅花鹿。

2006年，摇铃沟自然保护区被列为市级自然保护区。

四、古树资源保护

2015年，据林业部门普查统计，呼和浩特地区有树龄在百年以上散生古树157株，古树群10处、有古树14098株。按树种划分，共有12科20属，以杨树、榆树、松柏、杏树居多；按树龄划分，有一级古树（500年以上）18株，二级古树（300～499年）37株，其余为三级古树（100～299年），主要分布在庙宇、古建筑、村落、民居、山区等地。

2015 年呼和浩特市古树资源一览表

表 7-1-2

序号	树种	估测树龄（年）	树高（米）	所在地区
1	油松	840	9	新城区成吉思汗街道办事处哈拉沁村
2	油松	800	10	新城区成吉思汗街道办事处哈拉沁村
3	油松	700	6	新城区成吉思汗街道办事处哈拉沁村
4	油松	660	8	新城区成吉思汗街道办事处哈拉沁村
5	油松	607	10	新城区保合少镇古路板村
6	榆树	600	15	新城区成吉思汗街道办事处乌兰不浪村
7	榆树	600	15	新城区成吉思汗街道办事处乌兰不浪村
8	榆树	600	12	新城区成吉思汗街道办事处乌兰不浪村
9	榆树	580	17	新城区成吉思汗街道办事处讨思浩村
10	榆树	560	9	新城区成吉思汗街道办事处讨思浩村
11	榆树	520	22	新城区保合少镇庄子村
12	榆树	520	14	新城区保合少镇庄子村
13	榆树	509	13	新城区成吉思汗街道办事处哈拉沁村
14	榆树	509	12	新城区通道街
15	榆树	509	23	新城区通道街
16	榆树	509	22	新城区新华大街
17	榆树	509	18	新城区新华大街
18	榆树	500	17	新城区新华大街
19	榆树	480	20	新城区新华大街
20	榆树	450	18	新城区新华大街
21	榆树	403	13	新城区新华大街
22	榆树	400	20	新城区新华大街
23	榆树	380	12	新城区新华大街
24	榆树	370	10.5	回民区攸攸板镇坝口子村
25	小叶杨	370	15.9	回民区攸攸板镇坝口子村
26	榆树	364	12.8	回民区攸攸板镇坝口子村
27	榆树	360	12.3	回民区攸攸板镇坝口子村
28	小叶杨	340	12.5	回民区攸攸板镇坝口子村
29	小叶杨	340	14.5	回民区攸攸板镇坝口子村
30	榆树	340	11.2	回民区攸攸板镇一间房村
31	榆树	330	14.3	回民区攸攸板镇东乌素图村

续表 7-1-2

序号	树种	估测树龄（年）	树高（米）	所在地区
32	榆树	330	10.4	回民区攸攸板镇东乌素图村
33	蒙桑	330	5.3	回民区攸攸板镇西乌素图村
34	国槐	330	5.8	回民区攸攸板镇西乌素图村
35	侧柏	328	8.5	回民区攸攸板镇西乌素图村
36	侧柏	322	6.7	回民区攸攸板镇西乌素图村
37	油松	322	6.9	回民区攸攸板镇西乌素图村
38	杜松	322	6.4	回民区攸攸板镇西乌素图村
39	榆树	320	17	玉泉区小召办事处
40	榆树	320	16.4	玉泉区小黑河镇西二道河村
41	榆树	320	22	赛罕区榆林镇二道河村
42	榆树	320	13	赛罕区巴彦街道办事处后罗家营村
43	榆树	320	25	赛罕区榆林镇后乃莫板村
44	榆树	320	18	赛罕区巴彦街道办事处白塔村
45	榆树	320	15	赛罕区敕勒川街道办事处西把栅村
46	榆树	320	14	赛罕区黄合少镇朱亥村
47	油松	320	6.2	土默特左旗毕克齐镇水磨村
48	油松	320	6.8	土默特左旗毕克齐镇水磨村
49	白扦	320	15.5	土默特左旗毕克齐镇水磨村
50	油松	320	9.5	土默特左旗毕克齐镇水磨村
51	油松	312	9	土默特左旗毕克齐镇水磨村
52	油松	312	10.8	土默特左旗毕克齐镇水磨村
53	油松	310	9.8	土默特左旗毕克齐镇水磨村
54	油松	310	9.1	土默特左旗毕克齐镇水磨村
55	油松	300	8	土默特左旗毕克齐镇水磨村
56	油松	293	10	土默特左旗毕克齐镇水磨村
57	油松	290	8	土默特左旗毕克齐镇水磨村
58	油松	280	10	土默特左旗毕克齐镇水磨村
59	榆树	280	12	土默特左旗察素齐镇平基村
60	榆树	280	14.5	土默特左旗察素齐镇平基村
61	榆树	280	11	土默特左旗察素齐镇平基村
62	榆树	260	10	土默特左旗察素齐镇平基村
63	榆树	260	14.6	土默特左旗敕勒川镇圪力更村

续表 7-1-2

序号	树种	估测树龄（年）	树高（米）	所在地区
64	榆树	240	15.1	土默特左旗敕勒川镇圪力更村
65	榆树	240	17.2	土默特左旗敕勒川镇圪力更村
66	榆树	240	17.2	土默特左旗敕勒川镇圪力更村
67	榆树	234	14	土默特左旗塔布赛乡北园子村
68	榆树	232	15	托克托县双河镇南火盘村
69	榆树	230	10	托克托县双河镇霍家圪洞村
70	柽柳	230	3	托克托县河口管委会格图营村
71	小叶杨	230	18	托克托县新营子镇张全营村
72	榆树	230	17	托克托县双河镇大羊场村
73	榆树	230	15	托克托县双河镇大羊场村
74	榆树	230	16	托克托县新营子镇胡忽浪营村
75	榆树	230	16	托克托县新营子镇胡忽浪营村
76	糖槭树	230	12	托克托县河口管委会章盖营村
77	旱柳	230	11.2	和林格尔县盛乐镇沙忽浪
78	小叶杨	230	11.6	和林格尔县舍必崖乡兰家房村
79	文冠果	230	8.3	和林格尔县舍必崖乡厂圪洞村
80	榆树	230	17	和林格尔县舍必崖乡厂圪洞村
81	榆树	230	8.1	和林格尔县新店子乡榆树洼
82	榆树	230	8.4	和林格尔县城关镇羊群沟村
83	榆树	230	11.2	和林格尔县舍必崖乡毛不浪
84	旱柳	230	15.5	和林格尔县新店子乡店湾村
85	榆树	230	20	和林格尔县大红城乡大红城村
86	榆树	230	18	和林格尔县大红城乡樊家 15 号村
87	灰楸	230	18	清水河县喇嘛湾镇跃进村
88	小叶杨	230	18.5	清水河县喇嘛湾镇跃进村
89	榆树	222	13	清水河县城关镇杨家窑村
90	杜松	220	10.5	清水河县窑沟乡碓臼塄村
91	灰楸	213	19	清水河县城关镇花园居委会
92	国槐	213	16.5	清水河县城关镇花园居委会
93	榆树	213	17	清水河县北堡乡丈房湾村
94	榆树	213	16.5	清水河县北堡乡双碾村
95	圆柏	204	9	清水河县窑沟乡黑矾沟村

续表 7-1-2

序号	树种	估测树龄（年）	树高（米）	所在地区
96	圆柏	200	6.5	清水河县窑沟乡黑矾沟村
97	青扦	200	11	武川县大青山乡坝顶村
98	榆树	200	10	武川县哈拉哈少乡小耗赖村
99	榆树	200	15	武川县哈拉哈少乡榆树店村
100	榆树	200	15	武川县哈拉哈少乡榆树店村

2015 年呼和浩特市古树群一览表

表 7-1-3

序号	树种	平均树龄（年）	株数（株）	面积（公顷）	平均高度（米）	所在地区
1	油松	120	15	0.3	8	新城区成吉思汗街道办事处哈拉沁村
2	杏	212	62	5	9.2	回民区攸攸板镇东乌素图村
3	杜松	130	480	3	3.9	土默特左旗毕克齐镇流水村
4	油松	127	10521	16.4	12	土默特左旗毕克齐镇流水村
5	杜松	124	644	1.4	3.7	土默特左旗毕克齐镇流水村
6	榆树	170	16	2.5	18	托克托县河口管委会格图营村
7	油松	300	28	0.7	23.5	和林格尔县新店子乡麻地沟
8	杏	180	253	2.5	5.7	和林格尔县新店子乡麻地沟
9	杏	180	1078	10.8	5	和林格尔县新店子乡麻地沟
10	青扦	249	1001	15.2	17.4	武川县大青山乡井尔沟村

第六节　营林生产

一、国有林场

1986 年，呼和浩特市共有大青山、古路板、黄合少、东大圐圙、乌素图、沙尔沁 6 个国有林场。由于造林任务减少，林场没有经营性收入，职工大多外出打工，少数留守负责日常管理。1999 年，国家实施西部大开发战略，呼和浩特市大规模推进生态建设，林场组织职工开始生产育苗。2001 年，国家开始天然林保护工程，林场发展出现转机，职工 60% 的工资来源得到保证。2009 年，市林业局成立场圃产业科，负责全市国有林场的宏观管理和指导。2013 年，呼和浩特市实施棚户区改造工程，林场办公条件和职工居住环境得到改善，由土坯房搬进楼房。2015 年，全市建立国有林场15处，总经营面积29.22万公顷，占全市林业用地总面积的50%、占国有林地面积的98%，是呼和浩特市林业生态系统的核心组成部分。全市国有林场有林地面积5.96万公顷，活力木蓄积296万立方米，职工人数1003人。除呼和浩特市乌素图实验林场属市林业局直接管理外，其余国有林场均属旗县区林业局管理。

二、林木种苗

1986年，呼和浩特市种苗管理由市林业工作站代管。2000年后，随着生态市建设思路的提出和八大林业生态工程的实施，全市林木种苗事业迅速发展，林木种苗管理工作日益繁重。2009年，成立和林格尔县种苗站、土默特左旗种苗站、清水河县种苗站3个林业种苗站。其他旗县区林业工作站代行种苗站职能。2015年，全市完成育苗面积1200公顷。全市共设林业工作站54个，其中国家重点示范站1个，均实现垂直管理，有6个林业工作站被批准为参照公务员管理单位，争取国家林业标准站建设项目资金100万元，5个基层林业工作站建设成为国家标准站。

三、苗木基地

（一）土默特左旗万家沟林场国家油松良种基地

土默特左旗万家沟林场国家油松良种基地位于察素齐镇西侧，北靠大青山，南临国道110线，地势开阔，交通便利，水源丰富，日照充足。1990—1997年，完成一期、二期工程建设。2002—2005年，完成林木良种基地续建工程，基地面积102.70公顷。2009年确定为第一批国家重点林木良种基地。

（二）和林格尔县沙棘采种基地

和林格尔县沙棘采种基地位于和林格尔县南部，大红城乡、三道营乡境内。总面积666.67公顷，分布于浑河两岸。其中，采种母树林466.67公顷、沙棘宜林地200公顷。浑河沿岸土类为盐化潮土，有机质含量0.69%，全氮0.05%，碱解氮每立方分米62.7毫克，速效磷每立方分米3.5毫克，速效钾每立方分米109.9毫克。浑河平均径流量1.1亿立方米，最大流量每秒1943立方米，可利用水资源7871.3万立方米。降水补给量年均1651.16万立方米，地下潜流量年均105.13立方米，潜水蒸发量97.4万立方米，允许开采量年均1556.08万立方米。多年平均地表径流深58毫米，集水面积1794平方千米。树种起源为沙棘纯林组成的人工造林，平均高度2.5米，母树优良率90%，地表有沙青、猪毛菜等植被，覆盖度65%。

（三）和林格尔县小柠条采种基地

和林格尔县小柠条采种基地位于和林格尔县北部，分别为666.67公顷、333.33公顷2个区域。地势平坦开阔，坡度在5度以下。年降雨量370 ~ 400毫米，降水多集中在7—9月，年蒸发量1850毫米以上。地下水资源丰富，承压水埋藏深度30 ~ 50米。土壤类型为固定风沙地，土质疏松，有机质含量低，土壤肥力差，有机质含量0.09%～0.24%，pH值7.94～8.08，速效磷每百克土0.485～0.785毫克，速效氮每百克土0.833～1.411毫克。小柠条采种基地于20世纪80年代中期建造。1986年，局部地段林木稀疏，形成缺苗断垄的空地，整个林地的林木分布不均，长势悬殊。部分林木干枯萎缩，病虫害比较严重，影响种子产量，每亩平均产量仅1～2千克。2005年，新建小柠条采种基地1000公顷，配套完成检验室、种子库、样品室、资料室、管理用房、晒种台，年产量7.5万千克左右，年产值120万元。

（四）和林格尔县国营南天门林场华北落叶松林木良种基地

和林格尔县国营南天门林场华北落叶松林木良种基地位于和林格尔县东南部，地处第三系、第四系黄土丘陵区和阴山山地，山地、山谷、丘陵交错分布，海拔1300～2031米。年平均气温5℃，极端最低气温-34℃，大于10℃积温3000～3100℃；年平均日照时数2941.8小时，无霜期90～100天，平均年降水量400毫米，年均蒸发量2300毫米。土壤以栗钙土为主，部分地区为森林褐色土和森林草甸土，肥力较好，有机质含量70%、全氮0.05%、全磷0.10%、全钾2.23%，pH值为8，土壤养分等级Ⅴ级。植被属森林灌丛草原类型和丘陵草原类型，优势种有百里香、冷蒿、麻头花、克氏针茅、短花针茅、冰草、黄刺玫等；人工林有华北落叶松、油松、杜松、侧柏、青杨、白榆等。南天门林场属天然次生林经营林场，总面积2.04万公顷，设8个作业区。林业用地2.04万公顷。林场草本植物近400余种。国家重点保护植物有野大豆、发菜；自治区级重点保护植物有油松、獐子松、胡桃楸、兴安升麻、阴山乌头、芍药、卵叶芍药、北五味子、柄扁桃、甘草、内蒙古黄耆、文冠果、短梗五加、党参、细叶百合、穿龙薯蓣、手掌参等。

（五）清水河县柠条采种基地

清水河县柠条采种基地位于清水河县五良太乡白旗窑村，总面积为666.67公顷。建成之初有效种子产量和质量较高，后期缺乏持续投入，抚育管理措施落后，导致采种基地林逐年衰退，采种量逐年下降。2015年实际采种量仅2.1吨。

（六）清水河县杨柴采种基地

清水河县杨柴采种基地位于清水河县五良太乡五良太村，总面积为333.33公顷。建成之初种子产量和质量较高，后期缺乏持续投入，抚育管理等措施跟不上，导致杨柴基地林逐年衰退，采种量逐年下降。2015年实际采种量仅2600千克。

第七节　林政管理

一、征占用林地管理

1993年，自治区林业局、物价局、财政厅三部门，制定《内蒙古自治区占用、征用林地收费标准和管理使用的规定》，规定占用征用林地单位应向被占用征用林地单位缴纳林木补偿费、林地补偿费和安置补助费，森林植被恢复费由旗县以上林业主管部门收取。林业主管部门在办理占用、征用林地审核手续时，一次性征收总占用征用林地费用1%的林地管理费。1995年，林业部下发《关于实行使用林地许可证制度的通知》，全国开始实行使用林地许可证制度。1999年，呼和浩特市引黄供水工程项目部建设预沉厂和调蓄水库需要征占用托克托县和土默特左旗境内180.39公顷林地，依法申请后取得国家林业局的审核同意，是呼和浩特市首个依法办理征占用林地手续的建设项目。

2001年，国家林业局颁布实施《占用征用林地审核审批管理办法》，规定征占用林地审核审批权限、程序，用地单位申请征占用林地条件等。2003年，国家林业局下发《关于占用征用林地审核审批管理规范的通知》，规定征占用林地的条件和范围，征占用林地申报材料构成，征占用林地审核审批的受理和审核审批管理。同年，自治区林业厅下发《关于进一步加强征占用林地管理严禁乱占林地的紧急通知》，要求各级林业部门切实加强林地管理，认真开展征占用林地清理整顿执法大检查工作；严格履行征占用林地审核审批程序和权限，认真落实征占用林地的各项补偿费；增强服务意识，提高办事效率；高度重视生态环境保护，认真履行职责，加大对林地的监管力度。2004年，全市受理征占用林地申请25起，面积355.84公顷，审核上报25起，自治区林业厅审核同意12起，批准占地面积158.08公顷。

2005年，市林业局受理征占用林地申请30起，涉及征占用林地面积384.85公顷，其中审核上报自治区林业部门29起，批复同意17起，同意占地面积191.69公顷，征占用林地审核率100%，森林植被恢复费收缴率100%。

2006年，市林业局受理工程建设征占用林地申请51项，涉及征占用林地面积737.58公顷。其中，经市林业局批准临时占用林地1项，占用林地面积4.45公顷；审核上报自治区林业厅50项，经自治区林业厅审核同意使用林地24项、总计同意使用林地面积227.97公顷，经国家林业局审核同意使用林地1项、同意使用林地面积16.66公顷。

2007年，市林业局按照自治区林业厅的要求，编制上报全市及各旗县区的年度林地定额。全年受理征占用林地申请30项，涉及征占用林地面积282.12公顷。其中，审核上报上级林业主管部门28项，审核同意14项，面积116.65公顷；市林业局审核同意临时占用林地2项，面积13.79公顷。同年，呼和浩特市第二轮森林资源二类调查结果显示，全市森林资源大幅度增长，森林覆盖率达20.7%，比1999年增长3.8个百分点。

2008年，市林业局成立“呼和浩特市林业局采伐林木和征占用林地行政许可专家评审委员会”，实行专家制度。全年，受理征占用林地申请37项，其中审核上报自治区林业部门37项，审核同意25项，面积177.78公顷。2009年，受理征占用林地申请20项，上报审核批复13项，面积59.97公顷。

2010年，市林业局受理征占用林地申请8项，审核上报8项，上级林业主管部门审核同意4项，面积94.89公顷。

2011年，自治区下达呼和浩特市年征占用林地定额指标150公顷，全年自治区林业部门审核同意20项，面积400.97公顷。

2013年，自治区林业部门审核同意项目18项，批准征占用林地面积148.52公顷。

2014年，全市审核占用或征收林地的工程建设项目47项，其中审核同意的项目29项、同意占用或征收林地172.84公顷。年内完成县级林地保护利用规划的审批工作。

二、禁牧工作

2003年10月，市政府颁布全市禁止放牧的通告，在全市范围内全面禁牧，大力提倡舍饲圈养，利用宣传和政策扶持引导，有效保证禁牧工作的开展。

2005年，针对呼和浩特市生态建设项目区，尤其是大青山前坡生态治理区出现散放牲畜现象，市政府决定在大青山区沿线开展集中禁牧清理整顿行动，将散放的牛羊迁出山区，实行圈养舍饲。清理羊群57群1.34万只、牛群8群437头，林业行政处罚17人，林政罚款1.35万元。散放牲畜现象得到有效遏制。2007年，查处禁牧案件1044起，林业行政罚没款120.1万元。

2008年，按照乌素图生态保护区总体规划，取缔乌素图生态度假项目区内放牧舍饲，组织对山上6670公顷高山森林草甸草原景观建设工程进行围封和治理。

2009年，全市开展禁牧专项行动，严厉打击散牧和偷牧违法犯罪活动。全市受理各类森林及野生动植物案件1424起，查处1423起，综合查处率99.9%，处理各类违法犯罪人员1605人次，出动警力2.67万人次，出动警车7103台次，林业行政罚款267.76万元，挽回直接经济损失542.72万元。2010年，全市开展禁牧专项行动，保护生态建设成果。

三、森林采伐

（一）采伐许可

2000年前，呼和浩特市国有林采伐实行伐区调查设计制度并由自治区林业厅审批设计。集体、个体林木采伐分别按柁3株、檩6株、椽33株折算为1立方米蓄积量，部分地区由市林业局审批、市林业局或所在地县级林业主管部门发证。个别县级林业主管部门审批发证存在伐区调查设计率不高、采伐消耗量计算不精确、采伐审批管理不规范等问题。2000年后，呼和浩特市控制国有林的经营性采伐，禁止商业性采伐，森林、林木的采伐管理逐步规范。2002年，全市采伐审批权全部上收，采伐林木申请经市林业局批准后，由旗县区林业主管部门核发采伐许可证。2003年，市林业局印发《集体（个体）林木采伐更新作业设计规范格式》《采伐作业质量验收单》《更新造林检查验收单》。2004年，开展人工商品林采伐管理试点工作，全市各地开始执行采伐林木发证前公示制度。2006年，市林业局印发《呼和浩特市林业局采伐林木和征占用林地行政许可审核委员会工作方案》，开始在批准采伐林木时向采伐林木后应完成更新造林任务的单位和个人收取更新造林保证金。2007年起，每年检查上年度采伐作业和更新造林完成情况。2013年，全市启用新版林木采伐许可证。2014年，停止收取更新造林保证金。和林格尔县境内采伐林木不再由市林业局审批，改为县林业局直接审批发证。2015年，市林业局不再审批森林采伐申请和伐区调查作业设计，改由旗县区林业主管部门直接审批、核发采伐许可证。实行伐区调查作业设计的差别化管理制度，根据林木权属、采伐数量等情况，分别适用采伐申请、简易伐区调查设计、有资质林业调查设计单位编制伐区调查作业设计。

（二）采伐与流通管理

1987年，呼和浩特市开始执行森林采伐限额制度。1987—1990年，全市年森林采伐限额为1万立方米。之后每一个“五年计划（规划）”结束前，均组织各旗县区编制下一个“五年计划（规划）”的森林采伐限额，逐级上报，最终由国务院批准实施。

1989年10月，自治区政府颁发《关于进一步加强木材运输管理的通知》，要求凡运输木材、木制品和木制半成品及经自治区政府批准的灌木柳条，都必须申请办理木材运输证；凡需运出的木材都必须编制年度运输计划，并纳入全区木材运输总量计划。各盟市以旗县为单位，分别树种、材种，按统配材、非统配材编制出区、区内年度木材运输总计划，报上一级林业主管部门审核批准。出区的由自治区林业主管部门审核后报林业部批准。出区和区内、盟市内、旗县内的木材汽车运输，分别由自治区、盟市、旗县林业主管部门在上级批准的木材运输计划总量内，核发木材运输证。11月30日，自治区林业局印发《内蒙古自治区林木采伐证管理办法》，通过核定年森林采伐限额，确定木材生产计划，实行法定凭证采伐制度。

2001年，按照《内蒙古自治区2001—2005年森林采伐限额工作计划》，呼和浩特市森林采伐限额为3.62万立方米。

2002年，市林业局核发木材经营加工许可证203张，基本达到“一户一证”。接待咨询办证人员300人次。查处无证运输木材600车次，采取说服教育51人次，补证472人次，罚款处理77人次，账目做到日清月结，收支两条线。2003年，自治区林业厅将出区木材运输证的核发委托各盟市林业主管部门办理。

2004年，市林业局统一印发农村集体（个体）林木采伐更新作业设计格式及采伐作业质量检查验收单和更新造林检查验收单，规范伐区调查设计，提高调查设计质量，落实采伐作业和更新造林检查验收制度。从严审批采伐作业设计，对于农民在成熟林和过熟林中抚育而无法更新造林的申请，一概不予批准。对经乡村组织进行整条成、过熟林带更新采伐并能及时更新造林的，市林业局予以提倡和批准。推行林木采伐集中审批和公开、公示制度，全市所有集体、个人林木采伐证均由旗县区林业局核发管理。严格实行采伐量计划管理，计划不足的向上级林业部门申请。全年批准采伐3598.5立方米，其中市林业局批准采伐2410.6立方米，占自治区下达森林采伐计划7950立方米的30.3%，申请自治区林业部门批准专项采伐1187.9立方米。全年发放木材运输证1150张，补办木材经营加工许可证68张，查处无证运输木材车辆105起，采取说服教育车辆28起，教育补证车辆67起，给予罚款处理10起。

2005年，国家林业局和自治区政府批准赛罕区、和林格尔县开展人工商品林采伐试点。经市林业局批准，赛罕区试点采伐量1250.35立方米，占国家批准试点规模1400立方米的89.31%；和林格尔县商品林试点采伐量1826.57立方米，占批准试点规模2000立方米的91.33%。全年森林资源批准消耗量总量8389.02立方米，占“十五”采伐限额3.62万立方米的23.14%。其中，农民自用材批准采伐量2617.27立方米，占自治区下达计划8100立方米的32.31%；上级部门增拨的商品材采伐专项指标5771.75立方米。全年，发放木材运输证1245张、木材经营加工许可证86张。

2006年，按照《内蒙古自治区2006—2010年森林采伐限额工作计划》，“十一五”时期呼和浩特市森林采伐限额为9.30万立方米。当年，全市森林资源批准消耗量1.02万立方米。其中，非商品材批准采伐量1633.83立方米；商品材批准采伐量8518.24立方米，出材量3968.26立方米。为提高采伐迹地更新造林任务完成率，经市政府批准，实行更新造林保证金制度，为实现区域林业的可持续发展提供一定的制度和经费保证。全年，发放区内木材运输证2064张，区外木材运输证1879张，发放木材经营加工许可证46张，查获非法运输木材车30辆，罚款3.4万元。

2007年，自治区林业厅下达呼和浩特市总采伐量计划为5.67万立方米，实际批准采伐消耗量1.19万立方米，占总采伐限额的12.2%，占年度总采伐量计划的21.1%。全年，检查运输木材车2973辆，查扣非法运输木材车16辆，罚款1.85万元。发放木材运输证1634张，木材经营加工许可证36张。

2008—2010年，全市批准采伐消耗量分别为1.09万立方米、9948.64立方米、1.23万立方米，占总采伐限额分别为11.4%、10.6%、12%，占年度总采伐量计划分别为19.1%、16.1%、18%。

2011年，国家下达呼和浩特市年森林采伐限额为20.17万立方米，自治区根据“十二五”时期年森林采伐限额下达呼和浩特市森林采伐量计划为16.13万立方米，申请增加采伐计划30.6立方米。全年批准采伐消耗量5225.9立方米，占年采伐限额的 2.6%，占年度采伐计划总量的 3.2%。

2012 年，全市审核批准采伐消耗量 2.29 万立方米，占年采伐限额的 11.3%，占年度采伐计划总量的 14.1%。自治区林业部门审核同意项目 118 个，面积 1303.85 公顷。2013 年，全市审核批准采伐消耗量 2.25 万立方米，占年总采伐限额的 11.1%；占年度总采伐计划的 13.8%。2014 年，全市审核批准林木采伐消耗量 1.16 万立方米，占年总采伐限额的 5.7%。

2015 年，全市审核批准采伐量 9663.8 立方米，占年采伐量限额 2.02 万平方米的 4.8%。自治区林业部门审核批准使用林地面积 73.62 公顷。组织完成“十三五”森林采伐限额编制工作。

2001—2015 年呼和浩特市年森林采伐限额一览表

表 7-1-4　　单位：立方米

年份	权属	采伐类型					
		合计	主伐	更新采伐	抚育采伐	低产林改造	其他采伐
2001—2005	合计	36248	11218	7285	8524	9222	—
	国有	11648	794	1493	3538	5822	—
	非林业系统	2257	1010	1161	86	0	—
	集体	22344	9413	4631	4900	3400	—
2006—2010	合计	92969	35611	26226	8979	15682	6472
	国有	26812	6681	11016	3817	4102	1195
	非林业系统	8079	11	3321	724	3948	75
	集体	42309	17330	11116	3254	6238	4371
	非公有制	15769	11590	772	1184	1393	830
2011—2015	合计	201660	45979	151864	2481	—	1336
	国有	28932	616	26673	1362	—	281
	非林业系统	3415	161	3198	25	—	31
	集体	121445	27086	92817	909	—	633
	个体	47868	18116	29176	185	—	391

说明：表中“—”表示无数据

第八节　林业法治

一、法治宣传

1986 年后，全市开展普法工作，制定《呼和浩特市林业系统普法规划》，并逐年组织实施。利用每年“3・12”植树节、“4・16”森林草原防火日、“6・17”世界防治荒漠化日、“12·4”普法宣传日等，向社会宣传林业法律法规。依托“五年普法”，全市林业部门设置宣传点，发放宣传材料，组织林业干部职工参加普法教育培训。

1998年，呼和浩特市宣传贯彻新修订的《中华人民共和国森林法》，严厉打击毁林开垦、乱占林地行为。

2000—2015年，开始组织“百日法治宣传活动”“全市林业系统警示教育活动”等，结合林业法治工作实际，通过新闻媒体、标语、挂图、公益广告等形式，宣传《中华人民共和国森林法》《中华人民共和国野生动物保护法》《中华人民共和国森林法实施条例》《内蒙古自治区实施〈森林法〉办法》，以及“两防一禁”（森林病虫害防治、森林防火，禁牧）等相关法律法规，通过宣传林业法律法规，提高广大人民群众自觉履行义务进行植树、保护森林、野生动植物资源和生态环境的积极性，强化依法保护森林和野生动植物资源的意识。

二、林业执法

20世纪80年代，呼和浩特市的林业资源管理比较简单，乱砍滥伐时有发生。为贯彻执行“三分造、七分管护”的方针，除依法治林外，还应加强护林组织建设。全市各乡镇都建有护林组织，配备有护林员。1986年，成立呼和浩特市大青山森林警察直属大队，下设土默特左旗、郊区、市属3个中队，人员45名。1992年，市林业局成立森林公安科。1996年，成立呼和浩特市公安局林业公安分局，各旗县相应成立旗县公安局林业公安分局。

2000年后，全市各级林政资源管理部门，认真贯彻《中华人民共和国森林法》及其实施细则，严格加强对征占用林地、林木采伐的审批，严厉打击乱占林地、乱砍滥伐、乱捕滥猎等违法犯罪活动。

2001年，市林业局查处森林案件736起，野生动物案件49起，打击处理违法犯罪人员1111人，治安罚款5000元，挽回直接经济损失21.78万元。

2002年，市林业局查处森林及野生动物案件1120起，其中刑事案件2起、治安案件17起、行政案件1101起，处罚1642人次，治安罚款1470元、行政罚款46.57万元，涉及野生动物罚款4100元。赔偿损失9058元，挽回直接经济损失48.79万元。

2003年，托克托工业园区发生林地未批先占事件，市政府通报并责令立即停止乱占林地和滥伐林木的违法行为。全年发生各类森林案件980起，野生动物案件1起，查处案件972起。其中，森林刑事案件1起、森林行政处罚案件970起、野生动物行政处罚案件1起，打击处理违法犯罪人员2人，逮捕1人。林业行政处罚1092人，警告10人。罚款5.4万元，收缴林木23.525立方米。挽回直接经济损失7.02万元。集中开展“春蕾行动”和严厉打击制贩野生动物资源违法犯罪活动，9个旗县区出动警力200多人次，出动警车80台次，清查饭店、酒家等100余家，查结野生动物案件11起，行政处罚11人。

2004年，开展清理非法占用林地专项治理行动、天保二号行动、大青山沿线矿山秩序整顿活动等征占用林地清理整顿大检查，全市查出各类违法征占用林地项目55起，面积191.11公顷。受理各类森林及野生动物案件2532起，查处2480起，其中查处森林刑事案件2起、森林行政案件2519起、野生动物行政案件11起，损失林木105.16立方米，打击处理违法犯罪分子3099人，收缴木材87.8立方米，收缴野生动物127头（只），收缴猎捕工具62件，罚没款143.1万元，挽回经济损失90.4万元。

2005年，全市森林公安出动警车3946台次，出动警力1.07万人次，受理各类森林及野生动物刑事案件7起、森林行政案件1290起、野生动物行政案件6起，损失林木91.3立方米，打击处理违法犯罪分子1300人，收缴野生动物220头（只）、收缴猎捕工具28件，罚没款123.58万元，为国家挽回经济损失89.4万元。同时，市森林公安局组织多次打击非法征占用林地行动，查处非法征占用林地案件45起，征占用林地面积11.91公顷。

2007年，全市森林公安出动警车5007台次，出动警力1.6万人次，受理各类涉林案件1338起，查处1337起，查处率99.9%。其中，破获森林刑事案件8起，查处森林治安案件9起，森林行政案件1303起；火灾事故17起。罚没款1196.7万元。

2008年，全市各级森林公安机关受理各类涉林案件1511起，查处1511起，处理违法犯罪嫌疑人员413人，罚没款359.14万元，案件综合查处率达100%，其中查处森林刑事案件6起，森林行政案件821起，其他案件684起。出动警车4800台次，出动警力1.94万人次，挽回直接经济损失504.24万元。

2010年，全市各级森林公安机关受理森林及野生动物案件1297起，查处1297起，查处率100%。其中，森林及野生动物刑事案件10起；森林行政案件601起，野生动物行政案件5起，其他案件681起；依法处理犯罪嫌疑人员1308人次；收缴木材20.15立方米；收缴野生动物662头（只），野生动物皮张25张，缴获猎捕工具7件；挽回直接经济损失235.6万元。

2011年，全市受理各类森林及野生动植物案件871起，查处871起；其中森林火灾案件2起，查处2起；森林行政案件723起，查处723起；野生动物行政案件2起，查处2起；其他案件144起，查处144起。打击处理各类违法犯罪人员641人次，林业行政罚款444.03万元。收缴林木树木4.8立方米；收缴野生动物221头（只），野生动物皮张13张，挽回直接经济损失578.18万元。

2012年，全市受理各类森林及野生动植物案件1548起，查处1548起。其中，森林刑事案件33起；林业行政案件1515起，其中森林火灾案22起。打击处理各类违法犯罪人员1674人次，林业行政罚款6379万元。收缴林木树木77立方米；收缴野生动物885头（只）。

2013年，全市受理各类森林及野生动植物案件1018起，查处1018起；其中森林刑事案件12起，林业行政案件1006起，其中森林火灾案件43起。打击处理各类违法犯罪人员1153人次，林业行政罚款317.91万元。

2014年,全市森林公安机关受理森林和野生动植物案件765起,侦破查处765起，其中受理刑事案件24起，处罚人员786人，林业行政罚款255万元。重点督办和自侦查处一批破坏森林资源严重、领导重视、群众关心、媒体关注、久拖不决的案件，如赛罕区榆林镇古力板村南坡“4·03”失火案、和林格尔县江某非法占用林地26.67公顷案、如意南区内蒙古盛纳集团3WG项目非法占用林地53.33公顷案、内蒙古冀东水泥有限责任公司非法占用林地案等。

2015年，市林业局组织开展“保护过境候鸟专项行动”“全国缉枪治爆专项行动”“禁牧专项行动”，立案查处46起，其中非法占用林地刑事案件25起，截至年末，结案17起,继续侦办8起;林业行政案件21起,结案21起,林业行政罚款130.2万元，收回林地面积5.78公顷。同时，对土默特左旗世宝建材非法占用林地、清水河内蒙古三友高岭土股份有限公司非法占用林地等10起违法占用林地案件进行重点督办。全年，受理林业案件124起，侦破查处124起。

第二章 水 利

第一节 管理机构

1986年，市农牧水利局组建水利科，负责全市的水利工作。下设水利管理站（含机电井）、水土保持站、水利勘测设计队、农电管理站4个二级单位。全市防汛工作由市防汛办负责，隶属市城建局。抗旱工作由市水利管理站负责。1992年4月，市农牧水利局分设为市农牧局、市水利局。1994年，市防汛办由市城建局整建制划归市水利局。1998年，成立市水利工程质量监督站和市水利物资供应站。1999年，成立市水政监察支队和乌素图供水办公室。

2000年，成立大黑河管理局。9月，撤销市水利局，成立市水务局，主管全市水行政工作。将市城建局管理的市自来水公司、市排水局及市水资源管理局3个涉水事务的二级单位整建制划归市水务局管理。2002年，撤销乌素图供水办公室、市水利管理站。市水务局内设党委办公室、行政办公室、给排水科、财务审计科、人事科、规划计划科、纪检监察室、水政水资源科、水利水保科；下设市自来水公司、市春华水务公司、市水资源管理处、市排水事业管理处、市防汛抗旱指挥部办公室、市水政监察支队、市水利工程质量监督站、市水土保持站、市水利勘测设计院、市乌素图截伏流办公室、市河道管理处、市水利管理站、市大黑河管理局。

2003 年，成立市水务局重点工程办公室、市东河管理处、市哈拉沁水库管理处、市西河管理处。12 月，撤销市水政监察支队，成立市水务综合执法支队；撤销市水利管理站。2004 年 6 月，市乌素图截伏流办公室划归市乌素图旅游开发区管理。

2005 年，市水务局下设市防汛指挥部办公室、市水资源管理处、市排水事业管理处、市水务综合执法支队、市水土保持站、市水利勘测设计院、市大黑河管理局、市水务工程质量监督站、市东河管理处、市西河管理处、市水务重点工程办公室、市哈拉沁水库管理处 12 个事业单位；下设市自来水公司和市春华水务开发有限责任公司 2 家企业。2006 年，市防汛办更名为市政府防汛抗旱指挥部办公室，同年成立市防汛防凌机动抢险队。

2008 年，市水务局增设行政事项审批办公室；增设市水费征收中心、市水质监测中心 2 个事业单位。2009 年，市水务局内设党委办公室、行政办公室、给排水科、财务审计科、规划计划科、人事科、纪检监察室、水政水资源科、水利水保科、行政事项审批办公室 10 个职能科室；下设市春华水务开发有限责任公司、市自来水公司、市防汛指挥部办公室、市水资源管理处、市排水事业管理处、市水务综合执法支队、市水土保持站、市水利勘测设计院、市大黑河管理局、市水务工程质量监督站、市东河管理处、市西河管理处、市水务重点工程办公室、市哈拉沁水库管理处、市河道管理处、市大中型水利水电工程移民后期扶持办公室、市水费征收中心、市水质监测中心 18 个企事业单位。

2010—2015 年，市水务局内设党委办公室、行政办公室、人事科、财务科、规划计划科、水政水资源科、供排水建设管理科、水利水保科、科技教育科、行政事项审批办公室、纪检监察室 11 个科室；下设市春华水务开发集团有限责任公司、市防汛抗旱指挥部办公室、市水资源管理局、市排水事业管理局、市水务综合执法支队、市自来水公司、市水土保持站、市水利勘测设计院、市水务工程质量监督站、市重点办公室、市大黑河管理局、市大中型水利水电工程移民后期扶持办公室、市东河管理处、市西河管理处、市哈拉沁水库管理处 15 个企事业单位。

第二节　水资源管理

一、水资源规划

2002 年，呼和浩特市开始实行水资源论证制度，对于新建、扩建、改建的工业、环卫、绿化、消防、市政、城市生活建设项目，以及面积在 33.33 公顷以上的农业灌溉项目，执行建设项目水资源论证；对于重大建设项目布局规划、区域经济发展战略规划，开展规划水资源论证，必须由具有相应资质的单位编制。2009 年，建设项目水资源论证作为一项行政许可审批事项入驻行政审批中心，在市水行政主管部门办理手续的建设项目均按要求开展水资源论证。

2009 年后，年用水量 10 万立方米以上的新建、扩建、改建项目全部进行水资源论证。2011 年，呼和浩特市开展工业园区规划水资源论证，各园区委托开展论证工作，截至 2015 年，武川县工业园区完成规划水资源论证。

二、水量分配

1986 年，呼和浩特市开始城区计划用水。水行政主管部门制定地区年度用水总量控制指标并按期考核。其中，城市生活、第二产业、第三产业用水按月考核，农村中型以上灌区按月考核，中型以下灌区按年考核。除取用公共自来水的居民用水户外的其他用水户，根据行业用水定额和生产经营需要，在每年的 11 月 15 日前向水行政主管部门申请核定下年度用水计划。水行政主管部门按照职责分工，根据年度用水总量控制指标、相关行业用水定额和用水单位生产经营需要，核定用水单位的用水计划，并在每年 12 月 31 日前将下一年度的用水计划下达用水单位，并通知供水企业。用水单位用水计划由水行政主管部门负责核定并考核执行情况。

2012 年后，呼和浩特市落实《黄河水量调度条例》，实时调度黄河水量，管理用水计划。2013 年，成立黄河水量调度应急预案领导小组，编制《呼和浩特市黄河水量调度应急预案》，要求黄河水取水单位呼和浩特市自来水公司、托克托县水务局、内蒙古大唐国际托克托发电有限公司等制定并上报黄河水量调度应急预案。

三、水资源费征收

2002 年，开始在全市范围内征收水资源费。其中，城市规划区执行《内蒙古自治区水资源费征收使用管理办法》中的一类地区收费标准。城市规划区以外的其他地区执行三类标准。

2002—2011 年呼和浩特市水资源费收费标准一览表

表 7-2-1　　单位：元 / 米 ^{3}

用途	地表水	地下水		
		一类地区	二类地区	三类地区
居民生活用水	0.02	0.80	0.50	0.30
行政事业用水	0.05	0.85	0.60	0.40
各类工业用水	0.08	0.90	0.60	0.40
商业餐饮等	0.10	1.75	1.20	1.00
旅游洗浴洗车等	0.20	5.00	4.00	3.00

续表 7-2-1

建筑基建用水	0.10	2.00	1.70	1.30
城市绿化及其他用水	0.05	0.40	0.20	0.10
农牧民农牧业灌溉用水	0.005	0.05	0.03	0.02
经营性种植用水（含林场、苗圃）	0.05	0.30	0.20	0.10
经营性水产畜禽养殖	—	0.50	0.25	0.15
城市（镇）自来水	0.02	0.05	0.04	0.03
水力发电	0.002	—	—	—
施工降（排）水	—	0.40	0.15	0.10

说明：表中“—”表示无数据

2011 年 9 月后，水资源费征收执行《内蒙古自治区水资源费征收标准及相关规定》。在城镇公共供水管网覆盖范围内取用地下水的单位或者个人，应将自备水源转换为公共供水管网水源。水资源费的征收实施计量收费和超定额累进加价制度，超出部分根据超出比例小于 20%、20% ~ 40%、40% ~ 60%、大于 60%，在规定标准收费基础上分别按照 1 倍、2 倍、3 倍、4 倍加倍征收；同时，对于拒不缴纳、拖延缴纳或者拖欠水资源费的，市水务局责令限期缴纳，逾期不缴纳的，从滞纳之日起按日加收滞纳部分 2‰的滞纳金，并处应缴或者补缴水资源费 1 倍以上 5 倍以下罚款。

2011—2015 年呼和浩特市水资源费收费标准一览表

表 7-2-2

水源类型	取水用途	单位	地表水	地下水	
				一类地区	二类地区
自备水源	居民生活用水	元 / 米 ^{3}	0.1	0.5	0.3
	非居民生活用水	元 / 米 ^{3}	0.3	2	1
	特种行业用水	元 / 米 ^{3}	3	12	10
城镇公共供水和水利工程供水	居民生活用水	元 / 米 ^{3}	0.02	0.05	0.04
	非居民生活用水	元 / 米 ^{3}	0.2	1	0.8
	特种行业用水	元 / 米 ^{3}	2	3	2
农牧渔业用水	农业灌溉用水	元 / 米 ^{3}	0.02	0.05	0.03
	经营性种植用水（含林场、苗圃）	元 / 米 ^{3}	0.1	0.3	0.2
	经营性水产畜禽养殖	元 / 米 ^{3}	0.1	0.5	0.3
	矿产、石油开采排水	元 / 米 ^{3}	—	1	1
	火力发电贯流式冷却用水	元 / 米 ^{3}	0.002	—	—
	水力发电用水	元 / 米 ^{3}	0.005	—	—

说明：表中“—”表示无数据

四、水资源监管与保护

1988年，呼和浩特市开展潜水“三氮”污染机理模拟试验研究，1989年，将郊区根堡村至八拜村一带列为第二水源地勘察区保护范围。1990年，潜水“三氮”污染机理模拟试验研究通过评审，完成《呼和浩特市地下水硝酸盐氮污染机理模拟试验及其防治对策研究》《呼和浩特市地下水管理模型研究报告》，呼和浩特市被评为全国节约用水先进城市。2000年，开始实施《呼和浩特市水资源开发利用规划》。2000年开始，市水资源管理部门每年利用观测孔观测地下水动态。2001年，完成对全市新建、扩建、改建基础上的用水评价；完成全市规划区域范围内地下水水位、水质动态监测及相关系列技术图件的编制；完成“呼市水资源与节约用水管理信息系统”，并组织“呼市水资源与节约用水管理专用软件”的开发，实现全市水资源与节约用水微机化、网络化管理；完成《水资源评价》《水环境评价》系列图件编制。

2005年，市水务局成立城市饮用水源地安全保障规划编制办公室。2007年，开始实施城市饮用水水源地安全保障规划暨水源地保护区划分。2009年，开展旨在保护呼和浩特市水资源、防止水污染的专项整治和执法大检查活动。2010年，编制《呼和浩特市计划用水管理实施方案与实践》并通过审查。

2011年，市水务局开展1672平方千米“呼和浩特市（市区）地下水资源保护与开发利用调查评价”项目。至2011年底，完成市区及和林格尔县、清水河县、武川县城市规划区内，地下水（潜水、承压水）水质、水位年度监测和水资源项目评价报告。对市区包括公共供水在内的所有水质进行有效监督检测，各项水质检测指标符合国家相关规定，自来水出厂水水质合格率100%。成立水质监测中心，确保各项水质检测指标及检测程序符合国家规定。完成《呼和浩特市水资源信息管理系统》的测试和验收工作。

2012年，建设呼和浩特市饮用水信息管理系统，对城区所有供水水源井、水厂及黄河岸边泵站实施全方位24小时实时监测。2013年，在国家重要饮用水水源地大黑河地下水水源地布设地下水动态监测点，对地下水进行长期保护。2014年，成立水务管理信息系统建设领导小组。同年，开始大黑河流域地下水资源保护与开发利用调查。

2015年，市水务局编制完成《呼和浩特市水务管理信息系统可行性研究报告》。对旗县区执行水资源管理制度进行考核。

五、节水型社会建设

2004年，呼和浩特市开始创建节水型城市。市委、市政府围绕《呼和浩特市节水型社会建设试点工作大纲》，制定工作目标和任务，建立健全政策法规体系，全面推动开展节约用水工作。2008年，被水利部确定为全国第三批节水型社会建设试点城市。2010年，市政府发布《呼和浩特市节水型社会建设规划》，提出大系统分质分类供水的战略思路。2011年4月，通过水利部及黄河水利委员会对呼和浩特市创建节水型示范城市进行中期验收。市人大常委会通过《关于建设节水型城市的决定》。2013年，呼和浩特市通过验收成为全国节水型社会建设示范城市。

六、取水许可管理

2000年，自治区政府颁布《内蒙古自治区取水许可制度实施细则》，至2004年初，在全区范围内基本建成取水许可分级管理制度。2008年，呼和浩特市开始实施取水审批及取水许可证发放制度，要求直接从黄河、水库或者地下取水的单位和个人，申请领取取水许可证，并依照取水许可证确定的取水方式、地点、水量取水。同时实行取水许可证年度审验制度。同年，开始执行建设项目涉水手续“蓝卡”审批制度。2012年，建立取水许可台账管理制度。2014年，明确取水许可实施范围为市属行政区域，实施主体是市水务局。同年，出台《呼和浩特市人民政府关于实行最严格水资源管理制度的实施意见》，落实用水总量控制、用水效率控制和水功能区限制纳污。5月，呼和浩特市水务局调研旗县水资源开发利用及管理，将呼和浩特市的“三条红线”控制指标分解至各旗县区。

第三节　农田水利

一、农田水利建设

1986—1990年，呼和浩特市在农田水利建设上贯彻执行“群众自力更生为主，国家扶持为辅”和“加强经营管理，讲究经济效益”的原则，小型农田水利工程，以自力更生为主，按受益面积合理负担，国家根据工程规模和群众负担的能力，给予适当补贴。“七五”期间国家重点对哈素海、红领巾水库、乌素图水库等中、小型水库进行加固除险，对哈素海、麻地壕2个大、中型扬水灌区配套工程和29处万亩以上灌区及6000多眼机电井进行整修。农田规划严格执行《中华人民共和国土地管理法》，严禁乱占耕地。1990年，全市农田有效灌溉面积达9.33万公顷。

1996年，呼和浩特市水务部门开始实施农村人畜饮水“380”工程。2001—2004年，实施防砷、防氟改水及解困工程。2001—2005年，推进大中型灌区节水改造、小型农田水利补助、节水灌溉示范等项目，进行大型灌区续建配套，建设节水灌溉工程。农田水利工程投资5.05亿元，全市建成各类供水工程1049处。其中，机电井814眼，筒井48眼，截伏流工程59处，其他形式的引水工程128处，建成水窖、旱井3.2万眼，增加供水能力14159万立方米，解决78.8万人的饮水困难问题，全市达到饮水安全和基本安全的有73.58万人。2005年，农田有效灌溉面积16.94万公顷，节水灌溉面积 3.96 万公顷，人均耕地 4373.33 公顷，人均水浇地 0.14 公顷。全市有扬水站 102 座；塘坝 11 座；截伏流 4 处，其中大黑河 3 处、外陆河 1 处；渠道 2513.62 千米，衬砌渠道 127.56 千米；建筑物 2311 座，机电井 8173 眼。2005 年，启动“农村饮水安全工程项目”。通过人畜饮水工程缓解农村饮水困难问题，饮水状况改善，农村饮水疾病减少。

2006—2010 年，全市农田水利工程投资 7.25 亿元。2010 年，农田有效灌溉面积 19.52 万公顷，节水灌溉面积 6.72 万公顷；建成集中供水工程 160 处，受益人口 36.17 万人，总供水能力 4.6 万吨 / 日。截至 2010 年底，规划内项目全部实施，水质符合安全饮用水标准。

2011—2015 年，全市灌排骨干工程建设与配套改造进展顺利，完成中央预算内投资计划项目 244 个，解决 17.73 万农村人口、1.51 万学校师生的饮水不安全问题。截至 2014 年，全市农田水利工程投资 11.33 亿元，农田有效灌溉面积 20.66 万公顷，节水灌溉面积 16.24 万公顷；建成工程 244 处，投资 13818 万元，解决 17.73 万农村人口、1.51 万学生饮水安全问题，水质符合安全饮用水标准。

二、农田灌溉

全市灌区按水源条件分为自流引水灌区、黄河扬水灌区、井灌区。其中，自流引水灌区分别为大黑河灌区、大青山灌区、蛮汉山灌区、浑河灌区、内陆河灌区、外陆河灌区、杨家川灌区；黄河扬水灌区分别为镫口扬水灌区、麻地壕灌区、沿黄河小型扬水灌区；井灌区分布于 9 个旗县区内。镫口扬水灌区、麻地壕灌区、沿黄河小型扬水灌区的灌溉水源为黄河水，纯井灌区水源为地下水，其余灌区的水源均利用呼和浩特市水资源，为地表、地下水双水源灌溉。

截至 2015 年，全市共有成规模灌区 35 处，设计灌溉总面积 17.25 万公顷，有效灌溉面积 11.81 万公顷。其中，大型灌区 3 处，中型灌区 14 处，小型灌区 18 处。

2015 年呼和浩特市成规模灌区情况表

表 7-2-3　　单位：公顷

类型	灌区位置	名称	设计灌溉面积	耕地有效灌溉面积
大型灌区	赛罕区、玉泉区、土默特左旗、托克托县	大黑河灌区	44666.67	29393.33
	托克托县	麻地壕灌区	52213.33	32709.73
	土默特左旗	磴口扬水灌区哈素海灌域	31673.33	18117.67

续表 7–2–3

类型	灌区位置	名称	设计灌溉面积	耕地有效灌溉面积
中型灌区	土默特左旗	万家沟水库灌区	8000.00	7458.67
	土默特左旗	二道凹水库灌区	1200.00	1083.33
	土默特左旗	五一水库灌区	1333.33	859.80
	土默特左旗	红领巾水库灌区	9800.00	8516.00
	土默特左旗	苏卜盖河灌区	2117.00	2003.93
	和林格尔县	庆丰灌区	733.33	733.33
	和林格尔县	石咀子水库灌区	3000.00	2600.00
	和林格尔县	陈梨窑水库灌区	2800.00	2330.00
	和林格尔县	黑土渠灌区	1733.33	1533.33
	和林格尔县	前夭子水库灌区石咀子灌域	2160.00	2160.00
	托克托县	什四份子灌区（二）	866.67	800.00
	托克托县	沙河灌区	1433.33	1433.33
	托克托县	河口灌区	666.67	866.67
	新城区	哈拉沁灌区	1800.80	1786.80
小型灌区	土默特左旗	沙南水库灌区	158.67	158.00
	土默特左旗	牌楼板水库灌区	266.67	256.67
	托克托县	下滩灌区	466.67	366.67
	托克托县	东营子灌区	400.00	320.00
	托克托县	什四份子灌区（一）	0.00	66.67
	托克托县	海生不拉灌区	186.67	186.67
	和林格尔县	风雷灌区	206.67	206.67
	和林格尔县	倘壕渠灌区	200.00	200.00
	和林格尔县	小王坟灌区	133.33	133.33
	和林格尔县	新营子灌区	333.33	333.33
	和林格尔县	西滩渠灌区	200.00	200.00
	和林格尔县	郭家滩灌区	333.33	333.33
	清水河县	当阳桥水库灌区	1713.33	192.93
	清水河县	白旗窑水库灌区	200.00	200.00
	清水河县	石峡口水库灌区	906.67	153.33
	武川县	头号水库灌区	206.67	206.67
	新城区	野马图灌区	167.47	161.73
	新城区	面铺窑水库灌区	207.33	2.33

（一）大黑河灌区

大黑河灌区东起卓资县十八台乡，西至土默特左旗三两乡，南接蛮汉山灌区、麻地壕扬水灌区，北连沿山灌区。行政区划分上隶属赛罕区、玉泉区、土默特左旗、托克托县和乌兰察布市卓资县。该灌区分为大黑河山丘灌区和大黑河平原灌区，山丘灌区位于大黑河上游乌兰察布市卓资县境内，平原灌区位于大黑河下游呼和浩特市境内。

大黑河灌区由25个灌域组成。其中，大黑河山丘灌区有7个灌域，大黑河平原灌区有18个灌域。呼和浩特市范围内大黑河灌区是由大黑河干流和支流小黑河两岸自流引水的灌域组成。大黑河灌区东起呼和浩特市与卓资县交界处；西止土默特左旗的毕克齐镇；南至什拉乌素河、麻地壕扬水灌区；北连沿山灌区。大黑河灌区涉及赛罕区、玉泉区、土默特左旗的24个乡镇，经过多年发展变迁，截至2014年，共有15个灌域，分别为和合灌域、东风灌域、朝阳灌域、解放灌域、涌丰灌域、乾通灌域、永济灌域、同意灌域、民主灌域、万顺灌域、六合灌域、义利灌域、济通灌域、永顺灌域、红领巾灌域。

大黑河灌区是以大、小黑河为输水总干渠，由河道自流引水灌溉和水库引水灌溉所形成的灌域组成的灌溉体系。各灌域经多年运行自成体系，自流引水的灌域干渠渠首均有永久性引水建筑物，由鱼嘴、进水闸、退水闸三部分组成。红领巾灌域直接从红领巾水库引水，大黑河灌区各灌域渠系多为2～3级固定渠道。大黑河灌区设计引水流量408.5米^3/秒。其中，自流引水流量378.5米^3/秒，水库引水30米^3/秒。大黑河灌区设计灌溉面积4.23万公顷，有效灌溉面积2.94万公顷，节水灌溉面积2.94万公顷。灌区有水库1座；土渠880千米；渠道衬砌39.01千米；建筑物1093座。其中，闸784座，桥242座，涵洞60座，渡槽4座，跌水3座。

2001年，大黑河灌区开始实施续建配套与节水改造工程，截至2010年底，累计整治渠道49.27千米，衬砌渠道53.16千米，投入资金8393.19万元。其中，国家财政预算内专项资金5808万元，地方自筹资金2585.19万元。

2011—2013年，呼和浩特市未实施灌区项目。2014年，由自治区水利厅批复，完成济通灌域济通干渠衬砌17.49千米，渠道整治2.2千米，维修改造干渠建筑物29座，新建渠系建筑物17座，完成工程投资3125万元。呼和浩特市各灌域由大黑河灌区管理局管理。

（二）麻地壕灌区

麻地壕灌区位于托克托县境内，距呼和浩特市市区70千米。麻地壕灌区是呼和浩特地区的产粮基地，灌区总土地面积11.81万公顷。

灌区涉及托克托县的中滩乡、南坪乡、五申镇、伍什家乡、永胜域乡、乃只盖乡、古城乡、城关镇、燕山营乡及新营子镇。麻地壕扬水灌区包括大井壕、丁家窑、毛不拉 3 大灌域。灌区以大黑河、银号河为界分为三部分，大黑河右侧为托克托县大井壕灌域，大黑河左侧为托克托县丁家窑灌域，银号河左侧为托克托县毛不拉灌域。灌区建有 2 座直接由黄河提水的渠首泵站，即麻地壕总干渠提水泵站和毛不拉干渠提水泵站。麻地壕总干渠提水泵站设计扬程 4.51 米，设计流量 36 米 ^{3}/ 秒。毛不拉提水泵站由旧站和新站组成，旧站由泵船和三级固定扬水站组成，三级泵站净扬程 76.53 米，设计提水流量 3.5 米 ^{3}/ 秒；新站为一级提水泵站，设计提水流量 3.0 米 ^{3}/ 秒。麻地壕提水泵站控制大井壕灌域和丁家窑灌域，毛不拉提水泵站控制毛不拉灌域。

1995 年，开始实施麻地壕扬水灌区 WFP3924 项目，1998 年结束。完成投资 2.1 亿元。1999 年，开始实施麻地壕扬水灌区续建配套与节水改造工程，到 2011 年，共完成投资 8.9 亿元。骨干渠道衬砌方面毛不拉灌域支渠以上全部骨干渠道基本衬砌完毕，大井壕灌域完成西干渠、西一、西二分干渠部分渠段的衬砌，完成西一分干左五支渠、嵺县营支渠衬砌；丁家窑灌域完成东一分干渠城圐圙泵站后、东二分干渠树林泵站后、东三分干渠宝号营站后部分渠段衬砌，东二分干渠太水营支渠、东三分干左七支渠、东三分干右二支渠、东三分干北斗干斗渠渠道衬砌。完成衬砌渠段的建筑物维修与配套，支渠以上骨干渠系上的五级以上扬水站节能改造和泵房维修基本完成，完成干渠、分干渠以上渠道衬砌 67.33 千米，支、斗渠衬砌 113.03 千米；新建改建渠系建筑物 249 座、维修渠系建筑物 48 座，新建泵站 1 座、泵站维修及节能改造 12 座，完成麻地壕、丁家窑、毛不拉 3 座变电站的节能改造。

2014 年，灌溉面积 5.22 万公顷，总需水量 22760 万立方米，全部由黄河引水。

（三）哈素海扬水灌区

哈素海扬水灌区位于呼和浩特市土默特左旗境内，灌区东起大黑河灌区的永顺渠，西至哈素海泄洪渠，南至大黑河故道。哈素海水库主要承纳美岱沟、西白石头沟、万家沟及美岱沟至万家沟之间的坡面洪水。灌区属磴口扬水站二级扬水灌区，为磴口扬水灌区的一个灌域。灌溉期依靠包头磴口扬水站经民生渠补水入哈素海，从哈素海提水灌溉。哈素海扬水灌区主要供哈素乡、善岱镇、铁帽乡、塔布赛乡的农田灌溉。哈素海灌区土地面积 3.45 万公顷，耕地 2.49 万公顷，涉及土默特左旗的 6 个乡镇，42 个建制村。灌区有扬水站 4 座，装机容量 3075 千瓦，有总引水渠 1 条、泵站引水渠 2 条、输水干渠 3 条，即一扬干渠、南分干渠和北分干渠，总长 78 千米。根据黄河给水分配指标，哈素海扬水灌区年水量 6000 万立方米。哈素海水库围堤长 24 千米，水面面积 30 平方千米。主要建筑物有：泄洪闸、民生渠进水闸、后河进洪闸、轱辘畔河进洪闸、万家沟退洪口、万家沟西退洪闸、扬水站总引水渠及其分水闸。

1988年，成立哈素海灌溉管理局。1990年8月，土默特左旗政府自筹资金100万元，扩建灌区3条干渠，包括一扬干渠清淤扩宽，南、北分干渠清淤整治和部分干渠建筑物重建。1993年，由自治区水利厅投资50万元，建设由永顺渠北干渠引水入哈素海工程，建设内容包括渠道新建、建筑物改建、进水闸等。1994年，哈素海灌溉管理局更名为土默特左旗哈素海水库灌溉管理处。2002年，对水库除险加固。2005年，投资147.45万元，建设干渠节制闸1座，支渠进水闸6座，退水口1座，维修干渠节制闸2座。2006年，投资151.77万元，2007年，投资176.72万元，2009年，投资375.83万元，建设哈素海灌域续建配套与节水改造工程。

（四）大青山灌区

大青山灌区位于山前冲洪积扇，以山沟自流引水及地下水为灌溉水源，属井渠双灌型灌区。大青山灌区西起土默特左旗白石头沟，东至赛罕区面铺窑沟。大青山灌区涉及新城区、回民区和土默特左旗，灌区内形成规模的灌区有：万家沟水库灌区、“五一”水库灌区、乌素图水库灌区、哈拉沁灌区、面铺窑子灌区、海流水库灌区6个灌区。灌区内有水库6座，由东至西分别为面铺窑子水库、哈拉沁水库、乌素图水库、五一水库、海流水库、万家沟水库。大青山灌区设计灌溉面积3.09万公顷，有效灌溉面积1.66万公顷；实际灌溉面积1.66万公顷。

（五）蛮汉山灌区

蛮汉山灌区由利用宝贝河、什拉乌素前河（茶房河）、什拉乌素后河（石匣沟）等河沟水源建成的独立的灌区组成。蛮汉山灌区涉及赛罕区、和林格尔县和土默特左旗，包括从宝贝河上引水的石咀子水库灌区、用茶房河水灌溉的陈梨窑水库灌区和二道凹水库灌区，还有石匣沟灌区、古力半水库灌区、恼木七太水库灌区、土不粘水库灌区、克略水库灌区、恼木气水库灌区、利农灌区、共和灌区、黄合少沟口子灌区及塘坝灌区。蛮汉山灌区设计灌溉面积1.51万公顷，截至2014年，有效灌溉面积1.99万公顷；实际灌溉面积1.54万公顷；节水灌溉面积5013.33公顷，其中管灌180公顷、喷灌200公顷、渠道衬砌4633.33公顷。灌区有水库10座、扬水站2座、土渠118千米、渠道衬砌23千米；灌区有建筑物148座，其中闸65座、桥23座、涵洞13座、渡槽3座、跌水44座、机电井1939眼。

（六）浑河灌区

浑河灌区指在黄河的一级支流浑河上通过水库蓄水和扬水站提水进行农田灌溉的灌区。浑河灌区位于和林格尔县南部和清水河县北部。浑河流域有前夭子水库灌区、苗家29号水库灌区、付家16号水库灌区、上窑子水库灌区、韩家沟门水库灌区、黑石兔水库灌区、张家41号水库灌区、三支树水库灌区、庆丰灌区、石峡口灌区、当阳桥灌区、浑河滩灌区、白旗窑灌区。浑河灌区设计灌溉面积1.47万公顷，截至

2014 年，有效灌溉面积 8880 公顷；实际灌溉面积 4866.67 公顷。灌区有水库 10 座、土渠 74.8 千米、渠道衬砌 8 千米；建筑物 235 座，其中闸 114 座、桥 29 座、涵洞 16 座、渡槽 14 座、跌水 62 座、机电井 427 眼。

（七）内陆河灌区和外陆河灌区

武川县水系划分为外陆河流域和内陆河流域。外陆河流域穿大青山而过，最终排泄在呼（呼和浩特）包（包头）平原的各河沟两岸的灌区。外陆河灌区分为上秃亥灌区、抢盘河灌区、卯独庆灌区、榆树店灌区和克力沟灌区 5 个灌区。外陆河灌区有效灌溉面积 4213.33 公顷；实际灌溉面积 2720 公顷；节水灌溉面积 846.67 公顷。灌区有土渠 16.8 千米、渠道衬砌 2.1 千米、机电井 1228 眼。内陆河灌区分为头号灌区、塔布河灌区、湾兔河灌区、巴拉干灌区、耗赖河灌区和厂汉木台灌区 6 个灌区。截至 2014 年，内陆河灌区有效灌溉面积 3866.67 公顷；实际灌溉面积 3353.33 公顷；节水灌溉面积 820 公顷，其中管灌 753.33 公顷。灌区有水库 1 座、土渠 36.2 千米、渠道衬砌 0.8 千米；建筑物 6 座，其中闸 4 座、桥 2 座、机电井 1121 眼。

（八）杨家川灌区

杨家川流域位于清水河县南部，该流域的灌区均为打井灌溉。截至 2014 年，灌区有效灌溉面积 4746.67 公顷；实际灌溉面积 133.33 公顷；集雨节水灌溉面积 66.67 公顷。

三、机电排灌

1986 年，全市有 6090 眼机电井、134 眼自流井。利用机电排灌的灌区主要有麻地壕灌区、磴口扬水灌区哈素海灌域以及其他小型的引黄河水灌区、利用当地水资源的灌区。

20 世纪 90 年代后，机电井灌溉发展迅速。2002 年，全市有灌溉井 1.18 万眼，井灌面积 9.17 万公顷。有排灌站 210 处，装机台数 424 台，装机容量 2.68 万千瓦，灌溉面积 5.50 万公顷。2005 年，全市有灌溉井 1.07 万眼，井灌面积 9.61 万公顷。有排灌站 195 处，装机台数 409 台，装机容量 2.66 万千瓦，灌溉面积 5.60 万公顷。2010 年，全市有灌溉井 1.25 万眼，井灌面积 10.44 万公顷。有排灌站 197 处，装机台数 414 台，装机容量 2.70 万千瓦，灌溉面积 5.68 万公顷。2014 年，全市有灌溉井 1.64 万眼，井灌面积 12.21 万公顷；有排灌站 187 处，其中中型 11 处、小（1）型 36 处、小（2）型 82 处、规模以下 58 处，装机台数 403 台，装机容量 2.63 万千瓦，灌溉面积 5.42 万公顷。

四、节水灌溉

（一）农业灌溉节水

1986 年后，呼和浩特市节水灌溉建设主要由大中型灌区续建配套与节水改造、小型农田水利重点县建设、高效节水灌溉项目等组成。资金来源有国家水利专项资金、自治区政府水利专项资金、市政府水利专项资金、发改委专项资金、国土部门资金、农业开发办专项资金以及当地受益群众自筹资金。2002 年，呼和浩特市节水灌溉面积 10.22 万公顷。其中，渠道防渗 6.50 万公顷、喷灌 2413.33 公顷、微灌 53.33 公顷、低压管道灌溉 3.48 万公顷。2005 年，呼和浩特市节水灌溉面积 11.77 万公顷。其中，渠道防渗 8.49 万公顷、喷灌 2253.33 公顷、微灌 53.33 公顷、低压管道灌溉 3.05 万公顷。2010 年，呼和浩特市节水灌溉面积 17.02 万公顷。其中，渠道防渗 11.17 万公顷、喷灌 4153.33 公顷、微灌 380 公顷、低压管道灌溉 5.2 万公顷、其他节水灌溉 2060 公顷。截至 2014 年，通过采取渠道衬砌、管道灌溉、喷灌和微灌等工程建设，全市有效灌溉面积 20.65 万公顷，节水灌溉面积 16.24 万公顷，节水面积占总灌溉面积的 78.63%。其中，渠道防渗 11.43 万公顷，管道灌溉 2.26 万公顷，喷灌 1.57 万公顷，微灌 9780 公顷。

（二）小型农田水利重点县建设

2009 年，开始实施小型农田水利重点县建设项目，以 3 年为 1 个周期。呼和浩特市涉及的旗县区有土默特左旗、托克托县、和林格尔县、清水河县、武川县、赛罕区。2009—2011 年，土默特左旗、武川县建设 2526.67 公顷，完成投资 9045 万元，主要项目为水源工程、喷灌、滴灌、微灌、渠道衬砌。2010—2012 年，和林格尔县建设 4826.67 公顷，完成投资 4969.88 万元，主要项目为水源工程、喷灌、渠道衬砌。2012—2014 年，托克托县建设 6033.33 公顷，完成投资 5719.36 万元，主要项目为麻地壕灌区及渠系衬砌。2014 年武川县、清水河县、赛罕区建设 3793.33 公顷，完成投资 5698.21 万元，主要项目为水源工程、喷灌、滴灌、微灌、渠道衬砌。

第四节　水土保持

一、水土流失成因及范围

呼和浩特地区土质疏松多孔，抗蚀能力差，易造成水土流失。地形平缓的塬面，径流汇集慢而少，水土流失少。在地形起伏和坡度大的沟谷区，径流容易在沟谷中汇集，流速和流量加大，会加剧水土流失的产生。全市降水时段集中且单次降雨量较大，极易产生水蚀；冬、春季节多风且风速较大，易造成风蚀。全市范围内地表植被稀少，林草覆盖度低，也是造成水土流失的主要因素。同时，人类活动对水土流失的影响主要体现在不合理的土地利用上，破坏森林、乱砍滥伐、陡坡开荒、顺坡直耕、缺乏轮作、广种薄收、过度放牧等做法是引起水土流失的原因，生产建设活动的频繁开展造成严重的新增水土流失。

2002 年，全国第二次水土流失遥感调查结果显示呼和浩特地区水土流失面积 1.14 万平方千米，经过多年水土流失综合治理，全市范围内水土流失得到有效控制，水土流失面积逐年减少。截至 2011 年，全市水土流失面积 8207.63 平方千米，占全市土地总面积的 47.65%，土壤侵蚀类型为水力侵蚀和风力侵蚀。其中，水力侵蚀面积 5379.55 平方千米，各级强度面积分别为：轻度侵蚀 4032.60 平方千米，中度侵蚀 834.17 平方千米，强烈侵蚀 321.76 平方千米，极强烈侵蚀 152.02 平方千米，剧烈侵蚀 39.0 平方千米；风力侵蚀面积 2828.08 平方千米，各级强度面积分别为：轻度侵蚀 2775.99 平方千米，中度侵蚀 50.10 平方千米，强烈侵蚀 1.05 平方千米，极强烈侵蚀 0.94 平方千米。全市有侵蚀沟道 9979 条，沟道面积共 3489.77 平方千米。水土流失类型主要包括土石山区、黄土丘陵沟壑区、低山丘陵区和风沙区 4 个区。

（一）土石山区

总面积 6229.12 平方千米，占全市总土地面积的 36.17%。该区主要分布于武川县、土默特左旗、新城区、回民区、赛罕区、和林格尔县。该区山势高大，坡度陡峭，沟道深长，有峡谷峭壁，并且山体支脉众多，崇山峻岭，年侵蚀模数为 1200 ~ 4000 吨 / 千米 ^{2}。

（二）黄土丘陵沟壑区

总面积 5326.86 平方千米，占全市总土地面积的 30.93%。该区主要分布于赛罕区、和林格尔县、清水河县、托克托县，该区沟壑纵横，支离破碎，年侵蚀模数为 1800 ~ 8000 吨 / 千米 ^{2}。

（三）低山丘陵区

总面积 1099.33 平方千米，占全市总土地面积的 6.38%。该区主要分在武川县，年侵蚀模数为 1100 ~ 3400 吨 / 千米 ^{2}。

（四）风沙区

总面积 1393.82 平方千米，占全市总土地面积的 8.09%。部分位于托克托县境内的风沙区，地势平坦，为固定、半固定沙丘覆盖，年侵蚀模数为 1600 ~ 4200 吨 / 千米 ^{2}；另一部分位于和林格尔县境内的风沙区，为水力、风力交替侵蚀区域，地势起伏，年侵蚀模数为 1300 ~ 3800 吨 / 千米 ^{2}。

二、国家重点小流域及黄河中游试点小流域治理

（一）面上小流域治理

1986 年，呼和浩特市的水土保持工作以小流域为重点，涉及托克托县的李顶窑小流域、耿庆沟小流域、圐圙图小流域、格图营小流域，和林格尔县的善喇嘛小流域、白彦不浪小流域，清水河县的海子上小流域、三台子小流域、五良太小流域、北山小流域、盘山小流域、曹家沟小流域、龙泉沟小流域、南山小流域，武川县的

沙湾子小流域，赛罕区的东干丈小流域、苏木沁小流域、什犋窑小流域、大榆树沟小流域，新城区的南水泉小流域、面铺窑小流域，回民区的半山小流域。全市小流域综合治理面积 338.88 平方千米，治理措施主要有修水平梯田、坡式梯田，栽植乔木林、灌木林，人工种草，在局部地区实行封山育林，修建谷坊、沟头防护、淤地坝。治理后的小流域，区域性小气候得到改善，降雨量、湿润度增加，旱、洪等自然灾害减轻，抗御自然灾害能力增强，有效地制止了土壤侵蚀，保障土地的永续利用。

（二）中央财政预算内专项资金水土保持项目

1999 年，呼和浩特市中央财政预算内专项资金水土保持项目涉及新城区、回民区、赛罕区、土默特左旗、托克托县、和林格尔县、清水河县项目区 18 条小流域，实际完成综合治理面积 120.49 平方千米，项目总投资 1440 万元，中央投资 720 万元，地方配套 360 万元。项目区综合治理投资标准为每平方千米 9 万元，其中中央投资每平方千米 6 万元、地方配套资金每平方千米 3 万元，群众适当投工投劳。2000 年，项目涉及新城区、回民区、赛罕区、土默特左旗、托克托县、武川县项目区 6 条小流域，实际完成综合治理面积 121.40 平方千米，项目总投资 1050 万元，中央投资 700 万元，地方配套 350 万元。2001 年，项目涉及新城区、回民区、赛罕区、土默特左旗、和林格尔县、清水河县、武川县项目区 14 条小流域，实际完成综合治理面积 98.60 平方千米，项目总投资 1142 万元，中央投资 760 万元，地方配套资金 382 万元。

2002 年，呼和浩特市中央财政预算内专项资金水土保持项目涉及新城区、回民区、赛罕区、土默特左旗、和林格尔县、清水河县、武川县 10 条小流域，实际完成综合治理面积 58.90 平方千米，项目总投资 615 万元，中央投资 430 万元，地方配套资金 185 万元。项目区综合治理投资标准为 10 万元 / 千米 ^{2}，其中中央投资 7 万元 / 千米 ^{2}、地方配套资金 3 万元 / 千米 ^{2}，群众适当投工投劳。

2003 年，呼和浩特市中央财政预算内专项资金水土保持项目涉及土默特左旗、清水河县及回民区 3 个旗县区 5 条小流域，实际完成综合治理面积 21.35 平方千米，项目总投资 278.42 万元，中央投资 140 万元，地方配套资金 70 万元，共青团自治区委员会自筹 74.62 万元。项目区综合治理投资标准为 9 万元 / 千米 ^{2}，其中中央投资 7 万元 / 千米 ^{2}、地方配套资金 3 万元 / 千米 ^{2}，群众适当投工投劳。2004 年，项目涉及土默特左旗、武川县、和林格尔县、回民区、赛罕区 5 个旗县区 7 条小流域，实际完成综合治理面积 22.24 平方千米，项目总投资 248 万元，中央投资 150 万元，地方配套资金 63 万元。项目区综合治理投资标准为 9 万元 / 千米 ^{2}。

治理措施有修水平梯田、坝地，营造乔木林、灌木林，人工种草，封山育林，建设谷坊、沟头防护、水窖，改扩建苗圃。

（三）黄河水土保持生态工程重点小流域综合治理工程

2003 年，呼和浩特市黄河流域水土保持重点小流域项目启动，2010 年，全部验收完成。项目共涉及 3 个旗县的 6 条小流域，分别是土默特左旗的朋顺营小流域、老道沟小流域，赛罕区的西沟小流域、苏计小流域，武川县的黄花滩小流域、昆都仑小流域。项目实际完成治理面积 118.73 平方千米，项目总投资 1205.1 万元，中央投资 558.1 万元，地方配套资金 647 万元。项目区综合治理投资标准为每平方千米 10 万元，其中中央投资 4.7 万元 / 千米 ^{2}，地方配套资金 5.3 万元 / 千米 ^{2}，群众适当投工投劳。治理措施有修坡式梯田，营造乔木林、灌木林，人工种草，封山育林，建设谷坊、沟头防护、水窖。

（四）生态清洁小流域综合治理工程

2012 年，呼和浩特市启动生态清洁小流域综合治理工程，项目涉及赛罕区，完成治理面积 6.68 平方千米，治理措施有营造乔木林、灌木林，人工种草，封山育林，建造谷坊；建设温室大棚，大棚配套发展节水灌溉；修人行钢架桥 1 座、过水路面 2 处；生态治理区实施高标准网围栏，生态修复区实施刺丝围栏，增设垃圾箱 20 个。项目共投资 401 万元。项目区综合治理投资标准为 60 万元 / 千米 ^{2}。

项目实施后，项目区水土流失治理程度 81.72%，林草措施面积占宜林宜草面积 80% 以上，林草覆盖率 46.73%；各项治理措施全部发挥效益后，年蓄水量 11.67 万立方米，年保土量 3.02 万吨；小流域出口水质达到地表水二类水质标准以上；流域内化肥使用强度（折纯）低于 250 千克 / 公顷；每年产值增加 81.80 万元，总产值 131.92 万元，人均收入由 6500 元增长到 7200 元。

（五）国家水土保持重点建设工程

呼和浩特市共开展 3 期国家水土保持重点建设工程，第一期（2003—2007 年）涉及新城区料木山项目区，第二期（2008—2012 年）涉及武川县照羊沟项目区和清水河县三岔河项目区，第三期（2013—2017 年）涉及土默特左旗大青山沿线项目区、武川县得胜沟项目区、和林格尔县骆驼沟项目区、清水河县榆树庄项目区和三岔河项目区。

（六）国家坡耕地水土流失综合治理工程

2011 年，呼和浩特市启动国家坡耕地水土流失综合治理工程，项目涉及呼和浩特市的部分有：2011—2013 年，武川县大水圪洞项目区；2013 年，清水河县当阳桥水库移民安置区项目区；2014 年，武川县兴合玉项目区、清水河县五良太项目区。该项目实际完成坡耕地水土流失综合治理面积 3064.66 公顷，项目总投资 5625 万元，国家投资 4500 万元，地方配套 1125 万元。治理措施有修建水平梯田、坡式梯田，在水平梯田上发展节水灌溉，新打机电井，架设高低压线路，铺设节水管道，安装

30千伏安变压器，营造沟坡防护林、作业路防护林，沟道内建谷坊、水窖，新修农田作业路、标志碑等。

三、京津风沙源治理

2013年，呼和浩特市启动京津风沙源治理二期工程，建设期10年（2013—2022年）。水利水保项目规划呼和浩特市新增小流域综合治理面积1679平方千米、水源工程4790处、节水灌溉工程2391处。总投资10.31亿元，其中中央投资7.53亿元、地方配套资金及群众投劳折资2.78亿元，涉及全市9个旗县区。

2013年，呼和浩特市建设小流域综合治理面积113.8平方千米、水源工程27处、节水灌溉工程25处。计划下达总投资4812万元。其中，中央投资3797.6万元，地方配套资金1014.4万元。涉及土默特左旗、和林格尔县、清水河县、武川县、赛罕区5个旗县区。小流域综合治理投资标准为每平方千米40万元，水源与节水灌溉工程投资标准为每处5万元。小流域综合治理中央投资80%，地方配套资金及群众投劳折资20%，水源与节水灌溉工程中央投资60%，地方配套资金及群众投劳折资40%。

2014年，建设小流域综合治理面积65平方千米、水源工程301处、节水灌溉工程205处。计划下达总投资5130万元，其中中央投资3598万元、地方配套资金1532万元。涉及全市9个旗县区。小流域综合治理投资标准为每平方千米40万元，水源与节水灌溉工程投资标准为每处5万元。小流域综合治理中央投资80%，地方配套资金及群众投劳折资20%，水源与节水灌溉工程中央投资60%，地方配套资金及群众投劳折资40%。

四、黄土高原区治理

（一）黄河水土保持生态工程浑河流域项目

黄河水土保持生态工程浑河流域呼和浩特市项目建设期为5年(2000—2004年)，涉及清水河县、和林格尔县老喇嘛、骆驼沟、前羊群沟、樊家窑、白旗窑、青豆沟、菠菜营、史兰太、北山等9条小流域，实际完成综合治理面积124.24平方千米，治理措施有修水平梯田，营造乔木林、灌木林，人工种草，封山育林，修建谷坊、沟头防护、水窖、淤地坝、骨干坝。项目总投资4473.55万元，其中中央投资2264万元、地方配套资金1445.91万元、群众自筹资金763.64万元。项目区综合治理投资标准为34万元/千米^2，其中中央投资17万元/千米^2、地方配套资金11万元/千米^2、群众自筹资金6万元/千米^2。项目经过综合治理，达到洪水不下山，清水缓出沟。层层设防，节节拦蓄，使项目区保水保土效益明显，梯田、坝地、水地保水率85%以上，保土率90%以上，林草措施保水率60%以上，保土率70%以上；项目区新增治理措施年保水能力305.78万立方米，保土能力109.83万吨。小流域累计治理程度47.12%，林草覆盖度36.39%。

（二）黄土高原水土保持二期世界银行贷款项目

黄土高原世界银行（简称世行）二期贷款项目涉及和林格尔县的大红城、董家营、樊家窑乡，清水河县的王桂窑乡、五良太乡、杨家窑乡6个乡，项目治理期为6年（1999—2004年），实际完成综合治理面积183.44平方千米，治理措施有修水平梯田，发展水浇地，营造乔木林、灌木林，人工种草，封山育林，发展畜棚，配备饲料加工，修建谷坊、沟头防护、水窖、淤地坝、骨干坝。项目总投资8764.8万元，世行贷款634万美元，折合人民币5262.2万元，国内匹配资金3502.6万元人民币。项目区综合治理投资标准为47万元/千米^2，其中中央投资28万元/千米^2、地方配套资金19万元/千米^2，群众适当投工投劳。

水土保持世行贷款项目区，经过6年的综合治理，林草覆盖率从9.37%提高至45.41%，人均产粮由301.6千克增加到947.7千克，人均收入由528元增加到1522.96元，土壤干容重由治理前的1.35吨/米^{3}变为1.29吨/米^3。

（三）黄土高原淤地坝建设工程

2003年，黄土高原淤地坝试点工程的建设涉及清水河县、和林格尔县、托克托县3县的正峁沟、范四窑、沙沟子、石咀子、骆驼沟、羊群沟、沙河、常家河、南槽碾9条小流域坝系。由水利部门投资建设的淤地坝有295座，其中骨干坝174座、中型淤地坝89座、小型淤地坝32座；由县生态办兴建的有7座，其中骨干坝2座、中型淤地坝5座；由乡、镇及各户建设的淤地坝共24座，其中骨干坝9座、中型淤地坝9座、小型淤地坝6座。

淤地坝的建设有效拦蓄泥沙，削滞洪峰，减少沟道水土流失。由于淤地坝多修建在正处于侵蚀活跃期的支毛沟中，拦泥滞洪作用显著。坝系制止沟底下切，沟岸扩张，抬高河床侵蚀基点，沟壑侵蚀大大减轻，沟道基本达到泥不出沟。每淤成1亩坝地平均拦泥量在8000立方米以上。正峁沟、范四窑2条流域内的淤地坝工程，每年可拦蓄泥沙5096万立方米。

（四）水土保持生态修复试点工程

呼和浩特市黄河流域水土保持生态修复试点县为武川县。项目实施期3年（2002—2004年），项目计划综合治理面积200平方千米，实际完成综合治理面积200平方千米，治理措施有建网围栏，封育保护，人工补播牧草，配套建设暖棚5座、畜棚81座，设置封育标志牌、宣传牌，设置封禁管护人员、宣传执法人员，设置监测站点。总投资450万元，其中国家投资为300万元、地方配套资金150万元。项目区综合治理投资标准为2.25万元/千米^2，其中中央投资1.5万元/千米^2、地方配套资金0.75万元/千米^2。随着项目的实施，人工种草和封山育林草面积逐年扩大，生长量日益增加，地面覆盖度逐步提高。

五、项目监督

1994—1997年，呼和浩特市及所辖各旗县区相继成立水土保持监督执法机构。1999年，市本级及旗县区制定开发建设项目监督检查程序。2000年，市本级及旗县区水土保持监督机构通过水利部水土保持监督执法体系验收。

2007年,在全市范围内对涉及水土保持的各类开发建设项目展开大规模“拉网式”调查摸底，建立呼和浩特市开发建设项目水土保持方案管理数据库，对建设项目编报水土保持方案、开展水土保持监理监测业务、落实水土流失防治、竣工验收以及相关建设单位和技术服务单位相关信息等实施统一管理。

2009年，武川县、托克托县成为第一批水土保持监督管理能力建设试点县。2011年，通过水利部的验收。2012年，土默特左旗、和林格尔县、清水河县被列为全国第二批水土保持监督管理能力建设试点县。

六、水土保持监测

（一）水土保持监测网络

2003—2005年，依托水利部启动的全国水土保持监测网络与信息系统建设工程，作为自治区9个水土保持监测分站之一，呼和浩特市的水土保持监测工作逐步展开。

2009—2012年，国家先后投资建设清水河县范四窑小流域卡口站、武川县黄花滩小流域坡面径流场、赛罕区三应窑小流域坡面径流场。监测站点分别布设在土石山区、黄土丘陵沟壑区、低山丘陵区，分别代表着呼和浩特市的3个典型地貌，通过在典型地貌布设的监测数据采集的基础站点，进行定点专项监测，长期定点观测，定期收集、整编水土流失及其防治动态的监测资料。

2012年后，采用自动观测的虹吸式雨量计、雨量数据采集仪、数字水位计等高科技观测设备，改变人工方法监测的模式，提高监测效率并保证数据精度。

（二）生态建设水土保持监测

1998年，世界银行专家到清水河县、和林格尔县项目区进行原地貌监测完成项目预评估，采用现场测量和抽样调查进行水土保持措施的质量与进度的监测。在项目区内、外共选择36个典型农户，24个典型地块，长期固定走访农户，记录项目执行过程中每年的收入、支出及家庭生产、生活情况，实地监测典型地块中粮食作物的产量及林木的生长量，监测经济效益。以县为单元进行社会调查，系统调查项目实施前后土地利用结构变化，农村产业结构变化，教育、卫生、文化科技水平等方面的提高；生态效益监测通过10个植被及小气候监测点进行。单项措施的调水保土效益监测通过和林格尔县后老窑小流域、清水河县段兰窑2个径流观测小区监测，小流域的调水保土能力监测由清水河县段兰窑骨干坝库区设固定的水尺，长年观测水位、泥位，计算保水保土量。通过项目区内外做有项目、无项目对比监测，为项目评估提供数据基础。

（三）水利普查的水土保持专项调查

2010—2012年，呼和浩特市进行第一次水利普查的水土保持专项调查，完成水土流失现状和水土保持措施普查。全市收集表格320张，通过气象资料汇集，对24个野外调查单元的38个风蚀点、水蚀点进行实地调查及GPS秒定位，拍摄实景照片976张，测量坡度，填写野外调查表。摸清呼和浩特市基本农田、水保林、草地等水土保持措施的数量、质量和分布情况，确定风力、水力侵蚀在不同强度的水土流失面积。

第五节　防汛（凌）、抗旱

一、防汛

1988年8月23日，大黑河石人湾洪峰流量1100米^3/秒，郊区后窑子村死亡13人。红领巾水库入库流量1500米^3/秒，溢洪后，水磨沟退水全部被淹。

1990年6月27日，呼和浩特市北部面铺窑沟、奎素沟一带出现暴雨、冰雹、山洪，266.67公顷农田受灾，冲走3台拖拉机、30头（只）大小牲畜。7月30日、8月27日，2次在坝口子沟发生洪水，洪峰流量分别为100米^3/秒、140米^3/秒，区钢铁大桥漫水桥洪水向东西两侧漫溢，交通中断数小时，洪水进入部分单位和居民院中，经抢救未造成大灾。

1992年7月25日，市区总降水量130.6毫米，降雨造成大黑河郊区八拜险工铅丝笼石墙被冲毁40米，乌素图水库东村护岸被冲毁100米，玉泉区倒塌房屋4间，托克托县韭菜滩建制村倒塌房屋16间。

1992年7月25日5点14分至16点16分，呼和浩特铁路段降雨量131毫米，形成洪水，使铁路设施遭到不同程度的破坏。

1992年8月2日，呼和浩特市出现暴雨山洪，降雨中心在近郊沿山一带，降雨最大处段家窑降雨163毫米。洪水使土默特左旗、托克托县、郊区32个乡镇受灾，受灾人口近27万人，农作物受灾面积18481公顷，成灾面积8546公顷，绝收面积5207公顷，损失粮食2.34万吨，死亡牲畜160头（只），堤防决口80处15.42千米，25个村庄进水，倒塌房屋828间，造成危房736间，冲坏铁路3处共0.95千米，使铁路上行线累计停车60.49小时，冲坏公路13条共16.3千米，冲坏桥涵、水闸、渡槽52座，损坏机电井127眼，损坏堤防12.632千米，损坏护岸丁坝16处，直接经济损失6330.9万元。其中，防洪工程损失819.2万元。

1994年7月21—22日，大黑河上游乌兰察布市卓资县旗下营镇突降暴雨，中心最大雨量158毫米。郊区沙梁至板定营一带出现3处决口。洪水首先在郊区榆林镇部分河段发生漫溢，冲毁两岸农田及房屋。其中，倒塌房屋397间，损坏房屋781间，受淹农田1.07万公顷，损坏机电井138眼，洪水冲毁水利工程及多处公路、桥、涵洞，造成直接经济损失8154万元。

1998年7月12日，全市普降暴雨、大暴雨，降雨量64.9～150.7毫米，北部沿山8条大洪沟和几条小沟山洪暴发。哈拉沁东堤新地渠段破堤100米。乌素图沟洪水使乌素图水库的水位与大坝顶只差1米，下泄洪水在入小黑河前出现3处决堤。全市8个旗县区93个乡、镇，815个村庄受灾，受灾人口38.76万人，紧急转移2167人，损坏房屋4605间，倒塌房屋4003间，农作物受灾7.57万公顷，成灾4.93万公顷，绝收2.89万公顷，死亡牲畜4705头（只），冲毁机电井486眼，以及部分桥梁、堤坝、机电井，乌素图截伏流工程被冲坏，直接经济损失4亿元。

2001年8月16日下午，土默特左旗沿山一带普降大雨，局部大暴雨，3小时最大降雨量47毫米，沿山各沟几乎同时出现较大山洪和泥石流，察素齐镇、毕克齐镇、把什乡受灾人口1.065万人，死亡2人，农作物成灾387公顷，死亡大畜8头，造成农牧业直接经济损失679万元；冲毁盘山公路2条共23.5千米，造成交通直接经济损失60.5万元，冲毁护岸5处、水库7座、灌溉设施8处、机电井31眼，直接经济损失823.6万元。其中，农业基础设施直接经济损失84.1万元。

2002年6月21—24日，呼和浩特市发生大范围持续强降雨，降雨量22～122毫米，沿山各沟发生洪涝灾害，受灾范围涉及土默特左旗、托克托县的11个乡、镇，受灾人口约7万人，倒塌房屋87间，堤防决口、农作物受灾面积12800公顷，减收粮食2.01万吨，死亡牲畜1000多头，毁坏路基57千米、输电线路2千米，损坏堤防20处、决口36处、护岸19处、水闸5处、灌溉设施835处、机电井3处，直接经济损失5961万元。

2003年7月2日，呼和浩特市北部大青山局部山沟发生雷阵雨天气，降雨中心在卯独庆，降雨量为48毫米，洪水不能及时排泄，使巴彦镇后罗家营村护村坝被洪水冲垮。新城区、赛罕区19个村庄受灾，受灾人口2.241万人，紧急转移人口350人，房屋受损381间，羊死亡30只，农作物受灾面积3490公顷，农作物成灾面积3430公顷，绝收面积2320公顷，冲毁路面40米，损坏护岸1处，长度1000米，损坏水闸1座，直接经济损失2566.9万元。

2003年7月24—27日，呼和浩特市普降中到大雨，局部暴雨，降雨量154.9毫米，各河沟发生不同程度洪水，呼和浩特市6个旗县区不同程度遭受灾情，受灾乡、镇17个，受灾人口8.3626万人，房屋倒塌429间，农作物成灾面积3303.33公顷，水利工程水毁严重，机电井被淹85眼，堤防损坏14处，冲毁塘坝1处、扬水灌区2处、西河水利工程1处，直接经济损失6175万元；8月4—5日，呼和浩特市大暴雨，武川县、和林格尔县5个乡、镇受灾，受灾人口1.31万人，房屋倒塌87间，农作物受灾面积 931 公顷，农作物成灾面积 566 公顷，绝收面积 335 公顷，死亡牲畜 17 头，公路毁坏 5022 米，损坏堤防 89 处、机电井 6 眼，直接经济损失 620 万元。

2004 年 8 月 2 日 20 时，市区南部发生强雷阵雨天气，托克托县新营子镇黑城村东南丘陵山区突降暴雨 40 多分钟，引发该地区 40 年罕见的特大洪水，洪水漫过运洪堤坝，造成堤坝垮塌 28 米，洪水流量 30 米 ^{3}/ 秒。马士窑、黑水泉、坝上、乃同等村不同程度受灾，洪灾造成房屋垮塌 50 间，形成危房 503 间，损坏井、窑 65 个，受灾 146 户、450 人，垮塌机井 2 眼，损坏衬渠 2100 米、过路桥涵 2 处、砂石路 800 米、土路 10 千米，砖厂 100 万块土坯倒塌，146.67 公顷作物受损，大小牲畜伤亡 28 头(只)，棚圈倒塌 32 间，直接经济损失 360 万元。

2006 年 8 月 8—9 日，和林格尔县连续 24 小时降大到暴雨，降雨量 78.4 毫米，受灾人口 10865 人，倒塌房屋 146 间，农作物受灾面积 551 公顷，成灾面积 361 公顷，粮食减收 1350 吨，损坏护岸 2 处、水闸 1 座、灌溉设施 5 处、机电井 11 眼，工业、交通运输业遭受不同程度破坏，直接经济损失 624 万元。8 月 12 日，清水河县喇嘛湾镇降雨量 62.0 毫米，喇嘛湾镇遭受洪水袭击，贾浪沟水源截流工程被毁，白泥窑沟水源工程部分被毁，管网毁坏 100 米，自来水管网毁坏 300 米，国道 109 线公路桥、梁上通村公路遭到毁坏，6 间房屋倒塌、83 间房屋成为危房，直接经济损失 339 万元。

2008 年 6 月 18 日，呼和浩特市地区普降暴雨，市区日累计降雨 78.1 毫米，土默特左旗日累计降雨 67.6 毫米。土默特左旗陶思浩乡古雁村、沟门村不同程度受灾，64.33 公顷庄稼被洪水冲淤，直接经济损失 114.2 万元。

2009 年 7 月 27 日，土默特左旗出现大暴雨伴随冰雹，暴雨中心位于察素齐镇北大青山前坡地区，土默特左旗察素齐镇北西沟、东沟均发生洪水，4 人被洪水冲走死亡。洪涝灾害使土默特左旗 4 个乡、镇及区域服务中心受灾，受灾农作物 1640 公顷，损坏房屋 4 间，受灾人口 3 万人，直接经济损失 3200 万元。和林格尔县突降暴雨，造成 5 个乡、镇 4.01 万人受灾。

2010 年 5 月 27 日，土默特左旗暴雨引发洪涝灾害，直接经济损失 905 万元，7 月 6 日，土默特左旗暴雨引发山洪，直接经济损失 500 万元。8 月 7 日，武川县大雨引发洪灾，直接经济损失 1692 万元。

2011 年 7 月 12 日，武川县大青山乡部分地区雨伴随冰雹引发山洪，死亡 1 人，直接经济损失 1013.937 万元。8 月 14—15 日，清水河县宏河镇降雨引发山洪，直接经济损失 309 万元。托克托县双河镇暴雨引发洪水，直接经济损失 814 万元。8 月 24 日，武川县可镇发生洪水，直接经济损失 260 万元。

2012 年 6 月 25 日，武川县哈乐镇部分地区阵雨伴随冰雹引发山洪，直接经济损失 1914.5 万元，1 名消防救援人员在抢险过程中牺牲。7 月 20—21 日，和林格尔县、清水河县7个乡、镇不同程度遭受洪灾，直接经济损失100万元。7月25日，大青山沿山一带突降大到暴雨，大黑河上游洪峰流量820米^3/秒，造成7人死亡，直接经济损失1.95亿元。8月1—3日，武川县、清水河县部分地区突降雷阵雨引发山洪，直接经济损失2200万元。

2013年6月30日至7月2日，呼和浩特市大范围强降雨，部分地区暴雨伴有冰雹，4个旗县的15个乡、镇造成不同程度的洪涝灾情，直接经济损失8082万元，受灾人口6.67万人，死亡2人。7月14—15日，降雨造成4个旗县16个乡、镇出现洪涝灾害，受灾人口1.2391万人，直接经济损失1.252亿元。2013年8月10—11日，武川县哈拉合少乡、得胜沟乡的部分地区降暴雨引发洪灾，直接经济损失1428.6万元。9月17—18日，土默特左旗境内普降大雨引发洪水，直接经济损失273万元。

2014年、2015年无水灾。

二、防凌

黄河流经托克托县、清水河县，全长102.5千米，建有防洪堤26.24千米。河道内存在的险工、桥梁、穿堤涵闸、取水口、水库使黄河呼和浩特市段防凌形势异常严峻。主要有什四份子、东营子、章盖营子、喇嘛湾4处险工，建成桥梁11座、穿堤涵闸19处、取水口3处，有58千米河道位于万家寨水库库区内。

1982年后，由于黄河未出现过大洪水，河床淤积严重，行洪断面相对减少；有些河段堤防未经高水位考验，大堤吃水，易发生滑坡和管涌；穿堤涵洞堵复后未经水面浸泡，遇到高水位时，可能发生串漏。河道内的桥墩挤占行洪（凌）断面降低河道行洪能力，增加卡冰结坝概率，且无法使用飞机投弹破冰排除险情。

1998年10月，万家寨水库建成运行，河道水位壅高，水流流速减缓，河道输沙能力减弱，致使历史上从不结冰的河段结冰，每到流凌期，大量凌块滞蓄在河道内，形成严峻的防凌局面，威胁沿河村庄、厂矿企业、道路交通安全。万家寨水库最高蓄水位980米，正常蓄水位977米。10月，下闸蓄水，封河期库区水位始终低于正常蓄水位977米，凌汛期曹家湾一带河滩地经常被淹。比较严重的有4次，分别为1998—1999年、2004—2005年、2007—2008年、2010—2011年。

2012年8月12日至9月2日，受持续大流量、高水位影响，黄河托克托县段东营子、章盖营子控导工程和什四份子险工段护岸工程发生不同程度塌陷和沉陷。共发生塌陷39处，长度338米，沉陷4处，长度180米。

2014年，开河流凌其间，托克托县段什四份子弯道内3处坝垛遭到破坏，长度137米，护岸下沉196米；清水河县喇嘛湾段堤防50米铅丝石笼护岸下沉，堤脚多处遭受凌块冲击损毁，3月20日，黄河清水河县喇嘛湾大桥下游3千米处出现险情，冰面距沿黄公路路面30～40厘米，堆冰长度延长，水位升高。至3月21日8时，累计淹没沿黄公路 800 米，最大水深 0.6 米。11 时 30 分，河水归槽，险情解除。

三、抗旱

1990—2014 年，全市共发生 48 次干旱，因旱灾造成损失累计 116.03 亿元。全市投入抗旱人数 400.63 万人，投入抗旱资金 26716 万元。其中，中央投入资金 4257 万元，地方投入资金 3122 万元，群众自筹资金 1.93 亿元。2009 年、2014 年，分别启动Ⅲ级抗旱应急响应。

2015 年春季，呼和浩特地区降水异常稀少，局部地区出现历史罕见的持续干旱少雨气候。武川县东部、托克托县西南部为轻旱，和林格尔县、清水河县大部为重旱,其余地区为中旱。特别是清水河县遭遇历史罕见的持续干旱少雨气候。面对旱情，呼和浩特市共投入专项资金 1045 万元，组织出动 9.16 万人进行抗旱。投入使用机电井 9000 余眼，完成抗旱浇灌面积 17.53 万公顷，检查维修设备 2820 台套，解决 8.26 万人、12.26 万头（只）大牲畜的饮水困难问题，挽回粮食损失 3539.2 万千克，挽回经济作物损失 10548.05 万元。

第六节　水利工程建设

一、防洪工程

（一）黄河干流

呼和浩特境内黄河干流堤防长度 26.74 千米。其中，托克托县堤防 21.5 千米，等级为 4 级，设防标准为 50 年一遇；清水河县堤防 5.24 千米，等级为 4 级，设防标准为 20 年一遇。主要有什四份子、东营子、章盖营、喇嘛湾 4 处险工。

截至 2015 年，全市共储备石料 1.05 万立方米、铅丝 118 吨、木扦 1.92 万条、编织袋 52 万条、锹 2600 把、锤 40 把、镐 740 把、绳子 75 千克，以及必要的防凌抢险救生衣和发电、照明设备等抢险物资。

（二）城市防洪

呼和浩特市城区洪水防御体系主要由水库、堤防、河道工程和非工程措施组成。水库工程有乌素图水库和哈拉沁水库。堤防工程建成堤防总长 101.14 千米。其中，浆砌石墙 19.65 千米、土堤 56.30 千米、浆砌石护坡 25.19 千米，防洪标准为 50 ~ 100 年一遇。河道综合治理工程有扎达盖河综合治理工程和东河综合治理工程。

西河综合治理工程位于呼和浩特市城区内，北起京包铁路线，南至西茶房桥，全长 4.8 千米。河道纵坡约为 3‰ ~ 4‰，河床宽度 50 ~ 85 米。治理段内西河常年有水，大水集中在汛期的七、八月，平时以排泄污水为主。汇入治理段内的支流有小哈拉沁沟，属季节性河流。重点治理段为京包铁路桥至西茶房桥，长 4.8 千米，修建5座橡胶坝，城区段沿河两岸污水分别截入公主府、辛辛板、章盖营污水处理厂。西河城区段防洪标准为100年一遇洪水标准。红山口水库建成后堤库结合防洪标准200年一遇。西河治理一期工程北起京包铁路线，南至西茶坊桥，全长4.8千米。建有橡胶坝蓄水工程5座，形成蓄水水面20万平方米，配有泵站和自动测投监控设施及相应的防渗工程，以及配套的截污系统。2002年西河综合治理工程开工建设，2004年完工。治理内容包括防洪工程、蓄水工程和景观绿化工程。防洪工程包括堤防工程及河道整治。

东河是哈拉沁沟到小黑河的统称，东河综合治理工程北起市政府、京包铁路桥以北1千米处，经东风桥、四纬路、东茶房桥、后巧报桥西南至前巧报桥，治理河道长12.82千米。堤防设计洪水标准100年一遇，设计洪峰流量1000米^3/秒，与哈拉沁水库联合运行，防洪标准200年一遇。工程分2期实施。河道疏浚及堤防治理工程疏浚长度12.82千米，河道宽110 ~ 150米，堤防工程总长度25.64千米。蓄水工程共修建11座橡胶坝及泵房、蓄水池。河道内结合城市景观的要求，形成总长12.82千米的连续水面。上游有哈拉沁水库和哈拉沁水文站，洪水的调度运行主要依靠水库。2003年3月，东河综合治理一期工程开工建设，总投资4.3亿元，同年9月完工。2004年，东河综合治理二期工程开工建设，总投资5.49亿元，2007年完工。

二、排涝工程

1986年，呼和浩特市城区共有雨水干管、污水干管、支干管、街坊支管286条，总长225.6千米，护城河雨水明渠系统11千米，西外环雨水明渠4千米；人民公园、满都海公园内2座雨水调节池和呼伦贝尔北路公铁立交桥雨水提升泵站1座。1986—2004年，改造和新建各种口径的雨污水排水管道121条。至2005年，城区建成雨水管道358.32千米，雨水、污水排水系统服务面积73.8平方千米，雨水明暗沟渠11千米，公铁立交桥6座。2006年，城区99条街道有雨水管道。其中，主干道29条，小街巷70条。雨水管道总长1044.082千米。其中，主干管长度1007.21千米，小街巷36.872千米。护城河长4.27千米，雨水明沟1.3千米，雨水暗沟5.45千米。合计1055.102千米，服务率35%。2010年，雨水管网系统服务面积140平方千米。2013年，雨水管网系统服务面积140平方千米。

2014年，呼和浩特市采用分散排水方式，雨水就近排入乌素图沟、扎达盖河、哈拉沁沟、哈拉更沟、霍寨沟、小黑河、大黑河等河流中，并改造和平渠护城河。中心城区划分为7个雨水排除系统，分别是小黑河雨水系统、大黑河雨水系统、乌素图沟雨水系统、哈拉沁沟雨水系统、哈拉更沟雨水系统、扎达盖河雨水系统、什拉乌素河雨水系统。汇水面积333.8平方千米。截至2015年，呼和浩特市城区共有雨水泵站17座。

2015 年呼和浩特市城区雨水泵站一览表

表 7-2-4

泵站名称	具体位置	建设时间	泵站占地面积（平方米）	泵站提升能力（米^3/时）
呼伦路泵站	呼伦贝尔北路与北垣街西北角	1981 年	4700	3522
赛罕路泵站	公主府公园西南角	1983 年	—	1200
民主路泵站	海西路与巴彦路十字路口西北角	1996 年	1000	1800
党委立交桥泵站泵站	哲里木路与北垣街十字路口东北角	1997 年	—	3200
兴安路泵站	兴安南路与北垣街十字路口西北角	1998 年	—	3200
构件街泵站	构件街与北垣街十字路口东南角	2002 年	4700	1680
金川泵站	金一道铁路桥东南角	2004 年	—	1000
小黑河泵站	小黑河北岸呼伦路大桥东侧	2005 年	—	1800
东二环泵站	二环东路与北垣街十字路口东北角	2007 年	4500	3500
西二环泵站	二环西路与海西路交会处西南角	2011 年	—	3200
北二环泵站	二环北路与呼哈铁路交会处东南角	2011 年	—	3200
金桥雨污水泵站	金盛路金桥电厂对面	—	—	7400
金桥昭乌达路泵站	金桥内蒙古日报社对面	—	—	12000
金峰丽水泵站	金峰丽水大厦北侧	—	—	160
金沙丽城泵站	水上公园院内西北角	—	—	160
站东立交桥泵站	车站东路立交桥东侧	—	—	—
腾飞路立交桥泵站	腾飞路铁路桥北东河西岸	—	—	—

说明：表中“—”表示无数据

2003—2013 年呼和浩特市城区雨水管网统计表

表 7-2-5

年份	雨水管道总长度（千米）	年份	雨水管道总长度（千米）
2003	289.4	2009	458
2004	304.4	2010	478
2005	297.1	2011	555
2006	299	2012	625
2007	299	2013	774
2008	453		

三、农村人畜饮水工程

1989年，呼和浩特市利用世界银行贷款项目，实施农村环境卫生改水工程建设。1996年，开始实施农村人畜饮水“380”工程。至2000年末，通过实施“380”工程、防氟改水工程、扶贫饮水工程，全市共解决23.7万人、49.4万头（只）牲畜的饮水问题。2001年，实施防砷、防氟改水及解困工程，解决32.5万人的饮水问题。2005年，开始实施国家“农村饮水安全工程项目”。2001—2005年，全市共建成各类供水工程1049处。其中，机电井814眼、筒井48眼、截伏流工程59处、其他形式的引水工程128处，建成水窖、旱井3.2万眼，解决78.8万人的饮水问题，达到饮水安全和基本安全的有73.58万人。完成投资1.60亿元，其中国家投资8573万元，地方群众自筹资金及投劳折资合计7417万元。

2007年，建成新城区哈拉更饮水安全工程，主要供给新城区毫沁营镇哈拉更、乌兰不浪、讨思浩、生盖营、塔利5个建制村。项目区控制面积24.2平方千米。供水类型为Ⅲ型，供水规模1541.99米^3/日，解决1.38万人的饮水问题，总投资516.56万元。2008年，建成玉泉区昭君水厂，位于玉泉区桃花乡。项目涉及茂林太、达赖庄、贾家营、田家营、杨家营、百什户、郭家营、西地、兴旺庄9个建制村，水厂供水半径5千米，控制面积80平方千米。供水类型为Ⅲ型，供水规模4072.50米^3/日，解决1.5万人的饮水问题，总投资541.25万元。2010年，建成武川县哈乐镇巨宝庄农村饮水安全工程。位于武川县哈乐镇西北部，供水类型为Ⅳ型，供水规模827米^3/日，解决1.76万人饮用苦咸水的问题，总投资1314.07万元。截至2010年，全市建成运行农村集中式供水工程846处，日供水总规模8.5万立方米，水质符合安全饮用水标准。累计受益人口104.87万人。

2011—2012年，累计解决农村16.38万人安全饮水问题。2013年，国家及自治区下达农村饮水安全工程资金2277万元，完成饮水安全人数3.99万人。2014年，全市农村饮水安全工程建设项目投入建设资金1471万元，建设农村安全工程23处，涉及市辖9个旗县区，受益人口1.5万人。2015年，新建完成安全饮水工程水源86个，改造水源完成83个，新建、改造管网完成1437.91千米，新建、改造水窖完成289个。解决农村1.83万人饮水安全问题。

四、引黄入呼工程

1986年，开始论证实施引黄河水入呼和浩特市工程方案。1992年，成立市引黄供水工程领导小组。1993年10月，国家计划委员会批准引黄入呼工程立项。1995年，成立市引黄供水工程建设指挥部。至1996年，编制完成《内蒙古自治区呼和浩特市引黄供水工程可行性研究报告》，经自治区建设厅、市政府及咨询单位中国国际工程咨询公司审查、修改、出版。根据其内容和要求由中国市政工程华北设计研究院和自治区水利水电勘测设计院，完成初步设计和施工图设计。

引黄入呼供水工程建设总规模40万米³/日，总投资17.77亿元。工程分二期建设，一期工程规模20万米³/日，投资14.14亿元，工期4年。建设内容包括：在黄河左岸托克托县蒲滩拐河段建设取水泵站，在取水头部设立预沉系统，将原水提升进入台地上的预沉厂区。预沉后的泥渣经排泥泵站排放到排泥场，预沉后的原水加压后用输水管道输往二道洼调蓄水库，二道洼调蓄水库以城市供水为主，兼顾部分防洪农业灌溉，总库容1858万立方米。调蓄水库出水为重力有压流，沿公路敷设的管道输往金河净水厂，净化处理后送往市区和化工区。净水厂按40万米³/日的规模规划，一期工程按20万米³/日规模建设。二期工程建设规模为20万米³/日，投资3.63亿元。

1998年，呼和浩特市引黄供水工程开工建设。2002年10月一期工程完工。2003年一期工程投入运行。2015年5月二期工程开工建设。

五、水库

截至2015年，呼和浩特市共注册中、小型水库42座。其中，中型水库9座、小（1）型水库18座、小（2）型水库14座，另有红吉水库为规划建设水库。1999—2008年，先后对6座中型水库除险加固。2005—2013年，对18座小（1）型水库除险加固。2012—2014年，对5座小（2）型水库除险加固，其余9座小（2）型水库未进行安全鉴定。

（一）哈拉沁水库

哈拉沁水库位于市区正北约35千米，武川县哈乐镇卯独庆村南1.5千米峡谷入口处。水库大坝至哈拉沁沟口18千米。哈拉沁水库枢纽工程主要由大坝、泄洪洞、放水涵洞组成。原设计任务以防洪为主，兼顾灌溉等综合利用。在工程建设中随着呼和浩特市城市发展和抽水蓄能电站的开工建设，开发任务调整为以城市防洪为主，兼顾抽水蓄能电站，城市生态景观供水、城市供水后备水源地，发展旅游业。

2002年10月，哈拉沁水库工程开工建设，2011年10月，整体完工。2012年9月，通过蓄水安全鉴定和竣工验收技术鉴定。截至2013年11月30日，水库蓄水位1437米，库容2220万立方米。2006—2011年，水库每年为下游农田春灌放水300万立方米，夏灌放水200万立方米；2010—2013年，累计为东河景观河放水500万立方米；2013—2014年为抽水蓄能电站供水1000万立方米。

（二）乌素图水库

乌素图水库主要拦蓄乌素图沟的洪水，工程由拦河土坝、输水管道及溢洪道三部分组成。

1986年，郊区农牧水电局主持编制《乌素图水库维修改建设计》。维修主要包括中洞坝体段压力灌浆，洞内喷浆，截渗环处理；东洞工作桥维修、启闭设备更新；

溢洪道闸门改建。1987年5月，中洞坝体高压喷射灌浆，7月，铺设土工膜。1990年12月，编制《乌素图水库东泄洪洞维修工程设计》，主要项目由木制工作桥改为钢筋混凝土结构，泄洪洞闸门板改为平面钢闸门板并设有P型止水橡皮，更新启闭机。1998年汛期，水库溢洪道消力池下的海漫及两侧挡土墙被冲毁。1999年汛期前修复。2000年，对乌素图水库大坝安全鉴定，确定大坝安全类型为三类坝。2006年3月，水库除险加固工程动工修建，2007年，完成新建溢洪道，坝基高压摆喷灌浆，闸门、启闭机安装调试，启闭机房建设，新建溢洪道与大坝连接的干砌石护坡砌筑，维修原泄洪洞、输水洞及坝顶路面。

（三）红领巾水库

红领巾水库位于土默特左旗毕克齐镇水磨沟沟口。红领巾水库是以防洪为主，兼顾灌溉等功能的综合利用水库，工程等级为Ⅲ等，工程规模为中型水库，主要建筑物拦河土石大坝（含输水洞、冲砂泄洪洞和溢洪道）级别为3级。次要临时建筑物为4级。红领巾水库总库容2100万立方米。调洪库容1590万立方米，防洪库容775万立方米，调节库容635万立方米，死库容50万立方米，设计标准50年一遇，校核标准1000年一遇。水库控制流域面积1381平方千米，年度平均供水量3300万立方米，多年平均径流量4144万立方米，多年平均流量1.31米^3/秒。

1986年7月，水库竣工投入运行。2001年3月，自治区水利厅组织对红领巾水库大坝进行安全鉴定，鉴定为三类坝。应除险加固。主要内容是水库枢纽等别Ⅲ等，大坝、泄洪隧洞3级，次要建筑物4级。2002年9月，除险加固工程开工，2004年10月，完工。

经过除险加固后，红领巾水库总库容2100万立方米，正常蓄水位以下库容686万立方米，调洪库容775万立方米，调节库容635万立方米，死库容50万立方米；溢洪道设计泄洪流量为1028米^3/秒，校核泄洪流量为3643米^3/秒；隧洞加固前设计流量为94米^3/秒，加固后为194米^3/秒（包括东泄洪洞）。

（四）万家沟水库

万家沟水库位于土默特左旗察素齐镇把什区域服务中心沙尔沁村东北。万家沟水库是以防洪为主，兼顾灌溉等功能的综合利用水库，工程等别为Ⅲ等，工程规模为中型，主要建筑物拦河坝（含泄水孔及冲砂泄洪洞）级别为3级。次要临时建筑物为4级。水库总库容2576万立方米，死库容428立方米，兴利库容1513.41万立方米，防洪库容1698.2万立方米。防洪标准100年一遇，校核标准500年一遇。控制流域面积857平方千米。年度供水量3233万立方米，多年总供水量3680万立方米，多年平均径流量4225.82万立方米。

1991年，万家沟水库开工建设，1997年投入运行。由于资金原因，投入运行时基础灌浆、接缝处理、拱坝下游底部保温模板、冲砂保温门、放水管主阀设备及安装、廊道自动排水泵等工程未完工，工程未进行竣工验收，水库正常蓄水受到影响。2009 年 3 月，鉴定万家沟水库大坝安全类别为三类坝。2010 年 6 月，开始除险加固工程勘测设计，8 月，水库大坝安全鉴定通过水利部大坝安全管理中心核查，同意三类坝鉴定结论意见。2011 年 9 月，工程设计通过自治区水利厅审查，2012 年 2 月，通过黄河水利委员会核查。除险加固内容包括对拱坝加固补强处理、对坝体漏水进行处理，对坝基灌浆处理、加装放水管闸阀，修复泄洪冲沙洞闸门止水、建立库区水情检测和大坝安全监测系统、更换电气控制系统，增加远程监视系统、增加上坝公路加固设计、改善管理设施。2014 年 11 月，除险加固工程开工建设，工程建设期 2 年，总投资 8223.49 万元。

（五）五一水库

五一水库位于土默特左旗兵州亥乡境内的黄河流域小黑河支流白石头沟沟口处，是一座以灌溉为主，兼顾防洪等功能的综合利用水库，控制流域面积 96 平方千米。水库枢纽由大坝、溢洪道、重力坝和输水洞组成。1986 年，水库校核洪水位 1122.10 米，正常蓄水位 1121.60 米。2008 年 8 月，鉴定水库大坝安全类别为三类坝。

五一水库总库容 274 万立方米。属小（1）型水库，工程等别Ⅵ等，主要建筑物 4 级。设计洪水标准为 50 年一遇洪水，校核洪水标准为 300 年一遇。相应水位分别为 1124.00 米和 1124.80 米。死水位为 1115.0 米。设计泄洪流量 513 米^3/ 秒，校核泄洪流量 902 米^3/ 秒。工程设防地震烈度为 8 度。

2005 年 6 月，五一水库除险加固工程开工，2006 年 12 月竣工。

（六）陈梨窑水库

陈梨窑水库位于和林格尔县东北的什拉乌素河上游茶房河，属黄河流域大黑河一级支流。坝址以上的控制流域面积 211.4 平方千米，主沟长 36.50 千米，河道比降 11.3‰。主要建筑物包括大坝、溢洪道和放水洞三部分。

2008 年 7 月，自治区水利水电勘测设计院对水库进行除险加固工程设计。水库为小（1）型，枢纽工程等别为Ⅳ等，主要建筑物为 3 级。设计洪水标准为 50 年一遇，校核洪水标准为 300 年一遇。相应设计洪水水位为 1184.10 米，校核洪水水位 1187.20 米，正常蓄水位 1185.0 米；兴利库容 432.90 万立方米，设计洪水时的库容 361.60 万立方米，总库容 622.40 万立方米。最大泄量 736 米^3/ 秒。工程建设主要项目包括大坝工程维修加固、新凿隧洞、废除大坝左侧正常溢洪道，在原溢洪道位置布置副坝、辟宽下游泄洪槽等。

2009 年 4 月，陈梨窑水库除险加固工程开工建设，2010 年 11 月竣工。

（七）二道凹水库

二道凹水库位于土默特左旗沙尔沁镇二道凹村东北约500米，在黄河流域大黑河支流什拉乌素前河、干沟子、二道河3条河流汇合处。地理坐标为北纬40° 36′ 14″，东经111° 44′ 08″。原名大寨水库，是一座以防洪为主，兼顾灌溉等功能的综合利用中型水库。2002年，鉴定水库大坝安全类别为三类坝。

水库总库容1157万立方米，灌溉面积2267公顷（春灌和冬灌），工程等别为Ⅲ等，主要建筑物为3级，设计洪水标准为20年一遇，校核洪水标准为100年一遇。设计洪水水位为1046.4米，相应库容为551.0万立方米；校核洪水水位为1046.7米，相应库容为1157.0万立方米；正常蓄水位为1043.7米，相应库容140.0万立方米；死水位1040.8米，相应库容为0。地震烈度为8度。

2007年7月，二道凹水库除险加固工程开工，2008年11月竣工。

（八）石咀子水库

石咀子水库位于和林格尔县城关镇石咀子村西，黄河流域一级支流大黑河支流宝贝河，水库控制流域面积357平方千米，是一座以防洪、灌溉为主兼有城市地下水源补给功能的综合利用的中型水库。水库由土坝、溢洪道、输水洞组成。

石咀子水库设计水库工程为Ⅲ等，工程规模为中型，大坝、溢洪道主要建筑物为3级建筑物，灌溉放水洞次要建筑物为4级建筑物，水库总库容为2715万立方米，死库容为2001万立方米，兴利库容731万立方米，防洪库容为250万立方米。设计洪水标准为50年一遇，校核洪水标准为1000年一遇。除险加固建设内容为：大坝加高培厚，将原来泄洪洞、溢洪道改为净宽20米的溢洪道，设两孔开敞式冲砂闸，最大下泄流量为1487米^3/秒，工程概算总投资2546.58万元。

2004年5月，石咀子水库除险加固工程开工，2006年12月竣工。

（九）哈素海水库

哈素海水库位于土默特左旗，中型水库。水库南北长9.0千米，东西宽5.0千米，围堤长23.75千米，面积30.0平方千米。库内高程988.50 ~ 991.10米，平均高程989.50米，地形北高南低。哈素海水库水源主要有民生渠从黄河补给以及美岱沟、西白石头沟、万家沟等山沟径流汇入，总控制面积为1976平方千米。水库的主要功能为防洪和灌溉，兼营渔业、养殖业及旅游业。主要建筑物均按3级建筑物设计。

2000年，鉴定水库大坝安全类别为三类坝。2000年3月，完成除险加固工程设计。经复核哈素海水库是中型平原水库，工程等别为Ⅲ等，设计洪水标准为50年一遇，校核洪水标准为100年一遇。主要建筑物为3级。水库正常水位990.94米，相应库容4840.0万立方米；设计洪水位991.15米，相应库容5460.0万立方米；校核洪水水位991.35米，总库容6060.0万立方米。汛限水位990.25米，相应库容2810.0

万立方米；死水位 990.0 米，相应库容 2120.0 万立方米；设计泄洪水流量 30 米 ^{3}/ 秒，校核泄洪水流量 60 米 ^{3}/ 秒。

加固的建筑物包括万家沟西用洪闸、哈素海泄洪闸、红沙口补水闸、轱辘畔进洪闸（西）；拆除新建的建筑物包括后河进洪闸、万家沟用洪渠桥；新增建筑物有：轱辘畔 1 号进洪闸（18+030）、轱辘畔 2 号进洪闸（19+200），围堤桩号（20+712）钢筋混凝土圆涵、围堤桩号（21+295）钢筋混凝土圆涵、围堤桩号（22+300）钢筋混凝土圆涵；拆除并改建的建筑物有：培高加厚万家沟进洪渠两侧土堤。除险加固后的水库总库容 6060 万立方米，调洪库容 3250 万立方米，兴利库容 2720 万立方米，死库容 2120 万立方米。水库多年平均引黄水量 4000 万立方米，多年平均灌溉供水量 1800 万立方米，灌溉面积 4000 公顷。

2000 年 7 月，哈素海水库除险加固工程开工，2002 年 7 月竣工。

（十）前夭子水库

前夭子水库位于和林格尔县新店子镇下恼亥村。前夭子水库是黄河一级支流浑河干流上的水利枢纽工程，是集灌溉、供水、防洪、拦沙、养殖、旅游于一体的综合性中型水库，工程等别为Ⅲ等，其挡、泄水建筑物为 3 级建筑物。

前夭子水库正常蓄水位 1219.0 米，死水位 1204.0 米，设计洪水水位 1221.37 米，校核洪水水位 1230.84 米。上游控制流域面积 2551 平方千米，设计总库容为 9700 万立方米。大坝安全评价确定的标准为 50 年一遇，校核标准 1000 年一遇。

1986 年，水库工程处于停建状态。2002 年 3 月，水库复工建设，2003 年 8 月，开始试运行。2010 年 8 月，前夭子水库大坝安全类别评定为三类坝，需除险加固。2012 年，加固工程开工建设。

（十一）当阳桥水库

当阳桥水库位于清水河县境内浑河流域浑河下游城关镇庄窝坪村。海拔高程 1040 ~ 1100 米。水库控制流域面积 4656 平方千米。当阳桥水库的主要任务是防洪，兼顾拦沙、灌溉、交通等综合利用。总库容 9955 万立方米，死库容 5.2 万立方米，兴利库容 844.8 万立方米，防洪库容 142 万立方米，防洪标准设计 100 年一遇，校核 1000 年一遇。正常蓄水位 1065 米，相应库容 268 万立方米，属中型水库。水库枢纽由大坝、泄洪洞、输水洞组成。

2005 年 1 月，鉴定水库大坝安全类别为三类坝。2006 年 4 月，加固改造，主要项目为加固溢流坝与非溢流坝、发电洞改建为泄洪洞、加固改造左岸泄洪洞、加固输水洞、更新闸门及启闭机、增设大坝观测及通风设施、完善管理设施及设备等。

2008 年 12 月，当阳桥水库除险加固主体完工。水库正常蓄水位 1065.0 米，校核洪水位 1078.42 米，死水位 1056.0 米，水库总库容 9955 万立方米，工程等别为Ⅲ等，工程规模为中型。永久性主要建筑物按3级建筑物设计，设计洪水标准为100年一遇，校核标准为1000年一遇。

（十二）石峡口水库

石峡口水库位于清水河县清水河流域上游韭菜庄乡石峡口村。海拔高程1400～1450米，水库控制流域面积245平方千米，水库总库容2436万立方米，兴利库容693万立方米，属中型水库。石峡口水库主要建筑物有土坝、非常溢洪道、泄洪洞等。

2003年6月，鉴定水库大坝安全类别为三类坝。2005年5月，开始除险加固工程。除险加固工程主要项目为大坝加高培厚，翻修大坝上游护坡，新建下游护坡、左岸坝岸坡护砌，新建副坝，扩建非常溢洪道，重建溢洪道交通桥，加固泄洪洞启闭室进口斜廊道，更新泄洪洞闸门启闭机，增设大坝观测及通信设施，完善管理设施及设备等。

2006年9月，除险加固工程完工，设计防洪标准50年一遇，校核标准1000年一遇。总库容2436万立方米。死库容40万立方米，兴利库容693万立方米，防洪库容212万立方米。坝顶高程1436.0米，设计洪水水位1422.90米，校核洪水水位1433.70米，泄洪洞设计泄洪流量109米^3/秒，非常溢洪道位于左岸，为岸边开敞式宽顶堰，堰顶高程为1423.78米，堰长35米，溢洪道全长406米，设计泄洪流量246米^3/秒，最大泄量943.0米^3/秒。水库除险加固后，工程等别为Ⅲ等，工程规模为中型。永久性主要建筑物按3级建筑物设计。

（十三）头号水库

头号水库位于武川县西乌兰不浪乡头号村西，后河上游万成店沟上，为内陆河流域水库。2002年12月，鉴定水库大坝安全类别为三类坝，2003年，设计除险加固。除险加固后的总库容为460万立方米，确定枢纽工程等别为Ⅳ等，主要建筑物4级。设计洪水标准为30年一遇，校核标准为300年一遇。正常蓄水位1794.00米，设计洪水水位1795.65米，校核洪水水位1796.65米。设计洪水相应的库容为383万立方米。地震烈度为7.5度。

2005年5月，头号水库除险加固工程开工，2006年7月竣工。

（十四）红吉水库

2003年9月，规划在大黑河干流榆林镇南12千米红吉讨号村建设红吉水库。2005年6月，完成《红吉水利枢纽工程可行性研究报告》。2014年，成立红吉水库建设领导小组。2015年11月，完成《内蒙古自治区呼和浩特市红吉水利枢纽工程项目建议书》，工程总投资35.38亿元。其中，建筑工程直接投资9.05亿元，水库淹没补偿费22.62亿元，工程占地补偿费1.66亿元，水保投资1600万元，环评460万元，融资利息1.85亿元。红吉水利枢纽工程的主要任务是下游防洪和城市生态供水，兼顾农业灌溉、发电、旅游等综合利用，水库运行方式为蓄洪运用，汛期汛限水位迎洪。

2015 年呼和浩特市中型水库一览表

表 7-2-6

水库名称	水库地址	河流	防洪标准	大坝				泄洪建筑物		输水洞		总库容（万立方米）	兴建年/建成年	加固年限
				坝长（米）	坝高（米）	坝顶宽（米）	坝型	尺寸（米）	泄洪量（米^3/秒）	尺寸（米）	泄洪能力（米^3/秒）			
红领巾	土默特左旗	水磨沟	50 年一遇	238	41.2	3	黏土心墙、砂石混合坝	16–32	3600	—	—	2100	1958/1960	2002/2005
前夭子	和林格尔县	浑河	50 年一遇	227.5	42	5	均质土坝	5 × 6.5	266	—	—	9700	2002/2005	—
挡阳桥	清水河县	浑河	100 年一遇	105	—	9	均质土坝	4 × 8	190	—	—	9955	1971/1974	2006/2008
石峡口	清水河县	清水河	50 年一遇	240	33	7	砂壤土均质坝	406 × 13	943	—	—	2436	1972/1978	2005
石咀子	和林格尔县	宝贝河	50 年一遇	810	17	5	黏土心墙坝	20	1487	—	—	2715	1958/1959	2004/2006
二道凹	土默特左旗	什拉乌素、干沟子和二道河汇合处	20 年一遇	3800	11.4	5	黏土心墙坝	24	725	—	—	1157	1972/1973	2006/2008
万家沟	土默特左旗	大黑河	100 年一遇	—	56.8	—	拱坝	3 × 10	—	DN800	10.38	2576	1991/1997	—
哈拉沁	武川县	大黑河	500 年一遇	252	50.8	10	壤土斜心墙坝	5.4 × 6.46	367	2.0 × 2.0	45	6730	2002/2014	—
哈素海	土默特左旗	大黑河	20 年一遇	23880	4.5	14.3	均质土坝	—	—	—	—	6060	20 世纪 60 年代	2000/2002

2015 年呼和浩特市小型水库一览表

表 7–2–7

水库名称	水库地址	河流	防洪标准	大坝				泄洪建筑物		输水洞		总库容（万立方米）	兴建年／建成年	加固年限
				坝长（米）	坝高（米）	坝顶宽（米）	坝型	尺寸（米）	泄洪量（$米^3$/秒）	尺寸（米）	泄洪能力（$米^3$/秒）			
面铺窑水库	新城区	面铺窑沟	30 年一遇	48	17.3	—	浆砌石重力坝	—	—	1.1×1.6	15	117.24	1972/1974	2009
乌素图水库	回民区	乌素图沟	100 年一遇	530	16.3	4	均质土坝	10	1115	—	—	102	1958/1958	2006/2007
五一水库	土默特左旗	白石头沟	50 年一遇	166	30.4	3	黏土心墙坝	16	513	0.7	7	225	20 世纪 60 年代	2004/2006
海流水库	土默特左旗	小黑河	20 年一遇	6600	4	4	—	2.0×2.9	16.5	—	—	733	1981/1982	—
牌楼版水库	土默特左旗	什拉乌素河	20 年一遇	5400	5.05	4	均质土坝	—	—	—	—	626	1956	2011
沙南水库	土默特左旗	什拉乌素河	20 年一遇	2875	2.52	4	均质土坝	—	—	—	—	105.69	1975/1977	2011
章盖营水库	托克托县	耿庆沟	30 年一遇	191	15.2	25	均质土坝	14	199.81	DN400	0.66	103.54	1974/1975	2012
高家西滩水库	托克托县	银号河	20 年一遇	370	11.2	4	均质土坝	7.5	67.6	—	—	232.05	1963	2008
陈梨窑水库	和林格尔县	茶房河	50 年一遇	280	27.52	5	黏土斜墙坝	3.5	115	0.7×0.6	3.5	622.4	1957/1959	1995/1996

续表 7-2-7

水库名称	水库地址	河流	防洪标准	大坝				泄洪建筑物		输水洞		总库容（万立方米）	兴建年/建成年	加固年限
				坝长（米）	坝高（米）	坝顶宽（米）	坝型	尺寸（米）	泄洪量（米^3/秒）	尺寸（米）	泄洪能力（米^3/秒）			
苗家二十九号水库	和林格尔县	—	—	—	—	—	—	—	—	—	—	117.4	—	—
密令沟水库	和林格尔县	密令沟	30 年一遇	150	11.9	3	均质土坝	50	721	1.5 × 1.5	11.9	179.65	1958	2011
上窑子水库	和林格尔县	骆驼沟	30 年一遇	84	15.94	3	黏土心墙坝	10	284	—	—	248.9	1971/1973	2008
八楞湾水库	清水河县	胶泥窑支沟	30 年一遇	249	16.6	5	均质土坝	1.5 × 1.5	34.27	—	—	150.12	1990/1992	2011
白旗窑水库	清水河县	白旗窑支沟	20 年一遇	281	10.7	3	黏土斜墙坝	6	62.77	1.3 × 1.3	1.5	105	1958/1960	2008
红崖沟水库	清水河县	清水河支沟	30 年一遇	148	23.04	6	复合土工膜斜墙坝	10	86.53	1.5 × 1.5	40.12	124.82	1972/1975	2008
蒜地沟二坝水库	清水河县	土力半几支沟	30 年一遇	316	14.4	6	土工膜防渗坝	5	55.8	—	—	103.42	—	2011/2012
头号水库	武川县	万成店沟	30 年一遇	345	15.5	4	黏土心墙坝	40	—	—	—	460	1958/1959	2005/2006
湾兔河水库	武川县	湾兔河	20 年一遇	433	9.75	3	黏土心墙坝	15	40.07	1.0 × 1.0	11.75	171.7	1958	2010

续表 7–2–7

水库名称	水库地址	河流	防洪标准	大坝				泄洪建筑物		输水洞		总库容（万立方米）	兴建年/建成年	加固年限
				坝长（米）	坝高（米）	坝顶宽（米）	坝型	尺寸（米）	泄洪量（米^3/秒）	尺寸（米）	泄洪能力（米^3/秒）			
黑石兔水库	和林格尔县	—	—	—	—	—	—	—	—	—	—	28	—	—
双玉城水库	武川县	塔布河	10 年一遇	640	5.3	5.5	复合土工膜斜墙坝	—	—	—	—	82.99	1992	2013
旧营子水库	武川县	哈拉沁上游支沟	10 年一遇	522	5	4	土工膜防渗坝	—	—	—	—	10.6	1976	2013
土不禅水库	和林格尔县	台几沟下游	10 年一遇	150	8.4	5.6	—	—	—	—	—	36	1962/1963	—
古力半水库	和林格尔县	—	—	—	—	—	—	—	—	—	—	30	—	—
付家十六号水库	和林格尔县	古力半几支沟	10 年一遇	133	11	4	均质土坝	—	—	—	—	42.24	1974/1976	2012
韩家沟门水库	和林格尔县	—	—	—	—	—	—	—	—	—	—	50	—	—
张家四十一号水库	和林格尔县	—	—	—	—	—	—	—	—	—	—	48	—	—
克略水库	和林格尔县	—	—	—	—	—	—	—	—	—	—	50	—	—

续表 7-2-7

水库名称	水库地址	河流	防洪标准	大坝				泄洪建筑物		输水洞		总库容（万立方米）	兴建年/建成年	加固年限
				坝长（米）	坝高（米）	坝顶宽（米）	坝型	尺寸（米）	泄洪量（米^3/秒）	尺寸（米）	泄洪能力（米^3/秒）			
恼木七太水库	和林格尔县	—	—	—	—	—	—	—	—	—	—	30	—	—
恼木气水库	和林格尔县	—	—	—	—	—	—	—	—	—	—	20	—	—
泉子沟水库	清水河县	泉子沟	10年一遇	100	9.5	4	土工膜防渗坝	—	—	—	—	30	1978	2015
窨子沟水库	清水河县	胶泥窑支沟	20年一遇	275	23.4	4	土工膜防渗坝	—	—	—	—	64.51	1989/1991	2012

说明：表中“—”表示无数据

六、塘坝和窖池工程

塘坝和窖池工程多集中于和林格尔县、清水河县等黄土丘陵沟壑区。1986 年，清水河县 70% 以上的村庄难以解决正常的人畜饮水问题，不得不靠挖水窖拦蓄雨水饮用。1995 年 9 月，清水河县实施人畜饮水工程建设，同时启动实施“112”（1 户人家建 1 眼水窖或旱井，发展 2 亩集雨节水灌溉农田）、集雨节水灌溉工程“124”（1 户农民建 2 眼旱井或水窖、发展 4 亩节水灌溉农田）集雨节水示范项目。1999 年底，全县新建水窖、旱井 4.1 万多眼，可蓄水 120 多万立方米，建塘坝 27 处，坐水点种面积近 1.33 万公顷。集雨节水灌溉工程实施后，坐水覆膜加滴灌农田亩产平均可达 600 千克，比旱作农田增产一倍以上。全县有 2.61 万户、11.2 万农民受益，不少农户通过发展集雨节水灌溉实现脱贫致富。

截至 2015 年，全市共有塘坝 51 座，总容积 180.6 万立方米，窖池 1.51 万处，总容积 33.70 万立方米。土默特左旗有塘坝 8 座；和林格尔县有塘坝 42 座、窖池 1813 座；清水河县有窖池 1.33 万座；武川县有塘坝 1 座。

第七节　依法治水

一、法治宣传

1988 年，《中华人民共和国水法》颁布后，全市各级水行政主管部门采取水法宣传与普法教育相结合、平时宣传与“世界水日”“中国水周”集中宣传活动相结合、面向领导与面向社会宣传相结合的方法，向社会进行水法规的宣传普及。

2001 年后，全市各级水行政主管部门利用“世界水日”“中国水周”“12・4”法治宣传日，开展形式多样的宣传活动。重点宣传《中华人民共和国水法》《中华人民共和国防洪法》《中华人民共和国水土保持法》《水资源费征收和使用管理条例》等法律法规。

2009 年后，重点宣传新修订的《中华人民共和国水土保持法》等，与普法教育相结合，向全社会进行多层次、全方位的水法宣传教育活动。

2011—2015 年，每年“世界水日”“中国水周”以及“全国城市节约用水宣传周”期间，全市各级水行政主管部门组织开展水法规宣传活动。结合建设节水型社会试点工作，全市各级水行政主管部门开展节水型社会知识讲座进社区、进学校、进企业活动，与呼伦贝尔南路小学、巨华小学等合作开展“小手拉大手、共建人水和谐家园”活动，与共青团内蒙古委员会、内蒙古工业大学联合举办呼和浩特地区 21 所高校节水经验交流观摩会。通过呼和浩特电视台、呼和浩特市政府网等媒体进行报道宣传，制作节水宣传画册、宣传展板与节水短片，在市区公园等地举办现场宣传活动。在《呼和浩特日报》刊登报道《呼和浩特市人民政府关于实施最严格水资源管理制度的实施意见》，使广大市民和社会各界了解水资源管理的政策法规。

二、水政监察

1997年，按照《内蒙古自治区水政监察规范化建设实施方案》要求，呼和浩特市成立水政监察规范化建设领导小组，制定实施方案，全面开展水政监察规范化建设。1998年，按照《内蒙古自治区水政监察实施细则（试行）》要求，成立呼和浩特市水政监察支队，旗县也相应成立水政监察大队。1999年，为全市水政监察人员颁发水利部监制的水政监察证书。

2002年，建立健全用水许可审批制度，基本完成市“混采井”“废弃井”的封治工作。2003年，市水务局围绕新《中华人民共和国水法》的颁布实施，编制完成《呼和浩特市水资源管理条例》《呼和浩特市水务管理条例》《呼和浩特市水务工程质量监督管理办法》3个地方性法规。在全市范围内实施取水许可制度和水资源有偿使用制度，取水许可证发证率达100%。依法撤销一批不具备取水资质单位、集体和个人的取水许可证。封闭城市公共供水管网覆盖范围内自备水源井。

2004年，市人大常委会作出建设节水型城市的决定，提出“坚持属地管理的原则，任何单位和个人的用水行为都应受市水行政主管部门的统一管理，对城区供水管网覆盖范围内的自备井，要尽快采取有效措施，限期封闭，尽早发挥引黄供水工程的效益，保护好优质的地下水资源”。按照《呼和浩特市人民政府关于封闭城市公共供水管网覆盖范围内自备井的通告》，市水务局印发《关于工业企业分批停止使用承压水逐步改用黄河水的通知》等。全年共封闭42家单位54眼自备承压水源井。

2005年，在市委、市政府的统一安排和部署下，市政府成立引黄配水及封闭自备井工作领导小组，下发《呼和浩特市人民政府关于封闭城市公共供水管网覆盖范围内自备井的通告》《呼和浩特市人民政府关于引黄供水工程配水及封闭自备井的通告》。2006年，全市封闭90家自备井水源用户，占自备井水源用户总数的90%以上。2007年，为规范洗车行业的用水，下发《关于加强洗车行业节约用水的通告》，要求特殊行业用水必须使用国内节水含量高的产品和设备。部分用水户安装水净化设备，原水重复使用达2 ~ 3次。在充分考虑合理利用水资源的前提下，制定《使用浅层水和集水池的节水方案》，同时严格控制洗车、洗浴行业企业数量。

2008年，开展打击违法采砂、采金、开挖河堤、钻井、毁坏和占压自来水管网、破坏排污设备、破坏水土保持等各类水事违法行为活动，保证水务基础设施的安全。

2009—2010年，先后建立完善联合执法制度、重大行政决策听证制度、水事违法行为举报制度、重大行政处罚备案制度、过错责任追究制度等水行政执法监督机制，同时向社会公布，接受政府和社会监督，切实做到“有件必备、有备必审、有错必究”，增强行政执法的透明度。至 2010 年底，永久封闭自备井 277 眼，纳入统一管理 401 户。市区二环路以外的自备井（254 户）全部纳入统一管理。二环路以内部分高校和重点企业的自备井，采取“以管代封”方式管理。同时，开展保护水资源和防止水污染的专项整治和执法大检查，集中对规划区各工矿、医疗卫生单位、生产剧毒有害物质单位的外排水及污水处理情况进行调查整治。

2011 年，集中对河道违章建筑及违法采砂进行强制执法，确保防洪安全。2012 年，进一步加强引黄配水及封闭自备井工作。引黄配水量用水高峰期可达 15 万吨 / 日。市水务局除进一步严格执行自备水源应按公共供水价收费以促进引黄配水工作外，主动与企业界加强协调沟通，改善服务，提倡靠前服务。对违法自备井实施有效封闭和管理，保护全市优质的地下水资源。

2014 年，根据国家、自治区政策和呼和浩特市实际，市政府制定《呼和浩特市人民政府关于实施最严格水资源管理制度的实施意见》，明确实施最严格水资源管理制度的方向和目标以及实施措施和考核制度；制定《呼和浩特市节水型企业（园区）、节水型单位（社区）考核指导意见》《呼和浩特市节水型产品市场准入制度监督管理办法》《呼和浩特市节水“三同时”管理办法》等政府规范性文件。市水政监察大队对天野化工、金山电厂、三联化工、河西公司、大学城、内蒙古农业大学等 6 家大型自备井用户的违规、违章用水行为进行查处并责令限期整改。按照最严格水资源管理、依法行政的要求，对公共供水管网外的 106 户自备井用户进行调查登记，建立和完善自备井档案资料，并定期对自备井水质进行检测，保障自备井水源安全。做好取用水监督管理，实施水资源有偿使用制度。受理取水许可申请 25 户，受理凿井申请 25 户，施工降水申请 8 户。

2015 年初，专门成立封闭自备井管理办公室，负责封闭自备井工作的组织实施。根据封井计划对公共供水管网覆盖范围内的自备井进行调查、筛选，对自备井用户的实际用水情况进行分类统计，制定封闭自备井实施方案包括封井技术方案，对符合封井条件的单位下达《限期封井通知书》。截至年底，实际管理自备井用户 50 户，并按收费标准开始征收用水单位的水资源费。

第八篇

工　业

第一章　管理机构

第一节　行政管理

1978 年 9 月，呼和浩特市经济委员会成立。12 月，市政府决定将由市经济委员会管理的市黄金办公室移交给市社队企业局管理。1981 年 2 月，市政府撤销市国防工业办公室，在市经济委员会内设国防工业科管理全市军工生产，后改名为军工科。

从 1984 年开始，为解决“政企合一”的问题，按照企业逐步归属地方管理的原则，自治区有关厅（局）将部分直属企业下放。1984 年 1 月呼和浩特焦化厂由自治区冶金厅下放到呼和浩特市，划归市城乡建设环保局管理。同年 8 月，呼和浩特钢铁厂、呼和浩特炼铁厂等 6 户企业由自治区主管厅（局）移交给呼和浩特市，划归市经济委员会管理。

1995 年，呼和浩特市机构改革，市经济委员会改为市经济贸易委员会。2001 年 9 月，呼和浩特市机构改革领导小组对市政府机构进行改革，撤销工业专业经济管理部门，市经贸委不再直接管理企业生产经营活动。原市机械工业局等工业专业经济管理部门、商务局和对外贸易经济合作局承担的制订行业产业政策、经济调节、商品物资流通、投融资引导、外贸货运协调、安全生产等行政职能划入市经济贸易委员会管理。

2001 年 12 月，根据《内蒙古党委、政府关于呼和浩特市党政机构改革方案的通知》，保留市经济贸易委员会，挂安全生产委员会办公室牌子。不再保留呼和浩特市机械工业局、纺织工业局、轻化工业局、电子工业局、建筑材料工业局、商务局，其行政职能由经济贸易委员会承担。将经济贸易委员会的口岸管理、机电产品进出口管理职能，交由市对外贸易经济合作局；将质量管理职能，交由市质量技术监督局；将组织协调全市抗灾救灾职能，交由市民政局。将原机械工业局、纺织工业局、轻化工业局、电子工业局、建筑材料工业局、商务局和对外贸易经济合作局承担的制订行业产业政策、经济调节、商品物资流通、投资引导、外贸货运协调、安全生产、家畜定点屠宰检疫管理等职能，以及原市医药管理局承担的医药工业行业管理职能、制定全市医药行业发展中长期规划职能、对医药行业经营运行进行宏观调控职能和药品、药械储备及灾情、疫情、军需战备药品、药械的紧急调度职能等划入市经济贸易委员会。市经济贸易委员会内设党委办公室、行政办公室、人事教育科、市安全生产委员会办公室、技术进步与装备科（挂投资与规划科牌子）、资源节约综合利用科（挂电力科牌子）、对外经济科、企业改革科、国防科技工业科（挂民爆工业科牌子）、医药科、流通行业办公室、工业行业办公室、产业政策与法规科、经济运行科、中小企业发展科、黄金管理科。另设老干部处。

2002 年 3 月，根据《关于纪检监察机构设置等有关问题的意见》，市监察局在市经贸委设立派驻监察室，不占内设机构数，不增加编制。

2004 年 9 月机构改革，撤销市经济体制改革委员会办公室，其职能划入市发展和改革委员会。市经济贸易委员会改组为市经济委员会，承担行业规划、经济运行调节、技术改造投资管理、产业政策的落实及工业化推进职能，并由市政府授权代表国家履行本级企业国有资产出资人职责。将内贸管理、产业损害调查和重要工业品、原材料进出口计划组织实施等职能划入市商务局，将原安全生产监督管理职能划入市安全生产监督管理局。组建商务局，原经济贸易委员会的内贸管理、原对外贸易经济合作局的职能划入商务局。组建安全生产监督管理局，由经济委员会管理。撤销原经济贸易委员会挂的安全生产委员会办公室牌子。市经济委员会内设党委办公室、行政办公室、人事教育科、技术进步与装备科（挂投资与规划科牌子）、环境和资源综合利用科（挂电力科牌子）、经济协作科、企业改革科、国防科技工业科（挂民爆工业科牌子）、医药科、工业行业办公室、产业政策与法规科、经济运行科、中小企业发展科。另设老干部处，副处级。

2005 年 9 月，撤销经济协作科，其部分职能划入市招商办（局）。2008 年 4 月，增设能源工业科，环境和资源综合利用科更名为资源节约和环境保护科。同年 11 月，增设行政事项审批办公室。

2011 年，机构改革，组建市经济和信息化委员会，挂中小企业局牌子、市国防动员委员会信息动员办公室牌子。不再保留市经济委员会、信息化领导小组办公室。组建市经济协作局，列为政府工作部门。将市发展和改革委员会的工业行业管理有关职责划入市经济和信息化委员会。内设党委办公室、行政办公室、人事科、政策法规科、经济运行科、投资规划科、原材料工业科、装备和消费品工业科、节能与综合利用科、应急救援和安全生产科、信息化推进科、信息产业科、网络与信息安全科、信息资源与电子政务科、国防科技工业科（挂民爆器材监督管理科牌子）、电力和能源科、企业发展规划科、企业服务体系指导科、信访科、行政事项审批办公室、综合科、机关事业离退休干部管理科、企业离退休干部管理科。另设纪检监察室、离退休人员工作处。

2014 年 1 月，机构改革，撤销市经济协作局，将其职能分别划入市发展和改革委员会、市经济和信息化委员会、市商务局。市经济和信息化委员会挂中小企业局牌子。

2015 年 9 月，局党委办公室更名为项目推进科，职能职责相应调整。另成立机关党委。

第二节　行业管理

20 世纪 70 年代后，呼和浩特市设立市机械工业局。1979 年 9 月，按照机械工业企业归口管理的原则，市政府将隶属市二轻工业局管理的呼和浩特市电器开关厂、机床电器厂、汽车工具厂、仪表厂 4 个集体所有制企业划归呼和浩特市机械工业局管理。同年 10 月，又将隶属市机械工业局管理的内蒙古动力机厂、呼和浩特市油泵油嘴厂、呼和浩特市内燃机齿轮厂、呼和浩特市农机厂 4 个农业机械专业厂划归呼和浩特市农机管理局管理。1980 年 12 月，撤销市机械工业局，成立市机械工业公司。

1983 年 12 月，市政府决定将市机械工业公司、机床工业公司呼和浩特市农机管理局合并，成立呼和浩特市机械工业公司，其性质以管理为主，并带有一定的经营和服务职能。

从 1984 年开始，为解决“政企合一”的问题，按照企业逐步归属地方管理的原则，自治区有关厅（局）将部分直属企业下放。1984 年 1 月呼和浩特焦化厂由自治区冶金厅下放到呼和浩特市，划归市城乡建设环保局管理。同年 8 月，呼和浩特钢铁厂、呼和浩特炼铁厂、内蒙古棉纺织厂、内蒙古化学纤维厂、内蒙古化工机械厂、内蒙古煤矿机械厂 6 户企业由自治区主管厅（局）移交给呼和浩特市，分别划归市经济委员会、市机械工业公司、市纺织工业公司、市轻工业公司、市化工工业公司管理。

1985 年 3 月，为扩大企业自主权，改革行政性公司。市委、市政府决定撤销 5 个行政性公司，恢复呼和浩特市机械工业局、轻化工业局、电子工业局的建制。压缩编制，由过去的直接指挥管理向间接管理过渡，各工业局具有市政府职能部门、行业管理部门以及所属企业主管部门三种职能。5 月，呼和浩特机床附件厂由机械工业部下放到呼和浩特市机械工业局管理。9 月，将隶属于市经济委员会呼和浩特市纺织工业局管理的呼和浩特炼铁厂、内蒙古纺织机械配件厂划归市机械工业局管理。同年，将隶属市轻化工业局的呼和浩特卷烟厂划归中国烟草总公司内蒙古自治区烟草公司管理。

1995 年，呼和浩特市机构改革撤销市二轻局，行政职能划归轻化工业局。手工业联社为群众性集体经济组织，由市轻化工业局代管。2001 年 12 月，根据《内蒙古党委、政府关于呼和浩特市党政机构改革方案的通知》，撤销呼和浩特市机械工业局、市纺织工业局、市轻化工业局、市电子工业局、市建筑材料工业局、市商务局，其承担的制订行业产业政策、经济调节、商品物资流通、投融资引导、外贸货运协调、安全生产等行政职能划归市经济贸易委员会管理。

第二章　工业综述

第一节　工业改革

一、实行承包经营责任制

1984年10月，中共十二届三中全会召开后，呼和浩特市作为全国68个综合经济体制改革试点城市之一，按照国务院下达的“关于进一步扩大国营工业企业自主权的暂行规定”，市委、市政府简政放权，先后两次颁发关于扩大企业自主权的具体规定。在一部分企业中进行工资制度、劳动制度、干部制度等方面的改革试点，改革各方面不合理的管理制度。同时，撤销6个行政性公司，改设为政府的5个职能局，使工业局的职能由原来的行政指挥型转变为服务协调型，使企业在人、财、物，产、供、销等方面享有更多的自主权。

改革中，各企业根据不同特点和实际情况，推行大包干承包责任制、联产计酬承包责任制、专项承包责任制等形式的经济责任制，改革企业的工资制度，初步解决“大锅饭”问题，调动职工的生产积极性。企业内部不同类型的经济责任制的主要形式包括利润包干、超额分成、亏欠自负。即厂部对车间（或班组）规定利润基数，作为承包定额，一切费用均由承包单位负担，超额完成利润部分按比例提成，若未完成利润指标，则从承包单位工资中扣除。

大包干承包责任制，即承包单位和厂部签订合同，单独核算，记分考核，按分值计算奖金，完不成任务，从部分浮动工资中扣除；联产计酬承包责任制，即对辅助和服务性车间、部门在自身包保指标考核的基础上，与有关生产车间联产计酬的一种经济责任制形式，在供产销比较正常、任务比较饱满的企业内，按工种、级别制定每个工人的定额，按件计酬，多劳多得，完成定额发基本工资，超额部分按件计奖；专项承包责任制，即对生产经营和技术改造、新产品开发项目采取的单项承包责任制。

在全市工业系统中，进行企业领导体制和人事制度改革，完善厂长（经理）负责制，强化企业的行政指挥和生产经营管理。选择25个整顿验收合格、领导班子素质较好、生产比较稳定的企业，开展厂长负责制的试点。通过试点经验，市委、市政府制订5条补充规定，在市属全民所有制工业企业中全面推行厂长（经理）负责制，改变过去企业工作长期处于互相推诿、无人负责的慢节奏状况，使企业生产经营决策迅速，工作效率大为提高。

从1986年开始，为端正企业厂长的行为，保证企业发展的连续性，市委组织部同呼和浩特市审计局联合发文，对厂长任期终结（包括工作变动）实行审计制度。为克服企业的短期行为，在全市试行厂长（经理）任期目标责任制，并在市机械工业局系统7个企业中开展厂长任期目标责任制试点。同时，在部分企业进行厂长聘任行政副职的试点。截至1986年底，全市所有企业基本上落实内部经济承包责任制，30%的企业实行工资、奖金捆起来一起浮动，200余个企业实行厂长（经理）负责制，占市属企业总数的95%。其中，部分企业推行厂长任期目标责任制，部分集体企业试行集体与个人相结合的股份经营制。二轻工业系统36家集体企业实行职工入股、集资的就有32家，占全员职工的92%；职工入股、集资额达83万元，占全系统流动资金总额的7.4%。

在第一轮4年的承包期内，国内生产总值平均每年递增8.8%，工业总产值年平均递增10.76%，社会商品零售总额年平均递增14.07%，财政收入年平均递增10.72%。

1991年，在部分企业中开始实行第二轮承包经营责任制。市委、市政府印发《关于搞好国营大中型企业的决定》（“二十条”）。对国营大中型企业实施重点倾斜政策，在资金、原材料、技改、基建、能源和交通运输等方面给予优先扶持，对特困企业采取特殊的救活政策。至年底，全市47个全民大中型工业企业中，有41个实行不同形式的承包责任制，有3个大中型企业跻身全国500强。全市参加社会统筹的国营企业有349户，统筹人数达12.06万人；参加统筹的集体企业有91户，统筹人数达1.4万人。

1992年1月，市委、市政府印发《对进一步搞好国营企业，加大改革力度，转换企业机制，实行分类指导的意见》，全市各工业企业按照要求，坚持以提高经济效益为中心，按照兼顾国家和企业、职工个人三者之间利益，兼顾长远和当前利益的原则，采取“因厂制宜，分类指导，一厂一策，区别对待”的办法，将市属国营大中型企业分为生产经营稳定、经济效益好，效益一般和困难（亏损）企业三种类型。坚持“放水养鱼、欲取先予”的原则，从各企业实际出发，学习首都钢铁公司，黑龙江省鸡西市，山西省大同市肉制品厂和江苏省徐州市等地和公司的成功经验，采取“上缴利润递增或基数包干，晋档达标，超收按档分成”和“限期扭亏，定额包干，减亏全留，超亏不补”等多种形式的承包办法。制定《关于完善国营工业企业承包经营责任制的实施方案》，在完善承包责任制过程中，切实解决“包盈不包亏”“有奖没有罚”和“鞭打快牛、迁就慢牛”等问题。

从 1992 年底开始，全市各工业企业在完成第一轮承包基础上，全面开展第二轮承包。

二、建立现代企业制度

1992 年，呼和浩特市按照国务院颁发《全民所有制工业企业转换经营机制条例》（简称《条例》）和《中共呼和浩特市委、市政府关于对进一步搞好国营企业，加大改革力度，转换企业机制，实行分类指导的意见》，全市工业企业产权制度改革按照“增资、改造、剥离、破产”规定，确定和推动企业建立健全流动资本的补充机制，缓解国有工业企业流动资本紧张的矛盾。围绕集团化经营和名牌战略，高起点，大投入，搞好技术改造。对产品无市场、长期亏损、资不抵债、扭亏无望的企业，按照《中华人民共和国破产法》进行破产试点，形成优胜劣汰的机制。

全市工业管理部门按照《条例》要求，根据企业不同情况，分别试行投入产出总承包、单项资产承包、企业兼并、股份制改造等方法进行改革。同时，配合转机建制，市政府批转下发《关于深化企业劳动、人事、工资制度改革的意见》《进一步推进社会保险制度改革的意见》等配套政策和规定，实行以转换企业经营机制为中心，以企业劳动、人事、分配“三项制度”改革为重点的内部综合配套改革。在呼和浩特市机床附件总厂、油泵油嘴厂、轴承厂、化工厂、糖厂、橡胶厂、洗涤剂厂、水泥厂、制锁公司，以及内蒙古电缆厂、电机厂、变压器厂、电视机厂、电子仪器厂、第二毛纺织厂、第三毛纺织厂、化纤厂、棉纺织厂、通达实业有限责任公司 19 家企业中，开展经营自主、定价自主、用工自主、分配自主、技改投资自主和机构设置自主试点。

1993 年，全市工业经济体制改革工作的重点由减税让利转向理顺产权关系、深化产权制度改革。8 月，市委、市政府作出统一部署，在全市乡镇企业中全面推行股份合作制。首先在新办的乡村集体和联户企业中推行，有近 200 家企业实行股份合作制。同时，开始对原有企业进行拆股改造试点。至年底，全市对 80 家企业进行资产评估，呼和浩特市回民奶食品厂、内蒙古金宇公司、联营商店正式改制为内蒙古伊利实业股份有限公司、内蒙古金宇股份有限公司、内蒙古民族商场股份有限公司。

1994 年，根据《中共中央关于建立社会主义市场经济体制若干问题的决定》《内蒙古自治区党委、自治区政府关于进行建立现代企业制度试点的意见》，市政府印发《呼和浩特市加快国有企业转机建制的实施方案》，成立呼和浩特市转机建制领导小组和具体协调机构，加快推进国有企业转换经营机制。1995 年，对三家改组为股份有限公司的企业，按照规范化的要求，健全各项制度，完善公司体制，推动各企业股票上市。鼓励有条件的大中型企业，或积极组建，或积极参与跨地区、跨部门、跨行业、跨所有制的企业集团。呼和浩特市机床附件总厂、制锁公司、电视机厂先后改造为资产一体化的企业集团。组建以呼和浩特市第一毛纺织厂为核心的羊绒针织集团，以呼和浩特市第二毛纺织厂为核心的毛纺服装集团，以及呼和浩特市水泥企业集团和乳业企业集团等。国有企业以及城镇集体企业、个体私营企业积极创办“三资”企业和“内联”企业,使企业或企业的部分转制实现“一厂一外”“一厂一联”或“一厂多外、一厂多联”。

1996年，呼和浩特市坚持“抓住机遇，深化改革，扩大开放，促进发展，保持稳定”的工作大局，以建立现代企业制度为核心，按照《中华人民共和国公司法》，选择内蒙古伊利实业股份有限公司、内蒙古民族商场股份有限公司、内蒙古金宇股份有限公司、内蒙古第二毛纺织总厂，以及呼和浩特市机床附件总厂、水泥厂、锅炉总厂、建筑工程公司等负债率低、效益好、管理好、符合产业政策的企业，进行建立现代企业制度创新试点；选择呼和浩特市锅炉总厂、呼和浩特市皮鞋厂、内蒙古电子仪器厂、内蒙古漆包线厂、内蒙古啤酒厂、内蒙古第二毛纺织总厂、内蒙古化纤总厂、内蒙古毛条总厂、内蒙古伊利实业股份有限公司等不同类型的企业，进行“优化资本结构”试点。同时，实行“大公司名牌战略进行集团化”试点，组建、发展、完善伊利公司、民族商场、金宇公司、机床附件、电视机、锅炉、仕奇服装、羊绒、粗纺、水泥等一批以资产联结为纽带的综合性、跨地区、跨部门、跨行业、跨所有制的大型企业集团。以集团化、专业化、公司制、整体划转等多种方式组建“大众集团”“众环集团”“正北集团”，内蒙古电视机厂整体划转成立彩虹集团并形成规模效益。1996年3月12日,“伊利股份”公司上市，成为全国乳品行业首家A股上市公司。10月，“民族集团”公司上市，成为自治区流通领域第一家上市公司。

1997年，按照《呼和浩特市现代企业制度试点方案》要求，在原有试点企业的基础上，增加彩虹集团内蒙古电视机厂、内蒙古第一毛纺织厂、呼和浩特市正北集团、呼和浩特市化工总厂、内蒙古通达股份有限公司、内蒙古汽车齿轮厂、华蒙金河实业有限公司进行试点。同时，以上市企业为重点，以骨干企业为依托，以资产联结为纽带，通过资产重组，实现优势企业的低成本扩张，支持组建一批具有规模经济效益和市场竞争实力的企业集团。

到20世纪90年代末，全市工业企业完成公司制的改造，初步建立起现代企业制度领导体制、组织结构框架和完善的企业法人制度，企业的党、工、群组织与公司的领导机构之间关系协调、制度规范。市属以及旗县区所属国有中小企业和城镇集体企业逐步完成产权制度改革，在国有中小企业和城镇集体企业中普遍推行股份合作制。对国有小企业实行租赁经营，采取出售或拍卖小型企业或企业部分产权以及资产承包、嫁接、联营、兼并、破产等形式。对经营困难、负债沉重的企业，在国有资产不流失的前提下，采取多种形式进行改制。继伊利集团和民族商场成功上市后，内蒙古金宇股份有限公司和内蒙古仕奇实业股份有限公司也先后上市。初步形成国有经济、乡镇企业、集体经济、中外合资企业、个体私营经济共同发展的格局。1999 年 9 月，彩虹集团内蒙古电视机厂因连续多年亏损，划转给内蒙古 TCL 王牌电器公司。

2001 年后，呼和浩特市贯彻落实《中共中央关于国有企业改革和发展若干重大问题的决定》《内蒙古党委关于贯彻〈中共中央关于国有企业改革和发展若干重大问题的决定〉的意见》，推进以工业经济结构调整为重点的城市经济发展战略工程。按照“有进有退，有所为有所不为”的原则，突出以产权制度改革为核心，以解决人员和债务为重点，因企施策，把改革同改组、改造、加强管理相结合，通过优化资本结构试点，采取股份制、股份合作制、兼并、拍卖、租赁、破产等形式，对全市 27 家企业实施破产，26 家亏损、严重亏损的国有大中型企业摆脱困境，实现国有企业改革和脱困“三年两大目标”。小型企业全部实现民有民营。飞鹰集团、鹰翔集团、铁骑集团、大众锅炉集团、三角集团、内蒙古亚华水泥有限公司、电动工具厂、电机厂、变压器厂、漆包线厂、电缆厂、宏力达橡塑机械有限责任公司、元件五厂、呼和浩特市第一砖瓦厂、土默特左旗化肥厂等 35 家国有大中型企业，建立现代企业制度。自来水公司、煤气公司等一批公益性的企业改组为由国家控股、参股，职工持股的投资主体多元化的股份制公司。同时，坚持“抓大放小”的方针，对呼和浩特市机床附件总厂等国有大型企业，通过中外合资、规范上市、兼并收购、资产重组、企业间相互参股等形式，吸引外资企业、个体私营企业、集体企业、企业内部员工、境外自然人等参股，实现投资主体多元化。大力发展混合所有制经济，呼和浩特市轴承厂、铸锻厂、第三机床厂、纺织机械厂、炼铁厂、耐火厂、电器开关厂、第二机床厂、阀门厂、机床电器厂、洗涤剂厂、造纸厂、电子仪器厂、喷烤漆厂、第二砖瓦厂、塞外水泥厂、石灰厂、建筑材料厂、第一羊绒衫厂、第一针织厂以及自治区下划的企业，采取股份合作制或改组、联合、兼并、租赁、承包、出售等多种形式，全面放开放活，民有民营。通过兼并重组完成呼和浩特市电动工具厂等 6 家企业的转制任务。

2003 年，呼和浩特卷烟厂以经评估后的净资产与昆明卷烟厂共同投资，组建内蒙古昆明卷烟有限责任公司，实现与昆明卷烟厂的联合重组。

2010 年后，全市基本完成国有经济的战略性调整和国有企业的改组，形成比较合理的国有经济布局和结构，国有大中型骨干企业建立起比较完善的现代企业制度。

三、劣势企业退出机制

20 世纪 90 年代末，呼和浩特市紧紧抓住进入全国优化资本结构试点城市的机遇，以城市为依托，有重点地解决国有企业面临的实际问题和困难，加大企业兼并、破产和重组的力度，从政策待遇、债务处理、职工安置等方面创造条件，重点完成呼和浩特市电子设备厂、灯泡厂、动力机厂、橡塑机械厂、第五毛纺织厂等企业的兼并和破产，以及其他一批企业的转产、搬迁改造、拍卖、收购的工作。

2001年开始，呼和浩特市加大对劣势企业退出市场的改革力度，先后对呼和浩特市制锁工业公司、造纸厂、糖厂、第一针织厂、第二橡胶厂、第二砖瓦厂、铸管厂、第三机床厂、友谊服装厂、皮毛厂、第一羊毛衫厂、塞外水泥厂、电子仪器厂、第六塑料厂、耐火材料厂，以及内蒙古机械厅配件厂、内蒙古化纤厂、清水河县特种水泥厂等按照破产程序，实施破产清算。对呼和浩特市齿轮厂、电动工具厂等一批困难企业，按照一厂一策的原则，在妥善安置职工的前提下，完成改制重组。

2006年后，呼和浩特市以“三个统一”（统一政策、统一标准、统一操作）为原则，在确保职工的合法权益不受侵害前提下，集中力量努力协调解决企业转制和职工安置等遗留问题。先后完成呼和浩特市造纸总厂、第二砖瓦厂、洗涤剂厂、耐火材料厂、第六塑料厂、塞外水泥厂、制锁公司、三角公司、炼铁厂、油泵油嘴厂、橡机厂，以及内蒙古电子仪器厂、电缆厂、铸锻厂、鹰翔水泥厂等企业的兼并、破产和转制企业职工安置等任务。截至2012年末，全市实施破产企业46户，共核销银行呆坏账25亿元，安置分流企业职工8.6万余人。

第二节　工业经济

一、工业总产值

1986—1990年，呼和浩特市工业受全国性经济过热影响，工业生产不平衡，起伏较大。全市工业企业克服因治理整顿、宏观紧缩出现的市场疲软等问题，工业生产能力、技术水平和产品质量有明显的提高，重点利税企业经济效益显著。到1990年，全市拥有工业企业788个，较1986年增加21.8%。全市工业总产值25.03亿元（按1980年不变价格计算），较1986年增长50.48%，年平均递增10.6%。其中，全民所有制工业企业19.34亿元，集体所有制工业企业3.41亿元，分别比1986年增长40.04%、63.19%；轻工业14.9亿元，重工业7.98亿元，分别比1986年增长45.27%和41.48%。

1991—1995年，呼和浩特市集中开展工业企业增速提效和扭亏增盈行动，通过现场办公、上下协调，分批解决技改、流动资金、财政贴息、债务重组资金、股票额度到位等问题，累计注入资金3亿余元，全市工业保持平稳。到1995年末，全市拥有工业企业1.44万个，其中乡及乡以上开办工业企业1233个。全市工业总产值达

91.35 亿元（按 1990 年不变价格），比 1990 年增长 131.09%，年平均递增 17.9%。其中，轻工业产值 56.27 亿元，重工业产值 35.08 亿元，分别比 1990 年增长 63.7% 和 51.4%。国有工业产值 47.5 亿元，比 1990 年增长 46%；集体工业产值 9.94 亿元，比 1990 年增长 101%。其他经济类型工业产值增长速度较快，由 1990 年的 2669 万元增长到 9.25 亿元，增长近 36 倍。全市乡及乡以上开办工业企业总产值 59.63 亿元，比 1990 年增长 60.81%。1995 年，全市工业企业增加值 38.1 亿元，比 1990 年增长 136.4%，年平均增长 18.8%。

1996—2000 年，呼和浩特市认真贯彻落实中央关于国有企业改革和发展的一系列政策措施，以加快产业结构调整、促进产业升级为核心，整体推进国有企业改革和工业经济发展，全市工业整体运行良好。到 2000 年末，全市拥有工业企业 2.11 万个，其中规模以上（年主营业务收入在 500 万元及以上的法人工业企业）独立核算工业企业 193 个，规模以下（年主营业务收入 500 万元以下的非国有工业企业和全部个体经营工业单位）工业企业 2.1 万个。全市工业总产值 207.28 亿元（按当年价格），比 1996 年增长 95.52%。其中，轻工业产值 114.17 亿元，重工业产值 93.1 亿元，分别比 1996 年增长 81.88% 和 115.3%。规模以上独立核算工业企业总产值 99.73 亿元。其中，独立核算国有及国有控股企业工业增加值 84.05 亿元，独立核算集体企业工业增加值 9.32 亿元，独立核算“三资”企业（在中国境内设立的中外合资经营企业、中外合作经营企业、外商独资经营企业三类外商投资企业）工业增加值 6.46 亿元。2000 年，全市工业增加值 36.54 亿元，比 1996 年增长 63.34%，年平均增长 12.13%。其中，独立核算国有及国有控股企业工业增加值 24.94 亿元，独立核算集体企业工业增加值 3.73 亿元，独立核算“三资”企业工业增加值 2.41 亿元。

2001—2005 年，呼和浩特市以国家实施西部大开发为契机，大力推进经济结构战略性调整，发展地区特色优势产业，工业生产稳步增长。通过实施“乳业兴市”战略，呼和浩特市被誉为“中国乳都”。2005 年，全市独立核算企业工业总产值达 483.16 亿元。全市工业增加值从 2000 年的 48 亿元增加到 2005 年的 210 亿元，年均增长 34.4%，其中规模以上工业从 31 亿元增加到 2005 年的 165.19 亿元，年均增长 40%，实现 5 年翻两番的奋斗目标，增速连续 5 年在全国 27 个省会城市中保持第一。

2006—2010 年，市委、市政府提出“做大做强特色产业，加快发展新兴产业，改造提升传统产业”的发展思路，全力推进新型工业化进程，经过大规模产业结构的调整，基本形成以乳业、电力、生物制药、光伏材料、冶金化工、机械制造等支柱产业为主的工业体系，工业经济快速发展。2010 年底，全市规模以上独立核算工业企业 320 家。工业增加值 557 亿元，是 2005 年的 2.52 倍，年均增长 26%。其中规模以上工业增加值 458 亿元，是 2005 年的 2.8 倍，年均增长 29.3%。工业经济效益得到极大提升，其中轻工业增长 12.2%、重工业增长 14.3%，实现平稳较快增长。

2011—2015 年，呼和浩特市围绕“打造一流首府城市、建设一流首府经济”和“传统产业新型化、新兴产业规模化、支柱产业多元化”的发展目标，克服经济下行压力，稳定经济增长、调整产业结构、加强生态环境保护，工业经济取得明显发展。2015 年，全市工业总产值完成 1667.58 亿元，是 2010 年的 1.5 倍，其中大中型企业共实现产值 1281.3 亿元，占全部规模以上工业产值的 77.2%。全市工业增加值年均增长 11.7%。在 29 个主要工业行业中，产值同比增长的有 16 个，其中医药制造业、食品制造业和农副食品加工业三大行业共实现产值 569.9 亿元，占全市规模以上工业总产值的比重达 34.2%。59 户战略性新兴工业企业共实现产值 516.5 亿元，占全市规模以上工业总产值的比重为 31.1%。

二、基本建设投资

1986—1990 年，“七五”计划期间，呼和浩特市共完成工业基建、技改项目 311 项，新增产值 8.14 亿元，利税 2.18 亿元。其中，安排技术改造项目 178 项，引进和改造 14 条生产线。大的项目有 30 万大箱卷烟制丝生产线和卷接包设备，精纺万锭改造，新上 2 万吨洗衣粉生产线、彩电生产线、粗纺针织绒生产线以及泰克示波器、变压器横剪、电动工具用电机、电缆设备、啤酒灌装设备等。进行技术改造的企业 131 家，其中大中型企业 26 家；安排技术改造投资 3.02 亿元，使用外汇 2542 万美元；实际完成技术改造项目 185 个，完成投资 3.22 亿元，新增固定资产 2.57 亿元。新建大型炼油厂、化肥厂等国家重点工程，新建 3 万吨啤酒厂；扩建内蒙古化纤厂 200 吨涤纶长丝车间、呼和浩特市乳品厂日处理鲜奶 40 吨的嗜酸菌奶粉车间、内蒙古电缆厂 300 千米矿缆生产车间，扩建内蒙古棉纺织厂 1.6 万锭生产线以及内蒙古第三毛纺织厂等项目相继投产。到 1990 年末，全市独立核算工业企业拥有固定资产原值 22.05 亿元，比 1985 年增长 76%。固定资产净值 15.26 亿元，增长 7.2%，其中国有企业 19.95 亿元、集体企业 1.98 亿元、其他类型企业 1232 万元。全市工业企业定额流动资金 13.40 亿元，其中国有企业 11.79 亿元、集体企业 1.5 亿元、其他类型企业 995 万元。年平均投资 6039 万元，新增产值 1.2 亿元，投资产值比为 1 ： 2.04；新增利税 3200 万元，投资利税比为 1 ： 0.53。

1991—1995 年，“八五”计划期间，全市累计安排生产性建设投资 48.1 亿元，其中，用于电力、煤气及水生产等投资 3.4 亿元，用于化学原料及化学制品制造业投资 19.0 亿元，用于石油加工及炼焦业投资 7.7 亿元。全市发电装机容量 5 万千瓦，电视机产能达 30 万台，棉纺锭 1.6 万锭，合成洗涤剂 2 万吨，水泥 22.5 万吨，城市日供水能力 3.1 万吨。呼和浩特炼油厂 100 万吨石油加工项目投产运行，填补自治区石油化学工业的空白。到 1995 年末，全市工业企业拥有固定资产原值 75.96 亿元，其中国有企业 65.29 亿元、集体企业 5.19 亿元、其他类型企业 5.48 亿元。全市工业企业定额流动资金 59.96 亿元，其中国有企业 48.16 亿元、集体企业 3.16 亿元、其他类型企业 8.64 亿元。

1996—2000 年，“九五”计划期间，全市累计完成更新改造投资 14.8 亿元，累计新增固定资产 7.64 亿元。开工建设内蒙古丰泰发电有限公司总投资 18.25 亿元 40 万千瓦火力发电组扩建工程、呼和浩特市供电局投资 3.46 亿元城市电网改造工程、大唐托克托发电有限责任公司总投资 60.7 亿元火力发电项目等重点工程。到 2000 年末，全市独立核算工业企业拥有固定资产 109.77 亿元，其中独立核算国有及国有控股企业固定资产 90.66 亿元、独立核算集体企业固定资产 3.85 亿元、独立核算港澳台商投资企业及外商投资企业固定资产 4.8 亿元。

2001—2005 年，“十五”计划期间，全市工业投资总量累计 476.6 亿元，比“九五”期间工业投资总量增长 8.9 倍。其中，工业固定资产投资完成 230 亿元，同比增长 64%，占全市全社会固定资产投资额的 50%，比“九五”期末增长 7 倍多。五年累计实际利用外资 7.9 亿美元，引进国内资金 635.5 亿元。开工建设规模在 1000 万元以上的工业项目 234 个。建成投产蒙牛五期工程、伊利新工业园、天野化工年产 20 万吨甲醇、汉鼎光电一期工程、一汽亿阳，以及大唐托克托发电项目第一、第二、第三期 2×60 万千瓦机组等一批重点工业项目。到 2005 年末，全市独立核算工业企业固定资产 306.49 亿元，其中规模以上独立核算内资企业固定资产 265.09 亿元、规模以上独立核算港澳台商投资企业及外商投资企业固定资产 41.4 亿元。

2006—2010 年，“十一五”规划期间，全市共计实施亿元以上重大工业项目 270 余项，累计完成投资 700 余亿元。开工建设中环光伏单晶硅产业园、晶环电子蓝宝石晶棒、华夏聚光吉瓦制造中心、中石油呼和浩特炼油厂 500 万吨扩能，科林埃尔 3GW 电子材料产业园、抽水蓄能电站，以及大唐托克托发电项目第四、第五期等一系列投资规模大、可持续发展能力强、对地方经济发展带动作用明显的项目。到 2010 年末，全市规模以上独立核算企业固定资产 679.38 亿元，其中，规模以上独立核算内资企业固定资产 579.55 亿元，规模以上独立核算港澳台商投资企业及外商投资企业固定资产 99.83 亿元。

2011—2015 年，“十二五”规划期间，全市共计实施亿元以上重大工业项目 450 余项，累计完成投资 1450 亿元，是“十一五”期间的 2 倍多。2015 年，全市完成工业固定资产投资 324.4 亿元。其中，开发区完成投资额 84.46 亿元，占全市工业固定资产投资额 26.04%，居全市首位；其他旗县区完成投资额依次为和林格尔县 46.46 亿元、托克托县 37.90 亿元、赛罕区 36.07 亿元、武川县 25.38 亿元、土默特左旗 24.55 亿元、新城区 23.75 亿元、玉泉区 9.79 亿元、清水河县 8.83 亿元、回民区 4.87

亿元。全市工业固定资产投资增速 30.7%。新材料行业占全市工业固定资产投资的比重为 48.1%；生物制药占全市工业固定资产投资的比重为 4.1%；能源行业占全市工业固定资产投资的比重为 35.6%；冶金化工占全市工业固定资产投资的比重为 7.1%；农畜产品加工业占全市工业固定资产投资的比重为 1.9%；机械装备制造业占全市工业固定资产投资的比重为 0.5%。中环光伏单晶硅产业园、晶环电子蓝宝石晶棒、华夏聚光吉瓦制造中心、中石油呼和浩特炼油厂 500 万吨扩能项目、科林埃尔 3GW 电子材料产业园、抽水蓄能电站，以及大唐托克托发电项目第四、第五期等建成投产。截至 2015 年，全市规模以上工业企业固定资产达 927.08 亿元，其中内资企业固定资产 837.43 亿元、港澳台商投资企业及外商投资企业固定资产 89.65 亿元。

三、工业经济效益

1986—1990 年，“七五”计划期间，呼和浩特市独立核算工业企业累计实现产品销售收入 139 亿元，累计完成利税 28.39 亿元。五年新增职工 1.3 万人，全员劳动生产率有大幅度提高。全市 83 家独立核算国有工业企业。其中，在大中型企业中，有 35 家累计完成工业总产值 56.83 亿元，完成销售收入 66.75 亿元，实现利税 9.0 亿元，上缴利税 6.66 亿元。1990 年，全市独立核算工业企业产品销售收入完成 38.35 亿元，较 1986 年的 17.51 亿元增长 119.02%。在 613 家独立核算工业企业中，亏损企业 74 家，占独立核算工业企业总数的 12.1%。全民所有制独立核算工业企业全员劳动生产率达每人 1.76 万元，比 1986 年的每人 1.38 万元提高 22%，年平均递增 6.67%。

1991—1995 年，“八五”计划期间，全市乡及乡以上独立核算工业企业累计实现产品销售收入 255.22 亿元，累计完成利税 27.05 亿元。1995 年，全市独立核算工业企业工业销售产值达 66.0 亿元（当年价），产品销售收入完成 38.35 亿元，较 1991 年增加 20.84 亿元、增长 119.02%。在 1077 家独立核算工业企业中，亏损企业 316 家，占独立核算工业企业总数的 29.3%，其中国有企业亏损 1.27 亿元。到 1995 年，全部职工年平均人数 17.67 万人，较 1991 年全部职工年平均人数增加 3.57 万人；工业企业综合效益指数 61.83%，产品销售率 94.82%，资金利税率 5.83%，劳动生产率达每人 1.28 万元，流动资金周转次数为 1.2 次。

1996—2000 年，“九五”计划期间，全市独立核算工业企业累计实现产品销售收入 393.99 亿元，累计完成利税 38.73 亿元。2000 年，全市独立核算工业企业工业销售产值 110.33 亿元（当年价），较 1996 年增加 35.03 亿元、增长 46.52%；产品销售收入完成 100.01 亿元，较 1996 年增加 31.58 亿元、增长 46.14%。在 876 家独立核算工业企业中，亏损企业 137 家，占独立核算工业企业总数的 15.64%，亏损企业亏损额 1.98 亿元，其中国有企业亏损 1.27 亿元。到 2000 年，全部独立核算工业企业职工年平均人数 11.19 万人，较 1996 年全部职工年平均人数减少 5.03 万人；

工业经济效益综合指数 90.16%，其中国有工业经济效益综合指数 72.91%、集体工业经济效益综合指数 87.40%、其他经济工业经济效益综合指数 103.94%、大中型工业企业经济效益综合指数 92.02%；工业企业产品销售率 98.39%，其中国有工业企业产品销售率 98.49%、集体工业企业产品销售率 96.31%、其他经济工业企业产品销售率 98.42%、大中型企业产品销售率 97.62%；工业企业总资产贡献率 5.87%，其中国有工业企业总资产贡献率 3.31%、集体工业企业总资产贡献率 0.55%、其他经济工业企业总资产贡献率 4.47%、大中型企业总资产贡献率 5.32%；工业成本费用利润率 2.16%，其中国有工业成本费用利润率 -1.15%、集体工业成本费用利润率 6.39%、其他经济工业成本费用利润率 6.17%、大中型工业企业成本费用利润率 1.71%；工业流动资金周转率 1.30 次，其中国有工业流动资金周转率 1.29 次、集体工业流动资金周转率 1.37 次、其他经济流动资金周转率 1.29 次、大中型工业企业流动资金周转率 1.41 次；工业全员劳动生产率每人 32773 元，其中国有工业全员劳动生产率每人 33655 元、集体工业全员劳动生产率每人 18859 元、其他经济工业全员劳动生产率每人 34442 元、大中型工业企业劳动生产率每人 38812 元；工业资本保值增值率 134.51%，其中国有工业资本保值增值率 132.86%、集体工业资本保值增值率 115.01%、其他经济工业资本保值增值率 138.55%、大中型工业企业资本保值增值率 139.94%；工业资产负债率 57.0%，其中国有工业资产负债率 60.58%、集体工业资产负债率 60.89%、其他经济工业资产负债率 50.52%、大中型工业企业资产负债率 55.53%。

2001—2005 年，“十五”计划期间，全市规模以上独立核算工业企业（年主营业务收入在 500 万元及以上的法人工业企业）主营业务收入累计 1283.27 亿元，利润总额累计 97.94 亿元，累计上缴利税 188.65 亿元。2005 年，全市规模以上工业企业工业销售产值 469.05 亿元（当年价），较 2001 年增加 346.25 亿元，增长 282%；主营业务收入完成 443.13 亿元，较 2001 年增加 328.02 亿元，增长 285%。盈亏相抵后利润总额 36.83 亿元。在 245 家规模以上独立核算工业企业中，亏损企业 97 家，占规模以上独立核算工业企业总数的 39.59%，亏损企业亏损额 2.52 亿元，其中国有企业亏损 0.23 亿元。到 2005 年，全市规模以上独立核算工业企业职工年平均人数 8.26 万人，较 2001 年全部职工年平均人数减少 5.03 万人；规模以上工业企业经济效益综合指数 249.85%，其中大中型工业企业经济效益综合指数 311.91%；规模以上工业企业产品销售率 97.08%，其中大中型工业企业产品销售率 97.62%；规模以上工业企业总资产贡献率 14.90%，其中大中型工业企业总资产贡献率 16.38%；规模以上工业企业成本费用利润率 9.52%，其中大中型工业企业成本费用利润率 11.80%；规模以上工业企业全员劳动生产率每人 199315 元，其中大中型工业企业全员劳动生产率每人 280778

元；规模以上工业资本保值增值率112.49%，其中大中型工业企业资本保值增值率114.19%；规模以上工业企业资产负债率61.06%，其中大中型工业企业资产负债率57.84%。

2006—2010年，“十一五”规划期间，全市规模以上独立核算工业企业主营业务收入累计4556.56亿元，利润总额累计413.45亿元，累计上缴利税722.13亿元。2010年，全市规模以上独立核算工业企业职工年平均人数10.06万人，较2006年全部职工年平均人数增加1.27万人。全市规模以上工业企业工业销售产值1135.54亿元(当年价)，较2006年增加626.04亿元，增长81.38%；所有者权益合计408.13亿元，较2006年增加169.65亿元，增长71.14%；主营业务收入完成1153.97亿元，较2006年增加546.54亿元，增长89.98%。盈亏相抵后利润总额73.59亿元。在320家规模以上独立核算工业企业中，亏损企业73家，占规模以上独立核算工业企业总数的22.81%，亏损企业亏损额5.70亿元，其中国有企业亏损0.25亿元。

2011—2015年，“十二五”规划期间，全市规模以上独立核算工业企业主营业务收入累计7880.94亿元，利润总额累计707.81亿元，累计上缴利税1299.67亿元。2015年，全市规模以上独立核算工业企业从业人员年平均人数9.94万人，较2011年全部从业人员年平均人数增加2300人。全市规模以上工业企业工业销售产值1421.13亿元（当年价），较2011年增加105.32亿元，增长8.0%；所有者权益合计906.16亿元，较2011年增加407.68亿元，增长81.79%；主营业务收入完成1767.64亿元，较2011年增加446.97亿元，增长33.84%。盈亏相抵后利润总额73.59亿元。在277家规模以上独立核算工业企业中，亏损企业95家，占规模以上独立核算工业企业总数的34.30%，亏损企业亏损额87.07亿元，其中国有企业亏损61.2亿元。

第三节 工业结构

一、所有制结构

（一）国有企业

1986年，呼和浩特市有国有工业企业215家，企业职工28万人，乡及乡以上工业总产值13.81亿元，占全市乡及乡以上工业总产值的86.87%，利税3.45亿元。从20世纪90年代初开始，呼和浩特市工业企业按照国务院关于《全民所有制工业企业转换经营机制条例》，企业经营机制转换和结构调整步伐加快，外向型工业企业及其他经济类型企业快速增长。到1990年，全市国有企业工业总产值占全市工业总产值的77.25%。1995年，全市国有工业企业480家，国有工业企业职工13.8万人，工业总产值5591亿元，占全市乡及乡以上工业总产值的745%，利税346亿元。1996年，呼和浩特市被国家列为50个优化资本结构试点城市之一。呼和浩特市通过外引内联，部分国营企业在改革中转制为私营企业、股份制企业，国营工业企业大量减少，个体、私营、外资和混合等经济成分从无到有，公有制经济在国民经济中的数量比重呈现趋势性下降。至2000年，全市规模以上独立核算国有工业企业85家，职工4.47万人，工业总产值54.6亿元，占全市规模以上独立核算工业企业工业总产值的54.2%。

2001年后，呼和浩特市加大工业企业改革力度，通过对大中型国有企业进行股份制改造，规范上市、中外合资和互相参股等形式，改制为多元持股的有限责任公司、股份有限公司，国有工业企业逐年减少。到2010年，全市规模以上国有工业企业减少到22家，企业职工1.49万人，工业总产值170余亿元，占全市规模以上工业总产值的14.5%，利税47.29亿元。2015年，全市规模以上工业企业总产值所占比例中，国有及国有控股企业46.97%。规模以上国有工业企业减少到3家，年从业人员减少到800余人，工业总产值86.53亿元，占全市规模以上工业总产值的5.18%，利税-72.65亿元。

（二）集体企业

1986年，全市独立核算集体所有制工业企业412家，从业人员9.02万人，工业总产值2.16亿元，占全市工业总产值的12.97%，利税2600万元。1990年，集体企业占全市工业总产值的13.61%。到1995年，全市独立核算集体工业企业731家，企业职工17.67万人，工业总产值69.72亿元，利税4.43亿元。1996年后，呼和浩特市加大对集体工业企业改革力度，淘汰一批技术落后、产能不足、产品滞销等没有发展前景的企业，通过破产、转制、兼并、合资经营等多种改革措施，转制为个体私营或股份制企业。到2000年，在全市规模以上独立核算工业总产值所占比例中，集体企业仅占1.56%。2010年，全市规模以上集体工业企业减少到6家，工业销售产值1.9亿元，占全市规模以上工业销售产值的0.17%，从业人员年均550余人。截至2015年，呼和浩特市没有规模以上集体工业企业。

（三）混合所有制企业

从20世纪90年代初开始，呼和浩特市按照《中华人民共和国公司法》，对市属国有大中型企业采取集团化、专业化协作、公司制、整体划转等多种方式，建立规范的股份有限公司和有限责任公司等。到1995年，全市独立核算国有企业中，股份制经济和联营经济国有企业10家，工业总产值3.16亿元，占全市规模以上工业总产值的4.53%。1996年后，呼和浩特市以优化资本结构试点城市为契机，通过兼并、破产、重组、产权制度改革等措施，重点扶持毛纺、乳业、汽车齿轮、水泥、化工、建材、食品等一批跨地区、跨行业、跨所有制的工业企业集团的组建，并通过外引内联，部分国有、集体企业在改革中转制为有限责任公司、股份制企业等混合所有制企业，国营工业企业和集体工业企业逐步减少，其他类型企业明显增加。2000年，在全市规模以上工业企业中，有限责任公司30家，工业总产值10.42亿元，占全市规模以上工业总产值的10.45%；规模以上股份合作企业4家，工业销售产值0.28亿元，占全市规模以上工业销售产值的0.28%；规模以上股份有限公司18家，工业总产值23.8亿元，占全市规模以上工业销售产值的23.87%。

2001年后，呼和浩特市根据市场经济发展的需要，进一步加大改革力度，坚持劣势企业退出市场的改革方向，以民有民营为体制转换目标，对独立核算的工业企业进行转制、重组，一部分退出国有序列的企业通过各种方式实现重组，使有效资产得以盘活，呈现出新的发展生机。

2010年，在全市规模以上工业企业中，有限责任公司72家，其中国有独资公司8家、其他有限责任公司64家，工业总产值297.74亿元，占全市规模以上工业总产值的26.22%，利税总额84.18亿元；股份有限公司15家，工业总产值192.19亿元，占全市规模以上工业总产值的16.93%，利税总额47.09亿元；股份合作企业4个，工业总产值2.91亿元，占全市规模以上工业总产值的0.26%。截至2015年，在全市规模以上工业企业中，有限责任公司发展到116家，其中国有独资公司15家、其他有限责任公司101家，工业总产值599.96亿元，占全市规模以上工业总产值的35.98%，利税总额79.42亿元；股份有限公司26家，工业总产值421.78亿元，占全市规模以上工业总产值的25.29%，利税总额180.67亿元；股份合作企业1个，工业总产值1.15亿元，占全市规模以上工业总产值的0.07%。

（四）私营企业

1986年后，随着改革开放的不断深入，呼和浩特市个体、私营工业企业发展迅速。到1995年，全市乡及乡以上开办私营工业企业发展到13家，工业总产值1206万元，利税总额84万元。随着工业企业产权制度改革，部分国营、集体工业企业转制为私营企业，新建私营工业企业不断增加。2000年，在全市规模以上独立核算工业企业总产值中，私营企业占3.32%。2010年，全市规模以上私营工业企业增加到242家。其中私营独资企业18家，私营合作企业2家，私营有限责任公司209家，私营股份有限公司13家。私营工业企业工业总产值300.36亿元。2013年后，受国内外经济下行影响，一部分私营工业企业破产或转产。截至2015年，全市规模以上私营工业企业减少至103家，其中私营有限责任公司98家、私营股份有限公司5家。私营工业企业工业总产值195.98亿元，占全市规模以上工业总产值的11.75%，利税总额9.12亿元。

（五）港澳台及外商投资企业

从20世纪90年代初开始，呼和浩特市不断加强招商引资，吸引港澳台及外商投资企业投资经营，以“三资”企业为主体的其他经济类型工业经济迅速兴起。到2000年，全市有规模以上港澳台商投资工业企业13家，港澳台商投资工业企业工业总产值1.79亿元，占全市限额以上工业总产值的1.8%，利税总额1333万元；外商投资工业企业16家，外商投资工业企业工业总产值3.8亿元，占全市规模以上工业总产值的3.81%，利税总额1612万元。2001年后，呼和浩特市通过改善投资环境，外商投资的吸引力逐年增强。截至2015年，全市有规模以上港澳台商投资工业企业13家，港澳台商投资工业企业工业总产值124.45亿元，占全市限额以上工业总产值的7.46%，利税总额5.62亿元；外商投资工业企业15家，外商投资工业企业工业总产值237.83亿元，占全市规模以上工业总产值的14.26%，利税总额4.5亿元。

二、工业结构调整

1986年，呼和浩特市工业总产值16.63亿元。其中，轻工业产值10.43亿元，占全市工业总产值的62.72%；重工业产值6.2亿元，占全市工业总产值的37.28%（以上数据均按1980年不变价计算）。全市轻工业和重工业结构比例为62.72 ∶ 37.28。市委、市政府按照中央关于“调整、改革、整顿、提高”的方针，有计划地开展工业结构调整，大力发展轻纺、电子、食品等行业，提高以自治区丰富矿产资源为原料的加工业比重。1990年，全市工业总产值达25.03亿元。其中，轻工业产值15.71亿元，占全市工业总产值的62.76%；重工业产值9.32亿元，占全市工业总产值的37.24%。全市轻工业和重工业结构比例为62.76 ∶ 37.24。按工业行业分，机械工业占乡及乡以上独立核算工业企业生产总值的9.97%，纺织工业占12.5%，食品工业占6.93%，建材工业占6.15%，电力工业占1.93%，化学工业占3.17%，医药工业占1.48%，电子工业占19.37%，冶金工业占5.06%，烟草加工业占9.7%，其他工业占23.74%。

20世纪90年代后，呼和浩特市提出“工业生产迈大步”的奋斗目标，加快工业企业转换经营机制和结构调整步伐，工业结构日趋合理。至2000年，呼和浩特市初步形成优势突出、特色鲜明的乳品、电子信息、电力、生物制药、冶金化工等五大支柱产业。全市规模以上独立核算工业企业生产总值达99.73亿元。其中，轻工业产值51.13亿元，占全市工业总产值的51.27%；重工业产值48.6亿元，占全市工业总产值的48.73%。全市轻工业和重工业结构比例为51.27 ∶ 48.73。其中，机械工业占规模以上独立核算工业企业生产总值的7.08%，纺织工业占12.5%，食品工业占21.08%，电力工业占3.73%，石油加工及炼焦业占23.26%，化学工业占12.2%，医药工业占1.48%，电子工业占7.60%，冶金工业占1.83%，建材工业占2.82%，烟草加工业占4.0%，其他工业占2.42%。

2001年后，呼和浩特市以伊利、蒙牛两大龙头企业为依托，带动乳品工业的发展；以大唐托克托电厂为重点的电力建设快速发展，电力项目装机容量近720万千瓦；

引进 TCL、汉鼎光电、合谦电子、创维等一批大企业集团，初步形成 IT 制造业在呼和浩特市的聚集效应；生物制药依托当地电力优势和丰富的玉米产品，以及黄河水利资源，建设一批投资额度大、技术含量高的生物发酵项目，石家庄制药集团年产万吨青霉素项目、华蒙金河饲用金霉素项目建成投产。冶金化工引进年产 120 万吨不锈钢项目，年产 24 万吨 PVC、烧碱项目，20 万吨甲醇项目以及重油深加工项目；机械装备制造产业引进长春一汽汽车工业园、上海电气输配电等项目。至 2005 年，全市规模以上独立核算工业企业生产总值达 483.16 亿元。其中，轻工业产值 273.2 亿元，占全市工业总产值的 56.54%；重工业产值 209.96 亿元，占全市工业总产值的 43.46%。全市轻工业和重工业结构比例为 56.54：43.46。全市规模以上工业企业生产总值所占比例为：采矿工业 0.88%，电力工业 13.11%，计算机、通信和其他电子设备制造业 13.37%，石油加工、炼焦工业 6.54%，冶金工业 6.1%，化学工业 3.87%，医药制造业 3.79%，食品工业 35.91%，纺织工业 4.73%，机械工业 2.12%，建材工业 2.76%，烟草加工业 2.98%，其他工业 3.84%。

2006 年后，呼和浩特市加快推进工业化和信息化融合，经过大规模产业结构的调整，抓住西部大开发的机遇，统筹利用周边资源，进行产业结构调整和升级，工业经济呈现快速发展。截至 2010 年，全市规模以上独立核算工业企业销售产值 1135.54 亿元。其中，轻工业产值 540.35 亿元，占全市工业总产值的 47.59%；重工业产值 595.19 亿元，占全市工业总产值的 52.41%。全市轻工业和重工业结构比例为 47.59：52.41。全市规模以上工业企业生产总值所占比例为：采矿工业 5.48%，电力工业 20.23%，计算机、通信和其他电子设备制造业 3.75%，石油加工、炼焦工业 5.47%，冶金工业 5.35%，化学工业 8.07%，医药制造业 5.76%，食品工业 25.99%，纺织工业 4.98%，机械工业 3.14%，建材工业 2.76%，烟草加工业 3.05%，其他工业 5.97%。形成以乳业、电力、生物制药、光伏材料、冶金化工、机械制造等支柱产业为主的工业体系。

2011 年后，呼和浩特市围绕“打造一流首府城市、建设一流首府经济”和“传统产业新型化、新兴产业规模化、支柱产业多元化”的发展目标，全面调整产业结构和产业优化升级，坚持先进制造业和现代服务业“双轮驱动”，增长与转型并重，打造以乳业为核心的绿色食品加工产业、电力及能源综合利用产业、新型煤化工和石油化工产业，以及装备制造业产业等“四大集群”，把培育新能源、新材料、生物制药、新一代信息技术等战略性新兴产业与挖掘冶金、建材、纺织服装等传统产业相结合，形成食品加工、电力能源、现代化工、生物医药、电子信息、光伏材料等六个特色明显的优势支柱产业。先后引进沃特玛新能源汽车、山东天岳碳化硅、冠禹稀贵金属等有利于优化产业结构、延长产业链条的战略性新兴产业项目。到 2015 年，六大产业占全部工业的比重达 85%。全市规模以上独立核算工业企业总产值达

1667.578亿元。其中，轻工业产值783.29亿元，占全市工业总产值的46.97%；重工业产值884.29亿元，占全市工业总产值的53.03%。全市轻工业和重工业结构比例为46.97 ∶ 53.03。全市规模以上独立核算工业企业生产总值所占比例为：采矿工业0.54%，电力工业22.75%，计算机、通信和其他电子设备制造业2.92%，石油加工、炼焦工业10.61%，冶金工业2.96%，化学工业11.22%，医药制造业8.86%，食品工业26.34%，纺织工业1.07%，机械工业3.14%，建材工业1.86%，烟草加工业3.7%，其他工业4.03%。

三、产品结构调整

1986年，呼和浩特市主要工业产品中，原煤产量2.4万吨，发电量3.96亿千瓦时，钢材11.71万吨，糖3.61万吨，饮料酒1.06万吨，水泥34.3万吨，化肥1.72万吨，布1358.7万米，毛线2134吨，电视机15.5万台，卷烟17.5万箱。1986—1990年，围绕产品结构调整，较大规模地进行企业技术改造，提高技术装备水平，开发出一批名、优、特、新产品。全市投资4110万元，安排新产品开发项目336个，其中大中型企业占50%以上。32个项目获国家或自治区优秀新产品成果奖。新产品年均新增产值5100万元，年均新增利税730万元。全市工业产品年均更新率达20%。呼和浩特市各毛纺企业利用自治区内羊毛、山羊绒、驼绒等资源优势，在开发羊毛产品的同时，开发出羊绒、驼绒、牦牛绒等中高档产品。

1990年，市政府编制《呼和浩特市工业结构调整实施方案》，投入资金1942万元，安排157个开发项目，开发并鉴定的新产品有54种，开发生产的新品种、新花色、新款式、新工艺、新包装近800种。

1991年开始，呼和浩特市鼓励和扶持企业开展技术革新，引进新技术、开发新产品，提高工业生产现代化水平，优化产品结构，采取限产压库等措施，加强产品销售，工业生产保持适度增长。截至1995年，全市共安排技术改造项目103个，总投资6.42亿元；共开发新产品612项，其中达到国内先进水平的209项，区内先进水平的225项，有14个产品成为自治区名牌产品；对机械、纺织、电子等系统内共27个主要产品进行结构调整，完成创优升级项目48项。

1996—1999年，呼和浩特市加快工业改革步伐，通过政策引导，调整产业结构，重点扶持发展食品、纺织、服装、建材工业，改组改造电子、机械等行业；通过技术创新，调整产品结构，培育出“伊利”“仕奇”等一批名牌产品。2000年，全市主要工业产品中，原煤产量3.25万吨，比1990年增加0.85万吨，增长35.42%；发电量9.72亿千瓦时，比1990年增加5.76亿千瓦时，增长145.45%；钢材1.08万吨，比1990年减少10.63万吨，减少90.78%；饮料酒5.15万吨，比1990年增加4.09万吨，增长近5倍；乳制品3.58万吨，比1990年增加3.43万吨，增长近24倍；水泥103

万吨，比1990年增加68.7万吨，增长3倍；化肥20.03万吨，比1990年增加18.31万吨，增长近12倍；布2230.52万米，比1990年增加871.82万米，增长64.17%；电视机51.81万台，比1990年增加36.3万台，增长3倍多；卷烟22万箱，比1990年增加4.5万箱，增长25.71%。食用植物油6.63万吨，原油加工115.95万吨，机制纸及纸板3.76万吨。

2001年后，市委、市政府提出“做大做强特色产业，加快发展新兴产业，改造提升传统产业”的发展思路，推进工业化进程，经过大规模的产业结构调整，基本构建起乳品业、电子信息业、电力工业、生物制药业、冶金化工业、机械装备制造业等六大优势产业，形成以纺织服装、烟草、建材等为代表的具有发展前景的优势产业。至2010年，全市主要工业产品中，原煤产量601.1万吨，比2000年增加597.85万吨，增长近185倍；发电量352.62亿千瓦时，比2000年增加342.9亿千瓦时，增长36倍；食用植物油1.26万吨，比2000年减少5.37万吨，减少80.99%；饮料酒5.56万吨，比2000年增加0.41万吨，增长7.96%；乳制品167.42万吨，比2000年增加163.84万吨，增长近47倍；水泥523.7万吨，比2000年增加420.7万吨，增长5倍；化肥54.5万吨，比2000年增加34.47万吨，增长63.25%；电视机204.4万台，比2000年增加152.59万台，增长近4倍；卷烟36万箱，比2000年增加14万箱，增长63.64%；原油加工125.6万吨，比2000年增加9.65万吨，增长8.32%；机制纸及纸板3.76万吨，增长63.64%。化学药品原药30.82万吨。

2011年后，呼和浩特市结合市场经济发展，加快工业产品结构调整，引进和开发新技术、新产品。逐步形成绿色食品、电力能源、现代化工、生物医药、光伏材料、电子信息六大优势产业。乳业销售收入首次突破1000亿元，成为呼和浩特市第一个千亿级产业；电力装机容量突破1200万千瓦；单晶硅产能达5万吨，多晶硅产能达5000吨，太阳能电池组件产能达300兆瓦。全市乳制品产量、原油加工量、外送电量、单晶硅产量等均居全区第一位。截至2015年，全市主要工业产品中，化学药品原药产量0.68万吨、原铝27.1万吨、乳制品170.3万吨、单晶硅8568.5吨、化肥（折纯）32.3万吨、饲料81.7万吨、卷烟215.0亿支。

第三章　乳品工业

第一节　发展概况

20世纪80年代中后期，呼和浩特市扩大奶源基地的建设，保证乳品企业的正常生产。市内各区及旗县区陆续兴办一批乳品加工企业。呼和浩特市乳品厂生产奶粉，内蒙古轻工科研所实验厂生产酸奶、奶片，呼和浩特市回民奶食品厂加工鲜奶食品、雪糕等。

1986年，呼和浩特市乳品厂投资150万元，进行冷饮扩产改造，新增产值446万元；生产的速溶加糖奶粉荣获轻工业部和自治区优质产品称号。1987年，乳品厂投资121万元，引进意大利花脸冰淇淋生产设备，年产花脸冰淇淋500万支，新增产值125万元。1989年，乳品厂收奶量超万吨，年产奶粉达1277吨，居全国同行业第4位、自治区同行业首位。生产的“青山牌全脂速溶加糖奶粉”“奶油雪糕”（花脸冰淇淋）畅销区内外，连续4年获轻工业部优质产品称号。干酪获自治区优秀新产品奖。1990年“伊利牌”雪糕和火炬冰淇淋获农业部优质产品奖。

1993年，呼和浩特市回民奶食品厂进行股份制改造，成立伊利实业股份有限公司。1994年，伊利实业股份有限公司金川冷冻食品厂投产，雪糕日最大产量150万支，位居全国第三、华北第一。呼和浩特市乳品厂通过改组成立内蒙古青山乳业股份有限公司。1997年，伊利实业股份有限公司控股内蒙古青山乳业公司，成立伊利集团。1999年，内蒙古蒙牛乳业（集团）股份有限公司（简称蒙牛乳业）成立。

2000年，呼和浩特市提出“乳业兴市”战略，全市推广奶牛养殖与“大企业＋农户”模式，乳业逐步成为全市发展的支柱产业。截至2004年底，全市有10余万人直接从事鲜奶收购、加工、运输、经销以及饲料生产、供应、兽药和牧业机械生产经营、印刷包装等与乳业相关联的行业。全市乳品行业规模以上工业企业总产值达113亿元，占全国乳品行业规模以上企业工业总产值的17%。呼和浩特市在全国大中城市中实现奶牛存栏、牛奶总产量、奶产品加工量、人均鲜奶占有量全国第一。2005年8月28日，呼和浩特市被中国轻工业联合会、中国乳制品工业协会命名为“中国乳都”。

2008年后，呼和浩特市加快乳业集约化经营和现代化奶业发展进程，奶牛产乳量和牛奶质量不断提升，乳业生产重心开始从高产向优质转化。为切实保证乳制品生产全产业链的优质、可持续发展和信息的畅通共享，开始进行“智慧乳都”建设。2009年，全市乳业实现销售收入超过500亿元。包括伊利、蒙牛两大国内知名乳业品牌在内，全市乳品加工企业超过13家，乳品加工企业从业人员1.7万人，相关从业人员达60万人，获绿色食品标志的乳产品达30余个。2012年，全市乳制品产量达146.79万吨，其中液体奶产量136.6万吨。

2013年底，蒙牛乳业推出国内首款二维码可追溯牛奶，借助百度云技术与原有的二维码追溯系统相结合，打造出全新“云端牧场”，消费者通过扫描包装盒上的二维码，不仅可追溯到产品源头牧场的信息，还可以实时观看牧场、工厂生产全过程的视频信息，清晰了解该企业生产技术和全产业链管理体系。2014年6月，伊利全程质量可追溯体系对接国家平台，打通生产、检验、监管和消费各个环节，让消费者了解符合卫生安全的生产和流通过程，从源头上保障消费者的合法权益，让消费者对乳制品更为放心。2014 年，伊利、蒙牛两家企业主营业务收入合计首次超过 1000 亿元，伊利进入世界乳企前 10 强。内蒙古圣牧高科奶业有限责任公司在港交所成功上市。

2015 年 10 月，中国乳业大数据平台在呼和浩特市上线启动，平台包含大数据研究中心、交易中心、培训中心、创客中心、可视化中心五大中心和乳业大数据分析交易平台。通过平台，行业管理部门可以感知行业发展动态、企业最新需求，及时调整政策；企业能够及时获得有价值的乳业信息并得到科学、专业和权威的大数据分析指导；消费者能够第一时间了解奶源、运输、加工、销售等环节的溯源信息，获得食品安全新体验。

第二节　企业选介

一、内蒙古伊利实业集团股份有限公司

1993 年 2 月，呼和浩特市回民奶食品加工厂改制，成立伊利集团，后更名为“内蒙古伊利实业股份有限公司”。1993 年 7 月成立伊利冷饮事业部。1996 年 3 月 12 日，“伊利股份”在上交所挂牌上市，成为全国乳品行业首家 A 股上市公司。1997 年 2 月，内蒙古伊利实业集团股份有限公司正式成立。同年，第一条利乐液态奶生产线投产，推出伊利纯牛奶、麦芽奶、巧克力奶、草莓奶、酸牛奶。1998 年，伊利集团 2 个奶粉厂合并，推出婴幼儿奶粉和学生加锌奶粉。1999 年成立液态奶事业部，2000 年成立奶粉事业部。2000 年，伊利集团利税位居全国同行业第一。

2003—2004 年，伊利集团主营业务收入高居行业第一。2004 年，在中国 500 个最具价值品牌评选中，伊利以 127.87 亿元的品牌价值列 38 位，位居中国食品业首位。2005 年 7 月，成立酸奶事业部，产品包括 7 大系列 90 余个品种，发展速度在行业中名列前茅。2005 年，公司主营业务收入突破 100 亿元大关，成为呼和浩特市首家突破百亿元的企业，获准成为国内唯一一家符合奥运标准、为奥运会提供乳制品的企业。2007 年，推出金领冠系列婴幼儿产品，荣获 2007—2008 年中国食品工业协会科学技术奖；中国第一款有机奶——“伊利金典有机奶”，在俄罗斯“中国年”上受到俄罗斯总统普京的高度赞赏；采用创新 LHT 乳糖水解技术，推出中国首款低乳糖牛奶——伊利舒化奶。2009 年牵手上海世博会，成为国内唯一一家符合世博标准、为 2010 年上海世博会提供乳制品的企业。

2010 年，伊利畅轻酸奶荣获“国际乳品联合会（IDF）功能乳制品创新金奖”，是中国乳品企业首次在国外获得的国际最高荣誉奖项。2011 年，伊利作为亚洲首家、

中国唯一一家加入“国际冰淇淋协会”的企业，成为2012年伦敦奥运会中国体育代表团营养乳制品的特供企业。2013年，亚洲最大的乳业技术研究院——内蒙古乳业技术研究院在伊利集团揭牌成立。伊利金典有机奶全程可追溯系统正式上线，成为中国首个真正实现产品全程可追溯的乳品品牌。

2014年，伊利集团进入全球乳业10强，成为唯一一家进入全球乳业10强的亚洲乳品企业。

2015年，伊利集团营业总收入603.6亿元，净利润46.54亿元。增速连续5年保持在20%以上。7月，在荷兰合作银行发布的“2015年度全球乳业排名”中，伊利蝉联全球乳业10强。截至2015年末，伊利集团累计纳税额近254亿元，为1500余户牧场提供金融扶持近25亿元。同时，以滚动方式累计向农户发放购牛款30余亿元，带动500万奶农走上脱贫致富的道路。

二、内蒙古蒙牛乳业（集团）股份有限公司

1999年1月，内蒙古蒙牛乳业有限责任公司成立。6月，蒙牛集团第一个自建生产基地——和林生产基地破土动工。8月，内蒙古蒙牛乳业股份有限公司正式成立，总部设在呼和浩特市和林格尔县盛乐经济园区。12月，蒙牛签约奶站收取第一车奶，标志着蒙牛“公司+奶站+农户”产业化运作模式全面开始。2004年，蒙牛乳业在香港上市。2009年7月，中国最大的粮油食品企业中粮集团入股蒙牛，成为蒙牛第一大股东。截至2009年，蒙牛乳业拥有总资产300余亿元，职工近3万人，乳制品年生产能力达600万吨。包括和林格尔基地在内，蒙牛乳业在全国16个省区市建立生产基地20余个，拥有液态奶、酸奶、冰淇淋、奶品、奶酪五大系列400余个品种，产品以其优良的品质获得“中国名牌”“民族品牌”“中国驰名商标”“国家免检”和“消费者综合满意度第一”等荣誉称号。

2013年6月18日，蒙牛乳业完成对雅士利国际控股有限公司的并购，成为中国乳业最大规模的一次并购。2014年，蒙牛乳业成功入选恒生指数成分股，在荷兰合作银行发布的全球乳品企业排名名单中位列第八。2015年8月，蒙牛乳业入选中国制造企业协会主办的“2015年中国制造企业500强”，排名第48位；在中国品牌价值研究院主办的“2015年中国品牌500强”，排名第78位。

2015年，蒙牛乳业销售额490.27亿元，净利润23.67亿元。集团拥有4万余名员工，在全国建立33个生产基地、58个工厂，海外新西兰、印度尼西亚各1个基地，年产能达868万吨。

第四章　电力工业

第一节　发　电

1986年后，呼和浩特市对原呼和浩特热电厂进行升级改造，同时为解决城市供热，先后增建丰泰热电厂、金桥热电厂、金山热电厂以及大唐国能呼和浩特热电厂等以煤炭为燃料的火力发电厂。2000年，亚洲最大火力发电厂——内蒙古大唐国际托克托电厂建成投产。

2001年后，随着国家对于新能源发电政策的倾斜，呼和浩特市加大对风能、太阳能等新能源发电厂的建设力度，先后建成武川李汉梁风电场、和林格尔丰华生物质发电厂、国电大里堡光伏电站等一批新能源发电厂。2004年5月，经国家发展和改革委员会核准，开始筹建呼和浩特抽水蓄能电站，2015年6月实现全面投产发电。

截至2015年，全市电网接入光伏发电4座，废物处置发电1座，接入发电容量301.06兆瓦。全市电网总装机容量（不含大唐国际托克托电厂）达3944.53兆瓦。其中，火电装机容量2900兆瓦，风电装机容量544.3兆瓦，其他发电装机容量500.23兆瓦。电力能源产业成为全市第二大支柱产业，42家企业全年共完成产值346.3亿元，占全市工业总量的比重为21.0%。

2015年呼和浩特市电网火电装机一览表

表8-4-1　　单位：兆瓦

序号	发电厂名称	装机	最大可调出力	单机组合	机组类型
1	丰泰电厂	400	400	2×200	火电
2	金桥电厂	600	600	2×300	火电
3	金山电厂	600	600	2×300	火电
4	呼和浩特热电厂	700	700	2×350	火电
5	大唐国能呼和浩特热电厂	600	600	2×300	火电
6	天野化工自备电厂	16	16	1×16	生产余热

2015 年呼和浩特市电网部分新能源发电装机一览表

表 8-4-2　　　　单位：兆瓦

序号	发电厂名称	装机	最大可调出力	单机组合	机组类型
1	武川李汉梁风电场	247.5	247.5	33×1.5×5	风电
2	国电武川红山风电场	99	49.5×2	33×1.5×2	风电
3	大唐黑沙兔风电场	49.3	49.3	58×0.85	风电
4	中国风电义合美风电场	49.5	49.5	33×1.5	风电
5	龙源和林石门子风电场	99	49.5×2	33×1.5×2	风电
6	蒙牛澳亚示范牧场沼气发电项目	1.36	1.36	1×1.36	沼气
7	和林格尔丰华生物质发电厂	21	21	1×6+1×15	秸秆
8	神舟呼和浩特和林格尔 60MWp 设施农业光伏发电项目	25	25	25×1	太阳能
9	伊利沼气发电项目	0.36	0.36	1×0.18	沼气
10	大西平光伏发电项目	30	30	13+17	太阳能
11	华能李汉梁风光电站光伏一期发电项目	20	20	2×10	太阳能
12	国电大里堡光伏电站	65	65	1×65	太阳能
13	国电图家营光伏电站	40	40	1×40	太阳能
15	京城固体废物处置发电项目	10	10	1×10	废物处置
16	西梁光伏发电项目	60	60	1×60	太阳能
17	陈家梁光伏发电项目	100	100	1×100	太阳能
18	什里坡光伏发电项目	130	130	1×130	太阳能

第二节　电网建设

一、输电线路

呼和浩特地区电网在内蒙古电网中位于枢纽位置，不仅承担本地区电力负荷的供给任务，同时承担着与包头地区、鄂尔多斯市薛家湾地区以及乌兰察布市四子王旗电网的联络任务，是内蒙古电网的重要组成部分。

2015 年，随着海亮和万达 110 千伏输变电工程、京能盛乐冷热联供机组 220 千伏接入工程等 10 项输变电工程投产，全市新增变电容量 927 兆伏安，线路 187.2 千米。截至 2015 年末，呼和浩特地区电网拥有 500 千伏变电站 2 座，线路 7 条。通过永圣域—宁格尔Ⅰ、Ⅱ回 500 千伏线路与鄂尔多斯电网相连；通过永圣域—丰泉Ⅰ、Ⅱ回和永圣域—旗下营Ⅰ回 500 千伏线路与乌兰察布电网相连；通过东郊—土右Ⅰ回和昭君—土右 220 千伏线路与包头电网相连。220 千伏输电线路共计 56 条，线路总长 1421.77 千米。110 千伏输电线路共计 120 条，线路总长 1688.76 千米。直属 35

千伏输电线路共计 11 条，线路总长 206.88 千米（不包括非直属用户输电线路和农电线路）。形成以 500 千伏网架为支撑、220 千伏网架双环网的电网结构。

2015 年呼和浩特地区电网 220 千伏输电线路一览表

表 8-4-3

序号	线路名	两侧厂站		导线型号	长度（千米）	电压等级（千伏）
1	东杨牵线	东郊变	杨家营牵引站	LGJQ-400/35	25.525	220
				LGJQ-400/35	1.48	220
2	东乌线	呼东郊	乌素图	LGJ-2×300	13.894	220
				YJLW02-127/220kV×140 电缆	0.410	220
3	旗航Ⅰ线	旗下营	航天	LGJ-2×400/35	40.397	220
4	旗航Ⅱ线	旗下营	航天	LGJ-2×400/35	40.397	220
5	航东线	航天	呼东郊	LGJ-400/35	23.88	220
6	航昭线	航天	昭君	LGJ-400/35	34.047	220
7	永阁Ⅰ线	永圣域	台阁牧	LGJ-2×300	39.07	220
8	乌阁Ⅰ线	乌素图	台阁牧	LGJ-2×300	17.32	220
9	金阁Ⅰ线	金山电厂	台阁牧	LGJ-2×400	11.92	220
10	金阁Ⅱ线	金山电厂	台阁牧	LGJ-2×400	11.92	220
11	乌泰线	乌素图	丰泰电厂	LGJ-2×300	16.225	220
12	旗东线	旗下营	呼东郊	LGJQ-400	56.994	220
13	东昭Ⅰ线	呼东郊	昭君	LGJQ-400	17.44	220
14	东昭Ⅱ线	呼东郊	昭君	LGJQ-400	17.252	220
15	泰阁线	丰泰电厂	台阁牧	LGJ-2×300	15.01	220
16	燕中Ⅰ线	燕山营	云中	LGJ-2×240	6.9	220
17	燕中Ⅱ线	燕山营	云中	NRLH60GJ-400/35	11.29	220
18	美齐牵线	美岱召牵引站	毕克齐牵引站	LGJ-400/35	57.552	220
19	金黑Ⅰ线	金桥电厂	黑河	LGJ-2×400/35	4.74	220
20	金黑Ⅱ线	金桥电厂	黑河	LGJ-2×400/35	4.74	220
21	黑航Ⅰ线	金桥电厂	黑河	LGJ-2×400/35	27.05	220
22	黑航Ⅱ线	金桥电厂	黑河	LGJ-2×400/35	27.05	220
23	呼永Ⅰ线	呼和浩特热电厂	永圣域	LGJ-2×630/45	46.54	220
24	惠杨牵线	惠川变	杨家营牵引站	2×LGJ-400/35	5.924	220
				LGJQ-400/50	29.9	220
25	惠东线	惠川变	东郊变	2×LGJ-400/35	5.909	220
				LGJQ-400/50	54.761	220

二、变电设备

截至 2015 年，呼和浩特电网投运 220 千伏变电站 21 座（不包括发电厂升压变），主变 57 台，变电总容量 6393.71 兆伏安；110 千伏变电站 66 座（不包括发电厂升压变），主变 123 台，变电总容量 5451 兆伏安；35 千伏变电站 8 座（不包括发电厂升压变、非直属用户变电站和农电变电站），主变 14 台，变电总容量 98.75 兆伏安。

呼和浩特地区电网变电设备一览表

表 8-4-4

序号	变电站名	变压器号	型号	额定容量（兆伏安）	额定电压（高 / 中 / 低电压及分档）	运行电压（千伏）
1	台阁牧变	1	SFPSZ9-150000/220	150	220 ± 8 × 1.25%/121/10.5	220
		2	SFSZ10-150000/220	150	220 ± 8 × 1.25%/121/10.5	220
2	东郊变	1	SFPSZ7-120000/220	120	220 ± 8 × 1.25%/121/11	220
		2	SFPSZ7-120000/220	120	220 ± 8 × 1.25%/121/11	220
		3	SSZ10-120000/220	120	220 ± 8 × 1.25%/121/11	220
3	昭君变	1	SFPSZ7-120000/220	120	220 ± 8 × 1.25%/121/11	220
		2	SFPSZ9-120000/220	120	220 ± 8 × 1.25%/121/11	220
4	乌素图变	1	SFPSZ9-120000/220	120	220 ± 8 × 1.25%/121/10.5	220
		2	SFPSZ10-120000/220	120	220 ± 8 × 1.25%/121/10.5	220
5	燕山营变	1	SFPSZ7-90000/220	90	220 ± 8 × 1.25%/121/10.5	220
		2	SFPSZ9-120000/220	120	220 ± 8 × 1.25%/121/10.5	220
6	可镇变	1	SFPSZ9-150000/220	150	220 ± 8 × 1.25%/121/10.5	220
		2	SFPSZ10-150000/220	150	220 ± 8 × 1.25%/121/10.5	220
7	云中变	1	SFPSZ9-180000/220	180	220 ± 8 × 1.25%/121/10.5	220
		2	SSZ11-180000/220GY	180	220 ± 8 × 1.25%/121/10.5	220
8	台基营变	1	SFPSZ9-120000/220	120	220 ± 8 × 1.25%/121/10.5	220
		2	SSZ11-180000/220	180	220 ± 8 × 1.25%/121/10.5	220
9	鼓楼变	1	SFPSZ10-180000/220	180	220 ± 8 × 1.25%/121/10.5	220
		2	SFPSZ9-180000/220	180	220 ± 8 × 1.25%/121/10.5	220
10	航天变	1	SPSZ-180000/220	180	220 ± 8 × 1.25%/121/10.5	220
		2	SSZ11-180000/220GY	180	220 ± 8 × 1.25%/121/10.5	220
11	黑河变	1	SFPSZ10-180000/220	180	220 ± 8 × 1.25%/121/10.5	220
		2	SSZ-180000/220	180	220 ± 8 × 1.25%/121/10.5	220
12	清水河变	1	SFPSZ10-150000/220	150	220 ± 8 × 1.25%/121/10.5	220
		2	SSZ-150000/220	150	220 ± 8 × 1.25%/121/10.5	220
13	青城变	1	SFSZ-180000/220	180	220 ± 8 × 1.25%/121/11	220
		2	SFSZ-180000/220	180	220 ± 8 × 1.25%/121/11	220

续表 8-4-4

序号	变电站名	变压器号	型号	额定容量（兆伏安）	额定电压（高／中／低电压及分档）	运行电压（千伏）
14	惠川变	1	SSZ-180000/220	180	220 ± 8 × 1.25/121/38.5/10.5	220
		2	SSZ-180000/220	180	220 ± 8 × 1.25/121/38.5/10.5	220
15	盛乐变	1	SFSZ10-240000/220	240	220 ± 8 × 1.25%/121/10.5	220
		2	SFSZ10-240000/220	240	220 ± 8 × 1.25%/121/10.5	220
16	民族牵引所	1	S6-QYH-40000+31500/220	40+31.5	220 ± 2 × 2.5%/27.5	220
		2	S6-QYH-40000+31500/220	40+31.5	220 ± 2 × 2.5%/27.5	220
17	毕克齐牵引所	1	YQY-25000+25000/220	25+25	220 ± 2 × 2.5%/27.5	220
		2	YQY-25000+25000/220	25+25	220 ± 2 × 2.5%/27.5	220
18	杨家营牵引站	1	SQY-16000+20000/220	16+20	220 ± 2 × 2.5%/27.5	220
		2	SQY-16000+20000/220	16+20	220 ± 2 × 2.5%/27.5	220
19	沙良牵引站	1	SQY-20000+25000/220	20+25	220 ± 2 × 2.5%/27.5	220
		2	SQY-20000+25000/220	20+25	220 ± 2 × 2.5%/27.5	220
20	唐铝变	1	ZHSFPZ-71800/220	71.8	220/0.5774-0.0111/9.5	220
		2	ZHSFPZ-71800/220	71.8	220/0.5774-0.0111/9.5	220
		3	ZHSFPZ-71800/220	71.8	220/0.5774-0.0111/9.5	220
		4	ZHSFPZ-71800/220	71.8	220/0.5774-0.0111/9.5	220
		5	ZHSFPZ-71800/220	71.8	220/0.5774-0.0111/9.5	220
21	新铝变	1	ZHSFPTB-81188/220	81.188	220/0.6239-0.1248/9.7	220
		2	ZHSFPTB-81188/220	81.188	220/0.6239-0.1248/9.7	220
		3	ZHSFPTB-81188/220	81.188	220/0.6239-0.1248/9.7	220
		4	ZHSFPTB-81188/220	81.188	220/0.6239-0.1248/9.7	220
		5	ZHSFPTB-81188/220	81.188	220/0.6239-0.1248/9.7	220
		6	ZHSFPTB-81188/220	81.188	220/0.6239-0.1248/9.7	220
		7	SFZ10-20000/220	20	220 ± 8 × 1.25%/10.5	220
		8	SFZ10-20000/220	20	220 ± 8 × 1.25%/10.5	220
22	中心变	1	SFZ8-31500/110	31.5	110 ± 8 × 1.25%/10.5	110
		2	SFZ9-31500/110	31.5	110 ± 8 × 1.25%/10.5	110
23	北郊变	1	SFSZ7-31500/110	31.5	110 ± 8 × 1.25%/38.5 ± 2 × 2.5%/11	110
		2	SFSZ7-31500/110	31.5	110 ± 8 × 1.25%/38.5 ± 2 × 2.5%/11	110
24	南郊变	1	SFZ7-31500/110	31.5	110 ± 8 × 1.25%/11	110
		2	SFZ7-31500/110	31.5	110 ± 8 × 1.25%/11	110
		3	SFZ9-63000/110	63	110 ± 8 × 1.25%/11	110

续表 8-4-4

序号	变电站名	变压器号	型号	额定容量（兆伏安）	额定电压（高 / 中 / 低电压及分档）	运行电压（千伏）
25	西郊变	1	SFZ9-31500/110	31.5	110 ± 8 × 1.25%/10.5	110
		2	SFZ7-31500/110	31.5	110 ± 8 × 1.25%/10.5	110
26	海东变	1	SFZ9-63000/110	63	110 ± 8 × 1.25%/10.5	110
		2	SFZ9-40000/110	40	110 ± 8 × 1.25%/10.5	110
27	金川变	1	SFSZ7-31500/110	31.5	110 ± 8 × 1.25%/ 38.5 ± 2 × 2.5%/11	110
		2	SFSZ7-40000/110	40	110 ± 8 × 1.25%/ 38.5 ± 2 × 2.5%/10.5	110
28	察素齐变	1	SFSZ9-31500/110	31.5	110 ± 8 × 1.25%/ 38.5 ± 2 × 2.5%/10.5	110
		2	SFSZ7-31500/110	31.5	110 ± 8 × 1.25%/ 38.5 ± 2 × 2.5%/10.5	110
29	南坪变	1	SFSZ7-31500/110	31.5	110 ± 8 × 1.25%/ 38.5 ± 2 × 2.5%/10.5	110
		2	SFSZ9-31500/110	31.5	110 ± 8 × 1.25%/ 38.5 ± 2 × 2.5%/10.5	110
30	陶卜齐变	1	SSZ9-40000/110	40	110 ± 8 × 1.25%/ 38.5 ± 2 × 2.5%/10.5	110
31	和林变	1	SFSZ7-20000/110	20	110 ± 8 × 1.25%/ 38.5 ± 2 × 2.5%/10.5	110
		2	SFSLP-31500/110	31.5	110 ± 8 × 1.25%/ 38.5 ± 2 × 2.5%/10.5	110
32	大台变	1	SFSZ7-31500/110	31.5	110 ± 8 × 1.25%/ 38.5 ± 2 × 2.5%/10.5	110
		2	SFZ9-40000/110	40	110 ± 8 × 1.25%/10.5	110
33	南梁变	1	SFSZ9-31500/110	31.5	110 ± 8 × 1.25%/ 38.5 ± 2 × 2.5%/11	110
		2	SSZ11-40000/110	40	110 ± 8 × 1.25%/ 38.5 ± 2 × 2.5%/10.5	110
34	友谊变	1	SFZ9-40000/110	40	110 ± 8 × 1.25%/10.5	110
		2	SFZ9-40000/110	40	110 ± 8 × 1.25%/10.5	110
35	光明变	1	SFZ9-40000/110	40	110 ± 8 × 1.25%/10.5	110
		2	SZ9-40000/110	40	110 ± 8 × 1.25%/10.5	110
36	赛马场变	1	SFZ9-40000/110	40	110 ± 8 × 1.25%/10.5	110
		2	SFZ9-40000/110	40	110 ± 8 × 1.25%/10.5	110
37	兴安变	1	SFZ9-40000/110	40	110 ± 8 × 1.25%/10.5	110
		2	SFZ9-40000/110	40	110 ± 8 × 1.25%/10.5	110

续表 8–4–4

序号	变电站名	变压器号	型号	额定容量（兆伏安）	额定电压（高／中／低电压及分档）	运行电压（千伏）
38	和顺变	1	SFSZ9–40000/110	40	110 ± 8 × 1.25%/ 38.5 ± 2 × 2.5%/10.5	110
		2	SFSZ9–40000/110	40	110 ± 8 × 1.25%/ 38.5 ± 2 × 2.5%/10.5	110
39	鑫川变	1	SFSZ9–63000/110	63	110 ± 8 × 1.25%/ 38.5 ± 2 × 2.5%/10.5	110
		2	SDFSZ9–63000/110	63	110 ± 8 × 1.25%/ 38.5 ± 2 × 2.5%/10.5	110
		3	SFSZ11–63000/110	63	110 ± 8 × 1.25%/ 38.5 ± 2 × 2.5%/10.5	110
40	双河变	1	SFSZ9–40000/110	40	110 ± 8 × 1.25%/ 38.5 ± 2 × 2.5%/10.5	110
41	白塔变	1	SFSZ9–20000/110	20	110 ± 8 × 1.25%/ 38.5 ± 2 × 2.5%/10.5	110

三、供电管理

呼和浩特供电局承担呼和浩特市的电力供应和电网运行管理及建设任务。原为呼和浩特供电所，1972 年改称呼和浩特供电局。1991 年，呼和浩特供电局有内设机构 36 个，所属二级单位 41 个，管理范围包括市辖区、土默特左旗、托克托县，有 20 千伏线路 456 千米，10 千伏线路 275 千米，年售电量 107 亿千瓦时。至 2003 年，呼和浩特供电局有内设机构 35 个，所属二级单位 41 个，管理范围包括市辖区、土默特左旗、托克托县、和林格尔县、清水河县、武川县，有 220 千伏线路 656 千米，年售电量 2753 亿千瓦时。

2015 年，售电量完成 114.39 亿千瓦时；综合线损率 6.13%，10 千伏公用线路线损率 10.18%；供电可靠性 99.87%，综合电压合格率 98.71%。全市供电覆盖面为 1.72 万平方千米，服务客户 124 万户，下辖客户服务中心（营业站、供电所）77 个。

第三节　企业选介

一、呼和浩特热电厂

呼和浩特热电厂前身为呼和浩特发电厂。1986 年，为解决全市城区环境污染问题，实现城区的集中供热，对发电厂 4 台发电机组进行供热改造，按 300 万平方米设计。至 1990 年，发电厂拥有发电机组 4 台，装机总容量 7.4 万千瓦，其中 2 台 1.2 万千瓦机组、2 台 1.5 万千瓦机组。年发电量 3.6 亿千瓦时，年供热量 1049 太焦，发电标准煤耗率 535 克 / 千瓦时，供热标准煤耗率 41.04 千克 / 吉焦。1999 年在呼和浩特发电厂基础上注册成立内蒙古丰泰发电公司，2001 年 12 月第一台 20 万千瓦机组投产，2002 年 8 月第二台 20 万千瓦机组并网运行。

2004 年 10 月，内蒙古丰泰发电有限公司与呼和浩特科林热电有限责任公司整合成立呼和浩特热电厂，成为华能控股北方联合电力第二大发电企业。实行“一厂两公司、统一管理”的管理模式。2007 年 4 月，响应国家“上大压小，节能减排”号召，关停 4 台小机组。2009 年 7 月，扩建 2 台 35 万千瓦超临界燃煤供热机组，2011 年 1 月相继投产，供热能力 1050 万平方米。

截至 2015 年，呼和浩特热电厂拥有 4 台发电机，总装机容量 110 万千瓦，承担着呼和浩特市区 900 万平方米的供热任务。

二、内蒙古大唐国际托克托发电有限责任公司

内蒙古大唐国际托克托发电有限责任公司（简称托电公司）是中国大唐集团公司所属大唐国际发电股份有限公司旗下的控股子公司。国家“十五”重点建设项目、“西部大开发”“西电东送”能源战略重点工程，位于托克托县境内。20 世纪 80 年代开始前期调研筹建，1995 年 11 月在呼和浩特市注册成立，由大唐国际发电股份有限公司、北京能源投资（集团）有限公司、内蒙古蒙电华能热电股份有限公司三家企业共同组建。

托电公司一期工程,设计规划为 2 台 60 万千瓦机组。2000 年 8 月 1 日开工建设，2004 年 1 月移交生产运行。二期工程被国家列入“西电东送北通道”首批开工项目，设计规划为 2 台 60 万千瓦机组。2002 年 5 月 1 日开工建设,2005 年 3 月移交生产运行。三期工程设计规划为 2 台 60 万千瓦机组，首次采用空气冷却系统发电机组。2003 年 8 月 1 日开工建设，2005 年 11 月移交生产运行。四期工程设计规划为 2 台 60 万千瓦空气冷却系统发电机组。2004 年 4 月 23 日开工建设，2007 年 2 月移交生产运行。五期工程隶属内蒙古大唐国际托克托第二发电有限责任公司。设计规划为 2 台国产 66 万千瓦超临界直接燃煤空冷机组，2015 年 5 月 20 日开工建设。

截至 2015 年，托电公司装机容量 672 万千瓦，年均发电能力 350 亿千瓦时以上，年发电量约占北京地区社会总用电量的 30%，是京津唐电网的电源支撑基地。公司生产机组先后完成脱硫、脱硝、除尘改造，企业二氧化硫、氮氧化物、烟尘和废水排放绩效指标保持行业先进水平。公司获得“全国文明单位”“全国五一劳动奖状”“全国电力行业优秀企业”“全国减排先进集体”“中央企业先进集体”“中央企业先进基层党组织”“全国安全文化建设示范企业”“电力安全生产标准化一级企业”等多项荣誉。

三、呼和浩特抽水蓄能电站

呼和浩特抽水蓄能电站（简称呼蓄电站）位于呼和浩特市东北部的大青山区域，

距市区近20千米。2004年5月经国家发改委核准开始筹建，为内蒙古电力（集团）有限责任公司的独资子公司。2006年8月项目正式通过国家发改委核准建设，2007年11月停工。2009年11月，内蒙古呼和浩特抽水蓄能发电有限责任公司进行重组，由中国三峡集团控股投资开发呼蓄电站。2010年5月，主体工程复工建设；2013年8月和2014年4月，上水库和下水库分别实现初期蓄水；2014年9月和12月，呼蓄电站1号、2号机组投产发电；2015年6月，呼蓄电站3号、4号机组投产发电，实现全面投产发电。

呼和浩特抽水蓄能电站为一等大Ⅰ型水电工程，是自治区的电力基础设施，也是蒙西电网运行的第一座抽水蓄能电站，担负着提供蒙西电网内的调峰填谷、调频调相、增加风电等新能源消纳、电网事故备用和黑启动等综合任务。电站安装4台30万千瓦的立轴单级可逆混流式机组，总装机容量120万千瓦时，设计年抽水用电量26.77亿千瓦时，年发电量20.08亿千瓦时。

四、国电托克托县光伏发电有限公司

2013年9月，国电托克托县光伏发电有限公司成立，位于托克托县伍什家镇西大圪达村，注册资本8000万元。首期装机容量40兆瓦，占地面积0.9平方千米。项目于2013年10月1日开工建设，12月27日并网发电。项目整体利用效率为80.78%，首年利用小时数为1575小时，年平均利用小时数为1416小时，年均发电量近5663.1万千瓦时。

第五章　冶金工业

第一节　发展概况

20世纪80年代中后期，呼和浩特市冶金工业稳步发展，钢、钢材、生铁等主要产品产量呈逐步上升的趋势。1990年，全市钢产量达2.32万吨，钢材达13.44万吨，生铁5.22万吨。全国冶金地方骨干企业之一的中型钢铁企业——呼和浩特炼铁厂，形成以轧钢为主的钢铁生产能力和技术开发能力，有电炉炼钢、650方坯、小型线材、异型拔丝制钉、制氧、硅铁、硅钙等十几条生产线。主要产品有60 ~ 90毫米方坯、12 ~ 22毫米圆钢、6.5 ~ 9毫米线材、12 ~ 32毫米螺纹钢等10类40余个规格品种。年生产电炉钢3万吨、方坯18万吨、成材135万吨、硅铁3300吨、低硅钢丝5000吨、氧气130万立方米。产品主要销往自治区各盟市以及全国各省、自治区、直辖市。硅铁、圆钢还销往日本、东南亚等国家和地区。硅铁被评为自治区优质产品。呼和浩特炼铁厂新上的118立方米高炉点火投产，性能达自治区先进水平，重大技改项目15平方米烧结机竣工投产。呼和浩特市焦化厂是自治区唯一的地方冶金焦炭生产厂家，担负着乌海市钢铁厂，呼和浩特炼铁厂、化工厂等地厂家的焦炭供应和全市3万余户的生活用煤气供应任务。同时，为确保区内冶金、机械、化工等行业焦炭的需求以及城市民用煤气供应，焦化厂投资6731万元，对一号焦炉进行备煤、焦炉、热力、鼓风、冷凝等系统大修。工程采用国内较先进的技术设备，设计能力年产焦炭25万吨，日供煤气由3万户增加为7万户，占16万总户数的40%多。1990年，焦化厂实现工业总产值1331.6万元，实现利税总额157.99万元。

20世纪90年代，随着国家对企业实施“抓大放小”政策，呼和浩特市淘汰一批技术落后、资源浪费和污染严重的企业。1996年开始，呼和浩特炼铁厂依法申请破产。

2001年后，呼和浩特市利用鄂尔多斯高原丰富的煤炭和充足的电力资源，挖掘矿产资源潜力，先后发展出一批高投入、高产出、高效益的冶金企业。依托大唐托克托电厂粉煤灰资源，建起粉煤灰提取氧化铝企业1户，产能20万吨氧化铝和6万吨阳极炭块、12万吨液态铝；依托内蒙古大唐国际再生资源开发有限责任公司的电解原铝液资源，规划建设年产50万吨铝合金棒材熔铸项目；依托周边丰富的煤炭资源和清水河县高品位的白云石矿藏，建成示范性煤改质和金属镁复合生产的循环经济项目；托克托县蒙丰特钢有限公司，生产石油井管、管线管、高压锅炉管、合金与高合金管、不锈钢管和高精度管等特种钢材。

2008年，呼和浩特市炼铁厂和中燃呼和浩特焦化厂完成破产、搬迁改造工作。2009年6月，分布在武川县境内的6户铁合金企业通过工信部第四批符合《铁合金行业准入条件》的企业公示，生产的硅铁产能达9万吨。

2013年后，按照国务院《关于化解产能严重过剩矛盾的指导意见》要求，呼和浩特市逐步淘汰关闭落后小散乱污（规模小、工艺差、分布散乱）、产能过剩的钢铁企业。截至2015年，全市仅保留2家钢铁冶炼企业存续生产。

第二节　企业选介

一、内蒙古大唐国际再生资源开发有限公司

2008年3月，内蒙古大唐国际再生资源开发有限公司是国内唯一一家进入商业化运行的企业。高铝粉煤灰提取氧化铝一、二期示范项目开工建设，示范项目设计产能为年产20万吨氧化铝、12万吨电解铝、6万吨碳素；技改项目设计产能为年产16.2万吨电解铝。2012年7月6日，项目通过中咨公司专家的技术经济评审。但由于示范项目前期研发投入较大、资本金不足，在这些因素综合影响下，使得固定成本过高，企业生产经营举步维艰，生存发展压力巨大。2014年1月示范项目全面转产。

二、内蒙古广银铝业有限公司

2011 年 7 月，内蒙古广银铝业有限公司注册成立，是广西广银铝业有限公司驻内蒙古的全资子公司，注册资金 1.2 亿元。公司依托内蒙古大唐国际再生资源开发有限责任公司的电解原铝液资源，建设年产 50 万吨铝合金棒材熔铸项目，形成铝产业及其配套的铝加工产业园。2012 年 9 月 13 日，公司铝棒生产线投产。截至 2015 年底，年产铝棒 10.16 万吨。

三、内蒙古托克托县蒙丰特钢有限公司

内蒙古托克托县蒙丰特钢有限公司位于托克托县工业园区，是由呼和浩特市炼铁厂易地搬迁改扩建后发展起来的一家集钢铁冶金、石油专用管系列产品生产于一体的民营独资企业，炼铁产能 55 万吨，年产 60 万吨特种无缝钢管。蒙丰特钢公司建成炼铁生产线及石油专用管配套的 450 立方米炼铁高炉 1 座，90 平方米烧结机 1 座，6 平方米竖炉 1 座，4500 立方米制氧站 1 座及其配套生产线和厂房，60 吨交流电抗电弧炉 2 座，60 吨 LF 精炼炉（LADLE FURNACE，即钢包精炼炉）2 座，五机五流连铸机 1 台及其配套生产线和厂房，90 吨环形加热炉 1 座，850/770 毫米穿孔机 2 列，750/650 毫米自动轧管机 2 列及其配套生产线和厂房，循环水泵站 1 座及其配套设施和厂房，布袋集尘器 4 套及其配套设施，高速光谱分析站 1 座及其配套设施和厂房，110 千伏变电站 1 座及其配套设施和厂房，污水处理设施 1 套，以及其他辅助生产设施和厂房等。2004 年 7 月，内蒙古托克托县蒙丰特钢有限公司成立，是一家现代化、专业化大型石油专用管制造企业，主导产品为无缝钢管。同年 7 月，入驻托克托工业园区（东区），占地面积 72.4 公顷，总投资 17.8 亿元，建设规模为年产 50 万吨石油专用管系列产品。项目分两期实施，一期工程年产 15 万吨石油套管，二期工程年产 35 万吨石油套管。该项目于 2011 年 11 月 27 日取得自治区发改委备案。其中，一期工程 15 万吨石油套管项目设备调试完成，武川铁矿拍卖会于 2013 年 11 月 5 日结束，矿产权由蒙丰公司摘牌，办理探矿证。与此同时，企业通过寻求合作的方式，解决了启动资金，投产工作有序推进。2015 年，公司完成工业总产值 1.83 亿元，完成工业增加值 1986 万元，实现销售收入 1.22 亿元，上缴税金 114 万元。

四、内蒙古蒙鑫冶金有限公司

2003 年，内蒙古蒙鑫冶金有限公司成立，位于清水河工业园区，属于民营企业，产品为铸造用生铁。2012 年工信部核准该企业为“符合铸造用生铁规范条件”的企业，并进入《铸造用生铁企业规范认定条件》公告名单，是呼和浩特地区及周边唯一一家铸造用生铁生产企业。公司有铸造用 318 立方米高炉 1 座，90 平方米烧结机 1 座，铸管生产线 1 条，并配套富氧喷煤系统、煤气余热发电装置。

第六章　石化工业

第一节　发展概况

1986年后，呼和浩特市通过更新和改造化工企业生产设备，引进先进技术，提高产品质量，扩大生产能力，开发出一批国内外市场紧缺的畅销产品。到1990年，全市轻化工业系统共进行17项化学工业企业的基建、技术改造项目，完成投资1600余万元，获得较大的经济效益。呼和浩特市橡胶厂投资51万元连续两期进行冷却水回收利用技术改造项目，年节水240万吨，水的重复利用率达85%，年节约费用30余万元。呼和浩特市第二橡胶厂引进注塑鞋生产设备及模具，总投资218万元，形成增产出口旅游鞋10万双、产值939万元、利税183万元、创汇20万美元的生产能力。呼和浩特市注塑制品厂投资183万元、用汇70万美元，引进注塑机及配套模具，可生产各种塑料注塑制品。呼和浩特市橡塑机械厂投资118万元，进行直径115挤出机生产线改造，生产的橡胶挤出机获国家银质奖及部优质奖，产品畅销国内外。呼和浩特市第四塑料厂投资32万元，进行生产聚苯乙烯泡沫板材技术改造项目，形成年产聚苯乙烯泡沫板材200吨的生产能力。呼和浩特市第二塑料厂投资180万元，用汇31万美元，引进塑料制袋机，生产各类中、高档塑料包装袋。呼和浩特市郊区磷肥厂投资595.12万元，建成年产2000吨草酸的技术改造项目。呼和浩特市化工厂投资611万元，进行烧碱扩产改造项目，主要产品烧碱的生产能力由建厂初期的3500吨，扩大到1.6万吨，电石达1.5万吨，合成盐酸达2万吨。土默特左旗化肥厂投资75万元建设安装10吨/时锅炉，配套750千瓦汽轮发电机组的热电联产项目。呼和浩特市橡胶厂一期工程改造后，开发出一批大规格轮胎，产品打入国际市场。

1986—1990年，呼和浩特市先后新建呼和浩特市津蒙农药化工厂、土默特左旗胱氨酸厂、托克托县化工厂（生产元明粉等产品）、内蒙古稀土材料厂、内蒙古丰州精细化工厂（生产动植物丰产素）、呼和浩特市北方化学助剂厂（生产合成沸石等产品）、呼和浩特市郊区饲料添加剂厂、呼和浩特市第三橡胶厂、呼和浩特市土默特中学化学试剂厂、呼和浩特市化学试剂厂、呼和浩特市溶解乙炔厂、呼和浩特市胜利化工厂、呼和浩特市聚合化工厂、呼和浩特市新城区广源化工厂等隶属于旗县、郊区及街道的各类小型化工企业。呼和浩特市化工厂等企业通过技术引进和技术改造，先后开发出三氯乙烯、四氯乙烯等新产品、新品种，其中三氯乙烯超过国外同类产品的质量水平。1990年3月，经国家批准，年加工原油100万吨的呼和浩特炼油厂正式开工建设。同时，年产3万吨合成氨、52万吨尿素的大型化肥企业——内蒙古化肥厂经国家批准立项筹建。

20 世纪 90 年代，随着国有企业改革的一系列政策实施，全市化工企业同样面临着优化组合、产业结构战略性调整。呼和浩特市坚持“抓大放小”的方针，兼并收购、资产重组，大力发展混合所有制经济。1998 年，呼和浩特市化工厂改制为非国有股份制企业——内蒙古三联化工股份有限公司。2000 年 1 月，内蒙古红旗化工厂改组为“内蒙古红旗化工有限责任公司”，成为股份制企业。

2001 年后，呼和浩特市重点加快发展 PC 烧碱、甲醇、炼油等项目，大力发展 PC 及下游产品、精细化工、工程塑料等产品。2002 年 8 月，内蒙古化肥厂资本重组为内蒙古天野化工（集团）有限责任公司。2003 年，内蒙古三联化工集团成立。随着呼和浩特炼油厂、内蒙古天野化工公司、内蒙古三联化工集团、天然气化工公司等企业项目的建成，以及中国石油年产 500 万吨炼油改造项目开工建设，形成以精细化工、化肥及橡塑制品等关联度较高的产业为主的特色产业集群。2010 年 11 月，内蒙古红旗化工有限责任公司与内蒙古生力资源（集团）有限责任公司、鄂尔多斯市北安民爆器材有限责任公司，共同出资组建内蒙古生力资源集团红旗化工有限公司，专业生产工业电雷管、导爆管雷管和塑料导爆管等民用爆炸物品。

2012 年 10 月，内蒙古蒙联石油化工有限公司成立。公司以中国石油呼和浩特石化公司的副产品为原料，年生产 16 万吨异辛烷产品和 5.5 万吨高清液化气。

截至 2015 年，呼和浩特市有规模以上石油制品加工、化学原料和化学制品制造企业 25 家，总产值 357.94 亿元；化学纤维制造业和橡胶和塑料制品企业 10 家，总产值 6.14 亿元；燃气生产和供应企业 3 家，总产值 14.68 亿元。其中，呼和浩特石化公司具备年产 500 万吨原油炼化能力，是全区唯一的大型石油炼化基地，2015 年加工原油 369.4 万吨，完成产值 176.91 亿元，占全市工业产值比重 10.6%，居自治区首位。

第二节　企业选介

一、中国石油天然气股份有限公司呼和浩特石化分公司

中国石油天然气股份有限公司呼和浩特石化分公司（简称呼市石化公司）位于赛罕区金桥经济开发区化工园区。前身为呼和浩特炼油厂，1990 年 7 月开工奠基，1992 年 9 月正式投产。国家“八五”重点工程，自治区唯一一家炼油企业。2000 年 7 月 1 日，划归中国石油天然气股份有限公司管理，更名为呼和浩特石化分公司。2005 年 12 月 1 日，与原华北石油管理局呼炼综合服务处进行合并重组，成为集炼油、后勤服务、多种经营于一体的综合性炼化地区公司。公司拥有炼油加工规模 500 万

吨/年，固定资产原值82.9亿元，有14套炼油装置、1套化工装置及配套系统。配套建设有长（长庆）—呼（呼和浩特）原油管道和呼（呼和浩特）—包（包头）—鄂（鄂尔多斯）成品油管道。主要生产车用汽油、车用柴油、3号喷气燃料、燃料油、液化石油气、聚丙烯树脂、石油苯、工业硫黄等8大类13种产品，主要满足内蒙古、山西及周边地区市场需求，并出口蒙古国。

2015年，呼和浩特市石化公司加工原油369.44万吨，实现轻质油收率80.61%，综合商品率92.08%，炼油综合能耗69.68千克标油/吨原油。实现销售收入176.91亿元，税费72亿元，实现盈利6.08亿元。

公司先后获得“全国五一劳动奖状”“全国‘安康杯’竞赛优胜单位和示范单位”“全国守合同重信用企业”“全国模范职工之家”“全国企业文化顶层设计与基层践行优秀单位”“全国‘十二五’企业文化建设优秀单位”“内蒙古自治区‘五一劳动奖状’”“内蒙古自治区文明单位”“自治区‘最具社会责任感企业’”荣誉。

二、中海石油天野化工股份有限公司

中海石油天野化工股份有限公司（简称天野公司），前身为国家“八五”重点建设项目——内蒙古化肥厂，位于赛罕区金桥经济开发区化工园区。1988年1月国家计委批准立项，1990年10月经自治区政府批准成立内蒙古化肥厂，1994年4月主装置区开工建设，1996年12月产出合格尿素，1998年10月正式通过国家验收。2002年8月，以内蒙古自治区政府、中国信达资产管理公司、国投资产管理公司、中国昊华化工（集团）总公司为股东，组建成立内蒙古天野化工（集团）有限责任公司。2004年7月与中国海洋石油总公司签订委托运营协议，2005年12月正式被中海石油化学股份有限公司并购，2007年12月公司转制为中海石油天野化工股份有限公司，2013年9月公司名称变更为中海石油天野化工有限责任公司。当年，生产尿素59万吨，生产甲醇20万吨，生产聚甲醛1.60万吨。截至2015年，公司拥有设计能力年产30万吨合成氨、52万吨尿素装置、20万吨甲醇装置和设计规模年产6万吨共聚甲醛粒料装置。

三、内蒙古蒙联石油化工有限公司

2012年10月，内蒙古蒙联石油化工有限公司成立，是一家股份制化工企业，位于赛罕区金桥经济开发区化工园区。2013年5月，公司投资建设20万吨/年液化气深加工项目，以中国石油呼和浩特石化公司的副产品、低价值的液化气产品为原料，通过烷基化技术，年产16万吨异辛烷产品和5.5万吨高清液化气。属于中国石油呼和浩特石化公司500万吨/年炼油扩建项目的配套工程，得到中国石油呼和浩特石化公司和中石油昆仑燃气有限公司的支持，并签署合作协议。2014年8月项目建成，9月进入试生产。截至2015年，项目生产经营情况良好。

四、内蒙古三联化工集团

1998 年 4 月，内蒙古三联化工股份有限公司成立，为非国有股份制企业。前身为呼和浩特市化工厂，位于呼和浩特市金山开发区。2003 年 2 月，内蒙古三联化工集团组建，下辖内蒙古三联化工股份有限公司、内蒙古三联金山化工有限责任公司、内蒙古三联环保材料有限责任公司、内蒙古三联化工机械有限责任公司、内蒙古三联物流有限责任公司、呼和浩特三联房地产开发有限责任公司及上海傲勒杰化工有限公司。

截至 2015 年，集团发展成为自治区生产基础化工和精细化工产品及化工机械设备的支柱企业和全国氯碱工业重点企业，位居中国化工企业 500 强、全国氯碱行业排名第九位，并成为自治区高新技术企业和重点企业。企业拥有年产烧碱、聚氯乙烯能力各 40 万吨、电石 12 万吨、液氯 2 万吨、三氯乙烯 3 万吨、塑料深加工制品 2.5 万吨、密闭包装钢桶 100 万只，拥有三类压力容器的设计、制造和安装资质并达年产 4000 吨的制造能力。

五、内蒙古生力资源集团红旗化工有限公司

内蒙古生力资源集团红旗化工有限公司位于呼和浩特市清水河县。公司前身为内蒙古红旗化工厂，是自治区唯一一家工业雷管国家定点生产企业。先后试制定型导爆管、非电瞬发雷管、秒延期雷管、煤矿许用瞬发电雷管、无起爆药雷管、煤矿许用毫秒延期电雷管和毫秒延期导爆管雷管、半秒延期导爆管雷管、1/4 秒延期导爆管雷管、数码电子雷管、高强度高精度导爆管雷管等不同种类的民爆产品。

2000 年 1 月 13 日，内蒙古红旗化工厂改组为“内蒙古红旗化工有限责任公司”，注册资本 1147.39 万元，成为股份制企业。2010 年 11 月，为贯彻国家民爆行业加快兼并重组步伐的精神，公司同内蒙古生力资源（集团）有限责任公司、鄂尔多斯市北安民爆器材有限责任公司共同出资组建内蒙古生力资源集团红旗化工有限公司。主要产品包括工业电雷管、导爆管雷管和塑料导爆管 3 大类、18 种不同规格的产品，公司工业雷管年凭照生产能力为 9400 万发，其中电雷管 5350 万发，导爆管雷管 4000 万发，电子雷管 50 万发，塑料导爆管 15000 万米。2012 年公司通过质量、环境、职业健康卫生“三标一体”认证工作。截至 2015 年底，公司累计完成工业总产值 13.39 亿元，实现利润 1.37 亿元，上缴税金 2.26 亿元。

第七章　装备制造业

第一节　发展概况

1986—1990 年，呼和浩特机械工业系统连续 5 年完成技术改造项目 37 项，总

投资 1.22 亿元。其中，引进国外先进技术和设备 10 项，投资 568 万美元。1990 年，全市机械工业企业固定资产原值达 3.36 亿元。完成工业总产值（按 1980 年不变价）2.38 亿元，年均递增 5.56%。实现利税 4408 万元。全市机械工业系统优质产品产值率达 30%。通过技术改造和技术引进，加速产品更新换代，先后开发出 KM1A 精密可调卡盘、K3 系列斜齿条动力卡盘、YXS 中型电机、阻燃电缆、耐火电缆、5 千瓦风力发电机组、1 米牛头刨床、日处理 20 吨乳粉设备等新产品近 160 项，其中有 15 项获优秀新产品称号。

呼和浩特机床附件厂投入资金 500 万元，其中自筹资金 166 万元，完成国家重点技术改造项目，投资 200 万元的出口补充技术改造项目和投资 230 万元的建立对美出口卡盘车间专项技术改造项目。卡盘产量由 1985 年的 17.6 万台增加到 1990 年的 23.5 万台；产值由 1985 年的 1677 万元增加到 1990 年的 4388 万元；实现利润由 1985 年的 239 万元增加到 1990 年的 581 万元，年出口创汇额达 330 万美元。内蒙古电缆厂投资 2835.5 万元，引进国外先进设备，进行建厂后规模最大的矿缆技术改造工程。改造项目采用拉丝连续退火、电解镀锡、多层电缆次挤出的微电脑控制工艺参数等新工艺，使产品达到国际标准。累计完成工业总产值 1.87 亿元，创利税 4851 万元，出口创汇 63 万美元。内蒙古变压器厂从国外引进硅钢片剪切线，陆续开发一批新产品，成功填补国内、区内空白。内蒙古漆包线厂采用催化燃烧新技术，提高效率，节约能源减少污染，改善劳动条件，产品质量稳定提高，连续多年获得自治区优质产品称号。呼和浩特市内燃机齿轮厂引进西德 BF203 直伞齿轮铣齿机，机加工能力提升，并与哈尔滨第一工具厂联营建立刀具修磨华北服务中心，经营能力和市场竞争能力大为提高。内蒙古电机厂投资 253 万元，进行防爆电机、调速电机生产线的技术改造，达到年产防爆电机 2 万千瓦、电磁调速电机 3 万千瓦，电机总规模 30 万千瓦的生产能力。

20 世纪 90 年代后，随着全市工业企业产权制度改革的深入开展，呼和浩特机床附件总厂、内蒙古电缆厂、内蒙古电机厂、内蒙古变压器厂、呼和浩特市油泵油咀厂、呼和浩特市轴承厂等机械制造企业，采取股份合作制和改组、联合、兼并、租赁、承包、出售等多种形式的改革，全面放开放活，民有民营，组建一批具有规模经济效益并提升呼和浩特市场竞争实力的企业集团。

2001 年后，国家实施西部大开发战略，在国家政策的鼓励和支持下，呼和浩特市合理规划产业布局，逐步优化产业结构，探索改变传统机械制造业，大力发展装备制造业。在原有卡盘、橡塑机械、变压器、电缆等机械产品制造基础上，引进长春汽改装车、上海电气输配电设备、黄河工贸变压器、力帆汽车等项目。同时，引进丹麦维斯塔斯、航天六院风电设备制造等产业集群，实现风力发电与风机设备制造挂钩联动，以风力发电带动风机制造业发展，以风机制造业带动发电机、叶片齿轮、轴承、塔筒、轮毂零配件等相关设备制造业发展。

截至 2015 年，呼和浩特市有规模以上电气机械和器材制造企业 11 家，总产值达 24.46 亿元；通用设备制造企业 8 家，总产值 9.86 亿元；专业设备制造企业 6 家，产值 5.15 亿元。

第二节　企业选介

一、呼和浩特众环（集团）有限责任公司

呼和浩特众环（集团）有限责任公司前身系 1938 年胶东抗战第一线建立的八路军枪支修械所。1966 年 10 月，支援内蒙古建设搬迁至呼和浩特市。生产厂房、仓库、办公室面积 1.48 万平方米。迁移设备 278 台，其中金属切削机床 204 台。1989 年 1 月，更名为呼和浩特机床附件总厂。1995 年 6 月，呼和浩特众环（集团）有限责任公司成立。公司总部生产用占地 16.2 万平方米，建筑面积 8 万平方米，在岗员工 2400 人，其中工程技术人员 100 余人；铸、锻、热处理、机械加工、理化实验、精密计量等系列加工及检测手段在全国同行业处于领先水平。

公司在呼和浩特、烟台、深圳、洛杉矶等地分别成立众环股份公司、呼附第四分厂、环瑞公司、众环铸造公司、众环锻造公司、众环数控公司、众环包装公司、众环烟台福山分厂、牟平分厂、深圳环星、美国环美等十余家独立核算的生产贸易型子公司，40 余家联销网成员遍及全国各地，并在欧洲、亚洲、美洲等国家和地区设有代理商、分销商和办事机构。

公司主要生产“众环牌”、“环球牌”三爪、四爪卡盘，中高档动力卡盘，油、气缸、特订专用卡盘、数控刀库和不锈钢球阀制品等全系列产品，共 20 个品种、88 个系列、1200 余个规格型号。年产卡盘类产品 60 万台（套）、动卡油气缸产品 1 万台、数控刀库 3000 台、不锈钢球阀制品 50 万支。企业通过 ISO9001 质量管理体系认证和 CE 安全认证；“众环牌”三爪、四爪卡盘被国家质检总局认定为“出口免验产品”，是中国机床工具行业首家获得此项认定的企业，拥有国家专利 18 项。

二、内蒙古航天金岗重工有限责任公司

内蒙古航天金岗重工有限责任公司是中国航天科工动力技术研究院所属的国有大型骨干企业，注册资金 5258 万元，位于呼和浩特市东郊。1996 年，航天六院所属内蒙古金岗重工有限责任公司生产的首批风电塔筒下线，成为内蒙古首家风电塔筒制造企业。2004 年，公司实现规模生产，具备年产风电塔筒 300 台的能力，成为内蒙古生产风电塔筒的最大企业。2008 年，公司实现产值 1.8 亿元，销售收入 1.5 亿元。

10月，公司和清华大学“强强联合”研发的空冷凝汽器首台样机单元研制生产成功，成为国内同领域中第一个具有完全自主知识产权的产品，打破核心技术由国外公司垄断的局面，填补国内技术空白。空冷凝汽器项目成功入选国家国防科工局2009年度“军转民”技术开发专项。2009年3月，航天六院所属内蒙古航天亿久科技发展有限责任公司自主研制适应国内风场技术特性的1.5兆瓦、37.5米大型风力发电机组叶片正式下线。

截至2015年，公司拥有集大型风力发电机组叶片设计、研发制造、试验、检测于一体的研发中心，具备年生产200台（套）兆瓦级以上系列型号风力发电机组叶片的能力。

三、内蒙古精诚高压绝缘子有限责任公司

1997年，内蒙古精诚高压绝缘子有限责任公司成立，位于呼和浩特市金川开发区，占地面积26万平方米，总资产13亿元。公司专业生产高压、超（特）高压输变电线路建设用瓷绝缘子，是“高新技术企业”“自治区资源综合利用企业”，属国家重点支持的装备制造业领域，是国家电网公司仅有的三家“特高压”产品合格供应方之一、自治区重点扶持企业。产能规模在国内同行业中排名第二。

2010年，公司位居福布斯中国最具潜力企业榜第85位，是自治区首家入选企业。公司产品荣获国家多项发明专利，产品技术性能被中国电力企业联合会（中电联）鉴定委员会认定为国际领先水平；自主开发的直、交流系列瓷绝缘子产品，连续多次荣获自治区和呼和浩特市两级科技进步奖。2015年，总投资5亿元的二期工程进入试产阶段。工程采用全自动化智能生产，装备技术达到世界先进水平，全面投产后年产量新增300万片瓷绝缘子产品，产值5亿元。

四、呼阀科技控股股份有限公司

2008年，呼阀科技控股股份有限公司成立，是集阀门专业设计、研发、制造、销售于一体的国家级高新技术企业，注册资本5500万元。公司拥有20余项国家实用新型发明专利，是自治区、呼和浩特市两级企业研究开发中心，呼和浩特市知识产权工作试点单位，呼和浩特市阀门工程技术中心，呼和浩特市重点支持通用装备制造企业。2015年12月25日，在全国中小企业股份转让系统（新三板）挂牌上市。

公司拥有两条高性能的数控阀门生产加工生产流水线，年产高性能阀门10万只，年加工毛坯5000吨。公司“呼阀HUFA”商标荣获呼和浩特市知名商标。公司先后获得国家质检总局颁发的TS特种设备（压力容器）A1级生产许可证书、美国石油协会API6D认证证书及美国石油协会API6FA防火球阀认证证书。通过ISO9001、ISO14001、OHSAS18001三体系质量认证。自主研发生产的“HUFA”牌大口径高真空三偏心双密封蝶阀系列产品，广泛用于大型火力发电空冷岛系统，该产品品质优异，完全替代进口产品。产品荣获呼和浩特市科技进步奖、内蒙古自治区科技进步奖及内蒙古自治区名牌产品称号。自主研发生产的“HUFA”牌高温高压系列硬密封球阀、纯金属硬密封蝶阀等高端产品，压力高，使用寿命长。产品广泛用于新型大型火力发电系统的空冷岛系统和中、大型水电等行业。

五、内蒙古仁达特种电缆有限公司

2009年2月，内蒙古仁达特种电缆有限公司成立，位于呼和浩特市金山开发区，注册资金2亿元。公司通过收购原内蒙古电缆厂全部设备并按现代企业制度建立公司制企业，是自治区电线电缆行业中最大制造企业之一。

公司主导产品有35千伏及以下电力电缆、矿用橡套及通信电缆、裸电线、电器装备用电线电缆、特种电缆、耐高温电缆、计算机电缆、通信电缆以及公路地下通信管道高密度聚乙烯硅芯塑料管等。

2010年，公司研发中心成立。2013年底，研发中心被呼和浩特市科技局评定为市级企业研究开发中心。企业取得“煤矿用聚乙烯绝缘铜丝编织屏蔽通信电缆”“耐寒电缆”“煤矿用聚乙烯绝缘钢丝编织铠装通信电缆”“防老化电缆”“煤矿用聚乙烯绝缘铜包钢丝编织屏蔽铠装通信电缆”“一种海浮式风力发电用电缆”等实用新型专利；荣获呼和浩特市科技进步奖二等奖；“矿用防潮阻燃抗拉型通信电缆”项目获科技部科技型中小企业技术创新基金管理中心立项。

六、内蒙古中环光伏材料有限公司

2009年3月，内蒙古中环光伏材料有限公司成立，位于呼和浩特金桥经济技术开发区。由天津中环电子信息集团有限公司下属企业天津市环欧半导体材料技术有限公司和中国航天科技集团公司下属企业上海航天汽车机电股份有限公司共同投资组建，注册资金2亿元。公司从事绿色可再生能源太阳能电池用硅单晶材料产业化工程项目建设。利用环欧公司在单晶硅、硅片制造方面的技术优势，借助航天机电下属企业神舟硅业多晶硅产品的配套优势，建设一条完整的从晶体生长到硅片加工的直拉太阳能硅片生产线。项目分四期建设，总投资55亿～60亿元，完成后内蒙古中环光伏材料有限公司生产基地将具有晶体产能2000兆瓦/年、晶片加工产能1500兆瓦/年以及配套的石英坩埚生产能力，实现销售收入100亿元/年。一期项目2009年5月开工建设，总投资5.13亿元，建筑面积3.71万平方米，新增工艺设备247台套，其中主要工艺设备直拉单晶炉72台，设定晶体产能110兆瓦/年，晶片产能50兆瓦/年。

截至2015年末，建成包括一期、二期及扩能项目、三期项目、CFZ项目、钻石线扩能项目，晶体年产能达4.3吉瓦，晶片年产能达4吉瓦，成为国内技术水平领先、产品质量最高、产销规模最大的高效光伏单晶硅片供应商。

七、托克托县宏昌机械制造有限公司

2009 年 12 月，托克托县宏昌机械制造有限公司成立，属私营独资有限公司。公司主营农牧业机械及农副产品加工机械的制造及销售业务，主要有马铃薯捡拾分选联合收获机，自走式向日葵联合收获机，萝卜、土豆、洋葱、核桃清洗、去杂、去皮、分级机，土豆干洗机、青红椒皮核自动分选系统及其他配套流水线等。

公司与内蒙古农业大学、内蒙古工业大学建立全面的产学研合作关系。拥有发明专利 26 项，实用新型专利 17 项。2012 年，刷式马铃薯清洗机获得自治区科学进步技术三等奖。同年，公司被认定为自治区民营科技企业。2014 年 12 月，青红椒皮核自动分选系统入选中央电视台科教频道《我爱发明》栏目首播——“辣手摧心”。2015 年 8 月，被评为全国中小型企业诚信示范单位，同年 10 月被认定为国家高新技术企业。

第八章　毛纺工业

第一节　发展概况

1986—1990 年，“七五”时期，呼和浩特市纺织工业得到较快的发展，全行业 43 个工业企业，其中市纺织工业局直属企业 17 个，包括全民企业 12 个，集体企业 4 个，中外合资企业 1 个。拥有固定资产（原值）3.25 亿元，毛纺纱锭 2.78 万锭，棉纺纱锭 3.4 万锭。纺织工业系统累计完成的工业总产值为 19.35 亿元，比“六五”时期增加 6.65 亿元，增长 52.41%，年平均递增 2.58%，占全市工业总产值的 18%。其中，全民企业累计完成总产值 17.9 亿元，比“六五”时期增加 5.62 亿元，增长 45.74%；集体企业累计完成总产值 1.23 亿元，比“六五”时期增加 8164 万元，增长 195.82%，年平均递增 15.29%。产品有呢绒、精纺毛织品、毛线、毛毯、棉针织品、棉纱、棉布等十几个大类、上千个花色品种。其中，纯毛产品以其质地优良在国内外市场上享有盛名，产品覆盖全国 26 个省、自治区、直辖市，并远销日本、美国、意大利等十几个国家和地区，形成具有一定规模和基础的毛纺织工业体系。1988 年 1 月，内蒙古第二毛纺织厂与香港松柏制衣公司合作成立内蒙古青松制衣有限公司。同年 7 月，又引进日本企业和先进制衣设备、技术，生产仕奇牌西服，产品 50% 远销日本、美国，其余销往全国各大中城市。

1990—1991 年，随着羊毛统购派购计划的取消，羊毛市场放开，全国毛纺织工业“遍地开花”，各地毛纺织企业竞相抬价，抢购羊毛，掀起“羊毛大战”。同时，受国内非畜牧区毛纺产能过剩、无序竞争、价格下跌、国际市场不景气等影响，呼

和浩特市的毛纺织业陷入困境。1992 年，按照市委、市政府印发《关于进一步加快改革开放、加大改革力度，转换经营机制实施方案》等配套改革措施，通过破产、兼并、收购、重组、承包、租赁等方式，相继对全市亏损严重的毛纺织企业实施破产或重组。1993 年，内蒙古青松制衣有限公司承包经营呼和浩特西装总厂，在两年中实现扭亏为盈。1997 年，内蒙古第四毛纺织厂重组成为铁骑集团下属的一个全资子公司，成为内蒙古最大的梭织羊绒、羊毛产品的生产企业。同年 5 月，以内蒙古青松制衣有限公司为起点，通过兼并破产的内蒙古毛条厂及几家国有相关生产企业，组建成立内蒙古仕奇集团有限责任公司。

1997—1998 年，内蒙古第一毛纺织厂破产；内蒙古第一毛纺织厂、第三毛纺织厂分别被金宇集团和中服集团兼并。毛纺企业国有经济比重进一步减少，大多数国有企业改制和重组，实现资本结构的多元化，个体、民营经济成为毛纺行业企业所有制结构的主体。到 1999 年，全市有 103 家纺织、皮毛制品及服装制造业企业实现产值 12.54 亿元。其中，规模以上企业 28 家，实现产值 10.89 亿元。

2000 年后，通过产业结构调整、企业重组、产品升级换代，毛（绒）纺织业逐步发展为以羊绒（毛）制品生产加工为主的体系。内蒙古德昇绒毛制品有限责任公司、内蒙古丰蒂妮羊绒制品有限公司等一批具有现代管理水平的毛纺织企业先后建成投产。到 2002 年末，全市有毛纺织业、服装及其他纤维制品企业 114 家，规模以上企业 31 家，规模以上企业产值 12.49 亿元。2005 年，内蒙古北平纺织有限责任公司成立，是集设计、生产和销售于一体的国际化羊绒制品企业。截至 2015 年，全市有纺织工业企业 138 家，规模以上企业 16 家，规模以上企业产值 17.05 亿元。

第二节　企业选介

一、内蒙古铁骑集团

内蒙古铁骑集团前身为 1969 年 4 月成立的北京军区内蒙古生产建设兵团的直属军工企业，是为广大兵团战士解决被装问题而设立的纺织工业企业。1975 年 10 月，移交内蒙古轻工业厅管理，1984 年随着城市经济体制改革的需要划归呼和浩特市纺织局管辖。1997 年 11 月，与内蒙古第四毛纺织厂合并，成立内蒙古铁骑集团，下辖内蒙古棉纺织厂、铁骑第四绒毛纺织有限责任公司等多家控股企业，员工近 8000 人。产品远销 160 余个国家和地区。2001 年，由国企转制为有限责任公司，成为自治区的棉化纤及绒毛纺织生产和进出口贸易的大型企业，被中宣部、中组部等六部委授予全国思想政治工作先进单位，被自治区政府命名为重点工业企业。

2012 年，按照市委、市政府关于“退二进三、转型发展”的战略构想，集团决定由过去以纺织生产和进出口贸易为主的模式转型为以投资控股、资本运作、统筹调度、战略决策为主的全新发展模式。同时更名为内蒙古铁骑投资控股集团有限公司。

二、内蒙古仕奇集团有限责任公司

1997年5月，在内蒙古青松制衣有限公司基础上，以呼和浩特青松新技术投资开发公司为核心，组建成立内蒙古仕奇集团有限责任公司，属国有独资企业。集团公司集服装、面料、辅料、高新产业、房地产贸易于一身，走多元化发展的道路。1998年公司通过ISO9000质量认证体系。1999年，仕奇商标被国家工商行政管理局商标局认定为“中国驰名商标”。2000年，仕奇集团在上海证券交易所上市。2001年，与法国合作成立仕奇女装公司。2002年，通过ISO14001环境管理认证体系，荣获全国同类产品十大畅销品牌的荣誉。2003年，荣获中国质量服务信誉AAA级企业的称号。2005年，入选中国100家最具品牌价值企业。集团内部形成一整套规范化、科学化、系统化的管理模式和管理机制。为盘活国有资产，减轻社会负担，集团在组建后，先后兼并接收几家国有中小型企业，总资产达7.8亿元，净资产2.98亿元，拥有员工1.1万余人。

三、内蒙古北平纺织有限责任公司

2005年9月，内蒙古北平纺织有限责任公司成立，总部位于呼和浩特市金山开发区，占地面积6万平方米，总建筑面积3万平方米，总资产4.5亿元。是一家集设计、生产和销售于一体的国际化羊绒制品集团公司。公司专业从事各种羊绒羊毛围巾、披肩和羊绒衫等产品的开发、生产和销售。公司有2个生产分厂、1个检品中心和11个直属生产车间，利用内蒙古优质羊绒和细羊毛，开发出具有自主知识产权的全新纱线，组织设计各具风格的新产品，成为在国内羊绒界少有的同时拥有OEM、ODM、SPA三种商业模式的国际化集团公司。2012年、2013年，公司分别被内蒙古工业大学、包头轻工职业技术学院挂牌为实习基地。同时与呼和浩特市残联、市残疾人学校建立联系，聘用聋哑人，解决残疾人就业问题。2014年，公司成为“内蒙古龙头企业协会”成员单位。

第九章　建材工业

第一节　发展概况

20世纪80年代后期，随着改革开放步伐加快，城镇基础设施、房地产开发、农业设施和新农村建设等重大项目实施，呼和浩特建材工业生产规模不断扩大。1989年，全市共有建材工业企业及生产场点640余家。主要产品有水泥、砖、瓦、石灰、混凝土构件及制品、装饰装潢材料、轻质保温材料、非金属矿产品等十几个种类、一百余个品种。砖瓦等建材产品和岩棉、加气混凝土等新型建材产品不仅能够满足呼和浩特城乡建设的需要，并销往周围盟市；石墨、大理石、氧化镁化纤天花板等产品进入国际市场。全市除缺少平板玻璃、油毡等建材产品的生产厂家外，大部分建材产品都有不同批量的生产。黏土砖瓦等建材产品的生产处于兴旺的时期。呼和浩特市水泥厂晋升为自治区级先进企业；呼和浩特市第二砖瓦厂被评为国家二级文明企业和全国建材行业建设“职工之家”先进单位；内蒙古二道河新生砖瓦厂的普通黏土烧结砖被评为国家建材局优质产品；呼和浩特市水泥厂 2 个品种 3 种型号的水泥、呼和浩特市第二砖瓦厂的普通黏土烧结砖和呼和浩特市玉泉区钢窗厂 2 个品种 3 种型号的钢窗，分别获得内蒙古自治区优质产品称号。

1991 年后，随着基础设施、重点行业建设得到加强，呼和浩特市房地产业迅速发展，带动建筑材料行业的发展。1994 年，金山特种水泥厂建成投入运行，年设计生产水泥 60 万吨，其中立窑生产线为 12 万吨。“八五”时期，全市新增水泥产能 22.5 万吨。水泥产量达 249.9 万吨，较“七五”时期的 181 万吨，增长 38.1%。

1995 年后，受宏观调控和前期高速运行等因素的影响，呼和浩特市贯彻治理整顿方针，压缩基本建设，建材业也受建筑市场影响，发展速度趋缓。1997 年，内蒙古物西水泥有限责任公司与西卓子山草原水泥集团合作经营成立现代企业。2003 年 12 月，内蒙古科达铝业装饰工程有限公司成立，专门从事金属门窗、铝护实木窗、玻璃深加工和钢结构、幕墙、装饰装修设计与施工等工程。2004 年，由唐山冀东水泥股份有限公司出资成立内蒙古冀东水泥有限责任公司。

2007 年，按照国家节能减排的总体要求，呼和浩特市全面启动节能减排工作，对年产 12 万吨以下的所有水泥生产项目进行淘汰。7 月，爆破拆除呼和浩特金山特种水泥厂立窑生产线，并逐步淘汰、改造其他 16 个产能低、工艺技术落后的水泥生产项目。内蒙古亚华水泥厂通过转制、资产重组成立内蒙古天皓水泥集团有限公司。12 月，清水河县蒙西水泥有限公司成立。

2009 年 7 月，呼和浩特市首个节能减排水泥项目——呼和浩特金山特种水泥厂年产 100 万吨粉磨生产线投产运行。

2011 年，呼和浩特市引进建设外饰石材、内饰瓷砖等高档建材加工项目，扶持和林格尔县、武川县、清水河县做大做强石材产业。其中，和林格尔县以引进促开发，以开发促发展，先后引进石材开采企业 21 家，设置矿权 34 处，其中取得采矿权的 19 处，探矿权的 15 处，年开采荒料能力达 5 万立方米。开发出蝴蝶兰、紫星蓝钻等 15 个品种，产品销往全国各大城市建筑市场，部分产品远销国外。武川县凭借丰富的石材资源，投资 1.5 亿，建设规划面积 80 万平方米的大型石材工业园区。

截至 2015 年，呼和浩特市通过大力开展工业节能减排，经济绿色发展迈出坚实步伐。全市共淘汰不符合国家产业政策的落后水泥产能 134 万吨、化解过剩水泥产能 60 万吨。

2015 年，全市有水泥企业 13 家，其中水泥熟料生产企业 4 家。全部采用水泥干法生产工艺，直径 3 米以上水泥磨机占 100%；水泥熟料产能 800 万吨、水泥 1200 万吨。全年，生产硅酸盐水泥熟料 382.15 万吨，其中水泥 628.09 万吨。石材等非金属矿采选企业 4 家，总产值 1.96 亿元。

第二节　企业选介

一、内蒙古物西水泥有限责任公司

1997 年，内蒙古物西水泥有限责任公司成立，该公司是与西卓子山草原水泥集团合作经营的现代企业。公司位于呼和浩特市金桥开发区石化工业园区，占地面积 5 万余平方米，设计生产能力为 30 万吨水泥和 5 万吨矿渣粉 2 条生产线。年生产水泥 10 万吨。2005 年 12 月，公司通过 ISO9001：2000 质量管理体系认证，2006 年 11 月通过 ISO14001：2004 环境管理体系认证。2008 年 9 月扩建为年产 100 万吨水泥生产线。2012 年，根据国家产业政策及淘汰落后产能要求，新扩建 1 条直径 3.5 米 ×13 米水泥磨机及配套生产线，生产优质水泥及矿粉。产品的生产工艺先进，使用西门子公司 SIMATIC 集散控制系统进行生产控制，采用先进的自动化质量检验设备，产品全部符合国家标准，质量稳定，出厂水泥合格率 100%。

二、内蒙古冀东水泥有限责任公司

内蒙古冀东水泥有限责任公司是由唐山冀东水泥股份有限公司出资在呼和浩特市武川经济开发区建设的一家国有大型企业。总部位于呼和浩特市玉泉区。一期工程投资 5.3 亿元，建设日产 4000 吨新型干法水泥熟料生产线。2004 年 10 月开工建设，2006 年 4 月建成试产。当年生产水泥熟料 70 万吨，年产值 1.4 亿元，上缴税金 1853 万元。2009 年 8 月，二期土建工程完工，项目总投资 8.9 亿元，在一期的基础上新增年产水泥熟料 160 万吨、水泥 200 万吨生产线，同时配套建设 2×9000 千瓦纯低温余热发电机组。市场覆盖呼和浩特、包头、鄂尔多斯市及周边地区。2012 年，公司投资 1300 万元建成布袋除尘器，使粉尘排放量降低到每立方米 30 毫克，高于国家标准。截至 2015 年，公司累计生产水泥 1500 余万吨，生产总值达 10 亿元，增加值 3.1 亿元，累计创利税 6 亿余元。

三、清水河县蒙西水泥有限公司

2007 年 12 月，清水河县蒙西水泥有限公司成立，注册资金 3 亿元，是内蒙古蒙西水泥股份有限公司全资子公司。公司拥有大型自备矿山、日产4500吨熟料生产线、年产200万吨粉磨站1座、9兆瓦低温余热发电系统。生产的32.5级、42.5级、52.5级等优质普通硅酸盐水泥、矿渣水泥、复合水泥、低碱水泥和道路水泥，具有碱含量低、富裕强度高、性能稳定等特点。2013年，“蒙西水泥”获评自治区主席质量奖。

四、内蒙古科达铝业装饰工程有限公司

2003年12月，内蒙古科达铝业装饰工程有限公司成立，位于呼和浩特市和林格尔新区。与德国木艺工匠世家施塔曼（Stahlmann）家族形成战略合作伙伴关系，在盛乐经济园区投资创建施塔曼铝护实木窗生产基地，占地面积26.67公顷，建筑面积12.5万平方米。公司通过国家ISO9001质量管理体系认证、ISO14001环境管理体系认证、GB/T28001职业健康安全体系认证，玻璃深加工系列产品通过3C认证。Ⅳ68系列内开内倒铝包木窗、LM68系列内开内倒铝包木窗、节能型55系列内平开铝合金窗获得建筑门窗节能性标识，AAA级信用等级证书。先后荣获呼和浩特市建筑业协会颁发的“青城杯”优质样板工程、“呼和浩特市民营经济建筑企业10强”、“消费者信得过产品企业”、“内蒙古建筑业协会优秀企业”、自治区“草原杯”工程参建单位质量奖等荣誉。2014年、2015年，相继荣获呼和浩特市长质量奖、自治区主席质量奖。公司承建的“内蒙古汇能煤电集团办公商务中心二期建筑幕墙工程”获2015年度全国建筑装饰科技示范工程奖。

第十章　电子信息工业

第一节　发展概况

1986—1990年，“七五”时期，呼和浩特市电子工业加快现代化生产技术的更新，开发应用高技术、新产品、新工艺，使电子产品的技术指标、质量指标逐步达到或超过国内外先进水平。全市电子工业科研项目中，自治区科技成果奖8项、市级科技成果奖16项、国家优秀新产品开发奖2项、自治区企业技术进步奖2项、自治区技术开发成果奖4项、自治区优秀新产品10项，达到国际先进技术水平2项、国家技术水平10项、自治区级水平28项。

内蒙古电声器材厂投资92万元，对喇叭生产线技术进行改造，产品年生产能力达300万只，产值达240万元，创利税78万元。呼和浩特市电子元件五厂投资207万元，引进聚酯薄膜电容器生产设备，产品生产能力达1000万只，产值达300万元。产品国际标准覆盖率达80%以上，5种电容器产品分别获机电部优质产品奖和自治区优质产品奖，其中CL系列、CL12系列产品在全国同行业评比中获一等奖。呼和浩特市电视设备厂投资30万元，进行电源变压器改造，生产能力达25万套。内蒙古电子仪器厂投资150万元，对泰克示波器生产线进行技术改造，生产能力达1000台，产值达1450万元。新一代NM4360型示波器、NM4340型示波器被国家教委指定为定点配套产品，是联合国教科文组织中标产品。内蒙古电视机厂经自治区批准，投资1891万元进行彩电扩产技术改造，具备年产50万台以上彩电和60万套电视机机箱的生产能力，并开发出CS47S4型18吋遥控彩色电视机、CS54S1型22吋平面直角彩色电视机。1990年，内蒙古电视机厂出口电视机15.7万台，创汇近1200万美元。

截至1990年，全市15个电子工业企业累计完成工业总产值17.7亿元，年递增率为21.9%；累计生产电子整机产量186.5万台，其中投资类产品产量累计完成8.26万台，消费类产品产量累计完成178.27万台；完成电子科研新产品开发63项，累计新增产值7.07亿元，新增利税7116万元。

1991年后，呼和浩特电子工业面临产品结构不合理，工艺性配套生产技术更新改造慢，不能适应高技术电子产品发展等问题。1995年8月，内蒙古电视机厂整体划归内蒙古彩虹集团。1996年，呼和浩特市电子设备厂破产，资产全部划归内蒙古民族集团。1997年，内蒙古无线电厂、内蒙古半导体器件厂、内蒙古电声器材厂、呼和浩特市电镀制版厂先后破产，分别由自治区林业勘探设计院、内蒙古蒙苑集团、内蒙古外贸总公司、呼和浩特市同盛有限公司整体接收；呼和浩特市电子仪器二厂破产。1999年9月，因连续多年亏损，内蒙古彩虹电视机厂与TCL集团组建内蒙古TCL王牌电器公司，内蒙古彩虹电视机厂将资产总额8813万元，包括4条彩电生产线、13万余平方米土地和厂房，划转内蒙古TCL王牌电器公司。TCL集团注资引进TCL数码彩电技术，改造完成34吋彩电生产线。2000年7月，呼和浩特市电视设备厂与上海交大合作成立内蒙古国飞新能源有限公司。

2001年后，呼和浩特市先后引进和创办TCL移动手机、内蒙古银安科技开发有限公司等40余家电子信息制造企业，初步形成以消费电子产品为主导，整机生产与配套企业相依存，软硬件产品兼有的电子信息产业，成为呼和浩特市六大支柱产业之一。2005年3月，深圳创维—RGB电子有限公司与香港创维数码控股有限公司，在呼和浩特合资兴建成立创维电子（内蒙古）有限公司。2011年，内蒙古TCL光电科技有限公司成立，为TCL电子控股公司旗下全资子公司。8月，在呼和浩特市新城区鸿盛园区，投资新建年产300万台液晶电视机的TCL液晶产业园。2012年10月，产业园项目正式落成投产，主要生产32～65英寸的液晶电视机，具有年产100万台的整机生产能力，年产值10亿元左右。同年，创维电子（内蒙古）有限公司“模组一体化暨300万台整机扩建项目”全面启动。

2015年，TCL光电科技有限公司与小米科技开展战略合作，创维内蒙古公司从如意开发区拟搬迁至沙尔沁工业区进行升级改造，将在沙尔沁工业区建设智能家电产业基地。截至2015年，全市拥有规模以上计算机、通信和其他电子设备制造企业5家，总产值48.67亿元。

第二节　企业选介

一、内蒙古TCL光电科技有限公司

内蒙古TCL光电科技有限公司前身为内蒙古TCL王牌电器有限公司。1999年9月，市政府将原内蒙古彩虹电视机厂无偿划拨给TCL集团，成立内蒙古TCL王牌电器有限公司。TCL集团总部累计投资上亿元，完成大屏幕生产线、气体辅助注塑、成品仓库建设等大型技改项目。拥有3条现代化准高速彩电流水线，主要生产21～34吋TCL王牌高清晰度数码彩电，生产规模达年产150万台，实现产值23亿元，是TCL王牌制造系统的生产制造基地之一。至2011年，累计生产彩电超过1500万台，实现产值近130亿元，上缴税金3.92亿元。

2011年，TCL集团旗下TCL多媒体全资子公司TCL王牌电器（惠州）有限公司出资5.6亿元设立TCL内蒙古工业园液晶电视生产基地，由TCL王牌设立独资公司——内蒙古TCL光电科技有限公司，建设中游背光模组至下游整机的一体化制造项目。2012年10月30日，坐落在呼和浩特市鸿盛工业园区，年产300万台液晶电视的内蒙古TCL液晶产业园落成投产。产业园总占地面积13.33万平方米，其中液晶电视生产线6条、一体化整机背光模组线4条，主体包括中游背光模组至下游整机的一体化制造工厂，整体建设围绕液晶电视模组整机一体化生产线生产厂房及配套设施。最大产能年产18～65英寸LCD液晶电视300万台，最高产值可达100亿元。

二、创维电子（内蒙古）有限公司

2005年3月，由深圳创维—RGB电子有限公司与香港创维数码控股有限公司合资兴建成立创维电子（内蒙古）有限公司，注册资金1000万美元，投资总额达2500万美元。公司位于呼和浩特市经济开发区如意区内，占地总面积16.33万平方米，设计生产能力为年产400万台电视机，产值20亿元。一期工程包括彩电厂、注塑厂、包装厂、原材料库、整机仓库、生活区及办公区等，建设面积近4万平方米，建设拥有2条高速彩电生产线的现代化彩电生产基地。2006年9月19日开工投产，2007年公司实现年生产彩电75万台，2008年生产80万台，主要销往长江以北地区。2009年公司建立生产LCD液晶电视生产线，成为内蒙古首家有能力生产液晶电视的厂家。2010年生产液晶电视60万台。2012年10月，创维电子（内蒙古）有限公司

产业基地扩建投产下线，全面启动“模组一体化暨300万台整机扩建项目”，总投资达25亿元。生产的42 ~ 55英寸LED液晶电视机，填补创维集团此前在中国北方地区不能生产、组装42英寸及以上LED液晶电视机的空白。自产产能由原来的年100万台整机提升至200万台，2013年提升至300万台规模。2015年，创维电子（内蒙古）有限公司开始推进智能制造和产业升级，率先实现50英寸、55英寸LED高端智能电视的生产与制造。

第十一章　医药工业

第一节　发展概况

一、生物制药

1986年，内蒙古生物药品厂从发展生产降低能耗出发，对生产锅炉管道供气工程进行更新改造，增设双电源工程改造，新建具有一定规模的化药制剂车间。1989—1990年，药厂对冻干机的贮液罐、蒸发器、水汽凝结器等附件进行更新，新建复水回收工程。通过更新设备，扩大生产规模，产品产量不断增加。可生产兽医生物制品、兽医化学药品制剂、生物化学药品、消毒剂、杀螨剂、中西药剂、饲料添加剂等7个系列近70种产品，年产值近600万元。1990年，有固定资产817万元，年创利税100余万元，成为自治区规模最大、生产技术条件最好的综合性兽药生产厂家之一，全国兽药生产行业中骨干企业之一。研制生产的口服猪肺疫苗、猪肺TA53疫苗、猪三联疫苗分别在全区和首届全国科技大会上获奖，并被列入《农业部兽用生物制品规程》。猪瘟乳兔疫苗、山羊痘疫苗、羊三联干粉疫苗等多次在农业部组织的评比中和全国农业博览会上获金奖和优胜奖，并分获国家名牌产品称号。

1993年3月，内蒙古金宇生物技术股份有限公司成立。主要从事口蹄疫牛、羊疫苗和猪疫苗以及猪瘟淋脾病疫苗的生产。1998年，内蒙古生物药品厂加入金宇集团股份有限公司。

2000年后，呼和浩特市生物制药及发酵工业迅速发展，先后引进石药集团万吨青霉素、阿莫西林，华蒙金河年产2万吨饲料金霉素，中牧公司黄霉素预混剂，金达威公司维生素B12，升华拜克阿维菌素等项目。阜丰生物科技、常盛制药、金达威药业、升华拜克生物、欧美投资集团（内蒙古）生物发酵工业有限公司等相继入驻，金川工业开发区建成全国最大生物发酵基地之一。企业主要集中在托克托工业园区和金川工业开发区。主要产品有青霉素、饲用金霉素、黄霉素、阿维菌素、黄原胶、果葡萄浆等。

托克托工业园区拥有生物发酵企业11家，生物产品达23个品种，主要年产能为：常盛制药1万吨青霉素、20万吨液糖、3000吨阿莫西林，是中国西部最大的青霉素原料药生产基地，国内、国际青霉素类药物最主要的供应厂商，市场占有率30%；金达威药业220吨辅酶Q10、300吨胆固醇，其中胆固醇项目是国内首家、全球生产规模最大的羊毛脂胆固醇生产线；金河集团4万吨金霉素，其兽用金霉素产量居世界第一位；神舟生物150吨辅酶Q10、1.2万吨糖化酶，选育的辅酶Q10高效菌种在国内处于领先地位；健隆集团2.5万吨黄原胶；融成玉米12万吨玉米淀粉、10万吨液糖；开盛生物2万吨土霉素碱；溢多利2万吨酶制剂；拜克生物120吨阿维菌素、4000吨盐霉素；中牧生物2500吨黄霉素、42吨超级泰乐菌素（AIV）。

金川开发区共有内蒙古阜丰生物科技有限公司、齐鲁制药（内蒙古）有限公司、内蒙古普泽生物科技公司、元和药业公司、兰太药业公司等5家生物发酵和医药企业，生物发酵容积近6.6万立方米。内蒙古阜丰生物科技有限公司年消耗玉米100余万吨，年产谷氨酸钠30万吨，占全球市场的15%；黄原胶4.5万吨，占全球市场的50%，是全球第一大氨基酸生产基地和全球第一大生物多糖生产基地。

截至2015年末，全市生物发酵容积9.4万立方米，位居自治区之首。26家规模以上企业完成产值260.4亿元，占全市工业总量的比重为15.8%。生物制药及发酵工业成为呼和浩特市支柱产业之一。

二、中医药（蒙医药）

1986年后，呼和浩特地区医药工业企业通过加快技术改造和新产品研制，提高医药产品质量，扩大生产能力。呼和浩特制药厂由于原料涨价等影响因素出现亏损局面，通过调整产品结构，进行新产品开发和技术改造，扭亏为盈。自主研发的甘草浸膏获国家银质奖。呼和浩特第二制药厂通过技术改造，开发片剂12种、胶囊5种、冲剂4种、口服液1种、针剂1种等新产品。其中，正北芪蜂王浆先后获自治区优质产品奖、自治区科技进步三等奖、全国首届中成药健康杯金奖、全国首届肾病克星大赛铜奖、第32届国际养蜂会议金奖、中国优质保健产品银奖。产品销往全国29个省区市，并远销西班牙、新加坡等8个国家。呼和浩特中药厂推出名牌产品阿胶补血膏、皮炎宁酊、沙棘精等新产品。

1992年，呼和浩特中药厂、美国大唐医药用品有限公司合资成立内蒙古大唐药业有限公司。生产软膏剂、丸剂（蜜丸、水丸、水蜜丸、浓缩丸、微丸）、片剂、口服液等中成药品。同年，内蒙古凯蒙药业有限公司成立，生产“胃必治”“乐得胃”“布洛芬”“三味檀香胶囊”等中西药制剂产品。1998年，内蒙古兰太生物工程分公司兼并呼和浩特市制药厂。公司主要从事药品、保健食品等生产加工与销售。1999年，高科技生物制药企业内蒙古双奇药业股份有限公司成立。公司以微生态制剂为主，化学药品、中药、保健品为辅，开发生产国家一类新生物制品金双歧（双歧杆菌乳杆菌三联活菌片）、得畅（匹多莫德散）等。

2000年7月，呼和浩特第二制药厂改制为内蒙古友方药业有限责任公司，后变更为内蒙古元和药业股份有限公司。研发生产中药、蒙药、化学药品类片剂、胶囊剂、颗粒剂等固体剂型药品。自主研发具有独立知识产权的中医药（蒙医药）及化学新药“安利博”、中医药（蒙医药）“参竹精”、保健品“沙棘血脂康”等，产品销往全国市场。2002年，内蒙古凯蒙药业有限公司与内蒙古医药工业研究所合作研发的中医药（蒙医药）“三味檀香胶囊”，取得新药证书和生产批准文号，成为自治区“十五”后医药行业第一个经过国家药品监督管理局批准的治疗心脑血管疾病的中医药（蒙医药）新药。2003年10月，内蒙古常盛制药有限公司成立。公司生产经营青霉素钾工业盐、6—APA、阿莫西林等原料药产品。产品销往全国市场以及欧美等20余个国家和地区。2015年，内蒙古元和药业股份有限公司成为国家知识产权优势企业。“元和药业”在全国中小企业股份转让系统挂牌上市。

截至2015年，全市有内蒙古大唐药业有限公司、内蒙古奥特奇蒙药股份有限公司、内蒙古双奇药业股份有限公司、吉兰泰呼和浩特市制药厂、内蒙古惠丰药业有限公司、内蒙古蒙奇药业有限公司等17家规模以上的国内知名企业，以及一批单品种销售额超过1000万元的中医药（蒙医药）名优产品。全年，全市药品产量8041吨，其中化学药品原药6764.1吨、中成药380.9吨、兽用药品896吨，总产值达147.69亿元。

第二节　企业选介

一、内蒙古大唐药业有限公司

1992年，呼和浩特中药厂、美国大唐医药用品有限公司合资成立内蒙古大唐药业有限公司（简称大唐药业），位于呼和浩特市东部如意经济开发区，是国家重点中药生产企业，自治区首家规模化中医药（蒙医药）生产企业，自治区高新技术企业。公司拥有生产线13条，可生产软膏剂、乳膏剂、丸剂（蜜丸、水丸、水蜜丸、浓缩丸、微丸）、片剂、口服液等18个剂型266个药品文号，拥有肝肾滋、健胃消炎颗粒、阿胶补血膏3个国家中药保护品种，独家生产海马强肾丸、三子颗粒等品种，是国内最早研发并生产抗真菌感染凝胶剂型药品的企业。重点品种三花牌复方醋酸氟轻松酊为自治区名牌产品，是中国皮肤用药市场消费者（用户）满意的品牌。1995年，大唐药业被国家中医药管理局、中国中药企业管理协会授予“全国中草药行业优秀企业、优秀企业家”称号；“三花”牌皮炎宁酊被自治区政府授予“内蒙古名牌产品”

称号。1997年7月大唐药业生产的“皮炎宁酊”荣获呼和浩特市消费者协会授予“消费者信得过产品”称号。1998年大唐药业生产的“三花牌皮炎宁酊”被评为年度“内蒙古名牌产品”。2002年9月被自治区科学技术厅认定为“高新技术企业”；2004年，大唐药业在如意开发区建设新厂，占地面积10万平方米，建有现代化厂房、供热站等。2005年公司通过GMP认证。2009年9月国家保护品种“同泰永”牌“肝肾滋”正式上市。2012年12月大唐药业入选中央统战部民营企业转型优秀案例。2013年2月，根据国家《产业结构调整指导目录（2011年本）》，大唐药业第三次入选被认定为西部大开发鼓励类产业企业。同年7月，大唐药业贡格尔民族动植物药材公司正式挂牌。2015年10月20日，内蒙古大唐药业科技产业园区暨内蒙古盛唐国际中医药（蒙医药）研究院奠基仪式在和林格尔县盛乐经济开发区举行。

二、金宇生物技术股份有限公司

1993年3月，金宇生物技术股份有限公司（原内蒙古金宇集团）成立。1999年1月在上海证券交易所上市。公司是农业部指定的动物特种疫苗生产企业，也是国家生产牲畜口蹄疫疫苗的骨干企业。旗下金宇保灵生物药品有限公司和扬州优邦生物制药有限公司均为国家级高新技术企业，自主研发生产的口蹄疫疫苗处世界一流、全国领先地位。2015年，公司生产口蹄疫疫苗9亿毫升，居全国第一。公司获得重组新城疫病毒灭活疫苗（一类新兽药）等6个新产品文号、7项受理专利，并获得政府重大专项资金支持4000余万元。公司设立研究院、博士后工作站，成为自治区人才创新创业基地。《鉴别和定量口蹄疫双价苗以及多价苗中抗原的血清型的一种方法》荣获自治区职工优秀创新成果一等奖。同年，公司实现主营业务收入12.5亿元，净利润4.80亿元。11月，金宇国际生物产业园奠基开工。一期投资25亿元，将形成兽用生物制药、人用生物制药、中外合资生化制药、研发配套综合服务四大功能区。

三、内蒙古蒙奇药业有限公司

2002年12月，内蒙古蒙奇药业有限公司成立，隶属于内蒙古祥泰集团，注册资金2000万元，是一家以中医药（蒙医药）生产为主的集科研、生产、销售、药材种植于一体的现代化制药企业。2010年6月，在呼和浩特市武川县金三角开发区按照《药品生产质量管理规范》（2010年修订）的要求投资7000余万元新建1.1万平方米GMP标准厂房及其配套设施，设计年生产能力片剂5.5亿片，硬胶囊剂6亿粒，颗粒剂2100吨。公司可同时进行片剂、胶囊剂、颗粒剂等药品的生产，达到制药行业的先进水平。2009年7月，公司成为自治区高新技术企业，自主研发的清血八味片获得中医药（蒙医药）新产品注册批件。2013年3月，通过新版（2010版）GMP认证。先后被中国质量诚信企业协会内蒙古质量诚信监督委员会评为“全国消费者信得过AAA级品牌企业”“纳税信用A级纳税人”等。公司产品主要有清血八味片、脚立爽抑菌喷剂、螺旋藻片、魔芋粉胶囊等产品。

四、内蒙古兰太药业有限责任公司

2003年4月，内蒙古兰太药业有限责任公司成立，前身为始建于1941年的呼和浩特制药厂，中盐内蒙古化工股份有限公司的全资子公司，注册资金1.13亿元。主要从事药品、保健食品生产经营，范围包括片剂、颗粒剂、硬胶囊剂（含头孢菌素类）、软胶囊剂、流浸膏剂，夕维康胶丸，百藻堂牌维蜂盐藻胶丸、兰太牌恬美咀嚼片、中盐牌盐藻维E软胶囊，以及食品生产加工与销售。公司“沙参止咳胶囊”的研发和产业化项目获得呼和浩特市重大科技专项扶持资金，兰太—科信必成新型药物制剂研究开发中心被评为自治区级研究中心，并获得科技项目专项扶持资金。2013年，内蒙古兰太药业有限责任公司投资新建现代化自控系统的中药三期工程，达成年提取中医药（蒙医药）药材大约1000吨的生产能力，制剂车间购进沸腾制粒机、颗包联动生产线，满足苁蓉益肾颗粒增长的生产需求。2015年，公司购进全自动软胶囊压丸机等设备，满足维蜂盐藻软胶囊自给生产的需求。

五、内蒙古阜丰生物科技有限公司

2006年，内蒙古阜丰生物科技有限公司成立，位于呼和浩特经济技术开发区金川工业南区，当年开工并投产，总投资达60亿元。公司占地面积330余公顷，拥有员工5400余人。公司下辖黄原胶、味精、谷氨酸、苏氨酸、淀粉、葡萄糖、复混肥等多个分厂，主要产品及年产量为黄原胶4.7万吨、谷氨酸钠30万吨、苏氨酸1.3万吨、葡萄糖15万吨、有机无机复混肥30万吨、蒸压加气混凝土砌块30万立方米。主导产品销往全国20余个省市，并出口60余个国家和地区，其中味精、黄原胶位居全球第一，复混肥和蒸压加气混凝土砌块被自治区经委认定为资源综合利用产品。公司先后通过ISO9001质量管理体系、ISO22000食品安全管理体系、ISO14001环境管理体系、OHSAS18001职业健康安全管理体系、BRC认证以及美国Kosher认证和Halal认证。先后被授予“内蒙古自治区农牧业产业化重点龙头企业”等称号，被中国发酵行业协会认定为“全国发酵行业循环经济示范企业”，被科技部等四部委认定为“国家级高新技术企业”，被工信部认定为“国家技术创新示范企业”。2012年，公司被认定为国家级企业技术中心。2015年，公司实现销售收入39亿元，创造税收3.3亿元，出口创汇2.04亿美元，累计上缴税金21亿元。

六、内蒙古元和药业股份有限公司

2006年，内蒙古元和药业股份有限公司成立，为内蒙古元和投资集团的旗下子公司。前身为始建于1970年的呼和浩特第二制药厂。位于呼和浩特市金川开发区。公司为集科研开发、生产、加工、市场销售于一体，生产经营中、蒙、西及化学药品的制药企业，拥有片剂、胶囊剂、颗粒剂等固体剂型多条生产线。共有各类药品生产文号80余个，自主研发具有独立知识产权的中医药（蒙医药）及化学新药“安利博”、中医药（蒙医药）“参竹精”、保健品“沙棘血脂康”等。2007年公司被认定为呼和浩特市企业研究开发中心，2012年被自治区科技厅认定为自治区企业研究开发中心。2013年11月，通过国家高新技术企业认证，2014年通过国家新版GMP认证。

2015年10月，公司成为国家知识产权优势企业。11月，元和药业股份有限公司在全国中小企业股份转让系统挂牌。

七、齐鲁制药（内蒙古）有限公司

2009年，齐鲁制药（内蒙古）有限公司成立，隶属于齐鲁制药有限公司，是中国大型综合性现代化制药企业。位于呼和浩特经济技术开发区金川工业园区。主要从事抗肿瘤药、心脑血管系统用药、抗感染药、神经及精神系统用药、眼科用药以及生物技术产品的研发、生产与销售；生物农药阿维菌素生产规模世界第一。公司为国家级高新技术企业、自治区企业技术中心、自治区企业研发中心、欧洲EDQM注册企业、澳大利亚APVMA认证企业、美国EPA注册企业。拥有包括具备先进设施的研发中心、10个生产车间、自备电厂、大型污水处理厂、动力车间、6座现代化大型仓库等生产厂房和配套设施20余万平方米。先后被科技部等四部委认定为“国家级高新技术企业”，2013年被认定为“自治区级企业技术中心”。2015年，公司实现销售收入12亿元，利税4亿元。

第十二章 食品工业

第一节 发展概况

1986—1990年，呼和浩特市第一面粉厂投资253万元，对制粉车间技术进行改造，完成产值2400万元、创利税20万元。呼和浩特市植物油厂投资105万元进行油脂精炼车间技术改造，年新增利税52万元。呼和浩特市第三面粉厂投资49.6万元进行制粉车间技术改造，标准面粉生产能力达5000吨。呼和浩特市粮食加工厂投资132万元，对杂粮、莜面小米车间进行粗杂粮扩产技术改造项目，杂粮加工能力达8000吨。

1990年，呼和浩特市国营肉类加工厂完成工业总产值1316.8万元。呼和浩特市酿造厂生产能力为酱油1.41万吨、食醋5158吨、各种花色酱430吨，工业总产值达495.68万元，实现利税24.28万元。呼和浩特市食品厂的生产能力为豆腐4145吨、小食品569吨、腐乳383吨，创工业总产值316万元。呼和浩特卷烟厂投资5474万元，进行三期技术改造，使烟厂产量由改造前1985年的14.7万箱增加到25万箱，利税由 1985 年的 8821 万元增加到 2.15 亿元，五年产值年平均递增 61.67%，税收年平均递增 22.92%。呼和浩特市糖厂由于管理不善及菜损、糖损过高，糖价下跌，销售不畅等原因，企业连续亏损。呼和浩特制酒及饮料生产也随着市场的需要不断发展，呼和浩特市制酒厂生产的呼白酒、精制呼白酒，以其质优价廉受到城乡群众的欢迎，产量不断提高，1990 年新增白酒生产能力 1254 吨；内蒙古啤酒厂年生产“大青山”啤酒 1.5 万吨，产值 675 万元；全市有冷饮食品企业 60 余家，年产量达 1 万余吨。截至 1990 年，全市食品工业产值达 3.81 亿元，比 1985 年增长 60.15%。呼和浩特市食品工业成为全市工业的重要行业之一。

1991 年后，呼和浩特市通过对传统工业的改组改造，加快食品等行业的调整重组，淘汰一批技术落后、资源浪费和污染严重的企业，重点扶持伊利乳业、蒙牛乳业和塞北星啤酒公司等企业发展。伊利工业园项目、蒙牛工业园项目等先后开工建设。1995 年，内蒙古宇航人高技术产业有限责任公司成立，建成超临界二氧化碳工业化开发项目，综合开发利用沙棘产业。1997 年，公司产品获得国家首批保健食品批文，成为获得国家认定的首批保健食品企业。1998 年，内蒙古利诚实业有限公司成立，专业研发生产固态奶制品。到 1999 年，全市有食品加工、制造以及烟草加工等企业 140 家，实现产值 24.22 亿元。其中，规模以上企业 33 家，实现产值 20.49 亿元。

2000 年，呼和浩特市北亚清真肉食品有限责任公司接管呼和浩特市食品公司清真一厂并管理经营，逐步形成集养殖、屠宰、加工、销售于一体的大型畜牧产业企业。2005 年，伊利、蒙牛两大乳品加工企业销售收入均突破百亿元大关，双双进入中国企业 500 强的前 50 位。内蒙古蒙羊肉业有限责任公司投资 1.8 亿元，在和林格尔县盛乐经济园区新建肉羊加工厂，年屠宰加工肉羊 150 万只，精分割加工羊肉制品 2.4 万吨，年销售收入达 5 亿元，成为国内设备最先进、规模最大的肉羊加工厂。食品加工业成为全市工业经济的主导产业之一。2006 年、2007 年，内蒙古融成玉米开发有限公司、三主粮集团股份公司分别建成投产，带动全市玉米、燕麦等传统种植区农业生产。2008 年，由燕京啤酒（包头雪鹿）股份有限公司和内蒙古塞北星啤酒有限公司，合资合作组建成立燕京啤酒（呼和浩特）有限公司。公司依托燕京雪鹿啤酒成熟的市场销售网络，产销量逐年增加。

2010 年后，呼和浩特市提出打造以乳业为重点的绿色食品加工产业集群，重点发展和林格尔盛乐绿色食品产业园。园区拥有省级以上食品加工企业研发中心 4 家，其中国家级 2 家、省级龙头企业 3 家、国家级龙头企业 2 家，规模以上食品加工企业 16 家。形成以蒙牛乳业、欧世蒙牛等为主的乳制品加工业，以蒙羊牧业、大牧场食品等为主的肉制品加工业，以燕京啤酒、可口可乐、宇航人为主的饮品加工业三大食品生产加工集群。2013 年，全市食品行业主要产品产能为乳品 360 万吨、肉类加工 1 万吨、啤酒 20 万吨。其中，伊利、蒙牛等企业年生产乳品 147.5 万吨；蒙羊肉业等企业年生产加工肉类 4000 吨。总产值达 216 亿元。可口可乐、康师傅、燕京、利乐、统一、娃哈哈等企业逐渐发展壮大。

截至 2015 年，全市食品工业企业共 312 家，规模以上 59 家，产值 500.93 亿元。其中，农副食品加工业 30 家，产值 150.91 万元；食品制造业 21 家，产值 271.31 万元；酒、饮料和精制茶制造业 7 家，产值 17.06 万元；烟草制品业 1 家，产值 61.65 万元。

第二节　企业选介

一、内蒙古宇航人高技术产业有限责任公司

1988 年，内蒙古专利技术实验厂诞生（宇航人前身）。1995 年更名为内蒙古宇航人高技术产业有限责任公司。总部设在呼和浩特盛乐经济园区，固定资产 3 亿元。公司致力于沙棘产业综合开发利用，将超临界流体技术、生物工程技术、膜分离等高新技术手段应用于沙棘产业，建成超临界二氧化碳工业化开发项目。在医药、功能食品、个人护理品、保健食品等领域开发并上市近 200 个优质产品。1997 年，公司产品获得国家首批保健食品批文，公司成为获得国家认定的首批保健食品企业。1998 年，公司第一个专业化妆品工厂建成，第一次把沙棘应用到化妆品领域。产品获中国有机食品认证，并获美国 FDA、美国有机食品（NOP）、欧盟有机食品、日本有机农产品（JAS）认证，出口到近 50 个国家和地区。公司先后承担完成 70 余项地方及国家星火计划项目、科技攻关项目、国家重点项目，拥有专利及专有技术 50 余项。2003 年，建成沙棘西部综合开发示范利用基地。2005 年成立中国第一个专业沙棘研究机构——沙棘工程技术研究中心。2008 年，公司成为国家标准沙棘行业委员会标准化秘书处，并承担沙棘系列产品国家标准的制定工作。2012 年，宇航人牵头成立沙棘专业委员会。2015 年，宇航人正式获得商务部直销经营许可证，成为首次将直销与环保事业结合的直销公益型企业。

公司先后获得自治区科技进步奖一等奖、国家发展计划委员会“国家高技术产业化示范工程”、水利部“全国沙棘生态建设与开发先进集体”、科技部“沙棘示范基地”“工业百强企业”“10 强高新技术企业”“国家农产品加工出口示范企业”“内蒙古自治区重点实验室”“中国驰名商标”“国家中药现代化科技产业示范基地优秀单位”“农业产业化国家重点龙头企业”“中国林业产业突出贡献奖”“内蒙古发展沙产业突出贡献奖”“国家级高新技术企业”“国家级林业重点龙头企业”“生态农业示范企业”等称号。

二、内蒙古利诚实业有限公司

1998 年 5 月，内蒙古利诚实业有限公司成立，位于呼和浩特市鸿盛工业园区，是自治区最大的固态乳制品专业生产、研发企业。厂区占地面积 1.67 万平方米，生产车间面积 6000 余平方米。引进固态奶生产全自动流水线，一流的汽、电两用智能温控干燥设备。公司主营民族特色奶酪、奶片、风干牛肉等 4 大类共 32 个单品的系列固态乳制品。拥有“牛奶快车”“奶吧”“博克士”“奶呲”“清口奶贝”“每益贝”等品牌，产品覆盖国内市场，出口蒙古国、东南亚等国家及中国香港、澳门地区。

公司先后获“消费者信得过产品”“中国绿色精品知名品牌”“民营科技企业”“呼和浩特市重点民营企业”“内蒙古著名品牌”“全国 AAA 级品牌企业”称号。入选“美中经济合作组织”会员企业。2011 年，企业通过 ISO9001 及 HACCP 质量体系认证。2012—2015 年，公司连续四年被评为“全国质量诚信 AAA 级品牌企业”。

三、内蒙古红太阳食品有限公司

2003 年 4 月，内蒙古红太阳食品有限公司成立，位于呼和浩特市玉泉区裕隆工业园区。注册资金 9000 万元，占地面积 93.33 万平方米，建筑面积 4 万平方米，固定资产 1.2 亿元。公司致力于调味品的研发、生产、销售，引进现代化的调味品工艺生产线，融合传统炒制工艺和现代化食品加工工艺，研发生产涵盖火锅汤料、蘸料、酱系列、鸡粉、酱油、醋等 130 余个单品。截至 2015 年，注册商标有“草原红太阳”“草原肥羊”“鲜野”等 48 个商标，成为自治区调味品行业的龙头企业。在同行业中最早通过 ISO9001:2008 质量管理体系认证，拥有调味品、蔬菜制品、鸡精、味精 4 项 QS 生产许可证。

公司先后获得“中国驰名商标”“改革开放 30 周年优秀民营企业”“自治区农牧业产业化重点龙头企业”“2013—2014 年度呼和浩特市重点联系民营企业”“自治区农牧业产业化经营三十佳龙头企业”“自治区党委全区创先争优先进基层党组织”“呼市非公企业党建工作示范点”等荣誉称号。

四、内蒙古蒙伊萨食品有限责任公司

2003 年 8 月，内蒙古蒙伊萨食品有限责任公司成立，位于呼和浩特市金山经济技术开发区金山大道 10 号。注册资金 3030 万元。是一家集清真牛羊屠宰、中西式牛肉熟制品加工、销售于一体的大型现代化食品加工企业，自治区农业产业化重点龙头企业。公司引进西班牙菲伯萨公司屠宰加工及熟肉制品加工设备，按照 HACCP 标准，由菲伯萨公司设计的食品加工车间，采用封闭吊挂式屠宰，低恒温加工流水线，牛羊肉排酸、分割、保鲜，宰前、宰中检疫，全程质量跟踪等一系列的先进技术，形成年屠宰牛 10 万头、羊 20 万只，生产分割冷鲜、冷冻肉 2 万吨，年加工牛肉熟制品 1000 吨的生产能力。公司采用先进的企业管理模式、领先的加工工艺，任用优秀的管理人才，以良好的商誉、诚信的服务、完善的销售网络为企业准则。严格按照伊斯兰清真食品生产加工规范要求进行生产，并由内蒙古伊斯兰教协会监制。

五、内蒙古昆明卷烟有限责任公司

2003年10月，由呼和浩特卷烟厂与云南省昆明卷烟厂跨省联合重组，成立内蒙古昆明卷烟有限责任公司。公司由中国烟草实业发展中心直接管理。2007年，公司搬迁至呼和浩特市金桥经济技术开发区，建筑面积11.44万平方米。年卷烟生产能力50万箱，配备有5吨/时制丝线1条、卷包联合机组15组和公用动力设施等。公司主要产品有“冬虫夏草”“苁蓉”“大青山”等。2015年，公司生产卷烟39万箱，销售卷烟43万箱，实现销售收入61.65亿元；销售产值9.15亿元，税利47.4亿元。

六、内蒙古融成玉米开发有限公司

2006年4月，内蒙古融成玉米开发有限公司成立。该公司是一家以玉米综合深加工为主的民营企业。公司位于托电工业园区。注册资金1.2亿元，固定资产投资为3.16亿元。占地面积13.33万平方米，建筑面积4.8万平方米。公司建成年产10万吨液体葡萄糖车间、新动力车间、热电联产项目6兆瓦背压式汽轮机组、年产6万吨结晶葡萄糖项目、年产22.5万吨玉米综合深加工技改项目、日产500吨玉米烘干设备及4万吨粮食储存钢板仓库项目、50吨/时循环流化床锅炉石灰石膏法脱硫技改项目。公司主要生产玉米淀粉、液体葡萄糖浆、食用葡萄糖及玉米副产品。年处理玉米40.5万吨，生产玉米淀粉27万吨、玉米蛋白粉2.03万吨、玉米胚芽2.63万吨、玉米纤维5.26万吨、发酵液体葡萄糖浆12.6万吨、食用葡萄糖6万吨。销售产值8.2亿元。截至2015年，公司营业总收入30.25亿元，增加值2.15亿元。

七、三主粮集团股份公司

2007年，三主粮集团股份公司成立，是一家燕麦全产业链综合性集团化企业。专注于中国裸燕麦（莜麦）的种源繁育、推广种植、生产加工、销售服务及研发。总部位于呼和浩特市。集团在“中国燕麦谷”即阴山以北的“固阳—武川—乌兰察布—锡林郭勒”等燕麦传统种植区拥有优质天然燕麦生产示范基地，在呼和浩特市建成1座10万吨燕麦生产加工厂。产品经销商分布于全国20余个省区市。集团与内蒙古农业大学燕麦产业研究中心合作建立的燕麦（莜麦）技术研发中心，与北京大学、内蒙古农业大学等国内多家科研院所承担多项国家级、省级科研项目，出资成立内蒙古三主粮燕麦研究院。成功研发全胚芽燕麦米、燕麦麸系列、燕麦油系列等数十种创新型绿色产品。

2015年，自治区科技厅将公司认定为自治区企业研究开发中心。公司燕麦米产品获“内蒙古名牌产品”“内蒙古名优特农畜产品”称号，“燕麦米加工关键技术的开发”被评为自治区科技成果，燕麦剥皮等多项产品加工技术获得国家专利，多项产品通过中绿华夏有机食品认证、德国 BCS 有机食品认证。

八、燕京啤酒（呼和浩特）有限公司

2008 年 6 月，由燕京啤酒（包头雪鹿）股份有限公司和内蒙古塞北星啤酒有限公司合资组建，成立燕京啤酒（呼和浩特）有限公司。位于呼和浩特市如意开发区。公司依托燕京雪鹿啤酒成熟的市场销售网络，产销量逐年增加，销量由 2008 年 2 万吨增加到 6 万余吨。2010 年 5 月，燕京啤酒集团与市政府、和林格尔县政府签订投资协议，总投资 4.5 亿元，建设和林格尔县盛乐经济园区新厂区，项目占地面积 17.33 公顷，建设规模为 20 万吨的啤酒生产企业，一期投资 2.5 亿元，建筑面积 4.2 万平方米。2011 年 9 月 1 日，公司全部搬迁至和林格尔新厂。建成的新厂年生产啤酒 10 万吨。全部采用亚洲最先进的纯生啤酒生产设备，输送管路全部由不锈钢制成，保证啤酒的品质。2015 年，公司资产总额 3.92 亿元，销售总额 1.09 亿元，主营业务收入 9392 万元，利税 2511 万元。

第十三章　煤炭工业

第一节　发展概况

呼和浩特市煤炭资源贫瘠、储量低，主要分布于清水河县和武川县境内。煤矿生产规模较小，主要生产煤矿 3 座，均位于清水河县。经过历次整合，清水河县 3 座露天矿原煤产量 180 万吨。

“十二五”期间，根据地质勘探部门提供的一定储量资源，呼和浩特市在既有煤炭生产基础上，编制武川县流通壕矿区和清水河煤田椋木沟矿区 2 个矿区规划。规划生产能力 240 万吨，到“十三五”末全市煤炭产量 420 万吨 / 年。其中，《武川县流通壕煤炭矿区总体规划》编制完成并获得批复。矿区位于武川县西北部，行政区划隶属于武川县二份子乡管辖。勘查区总面积 28.37 平方千米，可采煤层 1 层，平均厚度 6.6 米，可采范围 2.43 平方千米，勘查区控制程度达到勘探程度要求，圈定的总资源储量 12.87 万吨。矿区规划 1 座生产能力为 60 万吨 / 年的露天矿，煤矿服务年限为 17.5 年；完成《内蒙古自治区清水河煤田椋木沟矿区总体规划》编制工作。矿区位于清水河县城关镇的西部 25 千米处，行政区划隶属清水河县窑沟乡管辖。勘查区总面积 25.03 平方千米，可采煤层 3 层，平均总厚度 9.88 米，均为局部可采煤层，勘查区控制程度达到勘探程度要求，圈定的总资源储量 47.19 万吨。矿区规划 1 座生产能力为 180 万吨 / 年的露天矿并为其配套 1 座同等能力的选煤厂，煤矿服务年限为 20 年。

2015 年，全市规模以上独立核算煤炭企业 3 家，原煤产量 352.19 万吨，实现总产值 7.07 亿元。

第二节　煤炭加工、物流

一、煤炭洗选

呼和浩特市主要煤炭生产区清水河县建设大型选煤厂 1 座，规模 3 万吨 / 年，选取刘胡梁煤矿和其他煤矿生产原煤。清水河地区原煤入选率达 80%。其余选煤厂大部分建设在煤炭物流园内。截至 2015 年末，全市有大中小型选煤厂 15 座，原煤入选能力达 15 万吨 / 年，其中大型选煤厂 8 座，入选能力共 112.6 万吨 / 年。煤炭物流园配套建设的选煤厂大部分处于停产状态。

二、煤炭深加工

煤炭深加工主要以传统的焦化甲醇、合成氨、尿素、生产兰炭为主，建成中燃城市燃气焦化甲醇一体化项目、中海油天野化工和内蒙古运昇镁业科技有限公司 120 万吨改制煤项目。煤炭深加工生产能力达 300 万吨，其中焦炭产量 35.73 万吨。

三、煤炭物流

呼和浩特市煤炭资源稀少，矿区、煤矿发展潜力有限，“十二五”期间，煤炭物流行业迅速发展，全市共建成绿地云峰现代物流产业园、托克托嘉和煤炭物流园、和林格尔县大红城煤炭物流园 3 个千万吨级煤炭物流园。

第三节　企业选介

一、清水河县天赐源煤矿

天赐源煤矿位于清水河县窑沟乡城湾村。2006 年 9 月 30 日，根据自治区国土资源厅下达“划定矿区范围批复”，将原城湾煤矿、兴安煤矿、兴盛煤矿以及周边无矿权设置地段一并划入整合成立清水河县天赐源煤矿。井田面积 2.48 平方千米，地质条件简单，含有 3 层可采煤层，可采煤层总厚度 16.28 米，煤类主要为长焰煤，生产能力 60 万吨 / 年，采用单斗一卡车生产工艺，剩余可采储量 874 万吨。

二、清水河县刘胡梁煤矿

刘胡梁煤矿位于清水河县窑沟乡刘胡梁村。井田面积 1.68 平方千米，地质条件中等，含有 2 层可采煤层，可采煤层总厚度 23 米，煤类主要为长焰煤，生产能力 60 万吨 / 年，采用单斗一卡车生产工艺，剩余可采储量 324 万吨。

三、清水河县永胜煤矿

永胜煤矿位于清水河县窑沟乡下狼窝嘴村。2006 年，由原清水河县窑沟乡永胜煤矿和原德胜煤矿整合而成，整合时划入外围无矿业权设置的部分边角地段。整合前该矿一直采用小规模井工生产，整合后进行扩能改造，设计年产 60 万吨。2009 年 5 月取得采矿许可证。永胜煤矿井田面积 5.23 平方千米，地质条件简单，可采煤层 1 层，可采煤层总厚度 3.5 米，煤类主要为长焰煤，生产能力 60 万吨 / 年，采用单斗一卡车生产工艺，剩余可采储量 631 万吨。

第九篇

开发区

第一章　开发区管理

第一节　管理体制

一、机构设置

2000 年 7 月，呼和浩特经济技术开发区（简称开发区）成立；8 月，设立开发区党工委和管委会。管委会内设办公室、经济社会发展局、综合办公室。

2006 年 10 月 11 日，市委印发《关于呼和浩特经济技术开发区管理体制调整的意见》，开发区党工委、管委会内设机构为党群工作办公室、管委会办公室、经济发展招商局、建设规划局、人事劳动局、财政局，另设留学人员创业服务中心。

2012—2015 年，呼和浩特经济技术开发区党工委、管委会内设党工委办公室、纪检监察室、管委会办公室、经济发展局、投资促进局（招商局）、财政审计局、人力资源和社会保障局、规划局（挂市规划局开发区分局牌子）等机构；组建社会事业管理局、农牧林水管理局、安全生产监督管理局、行政综合执法局（行政综合执法支队），以筹备处的方式运行。

二、辖管机构

2000 年 7 月，呼和浩特经济技术开发区初成立时，下辖如意开发区、金川开发区。2001 年，如意区开始在土默特左旗沙尔沁乡建立如意新区。

2002 年 6 月，经国务院批准，建成国家级呼和浩特出口加工区，划归开发区直接管理。2004 年 12 月，经国家人事部批准，国家级呼和浩特留学人员创业园在开发区挂牌。2005 年，金川区在玉泉区小黑河镇建立金川南区。

2010 年 3 月，成立呼和浩特留学人员创业服务中心。2012 年 2 月，开发区建立沙尔沁工业新区，土默特左旗沙尔沁镇整体委托开发区管理。2013 年 11 月，呼和浩特白塔空港物流园区整体划归开发区管理。

截至 2015 年底，开发区总体规划面积 240 平方千米，建成区面积 40 平方千米，由 6 个经济功能园区和 1 个农区镇组成。6 个经济功能园区分别是如意工业园区、金川工业园区、国家级呼和浩特出口加工区、国家级留学人员创业园、白塔空港物流园区、沙尔沁工业园区，1 个农区镇即沙尔沁镇，简称“六园一镇”。

三、管理体制改革

2000 年 7 月，开发区成立后，市委印发《关于深化开发区体制改革实行封闭管理的若干意见（试行）》，指出开发区可根据实际自行确定内部机构设置，如意、金川两区重点负责招商引资和开发建设，应侧重围绕业务工作设置机构。

2006年10月，市委、市政府印发《关于呼和浩特经济技术开发区管理体制调整的意见》，明确开发区经费管理和使用。增设呼和浩特经济技术开发区如意工业园区委员会和呼和浩特经济技术开发区如意工业园区管理委员会、呼和浩特经济技术开发区金川工业园区委员会和呼和浩特经济技术开发区金川工业园区管理委员会，设置呼和浩特经济技术开发区出口加工区支部委员会和呼和浩特经济技术开发区出口加工园区管理委员会。以上园区党委（党支部）、管委会均在呼和浩特经济技术开发区党工委、管委会领导下开展工作。

2012年6月12日，中共呼和浩特市第十一届委员会第十八次常委（扩大）会议研究开发区辟建沙尔沁新区以及开发区的体制问题，做出决定：沙尔沁新区下一步要作为财政主体，设立财政税务局，逐步弱化如意、金川、出口加工区的财政功能；经济技术开发区与如意、金川、出口加工区的关系，今后要进一步明确。主导原则是强化经济技术开发区的功能，确定经济技术开发区为真正主体，理顺各方面关系，改变多头管理的格局。

根据上述决定，2013年1月1日，开发区按照《呼和浩特市人民政府关于调整经济技术开发区财税管理体制的通知》要求，撤销如意、金川、出口加工区金库，统一并入经济技术开发区财政国库，由市财政局指导开发区财政建立预算管理、国库收付、财政监督、资产管理等各项财务规章制度。同时，开发区在人事管理、项目管理、园区建设等方面基本收回过去赋予各园区的权力。

第二节　六园一镇

一、如意工业园

1992年4月13日，市委召开七届三次全会提出关于进一步扩大对外开放加快经济发展的具体措施，作出加快建设呼和浩特开发区的决策。5月，设立呼和浩特如意高新技术开发区。12月，呼和浩特如意高新技术开发区更名为呼和浩特如意经济技术开发区。

1995年4月，经自治区政府批准，如意经济技术开发区由市级开发区升格为自治区级开发区。

2001年2月，市政府召开第三十二次常务会，决定将土默特左旗沙尔沁乡麻黄滩20平方千米的土地作为如意区新扩建的开发区，并由如意区进行开发建设。

2006年10月，撤销呼和浩特经济技术开发区如意区党工委、管委会，设置呼和浩特经济技术开发区如意工业园区党委和呼和浩特经济技术开发区如意工业园区管委会。如意区更名为呼和浩特经济技术开发区如意工业园区。

2010 年 10 月，开发区制定“如意行政、金融、商务中心区”的城市设计和控制性详细规划，并获得市委、市政府的批准。规划面积在如意北区的基础上适当东扩南延，增加到 11.6 平方千米，北到新华大街，南至鄂尔多斯大街，西到东二环路，东至哈拉更沟。

截至 2015 年底，如意工业园区有工商注册企业 122 家，注册资本 12.37 亿元。其中注册资本 5000 万元至亿元企业 3 家、亿元以上企业 5 家。如意总部基地入驻企业 1486 家，其中商贸类 481 家、金融投资类 128 家、中介咨询类 161 家、房地产类 38 家、其他服务业 678 家。如意新区有利乐包装、日月太阳能、高岭土等 40 余家企业。

二、金川工业园

1992 年 8 月，设立呼和浩特金川经济技术开发区，下设呼和浩特经济技术开发区管理委员会办公室，为呼和浩特市政府派出机构。同时设有组织实施开发建设的经济实体——呼和浩特金川开发总公司。管委会办公室和开发总公司为一套人马，两个牌子。

1994 年 8 月，金川区行政机构由“管委会办公室”规范为“管理委员会”。9 月，金川经济技术开发区设立党工委、管委会。

1995 年 7 月，经自治区政府批准，呼和浩特金川经济技术开发区由市级开发区升格为自治区级开发区，更名为呼和浩特金川资源经济开发区。2000 年 7 月，更名为呼和浩特经济技术开发区金川区，隶属呼和浩特经济技术开发区管理。

2005 年 4 月，在玉泉区小黑河镇建立金川新区。金川新区规划面积 36 平方千米，首期开发面积 14.45 平方千米。

2006 年 10 月，呼和浩特经济技术开发区金川区更名为呼和浩特经济技术开发区金川工业园区，设立金川工业园区党委和金川工业园区管委会。

截至 2015 年，金川新区累计投入建设资金 1.98 亿元，完成 3.41 平方千米起步区的开发建设。年底，金川北区有注册企业 900 余家，形成以伊利集团为代表的乳业、生物制品、制药、电力输变电、装备制造、轻工纺织等主导产业，是国家重要的乳业、生物发酵及制药基地。金川新区建成纬五路等 3 条主干道，道路总长 7450 米，道路总面积 20.52 万平方米，投资 1.64 亿元；雨水管线长度近 8000 米，污水管线长度近 8000 米，投资近 280 万元；路灯 374 根，投资 673.2 万元；绿化带面积近 11.92 万平方米，投资近 2384 万元。阜丰生物科技有限公司、齐鲁制药（内蒙古）有限公司等一批企业进驻金川新区。

三、呼和浩特出口加工区

2000 年 12 月 8 日，市政府向自治区政府呈报《关于设立内蒙古呼和浩特出口加工区的请示》。2001 年 4 月，呼和浩特经济技术开发区编制《呼和浩特出口加工区总体规划》，并逐级上报国务院。

2002 年 6 月，国务院办公厅复函同意增设内蒙古呼和浩特出口加工区。8 月，开始筹建呼和浩特出口加工区。加工区位于呼和浩特经济技术开发区金川工业园区西端，东与金川工业园区相连，南至京包铁路，西与土默特左旗金山开发区为邻，北至 110 国道，规划面积 2.21 平方千米，是自治区第一个国家级出口加工区。

2006 年 10 月 11 日，市委、市政府印发《关于呼和浩特经济技术开发区管理体制调整的意见》，设出口加工园区支部委员会和管理委员会。内设办公室、综合部、建设发展部。2007 年 12 月 28 日，呼和浩特市出口加工区封关运行。

2015 年，出口加工园区开发建设面积 1.04 平方千米。园区有企业 31 家，从业人员 635 人。实现工业总产值 1.1 亿元，实现税金 500 万元。初步形成乳制品配套、光伏材料、电子信息、保税物流等支柱产业，拥有佰邦科技、北特通信、内蒙古爱瑞斯空气净化型加湿器、云泽阳工贸、中外运保税物流等一批具有一定投资规模、较高技术含量的生产型及国际贸易物流企业。

四、呼和浩特留学人员创业园

2001—2002 年，呼和浩特经济技术开发区如意区、金川区确立吸引海外人才的发展思路，搭建有利于留学人员来呼和浩特市创新创业的平台，设立科技企业孵化器，成立归国留学生创业管理服务中心，制定促进留学人员创新创业的优惠政策，吸引留学人员在创业园从事高新技术产品的研发和生产，进行科技成果的推广和转化。

金川区留学人员创业园成立之初挂牌“呼和浩特经济技术开发区金川区留学人员创业园”。如意区留学人员创业园成立之初挂牌“呼和浩特留学人员创业园”。两个创业园均被列为自治区级留学人员创业园。

2004 年 12 月，呼和浩特留学人员创业园升级为国家级留学人员创业园。2006 年 2 月，市政府决定：“中国呼和浩特留学人员创业园”在呼和浩特经济技术开发区正式挂牌运行。原如意区、金川区留学人员创业园统一归呼和浩特留学人员创业园管理。2011 年 4 月，开工建设呼和浩特留学人员创业园创新创业孵化大厦，总建筑面积 38.5 万平方米。12 月，科技部批准呼和浩特留学人员创业园为国家级科技企业孵化器（高新技术创业服务中心）。

2015 年，创新创业大厦竣工投入使用。截至 2015 年，园区通过“资金支持、政策扶持、服务支撑”三大招才引智举措，引进各类高层次人才 212 名，其中院士 4 名，博士 118 名。3 个创业人才团队入选“草原英才”团队，10 名高层次人才入选“草原英才”。入驻企业168家，其中科技孵化企业109家、现代服务业企业59家；进入产业化、市场化企业50家。获得自主知识产权130项，带动就业2300余人。

五、呼和浩特白塔空港物流园

2011年10月，自治区政府办公厅批准成立呼和浩特空港物流园区。2012年9月，自治区编委办批准设置园区管理委员会，为市政府派出机构。

2013年，呼和浩特白塔空港物流园区与呼和浩特出口加工区合并，由市政府直接管理，整建制划归呼和浩特经济技术开发区管委会管理。

2015年，园区编制《新机场空港经济区空间布局补充研究》《呼和浩特草原丝绸之路自由贸易港规划》。

六、沙尔沁工业园

2012年2月，市委常委会研究决定，将土默特左旗沙尔沁镇整建制划归经济技术开发区托管，规划建设100平方千米的沙尔沁工业新区。

截至2015年末，沙尔沁工业园区基础设施建设初具规模，形成以科林埃尔、日月太阳能项目为支撑的新能源产业，以利乐包装、勤达碳纤维、坤瑞玻璃项目为支撑的新材料产业，以麒麟明珠、三主粮项目为支撑的新型食品产业，以金宇保灵、华希生物项目为支撑的生物制药产业等体系。占地面积72.4公顷，总投资20亿元的利丰汽车主题公园项目开工建设。截至2015年，园区建成投产项目42个，新建项目8个，引进并开工建设投资超百亿元的工业项目1个，超10亿元工业项目多个。

七、沙尔沁镇

呼和浩特经济技术开发区沙尔沁镇位于呼和浩特市区南部，镇政府距市区26千米。2009年12月，沙尔沁撤乡设镇，称沙尔沁镇。2012年6月，沙尔沁镇整建制划归呼和浩特经济技术开发区托管。

2015年，沙尔沁镇辖25个建制村共30个自然村。全镇总人口2.3万人。镇域总面积202平方千米。其中，耕地面积5978.4公顷，林地面积5952.67公顷，草地面积4314.33公顷，水域面积800公顷。

第二章　开发区经营

第一节　招商引资

一、政策扶持

1992年，市政府出台《鼓励开发区外商投资的优惠政策》《鼓励开发区内联企业的优惠政策》《呼和浩特市人民政府关于促进呼和浩特如意高新技术开发区建设发展若干问题的决定》等一系列政策法规，为开发区招商引资创造良好的政策环境。

1997年，市政府出台《呼和浩特市横向经济联合管理暂行办法》《呼和浩特市横向经济联合优惠办法》《关于鼓励进入开发区兴办企业的优惠办法》。呼和浩特市第十届人民代表大会常务委员会第二十三次会议通过《呼和浩特开发区管理条例》，明确提出开发区享受国家、自治区及呼和浩特市规定的有关鼓励外商投资企业、高新技术企业、内联企业等方面的优惠待遇。

2000年11月，市委、市政府决定对开发区实行封闭管理，出台《关于深化开发区体制改革实行封闭管理的若干意见（试行）》。

2004年，开发区出台扶持企业发展的若干政策，以及《呼和浩特经济技术开发区鼓励招商引资奖励办法》，对项目的引荐人及有贡献的人员，根据具体情况给予相应的奖励。

二、引进外资

1992年，吸引外资1336.50万美元。1994年，吸引外资下降至655.00万美元。1995年回升到5534.50万美元，之后持续上升，至2000年达1.10亿美元。2001年8590.00万美元，2004年1.63亿美元，2006年，内蒙古阜丰生物科技有限公司引进资金总额2.09亿美元。2007年，利乐包装（呼和浩特）有限公司进驻开发区，拉动整个开发区外商投资额跃升至5.56亿美元。从2008—2015年，引进外商投资额起伏较大。其间，2014年是外商投资额较高的一年，主要原因是创维电子（内蒙古）有限公司增资逐年加大，外商投资额达2.72亿美元。

截至2015年底，外商投资企业累计91个。其中，如意区23个，金川区65个，出口加工区3个；实际正常运营的外商投资企业33个。共批准引进外资项目213个。外商投资总额依次为生物发酵和医药制造业、纸和纸板容器制造业、电子通信设备制造业、毛纺织及毛皮鞣制制造业、新型材料制造业、普通机械制造业、食品加工业、其他加工制造业等行业，完成工业总产值129.42亿元，占全开发区工业总产值的33.95%。

三、引进内资

1992年，开发区吸引内资企业36个。至2000年，内资企业有916个，注册资本36.78亿元。2001年，内资企业以股份制经济为主，其比重占全部内资企业的61.1%，私营经济占30.6%，国有经济占6.2%，集团经济发展较缓，仅占2.3%。

2002—2010年，开发区呈现多种经济并存局面，有内资企业2351个，其中股份制经济占30.3%，私营经济占35.2%，国有经济占20.4%，集体经济占10.5%，其他经济占3.6%。2010年，引资规模加大，增加至146.50亿元，项目平均资金621.03万元。

截至2015年，内资企业持续增长，累计实有企业3363个，其中私营企业占

72.8%。累计有内资企业注册资金 363.95 亿元，项目平均规模 1082.23 万元。形成以伊利集团为代表的绿色食品加工业，以创维电子为代表的电子信息制造业，以阜丰、齐鲁、金宇、大唐、双奇药业为代表的生物发酵和生物制药业，以利乐为代表的包装材料业，以精诚高压为代表的装备制造业，以爱迩光伏材料、赛宝伦、日月太阳能为代表的新能源新材料产业“七大产业”。

1992—2015 年开发区内资企业注册资金统计表

表 9-2-1

年份	内资企业数（家）	增长率（%）	注册资金（万元）	增长率（%）	引进内资（万元）	增长率（%）	平均规模（万元）
1992	36	—	5293.80	—	3586.80	—	147.05
1993	85	136.11	10051.70	89.88	22467.40	526.39	118.26
1994	84	–1.18	17548.78	74.59	16436.70	–26.84	208.90
1995	93	10.71	48284.00	175.14	10632.00	–35.32	519.18
1996	81	–12.90	23778.90	–50.75	14954.50	40.66	293.57
1997	154	90.12	53745.50	126.02	25433.80	70.07	348.99
1998	208	35.07	123002.70	128.86	64403.10	153.22	591.36
1999	139	–33.17	46640.80	–62.08	60962.90	–5.34	335.55
2000	36	–74.10	39423.00	–15.48	39147.00	–35.79	1095.08
2001	158	338.89	42696.49	8.30	74506.49	90.32	270.23
2002	159	0.63	57020.50	33.55	346365.60	364.88	358.62
2003	91	–42.77	36379.00	–36.20	261 985.00	–24.36	399.77
2004	110	20.88	68918.00	89.44	255639.00	–2.42	626.53
2005	137	24.55	61975.00	–10.07	500207.00	95.67	452.37
2006	184	34.31	620670.00	901.48	371867.00	–25.66	3373.21
2007	180	–2.17	44850.00	–92.77	345871.00	–6.99	249.17
2008	159	–12.22	21400.00	–52.29	337892.40	–2.31	134.59
2009	122	–23.27	49603.00	131.78	374383.00	10.80	406.58
2010	135	10.66	93 700.00	88.90	522100.00	39.46	694.07
2011	149	10.37	108 180.00	15.45	561700.00	7.58	726.04
2012	132	–11.47	65 710.00	–39.26	615400.00	9.56	497.80
2013	158	19.70	109 797.00	67.09	679600.00	10.43	694.92
2014	268	69.62	242 263.00	120.65	1085800.00	59.77	903.97
2015	305	13.81	1648597.00	580.50	1097500.00	1.08	5405.24
合计	3363	—	3639528.17	—	7688840.69	—	1082.23

说明：表中“—”表示无数据

2015 年开发区内资企业行业分布情况表

表 9-2-2

序号	行业名称	企业数（家）	注册资金（万元）
1	农、林、牧、渔业	17	15003.00
2	制造业	29	122810.00
3	电力、燃气及水的生产和供应业	17	68305.00
4	建筑业	20	6520.00
5	交通运输、仓储和邮政业	9	7531.00
6	信息传输、计算机服务和软件业	34	37796.00
7	批发和零售业	141	51187.00
8	住宿和餐饮业	12	11255.00
9	金融业	41	80749.00
10	房地产业	6	33430.00
11	租赁和商务服务业	12	288.00
12	科学研究、技术服务	24	15261.00
13	水利、环境和公共设施管理业	7	2980.00
14	居民服务和其他服务业	40	7896.00
15	文教体卫和娱乐业	48	11737.00
合计		457	472748.00

说明：表中数据表示开发区工商分局实有企业统计数

第二节　经济总量

一、地区生产总值

1993 年，开发区完成地区生产总值 2396.6 万元，至 1999 年，累计完成地区生产总值 29.14 亿元，年均递增率为 80.7%。

2000 年，晋升为国家级开发区后，园区建设快速发展。初步形成以“吸引外资为主、工业项目为主、出口创汇为主，致力于发展高新技术产业”的现代化工业园区。2000—2005 年，累计完成地区生产总值 215.32 亿元。其中，2000 年完成 12.02 亿元，2005 年完成 66.21 亿元；2005 年比 2000 年增长 4.5 倍，年均递增率为 40.68%。

2006—2010 年，累计完成地区生产总值 513.4 亿元，年均递增率为 13%。其中，2006 年完成地区生产总值 68.99 亿元；2008 年，突破百亿元大关，完成地区生产总值 104.29 亿元；2009 年、2010 年分别完成地区生产总值 131 亿和 122 亿元。

2011—2015 年，累计完成地区生产总值 467.8 亿元。其中，2011 年完成 149.76 亿元，2012 年、2013 年出现负增长。2014 年、2015 年开始回升，略有增长。截至 2015 年，开发区累计完成地区生产总值 1225.68 亿元，年均递增率为 30.26%。

1993—2015 年呼和浩特经济技术开发区地区生产总值统计表

表 9-2-3

年份	地区生产总值（亿元）	同比增长（%）	年份	地区生产总值（亿元）	同比增长（%）
1993	0.24	—	2005	66.22	30.46
1994	1.36	467.87	2006	68.99	4.20
1995	2.26	66.02	2007	86.98	26.07
1996	3.09	36.89	2008	104.29	19.9
1997	6.48	109.53	2009	131.14	25.75
1998	7.36	13.57	2010	122.01	-6.96
1999	8.35	13.38	2011	149.76	22.75
2000	12.02	44.01	2012	100.18	-33.11
2001	15.50	28.96	2013	68.02	-32.10
2002	27.86	79.79	2014	69.37	1.98
2003	42.97	54.22	2015	80.48	16.02
2004	50.75	18.1			

说明：表中“—”表示无数据

二、固定资产投资

1992—2015 年，开发区固定资产投资累计完成 1245.2 亿元。其中，基础设施投资累计完成 120.01 亿元。

1992—2015 年呼和浩特经济技术开发区固定资产投资类别结构表

表 9-2-4

年份	投资总额（亿元）	工业项目投资		基础设施建设投资	
		总额（亿元）	占总投资比率（%）	总额（亿元）	占总投资比率（%）
1992—2000	27.88	—	—	15.20	54.50
2001	4.70	2.64	56.15	2.06	43.85
2002	5.13	2.37	46.19	2.76	53.81
2003	11.28	9.84	87.23	1.44	12.77
2004	20.61	19.89	96.48	0.72	3.52
2005	32.79	31.29	95.42	1.50	4.58
2006	32.73	17.42	53.22	1.82	5.56
2007	32.99	19.92	60.39	0.84	2.53
2008	48.63	22.26	45.77	1.50	3.09
2009	61.78	35.51	57.47	1.37	2.22

续表 9-2-4

年份	投资总额（亿元）	工业项目投资		基础设施建设投资	
		总额（亿元）	占总投资比率（%）	总额（亿元）	占总投资比率（%）
2010	89.85	46.34	51.58	3.22	3.59
2011	118.77	62.30	52.45	3.13	2.63
2012	155.62	56.79	36.50	6.76	4.34
2013	214.52	76.08	35.46	5.85	2.73
2014	172.87	62.39	36.09	6.91	4.0
2015	215.04	84.46	39.28	64.92	30.19

说明：表中“—”表示无数据

三、财政收入

1993 年，开发区实现财政收入 274.2 万元。1994—2005 年持续增长，由 1147 万元增至 10.16 亿元。其中，1998 年突破 1 亿元，达 1.24 亿元；2003 年突破 6 个亿，达 6.86 亿元；2005 年突破 10 个亿，达 10.16 亿元。2012 年，财政收入突破 20 个亿，达 22.74 亿元。2015 年财政收入达 32.68 亿元。截至 2015 年，累计实现财政收入 232.65 亿元，年均递增率达 36.06%。

1993—2015 年呼和浩特经济技术开发区财政收入统计表

表 9-2-5

年份	财政收入（亿元）	同比增长（%）	年份	财政收入（亿元）	同比增长（%）
1993	0.03	—	2005	10.16	12.78
1994	0.11	318.3	2006	10.73	5.57
1995	0.25	114.4	2007	12.86	19.85
1996	0.40	63.77	2008	12.17	-5.3
1997	0.73	82.35	2009	14.11	15.93
1998	1.24	68.72	2010	16.06	13.82
1999	1.49	20.6	2011	19.69	22.55
2000	1.77	18.5	2012	22.74	15.53
2001	2.64	49.1	2013	23.59	3.6
2002	4.41	67.16	2014	28.90	22.49
2003	6.86	55.44	2015	32.68	13.08
2004	9.01	31.44			

说明：表中“—”表示无数据

四、出口创汇

1993—2015 年，开发区累计出口总额 24.3 亿美元。2015 年，出口总额为 3.68 亿美元，为 1993 年的 156 倍，年均增长 25.8%。

1993—2015 年呼和浩特经济技术开发区出口创汇情况表

表 9-2-6

年份	创汇金额（万美元）	同比增长（%）	年份	创汇金额（万美元）	同比增长（%）
1993	236	—	2005	41686	95.67
1994	738	212.71	2006	7248	–25.66
1995	400	–40.38	2007	7848	8.21
1996	787	78.86	2008	12254.3	56.15
1997	1293	64.29	2009	5991.53	–51.1
1998	971.19	–24.89	2010	10205.94	70.34
1999	654.32	–32.63	2011	22576.75	121.2
2000	1015.99	39.88	2012	22606.89	0.13
2001	1828.2	119.21	2013	27272.9	20.6
2002	2868.3	56.89	2014	25184.86	–7.66
2003	4149.57	44.67	2015	36844.14	46.29
2004	8369	101.68			

说明：表中创汇金额为美元，“—”表示无数据

五、从业人员

开发区从 2001 年开始进行劳资统计。2001 年劳动就业人数 1.33 万人，以后逐年缓慢增长，个别年度有所波动。截至 2015 年底，劳动就业人数 2.19 万人。

第三节　产业发展

一、第一产业

2012 年前，开发区没有农业，2 月，经市委常委会决定将土默特左旗沙尔沁镇整建制划归呼和浩特经济技术开发区托管。

沙尔沁镇行政区域总面积 202 平方千米，全镇地势平坦，水利条件较好，经济活动以农业为主。镇区农林田地近 88 平方千米，水域面积 10 平方千米。村镇建设用地 2.6 平方千米。农业以种植业、养殖业为主。2015 年全镇粮食总产量 80 吨，养殖奶牛 1.58 万头、肉羊 6.3 万只、生猪 1409 头。

二、第二产业

1992—1995 年，开发区在基础设施建设的同时开始招商引资。1993 年 8 月，伊

利冷冻食品公司在呼和浩特经济技术开发区金川工业园区开工建设，1994 年 2 月竣工投产，成为入驻开发区的第一家工业企业。

1996 年开始，开发区进入以工业为主、吸引内外资为主、多业并举的产业发展阶段。1999 年 4 月，中国电子信息百强企业排名第 4 的 TCL 集团公司，入驻呼和浩特经济技术开发区如意工业园区，建立北方最大的 TCL 电器生产基地，2002 年完成产品销售收入 30 亿元，并在开发区如意工业园区注册设立 TCL 移动通信（呼和浩特）有限公司。开发区凭借“亲商、富商”的服务理念，用一年时间完成“手机工业园”1.5 万平方米 TCL 手机厂房及配套设施建设。2003 年 8 月，“手机工业园”落成并交付 TCL 移动通信（呼和浩特）公司使用。至 2003 年末，开发区吸引美国、日本、瑞士等国家以及中国香港、澳门、台湾等地区及国内十余个城市的企业和客商到呼和浩特市投资，累计注册各类工商企业 1012 户，其中内资工业企业 170 户、外商投资企业 100 户；固定资产投资 44.3 亿元。实现“七通一平”土地面积 9.8 平方千米，工业用地面积达 6.22 平方千米，形成 21.3 万千伏安 / 日供电能力，8.6 万吨 / 日供水能力，初步建成如意、金川两个现代化工业园区。形成乳制品加工业、电子信息业、贵金属及新材料业、生物医药业以及羊绒纺织服装为主导的工业体系。伊利集团乳制品加工业成为开发区和呼和浩特市的支柱特色产业。以电子信息、生物医药和新材料为重点的高新技术企业群体相对集中，成为自治区、呼和浩特市发展高新技术及产业的基地。

2003 年，开发区工业总产值从 1993 年的 4193 万元增加到 100.45 亿元，年均递增率为 72.96%；工业增加值从 1993 年的 2094 万元增加到 39.65 亿元，年均递增率为 68.94%。工业增加值占全市规模以上工业增加值的 48.23%；实现利润占全市规模以上工业企业利润总额的 67.8%；乳业和电子信息业两大支柱产业完成工业总产值（现价）占开发区工业总产值的比重分别为 36.4% 和 37.2%，占全市规模以上工业总产值的比重达 30.5%。开发区经济成为拉动呼和浩特市工业经济增长的主导力量，对地区经济和社会发展起到示范带动作用。在全国 16 个中西部国家级经济技术开发区中，开发区的工业现价产值、工业增加值、地区生产总值、财政收入分别排名第 5、第 4、第 6、第 4 位；在西部 12 个省区、市 13 个国家级经济技术开发区中，经济实力和综合投资环境评估排名第 3 位，2004—2005 年排名升至第 2 位。

2005 年，伊利集团公司、乾坤金银公司、汉鼎光电公司、TCL 王牌电器公司 4 户企业年工业总产值（现价）均超过 20 亿元，其中伊利集团公司年产值 70 亿元，上述 4 户企业总产值占开发区总产值的 76.9%。年产值超 3000 万元的企业达 23 户，其中产值超亿元的企业 11 户。乳制品为代表的绿色食品加工、电子信息、贵金属及新材料、生物制药与中医药（蒙医药）、纺织服装、机械制造业 6 个行业，工业总产值占开发区工业总产值的比重分别为 40.5%、35.8%、14.3%、1.6%、2.4%、0.2%。开发区规模以上工业企业盈亏相抵后利润总额从2000年2.2亿元增加到2005年7.1亿元，增长2.2倍；税收收入从2000年1.8亿元增加到2005年9.5亿元，增长4.3倍，年均递增率为40.4%。

2006—2010年，开发区地区生产总值、工业增加值、财政收入分别累计完成471.4亿元、424.6亿元、65.9亿元，年均增长10%、9.3%、9.5%，产业发展速度明显降低。2010年，完成工业总产值（现价）298.1亿元，仅为2005年186.3亿元的1.6倍；完成地区生产总值107亿元，仅为2005年66.2亿元的1.6倍；完成工业增加值93.4亿元，仅为2005年59.8亿元的1.6倍。规模以上工业增加值占全市工业增加值比重为22%，开发区经济总量占全市经济总量比重有所降低。

2011年，保税加工、保税物流以及配套服务贸易等重点项目相继入驻出口加工区。全年引进各类项目18个，其中工业项目4个、基础设施项目2个、商贸公司12家。规模以上工业增加值完成3.2亿元，增速18%；进出口总额完成1.3亿美元，增长18%；固定资产完成4亿元，增长33%；实际利用外资4500万美元，增长12%；财政收入完成3804万元，增长30%。至年底，呼和浩特出口加工区累计实现工业产值20.2亿元、工业增加值7.4亿元、海关税收6000万元。

2015年，开发区工业企业完成工业总产值381.18亿元。完成工业增加值70.7亿元。工业固定资产投资累计完成84.5亿元。

截至2015年，开发区重点发展绿色食品加工、电子信息制造、生物制药、包装材料、装备制造、新能源新材料等6大产业体系，形成以伊利集团为代表的绿色食品加工业，以创维电子为代表的电子信息制造业，以阜丰、齐鲁、金宇、双奇药业为代表的生物发酵和生物制药业，以利乐为代表的包装材料业，以精诚高压为代表的装备制造业，以爱迩光伏材料、赛宝伦、日月太阳能为代表的新能源新材料产业。

1993—2015年呼和浩特经济技术开发区工业总产值统计表

表9-2-7

年份	工业总产值（现价）		其中				工业增加值	
	总额（亿元）	同比增长（%）	高新技术企业（亿元）	同比增长（%）	外商投资企业（亿元）	同比增长（%）	总额（亿元）	同比增长（%）
1993	0.42	—	—	—	—	—	0.21	—
1994	9.36	2131.39	—	—	0.18	—	1.03	393.41
1995	4.69	-49.93	—	—	0	—	1.40	35.20
1996	6.29	34.26	—	—	1.70	822.43	1.85	32.16
1997	11.87	88.76	—	—	1.62	-4.77	4.08	121.08
1998	11.46	-3.47	—	—	1.05	-35.48	4.61	13.06
1999	14.30	24.80	—	—	1.39	33.19	5.39	16.88

续表 9-2-7

年份	工业总产值（现价）		其中				工业增加值	
	总额（亿元）	同比增长（%）	高新技术企业（亿元）	同比增长（%）	外商投资企业（亿元）	同比增长（%）	总额（亿元）	同比增长（%）
2000	22.77	59.19	—	—	1.25	-10.00	8.46	56.80
2001	37.08	62.88	17.11	—	1.35	7.98	13.93	64.73
2002	68.48	84.66	36.10	111.00	15.75	1062.67	25.95	86.29
2003	100.45	46.68	83.63	131.60	27.10	72.12	39.65	52.79
2004	132.27	31.68	73.83	-11.70	29.34	8.26	45.42	14.55
2005	186.26	40.81	93.42	26.50	65.06	121.73	59.83	31.73
2006	208.16	11.76	94.47	1.13	71.29	9.57	63.78	6.60
2007	255.88	22.92	117.33	24.20	84.43	18.44	78.38	22.89
2008	189.35	-26.00	54.12	-53.87	73.03	-13.5	93.88	19.77
2009	271.40	43.33	41.21	-23.85	97.71	33.39	120.78	28.65
2010	350.56	29.16	67.60	64.00	111.92	22.35	109.46	-9.40
2011	415.05	18.40	110.29	63.16	128.23	14.58	136.67	24.90
2012	407.50	-1.82	54.36	-50.70	156.26	21.86	94.20	-31.08
2013	364.69	-10.50	50.86	-6.40	148.96	-4.67	58.84	-37.50
2014	356.79	-2.17	69.50	36.65	132.34	-11.16	61.48	4.50
2015	381.18	6.84	110.61	59.16	129.42	-2.21	70.69	14.98

说明：表中“—”表示无数据

2015 年呼和浩特经济技术开发区工业行业结构统计表

表 9-2-8

行业名称	工业总产值（亿元）	同比增长（%）	拉动工业增长（%）	增长贡献率（%）	占工业总产值比重（%）
绿色食品加工业	104	18.56	4.81	38.17	27.28
电子信息业	23.62	-39.66	-4.59	-36.39	6.20
电力产业	110.77	28.23	7.20	57.17	29.06
生物医药	79.73	65.31	9.31	73.85	20.92
轻纺工业	1.34	11.48	0.04	0.32	0.35
新型材料加工业	6.54	73.49	0.82	6.50	1.72
装备制造业	3.13	-7.93	-0.08	-0.63	0.82
其他	52.04	-24.21	-4.91	-38.98	13.65
总计	381.18	12.60	12.60	100.00	100.00

说明：表中“—”表示无数据

2015年呼和浩特经济技术开发区工业主要产品情况表

表 9-2-9

产品名称	单位	产量	现价产值（万元）	产值排序
乳制品	吨	1270780.6	1006698.3	1
谷氨酸	吨	313759	626057	2
无菌包装	万包	1773539.9	402868.7	3
彩色电视机	万台	142	219029.4	4
阿维菌素	千克	1680690	111947.1	5
太阳能电池	千瓦	216427	38779.4	6
中成药	吨、万片	—	33115.2	7
双歧杆菌片	万片	31922	25773.2	8
盘式绝缘子	个	4294117	16460.8	9
食用植物油	吨	12474	15938.2	10
金银制品	吨	692	14497.3	11
羊绒制品	万件	101.56	13410.5	12
玻璃制造	—	—	8576.0	13
高档箱板纸	吨	38280	8300.0	14
橡塑机械	台	38	7974.8	15
塑料吸管	万只	496442	6960.9	16
调频调制器	套	826	6294.5	17
税控收款机	万台	4	5962.1	18
单晶硅	吨	174.33	5309.5	19
高压开关部件	万件	—	2594.8	20
光纤连接器	万条	12145	2276.5	21
机床附件	台	1298	2000.3	22

说明：表中“—”表示无数据

三、第三产业

1992年，开发区建设初期，第三产业主要为批发零售业，分布在如意工业园区和金川工业园区，涉及餐饮、酒店、生活服务业等，且规模较小，1993年第三产业增加值302.6万元。1994年，内蒙古电力创建总公司入驻金川工业园区，投资建设以餐饮住宿、服务管理、住宅小区、旅游度假为主营业务的电力城，拉动开发区第三产业的发展。1996年，第三产业增加值达1.25亿元，比1993年增长40.2倍。至1999年第三产业增加值增至2.95亿元，比1996年增长1.37倍。

2000年后，第三产业发展较快，邮电通信业、房地产业、社会服务业发展规模扩大，质量明显提高。2001年，第三产业实现营业总收入85.75亿元，实现增加值6.24亿元。2011 年后，如意工业园区由总部基地园区功能向行政中心、商务中心、金融中心、科研中心等现代服务业功能区转型，信息产业、软件产业、金融业、邮政、电讯业发展迅速；仓储物流、信息咨询、贷款担保、综合商业中心、会展业经济等现代服务业企业入驻开发区；一批大型房地产开发企业也纷纷在如意总部基地注册，第三产业发展速度加快，产值增速逐年提高。

2015 年，第三产业实现营业总收入 99.35 亿元，比 2001 年增长 15.86 倍，年均递增 22.36%；实现增加值 9.79 亿元，占地区生产总值的 12.16%，比 2001 年增长 5.24 倍，年均递增 14%；实现盈余 2.32 亿元。

内蒙古自治区地方志丛书

呼和浩特市志

1986—2015

（中册）

《呼和浩特市志》编纂委员会 编

方志出版社
Publishing House of Local Records

目　录

中　册

第十篇　商贸流通与服务业

第十一篇　财政　税务

第十二篇　金　融

第十三篇　经济综合管理

第十四篇 中国共产党地方组织

第十五篇　地方人民代表大会

第十六篇　地方人民政府

第十七篇　地方人民政协

第十八篇　民主党派与工商联

第十九篇 军 事

ᠭᠠᠷᠴᠠᠭ

[illegible]

[illegible]

ᠳᠡᠪᠲᠡᠷ ᠭᠤᠷᠪᠠᠳᠤᠭᠠᠷ ᠬᠡᠰᠡᠭ　ᠲᠥᠷᠦ ᠶᠢᠨ ᠪᠠᠢᠭᠤᠯᠤᠯ

ᠬᠣᠷᠢᠨ ᠭᠤᠷᠪᠠᠳᠤᠭᠠᠷ ᠳᠡᠪᠲᠡᠷ ᠬᠣᠲᠠ ᠪᠠᠶᠢᠭᠤᠯᠤᠯᠲᠠ ᠶᠢᠨ ᠵᠠᠬᠢᠷᠤᠯᠲᠠ

第十篇

商贸流通与服务业

第一章　管理机构

第一节　商贸流通管理机构

一、市级商贸流通管理

1986 年，呼和浩特市商贸流通管理的机构主要有市对外经济贸易局、市物资局、市商业局。其中市物资局、市商业局主要负责国内贸易流通管理，市物资局监管的国有企业主要有市金属公司、木材公司、机电公司、建化公司、金属回收公司、燃料公司、生产资料回收公司、劳动服务公司等；市商业局监管的国有企业主要有市蔬菜公司、糖业烟酒公司、五金公司、医药公司、食品公司、饮食服务公司、水产公司、土产公司、牧民招待所、锡林商场、锡林旅社等。

1992 年，成立呼和浩特五金交电化工集团总公司、内蒙古自治区呼和浩特市商业（集团）总公司，隶属市商业局，性质为全民所有制。市商业局成立劳动服务总公司，组建呼和浩特市商业建筑开发工程公司。市物资局成立呼和浩特物资总公司，同市物资局经营、管理并存，即一套机构、两个牌子；成立呼和浩特物资总公司物资经销公司，为呼和浩特物资总公司下属公司，属全民所有制企业，实行自主经营，独立核算；成立市物资系统房地产开发公司。

1996 年，呼和浩特市商务局成立，承担之前的市商业局、市物资局的行政管理职能。根据市体制改革委员会《关于呼和浩特市物资局、商业局成建制转体的实施意见》，市物资局监管的国有企业成立市物资集团，市商业局监管的国有企业成立市商业集团，均受国资委委托，作为国有资产所有者代表，行使资产处置、资产收益和投资回收权，并开始企业转制。1996 年，机构改革，市商业局、市物资局成建制转体，后设立的物资（集团）总公司和商业集团总公司，与原所属企业以资产为纽带，建立母子公司体制。按法定程序撤销市物资局、市商业局，退出政府序列。经市国资委批准，将市物资局、市商业局所属企业及局本部直接占有资产（包括土地资产），以资产评估后的净资产作为注册资本，依据《中华人民共和国公司法》的有关规定和程序，改组设立国有独资物资（集团）总公司、商业集团总公司。按法定程序进行工商登记注册后，由市国资委授权，经营授权范围内的国有资产。市物资局、市商业局原则上不再行使原机关行政管理职能，原职能由市商务局承担。过渡期内，为保证行政机关向经济实体顺利转变，可在公司内暂设综合管理部门，统筹解决在转体过程中难以一次性剥离的原单位的行政、行业、社会服务等遗留问题。

2001年，按照《呼和浩特市党政机关改革方案》，撤销市商务局，其职能由市经济贸易委员会承担。同年，根据《呼和浩特市人民政府办公厅关于印发市经济贸易委员会职能配置内设机构和人员编制规定的通知》，将口岸管理、机电产品进出口管理职能，交由市对外贸易经济合作局承担；将市商务局和对外贸易经济合作局承担的制定行业产业政策、经济调节、商品物资流通、投融资引导、外贸货运协调等行政职能和市商务局承担的家畜定点屠宰检疫管理工作划入市对外贸易经济合作局，内设对外经济科。

2004年，根据《内蒙古自治区党委办公厅、人民政府办公厅关于印发〈呼和浩特市人民政府机构改革方案〉的通知》，组建市商务局，内设办公室、综合规划科、对外贸易发展科、世界贸易组织科（条约法律办公室）、对外贸易管理与科技科、市场体系建设科、商业改革发展科、市场运行调节科、定点行业管理办公室、外国投资管理科、国外经济合作科。

2009年，根据《呼和浩特市机构编制委员会关于市商务局调整内设机构的批复》，市商务局内设办公室更名为党政办公室，将人事教育科负责的党群工作职能，划入党政办公室管理；增设市场秩序科（挂商务行政执法办公室牌子）。

2010年，成立呼和浩特市“12312”商务举报投诉服务中心，为市商务局所属相当正科级事业单位。市商务局内设办公室、人事科、规划科、市场秩序科（反垄断办公室）、市场体系建设科、商贸服务管理科、市场运行调节科、定点行业管理办公室、对外贸易发展和管理科、世界贸易组织与科技与机电进出口科、外国投资管理科、国外经济合作管理科、市政府口岸办公室、行政事项审批办公室。

2012年，市商务局规划科更名为规划财务科、商贸服务管理科更名为流通业发展科、市场运行调节科更名为市场运行和消费促进科、对外贸易发展和管理科更名为对外贸易科、世界贸易组织科技与机电进出口科更名为世界贸易组织与机电科技产业科。

2014年，根据《呼和浩特市机构编制委员会关于调整部分职能职责和人员编制的通知》，将市经济协作局承担的研究提出贯彻执行国家、自治区和呼和浩特市吸引外商投资政策办法措施，参与制定利用外资的发展战略和规划等职责划入市商务局。将商务局承担的生猪定点屠宰监督管理职责划入市农牧局。

2015年，市商务局将酒类流通监管职能移交给市食品药品监察局，旗县（区）商务局未移交职能。

二、对外经贸管理

1986年，根据外贸体制改革政企分开的原则，市经贸局由以前的政企合一改为行政局；费用由企业分摊，改为经贸厅下拨。市对外经济贸易局主要负责对外贸易、对外经济合作、外资管理职能，与市对外经济贸易公司实行政企合一，一套机构、两块牌子，局机关设政工科、业务科、计划基建科、财务科、办公室，监管国有企业主要有市五金机械粮油食品进出口公司、市土畜产进出口公司、仓储公司、运销公司、地方进出口贸易公司、托克托县外贸采购站。外贸企业向专业化、社会化方向发展。土畜产进出口公司、五粮公司、仓储和运销公司是国家对外贸易企业，经营粮油、纺织品、轻工、化工、五矿、工艺、土产、畜产品及医药保健品等收购、调拨和储存、运输等业务，财务隶属自治区各专业公司，归中央财政。

1988 年 11 月，市对外经济贸易公司获得对外贸易经营权。12 月，经市政府常务会议研究同意，市对外经济贸易公司进行机构改革，分设 9 个业务部，市土畜产进出口公司划分为土畜产事业部（对外称呼和浩特市土畜产进出口分公司）、医药保健事业部（对外称呼和浩特市医药保健品进出口分公司），将原市五金机械粮油食品进出口公司划分为粮油食品事业部（对外称呼和浩特市粮油食品进出口分公司）、五金矿产化工业务部（对外称呼和浩特市五金矿产化工进出口分公司）、纺织品业务部（对外称呼和浩特市纺织品进出口分公司）、轻工工艺机械业务部（对外称呼和浩特市轻工工艺机械进出口分公司）、国际贸易部（对外称呼和浩特市国际贸易分公司）、储运包装业务部（对外称呼和浩特市储运包装出口分公司）等，均具有独立法人资格。

1989 年 9 月，自治区批准呼和浩特市对苏联、蒙古国及东欧各国的易货贸易权。1990 年，经贸海关大楼交付使用。

1991 年 12 月，经呼和浩特海关批准，呼和浩特市外贸仓储公司在库区内设立保税仓库，开展保税商品仓储业务。同年，贯彻落实国务院《关于改革和完善对外贸易体制若干问题的决定》精神，取消中央财政补贴；财务与自治区各专业公司脱钩，实行自负盈亏。

1992 年，根据《呼和浩特市人民政府关于边贸易货物资经营问题的批复》，明确只要是本企业在边境贸易活动中易货进来的商品和物资，包括钢材、木材、化肥等重要生产资料，可以交给指定单位经营，也可以独自经营。同年，市经贸局组建市边境经济贸易公司，以便全市的国营、集体和私营企业都以此公司名义与独联体、蒙古国及东欧国家开展易货贸易。同时，组建呼和浩特市对外经济贸易（集团）总公司、内蒙古自治区口岸发展公司呼和浩特公司、呼和浩特市经济委员会外商投资企业咨询服务公司、呼和浩特市招商局、市对外经济合作发展总公司、市国际经济技术合作公司、呼和浩特市国际经济技术合作公司。

1993 年 5 月，市招商局成立，将市对外经济贸易局的对外经济合作、外资工作的招商、引资审批、管理职能划归招商局承担，招商局同时负责招商引资职能，监管的国有企业主要有市招商总公司。1994 年，市招商局改组为市对外经济发展局。内设办公室、党委办公室、纪检监察办公室、业务科、计划财务科、工会、团委。1995 年，改革企业干部制度。对公司经理、副经理由任命制改为聘任制；改革用工制度，逐步实行全员劳动合同制。

1996 年，市对外经济贸易公司下设市土畜产进出口分公司、市五金矿产化工进出口分公司、市纺织品进出口分公司、市轻工工艺机械进出口分公司、市粮油食品进出口分公司、市国际贸易分公司、市医药保健品进出口分公司、市综合贸易进出口分公司、市进出口贸易分公司、市国际技术合作公司（黑河分公司）、市外贸房地产实业公司、市经贸海关大楼管理处、市沿边贸易开发公司、市万联有限责任公司、市机械设备进出口公司（海南分公司）、市外贸二连分公司等。

1999 年 1 月 1 日，国务院《关于赋予私营生产企业和科研院所自营进出口权的暂行规定》实施，国家开始分期分批向私营企业下放自营进出口经营权，对呼和浩特市对外贸易工作起到巨大推动作用。

2001 年，中国加入世贸组织，标志着对外经济贸易进入全新阶段。进出口经营权的改革进入全新阶段，进出口权审批制度从 2001 年 7 月进入进出口经营资格登记制和核准制分类管理。同年，按照《呼和浩特市党政机关改革方案》，撤销市对外经济贸易局、市对外经济发展局、市协作办公室，组建市对外贸易经济合作局，内设办公室、对外贸易管理科、对外经济合作科、外商投资管理科、综合信息科。同年，根据《呼和浩特市人民政府办公厅关于印发〈市经济贸易委员会职能配置内设机构和人员编制规定〉的通知》，将口岸管理、机电产品进出口管理职能，交由市对外贸易经济合作局承担；将市商务局和对外贸易经济合作局承担的制定行业产业政策、经济调节、商品物资流通、投融资引导、外贸货运协调等行政职能和市商务局承担的家畜定点屠宰检疫管理工作划入市对外贸易经济合作局，内设对外经济科。

2003 年，根据《呼和浩特市机构编制委员会关于“外引内联项目的行政管理及国内地区间经济技术协作的指导和协调”等职能划转问题的通知》的文件精神，市对外贸易经济合作局负责国外经济技术合作工作，宏观指导全市外商投资工作，指导和管理国外招商引资、投资促进工作。

2004 年，根据《内蒙古自治区党委办公厅、人民政府办公厅关于印发〈呼和浩特市人民政府机构改革方案〉的通知》，组建市商务局。将原市对外贸易经济合作局的职能，原市经贸委的内贸管理、产业损害调查和重要工业品、原材料进出口计划组织实施等职能，原市发展计划委员会的组织实施农产品进出口计划职能划入市商务局。原对外贸易经济合作局进出口经营资格核准职能由核准改为登记制。同年，市商务局与市发展和改革委员会有关部门职责分工：重要商品进出口管理，市发展和改革委员会负责编制重要工业品、原材料和农产品的进出口总量计划，商务局负责在发展和改革委员会确定的总量计划内组织实施，粮食、棉花、煤炭由发展和改革委员会会同商务局在进出口总量计划内进行分配并协调相关政策；外商投资管理，《外商投资管理指导目录》由发展和改革委员会会同商务局等部门拟定，由发展和改革委员会和商务局联合发布。2008 年，市商务局世界贸易组织科（条约法律办公室）加挂市政府口岸办公室牌子。

2010 年，市商务局进行职责调整，承担进出口企业经营资格备案职责，将原劳动和社会保障局关于中国公民出境就业管理，境外就业职业介绍机构资格认定、审批和监督检查职责划入市商务局。

2014 年，将市经济协作局承担的研究提出贯彻执行国家、自治区和呼和浩特市吸引外商投资政策办法措施，参与制定利用外资的发展战略和规划等职责划入市商务局。

第二节　供销合作管理机构

一、市级供销合作社

1984 年 2 月，市供销社与市社队企业管理局合并，更名为市农工商联社，内设党委办公室、行政办公室、人事科、保卫科、业务科、财务科、计统科、物价科、基建储运科、职工教育科、纪律检查委员会、工会、团委。3 月，市农工商联社更名为市供销合作社联合社（简称市供销合作社）。6 月，市供销合作社与市社队企业局分属办公。

1993 年，市供销合作社内设办公室、政工科、财计科、企业管理科、综合业务科、纪检审计科。

1995 年、1996 年，和林格尔县、清水河县、武川县经国务院批准，由乌兰察布盟划归呼和浩特市管辖，新增和林格尔供销社、清水河县供销社、武川县供销社。1996 年 12 月，市供销合作社内设党委办公室、行政办公室、纪检监察科、人事劳资科、企业管理科、业务科、财计科、审计科、工会。

1999 年 12 月，根据《关于市供销合作社联合社“三定”方案的批复》，市供销合作社内设党委办公室、纪检监察科、行政办公室、人事劳资科、企业管理科、信息业务科、财务统计科、审计科。2000 年，郊区更名为赛罕区，郊区供销社更名为赛罕区供销社。

2005 年 9 月，根据《关于呼和浩特市供销合作社联合社调整内设机构的批复》，企业管理科更名为综合业务科，信息业务科更名为合作指导科，审计科更名为资产管理办公室，其余科室不变。

2013 年 2 月，根据《关于呼市供销合作社联合社职能调整内设机构更名的批复》，资产管理办公室更名为社有资产监督管理科，财务统计科更名为财务审计科。

2015 年，市供销合作社设党委办公室、纪检监察科、行政办公室、综合业务科、合作指导科、社有资产监督管理科、财务审计科。市供销合作社及 6 个旗县（区）供销合作社完成参照公务员法登记管理。

二、基层供销合作社

1988 年末，全市供销合作系统共有基层供销合作社 41 个。其中，郊区 13 个，土默特左旗 17 个，托克托县 11 个。

1995—1996 年，武川县、和林格尔县、清水河县划归呼和浩特市，共有基层供销合作社 47 个。其中，武川县 19 个，和林格尔县 15 个，清水河县 13 个。郊区、土默特左旗、托克托县的基层社，在改革转制过程中大部分实行民有民营，或拍卖、解散。武川县、和林格尔县、清水河县的基层社在区划调整前按当地政府的改革政策，划归乡镇管理，除个别保留实行民有民营，大部分拍卖、抵债解散。

2010 年，全市供销合作系统共有基层供销合作社 24 个。其中，7 家为供销社全资或控股，17 家为民营性质。市供销合作社采取合作制、股份制、股份合作制等多种形式，通过重组、改造、新建等方式，打造兼具传统农资、日用消费品等经营业务和快递、电商等新型服务项目的基层社。

截至 2015 年，全市供销合作社系统共有基层社 35 个。

三、直属企事业机构

1986 年，市供销社下设呼和浩特市土产公司（后更名为呼和浩特市土产日杂家用电器公司，同时保留内蒙古自治区土产公司呼和浩特采购供应站的牌子）、呼和浩特市废旧物资回收公司（后更名为呼和浩特市再生资源总公司）、呼和浩特市农业生产资料公司、呼和浩特市副食品公司、呼和浩特市畜产公司、呼和浩特市贸易货栈（后更名为呼和浩特市供销贸易公司）、呼和浩特市供销社知青货栈 7 个直属企业机构，以及呼和浩特市供销学校。9 月，市供销合作社直属企业内蒙古车辆交易所成立。20 世纪 90 年代后，全市供销社直属企业随着经济体制改革，部分企业改制重组或进行破产清算。

1993 年后，相继组建成立呼和浩特市拍卖行、呼和浩特市装饰材料公司。经过企业改革转制，机构撤并分设。

1997 年 2 月，根据市委办公厅、市政府办公厅《关于剖析整顿非正常亏损企业实施意见的通知》，市供销合作社成立剖亏领导小组，确定剖亏对象为呼和浩特市供销贸易公司（呼和浩特市贸易货栈）。5 月，市农业生产资料公司改组为股份有限责任公司，对市供销贸易公司进行股份制改组，市再生资源总公司改制为股份合作制企业。11 月，市畜产公司进行转制。

2000 年 7 月，市供销合作社理事会研究同意市副食品公司所属经营部（大集体商店）解散，印发《关于呼和浩特市副食品公司所属经营部全员买断方案的批复》，全体职工以资产置换身份分流安置。10 月，市供销合作社理事会（扩大）会议研究同意市畜产公司分块转制。

2002 年 4 月，市供销社党委、理事会研究做出《关于供销社知青货栈职工分流方案的批复》，同意知青货栈转制分流安置职工。2003 年 3 月，市供销合作社做出《关于市农资公司企业转制工作的批复》，资产由中介组织评估，市供销合作社确认：市农业生产资料公司从批复之日撤销，同时重新注册呼和浩特市农牧业生产资料有限公司。

2004 年 1 月，市畜产公司撤销。9 月，市供销合作社党委会议研究决定原烟花爆竹公司暨土产日杂家用电器公司更名为呼和浩特市烟花爆竹销售中心，同时保留内蒙古自治区土产公司呼和浩特采购供应站的牌子。

截至 2015 年，市供销社下设呼和浩特市土产公司、呼和浩特市烟花爆竹销售中心、呼和浩特市再生资源总公司、内蒙古车辆交易所 4 个直属企业以及呼和浩特市供销学校。

第三节　粮食行政管理机构

一、市级粮食行政管理机构

1985 年，市粮食行政管理机构为市粮食局。内设办公室、政工科、业务科、财会科、基建科、职教科、保卫科、工会、团委。1992 年 5 月，市粮食局上报《关于呼市粮食局改公司实施方案的报告》。8 月，市政府批复同意成立呼和浩特市粮油食品集团总公司，与市粮食局“两块牌子、一套人马”；从 1993 年 7 月 1 日起，市粮食局退出市政府行政序列，向经济实体过渡，过渡期 3 年。

1993 年 7 月，市粮油食品集团总公司（市粮食局）继续行使粮食行政管理职能，机关内设政工部、财务部、管理部、贸易部、外资部、办公室。

1995 年 1 月，自治区政府明确各级粮食行政管理机构是各级政府的重要职能部门。各盟市、旗县在机构改革中，要建立健全各级粮食行政管理机构，已合并的，可同时挂粮食管理处（局）牌子。10 月，市委、市政府批准保留市粮食行政管理机构，改称“市粮食管理局”。

1996 年 8 月，市编办印发《关于市粮食管理局职能配置、内设机构和人员编制方案》，市粮食局内设党委办公室（挂纪检、监审科牌子）、行政办公室、人保科、市场管理科、储运管理科、企业管理科、基建科、财会科、工会（挂团委牌子）。

1998年10月，市政府第78次常务会议议定，保留市粮食管理局，撤销市粮油食品集团总公司。1999年2月，市政府批复，市和各旗县（区）粮食管理局为市行政执法机构。

2001年9月，市委、市政府批准保留市粮食行政管理机构，复称“市粮食局”。12月，市编办印发《市粮食局职能配置内设机构和人员编制规定》，市粮食局内设党委办公室、办公室、人事科、综合科、储备科、财务基建科、监察室。2008年3月，市直属机关党工委批准增设粮食局机关党支部。

2009年5月，市编办批准市粮食局增设粮食流通监督检查科。8月，市政府批准成立呼和浩特市粮食执法大队，为局属正科级事业单位。

2010年10月，市编办印发《关于市粮食局主要职责内设机构和人员编制规定》，保留市粮食行政管理机构，为市粮食局。内设党委办公室、办公室、人事科、财务基建科、综合科、储备科、监督检查科、纪检监察室、离退休人员工作科及机关党支部。

2014年10月，市粮食局与市发展和改革委员会合并后，设储备科、粮食监督检查科、粮食流通科，下辖粮食局机关事务中心、市粮食执法大队、粮油质检中心3个事业单位，辖市第一粮库、市第二粮库、市第三粮库、市第五粮库、市第六粮库、市油脂公司和市军粮供应中心7个局属国有粮食购销企业。

二、基层粮食行政管理机构

1992年8月，市政府批复《市粮食局改公司的实施方案》，土默特左旗、托克托县、郊区粮食局同时挂土默特左旗粮油食品总公司、托克托县粮油食品总公司、郊区粮油食品总公司“两块牌子”。人事劳资、业务和财务仍归市粮油食品集团总公司管理。

1998年10月，市政府第78次常务会议，议定保留旗县（区）粮食管理局，尚未建立粮食管理局的地方要将旗县（区）粮食局改为粮食管理局，列入当地政府行政序列，经费由当地财政开支，人员编制从本地区行政编制中解决，不足部分由事业编制解决。1999年1月，成立清水河县粮食管理局。同年全市6个旗县（区）粮食行政管理机构组建，从机构和职责上基本实现政企分开，与原属粮食企业实现人财物彻底脱钩，并取得粮食行政执法资格。2000年5月，郊区粮食局更名赛罕区粮食局。

2004年11月，旗县（区）党政机构改革，市委、市政府批准土默特左旗、托克托县、和林格尔县、清水河县、武川县分别设置经济贸易局，加挂粮食局牌子。

2008年1月，市政府印发通知，各旗县（区）政府要明确本地区粮食行政管理部门执法主体资格。编制和财政部门要按照加强和充实粮食行政执法机构、充实人员的要求，核定并落实粮食执法机构、人员和经费。

2012 年 2 月，玉泉区粮食局成立。

三、直属企事业机构

1986 年，市粮食局所属市粮油供应公司、市粮油储运公司、市粮油工业公司、市饲料公司、市议价粮油公司、局劳动服务公司 6 个企业，市粮食职工学校、市粮油科学研究所 2 个事业单位，三级单位 28 个（企业）。

1992 年 8 月，市政府批准成立市粮油食品集团总公司，挂市粮食局牌子。所属粮油仓储、加工、机械制造、饲料养殖、商业和运输、食品加工等国有粮食企事业二级单位 14 个、三级单位 30 余个，及全市粮油经营网点 100 余个（按独立核算单位统计 85 个），职工 6000 余名。市粮油食品集团总公司（市粮食局）所属二级粮油企业有市粮油储运、市粮油食品、市粮油工业、市饲料养殖、市粮油贸易总公司、局劳动服务公司、市第四粮食仓库、市粮油商场、市粮食对外经济开发公司、土默特左旗粮油食品公司、托克托县粮油食品公司、郊区粮油食品公司。所属二级事业单位有市粮食职工学校、市粮油食品科学研究所。下设市粮油食品集团总公司对外经济开发公司（北京、厦门、深圳市经营经销机构）、市对外经济贸易集团总公司良友分公司。原市粮油食品总公司第一机关粮站收回市局管理，改称呼和浩特市军供粮站，为局属二级单位。

1996 年，全系统国有粮食企事业单位 25 个，其中粮油仓储企业 5 个，粮油加工、食品、饲料、机械制造等粮油工业企业 10 个，粮油商业企业 2 个，粮油运输企业 1 个，事业单位 2 个（市粮油科学研究所、市粮食职工学校），餐饮、食品加工等中外合资企业 5 个。

2001 年，市粮食局直属国有粮食企业 14 户，包括市第一、第二、第三粮食仓库，市油脂公司、市军粮供应服务中心，市第一、第二、第三面粉厂，市快餐食品总公司、市粮油食品总公司、市饲料加工厂、市中意通心面厂、内蒙古月河粮食机械有限责任公司、市大众粮油批发市场。

2006 年 3 月，市粮食局批准组建市武川粮油总公司、市托克托粮油总公司。经过整合，局属国有粮食购销企业 8 户，包括市第一、第二、第三粮食仓库，市油脂公司、市军供粮油供应中心、市粮食企业资产管理中心、市武川粮油总公司、市托克托粮油总公司。

2011 年 7 月，市政府批准将市托克托粮油总公司更名为市第五粮食仓库、市武川粮油总公司更名为市第六粮食仓库。局直属国有粮食企业 8 个（市第一、二、三、五、六粮食仓库，市油脂公司、市军粮供应服务中心、市粮食企业资产管理中心）；事业单位 3 个（市粮油质量检测中心、局机关事务服务中心、市粮食执法大队）。

第二章　商贸流通

第一节　商业贸易

一、批发零售

1986年后，随着改革开放的不断深化，市商业系统有计划地推行商品经济运行机制，根据市场变化情况理顺“批零关系”，批发部门降低批发起点，完善进货承包奖励办法，方便零售企业进货。各销售部门开展展销、代销、试销，联销等多种经销业务，深入基层企业，送货上门。专业公司根据市场信息广辟货源，增加花色品种，想方设法满足人民群众日益增长的消费需求。市蔬菜公司全面推行蔬菜产销合同制，生产环节上抓种植面积、产量、主要品种，通过签订购销合同，落实到菜农户。在流通环节上，通过签订“责任状”的形式，定蔬菜经营量、定购销价格水平、定亏损补贴额，并根据临时出现的情况，随时采取对策。国营食品公司灵活经营，全面放开肉禽蛋市场为调节市场，平抑物价，猪肉在最高限价内，根据货源和季节，实行上下浮动。全年，商业纯购进完成6.18亿元，商品销售完成7.13亿元。全市社会消费品零售额10亿元，其中批发零售贸易业7.54亿元。

1987年，商品纯购进7.9亿元，商品总销售9.85亿元。1988年上半年市场货畅其流，销售旺盛，下半年因受价格上涨等因素的影响，消费者持币待购。全国市场出现来势强劲的抢购风后，呼和浩特市场也不例外，电冰箱、彩色电视机、洗衣机、放像机、收录机等高档家电产品价格飞涨。国营、集体、个体商业的销售额骤增，社会商品零售总额实现13.5亿元。1989年，由于受金融收缩政策和居民总结1988年消费超前等因素的影响，市场销售逐渐呈疲软状态。全年社会商品零售额14.5亿元。销售给居民的消费品12.16亿元，售给社会集团的消费品1.8亿元，售给农民的生产资料5400万元。全民、集体商业销售都有所下降，全民所有制商业企业商品零售额下降4%，集体商业企业商品零售额下降0.8%。全年国营商业纯购进8.69亿元，纯销售12亿元。

1990年，国家实行启动市场的各种调控措施，市场购销面逐渐扩大，市场疲软已由总量性为主转向结构性为主。商业系统商品购进总额达到6.67亿元，较1985年平均增加额2885万元，年平均递增5%。商业系统总销售额8.83亿元，年平均递增7.88%；纯销售达到7.40亿元，较1985年平均增加额3606万元，年平均递增5.8%，其中商品零售额年平均递增11%。零售企业发展较快，销售额直线上升。民族商场商品销售总额达到1.28亿元，年平均递增25.5%；百货公司年平均递增7.6%，糖业公司年平均递增9%，蔬菜公司年平均递增11%，五金公司年平均递增5.9%，锡林等市场年平均递增 11.4%，托克托县商业局年平均递增 5.8%。随着社会商业的不断发展和市场的激烈竞争，商业局系统商品零售额占全市社会商品零售额的比重开始下降，由 1985 年的 26.6% 下降为 24.2%，降低 2.4 个百分点。至 1995 年，全市社会消费品零售额 43.14 亿元，其中批发零售贸易业 30.38 亿元。商品零售物价指数平均为 114.8%，居民消费价格指数平均为 118.3%。

2000 年后，随着城镇化建设推进，城区面积扩张，人口增长，居民收入稳步提高，城镇居民消费水平大幅提升，集团购买力急剧上升。2004 年，王府井百货等一批新建和扩建的商业企业投入使用，总面积 50 余万平方米，投资额 14.23 亿元。至 2005 年，随着民族集团、天元商厦、维多利商厦、新世纪广场、王府井百货、苏宁电器等一大批现代商贸企业的建设和引进，全市市场体系逐渐完善，形成农副产品、粮油、服装、建材、农机、机动车交易、电器等专业市场，各类商业、饮食网点 4 万家。全市商贸流通业实现零售总额 304.9 亿元，占全区比重 22.77%，自治区排名第一。

2006 年，全市社会消费品零售总额实现 367.99 亿元，占全区比重 22.63%。其中，批发零售业实现 277.37 亿元，占全区比重 21.53%。社会消费品零售总额总量居自治区第一位。赛罕区、土默特左旗、托克托县、和林格尔县、武川县 5 个旗县（区）建设农家店 159 个，建成具有一定规模的农产品批发市场 4 个，农产品流通企业 5 个。2006 年末，全市拥有商业网点 5.55 万个；各类市场 286 处，其中大型交易市场 110 个；大型批发业企业 74 家，限额以上零售业企业 94 家；商业私营企业 6840 家，营业面积超万平方米的百货店、超市等 30 余家，个体户数 5.17 万户。全市大型批发企业总销售额 138.1 亿元，大型零售企业总零售额 93.05 亿元。

2007 年，在国家实施“万村千乡市场工程”“双百市场工程”的推动下，全市 7 个旗县（区）被商务部批准为“万村千乡市场工程”试点地区。2005—2007 年，共新建、改造农家店 300 家，其中 2007 年完成 136 家。截至 2007 年，全市拥有商业网点 5.6 万个，各类市场 286 处，大型批发企业 74 家，零售业企业 84 家，商业私营企业 6840 家，个体户 5.18 万户。

2008 年，汶川地震发生后，商务部对“万村千乡市场工程”等项目作了调整，暂缓启动。市商务局对已建 325 家农家店予以规范，完成 50 家农家店的选点，上报 3 家企业入围“112 市场工程和双百市场工程”。建设保全庄农贸市场、西龙王庙福胜信合农贸市场、山水小区便民市场等 16 处、总建筑面积 240 万平方米的大中型市场。全年全市社会消费品零售总额完成 553.9 亿元，居全区第一位。其中，批发业实现 107.65 亿元，零售业实现 289.99 亿元。

2009 年，全市实现社会消费品零售总额 641.2 亿元，同比增长 19%，占自治区比重为 22.5%，位居全区第一位；占全市地区生产总值总额的 39%，高于 GDP 增幅近4个百分点。2009年末，全市商业网点7万多个，其中限额以上批发、零售、住宿餐饮企业547家，从业人员4万余人。已建成一批包括家具、农贸、餐饮、百货、建材、通信、服装、日用品等行业的标志性商贸市场和网点。中山路商业核心区拥有20多家大型商场、260多家知名品牌专卖店，商业建筑面积约60万平方米，营业面积近50万平方米,成为全区“商业第一街”。随着国家“万村千乡市场工程”的实施，全市新建和改造农家店445家和商品配送中心5家，覆盖6个旗县（区）、37个乡镇、900多个自然村，成为“工业品下乡、农产品进城”的重要载体，逐步形成城乡消费品和生产资料双向流动顺畅的现代流通网络体系。同时,有效落实“家电下乡”政策，全市共备案家电下乡网点199家，销售家电下乡产品3.94万台（部）。

2010年，全市社会消费品零售总额实现758.55亿元，同比增长18.7%。消费规模扩大,连续保持自治区第一位。年内,市区保全庄农贸市场、福胜农副产品交易中心、京源港国际汽配城、金海五金机电城、百联雄业钢材等一批具有较强区域流通能力和集散功能的区域性大型专业市场建成运营，大连万达等商业项目建成开业。5个旗县各新建或改造农贸市场1处，新建和改造农家店595家、商品配送中心5家，日用品农家店覆盖6个旗县（区）、37个乡镇、595个建制村,基本建立以城区店为龙头、乡级店为骨干、村级店为基础的农村现代流通网络体系。开展家电下乡及以旧换新，全市备案家电下乡销售网点179家，销售彩电、冰箱、手机等家电下乡产品15.5万台（部），合计销售金额2.86亿元，补贴金额2791.9万元，补贴兑现率80.5%。

2011年，在扩大内需、促进消费等各项政策措施的引导下，全市消费品市场呈现出繁荣稳定的态势，全市社会消费品零售总额实现890.05亿元，同比增长17%，保持全区首位。全市备案家电下乡销售网点156家，累计销售家电下乡产品34.98万台（部），实现销售额7.22亿元，发放补贴资金7460.21万元，补贴兑现率87.1%；备案家电以旧换新销售回收网点73家，销售家电以旧换新产品1.6万台（部），实现销售额7286万元，发放补贴资金241万元；受理汽车以旧换新车辆194辆，发放补贴资金272.1万元，拉动新车消费4215万元。

2012年，全市社会消费品零售总额实现1022.25亿元，居自治区首位。全市共备案家电下乡销售网点166家，销售家电下乡产品50.49万台（部），实现销售额10.9亿元，发放补贴资金1.09亿元，补贴兑现率84.5%。

2013年1—10月，全市限额以上社会消费品零售额实现454.58亿元。其中，城镇市场实现零售额449.58亿元，乡村市场实现零售额5亿元。

2014年，经济下行压力增大，热点商品消费降温，住宿餐饮业下滑，全市社会消费品零售总额增长缓慢，全年累计实现社会消费品零售总额1256.08亿元。总量位居全区首位，占自治区比重为22.4%；增速低于全区0.6个百分点，位居第11位，与增速最高的兴安盟相差2个百分点。全年城镇消费占主要份额，乡村增速较高，城镇实现零售额1154亿元，占全市零售总额的91.6%；乡村实现零售额105.08亿元，占全市零售总额的8.4%。批零业居主导地位，批发和零售业共实现零售额1081.9亿元，占零售总额的比重为86.1%，对全市消费品零售总额支撑作用明显，是消费品市场稳步发展的重要力量。生活必需品消费有增有降，成品油零售额下降，2014年，粮油、食品、饮料烟酒类零售额增长1.73%；服装、鞋帽、纺织品类零售额下降4.02%；日用品类零售额下降11.66%；受煤炭运输减少和成品油价格持续下降影响，成品油销量大幅减少，石油及制品类零售额同比下降11.95%。

2015年，全市社会消费品零售总额完成1353.53亿元，占自治区比重为22.2%，位列各盟市首位，同比增长7.8%，低于自治区平均增速0.2个百分点，排在全区第七位。全市限额以上企业零售额完成614.72亿元，占社会消费品零售总额的45.4%。全市批发零售业零售额实现1160.51亿元，同比增长7.3%，占社会消费品零售总额的85.7%；在限额以上商品零售额中，粮油食品、服装、石油及制品和汽车“四大行业”企业实现零售额425.51亿元，占限额以上零售额的71.3%，分别增长56.5%、2.8%、3.7%和3.4%，对消费品市场的增长继续发挥着支撑作用。

1986—2015年呼和浩特市社会消费品零售情况表

表10-2-1　　单位：万元

年份	社会消费品零售总额	其中：批发零售贸易业
1986	100032	75386
1987	114328	88077
1988	143875	113868
1989	153225	123674
1990	166473	136879
1991	195009	160890
1992	230674	183101
1993	286054	211387
1994	352850	262980
1995	431396	303794
1996	523577	448181
1997	650806	553185
1998	816762	710583
1999	1017685	870120
2000	1260912	1084384

续表 10-2-1

年份	社会消费品零售总额	其中：批发零售贸易业
2001	1547139	1315069
2002	1884416	1627771
2003	2253761	1706892
2004	2648169	1979304
2005	3078430	2343560
2006	3679937	2773721
2007	4433505	3350421
2008	5539024	4758022
2009	6412127	5528779
2010	7585546	6587939
2011	8900478	7867123
2012	10222452	8820979
2013	11423591	9852521
2014	12560778	10819053
2015	13535272	11604530

二、进出口贸易

1986 年，呼和浩特市在贯彻出口商品实行控亏的同时，规定新的出口奖励政策，对出口商品生产企业的创汇分成比例，规定以 1985 年外贸出口创汇实际为基数，凡基数内每实现创汇 1 美元，奖励人民币 0.03 元，超基数创汇 1 美元，奖励人民币 0.1 元，一定三年不变，控亏和奖励政策相辅相成促使外贸企业走出困境，摆脱了连续两年徘徊下降局面。当年，全市外贸出口收购完成 6479.15 万元，比 1985 年增长 29.59%。1987 年，全市出口收购总值 9414 万元，提前三年超额完成了“七五”计划确定的 7985 万元目标。

1988 年，全年出口收购总值突破 1 亿元大关，完成出口收购实绩 1.64 亿元，与 1987 年同期 9414 万元相比增长 73.7%。在全区 12 个盟市中，由 1986 年的第七位上升到第五位。出口创汇达 3080 万美元，其中对苏联、蒙古国和东欧各国出口收购额 2276.82 万元，按平均换汇成本达 1264.9 万瑞士法郎。11 月，自治区经贸厅印发《关于同意呼和浩特市对外经济贸易局扩大经营范围的批复》，扩权范围只限市对外经济贸易公司，结束呼和浩特市外贸只收购调拨不出口的“土外贸”历史。

1989 年，完成出口收购任务 1.83 亿元，其中经贸系统完成 1.76 亿元。自营出口收汇 165 亿美元，进口完成 94 万美元。全年为自治区边贸提供出口商品 37 种，收购金额在 100 万元以上的商品有冻牛肉、国光苹果、花生仁、毛巾被、男女羽绒服、星浪收录机、夏普收录机，各项商品合计2109万元。1986—1990年，全市出口收购总值累计完成6.91亿元，在全区12个盟市中由1986年的第七位上升至第四位；边境易货贸易供货额累计完成6582万元，年均递增率为79%。自营进出口从1989年起步，到1990年累计出口创汇完成362万美元，进口额累计完成139万美元，实现零的突破。

1991年，呼和浩特市外贸流通企业不再纳入自治区各外贸专业公司核算，改由市经贸局统一核算平衡。全年，完成外贸出口收购额1.90亿元。其中，大宗贸易收购完成8189.14万元，多口岸出口收购8679.67万元，供易货贸易出口1066.32万元，自营出口收购1050.26万元。自营出口173.8万美元，出口创汇101.46万美元，实际结汇70万美元，上缴中央外汇40万美元。进口完成72万美元。1993年，根据国内市场的变化，自治区不再编制下达出口商品收购计划，由市场调节。全年，完成外贸进出口总额2271万美元。其中，出口完成1123万美元，进口完成1148万美元。出口收购额达3.5亿元。在全区12个盟市中，超过包头市和伊克昭盟，位居第三位。自营进出口总额2270万美元，其中出口创汇完成1123万美元、进口到货1147万美元。全市有自营出口生产企业5家，包括呼和浩特机床附件厂、内蒙古第二毛纺织厂、内蒙古第三毛纺织厂、内蒙古电视机厂、呼和浩特制锁工业公司。1994—2000年，全市累计完成外贸进出口总额8.78亿美元，其中出口完成7.29亿美元、进口完成1.49亿美元。

2001—2005年，全市累计完成外贸进出口总额26.24亿美元，其中出口完成16.69亿美元、进口完成9.55亿美元。对外贸易总体运行良好，商业粮油集团、外经贸集团、乾坤、华蒙金河、伊化等企业依托自身优势，开拓国际市场，出口额均在1000万美元以上，成为对外贸易的主力军。形成乾坤、伊化、华蒙金河、三联化工、山丹羊绒、中服、铁骑、众环等为主体的出口创汇体系，与120个国家和地区建立贸易往来。2005年末，全市有出口业绩的企业192家。

2006—2010年，全市累计完成外贸进出口总额47.89亿美元，其中出口完成26.91亿万美元、进口实现20.98亿美元。保持自治区前三位。全市具有对外贸易经营资格的企业800余家。其中，有出口实绩的企业近200家，出口千万美元以上的企业12家。外商投资企业和私营企业成为全市出口增长的重要力量。

2011—2015年，全市累计完成外贸进出口总额95.92亿美元，其中出口完成50.81亿美元、进口实现45.11亿美元。从主要进出口商品种类看，全市出口商品以化工产品、纺织原料及纺织品、矿产品、塑料制品、橡胶及其制品、珠宝制品为主；进口商品以机器机械、动物产品、纸制品、塑料制品为主。对欧盟、美国、新西兰、东盟、蒙古国和德国进出口贸易占较大比重，双边贸易实现12.41亿美元，占进出口总额的 58.6%。

截至 2015 年，全市对外贸易经营备案登记企业有 1775 家，培育形成伊利、蒙牛、伊化、内蒙古外经贸集团、商粮集团、华蒙金河、金宇集团、三联化工、中服、阜丰生物、利乐包装等企业为主体的一批出口创汇企业集群和一定规模的产业集群。经济总量占整个外商投资企业的 86%，平均增长速度达 11%，高于其他企业的增速。与呼和浩特市建立贸易关系的国家和地区由改革开放初期的 10 余个增加至 130 余个。

1990—2015 年呼和浩特市进出口贸易情况表

表 10-2-2　　单位：万美元

年份	出口额	进口额	进出口总额
1990	197	2	199
1991	316	72	388
1992	490	400	890
1993	1123	1148	2271
1994	1168	1632	2800
1995	2675	969	3644
1996	3449	221	3670
1997	4662	3879	8541
1998	4338	1255	5593
1999	4513	1223	5736
2000	51172	6713	57885
2001	16533	7757	24290
2002	27881	9175	37056
2003	36352	12671	49023
2004	26728	18850	45578
2005	59411	47044	106455
2006	45810	28184	73994
2007	63612	30340	93952
2008	49012	40645	89657
2009	34733	35923	70656
2010	75912	74692	150604
2011	102370	100086	202456
2012	83292	86836	170128
2013	73504	86352	159856
2014	124200	95300	219500
2015	124736	82339	207275

三、招商引资

1986年，市对外经济贸易局主要负责外资管理。当年，新批外资企业1家，为内蒙古易高清洁能源有限公司，中外合资企业。

1991年，新批外资企业1家，内蒙古开元科技有限责任公司，中外合资企业。同年，共签署利用外资、引进技术项目104项，合同外资金额1.94亿元。其中，外商直接投资项目83项，注册资金总计2.29亿元。其中，外资金额9592.68万元。

至1995年，累计实际利用外资1.27亿美元。先后引进外资（中外合资）企业10余家。

1996—2000年，全市累计新批外资企业116家，其中中外合资合作企业78家、外商投资股份制企业1家、外资企业33家，合同利用国外资金1.64亿美元，实际利用外资1.36亿美元。利用国内资金呈逐年上升趋势，累计引进区内外资金97亿元，完成国内经济协作项目1283项。外商投资企业涉及能源、工业、农业、交通、城建、环保、市场建设、房地产开发、服务业等行业。

2001—2006年，全市累计新批外资企业209家。2001年全市实际引进国外资金3600万美元。2002年引进世界500强企业摩根士丹利，知名跨国公司英联、鼎辉、麦当劳。2006年，投资总额12.29亿美元，注册资本6.89亿美元，外方认缴4.91亿美元。至2006年，先后引进呼和浩特市唐鑫实业有限公司、内蒙古明驼工贸有限责任公司、内蒙古圣牧高科牧业有限公司、内蒙古利丰汽车有限公司、内蒙古飞豪启强农牧林开发有限责任公司、TCL王牌电器（呼和浩特）有限公司、TCL移动通信（呼和浩特）有限公司、呼和浩特美商生物高科技环保有限公司等外资（中外合资、合作）企业。有30余个国家和地区在呼市设立外商投资企业，涉及种植业、养殖业、机械、化工、食品加工、服装制造、纺织业、房地产开发、基础设施建设、生物制品、餐饮服务、环保、生态农业、电子、医药等行业。并在以纺织业、制造业为主的前提下向商业、金融、服务业等行业和领域转移。2006年末，全市正常运营的外商投资企业有116户。

2007—2011年，全市累计新批准外商投资企业556家，其中有500强企业4家。2008年，探采矿、房地产、硅产业成为投资热点。2009年，全市实际利用外资及中国港澳台资7.76亿美元。涉及领域包括农业、食品加工、包装、光伏产业、风能设备制造、采掘业、纺织业、木材加工业、批发零售业、房地产业、城市设施等32个行业。至2011年，全市先后引进内蒙古蒙牛阿拉乳制品有限责任公司、呼和浩特市泰盛纺织制品有限公司、内蒙古普雷特矿业有限责任公司、内蒙古信昌房地产开发有限责任公司、路易华伦天奴（内蒙古）陶瓷有限公司、呼和浩特泛美咨询服务有限公司、永域建材（呼和浩特）有限公司、旭冠科技（内蒙古）有限公司、诚毅生物科技（内蒙古）有限公司、西部牛业（内蒙古）有限公司、利乐包装（呼和浩特）有限公司等外资企业（中外合资、合作）。2011年，投资总额3.71亿美元，合同外资额1.13亿美元。

2012年，全市新批准成立外商投资企业6家，投资总额达1.3亿美元，包括内蒙古恒发纸塑包装有限公司、呼和浩特美佳洗涤制品有限公司、内蒙古米凯拉服装有限公司、呼和浩特远东石油化工有限公司、呼和浩特东方沸点食品有限公司等。

2013年，全市新批准成立外商及港澳台商投资企业10家，投资总额4.54亿美元，合同外资额8012万美元。外资主要来自中国香港、中国台湾地区和美国等国家，投资产业为奶牛养殖业、食品生产、光伏电力和融资租赁等行业。其中，投资总额超千万美元的企业有内蒙古统一企业有限公司、内蒙古开元融资租赁有限公司、华夏聚光（内蒙古）光伏电力有限公司等6家企业。

2014年，新批准设立外商投资企业14家。法国达能出资1.57亿美元与蒙牛共同成立内蒙古蒙牛达能乳制品公司，美国高盛收购富源牧业27.57%股权，高盛、红杉、凌霸等投行对内蒙古圣牧高科牧业有限公司增资。服务业吸收外商投资比例渐增，引进第一家中外合资融资租赁公司、全区第一家外商独资影院希杰维。2015年，新批准设立外商投资企业13家，投资总额4.22亿美元。

四、对外经济合作

2001年，呼和浩特市组建对外贸易经济合作局。2003年，根据《呼和浩特市机构编制委员会关于"外引内联项目的行政管理及国内地区间经济技术协作的指导和协调"等职能划转问题的通知》文件精神，市对外贸易经济合作局负责国外经济技术合作工作。同年，6家企业取得企业境外投资证书，中方协议投资额为128.58万美元，经营范围有文化餐饮娱乐业，有线电视网络、维护和安装，塑料编织产品生产销售，矿产资源勘查、开采、加工及销售，进出口贸易等。

2004年、2005年，各有1家企业取得企业境外投资证书，中方协议投资额6000美元、1.2万美元，经营范围包括信息传播服务、矿产资源合作开发、国际贸易。

2006年，全市2家企业取得企业境外投资证书，中方协议投资额为90万美元，经营范围有销售兽用抗生素系列产品原材料、饲料及有关技术咨询、技术服务等。同年，全市签订国外工程承包、设计咨询和劳务合作合同6个，外派劳务人员20人次。华蒙金河、仕奇、奈伦、众环、民族集团、伊利、蒙牛等企业在国（境）外均设立对外机构。2007年，全年对外投资1278万美元，共建设5个项目。

2008年，全市9家企业取得境外投资证书，中方协议投资额为1141.64万美元，经营范围有食品饮料加工、投资咨询、技术咨询服务，地质矿产勘探，大型水利工程规划、勘察、设计、地下水开采利用，农副产品收购及销售等。

2009 年，全市 3 家企业取得企业境外投资证书，中方协议投资额 298.4 万美元，经营范围有羊绒制品和羊绒服装的生产、加工销售，有线电视传输、进出口贸易等。随着国家、自治区对企业“走出去”政策扶持力度的加大，为企业“走出去”提供了良好的政策环境。年末，伊利、蒙牛等 20 多家企业在蒙古国、俄罗斯、朝鲜、韩国等国家和中国香港设立销售网点或公司，投资总额上亿元。投资行业涉及资源开发、地质勘探、乳品生产、木材加工、食用菌培植加工、建筑材料生产等，国外经济合作工作取得了新的突破。

2010 年，全市 5 家企业取得企业境外投资证书，中方协议投资额为 3654 万美元，经营范围有地质勘查、矿业开发；羊绒毛货源收购、清洗加工及产品销售；国际货物运输；国际贸易等。年末，有 24 家企业在国（境）外设立销售网点或公司，投资总额达 1.96 亿美元。

2011—2013 年，全市 12 家企业取得企业境外投资证书，分别投资蒙古国、越南、博茨瓦纳、澳大利亚等国家，经营范围有木薯淀粉生产销售；农业产业、化肥产业、新能源加工产业有关的投资业务；地质勘查、矿业开发、测绘、水工环和一般贸易；图书文化用品图文设计制作；乳品产业项目投资理财和产权管理、乳业新技术开发等，提供奶牛、肉牛冻精产品与服务；生产销售橡胶木地板、天花板、儿童家具部件，开展进出口贸易等。中方协议投资额累计 2.75 亿美元。至 2013 年末，对外投资总额为 1.9 亿美元。

2014—2015 年，全市 21 家企业取得企业境外投资证书，中方协议投资额累计 17.8 亿美元，经营范围有生产、销售马铃薯淀粉及系列变性淀粉；果蔬批发；地质矿产勘查、实验检测、采矿、矿物加工冶炼、投资咨询、贸易；包装材料、包装食品、冷冻食品；畜牧业、肉类加工；收购兼并海外奶牛养殖牧场；房地产开发、旅游；电子商务及相关产业；唐卡、工程机械的销售等。截至 2015 年末，全市共有对外承包工程资质企业 7 家。

第二节　商业布局

一、商业网点

1986 年，呼和浩特市物资局、市商业局负责国内贸易流通管理，市物资局监管的国有企业主要有市金属公司、木材公司、机电公司、建化公司、金属回收公司、燃料公司、生产资料回收公司、劳动服务公司等；市商业局监管的国有企业主要有市蔬菜公司、糖业烟酒公司、五金公司、医药公司、食品公司、饮食服务公司、水产公司、土产公司、牧民招待所、锡林商场、锡林旅社等。

截至2002年，呼和浩特市形成一个连接城乡、辐射内蒙古自治区中西部、沟通内地与蒙古国及俄罗斯的商业流通网络。全市有内蒙古民族集团、天元商厦、新世纪广场等各类商业、饮食网点3万余家。北京华联、上海联华、北京王府井、天客隆超市、苏宁电器、国美电器等大型零售商的入驻，为全市流通业发展注入了活力，形成大型百货商场、超市、专卖店、便利店、折扣店、连锁店、直销店等多种新型业态的商业流通格局。

2006年末，全市有商业网点5.55万个，各类市场286处，大型批发企业74家，限额以上贸易零售企业94家，限额以上餐饮企业127家，商业私营企业6840家，个体户5.17万户，形成具有家具、餐饮、百货、建材、通信、服装、日用品等产业的标志性商贸市场。工业品交易以供应、生产、销售加物流配送的经营模式；餐饮业市场以娱乐休闲景物观赏的生态建设与餐饮文化相结合的消费模式逐步形成。同时，把“万村千乡市场工程”与建设社会主义新农村相结合。全年，建设改造标准农家店164个。

2007年，加强农村流通体系建设，新建、改造农家店130个。2009年，全市有专业交易市场96家，上亿元的商品交易市场34家。其中，以润宇装饰城、利丰汽车文化广场、美通无公害农产品批发中心为代表的交易市场，居自治区中部地区集散及配送中心地位，其商品流通范围辐射蒙古国、中国西北地区和内蒙古中西部。特别是美通无公害农产品批发中心，成为集信息、仓储、交易、冷链运输的农产品物流中心，各类食品的经营量占呼和浩特地区市场供应总量的70%以上，其中水果占95%以上。随着保全庄农产品物流中心、福胜农副产品交易中心等重点农产品市场和京源港国际汽配城、金海五金机电城、百联雄业钢材等重点五金建材及汽车市场的建成运营，集煤炭集运、洗选加工、外运销售于一体的土默特左旗煤炭物流园区的加紧建设，一批具有较强区域流通能力和集散功能的区域性农畜产品集散中心、五金建材集散中心以及汽车等大宗商品营销中心和煤炭洗选、仓储物流体系逐步形成。

2010年，全市新建和改造595家农家店和5家商品配送中心，日用品农家店覆盖6个旗县（区）、37个乡镇、595个建制村。年内，完成美通无公害农产品批发市场、武川川宝绿色农产品贸易市场等项目改造建设和保全庄农产品物流中心的基础建设。社区商业便利消费进社区、便民服务进家庭工程稳步推进，当年，新建改造60家便民菜市场；建设完成主食加工配送中心1个，早餐销售网点80个；家政服务网络平台建成并投入运行，家政服务培训基地及品牌企业培育工作有序推进。

2011年，呼和浩特市被商务部列为标准化菜市场改造建设国家试点城市，改造建设标准化菜市场14个。建成早餐经营网点114个，固定门店4个，初步形成以固定门店、早餐亭为主的早餐销售网络体系。年末，全市共新建和改造农家店 645 家、日用品配送中心 7 家，日用品农家店覆盖 6 个旗县（区）、37 个乡镇、645 个建制村，基本形成消费品和生产资料双向流动、高效顺畅的农村流通网络体系。

2012—2015 年，西蒙奈伦广场、维多利摩尔城、红星美凯龙等一批功能完善、辐射力强、影响力大、特色鲜明的现代化城市商业设施建成营业。以主食加工配送中心为支撑、以早餐销售网点为基础的早餐服务体系基本形成。

二、商圈

20 世纪 80 年代以后，呼和浩特市商圈快速发展，并形成几大主要商圈：城市中心地带的中山路商圈、鼓楼商圈，城市以北的车站商圈，城市以东的长乐宫摩尔城商圈、万达商圈、润宇商圈，城市以南的烟厂嘉茂商圈以及城市以西的旧城北门商圈和南茶坊商圈。

（一）中山路商圈

呼和浩特市最大的购物商圈，位于中山西路沿线，商圈有数十家大型购物商场，商场内有服装店、快餐店、特色店等。中山西路的购物中心分为高、中、低档次，适合不同的购物人群。形成以内蒙古民族商场和天元商厦为中心，满达商城、长寿厅商场、中山西路菜市场、新华书店、鸿福商厦、维多利商厦、维多利购物中心等为骨干，连接新城旧城，是全市最繁华的中心商业区。

（二）鼓楼商圈

呼和浩特市较早形成的主要商圈，位于呼和浩特市中心位置，商圈成熟度较高。商圈的商业点主要分布在新华大街沿线及昭乌达路北段，核心商业面积约为 17 万平方米，辐射范围 3 ~ 5 千米，主要服务客群为本区域客群，商场以中低端消费人群为主。2008 年，维多利国际广场开业，鼓楼商圈开始东扩，商业逐步向高端发展。以鼓楼百货商场、劝业场、九州商厦、内蒙古民族商场新城分店为骨干，延伸到新城南街商业区。

（三）火车站商圈

位于车站东街和车站西街，以小商铺为主，另有 3 家商场，核心商圈面积约 19 万平方米，该商圈主要客流来源于火车、汽车客运客群，以低端消费人群为主。形成以锡林百货商场、锡林糖业商场、锡林五金商场、锡林菜市场、草原地下城商场、通达商场、北京华联超市等为骨干的火车站前商业区。2005 年，内蒙古国际商贸城在呼和浩特火车站南侧奠基，总投资 10 亿元，建筑面积 20 万平方米。

（四）长乐宫—摩尔城商圈

位于新华东街和东影南街，商圈主要有长乐宫购物中心、嬉水广场、长安金座、维多利摩尔城等。其中，长乐宫购物中心开业较早，是呼和浩特市东部的主要购物商场，其南侧的嬉水广场被民族集团收购，主要经营电器、服装。长安金座位于长乐宫以西，主要以餐饮、休闲、娱乐为主。维多利摩尔城总建筑面积约36万平方米，由21万平方米购物中心、5A写字楼、精装LOFT公寓、品质住宅、6万平方米超大型停车场组成。

（五）万达商圈

2010年，万达广场开业，在全市商圈中发展较晚，由于万达知名度较高，商业运营较为成熟。随着城市东扩，万达商圈逐步发展成熟。

（六）润宇商圈

位于呼和浩特市东北部，是呼和浩特地区最大的建材商圈，商圈内的润宇家装、万鼎新业建材城、红星美凯龙、爱家建材城、金牛陶瓷建材城所经营的家装、家居、建材的辐射能力覆盖全市。2008年，北京华联入驻商圈；2009年，蒙苑国际商业广场开业。润宇商圈从单一的家居、家装、建材商圈，逐步转变为集购物、餐饮于一体的综合性商圈。

（七）旧城北门商圈

位于呼和浩特市旧城北门、中山路西端，距中山路商圈较近。商场主要分布在通道南街南端及大北街北端，临街小商铺居多，该商圈主要以小商品批发为主，兼有服装、鞋帽等商品零售。该商圈规模较小。主要客群为周边低消费人群。是以旧城大南街百货大楼、民族大厦、九龙商场、恒昌商城、亨得利钟表眼镜店、金鹏大厦、银贺五金商厦、购物中心、瑞福祥商场、祥麟商厦、金桥商厦等为骨干，国营、集体、个体商业众多，南北相连数千米的旧城商业街。

（八）烟厂嘉茂商圈

位于呼和浩特市南端，2002年开业，最初为北京华联购物中心，后改为嘉茂购物中心，主要经营服装、餐饮、鞋帽、日用消费品等。属于呼和浩特市中档购物商场。

（九）南茶坊商圈

南茶坊属于呼和浩特市老城区，位于呼和浩特市玉泉区。商圈主要商业网点均集中在大南街两侧。2007年后，呼和浩特市着重打造以大召为中心的文化带，随着塞上老街、阿拉坦汗广场、大召九久街等独具文化特色的商业设施建成，逐步形成以大召为中心的商业圈。

2015 年呼和浩特市主要商圈一览表

表 10–2–3

商业项目名称	所在区域	所在商圈	地址	开业年份	经营公司	商业类型
民族商场	回民区	中山路商圈	回民区中山西路 7 号	1987	民族集团	超大规模购物中心
满达商场	回民区	中山路商圈	回民区中山西路 27 号	1991	民族集团	特色型
九州商厦	新城区	鼓楼商圈	新城区新城南街 108 号	1992	内蒙古九州商厦有限公司	购物中心
长乐宫	赛罕区	长乐宫商圈	东风路 358 号	1994	民族集团	购物中心
民族嬉水广场	赛罕区	长乐宫商圈	赛罕区东影南路	1997	民族集团	购物中心
润宇家居	新城区	润宇商圈	新城区海拉尔大街与兴安北路交会处	1998	润宇实业投资	特色型
嘉茂购物中心	玉泉区	嘉茂商圈	玉泉区锡林南路与鄂尔多斯大街交会处	2002	北京诺肯国际商业管理顾问有限公司	超大规模购物中心
天元商厦	回民区	中山路商圈	回民区中山西路 90 号	2002	天元集团	超大规模购物中心
维多利商场	回民区	中山路商圈	回民区中山西路 39 号	2003	维多利商业管理公司	超大规模购物中心
诚信数码广场	回民区	中山路商圈	中山西路 31 号	2004	内蒙古诚信数码广场有限责任公司	特色型
温州步行街	回民区	中山路商圈	回民区中山西路与石羊桥路交会处往北	2004	无	特色型
王府井百货	回民区	中山路商圈	回民区中山西路 86 号	2004	呼和浩特王府井百货有限责任公司	超大规模购物中心
东鸽电器	玉泉区	嘉茂商圈	卷烟厂对面	2004	内蒙古东鸽实业有限公司	特色型
新天地广场	玉泉区	南茶坊商圈	玉泉区通达汽车站对面	2004	无	—
金旺角	回民区	中山路商圈	中山西路与通道北街交会处	2005	私营	—
维多利购物中心	回民区	中山路商圈	赛罕区中山东路 1 号	2006	维多利商业管理公司	超大规模购物中心

续表 10-2-3

商业项目名称	所在区域	所在商圈	地址	开业年份	经营公司	商业类型
宝马商城	回民区	中山路商圈	回民区贝尔路西巷27号	2006	宝马商城物业管理有限公司	特色型
劝业场	新城区	鼓楼商圈	新城区昭乌达路与水源街交会处	2006	内蒙古呼和浩特市劝业场	购物中心
北京华联	新城区	润宇商圈	新城区润宇家居对面	2006	北京华联投资控股有限公司	特色型
居然之家	新城区	润宇商圈	呼和浩特市兴安北路85号	2007	北京居然之家投资控股集团	特色型
内蒙古国际商贸城	回民区	火车站商圈	火车站对面	2007	海亮集团	特色型
天元世奥	回民区	中山路商圈	回民区中山西路89号	2007	天元商贸股份有限公司	特色型
颐高数码广场	回民区	中山路商圈	中山东路与呼伦贝尔南路交会处	2008	颐高数码连锁集团	特色型
维多利国际广场	赛罕区	长乐宫商圈	新华东街8号	2008	维多利商业管理公司	超大规模购物中心
维多利时代城（海亮广场）	回民区	中山路商圈	回民区中山西路1号	2009	维多利商业管理公司	超大规模购物中心
奈伦商厦（苏宁电器）	新城区	鼓楼商圈	新城区昭乌达路11号	2009	奈伦集团	特色型
大召九久街	玉泉区	南茶坊商圈	玉泉区通达汽车站西、鄂尔多斯大街北侧	2009	远鹏地产	—
万达广场	赛罕区	万达商圈	新华东街26号	2010	万达广场商管部	超大规模购物中心
新世纪广场	新城区	中山路商圈	新城西街48号	—	新世纪商场管理公司	购物中心
天孚品牌服装城	玉泉区	南茶坊商圈	玉泉区通达汽车站西、鄂尔多斯大街北侧	—	天孚服装城管理公司	—

2012年呼和浩特市主要专业市场情况表

表 10-2-4　　单位：平方米

名称	面积	名称	面积
同创家装市场	8000	双树农贸市场	5000
海兴建材城	5000	山丹市场	2000

续表 10-2-4

名称	面积	名称	面积
润宇装饰城	200000	天地市场	2000
内蒙古商品交易中心	60000	通达家具市场	4500
恒昌批发市场	3000	窗帘布艺市场	8000
锁王钢毅建材市场	3000	义乌小商品市场	3300
东鸽鼓楼装饰广场	3000	新亚太服装市场	2000
劝业场	10000	宇宁古玩城	1500
禾太电脑广场	4000	金锐家居博览中心	38000
金锐家具城（新华大街）	10000	莲七金店	5000
金地商城	1000	满达商城	23000
瑞福祥商场	1500	宝马商城	20500
天孚品牌服装城	7000	艾博电子城	8000
金峰大市场	40000	诚信数码广场	39000
鑫兴市场	2000	天宏二手机交易市场	6000
金海马家具城	20000	内蒙古书刊批发市场	3400
通达建材交易市场	15000	奈伦电脑市场	2300
元和家美 A 座	12000	万鼎新业陶瓷市场	10000
元和家美 B 座	12000	阿拉坦汗广场	30200
银池灯具城	1500	内蒙古长实汽配城	8000
利丰汽车市场	50000	金旺角批发市场	27000
内蒙古国际商贸城	20000	石羊桥交易中心	3000
通达市场	38800	俄蒙国际商城	1500
金钥匙家居建材购物广场	25000	新世纪鼓楼商厦	8000
大统体育用品市场	6000	民族嬉水广场	41500
金锐家具博览中心	5000	瑞福祥聚合商场	2000
万博家具城	38000	瑞福祥东方商场	2000
元和家美	3000	九鹏商厦	2500
东瓦窑批发市场	10000	钢铁百货商场	1500
颐高数码广场	15000	金盛家居城	40000
京源港国际汽配城	280000	金海五金机电城	120000
光彩市场	3000	红星美凯龙	30000
食全食美农贸批发市场	3000	美通批发市场	60000

三、企业选介

（一）民族控股集团

1984 年 4 月，呼和浩特市百货公司中山路商场开业。1987 年 8 月 1 日，内蒙古民族商场开业。1989 年，民族商场销售额突破 1 亿元大关，同年加入全国十大百货商店贸易联合会。1991 年，云中大酒店、满达商城建成并营业，同年组建为集团公司。

1993 年，正式成立股份制企业。1994 年，长乐宫娱乐有限公司和购物中心开业。1996 年，“民族集团”股票上市。1997 年 5 月，内蒙古民族商场股份有限公司（集团）更名为内蒙古民族实业集团股份有限公司。同年，嬉水乐园、益豪摩托车厂开业；依法接收破产的呼和浩特市电子设备厂。1998 年，托管昭君大酒店。1999 年，成立内蒙古鑫源控股有限责任公司。

2003 年，公司控股股东内蒙古鑫源控股有限责任公司完成对集团转制改革。5 月，内蒙古民族商场有限责任公司成立。2010 年，内蒙古鑫源控股有限责任公司变更为内蒙古民族控股集团有限责任公司（简称民族控股集团）。2011 年 3 月被商务部认定为“中华老字号”企业。2013 年，“民族”商标被国家工商行政管理总局认定为“驰名商标”。截至 2015 年，民族控股集团形成以商业零售业为主，同时集酒店、餐饮娱乐、房地产业、金融投资、集市贸易、资产运营等多个领域于一体的大型商贸企业，商业营业面积由最初的 2400 平方米增加到 24 万平方米，营业收入、税收成倍增长，为社会提供近 2 万个就业岗位。2015 年，民族控股集团被人力资源和社会保障部、中国商业联合会授予“全国商贸流通服务业先进集体”称号。

（二）内蒙古维多利商业（集团）有限公司

2003 年 5 月 28 日，内蒙古维多利商业（集团）有限公司成立，是以百货零售、超市连锁两大产业为支柱的大型民营企业集团。拥有维多利国际广场、维多利商厦、维多利购物中心、维多利时代城、维多利超市、维多利摩尔城等集购物、休闲、餐饮、娱乐于一体的现代化消费中心。2010 年，零售业销售总额突破 32 亿元，纳税额超过 1.5 亿元。截至 2015 年，先后荣获“中国驰名商标”“全国诚信市场示范单位”“全国商业服务业先进企业”“全国售后服务十佳单位”“全国金鼎百货店”、全国公平交易行业十佳单位、中国诚信品牌、改革开放 30 年内蒙古先锋企业、全区五一劳动奖状、自治区民营企业 20 强、第六届全区实施春蕾计划先进企业等各类表彰服务奖章，并获得多项荣誉。

（三）呼和浩特万达广场商业管理有限公司

呼和浩特万达广场商业管理有限公司成立于 2009 年，作为万达集团在呼和浩特的第一个城市综合体项目，从成立一开始就得到广泛关注，万达广场以及周边综合体取得良好的经济效益和社会效益，成为呼和浩特独特的成熟中心商务集聚地。

呼和浩特万达广场建设用地面积 26.34 万公顷，总建筑面积 128 万平方米，是一个拥有大型购物中心、五星级酒店、写字楼、公寓、高档住宅、商铺等多种业态的大型城市综合体。项目北区主要为商业综合体、酒店、办公、公寓，南区主要为住宅和底商，800米长的室外步行街横贯其中，该室外步行街是商业综合体、商业街区和住宅的黄金纽带。室外街总面积约15万平方米。

2015年11月，万达集团旗下五星级酒店呼和浩特万达文华酒店开业，酒店拥有313间客房和套房，颇具特色的餐厅和1400平方米的大宴会厅，极大提升了万达商圈的商务服务水准和水平。呼和浩特万达广场已从2010年的区域型购物中心发展为目前服务全客层的城市中心型购物中心和商务中心。

第三节　农副产品批发市场

一、发展概况

1986年，市商业局监管的国有企业市蔬菜公司负责全市蔬菜流通供应。2000年，公司转制。此后，各大私营农产品公司、农产品批发市场陆续建成并投入运营。截至2015年，全市有标准化菜市场40个；占地6.67万平方米以上的大型农产品批发市场有5个，分别是美通、万惠、东瓦窑、双树、保全庄农副产品批发市场。形成以大型农产品批发市场为核心，以农贸市场、综合连锁超市为基础，以标准化菜市场和社区便利店为终端的农产品流通网络。

二、市场选介

（一）东瓦窑农副产品批发市场

1986年，东瓦窑村委会自投资金2万元始建贸易货栈，属村集体企业，占地0.13公顷，边建设、边规划、边开市，以市养市形成发展市场。1988年，村集体投资30万元，建起菜窖、简易货棚、库房，业务除蔬菜交易外，增加肉、鱼、粮、调料、杂货等批发和零售业务。1991年，东瓦窑市场与全国联网，按时向农业部信息中心上报菜、肉、鱼、蛋等批发价格。远途运输货车每天有5 ~ 10辆进出市场，本地运菜农用车辆凌晨挤满市场，全天候交易。市场成为全市居民蔬菜副食品交易中心，周边旗县土特产也进入市场交易。1992年，货栈被命名为呼和浩特市东瓦窑农副产品批发市场，被农业部列为全国12家蔬菜批发市场试点企业。1994—1997年，多方筹集资金，投资415万元，建起库房2926平方米，硬化场地1600平方米，修建、硬化场区道路1100米，网围栏场地600米。2000年，扩建市场，占地6.6万平方米，建筑面积1.8万平方米，其中综合服务楼7300平方米，封闭式交易大厅7000平方米。2003年，交易信息加入全国联网，业务辐射京、津、冀、辽、晋、鲁等20余个省市，批售交易有蔬菜、水果、粮油、肉、蛋、水产、调料、干果及土产，年交易额3亿余元。2004—2015年，进一步扩建市场，占地9.4万平方米，建筑面积2万平方米，市场内有多功能封闭交易厅4个，粮油、副食批发商368家，固定摊位256个，临时摊位 243 个。内设公安、工商、物价监管部门。

（二）内蒙古食全食美集团股份有限公司

2000 年，原国有蔬菜水产公司转制为内蒙古食全食美集团股份有限公司（简称食全食美公司），转制后的食全食美公司，逐步构建起内蒙古地区农畜产品现代流通三级市场网络体系，同时恢复自有经营体系，形成集农产品加工、分拣分包、物流配送、终端连锁经营于一体的自营产业链条，是内蒙古地区标准化、规模化、信息化程度较高的一家专门从事食品流通业态的集团经营公司。下属 4 个子公司和 3 个分公司。7 个自营公司（包括水果、蔬菜、肉食水产品、物流配送、连锁经营公司），4 个大中型农产品批发市场，10 个终端销售网点。形成以物流加工配送为核心，一级批发市场为中心，3 个城区批发市场为支撑，终端销售为网络的三级市场经营格局和经营规模，交易农产品辐射呼和浩特地区及周边旗县（区）、二连浩特市、山西省、蒙古国的乌兰巴托，承担了呼和浩特市城乡居民 80% 以上的食品供应任务，特别是水果的经营量占到呼和浩特地区需求总量的 98% 以上，蔬菜占 85% 以上。

2011 年，呼和浩特开始实施农畜产品产业化经营，注册、推广并上市食全食美“派驰”品牌系列产品，实现产业升级，形成新的产业模式和经济增长点。2013 年，食全食美公司建立电子商务平台。

2015 年，开发并上线生鲜配送网上订单系统，开启网络订购配送新模式，建成集结算、分拣分包、配货、冷链仓储、运输于一体的规模化、现代化物流配送中心，形成以“互联网 + 配送”为重点的智慧物流配送体系。

2015 年食全食美公司三级市场网络情况表

表 10-2-5　　　　单位：平方米

级别	名称	地址	面积
一级市场网络	美通农产品批发市场	玉泉区锡林南路 39 号	330000
二级市场网络	石羊桥食品批发市场	玉泉区石羊桥东路	33000
	哲里木路农产品批发市场	新城区哲里木路 84 号	14000
	食全食美光明路购物中心	回民区沿河路	36000
三级市场网络	食全食美超市	玉泉区锡林南路 39 号美通市场院内	8000
	食全食美石羊桥生鲜便民市场	玉泉区石羊桥东路食全食美石羊桥城区批发市场院内	1000
	食全食美标准化菜市场聚隆长街店	新城区聚隆长街	900
	食全食美标准化菜市场八一路店	新城区麻花板八一路 24 号	400
	食全食美品质生活店护城河南街店	新城区护城河南街	700
	食全食美标准化菜市场阿拉善店	回民区阿拉善北路	250
	食全食美标准化菜市场钢铁路店	回民区钢铁路	800

续表 10–2–5

级别	名称	地址	面积
三级市场网络	食全食美标准化菜市场海西路店	回民区海西路	800
	食全食美品质生活店新建东街店	赛罕区新建东街	2800
	食全食美品质生活店昭乌达路店	赛罕区昭乌达路 257 号	1000

（三）呼和浩特市双树农副产品市场

2006 年，赛罕区巧报镇双树村村委会组建呼和浩特市双树农副产品市场。双树农副产品市场东临东苑小区，南接新希望家园，与二环路相连，西靠呼伦南路，北与东瓦窑农副产品批发市场互为补益。双树农副产品市场总投资 6000 万元，市场占地面积 6.71 万平方米，市场总建筑面积 36.6 万平方米，分为 7 个区，共计 355 间门脸房，是经营米、面、粮、油以及各种肉类、副食、调味品、蔬菜批发配送为一体的综合性市场。建有 400 平方米的冷库。北区有配套的蔬菜农药残留检测中心，南区有 2800 平方米的海鲜大厅，是全市最大的海鲜市场。截至 2015 年，年平均交易额约 5.8 亿元。

（四）保全庄农贸市场

2008 年，保全庄农贸市场建成营业，位于赛罕区巧报镇保全庄村，占地 29.87 公顷，有封闭式交易大厅和露天市场，批发或零售蔬菜、水果、粮油、调料、肉、水产、花卉及杂货，是呼和浩特地区规模较大的集贸市场。截至 2015 年，年均交易额达 1 亿元。

（五）内蒙古西龙王庙万惠农贸批发市场

2011 年 11 月，内蒙古西龙王庙万惠农贸批发市场成立，位于鄂尔多斯西街以北、阿拉善南路以西。总投资 4.1 亿元，占地面积 18 万平方米。有肉类、蔬菜、水果等农副产品交易大厅 9 个，大型冷库 1 个，门脸房 70 余间。市场有商户 600 余家，商户入驻率 95%。年平均交易额约 20 亿元。日人流量为 8000 余人，日车流量为 3000 余辆。该市场是市政府重点惠民工程，是农业部定点市场。

第四节　二手车交易市场

一、发展概况

1998 年开始，国家开始明确旧机动车范围并发布交易管理办法。2005 年，商务部等部门联合发布《二手车流通管理办法》，呼和浩特市严格执行办法规定。

2013 年，根据《呼和浩特市二手车流通管理实施意见》的要求，在对二手车交易市场进行日常监管的基础上，首次开展对二手车经销企业的审核备案工作。

截至 2015 年，经过市商务局备案的主要二手车流通企业共有 6 家。

二、企业选介

（一）内蒙古车辆交易所

1985 年 9 月，内蒙古车辆交易所成立，是全国开展旧机动车转籍过户业务较早的企业。前身是呼和浩特市供销合作社直属企业再生资源总公司原物资收购信托贸易经理部。20 世纪 90 年代后，受政策影响处于停业状态。为把该企业搞好搞活，市供销社引进广州本田新田汽车特约销售维修中心，采取内蒙古车辆交易所提供场地，对方出资建厂联合经营的办法，经营期 14 年，每年固定分成 20 万元，到期后厂房设备全部归内蒙古车辆交易所。2011 年，投资 3000 万元，在回民区金海路建设 1 座占地 1.8 万平方米、建筑面积 4000 平方米的现代化二手车交易市场。年均成交车辆 6000 余辆，成交额 1.8 亿元，实现收入 250 万元。

（二）内蒙古旧机动车交易市场有限公司

2000 年，内蒙古旧机动车交易市场有限公司成立，占地面积 3200 平方米。主要经营旧机动车收购、销售、寄售、代购、代销、租赁业务，并为买卖双方提供过户、上牌、保险等服务。开展汽车、摩托车、金属材料、建筑材料、机械设备、仪器仪表、化工产品（不含易燃易爆）、计算机及相关产品销售，以及小轿车连锁经营等。

（三）内蒙古亿丰旧机动车交易市场

2007 年，内蒙古亿丰旧机动车交易市场成立，位于呼和浩特市回民区海拉尔西路与西二环交会处，隶属内蒙古亿丰建材有限公司，由内蒙古亿丰旧机动车交易市场有限公司投资建设。是全市唯一一家集二手车交易、二手车评估鉴定、转籍过户、汽车安全检测、尾气检测、维修为一体的综合性交易市场。市场占地约 2.4 万平方米。建有 8600 平方米的展销场所、旧车交易转籍过户服务大厅、机动车检测站、机动车维修车间，以及 1.3 万余平方米的综合办公大楼。截至 2015 年，驻场中介单位 80 余家。

（四）呼和浩特市惠众达旧机动车交易市场有限责任公司

2010 年，呼和浩特市惠众达旧机动车交易市场有限责任公司注册成立。市场位于回民区金海路同创汽车城 C、D 东区，占地 2 万余平方米，总投资 1000 万元，拥有商户 150 余家，车位 800 余个，综合服务大厅 2 个。设有车管所一站式交通服务站，可办理各项车管、驾管业务，提供新、旧车销售，车辆评估、鉴定、保险、汽车金融服务等。综合服务大厅平均每年为 2 万余辆新车及二手车办理手续，年均利润 200 余万元，年均纳税 6 万元。市场内场地租赁 150 余户，年均利润 600 余万元，年均纳税 36 万元。公司旗下包括呼和浩特市和辉商贸有限公司、呼和浩特市惠威旧机动车评估鉴定有限责任公司。

（五）呼和浩特市汇发旧机动车交易市场

2005 年 3 月，呼和浩特市汇发旧机动车交易市场成立，位于新城区巧报乡府兴营村。经营范围是旧机动车交易业务服务、自有房屋租赁服务。服务内容有二手车评估鉴定、二手车转籍过户、新车上户、补牌、补证、六年免检。公司交易大厅占地面积 1500 余平方米。

（六）八达二手车交易市场

2015 年 5 月，呼和浩特市八达二手车交易市场成立，位于呼和浩特市玉泉区锡林南路与滨河南路交会处。注册资金 1000 万元，总占地面积 6.67 万平方米，建有交易市场及办理车辆相关手续的交易大厅、车辆拍卖大厅、旧机动车超市、驾校、汽车影院、高端精品车展厅、评估机构、大型车辆修理厂及汽车拆装改装厂、洗车装具美容服务站、购物超市、餐厅、监控保卫系统、消防安全措施，以及应急避难场所等，并为客户提供车辆交易、二手车评估鉴定、车辆维修、新车上户、违章处理一站式缴费、年检、检车、车辆维修保养、二手车贷款、保险等服务。市场商户共 112 家，大型展厅 3 家，车辆约 1000 台，车辆年均交易量 1.1 万台。

第五节　报废汽车回收拆解

一、发展概况

呼和浩特市报废汽车回收拆解需求早在 20 世纪 70 年代便已产生。最早开始这一行业的是呼和浩特市汇利资源再生有限公司。

20 世纪 80 年代初期,政府部门开始对报废汽车回收拆解行业进行管理。1995 年，为加速老旧汽车报废的更新工作，促进全国汽车工业和交通运输事业的发展，根据国家相关规定，对老旧汽车报废更新改造给予补助，补助标准为 2000 ~ 3000 元。

2001 年，呼和浩特市按照国务院颁布的《报废汽车回收管理办法》，对报废汽车回收企业实行资格认定。

自 2010 年 4 月开始，呼和浩特市汽车以旧换新工作启动。全年，办理汽车以旧换新补贴车辆 166 辆，补贴金额 226.4 万元，拉动新车消费 3430 万元。

2012 年，老旧汽车报废补助标准从 1995 年的 2000 ~ 3000 元增加到 2012 年的 1.1 万 ~ 1.8 万元。

截至 2015 年，全市经自治区商务厅核准，具有经营资质的报废汽车回收拆解企业有 4 家。

二、企业选介

（一）呼和浩特市汇利资源再生有限公司

2002 年，呼和浩特市物资局下属回收公司转制成立呼和浩特市汇利资源再生有限公司。公司下设 2 个专营报废汽车分公司和 3 个报废汽车网点，从事报废汽车业务和废旧金属回收业务。公司注册资金287万元，总资产1007万元，经营场地2.3万平方米，拆解场地面积低于5000平方米，年回收拆解报废机动车1000余辆。

（二）内蒙古环城资源再生利用有限公司

2005年，内蒙古环城资源再生利用有限公司成立，位于回民区西菜园乡塔布板村居委会南，占地面积1.8万余平方米，其中拆解车间占地约4000平方米。年回收报废机动车约700辆，年拆解约550辆。

（三）内蒙古和泽广丰资源开发有限责任公司

2009年，内蒙古和泽广丰资源开发有限责任公司成立，位于武川县可可以力更镇金三角工业园区，注册资本200万元。截至2015年，总资产1358万元，拆解场地面积5200平方米，年回收报废机动车860余辆。

（四）呼和浩特市淼源报废汽车回收拆解有限责任公司

2005年1月，呼和浩特市淼源报废汽车回收拆解有限责任公司成立，位于玉泉区小黑河镇裕隆工业园区，注册资本210万元。拆解场地面积5000平方米，年回收报废机动车1272辆。

第六节　商务执法监察

一、日常监管

2001年，市商务局并入经济贸易委员会，承担整顿和规范市场经济秩序的职能。

2003年，对“五小”（小煤矿、小炼油、小水泥、小玻璃、小火电）企业进行清理整顿，重点对国家明令淘汰的小炼钢、小水泥等建材企业实施关停并转，取缔绝大部分“地条钢”非法生产企业，关闭7家水泥粉磨站和一家玻璃生产企业，建立健全建材市场准入制度。

2004—2006年，按照国家、自治区商务部门的工作部署和要求，组织实施“万村千乡市场工程”“双百市场工程”“112市场工程”，推动城乡市场建设。同时，启动生活必需品监测系统、重点流通企业监测系统、重点生产资料监测系统，强化市场运行监测。

2007年，全年开展市场专项整治工程12项，共检查、规范各类市场主体5.96万户。依法取缔制售假冒伪劣食品窝点49个，查获假冒伪劣食品18.22千克；抽检和组织自检食品、农资等重点商品952批次，对233批次不合格食品责令下架退市并追溯责任；维多利商厦等44家商场及和林格尔县城关镇步行街被评为2007年自治区“百城万店无假货”示范店、示范街。落实商品质量准入制度和国务院《关于食品等产品安全监督管理的特别规定》，全市县城以上的超市、食品市场全部建立索证索票制度，乡镇、街道、社区的食品经营户和食杂店全部建立进货台账，乡镇政府所在地及县城以上小食杂店、小摊点无照经营食品的问题基本得到解决。

2008年，建立拍卖企业业务备案报送制度，完成26家拍卖企业年检。开展典当企业抽逃注册资本、超范围放贷、超规定收取综合费用和利息、擅自收储、私自募集民间资本的专项检查，完成14家典当企业年检。印发《呼和浩特市流通环节食品安全经营行为规定》，在全市10个食品市场及178户批发企业实行“一票通”制度。加大专项执法检查力度，全年共查处食品违法案件359起，依据《特别规定》查办案件16起，依法取缔食品无照经营287户。食品安全网上监管软件为全区率先研发，第一批在全市17家大中型超市投入使用，并与辖区工商所联网推行网上监管。加强食品质量监测，全年共快速检测肉类、蔬菜、食用油、调味品等16类、870个批次，依据检测结果对9个批次的不合格食品责令下架退市并依法进行处罚。

2008年，“三鹿”问题奶粉事件发生后，及时下架、退市和封存问题奶制品8.8千克。全年共监测药品、医疗器械、房地产广告3.41万条次，发现涉嫌违法广告375条次，查处广告违法案件146起。查处垄断行业不正当竞争案件101起，商业贿赂案件35起，涉案金额956万元。开展公司制企业虚假注册专项整治，依法查办“两虚一抽”（虚报注册资本、虚假出资和抽逃出资行为）、提交虚假材料等违法案件81起。注册商标专用权保护力度加大，查处商标侵权案件65件，案值327万元。开展打击传销和规范直销工作，取缔传销窝点17个，驱散涉传人员100余人次。全年依法查扣涉嫌假冒茅台、“三无”汽配等问题商品2448件（箱），立案查处违法案件113起。

2009年，对全市18家典当企业、31家拍卖企业进行年检和专项整治。推进商务领域信用体系建设，组织开展“诚信兴商”宣传月活动和“诚信经营”示范创建活动，着手建立企业信用信息档案，推行信用披露制度和信用公告制度。成立市酒类流通行业协会，强化行业自律。

2010年，市商务局设立市场秩序科（反垄断办公室），牵头协调整顿和规范全市市场经济秩序。

2011年，对全市31家拍卖企业、25家典当企业进行实地检查和年检，对200余家加油站、大中型商场等开展安全检查和市场保障督查。牵头组织开展打击侵犯知识产权和制售假冒伪劣商品专项行动，共检查经营主体3万余户次，检查批发零售市场、集贸市场等各类市场近2000次，整治重点区域269处；立案调查案件475起，涉案金额4346.13万元。其中，重大案件15起，抓获犯罪嫌疑人26名，捣毁侵权假冒窝点178个，罚没物品2.81万件。

2012年，市商务局印发《呼和浩特市清理整顿大型零售企业向供应商违规收费工作方案》，开展大型零售企业违规收费专项整治活动。

2013 年，完成对全市 31 家拍卖企业和 25 家典当企业的年检。全市共出动执法车辆 954 辆，执法人员 8680 人次，检查经营主体 2.62 万户，检查批发市场、农贸市场等各类市场 2416 次，整治重点区域 830 处；立案 439 件，涉案金额 231.75 万元，办结案件 426 件，涉案金额 200.04 万元。

2014 年，新增监测样本企业 20 家，总数达 72 家。生活必需品、重点流通企业、重要生产资料等三大市场运行监测系统已覆盖 8 个行业 60 多种生活必需品和主要生产资料。全年共发布各类市场运行监测信息 1106 条、市场运行分析报告 20 余篇。成立呼和浩特市商务服务中心，负责统一运营“中小商贸流通企业公共服务中心”“肉类蔬菜流通追溯管理服务中心”“城市共同配送信息服务平台”和“12312 商务举报投诉服务中心”四个平台。落实行业安全生产责任，先后排查出 33 家流通企业安全隐患 89 处，落实整改 60 多处。

2015 年，按照“准确监测、深刻分析、科学预测、快速反应”的要求，不断优化调整监测样本企业，拓展监测领域，生活必需品、重点流通企业、重要生产资料等市场运行监测系统进一步完善，监测样本企业 95 家，发布信息 60 余条，连续三年在自治区排名首位。开展成品油市场、零售商促销、零售商供应商公平交易、单用途商业预付卡专项检查。会同安监、消防等部门，切实加大行业安全生产隐患排查整改力度，确保商贸流通行业安全生产无事故。

二、专项整治

（一）成品油专项整治

2002 年，在加油站专项整治工作中，抽检加油站 141 家，取缔非法经营 15 户，立案查处 43 起，上缴罚款 14.08 万元。对存在隐患又不整改的 40 家加油站，依法取缔 26 家，停产停业 14 家。

2003 年，对全市 230 家加油站进行专项检查，拆除加油站 8 家、取缔 26 家、整改 36 家。

2008 年，对 210 家加油站进行年度资格审查。对全市加油站进行专项整治，责令限期整改 3 家。

2014—2015 年，重点检查成品油经营企业经营许可证照、油品质量、经营管理制度等，并责令不合格企业进行整改。全面启动加油站油气回收工作，完成 3 座油库、72 个加油站油气回收改造任务。

（二）家畜屠宰和肉食品专项整治

2002 年，治理整顿家畜屠宰市场初见成效，开展清理整顿家畜屠宰和肉食品市场工作，查封取缔私屠滥宰“黑窝点”10 家。肉品出厂使用专用食品包装袋，定点屠宰厂的管理得到规范。

2003 年，取缔私屠滥宰点 16 处。

2008 年，贯彻落实国务院《生猪屠宰管理条例》，强化生猪定点屠宰管理。以打击私屠滥宰和制售病害猪、注水肉、劣质肉为重点，将平时监管、节假日联合检查和专项整治相结合，开展整治活动。全年共查处取缔私屠滥宰窝点 4 处，实现城镇进点屠宰率 100%，乡镇进点屠宰率 95% 以上。

2009 年，共出动执法检查 120 人次、车辆 40 台次，查处私屠滥宰个人非法点 16 处，依法取缔私屠滥宰集中窝点 3 处，查获没收私宰肉 2000 余千克和部分屠宰工具等，保证屠宰环节肉品质量的安全。

2011 年，全年共查处取缔私屠滥宰摊贩 187 家、私屠滥宰窝点 5 处。

2012 年，市政府印发《关于严厉打击私屠滥宰行为的通告》。会同财政、工商等 9 部门开展生猪和牛羊肉定点屠宰资格审核清理，规范全市屠宰企业。

2014 年，生猪定点屠宰监督管理职责划入市农牧局。

（三）酒类专项整治

2003—2006 年，市商务局加强酒类流通管理，促进全市流通市场健康、有序、平稳运转。

2008 年，推行实施酒类经营备案登记和随附单制度，有约 1 万户经营者备案登记。

2009—2010 年，为 9000 余户酒类经营企业和个体户办理登记备案手续。推行酒类经营备案登记制和随附单制度。

2012 年，完成酒类流通备案登记 5282 家，规模以上批发企业使用酒类流通随附单 100%。2014 年，加强酒类流通随附单管理，严格查处无酒类随附单的酒类产品。

2015 年，市商务局将酒类流通监管职能移交给市食品药品监察局，旗县（区）商务局未移交职能。

三、肉类蔬菜流通追溯体系建设

2012 年 6 月，呼和浩特市被商务部、财政部确定为全国肉类蔬菜流通追溯体系建设第三批试点城市。市肉菜流通追溯体系建设项目包含 4 家屠宰企业、6 家肉类蔬菜批发市场、45 家标准化菜市场及农贸市场、6 家大型连锁超市 16 家门店、15 家团体采购单位、10 家产销对接企业及直营门店，实现肉类蔬菜各流通环节信息全程可追溯。项目建设包含城市追溯管理平台及各节点追溯子系统集成工作，包括节点子系统软件开发、软硬件安装环境搭建、软硬件设备安装与测试、追溯系统操作与运行管理人员培训等。2014 年，启动追溯系统网络通信链路建设和指挥中心建设。12 月底，市政府印发《呼和浩特市肉类蔬菜流通追溯体系管理办法（试行）》，为全国首个肉类蔬菜流通追溯管理办法，与国家追溯管理平台实现无缝隙对接。2015 年，市政府印发《加快市肉类蔬菜流通追溯体系建设的意见的通知》。

第三章　专营业

第一节　成品油

一、销售管理

1998年以前，石油行业实行计划经济管理体制。之后，中国石油天然气集团公司（简称中石油）与中国石油化工集团公司（简称中石化）两大集团重组后改为市场化运作管理模式，石油行业经历了供应紧张、供需平衡、供应过剩3个阶段。呼和浩特地区石油业状况基本与全国行业状况相统一，步调一致、起伏相当。

2008年，依法监管成品油市场。在工商、技术监督、公安、消防等部门的支持和配合下，各区县经贸委严格按照《成品油管理办法》的规定和要求，结合210家加油站的年度资格审查工作，对全市加油站进行了专项整治，责令限期整改3家。促进了成品油市场的规范经营，保证了油品质量和加油站的安全运营。

2009年，国家发展和改革委员会印发新的成品油价格机制改革方案，规定当国际市场原油连续22个工作日平均价格变化超过4%时，可相应调整国内成品油价格。当国际市场原油价格低于每桶80美元时，按正常加工利润率计算成品油价格。高于每桶80美元时，开始扣减加工利润率，直至按加工零利润计算成品油价格。高于每桶130美元时，按照兼顾生产者、消费者利益，保持国民经济平稳运行的原则，采取适当财税政策保证成品油生产和供应，汽、柴油价格原则上不提或少提。对全市210家加油站进行了年检和专项整治，促进了企业的规范运行、诚信经营。2010年后，成品油市场供需总体平衡，局部市场消费旺盛。

2012年，全市有成品油批发企业6家。其中，国有3家，股份制1家，民营2家，另有仓储企业1家。成品油零售企业238家。其中，中石油120家，占全市50%；中石化45家，占全市20%；民营68家，占全市28%；其他国有5家，占全市2%。全年销售成品油112.5万吨，比2011年增加16.4万吨，同比增长17.1%。其中，汽油32.48万吨，比2011年增加7.37万吨，同比增长29.4%；柴油80.04万吨，比2011年增加9.08万吨，同比增长12.8%。

2013年，调价周期由原来的22个工作日缩短至10个工作日，并取消调价幅度限制。价格改革给炼油环节留出了稳定的利润空间，炼油厂尤其是地方性炼油厂（简称地炼）盈利情况好转，装置改扩建性较高，地炼加工能力从2008年的6500万吨/年提高至2013年的1.7亿吨/年，成品油市场达到供需平衡状态。

截至2015年，全市正常运营的油库有3座，分别为中国石油天然气股份有限公司内蒙古分公司八拜油库、中国石油化工股份有限公司内蒙古呼和浩特油库、中石化集团内蒙古呼和浩特民航石油销售有限责任公司。零售加油站（点）233座，其中中石油115座、中石化49座、民营69座。同年，开展储油库、加油站油气回收治理工作。全市列入油气回收治理油库、加油站116座（油库3座、加油站113座）。储油库全部完成改造计划，加油站完成72座，其中中石化改造完成11座、中石油改造完成28座、民营加油站改造完成33座。

二、企业选介

（一）中国石油呼和浩特石化分公司

前身为呼和浩特炼油厂。公司占地200万平方米，是内蒙古自治区境内唯一的一家炼油企业。1990年7月29日，呼和浩特炼油厂开工奠基，1992年9月29日投产。隶属华北石油管理局、华北油田公司，是国家“八五”重点工程，与二连油田、阿塞输油线并称内蒙古三项石油工程。

2000年7月1日，划归中国石油天然气股份有限公司管理，更名为呼和浩特石化分公司。公司设有11个机关处室、4个直属单位、12个二级单位、9个基层单位。

2005年12月1日，与原华北石油管理局呼和浩特炼油厂综合服务处进行合并重组，成为集炼油、后勤服务、多种经营为一体的综合性炼化地区公司。公司有原油加工能力150万吨/年，150万吨/年常减压蒸馏、90万吨/年催化裂化以及产品精制和酸性水汽提、20万吨/年溶剂脱沥青等11套生产装置，拥有汽油、柴油、沥青、液化气、重油、聚丙烯、苯等7大类20余种产品。主要目标市场是内蒙古中西部、山西北部、河北省张家口市等地区，并出口蒙古国。为满足500万吨工程建设需要，于2011年8月5日停运原有生产装置，转入工程建设。从1992年投产至2011年末，公司累计加工原油2119万吨，上缴税费共计72亿元。

2009年12月，公司500万吨/年炼油扩能改造项目获得批复，于2012年10月28日建成并一次开车成功。工程总投资75亿元，建有500万吨/年常压蒸馏、280万吨/年催化裂化等14套炼油装置、配套系统及1套15万吨/年聚丙烯化工装置。

2013年11月22日起，公司生产的油品全部达到国Ⅳ标准；12月30日，生产的京Ⅴ标准汽油首次投放北京市场。2014年11月17日起，生产的国Ⅴ标准汽柴油投放陕西市场。全年，公司加工原油391万吨，实现销售收入238亿元，实现税费51亿元，实现盈利593万元。

2015年，公司加工原油369万吨，实现销售收入177亿元，实现税费73亿元，实现盈利6亿元。

（二）中国石油股份有限公司内蒙古呼和浩特销售分公司

20 世纪 80 年代，公司先后由呼和浩特市石油公司、北油公司、润滑油公司、宏力公司、八拜油库、大青山股份公司整合而成。

截至 2015 年，下辖 8 个零售片区、2 座油库（其中 1 座已关停）、113 座在运加油站。公司主要经营汽油、柴油、CNG（压缩天然气）、LNG（液化天然气）及各类非油品业务。

（三）中国石化销售股份有限公司内蒙古呼和浩特石油分公司

公司是中国石化销售有限公司内蒙古石油分公司在呼和浩特市设立的全资国有成品油销售子公司。

截至 2015 年，呼和浩特石油分公司下设 54 座加油加气站、1 座大型油库，业务覆盖全市及所辖各旗县，是呼和浩特市最大的成品油经销商之一，市场占有率近 42%。呼和浩特石油分公司集仓储、物流、销售、服务于一体，主要负责呼和浩特地区成品油零售、直销和批发以及车用天然气、燃料油、非油品销售等业务。

第二节　烟　草

一、市场经营

1986 年后，呼和浩特地区以区产卷烟消费为主，区产消费卷烟主要集中在呼和浩特卷烟厂生产的“大青山”“青城”“钢花”等地产卷烟，地产卷烟消费平均保持在 74%；区外卷烟消费量增加，进口烟上升较快，滤嘴烟、甲级烟消费量增长幅度较大。1988 年全市卷烟消费量达 9.74 万箱，创 5 年内卷烟销量历史新高。1989 年后，全市卷烟市场发生新的变化，滤嘴烟需求急剧上升，无嘴烟销售明显疲软，与全国卷烟市场变化趋势基本一致。区产“青城”“钢花”卷烟相继成为促销主要对象，并依赖于与畅销品种组合搭售。从区外调入的卷烟中，由于滤嘴烟调入比重大，滤嘴烟市场容量基本饱和，处于平、滞销状态。1990—1995 年，卷烟市场总需求有所下降，消费总量的降低幅度 33%。1996—2000 年，名优烟市场份额不断扩大，一大批中高档、高价位卷烟被推向市场。

2001—2015 年，卷烟消费结构逐步优化，三类以上卷烟消费比例占总销量比重及卷烟品牌集中度不断提高，重点骨干品牌销量从 2009 年的 8.31 万箱到 2015 年的 12.78 万箱，增幅 53.79%。进口卷烟、雪茄及低焦油、细支卷烟消费量持续上升，消费需求呈现多样化、个性化。截至 2015 年末，全市共有卷烟零售客户 1.15 万户。全年销售卷烟 14.92 万箱，实现税利 10.48 亿元，上缴税金 6.47 亿元。

二、管理体制

1983 年，呼和浩特烟草分公司实行烟草专卖。1996 年，内蒙古自治区烟草专卖局（公司）批复同意呼和浩特市组建清水河县烟草专卖局（公司）、托克托县烟草专卖局（公司）、武川县烟草专卖局（公司）、土默特左旗烟草专卖局（公司）。

2001年，呼和浩特烟草分公司经营体制改革，取消市区四个公司的法人资格，实行了统一报账核算，将市区公司的财务划归分公司统一管理，从体制上改变了市区公司、批发部单一的经营职能，向管理服务职能转变。按照访送分离的原则，成立了卷烟配送中心。将专卖稽查大队交市区专卖局领导，专卖稽查人员与访销员有机结合，对零售户实行户籍化管理。

2003年，取消5个旗县公司的法人资格，改为营销部；撤销4个城区市场部，成立了市场一部和二部；企管科更名为经济运行信息科；营销中心更名为客户管理服务中心，与网建办合署办公，撤销下设的3个业务部；配送中心更名为物流中心；业务经营部更名为市场营销科，下设采购、品牌和销售3个部；百店工程管理科更名为零售店管理科；团体销售一部、二部合并为团体销售部；恢复专卖管理科，与专卖稽查中心、专卖稽查支队合署办公。

2004年10月，按照国家局“深化改革、推动重组、走向联合、共同发展”的战略要求，根据自治区烟草公司《全区烟草商业流通体制改革工作指导意见》，呼和浩特烟草分公司进一步优化组织结构和业务流程，实现了分公司与旗县营销部财务正式并账，统一经营，统一管理，统一配送，统一核算，统一纳税，初步确立了分公司完全市场主体地位。全市实行集中呼叫、采用一库仓储模式、并使用统一信息平台，旗县营销部集中精力抓市场管理和客户服务，经营流程完全并入分公司的运行体系，进一步整合网络资源，降低网络运行成本，促进网建整体水平的提高。

2005年，呼和浩特烟草分公司调整完善内部组织结构和业务流程，进一步整合企业资源。

2006—2009年，呼和浩特烟草分公司按照国家局“按客户订单组织货源”推广工作部署,进一步改革卷烟产销交易方式,把“自上而下”的交易方式,逐步改变为“自下而上”的按订单供货交易方式。至2009年，客户知晓率100%，客户对货源供应的满意度90%以上。

2010—2014年，呼和浩特烟草公司创新流通方式，设计开发“客户经理移动办公平台”“工商协同营销系统”，推进精益物流建设创新发展。

2015年，按照《2015年卷烟营销市场化取向改革试点工作实施方案》《国家烟草专卖局办公室关于印发烟草行业省级卷烟营销平台推广方案的通知》要求，呼和浩特烟草公司从需求预测、货源采购、客户分类、货源投放、投放调控、品牌管理、终端建设、队伍建设、运行监督9个方面，建立起新型业务运行体系。

三、专卖执法

1986年，呼和浩特烟草公司专卖监督管理科（专卖稽查支队）设有2个机动大队，主要负责网络案件、大要案件的侦破；1个特别行动队，主要负责查处卷烟非法流通案件，重点查处无证经营和无证批发。1989年，检查市场127次，与市物价部门联合检查2次，共查处各类违章案件217起。其中，违反价格政策154起，无证经营60起，无证批发1起，假冒烟2起。在违章案件中，个体户201户，集体16起。

1990年，实行分地段、重点检查。配合自治区烟草专卖局，对土默特左旗陶思浩乡3户农民制造冒牌滤嘴大青山、钢花的违法活动进行查处。1991年，没收进口走私烟444条，罚款1.11万元。

1998年，市烟草局联合市工商行政管理局，重点清理整顿无烟草专卖许可证或持无效许可证从事卷烟经营业务的企业或个体工商户等。市烟草局制定《关于清整卷烟市场第二战役具体实施办法》《清整卷烟市场第二战役延续工作的安排意见》《关于清整卷烟市场严厉查堵回流卷烟工作的通知》，对呼和浩特地区所有卷烟摊点进行清理整顿，重点查处无防伪标识地产卷烟，堵截从非主渠道流入市场的卷烟，并重点抓好查堵回流卷烟的工作。

2004年，卷烟市场管理方式由管理服务型向服务管理型转变。年内，完成“烟草专卖零售许可证”换证工作。

2011—2015年，共组织“天价烟治理”“无证户清理”等23次专项行动；破获假烟网络案件12起。

2000—2015年呼和浩特市烟草专卖执法情况一览表

表10-3-1

年份	查处案件数（起）	案值（万元）	年份	查处案件数（起）	案值（万元）
2000	4054	987	2008	1898	3000
2001	5074	572	2009	1823	1531.77
2002	—	—	2010	1766	927.71
2003	—	—	2011	1711	933
2004	2600	585.18	2012	1335	2379
2005	1858	926	2013	1144	1159
2006	—	—	2014	1123	811.1
2007	1045	771.97	2015	1277	531.5

说明：表中“—”表示无数据

第三节　盐　业

一、盐务管理

1984 年 9 月，呼和浩特盐业批发站更名为呼和浩特盐业公司，后全区统一更名时改为内蒙古自治区盐业公司呼和浩特市分公司。

1991 年 6 月，呼和浩特市盐务管理局成立，规格为副处级。市盐业分公司与盐务管理局实行一套机构、两块牌子，隶属内蒙古自治区盐业公司垂直管理。1992 年 6 月，升格为正处级。1994 年 2 月，明确市盐务管理局为市政府职能部门，受自治区盐业公司（盐务管理局）和市政府双重领导。

截至 2015 年，市盐业公司（盐务管理局）内设党务办公室、行政办公室、财务科（资产管理科）、盐品营销科、产业科。下设盐业配送中心、土默特左旗盐业支公司、托克托县盐业支公司、武川县盐业支公司。另有和林格尔县、清水河县 2 个非直属盐业公司。

二、盐业购销

20 世纪 80 年代末，呼和浩特市盐业市场秩序混乱，小盐湖生产、土私盐贩卖等问题突出。20 世纪 90 年代初，全市改变过去供应黑盐、粗盐习惯，食盐全部实现精细化。全市基本形成覆盖城乡的食盐经营网络，食盐购销实行统一计划、统一调运、统一管理、统一对外、统一经营、统一价格。

1986—2007 年，呼和浩特市年均销售食盐约 2.84 万吨。呼和浩特市盐业分公司（盐务管理局）先后投入 598.12 万元进行基础设施建设及改造。2000—2003 年，分别对托克托县、土默特左旗、武川县的仓储、车间、营业室等进行翻建改造。

1995 年，全市开展碘盐供应。1998 年，市盐业分公司（盐务管理局）购置食盐半自动包装机。2000 年后，海晶盐、绿标盐、深井碘盐等陆续进入呼和浩特地区食盐市场。2003 年，受“非典”疫情影响，呼和浩特市突发食盐抢购现象，市盐业分公司（盐务管理局）紧急充实库存，平价供应各食盐销售点，迅速平息食盐抢购。同年，机械设备升级，购置全自动包装机，实现食盐包装自动化。至 2006 年，市盐业分公司总资产达 1773 万元，净资产达 1320 万元。

2007 年，市盐业分公司（盐务管理局）开展“企业管理年”活动，强化食盐营销。全年销售收入 3387 万元，利润总额 135 万元，上缴税金 233 万元。

2010 年，市盐业分公司（盐务管理局）扩大零售网络，年末，全市有自营店 2 个、加盟综合批发店 18 个、关联店 1851 个。同年，为加强对终端市场的控制和管理，在全市推行工业盐、营养盐客户经理制，为工业盐购盐客户开辟“绿色通道”，简化购盐程序，实现订货、开票、装卸、运输一条龙服务。2014年，全市开始“点对点”直达终端销售模式及客户经理访销配送模式。

2015年，全市盐品销售总量3.54万吨。其中，小包装盐1.12万吨，工业盐1.21万吨，其他盐1.21万吨。年末，全市有终端客户6213户实现直达配送，市区配送率100%，旗县配送率90%以上。

三、专卖执法

自1991年市盐务局成立后，全市开始开展食盐专卖执法，保证食盐市场安全，持续消除碘缺乏病，盐业市场渐趋稳定。

1995年开始，国家实施全民食盐加碘。市盐业分公司（盐务管理局）开展相关打击涉盐违法活动。1994—2007年，市盐业分公司（盐务管理局）先后制定《呼和浩特市盐务局执法检查制度》《呼和浩特市盐务局罚没物品业务处理规定》等，依法依规开展食盐专卖执法。每年5月5日开展“防治碘缺乏病宣传日”活动，教育引导群众食用加碘盐，规范整治食盐市场秩序。1996—2007年，共查获涉盐违法案件500多件，查获违法盐产品1000吨，罚款15万元。

2010年，开展春季食盐安全专项检查和节日食盐市场专项整顿活动，加强对便民市场、食品加工企业、公共食堂的监管。2012年，查处涉盐违法案件7起，没收违法盐产品40.04吨。2014年，查处涉盐违法案件2起，没收违法盐产品39.1吨。

2015年，市盐业分公司（盐务管理局）成立盐政稽查大队，对城郊接合部、盟市毗邻地区进行检查，重点加强畜牧用盐市场整治。同年，市政府办公厅印发《关于开展全市盐业市场联合执法专项检查的通知》，成立全市盐业市场专项联合执法检查领导小组。全年查办案件58起，查获违法盐297吨。

第四章　供销合作

第一节　供销体制改革

一、管理体制改革

1989年，“羊毛大战”后，全市供销合作社遭遇低谷，社有企业大部分停产，基层社举步维艰。各旗县（区）供销社，各二级（公司）三级站和基层供销社，紧紧把握治理整顿中出现的机遇，坚持为农牧民生产、生活服务的宗旨，取得较好的经济效益。但由于国家紧缩银根，严格控制消费膨胀，市场销售一度疲软，这也给供销社的经营带来了困难，部分二级站、三级站和基层社经济效益出现下滑。

1990年，市供销社系统广大职工面对市场销售疲软，资金紧缺以及“羊毛大战”

造成的严重滞后影响，积极扩大购销，组织农业物资供应，取得一定的经济效益和良好的社会效益。1991 年 4 月，自治区党委、政府印发《大力发展我区供销合作事业的通知》，提出进一步发展自治区供销合作事业的指导思想、改革措施和扶持政策。1992 年，市供销社系统制定贯彻自治区“三个循环”（区内、国内、国际循环）的经济发展战略，确保农牧业生产资料、生活资料供应和农副土畜产品收购。

1995 年 2 月，市委、市政府贯彻落实中共中央、国务院《关于深化供销合作社改革的决定》，提出坚持供销社集体所有制性质，坚持为“三农”服务的办社宗旨，完善功能，强化服务。

1997 年，市委、市政府对中小企业改革时，全市供销社系统 10 户直属企业银行借款额近 2 亿元（本息），严重资不抵债，6 个旗县（区）供销社近 40 个基层社解体，其余的均亏损严重，难以为继。全系统近万名职工工作、生活面临很大困难。在极端困难的情况下，全系统通过深入开展“基层供销合作社建设年”活动，对原有的基层供销合作社进行了改造重组，重建乡村级综合服务社 200 多个，甩掉历史包袱 1 亿多元。以“减员增效”为主要内容，推进社属企业改革。通过盘活社有资产等措施对社有企业进行改造、改组，1500 多名下岗职工进入当地再就业中心分流安置，近千名离退休人员以划转资产的办法移交社保。通过一系列的改革，市供销社社有资产负债率大幅度下降，社有企业和农村供销社经济运行进入良性循环发展轨道，经济实力大幅度提升，开创供销社发展的新局面。2000 年，全系统扭转亏损局面。

2001—2005 年，全市供销合作社利润每年保持两位数增长速度，利润突破 100 万元。2006 年，“新网工程”（新农村现代流通服务网络工程）实施后，全市供销社系统逐步建立起覆盖全市的组织体系和经营服务网络，成为城乡物资交流、农村商品流通的主渠道。2007 年后，利润每年保持 20% 的增长。截至 2011 年底，全系统共甩掉银行债务 2 亿多元。

2014 年，全系统以项目建设为载体，以产权为纽带，以完善内部管理机制为重点，加快社有企业改革发展的步伐。至 2014 年末，全系统社有企业共 38 个，其中全资、控股企业 19 个、参股企业 16 个、开放办社 3 个。

2015 年 3 月，中共中央印发《中共中央 国务院关于深化供销合作社综合改革的决定》，全面推进供销社综合改革。9 月，呼和浩特市供销社综合改革方案通过市改革办、法制办审核，待市政府常务会议审议。

二、农资、流通体制改革

1997 年 5 月，市供销合作社批准呼和浩特市农资公司改组为股份有限责任公司。12 月，市供销社对农资公司转制后，社有资产处置、农资商品经营管理等相关问题进行专题研究。1999 年，市编委办下发《关于市供销合作社联合社“三定”方案的批复》

文件，明确市供销社主要职责为协调与政府部门、社会组织的关系；行使本级社有资产出资人代表职能，监督社有资产保值增值，并按出资额依法享有所有者的资产受益、重大决策和选择管理者的权利；以出资额为限对企业承担有限责任。

2002年11月，市供销合作社作出《关于对企业转制有关财务调整的批复》，同意市农资公司按照中介组织的资产评估报告，市社清产核资小组清理结果，调整相关会计账务，以备企业转制时划分处置企业净资产。12月，市供销社作出《关于市农资公司改制方案的批复》，并明确什拉门更库区职工住宅（含出路）4686.2平方米及其他职工住宅的土地使用权和房屋产权属市社理事会，由转制后的新企业代管。市社理事会作出《关于市农资公司深化企业改革处置社有资产的决定》，分别就安置离退休人员及遗属移交社保、职工置换身份解除劳动关系经济补偿等做出明确规定。

2003年1月，呼和浩特市经济体制改革委员会作出《关于市农牧业生产资料公司深化企业转制方案的批复》，同意市农资根据市政府放开放活中小企业制定的有关规定，按照公司的《转制方案》实施转制。3月，市供销合作社作出《关于市农资公司企业转制工作的批复》，明确资产由中介组织评估，市社理事会确认；原市农资公司从批复之日撤销；重新注册呼和浩特市农牧业生产资料有限公司。

2013年，根据市编委办下发的《关于呼市供销合作社职能调整内设机构更名的批复》，明确将市供销社职能调整为按照政府授权，对重要农业生产资料、农畜产品经营进行组织协调、管理；研究制定行业发展战略和规划；组织、协调和管理农村商品流通经营业务，具体实施农牧业生产资料现代经营服务网络、农畜产品市场购销网络、农村牧区日用消费品现代经营网络、再生资源回收利用网络等新农村现代流通服务网络工程建设；组织发展农民合作经济组织，构成区域合作经济组织的公共服务平台；参与农牧业产业化经营、农牧业综合开发及扶贫开发等工作；承担重要农业生产资料、农畜产品、少数民族特需品、防灾救灾等商品储备供应任务的组织管理工作；行使本级联合社社有资产出资人代表职能，监督社有资产保值增值；代表本区域供销合作社参加上级社和国内外合作经济组织的交流活动。

2014年，市供销合作社牵头负责全市农资日用消费品配送中心建设任务，组织建设和林格尔县日用消费品配送中心和赛罕区日用消费品配送中心。和林格尔县日用消费品配送中心建设项目占地面积3580.54平方米，新建二层框架结构仓库500平方米，新建冷藏冷冻库124立方米，购置配送车辆3台，维修原有库房、商品展示厅、中心超市、分拣理货车间及办公区1660平方米，修建场区道路300平方米。赛罕区日用消费品配送中心占地约6667平方米，新建及扩建库房2308平方米、冷藏冷冻库606立方米，配送车辆7辆，硬化场区路面2500平方米。

2015年，市供销合作社分别组织建设托克托县日用消费品配送中心、武川县日用消费品配送中心和新城区日用消费品配送中心。托克托县日用消费品配送中心总占地 6667 平方米，建成商品展销大厅 600 平方米，农资仓库 1500 平方米，综合服务区 500 平方米，物流中心 1000 平方米，场地道路硬化绿化 3100 平方米。武川县日用消费品配送中心新建商品库 950 平方米，改造维修商品展示厅 650 平方米，配送仓库 600 平方米，累计完成配送中心建设 2200 平方米。新城区配送中心占地面积 5333 平方米，改扩建冷鲜商品库房 1250 平方米，建设展示大厅 500 平方米，新建电子商务运营中心 250 平方米，合计完成配送中心建设 2000 平方米。

三、农民专业合作社

2007 年 1 月，《中华人民共和国农民专业合作社法》施行，市供销合作社对本系统 17 个农民专业合作社进行重新注册登记，带动农民采取共同出资、共创品牌、共享利益等方式，领办、创办农民专业合作社。按照管理民主、制度健全、产权清晰、带动力强的基本原则，推动农民专业合作社与“新网工程”和农业综合开发项目对接，实现企业、专业合作社、农户间的联合与合作。截至 2015 年，全市供销合作社系统领办、创办的规范性农民专业合作社累计 253 个。

四、商品购销

1986 年，为扩大购销，做好生产资料、生活资料供应，提高经济效益，确定“七五”期间购销总额的增长速度为每年递增 5%。全年商品总购进总额 1.82 亿元，商品总销售额为 1.95 亿元，利润总额为 141 万元。

1987 年，购进额列全自治区盟市供销同行业之首，但由于农业受灾，农产品收购欠佳，生活资料供应也有所下降，生产资料供应大幅度增长，仅化肥供应就达 4.80 万吨。全年商品总购进额为 1.98 亿元，利润总额为 220.69 万元。

1988—1989 年，全市商品总购进 3.4 亿元，商品总销售额 4.66 亿元，利润总额实现 2739 万元。1990 年，全系统社员入股金额达到 483.2 万元，入股户数占全部农户的 92.8%。全年商品购进额为 2.45 亿元，商品销售总额为 2.79 亿元。

2002 年，商品销售总额 8148 万元，上缴税金 59 万元，盈亏相抵后实现利润 136 万元。投资 1200 万元建成可饲养 1000 头奶牛的繁育基地。

2005 年，全系统营业额和其他经营额完成 3.09 亿元，实现利润 137 万元。与奶牛繁育基地相配套的年生产能力 1500 吨的饲料加工厂建成投产。

2006—2008 年，全系统实现商品销售收入 15.98 亿元。固定资产投资额达 800 万元，社有资产规模进一步扩大。

2009—2010 年，全系统累计完成商品购销总额 30.03 亿元，上交税费总额 1395 万元，社会贡献总额 2660 万元。至 2010 年末，资产总额达到 7.12 亿元，所有者权益达到 1.94 亿元。全系统汇总盈利逐年递增，连续 7 年荣获自治区供销合作社系统综合业绩考核特等奖和一等奖。

2011—2015 年，全系统累计完成商品购销总额 130.8 亿元。截至 2015 年末，资产总额达到 6.34 亿元，所有者权益 3.69 亿元。

五、新网工程建设

2006 年 5 月，经国务院批准，全国供销合作总社决定在全国实施“新网工程”，逐渐由部门工程上升为政府工程。呼和浩特市在建设农资现代经营服务网络基础上，充分利用市、旗县两级和农村基层网点的网络体系和经营优势，以市、旗县两级农资企业为龙头，大力发展连锁经营，农村农资经营网点达 239 个。按照市政府加强再生资源回收利用市场体系的意见，合理布设网点，建立统一标识，统一规范整合 10 个较大的再生资源集散中心。全年，新增社区收购网点 120 多个，利用赛罕区供销社闲置的大院兴办二手自行车交易市场，解决二手自行车交易市场长期有市无场的局面。农村供销社的各基层社、综合服务社从防治环境污染和促进乡村文明建设出发，恢复和开展再生资源回收业务。

2007—2008 年，全系统按照改造、整合、提升、优化的要求，打造农资、农畜产品、日用消费品，烟花爆竹，再生资源五大经营网络。2009 年，市供销社重新修改制定《2010—2012 年全市农村商贸流通网络建设规划》，编制储备项目 41 个，项目概算投资 8.8 亿元。当年，全市新建日用消费品配送中心 1 个，改造建设农畜产品批发市场 2 个，全系统争取到农畜产品现代购销网络“新网工程”中央财政专项资金支持项目 4 个，市再生资源总公司白塔再生资源物流交易市场二期工程开工建设。

2011 年末，全系统共组织申报“新网工程”建设项目 27 个，争取项目扶持资金 1736 万元；发展农资、日用消费品连锁配送企业 13 家，实现配送总额 2.4 亿元；发展建设连锁配送中心 13 个，连锁门店 561 个。

2012 年，全系统组织实施申报“新网工程”建设项目 15 个，完成投资 7009 万元。至 2012 年末，全系统新建和续建新网工程项目 44 个，累计完成投资 3.56 亿元。在“新网工程”的带动下，通过联合合作、加盟等形式，全市农村流通连锁门店发展到 1147 个，年实现连锁销售额近 6 亿元。

2013 年，市供销社共组织申报中央和自治区“新网工程”项目 23 个。其中，农副产品市场建设及连锁配送经营网络升级改造项目 9 个，日用消费品配送中心及连锁经营网络升级改造项目 2 个，农资商品配送中心升级改造项目 5 个，再生资源社区回收连锁经营网络升级改造项目 7 个。获得“新网工程”专项扶持资金 2023 万元。其中，争取上级财政“新网工程”项目扶持资金 1558 万元，获得“新网工程”专业合作社公益性服务项目扶持资金 165 万元，争取自治区、市两级政府日用消费品配送中心项目扶持资金 300 万元。

2015 年,市供销社组织申报“新网工程”项目 3 个,其中社属企业 1 个、旗县(区)2 个，3 个项目共获得专项补助资金 467 万元。申报“新网工程”农民专业合作社公益性服务项目 3 个，共获得专项补助资金 54 万元。

第二节　经营管理

一、土产日用杂品经销

土产日用杂品是供销合作社的传统经营业务，在全系统的购销业务中占有一定比重。呼和浩特土产采购供应站及基层设有专门门市部经营此类商品。

1984 年后，土产日用杂品等经营放开，曾经一些计划管理、统一调拨的主要商品实行多渠道经营。传统经营的苇制品、麻类制品、蜂产品及蜂具、柳条及制品、竹类、棕片及制品、草编织品、铁锅、铁炉、火筒、白土、木炭等日用杂品，随着产品的更新换代,大部分经营商品逐渐被新产品取代。除基层社仍然在经营土产日杂类商品，市场逐渐被个体工商户和小商小贩取代。市土产采购供应站注册经营范围仍保留日用陶瓷、家具用具、机械炊具、家用电器、烟花爆竹等。

2002 年，市土产公司调购各种烟花爆竹 10 多个车皮，进货额达 100 多万元，品种达 400 多个。2005 年，为规范市场秩序，争取市政府支持，印发《呼和浩特市烟花爆竹安全管理暂行规定》。累计投资 20 多万元,建立专用仓库,配备必要的防雷电、防静电、防火设施，配备专用车辆，加强硬件建设。开设 11 个常年销售网点，其中市四区 4 个、旗县（区）7 个，采取连锁配送，扩大地产烟花爆竹销售。

2007 年，按照小超市、大连锁现代流通经营业态，对传统经营网络进行改造。全系统日用消费品经营门店达 400 余家，全市建制村的覆盖率达 40%。同年，市土产公司与浙江商会联合创办金浩仑物流有限公司。物流中心开业后，边经营边建设，累计改建仓储设施近 1.7 万平方米，进驻客户 60 余家，商品流转品种有工业设备、日用工业品、农畜产品等 1000 多个品种，日流转量为 2000 多吨，经营辐射面达全国 20 多个省、市和周边数十个旗县（区)，成为呼和浩特市重要的商流集散中心。至 2008 年，全市新建配送中心 7 个，新建和改造 409 个农家店，逐步搭建工业品下乡和农产品进城“双向流通”网络通道，完善农村现代流通网络体系。

2010 年后，随着市场开放，全市供销系统传统经营领域业绩下滑，特别是烟花爆竹销售市场开始萎缩。2012 年 9 月，市土产采购供应站与金浩仑物流有限公司签订关于加快金浩仑物流市场升级改造的合同，对金浩仑物流市场进行整体改造。市烟花爆竹销售中心调整思路、创新经营方式，扩大烟花爆竹销售，并成功完成武川县建县百年庆典焰火燃放。

2014 年末，市供销社投资 1200 万元，建成 6 栋近 1 万平方米土产日用杂品库房。2015 年，经过三年改造，金浩仑市场升级改造项目基本完工。项目总投资 3500 万元左右，建成 9 栋 1.7 万平方米的商业用房以及水、电、暖等配套设施，硬化地面 1.3 万平方米，建设 120 吨消防水池并配齐相关消防设施。

二、再生资源回收

1985 年后，废旧物资的市场、价格、经营等逐步放开，个体收购网点发展迅速，基层社和旗县（区）级公司放弃废旧物资的经营，市级公司转向主要经营废旧钢材购销，适时经营一些废旧草板纸等造纸原料。1986 年 9 月，呼和浩特市再生资源总公司成立。2002 年，市再生资源总公司在市四区建起 4 个废旧物资回收交易市场，总占地面积 6700 余平方米，吸纳个体经营废旧物资人员 40 户。

2005 年，市供销社制定《呼和浩特市再生资源回收利用管理办法》。市再生资源总公司牵头成立呼和浩特地区再生资源行业协会，协会成员有系统内农村供销社及 50 余户（人）系统外会员。7 月，市供销合作社联合商务、工商、公安、环保、城建、地税、财政等 8 部门联合印发《关于促进和规范呼市再生资源回收利用体系建设意见》，并成立 8 部门共同参与的再生资源管理领导小组，开展再生资源市场管理的各项工作。全年购销额 1000 万元。

2006 年，市再生资源总公司对市内网点进行规范，整合 10 个较大的再生资源集散中心，新增社区收购网点 120 余个。农村供销社恢复开展再生资源回收业务。市再生资源回收利用行业协会对再生资源回收人员进行技能培训，培训从业人员 160 余名。创办《再生资源信息》为会员提供信息服务。

2007 年，市再生资源总公司完善再生资源回收利用市场体系建设，协会会员数由 135 个增加到 190 个，废旧物资回收网点近 200 个。采取职工集资，企业筹资，申报国家“新网工程”建设扶持资金等多种形式，对物流交易市场升级改造，在赛罕区罗家营乡建成占地 8 万平方米的大型再生资源物流交易市场，8 家经营户入驻营业。

2008 年，市再生资源总公司在城区发展废旧物资收购网点 160 余个，网点统一挂牌、统一管理，实施较为规范的管理模式，初步形成布局合理、市场有序的经营格局。2009 年，市再生资源总公司白塔再生资源物流交易市场开始建设。全年完成再生资源交易额 2.3 亿元，交易量达 8 万多吨。

2010 年末，全市再生资源回收利用网络建设基本形成，市再生资源总公司利用白塔仓库改建的白塔再生资源集散交易市场建成投入运营，公司所辖 200 余个经营网点升级改造。同年，按照《呼和浩特市再生资源回收利用管理办法》《关于加强呼和浩特市再生资源回收利用管理的通知》要求，对从事再生资源回收经营活动的企业，遵照属地管理原则进行行业备案。2011 年末，挂靠市再生资源总公司的网络回收站点243个。2012年，全市网络经营单位商品销售3.76亿元，同比增长12%，销售各类废旧物资总量达14.6万吨。2014年，市再生资源总公司注册成立“绿广源商贸有限公司”。全年再生资源市场交易额1.23亿元。

2015年，市再生资源总公司市场仓储物流收入130余万元，网络回收站点年销售额6350万元，销售总量10.58万吨。截至2015年末，全市32家再生资源回收公司完成备案。呼和浩特市2家再生资源骨干企业——呼和浩特市再生资源总公司和内蒙古铉力和再生资源开发有限公司，作为典型企业进入商务部再生资源信息管理系统。

三、农资产品经销

1986年前后，皮张、绒毛统一划归供销合作社经营后，供销社主要经营范围为绒毛、皮张类和鬃尾，以及防寒用品，如皮制品、毡制品、革制品、裘皮制品和驼毛、地毯、人造毛制品等10余类。经营品种100余种，民族用品有蒙靴、马靴、毛毡等。市、旗县（区）均设立畜产公司，建有市、旗县（区）、基层社三级购销网络。按畜产品合理流向和历史习惯、市畜产公司的经济区含乌兰察布盟西部旗县（区）和基层供销社、鄂尔多斯市准格尔旗等9个旗县（区），共有62个直拨交货点。1987年，由于羊毛出区受限，造成库存积压，资金大量沉淀，羊毛价格一路下跌，库存积压，购销价格倒挂，亏损严重，形成经营困局。市、旗县（区）级公司不得不停止经营，转而靠处理库存和出租资产维持运营。同时，市、旗县（区）设农业生产资料公司专营，基层社设生产资料门市部批零兼营。主要经营化学肥料、化学农药、中小农机具、农用交通等六大类170多个品种。商品供应范围除行政区划外，含乌兰察布市、鄂尔多斯市、包头市的部分地区，约有190个乡镇。随着农用机械的更新换代，产销直营和大量专门经营此类商品经销商的进入，1990年后，过去传统的农药机械类、中小铁木制农具类、大小交通类、半机械化农具类等，只有基层社仍然在经销，市、旗县（区）级公司主要经营化肥、农膜、农药三大类农资商品。

2002年，全系统销售各类化学肥料4.28万吨，农地膜506吨，化学农药67吨。2003—2004年，累计完成化肥销售5.25万吨。

2006年，按照国务院《听取供销总社关于建设农村现代流通服务网络等有关工作汇报的纪要》，全系统改造村级日用消费品全民店、农资供应站240家。2007年，组织供应各类化肥3.72万吨，农药35吨。2008年，全系统各类化肥供应量6.15万吨，农副产品收购额完成4776万元。组织供应二铵8190吨，尿素5870吨，碳铵4.34万吨，各种混配肥3223吨，农药45吨。

2009年，全系统累计购进磷酸二铵2.5万吨，销售2.17万吨；复合肥购进2.08万吨，销售1.24万吨；碳酸氢铵购进7.99万吨，销售5.86万吨；尿素购进1.09万吨，销售7300吨；地膜购进3250吨，销售2470吨；农药购进50吨，销售30吨。

2011年，全系统发展农资、日用消费品连锁配送企业13家，实现配送总额2.4亿元，发展建设连锁配送中心13个，连锁门店561个。组织供应农业生产资料3.88亿元，其中供应化肥14.32万吨、农药66吨、农膜2365吨，组织收购农副产品3.39亿元，完成日用消费品经营额7.29亿元。2012年，组织供应化肥15.39万吨；农膜2617吨。

2013年，市农资公司完成企业转制。全年，全系统化肥供应量完成14.88万吨，其中二铵3.6万吨、尿素2.42万吨、碳铵7.92万吨，农地膜供应量实际完成2989吨。

2014年，市供销社制定旗县（区）农资和日用消费品配送中心实施方案，建成赛罕区、和林格尔县农资和日用消费品配送中心，仓储面积2000余平方米，内设展示大厅，并配有专用配送车辆，建立统一的信息联网系统，并使用统一标识。每个配送中心辐射周边200多家门店，配送覆盖半径在40千米左右，配送品种达4000种以上，销售额达2500万～3000万元。分别采取合作承包和租赁承包的经营模式。全年，全系统农副产品购进总额6.5亿元，同比增长19.9%；农资、日用消费品连锁销售额6.48亿元，同比增长12.7%。全年共组织供应各类化肥15.78万吨。

2015年，市供销社按照基层社建设的总体部署，采取合作制、股份制、股份合作制等多种形式，通过重组、改造、新建等方式，新建重组8个基层供销社。新组建的基层供销社恢复传统的农资、日用消费品等经营项目，同时拓展新型服务项目，增强综合服务的功能。全年，全系统农副产品购进总额7亿元，同比增长8.98%。组织供应各类化肥15.65万吨，其中尿素4.32万吨、碳铵3.53万吨、二铵4.53万吨。

四、农副产品经销

供销社系统经营的副食品，主要分为干鲜果品类、干菜类、调味类、茶叶类、农副产品类五大类。市、旗县（区）两级设副食品公司，基层社设副食品门市部经营此类商品。

1984年后，除边销茶（紧压茶）外，副食品市场经营全部放开，企业派员到全国各省、市、产地组织货源，并适时组织南方水果调运至呼和浩特市，以丰富冬季消费品市场。随着市区各类大型农副产品批发市场的建设，旗县（区）中心集镇农贸市场的发展，产地商户和经销商入驻经营，供销社系统副食品市场的占有份额连年下降，到2010年，各级副食品公司基本不再经营，转而经营资产或停业转制。

五、旧机动车交易

1985年9月，经自治区、呼和浩特市两级政府批准，内蒙古车辆交易所成立，注册资金500万元，占地1.8万平方米，建筑面积4000平方米。交易市场实行统一流程、统一标准、统一评估、统一收费运行机制，并与公安机动车辆管理部门联合开办全市首家“一站式”服务大厅，形成了集车辆过户、新车上户、鉴定评估为一体的，提供全方位一条龙服务的二手车市场。

2001 年，市供销社引进广州本田新田汽车特约销售维修中心，由内蒙古车辆交易所提供场地，对方出资建厂联合经营。当年，成交转籍过户车辆 1269 辆，二手车市场成交各种车辆 108 辆。

2008 年，车辆交易所全年完成交易额 1.7 亿元，过户成交各种车辆 3260 辆。2010 年车辆交易所全年完成交易额 1.7 亿元，过户成交各种车辆 3260 辆。

2011 年 11 月 9 日，内蒙古车辆交易所迁址新建项目一期工程完工投入运营。2013 年，内蒙古车辆交易所为扩大经营服务范围，提高市场占有率，壮大企业实力，筹备二期扩建工程项目。全年实现各种收入 180 万元，同比增长 8%。其中，成交过户车辆 3300 辆，成交额 1.58 亿元。2014 年，完成二手车鉴定评估联网工作。

2015 年，内蒙古车辆交易所成交过户车辆 4102 辆，成交额 2.09 亿元，实现各种收入 211 万元。内蒙古车辆交易所荣获全国二手车交易市场诚信 AAAA 级单位。10 月，二手车市场及中小型农机具市场扩建项目建成投入运营，新建 300 平方米的农机具市场展示大厅，经纪人办公用房 65 间，鉴定评估厂房 1 座，提供就业岗位 500 多个。

第五章　粮食购销

第一节　管理体制改革

一、放开价格和经营

1985 年，国务院决定，从 4 月 1 日起，粮食取消统购，改为合同定购，标志着从 1953 年开始实行 32 年的粮食统购制度宣告结束。自治区政府下发《关于粮食取消统购实行合同定购的通知》，定购以外的粮食可以自由上市，粮食系统内部不再受原来分工限制，各企业单位都可以直接与农民签订合同收购。1986 年 2 月 1 日起，全市各大宾馆和饭店，接待旅游、外宾、会议及零星旅客所用粮油全部改为议价供应。铁路旅客、餐车、站台食品及飞机场旅客餐厅所用粮油取消平价免票供应，改为议价供应。4 月，市政府明确下达旗县（区）分品种合同定购任务不做调整。“议转平”（国家委托代购粮食）收购只限小麦、玉米 2 个品种。从 1986 年起，对菜农口粮实行菜地面积和合同交售数量双挂钩办法。饲料用粮指标改为年度内有效。

1987 年，粮食购销坚持计划内的管，计划外的放；大品种管大部分，大品种完成计划收购后的部分和小品种放开；城市销售管，农村销售逐步放开；非农业人口的定量口粮管，其他行业用粮要逐步放开。呼和浩特市恢复粮食购、销、调拨包干办法，将粮食合同定购、销售、调拨和“议转平”粮食及其差价款的一并包干，粮食支大于收的地区，粮食逆差额为调入（含“议转平”，视同定购任务）包干指标。

同年，粮食收购实行“双轨制”，平价定购粮主要用于保证城镇居民口粮和军粮供应，其他行业、饲料用粮采取“议转平”补贴差价款的办法解决。实行粮食“议转平”，取消“委托代购”。

1988年，市政府印发通知，强调合同定购任务，既是经济合同，又是国家任务，必须保证完成。对有粮不交，无故不履行合同的，要进行必要的行政干预，采取适当的经济手段。力争完成自治区就地“议转平”和市政府的收购计划。本着谁交粮谁得款的原则，农民应得款项，除农业税和预购定金外，不准扣除任何款项。

1989年，市政府决定从9月1日起，将招待所、饭（旅）店的旅客餐厅平价用粮油，改为议价供应。所需议价粮油，与市议价粮油公司签订购销合同。同月市政府发出通知，明确当年食用葵花籽由粮食部门专营。收购时，严禁非经营单位和个人插手收购，一经发现按比例价收回，并由工商部门处以20%以下的罚款。确定由旗县（区）粮油购销站设点收购。12月，根据自治区政府有关文件精神，市粮食局印发《关于1990年停办“农转非”粮食关系的通知》，从1月1日起，除随军家属、大中专学生入学“农转非”外，其他“农转非”停止办理一年。粮油供应实行“一证两卡”手续。

1990年1月，全市采取压销平价粮油措施，以减少财政补贴。从1月起为支援灾区，除大学、中专和中小学生外，每个城镇居民压销口粮1千克（从粮证中核减），压销平价粮7200吨/年。每个城镇居民压销副食豆0.5千克（从总定量中核减），压销平价粮4500吨/年（1991年至1992年继续执行）。8月起，市政府决定全市饮食、糕点用粮70%，及粮食企业生产销售的馒头、挂面、方便面等食品用粮改收“呼和浩特市地方粮票”。居民口粮年内有效，过年度转为证存粮。工种补差改为核定后上证供应。推行“一证双卡”售粮方法，堵塞漏洞，减少平价粮销售。

1991年4月，国务院决定，调整粮油购销价格。调整后，城镇居民口粮、口油继续实行凭证、凭票定量供应。从秋粮收购开始，粮食合同定购改为国家定购，作为农民应尽的义务必须保证完成。9月，市政府确定，在完成国家定购和投入产出挂钩任务后，按议购和定额保护价积极收购农民要求出售的余粮；计划内议购和定额保护价收购完成后，要及时放开粮食市场，实行多渠道经营，避免出现“卖粮难”，以保护农民种粮积极性；食用葵花籽的经营执行自治区配套经营政策，在自治区新的规定下达前，由市供销社统一经营，运输车皮也由供销社管理。

1992年，国家对粮油价格进行改革，实行购销同价，并调整粮食定购和粮食收购政策，建立收购保护价制度。放开酿造、早点和奶牛饲料用粮，放开呼和浩特市地区行业用粮，供应议价粮油，进一步压缩平价粮食销售。建立和培育粮食市场体系。改革国营粮食企业经营机制，增强企业活力。粮油购销、仓储企业不再承担政策性亏损，全部改为代理经营企业；粮油加工、饲料、议购议销、运输和城镇粮店

（实行批零差核算）等盈利企业，实行利改税。推行承包经营责任制和工资总额与经济效益挂钩办法。切实解决好粮食财务挂账。同月市政府发出通知，从7月1日起，放开饮食、糕点、副食、饲料、酿造等行业用粮以及城镇职工工种粮，菜农奖、售粮。9月市政府发出《关于全面放开粮食、食品、蔬菜销售价格的通知》，决定从10月1日起，全面放开本地区粮食价格和经营，成为自治区较早放开的盟市。

1993年3月，自治区政府下发通知，对盟市不再实行粮食购销调拨包干管理办法，实行分级管理，并从4月1日起，全面放开食用油购销。4月，市政府明确放开粮价，转换企业经营机制，按照国务院和自治区要求，“放开粮价以后，原来地方财政对粮油企业的亏损补贴和专项补贴，原则上三年内不取消”“解决过去应补挂账”“对原经营平价粮油的企业免税三年，其实现利润三年内全部留给企业用于调整经营结构和扩大再生产。其他粮油企业确有困难需要特殊照顾的，按照减免税审批程序报批”。截至1993年末，全市从事粮食生产和经营的非国有企业和个体户发展近1000家。

二、分级负责制

1994年，根据中央农村工作会议精神，呼和浩特市开始对粮食管理实行分级负责制，加强对粮油批发环节的宏观调控，发挥国有粮食部门主渠道作用，搞好城市、牧区、军队和缺粮地区的粮油供应，稳定粮油市场。市政府确定，市第一、第三、第四粮食仓库，市油脂公司为委托方，委托土默特左旗、托克托县、郊区粮食局所属库、站（代理方）组织收购，定向委托收购的粮油移交委托方，主要用于安排全市市场、军供和救灾供应。

1995年4月，国务院发出通知，要求完善粮食购销办法，保证粮食供求的地区平衡。要全面落实粮食省长负责制，抓好收购，掌握粮源。省级政府也要对当地食用油供应平衡负责，组织好油料收购，多掌握油源。国家定购粮主要用于当地城镇居民、部队和农村需救助人口的基本口粮供应，不得擅自用于营利性的经营。供应范围和标准按量力而行、保证重点的原则，从严掌握。要加强对粮食销售的管理，特别是城镇居民基本口粮供应的管理。自治区政府明确全区粮食管理实行自治区政府统一领导下的分级负责制（自治区主席、盟市长、旗县长负责制）。6月，自治区政府办公厅印发《内蒙古自治区定购粮食管理暂行办法》，规定粮食定购品种为小麦、稻谷、玉米、大豆，由国有粮食部门统一收购管理，定购粮实行国家定价，权属国家，由自治区统一平衡使用，不得用于营利性经营。

1996年3月，自治区商务厅转发《关于进一步抓紧市场粮食收购的紧急通知》《关于继续抓紧议价粮食收购的紧急通知》，敞开收购农民余粮，确保收购资金供应，严禁压级压价或抬级抬价收购。6月，市政府明确，全市定购粮全部为小麦。因旗县地理位置和种植条件差异，和林格尔县、清水河县定购粮小麦完不成的部分允许以秋杂粮补交。为切实保障国家定购粮主要用于城镇低收入居民、大中专院校在校学生、军队、特需供应人口、农村因灾需救助人口的基本口粮。7月，市政府印发《关于发放城镇低收入居民粮食供应卡的通知》，向市区有正式城镇户口的低收入居民统一发放“粮食供应卡”“面粉供应票”。供应办法仍实行持卡凭票、限价、定量供应。供应标准，城镇低收入居民和大中专院校在校学生每人每月供应口粮14千克。市属4个旗县（区）城镇居民粮油供应，按照粮食工作分级负责制的原则，改变对旗县（区）供应成品粮，市财政承担差价补贴的办法。按自治区定购粮销售计划，只安排粮源，供应办法由各旗县（区）政府自定，价差由旗县（区）财政弥补。1997年7月，市政府发出通知，调整城镇特困居民优惠卡优惠内容，每人按市场价80%供应面粉5千克/月，按批发价供应食用油0.5千克。

1998年1月，为落实按保护价敞开收购粮食政策，市粮食管理局发出通知，由市区各粮食仓库到旗县（区）设点收购玉米。收购价格和质量标准严格按市政府有关文件执行。规定不得压级压价，也不得抬级抬价，保证入库粮食符合国家规定标准。10月，市政府要求按照粮食购销政策切实做好定购粮、保护价粮收购、储存、调拨和销售；继续实行粮食定购制度，按保护价敞开收购农民余粮；实行定购粮委托代理制。按市政府安排，旗县（区）政府委托国有粮食收储企业与农民签订合同，组织收购。

1999年10月，市政府批复同意武川县增加定购粮品种，以杂粮抵顶定购小麦任务。同时明确国有粮食购销企业必须按保护价敞开收购农民余粮，做到按保护价挂牌敞开收购。为国有粮食购销企业敞开收购创造条件。解决仓储设施不足，超储补贴拨补，收购资金供应，收购市场管理等问题。同月，市政府要求各旗县（区）结合实际适当放开粮食收购水分比例，敞开收购。

2000年8月，按照国务院《关于部分粮食品种退出保护价收购范围有关问题的通知》，市政府印发粮食收购方案，全市安排定购粮收购为小麦、玉米。根据全市粮食生产情况，调整定购粮收购品种，确定7种小杂粮（荞麦、莜麦、豌豆、绿豆、谷子、黍子、大麦）补充定购任务。土默特左旗、托克托县、和林格尔县、武川县以及赛罕区的硬质花麦、白麦继续实行按保护价敞开收购政策。定购粮以内硬质红麦按保护价收购，定购粮以外硬质红麦退出保护价收购范围。

2001—2002年，按照自治区粮食局要求，呼和浩特市严格执行按保护价敞开收购农民余粮政策，保质保量做好粮食收购工作。市粮食管理局等4部门转发《关于进一步做好粮食收购工作有关问题的紧急通知》，认真执行国家粮食收购政策，不准限收、拒收，不准压级压价收购。鼓励扩大粮食顺价销售的激励机制，采取奖励与顺价销售绩效挂钩办法。

三、“三项政策、一项改革”

1998 年，国务院提出粮食流通体制改革的重点，敞开收购、顺价销售、收购资金封闭运行政策，粮食企业自身改革，核心是按保护价敞开收购农民的余粮。8 月，市政府分别与 6 个旗县（区）政府及粮食部门签订《粮食收购责任书》，建立收购工作领导责任制。全市粮食收储企业改称粮食购销企业，按保护价敞开收购农民余粮政策，严格按照国家规定的收购质量标准和价格，做到“七不”（不停收、不拒收、不限收、不抬级抬价、不压级压价、不向农民打“白条”、不代扣农业税以外的其他任何税费）。为严格执行顺价销售政策，成立市粮食局粮食顺价销售工作领导小组，加强企业执行顺价销售政策的监管，明确定价原则和销售任务，规定不允许搞“逆向操作”。为实现粮食收购资金封闭运行，根据“库贷挂钩、钱随粮走”的原则，市粮食局、市财政局在保证粮食收购资金筹措基础上，配合自治区农发行加强收购、储存、调销等环节粮食和资金运作监控，坚持“购贷销还”，做到收 1 斤粮发 1 斤钱，严把贷款投放关，建立驻库信贷员制度，坚持销 1 斤粮还 1 斤贷款和利息，实行封闭运行考核责任制。

1999 年 4 月，市政府印发《开展粮食流通体制改革情况执法监察实施方案》，对各级政府及粮食、工商、农业发展银行、财政等有关部门和粮食企业贯彻落实“三项政策、一项改革”的情况进行监督检查。8 月，市政府调整全市粮食收购政策，坚持建立领导责任制，坚持采取公开收购政策、质量标准和价格等措施。在粮食企业自身改革方面，要求结合粮食企业实际，加快改革步伐，分别采取租赁、兼并、民有民营等改革形式搞活企业。

2001—2002 年，全市坚持落实“敞开收购余粮、坚持顺价销售、加强收购资金‘库贷挂钩’管理”。2003 年 11 月，市政府印发《关于深化粮食流通体制改革的通知》，明确改革的任务和重点，完善市级粮食储备和粮食风险基金管理办法，制定全市粮食储备宏观调控应急预案，建立粮食市场信息预警机制，加强行业管理和市场监管。动用节余的市粮食风险基金，用经济补偿方式置换职工身份 2494 名，对距法定退休年龄不足 5 年的 366 名职工，实行内部退养和移交社保托管。

2004 年 5 月，国务院发出《关于进一步深化粮食流通体制改革的意见》，要求放开粮食收购和价格，健全粮食市场体系。2005 年 7 月，市政府印发《呼和浩特市国有粮食购销企业改革实施方案》，分类分步安置市属和旗县（区）粮食企业职工 1684 名（不包括欠费退休人员及遗属等）。实施产权制度改革，整合全市 6 个国有粮油控股公司和 1 个军粮供应中心。

2006 年 5 月，国务院下发《关于完善粮食流通体制改革政策措施的意见》，要求加快推进国有粮食购销企业改革，切实转换企业经营机制。2007 年 12 月，自治区政府印发《关于进一步深化粮食流通体制改革的实施意见》，要求加强和改善粮食宏观调控，健全粮食监测预警系统和应急机制，完善直接补贴和最低收购价政策，充实地方粮食储备，保证粮食供给和市场稳定，加强粮食流通监督检查，做好全社会粮食流通统计工作，确保国家粮食安全。

2008 年 1 月，市政府提出贯彻自治区政府进一步深化粮食流通体制改革意见，加快推进国有粮食购销企业产权制度改革，切实转换企业经营机制。全市 48 个国有粮油购销独立核算单位，整合 20 个，其余拍卖、租赁方式放开；加强对重组改制后全市粮食购销企业国有资产的监督管理；充实市级储备粮油规模，确保全市粮食安全；大力发展粮食产业化经营，支持国有粮食购销企业改革和发展；加强和充实粮食行政管理机构、人员，落实工作经费。

四、放开粮食购销市场

2003 年 3 月，自治区政府印发《关于进一步深化粮食流通体制改革的意见》，从 4 月 1 日起，取消全区粮食定购任务，全面放开粮食市场、收购和价格；取消粮食运输凭证制度，允许多种经济成分的市场主体直接到农村随行就市收购、运销粮食。同年，自治区粮食局取消对盟市粮食局历年粮食收购、顺价销售等经济考核指标。

2004 年 12 月，自治区政府印发《自治区粮食收购资格管理办法》，明确从事粮食收购者的资格条件。2005 年 8 月，市粮食局、财政局、工商局，农发行自治区分行营业部转发《自治区有关部门关于做好陈化粮销售出库工作的通知》，陈化粮销售实行定向销售和备案制度，工商部门对销售处理全过程进行监管。根据国家陈化粮销售处理有关规定，市粮食局、市工商局负责监管全市 34 家单位竞价销售的陈化粮发运情况。2007 年 12 月，市政府印发《呼和浩特市粮食应急预案》。

2010 年 1 月，自治区粮食局转发《国家粮食局关于做好当前粮油购销和市场供应工作的通知》，要求各级粮食行政管理部门要把维护粮食市场和价格基本稳定作为当前粮食流通工作的首要任务。市各级粮食主管部门加强粮油市场监测和预警工作，强化市场监管，认真履行粮油市场监管职责。

2012 年，动工新建占地面积 2.6 万平方米、建筑面积 1.6 万平方米、有 49 个商铺的粮油批发市场。

第二节　粮油收购

一、合同定购和“议转平”

1985 年 2 月，自治区政府下发《关于粮食取消统购实行合同定购的通知》，实行粮食合同定购改革。国家规定粮食定购品种为小麦、稻谷、玉米、大豆。自治区增加谷子、高粱、莜麦共 7 个品种。1986—1990 年，全市粮食合同定购任务按全市粮食总产量不足 25 万吨的标准确定为 1.5 万吨，其中小麦 1 万吨、粗杂粮 5000 吨。为保证收购数量，在下达任务时，在总量中要求增加保险系数 10%，考核时按下达任务检查。全市累计完成粮食合同定购 6.1 万吨、议购 6.4 万吨。

1991—1992 年，全市完成平价粮收购累计 3.62 万吨，其中完成夏秋粮国家定购 3.01 万吨。1993 年，全面放开粮食价格和收购经营。市财政局、市粮食局和相关银行要求必须保证国家定购粮收购资金，实行专户管理，专款专用。对收购资金不能及时到位影响收购的，要追究有关单位和直接责任人的责任，并坚决不打“白条”，收购不得压等压价、抬等抬价。全年完成粮食收购 2.96 万吨，其中国家专项储备粮 5000 吨、议购粮 9740 吨、夏秋粮国家定购粮 1.49 万吨。1994 年，累计收购粮油 6.6 万吨，其中本地区粮食收购 1.91 万吨，同比多收购 4120 吨。1995 年，全市夏粮收购 1.69 万吨，秋粮收购 8700 吨，油料 6980 吨。根据全市总量平衡需求，购入进口粮 2.25 万吨、食用油 1430 吨。全部粮油收购 4.54 万吨，其中政策性粮油收购 1.93 万吨。市农业银行负责国家定购粮资金，市农业发展银行、市财政和市粮食收储企业负责议购粮资金。

1996 年，全市完成国家定购 3.05 万吨，其中小麦 2.56 万吨、玉米 4900 吨；议购粮食 1.31 万吨，完成油料 4800 吨。全年落实收购资金 6222 万元，收购粮油 6.18 万吨、进口粮食 1.49 万吨。

1997 年，自治区政府决定动用粮食风险基金，实施玉米保护价收购。全市筹措收购贷款 4000 万元，完成国家专项储备粮收购 6 万吨；落实收购资金 5530 万元，收购国家定购粮 2.7 万吨、小杂粮 5150 吨；议购粮 2.95 万吨、油料 4500 吨。1998—1999 年，全市筹措收购资金 1.11 亿元，完成收购粮食 11.39 万吨，其中国家定购 5.4 万吨、保护价议购 6.0 万吨。

2000—2002 年，根据全市粮食生产情况，调整国家定购粮收购品种，确定 7 个小杂粮补充国家定购任务，收购品种有小麦、玉米和杂粮（荞麦、莜麦、黍子、大麦、高粱、谷子、绿豆、红小豆、豌豆）。累计落实收购资金 2.25 亿元，收购粮食 20.95 万吨。

二、定购粮“三挂钩”

1985 年 12 月，自治区政府转发《国务院关于切实抓紧抓好粮食工作的通知》，为支持粮食生产的发展，保证合同定购任务的完成，各盟市可从分配包干的化肥中拿出三分之一或者更多一些的优质化肥与合同定购的粮食挂钩。挂钩的粮食，限于国家规定的小麦、稻谷、玉米、大豆 4 个品种，凭定购合同供应。当年全市供应粮挂钩化肥 1.16 万吨。1986 年，自治区下发通知，奖售平价化肥标准由各盟市根据自治区下达的小麦、玉米、大豆和地方安排的稻谷合同定购指标，结合优质化肥量力自行安排。呼和浩特市确定合同定购奖售平价优质化肥范围只限小麦、玉米、大豆。奖售化肥（硝酸二铵或尿素）标准，3千克化肥/50千克粮食。交售粮食2.5吨以上，4千克化肥/50千克粮食以内，凭粮油定购合同交售卡片供应，全年全市供应粮挂钩化肥5960吨。12月，自治区政府发出《关于下达1987年全区粮食合同定购任务的通知》，实行粮食与化肥、柴油挂钩，并发放粮食预购定金。挂钩标准，每50千克贸易粮奖售优质标准化肥3千克、柴油1.5千克。按合同定购粮价款的20%发放粮食预购定金。

1987年，国务院决定全面实行粮食与化肥、柴油、预购定金的“三挂钩”政策。确定全市指标900吨，农民每交售50千克粮食奖售优质化肥3千克、柴油1.5千克。粮食预购定金按统购价格20%发放（全市126万元）。第一季度（包括1986年12月）自治区安排全市优质平价化肥指标720吨。全市结合历年合同定购任务，采取预分配办法发出粮食预购定金94.50万元。当年收回71.44万元。1988年，明确对完成合同定购的机动数粮食，可用于计划内平价粮开支，兑现“三挂钩”政策，也可支付“议转平”收购差价款，则不执行“三挂钩”政策。全市发出粮食预购定金50.90万元、当年收回15.09万元、应收回35.13万元、未收回1年以上粮食预购定金12万元。

1989年，根据自治区粮食合同定购任务实行一定三年包干办法的要求，市政府发出通知，要求各旗县（区）政府及时兑现“三挂钩”物资。全市发放粮食预购定金38万元、应收回28.83万元、未收回1年以上粮食预购定金19万元。1990年，发放粮食预购定金27万元，逾期未收回14.17万元。

1991年，自治区下达全市国家定购粮（1.5万吨）挂钩柴油450吨、“粮挂化肥”平价指标1500吨。发放粮食预购定金22万元，逾期未收回11.2万元。1992年，自治区下达粮肥挂钩指标600吨、定购粮挂钩奖售柴油计划450吨。发放粮食预购定金8.5万元。

1993年3月，自治区政府决定，定购粮执行“三挂钩”新的兑现办法和国家规定的价外加价标准，将扶持粮棉生产的化肥、柴油，由平价供应实物，改为货币方式，在收购价格之外，将平议差价以加价（每千克粮食平均加价8分4厘）形式付给农民。各旗县（区）粮食局，通过乡镇与农民签订定购合同，按定购粮总价值20%实际发放预购定金141.99万元。年末未收回预购定金4.35万元（1年以上）。1994年4月，财政部、农业部等部门发出通知，国家合同定购粮的“三挂钩”（化肥、柴油平议差价和预购定金贴息）全部实行价外加价。停止发放粮食预购定金。1995年4月，国务院发出通知，深化粮食棉花化肥购销体制改革。全市未收回历年发放的粮食预购定金贷款11万元。之后，因化肥货源充足供需矛盾缓解，挂钩化肥价格出现倒挂，因此逐步取消“三挂钩”政策。

三、放开收购

2003年4月1日起，自治区政府决定放开全区粮食购销市场。2003—2004年，全市国有粮食购销企业坚持“购得进、销得出、有效益”的原则，筹措收购资金2.06亿元，收购粮食11.77万吨。

2005—2007年，全市国有粮食购销企业到粮食产区委托签订收购订单、设立收购点开展粮食订单收购。市第二、第三粮食仓库与巴彦淖尔市乌拉特前旗，市武川粮油总公司与呼伦贝尔市阿荣旗、牙克石，黑龙江省齐齐哈尔市等地民营粮食企业签订《粮食产销合作合同》，约定收购小麦、玉米、大豆、油葵或花葵等，全市国有粮食购销企业累计落实收购资金1.90亿元，收购粮食11.30万吨、油料1.33万吨。

2008—2009年，全市国有粮食购销企业落实收购资金6891万元，收购粮食2.19万吨、油料100吨。2010年，全市各类粮食企业筹措收购资金2.14亿元，收购政策性粮食7.39万吨、自营粮食9297吨。2013年，市第六粮库多渠道申请贷款，收购小麦1138吨、莜麦278吨。2014年至2015年4月末，全市累计完成国家临时储存玉米收购17.8万吨，同比减少51.2%。其中，露天存储数量6.2万吨，仓房存储数量11.6万吨。

第三节 粮食销售

一、粮油统销

1986年，全市粮油销售17.3万吨，其中议价销售1.76万吨。1987年，按照自治区新的粮食包干办法，全市粮食销售包干指标包括定量、口粮、行业用粮、事业用粮、饲料用粮、农村救灾粮和抗灾保畜饲料粮等。全市粮油销售16.7万吨，其中平价14.9万吨、议价1.85万吨。按原粮计算，全年粮食销售19.08万吨。至1990年，全市累计销售粮食99万吨、食用油2.9万吨，人均口粮销售水平192.5千克。

1991年，全市粮油经营量72.6万吨，其中平价粮油销售15.81万吨。1992年，自治区政府批准，全区取消工种粮食。市镇居民粮食定量除大中专、技校、中学的在校生外，凡28市斤/人定量以上的一律改为28市斤。原规定的各项补助粮油和每人增供的1市斤/月副食豆一律取消。5月，市政府印发通知，压缩平价粮销售，取消工种粮补贴（大中专、中学、技校在校学生除外），由各企事业单位视其职工劳动强度给予工种粮补贴，可计入成本，粮食部门按议价粮供应。平、议价差款由职工所在单位予以补贴，企业列入成本费用。原征集企业粮食补贴基金的办法不再执行。放开饮食（含早点）、糕点、酿造、副食、奶牛饲料等行业用粮，改为供应议价粮油。对国营3大奶牛场和种牛场给予25万元饲料款补贴，一年一定。菜农口粮暂不放开，将粮菜价格放开，改为议价供应。1—9月，全市平价粮销售10.9万吨。10月1日起，市政府决定放开粮食经营和价格，全市粮食流通工作开始向市场经济转变。

1993 年 3 月，自治区政府决定，对盟市不再实行粮食购销调拨包干管理办法，实行分级管理，产销区直接订货、调剂余缺、盟市自求平衡的办法。从 4 月 1 日起，全面放开食用油购销。建立粮食储备体系和粮食风险基金制度。4 月，为确保全市粮油市场供应和价格稳定，增强政府宏观调控能力，市政府决定，建立市级储备粮油（粮食 1 亿千克、食用油 100 万千克）和市粮食风险基金（500 万元）制度。按照自治区粮油销售最高限价，对全市国有粮站（店）经营的粮油品种，实行最高限价和明码标价、挂牌销售制度。对食用油采取限量销售（控制销量 250 吨 / 月）。当年，全市国有粮食企业销售粮油 12 万吨，比 1992 年增加 2000 吨，占放开经营前粮油销量的 55%。其中，粮食 11.4 万吨，食用油 5000 吨。

二、凭卡限价定量供应

1994 年 6 月，市政府决定，在粮价改革政策出台后三个月内，向居民发放“购粮优惠卡”，实行限价定量供应标准粉的办法。本市商品粮供应人口（有本市正式户口的居民，不包括菜农），每户一卡，供应期内人口不做变更。定量每人每月 11 千克（1.3 元 / 千克），当月有效，供应期限 3 个月。市区各大中专院校在粮价改革政策出台后购买标准粮，凭院校出具的在校学生注册人数证明，办理购粮手续，到指定粮库交款购买，当月有效，不做结余。居民“购粮优惠卡”使用时，与户口并用，在就近国有粮店购买，只限本户使用，不得涂改、转让、出卖。粮店供应时，核对“购粮优惠卡”和户口，按规定限价、定量供应，并逐户按规定将“购粮优惠卡”编号、姓名、数量填写在购粮小票上。市区 79 个国有粮店发放“购粮优惠卡”14 万户，占应发户的 63%。大中专院校所供粮油按批发价（标准粉 1.26 元 / 千克）供应。市场标准粉供应批发价 1.16 元 / 千克。全年国有粮食企业销售粮油 12.7 万吨，其中粮食销售 12.4 万吨、食用油销售 3050 吨；自营粮油销售 9.51 万吨。

1995 年 3 月，市政府制定《城镇居民凭卡限价定量供应管理办法》，凭卡限价定量供应品种、数量、价格由市政府决定。8 月，市政府按照“普遍供应、重点照顾”的原则，确定对全市贫困居民发放“特供户粮食照顾卡”，印发《市城镇居民粮食供应暂行办法》，规定城镇居民基本口粮实行凭卡限价定量供应，生活困难户给予增加定量照顾。居民特困户按户发放“特困户粮食照顾卡”，在供应范围内国有粮店（店）购买。全市有 5180 户贫困户、1.37 万人领取“特困户粮食照顾卡”。全年向城镇居民（包括 4 个旗县〈区〉）共发放“居民购粮卡”“特困户粮食照顾卡”19.9 万户，供应人口 70.6 万人，月均供应粮食 5310 吨、食用油 169 吨。全年国有粮食企业销售粮油 13.2 万吨，其中粮食 12.5 万吨、食用油 6660 吨。凭卡限价定量销售标准粉 3.12 万吨、特二粉 3.29 万吨、食用油 2030 吨。销售军供粮油 6920 吨。

1996 年，市政府印发《关于 1996 年城镇居民粮油供应卡、票发放和使用规定》，明确保证国家调价政策出台前后，稳定全市粮油市场和价格，实现全市物价涨幅 10% 的控制目标。从 5 月 1 日起，实行“持卡凭票限价定量供应办法”，采取“普供”与“特供”分开，卡、票结合，集中发放等措施。至 1996 年末，在国家调整粮食购销价格期间，对全市城镇居民粮油供应，采取“凭卡限价定量供应”等稳定措施，先后 5 次向全市供应对象发放“粮油供应卡”“面粉供应票”，调整供应办法 3 次，稳定全市粮油市场和价格，确保国家粮食购销价格改革政策的平稳出台和顺利实施。

三、顺价销售和市场供应

1997 年 4 月，按照国务院关于实行粮食顺价销售政策要求，市政府提出促销压库、盘活资金，在保证全市军供和特困居民等政策性粮油供应的同时，市粮食局下达全系统标准粉销售计划，与工资挂钩，开展全员销售活动。在旗县（区）农村购销库（站）开展“两代一换”业务（代加工、代储存和品种兑换）。全年顺价销售粮油 7.13 万吨。销售小杂粮 910 吨，其中市场纯销售 820 吨、政策性销售 90 吨。1998 年，市政府与全市 6 个旗县（区）政府和市区所属 4 个粮食购销企业签订顺价销售任务责任状，并制定考核奖罚办法。全市销售粮油 7.53 万吨，实现顺价销售 1.8 万吨。1999 年，全市顺价销售粮食 3.05 万吨，实现顺价销售利润 148 万元。

2000—2002 年，全市完成粮食顺价销售累计 17.04 万吨、实现顺价销售利润 2062 万元。同年竞价销售陈化粮 1453 万千克、销售划转商品粮 5.86 万吨、销售专项粮食 4.54 万吨、食用油 375 吨。

2003 年 4 月，自治区政府决定，放开全区粮食购销市场。2003—2007 年，在全市粮食购销市场化情况下，采取多种营销方式销售各类粮食 29.21 万吨。

2008 年，全市粮食系统销售经营性粮食 2.41 万吨，收入 3206.20 万元。

2010 年 12 月，为落实国务院、自治区政府有关稳定消费价格总水平保障群众基本生活的文件精神，市政府提出实施意见，要求各级粮食部门增加小麦、稻谷、油料等粮油库存，落实小包装成品粮油储备制度，确保粮油市场供应不脱销断档。

2011—2012 年，市第六粮食仓库销售自营商品粮 8002.6 吨。2015 年，全市粮食总消费量为 313 万吨，其中口粮 54 万吨，饲料用粮 73 万吨，工业用粮 180 万吨；食用油 5.6 万吨。

四、军粮供应

1987 年 3 月，商业部发出通知，武警部队粮油供应从 4 月 1 日起按《军粮供应与管理办法》规定办理。1993 年，按照商务部等有关部门通知要求，提高军供小麦粉、大米质量标准和供应比例，小麦粉由标准粉提高到特二粉；大米由国标二等提高到国标一等；取消粗粮供应，粗粮供应比例 10% 改供大米。严格按照《军粮供应与管理办法》规定，做好军粮供应工作。全市粮食经营和价格放开后，军粮供应所需粮、油货源和饲料及调拨所需资金、经营费用由市粮食局自行筹措。

1994年，按照国家粮食储备局、财政部等有关部门的文件要求，从6月起实行新的《军粮供应与管理办法》。部队购买粮食和马料使用军用供给粮票。军粮财务实行专项、专户、专账管理，与原粮食财务脱钩。地方财政承担的军粮财务补贴上划自治区财政厅。军粮“议转平”差价补贴，由中央财政和自治区各分担总额的50%。1996年3月，自治区商务厅、财政厅发出通知，从4月1日起军粮供应纳入定购粮管理。大米由盟市自行采购，面粉在定购粮销售计划内安排，大豆、马料、食用油由盟市组织供应。

1997年1月1日起，实行国家新的军粮供应体制，旧版军用供应粮票停止使用。按照自治区商务厅要求，军供粮油不再执行国家统销价，按市场价购买。

2007年，财政部、国家粮食局和中国人民解放军总后勤部要求，从1月1日起施行军粮供应销售方式改革，以军用购粮卡代替军用粮票。实现部队刷卡购粮，销售实行刷卡售粮。2013年后，军粮供应网点实现网络连接，供应结算电子化。

第六章　服务业

第一节　传统服务业

一、住宿和餐饮业

1986年后，全市住宿和餐饮业发生深刻变化，以国有集体为主体的经济格局被打破，住宿和餐饮业投资主体多元化显现。餐饮市场最先获得开放，全市餐饮业随着人们思想观念的解放而进入新的发展阶段，大中型国营饭店实行经营承包责任制，小型饭店先后转为集体经营。个体、私营等经济形式的餐饮业逐渐增多，各具特色，名目繁多的中小型餐饮业遍布各地城镇。饭菜价格也逐步下放企业自定。

1990年，全市饮食服务业收入额997万元，年平均递增3.3%，利润平均年递增4.1%。1993年，全市餐饮业零售额9284万元。1994年后，呼和浩特市餐饮业形成各种风味共融的全方位风味格局，不出市区就可以品尝到全国各地的风味美食，全市餐饮业进入高速发展阶段。人们不再满足吃饱，开始追求新鲜的口味、新鲜的吃法，全国各地的传统美食摆上餐桌。规模较大的餐饮企业两到三年内调整、变换菜系，一些大的饭店推出各自的风味特色。老字号饭店也在保留传统的基础上推出各种菜系。小规模的个体、私营餐饮业如雨后春笋般涌现出来。1994年，全市餐饮业零售额进入亿元大关，达1.34亿元。1998年，全市餐饮业零售额8.82亿元，比1994年增长5.6倍，年平均增速45.7%。全市已建成一批大中型饭店、酒楼，包括内蒙古饭店、昭君大酒店、巴彦塔拉饭店，以及天外天、楼外楼、火锅城、民俗村、皇上皇、云中酒家等，回民区清真寺附近的回民风味小吃一条街，还有为数众多的个体饮食摊点。1999年，全市餐饮业零售额突破10亿元大关，达12.78亿元。

2000年，全市住宿和餐饮业消费总额15.55亿元，是1986年3416万元的45.5倍。2001年后，随着旅游、会展业的兴起，外来流动人口的增多，带动住宿和餐饮业的发展，形成餐饮一条街、餐饮连锁、自助店、旅游度假村。在接受各地不同餐饮文化的同时，本地区蒙古族特色餐饮文化推广，国外餐饮连锁企业进入成熟发展阶段。至2007年，全市有住宿和餐饮业网点9974户，其中规模大的餐饮企业181家，星级酒店35家。全市住宿和餐饮业零售额突破100亿元，达108.31亿元。住宿和餐饮业总量扩大，总体水平提高，一些国内知名餐饮业陆续进入市场，带动全市消费市场档次发展和规模的提升。饭店旅游业由单一的住宿功能转向吃、住、娱乐、购买、商务等多功能全面发展。

2009年，全市住宿和餐饮网点突破1万户，其中个体经营户占95%以上。住宿和餐饮业在总量扩大的同时，高档次住宿和餐饮企业逐年增加，限额以上餐饮企业发展到218家，其中五星级4家、四星级6家、三星级12家、二星级10家。至2010年末，全市住宿和餐饮业消费总额由2001年的20.89亿元增加至2010年的97.83亿元。

2011年后，住宿和餐饮业从过去单一的发展转变为多元多渠道的新模式。2012年，全市住宿和餐饮业零售额140.15亿元，占社会消费品零售总额的13.7%。全市限额以上餐饮企业218家。2013—2014年，全市住宿和餐饮业增势放缓。2014年，住宿和餐饮业零售额174.17亿元。

2015年，住宿和餐饮业零售额193.07亿元，同比增长10.9%，在经历2年的低迷后，餐饮业市场逐步回暖，达到两位数的增长。

1986—2015年呼和浩特市住宿和餐饮业消费总额统计表

表10–6–1　　　　单位：万元

年份	住宿和餐饮业消费总额	年份	住宿和餐饮业消费总额
1986	3416	1991	4658
1987	3405	1992	4380
1988	3820	1993	9284
1989	3698	1994	13427
1990	3396	1995	26112

续表 10-6-1

年份	住宿和餐饮业消费总额	年份	住宿和餐饮业消费总额
1996	60325	2006	906216
1997	81224	2007	1083084
1998	88175	2008	742229
1999	127797	2009	847157
2000	155475	2010	978296
2001	208912	2011	1033355
2002	231750	2012	1401473
2003	518862	2013	1571070
2004	633945	2014	1741725
2005	734870	2015	1930742

二、家政服务业

1990 年，家庭服务即社区家政服务出现。1998 年，呼和浩特市家庭服务开始连锁经营。2002 年，全市家庭服务步入“社会化工程”范畴，出现品牌概念。2008 年，建立一定数量的家庭服务业品牌和经营管理标准。

2009 年，由市商务局、市财政局和市总工会组成呼和浩特家政服务工程推动领导小组，对全市家庭服务企业进行培训。实施“巾帼家庭服务工程”，建立“呼和浩特市妇联巾帼培训基地”，分期分批次组织培训各类家政服务人员 1400 人，90% 以上实现就业。

2010 年，呼和浩特市被商务部、财政部确定为全国家政服务体系建设试点城市，是自治区唯一的试点城市。全年培训下岗职工和农民工 1800 人，对培训人员每人补助 1200 元，家庭服务从业人员的职业素质和专业服务技能提高，培训人员上岗率 99.7%。

2012 年，“巾帼家庭服务工程”示范单位之一的呼和浩特市仁和家政服务有限责任公司，陆续设立 13 家直营店和 6 家服务站，培训家政服务人员 200 余人。年末，呼和浩特从事家庭服务业的企业从 20 世纪 80 年代的 2 家发展到 56 家，包括家政服务、家庭保姆、幼儿园、敬老院、物业、小饭桌等多种服务内容，从业人员 1344 人，营业额 1113.4 万元。呼和浩特家政服务网络中心加盟企业数 309 家，日均提供需求对接近 40 单，年交易额 4000 余万元。

2014 年，开通“95081”家庭服务公益性信息服务平台，391 个家庭服务企业签订加盟协议。2015 年，依托仁和家政、日信海清等家政服务企业，全市有家政服务网点 37 个、社区服务站 6 个，服务覆盖近 1.5 万户家庭。

三、拍卖业

20 世纪 80 年代中后期，呼和浩特市逐渐出现拍卖交易行为。1990 年 11 月，市政府批准设立呼和浩特市拍卖市场。1995 年，拍卖企业——内蒙古金槌拍卖有限公司成立。

1997 年，根据《呼和浩特市人民政府关于指定拍卖机构的通知》，认定内蒙古金槌拍卖有限公司为“设区的市的人民政府指定的拍卖人”从事拍卖业务。1999 年后，呼和浩特市拍卖机构开始增加。截至 2015 年，全市有拍卖企业 33 家。标品主要涉及房地产、机器设备、机动车等。

1999—2015 年呼和浩特市拍卖企业及企业变更情况表

表 10-6-2

年份	新增	变更
1999	内蒙古国拍拍卖有限责任公司、内蒙古浩源正德拍卖有限责任公司	—
2000	内蒙古滕泰机动车拍卖有限公司、内蒙古宏法拍卖有限责任公司	—
2001	内蒙古正浩拍卖有限责任公司、内蒙古国友拍卖有限公司	内蒙古国拍拍卖有限责任公司
2002	内蒙古红力拍卖有限责任公司、内蒙古众汇拍卖有限责任公司、内蒙古蒙利来拍卖有限公司、内蒙古嘉得拍卖有限责任公司	内蒙古国拍拍卖有限责任公司
2003	内蒙古和明拍卖有限责任公司、内蒙古自治区拍卖中心有限责任公司	—
2004	内蒙古万鼎拍卖有限公司、内蒙古中宣拍卖有限责任公司	—
2005	内蒙古天力拍卖有限责任公司、内蒙古信成拍卖有限责任公司	内蒙古宏法拍卖有限责任公司、内蒙古和明拍卖有限责任公司、内蒙古浩源正德拍卖有限责任公司、内蒙古信成拍卖有限责任公司
2006	内蒙古广丰拍卖有限责任公司、内蒙古陆桥拍卖有限责任公司、内蒙古广义拍卖有限责任公司	内蒙古天力拍卖有限责任公司、内蒙古信成拍卖有限责任公司
2007	内蒙古凯德拍卖有限责任公司、内蒙古及时雨拍卖有限公司、内蒙古金利拍卖有限责任公司	内蒙古金槌拍卖有限公司

续表 10-6-2

年份	新增	变更
2008	内蒙古公利拍卖有限责任公司	内蒙古天力拍卖有限责任公司、内蒙古蒙利来拍卖有限公司、内蒙古中宣拍卖有限责任公司
2009	内蒙古金信拍卖有限公司、内蒙古亿利拍卖有限责任公司	内蒙古信成拍卖有限责任公司
2010	—	内蒙古万鼎拍卖有限公司
2011	内蒙古和成拍卖有限责任公司	内蒙古信成拍卖有限责任公司、内蒙古中宣拍卖有限责任公司
2012	内蒙古宇皓拍卖有限责任公司	内蒙古凯德拍卖有限责任公司、内蒙古滕泰机动车拍卖有限公司
2013	内蒙古国友拍卖有限公司	内蒙古红力拍卖有限责任公司、内蒙古和成拍卖有限责任公司、内蒙古天力拍卖有限责任公司、内蒙古蒙利来拍卖有限公司
2014	内蒙古宇辰拍卖有限公司、内蒙古陶唐国际拍卖有限公司	内蒙古红力拍卖有限责任公司、内蒙古众汇拍卖有限责任公司、内蒙古自治区拍卖中心有限责任公司
2015	内蒙古嘉保拍卖有限公司、内蒙古嘉利拍卖有限责任公司、内蒙古中财拍卖有限公司	内蒙古红力拍卖有限责任公司、内蒙古济众拍卖有限责任公司、内蒙古国立拍卖有限责任公司、内蒙古中正拍卖有限责任公司、内蒙古和成拍卖有限责任公司

第二节　现代服务业

一、现代服务业集聚区

2000 年后，呼和浩特现代服务业发展步伐加快，信息技术服务业、云计算、现代物流、电子商务等新型业态迅猛发展，成为全市经济增长新引擎。如意总部基地、盛乐现代服务业集聚区、内蒙古大学科技园区等一批现代服务业集聚区初具规模，美通商贸、万达广场、金海商圈等一批核心商圈和商业中心逐渐形成集聚效应。

截至 2015 年，通过自治区评审认定呼和浩特留创园区、沙良物流园区、蒙古风情园、恼包物流园区、太伟方恒中央商务区等 16 个自治区级服务业集聚区共入驻企业 3487 家，从业人员 6.4 万人，实现营业收入 186.8 亿元，初步形成中央商务、科技创业、现代物流、文化创意、休闲旅游以及市场交易等六类集聚区形态，呈现出产业集中、发展集约、资源共享，功能互补、区域优势突显的现代服务业集聚区。

二、电子商务

2013年，金海商务基地成为首家自治区级的电子商务示范基地。2014年，呼和浩特市依托乳业、现代农牧业、现代服务业和云计算等特色行业和优势产业，全市在线支付、现代物流保障、网络交易监管和在线信用、质量诚信体系建设等方面都有相应较为完善的建设，保证电子商务能够健康、安全、诚信运营。重点培育、扶持伊利、蒙牛、大宗畜产品交易中心等一批本土电子商务骨干企业发展。同年，国家发展和改革委员会等13部门办公厅下发《关于进一步促进电子商务健康快速发展有关工作的通知》，呼和浩特等30个城市获准创建国家电子商务示范城市。

2015年，全市有航天云网工业品商城、中国薯网、大白鲨、内蒙古清研等各类本土电商骨干企业和支撑服务类企业1600多家。同时，建起中国薯网、华蒙通、民族V购、东鸽E购、内蒙古商网等一批具有地区影响力和知名度的电商平台，及淘智电商、内蒙古清研、钱毅、凯米尔酷、琅琨、塞奇纳尔、天美华乳、小奶花、倍全等服务机构和品牌网商。建立呼和浩特市电子商务公共服务平台和呼和浩特市电子商务公共服务中心，开通呼和浩特电子商务公共服务平台网站。各电商集聚区引入各类孵化器、创业基地，设立创客空间、众创咖啡。形成金海、玉泉、盛乐、鸿盛、金桥等电子商务集聚区，面积近15万平方米，有500余家可以提供电商平台、运营推广、网编设计、创业孵化、物流配送、技术研发、金融支付、教育培训等服务的企业签约入园。其中，金川电子商务产业园获批成为国家级电子商务示范基地，金海电子商务基地为自治区级电子商务示范基地，和林格尔县获批全国电子商务进农村综合示范县。全市网络零售总额全国排名第63位，获“互联网+”2015年度中国网络零售最具活力城市，网络零售增速全国排名第6位。被阿里巴巴集团确定为全国“千县万村”农村电商示范县。建成县级服务中心及30个村级电商服务站。全年，全市网络零售交易额136亿元，占社会消费品零售总额的10%。

2015年呼和浩特市电子商务集聚区基本情况表

表10-6-3

序号	集聚区名称	功能定位	建筑面积（平方米）	入驻企业数量（家）
1	内蒙古电子商务产业园	电子商务企业孵化、人才培训、公共服务、仓储物流	20000	80
2	金桥电子商务产业园	区域电子商务公共服务、电子商务全产业链集聚发展、传统企业转型及创业辅导、孵化	22000	220

续表 10-6-3

序号	集聚区名称	功能定位	建筑面积（平方米）	入驻企业数量（家）
3	呼和浩特金海电商集聚区	仓储物流区、电商集聚区、线下体验、商品展示、羊绒制品线上线下交易	18510	37
4	玉泉区电子商务产业园	创业培训、创业孵化、生产性服务业集聚区	18000	48
5	盛乐微型企业孵化园	电子商务科技研发政务服务商务办公企业孵化商务合作洽谈云计算体验展示	20000	42
6	呼和浩特留学人员创业园	高层次人才创新创业基地、高科技企业孵化培育基地、高新技术产业示范基地、高附加值企业发展基地	10000	15
7	内蒙古自治区创新创业示范基地	基地重点引进电子商务、云计算、文化创意、新材料、生物科技等知识密集型企业	40000	97
合计			148510	539

三、物流业

（一）物流业发展

2004 年，市政府提出把现代物流业放在重要位置，统筹规划，合理布局，依托现有产业基础和物流基础设施，着力整合现有的物流资源，启动综合物流园区、无公害绿色食品物流园区建设，着力构筑区域性物流中心。

2009 年，国务院《关于印发物流业调整和振兴规划的通知》，呼和浩特市被列为 17 个区域性物流节点城市。大力推进白塔和金山两大物流园区建设，加快建设呼和浩特出口加工区保税物流中心，积极支持呼铁局新增铁路三四线货运物流园区、土左旗沙尔营煤炭物流园区建设，扶持呼运、中储、铁通、凯迪等物流企业发展，抓紧培育和引进一批规模大、实力强、专业化程度高的现代物流企业，提高物流业的专业化、社会化和现代化水平。支持各旗县（区）依托自身优势，建设专业物流园区。全市建成保全庄农产品物流中心、美通无公害农产品批发中心、福胜农副产品交易中心和京源港国际汽配城、金海五金机电城、百联雄业钢材、利丰汽车文化广场，初步形成具有较强区域流通能力和集散功能的区域性农畜产品集散中心、五金建材集散中心以及汽车等大宗商品营销中心和煤炭洗选、仓储物流交易中心。

2010 年，全市有各种规模物流企业共 870 余家。其中，物流运输企业 210 家，仓储企业 32 家。内蒙古呼运物流园区有限公司、内蒙古铁通物流有限公司、内蒙古物资储运有限公司、内蒙古九州通医药物流有限公司等企业，按照专业化、标准化、系统化、智能化的现代物流企业发展方向，初步建设成为具有综合服务功能的大型物流企业。在现代物流业方面，以交通运输和仓储业为主的传统物流业向现代物流、第三方物流转化步伐明显加快，浪潮、凯迪等具备第三方物流服务能力的现代物流企业快速成长，中外运、宅急送等物流企业在呼和浩特市开展业务或设立分支机构。随着白塔国际物流、白庙子铁路货运等公共物流园区以及大型煤炭物流集聚区的建设，物流企业、物流基地、物流中心和配送中心互为补充、协调发展的物流基础设施格局加快形成，为打造呼包鄂经济区物流中心城市、环渤海经济圈向中西部辐射的物流枢纽城市、国家向北开发重要国际物流节点城市奠定了基础。

2013 年，国家发展和改革委员会发布《全国物流园区发展规划》，呼和浩特等 29 个城市列入国家一级物流园区布局城市。

截至 2015 年，呼和浩特市按照“两港、四区、两园、一带”城市物流总体布局，推动呼铁局沙良铁路公路物流园区、城发恼包综合物流园区等大型物流园区建设。初步形成以白塔航空物流港和沙良铁路公路物流港为核心的物流城市格局和以大型物流园区为基础、配送中心为依托、末端网点为支撑的三级城市配送网络。全市共有各类物流企业 643 家，具备仓储、配送功能的物流园区 70 余家，其中具有一定规模的综合性物流园区 10 余家，区域性配送分拨中心 50 余家，二级配送分拨中心 60 余家，三级配送服务网点近 800 个。拥有常温库、冷藏库仓储面积 44 万平方米，合计仓储能力 110.9 万吨。京东、蒙牛、伊利、恒大冰泉、利客、诸葛汽配、申通、百世汇通、联众物流、天地华宇物流、一团火超市配送中心等一批企业入驻园区。推动网订店取、智能快递柜、自助提货箱等现代化配送方式，日日顺、丰巢公司等企业的快递自提柜和顺丰嘿客网订店取服务模式得到推广。全年完成城市快递包裹投递 7145.7 万件，实现快递业务营业额 5.88 亿元。顺丰、德邦、“四通一达”（中通、申通、圆通、百世汇通、韵达）等快递企业服务范围覆盖全市，电子商务物流快递“最后一千米”服务能力增强。

（二）物流园区

呼和浩特白塔空港物流园区　园区是国家服务业综合改革示范项目，也是内蒙古自治区“十二五”物流规划重点项目和呼和浩特市新区建设重要组成部分。按照市委、市政府安排部署，筹备工作于 2011 年 5 月 20 日正式启动。10 月 10 日，自治区政府办公厅下发《关于同意呼和浩特市设立白塔空港物流园区的函》，同意设立白塔空港物流园区，负责园区的开发建设和运营管理。航空港依托航空网络和周边便捷的铁路、公路交通条件，建成航空物流枢纽。2015 年，在国际快件入境业务运行的基础上，开通国际快件出口俄蒙业务，引进增益速递、欧派国际、聚美优品等企业，开展跨境电商、国际快件、国际邮政等业务，并分别在日本、欧洲、韩国等地建立仓库。截至 2015 年，白塔航空口岸开通了日本、韩国、蒙古国、俄罗斯等 7 个国家和地区

18 条国际航线。开通国际快件入境通道，接收来自美国、澳大利亚等 7 个国家和地区的国际快件。

城发恼包物流园区 2012 年，按照市委、市政府的要求，城发公司结合《呼和浩特国家公路运输枢纽总体规划》和市区周边道路、交通情况，在市区东出城方向主干道和绕城路交会处建设城发恼包物流园区。园区占地 92 万平方米，总投资 10.7 亿元，一期工程完成投资 6.6 亿元。2014 年投入运营。截至 2015 年，完成总面积为 12.5 万平方米的配套设施建设，有申通、中通等 9 家企业入驻。项目全部建成后每年的货物吞吐量 640 万吨，并实行集中分拨、统一配送的模式，点对点将快递送到市区 1000 余个末端网点，优化配送半径。

城发亿阳物流园区 2012 年，按照市委、市政府的要求，城发公司结合《呼和浩特国家公路运输枢纽总体规划》和市区周边道路、交通情况，在市区南出城方向主干道和绕城路交会处筹备建设亿阳物流园区。园区以工业品配送为主，建有 5 座仓储库，仓储面积 2.8 万平方米，建筑面积 1.5 万平方米。2015 年，一团火超市配送中心、天地华宇物流公司、中国电信呼和浩特市分公司等企业及部分汽修、汽配企业入驻园区。

城发金河物流园区 2012 年，按照市委、市政府的要求，城发公司结合《呼和浩特国家公路运输枢纽总体规划》和市区周边道路、交通情况，在市区西出城方向主干道和绕城路交会处筹备建设金河物流园区。2014 年开工建设。园区占地 40.80 万平方米，总投资约 6 亿元，年吞吐量 300 万吨。为自治区级农副产品流通企业，全市农产品、果蔬、粮油贸易集散枢纽。2015 年，内蒙古和纵商贸公司、内蒙古餐惠商贸有限公司入驻园区。

沙良公铁物流港 2014 年，项目启动实施，2015 年 10 月完成一期建设并投入运营。园区占地 122 万平方米，投资 17.1 亿元，建成 8 万平方米的高品质仓库，公路港零担单元 128 个，容纳 300 台车辆的停车场 1 座及其他公铁装卸配套设施，形成“四港、一中心、一口岸”（铁路港、仓储港、公路港、信息港、生活服务中心、铁路口岸）功能布局。同年，园区开通合肥—呼和浩特一站式直达家电特需专列，成为自治区中西部地区及辐射呼包银榆的家电区域分拨中心；开通直达广州大朗特需货运班列；启用呼铁局沙良物流园公路港，首批零担商户入驻沙良物流园，缓解了 110 国道沿线的交通拥堵状况。截至 2015 年末，园区集聚京东、利客等生活消费品企业。

沙尔营大宗商品物流园区 沙尔营大宗商品物流园区位于绕城高速公路外，周边有呼大高速、103 省道、209 国道、304 县道、110 国道、109 国道。2011 年 3 月开工建设，2013 年 5 月正式投入运营。园区是在沙尔营煤炭物流园的基础上，按照“大宗商品 50% 以上集聚沙尔营园区”的思路，以沙尔营物流园区打造区域性综合枢纽型物流集散基地和国家级城市矿产示范基地的战略转型为契机，发挥沙尔营物流园铁路专用线的优势，整合全市钢材、建材、石材、工业品等大宗物资集聚沙尔营物流园区，引导二手车交易市场、再生资源回收企业、报废汽车拆解企业入驻园区，实现与国家“城市矿产”示范基地衔接。2014 年，开始规划口岸物流和转口物流。

（三）物流配送

2005 年，新畅快消品配送中心筹备建设。中心位于呼和浩特市金海工业园区，属配套电商物流园区。园区占地面积 13 公顷，自有铁路机车 3 台，自有铁路线 7 条、16 千米，铁路专用线与呼和浩特西货运站接轨，具备整列接发铁路货物的能力，铁路货物可直抵全国。截至 2015 年，园区建成标准化库房 5.5 万平方米，保温库 3.4 万平方米，成为集铁路运输、仓储配送为一体的 AAA 级物流企业。2006 年 5 月，经国家立项，自治区和呼和浩特市两级政府批准建设的“菜篮子、米袋子、果盘子”工程——美通首府无公害物流中心启动建设。中心占地面积 35 公顷，投资 3 亿元，内设工业食品交易区、水产肉食交易区、副食调味交易区、粮油交易区、蔬菜交易区、水果交易区、厨房用具交易区。拥有 1 万吨冷库、 1 万吨气调保鲜库、 4 万平方米商用仓储库、400 套商业旺铺、 2 万平方米交易大厅、食品安全检测中心、大型电子商务平台、电子信息管理系统、物流配载中心等。

截至 2015 年，全市经邮政管理局批准的快递企业有 45 家，且大部分快递企业均设立了区域总部，营业网点 392 个，快递从业人员近 8000 人。全市有三级配送服务网点约 800 个，主要承担货物末端配送的暂存、分拣等功能。京东、邮政、顺丰、“四通一达”等快递企业建成营业网点近 400 个；城发、城环通过改造城区热源点和便民市场建设完成 40 个物流配送网点；利客、一团火的 350 多个便利店作为末端配送网点，均纳入城市物流配送网络；近邻宝、丰巢、日日顺等企业建成 12 个公共快递服务中心和约 3 万个智能快递柜。

第三节　会展业

一、会展场馆

（一）内蒙古展览馆

1987 年，作为自治区成立 40 周年献礼项目内蒙古展览馆大楼落成，是内蒙古地区首座大型的综合性展览场馆，也是呼和浩特市的标志性建筑。内蒙古展览馆位于新华东街 48 号，占地面积 1.6 万平方米，室内展厅面积 1.2 万平方米，室外展场 4 万平方米。拥有中型规模展览厅 13 个，可容纳国际标准展位 300 余个。建馆后，先后成功地举办自治区成立 40 周年、50 周年成就展览，庆祝中国共产党成立 70 周年、

80 周年、90 周年展览，全国教学仪器、内蒙古药交会、绿色食品、全国医疗器械展览、全国农牧林机械展览等 500 多个大中型展览、展销会。

（二）内蒙古商品交易中心

2000 年 5 月，内蒙古商品交易中心注册成立，位于新城区兴安北路 5 号，是自治区、呼和浩特市两级政府批准的自治区集中宣传展示展销名优新特产品和发达地区、大型企业向自治区及西部辐射的窗口，也是招商引资、进行经济技术交流与合作、培植高新技术市场和发展“会展经济”的重要场所。占地面积 6 万平方米，投资 1.4 亿元。

（三）内蒙古国际会展中心

2007 年 4 月，作为自治区成立 60 周年庆典活动的重要场所，内蒙古国际会展中心建成运营，是一座集展览、会议、商务、餐饮、娱乐等多功能于一体的现代智能化场馆，也是全市最大的会展活动场馆。内蒙古国际会展中心位于赛罕区东二环与大学东路交会处。占地总面积 9 万平方米，室内建筑面积 5.5 万平方米，一楼室内可用展览面积 1.8 万，其中 A 厅 7200 平方米、B 厅 10800 平方米；二楼展览面积 1.2 万平方米；三楼 1.2 万平方米，大小会议室 7 个，设有具有民族特色的千人会议厅。室外可用展览面积 2.8 万，其中南广场 1.8 万平方米，北广场 1 万平方米。建馆后，举办“中国民族商品交易会”“世界草地与草原大会”“国际汽车展览会”“国际煤炭暨新能源产业博览会”等展会，为呼和浩特市创造出良好的经济效益与社会效益。

二、大型展会活动

（一）中国·呼和浩特昭君文化节

1999 年，为弘扬先进文化，增强民族团结，促进经济发展，构建和谐社会，由市委、市政府主办，8 月在呼和浩特市昭君墓博物院举办第一届中国·呼和浩特昭君文化节。项目包括理论研讨、旅游文化项目、民俗文化表演、招商引资、经贸投资等多项活动。截至 2015 年，呼和浩特市连续举办 16 届中国·呼和浩特昭君文化节。先后被国家旅游局评定为全国 100 个民间艺术活动之一，被国际节庆协会（IFEA）评为“中国最具发展潜力的十大节庆活动”。节庆中华奖颁奖典礼上连续 2 年被评为十佳“节庆中华奖”，获评“最佳节庆城市”“新世纪十年会展之星——中国节庆活动杰出典范”奖，连续 5 年在节庆产业年会上被评为“年度中国十大节庆”。

（二）中国民族商品交易会

2007 年 8 月，第一届中国民族商品交易会在自治区成立 60 周年大庆期间举办，展会面积 5 万平方米，总交易额 22 亿元，参会单位包括各省、自治区（自治州、市）、直辖市及香港、澳门、台湾地区相关企业。参展城市 30 余个，参展企业 1500 家，参会客商近万人，参观总人数近 20 万人次。截至 2015 年，呼和浩特市连续举办 9

届中国民族商品交易会，展会面积累计 64.1 万平方米，吸引国内外参展企业近万家，参展客商 12.4 万余人，参观人数 398 万人次，总成交额近 600 亿元。先后获评“中国最具影响力的政府主导型展会”“中国十大政府主导型展会”“中国十佳品牌展会”等。

2007—2015 年中国民族商品交易会展览情况表

表 10-6-4

年份	届次	会展面积（万平方米）	参展企业（个）	参会客商（万人）	参观总人数（万人次）	总交易额（亿元）
2007	第一届	5	1500	—	20	22
2008	第二届	4	1000	0.5	23	18
2009	第三届	4	1500	0.6	36	21.3
2010	第四届	7	1600	0.8	38	25.5
2011	第五届	7.5	1700	1	39	26
2012	第六届	7.6	1900	1.1	40	27
2013	第七届	9	—	1.4	62	356
2014	第八届	10	—	—	52	98
2015	第九届	64.1	—	12.4	398	600

说明：表中“—”表示无数据

（三）首届中国—蒙古国博览会

2015 年 10 月 23—27 日，由商务部、蒙古国工业部、内蒙古自治区人民政府共同主办“同行草原丝绸之路 联结合作发展走廊”——首届中国—蒙古国博览会在呼和浩特市举办。中共中央总书记、国家主席习近平，蒙古国总统额勒贝格道尔吉分别向博览会致贺信。中共中央政治局委员、国务院副总理刘延东，蒙古国副总理策·奥云巴特尔出席大会并分别发表主旨演讲。蒙古国、俄罗斯、菲律宾、韩国等国家代表，12 个国家部委和 28 个省区市代表团，中蒙两国有关商会负责人、工商界知名人士、金融机构代表等嘉宾出席大会。商务部副部长高燕和蒙古国工业部部长道·额尔登巴特签署《中华人民共和国商务部与蒙古国工业部关于联合举办中国—蒙古国博览会的谅解备忘录》。

博览会期间，举办中蒙新能源开发洽谈会、中蒙矿产资源开发洽谈会、中蒙旅游合作洽谈会、跨境电子商务合作洽谈会等。召开中蒙投资环境与重点项目推介会，包括能源、化工、装备制造、采矿业、商贸流通、旅游、基础设施建设等 10 个领域，投资项目签约总金额 566.9 亿元。中小企业签署合作项目 56 个，达成协议资金近 500 亿元；矿产资源开发签署合作协议 7 项，涉及资金 315 亿元；肉业签署合作项目 12 个，涉及金额 80 亿元。同时，在内蒙古国际会展中心组织蒙古国商品展，国际绿色农畜产品展，国际商品展，各省区市及香港、澳门、台湾商品展等各类展销活动。蒙古国、俄罗斯、白俄罗斯、韩国、日本、法国、德国、澳大利亚、泰国、格鲁吉亚、新西兰、匈牙利等12个国家和中国香港、澳门、台湾地区2000余家客商参展，到场参观的国内外嘉宾和市民达80万人次，现场交易金额超过6亿元。

（四）呼和浩特国际汽车展览会

2009年7月，呼和浩特国际汽车展览会在内蒙古国际会展中心举行。呼和浩特国际汽车展览会由市政府、中国汽车工业国际合作有限公司共同主办，中国汽车工业国际合作有限公司、市商务局、内蒙古创艺文化传播有限公司联合承办。有国内外近80个汽车品牌及30余家汽配商企参展，同时设有汽保、老爷车、媒体、金融、改装以及汽车行业相关服务等展示区，展出规模占用会展中心全馆及南北广场近7万平方米，参展车型近500款，参观人数超过27万人次。截至2015年，呼和浩特国际汽车展览会已连续举办7届。

三、会展经济

2012年前，全市会展业发展较为缓慢，举办展会各方面还不甚成熟，规模最大的品牌展会只有中国民族商品交易会。为更好地发挥自治区作为中国向北开放的重要桥头堡作用，自治区政府按照中蒙联合宣言的要求申请将中国民族商品交易会升级更名为中国—蒙古国博览会。

2015年，首届中国—蒙古国博览会举办。同时举办“内蒙古国际农业博览会”“呼和浩特国际汽车展览会”等传统展会。引进“台湾名品展”“中国（内蒙古）进出口商品博览会”等。初步形成以会展为核心的会展经济圈。会展经济带动物流、餐饮、广告、交通、就业等相关经济的发展。截至2015年，全市有28家会展策划传媒企业，10家会展搭建企业。

2013—2015年呼和浩特市展会成果一览表

表10-6-5

项目	2013年	2014年	2015年
展会数量（场）	49	71	92
展会规模（万平方米）	30	50	100
人流量（万人）	90	310	400
参展企业（家）	6000	10000	15000
成交额（亿元）	50	85	100

第十一篇

财政 税务

第一章　财　政

第一节　管理机构

1986年，市财政局内设办公室、政工科、行政事业财务科、预算科、综合计划科、工交企业财务科、商业文教企业财务科、农牧业财务科、会计事务管理科、财政科学研究所。1987年，市财政局成立会计科。1988年，成立党总支，下设5个党支部。

1991年，市财政局成立国有资产管理科，对全市国有资产进行管理与监督。1992年设立财政监察科。1993年，成立呼和浩特市国有资产管理处，为副处级单位，属市财政局下属机构。1994年12月，增设离退休人员工作科、老干部科。1995年2月，增设资产评估管理办公室；7月，成立纪检组。同年，成立社会保障科、涉外科（对外经济财务管理科）。

1996年1月，组建呼和浩特市产权交易中心，为市财政局科级事业单位，经费自理，实行企业化管理。5月，成立呼和浩特市财政局预算外资金稽查分局，是市财政局科级事业单位；同年，成立国有资产流失查处领导小组（简称查处办），下设办公室，负责国有资产流失案件的查处工作。

1997年，市财政局成立市财政资金管理处、市预算外稽查分局、市财政科学研究所、呼和浩特会计师事务所和机关事务服务中心5个科级事业单位，以及市农业综合开发办公室、市国债服务部（挂内蒙古信托投资公司呼和浩特市办事处的牌子）2个副处级事业单位。同年，市国有资产管理处改为国有资产管理局。

1999年2月,成立呼和浩特市政府采购办公室,为市财政局所属副处级事业单位。6月，成立呼和浩特市政府采购中心，为市财政局管理的科级事业单位，挂靠市国债中心。同年，市预算外资金稽查分局更名为呼和浩特市财政稽查分局，撤销税收财务物价大检查办公室。2000年1月，市采购中心脱离原有挂靠单位，独立行使采购职能。

2001年，市财政局先后成立条法税政科、市会计核算中心、国有资产管理科、统计评价科。9月，呼和浩特市国有资产管理局撤并降格。同年，市政府印发《呼和浩特市人民政府关于成立国有资产管理委员会的通知》，明确组织机构、工作职责及市国资委的办事机构国资委办公室设在市财政局。

2002年1月，成立行政政法科、教育科学文化科、经济建设一科、经济建设二科、企业科、工资统发科；4月，成立市国库支付中心，同月，成立呼和浩特市基建投资评审中心，7月，更名为呼和浩特市财政投资评审中心；5月，成立财政预算编审中心；6月，成立财政培训宣教中心，政府采购中心更名为政府采购交易中心，市会计核算中心更名为市财政集中核算支付中心；10月，成立宣教中心；12月，成立非税收入征管中心，呼和浩特市财政稽查分局更名为呼和浩特市财政监督检查处；年末，财政集中核算支付中心改建为财政集中审核支付中心。年末，市财政局内设办公室、人事教育科、综合科、条法税政科、预算科（预算编审中心）、国库科及国库支付中心、行政政法科、教育科学文化科、经济建设一科、经济建设二科、社会保障科、企业科、涉外科、会计科、统计评价科、工资统发科、国有资产管理科、离退休人员工作科、监察室。下设：机关事务中心、农业综合开发办、政府采购办、财政监督检查处、非税收入征管中心、授权支付中心、政府采购中心、宣教中心、投资评审中心、接待中心、绿丰农业科技园。

2003年2月，市财政集中核算支付中心更名为市财政集中授权支付中心；3月，党委会研究决定成立财政局妇女工作委员会和财政局共青团总支；7月，财政局团委成立；同年，成立信息中心、行政事业单位资产管理中心；11月，国有资产管理中心与政府采购交易中心分家，国有资产管理中心更名为国有资产管理交易中心，财政局政府采购交易中心移交市政府办公厅，与财政脱钩，更名为呼和浩特市政府采购中心；12月，批准成立财政局政府采购管理科。

2004年7月，呼和浩特市国库集中支付中心与呼和浩特市财政集中授权支付中心合并，更名为呼和浩特市集中支付中心，并保留财政集中账户和单位零余额账户；9月，成立非税收入管理科、呼和浩特市行政事业单位资产管理中心；同年，撤销统计评价科，成立地方金融与债务管理科。

2006年，市财政局内设办公室、人事教育科、综合科、条法税政科、预算科（预算编审中心）、国库科、行政政法科、教育科学文化科、经济建设一科、经济建设二科、农牧业科、社会保障科、企业科、涉外科、会计科、地方金融与债务管理科、工资统发科、国有资产管理科、离退休人员工作科、监察室、政府采购管理科、非税收入管理科、行政事业单位资产管理科。下设机关事务中心、农业综合开发办、财政监督检查处、非税收入征收中心、集中支付中心、宣传继续教育中心、财政投资评审中心、信息中心、财政干部培训中心、国库支付中心。6月，市财政集中授权支付中心更名为集中支付中心。2007年，成立行政事业单位资产管理科和农村牧区综合领导小组改革办公室。

2008年6月，根据市编委《关于呼和浩特市财政监督检查处“五定”方案的批复》文件，市财政监督检查处为财政局所属相当副处级事业单位，经费形式为全额拨款。根据市编委《关于市财政局监督检查处内设机构更名的批复》，同意市财政局所属市财政监督检查处内设科室信息举报室更名为绩效评价科。8 月，成立农业综合开发投资评审中心。11 月，撤销工资管理科，成立公共事务保障科和农业投资评审中心。2009 年，增设行政审批办公室、财政科研所、党办。

2010 年，撤销经济建设一科、经济建设二科、企业科，增设经济建设科、经济贸易科、工业交通科、国有资产监督管理局。2011 年 6 月，市国库支付中心和市集中收付中心机构整合，成立呼和浩特市国库收付中心；呼和浩特市行政事业单位资产管理中心更名为呼和浩特市财政债务管理中心。同年，增设预算外资金管理中心、财政债务管理中心、部门集中采购中心；成立监督检查科，监督检查处和监督检查科共同承担财政监督职责。

2012 年 10 月，成立呼和浩特市农业职业技能培训中心，为市财政局所属相当正科级事业单位；成立呼和浩特市国有资产管理中心，为市国有资产管理局所属相当正科级事业单位。2013 年，市财政科学研究所更名为呼和浩特市财政政策研究室；市财政局监督检查科与财政监督监察处进行机构整合，组建财政监督检查局。

2014 年 7 月，市机构编制委员会办公室《关于调整市财政监督检查处内设机构等问题的批复》，同意市财政局监督检查处内设机构进行调整。调整后，市财政监督检查处内设综合科、会计质量监督科、预算管理监督科、财政投资监督科。8 月，公共事务保障科更名为预算编审管理科，财政干部培训接待中心更名为财政干部培训中心，预算外资金管理中心更名为会计服务中心。11 月，设立呼和浩特市国有资产监督管理委员会，为市政府工作部门，将市财政局管理的市国有资产监督管理局整建制划入市国有资产监督管理委员会，不再保留市国有资产监督管理局。

截至 2015 年，市财政局内设办公室、人事教育科（党办）、综合科、条法税政科、预算科（中心）、国库科、行政政法科、教育科学文化科、经济建设科、经济贸易科、农牧业科、社会保障科、工业交通科、涉外科、会计科（会计服务中心）、行政审批办、金融科、离退休人员工作科、政府采购管理科、非税收入管理科（非税收入征收中心）、行政事业单位资产管理科、农村综合领导小组改革办公室、农业综合开发办公室、预算编审管理科（预算编审中心）、绩效评价科、信息管理科、网宣办、机关党总支。12 月，监督检查科更名为绩效评价科；地方金融与债务管理科更名为金融科；农村综合改革领导小组办公室加挂基层财政管理科牌子；财政债务管理中心更名为政府和社会资本合作中心。

第二节　管理体制改革

一、市级财政管理体制改革

1985年3月，国务院印发《关于实行“划分税种，核定收支，分级包干”财政管理体制的通知》。自治区于同年6月印发《关于实行新的“划分收支，分级包干”财政管理体制的规定》，对收大于支的呼和浩特市实行“核定收支，定额上解，超收留用，自求平衡，一定五年”的财政体制。新体制规定以1983年上报的财政决算为依据，重新确定收入和支出基数。当年，核定呼和浩特市的收入基数为1.6亿元，支出基数为6296万元，同时核定呼和浩特市从当年起，每年定额上解7500万元，将原由自治区统管的5%民族机动资金划归市统筹安排。市财政局将集体企业的税源下划给新城区、回民区和玉泉区，市内三区成为收大于支的地区。市级对其实行“核定收支，定额上解，超收留用，自求平衡，一定五年”的新体制。对土默特左旗、托克托县、郊区仍实行“核定收支，定额补助，超收留用，自求平衡，一定五年”的财政体制。为鼓励三个农业地区创收，市级规定从1985年起，每年按上年决算收入数增加一个定额补助，其中土默特左旗和郊区为10%、托克托县为30%，此办法执行到1990年，后因市级财力紧张，不再递增补助。

1988年，根据中央和自治区调整现行财政体制的有关规定，结合呼和浩特市的实际情况，对旗县（区）的财政体制进行调整和完善：按照国务院将中央财政向地方财政的借款改调基数的规定，属于旗县（区）承担的部分，调减其支出基数，相应增加上解数。为减轻土默特左旗、托克托县、郊区的财政负担，决定从1988年起，将旗县（区）的粮食企业划归市级财政集中管理，上划按1985年下放旗县（区）粮食企业亏损基数全额划回，相应减少其定额补助。同年，自治区增加呼和浩特市困难旗县补助100万元，下划全市批发环节营业税、城建税、房产税、车船使用税，减少补助900万元，同时下划抚恤救济、计划生育补助费、小型农田水利、种草、造林、支持乡镇企业等支出基数，增加补助814万元，其中市级下划给旗县（区）支出基数582.4万元。

1990年，市本级财政及对旗县（区）的财政体制进行相应改革，下放财权，使地方财政的责、权、利相结合，在下划部分税收的基础上，使市三区成为收大于支的财政地区，由“定额补助”转变为“定额上缴”，对土默特左旗、托克托县和郊区继续实行“定额补助”的体制；改革国家与企业间的分配关系，让利于企业；加强预算外资金的管理，除对国有企业的预算外资金实行计划管理外、对行政事业单位的预算外资金实行“财政专户储存”制度，按照“有偿、小额、短期、高效”的原则，进行融通拆借，用作扶持企业技改和流动资金。

1994 年，国务院印发《关于实行分税制财政管理体制的决定》，进行分税制改革。在划分事权的基础上，划分中央与地方的财政支出范围；按税种划分收入，明确中央与地方的收入范围，即分中央税（国税）、地方税（地税）、中央与地方共享税，并规定中央对地方实行税收返还，返还额在 1993 年的基数上逐年递增，递增率按各地区分别缴入中央金库“两税”（增值税的 75% 和全部消费税）增长率的 1 ∶ 0.3 系数确定。市财政局根据财权与事权相统一的原则，明确市与旗县（区）的分税制财政体制。按规定向中央财政上缴“两税”，市级企业上缴增值税的 25% 作为市本级的固定收入；旗县（区）企业上缴增值税的 25% 则为旗县（区）财政的固定收入。超过“两税”基数的增值税和消费税，上划中央财政 70%，剩余 30% 中的 70% 划归自治区财政，最后剩余的增量部分即 9% 返还市财政。对于旗县（区）上划超基数部分的“两税”收入，市财政对市三区（新城区、回民区、玉泉区）及土默特左旗、托克托县、郊区全部返还 9%。

1995—1996 年，和林格尔县、清水河县、武川县陆续划归呼和浩特市，因三县经济欠发达，市财政返还其增量部分的 15%，以缓解其财政困难，调动其增加财政收入的积极性。市财政局实施《企业财务通则》《企业会计准则》，进行企业财务制度和会计制度改革，参与建立现代企业制度、优化资本结构、推进资本运营等工作，初步理顺国家与企业的分配关系。在全市推行“零基预算”，科学界定财政供养范围和基数，控制支出总量，调整支出结构，强化预算约束机制，打破过去长期沿袭的基数加增长的预算管理模式，提高财政资金分配的规范性和效益性。通过上述措施，旗县（区）的地方财政收入均有较大幅度增长，最高的和林格尔县增长 61.9%，最低的武川县增长 13.4%，平均增长 28.4%。过去一直靠财政补贴的托克托县，被自治区列为首批经过三年扶持实现财政自给的 5 个旗县之一。

1997 年，市三区成立街道税征站，乡村建立联通农户的税收征管网络和协税护税组织，规范乡镇财政体制和乡金库建设，防止收入流失。1998 年，按照预算外资金所有权归国家、调控权归政府、管理权归财政的要求，市财政局把各项行政性收费和财政性附加等应纳入预算内的收入项目，全部纳入预算内管理，使预算外资金管理逐步走上法治化轨道。根据中共中央、国务院关于对公检法、工商行政管理行政性收费和罚没收入实行“收支两条线”管理的决定，财政部门对全市的公检法和工商部门的收费进行了认真清理，全部实行收支两条线管理。1999 年，市政府采购办公室成立，出台《政府采购管理办法》《政府采购目录》。市财政局印发《呼和浩特市党政机关公用小汽车改革实施方案》，有效节减和压缩车辆经费。

2000 年，根据《呼和浩特市人民政府关于呼市本级与旗县区及开发区财税收入管理体制调整方案》要求，确定于 2003 年 1 月 1 日起实施新的财税收入管理体制。

2003 年，财税收入管理体制调整，坚持“划清税源、属地征管、核定基数、一区一率、合理分成、促进发展”、下划税源与代征代管相结合的基本原则。各区根据市级下划税源基数确定税收财力上解市本级的比例分别为，赛罕区40%、新城区65%、回民区52%、玉泉区62%、金川开发区31.78%、如意开发区7.6%。

2006年，根据自治区政府《关于进一步完善自治区与盟市财政管理体制的通知》要求，理顺自治区与盟市财政分配关系，实行税收属地管理，对部分税收实施增量分成等原则。

2012年，自治区对增值税25%部分、营业税、企业所得税40%部分（以上三税均不含自治区级固定收入规定的三税）、个人所得税40%部分、资源税由自治区与盟市实行按比例分享。各税种分享比例为：增值税25%部分，自治区与盟市的分享比例是30 ∶ 70；营业税，自治区与盟市的分享比例是10 ∶ 90；企业和个人所得税40%部分，自治区与盟市的分享比例是25 ∶ 75；自治区与盟市的分享资源税比例是65 ∶ 35。同年，市政府印发《呼和浩特市人民政府关于调整经济技术开发区财税管理体制的通知》，撤销如意开发区、金川开发区、出口加工区各自金库，统一划归呼和浩特经济技术开发区财政国库，根据税收属地管理原则，各园区的税收与非税收入全部缴入经济技术开发区。

2013—2015年，对开发区实行新的财税管理模式，即市本级与经济技术开发区的财力新上划比例调整为15.5 ∶ 84.5,教育费附加仍按100%比例上解到市本级财政。旗县执行比例仍按原体制执行，市本级与赛罕区税收财力分成比例为40 ∶ 60；市本级与新城区为65 ∶ 35；市本级与回民区为52 ∶ 48；市本级与玉泉区为62 ∶ 38。

二、县乡村财政管理体制改革

1985年,呼和浩特市所辖45个乡(镇)。其中,土默特左旗19个,托克托县11个,郊区15个，全部建立乡（镇）财政所。由于各地经济发展不平衡，全市未制定统一的乡镇（镇）财政管理体制，至1999年年末，主要由各旗县（区）结合实际分别制定。实行的财政管理体制中较有代表性的有2种办法:一种是郊区实行的“划分收支，定额上解（收大于支的乡镇）或定额补贴（支大于收的乡镇），超收分成，超支不补,结余全留,一定二年”的办法。“划分收支”即把上缴税额在10万元以下的乡办、联办企业和个体工商户的工商税费全部划为乡财政预算收入，还有财政负责征收的农业税正税和农林特产税正税部分（不包括区属单位）、本乡村民建房占地所缴纳的耕地占用税（不包括上缴中央部分）及其他收入划解乡财政。乡财政的支出范围包括乡镇的行政管理费、教育事业费、计生事业费、乡财政经费等。“超收分成”则区别情况，对10个低收入的乡超基数增收部分允许其全部留用；对3个中等收入的乡分成比例定为5 ∶ 5；对2个收入大的乡分成比例定为3 ∶ 7，即30%留用、70%上解区财政。由于郊区的大部分乡（镇）地处呼和浩特市周边，经济比较发达，税源较丰富，上述体制较好地处理了上下之间的财权关系，调动了乡政府当家理财的积极性,增强了乡政府的经济实力。另一种是土默特左旗和托克托县实行的“定收定支，定额上缴（或定额补贴），超收全留，超支不补，结余留用，一定一年”的管理体制。由于土默特左旗和托克托县地处偏远，乡镇企业不够发达，经济基础比较薄弱，收入基数低，故采取超收全留的办法。由于乡未建立金库，乡财政实行的仍是收支两条线，经常有大量资金处于上缴下拨过程中，影响资金的使用效率。

2000 年，市财政局加强乡镇财政体制改革，对全市 96 个乡镇财政全部实行“零户统管”，取消乡镇行政事业单位所有银行账户，同时在乡镇财政所设立财政统管专户，各项业务在专户直接报账。为强化监督职能，乡级总预算会计实行委派制，受旗县财政和乡级政府双重管理。在设立财政机构的乡镇按照一级财政设立一级国库的要求设立乡镇国库；撤销财政机构的乡镇不设立乡镇国库。

2003 年，市政府印发《呼和浩特市街道财政管理体制改革实施意见的通知》，实施乡镇街道财政管理体制改革，推进街道财政建设，搞活街道经济，在街道办事处建立相当于一级政府的财政管理体制，确立区政府和街道办事处之间“分灶吃饭”的分配格局。6 月，全市推广以村级财务集中核算为主要形式的村级财务管理体制，推行“村账乡镇管”，将财务管理改革延伸到农村基层。

2004 年，市财政局印发《关于完善村级财务管理制度改革的实施意见》《呼和浩特市乡财县管乡用改革试点工作方案的通知》，在全市乡村推开以“村财民理乡监管”为主要形式的村级财务管理改革，从制度上和机制上保证村务公开的真实性，巩固农村税费改革成果，解决村级财务混乱问题。至 2005 年末，全市所有乡镇实行“乡财县管乡用”制度，组建“乡财县管收付中心”。按照分类指导和分类管理的原则，实施的“乡财县管乡用”管理改革，形成 2 种主要模式：一种是土默特左旗模式，将原来设在各乡镇的金库撤并为一个，设在旗县“乡财县管收付中心”，用来核算各乡镇的收支；取消各乡镇总预算会计，所有乡镇财政支出通过“乡财县管收付中心”实行报账制。另一种是清水河县模式，乡金库设在“乡财县管收付中心”，取消乡镇总预算会计，原来总预算会计的身份变为总稽核会计，人事关系隶属旗县（区）财政局，旗县（区）财政局为试点乡镇开设“工资专户”“基本账户”“专项资金专户”“预算外资金专户”以及“村级资金专户”，按资金用途将资金拨入各类专户。

2007 年，全市 9 个旗县（区）的 78 个乡镇全部组建村级财务核算中心，全市 1017 个建制村全面纳入村级财务核算中心管理，“村财民理乡代管”的管理体制改革全面实施。基本格局为“三权不变”（农村集体资金所有权不变、集体资金使用权不变、村委会内部监督权不变）、“三个取消”（取消各建制村的银行账户，只保留 1 个支出结算账户，取消各建制村的白条和自制票据，统一财务票据管理，取消各建制村的会计岗位和出纳人员，只设1名报账员）、"三个统一"（由核算中心统一办理资金结算、统一进行会计核算、统一管理会计档案）。

2011年，全市完成47个乡镇财政所的机构重建，明确乡镇财政机构职能职责，规范内部管理及队伍建设，规范资金审核拨付和监督检查等工作流程并上线运行县乡财政监督信息网络平台，构建全市三级财政制度化、网络化、信息化监管的服务体系，财政监管能力提高。

2012年，市财政局明确各旗县（区）乡镇财政所机构名称、规格和人员编制，市政府印发《关于进一步加强我市乡镇（街道）财政建设的指导意见》，完成乡镇财政所标准化建设。

2014年，为提高乡镇财政依法理财和资金监管能力，市财政局印发《呼市财政局落实服务基层工作者加强乡镇财政建设实施方案》，健全和明晰乡镇财政体制和机制，实行所长负责制，构建自治区、盟市、旗县（区）、乡镇财政4级网络信息平台和"金财工程"系统，形成全市财政"一盘棋"的良好格局。全市基本建成标准化财政所52个，包括7个涉农办事处。

2015年，市财政局印发《呼和浩特市乡镇国库集中支付实施细则》，各乡镇国库纳入旗县（区）国库集中支付制度框架，各乡镇财政所为各旗县（区）一级预算单位，均设零余额账户，乡镇的其他实有资金账户全部撤并。

第三节 财政收入

一、"七五"计划时期

1986年，全市财政收入2.90亿元，同比增长11.3%。工商税收入库2.87亿元，同比增长20.32%。至1990年，全市财政收入完成4.35亿元，较1986年增长50%；工商税收完成4.69亿元，较1986年增长63%。"七五"期间，全市财政收入累计达18.69亿元，年均增长12.21%；工商税收累计19.11亿元，占财政收入的比重由1986年的99%增加到1990年的107.7%。

二、"八五"计划时期

1991—1993年，全市财政收入累计完成16.96亿元。其间，全国贫困县之一的托克托县突破千万元大关；郊区因乡镇企业发展较快，提前三年实现财政基本自给。

1994年，推行分税制改革。全市财政收入累计完成8.17亿元。按分税制财政体制计算，上划中央收入完成5.02亿元，比自治区核定上划收入基数增加4.46%；地方财政收入完成3.14亿元。1995年，全市财政收入9.12亿元，其中上划中央和自治区税收完成4.98亿元、地方财政收入4.14亿元。1994—1995年，全市财政收入

17.29 亿元，其中上划中央和自治区税收完成 10 亿元、地方财政收入 7.29 亿元。“八五”期间，全市财政收入累计 34.25 亿元，年均增长 18%。

三、“九五”计划时期

1996 年，全市财政收入 11.19 亿元，同比增长 18.33%。其中，上划中央和自治区税收完成 5.31 亿元，同比增长 4.8%；地方财政收入 5.88 亿元，同比增长 33.95%。除武川县未完成上划中央和自治区税收的年度预算，其他旗县（区）都完成或超额完成上划中央和自治区税收及各自的地方财政收入预算。2000 年，随着国家西部大开发战略的实施，基础设施建设加大投入力度，带动交通运输、建筑安装、电信业、服务业迅速发展。作为地方财政收入增长主要来源的营业税累计入库 3.23 亿元，保持稳定的增长速度；税务部门针对个人所得税的征管特点，强化个人所得税专项检查，个人所得税同比增长 44.41%；企业所得税入库 1.75 亿元，同比增长 53.68%；财政组织的非税收入增幅较大，行政性收费收入、罚没收入及专项收入分别入库 1.04 亿元、3771 万元和 4756 万元，同比分别增收 2004 万元、593 万元和 232 万元。“九五”期间，全市财政收入累计完成 83.07 亿元，年均增长 15.9%。其中，上划中央和自治区税收累计完成 36.71 亿元，年均增长 8.6%；地方财政收入累计完成 46.36 亿元，年均增长 12.9%。

四、“十五”计划时期

2001 年，全市财政总收入预算实行“1 + 1”编制方法，即在编制收入预算时，将全市财政收入（市本级 + 旗县〈区〉）和代征的自治区级收入分别编制，待年终决算时，将代征的自治区级收入并入全市财政收入中，形成全市财政总收入。全年财政总收入 22.91 亿元，同比增长 12%。其中，上划中央和自治区税收完成 8.7 亿元，同比增长 13.31%；地方财政收入完成 14.21 亿元，同比增长 11.22%。2003 年，市本级财政收入按照市政府《关于呼市本级与旗县区及开发区财税收入管理体制调查方案》，全部下划和代征、代统到市四区及开发区收入中。年末，市四区和开发区应上解市本级下划税收财力 5.96 亿元，市四区和开发区代征、代统收入 11.3 亿元。2005 年，内蒙古移动通信有限公司等企业的税收按属地管理原则纳入呼和浩特市税收收入范围之内。“十五”期间，全市财政收入累计完成 238.6 亿元，年均增长 37.5%。其中，上划中央和自治区税收累计完成 99.76 亿元，年均增长 36.5%；地方财政收入累计完成 138.84 亿元，年均增长 39.0%。

五、“十一五”规划时期

2006 年，全市财政总收入首次突破百亿元大关，财政收入 111.78 亿元，同比增长 36.59%。其中，上划中央和自治区税收完成 47.76 亿元；地方财政收入完成 64.02 亿元，同比增长 29.73%。地方财政收入中，一般预算收入完成 45.52 亿元，同比增长 26.61%；基金收入完成 18.5 亿元，同比增长 48.18%。各旗县（区）财政收入均突破亿元大关，其中新城区、赛罕区、玉泉区、托克托县的财政收入突破 10 亿元。2008 年，全市建立总部经济核算基地，各大企业的入驻扩大税收来源。全市 9 个旗县（区）及 2 个开发区财政收入全部超过亿元，有 7 个超过 10 亿元，有 3 个超过 20 亿元。“十一五”期间，全市地方财政总收入完成 867.83 亿元，年均增长 21.2%。其中，一般预算收入完成 473.26 亿元，年均增长 18.6%；上划中央和自治区税收收入完成 394.57 亿元，年均增长 24.5%。

六、“十二五”规划时期

2011—2013 年，全市财政运行按照“稳中求进”的工作总基调，实施积极财政政策，发挥财政资金的政策导向和示范引导作用，促进经济持续稳定增长。全市地方财政总收入累计完成 961.59 亿元。其中，一般预算收入完成 512.09 亿元；上划中央和自治区税收收入完成 449.5 亿元。2013 年，赛罕区实现县区级收入过百亿大关的目标，成为自治区第 4 个过百亿的旗县（区），同时新城区财政收入突破 50 亿元大关。

2014 年，全市公共财政预算收入累计完成 211.5 亿元。2015 年，全市一般公共财政预算收入增幅由 2014 年全区第三位上升至第二位，高于自治区增幅 10.5 个百分点。全市一般公共预算收入 247.4 亿元，同比增长 4.0%。

1986—2015 年呼和浩特市财政收入一览表

表 11-1-1　　单位：万元

年份	财政收入	年份	财政收入
1986	29937	2001	142098
1987	35142	2002	171859
1988	39802	2003	213699
1989	43658	2004	367323
1990	45494	2005	493433
1991	49231	2006	640226
1992	56061	2007	934302
1993	71964	2008	1583099
1994	35081	2009	2012371
1995	43892	2010	2414508
1996	58789	2011	2852164
1997	78628	2012	3163243
1998	92559	2013	3600512
1999	105783	2014	2115388
2000	127755	2015	2474021

说明：2008—2013 年为地方财政总收入，2014 年为公共财政预算收入，2015 年为一般公共预算收入

第四节 财政支出

一、“七五”计划时期

呼和浩特市加快改革开放的步伐，财政收入逐年增加，经济建设和社会文教事业、工交商贸事业发展较快，财政支出相应增长。“七五”计划期间，呼和浩特市财政支出累计16.83亿元，年均3.37亿元。其中，基本建设投资9887.7万元，占支出总额的5.87%；企业挖潜改造资金1.7亿元，占总支出的10.1%；支援农业支出1.27亿元，占总支出的7.6%；城市公用支出2.08亿元，占总支出的12.38%；文教卫生事业费支出4.19亿元，占总支出的24.89%；科技三项费支出1721.9万元，占总支出的1.02%；行政管理费1.24亿元，占总支出的17.09%；1988—1990年，公检法支出4178.6万元（1988年开始，公检法支出由行政管理费中分出）；抚恤和社会福利救济支出3800.3万元，占总支出的2.26%；价格补贴支出2.56亿元，占总支出的15.2%；其他支出支援欠发达地区（土默特左旗、托克托县、郊区）支出、人防支出、干部下放劳动锻炼经费和排污专款5883.3万元，占总支出的3.49%。

二、“八五”计划时期

“八五”计划期间，全市财政支出累计29.94亿元，年均5.99亿元。其中，基本建设支出1.93亿元，占支出总额的6.45%；企业挖潜改造资金3.42亿元，占支出总额的11.43%；简易建筑费类支出1773万元，占支出总额的0.59%；支援农村生产支出1.59亿元，占支出总额的5.33%；农林水利气象部门事业费9978万元，占支出总额的3.33%；工业交通流通部门事业费3351万元，占支出总额的1.12%；城市维护费支出2.83亿元，占支出总额的9.46%；文教卫生事业费支出8.22亿元，占支出总额的27.47%；科学事业费支出1013万元，占支出总额的0.34%；科技三项费支出2116万元，占支出总额的0.71%；行政管理费支出3.03亿元，占支出总额的10.11%；公检法司支出1.66亿元，占支出总额的5.54%；抚恤和社会福利救济费7319万元，占支出总额的2.44%；政策性补贴支出1.73亿元，占支出总额的5.78%；支援不发达地区支出853万元，占支出总额的0.28%；专款支出7872万元，占支出总额的2.63%；其他支出6052万元，占支出总额的2.02%；其他部门的事业费1.49亿元，占支出总额的4.98%。“八五”计划期间，在城镇建设方面扩展道路、新建改建办公用房，特别是改善办学条件方面，加大投资力度。文教卫生事业费支出增幅较大，1991年支出1.05亿元，1995年支出2.24亿元，翻了一番。

三、“九五”计划时期

“九五”计划期间，全市财政支出累计75.6亿元，年均15.12亿元。其中，经济建设类支出 25.03 亿元，占支出总额的 33.11%，包括基本建设 7.48 亿元、企业挖潜改造资金 4.6 亿元、简易建筑 1026 万元、支援农村生产支出 2.93 亿元、农林水利部门事业费 2.18 亿元、工业交通流通部门事业费 5200 万元、城市维护费 7.22 亿元；文教科技卫生费支出 17.71 亿元，占支出总额的 23.43%；行政管理费支出 8.46 亿元，占支出总额的 11.19%；公检法司支出 4.64 亿元，占支出总额的 6.14%；政策性补贴支出 1.74 亿元，占支出总额的 2.31%；支援欠发达地区支出 2.03 亿元，占支出总额的 2.68%；其他部门的事业费支出 3.72 亿元，占总支出的 4.93%；其他支出（含 1996—1998 年的行政事业单位离退休经费）2.4 亿元，占总支出的 3.17%；1999—2000 年新增科目共支出 4.36 亿元，占"九五"计划总支出的 5.76%。

1997 年 1 月，按照市政府颁布的《呼和浩特市实施城市居民最低生活保障制度办法》，市财政开始拨付社会保障补助费，市区标准为每人每月 100 元，农业旗县（区）标准为每人每月 60 ~ 80 元。1998 年，市财政将社会保障补助列入预算单独立项，支出 1.01 亿元。用于国有企业下岗职工基本生活保障、城镇困难居民最低生活保障和再就业工程的实施。随着城市人民生活水平的不断提高，同年，将市区低保标准提高到每人每月 110 元。1999 年，支出社会保障补助 1.11 亿元。同年，为进入再就业服务中心的下岗职工发放生活费、医疗费，对失业保险基金实行财政专户管理，将符合条件的城镇居民都纳入保障范围。补助标准提高到市区每人每月 143 元，农业旗县（区）78 ~ 104 元。2000 年，支出社会保障补助 1.42 亿元。

四、"十五"计划时期

"十五"计划期间，全市财政累计支出 245.37 亿元，年均 49.07 亿元。2001—2002 年，市财政支出总计 63.67 亿元，年均 31.84 亿元。其中，基本建设支出 12.88 亿元，占支出合计的 20.22%；企业挖潜改造资金 2.2 亿元，占支出合计的 3.45%；支援农村生产支出 9761 万元，占支出合计的 1.53%；农林水利气象部门事业费支出 2.51 亿元，占支出合计的 3.94%；科技三项费支出 5111 万元，占支出合计的 0.80%；工业交通流通部门事业费 4193 万元，占支出合计的 0.66%；城市维护费 7.31 亿元，占支出合计的 11.47%；文教卫生事业费支出 10.13 亿元，占支出合计的 15.91%；科学事业费 660 万元，占支出合计的 0.10%；其他部门的事业费 3.22 亿元，占支出合计的 5.05%；行政管理费 62021 万元，占支出合计的 9.74%；公检法司支出 3.07 亿元，占支出合计的 4.83%；抚恤和社会福利救济费 1.17 亿元，占支出合计的 1.83%；政策性补贴支出 1.46 亿元，占支出合计的 2.29%；支援不发达地区支出 8561 万元，占支出合计的 1.34%；农业综合开发支出 1246 万元，占支出合计的 0.19%；行政事业单位离退休经费支出 2.65 亿元，占支出合计的 4.16%；社会保障补助 3.28 亿元，占支出合计的 5.15%；专款支出 1 亿元，占支出合计的 1.58%；其他支出 7857 万元，占支出合计的 1.23%。

2003—2005 年，全市财政支出累计 181.69 亿元。其中，一般预算支出 155.81 亿元；基金支出完成 25.88 亿元。一般预算中，基本建设支出 20.42 亿元，占一般预算支出合计的 13.1%；企业挖潜改造资金 6.7 亿元，占一般预算支出合计的 4.3%；科技三项费用 1.47 亿元，占一般预算支出合计的 0.9%；农业支出 3.64 亿元，占一般预算支出合计的 2.3%；林业支出 4.23 亿元，占一般预算支出合计的 2.7%；工业交通等部门事业费 1.35 亿元，占一般预算支出合计的 0.9%；水利和气象支出 2.02 亿元，占一般预算支出合计的 1.3%；流通部门事业费 1173 万元，占一般预算支出合计的 0.08%；文体广播事业费 3.43 亿元，占一般预算支出合计的 2.2%；教育支出 19.77 亿元，占一般预算支出合计的 12.7%；科学支出 1874 万元，占一般预算支出合计的 0.12%；医疗卫生支出 5.63 亿元，占一般预算支出合计的 3.6%；其他部门事业费 9.64 亿元，占一般预算支出合计的 6.2%；抚恤和社会福利救济费 3.57 亿元，占一般预算支出合计的 2.3%；行政事业离退休经费 5.56 亿元，占一般预算支出合计的 3.6%；社会保障补助支出 8.69 亿元，占一般预算支出合计的 5.6%；行政管理费 15.64 亿元，占一般预算支出合计的 10.0%；公检法司支出 8.05 亿元，占一般预算支出合计的 5.2%；城市维护费 22.8 亿元，占一般预算支出合计的 14.6%；政策性补贴支出 8954 万元，占一般预算支出合计的 0.6%；支援不发达地区支出 1.57 亿元，占一般预算支出合计的 1%；债务利息支出 1.4 亿元，占一般预算支出合计的 0.9%；专项支出 3.13 万元，占一般预算支出合计的 2%；其他支出 5.9 亿元，占一般预算支出合计的 3.8%。

五、“十一五”规划时期

“十一五”规划期间，全市地方财政总支出 668.27 亿元，是“十五”期间的 2.7 倍，年均 133.65 亿元。2006 年，市财政支出 92.22 亿元，其中一般预算支出 75.16 亿元、基金支出 17.06 亿元。一般预算中，基本建设支出 7.55 亿元，企业挖掘改造资金 1.83 亿元，科技三项费用 5480 万元，农业支出 2.44 亿元，林业支出 2.44 亿元，工业交通等部门事业费 4841 万元，水利和气象支出 8850 万元，流通部门事业费 555 万元，文体广播事业费 1.49 亿元，教育支出 8.98 亿元，科学支出 717 万元，医疗卫生支出 2.48 亿元，其他部门事业费 4.27 亿元，抚恤和社会福利救济费 2.06 亿元，行政事业单位离退休支出 2.26 亿元，社会保障补助支出 3.48 亿元，行政管理费 7.59 亿元，公检法司支出 4.15 亿元，城市维护费 14.17 亿元，政策性补贴支出 6455 万元，支援不发达地区支出 5916 万元，车辆税费支出 2299 万元，债务利息支出 1969 万元，专项支出 2.43 亿元，其他支出 4.68 亿元。

2007—2010 年，全市地方财政支出累计 576.04 亿元，其中一般公共服务支出累计 83.85 亿元、公共安全支出累计 31.11 亿元、教育支出累计 82.72 亿元、科学技术支出累计 5.88 亿元、文化体育与传媒支出累计 8.85 亿元、社会保障和就业支出累计

61.81 亿元、医疗卫生支出累计 27.41 亿元、环境保护支出累计 18.84 亿元、城乡社区事务支出累计 114.31 亿元、农林水事务支出累计 66.53 亿元、交通运输支出 16.6 亿元、工业商业金融等事务支出累计 28.85 亿元、其他支出累计 29.28 亿元。

六、“十二五”规划时期

“十二五”规划期间，呼和浩特市的财政支出规模不断扩大，财政保障经济和社会进步的能力显著提高。在财政收入稳定增长的基础上，财政支出结构不断优化，财政支出规模和效益也不断提高。2011—2015 年，全市财政总支出由 2011 年的 255.67 亿元增加到 2015 年的 360.65 亿元。地方财政支出累计 1496.31 亿元，其中一般公共服务支出累计 127.55 亿元、公共安全支出累计 72.35 亿元、教育支出累计 191.01 亿元、科学技术支出累计 13.85 亿元、文化体育与传媒支出累计 32.62 亿元、社会保障和就业支出累计 172.51 亿元、医疗卫生支出累计 84.19 亿元、环境保护支出累计 48.55 亿元、城乡社区事务支出累计 363.78 亿元、农林水事务支出累计 181.21 亿元、交通运输支出 56.23 亿元、工业商业金融等事务支出累计 24.28 亿元、国土资源气象等支出累计 12.62 亿元、住房保障支出累计 59.67 亿元、资源勘探电力信息等支出累计 19.31 亿元、粮油物资储备支出累计 2.72 亿元、其他支出累计 33.86 亿元。

1986—2015 年呼和浩特市财政支出一览表

表 11-1-2　　单位：万元

年份	财政支出	年份	财政支出
1986	35089	2001	276059
1987	34652	2002	360686
1988	37015	2003	482538
1989	41333	2004	613227
1990	45213	2005	721234
1991	49338	2006	922229
1992	54119	2007	1004158
1993	67803	2008	1331795
1994	74971	2009	1651684
1995	82137	2010	1772800
1996	104035	2011	2556680
1997	127972	2012	2762927
1998	153745	2013	2928962
1999	171308	2014	3107945
2000	198645	2015	3606450

第五节　财政管理

一、财政预算管理

1985年，财政超收，按预算体制结余留用，预算安排了较多的生产性支出和“内蒙古自治区成立四十周年”（1986年）工程项目，同时自治区下达“内蒙古自治区成立四十周年”项目和准备活动的专款。全市经济平衡发展，财政收入稳步提高，财政收入比上年增长17.78%，GDP同比增长8.33%，为2.89亿元。财政总支出有较高增长，比上年增长44.15%。行政经费开支同比增长19.45%，主要为行政人员增加299名的开支。在预算管理上，贯彻中央压缩行政经费的指示，未突破自治区下达给呼和浩特市的行政支出控制指标。

1987年，全市财政收入突破3亿元大关，为3.41亿元，同比增长17.79%。财政管理的重点是贯彻“双增双节”，对预算内企业，把各项指标和收入任务层层分解，规定可比产品成本降低2%，车间经费和企业管理费压缩10%，亏损减少30%，并以经济责任制的形式通过市政府下达文件贯彻执行。推行承包经营责任制，按照“包死基数、确保上缴、超收全留、歉收不补”的原则，测算确定承包基数和承包形式。承包形式主要有“两保一挂，基数包干、超收全留；租赁经营；上缴利润递增包干；定额留用，超额分解；有利全留、亏损不补；亏损包干”等7种。预算管理坚持量入为出、保证重点、兼顾一般的原则，贯彻国务院关于增收节支的9条规定，结合呼和浩特市情况提出10条节支措施，对预算外资金实行统一管理，制定“专户储存”的办法。

1988年，制定《关于严格控制社会集中购买力的决定》，健全管理制度，压缩上级下达专控指标200万元。对自筹基建坚决采取“三保二压”的方针，当年自筹基建支出1265.8万元，比1987年减支753万元，支出幅度大幅下降。控制行政经费支出，实行经费包干，特别是公费医疗的承包，收到良好效果。

1989年，全市在预算支出管理上，在保证实现收支平衡的前提下，根据预算资金，解决粮油超计划差额补助850万元，减少挂账。同时，按照自治区下达的各项支出控制指标和按年初预算5%的比例压缩节减支出。年末，完成财政目标管理责任制各项考核指标，财政收入突破4亿元大关，累计完成4.19亿元，与1988年同比增长9.6%。

1990—1993年，全市确定“狠抓重点财源，稳定基础财源，开辟新财源”的财政工作基本方针，注重扶持重点财源，在资金技术上采取倾斜政策，确保财政收入稳定增长。1993年，市财政投入的企业挖潜革新技改资金达9084万元，占全市财政支出的14.5%。市财政收入不断增长，由1990年的4.35亿元增至1993年的6.88亿元。

1994 年，按照财政部统一部署，进行分税制财政体制改革。呼和浩特市财政局根据文件精神，按照财权与事权相统一的原则，确定呼和浩特市与旗县（区）在新税制基础上的分税制管理体制：除中央财政分走消费税的 100% 和增值税的 75% 外，市级企业上缴增值税的 25% 作为市本级的固定收入；旗县级企业上缴增值税的 25% 作为旗县级财政的固定收入。全市上划超过“两税”基数的增值税、消费税，中央财政集中 70%，其余 30% 中的 70% 由内蒙古自治区财政集中，剩余的增量部分即 9%，返还呼和浩特市财政。对于旗县上划超基数部分的“两税”收入，呼和浩特市财政对土默特左旗、托克托县、郊区和市三区（新城区、玉泉区、回民区），全部返还中央和自治区财政返还给呼和浩特市的 9%。对经济欠发达、财政比较困难的和林格尔、武川和清水河县，返还增量部分的 15%，即呼和浩特市财政对其多返还 6%，以鼓励旗县经济发展，调动旗县增加财政收入的积极性。

1996 年，全市财政在预算管理上开始试行“零基预算”，规范和净化财政支出的内容，合理安排财政支出。零基预算的试行，打破过去基数加增长的做法，初步解决了财政资金支出只能增不能减的问题，提高了财政分配的科学性、规范性和公开性。9 月，市财政局印发《关于下达 1996 年工交事业单位包干经费的通知》，对单位包干经费重新测算确定，工交事业单位包干经费一律按编制人数核定。市财政局印发《关于实行预算外资金收支年度决算审批制度的通知》，强化对预算外资金管理的检查工作。

1997 年，市财政局根据国务院颁发的《关于加强预算外资金管理的决定》《事业单位财务规则》，制定出台《呼和浩特市预算外资金管理及审批办法》，明确预算外资金是财政性资金，应纳入政府综合财务体系管理。该《办法》的出台，从制度上对预算外资金管理加以规范，对预算外资金的筹集、审批程序、报表、结余使用等作出明确规定。预算外收支由财政统管，收入必须上缴财政专户，支出由财政按预算外资金收支计划和单位财务收支计划统筹安排，经财政专业科室审批，从财政专户拨款，实行收支两条线管理。

1997 年、1998 年，为克服亚洲金融危机的冲击，应对经济运行中出现的各种问题，财政收入继续呈现快速增长的势头。全年财政收入 17.32 亿元，同比增长 37.83%，1998 年增长 12.3%。

1998 年以后，市政府预算编制采取“基数加增长”的传统方法来确定各类预算支出，这种方法虽简便易行，但是弊端较多。为此，市财政部门推进以部门预算为核心的财政预算管理制度改革。

1999 年，为调整经济结构，促进城乡经济协调发展，全市重新界定市属各区行政区划范围。区划调整工作涉及财政预算的重新调整和划分。按照事权与财权相一致的原则，市财政局做了细致的测算、协商、协调工作，重新规范和界定收支范围和预算管理的权限。市财政局按照市委、市政府有关对财政工作的指示和全市财政工作会议精神，制定措施，压缩行政事业经费。

市政府按照建立公共财政的要求，探索预算编制改革的新思路，实施“三步走”计划。即：第一步实行零基预算；第二步加大综合预算力度；第三步在前两步基础上，积极稳妥地推行部门预算，逐步建立起科学、规范、合理的财政收入分配和财政支出管理体系。从2000年开始，全市实行“零基预算”和“综合预算”。2001年，市本级4个部门试编部门预算。2002年，12个部门试编部门预算。从2003年起，在市本级推开部门预算，并选择赛罕区和清水河县进行部门预算试点工作。通过实施部门预算，实行基本支出预算和项目预算管理，实现“一个部门一本账”。

2001年4月，自治区政府印发《关于改革预算管理制度推进依法科学理财的决定》，要求各盟市参照自治区编制直属部门预算的做法，编制2002年预算。呼和浩特市实行“零基预算”模式，改变过去“基数加增长”传统预算编制方法：预算支出从各部门、各单位实际出发，取消非必须使用资金，预算从零开始，重新测算核定正常经费和专项经费，各类支出中优先保证人员工资、办公经费、法律法规规定和政策性支出。

2002年4月，市财政局成立预算编审中心。根据工作安排，对预算编制结构进行调整。按照事业单位向社会提供公共产品的完全程度，将事业单位分为三类，并相应地对事业单位的财政补助方式进行改革，实行分类管理。

经政府同意，从2003年起开始在市本级预算单位推行部门预算。预算编制按照“实行综合预算、零基预算，逐步推行部门预算”的指导思想进行编制。

2004年，市财政局印发《关于编制呼和浩特市本级2004年部门预算实施方案》。在“零基预算”和“综合预算”的基础上，实施“部门预算”。同年，市政府印发《关于同意对预算外资金、事业收入、经营收入及其他自有资金全面实行综合预算的通知》。

2005年，市财政局制定印发《关于开始编制2006年部门预算编制及执行的调研工作通知》《关于市本级2006年部门预算编制办法》等文件，规范申报审核程序。同时，市财政部门对全市部分投资项目的立项、资金管理等方面开展绩效评估工作。

2006年、2007年，借助全市“金财工程”的建设，市本级预算编制和执行实现网络化管理，预算编制、指标管理、资金申请和拨付均在网上办理。

2008年，制定《2008年市本级预算编制办法》《2008年市本级预算执行管理办法》，根据本市预算单位实际情况，提高公务费分类分档标准。首次将单位预算外和其他资金收入纳入预算管理。

2009 年，实行完整的综合预算编制工作，对部门的基本支出预算和项目支出预算由预算内资金与预算外收入统筹安排，实现部门综合预算管理；项目预算按照法律法规和政策规定的标准和具体内容进行量化和分配。

2010 年，制定《2010 年呼和浩特市本级预算执行管理办法》，对指标管理、支出预算的审批执行、结余结转资金管理等方面做了详细规定。

2011 年，制定《2011 年呼和浩特市本级预算执行管理办法》。市本级预算编制和执行实行网络化管理，建立和完善 410 家预算单位基础信息数据库。试编 2012 年国有资本经营预算、社会保险基金预算。

2012 年，制定《关于编制 2013 年市本级政府预算和部门预算的通知》《关于编报市本级 2012 年社会保险基金预算的通知》，出台《2013 年市本级预算执行管理办法》，对预算编制的相关事宜进行规定和细化，推进项目库建设和项目预算的滚动管理，尝试专项资金绩效评价，继续建立和完善预算编制与执行、结转和结余资金管理的制度。

2013 年，改变以往召集预算单位批复预算的模式，采取“上门服务”的方式，深入各预算单位进行实地批复。制定《2013 年呼和浩特市本级预算执行管理办法》《关于编制 2014 年呼和浩特市本级政府预算和部门预算的通知》《2014 年呼和浩特市本级“三公”经费预算编制办法（试行）》，在市本级 2014 年预算编制中，首次单独编制“三公”经费预算，推进本市“三公”经费规范管理。推进财政预算公开，在政府门户网站及报纸上向社会公布市本级及各旗县（区）预决算草案及收支预算，对 2013 年市本级“收支预算表”“对旗县区转移支付情况预算表”及市本级 196 个预算单位的全部项目预算进行公开。

2014 年，市财政局制定《呼和浩特市本级 2014 年预算绩效管理项目试点工作方案》。修订和完善《呼和浩特市本级“三公”经费管理办法（试行）》，形成“三公经费”预算单独审核、单独编制、单独批复，对“三公经费”支出实行总量控制。

2015 年，市财政局加大实现一般公共财政预算、政府性基金预算、社保基金预算和国有资本经营预算的统筹力度，将 7.2 亿元政府性基金调入一般公共财政预算统筹使用。委托市公共资源交易中心通过公开招标方式确定绩效评价中介机构，选取 20 项专项资金开展预算绩效重点评价。

二、国库集中收付管理

2000 年以前，呼和浩特市属于“吃饭财政”，财政重拨款轻管理，由于各部门各单位单设账户，造成大量财政资金分散滞留，个别专项资金被挪用，私设“小金库”现象屡禁不止，同时各单位会计核算成本较高。

2001 年 5 月，呼和浩特市会计核算中心成立，呼和浩特市财政国库集中收付制度改革启动。实行会计集中核算，取消单位银行账户，统一开户，集中管理，并实行会计委派制。年内，共处理违规报销资金 300 多万元。年末，市本级行政单位和财政全额拨款的事业单位被全部纳入核算中心。截至 2001 年末，提供短期周转资金 8000 多万元，节约库款率 45%。

2002 年 4 月，市财政局成立呼和浩特市国库集中直接支付中心，负责财政资金的拨付会计核算等。6 月，市会计核算中心更名为市财政集中核算支付中心。

2003 年 2 月，市财政集中核算支付中心更名为市财政集中授权支付中心，由单一核算职能变为支付、监督、服务 3 项职能，实现会计集中核算向国库集中支付的平稳过渡。5 月，全市 122 家全额事业单位人员工资退出财政统发直接转入授权支付中心实行银行代发，解决部分地区人员工资被挤占、挪用的问题。市财政部门制订《呼和浩特市财政国库收付与财政监督体系建设方案（试行）》，建立起以国库科为管理部门、以国库集中支付中心为执行部门、以财政集中授权支付中心为服务和预算执行监督部门的较为完善的国库收付运行机制。将本级 55 家定额补助单位纳入授权支付范围，同时将支农资金、专项资金和基金、科技三项费、社保基金、工资资金等项目纳入直接支付和授权支付，扩大实行国库直接支付和国库授权支付的范围，全年财政直接支付的资金为 4.1 亿元，比上年增加 127.78%。同年，推进“金财工程”建设。“金财工程”是推进国库管理制度改革、部门预算及其他财政管理改革的重要技术支撑，在预算单位财政部门和国库支付中心之间，初步建立起网络化管理系统，实现网上查询、审核、记账。以财政信息网络为支撑，以政府资金全部纳入国库单一账户体系为核心，以规范资金缴拨程序为目的的国库集中支付制度全面建立。

2004 年 7 月，市国库集中支付中心和市财政集中授权支付中心合并，更名为呼和浩特市集中支付中心，并保留财政集中账户和单位零余额账户。

2005 年，市财政局印发《呼和浩特市预算单位国库集中支付管理暂行办法》《关于规范（市本级）财政直接支付范围的通知》《关于规范直接支付程序的通知》，扩大财政直接支付范围，将基本支出的 10 项内容和专项支付的 13 项内容纳入直接支付范围，明确直接支付的申报和审批程序。印发《呼和浩特市（本级）预算单位财政资金支付暂行办法》，规范操作程序和运行规则。同年，市本级直接支付资金 28.74 亿元，占市本级财政支出的 93%。

2006 年 4 月，成立国库支付中心，实现与国家、自治区财政的有效衔接，形成国库直接支付、财政授权支付与财政监督三位一体的新格局。同年，制定《国库支付实施细则》，严密资金流程控制，规定实行财政直接支付和财政授权支付的范围，直接支付规模提升。四市区基本建立起国库集中支付制度运行体系。年内，市本级财政直接支付的资金为 23.52 亿元，占同期财政支出的 62.16%。

2007年8月，市财政局指导督促各旗县建立国库集中支付的基本框架。年内，市本级财政直接支付的资金总额为35亿元，授权支付资金总额为27亿元。

2008年，市财政局印发《关于明确2008年国库运行有关问题的通知》，资金支付由业务科发起改由预算单位发起。同年，开展清理规范市本级预算单位银行账户设置工作，共检查70个单位的130个账户，并按相关规定建立账户年检制度，确保专户资金的安全运行。

2009年，市财政局综合业务系统上线，这是自治区财政系统首家建成的财政管理一体化信息系统，实现数据的统一性和信息的共享性，确保会计信息的真实、合法、准确、完整。4月，市国库收付启动银行清算业务，全面规范国库支付零余额清算制度，执行《呼和浩特市本级授权支付管理办法》《呼和浩特市本级现金管理办法》，对负责授权支付业务的机构进行改革，实现“一站式”服务，提高服务和办事效率。

2010年，为提高公务支出透明度，加强预算执行监督管理，制定《呼和浩特市本级预算单位公务卡管理暂行办法》，全面启动公务卡改革，完善资金运行机制。

2011年，市本级完成“市集中支付中心”向“市国库收付中心”的过渡，形成市本级财政直接支付和授权支付相结合、财政单一账户和预算单位集中单一账户相结合、财政监督和服务相结合的国库收付（集中）体系。印发《关于进一步加强我市国库集中支付运行机制的指导意见》，帮助和指导旗县（区）加快实现会计集中核算向国库集中支付制度的转轨。在全市范围内开展财政专户的清理整顿及核查，将各类财政专户统一归口财政国库部门管理，市本级撤并财政专户53个账户。制定出台《呼和浩特市本级国库资金支付管理办法》，规范财政资金支付管理，加强资金支付安全。

2012年，建立覆盖市、旗县（区）、乡镇的财政业务三级网络化格局，全市各旗县（区）财政全部完成会计集中核算转轨工作。与人民银行联合印发《关于按月申报授权支付用款计划的通知》，制定银行结算清算规范化操作制度，建立定期对账制度。年内，制定《呼和浩特市本级公务卡强制结算目录》《呼和浩特市财政局关于建立公务卡结算目录制度的通知》将办公费、差旅费、公务接待费纳入公务卡强制结算目录。同时，为推进市本级公务卡改革进程，市财政局与纪检委监察局联合印发《关于全面推行公务卡结算制度的通知》，转发自治区财政厅、中国人民银行呼和浩特中心支行联合印发的《关于加快推进公务卡制度改革的通知》，加快启动各旗县（区）公务卡改革。

2013年，制定《呼和浩特市本级专户管理办法》，加强财政专户管理，为确保资金安全、有序运行，印发《关于预算单位账户年检有关事项的通知》，开展对市本级预算单位账户的年检工作。公务卡全面推行，当年公务卡结算资金2722万元。

2014 年，制定印发《关于进一步深化呼和浩特市国库集中支付改革的通知》《呼和浩特市本级预算执行动态监控管理办法（试行）》《呼和浩特市本级预算单位银行账户管理办法》，提高财政资金运行的安全性和透明度以及调控财政资金的能力。

2015 年，修订《呼和浩特市（本级）财政资金国库集中支付实施细则》《呼和浩特市乡镇财政国库集中支付实施细则》等制度。印发《呼和浩特市财政专户管理办法》《关于进一步加强财政部门和预算单位资金存放管理的指导意见》，按照财政部要求及时清理财政专户，审批预算单位账户。

三、财政资金监督检查

1990 年前，全市开征并持续执行的基金项目有教育税附加、农牧业税附加、水费附加、电费附加、育林基金、新菜地开发基金、散装水泥专项资金、电建资金。1990 年，为加强预算外资金的管理，对市属 147 个行政事业单位预算外资金实行“专户储存”（简称专储）的管理办法。全年累计专储资金 8000 万元，审批专储资金 7500 万元。同时，利用预算外资金转储存的时间差和间歇资金，支持生产建设，作为预算内资金不足的必要补充，使预算外资金逐步纳入财政计划管理的轨道。

1991 年，根据自治区财政厅印发的《关于预算外资金管理办法》的通知精神，对市属行政事业单位的预算外资金重新进行清查，扩大专储范围，专储户 521 户，占应储单位的 85%，累计专储资金 9573 万元。

1992 年，全市按照《预算外资金管理条例》，加强对行政事业单位预算外资金管理，纳入专储管理的单位 530 个，实现专储资金 1.36 亿元。

1993 年，全市对支援不发达地区发展资金进行重点监察。对受援“支发资金”的土默特左旗、托克托县、郊区的 25 个乡镇，按规定进行检查。全市 1991—1992 年受援“支发资金”管理使用单位共 53 户，按照重点检查面不少于受援单位总数 30% 的规定，检查 30 户，占受援单位的 56%。检查共发现违规使用资金 14.65 万元，占 1991—1992 年投放“支发资金”总数 302.1 万元的 4.85%。其中，托克托县违规使用资金 11.39 万元，占 1991—1992 年投放“支发资金”102.6 万元的 11.1%；土默特左旗违规使用资金 3.26 万元，占 1991—1992 年投放“支发资金”94.8 万元的 3.43%，郊区未发现明显违规违纪问题。针对发现的违规违纪问题，检查组按照《关于支援经济不发达地区发展资金管理办法》第九条规定，作出处理。1992—1994 年，市财政局用 3 年时间对全市乡（镇）财政所进行全面检查，检查乡镇财政所 45 个，检查资金总额共 7751.34 万元。其中，预算内资金 6808.15 万元，预算外资金 911.85 万元，自筹资金 31.33 万元。查出违纪金额共 6.46 万元，全部为预算内违纪金额，违纪应收缴入库金额 7729 元，收缴入库 7274 元。检查中发现：预算外和自筹资金未纳入乡财政管理，造成预算外和自筹资金的使用和分配上不能够统收统支；兼职现象影响本职工作，大多数乡财政人员既搞本职工作又包村包队；农业税社会减免未落实到户；待解税款余额结转下年；乡镇财政基础工作薄弱等问题。

1994 年，在全市开展“1992—1993 年财政支农周转金”的投放、使用和管理等专项检查，没有发现违纪行为。同年，各种基金收入 1.11 亿元，支出 7825 万元，滚存余额 4250 万元。

1995 年，全市开始执行电网建设基金，全部用于金川开发区建立变电站。同年，按照自治区财政厅、审计厅、监察厅《关于清理登记各种基金有关具体问题的通知》精神，对全市及县、乡三级政府、628 个行政事业单位的各种基金进行摸底调查和登记，查明全市有基金项目 16 个。

1996 年，根据国务院《关于加强预算外资金管理的决定》《呼市人民政府关于切实加强预算外资金管理的通知》精神，按照市委、市政府的统一要求，对全市 880 户应查户全部进行自查，重点检查 518 户，占应查户的 58.8%。同时，对 518 户中的 115 户行政事业单位的预算外资金进行检查，共查出违纪资金 3900 万元。截至 1996 年 10 月底，全市预算外资金纳入财政专户储存金额为 2.09 亿元，较 1995 年同期的 1.48 亿元增加 6140 万元。年内，根据财政部审计署《关于清理检查救灾扶贫周转金的通知》精神，市财政局会同审计局分别对土默特左旗、托克托县、郊区的 7 个乡镇进行检查督促，市支农周转金回收如期完成。12 月，市财政局印发《关于财政周转金实行统一管理的通知》，明确加强对各业务科室周转金实行统一管理。在贯彻落实国务院《关于深化企业职工养老保险制度改革的通知》精神工作中，建立社会统筹与个人账户相结合的基本养老保险模式，加大对企业养老保险基金和待业保险基金的监管力度，配合财政部检查组对市“两金”的调查，“两金”使用逐步规范。

1997 年，市财政局成立呼和浩特市财政局实行执法责任制领导小组。按照自治区财政厅转发财政部《关于开展财政法规实施情况监督检查的通知》精神，在全市范围内对新颁布的财政法规实施情况进行检查。同年，市财政部门加大清理整顿预算外资金，把各项行政性和财政性附加收入全部纳入预算管理，对未纳入预算管理的实行财政专户管理，年内，财政专储额 2.2 亿元，在对行政事业单位的清查中，共查出违纪金额 1900 万元。同年，对全市 9 个旗县（区）的会计工作秩序进行整顿。

1998 年 1 月 1 日起，按照财政部要求，全国范围内的预算、行政、事业单位实行新的会计制度。8 月 21 日起，根据财政部关于《企业职工基本养老保险基金实行收支两条线管理暂行规定》精神，企业职工基本养老保险基金进入财政专户储存，实行收支两条线管理。同年，按照预算外资金所有权归国家、调控权归政府、管理权归财政的要求，把各项行政性收费和财政性附加等应纳入预算内的收入项目，全部纳入预算内管理，使预算外资金管理逐步纳入法治化轨道。年内，市财政局对 89

个行政事业单位进行检查，同时，完善行政事业性收费票据管理，按照“治乱减负”的要求，配合物价、纪检、监察部门，取消国家公布取消的收费项目和全市12项不合理收费项目。同时，根据中共中央、国务院关于对公检法、工商行政管理行政性收费和罚没收入实行“收支两条线”管理的决定，市财政局对全市的公检法和工商部门的收费进行认真的清理，1998年全部实行收支两条线管理。

1999年，为加大预算外资金监管力度，规范行政事业性收费行为，制定《“收支两条线”规定和工作重点检查方案》《罚没票据管理办法》。年末，市本级专储率为98%以上。按照“治乱减负”的要求，取消城市基础设施车辆建设费等一大批收费项目，降低企业收费标准，为企业减负近1亿元。8月，根据《内蒙古自治区乡（镇）行政、事业单位财务“零户统管”试行办法》，在土默特左旗、武川县开展乡镇行政事业财务“零户统管”制度，加强对财务的监管。

2000年7月，开始实施修订后的《中华人民共和国会计法》。同年，针对坐收坐支和私设“小金库”（违反法律法规及其他有关规定，应列入而未列入符合规定的单位账簿的各项资金及其形成的资产）等问题，市财政部门严格按国务院281号令处理。年内，重点完善市交警支队、运管处、城管办及旗县（区）相对应单位的“罚缴分离”工作。根据预算外资金也是财政性资金，制定预算外资金管理办法。

2001年，市财政局制定《呼和浩特市本级会计委派制工作实施方案》《呼和浩特市本级行政事业单位会计集中核算办法》《呼和浩特市会计核算单位财产核算管理办法》《呼和浩特市财政监督检查暂行办法》。同年，呼和浩特市会计核算中心成立，取消和清理各部门、各单位在银行开设的预算内、预算外资金账户，由核算中心统一核算，堵塞财务漏洞，杜绝“小金库”和巧立名目的“三乱”现象，制止不合理报销。市财政部门对市本级169个收费单位的收费项目和收费票据以及过渡账户进行清理，采取“票款分离”办法，开设62个银行代收网点，资金由银行网点代收后，当天划入财政集中专户。对市本级38户行政事业单位贯彻执行“收支两条线”规定情况进行检查，查出违规和问题金额507万元，收缴和催缴财政专户73万元，缴入国库61万元。

2002年，市财政局会同监察局、中国人民银行、审计局联合制定《关于制止行政事业单位开设银行账户的紧急通知》《关于完善呼和浩特市票款分离实施办法的补充通知》，将公安、法院、环保、计生等执收执罚部门的预算外收费收入全部上缴国库，并设立专项检查制度，对一些单位的特殊需要，印制专项票据。

2003年，对市属93个行政事业单位预算内外资金收支情况、专项资金的使用情况、会计信息质量情况以及“收支两条线”执行情况进行检查，查出违纪金额8716.6万元。并对呼和浩特市第一中学、呼和浩特市第二中学、呼和浩特市第十四中学和土默特中学4所学校进行重点检查。年内，对64个使用防“非典”专项资金的预算单位实施跟踪检查，检查资金总额1.15亿元。

2006年，首次启动司法程序，对长期无理拖欠拒不上缴国有资产净收益的4户转制企业（内蒙古煤机厂、呼和浩特市奈伦集团、内蒙古化纤厂和呼和浩特市储运兴海公司）移交市中级人民法院申请强制执行，涉及金额2919万元，移交法院执行局强制执行。当年，各部门单位申报债务项目451宗，总投资66.92亿元，申报债务金额35.65亿元。按照政府性投资项目债务的确认原则，完成全部可确认项目61宗，共9.29亿元的债务。确认政府性债务金融3.74亿元，部门债务3.4亿元。

2007年，市财政部门对市拆迁办、市国土资源局、市残联、市统计局、市民政局等单位会计信息质量、财政收支管理情况、财政授权支付资金及专项资金使用情况、非税收入、政府采购情况实时检查，规范单位支出行为。

2008年，制定《关于印发〈呼和浩特市本级财政专项支出绩效评价办法（试行）〉的通知》，开展财政专项支出绩效评价工作，对市农牧业局2007年无规定疫病区建设项目、市文化局2007年文艺演出电影放映下乡项目、市中小企业信用担保中心担保资金收支情况等进行绩效评价。同时，制定《关于印发呼和浩特市财政局2008年度内部绩效评价工作方案的通知》，开展内部绩效评价和指标核实等工作，对局属24个科室、11个二级单位开展内部绩效评价工作，推进机关效能建设。

2009年，制定并执行《财政监督检查处廉政建设规定》《呼和浩特市农业蔬菜保护地建设项目绩效评价实施方案》《关于开展我市农业蔬菜保护地建设项目绩效评价工作的通知》《呼和浩特市本级专项教育资金及教育费附加绩效评价实施方案》等方案。按照《关于开展党政机关和事业单位“小金库”专项治理工作的实施办法》精神，成立“小金库”治理工作机构，全市1231家单位，对其中402个单位进行重点检查，达到全市党政机关和事业单位的32.66%。

2009—2011年，连续3年开展党政机关事业单位、各旗县（区）、国企等“小金库”专项清理工作。2011年，市财政局制定《呼和浩特市旗县区财政监督工作考核办法》《关于进一步加强我市乡镇（街道）财政建设的指导意见》等制度文件。

2012年，对全市43个行政事业单位2011年度会计信息实施检查，共查出会计核算不实资金22.26万元、财政资金问题金额633.48万元、其他违规问题金额6484.72万元，纠正违规问题金额655.74万元，其中，追缴财政资金68.79万元，补缴税款18万元。

2013年，完成交通行业、教育行业、公用事业及其他行业共65户行政事业单位2013年度会计信息质量检查，经查发现开设银行账户不履行审批程序、法定收入不上缴等问题，涉及违规金额1.58亿元，责令纠正违规问题。同年，对市运管局2012

年度预算执行情况及项目资金使用情况进行监督检查；对2012年蔬菜保护地建设完成情况、千头以上奶牛牧场建设情况进行验收检查；对1000万元以上的重大项目进行监督检查。对市城市管理行政执法局2012年度环卫专项资金(财政资金7100万元)的使用情况进行监督检查；对全市9个旗县（区）的整村推进扶贫、现代设施农牧业建设及新农村新牧区建设项目资金使用情况进行监督检查。同年，根据《内蒙古自治区财政厅考核盟市财政监督工作暂行办法》，印发《关于对旗县区财政监督工作进行考核的通知》,结合旗县（区）监督工作实际,完善旗县（区）监督工作考核办法，突出财政监督工作的规范性、成效性。

2014年，市财政部门印发《呼和浩特市财政监督检查处内部收发文管理办法》，修订《呼和浩特市财政局对外监督检查归口管理办法》，体现统一归口管理、统一组织实施、统一规范程序、统一行政处罚、统一结果利用“五统一”原则。年内,印发《呼和浩特市财政监督检查工作规则》《关于进一步规范财政行政处罚法律文书的通知》《关于进一步规范财政检查法律文书的通知》《呼和浩特市财政监督成果利用办法》。

2015年，印发《呼和浩特市财政局内部控制基本制度（试行）》《关于推进建立财政内部控制制度的实施意见》，财政系统内部控制制度建设工作全面铺开，专项风险管理办法日趋完善。市财政部门协助全市各旗县（区）继续对村级集体经济组织财务收支、资产管理、资源开发利用及处置情况进行审计调查工作；开展2015年会计信息质量监督检查工作，对广播影视服务行业等6家单位的2014年度会计信息质量开展上下联动检查，检查出违规金额共计54184.1万元；对市体育局体育基础设施建设项目利用情况、资金到位使用情况及项目完成情况进行了监督检查；对所辖8个旗县（区）政府预决算公开情况进行专项检查。

四、税收财务物价大检查

1985年,市政府根据国务院批转财政部《关于开展税务、财务大检查报告的通知》,成立呼和浩特市税收、财务大检查办公室。全市共抽调财政税务干部367人，组成128个检查组，对全市国营、集体企业及国家行政事业单位开展自查、互查，对国营工交、商业、外贸、供销、物资、金融、城建等单位进行重点检查。重点检查单位3406户，其中国有企业112户、集体企业920户、集体工商业2185户、行政事业单位189户。查出违纪金额3091.9万元,入库2199.8万元。其中,财政入库126.8万元,税务入库2053万元。

1987年，按照国务院《关于开展1987年税收、财务、物价大检查的通知》和自治区政府《批转自治区税收、财务大检查办公室关于开展1987年税收、财务、物价大检查安排意见的报告的通知》，市本级成立财检办公室，抽调50多名干部，组成23个检查小组，到1000户企事业单位进行检查，检查面50%。查出违纪金额898.83

万元，追缴入库415.38万元。1988年，对全市1803户企事业单位开展税收、财务、物价大检查，查出违纪金额1209万元，入库194万元。

1990—1991年，按照国务院《关于开展1990年税收、财务、物价大检查的通知》，对全市4849个单位进行重点检查，查出违纪金额3809万元。入库2495万元。1992年，共检查1343个单位，查出违纪金额684万元。入库215万元，入库率85.3%。

1993年8月，市财政局印发《呼市1993年税收、财务、物价大检查工作实施方案》。全市7223个应查户，共查出和认定违纪金额1137万元，收缴入库703万元，是自治区自查违纪总额的66.7%。同年，在对市医疗卫生系统27个单位进行的检查中，查出乱收费项目40种，共查出违纪金额6.83万元。在对全市教育系统131所学校的检查中，有99所学校存在乱收费问题，占所查学校的75.5%，共查出违纪资金126.22万元。“三大”检查领导小组办公室，在全市发布《关于医疗卫生系统收费大检查情况通报》《关于清理教育系统不合理收费项目的通知》，限期取消不合理乱收费项目，对所有违纪金额限时上缴财政并按规定收缴罚款，对个别严重违纪的单位和个人给予严肃处理。

1995年，按照国务院通知要求，开展清理“小金库”专项检查工作。重点检查249户，查出有49个单位（企业）私设“小金库”，金额95万元，发现其他违纪违规金额404万元。

1996年，根据自治区政府《关于开展1996年税收财务物价大检查的通知》，在全市范围内开展大检查工作，重点检查1.06万户，发现违纪问题4962户，予以经济处罚的3687户，查出违纪金额1942万元，经核定入库1506万元，入库率为78.7%。

1997年，大检办对市属及各旗县（区）1.21万户国有企业、行政事业单位、社会团体、集体、企业及个体工商户进行重点检查，检查面覆盖率59.03%，高出国务院要求的19.03个百分点。共查出各种违纪金额2280万元，入库2046万元。

1998年8月，全国财税工作电视会议正式提出，从1998年不再统一开展全国范围的税收财务物价大检查，连续13年的税收财务大检查结束。

五、政府控购（采购）管理

1985年，根据国务院《关于开展控购工作大检查的通知》，抽调60多人在全市开展大检查工作，共检查518个单位。其中，重点检查183个单位，查出违纪金额248.8万元。

1987年，自治区下达呼和浩特市社会集团购买力控制指标3780万元，其中专控指标150万元。市财政局按照市政府要求，对各单位申请购买专控商品7.6万元的报告严格审查，批准购买140余万元，压缩非生产性支出500万元，控购商品的审批没有突破自治区下达指标。同时，配合全区控购工作检查，对全市15个系统32

个单位进行测算、核定。完善控购工作制度，建立社会集团购买力辅助账和小汽车、大汽车、摩托车档案。

1988年，根据国务院《关于从严控制社会集团购买力的决定》，市政府出台《关于严格控制社会集团购买力的决定》，健全控购管理制度。年内，自治区下达的控购指标是5900万元，全年全市社会集团购买力完成5700万元。

1989年初，全年压缩非生产性支出800.11万元。年内，检查233个单位，查出违规金额212.6万元。其中，违规小汽车40辆，报经自治区控购办批复没收小汽车8辆，折价53.8万元，罚款处理29辆，应罚款项28.1万元，年末交清罚款17辆，罚款入库金额17.7万元。同时，查处违章销售小汽车69辆，没收非法所得利润3.74万元。查处违规购买其他专控商品的单位106户，年末交清罚款95户，入库5.8万元。

1990年，自治区下达控制社会集团购买力指标为6000万元，实际执行5980万元。压缩审批专控商品360万元。对北方商场违章销售摩托车问题进行处理。

1991年，按照自治区控购办《关于进一步加强控购管理制止社会集团非生产消费膨胀的紧急通知》，市控购办对各单位购买非生产性高档专项控制商品一律不予审批。各旗县（区）一律不准再转报非生产性高档专项控制商品。年内，市控购办开展控购工作大检查，对123个单位进行重点抽查。其中，抽查专控点34个，其余为企事业单位。查出违规金额20.57万元，违规小汽车5台。

1992年，按照全国控办要求，全市社会集团消费增长幅度控制在5%以内，没有突破指标。直接用于生产、经营、科研的专项控制商品，必须履行控购审批手续。规定凡社会集团购买专项控制商品，都必须先到控购机关履行审批手续，取得“准购证”以后，方可购买，否则，按违规有关规定严肃处理。

1993年，市政府控购办针对近两年在检查中发现公车上私牌照的问题比较严重，印发《关于违控车辆公车上私牌照的通知》，再次重申控购纪律。

1995年，在专控商品审批上，实行适度从紧的审批原则，压缩集团单位对专控商品的不合理需要，重点控制行政事业单位及亏损企业和贫困地区购买小汽车和高档汽车。1998年，贯彻落实中共中央、国务院《关于党政机关厉行节约、制止奢侈浪费行为的若干规定》，控制社会集团消费，对党政机关违反规定配备或违规购买的专控商品，特别是小汽车和移动电话进行重点检查。共查处21个单位，查缴入库罚款4.68万元。

1999年5月，呼和浩特市政府采购办经市政府批准成立，为副处级事业单位，与控制社会集团购买力办公室合署办公，一个机构、两块牌子，市财政局成为市政府采购办主管部门。6月，为规范政府采购机制，使管理与采购分开运作，经市政府批准，成立呼和浩特市政府采购中心，为隶属财政局管理的科级事业单位，挂靠市国债中心。采购中心对纳入政府采购目录的物品和服务，实行定点采购管理，规范行政事业单位采购行为，加强支出管理，节约采购资金。

2000 年 1 月，经市财政局党组研究决定，采购中心脱离原有挂靠单位，独立行使采购职能。

2001 年，市财政局印发《呼和浩特市人民政府采购管理办法》《呼和浩特市人民政府采购招标投标实施办法》《呼和浩特市人民政府采购运作程序管理办法》等办法，明确采购办和采购中心的工作职责、采购决策程序等。

2003 年 1 月，《中华人民共和国政府采购法》颁布实施，政府采购由制度化走向法治化。同年，按照内蒙古自治区《关于全面推进政府采购制度的意见》，完成政府采购机构与财政局的分离，使其成为独立事业法人机构，依法承担政府集中采购任务，建立呼和浩特市政府采购网和政府采购项目评审专家库。

2004 年，政府采购中心与财政脱钩，市财政局设立政府采购管理科，负责采购预算编制、制度法规的制定和采购行为的监督等，依法理顺政府采购管理机制。加强对政府采购中各执行机构的监管，依法进行考核，重大政府采购项目实行现场监标。全年政府采购资金 6.12 亿元，节约资金 6063 万元，节约率为 9.9%。

2005 年，财政部门制定本年度政府采购目录和限制标准，对各类纳入政府采购范围的财政专项资金项目依法全面实施政府采购管理，将建设工程项目依法纳入政府采购管理范围。为依法规范集中采购机制和单位的采购行为，《呼和浩特市（本级）政府采购管理实施办法》《呼和浩特市集中采购代理机构考核管理办法》《呼和浩特市部门集中采购管理操作规程（试行）》《呼和浩特市工程类项目政府采购管理暂行办法》《政府采购评审委员会专家库管理暂行办法》等实施细则制定发布。同年，行政事业单位采购配置电脑 378 台，办公桌椅 1324 套，采购金额 356.19 万元，节约资金 37.1 万元，节约率 10.41%。全年政府采购金额累计完成 5.35 亿元，节约资金 5701 万元，节约率 9.6%。

2006 年，市财政局制定实施《呼和浩特市人民政府采购工作程序（试行）》规范政府采购工作程序。全年，呼和浩特市政府采购累计完成 6.06 亿元，节约资金 6582 万元，节约率为 9.8%。

2007 年，市财政局印发《呼和浩特市（本级）政府采购评审专家管理实施细则》《呼和浩特市（本级）政府集中采购管理操作规程》《呼和浩特市（本级）政府集中采购机构考核细则》，规范政府采购专家职业行为，明确部门组织政府采购的程序。

2008 年，针对政府采购渠道不顺、程序混乱、管理不力的问题，坚持“采管分离”的管理体制，制定《2008 年呼和浩特市本级政府采购货物采购工作程序（试行）》《呼和浩特市（本级）部门集中采购操作规程（试行）》《呼和浩特市（本级）政府集中采购机构考核细则》《呼和浩特市（本级）政府采购评审专家管理实施细则》等制度。同年，制定《呼和浩特市人民政府采购管理暂行办法 2008 年政府采购货物采购工作程序》《2008 年集中采购目录和限额标准》等制度，完善评标决标机制，将限额以下工程类项目纳入采购管理范围，加强对集中采购项目的监管力度，推进协议供货制度的实施及规范化管理，对市本级政府采购公务用车率先实行协议供货制度。年内，政府采购资金为 6.34 亿元，综合节约率 9%。

2009 年，市政府印发《2009 年度政府采购集中采购目录和限额标准》，实施政府采购的项目全部纳入政府采购范围，首次明确限额以下工程类项目的政府采购管理方式。市财政局印发《呼和浩特市本级行政事业单位资产采购及调配工作流程》《呼和浩特市（本级）协议供货执行管理办法（试行）》，明确行政事业单位的公务车辆采购和调配流程，实现政府采购和行政事业单位国有资产联动监管。同时，根据《关于开展政府采购执行情况专项检查的通知》要求，规范政府采购监督管理行为，对 56 个市本级预算单位的政府采购进行重点检查。

2010 年，完善协议供货的执行和管理，提高采购结果的公平性。优化政府采购工作流程，改进政府采购方式并加强采购结果确认管理。出台《关于明确局内政府采购工作流程的通知》，同时，制定关于对《呼和浩特市本级行政事业单位公务用车办公设备基本配置标准及管理办法（试行）》有关事宜的补充通知，出台《呼和浩特市本级资产采购管理办法（试行）》，简化办事程序。为规范全市预算单位信息系统建设，节约财政资金，印发《关于进一步规范市本级预算单位信息化建设项目采购行为有关事宜的通知》，规范信息系统建设的政府采购工作。对市本级行政事业单位公务印刷制定《2011 年市本级定点印刷政府采购管理办法》，实行定点印刷。同年，全市执行政府采购预算 12.54 亿元，实际采购规模 9.61 亿元，节约资金 2.93 亿元，资金节约率 23%，实际采购规模比 2009 年同期增加 2225 万元，增长 2.4%。

2011 年，制定《呼和浩特市本级定点印刷政府采购管理办法（试行）》，推进政府采购与行政事业单位资产一体化管理。完善《呼和浩特市财政局政府采购内部工作流程（试行）》《市部门集中采购中心投标保证金管理办法（试行）》，《呼和浩特市财政局政府采购内部工作流程（试行）》等规章制度。全市执行政府采购预算金额 15.90 亿元，实际采购金额 14.35 亿元，节约资金 1.55 亿元，资金节约率为 9.77%。实际采购规模比 2010 年同期增加 4.74 亿元，增长 33%。

2012 年，按照《内蒙古自治区政府采购工作规程》，修改、完善《政府采购项目批准书》格式，依据《政府采购法》《内蒙古自治区财政厅关于公布 2012—2013 年自治区本级政府采购集中采购目录、限额标准和公开招标数额标准的通知》等相关法律、法规规定，所有采购项目统一以新的《政府采购项目批准书》下达，简化采购工作流程，提高采购工作效率。

2013 年，制定印发《关于资产管理及政府采购相关事宜的通知》，优化行政事业单位资产管理和政府采购审批程序。规定市本级各单位处置原始价值（或批量价值）在 10 万元以下（含 10 万元）的专用设备和 5 万元以下（含 5 万元）的通用设备及其他固定资产（土地、房屋建筑物和车辆除外），以及单位追加资产配置的采购审批程序。全年全市政府采购预算 70.79 亿元，实际采购金额 63.99 亿元，节约资金 6.80 亿元，节约率 9.61%。

2014 年，根据自治区政府办公厅《关于公布 2014 年至 2015 年盟市级政府集中采购目录的通知》及市政府批示要求，对《市本级 2014—2015 年政府采购集中采购目录》进行修订，明确政府采购项目、限额标准和公开招标数额等相关规定，并报市政府发布。印发《关于政府采购管理有关事宜的通知》，规范协议供货、定点印刷、分散采购的范围和限额标准及政府采购审批程序。维护采购当事人的权益，按照《政府采购法》《政府采购供应商投诉处理管理办法》规定，对 8 件投诉事项依法依规进行处理。全年市本级政府采购规模 6.51 亿元，实际采购金额 5.71 亿元，节约 8000 万元，节约率 12.28%。

2015 年，根据《中华人民共和国政府采购法》及新出台的《政府采购法实施条例》，制定《呼和浩特市人民政府采购管理办法》，规范政府采购行为。制定《呼和浩特市本级政府集中采购机构监督考核办法》，明确监督考核的原则、程序、内容、结果及责任等，加强对集中采购机构监督考核管理，促进集中采购机构依法执行集中采购任务，提高采购质量与工作效率。全年全市政府采购规模累计完成 53.56 亿元，实际采购金额 51.85 亿元，节约资金 1.71 亿元，节约率 3.19%。

六、非税收入管理

2000 年开始，市财政局按照“所有权归国家，调控权归政府，管理权归财政”的总体思路，有计划地推进预算外资金征收管理改革。2001 年，为全面取缔“小金库”，清理账外账，实现非税收入的征缴，市财政局按照市政府《关于行政事业性收费实行票款分离的通知》，全部取消行政事业单位过渡性账户，对市本级 169 户有行政事业性收费的单位全部推行票款分离的办法，开设 92 个银行代收网点，实现“单位开票、银行代收、财政统管”的要求。

2002 年 10 月底，对数额较大单位的罚没款实行罚缴分离。针对征缴难度大，未实行票款分离、罚缴分离的执收执罚单位，市财政局采取集中汇缴的办法纳入财政专户进行统一管理。同年，市政府批转《呼和浩特市本级非税财政收入征收管理暂行办法》，对各部门、单位按其组织的收入给予核增适当比例的业务费，实行以补代奖的办法，调动征收单位的积极性。

2003 年，市财政局专门成立非税收入征管中心，首次建立非税收入征管机制，初步形成税务部门代收、行政单位收缴、财政部门直接征管和促缴的全方位征缴体系。同时，开始执行“收支两条线”管理制度，制定《关于进一步做好行政事业性收费和罚没收入全面实行票款分离和罚缴分离的通知》，以票据管理为基础，做到从源头上控制非税收入流失。非税收入 4.11 亿元，同比增加 9106 万元，增长 28.43%。利用新的非税收入管理网络，建立健全票据内部控制制度，形成“以票管票”的监控制度，实地调查研究，加强收费管理，清理 22 个部门、91 个单位、680 项收费。

2004 年，市财政局设立非税收入管理科。按照《呼和浩特市人民政府关于禁止直接抵制和减免非税收入的通知》，对收缴预算内政府非税收入的执收单位进行大检查，重点对擅自减免和抵顶非税收入的单位进行检查。同年，全市政府非税收入完成 13.28 亿元，占全市财政收入总收入的 21.8%。12 月 15 日，市政府颁布实施《呼和浩特市非税收入征管办法》，明确财政部门是征收和管理政府非税收入的主管机关，规定执收单位征收或收取政府非税收入中的主要工作职责，以及财政票据管理和收入收缴等重要内容。同时启用非税收入缴款新票据，根据自治区财政厅统一要求，除个别具有特殊工作性质的单位保留使用过渡票据外、执收单位全部使用“呼和浩特市非税收入一般缴款书”，义务缴款人通过代理银行将政府非税收入直接缴入财政账户。明确财政部门是财政票据的主管机关，具体负责财政票据的统一印制、发放和监督管理工作，其他任何单位和个人不得自行印制、出售、销毁财政票据。

2005 年，市财政局制订《呼和浩特市财政票据管理办法》，规范全市财政票据管理工作，统一全市财政票据。7 月 1 日起，全市范围内允许使用 15 种通用、专用财政票据,原各执法单位使用的旧版票据的废止时间为 2005 年 12 月 31 日。从 10 月起，对票据使用单位已作废未使用的财政票据和已使用且保存满 5 年的财政票据进行集中销毁。对呼和浩特市本级和旗县（区）所属的中小学收费“收支两条线”执行情况进行专项检查，纠正部分学校在教育收费方面存在的问题。按照《自治区财政厅、监察厅关于开展政府非税收入检查工作的通知》，对呼和浩特市职业学院的教育收费情况进行检查。印制多联自带复写纸的新型财政票据。对房产部门四项收费改为“一票制”，在本市试行机打票。改革市交警支队票据使用和收缴方式，由当场处罚改为当事人持《处罚决定通知书》到财政指定银行交款。

2006 年，对 55 个预算单位的非税收缴情况，财政授权支付资金的使用，会计信息的真实性、完整性、准确性实施检查。年内，首次开展财政局内部监督检查工作，对局属 13 家独立核算单位 2001—2005 年的财务收支情况进行检查。围绕“一票制”执收和助收的管理方式，市财政局制定《关于城市建设工程项目部分行政事业性收费实施“一票制”管理的通知》，明确服务大厅人员的工作职责和办事程序。将代开往来票据，对各单位从上级和其他部门争取的资金，凭部门申请和相关文件，将代开其他资金往来票据纳入财政其他资金专户管理，累计实现往来收入1736.67万元。将房产部门办理一笔业务需经4个窗口开票的流程，改为“一票制”收费。首次启动司法程序，对长期无理拖欠拒不上缴国有资产净收益的部分转制企业移交市中级人民法院申请强制执行，涉及金额2919万元。

2007年，对市本级和旗县（区）的非税收入项目进行整理规范，精简全市财政票据种类，加强医疗票据的管理工作，协调制定城镇居民基本医疗保险收费收据，改进城镇居民参保金全额缴入财政专户的缴入模式。

2008年，市财政局对市本级执收执罚单位使用财政票据实行免费发放，启用电脑机打票据。对10家执收执罚单位印发《关于试行新版非税收入收缴管理系统的通知》。根据《关于在全市范围内开展财政票据检查工作的通知》，组织2个工作组对财政票据使用量大的单位进行检查，对62户单位2003—2007年使用的票据进行监督检查。对市直属13所学校2007年、2008年1—8月收费收支情况进行专项检查，纠正部分学校违规发放班主任津贴等行为。2009年，将一些收费项目和国有资源有偿使用收入纳入预算内管理，按照自治区规定取消108项收费。2010年，推进旗县（区）非税收入收缴制度改革，制定《呼和浩特市非税收入收缴制度改革实施方案》，指导旗县（区）进行改革并在旗县（区）推开新的非税收入收缴系统。非税收入从2006年的9.6亿元（预算内管理的非税收入，不含基金收入）增加到2010年的37.8亿元，增长近3倍。

2011年，按照财政部要求，除教育收费外将部门预算外管理的非税收入全部纳入预算管理。严格执行中央和自治区关于取消部分行政事业性收费的要求，对涉及的96项行政事业性收费项目予以取消。建立财政票据审验领用工作程序，深入推进财政票据电子化改革。

2012年，以财政网络为支撑，完善征管系统，推进全市非税收入征管系统数据大集中建设，解决非税收入管理薄弱环节的技术瓶颈制约，确保基础数据同步更新、分成收入自动结算、统计报表自动生成。同时，以征管政策为依据，清理和调整非税收入基础数据库，利用征管系统功能对非税收入项目和标准实行有效控制，确保源头控收；规范财政票据管理，结合《呼和浩特市财政票据管理实施办法》《财政票据发放、领用、审验工作程序》，指导旗县（区）加强财政票据管理，促进全市非税收入票据的统一规范化管理。2013年，全面清理市本级收费项目和基金项目，取消和暂停部分收费项目，减轻企业和社会负担。2011—2013年，全市非税收入累计完成135.56亿元，其中行政事业性收费收入27.45亿元、国有资本经营收入65.85亿元、国有资源（资产）有偿使用收入11.88亿元、其他收入30.38亿元。

2014 年，印发《关于进一步加强非税收入征收管理工作的通知》，加强收费项目、收费标准的监控，由单一缴款模式改为多种缴款方式，制定财政集中收费、POS 机或网上银行交款工作流程，提高非税缴入的工作效率。同年，全市非税收入完成 48.47 亿元，占公共财政预算收入的 22.9%，低于自治区非税收入占比近 10 个百分点，其中教育费附加收入 5.21 亿元。

2015 年，按照政府收支分类科目以及相应的预算级次，将纳入预算管理的非税收入缴入国库。全市非税收入完成 60.97 亿元，同比增长 25.79%，占公共财政预算收入的 24.6%，低于自治区非税收入占比近 8.1 个百分点，其中教育费附加收入 6.44 亿元、地方教育费附加收入 1.32 亿元、残疾人就业保障金收入 3892 万元。

七、财政投资评审监督检查

2002 年 4 月，市财政局成立呼和浩特市基建投资评审中心。7 月，更名为呼和浩特市财政投资评审中心。

2003 年，市财政局按照基建审计和工程建设的有关规定，共审核完成 40 个项目，工程总报审值 6437.28 万元，审定值 5114.74 万元，审减值 1322.54 万元，审减率为 20.54%。

2004 年，市财政局对财政性投资建设项目预决算审查管理和工程核实，对国债项目财务管理和资金使用进行监督，审定工程项目 105 个，评审金额 5.79 亿元，审定金额 1.16 亿元，审减金额 1.18 亿元，审减率为 20.31%；对全市亮化道路照明工程、新城东西街改造工程等 72 个财政性投资建设项目进行评审，送审额 1.24 亿元，审定额 9671.15 万元，核减额 2685.18 万元，平均核减率 21.74%。对昭君大酒店、呼和浩特市酿造厂、呼和浩特市公交公司等 8 家企业的资产评估报告进行审核，避免 4413.19 万元国有资产的流失；对呼和浩特医药分公司申报核销资产及呼和浩特电动工具厂评估报告中存在的问题进行核查，增加国有资产 3703.33 万元。

2005 年，对呼和浩特市城发集中供热二期部分工程、市政府广场工程、辛辛板污水处理厂配套管网等 93 个财政性投资建设项目进行评审，送审额共 2.93 亿元，审定额为 2.33 亿元，核减额为 5777.34 万元，平均核减率 19.74%；对中环集团、乾坤公司等 9 家企事业单位的资产评估报告及医药公司职工安置费的资产处置项目进行审核，共增加净资产 3080.08 万元；对呼和浩特市第二医院报送的“二医院项目竣工财务决算”2 项财政性投资项目进行审核，共核减不合理资金 45.68 万元；对腾飞路、鄂尔多斯大街及呼和浩特市集中供热工程进行全程跟踪监督评审；对向阳电影院债务、呼和浩特市人民法院审判庭、锅炉房债务及中铁十八局债务等 4 个核实项目进行审核，共核减 305.23 万元。

2006 年，对呼和浩特市引黄工程部分项目及市政道路改扩建工程等 162 个财政性投资建设项目开展评审工作，送审额共3.59亿元，审定额为3.0亿元，核减额为5888.87万元，平均核减率为16.39%。

2007年，市财政局印发《呼和浩特市财政投资评审中心项目评审管理办法》，规范评审行为。完成105个财政性投资项目的结、决评审工作，送审额3.38亿元，审定额为2.77亿元，核减额6140.65万元，平均核减率18.17%。对呼和浩特市体育场、呼和浩特市艺术学校新校区及热力二期等6项建设项目进行全程跟踪评审。

2008年，按照《内蒙古自治区财政厅关于对自治区2008年地方预算内基建项目进行预算评审的通知》，对自治区财政厅关于地方预算内基本建设项目预算和市本级预算内基本建设项目预算进行评审。共评审49个，涉及农牧业、教育、卫生、高新技术、公检法等领域，评审预算金额为3308万元。

2010年，市财政局修订《呼和浩特市财政投资评审局内运行规程》《呼和浩特市财政投资评审管理办法》，印发《呼和浩特市人民政府关于加强全市财政性投资项目评审管理工作的意见》《关于进一步加强财政性投资项目评审管理工作的通知》。

2011年，市财政局出台《呼和浩特市财政投资评审中心评审项目内部分配暂行办法》，逐步规范评审分配机制。年内，接受财政性投资结算24.12亿元的委托项目评审工作，项目申报额22.54亿元，审定额17.31亿元，核减额5.23亿元，平均核减率是23.22%。

2012年，市政府出台《呼和浩特市财政投资评审管理办法》，对审减率超25%的项目在给委托部门发送结算评审结果通知中就超过部分的审价费用从建设单位公用经费中扣减；对审减率超30%的项目向旗县（区）财政部门发文通报。全市完成委托项目344项，报审值24.38亿元，审定值18.1亿元，核减值6亿元，平均核减率24.63%。

2013年，市财政局制定《呼和浩特市财政性投资项目评审分配暂行办法》，对需分配的项目推行公开抓阄分配。年内共完成财政性投资结算项目评审317项，报审值共28.75亿元，审定值共23.87亿元，核减值共4.88亿元，总核减率16.97%。完成404项进度评审任务，报审值共44.16亿元，审定值共16.98亿元，核减值共27.18亿元，总核减率61.56%。全年共完成其他委托项目477项，报审值共45.91亿元，审定值共35.88亿元，核减值共10.04亿元，总核减率21.86%；财政性投资跟踪项目208个，跟踪项目总概算约110.93亿元。

2014年，市财政局印发《关于进一步加强市本级财政性投资项目评审管理工作的通知》，在保证控制风险的同时简化流程、简政放权。再次修订《呼和浩特市财政投资评审项目分配管理办法》《呼和浩特市财政投资项目评审中介机构管理暂行办法》《呼和浩特市财政投资项目评审资料报送接收及项目跟踪评审管理办法》《呼和浩特市本级财政性投资项目评审付费管理办法》。全年共完成委托项目 292 项，报审值共 25.17 亿元，审定值共 20.48 亿元，核减值共 4.70 亿元，总核减率 18.66%。年内，完成结算评审项目 29 个，报审值共 11048.89 万元，核减值 2612.54 万元，核减率 23.65%。

2015 年，市财政局印发《关于印发〈呼和浩特市财政投资项目评审中介机构管理暂行办法〉的通知》。年内共完成工程结算评审项目 241 个，报审值共计 26.44 亿元，审定值共计 19.08 亿元，审减值共计 7.36 亿元，平均核减率 27.85%，有效节约了财政资金。

第二章　税　务

第一节　管理机构

一、呼和浩特市国家税务局

1984—1993 年，市税务局设第一分局、第二分局、第三分局，内设办公室、政工科、计会科、税政一科、税政二科、税政三科。

1994 年 9 月，实行分税制改革，呼和浩特市国家税务局（简称市国税局）成立，承担为中央和地方各级政府组织增值税、消费税、企业所得税、出口退税、车辆购置税和个人利息所得税税收职责。市国税局和各旗县（区）国税局、各直属机构均设立稽查局。

1996 年，新增和林格尔县国税局、清水河县国税局、武川县国税局。同年，设立如意开发区国税局和金川开发区国税局。1997 年，市国税局稽查局分设。

2000 年 10 月，落实《呼和浩特市国家税务局系统机构改革方案》，内设机构调整为 8 个，流转税科和所得税科合并为税政综合科，直属机构中增加 1 个进出口退税分局。同年 12 月，设置自治区呼和浩特经济技术开发区国税局。

2001 年 3 月，市国税局内设 8 个行政科室，7 个直属专业机构，3 个事业单位。撤销一分局、二分局、三分局、四分局，成立征收局、管理局、稽查局、涉外税收管理局、发票管理中心、税务登记管理中心、进出口税收管理局。同年 4 月，成立呼和浩特市进出口税收管理局，进出口税收管理工作从流转税科分离出来。

2004 年 1 月，进出口税收管理局改为呼和浩特市国家税务局进出口税收管理科。2005 年 1 月，设立呼和浩特市国家税务局车辆购置税征收管理办公室（简称车购办）临时机构，负责车辆购置税征收管理。同年 3 月，根据国家税务总局《关于进一步规范国家税务局系统机构设置明确职责分工的意见》，对呼和浩特市国税系统征管机构调整和重组。调整后内设行政科室 11 个，直属机构 2 个，事业单位 4 个。共辖 11 个全职能局，另设 9 个派出机构。10 月，设立车辆购置税办税服务厅，负责车辆购置税征收。

2008 年 5 月，根据《内蒙古自治区国家税务局关于呼和浩特市国家税务局规范稽查机构设置明确职责分工的批复》，规范呼和浩特市国税系统稽查机构，设立呼和浩特市国税局稽查局。有旗县（区）国税局稽查局 11 个。

2009 年 12 月，制定《呼和浩特市国家税务局系统主要职责、机构设置和人员编制“三定”方案》，调整改革后设 13 个内设科室，3 个直属机构，4 个事业单位，辖 11 个全职能局，9 个派出机构。

2010 年，市国税局车辆购置税征收管理办公室改为市国税局车辆购置税征收管理分局。

2012 年 8 月，市国税局新设立 15 个副科级分局、5 个正股级税务所。调整后共有 29 个派出机构，包括 18 个副科级税务分局，11 个正股级税务所。

二、呼和浩特市地方税务局

1994 年 9 月，呼和浩特市地方税务局成立（简称市地税局）。

1994—2006 年，市地税局内设机关党委、监察室、办公室、税政管理一科、税政管理二科、税政管理三科、税政管理四科、税收管理科、发票管理科、计统征收科、监察审计科、财务账务科、税务稽查局、人文科、宣传教育科，下设直属征收一分局、二分局、三分局、四分局、机关事业服务中心。

2002 年 8 月，市地税局增设基建办公室。同年，增设社会保险费征收管理局，保留原社会保险费征收管理科职能，社会保险费征收管理局与社会保险费征收管理科合署办公。增设新城区地税局鸿盛工业园区地税分局、回民区地税局金海工业园区地税分局、玉泉区地税局裕隆工业园区地税分局、赛罕区地税局空港城地税分局、土默特左旗地税局金山经济技术开发区地税分局、和林格尔县地税局盛乐经济园区地税分局、托克托县地税局工业园区地税分局、武川县地税局经济开发区地税分局。

2007 年，内设机构调整为办公室、人事科、财务装备科、宣传教育科、税政管理科、法制科、社会保险费征收管理科、税收管理科、计划会计统计征收科、农牧业税收管理局、监察室、机关党委、培训中心、信息中心、基建办、呼和浩特市国际税收研究会、呼和浩特市地方税务学会、直属征收管理一分局、直属征收管理二分局、直属征收管理三分局、涉外税收管理分局，下设如意经济技术开发区地税局、金川经济技术开发区地税局、金桥经济技术开发区地税局、新城区地税局、回民区地税局、玉泉区地税局、赛罕区地税局、土默特左旗地税局、托克托县地税局、清水河县地税局、和林格尔县地税局、武川县地税局。

2009年，成立呼和浩特市经济技术开发区地税局。

2011年，市地税局内设办公室、人事科、法制科、税政管理一科、税政管理二科、税收管理和科技发展科、纳税服务科、计划会计统计征收科、财务装备科、政府规费和基金管理科、教育培训科、监察室、机关党委。下设培训中心、信息中心2个事业单位，以及呼和浩特市国际税收研究会、呼和浩特市地方税务学会2个社会团体。基层征管局机构包括社会保险费征收管理分局、直属征收管理一分局、二分局、三分局、税务稽查局、涉外税收管理分局、房地产税收征收管理分局、金川经济开发区分局、如意经济开发区分局、金桥经济开发区分局、新城区地税局、回民区地税局、玉泉区地税局、赛罕区地税局、土默特左旗地税局、托克托县地税局、和林格尔县地税局、清水河县地税局、武川县地税局。2013年，设市地税局白塔空港物流园区分局，为市地税局派出机构。

2015年，市地税局成立督察内审科。同年，市地税局内设机构调整为办公室、人事科、政策法规科、税政管理一科、税政管理二科、征管和科技发展科、纳税服务科、收入规划核算科、财务装备科、教育培训科、督察内审科、监察室、机关党委。撤销新城区地税局鸿盛工业园区地税分局、回民区地税局金海工业园区地税分局、玉泉区地税局裕隆工业园区地税分局、赛罕区地税局空港城地税分局、土默特左旗地税局金山经济技术开发区地税分局、和林格尔县地税局盛乐经济园区地税分局、托克托县地税局工业园区地税分局、武川县地税局经济开发区地税分局。

第二节　分税制前税政管理

一、税政

1986年，市税务局贯彻税收法规，加强税收收入、税收征管工作，促产增收，促进横向经济联合，完成全年收入任务，有19个重点税源户实现增产增收同步增长。市政府印发《关于围绕搞活企业涉及税收政策的具体规定》为避免重复征税的问题，决定在纺织、日用机械、日用电器、电子产品企业实行增值税，并进行调查和税率测算工作，初步测出4个行业实行增值税的单位422户。其中，国有企业21户，集体企业52户，其他1户，个体企业348户。同年，《中华人民共和国税收征收管理条例》颁布实施，自治区、市税务局等单位相应制定出《呼和浩特市税收征收管理规范》，成为市税务系统执行国家征收管理条例的具体办法。同时，通过税收渠道为企业提供支持发展生产资金2000余万元，促使一部分企业发生根本性变化。

1987年，开展“增产节约、增收节支”宣传工作，对重点税源企业，协助调整产品结构、增产增销，保证税收的增长。全市税收在百万元以上的企业有21户，上半年入库工商各税1.06亿元，比1986年同期增加税收1480万元，增长16.15%。从同年1月起，对国有企业建筑安装工程恢复征税，完善税制，平衡税率，增加收入。提出创名优产品、支持“四小企业”（小饭店、小超市〈商店〉、小宾馆〈旅社〉、小娱乐休闲场所）发展的改革意见。陆续开征房产税、车船使用税、城乡个体工商所得税、个人收入调节税、涉外税以及扩大征收能源交通重点建设基金。加强对个体工商户的征管工作，提出个体工商户建账方案。

1988年，市税务局贯彻国务院加强税收工作的紧急通知精神，加快并深化改革，配合企业推行承包经营，按照市政府要求，参与国有企业承包租赁的调查、测算、资产评估、标底议定、承包答辩、合同审定等项工作，加快承租进程。全市大中型企业承包率88.33%，小型企业60.71%。承包后的企业，在生产、经济效益方面均发生明显变化。

1989年，全市有越权规定税收问题文件17个，涉及税收问题74条。各征收局落实1988年税收大检查工作，并设立举报电话，查处偷漏税790万元。根据国务院、国家税务总局要求，同年上半年新开征特别消费税、国家预算调节基金，上半年两项税收入库1028万元。

1990年，自治区、呼和浩特市两级银行及市财政等单位召开6次市长办公会议，专题研究税收问题，配合税务部门开展税收工作，在资金周转、清理“三角债”、扣缴税款方面给予支持，烟厂完成1500万元的入库任务，毛纺企业完成入库任务339.8万元。

1991年，推行征管改革，由过去税务人员上门催税变为纳税人主动上门申报纳税，全市国有、集体企业主动申报率96%以上。

1992年，针对重点税源户欠税严重的情况，各征管局分别召开税企双方清理座谈会，共清理欠税3550万元，开展税收大检查工作，全市共查补偷漏税款566.5万元，推进依法治税，全市的税收征期入库率与纳税申报率均高于往年，分别为90%、99%。上半年，共查处22起偷漏税案件，补税罚款59.4万元；复审32户，查补税款14.6万元。

1993年，市税务局开展税收大检查和个体私营企业专项检查工作，共组成128个检查组，参加人数268人，覆盖检查面40%，共查出漏税823.3万元，入库金额806.8万元，入库率98%，全年共清理企业新旧欠税5000余万元，受理群众举报案件全年查处入库108万元。特别是针对固定资产投资方向调节税征收难度大的问题，实行严格的奖惩措施。通过对企业进行全方位的支、帮、促，全年共新增产值3.20亿元，新增利润1715.8万元，新增税金4443万元。同年，为减少纳税人办事环节和手续，统一换发税务登记证，并将登记表送到纳税人手中，对新办税务登记证和换证的纳税户，在手续完备的前提下，一律限期在3日内办理完毕，并为其提供经营所需的发票。

截至1994年初，市税务局根据自治区税务局相关政策，所征收的税种有土地增收税、土地使用税、屠宰税、筵席税、房产税、车船税、资源税、印花税、城建税、城市房地产税、固定资产投资方向调节税、营业税、企业所得税、个人所得税等项目。1994年8月，国税、地税分设，对2个开发区、房地产开发公司、化肥厂、卷烟厂和规模较大的餐饮服务企业加大征收力度，全年累计入库3682.4万元，清理欠税2525万元。

二、税种

1985年后，呼和浩特市经济体制的改革和对外开放政策的实施，加快工农业生产的进程，城乡市场经济日渐繁荣，税收大幅度增长。市税务局年度税收计划主要以上级下达的指令性指标为准，再层层落实到各股、所和专管员个人，逐级做出计划，以便进行检查和考核，作为目标管理评定的依据。

1986年，通过税收渠道支持企业发展生产资金为2000余万元，促使一部分企业发生根本性变化。

从1985年开始税种逐步增加，截至1994年初，市税务局根据自治区税务局相关政策，所征收的税种有土地增收税、土地使用税、屠宰税、筵席税、房产税、车船税、资源税、印花税、城建税、城市房地产税、固定资产投资方向调节税、营业税、企业所得税、个人所得税等项目。

三、税收

采取自行申报、自行计算、自行缴纳的“三自”纳税征收方法。对个体经济一直采用定期定额的征收方法。市税务局根据自治区税务局的规定，采取工商税与所得税合并征收的办法，在每月征收工商税时，收入性行业另加1%，收益性行业另加2%，征收所得税。

1986年1月7日，国务院发布《中华人民共和国城乡个体工商业户所得税暂行条例》。市税务局根据条例规定，对个体工商业户征收所得税，采取核定“四率”（毛利率、费用率、纯益率、征收率）的征收办法，并据此计算征收所得税。把全市个体工商业户划分为四大类，分别核定“四率”。其中，工业与交通类包括23种行业，有水泥制品、石料及水磨石、生产及加工白灰、土窑烧制砖瓦、轮窑烧制砖瓦、机械加工及配件等。把利润水平近似的归纳在同类行业，同时，把其中利润较高或较低的部分单独列出，力求接近实际。根据每个行业营业收入不同、利润额不同、适用税率也不同的实际状况，每个行业划分4 ~ 6个营业收入档次核定“四率”。

1986—1993年，市税务局继续执行1985年制定的税收征管方法，由建设银行代征建筑税，批发企业代征个体、集体企业现金进货的营业税，人民出版社代征的个人所得税，农村代征员代征的屠宰税等。

第三节　国　税

一、税制改革

（一）登记改革

1994 年，实行分税制财政管理体制。按照《关于呼和浩特市税收征管工作中有关收费项目收费标准的通知》，市国税局对申请变更登记、注销登记的纳税人，按注册资金规模收取验证手续费。

1995 年，按照《关于认真执行“呼和浩特市国家税务局税务登记管理暂行办法”的通知》，明确税务登记种类、办证时间、地点、携带资料、办证程序。

1996 年，以《内蒙古自治区国家税务局税务登记暂行管理办法》为准，原《呼和浩特市国家税务局税务登记管理办法》与此相抵触的内容均作废。

1997 年，按照《内蒙古自治区国家税务局征管处关于税务登记换（办）证收费管理办法的通知》要求，对税务登记、换（办）证费用单独设置账簿，单独核算，由财务部门统一管理。

1998 年，按照《国家税务总局关于印发税务登记管理办法的通知》要求，对无照经营的临时纳税户，办理临时税务登记证，不供给发票；办理税务登记后，未经税务人员核实生产经营地点的纳税人，综合管理部门不供给发票，只可代开，并予以扣税；除定期定额征收方式的纳税人外，其他纳税户均不得办理停业登记，需纳税申报；对列入非正常户的纳税人由各征收局通过《税法公告》、公告栏以及其他新闻媒体公告；对列入非正常户超过一年的纳税人，经计征、综合、稽查部门核实批准后可以注销税务登记，稽查部门追缴其应纳税款。

2001 年，根据《关于检查清算税务登记证及款项的函》要求，对各征收局在 1999 年税务登记换证及新办证期间涉及款项全面清算。同年，按照《呼和浩特市国家税务局关于开展税务登记验证工作的通知》要求，7 月 1 日至 8 月 31 日，在全市开展 2001 年度税务登记验证工作。11 月，转发《内蒙古自治区国家税务局转发国家税务总局关于税务登记证费和发票工本费严格执行“收支两条线”管理的通知》，两证收费收入足额上缴国库，实行“收支两条线”管理。

2002 年，对持有“再就业优惠证”的下岗失业人员从事个体经营免收税务登记证工本费。

2003 年 7 月，遗失税务登记证件的纳税人应自遗失 15 日内在指定报纸刊登声明，凭声明向主管国税机关补办税务登记证件。同年，根据自治区国税局印发的《关于2003年普通高等学校毕业生从事个体经营免收税务登记证工本费的通知》，对应届高校毕业生从事个体经营，除国家限制行业外，凡在2003年12月31日前办理工商登记，在国家规定期限内申报办理税务登记的，免交税务登记证工本费。

2005年，根据《呼和浩特市国家税务局转发关于明确从事代理海关报关业务的中介机构办理税务登记有关问题的通知》要求，凡2005年5月1日前在地方税务局办理税务登记、从事海关报关业务的中介机构，在5月30日前，持工商营业执照和地方税务登记证及组织机构代码证书，到当地国税局补办税务登记；5月1日后，新办从事海关报关业务的中介机构，按规定分别到国税局、地税局办理税务登记。

2006年，根据《呼和浩特市国家税务局转发关于换发税务登记证收费有关事项的通知》要求，7月1日起，开展换发税务登记证工作，至12月底结束。

2009年，根据《呼和浩特市国家税务局、呼和浩特市地方税务局关于联合办理税务登记的通知》，规定自2009年4月1日起，市国税局与市地税局联合办理税务登记。

2011年，根据《呼和浩特市国家税务局转发国家税务总局关于修改税务登记表相关内容的通知》，在“税务登记表（适用临时税务登记纳税人）”“类型”栏中，增加“未办理营业执照”“异地非正常户”两种类型。

2014年，为贯彻落实《内蒙古自治区国家税务局转发国家税务总局关于推进工商营业执照、组织机构代码证和税务登记证“三证合一”改革若干意见的通知》要求，工商、质监、国税、地税部门实现“三证”联办同发。

2015年3月1日，执行国家税务总局《税务登记管理办法》，“国家税务局（分局）、地方税务局（分局）联合办理税务登记的，对同一纳税人发放同一份加盖国家税务局（分局）、地方税务局（分局）印章的税务登记证”，执行同一纳税人识别号。

（二）纳税申报

1995年，推进纳税申报制度改革，划清征、纳双方法律责任，对违反申报制度的纳税人“严管重罚”，实行税务机关内部“违章处罚率”考核，城镇固定业户纳税申报率100%，违章处罚率100%。

1996年1月，办理税务登记证的纳税人（包括个体工商户）实行自主申报纳税制度。

1998年11月，对纳税人未按期办理纳税申报的，税务机关开具《限期改正通知书》《税务处理决定书》，限期不超过15天，并处以罚款：最低（迟申报1天）50元或应纳税额的5%，最高不超过2000元。

2001年5月1日起，对定期定额户全部试行“申报完税一体化”，业户申报纳税不另行填报申报表，对不易管控和偏远地区零散税收实行巡征和委托代征。

2003年7月，实行一般纳税人电子申报替代手工报表；个体定期定额征收户以完税证代替申报表。同年9月，推行增值税一般纳税人“一窗式”申报管理模式，实现票表机器稽核。为加强税收信用体系建设，规范纳税信用等级评定管理，促进纳税人依法纳税，按照国家税务总局《纳税信用等级评定管理试行办法》，开展纳税信用等级评定。

2004年，按照自治区国税局《全区办税服务厅工作规程（暂行）》，明确办税服务厅岗位设置和具体业务流程。实行“一窗式”“一站式”服务，对能在办税服务厅办理的税收事务集中归口办理，避免纳税人为一件事或一类事多头多次往返税务机关。

2005年9月，执行《内蒙古自治区国家税务局办税服务厅工作规范》，严格办税服务厅工作人员管理。

2006年4月，按照《内蒙古自治区国家税务局关于印发纳税信用等级评定管理办法（试行）的通知》，开展2004年和2005年度纳税情况信用等级评定。2007年，市国税局和地税局确定：每隔两年，由自治区、盟市、旗县（区）国税局和地税局共同对纳税人信用等级进行评定。

2008年3月，贯彻落实国家税务总局、自治区国税局“两个减负”（减轻纳税人办税负担，减轻基层税务机关额外工作负担），优化纳税服务工作。

2011年，增设普通发票发售窗口，对普通发票（定额票）实行按季发售，企业办理涉税事项实行预约服务；签署“三方协议”（税务局、纳税人、银行），实行纳税人购票电子扣款。

2012年，实施网上办税平台建设，举办培训50场次，培训纳税人7000人次，对5990户纳税人开通网上办税，申报2.3万户次、申报税款19.4亿元。

2015年，开通二维码发票信息实时查询服务，启用增值税专用发票自助代开终端，开通纳税人网上办税厅，为纳税人提供无间断办税服务。

二、税种

（一）增值税

农产品增值税 1994年1月1日，执行《中华人民共和国增值税暂行条例》，农业生产者销售自产农产品免征增值税。2001年起，农膜、尿素以外符合相关条件的化肥、生产销售列举的农药和批发零售种子、种苗、化肥、农药、农机，免征增值税；2012年7月，呼和浩特市农产品核定扣除政策在液体乳及乳制品、酒及酒精、植物油三大行业实施，至2013年11月，推进到调味品、淀粉生产企业；2014年8月1日起，农产品核定扣除范围扩大到购进农产品从事生产的一般纳税人。

电力行业 2007年1月1日起，对内蒙古电力（集团）有限责任公司、内蒙古蒙电华能热电股份有限公司、内蒙古能源发电投资有限公司和北方联合电力有限责任公司及所属发、供电企业预征增值税。2009年6月起，对内蒙古电力公司所属供电企业销售的电力产品，按销售收入占总销售收入比例分配预缴增值税；同年10月起，对东部电力公司所属供电企业销售的电力产品，按销售收入占总销售收入比例分配预缴增值税。

废旧物资行业 2009年1月1日起，取消“废旧物资回收经营单位销售其收购的废旧物资免征增值税”“生产企业增值税一般纳税人购入废旧物资回收经营单位销售的废旧物资，可按废旧物资回收经营单位开具的由税务机关监制的普通发票上注明的金额，按10%计算抵扣进项税额”。原印有“废旧物资”字样专用发票停用。2010年末，对符合条件的增值税一般纳税人销售再生资源缴纳的增值税实行先征后退政策。

饲料行业 1999年1月1日起，对销售文件所列的单一大宗饲料、混合饲料、配合饲料、复合预混料、浓缩饲料，按饲料销售对象确定免征增值税，销售给饲料生产企业、饲养单位及个体养殖户的饲料，免征增值税，销售给其他单位的一律征税；2000年6月1日起，饲料产品被分为征收增值税和免征增值税两类；2001年8月1日起，符合文件所列的单一大宗饲料、混合饲料、配合饲料、复合预混料、浓缩饲料属于免税饲料范围，可办理免征增值税事项；2008年5月21日，执行自治区国税局“符合饲料产品免税范围的，‘凭饲料标签’给予免征增值税”简化免税饲料认定和办理流程；2013年，对饲料企业进行专项核查，抽取企业实地核查和辅导，规范饲料企业备案工作。

消费税 1994年1月1日，呼和浩特市开征消费税，范围包括特殊消费品、奢侈品、高能耗消费品、不可再生稀缺资源消费品。

1995年1月1日，对金、银、金基、银基合金首饰及其镶嵌首饰开征消费税。同年6月1日起，对酒类产品生产企业销售酒类产品收取的包装物押金，无论押金是否返还与会计上如何核算，均须并入酒类产品销售额中，依酒类产品的适用税率征收消费税。

1997—1999年，对呼和浩特卷烟厂生产的“昭君”“大青山”牌卷烟按国家税务总局核定的计税价格征收消费税。2003年10月1日起，对呼和浩特卷烟厂生产的“红苁蓉”硬盒翻盖卷烟按国家税务总局核定的计税价格征收消费税

2005年10月1日起，对呼和浩特卷烟厂和乌兰浩特卷烟厂生产销售的14个新牌号、新规格卷烟按国家税务总局核定的计税价格征收消费税。2006年10月1日起，对呼和浩特卷烟厂生产销售的“冬虫夏草”新牌号、新规格卷烟按国家税务总局核定的计税价格征收消费税。

2014年11月29日，取消车用含铅汽油消费税，统一按照无铅汽油税率征收消

费税。同年 12 月 1 日起，取消气缸容量 250 毫升（不含）以下的小排量摩托车消费税。取消汽车轮胎税目。

出口退税　1994—2004 年，实行生产企业先征后退、使用专用缴款书、外贸加权平均的出口退税政策。

2004 年，执行财政部、国家税务总局《关于出口企业从增值税一般纳税人购进的出口货物不再实行增值税税收缴款书管理的通知》，不再使用专用缴款书。

至 2015 年末，呼和浩特市出口退（免）税企业认定户数 335 户，退（免）税产品涉及羊绒制品、食品类、生物制药、电力销售、光伏材料、重型设备、机械及机电产品等。当年，全市办理退（免）税 5.01 亿元。

1995—2015 年呼和浩特市国家税务局出口退（免）税统计表

表 11-2-1　　单位：万元

年度	退税额	免抵调库额	出口退（免）税合计
1995	610	—	610
1996	1212	—	1212
1997	918	—	918
1998	690	—	690
1999	1867	—	1867
2000	3300	—	3300
2001	8500	—	8500
2002	25588	1674	27262
2003	31731	1505	33236
2004	12154	2900	15054
2005	29300	6400	35700
2006	21152	9034	30186
2007	37400	11333	48733
2008	32500	7700	40200
2009	17200	5300	22500
2010	16894	13000	29894
2011	33181	13400	46581
2012	33000	14000	47000
2013	30500	19500	50000
2014	26000	16500	42500
2015	29108	21000	50108

说明：表中“—”表示无数据

车辆购置税 1985年5月1日，呼和浩特市执行国务院办公厅《车辆购置附加费管理办法》，设置车辆购置附加费，由车辆落籍地交通征管部门负责征收与管理，每辆车只征收一次。

2001年1月1日，执行《中华人民共和国车辆购置税暂行条例》，车辆购置附加费改为车辆购置税，仍由交通部门负责代征，税款归中央财政收入。车辆购置税的征收范围包括汽车、摩托车、电车、挂车、农用运输车。纳税人购买自用应税车辆计税价格为纳税人购买应税车辆而支付给销售者的全部价款与价外费用之和，不包括增值税税款；纳税人自产、受赠、获奖或者以其他方式取得并自用的应税车辆计税价格，由车辆购置税征收管理分局参照最低计税价格核定；纳税人购买自用或者进口自用应税车辆，按照国家税务总局印发的最低计税价格征收车辆购置税。购置已征车辆购置税的车辆，不再征收车辆购置税。3月16日起，回国服务的留学人员用现汇购买的第一辆国产小汽车，免征车辆购置税。

2007年起，对中国妇女发展基金会募集资金统一购置、用于“母亲健康快车”公益项目的流动医疗车、国家人口和计划生育委员会统一购置的计划生育流动服务车、防汛部门和森林消防部门购置的防汛专用车和森林消防专用车，免征车辆购置税。

2014年7月，执行《关于印发〈内蒙古自治区二手车流通管理实施办法〉的通知》，对不具备《财政部国家税务总局关于增值税、营业税若干政策规定的通知》规定的二手车交易，征收增值税。同年9月1日开始，对获得许可在中国境内销售（包括进口）的纯电动以及符合条件插电式（含增程式）混合动力、燃料电池三类新能源汽车免征车辆购置税。

（二）所得税

企业所得税 1994年1月1日，开始执行《中华人民共和国企业所得税暂行条例》《中华人民共和国企业所得税暂行条例实施细则》，确定一般企业、纳税人年应纳税所得额、金融保险企业的税种税率，规定民族自治地方的企业，需要照顾和鼓励的，经省级政府批准，可以实行定期减税或免税；法律、行政法规和国务院有关规定给予减税或免税的企业，依照规定执行。同年，对民族贸易地区商业、供销、粮食、医药企业和民族特需用品生产企业在5年内减半征收企业所得税；对煤炭生产企业、乡镇企业、福利企业、校办企业、行政事业单位为分流人员办的企业、三废治理企业、劳动就业企业，3年内免征所得税。5月开始，对民族贸易旗（县）的商业、供销社、粮食、医药商业企业、民族特殊用品生产企业，1998年末减半征收企业所得税；对农村牧区新办乡镇企业，从投产经营之日起，免征企业所得税3年。对行政事业单位为分流人员兴办的经济实体，当年安置分流人员占企业总人数的60%以上的免征企业所得税2年；对企事业单位进行技术转让、技术咨询、技术服务、技术培训所得，暂免征收企业所得税；对新办食品加工企业，1995 年前免征企业所得税 1 年。同年，市国税局成立涉外管理分局，主要负责中外合资经营企业、中外合作经营企业、外国企业、外商投资企业的征收管理。

1995 年 5 月，执行自治区国税局规定，安置残疾人员占生产人员 35% 以上的社会福利企业，可免征企业所得税；凡安置残疾人员占生产人员总数比例超过 10% 未达 35% 的，减半征收企业所得税。6 月，根据自治区党委《关于加快发展乡镇企业的若干规定》，对新创办乡镇企业，继续免征所得税 3 年；对乡镇企业技术改造新增生产能力实现的利润，免征 1 年所得税。7 月，执行自治区政府规定，劳动就业服务企业凡当年安置失业人员（包括富余人员）超过本企业职工总数 60% 的，免征所得税 3 年，免税期满后凡当年新安置失业人员分别占本企业职工总数 30%、20%、10% 以上的，报税务机关批准，分别减征 2 年所得税的 50%、40%、30%。8 月，执行自治区政府《关于进一步扩大横向联合的优惠政策（试行）》规定，区外投资者到自治区投资兴办的内联企业从投产经营之日起，免征企业所得税 3 年；免税期满后，可减半征收所得税 2 年；投资兴办能源、交通、通信设施、原材料工业和发展农、林、牧、渔等开发性事业，以及向国家和自治区确定的“老、少、边、穷”地区投资者，从投产经营之日起，免征企业所得税 5 年；改造自治区亏损企业的联合项目，允许企业以实现利润弥补亏损，补完亏损后，再免征企业所得税 2 年；科研单位和大专院校服务于各行业的技术成果转化、技术培训、技术咨询、技术服务、技术承包所取得的技术性服务收入免征所得税；企业从事上述技术性活动所得收入免征所得税。10 月，执行自治区党委、政府《关于进一步加快个体私营经济发展的决定》私营企业依法录用城镇初次就业青年、国有企业和机关事业单位分流人员，数额占到企业从业人员总数 60% 以上的，经税务机关审核，可免征当年企业所得税；连续 3 年按此规定免税后，继续录用上述人员占企业从业人员总数 30% 以上的，2 年内减半征收当年企业所得税；符合国家规定的福利性生产性的私营企业，安排“四残人员”（盲、聋、哑及肢体残疾的人）占生产人员总数 35% 以上的，暂免征收企业所得税；安置“四残人员”达到 10% 以上而未达到 35% 的，减半征收所得税。

2003 年 3 月，按照自治区国税局批复，根据有关规定，办理申请享受西部大开发优惠政策的请示。2005 年，撤销涉外管理分局，成立国际税收管理科，执行国际税收相关税收法律法规，实施国际税收专业化管理。

2008 年 1 月 1 日，实行《中华人民共和国企业所得税法》《中华人民共和国企业所得税法实施条例》，内外资企业两套不同的所得税制度“两法合一”。同日，外商投资企业和外国企业所得税并入企业所得税征收，原外商投资企业和外国企业所得税废止。

2009 年 1 月 1 日，执行自治区财政厅、国税局、地税局联合通知，在自治区新设立的金融法人机构（包括地方股份制商业银行、城市商业银行、农村商业银行、农村合作银行、农村信用社、村镇银行、小额贷款公司、信用担保公司和其他金融法人机构），自注册登记之日起 5 年内免征所得税地方分享部分。8 月，执行自治区政府规定，对新办农业生产资料和生活资料提供连锁经营、运输及生产、销售、技术、信息融资等中介服务项目，5 年内免征所得税地方分享部分；对新办职业教育、技能培训等公共事业项目，5 年内免征所得税地方分享部分。12 月，对新办第三方物流企业、新办民营运输企业 2 年内免征企业所得税地方分享部分，2 年后减半征收 3 年；对生产和商贸企业剥离物流功能，组建具有法人资质的物流公司，自物流公司注册之日起 2 年内免征企业所得税地方分享部分，2 年后减半征收 3 年。在国际税收方面，推行《呼和浩特市国家税务局大企业管理办法》，加强定点联系企业管理和监督，强化定点联系企业的税务风险防控。

2011 年 1 月 1 日，在自治区重点工业园区、集中区内新办符合产业发展方向企业，除已享受煤炭及其他资源配置政策的资源加工类企业外，其项目所得自第一笔生产经营收入所属纳税年度起，2 年内免征企业所得税地方分享部分，2 年后减半征收 3 年。

2012 年 1 月 1 日至 2015 年 12 月 31 日，对年应纳税所得额低于 6 万元（含 6 万元）的小型微利企业，其所得减按 50% 计入应纳税所得额，按 20% 的税率缴纳企业所得税，免征其中地方分享部分。

2013 年 5 月，新办从事物业服务及家庭保洁、卫生保健、养老扶助、病人看护、家务管理、婴幼儿看护等家庭服务企业，3 年内免征企业所得税地方分享部分。2015 年 11 月，制定《呼和浩特市国家税务局大企业税收管理与服务办法》，规定外商投资企业和外国企业所得税的纳税人为中国境内外商投资企业。

个人储蓄存款利息所得税　1999 年 11 月 1 日，国家对储蓄存款利息所得恢复征收个人所得税，税率 20%。2007 年 8 月 15 日，按照国务院《对储蓄存款利息所得征收个人所得税的实施办法》，将储蓄存款利息所得个人所得税的适用税率由 20% 调减为 5%。2008 年 10 月 9 日起，对储蓄存款利息所得暂免征收个人所得税。

三、税率

（一）增值税税率

1994 年 1 月 1 日起，开始执行《中华人民共和国增值税暂行条例》，纳税人销售货物、进口货物、提供加工修理修配劳务，税率为 17%；销售或进口粮食、食用植物油待定并列举货物，税率为 13%；出口货物税率为 0；小规模纳税人征收税率为 6%。1995 年 7 月 1 日起，明确税率为 13% 的初级农产品范围。

2000 年 6 月 1 日起，豆粕属于征收增值税的饲料产品，进口或国内生产豆粕，均按 13% 的税率征收增值税；其他粕类饲料产品，免征增值税。

2007 年 1 月 1 日起，内蒙古电力公司呼和浩特供电局（电业局）统一按 3% 的预征率计征增值税；蒙电华能公司和能源发电公司按月将实现的应缴增值税额的 10% 在呼和浩特市申报缴纳，90% 的税额以所属发电企业当月的上网电量为权数计算发电环节的预缴增值税；北方电力公司所属已投产发电的全资发电企业，继续按照增值税一般纳税人的计算方法计算增值税。

2009 年 6 月起，内蒙古电力公司总部按月将电力产品应纳增值税额的 15% 在呼和浩特市申报缴纳，85% 的税额以各所属供电企业当期电力产品销售收入占公司当期全部电力产品销售收入比例（简称销售比例）计算应分配的预缴增值税。

2009 年 1 月 1 日起，小规模纳税人征收率为 3%，金属矿采选产品、非金属矿采选产品增值税税率由 13% 恢复到 17%。同年 10 月起，对东部电力公司总部按月将电力产品应纳增值税额的 10% 在呼和浩特市申报缴纳，90% 的税额以各所属供电企业当期电力产品销售收入占公司当期全部电力产品销售收入比例计算应分配的预缴增值税。

2013 年 8 月 1 日起，增加税率为 6% 的部分现代服务业和 11% 的交通运输业。

2014 年 1 月 1 日起，增加税率为 11% 的铁路运输和邮政业；6 月 1 日起，增加税率为 11% 或 6% 的电信业（基础电信 11%，增值电信 6%）；7 月 1 日起，原适用 6% 和 4% 简易征收率征收的一般纳税人，征收率统一调整为 3%；对符合增值税征收范围的二手车交易市场和二手车经销企业，为其提供《二手车销售统一发票》，依照 3% 征收率减按 2% 征收增值税。

（二）消费税税率

1994 年 1 月 1 日起，对纳税人出口应税消费品，免征消费税。甲类卷烟暂减按 40% 的税率征收消费税。香皂暂按 5% 的税率征收消费税。金、银和金基、银基合金首饰以及金、银和金基、银基合金的镶嵌首饰消费税税率减按 5% 税率征收。1995 年 1 月 1 日起，金银首饰消费税由生产销售环节征收改为零售环节征收，税率 5%。1996 年 1 月 1 日至 1997 年 12 月 31 日，对摩托车胎消费税税率暂减按 5% 的税率征收。

2001 年，对烟、酒类产品消费税政策做出调整。卷烟消费税税率由规定的比例税率调整为定额税率和比例税率。2009 年 5 月 1 日起，甲类卷烟，税率调整为 56%；乙类卷烟，税率调整为 36%。卷烟的从量定额税率不变，即 0.003/ 支。将雪茄烟生产环节税率调整为 36%。在卷烟批发环节加征一道从价税，税率 5%。

2014 年 11 月 29 日，将汽油、石脑油、溶剂油和润滑油的消费税单位税额在现行单位税额基础上提高 0.12 元 / 升；将柴油、航空煤油和燃料油的消费税单位税额在现行单位税额基础上提高 0.14 元 / 升，航空煤油继续暂缓征收。将汽油、石脑油、溶剂油和润滑油的消费税单位税额由 1.12 元 / 升提升到 1.4 元 / 升；将柴油、航空煤油和燃料油的消费税单位税额由 0.94 元 / 升提升到 1.1 元 / 升，航空煤油继续暂缓征收。12 月 1 日起,气缸容量 250 毫升和 250 毫升（不含）以上的摩托车继续分别按 3% 和 10% 的税率征收消费税。

2015 年 1 月 13 日起，将汽油、石脑油、溶剂油和润滑油的消费税单位税额由 1.4 元 / 升提升到 1.52 元 / 升；将柴油、航空煤油和燃料油的消费税单位税额由 1.1 元 / 升提升到 1.2 元 / 升，航空煤油继续暂缓征收。2 月 1 日起，依照《财政部、国家税务总局关于对电池、涂料征收消费税的通知》，将电池、涂料列入消费税征收范围，在生产委托加工进口环节征收，适用税率均为 4%。5 月 10 日起，依照财政部、国家税务总局关于调整卷烟消费税的通知规定，对卷烟批发环节从价税率由 5% 提到 11%，并按 0.005 元 / 支加征从量税。

（三）出口退税税率

1994—2012 年，全市严格执行国家税务总局以增值税、消费税制度为基础的出口货物退（免）税制度，包括把除农产品以外的出口货物退税率提高到 13%；恢复利用外国政府贷款和国际金融组织贷款国内中标机电产品的退税，调整出口保税区的政策；扩大出口退税范围，先后印发对外驻华使（领）馆及其外交人员购买中国产物品实行退税规定，对外商企业购买的国产设备实行退税规定，对 1993 年 12 月 31 日前办理工商登记的外商企业，让外商企业出口货物由免税改为企业选择实行“先征后退”或“免、抵、退”或免税的退税办法，出口加工区实行退（免）税管理办法；推行出口货物电子化管理，比对海关出口报关单及外汇管理局核销单电子信息，制定出口货物退（免）税清算管理办法，防范和打击骗取出口退税行为。

2012 年，开始执行《财政部、国家税务总局关于出口货物增值税和消费税政策的通知》《出口货物劳务增值税和消费税管理办法》，简化退税手续，减轻企业负担。2014 年 12 月 28 日，执行《全国税务机关出口退（免）税管理工作规范（1.0 版）》，规范出口退（免）税工作权限、岗位职责及工作流程，防范和打击骗取出口退税违法行为，支持外贸发展。

（四）车辆购置税税率

根据国家 2001 年 1 月 1 日《车辆购置税征收管理暂行条例》规定和 2005 年 11 月 15 日《车辆购置税征收管理办法》,车辆购置税实行从价定率的办法计算应纳税额。车辆购置税的税率为 10%。

2009 年 1 月 20 日至 12 月 31 日，对 1.6 升及以下排量乘用车减按 5% 征收车辆购置税。2010 年 1 月 1 日至 12 月 31 日，税率按 7.5% 执行。2011 年 1 月 1 日起，税率按 10% 执行。2015 年 10 月底，减按 5% 征收车辆购置税。

（五）企业所得税税率

1994年1月1日，执行《中华人民共和国企业所得税暂行条例实施细则》，一般企业适用33%的税率；纳税人年应纳税所得额在3万元以下（含3万元）的，可减按18%的税率征税；年应纳税所得额在3万～10万元（含10万元）的，可减按27%的税率征税；年应纳税所得额超过10万元的，一律按33%的比例税率征收；金融保险企业暂时适用55%的税率。

1995年8月，根据自治区政府《关于进一步扩大横向联合的优惠政策（试行）》通知，在国家和内蒙古自治区批准的开发区内的内联企业减按15%税率征收所得税；在上述开发区内新办区外投资企业从投产经营之日起，免征所得税3年，3年后减按15%税率征收所得税。

2003年3月，按照自治区国税局批复：对中国联合通信有限公司内蒙古分公司及所属成员企业2002年度企业所得税减按15%的税率征收。

2008年1月1日，执行《中华人民共和国企业所得税法》《中华人民共和国企业所得税法实施条例》，企业所得税法定税率为25%。非居民企业在中国境内未设立机构、场所的，或虽设立机构、场所但取得所得与其所设机构、场所没有实际联系的，应当就其来源于中国境内的所得缴纳企业所得税，适用税率为20%，减按10%的税率征收企业所得税。符合条件的小型微利企业，减按20%的税率征收企业所得税。国家重点扶持的高新技术企业，减按15%的税率征收企业所得税。1月，执行《企业所得税法》第二十八条规定，对符合条件的小型微利企业，减按20%的税率征收企业所得税。国家重点扶持的高新技术企业，减按15%的税率征收企业所得税。

2011年1月1日至12月31日，执行财政部、国家税务总局规定，对年应纳税所得额低于3万元（含3万元）的小型微利企业，其所得减按50%计入应纳税所得额，按20%的税率缴纳企业所得税。11月，执行财政部、国家税务总局规定，从2012年1月1日至2015年12月31日，对年应纳税所得额低于6万元（含6万元）的小型微利企业，其所得减按50%计入应纳税所得额，按20%的税率缴纳企业所得税。

2014年1月1日至2016年12月31日，执行财政部、国家税务总局规定，对年应纳税所得额低于10万元（含10万元）的小型微利企业，其所得减按50%计入应纳税所得额，按20%的税率缴纳企业所得税。

2015年1月1日至2017年12月31日，执行财政部、国家税务总局规定，对年应纳税所得额低于20万元（含20万元）的小型微利企业，其所得减按50%计入应纳税所得额，按20%的税率缴纳企业所得税；2015年10月1日至2017年12月31日，对年应纳税所得额在20万～30万元（含30万元）的小型微利企业，其所得减按50%计入应纳税所得额，按20%的税率缴纳企业所得税。11月，对中国境内所得的外国公司、企业和其他经济组织，以及组成企业法人和合作企业的外国合作者，按应纳税所得额计算，税率为 30%，地方所得税为按应纳税所得额计算 3%。外国企业没有在中国境内设立机构、场所，取得来源于中国境内的利润、利息、租金、特许权使用费和其他所得，或者虽然在中国境内设立机构、场所，但是取得的上述所得与其在中国境内设立的机构、场所没有实际联系的，应当缴纳 20% 所得税。

四、税收

（一）税收计划

1994 年，分税制改革，税收计划管理包括计划编制、分配落实、计划执行情况检查分析和考核、税收预测以及经济税源调查、税源监控。10 月，按照国家税务总局和自治区国税局要求，原税收旬报改为五日报，报送项目包括工商税收收入、消费税、增值税、出口退税，均为 5 日当期数。1996 年 11 月，负责征收的外商投资企业所得税滞纳金、罚款收入由市国税局统计和计划考核。

2000 年，税收计划实行由旗县（区）国税局上报计划建议书，由市国税局核定分析计划指标并下达执行，作为检查考核依据。同年，开始进行税源监控。4 月，执行《内蒙古自治区国税系统重点企业税源监控数据库管理办法》，各基层局按月上报重点企业税源监控数据、税源分析报告。

2003 年，根据自治区国税局年度税收计划，编制市国税系统年度组织收入计划和旗县（区）国税局年度征收任务计划，按季度分税种进行税源分析。

2007 年 4 月，按照《国家税务总局关于印发〈税收分析工作制度〉的通知》，调整税收分析数据上报时间。

2010—2014 年，将税收计划编制细化为税源调查、数据采集、数据处理、因素分析、报告整理、分析成果运用，共 6 个环节；建立税收分析预警指标体系、数据质量和分析质量考核体系。

截至 2015 年，全市累计国税收入 1563.24 亿元，总体呈大幅上升趋势。其中，1995 年，税收 8.5 亿元；2010 年，突破百亿元大关，税收 115.28 亿元；2015 年，税收 230 亿元。

（二）税收会计

1994 年起，税款征收和缴纳分直接缴纳和自收税款两种形式。自收税款和代征税款的缴库期限为 10 天。

2000 年 1 月，执行《内蒙古自治区国家税务局税收会计电算化管理办法的通知》，适应税收会计改革要求，推广税收会计电算化，提高税务部门工作效率，保证税收会计信息质量。

2005 年 1 月，按照《内蒙古自治区国家税务局综合征管软件会计核算规程（试行）》，制定会计核算制度。4月，征前减免和退库减免全部纳入税收会计核算。税收会计减免税核算包括税率式减免、税基式减免和税额式减免3类。未申报的征前减免税金、已申请但未获批准的减免税金、已批准但未办理退库或未抵扣欠税的减免税金不核算。

2011年，继续推进税款征缴管理信息化，开通网上办税平台，实现“网上开具税收缴款凭证”功能。同年，全市享受减免税的纳税人共涉及54个行业大类，近100个行业细类。2012年，执行《2012年减免税统计调查实施方案》，组织减免税统计调查工作。7月，企业纳税人全面实现财税库银横向联网基础上，将个体纳税人纳入财税库银横向联网系统缴税。2013年，执行《国家税务总局关于规范税收会计减免税核算有关事项的通知》，编制“减免性质”代码进行减免税核算。

2014年5月，执行《国家税务总局关于规范税收会计减免税核算有关事项的通知》，规范税收会计减免税核算工作，包括减免税维护、文书登记、减免备案审批、申报征收、退抵税、会计统计减免税核算业务。11月，根据《内蒙古自治区国家税务局关于加强税收会计监督工作的通知》，制定本地区税收会计监督工作计划并组织实施。

2015年2月，根据《内蒙古自治区国家税务局转发国家税务总局关于税收会计减免税核算有关事项的通知》，对减免税会计核算内容、核算方法进行调整。5月，金税三期上线，按照国家税务总局编制印发的减免性质代码以及自治区国税局依据自治区政府印发的税收优惠政策编制呼和浩特市减免性质代码设置会计明细科目。通过纳税申报表和收入退还书等原始凭证规范采集数据，反映分政策项目的减免税金额以及享受户数（人数）相关信息，实现税基式、税率式、税额式减免全口径核算。

（三）税收统计

1996年1月，推行新的《税收会计核算办法》和新的《税收会计制度》，原1996年印发的《税收会计核算办法》废止。同年，全市推进税收会计电算化工作。

2000年12月，执行自治区国税局对欠缴税金核算管理暂行办法，将2000年末前发生的欠缴税金按“关停企业呆账税金”“空壳企业呆账税金”“政府政策性呆账税金”“其他呆账税金”进行分类核算。2001年7月，按照自治区国税局《转发国家税务总局关于增设税收月快报报送项目的紧急通知》，税收月快报增设上报项目，将月快报在原有130栏的基础上增设30栏，增设后共160栏。

2009年3月，执行自治区国税局新的税收会计统计报表制度，在《入库税金明细月报表》的国内消费税项目下增设成品油消费税项目；在进口消费品消费税项目下增设进口成品油消费税项目。10月，对车辆购置税实行专用账户管理，至2010年3月末，市和旗县（区）两级国税机关保留一个车购税专用账户，用于现金税款收纳和缴库。2010年4月起，所有车购税专用账户一律撤销。

2013年7月，金税三期核算业务试点上线。执行自治区国税局要求，按日对CTAIS系统、金税三期核心征管系统和决策支持系统数据比对，明确定位差异原因并进行排查，保证金税三期核算业务顺利上线。同年8月，营业税改征增值税试点范围扩大，试点行业在原有行业基础上，增加广播影视服务。9月，开展（交通运输业和部分现代服务业）营业税改征增值税试点，其间收入自治区与呼和浩特市按1∶9分享；滞纳金、罚款收入，自治区与呼和浩特市按1∶9分享；营业税改征增值税享受即征即退政策，自治区与呼和浩特市按1∶9分担。12月，根据《内蒙古自治区财政厅中国人民银行呼和浩特中心支行转发财政部中国人民银行关于修订2014年政府收支分类科目的通知》，对《2014年政府收支分类科目》进行相应修改及调整。

2014年1月，按照《国家税务总局关于印发2014年税收报表制度的通知》，分阶段实施税收统计与分析指标体系改革，以原有税收会计统计报表指标体系为核心，拓展和延伸各类税收、经济基础指标。

1995—2015年呼和浩特市国税收入统计表

表11-2-2　单位：亿元

年份	税收收入	增值税	企业所得税	消费税	个人所得税	营业税	外商投资企业和外国企业所得税	车购税
1995	8.50	4.53	0.4	3.03	0.03	0.04	0.06	—
1996	8.92	5.28	0.38	3.2	—	—	0.03	—
1997	9.43	5.5	0.3	3.3	—	0.28	0.02	—
1998	10.94	6.42	0.41	3.43	—	0.53	0.15	—
1999	11.41	6.92	0.53	3.31	—	0.51	0.14	—
2000	10.13	6.47	0.52	2.42	0.34	0.38	—	—
2001	12.33	7.91	0.5	2.91	0.59	0.32	0.1	—
2002	16.20	10.47	1.32	3.63	0.62	0.16	—	—
2003	21.97	14.43	1.37	5.52	0.6	0.05	—	—
2004	29.30	19.66	1.66	6.53	0.7	—	0.75	—
2005	41.44	23.94	2.97	7.41	0.86	—	4.29	1.97
2006	51.05	28.97	4.85	8.65	1.15	—	4.9	2.53
2007	64.34	37.29	7.96	10.63	1.35	—	3.63	3.48
2008	77.50	41.15	17.71	13.54	0.86	—	—	4.24
2009	94.98	43.89	20.25	25.38	0.34	—	—	5.12
2010	115.28	55.66	22.93	27.92	0.08	—	—	8.69
2011	134.39	59.95	33.22	28.6	—	—	—	12.62
2012	145.50	65.21	39.27	28.91	—	—	—	12.11
2013	185.21	69.82	41.56	61.86	—	—	—	11.97

续表 11-2-2

年份	税收收入	增值税	企业所得税	消费税	个人所得税	营业税	外商投资企业和外国企业所得税	车购税
2014	184.42	77.22	40.12	55.33	—	—	—	11.75
2015	230.00	94.99	42.94	82.07	—	—	—	10

说明：表中“—”表示无数据

五、征管

（一）征管制度

1995 年，市国税局制定《呼和浩特市国家税务局目标化管理考核实施办法（试行）》，重点解决制度不够完善，操作刚性不强等问题。

1996 年，贯彻落实国家税务总局“以纳税申报和优化服务为基础，以计算机网络为依托，集中征收，重点稽查”征管模式，建立统一管理的多功能征税大厅，集中办理纳税人涉税事宜；取消专管员管户制度，实施以管事为原则按征管程序分工的专业化管理，对纳税人分类管理，自主申报。同年，市国税局印发《关于切实加强农村税收征管工作的通知》，对委托乡政府代征税款的，履行代征手续，核发《代扣代缴税款证书》，对具体代征人员严格培训、考核上岗，税务人员不定期到代征单位检查。

1997 年，为贯彻落实国家税务总局、自治区国税局征管模式改革规定，调整机构、划分职责，市国税局在全市建立集管理服务、征收监控、稽查检查、思政保障于一体的征管模式。同年，印发《个体工商户建账管理暂行办法》《个体工商户定额管理暂行办法》。

1998 年，市国税局印发《关于进一步深化个体工商业户税收征管改革实施办法（试行）》，对农村集贸市场或分散在乡村的个体工商业户、城镇大型商场租赁柜台及国有民营商场等易实行源泉管控的个体工商业户，实行委托乡镇财政、工商行政管理部门、商场管理机构代收代征。1999 年，制定《呼和浩特市国家税务局税收征管业务规程》《呼和浩特市国家税务局关于进一步深化个体工商户税收征管改革实施办法》，规范个体税收征管。

2000 年，根据自治区国税局《税收征管业务规程》《税收征管业务规程（修订版）若干问题的通知》《税收征管档案管理暂行办法》，对定期定额征收的个体户实行申报完税一体化。2003 年，市国税局制定《纳税评估管理办法》，推广应用个体纳税评估管理信息系统。同年，集中推广的综合征管软件（CTAIS 系统）上线。

2008 年，将基层税务机关领导干部与辖区税收管理员编成管理小组，实行集体管户制。2010 年，贯彻落实“信息管税”，定期编发《呼和浩特市国税征管动态》《税收征管状况监控分析工作情况通报》，召开税源与税收征管状况监控分析会议。

2011 年，推进实体办税服务厅国地税共享、共建网上办税服务厅、共驻政务大厅、互相委托代征多种联合办税形式，进行资源整合和信息共享。按照国家税务总局《委托代征税款管理办法》，规范委托代征和税源控管，降低征纳成本。同年，推行税源专业化管理，建立起闭环式税收风险管理格局，形成专业化、立体式税源管理运行机制；推行网上办税厅办理纳税申报、电子缴税、网络发票以及一般纳税人远程报税等业务。推行财税库银横向联网。

2013 年 1 月，执行国家税务总局《船舶车船税委托代征管理办法》，委托交通运输部门、海事管理机构代征船舶车船税。同年，建立“规模 + 行业”管理模式，实施分级分类管理，构建横向联动、纵向互动、内外协作税源管理新格局。2014 年，推行网络发票，探索新模式，委托邮政部门代开发票、代扣税款。

2015 年 8 月，根据《呼和浩特市国家税务局、地方税务局关于加强纳税服务合作、落实〈国家税务局、地方税务局合作工作规范（1.0 版）〉的通知》，明确合作事项和措施。9—11 月，陆续转发《内蒙古自治区国家税务局地方税务局关于加强大企业管理与服务合作有关事项的通知》《内蒙古自治区国家税务局地方税务局关于加强国际税收工作合作的通知》《内蒙古自治区国家税务局地方税务局关于加强税收征收管理合作有关事项的通知》，首次联合举办新办企业培训班，明确具体征管合作事宜。同年，执行《国家税务总局关于加强国家税务局、地方税务局互相委托代征税收的通知》，开展国税、地税互相委托代征税收工作，明确互相委托代征范围、职责分工、票据使用、责任界定。

（二）税源管理

1994 年，成立涉外管理分局，负责中外合资经营企业、中外合作经营企业、外国企业、外商投资企业的征收管理。1996 年 9 月，按照国家税务总局《关于进一步加强私营企业、个体工商户大户税收征管工作的通知》要求，建立大户税收档案备案制度。1998 年 9 月，印发《呼和浩特市国家税务局税源管理暂行办法》，明确户籍管理、税源监控与调查分析、个体工商户定额管理。

2000 年 10 月，在全市建立销售逐笔开票制度，并在部分行业中推行使用税控收款机。2001 年 6 月，发票集中发售执行发票验旧售新制度，实现以票控税、以票管税。7 月 1 日起，发票工本费收入视同税收收入管理，全部缴入中央级。

2002 年 8 月，印发《呼和浩特市国家税务局税源管理过错责任追究办法（试行）》《呼和浩特市国家税务局户籍管理过错责任追究办法（试行）》《呼和浩特市国家税务局发票管理过错责任追究办法（试行）》。2003 年 12 月，转发《内蒙古自治区国家税务局关于 2004 年重点税源管理有关问题的通知》《国家税务总局关于修订

2004 年重点税源监管企业报表指标体系的通知》。

2005 年，撤销涉外管理分局，成立国际税收管理科，实施专业化管理。8 月，落实《内蒙古自治区国家税务局税源管理办法的通知》，印发《呼和浩特市国家税务局税源管理办法的通知》，解决征管“疏于管理、淡化责任”问题。2007 年，根据自治区国税局《关于水利建设基金委托代征范围的意见》的复函，由市国税局代征水利建设基金。

2009 年 8 月，成立大企业和国际税务管理科，负责全市大企业和国际税务管理。推行《呼和浩特市国税局大企业管理办法》，强化定点联系企业的税务风险防控。

2012 年，根据自治区国税局工作安排，对新华人寿保险股份有限公司内蒙古分公司、中国联合网络通信有限公司内蒙古自治区分公司进行检查。2013 年，市国税局稽查局成立重点税源企业税收专项检查小组，对自治区国税局布置重点税源企业进行检查。

2014 年，根据自治区国税局安排，对中国石油天然气股份有限公司呼和浩特石化分公司和内蒙古电力（集团）有限责任公司 2 户企业 2007—2012 年税款申报和缴纳情况进行专项检查。2015 年，选定 73 户重点税源企业开展随机抽查，自查查补税款共计 1423.08 万元。

（三）票证管理

1994 年开始，呼和浩特市各级税务机关定期对税收票证的印制、发放、领取、保管、使用、结报缴销、损失处理和核算等工作进行清查。同年，增值税专用发票开始启用。执行自治区国税局决定，小规模纳税人企业由国税部门（包括税务所、征收机关的局、分局）代开增值税专用发票的期限，延期至 1999 年末。

1995 年 1 月，执行国家税务总局决定，对小规模企业由税务部门（包括税务所、征收机关的局、分局）代开增值税专用发票的期限，延期至 1995 年末。2 月，执行自治区国税局《专用发票印制、包装的质量标准和验收制度》，加强增值税专用发票印制和验收管理。7 月，对代开、虚开专用发票的，按票面所列货物的适用税率金额征补税款，并按规定处罚。10 月，对虚开、代开增值税专用发票或为其他人提供专用发票，导致其未缴、少缴或骗取税款的单位、个人，依法处罚和打击。同年，推行“以票管税”。1996 年 1 月，执行自治区国税局决定，对小规模企业由税务部门（包括税务所、征收机关的局、分局）代开增值税专用发票的期限，延期至 1996 年末。11 月，落实自治区国税局《专用发票库房管理制度》《专用发票查库制度》《守库人员岗位责任制》《押运人员岗位责任制》。

1997 年 1 月 1 日起，对使用百万元版增值税专用发票的企业，配备防伪税控系统自行开具，取消税务机关代开百万元版增值税专用发票。3 月 1 日起，全市启用《发票保证金收据》《发票保证金退款凭证》，执行保证金退还制度。

1998 年，统一销毁 1994 年版增值税专用发票，自治区国税局派员监销。执行自治区国税局《税收票证管理办法》，对税收票证提出填用“十不准”。1999 年 1 月，全市启用全国统一机动车销售发票。3 月，执行国家税务总局《增值税防伪税控系统服务监督管理办法》，对增值税防伪税控系统服务单位进行监督管理。5 月，恢复推行增值税防伪税控开票子系统（Windows 版增值税防伪税控开票子系统）。12 月，推行增值税防伪税控系统应用管理，到 2002 年 12 月，将增值税防伪税控系统推广到所有增值税一般纳税人。同年，商业发票改用全国统一盖有“发票监制”的零售发票或卷筒式发票。2000 年 5 月，呼和浩特市使用新版防伪定额完税凭证。

2000 年 1 月 1 日，所有十万元版以上增值税专用发票一律通过防伪税控系统开具，取消手工十万元版增值税发票，通过广域网络上传电子发票信息。

2001 年 4 月，呼和浩特市国家税务局发票管理所更名为呼和浩特市国家税务局发票管理中心。旗县（区）国税局撤销发票管理股，发票管理工作由旗县（区）国税局办税服务厅负责。8 月，市国税局在全市开展税收票证管理专项检查。同时，执行自治区国税局《转发国家税务总局关于出口货物专用税票改版的通知》，要求全市各级国税机关对结存的出口货物专用税票进行清理、登记，编制《税收票证销毁清册》《票证缴销表》上报以备缴销。12 月 1 日起，收支两条线正式运行，为配合 CTAIS 上线运行，按照属地设立发票发售点的要求，在新城区、回民区、赛罕区、玉泉区设立售票厅。

2002 年 3 月，全市国税系统办税服务厅集中征收税款和领购、代开发票及办理税务登记证收取的费用，使用电脑或手工通用完税证，其他征收的税款均使用税收定额完税证。所属税务机关收取的税务登记证费和发票工本费缴库时，统一用《税收通用缴款书》。12 月，对普通发票全面换版，变更部分发票防伪标识。同时，推行增值税防伪电脑版专用发票，废止手工专用发票。

2003 年 1 月起，市国税系统 2002 年颁发的税收罚款收据（手工）、纳税保证金收据、税票调换证、代扣代收税款凭证、税收收入退还书、小额税款退还凭证 6 种凭证停用。全市一般纳税人全部纳入防伪税控开票系统。2004 年 12 月，新旧分类代码、发票号码使用顺利衔接。2005 年 1 月，呼和浩特市国家税务局发票管理中心更名为票证中心。

2006 年 1 月，全市国税系统使用行政性收费财政票证。7—8 月，对税收票证管理和税款缴库自查和抽查。8 月 1 日起，统一使用新版《公路、内河货物运输业统一发票》；10 月 1 日起，《机动车销售统一发票》注册登记联一律加盖开票单位印章。

2007 年 1 月 1 日起，按照国家税务总局《增值税专用发票使用规定》，规范增值税专用发票使用。按照自治区国税局税收票证管理系统的设置进行税票核算，取消手工记账。2008年6月，税务机关可以通过防伪税控报税子系统的逾期报税功能受理失控报税。

2009年6月，执行《国家发展改革委关于降低增值税专用发票和防伪税控系统技术维护价格的通知》，减轻增值税一般纳税人的经济负担。2010年2月1日开始，统一使用磁卡发票领购簿，凭密码领购发票。4月1日起，全市国税系统车辆购置税征缴工作全部启用POS机刷卡缴税业务。2011年1月1日，全市停用“2006、2007”字别税收票证，统一使用新版统一通用普通发票，分为通用平推机打发票、卷式机打发票、裁剪式手工发票三大类，这是国税系统成立后范围最大、影响最深的普通发票改革。2012年4月1日起，启用综合征管系统税收票证管理模块。

2013年1月1日，全市推行使用网络发票开票系统，停止使用单机版平推机打发票软件，对新申请使用通用平推机打发票的纳税人，直接申请使用网络发票。

2014年，全市执行国家税务总局《关于严格执行税收票款管理制度的通知》，明确税收票证管理职责，造册封存未使用完的各类票证，组织集中销毁。1月1日，启用新版票证，10月1日，旧票证管理系统停用。2015年起，普通发票工本费结算方式由市级支付改为省级集中支付。

（四）征管信息化

1995年3月，组建呼和浩特市税务系统第一个局域网。9月，所属各分局开始建设局域网用于征收大厅。1996年，“金税一期”投入使用，开具百万元版增值税专用发票的企业全部安装运行防伪税控系统。1998年,开始建设“金税二期”广域网络。在“金税一期”“金税二期”运行过程中，呼和浩特市作为试点单位，进行自主研发，为税收信息化建设发展起到引领推动作用。

2000年6月，根据自治区国税局《关于推行使用税控收款机问题的批复》，推行使用税控收款机。8月，加油机安装税控装置。

2001年6月起，在全市推行电子多元化申报纳税方式，由手工申报向网络申报、电子申报等多元化方向发展。7月，启动“金税二期工程”认证和稽核系统和金税工程网络建设。

2002年8月，启动中国税收征收管理系统CTAIS。市国税局作为自治区独家CTAIS上线单位，率先实现税收征收管理数据市级集中共享。

2004年7月，执行《内蒙古自治区国家税务局关于印发CTAIS推广应用工作制度的通知》，推广CTAIS应用。9月，市国税局、市地税局与工商局联合建设信息交换与共享平台。同年，组织“金税二期”广域网络改造，带宽增加。

2005年10月，个体纳税评估软件（3.0版）上线运行。2006年8月，使用自治区国税局《申报数据采集软件》，实行“一户式”管理数据存储。12月，个体工商户计算机核定定额系统上线运行。

2007 年 3 月，受自治区国税局委托，对原申报采集软件进行整合。同时，企业所得税电子申报信息采集软件通过自治区国税局验收，确定为全区软件试点运行单位之一。同年，在全系统部署桌面管理系统 VRV。

2008 年 8 月，推行使用车辆购置税二维码申报系统。9 月，“金税三期”工程启动。11 月，推行防伪税控企业红字发票通知单管理系统。12 月，企业所得税后续管理电子台账系统运行。

2009 年 8 月，市国税、地税系统成为自治区横向联网第一批试点单位。11 月，推行税务总局升级完善的函调系统 1.2 版。同年，开发完成《税收监控分析与决策支持系统》，设置查询分析项目 93 项，弥补 CTAIS 查询功能的不足。

2010 年，定期编发《税收征管状况监控分析工作情况通报》，建立上下级税务机关协同配合、有梯次的涉税信息分析机制。年末，推行自治区国税局自行开发的数据备份监控系统。

2011 年，市国税局被自治区国税局指定为“金税三期”广域网项目第二批试点单位。落实国家税务总局《“互联网 + 税务”行动计划》，打造电子税务新生态，国税系统在纳税服务、税收征管、政务公开、行政事务等各方面全面实现网络化和信息化共享。为纳税人提供“一窗式申报”“一站式服务”，纳税方式由上门申报逐渐向电子申报和网上申报等多元申报的方式演进，税务信息化进入到大数据、互联网时代。同年，开展国地税协作，代征地税税费，开展漏征漏管户清理，共查出漏征漏管户 3441 户。推广运行自治区国税局研发的《小规模超标监控系统》。

2012 年，推行网上办税，通过网上办税厅办理纳税申报、电子缴税、网络发票以及一般纳税人远程报税等业务。4 月，完成广域网升级改造建设。同年，对全市年纳税额 1000 万元以上的 145 户重点税源企业实施风险监控管理，建立起闭环式的税收风险管理格局。

2013 年 1 月，推行使用网络发票管理系统。4 月，对综合征管软件的历史数据进行检查、清洗，对不能满足“金税三期”需要的基础数据进行修正和补录。12 月，税务综合办公信息系统上线运行。

2014 年 5 月，开发启用代征地税税款软件。12 月，实现防伪税控系统金税盘与货运发票系统报税盘通用。同月，在 CTAIS 中停止所有业务处理，向“金税三期”核管信息系统过渡。

2015 年 1 月，“金税三期”系统上线运行。6 月，完成金税工程运维服务管理平台服务流程系统与优化实施问题管理平台的切换工作。

（五）纳税服务

2010年8月，成立纳税服务工作领导小组，制定《全市税务系统2010—2012年纳税服务工作规划》，促进纳税人依法诚信纳税。10月，开展“情系纳税人、税法进万家”活动，现场向纳税人赠送《中国税务自动答疑系统》1.4万套、培训1.4万人，覆盖全市所有单位纳税人。同年，落实《全国税务系统2010—2012年纳税服务工作规划》，加强信用管理服务，维护纳税人合法权益，促进纳税人依法诚信纳税，按照《关于第三次联合开展纳税信用等级评定工作的通知》，在全市继续开展2008—2009年度纳税信用等级评定工作，评定7089户纳税人。

2011年，市国税系统制定《呼和浩特市国家税务局纳税服务投诉管理制度》及《呼和浩特市国家税务局纳税咨询辅导宣传工作管理制度》，下发各基层局执行。7月1日起，市国税局纳税服务科承担纳税服务热线“12366”人工远程坐席工作。

2012年7月开始，与市地税局联合开展全市第四次（2010—2011年度）纳税信用等级评定工作，共评定11731户纳税人。同年，打造“12366”纳税服务热线、“一站式”服务、网上办税厅建设和办好纳税人学校“四大服务”品牌，印制发放《个体税收知识宣传手册》。

2013年4月，制定纳税人权益保护制度。同年，制定《呼和浩特市国家税务局纳税服务回访制度》，组织首次纳税人满意度调查，指导纳税人总校及12家分校开展“营改增”业务培训。

2014年，实行定期上门为纳税人提供税收知识“面对面”辅导、办理纳税业务，对残疾人、重点纳税人、个性需求纳税人做到绿色化、人性化服务。9月，试行《全国县级税务机关纳税服务规范（1.0版）》，建立“规范、现代、文明”的纳税服务体系。10月1日起，推行涉税事项“同城通办”。

2015年6月，呼和浩特市市场主体准入“一企一码”登记工作在市行政服务大厅实施。10月，开始推广应用“互联网＋纳税服务”平台，开通二维码发票信息实时查询服务，在全国率先启用基于金税三期增值税专用发票自助代开终端，实体办税、网上办税、自助办税互通互补，为纳税人提供24小时办税服务。12月，推广全国“银税互动”守信激励措施，与中国建设银行内蒙古分行联合搭建税务、银行和企业三方信息交换渠道，启动银税合作试点。

六、稽查

（一）稽查管理

1995年10月起，按照国家税务总局和自治区国税局要求，上报本地区欠税在1000万元以上的企业户数和欠税余额，欠税5000万元以上的企业逐户上报。

1996年，按照《税务稽查工作规程》，规范稽查执法秩序。1997年，分别举办稽查微机培训班和税务稽查信息管理软件培训班，首次把计算机应用到税务稽查工作中，使稽查检查工作进一步规范化、科学化。

1997年4月1日起，市国税系统税务行政执法人员持《行政执法证》上岗。1999年，确立市稽查分局在全市稽查系列的主导地位，实行一级稽查模式，加大持证上岗工作力度。

2001年开始，市国税局每年开展税收执法检查和执法监察。2004年，推出稽查前提醒及纳税人自查自纠制度。同时推行稽查首查责任制、主查负责制。根据《关于调整案件审理委员会案件审理标准的通知》，明确重案调整案件标准。同年，成立主任审理委员会，印发《呼和浩特市国家税务局关于成立税务案件主任审理委员会的通知》。

2005年1月1日起，执行《国家税务总局欠税公告办法（试行）》《内蒙古自治区国家税务局欠税公告办法实施细则（试行）》，明确欠税管理、依法诚信纳税、保障国家税款足额入库。

2008年，发挥金税工程协查系统的互动作用，利用协查系统在案件查处中的信息化优势，年初增设市国税局经济技术开发区、如意开发区、新城区、回民区、玉泉区、赛罕区国税局稽查局协查节点。

2009年9月，根据《内蒙古自治区国家税务局关于2009年上半年全区国税系统欠税情况的通报》，明确征纳双方的税款征缴责任，控制新欠，追缴欠税。同年，成立案件审理委员会。

2010年，市国税局印发《呼和浩特市国税稽查工作管理考评办法》，推进稽查制度化管理，规范稽查执法行为。2011年，制定《呼和浩特市国家税务局稽查工作规范》，重点规范所属旗县（区）稽查工作。2014年，制定《呼和浩特市国家税务局税务稽查工作轨迹制度（试行）》，解决案件查办人员外出工作时间不确定、轨迹不清楚、管理不规范等问题。

2015年，市国税局稽查局利用选案软件及查账软件，由“人机结合，以人为主”的选案方法改为“人机结合，以机为主”的模式以提高选案准确率。推行税务“黑名单”制度，落实国、地税联合检查制度，改进稽查程序和文书，开展联合检查。

（二）专项检查

1994年，组织税收大检查，共查出违纪金额1573.36万元，其中偷漏工商各税1431.72万元；偷漏企业所得税91.46万元；偷漏能交基金和预算调节基金50.18万元。

1995年，查补偷、漏税款累计入库438.14万元，其中查补增值税425.4万元。1996年，共查补偷、逃税款549.81万元，其中查补增值税473.39万元。1997年，组织税收大检查中，市国税局稽查系统检查2969户企业，查补税款323.8万元，罚款及滞纳金 44.2 万元。

1998 年，税收大检查中，市国税局稽查系统检查 5800 户，查补税款 3468 万元。对 44 户重点税源企业进行重点检查，查补税款 1080 万元。全市稽查系统共计查补税款 1.1 亿元。1999 年，扩大一级稽查机构规模，对全市成品油经营单位专项检查，稽查查补 3565 万元。

2000 年，按照自治区国税局的统一部署，开展中央企业所得税汇算专项检查。截至 11 月底，稽查查补 853 万元。2001 年，对中央企业所得税汇算专项治理。同时，重点查处增值税专用发票违法犯罪行为。

2002 年，开展铁路系统、加油站行业所得税专项检查。2004 年，派户检查 296 户，查补税款 2069 万元，罚款 1250 万元，滞纳金 184 万元。2005 年，开展废旧物资行业、煤炭行业、农副产品和商贸零售企业专项检查。

2006 年，对招商引资商贸企业及小型生产加工企业、矿产品生产及运销企业和电信业及房地产业的专项检查。2007 年，按照自治区国税局 2007 年税收专项检查要求，把食品、药品生产加工企业和房地产企业所得税作为重点进行专项检查。对中国石油化工股份有限公司内蒙古分公司、中国银行在呼和浩特市的汇缴成员单位、中国移动通信公司内蒙古有限公司和呼和浩特分公司进行税收专项检查。共下达检查任务 103 件，查补税款、滞纳金、罚款 1234 万元（不含移动）。

2008 年，对移动公司、房地产及建筑安装行业、烟草行业、电力行业、金融企业、平安保险公司进行专项检查。

2009 年，按照自治区国税局的专项检查部署，对全市大型连锁超市、商场、出口退（免）税业务企业以及营利性医疗机构开展专项检查。组织对煤炭、铁精粉、煤矸石商贸企业一般纳税人的专项检查。

2010 年，按照自治区国税局要求，将房地产及建筑安装业、药品经销行业、交通运输业、非居民企业纳税情况作为指令性检查项目，将所得税纳入国税部门管理的营利性医疗及教育培训机构、大型连锁超市及品牌专卖店、三年以上未实施稽查的重点税源企业作为指导性检查项目。

2011 年，对 30 户企业进行税收专项检查，查补入库税款、罚款、滞纳金 1512 万元。全市纳税人自查 539 户，共查补税款、滞纳金 2.47 亿元。同年，开展漏征漏管户清理，共查出漏征漏管户 3441 户。

2012 年，对 31 户企业进行税收专项检查，查补税款、罚款、滞纳金合计 2591.42 万元。全市纳税人自查有问题户数 702 户，共查补税款、滞纳金合计 2.47 亿元。2013 年，对矿产品（包括煤炭）采选经销企业、农产品加工企业开展专项检查。

2014 年，将房地产及建筑安装业、办理出口退（免）税企业、股权转让交易的企业作为指令性检查项目，将地方商业银行、高污染、高耗能及产能过剩企业、电力生产和销售企业、铁路企业作为指导性检查项目，选取42户企业进行检查。

2015年，将出口退（免）税企业、资本交易、黄金交易企业作为指令性检查项目，将房地产及建筑安装业、营利性教育培训机构作为指导性检查项目。

2010—2015年呼和浩特市查补税收统计表

表11-2-3　　　　单位：万元

年度	查补	自查	合计
2010	2910.74	19248.38	22159.12
2011	3856.94	24736.00	28592.94
2012	8411.22	24698.77	33109.99
2013	14851.40	32704.00	47555.40
2014	16671.70	40000.00	56671.70
2015	168.20	31569.58	31737.78

（三）发票检查

1995年，对增值税专用发票代开、虚开、丢失、红字票、旧版票进行查处，查补税款累计入库403.05万元。1998年，与公安机关联合协查河北省南关市虚开增值税专用发票大案，共检查19户企业，查获38份虚开增值税专用发票。

2004年，与公安机关联合开展“3·16”案件涉税处理专项检查，查获310本裁剪式万元版发票，处罚4.16万元。2007年，重点查处虚开增值税专用发票和其他可抵扣税款发票骗抵税款案件。查办内蒙古翔泰工贸有限公司取得虚开增值税专用发票案；协查“利剑二号”“蠡县税案”和河北省涉嫌虚开9380份农副产品收购发票。

2008年，成立打击制售假发票和非法代开发票专项整治行动领导小组，开展专项整治行动，配合“州界行动”“北京4·09”“河北张家口3·24”“陈巴尔虎旗”虚开运输发票案的查处，涉及全市10个旗县（区）32户企业，查结案件共查补入库72万元。2009年，成立打击发票违法犯罪工作领导小组，开展虚开、非法代开增值税专用发票违法犯罪专项检查，对原来没有查结的涉嫌虚开、非法代开、非法收受发票案件取证，处理，移送公安机关。

2011年，查处发票违法案件85件，涉及85户企业150张发票，查补税款、滞纳金及罚款15万元。2012年，按照“查账必查票”“查案必查票”原则，查处发票违法案件80件，涉及80户企业186份发票，查补税款、罚款、滞纳金24.33万元。

2013年，严厉打击发票违法犯罪活动，查处违法使用发票企业101户，涉及非法发票601份，查补税款、罚款、滞纳金合计207.46万元。2014年，检查处理发票违法案件 100 件，涉及 100 户企业 102 张发票，查补税款、滞纳金及罚款 42.2 万元。

2015 年，对发票违法问题高发、频发的金融保险、房地产、商业批发与零售、药品与医疗器械、餐饮娱乐、加工制造、中介等行业开展发票使用检查，查处发票违法案件 100 件。

（四）专案稽查

1994—1995 年，收到群众举报和上级转办案件 68 件，查补入库增值税 421.19 万元，偷税及增值税发票违章罚款 38.18 万元。

1997 年，协查“浙江金华特大案件”，检查 14 家企业，查获 47 份金华县虚开发票，追回税款 55.8 万元。1998 年，与市公安局联合开展“金华专案”补征工作，涉及 14 户企业，追缴税款 56 万元；同年，协助自治区国税局稽查局查处呼和浩特市贩卖海鲜偷税案件，查补税款 50 万元。1996—1998 年，受理各种举报案件 184 件，查补税款及罚款 340 万元。

2004 年，受理案件 150 件，其中发票案件 125 件，涉税举报 25 件，举报中心查办发票案件 87 起。2005 年，对汇博振强等一系列虚开增值税案件查办和 721 户商贸企业增值税一般纳税人进行排查，查处大要案件 5 起，移送公安 2 起。

2007 年，受理检举案件 54 件，其中自治区国税局稽查局交办案件 1 件、督办案件 6 件、本级受理 47 件，已结案件 31 件，未结案件 23 件。2008 年，追缴“万民大药店”涉税案税款、罚款、滞纳金 1183 万元。追缴“友元家具”涉税案税款、罚款、滞纳金 63 万元。查补“边城税案”涉及呼和浩特市 5 户企业税款、罚款、滞纳金 69.7 万元；查补“雷霆二号”涉及内蒙古蒙王实业有限公司涉嫌取得虚开增值税专用发票税款 779 万元。对内蒙古小松工程机械有限公司、内蒙古交通物资有限公司涉税等遗留案件进行检查，查结案件共查补税款 27 万元，加收滞纳金 10 万元，处以罚款 27 万元，合计 64 万元。

2009 年，受理检举案件 13 件，全部查处结案。2011 年，受理检举案件 22 件，受理查处 19 件，暂存待查 3 件。2012 年，受理查处举报案件 9 件，当年结案 7 件。

2013—2014 年，受理检举案件 27 件，全部受理查处。查处“吉林 4·08”案，涉及呼和浩特市 5 个旗县（区）12 家企业，虚开增值税专用发票 2248 份，税额 4888.81 万元。

2015 年，与市公安局成立打击利用黄金交易虚开增值税专用发票违法犯罪工作联合领导小组。“黄金票”案涉及呼和浩特市 9 户代理企业 2108 份增值税专用发票，2 户空壳企业 236 份增值税专用发票，204 户用票单位 7209 份增值税专用发票。全年，受理检举案件 11 件。

七、宣传与培训

1994 年，与内蒙古电视台联合举办“个体之友”培训班，招生 6750 人。以“税收与改革”为主题，开展全国第 3 个税收宣传月活动。全市国税系统 1300 余名干部，设 62 个新税法资讯站点发放宣传资料。举办新税制培训 903 次，约 4500 人次参加。

1995 年，在内蒙古电台开设《为国建设聚财人》栏目。在《中国税务报》《草原税务》《纳税人报》《内蒙古日报》上发布先进工作经验和争先创优事迹。1996 年，组织内外部培训 17 期，培训约 1500 人次。

2001 年，成立举报中心，专设举报电话，固定 2 辆汽车流动查处举报案件。2002 年，开展“诚信纳税、利国利民”万人签名活动，举行引进新闻监督岗揭牌仪式。2003 年，结合“非典”防治组织税收宣传，纳税人按照国税部门安排有序办理涉税事宜。

2006 年，与呼和浩特晚报社共同举办“税法知多少”百题竞赛。2007 年，与中国移动合作建立短信平台，对 5 户出口退税企业涉及的 7 类疑点问题进行说明。

2008 年，制作专题片《前进中的首府国税》《纳税服务指南》，印发《企业所得税优惠政策宣传手册》《增值税优惠政策宣传手册》《非居民企业税收管理政策宣传手册》，开展送税法下乡、下社区、下企业开展“为纳税人办实事”活动。

2011 年，税收宣传月活动期间，将税收政策与民俗文化有机融合，创作《税收政策三字经》动画作品，在各地人员密集区不间断滚动播放。

2013 年，制定普法工作规划和实施方案，开辟“营改增”专栏。开展“诚信兴商”宣传活动。4 月 1 日，与自治区国税局、自治区地税局及呼和浩特市地税局联合举办税收宣传形象大使“六六”（“六六”是个卡通人物，一个热爱税收宣传、依法诚信纳税的企业家）启用仪式，向纳税人赠送《六六与税收》宣传图书。

截至 2015 年，市国税局连续开展税收宣传月活动，每年均围绕税收设定不同的主题。同时，坚持日常宣传与税收宣传月相结合，设立咨询台、发放宣传册、电视媒体宣传税法，实地送政策，上门答疑。

第四节　地　税

一、税种

（一）土地增值税

1994 年 9 月，市地税局税政二科负责土地增值税、土地使用税税收政策管理工作。

1995—2001 年，有关土地增值税与土地使用税仍执行国税、地税合署办公时的方针政策。

2002 年 8 月，市地税局贯彻执行自治区地税局《关于认真做好土地增值税征收管理工作的通知》,并制定实行呼和浩特地区的土地增值税预征率为2%。2003年4月，执行《内蒙古自治区财政厅、国家税务局与地税局转发土地增值税一些具体问题的通知》,呼和浩特地区的土地增值税预征率调整为1%。2005年6月,市地税局制定《呼和浩特市地税局房地产开发企业土地增值税预征和清算管理暂行规定》。

2007年1月，呼和浩特市土地增值税预征率由1%上调至2%，对高档住房确定3%的预征率，并对转让旧房确定土地增值税核定征收率。同年5月，市地税局贯彻执行国家税务总局《关于开展房地产开发企业土地增值税清算检查工作的通知》，制定并实行市地税局《关于房地产开发企业土地增值税清算检查的实施方案》。贯彻执行国家税务总局《关于房地产开发企业土地增值税清算管理有关问题的通知》和自治区地税局《关于开展房地产开发企业土地增值税清算检查工作的通知》，并制定实行呼和浩特地区2%、3%的土地增值税核定征收率。

1995—2015年呼和浩特市地税局土地增值税收入完成情况表

表11-2-4　　单位：万元

年份	土地增值税收入	年份	土地增值税收入
1995	11	2006	5424
1996	33	2007	12495
1997	12	2008	18555
1998	18	2009	18950
1999	72	2010	48169
2000	113	2011	64352
2001	109	2012	75740
2002	465	2013	105709
2003	1394	2014	141735
2004	1165	2015	154186
2005	2929		

（二）土地使用税

1995—2001年，有关土地增值税与土地使用税的征收仍执行国税、地税合署办公时的政策。

2002年8月，根据《关于调整划分城镇土地使用税等级征收城镇土地使用税报告的通知》，把市区划分4类，其中，一类区每平方米5元，二类区每平方米3元，三类区每平方米2元，四类区每平方米1元。

2003年12月，贯彻执行市政府转发自治区政府《关于调整呼和浩特市土地使用税征收范围土地等级和税额标准批复的通知》。把市区划分为5类，一类区每平方米5元，二类区每平方米4元，三类区每平方米3元，四类区每平方米2元，五类区每平方米 1 元。

2004 年 12 月，市地税局为加强土地使用税管理，对停产半停产土地、房地产开发企业、重点在建项目、工业园区和撤乡并镇、圈占土地、高尔夫球场等进行跟踪调查。

2005 年 10 月，市地税局贯彻市政府办公厅《关于托电工业园区开征城镇土地使用税的批复》，对托克托电工业园区开征城镇土地使用税。

2007 年 9 月，贯彻执行《内蒙古自治区城镇土地使用税实施办法》《关于调整呼和浩特市土地使用税等级及税额标准的通知》，把市区划分为 5 类等级，其中，一类区每平方米 15 元，二类区每平方米 12 元，三类区每平方米 9 元，四类区每平方米 6 元，五类区每平方米 3 元。

2008—2015 年，市地税局贯彻与市财政局、国土资源局制定实行《呼和浩特市城镇土地使用税税源清查工作实施方案》。

1995—2015 年呼和浩特市地税局土地使用税收入完成情况表

表 11-2-5　　单位：万元

年份	土地使用税收入	年份	土地使用税收入
1995	431	2006	16036
1996	1831	2007	37074
1997	2431	2008	58362
1998	4430	2009	57955
1999	2258	2010	59442
2000	2167	2011	55740
2001	1851	2012	58326
2002	2467	2013	63201
2003	4385	2014	74763
2004	7206	2015	92792
2005	9052		

（三）资源税

1994—2004 年，市地税局贯彻《中华人民共和国资源税暂行条例》《内蒙古自治区资源税实施办法》，制定并公布实行市地税局《关于加强资源税代扣代缴管理工作的通知》，对独立矿山、联合企业、建筑安装企业、水泥厂、砖瓦厂、炼铁厂等单位在收购未税矿产品时代扣代缴资源税。贯彻执行《中华人民共和国资源税暂行条例》《内蒙古自治区资源税实施办法》，制定并公布《呼和浩特市部分行业资源税征收管理暂行办法》。

2007—2015 年，市地税局持续贯彻执行《内蒙古自治区资源税实施办法》。

1995—2015 年呼和浩特市地税局资源税收入完成情况表

表 11-2-6

单位：万元

年份	资源税收入	年份	资源税收入
1995	46	2006	1661
1996	118	2007	1967
1997	189	2008	2873
1998	202	2009	1413
1999	280	2010	2519
2000	227	2011	3099
2001	224	2012	2831
2002	327	2013	3387
2003	326	2014	3866
2004	529	2015	2351
2005	1219		

（四）固定资产投资方向调节税

1995 年，征收固定资产投资方向调节税 1702 万元。1999 年，征收 4388 万元。

2000—2015 年，根据自治区财政厅、自治区地税局、自治区计划委员会转发财政部、国家税务总局、国家发展计划委员会《关于暂停征收固定资产投资方向调节税的通知》精神，开展调节税征管工作。

1995—2008 年呼和浩特市地税局固定资产投资方向调节税收入完成情况表

表 11-2-7

单位：万元

年份	固定资产投资方向调节税收入	年份	固定资产投资方向调节税收入
1995	1702	2002	182
1996	1553	2003	78
1997	2446	2004	30
1998	4446	2005	—
1999	4388	2006	5
2000	1652	2007	47
2001	134	2008	18

说明：表中“—”表示无数据

（五）房产税

1995 年，市地税局征收房产税 2335 万元。2002 年 6 月，市地税局贯彻执行自治区地税局《关于对呼和浩特经济技术开发区石化集团白塔集团征收地方税的批复》，7 月 1 日起，对上述地区开征房产税、土地使用税、城市维护建设税，按 7% 征收。

2005 年 12 月，贯彻执行《中华人民共和国房产税暂行条例》、自治区地税局《关于房产税、车船使用税、城镇土地使用税规范化管理试行办法》，制定并公布实行《呼和浩特市地税局房屋租赁房产税征收管理办法》，同年征收房产税 1.36 亿元。

2006—2015 年，贯彻落实《国家税务总局关于做好房屋土地车船信息登记工作的通知》要求，执行《呼和浩特市地税局房屋土地车船信息登记工作实施方案》。

1995—2015 年呼和浩特市地税局房产税收入完成情况表

表 11-2-8　　单位：万元

年份	房产税收入	年份	房产税收入
1995	2335	2006	18151
1996	3434	2007	18579
1997	4083	2008	21947
1998	4900	2009	30352
1999	5407	2010	39598
2000	5372	2011	48905
2001	5921	2012	51433
2002	8711	2013	62645
2003	10040	2014	73591
2004	11615	2015	90000
2005	13580		

（六）城市房地产税

1996 年 3 月，市地税局贯彻执行《内蒙古自治区地税局转发自治区人民政府〈关于统一内资企业城市房地产税计税依据和适用税率的批复〉的通知》，并对外资企业恢复征收城市房地产税。9 月 23 日，呼和浩特市地税局涉外分局成立，负责城市房地产税税收政策管理工作。

2009—2015 年，外商投资企业、外国企业和组织以及外籍个人，依照《中华人民共和国房产税暂行条例》缴纳房产税。

2004—2008 年呼和浩特市地税局城市房地产税收入完成情况表

表 11-2-9　　单位：万元

年份	城市房地产税收入	年份	城市房地产税收入
2004	1481	2007	2622
2005	862	2008	3217
2006	1820		

（七）城建税

1995 年，征收城建税 4455 万元。2003 年 9 月，委托呼和浩特市国税局代征城市维护建设税、教育费附加和个人所得税。同年，征收城建税 1.25 亿元。

2008 年 12 月至 2015 年，市地税局贯彻执行《内蒙古自治区地税局关于〈开展增值税消费税与城市维护建设税教育费附加比对工作的实施方案〉的通知》，制定并实行比对工作。

1995—2015 年呼和浩特市地税局城建税收入完成情况表

表 11-2-10　　单位：万元

年份	城建税收入	年份	城建税收入
1995	4455	2006	30877
1996	4340	2007	38721
1997	5364	2008	46349
1998	5712	2009	59558
1999	5878	2010	75191
2000	6665	2011	90837
2001	5219	2012	98333
2002	10416	2013	129731
2003	12471	2014	134782
2004	19560	2015	164887
2005	23898		

（八）车船税

1995 年，征收车船税 153 万元。2000 年，征收车船税 473 万元。2003 年 5 月，贯彻执行《内蒙古自治区地税局机动车车船使用税委托代征管理办法》，并制订公布《呼和浩特市地税局机动车车船使用税委托代征管理办法》。2007 年 12 月，贯彻财政部、国家税务总局《关于贯彻落实车船税暂行条例工作有关问题的通知》，并与财政局联合制定全市行政事业单位机动车车船税信息管理制度。

2008 年 7 月，开展车船税代收代缴工作专项检查工作；8 月，贯彻自治区地税局、中国保监会内蒙古监管局转发国家税务总局、中国保险监督管理委员会《关于进一步做好车船税代收代缴工作的通知》，并制定实施“见税出单”政策；9 月，市地税局贯彻《内蒙古自治区车船税实施办法》；12 月，贯彻执行自治区地税局《关于进一步加强保险机构代收代缴车船税工作的通知》，制定并实行“见税出单”“退税”“查验完税凭证”等政策。同年，征收车船税 4147 万元。

1995—2015 年呼和浩特市地税局车船税收入完成情况表

表 11-2-11 单位：万元

年份	车船税收入	年份	车船税收入
1995	153	2006	790
1996	503	2007	1783
1997	507	2008	4147
1998	478	2009	7237
1999	546	2010	9577
2000	473	2011	12753
2001	585	2012	19333
2002	661	2013	23006
2003	764	2014	25907
2004	770	2015	29218
2005	733		

（九）印花税

1995 年，市地税局征收印花税 300 万元。2001 年，征收 1165 万元。

2005 年 7 月，贯彻执行《内蒙古自治区地税局关于印发〈印花税核定征收管理办法〉的通知》，对水电气热的购销行为征收印花税，明确工业、货物流通企业、建筑施工企业和其他印花税的核定比例。

2007 年 3 月，贯彻执行财政部、国家税务总局《关于印花税若干政策的通知》，实行委托代征土地使用权转让合同印花税，全年征收 1.06 亿元。

1995—2015 年呼和浩特市地税局印花税收入完成情况表

表 11-2-12 单位：万元

年份	印花税收入	年份	印花税收入
1995	300	2006	9663
1996	424	2007	10605
1997	496	2008	14640
1998	905	2009	14301
1999	980	2010	20761
2000	1157	2011	26809
2001	1165	2012	26800
2002	2461	2013	29054
2003	2651	2014	36564
2004	3334	2015	38348
2005	5415		

（十）屠宰税、筵席税

1995年8月，税政二科负责筵席税税收政策管理工作。2001年1月，市地税局贯彻执行自治区地税局《关于停征屠宰税和筵席税的通知》；6月，市地税局贯彻执行自治区地税局《关于恢复征收屠宰税的通知》，对非试点地区恢复征收屠宰税。2003年停征屠宰税、筵席税。

1995—2002年呼和浩特市地税局屠宰税收入完成情况表

表11-2-13　　单位：万元

年份	屠宰税收入	年份	屠宰税收入
1995	79	1999	348
1996	286	2000	352
1997	374	2001	197
1998	396	2002	72

1995—2003年呼和浩特市地税局筵席税收入完成情况表

表11-2-14　　单位：万元

年份	筵席税收入	年份	筵席税收入
1995	70	2000	953
1996	595	2001	175
1997	773	2002	11
1998	758	2003	1（欠税追缴）
1999	753		

（十一）营业税

1994年，市地税局税政一科成立后，负责营业税税收政策管理工作。2003年4月，市地税局执行自治区地税局《关于印发建筑业营业税征收管理暂行办法的通知》，全市建筑业成本利润率暂定为15%。2008年，贯彻执行《中华人民共和国营业税暂行条例》。全年征收营业税26.93亿元，同比增长18%。

2011年12月，市地税局贯彻执行《内蒙古自治区财政厅 国税局 地税局关于调整个人增值税营业税起征点的通知》，将个人营业税起征点调整为按期纳税，月营业额2万元；按次纳税，每次（日）营业额500元。

2013年6月，以网上直报和单机录入的形式，审核完成475户重点调查企业、130户抽样调查企业、3户集团企业资料上报工作；8月1日，在全市的交通运输业与部分现代服务业开展“营改增”试点。贯彻执行《财政部、国家税务总局关于暂免征收部分小微企业增值税和营业税的通知》，对营业税纳税人中月营业额不超过2

万元的企业和非企业性单位，暂免征收营业税。

2014 年 1 月 1 日，贯彻落实《财政部 国家税务总局关于将铁路运输和邮政业纳入营业税改征增值税试点的通知》，将全市铁路运输业和邮政服务业纳入“营改增”试点；6 月，市地税局完成 2013 年度全市税收资料调查工作。通过采集、填报，以网上直报和单机录入的形式，审核完成 415 户重点调查企业、122 户抽样调查企业、3 户集团企业资料上报工作。市地税局贯彻落实《财政部 国家税务总局关于将电信业纳入营业税改征增值税试点的通知》,将全市电信业纳入“营改增”试点;11—12 月，市地税局贯彻落实《内蒙古自治区财政厅、地税局、国税局关于在全区开展建筑业销售不动产业营业税改征增值税税收调查工作的通知》，对管辖的建筑业、销售不动产业进行“营改增”测算调查。2014 年 10 月 1 日至 2015 年 12 月 31 日贯彻执行《财政部 国家税务总局关于进一步支持小微企业增值税和营业税政策的通知》，对月销售额 2 万 ~ 3 万元的增值税小规模纳税人与营业税纳税人，暂免征收增值税和营业税。

2015 年 4 月,贯彻落实《内蒙古自治区地方税务局关于加强营业税管理 做好“营改增”专项清收工作的通知》精神，开展营业税专项清收工作；贯彻执行《财政部国家税务总局关于继续执行小微企业增值税和营业税政策的通知》。

1995—2015 年呼和浩特市地税局营业税收入完成情况表

表 11-2-15　　单位：万元

年份	营业税收入	年份	营业税收入
1995	12992	2006	159486
1996	15481	2007	228410
1997	20419	2008	269325
1998	26665	2009	348524
1999	27636	2010	443756
2000	32330	2011	538448
2001	40658	2012	595750
2002	56169	2013	654962
2003	64135	2014	677328
2004	82033	2015	738371
2005	124701		

（十二）企业所得税

1994 年 9 月，市地税局税政三科成立后，负责企业所得税税收政策管理工作。1995 年，市地税局征收企业所得税 3540 万元。1997 年，制定印发《呼和浩特市地税局企业所得税减免审批管理暂行办法》，规范全市企业所得税的减免税审批管理工作。1998年，市地税局制定《呼和浩特市地税局代征城镇三资企业、私营企业职工和个体劳动者基本养老保险基金的操作规程》。印发《呼和浩特市地税局小型企业所得税征收管理暂行规定办法》，对于符合条件的小型企业实行定期定率和定额征收企业所得税。1999年，制定《上市股份公司试用新申报表实施方案》，并组织实施。

2003年1月1日起，市地税局实施《呼和浩特市建筑业、房地产开发企业实行纯利率征收企业所得税的管理暂行办法》。全市房地产开发企业应税所得率暂定为10%。2005年9月1日起，实施《呼和浩特市饮食业实行核定征收所得税管理暂行办法》，同时，贯彻实施自治区地税局《营业税、企业所得税减免税申报审批管理办法》。

2007年，市地税局加强外地施工企业所得税征收管理，外地在呼施工企业实行按纯利率征收企业所得税，其预征率为工程收入的1.65%。同年，调整市区房地产企业所得税应税所得率，市区内房地产开发企业的企业所得税应税所得率由6%调整为10%，各旗县房地产开发企业的企业所得税应税所得率仍按6%执行。

2008—2015年，市国税局、市地税局按照国家税务总局《关于调整核定征收企业所得税应税所得率的通知》，并结合呼和浩特市实际情况，确定呼和浩特地区核定征收企业所得税分行业应税所得税率。

1995—2015年呼和浩特市地税局企业所得税收入完成情况表

表11-2-16　　单位：万元

年份	企业所得税收入	年份	企业所得税收入
1995	3540	2006	26963
1996	4982	2007	33819
1997	6205	2008	48858
1998	6638	2009	48039
1999	9489	2010	66334
2000	16482	2011	93135
2001	19859	2012	126105
2002	17639	2013	147570
2003	21202	2014	150677
2004	27300	2015	152576
2005	27930		

（十三）个人所得税

1994年9月，市地税局税政三科成立后，承担个人所得税征收工作。1995年，征收个人所得税668万元。

2001年，制定《呼和浩特市地税局个人所得税代扣代缴管理暂行办法》。同年，征收个人所得税 1.14 亿元。2003 年，制定《关于部分行业服务人员个人所得税税收管理暂行办法》，规范餐饮业、沐浴业和娱乐业纳税人的个人所得税征收管理。

2008 年，加强建筑安装业个人所得税的征收管理，对于符合条件的建筑安装企业，其个人所得税由项目主管税务机关按照企业申报计算缴纳营业税的工程价款 1% 核定征收。

2013 年，市地税局印发《关于推广应用个人所得税管理系统实施方案》，市区范围内全面推广应用“金税三期”优化版个人所得税管理系统。有 3.95 万户扣缴单位实现个人所得税全员全额扣缴申报，有 79.93% 的扣缴义务人实现扣缴明细申报。

2014—2015 年，推进个人所得税全员全额扣缴明细申报工作，完成个人所得税纳税服务与专项评估工作。

1995—2015 年呼和浩特市地税局个人所得税收入完成情况表

表 11-2-17　　单位：万元

年份	个人所得税收入	年份	个人所得税收入
1995	668	2006	59826
1996	1556	2007	85660
1997	2477	2008	125551
1998	3795	2009	136136
1999	5360	2010	164528
2000	7715	2011	201963
2001	11412	2012	192258
2002	17574	2013	208127
2003	23504	2014	277795
2004	33010	2015	340363
2005	48599		

（十四）代征代收社保费

1994 年 9 月，市地税局直属管理二分局成立。2002 年 7 月，地税二分局调整为行政事业管理局，承担自治区、市两级行政事业单位社保费的代征代收工作。2009 年，分局在征管体制上根据实际工作要求，实现与社保部门联合办公，集中核定、统一征收“五险”。

2001—2015 年呼和浩特市地税局社会保险费完成情况表

表 11-2-18　　单位：万元

年度	养老保险	失业保险	医疗保险	工伤保险	生育保险	残保金	合计
2001	17083	3244	3303	143	0	356	24129

续表 11-2-18

年度	养老保险	失业保险	医疗保险	工伤保险	生育保险	残保金	合计
2002	22258	4012	8286	312	69	568	35505
2003	31439	5997	11120	387	279	717	49939
2004	34876	5159	17279	740	381	883	59318
2005	49007	6742	26923	1043	572	1063	85350
2006	75205	7711	39511	1791	974	1204	126396
2007	107835	9445	46232	2815	1533	1425	169285
2008	130043	12037	60184	3829	2830	1612	210535
2009	142219	17185	57181	2681	2271	2188	223725
2010	210064	18961	74130	3598	2903	2919	312575
2011	305092	30681	108299	7220	5819	3683	460794
2012	342019	34978	142015	9959	7347	4192	540510
2013	343999	47195	151592	11432	8526	—	562744
2014	402078	51747	166353	12579	9775	—	642532
2015	475474	46095	177946	12825	10498	—	722838
合计	2688691	301189	1090354	71354	53777	20810	4226175

说明：表中“—”表示无数据

二、征管

（一）重点建设项目税源监管

1995—2006 年，市地税局单设后，计征科对部分预计总投资额在 5000 万元（含 5000 万元）以上的新建与续建项目进行跟踪监管，掌握重点建设项目税源变化情况，分析经济运行态势，加强税源监管力度，为组织收入提供数据参考依据。

2007 年 5 月 31 日，市地税局按照自治区地税局《关于重点建设项目统计上报工作的通知》，建立健全重点建设项目监控台账，掌握工程总体情况、完工进度、支付工程款和缴纳税金等情况，采取源头控管，强化征收管理，确保各项税款及时足额入库。

2008 年，市地税局有 5000 万元以上重点建设项目 102 个。其中，新建项目 20 个，续建项目 82 个。项目预计总投资额 566.53 亿元，以前年度完成投资 153.95 亿元。全年实际投资总额 113.49 亿元。其中，土建投资 62.13 亿元，公路建设投资 2.44 亿元。全年，应征地方各税 5.41 亿元，实收地方各税 4.53 亿元。

2013 年 2 月底，市地税局按照《内蒙古自治区地方税务局关于按月报送全区投资额在 100 万元以上的建设项目及地方税源调查测算情况的通知》要求，采取源头控管，强化征收管理，确保各项税款及时足额入库。

2015 年，市地税局所辖 100 万元以上重点建设项目 446 个。其中，新建项目 17 个，续建项目 429 个。全部项目预计总投资额为 3723.75 亿元，实际投资额为 154.90 亿元，其中土建投资 127.23 亿元。全年征缴地方各税 16.99 亿元。

2013—2015 年全市投资额 100 万元以上建设项目及税源情况调查表

表 11-2-19　　单位：万元

项目名称	总投资额	本年计划投资额	本年实际投资额	其中：土建部分			全年预计实现地方各税	本年应缴地方各税	本年已缴地方各税
				土建总投资额	本年计划投资额	本年实际投资额			
2013 年项目合计（446 项）	23157233	4865312	1915533	10854986	3588715	1318816	160630	160607	160630
	43185024	8465031	2745105	17267362	4816353	2024883	235973	239268	235973
	37237499	694556	1549007	14867535	4233676	1272346	169911	170308	169911
2014 年新建项目合计（17 项）	2427832	676765	225606	1221548	531632	127434	4580	4580	4580
	7737043	1863750	358780	2759431	986222	207093	23318	23318	23318
	228939	129339	5693	95277	83777	4927	8165	8165	8165
2015 年续建项目合计（429 项）	20729401	4188547	1689927	9633438	3057092	1191382	156050	156027	156050
	35447981	6601281	2386325	14507931	3830131	1817790	212655	215950	212655
	37008560	681622	1543314	14772258	4149899	1267419	161746	162143	161746

（二）欠缴税金的管理与监督

1995 年 11 月，市地税局与各征管局签订清理欠税责任状。1999 年 6 月，印发《关于做好行政区划调整中有关欠税情况统计工作的通知》。10 月，转发市政府《关于加强税收征管、清欠工作的市长办公会议纪要》。

2000 年 11 月，市地税局印发《呼和浩特市地方税务局滞纳金加收规范化管理实施办法的通知》《呼和浩特市地方税务局欠税管理办法的通知》。

2004 年 7 月，市地税局转发自治区地税局《转发国家税务总局〈关于进一步加强欠税管理工作的通知〉》。11 月，印发《关于清缴欠税有关问题的通知》并督促各征管局按要求开展工作。

2005 年 9 月，市地税局转发自治区地税局《关于开展欠税核查工作的通知》，按照文件要求整理、审核、汇总、上报欠税核查具体工作。2006 年，召开全市会议布置政府欠企业款和企业欠税的调查统计工作 2 次，共核欠款和欠税底数 3 次。

2015 年，根据《国家税务总局关于欠缴税金按风险分类核算管理的通知》要求，开展欠缴税金按风险分类核算管理工作。

（三）税政管理

1994年9月，市地税局税政管理科成立。1996年7月，市地税局贯彻落实国家税务总局关于在全国范围内换发税务登记证件要求，使用统一代码标识，启用统一税务登记验证标识。1999年6月,启用新的税务登记验证标识,核发新版税务登记证。

2000年7月，市地税局启用剪口式旅店业、其他经营业发票。2002年10月，在全市范围内首次推行餐饮业、娱乐业、沐浴业有奖定额发票。11月，在全市开展举报受理、查处发票违章工作，向社会公布有奖发票举报电话并承诺全天开通。

2003年3月，市地税局落实市政府财税体制调整管理工作，明确市区基层征管局征管范围，加强税务登记管理工作，启用《呼和浩特市地方税务系统窗口代开发票管理信息系统操作规程》。8月，对房屋租赁实行最低指导价。

2005年3月，实行统一的道路班线客运行业税收管理办法。4月，明确与自治区地税局直属征管局的征管范围划分工作。6月，推行"超市式"服务办税厅试点工作。9月，市政府批转执行《呼和浩特市地税局个人房屋装修税收征管暂行办法》《呼和浩特市地税局建设工程项目税收征管暂行办法》《呼和浩特市进一步完善街道办事处税收入库级次管理办法》《呼和浩特市地税局建立协税护税网络实施方案》。在市四区进行计算机定税试点工作，对城区4个征管局管辖的1668户个体双定户进行为期3个月的典型调查，确定253个行业的定额标准作为参考，印发《呼和浩特市地税局个体工商户计算机核定定额实施方案》。10月，组织有奖发票二次开奖活动（2004年4月1日始，市地税局对已使用的即开即奖定额发票开展二次开奖活动），共登录63.39万条，兑付奖金587人次，核发奖金125.1万元。同时，对有奖定额发票进行专项检查，抽调75名税务干部，对市内4区餐饮业比较集中的32条街道进行互查，共检查1284户（其中共管户570户），用票户数588户，查出使用有奖发票存在问题的205户。问题户数占检查户数15.97%。根据检查的统计数据发现，娱乐业有问题户数占所检查娱乐业户数的比例为63.33%，串票与回笼票行为主要集中在餐饮业。

2006年3月，推行个体工商户计算机核定定额工作，印发《呼和浩特市地税局征管软件数据管理工作办法》。开展税务登记基础信息清查工作，印发《呼和浩特市地税局启用新版有奖定额发票工作的实施方案》，并于同月启用新版有奖定额发票。6月，市地税局开始换发新版税务登记证件，启用新版房地产业建筑安装业发票。8月，启用新版机动车销售统一发票和新版公路内河货物运输业统一发票。

2007年7月，启用新版《呼和浩特出租汽车专用发票（机打）》，旧版《内蒙古自治区呼和浩特市出租汽车定额发票》于8月全部作废。

2008年4月，建立"集中登记，全面受理"税务登记管理系统，按照属地管理原则,税务登记窗口全面受理市区（含开发区）私营以上企业（包括私营企业）的税务登记事宜。5月，实施公路货物运输业自开票纳税人由自治区、旗县地税局统一管理，不得下放基层税务所管辖，可分级入库。贯彻落实市政府《关于在全市范围内开展房地产业、建筑安装业、餐饮业纳税评估工作的通知》要求，在全市开展此项工作。

2010年，全市地税落实管理、政策、服务、程序，税收收入首次突破100万亿元大关，达131亿元。对建筑业总、分包工程项目进行项目备案登记管理，并确定呼和浩特市建筑业总承包单位与分包单位开具发票的办法，解决了总承包单位与分包单位结算工程款时如何开票缴税问题。

2013年，全年组织税费收入223.31亿元，绝对额增加24.71亿元。其中，完成税收162.5亿元，绝对额增加21.4亿元。完成市公共财政预算收入124亿元，占全市公共财政预算收入68.1%。完成社会保险费56.27亿元，绝对额增加2.68亿元。完成规费基金8.03亿元，绝对额增加1.43亿元。年末，全市地税系统共有管户8.32万户，全年新增税务登记1.34万户。

2015年，全市地税系统组织各项税费收入271.1亿元。其中，地方财政预算收入完成160.3亿元，绝对额增加21.8亿元，同比增长15.7%。完成市政府下达的157.5亿元任务的101.8%，超收2.8亿元。社保费累计完成72.3亿元，绝对额增加8.0亿元，同比增长12.4%；其他收入累计完成15.7亿元。税收总量及增幅均创历史新高。开展对全市重点税源企业自查审计工作，入库税费1.6亿元。开展税源与征管状况调查，清理出漏征漏管户2455户。全面推行三证合一制度，全年办理1.32万户，做好“营改增”四清工作，累计清理欠税3.6亿元。对系统内现有规章制度进行全面清理，废止过期制度办法12项。制定印发《“六型组织”建设实施方案》《绩效管理办法及实施细则》《重大税务案件实施办法》等制度方案9项，修订完善《规范税务登记管理办法》等制度办法15项。

三、代征代缴

2000年12月15日,市地税局社会保险费征缴工作领导小组办公室成立。2001年，根据自治区政府《关于全区社会保险费由税务部门通知》《社会保险税务征缴暂行办法的通知》要求，成立社会保险征收管理科。全年累计征收社保费2.37亿元。截至2015年，全市社会保险费收入累计完成402.72亿元。

2001—2015 年呼和浩特市地税局社会保险费收入完成情况表

表 11-2-20　　单位：亿元

年份	社会保险费收入	年份	社会保险费收入
2001	2.37	2009	22.15
2002	2.50	2010	30.97
2003	4.92	2011	45.71
2004	5.84	2012	53.63
2005	8.42	2013	56.27
2006	12.52	2014	64.25
2007	16.79	2015	72.28
2008	20.89		

四、稽查

1994 年 9 月，市地税局成立后内设税务稽查局。1999 年 3 月，市地税局稽查分局成立。2002 年 7 月，根据自治区地税局的有关精神，实行一级稽查体制，即在地市一级税务机关成立稽查局，负责全市的稽查工作，县、区税务局不设稽查机构，不负责税务稽查工作，上划自治区地税局管理，更名为呼和浩特市地方税务局税务局稽查分局。

2006 年 3 月初，稽查分局与市地税局实现局域网的连通，制定《市地税稽查分局网络管理制度》。全年选案环节共立案 75 户，受理举报案件 22 件。

2008 年，执行科协助检查科并与征管人员共同配合，开展历时 7 个月的税收专项检查。2008—2010 年，选案环节共立案 108 户，受理举报案件 53 件。2010 年末，按照《内蒙古自治区地方税务局稽查选案实施暂行办法》，确定房地产行业、建筑安装业、汽车销售及餐饮娱乐业作为 2011 年重点稽查行业。12 月 25 日向自治区地税局上报《呼和浩特地方税务局税务稽查分局关于上报 2011 年重点稽查纳税户的报告》，上报选户 42 户。

2011—2015 年，选案环节共立案 74 户，受理举报案件 54 件。

1994—2015 年呼和浩特市地税局稽查税收完成情况表

表 11-2-21　　单位：万元

年份	查补税费金额	入库税费金额			
		税额	罚款	滞纳金	合计
1994	1171.01	1090.50	19.50	—	1110.00
1995	3808	3617.00	150.00	41.00	3808.00
1996	2841.06	2653.33	131.56	—	2784.89

续表 11-2-21

年份	查补税费金额	入库税费金额			
		税额	罚款	滞纳金	合计
1997	402	361.00	—	—	361.00
1998	486	527.00	—	—	527.00
1999	859	753.00	—	—	753.00
2000	2313	2472.00	183.00	—	2655.00
2001	595	575.00	—	—	575.00
2002	3531	3405.00	—	—	3405.00
2003	3665	2913.00	—	—	2913.00
2004	5050	3011.00	—	—	3011.00
2005	2414	3340.00	—	—	3340.00
2006	4824	3681.00	65.00	—	3746.00
2007	5670	3898.00	160.00	—	4058.00
2008	4570	4280.00	—	—	4280.00
2009	11484	11452.00	86.00	145.00	11683.00
2010	14345	15123.00	—	—	15123.00
2011	1490	2185.00	—	—	2185.00
2012	5380.8	5759.34	—	—	5759.34
2013	1863.46	612.97	10.95	27.09	651.01
2014	1744	2041.00	—	—	2041.00
2015	9441	5496.00	—	—	5496.00

说明：表中“—”表示无数据

第五节　税务学会

1985 年 4 月 3 日，呼和浩特市税务学会成立。1987 年，市税务学会创办《呼和浩特税务》(后改名为《草原税务》)。邀请专家、学者和有丰富经验的老同志作学术报告，组织全体会员和专管员积极参加讨论，从理论到实践进行分析、论证，提出各自的观点和见解，具有较强的实用性，引起行政领导的重视。同年，市税务学会被呼和浩特市社科联评为先进单位。

1988 年 5 月 21—23 日，市税务学会召开第二次年会暨税收理论研讨会议。会议收到学术论文 27 篇。会议增补了部分理事和副会长。

1997 年 6 月 10 日，市税务学会召开第四次会员代表大会，是国、地两税机构分设后，首次恢复学会工作。

2001年5月28日、2005年5月28日、2011年7月26日，市税务学会分别召开第五、第六、第七次会员代表大会。2002年，市地税局党文正与自治区地税局张晓华撰写的《借鉴国际经验，加强税收法制建设》，获国际税收研究会优秀论文奖。

截至2015年，学会先后修订《呼和浩特市国税系统税收科研工作暂行办法》《呼和浩特市国税系统税收科研成果奖励办法》《呼和浩特市国税系统税收科研目标及考核标准方案》。学会成员撰写上报科研论文、调研报告660余篇，获得呼和浩特市、自治区税收科研优秀成果奖98项。

第十二篇

金　融

第一章　金融管理

第一节　管理机构

一、中国人民银行呼和浩特分行

1985 年 1 月 1 日起，根据国务院决定，中国人民银行呼和浩特市支行专门行使中央银行职能，工商信贷及储蓄业务交由中国工商银行呼和浩特市支行办理，机构名称改为中国人民银行呼和浩特分行。1986 年 1 月，根据国务院、中国人民银行总行关于健全国家金库机构的要求，中国人民银行呼和浩特分行相继建立国库机构。1987 年 11 月，由中国人民银行内蒙古分行与呼和浩特分行共同组织成立呼和浩特地区票据交换电子化领导小组，负责票据交换电子化的领导和组织工作。1988 年 6 月 30 日，呼和浩特证券公司开业。7 月，中国人民银行内蒙古分行确定各盟市分行机关的编制总人数（包括计划内临时工、计划外用工，不包括外汇管理和电子计算站的工作人员），呼和浩特市 140 人。

1998 年 12 月，中国人民银行天津分行成立，负责监管天津市、河北省、山西省和内蒙古自治区金融机构的业务活动，下设分行营业管理部及石家庄、太原、呼和浩特 3 个金融监管办事处，3 个省会城市中心支行，32 个地市级中心支行，311 个县支行。

1999 年 1 月，按照国务院有关机构改革的要求，撤销中国人民银行内蒙古自治区分行和中国人民银行呼和浩特市分行，组建成立中国人民银行呼和浩特中心支行。除履行原中国人民银行呼和浩特分行的职责外，还负责原中国人民银行内蒙古分行在国库经理、支付清算、现金发行和金银管理，以及外汇统计等业务的管理、汇总工作。中心支行内设办公室、货币信贷管理处、银行监管处、非银行金融机构监管处、合作金融机构监管处、统计处、会计财务处、支付科技处、内审处、人事教育处、货币金银处、国库处、保卫处、外汇管理处、国际收支处、离退休干部处。直属单位为营业部。5 月，组建法律事务办公室。8 月，撤销基建办公室，其人员、业务归入行政处。

2003 年，银行监管职能移交内蒙古银监局，2004 年后业务管辖基本覆盖全自治区。

截至 2015 年，中国人民银行呼和浩特中心支行下辖土默特左旗支行、托克托县支行、和林格尔县支行、清水河县支行、武川县支行 5 个旗县支行。中心支行内设办公室、货币信贷管理处、金融稳定处、调查统计处、会计财务处、支付结算处、反洗钱处、科技处、货币金银处、国库处、内审处、人事处、金融研究处、征信管理处、外汇综合处、经常项目管理处、资本项目管理处、事后监督中心、保卫处和离退休干部处；直属单位有营业部、后勤服务中心和钞票处理中心；附属单位有清算中心、干部培训中心、基建办公室和集中采购办公室。党群工作机构有党委办公室（与行政办公室合署办公）、组织部（与人事处合署办公）、纪检监察办公室、工会办公室；另设宣传群工部，负责宣传、机关党建、共青团工作。

二、呼和浩特市金融工作办公室

2003 年 8 月，呼和浩特市金融工作办公室（简称市金融办）成立，为市政府直属事业单位，内设综合科、证券科、金融科。2009 年 12 月，政府机构改革，将金融工作办公室列为政府工作部门。

2010 年，市政府办公厅印发《关于市人民政府金融工作办公室主要职责内设机构和人员编制的通知》规定，市金融办为市政府工作部门，内设综合科、银行保险科、资本市场科、小额贷款公司监管科、融资性担保机构监管科。

第二节　金融监管与服务

一、金融业发展

1985 年开始，国家逐步建立以中央银行为领导、专业银行为主体、其他多种金融机构并存的金融体制，人民银行开始专门行使中央银行职能后，作为国家领导和管理金融事业的机关，在强化地区金融宏观调控，为经济和金融服务方面发挥重要作用，并恢复和成立中国工商银行、中国农业银行、中国银行、中国建设银行以及保险公司和证券公司。1986—1990 年，全市基本建立起适应计划商品经济发展的，充分结合、调控自如的金融体制和运行机制。

1989 年，经中国人民银行批准，呼和浩特市陆续组建 8 家城市信用社，并试办第一家当铺——宏顺泰典当商行。至年末，全市有城乡金融机构 500 余家，从业人员约 4000 人。

1991 年后，呼和浩特市金融部门严格贯彻执行“控制总量，调整结构，强化管理，适时调节，提高效益”的货币信贷方针和金融政策措施，合理发放贷款，帮助企业清理“三角债”等，支持全市经济向好发展。其中，1991 年帮助企业清理相互拖欠款 4.92 亿元，为银行注入资金 1.07 亿元，解决基建、技改项目和仪器、棉花、烟草等拖欠款项，减轻企业债务负担。

1999 年，中国人民银行天津分行呼和浩特金融监管办事处依据授权，开展金融监管现场检查工作。办事处对自治区内中国工商银行、中国农业银行、中国银行、中国建设银行4家国有商业银行，清理整顿账外账及违规经营情况进行抽查，并开展现场检查。

2000年后，全市金融业快速发展，各类金融机构陆续进驻，金融环境和金融服务明显改善，业务品种渐趋丰富，银行业、保险业和证券业快速发展，但金融相关率仍低于全国平均水平，金融基础仍较薄弱。

2003年市金融办成立。2005年编制《呼和浩特市整顿和规范金融市场秩序全市三年规划（2005—2007年）》。2009年制定《市人民政府金融办突发金融事件处置应急预案》。

2010年，市金融办依法打击非法集资、地下钱庄等违法违规活动，开展防范打击非法集资宣传教育工作。在《呼和浩特日报》等刊登小额贷款公司、融资性担保机构严禁吸收公众存款和违规拆借资金的告示，公布举报电话，警告广大市民在小额贷款公司存款和集资利益不受保护。

2012年，清理整顿各类交易场所，对全市企业注册名称中含有“交易”的49家企业进行排查和清理整顿。开展全市整治非法集资问题专项行动，制定工作方案和联席会议制度，对重点整治领域和重点监控对象以及群众反映的个人投资行为进行排查。

2013年，在《呼和浩特日报》上刊登《远离非法集资 珍惜美好生活》专题文章，在市民广场开展打击非法集资宣传活动。

2014—2015年，在全市范围内组织开展防范打击非法集资宣传月活动，配合公安部门查处“金道堂”案件，化解“奈伦08”债务危机。开展“严防利用P2P网络借贷平台进行非法集资”专项宣传活动。重点对全市96家小额贷款公司、22家融资性担保公司、1900家农民专业合作社、31家典当企业，以及房地产企业、房地产中介公司、股权投资行业、电子商务、高科技开发行业、养老机构、民办院校，各类投资咨询类公司和以P2P为名的理财投资咨询公司、网络借贷平台公司进行风险排查，清理整顿。

二、农村金融

1991年，呼和浩特市初步形成以国家银行为主体，农村信用合作社为补充的农村金融网络。年末，全市有农村信用社45个，下设营业网点61个，吸收股金及自有资金累计1973万元。农村家庭联产承包责任制推行后，农民收入迅速增长，农民家庭人均收入从1987年的420元增加到722元，增长71.9%。

2005年，呼和浩特市成立农村信用合作社改革领导小组及办事机构，指导各旗县（区）制定各自《深化农村信用社改革工作实施方案》《清产核资实施方案》《增资扩股实施方案》《风险防范和处置预案》。各旗县（区）农村信用合作社清产核资工作当年结束，增资扩股工作全面实施。

2007 年，6 家农村信用合作社改革工作进展顺利。其中，城郊联社组建农村合作银行完成清产核资工作并报自治区银监局验收，其他 5 家联社基本完成统一法人社的组建工作。

2008 年，城郊联社组建农村合作银行清产核资工作通过自治区银监局验收；托克托县联社组建农村合作银行上报自治区银监局审批；土默特左旗农信联社、武川县农信联社、清水河县农信联社、和林格尔县农信联社，完成统一法人社的组建工作。

2009 年 1 月，呼和浩特市城郊农信联社获中国银监会批复，筹建呼和浩特金谷农村合作银行。8 月，金谷农村合作银行开业，成为全市首家农村合作银行。11 月，托克托县农信联社组建内蒙古托克托农村合作银行的申请获中国银监会的批准并开始筹建。

2010 年，金谷农村合作银行支持“三农”和中小企业，加大蔬菜大棚、奶牛养殖业和特色农业信贷支持力度，改善中小企业、微小企业融资环境，全年新增贷款 15 亿元。年末，农村合作银行和农村信用合作社存款余额为 174.24 亿元，同比增长 30%；贷款余额为 1105 亿元，同比增长 28.1%。

2011 年，作为农村金融市场的补充和完善，和林格尔村镇银行、托克托立农村镇银行和如意蒙银村镇银行开业。同年，新城区、玉泉区、金桥开发区的 4 家村镇银行批准筹建。

2012 年，由内蒙古银行设立的新城区、玉泉区、赛罕区 3 家蒙银村镇银行及武川立农村镇银行相继开业。至年末，全市开业的村镇银行共 7 家。2013 年 6 月，土默特左旗金谷村镇银行开始营业。

2015 年，注册资本 1 亿元的河套农商行设立的村镇银行开业运营。

三、小额贷款

2000 年，呼和浩特市第一家担保公司成立。2005 年，随着国家金融政策的逐步开放以及资本市场的改革和发展、多层次资本市场体系的建立需求，中国人民银行决定在内蒙古自治区等 5 个省区开展小额贷款公司试点工作。

2007 年，自治区批准注册资本 1 亿元的金鑫小额贷款公司和注册资本 5000 万元的西蒙小额贷款公司开业。全年，累计发放贷款 1.9 亿元，支持近 200 户中小企业。

2008 年，自治区扩大小额贷款公司在全区各盟市的试点，全市有 17 家公司获得批准筹建，注册资本总额合计 12.94 亿元。

2009 年后，市金融办根据国务院和自治区政府的有关政策精神，承担对融资性担保公司的初审和日常监管。全市有 50 家小额贷款公司获得批准筹建，40 余家小额贷款公司开业，范围覆盖全市各旗县（区）。注册资本总额 32.84 亿元，注册资本最高 1.3 亿元，最低 2000 万元。全年累计发放贷款 2000 余笔，贷款额 25 亿元，贷款主要投向中小企业、个体工商户和农牧民。

2010年，全市新增小额贷款公司31家。全年共向3824户企业和个人发放贷款64.17亿元，其中发放个人贷款38.05亿元，发放个体工商户贷款15.86亿元，发放企业贷款9.93亿元，发放其他贷款3300万元。发放的贷款中，面向“三农”发放贷款802户，发放金额9.01亿元。至年末，全市有小额贷款公司68家，注册资本合计50.43亿元，年末贷款余额40.50亿元。

2010年，市金融办完成对全市融资性担保机构的规范整顿，全市19家融资性担保公司取得经营许可证。规范整顿后，全市融资性担保机构的数量占全区融资性担保机构总数的10.53%。至2011年末，19家担保公司累计担保总额30.67亿元，担保企业2116户。全市有小额贷款公司87家，布点范围覆盖全市各旗县（区），注册资本69.49亿元，年末贷款余额60.01亿元，累计为1.07万户小微企业、个体工商户和农牧民提供信贷支持。

2012年，新增小额贷款公司6家，全市93家公司注册资本75.1亿元，贷款余额71.45亿元，累计向1.45万户企业和个人发放贷款236.66亿元。融资性担保公司19家，累计担保额43.7亿元，累计担保2649笔。

2013年，全市94家公司注册资本合计75.61亿元，其中市四区67家、旗县16家、开发区11家。年内，共向3563户企业和个人发放贷款52.71亿元，年末贷款余额66.10亿元。全市19家融资性担保公司法人机构及3家分支机构，注册资金总额12.47亿元，累计担保额53.68亿元，累计担保2802笔，惠及2277户企业。

2014年，全市运营的小额贷款公司有89家，共向2162户企业和个人发放贷款20.85亿元，发放农牧民和涉农的个体户、小微企业、一般企业、其他组织贷款4.04亿元，发放个人创业贷款4.67亿元，发放个体户贷款8.77亿元，发放小微企业贷款1.18亿元。至年末，全市融资性担保机构累计担保额67.29亿元，累计担保户数3004户；全年为642户中小微企业新增融资性担保额11.86亿元；年末在保资金余额18.42亿元，增长23%，其中涉农担保额3.7亿元。

2015年，全市运营的小额贷款公司有82家。全年向1763户企业和个人发放贷款14.87亿元，服务的小微企业、个体工商户和农牧民遍布各旗县（区）。其中，发放农牧民和涉农的个体户、小微企业、一般企业、其他组织贷款3.2亿元，发放个人创业贷款1.77亿元，发放个体户贷款4.23亿元，发放小微企业贷款1.8亿元，发放一般企业贷款3.71亿元，发放其他组织贷款1600万元。至年末，全市小额贷款公司贷款余额为45.29亿元。全市融资性担保机构24家。其中，法人机构21家，分支机构3家，实收注册资本总额23.04亿元。融资性担保机构累计担保额80.3亿元，累计担保3025户，担保笔数3784笔。

四、金融服务

2003 年，市金融办成立后，注重强化金融服务，加强银企对接。2008 年，市金融办加大与国家开发银行开发性金融合作力度，健全开发性项目筛选管理机制，完善开发性项目库。

2009 年，市金融办协调召开银企项目对接会，召集市发展和改革委员会、市经贸委、市招商局等部门向金融机构通报全市最新经济金融运行情况，建立通畅的信息沟通制度。协调中国建设银行、中国银行、招商银行等银行解决全市房地产、工业等企业的流动资金问题。

2010 年，市金融办制定《政银企对接沟通联络制度》。对全市 347 个重点投资项目情况和 100 户重点民营企业的资金需求情况进行整理，促进银企合作。协调农发行召开项目对接会，对“城中村”项目进行考察，为城市建设提供更多资金支持。

2011 年，市金融办组织驻呼各家金融机构召开呼和浩特市政银企座谈会，市政府与农发行内蒙古分行签订信贷合作协议，招商银行呼和浩特分行、浦发银行呼和浩特分行与 4 家公司签订贷款协议。年内，为江西赛维集团落地土默特左旗的项目组织召开银企项目对接会。

2012 年，市金融办先后与市经信委、市房产局联合召开银企融资对接会，驻呼各银行和 200 余企业参会，达成融资意向 200 余亿元。

2013 年，市金融办牵头组织全市大型银企融资对接会，驻呼各银行和 70 余个重点项目、80 家中小企业、50 家民营企业参会，签订贷款合作协议 135 亿元。同时，2 次组织金融机构和 40 余家企业参加自治区中小企业金融服务峰会，进行融资对接。搭建融资服务平台，在融资服务网注册企业 126 家，发布融资需求项目 122 项，发布融资需求资金 161 亿元，5 家企业实现银企对接，实现信贷融资 2.76 亿元。

2014 年，市金融办召开金融服务“三农”银企对接会，组织 18 家企业参加自治区西部盟市非公有制经济金融服务峰会。

2015 年，市金融办召开呼和浩特市 2015 年支持重点项目工作会议。20 家银行与 30 家重点企业、重点项目建设单位现场签署 629.62 亿元的项目融资协议。

第二章　银　行

第一节　银行机构

一、发展概况

1988 年 10 月，内蒙古银行学校组建成立呼和浩特东风路城市信用合作社，1991

年改为内蒙古银行学校实验信用合作社（即呼和浩特市实验城市信用合作社）。下设7个营业部，3个储蓄所。1998年与学校脱钩。由于违规和超负荷经营，大量信贷资金难以盘活。

1993年，中国农业银行内蒙古分行干校组建呼和浩特市育财城市信用合作社。1999年年末，共有贷款户52户，其中有百万元以上的大额贷款13户，金额8629万元，占各项贷款总额的91.29%。由于贷款企业效益差，抵押不实，缺乏法律效力，形成较大风险。

1999年，中国人民银行内蒙古分行和中国人民银行呼和浩特分行撤销，成立中国人民银行呼和浩特中心支行和中国银行业监督管理委员会内蒙古监管局，在自治区共同行使中央银行的职能。为推动国有独资银行向商业银行的实质性转变，完善国有商业银行管理体制和经营机制，成立中国农业发展银行内蒙古分行和国家开发银行呼和浩特分行。

2004年，呼和浩特市引进第一家外埠金融机构华夏银行。2005年2月28日，华夏银行呼和浩特分行挂牌营业。同年，中国银联公司落户呼和浩特市。

2005—2006年，国有商业银行进行股份制改造。工商银行、中国银行和建设银行先后完成股份制改造；原城市信用社经整顿改组为地方性股份制商业银行——呼和浩特分行。2006年，中国向外资银行全面开放人民币零售业务，标志着中国对WTO的承诺全面兑现，改变了银行业的机制体制，逐步将银行业引向市场化、开放化。上海浦东发展银行、招商银行、中信银行3家股份制商业银行获中国银监会批准，分别于6月28日、9月19日、9月29日开业。7月27日，交通银行在呼和浩特市设立的省级分行开业。

2008年，外资银行陆续入驻呼和浩特市。3月28日，中国邮政储蓄银行呼和浩特市分行成立。6月，和林格尔县渣打村镇银行获自治区银监局批准筹建，是在自治区落户的首家外资银行，于2009年2月4日开业。同年，兴业银行省级分行、民生银行呼和浩特市分行、光大银行分别在呼设立筹建组。

2010年，包商银行呼和浩特分行、兴业银行呼和浩特分行、光大银行呼和浩特分行、内蒙古托克托农村合作银行、渣打银行呼和浩特分行开业。鄂尔多斯银行获准筹建呼和浩特分行。2013年，渤海银行获中国银监会批准，在呼设立一级分行。

截至2015年，全市共有一级分行和独立法人银行机构37家。同年，国家进出口银行入驻呼和浩特市。

二、银行选介

（一）中国工商银行内蒙古分行营业部

1985年1月，中国工商银行内蒙古分行在呼和浩特市成立，内设办公室、计划处、工业信贷处、商业信贷处、技术改造信贷处、储蓄处、会计处、出纳处、调查信息处、劳动人事处、监察稽核处、科教处、保卫处、工会和信托公司。

1988 年，呼和浩特市支行设立经济信息咨询公司和营业部。1995 年，和林格尔县支行整建制划归呼和浩特市支行。1996 年，清水河县、武川县支行整建制划归呼和浩特市支行。同年，自治区分行与呼和浩特市支行实行对外一体化服务。

1998 年，中国工商银行内蒙古分行将呼和浩特地区分支机构合并，组建中国工商银行内蒙古分行营业部。对旗县行分为保留行、收缩行、撤并行，实行分类管理、分类指导、分类改革。

2000 年，内蒙古支行撤并旗县支行试点单位。包括和林格尔县支行、清水河县支行。同年，呼和浩特市郊区支行更名为呼伦路支行，南郊支行更名为石油化工区支行。

截至 2015 年，营业部内设 15 个职能部门，下辖 14 个一级支行，设有 69 个营业网点，82 家离行式自助银行，布放自助设备 370 多台。

（二）中国农业银行内蒙古分行营业部

20 世纪 80 年代初，中国农业银行呼和浩特市支行成立后，先后成立中国农业银行呼和浩特市支行营业部、土默特左旗支行、托克托县支行和郊区支行及新城营业部。

1995 年，乌盟所辖和林格尔县划归呼和浩特市后，农行呼和浩特市支行于同年 4 月 1 日接管农行和林格尔县支行及农村信用合作社。1996 年 2 月 9 日和 2 月 24 日，农行呼和浩特市支行又分别接管乌盟划归呼和浩特市的武川、清水河两县的农行机构及农村信用社。1997 年 1 月，农行呼和浩特市支行更名为农行呼和浩特市分行。

1998 年 9 月，农行内蒙古分行在呼和浩特市分行的基础上组建农行内蒙古分行营业部，辖属机构除土默特左旗、托克托县、清水河县、和林格尔县、武川县、郊区和新华桥、新城、乌兰、如意、青城、鼓楼、东风等行（部）外，还将自治区分行直属第一支行、第二支行划归营业部。10 月 8 日，农行内蒙古分行批复营业部内部机构设置为综合办公室、计划科、资金组织科、信贷管理科、资产保全科、市场开发科、财务会计科、稽核科、人事教育科、纪检监察室、保卫科和工会办公室。直属单位有后勤服务中心、资金清算中心、电脑中心和中心库。

1999 年 7 月，中国人民银行呼和浩特中心支行批复中国农业银行呼和浩特地区机构改革方案。8 月 28 日，中国农业银行内蒙古分行营业部由呼和浩特新城西街 121 号迁至呼和浩特东风路 199 号。至此，中国农业银行内蒙古分行营业部辖旗县级支行 15 个，营业所、分理处 51 个，储蓄所 64 个。

2000 年，中国农业银行内蒙古分行营业部撤并营业所 2 个，储蓄所 12 个。

截至 2015 年，中国农业银行内蒙古分行营业部共辖 14 个一级支行（其中县域支行 5 个），69 个营业网点。机关内设 16 个部室，2 个二级部门。

（三）中国银行内蒙古自治区分行

20 世纪 80 年代初，中国银行呼和浩特分行成立并对外营业。为独立核算，外汇外贸信贷专业银行。业务受中国银行总行领导，其他事务由中国人民银行内蒙古分行管理。内部设立计划信贷科、会计出纳科、国际结算科、外汇管理科和办公室。

1987 年 9 月，中国人民银行总行批准中国银行呼和浩特分行由准厅局级升格为正厅局级经济实体。

1990 年 3 月，坐落于呼和浩特市南马路 28 号的中国银行呼和浩特分行办公大楼落成。分行内设综合计划处、外汇信贷处、外贸信贷处、会计出纳处、存汇处、国际结算处、稽核处、教育处、人事处、保卫处、工会、行政处、机关党委、办公室、监察室、电脑室、营业部。

1999 年 7 月，中国银行呼和浩特市分行更名为中国银行呼和浩特市新华支行，玉泉、中山路、车站和新城等支行均改为中国银行内蒙古分行直属支行。

2015 年，挂牌成立银行卡专营中心。

（四）中国建设银行内蒙古自治区分行

20 世纪 80 年代后期，中国建设银行呼和浩特支行隶属中国人民建设银行内蒙古分行。业务上接受中国人民银行内蒙古分行的领导、管理、监督和稽核。

1993 年 2 月，中国建设银行呼和浩特草原融资中心成立，隶属中国建设银行呼和浩特中心支行。4 月，中国建设银行呼和浩特市如意开发区支行成立。

1995 年 3 月，和林格尔县支行划归中国建设银行呼和浩特市中心支行。1996 年 2 月，中国建设银行清水河县和武川县支行划归中国建设银行呼和浩特市中心支行。

2004 年 9 月，中国建设银行内蒙古分行更名为中国建设银行股份有限公司内蒙古分行，下设中国建设银行呼和浩特支行等 15 个二级分支行。

2015 年，成立 8 家区分行及计划单列支行，对 7 家低产网点进行撤并；自助渠道运行效率持续提升，电子银行主渠道地位日益显现。在网运营自助银行 143 处。

（五）内蒙古银行

1987—1995 年，经中国人民银行批准，呼和浩特市先后成立 15 家城市信用合作社，包括玉泉城市信用社、回民城市信用社、新城城市信用社、漠南城市信用社、汇商城市信用社、城市信用社联社、财金科教城市信用社、金盈城市信用社、教育城市信用社、环城城市信用社、大学路城市信用社、车站西街城市信用社、新华街城市信用社、实验城市信用合作社、育财城市信用合作社。1995 年，在城市信用社的基础上开始筹建呼和浩特市商业银行。

1999 年 11 月，经中国人民银行批准，呼和浩特市商业银行成立，是国有相对控股的股份制商业银行，也是自治区重要的区域性股份制商业银行。

2005 年，市政府召开专题会议研究呼和浩特市商业银行增资扩股问题。2007 年，呼和浩特市商业银行通过增资扩股加强与境内外金融机构联合协作，扩充资本金，优化股权结构，提高资本充足率，推动市商业银行完成增资扩股等各项改革工作。

2008 年，呼和浩特市商业银行年末资本金规模 5.6 亿元。与区内外多家企业达成入股协议，增资扩股议案获得股东大会通过，股权结构进一步优化。

2009 年，通过自治区政府出资入股等多元投资，重组做大呼和浩特市商业银行。9 月，呼和浩特市商业银行股份有限公司更名为内蒙古银行股份有限公司，资本金增加至 15 亿元，于 11 月 18 日挂牌开业，并获准跨区域经营，在全区设立分支机构，开展业务。2010 年开设包头、乌海、呼伦贝尔分行，在全国各地筹建多个村镇银行。年末，内蒙古银行股份有限公司贷款余额 122 亿元。其中，发放的小企业贷款余额 7.8 亿元。

截至 2015 年，机构总数 113 个，覆盖自治区 8 个盟市及 2 个计划单列市。包括总行机关、10 家分行（含营业部）、2 家直属支行、99 家支行和 1 家小企业金融服务中心。其中，区内设 9 家分行（含营业部）、2 家直属支行；区外在哈尔滨设 1 家分行。

第二节　存贷款业务

一、存款业务

1987—1989 年，全市人均储蓄存款余额从 498 元上升到 1503 元。1989 年，国家开始整顿过快上涨的物价，当年储蓄增长开始回升。

1989—1991 年，城乡居民储蓄增加额占国民收入的比重分别为 16.6%、23.2%、22.3%。城乡储蓄网点由 1985 年年末的 91 个发展到 1990 年年末的 309 个。银行各项存款比“六五”计划期间增加 16.92 亿元，增长 1.54 倍，平均递增速度 20.5%。其中，城镇储蓄存款增加 10.67 亿元，递增率为 36.55%。1990 年年末，全市人均储蓄存款 1911.6 元，比 1985 年增加 4.12 倍。截至 1995 年年末，金融机构各项存款余额首次突破百亿元，为 101.9 亿元，比 1990 年末增长 2.4 倍。

2000 年，受积极货币政策的影响，金融信贷支持力度明显加大。年末，全市金融机构各项存款余额 311.57 亿元，比年初增长 14.07%，同比增加 7300 万元。其中，企业存款 114.05 亿元，比年初增长 16.56%，同比增加 3.94 亿元；储蓄存款 152.5 亿元，比年初增长 9.21%，同比增加 3.06 亿元。

2004年后，华夏银行、交通银行、浦东发展银行、招商银行、中信银行等入驻呼和浩特市，为银行业注入活力。全市存款结构发生较大改变，企业存款、农业存款和城乡居民储蓄存款大幅增加。2006年末，全市金融机构各项存款余额1000.1亿元，其中企业存款316.0亿元、城乡居民存款453.1亿元。

2010年末，全市金融机构各项存款余额2678.9亿元，其中企业存款973.1亿元、城乡居民存款929.8亿元。

1996—2010年呼和浩特市金融机构存款情况一览表

表12-2-1　　单位：亿元

年份	存款余额	其中	
		企业存款	城乡居民存款
1996	131.9	42.5	—
1997	158.8	52.4	99.7
1998	194.2	64.7	119.8
1999	264.6	100.9	139.7
2000	311.57	114.05	152.5
2001	368.9	143.3	172.8
2002	407.2	130.4	207.8
2003	478	154.6	255.4
2004	653.5	232.6	306
2005	803.9	244.4	379.6
2006	1000.1	316.0	453.1
2007	1317.8	457.4	511.4
2008	1649.8	583.3	640.6
2009	2125.7	829	775.9
2010	2678.9	973.1	929.8

说明：表中“—”表示无数据

2011—2014年呼和浩特市金融机构存款情况一览表

表12-2-2　　单位：亿元

年份	存款余额	其中		
		单位存款	个人存款	财政性存款
2011	3188.2	1805.92	1059.67	278.89
2012	3805.76	2183.12	1265.27	287.32
2013	4437.99	2632.92	1481.36	240.53
2014	4723.75	2847.21	1591.20	157.47

2014 年，全市金融机构人民币各项存款占全区存款余额的 29%，同比增长 11.9%。

2015 年，全市金融机构人民币存款余额 5364.7 亿元，比年初增长 12.4%。其中，住户存款余额 1684.0 亿元，比年初增长 5.8%；非金融存款余额 2107.3 亿元，比年初增长 16.9%。全市金融机构人民币存款余额占全区存款余额的 29.68%，同比增长 12%。存款总量居全区第一。

二、贷款业务

1986—1990 年，先后进行 4 次利率调整，实行优惠利率和浮动利率，对促进生产，抑制通货膨胀起到积极作用。其间，改革信贷资金管理体制，实行“实存实贷”管理办法，调动各专业银行积极性，提高工作效率和服务质量。截至 1990 年年末，全市工业贷款余额 14.93 亿元，比“六五”计划期间增加 10.37 亿元，年均递增 26.73%；商业贷款增加 6.25 亿元，年均递增 23.51%；建筑企业贷款增加 1.54 亿元，年均递增 25.23%，共增加银行流动资金贷款 18.42 亿元，增长 3.12 倍，年均递增速度 25.53%。农业贷款增加 2626 万元，增长 73.58%；银行固定资产贷款增加 2.41 亿元，平均递增 30.48%。其中，技术改造贷款增加 1.29 亿元，年递增 28.2%；基本建设贷款增加 6660 万元，年均递增 32.3%。“七五”时期，国家加快对少数民族地区的开发，中国人民银行呼和浩特分行发放“老少边穷”贷款，支持重点项目的建设，从 1985 年开办专项贷款至 1990 年末，累计发放贷款 1.05 亿元，支持重点建设项目 79 个。

1991—1995 年，呼和浩特市金融部门加大宏观调控力度，调整信贷结构，支援经济建设。1995 年末，银行贷款余额 90.9 亿元，比 1990 年末增长 1.8 倍。银行现金收入 174.9 亿元，现金支出 173.1 亿元。收支相抵，货币回笼 1.9 亿元。

2004 年后，华夏银行、交通银行、浦东发展银行、招商银行、中信银行等入驻呼和浩特市，信贷结构更加优化，为支持农业产业结构调整和农村经济发展，农业信贷增加，同时私营及个体工商业贷款增加。2006 年末，全市金融机构各项贷款余额 982.6 亿元。至 2010 年末，全市金融机构各项贷款余额突破 2000 亿元，达 2522.5 亿元。

2014 年，全市金融机构人民币各项贷款余额占全区贷款余额的 34.43%，同比增长 20.43%。2015 年，全市金融机构人民币各项贷款余额 6073.9 亿元，比年初新增 925 亿元、增长 18.0%。其中住户贷款余额 938.1 亿元，比年初增长 5.2%。住户贷款中，短期贷款余额 324.3 亿元，比年初增长 1.5%；中长期贷款余额 613.8 亿元，比年初增长 7.3%。非金融企业及机关团体贷款余额 5135.7 亿元，比年初增长 20.7%。全市金融机构人民币各项贷款余额占全区贷款余额的 35.44%，同比增长 18.03%，增速比 2014 年同期下降 2.4 个百分点，比全区增速高 3.35 个百分点，贷款总量居全区第一位。

1996—2015 年呼和浩特市金融机构贷款情况一览表

表 12-2-3　　单位：亿元

年份	贷款余额	其中	
		短期贷款	中长期贷款
1996	115.1	77.4	33.3
1997	132.8	84.9	42.2
1998	122.2	83.7	32.9
1999	218.9	134.8	73
2000	261.19	135.19	86.43
2001	287.6	143.8	108.4
2002	325	145.3	142.5
2003	388.5	157.4	183
2004	480.9	—	—
2005	874	184.3	652.4
2006	982.6	217.1	736.5
2007	1180.5	281.8	871.2
2008	1458.6	358.2	1042.5
2009	1970.5	453.9	1479.6
2010	2522.5	493.5	2008.5
2011	3201.82	695.71	2479.19
2012	3707.22	833.91	2832.07
2013	4273.09	1021.29	3181.79
2014	5145.89	1216.04	3801.73
2015	6073.9	—	—

说明：表中“—”表示无数据

第三章　保　险

第一节　保险机构

一、发展概况

1984 年，中国人民银行设立中国人民保险公司呼和浩特市支公司。1985 年开办农险业务。由于在经营过程中农险业务超赔现象严重，保险公司难以实现两个效益的统一，影响了呼和浩特市农业保险的发展。

1991 年，为扩大服务领域和营业面，中国人民保险公司呼和浩特市支公司开辟新增险种，险种种类增至 76 个。新增财产险险种使相关业务更加明细化，如“营业中断利润损失险”“机车损失责任险”“石油液化气罐险”“机动车附加玻璃破碎险”等；同时新增人寿保险，如“计划生育系列化保险”“一年期团意还本险”“村干部养老保险”等；农险方面，在郊区和托克托县采取与地方政府分保的形式，承保 666.67 公顷果类蔬菜保险和 6666.67 公顷带大田农作物保险；新开辟涉外业务，如“旅行社旅客人身保险”，为 500 余名国外及中国香港、澳门台旅客提供保险服务。中国人民保险公司呼和浩特市支公司制定《保险业务系列化管理办法》，公司内部业务管理实现标准化、规范化、程序化。

1995 年，中国平安保险股份有限公司呼和浩特市分公司成立，打破了中国人民保险公司呼和浩特市支公司独家垄断的局面。

1998 年，中国人民银行总行印发《关于保险监管有关问题的紧急通知》，要求在保险监督机构没有到位期间，对保险机构的金融监管仍由辖区中国人民银行进行。

1999 年，中国保险业监督管理委员会内蒙古监管局成立，保险监管机制进一步完善。7 月，中国人民银行呼和浩特中心支行核准人保财险分支机构迁址及财险、寿险分置等事项。中国人民银行呼和浩特中心支行核准平安保险内蒙古办事处在国航内蒙古分公司售票网点设立柜台，直接销售航意险保单。

2000 年 12 月，中国保险监督管理委员会在北京召开派出机构筹备工作会议，决定成立包括呼和浩特派员办事处在内的 18 个省、自治区、直辖市派出机构。截至 2000 年，中国人民保险公司在呼和浩特市有自治区级分公司 1 家、盟市级分公司 1 家、旗县级支（分）公司 12 家、乡镇级办事处 10 家；人寿公司有自治区分公司 1 家、盟市级分公司 1 家、旗县级支（分）公司 10 家。

2001 年 1 月，经中国保监会批准，呼和浩特市保监办成立，作为内蒙古自治区商业保险的主管部门，依据中国保监会的授权，负责自治区范围内的保险监管工作。

2004 年后，中华联合财产保险、大地保险、新华保险等保险企业入驻，全市保险业快速发展。随着全市居民收入的迅速增加和生活水平的不断提高，居民保险意识增强。

2007—2008 年，平安养老保险、都邦财险、中银财险、人保人寿、渤海产险、华安产险、阳光产险、阳光寿险、华夏人寿、人保健康、太平洋寿险相继开业。

2009 年，经过自治区政府的批准，由呼和浩特金创投资控股有限公司作为主发起人，牵头组建财富农牧业保险股份公司。

2010年批准筹建的人寿财险、民生人寿、信达财险、生命人寿4家保险公司相继开业。至2010年末，全市共有保险公司29家，其中财产险公司15家，人身险公司14家。

2011年，华泰财产保险公司开业，华泰人寿、百年人寿、紫金财产、泰山财产4家保险公司获得批准筹建。至年末，全市运营保险公司达30家，其中财产险公司16家，人身险公司14家。

2012年，紫金财产、泰山财产、英大泰和、华泰人寿、百年人寿5家保险公司相继运营。至2012年末，全市运营保险公司达35家，其中财产险公司19家、人身险公司16家。

2013年年初，永安财产保险股份有限公司内蒙古分公司正式运营。9月，太平洋财产保险公司入驻，全市的保险机构数达37家。

2015年，全市保险机构累计实现保费收入82亿元，占自治区保费收入的20.73%，同比增长30%，收入总额在自治区连续三年排名第一位。其中，财产险业务实现保费收入28亿元，同比增长7.38%；人身险业实现保费收入54亿元，同比增长45.89%。保险业积极参与社会风险管理和保障体系建设，成为政府公共服务的有益补充。农业保险成为政府落实支农惠农政策的有效手段，2015年度实现农业保险保费收入2.56亿元，同比增长2.69%。商业养老健康保险成为社会保障体系的重要补充，特别是随着城乡居民大病保险制度的建立，带动健康险的快速发展，实现保费6.06亿元，同比增长27.57%。截至2015年，全市有保险机构38家。其中，财产险公司22家，人寿保险公司16家。

二、机构选介

（一）中国人保财险呼和浩特市分公司

1984年7月，中国人民保险公司呼和浩特市支公司从中国人民银行分设独立，成为内蒙古分公司的直属机构。2003年，中国人民保险公司完成股份制改革，中国人民保险公司更名为中国人民保险集团；7月，中国人保财险由中国人民保险集团发起设立；同年，中国人民保险公司呼和浩特市支公司更名为中国人保财险呼和浩特市分公司。截至2015年，中国人保财险呼和浩特市分公司下辖新城区支公司、回民区支公司、玉泉区支公司、赛罕区支公司、如意营销服务部、金川营销服务部、非车险营销服务部、营业部、青城营业部、清水河县支公司、土默特左旗支公司、和林格尔县支公司、托克托县支公司、武川县支公司、腾飞营销服务部等15家经营机构。

（二）中国人寿保险股份有限公司呼和浩特分公司

1996年，中保人寿保险有限公司从中国人民保险公司分设。1999年1月，经国务院批准，注册变更为中国人寿保险公司。2003年11月，中国人寿保险股份有限公司呼和浩特分公司设立。公司机构网点遍布城乡，经营区域覆盖9个旗县（区）。公司经营范围包括：人寿保险、健康保险、意外伤害保险等各类人身保险业务，责任保险、货物运输保险、家庭财产保险、企业财产保险、机动车辆保险等。至2015年，分公司由11家城区支公司和5家农区支公司组成。其中，城区支公司包括营销一区、直属支公司、营销三区、营销四区、赛罕区支公司、新城区支公司、玉泉区支公司、回民区支公司、新华东街支公司、中介一部、中介二部；农区支公司包括和林格尔县支公司、武川县支公司、托克托县支公司、清水河县支公司、土默特左旗支公司。

（三）平安保险

中国平安保险股份有限公司内蒙古自治区办事处于1994年12月29日经中国人民银行内蒙古分行批准成立，1995年4月对外营业。办事处内设业务一部、业务二部、业务三部，经营范围包括财产保险业务、人身保险业务及以上业务的再保险业务。1996年5月，财产、人寿保险业务实行分业管理，同属一个办事处，两套人马、分业独立运营。2001年1月，中国平安保险公司内蒙古自治区办事处升格为呼和浩特分公司，同年，中国平安人寿内蒙古分公司银保部成立。2002年10月，随着总公司的分业经营，经中国保险监督管理委员会批准呼和浩特分公司分设为两家公司，即中国平安财产保险股份有限公司呼和浩特分公司和中国平安人寿保险股份有限公司呼和浩特分公司。2004年11月，平安人寿呼和浩特分公司更名为中国平安人寿保险股份有限公司内蒙古分公司。

第二节　保险业务

一、保费收入

1985年，中国人民保险公司呼和浩特市支公司农险业务保费收入3.4万元，到1990年上升到32.7万元，5年累计保费收入106万元、平均增长57.25%。

1995年，全市各保险机构保险种类增加至134种，各类保费收入1.4亿元，比1990年增长3.7倍。全市有近800户企业参加企业财产保险，有1500多户企业，25万职工参加失业保险，有1.9万户居民参加家庭财产保险。1986—1995年，全市保险保费累计收入4.83亿元。其中，人险保费收入3.25亿元，财险保费收入1.58亿元。

1996年，全市保险事业进一步发展，各类保险保费收入1亿元，同比增长24.6%。年末全市有1045户企业参加企业财产保险，有2.4万户居民参加家庭财产保险，69.8万人参加人身保险。

1997年，随着保险机构逐步健全，保险种类不断地推陈出新，保险事业得到较快发展。年末保险险种达113种，全年保险业务的承保额累计达288.2亿元，同比增长 37.5%。全年保费收入 2.4 亿元，增长 28.1%。其中，财产险保费收入 1.3 亿元，增长 19.3%。人寿保险的保费收入达 1.1 亿元，增长 40.2%。

1998 年，全市各保险机构保险险种达 142 种，全年保险业务的承保额累计达 357.51 亿元，同比增长 24.1%。保费收入累计达 2.74 亿元，增长 15.5%。其中，财产保险下降 3%，人寿保险增长 37.1%。2000 年，全市保险保费收入 4.0 亿元，比 1997 年增长 15.95%。其中,人险保费收入 2.47 亿元,增长 11.66%;财险保费收入 1.53 亿元，增长 23.63%。1996—2000 年，全市保险保费累计收入 14.40 亿元。其中，人险保费收入 6.35 亿元，财险保费收入 8.06 亿元。

2001—2015 年，全市保险保费累计收入 458.40 亿元。其中，人险保费收入 208.96 亿元，财险保费收入 249.44 亿元。

1986—2015 年呼和浩特市保险保费收入情况一览表

表 12-3-1　　　　单位：万元

年份	保费收入总额	财产险	人寿保险
1986	730	624	106
1987	1259	892	367
1988	1743	1212	531
1989	2675	1840	835
1990	3507	2258	1249
1991	3068	2598	470
1992	4317	3549	768
1993	6630	5459	1171
1994	10851	6307	4544
1995	13522	7773	5749
1996	18493	10685	7808
1997	23685	12741	10944
1998	27368	12359	15009
1999	34498	12379	22119
2000	40002	15304	24698
2001	48886	16361	32525
2002	76462	18300	58162
2003	97982	22939	75043
2004	129293	24338	104955
2005	116996	30011	86985
2006	136172	39276	96896
2007	184297	64711	119586

续表 12-3-1

年份	保费收入总额	财产险	人寿保险
2008	248594	83714	164880
2009	324895	98413	226482
2010	371460	139820	231640
2011	408959	194319	214640
2012	471815	214767	257048
2013	517205	233018	284187
2014	630963	369910	261053
2015	819983	539664	280319

说明：1992—1998 年保费收入及支出总计中除人寿保险、财产险外，还包括农业险，内含种植业险和养殖业险

二、保费支出

1985 年，中国人民保险公司呼和浩特市支公司农险业务支出赔款 1.4 万元，到 1990 年上升到 59.1 万元，5 年累计支出赔款 180.4 万元、累计赔付率 170.89%、平均增长 11.31%。1996 年，全市保险部门处理各类赔（给）付案件 20 万件。1991—1996 年，全市累计保险理赔业务支出 3.05 亿元。其中，财产险赔付支出 1.65 亿元，人身险赔付支出 1.39 亿元。

1997 年，随着保险机构逐步健全，保险种类推陈出新，保险事业得到了较快发展。全年处理赔（给）付保险案件 22.6 万件。1998 年，全年共理赔保险案件 30.5 万人（件）。1997—2000 年，全市累计保险理赔业务支出 5.28 亿元。其中，财产险赔付支出 2.19 亿元，人身险赔付支出 3.09 亿元。

2001—2015 年，全市累计保险理赔业务支出 138.79 亿元。其中，财产险赔付支出 73.21 亿元，人身险赔付支出 65.58 亿元。

1991—2015 年呼和浩特市保险保费支出情况一览表

表 12-3-2　　单位：万元

年份	保险保费总额	财产险	人寿保险
1991	1155	676	479
1992	2152	1188	964
1993	4903	1977	2904
1994	5615	3792	1795
1995	8199	4410	3762
1996	8500	4463	4037
1997	11746	5513	6233

续表 12-3-2

1998	12739	5220	7519
1999	13336	4918	8418
2000	14975	6251	8724
2001	14517	6956	7561
2002	17753	7303	10450
2003	19263	9647	9616
2004	23080	11567	11513
2005	21864	12778	9086
2006	30322	17785	12537
2007	56213	31077	25136
2008	71956	39105	32851
2009	96157	47399	48758
2010	96532	57989	38543
2011	122070	77997	44073
2012	164831	106495	58336
2013	195495	124957	70538
2014	212540	90658	121882
2015	245356	90387	154969

说明：1992—1998 年保费收入及支出总计中除人寿保险、财产险外，还包括农业险，内含种植业险和养殖业险

第四章　证券、期货与典当

第一节　经营机构

1988 年 5 月，呼和浩特被列为全国第二批开展证券经营业务的试点城市。据此，人行呼和浩特分行负责筹建证券经营机构。6 月 30 日，呼和浩特证券公司正式成立。业务范围是代理证券发行、自营和代理证券买卖、代理证券还本付息或分红派息业务。注册资本金 1000 万元，为国有独资企业。1989 年下半年，全国开展对证券机构、证券市场的全面清理整顿。12 月，呼和浩特证券公司停业整顿，1990 年 7 月恢复营业。

1992 年 4 月 9 日，人民银行总行批复呼和浩特证券公司更名为内蒙古自治区证券公司。29 日，内蒙古自治区证券公司正式成立。1993 年 7 月 1 日，内蒙古自治区证券登记公司成立，与内蒙古自治区证券公司合署营业，一套机构、两块牌子。1997 年 7 月，《中华人民共和国证券法》颁布实施，标志着资本市场步入法治化、规范化发展轨道。1998 年下半年，内蒙古自治区证券公司与人行内蒙古分行脱钩。12

月 28 日，内蒙古证券有限责任公司正式挂牌成立。1999 年，中国证券业监督管理委员会内蒙古监管局成立。2000 年，中国长城资产管理公司呼和浩特办事处、中国华融资产管理公司呼和浩特办事处、中国银河证券有限责任公司呼和浩特证券营业部相继成立。2001 年 03 月，中国信达资产管理股份有限公司内蒙古自治区分公司成立。2002 年 9 月，内蒙古证券有限责任公司更名为恒泰证券有限责任公司。2008 年 9 月变更为股份有限公司，名称为恒泰证券股份有限公司。2003 年 1 月，中国民族证券有限责任公司呼和浩特新华东街证券营业部成立。

2009 年 4 月，经中国证监会和内蒙古证监局批准，大华期货有限公司呼和浩特营业部开业，是首家期货营业部。11 月 30 日，申银万国证券股份有限公司呼和浩特市证券营业部开业。

2010 年，国信证券呼和浩特营业部开业。年末，全市证券公司有 2 家、证券营业部共 12 家。2011 年，长城证券营业部、日信证券玉泉区营业部、兴业证券营业部相继开业。全市有证券营业部 15 家。2012 年，长江证券、国盛证券、海通证券、中信建设、广发证券、宏源证券、光大证券呼和浩特营业部相继开业。

2014 年，中山证券营业部开业运营。至年末，全市有证券公司 2 家，证券期货营业部 22 家，信托公司、产权交易中心、区域股权交易中心各 1 家，基金公司 4 家。证券交易量为 1.13 万亿元，同比增长 49%。

2015 年，经财政部批准，7 家证券分公司和证券营业部入驻呼和浩特市。注册资本 20 亿元的内蒙古金融资产管理公司入驻如意开发区。截至年末，全市有证券公司 2 家，证券营业部 33 家，期货营业部 2 家，信托公司产权交易中心、区域股权交易中心各 1 家，基金公司 4 家，资产管理公司 4 家，财务公司 3 家，小额贷款公司 82 家，融资性担保公司 24 家。

第二节　经营业务

一、证券、期货

1986—1990 年，“七五”计划期间，呼和浩特市金融业单一的信贷模式被打破，金融业务领域扩大，业务种类更趋多元化，从存、放、汇传统业务拓展到投资、融资、租赁、抵押、证券交易，促进金融市场成长。其间，全市累计发行国库券、政府债券等有价证券 1.75 亿元，通过短期拆借市场，累计融资 31 亿元。

20 世纪 90 年代，在进行股份制改造以及改革经济体制的前提下，中国也开始逐步创建自己的证券市场。其中，沪、深证券交易所分别于 1990 年 12 月和 1991 年 7 月成立。1996 年 3 月 12 日，“伊利股份”股票上市，成为全国乳品行业首家 A 股上市公司。同年10月，“民族集团”股票上市，成为自治区流通领域第一家上市公司。

2007年，市金融办挖掘和培育上市后备资源，将三联化工、晟纳吉、银安科技、呼和浩特市商业银行、奈伦集团列入上市后备企业进行培育，将众环集团、华蒙金河等企业确定为重点推动对象。就众环改制上市问题召开市长办公会议，解决制约企业上市的股权分散、资本金不足、土地等问题。组织全市企业参加香港融资上市研讨会。2008年,市金融办联系全国优质中介机构对呼和浩特市众环集团、华蒙金河、三联化工、晟纳吉、银安科技、呼和浩特市商行、奈伦集团、凌志科技等上市后备企业进行重点培育。帮助众环集团协调解决历史债务，众环集团与中国长城资产管理公司呼和浩特办事处达成债转股协议。2009年，创业板推出，华蒙金河进入上市辅导期，凌志科技筹办改制事宜并准备赴天津股权交易所挂牌，众环、奈伦、晟纳吉、银安科技等拟上市企业准备上市。同年，市金融办组织发行中小企业集合债券工作，初步筛选4家发债企业进行对接。2010年，元和药业、精诚绝缘子、方维电子、众环、奈伦、利丰集团、晟纳吉、银安科技、内蒙古银行等企业筹备上市。

2011年，金河生物科技股份有限公司首发上市通过中国证监会审核。蒙草抗旱公司通过上市辅导期验收,上市申请上报中国证监会审批。全市证券营业部已达15家。2012年，金河生物科技股份有限公司和蒙草抗旱公司分别在深交所中小板和创业板公开挂牌，共融资8.95亿元。11月，内蒙古奈伦农业科技股份有限公司中小企业私募债券于深圳证券交易所发行，发行总额2.5亿元，成为内蒙古第一只中小企业私募债券。年末，全市证券机构证券交易量为860.33亿元，占全区证券交易量的32.8%，同比减少145.03亿元，实现利润总额2500万元。

2013年，内蒙古阜丰生物科技有限公司通过发行中期票据融资6亿元。证券交易量增加较多。全市证券营业部实现利润总额7000万元，占全区利润总额的24.62%，利润同比增长179.92%；证券交易量为1186.82亿元，占全区证券交易量的30.85%，交易量同比增长37.93%。

2014年，全市有上市公司9家。年内，北方联合电力有限公司发行短期融资券20亿元，内蒙古高速公路有限公司通过发行中期票据融资20亿元、发行私募债25亿元，春华水务公司发行私募债18亿元。此外，蒙草抗旱公司通过非公开市场发行股票融资3.99亿元；内蒙古圣牧高科牧业有限公司在港交所上市，首次公开募股融资8.5亿元。内蒙古亨利新技术有限公司和金田科技股份有限公司在“新三板”挂牌。全年证券交易量为1.13万亿元，交易量同比增长49%。

2015年,全市有上市公司8家。恒泰证券公司在香港联交所挂牌,融资12.7亿元；内蒙古瑞特优化科技公司、赛科星公司、大统体育公司、健隆生物科技公司在“新三板”成功挂牌。全市有11家企业在“新三板”挂牌，有51家企业在自治区股权交易中心挂牌。证券交易量为1.5万亿元。

二、典当

1993年，呼和浩特市首家典当行——诚信典当行开办。1995年5月，公安部颁布《典当业治安管理办法》。根据此办法，市商务主管部门对典当业实施监督管理，市公安局对典当业进行治安管理。至1999年末，呼和浩特地区有诚信、汇商、宏顺泰和正大4家典当行，资产总计1287.4万元。

2000年9月，中国人民银行呼和浩特中心支行将呼和浩特地区典当行业监管职责移交市经济贸易委员会。2005年4月，商务部、公安部联合颁布《典当管理办法》。典当行的法律性质变更为专门从事典当活动的企业法人。

截至2015年，全市有典当企业34家，合计注册资本总额5.61亿元，有从业人员270人。全年办理业务741笔，典当总额7.81亿元。年末，典当余额5.05亿元，典当企业营业收入总额3178万元。

第十三篇

经济综合管理

第一章　宏观经济管理

第一节　管理机构

1986 年，呼和浩特市发展计划委员会（简称市计委）内设办公室、政工科、综合劳资科、农商科、工业科、基建科、增产节约办公室、物价科。

1987—1989 年，增设财贸科、科教科、计算机室、引进办、国土办、矿产资源管理办，同时将综合劳资科分设为综合科、劳物科，改农商科为农业科，撤销增产节约办公室和物价科。至此，市计委内设办公室、政工科、工业科、农业科、科教科、劳物科、基建科、财贸科、综合科、计算机室、经研所、引进办、国土办、矿产资源管理办。

1990 年，市计委增设能源交通科、人口控制科、机增办、废金属回收办、呼和浩特市乙烯工程办公室。代管市经济信息中心、市驻京联络处。

1992 年，计划经济研究所更名为经济研究所，负责宏观经济的研究，承担软科学课题的研究，编辑出版《呼和浩特经济》刊物。

1993 年，增设目标责任管理办，呼和浩特市乙烯工程办公室更名为重点项目管理办。

1996 年，撤销劳物科和计算机室。5 月，经济信息中心移交市政府。1997 年 3 月，事业科室矿产办单列地矿局;6 月，二级单位农业区划办划归市财政局。1997 年，市计委内设办公室、政工科、工业科、农业科、科教科、基建科、财贸科、综合科、经研所、引进办、国土办、机增办、目标办、重点办、回收办、投资公司。

2004 年，市发展计划委员会更名为市发展和改革委员会。

2011 年，市发展和改革委员会内设 29 个科室，下设 7 个二级单位，包括 3 个副处级单位，即经济研究中心、价格监督监察局、价格认证中心，4 个科级单位，即国土办公室、引进办公室、价格信息中心、成本调查队。

2014 年，市粮食局整建制划入市发展和改革委员会，不再保留市粮食局；市价格监督检查局整建制划入市发展和改革委员会，不再保留市价格监督检查局。市发展和改革委员会设 41 个内设机构。

第二节　计划（规划）编制

一、“七五”计划编制

1986—1990年，市国民经济和社会发展总体目标为工业总产值，1990年为26.13亿元，比1985年增长55.1%，年平均增长9.17%。其中，工业总产值为22.00亿元，年平均增长9%；农业总产值为4.13亿元，年平均增长10.1%。国民生产总值，1990年为16.09亿元，比1985年增长57%，年平均增长9.4%。国民收入，1990年为13.47亿元，比1985年增长57%，年平均增长9.4%。“七五”计划期末人均国民收入948元以上。地方财政收入，1990年为3.47亿元，比1985年增长50.87%，年平均增长8.57%。城乡居民收入实际消费水平年平均增长5%以上。人口总数到1990年控制在142万人以内。

二、“八五”计划编制

1991—1995年，市国民经济和社会发展总体目标是到20世纪末，全市地区生产总值在1980年的基础上翻三番，10年平均增长速度为“保八争九”（地区生产总值按8%的速度增长，争取达到9%）。地区生产总值1995年达40亿元，5年平均递增8.2%。全市工业总产值1995年达45亿～50亿元，“八五”计划期间，年平均递增12.4%～14.8%。农业总产值1995年达到3亿元,“八五”计划期间年平均递增4.6%。粮食总产量1995年达45万吨，“八五”计划期间年平均递增6.6%。到“八五”计划期末，基本实现奶、蛋、鱼自给。城市蔬菜供应在自给的基础上，增加品种，提高质量，缩短淡季。城市肉食供应的自给率1995年达40%。

三、“九五”计划编制

1996—2000年，市国民经济和社会发展总体目标为在提前实现翻两番的基础上，到20世纪末地区生产总值比1995年翻一番，实现人民生活达小康和初步建立社会主义市场经济体制基本框架两大历史任务。到2010年，人均地区生产总值比2000年再翻一番，人民的小康生活更加宽裕，社会主义市场经济体制比较完善，缩小与发达地区的差距，综合经济实力再上一个新台阶。具体目标按1990年不变价计算，2000年，地区生产总值为116亿元（当年价为240亿元），年平均增长15%。综合经济效益指数为95%，产品销售率为96%，万元地区生产总值综合能耗显著下降，市区人口控制在73万人以内。全市基本普及九年制义务教育，科技进步对经济增长的贡献率为50%。人均地区生产总值为5860元，城市年人均生活费收入为6400元，年平均增长16.3%，农民年人均纯收入为2820元，年平均增长16.6%，基本解决农村贫困人口温饱问题。各项指标主要考核经济运行的质量、效益和实际利税入库数，经济发展体现在财税和人民生活水平提高上。

四、“十五”计划编制

2001—2005年，市国民经济和社会发展总体目标是使经济发展保持较快的增长速度，经济结构逐步优化，经济运行质量明显提高，社会主义市场经济体制不断完善。至2005年，人均地区生产总值与发达城市的差距逐步缩小，人民生活全面实现小康。地区生产总值年均增长12%，至2005年按2000年价格水平计算为318亿元；财政收入年均增长10%,至2005年为33亿元;城市居民人均可支配收入年均增长8%，达8200元，农民人均纯收入年均增长7%，达3560元；人口自然增长率控制在9‰以内；城镇登记失业率控制在5%以内。

五、“十一五”规划编制

2006—2010年，市国民经济和社会发展总体目标为经济发展，在优化结构、提高效益的基础上，实现经济持续快速健康发展。地区生产总值年均增长20%以上，人均地区生产总值年均增长18%以上；财力较快增长，财政收入220亿元，年均增长22%以上；固定资产投资累计完成3500亿元，年均增长20%以上；社会消费品零售总额760亿元，年均增长20%。城市发展方面，中心城市功能明显增强，与首府相适应的现代化基础设施框架初步形成。主城区布局得到明显调整和优化，城市建设实现“大变化”的目标。人民生活水平和质量稳步提高，全面小康的各项目标基本实现。城镇居民人均可支配收入2.26万元，农民人均纯收入8000元；城乡统筹的社会保障体系基本建立；城镇登记失业率控制在4.5%以内。生态环境方面，建立起与可持续发展基本适应的生态环境保障体系和循环经济促进体系；争创国家环境保护模范城市和森林城市，城乡生态环境改善；资源综合开发利用水平明显提高，单位生产总值能源消耗比“十五”计划期末降低25%左右。社会主义市场经济体制比较完善，开放型经济达到新水平，形成更具活力更加开放的体制环境。社会进步，以人为本的社会发展意识全面确立，科技、教育、文化、卫生、体育等社会事业得到较快发展，强化呼和浩特市作为自治区政治、文化、科技、教育和金融中心的功能；精神文明和民主法治建设跨上新台阶，市民的综合素质有较大提高；社会安全保障有力，应对公共危机的各种机制较为健全。

六、“十二五”规划编制

2011—2015年，市国民经济和社会发展总体目标为保持经济平稳较快发展，全市生产总值年均增长15%左右。地方财政收入年均增长15%。全社会固定资产投资累计完成7000亿元。价格总水平保持基本稳定。城镇新增就业平均每年超过3万人，城镇登记失业率控制在4.2%以内。产业结构调整取得新突破，工业、服务业增加值年均增长16%、15%，形成与首府地位相适应的现代产业体系。科技进步对经济发展的贡献率明显提高，研究与试验发展经费支出占地区生产总值比重 2%，高新技术占工业增加值的比重超过 40%。城市建设整体水平迈上新台阶，城市基础设施的承载能力增强，功能布局更加合理，历史文化和民族特色更加凸显，管理水平明显提高，在建成国家环保模范城市、国家卫生城市的基础上，创建全国文明城市、国家园林城市，城市建设水平进入全国省会城市第一方阵。城乡经济一体化发展水平显著提升，县域经济快速协调发展，旗县所在地小城镇建设达到自治区先进水平。形成中心城区与旗县所在地、工业园区的半小时城镇圈和经济圈，基本实现城乡基础设施一体化和公共服务均等化。“十二五”规划期末，城镇化水平提高到 70%。城乡居民收入普遍较快增加，城镇居民人均可支配收入和农民人均纯收入年均分别增长 13% 和 12%，社会消费品零售总额年均增长 16%，农村贫困人口比例按自治区标准下降到 5% 以内，城乡居民收入力争达到全国省会城市领先水平，人民生活质量进一步提高。可持续发展能力增强，继续保持低生育水平，总人口控制在 310 万人以内。资源节约型、环境友好型社会建设取得明显成效，单位地区生产总值能源消耗达到国家、自治区要求。森林覆盖率 33.6%。化学需氧量、二氧化硫、氨氮和氮氧化物排放量控制在国家和自治区要求的范围之内。社会建设明显加强，覆盖城乡的基本公共服务体系更加完善，社会保障水平提升，城乡居民思想道德素质、科学文化素质、健康素质和文明程度不断提高。民主法治建设全面推进，社会管理创新切实加强，民族团结、社会和谐的良好局面得到巩固。改革开放不断深化，重点领域和关键环节改革取得新进展，政府职能加快转变，政府公信力和行政效率进一步提高。对外开放领域和空间不断扩大，合作发展水平不断提升，发展的动力和活力进一步增强。

第三节　计划（规划）执行

一、“七五”计划时期

1986—1990 年，市委、市政府贯彻中共中央、国务院关于治理经济环境，整顿经济秩序和深化改革的一系列方针、政策，先后经受能源紧张、资金严重不足、原副材料大幅涨价、市场疲软、“三角债”等困难的考验，最终完成“七五”工业生产计划。1990 年，全市工业品产值 25.03 亿元，比 1985 年增长 58.9%，平均每年递增 9.7%。全市农业总产值 4.77 亿元，比 1985 年增长 29%，平均年增长 5.2%，粮食总产 32.7 万吨，超额 19%，完成“七五”计划指标，比历史产量最高的年份 1984 年多 7.1 万吨，年均增长 4.2%；大小牲畜总头数 64 万头（只），比 1985 年增长 15.3%，年平均增长 2.9%，畜产品产量有较大幅度提高；1990 年，实际完成造林面积 7800 公顷，造林成活率 85% 以上的 4133.33 公顷。

“七五”期间，全市公路通车里程1369千米，初步形成以干线公路为主轴，以县乡公路为支线的公路交通网。京包、京兰两条铁路干线货运密度1800万吨/千米，比“六五”计划期间分别提高45.5%和29.5%。累计完成核算周转量1323.6亿千克千米，比“六五”计划期间提高30.5%。1990年，呼和浩特铁路局营业里程1869.42千米，客运量1294万人次，货运量5361万吨，核算周转量、运输进款收入等12项指标创历史最好水平。1991年，全国第一趟首府城市呼和浩特至蒙古人民共和国首都乌兰巴托的国际联运列车运行。呼和浩特始发航线增加到16条，航程21852千米，通航城市18个。对呼和浩特原有机场按二级标准扩建并竣工，可供波音B737、麦道M12-82、BAE-146等中型以下各种飞机昼夜起航。1992年，呼和浩特机场被国务院批准为对外口岸机场。

“七五”时期，国家、自治区、呼和浩特市三级共下达政府城市建设投资2.87亿元，比“六五”计划时期投资增加1倍多，经过建设，呼和浩特市从简陋的消费城市变成一座综合性的城市，城市基础设施初具规模，投资环境改善，综合服务功能居全区之首。投资1145万元，供热面积为307万平方米，铺设热力管道30千米。1990年末，人工煤气生产能力为9.6万米^3/日，储气能力10.8万米^3/日，用气总人口7.8万人。市区环境由原7级提高到6级，环境质量列全国第8位。

“七五”期间，全市财政收入累计18.68亿元，比“六五”计划时期增加9.93亿元，平均每年增长12.2%。全市城乡金融机构有500余家，从业人员4000余人，银行各项存款余额27.90亿元，比1985年增长15倍，年度增长19.9%。全市贸易市场活跃、个体工商业有了长足发展，1990年城乡贸易成交额达5895万元，较1986年增长51%，五年内平均以32%的速度递增。外贸体制改革逐步深入、迅速发展，出口收购总额总值累计完成6.91亿元，较“六五”计划时期累计完成额2.88亿元增长1.4倍，边境贸易较“六五”时期增长58倍，自营进口起步完成出口创汇362万美元，进口额累计完成139万美元。

二、“八五”计划时期

1991—1995年，市委、市政府努力实现“一优、二快、三提高”，即优化经济结构，加快乡镇企业发展、加快非公有制经济发展；提高经济运行质量，提高经济效益，提高人民群众生活水平。1995年，地区生产总值94亿元，年平均递增14.2%，工农业总产值146亿元，年平均递增18.8%；财政收入9.2亿元，年平均递增14.8%；全社会固定资产投资总额累计84.6亿元，年平均递增45.8%；社会消费品零售总额43亿元，比“七五”计划期末增长2.5倍，年平均递增22.4%。

“八五”期间，全市农业生产支出累计3.4亿元，粮食产量累计282.3万吨；农业增值15亿元，比1990年增长64.4%，年平均递增10.5%；“菜篮子工程”建设成效显著，1995年，全市家畜总头数217.8万头，比1990年纯增79.8万头，年平均递增9.6%；全市菜、奶、肉、蛋、鱼产品产量比1990年平均递增速度为13.9%、19.2%、24.5%、29.3%和14.1%。“八五”期间，全市完成植树造林面积3.47万公顷，森林覆盖率由1990年的21.8%提高到1995年的23.4%。新建、扩建的麻地壕、毛不拉渠等大型水利设施逐步发挥效益。建成万亩以上灌区29处。1995年，乡镇企业总产值100.8亿元，比1990年增长14.5倍，年平均递增73%，总收入96亿元，比1990年增长13倍，年平均递增69.8%。累计投入各项扶贫资金6791万元，使10万农民摆脱贫困。

“八五”期末，全市乡及乡以上工业总产值91.3亿元，年平均递增13.2%。“八五”期间，全市共安排技术改造项目103项，项目总投资6.42亿元；开发新产品612项，其中，达到国内先进水平的209项，区内先进水平的225项。1995年，有14个产品获自治区名牌产品称号。“八五”期间，以集团化、专业化协作、公司制、整体划转等多种方式组建大众集团、众环集团、金宇集团、内蒙古民族商场股份有限公司（集团）、伊利股份有限公司、青山乳业股份有限公司；内蒙古电视机厂整体划转彩虹集团，呼和浩特炼油厂建成投产。

1995年，全市商品零售物价涨幅为14.3%，实现国家和自治区要求的15%的控价目标。1995年，城市居民年人均生活费收入3008元，比1990年增加1860元；农民年人均纯收入1311元，比1990年增加727元；城市居民人均居住面积由1990年的6.95平方米提高到1995年的7.6平方米。

“八五”期间，呼和浩特市先后兴建如意、金川2个开发区，新建投资额在100万元、营业面积在5000平方米以上的市场18处。1995年，外贸出口总额1802万美元，比1990年增长8倍。国际交流与合作不断扩大，先后与14个国内外城市结为友好城市；全市累计批准外资项目602项，总投资33亿元，注册资金29亿元。全市三资企业注册数305家，占自治区注册数的29%，有166家三资企业营运，创产值5.12亿元，上缴税金959.5万元，出口创汇1003.1万美元；个体工商户发展到2.4万户，私营企业发展到1900余家，个体工商户、私营企业从业人员5.2万人，个体私营经济完成总产值30.7亿元，税收3614万元。

“八五”期间，市政府有关部门通过多种渠道筹集资金4.7亿元，先后新建和拓宽道路60余条；呼包高速公路、呼清、呼集公路等一批重点交通项目相继投入建设，更新、新增公共汽车67辆，新开营运线路5条，新增、更换环卫车辆，新建公厕91座，其中，水冲式厕所56座，完成煤气一期和供热一期工程，煤气用户4.5万户，液化气用户6万户，集中供热面积543万平方米，完成西外环路立交桥主体工程建设，改扩建呼和浩特新客运站、呼和浩特市第一医院等城市服务设施，优化城市投资环境和生产生活环境。1995年，全市电话装机容量13.7万门，市话普及率17.1%，比1990年增加11.02万门，增长11倍，全部实现交换程控化和传输数字化。1995年，完成清洁燃料的推广工作，市区51条主次干道的饮食网点实现燃气化，完成1.5万户城市居民的液化气推广。“八五”期末，全市国有企业基本实现养老保险统筹，集体企业统筹面35%，参加失业保险的单位有1500余户，共25万人。

“八五”期间，全市取得各类科技成果304项，科技成果推广应用率50%左右，科技进步对经济增长贡献率43%；累计用于教育的基本建设投资1.18亿元，改扩建31所中小学和幼儿园。

三、“九五”计划时期

1996—2000年，呼和浩特市经受住了亚洲金融危机、市场需求不足和严重自然灾害的考验，国民经济保持快速发展。2000年，地区生产总值179.15亿元，比上年增长14.4%，比“八五”计划期末增长70.7%，年均递增11.3%，分别高于全国和全自治区3.1和1.3个百分点；财政收入20.45亿元，比“八五”计划期末增长1.1倍，年均递增16.5%，高于自治区1个百分点。粮食总产量由70.6万吨上升到84.2万吨；牧业年度牲畜总头数由276.1万头（只）增加到314万头（只），奶牛存栏总头数9万多头，牛奶产量23.4万吨。第一产业增加值25亿元，比“八五”计划期末增长40%，年均递增7%；第二产业增加值78.5亿元，比“八五”计划期末增长83.9%，年均递增13%；第三产业发展速度加快，2000年为75.6亿元，比“八五”计划期末增长65%，年均递增10.5%，在地区生产总值中的比重由39.3%上升到42.2%，成为促进国民经济增长的重要力量。个体私营经济和乡镇企业分别实现入库税金2.7亿元和5亿元。

2000年，全市出口额为5215万美元，比“八五”计划期末增长1.9倍，年均递增14.3%。实际利用外资3485万美元，实际利用区外资金26.3亿元。“九五”期间，累计完成固定资产投资204亿元，是“八五”计划时期的2倍。城市居民人均可支配收入、农民人均纯收入分别为5582元、2538元，分别比“八五”计划期末增长85.6%、48.4%。城市居民人均居住面积由1995年的7.66平方米增加到9平方米以上，农民人均居住面积由1995年的16.37平方米增加到19.5平方米。

“九五”期间，呼和浩特市取得各类科技成果330项，科技进步对经济增长的贡献率为43.57%，被国家科委评为“全国科教兴市先进城市”。2000年，全市广播、电视人口覆盖率分别为98.5%、85.7%。

四、“十五”计划时期

2001—2005年，全市地区生产总值完成700亿元以上，年均增长27%以上，发展速度连续五年在全国省会城市中保持第一；财政收入达81.8亿元，年均增长32.3%，五年翻两番；固定资产投资累计完成1120亿元，超过前9个五年计划的投资总额。社会消费品零售总额达304.9亿元，年均增长25%。三次产业比例由14 ：43.8 ：42.2优化到7 ：37.5 ：55.5。规模以上工业发展迅猛，年均增速36.8%。

“十五”时期，呼和浩特市实施“奶业兴市”战略，全市奶牛头数63.8万头，牛奶产量242.6万吨，分别比2000年增长6.0倍和9.5倍。农业增加值达48.98亿元，五年平均增长7%。实施“工业兴市”战略，推进乳业、电力、电子信息、生物制药、冶金化工、机械制造等优势特色产业建设，全部工业增加值达到209.3亿元，年均增长24.3%。其中，规模以上工业增加值达163.5亿元，年均增长36.8%。工业经济效益综合指数达到249.9，比2000年提高159.7个百分点。服务业快速增长，增加值达到388.9亿元，年均增长34.1%。

从2001年开始，全市开始大规模城市改造建设，建成区面积由2000年的83平方千米扩展为140平方千米。市政基础设施建设加快，组织实施引黄入呼、集中供热二期和三期、天然气入呼、“两河一库”、电网改造、污水及垃圾处理、地下管网改造等一批重点工程，全市在给排水、供热、供气、供电等方面得到改善，城市承载能力和可持续发展能力提高。新建机场高速路、二环路，改造建设新华东街、金海路、中山路等近80条主次干道，90%以上的小街巷得到改造，80%以上的小街巷大幅度拓宽。建成区道路总面积达1055万平方米，比2000年增长1倍，人均拥有道路面积增加到10平方米。完成国道209线呼和浩特—和林格尔、和林格尔—清水河，省道210线和林格尔—山西杀虎口、省道102线呼和浩特—凉城、省道104线呼和浩特—武川、省道101线罗家营—哈乐，呼包高速公路另一幅（呼和浩特市段）、呼集高速公路（呼和浩特市段）及呼包高速公路辅道等一批公路建设工程，同时建设一批县乡公路。全市公路通车里程达到3750千米，黑色路面里程达1985千米。

2005年，城镇居民人均可支配收入12150元，比2000年增加6957元，年均增长17.6%；农民人均纯收入4631元，比2000年增加2092元，年均增长12.8%；城乡居民储蓄存款余额379.6亿元，比2000年增加227.1亿元。城市住户人均建筑面积24.8平方米，比2000年增加7.6平方米，人居环境质量明显提高。“十五”期间，全市累计实际利用外资8.4亿美元，引进国内资金650亿元，海关出口总额16.4亿美元。新增就业17万人，其中安置下岗失业人员10.5万人，城镇登记失业率控制在4.5%以内。科技进步综合指数在西部省会城市中位居前列，在自治区排名第一，连续十年荣获全国科技进步先进市称号，成为国家17个清洁能源行动试点示范城市之一。建成国家级生物医药产业化基地和星火示范基地各1处，自治区级高新技术工业园区3处，拥有自治区级以上高新技术企业达59家。全面实行农村义务教育阶段家庭贫困学生“两免一补”，基本消灭D级危房，全市高中阶段入学率达84.2%，市区全面实现普及高中阶段教育。

五、“十一五”规划时期

2006—2010年，全市加快推进新型工业化、城镇化和农牧业现代化进程，经济总量迅速扩大，综合实力显著提升。2010年，全市地区生产总值达1850亿元，较“十五”期末翻一番以上，年均增长15.6%，发展速度始终处于全国省会城市领先水平。人均地区生产总值达6.75万元，按实时汇率计算超过1万美元；地方财政总收入达241亿元，较“十五”期末翻两番。固定资产投资累计完成3412亿元，是前十个五年计划投资总额的2.3倍。先后获“中国综合实力百强城市”“新中国成立60周年60个代表城市之一”等称号。

2010年，三次产业比例由2005年的6.1 ∶ 35.9 ∶ 58发展为4.4 ∶ 36.3 ∶ 59.3。奶牛规模化养殖水平由不足20%提高到近50%，奶牛存栏由64万头增加到100万头。牧业年度肉羊存栏由196万只增加到270万只。工业化水平显著提高，市区工业全部迁入园区，形成乳品加工、电力、化工、冶金、生物制药、装备制造等优势产业。伊利、蒙牛两大乳品企业双双进入世界乳业20强。电力装机由400万千瓦增加到770万千瓦，位居全国地级市前列。全市工业增加值由221亿元增加到580亿元。服务业增加值由448亿元增加到1097亿元。“十一五”期间，累计引进区内外资金1965亿元，实际利用外资34亿美元，实现外贸进出口总额46亿美元，其中出口26亿美元。

“十一五”规划期间，以创建国家森林城市、环保模范城市、卫生城市为抓手，大力度推进城市建设，“十年巨变”目标如期实现。建成区面积由2005年的140平方千米扩展到210平方千米，市区常住人口由140万人增加到208万人。建成体育场、博物院、乌兰恰特剧院等一批大型公用项目，打造成吉思汗大街、蒙元文化特色景观街、伊斯兰特色景观街等特色街区，对大召、公主府、昭君博物院等文化古迹进行修缮和扩建，城市品位明显提升。城市人均道路面积由9.8平方米增加到11.4平方米，公交营运线路由33条增加到99条，集中供热普及率由45%提高到85%，城市生活污水集中处理率由49%提高到96%。人均公共绿地面积由8.5平方米提高到16.1平方米，市区空气质量优良天数由311天增加到349天，成功创建为国家森林城市。

“十一五”规划期间，全市完成公路建设投资76亿元，实现乡通油路、村通公路，通车里程由2005年的5823千米增加到6300千米，城区与五个旗县的半小时公路网正在加快建成。城乡电网架构日趋完善，完成110千伏以上输变电项目38项。各类网络应用业务快速拓展。累计造林6.93万公顷，封山育林11.13万公顷，治理水土流失16.67万公顷，森林覆被率由21%提高到30%。“一核双圈一体化”建设取得阶段性成果。

“十一五”规划期间，呼和浩特市获得自治区科学技术奖项36项，授权专利2602件，高新技术产业产值年均增幅达16.1%，通过国家知识产权试点城市验收。在自治区率先实现全面免费义务教育，惠及28万名中小学生。建成高职园区，中等职业教育在校生由1万人增加到2.9万人，全部享受生活补贴。全市教育教学用房面积由126万平方米提高到234万平方米，有效解决了“上学难”的问题。新建和改扩建社区卫生服务中心、乡镇卫生院94个。在基层医疗卫生机构实行国家基本药物制度，实现药品销售零差率。各类公共体育运动场馆面积由不足3万平方米增加到10万平方米以上。

2010年，呼和浩特市城镇居民人均可支配收入由2005年的1.22万元提高到2.51万元，年均增长15.6%；农民人均纯收入由4631元提高到8670元，年均增长13.4%。城镇登记失业率始终控制在4%以内。全面启动城乡居民养老保险，企业退休人员养老金由每人每月670元提高到1429元。城市低保标准五年提高140元，市四区每人每月340元、旗县达240元;农村低保标准提高1180元，每人每年1900元。实施城乡医疗、教育、取暖等专项救助，16万特殊困难群体受益。加强保障性住房建设，结合棚户区改造，建成或回购廉租房10125套，市区人均住房面积不足13平方米的低保家庭住房问题全部解决。

六、“十二五”规划时期

2010—2015年，全市实施“打造两个一流、推进三个建设、实现两个率先”发展目标，全力稳增长、调结构、促改革、惠民生、防风险，经济建设和社会各项事业取得新的成就。地区生产总值由“十一五”期末的1850亿元增加到“十二五”期末的3090.5亿元，可比价年均增长97%，五年连续跨越2000亿元、3000亿元台阶；人均地区生产总值由1万美元提高到1.6万美元，成为第一个突破10万元大关的西部省会城市，位居全国大中城市前列；公共财政预算收入由126.8亿元增加到247.4亿元，年均增长18%，高于地区生产总值增速8.3个百分点；社会消费品零售总额由7586亿元增加到1353.5亿元，年均增长12.3%，翻了两番，总量多年保持全区首位；固定资产投资由881亿元增加到1618.6亿元，年均增长17.9%，累计完成7193亿元，是前11个五年计划投资总量的15倍。三次产业结构由“十一五”期末的4.9 ：36.4 ：58.7演进为4.1 ：28.0 ：67.9，形成以服务业为主导，多元发展、多极支撑的产业格局。

“十二五”规划时期，绿色食品、电力、光伏、现代化工四大产业占规模以上工业产值比重达65%；“五大基地”建设走在全区前列，总投资825亿元的庆华煤基清洁能源多联产项目开展前期工作，伊利、蒙牛两大乳品企业分列全球乳业20强第10、第11位，电力总装机突破1000万千瓦，达1050万千瓦，位居全国地级市前列。

农业由传统农业向高效农业、特色农业、现代农业转型，蔬菜保护地种植面积由1600公顷增加到8600公顷；奶牛规模化养殖比例由不足50%提高到97%；苜蓿草种植面积2.13万公顷；各类农牧业龙头企业267家，实现销售收入1287亿元。新业态、新商业模式兴起，三大电信运营商云计算项目部分投入运营，百度、腾讯、阿里巴巴、京东商城等一批IT企业相继入驻，民营企业主体数量年均增速达20%。资源综合利用效率显著提高，万元地区生产总值能耗降低11%。

“十二五”时期，市区建成区面积由174平方千米扩展到260平方千米。常住人口、户籍人口城镇化率分别达到67.5%、52.0%。首府城市建设史上单体投资最大的二环快速路全线贯通，呼朔（晋蒙界）出区高速公路、国道209线和林格尔—清水河段一级公路等重大公路建设项目建成通车，基本实现呼和浩特至旗县按一级公路标准相连通。全长44千米环城水系生态综合治理工程基本建成，“引黄入呼”二期建成投入使用。万达广场、海亮二期、维多利摩尔城等城市大型综合体相继建成。城乡一体化发展取得显著成效，累计改造789个村（建制村所在地村520个）完成投资98亿元，覆盖人口占农村常住人口的67.8%。实施天然林资源保护、退耕还林、退牧还草、京津风沙源治理、森林生态效益补偿、中幼林抚育等国家重大修复工程和项目，开展了防护一川（土默川平原区）修复两山（大青山和蛮汗山区）、绿美三线（公路、铁路、河流水系），形成城乡一体化的生态建设体系，城市绿地率34%，森林覆盖率24.9%，成功创建国家园林城市、全国节水型示范城市。

“十二五”时期，城镇和农村常住居民人均可支配收入分别从2.52万元、8746元提高到3.74万元、13491元，年均分别增长10.6%、11.5%，始终保持“两个同步”，2015年末城乡居民收入比为2.77，达到小康指标要求。城乡社会保障体系更加健全，累计支出城乡低保资金18.8亿元，投入救灾资金9091.2万元，救助受灾群众约38.6万人。廉租房建设任务全面完成，低保家庭住房问题得到较好解决。贫困人口比例大幅下降，累计减贫11.95万人。连续七次获“全国双拥模范城”称号。2015年，教育事业加快发展，重建和加固学校60所、38万平方米，呼和浩特市校安工程项目竣工率达95%。将中等职业学校和高中阶段蒙古语（朝鲜语）授课学生、高中阶段家庭经济困难学生全面纳入“两免”政策范围。全年城镇新增就业3.80万人，城镇登记失业率控制在3.7%。企业退休人员养老金人均每月增加227元。1.4万名“五七”工纳入城镇企业职工基本养老保险范围。环卫工人工资由每人每月880元增加到1000元。城镇职工基本医疗保险支付比例提高8个百分点，为新型农村合作医疗保险参保农民每人补助202元，占个人筹资标准的85%以上，参保农民政策范围内住院费用报销比例70%以上。开工建设各类保障性住房5.20万套，开工率128%。扶贫力度加大，扶贫项目区贫困人口人均增收286元。新解决7.5万人的安全饮水问题。

第四节　重大项目建设

“七五”计划期间，全市完成工业基建、技改项目31项，建成40千克的嗜酸菌奶粉车间，扩建内蒙古电缆厂3000千米矿缆生产能力的车间、扩建内蒙古棉纺厂1.6万锭生产线等项目。安排技术改造项目178项，引进和改造14条生产线，如30万大箱卷烟制丝生产线和卷包装设备、精纺万锭改造、彩电生产线、粗纺针织绒生产线、泰克示波器等。建立6个商品粮基地乡，并在土默特左旗、托克托县的盐碱低洼地开挖666.67公顷精养鱼塘，扶持发展郊区章盖营奶牛乡的奶牛圈养产业。

“八五”计划时期，新建、扩建的万家沟水库工程、麻地壕、毛不拉渠等大型水利设施，建成万亩以上灌区29处。其间，全市安排技术改造项目103项，开发新产品612项，其中，达到国内先进水平的209项，区内先进水平的225项。新建投资额在100万元、营业面积在5000平方米以上的市场有18处。完成西外环路立交桥主体工程建设，改扩建呼和浩特新客运站、呼和浩特市第一医院等城市服务设施。1995年，完成清洁燃料推广工作，市区51条主次干道的饮食网点实现燃气化，煤气一期和供热一期工程建成使用。呼和浩特炼油厂建成投产，填补了自治区石油化学工业的空白。如意、金川开发区先后破土兴建。

“九五”计划期间，建成乌素图森林旅游娱乐开发区和呼和浩特经济技术开发区。其中，呼和浩特经济技术开发区被国务院批准为国家级开发区。完成立交桥建设、县府街道桥改扩建、北垣东西街、北一环路和城市出入口、市区主干道，以及污水处理厂、垃圾处理厂、车站广场和安居工程等改造建设工程。完成呼清、呼大、呼凉公路和呼包高速公路等改扩建工程。

“十五”计划时期，组织实施“引黄入呼”、集中供热二期和三期、天然气入呼、“两河一库”、电网改造、污水及垃圾处理、地下管网改造等一批重点工程。新建机场高速路、二环路，改造建设新华东街、金海路、中山路等近80条主次干道，90%以上的小街巷得到改造，80%以上的小街巷大幅拓宽，完成国道209线呼和浩特—和林格尔、和林格尔—清水河，省道104线呼和浩特—武川等一批公路建设工程。设立呼和浩特职业学院，建成呼和浩特市教育局域网。

“十一五”规划时期，建成呼和浩特市体育场、内蒙古博物院、乌兰恰特剧院等一批大型公用项目，打造成吉思汗大街、蒙元文化特色景观街、伊斯兰特色景观街等特色街区。市区工业全部迁入园区，引进建设一批项目，形成乳品加工、电力、化工、冶金、生物制药、装备制造等优势产业。建设一批光伏材料和风力发电项目，新能源、新材料产业迅速发展，完成110千伏以上输变电项目38项。2005年以后，改造大召区块等旧城区和20多个城中村，建成金桥新区、党政新区，呼和浩特中心城区的核心地位日益凸显，建成区面积由2005年的140平方千米扩展到210平方千米，市区常住人口由140万人增加到208万人。

"十二五"规划时期，培育形成绿色农畜产品加工、清洁能源、光伏材料、生物制药等一批在全国具有明显优势的特色产业集群。建成全国最大的云数据基地。启动实施大青山前坡生态保护综合治理、六大出城口及京藏高速两侧绿化整治、"引黄入呼"二期、"气化呼和浩特"、市政道路桥梁管网等一批重点工程。建成高速公路5条、一级公路7条，开工建设呼张高铁、呼准鄂城际铁路，开通运行呼包集城际动车组。

第二章　物价管理

第一节　价格调控

一、居民消费价格

1986—2000年，呼和浩特市居民消费价格总指数累计上涨136.3%，年均上涨7.73%。居民消费价格的最高涨幅出现在1994年，物价上涨24.4%，最高跌幅出现在1998年，物价下降0.2%。CPI涨跌幅高低落差24.2个百分点。其间，经历两次较大幅度的物价上涨，分别是1987—1989年、1991—1997年，物价上涨均明显超过这一历史时期的均值（4.09%）。

1986—2000年呼和浩特市居民消费、城市商品零售价格指数一览表

（以上年价格为100）

表13-2-1

年份	城市居民消费价格指数	城市商品零售价格指数
1986	106.6	106.5
1987	109.7	110.2
1988	119.5	120.6
1989	111.7	112.1
1990	101.8	101.3
1991	110.6	109.3
1992	113.3	112.2
1993	115.6	113.9
1994	124.4	118.1
1995	117.6	114.3
1996	107.6	105.0
1997	105.1	102.8

续表 13-2-1

年份	城市居民消费价格指数	城市商品零售价格指数
1998	99.8	98.2
1999	102.0	98.4
2000	103.0	98.4

2001—2015 年，构成居民消费价格的八大类商品和服务价格变化呈现“七涨一降”的运行态势。食品、居住、烟酒和用品、医疗保健和个人用品、衣着、娱乐教育文化用品及服务、家庭设备用品及维修服务七类价格累计分别上涨 84%、47.9%、25%、15.8%、12.3% 和 9.1%，年均上涨 5.6%、3.19%、1.67%、1.05%、0.82% 和 0.61%；交通和通信类累计下降 20.5%，年均下降 1.37%。食品类价格全面上涨，对总指数影响最大，年均拉动总指数上涨 1.5 个百分点，影响程度达 68% 左右。

2001—2015 年呼和浩特市各种价格指数

（以上年价格为 100）

表 13-2-2

年份	城市居民消费价格指数	城市商品零售价格指数	农村居民消费价格指数	农村生产资料价格指数
2001	100.4	98.9	101.3	100.4
2002	100.2	100.0	103.6	101.0
2003	102.0	100.6	107.9	100.4
2004	101.8	101.7	108.1	106.1
2005	101.5	100.9	105.5	108.0
2006	101.7	101.6	100.5	101.7
2007	103.7	102.7	107.2	104.3
2008	104.6	105.4	109.6	118.5
2009	100.1	99.9	101.3	101.2
2010	102.6	102.6	103.9	101.2
2011	105.5	104.7	108.2	114.0
2012	103.1	101.5	103.9	108.8
2013	103.8	101.9	102.8	103.6
2014	101.2	98.6	101.5	100.6
2015	101.8	99.5	102.3	99.6

二、CPI 运行特点

2000 年后，呼和浩特市经济持续高速增长，城镇居民生活水平不断提高，食品种类日益丰富，食品消费水平逐年提高，居民消费结构发生重大变化。构成食品类的 16 类商品，包括粮食、淀粉及制品、干豆类及豆制品、油脂、肉禽及其制品、蛋、水产品、菜、调味品、糖、茶及饮料、干鲜瓜果、糕点饼干和面包、液体乳及乳制品、在外用膳食品、其他食品等价格全面攀升，与居民生活息息相关的“米袋子”“菜篮子”“肉盘子”价格也大幅度上涨。粮食、肉类、鲜菜价格大幅度上行，拉动食品价格一路上扬。受教育、医疗保健、交通等服务类商品价格调整的影响，服务项目类价格小幅上涨。以2000年为基期至2015年，呼和浩特市服务项目价格累计上涨30.3%。其中，个别品种涨幅超过1倍。学前教育费累计上涨68.2%；医疗保健服务类价格累计上涨42.9%，主要体现在注射费、床位费、理疗费用的不断上涨；受经营成本提高以及劳务市场价格上涨的影响，钟点工费用、保姆费用普遍上涨，推动家庭服务类价格上涨60.2%；个人服务类价格稳步上扬，美容、理发价格累计上涨35.0%和95.2%。有线电视费用上涨62.5%。居住类价格累计涨幅为47.9%。其中，住房价格涨幅1倍。由一、二线城市引发的住房价格的快速上涨，缓慢传递到呼和浩特市，随后价格迅速升温，并在呼和浩特市掀起房地产投资热。

三、价格管控

1988年，全国放开价格管控，出现通货膨胀。针对抢购风不断的严峻形势，市政府为控制物价上涨，颁布《关于加强物价，严格控制上涨的暂行规定》，并组织商品货源，同时进行价格改革的正面宣传，打击造谣惑众行为，严禁商品倒买倒卖，牟取暴利等不法行为。为防止粮食熟制品外流，面额为500克、1000克、2000克的呼和浩特市地方粮票开始流通；为保障市民“菜篮子”，市政府规定农贸市场蔬菜实行限价销售，零售价格不得高于国营价的30%；物价监督站严把“菜篮子”等农贸商品的价格关；在商店和集贸商场设立公平秤。

1989年11月，自治区政府批转市政府《关于严格控制物价上涨情况报告的通知》，要求各地区、各部门要参照呼和浩特市控制物价指数上涨的经验，采取措施，控制物价上涨幅度。

20世纪80年代末90年代初，由于“乱收费、乱罚款和各种摊派”的“三乱”情况现象突出。1993年开始，呼和浩特市按照国家和自治区要求清理规范涉及全市的收费项目，切实减轻企业和群众负担，收费项目逐渐减少并趋向合理。

1994年，为平抑物价，市政府发出通知，确定1994年后4个月一律不得印发任何新的涨价项目；保障市场供应，特别是粮、油、肉、菜等主要商品供应；加强对价格的市场监控，实行最高限价制；加强市场管理，整顿流通秩序；加强物价检查及对物价工作的领导等6项具体措施。年末，一度过快增长的物价水平得到遏制。

1997年，《中华人民共和国价格法》印发，明确国家实行并逐步完善宏观调控下主要由市场形成价格的机制，大多数商品和服务实行市场调节价，极少数商品和服务价格实行政府指导价或者政府定价。

2000年后，随着社会主义市场经济的发展，国家继续推进价格领域的改革，对政府定价的商品和服务进行价费改革：费转税改革，开征车辆购置税取代车辆购置附加费；逐渐取消政府定价的项目，放开交由市场进行调节，放开报纸、杂志、电台、电视台广告费、各类评估费、工程前期工作咨询费、工程探勘设计费、招标代理费、工程监理费等多项收费；将部分行政事业性收费转为经营服务性收费，气象有偿服务收费、测绘产品收费、公证费、律师服务收费、医疗服务收费等；取消大量行政事业性收费，降低行政事业性收费标准，减轻企业负担，取消涉及面广、金额较大的个体工商户管理费、城市房屋拆迁管理费、工程定额测定费、建设工程质量监督费等。

2002年，国务院发布《电力改革体制方案》，打破垄断、引入竞争。2003年印发《电价改革方案》，提出长期目标是在进一步改革电力体制的基础上，将电价划分为上网电价、输电价格、配电价格和终端销售电价；发电、售电价格由市场竞争形成；输电、配电价格由政府制定。2012年7月1日起，全面试行居民阶梯电价制度。阶梯电价第一档覆盖80%的城乡居民用户基本需求；第二档覆盖95%的城乡居民用电；第三档针对“用电大户”实行高价政策。

2015年，根据国家及自治区发展改革委《关于取消收费许可证制度加强事中事后监管的通知》规定，取消全市全部单位的收费许可证，建立收费单位报告制度及收费公示制度，行政事业性收费管理更加规范化、科学化、透明化。由市场决定价格的机制逐步确定并完善。

第二节　收费管理

1986年，呼和浩特市开始收取国有土地使用证书工本费、强制检定计量标准考核费。全市社会团体和私人办学、办班开始执行自治区制定的统一的收费标准，定价原则为“以收抵支，收支平衡，略有盈余”。

1987年，国务院印发《中华人民共和国价格管理条例》，价格和收费管理工作有了明确的法律依据。价格及收费标准的制定分为国家定价、国家指导价和市场调节价，行政事业性收费更加规范。同年，全市计量器具检定、修理收费按照华北五省新修订的收费标准执行。呼和浩特市收费标准的制定及管理按照《中华人民共和国价格管理条例》《国务院有关部门行政事业性收费管理目录》执行。

1987—1988年，国家及自治区集中印发一批价格收费政策的文件，全市的收费管理工作重点集中在清理整顿乱收费和规范行政事业性收费上，收费许可证、收费员证的发放及使用更加规范。

1989—1990年，按照国家及自治区的相关文件规定，全市电影票价、气象专业服务费、劳动仲裁收费、社会团体登记费、广告收费、公路汽车货物运价执行最新标准及相关规定，清理整顿中小学学费，借读费标准按照相关规定执行。同时，规范行政事业性收费，清理整顿“乱收费、乱罚款和各种摊派”的“三乱”情况。行政事业性收费管理按照《内蒙古自治区行政事业性收费管理暂行规定》执行。

1991 年，按照国家物价局及财政部《关于审定行政事业性收费的若干问题的通知》，明确行政事业性收费项目的审批权限集中在中央和省、自治区、直辖市两级，呼和浩特市不再有行政事业性收费项目审批权限。

1993 年，呼和浩特市按照国家印发《关于治理乱收费的规定》，加强治理乱收费现象。同时，按照国家及自治区公布取消的大批量未经审核批准的收费项目及自治区新印发的《内蒙古自治区行政事业性收费管理办法》，清理整顿全市的行政事业性收费。全市规划管理费、土地登记费、工程质量监督费、车辆通行费、交通管理收费、公路客运附加费、环境保护专业服务费、排污费、利用档案收费、占用征用林地费、农牧业机械监理费、资产评估费执行新的收费标准。

1995 年，呼和浩特市水土流失防治费、城市道路挖掘收费、城镇房屋所有权登记及房地产市场管理收费、车辆交易所收费、房地产中介服务收费、广告服务收费实行新的收费标准；统一各类短期培训班收费标准。

1996 年，全市开始实行行政事业性收费统计报告制度，加强行政事业性收费的管理。为加快发展个体私营经济，按照自治区取消部分涉及个体私营企业收费项目的通知要求，取消涉及全市的私营企业管理费、土地纠纷调处费、城镇消防设施配套费、出租汽车治安管理费等收费项目。人才交流收费、高中毕业会考考试费、禽畜产品防疫检疫收费、幼儿园收费、小学收费、社会团体登记费、汽车客运站收费执行新的收费标准；同年，开始收取供水增容费及水源建设费。

1997 年，按照自治区要求，呼和浩特市开始执行为期 3 年的城镇住宅建设部分收费减免政策，对经济适用房及安居工程免收土地出让金、环保费、占道费等，降低人防费、供暖增容费收费标准；对所有房地产建设项目取消房屋拆迁管理及手续费。同时，为清费减负，取消呼和浩特市住宅小区物业服务收费，开始按照统一的收费标准执行；土地管理费、律师服务收费、公证服务收费标准按照新的收费管理办法执行。同年，全市出租汽车运价开始执行政府定价。

1998 年，呼和浩特市对国有企业登记费、税务登记证书及土地登记证书费等费用进行减免；取消涉及呼和浩特市的出租汽车管理费、房地产交易管理费。全市的停车场收费、机动车驾驶员考试收费、损坏占用公路路产赔补偿费、建安工程劳保收费、工程劳动定额测定费、建设工程招标投标交易管理费、耕地造地费、土地闲置费、商贸服务业用地按年最低限价执行新的收费标准。

1999 年，为减轻企业负担，降低涉及全市的集贸市场管理费、个体工商户管理费、企业注册登记费。收费票据工本费、城市市政公用设施建设配套费、医疗事故技术鉴定费执行新的收费标准，新增组织机构代码 IC 卡收费。

2000 年，按照国家费转税的改革，取消车辆购置附加费，开征车辆购置税；医疗服务价格管理开始改革，对非营利性医疗机构的收费实行政府指导价，营利性机构的服务收费实行市场调节价，取消政府定价。同年，机动车驾驶员培训收费、社会力量办学、职业技能鉴定费、旅游景区门票价格按照最新收费管理办法执行。重新核定全市公交票价标准，按照 1 元 / 人次收费。

2001 年，呼和浩特市物业服务收费按照自治区最新的物业收费管理办法执行；机动车登记证书工本费、机动车抵押登记费、专业技术资格评审费、水资源费、林权证工本费及林权勘测费、体育经营许可证照费等按照新收费标准执行。

2002 年，将涉及全市的气象有偿服务费、测绘产品收费、公证费、律师服务费等转为经营服务性收费进行管理。全市义务教育阶段中小学收费、防空地下室易地建设费、房屋交易收费续费、建设工程施工图审查收费、工程勘察设计收费、导游 IC 卡工本费执行最新的收费标准。市公用事业管理局对供热、燃气、公共交通经营单位管理的相关收费得到自治区批复。

2003 年，呼和浩特市降低畜禽及畜禽产品检疫费、农机监理费收费标准。全市房屋所有权登记费、教师资格认定费、机动车驾驶员体检收费、高中择校费、防空地下室建设费按照新标准执行。市殡仪馆相关收费得到自治区批复。

2004 年，开始全面实施收费公示制度，增加收费管理的透明度。机动车尾气检测收费、昭君墓景区门票价格、公交 IC 卡押金得到自治区批复。

2005 年，开始使用新版收费许可证，并开始进行微机管理。同年，按照自治区要求，开始对全市集贸市场管理费和个体工商户管理费实行定额征收。建筑工程质量检测收费、污水处理费得到自治区批复，执行新的收费标准。民办教育收费、机动车驾驶人考试收费按照自治区最新的收费办法执行。同年，幼儿园保教费按照新的收费标准收费。

2006 年，建设工程质量检验检测收费标准按照新标准执行，哈达门国家森林公园旅游景区门票价格得到自治区批复，并按照 50 元 / 人次的标准开始收费。同年，核定白石旅游景区、草原明珠艺术博物馆、五塔寺文物保管所、呼和浩特市动物园、大召寺、席力图召、将军衙署门票价格；制定公交 IC 卡月票收费标准。

2007 年，核定和林格尔县盛乐百亭园、大青山太伟滑雪场、伊利学生奶价格；按照国家及自治区相关要求，对全市涉及生猪等副食品生产、流通、消费过程中的各项收费进行专项清理。司法鉴定收费、建设工程监理与相关服务收费按照新的收费管理办法执行。同年，设立户外空间有偿使用费得到自治区批复，开始实施收费。

2008 年，开展整顿和规范游览参观点门票价格工作，规范旅游市场秩序；清理整顿涉农涉牧价格和收费，减轻农民负担；对全市鲜活农产品销售环节落实收费减免政策。同年，开始实行对从事个体经营的有关人员（登记失业人员、残疾人、退役士兵、毕业 2 年内的普通高校毕业生）实行收费优惠政策，免收个体工商户管理费、卫生质量检验费、预防性体检费、民办非企登记费等。取消涉及全市的收费许可证工本费、义务教育杂费、义务教育借读费、暂住卡工本费、民办非企业登记及变更费、劳动合同鉴定费、劳动争议仲裁费、城市房屋拆迁管理费、工程定额测定费、建设工程质量监督费等 26 项行政事业收费，减轻了企业和群众负担。

2009 年，取消涉及全市的河道采砂许可证工本费、排污许可证工本费、人才交流收费、社会保险证工本费、文化市场经营许可证工本费、道路交通事故处理费、驾驶员适应性检测费等多项行政事业性收费。对游览参观点门票价格进行清理整顿，重新核定席力图召、大召、五塔、白塔、市动物园、将军衙署、白石旅游景区、小井沟等多个景区门票价格。召开出租车运价调整听证会，重新制定客运出租汽车计价收费标准。

2010 年，制定全市停车服务收费标准。重新核定乌素图国家森林公园、哈达门国家森林公园、内蒙古甘迪尔蒙古风情园门票价格。呼和浩特市住房置业担保服务收费得到自治区批复。全市社会团体收费、司法鉴定费、会计师事务所服务收费、律师服务收费、中小学服务性收费和代收费按照新的收费管理办法执行。

2011 年，收费许可证审验按照新颁布的《收费年度审验管理办法》执行。取消城市排水设施有偿使用费、运营车辆二级维护检测费、运营车辆综合性能技术等级评定费、离婚解除夫妻关系证明书费、城镇职工基本医疗保险卡费、体育经营许可证工本费、户外广告城市空间有偿使用费、机要交换管理费等多项行政事业性收费。中考考务费、环境监理费得到自治区批复，按照新标准执行。

2012 年，召开白石旅游景区门票价格听证会，调整景区门票价格。取消涉及全市的超限运输车辆行驶公路桥涵补偿费、占用林地管理费等 2 项行政事业性收费。景区门票价格管理、幼儿园收费管理、中小学校服务性收费和代收费按照自治区最新制定印发的收费管理办法执行。

2013 年，制定印发首批公共租赁住房租金标准。核定托克托县神泉景区、武川牌楼馆门票价格。取消涉及全市的企业年度检验费、绿化费、林地补偿费、利用档案收费、房屋安全鉴定费、税务发票工本费、商服业用地年地租最低限价等多项行政事业性收费；免征企业注册登记费、个体商户注册登记费、采矿登记费、户口簿工本费、户口迁移证和准迁证工本费等多项行政事业性收费；降低机动车抵押登记费及公证费的收费标准。驾驶员培训收费按照自治区最新收费管理办法执行。

2014 年，开展全市行政事业性收费专项整治工作，清理规范行政事业性收费。取消涉及室内装饰工程质量预算监审费、新式居民户口簿工本费等多项行政事业性收费，降低建设项目前期工作咨询费标准；放开报纸、杂志、电台、电视台广告费、各类评估费、政府投资项目及政府委托项目服务以外的前期工作咨询费、工程探勘设计费、招标代理费、工程监理费等多项收费，交由市场进行调节。召开客运出租汽车运价调整听证会，制定出租汽车运价标准和新城区塔利公租房租金标准。

2015 年，召开公办幼儿园保教费调整听证会，核定公办幼儿园保教费标准；核定市殡仪馆殡葬基本服务收费标准；制定新城区惠新苑、赛罕区阳光美居、玉泉区祥和苑公共租赁住房租金标准。

第三章　统计管理

第一节　管理机构

一、市本级统计管理机构

1986 年，市统计局内设办公室、综合科、工业科、基建科、农业科、财贸科、工业交通科、基建物资科。下设呼和浩特市城市抽样调查队、电子计算站、全国统计干部函授学院内蒙古自治区分院呼和浩特市工作站 3 个事业单位。同时，开始建立以主管统计的乡镇长为站长的统计工作站。1987 年，市统计局基建物资科分设为固定资产投资科和物资科。

1989 年 4 月，市统计局综合科分设为综合科和平衡科，撤销物资科。将能源统计职能划入工业交通科，将物资统计职能划入财贸科。同年 5 月，呼和浩特市城市抽样调查队更名为呼和浩特市社会经济调查队。

1990 年，市统计局内设办公室、工业交通科、固定资产投资科、财贸科、农业科、社会科、综合科、平衡科。下设电子计算站和电视函授工作站。1993 年 11 月，设立法制科。1995 年 4 月，增设调查科和政工科。

1996 年 6 月，市政府办公厅印发《关于印发市统计局职能配置、内设机构和人员编制方案的通知》，确定市统计局内设办公室、政工科、综合科、工业科、投资科、财贸科、农业科、社会科、核算科、调查科、法规科。10 月，国家统计局批准建立呼和浩特市农村社会经济调查队，受国家统计局垂直领导。同年，经市机构编制委员会同意成立呼和浩特市农村社会经济调查队，为市统计局所属副处级单位。

1997 年，根据国家统计局《关于企业调查队组建工作的通知》要求，成立国家统计局呼和浩特市企业调查队。国家统计局对调查队的后勤保障实行统一管理，实行样本轮换，推行用工制度的改革。

2001 年 9 月，经市机构编制委员会批准，同意成立呼和浩特市统计普查中心。12 月，市政府办公厅《关于印发市统计局职能配置内设机构和人员编制规定的通知》，市统计局内设办公室、人事科、统计设计管理与法规科、国民经济综合统计科、国民经济核算科、固定资产投资统计科、工业交通统计科、贸易外经统计科、人口和社会科技统计科。

2003 年 12 月，市统计局统计执法监察大队成立。2006 年 11 月，撤销呼和浩特市农村社会经济调查队、呼和浩特市城市社会经济调查队、国家统计局呼和浩特市企业调查队，设立国家统计局呼和浩特市调查队。

2007 年 6 月，市统计局将人口和社会科技统计科更名为人口和就业统计科，增设能源统计科、服务业与社会科技统计科。市城市社会经济调查队更名为呼和浩特市城乡社会经济抽样调查队，内设办公室、农经科、城镇住户调查科、农村住户调查科、农产量调查科、工业调查科、服务业调查科、民情民意调查办公室、法规制度科、信息技术应用科。9 个旗县（区）下设调查队，主要负责对城市、农村经济所属企业情况进行抽样调查。

2010 年，市统计局内设办公室、人事科、统计设计管理与法规科、国民经济综合统计科、国民经济核算科、固定资产投资统计科、工业交通统计科、贸易外经统计科、人口和就业统计科、能源与环境统计科、服务业与社会科技统计科、农村经济统计科。2012 年 10 月，市统计局计算站更名为呼和浩特市统计局数据管理中心。2013 年 8 月，市统计局内设机构服务业与社会科技统计科分设为服务业统计科、社会科技统计科。

二、基层统计管理

1986 年，新城区、回民区、玉泉区、郊区、土默特左旗和托克托县均单设统计局。1991 年，新城区统计局建立了所属管理的办事处统计站。

1996 年 5 月，旗县（区）级统计机构共 9 个。1999 年，由于市区行政区划的调整，郊区重新规划并更名为赛罕区。

2007 年 5 月，自治区政府印发《关于切实加强基层基础统计工作完善调查队管理体制的意见》，市统计局按照要求落实相关工作。8 月，自治区统计局印发《关于印发〈内蒙古自治区旗县统计机构统计基础工作规范〉的通知》，全市两级统计机构对照《规范》，逐步完善旗县级统计机构基层基础建设。

2008 年 10 月，自治区统计局确定玉泉区统计局为联系点，加强对基层基础建设的指导和帮扶。12 月，自治区统计局印发《内蒙古自治区旗县级统计机构统计基础工作达标细则》（试行），增强基层基础建设的操作性。同月，市统计局对照《内蒙古自治区统计改革和建设规划纲要（2008—2012）》，印发《呼和浩特市统计事业发展五年规划》。

2009年3月，自治区统计基层基础建设达标现场会在武川县召开，武川县被评为基层基础建设“三星级”达标旗县。5月，依据自治区统计局《关于开展乡（镇、苏木、街道）统计工作基本情况调查的通知》，市统计局印发《关于做好乡（镇、苏木、街道）统计工作基本情况调查的通知》，要求按照调查方案对所辖乡（镇、苏木、街道）基本情况、统计工作基本情况、统计调查单位数量、基层统计工作面临的困难和问题等内容开展调查。

2010年12月，经自治区统计局验收，新城区、回民区、玉泉区、赛罕区、土默特左旗、托克托县、格林格尔县和清水河县统计局全部达到自治区统计局要求的“三星级”标准并予以挂牌。

2011年4月，自治区统计基层基础建设进入第二阶段，即五星级建设达标阶段。8月，自治区统计局印发《内蒙古统计局关于表彰全区“三星级”统计基层基础建设先进集体的通报》，对新城区统计局、武川县统计局予以表彰；印发《内蒙古统计局关于确定全区“五星级”统计基层基础建设先行达标单位的通知》，确定新城区统计局、回民区统计局为“五星级”基层基础建设先行达标单位。

2012年9月，自治区统计局印发《关于公布企业统计工作规范化建设“五星级”达标单位的决定》，呼和浩特市中燃城市燃气发展有限公司、内蒙古民族控股集团有限责任公司两家企业达到内蒙古自治区企业统计工作规范化管理达标水平；印发《关于公布全区旗县（市、区）统计局基层基础建设“五星级”达标单位的决定》，确定新城区统计局达到“五星级”标准。

2013年8月，自治区统计局印发《关于回民区统计局统计基层基础建设“五星级”达标的决定》，授予回民区统计局统计基层基础建设“五星级”达标证书，并颁发达标标牌。年内，玉泉区、赛罕区、和林格尔县和武川县统计局达标。

2014年4月，市统计局制定《2014年全市统计基层基础建设工作计划》《关于做好2014年全市“五星级”统计基层基础建设工作的通知》。9月，转发《自治区统计局〈关于继续做好企业统计规范化建设工作的通知〉》。年内，土默特左旗统计局达到“五星级”标准。

2015年9月，托克托县、清水河县统计局基层基础建设基本达到“五星级”标准，至此全市9个旗县（区）统计局历时7年全部基本实现“五星级”规范化建设标准。

第二节 统计改革

一、国民经济核算

1985年起，呼和浩特市开始按年度计算地区生产总值。1990年，开始以国民经济账户体系（SNA）方式按年度计算地区生产总值。

1993年，开始实施《中国国民经济核算体系试行方案（1992）》，并填报“地区生产总值及其使用表”“资金流量表”。

1997—2002年，地区生产总值分季测算工作由县级、市级向自治区级逐级上报。2004年第三季度开始，呼和浩特市按照自治区制定的盟市季度地区生产总值核算下算一级实施细则，下算市属各旗县（区）、开发区地区生产总值。

2008年8月，市统计局根据《关于以GDP核算为龙头，进一步加强专业统计的指导意见》，明确细化旗县（区）地区生产总值及主要专业数据下算一级和下管一级的数据管理机制，使各专业的经济指标与地区生产总值核算相互衔接。

2009年，呼和浩特市按照自治区统计局制定的盟市季度地区生产总值下算实行行业缩减系数统一、行业占比统一和价格统一的“三统一”原则，地区生产总值下算一级方法进一步规范。2010年，改进国民经济核算资料的搜集方法，规范生产总值核算。通过完善核算制度，规范核算范围，拓宽资料渠道，改进核算方法，加强数据质量评估等措施，提高生产总值核算数据质量。根据经济普查结果重新调整2005—2009年单位地区生产总值能耗数据。

2011—2013年，重点对地区生产总值、规模以上工业、全社会固定资产投资、社会消费品零售额以及单位地区生产总值能耗等指标进行动态统计监测。

2014年，建立和完善战略性新型产业统计改革，企业产值重点调查和战略性新型产业统计监测工作进展顺利；探索网上零售统计。通过抽样调查，推断呼和浩特市批发业、零售业、住宿业、餐饮业的零售数据；深化服务业统计改革，规范规模以上服务业调查。

2015年，深入研究呼和浩特市地区生产总值核算数据的内部结构和质量问题以及各行业对全市经济走势和产业结构的影响，完善地区生产总值核算，地区生产总值与专业数据的匹配性、衔接性进一步增强。

二、农业统计

农业统计涉及全市农业、林业、牧业、奶牛业、蔬菜业、渔业及服务业，内容包括农村基本情况及农业生产条件和以上各方面生产、产量值、非农行业产值等。1991年开始，统计农业增加值。随着社会经济的不断发展，农业统计报表制度陆续完善。截至2000年末基本稳定，从农、林、牧、渔业全面反映生产条件、生产规模、农牧民生活等情况。2013年，根据自治区统计局部署，对农畜产品加工企业进行季度调查,涉及年主营业务收入在100万元以上以农畜产品为原料的加工企业及个体户。2014年，根据自治区统计局部署，《农业统计月报》增加一次性报表有经济作物生长情况季节报表、农业生产经营单位农作物播种面积数据，以及农村基础设施工程建设情况统计报表。

三、工业统计

1986年开始进行的第二次全国工业普查，为工业统计改革打下较好基础。截至20世纪80年代末，工业统计指标体系逐步完善，标准分类建立健全。

1990年起，工农业产品开始按1990年不变价计算。1994年，开始计算市一级工业经济效益指数。1998年，工业统计调查制度改革，统计范围由独立核算工业企业变更为规模以上工业企业。

2003年起，用价格指数缩减法计算工业发展速度。同时，实行新建投产工业企业进入规模以上工业统计范围的申报审批制度。

2004年1月起，工业统计调查全面实行“在地统计”。2005年7月，实现大中型工业企业联网直报。2009年起，国家将成本费用调查纳入工业统计制度，并开展调查。2010年6月起，规模以上工业增加值不再公布总量，仅公布同比速度。

2011年11月，自治区转发《国家统计局关于实施企业一套表统计改革的通知》，自2011年年报和2012年定报起，率先对全国“三上”企业（规模以上工业企业、限额以上批发零售住宿餐饮企业、资质内建筑业企业和房地产开发企业）的相关统计实施“一套表”制度，采取联网直报方式。规模以上工业企业统计开始纳入“企业一套表统计调查”平台。截至2015年，初步建立5000万元以上项目“一套表”投资统计专业名录库。

四、贸易统计

1998年，实施个体企业抽样调查试点工作。2000年起，逐步扩大抽样调查适用范围，相继开展限额以下贸易业抽样调查、旅游业抽样调查等。

2004年2月，批发零售贸易业、餐饮业、外资统计调查全部实行“在地统计”。2005年起，每年开展1次旅游相关产业就业情况专项调查和旅馆业企业普查工作。2007年3月，实现限额以上批零、住宿和餐饮业重点企业联网直报。

2011年年报和2012年定期报表,限额以上批零、住宿和餐饮业企业统计纳入“企业一套表统计调查”平台。

五、固定资产投资、建筑业和房地产业统计调查

1986—1999年，将城镇私人建房投资、农村个人投资、全民其他固定资产投资纳入固定资产投资统计。2000年后，全社会固定资产投资统计范围是基本建设投资、更新改造投资、房地产开发投资、其他固定资产投资、城镇集体投资、民营个体投资、私人建房和农村个人投资。

2001年3月，基本建设投资调查试行“在地统计”。2003年3月，房地产开发投资调查实行“在地统计”。2009年12月，实现规定资产投资报表网上联网直报自治区统计局。

2011年年报和2012年定期报表，资质等级以上建筑业企业和房地产开发企业统计也纳入“企业一套表统计调查”平台。2014年12月开始，固定资产投资统计范围调整为城乡500万元及以上项目完成的固定资产投资情况。

六、服务业统计

2012年，国家统计局决定开展服务业重点企业调查工作。2月，自治区统计局转发《国家统计局关于开展服务业重点企业调查的通知》。3月，市统计局印发《关于开展呼和浩特地区服务业重点企业调查的通知》，开展实施服务业重点企业统计调查，并纳入“企业一套表统计调查”平台。

七、劳动就业统计调查

自劳动工资统计建立，经逐步完善，到20世纪末基本稳定。2008年3月，开始进行大城市月度劳动力调查。2009年工资统计范围扩大到全部城镇单位。呼和浩特市按照自治区2009年的《私营单位工资统计报表制度》，调查单位为抽中的私营法人单位，采取全部调查和抽样调查相结合的调查形式。

八、其他统计调查

2007年9月，开展文化产业核算试算工作，以经济普查数据和基本单位名录库为依据，分行业、层次类别、经济类型、行政区划测算包括经济普查3个年度文化产业的法人单位、产业活动单位、从业人员、资产总计、营业收入、主营业务收入和增加值7项指标。

2008年8月，为掌握全市物流业的发展趋势，监测、分析物流业的运行情况，反映物流业的规模、结构和发展水平，为市委、市政府制定物流业发展政策和战略规划、加强宏观调控和指导、引导物流业健康快速发展提供依据，试行呼和浩特地区物流业专项统计调查。10月，选取3家规模以上工业，3家限额以上批发零售，6家物流企业作为物流业统计调查试点单位展开调研。

第三节　统计调查

一、人口普查

（一）第四次全国人口普查

1990 年 7 月 1 日零时，根据国务院《关于进行第四次全国人口普查的通知》，开展第四次全国人口普查。呼和浩特市普查组的普查范围为呼和浩特辖区，包括新城区、回民区、玉泉区、郊区、土默特左旗、托克托县共 1022 个普查区、4039 个调查小区的常住人口。经普查，全市总人口 1441641 人。其中，男性 758403 人、女性 683238 人；汉族 1253935 人、蒙古族 132659 人；具有大专以上文化程度的 77472 人、高中文化程度的（含中专）227476 人、初中文化程度的 389377 人、小学文化程度的 350360 人。同时，根据普查结果，编印《呼和浩特市 1990 年人口普查资料》。

（二）第五次全国人口普查

2000 年 11 月 1 日零时，根据国务院《关于进行第五次全国人口普查的通知》，开展第五次全国人口普查。呼和浩特市普查组的普查对象是具有中华人民共和国国籍并在呼和浩特市境内的常住人口。经普查，全市总人口 2392895 人。其中，男性 1244736 人、女性 1148159 人；汉族 2115888 人、蒙古族 204846 人；具有大专以上文化程度 212352 人、高中（含中专）文化程度 422962 人、初中文化程度 754577 人、小学文化程度 605967 人。根据普查结果，编印《呼和浩特市 2000 年人口普查资料》。

（三）第六次全国人口普查

2010 年 11 月 1 日零时，根据《全国人口普查条例》《国务院关于开展第六次人口普查的通知》，进行第六次全国人口普查。呼和浩特市普查组的普查对象是在呼和浩特境内的自然人以及在中华人民共和国境外但未定居的呼和浩特市公民，不包括在呼和浩特市境内短期停留的香港、澳门台居民和外籍人员。经普查，全市常住人口 2866615 人，同第五次全国人口普查相比共增加 428717 人，增长 17.59%，年平均增长率为 1.63%。常住人口中，男性 1462776 人、女性 1403839 人；汉族 2498647 人、蒙古族 285969 人。常住人口共有家庭 950652 户，家庭人口为 2573602 人，平均每个家庭户的人口为 2.71 人，比第五次人口普查的 3.05 人减少 0.34 人。全市常住人口中具有大专以上文化程度 597945 人、高中（含中专）文化程度 467631 人、初中文化程度 944335 人、小学文化程度 567096 人。同第五次全国人口普查相比，每 10 万人中具有大学文化程度由 9036 人上升到 20859 人，具有高中文化程度由 17663 人下降为 16313 人，具有初中文化程度由 31556 人上升为 32943 人，具有小学程度由 25305

人下降为 19783 人。根据普查结果，编辑出版《内蒙古自治区呼和浩特市 2010 年人口普查资料》。

二、农业普查

（一）第一次全国农业普查

1996 年 12 月 31 日，根据国务院《关于开展第一次全国农业普查的通知》，进行第一次农业普查。全市共选调 1.2 万名普查员和普查指导员，对全市 96 个乡镇、1095 个建制村、26 万农村住户和 1190 个乡镇企业进行逐个摸底、查点，共完成 4000 多万笔数据的填写。在农业普查的数据处理上，全市第一次采取光电录入、超级汇总的新技术，保证数据质量。同时，根据全市第一次农业普查成果，编印《呼和浩特市第一次农业普查资料汇编》。

（二）第二次全国农业普查

2006 年 12 月 31 日，根据国务院《关于开展第二次全国农业普查的通知》，开展第二次全国农业普查。全市共选调普查员、普查指导员和各级普查机构的工作人员 8600 余人，采用全面调查方法，填报普查表近 70 万张。共调查全市 47 个乡级行政单位，1015 个村级组织，登记住户 36 万户，其中农村常住户 33.9 万户。农牧业生产经营户 24.4 万户，比 1996 年第一次全国农业普查时增长 2.5%，农牧业生产经营单位 259 个，常住农牧业从业人员 52.8 万人，农牧业技术人员 2000 人。根据普查成果，编印《呼和浩特市第二次农业普查资料综合提要》。

三、工业普查

（一）全国第二次工业普查

1985 年 12 月 31 日，根据国务院《关于做好第二次全国工业普查准备工作的通知》，进行第二次工业普查。全市共组建各级工业普查机构 580 个，成员 2924 人，1 万余人参加普查工作。历时 3 年半，摸清 602 个独立核算工业企业的人、财、物、产、供、销的基本情况。同时，开发利用普查成果，编辑出版《内蒙古自治区呼和浩特市第二次全国工业普查资料汇编》。

（二）全国第三次工业普查

1995 年 12 月 31 日，根据国务院《关于进行第三次全国工业普查的通知》，开展第三次全国工业普查。普查工作从 1994 年末准备到 1997 年 7 月编印资料结束，历时 2 年多，完成第三次工业企业普查工作。摸清全市 29777 个工业企业和工业生产单位。其中，乡及乡以上工业企业 1213 个，资产总额为 138.5 亿元，比 1985 年增长 7.2 倍；工业产品销售收入 68.4 亿元，比 1985 年末增长 2.5 倍；上缴税金 6.9 亿元，比 1985 年末增长 1.6 倍；工业增加值为 38.1 亿元，占地区生产总值的 40.5%，按可比价格计算，比 1985 年增长 2.7 倍，平均每年增长 13.9%。工业产品产量大幅增长，部分产品产量位居自治区前列，如卷烟、电视机、布、毛线、纱等。根据普查结果，发布呼和浩特市第三次全国工业普查主要数据公报，编辑出版《呼和浩特 1995 年工业普查资料汇编》。

四、全国第三产业普查

1993 年，首次进行全国第三产业普查。普查年度为 1991 年和 1992 年。呼和浩特市普查范围包括呼和浩特市境内的所有从事第三产业活动的企业、事业、行政单位和第三产业个体户。普查采取在全面普查基础上辅之以抽样调查的方法，即对企业、事业、行政单位采用全面普查的方法；对城乡第三产业个体户采用抽样调查方法。普查内容包括第三产业企业单位、事业单位及行政单位人员、财务收支、实物资产情况；第三产业个体户户数、人数及经营情况；第三产业单位增加值等。根据普查结果，编印《中国第三产业普查资料（呼和浩特市）》。

五、全国基本单位普查

（一）第一次全国基本单位普查

1996 年 1 月 29 日，国务院办公厅印发《国务院关于开展第一次全国基本单位普查的通知》，决定进行第一次全国基本单位普查，普查标准时点为 1996 年 12 月 31 日。呼和浩特市普查对象为呼和浩特市所有的法人单位和产业活动单位；普查的主要内容包括单位的经济类型、所属行业以及从业人数、企业规模和主要经济指标。经普查，全市共有法人单位 9898 个（不含农户、个体户）。其中，企业法人单位 5652 个，事业法人单位 1397 个，行政法人单位 781 个，社会团体为 546 个，社区管理型机构（居委会和村委会）1522 个。按照单位性质和地点划分，全市共有 13369 个产业活动单位。其中，营利性单位为 7263 个，事业单位为 2678 个，行政机关为 1208 个，社会团体为 698 个，社区管理型单位为 1522 个。全市除农户、个体户以外的各类法人和产业活动单位从事第一、二、三产业的比重分别为，法人单位 0.64%、24.76%、79.40%。从经济类型结构看，在企业法人单位中，国有、集体经济的企业法人占主体地位，共有单位 4301 个，占全部企业法人单位的 76.1%。国有企业法人占 28.5%，集体企业占 47.6%。在其他经济类型企业中，私营企业数量为 949 个，占总体的 16.8%；股份制企业数量为 209 个，占总体的 3.7%；外商及香港、澳门台投资企业 179 个，占总体的 3.2%。从营业规模结构看，年营业收入在 50 万元以下的企业单位为 3472 个，占企业法人单位总数的 61.43%；年营业收入在 50 万元及以上的企业有 2180 个，占企业法人单位总数的 38.57%；年营业收入在 5000 万元及以上的企业有 93 个，占企业法人单位总数的比重仅为 1.65%。从业人员状况，全市各类法人单位从业人员 55.9 万人，其中企业法人 41.07 人、事业法人 9.99 万人、行政法人 3.88 万人、社会团体 3600 人、社区管理型机构 6000 人。从行业分布看，34.02% 的从业人员集中于制造业，

13.22%、12.14%、9.89% 的从业人员分布在批发和零售贸易、餐饮业、建筑业及教育、文化艺术及广播电影电视业。根据普查成果，编撰《呼和浩特市第一次基本单位普查资料汇编》。

（二）第二次全国基本单位普查

2001 年 9 月 1 日，国务院办公厅印发《关于认真做好第二次全国基本单位普查的通知》，普查标准时间为 2001 年 12 月 31 日。呼和浩特市普查对象为呼和浩特辖区内所有法人单位、所属的产业活动单位和个体工商户。经普查，全市共有各类法人单位 8993 个。其中，企业法人 4667 个，占各类法人单位的 51.9%；事业法人单位 1407 个，占各类法人单位的 15.6%；机关法人 851 个，占各类法人单位的 9.5%；社团法人 498 个，占各类法人单位的 5.5%；其他法人 1570 个，占各类法人单位的 17.5%。与 1996 年第一次基本单位普查相比，法人单位减少 905 个，企业法人减少 985 个，社团法人减少 48 个，事业、机关法人分别增加 10 个、70 个，其他法人增加 48 个。传统商贸供销企业和制造业企业大量减少是导致企业数量减少的最直接的原因，批零贸易和制造业企业 5 年间减少 1253 个，减少 30.6%。全部产业活动单位 12750 个。其中，生产经营性产业活动单位 6489 个，非生产经营性产业活动单位 6261 个，各占 50.9% 和 49.1%。从经济类型结构看，国有企业 860 个，占各类法人单位 18.4%；集体企业 1000 个，占各类法人单位 21.4%；私营企业 2214 个，占各类法人单位 47.4%；股份制企业 469 个，占各类法人单位 10.0%；外商投资企业、香港、澳门台投资企业分别占各类法人单位 1.2% 和 1.1%。

六、抽样调查

人口统计在做好定期统计和普查的同时，从 1982 年起建立每年一次的人口变动抽样调查，进行全市人口变动、妇女生育力、儿童基本情况等方面的调查。1998 年以后，开始推行规模以下的非国有制工业企业抽样调查，1999 年推行个体批发零售贸易业和餐饮业抽样调查。2000 年后，建立城市劳动力抽样调查、服务业抽样调查和企业景气调查等。

第四节　统计执法

2003 年 12 月，市政府依据《内蒙古自治区人民政府关于切实加强统计工作的意见》，成立呼和浩特市统计局统计执法监察大队，在全市进行日常统计执法检查，查处统计违法行为，开展统计法律法规宣传工作。

2007 年 5 月，市统计局与统计执法监察大队签署《统计执法检查和统计违法行为查处委托协议书》，执法人员全部完成持证上岗的培训任务。同年，组织编印《统计执法手册》和统计执法工作的法律文书。

2008 年，市统计执法监察大队共检查单位 700 余家，并对其中 2 家拒不配合普查工作的企业进行适用简易程序处罚，罚没款 2000 元，成为全国第二次经济普查工作自治区范围内进行的首次统计行政处罚。

2011 年 5 月，市统计局开展对限额以上批发零售、贸易餐饮企业的基本情况和主要数据核查，核查企业 159 家。同年，市统计局举行自治区首次统计行政处罚听证会，针对在全区开展统计执法大检查中发现内蒙古宇泰房地产有限责任公司瞒报、拒报统计资料，未设立统计原始台账等违法行为，并对其进行处罚。

2012 年 5 月，市统计局对 1 家房地产公司处以警告并罚款 3 万元的处罚，成为自治区范围内数额最高的统计行政处罚案件。全年，市统计局执法监察大队共检查单位 576 家，查处统计违法行为 26 起，罚没款 7 万元。

2013 年，市统计局执法监察大队对劳资、房地产及贸易外经等 339 家企业进行执法检查，立案查处统计违法案件 50 起，罚没款 12.4 万元。

2014 年 3 月，市统计局组织 4 个组，对全市 1499 家不配合普查工作的企事业单位、个体工商户进行执法督察，共找回漏登企业 200 余家，并对 5 家不配合的单位进行统计行政处罚。

2015 年，市统计局共开展对固定资产投资、劳资、批零、服务业等专项检查 1400 余次。配合旗县（区）统计局开展案件查处工作，查处统计违法案件 9 起，罚款 1.6 万元。同年，全市“四上企业”（规模以上工业企业、资质等级建筑业企业、限额以上批零住餐企业、规模以上服务业企业）建立统计台账。

第五节　统计技术

1986 年 4 月，国家统计局印发《关于加强微机应用和管理工作的通知》，市统计局开始组建自己的统计信息化队伍，为符合条件的旗县配备计算机（微机），全市统计系统具备处理简单统计报表的能力。11 月，国家统计局印发通知，决定于 1986 年 11 月 25 日开始使用计算机上报 1986 年 8 月份工业月报资料。11 月底前，市统计局进行了第一次全国计算机远程通信传输试验。

1987 年 4 月，全市开始使用计算机进行数据处理及远程联网传输。各旗县（区）全部配备计算机，基本实现国家统计局与自治区统计局，自治区统计局与盟（市）统计局，盟（市）统计局与旗县统计局之间的点对点数据通信。至 1989 年末，全市乡镇均建立统计工作站。

1990 年 7 月起，全市统计系统开始使用计算机起步、人机结合的方式，自治区统计局为配合第四次全国人口普查数据处理，为市统计局配备设备计算机、打印机、多用户机、终端机、传真机。伴随着第四次全国人口普查的开展，全市统计系统第一次全面使用计算机技术处理人口普查数据。

1991 年 10 月起，市统计局计算站开始承担各专业年报、定期报表数据处理任务。1992 年起，市统计局统计专业开始使用计算机进行统计报表的设计和管理，计算机的数量和档次有所提高，主要业务科室配备了 286、386 计算机，操作系统基本是 DOS 操作系统。

1995 年 12 月，市统计局废除点对点的通信方式，实现自治区统计局与国家统计局、自治区统计局与各盟（市）统计局的远程广域网链接，定期报表数据及大型普查报表数据都可通过网上进行数据交换，提高统计信息的时效性。

1996 年起，市统计局进入计算机处理技术阶段，所有统计专业及各类普查、调查全部使用计算机进行数据处理。但没有统一的数据处理软件系统，主要使用 SARP 软件、FOXPOR 软件、C 语言等软件。操作系统由 DOS 操作系统逐步升级到 Windows 操作系统。

1997 年 10 月，市统计局首次使用光电录入设备进行扫描录入，按时完成第一次全国农业普查的数据录入工作，开始使用光电录入的也是统计技术创新发展。

1999 年 7 月，按照国家统计局统计信息工程建设的要求，市统计局建立中国电信帧中继与 DDN 的中速国家统计信息网络的骨干网，实现上联国家、自治区统计局，外联其他省、区、市统计局的现代化统计信息的广域网络系统。12 月，建立 DDN 专线的语音 IP 电话、电子邮件系统、FTP 数据传输等传输系统，获全区统计局信息自动化建设一等奖。

2001 年，自治区统计局为盟市统计局配备思科 2611 路由器，租用网通公司数字链路，建成自治区统计局到盟市统计局广域网链接，淘汰了使用多年的传统点对点利用调制解调器（MODEM）拨号进行数据传输的模式。年内，市统计局首次采用光电录入（即光学字符识别）技术，共录入全市第五次全国人口普查表 90 多万张，并进行编辑、审核、汇总、上报等工作，完成第五次全国人口普查主要数据的光电数据处理。

2003 年起，市统计局用价格指数缩减法计算工业发展速度。同年，在网络环境下，先后完成全国第五次人口普查、第二次基本单位普查、全国重点房地产企业和大中型工业企业联网直报等数据处理任务。

2004 年，自治区统计局为各盟市配备 1 台 IBM 高端服务器和多台计算机，为旗县（区）统计局配备计算机和打印机。同年，市统计局工业统计进行统计管理体制改革，全面实行“在地统计”。

2005 年 9 月，国家统计局、中央机构编制委员会办公室、民政部、国家税务总局和国家工商行政管理总局联合制发《全国基本单位名录更新制度》。至年末，呼和浩特市基本单位名录库逐步更新入库 19740 家法人单位和产业活动单位。

2007 年 3 月，市统计局完成批零、住宿和餐饮业重点企业联网直报工作。11 月，市统计局信息网全面更新。

2008 年 6 月，市统计局购置网络服务器、计算机、打印机等办公设备，对计算机进行改造，升级原有防火墙，使统计系统内网、外网完全物理隔离，提升计算机网络的便捷性能和安全性能。

2009 年，全市的统计信息网络覆盖到旗县级，与旗县（区）的数据传输用 FTP 方式取代原有的拨号上网，传输速率大幅提高。建设并开通呼和浩特统计信息门户网站。同年，市统计局开始使用自治区统计局新的邮件系统，系统采用虚拟化技术、微软邮件服务器软件 EXCHANGE 即时消息系统技术构建。

2010 年，市统计局建成 MPLS-VPN 统计系统“四级网络”，实现全市 70 家乡、镇、街道办事处统计工作站，接入全国统计专网，形成统计“四级网络”。2011 年 12 月，市统计局利用统计系统“三级网络”将视频会议系统延伸到旗县（区），实现自治区、市、旗县（区）“三级”统计系统视频连接。

2012 年 2 月起，按照国家统计局要求，全市近 1300 家“三上”企业和房地产开发经营企业开始在统一的数据采集和处理平台上，通过互联网直接向国家数据中心报送统计基础数据。同年，市统计局计算站编制完成文化产业调查数据处理程序。同时，全市 1300 家“三上”企业和房地产开发经营企业在上报 2012 年年报和 2013 年年报时开始并入企业一套表联网直报平台，取消纸介质报表及其他数据采集软件，实现企业端数据采集方式的并轨。

2014 年起，市统计局统计信息化重点由建设逐步转向应用和网络安全方面，完善网络安全硬件设施，安装网络客户端安全管理系统。

2015 年，市统计局编写的《呼和浩特宏观经济基础数据库系统建设方案》通过专家组评审。

第四章　审计管理

第一节　管理机构

1984 年，呼和浩特市审计局成立，内设办公室、企业审计科、财金行政事业审计科、基本建设审计科。同年，企业审计科分设为工业交通审计科、商贸企业审计科。

截至 1985 年，新城区、玉泉区、回民区、土默特左旗、托克托县、郊区审计局相继成立。

1986 年 2 月，财金行政事业科分设为财金审计科和行政事业审计科。1987 年 6 月，增设综合科。1988 年 6 月，呼和浩特审计事务所成立，由自治区审计局和市审计局共同管理，是自收自支、独立核算的事业单位。10 月，增设人事教育科。

1992 年 6 月，增设法规科。1994 年 4 月，撤销财政金融审计科，增设金融外资审计科、财政税务审计科。至此，市审计局内设办公室、人事教育科、综合科、法规科、工业交通审计科、商贸企业审计科、基本建设审计科、财政税务审计科、金融外资审计科、行政事业审计科。

1995—1996 年，行政区划调整，和林格尔县、清水河县、武川县划归呼和浩特市管辖。全市 9 个旗县（区）均设有审计局。

1996 年，市审计局内设办公室、人事教育科、综合科、财政税务审计科、金融外资审计科、工业交通审计科、商贸企业审计科、固定资产投资审计科、行政事业审计科、农牧林水审计科、审计管理科。同年，市审计局机关事务服务中心、第二审计事务所成立。

1999 年 6 月，根据市妇联《关于在市直各单位、大中专院校建立妇女委员会的通知》，市审计局成立妇女工作委员会。11 月，呼和浩特市审计事务所与审计局脱钩，成为独立企业法人，不再列入市事业单位机构编制管理范围。

2001 年，撤销综合科，将工业交通审计科、商贸企业审计科合并为经贸审计科；增设经济责任审计办公室、社会保障审计科。调整后内设办公室、人事教育科、法制科、经济责任审计办公室、财政审计科、金融外资审计科、行政事业审计科、农业与资源环保审计科、经贸审计科、固定资产审计科、社会保障审计科。另设监察室、市审计局机关事务服务中心。

2005 年，增设计算机管理科。同年，成立呼和浩特市内部审计管理中心。2008 年 6 月，市审计局内设科室经济责任审计办公室变更为市审计局所属，相当于副处级全额拨款事业单位。

2010 年 10 月，根据市政府办公厅《关于印发市审计局主要职责内设机构和人员编制规定的通知》，核定市审计局内设办公室、人事科、法规科、督察执行科、财政审计科、金融审计科、外资审计科、行政事业审计科、农业与资源审计科、经贸审计科、社会保障审计科、固定资产投资审计科、政府投资审计科、派出审计一科、派出审计二科、派出开发区审计局。另设机关党总支、离退休人员工作科。2013 年，成立市审计信息中心。

第二节　审计制度改革

1987年末，为加强预算外资金管理与监督，市计划委员会、市财政局、市审计局、中国建设银行呼和浩特中心支行联合印发《关于进一步贯彻自筹建设资金管理规定的补充通知》，规定凡要搞自筹基建，必须认真填报《自筹基本建设资金来源审批表》，同时提供详细的资金来源证明材料，以便审查。凡资金来源未经财政、建行、审计部门同意，计划部门一律不予考虑立项。

1990年，市审计局开始设置固定资产投资审计收缴违纪资金及罚款专户，并在基本建设项目开工前进行审计。

1997年10月，市人大常委会颁布《呼和浩特市固定资产投资建设项目竣工决算审计监督办法》，是呼和浩特市第一部地方审计法规。

1999年4月1日起，呼和浩特市不再对固定资产投资项目进行开工前审计和自筹资金来源审计。

2006年3月1日，在《呼和浩特市固定资产投资建设项目竣工决算审计监督办法》基础上修订的《呼和浩特市国家建设项目审计办法》，经市第十二届人大常委会第十二次会议审议通过，由自治区第十届人大常委会第二十次会议批准施行。

2010年，市委组织部、市审计局联合印发《呼和浩特市县处级领导干部离任经济事项交接办法》。同年8月，首次对上一年度市本级预算执行审计发现问题整改落实情况专题向市政府和市人大常委会进行报告。

2015年，市政府印发《关于加强审计工作的实施意见》。同年，市审计局与市纪律检查委员会、市检察院、市公安局建立日常沟通、案件移送、工作协调、信息资源共享、成果转换和工作奖惩等机制。

第三节　财政与金融审计

一、财政审计

1986年4—6月，市审计局对玉泉区1985年度财政预算决算进行审计，共抽查审计7个行政事业单位和4家企业。

1987—1989年，市审计局依次对新城区税务局、回民区政府、郊区税务局、土默特左旗政府、新城区政府年度财政预决算和税收情况进行审计，并对回民区、新城区部分行政事业单位和税源较大的部分集体纳税户进行延伸审计和专项审计。

1990年，根据审计署、自治区审计局的工作安排，市审计局对托克托县政府、郊区政府1989年度财政决算及财政局财务收支和各预算执行单位的有关账目进行就地审计。同年，对市公安局及其所属单位、土默特左旗、托克托县、郊区公安分局及其部分所属单位1989年后的各种收费、罚款、集资、摊派等情况进行审计。

1997年11月至1998年2月，市审计局对市本级1997年度预算执行和其他财政收支情况进行审计。运用“账户入手、下审一级”的审计方法，重点对应纳入预算的行政性收费、基金预算收入、股份制企业国家股红利、所得税上缴情况进行审计。同时，审计企业扶困、再就业，粮食亏损补贴资金的拨付、使用情况和固定资产竣工决算，审计调查一级预算单位的银行账户。

1999年4月，市审计局呈报市政府关于市本级上年度预算执行和其他财政收支情况的审计。其中，对全市国有企业下岗职工基本生活保障和再就业资金的审计，查出多领生活费、截留医疗费等问题，责成企业退还财政。7月，将9个旗县（区）法院和检察院1997—1998年度的财务收支的审计情况上报自治区审计厅。

2000年，根据第一季度审计结果报告，市本级预算通过强化税收征管，层层实行目标化管理，使本级财政收入保持10.43%的增长速度，但在资金审计方面有些旗县存在未按照国家规定配套相应扶贫资金的问题；呼和浩特地区基本养老保险基金欠缴问题突出；基金专户存储不到位，个人账户建户率低；部分企业存在截留、挪用养老保险金等问题。

2001年开始，全市两级审计机关严格执行《中华人民共和国审计法》《中华人民共和国审计法实施条例》，运用“账户入手，下审一级”和“打总体战”的审计方法，加大审计监督力度，针对财政收支中存在的问题依法进行处理处罚，对财政资金管理中存在的问题提出改进建议，完成每年度的财政预算执行审计，向市政府提交审计结果报告，并向市人大常委会作审计工作报告。

2006年，对3个县级财政和13个乡财政的财政决算进行审计。同时，对政府采购等单位（项目）进行审计调查。

2007年，按照新修订的《中华人民共和国审计法》《中华人民共和国各级人民代表大会常务委员会监督法》和市政府《预算审查监督条例》的规定，两级审计机关在预算执行审计的重点、内容和方法等方面进行改进和创新。注重全部财政性资金的审计。加强预算支出审计，从预算执行结果出发，实现预算全过程审计。首次在新闻媒体公告预算执行审计报告。

2008年，市审计局对市民政局上年度预算执行情况进行审计，重点审计市民政局及所属双退办公室、救灾科、居民最低生活保障办公室、市军队离退休干部第一休养所、第四休养所、市社会福利院、市福利彩票发行管理中心等二级单位。同时，延伸审计武川县救灾资金的发放情况，到2个乡6个村40余户农民家中进行救灾资金发放的实地调查。

2009 年，在全市预算执行审计和其他财政收支审计的工作报告中，重点对财政、税务等组织预算单位、单位部门预算执行的审计情况和蔬菜基地建设、保障性住房、基础教育、社会保障、土地出让金、排污费等专项资金，固定资产投资项目工程建设和领导干部经济责任等方面的审计情况进行公告。

2010 年，全市两级审计机关完成对 83 个单位的财政预算执行和财政决算审计。提出建立和完善政府公共财政体制和预算管理监管体系的建议，市、县两级领导和有关部门采纳建议并建立相关制度 32 项。

2012 年，对全市财政预算的批准和在执行中调整变动情况的合法性及预算收支的组织完成情况作了全面审计；对市法院、市建委、市环保局、市广电局、市民委等 5 个部门单位 2011 年预算执行情况进行审计。

2013 年，市审计局对本级财政、地税预算和部门预算进行审计，对市房产局、市土地局、市水务局、市人防办、市收储中心、市发展和改革委员会等 6 个部门 2012 年度预算编制、执行情况进行审计。安排旗县（区）决算审计，对托克托县和如意开发区管委会、金川开发区管委会 2011 年度和 2012 年度财政决算进行审计。

2014 年，全市两级审计机关重点对楼堂馆所建设等支出预算编制和执行中的落实情况进行审计。市审计局对分配和使用财政资金较多的市财政局、市地税局、市林业局、市人力资源和社会保障局、市司法局、市安全生产监督管理局、市经济技术开发区管理委员会的财政预算执行情况进行审计，延伸审计 21 个单位。

2015 年，市审计局完成 15 个部门预算执行审计，延伸审计 23 个单位，对发现的问题依照有关法律法规分别进行处理。

二、金融审计

1986 年 10 月，根据审计署及自治区审计局的工作安排，市审计局对市工商银行信托公司 1984 年、1985 年的存款、放款业务及财务收支进行审计。1987 年，对工商银行呼和浩特市支行全系统 1986 年度的财务决算进行审计。

1988 年 7 月，玉泉区审计局对中国人民保险公司呼和浩特市支公司玉泉区办事处 1987 年度的财务收支情况进行合规性审计。12 月，市审计局对人保呼和浩特市支公司 1987 年度的财务决算进行审计。

1990 年，市审计局对农业银行呼和浩特市支行 1988 年、1989 年的固定资产投资及单台设备购置情况进行审计。同时，对中国农业银行托克托县支行 1989 年度至 1990 年上半年的财务收支进行审计中存在的问题作出处理决定。同年，对中国农业银行呼和浩特市支行 1989 年度及 1990 年上半年的财务收支进行审计。对呼和浩特市建设银行房屋开发公司 1988 年、1989 年的固定资产投资情况作出审计决定。

1991 年，市审计局对中国工商银行呼和浩特市支行及所属车站、大北街、新城 3 个办事处上年度财务收支情况、信贷政策及利率政策执行情况进行审计。同时对自有资金的来源与使用及结算纪律执行情况进行调查审计。1992 年 3 月，对中国银行青城分行 1991 年度财务收支进行审计。

1993 年，市审计局对建设银行呼和浩特市中心支行系统的信贷资金管理使用和财务收支进行审计，并对建行呼和浩特市支行系统进行延伸审计，审计内容包括发放奖金、补贴、实物情况和所办经济实体运营情况。

1996 年，根据自治区审计厅《关于对中国农业银行系统 1995 年度资产、负债、损益审计的实施方案的通知》精神，市审计局组织旗县（区）审计局分别对农业银行呼和浩特市支行及各旗县支行 1995 年度资产、负债、损益的真实性、合法性进行审计。并将审计情况上报自治区审计厅。

2001 年，全市两级审计机关开展对人保呼和浩特分公司及所属 9 个旗县（区）支公司、国际业务部、货运险部、营销部等单位，呼和浩特市商业银行及所属营业部、车站支行 2000 年度业务进行审计，对所属科技支行、教育支行、汇商支行、漠南支行、新华支行 1999 年度和 2000 年度资产、负债、损益情况的真实性、合法性、内部控制制度的建立健全进行审计。

2002 年，全市两级审计机关分别对农业发展银行内蒙古分行营业部、信贷组，以及呼和浩特市商业银行所属支行进行审计。

2003 年 9 月，全市两级审计机关共 17 人组成 5 个审计组，对中国人寿保险公司呼和浩特市分公司及所属旗县（区）支公司共 13 个单位 2002 年度资产、负债及损益情况进行审计，覆盖面 100%。同时对该公司承保大户进行延伸审计调查。

2007 年，市审计局完成地方商业银行审计项目 4 个，查出违规金额 1432 万元。2008—2015 年，对市属商业银行开展常态化审计，重点审计企业资产整体运行质量和效益情况，特别是对银行贷款质量不高影响运营安全等问题进行审计。

第四节　行政事业单位和企业审计

一、行政事业单位审计

1988 年、1989 年，市审计局对市劳教所、市计生委等 22 家单位进行审计。对小型农田水利和水土保持补助费进行审计。1990 年，对市扶贫办 1989 年度扶贫专项资金进行审计。

1993—1997 年，对市乡镇企业局、市档案局等 15 家单位进行财务收支审计。1998 年，对新华书店呼和浩特市分店上年度财务收支情况进行审计。1999 年，对呼和浩特市中国福利彩票 1998 年度赈灾专项募集情况进行审计。2000 年，对呼和浩特市物价检查所、建工局、电大分校、外事办、呼和浩特市城建职工中专、呼和浩特市铁路局集装箱运输公司进行年度财务收支审计。

2006 年，市审计局对呼和浩特市建设委员会本级及所属的广场管理处、市政管理局、垃圾处理场等 11 个预算单位及市科技局及所属部分二级单位 2005 年度预算执行情况进行审计。同年，发出关于呼和浩特市 2005 年度政府采购执行情况的审计调查报告，就政府采购资金的管理及执行国家采购政策、程序等进行审计调查。

2007 年 3 月，市审计局对市人事局及所属部分二级单位 2004—2006 年度预算执行情况进行审计。2008 年，对全市 2007 年度预算执行情况进行审计，共审计市财政局等 3 个组织预算单位和市房产局等 7 个部门预算单位及其所属的 32 个二级单位，审计调查单位 77 个。

2010 年，全市两级审计机关完成对 83 个单位的财政预算执行和财政决算审计，在深入分析财政预算管理体制改革和市公共财政体制建设过程中存在问题及原因的基础上，提出建立和完善政府公共财政体制和预算管理监管体系，加大财政信息的公开力度等方面的审计意见和建议 101 条。

2011 年，对全市财政预算的批准和在执行中调整变动情况的合法性及预算收支的组织完成情况作全面审计，并延伸 11 个预算单位、9 个二级预算单位和 10 个三级预算单位，通过预算执行审计，发现存在预算收入不够真实、滞留专项资金、政府债务管理不规范、违反“收支两条线”有关规定等问题。

2012 年，对市法院、市建委、市环保局、市广电局、市民委等 5 个部门单位上年度预算执行情况进行审计。

2014 年，对分配和使用财政资金较多的 7 个部门（市财政局、市地税局、市林业局、市人力资源和社会保障局、市司法局、市安全生产监督管理局、市经济技术开发区管委会）财政预算执行情况进行审计，延伸审计 21 个单位。对和林格尔县 2012—2013 年度生态保护与建设资金进行审计调查。重点审计林业局、财政局、农牧局、水务局、发展和改革委员会等 5 个主管部门，延伸调查 4 个乡镇和用款单位，走访农牧民 27 户。

2015 年，突出新预算法的贯彻执行，共完成预算执行审计 15 个部门，延伸审计 23 个单位。

二、企业审计

1986 年，市审计局对市物资局金属公司等单位进行财务收支审计。其中，自治区物资局统管企业 2 个，下放到地方企业 3 个，大中型企业 4 个，小型企业 1 个。

1987 年，对内蒙古电缆厂经济效益进行审计；对内蒙古第一建筑工程公司及所属第三工程处、水电处上年度财务收支情况进行审计。1988年，对市钢铁厂上年度财务收支进行审计。

1990年，根据审计署、自治区审计局的统一安排，对市粮油供应公司及所属部分企业上年度的财务收支情况进行审计。审计总金额1251.32万元，共查出违纪金额44.24万元。其中，应上缴金额18.17万元。

1991—1994年，对市供销社所属的呼和浩特市畜产公司、内蒙古化肥厂及呼和浩特市粮食系统86个独立核算单位财务进行审计。

1995年，根据自治区审计厅《关于对全区医药企业开展行业审计的通知》安排，对市医药商贸集团公司及所属17户医药企业上年度财务收支和经营效益进行审计。市区医药企业审计面100%，旗县医药支公司抽审37.5%。共查出违纪违规金额324万元，其中，应上缴财政金额23.6万元。

1998年，全市两级审计机关牵头，从审计、财政、农发行、粮食局等部门抽调64人组成10个联合审计组，对全市粮食系统、两级粮食主管部门及所属57户收储企业等共64个单位，对1992年4月至1998年5月的新增财务挂账和其他不合理资金占用进行审计调查。共审计全市粮食系统独立核算单位50个，占全部独立核算单位的40%。

1999年，市审计局对内蒙古第一建筑工程公司1997—1998年度的财务收支进行审计。抽查审计亏损数额较大的内蒙古第一建筑工程公司第二、第五分公司，重点对第二分公司承建的呼和浩特市火车站扩建工程、第五分公司承建的内蒙古图书馆工程项目进行亏损原因分析，对内蒙古第一建筑工程公司累计经营亏损和国有净资产减少进行核实。

2000年，市审计局对呼和浩特市公共交通公司1996年6月至1999年末的财务收支进行审计。同年，对呼和浩特市水泥厂2000年度财政财务收支进行审计。对内蒙古第一建筑工程公司进行审计，审计查出该公司严重违反财经纪律和违法案件线索6起，分别移送司法、纪检部门查处。

2001年，市审计局对呼和浩特市电动工具厂截至2001年2月底的资产、负债、损益进行审计。同年，对新世纪广场及所属8个商品部上年度财务收支进行审计。

2002年，根据市政府《关于研究原市纺织局、市经贸委服务中心、团市委等旧址拍卖遗留问题的市长办公会议纪要》精神，市审计局对原市纺织局职工集资建房工程及工程欠款问题进行审计。

2005—2008年，市审计局对市春华水务公司、自治区矿业开发总公司、富泰热力股份有限公司财务收支情况进行审计。

2010年，全市两级审计机关对52家占有国家资源、享受国家优惠政策的非公有制企业进行专项审计调查，结果表明大部分中小企业融资难的问题严重影响企业发展，审计建议政府采取有效措施加以解决。

2011 年，市审计局对呼和浩特中燃城市燃气发展有限公司资产、负债、损益进行审计；对金城等 3 家担保公司进行审计调查，重点调查和分析全市担保公司规模现状；以项目和资金为审计调查切入点，配合自治区审计厅完成使用 2008—2010 年度科技引导扶持资金的非国有企业审计调查。

2012 年 2 月，市审计局对市公共交通公司的审计调查，引起自治区、呼和浩特市两级党委、政府和有关部门的重视。自治区党委书记对反映首府公共交通状况的审计信息进行批示，自治区财政厅加大对呼和浩特市公共交通服务补贴。同时，根据自治区审计厅的安排，对全市使用 2010 年度、2011 年度环境保护、污染治理项目资金的非国有企业进行审计调查。

2013—2014 年，市审计局完成对春华水务、城发公司、公交公司、金融集团等国有及国有控股企业的审计，发现和纠正上述企业在资金使用、重大决策、内部管理等方面存在的问题。完成对市粮食局所属呼和浩特市圣裕仓粮油贸易呼和浩特市场 2007 年至 2013 年 7 月底对外投资情况的审计调查，并延伸审计调查其投资注册的内蒙古星原农牧业发展公司财务收支情况。

2015 年，市审计局结合经济审计项目，以促进国有资产的保值增值为目标，以促进企业效益和质量相统一为重点，对中燃公司等企业进行审计。

第五节　固定资产投资和社会保障审计

一、固定资产投资审计

从 1985 年开始，市审计局对固定资产投资进行审计。1986 年，根据国家印发的《关于开展对自筹基本建设资金审计的联合通知》，对全市年内计划投资的自筹基本建设项目进行审计调查。

1987 年，根据《国务院关于控制固定资产投资规模的若干规定》和审计署《关于继续开展对自筹基本建设资金审计的通知》，按照自治区审计局的具体安排，对呼和浩特市自筹基本建设资金进行审计调查。年末，按照市审计局开始对全市自筹基本建设资金来源进行审计。1989 年，根据审计署、国家计划委员会印发的《关于对停、缓建项目进行跟踪审计的通知》，按照自治区审计局统一安排，对全市停缓建项目进行跟踪审计。

1991 年，为加强自筹基本建设管理，市审计局对全市 75 个自筹基本建设项目资金来源，以及 21 个建设单位 1990—1991 年建设的 40 个自筹基本建设项目进行跟踪审计调查。审计总金额4502万元。1992—1995年，对市建筑工程公司、内蒙古第一建筑工程公司、内蒙古化肥厂等单位进行审计。

1996—2000年，市审计局对财政、税务、城建、环保、供电等部门的20余个单位财务收支、重点建设项目工程结况等进行审计。

2001—2009年，市审计局先后对引黄供水工程（一期、二期）、呼和浩特市污水处理二期工程、呼和浩特市热电厂2×200兆瓦机组工程、市绕城高速路、市城发公司供热锅炉项目、呼和浩特市集中供热二期工程、呼和浩特市二期农村电网建设与改造项目、呼和浩特市二环路、机场路等在建和竣工工程进行审计。针对查出的各类违纪问题，按照相关法律、法规进行处理。

2011年，全市两级审计部门对全市土地整理项目、农网完善工程、农村公路建设、城镇污水处理及配套管网和垃圾处理项目进行审计调查。

2012年，根据自治区审计厅和市政府交办，市审计局开展大专院校工程建设项目的概算执行情况和竣工决算审计调查。2013年，重点对城市基础设施、农牧林水、节能减排、公路道路建设等政府重点投资项目和领导交办的各项任务进行审计。

2014年，市审计局对呼和浩特供电局及7个直属分局组织建设的2010年农村牧区电网改造升级工程建设项目竣工决算进行审计。2015年，对全市2013—2014年度新农村示范村建设项目政府资金管理和使用情况进行审计，并对部分竣工结算项目进行试点审计。

二、社会保障审计

1988年，根据审计署、自治区审计局下达的指令性审计工作计划，全市两级审计机关对全市及旗县（区）1986—1987年民政事业费使用情况进行全面审计。

1992年，根据审计署统一部署和自治区审计局要求，对呼和浩特地区劳动部门管理的养老保险基金和待业保险基金进行审计。

2001年，市审计局增设社会保障审计科。同年，对市社会保险事业管理局1999年和2000年基本养老保险基金的征缴、使用和管理情况进行审计。2002年10月，对武川县2001年扶贫资金（包括以工代赈资金）进行审计。

2006年，按照审计署和自治区审计厅的统一安排，全市两级审计部门重点对失业保险基金和再就业资金征缴、拨付、管理和使用情况进行审计，同时对新型农村牧区合作医疗基金和城市住房公积金进行审计调查。

2009年，全市两级审计机关对全市社保五项基金、农业综合开发项目资金、生态工程资金、全市蔬菜基地建设补贴资金等涉及人民群众的切身利益的专项资金进行审计调查。2010年，扶贫资金和农村人畜饮水工程资金、新型农村合作医疗基金、最低生活保障资金、国外贷援款资金、廉租房建设等进行专项审计调查。

2011 年，自治区审计厅组织三级审计机关对经济适用住房和廉租房建设，全区养老保险基金审计调查，涉农涉牧、农机购置等专项补贴，退耕还林等专项资金，非公有制企业利用政府科技扶持资金的效果等进行专项审计调查。同时，增加对全市两级医疗卫生机构落实基本医疗保险政策情况进行专项审计调查。

2012 年，市审计局对全市社会保险基金、社会救助资金和社会福利资金等三大类 13 项社会保障资金进行审计。2013 年，重点完成审计署统审项目城镇保障性安居工程的跟踪审计，对市本级、9 个旗县（区）84 个保障性安居工程的开工情况、21 个项目的竣工情况、122 个项目的工程建设和质量管理情况进行审查，同时完成对 2012 年全国社会保障资金审计重点资金的跟踪审计。

2014 年，市审计局重点对 2013 年市本级保障性安居工程进行审计，汇总 9 个旗区保障性安居工程的报告及报表并上报自治区审计厅。对市本级 4225 套市本级直接承建的保障性安居工程公共租赁住房的开工情况、9.14 亿元保障性安居工程财政性资金的安排情况，以及相关项目的工程建设管理、保障性住房分配和使用管理、住房保障政策的执行情况进行审查。2015 年，集中力量重点完成 2014 年保障性住房跟踪审计。

第六节　农业与资源环保和外资运用审计

一、农业与资源环保审计

1987 年，市审计局对市农牧水利局 1986 年度使用支援经济不发达地区发展资金、农村草场和畜禽保护补助费专项支农资金使用情况进行审计。

1991 年，市审计局对新建万家沟水库工程项目进行财务收支审计。1996 年 3 月，对本地区 WFP—3924 项目办 1995 年度项目执行情况进行审计，并对格林格尔县项目办进行延伸审计。

2001 年，市审计局重点审计清水河县市财政局、市林业局、市粮食局、农业发展银行，对杨家窑乡、盆地青乡、窑沟乡等 9 个乡 20 个村及 30 余户农户在退耕还林还草的工程实施、政策兑现及承包合同的签订情况等方面进行审计调查。同年，市审计局农牧林水审计科更名为农业与资源环保审计科。

2002 年，市审计局对新城区、回民区、赛罕区、土默特左旗政府以及市林业局 2000 年至 2002 年 4 月末风沙源治理工程资金的管理使用和投资效益情况进行专项审计。2003 年 5 月，对和林格尔县世界银行贷款黄土高原水土保持项目二期 2002 年度项目资金收支情况进行审计。

2004 年 5 月，市审计局上报自治区审计厅关于对呼和浩特地区世界银行贷款黄土高原水土保持二期项目2004年度财务收支及计划执行情况进行审计。

2007年8月，市审计局对和林格尔县、清水河县、托克托县日元贷款内蒙古风沙区生态环境项目2006度财务收支、项目计划执行情况进行审计，并上报自治区审计厅。2009年，完成2006—2008年全市蔬菜建设补贴资金审计和审计调查的综合报告，以及2007—2008年度全市生态建设工程、农业综合开发项目资金审计调查。

2013年，按照“见人、见账、见物，逐笔、逐项”的原则，市审计局组织武川县审计局对武川县及其所属9个乡镇截至2012年末和2013年6月底政府负有偿还责任的债务、政府负有担保责任的债务和政府可能承担一定救助责任的其他相关债务情况进行审计。

2014年，市审计局对和林格尔县东沟村等35个建制村2012—2013年度村级集体经济组织财务收支、资产管理、资源开发利用及处置情况进行审计调查，并对重要事项进行必要延伸和追溯。2015年，结合领导干部经济责任审计，完成托克托县水资源资产责任履行情况的试点审计任务。

二、外资运用审计

1994年4月，市审计局撤销财政金融审计科，增设金融外资审计科，开始实施单独外资运用审计。

2001年3月，市审计局对和林格尔县世界银行贷款第三期农村供水与环境卫生项目2000年度资金收支、武川县农村供水与环境卫生项目2000年度项目资金收支情况进行审计。

2002年3月起，根据自治区审计厅2002年国际金融组织贷款项目审计计划和年度审计安排，市审计局对呼和浩特地区世界银行贷款农村供水与环境卫生项目2001年度项目资金收支及项目执行情况进行审计。同年，对武川县世界银行贷款中国西部开发项目办公室世界银行贷款中国西部扶贫项目2001年度资金收支情况进行审计。

2003年2月，市审计局对呼和浩特市世界银行贷款扶贫项目2002年度项目资金收支及项目区资金管理情况、世界银行贷款综合性妇幼保健项目2002年度项目资金收支及项目区资金管理情况及和林格尔县世界银行贷款第三期农村供水与环境卫生项目2002年度项目资金收支情况进行审计。

2004年11月，市审计局对呼和浩特地区世界银行贷款第三期农村供水与环境卫生项目2003年度项目资金收支情况进行审计。2005年，对市卫生防疫站2004年度世界银行贷款、国外赠款、“非典”（非典型肺炎）及其他传染病应对项目物资、设备到位、使用、管理、项目计划执行情况进行审计，向自治区审计厅上报《呼和浩特地区世界银行贷款/英国政府赠款中国结核病控制项目2004年度财务收支及项目计划执行情况的审计汇总报告》《关于国际援赠款项目的审计调查报告》。

2008 年，市审计局对政府外债和土地有偿使用资金审计时发现，日元贷款黄土高原植树造林项目，市财政预算应配套资金未配套到位，9 个旗县（区）均未按规定建立偿债准备金制度；土地有偿使用资金未按照规定建立国有土地收益基金并实行分账核算等问题，并将审计结果上报有关部门。2009 年，完成国外贷援款项目公证审计和国际金融组织贷款项目等项目审计和审计调查。

2010 年 10 月，市审计局分别设立金融审计科和外资审计科后，外资运用审计与企业审计、金融审计等同时开展，不再单独审计。

第七节　其他审计

一、内部审计

1986 年 11 月 17 日至 12 月 6 日，市审计局举办第一期内部审计干部培训班。1988 年，全市建立内部审计机构 37 个，配备专兼职内部审计人员 103 个。全年审计 67 个单位，促进增收节支 42 万元。

1989 年末，全市内审机构发展到 67 个。其中，专职机构 47 个，配备工作人员 211 人，其中专职人员 162 人。全年审计 197 个单位，查出万元以上贪污案件 2 件，移交司法机关 6 人。

1994 年，呼和浩特市召开第二次内部审计工作会议，提出凡财政、财务收支较大和下属单位较多的部门、企业、事业单位和金融机构都要设立独立的内部审计机构。至年末，全市内审机构发展到 146 个，其中专职机构 98 个。内审人员 411 名，其中专职人员 323 名。

1996 年，全市内审计机构共审计项目 642 个，促进提高经济效益金额 655 万元。1997 年，共审计单位（项目）201 个。

1998—1999 年，在机构改革中，中央各部委内审机构撤并，对其下属企业和地方单位影响较大。针对这种情况，市审计局争取各级政府的支持，加强与内审单位的沟通和联系，全市内审机构和人员稳中有升。同时，制定《呼和浩特市内部审计工作管理办法》《呼和浩特市内部审计工作考核评比办法》。

2001 年，全市内部审计机构共完成审计单位 414 个，财务决算审签 14 个，促进提高经济效益 46 万元。2002 年，按照自治区审计厅《关于填报“内部审计情况报表”和健全“内部审计台账”制度的通知》要求，内审机构建立健全内部审计情况统计台账制度。2003 年 3 月，呼和浩特内部审计师协会成立。2005 年，成立内部审计管理中心，对全市企事业单位内部审计机构进行行业指导与管理。

2014 年，建立审计人才库，成员主要由各旗县（区）审计局、市审计局、市各内审机构具备中级及中级以上职称，业务能力较强的审计、会计等专业人员组成，在库专家 69 人。

2015 年，市审计局对全市行政、企事业单位开展内部审计调研工作，发现存在组织机构不全，职责不清，内审制度不健全，内审人员业务水平有待提高等问题。同年，组织人员参加自治区内审协会举办的理论研讨及经验交流会，市内审协会推荐论文中有 8 篇获奖，市内部审计师协会荣获优秀组织奖。

二、经济责任审计

1986 年，市审计局对市轴承厂、油泵油嘴厂、西装总厂厂长和市饲料公司、被撤销的原联贸总公司经理进行了离任审计、财务收支审计、盈亏真实性审计以及国家资产有无损失审计等。

1990 年，对内蒙古第三建筑公司原经理 1988—1989 年承包经营情况进行经济责任审计。对内蒙古第四毛纺织厂原厂长、市糖厂原厂长、市皮鞋厂原厂长进行离任经济责任审计。

1995—1997 年，市审计局分别对市建筑工程公司原经理、内蒙古建筑构件公司原经理、内蒙古第一建筑工程公司总经理任职期间的经济责任进行离任审计。

2001—2010 年，对市包装装潢公司原经理、呼和浩特市众环（集团）股份有限责任公司原董事长、市林业局原局长等行政、企事业单位 200 余名领导离任经济责任进行审计。

2011 年，市审计局安排对清水河县、新城区、回民区等 6 位党委书记、县区长经济责任进行一并审计，对市进出口开发区主任和市发展和改革委员会等 9 个部门、单位主要负责人共 16 名县处级领导干部的经济责任进行审计。其中，任中审计 10 位，离任审计 6 位。

2012 年，全市两级审计机关完成经济责任审计项目 12 个，涉及领导干部 14 人；其中 2011 年遗留项目 4 个，涉及领导干部 7 人。2013 年，完成 10 名领导的经济责任审计。

2014 年，根据中共中央办公厅、国务院办公厅印发的《党政主要领导干部和国有企业领导人员经济责任审计规定》和“三责联审”审计工作要求，扩大党政主要领导同步审计覆盖面，加大对重点经济责任审计对象的审计监督力度，全市两级审计机关全年完成 73 名科级以上干部的经济责任审计。

2015 年，全市两级审计机关完成对 94 名科级以上人员的经济责任审计。其中任中审计 37 人、离任审计 57 人；提交审计报告和审计结果报告 115 篇，提出审计建议 175 条，被采纳 123 条。实施市本级 27 名处级领导干部的经济责任审计，任中审计6人、离任审计21人。

三、专项审计

2001年3月，根据《内蒙古自治区盟（市）、旗（县）政府外债审计调查工作方案》要求，全市两级审计机关对市本级及9个旗县（区）政府外债进行专项审计调查。同年，根据自治区《外国政府贷款项目审计调查工作方案》的要求，采用审阅会计资料、查看现场的方法，对呼和浩特地区12个外国政府贷款项目进行专项审计调查。2003年10月，向自治区审计厅上报《关于政府外债管理体制专项审计调查的报告》。

2004年，全市两级审计机关对市本级及旗县（区）财政局管理的上年度政府外债及配套资金，偿债准备金，管理费用的管理、使用情况进行审计。上报自治区审计厅关于《呼和浩特市审计局关于呼和浩特市各级财政局管理的2003年度政府外债及配套资金、偿债准备金、管理费用的管理、使用情况的审计汇总报告》。

2006年，按照自治区审计厅的统一安排，全市两级审计机关分别对全市农业综合开发、新型农村合作医疗基金、农村义务教育经费保障机制运作情况进行审计调查。

2008年，按照审计署、自治区审计厅统一部署和年度审计项目计划，结合市委、市政府《关于进一步改善民生，切实解决涉及人民群众切身利益问题的若干意见》中涉及10个方面共63条改善民生的内容，全市两级审计机关完成对全市2007年度社保五项基金、城镇居民低保资金、救灾资金、失地农民养老保险基金、土地使用权有偿使用专项资金、排污费及环保资金等涉及人民群众切身利益的专项资金审计调查。

2009—2010年，全市两级审计机关开展涉农、社保、教育等关系民生的专项资金项目审计，对全市社保五项基金、农业综合开发项目资金、生态工程资金、全市蔬菜基地建设补贴资金、全市中小学校舍安全工程资金、扶贫资金和农村饮水工程资金、新型农村合作医疗基金、最低生活保障资金、国外贷援款资金、廉租房建设资金、开发区财政管理体制及资金管理情况等开展专项审计调查。

2011年，根据自治区审计厅组织安排，开展经济适用住房和廉租房建设、全区养老保险基金、涉农涉牧农机购置专项补贴、退耕还林专项资金、非公有制企业利用政府科技扶持资金效果等专项审计调查。市审计局安排对开发区财政管理体制及财政资金管理使用情况，呼和浩特市中燃公司资产、负债、损益及国有资产投资收益情况，以及市金城担保股份公司等3家国有担保公司进行审计调查。

2012年，全市两级审计机关组织完成保障性住房建设跟踪审计，农村中小学布局调整情况审计调查等项目。按照审计署的部署，从2月20日开始，对全市社会保险基金、社会救助资金和社会福利资金等三大类十三项社会保障资金进行专项审计。

2013年，按照审计署和自治区审计厅统一组织领导、统一审计工作方案、统一标准口径、统一审计报告、统一对外公布的“五统一”要求，组织市县两级审计机关、审计和审计调查单位 397 个，完成地方政府性债务审计任务。同年，完成审计署统一审计项目城镇保障性安居工程的跟踪审计。开展对农田水利建设、农村饮水工程、水利建设资金和大中型水库移民资金使用等专项资金的审计调查。2014 年 12 月，对本年度保障性住房开展跟踪审计。

2015 年，对全市 9 个旗县（区）及经济技术开发区 2013—2014 年 96 个社会主义新农村示范村竣工项目进行专项审计。完成对市四区建设环城水系债务的审计、对呼和浩特市环保部门 2013—2014 年度环保收费资金的专项审计调查、对全市截至 2014 年末公益性土地储备项目投入资金的专项审计。

第八节　审计执法

1987 年 7 月，自治区政府转发《国务院关于违反财政法规的暂行规定》。11 月，自治区审计局、财政厅联合转发《财政部审计署关于违反财政处罚暂行规定施行细则》，全市两级审计机关遵照执行，使审计执法工作有了更加具体明确的依据。

1989 年,《中华人民共和国审计条例》颁布，全市两级审计机关贯彻落实条例，依法开展审计。同年,市审计局转发《审计署关于社会审计工作规定》,要求各旗县(区)审计机关按照规定组建审计事务所。

1990 年 9 月，市审计局转发《审计署关于加强审计执法的若干规定》，明确地方各级审计机关要在本级政府的领导和支持下，督促被审计单位执行审计结论和决定，要求审计机关严格按照国家有关财政、金融和经济等方面的法律、法规、规章的规定进行审计监督，不得随意变通。

1992 年 5 月，制定《呼和浩特市审计局审理工作试行办法》，为全市审计工作逐步走上法治化、规范化、制度化奠定了基础。1998 年，市审计局转发《内蒙古自治区审计厅关于贯彻审计规范意见的通知》《审计署审计复核工作规则》，结合本市具体实际制定实施办法,并与市法制办联合举办行政执法人员培训班。1999 年 12 月 3 日，市审计局印发《呼和浩特市审计项目审计组长负责制规定》《呼和浩特市审计局执法过错追究办法》《呼和浩特市审计局审计处罚听证程序规定》。

2002 年，市审计局印发《关于进一步贯彻执行审计准则、规范审计工作的通知》，就执行审计准则中需要改进、规范和注意事项作出明确规定。2004 年，自治区审计厅印发《内蒙古自治区审计厅审计复核规定》《内蒙古自治区审计厅审计项目审理暂行规定》，对规范审计复核工作，强化审计质量控制，明确审计复核责任等作出具体的规定。2008 年，市委、市政府印发《关于进一步加强和改进审计工作的决定》，提出要进一步强化审计监督，加快全市审计工作转型步伐的要求。

2009年，审计单位（项目）233个，共提交审计专题、综合性报告和信息225篇次，移送有关部门案件线索3起。2012年，市审计局共审理审计项目案卷35个，提出审理意见70条，纠正审计程序、审计定性处理处罚依据方面存在的问题50余条。完善各类审计内部规章69项，有2个审计项目被自治区审计厅评为“优秀项目”和“表彰项目”。

2014年，市审计局从审计计划、审计项目立项、审计现场实施、审计项目审理、审计发现问题的处理处罚、审计结果运用和审计整改落实的跟踪检查，促进全面提高审计工作质量。全年复核审计项目案卷147个，提出审理意见326条，纠正存在的问题160多项。

2015年，市审计局完成17个审计项目的审理复核工作，提出改进意见43条。会同市纪检委、市检察院成立专项督查组，对2014年向纪检部门移送的涉及9个旗县（区）40起涉嫌严重侵害村集体利益的违纪违规案件进行查处；对老旧小区改造审计项目开展和中央、自治区优惠政策措施的贯彻落实情况，开展复查整改监督工作。

第五章　工商行政管理

第一节　管理机构

一、呼和浩特市工商行政管理局

1986年，呼和浩特市工商行政管理局内设办公室、政工科、企业登记科、经济合同科、商标广告管理科、个体经济管理科、调查研究室；下设玉泉区分局、回民区分局、新城区分局。

1993年，市工商局下辖县级工商局7个，工商所48个，专业管理所8个，学会协会17个。

1994年12月，市工商局内设办公室、企业科、个体科、政工科、调统室、商告科、经济合同科、蒙文翻译科、广告公司科、经济科、市管科、外资处。代管个体协会、广告协会、消费者协会、私企协会。

1997年，呼和浩特市按照精简、统一、效能的原则，统筹兼顾，重新核定呼和浩特市工商局人员的公务员编制，原使用的事业人员的编制取消，基层工商所列公务员编制。同时，市场办管职能脱钩，建立市场中介服务机构，部分人员进行分流安置，清退协管人员。

2001年，市本级及9个旗县（区）均设立工商行政管理信息中心。2002年，市工商局内设办公室、人事教育科、财务装备科、法制科、公平交易和消费者权益保护科、市场规范管理科、企业注册管理科、商标广告监督管理科、物价管理科、收费管理科。市工商局同时承担物价管理的职能，不挂物价局牌子。呼和浩特市设1个专业市场管理分局，为市工商局派出机构，负责市场监管。旗县工商行政管理局设物价检查所，为旗县工商行政管理局的派出机构。

2004年，经自治区工商行政管理局批复，呼和浩特市工商行政管理局金桥经济技术开发区分局与和林格尔经济开发区分局成立，为市工商局派出机构。

2006年，设立呼和浩特市工商行政管理局金山经济技术开发区工商分局。2007年，市工商局成立“12315”消费者申诉举报中心。

2009年，自治区机构编制委员会调整物价管理体制，将市工商局及旗县（区）工商行政管理部门物价管理和监督职能，连同机构和人员编制、在编人员一同划转至同级发展和改革部门，实行属地管理。按照“编制随职能走、人员随编制走”的原则，将部分编制内的在职人员一并移交旗县（区），实行属地管理。同年，市工商局机关搬迁至丰州路与南二环交会处的工商行政大楼。

2011年，市工商局内设办公室、人事科、财务装备科、法规科、公平交易和消费者权益保护科、市场规范管理科、食品流通监督管理科、企业注册管理科、商标广告监督管理科、外商投资企业注册管理科、基层工作科及机关党委；设专业市场管理分局、如意开发区分局、金川开发区分局、和林格尔经济开发区分局、金桥经济开发区分局、金山经济开发区分局，6个派出机构。

2014年，自治区以下工商管理部门垂直管理体制改为地方政府分级管理体制，业务接受上级部门指导，领导干部实行双重管理，以地方管理为主。旗县工商行政部门改称市场监督管理局，编制人员一同划至地方管理。市工商局承担的食品流通环节行政许可和监督管理的职责，划入市食品药品监督管理局。

截至2015年，市工商局内设办公室、人事科、法规科、消费者权益保护科、市场规范管理科、企业注册管理科、小微企业发展科（小微企业发展局）、商标广告监督管理科、公平交易执法科（公平交易执法局）、市场主体监督管理科、行政事项审批办公室、机关党委12个内设机构，下设“12315”消费者申诉举报中心、信息中心2个事业单位。代管消费者协会、个体劳动者私营企业协会2个社团组织。下辖：新城区分局、回民区分局、玉泉区分局、赛罕区分局、网络商品交易监督管理分局、如意工业园区分局、金川工业园区分局、金山经济技术开发区分局、和林格尔经济开发区分局、金桥经济技术开发区分局10个正科级派出机构；下设24个工商行政管理所，分别是新城区东街工商行政管理所、西街工商行政管理所、锡林北路工商行政管理所、海东路工商行政管理所、东风路工商行政管理所、迎新路工商行政管理所、成吉思汗大街工商行政管理所；回民区文化宫街工商行政管理所、通道南街工商行政管理所、通道北街工商行政管理所、钢铁路工商行政管理所、海西路工商行政管理所；玉泉区大召工商行政管理所、昭君工商行政管理所、蓝天工商行政管理所、五塔寺工商行政管理所、裕隆工业园区工商行政管理所；赛罕区呼伦南路工商行政管理所、大学路工商行政管理所、金盛工商行政管理所、丰州路工商行政管理所、金河工商行政管理所、巴彦工商行政管理所、白塔机场工商行政管理所。

二、呼和浩特市消费者协会

1986年10月，呼和浩特市消费者协会成立，设立投诉站、宣传部、质量监督部。1987年，清水河县消费者协会成立，建立消费者协会分会8个，包括城关镇分会、宏河镇分会、韭菜庄分会、北堡分会、窑沟分会、喇嘛湾分会、城关工商所分会、喇嘛湾工商所分会，分会会长由乡镇副书记、副乡镇长及工商所所长兼任，建维权投诉站22个。1989年，武川县消费者协会成立，辖区成立5个工商所分会，8个乡镇分会，共13个协会分会，有专职调解员3名，兼职调解员39名。1990年7月，回民区消费者协会成立。1993年9月，赛罕区消费者协会成立，聘任职者46人，设立投诉站23个。同年，金川开发区消费者协会成立，建立投诉站5个。1994年，新城区消费者协会成立，有专职人员2名，志愿者30名，基层建立消费者分会9个，建立联络站66个。1995年，玉泉区消费者协会成立，与玉泉区12315受理中心合署办公。辖区建站28个。

1997年，呼和浩特市消费协会成立法律咨询部，无偿为消费者提供法律援助，并协助基层法院成立消费者纠纷法庭。8月，土默特左旗消费者协会成立，消费者投诉站10个，设立察素齐镇、毕克齐镇2个分会，建联络站59个。同年，和林格尔县消费者协会成立，设有专职人员4名、消协分会6个、维权站点13个，与和林格尔县司法局共建7个基层直属站，实现对消费者投诉受理、责任认定、纠纷调解、司法诉讼的“一站式”服务。

2004年，金桥开发区消费维权站成立。2005年10月，呼和浩特市消费者协会专业市场分会成立。2009年8月，和林格尔经济开发区消费者协会成立。2011年7月，如意开发区消费者协会成立。10月，金山开发区消费者协会成立。

截至2015年，呼和浩特市消费者协会在全市9个旗县（区）、直属专业分局和5个区建立消费者协会，全市各乡镇（村）、城市办事处（社区）、大型市场设立消协分会89个，投诉站359个，投诉电话400余部，聘请社会义务监督员500余名。

三、呼和浩特市私营企业协会（个体劳动者协会）

20世纪80年代初，呼和浩特市成立个体劳动者协会，隶属市工商局。1988年，协会制定《呼和浩特市会员困难帮扶救助管理办法》。

1992 年 4 月，呼和浩特市私营企业协会成立，与市个体劳动者协会一套人马，两块牌子。1993 年，新城区私营企业协会、回民区私营企业协会先后成立。

1996 年，呼和浩特市个体劳动者协会、私营企业协会合署办公，合称呼和浩特市个体劳动者私营企业协会（简称市个私协会）。

2005 年，全市有 15 个县级个私协会，个体工商户会员近 14 万户，私营企业会员约 3.4 万户。截至 2010 年末，全市个体劳动者私营企业协会有会员 9.3 万余户。

第二节　管理体制改革

1986 年，工商行政管理体制由偏重监督的纵向经济活动逐步向横向活动延伸，工作重点转移为商品经济发展和市场体制发展。呼和浩特市各级工商部门贯彻中共中央“三个有利于”（有利于发展社会主义社会生产力，有利于增强社会主义国家的综合国力，有利于提高人民的生活水平）方针政策，支持生产，促进流通，协调关系，方便群众。年内，部分产品取消统购派购制度，部分生产资料逐步放开，扩大农产品市场，开拓生产要素市场。

1988 年，为保护个体工商户利益，市工商局要求个体工商户除按国家法律和市政府规定缴纳税款和费用外，任何部门和单位不得再向个体户工商业收取费用。1989 年开始，市工商部门由传统的管理模式向新型管理模式转变，从产品经济服务转向商品经济服务。

1990 年，全市逐步健全统分结合的双层经营体制，发展集体经济和个体工商户经营机制。部分工商管理所推行收、管、查分离的工作方法。

1991 年初，市工商局提出“放而有度、活而有序、管而有序”的改革管理目标，搞活与监督管理紧密结合，在部分企业中推行承包经营责任制，商业体制改革过程中，对偏小、偏亏和微利的集体所有制门店实行租赁经营，扶持经济发展，制定出支持搞活企业的意见，支持企业调整产业结构、产品结构，对停产、半停产的工业企业，广开生产门路，因地制宜开办新生产项目。支持企业产品占领市场，开展横向经济联合等。扶持乡镇企业、区街企业、集体企业发展。对于新办的乡镇企业，放宽开办条件、生产经营范围，放宽名称管理，支持大中型企业在乡镇开办分支机构。对个体、私营经济的扶持，在开办条件、经营范围、方式等政策上放宽，适当减免管理费，保护个体户合法权益。市政府打造内引外联、“借船渡海”发展战略，工商部门现场办公，为企业办理各项手续。

1992 年，呼和浩特市按照建立社会主义市场经济体制的要求，逐步完善市场体系，贸易市场日趋完善，劳动力市场发展快速，房地产市场稳步发展，技术市场、信息市场逐步形成。商品、生产要素和服务品价格绝大多数由市场形成，工商部门工作重心转到维护市场秩序、形成统一开放竞争有序的市场雏形。

1993年，市工商部门在支持企业转换经营机制、搞活生产经营过程中，放宽企业名称的登记管理，尊重企业自主选择名称的形式。只要不重名、不近似、不侵犯他人名称的都允许登记注册。放开经营，尊重企业自主选择经营方式。企业选择批发、零售、代购、代销、代储、代运、服务、加工等经营方式，除国家有明文规定外，登记注册中不加限制。

1994年,市工商局强化工商行政管理统一执法力度,实行市场办管脱钩。1995年，随着国有企业实施改组、改造,市工商部门逐步取消行政部门和行业部门的前置审批。配合企业转制，从注重企业经济性质转向明确产权关系，依法核准法人资格，规范企业行为，保护出资人的利益，企业成为市场竞争的主体。

1996年，全市基层工商所纳入国家公务员管理。1998年，市工商局成立执法领导小组，制定《执法责任制》《执法公示制》等制度，实行执法责任制和执法公示制，提高执法水平和工作效率。

2001年，国家工商行政管理总局决定省以下工商部门实行垂直管理。2002年，市工商部门将注册资本实缴登记制改为认缴登记制。

2003年，市政府印发《呼和浩特市肉食品市场管理办法》《呼和浩特市食品市场安全监督管理规定》，从制度上促进集贸市场长效监管。在重点市场、重点区域建立集贸市场经营者经销商品台账制、工商机关查验票证制和商品信誉卡制度、先行理赔制度等，规范场内经营户的经营行为。

2004年，呼和浩特市实施“食品放心工程”，围绕上市前、销售中及售后“三个环节”，开展食品质量全程监管。在全市推行上市食品检测检疫、索证验票和“场厂挂钩”等制度，重点实施“乡村食品示范店”活动，将市场巡查、监管的“关口”前移到经营者加工、进货环节。

2006年，全市工商系统进一步推进企业信用分类监管改革，创新研发工商“移动执法”系统，提高市场监管执法的技术含量和效能。逐步完善流通领域商品市场准入制度，全市80%以上的市场建立了商品准入制度，并对农资、食品等重要商品实现网上备案监管。

2007年，市工商局制定《呼和浩特市知名商标认定和管理办法》。全面落实商品质量准入制度和国务院《关于食品等产品安全监督管理的特别规定》，全市县城以上的超市、食品市场100%建立索证验票制度，乡镇、街道、社区的食品经营户和食杂店100%建立进货台账，乡镇政府所在地及县城以上小食杂店、小摊点无照经营食品的问题基本得到解决。

2008年，市工商局制定《呼和浩特市流通环节食品安全经营行为规定》，在全市10个食品市场及178户批发企业实行“一票通”制度。2009年，落实自治区工商局《关于促进经济平稳较快发展的意见》，建立“重点企业照后跟踪服务制度”，针对企业的实际需求实施个体服务，帮助企业解决实际困难。

2010年，全面开展网上工商业务，确定专人办理名称核准、登记受理、网上预审、网上年检，方便企业办事。推行注册登记“窗口”人员履职问责制和执法办案行为问责制，提升监管执法、服务效能和各项工作的规范化水平。指导各旗县（区）工商登记驻厅式“一站式服务”。

2012年，市工商局制定《关于支持小型微型企业发展的若干意见》《关于支持文化体制改革、促进文化产业发展的若干措施》《关于鼓励扶持大学生创业的意见》等系列服务措施。制定《呼和浩特市工商行政管理局流通环节临近保质期食品管理规定（试行）》，并启用《食品安全行政告诫书》《食品安全监管督办通知书》等食品安全督办责任制度，严格监督市场主办单位，特别是食品经营户依法履行食品安全“第一责任人”的法定义务。研发呼和浩特市地区无照经营监管系统，搭建全市52个部门联动的网上监管平台，借助网上平台实现对全市范围内无照经营的动态监控和长效监管。

2013年，市政府印发《关于深化工商注册登记制度改革，促进市场主体加快发展的意见》，提出实行注册资本认缴登记制、年度报告公示制、简化住所（经营场所）登记手续，推行电子执照和全程电子化登记、建设市场主体信用信息公示平台等24个方面的改革。推行工商户“同区通办”、企业“同城同办”、企业简易注销登记多项改革。将159项前置审批项目改为后置，行政审批及备案事项大幅削减。业务项目由“先证后照”改为“先照后证”办理，推进注册工作的最大便利化。同年，自治区工商局转发《关于支持呼和浩特市经济持续快速健康发展的意见》，将自治区工商局登记的258户企业移交市工商局管辖，企业税收缴交呼和浩特市，为呼和浩特市增加税收1亿多元。同时为2户央企全资子公司办理注册登记，为2户央企在呼和浩特市的分支机构办理企业法人登记，对6户母公司注册资本3000万元、集团母子公司注册资本总额5000万元的企业办理集团登记，确保在呼和浩特市落地企业的税源不流失。年内，市工商局相对集中行政许可权，将企业注册登记业务纳入市行政服务中心办理，实行个体工商户注册登记统一集中办理。同时，注册登记样本、企业年检、用工信息等业务转变为网上自助服务。

2014年，自治区将工商垂直管理体制，改为地方政府分级管理体制，业务上接受上级部门指导，领导干部实行双重管理，以地方管理为主。自治区工商局印发《关于深化工商注册登记制度改革、促进市场主体加快发展的意见》，取消最低注册资本限制，将注册资本由实缴制改为认缴制；将企业年检、个体验照制度改为年度报告制度。市工商局制定《呼和浩特市企业简易注销程序规定（草案）》，实现企业登记注册工作从准入到退出全程便利化。同时，实施“双随机、一公开”，即随机抽取检查对象、随机选派执法检查人员，抽查情况及查处结果及时向社会公开。

2015年，市工商局印发《关于试行工商登记注册“同城通办”管理模式的实施意见》，开展企业简易注销登记试点。市四区实行个体工商户“同区通办”，企业“同城通办”、企业简易注销登记等，各类市场主体不受经营地点和所属主管机关的限制，自主选择到全市任意一个行政服务大厅办理设立、变更、年报、注销等业务，推进注册登记便利化。同时实施“一照一码”改革，跨越“三证统发”“一照一码”过渡模式，直接实施“一照一码”登记制度，企业申领相关证照由原45个法定工作日缩短到5个工作日即可办结。全年，共办理发放“三证合一、一照一码”营业执照1.05万份。年内，市政府印发《关于工商登记前置审批事项改为后置审批有关事项的通知》，严格执行国务院公布的34项工商登记前置审批事项目录，全市有2100户中小微企业（含个体工商户）按照“先照后证”改革要求办理工商营业执照。

第三节　工商企业管理

一、企业登记管理

1986年，按照国务院《关于进一步清理整顿公司的通知》要求，市工商局会同有关部门对全市登记管理的422户公司，进行清理整顿，准予年检换照保留的公司227户；降格为商店、门市部43户；注销和办理歇业手续的100户；待清理的52户。至年末，全市有工商企业1359家，职工14.62万余人，资金15.70余万元；集体企业5611家，职工15.49万余人，资金7.46亿元；其他经济类型企业446家，职工8925人，资金5284万元。

1989年，市委、市政府印发《进一步清理整顿公司的决定》，全市清理整顿公司147家。其中，具备条件予以保留的公司112家，占公司总数的76.19%；撤并的公司31户，占公司总数的23.81%。企业换发执照1750家，年检341家。其中，核准为企业法人的110家，核准为营业登记的231家，占总户数的20%；办理歇业手续的24户，占总数的1.4%；新增企业共236家。全市个体工商户进行换照工作，收回漏缴管理费1.8万元。全市有个体工商户14080家，从业人员20704人，注册资金6008万元。

1990年，市工商局换发营业执照1514家。其中，换发企业法人营业执照352家，换发营业执照1162家，办理注销登记手续149家，新办企业法人登记28家，营业登记 147 家。根据国家政策规定和市政府关于整顿批发企业的通知要求，对从事批发业务的企业进行整顿，取消商店、门市部和社会商业批发经营权商户 615 家；按照发展生产，保留生产型和科技开发型公司整顿要求，全市 594 家批发企业中，注销公司 212 家，合并公司 3 家，降低公司名称保留经济实体的 102 家，保留公司 268 家，旗县政府和归口管理部门特定公司 9 家。

1993 年，随着市场经济体制的建立，市工商局放宽个体工商户和企业注册资金、经营范围和登记条件，加快登记注册工作。全年登记注册企业 4131 家，包括法人登记 2598 家、营业登记 1533 家，在登记注册的总数中有公司 1686 家。外地到呼市共办企业 255 家，从业人员 4380 家，注册资金 7489 万元。外商投资企业 223 家，注册资本 1.88 亿美元，其中外商投资共计 8401 万美元。对登记注册的 111 家外资企业进行年检，年检合格 107 家。对 183 家外资企业进行出资检查，出资率为 58.8%。其中，中方出资率 56.8%、外方出资率 63.7%。至年末，全市登记注册企业总数 1.44 万家，从业人员 50.51 万人，注册资金 47.01 亿元。

1994 年，根据国家工商行政管理总局要求，改革企业登记事项，取消部分行业主管部门的前置审批，推行“一审一核”制，简化并规范登记操作程序。市工商局开展对房地产业、金融业、广告业经营及各类中介组织的审查监督工作，对全市党政机关兴办的实体进行清理。年末，全市有集贸市场 67 个，其中市区 34 个、综合集贸市场 27 个、专业市场 6 个。

1995 年，市工商局贯彻落实《中华人民共和国公司法》有关规定，为企业改组、改制服务。把支持国有大中型企业转换经营机制作为工作重点，提供服务，全年共登记注册公司 113 户，有限责任公司 4 户。1997 年，全市登记注册各类企业 1.58 万户（不含私营企业和外资企业），有限责任公司 288 户。

1998 年，市工商局采用提供咨询、参与论证、简化办事程序等方式，支持企业实行股份制改造。新登记内资企业 271 户，有限责任公司 59 户。按照市委、市政府“抓大放小”要求，为山东省三角集团兼并市橡胶厂、自治区吉兰泰盐业公司兼并市制药厂等 11 户企业采用改组、联合、租赁、股份合作、出售等形式转换经营机制，提供快捷的整合手续。为促进粮食流通体制改革，新登记注册粮食系统企业 5 户、补办年检 21 户。依法发布听证公告吊销企业 1233 户，清理注销武警、军队、公检法机关所办企业 28 户。对 46 户拟吊销的外商投资企业实行听证公告。截至 1998 年，全市有外商投资企业 258 户，投资总额 37.10 万美元，注册资本 2.81 亿美元。

1999—2003 年，市工商局制定《企业、个体登记数据库管理办法》等 10 余项制度。市局、旗县（区）局（分局）两级数据中心，收录入库 2.08 万户企业数据和 3.33 万户个体工商户基本登记信息。2003 年，全市有个体工商户 5.72 万户、私营企业 9648 户，同比增长 3.4%、19.4%。全市有外商投资企业 230 户，注册资金 4.19 亿美元、投资总额 4.75 亿美元，同比增长 17.95%、24.91% 和 24.33%。

2005 年，市工商系统开展深化“两创”活动，印发《关于进一步深化“两创”活动、推进工商行政管理能力建设的实施意见》《关于优化市场环境、共铸诚信首府专项行动工作方案》，推进“食品放心工程”的实施和首府“信用工商”建设。同年，以市场准入“增速提效”为目标，开展网上登记管理，使经营者在第一时间了解办事规程、企业登记信息，下放企业（个体工商户）名称核准权，启动外资并联审批、网上年检、网上示范文本等，提升信息网络登记注册的覆盖率和应用水平。全年，新登记注册企业 193 户，网上年检企业 133 户，为符合条件的企业当场核发营业执照 989 个。年末，全市个体工商户 5.29 万户，同比增长 13.67%；私营企业 1.21 万户，注册资本 14.54 亿元，同比增长 13.26% 和 11.1%；外商投资企业 213 户，投资总额 10.01 亿美元，注册资本 6.14 亿美元，外方认缴 4.33 亿美元，同比增长 10.37%、37.78%、24.6% 和 23.26%。为符合条件的下岗失业人员办理营业执照 5699 个，为 705 户从事第三产业的企业（个体工商户）减免各项行政性收费 509 万元。

2006 年，市工商局为重点企业（引资项目）提供咨询、预约专办、全程代理等延伸服务 2420 人次，“特事特办”登记注册企业 165 户。全系统共为企业、个体工商户提供网上名称查重、核准服务 826 人次，网上年检企业 94 户，为符合条件的企业当场核发营业执照 1612 个，对 183 户诚信守法的企业给予免检待遇。年末，全市个体工商户发展到 5.39 万户，同比增长 1.5%；私营企业 1.44 万户，注册资金 188.70 亿元，同比分别增长 20.4%、31.8%；外商投资企业 226 户，投资总额 12.24 亿美元，注册资本 6.86 亿美元，外方认缴 4.87 亿美元，同比分别增长 6.1%、22.2%、11.6% 和 12.5%。为下岗失业人员办理营业执照 3687 户，减免行政性收费 519.8 万元；新发展第三产业市场主体 1.25 万户，为符合条件的商户减免行政性收费 285 万元。第三产业的企业和个体工商户 6.87 万户，同比增长 11.6%。

2007 年，全市新增各类企业、个体工商户 1.65 万户，新增注册资本 54.3 亿元；协助地方政府引资项目（企业）249 个，资金 28.47 亿元。外商投资企业 243 户，在全区所占比例提高到 23%。新登记第三产业的企业和个体工商户 1.23 万户。

2008 年，全市个体工商户发展到 6.18 万户、私营企业 1.85 万户，分别较 2007 年同期增长 5.5% 和 19.5%；外商投资企业发展到 247 户，注册资本 8.5 亿美元，投资总额 15.5 亿美元，同比分别增长 6%、18.3% 和 18.5%。同时，推进发展服务业和促进新农村建设，在全市 90% 以上的农资经营户中推行“两票一卡一书”制度，培育发展“农资经营示范店”22 户。全市共登记农民专业合作社 453 个，出资总额 3.97 亿元，成员总数 3582 人。

2009 年，全市新增各类企业 2764 户，个体工商户 2.19 万户。私营企业注册资金在 500 万元以上的 623 户，亿元以上的 16 户。全市共登记农民专业合作社 453 个，出资总额 3.97 亿元，成员总数 3582 人。扶持高校毕业生、下岗失业人员、残疾人、退伍军人申办个体、私营企业，以创业带动就业。群体办理个体、私营登记 856 户，免收行政性费用 3.62 万元。

2010 年，全市新登记个体工商户 2.06 万户，私营企业 3453 户。有个体工商户 9.22 万户、私营企业 2.37 万户，分别较 2009 年同期增长 16.5% 和 13.7%。外商投资企业发展到 251 户，注册资本 8.24 亿美元，投资总额 6.70 亿美元。新登记农民专业合作社 187 户。同年，市工商局逐步解决无照经营市场准入问题，将基层局辖区的无照经营户输入软件系统，建立无照经营户电子台账；建立企业市场准入并联审批制度，协助市政务中心制定《呼和浩特市政务服务中心企业市场准入并联审批实施办法（试行）》，开展企业市场准入并联审批，缩短办理业务审批时间。

2011 年，市工商局登记私营企业 2.81 万户、个体工商户 10.61 万户，分别较 2010 年同期增长 16.1% 和 12.5%；外资企业 722 户，注册资本 52 亿美元，投资总额 102.7 亿美元；登记农民专业合作社 1374 户，其中新发展 333 户，成员总数 1.08 万人，出资总额 10.6 亿元。新办理股权出质登记 123 户，出质总额 19 亿元，担保金额 33.7 亿元；新登记小额贷款公司 15 户。同年，工商部门实行企业网上年检 1.65 万户，网上年检率 99%。

2012 年，全市网上录入无证无照经营户 2.15 万户，累计核销无照经营户 7302 户，向相关部门移送 1.14 万户。全年新登记个体工商户 1.99 万户，私营企业 3827 户。各类市场主体总量达 15.9 万户，同比增长 12.4%，创历史新高。截至 2012 年，全市个体工商户 12.24 万户，投资总额 33.76 亿元。

2013 年，全市实有企业 3.88 万户（含分支机构，下同），注册资本（金）1872.94 亿元。内资企业 3.81 万户，注册资本（金）1815.63 亿元。其中私营企业 3.39 万户，注册资本（金）1085.38 亿元。外商投资企业 696 户，注册资本 57.32 亿元。个体工商户 13.62 万户，资金数额 40.85 亿元。农民专业合作社 2811 户，出资总额 35.11 亿元。

2014 年，全市新登记市场主体 2.93 万户，同比增长 11.41%；注册资本 597.61 亿元，同比增长 275.69%。全市平均每天新登记市场主体 106 户，新增注册资本 2.16 亿元。市场主体总量 20.53 万户，注册资本 2987.85 亿元。

截至 2015 年，全市有市场主体 21.75 万户，注册资本 4040.27 亿元。全市平均每天新登记市场主体 111 户，市场主体存活率 83.5% 以上，高于全国 70% 的水平。

二、合同管理

1986年，为建立和维护社会主义市场经济秩序，市工商部门开展“重合同、守信用”活动，在农商企业实施合同制管理，开展经济合同鉴证，建立经济合同联系网络及管理制度。全年共签订各类经济合同10万份，金额34.72亿元。其中，蔬菜订购合同7711份，金额903万元。经过鉴证的合同8213份，金额6135万元。全市有合同管理网络点424个，合同管理人员1401名。

1989年，市工商局各分局成立合同股。全年共签订合同13.8万份，金额64.63亿元。鉴证蔬菜等经济合同5973份，金额1.3亿元。蔬菜合同履约率94.8%。建立合同管理机构865个，配备专兼职合同管理人员2411名。全年受理经济合同纠纷案413件，争议金额421万元，调解27件，裁决380件，撤诉4件，未结2件，为企业追回拖欠款120万元。

1990年，市工商局开展经济合同条例宣传教育工作，采用自办、联办、外出授课等形式，在建筑企业系统、广告经营系统、铁路等系统举办经济合同法学习班12期，培训720人次。建立企业内部合同管理机构，市属企业、区局企业、建立合同管理机构，组建机构865个，培训专兼职合同管理人员2411人，取得合同管理员合格证588名。推行经济合同示范文本工作，制作法人资格证书，草拟有关制度，为推行经济合同文本统一管理制度建立工作基础。全年，受理经济合同纠纷案157件，合同金额2318万元，结案156件；调解13件，裁决135件，确认无效合同3件。

1991年，市工商局开始开展租包、租赁技术转让合同的管理，对蔬菜产销公司、大宗商品、运输合同等实施管理，促进经济合同纠纷案调解仲裁工作。1993年，鉴证经济合同380份，金额1.16亿元，帮助120个企业建立合同管理机构，配备合同专兼职管理人员398名，实行凭“签订经济合同资格证”签订经济合同的制度，同时发放《法定代表人证明书》《法人授权委托书》，开展经济合同咨询服务和指导、监督检查工作。全年受理经济合同纠纷案8起，仲裁争议金额216万元。

1996—2000年，市工商局鉴证合同1100余份，举办培训班60余期。

2003年，市工商局开展“诚信文明市场（企业）”“守合同、重信用”等信用主题创建评比活动，评出“守合同、重信用”单位120家，评出文明诚信市场13个、诚信私营企业62户，引导市场及广大经营者增强守法诚信经营意识，推动市场信用机制的建立与完善。

2006年，全市工商系统引导企业发展“公司＋农户”的经营模式，规范订单合同，发展订单农业。全系统共指导企业和农户签订合同1.4万份，参与订单的企业49户，签约农户1.6万户，合同标的6000余万元。2007年，全市工商系统指导经营户与企业订单合同2万份，金额1.2亿元。培育农村经纪人2811名，经纪人协会发展到173个。

2008—2010年，全市工商系统实施“经纪活农”工程，培育发展涉农行业协会27个，农村经纪人组织和“合同帮农”工程。实施“品牌兴农”工程，引导涉农企业与农民签订合同，推行农业合同示范文本，推进订单农业发展，逐步提高全市农业的市场化程度。通过合同监管，制止“霸王条款”，依法查处合同欺诈等违法行为，切实保护消费者合法权益。

2012年，市工商局开展“打击利用格式合同条款侵权”专项行动，征集各行业合同72份，同步在《呼和浩特晚报》《呼和浩特日报》等新闻媒体公开向社会各界征集“霸王条款”活动，对5份涉嫌内含侵害消费者权益条款的问题合同下发整改通知书。

2013年，全市工商系统共检查农资、食品、广告、房地产等重点经营户合同1260户次，立案173件。2014年，办理市场主体联络员合同备案登记4万件，公示市场主体年报信息1.44万户。

2015年，市工商局先后2次组织开展对2728家企业合同信息公示及时性和真实性的核查工作，查实违法公示信用信息的合同企业1.57万家，并将其依法列入企业经营异常名录。

三、商标管理

1986年，全市有注册商标316件，分别使用在1056个产品上，广告经（兼）营单位23家，营业额约150万元。1987年，市工商部门对市卷烟厂不规范使用商标和无注册商标销售等行为进行检查。假冒注册商标主要涉及香烟、酒、自行车等商品，对侵权行为进行罚款处理。1989年，核转商标79件，接自治区工商局转回的商标注册证58件。开具注册商标印制证明46份，开具未注册商标委托书33份。全市共注册商标431件。在酒类商标的清理整顿中，清理整顿酒厂7家，注册商标19件。

1990年，全市核转商标70个，建立商标档案130个。市商标局核准下发的商标注册证58件，开具注册商标印制证明30份，未注册商标委托书32件。根据国家工商行政管理总局《关于停止酒类商品上使用“香槟”字样的通知》精神，共清理使用“香槟”字样的冷饮企业7家。根据国家工商行政管理总局《商标印制管理办法》规定，对全市商标印制企业重新进行审查验收。协助17家企业办理注册商标18个，查询已申请的商标46件。

1993年，实行商标代理制后，市工商局不再办理商标核转工作。与市消费者协会共同开展著名商标推荐和评选工作，全年有16件商标被评为自治区著名商标。

1996年，市政府组织开展全市首批名牌产品评选，评出“伊利”“青山”“仕奇”“天鹅”“山丹”等19个品牌为全市首批名牌产品。市工商局以查处制假窝点为突破口，严厉打击假冒商标和商标侵权行为。查处非法商标侵权案件25起，移交司法机关追究刑事责任的4起，收缴假冒商标标识139万张(套)。全年全市共注册各类商标792件。

1997年，市工商局单独设立商标管理科。全年查处商标侵权案件32件，结案31件。对注册的857件商标进行年检验证，验证率86.3%。112户企业的170件商标进入自治区工商局出版的注册商标汇编。全年新增申请注册商标179件，增长18%。

1998年，经自治区工商局认定，全市有16件商标为自治区著名商标。全年新增申请注册商标276件，申请国际注册商标6件，比1997年增长34.8%。对全市注册的933件商标进行年检验证，验证率100%。对全市56户商标印制单位和116户印刷企业进行检查，查处非法印制商标的行为1户，查处商标侵权案件26件，结案26起，查获假冒商标标识7.12万件（套），收缴用于商标侵权的模具、印版等作案工具5120件（块）。

2003—2005年，市工商局拟定《呼和浩特市知名商标评比和认定办法》，成为企业争创驰名、著名和知名商标法定的依据。协助企业申报“乾坤”“金河”“呼和清真”“蒙清”“武川莜面”等驰名商标、集体商标、原产地证明商标等。培育自治区著名商标11件，“呼和清真”商标填补呼和浩特市集体商标的空白。赛罕区工商分局引导协会申报“连威”“蒙塞”产地证明商标。截至2005年，全市累计注册商标3736件，培育驰名商标企业3家——“武川土豆”“武川荞麦”“武川莜麦”，著名商标企业32家，绿色、特色农副产品商标注册增加51件。

2006年，市工商局开展保护商标专用权专项行动。以食品、药品等行业为重点，查办商标违法案件34件。年内新注册商标1859户。全市共有注册商标5950件，其中自治区著名商标23件。

2007年，市工商局开展对注册商标的备案管理和跟踪服务，认定“清水河小香米”等13家企业商标为自治区著名商标，帮助2家企业筹备申报中国驰名商标。全市有驰名商标5件，著名商标36件。开展“伊利”“蒙牛”“耐克”“成吉思汗”“奥林匹克标志”等品牌专项维权行动，查处各类商标侵权案件51件。

2008年，协助武川“三宝”——“武川荞麦”“武川土豆”“武川莜面”，在国家工商行政管理总局商标局注册地理标志证明商标。全市共有注册农副产品及产地证明商标41件。

2009年，呼和浩特市“宇航人”和“兆君”羊绒商标被认定为中国驰名商标，全市驰名商标总数上升为8件。全市注册商标总量6936件，自治区著名商标45件、呼和浩特市知名商标20件。“牧星”“大唐药业”和“众环”3件商标申报中国驰名商标。

2010年，市工商局推行《商标注册建议书》《商标法律告知书》《商标策略提示书》《争创驰名、著名、知名商标建议书》以及专项行政指导服务的《商标规范使用提示书》。年内，“金河”商标被认定为中国驰名商标，“托县辣椒”等被认定为地理标志商标。

2011 年，呼和浩特市成立商标品牌战略推进实施领导小组，制定首府“十二五”商标发展规划。市政府印发奖励办法，对新获得驰名商标的企业一次性奖励每件商标 50 万元，著名商标奖励 10 万元，知名商标由旗县（区）政府奖励 5 万元；每获得一件驰名商标，奖励工商部门 15 万元。大唐药业的“三花”商标、伊利集团的“优酸”商标新获得中国驰名商标，“托县茴香”商标被评为地理标志证明商标。实施商标培育储备制度，建立培育驰名、著名、知名商标企业和注册商标数据库。确定 108 件呼和浩特市知名商标、17 件自治区著名商标和 26 件中国驰名商标培育对象，形成层级分明、结构合理的梯级商标培育体系。至年末，全市共有中国驰名商标 11 件，自治区著名商标 62 件，呼和浩特市知名商标 80 件，地理标志证明商标 5 件，农副产品商标 750 件。

2014 年，市工商局印发《呼和浩特市知名商标申请及认定工作规范》。年内评审认定知名商标 41 件。全市累计有效注册商标 1.8 万件。其中，中国驰名商标 16 件、自治区著名商标 97 件、呼和浩特市知名商标 160 件，商标注册总量和驰名、著名商标拥有量占到全区的三分之一。

2015 年，市工商局通过构建全方位商标品牌政策体系，开展商标注册便利化改革，促进商标品牌融入地区经济发展。全区 14 个盟市共评定中国驰名商标 16 件。其中，呼和浩特市认定 6 件。4 月，国家工商行政管理总局商标评审委员会认定“巧乐兹”为中国驰名商标。清水河县农业技术推广站向国家工商行政管理总局商标局递交申报清水河海红果、清水河黄米、清水河小米、清水河胡麻油、清水河香醋 5 件地理标志证明商标的申请。截至 2015 年，全市商标注册量 2.48 万件，拥有中国驰名商标 17 件、自治区著名商标 106 件、呼和浩特知名商标 207 件。商标战略各项指标均位居全区第一。

四、广告管理

1986 年，全市有广告经营企业 27 家，公共广告栏 39 个，广告年营业额 158 万元，从业人员 315 人。1987 年，市内有“天鹅”电视机广告牌和“三菱”汽车广告牌等比较大的广告牌。1989 年，整顿广告经营企业 40 家，取消不具备广告经营资格的企业 13 家，重新核发广告经营许可证的企业 27 家。

1990 年，市工商局举办 2 期广告业务员培训班，核发《广告业务员证》。1991 年，全市有广告经营企业 114 家，市工商部门核准 32 家。对广告经营企业实行规范化管理，参加年检审核。1993 年，核准广告经营企业 114 户。

1996 年，市工商局按照《中华人民共和国广告法》，清理户外广告 481 件，查处违法广告案件 9 起，没收违法广告宣传品 1700 余张。1997 年，市工商局查处广告违章违法案件 38 件，发放《户外广告整顿通知单》2400 余份，清理 46 条主要街道和城郊接合部，道路路口广告牌1175块，拆除各类违章广告350余块。收缴违法印刷品广告48种10万余张。开展公益广告宣传月活动，制作发布公益广告64条，在自治区获得平面广告第二名，并参加了全国公益广告的评比活动。

1998年，依法查处各类违章违法广告案件69起，结案69起。收缴印刷品广告56种8万余张。对报纸杂志、广播电台、电视台发布广告进行监测，查处违法广告320条。

2003年，呼和浩特市试行《呼和浩特市机动车车体广告管理办法》，规范车体广告经营行为，对车体广告经营企业进行备案管理，办理车体广告登记726件。探索电子商务监管，制定《呼和浩特市网络广告管理暂行规定》《经营性网站备案管理办法》，对网络广告经营资格、审查制度等作了明确规定。全年，立案查处网络违法广告案件7起。

2006年，市工商局联合市委宣传部、市卫生局、市药监局等部门，建立查处虚假违法广告协作体系，在商场、药店、医院、社区等公共区域、红盾信息网公示虚假违法广告25条，引导广大消费者健康、理性消费。加强对媒体医疗、药品、保健品等广告的监测，监测内蒙古电视台、《北方新报》等主流媒体广告5516条，对183条违法广告责成旗县（区）局、分局进行查处、规范。

2007年，市工商局制定实施《市局、基层局分类监管媒体广告制度》《违法广告公示制度》《虚假违法广告联席会议制度》，整合信息资源和执法力量，以药品、医疗服务、保健品、化妆品广告为重点，监测广播电视等媒体广告1.04万条次。开展房地产、非法集资活动、固定形式印刷品、集邮票品广告，以及车站、机场等重点区域户外广告专项整治，禁止违法广告417条次，查处广告违法案件241件，停播虚假违法广告58条，更正不规范户外广告39块，罚没金额175.8万元。查办糖维胶囊、消渴降糖片、肾宁散等违法广告案件，分别罚款8.4万元和37.2万元。

2008年，市工商局严厉打击虚假违法广告，提出执法主体由市局、分局两级机关向工商所延伸、监管领域由市区向城乡接合部、农村延伸的工作要求。全年，新办户外广告登记90户，更正内容不规范的广告45块，共监测药品、医疗广告1.2万条次，查办广告违法案件132件，停播益气生津降糖胶囊、肝毒净颗粒等药品违法广告36条次。

2010年，呼和浩特市开展食品安全电子化监管，系统联网超市89家，上传食品数据115.24万条。全年，全系统共办理各类行政处罚案件6004件，其中一般程序案件3606件、简易程序案件2398件，罚没款2103.6万元。

2011—2013年，全面开展打击侵犯知识产权和制售假冒伪劣商品专项行动，加大对关系群众健康安全的食品、药品、医疗、化妆品等违法广告的查处力度，使广告违法率大幅下降。

2014 年，呼和浩特市贯彻实施新《中华人民共和国广告法》，制定实施《呼和浩特市新闻媒体广告监管计分考核制度（试行）》，全面规范媒体广告经营活动。全年，共监测广告 28 万余条次，停播违法广告 29 条。

2015 年，市工商局制定实施《呼和浩特市新闻媒体广告监管计分考核制度（试行）》，规范媒体广告经营活动。据 2015 年 9 月国家工商行政管理总局大数据监测情况显示，呼和浩特市媒体广告的严重违法条数率和条次率下降至 0.12% 和 0.01%，广告市场秩序得到改善。

2015年呼和浩特市广告经营企业情况统计表

表13-5-1

项目		经营单位（户）	从业人员（人）	广告经营额（万元）																				纳税额（万元）
				小计	食品药品保健食品	酒类烟草	化妆品及卫生用品	房地产	家用电器及电子产品	信息传播、软件及服务	金融保险	服装服饰及珠宝首饰	招工招聘及其他劳务	汽车	医疗服务	医疗器械	农业生产资料	生活美容、休闲服务	旅游	教育	出入境中介	批发和零售服务	其他	
合计		4872	37106	115149	13170	27080	6121	16080	4862	1457	5527	1911	5851	7173	8405	7491	3537	5044	2107	2048	562	6811	234	1375
其中	国有企业		62	124	101	27	—	—	82	—	—	—	2	3	24	3	—	—	4	—	—	—	15	—
	私营企业		4003	30838	4601	20800	—	310	15300	4600	1307	5500	1800	5800	6900	8200	7400	3500	5000	2050	2000	540	6433	79
	个体工商户		787	304	142	551	—	63	274	34	22	16	42	34	97	38	17	16	21	33	17	14	101	53
	事业单位		20	2886	75	655	—	225	424	228	128	11	67	14	152	164	74	21	19	24	31	8	41	23
	主营广告业务企业		2301	13280	3001	17400	—	204	9750	4530	1250	5120	1000	2800	5300	7820	6400	2500	4250	1240	1501	440	5812	57

续表 13-5-1

项目	经营单位（户）	从业人员（人）	广告经营额（万元）																			纳税额（万元）
			小计	食品药品保健食品	酒类烟草	化妆品及卫生用品	房地产	家用电器及电子产品	信息传播、软件及服务	金融保险	服装服饰及珠宝首饰	招工招聘及其他劳务	汽车	医疗服务	医疗器械	农业生产资料	生活美容、休闲服务	旅游	教育	出入境中介	批发和零售服务	其他	
	兼营广告业务企业	2571	18748	1500	3200	—	185	5430	130	70	251	480	267	780	202	152	50	451	320	80	14	237	50
其中	电视台	6	150	154	305	—	101	314	16	18	20	35	48	179	152	25	13	25	47	39	7	52	15
	广播电台	7	142	312	700	—	108	375	28	11	54	38	42	277	198	21	14	21	15	21	8	50	14
	报社	3	127	208	213	—	107	279	42	26	27	28	17	186	150	24	17	20	36	18	2	48	12
	期刊社	3	86	18	45	—	8	15	38	5	14	21	15	22	21	12	8	19	15	6	1	15	2

说明：表中“—”表示无数据

第四节　经营秩序管理

一、市场监督管理

1986年，随着全市经济体制改革的深入，农村商品生产得到发展，农民生产资料和农副产品除完成国家任务外，运往外地的农副产品逐渐增多。粮食等产品实行合同订购，生猪、水产品逐步取消派购，自由上市、自由交易。国家指令性计划减少，市场调节功能扩大，集体和个体经济兴起，逐步形成贸易中心、批发市场。年末，全市有交易市场21个，综合市场8个，国有占1.3%，集体占18.6%，个体占81.1%。建筑面积分别为4200平方米、2250平方米的八一综合市场和建华市场投入使用。1987年，建筑面积1.46万平方米的青城市场投入使用。

1989年，为规范建筑市场和旧货物资交易市场管理，市工商局制定《呼和浩特地区建筑市场管理暂行条例》《关于旧货物资交易市场管理暂行规定》。年末，市区有市场20个。其中，卷烟厂市场、五四农贸市场、健康街市场、三里营市场、南茶坊市场、自行车市场、大南街市场归玉泉区分局管理；贝尔路市场、通道街市场、团结市场、南马路市场、钢铁路市场、工农兵市场、牲畜市场归回民区分局管理；乌兰察布路市场、大学路商场、八一综合市场、东门外市场、西街小商品市场、南街市场归新城区分局管理。旗县市场有土默特左旗毛纱市场、土默特左旗建筑材料市场、托克托县枸杞专业市场、托克托县建筑市场。市工商局直接管理的市场有旧机动车辆交易市场、运输市场、房地产市场管理所、绒毛市场、文化市场、建筑市场。对旧机动车辆交易市场、文化市场进行整顿管理。

1990年，市工商局开展清理整顿公司工作，检查38家企业，对22户违反企业法人登记管理条例的企业进行处理。建立运输市场、旧机动车交易市场、房地产市场、皮毛市场等18个专业市场。按照国家工商行政管理总局、自治区工商局关于加强专业要素市场管理的精神，建立呼和浩特市工商局运输市场工商行政管理所。

1991年，市工商局开展划行规市、明码标价、市场达标工作，全市工商部门规划建设集贸市场5处。其中，市区2处，土默特左旗、托克托县、郊区各1处。

1993年，市区西郊生产资料交易市场、通道南街市场、八一综合市场和通达商场改造为批发市场。托克托县新建沿街仿古式市场，土默特左旗新建敕勒川市场，回民区新建蓝天综合市场。集市贸易成交额718万元。其中，副产品市场成交额374万元，工业专业市场成交额344万元。

1994年，全市有各类商品交易市场39处。其中，市区35处，包括楼层式市场14处、庭院式市场7处、临时性市场4处、其他类型市场10处；在市区35处市场中，新城区 11 处、回民区 12 处、玉泉区 4 处、郊区 8 处。市场占地面积约 16 万平方米，建筑面积约 13 万平方米，摊位总数 1.3 万个。1990—1994 年，累计成交额 160 亿元。其中，消费品市场 110 亿元，生产资料市场 50 亿元，商品交易市场历年成交额均占社会零售商品交易总额的 10% ~ 20%。

1995 年，市工商局修改《呼和浩特市城镇集贸市场管理办法》。1996 年，全市建有各类市场 85 个。其中，消费品市场 10 处，双生市场 15 处。新城区工商分局与内蒙古军区后勤部建成荣星批发市场；市工商局与市商业局、市总工会协调建立鑫兴小商品批发市场；回民区工商分局同光明路办事处兴建光明路扶困菜市场。

1997 年，市工商局对扰乱市场经济秩序的违法行为加以整治，集中开展食品、建筑、文化、成品油、卷烟、旧服装等市场的专项整治。年内，成立成品油、生产资料、医药、劳务、煤炭 5 个专业市场管理所。

1998 年，全市推行市场巡查制，加强对消费品市场的日常监督。对烟草、进口旧服装、进口照相器材、进口家电、进口汽车配件等市场进行日常监管。取缔无证经营化肥、地膜、种子经营户 50 户，查扣碳铵、尿素等化肥 579.9 千克，劣质种子 1240 千克，地膜 720 千克，查扣“三无”农药 10 个品种 30 多箱，总价值 101.4 万元。

2002 年，市工商局建成“12315”操作平台，是集企业注册、商标管理、广告管理、合同管理、公平交易、消协投诉站等业务于一体多功能服务大厅。在货运市场、保险、供电、供气等市场查处各类案件 259 起，收缴罚没 34.8 万元。收取管理费 2186 万元，登记费 339 万元，分别完成年度预算收入的 68% 和 102%，罚没款入库 496 万元，比 2001 年同期增长 11%。

2003 年，市工商局成立“12315”综合执法大队和专业市场执法大队，执法办案与日常业务工作分开，对集贸市场经营者违法行为实行公示制、工商机关查验票证制和商品信誉卡制度、先行理赔制度等，探索流通领域商品质量监管经验，制定《呼和浩特市肉制品市场管理办法》，同时加强集贸市场的规范化管理，制定《集贸市场文明诚信经营管理规范》。推行市场监管首违告诫预警制度，对 73 户企业的轻微违法行为实施首违不罚，免予经济处罚金额 48.2 万元。

2005 年，市工商局印发《关于优化市场环境、共铸诚信首府专项行动工作方案》，推进“食品放心工程”的实施和首府“信用工商”建设。同时，加强流通领域商品质量抽检工作，抽检 9 大类 207 个批次的商品，对 56 个批次不合格的商品责令限期下架、退出市场，将食品质量监管延伸到对食品放心店的监管。

2006 年，全市 80% 以上的食品经营单位全部建立准入制度。在各工商所、重大商场（市场）、超市统一制作食品安全信息公示牌，公布各类食品信息、曝光典型案件 2695 条次，发布食品类消费警示 28 条，共受理消费者食品安全申诉、举报案件

5300余件，为消费者挽回经济损失237.6万元。

2007年，市工商局与15个基层局、46个工商所实现“三级”宽带连网，初步形成“三大系统”（以OA办公自动化系统、视频会议系统、远程教育培训系统等组成的内务管理系统；以工商综合业务应用系统、12315消费者申诉举报指挥服务系统、企业信用分类监管系统组成的业务运行系统；以呼和浩特市红盾信息网、社会评价系统、社会公示服务系统等组成的社会服务系统）为支撑的网络综合应用体系，部门监管执法效能和公共服务水平明显提升。

2008年，市工商局加强市场专项整治，检查食品经营户1.74万户次，查处食品违法案件359件，不合格奶制品8831千克。检测蔬菜、面粉、食用油等食品685个批次。

2009年，市工商局查办治理商业贿赂案件25件，反不正当竞争案件161件，传销案件11件，遣散涉传人员210人，捣毁传销窝点15处。强化流通领域食品安全监管，实施《重点监管事项问责制》。2010年，办理各类行政处罚案件6004件，一般程序案件3606件，简易程序案件2398件，罚没款2103.6万元。

2012年，全面推行对食品经营者岗前培训和食品安全联络员定期培训制度，强化对基层一线干部和食品经营户的相关法律法规培训。年内，印制食品安全普法宣传单和“共建诚信家园、同铸食品安全”倡议书6万余份。

2013—2014年，市工商局围绕民生领域加大市场整顿力度，开展打击假冒伪劣、商标侵权、虚假广告、限制竞争等违法行为专项行动。针对网络市场发展迅速、侵害消费者权益案件增加的问题，将网络交易市场作为重点，搭建电子商务网上监管平台，加强对网络商品交易和有关服务行为的监管。

2015年，按照自治区工商局要求，全市各级工商行政管理部门对儿童服装、玩具、电线电缆、化肥、农膜等12类313批次商品集中进行抽检。对2728家企业即时信息公示及时性和真实性进行核查，查实违法公示信用信息的企业1.57万家。开展呼和浩特地区首次个体工商户年报信息抽查，按照3%的抽选率，随机抽选5287户检查对象进行核查，并对2.96万户未依法公示年报信息和经检查无法取得联系的个体工商户标注为经营异常状态。打击不正当竞争、传销和规范直销、商标、广告、合同等重点领域和行业市场监管执法工作，查处各类经济违法案件437件。

二、打击制售“假冒伪劣”商品行为

1986年，全市各级工商行政管理部门共查获假电子表849只、冒牌自行车986辆、冒牌香烟1560条。1989年，市工商局查处假酒1785瓶、假烟109盒、变质饮料1244瓶、劣质洗衣粉10千克、假录音磁带900盒、假富士彩色照片胶卷365个、过期变质罐头25瓶。

1990年，按照国家工商行政管理总局、自治区工商局《关于切实抓好打击假冒行为、取缔虚假广告的工作通知》，自治区、市两级工商行政管理部门组成联合检查组，开展“打假查劣”活动。检查国有企业105户、集体单位292户、个体私营534户，查出伪劣日常生活必需品57种、124.5万件，价值375.4万元；失效变质的13.85万件，价值24.89万元；危害安全健康的6800件，价值5900元；劣质品1200件，价值6.45万元；掺假、以假充真的1.38万件，价值51.85万元；“三无”产品6.56万件，价值117万元；处理品3.9万件，价值4万元；过期的97.98万件，价值170万元；走私商品100件，价值600元。检查药品生产、经营和使用单位134个。其中，国营62家，集体18家，个体私营户42家，部队单位12家；查出“三无”、过期失效、变质、虫蛀、霉变及不合格等药品529批次，价值50余万元。检查自治区农机公司、市农机公司、郊区农机公司、郊区供销社农机公司、自治区生产资料公司等10个单位，查处违法违章、质量低劣的农业机械、农机具2700台，价值400万元。

1993年，市工商局开展无假冒伪劣商品商店一条街活动，检查企业417家，个体私营企业2280家，查出假冒伪劣商品12大类、56个品种，对有害、无使用价值的假冒伪劣商品和进口旧服装进行销毁，价值50余万元。处理假冒“力士”香皂40箱。

1996年，市工商局查处各类经济违法违章案件289起，查处销毁假冒伪劣商品16类70余个品种，标值210余万元。查处非法商标侵权案件25起，移交司法机关追究刑事责任的4起，收缴假冒商标标识139万张。

1997年，市工商局开展公平交易执法年活动，规范市场交易行为，根据国家工商行政管理总局和自治区工商局部署，开展以“打假保节日、打假保春耕、打假保健康”为重点的打假专项斗争。共出动检查人员970余人次，检查国有、集体、私营个体商店1581家，查获各类假冒伪劣商品标值20余万元。检查农资经营单位362家，查获假冒伪劣化肥、农药、种子等6个品种的农资1310千克，标值近100万元；查处26家经营种子单位和个人，扣留劣质种子2.6千克。立案查处非法经营农资案12起，没收化肥1052千克。对240家饮料生产企业和销售点进行检查，查处违法经营11户，查获假冒伪劣商品17大类49个品种，标值65万余元。捣毁制假窝点29处，公开销毁43个品种，标值40万元的假冒伪劣商品。

1998年，市工商局检查山西省朔州假酒，查扣山西省劣质白酒和假冒白酒1.21万瓶，散白酒7.76千克。查获各类假冒伪劣商品23.94万件，捣毁制假窝点10个。立案查处农资经营违法案件14起，取缔无证经营化肥、地膜、种子经营户50家，查扣碳铵、尿素等化肥579.9千克，劣质种子1.24千克，地膜720千克，查扣“三无”农药10个品种30多箱，总价值101.4万元。检查整顿成品油批发企业、零售站点218家，取缔无照经营企业31家。打击走私贩私、不正当竞争等违法行为，对烟草、进口旧服装、进口照相器材、进口家电、进口汽车配件等市场进行日常监管，没收进口旧服装 404 件，立案处罚 5 件。受理投诉 1233 件，处理解决 1207 件，为消费者挽回经济损失 152.37 万元。

2003 年，开展“红盾维权、净化市场”专项行动，打击假冒伪劣、欺诈等违法经营行为。对大型集贸市场、批发市场和具有集贸市场性质的商城、商厦、超市进行治理整顿，开展城市出租房、市场周边、城乡接合部等重点部位的检查与巡查，加大源头治理力度，清除制假、售假、藏假的“黑窝点”。对民航、车站售票处、商品展销会、有奖销售等进行日常监管，严厉查处违法经营行为。

2005 年，市工商局成立专业市场执法大队，独立开展执法办案工作。全年，工商系统共出动执法人员 7.83 万人次，出动执法车辆 2.17 万台次，检查各类市场及主体 4.92 万个，取缔制售假冒伪劣商品黑窝点 171 个，销毁假冒伪劣商品标值 374 万元。查办各类经济违法违章案件 2.56 万起，案值 2359.56 万元。开展“农村食品百店放心工程”，出动执法人员 8.43 万人次、执法车辆 2.39 万台次，检查、规范各类市场及主体 5.96 万个，依法取缔制售假冒伪劣食品窝点 152 个，销毁假冒伪劣商品标值 305 万元。

2006 年，市工商局组织查处“保鲜剂”水果、“东方牌”不合格奶粉、学校门前雏鸡等不合格食品，共组织 11 次市场专项整治行动。其间，共检查食品经营户 4.17 万户次，清理规范食品经营主体 151 户，集中组织开展重点食品检测 62 个批次、59 个品种，对 9 类 19 个品种的不合格食品责令限期下架。查办食品类案件 375 件，捣毁较大的食品制假售假窝点 46 个，查获假冒伪劣食品 83 千克，价值 13.57 万元。开展“红盾护农”专项执法行动，“两账两票”（进销货台账、进销货发票）、“一卡一书”（农资商品质量信誉卡、不经销伪劣农资商品责任书），查处各类农资案件 31 起，取缔无照经营户 18 户，受理消费者投诉 80 起，查处涉农违法案件 32 件，查获违法农资 660.7 千克，为农民挽回经济损失 176 万元。同年，开展垄断和商业贿赂专项整治行动，查获中介、餐饮、教育等领域重大商业贿赂案件线索 37 件，立案 33 件，涉案金额 934.7 万元。

2007 年，市工商局查获涉农违法案件 30 起，案值 52 万元，取缔无照经营户 21 户，受理申诉举报 157 起，移送司法机关 3 起，为农民挽回损失 30 余万元。土默特左旗工商局查获案值 50 万元的销售假冒美国磷酸二胺案，移交当地公安部门。

2009 年，市工商局整治重点为种子、农药、肥料、农牧机具及零配件，严厉打击以“送货下乡”为名销售假冒伪劣农资的行为，保护农民的合法利益。全年，共查办农资案件 18 件，查获违法农资 204.3 千克，为农民挽回经济损失 192 万元。针对“12315”消费者投诉频繁食品，开展 19 次名烟名酒、面粉、食用油等食品市场专项检查，抽检食品 128 个批次，对 51 个批次不合格食品作限期下架处理。依据《中华人民共和国食品安全法》《国务院关于加强食品等产品安全监督管理的特别规定》等相关法律、法规查办食品违法案件128件，依法查扣假冒五粮液、茅台等品牌白酒、啤酒、红酒2554瓶，不合格面粉、豆制品等食品8.27千克。

2011年，在全市范围开展“双打”（打击侵犯知识产权和制售假冒伪劣商品）专项行动，共检查市场主体1.7万户、各类市场1098次，依法取缔制假售假窝点178个。立案265件，案值466万元。查获一批涉嫌销售假冒“LV”包、“澳柯玛”电器、“三星”手机、“五粮液”名酒及“日丰”“新飞”“源泰”等商标侵权的大要案件，依法向公安部门移交3件，有4件上报作为全国工商系统“双打”行动的典型案例。

2013年，清水河县、和林格尔县工商分局追缴假冒磷酸二铵化肥84.5千克，为农民挽回经济损失15万元。

2015年，在全市检查农资经营主体984户次，与经营户签订不经销假冒伪劣农资商品责任书500余份，抽检农资119个批次，立案9起、责令改正3家。受理消费者投诉4起，为消费者挽回经济损失2.2万元。

三、消费者权益保护

1986年，市工商局牵头组建呼和浩特市消费者协会。1989年3月15日国际消费者权益日，市工商局组织各分局散发宣传材料3000余份。全年接待消费者投诉233件，处理200件，为消费者挽回经济损失9.49万元。投诉解决率85.8%。

1990年，市工商局查处案件107件，其中千元以上大要案件76件；为受害者追回被骗货款23.45万元，罚没款入库47.61万元；受理投诉案件82件。

1996年，市工商局开展“公平交易执法年”活动，制定《开展公平交易执法年的实施意见》，配合物价部门对粮、油、肉、蛋、菜等主要副食品价格的监督管理。1997年，组织以“讲诚信、反欺诈”为主题的“3·15”宣传活动，为方便消费者就地、就近投诉，市区及近郊的52个工商所均建立了消费者投诉站。全年，受理消费者投诉881件，为消费者挽回损失84万余元。

2003—2005年，受理消费者申诉举报、咨询6万余件，查处侵害消费者权益案件300余件，为消费者挽回经济损失1000余万元。2005年，市工商局针对农民维权意识差、识假能力低等实际情况，联合呼和浩特市农资公司、呼和浩特市植保站等部门在土默特左旗白庙子乡集中开展百名党员“送法下乡护农维权”活动。

2006年，市工商局公布各类食品信息、曝光典型案件2695条次，发布食品类消费警示28条，受理消费者食品安全申诉、举报案件5300余件，为消费者挽回经济损失237.6万元。

2008年，市工商局抽调基层力量组建6个综合执法队，与“12315”指挥中心共同形成投诉、维权、执法为一体的工作运行体系。申诉举报查处各类违法案件113件，为消费者挽回经济损失 62.3 万元。

2009 年，在全市商场、社区、乡村等设立“12315”消费维权站（点）409 个，重点地区全覆盖。受理消费者投诉、举报 3418 件，查处侵害消费者权益案件 182 件，为消费者挽回经济损失 352 万元。

2010 年，全市建立消费者协会分会 70 个，维权站点 488 个，达成大中型市场、商厦、超市的网络全覆盖，村镇覆盖率为 88.3%。全系统共受理消费者申诉举报、咨询等共计 4.68 万件，其中电话受理并连线解决 6638 件，咨询 3 万次，建议消费者向相关部门投诉 6134 件，受理消费者申诉举报 3859 件，调解及查处违法案件办结率 99.9%；为消费者挽回经济损失 299.1 万元。

2011 年，受理消费者咨询、投诉 3.28 万件，其中电话连线直接解决 2828 件、建议消费者向相关部门投诉 3012 件、调处申诉和举报 3971 件，调解及查处违法案件办结率 98.5%，共为消费者挽回经济损失 974.1 万元。

2012 年，受理消费者申诉举报、咨询等 2.9 万件，调解及查处违法案件办结率 99.8%，为消费者挽回经济损失 2203.4 万元。在“12315”窗口设立“学雷锋维权岗”25 个。

2013 年，为遏制消费领域“霸王条款”现象，揭露消费领域中存在的不平等格式条款和显失公平的行业惯例，切实维护消费者的合法权益，市工商局和市消费者协会聘请 16 名专业律师和 42 名志愿者，专门成立消费维权律师事务团，义务为消费者提供维权法律援助。

2014 年，受理消费者投诉举报、咨询等 4 万件，案件办结率 98.7%，为消费者挽回经济损失 1645.6 万元。同年，建立流动消费维权快速反应“绿色通道”，旗县（区）建立车载移动办公系统的“12315”流动维权快速反应“绿色通道”，搭建覆盖城乡的流动维权公共服务平台，重大突发事件，由“12315”指挥中心直接调度流动维权快速解决，提升消费维权工作效能。

2015 年，按照“相对集中受理、分工协作办理、应急指挥调度、信息汇总分析、发布消费提示”的总体思路，搭建“一个中心、三级执法、四级联动、五级互通”的“12315”行政执法体系。全面推进“12315”进商场、进超市、进市场、进企业、进景区“五进”规范化建设，建成“消费维权服务”站点 147 个，实现市场、商场、超市、企业、国家 AAA 景区等消费密集区站点全覆盖。截至 2015 年，全系统共受理消费者投诉举报、咨询 4.95 万件，办结率 96.1%；市长热线 11 件，办结率 100%。为消费者挽回经济损失 1878 余万元。

四、维护经济秩序

1986 年，国家不再向农民下达农产品统购派购任务，实行合同定购、市场收购政策。农民个人从事贩卖活动，可以与基层组织签订合同，可以个人经营、合伙经营或雇用人员。农民个人常年从事农副产品贩运的，接受工商行政部门统一管理，自由买卖。全年，全市经济案件发案 263 件，结案 260 件，罚款收入 151.31 万元。

1988 年，呼和浩特市出现倒卖生产资料等现象，如将平价钢材转为议价销售，倒卖紧俏耐用消费品、假冒名酒、拼装汽车等假冒伪劣商品，骗买骗卖。1989 年，查处各类经济案件 1372 件，结案 1353 件。其中，按违法违章处理 1304 件，按投机倒把处理 49 件。

1993 年，市工商部门集中销毁无使用价值伪劣商品和进口旧服装，开展无假冒伪劣商品一条街的活动。1995 年，根据国务院相关文件规定，市工商行政管理部门不再筹资建市场。按照市委、市政府的要求，市工商局对全市市场建设与发展进行调研，提出开辟 7 条就业商贸街、启动空壳市场等方案和建议。同时，加强集贸市场、机动车、钢材、木材、生产资料市场、房地产、金融、劳动力、期货等生产要素市场管理，规范各类市场主体，查处违章违法等行为。

2003 年，全市共查办案件 2.05 万起，占工商系统案件总数的 92.9%；市工商局 2 个执法大队查办案件 372 起，罚没款入库 275.6 万元。全年共作出行政处罚决定 2.2 万起。检查各类市场及主体 4.92 万个，取缔制售假冒伪劣商品黑窝点 171 个，销毁假冒伪劣商品标值 374 万元。2004 年，查办各类经济违法案件 2.56 万起，案值 2359.56 万元。其中，简易程序案件 2.26 万起，一般程序案件 2960 起。万元以上案件 468 起。

2005 年，市工商局制定印发《关于进一步扶持、服务个体私营等非公有制经济发展的实施意见》《关于促进高新技术企业发展若干注册问题的暂行规定》《关于推行全程服务代理制的实施意见》《关于对伊利等重点企业（项目）进行重点扶持规范监管的通知》。对全市重点企业和大型投资项目法律咨询、注册登记、变更等业务实行全程代理、专办服务，开通市局和 14 个旗县（区）工商局（分局）红盾信息外网，扩大政策法律、业务流程等政务公开，完善社会化服务体系。

2007 年，市工商部门在全市开展商业贿赂、医药、房地产市场等 14 类重点行业专项整治行动，采取部门联办、交叉办案、专案督办、群众协查等方法，查处医药购销、行医、酒类零售促销、教辅教材推销、房地产等领域商业贿赂案 6 类、45 件，查处非法组织直销员培训案 2 件，查处房地产违法案件 37 件，电信行业案件 73 件。2009 年，共查办治理商业贿赂案件 25 件，反不正当竞争案件 161 件，传销案件 11 件，遣散涉传人员 210 人，捣毁传销窝点 15 处。

2010—2012 年，市工商部门重点查处以“资本运作”等名义及利用互联网从事传销活动的违法行为。落实打击传销辖区监管责任制，发挥街道办事处、居委会、工商所等基层组织的作用，建立打、防、控“三位一体”的综合治理体系。开展“无传销社区”“无传销校园”创建活动。以查办商业贿赂案件为重点，查处领域逐步由大型商场、酒店、酒类经销商等行业收取进店费或回扣等行为向医疗、医药购销、学校教辅书、建筑开发、招投标等领域和行业拓展，特别是对制假售假、产品质量和食品安全背后存在的商业贿赂问题进行重点查处。2013 年，在全市范围内组织开展反商标侵权、反虚假违法广告、反不正当竞争专项行动。

2014 年，市工商局将网络交易市场作为重点，搭建电子商务网上监管平台，加强对网络商品交易和有关服务行为的监管。全年，共查办一般程序案件 503 件。其中，受理网络投诉 17 件，查处互联网上发布虚假宣传案件 3 件，冒用公司案 1 件。受理消费者投诉举报、咨询等 4 万件，案件办结率 98.7%，为消费者挽回经济损失 1645.6 万元。

2015 年，市工商局开展打击不正当竞争、传销，规范直销、商标、广告、合同等重点领域和行业市场监管执法工作，查处各类经济违法案件 437 件。开展网络商品交易市场监管。组建网络商品交易监管分局，查处各类网络案件 5 件。

第六章　质量技术监督管理

第一节　管理机构

1985 年后，随着《中华人民共和国计量法》的颁布实施，全国各地建立起计量机构，既有行政管理机构，也有技术管理机构，相互协调工作。

1988 年，市标准计量局更名为市技术监督局。1999 年 6 月，自治区政府印发《内蒙古自治区质量技术监督管理体制改革方案》规定，盟市质量监督局为自治区质监局的直属机构，旗县（区）质监局（分局）为上一级质监局的直属机构。

2001 年，按照自治区机构编制委员会《关于印发盟市、旗县（市、区）质量技术监督局（分局）机构改革意见的通知》精神，成立呼和浩特市质量技术监督局（简称市质监局）。

2002 年，在机构改革中，质检所、计量所、能源站、情报所、锅炉检验所对应上划至自治区各技术机构；撤销市场检查所，人员相应进行定岗与分流。增设新城区、回民区、玉泉区质监分局。

2003 年，市质监局内设办公室、人事教育科、监察室、质量科、计量科、标准化科、特种设备安全监察科、监督科（稽查）。

2005 年，市质监局下设土默特左旗质监局、托克托县质监局、和林格尔县质监局、武川县质监局、清水河县质监局，并成立质量计量检测所。

2008 年，市质监局下设呼和浩特市质监局新城区分局、玉泉区分局、回民区分局、赛罕区分局、经济技术开发区分局（该分局于 2008 年 5 月批准成立）、土默特左旗质监局、托克托县质监局、和林格尔县质监局、武川县质监局、清水河县质监局。

2012 年，土默特左旗、托克托县、和林格尔县、清水河县、武川县质监局，整建制划转移交当地政府管理。

2015 年，市质监局内设办公室、人事科、计划财务科技科、法制科、质量管理科、产品质量监督科、执法督查科、标准化科、计量科、特种设备安全监察科、行政事项审批办公室。另设机关党委、离退休人员工作科。下辖呼和浩特市质监局新城区分局、玉泉区分局、回民区分局、赛罕区分局、经济技术开发区分局。

第二节　管理体制改革

呼和浩特市质量技术监督机构历经计量管理局、标准计量局、标准计量所、标准局、计量管理局、标准计量局、质监局等发展阶段，并完成由“政事合一”向“政事分离”的转变，机构职能也由单一度量衡管理扩展到涉及社会经济活动各领域的标准化、计量和质量监督管理及检定、检验。其间，《中华人民共和国计量法》《中华人民共和国标准化法》先后颁布实施，使标准计量工作由行政管理逐步转为依法管理。

1991 年 7 月后，随着质量技术监督行政管理、法律法规、技术保障和市场中介体系的逐步建立和完善，机构职能由标准计量逐步向质量技术监督转变，特别是 1999 年国务院批转《国家质量技术监督局质量技术监督管理体制改革方案》，决定对质量技术监督管理体制进行改革。自治区政府根据方案要求，印发《内蒙古自治区质量技术监督管理体制改革方案》，确立标准化、计量、质量三位一体的管理体制，实行自治区以下垂直管理，强化监督管理职能，理顺运行机制。2000 年 1 月起，呼和浩特市质量技术监督机构实行自治区垂直管理。

2014 年，全市质量技术监督系统体制改革，由自治区以下垂直管理体制调整为地方政府分级管理。同时，将食品生产加工环节监督管理职责划入食品药品监督管理部门。

第三节　计量管理

一、计量器具管理

1986 年 7 月 1 日，《中华人民共和国计量法》开始实施，市标准计量局按照计量法规定，对用于贸易结算、安全防护、环境监测、资源保护、法定评价、公正计量及实施计量检定管理的计量器具，进行计量检定。

1993年开始，市技术监督局开展长度、热学、力学等计量器具检定测试。1994—1998年，陆续开展超声诊断仪、超声源、心脑电图机、心电监护仪等仪器的检定工作。

2001年，市质监局完成强制检定社会共用计量标准器具31台（件）；完成强制检定工作计量器具5.75万台（件）；完成国有、集体、个体零售商业企业在用计量器具检定1.13万台（件），受检率为91.4%。

2003年4月，在全市开展加油站计量执法检查，出动执法人员156人次，对141家加油站进行检查。共检查燃油加油机725台，周期检定率为98%。

2004年，市质监局对呼和浩特地区生产、销售不合格的电能表、一般压力表、血压计（表）、台（案）秤、水表、燃气表等计量器具的单位进行监督检查。对医用计量器具、通信行业公用电话计费装置及IP卡、IC卡进行强制检定。年内，开展机动车安检机构及出租汽车计价器计量监督检查。对呼和浩特地区3家机动车安全技术检验机构在用计量器具进行监督检查。

2005年，市质监局对全市生产、销售的部分定量包装农资产品（种子、农药、化肥）进行净含量专项监督检查。共抽查35家生产、销售企业的74个批次的农资产品，对29家生产、销售不合格定量包装农资产品企业分别作出警告、限期整改和罚款处理。重点开展出租汽车计价器计量监督检查，针对北京聚利科技有限公司TXN–08S型、TXN–08S/RF型出租汽车税控计价器缺少参数标牌、计价功能前后不一致、计价器在不打开铅封的情况下可以调整计价器的内设参数等严重质量问题展开调查，并向社会发布公告，责令办理登记备案手续，进行召回维修，维护出租汽车计价器销售市场的正常秩序。组织对加油站流量计、加油枪超周期检定的计量监督检查，查处一个超周期近2个月的加油站，并依法对其进行处罚。

2006年，全市眼镜店、加油站、集贸市场、医疗机构、企业等强制检定计量器具动态管理数据库初步建成。对强制检定计量器具统一制定备案登记制度、未检责任追究制度和拒检处罚制度，提高在用强制检定计量器具的强制检定率。全市在用强制检定计量器具的强制检定率保持在95%以上。对电能表、水表、压力表等8种重点计量器具，涉及48家企业91个批次250台（件）产品进行检验后处理。

2007年，对全市超市在用电子秤进行监督检查。检查大中型超市13家，在用电子秤293台。对3家电子汽车衡生产企业进行监督检查和指导、服务，并建立强检计量管理档案。对电子汽车衡计量作弊违法行为进行查处。全区计量专项检查期间，出动执法人员259人次，车辆83台次，检查餐饮店数62台，加油站数79家，集贸市场、超市 27 家，眼镜制配场所 33 台。至 2009 年，全市重点耗能企业进出用能单位能源计量器具配备率 100%，检定率 100%；进出主要次级用能单位能源计量器具配备率 98%，检定率为 96%。

2010 年，市质监局对全市重点耗能企业开展《用能单位能源计量器具配备和管理通则》贯彻执行情况的计量监督检查。其中，进出用能单位能源计量器具配备率达 100%、检定率达 100%，主要次级用能单位的配备率达 97%、检定率达 100%，主要用能设备能源计量器具配备率达 90%、检定率达 90%。企业强制检定计量器具的检定合格率达 100%。2012 年，市质监局检定用于贸易结算、安全防护、医疗卫生、环境保护的强制检定计量器具 15.5 万台件，检定合格率 98%。

2013 年，市质监局对 2 家村卫生院的医用计量器具进行免费检定，对农贸市场 100 余台电子计价秤进行免费检定。在土默特左旗新建液化气瓶检验站和出租车计价器检定站。

2015 年，市质监局开展计量监督百日行动，严厉打击强制检定计量器具违法使用行为和定量商品不合格问题，科学制定部分计量器具的检定次数，实行免费检定计量器具。

二、计量监督检查

1985—1995 年，计量监督管理逐步实施计量认证制度、计量授权制度、基本计量制度等。从 21 世纪初开始，针对以往存在的管理对象底数不清的问题，市质监局从计量工作的薄弱环节入手，组织抽调人员对全市生产、流通领域的企业分行业登记、摸底，建立企业计量工作档案。

2001 年，全市在开展实施“光明工程”活动，市质监局共检查配制、销售眼镜企业 75 家，检查验光镜片 79 箱、焦度计 75 台（件）、验光机 38 台（件），共 192 台（件）器械，受检率 97.91%；从业人员持证上岗率 98%，计量器具配备率 90%；甲级眼镜店眼镜光学质量抽查合格率为 100%。对全市 251 家医疗机构的医用强制检定计量器具建立医疗机构档案，检查医用强制检定计量器具 1107 台（件）。检查定量包装商品生产、经销企业 483 家，检验产（商）品 1222 批次，合格 772 批次，合格率 63.17%。

2002 年，市质监局举办“计量执法年”活动，强化集贸市场计量监督管理。年内，市政府颁布《关于加强集贸市场计量管理的通告》《呼和浩特市市区集贸市场管理办法》，首次对集贸市场中存在的计量违法行为作出详细的处罚规定。为加强计量基础工作，市计量部门设计 10 类 45 种统计表格，全市有 410 个企业及 1.46 万台（件）计量器具建立计量档案。

2003 年 4 月，市质监部门开展全市加油站计量执法检查工作，出动执法人员

156人次，对141家加油站进行检查。共检查燃油加油机725台，周期检定率为98%。在自治区计量测试院的配合下，市质监局对呼和浩特地区批发销售定量包装蔬菜种子净含量进行计量专项监督检验和执法检查，共抽检16家蔬菜种子批发销售企业的54个批次的产品。

2004年，市质监局制定印发《关于在全市眼镜制配企业开展计量合格确认工作的通知》，组织各旗县（区）局（分局）将原由各级质量技术监督部门对辖区眼镜店发放的、尚在有效期内的甲级、乙级、丙级资格认可牌匾及证书一律收回。同时，制定《企业能源计量的实施意见》，并成立能源计量服务队，对企业前期的计量器具配备、在用情况进行监督检查、技术咨询和业务指导。2005年，重点打击分度值过大、负偏差超标、一秤多砣、秤盘中装游动物、秤砣下部打洞、粘磁铁等计量器具违法行为。各大型超市、综合性商场、集贸市场计量器具的受检率均达90%以上。

2006年，市质监局制定《企业能源计量的实施意见》，并成立能源计量服务队，对企业前期的计量器具配备、在用情况进行监督检查、技术咨询和业务指导。对强检计量器具统一制定备案登记制度、未检责任追究制度和拒检处罚制度，全年在用强检计量器具的强制检定率能够保持在95%以上。2007年，协调技术机构以及相关出租汽车租赁公司对新增700余辆出租车计价器进行首次检定。

2008年，市质监局检查集贸市场16家、大中型超市21家、加油站54家、定量包装企业27家，抽查定量包装商品36个批次；共检查出租汽车计价器4672台（件），查处计量违法案件47件。2009年，对农资定量包装商品、月饼过度包装项目进行监督检查。

2011年，检查集贸（便民）市场、超市商场、粮油店的台案秤、电子秤1913台件，受检率为98%，合格率为96%。检查定量包装商品净含量109批次，合格率为95%。检查农资定量包装生产、销售企业72家的定量包装商品137批次，净含量合格率为86.5%。检查农资市场衡器等强检计量器具96台，检查后的受检率达到98%，切实维护了农资市场的计量秩序。开展眼镜制配企业计量专项检查工作，检查189家眼镜店、597台件强检计量器具。检查医疗卫生机构53家、强检计量器具2.15万台件。

2012—2013年，市质监局开展重点用能企业的能源计量检查、评估工作，完成市属3家B级锅炉制造企业产品定型能效测试，开展电厂等高耗能企业在用锅炉能效测试和节能改造，降低企业生产成本。

2014年，推进民生计量工程，对大型集贸市场进行专项治理，计量器具的检定合格率达95%；定量包装商品净含量国家监督抽查合格率达95%；开展医用计量器具的检定工作，检定3628台（套），检定合格率为86%；对47家重点耗能单位、8家公用事业单位开展能源计量审查，达到节能减排的目标；建设诚信计量体系，确认30家企业为诚信计量示范单位。

2015年,市质量技术监督局制定《计量发展规划(2016—2020年)实施意见》《能源计量审查方案》,夯实计量基础。

第四节　标准化管理

一、农业标准化

1986—2000年,呼和浩特市工农业产品标准体制实行国家标准、专业标准(根据1988年12月颁布的《中华人民共和国标准化法》的规定,专业标准改称行业标准)、地方标准和企业标准四级标准体制。

2001年,市质监局初步制定呼和浩特地区鲜牛奶收购质量等级标准。2003年,市质监局加强食品标签准印管理工作,全年共审批食品标签721个。对内蒙古金元酒业等4家企业擅自印制食品标签的行为予以处罚。同年,根据全市蔬菜的生产和发展情况,在无公害蔬菜标准的基础上,开展标准制定工作。

2004年,市质监局牵头组织了由包头市、乌兰察布市、锡林郭勒盟参加的农业标准化互评工作,协调成立呼和浩特市农业标准化领导小组。同年,伊利集团的奶牛养殖基地和金河集团牧草种植基地申报国家级标准示范区,蒙牛集团合资建立的万头奶牛牧场和托克托县特产红辣椒申报自治区农业标准化示范区。由内蒙古蒙川绿色食品有限责任公司组织实施的第四批全国农业标准化示范项目,托克托县绿色蔬菜标准化示范区完成标准综合体系建立,制定蔬菜产品标准和技术规范,经种植示范,红胡萝卜按标准种植,示范户的平均亩产由原来的3千克提高到3.5千克,出口品质率提高15%,出口比例大幅增长;保鲜品质率提高30%以上,示范效果显著,增加了农民的收入和企业的效益。7月,全市实施蔬菜市场准入制,市质量技术监督局制定12项无公害蔬菜标准及生产技术规范,在国家、行业标准的基础上,完善无公害蔬菜标准体系。

2005年,伊利集团、金河集团承担的伊利奶牛养殖标准化示范区、托克托县金河草业标准化示范区被列入国家标准化管理委员会第五批全国农业标准化示范一类项目。同年,制定18项蔬菜农业标准。

2006年,托克托县绿色蔬菜标准化示范区成为全市第一个由国家标准委确认的全国农业标准化示范区。由伊利集团、金河集团及内蒙古顺宇商贸有限公司承担的伊利奶牛养殖标准化示范区、托克托县绿色枸杞标准化示范区农业标准化项目,被列入国家标准化管理委员会第五批全国农业标准化示范项目。

2007年,完成第五批国家农业标准化示范区建设,组织16项农业标准化示范区建设项目申报国家级示范区。协助武川县政府绿色马铃薯农业标准化示范区列入自治区农业标准化示范区项目。年末，呼和浩特市拥有4个国家级农业标准化示范区，居自治区前列。

2008年，国家标准化管理委员会批准托克托县“沙棘种植农业标准化示范区”“无公害玉米农业标准化示范区”“绿色食品红辣椒农业标准化示范区”，清水河县“小香米种植农业标准化示范区”，和林格尔县“奶牛养殖标准化示范区”，武川县“绿色马铃薯标准化示范区”6项农业标准化示范区，为全国第六批农业标准化示范区项目，全市农业标准化示范区项目达10项，数量居自治区各盟市前列。各示范区承担单位完成标准综合体规划和主要标准的制定、修订工作，按标准要求开始实施种植和养殖。同年，伊利集团参与制定的国家标准《乳粉（奶粉）》《干酪（奶酪）》《奶油》批准发布，奈伦农业公司参与制定国家标准《马铃薯淀粉》开始实施，蒙牛集团、宇航人集团、机床附件厂等企业立项参加起草国家标准、行业标准。

2010—2012年，市质监局组织申报内蒙古博物院“文化旅游服务标准化试点”，被国家标准化管理委员会列为国家级服务业标准化试点项目。2013年，组织开展老牛湾黄河大峡谷和神泉旅游景区旅游业标准化建设示范试点工作。《特色农产品术语》地方标准通过立项。

2014—2015年，开展内蒙古永丰农业蔬菜种植标准化、金桥开发区光伏产业集群标准化、老牛湾旅游标准化、内蒙古蒙亮商贸标准化、呼和浩特市友邦草业种植标准化、托克托县富迎来合作社红辣椒农业标准化示范项目创建工作。完成“清水河小香米”“武川土豆”地理标志认证。

二、工业标准化

1986—1988年，全市工业企业共制定修订工业企业标准132个。1988年12月《中华人民共和国标准化法》颁布后，全市两级标准化行政主管部门依法对标准的实施进行监督检查。1989年4月1日起，根据《中华人民共和国标准化法》规定，呼和浩特市不再制定地方标准。到1999年，技术监督部门在企业按标准组织生产的基础上，对产品标准实施监督。

2001年，呼和浩特市推进采用国际标准和国外先进标准工作。帮助企业申请使用采用国际标准产品标志，为采标企业办理采标标志申报工作，宣传贯彻《采用国际标准管理办法》。全年共审查备案企业标准145个，对351个企业的产品标准进行注册。年末，注册企业1933个，复审、废止1005个企业标准；办理食品标签准印证875个。

2002年，市质监局引导呼和浩特市万联管道公司、呼和浩特市环诚服装公司、伊利集团生产的5种产品申领国际标准产品标志证书。年内，组织机构代码、商品条码、企业产品标准备案、食品标签准印等行政审批数量大幅增长。

2003年初，呼和浩特市启用自治区产品标准注册登记升级软件和新版防伪证书，并指导各旗县（区）建立产品标准注册登记数据库。年末，建立呼和浩特市产品质量标准管理信息系统数据库，有2196个企业、4608个产品入库。全年共备案企业标准101个，其中新制定63个、修订38个。“非典型性肺炎”疫情期间，市质量技术监督局帮助生产防护用品的企业制定产品标准，先后为泰尔力图、毛虎旦等6家企业的7种具有抗菌功能的产品制定企业标准。

2004年，市质监局指导伊利集团、蒙牛集团等5家企业的20个产品办理“采标标志”（国内产品采用国际标准的一种专用说明标志），审批食品标签2226个。在企业标准备案中，重点对超过有效期的企业标志进行复审，并严格按标准规定和备案程序进行企业标志备案，共备案企业标志477个，其中修订63个。2005—2006年，指导10个企业的14种产品办理“采标标志”。

2007年，市质监局制定《节能减排计量工作实施方案》，组织能源计量工作服务队深入企业开展检查与服务并举的工作措施，根据国家《用能单位能源计量器具配备和管理通则》，检查重点耗能企业能源计量器具的合理配备和检定、校准情况，规范重点能源计量器具的建标和内部管理。年末，全市共备案企业标准414项，其中食品生产企业标准318项。对279家企业613类产品执行标准进行注册登记，有147个产品获得采标标志证书。

2009年，市质监局办理企业产品标准备案126份，对16户企业产品执行标准注册登记审核。按照新颁布的《中华人民共和国食品安全法》规定，对520项备案食品企业标准进行审核，清理8项不符合规定的备案食品企业标准。

2012年，开展“标准化良好行为企业”试点，引导企业采用国际标准，将企业制定的光纤产品标准申请为地方标准。

2013年，市质监局指导编写《政务服务中心管理规范》等3个地方标准。全年，注册89个企业标准，备案、复审39个企业标准，废止18个地方标准，督促185个企业进行条码续展，新办条码102家。

2014年，市质监局为8家企业注册标准26个，备案、复审企业19家、标准98个，督促172家企业进行条码续展，新办条码157家。组织6家企业申请地方标准项目11项，自治区批准地方标准项目5个，获批国家级标准化试点项目2个、自治区级服务业标准化试点项目2个。

2015年，市质监局成立全市标准化工作领导小组。创建市政务服务中心、赛罕区市民服务中心国家级社会管理和公共服务标准化示范项目。建立企业产品和服务标准自我声明和公开监督制度，组织开展神舟硅业标准化良好行为试点创建活动，对道路交通、公共场所公共标志不符合标准要求的单位提出整改要求。年内，批准22个项目制定地方标准。

三、组织机构代码管理

1989年,呼和浩特市开始实行组织机构统一代码标识制度。市质监部门根据《全国企业、事业单位和社会团体代码编制规则》(GB 11714—1989),为全市各党政机构、事业单位、团体、民间机构、企业和其他依法成立的组织机构等，统一编发法定代码证书。代码证书分机关、事业、企业和社团法人及分支机构共8种证书。1992年，按照自治区人民政府办公厅印发的《关于建立内蒙古自治区企业事业单位和社会团体统一代码标识制度的通知》，呼和浩特市成立统一代码领导小组及办公室。1994—1995年，按照自治区统一代码领导小组办公室印发的《代码工作验收标准》，呼和浩特市完成代码工作及代码管理信息数据库建设并通过自治区验收。

1998年，按照《全国组织机构代码编制规则》(GB 11714—1997)，全市统一更换组织机构代码证书，证书分为正本、副本和电子副本（IC卡）3款。

2001—2006年，市质监局办理组织机构代码证2.61万余本，办理代码IC卡6000余个，年检代码证书8100余本。2007年起，市质监局开始办理数字证书，全年办理1.31万本,颁证数居自治区首位。2008—2011年,共办理组织机构代码证5.08万户、年检4.12万户。

2012年，自治区实行组织机构代码工作改革，呼和浩特市组织机构代码工作移交自治区标准化院统一管理。

第五节　产品质量管理

一、产品质量监控

1985年，呼和浩特市成立产品质量监督检验机构，逐步形成从上到下的质量监督管理体系，综合性产品质量监督检验能力逐步增强。

2000—2001年，市质监局组织各旗县（区）质量技术监督局、各质监机构，对全市392家生产企业生产的食品、轻工、化工、建材、机电、纺织6类产品进行监督检查，共抽查各类产品486批次，合格436批次，合格率为89.71%。在流通领域对全市1312家商业企业经销的食品、轻工、化工、纺织、建材、农资、机电、能源、医疗器械九大类商品进行监督抽查，抽检商品2232批次，合格1433批次，合格率为64.2%。2001年，全市工业产品等级品率95.2%，名牌产品销售比重为27%。

2002—2003年，市质监局组织以“查假冒伪劣，保生活安全”“查热销商品，保假日经济”为主题的百日打假联合行动。市质监局印发《关于严厉查处非法炼制“地沟油”保障食品质量的通知》，治理非法制售“地沟油”的违法行为。同时，开展“土炼油”“地条钢”“黑心棉”等食品、农资产品、絮棉制品、技防产品专项执法。对小麦粉、大米、食用植物油、酱油、食醋、肉制品、奶制品、调味品、茶叶、饮料等推行市场准入制度。“非典型性肺炎”疫情期间，对防治“非典”产品的生产企业基本情况开展专项调查；对口罩、消毒液等防治“非典”产品进行国家专项抽查，共抽查17家生产、经销企业，抽查产品24个批次，不合格企业数11家，不合格产品12批次，合格率50%。

2005年，市质监局重点对新增生产许可证及强制性认证产品生产企业进行建档，全年新增建档企业102家。对检验机构进行资源调查，32家实验室建立资源档案。2006年，对全市范围内的15类产品重点销售场所进行清查，重点检查市区内大中型超市和连锁店的获证食品。组织食品安全专项检查，共检查食品生产企业8家，涉及馒头、豆腐、肉制品、花生酱、醋、酱油企业，对存在问题的企业依法进行处罚。

2007年，市质监局开展建筑外窗、眼镜、食品添加剂、白酒（酒精）、危险化学品、婴幼儿配方乳粉、复合（混）肥等换（发）证产品的专项检查。全市共有176家企业的188种产品获得工业产品生产许可证。重点对家用电器、儿童玩具、劳动防护用品、汽车配件、低压电器、建筑钢材、人造板、扣件、电线电缆、燃气器具、危险化学品、防爆电器、电热毯、农业生产资料等14类涉及人身健康和安全产品开展调查摸底，全市列入工业产品生产许可证管理的生产企业有14家，列入3C认证管理的生产企业有10家。截至2007年，全市有144家企业建立了质量档案，初步形成较为完善的企业质量档案管理体系。

2008年，全市有27家食品企业20大类产品供应奥运赛事城市。市质量监督局对伊利集团等供奥食品企业实施监管。“三鹿奶粉”重大食品安全事件发生后，市质监局启动食品安全应急预案，成立专项整治工作领导小组，组成35个监管小组，对全市所有乳制品生产企业实行24小时驻厂监管。同时，派出5个巡查组，对全市所有乳制品生产企业驻厂监管工作情况进行不间断巡查。

2009年，按照自治区质监局《打击违法添加非食物质和滥用食品添加剂专项整治方案》要求，组织开展为期4个月的专项整治工作。对65家食品添加剂备案不规范、使用记录不完善的企业及时进行纠正；对违法使用食品添加剂的10家企业责令限期改正，对3家情节较重的企业进行行政处罚，对1家性质严重的企业吊销食品生产许可证。

2010年，市质监部门对358家食品生产企业和189家食品加工小作坊进行2700余次巡查；组织各旗县（区）局执法人员开展工作互查；年审食品生产许可证231份，注销生产许可证25份，委托加工备案102份；监督抽查食品10类109批次，合格

106 批次，合格率为 97.2%。结合首府实际情况，对小作坊实行年审制度。为食品加工小作坊建立质量管理档案，并签订质量安全承诺书。对伊利集团供应上海世博会食品实行“批批抽检”。

2011 年，市质监部门完成 14 家乳制品企业重新审查发证工作，建成电子信息追溯和监管系统，实现从原料验收、生产过程控制、出厂检验、产品销售的全程监管。驻厂监管婴幼儿配方乳粉企业，对原料生鲜乳、原料乳粉和成品进行批批检验，全年累计抽检 1400 余批次，未检出三聚氰胺。年内，开展打击非法添加和滥用食品添加剂专项行动，与 358 家获证企业和 223 家小作坊签署《食品安全控制关键岗位责任状》《食品添加剂采购配料岗位责任状》，有效应对“瘦肉精”、“染色馒头”、“化学火锅”、“塑化剂”、掺假羊肉、假奶酒、矿泉水“溴酸盐”、兴和县“土盐”、“草原福老大”、罗丹明 B 等食品安全突发事件。

2012 年，根据自治区质监局印发的《食品加工小作坊审查登记及监督管理暂行办法》，依法开展食品小作坊审查登记，完成 747 家食品加工小作坊普查建档、承诺书签订、产品质量监督工作。开展肉制品、白酒、食品添加剂、明胶等 17 项食品风险隐患排查和专项治理。创新监管方式，建立食品安全责任约谈机制。同时，开展羊绒制品专项整治，规范羊绒产品生产行为，全年妥善解决群众举报投诉 494 起。

2013 年，市质监部门取缔食品加工黑窝点 22 个。深入伊利、蒙牛、河套酒业等大型企业进行综合检查，提出整改意见 49 条。2014 年，取缔土炼油加工窝点 1 处。受理群众投诉举报 598 起、电梯投诉 214 起、出租车计价器投诉 289 起、产品质量投诉 13 起、黑窝点投诉 24 起、家用汽车配件投诉 13 起、其他投诉 45 起，全部办结。

2015 年，市质监部门开展羊绒制品、液化石油气、建材产品、电线电缆等 10 类产品质量专项整治工作；监督抽查 307 家企业的 495 个批次产品，合格率为 95.1%。按照全市《大气和水环境治理综合整改方案》要求，开展油品质量专项监督抽查检验工作，共抽检汽柴油 135 批次，合格率为 91%。年内，联合公安部门，开展机动车安检机构监督检查，微波炉、热水器等常用家电能效标识、危险化学品生产企业的专项检查。

二、质量管理与认证

1989 年，按照自治区标准计量局和物价局颁发的《内蒙古自治区食品标签设计、印制和使用监督管理办法》，市计量局对食品标签设计、印制和使用进行审批。1991 年后，呼和浩特市贯彻落实《中华人民共和国标准化法》《中华人民共和国产品质量认证管理条例》，依法开展产品质量认证工作。

1994—1995 年，全市开展电工产品安全认证监督检查活动，检查范围包括家用电器、电视机、电子元器件、收录机及零部件等 11 个大类。

1999 年开始，全市从事认证咨询服务活动的人员，不再参加其他认证机构与咨询活动有关的审核工作。

2001 年，自治区局批准呼和浩特市 5 家 ISO9000 系列认证企业。2002 年，制定印发《呼和浩特市质量技术监督局关于开展“质量兴县”活动的实施意见》。伊利集团、蒙牛集团等重点企业及其产品获得国家免检产品证书和“中国名牌产品”等荣誉。

2004 年，初步建立较为完善的企业质量档案管理体系。同年，推进名牌战略，起草《呼和浩特市知名产品管理办法》。2005 年，组织推荐内蒙古天野化工集团有限公司、内蒙古塞北星啤酒有限责任公司、内蒙古奈伦天然乳品有限公司等 12 家企业的 17 种产品参加了 2005 年度“内蒙古名牌产品”的申报，为到期的 3 个中国名牌和 4 个国家免检产品重新进行申报。10 月，按照自治区质监局要求，市质监局停止食品标签的审批工作。2005—2008 年，建立生产许可证管理产品的生产企业质量档案。同时，开展白酒（酒精）、危险化学品、婴幼儿配方乳粉、复合肥等产品的专项检查。

2006 年，国家质量监督检验检疫总局颁布实施《实验室和检查机构资质认定管理办法》。市质监局对呼和浩特地区获证实验室进行监督评审，共收到 29 个食品生产企业的 32 份申请许可证的材料。通过专家现场核查，产品经抽样检验合格上报自治区局审查中心；34 个单元产品经过国家质检总局审查批准获得“QS”认证。至 2006 年，全市有伊利集团、蒙牛集团、呼和浩特华欧淀粉有限公司等 87 家企业 108 种产品通过“QS”认证，标注“QS”认证标志。截至 2009 年，呼和浩特地区食品获证企业有 358 家，食品生产企业获证率 100%。189 家小作坊全部签订质量安全承诺书。同时，对全市 32 家乳制品企业进行检查。

2011 年，市政府印发《呼和浩特市人民政府关于全面推进质量兴市工作的意见》，将“质量兴市”工作纳入呼和浩特市“十二五”规划。全市 9 个旗县（区）相继开展质量兴旗县（区）工作。建立工业产品生产许可证获证企业管理档案，与企业签订《质量承诺书》，组织企业参加自治区企业质量信誉等级评定工作。

2012 年，市质监局开展质量诚信体系建设和企业质量信用等级评定工作，为 335 家重点企业建立信用档案。其中，8 家企业获得首批自治区 A 级质量信用等级称号。推动主席质量奖评选工作和名牌战略，巨华集团大华建筑安装有限公司获 2012 年度自治区主席质量奖，4 家企业获得“质量工作先进企业”称号，38 家企业被列为 2012—2014 年内蒙古名牌培育企业。2 家企业的 3 个产品通过内蒙古名牌审核，全市 16 家企业的 22 个产品获内蒙古名牌。同年，产品监督抽查合格率 90.12%。

2013 年，市政府印发实施《呼和浩特市人民政府质量奖评审办法》。全市有 1 家生态服务企业荣获 2013 年度自治区主席质量奖，16 家企业 21 个产品申报内蒙古名牌产品。为 417 家重点企业建立信用档案，组织 180 家企业签署《企业质量诚信承诺书》。培育1家调味料生产企业成功申报为自治区首批“诚信示范企业”。当年，全市地区产品质量监督抽查合格率为89%，产品质量呈平稳态势。

2014年，9个企业产品获得“内蒙古名牌产品”称号，新培育名牌产品企业39家。内蒙古伊利公司和内蒙古永业农丰生物科技公司获得自治区主席质量奖；有7家企业和1名个人获市长质量奖。

2015年，市质监局印发《呼和浩特市质量工作考核实施方案》。完成市长质量奖的评选工作，评选出7家企业和1名个人；推荐10家企业参加自治区主席质量奖的评选活动。有30家企业列入2015—2017年名牌培育目录，12家企业的15个产品获自治区名牌产品称号。呼和浩特市2014年度质量工作被自治区政府评为A级，居全区首位。

第六节　特种设备监管

一、安全监察

2001年，市质监局开始开展特种设备安全监察工作。根据国家质检总局《化学清洗和锅炉水质监检规程》，推广水处理新技术，进行锅炉水质抽查检验，共抽查锅炉水质442家。依据国家质检总局《特种设备安全监察规定》，对儿童游乐设施、建筑用施工升降机进行安全大检查，重点检查设备定期检验证、上岗证，对无生产许可证和安全认可证的生产企业和使用单位，责令限期办理相关手续。

2002年，根据国家质检总局和自治区质监局的部署，对全市锅炉压力容器进行普查注册登记。向被普查登记的锅炉、压力容器的使用单位全部核发设备使用登记证，并完成录入工作。9月，通过国家质检总局普查登记验收组对全市锅容管特普查登记工作的审查验收，被自治区质监局评为“锅炉压力容器普查登记工作一等奖”。

2003年，全市开展三次特种设备安全大检查，下达监察意见书24份。其中，检查锅炉36台、压力容器22台、电梯20部、游乐设施10台、气瓶充装站8家。对违反《特种设备安全监察条例》的单位给予警告和处罚，并对个别问题严重的单位在新闻媒体上曝光。完成锅炉定期检验任务403台、压力容器107台、槽车2台、铁路罐车8台，监督检验蒸气锅炉65台、热水锅炉27台、压力容器56台，安装监检蒸气锅炉2台、热水锅炉2台，水处理化验抽样84个，检验无缝气瓶2400只、液氯气瓶60只、乙炔气瓶400只、液化气瓶4000只。完成电梯定检任务200台，验收100台，定检起重机械76台、游乐设施16台。为确保“非典”救治中心高标准、高质量如期完工，质量监督局对其正在安装的4T燃油蒸汽锅炉进行验收发证。

2005年，组织执法人员对全市在用的特种设备进行4次安全大检查，共检查承压锅炉 686 台，压力容器 550 台，常压锅炉 325 台，气体充装站 26 家，游乐设施 37 台，电梯 156 台，压力管道约 5000 米。全年定检锅炉 874 台，固定式压力容器 506 台，无缝气瓶 4500 只，液化石油气钢瓶 1 万余只，罐车 32 辆，乙炔气瓶 1400 只，液氯气瓶 14 只，液氨气瓶 2 只，安全阀 2110 只，特种设备的监督检验率 100%。严把锅炉压力容器生产企业产品质量，确保每一台产品合格出厂，全年共监检蒸汽锅炉 108 台、热水锅炉 41 台、有机热载体锅炉 15 台、常压锅炉 194 台、固定式压力容器 268 台，监检率 100%。

2006 年，对全市特种设备进行 6 次安全大检查。严厉打击常压锅炉带压运行和非法制造“土锅炉”行为，全市常压锅炉带压运行和非法制造的“土锅炉”现象得到遏制。对全市各气体充装站进行专项安全大检查。

2007 年，全市共检查承压锅炉 176 台，压力容器 330 台，常压锅炉 41 台，气体充装站 27 家，游乐设施 35 台，客运索道 1 条，电梯 89 台，起重机械 145 台，下发限期整改意见书 286 份；监检锅炉 96 台，压力容器 65 台，压力管道 50 千米，监检率 100%。拆除“土锅炉”14 台，查处、扣押超期气瓶 2064 只，查封无资质生产起重机械厂 2 家，无证企业查处率 100%。对于列入重点监控设备，质监局严格要求其全部按照规程进行定期检验，定期检验率 98%。对全市在用特种设备进行普查登记。对锅炉、压力容器、压力管道、儿童游乐设施、电梯进行普查登记，共普查登记锅炉 2256 台、压力容器 4852 个、起重机械 815 台、儿童游乐设施 36 台、客运索道 3 条，发放电梯注册铭牌 926 个，在用设备普查登记率 100%。

2008 年，全市注册公交车用天然气瓶 7008 只、出租车天然气瓶 600 只；共检查承压锅炉 567 台、压力容器 778 台、气体充装站 27 家、电梯 985 台、游乐设施 40 台，共排查一般隐患 91 项，排查重大隐患 13 项。2009 年，共排查企业 421 家，排查一般隐患 319 项，排查重大隐患 4 项。下发监察意见书 121 份。

2010 年，开展特种设备专项整治工作，重点对车用气瓶、气瓶充装站、起重机械、压力管道元件等进行检查，共检查各类特种设备 5563 台（只），排查企业 105 家，排查重大隐患 2 项，排查一般隐患 75 项。2011 年，开展气瓶专项整治，打击违规充装超期未检气瓶和报废气瓶行为。注册登记锅炉、压力容器、电梯、车用气瓶等特种设备 1843 台只。2012 年，在全市推行电梯远程监控系统和气瓶电子标签监管系统建设。

2013 年，组建电梯应急救援中心。会同市发展和改革委员会等部门印发《呼和浩特市电梯安全监督管理办法》。2014 年，推动成立电梯行业协会，联合内蒙古特检院筹建“96116”电梯应急救援中心，完善应急救援体系，提高应急处置能力。

2015 年，实行特种设备分级管理，下放相应许可 2 项。开展电梯安全监管大会战，检查电梯1.29万部，存在安全隐患872部，全部落实整改；排查出老旧小区电梯701部，安全评估电梯123部；“96116”电梯应急处置平台设立29个网络交叉式救援站点，确保应急救援的及时性。开展气瓶专项整治，累计粘贴车用电子标签5.56万只，实现车载气瓶信息化管理；液化石油气瓶、工业气瓶严格执行注册登记制度，实行一瓶一码。注册登记液化石油气瓶1.7万只，工业气瓶7184只；检验液化石油气瓶3000只，报废液化石油气瓶1.31万只。检查输油管线82.1千米、输气管线91.6千米。开展燃煤锅炉节能减排攻坚战，更换燃煤锅炉213台。截至2015年，呼和浩特地区连续14年未发生特种设备安全事故。

二、人员培训

2001年，市质监局共培训、考核、发证1031人，其中锅炉房管理人员56人，焊工55人，安装企业检验人员80人，司炉工510人，水处理工156人，气体充装工24人，换证考核150人。同时，严格执行持证上岗制度，吊销责任心不强、管理水平和操作技能低下的人员的上岗证、操作证，切实保障持证上岗制度的严肃性。

2004—2010年，举办锅炉作业、压力容器焊工操作、水处理、压力容器操作、气体充装等各类操作人员培训8000余人次。通过培训，提高管理人员的管理水平和操作人员的操作技能，杜绝无证操作现象，培训率100%。

2011年，召开《内蒙古自治区特种设备安全监察条例》学习宣传贯彻会，500多人参加学习。举办特种设备培训班12期，培训680人。2015年培训电梯安全监管作业人员2406人。

第七节　法治宣传

一、质监宣传

1986年、1989年，《中华人民共和国计量法》《中华人民共和国标准化法》先后颁布实施，呼和浩特市两级标准化行政主管部门举办报告会、座谈会，并在报刊、电台、电视台等媒体进行广泛宣传。1992年起，在每年的3月15日国际消费者权益日前后开展宣传咨询活动。1993年9月开始，在全市开展“计量宣传周”活动。每年在标准化法颁布日、实施日，世界标准日举办宣传活动。

1996年12月，国务院颁发《质量振兴纲要（1996—2010年）》，对全国产品质量、工程质量和服务质量的总体水平提出奋斗目标。1997年，为贯彻《纲要》精神，呼和浩特市结合实施《中华人民共和国产品质量法》和“内蒙古1997年质量行”活动，在各大新闻媒体开辟专栏、制作专题片，进行广泛宣传。

2001—2015年，在自治区质监局统一部署下，全市两级质监部门以“食品安全宣传周”“国际消费者权益日”“安全生产月”“质量月”“世界计量日”“世界标准化日”“全国法制宣传日”等活动为契机，大力宣传质监方面的新法律法规、产品质量安全和特种设备安全知识。同时开展“质监邀您看企业”“质监邀您看实验室”“放心乳粉从内蒙古做起”“质监服务进社区”“大学生质量安全志愿服务行动”等大型活动及执法打假专项行动，并进行宣传报道。

二、行政执法

1986年后，呼和浩特市的标准计量工作依据《中华人民共和国计量法》，由以行政管理为主逐步转为以依法管理为主，通过管理模式改革，推动标准计量事业发展。同年，呼和浩特市计量管理和计量检定工作通过自治区评审验收。

1989—1990年，对全市《中华人民共和国计量法》《中华人民共和国标准化法》实施情况进行全面检查和专项检查，并于1990年，开展“计量认证”执法检查。

1993年，市技术监督局开展石油、粮食、集贸、黄金饰品、眼镜市场的计量监督检查。1995年，对在用计量器具、定量包装食品、称重食品进行计量检查。1998年，市技术监督局对白酒、毛绒制品、眼镜、汽车摩托车配件、煤炭等商品进行专项整治。

2000年后，市质监部门坚持依法行政，全面落实行政执法责任制，推行政务公开，法治宣传教育工作。2001年，全年共查获假冒伪劣产（商）品货值约517万元；涉及案件297起，结案283起；受理消费者投诉、举报96起。2003年4月，开展全市加油站计量执法检查工作，出动执法人员156人次，对141家加油站进行检查。共检查燃油加油机725台，周期检定率98%。执法人员针对部分加油站存在的密度计、温度计、量油尺、核查罐等计量器具受检率低等问题，作出责令限期改正的行政处理决定。

2004年，市质监局落实区域打假责任制要求，集中组织4轮专项检查。共出动执法人员561人次，出动车辆237台次，端掉生产假冒伪劣食品窝点5个；监督检查生产企业138家、集贸市场52个、商业门市部286家；检查定量包装食品生产企业59家、抽查182批次定量包装产品，合格率55.5%。2004—2005年，开展“全国质量月活动”，并制定完善《呼和浩特市质量技术监督局首问负责制》《呼和浩特市质量技术监督局举报、投诉管理办法》等20余项行政执法制度。

2007年，市质监部门对无营业执照、卫生许可证，生产条件无法达到食品生产要求和生产假冒伪劣产品的小作坊，坚决予以查封取缔。对“两证”（营业执照和卫生许可证）齐全的且生产条件基本符合食品生产管理相应规定的食品加工小作坊302家，加强生产过程的监督检查，确保产品符合国家相关规定要求，对其产品的销售范围作出明确界定，要求此类小作坊与质监部门签订《食品生产加工小作坊质量安全承诺书》，明确承诺在食品生产中不添加使用非食品用原料、不滥用食品添加剂等，建立健全《原材料进货记录》《产品销售记录》。

2008 年，对全市 37 家五类重点产品生产企业建立质量档案。其中，家具生产企业 22 家、服装生产企业 15 家。企业标准复审率 100%。

2009 年，按照自治区质监局《打击违法添加非食物质和滥用食品添加剂专项整治方案》要求，市质监局组织开展为期 4 个月的专项整治。在专项整治工作中，对 65 家食品添加剂备案不规范、使用记录不完善的企业及时进行纠正；对违法使用食品添加剂的 10 家企业责令限期改正，对 3 家情节较重的企业进行行政处罚，对 1 家性质严重企业吊销食品生产许可证。

2010—2014 年，全市质监部门对化肥、农药、农机及其零配件等重点农资产品进行执法打假。同时，开展"家电下乡质量行"活动；对白酒等产品标识标注违法行为进行专项执法检查；对建材产品、食品包装容器、镉合金首饰、肉制品、地沟油、食用植物油、酱油、鱼油、调味料、大米、输水管以及支援玉树抗震救灾物资等产品开展 20 余次专项检查。在混凝土输水管专项整治中，取缔不符合条件的生产企业，引导有条件的企业取得生产许可证，整治成果得到国家质检总局的肯定。开展羊绒制品专项整治，规范羊绒产品生产行为。累计出动执法人员 6751 人次，检查各类企业 2813 家，向司法部门移送案件 3 起，与公安部门配合查处黑窝点 6 个，端掉 4 个液化气非法充装点。受理"12365"电话投诉和群众举报共 919 件，全部办结。

2015 年，市质监部门开展"双打""利剑"行动，推行阳光执法"单兵"试点工作。全年处理行政执法案件 35 起。受理各类投诉 373 起，全部办结。

第七章　安全生产监督管理

第一节　管理机构

2004 年 9 月，呼和浩特市安全生产监督管理局成立，下设市安全生产执法监察大队。至 2005 年，全市 9 个旗县（区）均组建独立的安监机构。

2004—2015 年，市安监局内设办公室、政策法规与规划科技科、职业安全健康监督管理与应急救援科、综合协调和执法监察科、安全监督管理一科、安全监督管理二科、安全监督管理三科、行政事项审批办公室。下设市安全生产执法监察大队。

第二节　管理体制改革

2004 年前，呼和浩特市经济贸易委员会、市质量技术监督局分别承担全市安全生产监督管理职能。2004年，根据国务院机构改革方案，市政府印发《关于进一步加强安全生产工作的决定》，明确要求“市及各旗县区政府要设立独立的、政府直属的安全生产监督管理机构，各乡镇、街道办事处也要配备安全生产专职工作人员”，将市劳动局、市经济贸易委员会安全生产管理职能合并，组建呼和浩特市安全生产监督管理局(简称市安监局)，负责全市生产经营单位安全生产工作的行政执法。同时，成立市安全生产委员会及其办公室（简称市安委办）、市安全生产执法监察大队。市安委会制定《安全生产网格化管理实施方案》《安全生产网格管理工作制度》等制度，明确基层安全生产检查管理工作标准和程序，实行安全生产隐患（违法行为案件线索）移送交办工作机制。

2005年，按照自治区安全生产管理目标责任制的要求，呼和浩特市制定安全生产控制指标和考核办法，对各旗县（区）、开发区履行国家、自治区有关安全生产法律、法规及规定，建立健全安全生产责任制、安全生产监督管理机构建设、安全生产专项整治、全面遏制辖区内重特大事故及其他安全生产事故的发生，提出明确的考核标准，建立责任追究制度和一票否决制度。

2006年，在全市推进“全科网格”安全生产工作规范化建设，落实基层社会治理“一张网”，使用“全科网格”，不再另行划分网格，分为村（社区）网格和专属网格，实行统一8位编号。全市基本形成“三级机构、四级网络”的安全生产监管体系。同年，市政府办印发《关于切实加强安全生产监督管理工作意见的通知》，明确地方政府行政首长和企业法定代表人“两个负责制”。同时，把安全工作纳入政绩、业绩考核。

2007年，对全市2800余个企业进行普查登记，对重、特大事故隐患和248处重大危险源进行登记、建档和监控，并制定隐患整改方案，明确整改责任人。2010年，市农牧业、水务、住建、国土、卫生、交通等领域设立安全监管部门，加强安全生产监督管理。

2012年，根据《呼和浩特开展企业班组安全建设工作活动实施方案》，成立企业班组建设领导组。年内，制定印发《呼和浩特市关于认真做好冶金等商贸企业安全标准化建设的通知》《2012年非煤矿山安全标准化建设工作实施方案》《呼和浩特市开展危险化学品企业安全标准化工作实施方案》。年末，全市规模以上冶金等工贸企业211家。

2013年，市安监局与旗县（区）安监局的关系明确为指导和监督的关系。市安监局下放行政审批权限、简化行政审批程序。同年，研究制定《呼和浩特市各旗县区政府、市直有关单位、部门安全生产职能、职责》，明确旗县（区）政府、行业主管部门的监管职责，使属地监管、行业监管和综合监管逐步法治化、规范化。

2014—2015 年，市政府安全生产委员会制定《呼和浩特市旗县区人民政府和市有关部门安全生产监督管理职责暂行规定》《呼和浩特市安全生产委员会工作规则》等规章制度，执行月报告、季度通报会、事故和重大隐患警示约谈等制度，对有影响的一般事故挂牌督办。并坚持每季度召开 1 次安全生产调度会，落实安全生产责任制。

第三节　重点行业监督管理

一、煤矿专项整治

2004 年，市安监局对全市煤矿企业进行检查，关闭不具备安全生产基本条件的 7 个煤矿，并提请市政府印发《关于关闭不具备安全生产基本条件煤矿的通知》。2005 年，对大青山前坡 100 余家矿山企业进行整治，对 66 家不符合开采条件的企业责令停产停业整顿。2007 年，将全市 6 家煤矿整合为 3 家，分别是刘胡梁煤矿、永胜煤矿、天赐源煤矿。主要集中在清水河县窑沟乡沿黄河一线，为准格尔煤田的边缘地带。

2008 年，市政府安全生产委员会印发《2008 年全市矿山企业安全生产企业隐患排查治理专项整治方案》。2009 年，对全市 3 家煤矿进行整合技改，全部改为露天开采，提高煤矿企业安全技术水平。

2010—2015 年，全市未发生煤矿企业安全生产责任事故。

二、非煤矿山专项整治

2003 年开始，呼和浩特市对非煤矿山企业进行整顿规范。至 2004 年末，全市有非煤矿山企业 262 家。其中，127 家企业通过安全评估，并开始申领安全生产许可证。2006 年，对 174 家非煤矿山进行执法检查，严厉打击非法生产行为，对未取得安全生产、经营许可证的 30 家非煤矿山企业实施关闭。2007 年，在全市非煤矿山企业推行安全质量标准化工作，从软硬件上督促非煤矿山企业规范安全质量标准。

2008 年，全市 156 家非煤矿山企业申报为安全质量标准化矿山企业。其中，申报二级标准化矿山企业 9 家，三级 64 家，四级 19 家，五级 64 家。2009 年，全市有 190 家领取安全生产许可证的金属非金属矿山企业，达标企业 113 家，达标率 80.1%。重点在中小型露天开采矿山强制推行中深孔爆破技术，除不适宜使用中深孔爆破技术的 39 家矿山外，其他矿山企业均使用中深孔爆破技术，保障企业安全生产。年内，对已领取安全生产许可证的 17 家尾矿库进行整治，委托有资质的评价机构对全市尾矿库进行安全度评价。

2010 年，市安监局组织专家对全市地下开采企业进行隐患排查，共排查隐患 27

条。开展缴纳安全生产责任保险工作，全市 24 家企业共缴纳 132.5 万元。年末，全市有非煤矿山达标企业 129 家、156 座，按照自治区安监局《自治区非煤矿山安全生产标准化建设工作实施方案》要求，有二级标准矿山 52 座，其中地下开采 8 座、露天矿山 6 座、小型露天采石场 35 座、尾矿库 3 座；三级标准矿山 104 座，地下矿山 1 座、露天矿山 7 座、小型露天采石场 84 座、尾矿库 12 座。

2011 年，市安监局制定印发《进一步加强非煤矿山安全生产工作的实施意见》，严格落实矿领导带班下井制度。同时，加强对尾矿库汛期安全生产工作监管，并成立相应的组织机构，开展安全检查和隐患排查。2013 年，关停 23 家非煤矿山企业。对大青山沿线及和林格尔县、清水河县的露天采石企业开展专项整治，推动中深孔爆破、台阶式开采 2 项安全技术标准。2015 年，停产整改井工矿山企业 7 家。

三、危险化学品、烟花爆竹及民爆器材专项整治

2004 年，按照《呼和浩特市危化品专项整治方案》要求，市质监局对全市 126 台危化品压力容器和 25 千米压力管道全部进行安全检查。年末，全市危险化学品从业单位有 217 家。其中，生产单位 25 家、储存单位 13 家、经营单位 179 家。

2005 年，市政府印发《呼和浩特市经营烟花爆竹安全管理暂行规定》。市安监局对全市 265 个烟花爆竹经营、销售单位和摊点进行综合检查，查封非法仓库 3 个、违章运输 12 起、违规经营 46 起。同年，对全市 120 处加油站进行安全检查；对全市 97 处存有安全隐患的居民小区液化气站进行检查，现场关闭 5 家。

2006 年，市安监局协调组织联合大检查 4 次，检查重点生产经营单位 2600 余家次，其中对 225 家危险化学品、4 家烟花爆竹等生产经营企业进行执法检查，共下达整改指令书 465 份，排除安全隐患 636 处，最大程度地减少各类生产事故的发生。同时，严厉打击非法生产行为，对未取得安全生产、经营许可证的 8 家危险化学品生产经营单位、6 家非法生产烟花爆竹企业实施关闭。

2007 年，市安监局对危险化学品生产、储存、经营、运输、使用和废弃处置进行专项整治，建立健全危险化学品生产经营单位登记监控制度，严格市场准入，对重大危险源开展安全评估。全面实行行政许可，使全市 22 家危险化学品生产企业、202 家经营单位安全质量标准基本上达到国家行业标准。

2008 年，市安全生产委员会印发《呼和浩特市危险化学品、烟花爆竹企业 2008 年安全生产隐患排查治理工作方案》《呼和浩特市烟花爆竹安全管理规定》。2009 年，建立健全危险化学品生产、经营、储存、使用单位登记监控制度，严格市场准入制度。对 8 家危险化学品重点监控企业、4 家烟花爆竹生产企业、10 家小型气体生产企业进行专家论证和开业前的复工验收，对 3 家化工企业存在的重大隐患进行重点治理。对 13 家烟花爆竹批发企业派驻厂监察员，进行全面排查，对存在的问题进行整改。

2010年，市安监局对全市229座加油站、19座加气站、70余家烟花爆竹批发零售储存企业进行检查。组织开展全市礼花弹的专项治理工作，全面禁止销售礼花弹等A级产品。对2家民爆企业进行5次检查，针对存在的问题进行整改。年末，全市有危险化学品经营达标企业138家，其中中石油加油站106家、中石化加油站19家、民营加油站13家。

2011年，市安监局对全市液氯、液化石油气、成品油、液氨、剧毒物品等生产经营企业进行专项治理，对44家加油站实施HAN阻隔防爆技术改造。同时，为避免使用手机等移动通信工具可能引发的燃爆事故，在加油（气）站推行无线电屏蔽技术。

2012年，市安监局对涉及“重点监管危险工艺”“重点监管危险化学品”企业进行普查登记。按规定对8家构成重大危险源的生产存储企业进行辨识、安全评估、登记建档和备案审查，完成危险化学品重大危险源自动化监控设施的改造。市政府多方筹措资金对关闭的4家烟花爆竹生产企业，进行妥善处理，消除重大安全隐患。

2013年，市安监局印发《呼和浩特市烟花爆竹安全管理规定》，对烟花爆竹储存不规范、批发点存实货、旺季销售一条街等突出问题进行管理规范。全市34家危险化学品生产企业全部安装安全生产自动化系统，旗县（区）加油站加装阻隔防爆设施。

2014年，市安监局完成30家危险化学品生产企业、29家烟花爆竹批发企业的分类评估。对全市35家涉氨制冷企业进行排查摸底，建立企业监管档案，明确监管重点，先后取缔关闭安全条件无保障的7家企业。

2015年，针对全国各地矿山、危化、烟花爆竹三大高危行业重特大事故频发的情况，市安监局加大对三大高危行业的检查、执法力度，将危化生产企业、烟花爆竹批发企业全部列入年度重点监管执法计划，共停产整改危化企业16家。

四、道路专项整治

2004年，呼和浩特市初步建立“政府负责，有关部门各司其职，社会各方面联合行动”的预防道路交通事故机制。2005年，市安监局对3起一次死亡3人的重大道路交通事故下发告诫书，进行专项整治。

2007年，市安监局联合公安、交通等部门在全市大规模开展道路交通安全社会宣传活动，推动交通安全宣传“进农村、进学校、进家庭”活动，市交通局与市交警部门加强对交通运输企业和驾校的整顿，对危险道路、桥梁、地段进行全面治理，加大治理超载超限力度。

2008年，在全市长途客车、旅游车、危货车辆以及市区出租车上，安装全球定位系统（GPS），提升道路运输安全管理水平。全年未发生一次死亡3人以上的特大道路交通事故。2009年，对全市44处平交道口进行隐患排查和重点整治，对32处无人看守道口的诸多安全隐患进行治理。

2010 年，市安监局先后组织 6 个专项检查督导组，及时开展整治万吨列车安全、道路安全、施工安全、防火防爆、货物装载和危险品运输以及设备质量、安全联控等突出问题。2011 年，开展安全生产执法行动共 313 起，共排查企业 335 家，排查一般隐患 447 项，整改 431 项。共查处无证或证照不全从事生产经营非法行为 1465 起，其中道路运输 1447 起，水上 18 起。

2012 年，全市共排查涉及道路安全、施工安全、防火防爆、货物装载和危险品运输以及设备质量、安全联控等企业 2310 家，排查一般隐患 2400 项，整改 2131 项。打击非法违法、治理纠正违规违章行为 1543 起，其中道路运输 1540 起，水上 3 起。

截至 2015 年，全市实现交通安全管理智能化，对路面交通情况实时监控，提升主动发现能力、疏堵保畅能力和现场查处率。全年未发生一次死亡 3 人以上特大道路交通事故。

五、公众密集场所专项整治

2004 年，市安监局集中力量对人员密集场所开展专项治理，检查人员密集场所 634 家，查处火灾隐患 574 处。下发限期整改通知书 157 份、当场整改通知书 74 份、复查意见书 112 份，列入“政府挂牌整治单位”8 家。

2007 年，在自治区成立 60 年庆典期间，分组对大庆活动重点场馆、场所安全责任落实情况，供电配电系统，消防器材配备，消防安全应急照明，安全通道，锅炉、压力容器、应急措施、重点岗位值班制度等进行全面检查，对 27 家重点场馆、活动场所存在的安全隐患下达整改指令书，限期整改。

2009 年，市安监局加大对不具备消防安全条件、威胁公共消防安全的集市、超市、各类娱乐场所和其他易燃易爆场所的整治力度，检查单位 1144 家，查处火灾隐患 979 处，整改火灾隐患 934 处。2010 年，全市共排查整治人员密集场所 241 家，发现火灾隐患 218 处，整改完毕 198 处。查处消防违法单位 28 家，罚款 26.26 万元，责令 3 家建设工程停止施工。2011 年，全市共排查整治人员密集场所 450 家，发现火灾隐患 868 处，整改完毕 843 处。其中，对 14 家消防隐患较大的人员密集场所进行挂牌督办，限期整改。责令“三停”（停产停业、停止使用、停止施工）单位 6 家，拘留 4 人，罚款处罚 88 家。

2012 年，在公众密集场所专项治理工作中，市安监局加强对高层建筑改建、装修施工的消防安全管理，严厉打击采用易燃可燃材料装修装饰、封堵疏散通道和安全出口、作业人员未经培训、违章操作等违法行为。全市共排查整治人员密集场所 6010 家次，发现火灾隐患 3.82 万处，督促整改 3.82 万处。责令“三停”单位 6 家。2013 年，组织开展安全生产大检查“百日行动”活动，重点对客运北站等人员密集场所进行检查。

六、建筑施工专项整治

2008年，呼和浩特市安全生产委员会印发《关于进一步开展建筑、机械制造等行业领域安全生产隐患排查治理工作的通知》。2009年，市安监局重点排查施工资质、安全基本条件、安全机构、规章制度、施工现场管理、规划手续、吊装设备、支撑模板、防护设施等。全年，共检查工程项目505次，建筑面积1500余万平方米，查出各类隐患5606条，整改隐患5528条，其中停工整改指令45份，对1家隐患整改没有彻底施工企业和3家未认真履行安全监理职责的监理单位进行通报批评。

2010年，市安监局会同市建设部门检查建设工程项目1470项，建筑面积1610余万平方米，对查出的816项违规建设工程全部进行处罚（包括停工和经济处罚）。对20项无施工许可证开工建设的项目进行经济处罚，罚金200余万元；对3家安全生产许可证过期申办企业给予经济处罚，对61家违规工程项目开具处罚单。并对违规工程的建设单位，施工企业记入不良行为诚信档案，上网公布，同时取消24家外进施工企业备案资格，停止8家施工企业在呼和浩特地区的投标资格。2011年，检查建设工程项目1470项，建筑面积1550余万平方米，查出各类隐患3844条，下达隐患整改通知书432条，整改432条。查处违法违规无施工许可证先期开工工程25项，对未取得施工许可证先期开工的违法违规工程全部下发停工通知单，并进行查封。2012年，检查在建房屋工程2297项，总建筑面积2315万平方米，查出各类隐患6280条，所查出的隐患均得到有效整改。对100余家建设、施工、监理单位的不良行为记入诚信档案，停止招投标行为，对塔式起重机1296台、施工升降机610台实施产权登记备案。

2014—2015年，全市在建工程安全检查项目3221项次，检查覆盖率100%，所有监管工地及9个旗县（区）监管工地安全检查均达到3次以上。

七、职业健康监管

2009年，市安监局制定《呼和浩特市安监局关于做好当前职业健康工作的意见》，并在托克托县开展职业健康试点工作。

2010年，根据国家安全生产监督总局和自治区安监局要求，呼和浩特市启动职业健康监管工作，制定《关于做好当前职业健康工作的意见》。为加强全市职业健康监管机构和队伍建设，市安监局印发《进一步推进职业健康监管机构和队伍建设的通知》，要求各旗县（区）安监局配备职业健康监管工作人员。市安监局联合卫生、劳动、总工会在全市开展职业危害专项治理活动，对全市182家存在职业危害的企业进行重点监察检查，共发现问题隐患506个（项），整改374个（项），列入整改计划的97个（项），投入整改资金94.2万元。同时开展职业危害申报工作，280家企业实施网上申报，其中144家企业申报合格并进行备案。通过网上申报，建立职业危害基础数据库，掌握职业危害的重点和现状。

2011年，市安监局对全市23家大型企业（包括中央驻呼企业）职业健康情况进行2次全面检查，共发现问题隐患130个，下达执法文书32份，其中整改指令9份。组织开展全市劳动保护用品专项检查，检查企业数493家，查出问题隐患278个，下达整改指令107份，对7家存有问题隐患拒不整改企业进行罚款处罚，罚款金额20余万元。同时，按照有关规定，对43家经营劳防用品企业进行备案。开展木质家具制造企业和石棉制品生产企业职业危害专项治理，共检查企业22家，下达整改指令26份，对不合格企业进行停产整顿。

2012年，市安监局成立金矿开采企业粉尘危害专项治理工作领导小组，制定印发《呼市开展金矿开采企业粉尘危害治理工作实施方案》。遴选15名职业卫生专家，组建呼和浩特市职业卫生专家队伍。对全市12家存在职业危害的企业进行重点监察检查，发现问题隐患93个（项），整改90个（项），列入整改计划的3个（项）。审核上报14家自治区职业健康典型示范企业。其中，上报9家大型企业为“自治区职业健康典型示范企业”，5家大型企业为“自治区职业健康优秀企业”。

2014—2015年，对全市具有粉尘作业的企业进行全面检查，加强职业危害项目申报，全市职业危害严重的206家企业全部进行申报。

八、其他专项检查

2007年，各主管部门针对存在的问题和薄弱环节，对民用航空、铁路、学校、医疗卫生、特种设备、供电、供气、供水等公共安全领域和行业，制定切实可行的隐患排查治理方案，认真履行职责，加大执法力度，坚决杜绝了因生产安全事故导致的大面积停水、停电、停气等事件，使呼和浩特市公共安全形势平稳好转。

2008—2010年，市安监局协调拆除民航机场净空保护区内通信铁塔3座、超高建筑12处。针对燃放烟花、施放孔明灯等影响飞行安全的现象增多，给民航飞行安全和消防带来较大安全隐患的问题，市安监局以安委办名义印发《关于呼市范围内禁止制售贩卖施放孔明灯的紧急通知》，组织安监、公安、工商、城管等部门对新华广场、大召广场进行整治。

2011年，按照《自治区安全生产委员会办公室关于开展春季中小学、幼儿园校车交通安全专项检查活动的通知》要求，市安委办督促教育部门制定专项方案，成立检查领导小组，在公安、交通运输、安监等部门全力配合下，对辖区内非法营运校车，假证、无证以及不具备所驾车辆资质的驾驶员依法进行严肃查处。

2012年，针对新城区“水岸小镇住宅区”16处违规超高建筑物影响净空安全的问题，责成水务局、规划局及建设单位限期拆除，消除净空安全事故隐患。对辖区内的 19 台非法违法营运校车依法进行查处。

2015 年 8 月，天津港“8・12”事故后，按照国务院和自治区政府的要求，市政府制定印发《关于深入开展安全生产大检查大排查大整治工作方案》，成立由市长任组长、各分管副市长任副组长、安委会成员单位为成员的大检查工作领导小组，明确大检查的工作范围、主要任务和工作重点，同时将工作任务和责任细化分解到各旗县（区）政府、行业主管部门和有关企业，各地区、各部门的主要负责人和市政府分管市长为具体负责人。按照市委、市政府的安排部署，各地区、各部门都及时制定工作方案，并按方案积极组织开展各项工作。年末，全市共组织 246 个检查组进行大检查，检查企业 2.68 万家，发现隐患 2.71 万条，整改 2.56 万条。

2011—2015 年呼和浩特市重点行业安全生产情况一览表

表 13–7–1

年份	全市累计事故（起）	全市实际死亡（人）	工矿商贸		消防火灾		道路交通		较（重）大事故	
			发生事故（起）	实际死亡（人）	发生事故（起）	实际死亡（人）	发生事故（起）	实际死亡（人）	发生事故（起）	实际死亡（人）
2011	3029	167	22	29	2340	6	667	132	3	15
2012	2345	157	18	22	1730	5	597	130	1	3
2013	1527	146	28	29	1069	3	430	114	1	3
2014	1383	127	13	19	715	2	655	106	1	4
2015	1056	126	15	21	372	1	669	104	0	0

第四节　应急管理

2004 年前，市经贸委履行全市安全生产应急管理工作职责。2004 年，按照国家《重大危险源辨识标准（GB 18218—2000）》，在全市组织开展重大危险源普查登记工作，确认重大危险源 203 个，并建立档案。同年，组织市煤气化总公司、市炼油厂、内蒙古红旗化工厂等单位开展扑救火灾、爆炸及燃气、硫化氢、液氯泄漏等事故应急救援演练。

2005 年，对全市 20 个行业、2600 余家重点生产企业完成情况进行统计，对 248 处重大危险源进行普查登记，建立台账，实施监控。同年，市政府印发《呼和浩特市安全生产委员会成员单位职责规定》《呼和浩特市特大生产安全事故应急救援预案》，各旗县（区）政府、安监局制定相应规定、办法。

2007 年，建立健全危险化学品生产经营单位登记监控制度，对重大危险源开展安全评估。2008年，市政府办公厅印发《关于印发呼和浩特市重特大生产安全事故应急救援预案的通知》，制定《呼和浩特市危险化学品事故灾难应急预案》《呼和浩特市矿山事故灾难应急预案》等专项预案。

2009年，根据《生产安全事故应急预案管理办法》要求，对各旗县（区）政府、工业园区管委会应急救援综合预案进行备案。

至2010年末，市安委会主要成员单位的应急预案备案23个，三大高危企业预案备案147个。同年，在公安消防支队建立危险化学品事故灾难应急救援指挥中心，并制定《呼和浩特市危险化学品应急救援工作协商机制》。全年全市各类单位共举办多种形式的演练活动20余次。

2011年，对全市21家市安委会成员单位的综合应急救援预案及137家企业的综合应急预案、专项应急预案和现场处置方案进行备案。其中，非煤矿山企业57家、危险化学品企业66家、烟花爆竹企业6家、其他企业8家。

2013年，市安监局制定印发《呼和浩特市安全生产应急预案汇编》。2014年，筹划组建疏散型应急救援队伍。同年，对9个旗县（区）和1个经济技术开发区的应急救援预案的备案和演练进行监管执法检查；对列入重点监管的非煤矿山、危险化学品、冶金和建材等八大行业生产经营企业的应急救援预案备案和演练进行监管执法检查；随机抽查未列入市局重点监管的非煤矿山、危险化学品、冶金和建材等八大行业生产经营企业的应急救援预案备案和演练；定期对14家央企应急救援预案备案和演练进行监管执法检查。

2015年，完成各旗县（区）政府应急预案备案，督促中型规模以上生产经营单位应急预案的修订及备案登记。

第五节　法治宣传

一、教育培训

2004年，市安监局组织119家重点企业负责人和85名企业安全生产管理人员进行培训，对825名培训合格的特种作业人员发放IC卡操作证。年内，在全市范围内开展“安康杯”竞赛活动。会同市司法局对全市公务员及事业单位人员进行《中华人民共和国道路交通安全法》培训，全年共举办培训班24期，培训公务员和事业单位工作人员共计7920人。

2006年，市安监局组织开展“平安中国——《中华人民共和国安全生产法》知识竞赛”。2006—2013年，累计培训企业负责人及安全管理人员及各类特种作业人员6.54万人。

2014—2015年，市安监局组织宣讲团到旗县（区）、开发区、工业园区、重点企业宣讲《中华人民共和国安全生产法》，共举办培训班18期，1万余人参加培训。

二、安全生产宣传

2004—2009年，市安监局以宣传贯彻《中华人民共和国安全生产法》《安全生产许可证条例》为重点，组织开展“安全生产月”宣传专题报道以及“安全生产咨询日”宣传活动，做到报纸经常有文章、电视经常有画面、广播经常有声音。2007年，组织开展“安全生产万里行”活动。

2009—2012年，开展安全文化进部门、进企业、进校园、进社区、进农村活动。2013年，利用政府网站、广播电视、报纸杂志等主流媒体以及宣传画、安全知识读本、手机短信、楼宇电视、户外大型LED显示屏、出租车LED显示屏等，开展“强化安全基础，推动安全发展”“关注安全、关爱生命”主题宣传活动。

2013年，按照有关工作要求，在各地区、各行业、各单位全面展开安全生产月活动。在全市551个社区、居民委员会印制发放涉及社区安全、学校安全、交通安全、防火安全、建筑安全、危险物品安全、急救防护等内容的安全知识招贴画；选用呼和浩特地区曾经发生的50个事故案例编印《生产安全事故案例选编》,并在政府机关、企事业单位、旗县（区）安监部门和76个乡镇、街道办事处安监站发放；向社会公众和培训机构发放《安全知识读本》；通过移动、电信运营商向全市100万以上用户发送安全生产公益短信；在市党政办公大楼大厅展出为期一周的全市安全生产工作宣传展板；在呼和浩特广播电视台新闻综合等3个频道及市内490栋高端楼宇830个液晶电视终端播放安全生产公益宣传片；在全市5000多辆出租车顶LED显示屏播发安全提示语。

2014—2015年，市安监局连续两年被国务院安委会评为“全国安全生产宣传月先进集体”、被自治区安委会评为“全区安全生产宣传月先进集体”。

三、行政执法

2004年，市安监局采取企业自查、行业检查、市和旗县（区）两级安监机构抽查的方式，组织6次全市安全生产大检查，重点检查生产经营单位2255家，查出事故隐患942处，整改867处。2005年，检查重点生产经营单位2450余户、2879次，发现安全隐患768处、下达整改指令书482份，排除安全隐患625处。

2006年,市安监局协调组织联合大检查4次,检查重点生产经营单位2600余户次。其中，对174家非煤矿山、225家危险化学品、4家烟花爆竹等生产经营企业、53处公共密集场所和65家重大危险源进行执法检查，共下达整改指令书465份，排除安全隐患636处。

2007年，市政府办公厅印发《关于在重点行业领域开展安全生产隐患排查治理专项行动的通知》，在全市煤矿、非煤矿山、冶金、有色、石油、化工、烟花爆竹、交通运输、建筑施工、电力、民爆器材、民航、铁路、农机、水库、学校等领域开展隐患排查治理。共检查各类企业 3836 家，查处隐患 5806 条，整改隐患 5723 条。

2008 年，市政府印发《呼和浩特市打击安全生产非法违法行为专项行动工作方案》。共检查各类企业 2533 家，查出一般隐患 1.33 万条，整改 1.3 万条。其中，重大隐患 13 条，整改 11 条。全市登录自治区安全生产信息网的重点监控企业有 41 户，共录入隐患 320 条，重大隐患 2 条，一般隐患 318 条。

2009 年，市安委办印发《2009 年中国民族商品交易会期间安全生产工作的实施方案》《关于立即开展民交会、昭君文化节、草原旅游节重点活动场馆安全设施大检查的紧急通知》，对内蒙古会展中心、内蒙古饭店等市四区 26 个重点活动场所进行安全检查。全年，共打击违法、非法、违规生产经营行为 1752 起。

2011 年，市安监局印发《安全生产行政执法程序》，并规范行政执法文书的使用和建档管理。同时，按照自治区安监局制定的《内蒙古自治区安全生产年度行政执法工作计划编制细则（试行）》要求，计算执法检查人员为 36 人，每人每年执法工作日为 145 日，全年有执法工作日为 5220 日，其中执法检查日为 3600 日，其他执法检查日为 1620 日。根据全年检查情况，全局实际执法检查日为 3786 日，其他执法检查日为 1835 日，全年执法检查日为 5603 日。

2012 年，市政府按照重大事故查处挂牌督办和非法违法较大事故跟踪督办的要求，对武川县抽水蓄能水电站瞒报、巴彦塔拉饭店“8・1”后院附楼餐厅二层屋盖结构垮塌、赛罕区内蒙古空港物流公司死亡等事故进行调查。市安监局按照“四不放过”（在事故查处中严格坚持事故原因查不清不放过，责任人得不到追究不放过，职工受不到教育不放过，防范措施得不到落实不放过）的原则，依法依规对有关责任人进行责任追究。

2014 年，开展打击矿山企业非法开采、非法使用氰化物、火工品；打击破坏、损害油气长输管道、城市燃气管网，建筑领域无资质施工，非法分包、转包，危险化学品非法运输，重大火灾隐患整治，粉尘场所、涉氨制冷企业违法生产等专项整治，打击非法违法、治理纠正违规违章行为 473 起。先后关停非法采矿、采砂企业 51 家，打掉各类盗采矿山资源黑窝点 20 余处；拆除大学路与兴安路交会处 2 个共 10 万立方米储气罐。

2015 年，完成对 73 家重点监管企业的执法检查任务，召开 17 次重点行业、领域现场观摩推进会。全年，组成执法检查组 37 个，综合执法 82 次，打击非法违法行为 1.27 万起，整治违规违章行为 2521 起，有效防范和遏制重特大事故的发生。组织 246 个检查组，对 2.68 万家检查企业进行检查，发现隐患 2.71 万条，整改率

94.29%，查封、停产整顿企业386家。

第八章　食品药品监督管理

第一节　管理机构

一、行政管理机构

2001年8月前，呼和浩特地区药品监督管理主要由市医药管理局（医药分公司）和市卫生局共同承担。8月，呼和浩特市撤销市本级和土默特左旗、托克托县、武川县、和林格尔县、清水河县5个旗县医药管理局，原医药管理局所承担的药品生产、流通监管职能划归到新组建的药品监督管理局，市旗县卫生行政部门所承担的药政、药检职能划归新组建的药品监督管理局。11月，呼和浩特市药品监督管理局成立，隶属自治区药品监督管理局，实行自治区以下垂直管理体制。内设办公室、人事教育科、药品注册安全监管科、医疗器械市场监管科、药品监督稽查队。至2002年末，相继成立土默特左旗、托克托县、武川县、和林格尔县、清水河县分局，实行呼和浩特市药品监督体制垂直管理。

2004年7月，呼和浩特市药品监督管理局更名为呼和浩特市食品药品监督管理局（简称市食药监局）。在原职能基础上，将由防疫、卫生、工商行政管理和质量监督部门等多部门共同负责食品、保健食品、化妆品安全管理的综合监督、组织协调和依法组织开展对重大食品安全事故查处的职能，统一划归市食药监局，同时承担呼和浩特市食品安全委员会办公室的职责。内设机构增加食品、保健品、化妆品监督管理科室。

2008年，成立市食药监局市四区分局。2010年，食品药品监管体制自治区以下垂直管理改为地方政府分级管理，市食药监局下划至呼和浩特市政府，成为市政府工作部门。同时，增加食品生产、流通监管、农贸市场监管等职能。

2014年，根据《内蒙古自治区党委办公厅　自治区人民政府办公厅关于印发〈呼和浩特市人民政府职能转变和机构改革方案〉的通知》《内蒙古自治区人民政府关于改革完善盟市旗县食品药品监督管理体制的实施意见》要求，市食药监局加挂呼和浩特市食品药品安全委员会牌子，为市政府的工作部门；将分散在质监、工商部门的食品生产、流通环节监管职能，卫生部门的餐饮服务公共场所卫生许可监管职能，商务部门的酒类食品流通监管职能和食品安全委员会办公室全部职能划入市食药监局。市食药监局内设办公室、人事科、财务科、综合协调科、法制科（投诉举报受理办公室）、食品生产监管科、食品流通监管科、餐饮服务监管科、药品化妆品生产监管科（蒙中药监管科）、药品化妆品流通监管科、医疗器械监管科、科技信息科、稽查科、新闻宣传与应急管理科、行政事项审批办公室、特殊食品监管科，另设机关党委。下设市食药监局经济技术开发区分局。

二、事业单位

（一）呼和浩特市食品药品检验所

前身为呼和浩特市药品检验所，成立于1980年，2002年并入自治区药品检验所。2011年4月，重新组建呼和浩特市食品药品检验所，为市食药监局下属副处级事业单位，内设综合办公室、业务室（内设质保室）、中蒙药室、化学药品室、药理室、抗生素室、食品保健食品化妆品检测室、药品不良反应室。专业技术人员占总职工数的85%。

（二）呼和浩特市食品化妆品监督管理所（职责）

2012年4月成立，为市食药监局下属正科级事业单位，主要职责为承担全市食品化妆品监督管理。参照公务员法管理。

（三）呼和浩特市药品不良反应和药物滥用监测中心

2012年4月成立，为市食药监局下属科级事业单位，主要职责为承担全市药品不良反应和医疗器械不良事件监测、药物滥用、化妆品不良反应监测工作和报告资料的收集、核实、评价、反馈和上报。2015年12月，该中心撤销。

（四）呼和浩特市食品检验所

2015年12月成立，为市食药监局下属科级事业单位。主要职责为承担全市肉、乳制品等食品的检测职能。

第二节　管理体制改革

一、食品管理体制改革

2003年前，呼和浩特市食品卫生监管主要由防疫部门、卫生管理部门、工商行政管理部门和质量监督部门等多部门共同负责。

2004年，市食药监局实行自治区垂直管理体制。同年，增加对食品、保健食品、化妆品安全管理的综合监督、组织协调和依法组织对重大食品安全事故查处的职能。

2005年，实施食品安全新闻发布会制度，并抽调卫生、工商、农业等部门人员试行合署办公机制。2006年，按照属地管理的原则，完善县、乡、村三级监管网络，食品安全目标管理责任状签订到乡镇和街道办事处，全市各乡镇政府和街道办事处，成立食品安全委员会。建立食品安全监察专员制度，在市三区派驻食品安全监察专员，同时，建制村均设立食品安全监督员。

2007年，市食药监局制定印发《呼和浩特市2007年食品安全专项整治实施意见》《关于加强产品质量和食品安全专项整治工作的通知》《关于进一步加强食品生产加工小作坊、小餐饮专项整治工作的实施意见》，开展重点行业、重点食品专项整治工作；开展农村食品安全状况调查，制定《呼和浩特市农村和城乡接合部食品安全专项整治方案》，加强对农村小作坊、小加工企业、小食品店、小餐饮店、集贸市场进行治理整顿。

2008年，市食药监局制定《呼和浩特市农村和城乡接合部食品安全专项整治方案》，组织开展农村食品安全状况调查，对全市48个乡镇1009个建制村进行调查摸底。推进农村食品安全监管责任网、现代流通网和群众监督网“三网”建设，年末，县、乡、村三级食品安全监管网络全部建立。全市有食品安全义务监督员300多名，信息员519名。

2010年，食品药品监管体制自治区以下垂直管理改为地方政府分级管理，市食药监局下划至市政府，成为市政府工作部门。卫生部门的食品卫生许可、餐饮和食堂等消费环节食品安全监督管理、保健食品和化妆品卫生监督管理划归食品药品监督管理部门；食品药品监督管理部门同时承担食品安全综合监督、组织协调和查处食品安全重大事故的呼和浩特市食品安全委员会办公室职能。

2013年，地方食品药品监督管理机构改革和职能调整有序推进，为保证地方食品药品监督管理机构改革与新修订的《中华人民共和国食品安全法》公布实施过渡期间，食品生产、流通、餐饮许可证的管理工作有序进行，国家食品药品监督管理总局印发《关于做好改革过渡期间食品安全许可证发放工作的通知》，明确原来由质量技术监督部门负责的食品生产许可、工商行政管理部门负责的食品流通许可工作，统一调整为食品药品监督管理部门承担。地方食品药品监督管理机构改革后，由地方食品药品监督管理部门依法履行审核、发放“食品生产许可证”“食品流通许可证”“餐饮服务许可证”。婴幼儿配方乳粉的生产经营许可，执行国家食品药品监督管理总局新发布的婴幼儿配方乳粉的规定。

2014年6月起，分散在质监、工商部门的食品生产、流通环节监管职能，卫生部门的餐饮服务公共场所卫生许可监管职能，商务部门的酒类食品流通监管职能和食品安全委员会办公室全部职能划入市食药监局。

2015年，市食品药品安全委员会办公室制定《联席会议工作制度》《呼和浩特市食品药品安全责任追究办法》。市食药监局开发新版移动执法系统，建立食品药品信息实时动态监管系统。加强学校周边食品安全严管街建设，在17条重点街道悬挂“食品安全严管街”告示牌，首批为20个学校食堂配备价值100万元的快速检测设备。

完成明厨亮灶改造 2304 家。

二、药品管理体制改革

2002 年，新修订的《中华人民共和国药品管理法》实施后，停止由卫生管理部门发放药品生产和经营许可证，改由药品监督管理部门发放，减少审批部门和环节。要求药品生产企业和医疗机构制剂室重新换领“药品企业生产许可证”“医疗机构制剂许可证”。按照自治区食药监局的要求，市食药监局依法规范药品生产企业、药品经营企业和医疗机构的制剂室。

2005 年 9 月，为加强药品生产质量管理规范检查，国家食品药品监督管理总局颁发《药品生产质量管理规范认证管理办法》。自治区食药监局在全区范围内对“药品企业生产许可证”进行统一换证。

2008 年，市食药监局完善行政审批，实行受理、验收、审批三分离工作机制。实行一厅式受理、一厅式审批、一厅式服务，推行全程办事代理制。

2012 年，市食药监局建立药品电子实时监控平台与电子审批平台。2013 年 4 月，呼和浩特市启动西部电子监管试点零售药店项目，市食药监局印发《呼和浩特市零售药店电子监管试点工作实施方案》，成立“国家药品电子监管西部零售药店试点项目呼和浩特市工作组”。至 2014 年，全市 90% 的试点零售药店开始对经销的赋码药品实施审核注册、审核撤销，实行“见码必扫、及时上传”。

2014 年，将行政审批许可事项全部纳入市区两级政务服务中心集中受理，在全市推行“三分离”（受理、验收、审批）、“四统一”（统一准入标准、统一管理流程、统一审批时限、统一文本证书）、一个窗口办结的行政审批流程。建立“行政许可事项现场验收人员库”，根据现场检查事项随机抽取执法人员，组成检查组进行验收。加强对已下放、转变方式的行政审批事项进行后续监管，清理已变更、停业、到期的生产经营企业，完善信息的更新和管理工作。将药品、医疗器械经营企业、餐饮服务企业除涉及注册地址和企业负责人变更外，其余审批事项的变更、换证全部由审批窗口现场直接办理。将“药品经营许可证”和“GSP 认证证书”同时到期的企业现场检查“两证”合一，一次性完成现场检查验收，缩短审批时限。

三、食品药品安全信用体系建设

2005 年，自治区食药监局将呼和浩特市作为食品安全信用体系建设试点城市，在粮食、肉类、乳品等试点行业，推行《粮食行业小麦粉加工企业生产经营档案示范文本》《肉类食品行业猪肉生产经营企业档案示范文本》《婴幼儿配方乳粉企业生产经营档案示范文本》，引导食药企业增强诚实守信意识，形成统一开放、公平竞争、规范有序的市场环境。市食药监局制定《呼和浩特市食品放心工程三年（2005—2007 年）规划》《关于加强全市食品安全监督管理工作的意见》。2008 年，构建食品安全信息报送网络，建立部门间食品安全信息联络员制度和信息通报机制。

2011年，市食药监局制定《呼和浩特市药品零售、连锁企业药品安全信用分类管理办法（试行）》。2013年，建立食品药品生产经营企业信用评价制度，制定信用评价标准，建立药品生产经营企业和餐饮服务信用档案。依据《呼和浩特市药品零售、连锁企业药品信用安全分类管理办法（试行）》，对全市1267家药品零售、连锁企业进行信用等级综合评定。同时，将“非守信企业”在《食品药品监管信息报》上予以公布。

2014年，市食药监局开展食品药品安全示范创建工作。设立食品药品严管街11条，命名食品药品安全示范单位350家。完成药品零售企业信用等级评定1359家，完成医疗器械生产、经营企业信用等级评定441家。同年，启动“黑名单”制度，通过多种渠道曝光违法案件326起。对非守信单位进行公示，开展约谈、诫勉谈话，约谈企业负责人18人次。

2015年，市食药监局授予内蒙古大唐药业有限公司等350家企业“呼和浩特市食品药品安全示范单位”称号。同时，对食品药品安全示范单位实行动态管理。

四、食品药品应急机制

2003年，“非典型性肺炎”疫情期间，市药监局启动应急机制，及时调整工作重点，制定并采取一系列防治“非典”工作的预案和措施。加大防治“非典”药品的专项检查力度，迅速开通中药汤剂快速审批通道，保证企业及时生产和百姓安全用药，并为呼和浩特市抗击“非典”中心快速办理“麻醉药品购用印鉴卡”，参加市“非典”防控指挥部药品、医疗器械审验工作，对2000余万元的药品、医疗器械进行质量把关。

2007年，市食药监局成立呼和浩特市特殊药品突发重大安全事故应急领导小组，负责指导、协调、处理全市特殊药品突发重大安全事故应急处理工作，并负责应急预案的组织实施。同时要求各旗县（区）成立特殊药品突发重大安全事故应急领导小组，负责应急预案在辖区内的组织实施工作。同年，根据《麻醉药品和精神药品管理条例》《易制毒化学品管理条例》等有关规定，市食药监局、市卫生局联合印发《呼和浩特市特殊药品突发重大安全事故应急预案》。

2008年，市食药监局完善应急预案，建立成员单位联系人制度、事故月报制度，构建全市食品安全应急网络。2011年8月17日，市药品安全专项整治领导小组办公室按照国家、自治区关于开展药品安全专项整治工作的要求，组织开展药品安全突发事件应急演练。

2014年，市食药监局组织开展食品安全应急桌面推演，通过情景构建、任务设定和角色扮演的食品安全事件应急演练桌面推演培训，对食品药品安全突发事件进行现场处置演练，提升执法人员面对突发事件防范与应对能力。同年，印发《网络舆情应对处置应急预案》，开通“新浪”“腾讯”等4个微博，发布信息322条，加强舆情监测工作。

2015年12月，市政府办公厅印发《呼和浩特市食品安全突发事件应急预案》，将食品安全突发事件分为特别重大食品安全突发事件（Ⅰ级）、重大食品安全突发事件（Ⅱ级）、较大食品安全突发事件（Ⅲ级）和一般食品安全突发事件（Ⅳ级）。食品安全突发事件发生后，呼和浩特市食品药品安全委员会办公室会同有关部门依法组织对突发事件进行分析评估，核定事件级别。同年，组织呼和浩特市食品安全突发事件（Ⅲ级）应急演练。市食品药品安全委员会各成员单位部分人员，自治区、市食品、药品和医疗器械、保健食品化妆品企业代表，食品安全监督员、农村社区协管员以及部分大中专院校师生代表，共2700余人参加和观摩演练活动。

第三节　食品安全监督管理

一、食品生产监管

20世纪90年代至21世纪初，呼和浩特市的食品卫生监管工作主要由防疫部门、卫生管理部门、工商行政管理部门和质量监督部门等多部门共同负责。市防疫站负责食品生产、经营单位的换证工作，对全市食品从业人员进行体检、培训，对有违法行为的食品生产经营单位和摊贩进行处罚。

2001年，市质量技术监督监管部门开展食品打假治劣行动，对东瓦窑副食品批发市场、府兴营村集贸市场、东库街2个粮油批发市场、呼和浩特地区生（熟）肉储藏冷库及西苑小区劣质猪油、猪小肠加工窝点进行全面整治。2003年初，在回民区什拉门更村查处1家加工劣质酱油、食醋的黑窝点，现场查获焦糖色素3桶55千克、食用醋酸5桶105千克、劣质酱油11桶250千克、劣质醋7桶150千克。依据有关法律法规没收产品和行政处罚，并取缔违法企业。3月，对内蒙古成吉思汗酒业公司冒用呼和浩特市制酒厂生产许可证案件进行立案查处，并行政处罚2万元。

2004年，市食药监局共受理小麦粉等5类食品生产许可证申报材料40家58个产品。有20家生产企业通过国家食品生产许可证生产条件的审查，准许使用食品质量安全准入标志。2005年，对22个五类食品企业27份材料进行审查，对14个企业17个产品进行现场审查和上报。同年，实施企业质量卫生安全等级制度，使用《食品生产加工企业质量安全等级分类评价表》，将食品生产加工企业质量安全等级分为A、B、C、D四个等级。“苏丹红”事件曝光后，市质监局对全市23家食品添加剂经销单位及麦当劳、肯德基等9家快餐店进行检查。

2006—2008年，市食药监局建立三级联防立体监管体系，与食品生产企业签订食品安全承诺书。全市基本建立生产许可证管理产品的生产企业质量档案。对呼和浩特地区中小学桶（瓶）装饮用水开展专项执法检查，建立对提供桶（瓶）装饮用水的生产企业的核查制度。伊利集团、蒙牛集团和呼和浩特华欧淀粉有限公司等87家企业的108种产品通过“QS”认证。2009年，全市开展食品添加剂专项整治活动。全市有食品获证企业358家，食品生产企业获证率为100%；189家小作坊，全部签订质量安全承诺书。

2010—2014年，市食药监局集中开展肉制品、地沟油、食用植物油、酱油、鱼油、调味料、大米、输水管等20项专项检查和整治工作。2012年，建立食品安全责任约谈机制。2013年，受理食品生产许可证158个、小作坊登记证154个。

2015年，根据《食品生产许可管理办法》，全市实行食品生产许可一企一证。同年，市食药监局开展乳及乳制品、肉及肉制品、食品添加剂、白酒（果酒）、桶（瓶）装水、儿童食品、鸭血及狗肉食品专项检查，食品中非法添加罂粟壳专项检查和火锅底料检查抽验等。同时，重点开展“四白产品”（豆芽、豆腐、粉条、馒头）专项整治以及“三重一大一小”（“三重”即重点食品、重点区域、和重点问题；“一大”即大型食品生产企业；“一小”即食品生产加工小作坊）食品的专项治理和水产品专项检查。取缔豆制品、豆芽生产加工“黑窝点”44个。

二、食品流通监管

2003年，市质监局组织开展春节前食品专项执法检查，出动执法人员534人次、车辆118台次，对240家生产、经营企业进行检查。2004年后，由市食药监局开展食品安全调查与评价、食品安全抽检监测工作。2005年，抽检9大类207批次的商品。其中，56批次不合格商品责令限期下架、退出市场。

2006年，市食药监局会同工商等部门检查食品经营户4.17万户次，清理规范食品经营主体151户，开展重点食品检测62个批次、59个品种，9类19个品种的不合格食品责令限期下架。查办食品类案件375件，捣毁较大的食品制假售假窝点46个，查获假冒伪劣食品8.33吨，价值13.57万元。依法查处破获“东方”牌假奶粉案。全市80%以上的食品经营单位建立准入制度。在各工商所、大商场（市场）、超市统一制作食品安全信息公示牌，公布各类食品信息、曝光典型案件2695条次，发布食品类消费警示28条，共受理消费者食品安全投诉、举报案件5300余件，为消费者挽回经济损失237.6万元。

2007年，市食药监局印发《呼和浩特市流通环节食品经营规范》，并在全市开展“乡村食品示范店”活动，命名和培育“乡村食品示范店”174个。

2008年，市政府执行《流通环节食品经营行为规定》，明确食品经营户建立索证索票、进货台账制度的规范化要求，在全市食品批发经营户中推行食品销售专用票据。

全年，检查食品经营户 1.74 万户次，查处食品违法案件 359 件。全市 10 个批发市场及 178 户食品批发户实行食品销售专用票据即“一票通”。“三鹿奶粉事件”发生后，市委、市政府组织开展以乳制品为重点的清理整治工作，连续 3 年开展专项检查。

2009 年，市食药监局在全市实施《重点监管事项问责制》，加强流通领域食品安全监管。在维多利、华联等 19 个大中型超市实施网上监管。针对消费者投诉频多食品，开展名烟名酒、面粉、食用油等食品市场专项检查，抽检食品 128 批次，对 51 批次不合格食品限期下架处理。严厉查处不合格小麦粉、青红丝、“剑石牌”香甜泡打粉等违法违规案件，查获“剑石牌”香甜泡打粉 260.7 千克，集中销毁不合格食品 40 个品种、500 余箱，查处食品生产企业违法案件 53 起。

2010 年，完善食品安全电子化监管，系统联网超市 89 家，上传食品数据 115.24 万条。制定实施食品集中交易市场、规模超市设立食品安全管理机构，建立食品安全联络员、食品安全行政告诫书制度。重点对全市米面、豆谷、酒类和肉制品等 31 大类 328 批次进行抽检。同年，按要求销毁 2008 年 9 月 14 日前生产的未经三聚氰胺检验的乳粉 1302.50 千克。联合查处呼和浩特市草原飞歌乳业生产不合格产品案、乳清香食品企业外购不合格原料乳粉案、乳子牛食品有限公司外购原料乳粉不合格案件。

2011 年，市食药监局在全市开展流通领域违法添加和滥用食品添加剂、瘦肉精、乳制品、染色馒头、地沟油和餐厨废弃物、塑化剂等市场专项整治，检查食品经营户 4.3 万户次，查处经销不合格食品、虚假宣传等各类食品案件 259 件。组织食品抽检 221 批次。其中，19 批次的不合格产品责令限期下架处理。2012 年，开展食用明胶及打击违法添加非食用物质专项检查、调味品专项整治、肉及肉制品专项治理整顿行动、食品安全大排查大治理专项行动、垃圾猪（泔水猪）专项清理整顿、核查“傣家黑豆皮”专项行动等。

2013 年，市食药监局在全市 377 家食品集中交易市场、超市及批发户中设立食品安全管理机构和联络员。推行临近保质期食品专柜销售制度，食品经营者在经营场所设置有醒目提示标识的保质期食品专区或专柜。同时，建立完善食源性疾病管理、报告制度。年内，查扣涉嫌鸭肉冒充羊肉冷冻肉品 70 余千克。

2014 年，市食药监局对肉制品、乳制品、婴幼儿配方乳粉、清真食品、超保质期食品、食用油、酒类、儿童鱼肝油、食用明胶、食品添加剂及非法添加非食用物质等热点食品集中整治。组织开展查处“魔爽烟”类食品专项行动。年内，在药店试点销售婴幼儿配方乳粉，首批确定 95 家药店试点销售婴幼儿配方乳粉。10 月，在全市试行设置转基因食品销售专柜 32 个。同年，市安委办印发《呼和浩特市校园周边设立“食品安全严管街区”工作方案》，明确市四区各确定 2 ～ 3 所学校、5 个旗县各确定 1 ～ 2 所学校在其周边设立“食品安全严管街区”作为试点。市四区共设立食品安全严管街区 10 条。至 2015 年，全市有 17 条街道挂有“食品安全严管街”的告示牌。同年，针对国内各大新闻媒体有关上海福喜食品有限公司存在大量采用过期变质肉类原料行为的报道，市食药监局对全市肯德基、麦当劳、必胜客、德克士等 28 家快餐连锁店进行全覆盖专项检查，共封存由上海福喜食品公司供应的肉制品 302.4 千克。

2015 年 10 月 1 日起，《中华人民共和国食品安全法》《食品经营许可管理办法》实施。按要求，全市自 2016 年 1 月 1 日起，统一启用“食品经营许可证”。市食药监局印发《呼和浩特市流通环节食品送货车管理意见》《呼和浩特市肉类蔬菜流通追溯管理办法（试行）》《呼和浩特市散装食品经营管理规范》《呼和浩特市小食品店食品安全监督管理暂行办法》《呼和浩特市食用农产品批发市场准入监督管理办法》等规范性文件；印发《关于进一步加强食品流通经营户进销货查验记录监管的通知》，全力推行食品经营户建立食品退市记录、食品进销存一票通。全年，全市累计开展 23 次专项检查，共检查各类经营户 1.87 万户次。食品安全抽检监测实施“抽样、检测、问题产品后处理”抽检“三分离”模式，食品安全抽检监测覆盖 23 个食品大类、102 个食品细类，抽检食品 6185 批次。

三、餐饮服务许可管理

2009 年，按照《中华人民共和国食品安全法》要求，全市启用“餐饮服务许可证”取代“食品卫生许可证”。

2012 年，市食药监局建立餐饮电子实时监控平台与电子审批平台。2013 年，全市共办理各类餐饮服务许可事项 6114 件，完成监督量化分级等级评定 6446 家。同年，开展“文明餐桌”创建活动，1000 家餐饮企业参与“节约用餐、文明消费”承诺行动。检查餐饮服务单位 2.55 万家次，完成餐饮具、肉类、乳制品等抽检 756 批，立案 624 起，下达责令整改通知书 2705 家。

2014 年，市食药监局印发《呼和浩特市关于进一步加强小餐饮规范管理工作的意见（试行）》《呼和浩特市小餐饮食品安全专项整治工作方案》《呼和浩特市小餐饮便民服务区食品安全指导意见（试行）》《呼和浩特市临时占道小餐饮夜市食品安全管理指导意见（试行）》《关于加强建筑工地食堂食品安全监管的通知》，规范餐饮行业管理。对全市学校食堂（含托幼机构）及校园周边餐饮服务单位食品安全开展专项整治。全年，共发放“餐饮服务许可证”5264 张，完成量化分级评定 8056 家。

2015 年，市食药监局对持“餐饮服务许可证”的餐饮服务单位，包括餐馆、快餐店、小吃店、饮品店、食堂、集体用餐配送单位和中央厨房等，进行餐饮服务食品安全等级评定，将餐饮服务单位按业态分为高风险业态、中等风险业态和低风险业态。同年，为加强对农村宴席等集体聚餐服务安全监管，开始施行《农村集体聚餐监督管理规定（试行）》，建立农村厨师培训、人员体检、集体聚餐申报备案等制度，备案监管农村集体聚餐服务110余户。针对市场上“鲜奶吧”存在无证经营、超范围经营、超期销售等问题开展清理整顿工作。

四、食品安全调查与检测

2004年，市食药监机构设立后，市食药监局结合全市食品安全状况、居民饮食消费特色、易发多发问题，将监督检查与监督抽检相结合，按照问题导向原则科学分析食品安全状况，及早发现食品安全隐患，开展食品安全调查与评价、食品安全抽检监测工作。

2005年，市食药监局到各成员单位及73户食品生产、经营企业进行督查调研；抽调农牧业、质监、工商、卫生、粮食等相关成员单位人员组成督查组对9个旗县（区）开展食品放心工程综合评价。组织部分成员单位赴北京市考察学习食品安全工作。对具有内蒙古特色产品以及关系到全市经济发展的乳制品、肉制品、清真食品、粮油等重点食品进行调查评价，抽取样品282份、141批次开展综合评价。2006年，共抽取大米、小麦粉、肉类及肉制品等128批次、256份样品。其中“东方”牌3个品种的奶粉经自治区产品质量检验所检测，被确认为不合格劣质产品。

2008年，按照统一检测计划、统一检测机构、统一检测经费“三统一”的原则，整合检验检测资源，将任务与经费挂钩，由市政府统一安排专项资金，对与百姓生活密切相关的重点食品进行“靶向”抽验，共涉及9大类18个品种，检验检测结果在2009年第一次食品安全新闻发布会上进行发布。同年，建立部门间食品安全信息联络员制度和信息通报机制，规范信息报送程序和报送内容，及时收集、整理、汇总食品安全信息，为全市食品安全工作提供决策参考依据。

2010年，按照统一检测计划、统一检测经费、统一检测机构、统一检测信息发布的原则，对全市米面、豆谷、酒类和肉制品等31大类328批次进行抽检。

2013年，市食药监局开展食品污染物污染状况和食品中有害因素的监测。建立完善食源性疾病管理、报告制度。全年完成815份食品样品的检测。2014年，在食品生产加工、食品流通和餐饮服务环节开展抽检，覆盖14个食品大类、44个食品细类，共抽检食品1199批次。

2015年，食品安全抽检监测实施“抽样、检测、问题产品后处理”抽检“三分离”模式，食品安全抽检监测覆盖23个食品大类、102个食品细类，抽检食品6185批次。

第四节　药品生产经营监督管理

一、药品生产监管

2001 年 11 月，市药监局组建。同年，开始实施药品良好生产规范（GMP）认证，并换发“药品生产企业许可证”“医疗机构制剂许可证”。

2002 年，内蒙古兰太药业有限公司、内蒙古惠丰药业有限公司、内蒙古双奇药业股份有限公司、内蒙古黄河制药厂通过 GMP 验收。2003 年，“非典”疫情期间，市药监局启动应急机制，制定并采取一系列防治“非典”工作的预案和措施。

2003 年，市药监局建立 GMP 认证档案。至 2004 年末，全市有 9 家药品生产企业通过 GMP 认证现场检查。2006 年，全市 16 家药品生产企业除内蒙古蒙奇药业有限公司、内蒙古灵奕（集团）药材有限责任公司和 2 家医用氧气厂外，全部通过 GMP 认证。

2010 年，全市 14 家药品生产企业符合 GMP 认证要求。对 3 家企业的 9 个基本药物品种进行现场工艺和处方核查并获通过。2012 年，呼和浩特市药品不良反应和药物滥用监测中心成立。

2014 年，建立运行符合新版 GMP 的质量保证体系。截至 2015 年，全市 15 家药品生产企业通过新版 GMP 认证。

二、药品经营许可认证

2000 年 7 月 1 日起，呼和浩特市按照国家药品监督管理总局颁布的《药品经营质量管理规范》换发药品经营许可证，并实施产品供应规范（GSP）认证，加快药品零售连锁化和实施处方药非处方药分类管理制度进程，规范药品批发零售企业的经营行为。2001 年，试点零售连锁企业施行统一购进、统一配送、统一质量标准、统一经营管理。至年末，呼和浩特地区批准的连锁企业（总部）有 5 家，筹建连锁分店 45 家。

2002 年，组建县、乡、村药品质量信息三级网，制定《关于建立呼和浩特地区药品质量信息三级网实施意见》。同年，市药品监督管理局印发《药品零售企业设置暂行规定》《申办药品零售企业（药品连锁门店）工作程序》等，完善 GSP 的认证流程。年末，全市有药品连锁企业 13 家、连锁门店 156 家。

2003 年，市药监局重点查处药品批发企业买卖、出租、出售或变相买卖、出租、出售药品经营许可证以及吸纳他人挂靠经营等违法违规行为。制定促进农村药品供应网络建设的措施，把新开办药店初审验收权下放到旗县药监分局，同时鼓励药品批发、连锁企业向乡村延伸发展。年末，全市乡村药店由原来的 6 家发展到 76 家。

2004年，全市31家药品批发企业中21家通过GSP认证，7家零售连锁企业全部通过GSP认证现场检查。2005年，全市78个乡镇建立药品监督网，认定药品监督信息员1142名，占925个村的91.3%；新开办药品零售企业49家，其中乡以下37家，占75.5%。同时通过实施GSP认证，全面提升农村药品经营企业水平，全市有227家乡村（不包括旗县政府所在地）药店。市食药监局和林格尔县分局、清水河县分局、托克托县分局因地制宜，采取不同形式建立农村药品供应网。

2006年，市食药监局制定《呼和浩特市农村药品“两网”建设示范县实施意见》，聘用药品监督信息员。全市9个旗县（区）、48个乡镇全部建立药品监督信息网，980个建制村设置药品监督信息员，覆盖率91%；全市48个乡镇均设有药店，药品供应网覆盖率100%；建制村开办药店240家，依托合作医疗村卫生室，供应网覆盖率85%以上。

2008年，市食药监局制定《药品零售企业工作程序》《药品经营许可证变更工作程序》《药品经营企业验收标准》。年内，审批新开办药店62家。2009年，对76家药品经营企业进行GSP认证。对辖区内基本药物配送情况进行摸底调研，建立本辖区基本药物配送企业数据库，完善基本药物配送企业招标和监管办法。

2010年，开展农村乡镇村卫生院（室）药房规范工作，重点对村级卫生室药房进行规范，检查规范卫生室药房32家，对300余名新聘用的药品监督信息员进行系统培训。

2011年，市食药监局发布《呼和浩特市关于实施〈内蒙古自治区药品零售企业设置暂行规定〉细则》，从机构人员、设施设备、经营场所等方面对药品零售企业申领、换发、变更提出新要求。同年，实施基本药物全品种电子监管，加强农村药品“两网”建设，监管覆盖率100%。

2013年，将新版GSP实施前审批的药品零售企业换证、认证标准延期至2015年。截至2015年，全市通过新版GSP认证药品零售企业443家，在办181家。全市36家药品批发企业、23家零售连锁企业总部全部联网，1004家药品零售企业（包括连锁门店）完成联网工作，实施电子监管。对全市1326家药品经营企业进行信用等级综合评定，并在媒体上公布138家“非守信”企业名单。

三、药品分类管理

2000年，修订后的《中华人民共和国药品管理法》规定，国家全面实施药品分类管理制度。建立并完善处方药与非处方药分类管理制度。

2002年，为推进全市药品经营企业实施药品分类，市药监局举办药品从业人员培训班，加强药品分类管理知识宣传和培训，将药品分类管理作为药品经营企业年检工作的重要内容，在年检验收时对药品分类管理进行现场指导。全年共检查药品经营企业279家，其中不合格的17家，合格率为94%。同年，市药监局按照国家有关要求和规定，制定特殊药品监管措施和专项检查计划，严格特殊药品审批条件和程序。对全市医疗机构使用的“麻醉药品购用印鉴卡”进行重新审核，确定3个医疗机构为癌症患者“专用卡”使用单位及8个首批购买麻醉药品非注射剂实行备案制管理单位，验收并确定首批24家经营二类精神药品的零售药店。特殊药品监管覆盖面达100%。

2003年，市药监局制定《呼和浩特地区全面推进药品分类管理三年规划》，将药品分类管理列为年检工作的重点内容，新开办的药店如达不到药品分类管理的要求，不予通过验收。年末，全市药品分类管理普及率达90%以上。

2005年，市食药监局重新修订“申办麻醉药品专用卡和经营二类精神药品工作程序”，认定核准经营二类精神药品批发（含连锁）企业25家、零售药店55家。

2006年，启动特殊药品监控信息网络系统，实现特殊药品信息网上报送。配合自治区食药监局开展麻黄素定点生产企业资格重新认定，对全市18家二类精神药品经营企业的资质进行重新认定。2007年，根据药品零售企业情况划分类别，对药品零售企业实行分类管理，具备经营处方药条件的允许其经营处方药，不具备经营处方药条件的改为经营非处方药品。

2008年后，市食药监局加强全市药品零售连锁企业（总部）的监管，要求所属药品零售门店严格按照《药品经营质量管理规范》从事药品经营活动，严格凭处方购买、销售处方药品。2009年，开展对蛋白同化制剂、肽类激素、含麻黄碱复方制剂及第二类精神药品经营和盐酸克伦特罗生产经营专项整治4次。检查生产企业63家、医疗机构制剂室9家，对麻醉药品、一类精神药品经营企业及使用麻醉药品作为原料生产普通制剂的生产企业监督检查4次。

2010年，市食药监局对生产易制毒化学品麻黄碱的和林格尔盛乐制药有限公司采取驻厂监督员制度，每月定期进行严格检查。加强对特殊药品的日常监管，将日常监管制度化，严防特殊药品的流失。同年，市食药监局负责麻醉药品、第一类精神药品运输证明和麻醉药品、精神药品邮寄证明的核发及监督管理。

2012年，市药品不良反应和药物滥用监测中心上报药品不良反应网络报告275份，纸质报告251份，上报医疗器械不良事件报告10份。2013年，药品不良反应、医疗器械不良事件报告数同比分别提高170%、300%。

2015年，对1家经营一类精神药品的批发企业检查4次，对16家经营特殊药品（二类精神药品）的批发企业进行48次现场检查。全年，上报药品不良反应报告2068例，可疑医疗器械不良事件监测报告405例，化妆品不良反应监测报告26例，药物滥用监测报告278例。完成重点监测品种接骨螺钉监测报告，并按季度完成药品不良反应监测质量分析评估工作。

第五节　保健食品与化妆品监督管理

一、市场监管

1987年，根据卫生部印发的《禁止食品加药卫生管理办法》《中药保健药品的管理规定》，明确特殊营养食品、传统加药食品和中药保健药品由省级卫生行政部门负责审批，首次确定中国保健食品监管的法律地位。

1996年3月，根据卫生部发布的《保健食品管理办法》，呼和浩特地区所有保健食品须经过卫生部门批准、注册。保健食品开始纳入统一管理。

2004年，市食药监局开始受理保健食品申报工作。2005—2010年，市食药监局根据国家食品药品监督管理总局办公室发布的《关于加强保健食品生产经营日常监管的通知》，对保健食品生产经营进行日常监督检查，规范保健食品生产经营秩序，保障保健食品安全质量。

2012年，市食药监局制定《2012年保健食品化妆品专项整治方案》，对保健食品和化妆品进行专项整治。对未建立索证索票、台账及扩大宣传的60种保健食品进行下架处理；监督检查化妆品经营户54户，完成监督抽检84批次。

2014年，市食药监局对全市保健食品和化妆品生产经营单位进行全面摸底建档，建档率为90%以上。同时，严格按照保健食品经营企业“八不准”（不准无证经营保健食品，不准经营未取得保健食品批准文号的保健食品，不准经营套号冒号的保健食品，不准经营未获生产许可企业生产的保健食品，不准经营标签、说明书上虚假夸大宣传或涉及疾病预防、治疗功能的保健食品，不准经营未经进货查验的保健食品，不准经营超过保质期的保健食品，不准违反索证索票和台账管理有关规定）的规定强化保健食品销售管理及索证索票等制度。按照国家化妆品监督抽查的结果，对呼和浩特市的美容美发机构、化妆品批发企业、化妆品专营店进行专项监督检查。加强对护肤、健美、染发类化妆品索证索票和台账管理，严查销售未经国家批准的特殊用途化妆品，严厉打击化妆品生产经营中违法使用禁限用物质行为。

2015年，市食药监局针对美容院、美发店、商场、超市、化妆品店、化妆品公司等化妆品经营使用单位开展多次专项检查，对经营使用未经批准的进口化妆品、未取得批准文号的特殊用途化妆品、超过保质期的化妆品、不符合卫生标准的化妆品等多种违法行为进行查处。

二、广告监管

2002年7月，市药监局对全市辖区内的6家新闻媒体及有关单位进行药品广告专项检查，确定药品广告监督员，每月上报监督情况，共检查193个药品广告，移送工商部门查处违法广告64起。

2006年，市食药监局与市委宣传部、市工商局、市卫生局联合制定《呼和浩特地区虚假违法广告公示实施意见》，重点对呼和浩特地区各级各类媒体发布的广告进行监测，公示内容包括虚假违法广告的发布者、经营者、广告主、广告发布时间、产品（服务）名称、经销（服务）地址、违反相关法律和法规条款的内容。虚假广告经宣传、工商、卫生、药监等部门共同确认后，联合印制《虚假违法广告公告》，在药店、商场、医院、诊所、公共广告栏、社区阅报栏等显著位置每季度联合向社会公示。

2007年，市食药监局指派专人对全市各种主要报刊广告全面排查，监测媒体各个时段播放的各类药品、医疗器械、保健食品广告并做好记录。对违法广告药品加大抽验力度，对抽验不合格的依法查处，在《食品药品监督管理信息》上发布监测结果。加强与工商部门协作，对违规药品广告及时移送工商部门进行处理，共移送违法药品广告382起。

2008年，市食药局负责对呼和浩特地区20余家报纸、广播、电视等媒体进行监测，各旗县分局指定专人负责本辖区内违法药品广告监测。全年共向工商部门移送违法药品广告618起，发送《违法药品广告移送通知书》183份。对多次发布违法药品广告的经营企业增加监督检查次数，共对违法广告药品抽检31个品种，对检验不合格药品依法查处。

2009年，全年累计向工商行政管理部门移送违法广告733条。强制下架违法广告药品25个品种，抽验违法广告药品10个品种批次。10余家药品经营企业因涉及违法广告发布或违法广告标示被推迟换证、认证或给予警告。建立广告检测平台，全天24小时对内蒙古、呼和浩特广播电台10个频率和呼和浩特市发行的3大报刊发布的药品、保健食品和医疗器械广告进行全方位、全覆盖监管。

2012年，市食药监局为加强对药品、医疗器械、保健食品监管，成立广告监测办公室，对呼和浩特地区的三大主流媒体实行24小时跟踪监测。按照“属地监管”原则，加强对虚假违法药品、医疗器械、保健食品广告的监管。对任意夸大产品功能主治范围、绝对化夸大药品疗效、严重欺骗和误导消费者的违法广告在移送工商行政管理部门的同时对所宣传的药品、医疗器械、保健食品，采取下架、暂停销售的措施。将经营违法广告品种的企业作为监管重点，对严重违法违规广告所宣传的药品进行抽检，通过跟踪检查、日常监督检查、重点抽查等方式，对违规企业录入失信名单、记入档案。对未按规定经营广告药品的企业采取约谈、签订责任状、店内张贴严禁销售违法广告药品公告等办法，规范企业的经营行为。

2015 年，市食药监局检测并移送工商部门违法药品、医疗器械、保健食品广告 5102 条。

第六节　医疗器械监督管理

一、生产监管

2001 年，市药监局开始为医疗器械生产企业换发经营许可证。2005 年，审核医疗器械专卖企业及兼营企业 58 家、变更 14 家。

2010 年，市食药监局加强医疗器械注册、生产、流通和使用环节监管，换发“医疗器械经营企业许可证”137 家，上报注销 25 家。2011 年，对辖区内涉及“无菌规范”要求的生产企业进行重点检查和现场指导，并开展医疗器械生产、经营企业“医疗器械经营企业许可证”清理整顿。2013 年，全市有医疗器械生产企业 18 家，医疗器械经营企业 424 家，医疗器械专卖企业 138 家。

2015 年，呼和浩特地区医疗器械经营企业开始实施分级监督管理。其中，实施三级监管的经营企业 251 家，二级监管 246 家，一级监管 350 家。

二、医疗器械不良反应监测

2007 年，自治区食药监局把呼和浩特市确定为医疗器械不良事件监测试点地区。年内，自治区人民医院上报可疑医疗器械不良事件报告 5 例，内蒙古医学院第二附属医院上报 1 例。

2012 年，市食药监局在全市涉药涉械单位开展药械不良反应用户摸底排查，建立市级以上医疗机构及 9 个旗县（区）的部分社区门诊及乡卫生院的药械不良事件监测系统。同时建立呼和浩特市药品不良反应监测网络群，发布药械不良反应相关信息。

2013—2015 年，市食药监局采取专门办班、依托会议等形式，就药品不良反应和医疗器械不良事件监测知识对从业人员进行培训。

第七节　法治宣传

一、食药安全宣传

2001 年，市药监局成立后，组织开展“食品安全宣传周”和“3・15”主题活动等一系列的普法宣传教育活动，增强人民群众的食品安全意识。

2004 年，市政府就食品安全宣传教育工作进行专项部署，组织食品安全委员会各成员单位开展食品安全宣传周活动，向群众宣传食品法律法规和食品安全知识，发放各类食品安全宣传材料，公布投诉电话，公示安全食品，曝光制假售假不法行为。

2005年，市食药监局在全市开展主题为“关爱生活，关爱健康——拒绝虚假药品、医疗器械、保健食品广告”的宣传日活动。2007年，组织开展食品药品安全知识宣传进学校、进企业、进社区、进农村活动。进入100余个社区，参与人员4.6万余人次，发放《食品安全知识手册》和食品药品安全宣传资料8万余份，同时，开展食品药品安全知识答题活动。2008—2014年，在奥运会、残奥会和每年“食品安全宣传周”“3·15”主题活动、“知识产权保护宣传周”等大型活动期间，开展集中宣传。

2015年，市食药监局组织呼和浩特市规模最大、范围最广、参与人数最多、影响最远的食品安全民意调查活动，通过问卷调查访问、关注和参与的人数22.85万人次。

二、信息化建设

2004年，市食药监局网站开通并投入使用。2006年，开通食品安全网，设置治理商业贿赂、机关党建、外埠药品销售人员信息库等栏目，逐步增加行政审批、办事指南、工作文件等指导性栏目和通告公告、工作动态等。

2012年，为落实国家食品药品监督管理总局、自治区食药监局有关信息化建设要求，市食药监局印发《呼和浩特市食品药品监督管理局2012年信息化建设实施方案》，规定“整体推进、分步实施、试点为先、典型引路、健全完善”的实施原则，建立餐饮、药品电子实时监控平台与餐饮、药品电子审批平台。

2013年4月，呼和浩特市启动西部电子监管试点零售药店项目，为确保试点工作顺利实施，印发《呼和浩特市零售药店电子监管试点工作实施方案》，成立国家药品电子监管西部零售药店试点项目呼和浩特市工作组。为做好项目实施及后续管理，印发《关于加强全市电子监管试点零售药店配备有关设备管理的通知》，确保电子监管系统的全面应用。

2014年，全市90%的试点零售药店开始对经销的赋码药品实施核注核销，实行“见码必扫、及时上传”。同年，建设完成局端、企业端监管平台，开发医药管理系统的单体药店、批发企业、连锁企业、生产企业等版本的数据采集系统和食品安全监管系统、餐饮视频监控系统。对9家药品生产企业、5家基本药物配送企业、276家电子监管试点药店核注核销赋码药品情况进行网上监管，网上监管1373次，消除预警80条。

2015年，按照国家食品药品监督管理总局《食品药品行政处罚程序规定》，开发新版移动执法系统。更新“四品一械”执法文书，建立药品、医疗器械、餐饮监管档案管理系统，导入药品、医疗器械、餐饮服务、化妆品、保健食品企业经营基础数据。建立食品药品信息实时动态监管系统。导入药品、医疗器械、食品生产数据库,实现对药品零售企业和药品批发企业进销存业务的全程电子监控。开发设计药品、餐饮企业行政审批系统，并实现药品经营企业的行政审批数据的实时更新。开发内部 OA 系统、执业药师（包括驻店药师）在线监管系统、在线审方。完成医药管理系统的单体药店版、连锁企业版、生产企业版数据采集系统和食品安全电子监管系统、餐饮食品监控系统。开展乳、肉、白酒食品生产追溯系统体系建设。

三、行政执法

2001 年，市药监局组织净化节日药品市场专项检查活动。没收假劣药品、医疗器械标值 80.39 万元。2002—2005 年，市药监部门采取专项整治与日常监管相结合，从药品、医疗器械的研制、生产、流通、使用等各环节全面排查药品、医疗器械安全隐患，重点打击制售假劣药品、医疗器械违法犯罪行为，突出监管重点，全面整顿和规范药品、医疗器械市场秩序。

2006 年，市食药监局制定《呼和浩特地区药品零售企业市场准入及市场退出管理办法》，并与市委宣传部、市工商局、市卫生局联合制定《呼和浩特地区虚假违法广告公示实施意见》，对各级各类媒体发布的广告进行监测。虚假广告经宣传、工商、卫生、药监等部门共同确认后，联合印制《虚假违法广告公告》，在药店、商场、医院、诊所、公共广告栏、社区阅报栏等显著位置每季度联合向社会公示。同年，齐齐哈尔第二制药有限公司假药案和安徽华源生物药业有限公司“欣弗”劣药案发生后，市食药监局制定《呼和浩特市整顿和规范药品市场秩序专项行动实施方案》，在全市范围内组织开展“拉网式”大检查。同时，制定《呼和浩特地区医疗机构药品质量管理办法》《呼和浩特地区医疗机构药品购进储存质量管理检查验收标准》，对医疗机构的药房进行检查。

2008 年，完善行政处罚案件三级合议制，实行案件承办人员合议、市四区分局及稽查队合议、市局案件合议委员会合议的行政处罚案件三级合议制。成立案件合议委员会，制定案件合议流程，同时实行错案责任追究制。

2009 年，市食药监局开展非药品冒充药品、问题药品以及“糖脂宁胶囊”“双黄连注射液”“人用狂犬疫苗”“泮托拉唑针剂”“香丹注射液”“拜糖萍”“人血白蛋白”等药品购进票据、计生药械等 50 余项专项整治，严厉打击制售假劣药品、无证及变相无证经营行为，查处“丹参川芎嗪注射液”“六神丸”等经销和使用假劣药品案件，净化药品市场秩序。

2010 年，市食药监局开展假冒药品“喜炎平注射液”、温热治疗设备等专项检查 58 项，完成药械抽验 715 批次。2011 年，印发《呼和浩特市药品零售、连锁企业药品安全信用分类管理办法（试行）》《呼和浩特市关于实施内蒙古自治区药品零售企业暂行规定细则》。2012 年，重点开展问题胶囊的查处工作，对药品生产企业凡是发现从涉案企业购进空心胶囊和涉及媒体曝光的9家药品生产企业生产的胶囊剂型一律进行下架处理。

2014年，全市实现“网格化”监管，监管责任落实到人，监管区域包干负责，消除监管盲区。开展“错时查”“假日查”，市场巡查“常态化”，执行执法检查登记制度，执法检查实现“痕迹化”，监管力度明显增强。12月，印发《呼和浩特市关于进一步加强小餐饮规范管理工作的意见》《呼和浩特市农村集体聚餐食品安全监督管理规定》。同年，依法查处“赛而牌维美克减肥颗粒”等21种假冒保健食品和“纤回堂强力特效祛斑套装”等8批化妆品，查处玉泉区沟子板村无证生产加工义齿黑窝点。

2015年，市食药监局印发《呼和浩特市食品生产企业食品质量安全受权人管理办法（试行）》《呼和浩特市食用农产品批发市场市场准入监督管理办法（试行）》。会同市公安局查办1起生产、销售汞含量超标的化妆品案。犯罪嫌疑人朱某生产、销售汞含量超标化妆品，造成呼和浩特市黄某身体受到严重伤害。案件被列为国家食品药品监督管理总局食品药品稽查局挂牌督办案件和公安部2015年“利剑”行动第二批督办案件。赛罕区法院以销售不符合卫生标准的化妆品罪，判处被告人朱某有期徒刑8个月，并处罚金8万元。成为自治区首例判决的化妆品领域刑事案件。同年，查处保健品、化妆品违法案件110起。实行告诫和约谈机制，对发布虚假违法药品、医疗器械和保健食品广告情节严重的广告发布者进行告诫和约谈。

第九章　国土资源管理

第一节　管理机构

一、呼和浩特市国土资源局

1988年，呼和浩特市城建局地政科整体划转成立市土地管理局，为市政府组成部门。1997年，呼和浩特市计划委员会矿产资源管理办公室整体划转成立地质矿产管理局。2001年9月，呼和浩特市土地管理局和地质矿产管理局合并组建呼和浩特市国土资源局。内设10个行政科室和4个直属事业单位。

2004年，根据《国务院关于做好省级以下国土资源管理体制改革有关问题的通知》《内蒙古自治区人民政府关于国土资源管理体制改革的实施意见》，以及呼和浩特市有关实施意见，重新调整市国土资源局行政管理职能，由市政府的组成部门改为市政府工作部门。在原有职能的基础上，将原属市四区政府管理的国土资源局整体上划市政府，上划后的原市四区国土资源局，作为市国土资源局的派出机构。

2005年5月，市政府印发《关于印发市国土资源局职能配置内设机构和人员编制规定的通知》《关于市国土资源局所属事业单位“五定”方案的批复》。按照国土资源管理体制改革总体安排和加强国土所标准化建设的推进，成立36个国土资源管理所，机构规格为副科级。旗县国土资源部门由政府组成部门改为政府工作部门。科级以上干部（含科级非领导）的管理上划市局管理，其余人员的管理仍按所在旗县管理体制运行，经费预决算与所在旗县其他政府组成部门相同。市区国土资源局的行政职能全部上划市局，成立分局。市区各分局的机构规格为正科级，为市局的派出机构，其人员管理由市局负责，经费保障由市财政统一拨付，其办公场所仍由所在区政府解决。市国土局内设办公室、财务科、政策法规科、人事教育科、规划与科技科、土地利用管理科、矿产开发管理科、地质勘查科、地质环境与煤炭管理科、执法监察科、地籍管理科、耕地保护科；下设执法监察支队、征费大队、评估交易管理中心、土地登记中心、信息中心5个事业单位。2006年，成立金桥分局、如意分局2个下属事业单位。2009年，增设信访室、审批办2个机关科室，成立调处中心、土地整理中心2个下属事业单位。

2010年，市国土局内设办公室、财务科、人事科、政策法规科、信访办公室、规划与科技科、土地利用科、矿产开发管理科、地质勘查科、地质环境管理科、测绘管理科、执法监察科、地籍管理科、耕地保护科、审批办15个职能科（室）。下辖执法监察支队、征费大队、土地评估交易中心、土地登记中心、信息中心、调处中心、土地整理中心、金桥分局、如意分局9个事业单位。下设新城分局、回民分局、玉泉分局、赛罕分局4个正科级分局。下设11个国土资源管理所，隶属4个分局，机构规格为副科级。其中，新城分局下设保合少国土所、毫沁营国土所；回民分局下设攸攸板国土所；玉泉分局下设西菜园国土所、小黑河国土所、昭君国土所；赛罕分局下设巴彦国土所、昭乌达国土所、乌兰察布国土所、金河国土所、黄合少国土所。

2015年，市机构编制委员会印发《关于整合呼和浩特市不动产登记职责的通知》，呼和浩特市国土资源局加挂不动产登记局牌子，负责不动产登记相关工作。内设办公室、人事科、财务科、政策法规科、规划与科技科、地籍管理科、耕地保护科、土地利用管理科、地质勘查科、矿产开发管理科、地质环境管理科、测绘管理科、执法监察科、信访办公室、行政事项审批办公室，另设纪检监察室和机关党委。下设市国土资源执法监察支队、市国土资源征费大队、市国土资源评估交易管理中心、市不动产登记中心、市国土资源信息中心、市土地整理中心、市国土资源纠纷调处中心、呼和浩特金桥经济技术开发区国土资源分局、呼和浩特经济技术开发区国土资源分局、市国土资源调查规划测绘院。

二、呼和浩特市土地收购储备拍卖中心

2002 年 4 月，呼和浩特市收购储备拍卖中心成立，隶属市土地局。中心主要承担市区内国有土地的收购、储备、供应工作。

2004 年 11 月，经市委书记办公会议研究决定，市国土资源局的市国有土地收储拍卖中心，整体划转为市政府直接管理的呼和浩特市收购储备拍卖中心，代表市政府履行垄断土地一级市场职能，对全市的土地实行统一规划、统一征地、统一开发、统一供地、统一管理，对土地收购储备后，以招标、拍卖、挂牌交易方式出让国有土地使用权。中心内设综合科、征地科、开发科、储备科、供应科等 5 个科室。2005 年 5 月，经市委研究决定，批复成立呼和浩特市土地收购储备拍卖中心党组。

2006 年，内设科室调整为 9 个，分别为党委办公室、综合科、办公室、财务科、信息中心、开发科、供应科、储备科、征地科。同年经市委批准成立中心党组，经有关程序成立了中心党支部。

2007—2009 年，内设综合办公室、监察审计室、计划财务科、土地收购科、规划储备科、土地整理一科、土地整理二科、成本审核科、土地交易科、信息科等 10 个科室。2011 年增设审批办。2014 年成立党总支。

2015 年，呼和浩特市土地收购储备拍卖中心内设党总支、综合办公室、监察审计室、计划财务科、审批办、土地整理一科、土地整理二科、收购科、成本审核科、交易科、信息科、规划储备科。

第二节　土地利用规划

一、土地利用总体规划编制实施

1987 年 12 月，《国务院办公厅转发国家土地管理局关于土地利用总体规划工作报告的通知》，明确土地利用总体规划是国土规划的组成部分，是土地利用宏观的、指导性的长期规划，要求各级政府编制土地利用总体规划。在第一轮土地规划中，呼和浩特市未进行土地利用总体规划。

1997 年，全国开始第二轮土地利用总体规划。1999 年 4 月，国务院批准《全国土地利用总体规划纲要（1997—2010 年）》。呼和浩特市开始制定土地利用总体规划。

1999—2005 年，第二轮土地利用总体规划实施期间，呼和浩特市通过建立农用地转用审批制度、耕地占补平衡制度和基本农田特殊保护制度，耕地保护力度加强，有效实施对耕地特别是基本农田的保护。全市新增耕地 7080.64 公顷，改变以往耕地只占不补的局面。按照《中华人民共和国土地管理法》，呼和浩特市严格执行先补后占，实现建设占用耕地占一补一，强化对耕地和基本农田质量的保护，确保耕地和基本

农田面积稳定质量提高。实施规划期间，全市加强建设用地总量的控制，促进城乡建设集约节约用地。按照供给制约需求和需求引导供给相结合的原则，以及“工业向工业园区集中、农民向小城镇和中心村集中、农田向规模经营集中”的原则，组织实施土地利用总体规划，纠正原来农村居民点和乡镇、工业项目建设四处布点的现象。

2005 年，全市交通、水利等用地面积增加 3323.69 公顷，占土地总面积的比例由 1996 年的 0.40% 提高到 2005 年的 0.59%；城镇建设用地面积增加 4230.61 公顷，占土地总面积的比例由 1996 年的 0.67% 提高到 2005 年的 0.91%。全市退耕还林（还草）面积 3.61 万公顷，新增林地面积 6.94 万公顷，城市新增绿地面积 1000 万平方米，林地占土地总面积的比例从 1996 年的 14.12% 提高到 2005 年的 18.18%。由于规划不能适应呼和浩特市社会经济发展的需要，根据土地利用变更调查成果，截至 2005 年，呼和浩特市超额使用规划期内的全部建设用地指标。同时，耕地保有量目标未能实现，1997—2005 年呼和浩特市耕地减少 4.58 万公顷，年均减少 5089.04 公顷，是规划年均控制指标的 2.21 倍。其中，生态退耕和灾毁耕地面积为 3.69 万公顷，占耕地减少量的 80.60%。

2006 年，市国土资源局牵头开展呼和浩特市第三轮土地利用总体规划实施工作，完成《呼和浩特市土地利用总体规划（2006—2020 年）》修编任务。规划严格贯彻执行“十分珍惜、合理利用土地和切实保护耕地”的基本国策，严格保护耕地和基本农田，有效保障建设用地和控制建设占用耕地。

2010 年，在编制新一轮土地利用总体规划时，市国土资源局结合新一轮城市总体规划，确定呼和浩特市土地利用总体规划 2020 年中心城市建设用地规模为 260 平方千米，城市用地规模 306 平方千米，将新一轮土地利用总体规划与“十二五”发展规划和其他部门规划进行有效衔接。利用全市土地二次调查成果，优先保证经济、社会发展的重点项目、民生项目、基础设施和公益设施项目的规划空间，将城市周边的基本农田和重点工业园区进行合理布局和调整。在编制呼和浩特市矿产资源总体规划时，最大限度地满足未来建设对土地和矿产资源的需求。

2011 年 9 月，市级土地利用总体规划成果经国务院批准，确定呼和浩特市土地利用总体规划 2020 年中心城市建设用地规模为 285 平方千米（增加 25 平方千米），总规模 350 平方千米。同时推进旗县级土地利用总体规划数据库建设和乡镇级土地利用总体规划的审批。

2012 年，市国土资源局组织编制《呼和浩特市基础测绘中长期规划（2011—2020 年）》《呼和浩特市测绘事业发展第十二个五年规划（2011—2015 年）》，通过自治区国土资源厅评审，完成与自治区基础测绘规划和呼和浩特市国民经济发展

“十二五”规划的对接。

2014年，全市城乡建设用地面积增加2.24万公顷，城镇工矿用地面积增加1.33万公顷，交通、水利建设用地面积增加3958.37公顷。建设占用耕地面积7721.61公顷，严格按照“占一补一”的措施实现占补平衡。同时，通过土地整治有效增加耕地面积2356.49公顷，建成高标准基本农田面积2.63万公顷，在建面积5827公顷。呼和浩特市第二、第三产业增加值亿元耗地量从2005年的114.29公顷下降到2014年的38.08公顷，节约集约用地水平大幅提高。

2015年，开展全市区域建设用地节约集约利用评价。通过建立土地节约集约评估机制、开展建设项目节地评价工作、统筹生态用地、加强土地管理、优化土地资源配置等措施，促进土地资源的合理利用，有效、合理地保护土地资源，提高土地使用效率，做到土地节约、集约利用，保障呼和浩特市经济的可持续发展。

二、国土资源规划管理

2001年，按照新修订的《中华人民共和国土地管理法》及相关法规的要求，呼和浩特市严格市、县、乡三级土地利用总体规划的实施，严格实行用途管制，完善建设用地预审制度。预审时，严格执行土地利用年度计划，实现用地计划总量控制。对涉及占用耕地的建设项目，均认真落实耕地补充方案、资金、地块，确保占一补一。按照自治区国土资源厅、农牧业厅的部署，呼和浩特市基本完成基本农田调整划定。调整划定后，呼和浩特市基本农田保护率为80.15%，全市耕地实现总量动态平衡。

2002年后，市国土资源局进一步规范建设用地预审，预审程序更加规范，内容更加全面，预审工作真正步入正轨。2003年，全市受理4宗建设项目的用地预审申请，有5宗不符合规划及供地政策的建设项目用地未予出具预审报告。同时，根据各旗县（区）经济发展的需要，对和林格尔县、托克托县的12个乡镇规划作出局部调整。完成呼和浩特市土地开发整理规划的编制并经批准执行，土默特左旗和托克托县完成编制并经批复执行。2004年，受理82宗建设项目的用地预审申请，对其中符合土地利用总体规划及供地和产业政策的72个项目出具预审报告和规划审查意见。

2005年，市国土资源局受理64宗建设项目的用地预审申请，对其中符合土地利用总体规划及供地和产业政策的58个项目出具预审报告和规划审查意见，项目用地总面积为1546.2公顷。同年，自治区下达土地利用年度计划指标260公顷，其中耕地面积100公顷；实际使用及上报计划指标1085.4公顷，其中耕地面积616.9公顷。上报自治区国土资源厅17批次用地报件，13个单独选址项目报件，用地面积合计1264公顷，其中农用地面积907.71公顷，耕地面积486.3公顷。批准占用的耕地面积共220.90公顷，其中自治区国土资源厅验收的耕地面积110.83公顷。9个旗县（区）基本农田面积补划指标3838公顷。全年，新建立储备库10个，总面积1947.97公顷，其中4个通过自治区国土资源厅验收。土地整理申报4个国家级项目，7个自治区级项目，项目总面积6786.66公顷，投资额9100万元。

2006年，市国土资源局对国道109线十七沟至清水河段等16个符合国家产业政策的单独选址的建设项目出具初审意见，涉及土地面积1274.04公顷。并对13个城镇建设项目进行规划审查，对其中符合土地利用总体规划的用地出具规划预审，涉及土地面积173.34公顷。严格履行审查报批制度，实行占一补一。全市报批的建设项目共占用耕地面积1134.90公顷，其中批次用地占用耕地面积817.91公顷，单独选址项目占用耕地面积316.99公顷，凡占用耕地的建设项目，在报批前都落实补充耕地方案，全部做到“先补后占”，确保耕地总量的动态平衡。

2007年，市国土局对17个自治区发展和改革委员会及相关部门立项和核准的项目进行审查，并与自治区国土资源厅联合出具预审意见，涉及土地总面积362.45公顷；同时依据市发展和改革委员会的支持性文件对50个项目进行预审，涉及土地面积1082.92公顷。经市政府同意的城镇批次建设用地共使用新增用地计划指标1052.70公顷，其中农用地面积882.67公顷（包括耕地面积484.13公顷）、未利用地面积170.03公顷。上报国土资源部的中心城市建设用地占用全市新增用地计划100公顷（包括农用地面积86.33公顷、未利用面积13.67公顷）。全市上报建设用地审批件57件次，用地面积1447.73公顷，共占用耕地面积656.96公顷。其中，批次用地32件次，面积846.22公顷；单独选址项目25件次，面积601.52公顷。所占用耕地均完成补充。

2010年，在耕地保护上，坚持层层签订责任状，实现耕地保护目标化管理，对基本农田的保护落实到地块。全年争取土地整理资金9929万元，新开工土地整理项目4项，新增耕地面积157.1公顷。全年上报建设用地98件次，用地总面积1918.9公顷，全部履行农村土地征收征用程序，确保耕地总量不减少。严格建设项目预审，及时核减不合理用地，确保有限指标发挥最大的社会和经济效益。开展房地产用地大检查，全年清查房地产闲置用地面积1661.33公顷。

2011年，自治区国土资源厅下达新增用地计划指标1191公顷；11月，争取国土资源厅追加130公顷用地计划指标，共1321公顷。2012年，自治区下达新增用地指标1243公顷，争取国土资源厅两次追加和调配指标540公顷，共1783公顷。在争取上级下达新增计划指标的同时，全市通过办理临时用地和使用存量用地1462公顷，共计3245公顷，同比增加31.8%，是近10年间使用指标最多的一年。全年为370余个项目上报建设用地审批件136批次，涉及用地总面积3220公顷，重点保障云计算、内蒙古大学新校区、209国道、金桥污水处理厂、风电厂、LDK多晶硅等工业、能源及民生重点项目落地，对保障性住房用地做到应保尽保。同时，增加规划空间230余平方千米；开展城乡建设用地增减挂钩工作，将9个旗县（区）列入城乡建设用地增减挂钩备选库，总面积2600公顷，其中列入2012年城乡建设用地增减挂钩的试点项目区4个，面积192公顷，自治区批准项目区2个，下达周转指标90公顷；全市7个旗县（区）开展工矿废弃地和废弃居民点复垦调整利用工作。全市复垦面积1405.02公顷，其中废弃居民点面积675.34公顷，工矿废弃地面积771.51公顷。办理先行用地和临时用地7宗，面积340公顷；对市四区范围2007—2011年供应的630宗国有建设用地开展专项清理工作。合法使用的土地599宗，占调查总宗数的95.99%。全年储备耕地面积800公顷，易地补充耕地面积1100公顷，实现耕地占补平衡。

2013年，争取自治区国土资源厅新增用地计划指标1714公顷，申报建设项目用地面积3371公顷，自治区国土资源厅批准1511公顷；申报使用国家计划指标1409.01公顷。全年供应土地面积1387公顷，保障432个项目，其中重点重大项目223个，土地出让收益达134亿元。推进废弃居民点和工矿废弃地复垦调整利用工作，完成复垦面积673公顷，上报使用建新区用地指标19批次，面积459公顷。全年，建成6个耕地储备库，储备耕地面积660.58公顷。实施土地整治项目34个，建设规模2.85万公顷，新增耕地面积3018.84公顷。开展永久性基本农田划定，9个旗县（区）完成外业调查。

2014年，全市建立土地利用总体规划评估修改机制，调整787公顷建设用地，保障重大项目用地空间需求。成立重点重大项目协调服务推进领导小组，为重点重大项目开辟绿色通道，跟踪快速办理，保障全市290余个重点项目用地。全年办理土地、矿产抵押登记275宗，帮助企业融资贷款191.58亿元。建设耕地储备库9个，实施15个土地整治项目，新增耕地面积1273公顷。盘活存量建设用地面积867.09公顷。完成134宗已供建设用地批后监管的核查工作。全年完成预审项目27个，面积284.55公顷，核减用地面积40公顷。

2015年，自治区下达新增用地计划1590公顷，安排使用面积713.7公顷。组织验收耕地储备库6个，面积832.75公顷，新增耕地面积680.71公顷。投资1.2亿元，实施土地整治项目17个，面积5893.33公顷。初步完成中心城区周边及五旗县城镇周边永久基本农田划定工作。完成预审项目35个，面积560.8公顷，核减用地面积43公顷。固定资产投资强度达320.62万元/亩，亿元地区生产总值占用建设用地面积35.1公顷。呼和浩特市2009—2014年平均供地率47.3%。完成211宗已供建设用地批后监管核查。清理出闲置土地30宗，盘活存量用地面积238.77公顷。实施废弃居民点和工矿废弃地复垦调整利用、城乡建设用地增减挂钩、水工用地确权调整利用等6项土地利用改革，改革挖潜存量土地面积2000公顷。成立土地制度改革领导小组，以和林格尔县为试点推进土地征收制度改革。制定《呼和浩特市国有建设用地有偿使用管理暂行办法》《呼和浩特市宅基地管理办法》，经市政府常务会审议。制定全市土地利用规划分类与城市建设规划分类对照衔接办法。

第三节　地籍管理

一、土地确权登记

20 世纪 90 年代，呼和浩特市完成土地申报确权登记和土地确权登记发证核发等工作。

2000 年开始，呼和浩特市全面开展集体土地所有权和城镇住房用地登记发证工作，扩大土地登记面，解决多年遗留的土地权属纠纷。市国土资源局全年共新颁发国有土地使用证 362 本，颁发集体土地使用权证 268 本，他项权利证 83 本，年检土地证 108 本，调解处理土地权属纠纷 25 起。2003 年，全市颁发国有土地使用证 1174 本，集体土地使用证 1002 本，他项权利证 58 本，国有土地使用权分割转让许可证 5200 本，调解处理土地权属纠纷 18 起。2005 年，颁发国有土地使用证 1310 本，集体土地使用证 13 本，他项权利证 84 本，发放国有土地使用权分割转让许可证 910 本。调解处理土地权属纠纷 20 起，结案 17 起。全市集体土地所有权证共发放 1043 本，完成总量的 38%。2010 年，办结国有土地使用权登记发证约 137 宗，确认国有土地使用权权属 2 宗，受理办结土地使用他项权利抵押登记发证 97 宗。

2011 年，市政府办公厅印发《关于加快推进全市农村集体土地确权登记发证工作的通知》，要求各旗县（区）成立以政府领导为组长的工作领导小组和农村集体土地确权登记发证工作领导小组办公室。2012 年，《呼和浩特市集体土地所有权登记发证实施办法》发布，开始实施集体土地所有权登记发证工作。年末，完成全市农村集体土地所有权确权登记发证和集体建设用地使用权和农村宅基地登记发证 25% 的任务。全年共调查集体所有土地 160.08 万公顷，宗地 5345 宗。累计办结各类土地登记发证 76 宗、他项权利登记发证 115 宗。除未解决权属争议的宗地外，完成其余全部集体土地所有权的审核、公告、数据库建设、审批和发证工作，共 4910 宗，面积 152.8 万公顷。

2013 年，市国土资源局印发《呼和浩特市农村宅基地及集体建设用地使用权确权登记发证工作实施细则》。完成 6.31 万宗宅基地的权属调查和地籍测量工作。完成国有土地使用权登记 4.32 万宗，发放集体土地所有权证 5645 宗，面积 152.19 万公顷，发证率为 98.98%，居自治区前列。全市土地范围内登记的房屋总件数为 9.75 万件。其中，所有权登记 5.63 万件、抵押权登记 3.95 万件、更正登记 1683 件、集体土地范围内登记的房屋 36 件。累计发放林权证书约 8 万本，面积 42.87 万公顷。完成农村集体土地所有权确权登记发证工作。

2015 年，成立呼和浩特市不动产登记局及呼和浩特市不动产登记中心，完成全市不动产统一登记职责机构整合工作，将各部门承担的不动产登记职责统一整合到市国土局。

二、土地变更调查

1986 年，全市开始第一次土地利用现状调查。托克托县列入自治区试点旗县，1990 年完成土地调查工作。1997 年，全市完成第一次土地利用现状调查。

2004 年，呼和浩特市严格执行国土资源部《关于严禁非农业建设违法占用基本农田的通知》《关于进一步采取措施落实严格保护耕地制度的通知》要求，在建设项目用地审查报批过程中严格把关，对没有落实补充耕地责任、耕地资金和地块的一律不报批用地。通过跟踪管理，实地检查，2003 年 1 月 1 日至 2004 年 4 月 29 日，全市经国务院、自治区政府批准依法占用耕地的 27 宗建设项目，总用地面积 534.15 公顷、占用耕地面积 243.35 公顷、补充耕地面积 279.52 公顷。其中，单独选址建设项目 13 个，总用地面积 73.10 公顷、占用耕地面积 52.47 公顷、补充耕地面积 82.73 公顷；城市分批次建设项目 14 个，总用地面积 461.05 公顷、占用耕地面积 190.88 公顷、补充耕地面积 196.79 公顷。

2005 年，市国土局建设地籍管理信息系统，制定《呼和浩特市地籍管理信息系统建设方案》。赛罕区、托克托县、武川县完成 1∶10000 土地利用现状库建设。

2007 年，呼和浩特市开始第二次土地利用现状调查。2008 年，建立土地抵押登记数据库，实现土地抵押登记数据的电子查询和日常管理。

2010—2011 年，在全市开展土地变更调查核查工作，对疑问图斑进行实地核查，对实地发生变化的图斑按相关要求进行修改等。2011 年土地变更调查遥感监测图斑 2993 个，涉及监测面积 5660.63 公顷。2012 年，9 个旗县（区）全面完成国家下发监测图斑的外业调查、变更图斑定性以及变更前图斑预处理工作；累计办结各类土地登记发证 354 宗；办理土地抵押登记 255 件，为企业办理涉及贷款额度 194 亿元的抵押担保。2013 年，完成全市遥感监测图斑的实地核查。

2014 年 12 月，宅基地调查率 98.5%，集体建设用地调查率 95%；全市宅基地发证率 59.14%，集体建设用地使用权发证率 46.15%。截至 2015 年，全市完成宅基地使用权调查 30.97 万宗，集体建设用地使用权调查 2656 宗。

第四节　土地征收与出让

一、土地收购储备

2002 年，成立呼和浩特市土地收购储备拍卖中心（简称市收储中心），印发《关于建立土地收购储备制度的通告》《关于建立土地收购储备制度的通知》《关于加强土地一级市场管理实行统一规划、统一征地、统一开发、统一供地、统一管理的决定》，确立土地管理“五统一”的新体制，在市规划控制区范围内实行土地收购储备，并推行经营性用地招标、拍卖、挂牌出让，对全市土地使用制度进行改革。率先印发地方性土地管理法规《呼和浩特市土地管理条例》，并把“五统一”以地方性法规的形式予以明文规定。同年，市委、市政府联合印发《关于进一步加强城市规划区内国土资源和规划管理的通知》，土地管理实行一票否决，经营性用地实行有偿供地。年末，市收储中心储备土地 1666.67 公顷。存量土地 191 宗，面积 255.25 公顷。

2003 年，为经营好城市土地，筹集更多的城市建设资金，加强土地一级市场管理，严格土地有偿使用，全面推行土地招标、拍卖、挂牌制度。年末，存量土地 89 宗，面积 95.52 公顷，其中划拨供地 58 宗，面积 71.34 公顷，以出让方式供地 31 宗，面积 107.56 公顷。2004 年，储备土地 172.24 公顷，储备土地资产价值达 5 亿多元。2005 年，收购储备土地 86 宗，共 826.66 公顷，收购补偿金额为 34 亿元。其中收储国有土地 77 宗，收购集体土地 9 宗，土地储备库尚有 23 宗。储备实施 16 户破产企业土地，共计 224 公顷，支付收储资金 1.1 亿元。

2007 年，市收储中心实施土地开发整理项目 2 个，总规模 298.09 公顷；准备实施国家投资项目 1 个，总规模 872.7 公顷；土地整理项目可行性研究入库 7 个，总规模 6406.12 公顷。2008 年，制定土地年度储备、供应计划，强化政府对土地一级市场的垄断。全年收购、征收土地 671.70 公顷，完成年度 400 公顷土地收购储备任务。年末，中心共储备土地 61 宗，入库土地面积 770.69 公顷，出租土地 7 宗，年收租金 31.71 万元。

2009 年，市收储中心争取土地整理项目资金 1.61 亿元，新申报土地整理项目 17 个，建设规模 1.17 万公顷。自行收购、征收土地 20 宗，面积 359.72 公顷，支付补偿费 4558.16 万元，完成年度 353.33 公顷土地收购任务。纳入政府土地储备库土地共计 131.74 公顷。

2011 年，市收储中心争取土地整理资金 1.09 亿元，新增耕地 1930 公顷。监管实施的三方协议土地整理项目共 49 个，总占地面积 1446.67 公顷，拆迁占地面积 247.87 公顷，拆除建筑面积 355.54 万平方米，累计支付补偿款 61 亿元。全面推进“一街五区”项目范围内的土地征收整理和组件报批等工作，共投入资金 57.91 亿元，征收土地 2100 公顷，拆迁建筑面积 425 万平方米。

2012 年，投入资金 56.56 亿元，完成整理和储备土地面积 679.18 公顷，拆除建筑面积 311.4 万平方米，购买占补平衡指标补充耕地面积 1066.67 公顷。政府土地储备库库内土地 105 宗，面积 1173.33 公顷，办理国有储备土地使用证 48 宗、面积

419.07 公顷；通过抵押、租赁、绿化等方式抵押融资 47.5 亿元；出租利用 8 宗次，收入 25.67 万元；提供绿化用地面积 122.55 公顷。监管实施 70 个城中村（旧城区）土地整理项目，投入资金 33.47 亿元，征收集体建设用地面积 204.43 公顷，拆除建筑 309.26 万平方米。

2013 年，投入资金 88.77 亿元，完成征收和整理土地面积 724.14 公顷，拆除建筑 90.99 万平方米。投入资金 13.46 亿元，收购国有土地 20 宗，面积 61.19 公顷，建筑面积 15.52 万平方米。投入资金 33.8 亿元，监管实施 55 个土地整理项目，审核完成拆迁占地面积 62.42 万平方，拆除建筑 67.48 万平方米。投入资金 11.29 亿元，重点保障大青山生态综合治理保护工程建设顺利实施，流转生态绿化用地面积 2391.34 公顷，征收集体土地面积 279.20 公顷，拆迁占地面积 8.82 万平方米，拆除建筑 7.99 万平方米。

2014 年，投入资金 93.28 亿元，完成整理土地面积 855.25 公顷，保障城中村（棚户区）、大青山前坡、通道出城口（京藏高速两侧）征地拆迁绿化和快速路等市政基础设施建设。其中，签订集体农用地征收协议 682.72 公顷，有偿收回国有土地面积 34.98 公顷，完成拆迁占地面积 137.55 公顷，拆除建筑 121.81 万平方米，新建、续建安置房面积 78.6 万平方米。

2015 年，投入 46.47 亿元，征收整理土地面积 236.74 公顷。年末，政府土地储备库库存土地 113 宗、面积 2406.14 公顷。办理 117 宗、面积 678.37 公顷土地储备证向银行抵押贷款，抵押 162 宗、面积 1666.97 公顷。

二、土地出让拍卖

2002 年，市国土局审批供应土地 242 宗，面积 792.68 公顷。其中，集体土地 17 宗，面积 102.19 公顷。在国有土地中，新增建设用地 41 宗，面积 444.98 公顷，收取新增建设用地有偿使用费 1129.60 万元。以出让方式供地 70 宗，面积 201.77 公顷，收取土地出让金 1526.51 万元；以划拨方式供地 150 宗，面积 217.87 公顷。对原划拨土地用于经营的，收取年地租 343.66 万元。市收储中心成功地对内蒙古铁骑纺织有限责任公司原内蒙古第四毛纺织厂用地进行挂牌出让，成交金额达 1.26 亿元，宗地成交单价、总价均创自治区最高。全年为转制企业的 38 宗土地办理资产处置审批手续，盘活土地资产 160.82 公顷。

2003 年，市国土局共审批供应土地 113 宗，面积 165.07 公顷。其中，集体土地 16 宗，面积 40.23 公顷。在国有土地中，新增建设用地 13 宗。其中，划拨 7 宗，面积 51.91 公顷；出让 6 宗，面积 17.28 公顷。审查上报各类建设用地项目 43 件，面积 551.15 公顷，其中农用地面积 476.54 公顷，建设用地面积 61.49 公顷，未利用地面积 13.11 公顷。市区挂牌土地 17 宗，面积 24.45 公顷；成交 11 宗，面积 18.17 公顷。成交金额 1.49

亿元。

2004 年，市国土局审批供应土地 147 宗，面积 344.36 公顷。其中，划拨供地 42 宗，面积 46.37 公顷；出让供地 105 宗，面积 297.99 公顷。实现土地收益 11.2 亿元。其中，行政事业性土地收益 1.8 亿元，通过公开“招、拍、挂”出让土地收益 9.4 亿元。2005 年，市收储中心挂牌出让国有土地使用权 5 批次，共成交土地 63 宗，成交面积 588.30 公顷，成交总金额 33.78 亿元。

2006 年，呼和浩特市贯彻国家、自治区宏观调控政策，运用土地供应手段参与经济宏观调控。市国土局印发《呼和浩特市人民政府办公厅关于贯彻〈国务院办公厅转发建设部等部门关于调整住房供应结构稳定住房价格意见的通知〉的通知》，及时提出调控房地产市场的 10 条措施，加强对土地一级市场的监管。全年市区计划供应土地面积约 440 公顷，实际供应上地面积 400 公顷，其中住宅用地 373.9 公顷。同时，严控别墅类用地、高档住宅用地供应，杜绝豪宅审批。同年，市区审批供应土地 160 宗，面积 601.45 公顷。其中，以出让方式供应 119 宗，面积 416.03 公顷，划拨供地 41 宗，面积 185.42 公顷。在出让土地中，以招拍挂方式出让 41 宗，面积 215.25 公顷。市收储中心挂牌、拍卖 54 宗土地，面积 403.31 公顷，成交总价 39.36 亿元。

2007 年，市国土局审批市区供应土地 155 宗，面积 639.27 公顷。其中，以出让方式供应 120 宗，面积 390.46 公顷；划拨供地 35 宗，面积 248.87 公顷。在出让土地中，以招拍挂方式出让 57 宗，面积 288.86 公顷，成交总价达 32.98 亿元。

2008 年，市土地收购储备拍卖中心出让经营性用地 5 批次，工业用地 4 批次，成交土地 60 宗，成交总面积 333.36 公顷，成交总价为 34.25 亿元，平均成交单价为 68.5 万元。其中，经营性用地 49 宗，成交总面积 261.95 公顷，成交总价 32.01 亿元，平均成交单价为 81.48 万元；工业用地 11 宗，成交总面积 71.41 公顷，成交总价 2.24 亿元。

2009 年，市收储中心挂牌出让国有土地 7 批 68 宗，成交 66 宗，其中经营性用地 64 宗，工业用地 4 宗，成交总面积 420.86 公顷，成交总金额 64.10 亿元，平均成交单价 101.54 万元。其中，经营性用地 407.98 公顷，成交总价 63.74 亿元，平均成交单价 104.15 万元；工业用地 12.88 公顷，成交总价 3675.90 万元。

2011 年，市国土局审批供应土地面积 327 公顷。其中，划拨 15 宗，面积 56.08 公顷；挂牌出让土地 54 宗，面积 263 公顷，土地出让收入 48 亿元。市收储中心挂牌出让经营性用地 6 批，工业用地 2 批，共出让土地 78 宗，成交土地 70 宗（其中经营性用地 68 宗，工业用地 2 宗），流拍 8 宗，成交总面积 352.83 公顷，成交总价为 134.94 亿元，总收益 76.67 亿元。

2012 年，办理出让宗地规划设计条件 138 个、面积 249.85 公顷，组织 5 批商住用地和 2 批工业用地挂牌出让，成交 92 宗，出让总面积 333.33 公顷，土地出让收入 114.36 亿元，政府收益 46.94 亿元。

2013 年，市收储中心组织 4 批商住用地和 2 批工业用地挂牌出让，成交 65 宗，面积 418.10 公顷，土地出让收入 133.41 亿元，政府收益 40.26 亿元。办理国有储备土地使用证 133 本、面积 720.66 公顷，向银行抵押融资 111.08 亿元；出租利用 14 宗次，收取租金 46.03 万元；储备土地 110 宗、面积 1946.62 公顷。收缴地价款 88.75 亿元。

2014 年，市收储中心组织 2 批次 8 宗商住用地和 1 批次 4 宗工业用地，成交面积 71.17 公顷。其中，商住用地 43.87 公顷，工业用地 27.30 公顷，成交总价 21.8 亿元，政府收益 4.3 亿元。收缴地价款 45.21 亿元。其中，收取 2014 年成交地价款 8.36 亿元，收取上调容积率补交出让金和违约金 0.23 亿元，收缴 2013 年以前成交地价款 36.62 亿元。

2015 年，市收储中心挂牌成交商住用地 34 宗，面积 128.04 公顷，成交总价 39.58 亿元，政府收益 16.27 亿元。为自治区美术馆、青少年探索博物馆等 7 个自治区和呼和浩特市重点项目划拨供应土地面积 34.57 公顷。收缴地价款 57.93 亿元。

第五节　矿产资源管理

一、矿产资源开发管理

1987—2000 年，呼和浩特市根据《中华人民共和国矿产资源法》《矿产资源监督管理暂行办法》《中华人民共和国矿产资源法实施细则》《矿产资源勘查区块登记管理办法》《矿产资源开采登记管理办法》《探矿权、采矿权转让管理办法》《矿产资源勘查区块登记管理办法》《矿产资源开采登记管理办法》等法律法规，加大技术监管力度，聘用专业技术人员开展随机巡查制度，建立矿山企业诚信体系，对矿山企业合理开发、有效利用、保护矿产资源与生态环境的全过程进行监督管理。印发《呼和浩特市矿业权出让转让管理暂行规定》，各旗县国土资源行政管理部门受市国土资源行政管理部门委托并以其名义对普通建筑材料用砂、石、黏土矿采矿权进行市场出让、审批登记与颁发采矿许可证；采矿权许可、转让和抵押备案由市国土资源行政管理部门统一办理。

2001 年 6 月，呼和浩特市完成换发采矿许可证工作，累计换发采矿许可证 370 份，健全采矿登记档案，并登记录入计算机管理。

2002 年，市国土局与市工商局、市环保局协调，简化采矿许可证办证程序，建立采矿权审批政务公开制度，采矿许可证办证实行窗口办公、例会审批。完成全市清理采矿许可证工作，完善全市采矿登记档案资料，建立采矿权管理信息系统数据库。制定《呼和浩特市煤矿安全生产整顿工作方案》，实施“关井压产”。关闭小煤矿12个、保留11个，会同有关部门适时地整顿煤炭市场秩序。同时，全面规范矿产资源补偿费征收和管理，征收矿产资源补偿费一律进行纳费登记，建立征收台账，征收面100%，征收率70%，入库率59%，入库矿产资源补偿费55万元。首次在矿产资源补偿费征管方面进入自治区第一序列先进盟市。组织全自治区首次地质勘探项目招标，武川县辉绿岩矿挂牌有偿出让，开创呼和浩特市采矿权有偿出让的先河。

2003年6月，《呼和浩特市矿产资源规划》经自治区批准实施。全市有5个煤矿通过自治区专项整治验收，有偿出让采矿权18宗，成交额54万元。

2005年，市国土局开展矿业权有偿出让工作。有偿出让采矿权63宗，成交总额476万元。其中，挂牌出让56宗，成交44宗，成交总额440万元；协议出让19宗，成交总额36万元。办理探矿权转采矿权5宗。12月，按照《国务院关于全民整顿和规范矿产资源开发秩序的通知》要求，市政府办公厅印发《呼和浩特市全面整顿和规范矿产资源开发秩序实施方案的通知》，切实有效地保护和合理开发矿产资源。

2006年，呼和浩特市开展大青山前坡和高速公路、铁路两侧的沙坑整治。关闭新城区境内距高速公路较近的17家沙场。市国土资源局会同相关部门联合行动，对私采乱挖的沙场采取强制措施，扣留、拆除生产设施。同年，市国土局挂牌出让以砂石黏土为主的采矿权49宗，成交26宗，成交总额83.7万元；延续登记采矿权26宗，协议价110.07万元；办理探矿转采矿项目4个；以市场化运作探矿权16宗；协助自治区国土资源厅办理勘查登记63个，其中旧证延续56个、新办7个。启动矿山环境恢复治理保证金征收制度，全年征收40万元，矿产资源补偿费119万元。

2008年，市国土局查处无证开采等违法违规行为26起，其中有2起经自治区国土资源厅对矿产资源破坏进行价值鉴定后移送司法机关，遏制非法转让矿业权、越权审批矿业权和非法开采等违法违规行为。对煤炭资源通过关井压产、整顿关闭、资源整合等工作，从100余家小煤窑（设计能力均为1万～3万吨）减少到6个煤矿，进行整合后保留3个。编制《呼和浩特市非煤矿产资源整合实施方案》及探矿权、采矿权、选冶企业分布现状图和整合规划图，明确本地区矿山及选冶企业的准入条件和资源整合标准，提出拟关闭企业、整改企业、整合区域探矿权及采矿企业名单，稳步推进非煤矿山的整合工作。全年出让探矿权5宗，出让总价款70万元，出让采矿权66宗，出让总价款215万元，矿业出让总收益达285万元。

2009年，根据《国土资源部关于实行全国采矿权统一配号的通知》要求，呼和浩特市决定在全市范围内实行采矿权统一配号。开展全市矿业权实地核查工作，完成127宗探矿权和262宗采矿权的外业实地核查工作。

2010年，呼和浩特市开展非煤矿资源利用现状调查，共核查44个矿区、核查探矿权117个，全部通过自治区的验收。2011年，完成191宗采矿权、99宗探矿权的数据更新与换证工作。办理采矿权登记189宗，采矿权在市公共资源交易中心挂牌出让3宗；受理探矿权初审30宗，探矿权在自治区矿业权交易中心挂牌出让1宗。受理地质勘查资质项目19宗，报请自治区地质勘查基金项目9个，通知相关地勘单位上报项目5个。自治区项目办批准国土资源局申请项目4个，相关地勘单位3个，投资金额1598万元。

2012年，办理采矿权登记62宗，探矿权初审56宗。申请地质勘查项目7个，其中煤炭勘查项目1个、非煤固体勘查项目1个、地下水勘查项目5个，涉及投资金额3227.26万元；全市征收矿产资源补偿费2491.8万元。2013年，办理采矿权抵押8宗，帮助企业融资贷款1.09亿元。2014年，全年办理土地、矿产抵押登记275宗，帮助企业融资贷款191.58亿元。

2015年，办理采矿权登记83宗，探矿权初审79宗。完成武川县石材矿的矿业权设置工作。办理土地、矿产抵押登记142宗，帮助企业融资贷款105.67亿元。年末，全市有156家企业办理采矿权（市级发证）。

二、矿产资源储量管理

2001年，呼和浩特市开展矿产资源储量套改、矿产资源可供性论证、矿山信息调查、特许矿产实施评审认定、地质资源汇交监督管理等工作。2002年，初步完成储量套改和评审认定。2003年，开展加强储量管理和探矿权管理，严格开采回采率、采矿贫化率、选矿水平率考核。开展矿业秩序治理整顿和矿山年检工作。

2005年，市国土局征缴矿产资源补偿费76万元。开展矿产资源开发秩序治理整顿，重点对全市所属煤矿进行专项整治，将全市煤炭生产企业由8家减少为6家，对4家不符合生产要求的个体煤矿进行技改。2006年，完成占用储量登记33宗，完成地质资料评审备案45个。2007年，针对全市矿产资源零星分散，可供开发的矿产资源种类较少、储量不大的现实，市国土局按照高效开采，有序利用的原则，引入社会资金勘查，对矿业结构、矿业开发布局、煤矿资源进行整合优化。同时开始实施矿产资源储量动态检测。

2008年，市国土局申请国家和自治区专项资金，制定相关的配套政策，引进社会资金对全市的矿产资源进行勘查，共申请国家和自治区资金投入1165万元，引进社会资金2016万元。2010年，向自治区项目办申请立项3个地质勘查项目，投资金额777万元。申请自治区勘查基金项目8个。

2012年，全面开展重要矿产资源“三率”（开采回采率、原煤入选率、综合利用率）调查与评价，对全市重要矿产资源“三率”调查表填报内容进行实地核查。2014年，按照自治区国土资源厅的要求，重点将矿产资源开发利用情况和“三率”指标执行情况纳入年报编制，实现矿产资源储量及开发利用的动态管理。2015 年，完成呼和浩特市连续运行参考站系统建设，启动第一次地理国情普查。

三、地质灾害预防管理

2001 年，市国土局对 13 个矿山企业的水文地质、工程地质环境进行调查评述。编发《关于 2001 年开展地质环境监测工作计划》，对地质灾害易发危险区进行联防复查，对武川县流通壕矿区滑坡、塌陷进行跟踪回查，对土默特左旗道试沟泥石流等易发区进行调查，对 6 处矿泉水勘查与开发基地进行清理检查。

2005 年，开展大青山生态保护区治理整顿。按照治理整顿既要保护环境又要满足城市建设石材需求的原则，配合相关部门关闭取缔持证开采、滥采乱挖的零星分散采石矿 156 家。

2006 年，在全市开展矿区生态环境督查治理，提请市政府印发《呼和浩特市 2006 年地质灾害防治预案》，按照“谁破坏、谁恢复，谁投资、谁受益”的原则，明确每个矿区的治理方案、治理措施、治理目标和治理责任，要求限期治理。2007 年，制定矿山和生态环境保护与综合治理方案，加大矿山环境恢复治理保证金征收力度。

2008 年，呼和浩特市投资 800 万元，完成对呼包高速公路（毫沁营—罗家营）两侧砂坑矿山地质环境、大青山前坡陶思浩段采石矿区地质环境恢复治理。2009 年，对全市地质环境和灾害隐患情况进行排查，实施一批地质灾害和地质环境重点治理项目。

2010 年，市国土局制定地质灾害防治两表双卡两预案一登记制度，建立地质灾害群测群防体系，对全市 312 处地质灾害隐患点进行排查、自查和自检。建立地质灾害防范值班制度，完善地质防治预案。落实矿山地质环境恢复治理保证金制度，全年共征收保证金 3022 万元。

2011 年，市国土局制定《呼和浩特市 2011 地质灾害防治预案》《呼和浩特市地质灾害气象预警预报实施方案》等，对地质灾害防治情况进行全面巡查和排查。完成大青山前坡高速路两侧沙坑治理工程二、三期，以及大青山前坡采石场矿山地质环境治理工程。完成 9 个旗县（区）的地质灾害调查与区划以及 1∶100000 地质灾害调查评价。成立呼和浩特市国土资源系统地质灾害防范工作领导小组，从 5 月 1 日起，全市启动地质灾害气象预警预报，预报预警对象为降雨诱发区域的突发性地质灾害，以泥石流、滑坡和崩塌为主。

2012 年，市国土局联合市气象局发布三级地质灾害气象预警预报信息 9 次。处理新城区哈拉沁沟泥石流，回民区霍寨沟山体滑坡等地质灾害。全年，申报地质灾害项目 4 个，获国土资源厅、财政厅立项批准。争取地质环境治理资金 1.4 亿元。严格执行矿山地质环境恢复治理保证金制度，2006—2012年，有188家矿山企业缴存保证金5250.4万元，占应存储企业总数的90%。2013年，呼和浩特市成立市土地调查规划测绘院，建成GNNS全球卫星导航连续运行参考站，加强土地规划和勘测工作。

2014年，市国土局争取上级专项资金1.12亿元，将大青山前坡治理项目列入示范性工程。2007—2014年，组织实施对清水河县城湾地区煤矿地质灾害综合治理，土默特左旗麻达赖沟（一期、二期）、白只户井沟、道试沟、大朱尔沟泥石流治理，新城区红山口村、大青山前坡（哈拉沁大沟二道沟泥石流、青少年素质教育基地崩塌）等地质灾害治理项目，采取清除危岩体、平整边坡、削坡土石方、外运土方、固体废弃物清运、动用石方砌筑挡墙、钢筋石笼坝等措施，消除地质灾害隐患。

2015年，全市已建成由旗县（区）、乡、村3级监测网络、相关信息传输系统和必要的管理制度组成的地质灾害群测群防体系。分别在旗县（区）、乡、村建立地质灾害监测网点，以县群测群防为中心，以村群测群防监测网点为基础，以自治区地质环境监测院及自治区地质环境专家库相关专家为技术支撑，以市气象局为协作单位，发布地质灾害气象预警预报，初步构成地质灾害群测群防体系和预警系统。

第六节　法治宣传

2001年，市国土局成立后，加大土地监察执法力度，将市土地监察大队划分成4个中队，分片负责，巡回检查。同时，做好人民群众来信到访的接待查办，对反映的问题及时落实，属于土地违法案件的坚决查处。全年接待来信到访597件次，其中集体访5批318人次，办结率98%。对批而不用的闲置用地进行清理。全年查处土地违法案件27件、结案16起。

2002年，市国土执法监察重点查处国土资源违法典型案件，如黄合少乡非法采砂案、武川县大兰旗榆树沟鑫盛脉金矿非法探矿案。全年，共查处、立案26件，结案25件。三无乡镇建设现状巩固率85%以上。2003年，共查处国土资源违法典型案件10件、结案9件。查处矿产资源违法案件5件、结案5件。接待人民群众来信到访597人次，其中集体到访3批次。按照国家要求，对土地市场进行治理整顿，对各类开发园区进行清理。为加强法规制度建设，经市政府批准印发《呼和浩特市土地储备管理办法》。

2004年，呼和浩特市对原有的11个开发区分别进行撤销、压缩、核减的处理，使保留和拟保留开发区（园区）用地进行依法统一管理。全年立案查处土地违法案件31件、结案29件。

2005年，市国土局查处违法案件8件，结案4件。开展经营性用地招拍挂执法检查和“以租代征”违法违规用地清查。2006年,全市查处国土资源违法案件117件,涉及土地面积为529.95公顷，其中耕地46.21公顷；立案117件、结案116件。查处矿产资源违法案件74件，立案74件、结案68件。依法开展土地、矿业权的纠纷调处、行政复议工作，共调处各类案件25件，涉及土地面积343.42公顷。

2007年，市国土局开展卫片执法检查（卫星遥感监测成果开展土地执法检查）、土地执法百日行动，组织查处已发生的国土资源违法案件。市区立案查处国土资源违法案件132件、结案132件，罚款851万元。全年，受理土地权属争议案8件，涉及土地面积228.93公顷，处理完毕4件。2008年，市政府印发《呼和浩特市人民政府关于认真查处违法占地和违法建设项目的决定》，全市共核实违法占地370宗，制定专门查处办法对违法违规行为进行查处。

2009年，全市共调查155宗地，面积1537.8467公顷，查出新增建设用地中违法用地45宗，面积275.7333公顷，罚款4367.72万元，拆除非法建筑物面积7.99万平方米，没收非法建筑物面积4.06万平方米，党纪处分37人，移送司法机关7人，45宗卫片案件全部结案，通过国家土地督察北京局的验收。

2010年，市委、市政府印发《建立预防和查处违法用地共同责任制的若干规定》，全面启动各部门的联合执法，各级党委、政府建立动态巡查制度，通过动态巡查责任制、周报制度等相关制度。2011年，土地卫片执法检查违法用地宗数、面积、耕地面积分别为18.7%、4.48%、2.65%。完成国土资源系统信息化、国土所、执法监察体系“三大工程”建设，有19项审批业务能在网上进行报批和监管。

2012年，市国土局组织执法巡查705次，出动1800余人，发现违法案件51宗，全部予以立案，移交司法机关9宗，其余均结案，收缴罚没款490万元。

2013年，全市国土部门采取“三管齐下”，即一手抓宣传教育，一手抓案件查处，一手抓整顿规范。共立案查处土地矿产违法案件966件，拆除14.62万平方米，没收55.37万平方米，收缴罚没款3062.05万元，相关责任人受到党政纪处分50余人，追究刑事责任4人。2014年,开展卫片执法检查、新开工项目违法用地整改和“双月攻坚”专项行动,立案查处土地矿产违法案件408件,拆除12.7万平方米,没收37.9万平方米,收缴罚没款1686.97万元,相关责任人受到党政纪处分57名。受理信访案件246件次。办理权属纠纷案件3宗，完成土地权属复核78宗。

2015年，市国土局对4起国土资源违法案件进行挂牌督办；对4起国土资源违法案件进行公开通报。查处违法案件874件，收缴罚没款1821.29万元，没收构建物90.63万平方米，拆除违法建筑物16.58万平方米，落实党政纪处分41人。违法用地面积和耕地面积分别占新增建设用地总面积和耕地总面积的比例为10.62%、8.30%。旗县（区）政府成立以政府主要领导为组长的卫片执法检查领导小组，建立联席会议和联合执法工作机制，组织监察、公安、农业、建设等相关部门召开联席会议 7 次。

第十章　国有资产管理

第一节　管理机构

1991 年，市财政局成立国有资产管理科。1993 年，成立呼和浩特市国有资产管理处，隶属市财政局。内设工商商贸科、综合行政科、评估中心。在评估中心下组建呼和浩特市资产评估事务所，专门从事资产评估。1995 年 2 月，市财政局增设资产评估管理办公室。1996 年 1 月，成立市产权交易中心，隶属市财政局。同年，市国有资产监督管理委员会组建呼和浩特市国有资产经营中心。成立市国有资产流失查处领导小组，下设办公室（简称市查处办），负责国有资产流失案件的查处。1997 年，市国有资产管理处改为市国有资产管理局。

2001 年，成立呼和浩特市国有资产管理委员会，办公室设在市财政局。9 月，市国有资产管理局撤并降格。撤并部门将本单位持有的《行政事业单位国有资产产权登记证》交回财政局，资产管理权自行消失。2002 年初，市财政局恢复内设国有资产管理科。2004 年 9 月，成立呼和浩特市行政事业单位资产管理中心，对市本级行政事业性国有资产实行统一评估、统一清收、统一经营。

2014 年 11 月，设立呼和浩特市国有资产监督管理委员会，为市政府工作部门，将市财政局管理的市国有资产监督管理局整建制划入市国有资产监督管理委员会，不再保留市国有资产监督管理局；将市公共资源交易监督管理委员会办公室职能职责划入市国有资产监督管理委员会，市政务服务中心不再挂市公共资源交易监督管理委员会办公室牌子。

第二节　管理体制改革

1991 年，呼和浩特市财政局设国有资产管理科，开始对全市国有资产进行管理与监督。

1993 年，成立呼和浩特市国有资产管理处，制定《呼和浩特市行政事业单位财产清查登记实施办法》，完成全市行政事业单位的基本情况及资产统计。

1994 年 1 月 1 日起，市财政局、市国有资产管理处制定《呼和浩特市行政事业单位国有资产处置管理的暂行办法》《呼和浩特市行政事业单位国有资产处置管理的暂行规定》，建立健全国有资产统计报告制度。

1995 年，市国有资产管理处开展产权基础管理和股份制改造、企业集团授权经营试点工作。制定《关于加强国有资产产权国有资产管理办法》《行政事业单位国有资产产权登记实施办法》《国有企业财产监督条例》《呼和浩特市国有企业财产监督管理办法》等。

1996 年，市财政局组建呼和浩特市国有资产经营中心。根据自治区党委《关于印发自治区国资委及其办事机构的通知》，通过建立健全国有企业出资人制度、国有资本运营责任制、企业法人财产制度、国有资产经营预算制度等，逐步理顺国有资产管理机构、国有资本运营机构和国家投资企业三者之间的关系，以国有资产监督管理委员会、国有资本运营机构、国家投资企业 3 个层次为基本框架，构筑国有资产管理的新体制。

1997 年，市国有资产管理处依照《城镇集体企业、单位清产核资暂行办法》等上级有关文件的规定，配合市政府重新组建清产核资机构，实行“联席会议”制度，由财政、国资等 11 个部门的主要领导组成办公室。

1998 年，呼和浩特市国有资产评估工作实行资产签字评估制度，通过资产评估，使国有资产在产权变动和资产重组过程中得以保全。2000 年，市国资局起草《呼和浩特市企业国有资产产权交易管理条例》。

2002 年，呼和浩特市取消资产评估立项确认制，实行资产评估核准和备案管理。市财政局制定《企业国有资产管理办法》《行政事业单位国有资产管理实施办法》《行政事业单位国有资产管理内部运行程序》《呼和浩特市本级党政机关事业单位公务用车暂行管理办法》，规范国有资产运行及管理。

2003 年，市国资局制定《行政事业单位国有资产管理局内运行程序》《市本级党政机关事业单位公务用车暂行管理办法》。2005 年，制定《呼和浩特市（本级）行政事业单位国有资产管理实施细则》，规范资产管理体系，实现资产管理、预算管理、资产购置与审批的规范管理。固定资产网络化管理实施后，实现全市 339 家单位固定变动情况与资产管理部门的数据同步。

2008 年，印发《呼和浩特市（本级）行政事业单位国有资产管理暂行办法》《呼和浩特市财政局行政事业单位国有资产处置内部工作程序（试行）》，完善资产管理体系，固定资产网络化管理系统正式运行。

2009 年，市政府印发《呼和浩特市本级行政事业单位国有资产管理暂行办法》，市财政局制定《呼和浩特市财政局行政事业单位国有资产管理工作内部规程》等管理制度，对市本级行政事业单位国有资产的管理机构及职责、资产配置管理、资产使用及有偿使用收入管理、资产处置及处置收入管理、资产评估与资产清查、资产信息管理与报告等做出规定。

2012 年，呼和浩特市国有资产监督管理部门制定印发《呼和浩特市企业国有资产监督管理办法（试行）》《关于印发〈呼和浩特市出资企业重大事项报告及备案规定（试行）〉的通知》《关于印发〈呼和浩特市出资企业负责人重大经营管理责任追究暂行办法〉的通知》，加强对出资企业重大事项管理，规范决策权限和程序，建立健全重大事项报告机制，规范企业经营管理行为。

2014 年，按照《中共呼和浩特市委办公厅、呼和浩特市人民政府办公厅关于印发〈呼和浩特市进步深化国有企业改革的意见〉的通知》精神，从理顺国有企业管理体制、建立国有企业经营业绩考核制度、规范国有企业薪酬分配机制、完善国有企业重大事项监管机制和提高国有企业资本经营收益等方面，提出呼和浩特市深化国企改革的具体措施，加快国企改革步伐。

2015 年，市本级行政事业单位资产全部理顺并纳入国有资产管理系统。

第三节　国有资产监督管理

1991 年，市财政局开始对全市国有资产进行统一管理。1993 年，市国资处制定《呼和浩特市行政事业单位财产清查登记实施办法》，摸清全市行政事业单位家底。

1994 年，全市国有企业国有资产总额为 18.6 亿元，实有资产 16.98 亿元，其中国家资本 16.33 亿元。全市行政事业单位国有资产总额合计 8.36 亿元。其中，固定资金 8.1 亿元，流动资金 1174 万元，专用基金 1399 万元。完成 1994 年度 390 个工商企业和行政事业单位实体年检任务，并造册《国有资产产权登记汇总表》，为建立呼和浩特市国有资产“三项报告制度”（国有资产产权登记与变动报告制度、国有资产统计报告制度、国有资产经营分析报告制度）创造良好条件。同年，市国有资产管理处建立健全国有资产统计报告制度，并进行计算机处理和管理。

1993—1995 年，市国资处对市属 413 家国有企业及其他单位进行清产核资，累计查出各类资产净损失 4.7 亿元，各项资产挂账 6.1 亿元。各类资产损失占全部资产的 4.7%（含土地增值），各类资金挂账占所有者权益的 16.9%。

1996 年，全市行政事业单位资产总额为 16.2 亿元，国有资产总额为 14.07 亿元。根据《行政事业单位产权登记实施办法》，基本摸清全市 1133 户行政事业单位资产状况，其中固定国有资产占 80% 以上。对行政事业单位如期办理产权登记，颁发“行政事业单位产权登记证”。根据国务院颁发的《企业国有资产产权登记管理办法》，对 413 家国有企业办理产权登记年检，占总户数的 99%。

1997 年，全市国有企业开展国有资产占有登记工作，建立资产档案。对全市 371 家国有企业进行产权登记和发放产权证，对 1171 户行政事业单位进行产权登记年检。按属地原则对3874家城镇集体企业进行清理，落实符合条件的城镇集体企业1219家。

1998年，对全市595家城镇集体企业进行清产核资，对全市521户国有企业和1184家行政事业单位进行产权登记和年检。完成国有企业资产评估142项，确认116项。

2001年，市财政局对全市预算单位进行清产核资。根据《呼和浩特市党政机构改革工作中撤并部门资产、财务移交办法》，加强对撤并单位资产移交问题，保证国有资产不流失。

2002年，全市国有企业共转制132家。其中，12家国有企业转制为股份有限责任公司，120家国有企业转为民营企业。对历年转制企业欠缴净资产进行清查统计并清缴，共清欠欠缴净资产40万元。按照市政府要求，办理内蒙古伊利实业集团股份有限公司、内蒙古金宇集团股份有限公司两家上市公司国有股权转让事宜，增加国有资产收益1.33亿元，上缴财政4840万元。

2004年，开展市本级行政事业单位固定资产专项清查，建立台账，实现网络化管理。规范行政事业单位国有资产更新和处置，以旧换新资产，超编资产统一交回财政部门，统筹调配使用。

2005年，按照自治区国资委的要求，对国有资产产权进行登记。全市产权登记户数85户。全年审核政府采购资产275项，收回各单位更新、闲置资产50批，价值429.6万元。向各单位无偿调拨资产20批，价值401万元；核销报销报损资产13批，价值727.7万元，残值收入3万余元，全部上缴国库。年内，委托拍卖资产4批，拍卖价款108万元全部上缴财政。

2006年，审核政府采购项目624项及资金1.02亿元，收回各单位更新、闲置资产51批，价值492.3万元，向各行政事业单位调配资产11批，价值227.6万元。

2007年，市财政局制定《企业国有产权转让管理暂行办法》，严格审查企业内部决策的规范性和转让方案的合理性，并按照清产核资、财务审计、资产评估等有关工作要求进行专项审查并监督。年内，完成1997—2007年已转制企业剥离非经营性资产的统计，共计50户，非经营性资产合计5.52亿元。

2008年，为规范委托中介机构行为，印发《公开招选中介机构为国企改革和国资监管工作提供服务（暂行办法）的通知》。确定自治区产权交易中心为从事呼和浩特市国有产权交易活动指定国有产权交易机构并要求全市国有产权全部进场交易。共清查、核实371家行政事业单位的资产，总资产账面原值42.82亿元，清理调增1.24亿元，调减3909万元，清理后账面原值为43.67亿元，清查出各类资产增加1.8亿元，减少3.88亿元，资产清查值41.6亿元。

2010 年，将房屋所有权证和土地使用证收归财政部门统一管理，统一调配，统一运营，实行所有权、经营权和使用权、管理权分离。

2011 年，市政府成立呼和浩特市国有企业资产清查工作领导小组，开展全市国有资产清查工作。2012 年，对全市 120 余户国家出资企业国有产权状况进行重新登记。2014 年，全市国有资本经营收益依据上缴比例为 10% 的规定上缴利润。

2015 年，全市国有资本经营预算上缴公共财政比例定为 12%，上缴利润 3360 万元。

第十四篇

中国共产党地方组织

第一章 党代表大会

第一节 中共呼和浩特市代表大会代表

一、代表产生

1986—2015年，召开了中共呼和浩特市第六次至第十一次代表大会。每次代表大会根据中央组织部的有关规定和自治区党委对党代表大会代表的要求，经市委确定并经自治区党委批准，确定所设代表名额。会前市委印发《关于做好市党代表大会代表选举工作的通知》，各旗县（区）、市直机关党工委和有关党委根据通知精神，组织所属党组织和党员，自上而下进行民主协商分配代表名额，推荐代表候选人预备名单。在考察了解、广泛征求代表候选人所在单位党内外人士意见的基础上，召开党委或常委扩大会议，确定代表候选人预备名单。全市各选举单位，按照代表候选人的差额应多于应选名额20%的比例要求，提出代表候选人预备名单。代表候选人预备名单经市委原则同意后，各选举单位分别召开党代表大会、党代表会议、党员大会，采取候选人数多于应选人数的直接差额选举办法和无记名投票方式，选举产生党代会代表。

二、代表构成

1986年3月24—29日，中共呼和浩特市第六次代表大会召开。出席大会正式代表315名。其中，各级干部代表213名（县级以上干部145名、机关干部32名、乡镇苏木和其他干部36名），占67.62%；各类专业技术人员代表55名（经济界15名），占17.46%；各条战线先进模范人物代表39名（工人代表19名、农牧民代表16名、政法干部代表4名），占12.38%；军队代表8名，占2.54%。代表中，少数民族代表104名，占33.02%；年龄在50岁（含50岁）以下的211名，占66.98%；具有大专以上文化程度的142名，占45.08%；中专文化程度的54名，占17.14%；中学文化程度的107名，占33.97%。部分离退休党员列席代表大会。

1991年11月25—30日，中共呼和浩特市第七次代表大会召开。出席大会正式代表336名，列席代表43名。代表中，有妇女代表63名，占18.8%；少数民族代表99名，占29.46%。

1996年11月26—30日，中共呼和浩特市第八次代表大会召开。出席大会的正式代表378名，列席代表38名。正式代表中，各级干部代表241名，占63.8%；

各类专业技术人员代表 76 名，占 20.11%；各条战线先进模范人物代表 56 名，占 14.81%；军队代表 5 名，占 1.32%。代表中，妇女代表 87 名，占 23.02%；少数民族代表 109 名，占 28.84%；年龄在 50 岁（含 50 岁）以下的代表 299 名，占 79.10%；具有大专以上文化程度的代表 345 名，占 91.27%。

2001 年 10 月 13—18 日，中共呼和浩特市第九次代表大会召开，出席大会的正式代表 398 名。其中，各级干部代表 249 名，占 62.56%；各类专业技术人员代表 83 名，占 20.85%；各条战线先进模范人物代表 59 名，占 14.82%；军队代表 7 名，占 0.18%。代表中，妇女代表 92 名，占 23.12%。少数民族代表 137 名，占 34.42%；年龄在 50 岁（含 50 岁）以下的代表 311 名，占 78.14%；具有大专以上文化程度的代表 389 名，占 97.74%。部分离退休党员列席代表大会。

2006 年 10 月 19—23 日，中共呼和浩特市第十次代表大会召开，出席大会的正式代表 405 名。其中,各级干部代表 253 名,占 62.47%;各类专业技术人员代表 84 名，占 20.74%;各条战线先进模范人物代表 61 名，占 15.06%;军队代表 7 名，占 0.17%。代表中，妇女代表 95 名，占 23.46%；少数民族代表 139 名，占 34.32%；年龄在 50 岁（含 50 岁）以下的代表 332 名，占 81.98%;具有大专以上文化程度的代表 383 名，占 94.57%。部分离退休党员列席代表大会。

2011 年 8 月 28 日至 9 月 1 日，中共呼和浩特市第十一次代表大会召开，出席大会的正式代表 440 名。其中，各级干部代表 299 名，占代表总数的 68%；经济、科学技术、文化教育、卫生体育等各类专业技术人员 89 名，占 20.2%；各条战线先进模范人物 44 名，占 10%；军队 8 名，占 1.8%。代表中，有妇女 121 名，占 27.5%；少数民族 121 名，占 27.5%；年龄在 50 岁（含 50 岁）以下的 298 名，占 67.7%；大专以上文化程度的 302 名，占 68.6%。部分离退休党员列席代表大会。

第二节　历届党代表大会

一、中共呼和浩特市第六次代表大会（1986 年 3 月至 1991 年 11 月）

1986 年 3 月 24—29 日，中共呼和浩特市第六次代表大会召开。市委书记文精作题为《高举团结建设的旗帜，坚持改革，乘胜前进》的报告。大会审议通过《中国共产党呼和浩特市第六次代表大会关于市委工作报告的决议》《中共呼和浩特市委关于制定呼和浩特市“七五”计划建议的决议》《中共呼和浩特市委关于加强自身建设，改进领导作风的决定》。会议选举产生中共呼和浩特市第六届委员会和中共呼和浩特市纪律检查委员会。

二、中共呼和浩特市第七次代表大会（1991 年 11 月至 1996 年 11 月）

1991 年 11 月 25—30 日，中共呼和浩特市第七次代表大会召开。大会通过贾才代表中共呼和浩特市第六届委员会作题为《坚定不移地坚持党的基本路线，为建设社会主义现代化的呼和浩特而奋斗》的工作报告，审议通过王斌代表中共呼和浩特市第六届纪律检查委员会作的工作报告。选举产生中共呼和浩特市第七届委员会和中共呼和浩特市第七届纪律检查委员会。

三、中共呼和浩特市第八次代表大会（1996 年 11 月至 2001 年 10 月）

1996 年 11 月 26—30 日，中共呼和浩特市第八次代表大会召开。大会通过白音代表中共呼和浩特市第七届委员会作题为《再创新局面，迎接新世纪，为建设社会主义现代化首府城市而奋斗》的工作报告，审议王铁小代表中共呼和浩特市第七届纪律检查委员会作题为《围绕中心，强化职能，努力加强党风廉政建设，深入开展反腐败斗争》的工作报告。选举产生中共呼和浩特市第八届委员会和中共呼和浩特市第八届纪律检查委员会。

四、中共呼和浩特市第九次代表大会（2001 年 10 月至 2006 年 10 月）

2001 年 10 月 l3—30 日，中共呼和浩特市第九次代表大会召开。大会是在深入学习贯彻江泽民总书记“七一”重要讲话和中共十五届三中全会精神的形势下召开的一次重要会议，会议确定呼和浩特市世纪之初实现跨越式发展的奋斗目标，审议批准中共呼和浩特市第八届委员会《以“三个代表”重要思想为指导　努力实现首府经济社会的跨越式发展》工作报告和中共呼和浩特市第八届纪律检查委员会工作报告。选举产生中共呼和浩特市第九届委员会和中共呼和浩特市第九届纪律检查委员会。

五、中共呼和浩特市第十次代表大会（2006 年 10 月至 2011 年 8 月）

2006 年 10 月 19—23 日，中共呼和浩特市第十次代表大会召开。大会是在全面实施“十一五”规划，加快推进首府现代化建设关键时期召开的一次重要会议。会议的任务是以邓小平理论和“三个代表”重要思想为指导，深入贯彻落实科学发展观和中共十六届六中全会精神，在自治区党委的正确领导下，全面贯彻落实市第九次党代会部署的各项工作，明确第十次代表大会期间全市工作的总体要求和重点，提出全面加强党的先进性建设和执政能力建设的各项任务。会议审议和批准中共呼和浩特市九届委员会所作的《坚持科学发展观，永葆党的先进性，为全面建设现代化和谐呼和浩特而努力奋斗》报告和中共呼和浩特市第九届纪律检查委员会工作报告。大会选举产生中共呼和浩特市第十届委员会和中共呼和浩特市第十届纪律检查委员会。

六、中共呼和浩特市第十一次代表大会（2011 年 8 月至 2016 年 10 月）

2011 年 8 月 29 日至 9 月 1 日，中共呼和浩特市第十一次代表大会召开。大会提出，全市各级党组织和全体共产党员，要紧密团结在以胡锦涛同志为总书记的党中央周围，在自治区党委坚强领导下，以科学发展观为统领，抓住国家新一轮西部大开发和支持少数民族地区跨越式发展的重要历史机遇，紧密结合首府实际，全面贯彻自治区党委“两个一流”的新要求，坚持富民与强市同步，深入实施“一核双圈一体化”总体发展战略和“三大板块”核心区建设思路，着力推动经济、政治、文化、社会和生态文明建设协调发展，提高党的建设科学化水平，努力完成“十二五”规划目标任务，实现首府经济社会发展新跨越。大会审议通过《关于中共呼和浩特市第十届委员会报告的决议》《关于中共呼和浩特市第十届纪律检查委员会工作报告的决议》。大会选举产生中共呼和浩特市第十一届委员会和中共呼和浩特市第十一届纪律检查委员会。

第二章　中共呼和浩特市委员会

第一节　历届委员会

一、中共呼和浩特市第六届委员会

1986 年 3 月 24—29 日，中共呼和浩特市委第六次代表大会召开。其间，中共呼和浩特市第六届委员会第一次全体会议选举产生新一届市委常委、书记、副书记。中共呼和浩特市第六届委员会由 33 名委员、6 名候补委员、9 名常委组成。截至 1991 年 11 月，在中共呼和浩特市第六届委员会任期，市委常委、书记、副书记因工作需要均有调任或增补。

中共呼和浩特市第六届委员会书记、副书记、常委名录

表 14-2-1

职　务	姓　名	性别	民　族	任职时间
书　记	文　精	男	蒙古族	1986 年 3 月至 1987 年 5 月
	伊钧华	男	蒙古族	1988 年 1 月至 1991 年 5 月
	贾　才	男	汉　族	1991 年 5—11 月
副书记	贾　才	男	汉　族	1986 年 3 月至 1991 年 5 月
	赛吉尔夫	男	蒙古族	1986 年 3 月至 1988 年 1 月
	何祖侃	男	满　族	1986 年 3 月至 1991 年 11 月
	贺金钟	男	汉　族	1986 年 3 月至 1990 年 3 月
	云　峰	男	蒙古族	1988 年 11 月至 1991 年 11 月

续表 14-2-1

职　务	姓　名	性别	民　族	任职时间
副书记	周喜成	男	汉　族	1990 年 3 月至 1991 年 11 月
	白　音	男	蒙古族	1991 年 8—11 月
常　委	文　精	男	蒙古族	1986 年 3 月至 1987 年 5 月
	贾　才	男	汉　族	1986 年 3 月至 1991 年 11 月
	赛吉尔夫	男	蒙古族	1986 年 3 月至 1988 年 1 月
	何祖侃	男	满　族	1986 年 3 月至 1991 年 11 月
	贺金钟	男	汉　族	1986 年 3 月至 1990 年 3 月
	王孔运	男	汉　族	1986 年 3 月至 1990 年 2 月
	云　峰	男	蒙古族	1986 年 3 月至 1991 年 11 月
	王　斌	男	蒙古族	1986 年 3 月至 1991 年 11 月
	张举沄	女	汉　族	1986 年 3 月至 1991 年 11 月
	伊钧华	男	蒙古族	1988 年 1 月至 1991 年 5 月
	郝　民	男	汉　族	1988 年 11 月至 1991 年 9 月
	青　戈	男	蒙古族	1988 年 11 月至 1990 年 11 月
	姚永通	男	汉　族	1988 年 11 月至 1991 年 11 月
	金满铁	男	回　族	1990 年 2 月至 1991 年 11 月
	周喜成	男	汉　族	1990 年 3 月至 1991 年 11 月
	白　音	男	蒙古族	1991 年 8—11 月
	连　辑	男	汉　族	1991 年 8—11 月
	云才晓	男	蒙古族	1991 年 8—11 月

二、中共呼和浩特市第七届委员会

1991 年 11 月 25—30 日，中共呼和浩特市第七次代表大会召开。其间，中共呼和浩特市第七届委员会第一次全体会议选举产生新一届市委常委、书记、副书记。中共呼和浩特市第七届委员会由 32 名委员、6 名候补委员、11 名常委组成。截至 1996 年 11 月，在中共呼和浩特市第七届委员会任期，市委常委、书记、副书记因工作需要均有调任或增补。

中共呼和浩特市第七届委员会书记、副书记、常委名录

表 14-2-2

职　务	姓　名	性别	民　族	任职时间
书　记	贾　才	男	汉　族	1991 年 11 月至 1994 年 3 月
	白　音	男	蒙古族	1994 年 3 月至 1996 年 11 月

续表 14-2-2

职　务	姓　名	性别	民　族	任职时间
副书记	白　音	男	蒙古族	1991 年 11 月至 1994 年 3 月
	何祖侃	男	满　族	1991 年 11 月至 1993 年 7 月
	周喜成	男	汉　族	1991 年 11 月至 1995 年 7 月
	云　峰	男	蒙古族	1991 年 11 月至 1993 年 5 月
	云　锋	男	蒙古族	1993 年 12 月至 1995 年 7 月
	张举沄	女	汉　族	1993 年 12 月至 1996 年 11 月
	张国民	男	汉　族	1994 年 3 月至 1996 年 11 月
	冯士亮	男	汉　族	1995 年 7 月至 1996 年 1 月
	郝存柱	男	蒙古族	1995 年 7 月至 1996 年 11 月
	王权法	男	汉　族	1995 年 7 月至 1996 年 11 月
常　委	贾　才	男	汉　族	1991 年 11 月至 1994 年 3 月
	白　音	男	蒙古族	1991 年 11 月至 1996 年 11 月
	何祖侃	男	满　族	1991 年 11 月至 1993 年 7 月
	周喜成	男	汉　族	1991 年 11 月至 1995 年 7 月
	云　峰	男	蒙古族	1991 年 11 月至 1995 年 7 月
	王　斌	男	蒙古族	1991 年 11 月至 1993 年 12 月
	张举沄	女	汉　族	1993 年 12 月至 1995 年 10 月
	姚永通	男	汉　族	1991 年 11 月至 1993 年 12 月
	金满铁	男	回　族	1991 年 11 月至 1993 年 1 月
	连　辑	男	汉　族	1991 年 11 月至 1993 年 12 月
	云才晓	男	蒙古族	1991 年 11 月至 1993 年 12 月
	尚洪举	男	汉　族	1993 年 1 月至 1995 年 7 月
	云　锋	男	蒙古族	1993 年 12 月至 1996 年 11 月
	王铁小	男	蒙古族	1993 年 12 月至 1995 年 10 月
	王　威	男	汉　族	1993 年 12 月至 1996 年 11 月
	刘怀北	男	汉　族	1993 年 12 月至 1996 年 11 月
	高瑞发	男	汉　族	1993 年 12 月至 1993 年 12 月
	张国民	男	汉　族	1994 年 3 月至 1996 年 11 月
	冯士亮	男	汉　族	1995 年 7 月至 1996 年 11 月
	郝存柱	男	蒙古族	1995 年 7 月至 1996 年 11 月
	王权法	男	汉　族	1995 年 7 月至 1996 年 11 月
	巴特尔	男	蒙古族	1995 年 7 月至 1996 年 11 月
	宋炳田	男	汉　族	1996 年 5—11 月

三、中共呼和浩特市第八届委员会

1996 年 11 月 26—30 日，中共呼和浩特市第七次代表大会召开。其间，中共呼和浩特市第八届委员会第一次全体会议选举产生新一届市委常委、书记、副书记。中共呼和浩特市第八届委员会由 43 名委员、7 名候补委员、11 名常委组成。截至 2001 年 10 月，在中共呼和浩特市第八届委员会任期，市委常委、书记、副书记因工作需要均有调任或增补。

中共呼和浩特市第八届委员会书记、副书记、常委名录

表 14-2-3

职　务	姓　名	性别	民　族	任职时间
书　记	白　音	男	蒙古族	1996 年 11 月至 1998 年 2 月
	杨　晶	男	蒙古族	1998 年 2 月至 2001 年 10 月
副书记	冯士亮	男	汉　族	1996 年 11 月至 1999 年 12 月
	郝存柱	男	蒙古族	1996 年 11 月至 2001 年 9 月
	王权法	男	汉　族	1996 年 11 月至 1998 年 1 月
	李久祥	男	汉　族	1998 年 2 月至 2001 年 5 月
	柳　秀	男	汉　族	1998 年 2 月至 2001 年 10 月
常　委	白　音	男	蒙古族	1996 年 11 月至 1998 年 2 月
	冯士亮	男	汉　族	1996 年 11 月至 1997 年 9 月
	郝存柱	男	蒙古族	1996 年 11 月至 2001 年 9 月
	王权法	男	汉　族	1996 年 11 月至 1998 年 1 月
	王铁小	男	蒙古族	1996 年 11 月至 1997 年 9 月
	宋炳田	男	汉　族	1996 年 11 月至 2001 年 10 月
	刘怀北	男	汉　族	1996 年 11 月至 1998 年 2 月
	巴特尔	男	蒙古族	1996 年 11 月至 1998 年 4 月
	连　辑	男	汉　族	1996 年 11 月至 1998 年 4 月
	曹宏义	男	回　族	1996 年 11 月至 2001 年 10 月
	郝　勇	男	汉　族	1996 年 11 月至 1997 年 9 月
	李久祥	男	汉　族	1998 年 2 月至 2001 年 5 月
	柳　秀	男	汉　族	1998 年 2 月至 2001 年 10 月
	赵广华	男	汉　族	1998 年 4 月至 2001 年 9 月
	李振海	男	汉　族	1998 年 5 月至 2001 年 10 月
	杨静平	男	汉　族	1999 年 1 月至 2001 年 10 月
	张彭慧	男	汉　族	2000 年 9 月至 2001 年 10 月
	王志平	男	汉　族	2001 年 9—10 月

四、中共呼和浩特市第九届委员会

2001 年 10 月 13—18 日，中共呼和浩特市第九次代表大会召开。其间，中共呼

和浩特市第九届委员会第一次全体会议选举产生新一届市委常委、书记、副书记。中共呼和浩特市第九届委员会由43名委员、8名候补委员、13名常委组成。截至2006年10月，在中共呼和浩特市委第九届委员会任期，市委常委、书记、副书记因工作需要均有调任或增补。

中共呼和浩特市第九届委员会书记、副书记、常委名录

表 14-2-4

职　务	姓　名	性别	民　族	任职时间
书　记	杨　晶	男	蒙古族	2001年10月至2003年4月
	牛玉儒	男	蒙古族	2003年4月至2004年8月
	韩志然	男	蒙古族	2004年9月至2006年10月
副书记	柳　秀	男	汉　族	2001年10月至2005年1月
	杭桂林	男	蒙古族	2001年10月至2003年3月
	李振海	男	汉　族	2001年10月至2003年3月
	王振义	男	汉　族	2001年10月至2003年3月
	杨静平	男	汉　族	2001年10月至2004年4月
	吴浩峰	男	汉　族	2003年9月至2006年10月
	张彭慧	男	汉　族	2003年11月至2006年10月
	王志平	男	蒙古族	2004年4月至2006年10月
	汤爱军*	男	汉　族	2005年1月至2006年10月
常　委	杨　晶	男	蒙古族	2001年10月至2003年4月
	柳　秀	男	汉　族	2001年10月至2005年1月
	杭桂林	男	蒙古族	2001年10月至2003年3月
	李振海	男	汉　族	2001年10月至2003年3月
	宋炳田	男	汉　族	2001年10月至2003年3月
	王素毅*	男	蒙古族	2001年9月至2003年3月
	张彭慧	男	汉　族	2001年10月至2003年11月
	杨静平	男	汉　族	2001年10月至2004年4月
	王志平	男	蒙古族	2001年10月至2004年4月
	刘香芸	女	汉　族	2001年10月至2004年4月
	王振义	男	汉　族	2001年10月至2006年10月
	李　鹤*	男	满　族	2001年10月至2006年10月
	曹宏义	男	回　族	2001年10—12月
	云忠义	男	蒙古族	2001年10月至2006年10月

续表 14-2-4

职　务	姓　名	性别	民　族	任职时间
常　委	颜炳强	男	汉　族	2003 年 3 月至 2004 年 6 月
	郭　健	男	汉　族	2003 年 4 月至 2006 年 9 月
	张院忠	男	汉　族	2003 年 11 月至 2006 年 9 月
	朝　鲁	男	蒙古族	2003 年 11 月至 2006 年 10 月
	杨飞云	男	汉　族	2004 年 4 月至 2006 年 10 月
	兰恩华	男	汉　族	2004 年 4 月至 2006 年 10 月
	云丽珠	女	蒙古族	2004 年 4 月至 2006 年 10 月
	陈焕文	男	汉　族	2004 年 9 月至 2006 年 10 月
	包　钢	男	蒙古族	2006 年 9—10 月

五、中共呼和浩特市第十届委员会

2006 年 10 月 19—23 日，中共呼和浩特市第十次代表大会召开。其间，中共呼和浩特市第十届委员会第一次全体会议选举产生新一届市委常委、书记、副书记。中共呼和浩特市第十届委员会由 53 名委员、10 名候补委员、14 名常委组成。截至 2011 年 11 月，在中共呼和浩特市委第十届委员会任期，市委常委、副书记因工作需要均有调任或增补。

中共呼和浩特市第十届委员会书记、副书记、常委名录

表 14-2-5

职　务	姓　名	性别	民　族	任职时间
书　记	韩志然	男	蒙古族	2006 年 10 月至 2011 年 8 月
副书记	汤爱军 *	男	汉　族	2006 年 10 月至 2008 年 4 月
	王　波 *	男	汉　族	2010 年 4 月至 2011 年 8 月
	王志平	男	蒙古族	2006 年 10 月至 2008 年 2 月
	张彭慧	男	汉　族	2006 年 10 月至 2008 年 1 月
	杨飞云	男	汉　族	2008 年 7 月至 2010 年 11 月
	兰恩华	男	汉　族	2010 年 7 月至 2011 年 8 月
常　委	韩志然	男	蒙古族	2006 年 10 月至 2011 年 8 月
	汤爱军 *	男	汉　族	2006 年 10 月至 2010 年 4 月
	王　波 *	男	汉　族	2010 年 4 月至 2011 年 8 月
	王志平	男	蒙古族	2006 年 10 月至 2008 年 2 月
	包　钢	男	蒙古族	2006 年 10 月至 2008 年 1 月
	张彭慧	男	汉　族	2006 年 10 月至 2008 年 1 月

续表 14-2-5

职　务	姓　名	性别	民　族	任职时间
常　委	薄连根 *	男	汉　族	2006 年 10 月至 2010 年 4 月
	李　鹤 *	男	满　族	2006 年 10 月至 2011 年 8 月
	朝　鲁	男	蒙古族	2006 年 10 月至 2011 年 8 月
	杨飞云	男	汉　族	2006 年 10 月至 2011 年 8 月
	兰恩华	男	汉　族	2006 年 10 月至 2011 年 8 月
	陈焕文	男	汉　族	2006 年 10 月至 2010 年 7 月
	云丽珠	女	蒙古族	2006 年 10 月至 2011 年 8 月
	王恒俊	男	蒙古族	2006 年 10 月至 2011 年 8 月
	云建东	男	蒙古族	2007 年 11 月至 2011 年 8 月
	武文元 *	男	汉　族	2008 年 1 月至 2010 年 10 月
	狄瑞明	男	汉　族	2008 年 7 月至 2011 年 8 月
	刘俊清	男	汉　族	2010 年 7 月至 2011 年 8 月
	潘　平	男	汉　族	2010 年 7 月至 2011 年 8 月
	赵江涛	男	蒙古族	2010 年 9 月至 2011 年 8 月
	刘　惠	男	汉　族	2010 年 10 月至 2011 年 8 月
	吴艳刚	男	达斡尔族	2011 年 8 月至 2011 年 8 月
	刘菊茹	女	汉　族	2011 年 8 月至 2011 年 8 月
	张平江	男	汉　族	2011 年 8 月至 2011 年 8 月
	康存耀 *	男	蒙古族	2011 年 8 月至 2011 年 8 月
	刘文玉	男	汉　族	2011 年 8 月至 2011 年 8 月

六、中共呼和浩特市第十一届委员会

2011 年 8 月 28 日至 9 月 1 日，中共呼和浩特市第十一次代表大会第一次全体会议选举产生新一届市委常委、书记、副书记。中共呼和浩特市第十一届委员会由 53 名委员、10 名候补委员、11 名常委组成。截至 2015 年 12 月，在中共呼和浩特市第十一届委员会任期，市委常委、副书记因工作需要均有调任或增补。

中共呼和浩特市第十一届委员会书记、副书记、常委名录

表 14-2-6

职　务	姓　名	性别	民　族	任职时间
书　记	那顺孟和	男	蒙古族	2011 年 11 月—
副书记	秦　义	男	汉　族	2011 年 11 月至 2015 年 4 月
	李杰翔 *	男	汉　族	2015 年 4 月—

续表 14-2-6

职　务	姓　名	性别	民　族	任职时间
副书记	兰恩华	男	汉　族	2011 年 11 月至 2012 年 4 月
	赵江涛	男	蒙古族	2012 年 2 月至 2014 年 4 月
	常志刚 *	男	蒙古族	2014 年 4 月至 2015 年 4 月
	于立新	男	汉　族	2015 年 5 月—
常　委	那顺孟和	男	蒙古族	2011 年 11 月—
	秦　义	男	汉　族	2011 年 11 月至 2015 年 4 月
	李杰翔 *	男	汉　族	2015 年 4 月—
	兰恩华	男	汉　族	2011 年 11 月至 2012 年 4 月
	赵江涛	男	蒙古族	2011 年 11 月至 2012 年 2 月
	常志刚 *	男	蒙古族	2014 年 4 月至 2015 年 4 月
	于立新	男	汉　族	2015 年 5 月—
	刘　惠	男	汉　族	2011 年 11 月至 2013 年 12 月
	吴艳刚	男	达斡尔族	2011 年 8 月—
	云建东	男	蒙古族	2011 年 11 月—
	刘菊茹	女	汉　族	2011 年 11 月至 2012 年 3 月
	狄瑞明	男	汉　族	2011 年 11 月至 2012 年 5 月
	张平江	男	汉　族	2011 年 11 月—
	刘文玉	男	汉　族	2011 年 11 月—
	王雪峰	男	汉　族	2012 年 4 月—
	孙建华	男	汉　族	2012 年 6 月—
	谢志斌	男	汉　族	2012 年 12 月—
	杜延峰 *	男	汉　族	2014 年 11 月—
	奇巴图	男	蒙古族	2014 年 12 月—
	朱建国	男	汉　族	2015 年 11 月—

第二节　市委工作部门

1986 年，市委直属工作机构包括办公室、组织部、宣传部、统一战线工作部、纪律检查委员会、政策研究室、政法委员会、直属机关工作委员会、老干部局、党校、呼和浩特晚报社、党史资料征集办公室（地方志编修办公室）。1990 年，成立市委办公室督促检查室和专职信息工作机构，归市委办公室管理。

1992 年 7 月 16 日，经市委常委会决定，市委办公室更名为市委办公厅，其内设机构由科改为处。1993 年，成立中共呼和浩特市委员会保密委员会办公室，与呼和浩特市国家保密局为一个机构两块牌子，归市委办公厅管理。

1995 年，根据自治区党委统一部署，市委负责密码工作机构改称市委机要局，为市委办公厅内设机构。纪律检查委员会机关与监察局合署办公，一套机构、两块牌子。老干部局归市委组织部管理。1996 年，党政机构改革，市档案局改为正处级事业单位，由市委办公厅管理。

2001 年，根据《呼和浩特市党政机构改革方案》，市委设纪律检查委员会、办公厅、组织部、宣传部（挂精神文明建设委员会办公室、对外宣传领导小组办公室牌子）、统一战线工作部、政法委员会（与社会治安综合治理委员会办公室合署办公）、机构编制委员会办公室、政策研究室、直属机关工作委员会 9 个工作部门。2 个部门管理机构分别为市委老干部局由市委组织部管理；市委机要局、市委保密委员会办公室（市国家保密局）一套机构、两块牌子，由市委办公厅管理。市委督促检查室、信息调研处、党校、市接待办公室、市档案局、市委党史资料征集办公室（地方志编修办公室）、呼和浩特日报社等归市委办公厅管理。

2005 年，根据市委书记办公会议纪要精神，将乌兰夫纪念馆整建制从市建委划出，为市委直属事业单位，由市委宣传部代管。2008 年 6 月，呼和浩特市档案局、档案馆合并，一套机构、两块牌子。2012 年 4 月，组建农村牧区工作部，为市委工作部门。2014 年，党政机构改革，市委农村牧区工作部与市扶贫开发办公室整合组建市农村工作委员会，转为市政府工作部门。

截至 2015 年，市委直属工作部门包括办公厅、组织部、宣传部、统一战线工作部、政法委员会、政策研究室、机构编制委员会办公室、老干部局、直属机关工作委员会、党校、档案局（馆）、党史资料征集办公室（地方志编修办公室）、接待办、呼和浩特日报社、乌兰夫纪念馆。市委机要局、市涉密网络管理中心，由市委办公厅管理。

第三节　旗县（区）委员会

1986—1993 年，中共呼和浩特市委员会下属中共新城区、回民区、玉泉区、土默特左旗、托克托县、郊区 6 个旗县（区）委员会。

1993 年 6 月和 1994 年 10 月，经中共呼和浩特市委员会批准，分别成立中共呼和浩特如意开发区工作委员会和中共呼和浩特金川开发区工作委员会，为中共呼和浩特市委员会派出机构，在市委领导和指导下开展工作。2000 年，区划调整，郊区更名为赛罕区，中共郊区委员会更名为中共赛罕区委员会。

1995 年、1996 年，和林格尔县、清水河县、武川县先后划归呼和浩特市。至

2015年末，中共呼和浩特市委员会下属中共新城区、回民区、玉泉区、赛罕区、土默特左旗、托克托县、和林格尔县、清水河县、武川县9个旗县（区）委员会，中共如意、金川2个开发区工作委员会。

第四节　重大决策部署

1986年3月，中国共产党呼和浩特市第六次代表大会提出，贯彻中共十二大路线和全国代表大会精神，坚持把改革放在首位，坚持“两个文明”一起抓，实现党风和社会风气的根本好转，争取全面完成全市国民经济和社会发展第七个五年计划，在20世纪末把呼和浩特市建设成开放性、产业结构合理、科学技术先进、具有高度文明的社会主义现代化城市奠定基础。要搞好精神文明建设，加强思想政治工作，不能防止听任资本主义腐朽思想、资产阶级自由化思想和封建主义遗毒的侵蚀蔓延。坚持用共产主义思想教育党员、干部和群众，坚持四项基本原则。抓好落实党的知识分子政策的工作。搞好整党，加强党的建设，实现党风根本好转的大事。

坚持把经济搞活，全面实施经济发展战略，增加城市辐射力和吸引力，逐步建成以开放型、多功能为特征的中心城市。“七五”计划期间，工业生产面向市场需求，走扩大再生产的路子，以毛纺、食品、机械、电子、冶金、建材等行业为重点，对现有企业和传统产业进行改造、改建和扩建。增强大中企业活力，发展横向经济联系，推进经济体制改革，发展社会生产力，搞活流通，完善市场体系，加强宏观控制，处理好宏观控制与微观搞活的关系。搞好物价和企业的工资改革。搞好农村第二步改革，加快城郊型商品经济的发展。搞好科技教育体制改革，促进经济建设的发展。在提高质量的基础上逐步发展民族教育，贯彻“优先”“重点”的方针，提高教育质量。有计划地发展职业技术教育，使职业技术教育与普通高中比例相等，巩固提高成人教育。

1991年11月，中国共产党呼和浩特市第七次代表大会提出，“坚持改革开放，推进科学进步，加速经济发展，实现兴市富民”的战略思想。牢牢把握“抓住机遇、深化改革、扩大开放、促进发展、保持稳定”的战略方针，调动各方面的积极性，妥善处理改革、发展和稳定的关系。不失时机地加快改革步伐，深化政治体制和经济体制改革、逐步转变政府职能，实现政企分开，促使传统计划经济体制向社会主义市场经济体制转化。农村改革在完善和巩固家庭联产承包责任制和统分结合的双层经营体制的基础上，建立和发展农村社会化服务体系。城市改革，紧紧围绕搞活国有经济、转换企业经营机制，重点进行现代企业制度试点和企业内部三项制度改革。围绕集团化经营组织实施“名牌战略”，成功地进行股份制改组试点工作。扩大对外开放，加强外引内联，推动横向经济联合。实施“两稳步、三跨跃”和“两个迈大步、三个翻一番”，以公有制经济为主体，乡镇企业、区街企业、三资企业个体私营经济一起上。以优化资本结构为契机，加大组建企业集团、企业兼并和破产力度。积极实施工业战略性调整，实施“四面八方抓引进、东西南北搞联合”“北开南联、东西互补、互惠互利、共同发展”，把跨越式发展外向型经济摆到突出地位，建立经济技术开发区，扩展对外经济技术合作与交流的新领域，成为自治区和呼和浩特市经济发展的新增长点和对外经贸的重要窗口。

1996 年 11 月，中国共产党呼和浩特市第八次代表大会提出，“围绕逐步建成社会主义现代化首府城市这一目标，实行两个转变（经济体制从传统计划经济体制向社会主义市场经济体制转变，经济增长方式从粗放型向集约型转变），实现两个提高（提高财政收入水平，提高城乡人民生活水平），实现三大系统工程（以优化资本结构为核心的工业经济战略调整工程；以推进农业产业化进程为核心的脱贫致富奔小康工程；以提高城市整体功能和文明程度为核心的现代化首府城市建设工程）”。加强民主法治建设，加强社会治安综合治理，促进社会稳定，保证经济建设和各项事业的顺利发展。认真贯彻“‘两个文明’一齐抓，两手都要硬”的方针。坚持不懈地进行党的基本路线教育，广泛开展多种形式的爱国主义、集体主义、社会主义教育，积极培育“四有”新人，使广大干部群众的思想政治觉悟进一步提高，形成良好的社会道德风尚。深入开展做“文明市民”、创“文明单位”、建“文明城市”的活动，增强首府意识。切实加强党的建设，充分发挥各级党组织的核心领导作用。始终坚定不移地与党中央保持一致，把维护大局、维护全市的稳定作为一项头等重要的任务来抓。坚持“围绕经济抓党建，依靠党建促经济”的指导思想，结合实际，认真探索新时期加强党的建设的思路、方法。坚持以实施“凝聚力工程”为主线，以“双学双争”活动为载体，狠抓以农村、企业、街道为重点的基层党组织建设，整顿软弱涣散的基层组织，发挥党员先锋模范作用。进一步加强各级领导班子建设。按照干部“四化”方针和德才兼备的原则，注重在改革和建设的实践中选拔干部，采取“一推双考”办法选拔县处级领导干部，推行领导班子领导干部实绩考核制度，加强各级领导班子建设。认真开展反腐败斗争，加强了党风廉政建设。严格执行党的民主集中制，传承发扬党的优良传统和作风，密切党群、干群关系。全市党、政、军、统、群同心同德，发扬“解放思想、求实创新、团结拼搏、勇于争先”的精神，为建设社会主义现代化的呼和浩特而奋斗。

2001 年 10 月，中国共产党呼和浩特市第九次代表大会提出，围绕建设社会主义现代化首府城市总目标，以体制创新、制度创新和科技创新为动力，继续实施“三大系统工程”（以实现农业产业化为中心任务的脱贫致富达小康工程、以工业经济结构调整为重点的城市经济发展战略工程、以提高城市整体功能和文明程度为核心的现代化首府城市建设工程)，推进工业化、城市化、信息化进程，实现首府经济社会的跨越式发展。在各级党政领导干部中开展集中教育整顿工作，使“三讲”(讲学习、讲政治、讲正气)教育和“三个代表”重要思想学习教育经常化、制度化。按照乡镇党委建设“六个好”和村党支部建设“五个好”的目标,加强农村基层党组织建设。调整工业经济结构，提高工业化水平，为适应加快城市化进程的需要，对全市工业经济的布局进行调整。以开发区和旗县(区)工业园区为支撑发展5条经济带,西向：玉泉区、回民区工业经济园区—金川区—出口产品加工区—金山经济开发区；西南向：金河经济园区—托克托电厂经济园区；南向：沙尔沁如意二区—盛乐经济园区；东南向：金桥经济技术开发区—白塔区；东向：如意区—新城区经济园区。五条经济带的分布,初步形成工业经济发展的新格局。构建首府后发优势,推进信息化建设,实现首府经济社会的跨越式发展。完善城市综合服务功能，发展服务业，逐步建立起符合首府经济发展需要的结构合理、功能齐全的服务业发展新格局，提高服务业整体水平。发展信息咨询业、金融保险业、会展业、社区服务业、中介服务业、房地产业等现代服务业,特别把会展业和社区服务业摆上重要位置。强化农业基础地位,推进农业结构调整，提高农民收入，全面实施“重点村扶贫工程”。加快城市化进程，提高城市化水平，拓展城市规模，强化城市功能，逐步形成以中心城市为核心的城乡一体化网络，使城市化水平迅速得到提升。着眼于提高市民的文化素质，着眼于提高城市的文化品位，着眼于适应首府地位和满足人民群众不断增长的文化需求，逐步形成历史文化与现代文化相融合，具有深厚文化底蕴、优良文化风尚、先进文化设施、发达文化产业的现代文化体系。深化科技体制改革,优化科技资源配置,加强产学研结合。

2006年10月，中国共产党呼和浩特市第十次代表大会提出，瞄准一个目标，调整二元结构，提升三次产业层次，建设四个具有的首府城市。全市各级党组织和广大党员要深入学习“三个代表”重要思想和科学发展观,不断把学习贯彻“三个代表”重要思想和科学发展观活动引向深入。以贯彻落实科学发展观和提高党的执政能力为重点，加强和改善党的领导。加强党员的教育和管理，结合实际认真贯彻落实中央印发的《关于加强党员经常性教育的意见》等保持共产党员先进性长效机制的文件,巩固和扩大先进性教育活动成果,更好地发挥基层党组织和广大党员的先进作用。依靠科技创新、制度创新和体制创新，调整优化产业结构，转变增长方式，提高质量和效益。进一步提升农牧业产业化、新型工业化、信息化和现代服务业发展水平,做大做强首府经济，形成较好的自主增长机制。提升产业层次，要从以外延式增长为主的思路向谋求外延内涵同时良性发展转变，从以依赖有形资源、不可再生资源为主的发展思路向有效利用各种无形资源、发展非资源依赖型产业转变，从发展一般技术的传统产业思路向发展高科技、环保型产业转变。提升产业层次，要符合国家产业发展导向和产业政策，完善产业体系，推进产业多元、产业延伸和产业升级。建设“四个具有”的首府城市，坚持民本、发展、开放的理念，把首府建设成为功能设施完善、文化底蕴深厚、民族特色突出、人与自然和谐相处的具有较高现代化水平和层次品位、具有浓郁民族文化和草原特色、具有良好环境质量和适宜人居、具有较高综合服务功能和辐射带动力的区域性中心城市。建设“四个具有”的首府城市，发挥好首府的政治、经济、文化、教育、科技、金融中心的作用，提高城市综合竞争力，塑造首府城市新形象，从而为经济发展提供不竭的动力，为构建和谐社会创造良好环境。

2011 年 8 月，中国共产党呼和浩特市第十一次代表大会提出，抓住新一轮西部大开发特别是国家印发促进内蒙古经济社会又好又快发展若干意见的重要历史机遇，全面贯彻自治区党委“两个一流”的新要求，紧密结合首府实际，坚持富民与强市同步，深入实施“一核双圈一体化”总体发展战略和核心区“三大板块”整体推进思路，着力推动经济、政治、文化、社会建设和生态文明建设协调发展，提高党的建设科学化水平，在确保完成“十二五”规划目标的基础上，实现首府经济社会发展新跨越，早日全面建成小康社会。全面加强党的领导、人民当家作主、依法治国有机统一，推进社会主义政治文明建设，切实保障人民群众的政治、经济和文化权益。支持人大依法履行职能，保障人大代表依法行使职权，以促进依法行政、公正司法为重点，进一步健全监督机制，增强对“一府两院”工作监督的针对性和实效性。支持人民政协围绕团结和民主两大主题履行职能，把政治协商纳入决策程序，完善民主监督机制，提高参政议政实效。支持工会、共青团、妇联等人民团体依照法律和章程开展工作。贯彻党和国家民族政策，坚持民族区域自治制度，保障少数民族合法权益，深入开展民族团结宣传教育和创建活动，巩固和发展平等团结互助和谐的社会主义民族关系。全面贯彻党的宗教工作基本方针，发挥好宗教界人士和信教群众在构建和谐社会中的积极作用。巩固和壮大最广泛的爱国统一战线，加强同民主党派、工商联和无党派人士的合作共事。坚持党管武装，深入开展双拥共建，巩固军政军民团结。坚持扩大总量与调整结构并重，全面落实国家各项政策措施，强化投资需求和项目建设，确保固定资产投资五年完成 7000 亿元以上，经济增速保持 15% 左右，促进经济长期平稳较快发展。坚持在发展中促转变、转变中谋发展，使经济步入良性发展、自主发展的科学轨道。优化发展现代农牧业，调整农牧业结构，转变农牧业发展方式，着力推进乳肉薯菜等特色产业的集约化、标准化生产，重点加强优质奶源基地建设，加快发展设施农业，提高农牧业综合生产能力、抗风险能力和市场竞争力。加强以水利为重点的农牧业基础设施建设，健全社会化服务体系，鼓励土地适度流转，加强专业合作组织建设，提升产业化经营水平。加快构建多元化现代产业体系。用足用好差别化产业政策，做大做强食品、电力、冶金、化工、生物发酵等优势特色产业，加快发展以风能、硅产业为重点的新能源新材料产业，积极发展装备制造业，延伸产业链条，提升产业层次，尽快补齐工业“短板”。按照沿黄沿线产业带总体布局，加快实施“双百亿工程”，着力培育一批营业收入超百亿元、上千亿元的大型骨干企业和园区，建成国家级绿色食品加工基地和煤电铝气循环经济示范基地。支持伊利、蒙牛两大乳品企业集团快速健康发展，努力打造“世界乳都”。按照“三大板块”思路建设改造核心区，突出规划“龙头”作用，转变城市建设理念，提升城市发展质量，使整体水平早日进入省会城市第一方阵。着力改善人居环境质量，巩固“三城同创”成果，打造绿草如茵、碧水蓝天的人居环境；加快推进旧城区、城中村、棚户区和旧小区改造，加大对回民区、玉泉区城市改造建设的支持力度，促进城区西部充分发展，让老城区焕发新活力。着力完善城市功能，全面提升道路、供电、供热、供气、供排水、污水和垃圾处理等基础设施水平，启动轨道交通的规划建设;优化功能布局，重点打造自治区党政办公区和东客运站周边环境，加快如意、鸿盛园区结构调整步伐，培育城区东部和南部次商业中心。把建设资源节约型、环境友好型社会作为加快转变经济发展方式的重要着力点，促进经济社会发展与人口资源环境相协调，增强可持续发展能力。

第三章 中共呼和浩特市纪律检查委员会

第一节 历届委员会

一、中共呼和浩特市第六届纪律检查委员会

1986年3月24—29日，在中共呼和浩特市第六次代表大会上，选举产生中共呼和浩特市第六届纪律检查委员会。选举王斌（蒙古族）、于清法、赵伏虎（蒙古族）、王铁小（蒙古族）、王登云、张凤仪、元家乐、苏瑞祥、汪金喜、高凤瑞（蒙古族）为第六届纪律检查委员会常务委员；选举王斌（蒙古族）为第六届纪律检查委员会书记，于清法、赵伏虎（蒙古族）、王铁小（蒙古族）、王登云、张凤仪为副书记。

二、中共呼和浩特市第七届纪律检查委员会

1991年11月25—30日，在中共呼和浩特市第七次代表大会上，选举产生中共呼和浩特市第七届纪律检查委员会。选举王斌（蒙古族）、王登云、张凤仪、高凤瑞（蒙古族）、汪金喜、元家乐、苏瑞祥、王铁小（蒙古族）、赵伏虎（蒙古族）、姚金贵、

伏成义（蒙古族）、万桂芳、刘守勤、云公和（蒙古族）为第七届纪律检查委员会常务委员；选举王斌为第七届纪律检查委员会书记，王登云、张凤仪、赵伏虎、姚金贵、高凤瑞、汪金喜为副书记。

1994 年 1 月，书记王斌调离，王铁小接任。3 月，市纪委与市监察局合署办公，实行一套机构、两块牌子。市纪检委副书记赵伏虎兼任市监察局局长。增设秘书长，市纪检委副书记高凤瑞兼任秘书长。8 月，市纪检委副书记姚金贵兼任市监察局局长。

三、中共呼和浩特市第八届纪律检查委员会

1996 年 11 月 26—30 日，在中共呼和浩特市第八次代表大会上，选举产生中共呼和浩特市第八届纪律检查委员会。选举王铁小（蒙古族）、王登云、姚金贵、高凤瑞（蒙古族）、云文霞（女 蒙古族）、万桂芳、刘守勤、郝挨河、张俊平担任中共呼和浩特市第八届纪律检查委员会常务委员；选举王铁小为中共呼和浩特市第八届纪律检查委员会书记，王登云、姚金贵、高凤瑞、云文霞为副书记。

四、中共呼和浩特市第九届纪律检查委员会

2001 年 10 月 13—18 日，在中共呼和浩特市第九次代表大会上，选举产生中共呼和浩特市第九届纪律检查委员会。选举杨静平、姚金贵、赛娜（女 蒙古族）、段守恒、李建春（蒙古族）、张俊平、松文华（女 蒙古族）、吕国云、白冰 *、吴志强（蒙古族）、马富年、卢丰永为中共呼和浩特市第八届纪律检查委员会常务委员；选举杨静平为中共呼和浩特市第八届纪律检查委员会书记，姚金贵、赛娜、段守恒、李建春为副书记。

五、中共呼和浩特市第十届纪律检查委员会

2006 年 10 月 19—23 日，在中共呼和浩特市第十次代表大会上，选举产生中共呼和浩特市第十届纪律检查委员会。选举朝鲁（蒙古族）、云院祯 *（蒙古族）、李建春（蒙古族）、白冰 *、刘业平（女）、安国志、赵永刚、王慧英（女 蒙古族）为中共呼和浩特市第八届纪律检查委员会常务委员；选举朝鲁为中共呼和浩特市第八届纪律检查委员会书记，云院祯 *、李建春、白冰 * 为副书记。

六、中共呼和浩特市第十一届纪律检查委员会

2011 年 8 月 28 日至 9 月 1 日，在中共呼和浩特市第十一次代表大会上，选举产生中共呼和浩特市第十一届纪律检查委员会。选举吴艳刚（达斡尔族）、白冰 *、云奎（蒙古族）、王慧英（女 蒙古族）、亢永强、刘业平、安国志、云岗（蒙古族）、贾耀、刘聪明 *、王崇贤担任常务委员；选举吴艳刚为中共呼和浩特市第十一届纪律检查委员会书记；白冰 *、云奎、王慧英、亢永强为副书记。

第二节　纪检监察工作部门

1986—1991 年，市纪律检查委员会（简称市纪委）机关内设纪律检查科、案件审理科、信访调研科、党纪调研科、办公室以及市紧急通知办公室。1992 年，直属机关纪律检查委员会更名为直属机关纪律检查工作委员会，简称纪工委，受市纪委和市直属机关党工委双重领导。

1994 年，根据《中共内蒙古自治区委员会、内蒙古自治区人民政府〈关于印发呼和浩特市党政机构改革方案的通知〉》，市纪委机关与市监察局合署办公，一个机构、两块牌子。内设机构有办公室、执法监察室、党风廉政建设室、纪检监察一室、纪检监察二室、案件审理室、信访室、宣传教育调研研究室。

2003 年，市纪委（市监察局）内设办公厅、监察综合室、党风廉政建设室、政策法规研究室、宣教室、信访室、纪检监察室检查一室、纪检监察室检查二室、纪检监察室检查三室、案件审理室、执法监察室、纠正部门和行业不正之风室、干部室、机关党委、行政效能投诉中心，其中行政效能投诉中心为事业编制。

2015 年，市纪委（市监察局）内设办公厅、组织部、宣传部、党风政风监督室（市人民政府纠正行业不正之风办公室）、信访室、案件监督管理室（市委反腐败协调小组办公室）、第一纪检监察室、第二纪检监察室、第三纪检监察室、第四纪检监察室、第五纪检监察室、案件审理室、纪检监察干部监督室。另有 7 个派驻纪检监察组，2 个事业单位，即行政效能投诉中心和机关事务服务中心。

第三节　纪检监察工作

一、党风廉政建设

1986 年，市纪委贯彻市委印发的《关于实现党风根本好转的决定》，定期开展党风廉政建设检查工作。1988 年，市纪委将党风建设作为纪检工作重点，协助各级党委建立和完善抓党风责任制。年内，对 6 个旗县（区）党委、人大、政府、政协、纪委 30 个领导班子清正廉洁情况进行民主测评，并制定党政机关及党政干部保持廉洁的若干规定。

1989 年，市纪委印发《中共呼和浩特市纪律检查委员会关于保持廉洁，防止腐败的若干规定》《关于当前惩治腐败的几点意见》。

1996—1997 年，全市约 110 余个县处级以上单位召开自查自纠专题民主生活会，近 1600 人次县处级干部进行对照检查。1997 年，市纪委印发《贯彻〈中共中央、国务院关于党政机关厉行节约制止奢侈浪费行为的若干规定〉实施细则》，在全市贯彻执行。同时，推行《公款招待报告》《婚丧嫁娶事宜报告》制度。1997年，全市共核减基建投资916万元，压缩一批开工项目。按照分级负责的原则，对全市领导干部的住房情况进行调查摸底。市清房办清查全市52名地（厅）级干部、882名县（处）级干部的住房底数，查处有住房问题的市级干部11人、县处级干部328人。在借鉴外地经验的基础上，制定印发《盟市级领导干部多占住房的处理意见》《关于党政领导干部在住房方面违纪问题的处理办法》。

2001年，市委、市政府制定《关于加大治本力度切实做好从源头上预防和治理腐败工作的意见》，市委办公厅、市政府办公厅印发《关于成立全市反腐败抓源头共合作领导小组并明确反腐败抓源头各专项工作责任领导、责任部门和责任人的通知》，成立领导小组，将反腐败抓源头工作分解成11个专项工作，逐项明确工作目标、责任领导、责任部门、责任人。

2002年，市纪委对9个旗县（区）、3个开发区、56个委办局及432名党政领导班子成员落实党风廉政建设责任制的情况进行全面考核。2003年开始，推行领导干部岗前廉政谈话、廉政工作谈话、述职述廉、党风廉政建设责任追究等制度。年内，市纪委与新任职的32名县处级干部进行岗前廉政谈话，与45个党政班子和400多名领导干部进行廉政工作谈话。

2004年，在全市党员干部中开展以“为民、务实、清廉”为主题的教育活动。各级纪检监察机关进一步加大责任追究力度，市纪委召开牵头部门汇报会，专题听取各部门落实责任制工作情况的汇报。年末，组织12个考核组，对全市的党风廉政制度落实情况进行检查。

2005—2006年，把全市党风廉政建设和反腐败工作分解为37项具体任务，加强平时监督、年终考核和责任追究，建立领导干部电子廉政档案。呼和浩特市被中央纪委评为“党风廉政建设工作先进联系点”。

2007年，严格落实《关于严格禁止利用职务上的便利谋取不正当利益的若干规定》和中央纪委提出的5条要求，解决领导干部廉洁从政方面存在的突出问题。提倡勤俭节约，反对和制止奢侈浪费，印发《关于坚决制止用公款旅游的通知》《关于禁止各级党政机关向企业和投资者拉赞助以及各级党政机关干部在经营性场所参股经营的通知》，制止公款出国（境）旅游问题，规范党政机关行政行为。完善派驻纪检监察机构统一改革，协调派驻组建立健全规章制度，印发《关于在驻在部门开展反腐败预警告诫工作实施方案》《对驻在部门落实党风建设责任制监控考核评分办法》。

2008年，在全市开展禁止党政机关向企业和投资者拉赞助、禁止党政机关干部违规参股经营、制止公款出国（境）旅游专项工作。2009年，开展党政机关新增公务用车备案制度，全年审核备案公务用车 109 辆，新增公务用车数量比 2008 年降低 9.2%，车辆购置及运行费用支出比 2008 年减少 3398 万元。加强对党政机关因公出国（境）团组及人员的监督检查，对 47 批出国（境）团组 126 人进行审查和备案，全市党政机关因公出国（境）支出比 2008 年减少 138 万元，比 2008 年降低 47%。执行婚丧事宜申报备案制度，22 名县处级领导干部申报为子女操办婚庆情况。在全市党政机关开展贯彻落实厉行节约“八项要求”专项工作，压缩行政经费 8835 万元。

2010 年，呼和浩特市逐步建立党风廉政建设责任制和推进惩防体系建设考核结果，对领导班子实绩考核“一票否决”制度及考核结果反馈制度，党的作风建设和反腐倡廉建设纳入全市党建工作重要内容，推动党风廉政建设责任制和惩防体系建设任务的落实。市纪委印发《关于进一步加强党的作风建设和反腐倡廉建设的实施意见》《关于进一步完善“三重一大”事项集体决策意见》。

2012 年，市委印发《关于改进工作作风、密切联系群众的规定》，对 7 个方面 30 项工作提出具体要求。同年，印发《呼和浩特市党政机关公务用车配备使用管理实施细则》《呼和浩特市党政机关违规公务用车处理实施细则》，规范公务用车编制和配备使用管理。对全市党政机关公务用车编制进行逐一核定，对违规公务用车进行封停处理。按照市委、市政府的安排部署，会同相关部门对全市党政机关办公用房进行严格清理和督查。与有关部门形成联审备案机制，严格控制因公（私）出国（境）。

2014 年，市委印发《关于落实党风廉政建设党委主体责任和纪委监督责任的实施意见》，明确提出落实“两个责任”清单，建立健全落实主体责任工作机制。同年，市纪委印发《呼和浩特市纪委实施履行党风廉政建设责任约谈实施办法》。全年，市县两级纪委负责对 435 名领导干部进行廉政谈话，对 154 人进行诫勉谈话，对 26 人进行函询，对 305 名新任和转任领导干部进行廉政谈话。举办反腐倡廉教育和警示教育培训班 202 次，开展反腐倡廉主题教育和警示教育活动 512 次。全市有 114 名纪委书记（纪检组长）讲廉政党课 2914 场，2.93 万人接受廉政教育。

2015 年，全市各级党委、纪委贯彻中央、自治区和市委关于党风廉政建设和反腐败工作一系列决策部署，落实全面从严治党要求，开展“基层基础建设年”活动，推动党风廉政建设主体责任和监督责任落实。开展“拍苍蝇”专项行动，全市党风廉政建设和反腐败工作取得新的明显成效。全年累计开展主题教育及廉政教育活动 1245 次，参加人数 10.35 万人次；各级党委（党组）书记、纪委书记（纪检组长）讲廉政党课 638 场，参加人数 7.49 万人次。

二、信访与案件查处

1985—1986 年，全市各级纪检部门共查处违纪案件 270 件，万元以上大案 19 件，结案 180 件。

1987 年，中共中央纪律检查委员会印发《进一步巩固和发展纠正不正之风成果的通知》，市纪委组织力量对全市 80 余个旗县（区）局级单位查处案件和纠正不正之风情况进行调查，对市物资局生产资料服务公司人员违法乱纪案件进行专项整治，对 15 个局及所属企业用公款请客送礼情况进行调查，并向市委作专题报告。全年，全市纪检部门共立案 104 件，结案 79 件，复查案件 19 件，受理群众来信来访 2375 件次，其中市纪委受理 748 件次。

1988 年，全市各级纪检部门受理群众来信 740 件，来访 933 件次。市纪委直接受理来信来访 369 件次。其中，反映局处级干部的 44 件，占来信来访总数的 12%；反映科级干部 62 件，占总数的 17%；反映企事业单位干部的 148 件，占总数的 40%；反映以权谋私的 76 件，占总数的 21%；违反财经纪律 59 件，占总数的 16%；官僚主义 6 件，占总数的 2%。

1989 年，市纪委与市检察院建立相互联系制度，加强联合办案，提高办案效率。重点查处群众反映强烈的党员干部贪污受贿、投机倒把、倒买倒卖、严重官僚主义等违纪案件。全市纪检系统立案查处违纪案件 97 件，结案 66 件。其中，违反财经纪律 23 件，严重官僚主义失职渎职 9 件，行贿受贿 11 件，贪污 7 件，投机倒把 7 件，腐化堕落、违反计划生育政策、赌博等 40 件。1992 年，全市各级信访部门共受理群众来信 565 件，来访 278 人次，市纪委与旗县（区）、乡纪委签订三级信访网络目标化管理责任状，推动控告申诉工作管理的科学化和规范化。

1995 年开始，市纪委会同法院、检察、公安、审计等部门，建立查办大案、要案协调制度、联席会议制度，建立和实行反腐败领导小组例会制度和定期报告和通报制度。1996 年，市纪委接到群众来信来访 1997 件次，解决郊区八拜乡和西菜园乡等较大规模的群众集体上访事件 10 余起。全市纪检监察部门受理群众信访举报 3612 件次，是 1995 年的 1.12 倍，反映县处级以上领导干部的案件 389 件，占全市县处级干部总数的 45.3%。

1997 年，全市各级纪检监察部门共受理群众信访举报 2355 件次，初查案件 273 件，了解 224 件。立案 103 件（含 1995 年遗留 17 件），结案 89 件，结案处分 138 人。其中，受党纪处分 66 人，政纪处分 82 人，10 人受到党纪、政纪处分。移送司法机关案件 11 起 11 人。在受处分人员中，涉及县处级干部 3 人，科级干部 32 人。挽回经济损失 209.86 万元。全年各级纪检监察机关通过初查核实工作，为 82 名被检举失实的干部澄清事实。

2001—2010 年，全市各级纪检监察部门受理信访举报案件 8543 件次，立案 768 件，结案 448 件，给予党纪、政纪处分 895 人。2011 年，重点查办领导干部以权谋私、滥用职权、失职渎职和损害国家、集体、群众利益的案件。

2013 年，市纪委印发《呼和浩特市党的基层组织推进党务公开目录编制指导意见》，推进党务公开工作。同年，对反映失实的 70 件予以澄清，保护党员干部干事创业积极性。

2014 年，市纪委成立案件监督管理室，开展案件线索调查摸底，对纪委恢复以后的案件线索全部录入电脑，实行计算机数字化管理。增加 2 个办案室，建立由 46 名专业干部组成的办案人才库，改建新的办案谈话点。

2015 年，全市纪检监察部门共受理信访举报 1973 件次，同比增长 1.4%；处置问题线索 1132 件，同比增长 24.5%。全市各级纪委进行谈话函询 177 件，同比增长 234%；给予轻处分和组织处理 290 人，同比增长 159%；立案 433 件，同比增长 55%，其中涉及县处级干部 38 件、乡科级干部 110 件；结案 430 件，同比增长 68%；给予党纪、政纪处分 440 人，同比增长 68.6%，其中县处级干部 34 人、乡科级干部 115 人；移送司法机关 14 人，刑事处分 40 人；挽回经济损失 1292.93 万元。共专项办理“拍苍蝇”问题线索 145 件，其中自治区纪委交办 39 件，市本级自办、交办 106 件，立案 70 件，处分 73 人，其他处分 16 人，移送司法机关 2 人。

2001—2015 年呼和浩特市纪检监察机关受理信访举报情况一览表

表 14-3-1

年份	受理信访举报案件（件、次）	初核案件（件）	立案（件）	结案（件）	给予党纪、政纪处分（人）
2001	666	63	26	17	—
2002	1542	247	59	51	78
2003	1418	304	120	112	146
2004	1224	263	84	75	108
2005	888	156	73	67	81
2006	710	170	45	39	69
2007	836	132	64	—	77
2008	393	87	88	87	90
2009	439	89	100	—	128
2010	427	126	109	—	118
2011	488	88	134	—	128
2012	602	72	114	128	119
2013	952	145	192	—	170
2014	1945	573	277	256	261
2015	1973	—	433	430	440

说明：表中“—”表示无数据

三、治理和纠正不正之风

1986年，市纪委在全市纪检部门开展“置身改革、服务改革、促进改革”专题讨论会，处理好端正党风与改革之间的关系，纠正不正之风。

1987年，组织宣传、文教部门和新闻单位负责人围绕执行党的政治纪律和反对资产阶级自由化开展座谈会，并对8个单位进行重点检查，整顿宣传记录和新闻队伍，端正采编作风，加强对文化市场的领导和管理。同年，建立党风建设联系点，确定市橡胶厂、土默特左旗什报气村、市检察院和市第一中学为联系点，派专人指导工作。

1988年初，针对存在的赌博之风，市纪委印发《关于在全市党员中开展“遵纪守法、查禁赌博”的教育活动的通知》。市属各级党委、纪委开展形式多样的禁赌教育活动。

1992年，对群众反映强烈的住房问题，进行集中清理，年末，共收回各类多占住房238套501.25间，建筑面积1.04万平方米，折款（罚款和加收房租）322.39万元。涉及县处级以上干部132人，科级干部273人，一般干部406人。

1996年，按照自治区纠风办安排部署，确定8个纠风专项治理项目，包括治理公路“三乱”；禁止中小学乱收费；减轻农民负担；制止向乡镇企业、三资企业、独资企业乱收费、乱集资、乱罚款；清理住房；制止公款大吃大喝；清理违纪小汽车；清理预算外资金等。按照市纪委七次全会统一部署，在实行“纠风专项治理议定书”的基础上，实行纠风备案制度。全市上报治理项目27类213个。开展清理预算外资金工作，对519户进行重点检查，占应查户数的58.8%，共查处违纪资金5540.2万元。

1997年，对全市522个行政事业单位的3712个收费项目634项，取消市政府批准的15项22个收费标准。同年，市第一中学等7所学校在全区率先向社会公开承诺杜绝乱收费，推动治理中小学乱收费工作。在对21所中小学收费情况检查中，共发现乱收费项目14个，违规收费金额22.8万元，收缴3万元，退还学生4万元，1名校长被免职。

2001年，查处中小学乱收费案件70件，涉及违规违法金额176.2万元，给予党政纪处分1人。农民负担继续控制在国务院规定的范围内，对9个旗县（区）、17个乡镇、34个建制村进行实地检查。受理涉及农民负担的违纪违法案件9件，追究党政纪责任7人，减轻农民负担总额1331.5万元；取消企业不合理收费36项，金额约155.1万元；对市本级及旗县（区）社保四项资金的管理使用情况进行全面检查，严肃纠正1.32亿元违规资金，全部归回原渠道；对全市国债资金管理使用进行执法检查，共检查项目24项，涉及资金11.13亿元；开展粮改执法检查，清查出陈化粮3.17万吨，超期存储粮3.83万吨，向有关部门提出整改建议。

2003年，取消9项涉及农民负担的行政事业性收费，全市农民实际缴纳农业税及附加税费比2000年前减少4430.2万元，农民人均减少39.29元。2004年，查处涉农案件15起，对6名责任人给予党政纪处分，通过专项治理，减轻农民负担271万元；查处教育超标违规收费98.08万元，除清退67.14万元外，其余全部上缴财政；规范药品市场秩序，实行药品集中招标采购制度，减少医疗服务中“开单提成”、收受“红包”现象；查处公路“三乱”案件6起，8名责任人及4名领导干部受到查处追究；清理整顿市县（区）两级着装单位20个，减少统一着装6465人。

2005年，市纪检部门对6所学校下达《违规行为整改通知书》，给予6名责任人党政纪处分，退还学生违规收费金额195.37万元；规范医药购销和医疗服务工作，药品集中招标采购额达2.9亿元。开展民主评议政风行风工作，市纠风办与市人民广播电台联合开办《行风热线》《连心桥》节目，40余个部门参加直播节目，热线问题回复率100%。

2006年，对全市下达的2513.1万元春季学期免除学杂费、提高公共经费保障水平和补助寄宿生生活经费专项资金使用情况进行跟踪检查，使各项制度及补助资金落实到位；在工商、税务、公交等30个部门和行业以及各旗县（区）相关的农村和城区的基层站所中，开展创建“行风建设示范窗口”的活动。

2007年，全市查处教育乱收费及纠正违规问题57件，追缴教育违规收费资金152.18万元，清退教育违规收费资金72.54万元。查处农资市场涉农案件30起，共发放补贴资金1.1亿元。审查全市9个旗县（区）和46个单位拟保留评比达标表彰活动29项，涉及经费89万元，其中财政经费81.9万元、自筹经费7.1万元。组织各部门、行业的主要领导做客“连心桥”政风行风热线直播240期，接听热线电话345次，收到群众来信和接待听众来访89件次，节目中听众提出的热线问题反馈率100%，办结率85%。

2008年，全市查处教育乱收费及纠正违规问题5件，追缴违规收费资金33.1万元，清退教育违规收费资金23.7万元。继续推行药品、医用耗材集中招标采购制度，查处违规违法案件223起。130个单位的负责人做客“连心桥”行风热线节目，接听热线电话538个，办理群众来信来访89件次。

2009年，市纪委对2008—2009年涉及“高考移民”的778名考生身份进行核实。巩固治理公路“三乱”成果，开展明察暗访34次，加强对重点地区、路段的监控。清理市、旗县（区）两级评比达标表彰活动75项，涉及经费194万元。对强农惠农政策措施落实情况进行专项检查，办理群众投诉23件。

2011年，市纪委对全市10个新建水利工程项目、“五个体制机制”贯彻执行情况、节能减排和环境保护政策措施落实情况进行督查；会同环保部门深入开展“整治违法排污企业保障群众健康”专项行动，立案查处企业161家，结案58

家，对 32 家企业关停，对 46 家企业限期整改；对全市矿山生态保护和矿山企业重金属排放情况进行专项整治；对规范和节约用地政策措施落实情况进行监督检查，会同国土资源部门查处土地违法案件 30 宗，涉案面积 100.19 公顷，处罚金额 166.16 万元。

2012 年，市纪委参与并监督检查“首府服务提升年”活动，会同有关部门组成 8 个专项活动督查组，对活动开展情况进行监督检查。全市各级效能投诉中心共受理行政效能投诉案件 101 件，办结 98 件，办结率 97%。重点查处纠正征地拆迁中侵害群众利益问题 12 起，矿产资源开发领域侵害群众利益案件 16 件，学校乱收费问题 25 件，受理和查处医药生产流通领域问题 13 件，食品制假售假问题 222 件。开展行政执法责任制落实情况监督检查，督查 9 个旗县（区）135 户行政执法单位，发现并整改问题 122 件，挽回经济损失 200 余万元，对 17 名行政执法人员和领导干部进行责任追究。

2013 年，市纪委重点对机关纪律作风建设情况，市、县、乡三级政务服务中心服务群众情况、基层站所文明规范执法情况开展暗访，并对发现问题进行及时纠正。全市共组织开展明察暗访活动 1092 批次，发现纠正纪律作风问题 504 件，查处曝光作风纪律问题 105 件，给予党纪、政纪处分 9 人。全年共受理涉及机关纪律作风来信来访 1691 人（件）。全市各级纪检监察部门以治理圈地囤地、农民用地征迁补偿等问题为重点，开展耕地保护和节约用地监督检查。督促市国土部门集中力量对全市 9 个旗县（区）违法用地和违规建设进行专项整治。对涉及水利、农业、交通等 8 类 45 个在建项目进行抽查，下发整改通知单 41 份，提出整改问题 300 余件；查办“两违”案件 6 件，立案 2 件。给予行政处分 8 人，其中乡科级 3 人，工作人员 5 人。2011—2013 年，组织 356 个单位参加政风行风热线《连心桥》节目，热线问题平均解决率 85% 以上。

2014 年，市纪委围绕贯彻落实中央八项规定精神、自治区 28 项具体规定和呼和浩特市 30 条配套规定，结合深入开展党的群众路线教育实践活动，强化对“四风”（形式主义、官僚主义、享乐主义和奢靡之风）的整治。采取专项检查、日常督查、随机抽查、暗访明察等形式，加强对重点部位、重点场所、重点区域的监督检查。重点查处公车私用、公款吃喝、公款旅游、婚丧喜庆大操大办、出入私人会所等突出问题。全市共查处违反中央八项规定精神有关问题 97 件，处理 333 人，给予党纪、政纪处分 27 人，通报违纪典型案件 5 批 60 起，其中公开通报曝光 3 批 15 起。

2015 年，市纪委开通“反四风一键通”网络举报平台，形成来信、来访、来电、网络等立体化反“四风”监督举报平台。通过移动电话发送廉政短信 12.4 万条。加强对重点部位、重点场所、重点区域的监督检查，通过明察暗访，重点检查公车私用、公款吃喝、公款旅游、婚丧喜庆大操大办等突出问题，全市共开展明察暗访357轮次。对发现的问题坚持快查严处，全市共公开通报曝光典型问题24批125起181人，其中市本级8批40起61人。

四、专项监察

1987年，全市有39名党员干部受党纪处分。1988年，各级纪检部门把党员干部以权谋私、索贿受贿、严重官僚主义、弄权渎职作为案件查处的重点。立案查处各类违纪案件73件，结案49件。在73起案件中，其中以权谋私案19起，占案件总数的26.03%；行贿受贿案9起，占案件总数的12.33%；严重官僚主义、失职渎职7起，占案件总数的9.59%。全市共处分党员干部37人，其中科级以上干部12人、党员干部25人。

1989年，市纪委印发《关于迅速贯彻落实中纪委和内蒙古纪委有关严明党的纪律维护党的团结统一通知精神的紧急通知》。市纪委重点查处10起局处级以上干部的违纪案件，结案6起，给予党纪处分的4名，免予处分的2名。处分党员63人。

1992年5月，市纪委分别对市属38家大中型企业纪检工作进行摸底调查，总结推广内蒙古棉纺织厂、呼和浩特市轴承厂等企业纪检工作经验。全年查处党员违纪案件43件，处理党员22人。其中，开除党籍4人，留党察看11人，撤销党内职务1人，严重警告5人，警告处分1人。在受处分党员中，党员干部7人。

1997年，市委、市政府印发《关于进一步做好减轻农民负担工作的意见》，在全市推行“减负”工作一把手负责制，强化领导责任，开展专项审计。全年各级纪检监察机关和司法机关调查处理24起案件，给予党纪、政纪处分13人，追究刑事责任9人，免予起诉5人，免予刑事处分5人。

2001年，市纪委清理行政审批事项1092项，取消、下放、合并和改变管理方式473项，占总数的43.3%。对规范性文件和地方性规章进行全面清理，废止行政机关文件22项。市本级169个收费单位全部实行“票款分离”制度，15个罚款数额较大的单位实行“罚缴分离”制度，全面取消收入过渡账户。全年追究党纪、政纪责任人19人，挽回经济损失688万元。

2002年，市政府印发《呼和浩特市人民政府效能投诉中心投诉事项受理办法》《呼和浩特市人民政府行政责任追究办法》，明确呼和浩特市行政效能投诉中心的主要职责。同年，对市本级及旗县（区）社保4项资金的管理使用情况进行全面检查，追缴1.32亿元违规资金。对全市国债资金管理使用进行执法检查，共检查项目24项，涉及资金11.13亿元。对进入建设工程交易中心的60余项招标、评标工作进行事前、事中、事后监督，规范建筑市场。

2003年，在防治“非典”工作中，查处失职渎职的党员干部和监察对象50人。

对2002—2003年全市11.38亿元国债项目建设资金的使用管理情况进行执法监察，对2002年查出问题的整改情况进行复查，挽回经济损失250万元。同年，开展效能监察，印发《呼和浩特市人民政府行政过错责任追究细则（试行）》，在市建委、市教育局、市财政局、市人事局等12个部门开展行政效能监察试点工作。对2001年4月至2003年7月的332宗经营性土地进行清理，市本级经营性土地实行招拍挂16宗，实现土地收益1.02亿元。全面启动全市第二轮行政审批制度改革，清理取消审批项目169项。

2006年，市纪委开展行政效能专项治理76项。调查处理投诉案件240件，挽回经济损失182.7万元，收缴违规资金13.5万元。2007年，开展“转变政府职能，优化发展环境，建设服务型政府”活动，调整整合全市行政许可主体、事项、依据和收费标准，拟定保留行政许可事项140项、非许可事项90项，减少审批数量，简化审批程序，提高审批效率。

2008年，对33个地区和单位的环境保护和节能减排任务进行督查，查处违法排污企业30家；开展49次节约集约用地工作落实情况监督检查，查处违法违规案件38起；查处违规审批探矿权、采矿权和违规参与矿产开发案件12起，封闭矿点111个；开展安全隐患排查治理和安全生产百日督查专项行动，检查企业2354家，查处重大隐患13项，关闭不符合安全生产条件的矿山企业25家，对9家尾矿不符合安全生产规定的矿山企业进行停产整顿，对203个重大危险源建立档案，采取监控措施；开展对抗震救灾款物募集发放、“三聚氰胺”奶粉污染事件以及社保基金、住房公积金、扶贫专项资金、救灾资金落实情况的监督检查，切实维护人民群众利益。

2009年，成立呼和浩特市落实中央扩大内需促进经济增长政策监督检查工作组，对全市2008年后中央新增投资项目落实情况进行监督监察，共监察33个领域的64个项目。加强对各个领域安全生产的监管，对市区128个重点场所进行安全检查，对存在的安全隐患进行整改。

2010年开始，开展针对违规用地、违法建设、违规招投标、征拆补偿、安全生产监管、生态环境保护、民政低保救济等工作中履职不力、监管缺失、失职渎职等问题的查处问责。2013年，对全市45个部门的审批服务事项进行全面清理，市本级行政许可、非行政许可审批事项由2012年的217项减少到195项。加强政务服务体系建设，8个旗县（区）建成政务服务（市民服务）中心。市四区218个社区中有131个建立公共服务站，46个乡镇中有32个建立公共服务中心，覆盖城乡的三级公共服务体系逐步形成。2015年，对196名党员干部问责。其中，县处级干部13人；给予党政纪处分50人，诫勉谈话39人，通报批评94人；下达纪律检查建议书13份，行政监察建议书15份。

第四章　组织工作

第一节　组织机构

1986 年，市委组织部内设办公室、党政干部科、经济干部科、青年干部科、干部教育科、组织科。

1988 年，市委组织部内设办公室、干部一处、干部二处、干部三处、青年干部处、干部教育处、组织建设处、人才研究所、电教中心。1991 年 1 月，组织科分设为组织建设科和党员管理科。至 1997 年，市委组织部内设办公室、干部一处、干部二处、干部三处、青年干部处、干部教育处、组织建设处。

2001 年 12 月，市干部实绩考核领导小组办公室并入市委组织部。至此，市委组织部内设办公室、研究室、干部调配监督处、干部一处、干部二处、干部三处、干部实绩考核处（市干部实绩考核领导小组办公室）、青年干部处、干部教育处、组织建设处。2004 年 2 月，增设人才工作办公室。

2005 年 4 月，人才工作办公室更名为人才工作处；干部调配监督处更名为干部调配处；设置干部监督处。12 月，组织建设处更名为组织建设一处；增设组织建设二处。2007 年 12 月，呼和浩特市非公有制经济和社会组织工作委员会成立。市委组织部增设组织建设三处，挂市非公有制经济和社会组织工作委员会办公室牌子。

2010 年 6 月，增设党代表大会代表联络办公室。2011 年 11 月，干部调配处挂公务员管理办公室牌子，干部监督处挂举报办公室牌子。2012 年 4 月，市委组织部成立领导人才考评指导中心。2015 年 9 月，市委组织部党员电化教育中心更名为市委组织部党员教育中心。截至 2015 年底，市委组织部内设办公室、研究室、干部调配处（公务员管理办公室）、干部一处、干部二处、干部三处、干部实绩考核处（市干部实绩考核领导小组办公室）、青年干部处、干部教育处、干部监督处（举报办公室）、组织建设一处、组织建设二处、组织建设三处、人才工作处、党代表大会代表联络办公室；下设信息中心、党员教育中心、领导人才考评指导中心。

第二节　党员发展与教育

一、党员发展

1986 年，全市发展党员 1972 名。其中，各类专业技术人员 486 名，占 24.6%；35 岁以下 1065 名，占 52%；高中以上文化 1168 名，占 59.2%。1987 年，发展党员

1884 名。

1988 年，发展党员 1167 名。其中，30 岁以下党员 299 名，占 25.6%；高中以上文化程度党员 737 名，占 63.2%。1990 年，发展党员 1038 名，其中生产一线党员 456 名，占 40%。1992 年，发展党员 1667 名。其中，生产一线党员 945 名，占 57%。1994 年，发展党员 2112 名。

1995 年，注重在生产、工作一线发展党员，重视培养吸收妇女、少数民族中优秀分子入党，解决农村党员年龄老化、数量少和企业党员空白班组问题，发展党员 2100 余名。1996 年，发展党员 3896 名。1997 年，按照“坚持标准、保证质量、改善结构、慎重发展”方针，大胆吸收中学生中优秀分子进入党组织。同年，有 35 名中学生加入党组织。

1999 年，发展党员 3518 名。其中，女性党员 1112 名，一线党员 1949 名，专业技术人员党员 678 名。

2002 年，试行发展党员公示制，培训农村党员 2.91 万名，培养农村生产一线入党积极分子 5551 名。2006 年后，新增入党积极分子一半以上来自农业、工业、服务业生产工作一线。2006—2015 年，全市各级党组织累计发展党员 2.65 万人。截至 2015 年末，全市有党员 12.86 万人。

1994—2015 年呼和浩特市党员及预备党员统计表

表 14-4-1

年份	党员总人数（人）	占人口百分比（%）	其中：预备党员	
			人数（人）	占党员百分比（%）
1994	61434	4.25	2601	4.23
1995	69583	7.69	3201	4.6
1996	84252	7.28	4521	5.37
1997	87017	7.44	4816	5.53
1998	89255	4.37	3837	4.3
1999	90934	4.38	4020	4.42
2000	93823	4.49	3568	3.8
2001	96501	4.56	3581	3.71
2002	99292	4.66	3259	3.28
2003	102778	4.81	3572	3.48
2004	102914	4.79	3156	3.07
2005	100687	4.72	3376	3.35
2006	102108	4.73	2493	2.44
2007	104315	4.72	3209	3.08
2008	105174	4.69	3381	3.21

续表 14–4–1

年份	党员总人数（人）	占人口百分比（%）	其中：预备党员	
			党员人数（人）	占党员百分比（%）
2009	108043	4.75	3506	3.25
2010	111567	4.12	2865	2.57
2011	115612	4.27	3349	2.9
2012	119811	4.06	2991	2.5
2013	123215	4.11	1827	1.48
2014	125673	4.15	1552	1.23
2015	128577	4.2	1743	1.36

二、党员教育

1987 年，市委组织部在全市开展“创先争优”评比表彰、知识竞赛、“我是一个共产党员大讨论”、“职业道德”教育活动，建立基层业余党校，多方面提高党员的素质。

1988 年，市委组织部下拨党费 2.5 万元，资助土默特左旗、托克托县、郊区开展党员教育，协助开办业余党校兼职教师培训班，召开业余党校座谈会，介绍交流工作经验。

1990 年，全市各级党组织先后表彰 2569 名党员，1645 名党员授予优秀共产党员称号，有 5 个基层党组织、9 名党员、2 名党务工作者在自治区党委召开的全区先进党组织和优秀党员表彰大会上受到表彰。开展民主评议党员工作，3075 个支部、4.36 万名党员参加民主评议。

1991 年，在全市开展以“忆传统，作贡献，做新时期合格共产党员”为主题的“争先创优”活动，召开庆祝建党 70 周年暨表彰先进基层党组织、优秀共产党员、优秀党务工作者大会。

1995 年，市委组织部在全市开展学习邓小平建设中国特色社会主义理论和《中国共产党章程》活动。市电化教育中心被中共中央组织部授予 1994 年度“全国党员电化教育先进单位”。

1995—1997 年，市委组织部举办 3 期中学生入党积极分子培训班，培训中学生 247 名。1996 年，开展“双学双争”活动，即学理论武装头脑、学党章规范行为，发挥好党组织的战斗堡垒作用和共产党员的先锋模范作用，在敬业创业中争先进，各项工作中争一流。开展庆祝建党 75 周年活动，组织召开出席自治区党建工作 21 个先进集体、个人代表座谈会，召开全市庆祝“七一”表彰大会，表彰 11 个先进老干部党支部和 31 名优秀老干部党员。1997 年，组织“双学”考试，全市 5 万名党员参加考试。召开全市基层党建工作暨“七一”表彰大会，3 个先进旗县（区）、10 个红旗党支部、29个先进基层党组织、29名优秀党务工作者、54名优秀共产党员受到表彰。5个旗县（区）组织配备电化教育设备，全市96个乡镇党委全部配备电化教育设备。

2000年，市委组织部配齐9个旗县（区）农村党员电化教育硬件设备，“两机一室”配备率100%，党员电化教育网络基本形成。2001年，开展以学习贯彻中共中央总书记江泽民“七一”重要讲话为主要内容的学习教育，开展党员先进性教育活动试点工作。组织开展庆祝建党80周年庆祝活动，开展评选“两优一先”活动，其中评选出市级红旗党支部10个，先进基层党组织28个，优秀共产党员35名，优秀党务工作者25名。

2002年，市委组织部加强党员电化教育网络建设，通过电教网络在农村开展推广实用技术培训，制作适合全市实际的奶牛养殖技术电化教育教材。以老党员彭福生植树经历为题材拍摄专题片《青山不老松》。2003年，推行社区党员双重管理，对辖区内在职党员进行登记造册或建立联系卡，社区党组织利用节假日组织党员参与社区活动。建立流动党员档案，选派党建联络员。

2005年，组织开展保持共产党员先进性教育，全市4946个党组织、10.13万名党员分三批开展学习教育，参学率97%以上。2006年后，利用各级党校、示范基地、农村社区党员活动阵地、党员干部现代远程教育等平台加大党员教育培训力度，实行流动党员流入地、流出地双向管理。2007年，加强基层党员教育培训，发挥各级党校、培训基地、党员活动阵地的作用，运用远程教育、电化教育等手段，确保时间、人员、内容、效果“四落实”，提高基层党员整体素质。

2008年，市委组织部建立健全流动党员管理台账和流动党员信息库，及时掌握、更新流动党员的信息资料，实现对流动党员有效管理。2009年，分类开展农村、社区党员教育培训，组织农村、社区培训班661期，培训基层党员干部1.57万人。健全党内激励、关怀、帮扶机制，设立困难党员专项资金。2010年，举办各级各类党员教育培训班2636期，培训党员5.66万人。围绕建党89周年庆祝活动，召开座谈会，选树“五好三优”典型，在市属各媒体推出11集大型系列报道，营造良好氛围。

2011年，市委组织部完成全市11万名党员信息库建设工作，实现年终党内统计数据直接从信息库提取。2012年，在流动党员管理方面，推行流入地、流出地双向管理，建立信息互动平台和双向管理信息化系统，开展流动党员“驿站式”服务。2013年，利用全市远程教育终端站点，分层次、分类别开展党员培训活动，培训基层党员7.3万人。

2014年，按照中共中央办公厅《关于开展第二批党的群众路线教育实践活动的指导意见》，在全市开展第二批党的群众路线教育实践活动。全市109个参学单位，开展了理论理想、党章党纪、民生民心、先辈先进、“三严三实”（严以修身、严以用权、严以律己；谋事要实、创业要实、做人要实）等5个专题的学习。通过“单位内部找、督导实地查、基层群众提、主动上门问”等形式征求党员、干部和群众意见建议11.66万条，梳理出1.72万条，分别建立整改台账。把“四大行动、六大工程”作为贯穿全市教育实践活动的总载体，制定10个实施方案。结合查摆到的问题，确定13项群众反映强烈、具有普遍性的突出问题，制定专项整治方案。年内，处置不合格党员65名，对流动党员开展拉网式摸底排查，建立流动党员基本情况台账。

2015年，组织开展“三严三实”专题教育，派出4个指导调研组到9个旗县（区）和各委办局督查指导，保证专题教育健康有序开展。年内，试点推行党员积分管理制度，健全完善不合格党员处置工作机制。强化流动党员管理，建立流动党员教育管理服务中心，探索党组织与用人单位双重管理模式。

第三节　干部队伍建设

一、干部监督管理

1986年，市委组织部经过考核，将151名后备干部调整审定为119人，新增加20人进入后备干部队伍，县处级后备干部共139人。1987年，市委组织部印发《党政干部选拔、考核、任免、管理工作条例》《关于当前我市干部制度改革的几点意见》《全民所有制企业领导干部管理条例》《后备干部管理工作条例》，推动深化干部制度改革。1988年，印发《关于下放企业领导干部管理权限的通知》，市委和市委组织部管理的80个企业领导干部管理权全部下放到企业主管局（委），促进管人与管事结合，推动全市企业改革深入。

1990年，市委组织部对全市县处级以上大部分领导班子和领导干部进行全面考察，共考核局处级领导班子57个，考察县处级领导干部272人。调整充实领导班子54个，在提拔任用的90名干部中，少数民族干部37名，占41%；女干部11名，占11.1%；大专以上文化程度51名，占56.7%。1991年，为坚持党管干部原则，搞活大中型企业，市委将36家大中型工业企业领导干部管理权收归市委。1992年，制定《围绕经济建设为中心加强各级领导班子思想作风建设的意见》，在干部配备上有重点地向经济主管部门和大中型企业倾斜，从干部上保证经济发展对人才的需求。建立企业、妇女、少数民族和党外后备干部名单，充实后备干部120余名。全年调整充实班子64个，新提拔副处级以上干部95人。其中，少数民族干部35人，占38%；女干部4名，占4.2%；党外干部4名，占4.2%；大专以上62名，占65%；中青年干部84人，占88%。

1994年，市委组织部制定《加强领导班子思想作风建设目标管理责任制实施办法》《旗县区换届选举后加强思想作风建设的意见》，明确“一把手”对班子思想作风建设负全部责任，班子成员对自身和所分管部门负责。调整充实委办局班子74个，新提拔副处级以上干部119人。其中，少数民族干部39人，占32.8%；女干部16人，占13.4%；党外干部3人，占2.5%；大专以上文化96人，占80.7%；45岁以下63人，占52.9%。调整充实14个大中型企业班子。

1995年，市委组织部完成旗县（区）党委换届工作。换届后7个旗县（区）党委班子领导成员66人。其中，熟悉农村、城镇经济工作33人，占50%；大专以上52人，占78.8%；少数民族34人，占51.5%；女干部10人，占15.2%；45岁以下41人，占62.1%。35岁以下干部6人，平均年龄43.5岁。采取“一推双考”办法，在全市公开选拔聘用副处级干部8名，大中型企业厂长助理2名。完成853名后备干部登记造册、审核工作，对全市94个单位956名后备干部进行摸底了解。从47个市直单位选拔48名优秀年轻后备干部到特困村挂职。在领导班子中开展民主集中制教育，建立健全集体领导下的个人分工负责制，逐级建立贯彻执行民主集中制的监督检查责任制。

1996年，市委组织部印发《关于进一步加强和改善领导班子和领导干部工作实绩考核的意见》，组建市领导班子和领导干部目标责任考核委员会；印发《中共呼和浩特市委员会关于旗县（区）、部委办局、大中型企业党政领导干部工作实绩考核的试行办法》《实施细则》《奖惩办法》《年终考核实施方案》《落实“三个五”工程，选派优秀年轻干部下基层任职、挂职锻炼的实施意见》。选拔优秀年轻干部进班子，调整充实党政领导班子33个，企业班子16个，提拔使用处级干部127名，大中型企业干部13人。从市直属机关选派35名优秀年轻干部到6个旗县的34个贫困乡镇任职3年，选派41名优秀年轻干部到6个旗县的41个特困村挂职锻炼1年。各旗县（区）从直属单位选派342名优秀年轻干部到342个贫困村任职3年。

1998年，市委组织部调整配备各旗县（区）人大、政府、政协领导班子，调整后各旗县（区）人大班子平均年龄50.7岁，大专以上文化程度66.7%；政府班子平均年龄43.5岁，大专以上文化程度82.5%；政协班子平均年龄51.5岁，大专以上文化程度69%。1999年，结合市人大、政府、政协换届工作，调整市属各部委办局领导班子90个。

2000年，全面推行干部任前公示制，对77名副处级干部进行任前公示。结合旗县（区）党委换届，调整充实领导班子43个，调整任免干部211名。换届后新班子平均年龄为41.9岁，具有大专以上文化程度的占94.9%。2001年，推进党政机构改革，市党政群领导班子由75个精简为56个。推行公开选拔领导干部工作，公开选拔干部130名。在党政机关全面实行中层干部竞争上岗。对新提拔干部，一律实行一年试用期。

2002年，市委组织部制定《〈干部任用条例〉的实施办法》《干部差额考察制度》《干部考察预告制度》《干部考察责任制度》《组织部与纪检等单位联席会议制度》《领导干部选拔任用工作全程报告制度》，修订完善《领导干部任职前公示制度》《领导干部试用期制度》，提高全市干部工作制度规范化水平。

2003年，市委印发《中共呼和浩特市委全委会无记名投票决定干部任免的试行办法》《呼和浩特市党政领导干部考察预告制的实施意见》《呼和浩特市党政领导干部差额考察的实施意见》《呼和浩特市关于实行考察责任制的暂行规定》，健全完善《干部任用条例》配套制度。组织全市102个县处级单位开展集中学习教育整顿活动。建设经济型领导班子，优化班子专业结构，优先选派熟悉经济工作的干部。建立30岁左右、大学本科以上学历优秀青年人才档案。制定《市委组织部后备干部工作程序》。全市县处级后备干部634名（正处级185名，副处级449名）。其中，少数民族占36.1%，女干部占21%，党外干部占4%，大专以上学历占97.8%，35岁以下占11.5%。至2004年，部分旗县（区）的党政“一把手”和32个政府组成部门领导班子中，任职干部最大年龄55岁，最小年龄41岁，平均年龄49.1岁；汉族干部占69.7%，其他少数民族干部占30.3%；女干部占6.1%，党外干部占3%；研究生占9.1%，大学文化占72.7%，大专文化占15.2%，大专以下文化程度占3%。贯彻落实中共中央组织部《关于公开选拔党政领导干部工作暂行规定》，完成自治区组织的2个岗位“一推双考”工作，面向全市各级党政群机关、事业单位工作公开选拔10名处级干部。

2005年，市委组织部创新后备干部选拔方式，按照“公开、平等、竞争、择优”原则，面向全市公开选拔23名县处级副职后备干部。制定《关于对干部职工职务、身份、“三龄一历”认定管理办法》。2006年，建立县处级干部培训教育登记和验审制度，对全市近千名处级干部学历学习情况进行摸底录入，为干部考察任用提供参考依据。2008年，制定《呼和浩特市国家工作人员因私出国（境）管理暂行办法》，对因私出国（境）报批程序、领导干部护照管理和加强报销监督审计等方面进行修改完善。制定《呼和浩特市科级干部选拔任用监督管理暂行办法》，规范旗县（区）、部委办局选人用人程序。对28名领导干部进行经济责任审计，加强组织部门与执法执纪机关，计生、信访部门的联系，建立全方位干部监督局面。

2009年，市委组织部按照全市科级干部选拔任用监督管理暂行办法，备案科级干部905名，实现事前、事中、事后全过程监督。收回处级干部因私护照225本，往来香港、澳门通行证94本。调整补充全市副处级后备干部419名。2010年，分类推进学习型领导班子建设。1081 名县处级以上领导干部填写《党员领导干部个人有关事项报告表》。对 21 名领导干部进行离任经济责任审计，对 3 名领导干部进行任中经济责任审计。2011 年，完成市、县、乡三级党委换届工作。换届后，9 个旗县（区）党委班子平均年龄 45.3 岁，比换届调整前下降 1.9 岁；研究生文化程度以上 38 人，比换届调整前提高 34.4%；至少配备 1 名女干部和 1 名 35 岁左右年轻干部。印发《中共呼和浩特市委员会管理干部选拔任用工作实施细则》。建立备用人选库和实时更新的处级领导干部空缺岗位信息库，坚持选任干部从备用人选库中提名，探索实行差额提名制度。细化竞争性选拔干部方式、范围、程序和方法，全市各级党政机关通过竞争选拔 191 名科级领导干部。完成 749 名科级干部备案审查工作。

2012 年，结合旗县（区）人大、政府、政协换届领导班子配备需求，通过报名推荐、资格审查、笔试、面试、考察酝酿、常委会票决等环节，公开选拔 12 名年轻副处级干部。组织全市 1231 名处级领导干部向党组织报告个人有关事项。严格执行干部选任监督制度、诫勉谈话和函询制度。加强领导干部特别是"一把手"权力运行监督，开展"三联审"（用人责任审查、编制责任审核、经济责任审计）工作。2013 年，组织 53 名厅级干部、1335 名县处级干部报告个人有关事项。对 14 名党政主要领导干部进行经济责任审计。开展规范党政领导干部在企业兼职（任职）工作，清理在企业兼职（任职）人员 132 名。组织实施全市公务员遴选工作，在全区范围选拔 29 名年轻干部，改善机关干部队伍结构。2014 年，对超职数配备干部进行消化整改，开展委办局"双正职"消化工作、上级领导兼任下级领导职务清理调整工作、清理规范党政领导干部在社会组织兼职（任职）工作、"吃空饷"（不上班但领工资）问题专项治理，集中审核干部人事档案 7.1 万余卷。

2015 年，市委组织部开展消化超职数配备干部等 8 个专项整治工作。强化党建工作考核，将旗县（区）党建工作考核权重提升至 50%。研究制定《领导干部选拔任用工作纪实实施细则》，构建"全程记录—过程监控—上级把关—责任追究"干部选拔任用有序链条。执行干部动议报告制度，审核科级干部动议请示。实行干部档案"凡提必审"，个人有关事项报告"凡提必核"，纪检监察机关、检察院和组织部干部监督处意见"凡提必听"，反映考察对象有关问题的信访举报"凡提必查"，党委书记和纪检书记对考察对象廉洁自律情况"凡提必评"，防止干部"带病提拔""带病上岗"。

二、干部培养培训

1986 年，市委组织部组织 57 名干部参加大专培训，133 名干部参加岗位职务短期培训。1988 年，组织 130 余名处级领导干部，37 名厂长（经理），19 名企业党委书记，20 名总工程师，50 多名乡（镇）长和乡（镇）党委书记参加岗位、职务、社会主义初级阶段理论等内容学习培训。

1990 年，市委组织部举办 4 期为期 1 个月的局处级领导干部培训班，210 名领导干部参加培训。抽调 14 名旗县（区）在职领导干部、8 名大中型企业领导干部、6 名女干部参加自治区举办培训班。1991 年，在市委党校举办各类干部培训班 15 期，培训干部 892 名。1992 年，通过选派干部外出考察学习、聘请专家讲课等方式，对干部进行多种形式培训教育。培训中青年干部 86 人,先后选派 17 名副处级以上干部、107 名科级干部到旗县（区）、乡镇、市属企业挂职锻炼。

1994 年，市委组织部举办县处级领导干部理论研讨班、农村奔小康支部书记培训班等 16 期，培训各类干部 765 人、组织学习考察 20 余次。选送 2 名盟市级后备干部、71 名中青年后备干部参加自治区、市委党校中青班学习，选派 20 名副处级干部和大中型企业副职到珠海、市机床附件厂等先进地区和企业进行挂职锻炼，选派 682 名市直机关、旗县（区）干部到乡镇、农村参加“社教”和“扶贫”工作。1995 年，举办县处级领导干部市场经济理论培训班 4 期，培训领导干部 286 人。举办中青年干部、组织干部等培训班 7 期，361 人参训。1996 年，组织市属参照单位工作人员过渡考试 2 次，750 人参加考试并取得合格成绩。

1997 年，开展中共十五大精神的学习贯彻活动，聘请 3 名中央党校教授对全市 700 余名副处级以上干部进行集中专题辅导，举办 6 期县处级干部学习中共十五大精神专题培训班，从旗县（区）、委办局选派 68 名基层党校骨干教师赴中央党校培训。组织举办首期赴中央党校民族干部培训班，46 名干部参加培训。首批 40 名企业经营管理者赴山东培训。严格选拔第一批 33 名企业经营管理者赴美国芝加哥伊利诺伊大学培训。1998 年，举办培训班 12 期，培训县处级干部 136 人，乡镇党委书记 176 人，中青年干部 119 人，女干部 38 人，村支部书记 41 人。1999 年，分层分类培训县处级干部 136 名、科级干部 1237 名、一般干部 3633 名。选派 20 名 35 岁以下年轻干部到烟台市、威海市、上海市等地挂职锻炼。市、县、乡三级党校培训乡村干部和后备干部 8234 人。举办各级各类实用技术培训班 1148 期，培训人员 9.3 万人，其中党员干部 1.49 万人。

2000 年，组织 9 个旗县（区）、2 个开发区和旗县（区）纪检委、法院、检察院、公安局（分局）开展“三讲”集中教育，在全市开展“三讲”教育“回头看”活动。2001 年，推进“三讲”教育经常化、制度化，在处级单位、国有企业组织开展集中学习教育整顿活动。

2002 年，市委组织部在全市县处级单位组织开展集中学习教育整顿活动。选派各旗县（区）、市直机关主要领导 100 人参加中央党校中共十六大精神培训班的学习。在市委党校举办 5 期中共十六大精神培训班，对全市县处级干部进行轮训。开展专业知识培训，举办组织人事干部培训班、少数民族女干部培训班、企业领导人员及后备人才工商管理、“现代企业制度基本规范”和“WTO 基本规则”培训班等，提高干部履行岗位职责能力。全年，街道基层党校举办各类培训班 58 期，培训党员干部 4000 余人次，党员培训率 90% 以上。

2004 年，市委组织部以县级领导干部和中青年干部为重点，开展“三个代表”重要思想轮训。开展“执政为民、加快发展”学习培训和集中整顿，开展学习任长霞、牛玉儒先进事迹等活动。全年，培训干部 8600 余人。其中，市委组织部举办各级各类培训班 12 期，培训县处级干部 915 人，科级干部 352 人。2005 年，选派 13 名年轻县处级干部赴北京市朝阳区相关部门、单位挂职学习 3 个月。分两期选派 20 名县处级领导干部赴香港参加中国高级公务员经济管理研修班学习，举办县处级干部赴新加坡考察学习班。2006 年，培训干部 1.47 万人。

2007—2008 年，开展以贯彻落实“三个代表”重要思想、科学发展观和中共中央总书记胡锦涛在中央党校省部级干部进修班重要讲话精神等为主要内容的学习和教育。2009 年，在全市开展第二批深入学习实践科学发展观活动。

2010 年，市委组织部举办各类培训班 31 期，培训各级领导干部 1500 人，其中县处级领导干部 320 人、科级干部 980 人、企业经营管理人员 200 人。2011 年，完成县处级干部培训 1257 人，科级及以下干部 1.9 万人，企业经营管理人员 1021 人，专业技术人员 3.19 万人。采取“上派”“下派”“外派”“互派”“定向挂职”的办法，选派 32 名年轻干部进行挂职锻炼。2012 年，指导全市 12 个单位开展竞争上岗工作，选拔科级领导干部 312 名。举办各类培训班，培训县处级领导干部 1033 名，占全市县处级干部总数 80%。2014 年，开展第二批党的群众路线教育实践活动，组织全市正处级以上领导干部进行 4 天半的集中封闭学习。

2015 年，市委组织部开展“三严三实”专题教育，组织全市 1100 名处级干部参加为期 5 天的集中封闭学习。推进干部在线学习，1172 名干部参加自主选学，2 万余名干部参加在线学习，1.69 万人通过视频形式参加双休日讲座。市、县两级选派 1067 名干部到艰苦地区和基层一线挂职锻炼。

第四节　基层组织建设

1986 年，为贯彻中共中央、国务院颁发的《全民所有制工业企业厂长工作条例》《中国共产党全民所有制工业企业基层组织工作条例》《全民所有制工业企业职工代表大会条例》，成立贯彻三个条例领导小组。市委组织部在呼和浩特市机床附件厂、内蒙古第三建筑公司等 20 多个单位调查研究，召开学习贯彻三个条例座谈会，举办学习贯彻三个条例研讨班，解决实行厂长负责制后的观念转变和摆正党政关系问题。1987 年，在市机械局所属 7 家企业进行党委书记任期目标责任制试点，为企业实行承包、深化改革摸索经验。

1990 年，市委组织部分别召开农村、企业、街道、学校、机关党的建设工作座谈会，讨论研究基层党组织建设工作经验和存在问题，制定关于加强国有企业、农村、街道、学校、机关党的建设的意见和规定等系列文件，明确各级党组织的地位、职能、作用、任务。1991 年，抽调 1000 余名干部到 45 个乡（镇）673 个建制村开展社会主义优越性教育、党的基本路线和现阶段在农村的方针政策的社会主义性质的教育、爱国主义和集体主义的思想教育、社会主义民主法治教育，整顿农村党支部和村级组织建设。为推动机关党建工作和街道党建工作开展，修订完善《党政机关党组织系统管理实施方案》《街道党组织建设细则》。

1992 年，制定《加强乡镇企业党建工作意见》《企业党代会换届选举工作意见》《乡镇企业党组织工作条例》《农村党支部目标管理、创建先进党支部的意见》。1994 年，制定农村基层党组织建设三年规划和农村党支部分类标准，组织实施旗县（区）党建工作目标责任制，整顿后进党支部，全市 45 个乡镇党委中，一类党委 22 个、占 49%；677 个农村党支部中，一类支部 368 个、占 54.4%，二类支部 291 个、占 42.9%，三类支部 18 个、占 2.7%。

1995 年，市委组织部贯彻市委《关于加强和改进党的基层组织建设的意见》，重点加强农村和企业党建工作。修订、制定农村、企业、街道、机关、学校党建三年规划及分类标准，土默特左旗、托克托县、郊区乡镇一类党委占 78%，农村一类支部占 67.5%；企业党组织和基层支部一类均占 40%；街道一类党委占 90%，一类支部占 46.7%；机关一类支部占 47.8%；学校一类支部占 58.1%。1996 年，推行基层党建目标管理责任制。年末，一类乡镇党委 87 个，达标率 90.6%，无三类乡镇党委；农村一类支部占 80.1%，无三类村党支部；企业党组织一类占 67.2%，基层支部一类占 62.3%；街道一类支部占 69.8%；机关一类支部占 80%；学校一类支部占 81.4%。1997 年，成立呼和浩特市私营企业联合委员会。全市 90% 的村党支部有办公地点，基本解决“游击村委会、炕头村委会”问题。

1998 年，市委组织部以农村、企业为重点，加强党的基层组织建设。全市 96 个乡镇党委中实现“六个好”（建设一个好的领导班子、带出一支好的干部队伍、选准一条好的发展路子、健全一套好的管理制度、保持一种好的工作作风、形成一个好的工作格局）目标、达小康的乡镇 22 个；1029 个村党支部中实现“五个好”（支部班子好、党员管理好、组织生活好、制度落实好、作用发挥好）目标、达小康的村 328 个。全市一类企业党组织 143 个，二类企业党组织 25 个，无三类企业党组织；

街道一类党组织178个，占85.2%；机关一类党组织469个，占89.1%；学校一类党组织55个，占84.7%。1999年，调整相对后进及贫困乡镇党委36个，相对后进村党支部223个。“六个好”乡镇党委57个，“五个好”村党支部674个。全市197个国有企业党组织中，一类企业党组织178个、占90.4%，二类19个、占9.6%，无三类企业党组织。全市20个街道党委中，15个实现“五个好”目标；214个居委会党支部中，161个实现“四个有”（基层干部有报酬，支部活动有阵地，业务运转有经费，素质提升有远教）目标。在庆祝建党78周年活动中，6个基层党组织、6名党务工作者、8名党员被评为自治区先进。

2000年，市委组织部以农村、企业、街道为重点，整顿排查出的15个相对后进及贫困乡镇党委和110个建制村党支部。在全市1095个建制村全面推行村务公开，96个乡镇分别实行政务公开。全市20个街道党委改为党工委，建立党建工作联席会议制度；全市新调整设置的283个居委会全部实现一个居委会建立一个支部，并从市区两级党政群机关选派649名干部充实到居委会工作。

2001年，市委组织部制定农村党建“五年规划”，实施农村基层干部素质教育工程。推行“两推一选”（党员推荐、群众推荐，党内选举）制度，加强乡村两级班子调整配备。连续开展“四带四创”（带头勤奋学习，创优良学风；带头遵纪守法，创文明新风;带头为民谋利，创一流服务;带头敬业奉献，创一流业绩）活动，全市“六个好”乡镇党委66个、占84.6%；“五个好”村党支部850个、占81.8%。年内，完成部分国家控股企业董事会换届。在企业转制中，坚持同步建立党组织与法人治理结构，将非公有制经济组织党建工作纳入干部实绩考核范围，采取单独组建、联合组建和挂靠组建等方式，建立非公有制经济组织党组织112个。协调辖区内党组织工作，市、区、街三级选派907名年轻干部到社区工作。

2002年，市委组织部调整相对后进及贫困乡镇党委11个，调整后进贫困村党支部班子127个。试行选拔村支部书记“两推一选”制度，一批年富力强、群众基础好、有较强带领群众致富本领的优秀共产党员走上村党支部书记岗位。完善国有及国有控股企业内部领导体制，按照“双向进入、交叉任职”办法，在非公有制经济组织，建立领导干部联系点制度、联席会议制度等，组建党组织。全市开展“党员先进性教育”“有困难找支部”等主题活动，发挥党员先锋模范作用。创办社区服务网点778个，社区服务覆盖面83%以上。改善社区基础设施建设，建成“社区综合服务指导中心”15个，“星光老年之家”102个。通过新建、购建、共建等方式，解决社区居委会办公场所229个，自有率98%。2003年，创建“六个好”乡镇党委70个，占90%；“五个好”村党支部885个，占87.9%。街道社区基层组织建设采取区街投入为主、国家专项资金资助、驻区单位支持多种投入方式，强化基础设施建设，全市社区建设投入资金 3601 万元，社区服务覆盖面 87%。年内，把非公有制经济组织党建工作纳入考核旗县（区）党政领导班子实绩考核重要内容。

2004 年，市委组织部整顿相对后进及贫困乡镇班子 13 个，整顿相对后进及贫困村党支部班子 130 个。72 个乡镇的 360 个村实行“两推一选”，选举产生 339 名村党支部书记和 866 名村党支部委员；新选出村党支部书记平均年龄 43.2 岁，较换届前年轻 1.2 岁。具有大专文化程度以上 72 名，占 6%；具有高中文化程度 611 名，占 51%。村党支部书记和村委会主任同时由 1 人担任（“一肩挑”），共 55 人。2005 年，在农村细化“三级联创”（在县、乡镇和村三级党组织中，开展的以“五个好”村党组织、乡镇党委和农村基层组织建设先进县为主要内容的创建活动）目标体系，建立市级领导干部联系点 32 个，县处级领导干部联系点 230 个，党政部门和企事业单位联系 637 个贫困村。10 月，组织完成自治区直属机关、市直机关与社区结对共建活动，78 个自治区直属厅局、95 个市直机关参与社区结对共建活动。全市 1874 家非公有制企业建立党组织 171 家，占应建党组织非公有制企业数 81.8%，其中从业人员 100 名以上企业建立党组织 68 家，占同类企业 60.7%；从业人员 50 人以上、100 人以下企业建立党组织 40 家，占同类企业 27.2%。

2006 年，市委组织部制定社区建设联席会议制度，明确新经济组织和新社会组织党组织职责定位，完善工作运行机制，拓展两新组织党建工作组织覆盖和工作覆盖。推进机关党的建设，开展“学习型机关”建设活动。全市 40 个乡镇党委均达到“五个好”目标要求，967 个村党组织达到“五个好”目标要求、占 96.2%。2007 年，在村党支部换届选举中推行“两推一选”，提倡村党支部书记和村委会主任“一肩挑”和“两委”班子成员交叉任职。加大社区工作队伍培训选派，落实领导和部门联系社区制度、完善共驻共建机制。调查核实全市规模以上非公企业，摸清 784 家非公企业底数和党组织建设基本情况，建立数据库。

2008 年，推行选聘高校毕业生进村任职，28 名高校毕业生被聘为村党支部书记助理或村委会主任助理。赛罕区中专路街道党工委、新城区公安厅社区党支部、玉泉区区长和廊街道观音庙社区党员志愿者王桂仙受到自治区党委表彰。面向社会公开招考聘用 194 名社区工作人员，实现“一个社区一名大学生”的目标。完善党建工作责任网络，市四区党委相继成立党建指导委员会，各街道、社区成立党建联席会，楼院成立党建活动小组，形成街道社区党建工作网络体系。

2009 年，在农村推行“支部 + 协会”“支部 + 合作社”的党组织设置方式，成立农民专业合作社党组织 24 个，整顿后进村党支部 70 个，调整村党支部班子 57 个，调整村党支部书记 47 人。推进“一村一名大学生”计划，选聘 149 名“大学生村官”到村任职。新建、改扩建、维修村级组织活动场所 94 个。创新社区党建服务群众工作模式，建立 151 个集多种功能于一体的社区公共服务中心。面向社会公开招考聘用 193 名社区工作人员。在非公有制企业实行联创共建，31 个企业和 30 个村开展“村企共建”活动。年内，制定《呼和浩特市非公有制党组织规范化建设的实施方案》。

2010 年，落实县、乡两级党委书记抓基层党建工作责任制，开展县、乡两级党委书记抓基层党建工作责任制情况民主测评工作。新建村级阵地 116 个。在回民区太平街社区和清水河县花园社区试点，指导成立社区党委。在兴隆巷街道成立社区青年工作者协会党支部。通过公开招考方式，考录 189 名大学生充实社区干部队伍。继续开展区直、市直机关与社区结对共建活动。组建 55 家非公有制企业党组织。

2011 年，实施“一村一名大学生”计划和社区工作者招考工作，全市 70% 的村有 1 名大专以上学历村干部、每个社区有 4 名大学生。采取建领导联系点和整改销号的方式，集中整顿 77 个排名靠后的相对后进村，探索推行“村党组织书记创业承诺宣讲报告团”制度，逐步推行农村“四议两公开”（“四议”：党支部会提议、“两委”会商议、党员大会审议、村民代表会议或村民会议决议；“两公开”：决议公开、实施结果公开）工作法。社区党建实施“四个面向”服务工程，即面向弱势群体开展社会救助和福利服务、面向社区居民开展便民利民服务、面向辖区单位开展社会化服务、面向社区党员群众开展凝心聚力服务；推行“民情问事制度”，即进家入户走访全覆盖制度、群众到访接待制度、民情工作分析会制度、限期办理反馈制度、定期评事制度等。新建非公有制经济组织和社会组织党组织 21 家。建立各级领导干部联系点 2305 个。全市基层党组织承诺事项 4.6 万件，兑现 92.6%；党员承诺事项 24.2 万件，兑现 90.7%。组织党员干部下基层，解决群众实际困难 29 万件；党员干部累计下访 1.4 万人次，排查化解社会矛盾 4555 件。2012 年，对全市各领域 2273 个基层党组织进行调查摸底、分类定级工作，确定先进基层党组织 590 个，一般基层党组织 1497 个，后进基层党组织 186 个。

2013 年，在各领域基层党组织中选树一批示范样板，打造示范村 39 个，示范社区 31 个，示范机关 6 个和示范企业 16 个。抓后进转化，选派 101 名干部到相对后进村担任第一书记，选取 10 个问题多、矛盾多、难度大的后进村级组织作为市、旗县（区）委组织部部长联系点，转化三类村 39 个。在农村开展千村帮联和村级组织评星定级活动，研究制定全市“大学生村官”管理办法，新选聘“大学生村官”130 名。在社区开展在职党员到居住地社区报到工作，探索在职党员双向管理、双向联系机制。在非公企业采取企业合建、行业统建、区域联建、楼宇共建等方式，新建非公企业党组织 32 个。落实抓基层党建工作责任制，稳步推进抓基层党建工作“三级联述联评联考”工作机制，建立书记抓党建重点项目制度，确定基层党建重点项目 16 个。

2014 年，加强基层组织建设，全市打造农村基层党组织示范点 43 个、精品示范社区52个、非公党建样板化阵地15个。转化升级软弱涣散基层党组织101个。从市、县两级机关选派152名优秀年轻干部，到新农村建设示范村、三类村和扶贫村推进村担任“第一书记”。开展万名在职党员进社区活动，市、县两级机关2.8万名在职党员到社区报到。建立非公有制企业和社会组织党建工作直接联系点制度。2015年，整顿76个软弱涣散村党组织，全部实现转化升级。选派989名驻村“第一书记”，在自治区率先实现建制村和较大自然村全覆盖。推进精品示范社区建设提量增质，打造精品示范社区48个。全市266个社区党组织配备专职副书记，选派800余名党务工作者到非公有制企业和社会组织担任党建工作指导员。开展机关与社区结对共建活动，95个自治区厅局、108个市直部门、186个旗县（区）直属部门与社区结成共建对子。强化基层基础保障，村“两委”正职待遇每年1.5万元，其他成员待遇每年1.2万元，村党组织办公经费和其他必要支出每年5万元，社区平均工作经费30万元以上。加强阵地保障，新建、改扩建324个活动场所，完成新建、改扩建社区阵地36个，58个非公企业党组织阵地实现升级达标。

第五节　党管人才工作

1986年，市委组织部完成全市人才普查，调查干部4.51万名和工人、农民中的专门人才3458名，初步建立起呼和浩特市人才信息库。1987年，呼和浩特市党的干部政策和知识分子政策落实工作基本完成。市委组织部撰写市优秀人才谱，完成优秀人才推荐工作，拍摄杰出人才专题片《热流》《她们的梦》。

1992年，市委组织部调整知识分子工作领导小组，召开全市知识分子工作会议，制定《有突出贡献拔尖人才的选拔、管理、奖励暂行办法》。

1995—1996年，开展人才工作调查研究，形成《国有企业科技人员流失情况的调查与思考》《我市科技工作和知识分子工作回顾与展望》《拔尖人才管理的实现与思考》《关于加强知识分子工作的意见》《关于开展十、百、千科技成果贡献活动的实施意见》等调研报告。建立拔尖人才联系卡，开展跨世纪人才有奖征文活动，进行专题课题“国有企业领导干部素质研究”。1997年，组织实施“十、百、千”科技成果贡献活动，科技成果鉴定数量、登记数量、奖励经费、奖励数量明显提高。

2000年，市委组织部建立高级知识分子人才信息库，将全市具有副高级以上职称的1822名专业技术人员有关信息录入计算机信息管理系统。开展学术、学科、技术开发带头人选拔工作。在旗县（区）开展有突出贡献乡土人才选拔管理工作。2001年，实施《呼和浩特市引进高层次人才若干规定》《呼和浩特市稳定培养高层次优秀人才若干规定》，为引进高层人才和加强科技人才队伍建设提供制度保障。从中央、自治区驻呼和浩特大专院校、科研院所聘请24名有较高学术背景的科技专家，开展科技咨询服务。2002年，调整充实市知识分子工作领导小组成员，修订完善领导小组议事规则。制定优惠政策，建立呼和浩特市留学人员创业园区（简称留创园），为吸引人员创业营造良好政策环境。完善人才资源信息网络化建设，将1309名各类专业技术人员信息录入专业技术人才信息库。

2004年，市委组织部成立全市人才工作协调小组。实施《呼和浩特市培养引进使用高层次优秀人才若干规定》,印发《呼和浩特市专业技术拔尖人才选拔管理办法》。建立首府人才市场，成为集职业介绍、职业培训、人事代理、社会保险代办等于一体的人才服务机构。举办大型人才交流会、人才招聘会、专场招聘会58期，为各类人才提供就业岗位4.6万余个。出具毕业生接收证明1745份,挂靠中心集体户457人，引进人才650人，签订各类人事委托协议1076份，审核接收档案1457份。首府人才市场存放人事档案近7000份。2005年，按照《呼和浩特市专业技术拔尖人才选拔管理办法》，评选出38名全市专业技术拔尖人才。从各旗县（区）、农村中具有一技之长、成绩突出的乡土实用人才中评出“呼和浩特市优秀乡土人才”25人予以奖励。同时,制定《呼和浩特市市级领导联系企业家、科技专家制度》。安排3名“草原之光”硕士创业行动成员到呼和浩特市挂职。完成“西部之光”访问学者推荐选派工作。

2007年,市委组织部印发《呼和浩特市“十一五”人才发展规划》,修改完善《呼和浩特市党政领导联系企业家、科技专家制度》，评选出12名“首届呼和浩特市青年五四奖”获得者，10名“十佳青年科技英才创新奖”获得者。选派8名优秀专业技术干部到基层挂职。开展“技术能手”大赛，全市10个行业2200余人参加比赛，228名选手获得“青年岗位能手”“星火带头人”“护理技术能手”等称号。2008年，召开老年科技工作者协会成立大会和人才工作表彰大会，市委、市政府拨出80余万元奖励全市第二批专业技术拔尖人才、优秀乡土人才及人才工作先进单位。

2009年，市委组织部印发《关于充分发挥专业技术拔尖人才示范引领作用的实施意见》《呼和浩特市农村实用人才队伍建设和农村人力资源开发实施意见》。在武川县指导建立科技示范区，在内蒙古蒙牛繁育生物技术股份有限公司等创建拔尖人才示范基地，依靠基地和项目引进自治区内外具有博士学位以上高层次人才31人。2010年，引进博士以上高层次人才30余人。在呼和浩特职业学院建立呼和浩特市高技能人才培训基地，完成各类技能培训3.35万人次，职业资格鉴定1.16万人。利用武川县马铃薯中棚种植、赛罕区蔬菜种植、清水河县肉羊养殖、土默特左旗奶牛养殖、托克托县特色农产品种植养殖、和林格尔县农牧业综合技术和管理等6个农村实用人才培训基地，培训农民约3万人次。

2011年，市委组织部打造以“一园、三站、四基地”为重点的高层次人才创新创业平台。“一园”，即建立“中国·呼和浩特留学人员创业园”，通过建设创业大厦、配套公寓和企业总部等基础设施，引进来自美国、日本等5个国家13名博士、18名硕士，培育高新技术制造企业15家，形成服务呼和浩特的高层次人才总部和企业孵化器基地。“三站”，即通过伊利集团、蒙牛乳业集团、金河生物科技股份有限公司3家博士后科研工作站，与中国科学院药物研究所、中国农业大学等科研机构和高等院校合作，依托企业发展优势项目，吸引人才进行科研攻关、创新和成果转化。“四基地”，即通过蒙牛澳亚示范牧场、伊利集团、金河生物科技股份有限公司、蒙牛繁育生物技术有限公司等4家自治区级“引进国外智力成果示范推广基地”，吸引10余名高层次人才。通过企业自主招聘、事业单位公开招考等方式，引进研究生学历以上各类人才185人，其中刚性引进博士研究生和副高职称以上人员25人，柔性引进博士研究生和副高职称以上人才19人，其中院士3人。

2012年，留创园初步形成高层次人才创新创业、高科技企业孵化培育、高新技术研发和产业示范、高附加值产业聚集的“四高基地”。启动建设和林格尔国家级农业科技园区农牧业科技孵化服务中心，建成使用呼和浩特科技创业服务中心，创建各类企业工程技术研究中心和技术研发开发中心20家。与中国科学院北京分院15位科技专家在4个项目上开展产学研合作，承办2012国际光纤论坛，加强高新技术合作交流。推进科技创新创业人才遴选项目、拔尖人才选拔培养项目、高技能人才培养项目、农村实用人才培养项目、“636”企业经营管理人才选拔培养项目和“112”教育名师项目，遴选首批科技创新创业领军人才13人、创业人才8人、创新人才29人，选拔50名德才兼备、业绩突出的拔尖人才，完成技能人才鉴定考核8952人。2013年，按照千亿级特色产业和重点园区建设人才需求，引进海外归国博士和各类高层次人才97名。市本级科技投入8643万元，支持科技项目130个，促进高层次人才科技创新。留创园被自治区确定为首批“自治区级人才改革试验园区”。全市有博士后科研工作站4家，新建自治区级工程技术研究中心14家，市级工程技术研究中心12家。组织实施“636”企业经营管理人才选拔培养、高技能人才培养、农村实用人才培养、“112”教育名师等人才发展项目，培育各类人才近1.2万名。

2014年，市委组织部健全完善“人才强市”工程政策体系，印发《人才协调小组成员单位职责、人才工作目标责任制考核办法等配套制度》《“青城英才”工程若干政策规定》。新建各类企业科技研发平台20家，内蒙古大学科技园被评定为国家级大学科技园。全年，引进博士和高级职称层次等各类优秀人才73名。加大高技能人才培养力度，打造职业学院、新东方烹饪学校等实训基地14个，培育高技能人才6334人。开展专业技术人才审核工作，1023人获得中级职称资格，1030人获得初级职称资格。建立6个农村实用人才培训基地，举办各类培训班40期，培养农村实用人才4000余人。开展呼和浩特文化人才（库）百人百组万人工程，储备各类文学文艺人才4800余人。组织开展“千名人才下基层”活动，1455名专业技术人才参加活动，到全市483个村、120个社区提供技术服务、破解技术难题、开展公益活动。

2015年，市委组织部举办第三届内蒙古“草原英才”高层次人才合作交流会暨呼和浩特人才创新创业周活动，引进高层次人才29名。3个基地被评为自治区“草原英才”工程高层次人才创新创业基地，9个团队入选产业创新创业人才团队，7人当选“草原英才”；培育自治区级企业研发中心、企业技术中心及工程技术研究中心15家；新认定自治区新型科技研究开发机构2家，自治区众创空间试点基地8家；培育建设科技示范园区3个、科技示范基地8个、新农村科技示范村5个；院士工作站6家。

第五章　宣传工作

第一节　组织机构

1986—1990年，市委宣传部设宣传科、理论教育科、党员教育科、新闻科、文艺科、办公室，另设市精神文明建设指导委员会办公室（简称市文明办）、市委讲师团、市社会科学联合会办公室（简称市社科联）。1990年，增设学校教育科。1992年3月，恢复干部科，同时成立外宣科。

1996年，市文明办提格为正处，内设创建文明卫生办事处（简称创建处）、教育活动处、综合处。2000年11月，成立市思想政治工作协调领导小组办公室，内设城市处、农村处、企业处。同时，成立宣传品制作指导中心，为宣传部内设处室。

2001年，根据呼和浩特市党政机构改革方案，市委宣传部挂市精神文明建设委员会办公室牌子；增设网络新闻宣传管理处；创建处更名为精神文明建设创建处，综合处更名为精神文明建设综合处。增设思想政治工作研究会、调研室和编辑部。部机关内设办公室、宣传处、对外宣传处、理论教育处、新闻处、文艺处、党员教育处（市党员教育领导小组办公室）、干部处、调研室、思想政治工作研究会、党支部。

2003年，新增代管单位新华社呼和浩特记者站。2008年，增设文化体制改革与文化产业发展处。2009年，增设未成年人思想道德建设处。

截至2015年，市委宣传部内设办公室、干部科、宣传处、理论教育处、新闻处、文艺处、调研室、外宣处、舆情信息处、精神文明建设创建处、精神文明建设综合处、思想政治工作协调领导小组办公室、文化体制改革和文化产业发展处、未成年人思想道德建设处；事业单位包括呼和浩特市社会科学联合会、市委讲师团、呼和浩特市文明城市创建指导中心、新华社内蒙古分社驻呼和浩特市记者站、呼和浩特市互联网信息办公室（呼和浩特新闻网）。

第二节　理论学习

一、干部理论学习

1986 年，市委宣传部印发《关于进一步加强干部马克思主义理论学习的通知》，举办 2 期“全市理论辅导员备课”会议，培训理论辅导员 136 人。年内，举办宣传干部培训班、宣传信息员培训班、新闻骨干培训班等，提高宣传干部业务素质。1987 年，印发《各行各业制定职业道德守则的几点意见》。举办“深化城市体制改革系列讲座”“深化改革理论研讨会”“经济、理论工作者座谈会”“关于承包责任制广播专题讲座”，编印关于改革方面的辅导材料。在农村开展致富大讨论活动。

1989 年，召开 40 余个单位领导和有关人员参加的理论工作座谈会。征订《邓小平论坚持四项基本原则，反对资产阶级自由化》《马列主义哲学纲要》等理论书籍 1.2 万册。创办《呼和浩特宣传》。1990 年，组织干部学习《马克思主义哲学学习纲要》《关于社会主义若干问题学习纲要》。为加强干部理论学习，建立干部学籍卡和考核登记表。

1991 年，市委宣传部印发《关于组织全市党员干部学习江泽民同志“七一”讲话，加强思想政治教育的安排意见》，编写《正确认识当前国际形势，从思想上注意抵御和平演变的钢铁长城》等形势教育材料。组织学习《关于社会主义若干问题的学习纲要》，市委书记作《学习十三届七中全会精神 振兴呼市经济》辅导报告。

1993—1994 年，组织全市党员干部学习中共十四大文件、邓小平南方谈话、邓小平关于建设有中国特色社会主义理论、社会主义市场经济理论及《全民所有制工业企业转换经营机制条例》和中共十四届三中、四中全会决定等。

1995—1997 年，开展社会主义市场经济理论大学习、大讨论，印发《关于在全市继续深入开展社会主义市场经济理论大学习大讨论的实施意见》《全市党员理论学习的三年规划》《关于在全市党员中开展建设有中国特色社会主义理论和党章学习活动的意见》《关于在全市农村基层党组织深入开展“双学活动”的实施意见》。编印《两个转变、两个提高、两个大历史任务学习材料汇编》。

1998 年，市委宣传部把贯彻中共十五大精神作为首要任务，印发《关于继续深入开展社会主义市场经济理论大学习大讨论的安排意见》。1999 年，以“讲学习、讲政治、讲正气”教育为抓手，在各地各单位举办“三讲”教育专题 20 余场，受教育人数 1 万余人次。2000 年，编印《大学习大讨论典型经验集锦》。

2001—2002年，重点开展“理论下基层活动”、邓小平党建理论和“三个代表”重要思想的大学习、大讨论活动。召开学习宣传贯彻中共十六大精神报告会、座谈会、读书会，组织“百人宣讲团”，到基层宣讲250余场次，直接受教育人数5万余人次。

2003年，以学习宣传贯彻中共十六大精神为主线，市委中心组全年共组织集中学习、听取辅导报告10次。创办并编发《中心组学习》刊物5期。召开市委中心组学习经验交流会，表彰16个先进集体和45名先进工作者。组织“百人宣讲团”，全年共宣讲920多场次，受教育人数9万余人。2004年，印发《2004年全市理论学习安排》，市委中心组全年共组织集中学习8次，编印3期《党委中心组学习》专刊。

2005年，组织开展宣传思想文化系统保持共产党员先进性教育活动、保持共产党员先进性知识竞赛活动。特邀国内知名专家、教授作关于“十一五”规划与呼和浩特市经济发展等专题报告。在全市干部群众中进行以科学发展观、构建和谐社会为主要内容的专题宣讲和知识竞赛活动。市委中心组在自治区党委中心组学习经验交流会上作典型发言。

2006年，以贯彻落实科学发展观、构建社会主义和谐社会、建设社会主义新农村等一系列重大战略思想为主线，市委中心组坚持理论和实践相结合，在学习宣传马克思主义中国化最新成果过程中不断解放思想、更新观念。以“迎大庆、讲形势、促发展”为主题的形势政策宣传教育和理论下基层活动，直接受教育达3万余人。

2007年，市委宣传部选调102名党性原则强、政策理论水平高、工作经验丰富、有一定授课能力的党员组建13个业余宣讲团，开展以“迎大庆、讲形势、促发展”为主题的形势教育活动和“百万农民农闲教育工程”，在全市宣讲155场次，直接听众1.6万余人。

2008年，把中共十七大精神和科学发展观作为理论武装的核心，组织以市委中心组学习为先导的理论教育工作，开展中共十七大知识竞赛、庆祝改革开放30周年和社会主义核心价值体系研讨系列活动，提高党员干部学习理论的自觉性和针对性。建立专家信息库，创建“青城大讲坛”，组织学习宣传贯彻中共十七大精神、“迎奥运、讲形势、促发展”等主题宣讲活动1000余场次，直接听众超过50万人次。2009年，印发《全市理论工作要点》《中心组学习安排意见》《关于加强思想政治建设的意见》等指导性文件。

截至2012年，全市建成各类基层讲堂1182个，多个基层讲堂获得自治区基层理论大讲堂示范讲堂荣誉称号。年内，组织召开学习中共十八大精神系列座谈会，组织宣讲团深入城乡、学校、企业、社区（村镇）等基层开展宣讲活动。

2013年，市委宣传部印发《2013年全市理论武装工作要点》《中共呼和浩特市委中心组2013年理论学习安排》。2014年，开展大学习、大调研行动，推出一批先进典型和学习成果。依托“一坛五堂”（青城大讲坛、基层讲堂、道德讲堂、空中讲堂、电视讲堂、网络讲堂）等载体，开展中国特色社会主义理论、社会主义核心价值观，自治区和市委、市政府决策部署的理论宣传普及、阐释解读。“青城大讲坛”被评为自治区盟市级唯一一个“十大品牌讲堂”。

2015年，新城区开通微课堂微信公众平台，一站式提供15类学习内容和资讯；回民区党委中心组成员与区属单位建立64个联系点；玉泉区组建普法、廉政、科技、文卫等10余个专兼结合、各具特色的宣讲队。全年累计开展基层宣讲活动8700余场次，受众80万人次。

二、思想政治研究

1986年，市委宣传部编印《探索与研究》专辑，开展全市干部理论学习和干部正规化教育情况调查，召开学校思想政治工作座谈会。年内，开展企业思想政治工作情况和思想政治工作会议贯彻落实情况的调查。1988年，组织开展社会主义初级阶段市情和旗县（区）情调查、理论研究工作。举办经济体制改革和政治体制改革理论研讨会。开展“如何发展社会主义生产力大讨论”。

1989年，组织撰写研究论文300余篇，其中8篇获自治区优秀论文奖。举办7期局处级干部培训班，培训人数450名。对各级领导班子中心组学习加强检查监督。1990年，为加强思想政治研究工作，召开全市思想政治工作会议和中学政治教师座谈会，并召开“社会主义必然战胜资本主义”理论研讨会，发表理论文章40篇。

1992年，市委宣传部编印10期《经济宣传系列材料》，成立经济调查小组，完成《当前企业职工队伍思想状况调查与决策》调查报告。1999年，召开思想政治工作研究会第二次年会暨“五优”表彰大会。

2000年，开展“西部大开发理论研讨会”等理论研究和学术交流。《呼和浩特革命史》获自治区社科成果盟市一等奖，呼和浩特市政研会被评为全国优秀政研会。年内，成立呼和浩特市思想政治工作协调领导小组，印发《中共呼和浩特市委关于贯彻中共中央关于加强和改进思想政治工作的若干意见的实施意见》。

2003年，在全市人民共抗非典的斗争中，组成课题组，撰写理论文章，在《呼和浩特日报》刊发“弘扬伟大民族精神，万众一心战胜非典”理论专版。在纪念呼和浩特“12·14”英雄群体先进事迹一周年之际，撰写8000余字的评论文章发表在《前沿》上。在全市第二届社科优秀成果评奖活动中共收到申报项目104项，论文95篇，著作7篇。市社科联被评为“全国优秀社科联”。

2004年，制定《关于进一步繁荣发展哲学社会科学事业的实施意见》。组织开展纪念邓小平同志诞辰100周年理论研讨活动。编辑出版《呼和浩特城镇乡村》一书。

开展“百万农民农闲教育工程”，编印《中央一号文件精神学习问答》等理论读物。2005年，编辑出版《执政与发展》一书，改进《呼和浩特日报》理论版。与国家政研会、自治区党委宣传部联合承办第二届“中国企业文化论坛”，并举办呼和浩特市首届学习型组织高峰论坛。2006年，编印《企业文化建设研究》一书，参加由中国思想政治工作研究会举办的思想政治工作创新优秀研究成果评选活动。完成《解读首府十五经济》《创新和创新型首府》等理论成果。

2008年，完成呼和浩特市发展模式研究等重大课题调研报告。2009年，坚持以党的最新理论成果武装党员干部，教育广大群众，推动各项工作，使理论学习、理论教育、理论宣传和理论研究扎实推进。2010年，在自治区第三届哲学社会科学优秀成果评选中，呼和浩特市获二等奖4项、三等奖10项。市国际税收研究会等5个学会分别获“全国标兵学会”和“先进学会”称号。

2011年，市委宣传部邀请自治区党委宣传部和自治区国资委召开呼和浩特地区国有及国有控股企业思想政治工作调研座谈会。组织开展基层思想政治工作调研活动，召开社区、农村思想政治工作座谈会。2013年，通过走访调研，形成《企业思想政治工作当前存在的问题及对策》的调研报告。

2015年，市委宣传部印发新型智库建设实施意见，组织召开学习贯彻“四个全面”战略布局理论研讨会。依托理论建设“四大平台”（马克思主义理论研究和建设工程、中国特色社会主义理论体系研究中心、马克思主义学院、报刊网络理论宣传阵地），加强对自治区发展实践的理论研究阐释，获批2项中央马克思主义理论研究和建设工程重大课题。

第三节　宣传教育

一、新闻宣传

1986—1989年，市委宣传部发挥新闻部门作用，利用晚报、电台、电视台宣传改革的方针、政策和呼和浩特市的具体方案、措施。利用各种新闻媒体，宣传四项基本原则、中共十三大精神，针对干部群众在学习中提出的问题发表评论性、阐释性、体会性文章。举办对外宣传骨干培训班。1989年，为加强对新闻宣传的领导，市委分管书记参与对重点报道的审定，并对新闻宣传工作提出具体要求。

1990—1991年，市委宣传部开展《党旗鲜红》《党旗飘在我心中》《我身边的共产党员》等专题征文比赛。开辟专栏宣传马克思主义民族理论、党的民族政策和民族团结进步先进集体和个人。1992年，坚持改革开放和经济建设主题等宣传。年内，召开记者协会第三届理事会。

1993—1994年，全面、准确、完整地宣传党的路线、方针、政策。加大精神文明建设宣传力度，对新时期涌现的优秀模范人物进行宣传报道。

1999年，编印《新闻出版通信》，以推进全市经济战略性调整为目标，以呼和浩特市50年经济社会发展成就为主题，在香港《大公报》开辟《呼和浩特新闻》专栏。

2001—2003年，围绕经济建设中心和首府城市建设年、市第九次党代会和“两个文明”建设经验交流会等重点工作，召开记者发布会，在报纸、电视台等进行专题宣传。2004年，在《呼和浩特日报》刊登系列文章，宣传全市宣传思想工作取得的成就。2005年，建立健全新闻发言人制度。2006年，印发《呼和浩特市人民政府及有关部门新闻发言人及联络员名单》，严格审批和组织全市新闻发布会，使呼和浩特市新闻发布工作逐步规范化。

2008—2011年，市委宣传部先后组织开展奥运会和残奥会火炬传送、庆祝改革开放30周年、学习实践科学发展观、中华人民共和国成立60周年、昭君文化节、全市“两个文明”现场会、中国共产党成立90周年等主题宣传活动。

2012年，市委宣传部完善新闻发言人制度，主动加强与中央、自治区媒体的合作，多渠道、多形式、全方位、高密度宣传呼和浩特的发展变化。2013年，完善采访线、采访点信息更新申报，初步整理备案采访点164个，精品采访线7条。策划摄制呼和浩特城市形象宣传片和呼和浩特历史文化宣传片。组织开展大型集中采访活动18批次，配合中央媒体采访81批次。

2014年，围绕学习宣传贯彻习近平总书记系列重要讲话精神，特别是考察内蒙古重要讲话精神，中共十八大、十八届三中、四中全会精神，党的群众路线教育实践活动以及培育践行社会主义核心价值，推进依法治国，推进民族团结进步和市委，市政府的决策部署、重点项目、精神文明创建等重大主题，策划推出“全媒体民生服务平台”“视点新闻”“守望相助”“青城文明号”“青城好人”“直通首府”等一批栏目、专题和版面，形成全媒体参与、全天候传播、全区域覆盖的宣传态势。

2015年，组织策划“四个全面”战略布局、经济发展新常态、纪念抗日战争胜利70周年、“走千村万户讲精彩故事”及呼和浩特重大建设成就、社会事业和民生改善、抓党建促改革促发展以及“三严三实”“勇于担当、攻坚克难”等一系列主题宣传。开展媒体从业人员素质提升工程，成立新闻道德委员会，在市属媒体开展争创“名栏目、名编辑、名主持、名记者”活动。全年，召开新闻发布会、通报会、见面会20场，网络新闻发布39场。

二、网络宣传

2001年，市委宣传部开始开展网络宣传工作。2002—2004年，加大网络新闻宣传力度，市委宣传部在各类新闻网站刊发宣传呼和浩特的新闻信息3.6万余条。2005

年，首次对呼和浩特市两会情况进行互联网报道。配合中央人民广播电台制作完成《直播中国·走进呼和浩特》大型宣传报道，并在互联网上进行直播。开通新华网呼和浩特频道。

2006年，呼和浩特市两会期间，整合平面媒体、电视媒体、互联网以及移动电话运营商开通两会短信平台，新华网内蒙古频道和新华网呼和浩特频道现场直播两会开幕式。7月，由中央外宣办、国务院新闻办网络新闻管理局组织的人民网、中国网、中国日报网、中国经济网等23家知名新闻网站的50余名记者采访团，对呼和浩特市进行大规模集中采访，编发宣传呼和浩特新闻稿件200余篇，上传图片1800余幅，制作专题23个。新华网呼和浩特频道成为新华网群栏目中仅有的6家网站之一，是呼和浩特市对外宣传的重要平台。制作全市第一本城市电子出版物《呼和浩特通》。利用互联网平台刊发各类新闻稿件26万余条。印发《关于进一步加强我市互联网新闻宣传工作建议的报告》，召开全市互联网新闻信息管理工作座谈会。

2007年，在新华网开设《理论聚焦》栏目，在内蒙古新闻网开设《理论实践》栏目。2008年，组织实施草原天堂——2008中国网络媒体呼和浩特行大型网络宣传活动，人民网等30家中央及地方重点新闻网站的采编人员对呼和浩特市进行全面深入的采访报道。2009年，改进优化呼和浩特新闻网，增设与呼和浩特经济社会发展密切相关的新栏目，并设计二级页面，设28个主栏目、40个子栏目，完成宣传专题16个，发布新闻信息6000余条，图片信息300幅。

2010年，主办“富民强区全国知名网络媒体看内蒙古——走进呼和浩特”大型网络宣传采访活动。2011年，新华网《呼和浩特：管网改造将解决困扰多年的雨水内涝问题》、内蒙古日报《呼和浩特城建项目全面展开》、北方新报《相关部门就呼和浩特市道路拥堵作出回应》等多篇原创稿件被人民网、凤凰网、中国新闻网、《中国日报》、大众网等网媒、论坛和贴吧转载。

2012年，加强互联网宣传管理机构建设，成立呼和浩特市互联网信息办公室，构建技术服务平台。2013年，印发《关于加强和改进互联网宣传管理工作的实施意见》，完成呼和浩特新闻网的整合建设。推进新闻发言人制度和网络问政制度建设。

2014年，市委网信办在全区率先创办全媒体民生服务平台，推出民生服务专题节目30期，回应社会和网民关切。建立“呼和浩特发布”政务微博发布大厅，有102个地区、单位的政务入驻微博。推动网评员队伍建设，发展市级网评员446名，策划组织各类网评任务110次，在各大论坛、贴吧网站微博微信累计发帖近3万条。组织开展“呼和浩特首届网络文化节”“活力呼和浩特”网络媒体行、网络志愿者微公益行等活动。呼和浩特新闻网创办的敕勒川上好声音新媒体实验室，在新浪微博发起的系列微话题，引发正能量讨论5000余次，阅读量600余万次，多次被央媒、区媒官方微博、微信转载。

2015年，“活力呼和浩特”“网络名人行”等主题活动成为颇具影响力的呼和浩特网络公益性品牌。市委网信办获中央网信办“2014年度维护互联网传播秩序先进集体”称号，“网络志愿服务”入选全国“四个100志愿服务”优秀行列，呼和浩特新闻网获第五届中国互联网品牌“全国地方网站最具影响力品牌奖”。赛罕区推动政务发布向“政务发布+便民服务+活动倡议”转变，建设完成“网络+”外宣平台。同年，推进媒体融合发展，实现报网、台网网端融合，开通“呼和浩特发布”党政客户端，启动融媒体传播中心建设。

三、社会宣传

1986—1987年,在全市开展理解“七五计划”的基本任务和主要建设方针的教育；开展“为人民服务大讨论”,推动制定职业道德守则。先后编印《呼和浩特》《青城赋》《青城览胜》等画册。1988年，开展“社会各阶层思想状况系列调查”。1989年，以深化改革为主题，组织专场报告会。编印《建国四十周年宣传提纲》《爱国主义、社会主义、艰苦奋斗,国情教育百题问答》《学习贯彻党的十三届四中全会精神百题解答》小册子。

1990年，市委宣传部组织开展学习《马克思主义民族理论和党的民族政策》《中华人民共和国民族区域自治法》等。1991年，进行国际国内形势教育，组织观看《东欧剧变见闻》《八·一九实践前因后果》等纪录片。

1993年，印发《加快发展、团结进步、共同繁荣、开创我市民族工作新局面》宣传提纲。1994年,编辑出版《呼和浩特企业营销手册》《农村致富经验100例》《关于深入开展马克思主义民族观和党的民族政策教育，促进我市民族团结进步事业发展的宣传提纲》。1995年,按照《呼和浩特市贯彻〈爱国主义教育实施纲要〉的意见》,开展爱国主义教育活动。

1996—1997年，编写《呼市农村致富经验100例（之二）》《呼和浩特市庆祝自治区成立50周年宣传提纲》等文件。1998年，编印以国有企业的“十个怎样看”为内容的形势教育材料，并开展形势教育报告会。编印《辉煌20年——呼市改革开放成就写真》，举办同名大型图片展览。

2003年，组织呼和浩特“12·14”英雄群体先进事迹报告团先后在北京、江西、福建等地进行巡回报告；在抗击非典宣传活动中，编印、发放防治手册、宣传画等宣传品250余万份。2004年，开展“百万农民农闲教育工程”，编写《中央一号文件精神学习问答》等，到9个旗县（区）宣讲900余场次。

2005年，开展纪念抗日战争胜利60周年等宣教活动；开展“百城万店无假货”活动和《中国乳都》雕塑设计、建设工程。指导市属新闻媒体，对全市先进性教育活动进行集中宣传报道。编辑出版的《好书记——牛玉儒》，成为全市先进性教育活动的生动教材。

2006—2009 年，运用施工现场的护栏、大型宣传牌、交通指路牌、地名牌、阅报栏等户外优势载体和交通显示屏、出租车 LED 显示屏，公交车车体、车厢、手机、小灵通等移动传媒，形成立体式社会宣传网络，提升社会宣传工作覆盖面。

2012 年，命名市级爱国主义教育示范基地 34 个，伊利集团等 3 家单位被命名为第四批自治区级爱国主义教育示范基地。

2013—2015 年，推进以奖代投的公益宣传激励机制，印发《社会公益宣传奖励办法（试行）》，鼓励各级各类社会宣传阵地参与社会公益宣传，利用各类媒体开展社会宣传。

第四节　公共文化建设

20 世纪 80 年代末，随着经济、政治建设步伐的加快，文化建设和精神文明建设逐渐为人重视。全市各级政府部门、各行业均紧抓文化建设工作的开展，尤其注重抓好文化设施建设项目、戏剧创作与改革，活跃城乡群众文化生活，广泛开展群众文化活动，培养和扶持文化专业户，加强对文艺工作的指导协调，开展文化体制改革。1986 年，市委宣传部组织开展华北音乐节、少年儿童音乐歌舞进京汇报演出。

1987 年，市委宣传部加快推动全市文化改革和文化事业发展，召开首次文化建设理论研讨会，将 80 余篇论文编辑成册。1989 年，清理整顿文化市场，组织 1 次大规模“扫黄”战役，出动干部 200 人次，收缴不健康书刊 500 余种 5 万余册。对个体文化活动经营者进行培训，制定有关奖惩办法和规定。

1990 年，组织文艺工作者学习毛泽东《在延安文艺座谈会上的讲话》《邓小平论文艺》，开展文艺理论和创作研讨活动，组建报告文学写作团深入企业采写创作。

1991 年后，市委宣传部坚持“二为”（文艺为人民服务、为社会主义服务）方向和“双百”（百花齐放、百家争鸣）方针，开展文艺队伍的思想整顿和文化市场的清理整顿，组织开展大型艺术节活动和各种形式的文艺节目、座谈会等。同时，注重挖掘传统文化和民间艺术，创作出许多优秀作品，推动城乡群众性文化活动开展，鼓励集体、个体兴办文艺团体，推进文艺团体市场化。1993 年，组织文艺工作者参加自治区“五个一工程”（一部好的戏剧作品、一部好的电视剧作品、一部好的电影作品、一部好的图书、一部好的理论文章）奖评选，创作出一批政治方向正确、艺术性较强、群众喜闻乐见的优秀作品。同年，托克托县制酒厂奋进艺术团参加全国企业文化会演获奖，市民间歌剧团参加全国北方戏曲调演获得 4 项奖励。

1994 年，呼和浩特市深化文化体制改革，由微观管理向宏观管理转变，文化市场管理由单一行政手段向法治、经济、舆论监督等多重手段转变，由管理国办文化向培育社会文化市场转变。1995 年，呼和浩特市民间歌舞剧团演出的历史歌舞剧《也兰公主》、大型民族历史晋剧《满都海》，编辑出版《烽火大青山》《呼和浩特经济史》等书籍。1996 年 8 月出版《苏谦益革命回忆录——黄河奔流》。

1997 年，为引导和加强文化建设，市委宣传部制定《“五个一工程”三年规划（1998—2000 年）》。同年，参加自治区“五个一工程”奖评选，5 项作品获奖。1998 年，戏剧《喊山》、电视剧《下岗故事》、广播剧《草原人家》、图书《可爱的呼和浩特·文物》、舞蹈《骑韵》《希望之星》、文章《首府文化建设浅识》6 项 7 件作品获自治区“五个一工程”奖。在创建全国先进文化县活动中，新城区获得全国先进文化县称号。

1997—1999 年，组织实施《1997—1999 年“五个一工程”建设规划》，电视剧《苦水湾甜水湾》等 5 项 5 件作品获自治区“五个一工程”奖；组织“99 文化之春”“科普之春”“草原书屋”等农村小康文化工程。同时，举办歌舞娱乐场所负责人和市场管理人员培训班。开展群众文化活动，建立合格文化站 67 个，组建农村电影放映队 82 个，组织文化下乡演出、送戏下乡、送电影下乡等 600 余场。

2000 年，市委宣传部印发《关于建设现代化首府文化的意见》《关于宣传文化产业经济政策的意见》《关于艺术表演团体体制改革的意见》，开展落实全国百县乡镇宣传文化工程，促进企业文化、社区文化、校园文化、乡镇文化发展。

2001 年，市委宣传部加快推进文艺团体改革，市电影公司、民间歌剧团、晋剧团实行体制改革，开始探索市场化之路。戏剧《香溪情》、电视剧《在中考前的日子里》等 6 项 6 件作品获自治区“五个一工程”奖。

2002—2005 年，市委宣传部加强“五个一工程”作品创作组织工作，收集戏剧、歌曲、电视剧、广播剧、舞蹈、文章、图书等 7 大类 38 件作品。协助拍摄电影《生死牛玉儒》、纪录片《牛玉儒》，创作广播剧《在生命的最后日子》。2005 年，“中国·呼和浩特昭君文化节”被国际节庆协会（IFEA）评为“中国最具发展潜力的十大节庆活动”。

2006 年，落实市委、市政府《关于建设民族文化大市的意见》，实施民族文化大市建设重点工程。同年，在自治区“五个一工程”优秀作品评选中，全市有 7 项 7 个作品入选，市委宣传部第八次获组织工作奖。中国·呼和浩特昭君文化节在第二届中国节庆产业会上被评为“中国十大节庆活动”，呼和浩特市被评为“中国十大节庆城市”。

2007 年，市委宣传部编辑制作《中国·呼和浩特》电视专题片、出版《魅力呼和浩特》等。2008 年，协助中央电视台《中华民族》栏目完成 4 集专题片《王昭君》的拍摄。12 月，创办“青城大讲坛”。

2009年，市委宣传部组织召开全市文化体制改革和文化产业发展工作会议，制定《关于深化文化体制改革、加快文化产业发展的意见》。2011年，完成9个旗县（区）文化信息资源共享工程，新建22个乡镇综合文化站。开展农村电影放映工程，全年放映公益电影1.22万场，观众400余万人次。推进农家书屋工程，建成713个农家书屋。全市20户以上通电的自然村“村村通广播电视工程”全部通过自治区验收。同年，呼和浩特市晋剧入选第三批国家级非物质文化遗产扩展项目名录；呼和浩特市土默特慢板高跷、清水河踢鼓子秧歌、清水河瓷艺、青城德兴源烧卖、青城面塑入选第三批自治区级非遗项目名录。

2012年，全市有6项13件作品获自治区“五个一工程”奖。以草原文化为主题的《草原豆思》动漫片在央视少儿频道播出。由呼和浩特市推荐的天堂草原音乐网作为自治区文化产业与科技相融合的代表项目，获国家科技支撑扶持资金。

2013年，建立和完善“市群众艺术馆”“旗县区文化馆”“街道（乡镇）文化站”和“社区（村）文化室”四级公共文化设施服务体系和网络，基本建成15分钟公共文化服务圈。围绕建设民族文化大市战略目标，推进“文化信息资源共享工程”“文化站建设工程”“广播电视村村通工程”“农村电影放映工程”“农家书屋工程”等一系列重点文化惠民工程。同年，呼和浩特民族演艺集团创排的大型民族舞剧《马可·波罗传奇》获第三届中国少数民族戏剧节剧目金奖，民间歌舞创作的二人台现代戏《花落花开》获第四届“文华剧目奖”，舞蹈作品《戈壁沙丘》获第九届“荷花奖”创作金奖。

2014年，市委宣传部印发《呼和浩特市关于加快文化产业发展的若干政策》《呼和浩特文艺创作扶持奖励办法》。实施文艺精品创作工程，制作《千年青城》《草原青城 呼和浩特》《美丽呼和浩特画册》等一批外宣作品；电影《残团》、歌曲《守望在草原》、戏剧《万家灯火》、图书《浮生浮世》、舞蹈《丘岭踏歌》获自治区“五个一工程”优秀作品奖，市委宣传部获自治区“五个一工程”组织奖。戏曲《巡城记》被列为自治区重点文艺创作项目。《马可·波罗》在美国驻演324场，并于2015年作为文化参展项目参展意大利米兰世博会，获第五届“艾蒂亚”中国最佳旅游演艺项目金奖。

2015年，制定《呼和浩特市人民政府关于加快文化产业发展的若干政策意见》《呼和浩特文化产业资金管理办法》。开展“放歌草原 书写百姓”“结对子、种文化、文化走亲”“深入生活、扎根人民”系列主题实践活动，市属文艺院团、文联协会、文化志愿服务队开展文化惠民演出300余场。戏剧《巡城记》等28部优秀作品入选自治区“五个一工程”重点扶持项目；散文《消失的家园》等3部作品获自治区“索龙嘎”文学奖；舞蹈《舞胡杨》获得第四届中国蒙古舞大赛创作表演金奖、《斗熊》获银奖；

《千年青城》获中国电视艺术家协会“人文中国第四季——城市纪实”纪录片一等奖。大盛魁文化产业园被文化部命名为国家级文化产业示范基地，老牛湾国家地质公园挂牌运营，敕勒川文化旅游产业园部分园区开园运营。

第六章　统一战线工作

第一节　组织机构

1986年，市委统战部设办公室、统战科、对台领导小组办公室、干部科和民族宗教科。同年，为搞好民主党派的行政服务工作，并保持其工作的独立性，建立民主党派联合办公室。10月，呼和浩特市统战理论学会成立。

1988年，市委对台领导小组办公室挂呼和浩特市政府台湾事务办公室牌子，一套机构、两块牌子，不增加编制，机构规格和隶属关系不变。

1995年，市委统战部内设办公室、统战科、民族宗教科、党派科、干部科、经济统战科、对台领导小组办公室。

1996年，市委统战部内设办公室、党派咨询处、民族宗教处、政策理论研究室、干部处、经济统战处。代管市委对台工作领导小组办公室暨呼和浩特市人民政府台湾事务办公室，呼和浩特市光彩事业工作委员会办公室暨呼和浩特市非公有制经济办公室挂靠市委统战部。1998年，增设档案室。

2001年，按照市委办公厅《关于印发中共呼和浩特市委员会统一战线部职能配置、内设机构和人员编制方案的通知》，内设机构调整为办公室、政策理论研究室、党派处、民族宗教处、干部处、经济处、对台工作办公室（市政府台湾事务办公室）。

2003年，将由市民政局管理的呼和浩特市归国华侨联合会（简称市侨联）机构单独设立，市委统战部代管。2007年，市侨联参照公务员法管理。

截至2015年，市委统战部内设党派科、民族宗教科、干部科、经济科、研究室、办公室、市委对台工作领导小组办公室（市政府台湾事务办公室）。

第二节　多党合作

1986年，市委统战部协助建立中国国民党革命委员会呼和浩特市委员会（简称民革呼和浩特市委员会），筹备成立中国民主建国会呼和浩特市委员会（简称民建呼和浩特市委员会）、中国民主促进会呼和浩特市委员会（简称民进呼和浩特市委员会）。制定与各民主党派定期协商制度。为接受来自各民主党派的监督，市委统战部建立与各民主党派及党外人士对重大问题每季度进行一次协商的制度。1988 年，印发《中共呼和浩特市委同民主党派及爱国人士协商对话制度》，使协商对话制度规范化、程序化。年内，建立民进呼和浩特市委员会、中国农工民主党呼和浩特市委员会（简称农工党呼和浩特市委员会）筹备委员会和九三学社呼和浩特市委员会（简称九三学社呼和浩特市委员会）筹备组。

1989 年，市委统战部召开 4 次由民主党派领导和无党派人士参加的座谈会，传达学习中共中央领导重要讲话和中共十三届四中、五中全会精神，提高思想，统一认识，反对资产阶级自由化，坚持和完善共产党领导的多党合作制度。

1991 年，市委统战部会同市委办公室、市政府办公室印发《关于做好政府有关部门同民主党派对口联系工作的通知》，明确对口联系单位及形式与内容，在各口基本形成协商制度。

1993 年，市委统战部协助市委与民主党派召开政治协商、情况通报、工作座谈会等 8 次。各民主党派通过政协委员、人大代表共提出建议意见和提案、议案 85 件，为有关部门提供决策和改进意见。1994 年，制定特约监察员、检察员工作制度。聘请 25 位民主党派特约工作人员。1995 年，协助市委制定《中共呼和浩特市委关于进一步完善和规范同党外人士民主协商的意见》《关于呼和浩特市各级党政领导广交、深交党外朋友的意见》；协商市政府制定《呼和浩特市人民政府关于充分发挥民主党派、无党派人士参政、监督作用的意见》。

1998 年，市委统战部组织召开民主协商会 4 次，就全市经济运行和社会发展、市委八届三次（扩大）会议报告、全市再就业工程、城市建设重点工程等重大问题，市委主要领导同各民主党派、工商联、无党派人士进行座谈会协商，提出意见、建议 85 条，采纳率 80% 以上。1999 年，各民主党派以本党派名义在人大、政协会上提出提案、议案 88 件。2000 年，在呼和浩特市两会期间民主党派共提出集体和个人提案、议案、批评、意见、建议等 175 件。

2001 年，市委统战部组织召开全市民主党派工作座谈会，制定《全市特约人员工作办法》。2002—2003 年，各民主党派在市政协会议上提交集体提案和个人提案 478 件，占市政协提案总数的 50% 以上；在市人大会议上提交议案 6 件，批评意见和建议 24 条。

2005 年，中共中央印发《关于进一步加强中国共产党领导的多党合作和政治协商制度建设的意见》，中共呼和浩特市委组织各民主党派举办专题报告会、座谈会、撰写学习体会文章等形式，指导各民主党派学习贯彻意见精神。同年，中共呼和浩特市委印发《关于加强统一战线工作的意见》《关于加强基层统战工作的意见》，形成自上而下由统战部负责协调的工作机制。

2007年，根据《内蒙古自治区党委办公厅转发〈自治区党委统战部关于协助各民主党派区委做好2007年换届工作的意见〉的通知》，民革呼和浩特市委员会、中国民主同盟呼和浩特市委员会（简称民盟呼和浩特市委员会）、民建呼和浩特市委员会、民进呼和浩特市委员会和九三学社呼和浩特市委员会组织开展换届筹备工作。

2008年，完善与多党合作制度配套的具体规定和细则，包括中共呼和浩特市委与各民主党派协商座谈制度，中共呼和浩特市委领导同各民主党派、无党派人士交友制度，使多党合作做到内容具体化、运行程序化、操作规范化。全年各民主党派提交政协提案307件，占政协委员提案总数的63%；提交人大议案、批评、建议和意见18条。2009年，各民主党派开展社情民意调查活动，提交提案288件，社情民意、意见建议119条。

2011年，市委统战部协助民革呼和浩特市委员会、民盟呼和浩特市委员会、民建呼和浩特市委员会、民进呼和浩特市委员会和九三学社呼和浩特市委员会完成换届任务，指导市中级人民法院完成特约人员换届任务。

2014年，完善《市委、市人民政府与民主党派、无党派人士联系制度》《市党政领导与党外人士联谊交友制度》等相关工作和协调机制；协助市委、市政府召开情况通报会和征求意见会4次，推进协商民主制度建设。在市两会上提交提案意见建议288件。

2015年，中共呼和浩特市委印发《关于加强社会主义协商民主建设的实施意见》《市党政领导与党外人士联谊交友制度》，用制度规范多党合作和政治协商工作。全市各民主党派及无党派人士围绕稳增长、调结构、惠民生等重点工作开展调查研究50余次，形成高质量调研报告36篇，向市人大、市政协提交议案提案245件，提出批评建议12件。截至2015年，全市有民革、民盟、民建、民进、农工党、九三学社6个民主党派市级委员会，各党派在新城区、回民区、玉泉区和赛罕区先后建立基层组织。其中，民建呼和浩特市委员会建立1个行业基层组织——城建总支部；民进呼和浩特市委员会建立1个高校基层支部。共有26个总支部，除民革呼和浩特市委员会和九三学社呼和浩特市委员会外，其他党派基层组织下设52个支部。各民主党派成员从1995年的600余人，发展到1540人。

第三节　民族宗教工作

一、民族工作

1986年，市委统战部举行呼和浩特市民族团结进步表彰活动月活动，宣传学习《民族区域自治法》，把普法教育和民族政策教育结合起来，召开呼和浩特市各族干部职工业余学习蒙古语文汇报会。活动月办公室组织呼和浩特市人大等14个部门的30余名领导和工作人员组成3个民族政策检查组，分别就民族经济、文化、教育、尊重少数民族风俗习惯及蒙古文蒙古语使用情况对全市1000余个单位进行检查。在活动月期间，举办“呼和浩特市民族教师代表大联欢”“呼和浩特市各界人士民族大团结、祖国统一联欢活动”“呼和浩特市各族青年民族知识竞赛”等大型活动。

1992年，呼和浩特市开展第10次民族团结进步表彰活动月，市委、市政府召开呼和浩特市民族团结进步表彰大会对取得成绩的57个先进集体和144名先进个人进行表彰。1993年，市委统战部印发《关于呼和浩特市清真食品管理的通知》。1995年，会同市民委、工商局、卫生局联合印发《关于检查、整顿清真饮食业市场的通知》，对全市清真饮食业进行全面检查和整顿。

1997年，在呼和浩特市第十四次民族团结进步表彰活动月期间，市委、市政府召开民族团结进步表彰大会，对在民族团结进步工作中作出突出贡献的73个先进集体、197名先进个人给予表彰。并派出4个检查组对全市落实党的民族政策执行情况进行检查。

2000年，市委、市政府先后印发《呼和浩特市清真食品管理办法》《呼和浩特市民族教育条例》《呼和浩特市民族工作若干规定》《中共呼和浩特市委 呼和浩特市人民政府关于进一步加强民族工作的决定》等民族工作的地方性法规和规章制度，促进民族工作更加法治化、规范化。2001年，会同市委宣传部、市民委联合印发《关于认真贯彻〈市委、市政府关于进一步加强民族工作的决定〉，继续在全市各族干部群众中开展马克思主义民族理论、党的民族政策宣传教育的通知》。会同市委组织部、市民委举办全市专（兼）职民族工作干部培训班。完成对全市达斡尔族、鄂温克族、鄂伦春族3个少数民族的代表和干部情况调查进行统计工作，为制定培养、选拔少数民族干部的决策提供了依据。

2002年3月，《呼和浩特市社会市面蒙汉两种文字并用管理办法》施行。开展马克思主义民族理论、党的民族政策的宣传教育工作，下发《关于在全市各族干部群众中继续开展马克思主义民族理论、党的民族政策宣传教育的通知》，各地区认真落实中共中央、自治区、呼和浩特市三级民族工作会议精神，推进《中华人民共和国民族区域自治法》的学习宣传贯彻工作。会同市委宣传部、市民委、呼和浩特市日报社在全市范围内开展“民族团结、共建青城”有奖征文活动，共征集理论文章和通讯报道80余篇。同时，会同市委组织部、市民委、妇联在市委党校举办为期20天的少数民族妇女干部培训班，并组织全体学员到云南省进行学习考察。

2004年，市委统战部围绕“共同团结奋斗，共同繁荣发展”的主题，开展民族工作，协调和配合有关部门切实解决少数民族聚居区和少数民族贫困群众在发展中遇到的实际问题。继续贯彻落实中共中央、自治区和呼和浩特市三级民族工作会议精神，下发《关于在全市各族干部群众中继续开展马克思主义民族观、党的民族政策和民族团结进步宣传教育活动的通知》；组成联合执法检查组，对第二十一次民族团结进步活动月工作开展情况，党的民族政策和民族法律法规的贯彻落实情况进行督查；贯彻党的民族干部政策，会同市委组织部、市民委、市委党校举办全市乡镇村少数民族干部培训班，促进少数民族干部的培养。

2005—2006 年，市委统战部印发《关于在全市统战工作部门深入学习贯彻中央民族工作会议精神的通知》《关于在全市开展第二十二次民族团结进步表彰月活动的通知》。会同有关部门认真推选几年来民族工作中涌现出来的先进集体和先进个人并给予表彰。同时，举办全市乡镇少数民族干部培训班。

2007—2009 年，市委统战部会同有关部门印发《关于在全市各族干部群众中继续开展马克思主义民族观和党的民族政策宣传教育活动的通知》。在庆祝自治区成立 60 周年和呼和浩特市第 24 次民族团结进步表彰活动月中，会同市委宣传部、市民委、呼和浩特市日报社联合举办“迎大庆、促和谐、民族团结进步”有奖征文活动，征集优秀稿件 32 篇。2008 年，回民区向四川省广元市青川县受灾的穆斯林群众捐赠大量清真食品，妥善安排 40 余名灾区回族儿童到呼和浩特市疗养。

2010 年，全市加大《呼和浩特市清真食品管理办法》《呼和浩特市民族教育条例》《呼和浩特市社会市面蒙汉两种文字并用管理办法》3 部地方性民族法规以及《中共呼和浩特市委、呼和浩特市人民政府关于进一步加强民族工作的决定》《呼和浩特市民族工作若干规定》等民族法律法规贯彻执行情况的检查力度。

2011 年，为推进少数民族聚居区加快发展，改善和提高少数民族聚居区的生产、生活条件，争取自治区少数民族发展资金项目 12 个，总投资 337 万元；市本级少数民族发展资金项目 47 个，总投资 360 万元。开展民族教育文化体育活动，市民委和市教育局共同出资 20 万元奖励市民族中学 2011 年高考应届少数民族高中生 13 名，资助少数民族贫困考生 70 名。2012 年，向自治区争取少数民族发展资金项目 11 个，总投资 455 万元，市本级下拨少数民族发展资金项目 41 个，总投资 357 万元。

2013 年，市委统战部组织申报少数民族发展项目 85 项，下拨两级少数民族发展资金 1288.8 万元，帮助少数民族聚居区解决农业、交通、水利、邮电、教育等基础设施建设。同时，资助和奖励 74 名少数民族贫困学生完成学业。2014 年，依托全市社区网格化服务管理信息平台，推进社区民族工作和少数民族流动人口服务管理体系建设，解决少数民族群众在创业就业、法律援助、特困救助等方面的困难和问题。下拨两级少数民族发展资金 1049 万元，帮助少数民族聚居地区解决基础设施建设。开展全市少数民族干部基本情况调查，完善少数民族干部档案信息库。

2015 年，市委、市政府规范调整民族宗教工作协调领导小组，制定《关于加强和改进新形势下民族工作的实施意见》《〈关于加强和改进新形势下民族工作的实施意见〉重要举措分工方案》，并对全市的贯彻落实情况开展督查。同年，命名 50 家民族团结进步创建活动示范单位，着力发展民族教育事业；全年投入 8140 万元，新建、扩建民族中小学和幼儿园，民族教育基础设施得到进一步提升；加大少数民族聚居区扶贫力度，为全市少数民族聚居区建设投入资金 6.1 亿元，指导实施少数民族扶贫项目 47 项，投入资金 1258.9 万元。截至 2015 年，呼和浩特市共召开 11 次全市民族工作会议暨民族团结进步表彰大会，表彰模范集体 578 个、模范个人 1511 名。11 个模范集体和 14 名模范个人受到国务院、国家民委表彰。78 个模范集体和 124 名模范个人受到自治区党委、政府表彰。

二、宗教工作

1986—1990 年，呼和浩特市全面贯彻落实中共中央各项宗教政策，协调解决天主教修道院等宗教遗产的遗留问题。配合有关部门，解决新城基督教礼堂的搬迁问题。对恢复清真北寺，修复大召、席力图召、乌素图召和喇嘛洞的有关问题，进行协商处理。因地制宜协助宗教部门修复开放汉传佛教的观音庙，新建开放清真北寺，恢复清真西寺和南寺。

1991—1995 年，市委、市政府印发《呼和浩特市人民政府关于对宗教事务管理的暂行办法》《关于进一步加强全市宗教工作的通知》，市委统战部组织召开呼和浩特市宗教工作会议，成立呼和浩特市政府宗教事务处，加强对宗教工作的领导和管理。

1996—2000 年，依法对基督教聚会点进行登记。2000 年，成立呼和浩特市天主教工作领导小组，支持天主教实行民主办教。

2001—2005 年，市委、市政府先后印发《关于进一步加强宗教工作的通知》《关于在全市宗教界开展“建设现代化首府城市，促进宗教与社会主义社会相适应”主题活动实施方案的通知》《关于在全市宗教界人士和信教群众中继续广泛开展爱国主义教育的通知》，全面贯彻党的宗教信仰自由政策，依法管理宗教事务。制定《全市宗教活动场所学习制度》，加强全市爱国宗教团体和重点宗教活动场所的建设。

2006—2010 年，市委统战部协助完成呼和浩特市伊斯兰教的换届工作。组织召开天主教专项工作会议，协助天主教解决存在多年的房地产政策遗留问题。在全市各相关单位和部门的大力支持和配合下，举办天主教主教祝圣活动。

2011—2015 年，市委统战部印发《呼和浩特市贯彻落实自治区党委、政府〈关于加强新形势下宗教工作的若干意见〉的通知》，加强工作的领导协调、区域协作、部门合作，推动重点难点问题的解决。开展“宗教慈善周活动”，为灾区群众筹集善款 12 万余元。开展“和谐寺观教堂”创建活动。在完成宗教教职人员认定备案工作的基础上，协调市财政拨款解决全市宗教教职人员社保经费。

第四节　党外人士与非公经济工作

一、党外人士工作

20 世纪 80 年代末开始，市委统战部根据党外知识分子队伍的现状和自治区党委统战部的要求，对全市知识分子的基本情况进行调查，建立人物卡片档案，加强党外知识分子代表人士和党外知识分子工作联系点的建设。

1990 年，市委统战部对旗县（区）党外后备干部进行摸底筛选，建立不同层次的党外后备干部人才库。会同市委组织部先后向各旗县（区）党委印发《关于对党外干部的选拔培养和安排使用的意见》，并在旗县（区）人大、政协、政府换届中对党外人士安排提出指导性意见。

1991 年，全市有党外副科级以上干部 956 人，建立重点人士档案 65 卷。对民主党派人士、党外知识分子进行考核、选拔、推荐，有 9 人被法院、检察院、监察局聘请为特约监察员、检查员。落实自治区党外知识分子工作会议精神，建立党外知识分子重点联系单位 11 个和重点对象 10 人,并召开党外知识分子暨联络员工作会议。

1992 年，选拔优秀党外后备干部 63 人，并建立考核档案。向自治区党委统战部推荐党外后备干部 30 名。4 个民主党派及工商联主委、副主委共计 17 人，平均年龄 52.4 岁，最年轻的主委 44 岁、副主委 36 岁，大专以上文化程度 16 人。

1996 年，市委统战部制定《呼和浩特市 1996—1998 年培养选拔党外干部担任政府和司法机关领导职务工作的三年规划》，明确党外干部工作的目标任务及具体措施。先后 2 次印发《关于推荐党外后备干部人选的通知》，开展多形式的举才、荐才、选才工作，建立一支由 79 人组成的规模较大、质量较高的后备干部队伍。至 2000 年，初步形成由 200 余名党外知识分子代表人士和 25 名重点联系对象及 11 个知识分子工作联系点组成的党外知识分子工作网络。有 55 名党外干部在各级人大、政府、政协及市属有关委办局、人民团体担任领导职务，9 个旗县（区）政府全部配备党外副职，6 个市属委办局配备党外副局长。全市党外知识分子中有全国人大代表 1 人，自治区人大代表 6 人，自治区政协委员 43 人，市级人大代表 48 人，市政协委员 158 人。

2001 年，市委统战部会同市委组织部印发《在地方政府机构改革中做好党外干部工作的意见》，并由市委办公厅批转各旗县（区）、市属各有关部门执行，要求各旗县（区）、各部门把安排党外干部工作纳入机构改革“三定”方案中通盘考虑，确保机构改革中安排党外干部的工作不受影响。首次将“落实旗县区人大、政协领导职务党外干部待遇”和“确保机构改革中旗县区科级干部优先安排”，列入旗县（区）

领导班子目标考核内容。

2002年，面向全市各旗县（区）、市属委办局、各院校、企事业单位公开选拔有代表性、有影响力的优秀党外知识分子代表人士，建立拥有196名具有中级以上职称的党外知识分子代表人士的人才库。同时，建立党外知识分子代表人物档案，重新确定市经贸委、呼和浩特市第二中学、伊利集团等12个单位为党外知识分子工作重点联系单位。与市委组织部、市委党校联合举办青年知识分子读书班，选送12名优秀党外知识分子到发达地区学习考察。

2003年，市委制定《关于培养选拔党外干部担任政府和司法机关领导职务工作的三年规划》《关于贯彻内党办发〔1999〕28号文件精神在地方政府机构改革中做好党外干部工作的意见的通知》《关于贯彻落实中央加强统一战线工作决定和自治区党委贯彻意见的实施意见》《关于进一步做好举荐安排党外干部担任政府和司法机关领导职务的通知》，明确市委统战部与市委组织部在党外干部培养选拔工作中协作配合的结合点和各自工作的侧重点。

2004年，市委统战部与市委组织部共同研究党外干部培养使用规划，选派2名党外县处级干部参加中央社会主义学院的公务英语培训，选派23名3批次的党外人才、党外干部参加自治区党委统战部、内蒙古社会主义学院和内蒙古党校的培训。2005年，在党外人才比较集中的科研院所、高等院校、大中型企业建立6个党外人才工作重点联系单位。

2007—2008年，市委统战部印发《关于进一步加强党外干部选拔任用工作的意见》。选送5名党外县处级干部参加自治区党外县处级干部和无党派代表人士培训班；选送2名党外干部参加自治区党委统战部和自治区党委组织部举办的党外中青年干部培训班；选送4名党外县处级干部参加自治区统一战线中青年党外代表人士工商管理硕士（MBA）课程进修班；选送8名高级职称党外代表人士参加内蒙古社会主义学院培训；选派1名党外干部参加中共中央组织部、中共中央统战部和国家民委组织的挂职锻炼。2009年，以培养民主党派、无党派、工商联、民族、宗教界和新的社会阶层以及统一战线有关团体代表人士为重点，储备党外代表人士276名，并建立52名党外重点代表人士信息库。

2010年，市委统战部会同市委组织部经过严格筛选、考核，并经市委常委会研究决定，安排13名党外干部担任县处级职务。修订完善《呼和浩特市委组织部、统战部党外干部工作联席会议制度》，编制完成《呼和浩特市委组织部、统战部党外干部培养选拔工作三年规划》。承办内蒙古西部盟市党外代表人士培训班，培训党外代表人士68名。成立呼和浩特市党外知识分子联谊会并选举产生第一届理事会领导班子和工作机构。

2011—2015年，建立动态党外知识分子代表人士信息库，储备党外知识分子人才378名；储备党外代表人士人才656人。选派多名党外代表人士参加中共中央统战部、自治区党委统战部、内蒙古社会主义学院的培训。提拔使用处级党外干部20余名，交流使用处级党外干部4名，调整处级党外干部1名。指导、协助市监察局完成第八届特邀监察员的聘任工作。完成各民主党派市委会领导班子后备人选的初选工作，以及民盟呼和浩特市委员会、农工党呼和浩特市委员会届中调整有关工作。配合自治区党委统战部完成各民主党派自治区领导班子后备人选考察。培训党外代表人士700余人次。截至2015年，市、旗县（区）两级人大、政协领导班子均按规定比例配备党外干部，党外干部任部门正职增加到4名，10个地方政府工作部门安排使用党外干部，全市县处级以上党外干部共78名。

二、非公有制经济工作

20世纪80年代末，围绕国家、自治区和呼和浩特市扶贫计划，市委、市政府鼓励、支持、推动社会各界，发挥人才集中、联系广泛等优势，探索统一战线为经济建设服务，扶贫开发和发展非公有制经济的新路子，非公有制经济成为全市经济发展新的增长点。

1991年，呼和浩特市先后召开发展私营个体经济座谈会、工作会议、召开招商引资大会等。协助回民区、玉泉区、郊区成立工商联，恢复托克托县工商联。

1994年，市委、市政府印发《加快个体、私营经济发展的决定》《非公有制经济五年发展规划》。成立发展非公有制经济领导小组、光彩事业工作委员会，在市委统战部增设经济统战科。为加强工商联、商会、企业协会的协调工作，成立呼和浩特市总商会，并帮助各旗县（区）成立商会组织。同年，市委统战部与光彩事业办公室、市工商联（总商会）先后接待全国工商联副主席胡德平，深圳市委统战部、市工商联，澳门谭氏三兄弟和澳门考察团。澳门谭伯源与市政府签订在呼和浩特市兴建10个光彩市场协议。年内，建成第一个光彩市场（原九龙市场）。

1995年，全国9个城市50余位民营企业家到呼和浩特市考察，与呼和浩特市签订合作意向项目11项；全国光彩事业考察团70余名客商到呼和浩特市考察，签订22个项目，投资总额5.25亿元。年末，全市个体工商户发展到2万余户，注册资金4.3亿余元，从业人员3.3万人。

1996年，针对非公有制经济的实际情况，市委统战部会同有关部门为非公有制企事业单位工作的专业技术人员评定职称，其中高级103人，中、初级519人。同年，在市内和6个旗县（区）举办为期3个月的光彩事业展览。先后在《中华工商时报》《呼和浩特日报》《内蒙古统战理论研究》等报刊发表文章、报道19篇。组织市内20位民营企业家到托克托县、和林格尔县进行光彩事业项目投资考察，达成意向性协议 22 项，总投资额 7350 万元。1997 年，市委统战部组织成立光彩事业促进会，举办实施发展研讨会。市光彩办先后接待国内外考察团 15 批、290 人次，达成意向性协议 104 项，协议投资总额 12.44 亿元。

1998 年，全市光彩促进会理事单位和重点民营企业为洪水灾区捐款捐物总额 1690 万元，为兴安盟重建家园捐款 200 万元。同年，中国光彩事业促进会授予市光彩事业工作委员会“光彩事业组织奖”。年末，全市达成光彩事业项目意向协议 16 项，实施 10 项，投资总额 18344.6 万元，到位资金 8861.7 万元。其中，农牧业资源开发型项目 2 个，市场建议 5 个，参与国有中小型企业改造 2 个，捐款建设光彩小学 1 所，培训人员 210 人，安排下岗职工 1547 人。至 1999 年末，市光彩委、光彩会达成光彩事业意向性协议 120 项，立项实施光彩事业项目 52 个，光彩事业项目总投资 12.31 亿元，到位资金 5.38 亿元。

2000 年，接待国内外项目考察团 16 批，310 人次，达成意向性协议 140 项，协议投资总额 18 亿元，立项实施的光彩事业项目 67 个，投资总额 16 亿元，到位资金 8 亿元。在实施过程中，带动非公有制经济人士为贫困地区捐款 159.6 万元，建成“光彩小学”7 所。

2001 年后，呼和浩特市加大对经济统战工作及非公有制经济宣传力度，印发《进一步加快民营经济发展的决定》《中共呼和浩特市委、呼和浩特市人民政府关于进一步促进民营经济发展的意见》《关于大力发展非公有制经济的实施意见》，为民营企业参与到西部大开发提供政策支持。至 2003 年，实施光彩事业项目 13 个，投资总额 10.03 亿元。在实施光彩事业项目中，培训人员 896 人，安排就业 1470 人。

2004 年，全市实施光彩事业项目 9 个。其中，引进区外项目 2 个，投资总额 16.67 亿元；引进区外资金 520 万元，建成项目 6 个。培训人员 170 人，安排就业 455 人。2006 年，先后组织内蒙古明镜公司为贫困学生捐赠价值 3 万元的眼镜；组织国美电器为贫困社区捐赠电器。至 2007 年，全市非公有制企业共上缴税金 95.8 亿元。全年实施光彩事业项目 13 项。2008 年，市委统战部组织民营企业家担任贫困村名誉村主任，扶持贫困地区基础建设，组织民营企业家参与救灾扶贫公益活动，向四川灾区捐款 400 余万元。

2010—2011 年，市委、市政府印发《中共呼和浩特市委、呼和浩特市人民政府关于进一步促进民营经济发展的意见》，成立呼、包、鄂三地金融家和企业家商会、内蒙古永安信股权投资基金，吸引呼、包、鄂三地共 36 家知名企业参与；印发《呼和浩特地区开展千家民企感恩帮扶行动工作方案》，组织开展“千家民企感恩帮扶行动”，为和林格尔县、武川县等地区的“三老”（老革命、老党员、老模范）人员以及贫困学生捐助帮扶资金累计 27 万元。

2012 年，组织召开“2012 全球 200 家温州商会千名温商草原行暨中国·呼和浩特市优秀项目对接会”，与 20 余家企业签署 34 项合作协议，协议引进资金 980 亿元。组织全市 30 家民营企业参与蔬菜基地建设。2013 年，组织 20 家民营企业参与市委确定的第一批 39 个新农村示范村建设。

2014 年，全年共开展科技扶贫、捐资助学、送医送药和文化下乡等多种形式的社会服务活动 30 余次，捐款捐物价值近 30 万元。组织非公企业与和林格尔县、武川县等地弱势群体结对子，结对贫困大学生 184 名、“三老”人员 15 名。引导非公企业参与社会主义新农村建设，通过送岗位，送温暖，送技能等方式开展企业帮村。

2015 年，全市建成以 20 余家办事处为中心，辐射 1 万余户企业的招商网络，“新三板”挂牌企业 10 家。依托自治区国家大学科技园、内蒙古留学生创业园等创业平台，通过引入和扶持创新型孵化企业，为“大众创业、万众创新”提供强大的资金、咨询、法律、财务等服务，促进非公有制经济发展。截至 2015 年，全市非公有制经济市场主体超过 21.21 万户，增速为 29.53%。其中，个体工商户 15.93 万户，私营企业 5.28 万户。地税收入完成 183.11 亿元，其中，非公有制经济税收收入完成 172.36 亿元，占全市地税税收收入总量的 94.1%；国税收入完成 231.58 亿元，其中，非公有制经济税收收入完成 9.63 亿元，占全市国税税收收入总量的 34%。全市拥有非公有制经济驰名商标 17 件，著名商标 106 件。

第五节　港澳台事务及侨务工作

一、香港、澳门事务

2001 年，香港应善良福利基金会捐资 28 万元建成托克托县新营子镇“侨心小学”。2003 年 9 月，香港、澳门地区知名工商企业界人士一行 29 人，到呼和浩特市进行实地参观考察。

2004 年 6 月，呼和浩特市海外联谊会（简称市海联会）成立。2004—2005 年，市海外联谊会多次组团到香港、澳门地区学习考察，并与当地 50 余位知名人士建立友好关系。

2006—2010 年，以“走出去、请进来”的方式，引导香港、澳门有识之士和社团参与呼和浩特市的各项建设事业。澳门企业家谭伯业捐资 20 万元在呼和浩特市建 1 所希望小学，谭伯业、何荣祥为贫困学生捐款 3 万元。香港新界商会主席齐光华决定援建 3 所希望小学，为呼和浩特市困难学生捐赠价值 5000 元的学习用品。香港 37 位友人为“清水河集雨水窖工程”捐款 30 万元。

2011—2015 年，先后接待澳门慈善和社会服务界人士参访团、珠海市海外联谊会内蒙古参访团等。扩大呼和浩特市与香港、澳门的经济、文化、社会服务领域的交流交往。

二、台湾事务

1986 年，呼和浩特市编印《对台工作参考资料》4 期，组织编写对台宣传稿件 26 篇，其中 12 篇分别被中央人民广播电台台播部、中国新闻社、海峡之声广播电台采用。1988 年，到呼和浩特市探亲旅游台胞比往年增多，累计 37 批 50 余人。全年出境会亲共 6 批 16 人。协助 3 位台属找到亲人。对台属进行家访 50 余次。1989 年接待台胞 33 批 45 人。1990 年，接待台胞 17 批 26 人次。中秋节，市委统战部与 8 家单位联合举办中秋联谊会，增进与台属的联系和友谊。1991 年，到呼和浩特市探亲、旅游的台湾同胞有所增加，市委统战部重点做好初次到呼和浩特市台胞的接待工作。全年接待台胞 16 批 27 人，赴台探亲的台属 2 批 3 人。

1992 年，市委统战部协调台胞在呼和浩特市建立 2 家中台合资企业，总投资 100 万元。并先后在《中国新闻》、香港《大公报》、台湾《中国时报》等报刊、电台发表《内蒙古公布对外开放新政策》《中国重点工程——呼和浩特炼油厂一期工程竣工》《内蒙古举办彩票有奖赛马》《内蒙古彩票赛马的有益尝试》等文章。

1993 年 4 月，召开呼和浩特市台胞、台属联谊会（简称市台联会）第一次代表大会。市台联会成立后，持续开展联系、联络、牵线搭桥、沟通信息、发展会员的工作，年末，有会员 213 人。台商在呼投资项目 15 项，投资金额 125.5 万美元。《台湾问题与中国的统一（白皮书）》发表后，在呼和浩特广播电台、呼和浩特电视台、《呼和浩特晚报》进行宣传。

1995 年，市委统战部召开有市领导参加的台胞、台属座谈会，揭露和批驳李登辉制造“一中一台”的丑恶行径，坚决反对“台湾独立”，维护祖国统一。同年，市政府印发《关于贯彻〈内蒙古自治区人民政府关于加强对台经济工作的通知〉的通知》，并成立呼和浩特市对台经济工作协调领导小组。1996 年，全年共向新闻单位发稿 80 篇，其中 15 篇被《中国新闻》采用。

1997 年，按照《内蒙古自治区台湾投资者身份认定办法》，对全市 30 家台资企业及台湾投资者进行身份认定，加强对台资企业的管理。全年接待到访台胞团体或个人共 5 批 51 人。

1999—2000 年，市对台工作办公室共接待台胞团体及个人 18 批 130 余人。2003 年，先后接待台湾政界知名人士参访团等 10 个团组 120 人。

2004—2007 年，市委统战部按照中央关于推动两岸经济交流与合作的方针，以“协调服务、招商引资”为出发点，做好台湾重要团体的到访接待工作。先后接待台湾道教协会参访团、台湾夏潮联合会参访团、台湾农经学系学生参访团等团体与个人300余人。2008年，修订完善《呼和浩特市涉台突发事件应急预案》。

2010年，组织赛罕区教育系统参访团赴台湾进行教育交流考察，促进两地文化教育交流与合作。参与台湾“大陆魅力城市宣传专案”活动，组织6家台湾媒体在呼进行拍摄采访，向台湾同胞全方位、多角度宣传介绍呼和浩特市的招商引资政策环境、民族文化和民俗特色和发展前景。

2011—2013年，市委统战部累计接待台湾同胞15批280余人，招商引资1亿美元。赴台学习、考察、交流、参访26人，接待教育文化交流团2批50余人。

2014年，市委统战部协助筹备承办2014海峡两岸商标研讨会，拓展两岸商标品牌的合作空间，推动两岸经贸关系向深入发展；协助举办内蒙古（呼和浩特）台湾名品博览会，约350余家台湾企业集中展销1.5万余项展品，现场成交额1.17亿美元；在“一会两节”期间，首次增设台湾馆，集中展示台湾医疗美容、生物科技等特色优势产品，促进呼和浩特市与台湾的经贸往来。接待台湾工商协进会考察团、台湾新移民女性家庭关怀协会参访团等交流活动，扩大与香港、澳门台之间的经济、文化、社会服务领域的深度交往。

2015年，承办第七届海峡两岸可再生能源产业合作与交流会议，举办首届海峡两岸眼科学术论坛等4项大型涉台活动。接待台湾地区到访团组5批128人。年内，开通呼和浩特至台北直航航线和呼和浩特至台中客运包机，呼和浩特市成为内蒙古首个赴台湾个人旅游开放城市，居民申请赴台人数以及台胞到呼和浩特旅游人数明显上升。

三、侨务工作

1984年9月，呼和浩特市归国华侨联合会（简称“市侨联”）成立，隶属市民政局。召开第一届代表大会，选举产生主席、副主席。市侨联成立后，遵循“放宽视野、广交朋友、宣传政策、争取人心”的海外统战工作方针，从各个渠道、各个领域，采取各种形式，开展海外统战工作，吸引海外人士，为促进祖国和平统一，支援祖国建设发挥作用。呼和浩特市侨务工作对象遍布几十个国家和地区。老侨民主要来自东南亚及蒙古国等，新侨民主要分布在美国、日本、加拿大、澳大利亚等国家。

1998年起，市侨联开展实施“访百户”计划，定期走访重点归侨侨眷，及时了解并解决归侨侨眷的生活、工作方面的困难和问题。2000年，为配合呼和浩特市经济国际化战略的实施，市侨联组织企业到蒙古国考察办厂和洽谈贸易项目，促成3家企业在蒙古国成立公司。

2003年7月，市侨联、侨办合署办公。8月，经市委、市政府批准，市侨联由市委统战部代管。至2004年，呼和浩特市先后接待美国、加拿大、巴西、马来西亚、日本、新加坡、俄罗斯、蒙古国等国家的华侨、华人共55批205人。随团出访日本、俄罗斯、蒙古国以及欧洲、东南亚等国家，加强与重点侨乡侨联的联系，并建立友好合作关系，形成内外结合的侨联工作网络。市侨联共走访归侨侨眷200余户，解决子女升学、就业、调动、出境探亲等方面的问题100余件，救济归侨侨眷50余户，帮助30余名下岗归侨侨眷再就业。全市近30名归侨侨眷被推选为旗县（区）级以上人大代表和政协委员。侨界人大代表和政协委员，向人大、政协提出有关侨务方面的建议、议案和提案20余件，得到有关部门的关注和采纳，为各级党委和政府科学决策提供了重要依据，维护侨界群众的合法权益。

2005年12月14日，召开第一次侨务工作联席会议，成员单位有市人大民族宗教侨务委员会、市政协港澳台侨联络委员会、市归国华侨联合会、市政府侨务办公室。会议确定每年召开1次侨务工作联席会议，建立市侨务工作协调机制，将贫困归侨侨眷全部纳入扶贫帮扶规划。

2006—2008年，相继成立内蒙古工业大学等6所高校及部分科研院所侨联组织。接待日本农业协会考察团，达成劳务输出事宜。协助自治区侨办组建“侨爱工程——送温暖医疗队”，每年开展义诊活动。

2009—2013年，接待上海、南昌、青岛、广州等市的“侨资企业西部行”考察团。先后建立托克托县、玉泉区、回民区、新城区侨联工作机构。建立归侨侨眷、留学归国人员、侨界代表人物及贫困归侨侨眷信息库。

2014年，接待以新加坡华源会会长、泉盈（福建）科技有限公司董事长王泉成为团长的“福建侨商内蒙行”18人。配合自治区侨办接待“澳大利亚—新西兰青少年寻根之旅代表团”一行28人。9月，市侨联召开第五次归侨侨眷代表大会，选举产生市侨联委员55人、常委20人。9个旗县（区）中，除土默特左旗外均成立侨联组织。

2015年，呼和浩特市侨联组织举办“侨爱心进社区”义诊活动，免费为800余人进行诊疗服务。春节期间，开展“献爱心，送温暖”活动，先后慰问印尼、蒙古国归国华侨等20余户困难归侨侨眷。截至2015年，呼和浩特市有海外联谊会理事75人，登记在册的归侨侨眷1301人，其中归侨208人。全市有侨资企业112家，主要包括生产企业、商贸公司、咨询公司，相对集中在如意工业园区、和林格尔盛乐经济开发区、呼和浩特留学人员创业园，总体运营良好。

第七章　政法工作

第一节　组织机构

1984年8月，中共呼和浩特市委政法委员会成立，机关内设办公室、调研室、市社会治安综合治理委员会办公室、市维护稳定工作小组办公室。

1996年10月，市委政法委增设政治处、督查室2个职能处室，调研室改为政研室。机关内设办公室、政治处、政研室、督查室、市社会治安综合治理委员会办公室、市维护稳定工作小组办公室。

2008年，市委根据中央政法委、中国法学会、自治区党委安排，成立呼和浩特市法学会，隶属市委政法委。

截至2015年，市委政法委内设办公室、执法督查处、政治部、市社会治安综合治理委员会办公室、市维护社会稳定工作领导小组办公室、市法学会。

第二节　社会治安综合治理

一、综治体系建设

1984年，中共呼和浩特市委政法委建立初期，组织领导为期3年（1983—1985年）的“严打”（严厉打击各种刑事犯罪活动）战役，协调处理大批重大、疑难案件，同时，解决经费保障问题。

1986—1990年，市委政法委组织协调公安、检察院、法院各方打击刑事犯罪、协助地方党委整顿政法干部队伍、提出一定时期内政法工作的政策方向等。

1991年2月，中共中央、国务院作出《关于加强社会治安综合治理的决定》，第一次明确把加强社会治安综合治理作为维护国家安定团结、保证经济快速健康发展的有力保证，纳入国家的大政方针和法律法规。同年，成立呼和浩特市社会治安综合治理委员会及办公室（简称市综治办），组织、日常工作由市委政法委代管。1992年，在全市实行社会治安综合治理目标管理责任制、领导责任制和社会治安综合治理一票否决权制，全市自上而下层层签订社会治安综合治理责任状。1993—2000年，呼和浩特市逐步建立健全综治工作运行机制、内部防范机制、群防群治机制、教育管理机制和激励制约机制，社会治安综合治理步入法治化轨道。

2001年，全市基本建立打防控一体化系统工程，防控体系逐步完善。在城区建立以公安“网格化”治安街面巡逻为龙头，社区群防群治队伍“小网格”治安防范为补充的治安防控网络；在乡镇农村建立以公安派出所为龙头，以农村民兵组织、季节性轮流看护联防、“十户联防”为基础的乡村治安防控网；在城镇主要道口、重要街道、重点路段、要害部位安装可视监控设备，在乡村普遍推行平安电话互助网，开通技术防范网，建成全市治安防控体系的基本框架。

2005年2月，市综治委印发《关于开展创建“平安首府”的决定》，成立呼和浩特市创建“平安首府”领导小组，在全市开展创建“平安首府”活动。9月，根据自治区综治委《关于内蒙古自治区治安复杂（混乱）地区和突出治安问题排查整治工作制度的通知》，成立市治安复杂（混乱）地区和突出治安问题排查整治工作领导小组，印发《呼和浩特市社会治安综合治理工作检查督导制度》。2006年6月，市综治委印发《关于开展创建“平安首府”和实施安全稳定工程的实施意见》。

2008年9月，市综治委作出对市公安局、土默特左旗实施社会治安综合治理一票否决决定。

2010—2011年，按照“边排查、边整治、边巩固、边建制”的原则，构建起立体式的管、控、防综合治理重点区域排查整治的工作体制。全市组建三级综治组织1910个，共1.16万人，建立起条管、块管职能部门与各乡镇（街道）村、社区（居委会）治保人员、调委会、流动人口协管会、派出所管片民警上下联动、纵横协作、层层配合的“人防”工作网络平台。

2012年，按照“打防结合、预防为主、专群结合、依靠群众”的方针和“条块结合，以块为主”“属地管理”的综治工作原则，加大综治工作覆盖面，将综治工作列入党政领导班子实绩考核内容，建立领导干部抓综治工作实绩档案。建立健全社会管理创新组织领导机构，推进社区网格化工作，赛罕区被自治区综治委确定为自治区级创新综合试点地区。全市共有223个社区开展网格化服务管理，占全市社区总数的99.55%。建立乡镇调委会74个，村级调委会1754个，调解小组5147个，调解人员1.29万名。排查各类矛盾纠纷7916件，调处7758件，调处成功率98%。

2013年10月，围绕加强和创新社会管理，在全市范围内进行公众安全感和满意度问卷调查，群众安全感和满意度达95.7%。2014年，开展“震慑系列”“夜鹰系列”等社会治安集中整治排查专项行动。持续开展“最大限度收戒涉毒人员”专项行动。根据《呼和浩特市户籍管理办法》，放宽本市非农业户口落户限制，放开农村户籍人口进城落户转移。

2015年4月，根据中共中央办公厅、国务院办公厅《关于加强社会治安防控体系建设的意见》，市委、市政府建立完善社会治安形势分析研判联席会议制度、社会治安重点地区排查整治工作协调会议和月报制度等，进一步整合各部门资源力量，强化工作联动，增强打击违法犯罪、加强社会治安防控工作合力。全市17

个乡、27 个镇、28 个办事处，确定 1 名负责人主管综治工作，配备专职综治办主任，工作人员不少于 2 名。各单位、部门和企业都建立综治办或综治领导小组，配备至少 1 名专职工作人员，确保人员到位。依托社区服务中心，全市 72 个乡镇办事处全部建成综治工作中心、在村和社区居委会全部建成综治工作站，并配齐工作人员。为保证综治工作中心规范运行，综治工作中心建立联席会议、工作例会、首问责任、督查督办等制度，不断完善联调、联防、联勤、联治、联创为主要内容的工作机制。

二、预防青少年违法犯罪

1991—2000 年，市综治办从政法部门选聘干部担任法治辅导员，在学校定期开展法治专题讲座，利用板报专栏、校园广播等形式进行宣传教育。至 2001 年，全市各中小学开设法治教育课并形成制度，做到计划、课时、教材（未成年人预防犯罪读本）、教师四落实。全市 151 所中学、677 所小学全部聘请法治副校长、法治辅导员。

2002—2004 年，加强青少年违法犯罪和校园及周边治安综合治理工作。法治教育课纳入全市中小学教学大纲。全市有 773 所中小学聘请法治副校长、法治辅导员进行青少年的思想、品德、法治教育。建成各类青少年教育基地 26 个。开展青少年维权岗、“一帮一结对子”、“远离毒品珍爱生命”、“不让毒品进我家”、“校园拒绝邪教”等活动。

2005—2006 年，在学校、社区分别创办“家长学校”，初步形成学校、家庭、社会三结合的青少年法治教育网络。在学校开展多种形式的法治教育活动，做到计划、教材、课时、师资“四落实”。全市 838 所中小学全部配备法治副校长。在中小学校开展“平安杯”青少年法律知识竞赛和“为了明天、远离毒品”、“崇尚科学、维护人权、反对邪教”等为主题的宣传教育活动，同时开展“整顿校园周边治安秩序”“非法游戏厅暨变相赌博场所清理整顿”“中小学和幼儿园安全管理”“歌舞娱乐场所整顿”等专项行动。2006 年 8 月，市综治办印发《关于集中整治校园及周边治安秩序专项行动的通知》，加强对青少年的思想、品德、法治教育。

2007—2009 年，以家庭、社区为阵地，抓好青少年违法犯罪源头预防工作。在社区开展“青少年零犯罪”创建活动，举办“家庭青少年心理健康知识”“学生家长法律知识”“如何与孩子更好地沟通”讲座。开展创建“平安家庭”活动，为孩子的成长创造和睦友好的环境氛围。2010 年，针对青少年开展心理咨询、法律援助，12355 电话服务台共受理各种咨询 9806 件。

2011—2015 年，按照“见警察、见警车、见警灯”的要求，每日上下学期间，在全市大、中、小学及幼儿园，投入警力维护学校、幼儿园治安秩序。全市中、小学相继建立校园安全保卫机构，配备保安人员和保安器材；幼儿园确定安全保卫负责人。在各学校进行应对紧急突发事件能力的培训和演练，加强学校校车安全管理。

三、流动人口服务和管理

1986年1月，自治区公安厅印发《关于城镇暂住人口管理实施办法》，要求要像管理常住人口一样管理暂住人口并建立健全各项登记管理制度，做到情况明底数清，尤其注意掌握和发现其中的违法犯罪分子和可疑人员，对符合列为重点人员条件的一律及时列管，加强控制。1987年1月，市公安局制定《关于城镇暂住人口管理的暂行办法》。1988年，《呼和浩特市出租房屋暂行规定》实施，市公安局、建设局、工商局联合对全市建筑工地进行大清查。1989年，市公安局制定《呼和浩特市暂住人口管理工作实施细则》《私人出租房屋管理规定》，并先后组织开展5次对暂住人口和出租房屋的清查整治行动。

1991年，为确保自治区首届那达慕大会的安全，全市先后组织7次治安大清查行动。1992年，依照自治区政府关于《内蒙古自治区暂住人口管理办法》，将全市暂住人口管理范围扩大到旗县和乡镇。1993年，根据《呼和浩特市关于加强暂住人口管理工作的意见》，在暂住人口居住集中的地区招聘227名暂住人口协管员，协助派出所加强对暂住人口的审查、登记、办证和管理。同年，开始换发新暂住证。1994—1999年，按照“谁主管、谁负责；谁用工，谁负责；谁留住，谁负责”的原则，在全市开展暂住人口违法犯罪案件的查处工作。

2000年5月，市物价局取消出租房屋许可证收费项目。坚持“以房管人，以证找人”，办证管理与加强出租房管理相结合，规范房屋租赁行为，掌握流动人口居住情况，掌握流动人口的落脚点，防止管理失控。全市有暂住人口16.59万余人。其中，办理暂住证的6.44万人，办理出租房屋许可证6988本；签订治安责任保证书4027份。

2001年1月，市公安局印发《关于进一步加强2001年度暂住人口管理工作的通知》，并召开全市户政管理工作会议。2003年，根据自治区公安厅《关于2003年全区流动人口管理工作要点》，对全市的出租房屋、暂住人口进行集中清理整治，并在西菜乡西霞园居委会进行出租房屋管理试点。

2005年，市委政法委等9个部门联合制定印发《呼和浩特市清理整顿出租房屋专项行动实施方案》，并开展清理整顿出租房屋专项行动。2006年，按照《关于在全市范围内开展“两口一屋”清理整顿专项工作的实施方案》《关于进一步落实出租房屋，暂住人口管理工作有关问题的通知》，全市各级公安机关加强和规范暂住人口管理工作。2009年，根据《呼和浩特市公安局派出所基础信息采集大会战实施方案》，全市以派出所为单位开展暂住人口信息采集。

2013年，全市组织开展“加强流动人口管理”专项行动，健全完善“以证管人、以房管人，以业管人”的管理服务体系和“两头抓、双向管”的服务管理机制，做到底数清、信息准、情况明、管得住、服务好，减少流动人口违法犯罪，提升管理服务水平。同时，对流动人口就业教育、计划生育、安全生产、拖欠农民工工资问题，特别是子女入托上学问题，市政府专门指定18所流动人口子女中小学，为流动人口子女享受常住人口待遇就近上学。

2015年，全市各级公安机关先后开展247次规模不等的对外来暂住人口和出租房屋的集中清查整治。同时，开展打击外来流动人口犯罪和流窜犯罪等专项斗争，对暂住人口管理的不断完善，外来流动人口犯罪呈逐年下降趋势。

四、刑满释放、解除劳教人员管理

1999年后，按照《中央社会治安综合治理委员会、司法部、公安部、民政部关于进一步做好服刑、在教人员刑满释放、解除劳教时衔接工作的意见》《司法部关于进一步做好刑满释放人员安置帮教工作的通知》要求，为加强刑满释放人员救助管理工作，各旗县（区）与社区签订帮教协议，全方位开展刑释人员安置帮教工作，开展对刑满释放人员就业审核、推荐，就业前的工作衔接、纪律教育和安置帮教结合的综合评估，定期对刑满释放人员进行走访，组织开展法律法规学习，协助基地对刑满释放人员进行劳动技能培训,配合社区矫正对刑满释放人员进行管理。根据《安置帮教协议》，社区结合自身发展状况和用工计划，接纳刑满释放人员就业，配合司法行政部门对刑满释放人员进行法律法规、思想道德等方面的教育，刑满释放人员与其他就业人员一样，享受同工同酬和其他劳动保障权利。

2015年，司法部等13部委联合印发《关于加强刑满释放人员救助管理工作的意见》。全市组织开展安置帮教工作人员信息化工作培训，建立完善跟踪帮教制度，形成政府、社会、家庭“三位一体”的关怀帮扶体系。协调相关社会救助管理部门按规定落实最低生活保障、特困人员供养、医疗救助、教育救助、住房救助、临时救助等救助政策。围绕“依法治市”“平安首府”建设，对全市安置帮教人员进行全面摸排，逐一建立档案，加强重点人群动态管控，做好有黑恶势力犯罪前科的刑满释放人员监督管理和安置帮教工作，落实安置、帮扶、教育措施。

第三节　维稳工作

一、社会稳定风险评估机制

2004年，根据自治区党委政法委的部署，成立市委维护社会稳定领导小组及办公室（简称市委维稳办）。为落实自治区综治委《关于在全区集中开展治安复杂地区排查整治和矛盾纠纷排查调处活动的通知》要求，推进全市矛盾排查化解工作，呼和浩特市开展基层维稳信息员组织选任工作，全市社区居民委员会、村民委员会确立基层维稳信息员 1211 人，第一时间按照风险等级向各级维稳部门上报基层涉稳信息。

2005—2007 年，加强领导，健全完善工作机制，认真落实维护稳定工作各项措施，确保呼和浩特市社会政治稳定和重大活动的安全稳定。制定《呼和浩特市维护稳定工作责任制暂行规定》，市委、市政府将维护稳定工作纳入对各旗县（区）、各部门、各单位领导班子实绩考核目标。在自治区 60 周年大庆期间，市委政法委、市维稳办制定相应的预案，预防因人为因素导致矛盾激化而引发的群体性事件。2008 年，完成奥运会、残奥会火炬传递等重大安全保卫工作任务。市维稳办被自治区党委、政府评为“全区奥运安全保卫工作先进集体”。2009 年，完成中华人民共和国成立 60 周年安全保卫工作。

2010 年开始，呼和浩特市开展社会稳定风险评估工作。8 月，市委、市政府印发《关于建立和完善重大事项社会稳定风险评估机制（试行）意见》。2012 年，成立呼和浩特市重大事项社会稳定风险评估领导小组，市委副书记、市委政法委书记任组长，市委副秘书长、市委政法委副书记、市维稳办主任任副组长，市各相关单位担任成员。

2014 年，为解决风险评估工作中常出现的概念不清，职责不明的问题，市委维稳领导小组印发《呼和浩特市深入推进重大事项社会稳定风险评估工作实施意见》，明确如何界定呼和浩特市重大事项。

截至 2015 年，通过建立重大事项社会稳定风险评估机制，对全市重大事项进行社会稳定风险评估工作中，事关群众切身利益的重大工程，全市始终要求各地区各相关部门做到“三个必须”：必须听取群众意见，必须公开各类信息，必须维护群众利益。

二、突发公共事件应急处置

2005 年 7 月 12 日，《内蒙古自治区突发公共事件总体应急预案》颁布实施。2007 年 7 月 30 日，《中华人民共和国突发事件应对法》颁布实施。

2012 年 8 月，由市委维稳办组织公安、武警、消防等相关部门在武警内蒙古总队训练基地进行一次社会安全事件应急处置综合演练，中央维稳办、自治区维稳办相关领导、出席自治区维稳工作中部片区的各盟市领导，自治区、呼和浩特两级维稳领导小组成员、监控单位负责人及 9 个旗县（区）相关负责人现场观摩。演练根据设计的场景，实战展示全市维稳、宣传、公安、医疗等多个部门在应对突发性群体性事件时，迅速响应、快速指挥行动，合理处置的能力。2014 年，自治区政府办公厅印发《内蒙古自治区突发事件预警信息发布管理办法（试行）》。

三、重要时期维稳工作

1997—2011 年，呼和浩特市连续完成自治区成立 50 周年、60 周年和北京奥运会、中华人民共和国成立60周年、中共十七大等重大庆典活动的安全稳定任务。每年全国党的代表大会、全国两会召开时间临近，市委维稳办均组织市相关单位及9个旗县（区）召开专门会议，分析维稳形势、明确具体任务。

2012年7月，市委维稳办印发《切实做好党的十八大前首府地区安全稳定工作实施方案》，明确工作目标、工作任务及工作要求，完成中国共产党第十八次全国代表大会期间呼和浩特地区的安全稳定任务。2013年，市委维稳办指导各旗县（区）、各部门全面开展涉稳隐患排查，全面掌握影响社会和谐稳定的源头性、基础性、根本性问题，多措并举，有效预防处置群体性事件。

2014年，为落实全区公安机关视频会议精神，确保中华人民共和国成立65周年庆典、亚太经合组织北京峰会期间全市社会治安的持续稳定，市委政法委、市公安局开展以“抓逃犯、打盗抢、打诈骗”为主要内容的“亮剑一号”专项行动，保护人民财产和生命安全。

2015年，为确保涉稳隐患排查工作“全覆盖，无遗漏”，按照“属地管理、分级负责”和“边排查、边化解、边整治”的原则，发挥覆盖旗县（区）、乡镇街道办事处、社区居委会、建制村的“三级政府、四级管理”维稳工作网络和基层维稳情报信息员的作用，确保涉稳隐患排查工作任务完成。

第四节 法学会

一、组织建设

2008年，呼和浩特市法学会（简称市法学会）成立，隶属市委政法委。2013年，市法学会按照中国法学会和自治区法学会关于进一步加强法学会组织建设的批示精神，市机构编制委员会办公室确定市法学会为事业单位，编制人员9人，内设办公室、会员服务部、学术交流部、法律服务部和信息调研部。截至2015年，市法学会共有团体会员124家。按照中国法学会新章程要求，重新登记的团体会员单位151个，审批个人会员260人。

二、法学会活动

2008—2012年，市法学会成立后，按照《中国法学会章程》，贯彻落实“组织法学研究，开展法律服务，参与法治宣传”主体要求，坚持抓好法学研究，积极参与法治宣传，提供法律服务。

2013年，市法学会开展“大学习、大讨论”活动，引导广大法学、法律工作者坚定理想信念，围绕呼和浩特的现实问题，抓紧抓实社会主义法治理念教育，提升队伍的政治素养。针对依法治市的需求，学习实践科学发展观，提升法学研究服务科学发展的整体水平。

2014年，按照中国法学会、共青团中央等中央八部委统一安排部署“爱祖国、学法律、创和谐”法治文化基层行活动和自治区法学会印发的活动实施意见，市法学会印发《关于开展青年普法志愿者法治文化基层行活动的通知》，成立市普法志愿者法治文化基层行活动组委会。

三、法学研究

2008—2011年，市法学会开展法学理论研究、专项课题调研、撰写课题论文、编辑出版优秀论文集。2012年《呼和浩特法学研究》创刊。2013年，组织会员开展《呼和浩特法学研究》创刊两周年会员书画征集展览活动，完成24期有关栏目的编辑工作。根据中国法学会和自治区法学会要求，开通“呼和浩特法学会”网站。至2014年，围绕中国法学会主办的“东北法治论坛”“环渤海区域法治论坛”“中国青年法治论坛”“中国西部法治论坛”等学术交流活动，在全市范围征集论文，组织政法部门和旗县（区）公检法司等有关部门研究人员围绕论坛内容撰写论文160篇，有80篇获奖；承担并完成自治区3个重点课题调研和60万字研究报告的撰写。其中，调研课题及课题研究报告《新生代农民工在城镇化建设中的作用地位及法律保障机制研究》《流动人口中故意犯罪预防与管控对策》《司法公正与公信力研究》通过自治区专家组评审。开展维护稳定化解矛盾问题探讨、公正廉洁执法等论文征集活动，共征集论文337篇。编辑出版《呼和浩特法学研究》刊物36期。“呼和浩特法学会”网站与内蒙古法学会网合并为一个版块，并与中国法学会网相互链接。

第八章　机关党的建设

第一节　组织机构

1986年，中共呼和浩特市直属机关委员会内设办公室、组织科、宣传科、机关纪委、机关团委。

1992年，中共呼和浩特市直属机关委员会更名为中共呼和浩特市直属机关工作委员会。内设办公室、组织部、宣传部，机关纪工委、机关团工委、机关工会工委。

1996年，市委办公厅印发《关于印发中共呼和浩特市直属机关工作委员会职能配置、内设机构和人员编制方案的通知》，明确市直属机关工作委员会是中共呼和浩特市委的派出机构及主要职责，内设办公室、组织部、宣传部、市直属机关纪律工作委员会、市直属机关团工委、市直属机关工会工作委员会（市直属机关妇女工作委员会）。

2001 年，呼和浩特市党政机构进行改革，市委办公厅印发《关于印发中共呼和浩特市直属机关工作委员会职能配置、内设机构和人员编制方案的通知》，明确市直机关工作委员会是市委的派出机构，负责市直属机关党的工作。内设机构不变。

2009 年，因市直属机关党员信息化建设工作需要，根据市机构编制委员会印发的《关于市直机关党工委增设党员信息部的批复》，增设党员信息部。

截至 2015 年，市直属机关工作委员会内设办公室、组织部、宣传部、党员信息部、市直机关纪律工作委员会、市直属机关团工委、市直机关工会工作委员会（市直属机关妇女工作委员会）。

第二节　基层党组织建设

一、市直机关党组织建设

1986 年，以健全党支部领导班子提高战斗力为目标，加强基层党组织建设，经市委同意，筹备召开市直机关第二次党员代表大会。年内，召开两次党支部书记座谈会，听取做好支部工作的意见建议。在纪念“七一”大会上，市直机关 6 个先进党支部、49 名优秀党员受到表彰。全年，共发展党员 88 人。

1987 年 1 月，市直机关工作委员会组织召开市直机关第二次党员代表大会，会议选举产生中共呼和浩特市直属机关第二届委员会和中共呼和浩特市直属机关纪律检查委员会。印发《关于开展先进党支部、优秀共产党员评比活动的意见》，在市直机关总支和支部中继续开展创先进党支部和优秀共产党员评比活动，“七一”前夕共评出 127 名优秀共产党员。年内，发展党员 79 人，预备党员转正 93 人；审批换届党总支 3 个、党支部 33 个，新设立党总支 4 个、党支部 18 个；举办预备党员集训班 1 期。

1989 年，推行党务工作目标化管理，建立健全基层党组织生活制度。在市人民检察院、总工会、中国人民银行组织开展民主评议党员试点工作。在直属机关党组织中开展“争先创优”活动，表彰优秀党员 121 人、优秀党务工作者 63 人、先进党支部 2 个。

1990 年，根据中共中央组织部《关于开展民主评议党员的意见》要求，市直属机关党委所属党组织重点开展民主评议党员、党员重新登记和领导干部参加组织生活会制度的落实。全市有 86 个党支部（总支）的 1584 名党员参加民主评议。同年，市委办公厅转发《关于市级领导干部参加党组织生活会的报告》，并参加支部和小组活动 12 次。1991 年，市直属机关发展党员 92 人，预备党员转正 75 人。

1992 年 8 月，市委批准市直属机关党委改建为市直属机关党工委，同时健全内部机构，将组织科、宣传科、机关纪委、机关团委分别改为组织部、宣传部、机关纪工委、机关团工委，另增设机关工会工委。

1993—1994 年，市直机关工作委员会推动基层党组织目标化管理。至 1994 年，对 66 个基层党组织实施目标化管理情况进行考核验收，其中 20 个基层党组织被评为优秀。

1996 年，市直机关工作委员会对部分机关党组织进行调整，督促符合条件的 30 个基层党组织配备专职党务干部，并提出《关于在市直机关增设专职党务干部职数的意见》，协调解决在推行国家公务员过程中机关党务干部无岗位问题。

1998 年，按照市直机关党工委年初工作要点和市委组织部 1998—2000 年机关基层党组织建设规划要求，开展“创红旗党支部，实施凝聚力工程”活动。

1999 年，市直机关工作委员会印发《关于对市旗县区机关党（工）委进行工作指导的意见》，组织召开“呼和浩特市旗县区机关党建第一次联席会议”。年内，先后向市委提交《关于市直机关党员干部当前思想状况的调研报告》《在党员发展中注意做好少数民族发展工作的报告》《关于市直机关党委发展党员工作情况调研报告》。

2000 年，市直机关工作委员会印发《市直机关基层党组织换届选举工作程序》《市直机关专职党务干部任职考核程序》《专职党务干部民主测评表》，规范基层党组织换届工作程序和专职党务干部选拔任用程序。

2001 年，全年审批新发展党员 50 人，预备党员转正 43 人，合格率 100%。2002 年，按 10% 的比例向直属党总支和党支部返还下拨党费。2005 年，指导新组建企业党委、党支部和改选换届党委、党支部工作。年内，审批发展党员 63 人，预备党员转正 43 人。

2006 年，市直机关工作委员会组织修改完善《市直机关发展党员工作细则》《市直机关党组织换届选举工作程序》工作制度，规范市直机关发展党员和党组织换届选举工作。制定《中共呼和浩特市直属机关工作委员会工作制度》，规范机关党工委日常工作运行机制。

2009 年，市直机关工作委员会增设党员信息部，加强机关党员信息库建设，运用现代化手段加强机关党员的教育和管理。年内，共发展党员 26 人，预备党员转正 29 人。

2010—2012 年，全面推行基层党务公开，完善党内情况通报和基层民主议事决策等制度，充分发挥基层党员在党内生活中的主体作用。

2013 年，以开展创先争优、机关作风建设、与社区共建、下基层办实事等活动，与市委组织部联合印发《关于进一步做好市直机关与社区长期建立共建联系机制工作的通知》，采取党支部进社区，党日活动进社区等形式，与社区党组织开展“四个一”互助活动，拓宽联系群众的途径和方法。年内，市直机关单位“一把手”深入社区

182 人次，分管领导深入社区 274 人次，机关支部深入社区 179 人次，党员深入社区 1548 人次；开展党日活动 98 次、联谊活动 53 次，组织献爱心活动 150 次，慰问困难党员和贫困户 1471 户、2499 人，资助贫困学生 71 人，为社区投入资金 154.63 万元。

2014 年，加强对专职副书记进行业务培训和业务指导，编印《机关党支部工作手册》，利用《机关作风报》、党建网和腾讯 QQ 群做好工作经验交流，组织拓展训练等方式，抓好机关专职副书记队伍教育管理，推动机关党组织建设。

2015 年，为规范党员发展工作程序，市直机关工作委员会制定印发《呼和浩特市直属机关发展党员工作实施细则》。年内，发展党员 63 人，预备党员转正 21 人。举办 1 期入党积极分子和预备党员培训班，320 人参加培训。

二、市直属机关群团建设

1986 年，市直机关工作委员会组织召开直属机关第一次团代会，选举产生直属机关第一届委员会。

1987 年，直属机关团委发展团员 76 人，办理离团手续 107 人；评选先进团支部 11 个，优秀团干部 41 人，优秀团员 30 人。年内，召开呼和浩特市直属机关妇女代表大会，成立直属机关妇女工作委员会，举办 3 次直属机关妇女联谊活动，开展五好家庭活动的宣传工作。1989 年，通过实行党务工作目标化管理，加强党对共青团的领导。

1990 年，针对个别团组织濒于瘫痪的问题，对部分团支部进行整顿，配齐团干部，建立健全各项规章制度。借鉴山西省太原市民主评议团员的工作经验，从 11 月开始，开展评议团员工作。1991—1993 年，组织开展学雷锋益民服务活动和“五四”系列活动，并对先进团支部、优秀团干部、优秀团员、青年工作最佳支持者等进行表彰。

1996—2000 年，团工委组织开展“社会主义市场经济理论大学习大讨论”百题知识问答活动、“迎澳门回归，做跨世纪优秀青年”演讲比赛和“争先创优”、“跨世纪读书”、“学寒星精神，做无私奉献青年”等活动。

2002 年，组织市直机关团员青年利用公休日参加市生态建设，先后组织团员青年 100 余人，挖树坑、捐植树款。2003 年，为抓好市直机关团员青年的思想政治理论学习，印发《在市直机关广大团员青年中，深入学习“三个代表”重要思想的通知》《关于号召市直机关团员青年起好模范带头作用的通知》《倡议书》。

2004—2005 年，以党建带动群团工作，支持和指导机关工青妇组织开展争创“市直机关青年文明号”“争当新世纪有为青年”“青年志愿者”等活动，强化思想政治教育。

2007 年，为对所属基层团组织实施有效管理，遵循团组织隶属关系随党组织隶属关系管理的原则，印发《关于理顺基层团组织隶属关系，加强市直机关共青团工作的通知》，对原基层团组织隶属和管理关系进行调整。

2009 年,机关团工委开展“青年文明号”“新世纪有为青年”创建活动,参与“爱党、爱国、爱家乡”主题活动。

2010—2015 年，组织开展“学党史、知党情、跟党走”、“我与祖国共奋进、我与首府同发展”和“青春首府、唱响红歌”等系列主题活动。

第三节　市直机关建设

一、市直机关理论学习

1986 年，除各党支部（总支）利用每周二、四下午组织党员学习外，机关党委集中举办 2 期思想政治理论学习班，有 21 个党支部（总支）的 214 名党员干部参加学习。在进行“四有”教育基础上，机关党委请老山前线英模报告团和自治区先进模范报告团为市直机关党员干部作 2 场报告。

1987—1989 年，为抓好党员干部党的基本理论和路线方针政策学习，以座谈会、集训、轮训等多种形式组织安排党员干部学习《马克思主义哲学》《建设有中国特色的社会主义》《坚持四项基本原则，反对资产阶级自由化》等专著。

1990 年，通过建立业余党校，组织党员干部重点学习《马克思主义哲学学习纲要》和科学社会主义理论，结合 1989 年东欧局势发生剧变，贯彻团结稳定方针，抓好国际形势教育。为配合形势教育，机关党委购置《党的基本知识系列片》《从美国看资本主义灭亡的必然性》《中国走社会主义道路是历史的必然性》等影音、影视资料。

1991—1994 年，市直机关工作委员会利用业余党校阵地、举办多种形式培训班、开展庆祝建党 70 周年系列教育活动、创办《机关党的生活》报等方式途径，对机关基层党员干部开展系统的马克思主义基本理论、党的基本知识、党的基本路线的“三基本”教育。印发《关于以经济建设为中心加强机关党建工作的意见》。举办各类培训班 94 期，培训党员和积极分子 6600 人次，出版《机关党的生活》14 期。

1996—1997 年，在党员干部中开展“双学”（学文化、学技术）活动。在学习内容上突出《邓小平文选》《邓小平经济理论学习纲要》，突出爱国主义教育。2 年间，开展“双学”活动的支部有 412 个，参与人数 7600 余人。

1998—1999 年，深入学习邓小平理论和社会主义市场经济理论，围绕“什么是社会主义、怎样建设社会主义”主题，开展大学习、大讨论。制定三年理论学习规划和年度学习计划，举办“邓小平理论学习”“三讲”（讲学习、讲政治、讲正气）理论骨干培训班。发挥基层党校阵地作用，举办党员“双学”培训班 90 余期，参训总计 7000 余人。

2000年，市直机关工作委员会印发《关于贯彻落实〈加强和改进思想政治工作若干意见〉的意见》。2004年，以建设“学习型”党组织为目标，先后组织理论学习汇报会、学习牛玉儒同志先进事迹座谈会、读书会等活动。2005年，以论文征集、学习研讨、参观展览等多种形式组织开展保持共产党员先进性教育活动。

2006—2007年，按照中共中央总书记胡锦涛关于“学习党章、遵守党章、贯彻党章、维护党章”的指示精神，组织党员学习《中国共产党章程》。

2008—2009年，以科学发展观等一系列重要论述作为思想政治理论学习的主要内容。完善《市直机关思想政治工作制度》《基层党校培训制度》《理论学习制度》等制度。

2011年，组织市直机关开展“纪念中国共产党成立90周年党史专题讲座”、征文比赛、理论培训班等，举办市直机关学习中共中央总书记胡锦涛“七一”重要讲话精神座谈会，强化机关思想政治建设。

2013年，开展“精读一本书、写一篇心得、进行一次座谈”活动，向全市机关党员干部推荐《大国悲剧》一书，党员干部撰写心得体会，召开读书交流会，交流学习心得。

2014年，为全市机关党员干部发放《八项规定改变中国》一书；编写印发《全面推进从严治党——干部教育读本》《书香青城——百字荐书汇编》。

2015年，市直机关工作委员会组织党员重点学习《习近平谈治国理政》《习近平总书记系列重要讲话读本》《习近平关于党风廉政建设和反腐败斗争论述摘编》《中国共产党章程》等，并为全体党员干部发放《中国历史教训》7000余册。通过领导班子学习带动机关党支部学习，机关党支部学习带动全体党员干部学习，把“三严三实”专题教育范围扩大到全体科级干部。

二、市直机关党风廉政建设

1986年，市直机关工作委员会处理整党遗留问题，对1984年处理过的3名留党察看党员，恢复其党员权利。1987年，对市直机关所属的17个支部在端正党风方面的情况进行调查，并向市纪委上报专题调查报告。1989年，根据《市直机关党务工作目标化管理方案》，各级党组织把党员党性、党风、党纪和清正廉洁教育列入议事日程。

1990年，结合评议党员和党员重新登记工作，对党员进行党纲党性、坚持四项基本原则、反对资产阶级自由化、为人民服务宗旨、端正党风、为政清廉、增强党性和党纪观念教育。年内，直属机关纪委受理违纪案件5起，涉及党员6人，结案2起。

1991年，根据市纪委《关于开展党规党法教育的安排意见》，各基层党组织开展党规党法教育，制定完善各项党风建设制度，突出抓好党员领导干部过双重组织生活制度落实，确保党内监督实施，加强领导干部自身建设。共查处党员违纪案件2起，处理违纪党员 3 人。

1992 年，研究讨论《市直机关纪工委 1993—1995 年信访工作目标化管理实施方案》，并成立市直机关纪工委信访工作领导小组。1993 年，开展党规党法教育，重点学习《党员领导干部犯严重官僚主义失职错误党纪处分的暂行规定》《共产党员在经济方面违法违纪党纪处分的若干规定》等，增强党员干部勤政廉洁的自觉性。

1994 年，制定《呼市直属机关纪工委关于对党员违纪案件的检查分工、案件审理程序和党纪处分审批权限的暂行规定》。年内，处理违纪党员 5 人，其中，开除党籍处分 3 人，留党察看处分 2 人。1996 年，查办党员违纪案件 4 件，处理违纪党员 12 人，其中开除党籍 4 人，留党察看 1 人，严重警告 1 人，警告 1 人。

1997 年，组织完成《目前党内监督存在的问题与对策》《加强公德教育，树立社会良好风尚》《加强党风廉政建设，必须抓好拒腐防变的“五道防线”》3 篇理论文章，其中，《目前党内监督存在的问题与对策》被编入《中国跨世纪改革发展文献》。

1998 年，举办以“纪检监察形势与任务”“纪检监察业务和实际案例分析”为内容的专兼职纪检监察干部培训班，有 61 个单位 66 名干部参加培训。

2000 年，先后印发《市直机关党风廉政建设实施意见》《关于对科级以下党员干部违纪案件查处及实施党纪处分权限的规定》，推动维护党组织纯洁性和党纪严肃性。2001 年，印发《关于改进机关作风，加强党风廉政建设的几点意见》《关于落实市纪检委关于组织观看“厦门特大走私案”等三部电教片的通知》，在所属基层党组织开展党性党风廉政教育和警示教育活动，增强机关党员、干部的拒腐防变能力，切实促进机关作风转变。

2002 年，印发《副处级以上领导干部参加组织生活记录本》，加强对党员领导干部的监督，把落实党风廉政建设责任制、进行党风廉政教育和开展科级民主生活会列入机关党建目标管理责任制。2004 年，在 18 个机关党委中建立机关纪委 16 个，健全和完善党风廉政建设组织领导机构和党内监督制约机制。

2005 年，印发《关于在市直机关中利用〈肖占武案件〉开展警示教育的通知》，以反面典型案例教育和警示广大机关党员干部。组织机关党务干部和理论骨干 270 余人参观职务犯罪教育基地——内蒙古女子监狱，由职务犯罪服刑人员现身说法进行警示教育。

2009 年，对全市 90 余个机关、企事业单位进行调研，召开 8 次座谈会，就加强廉政文化进机关，听取各单位意见和建议。组织举办市直机关纪检业务培训班 1 期，有 75 名专兼职纪检干部参加培训。

2010 年，以廉政文化进机关为载体，加强和改进机关党的作风建设，举办全市机关 110 余人参加的廉政文化建设活动培训班，组织 68 名党务干部到南京市“金陵廉政文化”教育馆参观；组织全市机关“扬廉政文化、创一流业绩”廉政文化建设主题演讲比赛，45名选手参加比赛，500余名党员干部观看演讲；在全市机关中选出11个单位作为廉政文化建设活动第一批精心培育示范点，发挥典型引路和示范带动作用。

2011年，印发《关于命名表彰市直机关廉政文化建设示范单位的决定》，表彰10个第一批市直机关廉政文化建设示范单位，并确定21个第二批创建廉政文化建设示范单位。2014年，印发《呼和浩特市直属机关廉政文化建设基本制度》，组织所属基层党组织书记、副书记近200人到内蒙古女子监狱进行廉政警示教育，表彰5个市直机关廉政文化建设示范单位，推动市直机关廉政文化进机关活动的开展。

2015年，开展“三严三实”专题教育，持续加强作风建设，解决领导班子和党员领导干部中存在的“不严不实”等突出问题。

三、市直机关精神文明建设

1986年，《中共中央关于社会主义精神文明建设指导方针的决议》印发后，市直机关工作委员会召开动员会，并印发《关于认真学习贯彻中央六中全会〈决议〉的安排意见》和学习《决议》35条思考题，在各党支部（总支）组织党员干部认真学习讨论，机关党委每周六到基层了解情况，分片区听取汇报。

1987年，结合中央发出的“双增双节”（增产节约、增收节支）通知精神，分别邀请退休市领导、离休老干部为党员干部上党课。1990年，组织开展向雷锋同志和焦裕禄同志学习的系列活动。

1992—1994年，联合团市委等单位开展向贫困地区赠送新旧书、向“希望工程”捐款等活动。1996年，结合中国共产党成立75周年和红军长征胜利60周年，在基层党组织中开展爱国主义教育活动，举办“重温近代史、增强爱国心”讲座，召开红军长征胜利60周年报告会，组织市委合唱团参加“纪念红军长征胜利60周年”歌咏比赛。

1997年，印发《认真贯彻十四届六中全会精神，加强市直机关精神文明建设的实施意见》，并组织开展系列活动，提高党员干部精神文明建设水平。

1998—1999年，开展市直机关“三优一满意”和“机关作风五示范”精神文明创建活动，与市邮政管理局等10个单位签订“精神文明建设责任状”，推动“机关良好形象工程”建设。

2000年，开展以“加强行政职业道德建设，塑造党政机关干部公仆形象”为内容的良好形象活动，与市文明委共同印发《关于进一步实施“机关良好形象工程建设”的安排意见》。2001年，在市直机关开展“百件好事”评比活动，共收到“百件好事”9580件，在《党建生活》简报上登载，年终评出“百件好事”杰出事件10件。

2002 年，组织开展“文明科室”、“我为首府建设献一计”和“百件好事”评比表彰活动，推动党政机关“四优一满意”、行政机关政务公开制和窗口行业服务承诺制活动深入落实。从 17 个单位 37 个优秀科室中评比出“文明科室”21 个，收集基层上报的好意见好建议 90 余条，并向市委、市政府上报 11 条。“百件好事”评比活动，收到上报好人好事 1012 件，在《党建生活》简报中刊登。

2004—2006 年，结合开展“执政为民、加快发展”培训教育和“为民、务实、清廉”主题教育，在市直机关中开展“文明机关”创建活动和机关“文明科（处）室”和“人民好公仆”的评比表彰活动。2007—2013 年，配合“整顿机关作风，提高行政效能”建设，组织开展“争创文明科（处）室，人民满意好公仆”活动。

2014 年，开展第二批党的群众路线教育实践活动，通过“创先争优”、与社区结对共建、在职党员到社区报到、为基层办实事等活动，提高服务基层、服务群众能力，加强机关精神文明建设。

2015 年，利用重大节日和重要时间节点，开展精神文明建设。机关工委先后组织全市直属机关举办“纪念中国人民抗日战争胜利暨世界反法西斯战争胜利 70 周年”书法绘画摄影比赛、“喜迎国庆、珍视和平——纪念抗战胜利 70 周年”大合唱歌咏大会和第十二届市直机关乒乓球比赛。基层各级党组织采取座谈研讨、知识竞赛、参观见学等多种形式，开展系列学习实践活动。

第九章　政策研究

第一节　组织机构

1980 年 3 月，市委政策研究室成立。1983 年 8 月，市委政研室更名为呼和浩特市委调查研究室。1986 年 1 月，市委调查研究室更名为市委、市政府调研室。10 月，改为市委政策研究室。截至 2015 年，市委政策研究室内设办公室、农村研究科、城市研究科、综合研究科，下设党刊编研处。

第二节　调查研究

1986—1990 年，中共呼和浩特市委政策研究室组织开展农业结构调整、农村基层组织建设、政治体制改革、市场经济、发展私营经济、农村社教等方面的调研课题，有针对性地解剖经济建设、基层政权建设中存在的问题，提出解决问题的办法，为市委决策提供依据。

1991 年，为促进经济发展，为领导提供决策参考，帮助有困难的企业摆脱困境、解决问题，市委政研室组织开展专项调研，并形成领导参阅、调研信息等调研报告 30 余篇，针对企业转型期间遇到的问题及出路，撰写《内蒙古化纤厂的技改项目要尽快促成》《呼市糖厂由亏变盈的缘由所在》《二轻集体企业处于困境》《呼市糖厂 90 年底主要指标在全区 19 家糖厂中所占位次》《加强支部建设，狠抓基层工作——内蒙古电视机厂党委加强基层党建工作调查》等多篇调研报告。

1992—1996 年，围绕社会主义市场经济理论大学习、大讨论，企业转型、群众菜篮子等专题，完成《在全方位开放中充分发挥政研室的职能作用》《呼和浩特市机构改革（旗县综合配套改革）工作总结》《呼和浩特市第三产业的基本状况及加快发展的具体措施和主要政策》《关于制约我市改革开放经济发展的主要思想障碍及其表现》《建好菜园子 丰富菜篮子》《郊区经委在转机建制中始终坚持四个结合》等 45 篇调研报告。

1997—1998 年，围绕乡镇企业发展、市政基础设施建设、农业产业化社会保险事业等专题，撰写《1996 年呼和浩特市乡镇企业发展概况》《1997 年春耕备耕中化肥、地膜的供应情况及存在的问题》《我市基础设施建设需处理好七个关系》等 25 篇调研报告。

1999 年，市委政研室完成 60 余篇调研报告；4 篇调研文稿被全国性报刊采用。针对市城郊接合部失去耕地后农民的生活现状和出路问题的专题调研，市委政研室与郊区区委政研室组成联合调查组，选择西把栅乡和如意和村，对村民进行入户调查，撰写《关于如意和村民失去耕地后生活现状和出路问题的调查报告》。完成和林格尔县和托克托县两地民间借贷情况的调研，市委政研室与自治区党委政研室等部门对和林、托克托县两地民间借贷的规模、利率及信用社经营情况进行典型调查，撰写《关于和林格尔县、托克托县民间借贷状况的调查报告》。对全市国有大中型企业“三年两大目标”实现情况的调研，撰写《困境中求生存，逆境中求发展》《打破常规拓新路，冲出困境展宏图》《掌握政策面对现实、谋求企业生存和发展的路子》《我市企业集团发展现状及其对策》《我市中小企业发展对策思考》《呼市国有企业幼儿园发展状况的调查》等调研文稿。

2000 年，市委政研室实际完成调研文稿 180 余篇。在全国性报刊上发表调研文稿 5 篇；政研室围绕实施“三大系统工程”“西部大开发战略”等市委、市政府的中心工作，针对呼和浩特市经济和社会发展的热点、难点问题，开展多项调研活动等。

2001 年，市委政研室共组织大型调研活动 16 次，撰写调研文稿 160 余篇，60 多万字。其中，经市领导批复和转化的文稿 116 篇，采用率 73%；在全国性报刊上发表调研文稿 3 篇；完成软科学研究课题 1 项。

2002年，市委政研室领导批示和转化的文稿76篇，采用率60%以上。在全国性报刊上发表文稿3篇，完成1项对呼和浩特市经济发展全局有影响力的大型调研成果《关于加快发展现代中药、蒙药科技产业的意见》。

2003年，市委政研室承担城市建设、经济运行、“三农”问题、党建等方面的重点课题调研工作，形成26篇调研报告，转化率50%以上。

2004年，撰写调研报告16篇。2005年完成调研文稿180篇，转化率58%以上，主要报告有《关于进一步为旗县区及开发区下放权力，推动旗县区及开发区加快发展》《关于发展民办教育的几点建议》《做大做强职业教育，为首府经济发展提供有力支撑》《关于呼和浩特市教育工作的调查》等。2006年，撰写专题调研报告12篇。

2007年，市委政研室共完成各类文稿100余篇。关于呼和浩特市中小学建设情况的调研，撰写《关于近两年呼和浩特市中小学建设情况调查》调研报告，综合反映全市15所学校重点建设项目的进展状况及其他中小学建设项目的落实情况。同年，市委政研室编辑出版《站在新的历史起点上——巨变中的呼和浩特》。由市委政研室撰写的文章《“三大创新”促进“中国乳都”》入选中国经济学家年会交流论文，同时，编辑出版《呼和浩特历史文化集萃》《白道谷春秋》2本书，承担《魅力呼和浩特》一书的主要策划、编辑和撰稿任务。

2009年，围绕奶业发展、科学发展、城市竞争力、硅产业发展、装备制造业等专题开展调研，并形成调研报告10余篇。

2010—2011年，围绕呼和浩特市总部经济发展状况、呼和浩特市小城镇建设、发展现代设施农业等专题开展调研，并完成3篇调研报告。与市工商联组成联合调研组进行调研，并撰写《建设首府商会大厦、提升商会对外形象、促进呼和浩特市非公经济大发展》。完成其他调研报告44篇。编辑出版《草原的天堂——呼和浩特十年巨变纪实》。

2013—2014年，为推广圪顶盖村脱贫经验，起草《产业扶贫，项目扶贫，探索独具特色的扶贫开发之路》调研报告，总结提炼出“圪顶盖模式”扶贫攻坚的8条经验。为提升首府环境水平，打造生态城市，市委政研室就加强污染源控制，提高减排水平开展专题调研，起草《借力京津联防联控，提高城市生态化水平》《采取有力措施推进生态移民工程建设步伐》的调研报告。围绕全市奶业发展，完成《对我市奶牛规模化养殖的思考》《关于我市农产品质量安全建设有关情况的调研报告》等调研报告。

2015年，市委政研室组织300余人次开展专项调研，形成15篇调研报告，重点包括《打造一流工业园区创新发展循环经济，探索经济生态和谐发展新路径——托克托工业园区发展循环经济调研报告》《政策引领，创业创新，助推小微企业蓬勃发展——破解小微企业发展难题的对策研究》等。立足党建实际，开展党建专项调研，撰写《将人民满意的好做法变成长期坚持的制度——关于基层从严治党经验的调研》等4篇文章。

第三节　文稿起草

1986—1998年，市委政研室围绕市委中心工作，服务领导，完成重要文件、领导讲话、工作情况汇报等文稿的起草和审核工作。政策性文稿大都以市委、市政府正式文件的形式颁布实施。宏观规划类有诸如“七五”“八五”“九五”计划和发展规划等，以及产业发展类、规范行政行为类的决定、实施意见、规定等，均参与制定、起草。

1999年，呼和浩特市建设现代化首府城市研讨会召开后，市委政研室组织人员编辑30万字的《呼和浩特建设现代化首府城市论文集》。同年，经市委政研室起草形成的市委、市政府文件有《呼和浩特市1999年农业和农村工作的主要任务和措施》《呼和浩特市关于建设生态市的决定》等7个。起草市领导在全市农村经济重点项目观摩会上的讲话，撰写市领导署名文章《把充满活力的呼和浩特带入二十一世纪》。其中，《发挥优势，突出特色，呼和浩特市农业产业化之路越走越宽广》作为特约稿报送至人民日报社。

2000—2007年，市委政研室持续参与起草和修改完善市委、市政府重要文件，起草大量有关领导重要讲话，署名文章以及论文文稿等。2011年，起草制定《关于加快建设创新型城市的决定》《关于促进全市教育改革发展的决定》等8篇文稿，并参与《呼和浩特市人才中长期发展规划纲要》编制工作。同时，编撰《呼和浩特市非公有制经济发展报告》。

2014年，起草完成《市委、市人民政府关于统筹城乡发展一体化的实施意见》《呼和浩特市关于贯彻落实中央、自治区民族工作会议精神的意见》。

2015年，起草完成《统筹城乡发展一体化实施意见》，并以市委文件印发，为全市“三个层次”推进新农村建设提供决策依据。同年，起草完成《加快推进新型城镇化建设的实施意见》，并参与“十三五”规划建议起草工作。

第四节　刊物创办

20世纪80年代末，创刊《学习与工作》，作为市委机关党刊，设理论阵地、宣传窗口、决策参考、市情总汇等专栏，以宣传党的方针政策、指导基层工作、介绍典型经验、展示风物景观。不定期编印《领导参阅》《调研信息》等。

1999年开始，每月定期出版《学习与工作》。2008年《学习与工作》全面改版，2009年被评为全国优秀党刊。2011年，编发《政研信息》。2013年，编发内部刊物《决策参考》。2014年，编印《市委政研室2014年调研报告汇编》。

2015年，与中央、省和地市100余个党刊编辑部建立刊物交流关系。编发《政研信息》36期。年底，编印《发挥政研作用 助力首府发展——2015年〈决策参考〉〈政研信息〉汇编》。

第十章　老干部工作

第一节　组织机构

1984年1月，市委老干部局成立，为市委专管老干部工作职能部门。内设一科、二科、办公室。1985年，设立离休干部活动室。1986年，呼和浩特市老干部活动中心开工建设，1987年建成，1988年8月开馆投入使用。

2001年8月，设立市委老干部局机关档案室。2005年，建立党总支9个，离退休党支部70个，混合党支部190个。

2007年5月，成立市委老干部局机关党委。2012年，呼和浩特市老年大学由市民政局转至市老干部局，为局属二级事业单位。

截至2015年，市委老干部局内设宣传教育处、待遇处、综合调研处、办公室。

第二节　政治待遇落实

1986年后，市委老干部局加强离休干部党组织建设。1987年，自治区成立40周年庆典期间，中央代表团接见19名原市级领导和老红军。至1991年，全市老干部党支部共64个，党小组共120个，有3名老干部入党，年龄最大的80岁。市委老干部局印发《老干部工作细则》。1992年，建立64个单独党支部，120个党小组，全市有2042名离休干部党员。1993年，组织离休干部开展一系列纪念毛泽东诞辰100周年活动。至1996年，全市有离退休老干部党支部154个、党小组148个。

2005年，建立局长接待日制度，全年接待老干部1700人次。建立老干部联系卡制度，制作1500张联系卡并发放到老干部手中，加强与离休干部的沟通和联系。在纪念中国人民抗日战争暨世界反法西斯战争胜利60周年之际，向抗战老干部发放纪念章，组织参观战争图片展。组织“呼和浩特首届老年人技能、才艺、成果大赛”，活跃老干部的生活。2006年，建立老干部家访制度，为全市离休干部订阅《老年世界》

等刊物。

2008年，市委老干部局将呼和浩特市老干部活动中心面积增加到3500平方米，呼和浩特市老年大学租用教室变为自有教室。同年，全市55家企业的822名离休干部全部移交至市老干部局所属市直企业离休干部管理中心和市经委老干部处2个单位管理，建立企业离休干部信息管理系统和花名册，实现信息化、数字化、规范化管理。

2009—2015年，市委老干部局组织开展各类主题研讨会，组织老干部参观市政建设，举办各类文体娱乐活动，丰富老干部生活。

第三节　生活待遇落实

1986年，经市委常委会会议研究决定，由市计划委员会拨出200名劳动指标解决离休干部子女就业问题；凡年龄到75周岁的离休干部，每年生日均有领导登门祝寿。市委老干部局印发《关于提高离休干部专用小车燃料供应标准的通知》。为离休干部配备专用车辆18辆。1987年，全市有离休老干部2119人。其中，享受盟市级待遇205人、县处级待遇1024人、一般待遇890人、持有优待证489人。1988—1990年，办理安置41人。1990年，一般离休干部交通费由5元提高到7元。

1991年，全市有离休干部2816人。其中，享受盟市级待遇249人，县处级待遇1763人，科级及以下待遇804人。1984—1992年，共为200名老干部解决住房、危房问题，组织老干部参加体检1757人次，为492名干部子女解决就业问题。

1993年，市委、市政府决定按参加革命的不同时期，每年发给离休干部生活补贴。1994年，按照自治区党委办公厅印发《自治区老干部工作领导小组会议纪要》要求，全市共兑现多年拖欠老干部各项经费57.83万元。1995年，市委决定将企业6名老红军的“两费”转为市财政开支并实行公费医疗。

1996年，全市有离休干部3195名，其中红军时期22名、抗战时期586名、解放战争时期2587名，行政事业单位1613名、企业l582名。1997年，为400余名抗战干部审批发放护理费。1998年，将1036名解放战争时期参加革命的企业离休干部“两费”全部移交市社保局发放。将原企业未执行的地方补贴43元、90元、50元均按月随工资发给离休干部。

2000年起，老干部每人全年医疗保障金在原基础上提高1500元。同时，从2000年1月1日起，给盟市级待遇企业离休干部每人每月补贴160元，处级以下每人每月补贴80元。2001年1月起，提高离休干部公用经费，由原来每年300元、400元、550元，提高到400元、500元、650元；特需费由原来的150元提高到200

元；按自治区规定提高老干部无工作的遗孀困难补助费的标准；市财政每年在预算中列出老干部解困专项经费，由市委老干部局统一安排使用。2004年，老干部的医疗预算提高至每人8000元。2005年、2006年分别提高至8500元、9300元。2007年，提高到1万元。当年，市委老干部局组织全市1081名老干部进行体检。

2008年，建立离休干部祝寿制度，每月为当月过生日的离休干部祝寿，向个别身体状况欠佳、不能参加祝寿活动的老干部送去生日蛋糕和祝福贺卡。同年，老干部医疗预算提高到1.1万元，年末进行结算，如有超支全部由市财政解决。建立健全特困离休干部帮扶机制，为49名老干部和遗属发放困难补助。协调市医院为12名大病、重病老干部解决住院、转院医疗费38万元。提高红军和红军遗孀的生活困难补助标准，市直企业离休干部遗属生活困难补助由530元提高到780元。

2009—2015年，市领导每年春节期间对部分老干部进行走访慰问。为91名盟市级离休干部和350名企业离休干部登门祝寿、集体过生日，为19名离休干部补办社会优待证，为31名旗县级及以上待遇离休干部办理逝世登报手续。

第十一章　编制管理

第一节　组织机构

1992年3月，根据中共中央、国务院《关于成立中央机构编制委员会的通知》，及自治区党委、政府《关于自治区机构编制委员会组成人员及工作职能的通知》，呼和浩特市委、市政府印发《关于呼和浩特市机构编制委员会组成人员及工作职能的通知》，调整市机构编制委员会组成人员，修订重申市编委会主要职责。

1996年6月，成立呼和浩特市机构编制委员会办公室，为市机构编制委员会领导的常设办事机构，挂靠市人事局。内设综合科、机关机构编制科、事业机构编制科。

2001年8月，根据呼和浩特市党政机构改革方案，市编办与呼和浩特市人事局分设。市编办内设综合科、机关科、事业科和登记科。2004年4月，增设机构监察科。2011年，增设呼和浩特市电子政务中心。

截至2015年，市编办内设综合处、机关编制处、事业编制处、监察处、法人登记处、电子政务中心。

第二节　机构编制管理

一、管理制度体系建设

2001年开始，市机构编制委员会办公室陆续制定各类机构编制制度。为控制增加机构编制、巩固机构改革成果，2003年、2004年分别印发《关于加强机构编制管理工作的通知》《关于重申加强机构编制管理工作的紧急通知》，要求各旗县（区）、各部门必须按规定程序呈报市机构编制委员会，由机构编制部门承办，主管领导“一支笔”审批，编委行文批复。

2004年10月，为加强机构编制管理，严格控制编制、人员增长，严肃机构编制工作纪律，市编办印发《呼和浩特市机构编制委员会办公室2004年度对市各部委办局和各旗县区机构编制管理目标的考核办法》。

2005年，制定《呼和浩特市机关事业单位机构编制管理暂行办法（试行）》，明确规定凡超编单位，均不予办理《批准使用空编通知单》；凡不符合机构编制部门审批使用编制数额和人员结构比例而录用、调入、分配安置的各类人员，编制部门不予列编注册，财政部门不予拨款；严格实行《机构编制管理证》制度；《机构编制管理证》实行年度审核制度。为协调组织、编制、人社、财政等部门间的工作关系，加强行政事业单位的机构编制管理，印发《关于建立呼和浩特市组织、编制、人社、财政等部门工作协调机制的暂行规定》《呼和浩特市党政群机关机构设置和编制管理实施办法》。

2007年，为进一步完善机构编制实名制管理，实现机构编制管理信息化，建立机构编制基础信息应用系统，将市直各部门及事业单位内设机构、单位性质、经费形式、核定编制、领导职数、人员结构、实有人员、人员基本情况等信息全部录入计算机，对机构和人员编制实行动态管理，强化机构编制实名制管理。严格控制事业单位中管理人员和工勤人员职数，提高专业技术人员的比例。2009年，制定《呼和浩特市机构编制实名制管理暂行办法》。

2012年，制定《呼和浩特市党政群机关机构设置和编制管理实施办法》，修订《呼和浩特市事业单位机构编制管理暂行办法》。2014年，成立市委全面深化改革领导小组办公室，批复9个旗县（区）成立全面深化改革领导小组办公室。

2015年，按照自治区编办要求，市编办对各旗县（区）政府职能转变和机构改革情况进行评估，推动改革任务全面落实，确保政府工作部门机构设置更加规范，职责更加顺畅，机构限额、人员编制、领导职数均没有突破上级规定限额。形成呼和浩特市政府机构改革评估报告，上报自治区编办。

二、推行机构编制管理证制度

1996 年开始，按照自治区编办要求在全市推行机构编制管理证制度。2002 年，初步建立使用空编通知单制度，使相关部门在考录公务员、分配大中专毕业生、调配人员、安置军转干部和复员退伍军人在空编的情况下进行，有效控制超编进人。

2006 年，市编办结合机关事业单位人员流动较大的实际情况，印发《关于换发〈机构编制管理证〉的通知》，要求各部门及所属事业单位统一换发“机构编制管理证”。按照“机构编制管理证”所列目录，将列编人员和登记人员、离岗人员、工勤人员、离退休人员进行分类，分别登记在新换发的“机构编制管理证”上。对不按规定及时更换“机构编制管理证”的单位，编制管理部门不予核编注册，财政部门不予核发工资。年末，完成市级机关、事业单位的“机构编制管理证”换证工作，旗县（区）换证工作有序开展。

2007 年，实行新进人员列编注册办法和使用空编进人制度，严格控制全市各级机关，事业单位增人。同时，针对机关事业单位不同程度地存在着人员结构不合理的问题，严格控制管理人员和工勤人员，提高专业技术人员的比例。2009 年，推广使用机构编制实名制管理信息系统。2010 年，制定《呼和浩特市实名制管理制度》《呼和浩特市旗县区机构编制工作考核办法》。

2012 年，经市委、市政府同意印发《呼和浩特市党政群机关机构设置和编制管理实施办法》《呼和浩特市机构编制实名制管理暂行办法》《呼和浩特市事业单位机构编制管理暂行办法》，规范和加强机构编制管理。2014 年，根据自治区的统一部署，对市本级行政机关、事业单位进行核查，撤销空壳机构，清理在编不在岗人员。

2015 年，根据自治区编办《关于盟市以下落实〈内蒙古自治区控编减编工作方案〉的通知》，印发《关于旗县区落实〈呼和浩特市控编减编工作方案〉的通知》《市机构编制委员会办公室关于开展控编减编方案执行情况自查和专项督查的通知》，严格执行控编减编，确保财政供养人员只减不增。在全市推广使用自治区编办开发的网络版机构编制实名制信息系统。

三、机构编制调整与划转

1999 年，配合自治区工商行政管理局和技术监督局管理体制改革的上划移交工作。同年，完成市辖区行政区划中有关机构、编制的划转工作。

2000 年，会同市人事局印发《关于抓紧清理乡镇机关事业单位编外人员的紧急通知》，要求各旗县（区）、乡镇都要成立以主要领导为组长的清理清退工作领导小组。明确清理清退的范围和对象，全市 96 个乡镇共清退超编人员 896 名。

2002 年，按照自治区党委、政府《关于呼和浩特市党政机构改革方案的通知》，市编办印发《呼和浩特市城市管理相对集中处罚权试点工作中有关职能、机构、人员编制调整的方案》，并按要求对市容管理局所属执法队伍进行调整下划。

2004 年，根据自治区编制委员会《关于重新核定物价检查所专项编制的通知》精神和市发展计划委员会《关于呼和浩特市物价检查所更名为呼和浩特市价格监督检查局及职能配置内设机构和人员编制规定的报告》，对物价检查所进行更名，对内设机构及人员编制进行调整。同时，根据自治区及市政府有关接收铁路教育的要求，办理接收划转手续；办理投资有限责任公司 13 名人员划转到市人才服务中心机构人员的审核入编工作；为下派居委会的 160 名工作人员办理入编手续。

2005 年，在市容管理局的基础上组建呼和浩特市城市管理综合行政执法局，加挂呼和浩特市城市管理局牌子，具有行政执法的主体资格，是市政府负责城市管理综合行政执法的工作部门。同时，调整开发区机构设置，按照精简、统一、效能的原则，坚持“一区多园”的管理模式，撤销如意、金川开发区工作委员会和管委会，设置呼和浩特经济技术开发区工作委员会和管委会，挂中国呼和浩特留学人员创业园区牌子，设置如意、金川、出口加工区 3 个工业园区和管委会。《呼和浩特经济技术开发区机构设置、主要职责、内设机构和人员编制方案》经市委常委会会议研究原则通过。年内，完成国土资源管理体制改革工作，成立市四区国土资源分局，并整建制上划市国土资源管理局。理顺旗县（区）红十字会的管理体制，根据自治区政府《关于切实加强红十字会工作的意见》，结合呼和浩特市实际，对各旗县（区）的红十字会进行单独设置，对机构规格、领导职数进行重新定位，推动群团改革进程。同年，根据市政府 8 号常务会议精神，指导广电局完善《广播电视管理体制改革实施方案》，对广电局和电台、电视台的职能职责进行调整，将广电局承担的电台、电视台财务、人事、经营管理等职能交两台承担，同时撤销市广播电视报社事业机构；根据市委书记办公会议纪要精神，将乌兰夫纪念馆整建制从市建委划出，改为市委直属事业单位，由市委宣传部代管，同时将土默特左旗乌兰夫故居划归乌兰夫纪念馆管理。市优化资本结构办公室更名为呼和浩特市招商办公室（局），为市政府所属处级事业单位，市编办对新组建的招商局的性质、职能、机构、人员编制进行调整和重新核定。

2006 年，对呼和浩特经济技术开发区所属金川工业园区、如意工业园区、出口加工园区进行整合。市委、市政府印发《关于呼和浩特经济技术开发区管理体制调整的意见》。同时在呼和浩特经济技术开发区设立呼和浩特市规划、国土、环保局分局，为各局派出机构，经费实行全额拨款。6 月，市政府批复同意新城区增设成吉思汗大街街道办事处，玉泉区增设昭君路街道办事处。年内，完成和林格尔县、清水河县、武川县交警大队整建制移交市公安局交警支队管理工作。对自治区铁路监督检查站整建制划归市农牧业局管理进行审核。

2007 年，完成市属各有关部门纪检组和监察室机构编制的调整划转。按照自治区剥离企业办社会职能和大中专院校教育资源整合工作的要求，对内蒙古对外经济贸易学校、内蒙古工程学校进行机构和人员编制的审核和接收，并对其内设机构、编制、实有人员、离退人员进行确认；完成南地公安分局人员编制划转。

2009 年，研究制定《呼和浩特市城市管理行政执法实施方案》《呼和浩特市实行农牧业综合行政执法的实施方案》，将农牧业系统各单位承担的行政执法工作全部纳入综合执法范围，整合农牧业执法机构。为切实转变商务主管部门管理职能，履行市场监管职责，维护市场秩序，成立商务综合行政执法大队。根据自治区政府办公厅《转发自治区粮食局关于加强粮食流通管理和监督检查工作意见的通知》，为加强对全市粮食流通的监督检查，规范粮油市场，成立粮食行政执法大队，建立和完善粮食流通管理和监督检查体系。

2010 年，根据国务院办公厅《关于调整省级以下食品药品监督管理体制相关问题的通知》，实施食品药品管理体制改革工作，完成机构编制人员的划转接收工作，将食品药品监督管理局列为政府工作部门。同时,完成旗县（区）食品药品机构设置、编制和人员的划转移交工作。根据自治区党委、政府《印发自治区深化医药卫生体制改革实施意见的通知》精神，实施医药卫生体制改革工作，完成 78 个乡镇卫生院的机构设置。按照自治区卫生院编制标准,重新核定事业编制。根据市委、市政府《关于深化文化体制改革、加快文化产业发展的意见》，按照“统一领导、统一协调、统一执法”的原则,实施文化体制改革,整合文化（文物）、广播影视、新闻出版（版权）等有关执法队伍，组建呼和浩特市文化市场综合执法局，实行统一综合执法，实现审批执法两分开。根据自治区党委、政府《关于盟市人民政府机构改革方案》，为理顺旗县物价管理部门关系，强化物价监督管理，实施物价管理体制改革，对部分旗县工商物价机构职责进行分离，统一设置物价管理机构、调整工作职能、移交人员、核定调整行政编制。

2011 年，根据中央编办《关于进一步做好地方党政机关消化超编人员工作的通知》，呼和浩特市制定《机构编制委员会办公室 2011 年度消化党政机关超编人员工作方案》，消化超编人员 328 名，从 2009 年开始累计消化超编人员 1004 名。

2013 年，对全市文化体制进行改革，整合文化市场资源，将市文化局与市广播电影电视局整合，成立市文化广播电影电视局（挂新闻出版局牌子），为市政府工作部门；整合电台电视台机构。同年，继续推进相对集中处罚权和综合行政执法工作，将市规划局、市城乡建设委员会、市住房保障和房屋管理局、市水务局、市环保局 5 个部门执法监察机构部分整建制划转到市城市管理行政执法局管理，统一整合成立市城市管理行政执法监察一支队、二支队、三支队和监察大队。年内，按照政府职能转变的要求，做好精简行政审批事项工作，行政审批事项由235项减少为195项。

2014年，按照严格控制机构编制，规范机构编制实名制管理的要求，对市本级及9个旗县（区）3128个单位进行编制核查，撤销11个空壳机构，清理8名在编不在岗人员。

2015年，按照《市纪委监察局派驻机构改革与全覆盖实施方案》，对全市纪检监察机构进行调整设置，同意市纪委设置10个联合派驻纪检组和26个单独派驻纪检组，增加副处级领导职数8名，科级领导职数（副组长）22名，核减市民政局等17家单位纪检监察室主任正科级领导职数各1名。保留市法院、市检察院、市司法局、市公安局原有纪检监察内设机构及其领导职数，由市纪委统一管理。完成市级纪检全覆盖工作机构编制调整方案，9个旗县（区）纪检监察全覆盖。将市工商局、质监局食品安全监管职能划转到市食品药品监管局。按照自治区国土厅、编办转发《国土资源部、中央编办关于不动产登记职责整合的指导意见》通知，将房产局、林业局、农牧业局承担的房屋、林地、草原等不动产登记申请、受理、审核、发证等职责统一调整到不动产登记机构，确保登记职责完整性；在市国土资源局加挂不动产登记局牌子，统一承担不动产登记管理职能。成立市不动产登记中心，为市国土资源局所属正科级事业单位，承担不动产登记经办职责。所需编制按照人随事走、编随人走的原则，从相关部门划转。

第三节　机构改革

一、1995年机构改革

1995年，根据《中共内蒙古自治区委员会、内蒙古自治区人民政府〈关于印发呼和浩特市党政机构改革方案的通知〉》，转变政府职能是这次机构改革的重点和关键。市委机构改革的重点是理顺关系，精简内设机构和人员，调整干部队伍结构和提高干部素质。中共呼和浩特市委机关在此次机构改革中，机要处改称机要局，为市委办公室内设机构；纪律检查委员会机关与监察局合署办公，一个机构、两块牌子；老干部局归组织部管理。按照建立社会主义市场经济体制的要求，将职能转变为统筹规划、掌握政策、信息引导、组织协调、提供服务、监督检查。撤销商业局，组建商务局，成立商业（集团）总公司，商业局行政职能划归商务局；撤销财贸办公室，行政职能划归有关部门承担；职工教育委员会与教育局合并为教育委员会；民族事务委员会对外挂蒙古语工作委员会和宗教局牌子；经济委员会改为经济贸易委员会；撤销农牧局，组建农业局、畜牧副食品局。农机化管理职能由农业局承担；防汛办划归水务局，为内设机构；经济技术协作办公室改为事业单位；房产处改为房产管理局，挂住房制度改革办公室牌子；国有资产管理局与财政局一个机构、两块牌子；设环境保护局；设人民防空办公室；档案局与档案馆合并，改为事业单位，挂档案局牌子；设机构编制委员会办公室是机构编制委员会领导的常设办事机构，对编委负责，业务由编委领导，挂靠人事局；撤销二轻局，行政职能划归轻化工业局。手工业联社为群众性集体经济组织，由轻化工业局代管；撤销物资局，成立物资（集团）总公司，行政职能划归商务局；组建地方税务局。经上述调整后，市政府设46个正处级工作部门，内设机构一律为科级。

二、2001年机构改革

2001年，根据自治区党委、政府批准的《呼和浩特市党政机构改革方案》，市委设置9个工作部门，分别为纪律检查委员会、办公厅、组织部、宣传部（挂精神文明建设委员会办公室、对外宣传领导小组办公室牌子）、统一战线工作部、政法委员会（与社会治安综合治理委员会办公室合署办公）、机构编制委员会办公室、政策研究室、直属机关工作委员会。2个部门管理机构分别为老干部局由组织部管理；机要局及保密委员会办公室（国家保密局）均是一套人马、两块牌子，由市委办公厅管理。市政府设置32个工作部门，分别为办公厅（挂外事办公室、经济体制改革委员会办公室牌子）、发展计划委员会、经济贸易委员会（挂安全生产委员会办公室牌子）、教育局、科学技术局（挂知识产权局牌子）、民族事务委员会（挂宗教事务局、蒙古语文工作委员会牌子）、公安局、监察局（与纪委合署办公）、民政局、司法局、财政局、人事局、劳动和社会保障局、国土资源局、建设委员会、规划局、交通局、水务局、农业局、林业局、对外贸易经济合作局、文化局、卫生局、计划生育委员会、审计局、环境保护局、广播电视局、体育局、统计局、粮食局、旅游局、市容管理局、房产局；议事协调机构的常设办事机构3个分别为人防办、扶贫办、信访办；部门管理机构3个分别为畜牧副食品局、乡镇企业局、法制办。经过机构改革，市直党政机构共设置41个，比改革前减少13个，精简24.07%。旗县设置党政工作部门30个。其中，党委部门7个，政府部门23个。市辖区设置党政工作部门27个。其中，党委部门7个，政府部门20个。旗县（区）统一设置2个部门管理机构和扶贫开发领导小组办公室。旗县（区）工作机构比改革前减少5.2%。乡镇机构改革按照政事分开的原则，撤销承担行政职能的事业单位，将行政职能交乡镇政府机关承担，改变原有的管理体制，乡镇事业单位实行以乡镇领导为主的管理体制，旗县（区）主管部门进行业务指导。对全市各乡镇的事业机构进行统一设置，合并农牧林水等农牧业技术推广机构，综合设置“农牧业服务中心”；合并乡镇文化站、广播电视站等，综合设置“文化服务中心”。撤乡并镇改革后，全市有乡镇77个，比改革前减少19个，精简19.71%。乡镇机构设置，按照转变职能、理顺关系，加强组织建设，推进农村牧区社会化服务体制改革的要求，从乡镇的实际出发，力求精干，人员分工不宜过细，每个乡镇设置综合性办事机构 4 ~ 5 个。此次改革，自治区重新核定市直党政群机关行政编制 1700 名，减少 520 名，精简 23.42%。重新核定 4 个区（含街道办事处）党政群机关行政编制 1268 名，减少 103 名，精简比例为 8.12%。重新核定 5 个旗县党政群机关行政编制 1656 名，减少 379 名，精简比例为 18.8%。重新核定乡镇行政编制总额为 1619 名，减少 566 名，精简比例为 25.9%。

三、2004 年机构改革

2004 年，自治区党委办公厅、政府办公厅印发《呼和浩特市人民政府机构改革方案的通知》，撤销市经济体制改革委员会办公室，其职能划入发展和改革委员会。经济贸易委员会改组为经济委员会，承担行业规划、经济运行调节、技术改造投资管理、产业政策的落实及工业化推进职能，并由市政府授权代表国家履行本级企业国有资产出资人职责。组建商务局，将原发展计划委员会的组织实施重要农产品进出口计划职能，原经贸委的内贸管理、原对外贸易经济合作局的职能划入商务局。撤销对外贸易经济合作局。组建安全生产监督管理局，由经济委员会管理。撤销原经济贸易委员会，挂安全生产委员会办公室牌子。市计划生育委员会更名为市人口和计划生育委员会。撤销农业局，组建农牧业局。原农业局管理的乡镇企业局更名为农牧业产业化办公室，由农牧业局管理。撤销农业局管理的畜牧副食品局，职能并入农牧业局。经过机构改革，市政府工作部门 33 个，比改革前增加 1 个。各旗县政府设置工作部门 24 个（清水河县 23 个），部门管理机构 1 个，议事协调机构 1 个。市辖区设置政府工作部门 21 个（赛罕区 22 个），部门管理机构新城区、玉泉区设置 2 个，赛罕区设置 1 个，回民区设置 1 个；议事协调机构 1 个。机构改革后，旗县（区）政府工作机构比改革前增加 9 个。此次改革，自治区重新核定市直党政群机关行政编制 1750 名。旗县（区）核定行政编制 2956 名。

四、2006 年乡镇机构改革

2006 年，开展乡镇机构改革。全市 8 个旗县（区）（不含试点县和林格尔县）辖 64 个乡镇（42 乡 22 镇）撤并乡镇 30 个，整合保留 34 个（12 乡 22 镇），撤并比例为 46.83%，旗县政府所在地的中心镇政府设行政机构 4 个，事业机构设 4 个，即党政综合办公室、社会事务办公室、经济发展办公室和城镇管理办公室；农牧林水科技综合服务站、文化广播服务中心、人口和计划生育服务中心和社会保障事务所。其余乡镇政府一律设 3 个行政机构，3 个事业机构，全市 8 个旗县（区）34 个乡镇共设置行政机构 106 个，设置事业机构 106 个，由改革前的行政机构 320 个，减少 214 个，精简比例为 66.87%，事业机构由改革前的 256 个，减少 150 个，精简比例为 58.59%。此次乡镇机构改革，8 个旗县（区）重新核定行政编制，由 2316 名精简为 2106 名。其中，行政编制由 1299 名精简为 1110 名，减少 189 名，精简比例为 14.5%；事业编制由 1017 名精简为 996 名，减少 21 名，精简比例为 2.1%。各旗县（区）根据各自实际，按照区域大小人口多少，工作任务繁简，在不突破自治区下达总编制的前提下，对乡镇人员编制进行重新核定，精简人员编制，优化人员结构。旗县政府所在地的镇设 9 名领导职数，其余乡镇一律为 7 名。内设机构由 576 个精简为 212 个，精简比例为 63.19%。党政领导可交叉任职，乡镇领导职数由 576 名减为 246 名，精简比例为 57.29%。

五、2010 年机构改革

2010 年 11 月，按照自治区党委办公厅、政府办公厅批复的《呼和浩特市人民政府机构改革方案》，市委、市政府印发《呼和浩特市人民政府机构改革实施意见》《关于旗县区政府机构改革的意见》，按照实行大部门体制改革思路，组建经济和信息化委员会，挂中小企业局牌子，不再保留经济委员会、信息化领导小组办公室。组建人力资源和社会保障局，不再保留人事局、劳动和社会保障局。组建城乡建设委员会，不再保留建设委员会。组建住房保障和房屋管理局。不再保留房产管理局，组建城市管理行政执法局，不再保留市容管理局。组建经济协作局，列为政府工作部门；食品药品监督管理局改为分级管理后，列为政府工作部门；外事办公室、法制办公室列为政府工作部门。市委、市政府信访局更名为信访局，列为政府工作部门；人民防空办公室列为政府工作部门，挂民防局牌子；金融工作办公室列为政府工作部门；扶贫开发领导小组办公室更名为扶贫开发办公室，列为政府工作部门，挂革命老区建设办公室牌子。交通局更名为交通运输局，将广播电视局更名为广播电影电视局，推进农牧业产业化办公室并入农牧业局，价格监督检查局由发展和改革委员会管理，兽医局由农牧业局管理。按照自治区的要求撤销议事协调机构的办事机构，将承担行政职能的体外循环机构全部纳入政府工作部门，政府组织结构得到优化和规范。改革后，市政府设置政府工作部门 40 个。各旗县政府设置工作部门 25 个（清水河县 24 个）、市四区政府设置工作部门 24 个（城市管理行政执法局作为试点，列为政府工作部门序列，不计入政府机构个数）。此次政府机构改革共核定行政编制 6954 名，旗县（区）核定行政编制 3220 名。

六、2014 年机构改革

2014 年，按照稳步推进大部门体制改革，做到总体稳定、局部调整，综合设置、精干设置的要求，市政府机构统称市政府工作部门，不设部门管理机构。将市卫生局与市人口和计划生育委员会的计划生育管理和服务职责整合，组建市卫生和计划生育委员会，为市政府工作部门，将市人口和计划生育委员会的研究拟定人口发展战略、规划及人口政策职责划入市发展和改革委员会；将市食品安全委员会办公室职责、市食品药品监督管理局的职责、市质量技术监督局的生产环节食品安全监督管理职责、市工商行政管理局的流通环节食品安全监督管理职责整合，重新组建市食品药品监督管理局，为市政府工作部门，挂市食品安全委员会办公室牌子；整合市委农村牧区工作部和市扶贫开发办公室，组建市农村工作委员会，为市政府工作部门；组建市园林管理局，为市政府工作部门；组建市国有资产监督管理委员会，为市政府工作部门；市工商行政管理局和市质量技术监督局改为分级管理后列入政府工作部门；市发展和改革委员会挂粮食局牌子；市文化广播电影电视局更名为市文化新闻出版广电局；市卫生和计划生育委员会负责食品安全风险监测；市农牧业局负责农畜产品质量安全监督管理；市商务局生猪定点屠宰监督管理职责划入市农牧业局；不再保留市卫生局、市人口和计划生育委员会、市粮食局、市经济协作局、市价格监督检查局、市兽医局，其他机构未作调整。监察局与纪律检查委员会机关合署办公，列入政府工作部门，不计入政府机构个数；科学技术局挂呼和浩特市知识产权局牌子；经济和信息化委员会挂中小企业局牌子；民族宗教事务委员会与宗教事务局为一个机构、两块牌子，挂蒙古语文工作委员会牌子;食品药品监督管理局挂食品安全委员会办公室牌子;人民防空办公室挂民防局牌子；农村工作委员会挂扶贫开发办公室、革命老区建设办公室牌子。经调整，市政府工作部门 40 个（含自治区下划机构 2 个：工商行政管理局、质量技术监督局），减少部门管理机构 2 个（价格监督检查局、兽医局）。各旗县政府设置工作部门 24 个（清水河县 23 个）、市四区政府设置工作部门 22 个（城市管理行政执法局作为试点，列为政府工作部门序列，不计入政府机构个数）。此次机构改革，市本级核定行政编制 8042 名，旗县（区）核定行政编制 3675 名。

第四节 事业单位管理

一、编制管理

1995 年，全国启动事业单位机构改革。同年，为贯彻执行中央、自治区精神，呼和浩特市对事业单位进行改革及“五定”（定机构规格、定内设部门、定人员编制、定人员结构、定经费来源）工作。事业单位的改革重点是转换运行机制、理顺关系、调整机构、精干队伍、提高效率、调整经费形式。鼓励和促进全额拨款的事业单位向差额补贴过渡。通过改革，呼和浩特市财政拨款的人数减少 10% 左右，撤并任务不足和业务相近及长期不出成果的事业单位。事业单位经费来源按全额拨款、差额补贴、自收自支 3 种类型核定。

2000 年，会同有关单位组织实施大中专院校的合并工作。撤销市教育学院、市师范学校，组建呼和浩特教育学院；将市高等技校撤并到市艺术学校；将市粮食学校撤并到市第二职业中专；按时完成市教育所属的23所学校的下划工作。

2001年，对具有行政职能的事业单位进行分类改革，撤销市清欠办公室、食品办公室、商业网点建设办公室、工程建设招投标办公室等11家事业单位，将其行政职能划归到有关职能部门。

2002年，按照中央编办的部署，对各事业单位进行重新分类，按性质确定管理方式，严格控制社会管理型事业单位数量、规模、编制；严格控制财政补贴和靠收费生存的事业单位的机构编制，加大财政监督力度，实行收支两条线管理。合并市教育学院、职工大学、广播电视大学，组建市职业教育学院。2003年，在市第十四中学、口腔医院、公路工程处3个单位进行改革试点。

2005年，对全市事业单位在编人员和离退休人员重新建立、更换事业编制台账，完成299家事业单位建账工作，占全市事业单位总数的87.4%。

2006年后，按照遵循政事、企事、社事分开的要求，对全市事业单位初步进行分类，即行政支持类、社会公益类和经营开发服务类三大类。市地震局变更隶属关系，为市政府直属事业单位；撤销市优化资本结构办公室，人员划转到市老干部局下属事业单位；撤销市农业培训中心机构，人员划转市农业局下属事业单位。完成市委党校、乌兰夫纪念馆、市接待办、市展览馆等内设机构更名、职能调整等工作。

2007年，对全市369个事业单位进行模拟分类，划分出行政类40个、公益类209个和经营服务类120个，按类别实施相应改革和管理。将市建委职工教育中心与市城建职工中专学校合并，市公用事业管理局与市燃气管理办公室、市供热管理办公室合并，市运输管理处与非机动车辆管理所合并。

2008年，市陵园工作人员整合后划入儿童福利院、社会福利院、救助站；铁路住房公积金管理机构和市住房公积金管理中心合并；乌素图森林公园管理处划入市林业局，公园管理处所属的执法监察大队、截伏流管理办公室变更为公园管理处内设机构；撤销公园管理处所属政府宾馆、机关服务中心，部分人员划入新成立的林业局机关服务中心，其余人员由林业局所属事业单位消化；整合驻烟台办事处和驻京联络处；撤销杨鲁安藏珍馆，人员划归市民族美术馆；纺织技工学校由市教育局划归市劳动和社会保障局管理；市保安公司退出事业序列，人员编制划入市警务中心。

2009年，对全市387个事业单位进行模拟分类，划分出行政类41个、公益类223个和经营服务类123个。撤销市陵园管理处。全年进行资源整合减少事业单位7个，收回事业编制20名。

2011年后，根据自治区编委《关于开展全区事业单位清理规范工作的通知》，分别对市直部门和旗县（区）进行安排部署。将市第三医院、市医疗器械维修所、市劳动局大楼招待所、市户外广告设置经营管理中心等4个单位进行改造、撤销。按照“撤一建一”的原则，撤销乡企局机关服务中心，成立农牧业局机关服务中心。将职能相似的市财政局集中支付中心和国库支付中心整合。将隶属市规划局的测绘管理职能及相关人员编制整体划入市国土资源管理局。由于主管局合并，将市劳动局和市人事局的机关服务中心整合，将由市信息办所属的市政府信息管理中心划转到市经济和信息化委员会。成立市公共资源交易中心。市国资局的产权交易、市土地收储拍卖中心的国有建设用地使用权招标、拍卖、挂牌、出让等交易职能划入市公共资源交易中心，并撤销市政府采购中心、市建设工程交易中心。重新核定乡镇卫生院事业编制，将市广播电台和电视台整合成立广播电视台。将市规划、城建、房产、环保、水务部分行政执法职能划入市城市管理行政执法局，将相应执法队伍进行划转。针对全市中小学教师编制严重不足，布局结构不合理的现状，对全市中小学教师编制进行2次调整。

2013年8月，根据自治区编办《关于盟市事业单位分类工作的通知》，依照自治区《盟市分类指导目录》，结合全市实际进行新增和调整，制定《呼和浩特市事业单位分类目录》《市本事业单位分类征求意见表》《呼和浩特市行政职能事业单位情况表》，对全市416个事业单位进行预分类，确定行政类事业单位7个，划入公益类事业单位389个。其中，公益一类305个、公益二类85个，生产经营类19个，根据具体情况对分类名册进行调整，保证分类改革稳妥、科学、严谨。截至2013年末，共清理规范事业单位46个，其中全额拨款33个、差额拨款10个、自收自支3个。收回事业编制708名，其中，全额拨款事业编制370名、差额拨款事业编制320名、自收自支事业编制18名。9个旗县（区）清理规范事业单位110个。其中，全额拨款95个，差额拨款9个，自收自支6个。收回事业编制301名，其中全额拨款事业编制270名、差额拨款事业编制23名、自收自支事业编制8名。

二、事业单位法人登记

1999年，呼和浩特市开始开展事业单位法人登记准备工作。2001年，按照自治区编办统一安排，于2月13日在呼和浩特日报、晚报上登载《呼和浩特市事业单位登记管理公告》《呼和浩特市事业单位登记管理工作有关问题答记者问》。年末，共受理市直事业单位300余个，批准登记213个。同时，指导9个旗县（区）的登记工作，对其人员进行业务培训。

2002年，完成市直事业单位初始登记49个，变更登记24个，年检181个。2003年，完成事业单位初始登记29个，变更登记161个。对旗县（区）编办事业单位法人发放年检标识。按照自治区事业单位登记管理局的具体要求，对所属登记材料进行重新整理，分别按证书的顺序号和系统进行分类归档。

2004年，市直事业单位共进行初始登记319个，变更登记178个，注销法人登记22个，另外，9个旗县（区）事业单位累计初始登记769个，注销法人登记1个；市直事业单位法人年检263个，9个旗县（区）事业单位法人年检545个。

2005年，市编办会同市档案局制定《呼和浩特市事业单位登记档案管理暂行办法》。全年，初始登记事业单位25个，变更登记事业单位148个，注销事业单位6个；对9个遗失《事业单位法人证书》正本或副本的事业单位进行作废声明；完成332个事业单位年检，年检率96%。

2008年，市直属核准登记事业单位383个，变更登记191个，新设立登记事业单位22个，注销登记事业单位6个；对250个事业单位法人进行变更登记；完成1368个事业单位分级年检，年检合格率达到98%。

2009年，办理事业单位设立登记111家，其中市直单位26家；办理变更登记217家，其中市直单位142家；审理年检事业单位1229家，其中市直单位303家；办理注销登记手续的29家，其中市直单位19家；市直单位办理换证登记25家，协助16家事业单位进行财务单独设账。

2010年，新设立登记事业单位13个；办理变更登记200个；审理年检事业单位382个；办理注销登记手续13个；办理换证登记29个。2011年，办理设立登记事业单位375个；办理变更登记195个；审理年检事业单位366个。

2014年，按照自治区编办关于事业单位法人登记工作要求，市编办印发《关于改革完善事业单位年检制度有关事宜的通知》，推进事业单位年度报告公示和确认登记改革工作。全年设立登记393个，变更登记213个，登记率92%。同年，按照自治区编办开展法人治理结构试点的要求，市编办印发《事业单位法人治理结构建设试点工作实施方案》《事业单位法人治理结构试点工作的指导意见》，确定托克托县、和林格尔县2所医院作为事业单位法人治理结构试点单位。

2015年，全市15个试点单位制定法人治理结构建设试点工作实施方案和章程，包括14个公立医院和市图书馆。托克托县医院、和林格尔县医院成立医院理事会和监事会；市图书馆成立理事会并召开第一届理事会第一次会议。将事业单位年检改为年度报告公示制度、开办资金验资登记改为确认登记制度。年末，全市设立登记事业单位512个，事业单位法人年度报告公示496个；新设立登记事业单位30个，变更登记370个，注销登记2个，遗失声明重新领证32个，并对设立登记和变更登记进行公示。

三、事业单位分类改革

2011年，根据自治区编办《关于开展事业单位模拟分类的通知》《关于事业单位模拟分类的指导意见（试行稿）》精神，对全市390个事业单位进行了模拟分类，根据职能任务、服务对象和资源配置等方面的情况，划分出行政类40个；公益类共

323个，其中公益一类202个、公益二类58个、公益三类63个；生产经营类27个。指导新城区和托克托县2个试点县区完成模拟工作。在模拟分类的基础上，根据自治区编办《关于开展全区事业单位清理规范工作的通知》，市编办印发《关于开展全市事业单位清理规范工作的通知》，全面开展了事业单位清理规范工作。

2012年，根据自治区党委《内蒙古自治区分类推进事业单位改革实施意见》，市委研究制订《呼和浩特市分类推进事业单位改革实施意见》。成立呼和浩特市分类推进事业单位改革工作领导小组。对事业单位的机构设置、经费性质、主要职责任务、承担职责的依据和职能职责履行情况等方面进行了全面调查摸底。

2014年，研究制订市属事业单位分类目录。按照市委、市政府的要求，开展事业单位整合工作。2015年，印发市本级事业单位分类意见。同时批复9个旗县（区）事业单位行政类分类意见，完成全市事业单位分类工作。

第五节　监督管理

一、监督检查

1999年，市编办会同市人事局工资福利科为市直机关、事业单位3万余人进行工资调整的核编工作，同时完成全市党政事业单位职工专业技术人员工资的兑现和职务晋升工资兑现的核编工作。

2001年，市编办将机构编制监控工作与考核目标监控、与“机构编制管理证”年检相结合，监控工作平时抽查与定期监察相结合，全年未出现违反规定增加机构、提高机构规格、改变机构称谓、增加编制、超编进人、增加领导职数、超职数配备干部等情况。2003年，在对各级各类机构编制管理中，严格控制行政事业编制的无序增加，坚持“空编进人”原则，确需新进人员必须在机构编制部门核定的编制限额内实施。机构改革后，对全市行政事业单位的“机关机构编制管理证”全部进行更换，为规范“机构编制管理证”的使用工作，规定各类机关办理人员调配、大中专毕业生分配、军转干部安置、复员退伍军人安置、公务员考录等核编手续时，必须携带“机构编制管理证”进行注册登记，否则不予办理一切核编手续及机构编制工作的其他事宜。

2005年，根据自治区党委、政府《关于严格控制盟市机构编制和人员增加的通知》文件，要求停止增加机构、编制的审批工作，暂时冻结机关和财政拨款事业单位（包括政策性收费的自收自支事业单位）使用空编进人工作，取消事业单位招考工作，控制财政供养人员的无序增加；根据自治区党委办公厅、政府办公厅《关于严格控制苏木乡镇机构和人员编制的通知》，按照中央纪委监察部、中编办、中共中央组织部、财政部《关于对控制苏木乡镇机构编制和实有人员情况开展自查的通知》文件要求，适应深化农村牧区税费改革工作和乡镇机构改革工作需要，会同市委监察局、市委组织部、市财政局，分3组对9个旗县（区）的77个乡镇的机构编制和实有人员情况进行检查；按照中央编办统一安排，设立“12310”机构编制全国统一举报电话。

2006年，对市直各部门、各旗县（区）吃“空饷”问题进行整改，要求在编不在岗人员选择上班或办理退休、离职手续，对吃“空饷”的人员停发工资；此外，会同人事、劳动、财政等相关部门制定出台《市直事业单位新进人员列编注册管理办法（试行）》，严格空编增人制度。

2008年，实施乡镇人员五年内只减不增，控制机构限额、人员编制、领导职数等。成立领导小组，明确责任分工和检查重点。制定监督检查工作方案，印发《关于开展机构编制监督检查工作的通知》，明确监督检查内容、方法、分值。制定《呼和浩特市机构编制委员会办公室消化党政机关超编人员工作规划》，根据全市各级党政机关超编数额和实际情况，按年度对消化超编人员的数量和时间进度进行安排，从2008年开始，每年年末要向自治区上报消化超编人员任务完成情况。

2009—2013年，根据自治区编办、监察厅《关于贯彻实施〈机构编制监督检查工作暂行规定〉的意见》，制定《机构编制监督检查工作暂行规定》。根据市委《关于开展县处级党政主要领导用人责任审查经济责任审计编制责任审核工作意见》要求，与市委组织部、市审计局对市文化局、卫生局、交通局进行用人审查、经济审计、编制审核“三联审”，未发现问题。

2014—2015年，重点开展机构编制核查回头看工作。市编办根据自治区编委《关于深入开展全区机构和人员编制核查全面推行机构编制实名制管理的通知》，按照严格控制机构编制，规范机构编制实名制管理的要求，完成对核查数据的修正和完善。

二、中文域名管理

2012年，按照中央和自治区编办中文域名注册和网站挂标两个全覆盖的要求，市编办开展全市政务和公益中文域名注册管理工作。截至2015年末，完成3046个中文域名注册和314个网站资格审核加挂标识工作。呼和浩特市的网上名称管理工作位居自治区前列，获中央编办电子政务中心颁发的“网上名称管理工作成效奖”。

第十二章　党校教育

第一节　组织机构

1986年，市委党校内设办公室、行政科、教务处、哲学教研室、经济学教研室、党史党建教研室、科学社会主义教研室、文史教研室、组织科。1987 年，增设理论研究室、经济管理教研室和培训部。1989 年，增设函授办公室，专门负责函授工作。

1993 年，市委党校内设办公室、行政科、教务科、组织科、哲学教研室、经济学教研室、党史党建教研室、科学社会主义教研室、管理教研室、文史教研室、理论研究室、培训班部、函授办公室。

1996 年，市委党校内设办公室、组织处、培训处、行政处、地方党校工作处（市委党校工作领导小组办公室）、教务处、科研处、图书馆、函授办公室；教学部门包括哲学教研室（领导学教研室）、经济学教研室、科学社会主义教研室（民族理论教研室）、管理教研室、党史党建教研室、法学教研室、基础科学教研室以及电化教育中心。2000 年，市委党校增设培训中心和财务处。

2002 年，根据全市财政工作体制改革的要求，市委党校按照规定财务工作并入市财政局统一管理，学校财务管理工作纳入市财政集中授权支付中心，财务工作人员并入办公室。

2001 年 7 月，改革后行政后勤和教辅机构有办公室（地方党校工作处）、教务处、科研处、函授办公室、行政处、图书馆、电化教育中心、培训中心；7 个教学部门不变。

2004 年 3 月，市委党校列入参照国家公务员法管理范围。内设办公室、行政处、教务处、函授办、科研处、地方党校工作处、机关党委、图书馆、电教中心、培训服务中心、政治理论教研室、经济教研室、管理教研室、法学教研室、党史党建教研室、统战理论教研室。2006 年 12 月，电化教育中心更名为信息处，培训中心更名为对外培训处。

2004 年 3 月和 2013 年 6 月，市委党校分别撤销市四区和 5 个旗县党校，并由市委党校承担旗县（区）、乡科级领导干部、乡科级后备干部、公务员、村（社区）“两委”委员的培训任务。2013 年，市委党校将财务室合并到行政处。

截至 2015 年，市委党校内设机构 20 个，其中有办公室、行政处、教务处、培训处、工作处、图书馆、信息处、对外培训处、组织处、财务处、公务员培训处、科研处、机关党委 13 个行政部门；政治理论教研室、经济教研室、管理教研室、法学教研室、统战理论教研室、党史党建教研室、社会管理与文化教研室 7 个教研室。

第二节　教学工作

一、教学方针

1986—1988 年，市委党校在开展干部正规化教育中，遵循 1984 年 12 月中共中央《关于加强干部培训工作的报告》，大规模正规化地培训在职干部，提高干部队伍的政治、业务素质和经营管理水平，把这作为实现干部队伍“四化”的根本途径之一，着重培养社会主义现代化建设所需要的干部，提高学员的马克思列宁主义、毛泽东思想水平，增长科学文化和专业知识，增长才干，增强党性。

1990年后，市委党校的教学方针主要体现为，突出领导干部以学习马克思列宁主义、毛泽东思想等基本理论为主，坚持理论联系实际的方针，坚持学员自学和研究问题相结合，增强教学的针对性，围绕重大问题进行理论教学。

1993—1999年，市委党校的教学逐步形成“围绕一个中心，突出四个重点”的教学体系，即以学习建设有中国特色社会主义理论为中心，以学习马克思列宁主义、毛泽东思想、邓小平理论等基本理论为重点，以学习党的路线方针政策为重点，以学习社会主义现代化建设需要的各种新知识为重点，以学习党的基本知识、增强党性锻炼为重点。

2000年，按照《中共中央关于面向21世纪加强和改进党校工作的决定》要求，市委党校建立起包括“基本理论和‘三个代表’重要思想”“经济社会发展”“领导能力”“党性教育”“市情市策”的教学新布局。

2003年，市委党校按照中央党校的要求，明确党校的“十六字”办学方针：实事求是、与时俱进、艰苦奋斗、执政为民。即坚持实事求是的思想路线，弘扬与时俱进的创新精神，继承艰苦奋斗的优良传统，实践执政为民的根本宗旨。2003年以后，在各个主体班的教学和培训中，都安排切实体现这4个方面要求的教育课程。

2004年，市委党校形成以立足现代化实践培养战略思维的课程为特色，以更新知识、提高领导素质和能力的课程为必要构成，以党建理论课程和党性锻炼为重要内容的教学课程体系。通过调整和改革，使市委党校的教学内容从总体上体现党校姓“党”、紧跟形势发展和适应首府建设的需要。

2009—2013年，市委党校以学习贯彻中共十七大、中共十八大精神为指导，在课程设置、培训内容、学员管理、教师量化考核等方面做了大量工作。

2014—2015年，市委党校以马克思列宁主义、毛泽东思想、邓小平理论、“三个代表”重要思想、科学发展观为指导，学习贯彻中共十八大、十八届三中、四中、五中全会和习近平总书记系列重要讲话精神，使习近平总书记系列重要讲话精神“进教材、进课堂、进头脑”，夯实学员的理论基础，加强党性教育，确保落实全国党校系统第六次教学改革精神。

二、教学管理

1986年至1988年上半年，市委党校举办大专班和短期培训班，学习内容根据学员对象不同有所侧重，学习时间一般在1个月左右，短的1～2周。课程内容主要有马克思列宁主义经典著作、毛泽东著作、中共十三大精神、思想政治概论、领导学纲要、国际共产主义运动史、法学基础、党建理论、社会主义商品经济理论、乡镇企业管理、市场营销学等。1988年下半年，停办2年制大专班。此后，市委党校干部培训工作重新确定以短训轮训为主的教学形式，学习内容包括社会主义初级阶段理论、社会主义商品经济理论、党的基本路线、马克思主义哲学、马克思主义建党学说和新时期党的建设理论、马克思主义民族理论、领导科学、行政管理学、思想政治工作、中共十三大精神等。

1992年后，市委党校适应新形势发展的需要进行教学改革，学习内容包括邓小平同志南方谈话、马克思主义党的建设理论学习纲要、中共十四大精神、邓小平同志建设有中国特色社会主义理论学习纲要、中国共产党七十年等。

1995年9月，中共中央发布《中国共产党党校工作暂行条例》，市委党校在理论教学上突破"老四门"（哲学、政治经济学、科学社会主义、党史党建）板块式的教学模式，学习内容包括《邓小平文选》（第三卷）、中共十四届三中全会《关于建立社会主义市场经济体制若干问题的决定》、中共十五大精神、建设有中国特色社会主义理论。开设坚持党的基本路线一百年不动摇、历史唯物主义的群众观点、转换国有大中型企业经营机制问题、加快社会主义市场体系的培育和价格改革问题等20余个专题讲座课。

2000年12月，市委党校制定《中共呼和浩特市委党校面向21世纪深化教学改革方案》。教改方案参照中央党校"理论基础、世界眼光、战略思维、党性修养"的教学布局，结合全市实际提出和建立新的教学布局。按照教学布局编写主体班教材《呼和浩特市党政干部理论学习简明教程》。

2001年后，市委党校每年主体班课程设置实行专题教学，教学内容围绕党的路线方针政策，结合呼和浩特市中心工作，根据形势变化不断更新和调整。处级干部轮训班在学习理论，开阔视野，增强党性的同时，突出战略性、世界性、宏观性；科级干部轮训班在扎实理论、更新知识的基础上，突出党性修养和综合素质的提高；乡镇干部培训班加强党的方针、政策的理解，注重农业、农村、农民问题的研讨；少数民族干部培训班、统战干部培训班在精学理论的同时重点研讨呼和浩特市民族工作、统战工作问题。

2002年11月，中共十六大召开后，市委党校选派9名教师到中央党校学习。随即举办5期处级领导干部中共十六大精神学习班，设置《新世纪新阶段建设中国特色社会主义的行动纲领》等8个专题。2003年，在举办的全市处级干部10期培训班上，设置的主要课程包括"三个代表"重要思想的时代背景与实践基础等7门。2004年，围绕市委、市政府的中心工作开设《执政为民加快发展和树立科学发展观》专题讲座，增加市情市策部分的内容，对"领导能力"教学单元也作了调整，突出行政管理能力的训练。

2005年，市委党校有针对性地设置课程，调整教学布局。共设置“三个代表”重要思想与基本理论等4个单元13大板块。2007年，根据中央党校的要求，把马克思主义中国化的最新理论成果作为教学中心内容，即安排科学发展观、构建社会主义和谐社会、建设社会主义新农村、加强党的执政能力等内容进课堂、进学员头脑。

2009年，市委党校提出“突出教学形式创新”“突出首府特点”的教学指导思想，吸纳现代培训方法，采取研究式教学方式；突出首府优势充分利用社会资源加大外请报告和市情市策的教学力度。2010年，采用双班主任制度，由市委组织部、市委政法委相关人员和党校教师共同担任班主任。

2011年，市委党校主体班课程设置由过去的“学习力、领导力、执行力”3个单元改为社会管理与创新、执政党建设、经济社会发展和呼和浩特建设、领导能力建设4个单元。

2012年，市委党校把春季学期的科学发展与领导能力建设、管理创新与依法行政建设、经济社会发展与市情市策3个单元，在秋季学期改为中国特色社会主义理论与实践、创新社会管理必备知识、党员干部素质能力提升、经济社会发展和市情市策、中国共产党光辉历程及实践经验、党性修养和反腐倡廉教育6个单元。2013年，加大外请报告力度与范围，聘请国家级、市级领导、区市专家学者、基层领导干部等，更多高层次、有学术造诣的领导、专家、教授为学员授课。

2014—2015年，市委党校根据《呼和浩特市2014—2017年干部教育培训规划》中对培训内容的要求，按照“组织需求是基础、岗位需求是关键、个人需求是补充”的原则，根据主体班学员岗位职务的职责要求和能力结构的需求，科学设计不同班次的教学内容，完善教学布局。同时，为规范教学管理，先后修订完善《教学工作量考核及津贴发放暂行办法》《教学质量评估办法》《党校教师听课制度》《教学观摩活动办法》《教师教学评估及奖励办法》《教学计划形成流程》《教学档案管理流程》《课表发放流程》。开设“城市县域经济发展之路项目化教学”“革命人物项目化教学”“突发事件危机管理项目化教学”“推进呼和浩特市新农村建设项目化教学”“革命人物项目化教学”“转变工作作风加强制度建设”6个项目化教学。

第三节　党员干部培训

一、市委党校教学班

1983年12月，自治区党校批准市委党校举办大专培训班。1984年9月至1988年7月，共举办3届2年制全脱产党员干部培训班，采取全日制教学方式，经考试合格者颁发大专学历文凭，毕业学员共 255 人。

1984 年至 1988 年上半年，举办大专班、处级领导干部培训班、乡镇企业厂长（经理）培训班、乡镇长及乡镇书记培训班等各种班次 16 期，培训学员 813 人次。1988 年下半年至 1991 年，共举办乡镇业余党校兼职教员培训班、企业党建研讨班、党建培训班、学习贯彻中共十三届四中全会精神学习班等各种轮训培训班次 37 期，共培训学员 2300 余人次。

1992—1994 年，共开办基层党校专兼职教师培训班、宣传系统科级干部培训班、企业政工干部政治理论培训班、中青年干部培训班、县处级干部理论进修班、处级干部学习中共十四大文件轮训班等，各类班次共 32 期。

1995 年至 1999 年底，共举办各类主体班次 50 期，包括县处级公务员培训班培训、中青年干部培训班、处级干部岗前培训班、基层党校师资培训班等以及各类主题研讨班，培训各级领导干部 2462 人。

2000 年，中共中央颁布《中共中央关于面向 21 世纪加强和改进党校工作的决定》，市委组织部贯彻决定精神，统一布置主体班次设置、学员抽调、时间安排，规范县处级和科级主体班次的学制。

2000 年至 2014 年 7 月，市委党校共举办各类主体班次 296 期，包括处级干部“三个代表”重要思想研讨班、“三个代表”重要思想学习班、中青年干部培训班等，以及各类面向基层、社区、旗县（区）等的培训班，共培训 2.74 万人次。

2015 年，举办各类培训班 27 期，培训干部 4512 人次。主要班次有处级干部进修班 1 期、第 6 期政法系统科级干部培训班 1 期、科级干部培训班 1 期、呼和浩特市民主党派新成员暨党外后备干部培训班 1 期、呼和浩特市村两委换届选举工作动员布置暨业务骨干培训班 1 期、全市深入学习习近平总书记系列重要讲话专题轮训班 3 期等。

二、呼和浩特市行政学院培训

1996 年 3 月，市委党校兼办呼和浩特市行政学院。同年，举办县处级领导干部公务员培训班 1 期，培训干部 32 人。1997 年，举办县处级公务员培训班 1 期，培训干部 56 人；举办公务员计算机知识培训班 1 期，培训干部 12 人。2001 年，举办市地税局公务员培训班 1 期，培训干部 94 人。2003—2006 年，举办科级国家公务员更新知识培训班、公务员初任培训班、全市干部人事档案培训班等各类班次共 13 期，培训干部 2260 人。

2008—2012 年，举办公务员配套法规组织人事干部培训班、全市公务员初任培训班、全市公务员晋升科级职务培训班 19 期，培训干部 2191 人。2013 年，举办全市公务员（参照人员）更新知识轮训班共 4 期，培训干部 1000 人；全市人事档案工作培训班 1 期，培训干部 290 人；全市人事干部业务培训班 1 期，培训干部 260 人；全市公务员统计直统试点培训会 1 期，培训干部 160 人；武川县公务员培训班 4 期，培训干部 600 人。至 2013 年，呼和浩特市行政学院共举办各类培训班 48 期，培训干部 8505 人次。2015 年，举办呼和浩特市综治干部培训班、呼和浩特市村“两委”换届选举工作业务骨干培训班。

三、呼和浩特市社会主义学院培训

2000 年 7 月，市委党校兼办呼和浩特市社会主义学院。当年，举办政协委员西部大开发研讨班 1 期，培训干部 25 人；新时期统一战线理论研究班 1 期，培训干部 33 人；民主党派专职干部培训班 1 期，培训干部 32 人；民主党派后备干部培训班 1 期，培训干部 28 人。

2001—2005 年，举办党外县处级干部培训班、统战信息员培训班、民主党派领导干部读书班等各类班次共 10 期，培训干部 426 人。

2006—2010 年，举办全市乡镇少数民族干部培训班、宗教工作干部和宗教教职人员培训班、残联计算机培训班等各类班次共 12 期，培训干部 659 人。

2013 年，举办呼和浩特市民主党派机关干部培训班 1 期，培训干部 60 人。至 2013 年，呼和浩特市社会主义学院共举办各类培训班 27 期，培训干部 1253 人次。

2015 年，举办呼和浩特市民主党派新成员暨党外后备干部培训班 1 期。

第四节　学历教育

一、脱产学历班教育

市委党校从 1984 年 9 月至 1988 年 7 月，共举办 3 届 2 年制全脱产党员干部大专班，共招收学员 255 名。其中，1984 年 9 月招收学员 94 名，正式学员 75 名，旁听学员 19 名；1985 年 9 月招收学员 61 名；1986 年 9 月招收学员 100 名。学习 2 年毕业后颁发党校大专学历证书，并享受国民教育相应学历待遇。

二、函授学历教育

1985 年 3 月，中央党校创办中共中央党校函授学院，并在有关省（市）委党校设立分院，采取统一组织、集中领导、分级管理的方式，开展党校函授教育。

1989 年，市委党校成立中央党校函授学院内蒙古分院呼和浩特市学区，在呼和浩特市地区招收学制为 3 年的函授大专班学员和学制为 2.5 年的函授后期本科班学员。由中央党校统一命题，统一时间进行入学考试和各门学科的考试，按照规定学制学习期满，全部课程经考试考查成绩合格，颁发中央党校函授学院学历证书，并享受国民教育相应学历待遇。中央党校函授学院内蒙古分院呼和浩特市学区函授大专班设行政管理、经济管理和法律 3 个专业，各开设 16 门课程，学制 3 年。中央党校函授学院内蒙古分院呼和浩特市学区函授本科班设党政管理、经济管理、涉外经济管理、法律 4 个专业，学制 2.5 年。

1999 年，市委领导从全市战略发展的高度出发，提出对党员领导干部进行高层次学历教育的思路。市委党校向中央党校函授学院上报《关于请求在呼和浩特市举办中央党校领导干部在职研究生班的报告》。2000 年 12 月 8 日，中央党校函授学院下达《关于同意呼和浩特市委党校领导干部在职研究生 2001 年招生的批复》。同年，在市委党校设立内蒙古党校函授学院呼和浩特市学区。呼和浩特市学区于 2000 年开始招收自治区函授大专班、本科班学员。学员按规定学完必修课程，经考试考核合格者，颁发内蒙古党校函授大专、本科毕业证书，享受国民教育相应学历的同等待遇。开设党政管理、经济管理、法律 3 个专业，大专班学制 3 年，本科班学制 2.5 年。

2001 年，招收对象为党政机关副处级以上领导干部、大中型企业高层领导、党校中级以上职称教师，本科以上学历者。录取中央党校函授学院在职研究生班、本科班、自治区函授大专班学员共计 639 人；其中，录取在职研究生 32 人。毕业 98 级大专班学员 432 名，本科班学员 258 名。2004 年，32 名学员通过毕业论文答辩取得中央党校研究生院颁发的毕业证书。

2008 年，中央党校的本科、大专函授教育不再招生。2010 年 12 月，市委党校的函授教育停办。期间，累计招收函授教育学员 17562 人。其中，大专班学员 9251 人，本科班学员 8279 人，研究生班学员 32 人。完成学业 16038 人，取得大专学历、本科学历、研究生学历。其中，大专毕业 8414 人、本科毕业 7592 人、研究生毕业 32 人。

第五节　教学研究

一、学术活动

1987 年 7 月，市委党校承办组织召开全国生态研讨会；10 月，联合市委政研室、市体改委等单位共同召开“完善企业经营机制，深化企业改革”的理论与实践研讨会。1988 年 6 月，举办“社会主义初级阶段理论”研讨会。10 月，举办“纪念中共十一届三中全会十周年”理论研讨会。

1989 年 9 月，市委党校举办“坚持四项基本原则，反对资产阶级自由化”研讨会。1990—2000 年，举办“社会主义问题”理论研讨会、“邓小平建设有中国特色社会主义理论”研讨会等。选派教研人员分别参加在呼和浩特市、承德市和长沙市举办的全国科学社会主义学会、华北地区党校系统和全国党校系统“纪念毛泽东诞辰 100 周年”理论研讨会。参加“少数民族地区经济发展”研讨会，以及“爱国主义教育和精神文明建设”征文活动和“全党抓经济学邯钢促改革增效益”征文活动。

1996年，成立市委党校学术委员会。学术委员会下设哲学、科社、管理和党史党建等4个专业小组，组长由学术委员会指定。2002—2009年，分别举办呼和浩特市理论界“学习江泽民同志‘5·31’重要讲话”座谈会、“呼市理论界暨党校系统学习党的十六大精神”座谈会、全校“非典引发的理性思考”理论研讨会、全校学习实践“三个代表”重要思想理论研讨会等12次理论研讨会和征文活动。组织教师分别参加“长征胜利70周年”“庆祝建党85周年”“纪念乌兰夫诞辰100周年”等各级各类理论研讨会、学术活动、征文评选活动和高层论坛等。

2011年，围绕建党90周年，组织全市党校系统“庆祝建党90周年”征文活动；召开全市党校系统“庆祝建党90周年”理论研讨会；在《呼和浩特日报》上发表专版主题文章；出版“庆祝建党90周年”专刊。

2012年6月，举办全市党校系统“党风廉政建设”理论研讨会；组织教师参加主题为“中国特色领导文化建设”的全国领导科学理论研讨会和全国党校系统法学、政治学、公共管理学学术研讨会、“维护宪法权威，全面推进依法治国——纪念‘八二’宪法30周年”征文及理论研讨会。11月，组织“学习贯彻党的十八大精神”理论文章征集活动。

2013年，组织教师参加全区党校系统“深入研究习近平系列重要讲话精神”征文及课题征集。2014年5月，组织开展“为了谁、依靠谁、我是谁——我的群众观”大讨论活动。

2015年，参加内蒙古草原文化主题论坛征文、内蒙古党校纪念抗日战争胜利70周年征文、内蒙古党校经济新常态主题征文、第四届行政文化论坛征文等活动。

二、校刊编辑

1989年，市委党校开始试行创办校刊《呼和浩特党校论坛》，编辑部设在理论研究室。1990年，经自治区新闻出版局批准，《呼和浩特党校论坛》成为自治区内综合性理论刊物（内部）。同年4月，学校制定实施《校刊编辑工作制度》，规范校刊的编辑工作。

1991年，转为自治区区内公开发行的刊物。1989—1991年，各出版2期。1992年，经自治区新闻出版局核准，按季刊在区内公开出版发行，在全国党校系统、高校及科研单位进行内部资料交换。

1993年，《呼和浩特党校论坛》更名为《青城论坛》，开设理论探讨、区市情研究、毛泽东思想研究、改革热点、国际政治、党校工作、理论辅导、青城文化等专栏。同年，学校成立编辑委员会，设编委，专兼职责任编辑，并聘请顾问和特约作者。12月，校刊编辑部加入全国党校系统期刊研究会，成为期刊研究会会员。

1996年,理论研究室更名为科研处。此后,校刊工作一直由科研处负责。1999年,《青城论坛》转为内部资料。校刊常设栏目有特约稿件、理论视点、教学研究、市情市策、学员论坛、青城文化、论点摘编等。2001年11月,制定《责任编辑工作制度》,明确规范责任编辑的工作职责。2003年,由小16开黑白印刷改为大16开彩色印刷。2008年,为提高办刊质量,制定印发《关于进一步加强校刊管理工作的办法》。

2013年,《青城论坛》更名为《党校学刊》。出版呼和浩特市“三农”工作专刊,专刊分设《领导论坛》《热点综论》《市情观察》《敕勒风情》《理论园地》等栏目。2014年,制定《关于调整校刊管理有关规定的通知》,调整编辑委员会、责任编辑和校刊各项费用。截至2015年,校刊共出版77期。

第十三章 档案管理

第一节 组织机构

1985年6月,市委、市政府决定市档案管理处改称市档案局,由市委办公室领导改为市政府直属局。市档案馆随同一并移交,归档案局领导;旗县(区)一律改为档案局,列入政府编制序列,作为旗县(区)政府的直属局,与档案馆合署办公。

1992年,市档案局升格为正处级,同时将档案馆分设,规格为副处级事业单位。市档案局内设办公室、业务指导一科、业务指导二科;市档案馆内设办公室、保管利用科、技术科、编研科。

1993年,托克托县在机构改革中将档案机构撤销,档案工作交县委办公室管理。市档案局报告市委、市政府,纠正了该县及其他一些地区撤销档案机构的做法。

1995—1996年,和林格尔县、清水河县、武川县相继由乌兰察布盟划归呼和浩特市,全市旗县(区)级档案馆增加至9个。

1996年,呼和浩特市党政机构改革,市档案局改为正处级事业单位,由市委办公厅管理,内设办公室、宣传教育科、业务监督指导一科、业务监督指导二科;市档案馆为副处级单位,内设保管利用科、收集整理科、技术科、编研科。各旗县(区)档案局相应改为事业单位,由旗县(区)委办公室管理。

2008年6月,呼和浩特市档案局、档案馆合并,一套机构、两块牌子,并重新核定市档案局(馆)事业编制,人员列入参照公务员法管理范围。

2010年4月,市机构编制委员会批复市档案局(馆)机构规格为市直属相当正处级事业单位,经费实行全额拨款,内设办公室、宣传教育科、档案馆室业务监督指导科、经济档案业务监督指导科、法规科、保管利用科、收集整理科、老干部科、技术科、编研科、现行文件资料服务中心。各旗县（区）档案局（馆）人员分别于2009年和2010年陆续列入参照公务员法管理范围。

截至2015年，全市有市、县两级档案行政管理机构10个，国家综合档案馆10个，专门档案馆2个（市城建档案馆、市产权产籍档案馆）和部门档案馆1个（市文化局艺术档案馆）。

第二节　档案业务

一、接收和征集

1986年7月，市委办公室、市政府办公室批转市档案馆《关于接收与征集档案资料范围的规定》，明确市档案馆接收和征集档案、资料范围，档案、资料进馆时间和档案移交要求。1987年《中华人民共和国档案法》颁布实施后，市档案馆逐年加大档案收集力度，1997—2000年，接收市政府、市计划委员会、市总工会、市统计局、市财政局等28个全宗档案10648卷。

2001年，市档案馆确定该年为“档案接收入馆年”，并在全市范围内发放《呼和浩特市档案馆征集档案资料通告》《档案馆征集名人、名胜、名产档案入馆暂行办法》。征集婚姻档案、名人档案以及到期档案和撤销机关、破产企业档案6178卷。2003年，收藏家刘振雄向档案馆捐赠清代、民国以及“文化大革命”时期的档案资料、字画、实物等123箱3万余件。

2004—2008年，市档案馆与市委、市政府、市委宣传部，市委组织部、市文明办等部门联合发文，凡重大活动、重要会议、重大自然灾害、名人字画档案应及时征集入馆。加强对中国呼和浩特昭君文化节档案、中国民族商品交易会、呼和浩特市庆祝内蒙古自治区成立60周年活动、保持共产党员先进性教育活动、学习实践科学发展观活动、党的群众路线教育实践活动、“三严三实”专题教育、创建全国文明城市、“两学一做”学习教育、机构改革等重大活动、重要工作的档案管理，确保档案齐全完整征集入馆。征集到1979年以后历届人民代表大会、政协会议照片、录像带；纪念抗日战争胜利60周年暨迎国庆书画笔会字画；市非典型性肺炎预防指挥部档案；牛玉儒在呼和浩特市工作期间公务活动形成的档案。先后征集到49位名人的档案，有呼和浩特市原副市长、延安时期曾担任毛泽东警卫员的周健，著名历史学家林幹等社会名人的档案；有亢文彬、高凤莲、冀成文、乌兰等艺术、体育、卫生界名人的档案。征集到艾青、范曾、欧阳中石、恨石、贾才、高延青、康庄、熊一然、杨鲁安、杨耿、孙卓章、孟喜元等书画家的作品246幅。2009年，内蒙古和林格尔剪纸作为中国剪纸联合申报项目列入《人类非物质文化遗产代表作名录》之后，征集195件和林格尔剪纸档案入馆。

2003—2010年，接收行政事业单位及破产企业的10万余卷档案，包括市人大、劳动局、物价局以及呼和浩特市物资集团总公司、糖厂、灯泡厂、内蒙古化纤厂、市造纸厂等15家破产企业。2011—2015年，共接收到期档案、破产企业档案58家单位65668卷（件）。

2012年，市档案局除正常接收到期档案外，配合市政府组织人员开展对全市22家破产企业中的7家开展接收工作，共接收档案3182卷8208件。征集到呼和浩特市人民广播电台专题节目《印象青城》光盘和书籍；摄影家诺敏何航拍的呼和浩特市全貌摄影作品电子光盘以及村志、家谱、个人回忆录等。

2014年，呼和浩特市档案馆向社会公开征集抗日战争专题档案资料，通过捐赠、征购和外地档案馆查阅复印等形式征集到档案11件869页、资料30册、革命历史纪录片光盘2件4张。

截至2015年，呼和浩特市档案馆馆藏档案、资料共460171卷（件、册）。其中，档案221个全宗422720卷（件），资料37451册。馆藏档案起止年代为公元1486—2015年。历史档案19个全宗13554卷件，档案202个全宗409166卷（件），5900延长米。馆藏档案门类30多种，包括文书档案、科技档案、声像档案、专门档案。

二、整理工作

1990—1995年，市档案馆重新整理、鉴定档案452卷；登记销毁清册904页，共销毁档案2125卷。整理旧政权档案416卷，其中归绥市电灯面粉公司272卷、归绥市女子师范学校52卷，其他全宗92卷；整理中华人民共和国成立后档案1062卷，其中市人民委员会690卷、市财办163卷、市档案局209卷；整理市委组织部档案8891卷。

1996—2000年，重新整理鉴定归绥市二区公所、归绥市三区公所、归绥市四区公所及归绥市女子师范学校、归绥市师范学校、归绥市被服厂、归绥市毛织厂、绥远省救济院等全宗的历史档案1687卷。整理鉴定市房产局、市药材公司、市物资局、市委、市牧工商公司、市运动办、市商业局以及“文化大革命”期间市查抄办的档案2500余卷。

2001—2005年，重新整理市卫生局档案982卷、市农牧局档案1000余卷、巴彦县公署和归绥县政府档案96卷、市物价局档案84卷、市人事局档案810卷、市第三机床厂会计档案2109卷；鉴定遗存档案900余卷，并对1500件零散文件进行复审鉴定，把有价值的140卷200件档案归入相关全宗。共整理编制各种目录88册12458页81059件。

2006—2010年，整理历史档案约5000卷3万件；整理市劳动局招工档案677卷

78387件；整理刘振雄捐赠档案、资料10414件。对破产企业动力机厂5000余卷会计档案进行鉴定；对馆内8个全宗825卷到期短期案卷进行鉴定销毁；整理编制破产企业档案目录200余册15766页54726件。2007年10月17日，为更好地保护档案，最大限度地延长其寿命，市档案馆将《明宪宗册封锁南奔为通慧禅师的敕命》《清宣宗封右卫防御奇勒坦之父为武德骑尉封之母为宜人的诰命》《清文宗封绥远城佐领佟琳之祖父为昭武都尉封佟琳之祖母为恭人的诰命》《清文宗封绥远城佐领佟琳为武德骑尉封佟琳之妻为宜人的诰命》《清穆宗封绥远城佐领昌祥之祖父为武功将军祖母为夫人的诰命》《清穆宗封绥远城佐领昌祥为武功将军昌祥之妻为夫人继妻为夫人的诰命》《清德宗封绥远城八品荫监恩荣为奋武校尉封恩荣之妻为孺人的诰命》《清德宗封绥远城补用骁骑校八品荫监生恩荣为武略佐骑尉封恩荣之妻为安人的诰命》《钦差大臣督办北洋海防事宜办理通商事务太子太傅文华大学士直立总督部堂一等素毅伯李赏给绥远城正黄旗二甲前锋恩瑞五品竣工顶戴之功牌》，以及1999年中共中央总书记、国家主席江泽民考察呼和浩特市的亲笔题词共11件馆藏珍贵档案，送往中国第一历史档案馆，进行复制、修裱。

2010—2015年，整理呼和浩特市商标印刷厂、呼和浩特市印刷厂会计档案500卷，内蒙古电缆厂、内蒙古铸锻厂等14家破产企业会计档案17000卷，死亡档案846卷，呼和浩特市三角公司2918卷，重新整理库存不规范企业档案2850卷，整理库存未整理的照片12002张，装册295盒，数字化处理照片12246张，对爱国主义教育基地展厅撤展的名人档案、实物档案、零散文件逐一整理归卷，全部入库上架。

三、保管工作

1986年，为加强对历史档案和珍贵资料的保护，市档案将铁皮档案柜增加到936节，木质档案柜202节，目录柜10个，资料架20个。档案管理由保管利用科负责，库房管理人员5人，实行专人负责，分别负责5个库房的管理，并建立完善的管理制度。重新划分全宗，共128个，调整存放地点，使全宗和全宗之间保持一定联系，形成全宗群。每个全宗按照一定的档案分类方法（即保管期限—年代—组织机构或保管期限—年代—问题）进行排列。

1995年，市档案馆搬迁到贝尔路28号，建有隔热走廊，具有良好的保管条件。1995—2005年，建立完善各项工作制度，对到期的短期档案进行鉴定销毁。同时，对3882卷破损档案进行修补和裱糊，修复破损档案。

2009年，市档案局制定《呼和浩特市档案局（馆）档案资料抢险应急预案》，明确有突发事件发生时的组织领导，成立以市档案局局长任总指挥、各科室负责人为成员的应急指挥部；明确应对火情、水情、失盗、地震等突发事件的实施抢救程序和保障措施。

2010 年，市档案局制定《进一步加强安全管理工作实施意见》《呼和浩特市档案馆库房管理制度》《呼和浩特市档案馆库房安全管理制度》《呼和浩特市档案馆安全保密制度》《呼和浩特市档案馆档案整理工作制度》《呼和浩特市档案馆档案鉴定工作制度》《呼和浩特市档案馆档案编目工作制度》《呼和浩特市档案馆档案统计工作制度》等一系列制度。

2011 年，为加强对历史档案和珍贵资料的保护，对馆藏历史档案进行排查，把软皮历史档案全部装入档案盒。2013 年，定制报纸专用档案盒，更换全部报纸装具。2015 年，定制专用函套，更换馆藏珍贵图书装具。同年，在每个库房内安装了摄像头。

四、档案检索

1995 年，呼和浩特市档案馆开始计算机机读目录录入工作。2000 年后，开始大规模录入。2012 年，开始对馆藏档案进行全文扫描，建立数据库。2013 年 4 月，民生档案数据库投入使用，一期共有“下乡知青”（简称知青）档案机读目录 26124 条、全文扫描 61250 页，“婚姻”档案机读目录 48960 条，全文扫描 377029 页。截至 2015 年，市档案馆共录入机读目录 677894 条；民生档案数据库完成 310299 件 1791270 页，内容包括全部历史档案、婚姻档案、知青档案、招工档案、重大活动档案、“非典”档案和部分文书档案、现行档案。

档案馆案卷目录、全引目录、归档文件目录可供利用者自行检索。馆内还编有卡片式、书本式人名索引。馆藏资料有总登记目录和分类目录。其中，案卷目录 801 册，全引目录和归档文件目录 725 册，专题目录 123 册。

五、档案利用

1985—1986 年，全市开展大规模编史修志工作。其间，市档案馆提供利用档案资料 21293 卷册，接待查阅者 4068 人次。1987—1995 年，提供利用档案资料 13675 卷册，接待查阅者 2388 人次。其中，编史修志 6397 卷册，经济建设 2231 卷册，工作查考 2834 卷册，其他类 2213 卷册。1996—2000 年，市档案馆提供利用档案资料 5233 卷册，接待利用者 1512 人次。其中，编史修志 1925 卷册，经济建设 1675 卷，工作查考 676 卷册，其他类 957 卷册。2000—2010 年，采取接待查阅、函电代查、提前预约等方式，市档案馆提供利用档案资料 18799 卷，接待利用者 11531 人次。

2011 年 4 月，市政府印发《关于进一步贯彻落实房地产宏观调控政策促进呼和浩特市房地产市场持续健康发展的实施意见》，开始实行住房限购措施。产权产籍档案馆增加办理业务窗口、增设绿色通道、调整查档流程，方便市民利用档案出具无房或房屋拥有套数的证明。至 2012 年，产权产籍档案馆共接待查档 20 万人次，出具房屋证明 84480 件。

2013 年 5 月，市档案馆开始实行档案证明、档案保护、档案复制免费服务。

2010—2015年，市档案馆接待查阅利用者13286人次，提供利用档案资料13837卷件，复制档案7026卷9592件22706页。其中，查阅率较高的民生类档案利用人数11905人次，利用档案资料7517卷（件）。

六、档案编研

呼和浩特市档案馆共有编研资料38种。其中，公开出版5种，分别是《中共呼和浩特市委大事记（1949—1999）》《呼和浩特历史文化撷萃》《白道谷春秋》《1944—1949年归绥市工商业同业公会档案简况》《呼和浩特市档案志》，合计约300万字。内部参考资料33种。

1986—2002年，市档案馆自编及与其他部门联合，配合党和政府各时期中心工作进行资料汇编，主要有《呼和浩特市资料》《中国共产党内蒙古自治区呼和浩特市组织史》《中国共产党呼和浩特市一至五届党员代表大会情况简编》《呼和浩特市历届人民代表大会简编》等。对馆藏内容进行开发利用，采用汇编、大事记、指南、传记、史志等形式，汇编出版《坚持着塞北抗日战争的大青山抗日根据地》《孤魂滩事件历史资料》《彭顺召事件》等专题性的有关少数民族发展历史和革命斗争方面的资料以及《档案工作会议文件汇编》《利用档案、资料效果典型实例选编》《呼和浩特市档案馆指南》《呼和浩特市档案馆全宗指南》等。市档案馆在配合党和政府各时期中心工作进行资料汇编过程中，编有《呼和浩特农业农村工作文件汇集》。该书收录中共十一届三中全会召开到1999年改革开放20年间，市委、市政府关于农业和农村工作的文件。

2003年，市档案馆编辑《抗击“非典”呼和浩特日志》。记录自2003年3月26日呼和浩特地区出现第一例“非典”患者至6月27日“双解除”为止，内容包括疫情通报、防治决策、防控措施、医疗救治、物资保障、群防群治、社会捐助等。

2005年1月至2006年6月，按照《中共中央关于在全党开展以实践“三个代表”重要思想为主要内容的保持共产党员先进性教育活动的意见》和自治区党委的安排部署，全体共产党员分三批参加保持共产党员先进性教育活动。为真实记录呼和浩特市先进性教育活动的开展情况，市档案馆与市委先进性教育活动领导小组办公室共同编辑《呼和浩特市先进性教育活动大事记（2005.1—2006.6）》。

2006年以后，市档案馆编辑出版《呼和浩特历史文化撷萃》《白道谷春秋》。

2011—2015年，市档案局（馆）编纂出版《1944—1949年归绥市工商业同业公会档案简况》《呼和浩特市档案志》。《1944—1949年归绥市工商业同业公会档案简况》全书32万字，附有档案影印图片242张，记录民国最后5年呼和浩特（时称“归绥”）的工商业及其经营者的情况。

七、档案展览

2008 年，市档案馆在迁入金桥馆址后，筹建爱国主义教育示范基地。利用馆藏资源，开设《历史的足迹——呼和浩特市档案陈列展》，内容包括悠久历史、革命传统、经济建设、城市建设、生态建设、文化建设、社会事业、档案事业 8 个部分。2009 年 12 月，市档案馆被市委宣传部命名为爱国主义教育示范基地。

2011 年，举办《光荣的历史——馆藏党史档案展》。展览包括人民在觉醒、艰苦的岁月、抗日的烽火、胜利的曙光 4 个方面。通过 231 件档案文献、图片、实物陈列，生动再现 1925—1949 年中国共产党在呼和浩特地区进行的革命活动。

2015 年 8 月，为纪念中国人民抗日战争胜利暨世界反法西斯战争胜利 70 周年，由市委、市政府主办，市档案局承办“历史的见证——呼和浩特地区抗日战争时期档案展览”。同年，市档案馆爱国主义教育基地被市纪委、市委党校分别命名为“廉政建设教育基地”和“市委党校教学基地”。

第三节　基础设施建设

一、馆库建设

1980 年，位于中山西路的市委办公大楼建成后，将大楼 172 平方米的地下室库房划拨市档案馆使用。市档案馆在充分利用库房空间的前提下，对重点档案、一般档案、党政机关档案进行分库管理。

1991 年 6 月，市档案馆新馆在回民区贝尔路 28 号破土动工。1992 年，呼和浩特市档案馆晋升为自治区二级档案馆。1995 年 10 月，贝尔路新馆交付使用。该馆总建筑面积 3604 平方米。其中，库房 600 平方米，设有档案目录室、查阅接待室、修裱室和计算机房。库房内安装有自动报警装置和“八防”（防盗、防光、防高温、防火、防潮、防尘、防鼠、防虫）设施，配备有密集架、空调、计算机、光盘刻录仪等。1996 年，晋升为自治区一级档案馆；1999 年，通过自治区一级档案馆认定；2000 年，在自治区档案工作达标升级中晋升为自治区特级档案馆。

2001 年 4 月，鉴于市档案馆周边环境对档案安全利用有不利影响以及新时期档案事业发展的需要，经市政府批准同意，市档案局决定在赛罕区金桥开发区建设新馆。2002 年 9 月，市档案馆金桥馆开工建设。2008 年 9 月，新馆交付使用。新馆大楼框架结构，共 5 层，总面积 4000 平方米。其中，库房面积 960 平方米，展厅面积 240 平方米，对外服务用房约 240 平方米，技术用房约 150 平方米。

二、信息化建设

呼和浩特市档案馆信息化建设始于 1995 年，采用自主编制的简易打卡程序，共录入 7 个全宗档案文件级、案卷级机读目录 20446 条。

1999 年，按照《全国民国档案目录采集标准》要求，录入完成 9091 条机读目录，这些机读目录进入内蒙古自治区和全国民国档案数据库。2000—2010 年，先后进行婚姻档案、“非典”档案、劳动局招工档案、知青档案和“照片档案”专题目录数据库建立工作以及文件级机读目录录入工作，至 2010 年，共形成馆藏档案机读目录 604436 条。

2012 年，市档案局（馆）档案电子文件数据中心建成，为档案信息化工作奠定了必备的软、硬件基础。完成馆藏知青档案机读目录 26124 条的录入工作和全部下乡知青档案和婚姻档案全文扫描 438275 页。

2012—2015 年，共完成档案全文扫描 310299 件 1791270 页，内容包括婚姻档案、知青档案、招工档案、历史档案、重大活动档案、“非典”档案、市政府档案等。2014 年，市档案馆对馆藏音像档案，进行数字化抢救工作，共修复 560 盘；其中，盒式录音带 483 盘、开盘式录音带 47 盘、录像带 30 盘。采集有效音频 27035 分钟，视频 2605 分钟，转换后的录音录像资料全部用国家档案级刻录光盘保存，共 118 张 DVD 光盘。扫描老照片 12246 张，建立馆藏老照片档案数据库。全文数据库的建立使这部分档案实现计算机检索查阅。

2015 年，市档案局对市四区婚姻档案机读目录数据库进行整合，完成呼和浩特市婚姻档案信息资源共享平台的搭建，实现市档案馆与市内四区婚姻档案信息目录共享，方便查阅利用。

第四节　依法治档

一、制度建设

1986 年 6 月，市档案局印发《呼和浩特市文书档案案卷质量标准》。7 月，市委、市政府批转市档案馆《关于接收与征集档案资料范围的规定》，要求将本市各单位和著名人物形成的，具有科学、历史研究价值和依据凭证作用的各种门类、各种载体形态的档案、资料，完整齐全地接收进馆。规定对接收和征集档案资料的范围、档案资料的进馆时间、档案的移交做具体要求。

1990 年 10 月，市档案局印发《呼和浩特市普通中学档案管理暂行办法》。全年，有 26 名业务指导人员通过培训、考试，取得执法督查员证，对全市的档案工作进行督查、指导。

1994 年 1 月，市档案局制定《呼和浩特市小型企业档案管理细则》，对企业档案管理体制、档案工作列入企业各项管理制度、档案工作业务建设等方面提出明确要求。

10 月，市委办公厅、市政府办公厅、市档案局联合印发《关于加强声像档案管理工作的通知》，规定声像档案的范围、收集和整理的要求。1997 年，市政府公布第一批行政执法机构，市档案局依法行使行政处罚权。同年，市档案局制定《旗县区档案工作考核评价标准（试行）》。

2001 年 3 月，市委办公厅、政府办公厅联合发出《关于呼和浩特市机构改革中对撤并转部门档案处置问题的通知》。2002 年 4 月，市委办公厅、政府办公厅印发《关于进一步加强个体、私营企业档案工作的通知》。2003 年 1 月，市档案局、教育局印发《呼和浩特市中小学档案管理暂行办法》。市委办公厅、政府办公厅转发《呼和浩特市档案局关于扩大市档案馆档案接收范围的意见》《呼和浩特市档案馆征集名人、名胜、名产档案入馆暂行办法》。

2006 年 5 月，市档案局、发展和改革委员会、工商局、推进产业化办公室、工商联联合印发《呼和浩特市非公有制企业档案工作目标管理考评办法（试行）》。10 月，市政府颁布《呼和浩特市城市建设档案管理办法》，明确城建档案的管理体制、城建档案的范围、城建档案的分级管理、城建档案的建档和移交、城建档案的保护和利用等。

2008 年 4 月，市委办公厅、政府办公厅印发《呼和浩特市机关事业单位创建示范档案室活动办法》，市档案局印发《呼和浩特市企业、科技事业单位建立示范档案室活动办法》。10 月，市委办公厅、政府办公厅印发《呼和浩特市行政村档案管理暂行办法》，规范建制村的档案管理工作。2009 年 8 月，市档案局与市发展和改革委员会联合印发《关于加强全市重点建设项目档案管理的通知》，对重点建设项目档案的监督指导、项目档案的专项验收提出详细要求。

2010 年 2 月，为规范档案行政许可行为，保护公民法人和其他组织的合法权益，市档案局印发《关于实施档案行政许可有关事项的通告》。通告明确档案行政许可范围，包括集体所有和个人所有的对国家和社会具有保存价值的或应当保密的档案向国家档案馆以外的单位或个人出卖的审批，向国外单位和个人赠送、交换、出卖档案复制件的审批；携带、运输或者邮寄档案出境的审批。

2013 年 10 月 10 日，市政府法制办公布实施《呼和浩特市档案局行政处罚裁量权标准》，附带《行政处罚说明裁量理由制度》《行政处罚裁量合法性审核制度》《行政处罚裁量典型案例指导制度》《重大行政处罚裁量事项集体讨论制度》《重大行政处罚备案制度》《行政处罚时限制度》。2015 年，市委办公厅、政府办公厅印发《关于加强和改进新形势下档案工作的决定》，主要内容包括强化档案工作的地位和作用、健全档案工作体制机制、推进档案工作现代化水平、深化“三个体系”建设、加强对档案工作的支持保障力度 5 个方面。同年，市档案局和市发展和改革委员会联合转发《内蒙古自治区档案局关于进一步加强全区重大建设项目档案管理工作的通知》《内蒙古自治区重大建设项目档案验收实施细则》，加强对重大建设项目档案工作的全程监管和服务，推动重大建设项目档案工作的制度化、规范化。

截至2015年，全市共有34名档案行政执法人员经过市法制部门组织的法律培训、考试，取得自治区政府颁发的执法督查员证。为规范执法行为、合法监督指导，坚持2人以上、持证执法的原则。

二、执法监督检查

1987年，《中华人民共和国档案法》颁布前，各级档案局主要运用行政措施来推动档案事业发展，业务指导多而监督少，其后，开始实施依法治档。1988年，根据国家档案局、国务院法制局和自治区党委、政府的要求，自治区档案局、司法厅对贯彻执行《中华人民共和国档案法》情况进行检查。1989年，全国人大常委会法工委、国家法制局、国家档案局联合检查组对呼和浩特市贯彻执行《中华人民共和国档案法》情况进行检查。

1992年6—10月，市档案局对市属机关单位宣传、贯彻、实施《中华人民共和国档案法》《中华人民共和国档案法实施办法》和国家、自治区、呼和浩特市颁发的有关档案工作的行政规章、规定落实情况进行全面执法检查。1993—1995年，市档案局对46个行政、企事业单位档案工作进行检查。1997年5月，市档案局向全市档案专业系统布置执法检查工作，成立执法检查领导小组，制定印发工作方案。8月，市档案局协同自治区法制局、自治区档案局、市人大常委会及市法制办，对市档案馆、新城区档案馆、回民区档案馆、玉泉区档案馆、托克托县档案馆，以及市工商局、民族商场、制酒厂等16家单位的执法检查情况进行重点抽查。

1998年，为配合全国全区的《中华人民共和国档案法》执法大检查，全市开展执法检查活动。2003—2006年，市档案局会同多家单位组成联合检查组、调研组、指导组等，对全市贯彻档案法情况进行检查。2007年，市档案局贯彻实施《行政执法责任制实施细则》，推行档案系统行政执法责任制，将执法检查与业务指导相结合，实现档案执法检查经常化、制度化，对重大建设项目档案、“创建国家模范环保城”档案进行专项检查。各旗县（区）档案44局按照市档案局统一部署，结合当地实际情况，采取多种形式，对档案工作中存在的问题进行专项执法检查和复查，被检查单位400多个。

2009年，自治区人大、自治区档案局对呼和浩特市贯彻落实《内蒙古自治区档案条例》进行专项执法调研。同年，全市机关企事业单位中26个单位建成示范档案室，18个单位档案目标管理和利用服务工作晋升自治区先进等级，其中，市人民检察院系统全部建成示范档案室。2011年，市委首次将档案工作列入年度市直机关考评指标体系，市档案局组织业务人员对全市 80 多个单位进行档案管理专项检查考核。

2012 年，市档案局印发《关于对数码照片档案整理工作进行检查的通知》，对 107 个单位数码照片的规范整理、及时归档、数据库建立、科学利用等情况进行现场检查，并进行 6 项随机执法检查。2013 年，市档案局按照监察部、人力资源和社会保障部、国家档案局联合印发的《档案管理违法违纪行为处分规定》，对市直机关和国有大型企业 30 多个单位进行执法检查。对《呼和浩特市 2013 年度档案工作重点目标责任状》完成情况的专项督查。

2011—2015 年，呼和浩特市档案局累计对 632 个市直属机关、138 家企事业单位进行行政执法监督检查，下达限期整改通知书 10 份，并进行跟踪执法检查以确保整改效果。

第十四章　党史地方志工作

第一节　组织机构

1983 年，根据呼和浩特市委书记办公会议纪要精神，成立呼和浩特市委党史资料征集办公室、呼和浩特市地方志编修办公室，为一个机构、两块牌子，属市委直属事业单位，内设办公室、党史科、地方志科、资料室。

1996 年 10 月，根据市机构编制委员会《关于中共呼和浩特市委党史资料征集办公室“五定”方案的批复》，机构规格为副处级事业单位。按照党史、地方志工作职能，分别隶属市委、市政府管理。2010 年，参照公务员法管理。截至 2015 年，市委党史资料征集办公室（地方志编修办公室）内设办公室、党史科、地方志科、资料室。

第二节　党史征研

20 世纪 80 年代初，市委党史办成立后，组织编辑人员走访革命老同志，对中华人民共和国成立前参加革命工作的老干部，以填写调查表的形式进行调查摸底。呼和浩特市有中国共产党成立初期和土地革命时期的老干部 33 名，抗日战争时期的老干部 524 名，解放战争时期的老干部 2257 名。编辑人员通过登门拜访、请进来等方式，请老干部撰写回忆录，不能写的进行口述，录音后加以整理，在《呼和浩特史料》上发表。为征集呼和浩特地区的党史资料，市委党史办整理出《呼和浩特地区党史资料线索》，印发各单位。先后走访高克林、杨植霖、苏谦益等 20 余位中华人民共和国成立前参加革命的老干部。征集革命回忆录 10 余篇，包括王威、裴周玉、杨秀清、陈介平、赵海栓、荣青海、杨滋林、苏斌任等老干部回忆录。撰写毕力格巴图尔、李子光、吉合、杨一帆、张克敏、贾恭、王士鑫等烈士传，以及云继先、巴增秀、云北峰等革命人物传记20余篇。召开2次座谈会，邀请王建功、黄厚、郝秀山、克力更、奇峻山、潮洛蒙、王威、赵余庭、陈介平、乌嫩齐等老干部参加座谈会。

20世纪80年代末，先后完成9集《呼和浩特史料》的编撰任务，协助市委组织部完成《中国共产党内蒙古自治区呼和浩特市组织史资料》编写任务。1995年，编撰13余万字的《中共呼和浩特党史大事记》。1999年9月，编撰完成30万字的《呼和浩特革命史》，由内蒙古大学出版社出版发行。

2001年，完成《呼和浩特史料》（第十集）编辑出版工作。协助市委组织部编纂完成《中国共产党内蒙古自治区呼和浩特市组织史资料》第二卷。年内，《呼和浩特革命史》被自治区社科联评为一等奖、呼和浩特市“五个一工程”奖。会同市委宣传部完成呼和浩特市庆祝中国共产党成立80周年大型图片展览“光辉历程”的组稿和展陈工作。

2004年,完成党史系列丛书《城市接管与社会改造——呼和浩特卷》的编纂工作。2005年，为纪念反法西斯胜利暨抗日战争胜利60周年，弘扬爱国主义精神，与呼和浩特日报社联合刊载革命英烈专集33期，与呼和浩特电视台联合编播呼和浩特地区抗日战争概况。协助自治区党委党史研究室，完成纪念反法西斯胜利暨抗日战争胜利60周年专题电视片《青山作证》呼和浩特地区影像资料的采集任务。

2006年，启动中央党史研究室下达的抗日战争时期中国人口伤亡和财产损失呼和浩特地区调研统计工作。2008年，完成《呼和浩特市改革开放30年》系列丛书部分编纂任务。组织理论研讨会，撰写相关论文4篇。2009年，组织召开第七届西部城市党史工作协作会，15个省市、120余名史志工作人员到呼和浩特参加会议。

2010年，完成《内蒙古抗战时期人口伤亡和财产损失·呼和浩特市卷》专题任务的编审工作。同时，按照中央党史研究室布置的革命遗址普查工作，对呼和浩特市境内1919—1949年间的著名历史遗址、遗迹进行实地调研和数据考证。

2011年，市委党史办制定并印发《呼和浩特市2011—2015年党史工作规划》，完成《内蒙古抗战时期人口伤亡和财产损失·呼和浩特市卷》（30万字），由中共党史出版社出版。全书分为呼和浩特市抗战时期人口伤亡和财产损失课题调研报告、统计表、资料、部分人员伤亡名录、大事记、后记五部分。指导和林格尔县编辑出版《中国共产党和林格尔县组织史》。

2012—2014年，完成革命遗址普查工作，共普查出革命遗址108个，弥补呼和浩特市历史上革命遗址数量不清、情况不明的空白。组织编撰《呼和浩特革命春秋》。

2015年，编撰《呼和浩特抗日历程读本》，组织审阅《中国共产党内蒙古自治区武川县组织史资料（1997—2013）》。同年，整理完成40余名呼和浩特地区革命先烈的资料，总计2万余字。

第三节　地方志编修

1986年7月，呼和浩特市第二次地方志工作会议召开，市委副书记、地方志编修领导小组组长赛吉尔夫发表题为《加强领导，继续努力，保质保量做好修志工作》的讲话。8月，市委、市政府召开由各局级单位分管修志工作的领导及全体修志人员参加的会议，传达全国城市志编纂工作研讨会议精神，安排全市修志工作。

1987年6月，《土默特志》（下卷）由内蒙古人民出版社出版发行。1989年4月，《武川县志》印刷出版。1990年12月，《回民区志》（简装本）审定成稿，内部发行。

1993年3月，《和林格尔县志》由内蒙古人民出版社出版发行。9月，在北京市举行的全国首届新编地方志优秀成果评奖活动中，《武川县志》获全国优秀志书一等奖，《土默特志》（下卷）获全国优秀志书二等奖。11月，《玉泉区志》由内蒙古人民出版社出版发行。同年，在自治区地方志编纂委员会组织的全区优秀志书评奖活动中，《武川县志》《土默特志》（蒙古文版下卷）获一等奖，《土默特志》（下卷）获二等奖。

1994年11月，在全区地方志办公室主任工作会上，对《呼和浩特市志》上册初稿进行初评。1995年11月，《呼和浩特市志》（上册）评审会议召开。自治区地方志办公室及呼和浩特市有关领导、专家、学者参加评审会。1996年7月，《呼和浩特市郊区志》由内蒙古人民出版社正式出版发行。1997年5月，《土默特志》（上卷）由内蒙古人民出版社出版发行。7月，《呼和浩特交通志》由人民交通出版社出版发行。

1998年3月，呼和浩特市党史、地方志工作会议召开。市委副书记郝存柱作题为《深入贯彻十五大精神，进一步提高认识，开创史志工作新局面》的讲话。11月，《武川县志》（续编）由内蒙古人民出版社出版发行。同年，在自治区地方志编纂委员会、自治区政府办公厅、自治区社会科学联合会联合举办的第一届内蒙古地方志奖评奖会上，《武川县志》获特等奖、《土默特志》获一等奖、《玉泉区志》获三等奖、《呼和浩特市郊区志》获最佳编校奖。

1999年，《呼和浩特市志》（上、中、下册）由内蒙古人民出版社出版发行，志书上溯到事物发端，下限至1985年末。《呼和浩特市防空志》由内蒙古大学出版社出版发行。2000年，《呼和浩特市志》在自治区第六届社会科学优秀成果评奖活动中获优秀奖。2001年2月，《呼和浩特市道路交通志》由内蒙古人民出版社出版发行。10月，《清水河县志》由内蒙古文化出版社出版发行。

2003年8月，《托克托县志》（上、下册）由内蒙古人民出版社出版发行。7月，在自治区地方志编委会、自治区政府办公厅、自治区社会科学联合会联合组织的第二届“内蒙古地方志奖”评奖会上，《呼和浩特市志》获二等奖、《武川县志》（续编）获三等奖、《清水河县志》获优秀奖和最佳组织奖。

2005年12月，中国地方志指导小组表彰全国方志先进集体和先进工作者。市委党史办王珺被评为全国方志先进工作者。2006年3月，《呼和浩特市新城区志》（上、下册）由远方出版社出版发行；《托克托文物志》（上、下册）由中华书局出版发行。11月，《内蒙古新华书店志·呼和浩特市分卷》由内蒙古人民出版社出版发行。2007年6月，《呼和浩特市政协志》由内蒙古人民出版社出版发行。

2009年10月，《呼和浩特经济技术开发区金川工业园区志》由方志出版社出版发行。2010年6月，《武川县志（1998—2009）》由方志出版社出版发行。9月，《回民区志》由内蒙古大学出版社出版发行。10月，《呼和浩特市工会志》由内蒙古人民出版社出版发行。

2011年11月，市政府转发《内蒙古自治区人民政府关于加快推进全区第二轮修志工作的通知》，并对呼和浩特市第二轮修志工作进行部署。

2012年5月，《呼和浩特经济技术开发区如意工业园区志》由内蒙古大学出版社出版发行。7月，《呼和浩特经济技术开发区金川工业园区志》经重新修订补充后，由内蒙古人民出版社再版发行。10月，新城区委办公室、区政府办公室印发《关于成立〈新城区志（2001—2015续志）〉编纂领导小组的通知》，并召开新城区二轮修志工作动员会，启动第二轮修志工作。11月，《呼和浩特市档案志》由内蒙古大学出版社出版发行。

2013年4月，呼和浩特市首部乡村志——和林格尔县《西厂圪洞村志》，由内蒙古人民出版社出版发行。7月，赛罕区政府召开第二轮修志工作动员会暨地方志编纂工作培训会，启动《赛罕区志（1986—2015）》编修工作。10月，协助自治区地方志办公室完成电视系列片《方志内蒙古·呼和浩特》拍摄任务。2014年，完成《呼和浩特史话》编纂任务。《呼和浩特妇联志》由内蒙古大学出版社出版。

2015年，为加快推进呼和浩特市二轮修志工作，成立由各委办局、旗县（区）及经济技术开发区主要领导组成的呼和浩特市地方志编纂委员会。同时，为保障二轮续志工作顺利开展，编印《呼和浩特市第二轮修志指导手册》。

第四节　地方综合年鉴

2002年，市地方志编修办公室开始启动年鉴编纂工作，主要记述本行政区域内自然、政治、经济、文化、社会等方面的发展情况。截至2015年，连续出版11卷。

其中，2002—2007 年为每两年 1 卷；2008 年卷起，为一年一卷。分别由内蒙古人民出版社、内蒙古大学出版社出版。

第十五章　接待工作

第一节　组织机构

1992 年，市委、市政府为做好外引内联，招商引资，成立呼和浩特市政府接待办公室，隶属市政府管理。2001 年，呼和浩特市政府接待办公室更名为呼和浩特市接待办公室，转由市委管理。

截至 2015 年，市接待办公室内设综合处、接待一处、接待二处、接待三处、接待四处、财务处和车管处。

第二节　视察　考察　接待

1992 年前，自治区政府未设立接待单位，重大接待任务大部分由市政府接待处出面或配合安排，接待处同时负责市本级接待任务。

1992 年，邓小平南方谈话发表后，国家部委、外省市及自治区内盟市到呼和浩特学习交流，开展经贸洽谈活动逐渐增多。呼和浩特市为做好外引内联，招商引资，成立呼和浩特市接待办公室。按照市委、市政府要求，市接待办扩大接待范围、规格，配合自治区党委办公厅、政府办公厅做好接待中央和国家领导人的视察工作，负责配合接待副省级、地市级的考察、学习参观、经贸洽谈任务，负责接待沿边沿海计划单列市经贸洽谈对接组团出访活动。

1992—2010 年，呼和浩特市先后完成 110 余批次党和国家领导人，以及各省市自治区党政代表团到自治区、呼和浩特市考察的重要接待工作。

2011 年，市接待办配合自治区接待办完成 7 批党和国家领导人在呼和浩特市的接待任务。完成台湾海峡交流基金会董事长江丙坤、澳门特别行政区行政长官崔世安、蒙古国青年代表团、蒙古人民党代表团到呼和浩特市参观考察的接待任务。配合自治区接待办完成中央和自治区考察、调研、各类专项检查，以及各省（区）市党政代表团的接待任务。

2012 年，先后完成全国政协长城保护工作调研组、国家信访局考察调研组、国务院新闻办调研组、卫生部调研组、国家人口计生委调研组，以及由深圳市、青海省等省市自治区党政考察组的接待任务。

2013 年，完成党和国家领导人及省部级领导视察调研的接待任务。密切配合自治区接待办完成 4 批党和国家领导人在呼和浩特市的接待任务。完成全国政协长城保护情况调研组、全国政协“进一步推动沙漠治理”专题调研组和海基会媒体参访团，中央巡视组、中办国办联合督查组、党的群众路线教育实践活动督导组、国务院安委会第十二综合督查组、全国人大调研组、全国双拥工作调研组、国家防总防汛抗旱检查组、环境保护部节能减排核查组、交通运输部京藏高速公路建设督查组等考察调研、督导检查的接待任务。

2014 年，配合自治区接待办完成 8 批党和国家领导人在呼和浩特市的重要接待任务。完成中央巡视组、党的群众路线教育实践活动督导组、中央信访督导组、国家食品药品安全监察组、全国人大公务员法调研组、中央和自治区巡回督导组等 30 余批中央和自治区各类省部级考察调研、督导检查的接待任务。

2015 年，配合自治区接待办完成 6 批党和国家领导人的重要接待任务。完成全国人民代表大会常务委员会水污染防治执法检查组、国务院重大政策措施和重点工作重大项目落实情况督查组、中央国家机关联合督查组、全国人大代表视察团、全国政协科协界委员调研组等 30 余批中央和各类省部级考察调研、督导检查的接待任务。

第三节　重要会议及活动接待

1994 年，国务委员李贵鲜一行到呼和浩特市考察；全国人大教师法检查组到呼和浩特市检查教师法贯彻执行情况。1996 年，接待来宾 422 批 7224 人次。1997 年，接待来宾 362 批 7311 人次。接待参加自治区 50 周年大庆活动各友好城市代表 160 人次，接待大型团体和安排市内重大活动 24 批次。

1998 年，接待来宾团队会议 604 批 9205 人次。举办全国省会城市第十六次审计工作交流会议；全国第三届旅游城市会议等 10 次全国性会议；接待国外及中国港澳台来宾 20 批 277 人次。1999 年，接待来宾 625 批 11053 人次。党和国家领导及部委、司局级 61 批 1525 人次；港澳台来宾 14 批 326 人次。

2000 年，接待了由第二届昭君文化节组委会、人民日报社牵头，组织驻京 19 家新闻单位组成的记协联合采访团，到呼和浩特调查西部大开发实施情况；国家民委、香港《大公报》联合组团调查呼和浩特市优势资源的基础建设情况。全年，共接待党和国家领导及部委司局级（含全国性会议代表）61 批 1525 人次；各省市地区级以上领导来宾 221 批 3032 人次；区内各盟市级领导来宾 165 批 2090 人次；全区会议及各类检查组代表 49 批 1311 人次；全市各类会议代表 67 批 1970 人次；各类商贸财团洽谈考察来宾 17 批 338 人次。接待国内外及中国港澳台来宾 618 批 9531 人次。

2001 年，接待来宾 772 批 1.09 万人次，完成第三届昭君文化节期间，全国各省市党政代表团及各国外宾团的接待工作。2002 年，呼和浩特市承办全国接待部门第八次联谊会。接待澳门特别行政区 163 人考察团及全国各省、自治区、直辖市驻呼办事处信息协会考察团。

2003 年，完成自治区两个文明经验交流会、昭君文化节和少数民族首府城市联谊会接待活动。全年接待各类来宾 972 批 2.11 万人次，其中国家领导人及省部级团队来宾 128 批 832 人次；全区“两个文明”建设经验交流会代表 360 人，华北地区城市接待部门联谊会人员 130 人。

2004—2009 年，先后完成全国省会（首府）城市第十一届保密工作会议、中国内蒙古首届国际草原文化节暨中国呼和浩特第五届至第十届昭君文化节、CIOFF 第九届亚洲民间艺术节暨中国呼和浩特第四届国际民间艺术节、中国乳品工业协会成立 10 周年庆典暨第 11 次年会、2007 中国民族商品交易会暨中国内蒙古第四届国际草原文化节、内蒙古自治区成立 60 周年庆祝大会、呼和浩特职业学院建校 100 周年庆祝大会、第二届中国民族商品交易会、第三届中国民族商品交易会、第二届全国重点城市节庆工作会议等接待任务。

2010 年，在接待第四届中国民族商品交易会暨中国呼和浩特第十一届昭君文化节、第一届中国呼和浩特少数民族文化旅游艺术节工作中，协调市各部委办局分别对每个党政代表团进行“一对一”接待。年内，完成市政务服务中心承办的“全国政务服务建设经验交流会”等 8 次全国性、自治区会议的接待任务。完成北京市、新疆维吾尔自治区等 71 批 1700 余人次的党政代表团考察接待任务。全年接待国内外来宾 1623 批 45232 人次。

2011 年，第五届中国民族商品交易会暨第十二届昭君文化节、第二届中国呼和浩特少数民族文化旅游艺术节在呼和浩特召开，组织接待国内外来宾 1787 人，其中国家部委 46 人、党政代表团 718 人、“昭君文化高层论坛”56 人。承担“中国呼和浩特首届少数民族文化旅游艺术节”等 10 余个重要会议和活动的接待任务。接待全国各地行政服务中心考察团 40 余批 832 人次。全年接待国内外来宾 1682 批 4.23 万余人次。

2012 年，完成第六届中国民族商品交易会、第十三届昭君文化节、第三届中国呼和浩特少数民族文化旅游艺术节接待任务。

2013 年，中央、自治区和市《关于改进工作作风 密切联系群众的规定》《党政机关厉行节约反对浪费条例》《党政机关国内公务接待管理规定》出台后，公务接待推行公务接待自助餐，严禁名贵烟酒和高档菜肴，不安排高消费娱乐、健身活动，不安排民族礼仪和文艺表演，不赠送各类纪念品或土特产。全年市接待办承担第七届中国民族商品交易会、第十四届昭君文化节、第三届中国呼和浩特少数民族文化旅游艺术节接待任务，安排66个对口接待单位分别接待75个省市代表团。大会期间，共接待参会来宾1351人。年内，承担各类会议活动的联络协调和服务保障工作。

2014年，按照中央八项规定、自治区28条和市30条配套措施，《党政机关厉行节约反对浪费条例》、自治区和市对公务接待的新要求，呼和浩特市严格规范接待工作规程，严控接待范围标准，坚决杜绝超标准超范围超规格接待。全年，共接待国内外来宾968批1.78万余人次。接待的批次和人次比2013年下降47%，接待经费在2013年的基础上下降52%。同年，承担第八届中国民族商品交易会、第十五届昭君文化节、第四届中国呼和浩特少数民族文化旅游艺术节接待任务，安排全市88个委办局作为对口接待单位分别接待102个省市代表团，接待参会来宾1500余人。年内，承担8次各类会议活动的联络协调和服务保障工作，接待广东省等20余批党政代表团，完成万达集团等30余批招商引资的接待任务。

2015年，接待国内外来宾356批1.28万余人次，接待的人次比2014年下降28.4%。承担第九届中国民族商品交易会、第十六届昭君文化节、第五届中国呼和浩特少数民族文化旅游艺术节，以及首届中国—蒙古国博览会等大型活动的接待任务，接待参会来宾500余人。年内，承担各类会议活动的联络协调和服务保障工作，接待上海市等20余批党政代表团，完成中铁集团、台湾富士康集团等多批招商引资的接待任务，完成市领导到南京、杭州、太原、郑州等地外出交流考察的联络协调和后勤保障工作。

第十六章　其他工作

第一节　督查信息

一、督查工作

1990年以前，督查工作由市委办公室明确专人兼做查办工作，主要工作任务是办理中央和自治区党委领导批示件或交办件，即按照领导的批示要求，对一些应当解决而又无人负责的重要问题，由各级党委办公部门进行催办、检查。1990年1月，根据全国党委秘书长座谈会精神，成立市委办公室督促检查室（简称市委督查室）。市委督查室成立后，围绕中共中央、自治区党委、市委的重大决策、重要工作部署的贯彻落实开展决策督查，对领导批示、交办事项已经人大代表、政协委员提案、议案等的查办落实进行专项查办，查必果。1999—2000年，共办理决策督查60件，专项查办304件，办结率100%。向自治区党委上报《督查专报》177期，其中自治区和市领导在落实反馈中做出肯定性批示40余件。

2001—2005年，完成各类督查事项1001项，其中决策督查105项，中央和自治区领导批、交办事项67项，市委书记交办事项698项，市委副书记、市委秘书长交办事项171项，完成政协委员提案148件。自治区和市委领导批示率100%，办结率100%。上报督查专报83期，被自治区党委督查室《督查内参》采用43期。编发《督查专报》224期，采用率在自治区排名靠前。

2006—2010年，督查工作按照熟悉大事、把握要事、善抓典型、推动落实的要求，按照统分结合的督查原则，建立综合督查机制，成立综合督查工作领导小组，明确工作措施、工作职责和工作重点，逐步建立“三项制度”（综合督查工作制度、督查信息交流制度、督查结果通报及考核奖惩制度），坚持“三项结合”（围绕中心和创新方法相结合、督促检查和深入调研相结合、重点督查和分头督查相结合），确保自治区和市委重大决策和重要工作部署的有效落实。同时，建立与政研室、信息处、市政府督查室、人大和政协办公厅督查资料交换制度，形成合作循环关系。累计办理中央、自治区、市委领导批示和自治区党委督查室交办的专项查办件1300余件；完成市人大代表、政协委员提案、建议案160余件。查办件涉及防灾减灾、环境保护、农民工工资拖欠、退休职工上访、群众看病难看病贵、城市拆迁、城市绿化和安全生产等各个方面。督查专报被自治区党委督查室《督查专报》等采用126期，位居全区各盟市前列。

2011—2012年，决策督查工作完善由市领导牵头，以党委、政府督查部门为主体，各大班子办公厅和有关职能部门配合，新闻媒体参与的综合督查机制，完成《国务院关于进一步促进内蒙古经济社会又好又快发展的若干意见》落实情况、自治区党委书记胡春华对呼和浩特市蔬菜基地建设指示精神落实情况以及各类补贴政策，文化产业发展、社会就业等12项自治区党委交办的决策督查任务和全市重点工业项目进展情况、城建项目实施安排情况、金桥污水处理厂建设进展情况、贯彻落实保增长、促发展情况等22项市委决策督查工作。编发《督查专报》320篇，被《内蒙古督查》采用44篇。累计查办中央、自治区、市领导批示和自治区党委督查室交办的专项查办件352件；办理人大代表议案和政协委员提案75件。同时，开展人民网网友留言办理工作，对网友反映的情况进行实地调查复核，并协调有关地区和部门整改落实，推动了群众诉求问题的解决。

2013年，完成决策督查57项。其中，配合中央督查组完成落实中央八项规定、贯彻落实中共十八大精神等4项督查工作；配合自治区党委督查室完成落实中央改进工作作风密切联系群众的八项规定和自治区配套规定的贯彻落实情况等督查工作13项；完成对全市重点工作重点项目推进情况、全市亿元以上工业服务业项目推进情况、全市矛盾纠纷排查化解工作落实情况、呼和浩特市6个主要出城口及京藏高速两侧征地拆迁情况等本级重要督查任务 40 项。特别是《关于呼市各大出城口及京藏高速两侧征地拆迁情况的督查报告》，得到市委主要领导 2 次批示。向自治区党委报送稿件 24 篇，被《内蒙古督查》采用 17 篇。办理专项查办事项 754 件。其中，办理自治区党委督查室交办领导同志批示 7 件，网民留言 70 件；办理市委领导批示 262 件，网民留言 383 件；办理政协委员提案 32 件。

2014 年，完成决策督查 66 项，包括中央办公厅交办 1 项、自治区党委交办 14 项、市本级 51 项。其中，配合中央、自治区完成落实中央八项规定和自治区配套规定的贯彻落实情况、学习贯彻习近平总书记考察内蒙古自治区时的重要讲话情况、贯彻落实自治区重点工作重点项目情况、生态建设和重点区域绿化情况等的督查调研工作；按照市委常委会会议、专题会议议定内容开展对全市重点工作重点项目推进情况、全市亿元以上重点项目推进情况、市区主要出城口及京藏高速两侧综合整治情况等一批重要督查任务。全年，共办理专项查办事项 1400 件，其中市委领导批示 268 件，受理网民留言 1080 件，办理市政协委员提案 55 件。向自治区党委督查室报送稿件 18 篇，其中《呼和浩特市确定 2014 年党委督查工作要点》《对新时期督查工作的几点思考》《办好网民留言、维护群众利益》等 14 篇稿件被《内蒙古督查》采用。

2015 年，完成决策督查 54 项，市委书记、市长在《决策督查报告》上作 5 次重要批示，其中对《关于大青山前坡公墓陵园绿化改造进展情况的督查报告》作出批示后，对落实情况进行再批示。办理自治区党委书记批示件 3 件，市委书记批示 81 件，《督查报告》再批示 1 件；受理网民留言 1083 条，办结 1072 条；办理市政协委员提案 36 件。全年，向自治区党委督查室报送稿件 22 篇，被《内蒙古督查》采用 7 篇，呼和浩特市总结的推进重大项目建设经验材料在全区获得推广。

二、信息工作

1987 年，自治区党委办公厅将呼和浩特市确定为中共中央办公厅信息联系点。1990 年，市委办公室成立专职信息工作机构，选调专兼职信息工作人员。1994 年，实现与自治区党委办公厅信息处计算机联网。1999 年，信息工作被纳入全市领导班子实绩考核目标体系，提高了信息工作层面，保证了上报信息的质量和数量，使信息工作在自治区党委信息工作排名中保持第一，在自治区 8 个中共中央办公厅信息直报点中位居前列。全年，被中共中央办公厅及自治区党委采用的各类信息 452 条，领导批示 204 条；调研信息上报自治区党委 15 条，采用 6 条。

2000 年，共收到基层稿件 1 万余条，采用 2983 条。其中，上报中共中央办公厅 720 条，上报自治区党委办公厅 795 条。编发供市委领导参阅的《每日报》233 期，编发供旗县（区）和部委办局领导参阅的《工作情况交流》40 期。在自治区党委办公厅年度信息工作目标考核中，呼和浩特市位居第一。在中共中央办公厅的评比中，市委办公厅信息处被评为上报信息先进集体。

2001—2004 年，各旗县（区）的信息密码通信网络全部开通，上报信息一律采用计算机网络传输，提高信息传输的效率。全年共收到基层稿件 38300 条，编发信息 12396 条。其中，向中共中央办公厅报送信息 3440 条，被采用 203 条；向自治区党委办公厅报送信息 4766 条，被采用 1788 条，自治区领导批示 130 条。编发《每日报》905 期、《工作情况交流》45 期、《要情快报》1084 期、《工作情况交流》23 期、《网上信息参阅》15 期，编发《信息与调研》《信息采用情况通报》66 期。

2006—2007 年，信息调研工作围绕中央、自治区党委和市委的重大决策和决策的贯彻落实情况，坚持做到季节性信息早报，常规性信息深报，突发性信息快报，突出“短、平、快”的特点。累计处理基层信息稿件 39628 条，编发信息 8379 期。其中，向中共中央办公厅报送信息 1526 条，向自治区党委办公厅报送信息 3271 条；编发《每日报》470 期 3688 条、《要情快报》503 期、《信息与调研》24 期、《呼和浩特要情专报》48 期、《网上信息参阅》58 期、《信息采用情况通报》16 期、《信息工作动态》11 期 123 条、《迎庆城市建设专刊》12 期。

2008—2009 年，累计处理基层信息稿件 39179 条，编发信息 2734 期 9260 条；编发《呼和浩特信息》515 期 1785 条、《呼市信息》928 期 3228 条、《每日报》484 期 3320 条、《要情快报》369 期、《信息与调研》26 期、《呼和浩特要情专报》55 期、《网上信息参阅》39 期、《信息工作动态》16 期 80 条；编发“市建委采取措施切实解决拖欠农民工工资问题”“加快收缩转移 推动科学发展 建设美好新农村”等调研信息 20 多篇，上级采用综合类调研信息 6 篇。

2010—2011 年，信息工作突出“上报信息抓特色、本级信息抓有用、基层信息抓指导”的特点，注重深入研究和把握各级党委的重大决策和工作部署，发挥信息主渠道作用。累计编发专报中共中央办公厅信息 528 期，报自治区党委办公厅信息 506 期，重大突发性信息 920 期，为市领导提供日常动态类信息 545 期，市本级刊发综合调研类信息 34 期。自治区党委采用综合的调研类信息 37 期，其中指导帮助旗县（区）在自治区刊发 18 期。在自治区信息调研工作综合考评中位居全区前列。

2012 年，完成《呼哈铁路运营现状问题及对策调研报告》《呼和浩特市水旱灾害防御能力亟待进一步提高》等多篇调研报告。全年共编发专报中共中央办公厅信息 589 篇，被采用 88 篇；报自治区党委办公厅信息 1453 期，采用 749 篇，批示 68 期；为市领导提供日常动态类信息 602 期，重大突发性信息 998 期，综合调研类信息 14 期。自治区信息刊物上刊登呼和浩特市综合调研文章 49 篇，其中指导帮助旗县（区）在自治区刊发 16 篇。

2014 年，市委办公厅印发《关于进一步加强重要紧急信息报送的通知》，对重要紧急信息出现的问题进行有针对性的改进，加强信息制度建设。全年，上报自治区党委信息 5000 余条（篇），采用 414 篇（条），为市委提供信息 4000 余条（篇），处理各地区、各部门信息近 2 万条（篇），自治区、市有关领导批示 160 余条（篇）。

2015 年，全年上报信息 702 期 2061 篇，获自治区领导批示 35 条，被自治区党委办公厅信息调研处采用 483 篇，采用条数同比增加 69 条。全年，共编发每日报 252 期 3248 条，要情快报 249 期，专报 84 期，《网参》27 期 53 条，《信息与调研》13 期。各类信息刊物共编发信息 4630 篇，市领导批示 22 篇。综合得分位居自治区前列。

第二节　机要保密

一、机要工作

1996 年，市委负责密码工作机构改称市委机要局，归市委办公厅管理。市委机要局成立后，完善密码通信应急系统建设，实现通话、传真和数据通信。1999 年，完善各项规章制度，强化业务技术训练，举办办公厅计算机比赛，为市委常委举办计算机培训班。全年在自治区《机要工作》等刊物发稿 27 篇。

2001 年，市委机要局修订《全市机要工作实绩考核实施办法》，制定《全市党政密码工作“十五”期间发展计划》。2002 年，全面建成市委与自治区和各旗县（区）的综合数据密码通信网和密码传真通信网的双路密码通信系统。2003 年，完成市党政机关办公大楼的计算机网络建设。2004 年，完成 9 个旗县（区）2 兆数字专线的建设任务，各旗县（区）机要局配备路由器等终端设备。机关内部办公网实现 9 个旗县（区）及 40 多个市属委办局通过内网向市委报送信息，信息交换、处理全部在网上进行。2005 年，市机要交通处编印《呼和浩特市直属机关机要文件交换站》业务手册，并对全市机要交换人员分批进行保密教育和业务培训。

2006 年，制定《呼和浩特市密码工作“十一五”规划》，加强密码保密具体管理。完善密码通信应急预案，组织密码通信海事卫星应急演练。2007 年，重新修订应急通信预案，组织参加密码应急通信演练，提高应急通信水平和能力。2008 年，对全市密码进行分类管理和指导，严格执行密码工作条例和密码、密码机管理规定。同时加强县乡商用密码传输系统建设，推动商用密码在旗县（区）到乡镇信息化建设中的应用。2009 年，制定《呼和浩特市党政机关网络安全管理办法》《全市密码电报使用管理规定》等，使保密管理工作进一步规范化、制度化。研究制定《呼和浩特市电子政务内网建设实施方案》。2010 年，建立市、旗县（区）安全预警机制，严防失泄密事件发生，确保密码和密码设备安全。初步联通市委、人大、政府、政协四大班子、驻市党政办公大楼内各委办局电子政务内网。完成信息报送系统建设，实现全市范围内自治区级信息直报点纵向联通。完成全市党政机关、各人民团体、金融、企业等160多个单位文件交换任务。

2011—2012年，修订完善各项工作制度、管理办法和密码通信应急预案。完成全市电子政务内网“密钥管理中心”“身份认证中心”建设。

2013—2015年，完成密码通信设备的换装及密码通信信道升级工作，及时修订、完善密码通信应急预案，定期组织应急演练。制定《呼和浩特市电子政务内网普通密码使用管理办法》《呼和浩特市电子政务内网使用管理规定》。大部分旗县（区）委机要局均配备了应急通信车，提高密码通信应急保障能力。完成电子政务内网“主体工程”“纵向联网”“密钥管理分中心和电子身份认证分中心”“门户站群系统”和“终端管理系统”等建设项目，实现自治区到市及各旗县（区）三级内网中心的纵向互联互通。

二、保密工作

1986年，自治区保密委员会在呼和浩特市召开全区保密工作会议，研究制定《盟市保密通信工作职责》。1988年，市委保密办在全市范围内组织放映纪实性保密影片《为了国家的利益》，扩大保密教育宣传面，收到较好的效果。1990年，开始执行《关于国家秘密文件、资料和其他物品出境的管理规定》《施行〈关于国家秘密文件、资料和其他物品出境的管理规定〉的工作细则（试行）》，对邮寄、携带出境的国家秘密文件、资料、物品进行审查、办理许可证制度，使国家秘密文件、资料和其他物品出境管理走上规范化、法治化轨道。

1991年后，市委保密办开展《中华人民共和国保守国家秘密法》宣传教育活动。通过采取经验交流、保密知识测试与竞赛、召开座谈会、专业培训等形式，开展对保密干部和重点涉密人员的教育。1993年，成立中共呼和浩特市委员会保密委员会办公室，与呼和浩特市国家保密局为一个机构两块牌子，归市委办公厅管理。1999年，加大对保密工作考评力度，全年开展全市性保密检查2次，查处泄密案件1起。对1997—1998年度带密级文件进行认真清查。2000年，组织全市各旗县（区）、各部门开展保密宣传活动，举办全市保密工作培训班并开展业务培训，提高保密队伍的政治业务素质，强化保密管理。

2001—2003年，市委保密办编印《领导干部保密工作责任制》《窃密、泄密案件选编》《保密工作动态》。对全市73个单位进行保密责任制考核，为全市各委办局划定国家秘密及其密级具体范围。协助市人大常委会、市政协委员会、市科技局、市外经贸局等22个单位划定各自涉及的国家秘密及其密级的具体范围，完成重新确定密级总数70%，全市未发生泄密事件。

2004年7月，举办全国省会（首府）城市第十一届保密工作会议，接待全国22

个省会（首府）城市和3个特邀城市的70多名代表。全年共编印《保密工作动态》9期，举办专题教育讲座6次。

2005年，市委保密办利用市委全委会议和市委保密委员会全体会议之机，集中安排与会人员观看保密警示教育片《筑牢保密防线》《刘兵、龙向京窃密案》，市委主要领导以及四大班子有关领导10余人和参会人员近200人观看。针对摸底统计中普遍存在的确定范围较宽、密级标识偏高、划分相互混淆等问题，整理汇编《国家秘密及其密级具体范围规定》一书，举办全市保密要害部门、部位确定和管理工作培训班，提高广大保密干部、涉密人员的专业知识和业务技能。

2007年，组织开展警示教育片《佟达宁间谍窃密案》的播放活动，编印《保密工作动态》6期。会同自治区保密技术检查中心、市安全局的有关专业技术人员对旗县区党政主要领导办公室、机要室等安全保密环境及要害部门（部位）的计算机使用管理情况进行安全测试检查。会同市招考中心、公安局等部门对9个旗县（区）试卷库的环境进行安全保密检查，对辖区内13个再生资源集散市场和2个旧书报市场进行联合检查。

2008年，组织全市60多个单位的干部职工观看警示教育片《信息条件下的主要技术密码手段及其防范》。以《中华人民共和国保守国家秘密法》颁布20周年为契机，开展保密宣传月活动，在《呼和浩特日报》连续刊登保密法律法规常识。奥运会前，会同市安全局的专业技术人员对全市的涉密重点地区、部门的涉密文件管理、计算机使用、管理情况及重点办公场所的安全进行抽查和检测，并将检查情况通报全市。

2009年，采取观看警示教育片、开展保密宣传月活动、在呼和浩特日报刊登《保密知识答卷》、签订《保密承诺书》等多种形式进行保密宣传教育，不断增强广大干部职工的保密意识。

2010年，以新《中华人民共和国保守国家秘密法》颁布为契机，在全市范围内开展多种形式的保密宣传教育活动。编印《呼和浩特市保密工作制度汇编》，促进保密工作的科学化、制度化、规范化建设。

2012年，市委保密委员会印发《旗县区、部委办局保密工作目标考核细则》《关于进一步加强市直机关保密工作的意见》，组织开展对高考试卷库、再生资源集散市场、涉密测绘成果等方面的专项检查。2013年，市保密办推行“1+4”综合管理模式，全面落实保密工作责任制。同时，将保密法律法规知识列入市委党校主体课程中，由保密局业务骨干主讲保密课程。

2014—2015年，市委办公厅印发《呼和浩特市保密法实施办法（试行）》，汇编《保密工作手册》，规范、细化各单位涉密事项管理的规范性。开展保密专项检查及全市保密普查等工作，检查重点涉密单位50多家次，计算机近700台，核查涉密集成资质企业4家。

第十五篇

地方人民代表大会

第一章　呼和浩特市人民代表大会

第一节　代表产生

一、市第八届人民代表大会

呼和浩特市第八届人民代表大会（简称市八届人大）任期为1984年4月至1989年6月。根据《中华人民共和国地方各级人民代表大会和地方各级人民政府组织法》《中国人民解放军选举全国人民代表大会和地方各级人民代表大会代表的办法》和自治区人大常委会的有关规定，市七届人大常委会会议作出《关于呼和浩特市第八届人民代表大会代表名额和选举问题的决议》，市属各旗县（区）、中国人民解放军呼和浩特军分区及驻呼部队分别召开人民代表大会和军人代表大会，选举产生市八届人大代表422名、特邀代表2名。其中，工人代表95名，占代表总数的22.41%；农民代表57人，占代表总数的13.44%；其他劳动者代表19名，占代表总数的4.48%；干部代表89名，占代表总数的20.99%；知识分子代表109名，占代表总数的25.71%；民主党派无党派爱国人士代表34名，占代表总数的8.02%；归侨台胞代表8名，占代表总数的1.89%；解放军代表13名，占代表总数的3.07%。代表中，少数民族代表170名，占代表总数的40.09%；中共党员代表230名，占代表总数的54.25%；妇女代表107名，占代表总数的25.24%；先进人物代表131名，占代表总数的30.90%；专业技术人员代表95名，占代表总数的22.41%；市七届人大代表70名，占代表总数的16.51%。

二、市第九届人民代表大会

呼和浩特市第九届人民代表大会（简称市九届人大）任期为1989年6月至1994年5月。根据《中华人民共和国地方各级人民代表大会和地方各级人民政府组织法》《中国人民解放军选举全国人民代表大会和地方各级人民代表大会代表的办法》和自治区人大常委会的有关规定，市八届人大常委会议作出《关于呼和浩特市第九届人民代表大会代表名额和选举问题的决议》，市属各旗县（区）、中国人民解放军呼和浩特军分区及驻呼武警部队分别召开人民代表大会和军人代表大会，选举产生市九届人大代表319名（本届大会代表名额321名，留存备用2名）。其中，工人代表47名，占代表总数的14.73%；农民代表38名，占代表总数的11.91%；干部代表108名，占代表总数的33.86%；知识分子代表60名，占代表总数的18.81%；民主党派无党派爱国人士代表 17 名，占代表总数的 5.33%；宗教代表 5 名，占代表总数的 1.57%；归侨台胞 6 名，占代表总数的 1.88%；其他劳动者 27 名，占代表总数的 8.46%；解放军代表 6 名，占代表总数的 1.88%；武警部队代表 5 名，占代表总数的 1.57%。代表中，少数民族代表 128 名，占代表总数的 40.13%；中共党员代表 215 名，占代表总数的 67.40%；妇女代表 68 名，占代表总数的 21.32%；市八届人大代表 82 名，占代表总数的 25.71%。

三、市第十届人民代表大会

呼和浩特市第十届人民代表大会（简称市十届人大）任期为 1994 年 5 月至 1999 年 3 月。根据《中华人民共和国地方各级人民代表大会和地方各级人民政府组织法》《中国人民解放军选举全国人民代表大会和地方各级人民代表大会代表的办法》和自治区人大常委会的有关规定，市九届人大常委会议作出《关于呼和浩特市第十届人民代表大会代表名额和选举问题的决议》，市属各旗县（区）、中国人民解放军呼和浩特军分区及驻呼武警部队分别召开人民代表大会和军人代表大会，选举产生市十届人大代表 319 名（本届大会代表名额 321 名、留存备用 2 名）。其中，自选代表 270 名，占代表总数的 84.64%；推荐代表 49 名，占代表总数的 15.36%；工人代表 61 名，占代表总数的 19.12%；农民代表 38 人，占代表总数的 11.91%；干部代表 85 名，占代表总数的 26.65%；知识分子代表 63 名，占代表总数的 19.75%；民主党派无党派爱国人士代表 17 名，占代表总数的 5.33%；宗教代表 5 名，占代表总数的 1.57%；归侨台胞代表 6 名，占代表总数的 1.88%；其他劳动者代表 33 名，占代表总数的 10.34%；解放军代表 6 名，占代表总数的 1.88%；武警部队代表 5 名，占代表总数的 1.57%；少数民族代表 119 名，占代表总数的 37.30%；中共党员代表 206 名，占代表总数的 64.58%；民主党派代表 12 名，占代表总数的 3.76%；党外人士代表 101 名，占代表总数的 31.66%；妇女代表 85 名，占代表总数的 26.65%；市九届人大代表 98 名，占代表总数的 30.72%。

四、市第十一届人民代表大会

呼和浩特市第十一届人民代表大会（简称市十一届人大）任期为 1999 年 3 月至 2004 年 4 月。根据《中华人民共和国地方各级人民代表大会和地方各级人民政府组织法》《中国人民解放军选举全国人民代表大会和地方各级人民代表大会代表的办法》和自治区人大常委会的有关规定，市十届人大常委会议作出《关于呼和浩特市第十一届人民代表大会代表名额和选举问题的决议》，市属各旗县（区）、中国人民解放军呼和浩特军分区及驻呼武警部队分别召开人民代表大会和军人代表大会，选举产生市十一届人大代表 318 名（本届大会代表名额 321 名、留存备用 3 名）。其中，自选 267 名，占代表总数的 83.96%；市推荐 51 名，占代表总数的 16.04%。工人代

表 44 名，占代表总数的 13.8%；农民代表 32 人，占代表总数的 10.06%；干部代表 121 名，占代表总数的 38.05%；知识分子代表 60 名，占代表总数的 18.87%；民主党派无党派爱国人士代表 13 名，占代表总数的 4%；宗教代表 4 名，占代表总数的 1.2%；归侨台胞代表 4 名，占代表总数的 1.2%；其他劳动者代表 30 名，占代表总数的 9.4%；解放军代表 5 名，占代表总数的 1.6%；武警部队代表 5 名，占代表总数的 1.6%；少数民族代表 114 名，占代表总数的 35.8%；中共党员代表 220 名，占代表总数的 69.2%；民主党派代表 12 名，占代表总数的 3.8%；党外人士代表 86 名，占代表总数的 27.0%；妇女代表 83 名，占代表总数的 26.1%；市十届代表 73 名，占代表总数的 23.0%。

五、市第十二届人民代表大会

呼和浩特市第十二届人民代表大会（简称市十二届人大）任期为 2004 年 4 月至 2008 年 1 月。根据《中华人民共和国地方各级人民代表大会和地方各级人民政府组织法》《中国人民解放军选举全国人民代表大会和地方各级人民代表大会代表的办法》和自治区人大常委会的有关规定，市十一届人大常委会议作出《关于呼和浩特市第十一届人民代表大会代表名额和选举问题的决议》，市属各旗县（区）、中国人民解放军呼和浩特军分区及驻呼武警部队分别召开人民代表大会和军人代表大会，选举产生市十二届人大代表 342 名。其中，自选 282 名，占代表总数的 82.5%；市推荐 60 名，占代表总数的 17.5%。工人代表 45 名，占代表总数的 13.1%；农民代表 43 人，占代表总数的 12.6%；其他劳动者代表 38 名，占代表总数的 11.1%；干部代表 116 名，占代表总数的 33.9%；知识分子代表 68 名，占代表总数的 19.9%；民主党派无党派爱国人士代表 15 名，占代表总数的 4.4%；宗教代表 4 名，占代表总数的 1.2%；归侨台胞代表 4 名，占代表总数的 1.2%；解放军代表 5 名，占代表总数的 1.46%；武警部队代表 5 名，占代表总数的 1.46%；少数民族代表 116 名，占代表总数的 33.9%；中共党员代表 232 名，占代表总数的 67.8%；民主党派代表 15 名，占代表总数的 4.4%；党外人士代表 95 名，占代表总数的 27.8%；妇女代表 89 名，占代表总数的 26%。

六、市第十三届人民代表大会

呼和浩特市第十三届人民代表大会（简称市十三届人大）任期为 2008 年 1 月至 2013 年 1 月。根据《中华人民共和国地方各级人民代表大会和地方各级人民政府组织法》《中国人民解放军选举全国人民代表大会和地方各级人民代表大会代表的办法》和自治区人大常委会的有关规定，市十二届人大常委会议作出《关于呼和浩特市第十三届人民代表大会代表名额和选举问题的决议》，市属各旗县（区）、中国人民解放军呼和浩特军分区及驻呼武警部队分别召开人民代表大会和军人代表大会，选举产生市十三届人大代表345名。其中，自选278名，占代表总数的80.5%；市推荐67名，占代表总数的19.4%。工人代表47名，占代表总数的13.6%；农民代表43人，占代表总数的12.5%；其他劳动者代表38名，占代表总数的11%；干部代表126名，占代表总数的36.5%；知识分子代表60名，占代表总数的17.4%；民主党派无党派爱国人士代表13名，占代表总数的3.8%；宗教代表4名，占代表总数的1.2%；归侨台胞代表4名，占代表总数的1.2%；解放军代表6名，占代表总数的1.7%；武警部队代表4名，占代表总数的1.2%；少数民族代表123名，占代表总数的35.7%；中共党员代表248名，占代表总数的71.9%；民主党派代表12名，占代表总数的3.5%；党外人士代表85名，占代表总数的24.6%；妇女代表96名，占代表总数的27.8%。

七、市第十四届人民代表大会

呼和浩特市第十四届人民代表大会（简称市十四届人大）任期为2013年1月至2018年1月。根据《中华人民共和国地方各级人民代表大会和地方各级人民政府组织法》《中国人民解放军选举全国人民代表大会和地方各级人民代表大会代表的办法》和自治区人大常委会的有关规定，市十三届人大常委会议作出《关于呼和浩特市第十四届人民代表大会代表名额和选举问题的决议》，市属各旗县（区）、中国人民解放军呼和浩特军分区及驻呼武警部队分别召开人民代表大会和军人代表大会，选举产生市十四届人大代表340名。其中，自选279名，占代表总数的82%；市推荐61名，占代表总数的18%。工人代表51名，占代表总数的15%；农民代表48人，占代表总数的14.1%；其他劳动者代表38名，占代表总数的11.1%；干部代表116名，占代表总数的34.2%；知识分子代表60名，占代表总数的17.6%；民主党派无党派爱国人士代表10名，占代表总数的2.9%；宗教代表4名，占代表总数的1.2%；归侨台胞代表3名，占代表总数的0.9%；解放军代表6名，占代表总数的1.8%；武警部队代表4名，占代表总数的1.2%；少数民族代表117名，占代表总数的34.3%；中共党员代表245名，占代表总数的72%；民主党派代表18名，占代表总数的5.3%；党外人士代表77名，占代表总数的22.7%；妇女代表81名，占代表总数的23.8%。

第二节　历届人民代表大会

一、市第八届人民代表大会

市八届人大共召开5次全体会议。1986年5月，市八届人大三次会议召开。大会共收到代表提出议案、建议、批评和意见310件。大会听取、审议《政府工作报告》等6项报告，表决通过《关于政府工作报告的决议》《关于呼和浩特市1985年国民经济和社会发展计划执行情况与1986年国民经济和社会发展计划的决议》《关于呼和浩特市1985年预算执行情况和1986年预算的决议》,《关于呼和浩特市人大常委会工作报告的决议》《关于呼和浩特市中级人民法院工作报告的决议》《关于呼和浩特市人民检察院工作报告的决议》。

1987年3月，市八届人大四次会议召开。大会共收到代表提出议案、建议、批评和意见147件。大会听取、审议《政府工作报告》等6项报告，表决通过《关于政府工作报告的决议》《关于呼和浩特市1986年国民经济和社会发展计划执行情况与1987年国民经济和社会发展计划的决议》《关于呼和浩特市1986年预算执行情况和1987年预算的决议》《关于呼和浩特市人大常委会工作报告的决议》《关于呼和浩特市中级人民法院工作报告的决议》《关于呼和浩特市人民检察院工作报告的决议》。

1988年5月，市八届人大五次会议召开。大会共收到代表提出议案、建议、批评和意见206件。大会听取、审议《政府工作报告》等6项报告，表决通过《关于政府工作报告的决议》《关于呼和浩特市1987年国民经济和社会发展计划执行情况与1988年国民经济和社会发展计划的决议》《关于呼和浩特市1987年预算执行情况和1988年预算的决议》《关于呼和浩特市人大常委会工作报告的决议》《关于呼和浩特市中级人民法院工作报告的决议》《关于呼和浩特市人民检察院工作报告的决议》。

二、市第九届人民代表大会

市九届人大共召开5次全体会议。1989年6月，市九届人大一次会议召开。大会共收到代表提出议案、建议、批评和意见138件。大会听取、审议《政府工作报告》等6项报告，表决通过《关于政府工作报告的决议》《关于呼和浩特市1988年国民经济和社会发展计划执行情况与1989年国民经济和社会发展计划的决议》《关于呼和浩特市1988年预算执行情况和1989年预算的决议》《关于呼和浩特市人大常委会工作报告的决议》《关于呼和浩特市中级人民法院工作报告的决议》《关于呼和浩特市人民检察院工作报告的决议》。大会选举产生市政府市长、副市长，选举产生市人大常委会主任、副主任、秘书长，选举市中级人民法院院长和市人民检察院检察长。

1990年3月，市九届人大二次会议召开。大会共收到代表提出议案、建议、批评和意见130件。大会听取、审议《政府工作报告》等6项报告，表决通过《关于政府工作报告的决议》《关于呼和浩特市1989年国民经济和社会发展计划执行情况与1990年国民经济和社会发展计划的决议》《关于呼和浩特市1989年预算执行情况和1990年预算的决议》《关于呼和浩特市人大常委会工作报告的决议》《关于呼和浩特市中级人民法院工作报告的决议》《关于呼和浩特市人民检察院工作报告的决议》。

1991年4月，市九届人大三次会议召开。大会共收到代表提出议案、建议、批评和意见156件。大会听取、审议《政府工作报告》等6项报告，表决通过《关于政府工作报告的决议》《关于呼和浩特市1990年国民经济和社会发展计划执行情况与1991年国民经济和社会发展计划的决议》《关于呼和浩特市1990年预算执行情况和1991年预算的决议》《关于呼和浩特市人大常委会工作报告的决议》《关于呼和浩特市中级人民法院工作报告的决议》《关于呼和浩特市人民检察院工作报告的决议》。

1992年3月，市九届人大四次会议召开。大会共收到代表提出议案、建议、批评和意见104件。大会听取、审议《政府工作报告》等6项报告，表决通过《关于政府工作报告的决议》《关于呼和浩特市1991年国民经济和社会发展计划执行情况与1992年国民经济和社会发展计划的决议》《关于呼和浩特市1991年预算执行情况和1992年预算的决议》《关于呼和浩特市人大常委会工作报告的决议》《关于呼和浩特市中级人民法院工作报告的决议》《关于呼和浩特市人民检察院工作报告的决议》。

1993年3月，市九届人大五次会议召开。大会共收到代表提出议案、建议、批评和意见118件。大会听取、审议《政府工作报告》等6项报告，表决通过《关于政府工作报告的决议》《关于呼和浩特市1992年国民经济和社会发展计划执行情况与1993年国民经济和社会发展计划的决议》《关于呼和浩特市1992年预算执行情况和1993年预算的决议》《关于呼和浩特市人大常委会工作报告的决议》《关于呼和浩特市中级人民法院工作报告的决议》《关于呼和浩特市人民检察院工作报告的决议》。

三、市第十届人民代表大会

市十届人大共召开7次会议。1994年5月，市十届人大一次会议召开。大会共收到代表提出议案、建议、批评和意见88件。大会听取、审议《政府工作报告》等6项报告，表决通过《关于政府工作报告的决议》《关于呼和浩特市1993年国民经济和社会发展计划执行情况与1994年国民经济和社会发展计划的决议》《关于呼和浩特市1993年预算执行情况和1994年预算的决议》《关于呼和浩特市人大常委会工作报告的决议》《关于呼和浩特市中级人民法院工作报告的决议》《关于呼和浩特市人民检察院工作报告的决议》。大会选举产生市政府市长、副市长，选举产生市人大常委会主任、副主任、秘书长，选举市中级人民法院院长和市人民检察院检察长，通过市十届人大各专门委员会主任委员、副主委员、委员人选。

1995年3月、9月，市十届人大二次、三次会议召开。两次大会共收到代表提出议案、建议、批评和意见86件。市十届人大二次会议听取、审议《政府工作报告》等7项报告，表决通过《关于政府工作报告的决议》《关于呼和浩特市1994年国民经济和社会发展计划执行情况与1995年国民经济和社会发展计划的决议》《关于呼和浩特市1994年预算执行情况和1995年预算的决议》《关于呼和浩特市人大常委会工作报告的决议》《关于呼和浩特市中级人民法院工作报告的决议》《关于呼和浩特市人民检察院工作报告的决议》；市十届人大三次会议听取、审议《呼和浩特市人民政府关于“九五”计划和2010年长远规划基本思路的编制说明》，选举产生市政府、市人大常委会组成人员，作出设置十届人大农业委员会的决定。

1996年1月，市十届人大四次会议召开。大会共收到代表提出议案、建议、批评和意见50件。大会听取、审议《政府工作报告》等6项报告，表决通过《关于政府工作报告的决议》《关于呼和浩特市1995年国民经济和社会发展计划执行情况与1996年国民经济和社会发展计划的决议》《关于呼和浩特市1995年预算执行情况和1996年预算的决议》《关于呼和浩特市人大常委会工作报告的决议》《关于呼和浩特市中级人民法院工作报告的决议》《关于呼和浩特市人民检察院工作报告的决议》。

1997年2月、12月，市十届人大五次、六次会议召开。两次大会共收到代表提出议案、建议、批评和意见51件。市十届人大五次会议听取、审议《政府工作报告》等6项报告，表决通过《关于政府工作报告的决议》《关于呼和浩特市1996年国民经济和社会发展计划执行情况与1997年国民经济和社会发展计划的决议》《关于呼和浩特市1996年预算执行情况和1997年预算的决议》《关于呼和浩特市人大常委会工作报告的决议》《关于呼和浩特市中级人民法院工作报告的决议》《关于呼和浩特市人民检察院工作报告的决议》；市十届人大六次会议选举呼和浩特市出席自治区九届人民代表大会代表67名。

1998年2月，市十届人大七次会议召开。大会共收到代表提出议案、建议、批评和意见59件。大会听取、审议《政府工作报告》等6项报告，表决通过《关于政府工作报告的决议》《关于呼和浩特市1997年国民经济和社会发展计划执行情况与1998年国民经济和社会发展计划的决议》《关于呼和浩特市1997年预算执行情况和1998年预算的决议》《关于呼和浩特市人大常委会工作报告的决议》《关于呼和浩特市中级人民法院工作报告的决议》《关于呼和浩特市人民检察院工作报告的决议》。

四、市第十一届人民代表大会

市十一届人大共召开5次会议。1999年3月，市十一届人大一次会议召开。大会共收到代表提出议案、建议、批评和意见137件。大会听取、审议《政府工作报告》等6项报告，表决通过《关于政府工作报告的决议》《关于呼和浩特市1998年国民经济和社会发展计划执行情况与1999年国民经济和社会发展计划的决议》《关于呼和浩特市1998年预算执行情况和1999年预算的决议》《关于呼和浩特市人大常委会工作报告的决议》《关于呼和浩特市中级人民法院工作报告的决议》《关于呼和浩特市人民检察院工作报告的决议》。大会选举产生市人大常委会和市政府市长、副市长，选举产生市人大常委会主任、副主任、秘书长，选举市中级人民法院院长和市人民检察院检察长，通过市十一届人大各专门委员会主任委员、副主委员、委员人选。

2000年2月，市十一届人大二次会议召开。大会共收到代表提出议案、建议、批评和意见106件。大会听取、审议《政府工作报告》等6项报告，表决通过《关于政府工作报告的决议》《关于呼和浩特市1999年国民经济和社会发展计划执行情况与2000年国民经济和社会发展计划的决议》《关于呼和浩特市1999年预算执行情况和2000年预算的决议》《关于呼和浩特市人大常委会工作报告的决议》《关于呼和浩特市中级人民法院工作报告的决议》《关于呼和浩特市人民检察院工作报告的决议》。

2001年2月，市十一届人大三次会议召开。大会共收到代表提出议案、建议、批评和意见89件。大会听取、审议《政府工作报告》等6项报告，表决通过《关于政府工作报告的决议》《关于呼和浩特市2000年国民经济和社会发展计划执行情况与2001年国民经济和社会发展计划的决议》《关于呼和浩特市2000年预算执行情况和2001年预算的决议》《关于呼和浩特市人大常委会工作报告的决议》《关于呼和浩特市中级人民法院工作报告的决议》《关于呼和浩特市人民检察院工作报告的决议》。

2002年1月，市十一届人大四次会议召开。大会共收到代表提出议案、建议、批评和意见101件。大会听取、审议《政府工作报告》等6项报告，表决通过《关于政府工作报告的决议》《关于呼和浩特市2001年国民经济和社会发展计划执行情况与2002年国民经济和社会发展计划的决议》《关于呼和浩特市2001年预算执行情况和2002年预算的决议》《关于呼和浩特市人大常委会工作报告的决议》《关于呼和浩特市中级人民法院工作报告的决议》《关于呼和浩特市人民检察院工作报告的决议》。

2003年4月，市十一届人大五次会议召开。大会共收到代表提出议案、建议、批评和意见96件。大会听取、审议《政府工作报告》等，表决通过《关于政府工作报告的决议》《关于呼和浩特市2002年国民经济和社会发展计划执行情况与2003年国民经济和社会发展计划的决议》《关于呼和浩特市2002年预算执行情况和2003年预算的决议》《关于呼和浩特市人大常委会工作报告的决议》《关于呼和浩特市中级人民法院工作报告的决议》《关于呼和浩特市人民检察院工作报告的决议》。

五、市第十二届人民代表大会

市十二届人大共召开4次代表会议。2004年4月，市十二届人大一次会议召开。大会听取、审议《政府工作报告》等6项报告，表决通过《关于政府工作报告的决议》《关于呼和浩特市2003年国民经济和社会发展计划执行情况与2004年国民经济和社会发展计划的决议》《关于呼和浩特市2003年预算执行情况和2004年预算的决议》《关于呼和浩特市人大常委会工作报告的决议》《关于呼和浩特市中级人民法院工作报告的决议》《关于呼和浩特市人民检察院工作报告的决议》。选举产生市十二届人大常委会主任、副主任、秘书长，选举产生市政府市长、副市长，选举产生市中级人民法院院长、市人民检察院检察长，通过市十二届人大各专门委员会主任委员、副主委员、委员人选。

2005年3月，市十二届人大二次会议召开。大会听取、审议《政府工作报告》等6项报告，表决通过《关于政府工作报告的决议》《关于呼和浩特市2004年国民经济和社会发展计划执行情况与2005年国民经济和社会发展计划的决议》《关于呼和浩特市2004年预算执行情况和2005年预算的决议》《关于呼和浩特市人大常委会工作报告的决议》《关于呼和浩特市中级人民法院工作报告的决议》《关于呼和浩特市人民检察院工作报告的决议》。大会选举市政府市长，补选市十二届人大常委会副主任。

2006年2月，市第十二届人民代表三次会议召开。大会听取、审议《政府工作报告》《关于呼和浩特市国民经济和社会发展第十一个五年规划纲要（草案）的说明》等7项报告，表决通过《关于政府工作报告的决议》《关于呼和浩特市2005年国民经济和社会发展计划执行情况与2006年国民经济和社会发展计划的决议》《关于呼和浩特市2005年预算执行情况和2006年预算的决议》《关于呼和浩特市人大常委会工作报告的决议》《关于呼和浩特市中级人民法院工作报告的决议》《关于呼和浩特市人民检察院工作报告的决议》《呼和浩特市国民经济和社会发展第十一个五年规划纲要》。

2007年2月，市十二届人大四次会议召开，并首次实现了电视直播。大会听取、审议《政府工作报告》等6项报告，表决通过《关于政府工作报告的决议》《关于呼和浩特市2006年国民经济和社会发展计划执行情况与2007年国民经济和社会发展计划的决议》《关于呼和浩特市2006年预算执行情况和2007年预算的决议》《关于呼和浩特市人大常委会工作报告的决议》《关于呼和浩特市中级人民法院工作报告的决议》《关于呼和浩特市人民检察院工作报告的决议》。

六、市第十三届人民代表大会

市十三届人大共召开5次会议。2008年1月，市十三届人大一次会议召开。大会共收到代表建议、批评和意见201件。大会听取、审议《政府工作报告》等7项报告，表决通过《关于政府工作报告的决议》《关于呼和浩特市2008年国民经济和社会发展计划执行情况与2009年国民经济和社会发展计划的决议》《关于呼和浩特市2008年预算执行情况和2009年预算的决议》《关于呼和浩特市人大常委会工作报告的决议》《关于呼和浩特市中级人民法院工作报告的决议》《关于呼和浩特市人民检察院工作报告的决议》《关于设立市十三届人大专门委员会的决定和大会选举办法》。大会选举产生市政府市长、副市长，选举产生市十三届人大常委会主任、副主任、秘书长、委员，选举产生市中级人民法院院长、市人民检察院检察长，通过市十三届人大各专门委员会主任委员、副主任委员、委员人选。

2009年2月，市十三届人大二次会议召开。大会共收到代表建议、批评和意见192件。大会听取、审议《政府工作报告》等6项报告，表决通过《关于政府工作报告的决议》《关于呼和浩特市2008年国民经济和社会发展计划执行情况与2009年国民经济和社会发展计划的决议》《关于呼和浩特市2008年预算执行情况和2009年预算的决议》，表决通过了《关于呼和浩特市人大常委会工作报告的决议》《关于呼和浩特市中级人民法院工作报告的决议》《关于呼和浩特市人民检察院工作报告的决议》。

2010年1月，市十三届人大三次会议召开。大会共收到代表建议、批评和意见208件。大会听取、审议《政府工作报告》等6项报告，表决通过《关于政府工作报告的决议》《关于呼和浩特市2009年国民经济和社会发展计划执行情况与2010年国民经济和社会发展计划的决议》《关于呼和浩特市2009年预算执行情况和2010年市预算的决议》，表决通过了《关于呼和浩特市人大常委会工作报告的决议》《关于呼和浩特市中级人民法院工作报告的决议》《关于呼和浩特市人民检察院工作报告的决议》。

2011年1月，市十三届人大四次会议召开。大会共收到代表建议、批评和意见196件。大会听取、审议《政府工作报告》等7项报告，表决通过《关于政府工作报告的决议》《关于呼和浩特市国民经济和社会发展第十二个五年规划纲要的决议》《关于呼和浩特市2010年国民经济和社会发展计划执行情况与2011年国民经济和社会发展计划的决议》《关于呼和浩特市2010年财政预算执行情况和2011年市本级财政预算的决议》《关于呼和浩特市人大常委会工作报告的决议》《关于呼和浩特市中级人民法院工作报告的决议》《关于呼和浩特市人民检察院工作报告的决议》。选举产生市政府市长及2名市十三届人大常委会副主任，选举市中级人民法院院长。

2012年2月，市十三届人大五次会议召开。大会共收到代表建议、批评和意见124件。大会听取、审议《政府工作报告》等6项报告，表决通过《关于政府工作报告的决议》《关于呼和浩特市2011年国民经济和社会发展计划执行情况与2012年国民经济和社会发展计划的决议》《关于呼和浩特市2011年预算执行情况和2012年市预算的决议》《关于呼和浩特市人大常委会工作报告的决议》《关于呼和浩特市中级人民法院工作报告的决议》《关于呼和浩特市人民检察院工作报告的决议》。

七、市第十四届人民代表大会

2013年1月，市十四届人大一次会议召开。大会共收到代表建议、批评和意见128件。大会听取、审议《政府工作报告》等6项，表决通过《关于政府工作报告的决议》《关于呼和浩特市2012年国民经济和社会发展计划执行情况与2013年国民经济和社会发展计划的决议》《关于呼和浩特市2012年预算执行情况和2013年市预算的决议》

《关于呼和浩特市人大常委会工作报告的决议》《关于呼和浩特市中级人民法院工作报告的决议》《关于呼和浩特市人民检察院工作报告的决议》。选举产生市十四届人大常委会主任、副主任、秘书长，选举产生市政府市长、副市长，选举产生市中级人民法院院长、市人民检察院检察长。

2014年2月，市十四届人大二次会议召开。大会共收到代表建议、批评和意见174件。大会听取、审议《政府工作报告》等6项报告，表决通过《关于政府工作报告的决议》《关于呼和浩特市2013年国民经济和社会发展计划执行情况与2014年国民经济和社会发展计划的决议》《关于呼和浩特市2013年财政预算执行情况和2014年市本级财政预算的决议》《关于呼和浩特市人大常委会工作报告的决议》《关于呼和浩特市中级人民法院工作报告的决议》《关于呼和浩特市人民检察院工作报告的决议》。

2015年1月，市十四届人大三次会议召开。出席人代会应到代表340名，实到代表319名，符合法定人数。大会共收到代表建议、批评和意见167件。大会听取、审议《政府工作报告》等6项报告，表决通过《关于政府工作报告的决议》《关于呼和浩特市2014年国民经济和社会发展计划执行情况与2015年国民经济和社会发展计划的决议》《关于呼和浩特市2014年财政预算执行情况和2015年市本级财政预算的决议》《关于呼和浩特市人大常委会工作报告的决议》《关于呼和浩特市中级人民法院工作报告的决议》《关于呼和浩特市人民检察院工作报告的决议》。

第二章　人大常委会

第一节　常委会组成

一、市第八届人大常委会

1984年4月至1989年6月，市八届人大常委会设主任1名、副主任6名、秘书长1名、委员21名。常委会设财政经济工作委员会、城乡建设工作委员会、民族政法工作委员会、科学教育文化卫生工作委员会、办公室，另设呼和浩特市人大常委会主任会议、代表资格审查委员会。

呼和浩特市第八届人大及其常委会组成人员名录

表15-2-1

职　务	姓　名	性　别	民　族	任职时间
主　任	和兴革	男	蒙古族	1984年4月至1986年4月
	乌尔吉朗	男	蒙古族	1986年4月至1989年6月

续表 15-2-1

职 务	姓 名	性 别	民 族	任职时间
副主任	唐志高	男	汉 族	1984 年 4 月至 1986 年 4 月
	云献龙	男	蒙古族	1984 年 4 月至 1986 年 4 月
	崔维嶽	男	汉 族	1984 年 4 月至 1989 年 6 月
	云淑贤	女	蒙古族	1984 年 4 月至 1989 年 6 月
	何秀安	男	汉 族	1984 年 4 月至 1989 年 6 月
	任 儒	男	蒙古族	1984 年 12 月至 1989 年 6 月
秘书长	郝廷洲	男	汉 族	1984 年 5 月至 1986 年 3 月
	云生霖	男	蒙古族	1988 年 5 月至 1989 年 6 月
委 员	马庆余	男	汉 族	1984 年 4 月至 1989 年 6 月
	云二毛	男	蒙古族	1984 年 4 月至 1989 年 6 月
	云志刚	男	蒙古族	1984 年 4 月至 1989 年 6 月
	乌学清	女	蒙古族	1984 年 4 月至 1989 年 6 月
	田 兰	男	汉 族	1984 年 4 月至 1989 年 6 月
	白慧敏	女	回 族	1984 年 4 月至 1989 年 6 月
	刘文龙	男	汉 族	1984 年 4 月至 1989 年 6 月
	谷品昭	男	汉 族	1984 年 4 月至 1989 年 6 月
	张兴成	男	汉 族	1984 年 4 月至 1989 年 6 月
	赵秋帆	男	汉 族	1984 年 4 月至 1989 年 6 月
	哈 森	男	蒙古族	1984 年 4 月至 1986 年 7 月
	莫德勒图	男	蒙古族	1984 年 4 月至 1986 年 7 月
	常 恩	男	汉 族	1984 年 4 月至 1986 年 7 月
	崔 鹏	男	满 族	1984 年 4 月至 1986 年 7 月
	康翠玲	女	汉 族	1984 年 4 月至 1989 年 6 月
	道尼要特	男	蒙古族	1984 年 4 月至 1989 年 6 月
	薛桂琴	女	汉 族	1984 年 4 月至 1989 年 6 月
	李成栋	男	汉 族	1986 年 5 月至 1989 年 6 月
	艾力沙	女	蒙古族	1986 年 5 月至 1989 年 6 月
	刘淑娥	女	汉 族	1986 年 5 月至 1989 年 6 月
	樊孝先	男	汉 族	1986 年 5 月至 1989 年 6 月

二、市第九届人大常委会

1989 年 6 月至 1994 年 5 月，市九届人大常委会设主任 1 名、副主任 6 名、秘书长1名、委员25名。常委会设政法委员会、财政经济委员会、城乡建设环境保护委员会、教育科学文化卫生委员会、民族宗教委员会、办公厅（室），另设呼和浩特市人大常委会主任会议、代表资格审查委员会。

呼和浩特市第九届人大及其常委会组成人员名录

表 15-2-2

职务	姓名	性别	民族	任职时间
主任	乌尔吉朗	男	蒙古族	1989年6月至1994年5月
副主任	崔维嶽	男	汉族	1989年6月至1990年1月
	云淑贤	女	蒙古族	1989年6月至1994年5月
	杨淮	男	汉族	1989年6月至1994年5月
	沱夫	男	达斡尔族	1989年6月至1994年5月
	管效贤	男	汉族	1989年6月至1994年5月
	杨秉祺	男	汉族	1989年6月至1993年2月
秘书长	云生霖	男	蒙古族	1989年6月至1994年5月
委员	卜天祥	男	蒙古族	1989年6月至1992年4月
	王月海	男	蒙古族	1989年6月至1994年5月
	云春莲	女	蒙古族	1989年6月至1994年5月
	云继明	男	蒙古族	1989年6月至1992年5月
	乌学清	女	蒙古族	1989年6月至1994年5月
	田兰	男	汉族	1989年6月至1994年5月
	白昳静	女	蒙古族	1989年6月至1993年5月
	刘俊	男	汉族	1989年6月至1994年5月
	沙俊兰	女	回族	1989年6月至1994年5月
	张金栓	男	蒙古族	1989年6月至1994年5月
	李锁柱	男	蒙古族	1989年6月至1994年5月
	呼尔查	男	蒙古族	1989年6月至1994年5月
	季兰音	女	汉族	1989年6月至1994年5月
	岳中秀	男	汉族	1989年6月至1994年5月
	赵纯	男	汉族	1989年6月至1994年5月
	赵嵩云	男	汉族	1989年6月至1994年5月
	郝清华	男	汉族	1989年6月至1992年4月
	段光仁	男	汉族	1989年6月至1994年5月
	黄瑛	男	汉族	1989年6月至1992年4月

续表 15-2-2

职 务	姓 名	性 别	民 族	任职时间
委　员	梁纯华	男	汉　族	1989 年 6 月至 1994 年 5 月
	斯琴挂	男	蒙古族	1989 年 6 月至 1994 年 5 月
	八　宝	男	蒙古族	1992 年 4 月至 1994 年 5 月
	刘广斌	男	汉　族	1992 年 4 月至 1994 年 5 月
	刘菊茹	女	汉　族	1992 年 4 月至 1994 年 5 月
	翠　英	女	蒙古族	1992 年 4 月至 1994 年 5 月

三、市第十届人大常委会

1994 年 5 月至 1999 年 4 月，市十届人大常委会设主任 1 名、副主任 8 名、秘书长 1 名、委员 29 名。常委会设政法委员会（政法工作委员会）、财政经济委员会（财政经济工作委员会）、城乡建设环境保护委员会（城乡建设环境保护工作委员会）、教育科学文化卫生委员会（教育科学文化卫生工作委员会）、民族宗教侨务委员会（民族宗教侨务工作委员会）、农业委员会（农业工作委员会）、代表选举工作委员会、法制工作委员会、办公厅，另设呼和浩特市人大常委会主任会议、代表资格审查委员会。

呼和浩特市第十届人大及其常委会组成人员名录

表 15-2-3

职 务	姓 名	性 别	民 族	任职时间
主　任	周喜成	男	汉　族	1994 年 5 月至 1998 年 3 月
	杨　晶	男	蒙古族	1998 年 3 月至 1999 年 4 月
副主任	郝建中	男	汉　族	1994 年 5 月至 1999 年 4 月
	云生霖	男	蒙古族	1994 年 5 月至 1999 年 4 月
	李万鹏	男	汉　族	1994 年 5 月至 1999 年 4 月
	王然忠	男	汉　族	1994 年 5 月至 1999 年 4 月
	奇英成	男	蒙古族	1994 年 5 月至 1999 年 4 月
	贺　琦	男	汉　族	1995 年 7 月至 1999 年 4 月
	博勒特	男	蒙古族	1998 年 3 月至 1999 年 4 月
	张鸿霞	女	汉　族	1998 年 3 月至 1999 年 4 月
秘书长	敖日格勒	男	蒙古族	1994 年 5 月至 1999 年 4 月
委　员	云文广	男	蒙古族	1994 年 5 月至 1999 年 4 月
	云春莲	女	蒙古族	1994 年 5 月至 1999 年 4 月

续表 15-2-3

职务	姓名	性别	民族	任职时间
委员	王学勤	男	汉族	1994 年 5 月至 1999 年 4 月
	田培良	男	汉族	1994 年 5 月至 1997 年 4 月
	任文厚	男	蒙古族	1994 年 5 月至 1999 年 4 月
	刘松春	男	汉族	1994 年 5 月至 1996 年 11 月
	刘　俊	男	汉族	1994 年 5 月至 1998 年 10 月
	刘菊茹	女	汉族	1994 年 5 月至 1999 年 4 月
	刘淑珍	女	汉族	1994 年 5 月至 1999 年 4 月
	吴亚南	女	汉族	1994 年 5 月至 1999 年 4 月
	汪嘉文	男	汉族	1994 年 5 月至 1999 年 4 月
	沙俊兰	女	回族	1994 年 5 月至 1999 年 4 月
	张英杰	男	汉族	1994 年 5 月至 1999 年 4 月
	张树岚	女	汉族	1994 年 5 月至 1999 年 4 月
	陈仁焱	男	汉族	1994 年 5 月至 1996 年 11 月
	周　锐	男	汉族	1994 年 5 月至 1999 年 4 月
	胡章建	男	汉族	1994 年 5 月至 1996 年 11 月
	赵　纯	男	汉族	1994 年 5 月至 1999 年 4 月
	赵明亮	男	汉族	1994 年 5 月至 1999 年 4 月
	姚润才	男	汉族	1994 年 5 月至 1999 年 4 月
	柴凤祥	男	汉族	1994 年 5 月至 1999 年 4 月
	阎凤举	男	汉族	1994 年 5 月至 1999 年 4 月
	梁恒秋	男	汉族	1994 年 5 月至 1998 年 10 月
	斯琴挂	男	蒙古族	1994 年 5 月至 1995 年 2 月
	谢淑贞	女	汉族	1994 年 5 月至 1999 年 4 月
	赛　娜	女	蒙古族	1994 年 5 月至 1999 年 4 月
	翠　英	女	蒙古族	1994 年 5 月至 1999 年 4 月
	刘廷俊	男	汉族	1997 年 3 月至 1999 年 4 月
	冯玉臻	男	汉族	1997 年 3 月至 1999 年 4 月

四、市第十一届人大常委会

1999 年 4 月至 2004 年 4 月，市十一届人大常委会设主任 1 名、副主任 6 名、秘书长 1 名、委员 27 名。常委会设政法委员会、财政经济委员会、教育科学文化卫生委员会、城乡建设环境保护委员会、民族宗教侨务委员会、农业委员会、选举任免联络工作委员会、法制工作委员会、机关党委、机关事务服务中心、办公厅，另设呼和浩特市人大常委会主任会议、代表资格审查委员会。2001 年 2 月，增设内务司法委员会。

呼和浩特市第十一届人大及其常委会组成人员名录

表 15–2–4

职 务	姓 名	性 别	民 族	任职时间
主 任	杨 晶	男	蒙古族	1999 年 4 月至 2003 年 4 月
	牛玉儒	男	蒙古族	2003 年 4 月至 2004 年 4 月
副主任	张鸿霞	女	汉 族	1999 年 4 月至 2002 年 2 月
	伏成义	男	蒙古族	1999 年 4 月至 2002 年 2 月
	李岳清	男	汉 族	1999 年 4 月至 2004 年 4 月
	张凤凯	男	汉 族	1999 年 4 月至 2004 年 4 月
	刘香芸	女	汉 族	1999 年 4 月至 2004 年 4 月
	溪琇珊	女	满 族	1999 年 4 月至 2004 年 4 月
	郑世昌	男	汉 族	2001 年 2 月至 2004 年 4 月
	李茂林	男	汉 族	2002 年 1 月至 2004 年 4 月
	吴福成	男	蒙古族	2002 年 1 月至 2004 年 4 月
秘书长	张永福	男	汉 族	1999 年 4 月至 2004 年 4 月
委 员	于俊禄	男	汉 族	1999 年 4 月至 2004 年 4 月
	王丕仁	男	汉 族	1999 年 4 月至 2004 年 4 月
	王 凯	男	汉 族	1999 年 4 月至 2004 年 4 月
	云亚明	男	蒙古族	1999 年 4 月至 2004 年 4 月
	田金娥	女	汉 族	1999 年 4 月至 2004 年 4 月
	冯玉臻	男	汉 族	1999 年 4 月至 2004 年 4 月
	刘廷俊	男	汉 族	1999 年 4 月至 2004 年 4 月
	刘祥林	男	汉 族	1999 年 4 月至 2004 年 4 月
	李国庆	男	蒙古族	1999 年 4 月至 2004 年 4 月
	杨志云	女	汉 族	1999 年 4 月至 2004 年 4 月
	杨 茂	男	汉 族	1999 年 4 月至 2004 年 4 月
	吴亚南	女	汉 族	1999 年 4 月至 2004 年 4 月
	张秀媛	女	汉 族	1999 年 4 月至 2004 年 4 月
	张树岚	女	汉 族	1999 年 4 月至 2004 年 4 月
	陈晓鸽	女	蒙古族	1999 年 4 月至 2004 年 4 月

续表 15-2-4

职 务	姓 名	性 别	民 族	任职时间
委　员	陈曼莉	女	满　族	1999 年 4 月至 2004 年 4 月
	胡维民	男	蒙古族	1999 年 4 月至 2004 年 4 月
	荣巨才	男	蒙古族	1999 年 4 月至 2004 年 4 月
	洪奎奎	男	蒙古族	1999 年 4 月至 2004 年 4 月
	姚润才	男	汉　族	1999 年 4 月至 2004 年 4 月
	郭文杰	男	汉　族	1999 年 4 月至 2004 年 4 月
	郭瑞云	男	汉　族	1999 年 4 月至 2004 年 4 月
	阎凤举	男	汉　族	1999 年 4 月至 2004 年 4 月
	扈　成	男	回　族	1999 年 4 月至 2004 年 4 月
	韩富仓	男	汉　族	1999 年 4 月至 2004 年 4 月
	道布丹	男	蒙古族	1999 年 4 月至 2004 年 4 月
	唐·德力格尔	男	蒙古族	1999 年 4 月至 2004 年 4 月

五、市第十二届人大常委会

2004 年 4 月至 2008 年 1 月，市十二届人大常委会设主任 1 名、副主任 6 名、秘书长 1 名、副秘书长 2 名、委员 25 名。常委会设法制委员会、内务司法委员会、财政经济委员会、教育科学文化卫生委员会、城乡建设环境保护委员会、民族宗教侨务委员会、农业委员会、选举任免联络工作委员会、法制工作委员会、机关党委、机关工会、办公厅，另设呼和浩特市人大常委会主任会议、代表资格审查委员会。

呼和浩特市第十二届人大及其常委会组成人员名录

表 15-2-5

职 务	姓 名	性 别	民 族	任职时间
主 任	吴一微	女	蒙古族	2004 年 4 月至 2008 年 1 月
副主任	李岳清	男	汉　族	2004 年 4 月至 2008 年 1 月
	吴福成	男	蒙古族	2004 年 4 月至 2008 年 1 月
	韩　钊	男	蒙古族	2004 年 4 月至 2008 年 1 月
	吕景瑞	男	汉　族	2004 年 4 月至 2008 年 1 月
	赛　娜	女	蒙古族	2004 年 4 月至 2008 年 1 月
	邢燕菊 *	女	汉　族	2004 年 4 月至 2008 年 1 月
秘书长	贾益民	男	汉　族	2004 年 4 月至 2008 年 1 月

续表 15-2-5

职　务	姓　名	性　别	民　族	任职时间
委　员	王虎林	男	汉　族	2004 年 4 月至 2008 年 1 月
	田凤霞	女	汉　族	2004 年 4 月至 2008 年 1 月
	田金娥	女	汉　族	2004 年 4 月至 2008 年 1 月
	吕光明	男	汉　族	2004 年 4 月至 2008 年 1 月
	刘廷俊	男	汉　族	2004 年 4 月至 2008 年 1 月
	刘祥林	男	汉　族	2004 年 4 月至 2008 年 1 月
	刘德贵	男	汉　族	2004 年 4 月至 2008 年 1 月
	杨志云	女	汉　族	2004 年 4 月至 2008 年 1 月
	杨丽云	女	汉　族	2004 年 4 月至 2008 年 1 月
	李国庆	男	蒙古族	2004 年 4 月至 2008 年 1 月
	李洪瑞	女	汉　族	2004 年 4 月至 2008 年 1 月
	何绒秀	女	汉　族	2004 年 4 月至 2008 年 1 月
	宋晓刚	男	汉　族	2004 年 4 月至 2008 年 1 月
	张敏黎	女	汉　族	2004 年 4 月至 2008 年 1 月
	张　燮	男	汉　族	2004 年 4 月至 2008 年 1 月
	陈晓鸽	女	蒙古族	2004 年 4 月至 2008 年 1 月
	胡维民	男	蒙古族	2004 年 4 月至 2008 年 1 月
	洪奎奎	男	蒙古族	2004 年 4 月至 2008 年 1 月
	高　光	男	汉　族	2004 年 4 月至 2008 年 1 月
	郭利平	男	汉　族	2004 年 4 月至 2008 年 1 月
	崔逢德	男	汉　族	2004 年 4 月至 2008 年 1 月
	梁亚中	女	汉　族	2004 年 4 月至 2008 年 1 月
	扈　成	男	回　族	2004 年 4 月至 2008 年 1 月
	鲁剑钧	男	汉　族	2004 年 4 月至 2008 年 1 月
	塔　沙	女	蒙古族	2004 年 4 月至 2008 年 1 月

六、市第十三届人大常委会

2008 年 1 月至 2013 年 1 月，市十三届人大常委会设主任 1 名、副主任 8 名、秘书长 1 名、委员 31 名。常委会设法制委员会、内务司法委员会、财政经济委员会、教育科学文化卫生委员会、城乡建设环境保护委员会、民族宗教侨务委员会、农业委员会、选举任免联络工作委员会、法制工作委员会、机关党委、机关工会、办公厅，另设呼和浩特市人大常委会主任会议、代表资格审查委员会。

呼和浩特市第十三届人大及其常委会组成人员名录

表 15-2-6

职 务	姓 名	性 别	民 族	任职时间
主　任	吴一微	女	蒙古族	2008 年 1 月至 2013 年 1 月
副主任	李岳清	男	汉　族	2008 年 1 月至 2013 年 1 月
	韩　钊	男	蒙古族	2008 年 1 月至 2013 年 1 月
	吕景瑞	男	汉　族	2008 年 1 月至 2010 年 10 月
	赛　娜	女	蒙古族	2008 年 1 月至 2010 年 12 月
	邢燕菊 *	女	汉　族	2008 年 1 月至 2013 年 1 月
	吴安俊 *	男	满　族	2008 年 1 月至 2013 年 1 月
	刘　敏	男	满　族	2011 年 1 月至 2013 年 1 月
	孙建国	男	汉　族	2011 年 1 月至 2013 年 1 月
秘书长	贾益民	男	汉　族	2008 年 1 月至 2013 年 1 月
委　员	王万昌	男	蒙古族	2008 年 1 月至 2013 年 1 月
	云姝奇	女	蒙古族	2008 年 1 月至 2013 年 1 月
	田凤霞	女	汉　族	2008 年 1 月至 2013 年 1 月
	田青松	男	汉　族	2008 年 1 月至 2013 年 1 月
	代　林	男	回　族	2008 年 1 月至 2013 年 1 月
	兰俊生	男	汉　族	2008 年 1 月至 2013 年 1 月
	吕光明	男	汉　族	2008 年 1 月至 2013 年 1 月
	伊丽娜	女	蒙古族	2008 年 1 月至 2013 年 1 月
	刘文智	男	汉　族	2008 年 1 月至 2013 年 1 月
	刘　涛	男	汉　族	2008 年 1 月至 2013 年 1 月
	牟敏华	女	汉　族	2008 年 1 月至 2013 年 1 月
	孙　洁	女	蒙古族	2008 年 1 月至 2013 年 1 月
	杨志云	女	汉　族	2008 年 1 月至 2013 年 1 月
	杨丽云	女	汉　族	2008 年 1 月至 2013 年 1 月
	杨妙香	女	汉　族	2008 年 1 月至 2013 年 1 月
	李抚沧	男	汉　族	2008 年 1 月至 2013 年 1 月
	李建社	男	汉　族	2008 年 1 月至 2013 年 1 月
	李建春	男	汉　族	2008 年 1 月至 2013 年 1 月
	李　莉	女	汉　族	2008 年 1 月至 2013 年 1 月
	吴素婷	女	汉　族	2008 年 1 月至 2013 年 1 月
	张忠厚	男	汉　族	2008 年 1 月至 2013 年 1 月

续表 15-2-6

职 务	姓 名	性 别	民 族	任职时间
委 员	张 爕	男	汉 族	2008 年 1 月至 2013 年 1 月
	陈向东	男	汉 族	2008 年 1 月至 2013 年 1 月
	纳森巴雅尔	男	蒙古族	2008 年 1 月至 2013 年 1 月
	武展云	男	汉 族	2008 年 1 月至 2013 年 1 月
	段八旺	男	汉 族	2008 年 1 月至 2013 年 1 月
	崔俊生	男	汉 族	2008 年 1 月至 2013 年 1 月
	崔逢德	男	汉 族	2008 年 1 月至 2013 年 1 月
	梁亚中	女	汉 族	2008 年 1 月至 2013 年 1 月
	塔 沙	女	蒙古族	2008 年 1 月至 2013 年 1 月
	程玉琳	女	汉 族	2008 年 1 月至 2013 年 1 月

七、市第十四届人大常委会

2013 年 1 月至 2015 年 12 月，市十四届人大常委会设主任 1 名、副主任 6 名、秘书长 1 名、委员 30 名。常委会设法制委员会、内务司法委员会、财政经济委员会、教育科学文化卫生委员会、城乡建设环境保护委员会、民族宗教侨务委员会、农业委员会、选举任免联络工作委员会、法制工作委员会、机关党委、机关工会、办公厅。

呼和浩特市第十四届人大及其常委会组成人员名录

表 15-2-7

职 务	姓 名	性 别	民 族	任职时间
主 任	云公和	男	蒙古族	2013 年 1 月—
副主任	李博宏	男	汉 族	2013 年 1 月—
	鲁剑钧	男	汉 族	2013 年 1 月—
	孙建国	男	汉 族	2013 年 1 月—
	斯钦毕力格	男	蒙古族	2013 年 1 月—
	付东海	男	汉 族	2013 年 1 月—
	张红霞	女	汉 族	2013 年 1 月—
秘书长	宋晓刚	男	汉 族	2013 年 1 月—
委 员	云文武	男	蒙古族	2013 年 1 月—
	王 宏	男	蒙古族	2013 年 1 月—
	王志强	女	汉 族	2013 年 1 月—
	王慧英	女	蒙古族	2013 年 1 月—

续表 15-2-7

职 务	姓 名	性 别	民 族	任职时间
委　员	代　林	男	回　族	2013 年 1 月—
	兰　军	男	汉　族	2013 年 1 月—
	兰俊生	男	汉　族	2013 年 1 月—
	卢晓岩	女	蒙古族	2013 年 1 月—
	田凤霞	女	汉　族	2013 年 1 月—
	田青松	男	汉　族	2013 年 1 月—
	乔立群	男	汉　族	2013 年 1 月—
	刘金库	男	汉　族	2013 年 1 月—
	成红亮	男	蒙古族	2013 年 1 月—
	吴素婷	女	汉　族	2013 年 1 月—
	张跃华	男	蒙古族	2013 年 1 月—
	杨文生	男	汉　族	2013 年 1 月—
	杨　茂	男	汉　族	2013 年 1 月—
	纳森巴雅尔	男	蒙古族	2013 年 1 月—
	陈小平	女	回　族	2013 年 1 月—
	陈洪奎	男	汉　族	2013 年 1 月—
	杭光义	男	汉　族	2013 年 1 月—
	赵宏刚	男	蒙古族	2013 年 1 月—
	赵前宽	男	汉　族	2013 年 1 月—
	郝亚巍	男	满　族	2013 年 1 月—
	柴秀娣	女	汉　族	2013 年 1 月—
	银小平	男	汉　族	2013 年 1 月—
	温　岚	女	汉　族	2013 年 1 月—
	韩苏平	男	汉　族	2013 年 1 月—
	蓝兴东	男	汉　族	2013 年 1 月—
	薛荣跃	男	汉　族	2013 年 1 月—

第二节　常委会会议

一、市第八届至第十一届人大常委会

1984 年 4 月至 2004 年 4 月，市第八届至第十一届人大常委会共召开常委会会议 147 次，听取和审议人大工作报告、“一府两院”及有关部门工作报告 669 个；审

议和通过地方性法规 59 件、法规修订案 13 件；审议和通过专项决定、决议 231 项；任免地方国家机关工作人员 1006 人次。其中，市八届人大常委会作出《关于修改呼和浩特市环境卫生管理办法的决议》《关于〈呼和浩特市园林绿化管理办法〉的决议》《关于〈呼和浩特市城市建设拆迁安置办法〉的决议》等决议 30 项，决定 7 项，任免地方国家机关工作人员 206 人次；市九届人大常委会作出《关于进一步加强土地管理的决议》《关于进一步发展乡镇企业的决议》《关于〈呼和浩特市社会治安综合治理条例〉的决议》等决议 41 项，决定 10 项，任免地方国家机关工作人员 190 人次；市十届人大常委会作出《关于〈呼和浩特市城镇集贸市场管理办法〉的决议》《关于〈呼和浩特市城镇职工基本养老保险基金管理规定〉的决议》等 34 项决议，决定 33 项，任免地方国家机关工作人员 221 人次；市十一届人大常委会作出《关于〈呼和浩特市私营企业权益保护条例〉的决议》等决议 34 项，决定 42 项，任免地方国家机关工作人员 389 人次。

二、市第十二届人大常委会

2004 年 4 月至 2008 年 1 月，市十二届人大常委会依法任免国家机关工作人员 145 人，同意辞职 1 人；通过地方性法规 15 部，废止地方性法规 1 部；审议通过《呼和浩特市养犬管理规定》《呼和浩特市城市道路设施管理条例》《呼和浩特市国家建设项目审计办法》等地方性法规；听取和审议《市人民政府关于安全生产工作情况的报告》《市人民政府关于解决农村饮用水困难和饮水安全工作情况的报告》《市人民政府关于清水河县、武川县扶贫开发工作情况的报告》等专项工作报告 69 个，决定重大事项 25 项。

三、市第十三届人大常委会

2008 年 1 月至 2013 年 1 月，市十三届人大常委会依法任免国家机关工作人员 250 人，同意辞职 2 人；通过地方性法规 15 部，废止地方性法规 5 部；听取和审议“一府两院”专项工作报告 86 个，发出审议意见书 87 件；配合全国人大常委会、自治区人大常委会开展执法检查调研、考察 78 项；对《中华人民共和国义务教育法》《中华人民共和国水土保持法》《呼和浩特市土地管理条例》等执行情况进行检查。

四、市十四届人大常委会

2013 年 1 月至 2015 年 12 月，市十四届人大常委会依法任免国家机关工作人员 413 人；通过地方性法规 5 部、废止地方性法规 3 部；听取审议市政府、市人民法院、市人民检察院工作报告 81 个，通过决议 26 个决议；开展 5 次专题询问和 100 多项专题调研；审议通过关于代表议案审议结果的报告 8 个、关于个别代表资格的报告 5 个。

第三章　人大工作

第一节　地方立法

1984 年 4 月至 1989 年 6 月，市八届人大及其常委会为有计划有步骤地制定地方性法规，逐步实现依法治市，常委会遵照自治区人大常委会的立法要求，从呼和浩特市实际出发，以经济建设和城市管理为重点，制定《呼和浩特市 1986—1990 年制定地方性法规五年规划》。根据五年规划，常委会在与宪法、法律不相抵触的前提下，广泛征求各方面的意见，稳步扎实地开展了地方性法规的制定工作。市八届人大三次会议后，常委会审议通过《呼和浩特市道路交通事故处理暂行规定》《呼和浩特市城市建设拆迁安置管理办法》，并报经自治区人大常委会批准颁布实施。为有效地制约本地区机械人口的增长，常委会审议通过《呼和浩特市控制城市机械人口增长管理办法》。根据市政府的提请，市人大常委会会议先后两次审议了《呼和浩特市游行集会的规定（草案）》。同时，市人大常委会严格按照地方组织法的规定，认真清理自七届人大常委会成立后所通过的条例、规定、通告、办法。凡属应由政府依法制定的行政规章，交由政府公布、修改或废止；凡需要制定为地方性法规的，列入地方立法规划，重新研究制定。既维护了地方性法规的严肃性，又尊重了行政机关的职权。

1989 年 6 月至 1994 年 5 月，市九届人大及其常委会在认真总结第一个五年地方立法工作经验的基础上，1990 年制定《呼和浩特市第二个五年（1991—1995）立法规划》。按照自治区地方立法工作会议精神，1992 年又修订了立法规划，确定了适应建立社会主义市场经济体制需要，加快地方立法步伐，特别是加快经济立法步伐的指导思想，增加了经济立法项目。为使地方立法工作规范化，常委会制定通过了《呼和浩特市人民代表大会常务委员会制定地方性法规办法》。市九届人大及其常委会履职期间，制定通过了法规修正案 2 个、地方性法规 18 个、废止法规 1 个，其中 15 个法规报经自治区人大常委会批准公布实施。这些地方性法规的制定、修改或废止，保障和促进了呼和浩特市社会主义现代化建设各项事业的发展。市人大常委会把加快地方经济立法提到重要议事日程，制定了《呼和浩特市外商投资优惠办法》《呼和浩特市土地使用管理办法》《呼和浩特市水资源管理办法》《呼和浩特市城市规划管理办法》《呼和浩特市市政公用设施管理办法》《呼和浩特市城市人口机械增长管理办法》《呼和浩特市大气污染防治管理办法》《呼和浩特市城镇公共卫生管理办法》，重新修订《呼和浩特市城市建设拆迁安置管理办法》6

个地方性法规。同时，为坚持和完善人民代表大会制度，加强常委会自身建设，制定了《呼和浩特市人民代表大会议事规则》《呼和浩特市人民代表大会代表工作条例》《呼和浩特市人民代表大会常务委员会工作条例》《呼和浩特市人民代表大会常务委员会议事规则》4个地方性法规。为保障公民权利、维护社会稳定，制定《呼和浩特市实施〈中华人民共和国集会游行示威法〉规定》《呼和浩特市社会治安综合治理条例》。

1994年5月至1999年4月，市十届人大常委会在制定地方性法规工作中，注意改进立法工作，加强市人大常委会与市政府的联系，组织召开法规起草部门、市政府法制办和市人大常委会各专门委员会负责人参加的地方立法工作座谈会，研究和解决立法工作中存在的问题。同时，争取自治区人大常委会对立法工作的指导，广泛听取各方面的意见。根据立法计划安排，市十届人大常委会先后审议通过《呼和浩特市城镇集贸市场管理办法》《呼和浩特市客运出租汽车管理办法》《呼和浩特市园林绿化建设管理办法》《呼和浩特市严格限制养犬规定》《呼和浩特市暂住人口管理办法》《呼和浩特市外来务工经商人员管理条例》《呼和浩特市城镇职工基本养老金保险管理规定》《呼和浩特市水土保持管理办法》《呼和浩特市建设工程质量管理规定》等多部地方性法规。

1999年4月至2004年4月，市十一届人大常委会共制定地方性法规24件，修订5件，废止2件，其中3件提请市人民代表大会审议通过。市人大常委会把经济立法放在重要位置，按照推进经济体制改革的精神，围绕更好地发挥市场在资源配置中的基础性作用和建立统一、开放、竞争、有序的市场体系，加强了有关保障和促进市场主体公平竞争、规范市场经济秩序的立法，制定《呼和浩特市私营企业权益保护条例》《呼和浩特市户外广告管理条例》《呼和浩特市企业国有资产产权转让管理条例》《呼和浩特市建设工程招标投标管理条例》《呼和浩特市牛的人工授精管理办法》《呼和浩特市客运出租汽车管理条例》；按照城市发展“建管并举、重在管理”的方针，围绕完善城市综合功能，制定《呼和浩特市城市供热供水燃气公共交通管理条例》《呼和浩特市市容环境卫生管理条例》《呼和浩特市节约用水管理条例》《呼和浩特市土地管理条例》《呼和浩特市城市房屋拆迁管理条例》《呼和浩特市封山育林管理办法》《呼和浩特市水土保持条例》《呼和浩特市大气污染防治管理条例》。2002年，对《呼和浩特市城市房屋拆迁管理条例》进行了修订。围绕优先、重点发展民族教育，提高城市文明程度，制定《呼和浩特市民族教育条例》《呼和浩特市社会力量办学管理办法》《呼和浩特市全民义务植树条例》《呼和浩特市街道办事处条例》《呼和浩特市预防职务犯罪条例》；从维护人民群众的合法权益，改善劳动条件，消除和降低职业病危害，预防和控制传染病出发，制定《呼和浩特市职业病防治监督条例》《呼和浩特市传染病防治条例》，修订了《呼和浩特市实施〈工会法〉办法》。其中，《呼和浩特市传染病防治条例》为2003年依法防控传染性非典型性肺炎提供了法律依据。同时，在认真总结人大工作经验的基础上，市人大常委会审议通过《制定地方性法规条例》《讨论决定重大事项的规定》；修订《人民代表大会议事规则》《代表工作条例》《人大常委会工作条例》。废止了与WTO规则不相适应的《呼和浩特市外商投资优惠办法》和与户籍制度改革不相符合的《呼和浩特市城市人口机械增长管理办法》。

2004年4月至2008年1月，市十二届人大常委会共审议法规21件。其中，新制定地方性法规10件，修改、修订法规9件，废止1件，作出关于停止执行地方性法规中若干行政许可事项的决定1件。经济立法占33.3%，社会领域立法占61.9%。市十二届人大常委会先后公布实施《呼和浩特市经济技术开发区条例》《呼和浩特市国家建设项目审计办法》《呼和浩特市旅游管理条例》《呼和浩特市城市房地产交易管理条例》《呼和浩特市废弃食用油脂管理条例》《呼和浩特市城市供热管理条例》《呼和浩特市中小学幼儿园规划建设条例》《公共汽车客运管理条例》《城市道路设施管理条例》《排水管理条例》《城市绿化条例》《预算审查监督条例》等。其中，《呼和浩特市经济技术开发区条例》《呼和浩特市国家建设项目审计办法》《呼和浩特市旅游管理条例》《呼和浩特市城市房地产交易管理条例》为维护市场秩序、发展经济提供了法治保障；《呼和浩特市废弃食用油脂管理条例》是自治区首部以法规形式规范废弃油脂管理的地方性法规；《呼和浩特市城市供热管理条例》为解决城市供热过程中的突出问题，提高供热质量，规范和调整供热企业和居民用户双方的合法权益提供了法治保障；《呼和浩特市中小学幼儿园规划建设条例》针对全市中小学建设与城市发展、人口增长不相适应的问题，在中小学幼儿园布局规划、班级容量、用地保护、投入机制等方面作出规定；《呼和浩特市公共汽车客运管理条例》将优先发展公共交通战略法治化；《城市道路设施管理条例》《排水管理条例》使道路和排水设施的建设和维护法治化；《城市绿化条例》促进城市生态环境的改善；《预算审查监督条例》在实现程序性审查的基础上，强化了实质性审查。同时，根据行政许可法的要求，对4件地方性法规中的6项行政许可事项停止执行。

2008年1月至2012年12月，市十三届人大常委会共审议通过并获得批准法规15件。其中，制定7件、修改5件、废止3件。审查备案规范性文件81件。社会领域立法占80%。市十三届人大常委会立足现实需要，制定、修订了《呼和浩特市城乡规划条例》《呼和浩特市市容环境卫生管理条例》《呼和浩特市封山育林管理办法等法规》《呼和浩特市民办教育促进条例》《呼和浩特市基本菜田保护条例》《呼和浩特市社会治安综合治理条例》《呼和浩特市建设工程质量管理条例》《呼和浩特市人民代表大会议事规则》《呼和浩特市人民代表大会代表工作条例》《呼和浩特市村庄集镇规划建设管理条例》《呼和浩特市邮政通信管理条例》《呼和浩特市清真食品管理办法》《呼和浩特市残疾人保障条例》《呼和浩特市国防教育条例》《呼和浩特市气象条例》《呼和浩特市大气污染防治管理条例》《呼和浩特市客运出租汽车管理条例》等地方性法规，废止了《呼和浩特市城镇集贸市场管理办法》《呼和浩特市流动人口计划生育管理办法》等一批与经济发展不相适应的法规。按照全国人大常委会要求，对现行地方性法规开展了两次集中清理，共废止、修改地方性法规 39 件，涉及 95 个条款，维护了国家法治的统一。

2013 年，市十四届人大常委会在广泛征集、深入调研、科学论证、充分协调的基础上，编制实施《呼和浩特市人大常委会五年（2013—2017）立法规划》。按照年度立法计划，市人大常委会修订并审议通过《呼和浩特市城市绿化条例》《呼和浩特市水土保持条例》《呼和浩特市民族教育条例》，获得自治区人大批准，公布实施。

2014 年，市十四届人大常委会制定、修改地方性法规 2 件，审查规范性文件 3 件，配合自治区人大常委会开展立法调研 4 次，按照全国人大常委会要求对 3 部法律草案组织征求意见。3 月，市十四届人大常委会公布实施《呼和浩特市水土保持条例》《呼和浩特市科学技术进步促进条例》。针对呼和浩特市房地产交易市场出现的新问题，结合国家新的房地产行业政策，及时修正 2005 年制定的《呼和浩特市城市房地产交易管理条例》。对既有地方性法规进行系统清理，将与上位法不一致、与形势发展不适应的 11 件法规，有计划地逐年废止或修改。

2015 年 11 月，市十四届人大常委会共审议通过法规 10 件，其中制定 2 件、修改 5 件、废止 3 件。针对公共管网业主共管模式难以操作，老旧小区供水设施年久失管失修，居民用水困难的实际情况，市人大常委会制定《城市供水用水条例》。在自治区首次采用委托第三方起草法规的方式，通过公开招投标，以政府购买社会服务，由法律服务机构起草《爱国卫生工作条例（草案）》。针对随意挖掘占用道路、超期施工现象增多，给公共道路交通带来不便的问题，常委会组织修改《城市道路设施管理条例》，严格规范挖掘占用道路审批流程，明确审批要件，要求地下管网集中施工，力求避免反复开挖道路。根据上位法变动情况，集中修改了《民办教育促进条例》《牛的人工授精管理办法》《旅游管理条例》，删除了明显不适应全面深化改革需要和与上位法不一致的内容。修订《全民义务植树条例》，删去公民未履行植树义务处以罚款等规定，提倡鼓励义务植树行为。废止管理机制不适应当前经济社会发展形势的《私营企业权益保护条例》《传染病防治条例》《职业病防治监督条例》3 件法规。

第二节　法律监督

1984年4月至1989年6月，市八届人大常委会把听取、审议有关法律实施情况的报告作为常委会会议的重要议题，共听取、审议“一府两院”对《中华人民共和国民族区域自治法》《中华人民共和国审计法》《中华人民共和国文物保护法》《中华人民共和国草原法》《中华人民共和国技术合同法》《中华人民共和国会计法》《中华人民共和国土地管理法》《中华人民共和国食品卫生法》《中华人民共和国药品管理法》等17个法律法规贯彻实施情况报告。同时，从呼和浩特市改革、建设的实际出发，有针对性地组织委员、人大代表和有关工作委员会对《中华人民共和国义务教育法》《中华人民共和国环境保护法》《中华人民共和国计量法》《中华人民共和国渔业法》《中华人民共和国治安管理处罚条例》等13个法律实施情况进行考察和调查，对有法不依、执法不严的问题向执行机关提出了批评和改进意见，并分别写出考察和调查报告。市八届人大二次会议后，市人大常委会根据全国人大常委会《关于向全体公民普及基本法律常识的决议》，作出了《关于加强法治宣传普及法律知识的决议》，并连续三年听取审议司法部门关于普法教育情况的报告，经常检查普法工作进展情况，推动普法教育由城市到农村，有计划有步骤地全面展开。

1989年6月至1994年5月，市九届人大常委会共听取和审议“一府两院”对《中华人民共和国环境保护法》《关于开展依法治市的决议》《中华人民共和国土地管理法》《呼和浩特市城镇卫生管理办法》等26个法律法规的贯彻实施情况报告。市九届人大常委会按照自治区人大常委会关于在全区开展执法检查的决定，于1989年、1992年两次在全市开展了执法大检查，并于1990年在全市政法机关开展执法检查。检查涉及国家机构、刑事、民事、经济、文化教育和社会治安综合治理等方面的法律法规和决定28个。通过执法检查，对全市广大干部和群众进行了一次法治再教育，法律意识和法治观念得到了加强，提高了各级领导和执法人员依法办事的自觉性，推动了有关法律、法规和贯彻执行，查处和纠正了一批违法、违纪案件，维护了法律的尊严。市人大常委会每年坚持开展专项执法检查，市九届人大及其常委会履职期间，共检查了40多个法律法规的贯彻执行情况。在总结“一五”普法经验的基础上，市人大常委会及时审议通过市政府制定的“二五”普法规划，作出了关于深入开展法治宣传教育的决议。

1994年5月至1999年4月，市十届人大常委会通过听取报告、考察、参加考核验收等方式，全面了解“二五”普法工作落实情况，并对“三五”普法工作作出部署。根据市委的部署，作出《关于在全市各级人民政府、人民法院、人民检察院实行执法责任制的决定》，要求“一府两院”建立部门执法责任制，并通过开会动员、检查指导、听取汇报、交流经验等方式推动工作的落实。市十届人大常委会先后对58个法律法规的实施情况进行检查。为了加强农业的基础地位，保障农业的持续、稳定发展，市人大常委会对《中华人民共和国农业法》《中华人民共和国农业技术推广法》《中华人民共和国水法》等法律执行情况多次进行检查，对呼和浩特市农业技术推广体系建设、供销体系建设，农资供应、蔬菜生产、科技兴农等工作起到了积极的推动作用；多次对《中华人民共和国城市规划法》《中华人民共和国环境保护法》《中华人民共和国土地法》的执行情况进行检查，并针对存在的违法违纪问题，督促有关方面进行整改；对《中华人民共和国教育法》《中华人民共和国教师法》《中华人民共和国义务教育法》《中华人民共和国科技进步法》《中华人民共和国促进科技成果转化法》等法律执行情况检查，推动依法治教和科教兴市工作的健康发展；先后6次对《中华人民共和国民族区域自治法》执行情况进行检查，向市政府提出改进工作的建议；对《中华人民共和国公司法》《中华人民共和国产品质量法》《中华人民共和国审计法》等法律的执行情况进行检查，针对存在的问题，要求市政府采取有力措施，规范企业的管理工作。有计划、有重点地对《中华人民共和国检察官法》《中华人民共和国法官法》《中华人民共和国人民警察法》《中华人民共和国刑事诉讼法》的执行情况进行检查，到基层实地考察，有针对性地提出改进工作的建议，常委会对公检法机关1994—1999年期间有争议的抗诉案件，对不批捕、免诉、缓刑、群众反映较大的刑事、民事案件等方面的情况，开展司法调查，促进了公检法机关严格执法。

1999年4月至2004年4月，市十一届人大常委会常委会组织开展的执法检查有31项，根据执法检查所发现的问题，提出了84条审议意见，市政府、市中级人民法院、市人民检察院及有关部门已及时办理并向市人大常委会作出了书面报告。人大各专门委员会单独或配合自治区人大常委会开展执法检查和执法调研2次。针对人民群众反映强烈的房屋住宅建设工程质量问题，市人大常委会配合自治区人大常委会开展了对《中华人民共和国建筑法》的执法检查，促使有关部门拆除了1项有严重质量问题的“豆腐渣工程”，对建筑领域的违法行为起到了震慑作用。针对城市规划执行中的一些突出问题，市人大常委会开展了《中华人民共和国城市规划法》《内蒙古自治区实施〈规划法〉办法》《呼和浩特市城市规划管理办法》联合执法检查。通过连续性地对《呼和浩特市清真食品管理办法》《呼和浩特市民族教育条例》开展执法检查，有效规范了全市清真食品的经营和管理，推动民族教育发展的进程。结合防控“非典”，通过开展对《中华人民共和国药品管理法》《中华人民共和国食品卫生法》的执法检查,加大对制售假劣药品和不合格食品的打击力度。为促进《中华人民共和国妇女权益保护法》《中华人民共和国归侨侨眷权益保护法》《中华人民共和国残疾人保障法》的贯彻实施，市人大常委会通过执法检查，对农村妇女脱贫、女童失学、侨务扶贫和残疾人综合服务设施建设等问题，给予了特别的关注。市人大常委会结合呼和浩特市实际，对《中华人民共和国森林法》《中华人民共和国水土保持法》《中华人民共和国会计法》《中华人民共和国计量法》《中华人民共和国工会法》《中华人民共和国道路交通管理条例》，自治区颁布的《内蒙古自治区休育设施管理条例》《内蒙古自治区司法工作人员违法办案责任追究条例》，以及呼和浩特市颁布的《呼和浩特市流动人口计划生育管理办法》《呼和浩特市固定资产投资建设竣工决算审计监督办法》《呼和浩特市公路路政管理条例》《呼和浩特市开发区条例》《呼和浩特市城镇养老保险基金征缴办法》《呼和浩特市职工养老保险基金管理规定》等法律法规开展了专题执法检查。市人大常委会围绕全市的中心工作以及人民群众关注的热点、难点问题，加强了对“一府两院”的工作监督，共听取和审议“一府两院”专项报告 82 次，发出审议意见 188 条。2002 年，首次对市十一届人大四次会议通过的“一府两院”工作报告中的 71 项重点工作的实施完成情况进行了跟踪监督，并编制了汇总表格，提交市十一届人大六次会议，受到代表的好评。2003 年，常委会又从市十一届人大六次会议通过的“一府两院”工作报告中选取了 26 项重点工作进行监督，在此基础上编制了《重点工作实施完成情况一览表》，供代表在审议各项报告时参考。为依法加强和规范人大常委会对司法案件的监督工作，市人大常委会根据宪法和法律、法规的有关规定，结合开展司法案件监督的实践经验，制定了《司法案件监督办法》。市十一届人大常委会履职期间，听和审议了市政府关于房地产交易市场和房屋产权产籍管理、农村土地二轮承包、劳教所执法执纪专项教育整顿、城镇职工医疗保险改革、城市控制性规划和修建性详细规划编制、大气污染防治、旅游、统计、城市绿化美化市容市貌整治、计划生育、“三五”普法、“四五”普法、科载兴市、严打整治、土地资源管理、传染性非典型肺炎防治等方面工作情况的报告，听取了市人民检察院关于创度“五好”基层检察院活动情况的报告和市中级人民法院关于民事审判工作情况的报告。各专门委员会围绕各自的工作职能，结合全市的中心工作，开展 70 多次专题调查究活动。2002—2003 年，市人大常委会围绕自治区“两个文明”建设经验交流会在呼和浩特召开的中心工作，利用一年多的时间，对城市规划建设管理、城市和农村经济发展、维护社会稳定和加强精神文明建设等重点迎会筹备工作实施了全方位监督。

2004—2007 年，市十二届人大常委会共听取和审议“一府两院”专项工作报告 57 项，开展执法检查 12 项，配合自治区人大常委会或受其委托开展执法检查、调研、考察50余项。从2004年开始，市人大常委会连续4年开展节约用水管理条例和引黄入呼工程建设情况的监督检查，推动城区内自备井的限期封闭，促进引黄供水工程的按期运行和节约用水工作。组织代表深入调研，针对代表提出的《关于进一步加快首府欠发达县经济社会发展》的议案，就加大对清水河县、武川县2个贫困县的扶持开发力度，提出了建议。市委、市政府高度重视，结合全市工业布局调整和招商引资，加大对两县水、电、路等基础设施建设的投入，促进两县经济社会发展。市人大常委会连续多年对市区中小学入学难问题进行监督，并通过制定城市中小学幼儿园规划建设条例，保障了全市中小学校基础设施规划和建设与城市同步发展，适龄学生入学难问题得到缓解。对全市民办教育办学现状进行调研，针对存在问题提出了建设性意见，市委高度重视，作出《关于大力发展民办教育的决定》，市政府召开民办教育工作会议，推动全市的民办教育工作。以迎接自治区60周年大庆为契机，将供热管理、市容环境卫生管理、旧城区改造、“创建国家环保模范城”等作为监督检查的重点，开展执法检查，促进城乡建设与环境保护工作。围绕“菜篮子工程”建设，对全市蔬菜生产基地建设和蔬菜加工、流通等情况进行调研，结合督办代表提出的《关于加快首府蔬菜生产基地建设》的议案，连续三年多次听取政府工作汇报，组织代表考察，持续跟踪检查，推动呼和浩特市在城市化进程中实现基本菜田建设和蔬菜生产、流通的科学规划、协调发展。市人大常委会听取市政府关于廉租房和经济适用住房建设进展情况的报告，并连续两年对审议意见落实情况进行督查。市政府高度重视，制定有关办法及建设进度实施方案，加快廉租房和经济适用住房的建设进度。通过开展文物法执法检查，结合代表提出的关于加强历史文化名城规划，发展特色旅游的议案和关于加强首府非物质民族文化遗产保护工作的建议，督促政府采取措施加以保护。市人大常委会坚持对事关全市发展的问题开展执法检查，督促解决一些法律法规实施中存在的实际问题，配合全国和自治区人大常委会对《中华人民共和国民族区域自治法》《中华人民共和国工会法》《中华人民共和国劳动法》《中华人民共和国行政许可法》《中华人民共和国节约能源法》《中华人民共和国统计法》《内蒙古自治区城镇职工基本养老保险条例》《内蒙古自治区劳动和社会保障监察条例》等几十部法律法规的执行情况进行了执法检查或执法调研。2005—2007年，开展《中华人民共和国食品卫生法》执法检查，先后向市政府转发了3项审议意见书，提出了20项整改建议。

2008年1月至2012年12月，市十三届人大常委会共听取和审议“一府两院”专项工作报告86件，开展执法检查16项，发出审议意见书87件，配合全国人大常委会、自治区人大常委会开展执法检查、调研、考察78项。市十三届人大及其常委会履职期间，常委会以贯彻落实党的决策部署为核心开展工作监督，有针对性地对国民经济和社会发展计划执行、工业经济运行、“十二五”规划实施、“一核双圈”建设、科技进步法实施、经济开发区体制转变、现代设施农牧业建设、文化旅游与商贸流通发展、中央扩大内需投资项目建设等方面开展监督和专题调研，促进了党的重大决策部署的贯彻实施；结合“三城同创”工作，审议通过了修编呼和浩特市城市总体规划纲要，批准了市政府为发展基础设施建设筹集资金的3件议案；重点对城乡规划建设、建筑法实施、城中村改造、园林绿地保护、市容卫生管理、老旧小区物业、道路拥堵治理、公共交通建设等方面开展监督，推动城乡一体化建设进程；以地下水和土地等资源合理开发和保护为切入点，连续两届跟踪监督，研究推动水资源的可持续利用。其间，常委会督办人代会主席团确定的关于加快推进全市工业企业使用黄河水的议案，促使工业园区引黄管道建设全面实施；连续三年安排检查教育法律法规实施情况，对全市校安工程改造建设、农村义务教育发展、民办教育发展、校园周边治安等方面开展监督检查；围绕普法工作、预防职务犯罪、法律援助、法检两院基层建设、社会治安综合治理等领域进行监督检查，开展加强刑事审判工作专题调研、反渎职侵权工作和检察院信息化建设情况专项考察、行政诉讼法和民事诉讼法实施执法检查，作出《呼和浩特市“六五普法”决议》，推动政府成立法制研究投诉中心，各旗县（区）成立法制工作机构并配备了专职工作人员，提出建立了刑事被害人救助基金制度，促使法律援助工作经费纳入财政预算，更好地保护了弱势群体利益。同时，对就业、养老、医疗等社会保障工作持续开展监督检查，理顺社保经费征缴机制。

2013年3月，市十四届人大常委会执法检查组对呼和浩特市贯彻落实《中华人民共和国消防法》情况进行执法检查。7月，全国人大常委会调研组就《中华人民共和国中小企业促进法》进行立法调研。11月，自治区人大常委会调研组对呼和浩特市棚户区改造和建筑施工安全情况进行调研。

2014年7月，全国人大常委会内部司法委员会就《中华人民共和国公务员法》在呼和浩特市贯彻实施情况进行专题调研。

2015年5月，市人大常委会主任会议组成人员对呼和浩特市快速路工程建设进展情况进行集体考察。6月，市人大常委会主任会议组成人员对呼和浩特经济技术开发区推进自治区、市重大项目和重点工程情况等任务进展情况进行调研考察。9月，自治区人大常委会考察组，就呼和浩特市轨道交通工程、二环快速路工程、环城河治理、生态建设等重大基础设施和重点项目建设情况进行考察。

第三节　选举任免

1984—1989 年，市八届人大常委会依照法律规定和干部队伍革命化、年轻化、知识化、专业化的“四化”要求，依法任免国家机关工作人员 202 人。其中，决定任命 48 人，任命 124 人，批准任命 6 人，免职 24 人。市人大常委会接受 11 人辞去国家机关职务的请求。市人大常委会对任免工作进行了改进，将举手表决方式改为无记名投票表决方式，并邀请被任命人员列席常委会会议听取委员们的意见，对所任命人员进行了考核试点。

1989 年 6 月至 1994 年 5 月，市人大常委会会议制定通过《呼和浩特市人民代表大会常务委员会任免工作办法》，使常委会任免工作制度化、规范化。市九届人大常委会依法任命国家机关工作人员 202 人。其中，任命 56 人，决定任命 55 人，批准任命 12 人，补充任命 11 人，免职 59 人，接受辞职 9 人。补选自治区人大代表 1 人。

1994 年 5 月至 1999 年 3 月，市十届人大常委会依法任命国家机关工作人员 155 人次。其中，决定任命 74 人次，任命 62 人次，批准任命 9 人次，补充任命 8 人次，决定代理 2 人次。免职 68 人次。其中，决定免职 29 人次，免职 30 人次，批准免职 9 人次。接受辞职 11 人次。决定撤销职务 2 人次。选举呼和浩特市出席自治区九届人大代表 67 人。

1999 年 3 月至 2004 年 4 月，市十一届人大常委会认真贯彻落实《党政领导干部选拔任用工作条例》《呼和浩特市人大常委会任命国家机关工作人员办法》，按照党的干部标准和法律规定，坚持民主集中制原则，认真行使人事任免权。市十一届人大常委会依法任免国家机关工作人员 414 人次。其中，接受辞职 19 人次，决定代理 2 人，决定任免市政府组成人员 116 人次，任免人大常委会机关工作人员 17 人次，任免市中级人民法院工作人员 126 人次，任免市人民检察院工作人员 103 人次，批准任免旗县（区）人民检察院检察长 31 人次。选举出席自治区十届人大代表 64 人。

2004—2007 年，市十二届人大常委会在任命国家机关工作人员中坚持任前法律考试，组织被任命人员开展任职电视专访。《中华人民共和国各级人民代表大会常务委员会监督法》颁布后，市人大常委会把专项工作评议纳入听取和审议“一府两院”专项工作报告中，由考察组在一定范围内对专项工作，特别是对由人大及其常委会选举、任命的国家机关工作人员依法履职情况进行民主评议，评议情况向市委报告，评议结果在媒体上公开。市十二届人大常委会依法任免国家机关工作人员 147 人，罢免自治区人大代表 1 人。

2008 年 1 月至 2012 年 12 月，市十三届人大常委会依法任免国家机关工作人员

249人。其中，接受市人大常委会组成人员辞职3人；接受市长辞职2人，决定免去副市长4人，决定任命代理市长2人，决定任命副市长5人；决定任免市政府组成部门负责人75人，任免市人大常委会工作人员17人，任免中级人民法院、市人民检察院工作人员128人，批准任命旗县（区）检察院工作人员13人；补选自治区人大代表4人。

2013年1月，市十四届人大常委会一次会议完成新一届市政府组成人员的任命工作和其他任免工作，依法任免国家机关工作人员170人次。其中，决定免去4人次，决定任命46人次，免去57人次，任命52人次，批准任命9人次，决定接受辞职1人次，决定代理1人次。

2014年12月，市十四届人大常委会坚持和完善任前考试、任职表态和任职宣誓机制，提高被任命人员尊重宪法、法律和依法行政、公正司法的责任感和自觉性。全年依法任免国家机关工作人员129人次，其中，决定任命17人次，决定免去9人次，任命58人次，免去45人次。

2015年4月，市十四届人大常委会依法任免国家机关工作人员32人次。其中，决定任命3人次，决定免去2人次，任命27人次。

第四节　代表工作

1986年10月，市人大常委会陆续向市八届人大代表颁发代表视察证，代表持证视察活动在全市范围普遍开展起来。之后，每年委托各旗县（区）人大常委会和呼和浩特警备区政治部组织市人大代表集中视察一次。至1989年末，市八届人大常委会履职期间，为了使代表有组织地、定期地开展活动，也便于同代表的联系，市人大常委会按照代表团和代表所从事的行业、居住区域建立了代表联组和代表小组，制定《加强同市人大代表联系的暂行办法》《市人大代表持证视察试行办法》《处理代表和群众来信来访制度》。市人大常委会主任、副主任接见、走访市八届人大代表390人次；根据会议内容邀请熟悉工作的有关市八届人大代表列席了常委会会议72人次。同时，市人大常委会从全市改革、建设的实际出发，有针对性地组织委员、人大代表和有关工作委员会对《义务教育法》《环境保护法》《计量法》《渔业法》《治安管理处罚条例》等13个法律实施情况进行考察和调查，对有法不依、执法不严的问题向执行机关提出了批评和改进意见，并分别写出视察和调查报告，为法律的实施起到了促进作用。

1989年6月至1994年5月，市九届人大常委会在坚持上届常委会已有的主任、副主任接见代表日、代表持证视察、代表一封信制度和活动的同时，进一步加强大会闭会期间代表活动的组织建设，明确代表联组和代表小组的职责和活动内容，并在各旗县（区）人大常委会和军分区政治部设立了代表工作联络员。为加强代表对常委会和政府工作的监督，常委会建立了邀请代表列席常委会会议和专门委员会会议制度，召开市长向代表汇报工作会，组织代表对“一府两院”工作进行评议。至1994年5月，市九届人大常委会共办理代表议案15件，转办代表建议、批评和意见631件。常委会对办理代表议案工作，加强领导和协调，限定办理期限，跟踪检查议案的办理情况，提高办理议案质量，召开代表议案办理经验交流会和表彰会。市人大常委会提请代表大会审议通过《呼和浩特市人民代表大会议事规则》《呼和浩特市人民代表大会代表工作条例》两部地方性法规草案，经自治区人大常委会批准并公布实施，使代表大会和代表工作逐步走向法治化。

1994年7月，市人大常委会组织8名代表参加全市机关作风整顿检查工作。9月，组织10名代表参加全市反腐败工作，推动全市反腐败斗争的开展。市九届人大一次会议召开前，市人大常委会委托旗县（区）人大常委会、军分区政治部组织代表，围绕政府工作报告、1994年计划和预算执行情况开展考察。为密切人大代表与人民群众的联系，市人大常委会发布公告，公布了代表的姓名、工作单位、电话号码。

1996年，市人大常委会决定在玉泉区、托克托县、武川县开展人大代表评议公检法及“七所八站”的工作。围绕“工商形象建设年”和“工商行政执法年”活动，常委会组织代表对市工商局工作进行评议，促进工商行政管理工作的改进和提高。为使代表评议工作规范化、制度化，常委会制定了《市人大常委会代表评议工作暂行办法》。在市十届人大四次会议上，代表共提出20件议案，根据大会主席团的决定，其中4件交专门委员会审议，向常委会提出审议结果的报告，这些报告通过常委会批准。市人大常委会制定《呼和浩特市人民代表大会代表评议工作条例》。1997年，市十届人大五次、六次会议，代表提出建议、批评、意见51件，常委会及时交市政府办理，积极督促落实。

2000年开始，市人大常委会邀请代表列席常委会会议。2001—2002年，市人大常委会先后制定《呼和浩特市人民代表大会代表建议、批评和意见办理办法》《常委会组成人员联系本级人大代表制度》，实行常委会组成人员联系代表制度，召开联系人大代表座谈会、全市人大代表工作会议，组织部分代表参加执法检查和视察、调查研究活动，邀请25名代表列席常委会会议。

2005年，市人大常委会邀请代表参与常委会的立法和监督等工作，组织各级人大代表对城市建设、社区建设、农村医疗等65个重点项目建设情况进行专题考察。举办人大代表小组组长和各旗县（区）代表工委负责人培训班，建立“代表之家”和代表履职档案。有39名市人大代表列席常委会会议。畅通代表建议反映和办理渠道，开通了代表热线电话，印制了建议专用信封和信笺，实施了代表建议“直通车”制度。闭会期间，常委会收到代表建议 10 件，均按要求转交有关部门办理并及时回复了代表。开展优秀代表议案和建议评选活动，从推荐出的 16 件代表议案中评选出 5 件优秀议案，从 385 件代表建议中评选出 41 件优秀建议。至 2005 年，市八届至十二届人大共收到代表议案 1189 件，经市人大常委会研究，将 84 件议案列入市人大或常委会会议议程；收到代表建议、批评和意见 3217 件，其中由代表议案转为代表建议、批评和意见的 1155 件，交市人大常委会有关部门办理 11 件，交市委、“一府两院”有关部门、群团组织办理 3206 件。

2006 年，市十二届人大三次会议确定代表建议、批评和意见 269 件。其中，2 件转交市委有关部门，4 件交由市人大常委会有关部门办理，263 件交付市政府及有关部门办理。赛罕区代表团提出关于“加快首府蔬菜生产基地建设”的议案，被确定为 1 号议案。市政府接到该议案后，及时研究制定了《呼和浩特市“十一五”蔬菜基地建设规则》，印发《关于加快首府蔬菜生产基地建设实施意见》。全年共有 60 多名代表列席常委会会议，参加执法检查、专题考察和调研活动的代表达 300 多人次。年末，市人大常委会召开全市人大代表工作经验交流会暨优秀代表表彰会，首次对 48 名优秀市人大代表进行了表彰。

2008 年，市十三届人大一次会议主席团确定议案 17 件，其中 12 件交由市人大有关专门委员会办理，5 件交由市政府实施；确定建议 196 件，其中交由市政府及有关部门办理 191 件，交由市总工会等有关组织办理 5 件。7 月，市人大常委会组织市人大代表围绕实施“一核双圈”、廉租住房使用和管理、发展设施避灾农业、“城中村”改造、蔬菜基地建设与保护等 9 个专题开展了集中专题调研活动，提出近 60 项意见和建议。常委会会议专门听取审议代表专题调研情况的报告，并对优秀调研报告进行了表彰。

2009 年，市人大常委会根据代表议案、建议办理工作的需要，提出设立保障金的建议。市委决定，每年在预算中划出人大代表议案和重点建议办理的保障经费。常委会充分发挥代表联组作用，组织人大代表围绕地区发展和群众反映的突出问题深入开展专题调研，形成专项调研报告 9 篇。全年有 65 名代表列席了常委会会议，有 1052 名代表参加培训和考察、调研、执法检查、法律草案征集工作。

2010 年，市人大常委会组织代表开展专题调研，形成的专项调研报告 20 篇，转交市政府参考。全年有 60 名代表列席了常委会会议，参加培训和执法检查、考察、调研、法规草案研究活动 1261 人次。在媒体、报刊开设代表专栏，集中宣传人大代表的先进典型和模范事迹。有 4 名人大代表获全国劳动模范荣誉称号，有 17 名代表获自治区、市级劳动模范荣誉称号，有 42 名代表被评为市十三届人大优秀代表。

2011年，市人大常委会扩大代表对常委会工作的参与，有60名代表列席了常委会会议，有41名代表参加了专题培训，有236名代表以联组为单位，开展了21项专题调研，提出建议84件，参加各项检查、考察、调研活动的代表958人次。有2名代表主动捐款，资助贫困地区农村安全饮水工程建设。

2012年，市人大常委会加强和改进代表工作，支持和保障代表依法履职，重点督办市十三届人大五次会议主席团确定的“关于加快推进全市工业企业使用黄河水”议案及重点建议。通过推进承办单位与代表“两见面”制度，完善代表建议办理评价机制，征询代表对办理结果的满意度，细化代表满意率中的具体内容要求，跟踪督办未办完的重点建议，推动建议办理从“办复”向“办成”转变，提升了代表满意度。完善代表工作制度，督促市四区加强街道人大工委建设，推进基层代表工作。

2013—2014年，市人大常委会重点督办市十四届人大一次、二次会议主席团确定的“关于加快呼市公共卫生服务体系建设”的议案和“建立妇女儿童活动中心”“优先发展城市公共交通运输”“规范消毒餐具市场”“增设公共厕所”“加快清水河旅游业发展”“建设高产优质苜蓿草生产基地”“关于优先发展呼市地区养老事业”“加强蔬菜无公害检测”等13项代表重点建议。

2015年，市人大常委会采取多种形式，加大代表培训力度。全年共举办各类代表培训5期，组织代表参加自治区人大常委会的培训3期，培训各级人大代表800余人次；指导旗县（区）和乡镇人大、街道人大工委开展培训活动50余次。坚持主动、广泛地组织代表参与立法、监督等履职活动，全年共有180余人次代表列席常委会会议，300人次代表参与常委会考察、调研。坚持代表向原选举单位报告履职情况制度，全年共有14名自治区级人大代表向常委会述职，有91名市级人大代表回原选举单位述职。深化“人大代表之家”建设，截至年末，全市建立“人大代表之家”112个，代表工作站、代表联系点110个，在自治区率先实现“人大代表之家”在市、旗县（区）、乡镇（街道）全覆盖。市十四届人大三次会议上，代表们共提出议案2件，建议225件，建议所提问题得到解决或者计划逐步解决的占建议总数的97.27%。

第十六篇

地方人民政府

第一章　呼和浩特市人民政府

第一节　历届市长、副市长

1986—2015年，在呼和浩特市第八届至第十四届人民代表大会期间，经选举产生9名市长、54名副市长。

1986—2015年呼和浩特市人民政府市长、副市长名录

表16-1-1

职务	姓名	性别	民族	任职时间	备注
市　长	贾　才	男	汉　族	1985年6月至1986年4月	代市长
				1986年5月至1991年4月	
	白　音	男	蒙古族	1991年8月至1992年4月	代市长
				1992年5月至1994年3月	
	张国民	男	汉　族	1994年5月至1996年10月	代市长
				1994年4月至1996年11月	
	冯士亮	男	汉　族	1996年11月至1997年2月	代市长
				1997年3月至1999年12月	
	柳　秀	男	汉　族	1999年12月至2000年2月	代市长
				2000年2月至2005年1月	
	汤爱军*	男	汉　族	2005年1月至2005年4月	代市长
				2005年4月至2010年4月	
	王　波*	男	汉　族	2010年4月至2011年1月	代市长
				2011年1月至2011年11月	
	秦　义	男	汉　族	2011年11月至2012年2月	代市长
				2012年2月至2015年4月	
	李杰翔*	男	汉　族	2015年4月—	代市长
副市长	巴图苏和	男	蒙古族	1986年至1989年6月	
	云　瑞	男	蒙古族	1986年至1988年5月	
	许光荣	男	汉　族	1986年至1991年8月	
	刘学敏	男	汉　族	1986年至1993年5月	

续表 16-1-1

职务	姓名	性别	民族	任职时间	备注
副市长	云　锋	男	蒙古族	1988 年 12 月至 1993 年 12 月	
	却金扎布	男	蒙古族	1988 年 12 月至 1994 年 5 月	
	高延青	男	蒙古族	1988 年 12 月至 1994 年 4 月	
	高天增	男	汉　族	1991 年 8 月至 1994 年 5 月	
	姚永通	男	汉　族	1994 年 1 月至 1996 年 7 月	
	连　辑	男	汉　族	1994 年 1 月至 1997 年 9 月	
	陈洪贵	男	汉　族	1994 年 2 月至 1997 年 9 月	
	呼尔查	男	蒙古族	1994 年 2 月至 1996 年 9 月	
	云秀梅	女	蒙古族	1994 年 5 月至 1997 年 9 月	
	陈瑞清	男	汉　族	1995 年 8 月至 1997 年 9 月	
	赵广华	男	汉　族	1998 年 4 月至 2001 年 9 月	
	王振义	男	汉　族	1995 年至 2001 年 12 月	
	窦连玺	男	汉　族	1998 年至 2001 年 11 月	
	王素毅 *	男	蒙古族	2001 年 9 月至 2003 年 3 月	
	郭　健	男	蒙古族	2000 年至 2003 年 4 月	
	张院忠	男	汉　族	1999 年 1 月至 2006 年 9 月	
	王　刚	男	回　族	2000 年至 2004 年 5 月	
	董恒宇	男	汉　族	2000 年 9 月至 2008 年 6 月	
	刘菊茹	女	汉　族	2001 年 9 月至 2011 年 8 月	
	武文元 *	男	汉　族	2001 年 9 月至 2010 年 10 月	
	林选才	男	汉　族	2001 年 11 月至 2001 年 12 月	挂职（因公牺牲）
	闫小彦	男	汉　族	2002 年 6 月至 2003 年 6 月	
	兰恩华	男	汉　族	2002 年 10 月至 2004 年 4 月	
	揭新民	男	汉　族	2002 年 10 月至 2004 年 12 月	
	王志平	男	汉　族	2003 年 4 月至 2004 年 4 月	烈士
	吕慧生	男	汉　族	2003 年 6 月至 2013 年	
	张伯旭	男	汉　族	2003 年 10 月至 2004 年 10 月	挂职
	张之楠	男	汉　族	2003 年 11 月至 2004 年 12 月	挂职
	云公和	男	蒙古族	2004 年 4 月至 2013 年 1 月	
	高炜明	男	蒙古族	2004 年 4 月至 2008 年	
	王　强	男	汉　族	2005 年至 2006 年	挂职

续表 16–1–1

职务	姓名	性别	民族	任职时间	备注
副市长	龚晓峰	男	汉　族	2005 年 11 月至 2007 年 6 月	挂职
	方泽南	男	汉　族	2005 年 11 月至 2007 年 11 月	挂职
	云忠义	男	蒙古族	2006 年 9 月至 2007 年 12 月	
	薄连根 *	男	汉　族	2006 年 10 月至 2010 年 5 月	
	赵　刚	男	汉　族	2007 年 7 月至 2009 年 7 月	挂职
	包　钢	男	蒙古族	2008 年 1 月至 2010 年 10 月	
	白金祥	男	汉　族	2008 年 1 月—	
	赵江涛	男	蒙古族	2010 年 10 月至 2012 年 5 月	
	贾英祥	男	汉　族	2010 年 10 月至 2012 年 4 月	
	孙建华	男	汉　族	2010 年 7 月至 2016 年 10 月	
	刚布和	男	蒙古族	2010 年 10 月至 2016 年 10 月	
	王恒俊	男	蒙古族	2011 年 8 月—	
	狄瑞明	男	汉　族	2012 年 5 月—	
	谢志斌	男	汉　族	2013 年 12 月至 2015 年	挂职
	赵云辉 *	男	汉　族	2013 年 1 月至 2015 年 12 月	
	奇巴图	男	蒙古族	2013 年 1 月至 2014 年 12 月	
	刘　晶	女	汉　族	2013 年至 2016 年 11 月	
	康存耀 *	男	蒙古族	2014 年 12 月—	
	李志斌	男	汉　族	2015 年 12 月—	

第二节　市政府组成部门

1986—1994 年，市政府组成部门包括办公室（厅）、计划委员会、经济贸易委员会、科学技术委员会、民族事务委员会、教育委员会、公安局、国家安全局、民政局、司法局、财政局、人事局、劳动局、建设局、建筑工程管理局、纺织工业局、机械工业局、轻化工业局、电子工业局、建筑材料工业局、交通局、水利局、农业局、畜牧副食品局、林业局、商务局、粮食管理局、外贸局、文化局、广播电视局、卫生局、体育运动委员会、计划生育委员会、审计局、统计局、物价局、工商行政管理局、环境保护局、土地管理局、房产管理局、质量技术监督局、乡镇企业局、外事办公室、人民防空办公室、经济协作局、宗教局、二轻工业局、对外经济发展局、商业局、物资局、供销合作联合社，共 51 个工作部门。1995 年，党政机构改革，市政府设46个工作部门。

2000年，市政府设办公厅、计划委员会、经济贸易委员会、经济体制改革委员会、科学技术委员会、民族事务委员会（挂宗教局和蒙古语工作委员会牌子）、教育委员会、公安局、国家安全局、监察局（纪律检查委员会机关与监察局合署办公，一个机构、两块牌子）、民政局、司法局、财政局（财政局挂国有资产管理局牌子）、人事局、编委办公室、劳动局、建设局、建筑工程管理局、纺织工业局、机械工业局、轻化工业局、电子工业局、建筑材料工业局、交通局、水利局、农业局、畜牧副食品局、林业局、商务局、粮食管理局、对外经贸经济合作局、文化局、广播电视局、卫生局、体育运动委员会、计划生育委员会、审计局、统计局、物价局、工商行政管理局、环境保护局、土地管理局、房产管理局（挂住房制度改革办公室牌子）、技术监督局、乡镇企业局、外事办公室、人民防空办公室，共47个工作部门，地方税务局不占机构数。

2001年，党政机构改革，市政府设办公厅及32个工作部门，分别为发展计划委员会、经济贸易委员会（挂安全生产委员会办公室牌子）、教育局、科学技术局（挂知识产权局牌子）、民族事务委员会（挂宗教事务局、蒙古语文工作委员会牌子）、公安局、监察局（与纪委合署办公）、民政局、司法局、财政局、人事局、劳动和社会保障局、国土资源局、建设委员会、规划局、交通局、水务局、农业局、林业局、对外贸易经济合作局、文化局、卫生局、计划生育委员会、审计局、环境保护局、广播电视局、体育局、统计局、粮食局、旅游局、市容管理局、房产局。设议事协调机构的常设办事机构3个（信访工作领导小组办公室、扶贫开发领导小组办公室、人民防空办公室），部门管理机构3个（法制办公室由政府办公厅管理，畜牧副食品局、乡镇企业局由农业局管理）。如意、金川经济技术开发区和乌素图森林旅游娱乐开发区党工委、管委会分别为市委、市政府的派出机构。

2004年，党政机构改革，市政府设办公厅及33个工作部门，分别为发展和改革委员会、经济委员会、教育局、科学技术局、民族事务委员会（挂宗教事务局、蒙古语文工作委员会牌子）、公安局、监察局（与纪委合署办公）、民政局、司法局、财政局、人事局、劳动和社会保障局、国土资源局、建设委员会、规划局、交通局、水务局、农牧业局、林业局、商务局、文化局（挂新闻出版局牌子）、卫生局、人口和计划生育委员会、审计局、环境保护局、广播电视局、体育局、统计局、粮食局、旅游局、市容管理局、房产管理局、安全生产监督管理局。部门管理机构3个（法制办公室由政府办公厅管理；农牧业产业化办公室由农牧业局管理）。设置议事协调机构的办事机构3个，分别为信访工作领导小组办公室、扶贫开发领导小组办公室、人民防空办公室（挂民防局牌子）。

2010年，党政机构改革，市政府设办公厅及40个工作部门，分别为发展和改革委员会（挂粮食局牌子）、教育局、科学技术局（挂呼和浩特市知识产权局牌子）、经济和信息化委员会（中小企业局牌子）、民族事务委员会（挂宗教局、蒙古语文工作委员会牌子）、公安局、监察局（与纪律检查委员会合署办公，列入政府工作部门序列，不计入政府机构个数）、民政局、司法局、财政局、人力资源和社会保障局、国土资源局、城乡建设委员会、规划局、住房保障和房屋管理局、环境保护局、交通运输局、水务局、农牧业局、林业局、商务局、文化新闻出版广电局、卫生和计划生育委员会、审计局、外事办公室、体育局、安全生产监督管理局、食品药品监督管理局（挂食品安全委员会办公室牌子）、统计局、旅游局、法制办公室、金融工作办公室、人民防空办公室（挂民防局牌子）、农村工作委员会（挂扶贫开发办公室、革命老区建设办公室牌子）、信访局、城市管理行政执法局、工商行政管理局、质量技术监督局、国有资产监督管理委员会、园林管理局。

2014年，党政机构改革，市政府设办公厅及40个工作部门，分别为发展和改革委员会（挂粮食局牌子）、教育局、科学技术局（挂呼和浩特市知识产权局牌子）、经济和信息化委员会（挂中小企业局牌子）、民族事务委员会与宗教局一个机构两块牌子（挂蒙古语文工作委员会牌子）、公安局、监察局（与纪委合署办公）、民政局、司法局、财政局、人力资源和社会保障局、国土资源局、城乡建设委员会、规划局、住房保障和房屋管理局、环境保护局、交通运输局、水务局、农牧业局、林业局、商务局、文化新闻出版广电局、卫生和计划生育委员会、审计局、外事办公室、体育局、安全生产监督管理局、食品药品监督管理局（挂食品安全委员会办公室牌子）、统计局、旅游局、法制办公室、金融工作办公室、人民防空办公室（挂民防局牌子）、农村工作委员会（挂扶贫开发办公室、革命老区建设办公室牌子）、信访局、城市管理行政执法局、工商行政管理局、质量技术监督局、国有资产监督管理委员会、园林管理局。

第三节　旗县（区）人民政府

一、新城区政府

1986年，新城区政府设办公室、信访办公室、职工教育办公室，爱国运动委员会、计划生育委员会（下设办公室）、计划经济委员会（含物价管理所、物资供应站）、科学技术委员会、人事局、民政民族局、教育局、文体局、卫生局、财政局、税务局、审计局、劳动局、商业局、司法局、统计局、城市建设环境保护局。1992年，成立新城区经济技术协作办公室，环境卫生所更名为环境卫生管理局。1994年，成立国有资产管理局、民族宗教局。至2001年，新城区政府设立21个工作部门，包括政府办公室、计划经济委员会、经济体制改革委员会办公室、科学技术委员会、民政民族局、教育委员会、监察局、司法局、财政局、人事局、劳动局、审计局、统计局、建设局、环境保护局、卫生局、文体局、计划生育委员会、街道企业局、爱国卫生委员会办公室。其中，法制办、督查办、信访办、人防办、档案馆、机关服务局、房管所、供暖所归口政府办公室管理；经济体制改革委员会办公室同时挂政策研究室牌子；科学技术委员会同时挂科学技术协会办公室牌子；民政民居局与民族宗教局为一个机构、两块牌子，教育委员会同时挂教职工教育办公室牌子；监察局与纪检委合署办公；人事局同时挂新城区机构编制委员会办公室牌子。

2002—2010年，新城区政府设20个工作部门。计划经济委员会更名为经济计划贸易局，科学技术委员会、教育委员会、计划生育委员会分别更名为科学技术局、教育局、计划生育局；民政民族局分设为民政局、民族宗教局；人事局与劳动局合并为人事劳动和社会保障局；新组建农牧水利局、林业局、国土资源局。

2015年，新城区政府设24个工作部门，包括政府办公室、发展和改革局、经济和信息化局、教育局、科学技术局、民族宗教事务局、民政局、监察局、司法局、财政局、人力资源和社会保障局、住房和城乡建设局、环境保护局、农牧业水利局、林业局、文化体育和广播电影电视局、卫生和计划生育局、审计局、统计局、安全生产监督管理局、旅游局、信访局、食品药品监督管理局、城市管理行政执法局。

二、回民区政府

1987年，回民区政府撤销回民区体育委员会，成立文化体育局。1988年4月，增设监察局。1993年4月20日，成立回民区审计事务所。1994年，成立回民区对外经济贸易委员会。1996年1月，成立回民区环境保护局。6月，成立回民区街道企业管理局。1999年，成立农业委员会。

2000年7月，成立回民区土地管理局。2001年5月，成立回民区食品卫生执法监督所，作为卫生局的内设机构。11月，成立回民区扶贫办公室。2002年5月，成立回民区市容管理局。8月，成立机关事务服务管理中心。12月，成立森林公安局、钢铁路街道办事处。同年，回民区民政民族局改为回民区民政局、回民区宗教局；回民区科学技术委员会改为科学技术局；增设回民区旅游局，隶属回民区经济计划贸易局。2004年11月，成立回民区安全生产监督管理局。2005年，回民区政府设22个工作部门。

2015年，回民区政府工作部门包括政府办公室、发展和改革委员会、教育局、科学技术局、工业和信息化局、民族事务委员会、民政局、司法局、财政局、人力资源和社会保障局、住房和城乡建设局、农牧水利局、文体旅游广电局、卫生健康委员会、退役军人事务局、应急管理局、审计局、市场监督管理局、统计局、医疗保障局、信访局、城市管理综合执法局、区域经济合作局、政务服务局。条管单位包括公安分局、自然资源分局、生态环境分局、税务局。直属事业单位包括机关事务服务中心、环卫所、住房保障服务中心。

三、玉泉区政府

1986—1989 年，玉泉区政府设立 24 个政府工作部门，包括政府办公室、人事局、民政局、民族宗教局、劳动局、教育局、文化体育局、卫生局、城市建设局、财政局、水务局、监察局、商业局、审计局、计划经济委员会、科学技术委员会、计划生育委员会、爱国卫生运动委员会办公室、职工教育办公室、司法局、档案局、统计局、信访办公室、物价局。

1992 年，民政局与民族宗教局合并为民政民宗局。1989—1991 年，教育局更名为教科文委。1993—1997 年，玉泉区政府设立办公室、人事劳动局、民政局、民宗委、教育局、卫生局、城乡土地建设委员会、财政局、水务局、监察审计局、信访办、计划统计委员会、计划生育委员会、工商物价监督局、体改委、工交委、商贸委、农牧委。

1997—1999 年，民政局与民宗委再次合并为民政民宗局；城乡土地建设委员会更名为城乡建设局；单设地税局；监察审计局分设为监察局、审计局；新设乡企局、环保局、爱卫办。1999—2010 年，人事劳动局分设为人事局、劳动和社会保障局；新设广播电视局。

2010—2014 年，玉泉区政府设政府办公室、人力资源和社会保障局、民政局、民宗局、教育局、文体广电局、卫生局、住房保障和城乡建设局、财政局、监察局、审计局、发展和改革委员会、经济和信息化局、科技局、地震局、人口和计划生育局、司法局、档案局、统计局、信访局、环保局、旅游局、城市管理行政执法局、安全生产监督管理局、扶贫开发办公室、食品药品监督管理局、农牧林税局、法制办。

四、赛罕区政府

1986—1987 年，郊区政府设办公室、劳动人事局、民政民族局、信访办、区划办、计委、统计局、物资局、物价局、工商局、经委、科委、教育局、文化局、卫生局、广播局、计划生育办、“五四三”办公室、职工教育办、档案局、蔡振故居、粮食局、供销社、税务局、审计局、交通局、乡镇企业局、城建局、农牧水电局、林业局、蔬菜局、司法局、公安局。

1988—1998 年，郊区政府新增 19 个科、局，新组建农业开发办、环保局、就业局等部门；税务局分设国税局、地税局，农牧水电局分设农牧局、水电局、改水办；撤销“五四三”办公室。2000 年，撤销广播局，并入文化局，文化局更名为文化体育局，后又更名为文化体育和广播电视局。同年，呼和浩特市区划调整，郊区更名为赛罕区。

2002 年，根据《赛罕区党政机构改革方案》，赛罕区政府由 51 个部门精简为 22 个部门。科委、经委、物价局、引资办、协作办、外经办、体改办合并组建为经济计划贸易局，乡镇企业局并入农牧局，纪检与监察合署办公，计划生育局更名为人口和计划生育局，法制办并入政府办；新组建安全生产监督管理局、食品药品监督管理局；市容管理局、城管大队、城管机动大队组建为城市管理综合行政执法局；组建住房和城镇建设局。2006—2010 年，赛罕区政府设 25 个科、局。

2015 年，赛罕区政府设 27 个局、办，包括办公室、监察局、民政民族局、人力资源和社会保障局、安全生产监督管理局、审计局、信访局、经济和信息化局、发展和改革局、环境保护局、统计局、教育局、科学技术局、文化体育和广播电影电视局、卫生和计划生育局、财政局、住房和城乡建设局、交通运输局、农牧业局、水务局、林业局、司法局、公安局、检察院、法院、城市管理行政执法局、食品药品监督管理局。

五、土默特左旗政府

1986 年，土默特左旗政府设办公室、人事局、计划委员会、物价局、经济委员会、二轻工业局、交通局、科学技术委员会、财政局、税务局、职工教育委员会、文体局、教育局、卫生局、城乡建设环境保护局、劳动局、林业局、广播局、民族民政局、计划生育委员会、物资局、公安局、司法局、水利局、乡镇企业局、统计局、农牧局、商业局、工商局、粮食局。

1990—1994 年，土默特左旗政府增设粮食局、档案局、监察局（不占机构额）、审计局、农机局。1999—2004 年，土默特左旗政府设办公室、人事劳动局、计划经济贸易局、交通局、科学技术局、财政局、文体局、教育局、卫生局、建设土地局、林业局、民政局、计划生育局、公安局、司法局、水利局、乡镇企业局、统计局、农业局、畜牧局、工商局、监察局（不占机构额）、审计局、环保局、粮食局。

2015 年，土默特左旗政府设办公室、人事劳动和社会保障局、经济贸易局、发展和改革委员会、交通局、科学技术局、财政局、文体局、教育局、卫生局、建设规划局、林业局、民政局、民族宗教事务局、人口与计划生育局、公安局、司法局、国土资源局、水务局、统计局、农业局、畜牧局、监察局（不占机构额）、审计局、环保局、安全生产监督管理局。

六、和林格尔县政府

1987 年，和林格尔县政府设办公室、计划委员会、经济委员会、财政局、交通局、供销社、教育局、公安局、监察局、审计局、林业局、农业局、畜牧局、民族宗教事务局、档案局、卫生局、计划生育委员会、农业区划办公室、体育运动委员会、文化局、广播局、城乡建设环境保护局、地震局、经济技术协作办公室、广播电视事业管理局、物资局、档案局、贫困地区建设办公室、乡镇企业管理局、二轻工业局、商业局、物资局、劳动人事局。

1988 年，成立监察局。1992 年，监察局与纪律检查委员会合署办公。同年，经济委员会、二轻工业局、商业局、物资局撤销，成立经济开发服务总公司、二轻工业总公司、物资供应总公司、商业总公司；农业区划办公室撤销，设立农业委员会，主管农、牧、林、水的行政职能部门，原农、牧、林、水 4 个行政局转为事业单位，分别称农业开发服务中心、畜牧开发服务中心、林业开发服务中心、水电开发服务中心；城乡建设环境保护局更名为城乡建设土地管理委员会；地震局更名为地震台；和林格尔县经济技术协作办公室撤销，成立经济技术开发协作总公司；文化局与广播电视局合并为文化广播中心；成立经济贸易委员会；撤销档案局。

1997 年，撤销农业委员会，恢复农、牧、林、水等局名称及其行政职能；成立和林格尔县对外经济项目联络局；撤销文化广播中心，恢复文化局、广播电视局；工业经济委员会更名为工业经济局。1998 年，劳动人事局更名为人事劳动局。同年，成立生态环境建设领导小组办公室。2001 年，成立旅游产业管理局。2002 年，城乡建设土地管理委员会更名为建设规划局，计划生育委员会更名为人口和计划生育局。

2005 年，成立安全生产监督管理局；撤销工业经济局、商务局，组建经济贸易局；乡镇企业管理局更名为推进农业产业化办公室；人事劳动局更名为人事劳动和社会保障局。2009 年，成立土地收储拍卖中心，为政府事业单位。同年，动物疫病防控中心更名为兽医局，为政府序列事业机构。

2015 年，和林格尔县政府设 24 个工作部门，包括办公室、发展和改革局、经济和信息化局、教育局、民政和民族宗教事务局、公安局、司法局、财政局、人力资源和社会保障局、国土资源局、住房和城乡建设局、环境保护局、交通运输局、水务局、农牧业局、林业局、文化体育广电局、卫生和计划生育局、审计局、市场监督管理局、安全生产监督管理局、食品药品监督管理局、统计局、科学技术局。其中，办公室挂法制办公室、信访局牌子；发展和改革局挂县粮食局牌子；经济和信息化局挂商务局牌子；民政和民族宗教事务局挂蒙古语文工作委员会牌子；住房和城乡建设局挂人民防空办公室牌子；农牧业局挂扶贫开发办公室牌子；食品药品监督管理局挂食品安全委员会办公室牌子；文化体育广电局挂旅游局牌子；科学技术局挂知识产权局牌子。

七、托克托县政府

1992 年，托克托县被确定为自治区机构改革试点县。县政府直属机构改设为九大委和其他几个职能部门，九大委是农业委员会、文化教育委员会、工商物价技术监督管理委员会、法制监督审查委员会、工业交通委员会、计划委员会、计划生育卫生委员会、对外经济贸易委员会、科学技术委员会，直属职能部门是政府办公室、公安局、城建局、人事局、体改办、民政民族宗教局、财政局等。

2002年，托克托县开始党政机构改革，政府组成部门整合为23个。2004年，县委、县政府印发《托克托县人民政府机构改革实施意见》，经市政府批准，县政府设立工作部门24个。2010年，县委、县政府印发《托克托县人民政府机构改革实行意见》，托克托县再次进行政府机构改革，改革后设24个政府工作部门。2014年，市委、市政府办公厅印发《托克托县人民政府职能转变和机构改革方案》，批准托克托县设立24个政府机构。

八、武川县政府

1987年，武川县政府设办公室等51个直属部门。1991年，武川县政府设办公室等46个工作部门，商业局与供销社合并成立商委。1998年，武川县政府设65个工作部门。1999—2003年，武川县政府设67个工作部门。2004—2007年，武川县政府设64个工作部门。2007—2009年，武川县政府设68个工作部门。

2010年后，武川县政府设工作部门25个，包括办公室、发展和改革局、经信局、教育局、科技局、监察局、民政和民族宗教局、公安局、司法局、财政局、人社局、国土局、住建局、环保局、交通局、水务局、农牧业局、林业局、文体局、卫生局、计生局、审计局、统计局、安监局、旅游局。办公室挂法制办公室、信访局牌子；发展和改革委员会挂经协局、商务局、粮食局牌子；财政局挂国有资产监督管理局牌子；农牧业局挂扶贫开发办公室牌子；卫生局挂食药局牌子。

2014年12月，党政机构改革，武川县政府设置工作部门25个，包括办公室、发展和改革局、教育和科技局、经信局、民政和民族宗教局、公安局、监察局、司法局、财政局、人社局、国土局、住建局、环保局、交通局、水务局、农牧业局、林业局、文体局、卫生和计划生育局、审计局、市场监督管理局、安监局、食药局、统计局、旅游局。办公室挂法制办公室、信访局牌子；经信局挂商务局、粮食局牌子；财政局挂国有资产监督管理局牌子；农牧业局挂扶贫开发办公室牌子；食药局挂药品安全委员会办公室牌子。

九、清水河县政府

1984年，清水河县政府设33个政府组成部门。1997年11月，县政府设28个工作机构。1999年12月，县政府设办公室（档案局、贫困地区开发办、法制办、信访办）、人事劳动局（机构编制委员会办公室）、财政局、计划委员会、经济体制改革委员会、卫生局、统计局、审计局、公安局、司法局、农业局、水利水保局、畜牧局、林业局、乡镇企业局、环境保护局、城乡建设土地管理局、工商物价技术监督局、民政局、民族宗教事务局、计划生育委员会、经济贸易局、交通局、地方税务局、监察局、科学技术局、教育委员会、文化体育局。

2002 年 12 月，清水河县政府设办公室、发展和计划局、经济贸易局、教育局、科学技术局、民族宗教事务局、公安局、监察局、民政局、司法局、财政局、人事劳动和社会保障局、建设规划和国土资源局、环境保护局、交通局、水利局、农业局、畜牧局、文化体育局、卫生局、计划生育局、审计局、统计局。其中，经济贸易局挂粮食局、乡镇企业局牌子。成立扶贫开发领导小组办公室，为议事协调机构的常设办事机构。设置部门管理机构 2 个：老干部局由组织部管理，信访局由政府办公室管理。

2004 年 11 月，清水河县政府设 23 个职能部门，农业局与畜牧局合并为农牧业局（挂政府推进农牧业产业化办公室牌子）；设立林业局、安全生产监督管理局；计划生育局更名为人口和计划生育局；经济贸易局挂粮食局牌子。

2010 年 10 月，清水河政府设 23 个职能部门，包括办公室、发展改革和经济信息化局、教育和科学技术局、民政和民族宗教事务局、公安局、监察局（不列入机构数）、司法局、财政局、人力资源和社会保障局、国土资源局、住房和城乡建设局、环境保护局、交通运输局、水务局、农牧业局、林业局、文化体育和广播电影电视局、卫生局、人口和计划生育局、审计局、统计局、安全生产监督管理局、旅游局、扶贫开发办公室。其中，监察局与纪律检查委员会机关合署办公，列入政府工作部门序列，不计入政府机构个数；办公室挂法制办公室、信访局牌子；发展改革和经济信息化局挂商务局、粮食局、经济协作局牌子；卫生局挂食品药品监督管理局牌子。

2014 年 12 月，清水河县政府设 23 个职能部门，其中卫生局与人口和计划生育局合并为卫生和计划生育局；新设市场监督管理局；单设食品药品监督管理局，挂食品安全委员会办公室牌子；住房和城乡建设局挂人民防空办公室牌子；农牧业局挂扶贫开发办公室、科技局牌子。

第二章　政务会议和施政辑要

第一节　政务会议

一、政府全体会议

市政府全体会议由市长、副市长（政府党组成员）、秘书长、各局局长、各委员会（办公室）主任组成，由市长召集和主持。根据需要可安排政府副秘书长，政府办公室副主任，驻办公室纪检监察组长、旗县区长和市有关部门、单位主要负责人列席会议。市政府全体会议原则上每半年召开 1 次，必要时由市长决定随时召开。1986—2015 年，市政府先后召开 50 余次全体会议，主要任务是传达贯彻党中央、国务院，自治区党委、政府，市委、市人大常委会的重要决定事项；讨论决定市政府工作中的重大事项、部署市政府的重要工作。

二、政府常务会议

市政府常务会议一般每月召开两次以上。1986 年至 1989 年 6 月，市政府组织召开常务会议 94 次。会议讨论提交市八届人民代表大会历次会议的《政府工作报告（草案）》《国民经济和社会发展计划（草案）》《财政预、决算报告（草案）》，研究通过“关于呼和浩特市第八届人民代表大会历次会议代表建议、批评、意见办理情况的报告”等事项，安排落实“呼和浩特市年度国民经济和社会发展计划、财政预算和税收工作任务。”会议讨论并通过《呼和浩特市人民政府关于制定呼和浩特市经济社会发展战略纲要的工作方案》等。研究同意成立呼和浩特市无线电管理委员会办公室、呼和浩特市城建档案馆、呼和浩特市土地管理局、呼和浩特市对外经济贸易委员会、呼和浩特市机关事务管理局，组建呼和浩特市残疾人联合会等。1987 年 1 月第一次政府常务会议，听取关于中山路百货商场扩建变更企业名称的报告，同意将“中山路百货商场”更名为“内蒙古民族商场”。

1989 年 6 月至 1994 年 5 月，市政府召开常务会议 102 次。会议研究讨论提交市九届人民代表大会历次会议的《政府工作报告（草案）》《国民经济和社会发展计划（草案）》《财政预、决算报告（草案）》。审议通过《呼和浩特市国民经济社会发展十年规划和‘八五’计划纲要》编制说明；研究通过“呼和浩特市计划经济、财政税收工作安排”“城市环境综合整治工作”有关事项；讨论通过《呼和浩特市住房制度改革实施方案》《呼和浩特市工业结构调整方案》《呼和浩特市人民政府关于加强环境卫生管理工作的决定》《呼和浩特市人民政府关于实施‘科技兴市’战略的决定》《呼和浩特市客运出租车管理办法》等。同意将呼和浩特市外事办公室、呼和浩特市政府接待处、呼和浩特市档案局升格为正（处）局级，同时将档案馆从市档案局分设出来，隶属市档案局领导。

1994 年 5 月至 1999 年 4 月，市政府召开常务会议 79 次。会议研究讨论提交市十届人民代表大会历次会议的《政府工作报告（草案）》《国民经济和社会发展计划（草案）》《财政预决算报告（草案）》。审议通过《呼和浩特市犬类管理办法（草案）》《呼和浩特市人民政府关于鼓励外商投资的优惠政策》《呼和浩特市反不正当价格行为制止牟取暴利的规定（草案）》《呼和浩特市城市节约用水管理办法（送审稿）》《呼和浩特市社会养老保险基金管理办法》《呼和浩特市职工养老保险基金管理办法》《呼和浩特市渔政管理办法》《呼和浩特市暂住人口管理办法》《呼和浩特市客运出租汽车管理办法》《呼和浩特市城市建设档案管理办法》《呼和浩特市城镇职工社会养老保障制度改革实施办法》等,按行文程序提请市人大常委会审议或以市政府文件印发。

1999 年 4 月至 2004 年 4 月，市政府召开常务会议 80 余次。会议研究讨论提交市十一届人民代表大会历次会议的《政府工作报告（草案）》《国民经济和社会发展计划（草案）》《财政预决算报告（草案）》。审议通过《呼和浩特市辖区行政区划调整方案（草案）》《呼和浩特市私营企业权益保护条例（草案）》《呼和浩特市户外广告管理条例（草案）》《呼和浩特市企业国有资产产权转让管理条例（草案）》《呼和浩特市建设工程招标投标管理条例（草案）》《呼和浩特市牛的人工授精管理办法（讨论稿）》《呼和浩特市客运出租汽车管理条例（草案）》《呼和浩特市市容环境卫生管理条例（草案）》《呼和浩特市节约用水管理条例（草案）》《呼和浩特市土地管理条例(草案)》《呼和浩特市封山育林管理办法(草案)》《呼和浩特市水土保持条例(草案)》《呼和浩特市大气污染防治管理条例(草案)》《呼和浩特市城市房屋拆迁管理条例(修订草案)》《呼和浩特市传染病防治条例（草案）》等，按行文程序提请市人大常委会审议或以市政府文件印发。

2004 年 4 月至 2007 年 12 月，市政府召开常务会议 45 次。会议研究市长、副市长分工事宜;研究讨论提交市十二届人民代表大会历次会议的《政府工作报告（草案）》《国民经济和社会发展计划（草案）》《财政预决算报告（草案）》。审议通过《呼和浩特市经济技术开发区条例(草案)》《呼和浩特市国家建设项目审计办法(草案)》《呼和浩特市旅游管理条例(草案)》《呼和浩特市城市房地产交易管理条例(草案)》《呼和浩特市废弃食用油脂管理条例(草案)》《呼和浩特市城市供热管理条例(草案)》《呼和浩特市中小学幼儿园规划建设条例（草案）》《公共汽车客运管理条例（草案)》《城市道路设施管理条例(草案)》《城市绿化条例(草案)》《预算审查监督条例(草案)》等，按行文程序提请市人大常委会审议或以市政府文件印发。

2008 年 1 月至 2012 年 12 月,市政府召开常务会议 50 余次。会议研究市长、副市长、市长助理分工事宜；研究讨论提交市十三届人民代表大会历次会议的《政府工作报告（草案）》《国民经济和社会发展计划（草案）》《财政预决算报告（草案）》；研究提高呼和浩特市六项民生指标标准事宜。审议通过《呼和浩特市机动车排气污染防治条例(草案)》《呼和浩特市户籍管理法(草案)》《呼和浩特市饮用水源保护条例(草案)》《关于加强城市规划区绿地保护的决定(草案)》《呼和浩特市停车场管理办法(草案)》《呼和浩特市市容环境卫生管理条例（修订草案）》《呼和浩特市残疾人保障条例（草案）》《呼和浩特市基本菜田保护条例（草案）》《呼和浩特市国防教育条例（草案）》《呼和浩特市客运出租汽车管理条例（修订草案）》《呼和浩特市气象条例（草案）》,以及《呼和浩特市国民经济和社会发展第十二个五年规划纲要（讨论稿）》等,按行文程序提请市人大常委会审议或以市政府文件印发。

2013年1月至2015年12月，市政府召开常务会议37次。会议研究市长、副市长、副巡视员、市长助理分工事宜；研究讨论提交市十四届人民代表大会历次会议的《政府工作报告（草案）》《国民经济和社会发展计划（草案）》《财政预决算报告（草案）》。会议研究“呼和浩特市儿童博物馆项目”“呼和浩特市职业学院加快本科院校建设”“加强学生小饭桌监督管理”“组建机场和轨道交通投资公司”“进一步深化国有企业改革意见”“加强公交车安全防范和管控”“全市足球事业改革发展”“组建呼和浩特市文化旅游投资公司”“建设项目并联审批流程再造”等相关事宜；审议通过《呼和浩特市实施城市管理相对集中行政处罚权工作实施方案》《呼和浩特市绿化条例（修订草案）》《呼和浩特市户籍管理办法（草案）》《呼和浩特市经济适用房上市交易管理办法》《呼和浩特市水土保持条例（修订草案）》《呼和浩特市经济技术开发区沙尔沁工业新区总体规划》《呼和浩特市现代物流业布局规划》《呼和浩特市科学技术进步促进条例（草案）》《呼和浩特市人民政府关于加快云计算产业发展的意见》《呼和浩特市人民政府关于加快养老服务业的实施意见》《呼和浩特市土地储备实施办法（草案）》《呼和浩特市爱国卫生工作条例（草案）》等，按行文程序提请市人大常委会审议或以市政府文件印发。

第二节　施政辑要

一、实施“科技兴市”战略

1988年，中共呼和浩特市委六届四次全委扩大会议提出“科教先行”工作方针。1990年3月，市政府作出实施“科技兴市”战略的决定。总体目标是围绕全市经济、社会发展的总体战略，到20世纪末全市地区生产总值达48亿元，工农业总产值达69.04亿元，其中工业总产值达65亿元、农业总产值达4.4亿元，实现粮食总产量35万吨，充分发挥科学技术的先导作用，使全市经济发展，逐步引向以内涵为主的发展道路，逐步把全市建设成为经济、社会繁荣，科学技术先进，具有民族特色的、多功能、开放型的社会主义现代化的中心城市。

在部署上，本着“着眼远期、立足中期、落实近期”的原则，大体上分一年的准备起步阶段，五年的实施阶段和五年的初见成效阶段。近期（1990—1995）主攻目标是把经济搞上去，以“科技兴农”“科技兴工”为启动点和突破口，带动整个经济、社会的发展。中期（到2000年）和远期目标是要逐步达到经济、科技、教育、社会的协调发展，推进整个城市现代化建设的进程，高新技术产业有较大的发展，科技进步的贡献额要达到50% ~ 60%以上。

市委、市政府采取“集中力量，重点突破，全面规划，分步实施”的战略步骤，成立以市委书记、市长等组成的科技兴市领导小组，下设科技兴市办公室、科技兴农办公室、科技兴工办公室，相互配合。在酝酿阶段、起步阶段，按照“思想舆论先行，宣传贯彻始终”方针，在呼和浩特电视台创办了融新闻性、知识性、趣味性于一体的“科技之窗”，着重搞好科技兴农、科技兴工的专题报道，受到广大电视观众的喜爱和各级领导的关心和支持。同时，为推动科技兴市的深入发展，由科技兴市办公室和有关部门共同在内蒙古电视台举办科技兴市知识电视大奖赛。

1991 年，进入实施阶段后，全市坚持“虚实结合，以实为主，多干实事”的原则，把科技兴工、科技兴农作为主攻方向和关键环节。着重抓好科技组织领导体系、科技综合服务体系和科技培训体系的建设。38 个乡镇配备科技副乡（镇）长，489 个建制村配备科技副村长；旗县、乡、村三级科技服务网络基本建成，成立乡镇农民技术培训中心 44 个，培养农民家庭技术员 4.60 万名，实用技术培训达 13.40 万人次。结合农村的社教活动，组织和协调全市科技干部下乡，推广农业适用技术，积极帮助农民开展科学种田。安排以调整产品结构为主的工业科技攻关计划，开发新产品 100 项，实施“火炬计划”“星火计划”“成果推广计划”。大幅面直线绘图机是国家科委太阳公司定点配套产品，列入自治区重点“火炬计划”，并列入国家定点绘图机生产厂家；3.5 软磁盘是高科技外向型项目，列入“火炬计划”重点实施；丰产素列入国家“星火计划”项目。同时，按照市政府的要求，全市开展了 174 项科技帮带项目，通过牵线搭桥，积极与区内外大专院校、科研院所开展科技帮带活动，为大专院校、科研机构向地方转移成果、技术、人才，振兴经济创造条件。

二、实施“奶业兴市”战略

1999 年，市委、市政府把加快奶业发展作为调整农村经济结构的突破口和切入点，提出“奶业兴市”的发展战略，印发《关于加快实施奶业兴市战略决定》，2000 年正式实施。

在市场的强劲拉动和政策的大力支持下，奶牛业迅速发展，基本实现种养加、贸工农一体化，促进农民增收、工业增效、就业率的提高。伊利、蒙牛两大龙头企业的不断发展壮大，给乳制品加工企业带来经济效益。2001 年，全市奶牛存栏 14.1 万头，比 2000 年同期增长 53.9%，比实施“奶业兴市”工程前的 1999 年增长 175.4%，纯增奶牛 8.98 万头；鲜奶产量 190 万吨，居全国大中城市之首。2001 年末，全市建成 5 个万头以上的奶牛旗县（区），其中土默特左旗和赛罕区超过 3 万头、和林格尔县超过 2 万头、玉泉区和托克托县超过 1 万头；建成千头以上奶牛基地乡镇 30 个，并建成一批规模大，商品量集中，科技含量较高的现代化奶牛养殖示范小区，使过去的小规模、分散式的粗放经营逐步定向了专业化、规模化、集约化经营的道路。

呼和浩特市奶牛业呈现出的前所未有的发展势头，成为农村经济中发展最快，增长比重最大，经济效益最高的经济增长点。在奶业产业化的推动下，呼和浩特市奶业进入飞速发展阶段。2005 年，呼和浩特市被命名为“中国乳都”。

2008 年，三聚氰胺事件（“三鹿毒奶粉事故”）发生后，呼和浩特市乳业受到强烈冲击，乳品生产企业因“销售难”直接影响到奶农鲜奶“出售难”。导致倒奶现象时有发生，严重挫伤奶农饲养积极性，一些地方出现卖牛、杀牛等现象。同年 11 月，呼和浩特市印发《呼和浩特市生鲜乳质量安全管理办法》，明确和细化了政府、企业、奶农、挤奶站的责任、权利和义务。按照“一村一企”的原则进行全面划分与整顿，对一个村有多个奶站的进行合并，基本实现一个村只有一个乳品加工企业建站收奶，有效避免奶站之间的抢奶现象。取缔日收奶 1 吨以下、设备简陋的小型奶站。市、旗县（区）成立奶业管理办公室，专门负责对挤奶站、运输车辆和相关环节进行日常监管。全市奶站由 1365 个整合为 920 个。

2009 年，市委、市政府印发《关于建设优质奶源基地的决定》，把建设规模化养殖场的工作列入民生工程，确定为旗县委书记的“一把手”工程，加强领导，狠抓各项政策措施的落实。《决定》提出近期的发展目标：经过 3 年努力，新建 449 个规模化养殖场，其中万头牧场 6 个、千头牧场 222 个、百头牧场 221 个。全市规模化养殖水平确保达到 70% 以上（2009 年达到 30%，2010 年达到 50%，2011 年达到 70%）。全市奶牛良种覆盖率达到 90% 以上，优质奶牛存栏稳定在 100 万头左右，全市成年母牛年产奶量平均达到 6.5 吨以上。同时，呼和浩特市鼓励乳品生产企业、奶站经营者、奶农专业合作组织和有实力的个人投资建设奶牛牧场园区，形成多元化投资和多种形式的合作经营机制。形成奶联社模式、托牛模式、奶农专业合作社模式、家庭牧场模式、专业生产经营者或法人主体建设经营牧场模式。

呼和浩特对奶牛标准化饲养技术提出更高要求，印发《呼和浩特市奶牛标准化规模养殖生产技术规范》，对规模化养殖场建设和饲养管理等 6 个方面提出新的标准。经过各级政府、乳业龙头企业和广大奶农不懈的努力，伊利、蒙牛销售稳步增长，奶源基地建设如火如荼，消费者信心重树、乳品消费市场供销两旺。2010 年，在荷兰银行公布的“世界乳业 20 强”排名中，中国乳企蒙牛、伊利分列第 16 位和第 17 位。

三、“一核双圈”发展战略

随着工业、服务业在国民经济中比重的不断提升，农业所占比重不断下降，农村人口开始大规模向城市二、三产业转移，城市发展从市区集聚化阶段进入城郊扩散化阶段。2008 年，市委、市政府提出“一核双圈”发展战略，全力加快推进城乡一体化。

“一核”是指二环路以内的城市核心区，“双圈”是指以 5 个旗县所在地为节点、以50千米为半径的半小时经济圈和半小时城镇圈，是典型的城乡接合部。在提高城市核心区发展水平的同时，呼和浩特市把更多的财力、物力投向旗县所在地和农村等基层，把广大农村地区人口收缩转移到适宜人居的“一核双圈”范围内，将全市各类要素集中到适宜生产发展的“一核双圈”范围内，使城镇圈真正成为经济圈尤其是产业发展的重要载体，经济圈成为城镇圈尤其是城镇建设的动力支撑，最终实现城乡一体化。

“一核双圈”总体布局：即二环路以内的城市核心区和中心服务区、二环路与三环路之间的组团式发展区、三环路以外的卫星城区。按照“三个圈层”的战略构想，在三环路以内的城郊一体化经济圈，逐步从行政区划、管理体制、产权制度、户籍管理等方面进行改革，有计划地实施“村改居、农转非”，发展生态观光等特色农业和服务业，逐步消除城乡接合部，实现与城市融合对接；在三环路以外50千米左右的半小时经济圈，以新型工业和农牧业产业化经营为重点，把六大优势产业做大做强，进一步明确各工业园区产业定位，实现工业全部入园、产业集群共生、结构优化升级的目标；离中心城市较远的收缩转移圈，做好农村劳动力的培训工作，将人口向城镇和第二、第三产业转移，逐步减少这一区域的人口，打造城市外围生态保护区。

为实现“一核双圈”构建和谐首府目标，市政府提出：在全面落实扩大内需政策，扩大固定资产投资规模和消费需求上见实效；在加快发展现代农业，推进农村改革发展上见实效；在坚持以项目建设为重点，加快推进新型工业化进程上见实效；在大力发展现代服务业，加快建立充满活力的服务业体系上见实效；在围绕“十年巨变”目标，深入推进城市改造建设上见实效；在重视节能环保，全力创建国家森林城市、环保模范城市和卫生城市上见实效；在深化改革开放，增强经济社会发展的动力和活力上见实效；在进一步加强社会建设，着力保障和改善民生上见实效；切实转变政府职能，在优化发展环境上见实效；在加强领导班子、干部队伍建设，加强党性党风党纪教育，进一步提高各级领导干部执政能力和思想政治水平，改进工作作风，大力推进基层组织建设上见实效。

“十二五”规划期间，呼和浩特市全面实施“一核双圈一体化”战略，着力推进城乡基础设施一体化建设和网络化发展，积极推进公共服务均等化，提高城乡统筹发展水平。各旗县所在地在完成第一轮集中建设任务的基础上，加大力度重点提高市政设施保障能力和公共服务水平，改善居住环境，增强居住功能，提高吸纳人口转移的能力；根据不同的区位、历史文化和自然环境特点，打造各具特色的宜居小镇；积极推进城市基础设施向农村延伸、公共服务向农村覆盖、城市文明向农村辐射，统筹建制镇、中心镇和新农村建设，加快转移农村剩余劳动力，引导人口向城镇集中；加大城乡基础设施连通力度，重点建设209国道和林格尔至清水河段、国道110线呼和浩特至包头段、呼武复线、和林格尔县至托克托县、金山至塔布赛等 7 条一级路，全面形成半小时经济圈和城镇圈；同时，加大与周边省区基础设施连通力度，积极推进荣城至乌海（呼和浩特）段、京新高速呼和浩特段、呼和浩特至杀虎口、京藏高速呼包扩建段 4 条高速公路，呼和浩特至张家口快速客用铁路、呼包鄂城际铁路等重点工程，为辐射和服务自治区西部经济区、融入环渤海经济圈发展创造了条件；统筹城乡生态建设，推进大青山、黄河流域、低山丘陵区生态治理保护工程，加大环城、环村、环路、环河绿化力度，重点完成绕城高速、金盛路绿化带建设任务，增加城乡绿色空间，提升了生态文明水平。截至 2015 年，呼和浩特敕勒川路建成通车，呼武路复线、109 国道十七沟至清水河一级公路主体工程完工，呼和浩特市至塔布赛一级公路开工建设，呼和浩特至杀虎口高速、109 国道十七沟至大饭铺高速、国道 209 和林格尔至清水河段、京新高速及呼包高速改造、呼集公路改造等项目加快推进。有 72 个建制村通上油路或水泥路。

第三章　法治政府建设

第一节　组织机构

1986 年，市政府办公室设立经济法制科。1989 年，更名为法制科。1992 年，成立市政府法制办公室（简称市法制办），内设综合科、立法科、法制监督科、行政复议科。

2001 年，法制监督科更名为行政执法监督科。2007 年，市法制办挂行政执法监督局牌子，增设规范性文件备案审查科。2010 年，市法制办成为市政府工作部门。

第二节　地方立法工作

1986 年，呼和浩特市开始地方立法工作，市人大及其常委会、市政府立足呼和浩特市实际，结合改革发展需要，运用法律和行政法规，进行政治、经济、文化和社会的行政管理工作。从 1986 年起，编制地方性法规、规章拟制规划和年度立法计划，每年年初市人大常委会和市政府共同制定立法计划，由市政府办公室及其工作部门组织实施。经济法制科负责审查、修改地方性法规、规章草案，市人大常委会各专门委员会负责地方性法规草案的修审工作。

1990 年，市政府制定《关于制定规范性文件的暂行规定》，对规范性文件制定的程序和规范进行明确规定。1991 年，按照国务院、自治区政府的统一要求，呼和浩特市开始开展规范性文件清理工作。

2003年，市法制办对地方性法规草案、行政规章、规范性文件进行修审，对全市1/3的行政执法人员进行法制学习培训；对市政府全面推进依法行政工作决定落实情况、《中华人民共和国矿产资源法》和《中华人民共和国档案法》施行情况、文化市场管理、城市建设与管理等进行专项执法检查。

1986—2015年，呼和浩特市先后制定《呼和浩特市街道办事处工作条例》《呼和浩特市预防职务犯罪工作条例》《呼和浩特市建设工程质量管理条例》《呼和浩特市城市排水管理条例》《呼和浩特市城市中小学幼儿园规划建设条例》《呼和浩特市国防教育条例》《呼和浩特市客运出租汽车管理条例》《呼和浩特市气象条例》《呼和浩特市户外广告管理条例》《呼和浩特市民族教育条例》《呼和浩特市城市绿化条例》《呼和浩特市科学技术进步促进条例》《呼和浩特市城市房地产交易管理条例》《呼和浩特市全面义务植树条例》《呼和浩特市爱国卫生工作条例》等地方性法规71件；制定《呼和浩特市测绘管理办法》《呼和浩特市市区集贸市场管理办法》《呼和浩特市实施〈内蒙古自治区爱国卫生条例〉办法》《呼和浩特市城市环境噪声污染防治管理办法》《呼和浩特市气象灾害防御办法》《呼和浩特市基本菜田保护条例》《呼和浩特市肉类蔬菜流通追溯管理办法（试行）》《呼和浩特市公共租赁住房管理办法》《呼和浩特市工伤保险条例实施办法》等政府规章47件。相继出台《呼和浩特市拆迁房屋补偿费暂行规定》《呼和浩特流浪、乞讨人员管理办法（试行）》《关于批转〈呼和浩特市建设项目竣工验收管理实施细则〉的通知》《关于批转〈呼和浩特市涉外旅游定点餐馆管理规定〉的通知》《呼和浩特市户籍管理办法》《呼和浩特市城市公园管理办法》《呼和浩特市人民政府办公厅关于政府向社会力量购买服务的实施意见》《呼和浩特市人民政府关于解决农村宅基地使用权和集体建设用地使用权确权登记遗留问题的指导意见》等规范性文件。截至2015年，市本级有效的规范性文件共150件。

第三节　行政执法监督

一、执法监督

1991年开始，市政府逐步建立和落实行政执法制度，不断规范行政执法工作和行政执法主体，全面清理行政执法机构和队伍，落实行政执法主体资格制度。市、旗县（区）两级政府根据行政处罚法和国务院、自治区的规定和要求，对本级行政执法单位进行全面清理，依法确认行政执法主体资格，明确执法类型、类别。市政府印发《关于转发市监察局开展执法监察试点经验的通知》，在自治区率先建立行政执法监察制度，推行行政执法责任制。

1992年开始，市法制办对全市行政执法人员进行培训、考试，全面推行行政执法人员持证上岗工作机制和资格证管理制度。

1999年，市政府印发《关于进一步做好行政执法内部监督工作的通知》，对全市行政执法单位和执法人员的执法行为进行监督检查。2005年，市政府制定《呼和浩特市人民政府贯彻落实〈全面推进依法行政实施纲要〉的实施意见》。

2006年，市政府第26次常务会议决定将2007年确定为“首府依法行政年”，深入推进依法行政工作。同时，加强重大行政处罚备案审查和行政执法监督，加大对违法行政行为举报投诉的处理力度，追究错案和过错责任。

2013年，市法制办对25个行政执法部门制定的行政处罚裁量权适用规则、执法程序制度和1191项行政处罚事项的裁量权基准进行审核后，印发《关于公布实际行政执法部门制定的行政处罚裁量权基准的通知》。

2015年，市政府常务会议审议确定市级行政权力共10大类5429项，精简率43.13%。形成以权力名称、标准化编码、设定依据、实施主体、运行流程图、具体承办机构及服务联系方式等内容为要素的市级行政权力清单。同时，制定《呼和浩特市行政权力清单监督管理办法》，对行政权力的准入和退出流程作出明确规定。同年，市法制办对市级行政执法主体资格进行梳理和确认，确认第一批市级行政执法主体共99个。其中，依据法律、法规、规章的规定行使执法权的行政机关为35个；由法律、法规授权，依据法律、法规的规定行使行政执法权的执法机构为25个；由行政机构委托，依据法律、法规、规章的规定行使行政执法权的执法机构为39个。

二、行政复议

1991年，《中华人民共和国行政复议条例》颁布实施后成立市政府行政复议委员会，在各旗县（区）政府设置行政复议机构，配备行政复议人员，在全市统一使用行政复议文书。1999年，《中华人民共和国行政复议法》颁布实施。

2012年，按照国务院、自治区政府的安排部署，呼和浩特市成为全国行政复议委员会试点城市，试行相对集中行政复议权改革，成立行政复议委员会，开展试点工作，试点范围：除公安、税务外的其他具有行政职能的政府部门全部纳入试点范围，由市政府统一行使行政复议权。

第四章　外事（侨务）管理

第一节　组织机构

1971年，市政府外事侨务办公室成立，前身为呼和浩特市革委会外事组。1984年，更名为市政府办公室外事科。1991年，成立市政府外事办公室（简称市外事办），同年，增设旅游科，对外称旅游事业管理局。

1992 年 2 月，市政府第 43 次常务会议决定，市外事办实行机构财务单列，对外挂呼和浩特市旅游事业管理局的牌子，升格为正处级单位。

2001 年，旅游事业管理局与市外事办分离，成为单独机构。2003 年，增设侨务科，挂市政府侨务办公室牌子。

2009 年，根据《内蒙古自治区党委办公厅、政府办公厅关于印发〈呼和浩特市人民政府机构改革方案〉的通知》，市政府外事（侨务）办公室成为市政府工作部门。

截至 2015 年，市外事办内设综合科、出国审理科、礼宾新闻科、侨务科、友协科、涉外科、港澳科。下设对外友好交流中心、翻译中心。

第二节　外事活动

一、外事接待

1986—1995 年，呼和浩特市先后接待蒙古国乌兰巴托市代表团、日本冈崎市代表团、俄罗斯乌兰乌德市代表团、波兰共和国奥波莱省代表团等 50 余个外宾团组。

1996—2005 年，先后接待蒙古国总统那楚克·巴嘎班迪、孟加拉国驻华大使胡马云·卡马尔、厄瓜多尔驻华大使马里奥·耶佩斯、波兰驻华大使克萨维利·布尔斯基等外国政要、政党代表团、外国地方行政代表团共计 51 批 728 人次，接待中国港澳同胞、外国友好人士及其他国外代表团 90 批 1161 人次，出席接待活动的外交部、全国友协、中联部等上级领导 34 人次。

2006—2010 年，先后接待俄罗斯卡尔梅克共和国总统留姆日诺夫，古巴中央政治局委员、食品工业部长阿雷汉德罗·罗卡，白俄罗斯驻华大使阿纳托利托吉克，以色列驻华大使安泰毅，法国驻华大使苏荷，智利驻华大使费尔南多·马塔率，马尔代夫驻华大使阿哈迈德·拉蒂夫，白俄罗斯驻华大使托吉克和丹麦驻华大使叶普等重要外宾共计 219 批 2893 人次，相较 2000—2005 年同比分别增长 76% 和 64%。

2011—2015 年，外事工作加强归口管理，强化礼宾礼仪培训，坚持“热情友好、内外有别”的原则，完善接待细节，注重接待实效，礼宾接待水平不断提升。在利用现有外事资源完成到访团组接待的同时，加强与外交部、中联办、自治区外办、中国驻外使领馆的联系，主动对接争取资源，先后邀请外交部副部长崔天凯、全国友协副会长冯佐库、外交部外管司司长林松添、香港特别行政区政府驻京办主任曹万泰、外交部欧亚司副司长桂从友、国务院法制局政策司副司长黄新华及众多中国驻外使节到呼和浩特考察。先后接待秘鲁民族主义党卡哈马卡大区主席埃尔南德斯、俄罗斯布里亚特共和国主席纳戈维岑、索马里副总理兼外长福西亚·优素福、蒙古国外长鲁·宝勒德、新加坡驻华使馆荣誉资政吴作栋、日本驻华大使丹羽一郎、法国驻华大使白林、白俄罗斯驻华大使布里亚·维克托、巴基斯坦驻华大使马苏德·哈立德等外宾共计165批1923人次，其中配合外交部、中联办、全国友协、自治区外事办接待外宾团组43批712人次。2012年6月，外交部授予市外事办“服务国内发展突出贡献奖”的称号。

二、经贸合作

2006—2010年，呼和浩特市邀请全球知名企业到呼和浩特考察投资环境、洽谈项目合作，促成美国双赢国际投资集团在武川县建立奶牛养殖场项目、日本国际协力银行向呼和浩特市大气环境改善工程贷款7500万美元项目、日本山田养蜂场在土默特左旗投资建立植树基地项目、伊利集团与蒙古国食品农业部在乌兰巴托市合作建设乳品加工厂和奶牛养殖基地项目、呼和浩特白塔机场集团与卡尔梅克共和国合作在卡尔梅克首都合资建设货运机场项目等。

2013年6月，呼和浩特市政府与中国法国工商会在呼和浩特联合举办“明日之城，未来市场”中法企业对接洽谈会，法国驻华大使白林和中国法国工商会名誉会长甘安懿等一行41人携14家法国大型企业考察呼和浩特市，双方共同举办高层会晤、企业对接交流洽谈会、农牧业及乳品合作圆桌会谈等系列活动，签订《呼和浩特市人民政府与法国工商会战略合作协议书》，并推动法国诗华动物保健公司与金宇集团签订《诗华—金宇合作框架协议》，确定双方各出资4500万元，在金宇保灵位于呼和浩特的生产场地设立中外合资经营公司，在中国境内通过合资公司在开发、生产和销售反刍动物疫苗方面开展合作。

三、友好往来

1985年1月，经全国友好协会核准，中国人民对外友好协会呼和浩特市分会成立。1987年8月10日，呼和浩特市与日本冈崎市在呼和浩特签署缔结友好城市协议。11日，在内蒙古博物馆前广场举行冈崎市向呼和浩特市赠送“友好之像”石像仪式。

1991年12月10日，呼和浩特市与蒙古国乌兰巴托市缔结为国际友好城市。两市之间的友好交往，以特色节日为依托，逐步扩展到经贸、文化、教育等领域，做到全方位、高层次、多领域的开放互赢。1998年10月，呼和浩特市与洛杉矶郡缔结友好城市关系。

2000年，呼和浩特市与俄罗斯布里亚特共和国乌兰乌德市缔结友好城市关系。2004年2月，两市签署《中国呼和浩特市与俄罗斯联邦乌兰乌德市关于深化友好城市间合作关系的协议》。

2006年，第七届昭君文化节被国务院列为中国“俄罗斯年”地方组项目，邀请俄罗斯乌兰乌德市以及赤塔州、图瓦共和国、布里亚特共和国、卡尔梅克共和国的政府代表团和歌舞团共136人参会，并举办庆祝“俄罗斯年”专场文艺演出、中俄蒙经贸及投资政策说明会。

2010年，中印建交60周年之际，将中印建交庆祝活动与呼和浩特国际民间艺术节、昭君文化节和中国民族商品交易会相结合。印度驻华大使苏杰生博士率经贸考察团和文艺演出团体参会，印度宝莱坞歌舞团参加第七届呼和浩特国际民间艺术节开幕式，并在乌兰恰特大剧院举行专场演出。同年，为纪念与俄罗斯乌兰乌德市缔结友好城10周年，两市签署《中国呼和浩特市和俄罗斯乌兰乌德市关于进一步发展友好城市关系和双边合作备忘录》。

2012年8月，呼和浩特市与韩国首尔特别市冠岳区签署《缔结友好城市关系协议书》。

2015年6月，为庆祝中蒙建交65周年和《中蒙友好合作关系条约》签署20周年，市政府与蒙古国驻呼总领事馆在成吉思汗公园竖立“中蒙友谊林”纪念碑并举行揭幕仪式。8月，由中国人民对外友好协会组织的，以马来西亚驻华大使拿督·扎伊努了·宾·叶海亚为团长的“驻华使馆文化官员及外国专家中国文化行”代表团一行12人到呼和浩特，考察呼和浩特民族文化、手工艺和原生态文化，为中国与各国文化合作交流建立渠道和网络。

第三节　考察活动

一、考察交流

1995年12月，市领导率团赴俄罗斯协商建立友好城市以及发展友好关系等事宜。1996年1月赴蒙古国进行友好城市交流。

2000年，市政府办公厅一行考察乌兰巴托市；7月，派学生团一行10人赴蒙古国乌兰巴托进行交流。

2001年，市级领导率团考察交流12批次。赴德国就引进新型纺纱技术进行项目考察与洽谈，赴美国、加拿大就促进呼和浩特市与美国洛杉矶郡及加拿大友好关系、经贸往来进行考察交流，市政协领导率团一行赴德国考察学习，市委组织部一行赴新加坡就加强企业及企业人员管理进行考察学习等。

2002年，市级领导率团考察16批次。赴澳大利亚、新加坡考察；赴香港就仕奇集团在港设立企业的经济贸易往来业务进行政策和业务指导；赴俄罗斯进行市场调研和商务洽谈任务；赴俄罗斯、日本进行友好城市交流及项目考察。市委组织部一行赴香港进行交流考察学习等。

2003 年，市级领导率团考察交流 12 批次。赴美国、加拿大就乳品加工、包装设备以及牲畜饲养工业化进行考察；赴日本、德国进行引黄工程设备及技术考察；赴英国、瑞士、意大利就乳品业加工生产、市场营销等进行考察；赴俄罗斯、蒙古国进行经贸考察等。

2004 年，市级领导率团考察交流 15 批次。赴日本、韩国参加“东北亚经济会议”并进行招商引资；赴日本、韩国进行友好交流；随商务部组团赴澳大利亚、新西兰就牧畜品种改良，毛皮和奶制品加工、储运等领域进行招商引资，推动全市优势特色产业的发展；随中国经济联络中心考察团赴澳大利亚、挪威、法国、德国进行商务考察。

2005 年，市级领导率团考察交流 27 批次，行政人员随团出国进行交流考察及从事公务活动的有 25 批 79 人次。呼和浩特市派师生代表团、公安考察团分别考察日本、蒙古国乌兰巴托。与美国洛杉矶郡多次进行联系，加强经济、文化等方面信息的交流。

2010 年，市级领导率团赴北欧、英国、瑞典、日本、美国、东南亚考察交流，着力拓宽交往渠道。市领导赴蒙古国考察交流期间，签署《呼和浩特市与肯特省加强旅游合作备忘录》，开启与蒙古国重要旅游省份合作开发旅游资源的新局面。

2011 年，开展与友好城市日本冈崎市、俄罗斯乌兰乌德市和蒙古国乌兰巴托市的团组互访活动。在日本冈崎市国际友好协会代表团来访时，安排团内的企业家到武川县考察，并就马铃薯加工合作、油脂生产合作方面达成初步合作意向。

2012 年，由市领导率团携市所属部门负责人到蒙古国乌兰巴托市考察交流，开展洽谈和会谈，以部门直接接触带动合作。呼和浩特市代表团由 108 名成员组成，代表团人员中涵盖全市 15 个部门、9 个旗县（区）及近 30 家企业，分别与蒙古国乌兰巴托市 10 个部门、9 个区及 50 家企业代表进行交流洽谈。签署《进一步加强友好交流合作协议书》。

2013 年，市政府率团考察韩国首尔特别市冠岳区，签订《缔结友好城市关系补充协议》。市园林局与乌兰巴托市蒙古国家公园就园林绿化等合作事项进行友好交流。与蒙古国乌兰巴托市开展青少年友好交流活动。与以色列卡迈尔市签署《呼和浩特市与卡迈尔市缔结友好城市意向书》。与美国旧金山市积极接触联络，旧金山市市长夫人率团考察呼和浩特市商谈签订两市友好交流意向书事宜。呼和浩特市与夏威夷州在青少年儿童教育方面进行广泛的交流与合作，与当地政府进行友好交流。

2014 年，市政府采取创新青少年交流方式，探索和改革组团办法，让热心外事交流的学校和优秀的学生参与进来，提升青少年交流促进民间合作的质量和水平。7—8 月，与韩国首尔市冠岳区、蒙古国乌兰巴托市开展互派青少年友好交流活动。

2015 年，全市经贸洽谈团组 7 批 19 人次，培训团组 8 批 14 人次，友城交流团组 2 批 3 人次，教育文化卫生体育团组 9 批 26 人次。组织企业赴乌兰巴托市参加“2015 内蒙古·蒙古国投资贸易合作洽谈会”“乌兰巴托旅游推介展销会”，加深双方经贸领域的合作。组成呼和浩特市医疗专家团应邀对蒙古国色楞格省医院进行考察，与蒙古国色楞格省综合医院签署合作备忘录，为当地上千名患者进行诊断。

二、因公出国（境）团组审批

2000 年，市外事办受理审批因公出国（境）团组 6 批 60 人次。2001 年，共受理审批因公出国（境）团组 176 批 766 人次。2002 年，共受理审批因公出国（境）团组 210 批 803 人次。出访国集中在澳大利亚、新西兰、德国、法国等 10 余个国家。2003 年，受理审批因公出国（境）团组 127 批 497 人次。包括 20 个国家和地区。赴香港人员多为党政人员与企业人员，办理多次往返审批。

2004 年，市外事办受理审批因公出国（境）团组 109 批 302 人次。出国（境）团组以出访澳大利亚、新西兰、美国、加拿大等国家居多；出访交流合作领域较集中在农业、乳品业以及畜牧业。到香港、澳门团组除参加培训学习外，举办招商、展览等活动呈现增加趋势。2005 年，受理批准因公出国（境）团组 99 批 335 人次前往 35 个国家及中国港澳地区。2006 年，受理批准因公出国（境）团组 161 批 433 人次前往 30 个国家及港澳地区。

2007 年，为提高服务国家总体外交和促进地方经济社会发展，规范管理，制止公款出国（境）旅游现象发生以及改变一般性考察、访问、培训过多的情况。12 月，市委办公厅、市政府办公厅印发《呼和浩特市因公出国（境）人员管理办法》和呼和浩特市因公出国（境）人员申报及审批程序图。全年，市外事办共受理审批因公出国（境）团组 153 批 477 人次前往 36 个国家及中国港澳地区。2008 年，共受理审批因公出国（境）团组 82 批 284 人次前往 3 个国家及中国港澳地区。

2009 年 4 月，为加强全市因公管理工作，市外事办印发《关于进一步规范因公出访请示的通知》。全年，共审批因公出国（境）团组 90 批 316 人次，前往 31 个国家及中国港澳地区。2010 年，严格执行《关于进一步加强和规范因公出国（境）事项审批程序的规定》，杜绝一般性和考察性团组出访。全年，共受理审批因公出国（境）团组 86 批 339 人次。

2011 年 4 月，市外事办与市纪委、市委组织部、市公安局等部门印发《关于因公出国（境）审核、审批工作规程》。全年，共受理因公出国（境）团组 66 批 96 人次。2012 年，共受理因公出国（境）团组 79 批 347 人次。同年，市外事办与市纪委、市委组织部、市公安局等部门成立禁止公款出国（境）旅游工作协调小组，建立健全禁止公款出国（境）旅游长效机制。

2013年，市外事办严格落实自治区党委关于因公出国实行“三把锁”（即全区厅级人员出访先由自治区主要领导审核，把第一道关；后送外事部门就出访要件等进行审核，把第二道关；最后再报送自治区党委外事工作领导小组审批，把第三道关）的要求。全年，共受理因公出国（境）团组40批112人次。

2014年，市外事办审批因公出国（境）团组25批56人次。外国人来华邀请12批29人次。2015年1月，市委办公厅、市政府办公厅印发《呼和浩特市因公临时出国（境）管理办法》。全年，审批因公出国（境）团组共31批70人次。

第五章　来信到访

第一节　组织机构

呼和浩特市信访局前身为市委办公室信访科和市政府办公室信访科。1990年，2个信访科合并办公，成立市委、市政府信访办。

2006年11月，按照自治区关于建立“一站式”信访服务平台的工作部署要求，呼和浩特市建立人民到访接待中心。接待中心位于呼和浩特市如意开发区二纬东路1号，占地面积约2867平方米，建筑面积2718.7平方米。中心集办公、接访、候访、矛盾调处为一体，拥有可容纳400余人的接待大厅，并设有到访登记、接访分流、法律咨询等窗口，同时为经委、土地、城建、拆迁、民政等涉访问题较多的委办局设立了办公和接待室，由各部门分别选派人员进驻中心。

2010年10月，按照《呼和浩特市人民政府办公厅关于印发市信访局主要职责内设机构和人员编制规定的通知》，市信访局成为市政府工作部门，机构规格为正处级，局机关内设办公室、办信科、接待一科、接待二科、接待三科、督查科、网上信访和投诉受理科、复查复核科；下设二级事业单位，包括市矛盾纠纷调处中心、驻京劝返中心、信息中心。

2013年3月，市人民诉求服务中心投入使用。中心位于市党政机关办公大楼一楼中厅，建筑面积400多平方米。

2014年7月，市信访局将人民到访接待综合中心改造为呼和浩特市联合接访中心，设有候访区、分流登记区、到访接待区和会议协调区。

第二节　信访接待

2006年，为妥善解决重大、疑难信访问题，市信访办从2005年起借鉴司法审判程序和先进地区听证及律师参与涉法信访的成功经验，制定《呼和浩特市信访听证制度（试行）》《呼和浩特市律师参与涉法信访工作制度（试行）》。

2007年，《呼和浩特市贯彻落实中央和自治区关于进一步加强新时期信访工作的意见的实施办法》制定出台，指导全市的贯彻落实工作。完善《办理来信工作程序》《接待群众到访工作程序》《办信办案工作制度》《信访信息工作制度》《信访督查工作制度》《信访热线工作制度》等规章制度。印发《呼和浩特市矛盾纠纷排查化解工作实施方案》。建立健全《呼和浩特市信访听证制度（试行）》《呼和浩特市律师参与涉法信访工作制度（试行）》《呼和浩特市信访事项行政复查复核制度》，促进"三级终结制"的落实，更好解决"屡接屡访、结案不接访"的问题。

2008年，市信访局制定《呼和浩特市关于集中开展重信重访问题专项治理工作的实施方案》，明确目标和工作任务，成立重信重访专项治理工作领导小组。印发《呼和浩特市关于开展旗（县、区）委书记大接访活动的意见》，动员组织各旗县（区）开展书记大接访活动，共接访605批次4133人次。

2009年，市信访局制定《呼和浩特市关于党政机关定期组织干部下访的实施方案》，先后3次组织21个市直部门和单位的机关干部63人次，带案分赴各旗县（区）和市有关部门开展集中下访活动，对重点信访案件进行督导检查，促进案结事了。同年，集中3个多月时间组织开展信访百日攻坚活动，通过实施市、县两级领导包案，组织市信访联席会议成员单位带案下访和采取"一次性补偿"方法妥善处理15件久拖不决的"钉子案"。

2010年，市委、市政府印发《呼和浩特市深入推进社会矛盾化解工作方案》《关于深入推进社会矛盾化解工作市级领导同志包联旗县（区）分工及专项工作组分工的通知》，市联席会议办公室印发《全市信访系统深入推进社会矛盾化解工作方案》，指导、推动全市信访问题化解工作。

2011年，除市本级和赛罕区仍在新建联合接访中心外，其他旗县（区）均对原接访大厅进行改、扩建，乡镇、街道办事处普遍建立群众服务中心或服务大厅，村、居（社区）普遍建立信访工作室。

2012年起，市委建立选派后备干部到市信访局挂职锻炼机制。年内，共有19名副处级后备干部和副处级公选干部到市信访局挂职锻炼，市联席办从旗县（区）抽调9名科级干部到人民到访接待中心调训。同时，市信访局制定《关于进一步加强信访调训干部管理的实施意见》，落实调训、挂职干部岗前培训制度、轮岗制度，将挂职干部安排到群众接待一线和驻京劝返中心工作，直接从事群众工作。2013年，组织干部驻村、驻学校、驻企业，集中开展社会矛盾排查化解工作。

2014—2015年，市信访办印发《进一步加强和改进信访工作实施意见》《分级分层接待处理群众信访事项责任规定》《处理信访突出问题及群体性事件会议制度》《群体性上访和非正常上访责任追究办法》《涉法涉诉信访工作办法》，制定贯彻落实任务分解方案，将市委、市政府提出的工作意见逐项明确责任部门和责任领导。同时，印发《呼和浩特阳光信访信息系统管理办法》等网上信访工作配套制度，制定《呼和浩特市联合接访中心管理规定》，组织重点涉访部门进驻接访，构建“一站式服务、一条龙办理、一揽子解决”的联合接访模式。

第六章　政务服务

第一节　组织机构

2002 年 1 月，成立呼和浩特市行政服务中心管理委员会办公室。2008 年，市行政服务中心管委会办公室更名为市政务服务中心，挂市政务公开领导小组办公室、市政府信息公开领导小组办公室、市公共资源牌子，并新增 3 个内设科室。同年，全市第一个政府信息公开公共查阅室于 9 月 15 日投入使用。

2009 年，市政务服务中心按照“一个窗口受理、一个科室审核、一个机构审批、一个公章办结”的运行管理模式挂牌运行。同时，市委、市政府把市政务公开领导小组办公室、政府信息公开领导小组办公室设于市政务服务中心，负责推进、指导、协调、监督全市政府信息公开工作。

2015 年，市政务服务中心内设办公室、管理科、信息技术科、联办协调科、政务公开督查科、交易监管科。

第二节　行政审批

一、审批事项管理

2002 年，市行政服务中心管委会办公室从挂牌运行后，首批进驻建设审批项目类大厅、房屋产权产籍登记类大厅、企业设立和部分行政审批类大厅的有市建设委员会、房产管理局、规划局、国有土地管理局、工商行政管理局、地税局、公安局等 24 个部门，审批事项 120 项。全年累计办理各类事项 9.29 万件，咨询服务 3.71 万件。截至 2004 年末，累计受理 14.4 万余件审批及服务事项，办结率 96% 以上。其中，企业设立大厅受理 5 万余件，房产大厅受理 8.24 万件，建设项目审批大厅 1200 件，工商大厅受理 1 万件。

2005 年 4 月，市行政服务中心管委会办公室搬迁。新大厅具有软硬件较齐全的主大厅和5个功能齐全相对独立的分大厅。主大厅包括社会发展服务区、企业设立服务区、建设项目审批服务区及年检、集中办理服务区，共进驻市规划局、环保局、国税局等24个部门，受理180项行政许可、非行政许可服务事项。5个分厅即建委服务厅、工商服务厅、房产服务厅、国土资源服务厅、人才市场服务厅，共受理170余个事项。市行政服务中心管委会办公室进驻的事项占呼和浩特市行政审批制度改革暂时保留行政许可及非行政许可服务事项的50%。

2006年，增加1个分大厅，即水资源管理服务厅。分大厅共设96个窗口，大厅工作人员170人，办理事项183项，占呼和浩特市保留事项的25.8%，中心进驻事项全部进入全程办事代理制管理系统，接受市行政服务中心、市效能投诉中心等部门的监督检查。实现了委办局对窗口工作的网上监控。从年初到12月底，主大厅共受理事项19.24万件，分大厅受理共计8.03万件。至此，全市承担有许可、非许可服务事项，暂时保留事项708项的41个部门中，选择进驻国税、质量技术监督局、交通局、环保局等24个部门，设43个窗口，进驻人员62人，进驻180个行政许可、非行政许可服务事项，进驻事项占全市暂时保留事项的25.4%。

2007年，市行政服务中心管委会办公室在部分进驻事项存在取消、停办、未开展工作等情况下，加强监督和管理，主服务大厅和6个分厅受理事项数量比2006年有所提高。全年共受理事项28.11万件，其中主服务厅受理19.56万件、6个分大厅受理8.54万件。

2008年，市政务服务中心各服务大厅共受理行政许可、非行政许可审批和行政服务事项26.71万件，其中，综合服务大厅受理17.5万件，6个专业服务大厅受理9.2万件。市国税局通过管理科整建制进驻服务大厅，完善专用网络等措施，使办理税务登记证从受理到发证由承诺的7个工作日缩短为即办。年内，市政务服务中心先后接待温州、海口、贵州、玉溪、兰州、包头、巴彦淖尔、乌海、乌兰察布、通辽、赤峰等区内外到呼和浩特学习考察人员180余名。年内，将全市行政许可和非行政许可审批事项由708项减少到236项（不含67项行政服务事项），其中，行政许可事项139项，非行政许可事项97项。

2009年，新政务服务中心于1月8日开始试运行。按照“集中审批职能、集中审批事项、集中审批人员”的要求，协调和组织29个市直部门审批办和7个垂管部门审批管理机构整建制进驻政务服务中心开展集中审批服务。除动物和动物产品检疫许可等不宜进厅办理的10个事项，以及下放的2项行政许可4项非行政许可审批事项外，集中在政务服务中心办理的审批事项202项，其中，行政许可11项，非行政许可审批86项，进驻率92.24%，行政服务事项70项，进驻率100%；进驻审批工作人员165名。

2010年，市行政服务中心管委会办公室开展改扩建工程，办公面积扩大到近1万平方米。扩建工程为钢结构6层办事大厅，建筑总面积约2200平方米。同时，市政务服务中心设立综合服务窗口，统一受理和全程代办市民委、计生委等10个部门的22个审批服务事项，办理政务服务咨询和政府信息公开查询服务，审批服务事项进驻率100%。

2012—2013年，市政务服务中心综合服务大厅受理行政许可、非行政许可审批和行政服务事项38.82万件，办结38.79万件；5个专业服务大厅共受理357.44万件，办结357.44万件。

2015年，市行政服务中心管委会办公室综合服务大厅受理行政审批事项20.69万件，办结20.65万件。

二、审批服务

2002年，市行政服务中心管委会办公室按照性质和复杂程度将进驻事项分为退回件、即办件、补办件、单办承诺件、联办承诺件和上报承诺件，明确办理方式、程序和时限，对一些部门的特殊事项给予协调并安排窗口。同时，为外经贸、海关、工商、税务、财政、外汇管理局、经贸委安排“外资企业联合年检”窗口。

2003年，完善电子网络化管理系统的软硬件设备。2004年，房屋产权产籍类大厅，对房地产交易和权属登记业务审批流程进行革新，简化审批环节，取消二级审批，对二手房过户等8种业务实行一级审批，实现即收即办、立等可取的承诺。申请人在业务受理后35分钟左右即可领取到房屋所有权证书；其他业务实行一级或二级审批，在3个工作日内即可办理完毕。比2000年办理房屋权属登记缩短57个工作日，比2001年缩短27个工作日，比2002年缩短7个工作日。

2005年，推行全程办事代理制试点工作。为保证市行政服务中心管委会办公室窗口工作顺利开展，要求进驻市行政服务中心管委会办公室窗口工作人员必须是综合能力强的科级干部。同时大厅启用窗口专用章，使大厅窗口工作人员受理权限发生变化，一定程度改变原来大厅窗口“收发室”的尴尬，加快各部门间的信息传递速度。

2007年，开展网上内部流程监控工作，呼和浩特市试行全程办事代理制工作，促进阳光办公。年内，建委服务分厅搭建网络“二级平台”，选择市建委施工科、招标办、市政工程管理局等部门20余项审批事项进行网上内部流程监控试行工作，试行186件。

2009年，根据集中审批服务的要求，组织和指导各部门审批办对进驻事项办理程序进行全面梳理，把上百种办事程序归纳为7种规范流程，并编制每一个事项审批流程图，明确各个审批环节的办结时限和岗位责任，将规范的办事流程固化到行政审批工作平台和电子监察工作平台，加强对流程的管理和事项办理全过程的监督，使事项办理时限平均缩短60%以上。同年6月，市政府印发《关于行政审批工作统一使用审批专用章的通知》，规定从 7 月 1 日起，各部门在政务服务中心办理行政许可、非行政许可审批和行政服务事项，一律统一使用部门“审批专用章”，部门公章和其他印章不再行使审批职能，保证审批工作规范运行。同时，通过行政审批工作平台、电子监察工作平台和效能监察视频监控系统，对审批事项办理的各个环节和事项办理全过程进行监督，了解和掌握政务服务大厅工作情况，在每个审批窗口设置电子评议器、放置群众测评卡，进行满意度测评。

2010 年，重新梳理完成进驻政务服务中心综合服务大厅 45 个部门的 363 个事项的流程图，包括每一事项的子项流程，确保各部门审批办按照规范的流程在审批管理系统中运行。根据《国务院关于第五批取消和下放管理层级行政审批项目的决定》，取消事项涉及部门 3 个，取消事项 7 项，涉及新增事项部门 2 个，新增事项 2 项，并及时与市法制办联系，对接有关清理工作，与有关部门进行事项内容的整理，修改和调整政务服务审批管理系统。5 月，市政务服务中心综合服务窗口运行，启动企业市场准入联办工作，审批时限由 71 个工作日缩短为 5 个工作日。6 月，市政府印发《关于进一步规范和简化建设项目审批手续有效提高办事效率的决定》，推进建设项目行政审批体制创新、机制创新和管理方式创新，加快建设项目的实施进程，有效防止违规建设，巩固工程建设领域突出问题专项治理成果。

2012 年，根据市政府《关于进一步规范三级公共服务职能的意见》，通过依法合理划分三级公共服务职能，完善和规范集中审批服务模式，清理审批事项，下放 18 项审批事项，方便群众办理。推行“并联审批”，在部门的审批时限缩减到一定程度后，部门间的审批由“串联”方式变为“并联”方式：即 2 个或 2 个以上部门窗口审批同一个项目采取同时“受理申请、审查材料、勘察现场、验收发证”的审批方式，缩减审批时限，提高审批效率。

2013 年，市政府确定保留行政许可事项 73 项、非行政许可事项 19 项。取消 26 项，下放 29 项，转为行政服务事项 41 项，合并减少 76 项。经过本轮对接梳理，审批时限平均缩短 52.74%。

2014 年，以并联审批为重点，继续深化行政审批制度改革，呼和浩特市商业开发建设项目审批从立项到施工许可涉及的审批部门由 68 个减少到 17 个，加盖公章数由 393 个减少到 23 个，审批时间由 449 日减少到 23 个工作日；政府投资建设项目从立项到施工许可涉及的审批部门由 59 个减少到 23 个，加盖公章数由 239 个减少到 66 个，审批时间由 705 日减少到 33 个工作日。

2015 年，取消所有非行政许可事项。下放旗县（区）审批事项 59 项，取消 17 项。对保留的 133 项行政许可事项办理要件、时限、环节再压缩。确定并公开规范流程图 293 个，审批要件由原来的 3627 个，减少到 2539 个，减幅约为 29.99%；企业注册、商业开发项目立项、施工许可证颁发等审批时限平均减幅为29.35%，审批环节由平均约5.8个，精简到平均约4.7个，减幅为19.98%。对行政许可事项中涉及中介服务事项进行梳理，涉及21个部门36个事项。6月24日，呼和浩特市颁发首张“一照一码”企业营业执照，企业只需通过一窗受理、一表申请、核发一照、加载一码，即可完成注册申请，时间从原法定45个工作日缩短为5个工作日。9月，呼和浩特市网上办事大厅上线试运行，包括在线申报、办事指南、进度查询、统计查询、办件公示等功能，审批分为网上审批、网上预审和网上预约。

第三节　政务公开

一、政府信息公开

2002年，为强化对外宣传，推进政务公开、加强依法行政，建设“阳光政府”，呼和浩特市政府门户网站开通上线。同时，开通汉蒙双语政府网站。

2009年，建设政府信息公开平台，完善市政府门户网站《政府信息公开专栏》，开发政府信息索引号自动生成和网上查询、网上互动、网上评议、网上报送等功能；在政府门户网站《政府信息公开专栏》中，为各旗县（区）、各部门统一设计制作政府信息公开网页，规范政府信息公开形式；通过新闻通报会、记者招待会、新闻发布会等会议及时向社会和市民公布政府重点工作进展、社会关注的热点和公共突发事件处置情况。按照“市级公共查阅室功能全面、部门公共查询室专业突出、社区便民查询点覆盖面广”的要求，在全市逐步建立较为完善的三级政府信息公开查阅、查询系统。

2010年，市政府办公厅印发《关于进一步深入推进政府信息公开工作意见的通知》，以深化公开内容为核心，对全市政府信息公开工作进行全面部署。为规范政府信息公开工作，市政务公开领导小组办公室印发《关于进一步加强和改进政府信息主动公开工作的通知》《关于进一步加强和改进依申请公开工作的通知》《关于进一步加强政务公开信息报送工作的通知》《关于及时向政府信息公开公共查阅室报送主动公开政府信息的通知》等指导性文件。建设政府信息公开平台，协调软件公司开发全市统一的政府信息公开应用测试系统，为全市9个旗县（区）、56个市级部门和40家公用企事业单位搭建起规范的政府信息公开网络平台，初步形成“一网公开、多点查询”的政务公开网络体系。年内，全市行政机关在政务公开网络平台新增主动公开信息2.12万条。在市四区193个社区公共服务站设立便民查询点，扩大政府信息公开覆盖面，将政府信息公开查询服务延伸到市民身边。建立和完善新闻发布制度，印发《关于进一步规范新闻发布工作的通知》，完善市政府新闻发言人制度，明确新闻发布会召开时间、涉及内容、审批管理以及新闻发言人确定等规范，并向社会全面公开政府和部门新闻发言人。

2011—2012 年，全市主动公开政府信息 28.69 万条，市政府门户网站公开信息 5.2 万条，市级部门网站公开 15.93 万条，各旗县（区）政府门户网站公开信息 7.57 万条。2013 年，全市政务信息公开 4.65 万条，市本级公开政务信息 2.16 万条，旗县（区）公开政务信息 1.91 万条，苏木乡镇公开政务信息 5820 条。

2014 年，呼和浩特市政务服务中心网站发布政务信息 130 余条，通过网站分发、回复市民提问 108 条。市政务服务中心官方微博“呼和浩特政务服务”发布微博 1000 余条。2014—2015 年，全市主动公开政府信息 10.3 万条。

二、协同办公平台建设

2009 年 12 月，市政府协同办公平台建成投入运行，实现 9 个旗县（区）和市属各委办局两级一体化应用电子公文交换，政务专网内所有部门共享信息的政务办公门户。协同办公平台包括基础支撑平台、统一办公门户、公文交换中心、政务协同系统、手写签批系统、一体化归档管理、对外数据交换平台、电子印章系统、身份认证专用设备、手写签批专用设备、收文登记专用设备等。截至 2015 年，全市有 86 家单位接通协同办公平台。

第七章　民族宗教事务管理

第一节　组织机构

1984 年 2 月，呼和浩特市民族事务委员会（简称市民委）与宗教事务处、市蒙古语文工作委员会为一个机构、三块牌子。

1992 年，呼和浩特市将民族事务委员会关于宗教事务管理的职能划分出去，单设宗教事务处，专门承担宗教事务管理职能。1994 年，增设宣传信访科、民族干部科。1999 年，增设民族古籍办公室，政策法规科更名为政策法规监察科。

2000 年，成立呼和浩特市蒙汉文牌匾管理中心，负责全市社会市面汉蒙 2 种文字并用管理、监督、检查工作。2004 年，增设蒙古语文翻译科与蒙古语文工作委员会合署办公。

2009 年，根据《内蒙古党委办公厅、政府办公厅关于印发〈呼和浩特市人民政府机构改革方案〉的通知》精神，市民委与市宗教事务局一个机构、两块牌子，挂呼和浩特市蒙古语文工作委员会牌子，为市政府工作部门。内设办公室、政策法规科、监督检查科、经济发展科、社会发展科、宗教一科、宗教二科、宗教三科、民族语言文字科、古籍整理科、蒙古语文翻译科 11 个科室。

第二节　民族事务管理

一、推动少数民族地区经济发展

1986 年，为推广托克托县满水井村和郊区姜家营村退耕还牧、脱贫致富先进经验，促进农村少数民族经济发展，组织召开民族经济建设经验交流会。同时，合理使用上级有关部门和市财政拨给的民族地区补助费、事业费以及支援不发达地区发展资金。至 1989 年，全市使用“三项”资金 432 万元，用于扶持少数民族贫困户发展种植业和养殖业，并解决土默特左旗、托克托县、郊区 10 余个自然村人畜饮水困难的问题。全市发展科技专业村 58 个，其中少数民族村 10 个，占总数 17.2%。

20 世纪 90 年代后，呼和浩特市对农村和边远地区少数民族聚居村，采取打井，发展种植业和养殖业，发展庭院经济、盐碱地水稻开发，发展少数民族乡镇企业等形式，增加少数民族农牧业投入，改善提高生产水平。截至 1995 年，先后为全市农村牧区 60 个少数民族聚居村打井 87 眼，机井配套 35 眼，扩大水浇地面积 5 万余亩。为 12 个少数民族聚居村安装自来水，解决 7000 余人和 2.5 万余头（只）牲畜饮水问题。为 20 个少数民族较多的乡村购买牧羊 2200 余只并发展到 5000 余只，奶牛 13 头。

1995 年后，通过打井和配套机电井、改水、发展庭院经济、扶持乡镇企业、发展养殖业等措施，有 400 余户贫困户基本脱贫。1996 年，呼和浩特市把少数民族脱贫责任目标分解落实到乡村，形成市、县、乡三级扶贫网络。争取国家“温饱基金和新增发展资金”控制指标 400 万元、自治区支援不发达地区发展资金 5 万元，上报大型项目 20 项。同时，本着“优先重点投资农牧业基础设施建设、科技应用与推广、农副产品转化加工项目”的原则，确定 40 余个短、平、快项目用来帮助少数民族聚居村进行改水和发展种养加工业。上报百万元大型项目 9 个，总投资 2494.5 万元。其中，申请“新增支援不发达地区发展资金”1304.5 万元，占总投资的 52%。

1998—2000 年，市政府办公厅印发《关于研究切实搞好少数民族聚居村扶贫工作的会议纪要》，要求有关部门优先扶持少数民族贫困村，改善民族学校办学条件、帮助少数民族发展养殖业、打井、改水、覆膜作物种植等，提出建设性扶贫项目 186 项。成立由市民委牵头、有关部门参加的民族贸易民族用品生产协调领导小组，召开全市民贸民品定点生产协调会议。选报发展前景好、开发价值高、辐射千家万户、涵养地方财源的 6 个大中型扶贫项目，争取自治区少数民族发展资金 140 万元。争取“少数民族乡镇企业贷款贴息”资金 3 项、资金 30 万元，申请少数民族聚居村草场建设和机井维修项目 2 个、资金 10 万元。

2001—2005 年，市委办公厅、市政府办公厅印发《呼和浩特市农村少数民族贫困户扶贫攻坚三年（2003—2005）规划》，围绕“奶业兴市”战略，组织实施“扶持少数民族贫困户奶牛养殖项目”工程，筹集资金 600 万元，购置奶牛 400 头，分发到 9 个旗县（区）400 个贫困少数民族农户。向上级民委争取少数民族发展资金 185 万元，审批 12 个农田水利基本建设项目、3 个奶牛养殖基地后续建设项目，申报争取基础设施、生产发展等 6 个财政扶贫资金项目。

2006—2010 年，全市启动新农村建设和少数民族聚居村示范点工作。下拨自治区和市本级民族工作专项经费 780 余万元，帮助 9 个少数民族聚居村落实少数民族经济发展项目 14 个。利用市级少数民族事业费 160 万元，重点帮扶少数民族聚居村基础设施建设类项目 27 个。通过职业指导、技能培训、劳务输出等多种方式，帮助 3000 余名少数民族下岗职工实现再就业。下拨 10 万元，重点扶持 2 家民族用品生产企业进行技术改造。完成玉泉区小黑河镇西地村、赛罕区黄合少镇添面梁村 2 个少数民族聚居村新农村建设示范点的创建。开展实地调研，形成《关于少数民族聚居村人畜饮水情况的报告》。开展城市少数民族下岗职工情况的调查研究，协调有关部门探索脱贫和就业门路，帮助少数民族下岗职工解决生产、生活和工作上的困难和问题，开展少数民族下岗职工再就业培训，帮助 400 余人重新走上工作岗位。

2011—2015 年，全市争取自治区和市本级少数民族发展资金项目 200 余个，总投资 5800 余万元。加强少数民族聚居村示范点创建工作，编制土默特左旗特色村寨发展规划，全面推进社会主义新农村的建设。申报玉泉区小黑河镇西地村等 17 个特色村寨、玉泉区小黑河镇等 4 个特色小镇。贯彻落实国家新出台的民族贸易、民族用品生产优惠政策，确定 10 家技术强、规模大、产品优的民族贸易和民族用品生产企业。落实民贸企业技改贴息 30 万元，支持全市民族贸易和民族用品生产企业的发展。5 年间，全市累计为民贸民品企业贷款 634 亿元，贴息 5.2 亿元。协调市商务局等多家兼职委员单位实施少数民族扶贫开发类项目 8 项，投入资金 725.3 万元。社会发展类项目 38 项，投入资金 533.6 万元。服务类项目 1 项，投入资金 1258.9 万元。

二、推动少数民族地区民生事业发展

1983 年，呼和浩特市召开民族教育工作会议、确定发展民族教育的基本政策和原则。地方财政拨出 117.33 万元经费，分配给 15 所民族中小学和 8 所幼儿园用于改善办学条件。至 1988 年，全市为迅速恢复和发展民族中小学、幼儿园基本建设投资总额 2000 余万元，占全市教育基建投资的 43.03%，建筑面积共 71.76 平方米，占教育系统基建面积的 20.69%。至 1990 年，市区中学基本实现楼房化，农村民族小学校舍及配套设备齐全。同时，选派近 200 名骨干教师和大专院校毕业生充实各民族学校的教学力量，市区民族重点中学和农村民族中小学的师资状况均有好转。

1991—1995年，市民委筹集民族教育经费130余万元，为部分学校增设教学设备，购置图书。会同市科协先后举办8期农牧业实用技术培训班，培养少数民族农牧民科技人才450人，在少数民族聚居村兴办25个科技村。与市文联、作家协会联合举办呼和浩特市首届少数民族《山丹》文学评奖活动。会同市教育局、体委举办全市民族中学体育运动会和全市首届民族中小学、幼儿园教职工篮球赛。

1996—2000年，争取自治区民委教育专项资金，先后用于新城区兴安路小学、回民区第一幼儿园、武川县民族小学、和林格尔县民族小学的校舍改建和维修。新建和林格尔县民族幼儿园、县民族中学实验楼和县蒙古族学校教学楼。组织召开全市民族学校优秀教师和优秀教育工作者表彰大会，对56名民族教育工作先进个人予以表彰。协助市科协举办10期农牧民实用技术培训班，累计培训农牧民3.2万人次。拍摄民族团结进步电视系列片《敕勒川兴新貌》，举办“庆盛会、迎‘十一’、心连心文艺演出”“第三届民族理论、民族知识电视大奖赛”。

2001—2005年，全市争取自治区民委少数民族发展教育资金110余万元，市财政少数民族发展教育资金50余万元，组织申报项目30余项，改善30所少数民族中小学、幼儿园的办学条件。提高民族中小学助学金新标准和民族学校教师的待遇。市民委协调市教育局共同出资6万元，选拔奖励少数民族优秀考生21名，奖励资助64名高考中少数民族优秀考生和贫困考生上大学。开展民族古籍的搜集整理，编辑出版《民族古籍与蒙古文化》等。为土默特左旗档案馆抢救整理有价值档案筹集资金10万元。市民委下拨2万元更新市民族歌舞团演出服装。

2006—2010年，累计争取自治区少数民族发展资金360余万元，为全市24所民族中小学、幼儿园改善办学和办公条件。会同市教育局共同出资，先后奖励和资助324名应届少数民族优秀考生和贫困生上大学。协同内蒙古广播电视大学开办少数民族行政管理本科学历班，有44名各民族干部职工参加学习。

2011—2015年，累计争取自治区、市本级民族事业经费118万元，奖励和资助157名民族中学优秀少数民族考生和贫困学生。帮助少数民族流动人口和少数民族外来务工人员子女在呼和浩特就学，设立呼和浩特市民族教育奖励资助基金，资助奖励99名成绩优秀、家庭贫困、蒙古语文授课3类少数民族应届高考学生。参加全区第八届少数民族传统体育运动会，取得2金7银9铜和总分221分的好成绩。组团参加第十届全国少数民族传统体育运动会。

三、开展民族团结进步表彰活动月

1986年，在民族团结进步表彰活动月中，组织多部门组成民族政策检查组，对贯彻执行党的民族政策，尊重少数民族风俗习惯进行检查。组织召开呼和浩特市各族干部职工业余学习蒙古语文汇报会，举办呼和浩特市各族青年民族知识竞赛。各宣传、新闻单位开展对全市民族团结进步表彰活动的宣传报道。

1987—1991 年，每年 9 月期间，全市各级党政部门认真组织安排好民族团结进步表彰活动月的工作，并对执行《中华人民共和国民族区域自治法》的情况进行全面检查。

1992 年，呼和浩特市召开民族团结进步表彰会，表彰民族团结先进集体 57 个，先进个人 144 名。1993 年 9 月，民族团结进步表彰活动月期间，为体现民族团结进步活动开展 10 年所取得的成就，市民委与呼和浩特电视台联合录制 5 集电视片《呼和浩特民族风情》。推荐和选送出席自治区民族团结进步表彰会的 9 个先进集体和 9 名先进个人。

1994 年,《中华人民共和国民族区域自治法》颁布实施十周年之际，呼和浩特市召开民族团结进步表彰总结大会，表彰出席国务院第二次全国民族团结进步表彰大会的先进集体 2 个，先进个人 3 名，民族教育先进工作者和教师 51 名，蒙古语文社会用文先进集体 3 个，先进个人 15 名。

1995 年，召开呼和浩特市第五次民族团结进步表彰大会，对在民族团结进步工作中做出突出贡献的 74 个先进集体、225 名先进个人进行表彰。1996 年，民族团结进步表彰活动月期间，拍摄 1 部反映全市少数民族脱贫致富达小康的电视专题片——《走向繁荣》，召开少数民族聚居村致富带头人表彰会，举办各族人民心连心联谊会等。

1997 年，在民族团结进步表彰活动月活动期间，举办《辉煌的五十年——首府民族团结进步事业成就展》、民族理论政策、民族法律法规和民族风土人读报有奖竞赛。编印《马克思主义民族理论党的民族宗教政策材料汇编》、拍摄民族团结进步电视系列片《锦绣山川》、编写民族团结进步先进集体和先进个人故事集《榜样》。召开呼和浩特市第六次民族团结进步表彰大会。对 73 个先进集体和 197 名先进个人进行表彰。

1998 年，民族团结进步表彰月活动期间，组织举办全市民族理论政策、民族法律法规和民族风土人情读报有奖知识竞赛。利用多种形式在全市开展“一法两条例”百日民族法治宣传活动，累计发放“一法两条例”宣传材料 2 万份，放录音 1000 余小时；同时在主要街道悬挂过街宣传横标，出动宣传车在市区 20 余条主要街道进行广泛宣传，并在市电视台黄金时间刊播有关民族法律法规。市属新闻媒体通过开辟“手足情”“民族大家庭”“民族法治建设”等专版、专栏、专题，开展宣传教育。呼和浩特电视台创作、录制反映当代少数民族生产生活的 2 集广播剧《草原人家》。

1999 年，在民族团结进步表彰活动月活动和呼和浩特市第七次民族团结进步表彰大会期间，举办全市第四届民族知识电视有奖赛，全市 9 个旗县（区）和有关部委办局的 28 个参赛队共计 84 名参赛队员参加比赛。举办“99 青城民族团结进步广场文艺晚会”。对全市 105 个民族团结进步先进集体和 297 名民族团结进步先进个人进行表彰。

2001—2012 年，每年 9 月组织开展民族团结进步表彰月活动。2013 年，组织召开纪念民族团结进步表彰活动月 30 周年座谈会。2014 年，市委召开民族工作会议暨呼和浩特市第十一次民族团结进步表彰大会，会议对 2006—2014 年为推进民族团结、发展民族事业作出重要贡献的 50 个模范集体和 50 名模范个人进行表彰。

2015 年，召开呼和浩特市民族团结进步创建活动工作会议。选树各级各类示范典型 30 家，开展民族团结进步创建活动示范单位，命名中共土默特左旗委宣传部等 50 家全市民族团结进步创建活动示范单位。加强城市社区民族工作，将城市民族工作纳入网格化服务管理范围，解决少数民族群众的实际困难。

四、少数民族干部培养

中共十一届三中全会后，呼和浩特市注重提拔任用少数民族干部，定期输送少数民族干部到各级党校、各干部学校和高等院校学习培训；选拔、培养一定数量的少数民族干部；在招工中按政策有计划地录取少数民族学生。到 20 世纪 80 年代末，全市少数民族干部有 8369 人，占全市干部总数的 18.5%。

20 世纪 90 年代开始，为改变呼和浩特市干部结构不合理状况，由市民委出资，市管理干部学院负责教育和教学，开设少数民族经济管理大专班，每年招收学员 20 名。同时，推荐少数民族干部职工报考区外高等院校专修班，鼓励少数民族干部在职学习。

1996—2000 年，修改完善《呼和浩特市民族工作暂行规定》。将少数民族经济管理大专班所开设专业由 1 个增加到 3 个，扩大招生范围，经成人高考录取的学员由原计划的 20 名增加至 33 名。少数民族经济管理等专业大专班累计招收学员 143 名。市委组织部、统战部、市民委、市委党校共同组织举办全市少数民族中青年干部培训班，旗县（区）和市属各部门单位的 37 名少数民族干部学员参加学习。

2001—2005 年，根据机构改革情况，市民委会同组织、人事部门做好全市少数民族干部统计工作，完善少数民族干部档案，做到底数清、情况明，为少数民族干部的培养、选拔和任用工作提供准确依据。会同市委组织部、统战部、党校和市妇联等部门，组织全市首届少数民族妇女干部培训班和全市第二、第三届市直部门专兼职民族工作干部培训班。举办全市乡镇村少数民族干部培训班。

2006—2010 年，呼和浩特市建立和完善少数民族干部情况档案数据库。市行政学院开办机关、事业单位少数民族干部行政管理专业本科班，市民委为每位学员补贴一半学费，会同市委组织部、统战部和党校，组织举办专兼职民族工作干部培训班和乡镇村少数民族干部培训班，在中央民族干部培训中心举办全市少数民族副处级以上干部培训班，提高少数民族干部素质。

2011—2015年，为加强对全市少数民族干部和民族科技人才的培训工作，在内蒙古社会主义学院揭牌成立干部培训基地，在和林格尔县科技示范基地设立少数民族农牧民培训基地，会同市委组织部在国家民委培训中心举办少数民族处级干部培训班。举办全市行政机关、企事业单位少数民族工作人员行政管理专业本科班，帮助少数民族工作人员提高业务能力和工作水平。建立健全一系列调动兼职委员单位和兼职委员积极性的工作机制，完善市民族事务委员会兼职委员制度、调整兼职委员单位及兼职委员。

第三节　宗教事务管理

1986—1990年，呼和浩特市集中解决宗教方面落实政策中的遗留问题，帮助爱国宗教组织恢复和开放宗教活动场所和活动点40余个。完成对大召、席力图召、乌素图召、观音庙、清真南寺的修缮。协助市基督教爱国会迁建新城南街教堂。解决年老体弱的宗教职业人员的生活问题，培养爱国爱教的年轻的宗教职业者。

1991—1995年，呼和浩特市落实多年未解决的宗教房地产遗留问题，依法开展宗教活动场所登记，维护宗教界合法权益。

1996—2000年，呼和浩特市围绕宗教工作“团结、稳定、服务”的方针，依法加强对宗教事务的管理。依法对全市9个旗县（区）宗教场所和聚会点进行登记和年检，1998年夏，中国南方地区发生特大洪水，全市各宗教团体组织宗教界人士和信教群众，向受灾地区募捐款总计11.39万余元，捐赠衣物1.7万件、棉毯40条。

2001—2005年，呼和浩特市开展“建现代化首府城市，促宗教与社会主义社会相适应”主题活动。通过“建现代化首府城市，促宗教与社会主义社会相适应”主题活动的深化延伸，全市五大宗教的寺庙教堂，财务公开化、管理制度化、决策民主化等“三化”实现率达95%，场所班子建设管理制度逐步完善。

2006—2010年，落实《关于在全市开展创建“和谐寺观教堂”活动的五年规划》，在全市开展“创建和谐寺观教堂”活动。安排部署宗教教职人员认定备案和宗教活动场所财务监督管理2个专项试点工作，确定首批35个试点单位。协调解决天主教专项经费资金60万元，用于天主教总堂维修及祝圣等事宜。协调喇嘛生活补助金，用于宗教界迎新春座谈会、宗教团体及宗教界人士慰问等。协调有关部门为乌素图召争取经费维修道路，解决饮用水困难等问题。

2011 年开始，呼和浩特市宗教事务管理工作结合创建和谐寺观教堂活动，开展宗教教职人员认定备案和宗教活动场所财务监督管理 2 个专项工作，逐步建立健全宗教教职人员备案信息管理平台，加强宗教工作三级网络建设。支持爱国宗教团体建立民主管理制度，完善宗教教职人员和宗教活动场所规范化管理长效机制。

2014—2015 年，呼和浩特市贯彻落实自治区党委、政府《关于加强新形势下宗教工作若干意见》，逐步妥善解决宗教教职人员社会保障和驻会人员生活待遇问题，帮助爱国宗教团体解决人员编制和办公经费等方面的困难。争取财政拨款 689 万元，专门用于全市 235 名宗教教职人员参加社会基本保障。先后为四川雅安抗震救灾筹得善款 12.65 万元，为云南鲁甸地震灾区人民捐款 7 万余元。

第十七篇

地方人民政协

第一章　政协呼和浩特市委员会

第一节　政协委员

一、委员资格审查

1984—2016年，政协呼和浩特市委员会（简称市政协）召开第六届至第十二届全体会议，选举产生7届市政协委员会。每届市政协委员的产生，都经过市委统战部酝酿准备、制定方案、推荐人选、民主协商、审议决定等程序，由各党派、团体、各界别民主推荐，经过反复协商、组织考察，经市委常委会审议后，提交市政协主席会议通过后，提请市政协常委会会议协商决定，并由新闻媒体向社会公布。市政协委员由各党派、人民团体、无党派代表人士和各族各界代表人士及政协各专门委员会成员、特别邀请的代表人士组成。

二、委员组成

1984年4月3—11日，市政协六届一次会议在内蒙古军区招待所召开。市政协六届委员会由中国共产党、中国国民党革命委员会呼和浩特市支部、中国民主建国会呼和浩特市支部、总工会、中国共产主义青年团（简称共青团）、青年联合会（简称青联）、妇女联合会（简称妇联）、农民界、文学艺术界、科学技术界、教育界、医药卫生界、新闻界、体育界、台港同胞归侨界、工商业联合会（简称工商联）、宗教界、少数民族界、特别邀请人士共19个界别组成，委员245人。其中，中共党员77人，占委员总人数31%；民主党派、无党派人士164人，占66.9%；少数民族91人，占37%；妇女59人，占24%；具有中专以上文化程度114人，占46%。市政协六届一次会议后，先后有34人增补为市政协委员、有20人辞去市政协委员、有3名委员逝世。至1988年4月市政协六届五次会议时，有委员256名。

1989年6月26日至7月3日，市政协七届一次会议在内蒙古政府礼堂召开。市政协七届委员会由中国共产党、民革、民建、中国民主同盟（简称民盟）、中国民主促进会（简称民进）、中国农工民主党（简称农工党）、九三学社、工会、共青团、妇联、青联、工商联、农牧林界、工程技术界、社会科学界、经济金融界、文化艺术界、教育界、医药卫生界、体育界、新闻界、台港同胞归侨界、宗教界、少数民族界、特别邀请人士共25个界别组成，委员254人。其中，中共党员97人，占委员总人数38%；民主党派、无党派人士155人，占61%；妇女61人，占24%；少数民族 95 人，占 37%；具有中专以上文化程度的 189 人，占 74%。市政协七届一次会议后，先后有 15 人增补为市政协委员、有 5 人辞去市政协委员。至 1994 年 5 月市政协七届五次会议时，有委员 255 人。

1994 年 5 月 10—17 日，市政协八届一次会议在内蒙古军区招待所召开。市政协八届委员会由中国共产党、民革、民盟、民建、民进、农工党、九三学社、工会、共青团、妇联、青联、工商联、农牧林界、科学技术界、社会科学界、经济企业界、科学技术协会界、文化艺术界、新闻界、教育界、医药卫生界、体育界、台胞港澳同胞界、侨联界、少数民族界、宗教界、特别邀请人士共 27 个界别组成，委员 264 人。其中，中共党员 96 人，占委员总人数 35%；民主党派、无党派人士 166 人，占 63.3%;妇女 66 人，占 24%;少数民族 104 人，占 38%;具有大专以上文化程度 177 人，占 65.8%；具有高级职称 69 人，占 25.9%。委员平均年龄 48 岁。市政协八届一次会议后，先后有 20 人增补为市政协委员、有 5 人辞去市政协委员、有 3 名委员逝世。1996 年 4 月 1 日，市政协八届九次常务委员会会议决定，接受驻和林格尔县、清水河县和武川县的原乌兰察布盟 24 名政协委员整体划为市政协八届委员会委员。至 1998 年 12 月市政协八届七次会议时，有委员 300 名。

1999 年 3 月 26 日至 4 月 2 日，市政协九届一次会议在内蒙古军区招待所召开。市政协九届委员会由中国共产党、民革、民盟、民建、民进、农工党、九三学社、工会、共青团、妇联、青联、工商联、农林牧界、科学技术界、社会科学界、经济企业界、文化艺术界、新闻出版界、教育界、医药卫生界、体育界、台胞台属界、侨联界、少数民族界、宗教界、社会福利界与特别邀请人士共 27 个界别组成，委员 280 人。其中，中共党员 109 人，占委员总人数 38.93%；民主党派、无党派人士 171 人，占 61.07%；少数民族 115 人，占 41.07%；妇女 87 人，占 31.07%；具有大专以上文化程度的 239 人，占 85.36%;具有高级职称的 98 人，占 35%;第八届委员留任的 65 人，占 23%；委员平均年龄 44.88 岁。市政协九届一次会议后，先后有 41 人增补为市政协委员、有 15 人辞去市政协委员，有 5 人撤销政协委员资格。至 2003 年 4 月市政协九届五次会议时，有委员 301 名。

2004 年 4 月 19—24 日，市政协十届一次会议在内蒙古军区招待所召开。市政协十届委员会由中国共产党、民革、民盟、民建、民进、农工党、九三学社、工会、共青团、妇联、工商联、农牧林界、科学技术界、社会科学界、经济企业界、文化艺术界、新闻出版界、教育界、医药卫生界、体育界、台胞台属界、侨联界、少数民族界、宗教界、特别邀请人士、社会福利界共 26 个界别组成，委员 316 人。其中，中共党员 125 人，占委员总数 39.56%；民主党派、工商联和无党派人士 191 人，占 60.44%；少数民族 118 人，占 37.34%；妇女 100 人，占 31.65%；具有大专以上文化程度的 285 人，占 90.19%；具有高级职称的 116 人，占 36.71%；第九届委员留任 116 人，占 36.71%；委员平均年龄 45.38 岁。市政协十届一次会议后，有 1 人增补为市政协委员、有 7 人辞去市政协委员、1 名委员逝世。至 2007 年 2 月市政协十届四次会议时，有委员 309 名。

2007 年 12 月 30 日至 2008 年 1 月 3 日，市政协十一届一次会议召开。市政协十一届委员会由中国共产党、民革、民盟、民建、民进、农工党、九三学社、工会、共青团、妇联、工商联、农牧林界、科学技术界、科学技术协会界、社会科学界、经济企业界、文化艺术界、新闻出版界、教育界、医药卫生界、体育界、台胞台属界、侨联界、少数民族界、宗教界、特别邀请人士、社会福利界 27 个界别组成，委员 330 人。其中，中共党员 128 人，占委员总数 38.79%；民主党派、工商联和无党派人士 202 人，占 61.21%；少数民族 122 人，占 36.97%；妇女 118 人，占 35.76%。市政协十一届一次会议后，先后有 24 人增补为市政协委员、有 4 人辞去市政协委员。至 2012 年 1 月市政协十一届五次会议时，有委员 350 名。

2013 年 1 月 2—6 日，市政协十二届一次会议召开。市政协十二届委员会由中国共产党、民革、民盟、民建、民进、农工党、九三学社、工会、共青团、妇联、工商联、农牧林界、科学技术界、科学技术协会界、社会科学界、经济企业界、文化艺术界、新闻出版界、教育界、医药卫生界、体育界、台胞台属界、侨联界、少数民族界、宗教界、特别邀请人士、社会福利界 27 个界别组成，委员 331 人。其中，中共党员 127 人，占委员总数 38.37%；民主党派、工商联和无党派人士 204 人，占 61.63%；少数民族 113 人，占 34.14%；妇女 121 人，占 36.55%。市政协十二届一次会议后，先后有 13 人增补为市政协委员、有 5 人辞去市政协委员。至 2015 年 1 月市政协十二届三次会议时，有委员 339 名。

第二节　全体会议

一、市政协第六届委员会

1986 年 5 月 17—26 日，市政协六届三次会议在内蒙古军区招待所召开。出席会议的委员有 212 人、列席 50 人。会议听取讨论市委副书记、市长贾才的讲话；听取市政协副主席额尔敦传达自治区人大、政协五届四次会议精神；听取审议市政协副主席李竭忠作的《政协第六届呼和浩特市委员会常务委员会工作报告》；听取审议提案审查委员会副主任周明作的《政协第六届呼和浩特市委员会第三次会议提案审查委员会关于提案审查情况的报告》。与会委员列席市八届三次人民代表大会，听取讨论市委副书记、市长贾才作的《国民经济和社会发展第七个五年计划报告（草案）》，以及其他报告。会议通过市政协六届三次委员会各项决议及提案审查报告，赞同《国民经济和社会发展第七个五年计划报告(草案)》。会议选举市政协第六届委员会主席、副主席、常务委员。

1987年3月23—27日，市政协六届四次会议在呼和浩特宾馆召开。出席会议的委员有205人、列席7人。会议听取审议市政协副主席额尔敦作的《政协第六届呼和浩特市委员会常务委员会工作报告》；听取审议市政协副主席李竭忠作的《政协第六届呼和浩特市委员会第三次会议以来提案办理情况的报告》、提案审查委员会副主任周明作的《政协第六届呼和浩特市委员会第四次会议提案审查委员会关于提案审查情况的报告》。会议学习讨论中共中央政治局扩大会议公报及有关文件。与会委员列席市八届四次人民代表大会,听取讨论市委副书记、市长贾才作的《政府工作报告》，以及其他报告。会议通过市政协六届四次会议各项决议及提案审查报告。会议增选市政协常务委员2名。

1988年4月23—28日，经请示市委同意，市政协六届五次会议在市八届五次人民代表大会前单独召开。出席会议的委员有216人。会前,市政府将政府工作报告(讨论稿)发给委员征求意见，市委副书记、市长贾才就政府工作报告（讨论稿）听取委员意见。会议听取讨论市委副书记何祖侃的讲话；听取审议市政协副主席李振洪作的《政协第六届呼和浩特市委员会常务委员会工作报告》；市政协副主席李竭忠作的《政协第六届呼和浩特市委员会第四次会议以来提案工作情况的报告》、提案审查委员会副主任周明作的《政协第六届呼和浩特市委员会第五次会议提案审查委员会关于提案审查情况的报告》。会议通过市政协六届五次会议各项决议及提案审查报告。会议选举市政协第六届委员会主席。

二、市政协第七届委员会

1989年6月26日至7月3日，市政协七届一次会议在内蒙古政府礼堂召开。出席会议的委员有254人、列席20人。会议听取讨论市委书记伊钧华的讲话；听取审议七届一次会议主席团常务主席李竭忠作的《政协第六届呼和浩特市委员会常务委员会工作报告》；听取审议提案审查委员会主任周明作的《政协第六届呼和浩特市委员会提案委员会工作报告》《政协第七届呼和浩特市委员会第一次会议提案审查委员会关于提案审查情况的报告》。与会委员列席市九届一次人民代表大会，听取讨论市委副书记、市长贾才作的《政府工作报告》，以及其他报告。会议通过市政协七届一次会议各项决议及提案审查报告。会议选举市政协七届委员会主席、副主席、秘书长、常务委员。

1990年3月19—22日，市政协七届二次会议在内蒙古军区招待所召开。出席会议的委员有254人、列席21人。会议学习《中共中央关于坚持和完善中国共产党领导的多党合作和政治协商制度的意见》；听取讨论市委书记伊钧华的讲话；听取审议市政协主席云瑞作的《政协第七届呼和浩特市委员会常务委员会工作报告》；听取审议提案审查委员会主任周明作的《政协第七届呼和浩特市委员会提案学习法制委员会关于七届一次会议以来提案工作情况的报告》《政协第七届呼和浩特市委员会第二次会议提案审查委员会关于提案审查情况的报告》。与会委员列席市九届二次人民代表大会，听取讨论市委副书记、市长贾才作的《政府工作报告》，以及其他报告。会议通过市政协七届二次会议各项决议及提案审查报告。会议增选市政协副主席2名。

1991年4月9—14日，市政协七届三次会议在内蒙古军区招待所召开。出席会议的委员有258人、列席25人。会议听取讨论市委副书记、市长贾才的讲话；听取审议市政协主席云瑞作的《政协第七届呼和浩特市委员会常务委员会工作报告》；听取审议提案审查委员会主任周明作的《政协第七届呼和浩特市委员会提案学习法制委员会关于七届二次会议以来提案工作情况的报告》《政协第七届呼和浩特市委员会第三次会议提案审查委员会关于提案审查情况的报告》。与会委员列席市九届三次人民代表大会，听取讨论市委副书记、市长贾才作的《关于呼和浩特市国民经济和社会发展十年规划和第八个五年计划纲要（草案）》的报告。会议通过市政协七届三次会议各项决议及提案审查报告。会议选举市政协主席、秘书长，增选常务委员2名。

1992年3月15—20日，市政协七届四次会议在内蒙古军区招待所召开。出席会议的委员有259人、列席25人。会议听取讨论市委副书记何祖侃的讲话；听取审议市政协主席许光荣作的《政协第七届呼和浩特市委员会常务委员会工作报告》；听取审议市政协副主席李竭忠作的《政协第七届呼和浩特市委员会提案学习法制委员会关于七届三次会议以来的提案工作情况报告》、提案审查委员会主任周明作的《政协第七届呼和浩特市委员会第四次会议提案审查委员会关于提案审查情况的报告》。与会委员列席市九届四次人民代表大会，听取讨论市委副书记、代市长白音作的《政府工作报告》。会议表彰提案先进集体4个、先进个人44名，提案先进承办集体8个、先进个人7名。会议通过市政协七届四次会议各项决议及提案审查报告。会议增选市政协副主席2名、常务委员6名。

1993年3月15—18日，市政协七届五次会议在内蒙古军区招待所召开，出席会议的委员有297人、列席32人。会议传达学习中共十四大会议精神，自治区党委五届六次全委（扩大）会议和市委七届五次全委（扩大）会议精神；听取讨论市委副书记何祖侃的讲话；听取审议市政协副主席皇甫臣作的《政协第七届呼和浩特市委员会常务委员会工作报告》；听取审议市政协副主席李竭忠作的《政协第七届呼和浩特市委员会提案学习法制委员会关于七届四次会议以来提案工作情况的报告》、提案审查委员会主任周明作的《政协第七届呼和浩特市委员会第五次会议提案审查委员会关于提案审查情况的报告》。与会委员列席市九届五次人民代表大会，听取讨论市委副书记、市长白音作的《政府工作报告》。会议通过市政协七届五次会议各项决议及提案审查报告。

三、市政协第八届委员会

1994 年 5 月 10—17 日，市政协八届一次会议在内蒙古军区招待所召开。出席会议的委员有 264 人、列席 37 人。会议听取讨论市委书记白音讲话；听取审议八届一次会议主席团常务主席卡尔文 · 扎木苏作的《政协第七届呼和浩特市委员会常务委员会工作报告》；听取审议提案审查委员会主任孟根其木格作的《政协第七届呼和浩特市委员会提案学习法制委员会关于五年提案工作情况的报告》《政协第八届呼和浩特市委员会第一次会议提案审查委员会关于提案审查情况的报告》。与会委员列席市十届一次人民代表大会，听取讨论市委副书记、代市长张国民作的《政府工作报告》，以及其他报告。会议通过市政协八届一次会议各项决议及提案审查报告。会议选举市政协八届委员会主席、副主席、秘书长、常务委员。

1995 年 2 月 27 日至 3 月 3 日，市政协八届二次会议在内蒙古军区招待所召开。出席会议的委员有 264 人、列席 50 人。会议传达学习江泽民在 1995 年新春茶话会上作的题为《为促进祖国统一大业的完成而继续奋斗》的讲话；听取讨论自治区党委常委、市委书记白音的讲话；听取审议市政协主席云淑贤作的《政协第八届呼和浩特市委员会常务委员会工作报告》；会议听取审议提案审查委员会主任孟根其木格作的《政协第八届呼和浩特市委员会提案法制委员会关于八届一次会议以来提案工作情况报告》《政协第八届呼和浩特市委员会第二次会议提案审查委员会关于提案审查情况的报告》。与会委员列席市十届二次人民代表大会，听取讨论市委副书记、市长张国民作的《政府工作报告》，以及其他报告。会议通过市政协八届二次会议各项决议及提案审查报告。会议增选市政协常务委员 2 名。

1995 年 9 月 1—2 日，市政协八届三次会议在内蒙古军区招待所召开。出席会议的委员有 254 人、列席 21 人。会议听取讨论自治区党委常委、市委书记白音讲话；听取讨论副市长姚永通作的关于《呼和浩特市国民经济和社会发展第九个五年计划和 2010 年长远规划基本思路》的编制说明；听取市政协主席云淑贤通报市政协八届委员会常务委员会 1995 年 1—9 月工作。会议增选市政协副主席 2 名。

1996 年 1 月 10—15 日，市政协八届四次会议在内蒙古军区招待所召开。出席会议的委员有 271 人、列席 60 人。会议听取讨论自治区党委常委、市委书记白音讲话，听取讨论副市长冯士亮受市委副书记、市长张国民委托作的《关于呼和浩特市国民经济和社会发展第九个五年计划和 2010 年长远规划纲要的报告》；听取审议市政协主席云淑贤作的《政协第八届呼和浩特市委员会常务委员会工作报告》；听取审议市政协副主席贾恒秀作的《政协第八届呼和浩特市委员会提案法制委员会关于八届二次会议以来提案工作情况报告》、提案审查委员会主任孟根其木格作的《政协第八届呼和浩特市委员会第四次会议提案审查委员会关于提案审查情况的报告》，以及其他报告。会议表彰1995年积极参政议政的58名政协委员。会议通过市政协八届四次会议各项决议及提案审查报告。会议补选市政协常务委员1名。

1997年2月25日至3月1日，市政协八届五次会议在内蒙古军区招待所召开。出席会议的委员有299人、列席54人。会议听取讨论自治区党委常委、市委书记白音讲话；听取审议市政协主席云淑贤作的《政协第八届呼和浩特市委员会常务委员会工作报告》；听取审议市政协副主席贾恒秀作的《政协第八届呼和浩特市委员会提案法制委员会关于八届四次会议以来提案工作情况的报告》、提案审查委员会主任孟根其木格作的《政协第八届呼和浩特市委员会第五次会议提案审查委员会关于提案审查情况的报告》。与会委员列席市十届五次人民代表大会，听取讨论市委副书记、代市长冯士亮作的《政府工作报告》，以及其他报告。会议通过市政协第八届五次会议各项决议及提案审查报告。会议接受和林格尔、清水河、武川三县原乌兰察布盟八届政协24名政协委员和3名常务委员整体划归呼和浩特市八届政协委员和常务委员。

1998年2月23—27日，政协第八届呼和浩特市委员会第六次会议在内蒙古军区招待所召开。出席会议的委员有299人、列席59人。会议听取审议市政协主席云淑贤作的《政协第八届呼和浩特市委员会常务委员会工作报告》；听取审议市政协副主席贾恒秀作的《政协第八届呼和浩特市委员会提案法制委员会关于八届五次会议以来提案工作情况的报告》、提案审查委员会主任孟根其木格作的《政协第八届呼和浩特市委员会第六次会议提案审查委员会关于提案审查情况的报告》；与会委员列席市十届六次人民代表大会，听取讨论市委副书记、市长冯士亮作的《政府工作报告》，以及其他报告。会议表彰八届政协优秀提案（作者）和提案承办先进集体和个人。会议通过市政协八届六次会议各项决议及提案审查报告。会议增补常务委员1名。

1998年12月29日，市政协八届七次会议在内蒙古军区招待所召开。出席会议的委员有299人。会议听取市政协副主席刘承恩通报市政协八届委员会工作。举行“委员之家”揭匾仪式和委员联谊活动。会议增补常务委员1名。

四、市政协第九届委员会

1999年3月26日至4月2日，市政协九届一次会议在内蒙古军区招待所召开。出席会议的委员有280人、列席62人。会议听取审议市政协九届一次会议主席团常务主席云淑贤作的《政协第八届呼和浩特市委员会常务委员会工作报告》；听取审议主席团常务主席彭皓方作的《政协第八届呼和浩特市委员会提案法制委员会关于五年提案工作情况的报告》、主席团常务主席王天恩作的《政协第九届呼和浩特市委员会第一次会议提案审查委员会关于提案审查情况的报告》。与会委员列席市十一届一次人民代表大会，听取讨论市委副书记、市长冯士亮作的《政府工作报告》，以及其他报告。会议通过市政协九届一次会议各项决议及提案审查报告。会议选举市政协九届委员会主席、副主席、秘书长、常务委员。

2000 年 2 月 22—27 日，市政协九届二次会议在内蒙古军区招待所召开。出席会议的委员有 294 人、列席 43 人。会议听取讨论市委副书记、代市长柳秀的讲话；听取审议市政协主席云淑贤作的《政协第九届呼和浩特市委员会常务委员会工作报告》；听取审议市政协副主席王天恩作的《政协第九届呼和浩特市委员会提案委员会关于九届一次会议以来提案工作情况的报告》、提案审查委员会主任关德泽作的《政协第九届呼和浩特市委员会第二次会议提案审查委员会关于提案审查情况的报告》。与会委员列席市十一届二次人民代表大会，听取讨论市委副书记、代市长柳秀作的《政府工作报告》，以及其他报告。会议表彰提案先进集体 5 个，优秀提案作者 27 名，先进承办单位 11 个和先进个人 13 名。会议通过市政协九届二次会议各项决议及提案审查报告。会议增补 1 名常务委员。

2001 年 2 月 5—10 日，市政协九届三次会议在内蒙古军区招待所召开。出席会议的委员有 298 人、列席 57 人。会议听取讨论市委副书记、市长柳秀的讲话；听取审议市政协副主席檀凤魁作的《政协第九届呼和浩特市委员会常务委员会工作报告》；听取审议市政协副主席王天恩作的《政协第九届呼和浩特市委员会提案委员会关于九届二次会议以来提案工作情况的报告》、提案审查委员会主任关德泽作的《政协第九届呼和浩特市委员会第三次会议提案审查委员会关于提案审查情况的报告》。与会委员列席市十一届三次人民代表大会，听取讨论市委副书记、市长柳秀作的《政府工作报告》，以及其他报告。会议通过市政协九届三次会议各项决议及提案审查报告。会议增补市政协副主席 1 名。

2002 年 1 月 9—13 日，市政协九届四次会议在内蒙古军区招待所召开。出席会议的委员有 304 人、列席 52 人。会议听取讨论市委副书记杭桂林的讲话；听取审议市政协副主席檀凤魁作的《政协第九届呼和浩特市委员会常务委员会工作报告》；听取审议市政协副主席王天恩作的《政协第九届呼和浩特市委员会提案委员会关于九届三次会议以来的提案工作情况的报告》、提案审查委员会主任关德泽作的《政协第九届呼和浩特市委员会第四次会议提案审查委员会关于提案审查情况的报告》。与会委员列席市十一届四次人民代表大会，听取讨论市委副书记、市长柳秀作的《政府工作报告》，以及其他报告。会议表彰提案先进集体 7 个，优秀提案作者 30 名，先进承办单位 14 个和先进个人 16 名。会议通过市政协九届四次会议各项决议及提案审查报告。会议选举市政协第九届委员会主席、副主席，增选常务委员。

2003年4月8—11日，市政协九届五次会议在内蒙古军区招待所召开。出席会议的委员有300人、列席61人。会议听取讨论市委副书记王振义的讲话；听取审议市政协主席王铁小作的《政协第九届呼和浩特市委员会常务委员会工作报告》；听取审议市政协副主席王天恩作的《政协第九届呼和浩特市委员会常务委员会关于九届四次会议以来的提案工作情况的报告》、提案审查委员会主任关德泽作的《政协第九届呼和浩特市委员会第五次会议提案审查委员会关于提案审查情况的报告》。与会委员列席市十一届六次人民代表大会，听取讨论市委副书记、市长柳秀作的《政府工作报告》，以及其他报告。会议表彰63名优秀政协委员。会议通过市政协九届五次会议各项决议及提案审查报告。会议撤销1名常务委员资格，增选常务委员4名。

五、市政协第十届委员会

2004年4月19—24日，市政协十届一次会议在内蒙古军区招待所召开。出席会议的委员有316人、列席68人。会议听取讨论自治区党委常委、市委书记牛玉儒的讲话；听取审议市政协主席团常务主席吉日木图作的《政协第九届呼和浩特市委员会常务委员会工作报告》；听取审议市政协主席团常务主席张润锁作的《政协第九届呼和浩特市委员会常务委员会提案工作情况的报告》、提案审查委员会副主任郭运中作的《政协第十届呼和浩特市委员会第一次会议提案审查委员会关于提案审查情况的报告》。与会委员列席市十二届一次人民代表大会，听取讨论市委副书记、市长柳秀作的《政府工作报告》，以及其他报告。会议通过市政协十届一次会议各项决议及提案审查报告。会议选举市政协十届委员会主席、副主席、秘书长、常务委员。

2005年3月29日至4月2日，市政协十届二次会议在内蒙古军区招待所召开。出席会议的委员有316人、列席63人。会议听取讨论市委副书记张彭慧的讲话；听取审议市政协主席刘香芸作的《政协第十届呼和浩特市委员会常务委员会工作报告》；听取审议市政协副主席李绍华作的《政协第十届呼和浩特市委员会常务委员会关于十届一次会议以来的提案工作情况的报告》、提案审查委员会主任汉玉生作的《政协第十届呼和浩特市委员会第二次会议提案审查委员会关于提案审查情况的报告》。与会委员列席市十二届二次人民代表大会，听取讨论《政府工作报告》以及其他报告。会议表彰优秀提案31件，先进承办单位16个和先进个人19名。会议通过市政协十届二次会议各项决议及提案审查报告。

2006年2月24—28日，市政协十届三次会议在内蒙古军区招待所召开。出席会议的委员有317人、列席70人。会议听取讨论市委副书记王振义的讲话，听取审议市政协主席刘香芸作的《政协第十届呼和浩特市委员会常务委员会工作报告》。会议听取审议市政协副主席李绍华作的《政协第十届呼和浩特市委员会常务委员会关于十届二次会议以来的提案工作情况的报告》《政协第十届呼和浩特市委员会第三次会议提案审查委员会关于提案审查情况的报告》（书面）。与会委员列席市十二届三次人民代表大会，听取讨论《政府工作报告》以及其他报告。会议表彰54名优秀政协委员，对市政协成立50周年“进一步发挥委员主体作用”优秀研讨文章进行表彰。会议通过市政协十届三次会议各项决议及提案审查报告。会议增选市政协副主席1名。

2007年2月3—6日，市政协十届四次会议召开。出席会议委员有315人、列席71人。会议听取审议《政协第十届呼和浩特市委员会常务委员会工作报告》《政协第十届呼和浩特市委员会常务委员会关于十届三次会议以后的提案工作情况的报告》《政协第十届呼和浩特市委员会第四次会议提案审查委员会关于提案审查情况的报告》。与会委员列席市十二届四次人民代表大会，听取讨论《政府工作报告》以及其他报告。会议表彰优秀提案98件、先进承办单位29个、先进个人32名，以及2004年以后30条（篇）优秀社情民意和优秀研讨文章。会议通过市政协十届四次会议各项决议及提案审查报告。

六、市政协第十一届委员会

2007年12月30日至2008年1月3日，市政协十一届一次会议召开。会议听取审议《政协呼和浩特市第十届委员会常委会工作报告》；听取审议《政协呼和浩特市第十届委员会常务委员会关于提案工作情况报告》。与会委员列席市十三届一次人民代表大会，听取讨论《政府工作报告》以及其他报告。会议通过市政协十一届一次会议各项决议及提案审查报告。会议选举市政协十一届委员会主席、副主席、秘书长、常务委员。

2009年2月13—17日，市政协十一届二次全体委员会议召开。会议听取审议《政协呼和浩特市第十一届委员会常务委员会工作报告》；审议《政协呼和浩特市第十一届委员会常务委员会关于十一届一次会议以来的提案工作情况的报告》《政协呼和浩特市委员会第十一届二次会议提案审查委员会关于提案审查情况的报告》（书面）。与会委员列席市十三届二次人民代表大会，听取讨论《政府工作报告》以及其他报告。会议通过市政协十一届二次会议各项决议及提案审查报告。

2010年1月28日至2月1日，市政协十一届三次全体委员会议召开。会议听取审议《政协呼和浩特市第十一届委员会常务委员会工作报告》《政协呼和浩特市第十一届委员会常务委员会关于十一届二次会议以来提案工作情况的报告》。与会委员列席市十三届三次人民代表大会，听取讨论《政府工作报告》以及其他报告。会议通过市政协十一届三次会议各项决议及提案审查报告。

2011年1月4—9日，市政协十一届四次会议召开。会议听取审议《政协呼和浩特市第十一届委员会常务委员会工作报告》《政协呼和浩特市第十一届委员会常务委员会关于第十一届三次会议以来提案工作情况的报告》。与会委员列席市十三届四次人民代表大会，听取讨论《政府工作报告》以及其他报告。会议通过市政协十一届四次会议各项决议及提案审查报告。

2012 年 1 月 31 日至 2 月 4 日，市政协十一届五次会议召开。会议听取审议市政协主席刘香芸作的《政协呼和浩特市第十一届委员会常务委员会工作报告》；听取审议市政协副主席崔世清所作的《政协呼和浩特市第十一届委员会常务委员会关于政协第十一届四次会议以来提案工作情况的报告》。与会委员列席市十三届五次人民代表大会，听取讨论《政府工作报告》以及其他报告。会议通过市政协十一届五次会议各项决议及提案审查报告；审议通过人事事项，表彰优秀政协委员等。

七、市政协第十二届委员会

2013 年 1 月 2—6 日，市政协十二届一次会议召开。会议听取讨论市委领导讲话；听取审议《政协呼和浩特市第十一届委员会常务委员会工作报告》《政协呼和浩特市第十一届委员会常务委员会关于提案工作情况报告》。与会委员列席市第十四届一次人民代表大会，听取讨论《政府工作报告》及其他有关报告。会议通过市政协十二届一次会议各项决议及提案审查情况报告。会议选举市政协十二届委员会主席、副主席、秘书长、常务委员。

2014 年 2 月 18—22 日，市政协十二届二次会议召开。会议听取审议《中国人民政治协商会议呼和浩特市第十二届委员会常务委员会工作报告》《中国人民政治协商会议呼和浩特市第十二届委员会常务委员会关于政协第十二届一次会议以来提案工作情况的报告》。审议通过市政协十二届二次会议政治决议、市政协十二届二次会议关于常委会工作报告的决议、市政协十二届二次会议提案审查情况的报告。会议通过赵金文辞去常委的决定、选举办法、总监选人和监选人名单，补选郭林贵为市政协十二届委员会常务委员。

2015 年 1 月 16—19 日，市政协十二届三次会议召开。会议听取审议《政协呼和浩特市第十二届委员会常务委员会工作报告》《政协呼和浩特市第十二届委员会常务委员会关于政协十二届二次会议以来提案工作情况的报告》，表彰市政协十二届一次、二次、三次会议优秀提案、先进承办单位与个人。听取 10 名委员大会发言。

第二章　常务委员会

第一节　常务委员会组成

一、市政协第六届委员会常务委员会

1984 年 4 月，市政协第六届委员会常务委员会由六届一次会议选举产生。会议选举董毅民为市政协第六届委员会主席，魏震、王纯宇、袁瑾、孟绍、李竭忠、额尔敦、崔人之、李振洪为副主席，魏震兼秘书长，云广生等 47 人为常务委员。1985 年 5 月，市政协六届二次会议增选卡尔文·扎木苏、曾国贤为政协第六届委员会常务委员。1986 年 5 月，市政协六届三次会议选举文精为政协第六届委员会主席，增选麻希天为副主席，增选刘钢等 8 人为常务委员。1987 年 3 月，市政协六届四次会议增选乌力吉、包启涛为政协第六届委员会常务委员。1988 年 4 月，市政协六届五次会议选举云瑞为政协第六届委员会主席。

市政协第六届委员会常务委员会组成人员名录

表 17-2-1

职 务	姓 名	性 别	民 族	任职时间
主 席	董毅民	男	汉 族	1984 年 4 月至 1986 年 5 月
	文 精	男	蒙古族	1986 年 5 月至 1988 年 4 月
	云 瑞	男	蒙古族	1988 年 4 月至 1989 年 6 月
副主席	魏 震	男	蒙古族	1984 年 4 月至 1989 年 6 月
	王纯宇	男	汉 族	1984 年 4 月至 1989 年 6 月
	袁 瑾	男	汉 族	1984 年 4 月至 1989 年 6 月
	孟 绍	男	蒙古族	1984 年 4 月至 1989 年 6 月
	李竭忠	男	汉 族	1984 年 4 月至 1989 年 6 月
	额尔敦	男	蒙古族	1984 年 4 月至 1989 年 6 月
	崔人之	男	汉 族	1984 年 4 月至 1989 年 6 月
	李振洪	男	汉 族	1984 年 4 月至 1989 年 6 月
	麻希天	男	回 族	1986 年 5 月至 1989 年 6 月
秘书长	魏 震	男	汉 族	1984 年 4 月至 1989 年 6 月
常务委员	丁玉蝉	女	蒙古族	1984 年 4 月至 1989 年 6 月
	马光祖	男	汉 族	1984 年 4 月至 1989 年 6 月
	云广生	男	蒙古族	1984 年 4 月至 1989 年 6 月
	王庆凯	男	汉 族	1984 年 4 月至 1989 年 6 月
	王仰渔	男	汉 族	1984 年 4 月至 1989 年 6 月
	王彦彪	男	汉 族	1984 年 4 月至 1989 年 6 月
	艾 芝	女	回 族	1984 年 4 月至 1989 年 6 月
	关世安	男	汉 族	1984 年 4 月至 1989 年 6 月
	汪国衡	男	汉 族	1984 年 4 月至 1989 年 6 月
	李登顺	男	汉 族	1984 年 4 月至 1989 年 6 月

续表 17–2–1

职 务	姓 名	性 别	民 族	任职时间
常务委员	李锁柱	男	蒙古族	1984 年 4 月至 1989 年 6 月
	吴懋功	男	回　族	1984 年 4 月至 1989 年 6 月
	阿木古郎	男	达斡尔族	1984 年 4 月至 1989 年 6 月
	陈文森	男	汉　族	1984 年 4 月至 1989 年 6 月
	陈永和	男	汉　族	1984 年 4 月至 1989 年 6 月
	陈　荣	男	汉　族	1984 年 4 月至 1989 年 6 月
	杨怀德	男	汉　族	1984 年 4 月至 1989 年 6 月
	罗振东	男	汉　族	1984 年 4 月至 1989 年 6 月
	张服远	男	汉　族	1984 年 4 月至 1989 年 6 月
	张维玉	女	汉　族	1984 年 4 月至 1989 年 6 月
	皇甫臣	男	汉　族	1984 年 4 月至 1989 年 6 月
	郭健如	男	汉　族	1984 年 4 月至 1989 年 6 月
	贾　英	男	汉　族	1984 年 4 月至 1989 年 6 月
	莎　仁	女	蒙古族	1984 年 4 月至 1989 年 6 月
	麻希天	男	回　族	1984 年 4 月至 1989 年 6 月
	常国祯	男	汉　族	1984 年 4 月至 1989 年 6 月
	黄玉祥	女	汉　族	1984 年 4 月至 1989 年 6 月
	黄惠卿	男	汉　族	1984 年 4 月至 1989 年 6 月
	舒培铭	男	满　族	1984 年 4 月至 1989 年 6 月
	翟书贵	男	汉　族	1984 年 4 月至 1989 年 6 月
	德力格尔玛	女	汉　族	1984 年 4 月至 1989 年 6 月
	覃凤益	男	壮　族	1984 年 4 月至 1989 年 6 月
	德古奇	男	蒙古族	1984 年 4 月至 1989 年 6 月
	薛宏道	男	汉　族	1984 年 4 月至 1989 年 6 月
	孟根其木格	女	蒙古族	1984 年 4 月至 1989 年 6 月
	呼尔查	男	蒙古族	1984 年 4 月至 1989 年 6 月
	金德海	男	回　族	1984 年 4 月至 1989 年 6 月
	张秀娟	女	汉　族	1984 年 4 月至 1989 年 6 月
	卡尔文·扎木苏	男	藏　族	1985 年 5 月至 1989 年 6 月
	曾国贤	男	汉　族	1985 年 5 月至 1989 年 6 月
	刘　钢	男	汉　族	1986 年 5 月至 1989 年 6 月
	孙惠民	男	汉　族	1986 年 5 月至 1989 年 6 月

续表 17-2-1

职 务	姓 名	性 别	民 族	任职时间
常务委员	李明广	男	汉　族	1986 年 5 月至 1989 年 6 月
	赵明亮	男	汉　族	1986 年 5 月至 1989 年 6 月
	姚家琦	男	汉　族	1986 年 5 月至 1989 年 6 月
	郝永胜	男	汉　族	1986 年 5 月至 1989 年 6 月
	樊俊山	男	汉　族	1986 年 5 月至 1989 年 6 月
	薛庆煜	男	汉　族	1986 年 5 月至 1989 年 6 月
	乌力吉	男	蒙古族	1987 年 3 月至 1989 年 6 月
	包启涛	男	蒙古族	1987 年 3 月至 1989 年 6 月

二、市政协第七届委员会常务委员会

1989 年 7 月，市政协七届一次会议选举云瑞为政协第七届委员会主席，额尔敦、孟绍、李竭忠、李振洪、麻希天、贺希格、奎元庆、卡尔文·扎木苏为副主席，皇甫臣为秘书长，云文广、王庆凯等 40 人为常务委员。1990 年 3 月，市政协七届二次会议增选皇甫臣、罗振东为政协第七届委员会副主席。1991 年 4 月，市政协七届三次会议选举许光荣为政协第七届委员会主席，选举贾恒秀为秘书长，增选巴音巴图、刘淑珍为常务委员。1992 年 3 月，市政协七届四次会议增选马国祥、付勇为政协第七届委员会副主席，增选刘宪文等 6 人为常务委员。

市政协第七届委员会常务委员会组成人员名录

表 17-2-2

职 务	姓 名	性 别	民 族	任职时间
主　席	云　瑞	男	蒙古族	1989 年 6 月至 1991 年 4 月
	许光荣	男	汉　族	1991 年 4 月至 1994 年 5 月
副主席	额尔敦	男	蒙古族	1989 年 6 月至 1994 年 5 月
	孟　绍	男	蒙古族	1989 年 6 月至 1994 年 5 月
	李竭忠	男	汉　族	1989 年 6 月至 1994 年 5 月
	李振洪	男	汉　族	1989 年 6 月至 1994 年 5 月
	麻希天	男	回　族	1989 年 6 月至 1994 年 5 月
	贺希格	男	达斡尔族	1989 年 6 月至 1994 年 5 月
	奎元庆	男	蒙古族	1989 年 6 月至 1994 年 5 月
	卡尔文·扎木苏	男	藏　族	1989 年 6 月至 1994 年 5 月
	皇甫臣	男	汉　族	1990 年 3 月至 1994 年 5 月

续表 17-2-2

职　务	姓　名	性　别	民　族	任职时间
副主席	罗振东	男	汉　族	1990 年 3 月至 1994 年 5 月
	马国祥	男	回　族	1992 年 3 月至 1994 年 5 月
	付　勇	男	满　族	1992 年 3 月至 1994 年 5 月
秘书长	皇甫臣	男	汉　族	1989 年 6 月至 1992 年 3 月
	贾恒秀	男	汉　族	1991 年 4 月至 1994 年 5 月
常务委员	云文广	男	蒙古族	1989 年 6 月至 1994 年 5 月
	云发义	男	蒙古族	1989 年 6 月至 1994 年 5 月
	王庆凯	男	汉　族	1989 年 6 月至 1994 年 5 月
	王秀梅	女	汉　族	1989 年 6 月至 1994 年 5 月
	王彦彪	男	汉　族	1989 年 6 月至 1994 年 5 月
	艾　芝	女	回　族	1989 年 6 月至 1994 年 5 月
	付守文	男	汉　族	1989 年 6 月至 1994 年 5 月
	刘传让	男	汉　族	1989 年 6 月至 1994 年 5 月
	刘　钢	男	汉　族	1989 年 6 月至 1994 年 5 月
	孙长城	男	汉　族	1989 年 6 月至 1994 年 5 月
	孙惠民	男	汉　族	1989 年 6 月至 1994 年 5 月
	李春起	男	汉　族	1989 年 6 月至 1994 年 5 月
	安志全	男	汉　族	1989 年 6 月至 1994 年 5 月
	关胜南	男	蒙古族	1989 年 6 月至 1994 年 5 月
	约林乎	男	蒙古族	1989 年 6 月至 1994 年 5 月
	那顺乌力塔	男	蒙古族	1989 年 6 月至 1994 年 5 月
	孟根其木格	女	蒙古族	1989 年 6 月至 1994 年 5 月
	克什格	男	蒙古族	1989 年 6 月至 1994 年 5 月
	杨际雅	男	汉　族	1989 年 6 月至 1994 年 5 月
	杨英葑	男	汉　族	1989 年 6 月至 1994 年 5 月
	汪　萍	男	汉　族	1989 年 6 月至 1994 年 5 月
	张秀娟	女	汉　族	1989 年 6 月至 1994 年 5 月
	张　杰	男	汉　族	1989 年 6 月至 1994 年 5 月
	陈文森	男	汉　族	1989 年 6 月至 1994 年 5 月
	范　祥	女	汉　族	1989 年 6 月至 1994 年 5 月
	罗振东	男	汉　族	1989 年 6 月至 1994 年 5 月
	金德海	男	回　族	1989 年 6 月至 1994 年 5 月

续表 17-2-2

职 务	姓 名	性 别	民 族	任职时间
常务委员	赵明亮	女	汉 族	1989 年 6 月至 1994 年 5 月
	段迅甫	男	汉 族	1989 年 6 月至 1994 年 5 月
	姚家琦	男	汉 族	1989 年 6 月至 1994 年 5 月
	贾 英	男	汉 族	1989 年 6 月至 1994 年 5 月
	柴崇山	男	汉 族	1989 年 6 月至 1994 年 5 月
	黄玉祥	女	汉 族	1989 年 6 月至 1994 年 5 月
	曹玉华	女	汉 族	1989 年 6 月至 1994 年 5 月
	覃凤益	男	壮 族	1989 年 6 月至 1994 年 5 月
	舒培铭	男	满 族	1989 年 6 月至 1994 年 5 月
	谢建华	女	汉 族	1989 年 6 月至 1994 年 5 月
	樊俊山	男	汉 族	1989 年 6 月至 1994 年 5 月
	薛庆煜	男	汉 族	1989 年 6 月至 1994 年 5 月
	额尔敦布和	男	达斡尔族	1989 年 6 月至 1994 年 5 月
	巴音巴图	男	蒙古族	1991 年 4 月至 1994 年 5 月
	刘淑珍	女	满 族	1991 年 4 月至 1994 年 5 月
	刘宪文	男	汉 族	1992 年 3 月至 1994 年 5 月
	高凤莲	女	汉 族	1992 年 3 月至 1994 年 5 月
	郭丕功	男	汉 族	1992 年 3 月至 1994 年 5 月
	卢如孝	男	汉 族	1992 年 3 月至 1994 年 5 月
	成 功	男	蒙古族	1992 年 3 月至 1994 年 5 月
	常小欣	男	汉 族	1992 年 3 月至 1994 年 5 月

三、市政协第八届委员会常务委员会

1994 年 5 月，市政协八届一次会议选举云淑贤为政协第八届委员会主席，卡尔文·扎木苏、罗振东、马国祥、贾恒秀、刘承恩、何思汉、韩志富、王天恩为副主席，李杰为秘书长，云雪冰等 53 人为常务委员。1995 年 2 月，市政协八届二次会议增选云耀成、谭伯源为政协第八届委员会常务委员。1995 年 9 月，市政协八届三次会议增选檀凤魁、葛健为政协第八届常务委员会副主席。

1996 年 1 月、1997 年 2 月、1998 年 2 月、1998 年 12 月，市政协八届四次、第五次、第六次、第七次会议分别增选靳春亮、张秀等 6 人为政协第八届委员会常务委员。其中，第六次会议同意杨江辞去常务委员。

市政协第八届委员会常务委员会组成人员名录

表 17–2–3

职 务	姓 名	性 别	民 族	任职时间
主　席	云淑贤	女	蒙古族	1994 年 6 月至 1999 年 3 月
副主席	卡尔文·扎木苏	男	藏　族	1994 年 6 月至 1999 年 3 月
	罗振东	男	汉　族	1994 年 6 月至 1999 年 3 月
	马国祥	男	回　族	1994 年 6 月至 1999 年 3 月
	贾恒秀	男	汉　族	1994 年 6 月至 1999 年 3 月
	刘承恩	男	汉　族	1994 年 6 月至 1999 年 3 月
	何思汉	男	汉　族	1994 年 6 月至 1999 年 3 月
	韩志富	男	汉　族	1994 年 6 月至 1999 年 3 月
	王天恩	男	汉　族	1994 年 6 月至 1999 年 3 月
	檀凤魁	男	汉　族	1995 年 9 月至 1999 年 3 月
	葛　健	男	汉　族	1995 年 9 月至 1999 年 3 月
秘书长	李　杰	男	汉　族	1994 年 6 月至 1999 年 3 月
常务委员	云雪冰	男	蒙古族	1994 年 6 月至 1999 年 3 月
	云艺军	女	蒙古族	1994 年 6 月至 1999 年 3 月
	王希贤	男	汉　族	1994 年 6 月至 1999 年 3 月
	王庆凯	男	汉　族	1994 年 6 月至 1999 年 3 月
	王　武	男	汉　族	1994 年 6 月至 1999 年 3 月
	王秀梅	女	汉　族	1994 年 6 月至 1999 年 3 月
	巴特尔	男	蒙古族	1994 年 6 月至 1999 年 3 月
	包文华	男	蒙古族	1994 年 6 月至 1999 年 3 月
	艾　芝	女	回　族	1994 年 6 月至 1999 年 3 月
	卢如孝	男	汉　族	1994 年 6 月至 1999 年 3 月
	毕力格图	男	蒙古族	1994 年 6 月至 1999 年 3 月
	达木林	男	蒙古族	1994 年 6 月至 1999 年 3 月
	成　功	男	蒙古族	1994 年 6 月至 1999 年 3 月
	汪　萍	男	汉　族	1994 年 6 月至 1999 年 3 月
	陈宗日	男	汉　族	1994 年 6 月至 1999 年 3 月
	石玺和	男	汉　族	1994 年 6 月至 1999 年 3 月
	那顺乌力塔	男	蒙古族	1994 年 6 月至 1999 年 3 月
	潘杏梅	女	汉　族	1994 年 6 月至 1999 年 3 月
	克什格	男	蒙古族	1994 年 6 月至 1999 年 3 月

续表 17-2-3

职 务	姓 名	性 别	民 族	任职时间
常务委员	樊生业	男	蒙古族	1994 年 6 月至 1999 年 3 月
	张培仁	男	汉 族	1994 年 6 月至 1999 年 3 月
	杨仁选	男	汉 族	1994 年 6 月至 1999 年 3 月
	蔡彬彬	男	汉 族	1994 年 6 月至 1999 年 3 月
	李振杰	女	汉 族	1994 年 6 月至 1999 年 3 月
	谢建华	女	满 族	1994 年 6 月至 1999 年 3 月
	张德山	男	蒙古族	1994 年 6 月至 1999 年 3 月
	张秀娟	女	汉 族	1994 年 6 月至 1999 年 3 月
	杨 江	男	汉 族	1994 年 6 月至 1998 年 2 月
	杨际雅	男	汉 族	1994 年 6 月至 1999 年 3 月
	阎 治	男	汉 族	1994 年 6 月至 1999 年 3 月
	柴崇山	男	汉 族	1994 年 6 月至 1999 年 3 月
	杨 珍	男	回 族	1994 年 6 月至 1999 年 3 月
	范 祥	男	汉 族	1994 年 6 月至 1999 年 3 月
	关胜南	男	蒙古族	1994 年 6 月至 1999 年 3 月
	赵子富	男	汉 族	1994 年 6 月至 1999 年 3 月
	杨英蓟	男	满 族	1994 年 6 月至 1999 年 3 月
	郭丕功	男	汉 族	1994 年 6 月至 1999 年 3 月
	高亚平	女	蒙古族	1994 年 6 月至 1999 年 3 月
	曹爱卿	女	回 族	1994 年 6 月至 1999 年 3 月
	汪庆祥	男	蒙古族	1994 年 6 月至 1999 年 3 月
	孟根其木格	女	蒙古族	1994 年 6 月至 1999 年 3 月
	巴音巴图	男	蒙古族	1994 年 6 月至 1999 年 3 月
	云耀成	男	蒙古族	1995 年 2 月至 1999 年 3 月
	谭伯源	男	汉 族	1995 年 2 月至 1999 年 3 月
	靳春亮	男	汉 族	1996 年 1 月至 1999 年 3 月
	张 秀	女	汉 族	1997 年 2 月至 1999 年 3 月
	都长吉	男	蒙古族	1997 年 2 月至 1999 年 3 月
	毕晓婷	女	汉 族	1997 年 2 月至 1999 年 3 月
	白映静	女	蒙古族	1998 年 2 月至 1999 年 3 月
	彭皓方	女	汉 族	1998 年 12 月至 1999 年 3 月

四、市政协第九届委员会常务委员会

1999年4月，市政协九届一次会议选举云淑贤为政协第九届委员会主席，马国祥、卡尔文·扎木苏、王天恩、吉日木图、彭皓方、高昆生等为副主席，魏宝德为秘书长，云治厚等46人为常务委员。2000年2月，市政协九届二次会议同意董文科辞去政协第九届委员会常务委员，增选斯日为常务委员。2001年2月，市政协九届三次会议增选吴福成为政协第九届委员会副主席。2002年1月，市政协九届四次会议选举王铁小为政协第九届委员会主席，增选李喜忠、石琳、朝鲁为副主席，同意巴音巴图、解遵海辞去常务委员，增选谢树仁、孙德旺为常务委员。2003年4月，市政协九届五次会议同意曹爱卿等4人辞去政协第九届委员会常务委员，撤销包天虎常务委员，增选云子明等4人为常务委员。

市政协第九届委员会常务委员会组成人员名录

表17–2–4

职务	姓名	性别	民族	任职时间
主席	云淑贤	女	蒙古族	1999年3月至2002年1月
	王铁小	男	蒙古族	2002年1月至2004年4月
副主席	马国祥	男	回族	1999年3月至2004年4月
	卡尔文·扎木苏	男	藏族	1999年3月至2004年4月
	王天恩	男	汉族	1999年3月至2004年4月
	吉日木图	男	蒙古族	1999年3月至2004年4月
	彭皓方	女	汉族	1999年3月至2004年4月
	高昆生	男	汉族	1999年3月至2004年4月
	吴福成	男	蒙古族	2001年2月至2004年4月
	李喜忠	男	汉族	2002年1月至2004年4月
	石琳	男	汉族	2002年1月至2004年4月
	朝鲁	男	蒙古族	2002年1月至2004年4月
秘书长	魏宝德	男	汉族	1999年3月至2004年4月
常务委员	云治厚	男	蒙古族	1999年3月至2004年4月
	王怀志	男	汉族	1999年3月至2003年4月
	王瑞	男	汉族	1999年3月至2004年4月
	丰万才	男	汉族	1999年3月至2004年4月
	巴音巴图	男	蒙古族	1999年3月至2002年1月
	潘秋惠	男	蒙古族	1999年3月至2004年4月
	孙洁	女	蒙古族	1999年3月至2004年4月

续表 17-2-4

职 务	姓 名	性 别	民 族	任职时间
常务委员	艾 芝	女	回 族	1999 年 3 月至 2004 年 4 月
	包天虎	男	蒙古族	1999 年 3 月至 2003 年 4 月（撤销）
	刘长江	男	汉 族	1999 年 3 月至 2004 年 4 月
	李来祥	男	汉 族	1999 年 3 月至 2004 年 4 月
	张德锋	男	汉 族	1999 年 3 月至 2004 年 4 月
	张晓峰	男	汉 族	1999 年 3 月至 2004 年 4 月
	其木格	女	蒙古族	1999 年 3 月至 2004 年 4 月
	曹爱卿	女	回 族	1999 年 3 月至 2003 年 4 月
	孙晓东	男	汉 族	1999 年 3 月至 2004 年 4 月
	张翀宇	男	汉 族	1999 年 3 月至 2004 年 4 月
	关德泽	男	满 族	1999 年 3 月至 2004 年 4 月
	杨晓梅	女	汉 族	1999 年 3 月至 2004 年 4 月
	张永胜	男	回 族	1999 年 3 月至 2004 年 4 月
	白昳静	女	蒙古族	1999 年 3 月至 2004 年 4 月
	黄荣祥	男	蒙古族	1999 年 3 月至 2004 年 4 月
	李玉忠	男	汉 族	1999 年 3 月至 2004 年 4 月
	李旺升	男	汉 族	1999 年 3 月至 2004 年 4 月
	沙汝拉	男	蒙古族	1999 年 3 月至 2004 年 4 月
	张立军	女	满 族	1999 年 3 月至 2004 年 4 月
	金明淑	女	蒙古族	1999 年 3 月至 2004 年 4 月
	常志刚 *	男	蒙古族	1999 年 3 月至 2003 年 4 月
	周恩铁	男	汉 族	1999 年 3 月至 2004 年 4 月
	董文科	男	汉 族	1999 年 3 月至 2000 年 2 月
	蔡彬彬	男	汉 族	1999 年 3 月至 2004 年 4 月
	熊 星	男	汉 族	1999 年 3 月至 2004 年 4 月
	赵小宁	女	蒙古族	1999 年 3 月至 2004 年 4 月
	高亚平	女	蒙古族	1999 年 3 月至 2004 年 4 月
	赵浩沁	男	汉 族	1999 年 3 月至 2004 年 4 月
	聂向东	男	汉 族	1999 年 3 月至 2003 年 4 月
	徐 翔	女	汉 族	1999 年 3 月至 2004 年 4 月
	郭 森	男	回 族	1999 年 3 月至 2004 年 4 月
	黄庆友	男	汉 族	1999 年 3 月至 2004 年 4 月

续表 17-2-4

职 务	姓 名	性 别	民 族	任职时间
常务委员	蒋　蕾	女	汉　族	1999 年 3 月至 2004 年 4 月
	解遵海	男	汉　族	1999 年 3 月至 2002 年 1 月
	格日勒	女	蒙古族	1999 年 3 月至 2004 年 4 月
	塔　娜	女	蒙古族	1999 年 3 月至 2004 年 4 月
	关铁华	男	满　族	1999 年 3 月至 2004 年 4 月
	布仁巴图	男	蒙古族	1999 年 3 月至 2004 年 4 月
	周　献	女	蒙古族	1999 年 3 月至 2004 年 4 月
	斯　日	女	蒙古族	2000 年 2 月至 2004 年 4 月
	谢树仁	女	蒙古族	2002 年 1 月至 2004 年 4 月
	孙德旺	女	汉　族	2002 年 1 月至 2004 年 4 月
	云子明	男	蒙古族	2003 年 4 月至 2004 年 4 月
	汉玉生	男	汉　族	2003 年 4 月至 2004 年 4 月
	李变霞	女	汉　族	2003 年 4 月至 2004 年 4 月
	冀晓青	女	汉　族	2003 年 4 月至 2004 年 4 月

五、市政协第十届委员会常务委员会

2004 年 4 月，市政协十届一次会议选举刘香芸为政协第九届委员会主席，卡尔文·扎木苏、葛健、吉日木图、彭皓方、高昆生、张润锁、李绍华、云普选、白金祥为副主席，孙德旺为秘书长，马世贵等 66 人为常务委员。2006 年 2 月，市政协十届三次会议增选崔世清为政协第十届委员会副主席。

政协第十届呼和浩特市委员会常务委员会组成人员名录

表 17-2-5

职 务	姓 名	性 别	民 族	任职时间
主　席	刘香芸	女	汉　族	2004 年 4 月至 2007 年 12 月
副主席	卡尔文·扎木苏	男	藏　族	2004 年 4 月至 2007 年 12 月
	葛　健	男	汉　族	2004 年 4 月至 2007 年 12 月
	吉日木图	男	蒙古族	2004 年 4 月至 2007 年 12 月
	彭皓方	女	汉　族	2004 年 4 月至 2007 年 12 月
	高昆生	男	汉　族	2004 年 4 月至 2007 年 12 月
	张润锁	男	汉　族	2004 年 4 月至 2007 年 12 月
	李绍华	男	汉　族	2004 年 4 月至 2007 年 12 月

续表 17-2-5

职 务	姓 名	性 别	民 族	任职时间
副主席	云普选	男	蒙古族	2004 年 4 月至 2007 年 12 月
	白金祥	男	汉 族	2004 年 4 月至 2007 年 12 月
	崔世清	男	回 族	2006 年 2 月至 2007 年 12 月
秘书长	孙德旺	男	汉 族	2004 年 4 月至 2007 年 12 月
常务委员	马世贵	男	回 族	2004 年 4 月至 2007 年 12 月
	云成龙	男	蒙古族	2004 年 4 月至 2007 年 12 月
	李变霞	女	汉 族	2004 年 4 月至 2007 年 12 月
	斯 日	女	蒙古族	2004 年 4 月至 2007 年 12 月
	云秀芳	女	蒙古族	2004 年 4 月至 2007 年 12 月
	王文曜	男	汉 族	2004 年 4 月至 2007 年 12 月
	王沙林	男	蒙古族	2004 年 4 月至 2007 年 12 月
	王国华	女	汉 族	2004 年 4 月至 2007 年 12 月
	何佳嵘	男	蒙古族	2004 年 4 月至 2007 年 12 月
	周恩铁	男	汉 族	2004 年 4 月至 2007 年 12 月
	陈国义	男	汉 族	2004 年 4 月至 2007 年 12 月
	白昳静	女	蒙古族	2004 年 4 月至 2007 年 12 月
	冯 明	男	汉 族	2004 年 4 月至 2007 年 12 月
	云子明	男	蒙古族	2004 年 4 月至 2007 年 12 月
	仝晓华	女	汉 族	2004 年 4 月至 2007 年 12 月
	史志铭	男	汉 族	2004 年 4 月至 2007 年 12 月
	汉玉生	男	汉 族	2004 年 4 月至 2007 年 12 月
	陈国军	男	汉 族	2004 年 4 月至 2007 年 12 月
	付 英	女	蒙古族	2004 年 4 月至 2007 年 12 月
	朱文园	男	汉 族	2004 年 4 月至 2007 年 12 月
	乌 恩	男	蒙古族	2004 年 4 月至 2007 年 12 月
	刘若冰	女	汉 族	2004 年 4 月至 2007 年 12 月
	李二维	男	汉 族	2004 年 4 月至 2007 年 12 月
	张翀宇	男	汉 族	2004 年 4 月至 2007 年 12 月
	杨岩森	男	汉 族	2004 年 4 月至 2007 年 12 月
	其木格	女	蒙古族	2004 年 4 月至 2007 年 12 月
	张玉山	男	汉 族	2004 年 4 月至 2007 年 12 月
	朝 鲁	男	蒙古族	2004 年 4 月至 2007 年 12 月

续表 17-2-5

职 务	姓 名	性 别	民 族	任职时间
常务委员	熊　星	女	汉　族	2004 年 4 月至 2007 年 12 月
	张德锋	男	汉　族	2004 年 4 月至 2007 年 12 月
	曹绍国	男	汉　族	2004 年 4 月至 2007 年 12 月
	谢树仁	男	汉　族	2004 年 4 月至 2007 年 12 月
	云秀兰	女	蒙古族	2004 年 4 月至 2007 年 12 月
	张志中	男	汉　族	2004 年 4 月至 2007 年 12 月
	沙汝拉	男	蒙古族	2004 年 4 月至 2007 年 12 月
	冀晓青	女	汉　族	2004 年 4 月至 2007 年 12 月
	张瑞光	男	汉　族	2004 年 4 月至 2007 年 12 月
	陈晓峰	男	回　族	2004 年 4 月至 2007 年 12 月
	易　晶	男	汉　族	2004 年 4 月至 2007 年 12 月
	吴大春	女	朝鲜族	2004 年 4 月至 2007 年 12 月
	德君山	男	蒙古族	2004 年 4 月至 2007 年 12 月
	吴晓萍	女	汉　族	2004 年 4 月至 2007 年 12 月
	潘秋惠	男	汉　族	2004 年 4 月至 2007 年 12 月
	赵浩沁	男	汉　族	2004 年 4 月至 2007 年 12 月
	蓝兴东	男	汉　族	2004 年 4 月至 2007 年 12 月
	黄庆友	男	汉　族	2004 年 4 月至 2007 年 12 月
	孙　洁	女	蒙古族	2004 年 4 月至 2007 年 12 月
	费慧敏	女	回　族	2004 年 4 月至 2007 年 12 月
	吴德安	男	满　族	2004 年 4 月至 2007 年 12 月
	敖姝真	女	鄂温克族	2004 年 4 月至 2007 年 12 月
	布仁巴图	男	蒙古族	2004 年 4 月至 2007 年 12 月
	高亚平	女	蒙古族	2004 年 4 月至 2007 年 12 月
	妥德宝	女	回　族	2004 年 4 月至 2007 年 12 月
	张　新	女	满　族	2004 年 4 月至 2007 年 12 月
	格日勒	女	蒙古族	2004 年 4 月至 2007 年 12 月

六、市政协第十一届委员会常务委员会

2008 年 1 月，市政协十一届一次会议选举张彭慧为市政协第十一届委员会主席，卡尔文·扎木苏、彭皓方、张润锁、云普选、崔世清、银孝、张亮、鲁剑钧、陈曼莉为副主席，孙德旺为秘书长，马世贵等 66 人为常务委员。2009 年 2 月，市政协

十一届二次会议补选张赢为政协第十一届委员会副主席。

2009 年 12 月、2010 年 1 月，市政协十一届第八次、第九次常务委员会会议分别同意冀晓青等 2 人辞去政协第十一届委员会常务委员。

2010 年 1 月，市政协十一届三次会议补选王志强、郭运中为政协第十一届委员会常务委员。2012 年 2 月，市政协十一届五次会议补选云瑞君为政协第十一届委员会为常务委员。

市政协第十一届委员会常务委员会组成人员名录

表 17-2-6

职 务	姓 名	性 别	民 族	任职时间
主 席	张彭慧	男	汉 族	2007 年 12 月至 2013 年 1 月
副主席	卡尔文·扎木苏	男	藏 族	2007 年 12 月至 2013 年 1 月
	彭皓方	女	汉 族	2007 年 12 月至 2012 年 2 月
	张润锁	男	汉 族	2007 年 12 月至 2013 年 1 月
	云普选	男	蒙古族	2007 年 12 月至 2013 年 1 月
	高昆生	男	汉 族	2007 年 12 月至 2013 年 1 月
	崔世清	男	回 族	2007 年 12 月至 2013 年 1 月
	银 孝	男	汉 族	2007 年 12 月至 2013 年 1 月
	张 亮	男	汉 族	2007 年 12 月至 2009 年 2 月
	鲁剑钧	男	汉 族	2007 年 12 月至 2013 年 1 月
	陈曼莉	女	满 族	2007 年 12 月至 2013 年 1 月
	张 赢	男	汉 族	2009 年 2 月至 2013 年 1 月
秘书长	孙德旺	男	汉 族	2007 年 12 月至 2013 年 1 月
常务委员	马世贵	男	回 族	2007 年 12 月至 2013 年 1 月
	王 文	男	蒙古族	2007 年 12 月至 2013 年 1 月
	王文曜	男	汉 族	2007 年 12 月至 2013 年 1 月
	王国华	女	汉 族	2007 年 12 月至 2013 年 1 月
	云月文	男	蒙古族	2007 年 12 月至 2013 年 1 月
	云秀兰	女	蒙古族	2007 年 12 月至 2013 年 1 月
	云秀芳	女	蒙古族	2007 年 12 月至 2013 年 1 月
	云素枝	女	蒙古族	2007 年 12 月至 2013 年 1 月
	云霖琼	女	蒙古族	2007 年 12 月至 2013 年 1 月
	乌 恩	男	蒙古族	2007 年 12 月至 2013 年 1 月
	白 君	男	回 族	2007 年 12 月至 2013 年 1 月

续表 17-2-6

职务	姓名	性别	民族	任职时间
常务委员	白昳静	女	蒙古族	2007 年 12 月至 2012 年 2 月
	仝晓华	女	汉　族	2007 年 12 月至 2010 年 1 月
	包斯钦	男	蒙古族	2007 年 12 月至 2013 年 1 月
	冯利刚	男	蒙古族	2007 年 12 月至 2013 年 1 月
	汉玉生	男	汉　族	2007 年 12 月至 2013 年 1 月
	吕秋娥	女	汉　族	2007 年 12 月至 2013 年 1 月
	仲兆清	男	蒙古族	2007 年 12 月至 2013 年 1 月
	刘淑萍	女	汉　族	2007 年 12 月至 2013 年 1 月
	闫　文	女	汉　族	2007 年 12 月至 2013 年 1 月
	关旺柱	男	蒙古族	2007 年 12 月至 2013 年 1 月
	许忠发	男	满　族	2007 年 12 月至 2013 年 1 月
	苏延建	男	回　族	2007 年 12 月至 2013 年 1 月
	李欣莉	女	汉　族	2007 年 12 月至 2013 年 1 月
	李建康	男	汉　族	2007 年 12 月至 2013 年 1 月
	李增水	男	汉　族	2007 年 12 月至 2013 年 1 月
	杨岩森	男	汉　族	2007 年 12 月至 2013 年 1 月
	杨联贵	男	汉　族	2007 年 12 月至 2013 年 1 月
	吴大春	女	朝鲜族	2007 年 12 月至 2013 年 1 月
	吴晓明	男	达斡尔族	2007 年 12 月至 2013 年 1 月
	何国贤	男	汉　族	2007 年 12 月至 2013 年 1 月
	沙汝拉	男	蒙古族	2007 年 12 月至 2013 年 1 月
	张　新	女	满　族	2007 年 12 月至 2013 年 1 月
	张文生	男	汉　族	2007 年 12 月至 2013 年 1 月
	张永振	男	汉　族	2007 年 12 月至 2013 年 1 月
	张志中	男	汉　族	2007 年 12 月至 2013 年 1 月
	张剑秋	男	汉　族	2007 年 12 月至 2013 年 1 月
	张翀宇	男	汉　族	2007 年 12 月至 2013 年 1 月
	张瑞光	男	汉　族	2007 年 12 月至 2013 年 1 月
	张德锋	男	汉　族	2007 年 12 月至 2013 年 1 月
	陈国义	男	汉　族	2007 年 12 月至 2013 年 1 月
	易　晶	男	汉　族	2007 年 12 月至 2013 年 1 月
	赵福生	男	满　族	2007 年 12 月至 2013 年 1 月

续表 17-2-6

职 务	姓 名	性 别	民 族	任职时间
常务委员	荣霖森	女	蒙古族	2007 年 12 月至 2013 年 1 月
	高亚平	女	蒙古族	2007 年 12 月至 2013 年 1 月
	斯　日	女	蒙古族	2007 年 12 月至 2013 年 1 月
	赛　力	男	蒙古族	2007 年 12 月至 2013 年 1 月
	蓝兴东	男	汉　族	2007 年 12 月至 2013 年 1 月
	熊　星	女	汉　族	2007 年 12 月至 2013 年 1 月
	德君山	男	蒙古族	2007 年 12 月至 2013 年 1 月
	滕琪翔	男	汉　族	2007 年 12 月至 2013 年 1 月
	冀晓青	女	汉　族	2007 年 12 月至 2009 年 12 月
	王志强	男	蒙古族	2010 年 1 月至 2013 年 1 月
	郭运中	男	汉　族	2010 年 1 月至 2013 年 1 月
	云瑞君	男	蒙古族	2012 年 2 月至 2013 年 1 月

七、市政协第十二届委员会常务委员会

2013 年 1 月，市政协十二届一次会议选举贾英祥为政协第十二届委员会主席，李岳清、银孝、陈曼莉、李宏、孙清宾、赵九九为副主席，董赛力等 9 人为秘书长，于文峰等 63 人为常务委员。

2014 年 2 月，市政协十二届二次会议增选郭林贵为政协第十二届委员会常务委员，同意赵金文辞去常务委员。2015 年 1 月，市政协十二届三次会议同意于文峰辞去政协第十二届委员会常务委员。

政协第十二届呼和浩特市委员会常务委员会组成人员名录

表 17-2-7

职 务	姓 名	性 别	民 族	任职时间
主　席	贾英祥	男	汉　族	2013 年 1 月—
副主席	李岳清	男	汉　族	2013 年 1 月—
	银　孝	男	汉　族	2013 年 1 月—
	陈曼莉	女	汉　族	2013 年 1 月—
	白　云 *	男	回　族	2013 年 1 月—
	李　宏	男	蒙古族	2013 年 1 月—
	张海生 *	男	汉　族	2013 年 1 月—
	薛燕群 *	男	满　族	2013 年 1 月—

续表 17–2–7

职 务	姓 名	性 别	民 族	任职时间
副主席	孙清宾	男	汉　族	2013 年 1 月—
	赵九九	男	蒙古族	2013 年 1 月—
秘书长	董赛力	男	蒙古族	2013 年 1 月—
常务委员	于文峰	男	蒙古族	2013 年 1 月—
	云秀芳	女	蒙古族	2013 年 1 月—
	云素枝	女	蒙古族	2013 年 1 月—
	云瑞君	女	蒙古族	2013 年 1 月—
	王　文	男	蒙古族	2013 年 1 月—
	王　辉	女	汉　族	2013 年 1 月—
	王观法	男	汉　族	2013 年 1 月—
	王国华	女	汉　族	2013 年 1 月—
	王钰国	男	汉　族	2013 年 1 月—
	王锦霞	女	汉　族	2013 年 1 月—
	石浩鲁	男	汉　族	2013 年 1 月—
	付　英	女	蒙古族	2013 年 1 月—
	冯利刚	男	蒙古族	2013 年 1 月—
	吕秋娥	女	汉　族	2013 年 1 月—
	刘　娟	女	汉　族	2013 年 1 月—
	刘秀芬	女	汉　族	2013 年 1 月—
	许忠发	男	满　族	2013 年 1 月—
	寿俊坪	男	汉　族	2013 年 1 月—
	杜成福	男	汉　族	2013 年 1 月—
	李　原	男	汉　族	2013 年 1 月—
	李志根	男	汉　族	2013 年 1 月—
	李欣莉	女	汉　族	2013 年 1 月—
	李瑞丽	女	汉　族	2013 年 1 月—
	李增水	男	汉　族	2013 年 1 月—
	吴坪晏	女	汉　族	2013 年 1 月—
	吴晓明	男	达斡尔族	2013 年 1 月—
	张　新	女	满　族	2013 年 1 月—
	张志中	男	汉　族	2013 年 1 月—
	张苏伟	男	汉　族	2013 年 1 月—

续表 17-2-7

职 务	姓 名	性 别	民 族	任职时间
常务委员	张润生	男	汉 族	2013 年 1 月—
	张慧田	男	汉 族	2013 年 1 月—
	张慧琴	女	土家族	2013 年 1 月—
	陈国义	男	汉 族	2013 年 1 月—
	周 英	女	汉 族	2013 年 1 月—
	宛 正	男	回 族	2013 年 1 月—
	赵金文	男	汉 族	2013 年 1 月—
	赵福生	男	满 族	2013 年 1 月—
	荣霖森	女	蒙古族	2013 年 1 月—
	南海潮	男	汉 族	2013 年 1 月—
	特木其勒	男	蒙古族	2013 年 1 月—
	徐东飞	男	汉 族	2013 年 1 月—
	高喜春	男	汉 族	2013 年 1 月—
	郭运中	男	汉 族	2013 年 1 月—
	陶高代	女	蒙古族	2013 年 1 月—
	黄海超	男	满 族	2013 年 1 月—
	常付田	男	汉 族	2013 年 1 月—
	韩 莉	女	蒙古族	2013 年 1 月—
	朝 日	男	达斡尔族	2013 年 1 月—
	道日娜	女	蒙古族	2013 年 1 月—
	樊小平	女	汉 族	2013 年 1 月—
	滕琪翔	男	汉 族	2013 年 1 月—
	薛红伟	女	汉 族	2013 年 1 月—

第二节　常务委员会会议

一、市政协第六届委员会常务委员会

1986 年 1 月 28 日，市政协召开六届九次常务委员会会议，常务委员会组成人员出席，旗县（区）政协主席列席。政协主席董毅民主持会议。会议讨论《呼和浩特市国民经济和社会发展的第七个五年计划纲要（草案）》，通过市政协 1985 年工作总结和 1986 年上半年工作安排。

1986 年 4 月 15 日，市政协召开六届十次常务委员会会议，常务委员会组成人员出席。政协主席董毅民主持会议。会议通过召开六届三次会议筹备方案，明确会议召开的指导思想、主要任务、组织领导。会议传达学习中共呼和浩特市第六次代表大会精神。传达自治区党委关于市政协主要领导变动和市委关于增补常委的建议。会议同意吴岫等 8 人辞去市政协委员。

1986 年 5 月 3 日，市政协召开六届十一次常务委员会会议，常务委员会组成人员出席。政协主席董毅民主持会议。会议研究召开六届三次会议的事宜，决定市政协六届三次会议于 1986 年 5 月 17 日召开。通过六届三次会议议程、日程（草案）、执行主席日程安排，提案审查委员会、会议编组、列席人员、工作机构及负责人名单。讨论提交六届三次会议审议的常委会工作报告、提案工作情况报告。协商增补委员名单，决定增补委员 24 人。

1986 年 5 月 22 日，市政协召开六届十二次常务委员会会议，常务委员会组成人员出席。政协主席董毅民主持会议。会议听取各讨论组关于常委会工作报告、提案工作情况报告、政府工作报告及其他报告讨论情况的汇报。通过市政协六届三次会议决议（草案）、六届三次会议提案审查情况的报告（草案），通过增选常委候选人名单及选举办法（草案）。

1986 年 8 月 25—26 日，市政协召开六届十三次常务委员会会议，常务委员会组成人员出席，民主党派负责人及旗县（区）政协主席列席。政协主席董毅民主持会议。会议传达中共中央书记处对统战工作的指示、全国第三次科技代表大会精神等；听取副主席魏震关于政协机关整顿情况的汇报。通过市政协关于改革政协机构设置的意见，将原来的一办三委及其下设 6 个科室合并组建为一办（政协办公室）两委（学习、提案、工作组委员会，文史资料研究委员会），并将组成人员作相应调整。建议增补乌力吉、包启涛为市政协常务委员。

1987 年 3 月 7 日，市政协召开六届十五次常务委员会会议，常务委员会组成人员出席，有关专委会和工作组负责人列席。政协副主席魏震主持会议。会议研究召开六届四次会议的事宜，通过六届四次会议议程、日程（草案），会议执行主席、编组与召集人、工作机构及负责人、提案审查委员会名单。讨论提交六届四次会议审议的常委会工作报告、六届三次会议以来提案工作情况报告。

1987 年 3 月 25 日，市政协召开六届十六次常务委员会会议，常务委员会组成人员出席。政协主席文精主持会议。会议听取各讨论组关于常委会工作报告、提案工作情况报告、政府工作报告及其他报告讨论情况的汇报。通过提案审查委员会关于提案审查情况报告（草案），通过六届四次会议决议（草案）。

1987 年 8 月 25—26 日，市政协召开六届十七次常务委员会会议，常务委员会组成人员出席，机关各工作组组长、各民主党派负责人及旗县（区）政协主席列席。政协副主席魏震主持会议。会议传达邓小平关于政治体制改革的讲话及有关文件。副主席李竭忠、额尔敦分别传达自治区政协全区第二次学习工作会议精神和七市五盟政协工作横向联系第一次会议精神。通过市政协1987年前7个月工作总结和后5个月工作安排。通过《市政协开展政协委员活动日的决定》，定于每月末周六下午为委员活动日。通过市政协文史资料研究委员会委员调整名单，魏震任主任委员，薛宏道等4人为副主任委员。通过提案工作委员会组成人员名单，李竭忠任主任委员，乌力吉等4人任副主任委员。通过增补学习委员会委员名单，增补刘钢为学习委员会副主任委员，甄可君、裘文菊为学习委员会委员。

1987年11月24—25日，市政协召开六届十八次常务委员会会议，常务委员会组成人员出席，工作组组长及副组长、旗县（区）政协主席列席。政协副主席李竭忠、额尔敦分别主持会议。会议通过《市政协关于学习中共第十三次全国代表大会精神的决议》。

1988年2月8—9日，市政协召开六届十九次常务委员会会议，常务委员会组成人员出席，工作组负责人及旗县（区）政协主席列席。政协副主席魏震、李竭忠分别主持。会议传达自治区党委书记王群在自治区、盟市委书记会议上的讲话，市委书记贾才在市委六届四次全委会上的讲话。通过市政协1987年工作总结和1988年工作要点。

1988年3月21日，市政协召开六届二十次常务委员会会议，常务委员会组成人员出席，工作组负责人列席。政协副主席魏震主持。会议通过召开六届五次会议的筹备方案、议程和日程（草案）、执行主席日程安排、委员编组及召集人、工作机构及负责人名单，讨论提交六届五次会议审议的常委会工作报告和提案工作情况的报告。

1988年4月26日，市政协召开六届二十一次常务委员会会议，常务委员会组成人员出席。政协副主席魏震主持。会议听取各讨论组对常委会工作报告、提案工作情况报告、政府工作报告及其他报告讨论情况的汇报。通过六届五次会议提案审查情况报告（草案），通过六届五次会议决议（草案）。

1988年10月5—7日，市政协召开六届二十二次常务委员会会议，常务委员会组成人员出席。政协主席云瑞、副主席李振洪分别主持会议。副主席魏震传达三省一区会议精神，副秘书长田雨和传达七市五盟政协联谊会第二次会议精神，副主席额尔敦作考察全市乡镇企业的专题发言，副主席李竭忠汇报市政协5—9月工作情况及第四季度工作安排。

1989年1月30日，市政协召开六届二十三次常务委员会会议，常务委员会组成人员出席。政协主席云瑞主持会议。会议协商市政协第七届委员会委员名额、比例、参加单位和人选等，通过市政协1988年工作总结和1989年上半年工作要点，任命陈玉伯为市政协文史资料研究委员会专职副主任、张德山为提案工作组委员会专职副主任。

1989年5月29—31日，市政协召开六届二十四次常务委员会会议，常务委员会组成人员出席。政协主席云瑞主持会议。会议研究召开市政协七届一次会议的有关事宜，通过召开七届一次会议筹备方案，协商七届委员会委员名单，七届一次会议主席团及常务主席、秘书长建议名单，七届一次会议提案审查委员会、委员编组及召集人、会议工作机构及负责人名单、列席七届一次会议的单位及名额、会议议程和日程（草案）。讨论提交七届一次会议审议的常委会工作报告、提案工作情况报告。通过市政协六届委员会《关于成立政协之友联谊会的方案》《呼和浩特市“政协之友”联谊会章程（草案）》。

二、市政协第七届委员会常务委员会

1989年11月15—17日，市政协召开七届二次常务委员会会议召开，常务委员会组成人员出席，旗县（区）政协主席列席。政协副主席孟绍、李竭忠、李振洪、麻希天分别主持会议。会议学习讨论中共十三届五中全会公报，中共中央总书记江泽民在庆祝中华人民共和国成立四十周年大会上讲话，听取市委副书记、市长贾才关于呼和浩特市1—10月经济工作情况通报。传达自治区政协提案工作会议及四省区八市五盟政协第三次联谊会精神；通过《政协呼和浩特市第七届委员会常务委员会工作规则》《政协呼和浩特市贯彻中共中央批转〈全国政协关于政治协商、民主监督的暂行规定〉的实施细则》《政协呼和浩特市第七届委员会专门委员会组织通则》《关于市政协机构设置意见》及6个专门委员会主任、副主任、委员名单。

1990年3月5日，市政协召开七届三次常务委员会会议，常务委员会组成人员出席，副秘书长、专委会专职主任、副主任列席。政协主席云瑞主持会议。会议研究召开市政协七届二次会议的有关事宜，通过市政协七届二次会议议程、日程、执行主席、小组划分及召集人名单、大会工作机构负责人、列席人员名单，审议提交七届二次会议审议的常委会工作报告、提案办理情况报告。

1990年7月16—18日，市政协召开七届四次常务委员会会议，常务委员会组成人员出席，副秘书长、专委会专职主任、副主任及旗县（区）政协主要负责人列席。政协主席云瑞，副主席孟绍、李竭忠分别主持会议。会议传达全国统战工作会议精神，听取市政府关于全市上半年经济发展情况的通报，听取审议市政协关于加强呼和浩特市中小学德育教育工作的考察情况及意见、关于呼和浩特市地区水资源座谈会情况及意见、关于考察呼和浩特市清真饮食、食品情况和建议的书面汇报，通过市政协1990年上半年工作情况总结和下半年工作要点、审议通过市政协《关于向市委、市政府提出合理开采呼市地区水资源的建议案》，任命孟根其木格为学习提案法制委员会专职副主任。

1990 年 10 月 29—31 日，市政协召开七届五次常务委员会会议，常务委员会组成人员出席，经济科技界部分委员列席。政协主席云瑞、副主席麻希天分别主持会议。会议传达全国、自治区、市三级经济工作座谈会精神，四省区八市五盟政协横向联系第四次会议精神，任命达木林为市政协教文卫体委员会专职副主任、包文华为民族宗教祖国统一联谊委员会专职副主任。

1991 年 3 月 26 日，市政协召开七届六次常务委员会会议，常务委员会组成人员出席，副秘书长、专委会专职主任、副主任列席。政协主席云瑞主持会议。会议研究召开七届三次会议事宜，通过召开七届三次会议的决定，通过市政协七届三次会议议程、日程、执行主席、小组划分及召集人、列席人员、工作机构及负责人名单，增补许光荣、贾恒秀、刘淑珍、巴音巴图为市政协委员。

1991 年 4 月 12 日，市政协召开七届七次常务委员会会议，常务委员会组成人员出席。政协主席云瑞主持会议。会议听取七届三次会议各讨论组关于常委会工作报告、提案办理情况报告、政府工作报告讨论情况的汇报，通过提案审查情况报告（草案）、七届三次会议决议（草案），提交七届三次会议补选市政协主席候选人名单（草案）。

1991 年 8 月 21—22 日，市政协召开七届八次常务委员会会议，常务委员会组成人员出席，副秘书长、专委会专职主任、副主任、九三学社筹备组负责人，旗县（区）政协、市委统战部、市体改委、经贸局、教育局、科协、侨联负责人列席。政协主席许光荣主持会议。市委副书记何祖侃出席会议并讲话。会议学习讨论《中共中央〈关于学习毛泽东选集〉一至四卷第二版的通知》《中共中央总书记江泽民在庆祝中国共产党成立 70 周年大会上的讲话》；听取讨论市体改委关于深化改革、搞活大中型企业的通报，市经贸局关于引进外资、发展外向型经济进展情况的通报，市教育局关于 1991 年高考情况的通报；听取市政协 1991 年前 7 个月工作总结和后 5 个月工作意见；通过市政协关于学习毛泽东选集一至四卷第二版和学习江泽民在庆祝中国共产党成立 70 周年大会上的讲话的决议、关于纪念辛亥革命八十周年的决定、关于市科学技术协会和市归国华侨联合会作为市政协组成单位的决定。任命张杰为经济科技委员会主任，刘淑珍、巴音巴图为妇女青年委员会兼职副主任。

1991 年 12 月 3—5 日，市政协召开七届九次常务委员会会议，常务委员会组成人员出席，副秘书长、专委会专职主任、副主任，市九三学社筹备组负责人、旗县（区）政协主席，市经济委员会、农牧水利局、计划生育委员会、房改办、科协、侨联负责人列席。政协主席许光荣主持会议。市委副书记、代市长白音到会议并讲话。会议传达中共呼和浩特市第七次代表大会精神，听取讨论市经委关于搞活国营大中型企业的报告。通过市政协 1991 年工作总结。

1992 年 2 月 29 日，市政协召开七届十次常务委员会会议，常务委员会组成人员出席，专委会专职主任、副主任、市委统战部负责人列席。政协主席许光荣主持会议。会议听取关于召开市政协七届四次会议筹备情况的汇报，通过召开七届四次会议的决定及七届四次会议议程和日程、执行主席日程安排、委员编组和召集人、工作机构及负责人、列席人员名单，通过提交七届四次会议审议的常委会工作报告、提案工作情况报告。通过《政协呼和浩特市委员会提案工作条例（草案）》，通过潘人伟等 4 人辞去政协委员和增补马国祥等 11 人为政协委员的决定。

1992 年 3 月 19 日，市政协召开七届十一次常务委员会会议，常务委员会组成人员出席。政协主席许光荣主持会议。会议听取七届四次会议各小组召集人关于常委会工作报告、提案工作情况报告、政府工作报告及其他各项报告讨论情况的汇报。通过七届四次会议各项决议（草案）。

1992 年 6 月 25—27 日，市政协召开七届十二次常务委员会会议，常务委员会组成人员出席，副秘书长、专委会专职主任、副主任及旗县（区）政协主席列席。政协主席许光荣主持会议。会议听取讨论市政协副主席奎元庆关于赴深圳考察学习情况的汇报、市政府副市长高天增《关于市住房制度的改革方案》，听取审议市政协关于市转换企业经营机制试点单位的调研报告、关于市内部分小学教育经费使用情况的调研报告、关于市住房制度改革的意见建议。听取讨论托克托县政府关于县机构改革的情况汇报，市政协学习提案法制委员会关于七届四次会议以来提案工作情况的汇报。通过市政协 1992 年上半年工作总结和下半年工作安排、关于学习邓小平南方讲话精神的决议。会议研究通过了人事事项。

1992 年 9 月 28—29 日，市政协召开七届十三次常务委员会会议，常务委员会组成人员出席，副秘书长、专委会专职主任、副主任，旗县（区）政协主席，市城建局、土地局负责人列席。政协主席许光荣，副主席马国祥、孟绍分别主持会议。会议听取政协土默特左旗委员会《把政协的职能全面运用到经济建设上，为振兴土左旗献计出力》、政协新城区委员会《发挥政协优势、为经济建设服务》的工作汇报；听取讨论副主席李振洪关于呼和浩特市地区土地资源开发利用经营管理情况的考察报告、副主席皇甫臣关于全市市场建设情况的调研报告。

1992 年 11 月 6—7 日，市政协召开七届十四次常务委员会会议，常务委员会组成人员出席，副秘书长、专委会专职主任、副主任，民主党派负责人及旗县（区）政协主席列席。政协主席许光荣主持会议。会议传达中共十四大精神和中共市委七届五次全委（扩大）会议精神。通过《市政协关于学习贯彻中共十四大和市委七届五次全委会议精神的决议》。

1993年3月6日，市政协召开七届十五次常务委员会会议，常务委员会组成人员出席，副秘书长、专委会专职主任、副主任列席。政协主席许光荣主持会议。会议听取讨论市政府关于政协委员提案办理情况的通报，听取市政协秘书长贾恒秀关于市政协七届五次会议筹备情况的汇报，通过召开七届五次会议的决定及会议议程和日程、列席单位和个人名单、委员编组及召集人名单、执行主席日程安排、工作机构及负责人名单，讨论通过提交七届五次会议审议的常委会工作报告、提案工作情况报告。任命高亚平为市政协副秘书长。

1993年3月17日，市政协召开七届十六次常务委员会会议，常务委员会组成人员出席。政协主席许光荣主持会议。会议听取七届五次会议各小组召集人关于常委会工作报告、提案工作报告、政府工作报告及其他各项报告讨论情况的汇报，通过七届五次会议决议（草案）和提案审查情况的报告（草案）。

1993年6月18—19日，市政协召开七届十七次常务委员会会议，常务委员会组成人员出席，副秘书长、专委会专职主任、副主任，民主党派、工商联负责人及旗县(区)政协主席列席。政协副主席奎元庆、李竭忠分别主持会议。会议传达全国人大、全国政协八届一次会议精神和自治区人大、政协七届一次会议精神，听取审议市政协副主席皇甫臣关于农村工作和农业生产情况的调研报告。

1993年10月25—26日，市政协召开七届十八次常务委员会会议，常务委员会组成人员出席，副秘书长、专委会专职主任、副主任及旗县（区）政协主席列席。政协副主席孟绍、李竭忠分别主持会议。会议传达中纪委第二次全会精神和全国政协八届三次常务委员会会议精神。听取讨论市委副书记、市长白音关于当前全市经济工作情况的通报、市纪委书记王斌关于全市反腐败斗争进展情况的通报。

1993年12月6—7日，市政协召开七届十九次常务委员会会议，常务委员会组成人员出席，副秘书长、专委会专职主任、副主任、民主党派、工商联负责人及旗县（区）政协主席列席。政协副主席卡尔文·扎木苏、马国祥分别主持会议。会议传达中共十四届三中全会公报、《中共中央关于建立社会主义市场经济体制若干问题的决定》自治区党委关于学习贯彻中共十四届三中全会精神的意见、自治区政协七届三次常务委员会会议精神,学习中共中央《关于学习〈邓小平文选〉第三卷的决定》,通过市政协1993年工作总结、市政协关于学习《邓小平文选》第三卷和学习贯彻中共十四届三中全会精神的决议。

1994年4月8—9日，市政协召开七届二十次常务委员会会议，常务委员会组成人员出席，副秘书长、专委会专职主任、副主任列席。政协主席许光荣、副主席付勇分别主持会议。会议听取秘书长贾恒秀关于市政协八届一次会议筹备情况的汇报，协商决定市政协八届委员会参加单位和委员人选名单，通过召开市政协八届一次会议的决定及会议议程和日程（草案）、委员编组及召集人、列席人员、提案审查委员会、会议工作机构及负责人名单，讨论通过提交八届一次会议审议的七届常委会工作报告、提案工作情况报告。

三、市政协第八届委员会常务委员会

1994 年 6 月 16—17 日，市政协召开八届一次常务委员会会议，常务委员会组成人员出席。政协主席云淑贤、副主席罗振东分别主持会议。会议学习全国政协八届二次会议修订的政协章程、全国政协专门委员会主任联席会议纪要，听取讨论政协副主席马国祥传达市委书记白音在中共市委七届八次全委（扩大）会议上的讲话、副主席贾恒秀关于市政协 1994 年下半年工作要点说明。听取秘书长李杰关于市政协八届专门委员会设置的说明，通过专委会主任、副主任名单。

1994 年 9 月 14—15 日，市政协召开八届二次常务委员会会议，常务委员会组成人员出席，专委会专职副主任，旗县（区）政协主席及市政府有关部门负责人列席。政协主席云淑贤，副主席王天恩、何思汉分别主持会议。市委书记白音到会讲话。会议传达市委书记白音在市委常委（扩大）会议上的讲话，市委副书记、市长张国民在全市工商企业厂长经理大会上的讲话，市委副书记、市委《关于党风廉政建设中的几个问题的规定》。听取讨论市计划委员会《关于呼和浩特市 1—8 月份经济工作情况通报》和市财政局《关于呼和浩特市 1—8 月份财政工作情况通报》。部分政协常委和委员围绕市国有企业、非公有制企业和乡镇企业的发展状况、存在的问题及城市管理、税收工作、搞活商业、搞好金融、发挥科技优势等问题作专题发言。会议通过人事任命事宜。

1994 年 11 月 5 日，市政协召开八届三次常务委员会会议，常务委员会组成人员出席，副秘书长、办公厅副主任、专委会专职副主任及旗县（区）政协主席列席。政协主席云淑贤主持会议。会议通过增补政协委员，增加常委职数的建议，通过增补云耀成、聂向东、谭伯源、谭伯业为市政协八届委员会委员，建议增补云耀成、谭伯源为常委，任命云耀成为市政协副秘书长。市委书记白音到会讲话。

1994 年 12 月 13—15 日，市政协召开八届四次常务委员会会议，常务委员会组成人员出席，副秘书长、专委会专职副主任、旗县（区）政协主席列席。政协主席云淑贤主持。会议传达中共十四届四中全会和市委七届九次全委（扩大）会议精神，听取讨论市政府《关于呼和浩特市 1995 年国民经济和社会发展计划安排的基本思路和主要指标情况的通报》《关于城市建设和管理工作的报告》，听取审议市政协 4 个考察组就全市城市绿化、大气污染及治理、商贩挤占道路、城乡接合部交通道路出入口情况的调查报告，审议通过市政协向市政府提出的《关于加强呼和浩特市城市建设与管理工作的建议案》《政协呼和浩特市常务委员会组成人员守则》。

1995年2月13—14日，市政协召开八届五次常务委员会会议，常务委员会组成人员出席，副秘书长、专委会专职副主任及旗县（区）政协主席列席，政协主席云淑贤主持会议。会议通过召开八届二次会议的决定，讨论通过提交市政协八届二次会议审议的八届常委会工作报告、提案工作情况报告、《呼和浩特市政协提案工作条例（草案）》，通过八届二次会议列席人员名单，通过八届二次会议秘书长、副秘书长名单，工作机构及组成人员名单。

1995年5月26—27日，市政协召开八届六次常务委员会会议，常务委员会组成人员出席，副秘书长、专委会专职副主任、旗县（区）政协主席、市经委、体改委、城建局、环保局、农牧局的负责人列席，政协主席云淑贤主持会议。会议听取副市长连辑就市政协《关于加强呼和浩特市城市建设与管理工作建议案》办理情况的报告，市体改委关于实施名牌战略、组建企业集团、实施大公司战略以及建立现代企业制度（试点）的情况通报，市农牧局关于加强农业工作，振兴农村经济的情况通报，听取审议市政协关于全市实施名牌战略，组建企业集团，关于土默特左旗、托克托县农业生产情况，关于呼和浩特市郊区农业及“菜篮子”工程建设的考察报告。

1995年8月23—24日，市政协召开八届七次常务委员会会议，常务委员会组成人员出席，副秘书长、专委会专职副主任、旗县（区）政协主席、市计委、财政局等有关部门负责人列席，政协主席云淑贤主持会议。会议听取讨论市政府关于发展非公有制经济情况的通报，市国民经济1—7月计划完成情况、财政税收完成情况的通报，听取审议市政协关于新城区、回民区、玉泉区、郊区区情的调研报告，通报召开市政协八届三次会议筹备情况，通过增补檀凤魁、葛健为政协委员的决定，通过关于召开八届三次会议的决定。

1995年12月14—15日，市政协召开八届八次常务委员会会议，常务委员会组成人员出席，副秘书长、专委会专职副主任、市纪检委、市政府有关部门负责人列席，政协主席云淑贤主持会议。会议听取讨论市纪检委关于开展反腐倡廉工作情况的通报、市政府关于全市1995年1—11月市场物价情况的通报，协商讨论呼和浩特市“九五”计划纲要和2010年远景目标。通过《市政协关于贯彻〈政协全国委员会关于政治协商、民主监督、参政议政的规定〉的实施办法》，讨论通过提交八届四次会议审议的常委会工作报告、提案工作情况报告，通过关于召开八届四次会议的决定、市政协八届四次会议议程和日程、秘书长和副秘书长名单、列席人员名单、执行主席日程安排等。

1996年4月1—2日，市政协召开八届九次常务委员会会议，常务委员会组成人员出席，副秘书长、专门委员会专职副主任，旗县（区）政协主席及市政府有关部门负责人列席，政协主席云淑贤主持会议。会议听取讨论市政府关于全市春耕情况的通报、庆祝内蒙古自治区成立五十周年领导小组关于市重点工程建设情况的通报。听取审议市政协关于发展非公有制经济的调研报告，通过关于接受和林格尔县、清水河县和武川县的原乌兰察布盟政协委员整体划归呼和浩特市第八届政协委员的决定。接受潘杏梅等 3 人辞去市政协委员。

1996 年 6 月 27—28 日，市政协召开八届十次常务委员会会议，常务委员会组成人员出席，副秘书长、专门委员会专职副主任、旗县（区）政协主席及市政府有关部门负责人列席，政协主席云淑贤主持会议。会议听取讨论市政府关于实施科教兴市主导战略、推动科技经济一体化进程工作的通报，听取审议市政协关于全市农业旗县（区）区域经济的调研报告，通过市政协《关于建立和完善呼和浩特市绒山羊科学养殖带的建议案》。

1996 年 9 月 26—27 日，市政协召开八届十一次常务委员会会议，常务委员会组成人员出席，副秘书长、专门委员会专职副主任、旗县（区）政协主席及市有关部门负责人列席，政协主席云淑贤主持。会议传达自治区党委政协工作会议精神，听取讨论市政府关于全市学邯钢工作进展情况通报，听取审议市政协关于全市企业贯彻落实市委、市政府《关于学习推广邯钢经验，提高企业经济效益的决定》情况的考察报告，通过《政协呼和浩特市委员会常务委员会工作规则》。

1996 年 12 月 25—26 日，市政协召开八届十二次常务委员会会议，常务委员会组成人员出席，副秘书长、专委会专职副主任、旗县（区）政协主席、市人民法院、人民检察院及市政府有关部门负责人列席，政协主席云淑贤主持会议。会议听取讨论市政府关于全市中小学开展爱国主义教育基本情况的通报，市人民法院、人民检察院、司法局工作情况通报。听取审议市政协关于上述情况的考察报告，通过《政协呼和浩特市委员会关于加强自身建设的决定》。

1997 年 1 月 24 日，市政协召开八届十三次常务委员会会议，常务委员会组成人员出席，副秘书长、专委员专职副主任列席，政协主席云淑贤主持会议。会议研究召开市政协八届五次会议的有关事宜，听取市委统战部关于增补委员职数的说明，通过召开八届五次会议的决定，通过八届五次会议议程、日程、列席人员名单、大会执行主席和主持人日程安排、大会工作机构及秘书长、副秘书长名单，讨论通过提交八届五次会议审议的常委会工作报告、提案工作情况报告。

1997 年 4 月 3—4 日，市政协召开八届十四次常务委员会会议，常务委员会组成人员出席，副秘书长、办公厅副主任、专委会专职副主任、旗县（区）政协主席及有关部门负责人列席，市政府副市长赵广华应邀出席，政协主席云淑贤主持会议。会议听取讨论副市长赵广华关于迎接内蒙古自治区成立五十周年筹备工作和重点工程进展情况的通报、市农业局副局长周恩铁关于调整农业产业结构、增加农民收入情况的通报，听取审议市政协关于上述两个通报的调研报告，通过市政协 1997 年各次常务委员会会议主要议题。

1997 年 6 月 10 日，市政协召开八届十五次常务委员会会议，常务委员会组成人员出席，副秘书长、专委会专职副主任、旗县（区）政协主席及有关部门负责人列席，政协主席云淑贤主持会议。会议听取讨论市政府关于全市当前深化企业改革、转机建制工作情况通报，听取审议市政协关于深化企业改革、加快转机建制步伐的调研报告，听取举办迎接香港回归庆祝活动情况的汇报。

1997 年 9 月 25—27 日，市政协召开八届十六次常务委员会会议，常务委员会组成人员出席，副秘书长、办公厅副主任、专委会专职副主任、旗县（区）政协主席及有关部门负责人列席，政协主席云淑贤主持会议。会议传达中共十五大精神，听取讨论市政府关于依法抓好城市总体规划，加快首府城市现代化建设步伐的情况通报、关于《建立和完善呼和浩特市绒山羊科学养殖带建议案》采纳实施情况的通报。听取市政协关于开展“1997 政协杯·我为政府进一言活动”情况的通报；通过人事任免名单；通过《关于学习贯彻中国共产党第十五次全国代表大会精神的决议》。

1997 年 12 月 18—19 日，市政协召开八届十七次常务委员会会议，常务委员会组成人员出席，专委会专职副主任及旗县（区）政协主席列席，政协主席云淑贤主持会议。会议传达市委八届二次全委（扩大）会议精神和市政协 1998 年工作思路，听取讨论市政府关于全市农村教育及教师素质状况的通报。

1998 年 2 月 9 日，市政协召开八届十八次常务委员会会议，常务委员会组成人员出席，副秘书长、办公厅副主任、专委会专职副主任及旗县（区）政协主席列席，政协主席云淑贤主持会议。会议研究召开市政协八届六次会议事宜，通过召开市政协八届六次会议的决定，通过八届六次会议议程、日程和秘书长、副秘书长名单、列席人员名单、工作机构及负责人名单、执行主席及主持人日程安排，讨论通过提交市政协八届六次会议审议的常委会工作报告、提案工作情况报告。

1998 年 5 月 29 日，市政协召开八届十九次常务委员会会议，常务委员会组成人员出席，副秘书长、办公厅副主任、专委会专职副主任及旗县（区）政协主席列席，政协主席云淑贤主持。会议听取市政协关于为发展非公有制经济办实事情况、关于政协委员招商引资工作进展情况、关于开展“1997 政协杯·我为政府进一言”活动检查落实情况的汇报。听取审议市政协关于下岗职工再就业情况的调研报告。讨论中参会人员提出，下岗职工再就业应分别对待，成立呼和浩特市地区下岗职工民间救助基金会；在转机建制中，要稳中求胜；妥善解决农民进城问题等。

1998 年 9 月 22—23 日，市政协召开八届二十次常务委员会会议，常务委员会组成人员出席，副秘书长、办公厅副主任、专委员专职副主任、旗县（区）政协主席有关部门负责人列席，政协主席云淑贤主持会议。会议听取讨论市政府《关于呼和浩特市工业经济发展战略调整意见》（征求意见稿）的几点说明，关于全市国有企业下岗职工基本生活保障和再就业工作情况的通报。通过人事任免名单。

1998年11月27日，市政协召开八届二十一次常务委员会会议，常务委员会组成人员出席，副秘书长、办公厅副主任、专委会专职副主任及旗县（区）政协主席列席，政协主席云淑贤主持会议。会议传达中共十五届三中全会精神，听取讨论市政协八届委员会工作总结、1998年参政议政办实事情况通报，通过召开八届七次会议的决定以及会议议程和日程等有关文件。

1999年3月10—11日，市政协召开八届二十二次常务委员会会议，常务委员会组成人员出席，副秘书长、办公厅副主任、专委会专职副主任列席，政协主席云淑贤主持会议。会议研究召开市政协九届一次会议有关事宜，听取讨论市政协副主席马国祥关于市政协第九届委员会委员人选建议的说明，协商决定九届委员会委员名单。通过召开九届一次会议的决定以及会议议程和日程等有关文件。通过提案审查委员会组成人员名单，讨论通过提交九届一次会议审议的八届常委会工作报告，提案工作情况报告。

四、市政协第九届委员会常务委员会

1999年4月27—29日，市政协召开九届一次常务委员会会议，常务委员会组成人员出席，市政协助理巡视员列席，政协主席云淑贤主持会议。会议审议通过1999年常委会工作要点和各次常务委员会会议主要议题安排，通过《呼和浩特市政协常务委员会工作规则》《呼和浩特市政协常务委员会组成人员守则》《呼和浩特市政协专门委员会组织通则》，通过市政协九届常委会关于设置专门委员会的决定和市政协九届委员会副秘书长、专委会主任、副主任名单。

1999年7月28—29日，市政协召开九届二次常务委员会会议，常务委员会组成人员出席，市政协助理巡视员、副秘书长、办公厅副主任、助理调研员、专委会专职副主任，旗县（区）政协主席列席，政协主席云淑贤主持会议。会议听取审议市委、市政府、市政协联合调研督查组关于全市国有企业落实“两个确保”和再就业工作的调研报告，听取审议市政协关于呼和浩特市非公有制经济发展情况的调研报告，通过《市政协关于解决呼和浩特市人才市场场所的建议案》。

1999年11月25—26日，市政协召开九届三次常务委员会会议，常务委员会组成人员出席，市政协助理巡视员、副秘书长、办公厅副主任、助理调研员、专委员专职副主任，旗县（区）政协主席列席，市政府副市长窦连玺应邀出席，政协主席云淑贤主持会议。会议听取讨论副市长窦连玺关于《呼和浩特市1999年1—10月工业经济运行和国企改革情况及下一步工作安排》的通报，听取讨论市政府关于市生态建设整体规划情况的通报，听取审议市政协关于市生态建设重点项目实施情况的考察报告，讨论通过增补朱文园、吴振平、张玉山、胡慧智为市政协第九届委员会委员名单。

2000 年 1 月 31 日，市政协召开九届四次常务委员会会议，常务委员会组成人员出席，市政协助理巡视员、副秘书长、办公厅副主任、助理调研员、专委会专职副主任及旗县（区）政协主席列席，政协主席云淑贤主持会议。会议通过定于 2000 年 2 月 22 日召开市政协九届二次会议的决定，通过市政协九届二次会议议程、日程、秘书长和副秘书长名单、列席人员名单及会议执行主席和主持人日程安排，讨论通过提交市政协九届二次会议审议的常委会工作报告、提案工作情况报告。

2000 年 5 月 6 日，市政协召开九届五次常务委员会会议，常务委员会组成人员出席，市政协助理巡视员、副秘书长、办公厅副主任、助理调研员、专委会专职副主任及旗县（区）政协主席列席，政协主席云淑贤主持会议。会议听取讨论市计委副主任肖沙沙作的《呼和浩特市实施西部大开发战略工作情况》的通报，通过 2000 年市政协各次常务委员会会议主要议题安排，审议通过市政协关于开放敕勒川草原观光旅游区建议案。

2000 年 8 月 21—22 日，市政协召开九届六次常务委员会会议，常务委员会组成人员出席，市政协助理巡视员、副秘书长、办公厅副主任、助理调研员、专委会专职副主任，旗县（区）政协主席及市政府有关部门负责人列席，市政协主席云淑贤主持。会议听取讨论市政府关于全市采取高新技术、促进产业和技术升级情况的通报，关于全市中小学生减负与推进素质教育情况的通报，关于城市市容环境综合整治情况的通报，听取审议市政协关于全市采取高新技术、促进产业和技术升级、关于中小学生减负与推进素质教育、关于城市市容环境综合治理情况的调研报告。

2000 年 10 月 30—31 日，市政协召开九届七次常务委员会会议，常务委员会组成人员出席，市政协助理巡视员、副秘书长、办公厅副主任、助理调研员、专委会专职副主任及旗县（区）政协主席列席，政协主席云淑贤主持会议。会议听取讨论市政府关于呼和浩特市少数民族聚居村脱贫致富情况的通报、关于呼和浩特市生态建设情况的通报、关于呼和浩特市小城镇建设情况的通报、关于市有关部门行政执法情况的通报，听取审议市政协关于上述情况的四个调研报告。会议在学习讨论中共十五届五中全会精神的基础上，就呼和浩特市制定和实施“十五”计划提出意见和建议。

2001 年 1 月 10—11 日，市政协召开九届八次常务委员会会议，常务委员会组成人员出席，市政协助理巡视员、副秘书长、办公厅副主任、助理调研员、专委会专职副主任及旗县（区）政协主席列席，政协主席云淑贤主持会议。会议研究召开市政协九届三次会议的有关事宜，听取讨论市政府关于市国有大中型工业企业三年实现两大目标情况的通报和市政协关于上述情况的考察报告，通过《呼和浩特市政协提案工作条例》（修订稿）、《呼和浩特市政协关于公民旁听政协常务委员会议的办法》，通过召开市政协九届三次会议的决定、提交市政协九届三次会议审议的常委会工作报告、提案工作情况报告、补选副主席候选人名单。

2001 年 4 月 29 日，市政协召开九届九次常务委员会会议，常务委员会组成人员出席，市政协助理巡视员、副秘书长、办公厅副主任、助理调研员、专委会专职副主任及旗县（区）政协主席列席，政协主席云淑贤主持会议。会议听取审议市政协关于全市私营经济发展情况的调研报告，通过市政协 2001 年各次常务委员会会议主要议题安排和《政协呼和浩特市委员会委员活动日制度（试行）》。

2001 年 7 月 30 日，市政协召开九届十次常务委员会会议，常务委员会组成人员出席，市政协助理巡视员、副秘书长、办公厅副主任、专委会专职副主任及旗县（区）政协主席列席，政协主席云淑贤主持会议。会议听取讨论市政府关于全市农业产业结构调整情况的通报、关于全市城市绿化情况的通报，听取审议市政协关于上述情况的两个考察报告。

2001 年 10 月 30 日，市政协召开九届十一次常务委员会会议，常务委员会组成人员出席，市政协助理巡视员、副秘书长、办公厅副主任、专委会专职副主任及旗县（区）政协主席列席，政协主席云淑贤主持会议。会议听取讨论市政府关于呼和浩特市城镇职工基本医疗保险制度实施情况的通报、关于呼和浩特市社区建设中有关基层组织建设情况的通报，听取审议市政协关于上述情况的调研报告。

2001 年 12 月 20—21 日，市政协召开九届十二次常务委员会会议，常务委员会组成人员出席，市政协助理巡视员、副秘书长、办公厅副主任、专委会专职副主任及旗县（区）政协主席列席，政协主席云淑贤主持会议。会议听取讨论市政府关于全市城区小街巷改造情况和市容环境整治情况的通报，听取审议市政协关于上述情况的考察报告。通过召开市政协九届四次会议决定、议程和日程、执行主席及主持人日程安排，讨论通过提交市政协九届四次会议审议的常委会工作报告、提案工作情况报告。

2002 年 1 月 8 日，市政协召开九届十三次常务委员会会议，常务委员会组成人员出席，政协主席云淑贤主持会议。会议审议通过市政协九届四次会议会期变更的决定，通过接受解遵海辞去九届市政协常务委员请求的决定，通过增补九届市政协委员名单，决定增补朝鲁、孙德旺为九届市政协委员，通过人事任免名单，决定免去解遵海经济科技委员会主任，任命孙德旺为经济科技委员会主任。

2002 年 4 月 24—25 日，市政协召开九届十四次常务委员会会议，常务委员会组成人员出席，市政协助理巡视员、副秘书长、办公厅副主任、专委会专职副主任、机关党委专职副书记及旗县（区）政协主席列席，政协主席王铁小主持会议。会议传达全市政协工作会议精神，通过市政协2002年各次常务委员会会议主要议题安排，听取讨论市政府关于全市奶源基地建设情况的通报和关于全市宗教状况的通报，听取审议市政协关于上述情况的两个调研报告，听取审议市政协关于全市工商企业应对“入世”情况的调研报告，通过《市政协关于加强反映社情民意工作意见及其实施办法》，通过撤消包天虎第九届市政协委员资格，免去宝升、刘晓琴、张志亮、王建华第九届市政协委员职务的决定，通过增补委员名单。

2002年7月18—19日，市政协召开九届十五次常务委员会会议，常务委员会组成人员出席，市政协助理巡视员、办公厅副主任、助理调研员、专委会专职副主任、机关党委专职副书记及旗县（区）政协主席列席，市委、市政府有关领导应邀出席，政协主席王铁小主持会议。会议听取讨论市政府关于全市工业重点项目建设情况的通报和市政府关于清理地方性法规、政府规章情况的通报，听取审议市政协关于上述情况的两个调研报告，通过人事任免名单，决定免去张桂珍市政协提案委员会副主任、赵东文史学习委员会副主任职务，任命托娅为提案委员会副主任。

2002年10月11日，市政协召开九届十六次常务委员会会议，常务委员会组成人员出席，市政协助理巡视员、办公厅副主任、助理调研员、专委会专职副主任、机关党委专职副书记及旗县（区）政协主席列席，市委、市政府有关领导应邀出席，政协主席王铁小主持会议。会议听取讨论市政府关于全市农业产业结构调整情况的通报、市政府关于全市中小学法制教育情况的通报、市政府关于全市老少边穷地区教育情况的通报，听取审议市政协关于上述情况的三个调研报告。

2003年1月6—7日，市政协召开九届十七次常务委员会会议，常务委员会组成人员出席，市政协助理巡视员、办公厅副主任、助理调研员、专委会专职副主任、机关党委专职副书记及旗县（区）政协主席、市有关部门负责人列席，政协主席王铁小主持会议。会议听取讨论市政府关于全市中小企业发展情况的通报和关于呼和浩特市文物工作、旅游工作情况的通报，听取审议市政协关于上述情况的两个调研报告，通过关于召开市政协九届五次会议的决定，讨论通过提交市政协九届五次会议审议的常委会工作报告、提案工作情况报告。

2003年4月2日，市政协召开九届十八次常务委员会会议，常务委员会组成人员出席，市政协助理巡视员、办公厅副主任、助理调研员、专委会专职副主任、机关党委专职副书记及旗县（区）政协主席列席，政协主席王铁小主持会议。会议听取秘书长魏宝德关于市政协九届五次会议召开会期的变更、会议议程和增加表彰优秀委员议题的情况说明。

2003年4月25日，市政协召开九届十九次常务委员会会议，常务委员会组成人员出席，市政协助理巡视员、办公厅副主任、助理调研员、专委会专职副主任、机关党委专职副书记列席，政协副主席檀凤魁主持会议。会议通过市政协2003年各次常务委员会会议主要议题安排，传达市委书记牛玉儒在市政协座谈会上的讲话。

2003年7月18日，市政协召开九届二十次常务委员会会议，常务委员会组成人员出席，市政协助理巡视员、办公厅副主任、助理调研员、专委会专职副主任、机关党委专职副书记、旗县（区）政协主席及市有关部门负责人列席，政协主席王铁小主持会议。会议听取讨论市政府关于全市防治非典型肺炎情况的通报、关于全市生态建设情况的通报及关于全市非公有制经济产业结构调整情况的通报，听取审议市政协关于上述情况的三个调研报告。

2003年9月26—27日，市政协召开九届二十一次常务委员会会议，常务委员会组成人员出席，市政协助理巡视员、办公厅副主任、助理调研员、专委会专职副主任、机关党委专职副书记及旗县（区）政协主席列席，政协主席王铁小主持会议。会议传达自治区两个文明建设经验交流会精神，听取讨论市政府关于呼和浩特市整顿家畜屠宰市场秩序的通报、关于呼和浩特市社会保障和就业再就业情况的通报、关于呼和浩特市文化产业发展情况的通报，听取审议市政协关于上述情况的三个调研报告。政府主席王铁小作总结讲话，重点强调做好换届的筹备工作和加强机关管理。

2004年4月12—13日，市政协召开九届二十二次常务委员会会议，常务委员会组成人员出席，市政协助理巡视员、办公厅副主任、助理调研员、专委会专职副主任、机关党委专职副书记及旗县（区）政协主席列席，政协主席王铁小主持会议。会议通过市政协九届常委会关于协商决定十届委员会委员的产生办法，审议通过市政协十届委员会参加单位及委员人选名单、十届一次会议主席团和秘书长建议名单、十届一次会议提案委员会组成人员建议名单、各讨论组及召集人名单，通过召开市政协十届一次会议的决定，讨论通过提交市政协十届一次会议审议的九届常委会工作报告及提案工作报告。

五、市政协第十届委员会常务委员会

2004年5月17日，市政协召开十届一次常务委员会会议，常务委员会组成人员出席，市政协巡视员、助理调研员、调研员、助理调研员、机关党委专职副书记列席，政协主席刘香芸主持会议。会议审议通过市政协2004年各次常务委员会会议主要议题安排，市政协十届常委会关于设置专门委员会的决定和市政协十届委员会副秘书长、各专委会主任、副主任名单；审议修改《政协呼和浩特市委员会常务委员会组成人员守则（修订稿）》。市政协主席刘香芸作总结讲话。提出要切实搞好专题调研；努力提高提案办理质量和效果；为委员知情出力创造条件。同时强调政协委员要紧紧围绕全面建设小康社会献计出力；发扬民主，营造和谐的议政氛围；与时俱进，促进制度化、规范化、程序化建设。

2004年7月27—28日，市政协召开十届二次常务委员会会议，常务委员会组成人员出席，市政协巡视员、助理巡视员、办公厅副主任、调研员、助理调研员、机关党委专职副书记、专委会专职副主任及旗县（区）政协主席、市有关部门负责人列席，政协主席刘香芸主持会议。会议听取讨论市委副书记张彭慧作的《新形势下如何做好统一战线和政协工作》的讲话，听取讨论市政府关于呼和浩特市上半年经济发展形势的报告、关于呼和浩特市农村医疗卫生情况的通报，听取审议市政协关于呼和浩特市医疗卫生情况的调研报告、关于呼和浩特市中山西路停车场所设置情况的调研报告。举行常务委员会第一次学习会，邀请内蒙古大学教授周兰芳作《统一战线在历史上和当今时代的作用》专题讲座。通过《政协呼和浩特市委员会常务委员会组成人员守则》。市政协主席刘香芸作总结讲话。

2004年10月20—21日，市政协召开十届三次常务委员会会议，常务委员会组成人员出席，市政协巡视员、助理巡视员、办公厅副主任、调研员、助理调研员、机关党委专职副书记、专委会专职副主任、旗县（区）政协主席及市有关部门负责人列席，政协主席刘香芸主持会议。会议听取讨论市政府关于呼和浩特市农村社会化服务体系建设情况的通报、关于全市民族学校少数民族寄宿生伙食补贴和教师浮动工资待遇落实情况的通报，听取审议市政协关于上述情况的两个调研报告，通过关于《学习贯彻中共十六届四中全会精神的决议》《政协呼和浩特市委员会专门委员会组织通则》。举行常务委员会第二次学习会。

2005年3月24—25日，市政协召开十届四次常务委员会会议，常务委员会组成人员出席，市政协巡视员、助理巡视员，市政协办公厅副主任、调研员、助理调研员，机关党委专职副书记、专委会专职副主任、旗县（区）政协主席及市有关部门负责人列席，市政协秘书长刘敏参加会议，政协主席刘香芸主持会议。会议主要研究召开市政协十届二次会议的有关事宜。通过召开市政协十届二次会议的决定，通过市政协十届二次会议议程、日程、会议执行主席及主持人日程安排、秘书长和副秘书长名单，讨论修改提交市政协十届二次会议审议的常委会工作报告、十届一次会议以来提案工作情况报告，听取讨论市政府关于呼和浩特市政协十届一次会议以来提案办理情况的通报。会议举行常务委员会第三次学习会，传达学习全国政协十届三次会议精神。政协主席刘香芸作总结讲话，并就开好市政协十届二次会议、庆祝市政协成立五十周年等工作作具体安排。

2005年3月30日，市政协召开十届五次常务委员会会议，常务委员会组成人员出席，政协主席刘香芸主持会议。会议听取市政协十届二次会议各讨论组对市委副书记张彭慧的讲话、市政协十届常委会工作报告和市政协十届一次会议以来提案工作情况报告讨论情况的汇报。

2005 年 3 月 31 日，市政协召开十届六次常务委员会会议，常务委员会组成人员出席，市政协主席刘香芸主持会议。听取市政协十届二次会议各讨论组对政府工作报告、计划和财政预决算报告讨论情况的汇报。

2005 年 4 月 1 日，市政协召开十届七次常务委员会会议，常务委员会组成人员出席，政协主席刘香芸主持会议。会议听取市政协十届二次会议各讨论组对市人民法院和人民检察院工作报告、市政协十届常委会工作报告以及其他各项决议（草案）讨论情况的汇报。

2005 年 6 月 9 日，市政协召开十届八次常务委员会会议，常务委员会组成人员出席，市政协巡视员、助理巡视员、办公厅副主任、调研员、助理调研员、机关党委专职副书记、专委会专职副主任及市有关部门负责人列席，政协主席刘香芸主持会议。会议审议《市政协十届二次会议以来主席会议工作情况的报告》，通过市政协 2005 年度各次常务委员会会议主要议题安排和《政协呼和浩特市委员会委员守则》。会议举行常务委员会第四次学习会。市政协主席刘香芸作总结讲话，对提高专题调研质量提出要求。

2005 年 8 月 9—11 日，市政协召开十届九次常务委员会会议，常务委员会组成人员出席，市政协巡视员、助理巡视员、办公厅副主任、调研员、助理调研员、机关党委专职副书记、专委会专职副主任、旗县（区）政协主席及市有关部门负责人列席，政协主席刘香芸主持会议。会议组织参会人员考察呼和浩特市城市建设情况，到鄂尔多斯市考察露天煤矿和煤转油项目以及城市建设情况。会议听取讨论市劳动和社会保障局关于全市就业再就业工作情况的通报和全市社会保障体系中社会保险体系建设情况的通报，审议市政协关于上述情况的调研报告。

2005 年 10 月 13—14 日，市政协召开十届十次常务委员会会议，常务委员会组成人员出席，市政协巡视员、助理巡视员、办公厅副主任、调研员、助理调研员、机关党委专职副书记、专委会专职副主任、旗县（区）政协主席及市有关部门负责人列席，政协主席刘香芸主持会议。会议听取讨论市旅游局关于呼和浩特市旅游业发展情况的通报、市建委关于市民族宗教文化旅游景观带建设情况的通报，审议市政协关于上述情况的调研报告。举行常务委员会第五次学习会。

2006 年 2 月 7—8 日，市政协召开十届十一次常务委员会会议，常务委员会组成人员出席，市政协巡视员、助理巡视员、办公厅副主任、调研员、助理调研员、机关党委专职副书记、专委会专职副主任、旗县（区）政协主席及市有关部门负责人列席，政协主席刘香芸主持会议。会议听取讨论市政府关于全市农村富余劳动力转移情况的通报和全市农民科技培训情况的通报，审议市政协关于上述情况的调研报告，听取讨论市政府关于市政协十届二次会议以来提案办理情况的通报，通过召开市政协十届三次会议的决定，市政协十届三次会议议程、日程和会议执行主席及主持人日程安排，十届三次会议秘书长、副秘书长名单，提交市政协十届三次会议审议的常委会工作报告、提案工作情况报告、《政协呼和浩特市委员会提案工作条例》（修订稿）。举行常务委员会第六次学习会，学习市委副书记吴浩峰作的《全市工业经济发展现状和今后目标任务》讲座。

2006年2月25日，市政协召开十届十二次常务委员会会议，常务委员会组成人员出席，政协主席刘香芸主持会议。会议审议通过关于增补崔世清为市政协十届委员会委员的决定，听取十届三次会议各讨论组对市委副书记王振义的讲话、市政协常委会工作报告和提案工作报告讨论情况的汇报。

2006年2月26日，市政协召开十届十三次常务委员会会议，常务委员会组成人员出席，政协主席刘香芸主持会议。会议听取市委常委、统战部部长朝鲁关于补选市政协十届委员会副主席的说明，审议通过市政协十届三次会议补选副主席候选人建议名单和选举办法（草案），听取市政协十届三次会议各讨论组对政府工作报告、呼和浩特市“十一五”规划纲要和市财政预决算报告讨论情况的汇报。

2006年2月27日，市政协召开十届十四次常务委员会会议，常务委员会组成人员出席，政协主席刘香芸主持会议。会议听取市政协十届三次会议各讨论组对市人民法院、人民检察院工作报告讨论情况的汇报，听取审议市政协十届三次会议提案审查报告和各项决议（草案），听取补选副主席候选人建议名单和选举办法（草案）讨论情况的汇报，通过监票人名单。

2006年2月28日，市政协召开十届十五次常务委员会会议，常务委员会组成人员出席，政协主席刘香芸主持会议。会议听取总监票人关于副主席选举计票结果的汇报。

2006年4月10日，市政协召开十届十六次常务委员会会议，常务委员会组成人员出席，市政协巡视员、助理巡视员、办公厅副主任、调研员、助理调研员、机关党委专职副书记、专委会专职副主任及旗县（区）政协主席列席，政协主席刘香芸主持会议。会议听取讨论市政协办公厅关于十届三次会议委员主要意见转化情况的报告，通过关于接受5名政协委员请辞和免去2名政协委员的决定。举行常务委员会第七次学习会。市政协主席刘香芸作总结讲话，重点强调推进市政协制度化、规范化、程序化和创新性工作。

2007年1月16—17日，市政协召开十届十九次常务委员会会议。会议听取、讨论市政府关于全市农村基层组织建设情况的通报，审议市政协关于上述情况的调研报告，听取市政府关于市政协第十届三次会议以来提案办理情况的通报，听取审议市政协提交第十届四次会议审议的有关文件。通过增补委员名单，通过关于接受委员辞呈的决定及关于召开市政协十届四次会议的决定。举行常务委员会第十次学习会，邀请内蒙古党校教授就《中共中央关于构建社会主义和谐社会若干重大问题的决定》做专门辅导。

2007 年 2 月 4 日，市政协召开十届二十次常务委员会会议。会议听取第十届四次会议各讨论组对市政协常务委员会工作报告和提案工作报告讨论情况的汇报，听取各讨论组关于出席市党政领导与各界别委员代表座谈会委员代表人选情况汇报。

2007 年 2 月 6 日，市政协召开十届二十一次常务委员会会议。会议听取市政协第十届四次会议各讨论组对政府工作报告、计划、财政报告，以及提交大会审议的各项会议决议讨论情况汇报。

2007 年 4 月 2 日，市政协召开十届二十二次常务委员会会议。会议听取市政府《关于呼和浩特市迎接和庆祝自治区成立 60 周年筹备工作情况的通报》。通过《市政协 2007 年主要会议、活动和重点工作安排》。举行常务委员会十一次学习会。

2007 年 7 月 10 日，市政协召开十届二十三次常务委员会会议。会议听取市政府关于呼和浩特市食品卫生安全情况的通报、开发区（工业园区）产业发展情况的通报,听取审议市政协关于上述情况的两个调研报告。举行常务委员会第十二次学习会，内蒙古财经学院经济管理实验实训中心副主任石英剑作《证券投资机会与陷阱的识别》专题讲座。

2007 年 10 月 11 日，市政协召开十届二十四次常务委员会会议。会议听取市政府关于呼和浩特市社会保障体系建设与完善情况的通报、关于呼和浩特市少数民族专业技术人员培养和使用情况的通报。听取审议市政协关于上述情况的两个调研报告。举行常务委员会第十三次学习会，市建委主任孙建华作《城市建设十年巨变的初步构想》专题讲座。

2007 年 12 月 24 日，市政协召开十届二十五次常务委员会会议。会议听取市政府关于十届一次会议以来提案办理情况的通报，听取市委关于市政协十一届委员会参加单位、委员人选等情况的说明，听取审议市政协提交第十一届一次会议审议的有关文件。通过关于召开市政协十一届一次会议的决定，通过关于协商决定十一届市政协委员的办法，通过十一届政协委员名单和列席人员名单。

六、市政协第十一届委员会常务委员会

2008 年 2 月 29 日，市政协十一届一次常务委员会会议召开。会议审议通过市政协十一届委员会常务委员会《关于设置政协专门委员会的决定》《政协呼和浩特市第十一届委员会副秘书长名单》《政协呼和浩特市第十一届委员会专门委员会主任、副主任名单》。审议通过政协呼和浩特市委员会2008年工作要点。

2008年7月11日，市政协十一届二次常务委员会会议召开。会议听取讨论市政府关于呼和浩特市上半年经济社会发展情况的通报、《关于我市现代物流业发展情况通报》，并就现代物流业发展情况进行协商。听取讨论市政府《关于我市职业教育发展情况通报》，并就职业教育发展情况进行协商。审议和通过增补委员名单（草案）。

2008年10月29日，市政协十一届三次常务委员会会议召开。会议听取讨论协商市政府《关于我市一至三季度经济社会发展情况的通报》，听取和审议协商市政协《关于我市创建国家环保模范城市情况的视察报告》《关于我市中小学心理健康教育情况的调研报告》《关于我市创建国家森林城市情况调研报告》等。

2009年2月5日，市政协十一届四次常务委员会会议召开。会议听取讨论市政府《关于市政协第十一届一次会议以来提案办理情况的通报》，听取审议市政协提交第十一届二次会议审议的有关文件。会议同意陈秀珍辞去市政协委员，增补1名市政协委员。会议通过关于召开市政协第十一届二次会议的决定。

2009年2月14—17日，市政协十一届五次常务委员会会议召开。会议听取市政协第十一届二次会议各讨论组对市政协常委会工作报告、提案工作报告、政府工作报告讨论情况汇报，通过补选副主席人选、选举办法，以及提交大会审议通过的各项会议决议。

2009年6月16日，市政协十一届六次常务委员会会议召开。会议听取讨论《关于全市2009年1—5月经济运行情况的通报》，听取协商市政协《关于呼和浩特市民营企业发展情况的调研》。7名委员围绕扶持民营企业发展问题提出书面建议，4名委员在大会上发言。

2009年9月17日，市政协十一届七次常务委员会会议召开。会议听取讨论《关于全市1—8月经济社会发展情况的通报》，听取、协商市政协《关于全市工业经济发展情况的调研报告》《关于全市肉羊产业发展情况的调研报告》《关于全市学前教育发展情况的调研报告》等。

2009年12月22—23日，市政协十一届八次常务委员会会议召开。会议听取审议协商市政协《关于呼和浩特市设施种植业发展情况的调研报告》《关于加强呼和浩特市社区教育工作，提高居民素质的调研报告》《关于呼和浩特市少数民族聚居村脱贫致富情况的调研报告》。会议增补9名市政协委员。

2010年1月18日，市政协十一届九次常务委员会会议召开。会议听取讨论《关于市政协第十一届二次会议以来提案办理情况的通报》，通过召开市政协第十一届三次会议的决定，听取审议提交市政协第十一届三次会议审议有关文件。会议增补3

名市政协委员，通过副秘书长任命名单和专门委员会副主任任免名单。

2010年1月29—31日，市政协十一届十次常务委员会会议召开。会议听取市政协第十一届三次会议各讨论组对市政协常委会工作报告、提案工作报告、政府工作报告及其他报告讨论情况的汇报，审议补选常务委员候选人名单、选举办法以及提交大会审议通过的各项决议和提案审查报告。

2010年6月25日，市政协十一届十一次常务委员会会议召开。会议听取讨论市政府《关于国民经济和社会发展第十二个五年规划编制情况的报告》，听取协商市政协《关于呼和浩特市加快新能源产业发展情况的调研报告》《关于促进全市城乡义务教育均衡发展情况的调研报告》《关于全市成品粮油质量安全和监管情况的调研报告》等。

2010年9月27日，市政协召开十一届十二次常务委员会会议。会议听取讨论市发展和改革委员会主任刘敏代表市政府所作的《关于1—8月份全市经济社会发展情况的通报》，听取和审议协商市政协《关于立足首府优势发展总部经济的调研报告》《关于全市民族文化产业化发展情况的调研报告》。会议听取全区"十二五"规划编制情况专题讲座。

2010年12月28—29日，市政协十一届十三次常务委员会会议召开。会议听取讨论《关于市政协第十一届三次会议以来提案办理情况通报》《关于全市公共文化服务体系建设情况的调研报告》《关于推进企业集体合同建立和完善情况的调研报告》。通过召开市政协第十一届四次会议的决定，听取审议提交市政协第十一届四次会议审议有关文件。会议增补7名市政协委员。

2011年1月4—9日，市政协十一届十四次常务委员会会议召开。会议听取市政协第十一届四次会议各讨论组对市政协常委会工作报告、提案工作报告、政府工作报告讨论情况的汇报，通过提交大会审议通过的各项会议决议。

2011年5月10日，市政协十一届十五次常务委员会会议召开。会议听取审议协商市政协《关于呼和浩特市工业科技服务体系建设的调研报告》《关于我市城镇基本医疗保险制度建设及实施情况的调研报告》等。

2011年8月17日，市政协十一届十六次常务委员会会议召开。会议听取讨论市政府《关于2011年上半年全市经济社会发展情况的通报》、市政协《关于我市蔬菜基地建设及产业发展情况的调研报告》《关于我市体育产业发展情况的调研报告》等。

2011年12月1—2日，市政协十一届十七次常务委员会会议召开。会议听取审议协商市政协《关于我市现代服务业发展情况的调研报告》《关于我市蒙医蒙药发展情况的调研报告》。举办《中共中央关于深化文化体制改革推动社会主义文化大发展大繁荣若干重大问题的决定》专题讲座。

2012 年 1 月 13 日，市政协十一届十八次常务委员会会议召开。会议听取讨论市政府《关于市政协第十一届四次会议以来提案办理情况通报》，审议和通过接受辞呈决定，审议通过增补市政协委员名单、补选市政协常委名单草案、任命市政协专门委员会主任名单，审议通过提交市政协十一届五次会议审议的常委会工作报告、市政协十一届五次会议审议的常委会《关于政协第十一届四次会议以来提案工作情况的报告》、关于召开市政协十一届五次会议决定、市政协十一届五次会议议程草案及日程草案、市政协十一届五次会议主持人日程安排，市政协十一届五次会议秘书长、副秘书长名单、市政协十一届五次会议委员编组及召集人名单等。

2012 年 2 月 3 日，市政协十一届十九次常务委员会会议召开。会议听取各讨论组对政府工作报告、计划报告、财政报告、法院报告和检察院工作报告的讨论情况，听取审议通过《关于接受辞呈的决定（草案）》《选举办法（草案）》《总监选人和监选人名单（草案）》《补选市政协常委候选人名单》，审议提交第四次大会（闭幕大会）审议通过的各项决议草案、提案审查报告草案。

2012 年 6 月 14 日，市政协十一届二十次常务委员会会议召开。会议听取审议协商市政协《关于我市奶牛规模化养殖情况的调研报告》《关于我市草原文化中心城市特色打造情况的调研报告》等。

2012 年 10 月 31 日，市政协十一届二十一次常务委员会会议召开。会议听取和审议协商市政协《关于呼和浩特市云计算产业发展情况的调研报告》《关于对我市发挥文艺演出资源优势打造首府特色文化品牌工作情况的调研报告》《关于我市创新社区管理工作情况的调研报告》等。

2012 年 12 月 24 日，市政协十一届二十二次常务委员会会议召开。会议听取讨论市政府关于提案办理情况的通报，审议通过《关于协商决定市十二届政协委员办法》《市十二届政协委员名单》《政协呼和浩特市第十一届委员会常务委员会工作报告》《政协呼和浩特市第十一届委员会常务委员会关于提案工作情况报告》。审议、通过《关于召开市政协第十二届一次会议决定》《市政协第十二届一次会议议程（草案）》《市政协第十二届一次会议日程（草案）》《市政协第十二届一次会议主席团、主席团会议主持人及秘书长名单（草案）》《市政协第十二届一次会议提案审查委员会主任及副主任和委员名单（草案）》《市政协第十二届一次会议委员编组及召集人名单》《市政协第十二届一次会议列席人员名单》《市政协第十二届一次会议选举办法（草案）》等。

七、政协第十二届呼和浩特市委员会常务委员会

2013 年 1 月 22 日，市政协十二届一次常务委员会会议召开。审议通过《政协呼和浩特市第十二届委员会常务委员会关于设置专门委员会的决定（草案）》《政协呼和浩特市第十二届委员会副秘书长名单》《政协呼和浩特市第十二届委员会专门委员会主任、副主任名单》，审议通过市政协委员会 2013 年工作要点。

2013 年 6 月 4 日，市政协十二届二次常务委员会会议召开。审议通过《政协呼和浩特市委员会全体会议工作规则》《政协呼和浩特市委员会常务委员会工作规则（修订稿）》《政协呼和浩特市委员会专门委员会通则（修订稿）》《政协呼和浩特市委员会提案工作条例（修订稿）》。听取审议协商市政协《关于我市民族教育发展情况的调研报告》《关于我市建设大公交系统的调研报告》。

2013 年 9 月 12—13 日，市政协十二届三次常务委员会会议召开。听取市政府《关于 2013 年上半年全市经济社会发展情况的通报（草案）》，听取审议协商市政协《关于引导非公有制经济转型升级、促进县域经济科学发展的调研报告（草案）》《关于大青山南坡（呼和浩特区域）生态治理保护情况的调研报告（草案）》《关于在我市城区中小学推进寄宿制管理模式的调研报告（草案）》《关于推进我市新农村建设情况的调研报告（草案）》。

2014 年 1 月 7 日，市政协十二届四次常务委员会会议召开。听取讨论市政府《关于市政协第十二届一次会议以来提案办理情况的通报（草案）》、市委统战部《关于增补市政协委员和补选市政协常委情况的说明（草案）》。审议通过提交《市政协第十二届二次会议审议的常委会工作报告（草案）》、市政协十二届二次会议审议的常委会《关于政协第十二届一次会议以来提案工作情况的报告》。审议通过接受辞呈的决定（草案），审议通过增补委员名单、补选市政协常委名单（草案）、市政协副秘书长任免名单，审议通过《关于召开市政协第十二届二次会议的决定（草案）》，审议通过市政协十二届二次会议议程（草案）和日程（草案）、市政协十二届二次会议主持人日程安排，审议通过《市政协第十二届二次会议秘书长、副秘书长名单》《市政协第十二届二次会议委员编组及召集人名单》。

2014 年 2 月 19—21 日，市政协十一届五次常务委员会会议召开。会议听取各讨论组对常委会工作报告、提案工作报告审议情况，审议选举办法（草案）、总监选人、监选人名单（草案）；听取各讨论组出席市党政领导与各界别委员代表座谈会委员代表推荐情况。听取各讨论组对政府工作报告、计划报告、财政报告、法院和检察院工作报告讨论情况，听取审议通过《关于同意辞呈的决定（草案）》《选举办法（草案）》《总监选人和监选人名单（草案）》，以及补选市政协常委候选人名单。审议提交《关于五次常委会审议通过的各项决议（草案）》《关于提案审查报告（草案）》。

2014 年 3 月 27 日，市政协十二届六次常务委员会会议召开。听取审议通过市政协十二届六次常务委员会会议议程与日程（草案）、市政协 2014 年工作要点，听取审议各专门委员会 2013 年工作总结及 2014 年工作安排。

2014 年 7 月 3—4 日，市政协十二届七次常务委员会会议召开。会议期间，组织全体常委先后到土默特左旗毕克齐镇大旗村、回民区内蒙古蒙伊萨食品有限责任公司、内蒙古伊利乳业有限责任公司、攸攸板镇毫赖沟村进行考察，分别听取大旗村、回民区政协对新农村建设及新农村建设“十个全覆盖”工作进展情况汇报，听取 2 家民贸企业负责人对企业生产经营情况介绍。听取审议《关于呼和浩特市民贸民品企业发展情况的调研报告（草案）》《关于呼和浩特市实施农村“十个全覆盖”情况的调研报告（草案）》《政协呼和浩特市委员会委员履职考评办法（草案）》。

2014 年 9 月 23 日，市政协十二届八次常务委员会会议暨专题协商会议召开。会议期间，考察赛罕区巴彦镇东郊恒康安养院、土默特左旗金山开发区呼和浩特福康老年公寓、回民区穆斯林老年公寓、新城区海东路街道体校巷社区。听取审议关于市政协十二届八次常务委员会会议暨专题协商会议的议程和日程（草案）、《关于我市养老服务业发展情况的调研报告（草案）》。与会委员和各方代表围绕专题协商议题建言策。市委常委、统战部部长云建东，市委常委、常务副市长狄瑞明出席会议。

2014 年 12 月 30 日，市政协十二届九次常务委员会会议召开。听取审议通过市政协第十二届九次常务委员会会议议程和日程，听取和讨论市政府《关于市政协第十二届二次会议以到提案办理情况的通报》，听取市委统战部《关于增补市政协委员的情况说明》，听取审议协商市政协《关于提升我市社区卫生服务能力的调研报告（草案）》，听取审议通过提交市政协十二届三次会议审议的常委会工作报告，常委会《关于市政协第十二届二次会议以来提案工作情况的报告（草案）》，听取审议各专门委员会所作《关于 2014 年工作总结及 2015 年工作要点报告（草案）》。通过接受委员辞呈的决定及增补委员名单、撤销委员资格决定。审议通过《关于召开市政协第十二届三次会议的决定（草案）》《市政协第十二届三次会议议程（草案）和日程（草案）》《市政协第十二届三次会议主持人日程安排》《秘书长、副秘书长名单、委员编组及召集人名单》，以及市政协常委会工作报告报告人及提案工作报告报告人名单。

2015 年 1 月 18 日，市政协十二届十次常务委员会会议召开。听取市政协第十二届三次会议各讨论组对政府工作报告、计划报告、财政报告讨论情况，审议提交市政协十二届三次常务委员会会议审议通过的各项决议草案、提案审查报告草案。

2015 年 3 月 17 日，市政协十二届十一次常务委员会会议召开。听取审议通过关于市政协十二届十一次常务委员会会议议程和日程，听取和审议通过市政协 2015 年工作要点、市政协 2015 年度协商工作计划。邀请市委党校教授作《担当时代责任，推进“四个全面”》专题讲座。

2015年6月25日，市政协十二届十二次常务委员会会议召开。就呼和浩特市民办养老机构建设发展情况进行专题协商，听取讨论市政协《关于我市民办养老机构建设发展情况的调研报告（草案）》,听取委员及有关方面代表及市政府相关部门发言。

2015年9月28日，市政协十二届十三次常务委员会会议召开。围绕以品牌创建推动呼和浩特市旅游业发展进行专题协商，听取审议通过《市政协第十二届十三次常务委员会会议议程和日程的说明（草案）》；听取《关于以品牌创建推动我市旅游业发展的调研报告》。

第三节　政协工作机构

一、办公厅

1986年，政协呼和浩特市委员会设立办公室（正处级），下设秘书科、总务科。1992年7月，市政协办公室改为办公厅（正处级），下设秘书处、行政处（正科级）。1994年4月,办公厅增设老干部处(正科级)。1995年10月,办公厅增设组织联络处(正科级)。1996年3月,政协办公厅将原行政处车队单设为办公厅科级机构。1997年10月,增设综合调研处（正科级）。1999年1月，办公厅设机关事务服务中心（副处级事业编制）。2002年6月,办公厅将老干部处改为离退休人员工作处,增设信息宣传处（正科级）。2004年4月，办公厅信息宣传处改为新闻信息处。专门委员会办公室是专门委员会的办事机构，为政协办公厅业务处室。

2002年，市委批准市政协机关机构改革方案，办公厅设秘书处、行政接待处、组织联络处、综合处、新闻信息处、离退休人员工作处、车队、提案委员会办公室、经济科技委员会办公室、教育文化卫体育委员会办公室、社会和法制委员会办公室、民族宗教港澳台侨联络委员会办公室、文史和学习委员会办公室、机关党委。

2007年10月，市政协成立委员工作处（正科级）。2009年1月，设理论研究室。2010年3月，设理论研究会办公室（正科级事业编制）。

截至2015年，市政协十二届委员会办公厅内设秘书处、综合处、新闻宣传处、组织联络处、行政接待处、离退休人员工作处、委员工作处，专门委员会各下设办公室（均为正科级）、理论研究室，下设机关事务服务中心（副处级事业编制）、理论研究会办公室。

二、专门委员会

1986年，市政协六届委员会常委会下设学习委员会、文史资料研究委员会、提案工作委员会、工作组委员会。工作组委员会下设9个工作组，分别是工矿企业科技组、教育组、文化体育组、医药卫生组、妇女儿童组、台属归侨工作组、民族宗教组、工商组、城市建设组。8 月 25 日，市政协六届十三次常务委员会会议决定，将原设置一办三委（政协办公室、学习委员会、文史资料研究委员会、提案工作委员会）合并为一办二委（政协办公室，文史资料研究委员会，学习、提案、工作组委员会）。调整学习、提案、工作组委员会及下设的 7 个工作组负责人名单。同时，将工矿企业科技组改称科学技术工作组，台属归侨工作组改称祖国统一工作组，取消城乡建设组。

1987 年 8 月 26 日，市政协六届委员会十七次常务会议决定将学习、提案工作组委员会分为学习委员会和提案、工作组委员会。

1989 年 11 月，市政协七届二次常务委员会决定设立学习提案法制委员会、文史资料委员会、经济科技委员会、教育文化卫生体育委员会、民族宗教和祖国统一联谊委员会，妇女儿童工作组更名为妇女青年委员会。

1994 年 6 月 16 日，政协八届一次常务委员会会议决定，设立提案法制委员会、文史资料委员会、经济科技委员会、教育文化卫生体育委员会、民族宗教祖国统一联谊委员会、学习青年妇女委员会。

1999 年 4 月 27 日，政协九届一次常务委员会会议决定，设立提案委员会、经济科技委员会、教育文化卫生体育委员会、民族宗教香港澳门台侨联络委员会、文史和学习委员会，学习青年妇女委员会更名为社会和法制委员会。

2004 年 5 月 17 日，政协十届一次常务委员会会议决定，设立提案委员会、经济科技委员会、教育文化卫生体育委员会、社会和法制委员会、民族宗教香港澳门台侨联络委员会、文史和学习委员会。

2008 年 2 月 8 日，政协十一届一次常务委员会会议决定，设立提案委员会、经济科技委员会、教育文化卫生体育委员会、社会和法制委员会、民族宗教香港澳门台侨联络委员会、文史和学习委员会。

2013 年 1 月 22 日，政协十二届一次常务委员会会议决定，设立提案委员会、经济科技委员会、教育文化卫生体育委员会、社会和法制委员会、民族宗教香港澳门台侨联络委员会、文史和学习委员会。

第三章　政协工作

第一节　提案工作

一、提案收集

市政协六届委员会共收到委员提案 630 件。提出提案的委员 420 人，占委员提案总数的 66.7%。内容涉及呼和浩特市经济建设、政治生活和爱国统一战线等各个方面，内容包括工业、农牧林水、交通、城市建设、科学技术、文化、教育、卫生、财贸计划、政法、劳动人事、统一战线、人民政协工作等方面。会议闭幕后，政协办公室根据提案审查委员会审查意见，将全部提案分别转交市委、市政府所属有关部门研究办理。市政协六届五次常委会设立市政协提案工作委员会。

市政协七届委员会共收到委员提案 896 件，提出提案的委员 859 人，占委员提案总数的 96.9%。内容涉及教育、科技、文化、卫生、体育、统战、政法、劳动人事、群众生活等各个方面。根据内容分别转交市委、市人大常委会、市政府及所属单位研究办理。属于上级机关办理的转送自治区党委办公厅和政府办公厅研究办理。市政协七届二次常委会将提案工作委员会更名为学习提案法制委员会。

市政协八届委员会共收到委员提案 1189 件。提出提案的委员 751 人，占委员提案总数的 63.4%。内容涉及经济科技、教育、文化、卫生、体育、财政、金融、政法、劳动人事、统战等各个方面。提案经提案法制委员会审查，确定立案 1054 件，占委员提案总数的 87.9%。对未立案件，均按来信处理，并向提案者作出解释。根据内容分别转交市委、市人大常委会、市政府及所属单位研究办理。属于上级机关办理的转送自治区党委办公厅和政府办公厅研究办理。市政协八届一次常委会将学习提案法制委员会更名为提案法制委员会。

市政协九届委员会共收到政协委员、各民主党派、人民团体及政协专门委员会提案 1912 件。确定立案 1412 件，占委员提案总数的 73.8%。其中，以各民主党派、工商联、人民团体、政协专门委员会名义提出的集体提案居多。经提案委员会按照《呼和浩特市政协提案工作条例》严格审查，对未立案件，按群众信访转交有关部门研究参考。市政协九届一次常委会决定单设提案委员会，专门负责提案的征集、整理、编号、立案等工作，同时负责委员撰写提案的培训工作。

市政协十届委员会共收到提案 2326 件。经提案委员会审查，立案 2222 件，占委员提案总数的 73.8%。提案内容涉及经济、科技、教育、文化、卫生、体育、社会法治、政策法律、劳动人事、人民政协、统一战线、民族宗教、群众生活及其他方面。对未立案案件，经与提案者进行沟通，作为委员来信转交有关部门处理。

市政协十一届委员会共收到提案 3096 件。经提案委员会审查，立案 2884 件，占委员提案总数的 93.2%。

市政协十二届一次、二次、三次会议共收到提案 1924 件。经提案委员会审查，立案 1761 件，占委员提案总数的 91.5%。提案涉及经济建设、政治建设、文化建设、社会建设、生态文明建设等方面。

二、提案办理

市政协六届委员会期间办理提案 406 件，并答复提案人。办理提案占提案总数的64.4%。市政协六届二次会议提案办理大致分为3种情况，有条件办到的及时办理；当时不具备办理条件的，大部分列入承办单位下年度计划或“七五”计划，分期解决；短期不能解决的向提案人做出解释和说明，并向上级部门反映委员意见。1987年6月1日，市政府向所属单位发出《关于办理好人民代表建议和政协委员提案的通知》，对办理提案工作提出明确要求。

市政协七届委员会期间办理提案848件，占提案总数的94.6%。办理过程中，将合理意见纳入工作计划，创造条件逐步解决；因财力、物力等条件所限，不能采纳的意见，转给上级部门参考，并向提案人解释说明。

市政协八届委员会共办复提案1046件，占立案总数的99.2%。对立案提案，分别转交中市委、市政府、市中级人民法院、呼和浩特铁路局等单位研究办理。

市政协九届委员会共办复提案1482件，占立案总数的77.5%。对立案提案，因条件所限和客观原因而无法实现的，承办单位如实向委员作出说明；对不满意的，承办单位或重新办理，或与委员沟通情况，取得理解与支持。

市政协十届委员会共办复提案2178件，办复率97.9%。其中，问题得到解决或基本解决的710件，占立案总数的32.6%；承办单位列入计划，创造条件逐步解决1186件，占立案总数的54.5%；不具备解决条件的285件，占立案总数的12.9%。

市政协十一届委员会共办复提案2884件，办复率100%。其中，问题得到解决或基本解决的710件，占立案总数的32.6%；列入计划解决的提案1708件，占立案总数的59.2%；不具备解决条件的提案130件，占立案总数的4.5%。

政协市十二届一次、二次、三次会议所立案的提案全部办理完毕，办复率100%。其中，问题得到解决或基本解决的783件，占立案总数的40.7%；列入计划解决的提案930件，占立案总数的48.3%；不具备解决条件的提案58件，占立案总数的3%。根据政协各参加单位和委员反馈，满意和基本满意率98%。

第二节　协商议政

1984—2007年，市政协六届委员会至十届委员会任期内，始终把关注民生问题、促进民族团结、维护社会公平、协调各方关系、构建和谐社会作为履行职能的重点。政协各界别委员，在各自联系的群众中，在所能接触到的社会层面上，做好协调关系、化解矛盾工作。宣传贯彻党的宗教信仰自由政策，加强与宗教界人士沟通，团结广大信教群众，发挥宗教在促进社会和谐方面的积极作用。特别注重自身建设，不断创新工作机制，建立健全与政协章程相配套的各项规章制度，使各项工作有章可循，推进履职制度化、规范化、程序化建设。制订《政协呼和浩特市委员会专门委员会组织通则》《政协呼和浩特市委员守则》，建立政协专门委员会与市党政有关部门对口联系制度，初步形成委员履职保障机制、激励机制与约束机制。尊重和保障各民主党派、无党派人士在人民政协中享有的各项民主权利，多形式、多渠道为其发挥作用创造条件。注重保护、调动各界别参政议政的积极性，努力体现各界别人士的特长及优势，倡导广泛交流合作，不断拓宽发挥界别作用的渠道和途径。全面加强政协机关思想、组织、制度、作风建设，大力构建学习型机关，深入开展争创一流队伍、培育一流作风、创造一流业绩“三个一流”活动，进一步提高机关工作效率与服务能力，切实把政协机关的各项工作提升到新水平。

2008年后，市政协十一届委员会深入贯彻落实《中共中央关于加强人民政协工作的意见》，牢牢把握团结和民主两大主题，坚持把推动科学发展作为履行职能的第一要务，把推动发展、改善民生、促进和谐作为履行职能的着力点，坚持“全委会议总体协商、常务委员会会议专题协商、主席会议重点协商、专委会对口协商”的议政格局，认真开展政治协商、民主监督、参政议政。全委会议着眼于全市工作大局，围绕市委、市政府的中心工作与人民群众普遍关注的热点、难点问题，认真开展总体协商。在深入调查研究的基础上，围绕加快发展现代农业、加快工业经济发展、加快发展现代服务业、加快教育、文化卫生等社会事业的发展以及完善城市功能、提升管理水平、扩大就业、抑制物价过快上涨等问题进行讨论，建言献策。主席会议、常务委员会会议精心选取市委、市政府重点推进的工作或人民群众普遍关注的问题，围绕加快发展现代农业，组织开展肉羊产业发展、种植业发展、蔬菜基地建设及产业发展、推进奶牛规模化养殖等专题调研活动专题协商。围绕推进首府工业化进程，组织开展扶持民营企业发展、工业经济发展、新能源产业发展、工业科技服务体系建设等调研活动与专题协商。围绕推进首府现代服务业发展，组织开展现代物流业发展、总部经济发展、现代服务业发展、推进云计算产业发展等专题调研、专题协商。主席会议、常务委员会会议对全市民族文化产业化发展、加强食品卫生安全管理、加强城镇基本医疗保险制度建设、加快盐碱地改造与利用、促进学前教育发展、推进“三城同创”（国家园林城市、国家卫生城市、国家环境保护模范城市）、打造首府特色文化品牌、打造草原文化中心城市、创新社区管理、养老机构建设、城乡就业等问题进行协商。各专门委员会通过开展“主席接待委员日”活动、专项考察、提案督办等形式，加强与市党政部门对口协商，就建立现代农业核心示范区、加强蔬菜市场管理、推进中水回用、健全地下水资源管理机制、优先发展公交事业、解决外来务工人员子女教育、加快推进楼房墙体保暖改造工程等问题与有关部门进行对口协商，共同研究探讨解决问题或改进工作的有效措施。

2013年，市政协十二届委员会按照习近平总书记在加强政协工作重要讲话中指出的“建言建在需要时，议政议在点上，监督监在关键处。”重要指示精神，坚持围绕中心、服务大局，聚焦市委、市政府重大决策部署和重点工作，把协商民主贯穿于政治协商、民主监督、参政议政全过程。助推深化改革。围绕深化行政审批制度改革，深化行政执法体制改革、中小学招生改革开展调研、考察活动，分析研究深化改革中面临的问题，建言献策。围绕放宽市场准入政策、加快全市民营经济发展开展调研和协商，对进一步消除市场壁垒、加快“三证合一”进度起到有力推动作用。围绕县域经济发展、大数据产业发展、民营经济发展、科技型中小微企业发展、云计算产业发展、招商引资、有序推进农民工转移、推进农牧业品牌战略、“双创”中心和众创空间建设、文化产业发展、旅游品牌创建、地方戏曲传承与发展、创建国家公共文化服务示范区、文化旅游融合发展、传统村落保护和建设等内容开展调研和协商，为市委、市政府科学决策提供重要参考，一些建议得到市委、市政府主要领导、分管领导批示，有关部门研究采纳。政协常委会围绕呼和浩特市融入国家“一带一路”、中俄蒙经济走廊建设、和林格尔新区规划与建设以及“十三五”规划制定与实施，提出针对性建议，对相关工作产生积极影响。围绕重点民生问题年年聚焦、接力建言，多维度查找不足、多层次协商讨论，促进有关问题的解决。围绕养老服务、棚户区和老旧小区改造、食品安全监管、医患纠纷依法公平公正处理、农村人居环境整治与后续管理、教育均衡发展、社会治安综合治理等涉及人民群众切身利益的重点民生工作开展调研协商、委员考察、提案督办，建言献策，推动民生问题解决。其中，关于推动呼和浩特市公共交通发展的专题协商，促进公交优先战略的实施，助推市财政拨付1亿元为公交公司职工缴纳养老保险，解决公交职工民生难题。围绕生态移民、农民权益保障、返乡农民工就业创业、推进农村电子商务、城乡一体化发展等内容开展调研协商，为助推全市脱贫攻坚建言献策。市政协领导包村包户精准扶贫、市政协机关干部一对一精准扶贫，有力地推动全市脱贫攻坚工作。市政协委员会发挥人民政协作为协商民主重要渠道及专门协商机构的作用，形成以全体会议为龙头，以专题议政性常务委员会会议与专题协商会为重点，以对口协商会、提案办理协商会、界别协商会等为常态的协商议政新格局。深入贯彻落实中央、各级党委加强政协协商民主建设文件精神，不断规范年度协商计划内容、形式与程序，形成市委、市政府、市政协联合下发年度协商计划新机制，确保年度协商计划制定和实施的权威性和严肃性。加强与市委、市政府及有关部门的工作衔接，使协商活动更加务实、有效。协商、调研题目的选择坚持贴近中心服务大局、贴近民生、服务百姓，注重“小切口”选题，力争“小题目”做出大文章、“小切口”牵动大政策。把面对面协商作为主要形式，政协选好议题，搭建好平台，选好“领言人”，让委员、专家学者、人民群众当主角，请市政府相关领导及部门负责人与他们就议题面对面进行协商，使协商更加直接、更加务实、更有成效。拓宽民主监督渠道，尝试开展监督性调研、考察活动，是呼和浩特市政协参政议政、实施民主监督的创新之举。围绕肉类食品市场管理、科技服务平台建设、BRT建设和运营、法院司法公开、检察院检务公开、公安局信息化建设等内容开展监督性调研、考察，不断探索提高民主监督实效的方法和途径。经常性工作在注重数量的同时，更加注重质量，力求言之有据、言之有理、言之有度、言之有序，用好政协话语权与影响力，使参政议政更有作为。

第三节　民主评议

2008年开始，根据中共呼和浩特市委《关于开展专题协商和民主评议部门工作的批复》精神，市政协组织开展民主评议政府部门工作，对16个政府部门进行民主评议。

2009年，按照市政协《关于开展民主评议政府部门工作的通知》《政协呼和浩特市委员会民主评议部门工作的意见》要求，经济科技委员会对市科技局开展民主评议工作。

2010年，市政协制订《政协呼和浩特市委员会民主评议工作暂行办法》，从民主评议工作的原则和目标、对象和内容、方法和步骤、评议结果的运用等方面作出明确规定，使民主评议工作进一步制度化、规范化。通过开展提案跟踪督办活动、推荐委员担任司法机关和政府部门特约监督员、参加党委政府组织的调查、检查及政风行风评议等活动，履行民主监督职责。

2011年，市政协组织委员以调研、视察的方式履行民主监督职能外，还通过参加全市民主评议政府部门政风行风的考评和选派部分委员担任信访、文化、卫生、食品药品、自来水等部门的特邀监督员、咨询员等方式，认真履行民主监督职能。

2012年，开展民主评议市广电局工作，先后召开由市广电局机关干部及所属二级单位负责人参加的民主评议动员大会和民主评议总结大会，发放问卷调查表，深入新城区、回民区以及部分旗县区、市广电局所属二级单位进行视察、走访，召开由市广电局系统干部、二级单位负责人、政协委员参加的民主评议座谈会，与市广电局领导班子座谈、交换意见。民主评议组结合市广电局的整改总结报告，及对收回的257份调查问卷汇总显示，对市广电局的工作进展、队伍建设、办事效率、廉洁从政、作风建设等项工作表示满意。

2013—2015年，市政协制定《开展民主评议政府部门工作实施方案》，组建评议组，培训评议组成员。先后对市农牧业局、市政服务中心、市商务局、市教育局、市旅游局、市园林局、市食品药品监督管理局、市审计局等部门开展民主评议，对呼和浩特市老旧小区供排水管网改造和饮水安全工作进行专项评议，推动政府部门改进工作，提高机关服务质量和办事效率。

第四节　调查研究

一、开展经济工作调研

1990 年 9 月，市政协经济科技委员会调研 6 家企业；12 月，调研 10 个基层单位，研究商品流通领域批发环节中存在的问题。1991 年 7 月，市政协经济科技委员会分 6 组考察全市 48 个窗口单位。

1992 年 4 月，市政协经济科技委员会调研土默特左旗、托克托县、郊区 10 个乡镇的春耕春播和农村社会化服务；5 月，调研转换企业经营机制试点单位，以及农村春耕生产、农民负担、“打白条”以及农副产品卖难等问题；6 月，到市房改办、内蒙古日报社、自治区第二毛纺织厂、玉泉区小召办事处和市二轻局调研“房改”工作；7 月，调研全市土地资源开发利用经营管理；8 月，调研呼和浩特炼油厂建设；11 月，调研“科技兴市战略”实施情况。

1994 年 5 月，市政协经济科技委员会到土默特左旗、托克托县，调研农业生产和农村工作以及郊区“菜篮子”工程；10 月，对落实民革呼和浩特市委员会对外引项目调查的提案进行调研。11 月，调研市区和郊区商贩挤占道路影响交通情况，考察城乡接合部交通道路。

1995 年 4—5 月，市政协经济科技委员会调研市电子局、纺织局及相关企业；6 月，调研郊区、新城区、回民区、玉泉区的区情。8 月，调研回民区、玉泉区民营企业及个体工商户；9 月，分 6 组调研市机械局、纺织局、电子局、轻化局、二轻局、建材局及下属 17 家企业。

1996 年 3 月，市政协经济科技委员会对 20 家非公有制经济企业经营状况及优惠政策落实情况进行调研；5 月，调研“绒山羊科学养殖带”；6 月，分 3 组调研郊区、土默特左旗、托克托县、和林格尔县、清水河县、武川县农牧业生产、县办企业和资源开发。

1997 年 3 月，市政协经济科技委员会对自治区成立五十周年庆祝活动重点工程建设情况，以及对调整农业产业结构，增加农民收入情况进行调研；6 月，分 3 组调研窗口服务单位及自治区成立五十周年庆祝活动相关部门。

1999 年，市政协经济科技委员会对 2 家上市公司、3 家盈利企业、2 家微利企业、2 家亏损企业、2 家特困企业，调研 26 家个体、私营企业和 4 个旗县的非公有制经济发展情况进行调研；10 月，对生态市建设重点项目实施情况及小城镇、经济园区建设情况开展调研。11 月，对国有企业贯彻落实中共十五届四中全会精神情况进行调研。

2000 年 7 月，市政协经济科技委员会对 13 个国有林场，以及农业产业结构调整情况、奶源基地发展建设情况开展调研。8 月，分 4 组对市容环境综合整治情况调研；10 月，到包头市考察国有企业改革和稀土资源开发生产。2001 年 4 月，分 3 组调研 27 家私营企业；11 月，对城区小街小巷改造及市容环境整治进行调研；12 月，对全市纺织业、乳制品工业、医药行业、机械电子行业、电力行业、石油化工行业、农畜产品加工行业等 30 余家工商企业开展调研。

2002 年 5—6 月，市政协经济科技委员会调研 11 家企业的 15 个工业重点项目；调研“三农”问题和城市经济发展“瓶颈”问题。2003 年 6—7 月，调研 20 家民营企业的产业结构调整情况；8 月，分 5 组调研市区和土默特左旗、托克托县、和林格尔县城市改造建设、市容市貌综合整治及农村重点项目。

2004 年 3—4 月，市政协经济科技委员会对奶牛养殖业社会化服务体系进行调研；9 月，到通辽市就抓好粮食生产、确保农民增收情况进行调研。

2005 年 6 月，市政协经济科技委员会到 3 个县（区）、5 个街道办事处以及 21 个相关部门调研就业情况；7 月，调研市科技信息网络中心、农业科技信息服务体系呼叫中心运行情况；11 月，对全市农村富余劳动力转移情况开展调研。2009 年 5 月，市政协经济科技委员会对全市肉羊产业发展进行调研。

2010 年，市政协专题调研坚持“求精求实”原则，以战略性、前瞻性为主要考量标准，以进入党政决策为参政目标，从注意针对性、坚持超前性、注重可行性三方面选好调研课题，通过掌握全面翔实的情况、深入分析研究上狠下功夫、抓好调研成果转化等方面努力，专题调研质量进一步提高，参政议政效果明显。其中，《关于立足首府优势发展总部经济的调研报告》是全市第一篇系统分析研究发展总部经济的调研报告，获市委、市政府及有关方面重视；《关于我市工业科技服务体系建设的调研报告》从提高呼和浩特市的综合竞争能力和后续发展能力的视角出发，提出针对性建议；《关于我市奶牛规模化养殖情况的调研报告》从实际出发，提出多种模式共存、优势互补原则，以政府引导、企业牵头、奶农参与、社会化服务、合作组织共建共赢方式，推动奶牛规模化养殖发展；《关于我市体育产业发展情况的调研报告》，从思想认识、政策措施、人才培养等方面提出建议。市政协通过开展专题调研活动，形成一批专题调研报告，并将其中 48 个专题调研报告通过专题协商、重点协商后提交市委、市政府。市委、市政府主要领导对其中 11 个作出批示，市政府分管领导对其中的 9 个作出批示，要求有关部门认真研究，切实加强这些方面工作。市委办公厅根据市委主要领导意见，将部分调研报告印发各旗县（区）、各部门参阅。这些调研报告所提出的意见建议在推动全市有关方面的工作中发挥重要作用。

2011 年 6 月，开展蔬菜基地建设及产业发展调研。2012 年 3 月，开展奶牛规模化养殖调研。2013 年，对大公交系统建设情况进行调研。

2014 年 8 月，市政协经济科技委员会组织相关委员到沈阳、锦州、盘锦、葫芦岛、朝阳及赤峰等市调研。

2015 年，对全市光伏产业，放宽市场准入政策，加快民营经济发展情况等进行调研；6 月，对全市 60 余家中小微企业发展情况进行了调研。

二、开展教育文化卫生体育工作调研

1986 年，市政协教育文化卫生体育委员会组织委员调研市农贸市场及饮食、肉食、食品加工等部门。1989 年 5 月，市政协教育文化卫生体育委员会调研职业教育情况。1990 年 4 月，调研市第一中学、实验中学、土默特小学等 13 所中、小学和职业学校的德育工作。1991 年，调研土默特左旗部分地区砷中毒情况、全市清真饮食管理情况；11 月，调研土默特左旗、托克托县、郊区的 14 个旗县级医疗单位、9 所乡镇卫生院、27 个行政村的卫生医疗保健工作。

1992 年 7 月，市政协教育文化卫生体育委员会调研五塔寺、席力图召、大召、昭君墓、托克托县博物馆及海生不浪文化遗址。

1993 年 3 月，市政协教育文化卫生体育委员会调研小学教育经费投入和使用情况、呼和浩特市职业高中的专业设置和毕业生就业情况。1994 年，调研呼和浩特市“八运会”筹备工作。

1995 年 5 月，市政协教育文化卫生体育委员会调研托克托县第二中学、那木架小学、燕山营小学、托克托县第二小学、回族小学、回族幼儿园、营坊道小学、市第五幼儿园、南马路小学、太平街小学、玉泉区民族实验小学、恒昌店小学。1996 年，考察新城区、玉泉区、清水河县、托克托县等地基础教育工作。1997 年 3 月，调研清水河县桦树墕乡大台子小学并帮助筹集翻建校舍所需经费 3 万元；10 月，调研土默特左旗、和林格尔县、武川县农村教师队伍素质状况。1999 年 7 月，市政协教育文化卫生体育委员会调研全市环境卫生、物业管理、集贸市场管理和市场垃圾、生活垃圾以及建筑垃圾处理情况；12 月，调研市敬业学校、市政协高考补习学校、呼和浩特艺术高级中学、鸿德国际学校。

2000 年，市政协教育文化卫生体育委员会调研减轻中小学生课业负担情况；5 月，调研城市建设与文物保护利用工作；6 月，调研中小学减负及素质教育情况；9 月，调研老少边穷地区教育情况；10 月，对大学路书摊、新城区通达音像出租商店、回民区电子游戏厅、南茶坊歌舞厅及托克托县书摊和音像、歌舞市场等开办情况进行调研。11 月，调研全市社会办学情况。

2001 年 4 月，调研全民健身活动开展情况。2002 年 4 月，到市社保局、市第一医院、新城区医院、回民区医院调研城镇职工基本医疗保险制度实施情况；到市第一职业中心、市第二职业中学、赛罕区职教中心和武川县综合高中职业教育开展情况进行调研；7 月，对祥和小区、奥威花园、学苑小区、芳汀花园、学府花园、怡园小区等住宅区社区精神文明建设情况进行调研。

2005 年 6 月，到托克托县医院、大羊场圐圙村卫生所、大羊场沙圪洞自然村、新营子镇中心卫生院，对农村医疗保障工作进行调研；9 月，调研社区体育工作情况；11 月，调研"百万农民科技培训工程"有关单位。2008 年 7 月，调研职业教育情况。

2009 年 10 月，市政协教育文化卫生体育委员会调研人口和计划生育服务管理体系标准化、规范化建设情况。2011 年 6 月，调研体育产业发展情况，城镇居民、城镇职工基本医疗保险制度落实情况。2014 年，对中小学寄宿制管理、医疗纠纷调解处理等工作进行调研。2015 年，调研民办学前教育情况。

三、开展社会和法治工作调研

1986 年 11 月，市政协组织政协委员到市第一幼儿园（公办普通）、回族第二幼儿园（公办民族）、一毛幼儿园（厂办）、师大幼儿园（校办）、市委幼儿园（机关办）、塞北关街幼儿园（街道办）、火箭幼儿园（厂街联办）、六一幼儿园（个体）和康乐幼儿园（个体）等不同类型的幼儿园开展调研。

1990 年 9 月，市政协组织政协委员到土默特左旗、托克托县、郊区和市区 10 家厂矿企业调研。1994 年，到部分厂矿企业和土默特左旗调研。1999 年，到沈阳、大连等地就妇女、儿童合法权益受侵害问题进行调研。1995 年 10 月，对贯彻落实《中华人民共和国劳动法》情况进行调研。

1999 年 11 月，市政协社会和法制委员会组织政协委员调研市第二看守所。2000 年 9 月，到市工商局、地税局、卫生局及有关行政执法部门和通达商场、义乌小商品批发市场、"云中食品一条街"、"战备路一条街"和金沙集团、金辰集团、三 C 集团、塞宝集团、思必达广告公司调研；11 月，开展《中华人民共和国残疾人保障法》执法情况调研。

2001 年 5 月，市政协社会和法制委员会对全市司法部门执法情况，青少年犯罪的原因、特点以及预防，市劳教所执法执纪专项教育情况进行调研；9 月，考察新城区、回民区、玉泉区、赛罕区、托克托县、和林格尔县残疾人社会保障和基层组织建设情况。2003 年 9 月，调研社会保障和再就业工作。

2004 年 9 月，市政协社会和法制委员会调研未成年人思想道德建设情况。2005 年 10 月，开展非公有制企业贯彻落实《中华人民共和国工会法》情况调研。2007 年，调研社会保障体系建设和完善情况。

2008年5月，市政协社会和法制委员会调研老年公寓建设和发展情况；8月，调研社会保障体系建设；10月，调研市教育局、市第一中学、恒昌店小学、市第五中学、青山小学、土默特左旗第二中学、土默特左旗民族中学附属小学。2009年6月，调研廉租房建设、使用情况；11月，调研社区教育工作，设施种植业发展情况。2010年10月，对全市无物业小区改造管理情况进行调研；11月，调研企业集体合同建立和完善情况。2011年，调研加强全面健康教育工作情况；9月，调研“三城同创”工作情况。2011年、2012年，调研创新社区管理工作情况。2012年10月，调研就业政策落实和工作开展情况。2013年7月，调研新农村建设情况。2013年11月，考察妇女儿童发展纲要落实情况。

2014年，市政协社会和法制委员会对智能化交通管理建设情况进行调研；10月，调研企业、建筑工地的安全生产情况。2015年4月，开展老旧住宅小区物业管理情况调研；7月，调研基层劳动保障平台促进就业工作情况；9月，到武川县、回民区、赛罕区3家基层人民法院和市中级人民法院，对司法公开情况进行调研。

四、开展民族宗教侨务工作调研

1990年1月，市政协民族宗教和祖国统一联谊委员会组织委员到土默特左旗、托克托县、郊区与市教育局等地区和单位开展调研；6月，调研清真餐饮业、清真食品管理工作。1993年9月，开展民族宗教政策执行情况调研。1994年7月，调研建筑装修装潢公司、奈伦总公司、中瑞合资永荣包装有限公司、中华烤鸡店等企业；11月，开展对《中华人民共和国境内外国人宗教活动管理决定》《宗教活动场所管理条例》及市政府有关条例的贯彻情况、宗教团体兴办经济实体等情况的调研。1996年6月，对全市民族教育工作调研；8月，调研回民区贯彻落实《呼和浩特市清真饮食业市场暂行管理办法》的试点情况。1997年，调研回民区旧城北门“伊斯兰食品一条街”创建情况，到土默特左旗、托克托县、和林格尔县等地调研全市民族教育工作。1998年6月，对全市素质教育开展情况调研。

1999年5月，市政协民族宗教香港澳门台侨联络委员会组织委员对内蒙古大学、内蒙古师范大学、内蒙古工业学院清真食堂和土默特左旗民族教育情况进行调研。2000年3月，到北京市昌平区小汤山镇农业高新技术开发园区、海淀区锦绣大地生态农业观光园和朝阳区凌云绿色食品基地调研；10月，对6个旗县（区）、108个少数民族聚居村群众生产生活状况开展调研。

2002年10月，市政协民族宗教香港澳门台侨联络委员会开展文物古迹状况及旅游业发展情况调研。2004年11月，到陕西、四川、云南、贵州等省调研省会、首府城市宗教工作。2005年8月，开展“民族宗教文化旅游带”建设情况调研。2007年10月，调研少数民族专业技术人员培养使用情况。2009 年 10 月，开展少数民族民族村、聚居村脱贫致富情况，以及侨资企业、归侨侨眷实业经营发展状况调研。

2010 年 5 月，市政协民族宗教香港澳门台侨联络委员会对玉泉区、回民区、新城区、土默特左旗和呼和浩特市民族文化产业基地进行调研。2011 年 6 月，开展蒙医蒙药发展情况调研。2012 年 4 月，开展打造草原文化中心城市特色情况调研。

2013 年，市政协民族宗教香港澳门台侨联络委员会开展民族教育发展状况调研；开展宗教教职人员社会保障问题调研。2014 年，开展民族贸易和民族特需产品生产企业发展情况，以及蒙医药运用及适宜技术调研。2015 年，开展创建品牌推动旅游业发展工作调研；对港资、澳资、台资等企业发展的基本情况、经营状况及发展过程中存在的问题和困难以及推动企业发展的思路、规划和建议进行调研。

第五节　联谊活动

1987 年 2 月，市政协组织和接待在呼和浩特市召开的六市四盟政协秘书长联谊会。7 月，接待河南省洛阳市、辽宁省阜新市 2 个学习考察团。组织市政协机关干部两组 13 人到昆明、贵阳、成都等地学习考察。举办每月一次的委员活动日 3 次。

1988 年，市政协接待台湾来呼和浩特探亲的台湾同胞 3 人。接待日本关东、关西地区代表团。先后举办教师节座谈会、九一九起义纪念活动，召开民族宗教界人士茶话会。中秋节前夕，受市委委托由市政协牵头，12 个单位举行“民族大团结，祖国大统一”中秋联谊会，各族各界代表人士 580 余人参加，市党政领导与市政协领导出席。先后参加昆明等十城市政协工作横向联席会第三次会议，出席在包头市、伊克召盟召开七市五盟政协工作第二次横向联席会议，参加全区政协工作会议和在呼和浩特召开的三省一区政协工作横向联席会。

1989 年，市政协参加在甘肃省酒泉市召开的西北九省区提案工作联席会议和自治区政协第二次提案工作会议。出席在宁夏银川市、石嘴山市、阿拉善盟召开的八市五盟政协工作第三次横向联席会议。接待新疆乌鲁木齐、四川成都政协参观团。

1990 年，市政协接待台湾同胞和来呼探亲的海外友人 3 批 7 人。先后参加全国政协在云南省西双版纳召开的西南地区各省区政协提案工作联席会议。出席在河北省张家口市、内蒙古自治区锡林郭勒盟召开的四省区八市五盟政协工作第四次横向联席会议，参加河南省洛阳市牡丹盛会。参观团考察西安、成都、重庆、昆明、桂林、武汉等地。接待成都、淄博、昆明、朔州、沧州、株洲以及昔阳、平定、张家口等市县政协参观团。

1991 年，市政协接待天津市政协经济考察团、四川省凉山彝族自治州政协考察团和大同、张家口、朔州、宝鸡、柳州及乌兰察布盟等盟市的政协团体。1992 年，参加全国五个少数民族自治区首府市政协工作联席会议第一次会议，出席四省区九市五盟政协横向联系第六次会议。接待合肥、乌鲁木齐、南宁、青海海西藏族自治州、四川甘孜藏族自治州、咸阳等州市的政协参观团。

1993 年，市政协组织参加全国少数民族自治区首府市政协工作联席会第二次会议、在广西壮族自治区、南宁市召开的西部十省区政协提案工作联席会议。接待宜昌市、桂林市、铜川市学习参观团。组织召开四省区九市五盟政协横向联席会第七次会议。

1995 年，市政协与全国 100 多个地市级政协加强联系，参加全国少数民族自治区首府市政协工作联席会第三次会议、四省区十五市五盟政协工作横向联席会银川会议、全国部分旅游城市联谊会（研讨会）武汉会议、自治区各盟市政协工作经验交流会，先后接待 24 批兄弟城市政协学习考察团。

1996 年，市政协组织参加全国少数民族自治区首府城市政协工作联席会第四次会议、全国部分旅游开放城市政协联谊会哈尔滨会议、自治区各盟市政协工作经验交流会议锡林郭勒盟会议等。组织 9 个旗县（区）政协主席到南方考察学习，转变观念。组织部分委员到东北学习考察，交流经验。先后接待 34 批兄弟城市政协学习考察团，与 100 多个城市的政协组织建立友好联系。召开全市旗县（区）政协工作座谈会，总结、交流呼和浩特市各旗县（区）政协履行政治协商、民主监督和参政议政职能的经验，交流和探讨在新形势下如何进一步搞好政协工作的做法。

1997 年，由市政协牵头，联合北京东城区、延庆县政协、山西省大同市政协共同举办“迎回归，话统一”联谊活动。先后接待永州市、潍坊市、延庆县等县市兄弟政协来访者 9 批约 60 人次。开展 1997 年“政协杯，我为政府进一言”有奖征文活动。3 位主席、副主席分别到美国、日本进行访问，拜会美国、日本工商、金融、新闻、文化界等有关人士。接待台港澳同胞及其他国家和地区友好代表团。参加全国五自治区首府政协工作联席会第五次会议、全国部分旅游开放城市政协联席会张家界会议、十市五盟政协工作经验交流会唐山会议。

1999 年，接待区外政协来呼和浩特学习考察团 169 批 2395 人次，先后与 120 多个城市政协建立友好往来关系。市政协同美国、日本、澳大利亚和东南亚部分国家工商、金融界友好人士建立经济往来关系。

2001 年，市政协联系北京东城、朝阳、宣武、西城 4 个区政协先后 3 次为和林格尔、清水河、武川 3 个县中小学捐赠电脑、电视、教学仪器、桌、椅、图书、衣物等，总价值 50 多万元。2002 年，组团参加全国政协举办的部分地区政协宣传工作研讨会和地方工作经验交流会，参加全国 5 个少数民族自治区首府市政协工作联席会第十次会议、四省区十市五盟政协工作联席会及自治区政协常委会举办的全区政协信息工作会议、政协工作研讨会。接待各省市区的 101 个来访团体，868 人次。

2003 年，市政协接待国内各省区市政协的 93 个来访考察团，632 人次。2004 年，组织召开全国 5 个少数民族自治区首府市政协工作联席会，并邀请北京市东城区政协出席会议。接待广州市政协主席陈开枝一行 26 人的政协工作考察团。全年共接待区内外政协到呼和浩特市考察团 112 个，1380 人次。

2005 年，市政协组团参加四省区十五盟市政协工作联席会第十六次会议，举办全国 5 个少数民族自治区首府市政协工作联席会第十三次会议。接待区内外兄弟政协考察人员 112 批，1380 人次，并两次组团外出考察学习。全年共接待政协客人 150 批 1163 人。2006 年，分别接待河南省平顶山市、湖南省株洲市、山西省太原市、河北省石家庄市政协考察团。

2007—2008 年，市政协民族宗教港澳台侨联络委员会积极开展走访委员活动，充分调动委员积极性。每年对所联系的委员至少走访一次，使委员提交提案和反映社情民意的积极性和主动性得到充分调动。2009 年，走访新一届政协委员 17 名，参加对口联系单位的会议和活动 16 次。

2011 年，呼和浩特市成功举办全国少数民族自治区首府城市政协工作联席会第十八次会议。组织召开旗县（区）政协联谊会 10 次，分别以《进一步发挥委员的主体作用》《提高专题调研质量》《做好新形势下的提案工作》《履行好民主监督职能》《提高协商议政水平》《加强社情民意信息工作》等为主题，进行研讨和交流，促进全市政协工作发展。先后接待吉林省延边自治州政协、新疆维吾尔自治区哈密地区政协等 8 个地区政协单位，相互交流工作情况和经验。

2012 年，市政协民族宗教港澳台侨联络委员会组织参加全市各族各界迎春联谊会、全市民族工作会议、市民族事务委员会和语委举办的“达尔罕”杯蒙古语诗歌比赛、全市侨务工作联席会议、全市侨务工作经验交流会、自治区政协港澳台侨和外事委员会举办的经验交流工作会议、全市民族团结进步宣传月活动及宗教重大节日庆典等活动。先后接待唐山市政协等 5 个地区的政协单位。

2014 年，市政协民族宗教港澳台侨联络委员会配合自治区政协港澳台侨和外事委员会在呼和浩特市开展侨资企业发展状况、清水河县扶贫工作进展等情况的调研；配合自治区政协，接待台湾地区海峡两岸民意代表团一行参观了民族商品交易会、大召寺、伊利集团、内蒙古博物院等。

2015 年，市政协民族宗教港澳台侨联络委员会参加自治区政协举办的自治区政协民族宗教委员会经验交流会，提交《发挥民族宗教委员会职能作用，促进民族团结经济发展社会稳定》的发言材料；走访 10 多位政协委员，听取对专委会工作的意见和建议，认真追踪委员所反映社情民意、提案、大会发言等落实情况。应邀参加第十届“达尔罕杯”蒙古语诗歌朗诵大赛、呼和浩特市佛教协会第三次代表大会、呼和浩特旅游高峰论坛会议等对口部门的多次相关会议和活动；接待酒泉市、甘孜县等地区政协调研组到呼和浩特市学习考察民族宗教工作；分别选派多名委员先后参加全市各种征求意见座谈会。

第六节　文史资料

1986 年 11 月，全国政协第五次文史资料工作会议召开，提出以中共中央《关于社会主义精神文明建设指导方针的决议》精神为指导，把发展历史科学和适应社会主义现代化建设需要，培养有理想、有道德、有文化、有纪律的社会主义公民，提高整个中华民族思想道德素质和科学文化素质作为文史资料根本任务。市政协委员会为落实这一任务，注重征集人物专辑，陆续征集到章叶频个人专辑、教育文化卫生体育人物专辑史料。至 1989 年，市政协文史资料委员会共征集史料稿件 131 篇、75 万字。

1991 年，市政协文史资料委员会改进创新文史资料征集工作方式、方法，突出重点，有计划重点征集；专题史料在确定选题后，运用社会力量组稿；对资料“三亲”性质有深刻理解，除坚持主要征集历史当事者、知情者和见证人资料外，注意收集以三亲为基础、参考可靠文献资料和其他资料而撰成的稿件。1992 年，文史资料委员会根据工作需要，决定集中征集呼和浩特地区民族、宗教专题稿件，共征集史料 25 万字。

1993 年，市政协文史资料委员会以“广征博采，精选细编，抓住重点，注重质量”的精神开展工作，组建约 40 人的撰稿队伍。同时，文史资料委员会派员主动采访知情者，帮助整理资料或动员其本人撰写稿件。共征集史料稿件 20 篇、20 万字。1995—1996 年，为贯彻全国、全区两级政协文史资料工作座谈会精神，市政协从两个方面征集史料，即继续征集出版中华人民共和国成立前的史料，开展中华人民共和国建立后史料的规划和征集。完成《呼和浩特文史资料》第十辑（综合辑）和第十一辑（委员专辑）征集工作。

1997 年 8 月，根据全国政协文史资料委员会主任会议精神，市政协对呼和浩特市史料征集方式作调整。采取广征博采与重点征集、专题征集相结合，从文史普查入手，摸清底数，理清线索，组织专业和业余力量有计划开展征集和挖掘，包括口碑、实物、文字史料。征集工作中，除文史资料坚持以三亲为主外，还依靠从事过民族、宗教工作的离退休干部和民族史研究、民族艺术和地方志工作者，依据可信资料整理编写有价值民族与宗教专题史料。征集到《呼和浩特文史资料》第十二辑（少民族与宗教专辑之二）稿件 25 篇、20 万字。

2001 年，市政协文史委员会征集和编审《青城老照片》(《呼和浩特文史资料》第十四辑)，征集资料及图片三亲范围扩大，工作人员走访民间人士，获取第一手资料和照片；到博物馆、图书馆、档案馆查阅各种图书资料，得到原始照片和资料；与知情者或其遗属、子女座谈，请他们提供资料。全年共征集 600 余幅照片。

2002 年 5 月，自治区政协召开全区文史资料工作座谈会，会议提出文史资料工作要为爱国主义教育基地建设服务的工作任务。按照这一任务的要求，市政协文史资料委员会在征集史料时，更加注重征集反映统战方面的史料。2002—2003 年，市政协文史委员会征集史料约 20 万字，完成《土默特春秋》(《呼和浩特文史资料》第十五辑）征集内容。

2004 年，全国暨地方政协文史委员会主任会议明确文史资料征集工作基本准则选准角度，保持特色，全面规划，突出重点，先易后难，由远及近，方式多样，因人而异。市政协文史资料委员会改变工作方法，采取普遍号召与重点走访结合、自己动笔与派人整理结合、撰写稿件与录音录像结合的工作方法积极开展征集工作。至 2004 年末，市政协文史资料委员会共编辑出版《呼和浩特文史资料》第十五辑、250 万字，发行 2.6 万册。

2005—2007 年，编撰出版《呼和浩特市政协志》。全书共 156 万字，系统记述市政协自 1955 年成立到 2006 年 50 多年的发展历程和工作实况。协助完成自治区政协《名人故居》(内蒙古卷)、《内蒙古文史资料总目录》(呼和浩特部分)《政协委员风采录》(内蒙古卷）和“知识青年上山下乡史料”的资料征编工作，组织旗县区政协参与全国政协优秀文史资料图书评选和展示活动，提供 1995—2007 年呼和浩特市两级政协编辑出版的文史资料图书。

2008 年，根据自治区政协有关要求，组织市、旗县区政协两级政协委员撰稿，为自治区政协编辑出版《亲历改革——内蒙古政协委员纪事文集》，提供改革开放迄今，呼和浩特市经济社会发展、建设方面的有关史料。

2009 年，为了有目的、有计划地开展全市政协文史资料的征集、编辑、出版和研究工作，充分发挥文史资料的社会功能，市政协结合全市实际，制定《政协十一届呼和浩特市委员会文史资料征编出版 2008 ~ 2012 年工作规划》，从总体思路、指导方针，征集的内容、对象、方式、措施等方面作了规划。同时，编制新中国成立后市政协文史资料征集选题参考提纲。通过《呼和浩特日报》刊登征稿启事向社会各界广泛征集新中国成立后呼市经济社会发展的有关史料。完成编撰呼和浩特文史资料第十六辑《百年历程：归绥师范学堂——呼和浩特职业学院》。

2010—2012 年，组织编纂呼和浩特文史资料第十七辑《呼和浩特大事记》，出版《务实 · 创新——政协第十一届呼和浩特市委员会工作剪影》。

2013—2014 年，市政协制定《政协十二届呼和浩特市委员会文史资料征集出版工作规划》，通过《呼和浩特日报》刊登征稿启事，向社会各界广泛征集文史资料。市政协文史资料委员会征集到呼和浩特老街道文稿 30 余万字及其他有关人物、事件文史稿件，征集呼和浩特老照片 1000 余幅，从中精选 200 余幅编撰《光影留珍——呼和浩特城市记忆》。完成呼和浩特文史资料第十八辑《呼和浩特人物传记》的编撰工作，收集 300 万字的资料与 80 多帧照片，从中精选出 60 万字编辑成传记类图书。

2015 年，市政协文史资料委员会征集编撰《归绥地区抗日斗争通志》《青城谭故》（《呼和浩特文史资料》第十九辑），文稿约 40 万字；征集编撰《内蒙古地区邮政史》；启动《呼和浩特市政协志》续编工作。

第十八篇

民主党派与工商联

第一章　民革呼和浩特市委员会

第一节　组织机构

1986 年 6 月，民革呼和浩特市第一届委员会成立，主委崔维嶽；副主委王庆凯、周晓丽；委员 9 人，候补委员 2 人。内设参政议政委员会、祖国统一联谊会、“四化”工作委员会、妇女工作委员会、组织处、宣传处 6 个机构。1988 年 5 月，增补周树均为副主委。1990 年 6 月，副主委周晓丽离任；7 月，主委崔维嶽离任，王庆凯任主委。届内有党员 62 名，其中 7 人为各级人大代表、8 人担任各级政协委员。

1992 年 7 月，民革呼和浩特市第二届委员会成立，主委王庆凯；副主委陈杰、贾一飞；委员 4 人，候补委员 1 人。1996 年 3 月，主委王庆凯离任，奇英成任主委。届内有党员 110 名，其中 8 人为各级人大代表、32 人担任各级政协委员。

1997 年 5 月，民革呼和浩特市第三届委员会成立，主委奇英成；副主委彭皓方、陈杰；委员 11 人。内设参政议政委员会、祖国统一联谊会、“四化”工作委员会、妇女工作委员会、联络处、组织处、宣传处、办公室 8 个机构。1999 年 12 月，主委奇英成离任，副主委彭皓方升任主委。1998 年 9 月，增补石新生为副主委。届内有党员 139 名，其中 4 人为各级人大代表、22 人担任各级政协委员。

2002 年 1 月，民革呼和浩特市第四届委员会成立，主委彭皓方；副主委石新生、杜淑贞、王虎林、邱清廉；委员 8 人。届内有民革党员 147 名，其中 3 人为各级人大代表、21 人担任各级政协委员。

2007 年 1 月，民革呼和浩特市第五届委员会成立，主委彭皓方；副主委杜淑贞、王虎林、邱清廉；委员 9 人。2010 年 2 月，增补孙清宾为副主委。截至 2006 年 4 月，民革市委会共有党员 188 人。其中，担任自治区人大代表 1 人、自治区政协常委 1 人、委员 1 人、市人大常务委员会常委 1 人、市政协副主席 1 人、委员 7 人，市内各区人大代表、政协委员 15 人。

2011 年 12 月，民革呼和浩特市第六届委员会成立，主委孙清宾；副主委杜淑贞、王虎林、段八旺、张伟华；委员 10 人。至 2011 年末，民革市委会共有党员 204 人。其中，7 人为各级人大代表、31 人担任各级政协委员、6 人担任自治区、市两级特邀人员。

截至 2015 年，民革呼和浩特市委员会下设民革新城区支部（总支）委员会、民革回民区支部（总支）委员会、民革玉泉区支部（总支）委员会、民革赛罕区支部

（总支）委员会4个总支委员会。各总支委员会每月开展一次不同形式的组织生活会，支持配合市委会工作。

第二节　参政议政

一、提案工作

1997年，民革党员撰写的《关于减轻农牧民负担的提案》《关于加强中青年教师敬业教育的提案》《关于进一步加强整顿医疗市场、确保人民群众用药安全的提案》《关于在呼市旧城改造中注意保护古建筑、古街道的提案》被自治区政协评为优秀提案。2004年，民革党员撰写的《关于建立呼包鄂三市旅游业合作一体化的建议》《关于将破产及特困企业职工纳入城镇低保的提案》《充分利用水资源，缓解城市供水紧张》等提案、建议被市政协评为优秀提案。2005年，政协呼和浩特市第十届二次会议上，民革市委员会提交《以科学发展观规划建设好历史文化名城》的大会交流材料。民革党员与市人大代表等12人联名提出“警惕养牛致贫、养牛返贫现象的发生”的建议。2006年，政协呼和浩特市第十届三次会议上，市民革副主委杜淑贞代表民革作题为《有效遏制我市大气污染积极创建国家环保模范城市》的大会发言。同年，民革党员与市人大代表联合提交《关于认真治理采矿企业破坏生态，严重侵害农民利益行为的建议》，得到自治区和市主要领导批示，最终武川县采矿企业破坏生态侵害农民利益的事件得到妥善解决。《加强历史文化名城规划建设，发展特色旅游》《关于规范自费留学市场，保护留学者利益，坚决取缔“黑中介”的建议》等提案、建议受到多家媒体关注。

2007—2011年，民革市委会向市政协提交集体提案146件，《关于尽快印发呼和浩特市耕地“占补平衡”新政，切实保护耕地，加速推进城市化建设进程的提案》等3件提案被列为主席督办重点提案；《关于扩大内需，进一步开拓农村市场的提案》等6件提案被评为优秀提案；4件提案被媒体和有关部门重点关注。《关于把加强青少年心理卫生教育提到重要日程的提案》《关于加强我市供暖方面管理》《关于将〈腐植酸新型农用工业园〉列入呼市重大培育的新产业项目之建议》等多件提案受到市委、市政府和有关部门的高度重视并得到落实。民革党员提交的《关于加大对绥远古城墙保护力度的提案》《关于改善基层教师待遇的问题的提案》被自治区政协评为优秀提案。市委会就呼和浩特市炼铁厂造成的污染问题深入调研并连续七年提出提案。2008年，民革市委会提出《关于建议市政府加宽八中桥或平行再建一座桥的提案》，成为主席督办重点提案和优秀提案，有关部门现场办公提出解决方案，在八中桥旁边平行建了一座桥。

2012—2015 年，民革市委会向市政协提交的集体提案中《关于我市行政村卫生室补充更新村医的建议》等 7 件提案被市政协列为主席重点督办提案，《关于扩大内需，进一步开拓农村市场的提案》《加强对我市村改居工作管理力度的建议》等 10 件提案被评为优秀提案。

二、社情民意

2004 年，民革市委会提交的《关于清除主要街道人行道各种摊位的建议》《加紧完善二环路已通路段的各种标志牌》《仕奇公园北路的十字路口处急需修通下水设施》等建议受到市级领导批示。

2007—2011 年，民革市委会向市政协提交社情民意信息共计 102 件，被采用 19 件。《关于增加机动车辆燃气加气站数量的建议》被市政协评为优秀社情民意信息；《应进一步加强我市城区商业店铺“门前三包”长效监管工作》被市委评为优秀信息；《应制止通过修建庙宇进行迷信活动的不正之风》建议中涉及正在修建的庙宇被当地县政府限时拆除。

2012—2015 年，民革市委会报送《在城中区打造呼和浩特传统小吃美食文化街的建议》《关于我市环城水系、河岸绿地急需建设配套设施的建议》《应重视大青山南坡水源地污染问题》等社情民意信息 100 余条。民革党员撰写的《关于呼包鄂金融信息共享的建议》获自治区党委统战部及市委统战部的表彰；《关于改变我市新农合制度过度医疗的建议》被自治区党委办公厅采用，并批转卫生厅办理。

三、专题调研

2004 年，民革市委会首次以集体名义撰写《关于呼市地区义务教育实行“一费制”后农村中小学现状的调研报告》，调研由呼和浩特市政协副主席、民革主委彭皓方带队，分两组到新城区、玉泉区、赛罕区及土默特左旗、武川县、和林格尔县的 14 个乡、29 所农村学校，实地考察农村中小学在实行一费制后的状况。

2005 年，民革市委会撰写《关于呼和浩特市民办教育现状的调研报告》。对市属旗县（区）的民办学校及呼和浩特市炼铁厂、武川县哈拉门独乡等高污染企业进行调研，形成《关于我市钢铁冶炼企业对环境影响状况的调研报告》。

2007—2011 年，民革市委会撰写调研报告 23 件，其中《关于呼和浩特市失地农民生活状况的调研报告》《关于呼市农民专业合作社发展的调研报告》《关于进一步加强呼和浩特市园林管护工作的调研报告》《关于呼和浩特市残疾事业发展现状的调研报告》《关于我市西部城区道路存在的问题的调研报告》《关于我市农村乡镇基础教育发展情况的调研报告》《关于呼和浩特市城区排水系统存在问题的调研报告》《关于呼和浩特市社区建设情况的调研报告》《关于呼和浩特市新型农村合作医疗实施状况的调研报告》等调研报告受到市委主要领导的关注与批示；《关于呼和浩特市城区排水系统存在问题的调研报告》获市委统战部理论调研成果一等奖。

2012—2015 年，民革市委会针对村改居、抗战设施遗址保护等 29 个重点课题进行深入、广泛的调研，形成《关于呼和浩特市社区网格化服务管理工作的调研报告》《关于呼和浩特市抗战纪念设施、遗址保护和利用情况的调研报告》等调研报告，市委主要领导对三件报告做出重要批示；《关于呼市中小非公企业发展与政策支持的调研报告》被市委《每日报》采用，并获调研成果三等奖。

第三节　社会服务

1986—2005 年，民革市委会多次赴和林格尔县、土默特左旗、武川县、赛罕区等地开展送医送药义诊活动，义诊人数 2000 人次，免费发放药品价值近万元。民革市委会为清水河县暖泉乡小学赠送桌椅 60 余套和价值 1500 元的文化学习用品及衣物，赴土默特左旗陶思浩乡寿阳营村进行“帮困暖人心活动”。民革市委会被民革中央授予“民革全国社会服务工作先进集体”荣誉称号。

2006—2011 年，民革市委会在扶贫助困、捐资助学等方面捐助物资折合人民币约 2.6 万元；捐电视机 4 台；辅导和培训农村教师、下岗职工 200 多人次；送医送药、义诊 400 人次；送戏下乡 3 台。2008 年，百年罕见的南方冰雪灾害和“5・12”汶川大地震，民革党员捐款 4 万余元。

2012—2015 年，土默特左旗塔布赛乡口肯板村科技扶贫项目启动以后，民革市委会为该村赠送价值 3 万余元的生活必需品，义诊 200 余人次，发放价值 1800 元的药品，发放 200 余册农业科普手册，先后为该村香瓜基地的农民免费送去总价值近 10 万元的生物促生剂和植物叶面肥。2012 年，民革市委会被评为民革全国社会服务工作先进集体。2013 年，民革市委会配合民革中央和民革区委开展向首府监狱系统捐助价值近 2000 万元医疗设备的工作。青岛海信集团联合民革玉泉区总支和赛罕区总支举办“扶贫助残惠民工程”，两次活动捐出生活用品价值近 5 万元。

第二章　民盟呼和浩特市委员会

第一节　组织机构

1985 年 10 月，民盟呼和浩特市支部委员会成立，委员 6 名，薛庆煜为主委，副主委路丁、张秀文。1986 年 3 月，民盟呼和浩特市支部委员会升级为民盟呼和浩特市总支部委员会，下设 3 个支部。截至 1987 年 6 月，有盟员 64 人。

1987 年 6 月 26 日，民盟呼和浩特市筹备委员会成立，由 7 名成员组成。主委薛庆煜，副主委刘乐泮、路丁、王天恩（兼秘书长），任命区委组织部徐翔驻会工作，为副秘书长。确定筹委会工作机构组织部、宣传部、文教工作委员会、妇女工作委员会和办公室。

1992 年 8 月，呼和浩特市第一次盟员大会召开，选举产生民盟呼和浩特市第一届委员会，主委王天恩，副主委费颂林、郝振宪（兼秘书长），委员 9 人（届满前一年增补 2 名）。出席大会盟员 72 人。民盟市委会下设 5 个支部。届内盟员增至 119 人，界别分布在教育界、科技界、文化界等。

1997 年 1 月，呼和浩特市第二次盟员大会召开，选举产生民盟呼和浩特市第二届委员会，主委王天恩，副主委任贵、启兰芬（兼秘书长），委员 9 人。出席大会盟员 106 人。对组织机构进行微调，撤销对外联络部，改离退休盟员工作委员会为老龄盟员工作委员会，增设调研室。民盟市委会下设 8 个支部。1998 年 6 月，在支部之上设 4 个与市四区相应的新城区总支部、玉泉区总支部、回民区总支部、赛罕区总支部，并以总支部名义成为市四区政协的组成部分。届内盟员增至 175 人，界别分布在教育界、科技界、文化界、工程技术界等。

2002 年 4 月，呼和浩特市第三次盟员大会召开，选举产生民盟呼和浩特市第三届委员会，主委董恒宇，副主委朱德礼、张敏黎（兼秘书长），委员 10 人。出席大会盟员 130 人。2003 年 8 月，补选委员 1 名，选举蓝兴东为副主委（专职），并接任秘书长之职。组织机构有微调，上届所设调研室更名为参政议政部，文教工作委员会更名为文教科技委员会，其职能也有所拓展。民盟市委会设 4 个总支，总支下设 10 个支部。界别分布在教育界、科技界、文艺界、医务界等。

2007 年 1 月，呼和浩特市第四次盟员大会召开，选举产生民盟呼和浩特市第四届委员会，主委董恒宇，副主委朱德礼、张敏黎、蓝兴东、田青松，委员 12 人。出席大会盟员 137 人。2010 年，主委董恒宇辞去主委职务。同年 1 月，民盟呼和浩特市第四届委员会第七次全委会召开，选举朱德礼任主委。民盟机关设组织部、宣传部、社会服务部、参政议政部、办公室、经济社会发展委员会、文教科技工委会、科技工委会、离退休盟员工委会、妇女工委会，办公室有专职人员 4 名。民盟市委会设 4 个总支，总支下设 14 个支部。至 2012 年 1 月末，有盟员 260 人。界别分布在教育界、科技界、文化界、工程界、医务界等。

2012 年 1 月，呼和浩特市第五次盟员大会召开，选举产生民盟呼和浩特市第五届委员会，主委朱德礼，副主委蓝兴东、田青松、曹丽荣，委员 13 人。出席盟员 172 人。2015 年 6 月，增补吴坪晏为副主委。在往届四部四委的基础上，新增医药卫生委员会、生态环保委员会。民盟呼和浩特市第五届委员会届内，有盟员 273 人。界别分布在教育界、科技界、文化界、工程界、医务界等。

第二节　参政议政

一、提案工作

1987—1991年，呼和浩特市民盟筹委会共提出提案、建议50余件。《呼市高等学校亟待整顿改革、充实提高》《呼市地区卫生事业发展战略规则的几点建议》《加强对录像厅的整顿和监管》等提案，《就有关落实知识分子政策的问题谈几点看法》的大会发言受到好评和重视。

1992—1996年，民盟呼和浩特市第一届委员会共提出60余件提案、建议。其中，《加大力度、坚决刹住吃喝风》的议案，《农业的根本出路在于产业化》《采取措施、树立首府意识》《利用黄金时间播放节水广告》等提案以及大会发言《发挥政协参谋助手作用，推进党政决策科学化、民主化进程》，均产生良好社会效益。

1997—2001年，民盟呼和浩特市第二届委员会共提出234件提案、建议。其中，《整修遭严重破损的锡林南路人行道》《尽快改建新城区向阳小学》两件建议市政府现场办公解决；民盟呼和浩特市委会同其他党派市委及工商联联合提出的《吁请划拨经费，加固、维修教育学院教学楼》的提案在当年得到了解决，该提案作为优秀提案被收录到呼和浩特市八届政协专题片中；《进一步加强呼市规划工作，促进城市建设》《增加科技含量，促进我区农林牧业的可持续发展》的专题发言受到好评。2000—2001年，连续提出富有前瞻性的《关于治理、改造“扎达盖河”，建成带状公园的建议》。

2002—2006年，民盟呼和浩特市第三届委员会共提出提案、建议213件。向全国人大提出《设立国家哲学和社会科学奖的建议》《关于在城市规划中应该注重地区文化特色的建议》，受到国家有关部门高度重视。2004年，向市政协提交的三件提案《关于在城区改、扩建中注意塞外古城风貌的建议》《按照标准规范中小学班容量，创造学生健康学习空间的建议》《关于恢复人民陪审员制度，大力推进司法公正的建议》被列为重点提案；《关于加强呼市地区进城打工农民非农业技能培训的建议》《关于净化呼市地区中小学生成长环境的建议》被评为2004年“优秀建议”；《关于发展扩大蔬菜种植基地，缓解首府“吃菜难”的建议》《关于优先发展首府“大公交”建设的建议》被评为2005年优秀建议。在内蒙古政协九届三次全委会和九届十四次常委会上，分别作《关于我区农村义务教育的几点意见和建议》《加大政府支持力度，发挥中蒙医药优势，推进我区农村牧区医疗卫生改革进程》的大会发言。2005年，在内蒙古政协理论研讨会上，作《坚持团结、民主两大主题，为构建社会主义和谐社会贡献力量》的发言；在市政协十届二次、三次全委会上，作题为《关注民生，切实做好就业再就业工作》《培育城市精神，塑造呼和浩特城市形象》的大会发言。

2007—2011 年，民盟呼和浩特市第四届委员会累计提交各类提案 314 件。向第十一届全国政协会议提交大会发言 1 篇，向第十届内蒙古自治区政协历次会议提交大会发言 18 篇、提案 37 件，向第十一届呼和浩特市政协历次会议提交大会发言 13 篇、集体提案 69 件、个人提案 83 件；1 件提案获自治区政协优秀提案，6 件提案获市政协优秀提案，多件提案、建议受到中共呼和浩特市委、市政府领导的批示。其中，针对呼和浩特市“一核双圈一体化”总体战略规划部署，提交《关于打造首府“一核双圈”城乡一体化的思考和建议》的大会发言；结合呼和浩特市现代化产业升级，提交《以先进物流理念推动物流园区现代化建设——关于白塔物流园区建设的几点思考》《发展现代农牧业——关于设施农业的难点及对策》的大会发言；针对呼和浩特市水资源紧缺、城市污水利用率不高的问题，提交《关于对呼和浩特城市污水处理工作的几点建议》的大会发言。

2012—2015 年，民盟呼和浩特市第五届委员会先后向十二届全国政协会议提交提案 10 件，向十一届自治区政协历次会议提交大会发言 11 篇、提案 34 件，向十二届市政协历次会议提交大会发言 5 篇、集体提案 82 件、个人提案 83 件，向十四届市人大会议提交建议 10 件。其中，报送的《关于筑牢校园食品安全的建议》《关于发展我市文化旅游创意产业的建议》《关于在我市综合物流产业带创建羊绒（毛）纺织品加工贸易产业园区的建议》《关于改善提高我市环卫工人工资福利待遇的提案》《进一步加强呼市消防的建议》获市政协优秀提案；《关于打造绿色优质奶源基地的建议》被市政协评为优秀建议；《关于在我市严格执行禁牧规定的提案》《关于加强大气污染防治的有关建议》《关于改变呼和浩特市城市拆迁进度拖延现象的建议》被列为市政协重点督办提案；新城区总支部报送的《关于修复华北军第 59 军抗日阵亡将士公墓纪念碑的建议》被列为新城区政协主席督办提案、玉泉区总支部《关于治理“阜丰”味精厂所排放废气的建议》在玉泉区政协八届二次会议上形成由民盟牵头 100 多委员联名的集体提案。

二、专题调研

2002 年，民盟市委会组织民盟市委成员和部分盟员到市属旗县考察，提出在国务院扶贫县武川县大豆铺乡建设民盟北方生态园的构想。2004 年，组织盟员开展呼和浩特城市文化专题调查研究。民盟内蒙古区委和民盟呼和浩特市委邀请专家、学者组成城市文化课题组，对呼和浩特城市文化进行专题调查研究，形成《寻找内蒙古的城市文脉——以呼和浩特为蓝本，探寻城市化进程中的文化因素》调研报告，提交自治区和市两级党委、统战部。调研报告对城市文化建设提出内容丰富、切实可行的建议。

2008 年，民盟市委会完成的调研课题《以先进物流理念推动物流园区现代化建设——关于白塔物流园区建设的几点思考》，引起中共市委、市政府的重视。2009 年，完成《关于完善呼和浩特市社区卫生服务体系的建议》等 4 项调研报告。其中，《发展现代农牧业——设施农业的难点及对策》获中共呼和浩特市委统战部理论研究成果一等奖，得到市领导的高度重视，并责成市农牧局研究落实。2010 年，完成《呼和浩特市食品安全监管情况的调研报告》《呼和浩特市社区卫生服务体系调研报告》等 7 项调研报告。

2012—2013 年，民盟市委会承担内蒙古区委 2 项调研课题。其中，2012 年的《促进内蒙古文化旅游创意产业科学发展的调研报告》得到自治区党委统战部的高度评价；《呼和浩特地区蒙医药及适宜技术推广应用的调研报告》获得 2014 年中共市委统战调研优秀成果三等奖；《关于推进呼和浩特地区蒙医药发展对策的研究》被列为 2015 年度全市重点调研课题，并得到市长批示；《呼和浩特非公有制经济“融资难”问题的调研报告》获得 2015 年度全市统战调研成果特别奖、2015 年度自治区统战理论政策研究成果一等奖。市委统战部授予民盟市委 2015 年度“全市统战调研工作先进集体”荣誉称号。2015 年，民盟内蒙古区委授予民盟呼和浩特市委“议政建言工作先进集体”荣誉称号。

第三节　社会服务

一、办学及捐资助学

1994—1997 年，民盟市委会组织盟员捐资 3000 多元，购置 250 套桌凳，分别赠与土默特左旗小学、托克托县胡忽浪营子小学、清水河老牛坡小学；向学校的师生赠送科技文艺图书、教学辅导书、期刊共约 5000 册。

2002 年 12 月，玉泉区总支部与其他民主党派联合，为呼和浩特市第十二中学赠送价值 3500 余元的教学设备。2004 年 12 月，赛罕区总支部为西讨速好村新建的图书馆捐赠图书 621 本。2006 年，民盟中央为武川县图书馆少儿阅览室捐赠计算机、打印机等设备以及图书 600 余册。

2012 年后，民盟呼和浩特市委员会加入烛光行动计划，配合民盟内蒙古区委对赛罕区太平庄小学开展助教工作。民盟赛罕区总支部通过支教、捐赠、助学等多种形式对清水河单台子乡小学开展帮扶活动，给学生送去价值近万元食品及计算机、书刊、体育器材等。

2014 年，玉泉总支部在全体盟员中发起“捐一缕书香，献一片真情”主题捐书活动，为玉泉区小黑河乡班定营村图书室捐赠图书 1400 余册。

二、科技教育咨询服务

1991 年，民盟呼和浩特市筹备委员会邀请专家对呼和浩特市植物园的植物进行鉴定并命名。1992—1997 年，民盟市委会派专家到和林格尔县、武川县、清水河县对林业和养殖业等提供科技咨询服务。

2002 年，民盟市委会派专家为玉泉区“党外后备干部培训班”义务讲授计算机知识；为电机工程学会组织的中学生讲解“变电站仿真”科技知识。2003 年，民盟市委会聘请农科院专家到武川县乌兰不浪乡小营子村提供科技咨询服务，专家给农民教授新型肥料的作用和配比，传授科技知识。

2004—2015 年，民盟市委参加各民主党派在定点扶贫包扶单位“三下乡”活动，各民主党派的专家教授现场为农民群众免费义诊、送医送药、科技普及和教授奶牛养殖及疫病防治技术。民盟市委积极参与本次活动，为农民群众和当地中学赠送价值 1000 元的药品和体育用品；配合市委统战部到武川县西乌兰不浪乡开展文化、科技、卫生“三下乡”活动。为农村发展、农民致富服务，满足农民需要，帮助贫困地区的农民，引导扶持农村文化科技卫生事业的繁荣发展。民盟第五届市委参加中共市委统战部组织的赴武川西乌兰不浪镇开展的“三下乡”活动，为当地村民送去价值 3500 元的生产、生活用品。

三、扶贫济困

1997 年，民盟第二届市委与各民主党派、工商联合作，捐资 3000 元为严重缺水的贫困地区清水河县老牛坡乡打机井 1 眼；出资 500 元购买农业科学书籍，赠予武川县蘑菇乡农科站。1998 年洪灾过后，组织盟员捐款 1480 元，衣物 543 件。2002 年，民盟第三届市委为贫困村捐赠 1 台微机，两套办公桌。同年，盟员捐款 460 元，购买农药，赠给武川县毛不浪乡圪团村。

民盟第三届市委于 2003 年启动“民盟北方生态园”建设，这是一项较大规模的生态建设，同时也是一项较大力度的扶贫工作。中共呼和浩特市委、市政府授予民盟呼和浩特市委员会“无帮扶任务、扶贫工作成绩突出的单位、团体”；民盟中央给予充分肯定，认同中国民主同盟北方生态园的建设是生态扶贫的新模式。2003 年“非典”肆虐之际，民盟第三届市委会和全体盟员积极参与和支持防控“非典”的斗争，以王桂珍为代表的抗击“非典”第一线的医务人员，恪尽职守，不怕牺牲，勇于战斗，表现出高度的政治责任感和社会责任感。各级组织和盟员积极捐赠，参与捐款 49 人次，捐款 4.8 万元。

2008 年，“5 · 12”汶川大地震发生后，民盟第四届市委会迅速号召全市各基层组织和全体盟员立即行动起来，组织全体盟员以及机关干部捐款，短时间内向地震灾区捐款 12750 元。广大盟员还通过所在单位、各级政协、慈善协会、银行专用账户等其他渠道积极捐款捐物，据不完全统计捐款达69346元。2009年，民盟玉泉区总支部配合玉泉区环保局为后毛道村打井两眼。同年，玉泉区总支部联合玉泉区环保局分别出资1000元和7000元为五里营居委会添置办公桌椅。2010年4月14日，青海玉树发生7.1级强烈地震，地震发生后，盟员踊跃捐款，除各自单位等其他渠道捐款之外，民盟四届市委会共计收到盟员捐款4520元。

四、生态建设

2003年5月，由民盟市委会发起，与北京、广州、南京三市民盟委员会共同在国务院定点扶贫县武川县大豆铺乡建立“民盟北方生态园”。2003年下半年，协调资金投入的12个项目全部启动，涉及改良环境、植树种草、选育牛羊品种等，覆盖6个建制村、15个自然村，第一期种植山地杨6万株、苹果和大扁杏26万株，成活率在70%以上。2004年，参与建设项目15个，种植沙棘22万株。2005年，种植各种树木100万株。2006年，种植高杆杨、柳插条、沙棘等树木200万株。为防止林木优良品种灭绝，保障旱生植物的多样化，与内蒙古林科院树木园共建“旱生林木种质基因库”。2004年8月，民盟中央决定在北方生态园的基础上，建设“中国民主同盟北方生态园”。

2005年8月，在呼和浩特举行“中国民主同盟北方生态园揭牌仪式”。同时，召开以“北方生态——人与自然的和谐”为主题的“2005·民盟北方生态论坛”。会前向区内外、盟内外征集论文，收到社会各界人士提交的论文71篇，70多位区内外、盟内外学者参加论坛。与会人士就促进北方，特别是内蒙古生态环境保护和建设，重建绿色家园进行深层次、全方位的探讨。2006年起，国家林业总局天然林保护中心连续三年给武川县拨付天然林保护资金总额1500万元，并将武川县列入全国100个“生态扶贫县试点”之一。

第三章　民建呼和浩特市委员会

第一节　组织机构

1983年5月，民建呼和浩特市支部委员会成立。1987年2月，民建呼和浩特市委员会第一次会员大会召开，选举产生民建呼和浩特市第一届委员会，主委郝国瑞，副主委李振洪、刘保明。

1992年1月，民建呼和浩特市委员会第二次会员大会召开，选举产生第二届委员会，主委李振洪；副主委段锡符、杨仁选、赵浩沁；委员11人。86名会员出席大会。

1997年8月，民建呼和浩特市委员会第三次会员大会召开，选举产生第三届委员会，名誉主委李振洪；主委段锡符；副主委赵浩沁、马福、陈曼莉、翟志勤；委员 13 人。102 名会员出席大会。

2002 年 4 月，民建呼和浩特市委员会第四次会员大会召开，选举产生第四届委员会，主委赵浩沁；副主委陈曼莉、翟志勤、狄宗仁、白玉堂；委员 15 人。135 名会员出席大会。

2007 年 1 月，民建呼和浩特市委员会第五次会员大会召开，选举产生第五届委员会，主委陈曼莉;副主委邢玉禄、李虹、包海军;委员 15 人。121 名会员出席大会。

2011 年 12 月，民建呼和浩特市委员会第六次会员大会召开，选举产生第六届委员会，主委陈曼莉；副主委李虹（女）、包海军、薛荣跃；委员 14 人。123 名会员出席大会。

第二节　参政议政

1986—1991 年，民建市委会会员中担任各级人大代表和政协委员的有 64 人，其中担任市级以上人大代表的 7 人，政协委员 32 人。其中，全国人大代表、政协委员各 1 人。共提出建议、提案近 200 件。

1992—1996 年，有 13 名会员担任自治区、市、区级政协委员，3 名会员当选人大代表。其间，向市政协提交提案 57 件，其中集体提案 32 件。

1997—2001 年，向各级人大、政协会议提交提案 84 件。其中，以集体名义提交提案 47 件。提案涉及经济建设、环境保护、城市规划、反腐倡廉、下岗职工再就业、民主法治建设等关系到国计民生的大事。

2002—2006 年，提出集体提案 147 件，委员提案 101 件，议案 6 件，建议、批评和意见 46 件。内容涉及社会主义新农村建设、社会主义民主与法治建设、环境保护和关系到呼和浩特市经济社会可持续发展中存在的问题等。其中，《关于建立和完善动物疫病防治体系的建议》等提案，被市政协列为领导督办提案；《关于建立黄河三角洲，促进呼市、包头、东胜区域经济发展的提案》《城市管理要不断细化》等提案，被民建内蒙古区委、市政协评为“优秀提案”。

2007—2011 年，参政议政成果被自治区政协采用为提案的 60 余件，被市人大采用为建议、批评和意见的 8 件，被市政协采用为提案的 251 件。其中，集体提案 115 件、委员提案 136 件。内容涉及民营经济发展、食品安全、节能减排、电网改造、城市建设、教育改革、旅游服务等众多方面。5 名会员受到民建内蒙古区委表彰；民建呼和浩特市委获民建内蒙古区委“参政议政先进集体”和市政协“提案工作先进集体”称号。

2011—2015 年，向各级政协报送调研报告 20 余篇。向市人大、自治区政协和市政协会议提交议案、建议、批评和意见，提案327件。其中，市人大建议、批评和意见25件，自治区政协提案43件，市政协集体提案107件，委员提案170件。其中，“关于培育呼和浩特市后备上市企业的建议”获自治区政协“优秀提案奖”。报送社情民意157件，采用63件，采用率提高到40%。

第三节　社会服务

1986—1991年，民建市委会举办多期专业培训班，培训人员290余人。派出专门人员重新组建呼和浩特市电池厂，提高企业经济效益，企业利润处于全区同行业领先地位。组建成立呼和浩特中小企业咨询开发公司。与呼和浩特市离退休科技工作者联合会共同开办呼和浩特市工农业应用技术研究所。成立劳动就业服务处，安置待业青年15人。

1992—1996年，民建市委会联合民建内蒙古区委、北方法律经济研究所，对内蒙古电缆厂流动资金缺乏，生产无法启动，严重亏损的状况进行全面调查和咨询服务，协调解决欠款1200万元，使生产重新启动，并实现扭亏为盈。形成《关于内蒙古电缆厂因货款拖欠急待启动资金》的调查报告，受到自治区党委和政府的高度重视。玉泉区支部协同中共玉泉区委对区属16家企业进行考察，为呼和浩特市圆珠笔厂提供技术咨询服务，解决该企业的经营难题。

1997—2001年，深入贫困县和林格尔县，为当地农民讲授种植、养殖知识，受到极大欢迎，并为当地小学捐赠科普读物和教学仪器。聘请畜牧专家赴二道河村、一间房村和陶思浩村开展科技下乡活动。为解决呼和浩特市下岗职工人数较多的问题，成立“呼和浩特市民建家政信息中心”，义务为下岗职工提供信息咨询服务和培训。1998年，为南方省区洪灾灾区人民捐赠3000余元现金和物资。

2002—2006年，组织会员义务植树1.1万余株。民建市委会为武川县西乌兰不浪小学、和林格尔县樊家窑乡小学捐助科技文化书籍及体育用品。2003年，在抗击“非典”活动中，3名会员受到民建中央的表彰，1名会员受到自治区有关部门的表彰，1名会员受到中共呼和浩特市委、市政府的表彰。企业家会员主动为政府排忧解难，招收国企下岗职工200余人，为社会稳定做出贡献。2002—2003年，回民区支部、玉泉区支部、赛罕区支部赴沙尔营乡练家营子村，回民区段家窑村、东乌素图村，和林格尔县西窑子村、好赖沟村举办奶牛养殖技术、奶牛疫病防治、大棚蔬菜种植知识讲座，并赠送技术手册和光盘资料。

2007—2011年，开展各类社会服务活动40余次。其中，举办各类培训讲座7次；开展科普、法律进农村、进社区、进学校活动16次，将科普知识、科普大篷车、科普剧等送到农村、社区、校园；开展赈灾、助学活动 11 次；开展慰问敬老院孤寡老人、老红军、交警等活动 3 次；参加中共呼和浩特市委统战部组织的“科技、文化、卫生”三下乡活动 2 次。各类活动中累计捐赠科普书籍 3000 余册，法律知识宣传单 1000 余份，科普光盘 250 余张。2008 年，为四川汶川灾区捐款 1.14 万元，为西南五省灾区捐款 3.70 万元，为青海玉树地震灾区捐款 1.44 万元，为甘肃舟曲捐款 7950 元。2 名会员获“民建中央抗震救灾先进个人”，17 名会员获“民建全区抗震救灾先进会员”称号。为呼和浩特市残疾人奥林匹克运动委员会捐赠体育用品价值 9000 余元。协助完成民建中央中华思源工程扶贫基金会——中国行·武川县医院救护车捐赠活动，为武川县医院捐赠价值 8.5 万元的救护车 1 辆。

2011—2015 年，为四川雅安灾区捐款 6 万余元，为云南鲁甸灾区捐款 1.4 万余元。协调中华思源工程基金会为革命老区武川县医院捐赠价值 100 余万元的医疗设备，免费为 100 余例白内障患者进行手术。基层组织和专委会社会服务活动各具特色，分别在新城区、回民区、玉泉区、赛罕区、武川县等开展社会服务活动累计 30 余次，累计捐资、捐物 15 万余元，参与活动会员 400 余人次，近 1 万人次受到科普及法律等方面教育。

第四章　民进呼和浩特市委员会

第一节　组织机构

1987 年 6 月，民进呼和浩特市筹备委员会成立，主任委员杨秉棋；副主任委员康书文、赵甫；委员 4 人。筹备委员会会员总人数 128 人。筹备委员会是在原民进内蒙古自治区委直属的十几个支部的基础上建立的。

1988 年 8 月，民进呼和浩特市委员会第一次会员大会召开，选举产生第一届委员会。主任委员杨秉棋；副主任委员康书文、克什格（蒙古族）、赵甫；委员 7 人。第一届委员会发展会员 36 人，会员总人数 157 人，教育文化界会员占总数的 91%。

1995 年 12 月，民进呼和浩特市委员会第二次会员大会召开（因第一届主委病故，本届委员会换届工作延期 2 年），选举产生第二届委员会。主任委员郝振宪；副主任委员张润锁、方运策、兰云英、杨秀梅；委员 9 人。1997 年 9 月，增补 2 名委员。2000 年 5 月，郝振宪因病辞去职务，选举张润锁为民进市委会主委，增补杨秀梅为副主委兼秘书长。第二届委员会发展会员 54 人，会员总人数 201 人，教育文化界会员占总数的 89%。

2001 年 7 月，民进呼和浩特市委员会第三次会员大会召开，选举产生第三届委员会。主任委员张润锁;副主任委员杨秀梅、张秀媛、杨玉林;委员9人。2002年8月，增补委员1名。第三届委员会发展会员65人，会员总人数249人，教育文化界会员占总数的81.6%。

2007年1月，民进呼和浩特市委员会第四次会员大会召开，选举产生第四届委员会。主任委员张润锁；副主任委员孙清宾、王钰国、柴庆孚、刘利军；委员9人。第四届委员会发展会员58人，会员总人数306人，教育文化界会员占总数的80%。

2011年12月，民进呼和浩特市委员会第五次大会召开，选举产生第五届委员会。主任委员张润锁；副主任委员王钰国、刘利军、索英镌、李文平；委员9人。第五届委员会发展会员62人，会员总人数348人，教育文化界会员占总数的85%。

截至2015年，民进呼和浩特市委员会下设5个总支部委员会。各总支委员会按照市委会各个时期工作部署，组织会员开展活动，支持配合市委会全面工作。

第二节　参政议政

一、提案工作

1988—2015年，民进市委会参加民主协商会、情况通报会、党外人事座谈会200余次。围绕中心服务大局，积极履行参政党职能，提出集体提案470件，其中9件被列为市政协重点提案，得到督办。《将呼和浩特市职工大学、呼和浩特教育学院、呼和浩特管理干部学院、呼和浩特市广播电视大学四所院校合并》的提案，被中共呼和浩特市委、市政府采纳。2003年，四所院校合并，组建呼和浩特职业学院。《关于呼市十二中危房严重亟待解决》《关于自治区、呼市两级民族重点中学（呼市回中）亟待增建综合实验楼》的提案，被市政府采纳并拨款建设。《关于加大对民办幼儿园监管扶持力度的提案》等15件集体提案获市政协优秀提案奖。45名人大代表、政协委员分别被评为各级优秀人大代表、“优秀提案作者”、“优秀政协委员”。建立参政议政工作培训机制，坚持每年召开信息工作会议、课题征集研讨会等，采取辅导报告、提案稿件分析、工作研讨等形式，切实加强对骨干会员的培训。主委、副主委和机关干部利用参加基层支部活动机会，向广大会员讲解课题调研、提案和撰写社情民意的相关知识，提高会员对参政议政工作认知和参与热情。

二、专题调研

1988—2015年，民进呼和浩特市委员会共撰写提交各类调研报告62篇。其中，《关于呼和浩特市蔬菜产业的调研》获自治区党委书记胡春华批示，要求自治区相关部门对呼和浩特市蔬菜产业给予政策、资金支持，18篇调研报告获市党政主要领导批示。《发掘少数民族传统和谐文化构建各民族互相理解的认同关系》调研报告获全市统一战线系统调研成果一等奖。调研报告中选出15篇精品报告，提交市政协全体会议进行交流。22篇精品调研报告入选呼和浩特市政协全体会议大会发言材料，受到市政协的充分肯定。8篇调研报告分别荣获全市统一战线系统调研成果一、二、三等奖。2015年荣获“全市统一战线系统调研工作先进集体”奖。加强市和区联动，探索建立市和区联合调研，每年与各区总支委员会联合调研1～2个区级立项课题，并给予一定资金支持，推动基层组织建立常态化、规范化参政议政工作机制。

三、社情民意工作

1988—2015年，民进市委会反映社情民意信息600余条，32条社情民意得到批示。《便民市场位置要合理安排》《禁止仿真枪在市场上销售的信息》《社区管理不到位给离退休人员造成不便》《关于对教师继续教育进行合理改革的建议》《二职北校教学楼存在严重安全隐患亟待解决》等社情民意得到市主要领导的批示。2008年、2013年分别获市政协颁发的“反映社情民意信息工作先进集体”奖。建立及时反馈通报机制。对于提案、社情民意要求及时向撰稿人反馈采用情况，民进市委会要求主动及时将采用情况向会员一对一地反馈。并将各基层组织提案和社情民意信息报送、采用情况每年在《呼和浩特民进》上刊登。

第三节　社会服务

1986—2015年，民进市委会发挥自身优势，开展各种支教讲学活动80余次；助学捐资捐物60余万元；资助贫困生完成学业25名，其中大学生3名、初中生19名、小学生3名。向社会贫困人群捐款捐物约40余万元。所开展的科技、文化、医药下乡活动以及深入敬老院、福利院、特殊学校等活动，受到社会的赞誉。

2015年，民进市委会发挥会内教育专家人才优势，成立由34名优秀教师及家长组成的家庭教育研究会，面向家长和学校多次开展讲座。同年，民进市委会机关支部获民进全国社会服务工作优秀成果奖。

第五章　农工党呼和浩特市委员会

第一节　组织机构

1985年7月，农工党呼和浩特市第一届支部委员会成立。1988年11月，农工党呼和浩特市筹备委员会成立大会召开，出席党员67人。大会选举产生农工党呼和浩特市筹备委员会委员5人。筹备委员会第一次全体委员会议选举罗振东为主任委员，赵嵩云为副主任委员。筹备委员会下设办公室、组织部、宣传部和咨询服务部。有党员 76 人。其中，医药卫生界 48 人，科技界 4 人，文化教育界 17 人，其他界别 7 人。

1989 年 12 月，农工党呼和浩特市第一届委员会正式成立。主委罗振东，副主委刘恭、李景明，委员 11 人。内设办公室、组织部、宣传部、咨询服务部、医药卫生工作委员会、科教文化工作委员会、对外联络工作委员会、老年工作委员会、妇女工作委员会。有党员 94 人。其中，医药卫生界 58 人，文化教育界 22 人，科学技术界 6 人，其他界别 8 人。1992 年 9 月，主任委员办公会议研究决定，增补李景明为常务副主任委员兼秘书长。

1995 年 1 月，农工党呼和浩特市第二次党员大会召开，选举产生第二届委员会，主委罗振东，副主委陈国军、孙兰柱、云治厚，委员 9 人。截至 1995 年 1 月，农工党市委会有党员 107 名。党员中担任各级人大代表、政协委员的人员共 26 人。1996 年 1 月，在主任委员会议上成立提案委员会。2 月，召开二届二次全体党员大会，增补薛英、孙灵生、齐琳、王瑞杰为第二届委员会委员。1997 年 12 月，农工党市第二届委员会全体委员会议决定免去孙兰柱的常务副主任委员职务，保留委员、副主任委员职务；决定陈国军兼任常务副主任委员职务；同意谷儒林辞去秘书长职务，保留委员职务，办理退休手续。1998 年 1 月，成立调研提案办公室。至 1999 年，全市共有农工党员 174 人，医药卫生界 104 人，科技文化教育界 39 人，其他界别 36 人。

2000 年 5 月 23—24 日，农工党呼和浩特市第三次党员大会召开，选举产生第三届委员会。主委云治厚，副主委陈国军、王彭令，委员 14 人。2003 年 4 月，三届四次全委会届中调整领导班子成员，会议同意孙灵生为专职副主委，免去秘书长职务；同意提名张瑞清为秘书长；增补齐晓慧为委员。2004 年 2 月，三届五次全委会调整充实领导班子，会议同意云治厚辞去委员、主任委员职务，选举陈国军为主任委员，选举鲁剑钧为委员、副主任委员。农工党呼和浩特市第三届委员会发展新党员 29 名，有党员 199 名。

2005 年 11 月 8—9 日，农工党呼和浩特市第四次党员大会召开，选举产生第四届委员会，主委鲁剑钧，副主委崔俊生、蒙华、其木格、张瑞清，委员 15 人。2006 年，成立参政议政工作委员会，下设办公室。农工党呼和浩特市第四届委员会注重把握发展与巩固、数量与质量、界别的重点与非重点关系，发展有代表性的新党员 37 名。至 2010 年，全市农工党员 226 人。其中，医药卫生界 114 人，文化教育界 58 人，其他界别 54 人。

2010 年 12 月 27—28 日，农工党呼和浩特市第五次代表大会召开，选举产生第五届委员会。主委鲁剑钧，副主委崔俊生、蒙华、其木格、岱沁，委员 15 人。2015 年 2 月，五届七次全委会上，同意蒙华辞去委员、副主任委员职务，马亚红辞去委员职务。2015 年 6 月，五届八次全委会上，增补王辉为委员、副主任委员。

截至 2015 年，农工党市委会共有党员 284 名。其中，医药卫生界 153 名，文化教育界 72 名，行政机关 43 名。在职党员 176 名。第五届委员会共发展新党员 57 名。至 2015 年末，农工党市委会下设新城区总支部委员会、回民区总支部委员会、玉泉区总支部委员会、赛罕区总支部委员会。下设 11 个基层支部委员会。

第二节　参政议政

一、提案与社情民意信息工作

1991 年，农工党员就市公费医疗中存在的问题和市政府机关工作人员存在多占公房的问题，联名以提案形式向有关部门反映。1992 年，提出有分量的建议提案 3 件，引起有关部门重视。1993—1995 年，提出提案 49 件。1996 年，党员中的各级人大代表和政协委员向各级人大、政协提出议案和提案，如控制城市养狗、治理人民路农贸市场垃圾点、供暖收费等市民关注的问题，这些问题引起政府有关部门重视，并采取措施。1997 年，农工党市委会负责人先后参加中共呼和浩特市委、人大、政府、政协情况通报会 7 次，就全市经济发展和政府工作提出意见与建议。党员中的人大代表、政协委员、监察员、审计员、物价员从不同角度搜集情况，反映民意，向有关部门进言，通过议案、提案等各种形式，献计献策，参与宏观决策，提交提案 25 件。

1998 年，成立提案办公室，由专人负责提案的调研、收集、整理、上报工作。全年完成提案 20 件，收到提案答复 14 件。1999 年，农工党市委会加强提案收集整理工作，收集提案 28 件。其中，集体提案立案 17 件，个人提案立案 10 件。《关于深入开展健康教育，促进“两个文明”建设》《关于对城郊接合部环境卫生状况的建议》《整顿“马路市场”的建议》《加快治理白色污染》《增加城市水面，限制建筑密度的建议》《提请市政府对呼和浩特市供暖制定法规》《制止广告纸散发的建议》等提案均被市政府采纳。2000 年，农工党市委会收集提案 30 件，其中集体提案立案 18 件、个人提案立案 10 件。

2001 年，农工党市委会收集提案 20 件，报送市政协 16 件，立案 16 件。《尽快建立呼市疾病控制中心的建议》《加强环卫基础设施（公厕）的建议》《建议规范社会义诊活动》《设立“无主病人人道主义医疗救助基金”建议》《呼和浩特市长期从事居委会工作的中老年同志的离职补贴问题》《搞好社区卫生医疗站》《供暖问题》《加强公安民警警风建设》《对呼和浩特市基础建设中如拆迁凉房、车棚工作过程中存在的问题提出合理化建议》等提案均受到市政府的重视并采纳。

2002—2005 年，农工党市委会提出集体提案 93 件、个人提案 68 件。其间，调动10个基层支部的党员对市内49个单位进行行风测评，完成80份行风问卷调查。

2006年，向市两会提交提案、建议77件。其中，个人提案、建议44件。《关于全面实施农村新型合作医疗需要注意问题的建议》《关于加快呼市蔬菜基地建设的提案》《关于尽快完善供暖管理法规的提案》等提案得到市委、市政府的高度重视。全年向市政协报送社情民意信息41条，有6条社情民意专报市级领导批示。

2007—2008年，农工党员中的各级人大代表和政协委员充分履行职责，向市两会提交议案、提案174件；向市政协编报社情民意72条。2008年，农工党市委会被农工党中央授予“农工党中央社情民意信息工作先进单位”称号。

2009年，向市政协提交集体提案30件、个人提案9件，向市人大提交建议5件。其中《关于加强我市周边农村学校师资队伍建设的提案》《关于完善和发展我市社区服务体系的提案》被评为市政协十一届一次会议优秀提案，《关于大力发展首府文化产业的建议》被列为主席重点督办提案，向市政协上报社情民意24条。

2010年，向市两会提交集体提案37件（被采纳32件）、个人提案10件，人大建议4件，大会发言1件。全年向农工党内蒙古区委、市政协报送社情民意信息31条。其中，《加强呼和浩特市电动自行车管理的建议》被《内蒙古政协》选登。

2011年，向市两会提交集体提案36件、联合提案1件、个人提案13件，人大建议8件。其中，《关于大力发展幼儿教育的提案》被市政协列为2011年重点督办提案，《我市农村妇女儿童保健状况及建议》被此次政协会议列入大会发言材料，《关于加强农村教师培训，促进城乡教育均衡发展的提案》《关于大力推进首府文化产业发展的提案》《关于合理规划我市各小学校址布局的提案》被评为优秀提案；向农工党内蒙古区委和市政协报送社情民意信息48条，其中被农工党中央采用1条，被自治区政协采用4条，被农工党内蒙古区委采用12条，被市政协采用4条，有1条信息被市党政领导批示，有1条信息被市委采用并评为优秀信息。

2012年，向市两会提交大会发言材料1篇，集体提案47件、个人提案12件，人大建议1件。政协会议上，副主委岱沁代表农工党市委会作题为《进一步完善首府院前医疗急救服务体系建设的建议》的大会发言。全年共编报社情民意信息46篇，向农工党内蒙古区委报送22篇，其中被农工党中央信息专报采用1篇，被自治区政协（特刊）采用3篇，被农工党内蒙古区委采用12篇；向市政协报送24篇，其中《关于建立免费短信平台通知交通违章情况的建议》《关于推广实施“信息化菜价监测平台”的建议》《关于调整中心城区学校布局、解决“入学难”问题的建议》被市政协采用。

2013—2014年，在市政协十二届一次、二次会议上，提交集体大会发言材料4件；提案73件，其中立案69件；委员个人大会发言材料2件，提案39件。向市政协报送社情民意信息76件，被《呼和浩特社情民意》信息采用30件。其中，《关于规范管理我市“桥头工”市场的建议》被评为市政协优秀社情民意信息，《关于进一步规范我市家政服务市场的建议》被市政协列为2014年度重点提案。向农工党内蒙古区委报送社情民意信息72件，33件被农工党内蒙古区委采用。

2015年，向市政协全会提交《关于进一步优化我市医疗纠纷调解工作机制的建议》《关于加强我市食品安全风险监测工作的建议》大会发言材料，提交《关于进一步推进我市医师多点执业工作的建议》等集体提案20件。其中，《关于进一步优化我市医疗纠纷调解工作机制的提案》被市政协列为2015年度重点提案，《推进我市地下“生命线”智能化管理，避免城市道路变成“拉链路”的提案》被《呼和浩特市政协》选登。在会议期间召开的市党政领导与政协各界别委员代表座谈会上，农工党呼和浩特市委员会作《关于加快推动首府电子商务发展的思考和建议》的主题发言。《关于进一步规范呼和浩特市家政服务市场的建议》等2件集体提案，被评为市政协十二届一次会议以来优秀提案。全年向市政协报送社情民意信息41篇，被《呼和浩特社情民意》采用17篇。向农工党内蒙古区委报送社情民意信息35篇。其中，《应抓紧寻访和认定漠南大活佛内齐托音转世灵童的建议》被农工党中央信息专报采用；《在我区城镇构建“十分钟”养老服务圈的建议》等9篇建议、提案被自治区政协采用；《关于建立妇婴急危重症救治网络的建议》等18篇被《农工党内蒙古社情民意信息》采用，综合得分在全区35个社情民意信息直报单位中排名第一。

二、专题调研

2006—2010年，完成《关于呼市地区农村养老问题的调研报告》《呼市农村地区沼气推广应用的调研报告》《关于农村卫生服务体系建设情况的调研报告》《关于呼和浩特市社区卫生服务工作现状及今后工作建议的调研报告》《呼市托克托县农村三级卫生服务网络体系建设调研》《呼市废弃食用油脂污染现状及综合利用前景的调研》《关于大力推进马铃薯中棚种植技术，实现马铃薯产业发展的调研》《因地制宜，优势利用，统一规划，推动我市马铃薯产业又好又快的发展》《促进农村土地承包经营权流转，加快呼和浩特城市化进程，推动经济长期稳定可持续发展》《深加工对马铃薯产业发展的作用及影响》《关于有效使用廉租房，抑制房价的调研》《呼市地区农村妇女儿童保健状况调查报告》《进一步促进我市蒙中医事业的科学发展》等调研报告，其中《关于大力推进马铃薯中棚种植技术，实现马铃薯产业发展》《呼市托克托县农村三级卫生服务网络体系建设调研》《关于有效使用廉租房，抑制房价的调研》《呼市地区农村妇女儿童保健状况调查报告》《进一步促进我市蒙中医事业的科学发展》等分别得到市党政领导的批示。

2011—2015年，完成《呼和浩特市卫生监督机构现状调查》《呼和浩特市食品安全风险监测工作现状调查》《我市开展社区网格化服务管理工作情况的调研报告》《我市预防接种门诊现状的调查报告》调研报告26篇。其中，《关于进一步健全和完善首府院前急救医疗服务体系的调研报告》《关于我市蔬菜基地“整村推进”项目建设情况的调研报告》《关于我市城市生活垃圾处理情况的调研报告》得到市党政领导的高度重视和批示；《关于我市蒙中药材资源保护的调研报告》《关于蒙医中医卫生服务体系建设的调研报告》所提建议被部分采纳；在《我市社会救助工作情况的调研报告》基础上修改完成的《关于改进社会救助工作的调研报告》获农工党中央2015年优秀调研报告三等奖；《关于我市旗县区级公立医院服务能力建设情况的调研》被市委统战部列为重点调研项目。

第三节　社会服务

1989年，农工党市委会与市政协联合对市政协扶贫点进行医疗咨询活动，包括内科、外科、儿科和中医科。“五一节”为市近郊府兴营小学学生、麻花板小学学生开展健康检查。六一儿童节为毛条厂幼儿园开展幼儿发育健康检查。

1990年5月，为纪念国际红十字日，农工党市委会在鼓楼将军衙署前与农工党内蒙古区委联合举行医疗咨询服务活动，接待咨询458人次，受到农工党内蒙古区委领导和自治区党委统战部的赞扬。6月，农工党市委会组织党员15人组成医疗咨询队到郊区府兴营小学为264名小学生进行常规体检，并为10名教师分别进行心电图和妇科检查。12月，农工党市委会组织13名党员组成的下乡医疗咨询队到郊区黄合少乡西黄合少村进行义诊活动，接受诊疗的患者有235人次。1991年10月，由7名医师组成多科医疗咨询队，在中共呼和浩特市委统战部、市卫生局的支持下，由主委罗振东带领到土默特左旗枳芨梁村为农民送医送药，并为两个村212人进行医疗咨询。

1992年6月，农工党市委会组织7名医师到市北郊府兴营小学，为320名师生进行免费体检和简易医疗手术。10月，农工党市委会医疗咨询队到托克托县河口镇送医送药，分别为162人次进行检查和治疗，并为部分村民做简易妇科和口腔手术，为疑难病症患者提出治疗建议和注意事项，减免医药费8.8万元。

1993年9月初，农工党市委会与九三学社市委会组成18人的医疗联合组到市郊区保合少乡送医送药，为304人进行医疗咨询服务，服务当中减免药品费用560元。1994年5月，农工党市委会18人到托克托县黑城村、黑水泉村为小学教师及农民共318人义诊。

1995年，农工党市委会组织有关党员专家两次到和林格尔县舍必崖乡进行科技咨询，解决果农在果木幼苗间因套种甜菜而诱发害虫的问题。9 月，协同市委统战部组成医疗队，到托克托县胡忽浪营村送医送药，进行义诊。1996 年，农工党市委会组织党员 28 人在市区、和林格尔县、清水河县及土默特左旗青山乡进行多次医疗科技咨询及义诊活动，医疗咨询 1086 人次，赠送药品价值 843 元；组织林业、园艺等其他行业的农工党员到和林格尔县舍必崖乡和清水河县山区进行科技咨询扶贫。同年，内蒙古地区发生不同程度的自然灾害，农工党市委会及党员为包头地震灾区捐款 2000 元，为清水河贫困山区捐衣 245 件。

1997 年，在市委统战部、市卫生局的支持下，农工党市委会先后在市区、武川县、和林格尔县、托克托县、土默特左旗、郊区进行义诊活动，共计医疗咨询 1660 人次，赠送药品价值 5800 余元。1998 年，农工党市委会联合农工党内蒙古区委医药工作委员会，开展“三下乡”活动，对市内劳动模范和困难企业职工体检。全年共计医疗咨询服务 1950 人次，赠送药品价值 6200 余元。为劳动模范和困难企业职工体检 150 人次。

1999 年 4 月全国科普活动宣传周，农工党市委会联合农工党内蒙古区委举办“少儿口腔、牙齿保护知识”宣传咨询活动，重点对儿童牙齿龋齿发病率进行调查，为呼和浩特市儿童牙齿预防提供数据。

2000 年 5 月，农工党市委会和市环卫局联合扶贫，为武川县壕赖山乡送医送药，赠送药品价值 600 元，诊治病人 500 人次。11 月，农工党市委会和农工党内蒙古区委及农工党天津市委会医疗专家到和林格尔县羊群沟乡，咨询义诊 300 人次，赠送药品 12 箱，被褥 100 余套，衣物 400 余件，价值 1.5 万余元。2001 年 11 月，开展“中国国际科学与和平周”活动，义诊 1000 余人次，赠送药品价值 6000 元；赠送羽绒制衣 30 套，价值 4500 余元。

2002 年 5 月 14 日，农工党呼和浩特市委员会和市卫生局、市政协科教文卫体委员会联合举办“国际护士节”庆祝活动。2003 年 5 月，协调、联络农工党中央、中国初级卫生保健基金会向呼和浩特市捐赠价值 6 万元的药品和医疗器械用于防治“非典”工作。8 月，农工党呼和浩特市委员会组织专家参与武川县义诊和科技咨询活动，义诊 5000 人次。

2004 年，农工党市委会协助中共呼和浩特市委、市政府，为打造首府成为中国乳都，组建《关于提高呼和浩特地区奶源质量的调研》课题调研小组，到土默特左旗、和林格尔县、赛罕区等旗县乡村奶站、奶户、养殖场及伊利、蒙牛等大型企业走访座谈，了解情况，提出对策。2005 年，参与市委统战部组织的“三下乡”活动，市委会选派内、外、妇、儿、中医、口腔科专家和高级畜牧师，到武川县西乌兰不浪乡，开展医疗咨询活动，同时举办《奶牛养殖与疾病预防》讲座。

2006年4月，农工党市委会与农工党内蒙古区委等单位在天骄医院组织开展“抗癌宣传周”活动。9月，与农工党内蒙古区委等单位前往革命老区土默特左旗塔布赛乡举行药品捐赠医疗义诊活动暨重点帮扶乡镇卫生院挂牌仪式。2007年，争取协调农工党中央、中国初级卫生保健基金会，向呼和浩特市土默特左旗塔布赛乡卫生院、呼和浩特市中蒙医院等六家医院捐赠与资助子宫肌瘤微创治疗设备、妇女宫颈癌细胞涂片机、尿沉渣工作站（检查设备）、肿瘤初筛自查试剂盒等医疗器械及药品，价值180余万元。9月，到武川县特殊教育学校开展为革命老区的残疾人及残疾人事业奉献爱心扶残助学捐赠、义诊活动；到武川县西乌兰不浪镇开展“送科技、送文化、送卫生”三下乡活动。农工党市委会被农工党中央评为“农工党全国社会服务工作先进市级组织”。

2008年，四川汶川地震后，农工党市委会与农工党内蒙古区委联合发起“捐赠一份热血奉献一片爱心”为主题的无偿献血活动，市委会近40人参加活动，共献血1万毫升，94名党员缴纳特殊党费1.33万元，捐款近6万元，有17名党员受到农工党自治区委的表彰，被授予“农工党全区抗震救灾优秀党员”荣誉称号。农工党呼和浩特市委员会与呼和浩特市慈善总会共同举办第二十届“‘国际科学与和平周’活动启动暨呼和浩特慈善医院揭牌仪式”，组织由30余位专家、教授组成的“专家志愿者服务团”在呼和浩特市慈善医院进行义诊。2009年，农工党市委会在“第二十一届国际科学与和平周”活动中为豪景花园社区赠送价值1300余元的药品，送棉衣、鞋等衣物价值近万元，为近30人进行免费B超检查。

2010年10月，农工党市委会组织医疗专家到土默特左旗兵州亥乡义诊，为当地村民进行内、外、妇、儿、中医科及免费心电图、B超检查和治疗，并免费发放价值1000余元的药品。11月，到赛罕区黄合少乡朱亥村对村民进行义诊，并赠送电视机、DVD播放机、面粉、衣物等价值1万余元的物品。2011年6月，与农工党内蒙古区委、呼和浩特市红十字会在玉泉区小黑河镇前桃花村联合开展“第四届‘中国环境与健康宣传周’科技下乡暨庆祝中国共产党建党90周年慰问活动”，为村民义诊和免费体检，共接诊300余人次；向当地困难村民捐赠价值近1万元的面粉、鞋、服装等物资；与市社会扶贫促进会组织医疗专家到和林格尔县羊群沟乡联合开展“送医送药送温暖”义诊活动，为近300人次的村民义诊。

2012年4月，农工党市委会联合市扶贫办、内蒙古农牧民科技服务协会、内蒙古科学技术协会等8家单位部门，组织自治区、市两级医疗、农技专家40余人到土默特左旗毕克齐镇大齐村开展走基层送医送药送健康大型社会服务活动。5月，与农工党内蒙古区委、政协土默特左旗委员会、内蒙古名人文化艺术协会在土默特左旗铁帽乡联合开展健康环保科技行“关爱永恒真情无限”文化·义诊下乡活动。7月，与呼和浩特市社会扶贫工作促进会、市科技局、市民间歌舞团等单位赴武川县大青山乡井尔沟村联合开展“同心·送医送药送科技进乡村”活动。2013年6月，农工党市委会主委鲁剑钧、副主委岱沁参加第六届内蒙古中国“环境与健康宣传周”启动仪式，筹措资金2万元支持农工世纪林（草）第二期工程。

2014年5月，农工党市委会到土默特左旗陶思浩乡开展“送医送药下乡义诊活动”;8月，云南鲁甸境内发生地震，农工党市委会4名党员向地震灾区捐款1000元。2015年6月，与回民区总支联合举办“‘中国环境与健康宣传周’暨‘6·6’全国爱眼日‘眼镜与视力健康’”公益活动，为市区50名中小学生免费配近视眼镜，向100名环卫工人捐赠防护眼镜，并为市民提供中西医诊察、健康知识普及和眼病咨询、筛查、验光等公益服务，发放《农村环境与健康》知识读本200余册、环保宣传手袋100余个、医学常识宣传资料100余份。7月，参与农工党“杏林春雨”行动脑瘫患儿救助活动，致力于帮助贫困家庭的小儿脑瘫患者获得及时有效的救治。

第六章　九三学社呼和浩特市委员会

第一节　组织机构

1987年12月，九三学社呼和浩特市筹备组成立。筹备组实行集体领导、分工负责制，组长郭丕功负责全面工作，其余3名成员孙耘砚、赵纯、德古奇协助并分管组织、宣传、咨询服务和妇女工作。1988年，增补常正德为筹备组成员。筹备组定期召开工作会，讨论协商社内事务，决定工作内容和活动方式。同年，选拔调入2名专职干部，成立办公室，建立健全日常工作制度。筹备组制定《九三学社呼市委员会委员候选人产生办法》，依照民主程序，协商确定委员候选人名单，成立大会工作机构。1988年6月，九三学社筹备组建立呼和浩特市第一医院支社、呼和浩特市城建系统支社、回民区直属小组、郊区直属小组和呼钢直属小组5个基层组织。

1992年3月，九三学社呼和浩特市第一届委员会成立，主委郭丕功。有正式社员53人，其中中共党员2人。1994年12月，赵纯任委，专职干部陈娟任办公室主任。增设调研室。制定关于机关办事程序、会议、行文、人事、文书档案等9项管理制度。编印《九三学社呼和浩特市委员会工作手册》《九三学社呼市委员会关于加强后备干部的实施方案》。

1996—1997年，九三学社市委会基层组织进行调整和改选，将以前的5个基层组织合并为4个，分别为一支社——医药支社，二支社——城建支社，三支社——工交支社，四支社——综合支社。新任支社主任委员、副主任委员均为高级技术职称，具有一定代表性和社会知名度，同时体现年轻化。组织生活逐步向以支社活动为主的形式转移，第一支社（医药支社）因组织活动主动性和独立性强，活动内容丰富，两次被评为先进集体。

1997 年 5 月，九三学社呼和浩特市第二届委员会成立，赵纯连任主任委员。第二届委员会进一步明确领导分工，依照发扬民主与有效集中相结合的原则，决定社内各项工作。有正式社员 89 人，其中中共党员 6 人。

1999 年，对支社人员进行调整，按属地划分为回民区支社、玉泉区支社、新城区支社、赛罕区支社，分别与中共各区统战部建立联系。

2001 年，增设医药卫生委员会、老龄社员工作委员会、参政议政委员会。2002 年 4 月，九三学社呼和浩特市第三届委员会成立，高昆生任主任委员，第三届一次全委会任命陈娟为秘书长。2003 年 7 月，修订《九三学社呼和浩特市委员会工作制度》，健全机关各项规章制度。

2005 年，增补李志根为九三学社市委会委员。至同年 4 月，有社员 139 人，其中中共党员 8 人。为充实新城区支社社员，将驻区单位的部分社员调入新城区支社，以便活动的开展。2007 年 1 月，九三学社呼和浩特市第四届委员会成立，主委吕秋娥，副主委陈娟、田建军、黄海波、王岑，委员 13 人。

2011 年 12 月，九三学社呼和浩特市第五届委员会成立，主委吕秋娥，副主委陈娟、田建军、李志根、冬云，委员 16 人。2012 年，将四个支社升格，分别为九三学社回民区委员会、玉泉区委员会、新城区委员会、赛罕区委员会。2015 年 10 月，九三学社第五届第十次全委会议增补冯小红为市委委员。

截至 2015 年，九三学社市委会有社员 224 人，其中高级职称 168 人、中级职称 56 人，少数民族社员 51 人，中共党员 7 人。

第二节　参政议政

一、建议议案

1987 年，九三学社呼和浩特市筹备组成立后，组织社员开展调查研究，了解社情民意，向各级党委、政府等部门提交议案、建议，发挥参政议政职能。

1993 年，九三学社市委会建立提案、议案征集制度，发挥参政议政整体功能和群体优势。1998 年，将提交集体提案的数量和质量列为基层支社考核内容。1999 年，设参政议政委员会，主委亲自负责，并设主任、副主任各 1 名，委员由社内各级人大代表、政协委员组成。参政议政委员会定期召开会议，研究部署提案、议案工作。

在呼和浩特市第九届人代会上提出《关于尽快制定结核病防治办法条例》议案。

《关于加快我市劳动合同制度立法工作》议案在市十一届人大四次会议上批准立案。2005 年,《关于修改呼和浩特市外来务工经商人员管理条例》的议案被评为呼和浩特市人大优秀议案。《关于统一省会(首府)城市行政级别》《关于尽快制定流动人员管理法规》议案,在十届全国人大一次会议上予以立案;《关于尽快制定社区卫生服务条例》议案,在十届全国人大二次会议予以立案;《尽快印发中华人民共和国〈国歌法〉》议案,在十届全国人大三次会议上立案。至 2007 年,九三学社市委会向各级人民代表大会提交建议案 27 件(全国议案 4 件),立案 11 件;提交批评建议 49 件。

2008—2011 年,九三学社市委会在全国人大会上共提交建议案 29 件,在自治区人大会议上提交建议案 7 件,在呼和浩特市人大上提交批评建议案 61 件。《关于加强中小学学校抗震设防的建议》《关于加强城乡群众饮用水水源地保护工作》《关于开辟内蒙古海运事业的建议》等多件提案引起有关部门重视;《关于解决停车场和停车位严重不足的建议》《采取有效措施,促进奶牛业健康发展的建议》获优秀建议奖;《关于放宽医保卡资金使用的建议》被列为第十三届全国人大第三次会议重点办理建议。

2012—2015 年,向全国人大提交批评建议案 20 余件、参与联名议案 10 余件,向自治区人大提交批评建议案 26 件,向呼和浩特市人大提交批评建议案 30 件。

二、提案工作

1987—2007 年,九三学社市委会共提交提案 485 件。其中,集体提案 213 件、个人提案 272 件。提案内容涉及经济建设、社会发展、环境保护等多个方面。1998 年,获市政协八届委员会优秀提案集体奖。2002 年,被市政协九届委员会授予提案先进集体。

1991 年,九三学社筹备组提出关于《合理开发利用呼和浩特市水资源》的提案,引起自治区、市两级政府和市政协的重视。同年 12 月,中共七届一次全委会作出《关于引黄入呼供水工程建设的决定》。1994 年,九三学社市委会集体提案《关于引黄供水工程的几点建议》被自治区政协七届二次会议选为大会发言材料。2003 年,市政协九届五次会议将《关于保护地下水源,综合利用合理开发水资源的建议》选为唯一一份大会书面交流材料。2004 年 12 月,市人大常委会作出《关于呼和浩特市建设节水型城市的决定》。2005 年,九三学社市委会就引黄工程进展现状和建议在市政协十届二次会议上作《关于我市建设节水型城市的几点建议》的大会发言。关于《尽快印发房地产产权交易管理办法》的提案得到落实,自治区第九届人大常委会第四次全体会议审议通过《呼和浩特市城市房地产交易市场管理条例》,于 1998 年 8 月起实施。

2000 年,《关于完善国有资产管理体系建立出资制度的提案》被市政府采纳,并发布实施。建议修订《关于处理人身损害赔偿案件的意见》的提案，得到中共呼和浩特市委领导的高度重视。2002 年，在自治区政协第九届第二次会议上提交关于《加强对农副产品中化学污染物管理》的提案获自治区政协优秀提案奖。

2003 年，针对《加快社区建设，促进社区发展》的提案，中共呼和浩特市委印发《关于进一步加强新时期社区建设的意见》，采取多种方式充实社区居委会的干部力量，每年投资 50 万元，通过"以奖代投"的方式支持社区建设，实施市级单位包扶社区政策。关于《对最低生活保障金的发放、领取，制定地方性法规》的提案，市民政局承办后，结合实际起草《呼和浩特市城市居民最低生活保障制度实施细则》，实现低保金由银行、邮局代发。

2007—2011 年，在自治区政协会上共提交提案 19 件，在市政协会上共提交集体提案 146 件、个人提案 86 件。《关于"呼市'菜篮子工程'建设"》提案获自治区政协第九届第四次会优秀提案奖；《关于奶牛业发展中存在的问题》《关于加快城市供暖市场化进程的提案》《关于加强农村养殖和生活垃圾污染治理的提案》等 11 件提案被市政协评为优秀提案；《关于切实落实好低保政策规定的提案》《关于将强农村养殖和生活垃圾污染治理的提案》等 5 件集体提案、5 件个人提案受到表彰。

2012—2015 年，向自治区政协提交提案 24 件，在市政协会上提交个人提案 98 件、集体提案 160 余件。《关于将呼和浩特机场建设成为区域性枢纽的提案》《关于加快科技型中小企业快速成长的建议》《关于巴彦镇郭家营村"龙兴社"及民间社火传统习俗的调研》《关于我市前大井村古村落保护的建议》被列为市政协重点提案。

三、社情民意

2003 年，"非典"期间，社成员通过社情民意反映的社区工作人员防护问题、辛辛板公厕问题，一周内得到解决，受到基层群众的好评。2007—2011 年，提交社情民意信息 146 件。《借各种名义强行摊派的不正之风何时休》等 2 份社情民意信息获市政协优秀社情民意信息奖。2012—2015 年，报送社情民意信息 100 余件。《关于加大大青山绿化带人工林经营管理力度的建议》被自治区政协采用，被九三学社内蒙古区委评为优秀信息二等奖。《关于乌素图召的旅游开发的建议》获自治区领导批示。2015 年，九三学社市委会被九三学社内蒙古区委评为"信息工作先进集体"，15 位社员撰写的 17 篇社情民意信息获优秀信息奖。

四、专题调研

九三学社呼和浩特市第一届委员会届中调整后设调研室，负责调研组织工作。九三学社市委会选择与发展地区经济、建设和谐社会密切相关的事项确定课题，召开专题座谈会，开展专题调研。由从事该课题专业的社员组成调研组，实地调查，形成内容准确、分析深入、措施可行的书面调研报告，及时向九三学社内蒙古区委、中共呼和浩特市委和市政府及有关部门反映，为决策部门提供参考。

1998 年 6 月，九三学社市委会组织医药卫生界社员到呼和浩特市郊区保合少乡，针对计划生育、环境卫生、农村吸毒人员等问题进行调研，汇总各种数据，形成调研报告。

2004 年，提交《呼和浩特市社区卫生服务机构现状调研报告》，市卫生局就报告中提出的问题进行调查，并提出解决对策和措施。提交《土默特左旗奶牛业发展情况调研报告》，得到主要分管领导批示。

2005 年，完成《呼和浩特市电子信息产业现状与发展的研究》《呼和浩特市农村环境卫生现状调研》课题。中共呼和浩特市委政策研究室主编的《领导参阅》第六期将《呼和浩特市农村环境卫生现状调研》全文选用。完成九三学社内蒙古区委委托的《草原生态环境保护与增加农牧民收入发展模式》调研课题。课题组实地考察计 26 个乡、28 个村，最远至锡林郭勒盟阿巴嘎旗、苏尼特左旗等地，实地拍摄图片，取得第一手材料。完成中共呼和浩特市委统战部委托的《呼和浩特市环卫体制改革》调研课题。

2007—2011 年，撰写调研报告 20 余篇。其中，《呼市地区农副产品商标战略实施现状及推进建议》《关于尽快组建我市大型建筑施工企业集团的调研报告》《呼和浩特市科技发展现状、发展思路和对策的调研》《呼和浩特市地区古壁画及相关遗址保护现状的调研》获市领导批复。《呼和浩特市农村医疗卫生现状》调研报告受到媒体关注，内蒙古电视台、呼和浩特市晚报分别进行采访和报道。

2012—2015 年，共形成调研报告 30 余篇。其中，《关于呼和机场建设与城市发展关系的调研报告》《关于我市建立艾滋病临床实验室的调查及建议》获市领导批示。《呼和浩特市食品加工小作坊现状及对策》整理成建议案提交自治区人大会议。《我区社区养老事业发展的调研》《促进我区社会资本参与医疗事业的调研报告》2 个调研课题被九三学社内蒙古区委采用，后者被中共呼和浩特市委统战部评为调研成果三等奖。《从各民族交往交流交融的实践，总结提炼呼和浩特市始终保持民族团结大好局面的成功经验》被中共呼和浩特市委统战部评为调研成果三等奖。《呼和浩特市中小型科技企业发展现状及决策》《呼市地区城中村改造过程中占用农民土地、宅基地给农民补偿款流向》《关于加强农区互联网经营市场监管治理工作的建议》获相关领导重视和批示。

第三节　社会服务

1992 年，九三学社市委会成立后，义诊工作得到加强。此后历届委员会都非常重视义诊工作，每年都组织医药卫生界社员前往乡村开展义诊服务，分别到达尔罕茂明安联合旗、察哈尔右翼中旗、土默特左旗、察哈尔右翼前旗、武川县、兴和县、托克托县和呼和浩特市郊区各乡。义诊时医生除现场诊病外，B 超、心电图等仪器诊断，常用药品、手术处置等亦全部免费，同时开展医疗咨询，免费发放科普、防病知识宣传资料。1999 年，九三学社市委会为托克托县的 2 个村捐资 3500 元，装备有线广播设备。

2000 年起，为武川县东土城乡和壕赖山乡 2 名贫困中学生和 1 名贫困大学生提供学费。2001 年，中共中央发出“科教、卫生、体育、法律”四进社区号召，九三学社呼和浩特市委员会提出以社区共建的形式服务社会，了解民情反映民意。社员积极参加市委、区委统战部，市、区政协，九三学社市委会及社会上组织的各种扶贫、赈灾等活动，累计捐款捐物 10 万余元。2002 年 9 月，与新城西街居委会开展共建社区活动，第一期共建从 2002 年 8 月至 2005 年 8 月，为期三年。共建活动以发挥双方优势，共建社区为宗旨，为民办实事，贴近社区居民生活，受到居民欢迎。2003 年，为支持防治“非典”工作，九三学社市委会组织社员捐款，并前往市第一医院，将 1000 元捐款及慰问信送给战斗在“非典”一线的医护工作者。2005 年，应新城西街居委会要求，签订新一轮共建协议。

2007 年，九三学社市委会为攸攸板乡卫生院捐赠医疗器械，在冶建小区进行“送医、送药、送健康”活动，捐赠价值 800 元的药品。到武川县哈勒镇开展“三下乡”活动，在当地进行义诊，捐赠药品、衣物、书籍、电器等，价值 4000 余元。针对当地人畜共患的布鲁氏菌病，开办人类防治和畜类防治讲座。第十三届科普活动周，与市科技局、市科协到新城区保合少镇共同举办农牧民科技知识培训和医疗下乡服务。与市残联联合为全市听障儿童做口腔普查，并为每位儿童建立档案，免费提供保健治疗。2008 年，“5·12”汶川大地震，九三学社市委会采取自愿捐款的方式援助灾区，累计为灾区捐款 1.41 万元，社员通过单位、红十字会等渠道为灾区捐款约 2.14 万元。

2009 年，九三学社市委会在新城区毫沁营镇山水社区，开展以科技服务社会为主题的科技进社区活动，免费为社区百余名妇女义诊并做 B 超检查，发放科普知识丛书 500 余册。到托克托县五申镇为当地农民提供科技、医疗服务，发放近 2000 本农牧业科技信息服务查询指南、种植业、养殖业、科普知识丛书；捐赠价值 2000 元的药品，诊病达 300 余名。

2010 年，九三学社市委会与清水河县科技局、卫生局共同组织以“携手建设新型家园，努力构建和谐清水河”为主题的“三下乡”活动，在清水河县中医院进行心血管、口腔、妇科、中医等多个专科义诊及免费 B 超、心电图检查，免费发放价值 2000 元的常用药品；为当地群众发放关于口腔保健、种植养殖、防震减灾等方面科普资料、书籍 3000 余册。

2012—2015 年，向武川县中医院捐赠 1 台价值 35 万元的远程会诊仪，向赛罕区黄合少镇卫生院捐赠 1 套价值 28 万元的医疗设备。响应市委统战部“同心行动”具体部署，到武川县西乌兰不浪乡送医、送药，捐赠价值 3500 元药品，5 名医疗专家为村民进行义诊。在土默特左旗什报气村开展农业咨询讲座活动，为村民介绍种子的选择、培育，实地为村民指导病虫害防治。在和林格尔县西夭子村开展捐书、送药、义诊、慰问活动，捐赠价值 2000 元图书、1500 元药品，发放 1000 元慰问金，义诊 100 人次。组织农业专家到土默特左旗什报气村，就村民在生产中遇到的疑难问题进行现场指导和咨询解疑。在车站东街社区和沙尔沁镇分别设立“九三学社书屋”并分别捐赠价值 10 万元的图书。在呼哈路社区建立电子图书阅览室，安装价值 15 万元的电子阅读机。向新城区多个社区捐赠价值约 7 万元的中共党史图书、价值 2400 元的中华道德经典教育教学光盘 10 套、价值约 2000 元的药品。向哈拉沁小学捐赠价值 1000 余元的学习用品，向保合少镇养老院捐赠价值 2000 元的食物和生活用品。打造“同心·助老”品牌活动，连续 5 年与穆斯林老年公寓合作，开展敬老、爱老、助老送温暖慰问活动，捐赠各种物资价值 3 万余元。

第七章　呼和浩特市工商业联合会

第一节　组织机构

1986 年，呼和浩特市工商业联合会（简称市工商联）内设办公室、组织宣传科、咨询培训科。全市登记会员 322 人。1988 年，全市共有会员 514 人，企业会员 88 户。1989 年 5 月，土默特左旗工商联恢复。

1992 年，市工商联新增会员科、经济科。1993 年，恢复和新成立托克托县、玉泉区、郊区、回民区工商联。1994 年，经市政府批准，市工商联同时称呼和浩特总商会。

2001 年，成立调研处。2002 年，市工商联对机关内设科室进行调整，设会员科、经济科、调研室、办公室。

截至 2015 年，市工商联（总商会）发展会员近 5000 人（户），其中包括各类产业和行业的私营企业、中外合资企业，香港、澳门、台湾同胞和海外侨胞投资企业及个体工商户、专家学者等个人会员；直属商业协会（行业协会）21 家，与全国 51 家商会缔结了友好商会。同时，接纳部分香港、澳门及台湾工商业者为名誉会员，并与他们的所在地商会结为友好商会。

第二节　代表大会

1985年,选举产生市工商联第九届执行委员会并组成领导班子。1992年9月9日，选举产生市工商联第十届执行委员会，组成领导班子，名誉主任委员。

1997年，在市委统战部的直接领导下，经常委、执委会议选出会员代表144名。其中，非公有制经济人士占73%。同时，选举产生由58名代表组成的第十一届执行委员会。在新一届执委会中，非公有制经济人士占66.1%，党外人士占54.2%，少数民族占23.8%。会议选举产生由31名执委组成的常委会。其中，非公有制代表人士占54.8%，党外人士占51.6%，少数民族占22.5%。会议选举产生党外专职会长1名，专兼职副会长10名,其中非公有制经济代表人士5名。同时,产生市工商联（总商会）第十一届执行委员会领导班子。

2002年，工商联没有进行换届。2007年9月，市工商联召开第十二次会员代表大会，选举产生市工商联第十二届领导班子。

2011年12月，市工商联召开第十三次会员代表大会，选举产生市工商联第十三届领导班子。

第三节　开展活动

一、专题调研

1986—2000年，市工商联充分发挥非公有制经济人士中各级人大代表和政协委员的作用，在两会召开前夕提交议案。同时，开展专题调研并形成报告。对个体私营经济，特别是有代表性的重点联系私营企业进行调研。

2001年，全年共做4次专题调研，撰写5篇调研报告，在两会召开前夕，共提交议案近30件。2002年，制定《呼和浩特总商会重点企业综合情况调查表》，到重点企业进行问卷调查；配合相关部门撰写完成《呼和浩特市2001年个体私营经济发展情况总结报告》《呼和浩特市人才资源开发面临的问题及对策研究》的调查报告。2005年，市工商联会长在市政协工作会议上提出“改造大青山前坡”“做大做强呼和浩特”的课题，“做大做强呼和浩特”研究课题被市科技局确定为社科类重点课题。

2008年，市工商联与市政协联合开展“呼市民营企业发展情况”调研活动，形成《呼市非公经济发展情况综述》调研报告；与市委统战部联合开展对《中共呼和浩特市委关于加强新时期工商联工作的意见》贯彻落实情况的调研；组织调研组走访全市20余家相关企业,形成《呼和浩特地区中小型和微型企业调研报告》。2009年，针对全市中小企业融资难问题，市工商联进行专题调研，形成《我市中小企业亟待破解融资难题——关于呼市工商联（总商会）筹建小额贷款公司的可行性调查报告》。

2011年，市工商联与市委政研室组成联合调研组，分别对9个旗县（区）贯彻落实“关于加强工商联工作的意见”进行督查调研，完成《呼和浩特非公有制经济发展报告2011》一书的编撰工作；通过对30余家非公有制企业、10余家驻呼异地商会和6家异地商会考察调研，为市委、市政府印发《中共呼和浩特市委、市人民政府关于促进全市民营经济加快发展的意见》奠定基础。2012年，拟写《2012年度旗县区发展非公有制经济工作考核办法》《2012年市直相关部门发展非公有制经济责任目标考核表》。2013年，经市工商联调研考察，代市委、市政府办公厅起草《中共呼和浩特市委、呼和浩特市人民政府关于大力发展非公有制经济的实施意见》《呼和浩特市关于进一步发挥异地商会作用的意见（征求意见稿）》；起草《关于2013年度旗、县、区及开发区发展非公有制经济责任目标考核》的办法，并制定考核细则。

2014年3—4月，市工商联完成《跨区域、汇乡情，搭建全国蒙商发展大平台——关于赴外埠内蒙古商会调研的报告》。组织开展对《关于印发自治区鼓励和支持非公有制经济加快发展若干规定（试行）的通知》（又称“非公经济70条”）贯彻落实情况调研评估工作，完成3篇调研报告。其中，在《实践》杂志上发表2篇。

2015年，市工商联与市政协、市经信委等单位联合开展呼和浩特地区中小微企业发展现状、中小企业服务平台建设等多项专题调研；组织自治区经济专家、学者对全国部分异地内蒙古商会进行调研，撰写调研报告6篇。

二、社会服务

1989年，市工商联组团到天津参加二十省区工商联联谊会，与参会企业交流呼和浩特市企业信息和样品。1990年9月，全市5家企业参加全国工商联在南京组织的名特优新产品博览会，签订多项合作协议。

1996年起，市工商联每年年末均组织1次民营企业界人士与党政领导迎新联谊活动，主要邀请党政领导和民营经济界人士参加。1997年起，市工商联第十一届执委会领导班子每年至少组织企业参加3次以上全国、世界范围的各种活动，签订协议金额上亿元。同年，市工商联与北京军区到清水河县北堡乡老牛坡村、武川县上秃亥乡勘测，以解决人畜饮水问题。

1998年，内蒙古东部盟市遭受严重洪涝灾害，市工商联组织20余家企业捐赠款物，折合人民币600余万元。自1999年起，市工商联确定对会员实行重点联系制度，每年评选出一定数目的企业进行重点扶持、重点联系。最初重点联系户为50家，逐年增加，2005年为100家。

2000年，全国工商联年会在呼和浩特市举行。来自全国30余个省会城市和非公有制经济发达地区的工商联领导与民营企业家出席会议。2001 年，经市工商联多方协调，全国最大的连锁零售企业北京华联集团入驻呼和浩特市，其与金沙集团、太阳集团合作，开办北京华联金太店，成为当年零售业界最大的纳税户。

2003 年，在整个抗击“非典”过程中，市工商联组织呼和浩特民营企业界共捐献款物 1000 余万元。2004 年，市工商联召开全市民营经济工作会议。会上对 246 家单位和企业进行表彰奖励。

2008 年，市工商联与市扶贫办组织民营企业家担任托克托县、土默特左旗、武川县等地区的贫困村“名誉村长”，开展扶贫工作。汶川地震发生后，市工商联组织会员企业和全体干部捐赠 427 万元，衣物 1500 件；呼和浩特市民营企业界通过各种渠道向地震灾区捐款捐物折合资金超过 1 亿元。2009 年，市工商联在《总商会通讯》和每月讯息、《魅力青城》《工商联房地产商会》等刊物上刊登发布党和国家有关方针政策，为企业提供有益信息。

2011 年初，青海省玉树地震发生后，市工商联组织全市非公有制企业进行捐款。其中，托克托县企业家捐款 12 万余元。同时，市工商联与匈牙利首都布达佩斯工商会建立友好商会关系，并签署双方在经济贸易领域的合作协议书，并在保加利亚共和国首都索非亚和匈牙利首都布达佩斯建立 2 个办事处。

2012 年 7 月，市工商联在北京组织成立北京内蒙古商会呼和浩特分会。同年，市工商联联合内蒙古温州商会等多家单位，发起组织召开世界温商大会，邀请全球和国内 200 余家温州商会 1600 余名企业家和金融界人士共聚呼和浩特，召开温商大会，先后达成 33 个意向性协议，约 980 亿元的投资额。2014 年，全国内蒙古商会联席会（呼和浩特）成立。

2015 年，全市非公有制经济市场主体超过 21.21 万户，其中个体工商户 15.93 万户、私营企业 5.28 万户。全市地税收入 183.11 亿元，其中非公有制经济税收收入 172.36 亿元。国税收入 231.58 亿元，其中非公有制经济税收收入 79.63 亿元。年末，全市非公有制经济增速 8.9%。规模以上非公有制工业企业增加值增速 18.2%。在民间投资下滑的大背景下，全市非公有制经济固定资产投资增速 2.8%。非公有制经济社会消费品零售总额增长 7.6%。全市就业增长 85%，新增就业中 90% 来源于非公有制经济。

第十九篇

军　事

第一章　呼和浩特警备区

第一节　组织机构及队伍建设

一、机构沿革

1986年5月，根据《关于中国人民解放军县（市）人民武装部改归地方建制有关问题的通知》，将新城区、回民区、玉泉区、郊区、土默特左旗、托克托县人民武装部移交各旗县（区）政府，人员随同转入地方。人民武装部受呼和浩特军分区和地方政府双重领导。

1996年4月，根据中共中央、国务院、中央军委的决定，呼和浩特军分区将呼和浩特旗县（区）人民武装部收归军队建制。1998年9月，呼和浩特军分区改编为内蒙古军区呼和浩特市工作处，为内蒙古军区直属机构，对外履行呼和浩特军分区职能。

2003年12月，根据北京军区命令，内蒙古军区呼和浩特市工作处改编为呼和浩特警备区，是按行政区划设立的军队一级组织（正师级），隶属内蒙古军区，同时是党的地区委员会的军事工作部门，负责本地区军事工作。

二、战备训练

1986—1989年，呼和浩特军分区举办8期人民武装干部集训班，对全市人民武装干部、专职武装干部进行业务素质培训，经验做法多次被内蒙古军区转发。

1990—1995年，军分区落实全军“桂林教学法集训”，提高干部骨干教学组训能力。组织首长机关和人民武装部学习总参谋部颁发的新一代《军事训练大纲》。

1996—2000年，按照军委确立的新时期军事战略方针，对训练内容进行改革，加大高技术知识和技能训练含量，增设高技术条件下训练内容。呼和浩特市工作处开展首长机关的计算机操作、汽车驾驶、军事高科技、军兵种知识、军事专业学习训练和新战法研究。

2001—2005年，开展战术理论教学和战术集训课目演示。组织各地区人民武装部部长、军事科科长、分管训练参谋及机关全体干部的教学法集训。组织参加内蒙古军区岗位技能比武暨“八一”军事体育运动会，所得奖牌列军分区奖牌总数第一名。

2006—2010年，组织开展“四会”（会讲、会做、会教、会做思想工作）政治教员等级评定工作。围绕基础理论、基本技能、本职业务和组织指挥4类15项训练内容，组织警备区首长机关及人民武装干部、专职人民武装干部进行教学法集训。

2011—2015年，采取集中考核与巡回检查、观摩评比与互检互考相结合的方式，对各人民武装部推荐的现役教练员、基层武装部及民兵应急排正规化建设组织观摩评比。完成内蒙古军区首长机关指挥演练保障任务，同时，实施“平安06—呼和浩特行动”。接受内蒙古军区年终训练考核，取得优秀，在内地军分区中名列第一。

三、正规化建设

1986—1996年，军分区组织人民武装部正规化建设达标活动，将办公区和生活区进行隔离，实行办公区同家属区分开，进行封闭式管理。6个人民武装部全部达标。1997年，开展“百日双无”（无安全事故、无刑事案件）活动。1999年，内蒙古军区呼和浩特市工作处对驾驶员队伍进行“三查一清”活动，即查身体、查技术档案、查安全行车记录、清理车库。2000年，制定《干部管理规定》《士兵管理规定》《“两防”工作措施》，规范“四个秩序”（工作、生活、战备、管理），进行“三室一库”（作战室、值班室、资料室、物资器材库）设施建设。

2001年，呼和浩特市工作处开展以“五清查”“五解决”（查思想、查作风、查工作、查业务素质、查士官工作改革落实情况，解决士官队伍的精神状态、纪律观念、工作标准、业务素质、管理能力等问题）为主要内容的兵员清理整顿工作。2009年7月，组织呼和浩特市国防动员委员会成员和各旗县（区）长、人民武装部长，召开国防动员委员会全体会议。2011年，呼和浩特警备区担负内蒙古军区《北京军区八个方面安全基本工作规范》试点建设任务，接受全区现场观摩。2015年，北京军区、内蒙古军区就安全工作进行指导检查。

第二节　后勤和装备保障

一、后勤保障

1986—1995年，呼和浩特军分区先后制定《财务管理规定》《接待费管理使用规定》《资金集中支付管理规定》，规范财务工作。1996年，军分区完成民兵装备仓库配套工作，整修军分区办公楼，进行营院绿化。采取函授作业、在职培训、参加上级集训等多种方法，开展后勤教育训练。2000年，呼和浩特市工作处实行职工公开招岗。

2002年，呼和浩特市工作处实行后勤保障社会化，办公区、家属区、市四区人民武装部水、电、暖全部实现社会化保障。2005年，呼和浩特警备区将水电暖保障、油料保障、车辆维修保养、公务用车保障、社会保险保障、职工管理制度改革6个方面纳入社会化保障。2010—2014年，开展“建设资源节约型后勤”活动。2015年，开展财务和固定资产清查工作。

二、装备保障

1986—1996 年，各人民武装部修建完善民兵武器库及其他配套设施，各旗县（区）政府下拨经费保证民兵武器仓库的储备安全。1997 年 6 月，军分区机关和各人民武装部进行武器弹药安全管理教育整顿，清查回收各民兵基层单位武器装备。同年，和林格尔县民兵装备仓库搬迁。

2000 年，军分区制定《民兵武器装备安全管理工作五年规划》，对业务干部、看管人员进行培训。2002 年，军分区对民兵重武器进行调整，集中存放。

2006 年，警备区和各旗县（区）人民武装部对所属各类库室进行多次安全隐患大排查，上交报废武器装备。2012 年 5 月，组织民兵完成报废弹药的集中调运任务。2015 年，警备区制定《呼和浩特市民兵武器装备仓库管理细则》，细化看管人员选配、职工管理、联合值班、安全形势分析等制度。

第三节　基层人民武装部

一、旗县（区）人民武装部

1986 年 5 月，所属新城区、回民区、玉泉区、郊区、土默特左旗、托克托县人民武装部移交同级地方政府，设办公室、军事科、政工科。

1995—1996 年，呼和浩特市行政区划变更，和林格尔县、清水河县、武川县划归呼和浩特市，其人民武装部随之转隶到呼和浩特军分区。人武部设军事科、政工科、后勤科。

2000 年，郊区改为赛罕区，郊区人民武装部更名为赛罕区人民武装部。2005 年 1 月，各旗县（区）人民武装部升格为正团级，设部长、政治委员、副部长各 1 名，取消军事科科长编制，由副部长兼任。人武部设军事科、政工科、后勤科。

二、乡镇、街道、企业人民武装部

1986 年 6 月，中央组织部、民政部、劳动人事部、总参谋部、总政治部印发《关于基层武装部的设置和专职人民武装干部的配备原则等问题的通知》，对基层武装部的设置和专职人民武装干部的配备等作了明确规定。据此，对乡镇机构进行改革，对基层专武干部进行调整，优化年龄结构，严格干部入口。

1999 年 7 月，根据《中共中央办公厅、国务院办公厅、中央军委办公厅关于基层人民武装部机构设置、干部配备原则等问题的通知》要求，全市乡镇人民武装部配备部长、干事各 1 人，乡镇人民武装部部长相当于副乡镇长级职务。

2000—2015 年，乡镇、街道人民武装部机构设置和人员编制没有变动，主要负责当地兵员征集、民兵建设、民兵参加应急抢险救灾工作。

第二章　武装警察部队

第一节　武警呼和浩特市支队

一、建制沿革

1985年2月，武警呼和浩特市支队内设的消防处、消防科及所属消防中队划归呼和浩特市公安局。1989年6月，武警内蒙古自治区总队直属第三支队二大队五、七中队移交武警呼和浩特市支队。10月，武警内蒙古自治区总队直属第三支队一大队划归武警呼和浩特市支队建制领导，改称看押大队，并与原支队的4个机动中队合编为机动大队。

1992年7月，武警呼和浩特市支队机动大队改为一大队，看押大队改为二大队。1995年3月，武警乌兰察布盟和林格尔县中队随着区划改变，变隶属关系为武警呼和浩特市支队管辖。1996年3月，原武警乌兰察布盟支队清水河县中队、武川县中队随着区划的改变先后移交呼和浩特市支队建制领导。

截至2015年，武警呼和浩特市支队机关设司令部、政治处、后勤处。主要担负市区、土默特左旗、托克托县、和林格尔县、清水河县、武川县看守所的看守任务以及市区城市武装巡逻、抢险救灾、反恐和处置突发性事件等任务。

二、勤务管理

20世纪80年代初，武警呼和浩特市支队建队后，担负自治区公安厅、安全厅、市公安局看守所及各旗县（区）看守所的看守勤务、城市武装巡逻、处突、反恐、抢险救灾、临时警卫等任务。建立支队四级查勤体系，开展领班员、勤务值班员共同讲评哨兵执勤活动。全市看守中队达到一级执勤标准的5个,二级执勤标准的1个。

2006年10月，武警呼和浩特市支队派员参加武警内蒙古总队组织的代号为“草原利剑—06”实兵演习。2007年，武警呼和浩特市支队先后完成自治区成立60周年庆典、中国·内蒙古第四届国际草原文化节暨呼和浩特市第八届昭君文化节开幕式、中国旅游节开幕式等大型活动现场勤务。2009年，完成中华人民共和国成立60周年大庆彩车护卫、“2·09”特大案犯长途押解等任务。2010年，每日派出15个巡逻小组配合市公安局开展“网格化”武装巡逻。

2011年，完成全国两会和自治区、呼和浩特市的“两会两节”武装勤务。每日派出10个巡逻小组，维护社会治安秩序。2012—2015年，完成中央领导在内蒙古视察期间安保警卫，以及自治区和呼和浩特市两会、昭君文化节、草原文化节、中蒙博览会和足球赛等大型临时勤务。

三、后勤保障

武警呼和浩特市支队建队后，按照“硬件割尾巴、管理上质量”的思路，把加强基层部队执勤、训练、文体、生活等“四配套”设施建设作为一项硬性指标，将呼和浩特市中队、托克托县中队作为总队落实“四配套”建设规范化建设的样板单位开展试点工作，其先进经验在武警内蒙古总队得到推广。

2005 年，武警呼和浩特市支队部分建设经费列入地方财政预算。截至 2009 年，武警呼和浩特市支队基层“四项设施”完全配套率为 90%，基本配套率 100%。2011 年，武警呼和浩特市支队投资完善大队图书阅览室，设立流动图书站。为基层统一制作宣传橱窗。2013 年，武警呼和浩特市支队将支队、旗县中队的四项建设及公务运转经费分别纳入呼和浩特市和各旗县财政预算。除土左旗、和林县中队外，其余中队“四项设施”配套率全部达到标准要求。2014 年，土默特左旗中队、和林格尔中队、六中队整体搬迁；“四配套”设施全部达标。2015 年，武警呼和浩特市支队调整补充装备物资器材，完善军械库设施。与中石油呼和浩特市销售分公司、解放军第 253 医院、军供站等单位签订代储代供协议。

第二节　呼和浩特市公安消防支队

一、建制沿革

1986 年，根据《关于进一步明确消防部队管理的几个问题的意见》，武警呼和浩特消防支队仍属武警序列，继续使用人民武装警察部队番号。1988 年，武警呼和浩特消防支队实行新警衔制。

1990 年，武警呼和浩特市消防支队转由市公安局管理，市公安局设呼和浩特市公安消防支队。支队内设政治处、后勤处、办公室、防火科、宣传科、战训科、警务科、企管科、建审科。市区设一中队、二中队、三中队、四中队 4 个消防点。1995 年，呼和浩特市公安消防支队增设特勤大队，下辖特勤一中队和特勤二中队。

1996 年，呼和浩特市公安消防支队设城市消防科 4 个、旗县消防大队 7 个、消防中队 6 个。同年，增设调度指挥室，定为副营级。1997 年 9 月，呼和浩特市公安消防支队组建市南郊石化小区特种消防执勤中队。

2003 年，呼和浩特市公安消防支队内设司令部、政治处、后勤处、防火监督处。土默特左旗、托克托县、和林格尔县、武川县和清水河县设消防大队；新城区、回民区、玉泉区、赛罕区和开发区设消防科。市区设一中队、二中队、三中队、四中队、特勤一中队和特勤二中队 6 个消防点；土默特左旗、托克托县各设 1 个消防点，分别为五中队、六中队；支队机关设1个警勤中队。

2006年，呼和浩特市公安消防支队防火监督处增设验收科和宣教中心；成立和林格尔县中队、武川县中队、清水河县中队。2007年，组建托克托县二中队、金川开发区中队；成立内蒙古自治区综合应急救援总队机动支队。2010年，呼和浩特市公安消防支队下辖10个消防大队、20个消防中队；消防支队设置调度指挥室。2011年7月，呼和浩特市公安消防支队调度指挥室升级为作战指挥中心。2014年，组建玉泉区大召景区专职消防队。

截至2015年，呼和浩特市公安消防支队有10个旗县（区）消防大队、15个执勤消防中队、1个警勤中队、2个专职队。

二、装备建设

1996年以前，全市消防部队配备的个人防护装备标准低，数量少，防护效能差。1996年，呼和浩特市公安消防支队购入进口54米登高平台消防车、7辆大吨位水罐消防车和泡沫消防车。

2001年开始，全市消防部队加大后勤保障和技术装备的建设力度，逐步淘汰旧式个人防护装备，一线执勤官兵全部更换质量优、防护效能好的新式灭火防护服、消防头盔、呼救器、正压式空气呼吸器等基本防护装备，达到人手1套的配备标准。全市消防部队各类消防车辆共30余台，常规作战消防车居多。

2008年后，逐步优化消防车辆配置结构，以抢险救援、化学灾害事故救援消防车和举高后援类消防车为主实施配备。当年，呼和浩特市公安消防支队购置各类消防车11台，采购装备22类、147个品种、5000余件（套）。

2012年，全市消防员个人防护类装备共计5000余件（套），达到城市消防站要求的配备标准。全市消防部队共装备灭火器材3000余件（套）、抢险救援器材6000余件（套），配备执勤消防车辆81台、行政业务车辆40台。在全国率先配备消防坦克，该型消防坦克由59式主战坦克改装而成，具有防火、防爆、防毒、清障等功能，适用于危险化学品泄漏、大规模严重火灾的救援。

2013—2015年，装备评估论证专家组对消防装备建设进行综合评估，形成《对呼和浩特市消防装备建设发展的评估论证意见》。

三、火灾处置

1996年以前，各执勤消防中队独立受理119警情。从1996年开始，主城区逐步实现集中受理119警情。2003年，新消防指挥中心大楼和接处警系统投入使用，城市主城区范围实现集中受理119警情，旗县可独立接警或由支队统一接警，采取集中和分散受理相结合的方式。同年，确立治安110、消防119、交警122，“三台合一”的接处警指挥模式。

2013 年，市公安局印发《关于进一步明确全市消防监督管理权限的通知》，在全市范围内实行三级消防监督管理，将消防部门的部分审批、处罚权限交给派出所。2014 年，全市推行“二十横二十纵”消防安全监管模式，实现“党政主导、行业管理、部门监管、单位负责、群众参与”的新机制和“横向到边、纵向到底”的社会化消防工作网络。“横向”，从部门行政许可、单位联合执法入手，规范 20 个监管单位在消防安全工作中的具体工作职责和任务，促进部门监管责任落实；“纵向”，从单位、行业内部垂直管理入手，促进 20 个直属单位（企业）和行业系统管理部门自上而下落实消防安全责任。2015 年，完成作战指挥中心改造升级，实现手机报警定位、一键式预案启动、一次性力量调派等功能，实现接警调度指挥的可视化。

1986—2015 年武警呼和浩特市消防支队处置火灾情况一览表

表 19-2-1

年份	火灾起数（起）	抢险救援起数（起）	死亡人数（人）	伤亡人数（人）	抢救财产数（万元）	抢救和疏散被困人员（人）	出动警力（人）	出动车辆（台）	安保起数（起）
1986	25	2	—	0	—	—	210	35	2
1987	29	3	—	0	—	—	252	42	5
1988	43	4	—	0	—	—	366	61	3
1989	33	3	1	6	—	—	282	47	5
1990	163	12	1	3	—	—	845	79	6
1991	137	10	11	11	—	—	5093	632	7
1992	85	123	—	0	—	—	4425	644	6
1993	135	10	—	0	—	—	1131	188	5
1994	87	7	—	0	—	—	733	122	13
1995	121	9	13	4	—	—	1014	169	11
1996	89	7	1	7	—	—	748	124	7
1997	317	24	—	0	—	—	2659	443	10
1998	278	182	—	0	—	—	8092	1293	14
1999	426	32	4	3	—	—	2496	416	16
2000	294	17	2	17	549	15	2191	332	19
2001	949	3	9	19	5261	45	1271	176	18
2002	1052	2	5	8	142	7	13312	2045	27
2003	709	13	1	0	51447	23	9899	1541	24
2004	984	31	4	7	1569	36	13058	2107	28
2005	1202	35	1	1	108856	38	14254	2216	30
2006	1428	91	6	0	6326	235	17517	2883	35
2007	1539	224	10	7	4756	2345	23967	3588	63
2008	1561	211	7	5	25005	2169	19776	3070	12
2009	2457	368	8	3	6403	7096	32368	5064	25

续表 19-2-1

年份	火灾起数（起）	抢险救援起数（起）	死亡人数（人）	伤亡人数（人）	抢救财产数（万元）	抢救和疏散被困人员（人）	出动警力（人）	出动车辆（台）	安保起数（起）
2010	2089	541	10	1	6083	5222	31025	4905	45
2011	2401	668	9	5	70166	9020	31779	5013	40
2012	1764	660	7	0	34217	5614	27337	4199	110
2013	2915	698	9	3	14582	7055	36637	5722	41
2014	2926	929	7	8	16076	3033	45526	6911	32
2015	2518	948	10	8	22822	2883	45277	7123	59

说明：“—”表示无上报数据

第三节　武警内蒙古森林总队直属大队

一、建制沿革

武警内蒙古森林总队直属大队始建于 1987 年 3 月，建队之初，为武警内蒙古自治区森林总队呼和浩特市大队，下设 2 个中队。

1988 年，森警部队列入武警序列，隶属中国人民武装警察部队内蒙古森林总队。2003 年 1 月，调整为中队建制。2008 年，升格为大队建制。2009 年 8 月，确定为武警内蒙古森林总队直属大队。

截至 2015 年，武警内蒙古森林总队直属大队下辖呼和浩特一中队、呼和浩特二中队、鄂尔多斯中队、包头中队、巴彦淖尔中队。呼和浩特一中队、二中队担负呼和浩特市、乌兰察布市卓资县与凉城县交界、四子王旗与达尔罕茂明安联合旗交界处等地区的防火灭火、森林资源保护任务，重点为大青山沿山人工林带、乌素图森林公园。任务区域西起土默特旗白石头沟、东至旗下营、北起大青山山脊、南至京包公路，东西长 130 千米、南北宽 25 千米。

二、森林火灾处置

1987 年建队后，防护区内连续 10 余年未发生火灾，大青山林区火情发生起数比建队前下降 33.3%。

2002—2015 年，对重点时间和重点区域进行严管严控，设卡检查、以巡代扑，有效控制火源；同时，组织开展森林消防宣传教育及应急演练等工作。2002 年 8 月 31 日，大队投入官兵 46 人随总队第五梯队开赴大兴安岭北部林区火场，参加 14 号火场的灭火战斗，历时 13 天。10 月 1 日，乌素图林区发生火灾，大队于 15 时 40 分出动 30 人赶赴火场进行扑救，16 时 30 分部队安全归建。2009 年，成立灭火作战应急小分队。2011 年，建立攻坚排，派出官兵靠前驻防，进驻清水河县、鄂尔多斯市准格尔旗、成吉思汗陵和巴彦淖尔市白彦花镇。

第三章　民兵预备役

第一节　兵役与兵员征集

一、兵役登记

自 1984 年《中华人民共和国兵役法》颁布后，呼和浩特市各旗县（区）人民武装部按要求于每年 9 月 30 日前，由各地乡、镇、办事处的武装部对达到法定服兵役年龄的男性公民进行登记，并进行体格目测、病史调查和政治文化初步审查。

二、征兵工作

1986 年后，呼和浩特市征兵工作由市政府征兵办公室承办，下设征集、政审、体检 3 个组。各旗县（区）每年征集新兵名额由市政府征兵办公室统一按城镇农村人口比例安排。1987 年冬，恢复由部队派出接兵人员到地方接兵。

1993 年，新城区人民武装部被国防部授予“廉洁征兵”先进单位，土默特左旗人民武装部被自治区党委、政府和内蒙古军区表彰为征兵先进单位。1998 年，修改后的《中华人民共和国兵役法》规定：中华人民共和国实行义务兵与志愿兵相结合，民兵与预备役相结合的兵役制度。义务兵服役期为 2 年，志愿兵实行分期服役制度。

2000 年，市政府征兵办公室制定《征兵工作七项措施》，严把兵员质量关，确保完成兵员征集任务。2000 年后，每年由市政府统一组织成立征兵工作领导小组。2002 年，呼和浩特市按比例征集城镇和农村兵员。坚持廉洁征兵，设立 18 个举报电话和信箱，对预征青年实行“三榜”公布。2002—2005 年，完成中央警卫团征兵任务，为国家输送大量优质兵员。

2013 年，征兵时间由每年 12 月调整为 9 月。2013—2015 年，每年开展大型征兵宣传活动并举行新兵入伍欢送大会。

第二节　民兵管理

一、组织建设

1986 年后，呼和浩特地区民兵数量逐年减少，由数量型向质量型转变。1986—1988 年，对呼和浩特市民兵组织进行调整，建立健全民兵与预备役相结合的编组制度。根据新兵役法，对预备役军官和预备役士兵进行登记。在预备役军官中，有能带兵打仗的指挥军官，还有负责政工、军需和技术的军官；在预备役士兵中，有步兵分队和各种专业技术分队。

1989年，各旗县（区）人民武装部分别组建民兵应急分队，从组织建设、装备配备、人员训练入手，完善战备、应急措施，修订应对突发事件行动方案，进行思想政治教育、应急训练和现实表现审查。1996年，呼和浩特军分区和各人民武装部先后对全市民兵应急分队进行适应性拉动演练。

20世纪90年代后，根据新颁布的《民兵工作条例》，对民兵干部配备，从地方基层单位编制体制的实际出发，采取专职和兼职结合的方法选拔配备干部。农村民兵连（营）长一般配备专职，城市采取正兼副专，配备连以上干部。民兵专业技术分队的组建原则是减少数量，提高质量。通过科学编组、专业训练，让专业分队专业化，减少规模数量，提高作战能力，并且根据实际作战需要和技术发展水平，组建信息技术分队、医疗保障分队、网络技术分队等新型技术分队。根据形势任务的变化，按照上级要求，各旗县（区）组建民兵应急分队。

1995年，《呼和浩特关于加强新时期民兵预备役工作的决定》印发执行，呼和浩特地区民兵预备役基层组织建设实行“四个转移”“一个分开”。“四个转移”即城市民兵编组布局，向效益好的国有大中型企业、“三资”企业和股份制企业转移；专业技术分队向高科技密集的企业转移；农村的民兵组织向乡镇企业转移；农村民兵向交通方便、人口集中的村庄转移，以便快速集结和遂行作战任务；“一个分开”是实行民兵组织和预备役连队分开编组。1996年，成立民兵信息网工作领导小组，在呼和浩特市区建立信息站。

2001年，呼和浩特军分区印发《关于新形势下进一步加强民兵基层建设的意见》，重点抓城区街道办事处武装部的设立和人员编配。和林格尔县人民武装部、托克托县人民武装部分别在属地企业建立民兵组织。

2002年开始，逐步拓展民兵组织，在中外合资、三资、股份制、民营企业和街道社区、行政事业单位建立民兵组织，合理布局基干民兵组织。2005年，呼和浩特警备区优化民兵组织编组结构，突出城市防空作战、支援保障、应急维稳等重点分队建设。2007年6月，组建呼和浩特市民兵防空团。

2013年，系统修订应急作战方案，采取“行政事业单位抽组编、大中型企业集中编、行业系统整合编、高等院校精选编和退役士兵分批编”的办法进行民兵整组，形成相对集中稳定的民兵队伍，调整补充应急力量人员和装备。2015年，在民兵教育工作中，“积极投身强军兴军实践，争做新一代国防后备军”教案先后在《中国民兵》《华北民兵》刊发，并被《中国民兵》评为二等奖。

二、军事训练

1985年，旗县（区）人民武装部利用新建民兵训练基地，以基地训练为主，以按片集中训练为辅，开展民兵训练。1988年6月，呼和浩特军分区对民兵的军事训练工作作相应调整，重点加强各类专业技术兵、民兵干部、骨干的训练。民兵除掌握“三打三防”基本知识，还训练掌握有线、无线通话和联络技术，掌握战场救护、伤员包扎等技能。

20世纪90年代后，呼和浩特军分区把应急分队训练作为民兵训练的重点。城区民兵训练主要安排在企业生产淡季进行，农区民兵主要结合春季民兵整组和冬闲时节进行。农区民兵参加训练，由各旗县（区）从民兵训练费中支付生活费和误工补贴，企事业民兵训练计入正常工日。1997年，“八一”期间，呼和浩特军分区组织全市9个旗县（区）人民武装部专武干部和民兵参加军事比武竞赛暨军事日活动。

2000年，呼和浩特军分区完成《民兵步兵分队打敌武装直升机》《民兵分队防敌精确制导武器打击》《民兵专业对口分队防敌电子干扰》等课题研究、训练和演示。2004年，呼和浩特警备区修订完善快速动员、维稳、防凌防汛方案，组织战争潜力调查。托克托县人民武装部组织黄河民兵抗洪抢险应急分队，研练320爆破法、钢木土石组合坝封堵决口等技术，为自治区防汛骨干集训进行教学演示，中央电视台、内蒙古电视台相继报道。组织人民武装干部和民兵参加内蒙古军区组织的信息化条件下快速动员演习和“百名优秀四会教练员”暨全装通信分队比武竞赛，取得2个大项总分第一的好成绩，实现呼和浩特市民兵训练比武获奖零的突破。

2006年，清水河县人民武装部进行森林防火和黄河抢险2支专业技术分队的训练。2008年，开展民兵专业技术分队实兵实爆训练，完成黄河托克托县什四份子和清水河县大榆树湾河段破冰抢险任务。

2012年，呼和浩特警备区印发《呼和浩特市民兵应急连排建设规范》。同年，组织托克托县、清水河县民兵82迫击炮分队和气垫船爆破分队，在托克托县什四份子进行黄河防凌破冰演练。2015年，组织防凌抢险分队、森林草原防火分队进行集中训练。

第四章　人民防空

第一节　组织机构

1986年1月，呼和浩特市人民防空办公室（以下简称市人防办）由市城乡建设局析出单设。同时，交通战备行政管理职能由市人防办承担。6月，市人防办成立呼和浩特市人防劳动服务公司。托克托县、玉泉区、回民区、郊区人民防空办公室相继从城乡建设局分出，归口县、区政府办公室，新城区仍隶属区城建局。

1994 年，呼和浩特市人防劳动服务公司撤销。1996 年 7 月，成立呼和浩特市国防动员委员会，下设市人民武装动员办公室、市经济动员办公室、市人民防空办公室、市交通战备办公室以及市国防动员委员会秘书组。1995 年、1996 年，和林格尔县、清水河县、武川县先后整建制划归呼和浩特市，3 县人防战备工作由县城乡建设委员会兼管。

2001 年，市人防办不再承担支前后建行政管理职能、交通战备行政管理职能。

2002 年 7 月，市民防局成立。2005 年，市人防办增设筹资科。2007 年，成立市人防办机关事务中心。

2010 年 1 月，市人防办挂市民防局牌子，为市政府工作部门。

2011 年，市人防办由议事协调机构调整为市政府工作部门，同时增设法制工作机构。

截至 2015 年，呼和浩特市各旗县（区）均建立县级人防机构。

第二节　组织指挥与通信警报

一、组织指挥

20 世纪 80 年代后期开始，随着国防建设指导思想战备性转变，人防建设的基本方针和工作重点也随之相应调整。对局部战争条件下城市防空袭问题的研究，成为新时期加强人防战备建设的一项重要任务。1987 年 6 月，市人防办开展呼和浩特市防空袭组织指挥演习。1989 年 6 月，市人防办对全市进行核毁伤分析，确定包括各级党政机关、广播电视、邮电、气象、火车站、发电厂等 30 个重要防护目标。

20 世纪 90 年代，由呼和浩特市协办北京军区人防办公室主持组织召开的华北地区在局部战争条件下城市人民防空袭问题座谈会，华北地区五省市 15 个城市参加。年内，相继拟制《呼和浩特市局部战争防空袭预案》《呼和浩特市高技术局部战争防空袭预案》。

1997 年后，市人防办按照防空袭预案，组建训练防空专业队伍，进行人员疏散、隐蔽准备。

2005 年开始，市人防办组织每年 1 次的人防应急准备评估。

2011—2015 年，市人防办协同自治区人防办研究探讨战时城市人口疏散问题，研究上报人口疏散基地建设方案；组织开展城市人民防空暨重要经济目标防护实战化演习；与市民政局联合开展“人民防空为社区服务”活动，组织部分学校学生和社区群众进行疏散隐蔽等演练活动。每年 9 月 18 日，组织开展“勿忘国耻，纪念‘9·18’”防空演练以及“防震、防灾、防火、防恐”逃生演练等大型主题活动。

二、指挥通信

20世纪80年代中、后期，市人防办无线电台作为自治区人防电台属台，独立承担自治区西部地区人防网络的主台工作，同时担任自治区西部2号网主台，负责沟通呼和浩特市至阿拉善盟、巴彦淖尔盟、伊克昭盟及乌海市人防部门无线电通信联络。线路连通自治区党政网络、市党政网络和电信局民用网络。

20世纪90年代初，市人防办无线电台停机待命。1999年10月，重新开通无线通信业务，并采用计算机技术进行电台数据传输。同年，为应对和预防“千禧年”可能对交换机产生的影响，制定交换机2000年时钟安全过渡方案，保证交换机安全平稳过渡。

截至2005年，初步建成与地方邮电通信网、自治区人防和军队有线通信网互联互通的通信网络；配套完善指挥所和地面指挥中心自动化基础设施设备以及应急指挥通信车；建成地面应急救援指挥中心，建立机动指挥通信保障平台。2009年，实现地面指挥中心、地下指挥所指挥信息系统的互联互通。

2015年开始，按照自治区人防办通知要求开通无线电通信网，同时开展军用第三代短波电台组网建设。

三、警报网建设

1986年后，在原有电动警报点基础上，逐步实现全市空袭警报网实现无线遥控，建成呼和浩特市第三代空袭警报网。

1994—1997年，市人防办逐步完成呼和浩特市警报网的第四次更新换代。

2001年后，全市防空防灾警报设施实行市、旗县（区）人防办和设点单位三级管理。2006年，实现国家要求的“9·18”音响覆盖率95%的目标，城区防空警报全部实施无线统控，并实现运用移动通信工具和新闻媒体联合发布警报试鸣信息。

2011年开始，市人防办修订完善《呼和浩特市防空防灾通信警报建设管理规定》。

截至2015年，市区内建成全时统控、分级控制、多手段多层次音响报知和语音报知相结合的防空防灾音响警报网体系，实现电声警报、电动警报同步鸣放，城区警报完好率和音响率均达100%。

第三节 人防工程

一、工程规划

20世纪80年代后期，市人防办按照“人防工程建设要缩小规模，重点抓好已建工事的加固改造、工事维管和开发利用工作的意见”，结合呼和浩特市城防规划和城市建设总体规划中对人防工程建设各项规划的要求，在实施人防工程建设时，对规划项目进行调整，工程建设规划数量减少。

1989 年 10 月，市人防办与市城乡建设部门组织编制《呼和浩特市人防建设与城市建设相结合规划》。

1992 年 1 月，《呼和浩特市人防建设与城市建设相结合规划》成为全区第一个被国家人防委、建设部批准的规划。

1995 年，呼和浩特市建成自治区最大的人防平战结合工程——草原地下城。截至 2000 年，全市有 29 个结建人防工事项目纳入人防工程规划。

2001 年开始，按照“两防一体化”（防空防灾一体化）建设要求，规划建设地面指挥中心工程。

2010 年，完成《呼和浩特市人防工程规划》评审、编制任务，同步制定《呼和浩特市人防建设发展规划》《城市地下空间开发利用规划》。

2011 年，启动旗县人防工程规划编制前期工作。2012—2014 年，完成部分人防工程项目平战转换方案的编制。

2015 年，市人防办结合城市地下空间开发利用规划编制工作，制定呼和浩特市轨道交通 1 号、2 号地铁线路与既有人防工程连通实施方案。

二、工程建设与维护管理

1986 年开始，呼和浩特市按照“长期坚持、平战结合、全面规划、重点建设”的方针和人防建设与城市建设相结合的原则，重点开展人防工程建设。进入 20 世纪 90 年代，国防建设战略指导思想转变，呼和浩特市人防工程不再进行大规模建设。

1994 年，建设呼和浩特市大型平战结合人防工程项目 1 处，1997 年建成投入使用。1999 年新建郊区人防掩体工程 1 处。

20 世纪 90 年代，市人防办成立人防工程维修队，制定《呼和浩特市人民防空工程维护管理和使用办法》。同时，对全市已建公用人防工程设施进行检查。

2001 年，市人防办成立呼和浩特市人防工程质量监督分站，对外称“内蒙古自治区人防工程质量监督站呼和浩特市分站”，加强呼和浩特地区人防工程建设的质量监督和规范管理。

2004—2007 年，市人防办重点开展结合新建城市民用建筑修建地下室工作，并对所有新建工程实施质量监督管理。2008 年，市人防办成立人防工程建设审批领导小组，制定印发《关于进一步规范防空地下室建设及易地建设缴费管理工作的通知》，依法规范结合新建民用建筑修建防空地下室工作，做到应建必建，应缴必缴。

2011—2015 年，呼和浩特市人防结建工程全部通过市政务服务中心人防窗口按程序批办，5 个旗县同时开始收取易地建设费。

第四节　宣传教育

一、人防宣传

20 世纪 80 年代后期，市人防办围绕《人民防空条例》持续开展宣传活动，并印发大量人防宣传材料。“八五”计划期间，印发宣传材料 11.2 万份，受教育人数百余万人。

1990 年开始,市人防办每年举办“人防宣传周”活动,宣传《人民防空条例》《国防交通条例》，以及呼和浩特市第一部人防地方性法规《呼和浩特市人民防空工程维护管理和使用办法》。1997 年后，在《中华人民共和国人民防空法》颁布一周年、五周年、十周年、二十周年和每年的 12 月 4 日法制宣传日，市人防办均组织人员开展各种形式的宣传活动。截至 2010 年，累计发放各种宣传材料 2 万余份，全市受教育人数达百万人。

2015 年 9 月,《呼和浩特民防》试刊发行，人防宣传面扩大。

二、人防教育

从 1986 年开始，呼和浩特市人防教育方式从培训业务骨干等，转向在中学生中进行“三防”(指针对核武器、化学武器和生物武器的效应防护)知识普及教育。把“三防”教育纳入中学教学大纲，形成正规化、制度化、标准化教育，使用全国统一教材，在每届初中二年级学生中进行。1991—1995 年，全市先后有 23 所中学、初二年级 80 余个班，累计 1.88 万名学生接受教育。全市“三防”教育教师年均保持在 20 人以上。1996—2000 年，全市实施“三防”教育的中学 68 所次、初二年级 391 班次，累计受教育学生 2 万余人。

2001 年后，呼和浩特市围绕“两防一体化”体系建设，完成全市 43 所初级中学、8 所大专院校、1 所党校的防空、防灾以及救灾知识教育工作，每年有 4 万余师生接受人防教育，年均超计划 33.3%。同时，全市 36 个社区、9 所学校和 1 个企业配置专用应急箱和资料柜、人防宣传挂图、防毒面具等设备器材。

2011—2015 年，市人防办每年为中小学校及市委党校印刷 12 万余册人防课程教材，提供影像学习资料等。在 7 所大专院校、1 所党校和 48 所中学的防空防灾知识教育，年均受教育人数约 12 万人。

第五章　国防教育

第一节　国防教育机构及设施

一、国防教育机构

1986—2001 年，呼和浩特市根据人员职务变动适时调整国防教育领导小组成员。同时，在呼和浩特军分区政治部设立国防教育办公室，主管国防教育日常工作。各旗县（区）相应调整国防教育领导机构，并在人民武装部设立国防教育办公室，主管各旗县（区）国防教育日常工作。

2002 年，呼和浩特市、旗县（区）两级在国防动员委员会成立国防教育办公室，由同级政府、军事机关和国防动员委员会领导，在呼和浩特市工作处政治部、各人民武装部设办公室，负责国防教育的日常工作。

截至 2015 年，因人员更替，呼和浩特市国防动员委员会先后进行 6 次调整。各旗县(区)成立国防动员委员会,日常工作由人民武装部承担。为坚持党管武装的原则，按照精简机构的要求，旗县（区）国防动员委员会与同级党委的人民武装委员会实行一个机构、两块牌子。为保持工作的连续性，旗县（区）党委设立的人民武装委员会和政府设立的人民防空、交通战备的领导机构和办事机构开展工作。

二、国防教育基地

（一）呼和浩特市国防教育中心

1991 年 8 月开工建设，1992 年 6 月建成并投入使用。中心由展览室、电教室、演示室和荣誉室组成。使用总面积 410 平方米。该中心以“爱党、爱国、爱军”为主线，着眼反颠覆、反渗透、反“和平演变”斗争的现实，以大量文字、图片、实物等资料，全面系统介绍国防知识。

（二）乌兰夫纪念馆

乌兰夫纪念馆位于呼和浩特市乌兰夫公园内，1992 年 12 月落成开馆，占地面积约 3 万平方米。2000 年 10 月，乌兰夫纪念馆被中宣部命名为“全国爱国主义教育示范基地”。2005 年初，乌兰夫纪念馆与乌兰夫故居一并入选国家旅游局“100 个全国红色旅游经典景区”。

三、纪念碑、烈士陵园

（一）大青山英雄纪念碑

大青山英雄纪念碑位于武川县可可以力更镇人民公园内。1986 年 10 月落成。纪念碑西侧建有大青山革命英雄事迹陈列馆。武川县内得胜沟、井尔沟、李齐沟、马场梁等地曾是游击队司令部及专署、县、区各级抗日民主政府的驻地。

（二）苏木沁烈士陵园

苏木沁烈士陵园位于赛罕区榆林镇苏木沁村，占地面积7200平方米，建筑面积3650平方米。陵园是为纪念在解放战争时期平绥战役、察绥战役中牺牲的烈士而建。整个陵园布局由牌坊、石阶、烈士纪念碑、烈士陵墓组成。

（三）井尔沟烈士陵园

井尔沟烈士陵园位于武川县大青山乡井尔沟村前柜村。建于1966年11月，占地面积约2000平方米。1986年6月，民政部门筹款翻修陵园，并建起纪念碑。陵园正门上方刻有“大青山革命烈士陵园”9个红色大字，纪念碑正面镌刻“烈士们永垂不朽”7个鎏金大字；在碑座之下的地下室，安放着12位英烈的骨灰。

第二节 国防教育活动

一、学习教育

20世纪80年代，为拓宽国防教育路子，增强国防教育效果，把课堂设在党政部门、机关团体、企事业单位和大专院校、中小学校，扩大了教育面。呼和浩特军分区、各人民武装部主动与地方党政部门挂钩，成立国防教育组织机构。新城区人民武装部在内蒙古师范大学召开国防教育现场会。玉泉区人民武装部在五塔寺东街小学和民族实验小学创办了少年军校国防教育基地。

1990—1996年，呼和浩特市各级人民武装部门开展国防教育“宣传月”活动，年受教育群众20余万人。

1994年，组织参加全国国防知识答题竞赛活动，呼和浩特市113个单位发放答卷1.1万份，其中2人获国家三等奖、4人获纪念奖、15人获自治区优秀奖；呼和浩特市民兵代表队，获自治区电视大奖赛第一名。

2001年，邀请国防大学教授为呼和浩特市党政干部进行国防形势辅导。2002—2008年，利用整组、训练、开展活动等，采取巡回宣讲、专题教育、下发资料等方式，开展民兵政治教育。2010—2015年，在民兵应急分队和应征入伍青年中开展形势战备和国防观念教育。

二、宣传活动

1995年，结合纪念中国人民抗日战争暨世界反法西斯战争胜利50周年，组织民兵开展多种形式的爱国主义教育活动。国防教育中心被市委、市政府命名为“呼和浩特市爱国主义教育基地”。

2000—2004年，以国防教育中心为主阵地，采取“军事日”、知识竞赛、国防知识讲座、“爱中华、奔小康、强国防”万人签名、“全民国防教育日”等形式开展系列宣传教育活动。2013—2014 年，各级机构举办全民国防教育日宣传活动、书画展等。

2015 年，在纪念中国人民抗日战争暨世界反法西斯战争胜利 70 周年之际，市委、市政府举办以《战争与和平》为主题的国防教育展览，在土默特中学、呼和浩特大学城、内蒙古医科大学、呼和浩特市党政机关大楼进行为期 60 天的巡回展览，约 8 万余人参观。

第六章　拥政爱民

第一节　支持地方建设

一、建设活动

1986 年，驻地部队参加公益劳动 1349 天，干部战士支援灾区粮票 5310 斤、衣物 180 件，为群众治病 539 人。

1990 年，参加义务劳动 4.06 万人，植树 6.4 万余株，完成急难险重任务 102 项，出动 7448 人，为群众做好事 4.4 万余件。

20 世纪 90 年代，驻地部队开展“热爱驻地、保卫驻地、建设驻地、振兴驻地”教育，组织参加共建单位和驻地的经济建设，在如意、金川开发区和呼和浩特炼油厂、万家沟水库等重大工程建设中，先后投入 8 万余人，出动机械车辆 2000 余台次。某步兵旅在“呼和浩特—广西北海”（内蒙古—山西界）光缆施工中，投入兵力 1000 余人，克服各种困难，50 天内完成 170 千米电缆沟的挖掘和铺设，提前 20 天完成任务。北京军区给水工程团出资 58 万元为陶思浩村打井 3 眼，扩大水浇地 133.33 公顷；为金川开发区打成第一眼深口井。

1988—1992 年，驻地部队共出动官兵 1.01 万名、车辆 7130 台车次支援地方 23 个重点工程项目建设；出动官兵 1.65 万名、车辆 3454 台车次支援地方 62 个重点农业项目建设；出动官兵 6426 名、车辆 840 台车次支援地方 54 个城建重点项目建设。

2003—2005 年，共投入资金 67 万元，组织民兵开展植树造林活动。2004 年，组织民兵挖树坑 1.9 万余个，植树 3.6 万余棵，种树面积 500 余公顷，建起民兵防风固沙基地 3333.33 公顷、生态林 4 处，新增“双拥绿色通道”12 千米。截至 2005 年，共有生态林 24 片、7586.67 公顷。其中，土默特左旗民兵生态园 3133.33 公顷，和林格尔县弹药库生态林 20 公顷，新城区万亩双拥林 800 公顷。

2014 年，呼和浩特警备区开展生态帮建，动用车辆 230 台次，出动兵力 3200 人次，绿化荒山荒地 333 余公顷，种植各种树苗 10 万余棵。2015 年，义务植树 1 万余棵，新建生态林约 7 公顷。

二、扶贫帮困

1988—1989 年，驻呼和浩特部队、民兵、预备役人员共捐资助学 30 余万元，向灾区人民捐款 51.58 万元，捐献粮票 75 万斤、各种物品 3.69 万件，义务装卸各类货物 3000 吨。1990 年，军分区机关和干休所为东北洪灾地区捐献粮票 1915 斤。土默特左旗、托克托县、郊区人民武装部和步兵第一团、第二团、第三团根据农区特点，采取“结对”承包的办法，开展以种植养殖、维修、加工等形式为主的“以劳养武”“扶贫帮困”活动，使 420 户群众脱贫、1586 户具备脱贫基础。

1996 年，土默特左旗、托克托县、郊区人民武装部帮扶 760 户群众脱贫，1600 户群众具备脱贫基础。同年，驻呼部队制定拥政爱民公约，先后帮助保合少乡、燕山营乡等老区群众脱贫致富。

2004 年，为 300 余户农民进行“锅连炕”改造，为 4 所小学、117 户特困户解决教学、生产、生活等困难。

2008—2015 年，警备区机关和人民武装部采取单位出一点、上级申请一点、干部职工捐一点的办法，集资帮扶贫困学生 90 余名。

三、抢险救灾

1988 年 8 月，大黑河洪水泛滥，步兵第一团组织抗洪抢险突击队参加抢险战斗，800 余户居民和 666.67 公顷良田免遭损失。

2000 年起，驻呼部队和民兵每年春季参与黄河防凌工作，多次完成炸凌和封堵决口任务。2003 年，“非典”疫情期间，各旗县（区）人民武装部，成建制组织 1300 名民兵，在 18 个乡镇执行封闭、设卡和巡逻任务。9 月 6 日，巴彦淖尔盟乌拉特前旗大河湾段决口，3 个乡、1 万余名群众受灾，呼和浩特市工作处组织托克托县民兵抗洪应急分队 204 人参与抗洪工作，完成大坝合龙任务。

2007 年 3 月 16 日，黄河托克托县什四份子段突发大面积冰凌堵塞河道、冲击堤坝险情，托克托县黄河民兵抢险分队共发射 60 发迫击炮弹，40 个抛射炸药包，及时排除险情。2008 年 3 月 20 日凌晨，托克托县民兵黄河抢险分队跨区完成黄河鄂尔多斯杭锦旗奎素段决口封堵任务。2009 年 2—3 月，组织民兵抢险分队，对什四份子、章盖营、喇嘛湾大桥下游等险段 3 次炮击，发射炮弹 256 发，疏通河道。8 月份，托克托县人民武装部出动民兵 100 余人次，配合完成“8・26”黄河游船翻沉救援。

2010 年 1 月 27 日，土默特左旗善岱镇朝号村春花花炮公司发生爆炸事故后，土默特左旗人民武装部组织民兵应急分队进行维护秩序、外围警戒、现场搜救等任务。2015 年 3 月，组织清水河县、托克托县人民武装部及防凌分队，针对各自黄河防凌段进行爆破，消除隐患。

第二节　军民共建

1986—1995年，军民共建内容由开展“文明礼貌月”、治理“脏、乱、差”，逐步发展到培养“四有”（有理想、有道德、有文化、守纪律）新人和合格军人上；共建形式由最初的“结对共建”，扩展到“街区共建”“区域共建”“双拥共建”，形成公益型、互助型、培训型、联合型等多种类型的共建点。

1996年8月，协调17个驻呼部队召开拥政爱民联席会。同年，制订《驻呼部队拥政爱民公约》。1997年12月，驻呼和浩特市人民解放军、武警各部队连以上建制单位与驻地厂矿、学校、街道、乡村、企事业单位、医院、商店、车站、机场等单位结成共建对子，开展共建活动。驻军官兵资助贫困失学儿童几千名，兴建希望小学10余所。

2002年，呼和浩特市工作处协调联系驻呼某部援建希望小学。同年，与市人防办联合组织举行呼和浩特市人民防空作战演习，华北地区省会城市人防系统和自治区、呼和浩特市党政军400余人现场观摩，这是自治区成立后至21世纪初，军地联合组织规模最大的一次城市人民防空演习。

2004年3月，护送1300余名学生和青年到广东东莞学习培训。同年，呼和浩特警备区组织民兵植树500余公顷，建起民兵防风固沙基地3333.33公顷、生态林4处、新增“双拥绿色通道”12千米。

2005年8月，协调和组织人民武装部、武警现役官兵370余人和专职人民武装干部60余人，对3所高校、43所普通高中的1.5万名学生进行军训。

2015年，选派干部协助开展“双拥模范城”评比工作。

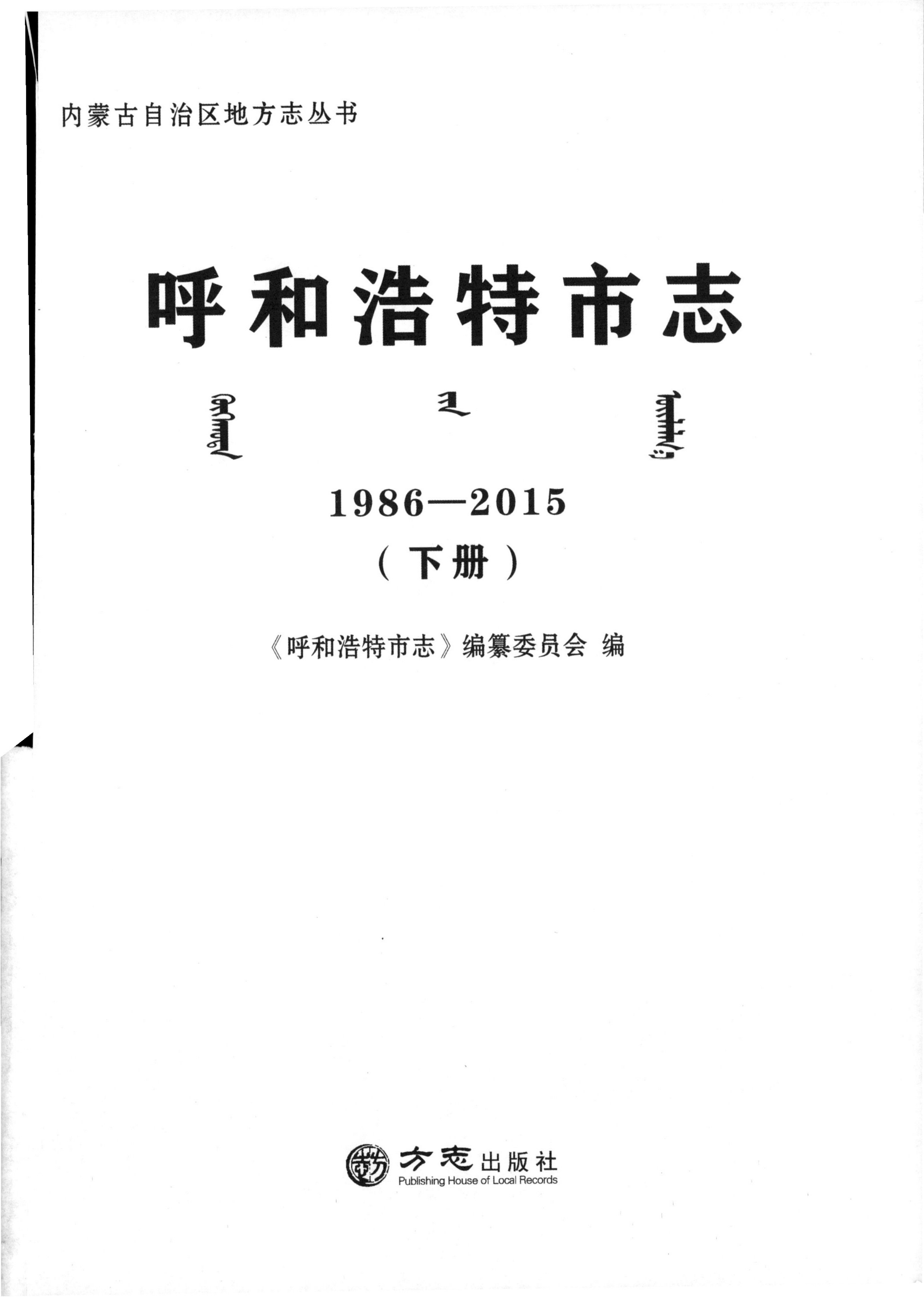

内蒙古自治区地方志丛书

呼和浩特市志

1986—2015

（下册）

《呼和浩特市志》编纂委员会 编

方志出版社
Publishing House of Local Records

目　录

下　册

第二十篇　社会团体

第二十一篇　法　治

第二十二篇　人力资源和社会保障

第二十三篇　民　政

第二十四篇　扶贫脱困

第二十五篇　教　育

第二十六篇 科技 地震 气象

第二十七篇　文　化

第二十八篇 旅 游

第二十九篇 医疗 卫生

第三十篇　体　育

第三十一篇 精神文明建设

人 物

附　录

索　引

ᠭᠠᠷᠴᠠᠭ

ᠭᠤᠷᠪᠠᠨ ᠨᠢᠭᠡᠳᠦᠭᠡᠷ ᠬᠡᠪᠯᠡᠯ　ᠭᠠᠳᠠᠷ ᠪᠠ ᠰᠤᠷᠤᠯ

[illegible]

[illegible]

目　录

ᠬᠣᠶᠠᠳᠤᠭᠠᠷ ᠳᠡᠪᠲᠡᠷ ᠪᠦᠯᠦᠭ

ᠮᠣᠩᠭᠣᠯ ᠪᠢᠴᠢᠭ

ᠬᠠᠪᠰᠤᠷᠤᠯᠲᠠ

ᠨᠡᠮᠡᠯᠲᠡ

第二十篇

社会团体

第一章　工　会

第一节　代表大会

一、呼和浩特市总工会第十三次代表大会

1984年11月27—29日，呼和浩特市总工会第十三次代表大会在市工人文化宫召开。出席大会的代表301名，特邀代表11名。大会通过《关于团结全市各族职工为夺取经济体制改革的全面胜利而奋斗》的工作报告和财务工作报告。大会选举产生市总工会第十三届委员会委员30名、候补委员5名，以及经费审查委员会，选举出席自治区第四次会员代表大会的代表。11月30日，市总工会第十三届一次全委会选举产生常务委员11名，选举李锁柱为市总工会主席，刘文寿为副主席。1985年10月，中共呼和浩特市委提名赵明亮为市总工会副主席，1988年3月增补赵明亮为党组成员。

二、呼和浩特市总工会第十四次代表大会

1989年11月7—10日，呼和浩特市总工会第十四次代表大会在内蒙古军区招待所召开。出席大会的代表297名。会议审议通过总工会第十三届委员会所作的《坚持党的基本路线，全心全意依靠工人阶级，带领各族职工为建设团结、富裕、文明的自治区首府而奋斗》的工作报告、财务工作报告和经费审查委员会工作报告，选举产生新一届市总工会委员和出席自治区总工会第五次代表大会的代表。随后召开的市总工会第十四届一次全委会选举产生常务委员10名，选举李锁柱为市总工会主席，刘文寿、赵明亮为副主席。1990年9月，中共呼和浩特市委任命云艺军为市总工会党组成员、提名副主席。

三、呼和浩特市总工会第十五次代表大会

1997年1月25日，呼和浩特市总工会第十五次代表大会在内蒙古武警总队招待所召开。出席会议的代表350名，特邀代表11名。大会审议通过总工会第十四届委员会所作的工作报告、财务工作报告和经费审查委员会工作报告，选举产生新一届市总工会委员。1月26日，市总工会第十五届一次全委会选举产生常务委员8名，选举刘廷俊为市总工会主席，李华、孙洁为副主席。2002年5月，中共呼和浩特市委任命马建成为市总工会党组成员、提名副主席，7月选举马建成为市总工会副主席。

四、呼和浩特市总工会第十六次代表大会

2002年9月12—13日，呼和浩特市总工会第十六次代表大会在内蒙古军区招待所召开。出席会议的代表311名。大会审议通过总工会第十五届委员会所作的工作报告、财务工作报告和经费审查委员会工作报告，选举产生市总工会第十六届委员会委员66名。9月13日，市总工会第十六届一次全委会议选举产生常务委员15名，选举刘廷俊为市总工会主席，李华、孙洁、马建成为副主席。2006年2月，呼和浩特市委任命云霖琼为党组副书记、刘学亮为党组成员，提名云霖琼、刘学亮为市总工会副主席。3月，市总工会十六届五次全委会议选举云霖琼为市总工会第十六届委员、常委、副主席，刘学亮为副主席。11月，刘涛任市总工会主席。

五、呼和浩特市总工会第十七次代表大会

2008年5月28—29日，呼和浩特市总工会第十七次代表大会在内蒙古军区招待所召开。出席大会的代表365名。大会审议通过总工会第十六届委员会所作的《坚持中国特色社会主义工会发展道路，团结动员各族职工为建设现代化和谐首府努力奋斗》的工作报告、财务工作报告和经费审查委员会工作报告。选举产生64名委员和11名经费审查委员会委员。随后召开的市总工会第十七届一次全委会议选举产生常务委员15名，选举刘涛为市总工会主席，云霖琼、马建成、刘学亮为副主席。

六、呼和浩特市总工会第十八次代表大会

2013年11月5—7日，呼和浩特市总工会第十八次代表大会在内蒙古军区招待所召开。出席大会的代表392名。大会审议通过总工会第十七届委员会所作的《围绕中心，服务大局，团结带领全市职工为建设“活力首府、美丽首府、和谐首府”建功立业》的工作报告、财务工作报告和经费审查委员会工作报告，选举产生新一届市总工会委员。随后召开的市总工会第十八届一次全委会议选举产生常务委员19名，选举斯钦毕力格为市总工会主席，李欣莉、张瑞新、张普刚为副主席。

第二节　组织机构

一、管理机构

2001年，呼和浩特市总工会（简称市总工会）内设办公室、组织部、宣传教育部、基层工作部、法律工作部、社会保障工作部、劳动保护部、经济工作部、女职工部、财务部、经费审查委员会办公室、调研室12个部室，下设商贸农林水务工会、建筑建材公路运输工会、科教文卫工会、直属基层工会、直属机关工会、轻纺化工机电工会6个驻会产业工会，下设呼和浩特市总工会干部学校、技协办、消费合作社、工人文化宫、职工大学5个事业单位。

2005 年，市总工会内设办公室、组织部、宣传教育部、基层工作部、法律工作部、保障工作部、劳动保护部、经济技术部、女职工部、财务部、经费审查委员会办公室、调研室 12 个部室，下设直属机关工会、教科文卫工会、商贸农林水务工会、建筑建材公路运输工会、轻纺化工机电工会 5 个驻会产业工会，下设呼和浩特市总工会干部学校、呼和浩特市总工会机关事务服务中心、呼和浩特市总工会职工对外交流服务中心、呼和浩特市困难职工帮扶中心 4 个事业单位。

2015 年，市总工会内设办公室、组织部、宣传教育部、基层工作部、法律工作部、保障工作部、劳动保护部、经济技术部、女职工部、财务部、经费审查委员会办公室 11 个部室，下设呼和浩特市三产服务业工会、呼和浩特市建筑建材公路运输工会、呼和浩特市能源化工机械制造工会、呼和浩特市乳品食品药品工会、呼和浩特市机关文教卫生工会 5 个驻会产业工会，下设呼和浩特市总工会干部学校、呼和浩特市总工会机关事务服务中心、呼和浩特市总工会职工对外交流服务中心、呼和浩特市困难职工帮扶中心、呼和浩特市工人文化宫 5 个事业单位。

二、组织建设

1987 年底，呼和浩特市有 812 个基层工会。其中，205 个获评“先进职工之家”，30 个获评“模范职工之家”，基层工会中有 95% 建成“合格职工之家”；有职工之友 629 名，优秀工会积极分子 1739 名，优秀工会小组 144 个，特邀工会积极分子 284 名。在全国总工会、自治区总工会召开的“建家”（建设职工之家活动）总结表彰会上，全市有 27 个单位和 79 名个人受到表彰。年内，发展基层工会组织 69 个，发展会员 1.56 万名。

1988 年，市委印发《中共呼和浩特市委员会批转市委组织部、市总工会关于民主选举基层工会主席的意见》的通知，全市各级工会按照“公开、民主、平等、竞争”的原则，采取由会员直接民主选举，差额产生基层工会主席的方式，由点到面，以点促面，较大范围地开展了民主选举工作。年末，全市有基层工会 1123 个，会员 21.48 万名，专职工会干部 1422 名。在基层专职正副工会主席中，享受同级党政副职待遇的占 78.2%。郊区总工会率先在乡镇企业建立工会组织、职工代表大会、“职工之家”，实现全市乡镇企业工会组织零的突破。

1996 年，市委、市政府批转市总工会《关于进一步加强新建企业组建工会工作的意见》，印发《关于新建企业工会组建工作领导小组成员单位职责的通知》，成立全市新建企业工会工作领导组织和全市私营企业工会联合会。1999 年，全市有基层工会组织 2190 个，会员 25.69 万名。

2004 年，市总工会印发《关于加强乡镇、街道工会工作的意见》。全年，建成合格乡镇、街道工会 29 家，新建规范化企业工会 190 家，发展基层工会组织 407 家，发展涵盖独立法人单位的基层工会组织501家，发展农民工会员4.5万名，培训新建企业工会干部303人。

2005年，全市新增合格乡镇、街道工会32家，新建规范化企业工会132家，发展基层工会组织367家，新建工会女职工组织135家，发展会员13.52人。

2006年，市总工会印发《关于选派百名工建指导员深入基层指导工会组织建设的实施方案》。全市新建规范化企事业工会300家，发展工会基层组织410家。其中，外商投资企业建会72家，新建工会女职工组织300家。在小型企业比较集中的地区推行建立基层联合职工代表大会、区域性或行业职工代表大会5家。全年发展会员7.5万名。

2007年，市总工会召开全市基层工会建设现场经验交流会，推广“工会建在村上”、以“地税代征促建会、一站式服务”等工作经验。全市基层工会组织增加1628家，私营企业工会增加1605家，外商投资企业工会增加20家，工会会员增加7.13万名，农民工会员增加3.71万名。年末，全市有基层工会组织5583个，会员55.31万名。专职工会工作人员1280名，兼职工会工作人员1.15万名。

2008年，市总工会开展“企业工会建设年”活动，对新建企业工会、非公企业工会进行规范。全市发展新会员4.8万人，基层工会新增1997家。基层工会涵盖法人单位2806家，在肯德基、麦当劳、必胜客门店组建工会9家；全市通过国家审核的开发区新增工会组织5个；新建女职工工会组织638家，签订女职工专项集体合同新增382家。

2009年，市总工会印发《呼和浩特市“二次覆盖攻坚行动”方案》《呼和浩特市非公企业区域性、行业性、园区工会联合会标准化建设规定》。全市出租车企业全部组建工会。

2010年，市总工会印发《关于劳务派遣公司全部建会及劳务派遣工全部入会的通知》，建立集中行动周通报制度。至2011年，全市发展工会会员净增4.86万人，其中农民工会员净增3万人，建立基层工会委员会净增1724个，其中建立区域性、行业性工会联合会累计74个，劳务派遣工入会3185人。建立非公有制企业女职工组织5032家，基层工会女职工组织净增405家，非公有制企业签订女职工专项合同累计4026份。

2012年，全市成立单独基层工会1.05万个，联合基层工会153个，涵盖法人单位1.93万家，发展会员77.61万名。建会单位30.9万家，企业建会率82.6%。签订工资专项集体合同2.39万份，覆盖企业15.6万家，覆盖职工447万余人，符合协商条件的建会企业覆盖率91.4%。签订女职工权益保护专项集体合同2.43万份，覆盖企业14.5万家，覆盖女职工近210万人。

2013—2015年，市总工会加大在非公企业、中小企业、农民工、劳务派遣工群体中的建会建制力度，开展“扩面提质，固本强基”组建工会专项行动，推进创建“职工之家”“工会组织亮牌子，工会主席亮身份”活动，以及“模范职工之家”“模范职工小家”评比活动，加强基层工会特别是非公企业工会规范化建设。截至2015年，全市有基层工会组织1.14万个，职工90.83万名，农民工会员28.36万名，专职工会工作人员4439名，兼职工会工作人员1.91万名。

第三节 维护职工合法权益

一、健全民主管理机制

1984—1989年，全市各级工会组织参加各级党委、人大、政府、政协会议，参与有关工资、物价、住房、劳动制度、分配制度、用工制度、安全生产、企业领导制度等改革方案的制定工作。全市企事业单位职工代表大会共提出提案4.03万件。其中，生产经营方面的提案1.90万件。全市384个单位的工会，代表职工代表大会与企业签订集体合同、协议，合同有效率为84.3%。通过实行《呼和浩特市全民所有制工业企业集体合同条例（试行）》，全市96%的企事业单位职工代表大会参与了承包租赁的全过程。

1988年，呼和浩特市开展直接民主选举基层工会主席工作，全市有517个单位直接或差额民主选举工会主席，占基层工会组织总数的56.9%。新当选的580名基层工会主席平均年龄40.2岁，比选举前下降6.4岁，具有大专文化程度的占比41.5%，少数民族比例比选举前提高4.16%。

1990年，市总工会不断丰富民主管理的形式，许多企业实行了民主质询、厂长接待日、职工代表值班等制度。民主管理的重点转移到企业生产经营和分配等重大问题的决策上来。

1991—1996年，全市各级工会组织进一步落实《中华人民共和国企业法》赋予职代会的五项职权，不少企事业单位的重大决策提交职代会审议，工资调整、奖金分配等方案提交职代会审查，职工生活福利重大事项、职工住宅分配方案由职代会审议决定，民主评议干部形成制度，党政工三者关系进一步理顺。企业中，党政工领导普遍把民主管理工作作为工作重点，厂长（经理）的民主管理意识不断提高。在市属企业中，凡是涉及重大经营决策、三项制度改革、职工切身利益的问题，都能提交职代会讨论审议。

1997年，市委办公厅、市政府办公厅印发《关于在全市进一步推行厂务公开制度的实施意见》，全市国有、集体及国有控股企业全部建立厂务公开制度。1998年7月，市委召开全市工会工作会议，出台《中共呼和浩特市委关于全心全意依靠职工群众办好企业和进一步加强工会工作的意见》。至2000年，全市共有820家国有、集体企业完成集体合同的签订，覆盖职工17.3万人，覆盖率85%以上。在金川开发区和如意开发区签订区域性集体合同。

2001年，市总工会召开全市企业工资集体协商会议。会后设立试点区域，推进全市企业开展工资集体协商工作。会同市劳动和社会保障局出台《工资集体协商实施意见》，以市委、市政府名义召开全市厂务公开工作会议，制定下发《关于在全市进一步推行厂务公开制度的实施意见》。会同市监察局、教育局对重点直属中学校务公开工作进行抽查，从源头上维护职工的合法权益。

2002年9月至2008年5月，市总工会与相关单位对全市实施《中华人民共和国工会法》《中华人民共和国劳动法》《呼和浩特市实施〈中华人民共和国工会法〉办法》及相关法律法规的执行情况开展8次检查。同时，建立联席会议制度，市总工会与市政府共举行联席会议3次，就20余个涉及职工权益的重大问题进行沟通解决。会同市劳动和社会保障局、市经济贸易委员会共召开三方协调会议10次，就20余个涉及职工权益的重大问题进行协商解决。全市9个旗县（区）相继建立联席会议制度和三方协调会议制度，推动政府与相关部门解决涉及职工权益的问题。

2008—2012年，通过劳动关系三方机制、工会与政府联席会议制度等源头维权机制，建立健全网络化、动态化的劳动争议预警、调处机制。建立金融危机职工动态月报制度，成立金融危机职工动态月报信息工作机构。建立企业工会主席风险基金，为维护职业化工会干部合法权益提供保障。

2013—2015年，市总工会推动建立公交、出租车等行业一线职工工资协商和收入增长机制。健全工会社会化维权、三方协商机制，延伸劳动仲裁、法律援助、社会救济等工作触角，拓展劳动争议调解途径，完善市、旗县（区）、乡镇（道）三级职工维权服务网络。其间，制定并印发《呼和浩特市工会系统普法依法治理工作要点》《女职工劳动保护特别规定》等法律法规和配套政策，开通“12351”职工维权热线，接待职工维权、法律援助电话5000余次，接待信访案件34件，涉及人员260余人，涉案金额270余万元，为职工提供法律咨询服务360余人次，免费代理劳动争议等案件444件，接待调解处理10人以上职工集体上访8次，为农牧民工直接协调讨薪615万元。

二、创建“劳动关系和谐单位”

2005年，市总工会开始开展创建“劳动关系和谐单位”活动，与市劳动和社会保障局等联合印发《关于开展创建“劳动关系和谐单位”活动的意见》，确定先行试点单位40个。2006年，对22名在创建“劳动关系和谐单位”活动中涌现出的优秀工会干部进行表彰。2007年，开始实行《呼和浩特市劳动关系和谐单位管理办法》，有32家企业被评为劳动关系和谐单位。2009年，全市有国有集体控股企业274家、独立建会非公有制企业4681家,以及10个工业园区参与创建劳动关系和谐单位活动。

2013—2015年，全市有6147家建会企业和10个工业园区参与创建劳动关系和谐单位活动，规模以上建会非公有制企业厂务公开、职工代表大会建制率95%。新增区域（行业）职工代表大会25家，建立厂务公开民主管理示范单位30家，建会企业集体合同和工资专项集体合同7580份。

三、维护进城务工人员合法权益

2003年12月，呼和浩特市成立进城务工人员工会联合会，市总工会针对进城务工人员合法权益受到侵害的实际，与市城乡建设委员会联合发文，要求凡是在呼和浩特市登记注册的建筑单位，不论规模大小、人员多少，都要按照《中华人民共和国工会法》的规定建立工会组织，同时建立健全职工代表大会和平等协商集体合同制度等维权机制。同年，成立呼和浩特市进城务工人员工会联合会维权中心，设立热线电话。

2004—2005年，市总工会开展对农民工的就业帮扶、困难救助、法律和政策服务工作，积极协助政府和有关部门切实解决企业拖欠职工工资尤其是拖欠进城务工人员工资的问题。2006年，先后处理农民工维权案件30余起，为农民工追讨欠薪2392.21万元，涉及农民工人数1.19万名。吸收4.6万余名农民工入会，免费对600余名农民工进行就业培训。组织慰问建筑工地农民工，为万余名农民工送去款物计35万余元。

2007年,市总工会在市四大医院开设“爱心病房”,为农民工实施减免检查、住院、医疗等各种服务。元旦、春节期间，开展关爱农民工“送健康”“送温暖”“送文化”系列活动。在新华广场举行“维护农牧民工合法权益活动月”启动仪式。开展全市“十大农民工标兵”“十大女农民工标兵”创建评选活动。先后处理务工人员的维权求助案件13起，为进城务工人员追讨欠薪156万元。接待职工来电来访和热线求助、政策咨询900余人次，接待职工法律咨询270件次，免费为职工代理劳动争议仲裁和诉讼案件19起。2008年，“12351”职工维权热线电话共接听求助电话4000余件次，接待信访案件107件，涉及职工2900余人，涉及金额197.48万元。

2009年,市总工会制定《关于切实做好当前维护农牧民工合法权益工作的意见》，在农牧民工比较集中的煤矿、建筑等行业及非公有制企业，加强安全生产、职业病防治。开展“农牧民工援助行动”，与乌兰浩特市总工会合作，把兴安盟的下岗失业人员及农牧民工输入到呼和浩特。在市第一医院、市中蒙医院、内蒙古天骄医院等9家医院建立爱心医院，对农牧民工的医疗援助比例占全市困难职工的50%。2010年，全市农民工入会净增3万余人。

2011年，市总工会组织在岗农牧民工培训2000余人。通过“12351”职工维权热线共接听包括农牧民工在内的职工求助电话6000件次，接待信访案件62件，涉及人员210余人，涉案金额360余万元。2012年，市总工会与自治区总工会联合行动，为全市9个旗县(区)在档困难职工和农牧民工家庭捐赠1万只节能灯。截至2013年，全市共发展农民工会员18.54万人。

2015年，市总工会开展农牧民工入会集中行动，在发展会员、筹备召开成立大会、民主选举产生工会主席、完善工会工作制度、开展工作等方面对农民工较集中的特色企业进行系统指导，先后树立武川县农牧业专业合作社工会联合会、新城区成吉思汗大街塔利村工会联合会等典型。截至2015年末，全市共发展农民工会员28.34万人。

四、劳动保护

1984年11月至1989年11月，市总工会陆续整顿和建成901个基层（车间）工会劳动保护监督检查委员会，形成以97名市级工会劳动保护监督检查员为骨干，以2985名各级安全员为基础的全市安全生产网络。市总工会和旗县（区）总工会举办14期劳动保护学习班，受训人员近500人次。组织劳动保护技术交流活动96次。各企业职工代表大会审议通过劳动保护工作实施方案443个。全市进行13次安全生产大检查，对116个工厂、工地进行生产、设备、尘毒、防火等安全检查。

1986—1988年，全市工业企业千人死亡率基本控制在0.035～0.045之间。自1987年开始，市总工会接待有关劳保方面的来信来访2462件次。1989年1月8日，《工人日报》在头版头条发表题为《呼和浩特市总工会重视安全生产，大力加强劳保监督工作》的文章。

1990—1995年，全市工会组织坚决贯彻中央“稳定高于一切”的方针，根据全总三个劳动保护条例，建立和完善工会劳动保护监督体系，认真履行群众监督检查职责，在全市开展对重大事故隐患和严重职业危害实行目标跟踪监督检查活动。坚持开展“安康杯”竞赛和“三不伤害”活动，进行安全知识培训，组织新建扩建项目的“三同时”（同时设计、同时施工、同时投入生产和使用）验收工作，有效防止和减少事故的发生。

1996年，全市企业工会建立工会劳动保护监督检查委员会200余家。其后，每两年会同市经贸委、市劳动和社会保障局召开一次全市“安康杯”竞赛总结表彰大会，对安全生产进行部署。

2004年，全市参加“安康杯”竞赛的各类企业有326家，参赛职工约13万人次，参赛班组2400个。市总工会被中华全国总工会评为全国“安康杯”竞赛优秀组织单位，内蒙古三联化工集团、呼和浩特卷烟厂被评为全国“安康杯”竞赛优胜企业。年末，全市工会小组劳动保护检查员有 9860 人。全年开展安全生产检查 8 次，检查企业 400 余家。年内，新增劳动保护监督检查委员会 362 个、监督检查员 1800 名。

2007 年，市总工会在全市旗县（区）以上工会开展安全检查 300 余次，查出各类安全隐患 1300 余项，监督企业整改事故隐患和严重职业危害 840 余项，参与死亡事故调查处理 32 人次。

2002 年 9 月至 2008 年，全市参加“安康杯”竞赛的各类企业发展到 400 余家，参赛职工累计 12 万人次。建立各级工会劳动保护监督检查组织 1700 余个，各级工会劳动保护监督检查员 1400 余名。旗县（区）以上总工会共进行安全检查 300 余次，总共查出各类安全隐患 1300 余项，监督企业整改事故隐患和严重职业危害 840 余项，参加查处安全生产事故 150 余起。

2009 年，全市“安康杯”竞赛参赛企事业单位 410 余家，参赛职工 14 万人次。全年培训劳动保护监督检查员 200 名。开展各类检查 40 余次，查出隐患 1200 余次。2010 年，全市“安康杯”竞赛参赛企事业单位 470 余家，参赛职工 16 万人次。

2015 年，“8·12”天津港特大爆炸火灾事故后，市总工会制发《关于深化“安康杯”竞赛，促进企业安全生产的紧急通知》，参与各类安全生产事故的调查与处理，参与全市安全生产大检查，并对《中华人民共和国特种设备安全法》开展调研和督查。

五、困难职工帮扶

1984 年 11 月至 1989 年 11 月，市总工会接待来信来访职工 7600 余人（件）。组织 700 余名劳模、教师、环卫工人、离退休职工等到外地休养。

1988 年，市总工会在北戴河创建职工休养所，并提高企业保教人员福利待遇，为全市有 30 年以上教龄的教师颁发荣誉证书，解决了 27 起侵犯女职工合法权益的事件。

1996—2000 年，实施“1335”工程、帮扶千人脱贫和“送温暖工程和再就业工程”。建立和完善特困职工档案，当好“第一知情人、第一报告人、第一帮助人”，每年元旦、春节期间，在全市开展“进万家门、知万家情、解万家难、暖万家心”的送温暖活动。全市副处级、企业副厂长以上领导干部与 2800 余名特困职工“结对子”，在重要节日期间入户走访看望帮扶对象。筹集并发放元旦、春节慰问金 2700 万元，慰问困难企业 510 多户次、困难职工 8.5 万户次，连同领导干部交友帮扶，各级工会组织定人定向帮困，共使 4100 余名困难职工脱贫。

2002 年春节，在自治区成立首家困难职工捐助中心，募集 150 余万元食品、衣物，对 5000 余名困难职工给予救助。为帮助下岗职工再就业，投资在赛罕区建立下岗职工蔬菜种植示范基地，组织 600 余名下岗职工参加温室大棚种植技术培训。选树再就业明星60余人，组织近100场再就业明星专场报告会，举办各种劳动技能培训班，培训下岗职工2.13万人，提升职工的技能素质和择业手段，其中40%实现再就业。成立家政服务公司，为300余名下岗失业职工提供就业岗位。同年，捐助中心更名为困难职工帮扶中心。

2004年，市政府出台对低保职工家庭采暖费补贴和对退休职工提高工资的有关政策。全年，市总工会扶持2329名下岗职工实现再就业；对4286名下岗失业职工提供培训和职业介绍服务；暑期，捐资10万元对100余名困难职工子女上大学给予资助。

2005年，全年扶持2080名下岗职工实现再就业，培训下岗职工3685人。2006年，成立由24个职能部门共同参与的困难职工帮扶中心，市劳动、司法、市属新闻媒体等派工作人员常驻中心。市总工会将工会职能范围内的职工需求全部与困难职工帮扶中心窗口对接，开设信访接待、法律援助、就业指导、生活救助、大病助学、女工维权、劳模服务和农民工维权8个窗口。

2007年，9个旗县（区）总工会建立困难职工帮扶中心，市四区建立2个街道社区帮扶示范点。同年，启用全国工会帮扶工作管理系统，调整扩充全市困难职工档案内容，审核上报5687名困难职工和农民工档案。市帮扶中心救助窗口首次实现9个旗县（区）和市帮扶中心档案管理、帮扶救助及信息统计上报网络化。全年，帮助下岗职工实现再就业1200人，扶持创业带头人180人，带动就业800人。元旦、春节期间开展的送温暖活动，首次通过帮扶救助窗口筹集资金192.4万元，慰问困难职工和农民工4772人。

2008年，市总工会首创困难职工帮扶网络系统与政府社区平台相衔接，设立助理员、社区困难职工医疗站、心理咨询室，使帮扶工作深入基层。旗县（区）总工会全部建成帮扶中心及就业培训基地。当年，呼和浩特市困难职工帮扶中心被全国总工会授予“全国工会模范帮扶中心”称号、“全国工会维护农民工合法权益工作先进集体”称号，并被自治区司法厅授予“法律援助工作先进集体”称号。

2009年，市总工会与市政府信息办联合开发与市人口管理系统相衔接的困难职工管理系统，将帮扶系统延伸到企业、社区。市四区建立发展283名帮扶助理员，借助社区信息网络平台将帮扶触角纵向延伸到社区，横向与社区办事机构衔接，形成大三级帮扶信息网络管理体系。将呼和浩特市琦浦中等职业技术学校和内蒙古儒科职业技能培训学校认定为“市总工会就业、再就业培训基地”，对2500名困难企业在岗职工进行技能提升和转岗培训，对1000余名城镇下岗失业人员进行再就业培训。

2010年，市总工会修订并印发《呼和浩特市职工法律援助试行办法》。2012年，困难职工帮扶中心第一次实现9个旗县（区）、乡镇街道、企业、社区与市帮扶中心档案管理、帮扶救助及信息统计上报网络化。“爱心超市”与呼和浩特市几家规模较大的连锁超市签订协议，面向特困职工定期定额发放“爱心救助卡”。开展“爱心学校”助学帮扶试点，与10所中学签订助学协议，出资70万元救助690人次。“爱心药店”“爱心医院”与签订协议的医院共同分担部分困难职工就医费用，缓解特困职工因病致困的压力。

2013—2015年，市总工会持续开展“春送岗位”“夏送清凉”“金秋助学”“冬送温暖”“单亲特困女职工帮扶”等工会品牌活动，实现救助、维权、调解、服务的“四位一体”。开展“面对面、心贴心、实打实，服务职工在基层”活动、困难职工档案调整月活动、“百县万户行”活动、“爱心助学”活动、“安康保障”等行动，丰富帮扶救助内容，为职工送取暖费、送文化、送图书，帮助旗县（区）工会组织生源、聘请老师、送教上门，培训下岗失业人员、农民工及大学毕业生，创办女职工培训学校、周末学校，帮助职工提升学历、晋升技术等级、实现再就业。其间，免费举办各类培训班150余期，培训下岗职工、失业人员、农牧民工、困难职工家庭大学毕业生10187人，实现自谋职业和自主创业8462人。

第四节　职工教育

一、教育培训

1986年，组织建筑、文化教育、财经贸易等领域“先进模范人物理想和纪律讲演团”，在企业巡回演讲47场，覆盖听众3万余人；女劳模、女能人理想与事业现身讲演讲场，覆盖听众2万余人。

1987年，全市有大中小型企业5万余名职工参加“振兴中华，建设边疆”职工读书活动和职工百科知识竞赛。

1996年，市总工会制定《职工行为准则》《规范机关工作人员行为的意见》。1996—2000年，选树并奖励260余名全心全意依靠职工办好企业优秀党政领导和模范职工。

2002—2008年，市总工会在全市开展“创建学习型组织、争做知识型职工”和班组建设活动，参加读书自学和各种教育活动的职工约100万人次。2004年，市总工会印发《关于推进企业文化、职工文化建设的实施意见》《关于开展全市“创建学习型组织、争做知识型职工”活动的实施意见》，组织职工参加读书自学和各种教育活动16.46万人次，有67%的班组建设成文明班组和学习型班组。2005年，市总工会在《呼和浩特工运》开辟专栏，宣传工人阶级和工会工作；全年组织职工参加读书自学和各种教育活动17.3万人次。2006年，市总工会在教科文卫工会系统组织开展“师德、医德”标兵评选活动，评选出全国师德标兵1名，自治区师德标兵6名，自治区医德标兵8名。

2009年，呼和浩特市建成20个“职工书屋”和2个全国“职工书屋”示范点。2010—2012年，市总工会与劳动和社会保障局联合举办《中华人民共和国劳动合同法》培训班，并重点对“四小”（小砖窑、小煤矿、小作坊、小矿山）企业开展劳动用工大检查。

2013—2015年，市总工会开展以“讲文明、树新风、促和谐”为主题的群众性精神文明建设活动、职工职业道德建设“双十佳”和红旗班组表彰活动、“创建学习型组织，争做知识型职工”活动，建成示范点“职工书屋”8家，自建“职工书屋”86家，表彰职业道德建设标兵单位30家、标兵个人30名、先进集体120家、红旗班组62家，先进个人129名。

二、劳动竞赛

1986年，为扭转全市前5个月工业增长为-5.16%的严峻局面，市总工会在全市工业企业开展“效益杯”厂际社会主义劳动竞赛。1987年，组织全市职工开展“人人献一计，节十元，增百元”的双增双节竞赛活动。同年，市总工会组织10万余名职工参加全国法律知识竞赛，获得全国总工会颁发的“一级组织奖”。

1987—1989年的双增双节活动共增产增收3.06亿元，节约开支4168万元。按统计范围内职工总数计算，人均增产增收3411.88元。节约开支463.12元。全市职工提合理化建议9.04万条。其中，被采纳2.66万条，实施1.97万条，创经济价值4300万元。参加提合理化建议的职工17.26万人次。1989年，双增双节活动范围扩大到事业、机关团体等单位。全年，全市90%以上的企业参加了各行业的厂际竞赛。其中，工业企业占比97%。全市企业内部搞的各项竞赛活动约6390项次。全市参赛职工16.24万人次。

1990—1995年，呼和浩特市工业生产一度处于低谷，市总工会组织开展“提建议、挑重担、比贡献、攻难关”“当主人、做贡献、超百亿、奔小康”的立功竞赛活动，激发产能，促进经济发展。

1996年，市总工会组织开展“我为西部大开发做贡献”群众性“九五”立功活动。全市85%的职工参加活动。其中，参加岗位练兵、技术比武活动的职工超过54.8万人次；提出合理化建议5.3万件，实施1.8万件，节约和创造价值2.09亿元；双增双节和完成技术攻关682项，争创效益2.1亿元。

2001年，市总工会组织全市50多个企业，600多名职工参加的焊接、钳工、微机等技术比武活动，有10多项成果受到自治区总工会的肯定和表彰。全年劳动竞赛和双增双节增创效益完成 4975.5 万元，合理化建议活动创造和节约价值 3614.10 万元。组织职工技术培训岗位练兵 16.64 万人次。

2002—2008 年，市总工会组织职工岗位练兵和技术比武有 52 个工种，参与职工约 100 万人次。其中，砌筑工、抹灰工、架子工、烹饪、餐饮、客房服务、蒙式热菜、铣工、车工在全区技能比赛中均获得前三名。

2009—2012 年，围绕自治区确定的 150 项重点工业项目，市总工会组织职工争创“创新能手”“创新示范岗”和“创新型班组”。全市有 13.34 万职工参加各种形式的职工职业技能比赛、技术比武、练兵培训活动。

2013—2015 年，市总工会制定《关于组织动员广大职工为完成“十二五”规划目标任务创先争优建功立业的决定》，在乳业、电力、石化、冶金化工、生物发酵等优势特色产业及经济项目中，培育创建了一批示范性竞赛项目。开展职工劳动竞赛涉及呼和浩特市经济发展各行各业，包括公交行业、建筑行业、生产行业等。其中，连续五年举办“呼和浩特市公交行业职工职业技能比赛”活动、“职工技术创新实践”活动、“女职工建功立业标兵岗（标兵）”竞赛活动等。

第五节　关爱劳模

1984—1989 年，全市召开 2 次劳模表彰大会，评选出市级劳模 619 人，先进集体 82 个，劳模标兵 29 人，自治区级劳模 112 人，11 人被授予全国五一劳动奖章，6 人被评为全国劳模。

1996 年开始，呼和浩特市每两年召开 1 次劳动模范、先进集体表彰大会。1996—2000 年，共评选推荐全国劳动模范 10 名、全国五一劳动奖章获得者 15 名、五一劳动奖状先进集体 7 家、自治区劳动模范 60 名，选树表彰市级劳模和先进集体近千名（个）。其间，成立劳模协会，筹建劳模基金，印发《劳动模范优异待遇规定》《劳动模范、先进工作者基金管理办法》《关于在企业转制中做好劳模安置和下岗失业、劳模再就业及生活补贴工作的意见》，并在武川得胜梁建立劳模林，组织劳模植树 33.33 公顷。

2002—2008 年，市总工会评选推荐全国劳动模范 6 人，全国五一劳动奖章获得者 12 人，自治区劳动模范、先进工作者 81 人。2004 年、2007 年，先后召开全市劳动模范表彰大会，评选表彰市劳动模范 326 人、先进集体 103 个。

2003 年 10 月，市政府出台《提高劳动模范待遇的决定》，明确由市政府命名、历届全市劳动模范大会评选表彰，并且能够继续保持先进荣誉、发挥先进作用的市级劳动模范，包括由本市推荐评选的自治区级、国家部委级劳动模范，全国五一劳动奖章获得者、全国劳动模范中，生活处于本市城镇居民最低生活保障线以下的，除按照规定发放生活保障金以外，每人每月再给予生活补贴：全国劳动模范补贴300元，自治区（省、部）级劳动模范补贴200元，市级劳动模范补贴100元；离退休劳动模范每人每月增加一定数量的荣誉津贴。由于患病等其他原因造成生活困难的劳动模范，凭劳动模范证章在市属各级医院优先挂号、优先看病、优先住院治疗；全国劳动模范住院治疗费要在原报销比例基础上增加20%，自治区（省、部）级劳动模范在原报销比例基础上增加10%，市级劳动模范在原报销比例基础上增加5%；每两年由市总工会和市卫生局组织，对劳动模范进行一次身体健康检查。

2006年，市总工会为市级以上低收入和生活困难劳动模范发放补助金16.25万元。2007年，市总工会发放全国劳动模范慰问金等14万元，对生活遇到特殊困难的劳动模范提供帮扶救助金近6万元。组织全市709名劳动模范进行体检。建立市级以上劳动模范困难救助长效机制。

2009年，市总工会组织38名全国劳动模范进行体检和3个批次的全国劳动模范进行疗养、休养，对17名自治区（省、部）级劳动模范、38名全国劳动模范进行慰问，对申请经济适用住房的劳动模范一次性解决住房，对申请廉租房的劳动模范分两批每年解决住房30户。

2010年，市总工会组织、推荐、评选自治区劳动模范和先进工作者81人，推荐4位工作在一线的省（部）级劳动模范参观上海世博会，为38名全国劳动模范健康体检。

2013年，市总工会创建劳动模范创新工作室，帮助劳动模范解决生产生活困难，建立规范和完善的省部级劳动模范档案管理系统，制定科学规范的劳动模范专项资金发放管理办法，对信息库中的劳动模范信息进行核实完善，逐步建立科学的劳动模范动态管理机制。全年发放劳动模范补助金30人次、14.69万元，组织5批13名全国劳动模范疗养。

2014年，启动市级劳动模范基本情况档案建立工作，建立完善900份市级劳动模范信息档案。组织全国、省部级劳动模范、五一劳动奖章9个批次20余人进行休养。组织劳动模范义务植树与爱国主义升旗仪式。为45名全国劳动模范、419名自治区级劳动模范发放专项补助金，并全部实行银行卡发放；组织45名全国劳动模范、200名自治区级劳动模范进行体检。走访慰问“三级”劳动模范31户，发放慰问金4万余元。

2015年，市总工会评选推荐全国劳动模范和先进工作者7名、自治区级82名，评选市级劳动模范146名。召开全市劳动模范和先进工作者表彰大会，开展劳动模范进企业、进校园、进社区活动。为112名全国和省部级困难劳模发放劳动模范“三金”（春节慰问金、生活困难补助金、特殊困难帮扶金）155.38万元，住房困难劳动模范调剂解决公租房23套。

第二章　共青团

第一节　代表大会

一、共青团呼和浩特市第十一次团员代表大会

1986年12月18—20日，中国共产主义青年团呼和浩特市第十一次团员代表大会在内蒙古军区招待所召开。出席大会的代表350人。会议通过共青团呼和浩特市第十届委员会所作的《肩负“七五”光荣使命，高举团结建设旗帜，为青城的振兴、腾飞贡献青春、智慧和力量》工作报告和《致全市各族团员、青年的倡议书》，选举产生共青团呼和浩特市第十一届委员会，选举呼尔查为书记，刘菊茹、孙惠民为副书记。

二、共青团呼和浩特市第十二次团员代表大会

1992年1月8—10日，中国共产主义青年团呼和浩特市第十二次团员代表大会在内蒙古军区招待所召开。出席大会的代表347名。会议通过共青团呼和浩特市第十一届委员会所作的《肩负起时代赋予团员青年的光荣使命，为实现呼和浩特市第七次党代会提出的任务而奋斗》的工作报告，选举产生共青团呼和浩特市第十二届委员会，选举刘菊茹为书记，巴音巴图为副书记。大会首次给当选的委员、候补委员颁发委员证书。会议表彰“劳动创造效益杯”“科技星火致富杯”“学习实践成才杯”“三杯”竞赛先进单位，命名“青年突击队”5支。

三、共青团呼和浩特市第十三次团员代表大会

1997年1月20—22日，中国共产主义青年团呼和浩特市第十三次团员代表大会在武警内蒙古总队招待所召开。出席大会的代表388名，列席代表9名。会议通过共青团呼和浩特市第十二届委员会所作的《青春献“九五”、迎接新世纪，为建设社会主义现代化首府城市而奋斗》的工作报告和《致全市各族团员、青年的倡议书》，选举产生出席自治区第十次团代会代表候选人名单。选举产生共青团呼和浩特市第十三届委员会，选举冯玉臻为书记，靳春亮、韩宝珍为副书记。

四、共青团呼和浩特市第十四次团员代表大会

2001年12月19—22日，中国共产主义青年团呼和浩特市第十四次团员代表大会召开。出席大会的代表306名，列席代表13名。会议审议并通过共青团呼和浩特市第十三届委员会所作的《以“三个代表”重要思想为指导，团结带领全市各族团

员青年，为实现首府经济社会的跨越式发展而努力奋斗》的工作报告，选举产生共青团呼和浩特市第十四届委员会，选举常志刚*为书记，冀晓青、陈向东为副书记。

五、共青团呼和浩特市第十五次团员代表大会

2008年12月21—24日，中国共产主义青年团呼和浩特市第十五次代表大会在内蒙古军区招待所召开。出席大会的代表294名。会议审议并通过共青团呼和浩特市第十四届委员会所作的《全面落实科学发展观，团结带领全市各族各界青年为建设现代化和谐首府而努力奋斗》的工作报告。选举产生共青团呼和浩特市第十五届委员会，选举陈向东为书记，王志强、陈利音为副书记。

六、共青团呼和浩特市第十六次团员代表大会

2014年10月14日，中国共产主义青年团呼和浩特市第十六次代表大会在内蒙古军区招待所召开。出席大会的代表309名。会议审议并通过共青团呼和浩特市第十五届委员会所作的《践行群众路线 携手尽责圆梦——团结带领广大团员青年为打造“活力首府、美丽首府、和谐首府”而努力奋斗》的工作报告，选举产生呼和浩特市第十六届委员会，选举成红亮为书记，张苏伟、娜仁为副书记。

第二节　组织机构

一、管理机构

1986年，共青团呼和浩特市委（简称团市委）设办公室、组织部、宣传部、青联秘书处、青工农部、实业开发部、学校部。1988年7月，呼和浩特市学生联合会成立。

1991年，呼和浩特市少先队工作学会成立。1992年4月，团市委、市邮政局联合成立呼和浩特市青少年集邮协会。1993年2月，团市委创办呼和浩特市青年科技贸易开发公司。9月，呼和浩特市青少年读物发行社成立。至1993年末，团市委设办公室、组织部、宣传部、青联秘书处、青工农部、实业开发部、学校部、少工委办公室、青少年读物发行社。

1994年1月，呼和浩特市青年企业家协会成立。3月，呼和浩特市青年志愿者协会成立。

1996年3月，党政机构改革，团市委内设办公室、组织部、宣传部、青工部、青农部、学校部、少工委办公室、联络部（挂青联秘书处牌子）、实业部。下设呼和浩特市青少年事业发展服务中心。1997年1月，成立全市青年文明号监察委员会。

2000年，召开第一届青企协会员代表大会，成立呼和浩特市青年企业家协会。2004年3月，呼和浩特市大学生志愿服务西部计划项目办公室成立，项目办设在呼和浩特市青年志愿者协会。2006年，团市委内设机构调整为办公室、组织宣传部、青工农部、学校工作部、少年工作部（少工委办公室）、联络部（青联秘书处）、权益部。

2007 年 6 月，团市委再次调整内设机构，撤销组织宣传部，设置为组织部、宣传部两个科室；将学校工作部和少年工作部合并为学校和少先队工作部（少工委办公室）。8 月，呼和浩特市创业青年协会成立。10 月，呼和浩特市青少年事务服务中心更名为呼和浩特市青少年事业发展中心。至 2015 年，团市委内设 7 部 1 室 1 中心，分别为办公室、组织部、宣传部、青工农部（市青企协秘书处）、学校部（少工委办公室）、联络部（市青联秘书处）、权益部、机关党支部、呼和浩特市青少年事业发展中心。

二、组织建设

1992 年 3 月 20 日，共青团呼和浩特市第十二届二次全委（扩大）会议召开，对 1991 年实施共青团工作目标化管理的 6 个先进团委和 16 个良好团委以及在团内统计报表和团费上缴工作中成绩突出的单位进行表彰奖励，对未达标的“不合格团委”予以通报批评。同时，印发《关于对直属团委 92 年度主项工作实行目标化管理的通知》。

1994 年 12 月，团市委制定《共青团呼和浩特市委员会关于 1995—1997 年农村基层团组织建设的实施意见》。1995 年 12 月，团市委印发《关于开展扶贫帮困“一助一”志愿服务活动的通知》，要求各级团组织、青年志愿者组织以“扶贫帮困”为重点，深化“一助一”志愿服务活动。1995 年、1996 年，和林格尔县、清水河县陆续划归呼和浩特市，直属团委增加为 53 个。

1996 年 3 月，团市委、市教育局、市少工委联合印发《关于全面试行〈呼和浩特市雏鹰奖章实施细则〉的通知》，要求各级教育部门和学校要将《细则》实施工作纳入中小学生德育工作和素质教育工作体系之中。9 月 6 日，为推动少先队组织“推优入团”工作，团市委市少工委印发《关于贯彻团中央关于〈推荐优秀少先队员作团的发展对象工作细则〉（试行）的实施意见》。

2008—2015 年，完善青年文明号的创建制度和考评管理机制，修订并印发《呼和浩特青年文明号管理办法》《呼和浩特市青年文明号考评细则》。

第三节　开展活动

一、主题活动

1986—1990 年，团市委开展以四项基本原则为核心，以共产主义品德教育为重点，以学雷锋、树新风、“五讲四美”为内容的教育活动。每年 3 月“学雷锋活动月”开展学雷锋、参加义务劳动等形式多样的纪念活动。同时号召全市广大团员青年向张海迪、华山抢险英雄集体学习，争做“有理想、有道德、有纪律、有文化”的四有新人。

1991 年，全市各级团组织把学雷锋与学赖宁、学英模人物相结合，与迎亚运、树新风相结合，促进社会风气的好转。1992 年 3 月，开展“学雷锋奉献日”活动，组织 3000 余名团员青年清除垃圾，进行义务劳动。

1993 年开始，团市委每两年开展 1 次“呼和浩特市十大杰出青年”评选活动。呼和浩特市蒙古族学校女子足球队先后被命名为“刻苦训练、勇于拼搏”先进集体、“呼和浩特市新长征突击队”、“呼和浩特市优秀青年”称号。

1994 年，组织纺织、机械、轻化、建筑、电业等 15 个行业、30 个企业的团组织，开展“青年岗位技能月”活动，8400 余名青年工作者参加 76 项技术比武、生产操作运动会等活动。

1997—2000 年，组织全市 25 万名团员青年在大青山前坡、小流域治理重点区域开展植绿护绿活动，在全市建立 7 处青年生态园，绿化面积 1333 余公顷。连续举办三届呼和浩特市青少年文化艺术节、首届呼和浩特国际青少年马头琴艺术节等多项大型文化活动。

2001—2007 年，组织开展“我与首府共奋进”“祖国发展我成长”“民族精神代代传”“美丽的草原我的家”“讲文明，树新风”等主题鲜明、富有时代气息的爱国主义、集体主义教育活动。实施大学生志愿服务西部计划和中组部、团中央博士服务团、“草原之光”硕士创业行动。围绕西部大开发和生态环境建设，以“绿化大青山、保护母亲河、建设生态市”“扮美我们的家园——首府地区团员青年为创建国家环保模范城市做贡献”“节能减排，青年为先”为主题，开展生态建设、环境保护、节约资源等活动。建立青少年生态基地 9 处，约 28 万人次青少年参与植树造林活动。

2008—2013 年，组织开展“我的中国梦”“我与祖国共奋进”“学党史、知党情、跟党走”“社会主义核心价值观记心中”“民族团结一家亲”等系列主题活动，覆盖青少年超过 50 万人次。打造“五月花海 青春绽放——五彩青春”行动、“青城倾听、青春开讲”首府青年大讲堂、青春风采大赛、“迈入青春门、走好成人路”成人礼和“畅写青春志、共筑中国梦”主题书画笔会等品牌活动，累计参与青少年约 9 万人次。在大青山开辟“首府青年林”，开展“植绿护绿、青年先行”义务植树活动，累计植树 2.2 万株，造林面积约 100 公顷。

2014—2015 年，开展“我的中国梦”“社会主义核心价值观进课堂”“让红领巾心中有核心”“道德讲堂”“践行社会主义核心价值观 放飞青春梦想”等主题系列活动，组织青少年共同创作《以青春的名义为社会主义核心价值观代言》系列漫画活动、“我们承诺：争当社会主义核心价值观的引领者、倡导者、践行者”线上线下签名活动。全市各级团组织开展北疆青年“学习进行时”报告会、主题团日活动、团干部如何健康成长大学习大讨论等，线上线下覆盖青年300万人次。截至2015年，全市创建“优秀青少年维权岗”56家，维护未成年人合法权益。

二、宣传教育

1992年，团市委以建团70周年活动为契机，开展以“伟大的党，光荣的共青团”为主题的党史、中国革命史、呼和浩特市青运史知识竞赛和“飘扬的团旗”征文活动，并在呼和浩特电视台播放“团旗飘飘”系列新闻报道。

1993年3月，团市委编印《当代雷锋的足迹》，收录自1989年以后，在学雷锋活动中涌现出来的先进青年集体、先进青少年的模范事迹。5月4日，《呼和浩特团讯》更名为《呼和浩特青年报》。

1997—2001年，团市委编辑出版《青春的风采——昂首迈向21世纪》。2003年，以培养学生科技意识、创新意识为重点，开展首届全市青年网络软件测试竞技赛、青少年四驱车大赛、“从抗击非典看民族精神与当代青年责任”征文比赛、“爱我家乡，绿色家园”征文等系列活动。

2005—2007年，团市委、市少工委、呼市城发广告公司及《呼和浩特晚报》联合发起“节约在新学期”活动，覆盖市四区100多所小学、10万多名少先队员。邀请华中师范大学特聘教授、团中央首位“网络文明爱心大使”陶宏开为全市2000多名青少年举办戒除网瘾专题报告会。在呼和浩特人民广播电台《阳光少年》节目中开通《红领巾号》栏目，在呼和浩特交通广播电台开办青年栏目《活力先锋》。创办呼和浩特共青团网、呼和浩特少工委网、呼和浩特青年志愿者网、呼和浩特市青联网站、呼和浩特12355网站、呼和浩特市青少年事业发展中心网站。创办双月刊《呼和浩特青年》。市青联、市青年创业服务中心分别创办报纸《大学生第一线》《博尚》。

2008—2013年，对《呼和浩特青年报》进行改版，增设专栏，创办《首府共青团月报》。同时，对呼和浩特共青团网进行改版，开通官方微博微信195个，互动量约1.5万次，覆盖全市青少年超过20万人。

2014年，组织编辑出版《五月花海逐梦青城》一书，收录、整理团务研究文章60余篇。通过网站改版、微信升级、微博互动，完善团属新媒体平台功能。

2015年，承办团中央“全国向上向善好青年”分享团走进呼和浩特活动，均被团中央的微博和微信作为典型宣传推广。全市各级团组织开展“北疆青年学习进行时”报告会1580场、主题团日活动1.05万场、团干部如何健康成长大学习大讨论1.2万场，线上线下覆盖青年人数300万人次。搭建“青年之声”呼和浩特网络互动平台，完成六大类别专家团队的组建。开展“五月花海 青春绽放”——呼和浩特市纪念五四运动96周年“五彩青春”行动，邀请新东方创始人俞敏洪举办第三届“青城倾听 青春开讲”首府青年大讲堂活动，荣获全市“三带三创”示范讲堂称号。截至2015年，全市建成市县两级网络和新媒体工作站（室），组建2000余人的共青团网络评论员、网络宣传员、网络文明志愿者队伍。

三、青年文明号创建

1994年，团市委在全市开展创建青年文明号活动。1995年12月，市公安局、团市委命名市公安局交警支队玉泉大队一中队一班、呼和浩特市消防支队一中队等5个青年集体为“青年文明号”。

1997—2000年，全市创建国家级青年文明号11个、自治区级青年文明号28个、市级青年文明号203个、旗县级青年文明号24个。在少先队工作中，90%的乡镇学校达到自治区少先队建设标准，有30所中小学被评为自治区级红领巾示范校，2所小学被评为全国红领巾示范校。

2001—2007年，全市创建国家级青年文明号集体19个、自治区级青年文明号集体50个、市级青年文明号集体212个；国家级青年文明社区6个、自治区级青年文明社区9个、市级青年文明社区35个。

2008—2015年，全市创建国家级青年文明号集体18个、自治区级青年文明号集体46个、市级青年文明号集体276个。

四、青年创业就业服务

1992年，市少工委举办辅导员培训班，组织28名大、中队辅导员赴天津观摩、考察少先队工作，与天津少先队工作者进行座谈交流。1994年6月，团市委组织全市各条战线的54名团干部到北京参加中央团校第81期短训班。

1997—2000年，团市委在全区建立第一个青年志愿者服务站，创建自治区第一家“青年文明社区”。全市25个街道办事处全部建立团工委，90%的居委会成立团支部。创建2个全国级“青年文明社区”，4个自治区级“青年文明社区”。实施服务万村行动，共培养市、县、乡三级青年星火带头人3500余名，培训农村青年1.8万余人次，建立青年科技实验示范基地96个。培养青年岗位能手1532名，推出青年科技创新成果76项。全市注册青年志愿者8000余人。

2001—2007年，各级团组织累计培训青年农民和转移农村青年剩余劳动力5万余人次。市本级累计培训团干部4692人次。组建科技、文化、卫生、环保、扶贫、禁毒、维权、交通安全、地震应急救援、进城务工等10余支专业青年志愿服务队。

2008—2013年，开展共青团促进青年创业就业服务月活动，组织各类招聘会14场，提供3.84万个就业岗位，为3.23万名青年解决了就业问题，累计开展职业技能、金融知识、创业辅导培训356期，共培训青年4万余人次。共创建见习基地237个，为青年提供见习岗位约6万个。组建专业志愿者服务队100余支，招募青年志愿者约5万人。推进“大学生志愿者服务西部计划”，招募大学生志愿者638名。全市累计新建非公团组织962个;新建新社会组织团组织17个;新建国有企业团组织16个;新建直属团组织11个。其中，新建乡镇直属团组织40个，基层团组织数量突破439个。申报通过46家自治区级“五四红旗团组织”。

2014—2015年，成功建立起呼和浩特（金川）青年创业园和呼和浩特青年创业服务中心两个阵地。为青年创业就业提供见习基地94个，见习岗位2.54万个。开展促进青年创业就业服务月系列活动，牵头举办大学生招聘会6场，讲座10余次，累计组织700多家招聘企业，提供就业岗位1.9万余个。举办首届内蒙古青年创新创业大赛暨电子商务选拔赛、“中国云谷杯”呼和浩特青年创新创业大赛、青年APP大赛、大学生创业加盟项目展示会，开展“最美创业青年”评选表彰和“奋斗的青春最美丽”创业故事分享会，与烟台市、临汾市青企协结为友好协会，并推动三地开展公益行动。

第三章　妇女联合会

第一节　代表大会

一、呼和浩特市第六次妇女代表大会

1984年12月18—20日召开。大会正式代表228人,列席代表4人,特邀代表2人。会议审议并通过市妇联第五届执行委员会所作《团结全市各族妇女奋发自强 开拓前进》的工作报告。会上表彰三八红旗手（集体）、“五好”家庭（大院）、托幼先进工作者200名。会议选举产生市妇联第六届执行委员37人，常务委员15人。选举张举沄为主任，黄玉祥、高亚平为副主任。

二、呼和浩特市第七次妇女代表大会

1990年9月20—21日，呼和浩特市第七次妇女代表大会在内蒙古军区招待所召开。参加会议的代表235名，列席代表5名，特邀代表5名。会议审议并通过市妇联第六届执行委员会所作《提高妇女素质，发挥妇女优势，推动两个文明建设，为我市的稳定和发展做贡献》的工作报告。会议选举产生市妇联第七届执行委员37名、常务委员11名。选举云春莲为主任，刘淑珍、张辉、曹爱卿为副主任。

三、呼和浩特市第八次妇女代表大会

1995年11月28—31日,呼和浩特市第八次妇女代表大会在市农业培训中心召开。参加会议的代表267名，特邀代表10名，列席代表5名。会议审议并通过市妇联第七届执行委员会所作《全市妇女团结起来，为呼和浩特市振兴再创新业绩》的工作报告。会议选举产生市妇联第八届执行委员37名,常务委员11人。选举云春莲为主席、

曹爱卿、李变霞为副主席。

四、呼和浩特市第九次妇女代表大会

2000年11月24—25日，呼和浩特市第九次妇女代表大会在内蒙古军区招待所召开。参加会议的代表352名、特邀代表10名、列席代表10名。372名代表中妇女工作者191名，占代表总数的51.34%；工人、农民、金融、财贸、保险、科技、文化艺术、教育、卫生、社会福利、工商联、民营企业、体育、新闻出版、解放军、武警、政法、归侨、归属等各界代表161名，占代表总数的43.28%；中共党员代表254名，占代表总数的68.28%；民主党派和无党派代表98名，占代表总数的26.34%；少数民族代表118名，占代表总数的31.72%。代表中获市级以上劳动模范、三八红旗手等各种称号的161名，占代表总数的43.28%。会议审议通过《关于呼和浩特市妇女联合会第八届执行委员会工作报告的决议》，选举产生市妇联第九届执行委员39名，常务委员11名。选举陈晓鸽为主席，李变霞、云姝奇为副主席。

五、呼和浩特市第十次妇女代表大会

2009年7月1—3日，呼和浩特市第十次妇女代表大会在内蒙古军区招待所召开。参加会议的代表300名，特邀代表23名，列席代表11名。334名代表中妇女工作者133名，占代表总数的39.82%;工人、农民、干部、科技、教育、文化、体育、卫生、社会福利、工商联、非公经济、新闻出版、解放军、武警、政法、归侨等各界代表167名，占代表总数的50%；中共党员代表219名，占代表总数的65.57%；民主党派和无党派代表81名，占代表总数的24.25%；少数民族代表97名，占代表总数的29.04%。代表中获市级以上称号的个人或集体代表185名，占代表总数的55.39%。会议审议通过《关于呼和浩特市妇女联合会第九届执行委员会工作报告的决议》，选举产生市妇联第十届执行委员43名，常务委员11名。选举卢晓岩为主席，李欣莉、王君为副主席。

六、呼和浩特市第十一次妇女代表大会

2014年11月27—29日，呼和浩特市第十一次妇女代表大会在内蒙古军区招待所召开。参加会议的代表310名，特邀代表34名，列席代表9名。535名代表中妇女工作者138名，占代表总数的39.1%；工人、农民、干部、科技、教育、文化、体育、卫生、信息产业、金融、工商联、两新组织、新闻出版、武警、政法、归侨侨眷等各界代表172名，占代表总数的48.73%。其中，中共党员代表232名，占代表总数的65.72%；民主党派和无党派代表78名，占代表总数的22.1%；少数民族代表92名，占代表总数的26.06%。代表中获市级以上称号的个人或集体代表201名，占56.94%。大会主席团由33人组成。会议审议通过《关于呼和浩特市妇女联合会第十届执行委员会工作报告的决议》，选举产生市妇联第十一届执行委员45名，常务委员 11 名。选举卢晓岩为主席，王君、庞莉为副主席。

第二节　组织机构

一、管理机构

1989 年 7 月，呼和浩特市妇女人才信息中心成立，建立妇女人才档案。1992 年，呼和浩特市妇女儿童保护委员会成立。

1994 年 6 月，呼和浩特市妇女儿童工作委员会成立，办公室设在市妇联。

1996 年，市妇联内设办公室、组织宣传部、儿童少年工作部、城乡工作权益部、市妇女儿童工作委员会办公室。

2002—2015 年，市妇联内设办公室、组织联络部、宣传部、妇女发展部、权益部、儿童工作部、市妇女儿童工作委员会办公室。

二、基层组织建设

1986 年，呼和浩特市有新城区、回民区、玉泉区、郊区、土默特左旗、托克托县 6 个旗县（区）妇联，妇联干部 31 人；街道、乡镇妇联 65 个，有专职妇联干部 29 人；社区、建制村妇代会 923 个。

1989 年 12 月，根据全国、自治区培养选拔妇女干部会议精神，市妇联与市委组织部联合印发《关于认真培养选拔女干部的意见》。1990 年，市妇联与市委组织部联合制定《关于培养选拔妇女干部规划》。

1990 年，市妇联在乡镇企业、民营企业、机关事业单位建立起妇女组织。至 1993 年末，全市 675 个建制村的妇代会组织中，一类妇代会 343 个、占 50.8%，二类妇代会 332 个、占 49.2%，全部达到一类和二类妇代会标准。

1995 年，市妇联制定《基层妇女组织建设规划》《呼和浩特市 1995—1997 年农村基层妇女组织建设规划》，加强基层妇联组织建设。1997 年，印发《关于进一步做好培养选拔女干部、推进家庭美德建设、加强妇联基层组织自身建设的实施意见》。

1998 年，市妇联制定《呼和浩特市 1998—2000 年农村基层妇女组织建设规划》。针对全市乡镇女干部配备率仅 18.75%，低于自治区平均水平的情况，按照自治区妇联《关于推荐女干部，做好建档立卡工作的通知》要求，市县两级妇联继续建立健全妇女干部、科技人才档案，并向各级组织部门推荐妇女干部 67 名。其中，市妇联向市委组织部推荐妇女干部 35 名。

2000 年后，市妇联通过组织乡以上妇联干部集中培训和参加自治区妇联举办的培训，参加培训的人员 95% 以上均取得岗位证书。通过组织旗县（区）和市妇联干部参加婚姻家庭指导师的培训和考试，17 名干部取得国家级婚姻家庭指导师资格证书。

2001 年，制定印发《呼和浩特市 2001—2005 年妇联基层组织建设规划》。全市乡镇换届前，市委组织部印发《关于在撤乡并镇工作中稳定妇女干部队伍的通知》，对乡镇妇女干部配备做出明确要求，保证乡镇党政领导班子中的女干部配备数额。同时，将传统居委会妇代会改建为社区妇联，在非公经济组织、新社会组织及流动妇女中建立妇女组织。

2003 年，全市有市级妇委会 47 个，其中 6 个民主党派全部建立妇女组织。市妇联被人事部、全国妇联授予“全国妇联系统先进集体”称号、全国“三八”红旗先进集体。至 2005 年，全市 9 个旗县（区）均设妇联，有妇联干部 33 人；设 26 个街道办事处妇联和 77 个乡镇妇联，有专职妇联干部 78 人；设 278 个社区居委会妇代会和 1007 个村妇代会。

2007 年开始，市妇联选派处级女领导干部参加自治区妇联在清华大学举办的公共管理高级研修班学习，有 139 名处级以上女领导干部相继参加学习培训。2008 年，按照全国妇联、自治区妇联的要求，开展基层组织示范创建活动，实施强基固本工程。全市 1 个镇、1 个街道、18 个村（社区）被全国妇联授予全国基层妇女组织建设示范创建单位；1 个县、4 个乡镇、4 个街道、76 个村（社区）被自治区妇联授予自治区基层妇女组织建设示范创建单位。

2009 年，市委办公厅印发《关于进一步加强基层妇联组织建设的建议》，对巩固和完善基层妇联组织网络、拓展活动阵地、保障工作经费、促进农村妇女参选参政等方面给出明确指导。针对村妇女代表会主任进“两委”的比例为 56.5%，低于全国和自治区平均水平状况，采取村妇代会主任兼任村主任助理等举措，逐步实现女性 100% 进村“两委”的目标。

2010 年开始，在全市农村和社区开展“妇女之家”建设。同年，市妇联印发《关于以党建带妇建推进妇联组织创先争优的指导意见》。至 2011 年，全市共建立市级示范“妇女之家”27 个，对优秀示范“妇女之家”和创建工作先进单位进行表彰。

2012 年，全市选建 18 个示范“妇女之家”项目点。2013 年，在市直机关、事业单位、妇女集中的“巾帼文明岗”和非公经济组织中推广建立“妇女之家”。

2014 年，创建示范“妇女之家”60 个。同时，建立阳光家庭服务中心、妇女维权站、儿童家园等，在社区“妇女之家”建立婚姻家庭咨询室，开辟谈心角，完善服务功能。

2015 年，以全市村级组织换届为契机，源头参与、多措并举，实现女性 100% 进村“两委”（村委会、村党支部委员会）和妇女代表会主任 100% 进村“两委”的目标。截至 2015 年末，全市已创建示范“妇女之家”205 个。赛罕区人民路兴康社区和土默特左旗毕克齐镇兵州亥村被命名为自治区首批“妇女之家”建设示范点。

第三节　妇女工作

一、妇女创业、就业

1986年，市妇联联合多家单位，在全市开展首次妇女改革、发明、创造有奖竞赛活动。1987年，举办8期裁剪缝纫培训班，培训妇女320余人。同年，市妇联对8名女能手予以表彰，有6名妇女被自治区妇联命名为“全区女状元”。

1988年1月，组织市属各大中型企业女书记、女厂长、女经理以及处级以上女干部40余人参加“议改革、论竞争、迎新春”座谈会，会上号召有勇气、有实力的妇女积极参加投标、竞标活动，积极参与首府经济体制改革。

1990年7月，全市农村“双学双比”竞赛表彰大会，表彰“致富女能手”100名、“先进协调组织”15个。同年，有6名“女状元”、2个“先进协调小组”受到自治区妇联表彰。1997年5月，为做好下岗再就业服务工作，市妇联成立“妇女再就业信息指导中心”及其下属家政服务公司。7月，组织召开再就业成功女性座谈会。

2001—2002年，全力实施“巾帼科技扶贫致富工程”，以公司为依托，向城乡妇女推行养殖技术。广泛开展农村各类实用技术培训，多种渠道累计培训农村适龄妇女20.49万人，培训率达78%。

2003年，市妇联开展“千名女工再就业技能培训”，组织120多名下岗女工参加家政服务培训班，学习婴幼儿护理、老年人保健、饮食营养与烹饪、花卉栽培、电脑简单操作、职业道德与健康6个方面的知识。经过考核，有56名下岗女工拿到结业证。

2004年，市妇联与自治区妇联、市劳动就业部门开展“巾帼创新业”宣传、咨询、洽谈活动，组织80家中小企业、用工单位、职业技能培训学校参加，提供岗位2000余个，参加人员8000余人，其中有1000余名妇女与用工单位签订了协议。

2006年，实施“女性素质”工程，建立和完善妇女培训网络，采用“基地+协会+公司”“妇代会+协会”等模式，帮助女能手组建绿色农产品产业协会，创办妇女技术学校。全年各级妇联培训农村适龄妇女达2906人次。推荐优秀产品参加自治区首届草原母亲节展销展示，推动做大做强“妇”字号品牌项目，为492名下岗女工牵线搭桥实现再就业。

2007—2008年，在全市范围内开展争创“十佳创业经济女性”“十佳农村女经纪人”活动。通过建立科技培训、科技服务、科技示范三大网络，引导、支持、鼓励各类女致富带头人、女经纪人、女创业者创办更多合作经济组织。推进“双学双比”活动，创建巩固市级“双学双比”示范基地9个。

2009年，举办多期妇女创业SYB（创办你的企业）培训班，100余名小微企业负责人免费参加培训。7月，将呼和浩特职业学院培训学院确立为“呼和浩特市妇联巾帼培训基地”，按照市就业局有关技能培训要求，开展月嫂、保洁员、养老等家政服务员培训。全市各级妇联举办月嫂、保洁员和养老护理员培训班22期，共有1400名妇女参加培训（其中市级培训362名，旗县〈区〉培训1038名），经过考试获得结业证书，并安置就业1288人，有20名家政人员被评为自治区“优秀家政服务员”。为促进女大学生就业，在蒙牛公司建立“女大学生创业实践基地”，为女大学生提供实习岗位和创业指导。

2011年，市妇联开展由中央财政贴息的农村妇女小额担保贷款工作，以2万～8万元小额担保贷款形式帮助农村妇女解决创业资金短缺困难。2012年，启动“母亲邮包”公益项目，筹集到各界爱心人士和机关、企业捐款10.65万元，为全市1065个贫困妇女发放“贴心包”，包内装有爱心药箱、护手霜、牙膏、卫生巾、手电等生活用品。

2013年，全市各级妇联依托“妇女之家”等活动阵地，举办各类创业就业和实用技术培训班50期，培训妇女3100人，发放宣传资料3万余份，全市涌现出以妇女为主体的农村专业合作社100余家。开展“创业名师带高徒”活动，在种养业、服务业等产业中，结成创业妇女“名师带高徒”123对，带动1000余名妇女就业。《中国妇女报》以《呼和浩特为妇女创业就业拓宽渠道，名师带高徒带就业带品牌》为标题进行报道。联合市人力资源和社会保障局等单位实施“春风行动”“春暖行动”，举办农民工招聘会6场次，为农村务工人员提供免费服务3200余人次。为推进农村妇女创业小额担保贷款工作，市妇联印发《呼和浩特市农村妇女创业小额担保贷款工作实施方案》，组织召开项目旗县小额贷款工作调度会，举办全市妇女创业小额担保贷款培训班。2014年，举办月嫂、家政服务员、育婴师、保洁员等初、中、高级培训43期，培训妇女1347人，安置就业率达到96%。

2015年，市妇联争取自治区妇联120万元资金支持，在新城区大学生创业园建立“巾帼电子商务浩特”，有23家女大学生创办的企业入驻，带动200余名女大学生就业。10月，全国妇联党组书记、副主席宋秀岩莅临调研指导，对该项工作给予充分肯定。同年，土默特左旗兵州亥村“妇女之家”的“李环秀讲堂”获评国家级技能大师工作室。

截至2015年，全市有“全国巾帼现代农业科技示范基地”1个、自治区“双学双比”示范基地2个、市级“双学双比”示范基地20个、巾帼创业就业示范基地44个，旗县（区）级“双学双比”示范基地、巾帼创业就业示范基地128个。

二、“巾帼建功”活动

1991年12月25日，市妇联印发《呼和浩特市“巾帼建功”竞赛活动协调小组关于在城镇妇女中开展做“四有”“四自”女性,为“八五”计划建功竞赛活动的通知》,决定在城镇中开展做“四有”（有理想、有道德、有文化、有纪律）、“四自”（自尊、自信、自立、自强）女性，为“八五”计划建功竞赛活动（简称“巾帼建功”）。同时,组建呼和浩特市“巾帼建功”竞赛活动协调小组。活动主要以城镇职业妇女为主，按行业、分赛区，使参赛妇女达95%以上。

1992—2000年，市“巾帼建功”竞赛活动协调小组每年确定一个主项目，召开庆祝表彰会，在《青城通讯》专栏展示活动成果。

2001年,在广大妇女中树立“巾帼建功”女标兵10名,在全市服务窗口树立“巾帼文明示范岗”10个，其中市公安局出入境管理护照科、市邮政局中山路营业部被评为全国“巾帼建功示范岗”先进集体。

2002年，通过层层推荐、选拔，在全市范围内树立“巾帼示范岗”10个，先进标兵10个，重点推出全国先进个人3名、先进集体3个，自治区先进个人6名、先进集体1个；为进一步弘扬立足本职、爱岗敬业的无私奉献精神，在女性集中的十大行业开展“十行百星”争创活动，评出全市“巾帼示范岗”10个、“巾帼百星女标兵”100名。

2003—2004年，市妇联开展争创“十佳”巾帼志愿者队伍和“十佳”再就业明星活动。发动全市90多支巾帼志愿者队伍服务社区、服务群众、服务社会。组织城镇妇女以“百名创业女明星”“百名优秀巾帼志愿者”争创活动为载体,推动全市“巾帼建功”活动的开展。评选出“巾帼示范岗”20个、“巾帼百星女标兵”100名。

2005年，“三八”国际妇女节期间，表彰“优秀巾帼志愿者”100名、市级“创业女明星”30名、旗县（区）级“创业女明星”70名，内蒙古通信公司呼和浩特市分公司中山路营业厅、内蒙古蒙牛乳业（集团）股份有限公司冰激凌本部和林格尔事业部生产一处五线丙班、呼和浩特市公交总公司3路预备役文明号公交专线、呼和浩特市经济技术开发区如意国税局、呼和浩特市新城区西街办事处艺术厅北街社区居委会5个集体被评为“全国巾帼文明岗”；呼和浩特市土默特学校教师解美林被评为第六届“全国巾帼建功标兵”。

2008年，市妇联印发《呼和浩特市“巾帼文明岗”管理办法》，从指导思想、创岗条件、评选表彰奖励、管理与考核等方面规范“巾帼文明岗”的创建与管理。市市容管理局等4家单位被评为“全国巾帼文明岗”。

2009年，市妇联以“争当优秀女性，争创文明行业，争做先进组织”为主题，在全市女性较为集中的行业开展创建“巾帼文明岗”活动。6月，市公交总公司召开动员大会，拉开了公交行业创建“巾帼文明岗”的序幕。随后，卫生局、地税局也陆续开展创建“巾帼文明岗”活动。经过考核验收，共有21个“巾帼文明岗”、67名巾帼建功标兵脱颖而出。

2011年，开展“巾帼建功”20周年系列活动。对“巾帼建功”活动中涌现的100个“巾帼文明岗”、100名“巾帼建功”标兵和20名先进工作者及在纪念“巾帼建功”20周年征文活动中的8篇优秀文稿作者进行了表彰。市妇联荣获全国妇联纪念“巾帼建功”活动20周年有奖征文“优秀组织奖”。

2013年,举行“全国巾帼文明岗”授牌暨“我为创建文明城市做贡献”启动仪式，为荣获“全国巾帼文明岗”的乌兰夫纪念馆宣教部、呼和浩特长途汽车站、内蒙古高等级公路建设开发有限责任公司呼和浩特分公司指挥调度监控分中心3个先进集体授牌，并赠送呼和浩特市妇女“创先争优”先进典型事迹文集——《青城巾帼颂》。

2014年，市妇联以“争当优秀女性，争创文明行业，争做先进组织”为主题，在全市女性较为集中的行业开展创建“巾帼文明岗”活动。6月，市公交总公司、市卫生局、市地税局等陆续开展创建“巾帼文明岗”活动。经过考核验收，评选出“巾帼文明岗”21个、“巾帼建功标兵”67名。

截至2015年，在“巾帼建功”竞赛活动中，各行各业涌现出各类巾帼标兵1298名，巾帼文明示范岗、先进集体等395个（其中“巾帼文明岗”232个，含全国“巾帼文明岗”27个、自治区级“巾帼文明岗”37个、市级“巾帼文明岗”168个）。

三、三八红旗竞赛

1989年3月，市妇联在市人民政府礼堂召开纪念“三八”国际妇女节暨三八红旗手（体）表彰大会。会议表彰三八红旗手49名、三八红旗集体9个。

1990年3月，市妇联在工人文化宫召开“纪念‘三八’国际妇女节80周年、呼和浩特市妇联建会40周年”大会。会上，对在改革中涌现出的100名三八红旗手和10个三八红旗集体、20名支持妇女工作的领导干部、30名优秀妇女干部和从事妇联工作30年的84名老工作者进行表彰。

1991年3月,市妇联召开纪念“三八”国际妇女节大会,表彰三八红旗手100名、三八红旗集体10个，并在全市妇女中开展树立“女界十精英”活动。

1993年，呼和浩特市蒙古族学校女子足球队代表中国中学生参加世界中学生女子足球锦标赛，以5战全胜的成绩获得冠军。市妇联授予呼和浩特市蒙古族学校女子足球队三八红旗集体，21名运动员被授予呼和浩特市三八红旗手称号。

1995年，呼和浩特市体工队运动员秦玉英、斯琴花日、霍玉荣在第三届全国城市运动会女子柔道项目比赛中获金牌。市妇联授予3名运动员“巾帼建功”女状元、三八红旗手称号。

1998年3月，市妇联召开纪念“三八”国际妇女节表彰大会。会议表彰“双学双比”“巾帼建功”竞赛活动女状元100名，同时授予三八红旗手称号。

1999年3月，市妇联召开纪念“三八”国际妇女节表彰大会。会议表彰“双学双比”“巾帼建功”女状元100名，同时授予三八红旗手称号。对评选出的“呼和浩特市妇女环保十佳”获得者授予三八红旗手称号。

2001年3月，市妇联表彰呼和浩特市两个文明建设作出突出贡献的“巾帼建功”女标兵10名，科技致富带头人10名，同时授予三八红旗手称号。同年，为促进全市教育战线上的女教育工作者发扬“自尊、自信、自立、自强”精神，爱岗敬业、无私奉献、岗位建功，市妇联、市教委决定授予陈超英等10人呼和浩特市“十佳”优秀女教育工作者暨三八红旗手称号。

2002年3月，市妇联召开纪念“三八”国际妇女节表彰大会。会议表彰“双学双比”女状元10名、“巾帼建功”女标兵10名，同时授予三八红旗手称号。授予李欣等10人“优秀女税务工作者”暨三八红旗手称号。市妇联会同市卫生局表彰唐桂兰等10人呼和浩特市“优秀女医务工作者”暨三八红旗手称号。

2007年3月，召开全市纪念“三八”国际妇女节表彰大会。市妇联联合市司法局对在法治宣传教育年活动中做出突出贡献的12名先进个人，授予“学法用法先进工作者”暨三八红旗手称号。2008年5月，市妇联授予干细胞捐献者吕海霞三八红旗手称号。

2010年3月，市妇联召开全市纪念“三八”国际妇女节100周年暨表彰大会。以庆祝“三八”百年和市妇联成立60周年为契机，隆重表彰三八红旗手60名、三八红旗集体20个。

2013年3月，市妇联召开全市纪念“三八”妇女节暨市妇联十届五次执委（扩大）会议。会上对30名三八红旗手、22个三八红旗集体进行表彰。

2015年，为庆祝“5·12”国际护士节，弘扬南丁格尔精神，市妇联授予王艳芳、曹琪、杨婷3人呼和浩特市三八红旗手称号。

四、实施项目工程

（一）“香港回归扶贫”项目

1998年后，市妇联执行“香港回归扶贫”项目。该项目是香港各界庆回归委员会将庆祝活动后部分余款1000万元，分批捐赠委托中国妇女发展基金会负责管理，作为“香港回归扶贫基金”，帮助贫困妇女发展生产、勤劳致富。其中，在赛罕区、和林格尔县、武川县分配95万元，扶持2258名妇女养殖蛋鸡、商品猪、奶牛，种植马铃薯、大棚特色蔬菜。

（二）“大地之爱·母亲水窖”项目

2001—2007年，市妇联组织实施“大地之爱·母亲水窖”项目。该项目是一项集中供水工程，是中国妇女发展基金会2001年开始实施的慈善项目，重点帮助西部农村牧区严重缺水地区的贫困母亲解决生存和发展问题。其间，争取“大地之爱·母亲水窖”项目168万元，在清水河县、和林格尔县、赛罕区、武川县4个旗县（区）11个乡镇共建成集雨水窖683眼，集中供水工程9处，共为1936户、9444人、21673头（只）牲畜解决了饮用水问题，补灌301.87公顷土地。

（三）“三八绿色工程”项目

2001—2012年，市妇联组织实施“三八绿色工程”项目。2001年，在回民区攸攸板镇营造千亩“京蒙巾帼世纪生态林”，并得到北京市妇联“巾帼世纪林”10万元项目资金支持。2009年，在托克托县建立全国“三八绿色工程”示范基地，全国妇联投入项目资金15万元，示范基地位于托克托县双河镇海生不拉村，总面积13.33公顷。主要种植李子、山杏、葡萄等，并在四周种植防护林，把基地建设与生态环境建设紧密结合，构筑立体型、多功能、高效益的绿色生态屏障和农林开发区。2012年，在赛罕区金河镇羊盖板村建立全国“三八绿色工程”示范基地、“内蒙古巾帼绿色示范林”。全国“三八绿色工程”期限为3年，每年投入项目资金10万元。此基地占地面积86.67公顷，在项目经费的支持下，到2013年完成种植油松2万株、云杉15万株、樟子松25万株、山桃6万株、垂柳6万株、侧柏4万株和花冠类丁香、榆叶梅、红瑞木、连翘、四季梅等共计20万丛。

（四）农村妇女创业小额担保贷款项目

2001—2015年，共发放贷款2200万元，累计扶持帮助682名农村妇女发展种植业、养殖业、特色加工业、流通销售等产业，通过资金扶持，增收致富，发挥出“小贷款、好项目、大发展”的作用，还带动千余名妇女实现就业，摆脱贫困，增收致富。该项目是由全国妇联启动，中央财政贴息的妇女创业小额担保贷款项目。

（五）“玫琳凯妇女创业”项目

2005年3月至2007年8月，市妇联争取到“玫琳凯妇女创业基金”45万元，在新城区和玉泉区创业女性中执行，每人得到2万～9万元的无息贷款扶持。该项目是玫琳凯（中国）化妆品有限公司出资与全国妇联、中国妇女发展基金会共同设立“玫琳凯妇女创业基金”，以循环无息贷款方式扶持下岗女工及贫困妇女通过创办小（微）型企业实现脱贫。

（六）“母亲邮包”项目

2012年，该项目在呼和浩特市启动，筹款10.65万元，对全市9个旗县的贫困妇女进行捐助。该项目是中国妇女发展基金会（简称妇基会）继成功实施“母亲水窖”“母亲健康快车”“母亲小额循环贷款”等母亲系列品牌公益项目后，策划组织的又一个大型公益项目。

（七）“巾帼电子商务浩特”项目

2015年，市妇联争取自治区妇联120万元资金支持，与新城区妇联共同联合，在内蒙古自治区大学科技园、自治区大学生创业园，建立自治区女大学生创业基地（巾帼电子商务浩特），制定《建立自治区女大学生创业基地（巾帼电子商务浩特）实施方案》，印制宣传手册走进社区、高校等地开展宣传活动，举办2期巾帼创业电子商务应用培训班、多次举办创业路演等活动。

五、关爱妇女健康

2000年开始，在清水河县和托克托县实施国务院妇儿工委办公室、卫生部、财政部联合在西部12省区实施“降低孕产妇死亡率、消除新生儿破伤风”项目。

2002年，国务院妇儿工委在全国378个加强县和88个试点县开展旨在提高住院分娩率的“母亲安全”项目。

2003年，在土默特左旗、清水河县、武川县实施“锅连炕”改造项目，该项目是一项旨在改变偏远贫困地区农民的生活方式、预防“锅连炕”给婴幼儿带来意外伤害的国家公益项目。主要是在5岁以下儿童存在“锅连炕”烧伤隐患家庭的锅和炕之间建一个高50厘米，宽80厘米的木质隔离墙，消除儿童被烫伤的隐患。

2005年起，每年“三八”节前夕，市妇儿工委办公室印发《关于在“三八”期间开展为妇女“送医、送药、送健康”活动的通知》;在全市开展为妇女“送医、送药、送健康”活动。

2007年，市妇儿工委办公室与武警内蒙古总队医院建立“呼和浩特市子宫颈癌早诊早治援助基地”，为呼和浩特市40名年龄在35 ~ 54岁的城市下岗女工和农村进城务工妇女免费检查。同年，开始实施“母亲健康快车”项目，呼和浩特市争取“母亲健康快车”2辆。

2008年，市妇儿工委办公室在呼和浩特市五洲女子医院实施“呼和浩特市育龄妇女健康帮扶工程”。

2009年开始，组织实施国家“两癌筛查”项目，土默特左旗被纳入全国221个免费宫颈癌检查项目旗。2012年，玉泉区、托克托县、和林格尔县、清水河县、武川县等均被纳入宫颈癌检查项目范围。同时，启动“贫困母亲两癌救助项目”，对年龄在35 ~ 64岁之间患有乳腺癌、宫颈癌的农村贫困母亲治疗疾病提供帮助。2013年，全市宫颈癌筛查4.1万人，筛查率100%；乳腺癌筛查5005人，筛查率100%。

2014年起，扩大贫困患病妇女救助面，从专项工作经费中拿出46万元，对115名贫困患病妇女实施救助，每人救助4000元。2015年，执行贫困母亲“两癌”（宫颈癌、乳腺癌）免费筛查项目，争取到贫困母亲“两癌”救助款56万元。市妇联从“妇女人均一元钱”经费中抽出22万元，共78万元，救助111名患病妇女。2012—2015年，市妇联共争取到“贫困母亲两癌救助”中央专项彩票公益金共计112万元，惠及农村“两癌”贫困妇女115人，每人一次性救助1万元。

截至2015年底，“母亲健康快车”项目覆盖9个旗县（区），其中“母亲健康快车”7辆、“草原母亲健康快车”2辆，分布于9个旗县（区）的妇幼保健所或乡镇卫生院。

六、评比创建活动

1986年初，市妇联组织开展“五好”（尊老爱幼、男女平等、夫妻和睦、勤俭持家、邻里团结）家庭活动。进入20世纪90年代，“五好”家庭不断转型为“美好家庭”“五好文明家庭”“特色家庭”等。1996年，全国妇联将“五好家庭”活动更名为“五好文明家庭”活动。

1997年，“五好文明家庭”创建活动纳入全市精神文明建设总体规划。全市共评出“五好文明家庭”13.15万户；表彰“五好文明家庭”20户。其中，郭金梅等7户家庭获“自治区五好文明家庭”称号，郭金梅家庭同时获自治区“五好文明家庭”标兵户称号。

1999年，组织“五好文明家庭”标兵户到郊区、清水河、土默特左旗等地作巡回报告。开展“五好文明家庭”挂牌活动，全市16.94万户挂牌（全市9个旗县〈区〉共51.21万户），占总户数的33%，按《规划》要求（城区达30%，农区达20%），各旗县（区）全部达标。评选、表彰“五好文明家庭”标兵户10户。有7户“五好文明家庭”受到自治区表彰。

2001年，表彰树立11户“五好文明家庭”标兵户。有9户家庭被评为自治区“五好文明家庭”，其中1户被评为全国“五好文明家庭”。呼和浩特市“五好文明家庭”创建活动协调小组被评为自治区先进集体。

2002年，在全市范围内开展家庭文明“五个一、树百户”创建活动（“五个一”即读一本好书，建立家庭文化角；做一件好事，自觉遵纪守法；做一名好家长，倡导良好家风；做一个好孩子，积极奋进，健康成长；做一个好公民，维护社会公德。“树百户”即树立100户“五好文明家庭”典型户）。

2003年，在全市家庭中开展“倡导健康消费，抵制陈规陋习”活动。在开展争创“十佳”文明新风家庭活动中，明确争创标准，即移风易俗，更新观念；婚丧嫁娶，孩子生日不大操大办；尊老爱幼，邻里互助，积极参加社区文化活动；严于律己，遵纪守法；热心公益，营造科学、文明、健康的家庭气氛和融洽的社会人际关系。同年，市妇联在全市农村开展“改陋习，树新风，美德在家庭”活动。旗县（区）妇联分别建立“美德在家庭”活动示范点。

2005年，市妇联选送3户典型家庭参加全国评选表彰，其中玉荣家庭荣获全国“五好文明家庭”标兵称号。同年，为加大“美德在农家”活动力度，市妇联举办“美德在家庭”讲习班和“敬老好儿女”“星级家庭”评选活动。

2006—2008年，市妇联相继开展“美德进家庭——五到农家”（增收致富到农家，文化科技到农家，文明新风到农家，环保节约到农家，普法维权到农家）活动、“美德农家”评选活动、“和谐家庭创建年”和“十佳家庭”（十佳孝老爱亲家庭、十佳平安家庭、十佳学习型家庭、十佳创业型家庭、十佳育才家庭、十佳节能减排绿色环保家庭）评选活动。

2009年5月，市妇联在全市开展“绿色家庭”评选活动，倡导保护环境人人有责、家家参与的社会新风尚。2010年，“五好文明家庭”创建工作突出“低碳”“廉政”主题，开展“节能减排低碳生活进家庭”活动。2014年，市妇联举办寻找“最美家庭”活动，经过层层推选，全市涌现出传承良好家风“最美家庭”280多户。

2015年，常态化开展寻找“最美家庭”活动，表彰“最美家庭”标兵户10户、“最美家庭”100户。张莲云家庭荣获全国“最美家庭”提名奖，李慧萍家庭荣获全国“五好文明家庭”标兵户称号；2户家庭荣获全国“五好文明家”称号，4户家庭被评为全区“草原儿女赞·最美家庭”标兵户，18户家庭被评为全区“最美家庭”，2户家庭荣获全区“最美家庭”提名奖。

七、维权救助

1984年10月，市妇联设立法律顾问处，由聘请的律师和懂法的干部担任顾问处工作人员，为受害妇女儿童提供法律帮助。至年末，市属各旗县（区）妇联相继成立法律顾问组。为方便群众来访在全市建立了社区居委会维权点、乡镇街道办事处维权站、旗县（区）妇联、市妇联四级妇联信访网络。全市妇联系统年接待信访案件400余件，妥善处理了家庭暴力、伤害儿童、土地侵权等典型案例。

1999年12月，在新城区和回民区人民法院民事审判庭设立维护妇女儿童合法权益合议庭试点，着重审理侵犯妇女儿童合法权益的典型案例。2000年，赛罕区、玉泉区法院维护妇女儿童合法权益合议庭先后成立。

2002年10月，市司法局与市妇联联合印发《关于建立“维护妇女儿童合法权益”调解庭的决定》，要求在各乡镇、街道司法调解中心设立维护妇女儿童合法权益调解庭，业务上受司法局和妇联指导。

2003年3月，呼和浩特市维护妇女儿童合法权益协调小组成立。9月，市妇联与市公安局联合印发《关于成立家庭暴力伤情鉴定中心和投诉站的通知》，在市公安局法医鉴定中心增设家庭暴力伤情鉴定中心。

2004年4月，呼和浩特市收容遣送中转接受站更名为呼和浩特市救助管理站，同时挂市受害妇女避救站牌子。2010 年 9 月，托克托县受害妇女避救站在托克托县双河镇东胜社区挂牌成立。

2005 年 12 月，市妇联与武警内蒙古总队医院联合成立少女意外怀孕救助中心。2007 年 3 月 5 日，呼和浩特市预防和制止家庭暴力社区示范工作站在赛罕区大学西路办事处新建东街社区挂牌成立。

2008 年 8 月 8 日，市妇联开通妇女维权公益热线，热线工作室设在市总工会困难职工帮扶中心。

2009 年 8 月，市妇联"阳光家庭服务中心"在新城区东街办事处老缸房社区挂牌成立。2009—2012 年，市妇联分别在回民区钢铁路办事处新华园社区、玉泉区兴隆巷办事处观音庙社区、赛罕区中专路办事处巨海社区和人民路办事处兴康社区建立阳光家庭服务中心。2011 年，市妇联在全市 74 个乡、镇、街道办事处司法所建立妇女儿童维权工作站。

2013 年 6 月，市妇联在内蒙古东日律师事务所、内蒙古文盛律师事务所、北京汇源律师事务所呼和浩特分所建立"妇女儿童维权工作站"并授牌。

2003—2015 年市妇联系统信访工作情况表

表 20-3-1　　单位：件

年份	信访总数	政治权益类	婚姻家庭权益类	财产权益类	文化权益类	劳动权益类	人身权益类	综合权益类
2003	654	1	388	52	24	36	44	109
2004	801	0	561	45	23	31	15	126
2005	718	0	464	56	24	41	37	96
2006	705	0	529	39	0	19	43	75
2007	630	1	402	43	5	21	25	130
2008	605	0	375	38	1	49	9	133
2009	644	0	406	33	4	27	18	156
2010	614	0	400	14	5	11	4	180
2011	404	0	185	74	3	12	87	43
2012	359	0	226	10	6	26	8	83
2013	332	0	230	15	7	21	4	55
2014	514	0	399	21	13	29	16	36
2015	388	0	269	22	5	39	19	34

第四节　少儿工作

一、托幼工作

1986年，市妇联对从事民办、个体幼教工作的7个先进集体、75名优秀保教人员以及好孩子、好领导、好园长等进行表彰。1987年，保教人员的年龄由1981年的44.8岁下降为35岁。同年，为资助民办托幼园所建设，地方财政拨款增加到12万元。1988年之后，根据中共中央69号文件精神，托幼园所统一归教育部门管理。至1989年，全市有民办托幼园所47个，入托儿童2484名。

1993年9月，市妇联协助农村教育部门设立学前班360个，入托儿童1.01万人；巩固和新建城市民办园27所，入托儿童2040人；帮助部分退休老教师和热爱托幼事业的群众办起了59所个体托幼园所，入托儿童2156人。同年，全市0～6岁的孩子中有75%以上儿童能够入园受教育，比1983年提高41%。

1999年，市妇联评比验收全市个体托幼园所，评出首批“五好幼儿园”15所。

至2001年，全市有民办、个体幼儿园104所。2003年，各旗县（区）新建家长学校9所，民办、社区家长学校举办培训班32期，培训家长3130名。树立赛罕区乌兰察布路瑞光社区、土默特左旗启蒙幼儿园和武川县贝贝双语艺术幼儿园典型家长学校3所，推动家长学校的发展。

2004年后，托幼工作交由教育局管理。

二、家庭教育工作

2004年，市妇联出台《关于加强和改进未成年人思想道德建设的实施意见》，对妇联系统开展未成年人思想道德建设工作进行部署。印发《呼和浩特市“争做合格父母，培养合格人才”家庭教育宣传实践活动方案》，把家庭作为活动载体，开展以“为国教子，以德育人”为主题的“双合格”家庭教育宣传实践活动。同年，市妇联印发《关于创建未成年人思想道德建设家庭教育示范基地的指导意见》《关于社区家长学校的指导意见》，加强家庭教育示范基地建设。

2005年，市妇联印发《关于推荐呼和浩特市家庭教育讲师团骨干教师的通知》，全市组建由86人组成的呼和浩特市家庭教育讲师团，帮助未成年人的父母完成从“自然父母”向“合格父母”转变。同年，命名内蒙古大学职业技术学院家属委员会等9个单位为“双合格”家庭教育工作示范基地。

2006年，市妇联印发《关于以社会主义荣辱观指导和推进家庭教育工作的通知》，以家长学校和家庭教育示范基地为载体，在家长中宣传普及社会主义荣辱观，开展“知荣辱、树新风、促和谐，亲子携手同行”主题宣传教育活动。市妇联选树的呼和浩特市第二十六中学、新城区保合少镇中心校、赛罕区西把栅中心校3所家长学校被评为全国千所流动人口子女、农村留守儿童家长学校。

2008年，表彰优秀家长学校23所，优秀家庭教育工作者28名。2009年，家庭教育领导小组成立。2010年，市妇联建立农村家庭教育示范基地9个、社区家庭教育示范基地10个。同时，建立农村留守、流动儿童示范家长学校8所和社区留守、流动儿童示范家长学校10所。

2011年，为“六一”期间工作成效显著的9个社区、15所学校、村镇授予呼和浩特市社区家庭教育示范基地和家庭教育示范单位称号并挂牌。同年，印发《关于做好农村、社区家庭教育示范基地和留守流动儿童示范家长学校工作的指导意见》。

2012年，市妇联牵头制定印发《呼和浩特市家庭教育工作“十二五”规划（2011—2015年）》。呼和浩特市家长学校总校获全国示范家长学校，新城区西街办事处曙光社区家长学校获全国家庭教育工作示范社区，玉泉区昭君路办事处天骄社区家长学校获全国基层示范儿童之家，新城区迎新路办事处如意社区家长学校和家庭教育讲师团成员陈晓燕获自治区家庭教育先进集体和全国百名家庭教育公益人物，玉泉区妇联主席莎英获自治区家庭教育先进个人称号。

2014年，按照《内蒙古自治区家庭教育工作“十二五”规划》的目标要求，市妇联印发《呼和浩特市妇联关于创建农村家长学校的指导意见》，在全市60%的建制村开展建立家长学校或家庭教育指导服务点。

2015年，市妇联印发《关于开展家庭教育工作“十二五”规划终期评估工作方案》，并对优秀旗县家长学校进行表彰。

三、六一儿童节庆祝活动

1986—2000年，每年六一儿童节期间，即以亲子互动为特色，以家庭、社区和家长学校为主阵地，开展寓教于乐、内涵丰富的道德实践活动。

2002年六一儿童节，在自治区人民政府礼堂召开呼和浩特市庆祝“六一”国际儿童节表彰大会暨“儿童慈善一日捐活动”，现场捐款82.90万元。募集的善款全部上交中国儿童基金会，呼和浩特市被中国儿童基金会和全国慈善总会评为“百城联动一日捐”全国公益明星城市。7月，为落实国家和自治区《“小公民”道德建设计划》，呼和浩特市成立“小公民”道德建设计划活动领导小组，制定《呼和浩特市“小公民”道德建设计划》。

2003年，市妇联开展“小公民”道德建设“四进”（进学校、进社区、进家庭、进公共场所）行动和“五小”（小帮手、小标兵、小伙伴、小卫士、小主人）行动的宣传活动，重点推动“小公民”道德建设活动进入学校、家庭、社区和公共场所。

2004年，市妇联表彰实施春蕾计划先进集体10个、实施春蕾计划先进个人40名、优秀“春蕾女童”20名、家长学校10所、优秀“小公民”10名。

2005年，市妇联以社区和家庭为依托，在儿童中开展以“五小”为主题的争当优秀“小公民”活动。2006年，举办呼和浩特市首届“知荣明耻学做人”少年儿童讲故事（成年人为儿童讲故事）大赛。

2008—2013年，每年“六一”期间，市妇联先后举办“喜迎奥运、放飞梦想、阳光运动、快乐成长”欢乐流动课堂活动，“草原儿童迎奥运·争做环保小卫士”征文（征画）活动，“心系灾区小伙伴，爱心奉献我行动”活动，“好娃娃杯”全国少年儿童书画、作文、儿歌大赛，“走进科学，畅想未来”欢乐流动课堂活动，“做一个有道德的合格小公民”征文活动，“我是小小讲解员 魅力青城我来讲”，优秀童谣征集等。

2014—2015年，在全市中小学开展“共筑中国梦，争做优秀小公民”有奖征文活动。组织10名留守流动儿童代表参加自治区妇联“童心接力中国梦·中华文化我传承暨庆‘六一’草原儿童共同成长”展演活动。

四、关爱儿童活动

1994年，呼和浩特市开始实施“春蕾计划”。“春蕾计划”是由全国妇联、中国儿童少年基金会1989年发起并组织实施的一项以救助贫困地区失学女童重返校园的社会公益项目，旨在通过社会集资帮助失学女童完成学业，保障女童享受最基本的受教育权。1994—2015年，募集到各类爱心组织和爱心人士各种助学项目累计资金283.92万元，共资助困境儿童6927名。

2001—2002年，呼和浩特市妇女儿童工作委员会办公室编制《呼和浩特市儿童发展纲要（2001—2010年）》。实施“春蕾计划”，采取多种措施直接救助失辍学贫困女童259人，通过开展“百城联动儿童慈善一日捐活动”直接救助特困生1120人，争取西部孤儿助学项目款80万元。

2003年，市妇联把争取到的“安康教室”全部分配到9个旗县（区）的11所小学和11所中学，建成“安康教室”22个。

2005年，市妇联向中国儿童少年基金会申请在全市99个社区设置安装120个“安康宣传栏”。2007年，市妇联向自治区妇联争取到中国儿童少年基金会“亲情中国”慈善行活动办公室捐助的价值4万余元的“安康亲情图书”3000多册、专用书架9个。分别在清水河县王桂窑乡、武川县第二小学和上秃亥乡厂汉木台学区3个点建立“安康亲情图书站”。

2008—2010年，推进实施“春蕾计划”，通过多种形式筹集各类救助款物累计近100万元，资助孤残、贫困、流动、留守儿童430人次。

2011—2013年，实施“春蕾计划”“恒爱行动”等，争取到各类爱心捐助款物近

50万元，资助困境儿童274名。筹措资金20余万元，建立“关爱留守流动儿童家园”4所。为和林格尔县第五小学“儿童家园”建立“春蕾图书室”、武川县第五小学“儿童家园”增添“电子阅览室”。

2014年，筹措资金70.35万元，建立“儿童家园（家庭教育指导中心）”9所。争取到爱心助学金15.41万元，资助困境儿童227名；争取到公益项目款物共计66.9万元，在社区建立“安康图书馆”，为部分家长发放儿童安全座椅，为福利院儿童发放奶粉等；同时，从“妇女人均一元钱”专项经费中拨出5万元救助50名贫困家庭的患病儿童。

2015年，为帮助大病儿童，市妇联印发《关于做好2015年大病儿童救助工作的通知》，对各旗县（区）上报的50名大病儿童情况进行核实，每人给予1000元的医疗资助，共发放资助款5万元。年内，建立3所儿童家园，在儿童家园开展“童心起航”儿童家园系列活动，先后在7个儿童家园开展系列主题活动。

截至2015年，全市建立“春蕾小学”4所、“春蕾女童”班14个，推选出全国百名“优秀春蕾女童”1名，自治区“十佳春蕾女童”3名、“十佳春蕾园丁”3名、“优秀春蕾女童”16名、春蕾计划先进集体14个、先进个人15名、爱心奉献奖获得者3名，呼和浩特市“十佳春蕾女童”10名、“十佳春蕾园丁”10名、“优秀春蕾园丁”20名、“优秀春蕾女童”59名、百城联动儿童慈善一日捐先进单位14个、春蕾计划先进集体56个、先进个人185名。

第四章　科学技术协会

第一节　代表大会

一、呼和浩特市科学技术协会第二次代表大会

1985年5月，呼和浩特市科学技术协会第二次代表大会召开。大会选举产生市科协第二届委员会，选举刘学敏为科协主席（副市长兼），斯琴挂、卢如孝为副主席，卢如孝兼秘书长。

二、呼和浩特市科学技术协会第三次代表大会

1990年8月16—18日，呼和浩特市科学技术协会第三次代表大会召开。参会代表217名。会议审议通过市科协第二届委员会工作报告、新修订的《呼和浩特市科学技术协会章程》，选举产生呼和浩特市科学技术协会第三届委员会，选举刘学敏、李振洪为名誉主席，斯琴挂为主席，卢如孝、王成玺、王桂清、刘朴、刘彦、刘宝琦为副主席，左岱为秘书长。会议表彰先进科技集体40个、先进科技工作者100名、

十佳科技工作者 10 名。

三、呼和浩特市科学技术协会第四次代表大会

1995 年 9 月，呼和浩特市科学技术协会第四次代表大会召开。参会代表 259 名。会议审议通过市科协第三届委员会工作报告，选举产生市科协第四届委员会，选举斯琴挂为名誉主席，王成玺为科协主席，任文厚（兼党组书记）、汪斌、刘朴、刘彦、吴闻珍、郭树、左岱为副主席，左岱兼秘书长。会议表彰奖励先进科技集体 21 个、先进科技工作者 61 名、先进科技示范户 10 个。

2002 年 5 月 21 日，市科协四届六次全体会议审议通过《呼和浩特市科协章程修改草案》。

四、呼和浩特市科学技术协会第五次代表大会

2002 年 5 月 28—30 日，呼和浩特市科学技术协会第五次代表大会召开。参会代表 229 名。会议审议通过市科协第四届委员会工作报告、新修订的《呼和浩特市科学技术协会章程》，选举产生市科协第五届委员会，选举李洪瑞为主席，张宁、陈曼莉为副主席，兼职副主席李忠忠、张赢、郭树，陈曼莉兼秘书长。会议表彰在科协工作中做出突出贡献的先进集体和个人，颁布对农业科普示范旗县（区）、科普示范乡镇、星级科普示范基地、星级农技协以及呼和浩特市首批科普示范城区、科普文明街道、文明社区（居委会）的命名决定。

五、呼和浩特市科学技术协会第六次代表大会

2008 年 6 月 25—27 日，呼和浩特市科学技术协会第六次代表大会召开。参会代表 214 名。会议审议通过市科协第五届委员会工作报告，选举产生市科协第六届委员会，选举市科协党组书记李建设为主席，张宁、梁亚东为副主席。2013 年，市科协第六届全委会审议通过市科协党组书记李开元为主席。

第二节　组织机构

一、管理机构

1986 年，呼和浩特市科学技术协会（简称市科协）第二届委员会设学会工作部、科学普及工作部、组织宣传部、咨询部（市科技咨询服务中心）、办公室。全市有学会（协会、研究会）43 个，会员 4650 余名。所属 6 个旗县（区）全部建立了科协组织，全市 46 个农村乡建立科普协会。1987 年，全市有厂矿科协 10 个，会员 1100 余名。

1990 年 8 月，市科协第三届委员会设国内外学术交流工作委员会、科学技术普及工作委员会、科技咨询工作委员会和科技宣传教育工作委员会。至年底，全市有学会 61 个、会员 8140 名。旗县（区）科协和农村乡镇科普协会会员 2745 名，乡镇综合科技服务站 37 个，专业技术研究会 156 个；市区街道办事处科普协会 19 个、会员 1260 名；厂矿科协 32 个、会员 3221 名；全市各中学均设有青少年科技活动领导小组，各小学设有青少年科技辅导小组，在学生中有各种类型的科技兴趣小组。1992 年末，市科协共有学会、协会、研究会 66 个，会员 6868 名。

1994 年 1 月，市科协召开呼和浩特市厂矿科协研究会成立大会。各厂科协秘书长及专兼职干部共 35 人出席会议。大会通过《呼和浩特市厂矿科协研究会章程》，选举产生第一届厂矿科协研究会理事会。

1995 年 9 月，市科协第四次代表大会召开，选举产生市科协第四届委员会，内设 4 个工作委员会不变。1996 年，市委办公厅印发《呼和浩特市科学技术协会机关改革方案的通知》，同意市科协内设办公室、宣传部、学会工作部、科学技术普及部、青少年工作部。

1998 年，内蒙古化肥厂科协成立。经整顿撤销内蒙古第一毛纺织厂、内蒙古第二毛纺织厂，内蒙古毛条厂、内蒙古西装总厂、呼和浩特钢铁厂等 6 个企业科协组织。全市有企业科协组织 30 个。

2002 年 3 月，市委办公厅印发《呼和浩特市科学技术协会机关机构改革方案》，确定市科协内设 5 个部室，事业编制。下设科技咨询中心、民族科技馆 2 个二级单位。

2003 年，托克托县金河集团组建成立呼和浩特市首家非国有制企业科协。维信羊绒集团等 4 家企业首批建立企业科协。同年，市机构编制委员会同意旗县（区）科协机构单独设置，为正科级事业单位。2004 年，中共呼和浩特市委组织部批复，市、旗县（区）科学技术协会列入参照国家公务员管理范围。

2006 年 10 月，呼和浩特市青少年科技教育协会成立，有团体会员 6 家，为市科协、市科技局、市教育局、市妇联、团市委和市体育局。个人会员 116 名。

2007 年，全市有科学学会（协会、研究会）35 个，企业科协 21 个，院校科协 1 个。2009 年，各旗县（区）及所辖乡镇、街道普遍建有科普工作活动小组，建有市级学会（协会、研究会）33 个，会员 5000 余名。

2010 年，指导成立企业（非公有制）科协 3 个，成立呼和浩特餐饮消毒配送行业协会、呼和浩特市养生保健协会、呼和浩特市预防保健协会等 3 个新学会。

截至 2015 年底，市科协内设办公室、组宣部、学会部、科普部和青少部，下设呼和浩特市科技馆、科技咨询服务中心 2 个事业单位。全市建立科学学会（协会、研究会）35 个，企业科协 53 家，院校科协 1 个。

二、直属事业单位

（一）呼和浩特市科技馆

1991 年 12 月，市科协开始申报兴建呼和浩特市科技馆。1992 年 4 月，呼和浩特市科技馆立项。1994 年 6 月 18 日，呼和浩特市科技馆开工奠基。1997 年 12 月 31 日，呼和浩特市科技馆落成。馆址位于赛罕区呼伦南路 156 号，占地面积 2483.95 平方米。其中，大楼建筑面积 3561.81 平方米。同年，经市编制委员会批复设置市科技馆，为市科学技术协会所属事业单位。科技馆内设办公室、业务科、物业管理科，有展厅、小型会议室、青少年科学工作室、科技工作者之家、培训教室等。主要通过举办科普展览、教育培训、科普画廊、开设科普专栏、举办科普巡回展、组织科技工作者联谊等形式开展科普工作。开馆后，每年参与自治区及全市“科技周”“科普日”等活动。

（二）科技咨询服务中心

1984 年 5 月，呼和浩特市科技咨询服务中心成立，是市科协直属事业单位。1997—2006 年，呼和浩特市科技咨询服务中心对分支机构进行撤并。

2013 年，市科技咨询服务中心变为全额拨款事业单位。

第三节　开展活动

一、科学普及

1986 年 3 月，市科协受市政府委托召集部分专家、学者、知名人士座谈，商讨“为市委、市政府设立智囊机构”问题，并制定出“关于尽快建立智囊团机构”的方案。5 月，市科协召开“学会如何当好智囊团现场会”，受到与会同仁的肯定。

1987 年，市科协印发《呼和浩特市科协关于开展城市五一科技杯竞赛活动的实施方案》。采用“五一”科技杯竞赛的形式，对科协工作实行目标管理，完成计划增益 63 项、新增经济效益值为 458 万元。举办培训班 261 期，培训 9942 人次。10 月，市科协召开“学会办实体以会养会现场会”，与会专家介绍办实体、开展科技咨询服务的体会和经验。

1988—1989 年，市科协设计制作“市长关心项目征集意见表”分发给全市科技人员和有关单位，召开“呼和浩特市科学技术为经济建设服务表彰动员大会”。全市各学会、协会、研究会的会员向本系统本部门提出合理化建议 1354 条，被采纳 954 条。实现增益项目 162 个，新增经济效益 6826 万元。所属基层学会组织共完成专题论证项目 215 项，其中有 164 项被采纳。

1990 年 3 月，市委、市政府提出实施“科技兴市”战略部署。至 1990 年末，市科技咨询服务中心组建发展分支机构 84 个。市科委软课题项目“呼市三大项目实施方案”和“呼市农业上新台阶”进行技术咨询并通过自治区有关部门鉴定。

1991 年，市科协以开展全市科协系统“五一”科技杯竞赛活动为重点，开展各项活动。市科技咨询中心与市经委对市第二橡胶厂技术改造项目和市印染厂技术改造项目进行咨询论证。同年，市科协制定《关于评选自然科学优秀论文的（试行）标准》。

1992年6月，市科协设立呼和浩特市科协技术经济实体管理办公室，为科技群众团体和社会广大科技工作者从事科技开发、技术服务、咨询、引进转让的科技型企事业机构进行协调、指导和管理。至1992年末，市科协基层学会兴办32个实体性服务机构，6个旗县（区）开办科技服务实体；新建分支机构22个，基本形成科技咨询网络。

1993年9月，组织召开“学会兴办技术经济实体，加速发展第三产业”现场会。1995年，市属公交、农业等学会结合本行业、地区特点组织会员编制行业发展规划和地区科教兴工、兴农规划；市质量管理协会组织名牌战略研讨会，参加自治区名牌战略研究探讨；市卫生系统组织学会开展“科教兴医”战略研讨，确定在全系统中实施科教兴医战略。

1996年，市科协在全市卫生系统组织召开“加强双行服务，促进学会工作和科技工作一体化”现场会，推动全市学会工作改革，争取全社会特别是挂靠单位对学会工作的支持，促进学会在经济社会发展中更好地发挥作用。10月，市科协加入全国省会城市学会工作协作网。

1997年10月，召开由市科协主办，自治区科协、呼和浩特城市环境科学研究会、市环境科学学会协办的“呼和浩特地区可持续发展环境科学学术研讨会”，征集到论文60余篇，41篇优秀论文入选论文专辑，并向市政府呈送《专家建议》纪要。

1999年，市科协组织全市科技工作者听取美国亚利桑那大学教授关于“水环境污染与防治”“水资源决策支持系统”的学术报告，组织农业方面技术人员听取中国工程院院士汪懋华教授关于“精细农业的实践与农业工程科技创新”的学术报告。

2000年，市科协组织所属学会、协会、研究会共举办各类培训班33期，培训各类人员1498人。召开各种论证会、进行技术咨询活动50余次，各学会组织学术会议和报告共计6次。新城区被自治区科协确定为首批自治区级科普示范城区。2001年，赛罕区被自治区科协列为首批自治区科普示范旗县创建单位，赛罕区巧报镇被命名为自治区首批科普示范乡镇苏木。

2002年，市科协完成“四技”（技术开发、技术转让、技术咨询、技术服务）项目350项，参加科技咨询活动1500余人次。2003年，主办“现代科技与奶业发展”专题报告会，邀请自治区农牧厅专家就“奶业发展的关键问题”“奶牛疫病与防治体系的建设”“粗饲料的科学利用”等方面作专题讲座。

2004年，市科技咨询服务中心牵头成立“呼和浩特市科技咨询业协会”“司法鉴定中心”，吸纳团体会员26家、个人会员56人，建立6个专业分会、12个专业委员会、6个工作委员会和9个专家组，为自治区科技咨询业拓宽业务领域作出表率。新城区、赛罕区被中国科协命名为第二批全国科普示范县（市、区）。

2005年11月，托克托县被中国科协确定为第三批全国科普示范县（市、区）创建单位。12月，清水河县“小香米协会”被自治区科协命名为“全区星级农村牧区专业技术协会”。

2006年，组织召开呼和浩特市“一站、一栏、一员”科普设施建设成果推广现场会。开展健康教育与健康促进活动，组织医学科普志愿者为社区居民提供关于传染病防治、职业卫生、食品卫生、妇幼保健、日常急救等方面的卫生科普知识咨询、专题讲座。组织科普志愿者服务团深入社区，定期举办科技讲座、科技培训、科技咨询和科普结对等活动。全年累计开展科普进社区活动50余次，各学会开展创新研讨学术交流活动15场，举办人力、环保、亲子教育、农业技术等方面的知识讲座30场。为国家和自治区一级学术年会征集论文12篇。筹建市科协系统中、高级人才库，录入100余名中高级人才。

2007年，市科协在全市范围内开展第四批科普示范乡镇、科普文明街道、科普文明社区创建活动。创建全国科普示范城县（区）3个，科普示范乡镇33个，科普文明街道32个，科普文明社区95个，科普示范村101个，科普示范基地48个。托克托县被中国科协命名为“全国科普示范县（区）”。建立全市首家社区青少年科学工作室，开通市公众科普网。至2008年末，全市有全国科普示范城县（区）3个，科普示范乡镇33个，科普文明街道32个，科普文明社区95个，科普示范村101个，科普示范基地48个。

2009年，市科协对全市科普志愿者队伍进行重新登记注册和网上招募，全市科普志愿者队伍人数增加近1000人。全市建成市级科技馆1座，青少年科学工作室1个（工作室设有电脑机器人室、科普讲座室和模型制作室），“科普大篷车”1台，建有市公众科普网站1个，旗县（区）科协网站9个。开展第五批科普示范乡镇、科普文明街道、社区创建，共创建科普示范乡镇1个、科普文明社区17个，新增农技协10个、农村科普示范基地8个，有2个农技协、3个农村科普示范基地被自治区科协命名为自治区星级农技协、科普示范基地。

2010年7月，中共呼和浩特市委批复由市科协牵头，联合市文明办、社区办创建呼和浩特社区科普大学体校巷分校、展览馆分校、友谊巷分校、玉泉区五塔北街社区分校。9月，在全市各旗县（区）集中开展以“节约能源资源、保护生态环境、保障安全健康”为主题的科普宣传活动。参加首届中俄蒙青少年科技教育论坛暨内蒙古青少年科技创新研讨会、“我的低碳生活”——2010年青少年科学调查体验活动等青少年系列科普活动 10 余场次，参与人数近万人。组织论文参与中国科协 2010 年学术年会和内蒙古自治区第五届学术年会，征集优秀论文 12 篇，入选 8 篇。

2011 年，新建基地、协会 9 个，科普惠农服务站 15 个。制定《呼市科协公众科普网信息工作管理办法》，全年总计在市公众科普网发布信息 100 余条，在自治区科协网、市政府网发布信息 80 余条。

2012—2013 年，在市区开办 4 所社区科普大学，分校总数达 13 所，在校学员 600 余人，开设安全常识、饮食与健康等 8 门课程。承办由自治区科协和市政府主办的第九届、第十届“中国·内蒙古国际草原星空大会暨内蒙古天文科学发展研讨会”和“第七届内蒙古自治区自然科学学术年会云计算产业发展论坛”。

2014—2015 年，举办“全市科普志愿者授旗仪式”“科普志愿者基层行活动启动仪式暨科普志愿者走进清水河县”“呼和浩特市天文科普与校园科技教育论坛”等系列学术研讨活动，联合有关单位举办第十一届、第十二届“中国·内蒙古国际草原星空大会”。承办自治区科协组织开展“大手拉小手——科普报告内蒙古草原希望行”活动。建成内蒙古盛乐老区现代农业科普示范基地、清水河县杨家窑乡科普教育培训基地、新城区青少年素质教育基地、和林格尔县现代牧业科技展示中心等 5 个基地，并被自治区科协命名为自治区科普教育基地。截至 2015 年末，全市科普志愿者队伍达 1000 余人。

二、科普惠农

1986 年 9 月，市科协与市妇联、市科委等 7 家单位联合向市委、市政府上报《关于今冬明春在全市农村开展实用技术培训工作》的报告。市委成立农村实用技术培训小组，办公室设在市科协。12 月，市科协召开农村科普工作暨科技专业户表彰会议，表彰奖励 50 名先进科技专业户、3 个先进科技乡科普协会。同年，土默特左旗、托克托县、郊区科协和 46 个乡科普协会会员由原来的 1708 名发展到 3390 名；专业技术协会由 6 个增加到 16 个；扶持和发展各类专业户、重点户和经济联合体有 3.14 万户。

1987 年，按照自治区科协《关于建立中国农函大内蒙古自治区分校，开展农牧民技术员培训工作》的通知要求，土默特左旗、托克托县、郊区以及各乡镇成立实用技术培训领导小组，分别由科技副旗县（区）长、乡长、村长担任组长。全年，举办农村科技培训班 682 期，培训 3.94 万人次，培养科技村或科技专业村 58 个。在全市 673 个建制村新培养 1052 户科技示范户，建立农村专业技术研究会 77 个，实现科技脱贫 1195 户。

1988 年 1 月，中国农村致富技术函授大学呼和浩特市分校（简称分校）成立。全市农村共举办各类实用技术培训班 585 期，培训各类人员 7 万余人次；新建科技村和科技专业村 68 个，新培养科技示范户 3662 户；新建专业技术研究会 57 个，科技脱贫 3457 户；新培养巧报乡、小黑河乡、把什乡 3 个先进科普乡。1989 年，全市 43 个乡镇成立技术培训中心或文化技术学校。10月，市科协召开全市农业技术研讨会。

1990 年，市科协授予土默特左旗科协农村“五一”科技杯奖励，评定土默特左旗察素齐镇、毕克齐镇、青山乡、三两乡、白庙子乡，托克托县乃只盖乡，郊区西菜园乡、攸攸板乡为先进科普乡；评定达标科普村 101 个，其中土默特左旗 50 个、托克托县 39 个、郊区 12 个；评定科技示范户 555 户，其中土默特左旗 318 户、托克托县 70 户、郊区 167 户。至年末，全市农村乡镇科普协会由 1985 年的 41 个发展到 45 个，会员由 1845 名发展到 2745 名；乡镇成立综合科技服务站或农科站 26 个、专业技术研究会 150 个，部分建制村成立科技小组。

1991 年，全市新建先进科普乡 4 个，先进科普村 47 个。培养新科技户 6475 户，科技脱贫 5753 户。培养少数民族科技村 12 个，建立乡镇综合科技服务站 48 个。

1992 年，市科协与郊区巧报乡联合创办成立呼和浩特市农业科技综合服务站。土默特左旗、托克托县、郊区全部配齐科技副旗县（区）长，45 个乡镇配有科技副乡镇长，122 个建制村配有科技副村长。郊区和土默特左旗共建农民文化技术学校 12 所，培养农民家庭技术员 1 万余人。举办各类实用技术培训班 765 期。全市“四有”科技服务站达标 23 个，新建先进科普乡镇 3 个、先进科普村 46 个、新培养科技示范户 3630 户。1993 年，市科协命名土默特左旗善岱镇、托克托县中滩乡、郊区榆林镇为先进科普乡镇。

1994 年，市科协命名郊区为先进科普文明区，郊区太平庄乡、托克托县城关镇为先进科普文明乡镇。至 1994 年，全市有 7 所农村职业学校，在校学生千余名。举办各种类型、各种专业实用技术培训班 3738 期，培训各类专业技术人员 3.03 万人次，培养科技示范户 2 万户，培养科技户 10 万户（每户均有掌握 1 ~ 2 项技术的合格人才）。

1995 年，市科协在土默特左旗、托克托县、郊区 10 个乡镇组织蔬菜培训班，900 余人接受培训。举办实用技术培训班 1600 期，参加培训人员 6.7 万人次。托克托县被自治区科协命名为文明科普旗县，土默特左旗台阁牧乡、托克托县南坪乡、和林格尔县舍必崖乡被命名为文明科普乡镇。

1996 年，农村实用技术培训采取集中、分散和巡回相结合的形式，参加培训的农民 17 万人次。培训内容涉及多种农作物地膜覆盖，粮食作物和蔬菜种植、栽培管理，畜禽的防疫、养殖等。

1998 年，市科协引导建立 5 个农技协，分别是郊区桃花乡洋葱协会、巧报乡蔬菜产供销协会、土默特左旗此老乡什兵地村奶牛协会、托克托县南坪乡蔬菜协会、清水河县杨家窑养蜂协会。

1999 年，市委组织部向各旗县（区）委组织部、扶贫办、科协印发《关于加快中国农村致富技术函授大学呼和浩特市分校发展的意见》。同年，呼和浩特市农函大大专班首次招生，标志着分校开始培养高层次的农民技术人员。2000年，9个旗县（区）科协共培训科技骨干800名。

2001年，市科协会同市委组织部举办全市首批乡土人才培训班，聘请农业、畜牧业专家讲授种植、养殖新技术。组织部分科技干部参加山东寿光的蔬菜实用技术培训班。协调各旗县（区）举办奶牛养殖技术培训班100多期，培训农民达12万人次，培训奶农1万余户。在部分旗县（区）推广蔬菜保护地栽培、温室滴灌、低压管道灌溉、保护地种植马铃薯等实用技术10余项。

2002年，市科协聘请内蒙古农业大学教授在清水河县小庙乡举办科技培训班。示范推广种子工程、实用技术5项。其中，在新城区示范推广“惠农植物全营养素”，在土默特左旗示范推广“优质高效的健宝牧草”，在托克托县示范“那氏778诱导剂”，在清水河县示范“小尾寒羊”项目，配合市畜牧改良站宣传推广“奶牛胚胎移植技术”。

2003年，市科协命名第二批科普示范乡镇5个。组织协调9个旗县（区）科协举办科技下乡活动119次，涉及70个乡、1522个自然村。举办科普大集9次，赠送农民科普图书5410册、科普挂图7695套、科普录像片33部、科普光盘197套、科技资料7.77万份。

2004年开始，中国农函大呼和浩特市分校停止招收新学员。同年，市科协根据广大农牧民实际需求，编印农村实用科普技术丛书，聘请专家教授进行培训。配合市科技局等有关部门开展“百万农民科技培训工程”活动，制定《呼和浩特市科协农民科技培训工程实施方案》《呼和浩特市科协农村实用技术培训计划》。

2005年，全市72个乡镇成立乡镇科普协会并配备专兼职科技干部，99%的建制村成立科技活动小组。市科协利用开展科技下乡活动举办农牧业实用技术培训班501期，培训农民9.6万人次。同年，托克托县燕山营乡、伍什家乡、土默特左旗塔布赛乡获评第三批呼和浩特市科普示范乡镇。2006年10月，呼和浩特市科普惠农兴村计划实施工作领导小组成立。

2007年，市科协与市财政局联合开展“科普惠农兴村计划”，全市有3个项目荣获中国科协、财政部“科普惠农兴村”项目奖励，累计争取科普奖励资金45万元。开展“科普大篷车”下农村、进校园活动，全年累计行程3500千米。

2008年，全市社会主义新农村试点单位的11个建制村全部建立科普活动站、科普宣传栏，并配齐了科普宣传员。自治区“三个一”（一站、一栏、一员）工程建设试点单位托克托县120个建制村的工程全部建成，率先在全市范围实现“科普村村通”。全年，举办各类实用技术培训班600余期，培训人员8万多人。举办科普讲座50多场，开展科技咨询78次，近5万农户受益。

2009 年，全市新增 10 个农技协，8 个农村科普示范基地。托克托县五申镇无公害枸杞协会、蒙川蔬菜协会、田园食品协会、正奇粮食物流协会以及武川川宝马铃薯协会被评为中国农技协展团精品产品奖。完成 61 个建制村的“一站一栏一员”建设。全年，办理农牧民职业资格证书 104 人。

2010—2011 年，新建基地、协会 9 个，建成科普惠农服务站 40 个。举办奶牛养殖、蔬菜种植等实用技术培训班 68 期，培训 3.3 万人次。组织科普志愿者服务团深入各旗县（区）开展农技咨询 30 余次，累计推广实用技术 17 项。赛罕区金河镇根堡村蔬菜科普示范基地、托克托县惠农养殖示范基地、和林格尔县城关镇大南沟蔬菜种植协会及武川县杨福龙获得全国科普惠农惠牧先进集体和先进个人称号；玉泉区南台什蔬菜种植流通协会、回民区慧丰生态农业有机种植科普示范基地、武川县裕丰绿色农产品产业技术开发协会 3 个单位被评为自治区科普惠农惠牧先进单位；武川县推荐内蒙古塞宝燕麦食品有限公司中国燕麦博物馆被自治区科协命名为“内蒙古自治区科普教育基地”，赛罕区金河镇、西把栅乡，土默特左旗沙尔沁、毕克齐镇，托克托县双河、伍什家镇被命名为“内蒙古自治区科普示范乡镇（苏木）”。

2012—2014 年，全市科协系统累计举办科普讲座 120 场次，受益群众 28 万人次。举办多期“呼和浩特市气象学术沙龙”“呼和浩特市农牧业学术沙龙暨盐碱地改良学术研讨会”。赛罕区百岁果蔬种植基地等 7 家单位与新城区保合少镇甲兰板村李春霞等 3 人，被中国科协、财政部评为 2014 年基层科普行动计划先进单位和先进个人。

2015 年，举办科普惠农助春耕、科普大学流动讲堂等活动，开展农村实用技术培训和科普宣传，开展以小杂粮（小香米谷和张杂谷等）及马铃薯、玉米等农作物新品种、新技术培训，8000 余人参训。举办“呼和浩特市气象学术沙龙”“呼和浩特市农牧业学术沙龙暨腐殖酸类肥料改良盐碱地技术研讨会”等系列学术研讨会议。

三、青少年科普创新

1986 年后，市科协及其所属群众团体，会同市教育局、团市委等有关部门配合，运用竞赛、展览、夏令营、小制作等多种形式，开展青少年科技活动。举办呼和浩特市青少年科技创新大赛，组织参加自治区科协举办的青少年发明创造比赛等。开展“科技小星火”计划活动，以农村牧区中小学学生为主，以“爱祖国、爱科学、爱农业”为主题，以学习实用技术，开展小种植、小养殖、小加工、小实验、小考察、小改革、小发明、小咨询等活动为主要内容的课外科技活动。1988—1989 年，土默特学校“食用菌栽培的综合利用”项目、土默特左旗哈素农职中学“小麦引种自种丰产田”项目，获全国小星火计划活动先进集体称号。

1990 年，呼和浩特市河西公司中学学生魏艳琦小论文《透镜焦距 f 值测量及常用方法》，获第五届全国青少年发明创造比赛三等奖。1991 年 7 月 20 日，呼和浩特市代表自治区参加在上海举行的全国首届青少年昆虫科技考察展览和科学讨论会。报送参赛作品35件、论文2篇。其中,作品获一等奖4名、二等奖6名、三等奖15名;论文获得一、二等奖各1名。市科协荣获全国中、小学昆虫考察优秀组织奖。1994年,呼和浩特市第二中学学生刘宁小发明“多用画板”，获第七届全国青少年发明创造比赛三等奖。1997年，全市40所中学的6207名中学生参加自治区科协等单位共同举办的呼市地区第八届“希望杯”全国数学邀请赛，获银牌7枚、铜牌104枚。

2001年3月,组织全市中小学生参加“自治区第六届生物和环境科学实践活动”,报送参赛作品46篇（件），其中获一等奖6项、二等奖18项、三等奖22项；有6个项目代表自治区参加“全国第六届生物和环境科学实践活动”的评比，其中获全国优秀论文二等奖1项、三等奖3项、优秀活动奖2项。5月，组织“呼市第四届青少年科教奖励基金奖少年奖”的评选，共评出少年奖获得者49名、优秀科技辅导员14名、先进集体5个。9月，组织呼和浩特市青少年科技创新大赛活动，市属26所学校近2000名学生参加。共征集论文86篇，作品62件（152单件）。评出论文一等奖13项、二等奖16项、三等奖22项;作品一等奖5件、二等奖9件、三等奖23件。

2002年，组织青少年参加自治区第十七届青少年科技创新大赛活动。共报参赛作品论文108件（篇），其中有4项代表自治区参加了全国的竞赛活动，呼市科协获全国青少年科技活动优秀组织奖和自治区青少年科技活动优秀组织奖。组织举办呼和浩特市青少年科技创新大赛活动，全市共有33所中小学校的3000多名学生参加此项活动，共征集论文135篇，作品74件，青少年科技活动项目20项，科幻画100余幅。共评出论文一等奖20篇，二等奖30篇，三等奖35篇，作品一等奖5项，二等奖13项，三等奖19项，优秀活动项目8项，先进集体6个，优秀辅导员10名，优秀组织奖2个。配合中国科协、自治区科协“大手拉小手——科普报告西部行”活动，组织16场科普报告会，内容涉及航天、航空、材料、生物、天文、信息、国际、超导、地震等科学领域。

2003年，市科协会同自治区科协组织“科普大篷车——青少年科学工作室”，先后在新城区西街办事处、芳汀花园、长海小区和鄂尔多斯广场等17个社区，向社区居民、青少年进行《中华人民共和国科学技术普及法》《社区卫生常识》《防治非典型肺炎》《崇尚科学、破除迷信》等科普知识宣传教育。8月，组织参加在兰州举办的全国青少年科技创新大赛评比活动和优秀科技实践活动，呼市参赛的4名选手中，获全国一等奖1名、二等奖1名、三等奖2名。举办呼和浩特市青少年科技创新大赛活动，全市38所中小学、5000余名学生参加活动。2004年，举行青少年科技竞赛、科普进校园活动11次，参加学生上万人次。全年参与科普活动的科普志愿者达1000余人次。

2005 年，呼和浩特市师大附中学生周旋作品——《岱海湖面的探析》，荣获第五届全国“明天小小科学家”奖励活动二等奖，并获得奖金 2 万元。

2006 年，组织举办呼和浩特市青少年科技创新大赛活动，全市共有 28 所中小学的 3000 多名学生参加了活动，共征集论文 368 篇，作品 104 件，优秀活动项目 20 项，科幻画 80 幅。评出获奖论文 112 篇、作品 47 件（套），青少年科技实践活动项目 6 项；组织参加自治区青少年科技创新大赛和全国青少年创新大赛，获得自治区级奖项 86 个、国家级奖项 6 个，获奖率居自治区之首。11 月，呼和浩特市民族科技馆成立“青少年社区科学工作室”。

2007 年 7 月，呼和浩特市第一中学、第二中学和内蒙古师范大学附属中学 1 万余名中学师生，参加由内蒙古青少年科技活动中心邀请，中国科学院潘厚任、王宁寰两位教授所作的 36 场题为“航天员的衣食住行”和“神奇的新材料”科普讲座。同年，科普大篷车到托克托县、武川县参加科普周、科普日活动，展出 10 余件科普声光电展品和 50 余张健康饮食挂图，在辅导员老师的讲解下，当地 1500 余名中小学生在体验当中探索科学原理。

2008 年，市科协、市教育局共同举办全国青少年信息学奥林匹克联赛呼和浩特赛区比赛，有 10 所学校的 540 名学生参加比赛，3 人获一等奖。举办呼和浩特市青少年科技创新大赛活动，全市 25 所中小学校的 3000 余名学生参加活动，共征集作品 500 余件。市科协、市教育局联合小哥白尼杂志社共同开展“小哥白尼”青少年科普教育基地的创建活动，向参与创建的 50 余所学校赠送天文望远镜 100 余台。组织参加自治区第二十三届青少年科技创新大赛，获一等奖 29 项、二等奖 24 项、三等奖 37 项；参加全国第二十三届青少年科技创新大赛，获一等奖 1 项、二等奖 6 项、三等奖 1 项。

2009 年，市科协、市教育局与内蒙古科技报社联合举办首届“呼和浩特市青少年科普知识有奖竞赛”，全市各中小学的近 2 万名学生参与活动，评选出一等奖 10 名、二等奖 30 名、三等奖 50 名。举办呼和浩特市青少年科技创新大赛活动，有 28 所中小学校的学生参加，征集论文 232 篇、作品 122 件、优秀实践活动项目 12 项、科学幻想画 100 余幅。参加自治区第二十四届青少年科技创新大赛，获论文、作品一等奖 44 项、二等奖 24 项、三等奖 22 项，优秀活动项目二等奖 2 项、三等奖 4 项；参加全国第二十四届青少年科技创新大赛，获一、二等奖各 1 项、三等奖 7 项，2 项展示类项目分别获得优秀科技实践活动三等奖。与市教育局共同组织 6 所学校 109 名学生，参加全国青少年信息学奥林匹克联赛。

2010 年，市科协组织参加自治区第二十五届青少年科技创新大赛，获一等奖 38 项、二等奖 26 项、三等奖 36 项；参加全国第二十五届青少年科技创新大赛，获二等奖 4 项、三等奖 2 项。参加首届中俄蒙青少年科技教育论坛暨内蒙古青少年科技创新研讨会、“我的低碳生活”——2010 年青少年科学调查体验活动等青少年系列科普活动 10 余场次，参与人数近万人。组织论文参与中国科协 2010 年学术年会和内蒙古自治区第五届学术年会，征集优秀论文 12 篇，入选 8 篇。

2011 年，市科协组织举办呼和浩特市青少年科技创新大赛，征集论文和作品 500 余项，评选出一等奖 110 项，二等奖 51 项，三等奖 25 项。组织参加自治区第二十六届青少年科技创新大赛，获一等奖 32 项、二等奖 26 项、三等奖 25 项；参加全国第二十六届青少年科技创新大赛，获一等奖 2 项、二等奖 2 项、三等奖 2 项，其中 2 项获得自治区主席奖，1 项获得 21 世纪科技创新奖，1 项获得华东理工大学青少年科技创新奖，5 项青少年科技实践活动均获得三等奖。在赛罕区巨海社区成立全市首家社区青少年科学工作室。

2012—2013 年，市科协连续两年组织举办呼和浩特市青少年科技创新大赛，征集论文和作品 865 项，评选出一等奖 140 项、二等奖 114 项、三等奖 80 项；参加自治区和全国青少年科技创新大赛，获自治区一等奖 94 项、二等奖 58 项、三等奖 38 项，获全国二等奖 5 项、三等奖 8 项。

2014 年，市科协承办自治区科协组织开展“大手拉小手——科普报告内蒙古草原希望行”活动。举办呼和浩特市青少年科技创新大赛，组织参加自治区和全国第二十九届青少年科技创新大赛。与市教育局、小哥白尼杂志社联合举办呼和浩特市首届小学生科普知识竞赛。

2015 年，市科协组织参加自治区第三十届青少年科技创新大赛，获得青少年科技创新竞赛项目一等奖 8 项、二等奖 10 项、三等奖 12 项；参加全国第三十届青少年科技创新大赛，推荐 8 个项目参加评比，获青少年科技创新成果竞赛三等奖 1 项，获得青少年科技实践活动三等奖 5 项。组织举办呼和浩特市青少年科技创新大赛，20 所中小学校的学生参加。截至 2015 年，呼和浩特市连续举办 29 届青少年科技创新大赛。

四、科普宣传

1986 年，市科协机关刊物《科普与信息》编印发行。一年一卷，一卷四号。1987 年，市科协编印《农村科技致富经验选编》，主要收录种植、养殖、多种经营和农民企业家的经验。同年，市科协编辑出版《科苑风华》第一辑。

1989 年，为配合农村科普工作，《科普与信息》编印“养殖业专号”“食用菌专号”，并与市民政局合编 35 期《科技扶贫》专刊。12 月，由市科协、市科委、电视台共同创办的“科技之窗”在呼和浩特市电视台开播，宣传党的方针政策，报道科教兴市的动态，推广适用技术、科技成果以及科技兴工、科技兴农的经验，使科学技术走进千家万户。“科技之窗”设有“科技动态”“科海漫步”“科苑风华”“致富之路”“科普知识”“专访”等栏目，共播出500余期。

1990年，《科苑风华》第二辑出版。同年，为贯彻国务院“科技兴农”方针，在农村牧区普及科学技术知识，总结和推广农村科普工作经验，组织编写《在科技兴农征途上》。1995年8月，市科协编印发行《呼和浩特市青少年科技活动成果荟萃》。该书较全面、系统地反映了1982—1995年全市青少年科技活动成绩及经验。同年，《科苑风华》第三辑出版。1996年，市科协与市委宣传部联合整理编印《农村实用技术》种植篇。1999年，市科协编写《农村实用技术小丛书》（一套7本），涉及养鸡技术、养羊技术、养牛技术、“四良四改”养猪配套技术、旱作农业栽培技术、微肥新技术、农业科学实验等。

2001—2004年，市科协配合全市实施“奶业兴市”战略，推广“奶牛良种繁育技术”等先进适用技术10余项，与市畜牧副食品局、市扶贫开发领导小组办公室编印《奶牛胚胎移植及饲养管理技术》《奶牛常见病防治及饲养管理技术》。

2006年，呼和浩特市启动蔬菜生产基地建设工程，为使农民快速掌握蔬菜栽培实用技术，市科协、市农牧业局组织蔬菜栽培、病虫害防治等方面的专家，编写社会主义新农村建设科普读本《露地蔬菜栽培实用技术》《保护地蔬菜栽培实用技术》《蔬菜栽培流程》。编印发放科普知识丛书《身边科学》《科学饮食》《无公害蔬菜生产技术培训手册》《无公害食品生产技术手册》《露地蔬菜栽培实用技术》《保护地蔬菜栽培实用技术》《蔬菜栽培流程》等科普读本。2007年，市科协组织科技人员编辑出版科普知识丛书《身边科学》《科学饮食》。

2008年，围绕“携手建设创新型国家——努力构建和谐首府”主题，市科协联合有关部门，共同开展“科技周”主题科普活动，全市科协系统累计组织开展专家科技服务、专场讲座44次，举办科普展览18次，各种形式的科技培训活动100余次，培训人数5万余名。

2009年，举办主题科普活动78次，参加主题科普活动的科技工作者2000余人，受众近17万人，举办科普讲座103次，科普展览84次、发放科普挂图4万余张。为全市1000余个建制村全部免费订阅《内蒙古科技报》，达到科普报刊村村通。

2010年，市科协编辑出版《无公害蔬菜生产技术培训手册》《无公害食品生产技术手册》。科普宣传周、科技节活动期间，组织科学生活、防震减灾、生态环保、疾病预防咨询等科普展览及活动，举办科普讲座、科普展览、科普咨询服务，发放科普宣传资料，集中开展科普宣传活动。

2011—2012年，以“节约能源资源、保护生态环境、保障安全健康”为主题，开展科普图片展、科普咨询、科普讲座、分发科普资料及义诊等科普服务活动。累计开展活动项目60多项，举办科普讲座110场次，举办科普展览92次，组织科普咨询服务46次，发放科普宣传资料2万余份，受益群众达20万人次。

2013年，市科协科技活动周期间，以“保护生态环境、建设美丽首府”为主题，展出“建设节约型社会”“疾病预防”“防震减灾”等科普宣传图板200余块，发放宣传材料10万余份，组织“科教进社区”“科技下乡”“科普大篷车进校园”等活动20余次。

2014年，以“创新发展、全民行动”为主题，开展包括科普大篷车科普展品展览、科普展板展示、科技咨询服务、发放科普宣传资料、青少年科学调查体验活动、全国科普日在线平台互动等方面的活动。

2015年，市科协组织科普专家编印《社区科普知识手册》，通过科普日、科技周等系列活动免费向市民发放。组织开展全国科普宣传周活动，举行“全国科普日”系列宣传活动。

第五章　文学艺术界联合会

第一节　代表大会

一、呼和浩特市文学艺术界联合会第二次代表大会

1981年12月，呼和浩特市文学艺术工作者联合会第二次代表大会召开，代表235人。选举产生主席包德力，副主席莫日根、吕烈（兼秘书长）、毕力格太、康翠玲（兼）、牛兢存（兼）。

二、呼和浩特市文学艺术界联合会第三次代表大会

1989年12月，呼和浩特市文学艺术界联合会第三次代表大会召开，代表138人。毕力格太作《在开拓中前进》工作报告。选举产生主席毕力格太，副主席曹鸿飞、贾勋（兼秘书长）、明锐（兼）、亢文彬（兼）、康庄（兼）、宋转转（兼）。所属协会有呼和浩特市作家协会，市书法家协内蒙古自治区志·文学艺术志会，市戏剧、电影家协会，市美术、摄影家协会，市音乐家协会，市舞蹈家协会，市电视艺术家协会。

三、呼和浩特市文学艺术界联合会第四次代表大会

1999年12月，呼和浩特市文学艺术界联合会第四次代表大会召开，代表229人。乌·达尔汗作《跨入新世纪再创新辉煌》工作报告。选举产生主席乌·达尔汗，副主席李元岁（兼秘书长）、顾根龙、牛志刚、王黑小（兼）、尚静波（兼）、康新民（兼）、巴占青（兼）、靳茂林（兼），名誉主席杜奎，名誉副主席程少春。所属协会有呼和浩特市作家协会，市美术、摄影家协会，市书法家协会，市戏剧家协会，市音乐、

舞蹈家协会，市电影家协会，市电视艺术家协会，市民族民间文艺家协会，市评论家协会，市企业文联。

第二节　组织机构

一、管理机构

1986年,呼和浩特市文学艺术界联合会（简称市文联）内设办公室、组织联络部。所属事业单位有《山丹》文艺杂志编辑部、创作研究室。1983年,清水河县文联成立。1990年，土默特左旗文联成立。1998年，新城区文联成立。

2000年，赛罕区文联成立。2001年7月，自治区新闻出版局作出停办《山丹》的决定，编辑部撤销。

2002年，市文联搬迁至青城公园内原内蒙古图书馆。设办公室、组联部、创研究等3个部室及作家协会等10个协会。同年，和林格尔县文联成立。

2012年，回民区、玉泉区、武川县文联相继批准成立。2012—2015年，市文联设办公室、组联部2个部室,下设创作研究室、《呼和浩特文艺》杂志社。有作家协会、美术家协会、摄影家协会、音乐家协会、舞蹈家协会、书法家协会、电影电视家协会、民间艺术家协会、戏剧家协会、企业文联等10个团体会员。

二、协会建设

1986年后，市文联相继成立电视艺术工作者协会、儿童戏剧研究会和儿童歌舞研究会，指导郊区成立农民戏剧研究会，支持土默特左旗文联成立青山画会、农民画会等学术性组织。至1988年末,各协会共有会员836人。其中,文艺家协会147人、戏剧家协会234人、音乐舞蹈家协会158人、书画摄影家协会247人、电视艺术家协会50人。全市有中国作家协会会员2名，中国少数民族作家学会副会长1名、理事4名,中国作家协会内蒙古分会会员29名、理事3名,中国戏剧家协会会员24名,中国电影家协会会员1名,中国曲艺家协会会员1名,中国杂技艺术家协会会员1名,中国儿童戏剧研究会会员9名，中国戏剧家协会内蒙古分会会员104名、理事6名,中国摄影家协会会员2名，中国体育摄影学会会员6名，中国摄影家协会内蒙古分会会员43名，中国书法家协会会员15名，中国书法家协会内蒙古分会会员48名,中国美术家协会会员3名，中国美术家协会内蒙古分会会员64名，中国音乐家协会会员2名，中国音乐家协会内蒙古分会会员27名，中国舞蹈家协会会员7名，中国儿童舞研究会会员8名，中国群众舞蹈学会会员2名，中国民族民间舞蹈学会会员5名，中国舞编导学会会员1名，中国舞蹈家协会内蒙古分会会员32名。

1992年底，呼和浩特市民间文艺家协会成立。2002年，市文联戏剧家协会成立实验票友京剧团，剧团旨在普及推广京剧艺术。

2003年，市文联戏剧家协会成立呼和浩特黑马文化艺术创作中心。2005年，市音乐家协会与市群艺馆联合开展中国音乐学院2005年度社会艺术水平呼和浩特考级工作，专家评审组由中国音乐学院考级委员组成，呼和浩特地区420多人参加手风琴、电子琴、基本乐科（音乐素养）1 ~ 9级考试。同年，市文联对戏剧家协会、美术摄影家协会、音乐舞蹈家协会、民间文艺家协会主席团进行换届。市民间收藏家协会成立。

2013—2014年，先后成立呼和浩特市收藏家协会紫砂专业委员会和烟标专业委员会。至2014年，各协会共有会员2500余人。年内，修改《呼和浩特市文艺家协会管理制度》，加强对协会的监督和管理，指导各协会开展各类展览、研讨、交流、培训活动。

2015年，市文联严格执行《文艺家协会管理制度》《“深入生活、扎根人民”主题实践活动制度》，对各协会进行规范管理，清理在协会兼职领导干部26名。同年，建立由39名全市各领域文艺界专家组成的文艺评论专家库。成立呼和浩特市诗词学会。

第三节　开展活动

一、文艺活动

1986年，市文联组织作家协会参加“伊盟笔会”。1987年10月，按照文化部安排，呼和浩特艺术团为中国共产党十三次代表大会演出新编历史剧《塞上昭君》（歌舞剧），受到文化部嘉奖，之后在中央电视台播出，其中部分场次被选送到土耳其，参加国际民间艺术节。12月，呼和浩特书画院成立。院址设在新城西街，是自治区第一个专门进行中国书画艺术创作、研究、交流、展览、收藏、教学的文化艺术事业单位。1988年5月，呼和浩特市举办首届青年艺术节。

20世纪90年代，戏剧家协会、音乐家协会、舞蹈家协会举办“戏剧创作思想恳谈会”“全国儿童戏剧研讨会呼和浩特市会议”，举办全国学校剧和儿童歌舞录像评比、三省区“山丹杯”二人台大奖赛、华北音乐节等会演和大奖赛。市晋剧团获第二届中国戏剧节“优秀演出”“优秀剧目”两项大奖。市晋剧团青年演员宋转转荣获第八届中国戏剧“梅花奖”，为自治区第一位获得中国戏剧“梅花奖”的演员。电影电视家协会举办“电视艺术人才培训班”。美术家协会、摄影家协会组织会员赴草原深入生活，举办全国各族青年美术作品展、黄河流域十省区书法作品展览、呼和浩特市地区职工摄影作品展、郊区农民画展等各种形式和规模的展览活动，70部作品在自治区级以上评奖中获奖，其中国际性比赛中获奖作品 3 部、国家性评比中获奖作品 31 部、自治区级评奖中获奖作品 45 部。

2000 年，组织实施《黄河百米长卷》创作活动，“黄河万里采访团”赴黄河流域九省区进行考察采访，主创人员完成《万里黄河百米长卷》素描图。举办“呼和浩特市中小学教师书法展”“呼和浩特市、海口市两地书法展”，分别在呼和浩特市书画院和海口艺术馆展出，共展出两地书法家的楷书、行书、草书、隶书、甲骨文等书法作品 130 余幅。音协与市群艺馆联合举办“春蕾杯少儿器乐大赛”，全市 300 余名少年儿童参加。同年，以“五个一工程”为龙头，完成 4 部书的出版工作，收集 30 余位作家约 47 万字的小说、诗歌、散文及文艺评论为一体的《青城诗文百家》、由作家出版社出版的郝雄字的散文集《剪烛西窗》、闫致中创作的电视剧本集《昭君坟传奇》以及作家刘世远创作的民歌民谣集《塞北新民谣》。开展征歌活动，精选出《草原哈达寄深情》《祖国，赛音拜努》等 20 首歌曲。

2002 年 2 月，市文联首次联合自治区文联举办“迎新春、送文化下乡”活动，组织内蒙古歌剧院、内蒙古乌兰牧骑、内蒙古二人台剧院、内蒙古杂技团、呼和浩特市歌舞团、呼和浩特市歌剧团、呼和浩特市晋剧团等几十名演员到赛罕区巴彦镇罗家营村慰问演出。在昭君文化节期间，与市委宣传部联合举办首次国际性的文学艺术交流活动——中韩美术作品联展；与市邮政局将《黄河百米长卷》开发成 24 枚的连体明信片，创内蒙古地区单套邮资明信片数量之最，并在昭君文化节期间展出；举办呼和浩特民间剪纸艺术展，是历年规模最大、参加人数最多的一次剪纸展览。同年 5 月，首次承办第四届柴可夫斯基国际青少年音乐比赛呼和浩特地区选拔赛。

2004 年 7 月，市文联、市作家协会与自治区文联、自治区作家协会联合举办“荣祥诞辰 110 周年纪念会”，呼和浩特地区的著名作家、文史专家、学者及新闻单位记者共 60 余人参加会议。

2005 年 3 月，市民间文艺家协会义务为机关干部举办革命文物收藏品展，展品有《中国共产党章程》、党报党刊、中华人民共和国成立前出版的革命著作、革命先烈事迹书籍、革命题材、革命人物连环画册及各时期革命圣地参观券、简介等，400 余件。同年，民间文艺家协会与九合堂药业于昭君文化节期间共同举办秧歌大赛，全市有 30 余支队伍近 600 人参加。10 月，市文联、民革市委会、市戏剧家协会共同举办“慰问农民工金秋文艺晚会”。

2006 年 10 月，市戏剧家协会在裕隆工业园区为农民工举办“庆国庆、迎中秋文艺晚会”。同年，市民间文艺家协会组团代表自治区参加“中国首届民间飘色（抬阁）艺术展演”，获中国民间艺术最高奖——“山花奖”一等奖。2007 年 4 月，与呼和浩特晚报合作，开辟收藏专版。专栏开办 50 余期，免费为持宝者鉴定藏品 50 余件。2008 年，在中国第七届民间艺术节上，由自治区文联、市文联和土默特左旗文化局选送的民间参赛项目《吉祥土默川》，获“山花奖”提名奖。2008 年，《首府摄影》报创刊。

2009 年，组织各类文艺活动 20 多项。其中元宵节书画展展出作品 200 余幅，参观人数达 2500 人；少儿语言大赛，参赛少儿有 900 余名，观众达 3000 人；美术、摄影、剪纸展，展出作品 200 余幅，参观人数 1000 多人。

2010 年，举办国标舞大赛，参赛选手 1000 余对，观众近 1 万人。3 月 25 日，呼和浩特晚报收藏版扩编为四个版周刊，全部为呼和浩特市收藏家协会协办，成为自治区内影响力最大的收藏栏目。2011 年，举办当代书画家作品邀请展，收到来自全国近 20 个省、自治区、直辖市 3000 余幅作品，精选 300 幅参加展览，吸引 5000 余人参观。

2012 年，市文联举办美术、摄影、剪纸展，展出作品 200 余幅，参观人数 2000 余人。举办“城南旧事”——永不消逝的老城记忆大型收藏展。同年，先后在托克托县、和林格尔县、清水河县、玉泉区设作家协会、美术家协会、摄影家协会等 8 个创作基地，为文艺家采风创作打造平台。

2013 年，元宵节书画展展出作品 200 余幅，参观人数达 2500 人。少儿语言大赛参赛少儿 900 余名，观众达 3000 人。摄影家协会编辑出版《天地之魂——首府摄影集》，收入 200 余名摄影家 1000 余幅作品。

2014 年，市文联组织市音乐家协会、舞蹈家协会、戏剧家协会的 30 余名艺术家和演员到托克托县内蒙古大唐再生资源开发有限公司举办“走进大唐、放歌黄河”演出。市书法家协会开展下基层写春联、书法进军营等活动。市美术家协会举办“‘中国梦’走进土默特旗、托克托县美术展”“冬季写生巡回画展”。市摄影家协会举办“创建文明城市摄影展”。市舞蹈家协会举办“呼和浩特市街舞展演”。市作家协会举办长篇报告文学《人生留踪》研讨会。同年，市收藏家协会主办华北五省区烟标票证交流会。2010—2014 年间，剪纸艺术家荣凤敏的《美丽的草原我的家》《草原春光美》《魅力草原》《春光草原》《新春快乐》等艺术作品多次荣获国际、国内金奖、特等奖等大奖。2014 年，在原有的创作基地的基础上，市文联在托克托县建立美协、摄协两个创作基地，开展各类培训、采风、创作、交流、展览等不同形式的活动。开展“一旗一品”建设，在土默特左旗积极培育和发展脑阁艺术，托克托县重点发展特色社火艺术，和林格尔县重点发展书法和剪纸艺术，武川县重点发展爬山调艺术，玉泉区重点发展召庙文化艺术等。截至 2014 年末，托克托县“社火艺术”、和林格尔县“东山书法艺术园”被确定为自治区“一旗一品”项目，清水河“踢鼓子秧歌”“土默特左旗脑阁艺术”“玉泉区的大召文化庙会”等 3 个项目申报自治区“一旗一品”项目。

2015年，市文联及各协会共开展20余项日常文艺活动。其中，书法家协会、美术家协会组织会员参加“黄河魂内蒙古七盟市书画联谊笔会暨纪念抗日战争胜利70周年书画展”；摄影家协会参与举办“托克托风情”摄影大赛作品展；舞蹈家协会举办“闽商杯”2015中国·内蒙古第六届体育舞蹈（国际标准舞）全国公开赛；音乐家协会组织旗县（区）音协参加内蒙古自治区第五届室内音乐比赛；民间文艺家协会组织编写《内蒙古民间故事全书·呼和浩特卷》，作家协会举办乌素图采风暨魅力乡村文化建设活动；戏剧家协会组织参与了送文化下乡活动。同年，成立市和旗县（区）两级文艺志愿服务队，涵盖文学、音乐、舞蹈、摄影、美术、书法、戏剧、民间文艺等各方面的艺术家。全年市文联组织各文艺家协会深入社区、军营、企业、学校及9个旗县（区）开展义务讲座、培训、指导、点评、采风等志愿服务活动20余次，参加活动的文艺志愿者200余人，直接受益基层文艺爱好者1000余人。

二、文艺创作

（一）文学

20世纪80年代，毕力格太、郑大海、张力毅等在内蒙古人民出版社、漓江出版社、群众出版社分别出版《古庙里的秘密》《红柳的故乡》《女检察官》等6部长篇小说，王之义、邢乃让、罗广德等分别编著出版理论专著。塞夫、王正平、程中等创作的电影文学剧本被摄制为电影并公演。云晓璎的短篇小说《温柔的草地》获《民族文学》优秀作品奖。毕力格太、尚静波、王树田、徐扬、程中、张作寒等在自治区举办的首届和第二届文学创作索龙嘎奖评奖中获奖。毕力格太、巴特尔、贾勋、徐扬、周恩广、赵淑芳、王树田、尚静波等作家结集出版诗歌集、小说集16部。部分作品在《人民文学》《民族文学》《诗刊》《人民日报》《当代》《十月》《小说界》《钟山》《长城》上发表。毕力格太、尚静波、王再平的短篇小说《周编辑外传》《姑父》《草原深处》在《小说月报》上发表，尚静波、徐扬、程中的短篇小说《斗二闲话》《折断翅膀的鹰》《蓝河谷》被《小说选刊》刊载。另有部分作品被中国作家出版社、中国青年出版社、内蒙古人民出版社收入选集中。

1990—1999年，全市文学艺术界共获各类奖255项。其中，获自治区政府奖178项、国家级奖62项、国际奖4次，出国演出和展览11次。

2002年，在自治区文联纪念《毛泽东在延安文艺座谈会上的讲话》发表60周年理论研讨会上，市文联选送的《文艺大众化何以保持先进方向》一文获优秀论文一等奖。2003年，尚静波创作的长篇报告文学《基石——模范基层干部戴成钧》，由内蒙古人民出版社出版。

2006年，市作家协会会员有10余部长篇小说出版。有多名会员获自治区第八届索龙嘎文学奖，多名老会员获自治区老作家荣誉奖。民间文艺家协会出版《民间文艺家》丛书。赛罕区农民禹荣珍创作15万字的长篇小说《九股泉》。

2007年，市文联出版《呼和浩特寻访》之《谈古论今》《说名道姓》《描山画水》。2008年，市作家协会会员陈弘志出版散文集《绿野浮春》、吴欣出版《赤黄的爱》。《呼和浩特晚报》连载会员郜贵的长篇小说《戏外恩仇》。

2012年，市作家协会会员魏铎的《土默川情仇》、赵耀东的《三娘子的五色草原》获自治区“五个一工程”奖，贾勋的《青城风物过眼录》由内蒙古人民出版社出版。同年3月，市作家协会开始牵头组织编写《呼和浩特现当代文学简史》。《呼和浩特文艺》刊登的兰宁远作品《依然守望天堂》，获全国冰心散文奖。年内，选取呼和浩特市艺术高中为作协创作基地，并挂牌。

2013年，市文联选送的5部文学作品全部入选市级“五个一工程”奖。市作家协会会员创作的1部散文集、2部诗集获自治区最高文学奖“索龙嘎”奖，3名作家成为内蒙古首届签约作家。市作家协会会员赵耀东的小说《叛徒》入选《小说选刊》，潘有仓的童谣获得金奖。《呼和浩特现当代文学简史》开始在《呼和浩特文艺》连载。

2014年，市文联组织会员先后出版《如花的青春岁月》《富泽桑梓梦》等4部文学作品，字数达100余万字。完成30余万字的《内蒙古民间故事全书·呼和浩特卷》资料收集整理工作。市委宣传部和市文联编辑的《美丽青城我的家——2013年呼和浩特市优秀童谣作品集》出版。市作家协会有20多名会员在全国知名期刊上刊发了多种题材和体裁的文学作品，有10余部作品入选《中国青年作家优秀作品选》《内蒙古“索龙嘎”文学作品选集》。深入基层开展“中国梦·老区行”创作采风活动，创作《神牛湾》《情系老牛湾·梦圆清水河》等一批优秀作品。市文联选送的《青城风物过眼录》等4部图书获市级“五个一工程”奖。

2015年，市文联向自治区文联报送27部文学作品，其中短篇小说《排毒胶囊》、散文《消失的家园》、诗歌《站在高原的脊背上》获得“索龙嘎”奖。开展重点文艺作品创作的申报工作，报送各类文艺作品共65部，其中13部作品获得市委宣传部重点扶持。

（二）戏剧

20世纪八九十年代，由内蒙古当代文学丛书编委会编辑、内蒙古人民出版社出版的《内蒙古戏剧剧本选》和由内蒙古人民出版社编辑出版的《富根赶集》《当家做主》《龙抬头》《新编古装戏》等，分别收入市剧作家协会会员都君一、樊树峥、贾勋、云川、孙书祥、顾根龙、尹绍伊、耿瑞、丁守壁、杨福正等作品，其中《三娘子》《接婆婆》《王满屯卖瓜》等都是具有相当艺术水平的好作品。此外，柳志雄、朱秉龙等剧作家在《鸿雁》《北国影剧》《民族文艺报》等刊物上发表多件戏剧作品，并在内蒙古电台、电视台播出。部分剧本被文艺团体选排演出。其中，贾勋、鲁子荣、阎致中编剧的

《塞上昭君》，云川、贾勋、郑安编剧的《三娘子》，张然明、徐步伟、都君一编剧的《满都海》，云计锁、武强编剧的《大汗骄子》、樊树峥编剧的《接婆婆》、王秀娟编剧的《分数的秘密》等，得到观众的一致好评。都君一、顾根龙、樊树峥编剧的广播剧《“九一九”起义》在全国广播剧评比中获优秀奖，是呼和浩特市在全国性评比中第一个获奖的戏剧作品。崔承编剧的学校剧《摔跤手的作业本》《梦中的老师和我》、阎致中编剧的学校剧《谁当中队委》、李天燕编剧的学校剧《聪明的思沁呼》、克·莫日根、武凤梅编剧的电视剧《草原琴童》等，一批具有一定质量的儿童戏剧作品录制成电视片和录像片并在中央电视台、内蒙古电视台播出，在全国学校剧录像评比中获奖。市戏剧协会多次组办、联办“全国学校剧录像评比”“三省区二人台‘山丹杯’大奖赛”“自治区戏剧汇演”等大型活动，涌现出宋转转、董文、陈改梅、宋振莲、段八旺、李桂梅等中青年演员。市晋剧团编排的民族历史晋剧《满都海》在呼和浩特市“昭君杯”戏剧歌舞大奖赛中荣获优秀剧本创作奖。

2005年，市晋剧团新编民族历史晋剧《满都海》参加在宁波举行的第九届中国戏剧节，入选全国15个精品剧目之一。

2007年8月，市戏剧家协会主办呼和浩特首届“娜仁花”奖戏剧大赛暨内蒙古“娜仁花”奖选拔赛，市晋剧团、市民间歌舞团及各旗县（区）艺术团体30余名选手参加比赛，7名选手获选拔赛一等奖，推选参加自治区“娜仁花”奖大赛。

2009年7月，由柳志雄编剧、呼和浩特民族演艺集团二人台艺术研究剧院编排的大型二人台现代戏《花落花开》，在呼和浩特民族剧场演出。《花落花开》先后获得自治区“五个一工程”优秀作品奖、第二届中国少数民族戏剧会演剧目银奖，并成功入选国家舞台艺术精品工程资助剧目。2011年7月，《花落花开》在北京参加全国现代戏优秀剧目展演。

2012—2014年，市戏剧家协会组织文化下乡惠民演出共110余场，创作编排《戈壁沙丘》《姥姥的身影》《遥远的图腾》《万家灯火万家梦》《君子津》等一批艺术精品。呼和浩特民族演艺集团民间歌舞剧院二人台现代戏《花落花开》荣获第十四届“文华剧目奖”，二人台现代剧《万家灯火万家梦》获自治区第十二届“五个一工程”优秀戏剧奖，代表自治区参加全国“五个一工程”评奖，并被选定为第十一届草原文化节优秀节剧目。

2015年，举办首届戏剧“丁香花”大赛。呼和浩特民族演艺集团民间歌舞剧院张银霞、冀光华参演的剧目《二人台“走西口”片段》，在第二届中国黄河流域戏剧红梅竞演中荣获银奖，冀光华、张文娥在第三届内蒙古戏剧“娜仁花”奖评比中获参演作品金奖、张银霞获银奖，大型民族舞台剧《马可·波罗传奇》获得第五届“艾蒂亚”中国最佳旅游演艺项目奖；晋剧院在自治区小戏小品大赛中参赛作品《打杠子》

荣获小戏类三等奖、董红嶂获小戏类表演一等奖。

（三）书画摄影

20世纪八九十年代，书法家康庄、康新民、石志高、王迺欣、李清波、马锦威、沈四生等人的15件作品先后入选全国举办的书法篆刻展览。康庄的作品两次在自治区“萨日纳”奖评奖中获奖，并入选“中日书法交流展”“中国新加坡文化交流展”。康庄、康新民、石志高、李清波、王迺欣等书法家的作品被分别选入《中国百家优秀作品集》《中国现代书法家作品选》《当代中国书法家作品集》《中国楹联墨迹萃》《青冢藏墨选》等书法作品专辑中。中青年画家关国胜、任庆新、王宝铭等分别在呼和浩特市、北京市举办个人书画展览。1989年，马铁的国画《整装待发的驼队》在全国第七届美术作品展览中获铜奖，刘友仁的年画作品《欢乐的草原》获全国年画评奖三等奖、李喜春的年画作品《庆丰年》获优秀作品奖。画家明锐油画《路遇》、李化军油画《黑牛沟秋色》、燕亮插图组画《献给母亲的哀歌》，以及刘兆平、云中、张殿云、黄瑞生、孟瑛、赛汉、娜莉莎等人的绘画作品均在全国性美展中展出。1990年，李化军油画《黑牛沟秋色》、刘友仁年画《欢乐的草原》获第三届内蒙古艺术创作“萨日纳”奖美术类二等奖。市摄影家协会先后举办、联办各种摄影展览47次。其中，车光照的《驼铃》、伟勇的《清幽》、齐德华的《晨曦》等260余幅作品参加全国性展览和比赛，刘炳祥、车光照、李宪隆、崔如汉、张艺聪、文凯、史新刚等12人的36幅摄影艺术作品9次被选送出国展览，33名作者的256幅作品在自治区以上展览或比赛中获奖。

2002年，在《黄河百米长卷》首展期间，市美术家协会特邀中国美协党组书记、常务副主席、著名画家刘大为，全国著名美术评论家、画家、《美术》杂志社编辑等参加长卷创作研讨会。2003年，市文联与市委宣传部、市大型活动办公室承办“关国胜画展”。在内蒙古美术馆展出“和林格尔旅游风情摄影展”。市文联美术、摄影家协会举办“没有硝烟的战斗”——呼和浩特市抗击“非典”摄影展。

2005年，王潇涓的《圣地》参加“成吉思汗杯内蒙古西部摄影邀请赛”，获一等奖；高雪峰的《冰上婚礼进行曲》参加“中外摄影家聚焦哈尔滨摄影大赛”，获三等奖。

2006年，市美术家协会承办中国·呼和浩特昭君文化节重要活动之一——全国第九届当代书画名家作品邀请展，共收到全国32个省区市3000多幅画稿。2007年8月评选出300余件优秀作品在内蒙古美术馆展出。同年，举办“庆祝内蒙古自治区成立六十周年暨呼和浩特书画院建院二十周年全区书画名家作品展”“首府大观——任志明摄影展”，开展新年书法笔会、送春联下乡等活动。

2008年，《国画家》杂志在内蒙古美术馆主办“南北中国山水画名家作品提名展”，共展出9人90幅作品。11月，呼和浩特市美术家协会与包头市、鄂尔多斯市美协在包头市举办“呼包鄂金三角油画展”,呼和浩特市参展作品58件,其中20件获优秀奖。市书法家协会举办“全区成吉思汗书法篆刻展”“全区青年书法篆刻展”“全区书法篆刻观摩展”“故乡情书法展”“纪念改革开放三十周年全区书法美术摄影展”等展览。书法家田朴、刘伟的作品入选“全国第二届草书展”，李智野的篆刻入选“全国第六届篆刻展”。王迺欣、李力的作品入选“当代书坛名家系统工程全国千人千作展”。

2009年，举办“呼和浩特、包头、鄂尔多斯三城市油画展”“第十三届当代书画家作品邀请展”“魅力大青山摄影艺术展”“呼和浩特市职工美术、书法、摄影作品展”“呼和浩特市民间剪纸展”。其中，呼包鄂三城市油画展共展出来自3个城市的150余幅优秀作品,第十三届当代书画展共展出300余幅优秀书法、美术作品。10月，举办张心启书法作品展，企业文联举办迎国庆书画名家笔会，70余名书画家与企业家共庆国庆，互动交流。11月，市文联与内蒙古书画研究院共同举办当代著名书法家作品展，展出来自全国各地的书法名家300余幅作品。

2011年，举办“大自然杯呼和浩特市美术、摄影作品展”“第十四届当代书画家作品邀请展”。“大自然杯呼和浩特市美术、摄影展”，展出市美术家协会会员油画、国画、水彩等作品200余幅、摄影作品126幅。当代书画展展出来自全国各地的300余幅书画作品。举办“呼和浩特市第二届民间剪纸艺术作品展”，展出作品124幅，其中有许多作者都荣获国家级的奖项，展览以独特的民间艺术形式展示呼和浩特的地域文化、民族风情。编辑出版反映呼和浩特市经济社会发展成就的大型摄影图册——《十年巨变》。

2012年,举办“元宵节书画展”“美术、摄影、剪纸展”“春季写生展”“‘绿篱沙龙’摄影展”等，展出作品400余幅，参观人数达6000余人次。与大同市云冈画院共同举办“水墨情”中国画名家展览，展出作品160幅。编辑出版《天地之魂——首府摄影集》，收录200多名摄影家的1000多幅作品，内容涉及呼和浩特市政治、经济、文化等各个方面。2013年，在内蒙古美术馆、内蒙古图书馆先后举办“15人雪地写生作品展”“5人国画作品展”。

2014—2015年，围绕“深入生活、扎根人民”“放歌草原、书写百姓”主题实践活动，举办“‘中国梦·民族情’书画展”“呼和浩特市九旗县区书法、美术、摄影作品展”“昭君文化节美术书法摄影作品展”“托克托风情展”“呼和浩特·大同两地中国画名家画展”，组织会员参加自治区“情系北疆、保密抒怀”书画摄影作品展和“黄河魂内蒙古七盟市书画联谊笔会暨纪念抗日战争胜利70周年书画展”。市美术家协会有20多名会员在“银锄杯”全国漫画大赛、全国水墨漫画大展中入选获奖。市摄影家协会有30多名会员在全国艺术摄影大赛、上海国际摄影艺术展、首届全国职工摄影大赛上作品入展获奖。市书画院郭剑利国画作品《暮归》获“第三届内蒙古自治区青年美术作品展”一等奖。

（四）舞蹈、音乐及演唱艺术

20世纪八九十年代，市音乐家协会会员在《牧笛》《草原歌声》等音乐刊物上创作发表歌曲200余首，并编辑出版《青城之歌》歌曲集，收有作品253件。张中的《燕子声声》、赫佳音的《猎人的小屋》、王运天的《小溪和沼泽》等作品在全国性征歌比赛中获奖，赵津沪的《小草青青》、吕烈的《党的旗帜》、彦彪的电视剧音乐《并非小事》、赵鹏的器乐曲《喜送爱国粮》等作品在自治区各类评奖中获奖。涌现出专业歌唱演员达力玛，业余歌唱演员韩广英，小歌手斯琴、布和、徐敬民等一批较优秀的演员。呼和浩特赵淑珍创作的舞蹈《欢乐的鄂温克姑娘》在全国聋哑人文艺汇演中获三等奖。

2009年，市戏剧家协会、音乐家协会、舞蹈家协会根据自身的特点组织开展相关的活动如社区共建文艺演出等。

2011年，市戏剧家协会举办呼和浩特市第二届戏曲大赛，组织剧本研讨，深入社区开展共建活动，市音乐家协会承办呼市籍旅欧学子杜凡永独唱音乐会，市舞蹈家协会承办“闽商杯”内蒙古第二届国标舞大赛。

2013年，市民间艺术家协会推荐的土默特左旗脑阁表演队伍，在“西凤杯·中国首届社火艺术节暨第十一届中国民间文艺山花奖民俗礼仪表演评奖”活动中获金奖。2014年，市文联选送的《守望在草原》等6首歌曲、《丘陵踏歌》等3支舞蹈获市级“五个一工程”奖。

2015年，呼和浩特市艺术学校学生冯苗苗，在“第十一届全国校园才艺大赛”暨央视大型文艺晚会《校园之歌》——全国大中小学生艺术素质教育展演内蒙古选拔赛中，获少年A组独舞比赛二等奖。那日丽格艺术团的舞蹈《呀啦索》在第四十一届“今夕年华”系列活动暨第四届“草原杯”全国中老年音乐、舞蹈、服饰才艺邀请赛中获金奖，并在2015“盛世华章”走进呼和浩特暨首届全国艺术节演出中获奖。呼和浩特民族演艺集团民间歌舞剧院樊学勤、田丽获第四届“阿尔山杯”草原星内蒙古青年歌手电视大赛原生态唱法优秀奖；黄振国演奏的《一枝花》荣获自治区第五届室内乐比赛民乐吹打独奏组三等奖；舞蹈《舞胡杨》《斗熊》分别获第四届中国蒙古舞大赛暨第四届内蒙古电视舞蹈大赛创作和表演金奖、银奖，李佳帅、任广宁、李楠、宝勒尔、张翼鸿、萨恩其尔、王亚东、张一飞、阿斯军、李畅发、张志伟、臧志强、道力根等分别获表演金奖、银奖，张天琪分别获表演铜奖、表演优秀奖，额日登图获作品金奖。歌曲《家乡》在“放飞中国梦，相聚在北京——2015全国大型音乐展演盛典”中获作品词曲金奖。

（五）电影电视艺术

20世纪八九十年代，崔承、王新民的电视剧《小土屋里的开拓者》，杜逵、阎致中、鲁子荣的电视剧《白雾》在自治区“萨日纳”奖评比中获奖。项胜利、赵永刚的《菜农情》，郭永飞、张晓光的《青城风采》，甄可君的《回族风情》，娄忠基的《非人磨墨墨磨人》，郝雄宇、白丽茹的《姹紫嫣红春满园》，张晟的《草原词作者——火华》等电视剧或电视专题片在中央电视台、内蒙古电视台及呼和浩特电视台播出。市文联组织编纂《呼和浩特市电影放映发行史志》。

2001—2005年，由市文联创作研究室专业作家闫文澜主创的6集电视剧《在中考前的日子里》获得“飞天奖”铜奖，反映国企改革的20集电视连续剧《跨越》由内蒙古电视台拍摄，反映保护西部生态环境的电影剧本《西部女人》被中央电视台电影频道采用，电影剧本《远的鲁古雅》由内蒙古电影制片厂拍摄完成，组织拍摄大型专题片《中国乳都》、音乐电视《这是一个迷人的地方》，完成电视连续剧《李森传奇》剧本。由市文联会员王西萍创作的电影剧本《麻辣女生》由中央电视台电影频道拍摄播出，创作研究室组织拍摄由尚静波撰写的反映抗击“非典”的10集专题片《青城，让我们记住》。

2006年，市文联创作研究室参与创作拍摄4集电视纪录片《魅力青城》。2008年，市民间文艺家协会会员云龙编导电影剧本《老村长的故事》，由市民协自筹资金拍摄成电影；由会员王继周改编的剧本《九股泉》以小说形式出版，并改编成电视连续剧。同年，市电影电视家协会与内蒙古卫视、图腾传媒公司为纪念四川汶川大地震联合摄制音乐电视《生命之约》；为迎接2008北京奥运会特别策划制作音乐电视《美丽天鹅》；由图腾传媒公司主办、市电影电视家协会协办，制作并在内蒙古电视台移动频道开播《消费百事通》和《魅力青城》栏目；为社区、农村、广场播放300余场电影。

2009年，由市电影电视家协会副主席刘进林编剧、制片、监制拍摄的电影《抗日英雄贾力更》，作为中华人民共和国成立60周年内蒙古自治区献礼重点影视项目在全国发行，被中央电视台电影频道列入优秀爱国影片播出。

2012年春节期间，市文联组织内蒙古五彩传说合唱团的孩子们首次赴联合国演出，这是中国少数民族儿童合唱团首次走进美国与美国爱乐乐团合作，第一次由中国指挥家余隆执棒与钢琴家郎朗同台合作，第一次登上肯尼迪艺术中心的舞台并获由联合国人居署颁发的“关注公民人文音乐及发展”奖项。这是从全球超过40个国家的100个候选项目中挑选而出的，在过去的11年间，首次授予中国、也是首次授予中国少数民族儿童的奖项。1月14—16日，“五彩呼伦贝尔”儿童合唱团联手中国爱乐乐团在北京创世纪剧院举办3场专场音乐会。

2013 年 2 月 23 日，在《凤凰精选》栏目播放中国爱乐与五彩传说交响音诗《草原童年的歌谣》。2014 年，“五彩呼伦贝尔”儿童合唱团以纯粹美妙的歌声多次登上国内、国际舞台，在习近平访问俄罗斯期间进行表演。

2015 年，呼和浩特广播电视台《继承》《等公交》《不要与烟共舞》《“艾”不色变》《和不文明现象说不》《有面子的绿色出行》《德润青城系列》，获得自治区新闻出版广电局“内蒙古广播电视公益广告征集评选获奖作品”的称号。小品《牵挂》获自治区小戏小品（汉语）大赛小品类三等奖。以呼和浩特草原文化和黄河文化交融发展为主线的大型历史文化专题片《千年青城》，获“人文中国第四季城市纪实”纪录片一等奖。

三、刊物创办

1986 年后，市文联依托《山丹》杂志，先后编辑刊载《烈马呼啸》《小说选》等小说集、《绿原芳草》《诗歌选》等诗歌集、《散文、报告文学选》和《创业艰难百战多》革命回忆录，同时编辑出版《儿童剧选》《独幕选》等剧本集 6 种和《百鸟朝凤》曲艺集。2001 年，《山丹》杂志停刊。至此，《山丹》杂志共出刊 238 期。

2007 年 8 月，经自治区新闻出版局批准，市文联创办内部刊物——《呼和浩特文艺》，刊物为双月刊，设有“名家专递”“散文天地”“古城老街”“青城艺苑”等栏目，至 2012 年共出版 30 期。

2012 年，为便于广大会员和文艺工作者及时掌握呼和浩特地区文艺动态，创办《呼和浩特文联工作动态》，全年发刊 15 期。2015 年，《呼和浩特文艺》出刊字数累计 50 余万字。

第六章　社会科学联合会

第一节　代表大会

一、呼和浩特市社会科学联合会第一次代表大会

1984 年 11 月 20—22 日，呼和浩特市社会科学联合会第一次代表大会暨成立大会召开。116 名代表参加大会。大会选出由 40 名理事、19 名常务理事组成的呼市社科联第一届理事会，选举何祖侃为第一届理事会主席，云峰、皇甫臣、许天增、荆子裕为副主席，皇甫臣为秘书长。大会通过社科联章程，并向全市社会科学工作者发出倡议书。

二、呼和浩特市社会科学联合会第二次代表大会

1997 年 8 月 20 日，呼和浩特市社会科学联合会第二次代表大会召开。大会选举

郝存柱为第二届理事会主席，巴特尔、宋彩云（常务）、皇甫臣、王家恒为副主席，刘映兰为秘书长。大会通过修改后的社科联章程，表彰学会工作先进集体、先进工作者。

三、呼和浩特市社会科学联合会第三次代表大会

2002 年 5 月 16 日，呼和浩特市社会科学联合会第三次代表大会召开。大会选举杭桂林、郝存柱为第三届理事会名誉主席，刘香芸为主席，张志茹（常务）、牧峰、李书慧为副主席，石涛为秘书长。

四、呼和浩特市社会科学联合会第四次代表大会

2007 年 12 月 18 日，呼和浩特市社会科学联合会第四次代表大会召开。大会选举云丽珠为第四届理事会主席，刘月平（常务）、张志茹、李书慧等为副主席，石涛为秘书长。

五、呼和浩特市社会科学联合会第五次代表大会

2014 年 1 月 22 日，呼和浩特市社会科学联合会第五次代表大会召开。大会选举王雪峰为新一届理事会主席，王文林为常务副主席，云震、李抚沧、张俊江、云春生、塔沙、郝党政、荣中厚、王国华等为副主席，乔庆智为秘书长。大会审议通过修改后的社科联章程、第五次代表大会选举办法。大会表彰社科工作先进集体、优秀社科工作者。

第二节　组织机构

1984 年 11 月，呼和浩特市社会科学联合会（简称市社科联）成立，由市委宣传部代管。全市有蒙古语文历史学会、会计学会、财政学会、统计学会、历史学会、语文学会、小学语文学会、中小学蒙古语文教学研究会、教育学学会、中小学班主任工作研究会、幼儿教育研究会、世界语协会、哲学学会、经济学学会、科学社会主义学会、党史党建学会、商业经济学会、民族宗教学会、思想政治工作研究会、家庭教育研究会、中学政治课教学研究会、税务学会、社会经济发展战略研究会、新闻学会、青少年犯罪研究会、普通外语教学研究会、世界语工程师学会 27 个社会团体组织。1996 年，市社科联内设办公室、学会部、编辑部。

2002 年，编辑部更名为信息咨询服务部。2004 年，根据市委组织部、市人事局《关于市党校等部分事业单位工作人员参照过渡公务员实施方案》，市社科联列入公务员法管理范围。

截至 2015 年，市社科联内设办公室、学会部、信息咨询服务部。所属学会、协会、研究会、促进会 44 个。

2015 年呼和浩特市社会团体组织一览表

表 20-6-1

序号	学术团体名称	成立时间
1	呼和浩特市世界语协会	1979 年 12 月 9 日
2	呼和浩特市蒙古语文历史学会	1982 年
3	呼和浩特市家庭教育研究会	1984 年 11 月 19 日
4	呼和浩特市税务学会	1985 年 4 月 3 日
5	呼和浩特市外文交流学会	1989 年
6	呼和浩特市教育学会	20 世纪 80 年代
7	呼和浩特市新闻工作者协会	1991 年 6 月
8	呼和浩特市图书馆学会	1993 年 10 月 20 日
9	呼和浩特市档案学会	1993 年
10	呼和浩特市青年志愿者协会	1995 年
11	呼和浩特市光彩事业促进会	1996 年 7 月
12	呼和浩特市国际税收研究会	1997 年 12 月
13	呼和浩特黄河文化经济发展研究会	1997 年
14	呼和浩特市思想政治工作研究会	1997 年
15	呼和浩特市漠南文化研究会	1998 年
16	呼和浩特市昭君文化研究会	1998 年
17	呼和浩特市中国特色社会主义理论研究会	1999 年 8 月
18	呼和浩特市计划生育协会	20 世纪 90 年代
19	呼和浩特市精神文明建设研究会	2000 年 12 月
20	呼和浩特市内部审计师协会	2003 年 7 月 28 日
21	呼和浩特市青少年心理研究会	2005 年 4 月 27 日
22	呼和浩特市心理咨询师协会	2005 年 6 月
23	呼和浩特市民办教育协会	2005 年 7 月
24	呼和浩特市塞北文化研究会	2005 年 8 月
25	呼和浩特乌兰夫民族团结理论研究会	2006 年 9 月
26	呼和浩特市云中文化促进会	2007 年 5 月
27	呼和浩特市财政学会	2008 年 9 月 19 日
28	呼和浩特市政协理论研究会	2008 年 12 月
29	呼和浩特市会展协会	2008 年
30	呼和浩特市警察协会	2009 年 4 月 28 日

续表 20-6-1

序号	学术团体名称	成立时间
31	呼和浩特市丰州历史文化研究会	2010 年 7 月
32	呼和浩特市哲学学会	2010 年 12 月 20 日
33	呼和浩特市国学教育研究会	2010 年
34	呼和浩特市社会化教育研究会	2012 年 5 月 25 日
35	呼和浩特市历史学会	2012 年 11 月 26 日
36	呼和浩特市蒙元文博苑文化研究会	2012 年
37	呼和浩特市家庭教育学会	2013 年 1 月
38	呼和浩特市满族文化促进会	2013 年 5 月 22 日
39	呼和浩特市皮画艺术研究会	2014 年 12 月 8 日
40	禅茶文化研究会	2014 年
41	呼和浩特市企业文化建设协会	不详
42	呼和浩特市地方税务学会	1985 年
43	呼和浩特市金融学会	不详
44	呼和浩特市检察官协会	2002 年 5 月 27 日

第三节　开展活动

一、学术交流

1986—1991 年，市社科联举办“深化城市经济体制改革系列讲座”，召开“纪念中共十一届三中全会 10 周年理论研讨会”“深化企业内部配套改革理论研讨会”“呼和浩特市实施名牌战略理论研讨会”等。与全国 78 个省市社科联建立联系。其间，金融学会组织召开金融会计理论研讨会、市人口学会召开人口理论研讨会；成人教育研究会举办科普培训班 200 多期、家庭教育研究会举办婚前培训班 94 期、会计学会举办会计上岗培训班 90 余期。1991 年 6 月，组织全市理论界召开庆祝建党 70 周年理论座谈会。

1992—1997 年，各学会、协会、研究会开展学术活动 90 余次，撰写、交流、发表论文 1200 多篇，出版专著、论文集 20 多本，获奖 130 多项。

1998—2007 年，市社科联组织人员参加 5 次全国性理论研讨会。与全国 300 余个省市社科联建立友好联系。其间，组织召开协会专题研讨会 10 次；组织参加全国大中城市社科联工作会议第十三次至第十七次会议。

2008—2015 年，市社科联连续参加全国大中城市社科联工作会议第十八次到第二十五次社科联工作会议，组织召开呼和浩特民族文化建设研究工程座谈会、“呼和浩特精神”研讨会、庆祝建党 90 周年座谈会、举办经济形势报告会等。召开学习贯彻中共十八大及十八届历次全会精神座谈会。市四区委宣传部、市开发区、市社科理论界专家学者、社科社团负责人参加座谈会。

二、社会科学普及

1986 年，为加强社科普及，市社科联开展哲学社会科学“进机关、进农村、进企业、进学校、进社区”活动。借助北疆讲坛、青城大讲堂、基层讲堂以及媒体等平台组织专家向干部群众宣传普及社科知识。

2004 年，市社科联研究制定《中共呼和浩特市委员会关于进一步繁荣发展哲学社会科学的实施意见》，推动呼和浩特市哲学社会科学事业繁荣发展。2007 年，市社科联组织开展第一届社会科学普及周活动。

2012 年，市社科联印发《呼和浩特市社会科学普及教育基地管理办法》，加强社会科学普及教育基地建设。2014 年，乌兰夫纪念馆、内蒙古自治区将军衙署博物院、呼和浩特市昭君博物院、呼和浩特博物馆、中共呼和浩特市委党校、呼和浩特职业学院被命名为首批市级社会科学普及教育基地。全年，举办社科知识讲座 68 场次，参加人数达 1.1 万余人次。其中，各旗县举办 15 场，市、区两级和市属学会举办 53 场。开展“五进”活动 24 次。其中，5 个旗县开展 10 次，参加人数达 2.6 万人次；发放科普材料 6.4 万份，赠送图书近 1000 册。同年，举办社科联成立 30 周年系列活动，编辑出版《呼和浩特市社会科学 30 年优秀论文集》，论文集收录 30 年来社科优秀成果 59 篇；编辑出版《呼和浩特社会科学 30 年》。

2015 年，组织开展“五进”活动 11 次，开展各类社科讲座 8 场。年内，市社科联、旗县（区）、社会团体共印制科普读物近 100 种。同时，以各社科团体创办的刊物及网站为平台，扩大社科知识普及及社科影响力。

三、社团刊物及理论成果

1986 年，《呼和浩特社联学刊》创刊，1996 年刊名改为《学林》，为内部发行的学术理论刊物。

1997—2015 年，开展 6 届社科优秀成果评奖活动，表彰著作类、论文类优秀成果 552 项，其中特别奖 2 项、一等奖 60 项、二等奖 142 项、三等奖 245 项、优秀奖 103 项。全市各社科组织研究课题共立项 167 项、结项 154 项，有 78 篇社科理论研究成果入选《内蒙古经济社会发展报告》《前沿》《新时期社科组织建设与发展的实践与理论探讨》《中国社科团体发展理论与实践》《党的群众路线教育实践与马克思主义大众化研讨会论文集》《砥砺前行》等期刊和论著。各社科社团编辑出版《托克托民俗》《土默川历史文化》《呼和浩特档案志》《呼和浩特政协志》《老年人心理健康》

《民族古籍与蒙古文化》《马克思主义信仰教育读本》《八思巴文变形体研究（蒙古文）》《昭君文化系列丛书》《漠南文化集》《哈剌兀纳丛书》《内蒙古县域经济之路》《呼和浩特现存寺庙考》《青城史学》等学术专著。有63篇论文、专著获评自治区社科优秀成果奖。

截至2015年，《学林》与全国近400个地级市建立交流平台。一些社会团体根据社团特点及研究领域主办学术刊物，刊发研究成果，促进学术交流。

2015年呼和浩特市社科社团办刊情况一览表

表20-6-2

刊物名称	主办单位
《呼和浩特财政学报》《呼和浩特财政资讯》	市财政学会
《绿原》	市世界语协会
《青城检察》《检察实践与研究》	市检察官协会
《青城警察》	市警察协会
《图书馆工作简报》	市图书馆学会
《呼和浩特政协》	市政协理论研究会
《呼和浩特金融》	市金融、钱币学会
《呼和浩特市成人教育报》	市成人教育研究会
《职业教育》	哲学学会
《青城论坛》	建设中国特色社会主义理论研究会
《翁公萨日拉》	市蒙古语文历史学会

第七章　残疾人联合会

第一节　代表大会

一、呼和浩特市残疾人联合会第一次代表大会

1989年5月8—10日，呼和浩特市残疾人联合会第一次代表大会召开。出席大会代表93名，其中旗县（区）代表64名、呼和浩特军分区代表1名、市有关部门和团体代表12名、市残疾人联合会代表3名、福利企业代表6名，特邀代表7名。代表中少数民族代表30名，占代表总数的32%；残疾人代表55名，占代表总数的59.1%。会议选举产生46名主席团委员。

二、呼和浩特市残疾人联合会第二次代表大会

1994 年 8 月 17—19 日，呼和浩特市残疾人联合会第二届代表大会在内蒙古军区招待所召开，出席大会代表 97 名。会议通过关于成立残疾人专门协会的决议，选举产生主席团委员 25 名。选举产生第二届残疾人联合会主席、理事长。

三、呼和浩特市残疾人联合会第三次代表大会

1998 年 7 月 14—16 日，呼和浩特市残疾人联合会第三次代表大会在呼和浩特市农业培训中心召开。出席大会代表 85 名，其中旗县（区）代表 55 名、武警呼和浩特市支队代表 1 名、市有关部门和团体代表 29 名，特邀代表 7 名。代表中少数民族代表 25 名，占代表总数的 29.4%；残疾人代表 43 名，占代表总数的 50.6%。会议选举产生主席团委员 30 名，选举出席自治区残疾人联合会第三次代表大会代表 10 名。选举产生第三届残疾人联合会主席、理事长。

四、呼和浩特市残疾人联合会第四次代表大会

2003 年 7 月 13—15 日，呼和浩特市残疾人联合会第四次代表大会在民航宾馆举行。出席大会代表 103 名，其中旗县（区）代表 74 名、呼和浩特军分区代表 1 名、市有关部门和团体代表 28 名，特邀代表 9 名。代表中少数民族代表 26 名，占代表总数的 25.2%；残疾人代表 63 名，占代表总数的 61.2%；妇女代表 29 名，占代表总数的 28.2%。会议选举产生主席团委员 36 名，选举出席自治区残疾人联合会第四次代表大会代表 8 人。选举产生第四届残疾人联合会主席、理事长。

五、呼和浩特市残疾人联合会第五次代表大会

2008 年 3 月 25—27 日，呼和浩特市残疾人联合会第五次代表大会在金岁大酒店召开。出席大会代表 158 名，其中旗县（区）代表 125 名、市有关部门和团体代表 33 名，特邀代表 35 名。代表中残疾人代表 97 名，占代表总数的 61.4%；少数民族代表 34 名，占代表总数的 21.5%；妇女代表 43 名，占代表总数的 27.2%。会议选举产生主席团委员 51 名，选举出席自治区残疾人联合会第五次代表大会代表 14 名，选举自治区残联第五次代表大会主席团委员候选人 4 名。选举产生第五届残疾人联合会主席、理事长。

六、呼和浩特市残疾人联合会第六次代表大会

2013 年 6 月 8—9 日，呼和浩特市残疾人联合会第六次代表大会在华辰大酒店召开。出席会议代表 159 名，特邀代表 44 名。其中，妇女代表 57 名，占代表总数的 36%；少数民族代表 42 名，占代表总数的 26%；残疾人及残疾人亲友代表 97 名，占代表总数的 61%。会议选举产生主席团委员 55 名。选举出席自治区残疾人联合会第六次代表大会代表 15 名。选举产生第六届残疾人联合会主席、理事长。

第二节　组织机构

一、管理机构

1989 年 3 月，市政府批准成立呼和浩特市残疾人联合会（简称市残联），为准处级事业团体，由市民政局代管。市残联与市残疾人福利基金会一套人马、两块牌子。

1995 年 5 月，经市政府市长办公会议研究决定市残联实行计划单列，机构规格为正处级。1996 年 9 月，市机构编制委员会印发《关于市残疾人联合会及所属事业单位“五定”方案的批复》，市残联内设办公室、就业服务部、基金部、群众宣传文体部、康复部，下设市残疾人综合服务中心（挂市残疾儿童康复中心牌子），经费实行全额拨款。1997 年，市残联机关参照公务员管理。

2002 年，机构改革，市残联内设科室调整为办公室、组织联络部、宣传文体部、康复部、教育就业部。

2004 年 6 月，市残联内设机构组织联络部更名为组织联络维权部。2005 年 2 月，组织联络维权部更名为组织联络部，增设维权保障部。

截至 2015 年，市残联内设办公室、组织联络部、宣传文体部、康复部、教育就业部、维权保障部。

二、事业单位

1997 年 4 月，市残疾人劳动服务中心成立，经费差额拨款，负责残疾人求职登记、残保金管理、就业服务等工作。2007 年 9 月，市残疾人劳动服务中心增挂市残疾人职业培训中心、市盲人按摩服务指导中心牌子；市残疾人综合服务中心更名为市残疾人康复服务中心，增挂市聋儿听力语言康复中心、市残疾人辅助器具服务中心牌子。2009 年 3 月，市残疾人劳动服务中心和市残疾人康复服务中心经费形式变更为全额拨款。

2012 年 4 月，市残疾人劳动服务中心、市残疾人职业培训中心、市盲人按摩服务指导中心三个机构单设，不再合署办公。2013 年 5 月，市残疾人劳动服务中心更名为呼和浩特市残疾人就业服务中心。

2015 年 12 月，市残疾人就业服务中心、市残疾人康复服务中心（挂市残疾人辅助器具服务中心和挂市聋儿听力语言康复中心）、市残疾人职业培训中心、市盲人按摩服务指导中心批复为公益一类。

三、残疾人组织

（一）呼和浩特市残疾人福利基金会

1985 年，市政府常务会议批准成立呼和浩特市残疾人福利基金会，为全市残疾人社会福利团体，与市盲人聋哑人协会合署办公，受市民政局领导和管理。1986 年 3 月，呼和浩特市残疾人福利基金会第一届理事会议在军区招待所召开，来自全市各行业 96 个理事单位的代表参加会议。会议选举产生 21 名常务理事。

1989 年，市残联成立后，市盲人聋哑人协会撤销。市残疾人福利基金会与市残联合署办公，基金会财务单设并保持相对独立性。

1991 年 10 月，市残疾人福利基金会第二届理事会在自治区民政厅招待所召开，理事单位的 189 人参加会议，选举产生 42 名常务理事。会议审议通过《呼和浩特市残疾人福利基金会章程》，确定《理事的权力和义务》《基金管理办法》《对捐赠者的表彰办法》。

2002 年 8 月，市残疾人福利基金会停止工作，职能和人员并入市残联。

（二）呼和浩特市政府残疾人工作委员会

1991 年 5 月，呼和浩特市政府残疾人工作协调委员会成立，是全市残疾人工作的议事和综合协调机构，人员由市政府领导和残联、民政、教育、卫生、人力资源等相关部门的领导组成，办公室设在市残联，承担日常工作。

2006 年，经市政府批准，呼和浩特市政府残疾人工作协调委员会更名为呼和浩特市政府残疾人工作委员会。

（三）呼和浩特市残疾人康复工作办公室

前身为呼和浩特市残疾人三项康复工作办公室。1990 年，呼和浩特市残疾人三项康复工作办公室更名为呼和浩特市康复工作办公室，其职能不变，日常工作由市残联康复部承担。

（四）呼和浩特市残疾人事业新闻宣传促进会

1999 年 5 月，呼和浩特市残疾人事业新闻宣传促进会是经市委宣传部批准、市民间组织管理办公室核准成立，为非营利性群众团体，接受市委宣传部、市残联、市民间组织管理办公室指导和管理。每年召开一次全体会员大会，进行工作总结和部署，对先进单位和个人进行表彰，根据人员变动情况进行调整。

（五）呼和浩特市残疾人法律援助中心

2004 年 5 月，根据司法部、中国残疾人联合会《关于加强残疾人合法权益保障做好残疾人法律服务工作的通知》《关于做好残疾人法律援助工作的通知》要求，成立呼和浩特市残疾人法律援助中心，办公室设在市残联组织联络维权部。2005 年 2 月，转入市残联维权保障部。

（六）呼和浩特市残疾人奥林匹克运动委员会

2008 年 1 月，呼和浩特市残疾人奥林匹克运动委员会经市体育局批准、在市民间组织管理办公室注册备案成立，为非营利性群众体育社会团体，接受市残联、市体育局、市民间组织管理办公室的业务指导和监督管理。会员大会每四年召开一次，闭会期间由执行委员会领导本会开展日常工作，对全市会员大会负责。

第三节　开展活动

一、残疾人康复

1985年开始，市残疾人福利基金会采取一次性募捐、专项募捐、义演义卖等方式，为残疾人事业发展筹集资金。

1991年，市残联两次接收曹氏基金会捐赠的轮椅250辆。1998年，中国残联开展“视觉第一，中国行动”，委派辽宁省医疗队为呼和浩特地区1068人实施白内障复明手术。市残联拨专款为旗县（区）残联购置康复器材，用于残疾人康复训练。同时，协调市卫生局，在市内四区设立14个社区康复站，并指导旗县（区）残联建立残疾人用品用具供应部（点）。

2001年，市残联组织开展“全国爱耳日活动”“长江新里程计划”。建立社区康复指导站（中心）、社区康复站，完成市属康复机构挂牌。全年完成白内障复明手术2075例；发放残疾人用品用具4928件，装配矫形器76件；完成肢残人康复训练52名，脑瘫儿童训练19名，智残儿康复训练54名。至2001年末，全市共有各类残疾人8.82万人，其中视力残疾1.27万人，听力语言残疾3.36万人，智力残疾1.56万人，肢体残疾1.29万人，精神残疾2500人，综合残疾1.09万人。

2003年，市残联落实“彭年光明行动”计划，经摸底调查后筛查确诊白内障患者900多名，完成白内障手术837例，同时为38名低视力患者配用助视器，培训24名低视力儿童家长。收训聋儿54名，培训聋儿家长54名，为贫困聋儿提供17台听力助听器。供应各类残疾人用品用具193个品种5922件，装配矫形器109件。训练肢残儿童26名、脑瘫儿童7名、智残儿童21名。发放补碘宣传材料1万余份，对1.2万名特需人群进行补碘宣传教育。为4个试点社区配置“八件组合、骑马训练器、液压踏步器、立式踏步器”等康复训练器械，为第一社区医疗康复站配置B超机。同年，市残联印发《呼和浩特市关于进一步加强残疾人康复工作的意见的通知》，将残疾人康复工作纳入社区建设规划，依托卫生、民政和教育等训练服务机构，建立各级、各类康复指导机构、训练服务机构76个。

2006年5月，在全市44个社区开展了扶残、义诊、慰问、宣传咨询、文艺演出等活动，到社区发放残疾人用品用具146件（套）、家庭康复器械80件、轮椅18辆，各种宣传材料1万多份，慰问残疾人家庭110户，送去慰问金2万多元。

2007年，成立市残疾人康复服务中心、市聋儿听力语言康复中心、残疾人辅助器具服务中心和首家儿童孤独症康复训练中心。全年完成白内障复明手术1152例，配用助视器38名，培训家长12名，开展盲人定向行走训练29名，培训聋儿66名，培训聋儿家长40名，救助贫困聋儿18名，训练肢残儿童16名，儿童矫治手术19例，社区残疾人康复596名，辅助器具供应1000余件，训练智残儿童25名、孤独症儿童10名。建立残疾人康复训练指导中心，配置40多万元的各类残疾人辅助器具。

2008—2009年，全市有4600余名残疾人得到不同程度的康复。为赛罕区山丹、回民区海西、玉泉区兴隆巷等50个社区残疾人康复站配备价值50万元的各类辅助器具。开展创建白内障无障碍区工作，在白内障复明定点医院赛罕区第二医院为192名贫困白内障患者实施复明手术；通过市听力语言训练中心，对113名聋儿进行听力语言康复训练；通过孤独症儿童训练中心，对33名孤独症儿童进行康复训练。2009年，实施国家彩票公益金康复项目，为100名贫困精神病患者提供免费服药医疗救助，为14名贫困精神病患者提供免费住院医疗救助。

2010年，市残联为自治区精神康复中心和人民路、长和廊等5家社区卫生服务中心捐赠了总价值80余万元的中频式干扰电治疗仪等康复设备。建立市残联残疾儿童康复训练基地，推进聋儿语训和孤独症儿童训练机构的规范化建设，同时加大扶持力度，对聋儿语训、孤独症儿童训练等6家机构给予128万元的康复训练补贴。为123个社区康复站和卫生机构配置残疾人辅助训练器具。按照自治区残联《关于印发贫困残疾儿童抢救性康复项目实施方案及配套实施办法的通知》，重点做好贫困残疾儿童抢救性康复项目，为16名3～6周岁贫困孤独症儿童提供康复训练；为33名6周岁以下的贫困聋儿免费配发助听器，并给予每人2000元的康复训练经费补贴；对5名1～7周岁的贫困聋儿实施人工耳蜗给予每人3.6万元的救助。

2011年，对0～6岁残疾儿童实施抢救性康复工程，对196名智力残疾、视力残疾、听力残疾、肢体残疾儿童（脑瘫）、孤独症儿童提供康复训练和辅助器具救助。通过实施百万贫困白内障患者复明工程等，完成白内障患者复明手术432例；救助贫困精神病患者免费服药、住院135人；为残疾人供应辅助器具1200多件。开展社区康复，培训社区康复协调员1103人。

2012年，在对0～6岁贫困残疾儿童实施抢救性康复工程中，对214名残疾儿童进行康复训练和救助。落实国家残疾儿童康复救助“七彩梦行动计划”，对7名聋儿、20名孤独症儿童进行救助。

2013年，帮助100名低视力、低听力、低智力、脑瘫和孤独症儿童进行康复训练和救助。为84名下肢缺失者装配假肢，帮助43名聋儿、孤独症和脑瘫儿童进行救助训练。对140名和25名贫困精神病患者进行服药救助和住院医疗救助，对15名贫困成年听力残疾人进行了助听器验配发放，对17名贫困智力残疾儿童进行康复训练。按照每人每次5000元和每人每年550元的标准，对150名贫困精神病患者进行一次性免费住院救助和服药救助。为190名贫困白内障患者实施复明手术补贴15万元。同时，投入资金12.7万元，救助了45户因大病致贫致困残疾人家庭。为7个社区卫生中心、残疾人康复站等机构配发了价值100余万元的康复器械。

2014年，投入资金418万元，帮助216名0～6岁低视力、低听力、低智力、脑瘫、孤独症、肢体残疾儿童进行康复训练。投入资金60万元，为肢体残疾人装配大、小腿假肢152例。依托朝聚眼科医院，为176名白内障患者实施复明手术给予补贴10万元。在实施彩票公益金贫困精神病患者住院和服药救助167人的基础上，投入45万元，对120名精神病患者给予一次性住院救助和免费服药救助。投入资金196万元，为12名7～17岁重度听障儿童实施人工耳蜗项目。投入资金200余万元，配发残疾人辅助器具2500件。投入资金60万元，新建托克托县、清水河县和武川县3个县级残疾人康复中心。投入资金55万元，改善兴隆巷等11个康复示范社区功能。

2015年，实施国家、自治区“七彩梦行动计划”、彩票公益金、自治区抢救性工程，对289名0～6岁低听力、低智力、低视力、脑瘫、孤独症贫困儿童进行康复训练和救助。实施白内障复明手术项目125人，完成彩票公益金成人助听器项目15名验配任务和165名贫困精神病患者的住院救助、免费服药工作。对70名贫困重度精神病患者给予一次性住院救助。开展社区康复协调员培训130人。全市发放各类残疾人辅助器具2000多件。

二、残疾人教育、就业

1989年，市残联成立后，为切实解决全市残疾人受教育难问题，先后成立新城区、玉泉区培智学校，回民区、土默特左旗特殊教育学校，对符合接受教育条件的适龄残疾儿童，做到应收尽收。

1993年，市特教学校教师韩铁成带领盲童创作盲童意念画展，属世界首创，达到国际先进水平，其作品获巴黎国际金奖。1994年，原市盲聋哑协会副主席（盲人）阿拉坦仓发明创作的蒙盲文教材，经专家评估论证，是世界继汉、英、日、阿拉伯盲文教材之后的第五种盲文教材，获市科技进步二等奖。

1998年5月，《呼和浩特市按比例安排残疾人就业实施办法》出台，按比例安排残疾人就业。同年，市残疾人劳动服务中心启动运营。

2001年4月，市残联与市财政局、市地税局联合印发《呼和浩特市残疾人就业保障金税务征缴实施办法》，规范残疾人就业保障金收支及管理。8月，市政府印发《关于加强对残疾人专用机动车临时营运管理的通知》，198名持交通安全知识合格证、残联制作的临时营运证和标明身份卡片的残疾人开始从事机动三轮车营运工作。2002年，市残联会同市交警支队举办残疾人专用机动车驾驶员安全教育培训班，为

183 名残疾人办理临时运营手续，同时对农村残疾人进行实用技术培训。

2003 年，市政府市长办公会议决定停止残疾人专用机动车从事运营活动，对从事机动三轮车营运的残疾人给予岗位补贴、车辆赎买、纳入低保、由市四区安置就业四项措施，拟在适当时机取缔。全年共安排 759 名残疾人就业。

2006 年，投入 28.8 万元，资助贫困残疾（家庭）大中小学生 212 名。全市新安置 563 名残疾人就业。2007 年，安置残疾人就业 1380 名。

2008 年，投入资金 21 万元，资助 150 名残疾人大学生和高中生。2008 年，新安置残疾人就业 646 名，其中市本级安置 155 名。对全市 970 名残疾人进行电脑、手工编织等职业技能培训，其中市本级培训残疾人 303 名。为稳定就业，增强残疾人抵御意外风险能力，市残联与中国人民财产保险公司合作，率先在自治区开展残疾人意外伤害保险试点工作，为福利企业、托养服务机构的 86 名残疾人缴纳意外伤害保险费 9890 元。

2009 年，对全市 107 名贫困残疾人（家庭）大学生给予每人 1500 ~ 2000 元资助；对 84 名残疾人高中生给予每人 1000 元的资助；对 64 名义务教育阶段的残疾人中小学生给予平均每人 625 元的资助；对 55 名在内蒙古电大继续学习的残疾人大学生在自治区残联资助的基础上，给予平均每人 1000 元的差额补贴资助。2009 年，有 30 名残疾人被中央广播电视大学（简称中央电大）残疾人教育内蒙古学院录取。

2010 年，全年投入近 40 万元，资助往届残疾大中专学生 83 名、高中生 15 名、新考入的残疾大学生 50 名、中央电大内蒙古残疾人教育学院学习的电大学生 114 名。落实“巴萨项目”，为市特教学校、武川县特教学校捐助了 60 多万元的多媒体教学设备。实施“通向明天——交通银行残疾青少年助学计划”，为 65 名贫困残疾高中生每人发放 1000 元的助学款。全年共培训残疾人 1857 人，新安置残疾人就业 611 名。有 8 名残疾大学生通过事业单位招考就业。

2011 年，举办残疾人就业洽谈会，40 多家企业提供了计算机、雕刻、缝纫等 48 个用工岗位，164 名残疾人现场达成求职意向。2012 年，加大对贫困残疾学生的救助力度，对 550 名残疾大中专学生和高中生进行资助，直至毕业。为考取中央电大残疾人教育内蒙古学院的残疾人给予每人每年 1000 元的补贴。全市新增残疾人就业 821 人，3345 名残疾人得到职业技能和实用技术培训。

2013 年，投入资金 45.55 万元，对 157 名残疾大学生、88 名残疾家庭大学生进行资助。资助 49 名残疾学生免费就读电大。推荐 2 名残疾人参加清华大学举办的“残疾人企业家培训班”并结业。在自治区残联的支持下，华夏出版社在培训的基础上为全市 6 所特殊教育学校捐赠价值 1824 万元的特教用书 6000 多册。

2014 年，投入资金 63.35 万元，资助 407 名残疾人。投入 4.23 万元与自治区残联共同资助41名残疾人“零学费”就读中央电大残疾人教育内蒙古学院。年内，城镇新安置残疾人就业800人。投入资金48.3万元，对6家超比例安置残疾人就业的福利企业给予就业奖励。投入资金152.9万元，开展残疾人种养殖实用技术培训1500人，举办职业礼仪、计算机、盲人定向行走培训、雇主培训等职业技能培训1112人，举办基层残疾人工作者培训1021人。同时，依托中国残疾人远程培训网络平台，累计对131名基层残疾人就业指导员开展培训，至2014年末，结业52人。组织21人参加全国盲人医疗按摩考试，并对29名盲人开展继续教育培训。投入资金100万元，新建10个农村残疾人就业扶贫基地，辐射带动近200名残疾人就业脱贫。

2015年，开展对未入学适龄残疾儿童少年的调查、登记和统计，并按照每招收一名残疾儿童每年补贴1000元的标准，对招收残疾儿童的学前教育机构给予补贴32万元。做好残疾人及残疾家庭大学生的资助工作，投入资金31.35万元，资助应往届残疾大学生183人次，其中，2015年新入学残疾大学生38人。资助43名残疾人学员“零学费”就读中央电大残疾人教育内蒙古学院。实现城镇新增残疾人就业705名，完成600名任务的118%。开展残疾人互联网、汽车驾驶、雇主培训等职业技能培训1428人；开展农村种植养殖实用技术培训1500人、基层残疾人工作者培训1000人。投入资金28万元，对37家盲人按摩机构进行扶持；组织16名盲人参加全国盲人医疗按摩考试。投入补贴资金40万元，新建4个残疾人就业扶贫基地。

三、残疾人社会保障

1991年，残疾人扶贫工作被纳入全市扶贫工作中。1998年11月，市残联与市扶贫办等5家单位联合制定《呼和浩特市残疾人扶贫攻坚实施方案》，加大扶贫经费的投入，自治区和市两级残联先后为土默特左旗、和林格尔县、清水河县、武川县发放残疾人康复扶贫贷款。至1998年，市残联先后为土默特左旗、武川县、和林格尔县、清水河县争取残疾人康复扶贫项目5个，争取康复扶贫资金220万元，采取公司加农户的模式，解决683户、700多名残疾人的贫困问题。同时，各级残联多措并举，开展“一助一”“科技扶贫”等多种方式，助力残疾人脱贫解困，全市1.8万余名贫困残疾人实现脱贫解困，部分贫困残疾人走上致富之路。

2000年，市政府印发《关于对残疾人实行“十优”“十免”的通告》，提高残疾人参与社会生活的能力。2002年，市政府印发《呼和浩特市残疾人保障规定》。同年，市残联与自治区残联制定市、区共建方案，选择新城区长海、回民区海西、玉泉区小南街、赛罕区中专路4个社区为试点，配备专职残协主席，拨付经费，为社区残疾人建档立卡。全市各级残联筹资近20万元对1400户特困残疾人家庭给予补助，将1120户贫困残疾人纳入低保，助残日全市共慰问特困残疾人108户，发放现金2000余元，捐赠衣物近300件，面粉2000千克，发放4600元的药品。旗县（区）

残联筹资 8000 元，资助贫困残疾中小学生 30 名。为 881 名残疾人办理了残疾人证，为 825 名残疾人办理免费乘车证。筹资 10.8 万元，资助 14 名特困残疾（家庭）大学生和 30 名中小学生。至 2002 年末，全市有贫困残疾人 12092 人。

2003 年，市残联扶持贫困残疾人 3100 人，解决温饱 2542 人，有 6417 名贫困残疾人享受有关优惠政策，有 38 个单位 305 人与残疾人家庭结成帮扶对子，帮扶物资折款 3 万余元。市残联投资 4 万元帮助清水河县井儿沟村残疾村民改造水源，对武川县陆合营村残疾人进行专项扶贫。

2004 年，市残联对全市 1634 户贫困残疾人进行走访慰问，发放款、物 18.6 万元，将 2284 名贫困残疾人纳入低保。在试点社区建立残疾人无障碍设施，成立 90 个助残志愿者联络站，组织 200 多人的助残志愿者队伍。

2005 年，减免企事业单位及各类经济组织按比例安排残疾人年检费、就业证费，为 60 名残疾人自强模范、优秀残疾人工作者、残疾人代表进行体检。严格规范办理残疾人证的审批程序，全市共办理残疾人证 1454 本，办理残疾人免费乘车证 2352 本。

2006 年，根据市残联与劳动和社会保障局联合印发的《关于本市城镇残疾人失业登记有关问题的通知》，开展残疾人失业登记试点工作，全年对 792 名残疾人进行失业登记。同年，4 月 1 日至 5 月 31 日，按照全国统一的调查方案，在赛罕区、土默特左旗、和林格尔县 3 个样本旗县（区）的 24 个调查小区组织实施第二次全国残疾人抽样调查，共调查 3441 户、10596 人。调查入户率、疑似残疾人检查率均达 100%，见面率 86.8%。根据调查结果，呼和浩特市残疾人有 16.49 万人，占全市总人口的 6.39%。其中，视力残疾人 2.29 万人，占残疾人总数的 13.89%；听力残疾人 2.89 万人，占残疾人总数的 17.53%；言语残疾人 0.32 万人，占残疾人总数的 1.94%；肢体残疾人 6.38 万人，占残疾人总数的 38.68%；智力残疾人 1.28 万人，占残疾人总数的 7.74%；精神残疾人 1.47 万人，占残疾人总数的 8.91%；多重残疾人 1.86 万人，占残疾人总数的 11.28%。全年，全市投入社会救助 9.2 万元，教育救助 28.8 万元，康复医疗救助 11.4 万元。为全市 117 名重残、多残的特困残疾人在原有低保的基础上每人每月发放 30 元的补贴。

2007 年，着力推进托克托县农村残疾人加入新型合作医疗试点工作。至年底，有 5161 名残疾人加入新型农村合作医疗，并由政府代缴其中 2235 人的个人缴费部分。投入资金 162.6 万元，扶贫解困 8408 人。为 117 名享有城镇低保的特困残疾人发放每人每月 30 元的补贴。

2008—2009 年，全市有 2.7 万余名残疾人被纳入城乡低保，2.12 万名农村残疾人参加新型农村合作医疗，个人缴费由政府代缴，参合比例达 98% 以上，高于全国和全区的平均水平。市四区 880 多户贫困残疾人迁入廉租住房。3000 多户残疾人低保家庭领到了冬季取暖补贴。为市四区6000多名残疾人办理了免费乘车IC卡；投入21万元，资助了150名残疾大中专学生和高中生。

2010年开始，市残联对特困残疾人家庭发放每家每月100元的生活补贴。市区低保标准提高到每人每月380元，旗县城镇提高到每人每月280元，农村低保提高到每人每年2200元。全市有3.06万名残疾人享受城乡低保，贫困残疾人家庭基本实现应保尽保。农村残疾人新农合实现100%全覆盖。市区所有残疾人低保家庭领到了冬季取暖补贴。为市四区乘坐公交车的残疾人、福利企业残疾职工、阳光家园学员等1万多名残疾人缴纳意外伤害保险。建立智力、精神残疾人阳光家园，全市共托养智力障碍者、精神残疾人和重度残疾人240人。

2011年，全面启动残疾人社会保障工程，补贴资金230万元，为103户农村贫困残疾人实施危房改造，为1000多户贫困残疾人家庭实施无障碍改造，为10553名各类残疾人办理了意外伤害保险，为580人发放2009—2010年机动车燃油补贴，为1000余名贫困、重度残疾人给予“两节”慰问救助。全力实施残疾人托养服务工程，按照城镇每人每年1000元、农村每人每年500元的标准，为1679名贫困和重度残疾人发放居家托养服务补贴。全市3万多名贫困残疾人享受最低生活保障，城乡贫困残疾人应保尽保。为残疾人福利企业扩大再生产贷款贴息进行补贴，对超比例安排残疾人就业福利企业给予补贴奖励，对100名贫困残疾人个体工商户缴纳养老保险、医疗保险给予补贴。

2012年，市委、市政府办公厅印发《呼和浩特市贯彻落实〈中国农村扶贫开发纲要（2011—2020年）的实施意见重要政策措施分工方案〉》，将残疾人家庭危房改造、两项制度衔接、扶贫贷款贴息等纳入其中。全市共扶持4000名残疾人增加收入。玉泉区为15名患大病贫困残疾人发放救助金2.7万元。赛罕区在11个乡镇（街道）分别建立特困残疾人生活救助站，同时按照每户3000～5000元的标准，救助10户遭受意外或患特大病困残疾人，并为中远郊符合条件的特困残疾人实施了危旧房改造。投入61.8万元，为1.07万名免费乘坐公交车残疾人、部分福利企业就业残疾员工和康复机构残疾儿童等缴纳了意外伤害保险。

2013年，为1.31万名重度残疾、多重残疾、一户多残和老残一体贫困残疾人，发放每人每年360元或600元的生活困难补贴。为乘坐公交车的残疾人、福利企业残疾员工和康复训练机构儿童享受到每人一份人身意外伤害保险，为考取汽车驾驶证的肢体残疾人领取每人1000元的驾照补贴。对5670名残疾人开展培训，其中城镇开展残疾人创业实训、电脑、心理学等职业技能培训13期、培训1494人，农村开展残疾人蔬菜、育肥羊、奶牛、马铃薯等实用技术培训40期、培训3000人，基层开展康复员、职业指导师、手语等残疾人工作者培训12期、培训1176人。年内，共安置残疾人就业800人，其中市本级安置残疾人就业161人。制定出台《呼和浩特市残疾人就业扶贫基地建设实施方案》，建立小金瓜、精品马铃薯、果蔬种植和野猪养殖等残疾人扶贫基地10个，发挥示范、培训、扶持一体化功能，辐射、带动200多名残疾人增加收入。

2014年，市残联与住建部门配合，投入资金555.5万元，帮助456户农村贫困残疾人家庭实施危旧房改造。投入资金152.5万元，帮助886户贫困残疾人家庭实施无障碍改造。实施“阳光家园计划”，建立重度残疾人护理补贴制度，每年投入资金832.9万元，为1.67万名一级、二级重度残疾人发放每人500元的重度残疾人护理补贴。投入资金270万元，对4500名处于就业年龄段的智力障碍者、精神残疾人和重度残疾人提供居家托养补贴。投入资金140万元，新建回民区金元社区等15个残疾人温馨家园，开展日间照料、康复、托养和文化体育服务。坚持资源共享，投入资金100万元，依托内蒙古自治区第三医院康复中心的“阳光家园”，对35名智力障碍者、100名精神残疾人开展托养服务。

2015年，为1682名残疾人机动轮椅车车主发放每人每年260元的燃油补贴。为1.1万余名残疾人办理免费乘坐公交车IC卡。11月，呼和浩特市残疾人托养康复就业综合服务中心建设项目奠基，建筑总用地面积1.02万平方米，总建筑面积1.76万平方米，包括康复中心、托养服务中心、就业培训中心和文体活动中心等各项功能用房及配套设施建设，总投资7528.56万元，全部为财政拨款，争取到国家发展和改革委员会安排的专项建设资金1000万元。年内，托克托县、土默特左旗被住房和城乡建设部、工业和信息化部、民政部、中国残联和全国老龄办授予“全国无障碍建设县”称号。

四、赛事活动

1987年6月，在乌兰察布盟集宁市举行的自治区第四届伤残人运动会上，呼和浩特市运动员参加田径和乒乓球项目比赛。

1991年10月，在呼和浩特市举行的自治区第五届伤残人运动会上，呼和浩特市代表队获田径赛第二名。1995年，在香港举行的第二十届特殊奥运会城市邀请赛上，呼和浩特市年仅12岁的邓绍勇夺得200米金牌。

2002年，市残联选派4名队员参加全国盲人按摩技能大赛，获得团体第二名。2003年9月，组织残联系统观摩团参加在江苏南京市举行的“第六届全国残疾人特奥会”。

2004年，市残联选拔29名残疾人运动员和8名教练员组成呼和浩特市残疾人体育代表团，参加自治区第二届残运会暨自治区第一届特奥会，获得残运会团体总分第三名，特奥会团体总分第三名，取得18枚金牌、5枚银牌、2枚铜牌的好成绩。

2007年7月，市残联选拔残疾人运动员、教练员组成呼和浩特市残疾人体育代表团，参加自治区第三届残运会暨自治区第二届特奥会，获“体育道德风尚奖”。9月，市残联、市劳动和社会保障局联合举办呼和浩特市首届残疾人职业技能竞赛。竞赛设盲人按摩、海报设计、服装裁剪、钩针编织4个项目，全市各旗县（区）代表团32名选手参加比赛。盲人院铁、肢体残疾人刘新宝、刘春雨和任梨女分获4个项目的冠军；武川县代表队获团体第一名，新城区等5支代表队获组织奖。32名参赛选手中，有11人获得由劳动部门颁发的高级职业资格证书、14人获得中级职业资格证书。

2009年，为纪念市残联成立20周年，举办全市首届残疾人文艺汇演，赛罕区残联等8家单位选送38名选手，表演模仿秀、舞蹈、笛子独奏等18个节目，视力残疾人徐茂国演奏的排箫独奏《家乡》，获全国第七届残疾人文艺汇演三等奖。举办全市优秀残疾人运动员选拔赛，对148名各类运动员分8大项19小项进行选拔，从中选出了一批年轻、优秀、有潜能的残疾人运动员。6月，全国残疾人举重锦标赛在呼和浩特体育馆举行，呼和浩特市运动员乌兰夺得女子组67.5公斤级铜牌。

2010年9月，全国第五届特殊奥林匹克运动会在福建省福州市举行。呼和浩特市选拔9名特奥运动员代表自治区参加了乒乓球和滚球比赛。在比赛中，呼和浩特市运动员王超等9名特奥运动员发扬顽强拼搏、自强不息的精神，共夺得4枚金牌、3枚银牌、5枚铜牌。组队参加在巴彦淖尔市举行的自治区第三届残疾人职业技能竞赛，获得团体第二名。选送138件作品参加自治区残疾人书法绘画和工艺品展，肢体残疾人唐小琪还由自治区残联选送赴上海世博会“生命阳光馆”展示才艺和作品。

2011年，举办呼和浩特市第二届残疾人职业技能竞赛，11支代表队的158名残疾人选手参加了计算机、工艺美术、手工制作等6大类23个竞赛项目的比赛，产生个人单项第一名17人。举办全市第四届残疾人运动会，11支代表队的275名残疾人运动员参加了田径、举重等7个大项133个小项的比赛，共产生116枚金牌、67枚银牌和52枚铜牌。举办特奥残疾人乒乓球、滚球联谊赛，来自太平街培智学校、阳光家园的40多名特奥运动员参加了比赛。参加自治区第四届残疾人运动会，获18枚金牌、7枚银牌、8枚铜牌，取得团体总分第五名的成绩。市残联被中国残联、国家体育总局授予2007—2010年全国残疾人体育工作先进集体。

2013年，开展全国残疾人文化体育建设示范市创建工作，市政府办公厅印发《呼和浩特市创建全国残疾人文化体育建设示范市（区）实施方案》，建成3个市级、10个旗县（区）级残疾人文化体育建设示范点，新城区西落凤社区温馨家园被中国残联命名为“全国残疾人自强健身示范点”。举办全市第二届残疾人书法绘画摄影手工艺品展览，共展出各类作品227件。

2014年，组队参加自治区第四届残疾人职业技能竞赛，获得团体第一名，其中，杨丽萍等4人获得剪纸、盲人按摩、刺绣、家具制作一等奖，李瑞平等2人获得自治区“五四青年”奖章，薛爱桃等2人获“巾帼建功”标兵称号，杨丽萍等3人同时获得自治区“五一劳动奖章”。投入资金30万元，建立呼和浩特市特教学校、武川特教学校残疾人文化体育创业基地、呼和浩特市体育馆残疾人羽毛球训练基地。同时，在各旗县（区）新建18个残疾人文化体育示范点。组队参加自治区残疾人田径运动会暨第九届全国残疾人运动会选拔赛，获团体第三名。

2015年，呼和浩特市残疾人选手邢瑞庭在全国第五届残疾人职业技能竞赛中，获家具制作三等奖。举办呼和浩特市第五届残疾人运动会，265名残疾人运动员参加了田径、羽毛球等7个大项114个小项的比赛。选拔13名优秀运动员参加全国第九届残疾人运动会和全国第六届特奥会，并在特奥会上获得2金2银3铜的好成绩。

五、残疾人维权

1998年9月，组织联络部负责残疾人维权保障工作。2000年，为加强残疾人维权保障工作力度，建立理事长信访接待日，设立信访办公室，配备专人负责信访工作。

2001—2005年，接待残疾人来信来访512人次，办结497件，办结率达97.07%。2006年，启动残疾人法律援助工作，各旗县（区）均成立残疾人法律援助残联工作站。全年接待涉及困难申请、法律援助、就业、就医等来信来访93人次，提供法律援助7人次。

2010年3月1日,呼和浩特市第一部保障残疾人合法权益的综合性地方法规——《呼和浩特市残疾人保障条例》颁布施行。

2012年，依托市法律援助中心，办理残疾人法律救助案件8件，协调解决残疾人在生活困难、劳动就业、康复教育、交通意外事故等方面的问题，为残疾人挽回经济损失2.5万元。

2015年，开展法律咨询和法律服务“进家门”活动。全年受理人身损害赔偿、劳动争议等残疾人法律援助案件17件,结案7件。全市残疾人网络信访平台建成开通。

第八章　红十字会

第一节　代表大会

一、呼和浩特市红十字会恢复大会

1987年8月18日，呼和浩特市红十字会恢复大会召开。大会提出呼和浩特市红十字会重点工作是贯彻落实国家卫生、教育和社会福利工作的方针政策，开展宣传、卫生救护训练、社会服务救助、青少年活动等活动，发展乡镇、街道办事处以及教育、卫生、民政等系统的基层组织。大会聘请云治安为名誉会长，选举巴图苏和为会长，伊光瑞、阿荣、王士廉、杨月高为副会长，伊光瑞为秘书长。1989 年 3 月，理事会补选却金扎布任会长。

二、呼和浩特市红十字会第一届会员代表大会

1991 年 5 月 23 日，呼和浩特市红十字会第一届会员代表大会召开。出席会议代表 105 人。大会审议通过呼和浩特市红十字会会长却金扎布所作的《群策群力、团结奋进，全面开创我市红十字事业新局面》工作报告、《呼和浩特市红十字会 1991—1995 年工作规划》。自治区红十字会会长云曙碧出席并讲话，市委书记、市长贾才发表大会贺词。大会选举产生第一届理事会理事 59 人，常务理事 17 人。聘请云治安、杨秉祺、罗振东为名誉会长，选举却金扎布为会长，马梦仙为秘书长。

三、呼和浩特市红十字会第二届会员代表大会

1995 年 5 月 20 日，呼和浩特市红十字会第二届会员代表大会召开。出席会议代表 161 人。会议审议通过呼和浩特市红十字会第一届理事会所作的《艰苦奋斗、再接再厉，全面贯彻落实〈中华人民共和国红十字会法〉，为开创呼市红十字工作的新局面而努力》工作报告、《呼和浩特市红十字会 1995—1999 年工作规划提要》。大会表彰 1991—1994 年度红十字先进集体和先进会员、志愿工作者。选举呼和浩特市红十字会第二届理事会理事 69 人、常务理事 9 人。聘请云治安为顾问，张国民为名誉会长，奇英成、罗振东、王士廉为名誉副会长。选举云秀梅为红十字会会长，斯琴卦为常务副会长，云艺军、李志明、李喜忠、荣板晓、赵振山为副会长，马梦仙为专职副会长兼秘书长。

四、呼和浩特市红十字会第三届会员代表大会

2002 年 3 月 11—12 日，呼和浩特市红十字会第三届会员代表大会召开。出席会议代表 165 人。大会审议通过呼和浩特市红十字会第二届理事会所作的《结合实际、抓住重点、依法推进呼和浩特市红十字事业进一步发展》工作报告、《呼和浩特市红十字会 2002—2006 年工作规划提要》。大会对先进集体、先进个人进行表彰奖励。选举呼和浩特市红十字会第三届理事会理事 69 人、常务理事 7 人。聘请柳秀为名誉会长，溪秀珊、彭皓方为名誉副会长。选举刘承恩为会长，鲁剑钧为常务副会长兼秘书长，桂忠、荣板晓、江惠、陈贵山为副会长。

五、呼和浩特市红十字会第四届会员代表大会

2009 年 12 月 24 日，呼和浩特市红十字会第四届会员代表大会召开。出席会议代表 175 人。大会审议通过呼和浩特市红十字会第三届理事会所作的《落实科学发展观，创新人道品牌，努力推动首府红十字事业再上新台阶》工作报告、《呼和浩特市红十字会 2010 年—2014 年发展规划》。大会选举呼和浩特市红十字会第四届理事会理事 89 人、常务理事会 15 人。聘请吴一微等 3 人为名誉会长，杨飞云、李岳清、刘菊茹、彭皓方为名誉副会长，刘承恩为顾问。选举鲁剑钧为会长兼常务副会长，李琴为专职副会长，浩斯巴雅尔为秘书长，张振民、史荣恩、白永和、王国华、付东海、李建康、李朝阳、杨志云、武成义、韩丽等为副会长。

六、呼和浩特市红十字会第五届会员代表大会

2015 年 10 月 13 日，呼和浩特市红十字会第五届会员代表大会召开。出席会议代表 171 人。大会审议通过呼和浩特市红十字会第四届理事会所作的《开拓创新，依法治会，推进首府红十字事业持续健康发展》工作报告、《呼和浩特市红十字会 2015—2019 年工作规划》。大会选举呼和浩特市红十字会第五届理事会理事 83 人、常务理事会 10 人。聘请付东海为名誉副会长，选举鲁剑钧为会长，李琴为专职副会长，浩斯巴雅尔为秘书长，刘月平、金满义、柏俊、武成义、李朝阳为副会长。

第二节　组织机构

1987 年 6 月 17 日，市政府批复市卫生局《关于恢复呼和浩特市红十字会报告的通知》，同意恢复市红十字会，由市卫生局负责恢复筹备工作。同年 8 月 12 日，市机构编制委员会办公室印发《关于市红十字会办公室人员编制的批复》，核定市红十字会办公室为科级事业单位，由市卫生局代管。8 月 18 日，召开市红十字会恢复大会，成立组织领导机构。各旗县（区）组织筹备恢复、成立红十字会。

1995 年 8 月，市编办印发《关于呼和浩特市红十字会机构等问题的批复》，核定市红十字会机构规格为副处级，内设综合办公室、救护培训部。

1997 年 11 月，市编办印发《关于市卫生局所属事业单位“五定”方案的批复》，核定市红十字会为市卫生局所属事业单位，内设办公室、救护培训部。

2000 年 12 月，市红十字会从市卫生局分离单设，为市政府直属事业单位。2002 年 3 月，市编办印发《呼和浩特市红十字会机关机构改革方案》，核定市红十字会内设办公室、业务科。

2005 年 4 月，市红十字会增设组织宣传科。2006 年，市红十字会成立以艾滋病感染者和志愿者为主的社会组织“向日葵爱心家园”。

2007 年，全市 9 个旗县（区）红十字会全部理顺管理体制，实现与卫生行政部门分管，机构单独设立。2008 年 6 月，市红十字会组织宣传科更名为宣传与筹资科。

截至 2015 年，市红十字会内设办公室、业务科、宣传与筹资科。所属新城区（市府驻地）、玉泉区、回民区、赛罕区、土默特左旗、托克托县、和林格尔县、清水河县、武川县全部成立红十字会，机构单设。

第三节　开展活动

一、募捐筹资

（一）区内救灾募捐

1989年11月2日，市红十字会向全市中小学校红十字会发出通知，为乌兰察布盟察哈尔右翼后旗、商都县等3个旗县农作物减产灾区（旱灾）捐款、捐粮票、捐衣物。同年12月，市红十字会救灾慰问小组向乌兰察布盟（旱）灾区捐款3464.92元、粮票6143千克、衣物1644件。

1995年7月，和林格尔县、托克托县、土默特左旗等旗县遭受洪灾。市红十字会共募集10万余元款物分批送往灾区。1996年5月3日，包头市发生6.4级强烈地震，市红十字会向包头市红十字会捐款1万元。1998年7月入汛后，呼和浩特地区连降暴雨，部分旗县受灾，毁坏房屋2770间，受灾人口39.5万人。市红十字会发出为灾区捐资的紧急通知，向土默特左旗、托克托县等旗县（区）发放价值2.35万元的面粉。自治区红十字会紧急调拨价值10万多元的物资以及棉衣棉被700多包，支援救灾。同年8月，新城区红十字会举办赈灾义演，共募捐款物、药品价值3.4万元，支援自治区东部灾区。

2003年，呼和浩特市"非典"疫情发生后，市红十字会成立抗击"非典"领导小组，开通捐赠热线，公布募捐账号。至7月31日，共接收捐赠款物折合166.3万元，及时发放到抗击"非典"一线的单位与医护人员手中，市审计局对捐赠款物进行全程跟踪审计。同年10月，向和林格尔县红十字会捐赠10万元，用于遭受自然灾害的困难群众的生活救助。

2008年，市红十字会根据受灾情况，为土默特左旗、托克托县、清水河县、武川县灾区投入款物价值9.49万元，用于灾民救助。2009年10月23日，在市党政办公大楼北门前举行"呼和浩特市红十字会2009年博爱真情暖灾民救助款物发放仪式"，发放款物价值72.24万元，使9个旗县（区）灾民得到不同程度救助。

2010年5—6月，市属部分旗县遭受不同程度的冰雹、洪涝、干旱等灾害。同年8月，市红十字会与土默特左旗、武川县红十字会为受灾群众发放救灾款物价值43.67万元，使78户房屋倒塌的村民得到救助。

2012年7月27日，巴彦淖尔市全境持续普降大到暴雨，呼和浩特市各级红十字会向灾区捐款47万元。同年11月15日，巴彦淖尔市、锡林郭勒盟、乌兰察布市、赤峰市遭遇雪灾，大批牲畜死亡，近300间房屋受损，1.5万人受灾。呼和浩特市红十字会响应自治区红十字会的号召，组织全市红十字会为灾区捐款41万元。

（二）区外救灾募捐

1989 年 10 月 19 日，山西省雁北地区发生地震，市红十字会发出募捐倡议。1998 年 8 月，长江流域和东北三江流域遭遇百年不遇特大洪灾，募捐善款 2.93 万元，衣物 1380 件支援灾区。

2005 年，市红十字会为印度洋发生强烈地震引发海啸的灾区难民开展社会募捐活动，累计捐款 61.01 万元。2008 年 5 月 12 日，四川省汶川特大地震发生后，市红十字会捐赠款物折合 2902.84 万元，并派专人赴灾区定向捐赠。2009 年 8 月，为台湾莫拉克台风灾区募捐。

2010 年 4 月 14 日，青海省玉树县发生地震后，市红十字会募集捐赠款物 686.91 万元。8 月，开展为甘肃省舟曲特大山洪泥石流灾害募捐活动，共募捐 17.05 万元。同年，按照自治区红十字会和市委、市政府办公厅要求，在全市开展向云南等旱灾地区捐款活动，共募集资金 273.82 万元。

2013 年 4 月 21 日至 6 月 7 日，市红十字会为四川省雅安地震开展专项募捐，与市美术家协会、内蒙古福瑞吉图文化传媒有限公司联合举行“为雅安地震灾区美术作品大型赈灾义卖”活动，共接收救灾资金 162.4 万元。2015 年，为云南鲁甸地震捐款 15.75 万元。

（三）博爱送万家

1999 年开始，市红十字会开展“红十字博爱送万家”活动。截至 2015 年，共组织大型博爱送万家活动 15 次，筹集款物 2403.6 万元，对 13 万户困难群众实施救助。其中，2015 年筹集投入善款 491 万元，对 1.08 万户以六类特殊困难人群为主的贫困家庭实施救助。

（四）博爱一日捐

2007 年 4 月，市委、市政府办公厅联合印发《关于开展“博爱一日捐”募捐活动的通知》。当年，全市红十字会系统接收“博爱一日捐”捐款 241.7 万元。2008 年 4 月，市委办公厅、市政府办公厅印发《呼和浩特市“博爱一日捐”募捐活动长效工作机制实施方案的通知》。截至 2015 年，市红十字会收到“博爱一日捐”捐款累计 9547.1 万元。

二、社会救助

（一）博爱助学

1996 年，呼和浩特市第二中学红十字会启动实施“一分钱爱心助学基金”，累计捐款 15.78 万元，救助贫困学生 73 名，发放救助金 12.93 万元。

1998 年夏，特大洪水使土默特左旗塔布赛乡雨施格气小学教室根基下沉，横梁裂缝。自治区、市两级红十字会筹资 20 万元新建小学。1999 年 11 月投入使用，解决 3 个自然村、300 余名儿童的上学问题。

2004—2013 年，先后实施“新华财经助学项目”“朝阳助学”“651 助学”“博爱助学”“贺广忠助学”“爱心 1+N 助学”“心系学子 真情回馈方正助学”“惠丰公司金秋助学”“云曙碧公益事业基金助学”等项目。救助对象分别为小学生、中学生、大学生。呼和浩特市“两免一补”政策实行后，助学的主要对象转为高中和考上大学的贫困家庭学生。市、旗县（区）两级红十字会总计投入救助款项 880.3 万元，对 2000 余名贫困学生进行救助。

2013 年，市红十字会启动“博爱寸草心”助学项目。助学项目由蒙草公司总经理王昭明个人出资，市红十字会组织实施，专门救助单亲留守儿童。截至 2015 年，累计捐赠 665.17 万元，1072 名儿童受助。“博爱助学”活动投入资金 513 万元，救助贫困学生 1509 名。

（二）博爱助医

2003—2011 年，市红十字会 4 次实施加拿大红十字会援助白内障复明扶贫项目，投入资金 80.19 万元，为呼和浩特地区 600 名贫困白内障患者实施免费手术。2012 年，市红十字会启动“博爱紧急救助金”项目，发放救助金 15.6 万元，救助贫困尿毒症患者 52 人。

2013—2014 年，市红十字会争取到自治区红十字会的“红十字光明行”白内障复明手术救助项目，自治区、市及各旗县（区）共筹集善款 54 万元，对 300 名白内障患者实施手术。实施红基会小天使和天使阳光基金项目。其中，小天使基金年内救助 14 岁以下贫困白血病儿童 14 名、救助儿童 31 名，阳光天使基金年内救助先心病儿童 4 名、救助儿童 9 名。

2015 年，市红十字会争取“迎大庆——光彩老牛光明行”项目，完成贫困白内障患者复明手术 621 例。截至 2015 年，“博爱紧急救助金”项目累计发放救助款 48.6 万元，救助贫困尿毒症患者 162 人。累计发放救助款 48.6 万元，救助贫困尿毒症患者 162 人。累计救助先心病儿童 10 名。连续 5 年投入白内障复明手术资金 515 万元，使 1520 例白内障患者恢复光明。

（三）博爱扶贫

2007 年，市红十字会根据自治区红十字会《关于参与“新农合”试点工作调研的通知》要求，结合全市新型农村合作医疗工作实际，决定在玉泉区、赛罕区、土默特左旗、清水河县、武川县的部分贫困乡村解决农村合作医疗参合费。投入 14.5 万元参与新农村合作医疗建设，为 3000 名贫困农民缴纳参合费，实施大病救助。

2008 年，市红十字会印发《农村特困群众高额医疗费救助管理办法的通知》。同年，香港九龙乐善堂为清水河县北堡乡捐建“博爱水窖”，捐款 30 万元为缺水村修建60眼自流引水水窖，解决4个自然村108户、439人，3500头只牲畜饮水困难问题。2009年，下拨旗县（区）红十字会救助金5.50万元。

2011年，呼和浩特市成为中国红十字会总会“魔豆爱心工程”公益项目城市，当年，资助14名贫困母亲网上开店创业。投资20.5万元的和林格尔县黑老窑乡博爱饮水工程竣工，解决2个自然村118户、343人，1300只牲畜的饮水困难问题。投入96万元，完成武川县土城梁饮水项目。投资7.5万元，建立和林格尔县大红城、托克托县五申镇博爱卫生站。

2012年，市红十字会投入救助款物1546.17万元，对48813名贫困对象实施救助。在清水河县韭菜庄乡北圪洞村实施博爱水窖工程，修建博爱水窖76眼，解决该村61户、215人，1520头（只）牲畜的饮水问题。

2013年，红十字会实施“老牛基金会打井”项目，投入资金30万元，为托克托县合同营村打机井1眼。争取挪威红十字会援助和林格尔县盛乐镇喇嘛湾建制村防震减灾项目，投入资金134.48万元，其中挪威红十字会援助74.48万元、市县两级红十字会配套60万元。项目援建逃生桥1座，为村民新建卫生厕所163个，平整和改善河床两岸农田33.33公顷，提高740户村民生产生活质量和防灾避险能力。

2014年，市红十字会争取中国红十字会基金会项目，投入18.09万元，援建土默特左旗陶思浩乡白只户村建博爱卫生站。博爱卫生站设置诊疗室、药房、处置室等，解决白只户村及周边5个建制村约6000余人看病问题。至2014年末，市红十字会资助和林格尔县、武川县、托克托县、清水河县、土默特左旗完成“博爱饮水工程”“博爱卫生站”和自治区红十字会“博爱家园”项目。

2015年，自治区、呼和浩特市、武川县三级红十字会投入资金50万元，实施武川县耗赖山乡圪顶盖村日光温室食用菌大棚项目，80余名贫困人口受益。

三、生命工程

（一）救护培训

1988年10月3—15日，市红十字会、市教育局在市口腔医院举办首期全市中学急救保健康培训班。

1991年，市红十字会与市公安局、卫生局、交通局联合印发《关于在机动车辆驾驶员中开展初级卫生救护训练的通知》，制定呼和浩特地区机动车辆驾驶员初级卫生救护训练方案，由市红十字会牵头，会同公安局、卫生局、交通局及有关部门成立呼和浩特市交警驾驶员卫生救护网建领导小组。同年11月开始，呼和浩特地区各车属单位机动车驾驶员全部接受卫生救护训练。在训练的同时建立行业红十字会，设置城乡主干道路救护网点。至1992年10月，全市培训驾驶员1.8万余人。

2003—2005年，在香港特区红十字会的资助下，组织实施备灾防灾卫生救护培训推广项目，深入农村、学校开展宣传普及活动，共培训农民、中小学生5400人。2005年8月，市红十字会举办彩票公益金项目呼和浩特市红十字会第一期救护师资培训班，并参加中国红十字会和自治区红十字会举办的师资培训班。

2008年后，每年在纪念世界红十字日和防灾减灾日期间举办应急救护演练与应急救护比武活动。

2010年4月，市红十字会在市委党校举办全市科级干部初级救护知识培训班，市直单位及旗县（区）100余名科级干部学习自救与互救技术。同年，由老牛基金会捐赠、中国红十字会总会训练中心承办的“老牛生命学堂——自救互救进校园教育计划”全国启动仪式暨“老牛生命学堂第一堂课”在呼和浩特市土默特学校举行。

截至2015年，全市有卫生救护培训师150名，培训救护员11万人次，开展普及性卫生救护知识培训累计52.18万人次。

（二）无偿献血

1993年，市红十字会印发《关于组织好“无偿献血周”活动的安排意见》，要求全市卫生系统医务人员及政府各级干部带头无偿献血。1994—1998年，呼和浩特市红十字会每年组织开展纪念“5·8”世界红十字日暨无偿献血宣传周活动。组织旗县（区）红十字会、市直基层组织参加中国红十字举办的“达纳康杯”无偿献血知识竞赛。《中华人民共和国献血法》颁布实施后，市红十字会还组织团体会员单位、基层组织开展宣传活动。1998年，成立公民献血领导小组。

2001年，市红十字会承担公民献血领导小组的日常工作。2002年后，全市临床用血基本来自无偿献血。2004年，全市无偿献血比例达89.68%。

2007年初，市红十字会印发《关于印发呼和浩特市地区无偿献血的通知》，协调各献血单位适时安排献血，保证临床用血安全。2008年后，每年纪念“5·8”世界红十字日和纪念“6·14”世界献血者日期间，开展无偿献血宣传活动。截至2015年，全市设立献血屋、献血点5个，建立健全了献血屋设置固定血样采集点工作制度。

（三）造血干细胞捐献

2004年3月，市红十字会成立捐献造血干细胞服务中心。在中国造血干细胞捐献者资料库内蒙古分库的指导与支持下，开展捐献造血干细胞宣传、动员、血样采集、邮寄及供者服务等工作。2007年9月，市红十字会与市委宣传部、市直属机关党工委、市文明办、团市委、市总工会、市卫生局联合印发《关于呼和浩特地区招募造血干细胞捐献志愿者的通知》，向中央、自治区驻呼和浩特各单位、市直各单位发出捐献造血干细胞的倡议书，逐步建立较稳定的志愿者队伍。

2008年4月27—28日，市红十字会捐献造血干细胞志愿者吕海霞在北京307医院顺利完成造血干细胞捐献，成为呼和浩特市第1名、内蒙古分库第6名造血干细胞捐献者。

2009年7月17—18日，市红十字会造血干细胞捐献志愿者郭静峰在中国人民解放军海军总医院完成2次采集，成功捐献造血干细胞。

2010年9月，市红十字会得到内蒙古通信管理局的支持，将捐献造血干细胞知识以短信的形式向全市的移动、联通、电信用户发送，并有部分短信覆盖全自治区。

2011年9月，经过协调，市红十字会在乌兰察布路献血屋、海亮献血屋、新华广场献血屋、摩尔城献血屋专门设立造血干细胞血样采集点。改变市红十字会血样采集方式，由定时集中采集转变为工作日均可采集的模式，形成造血干细胞采集工作的常态化。同时在自治区血液中心工作人员中发展志愿工作者。

2014年，成立市红十字会造血干细胞捐献志愿服务队。截至2015年末，呼和浩特市累计有3910名捐献志愿者信息录入中华骨髓库，其中2名志愿者实现捐献。

（四）遗体器官捐献

2002年开始，市红十字会根据志愿捐献遗体工作实际，相继开展遗体捐献的宣传、登记、报名及组织志愿者活动等。2003年，市人大、政协及市卫生局、民政局、园林局、公安局、红十字会联合建议将遗体器官捐献工作列入立法规划，成为自治区最早开展此项工作的地区。

2008年8月，市政府常务会议审议通过《呼和浩特市遗体捐献管理办法》。市红十字会在古林人文纪念园成立呼和浩特市第一家红十字遗体捐献纪念馆。同年，市红十字会遗体器官捐献志愿服务队成立，有志愿者50余人。

2010年11月，呼和浩特市首家遗体捐献登记站、遗体捐献接收站、器官（角膜）接收站分别在内蒙古自治区人民医院、内蒙古医学院附属医院成立。

2011年7月，卫生部和中国红十字会总会批准内蒙古自治区为开展心脏死亡人体器官捐献工作试点地区，呼和浩特市成为自治区首批试点市。红十字遗体捐献纪念馆占地面积由50平方米扩大为200平方米。

2015年，呼和浩特朝聚眼科医院红十字眼角膜库投入使用，接受国内外眼角膜捐赠73枚，其中国内捐赠22枚，为患者实施角膜移植复明手术。截至2015年，累计登记志愿者411人，累计实现遗体捐献29人，角膜捐献12人，器官捐献4人。市红十字会连续8年在遗体捐献纪念碑前举行捐献者追思活动，缅怀无偿自愿为医学事业无私奉献的遗体器官捐献者。

（五）应急救援

2005年，市红十字会制定《自然灾害等突发事件应急预案》。2008年5月，市红十字会备灾救灾中心成立。2009年4月，市红十字会印发《关于开展首个防灾减灾日活动的通知》，要求旗县（区）红十字会、市直基层组织、团体会员单位广泛宣传防震减灾知识，提高防灾意识和减灾技能。5 月 7 日，在新华广场举办群众性防震减灾救护演练活动。通过模拟地震灾害现场，9 支救援队伍在应急演练活动领导小组统一指挥下，对灾害现场伤病员进行基础生命支持演练。

2015 年，市红十字会成立公心应急救援志愿服务队，由应急救援、医疗救护、后勤保障小分队组成。修订《呼和浩特市红十字会赈济救援队工作制度》，配备服装、帐篷等基本装备，组织队员进行专业培训和演练活动。为全市 150 名救护培训师资建立完备的师资档案。

四、备灾建设

（一）市本级红十字会备灾救灾仓储中心

2008 年，呼和浩特市红十字会备灾救灾仓储中心开工建设，为集仓储、培训、办公一体的综合楼，建筑面积 3000 平方米，为地上三层建筑结构，项目总投资 7000 万元。2011 年，投入使用。中心一层设有备灾仓库 467 平方米，冷库 116 平方米及专管库；二、三层为办公区域，是市红十字会应急救护知识普及、培训场所，实现智能化、网络化管理。

（二）旗县（区）红十字会备灾库

2010 年 9 月，武川县红十字会投资 23 万元在可可以力更镇购买备灾仓库 1 处，仓储面积 160 平方米。储备备灾物资，培训应急救护员。其他旗县（区）采取租、借、政府划拨等形式分别建立 30 ～ 100 平方米备灾库，从“博爱一日捐”划出一部分资金用于备灾资金。

五、宣传活动

1987 年，市红十字会恢复后，全市各级红十字会分别在社区、农村、学校和公共活动中心建立 10 个人道文化传播点，在呼和浩特市红十字会遗体捐献纪念馆、和林格尔县南山旅游景区分别设立人道文化传播基地。在人道文化传播点、传播基地，结合各设置点的特色，开展红十字宣传活动。每年举办纪念“5・8”世界红十字日暨“5・12”防灾减灾日应急救护技能演练活动。利用网络、广播电视、报刊等媒体，通过设置专栏、主题宣传、活动报道、新闻发言等形式，逐步提高社会知晓率和社会公信力。“向日葵爱心家园”每年通过组织培训班、联谊会、恳谈会等形式的活动，普及防治艾滋病知识，科学认识艾滋病，艾滋病抗病毒治疗相关知识和政策，开展防治艾滋病知识宣传。

2015 年，在中国红十字会、自治区、呼市报纸杂志、网站刊登信息 300 余篇，自治区、市新闻电视报道 80 余次，录制电台专题节目 3 期，国内各大网站刊登、转载市红十字会信息以及微博、微信发布 1000 余次。《最后一次党费》《孩子别哭，我们都是你的妈妈》《温暖 2015，我们和你在一起》等 5 篇文章、广播节目、摄影图片获自治区“红十字好新闻”奖。举办纪念“5・8”世界红十字日暨“5・12”防灾减灾日应急救护技能演练活动。以“人道、博爱、奉献”精神为主线，体现中华优秀传统文化与红十字精神的完美融合的呼和浩特市红十字文化主题公园正式开放。

第九章　老区建设促进会

第一节　组织机构

一、机构

中国革命老区是指第二次国内革命战争时期和抗日战争时期，在中国共产党和毛泽东等老一辈无产阶级革命家领导下创建的革命根据地。

1990 年，中国老区建设促进会、内蒙古自治区老区建设促进会相继成立，系非营利性社会团体。1996 年 9 月，武川县老区建设促进会成立。2008 年 8 月，清水河县老区建设促进会成立。

2009 年 3 月，和林格尔县老促会成立。6 月，新城区老促会成立。10 月，土默特左旗老促会成立。12 月 29 日，市委办、市政府办印发《关于成立呼和浩特市老区建设促进会的通知》，呼和浩特市老区建设促进会（简称市老促会）成立，与呼和浩特市社会扶贫工作促进会共同举行成立仪式。内设妇工委、办公室。业务主管部门属市扶贫办。2010 年 6 月，赛罕区老促会成立。

2009—2015 年，市老促会、和林格尔县老促会、武川县老促会等 6 个单位受到自治区老促会、中国老促会的表彰；刘香芸等 14 人被自治区老促会、中国老促会评为先进老区工作者。

二、革命老区

根据自治区民政厅《关于上报全区革命老根据地旗（县）、乡（苏木）名单的报告》和市政府《关于土左旗、郊区一些社队划定革命根据地的批复》划定，呼和浩特革命老区属大青山抗日游击根据地，晋绥革命根据地。呼和浩特革命老区村绝大部分分布在大青山及蛮汉山的山区。

1987 年，自治区有关部门划定革命老区。截至 2015 年，呼和浩特市所辖 9 个旗县（区）中，有 7 个旗县（区）（武川县、土默特左旗、新城区、赛罕区、回民区、和林格尔县、清水河县）是革命老区；1 个县是有老区的县（托克托县）。有 27 个乡镇是革命老区乡镇，占全市乡镇（含街道办事处）总数的 34%；有 218 个建制村是革命老区村，占全市建制村总数的 21.7%。在全市 115.97 万农业人口中，革命老区人口 25.05 万人，占全市农业总人口的 21.6%。

1987—2015 年呼和浩特市革命老区村统计表

表 20-9-1

旗县（区）	乡镇（街道）	老区村	备注
新城区	保合少镇（11 个村）	保合少村、恼包村、奎素村、大窑村、庄子村、甲兰板村、水泉村、水磨村、面铺窑村、古路板村、野马图村	1 个镇、1 个街道、18 个村、71 个自然村、8349 户、28064 人
	成吉思汗办事处（7 个村）	红山口村、三卜树村、哈拉沁村、哈拉更村、乌兰不浪村、陶思浩村、生盖营村	
赛罕区	黄合少镇（8 个村）	二十家村、石人湾村、东五十家村、后夭子村、五犋夭子、西五十家村、老丈夭村、苏计村	3 个镇、17 个村、29 个自然村、4381 户、16244 人
	榆林镇（8 个村）	三道沟村、东干丈村、陶卜齐村、三应夭村、新地沟村、石门沟村、什犋夭村、苏木沁村	
	巴彦镇（1 个村）	腾家营村	
回民区	攸攸板镇（6 个村）	东棚子村、东乌素图村、西乌素图村、毫赖沟村、元山子村、段家窑村	1 个镇、6 个村、13 个自然村、2320 户、6909 人
土默特左旗	只几梁镇（13 个村）	上达赖村、三八树村、陶思浩村、黑蛇图村、一前响村、道试村、白只户村、小万家沟村、妥妥岱村、古雁村、圪力更村、白石头沟门村、忽日格气村	5 个乡镇、42 个建制村、75 个自然村、10515 户、59799 人
	台阁牧镇（6 个村）	霍寨村、小瓦窑村、达尔架大东营村、栽生村、沟门村、牛牛营村	
	察素齐镇（10 个村）	东沟村、宿尼板村、西沟门村、把什村、王毕克齐村、古城村、沙尔沁村、万家沟村、丈房塔村、朱尔沟村	
	毕克齐镇（12 个村）	乌尔素村、大旗村、水磨村、乌兰板村、苏盖营村、西梁村、老道沟村、朋顺营村、店上村、讨合气村、什报气村、上十里坡村	
	塔布赛乡（1 个村）	塔布赛村	
托克托县	古城镇（13 个村）	古城村、什力邓、白家营、北斗林盖、塔布板申、南园子、南台基、北台基、西云寿、东云寿、乔富营、永胜域、什力圪图	2 个镇、25 个村、43 个自然村、10134 户、37979 人
	五申镇（12 个村）	老官营、一间房、官士夭、乃只盖、五申、左家营、祝乐沁、补还岱、伍把什、两间房、伞盖、团结	

续表 20-9-1

旗县（区）	乡镇（街道）	老区村	备注
和林格尔县	羊群沟乡（8 个村）	羊群沟村、三十号村、圪洞坪村、泥合子村、石咀子村、五间房村、大湾村、白其口村	7 个乡镇、51 个建制村、311 个自然村、11437 户、42132 人
	城关镇（6 个村）	新营子村、哈达少村、南园子村、陶家夭子村、郭家夭村、二道沟村	
	新店子镇（15 个村）	营盘梁村、十一号村、黑石兔村、好莱沟村、山堡岱村、一间房村、新丰村、新店子村、东浮石山村、胶泥湾村、店湾村、西沟子村、前石门村、草夭子村、榆林城村	
	盛乐镇（8 个村）	西沟门村、新营子（西）村、郭家滩村、灯笼素村、巴旦沟村、南夭子村、中二十家村、侯家梁村	
	盛乐经济园区（4 个村）	白彦兔村、红夭子村、保尔朝鲁村、台格斗村	
	大红城乡（5 个村）	三道营村、新红村、百其夭村、庙沟村、张家 41 号村	
	黑老夭乡（5 个村）	水磨村、昆都仓村、前坝村、小王坟村、南夭子村	
武川县	大青山乡（6 个村）	井儿沟村、干只汉村、乌兰不浪村、大兴有村、五道沟村、坝顶村	6 个乡镇、32 个村、215 个自然村、8215 户、31279 人
	得胜沟乡（8 个村）	纳令沟村、东坡村、前窑子村、大路壕村、大顺成村、小碱滩村、黑沙兔村、毛林坝村	
	哈拉合少乡（7 个村）	庙沟村、土城子村、榆树店村、恼包村、公忽洞村、哈拉哈少村、庙渠子村	
	哈乐镇（7 个村）	德胜营村、乌素图村、厂汉恼包村、旧营子村、圪料坝村、卜圪素村、义兴元村	
	西乌兰不浪镇（2 个村）	西乌兰不浪村、四大永村	
	上秃亥乡（2 个村）	三道河村、五家村	

续表 20-9-1

旗县（区）	乡镇（街道）	老区村	备注
清水河县	单台子乡（5 个村）	阳崖村、营盘峁村、石胡梁村、大岔梁村、单台子村	3 个乡、27 个村、217 自然村、8124 户、28055 人
	北堡乡（14 个村）	阳湾子村、长沟门村、杜家沟村、暖泉村、八道峁村、双碾儿村、三黄水村、四道坪村、北堡村、老熊沟村、老牛坡村、兑九坪村、仗房湾村、桦树沟村	
	韭菜庄乡（8 个村）	韭菜庄村、北槽碾村、双井子村、狮子塔村、十七沟村、榆树庄村、七墩沟村、朱毛草村	

说明：托克托县、回民区是有老区村的非老区旗县（区）

第二节　开展活动

一、调研工作

2010 年 3 月下旬，市老促会会同市委政研室、市扶贫办组成 3 个调研小组对全市 6 个老区旗县（区）进行调研，摸清全市革命老区的基本情况和革命老区村重点扶持项目的实施情况，为全部老区乡、镇、村建立了台账。

2011 年 6 月，市老促会在全市革命老区开展“百日调研活动”，510 余人参与调研活动，走访老区乡镇 36 个，走访老区村 133 个，入户调查 2519 户，召开基层干部、人大代表、政协委员等人员参加的座谈会 149 次，形成综合调研报告 7 个，专题调研报告 10 个。由于老区村大部分地处山区，基础设施落后，自然条件差，自然村较多且分散，交通不便，信息不灵，土地贫瘠，降雨量少，水土流失严重，抵抗自然灾害能力差，农业生产大多数采用传统的耕作模式，生产成本高，生产效率低，农民增收渠道少。2009 年全市农民人均纯收入 7802 元，而革命老区农民人均收入仅为 2168 元，部分农民人均年收入在 1560 元以下，处于自治区贫困线以下。老区安全饮用水问题比较突出，部分地区含氟、砷等有害元素超标高达十几倍；部分地区饮用水窖污染严重。老区社会事业发展滞后，上学难和就医难的问题没有从根本上得到解决。特别是一些老区乡村困难还很大，人民生活水平还很低，有些革命老区村的状况与首府的整体发展水平形成很大反差。

2011 年以后，针对老区社会和经济发展中存在的突出问题，市老促会每年安排 1 ~ 2 个调研课题进行调研，先后围绕老区村“一村一品建设”“老区新农村建设”“革命后代生活状态”“老区妇女创业创新”“老区三留守人员情况”“老区精准扶贫”“老区教师学历构成”“老区青壮年劳动技能现状”等课题展开调研，撰写调研报告。

二、“三大工程”

（一）“一村一品”项目

2010—2015年，市政府为推动老区“一村一品”（一个村拥有一个市场潜力大、区域特色明显、附加值高的主导产品和产业）项目建设，专门为老区每年列入财政预算400万元专项资金。累计实施“一村一品”项目379个，总投资3.01亿元，其中自治区投入6748.3万元，市级财政投入2210万元，旗县（区）投入4510.5万元，自筹资金1.67亿元。项目主要扶持老区村肉羊、肉牛、山林虫草鸡等养殖业，蔬菜、甜玉米、牧草等种植业以及小杂粮加工项目。老区受益农户32243户、111220人，人均增收500元以上。同时，针对“一村一品”项目的验收管理，市老促会研究制定《呼和浩特市革命老区“一村一品”优秀项目评比办法》，通过以奖代投的方式考核年度的“一村一品”项目。累计评比优秀项目34个，投入以奖代投资金95万元。2011年，市老促会与市财政局共同制定《呼和浩特市老区建设促进资金管理办法》。

2014年，市老促会与市财政局对《呼和浩特市老区建设促进资金管理办法》进行修订，明确项目和资金的实施、管理、使用、监督的责任主体，规范项目的申报、筛选、审定、实施的程序。

（二）“科技对接”工程

2010—2015年，市科技部门安排3个科技示范项目支持和林格尔县、清水河县的老区村项目建设。其间，对每个老区“一村一品”项目安排一名科技特派员进行跟踪指导，增加项目的科技含量。市老促会在新城区成吉思汗街道办事处乌兰不浪村建立了革命老区农业科技示范基地。

（三）“村企结对”工程

“村企结对”工程是动员社会力量参与老区建设的有效措施。截至2015年，老区村与企业结对57对。如清水河县电力公司与清水河县窑沟乡营盘峁村结成共建对子，电力公司为该村架设高压线路3千米；内蒙古宝坤农业科技开发有限责任公司与武川县得胜沟乡西窑子村结对子，发展马铃薯、生态鸡等等，促进了老区村发展和新农村建设；市老促会扶持的内蒙古万宇农业开发有限公司，在清水河县五良太乡建立了绿化苗木和种薯繁育基地，初步形成“基地＋农户”的产业化经营机制；扶持呼和浩特市鑫冠种养殖农民专业合作社，在新城区毫沁营镇乌兰不浪村建立了农业科技示范基地。

第十章　慈善总会

第一节　代表大会

一、第一届会员代表大会

2003 年 11 月 12 日，呼和浩特市慈善总会第一次会员代表大会召开，选举牛玉儒等 7 人为名誉会长，选举贾才、张举沄、铁兆义为荣誉会长，选举张俊江等 24 人为名誉副会长，同时，选举产生会长、副会长、秘书长。大会讨论通过《呼和浩特慈善总会章程》《呼和浩特慈善总会创始基金章程》及相关的 11 个配套文件；依照《呼和浩特慈善总会章程》选举产生首届呼和浩特市慈善总会组织领导机构，表决通过理事会理事 78 名，常务理事 61 名，总会领导 43 名。第一次会员代表大会上产生团体会员 89 个，个人会员 95 名。后经发展个人会员增至 300 余名。

二、第二届会员代表大会

2009 年 12 月 28 日，呼和浩特市慈善总会第二次会员代表大会召开，200 余人参会。大会对原章程进行修改，并一致通过《呼和浩特市慈善总会章程（草案）》《呼和浩特市慈善总会创始基金章程（草案）》，选举产生总会第二届组织机构和领导成员，表决通过理事会理事 132 名，常务理事 89 名，总会领导 19 名。会上，选举产生名誉会长、会长、副会长、秘书长。第二次会员代表大会上发展个人会员 189 名。

第二节　组织机构

一、管理机构

2003 年 11 月 12 日，呼和浩特市慈善总会第一次会员代表大会召开，呼和浩特市慈善总会成立，并成为中华慈善总会团体会员。

2004 年 6 月，市机构编制委员会印发《关于成立呼和浩特市慈善总会的批复》，明确内设募捐科、计财科。因工作需要，自设日常办事部门包括宣传联络部、募集捐赠部、基金管理部、项目部。

2009 年 12 月换届选举后，市慈善总会内设办公室、计财科、募集捐赠科。

二、基层组织

2013 年 5 月 8 日，武川县慈善总会成立，同时印发《武川县慈善总会章程》《武川县慈善总会创始基金章程》。2014 年 4 月 24 日，玉泉区慈善总会成立，同时通过《玉泉区慈善总会章程》《玉泉区慈善总会创始基金章程》。

第三节　开展活动

一、助困

2003年底，市慈善总会与内蒙古霞光公益事业服务中心、内蒙古儿童基金会合作，在内蒙古电视台举办“爱在行动、一切为了孩子”为主题的大型公益晚会，并于晚会现场动员多家爱心企业资助11名孩子。

2004—2009年，市慈善总会联合苏宁电器、维多利集团等20余家公司，开展助困活动，发放衣物、粮油等物资，并在清水河县开展“母亲水窖”工程。

2010年1月30日，市慈善总会联合东鸽电器城等企业开展慈善“送温暖”活动，向呼和浩特市回民区中山西路、通道北路、海西路街道办事处100户低保家庭发放大米、面粉和食用油。

2011—2014年，市慈善总会联合多家企业开展“慈善情暖万家”春节慰问系列活动，为贫困家庭、养老院等发放、捐赠物资。

自2015年2月2日开始，市慈善总会联合内蒙古自治区癌症协会，救助贫困癌症患者25人；联合市委宣传部，救助贫困道德模范15人；救助呼和浩特市区贫困人口较为集中的社区（玉泉区清泉街社区、回民区工农兵社区）贫困家庭200户，救助土默特左旗贫困山村困难家庭50户，救助城乡贫困家庭大重病患者25人，救助总会日常求助的特困家庭55户，救助孤残儿童30人。春节期间，呼和浩特市慈善总会救助400人（户），发放救助（慰问）金14.94万元。

二、助学

2003—2010年，市慈善总会联合内蒙古紫维汽车销售公司、金宇集团等多家单位，对清水河县、武川县、和林格尔县贫困学生进行资助，向乡村学校捐助各类学习用品，开展“一对一”救助。

2010年开始，市慈善总会除与企业单位联合资助贫困学生外，开始与银行、证券等单位联合向学生发放助学金，全年发放助学金53万元，共帮助贫困学生106名。

2011—2012年，市慈善总会联合中华少年儿童慈善救助基金会“希望之履”专项基金筹委会、内蒙古云曙碧公益事业基金会等发放助学金790.60万元。

2013年5月10日，市慈善总会联合内蒙古龙海集团、内蒙古山路能源集团有限公司、兴业银行呼和浩特分行等单位，共为454名学生捐助款物价值155.8万元。

2014年，市慈善总会联合兴业银行呼和浩特分行、呼和浩特市东易久盛投资有限公司等单位，共为456名学生捐助款物价值197万元。

2015年，为251名学生捐助款物价值148.96万元。其中，市慈善总会“慈善圆梦”

贫困大学生救助活动资助贫困大学生 120 名，发放助学金 70.2 万元。

三、助医

2005 年 9 月，市慈善总会联合《北方家庭报》为白血病患儿贾瑛举办爱心捐赠活动，募集善款 12048 元。

2006—2010 年“母亲节”当天，市慈善总会联合多家单位开展募捐及义诊活动。2008 年，在新城区医院加挂“呼和浩特慈善医院”牌子，并与中国农工民主党呼和浩特市委员会合作成立“医疗卫生专家服务团”，在呼和浩特慈善医院开展长期义诊。2009 年，市慈善总会通过中华慈善总会“慈善医疗阳光救助项目工程”争取到 10 台特价意大利 MyLab15 彩色 B 超仪，总价值 700 余万元，同时，启动视敏弱视慈善救助项目。

2010—2013 年，连续 4 年开展“朝聚慈善光明行”贫困白内障免费手术救助项目。2011 年 1 月 14 日，市慈善总会与大召寺为 14 岁尿毒症患者、单亲家庭女孩刘豆豆送去 2 万元大病救助慰问金。

自 2012 年开始举办慈善“100”贫困尿毒症患者血液透析救助项目，市慈善总会为每位贫困家庭受助患者每次血液透析提供 100 元医疗救助，并将此活动确定为一项品牌性、长期性救助项目。截至年底，支出救助款 5.61 万元。

2013—2015 年，市慈善总会与解放军第二五三医院等联合举办内蒙古口福行动、“贫困家庭儿童重大疾病救助老牛专项基金”救助项目、自治区重特大疾病慈善医疗救助项目等。

四、助老

2004—2015 年，市慈善总会先后为全市老年公寓发放爱心补贴；为老年人开展爱眼知识宣传，免费验光配镜；向回民区海西路办事处工农兵路社区老年晋剧团捐助乐器；在内蒙古人民会堂开展“相约彤辉 珍爱健康——著名心脑血管专家洪昭光教授健康青城行”大型公益科普宣讲活动；为呼和浩特市夕阳红敬老院捐赠液晶电视机。

五、助孤、助残

2003 年 8 月，市慈善总会向呼和浩特市儿童福利院捐赠 5 万元。

2010 年 6 月 6 日“爱眼日”当天，市慈善总会联合内蒙古康太光学眼镜连锁有限公司为福利院孤残儿童们免费验光配镜。

2011 年 6 月 18—19 日，市慈善总会联合思成大学生精英团体开展“思成·筑梦”听障人职业发展帮扶计划——用 3 万元为听障学生建立一间职业工作室募捐活动，活动现场募集善款 105541.80 元，全部汇入呼和浩特市特殊教育学校，用于该校建立听障人职业教育工作室。

六、赈灾

2003—2005年市慈善总会向甘肃省张掖市、锡林郭勒盟地震灾区及东南亚遭受地震、海啸的国家和地区捐款、物合计54.49万元。

2006年冬季，内蒙古锡林郭勒盟发生雪灾，市慈善总会为锡林郭勒盟灾区送去御寒棉衣5万件。

2008年3月31日，市慈善总会在《呼和浩特日报》开辟《青城慈善光荣榜》专版，公布呼和浩特市慈善总会成立后募集善款善物情况，并公布所有受助者名单及受助金额，切实增强慈善工作透明度，提高呼和浩特市慈善总会社会公信力。同年，向湖南省郴州市、四川省阿坝藏族羌族自治州汶川县募集赈灾资金154.11万元。

2010—2012年，市慈善总会组织开展多次慈善晚会，募集资金1897万元，支持慈善事业。2010年4月，市慈善总会联合内蒙古电视台新闻综合频道在新华广场组织开展"春暖2010"支援西南地区旱灾大型募捐活动，募集赈灾善款152.10万元。同年，市慈善总会分别募集善款135.86万元和9.53万元支援玉树县地震灾区和舟曲县泥石流地区。2012年，在第二届"中国城市公益慈善指数"发布活动中，首次发布慈善城市百强名单，呼和浩特市位列其中，获"五星级慈善城市"。

2013年4月20日，四川省雅安市发生7.0级地震。市慈善总会在灾情发生第一时间发出《支援雅安地震灾区募捐倡议书》，募集赈灾善款183.96万元。4月22日，内蒙古通辽市科尔沁左翼后旗发生5.3级地震后，市慈善总会立即开展赈灾筹募活动，募集善款80万元，及时汇往通辽市地震灾区。11月，内蒙古兴安盟科尔沁右翼前旗遭受30年间最严重雪灾，市慈善总会积极开展救灾筹募活动，将募集到的24.78万元赈灾款汇往兴安盟灾区。

2014年1月，市慈善总会获得公益性捐赠税前扣除资格。凭此资格，企业或个人用于公益事业的捐赠支出，在年度利润总额12%以内的部分，可凭《内蒙古自治区公益事业接受捐赠统一收据》，准予在计算应纳税所得额时扣除，为慈善款项筹募工作创造有利条件。同年，呼和浩特市再次荣获"五星级慈善城市"，且名列中国城市慈善百强榜第74位。

2015年12月，市慈善总会在社会组织评估中获评AAAA等级。

第二十一篇

法　治

第一章　公安工作

第一节　机　构

1986 年，呼和浩特市公安局（简称市公安局）内设政治部、办公室、法律政策研究室、政保处、内保处、治安处、户籍处、预审处、审批处、警卫处、外侦处、刑侦处、经侦处，下设交通大队、消防大队。市辖区设玉泉区、新城区、回民区、郊区 4 个公安分局，分局均设置政保、内保、治安、预审、刑警等科队。分局下共设公安派出所 38 个。土默特左旗和托克托县两公安局由市公安局管辖，两局设有乡镇公安派出所 19 个，撤销乡公安特派员。1988 年，成立公交分局。1989 年 7 月，交通警察大队改为交通警察支队。1990 年，市公安局防暴警察大队成立，1994 年更名为防暴巡逻警察支队。

1996 年，和林格尔县、清水河县、武川县公安局转隶市公安局。1997 年 1 月，刑警大队改为刑警支队。市公安局内设政治部、办公室、指挥中心、法治处、行政处、政治侦查处、经济文化保卫处、治安管理处、户政管理处、外事管理处、预审处、技术侦查处、纪委（同时挂监察处的牌子）13 个内设机构，交警支队、防暴支队、刑警支队、缉私缉毒支队 4 个支队。1999 年 5 月，市公安局政治侦查处更名为国内安全保卫支队，经济文化保卫处更名为经济犯罪侦查支队，技术侦查处更名为技术侦查支队；7 月，根据呼和浩特市新调整的行政区划，市区公安分局重新划分为新城区公安分局、回民区公安分局、玉泉区公安分局、赛罕区公安分局。

2001 年 4 月，治安管理处更名为治安管理支队。2003 年 1 月，如意公安分局更名为经济技术开发区分局；5 月，监所管理处更名为监所管理支队；6 月，市公安局成立公共信息网络安全监察支队；11 月，警务督察大队更名为警务督察支队，市公安干校更名为市公安局人民警察训练学校。2004 年 7 月，华北石油管理局城南公安分局（炼油厂分局）整体移交市公安局管辖，更名为市公安局城南分局。2005 年 12 月，成立市公安局特警支队。2006 年 6 月，中国航天科工集团第六研究院将南地公安分局整体划归为市公安局直属单位，更名为市公安局南地分局。2007 年 1 月，在防暴队的基础上成立巡逻警察支队；9 月，成立警务中心和信访办公室；市公安局出入境管理处对外挂出入境管理局牌子；10 月，成立反恐怖侦查支队。2008 年 8 月，防暴巡逻警察支队更名为巡逻警察支队；11 月，增设行政审批办公室。2011 年 11 月，成立情报信息中心。2013 年 11 月，恢复审计处。2015 年 4 月，成立食品药品和环境侦查支队。

截至 2015 年，呼和浩特市公安局内设政治部、办公室、机关党委、指挥中心、情报中心、科技处、法治处、警务保障处、警务中心、离退休人员工作处、户政处、警卫处、出入境管理局、信访处、行政事项审批办公室、警察协会、团委、纪委、审计处；下设国保支队、经侦支队、治安管理支队、警务督察支队、刑警支队、禁毒支队、网安支队、技侦支队、反恐支队、特警一支队、特警二支队、交管支队、监管支队、食品药品和环境侦查支队、消防支队、人民警察训练学校、保安管理支队；下辖 3 个直属分局（南地分局、城南分局、公交分局），10 个旗县公安局（新城分局、回民分局、玉泉分局、赛罕分局、开发区分局和土默特左旗公安局、托克托县公安局、和林格尔县公安局、武川县公安局、清水河县公安局）。全市设公安派出所 116 个。其中，市区、公交分局 61 个，旗县 55 个；户籍派出所 102 个，治安派出所 14 个。基本实现一区一警、一警多能。

第二节　安保工作

1987 年，庆祝自治区成立 40 周年活动安保筹备工作领导小组并制定实施方案，保障了庆祝活动现场和中央代表团安全。

1991 年，完成自治区首届那达慕大会和内蒙古商品交易会安保任务。1992 年，完成自治区第二届蒙交会、那达慕旅游节、世界环境日、巴黎—北京—莫斯科国际汽车越野赛等大型活动安保任务。1993—1995 年，市公安局完成元宵节灯会、首届青城消夏游园晚会、中美通用汽车展销会、新华广场万人大合唱、全国双拥工作会议、第三届全国科技兴市会议、新华广场大型音乐会等大型活动安保任务。1996 年，完成全国、自治区和呼和浩特市“三级两会”、自治区第三届万人运动会、全民健身运动会、大学生双向分配交流会、孔繁森事迹展览等大型会议和活动安保任务。1997 年，市公安局完成自治区成立 50 周年庆典活动、香港回归、中共十五大安保任务。并先后完成全国精品展销会、全国邮票展销会、国际汽车拉力赛等大型活动的安保任务。1998 年，市公安局完成“三级两会”、全国生态保护会、全国足球乙级联赛、第三届中国曲艺节等大型活动的安保任务。

2000 年，完成国际汽车拉力赛途经呼和浩特市、全国助残活动、“福彩之夜”、昭君文化节、十四国驻外使节团考察呼和浩特市、人民体育场举行大型文艺演出活动等安保任务。2001 年，完成新世纪民间社火大联欢活动、庆祝建党 80 周年大型文艺演出、“伊利情”大型文艺汇演、国际自行车拉力赛、“今夜星光灿烂”和“昭君文化节”等大型活动安保任务。2003—2006 年，完成元宵节万人观灯活动、内蒙古人才交流会、庆祝伊利集团改制 40 周年文艺晚会、全国汽车拉力赛、吉尼斯挑战赛、全国药品交易会、全国首届妇女健身赛、庆祝第五次载人飞船返回、中阿国际足球赛、昭君文化节暨首届草原文化节、洲际小姐国际大赛、十运会拳击预赛、第四届国际民间艺术节、《同一首歌》义演、中国曲协义演、庆祝神舟六号返回舱回收、“滨海杯”足球赛、“欢乐中国行”文艺晚会、中国汽车越野锦标赛等大型活动安保任务。2007 年，完成自治区成立 60 周年大庆、第八届昭君文化节、内蒙古电视台春节联欢晚会、中国足球甲级联赛呼和浩特分赛场比赛、中国民族商品交易会和中国北方旅游交易会等大型活动安保任务。2008 年，完成自治区、市“两级两会”、首届春节元宵节文化庙会、奥运会和残奥会火炬传递、第九届昭君文化节、魅力中国大型演唱会等大型活动安保任务。2009—2010 年，完成春节、元宵节文化庙会、庆祝中华人民共和国成立 60 周年大庆、“三级两会”、第十一届昭君文化节等大型活动安保任务。发挥跨省区警务联动的作用，协助北京、上海、广州、宁夏等地区警方完成国庆节、党的十七届五中全会、世博会、广州亚运会、残运会、中阿经济论坛等大型活动安保任务。

2011 年，完成“三级两会”、世界园艺博览会、清明节祭扫、中国旅游日启动仪式、昭君文化节、全区草原文化节、全国少儿科技大赛、第八届全国民族商品交易会、第三届全国汽车展、第二十六届全国青少年科技创新大赛、中国呼和浩特少数民族文化旅游艺术节等大型活动安保任务。2012 年，完成“三级两会”、内蒙古第七届农业博览会、11 场全国足球联赛、内蒙古草原文化节、第六届民族商品交易会、昭君文化节等活动安保任务。2013 年，完成自治区公安厅在新华广场举办的食品安全宣传周暨全国公安机关“打击食品犯罪保卫餐桌安全”成果展活动安保任务。2014 年，完成党的十八届四中全会和 APEC 会议安保任务。

2015 年，完成元旦、春节、元宵节、“三级两会”、大召寺祈福、清明祭扫、观音诞辰庙会、昭君文化节、内蒙古草原文化节、少数民族艺术节、党的十八届五中全会、纪念中国人民抗日战争暨世界反法西斯战争胜利 70 周年、中蒙博览会等大型活动安保任务。

第三节　刑事侦查

一、刑事案件侦破

1986—1987 年，呼和浩特市的刑事案件数量明显下降，特别是自治区成立 40 周年前后，全市各级刑侦部门开展以“打击现行，侦查破案”为中心的专项斗争。

1990—1994 年，针对各类刑事犯罪继续呈高发态势，市公安局在全市开展区域性专项打击。1995—1999年，针对区域性的突出犯罪，持续不断地组织开展“打枪清枪治爆专项整治行动”“反走私联合行动”“零点追逃行动”“打击走私、盗窃、抢劫机动车犯罪专项斗争”，针对车匪路霸专项治理，开展打击暂住人口犯罪和涉毒人员犯罪统一行动。全市各类刑事案件立案总数是1990—1994年的2.41倍。其中，重特大刑事案件占立案总数的68%。市公安局被评为全国“追逃”专项斗争先进单位。

2004年，市公安局成立侦破命案领导小组，制定《呼和浩特市公安局“侦破命案”专项斗争实施方案》，全市共破获现行命案68起，破获命案积案5起。2005—2012年，涉枪、涉爆、放火、投毒、绑架、抢劫、强奸等暴力案件频发，盗窃案件数量居高不下。

2013—2015年，市公安局制定《关于贯彻推进打击犯罪新机制实施意见》《关于“一长四必”现场勘查新机制的工作实施意见（试行）》《关于全面开展“一长四必”现场勘查新机制工作实施方案》。先后开展破案会战、命案必破、扫黑除恶、缉枪治暴、打击电信诈骗、打击拐卖妇女儿童犯罪、扫毒害保平安、打假传销等专项行动。相继开展“夜鹰”“震慑”“亮剑一号”“亮剑二号”“安疆一号”专项行动。2014—2015年，全市共立命案91起，命案破案率100%。破命案积案2起。建立由公安、金融、电信等系统共同组成的打击电信诈骗和“伪基站”长效工作机制。

二、开展“严打”斗争

1986年，根据全国、自治区政法工作会议和自治区公安厅厅长会议精神，结合呼和浩特市实际，开展严厉打击严重刑事犯罪的斗争第三战役，主要在城市和治安不好的旗县城镇、交通沿线乡镇，对带有黑社会性质的流氓团伙，坚持露头就打，依法严惩其中的首要分子和骨干分子，对刑满释放和解除劳教重新犯罪的人员，依照刑法和全国人民代表大会常务委员会的决定从严惩处。先后组织打击盗窃自行车、农业机电设备，暴力犯罪、团伙盗窃、流氓滋扰、查禁赌博活动等专项斗争和整顿旅店业、废物品收购业等专项治理。

1990年5月，市公安局在全市范围再度开展“严打”斗争（以严厉打击严重刑事犯罪活动为主攻目标），重点打击杀人、放火、爆炸、绑架、抢劫、强奸等严重违法犯罪活动。破获一批刑事案件，打掉一批犯罪团伙。1994年3月，全市范围开展“破大案、打团伙、追逃犯”的“严打”斗争。1996年3月至1997年2月，开展“破大案、追逃犯、打团伙、禁毒品、清枪支、抓防范”的“春季攻势”“夏季攻势”“冬季攻势”。依法从重从快严惩一批严重刑事犯罪分子，遏制城乡刑事犯罪上升的势头。

2001年4月，市公安局按照公安部《关于依法严厉打击严重刑事犯罪活动的通告》要求，开展以扫黑除恶为主的第三次“严打”斗争，破获一批危害严重、情节恶劣的大要案件。

三、打击“两抢一盗”

2000年后，呼和浩特市刑事犯罪出现高发态势，“街头两抢”“入室盗窃”“车匪路霸”“盗抢汽车、摩托车、电动车”“盗抢牲畜”等刑事犯罪数量猛增，形成地域性、专业性团伙。

2002年，市公安局成立打击“两抢一盗”专项斗争领导小组，制定《呼和浩特市公安局关于打击“两抢一盗”专项斗争实施方案》。

2013年，市公安局以“破大案、快破案、多破案”为目标，深化整体战、合成战、信息战、科技战工作机制，把人民群众反映强烈、深恶痛绝的突出犯罪活动作为打击重点，先后组织开展了破案会战、命案必破、网上追逃、扫黑除恶、缉枪治爆、打击电信诈骗、拐卖妇女儿童犯罪、扫毒害保平安、打假打传销、打盗抢保民安、“三打三治一排查”等专项行动。至2013年底，全市共打掉“两抢一盗”犯罪集团1万余个，破获“两抢一盗”犯罪案件11万余起。2014年，市公安局采取现案突破、串并侦查、分类研判等侦查手段，破获大量“两抢一盗”多发性侵财案件。年内，全市共立“两抢一盗”案件1万余起。破案占立案总数34.71%。

2015年，全市各级刑侦部门破获大量“两抢一盗”案件。全市共立侵财性案件1万余起，破案占立案总数34.69%。

四、打击拐卖妇女儿童犯罪

20世纪90年代初，市公安局成立专门机构打击拐卖妇女儿童犯罪，多次开展大规模“打拐”专项行动；建立“失踪儿童快速查找机制”，打击一批拐卖妇女儿童犯罪案件，解救一批被拐妇女儿童。

2004年，市公安局破获一起特大贩卖婴幼儿案件，违法犯罪嫌疑人达95人，涉案婴幼儿76名。2010年，全市各级公安机关共立案侦查拐卖妇女儿童案件11起、强迫卖淫案件11起，解救被拐卖妇女儿童29人，打击处理违法犯罪嫌疑人40人。2011年，全市各级公安机关立案查处针对妇女儿童的强奸、拐卖案件和组织、强迫、引诱、容留、介绍妇女卖淫案件46起，打击处理违法犯罪嫌疑人46人，打掉犯罪团伙5个，解救被拐卖的妇女43人。在鄂尔多斯市公安局协助下，市公安局相继抓获公安部督办的“2·21”特大拐卖儿童案的2名犯罪嫌疑人温某、崔某，成功破获一起特大拐卖儿童案，解救被拐卖儿童5人。

2014年，市公安局开展“2013·7·3”特大网络贩婴专案集中抓捕解救行动，有4名犯罪嫌疑人落网。

五、打击经济犯罪

1989年，呼和浩特市诈骗案件数量上升。10月，市公安局召开全市打击经济领域犯罪座谈会。分析经济犯罪活动规律特点，提出打击对策。

1990—1991 年，市公安局经济文化保卫部门在全市范围开展打击内部单位盗窃犯罪为主的专项斗争。1994 年 4 月，市公安局制定《关于在内部单位开展集中打击十类犯罪分子统一行动的工作方案》。1999 年，市公安局经济文化保卫处更名为经济犯罪侦查支队，开始承办新《中华人民共和国刑法》规定的 75 种经济犯罪案件。

2000—2009 年，市公安局经济犯罪侦查支队打击生产、销售伪劣商品犯罪、走私犯罪、金融诈骗罪和扰乱市场秩序犯罪。破获一批经济犯罪案件，挽回经济损失 1 亿余元。

2010—2011 年，市公安局经济犯罪侦查支队查处一批销售假冒注册商标商品案、销售伪劣商品案、非法经营案。

2012 年，全市共立经济犯罪案件 2600 起，破案 2344 起，破案率 90.15%。

2013 年，市公安局经济犯罪侦查支队侦破信用卡诈骗案件 100 余起，侦破合同诈骗案 100 起。查获假冒名牌商品，品牌食品、烟酒以及生产“毒豆芽”的“无根水”、已生成“毒豆芽”及生产设备，查获假药品、药具，查获劣质汽柴油等一大批经济犯罪案件。

2014—2015 年，市公安局经济犯罪侦查支队受理经济犯罪案件 1000 余起，侦破一批合同诈骗案件、职务侵占案件、信用卡诈骗案件和其他经济犯罪案件。

六、打击毒品违法犯罪

1990 年前，呼和浩特市吸毒人员以吸食鸦片、安钠咖等毒品为主。1990 年，各级政府和公安机关成立禁种铲毒工作队，签订毒品禁种责任状，进入乡、镇铲毒；同年，呼和浩特市首次出现烫吸海洛因案件，当年查处吸毒人员 10 名。1991 年，吸、贩毒违法犯罪活动从山西、河北、陕西、甘肃等地向呼和浩特地区发展、蔓延;之后，东北三省和安徽、河南等地的毒品海洛因流入呼和浩特市；一些吸毒、贩毒人员与外省市毒贩勾结，高价收购鸦片，在土默特左旗、托克托县、和林格尔县及近郊土法加工制作毒品海洛因；包头市东河区和土默特右旗等地制毒、贩毒人员向呼和浩特地区吸毒、贩毒人员提供土制海洛因，加快吸、贩毒活动蔓延。1996 年，海洛因开始从宁夏、新疆、四川、贵州等地流入呼和浩特市。1997 年后，全市各级公安禁毒部门开展大规模禁毒“严打”。至 1999 年，全市累计铲除罂粟 17 万株，打击处理非法种植人员，基本实现全市无种毒。

2000 年，全市各级禁毒部门执行“三个一律”（凡查获初次吸毒者，一律送强制戒毒 6 个月；凡查获 2 次及 2 次以上吸毒者，一律送劳动教养 3 年；凡抓获贩毒者，无论缴获毒品数量多少，一律追究刑事责任），打击吸毒、贩毒。2001 年，市禁毒委在新华广场举行毒品犯罪公开处理大会，依法对 45 名复吸者送劳动教养 3 年，依法对35名涉嫌组织、领导和积极参与贩卖毒品的犯罪分子公开逮捕。依法焚烧毒品。

2004年，摇头丸、冰毒、麻古、K粉等新型毒品开始在呼和浩特地区出现并迅速蔓延。

2005年，全市共侦破毒品案件146起。

2006—2007年，呼和浩特地区非法种植罂粟开始反弹，在破获毒品案件中缴获鸦片23千克，缴获海洛因、K粉、忽悠悠、安钠咖、冰毒、大麻等毒品68.06千克，以及摇头丸993粒、麻古1.15万片、飞仔121片；送强制措施戒毒人员1557人。

2008年，市公安局禁毒支队会同各旗、县、区禁毒大队，乡、镇综治办、派出所，开展铲毒行动，先后在和林格尔县、土默特左旗、赛罕区、玉泉区、托克托县的8个乡镇、14个自然村铲除罂粟2.7万余株；全市侦破毒品案件111起。2009年，全市共侦破各类毒品案件173起。在自治区第三医院、自治区监狱管理局中心医院筹建美沙酮维持治疗门诊。

2010年，全市共侦破毒品案件195起。铲除罂粟苗近3000株，实现“零种植”。

2011年，全市侦破品犯罪案件118起，抓获吸毒人员近1000人。市公安局会同市卫生局、市食药局联合督导自治区第三医院、自治区监狱管理局第一医院美沙酮维持治疗门诊并印发《呼和浩特市美沙酮维持治疗门诊工作督导检查结果的通报》《关于规范呼和浩特市地区美沙酮药物维持治疗审核程序的通知》。

2012年，全市侦破各类毒品案件223起，打掉贩毒团伙9个。

2015年，全市侦破各类毒品刑事案件354起。开展“利剑—15”“无人机航测”行动，未发现非法种植毒品原植物。

第四节　治安管理

一、治安防控机制建设

1986年6月后，市区各主要路口和城郊接合地段设立夜间治安岗亭，由市局、各分局民警轮流执勤。

1991年，市公安局各级治安部门按照区域管理的原则，对辖区内的枪支、爆炸、剧毒、旅店、舞厅、废旧回收等治安管理业务分类建档。1992年以后，在设立夜间治安岗亭的基础上，建立治安室、治安岗亭，组织巡逻队、联防队开展巡逻。

2002年，市公安局修订完善《呼和浩特市实施社会治安打防建一体化系统工程实施方案》，在市区与旗、县的城郊接合部、交通要道口新建和调整治安岗亭（治安堵卡站），建立临时堵卡点和治安检查站，组建以公安、武警、交警、以及厂矿企业和社会保卫力量为主体的治安巡逻队伍，对社会面、居民区、内部单位实行全天候治安巡逻，完成全市旅店业管理工作的计算机联网，全面建立起打防控一体化警务机制。2003年，市公安局建立三级巡逻防范网络，实现与机动车、自行车、徒步巡逻相衔接的点线面结合的巡控格局。在城郊接合部、交通要道口建立治安岗亭26个、联勤堵卡点64个和治安堵卡点194个，形成全市性、立体化防控体系。2005年，市公安局各级治安部门建立“网格化”新型警务巡逻机制，制定《呼和浩特市公安局打防控“网格化”警务机制勤务规范》及一系列配套措施，对巡逻防控的职责任务、勤务流程、案件移送、目标考核、监督检查等作出具体规定，确保警务机制的有效运行；12月20日，呼和浩特市打防控“网格化”警务机制正式启动。2006—2008年，全市12个旗、县、区公安局（分局）分别建立特种行业治安管理信息系统和民用爆炸物品管理信息系统，实行联网和数字化传送。

2011年，市公安局在全市范围部署开展“打四黑、除四害”专项行动；打击整治制售假劣食品药品的“黑作坊”，制售假冒伪劣生产生活资料的“黑工厂”，收赃销赃的“黑市场”和涉黄、涉赌、涉毒的“黑窝点”。2012年，制定出台《巡警支队关于打击“两抢”犯罪抓获现行奖惩办法》《呼和浩特市公安局巡逻勤务工作规范》等制度，为巡逻防控工作提供了量化标准。

2013—2014年，市公安局先后将自治区公安厅配发的100辆安装有3G图传系统的巡逻车、100辆高性能警用巡逻摩托车、18辆特警用车及300套特警装备全部配发到基层一线，为侦查破案、巡逻防控、交通管理和服务群众提供了强有力支持和保障。构建以派出所为主的“辖区防控网”、以巡警为主的“机动巡控网”、以交警为主的“交通巡控网”、以公交分局为主的“出城口巡控网”、以特警和武警为主的“重点区域巡控网”。开展“加强流动人口管理”和“打盗抢保民安”专项行动，紧盯农民工和外来人口登记、就业、居住等关键环节，健全完善“以证管人、以房管人、以业管人”的管理服务体系和“两头抓、双向管”的服务管理机制，做到底数清、信息准、情况明、管得住、服务好，努力减少流动人口违法犯罪。

2015年，全市共建立社区警务室269个，覆盖率93%；建立农牧区警务室96个，覆盖率64%。配备专职社区民警455人、协警1069人，并按照“地域相近、楼栋相连、资源相通、邻里相识”的原则，以300～500户为基本规模划定网格，按照“一区一警、一格多员”的标准配备网格管理力量。在机关企事业单位内部推进人防、物防、技防、制度防“四位一体”的安全防控网建设，成功打造城区360秒出警圈，做到“白天见警车，晚上见警灯”。在重点单位全部建立内保机构，配备保卫人员近1200人，在全市二级以上医疗机构全部建立警务室并加强物防。建立并完善二手手机交易等18项治安防控信息系统，在三电、油气、金融联席会议和寄递、医疗、金融等重点单位建立安保领导小组会议长效机制。加强信息网络“虚拟社会”防控网建设，建成国内首家符合公安部最新“警口”标准的网安技术系统，并率先发现网络反恐现行技术系统缺陷，被技术支持单位作为先进经验向全国推广。

二、整顿社会治安秩序

1986 年，市公安局、市工商行政管理局联合制定《关于开办营业性舞会的试行办法》，对营业性舞会的范围、条件、审批、手续、管理等作明确规定。市公安局在全市范围开展“压大案、打流窜、禁赌博、反盗自行车、扫荡社会丑恶现象”行动。

1988 年，全市开展整顿社会治安专项斗争，收缴一批淫秽书刊和非法出版物。

1990 年后，全市文化娱乐场所数量增加，市公安、文化、工商等部门结合元旦、春节保卫工作，严格排查全市公共娱乐场所。市公安局制定《呼和浩特市咖啡馆、酒吧间治安管理规定》，开展以扫除卖淫嫖娼等社会丑恶现象为主攻目标的除“六害”集中统一行动。同时开展预防和打击盗窃凉房、扒窃等违法犯罪活动专项行动。1991 年，对旅店、影剧院、歌舞厅、录像馆清理整顿和检查验收，签订安全责任书。对存在问题的公共场所和网点，印发限期整改通知书。

1993 年，市公安局制定印发《电子游戏机管理办法》《老年活动中心管理办法》《城镇养犬管理办法》《放射性物品安全管理办法》《公安内部枪支管理办法》《刀具管理办法》。同时，放宽对公共娱乐场所的审批范围，不过分干预。针对聚众赌博问题，重点整治全市 210 家“老年活动中心”。

1994—1995 年，重点整治新城区乌兰恰特“发廊一条街”、锡林路车站“旅店一条街”，回民区的西货场、新钢地区；玉泉区的南茶坊、西口外牲畜交易市场，土默特左旗和托克托县的旅游景点及公路沿线的旅店、饭店，查处一批“黄赌毒”案件。

1996 年，市公安局治理整顿公共娱乐场所，加强对电子游戏机娱乐场所的管理，取缔有奖电子游戏机经营活动。1997 年，各级治安部门对全市舞厅、卡拉 OK、录像厅、桑拿洗浴、书刊、台球和特种行业进行清理整顿。1998 年，针对全市娱乐场所数量猛增，有些经营业主搞违法创收，影响社会治安环境等问题，取缔了部分规模小、档次低的娱乐场所。

2000—2002 年，市公安局按照“三无”（无超范围配枪、无非法持有枪支弹药、无重大涉爆案件事故）地区的目标，开展集中整治专项行动。同时，开展“打痞除霸”行动，打击农村村痞、村霸，侦办卖淫嫖娼、赌博和封建迷信活动。对全市小歌厅、卡拉 OK、桑拿、异性按摩活动等场所治安问题进行专项治理，整顿全市娱乐经营活动场所。

2003 年，市公安局取消公共娱乐场所行业审批事项。建立“非典”时期应急工作机制，制定各种工作预案，成立由公安民警组成的应急小分队。抽调民警进驻内蒙古医院、内蒙古第一附属医院、二五三医院、武警医院等11家医院协助工作。同时在全市路口设立治安检查站，驻站民警昼夜值班。

2004—2005年，开展“缉枪治爆”“扫黄打非”“禁赌禁娼”专项行动。治理电子游戏机赌博，打击手机短信违法犯罪和网络诈骗，清理整顿院校周边治安秩序，打击办假证、取缔“黑保安”。重点整治淫秽色情“口袋本”图书、卡通画册和游戏机软件，盗版书籍、光碟及各种影像资料。治理整顿废旧物品回收、二手手机市场。

2006年3月，市公安局印发《关于认真贯彻实施〈娱乐场所管理条例〉的通知》。4月，制定出台《呼和浩特市公共娱乐场所治安等级化管理实施方案》，在全市推行公共娱乐场所治安等级化管理。2007年，清理整顿“两口一屋”、流动暂住人口、特种行业和公共复杂场所。

2008年，全市各级公安机关以“三查一打击”（一查内部单位、要害部位、公共娱乐场所；二查枪支弹药、爆炸物品、剧毒化学物品；三查流动人口、出租房屋；打击各类违法犯罪和吸贩毒人员）和“五查一摸排”（一查小旅店，二查二手手机市场，三查废旧金属收购，四查“三无”人员，五查出租房屋；重点摸排辖区内的黑恶势力，车匪路霸和外省市高危人群活动、居住、经营等情况）为重点，在全市范围开展治安整治“百日行动”。2009年，在全市开展“风暴”行动、“春雨”行动。

2010年，全市各级公安机关排查整治城乡接合部、“城中村”等治安复杂地区以及案件高发区。在全市娱乐场所安装安检门及闭路电视监控设备，配备专门的安检人员，保证闭路监控在营业期间不中断。截至2010年末，全市旅店入网覆盖率100%，旅馆信息管理系统上传率平均达到55%。

2011—2013年，市公安局先后组织开展“春秋季‘严打’”“百日会战”“治爆缉枪”“打四黑除四害”“社会治安重点地区排查整治”“校园及周边专项治理”“疏堵保畅”“清剿火灾”等专项治理和专项行动，对全市涉枪涉爆单位等治安复杂场所、案件易发地段和治安热点问题集中地区以及枪支弹药、爆炸物品、剧毒化学品、管制刀具管理等方面进行排查整治。重点对群众反映问题最多、安全感最差、违法犯罪最突出的红旗街、火车站、汽车站、大学城、中山西路、巧报镇、攸攸板镇、辛辛板村、范家营村等城郊接合部和旅店、网吧、留宿洗浴场所、歌厅迪厅等文化娱乐场所等进行整治。开展“打四黑、除四害”（“黑作坊”“黑工厂”“黑市场”“黑窝点”；害百姓、害家庭、害社会、害国家）专项行动，打击一批群众举报的“黑作坊”“黑工厂”“黑窝点”“黑旅店”。全市所有歌厅、舞厅、夜总会、酒吧、茶座、咖啡屋等娱乐场所均安装了监控设施，安装率100%。至2013年末，建成和启用旅店业、公共娱乐场所等治安管理信息系统，通过旅店业治安管理系统抓获各类逃犯近200人。

2014—2015年，市公安局集中开展整治歌舞娱乐场所有偿陪侍和利用洗浴、按摩等场所进行卖淫嫖娼、色情活动。集中开展“缉枪治爆”“最大限度收缴管制刀具”等专项行动。协同市食品药品监督管理部门开展市场清查，整改安全隐患并查处违法违规生产经营案。

三、保安服务管理

1988 年 4 月，市公安局治安处牵头组建呼和浩特市保安服务公司。公司下设业务部、勤务部、商贸部和办公室，配有 7 名公安民警担任管理干部。

1990 年，呼和浩特地区 4 家保安服务公司合并到市保安服务公司。1993 年，全年处理、防止发生案件 69 起。其中，重大案件 11 起，防止火灾事故 8 起；协助公安机关查处案件 27 起，提供线索 28 条，查获违法人员 328 人，抓获违法犯罪分子 36 人；协助客户调解纠纷 34 起；挽回直接经济损失 150 余万元，为大型群众性活动无偿出勤 70 余次。1994 年，市保安服务公司为 69 家单位提供有偿安全服务。协助公安机关查处案件 76 起，挽回直接经济损失 200 余万元。1997 年，市公安局开始清理保安服务业超经营范围的经营机构和经营服务项目。1998 年，清理 43 个未经公安机关审批的保安组织；取缔 15 个管理混乱的自建保安组织。

2001 年，市公安局检查全市的厂矿、企事业单位、服务业、娱乐场所、物业管理等企事业单位。取缔自建保安组织 51 家，收缴保安服装 121 件、标志 109 个、警衔 17 副。清理整顿后，全市共有 578 名保安员持证上岗。年底，市保安服务公司换发 2000 式全国统一保安制服。2002 年，市公安局制定《呼和浩特市保安服务业纳管联建管理办法》，整顿保安服务业，新建新城区、回民区、赛罕区、玉泉区 4 个分公司。2003 年，市政府发布《关于全面整顿用人单位保安夜勤用工秩序、吸纳安置下岗失业人员意见的通知》，向社会公开招聘一批“4050”下岗人员，经过保安业务培训后分配到各派出所参与巡逻工作。2004 年，市公安局清理 2 家未经批准自建的保安队，依法取缔 2 家“黑保安公司”。治理保安着装“三乱”，收缴假警服 36 套、警用标志 43 套、警用器材 9 件，收缴仿冒警用肩章、胸章、帽徽 2791 个。2007 年，市保安服务公司组建全市第一家押运公司。2008 年，市保安服务公司通过 ISO 9001 国际质量体系认证。年内，全市有保安 2180 人，先后为 1800 家客户提供保安服务。

2010 年，全市有保安 3000 余人。2012 年 10 月，市公安局逐一录入全市保安人员的身份证、十指指纹、照片、资格审核、考场号、考试成绩等信息。

第五节　预审监管

一、预审

1986—1987 年，市公安局结案率、起诉率、合格率、准确率和执法率均在 95% 以上；

大要案件20天移送起诉率80%以上。

1993年，市公安局各级预审部门审理的各类刑事案件与1990年同比下降16.8%。案件的审结率、执法合法率、定性准确率和起诉合格率均为100%。1997年，市公安局撤销预审处，实行侦审合一。

二、劳动教养管理

1986年，市公安局按照最高人民法院、最高人民检察院《关于当前办理盗窃案件中适用法律问题补充通知》精神，对曾因盗窃受过行政或刑事处罚，又进行偷盗、扒窃但数额不大的人员送劳动教养；对户口在农村，人在城镇作案的人员送劳动教养；对卖淫、嫖娼以及介绍、容留卖淫、嫖娼的人员，赌博以及为赌博提供条件的人员，制作、复制、出售、出租以及传播淫书、淫画、淫秽录像或者其他淫秽物品的人员送劳动教养。1987年，市公安局按照公安部、司法部联合印发《关于对卖淫嫖宿人员收容劳动教养问题的通知》精神，对卖淫、嫖娼人员中曾被公安机关抓获并处理过，再次卖淫、嫖娼的，送劳动教养。

2005年，市公安局改革劳动教养审批工作，推行律师代理劳动教养案件、实行聆询制度、缩短劳动教养期限、扩大所外执行范围并强化监督。2008年5月，市公安局制定《呼和浩特市公安机关办理劳动教养案件聆询工作规定》《呼和浩特市劳动教养所外执行人员社区矫治工作规定》《呼和浩特市公安机关办理劳动教养案件投诉工作暂行规定》。

2013年，市公安局根据《中共中央关于全面深化改革若干重大问题的决定》，废止劳动教养制度。

三、监管场所管理

1986年，市公安局建成行政拘留所，与收容审查站合署办公。1987—1989年，全市看守所建立安全检查、值班记录、思想动态、政治教育、卫生评比、亲属探视、个别谈话、“两院”（法院、检察院）通告学习等10种制度。

1990年，全市各看守所敦促在押人员及家属检举揭发。1996年，撤销收容审查站，改为呼和浩特市第二看守所。1997年，市公安局印发《关于规范看守所工作的通知》《看守所等级评定办法》，按照一级、二级、三级和不达标4个等级，开展达标创优活动。1998年10月，呼和浩特市第一看守所建成。1999年，郊区看守所划归市公安局管辖，更名为呼和浩特市第三看守所。

2005年，在第一看守所院内扩建第三看守所。2006年，市公安局行政拘留所更名为呼和浩特市拘留所。至2010年，全市各看守所推进监所勤务改革和一岗双警，主、协管制度，建立所领导、监区队长、值班民警三级巡查制度。统一制作在押人员入所教育光碟、在押人员权利义务告知手册，建立在押人员受虐报警、申诉报告制度，设立监所维权咨询岗位，定期邀请律师到所讲解法律常识并回答相关方面的咨询，开通“绿色救治通道”联合社会医院对患病的在押人员实行集中救治。

2011年，市公安局监管支队与呼和浩特市第一医院达成“院所协作”机制，实现在押人员入所前的“五项健康检查”全覆盖。同时在各看守所、拘留所、禁毒所分别建立驻所卫生室，设有处置室、心电图室、B超室、化验室、照相室。由市医院派驻医生、护士、辅助科室人员。与自治区监狱管理局医院协商制定《公安监管场所危重病患在押人员医疗救治合作协议》。

2014—2015年，市公安局监管支队维修改造各监所基础设施，对各监所风场门等系统改造升级。土默特左旗、和林格尔县新建监所投入使用，市属5个旗县监管场所建立驻所卫生室，实现监所医疗社会化工作全覆盖。

第六节 户籍管理

一、户口迁移

1986—1987年，市公安局落实一批返城知青在农村的配偶及子女的城市户口，以及国营企业劳动合同制工人迁入市区落户问题。1988年，市公安局制定《农转非户口审批实施细则》，按照每年总人口比例1.5‰指标开展试点。同年，审批解决1986年、1987年度部分农业人口转非农业人口落户。

1989年，市公安局将原户口迁移过程中“三级审批”的权限下放基层派出所，并实行五公开（公开指标、公开条件、公开评议、公开结果、公开纪律）、两监督（群众监督、纪律检查部门监督）、群众评议、三榜定案的方法，并在东风路派出所、糖厂路派出所和长和廊派出所进行试点。

1991年1月，市公安局统一使用新式迁移证、准迁证。迁移证分为农业、非农业两种。年内，印发《关于市三区与郊区之间的迁出迁入改为市内移出移入的通知》，统一使用市内移居证。1995年，放宽户籍管理政策，凡区外人员来呼和浩特市城镇兴办生产型、开发型、外向型私营企业，投资数额在30万元以上，领取营业执照且依法经营时间两年以上，可向当地公安机关申请本人及其配偶、未成年子女的城市户口。1997年10月，将郊区金河镇作为全市小城镇户籍管理制度改革试点。1998年5月，第一次户籍制度改革。新生儿可随母或父落户；夫妻两地分居可直接落户；身边无子女照顾的离退休老人投靠子女可直接落户；投资或购买商品房即可落户并免收城市增容费。8月，将赛罕区巴彦镇作为小城镇户籍改革试点。1999年，户政部门现场办公，集中办理“农转非”户口，解决郊区菜农和边远农村农民婚后未落户问题。

2000 年，自治区改革和调整户口管理政策。呼和浩特市企事业单位和个体私营企业聘雇的高级管理人才和具有中级以上职称人员及其家庭成员，可在从业单位所在地办理城市、城镇户口；内蒙古籍大学专科以上毕业生，在未就业前，要求在城市、城镇家中落户的，可办理落户手续；自治区外大学和专科以上毕业生，不论在自治区内何种所有制企业和行政机关就业，均可在就业单位所在地办理城市、城镇落户手续；在呼和浩特市投资兴办实业和购买商品房的人员及其家庭成员可办理城市户口。2002 年 3 月，第二次户籍制度改革。建立农业人口和非农业人口“同权”的户籍管理制度，消除依附在户籍上的“特权”和经济利益关系，免除小城镇特别税。2004 年，市政府印发《呼和浩特市人民政府进一步改革户籍管理制度的规定》，实施户籍管理改革，放宽落户的准入条件。

2005 年 1 月，市公安局修订《呼和浩特市户籍管理办法实施细则》，明确办理各类户口的程序、条件。7 月，第三次户籍制度改革。以“落户准入条件”取代“城镇人口控制指标”，实行以具有合法固定住所为主的“户口准入制”，户口迁移不受农业、非农业户口性质限制。促进人口合理流动，放宽引进人才和工作调动落户条件；放宽在城镇投资兴办实业、捐款办公益事业、购买商品房等落户条件，放宽夫妻、父母和子女互相投靠的落户条件；放宽户口待定人员的落户条件，简化户籍审批程序。2007 年，市公安局各级户政部门全部实现网上迁移和审批。2008 年 8 月，第四次户籍制度改革。制定《呼和浩特市户籍管理办法》和具体的实施细则，确定户籍登记基本条件。

2010 年，市公安局开展户籍管理整顿，解决出生婴儿应落户未落、退出现役未落户、户口迁移证过期或丢失未落户以及应销未销常住户口等问题。2011 年，市公安局清理整顿集体户口。2014 年，修改《呼和浩特户籍管理办法》部分条款。放宽落户条件，实现本市居民自由迁移。持网签合同可以落户。对于没有网签购房合同的，只要有开发商提供的“建设工程规划许可证”“建设工程用地许可证”“土地证”等证明材料的复印件亦可落户。出生婴儿落户取消计划生育部门的介绍信。明确分户、并户原则，简化毕业生落户手续。

2015 年，实现全市人口自由迁移，全市 9 个旗县区的农业人口均可在呼和浩特市任何地方登记为非农业人口，城镇非农业人口按实际居住地可变更户籍地。取消 5 项落户及迁移审批证明，简化新生儿上户手续，放宽购房落户限制。

二、居民身份证管理

1986 年 3 月，市公安局开始颁发居民身份证，在玉泉区公安分局小召前街派出所进行试点工作；8 月，新城区、回民区、玉泉区开始颁发居民身份证；12 月，郊区开始颁发居民身份证；1987 年 1 月，土默特左旗、托克托县开始颁发居民身份证。

1990 年，市公安局完成第一代居民身份证颁发。1996 年，市公安局启用新的防伪居民身份证；3 月，开始换发 10 年期居民身份证，至 10 月基本结束。1998 年 7 月，市公安局开始清理纠正居民身份证编号错误。

2000 年 3 月，市公安局开展居民身份证号码编制和清理纠错工作。以派出所为单位对 16 岁以下人口逐项进行户口核对，并按年度登录《居民身份证号码登记表》；对 16 岁以上人员继续进行居民身份证编号清理纠错工作，通过对计算机人口信息管理逻辑检验，发现一批身份号码错误并限期纠正。2003 年，市公安局在赛罕区建立集中办理居民身份证中心。2005 年，市委、市政府划拨专项经费，为各派出所配发第二代居民身份证采集设备。2006 年 3 月，全市开始换发第二代居民身份证，至 8 月换发 80 万人。2008 年，市公安局各级户籍管理部门简化程序，解决外出务工人员、大中专院校学生、老人和特殊人群办证难问题，开通异地办证业务。2009 年 3 月，开始为现役军人颁发居民身份证。

2012 年，全面开展一代证换领二代身份证工作，全市换证 8.31 万人，换证率达 94.17%。完成全市“同名同号”人员清理核对和人口系统中出生地、籍贯为空人员数据。2014 年，全市开始换发第二代指纹居民身份证。2015 年，呼和浩特市率先在自治区开展居民身份证异地办理工作。

三、常住人口管理

1986—1996 年，呼和浩特市在城市实行常住、暂住、出生、死亡、迁入、迁出和变更 7 项登记制度，每户发给一册户口簿；农村以合作社为单位发给户口簿，实行常住、出生、死亡、迁入、迁出 5 项登记制度。

1997 年，市公安局启用国家统一印制的常住人口登记表和居民户口簿。1998 年，开始实行新生婴儿可随母或随父登记常住户口制度。

2000 年 3 月，开始以户籍派出所为单位换发户口簿。各旗、县集中录入常住人口数据，对常住人口实行居民身份证编码。2013 年，市公安局制定《呼和浩特市户籍管理办法》和具体的实施细则，清理整治户口登记工作。

2015 年，呼市出台新的户籍管理政策，放宽购房落户限制，本市农业人口可以自由办理“农转非”落户，简化出生上户手续，解决了一批历年遗留的无户口人员的落户问题。

四、暂住人口管理

1987 年 1 月，市公安局制定《关于城镇暂住人口管理的暂行办法》。1988 年，市公安局制定《呼和浩特市出租房屋暂行规定》，会同市建设局、市工商局清查全市建筑工地。1989 年，制定《呼和浩特市暂住人口管理工作实施细则》《私人出租房屋管理规定》。

1991年，市公安局组织治安大清查。1992年，全市暂住人口管理范围扩大至旗、县和乡、镇。1994年1月，市公安局开始换发新暂住证并收取暂住人口管理费30元、暂住证工本费2元，建立暂住人口协管员制度。1995年，市公安局清理整顿全市租赁房屋并建立管理制度。

2000年后，全市各级公安机关加大对暂住人口的管理力度，推广暂住人口计算机联网和暂住人口管理常住人口化。开展集中清理整顿“两口一屋”（重点人口、流动人口、出租房屋）治理专项行动。2003年，全市共登记暂住人口17.68万人，其中办证管理6.18万人，登记出租房屋3.24万户。2010年，全市共登记暂住人口48.97万人，其中登记管理的25.51万人，办证管理的23.46万人，办理暂住证7.75万本。登记出租房屋6.23万户。

2015年，全市开展“加强流动人口管理”专项行动，在自治区率先完成人口信息系统升级改造，建立流动人口服务管理中心69个，聘用流动暂住人口协管员2677人，登记流动暂住人口67.86万人，办理暂住证12.72万人，登记出租房屋8.21万户。

第七节　出入境管理

一、港澳台同胞及外国人入（出）境管理

1986年初，呼和浩特市简化外国人入（出）境必须办理各类证件的手续，外国人入（出）境管理转向宽松便利型，管理体制转向属地式管理。1988年8月，市公安局印发《关于台胞来呼和浩特市探亲、旅游申报暂住户口等12个问题的通知》，明确在呼和浩特市探亲、旅游的台胞，持台胞旅行证明、中华人民共和国旅行证、中华人民共和国入（出）境通行证之一的可向当地公安机关申报暂住户口。

1990年3月，市公安局印发《关于加强外国人在呼和浩特市居留管理工作的意见》，建立外国人住宿登记卡制度和留宿申报制度。年内，全市登记住宿和留宿的外国客人4000余人。1991年，开通呼和浩特—乌兰巴托空路4日游、呼和浩特—乌兰巴托陆路7日游。市公安局外事管理处加强蒙古人民共和国入境旅游人员管理。年内，全市有探亲、访友、旅游、参观、留学、技术服务、文化交流的外国人有7000多人，港澳台同胞有2000多人。1992年，市公安局外事管理处成立户口管理小组。使用中文、英文、日文、蒙古文4种文字在酒店（旅店）前厅及房间张贴《外国人住宿须知》。同时，加强对外国侨民及外籍教师、专家、教练及留学生的管理。1992—1996年间，每年在呼外国人有7000多人，港澳台同胞有2000多人。1997年，办理境外人员各种签证、证件400多人。1998年，在呼经商、旅游、访问、学习的临时境外人员有1万多人。旺季每周出入境人数超过300人，涉及60多个国家和地区。其中，蒙古

国籍占40%以上，其他来自日本、美国、德国等国家。

1999—2003年，全市有境外人员近10万人。2004年，美商生物、瑙鲁（太平洋）、建鼎光电等企业相继落户呼和浩特，临时入境外国人数量增加，居自治区第三位。2005年7月，第九届亚洲民间艺术节暨第四届国际民间艺术节在呼和浩特市举办，有16个国家和地区的19个演出团体参加。

2012年，办理签证、居留许可证共计2227人次，涉及50个国家和地区，证件受理严格按照公安部规范要求，未有超时限审批及其他违法违纪情况发生。市公安局按照《中华人民共和国出入境管理办法》，规范中国公民出境入境、外国公民入境出境、外国人在中国境内停留居留的管理办法和程序。

二、中国公民因私出（入）境管理

1987年，全市批准中国公民出境100余人，出国100余人。1988年11月，市公安局开始受理内地公民赴台探望重病（伤）亲属、奔丧申请。1989年4月，市公安局开始受理内地居民赴香港进行商务、学习和培训等非公务性活动申请。

1992年，市公安局制定《出入境管理中纠正行业不正之风的具体措施》，简化手续、缩短审批周期。将申请、审批和发证周期缩短为10天，特殊情况随时审批。1997年，呼和浩特市公民因私出国出境2000余人，包括留学、探亲访友、出国定居、就业、结婚、出国旅游等，涉及51个国家和地区。

2000年，呼和浩特市公民因私出国、出境5000余人。2002年，市公安局取消中国公民因私出国、出境申请提交境外邀请的规定，以及出国旅游必须提交全额旅游发票和4000元美金存款的证明，自费留学提交入学通知书、在留资格认定证明书等。2004年，市公安局开始实行公民因私出国、出境凭户口簿、身份证按需申领护照制度并简化办事程序。

2009—2010年，市公安局共审批呼和浩特市公民因私出国（境）证照10万余件次，涉及106个国家和3个地区。2011年，共审批出国（境）证照2.8万人次，所办证照涉及92个国家和中国台湾及港澳地区。同时，建立了完整的出入境管理信息网络，逐步落实电子签章工作。2012年，全市共审批出国（境）证照6.04万件次，其中护照2.87万件次、赴台1966件次、办理港澳签证7.77万人次。

2013年，在强化出入境办证大厅延时服务、预约服务，开通绿色通道的基础上，在全市新建5个出入境办证分厅，方便办证群众。2014年，出入境部门出台15项便民利民措施，开展延时办证、预约办证、节假日办证等服务，制定“三不下班”制度，即“不接待完最后一位群众不下班、不处理完当天的业务不下班、不办完急办事项不下班”，受到社会各界和广大群众的好评。2013—2015年，市公安局共审批呼和浩特市公民因私出国（境）证照27.65万余件次。

第八节　道路交通管理

一、交通秩序管理

1987 年，市公安局交通警察大队无线对讲通信指挥系统覆盖全市。1989 年，交通警察大队更名为交通警察支队。年内，开展道路与车辆及交通设施基础调查。

1990 年，市公安局交警支队（简称市交警支队）分别规定临时和长期两类单行线、禁行线。将红绿灯单项位自动控制改为多项位自动控制，直行车与转弯车分时放行。1994 年 11 月至 1995 年 1 月，专项治理 10 种违章行为，重点清理整顿市内 15 个重点路口，23 条重点街道。1996 年，开展“酒后驾车”专项治理，重点整顿春节后大量商贩挤占道路影响交通现象。1998 年，重点清理中山西路摊贩违章占道、摆摊设点，开展“压事故、保畅通、维护人民生命财产安全和创造良好交通秩序”大整顿。1999 年，市区 10 处主要路口开通交通计算机监控系统，从不同角度监控违法并利用系统进行抓拍、记录和后期处理。同时，启用“122”交通事故报警台的接、处警系统，实行 24 小时自动监控、自动记录违章及备案。

2000 年，市区 9 个主要路口增加多相位自动信号灯，新增道路交通标志 360 面。海拉尔中路、锡林南路、锡林北路更换多项位信号灯。2001 年，呼和浩特市交通管理达到全国 C 类城市三等水平，被列为全国 13 个实施畅通工程成绩突出城市之一。2002 年，市交警支队将路段管理改为警务区承包管理，管理范围由主干道、路口向小街巷拓展延伸。同时，严格管理残疾人营运三轮车、自行车和行人的交通违法行为；专项整治酒后驾车、无证驾车、超载、超速等严重违法行为；开展打击、整顿假牌、假证专项行动。

2003 年 8 月，市交警支队交通指挥中心竣工，配备有交通信号控制、电视监控、闯红灯电子警察、指挥调度通信、交管计算机网络、光纤通信、“122”接处警、路况信息交通台等系统，与市公安局“110”报警服务台及卫星定位系统联网，可监控全市 40 多处主要路口。2004 年，市区新增电子警察 40 余处。

2005—2006 年，市交警支队增配流动测速车、测速枪、酒精测试仪和对讲机。实现“122”指挥系统与“110”报警服务台互联互通。建设和应用市区内交通信号控制、交通流量采集、道路交通监控、电子警察、雷达测速、制高点监控、治安卡口、LED 交通显示屏和 GIS 地理信息等系统。2007 年，完成市区交通管理科技设施建设。在“八横八纵”主次干道安装和更新大型指路标志牌及各类组合标志。在和林格尔县城关镇和盛乐经济园区建成交通监控系统。

2008 年，市交警支队在全市各条路口设置监控设施，自动记录车辆出入视频，与友邻地区、部门结成协作网。开展机动车涉牌涉证、市区交通秩序整顿、治理非法超载超限、警用车辆整治、冬季攻坚和集中整治。2009 年，调整木材公司、桥南、博北、交通学校、华建、宾悦、石羊桥等路口信号控制方式和配时。

2010 年，市公安局把智能交通列入数字化交通管理系统。市交警支队实地调研事故多发地段，制定整改措施。

2012 年后，市区重点路段禁止摩托车、拖拉机和农用车通行，明确拉运建材、物流、生活必需品等货运车辆通行时间和路段。年内，市交警支队对外挂市公安局交通管理局牌子。各交警大队建成讯问室、留置室、询问室、信访接待室、值班室、档案室、听证室等执法办案场所。2013 年，全市开展“机动车安全隐患大检查”“道路交通安全大检查”“百日危爆物品安全大检查大整治”“三治三打一排查”“夜鹰行动”。2014 年，全面启用视频监控、电子警察、信号控制灯、交通诱导、无人航拍、GPS 卫星定位等系统。2015 年，智能化交通管理在市区全覆盖。驾驶人考试采取计算机自动评判，各银行营业网点窗口安装一站式自助缴费终端机，开通“简易处罚银行直缴”业务。

二、交通事故处理

1986 年，市交警大队制定《呼和浩特市道路交通事故处理暂行规定》。1994 年后，市交警支队按照《关于变更部分司法鉴定标准的通知》《关于道路交通事故受伤人员伤残评定收费管理的通知》处理交通事故。1995 年 2 月，启用道路交通事故报警特服号码（“122”报警台）。

1996 年后，公开听证交通事故责任认定，公开调解交通事故善后处理赔偿。1998 年 2 月，市交警支队开始按照《关于处理涉外案件若干问题的规定》《外国人在华死亡后的处理程序》处理涉外交通事故。

2001 年，市交警支队制定《道路交通事故处理工作制度》《道路交通事故处理过错责任追究制度》《车辆物品定损工作制度》《车辆物品定损认定办法》。2001—2002 年，全市发生各类交通肇事逃逸案件 202 起，侦破 167 起。2005 年 10 月，市交警支队开展“集中侦破重大交通肇事逃逸案件”专项行动，侦破疑难重大逃逸案件 3 起。2005—2006 年，全市共发生各类肇事逃逸案件 244 起，侦破 231 起。其中，重大交通肇事逃逸案件 35 起，侦破 30 起。2007 年，交警支队事故处理工作实行网上办公、网上审批，轻微交通事故适用简易程序。年内，由当事人自行协商处理的轻微道路交通事故 775 起，占全年轻微道路交通事故总数 33.3%。

2008 年，全市发生道路交通事故 796 起，死亡 180 人、受伤 833 人，直接经济损失 221.92 万元；万车事故率 27.61%，万车死亡率 6.24%。交通事故起数同比减少 111 起，下降 12.24%。死亡人数减少 15 人，下降 7.69%。全市未发生一次死亡 3 人以上的特大交通事故。由当事人协商处理轻微道路交通事故 800 余起。

2009 年，交警支队推行市区夜间交通事故接处警协作联动机制，成立 2 个轻微事故快速理赔中心。在事故科和基层大队建立 12 个交通事故处理法律援助站，对轻微交通违法行为只教育不罚款。年内，全市共发生一般以上道路交通事故 209 起，死亡 80 人、受伤 236 人，直接经济损失 36 万元；万车事故率 6.78%，同比下降 5.05%；万车死亡率 2.59%，同比下降 0.08%。未发生死亡 3 人以上特大交通事故。

2010 年，全市共发生一般以上道路交通事故 662 起，死亡 171 人、受伤 692 人，直接经济损失 253.35 万元。发生各类道路交通肇事逃逸案件 96 起，侦破 85 起。

2011 年，全市发生一般以上道路交通事故 680 起，死亡 143 人，受伤 805 人，直接经济损失 183 万元；发生一次死亡 3 人以上特大交通事故 2 起，死亡 10 人。年内，各旗县区交警大队会同人民法院成立交通事故巡回法庭和人民调解室，调解交通事故 708 起。

2012—2015 年，全市发生一般以上交通事故 2316 起，死亡 445 人、受伤 2369 人，直接经济损失 460.9 万元。未发生一次死亡 3 人以上特大交通事故。各类交通肇事逃逸案件 97 起，侦破 85 起。其中，重大逃逸案件 14 起，侦破 12 起。

第九节　消防管理

一、消防监督

1986 年 3 月，呼和浩特市建立由消防监督管理部门、保险公司、受灾单位三方共同核查处理火灾事故的制度。1987 年后，市公安消防支队按照三级负责制和划分级别的“四大”（火灾危险性大、发生火灾后损失大、伤亡大、影响大）标准，将重要厂矿企业、基建工地、交通通信枢纽；粮、棉、百货等物资集中的仓库、货栈；生产、储存化工、石油等易燃、易爆物品的单位和部位；首脑机关、重要科研单位；文物建筑、图书馆、博物馆、档案馆等单位；高层建筑、易燃建筑密集区和大量人员经常聚集的重要场所列为一级管理单位，由市公安消防部门负责管理监督；中等企业列为二级管理单位，由城区公安分局消防科（股）管理监督；小工厂、小商店、街道居民区列为三级消防管理单位，由公安派出所管理监督。另外，规定铁路、民航和林业系统公安机关所设立的消防监督机构，分别负责铁路站区、铁路线路和机车、民航机场和飞机以及林业所属各单位的消防监督工作，同时接受地方公安消防监督机构的业务指导和协助。

1997 年，市公安消防支队成立消防执法监督领导小组，负责对消防监督执法审查把关。将执法检查列入年度绩效考核内容。1999 年，全市各级公安消防部门推行警务公开制度。至 1999 年末，消防支队受理举报 2000 人次，提供咨询服务 10 万人次。

2009年，实行派出所所长负责制，在全市范围建设“治消一体化”火灾防控体系，为治安巡逻车配备基本的灭火装备，开展可燃易燃装修材料、高层地下建筑、化学危险品企业、福利院养老院等场所专项治理和“青城铁军红色风暴Ⅰ号、Ⅱ号、Ⅲ号除患行动”“牛街、吧街隐患专项治理”“冬季防火百日会战橄榄风暴行动”等专项行动。共检查高层地下建筑和公众聚集场所1551家次，发现消防安全违法行为和火灾隐患1677处，印发《责令限期改正通知书》《责令改正通知书》433份，责令停产停业单位147家，配合工商和文化部门吊销证照25家，行政拘留10人，行政罚款112.7万元；排查福利院、学校等场所163家，查处火灾隐患284处，整改隐患269处；排查整治易燃易爆场所177家，发现并整改隐患26处。

2010年，市公安消防支队组织召开重大火灾隐患政府挂牌督办论证会，确定13家单位为重大火灾隐患单位并提请各级政府挂牌督办。2011年，市公安消防支队开展“雷雨”专项行动。

2012年，市公安局制定《呼和浩特市公安派出所消防监督管理规定（试行）》，明确派出所消防监督管理的职责、范围，将消防监督管理纳入派出所工作绩效考核内容。年内，举办消防民警业务培训班，全市116个公安派出所分管消防所长、专兼职消防民警400余人参加培训。

2013年，市公安消防支队建立“96119”火灾隐患举报投诉机制。制定《呼和浩特市消防安全违法行为举报奖励暂行办法》，对举报人给予50～1000元奖励。将96119与城市火灾自动报警监控管理中心兼容对接，并与设置在全市各消防安全重点单位的火灾隐患举报投诉终端连接。打击假冒伪劣消防产品，检查全市在建（包括新建、扩建、改建）高层、地下建筑、人员密集场所、重点建设工程、易燃易爆危险品场所、石油化工企业等建设工程选用的消防产品，集中整治辖区内消防产品生产、销售企业。责令限期整改全市658个违法使用消防产品的在建工程；排查全市20家灭火器生产企业，取缔4家不合格企业。

二、安全检查与事故处理

1986—1990年，市公安消防支队按照“三不放过”原则（火灾原因没有查清不放过，火灾肇事者没有得到处理不放过，肇事单位领导和群众没有受到教育不放过），依法调查处理火灾事故。1998年后，市公安消防支队按照《内蒙古自治区重大、特大火灾事故责任调查处理规定》，对违反消防管理规定造成重大、特大火灾事故的单位和个人除按有关法律、法规处罚外，对事故责任者给予行政处分。

2000年，全市各级消防部门重点清理整治生产、销售烟花爆竹的企业和市场，责令发现火灾隐患的单位立即停产、停业予以整改。2009年1月，自治区首个“消防办事大厅”系统进驻呼和浩特市政务服务中心，集中受理建设工程消防设计备案和建筑工程竣工验收消防备案业务，及时向社会公告消防行政许可结果。3 月，专项检查整治全市高层建筑、公众聚集场所和地下建筑灭火救援情况。8 月，开展“环京护城河”重点地区的消防安保检查。12 月，组织暗访组检查全市冬季防火工作。

2010 年，市公安消防支队开展建筑消防设施、校舍安全、火灾隐患排查等整治行动。检查全市所有高层建筑消防设施，提高安全疏散和抗御火灾能力。全年共检查、抽查消防安全重点单位 2004 个次，抽查非重点单位 7402 个次。发现火灾隐患 4322 处，督促整改 4140 处；责令“三停”62 家，临时查封 41 处。

2012 年，市公安消防支队重点排查整治易燃易爆场所、人员密集场所、建筑施工工地、“九小场所”、居民住宅区、建筑消防设施和重点单位落实“四个能力”“三个一律”情况。年内，检查单位 99979 家。发现火灾隐患或消防安全违法行为 10 万余处，全部督促整改；临时查封单位 2031 家，责令“三停”单位 1215 家。

2013 年，市公安消防支队专项整治中山路商业圈、在建工地、彩钢板临时建筑、养老院（福利院）、易燃易爆危化品等重点单位、重点场所消防安全。督办全市 505 家重大火灾隐患单位和 407 家未审未验单位。

2015 年，市公安消防支队在对火灾事故调查与处理实践中，初步形成一套符合客观实际的工作方法。重大、特大火灾事故调查事实清楚，经济损失核定准确，适用法律正确。查处率 100%。

第十节 “110”接警服务

一、“110”报警服务台

1990 年 7 月，市公安局开通“110”报警服务台。1995 年，“110”报警服务台开通 9 条线路，24 小时值机值班，接警电话自动连接。1996 年，市公安局建立“110”报警服务快速反应机制。1997 年，建立可以迅速、准确地查出报警人电话号码、地址、单位等资料，并加以显示和存储的 GPS 卫星定位系统及无线报警的“110”指挥系统，运钞车、储蓄网点、水、电、燃气等重点部门在受到侵害时，可以在 0.5 秒之内报警。

2003 年 3 月，市公安局对“110”接处警系统、350 兆无线警用指挥调度系统、GPS 全球卫星移动目标定位系统、远程定点报警图像传输系统、远程智能电话自动报警系统、DLP 大屏幕显示系统、LED 信息显示系统等 7 个系统进行大规模技术改造。2007 年，市公安局建成新指挥系统，包括接警、处警、有线无线通信调度、警用 GIS 地理信息、GPS 定位、报警手机定位、短信息报警、城市报警与监控、DLP 大屏幕 LED 显示、社会联动、信息、首长指挥 12 个子系统。

2014 年，市公安局指挥中心分别在全市 9 个旗县区公安局（分局）建立出警圈，并将“12319”城建热线平台接入呼和浩特市电子政务网。

二、接处警与社会联动

1990年7月，市公安局“110”指挥中心建立后，要求金融单位对外办理储蓄、现金支付、会计结算、证券交易等业务的营业所、室（厅、部），存放现金和重要凭证的金库、业务库、守库室、监控室等重点部位与公安机关建立联网报警设施；金融单位运钞车、护卫车要配有通信、报警装置并与“110”报警服务台联网。

2004年，市政府发布《关于开通12319城建热线有关事项的通知》，将全市的“12319”热线平台（二级工作平台）设在市公安局指挥中心，实行24小时值班制。“110”报警服务台接到非警务类求助，根据情况反馈到“12319”或直接派巡逻车前往现场。同时，组织有资质的、经过严格政治审查并在相关部门登记备案、办理相关手续的专业开锁人员参与“110”联动开锁工作，制定《联动开锁单位管理制度》。截至2015年，全市有300多个金融单位、100余辆运钞车与市公安局“110”指挥中心建立联网报警系统。

第二章　检察工作

第一节　机　构

一、呼和浩特市人民检察院

1986年，呼和浩特市人民检察院（简称市检察院）下设办公室、政工科、监所检察科、经济检察科、审查批捕科、审查起诉科、法纪检察科、控告申诉检察科、民事行政检察科、技术检察科、调研室等科室。1988年10月，市检察院增设民事行政检察科和技术科。1989年，市检察院监所检察科分设为民事行政检察科、监所检察科，办公室分设为技术科和办公室。

1990年8月，经济检察科更名为贪污贿赂侦查局，政工科更名为政治部。1991年，市检察院增设监察科，调研室更名为法律政策研究室。1995年9月，市检察院内设科统一更名为处，贪污贿赂侦查局更名为反贪污贿赂局。1997年，市检察院办公室分设为办公室、行政装备处。

2000年2月，市检察院增设法警支队。5月，郊区检察院更名为赛罕区检察院。2002年，市检察院增设职务犯罪预防处，审查批捕处更名为侦查监督处，审查起诉处更名为公诉处，法纪检察处更名为渎职侵权检察处，行政装备处更名为计划财务装备处，撤销法警支队。2004年5月，市检察院增设机关事务中心。11月，增设检务督察处。2007年，市检察院成立法警支队、案件管理处，渎职侵权检察处更名为反渎职侵权局。旗县区检察院渎职侵权检察科更名为反渎职侵权局。2008 年，市检察院成立检察委员会办公室和人民监督员办公室。

2014 年，市检察院成立经济开发区检察处，检察委员会办公室和人民监督员办公室分开设立。2015 年，市检察院增设公诉一处、公诉二处、公诉三处、未成年公诉处、未成年人及妇女案件检察处、技术侦查处、信息化建设管理处等 9 个处室。

二、检察委员会

20 世纪 80 年代末，市检察院组成 7 ~ 11 人的检委会，实行民主集中制，在检察长主持下讨论决定重大案件和其他重大问题。

2000 年，市检察院设立专职委员，成立检察委员会专门办事机构。2003 年，修订《呼和浩特市检察机关检察委员会议事工作规则》。

2010 年，制定《关于加强全市检察机关检察委员会工作规范化建设的若干意见（试行）》。2013 年开始，检察委员会从“重议案”向“议事议案并重”转变。增加审议议题，扩大议题范围。

第二节　检察体制改革

一、主诉改革

2000 年，市检察院及各旗、县、区检察院（以下简称两级检察院）开始推行主诉检察官责任制。市检察院规定主诉检察官的选任条件、主诉检察官的职权、责任、待遇及办案程序、考核和奖惩。审查起诉部门制定《主诉检察官办案责任制实施细则》，审查批捕部门制定《刑事立案工作细则》，民事行政检察部门制定《民事行政检察工作奖惩激励量化管理办法》，控申部门实行《刑事申诉案件公开听证制度》。

二、侦查一体化

2001 年，市检察院设立职务犯罪大要案侦查指挥中心。帮助基层检察院突破大案，应西藏自治区、内蒙古自治区阿拉善盟等地检察院反贪局请求，协助代为调查取证。

三、特约检察员制度

市检察院分别于 1991 年、1999 年 2 次从民主党派和无党派人士中聘请特约检察员。邀请特约检察员参加招考录用检察干警等工作，听取特约检察员意见和建议。

四、人民监督员制度

2003 年 9 月，市检察院成立人民监督员制度试点工作领导小组，确定市检察院、新城区检察院、赛罕区检察院和托克托县检察院为试点检察院。发布《呼和浩特市检察机关人民监督员制度试点工作实施方案》。10 月，4 个试点基层检察院完成人民监督员选任。两级检察机关共聘任人民监督员 29 名。其中，政府和司法机关 12

人，人大、政协 6 人，人民团体 5 人，教师、律师 3 人，企业界人士 3 人。11 月，赛罕区检察院聘任的人民监督员对赛罕区检察院反贪局提出的拟作撤案处理的刘某涉嫌挪用公款案实施监督，该案例成为自治区首例接受人民监督员监督的自侦案件。2008 年，人民监督员对 69 件拟作撤案、不起诉处理和犯罪嫌疑人不服逮捕决定的职务犯罪案件进行监督。

2011 年，市检察院完成人民监督员换届选举工作，聘请 41 名人民监督员，任期 5 年。2012 年，市检察院监督员办公室组织人民监督员参加监督评议案件 81 人次。其中，涉嫌职务犯罪拟不诉案件 9 件。2013 年，人民监督员办公室成为市检察院独立部门。全市检察机关报请拟不起诉和拟撤案的直接受理立案侦查案件 3 件，邀请 8 名人民监督员评议、监督 3 个报请案件。2013—2014 年，人民监督员监督涉嫌职务犯罪拟不诉案件 10 件。

2015 年 5 月，市检察院和市司法局对人民监督员摸底调查，通过对拟任人民监督员的报名、资格审查、筛选、复选、公示以及实地考察等程序，确定 45 人为新一届人民监督员。其中，留任符合条件的上一届人民监督员 15 名。8 月，在《呼和浩特日报》公示。10 月，举行司法改革后的市检察院首届人民监督员颁证宣誓仪式。

五、检务公开

1998 年，市检察院将“检务公开”纳入年度工作部署。两级检察院均设立检务公开栏并向群众宣传“检务公开”；实行检察工作通报制度；召开新闻发布会，通过报刊、电台、电视等新闻媒体，公布检察业务；在办案各环节告知犯罪嫌疑人、被告人、证人、举报人、申诉人其享有的权利和应承担的义务。

2006 年，全市两级检察机关建立“检务公开”信息台、咨询台，设置电子显示大屏幕、自动触摸屏等设备，在互联网上开通宣传页、网址等，方便社会各界和公众查询、监督。建立健全涉检信访工作机制、“检察长接待日”、“点名接待”、“检察开放日”等制度。

2013 年 11 月，市检察院成为全区检察机关检务公开制度改革试点院，改、扩建案管大厅、接待大厅和基层检察室，建设功能齐全的检务公开场所。开通“两微一站”（官方微博、微信和检察门户网站），研发检察信息公开查询软件。“人民检察院案件信息公开系统”上线运行，主动向社会公开案件信息和其他检察信息，即审结、即上网、即查询。2014 年，市检察院开设控告申诉、律师接待、检务咨询、法律咨询、行贿犯罪档案查询、案件查询等办事窗口，提供“一站式”服务。建立“12309”举报电话、远程视频接访、网上信访、来信、来访“五位一体”信访工作机制。邀请人大代表、政协委员、人民监督员以及律师等相关人员参加案件评议和公开听证会，听取各方意见。网上公开案件的程序性信息、终结性法律文书。

第三节　侦查监督检察

一、审查批准（决定）逮捕

1986年，经过3年多的“严打”斗争，呼和浩特地区发案率开始下降，社会治安明显好转。1987—1994年，全市共受理公安机关提请批准逮捕的人犯5857人，经审查，批准逮捕4763人，占受理人数的81.3%。

1995年，《中华人民共和国国家赔偿法》实施后，两级检察院执行《中华人民共和国国家赔偿法》和最高人民检察院有关精神，办理的批捕案件质量有所提高。1995—2000年，共受理公安机关提请批准逮捕的人犯7841人，经审查，批准逮捕6149人，占受理总人数的78.4%。

2001年，全市开展“严打”斗争，整顿规范市场经济秩序。对严重危害经济、社会秩序的刑事犯罪嫌疑人快捕快诉。受理公安机关提请批准逮捕犯罪嫌疑人1885人，经审查，批准逮捕1504人，占受理人数和审结案件人数（1884人）的79%。其中，批捕黑社会性质组织等重大案犯403人，占批准逮捕人数26%。2002年开始，全市检察机关推行主办检察官制度，建立联席会议制度，加强同公安机关联系。重大疑难案件适时介入勘查现场、旁听预审和案件分析讨论，及时熟悉案情、掌握基本犯罪事实和证据，提出意见和建议，引导公安机关调查取证，依法快捕快诉。2002—2007年，全市检察机关共受理公安机关提请批准逮捕的犯罪嫌疑人1575人，经审查，批准逮捕1429人，占受理人数的90.73%。

2008年后，两级检察机关依据《人民检察院审查逮捕质量标准（试行）》，改革审查逮捕工作机制，保障犯罪嫌疑人合法权益。制定《市检察院关于适用简易程序快速审查逮捕轻微刑事案件的实施意见（试行）》，设计《适用简易程序审查逮捕案件交办单》《简易程序案件审查逮捕意见书》，推行新的办案机制。2008—2010年，两级检察院批准和决定逮捕4458件案件6808人。

2011—2014年，两级检察院依法从重从快严厉打击危害国家安全犯罪、黑恶势力犯罪、严重暴力犯罪、严重影响群众安全感的多发性侵财犯罪以及严重破坏社会主义市场经济秩序的犯罪，保持对严重刑事犯罪的高压态势。累计受理提请逮捕7014件案件10516人，经审查批准逮捕6117件案件8940人。

2015年，全市检察机关对涉毒案件、非法集资案件及生产销售伪劣商品案件等案件坚持“零容忍”；对未成年人犯罪案件、邻里纠纷引发的轻伤害案件等轻微刑事案件，坚持宽严相济的刑事政策，少捕、慎捕。年内，共审查批准逮捕各类刑事犯罪嫌疑人1757人。

二、不批准逮捕

1987—1990 年，全市检察机关作出不批准逮捕决定 228 人。1991—1996 年，全市检察机关对公安机关提请批准逮捕的人犯，经过审查，依法决定不批准逮捕 621 人。截至 2000 年，全市检察机关不批准逮捕 1185 人，占公安机关提请逮捕犯罪嫌疑人的 22.12%。

2001—2015 年，全市检察机关对不符合法定逮捕条件的，依法决定不批准逮捕 3419 人。

三、立案监督

1998 年，呼和浩特市检察机关立案监督工作开始起步。年内，获得立案监督线索 11 件，要求公安机关说明不立案理由。其中，公安机关主动立案 8 件，检察机关认为不立案理由不成立并通知公安机关立案 2 件。1999 年，对公安机关应当立案而没有立案的，要求公安机关说明不立案理由 3 件，通知公安机关立案 3 件。

2000—2001 年，对公安机关应当立案而没有立案的，要求公安机关说明不立案理由的 46 件，公安机关主动立案 5 件，占要求公安机关说明不立案理由案件数量的 10%。不立案理由不成立通知公安机关立案 7 件。2002—2005 年，市检察院在全市开展对涉嫌经济犯罪立案监督专项行动和打击制假售假、侵犯知识产权等立案专项行动，排查税务、工商、银行、药监、烟草、海关等部门，向有关行政执法机关发出应移交案件给公安机关立案的检察建议 15 件。累计受理立案监督线索 319 件。2006—2010 年，两级检察院累计受理立案监督案件 413 件。

2011—2013 年，市检察院制定《诉讼监督年活动实施意见》，办理立案监督案件 285 件。

2014—2015 年，侦监处和预防处牵头与 9 个行政执法单位制定《监督预防发生在群众身边违法犯罪协调联动实施办法》，推行“一局一督导员一宣讲员”制度，开展“破坏环境资源和危害食品安全犯罪”专项立案监督，两级检察院共办理立案监督案件 354 件。其中，公安机关主动立案 206 件，主动撤案 28 件，法院判决 192 人。

四、侦查活动监督

1986 年 3 月，市检察院召开“两个活动”监督工作会议，对公安机关和人民法院在侦查和审判活动中的违法行为，提出口头纠正违法 32 件，发出纠正违法通知书 14 件。共追捕漏犯 59 人，追诉漏犯 46 人。

1987—1992 年，对公安机关在侦查活动中的违法行为，提出口头纠正意见 26 件，发出书面纠正意见 25 件，并对退回补充侦查的案件和建议公安机关报捕的漏犯进行跟踪监督。其中，1990 年，建议公安机关报捕漏犯 54 人，提请批准逮捕漏犯 32 人；追捕漏犯 101 人，追诉漏犯 49 人。1993—1994 年，对公安机关在侦查活动中的违法行为，提出口头纠正意见41件，书面纠正意见9件。对应追究刑事责任，而公安机关作其他行政处理的3人直接立案、逮捕，追究刑事责任。共追捕漏犯25人，追诉漏犯30人。1995—1996年，检察机关重点抓有罪不究，以罚代刑问题，对公安机关应当立案而未立案的刑事犯罪案件，检察机关直接立案侦查1件。对公安机关在侦查活动中的违法行为提出纠正意见126件。追捕漏犯28人，追诉漏犯32人。1997—2000年，共追捕犯罪嫌疑人10人，追诉被告人17人。对公安机关在侦查活动中存在的批捕后改变强制措施未通知原批准逮捕的检察院、违规延长拘留期限、对案件中的赃款赃物没有依法及时返还等问题，向公安机关提出改进意见。

2001—2005年，对公安机关在侦查活动中的违法行为提出纠正意见48件，发出《纠正违法通知书》79份，检察建议129份，追诉漏罪40起均被法院确认判决，追捕犯罪嫌疑人99人，追诉被告人25人。2006—2008年，对公安机关在侦查活动中的违法行为提出纠正意见50余件，追捕犯罪嫌疑人91人，追诉被告人30人。2009年，对应当逮捕而未提请逮捕的案件，决定追捕58人，同比增长28.89%；对侦查活动中的违法行为提出书面纠正意见85件，同比增长23.19%。

2010—2011年，依法追捕211人。同时，将诉讼监督关口前移，建立捕诉协调案件催办制度，在犯罪嫌疑人被批准逮捕后，根据侦查监督部门提供的信息，主动对案件进行催办，督促公安机关尽快侦查终结，避免案件久侦不结导致超期羁押，变被动的事后监督为主动的事前督促、事中监督和事后纠正，侦查羁押超时限现象明显减少。2013年，共追捕犯罪嫌疑人434人，发现侦查活动违法线索758件，发出《检察建议》688份、《纠正违法通知书》1895份。

2014年，纠正漏捕犯罪嫌疑人83人，同比下降16.16%。发出《检察建议》59份、《纠正违法通知书》211份。

2015年，发出《检察建议》11份、《纠正违法通知书》44份。市检察院与市公安局、市食品药品监督管理局联合出台《完善协调联动机制，依法监督和促进食品药品安全呼和浩特创建工作的意见》，成立联合执法监督办公室，建立食品药品安全执法人员档案，协调移送案件线索5件。

第四节　审查起诉检察

一、审查起诉

1987—2007年，两级检察院受理公安机关移送起诉和免予起诉的犯罪嫌疑人28857人，经审查，提起公诉23702人，占受理人数的82.13%，占审结案件人数的97.07%。

2008—2010年，市检察院经审查提起公诉8950人。对自治区检察院交办的，涉及罪名 11 项，作案 70 余起，受害群众 800 余人的黑社会性质组织犯罪团伙的 19 名成员提起公诉。

2011—2015 年，依法从重从快严厉打击危害国家安全犯罪、黑恶势力犯罪、严重暴力犯罪、多发性侵财犯罪、毒品犯罪、侵害学前儿童和师生安全犯罪等严重影响社会稳定和人民群众安全感的刑事犯罪。加大对侵犯知识产权、制售假冒伪劣商品、金融诈骗、危害税收征管犯罪和非法吸收公众存款等涉众型经济犯罪的打击力度。经审查，累计提起公诉 1.18 万件 1.66 万人。

二、免予起诉、不起诉

1986 年，两级检察院对公安机关移送起诉和免予起诉案件，经过审查，对犯罪情节轻微，不需要判处刑罚或对罪行较轻、投案自首、青少年中的偶犯等确有悔罪表现，具有法定的应当可以免除处罚条件的犯罪分子，免予起诉、不起诉。

1987—1996 年，两级检察院自行侦查终结的案件中，决定免予起诉的 294 人、不起诉 72 人。1997 年《中华人民共和国刑事诉讼法》修改，全市检察机关取消免予起诉制度。1997—2010 年，对公安机关移送起诉的犯罪嫌疑人，依据新修订后的《中华人民共和国刑法》《中华人民共和国刑事诉讼法》有关条款，对 340 余人作出不起诉决定。印发《市检察院不起诉案件审批办法》，规定旗、县、区检察院拟作不起诉的案件，一律报市检察院审批。其中，自侦案件拟作不起诉处理的，要听取人民监督员意见。

2011—2015 年，两级检察院改革不起诉案件请示制度，将普通刑事案件不起诉决定权交回基层检察院。基层检察院办理的普通刑事案件不需要报请市检察院批准即可自行作出不起诉决定。全市决定不起诉案件累计 82 件 158 人。

三、审判监督

1986—1996 年，两级检察院重点抓有罪判无罪、重罪判轻罪。对法院审理案件中违反法定程序的行为提出纠正意见 36 件，对确有错误的裁判提出抗诉 153 件，其中法院改判 40 件，占审结数 56 件的 71.42%。

1997—2007 年，检察机关累计提起刑事抗诉案件 230 件。其中，法院改判 48 件，占审结数 91 件的 52.74%。新城区检察院被确定为开展量刑建议试点工作单位。市检察院制定死刑临场监督工作规则，对执行死刑的案件，均派员临场监督，发现问题，及时纠正。2008—2010 年，呼和浩特市各级检察院加强对侦查活动的监督，对认为确有错误的刑事判决、裁定，提起抗诉 66 件。

2011—2015 年，两级检察院共追诉漏犯、漏罪 693 人，依法重点监督纠正刑事审判活动中认定事实不准、适用法律错误、裁判畸轻畸重、违反程序法等问题，提起刑事抗诉 107 件。对公安机关侦查活动及人民法院审判活动中的违法现象发出纠正违法通知书 161 份、检察建议 244 份。

四、未成年人及妇女案件检察

2008年，全市各级检察院开始推行未成年人刑事案件集中审查机制。市检察院侦监处成立审理未成年人犯罪案件专门办案组，新城区检察院试行未成年人刑事案件集中管辖和审查。2009年9月，新城区人民检察院成立未成年人犯罪公诉科，专门开展未成年人及妇女案件检察工作。各旗县区检察院走进校园开展法治讲座，组织中、小学生观摩法庭审理，出台维护校园安全方案，建立校园法治宣传队。

2013年开始，两级检察院相继成立相对固定的未成年人刑事案件专门办案组，按照修订后的《中华人民共和国刑事诉讼法》中关于未成年特别诉讼程序办理未检案件的规定，细化办理未成年人刑事案件的制度，在全区首推提审在押未成年犯罪嫌疑人时有合适成年人到场的工作方式，建立未成年人犯罪记录封存制度。2014年，新城区检察院未成年人犯罪公诉科实行“捕诉监防一体化”办案模式，并将被害人是未成年人的刑事案件纳入受理范围，实现双向保护。

2015年，市检察院成立未成年人及妇女犯罪案件检察处，实行“捕诉监防一体化”工作模式，将市内4个区的未成年人及妇女犯罪案件检察案件集中到2个检察院办理，其他5个旗、县检察院在没有条件设立专门机构的情况下，根据实际情况成立1个专门办案组。建立涉罪未成年人专门化法律援助制度，市检察院审核聘请20名有办理未成年人刑事案件经验的援助律师，初步建立未成年人法律援助律师协作机制。市检察院、市关工委、团市委、市妇联、市教育局制定《关于在全市开展青少年法制教育活动实施方案》。2008—2015年，全市未成年人犯罪的人数以20%的速度逐年递减。

第五节　反贪污贿赂、反渎职侵权检察

一、反贪污贿赂检察

1986年后，全市检察机关调整和充实经济检察部门的办案力量，完善检察机关与市属各单位之间的协调配合机制，选择和培养一批法治宣传员和83名查办经济罪案的联络员，制定《打击经济犯罪联络员职责》。1986—1987年，全市共立案查办经济犯罪案件127件。其中，万元以上的大案20件。提起公诉72件105人，挽回经济损失296万元。1988年，全市检察机关均成立经济法纪罪案举报中心和举报站，配备专职工作人员，设置专用举报电话，在城乡设置50个举报箱。1988—1989年，两级检察院共立案查办各类经济罪案339件，挽回经济损失390余万元。

1990年，市检察院、玉泉区检察院、土默特左旗检察院、托克托县检察院分别成立反贪污贿赂侦查局。1990—1997年，全市检察机关共受理各类经济罪案1302件。

经初查，立案查办贪污贿赂等经济案件 888 件 1068 人。通过办案，挽回经济损失 4305.93 万余元。

1998—2010 年，全市检察机关累计立案查办贪污贿赂案 1009 件 1166 人。其中，贪污案 488 件 490 人，贿赂案 306 件 329 人，挪用公款案 199 件 217 人。

2011—2015 年，全市检察机关反贪部门共立案查办贪污贿赂犯罪 342 件 704 人。立案查办案件中，大案 206 件、要案 20 件。挽回经济损失 6540 余万元。

二、反渎职侵权检察

1986—1996 年，全市检察机关共受理渎职、侵权等法纪案件 710 余件，立案查办 250 余件 320 余人。挽回经济损失 230 余万元。1997—2000 年，全市检察机关受理渎职、侵权案件 170 余件，立案侦查 28 件 35 人。

2001—2015 年，两级检察院发动群众，发现案源，主动查办。集中力量查办贪污贿赂、渎职侵权案件。立案查办各类渎职、侵权案件 537 件 752 人。通过办案，挽回经济损失 1.06 亿元。

三、预防职务犯罪

1999 年，市检察院开始开展预防职务犯罪预防工作，由法律政策研究室代行。2002 年 1 月，召开第一次全市预防职务犯罪工作联席会议。成立呼和浩特市预防职务犯罪工作领导小组，常设机构设在市检察院法律政策研究室。7 月，市检察院设立职务犯罪预防处。10 月，全市 9 个基层检察院成立预防科，旗、县、区建立党委统一领导下的预防职务犯罪领导小组并召开联席会议。2003 年 10 月，颁布《呼和浩特市预防职务犯罪工作条例》，出台《呼和浩特市检察机关实施〈呼和浩特市预防职务犯罪工作条例〉工作细则（试行）》《专项预防制度》《系统预防制度》《个案预防制度》等规章制度。全市检察机关先后与 400 多个单位和部门建立预防工作联席会议机制，与全市两级国税、地税、药监、金融、工商、供电等 48 个部门建立长效预防机制。

2006—2010 年，市检察院印发《建立行贿犯罪档案查询工作实施方案》，建立已判决发生法律效力的行贿犯罪档案，启动检察机关行贿档案查询系统。出台《呼和浩特市检察机关为非公有制企业提供法律咨询和服务的意见》。开展创建“全年无职务犯罪单位”活动，与 500 多个单位和部门建立工作联系，建成预防职务犯罪工作联系点 108 个、协调组织 90 个、预防职务犯罪教育基地 11 个。2008 年以后，全市每两年进行 1 次“无职务犯罪单位”总结考核。开展行贿档案查询工作，启动行贿档案查询 10 次，回复 10 个单位的查询。市检察院与市纪律检查委员会、市监察局、市发展和改革委员会、市财政局、市委审计委员会联合印发《关于加强重大建设项目中预防职务犯罪工作保障政府投资安全的意见》。介入 45 项重点建设项目、80 个标段，涉及资金 10.3 亿元。

2011—2015 年，“全国检察机关惩治和预防渎职侵权犯罪展览”在呼和浩特市巡展，3.2 万人参观。市检察院为有关单位提供行贿犯罪档案查询 9000 余次。开展农村“两委”换届选举、重大工程建设专项预防。

第六节　控告申诉检察

一、信访工作

20 世纪 80 年代，两级检察院统一成立控告申诉科，受理人民群众来信来访。截至 1988 年，两级检察院共受理群众来信 1695 件、来访 1008 次。1988 年 7 月，两级检察院分别成立经济法纪罪案举报中心和举报站。

1990—2000 年，全市检察机关共受理公民、法人首次控告、检举、申诉 8500 余件次。

2001—2005 年，两级检察院普遍开展举报宣传和文明接待，累计收到人民群众来信 2138 件，接待群众来访 683 次。其中，集体上访 62 次。受理首次申诉 537 件，全部审查处理。处理最高人民检察院督办积案 1 件。

2006—2010 年，市检察院的控申部门累计受理接待受理群众来信、来访 2170 余人次。受理各类刑事申诉案件 41 件，办结 22 件。呼和浩特市涉检信访重信重访工作经验做法被最高人民检察院、自治区政法委分别在全国、全区转发。市检察院和新城区检察院信访接待室被最高人民检察院授予“全国文明接待室”称号。

2011—2013 年，市检察院制定《呼和浩特市检察机关集中开展清理越级访重复访专项活动的实施方案》《全市检察机关落实集中化解涉检信访案件专项行动实施方案》。两级检察院控申部门受理群众来访 1620 余件，受理首次控告线索 200 余件，首次申诉线索 440 余件。受理不服法院刑事判决案件申诉 18 件。

2014—2015 年，全市检察机关共受理群众来信、来访、来电 1450 余件次。经审查，依法导入诉讼程序办理 1010 余件次。全市检察机关共受理不服民事行政裁判决定申请 330 余件，受理不服法院生效刑事裁判申诉案件 53 件，受理不服检察机关处理决定申诉案件 13 件。

二、举报工作

1988 年 7 月，两级检察院建立举报中心，配备专职人员，设置举报电话，在城乡显著位置设置举报箱 50 个。1998 年，两级检察院开展“欢迎向检察机关举报贪污贿赂渎职侵权犯罪”宣传活动，设立举报宣传站 12 个，出动干警 110 余人，巡回宣传车 10 余辆。2001—2015 年，全市两级检察机关累计受理各类举报、控告案件 5430 余件，按被举报人职务级别和案件管辖双向分流。

第七节 民事行政检察

一、民事行政检察机制

1988年9月，自治区检察院与自治区高级人民法院在新城区检察院等5个基层检察院开展民事诉讼监督试点工作。1989年10月，市检察院成立民事行政检察科。1991年起，两级检察院开始受理和审查民事行政申诉案件。每年《中华人民共和国民事诉讼法》颁布纪念日宣传民事行政检察相关法律规定。

2000年以后，市检察院制定《市检察院民事行政工作规则》《民事行政检察工作奖惩激励量化管理办法》《呼和浩特市检察机关民事行政检察工作考核考评验收方法》，规范办案制度。2003年11月，市检察院、市中级人民法院联合出台《呼和浩特市中级人民法院、市检察院关于办理民事审判、行政诉讼监督案件中运用检察建议引起再审有关规定（试行）》，对再审检察建议的适用标准，法院、检察院运用和采纳检察建议的程序作具体明确的规定。2006年，市检察院制定《关于呼和浩特市检察机关民行部门积极开展违法犯罪线索初查、侦查工作的意见》《关于呼和浩特市检察机关民行检察部门犯罪线索初查、侦查工作奖励办法》《呼和浩特市检察机关关于因国家、集体财产遭到损失提起刑事附带民事诉讼的暂行规定》。2007年，市检察院提出在实际工作中形成抗诉与侦查“一体两翼”。

2008—2015年,市检察院调整办案机制,规范办案期限。举办“检察开放日”“举报宣传日”。制定《关于加强市检察院民行处对基层检察院民行工作指导的意见》《市检察院民行处推行“阳光检察”工作实施方案》《市检察院关于办理支持起诉案件的指导意见》。

二、抗诉、提请抗诉

1991年8月,全市检察机关民行部门开始受理和审查民事行政申诉案件。1998年,市检察院民事行政检察部门受理第一件行政诉讼申诉案——自治区煤炭管理局不服一审生效判决的行政侵权诉讼案。市检察院受理自治区煤炭管理局申诉后，经过对原案审查，发现案件原审认定诉讼主体不当，适用行政诉讼法律错误，依法向市中级人民法院提出抗诉。经市中级人民法院审理，裁定指令一审法院再审。一审法院经再审后，采纳市检察院的抗诉理由，纠正原判错误。截至1998年，两级检察院累计受理民事行政申诉案件811件。经审查,向法院提请抗诉184件,抗诉58件,发《检察建议》13件。

2001—2010年，两级检察院累计受理民事行政申诉案件1877件，提请抗诉710余件，抗诉140余件，提出《检察建议》87件，提起刑事附带民事诉讼涉及金额

520余万元。

2011—2015年，两级检察院民行部门共立案审查处理民事行政申诉案件1410余件，提请或建议提请抗诉350余件，抗诉50余件，发出民事再审检察建议40余份。

第八节　监所检察

一、监管场所监督

20世纪80年代，检察机关恢复重建，两级检察院对呼和浩特地区5个看守所（市公安局看守所、土默特左旗公安局看守所、郊区公安局看守所、托克托县公安局看守所、呼和浩特铁路局公安处看守所）、4个劳改场所（自治区监狱、自治区少管所、自治区二道河劳改支队、市劳改大队）、1个劳教队（市公安局强劳队）行使检察监督。

20世纪90年代以后，市检察院监所科抽调人员组建小黑河地区人民检察院，此后驻市监狱、劳改单位的监督工作，统一由该院承担。两级检察院主要承担对同级公安机关看守所和市劳动教养等限制人身自由单位的监督。

21世纪后，全市监所检察部门配合监管机关开展法治宣传教育，对重点被监管人员个别帮教。2002年，全市各级监所检察部门开展“严打”斗争。2003年，市检察院加强派驻检察室计算机配备。2004—2007年，全市各级监所检察部门开展“加强监管执法，加强法律监督，保障刑事诉讼顺利进行，保障在押人员合法权益示范单位”创建活动。设立违法减刑、假释、保外就医问题举报电话。2008年，两级检察院核实看守所、社区矫正场所服刑人员数，登记造册和审查。

2009—2015年，市检察院加派检察人员监督检察监管场所，完善在押人员合法权利告知制度，监督检察社区矫正工作。两级检察院开展驻所监控联网建设，推进派驻检察室与监管场所信息联网和监控设施联网工作。投资300余万元，为驻看守所检察室安装视频监控系统，初步建成驻所检察室与监管场所的“双联双控”信息共享平台，动态监督看守所执法活动。

二、监管活动检察

1987年，市检察院派员到5个监改场所，24小时不离岗协助监管单位。至1993年，对监改场所进行89次安全检查，针对发现的问题，提出改进和加强防范工作的建议160多条。

1994—1998年，两级检察院派驻监管场所人员对在押人员个别谈话和帮教，上法治课宣讲法律知识和政策、法规242次。对监管单位违法行为提出口头和书面纠正意见844件次。

2000年后，市检察院对驻监管场所检察室实行微机监控和动态管理，建立《初入所人员验伤制度》，对初入所人员发出《在押人员合法权益告知书》。定期考察监督保外就医人员。1997—2002 年，两级检察院对超期羁押提出口头和书面纠正意见 1337 人次。

2003 年，市委政法委牵头联合公、检、法机关开展清理超期羁押专项活动，制定《防止和纠正刑事诉讼中超期羁押的办法（试行）》。2003—2010 年，市检察院监所部门采取倒计时、个案催办、发检察建议等形式，累计催办即将到期的在押人员 600 余人次。

2011—2012 年，两级检察院落实《市检察院等 13 部门关于建立行政执法与刑事司法相衔接的工作机制》，建立与纪检监察、行政执法等机关的信息沟通、联席会议、案件移送制度，拓宽诉讼监督案件的来源和渠道。同时，加强超期羁押预警机制建设，监控在押人员羁押时间，提出倒计时警告通报，防止超期羁押。

2013 年，自治区检察院确定和林格尔县检察院和玉泉区检察院为羁押必要性审查工作试点检察院。市检察院成立专项检查活动领导小组，制定《捕后羁押必要性审查实施意见》。

2014—2015 年，全市监所部门重点针对未成年人在押人员的羁押必要性审查，先后对 136 人提出羁押必要性审查建议，办案单位采纳建议 108 人。

三、监外罪犯执行检察

1987 年，市检察院调查考核居住在呼和浩特市、包头市的保外就医人员，就法律手续是否完备，保外就医条件是否丧失，有无重新犯罪等情况。对手续不全，不符合保外就医条件等问题，向有关单位提出纠正意见。

1989—1993 年，考察保外就医人员，对不应保外就医而保外就医及已丧失保外就医条件的，提出纠正意见，通知有关单位予以收监。

1994—2005 年，先后对保外就医人员进行回访考察，对不应保外就医和已丧失保外就医条件的，向有关部门提出收监意见。2006—2010 年，劳教所对保外就医等实行“三公开一跟踪”（公开名单、公开条件、公开考核，跟踪监督）制度，杜绝“暗箱操作”。两级检察院配合市公安机关、审判机关核查 2004 年 7 月 1 日至 2007 年 6 月 30 日批准的监外执行的罪犯，对脱管、漏管情形提出纠正建议。

2011—2015 年，两级检察院开展减刑假释暂予监外执行和久押不决专项检察，检查监外执行和社区矫正。与市中级人民法院、市公安局、市司法局联合制定《关于进一步规范社区矫正衔接管理工作的实施意见》。对法院、公安局、司法局在社区矫正工作中存在的不规范和违法问题提出纠正，沟通公、检、法、司部门建立共享的监外执行和社区矫正信息系统平台。

第三章　法院工作

第一节　机　构

一、呼和浩特市中级人民法院

1986年，呼和浩特市中级人民法院（简称市中院）内设办公室、政工科、信访科、刑事审判第一庭、刑事审判第二庭、民事审判第一庭、民事审判第二庭、经济审判庭、执行庭、调研室、法警支队、业余法律大学分部12个职能部门。

1987年，市中院撤销信访科，增设行政审判庭、告诉申诉审判庭。1988年8月，增设审判监督庭。1989年5月，增设档案科、法医技术室。1989年9月，增设纪检监察室。1990年8月，政工科更名为政治处。1993年，增设金融法庭、房地产法庭；在经济审判庭设立经济纠纷调解中心；在民事审判庭设婚姻家庭纠纷调解中心。1995年，增设赔偿委员会（赔偿案件具体由行政审判庭负责审理）。

1997年4月，市中院政治处更名为政治部，告诉申诉审判庭更名为立案庭，业余法律大学分部更名为法官培训中心，法医技术室更名为司法技术鉴定室，档案科并入办公室。5月，撤销不符合审判要求的业务机构。

2000年，市中院完成人民法院执行工作管理体制改革，执行庭改为执行局。2002年7月，市中院调整机构设置，撤销经济审判庭改为民事审判三庭，撤销知识产权审判庭改为民事审判四庭（主要审理涉外、全区专利及知识产权类型案件）。政务、事务合一的办公室一分为二，政务部分仍由办公室管理，事务部分成立司法行政装备管理处管理。政治部增设组织人事科、老干部科、法官管理科。撤销法官培训中心。司法鉴定技术室更名为司法鉴定技术处。成立机关事务服务中心。2008年6月，市中院撤销立案庭，增设立案审判第一庭、立案审判第二庭、执行审判监督庭。

2011年11月，市中院增设未成年综合审判庭、审判管理办公室、国家赔偿办公室和网络管理办公室。2013年12月，增设民事审判五庭。

截至2015年，市中院设办公室、政治部、立案一庭、立案二庭、立案三庭、刑事审判第一庭、刑事审判第二庭、未成年审判庭、民事审判第一庭、民事审判第二庭、民事审判第三庭、民事审判第四庭、民事审判第五庭、行政审判庭、审判监督庭、执行局、执行监督庭、审判管理办公室、国家赔偿审理办公室、司法鉴定技术室、研究室、法警支队、机关党委、纪检监察室、行政装备处、网络管理办公室、机关事务中心27个职能部门。

二、旗县区人民法院

1986—1994年，呼和浩特市有新城区人民法院、回民区人民法院、玉泉区人民法院、郊区人民法院、土默特左旗人民法院、托克托县人民法院。设有罗家营人民法庭、八拜人民法庭、桃花人民法庭、榆林人民法庭、乃只盖人民法庭、新营子人民法庭、古城人民法庭、白庙子人民法庭、毕克齐人民法庭、善岱人民法庭、北什轴人民法庭、陶思浩人民法庭12个人民法庭。

1995年，和林格尔县人民法院划归市中院管辖。和林格尔县法院下设公喇嘛人民法庭、新店子人民法庭、大红城人民法庭、舍必崖人民法庭、黑老夭人民法庭、城关人民法庭6个人民法庭。1996年，武川县人民法院、清水河县人民法院划归市中院管辖。武川县人民法院下设西乌兰不浪人民法庭、哈乐人民法庭、二份子人民法庭、哈拉合少人民法庭、东土城人民法庭、厂汉木台人民法庭6个人民法庭；清水河县人民法院下设喇嘛湾人民法庭、窑沟人民法庭、暖泉人民法庭、韭菜庄人民法庭、五良太人民法庭、城关人民法庭6个人民法庭和一个巡回审判法庭。至此，市中院下辖9个旗县区基层人民法院、30个人民法庭。

2000年6月，郊区人民法院更名为赛罕区人民法院。2001年，各旗县区完成人民法院执行工作管理体制改革，执行庭全部改为执行局。

截至2015年，呼和浩特市有新城区人民法院、回民区人民法院、玉泉区人民法院、赛罕区人民法院、土默特左旗人民法院、托克托县人民法院、武川县人民法院、和林格尔县人民法院、清水河县人民法院9个旗县级人民法院；设有新城区毫沁营镇人民法庭、回民区攸攸板镇人民法庭、赛罕区巴彦镇人民法庭、赛罕区金河镇人民法庭、赛罕区黄合少人民法庭、土默特左旗金山开发区人民法庭、土默特左旗善岱人民法庭、托克托县伍什家人民法庭、武川县乌兰不浪人民法庭、武川县哈乐人民法庭、和林格尔县舍必崖人民法庭、和林格尔县盛乐园区人民法庭、清水河县喇嘛湾人民法庭、清水河县窑沟人民法庭14个人民法庭。

第二节 案件审判

一、刑事案件审判

1986年，两级法院共审结一审刑事案件304件，依法判处各类犯罪分子485人。在受理的各类刑事案件中，属于“严打”的杀人、强奸、抢劫、重大盗窃、故意伤害等重点案件175件，经济犯罪案件103件。在“两打”犯罪案件审理中，依法判处无期徒刑的占犯罪人数的1.6%；依法判处死刑的占犯罪人数的2%。审判人员提前介入了解案件案情，一经起诉，迅速审理，及时宣判。在“严打”的同时开展社会治安综合治理，年内，两级法院在群众集中区召开各种形式的宣判会 18 次，宣判案件 53 件，判处罪犯 84 人。

1987 年，两级法院继续把“两打”作为法院工作首要任务，两级法院共受理一审刑事案件 381 件，审结 347 件，判处各类犯罪分子 394 人。在受理的各类刑事案件中，属于“严打”的杀人、强奸、抢劫、重大盗窃、故意伤害等重点案件 205 件，经济犯罪案件 98 件。3 月开始，两级法院集中开展为期 1 年的刑事案件复查工作。对复查中发现的问题依法予以纠正，并按照相关规定提出落实政策处理意见。

1988 年，全市两级法院共受理刑事案件 318 件，审结 313 件，判处各类犯罪分子 334 人。在受理的各类刑事案件中，属于“严打”的杀人、强奸、抢劫、重大盗窃、故意伤害重点案件 106 件；经济犯罪案件 84 件。印发《呼和浩特市中级人民法院关于刑事审判有关程序和法律条文适用意见》。

1989 年，全市两级法院共受理刑事案件 361 件，审结 354 件，同比分别增加 11.8% 和 11.7%；判处各类犯罪分子 442 人，同比增加 24.5%。其中，经济犯罪案件 77 件，同比下降 11.1%，依法判处经济犯罪分子 91 人，通过打击经济犯罪，为国家和集体挽回经济损失 12 万余元。在判决发生法律效力的 326 名罪犯中，判处 5 年以上有期徒刑、无期徒刑、死缓和死刑的 144 人，同比增加 58.2%，占总数的 44.2%；判处 5 年以下有期徒刑、拘役、管制和免予刑事处分的 132 人，同比减少 24.1%，占总数的 40.5%；依法宣告缓刑的罪犯 50 人。在刑事审判工作中，对有法定从轻、减轻情节的罪犯，依法予以从轻或减轻处罚；对在服刑中确有悔改、立功表现的罪犯，依法予以减刑 1227 人，假释 6 人。市中院评查郊区法院 1988 年审结的 47 件刑事案件。开展刑事法律宣传活动，打造“严打”态势，召开公判大会 35 次，集中宣判案件 119 件，判处罪犯 195 人。

1990 年，两级法院共受理一审刑事案件 551 件，审结 545 件，判处各类犯罪分子 787 人。其中，属于重点打击的严重刑事犯罪案件占 36.8%，严重刑事犯罪上升；经济犯罪案件 132 件，审结 131 件，判处犯罪分子 235 人，为国家、集体挽回经济损失 142 万余元。判决发生法律效力的 624 名罪犯中，判处 5 年以上有期徒刑、无期徒刑、死刑的占 45.2%；审结的 545 件案件中，属于“严打”案件的多在 1 个月内结案，最快在 10 天以内结案，并开展“严打”宣传活动震慑犯罪行为。年内，召开公判大会 24 次，集中宣判案件 128 件，判处罪犯 346 人。

1991 年，两级法院审理一审刑事案件 530 件，审结 513 件，判决发生法律效力的犯罪分子有 674 人。其中，判处无期徒刑以上的 36 人；判处 5 年以上有期徒刑 250 人；判处 5 年以下有期徒刑的 244 人；判处拘役、缓刑、管制的 140 人；免予刑事处分的 4 人；宣告无罪的 6 人。年内，两级法院召开公判大会 38 次，集中宣判案件 171 件 273 人。

1992 年，两级法院共受理一审刑事案件 533 件 852 人，审结 528 件 841 人，判决发生法律效力的犯罪分子有 611 人。在审理的刑事案件中，农民 217 人，工人 178 人，社会闲散人员 66 人，青少年 337 人。全年审结经济犯罪案件 106 件，挽回直接经济损失 80 余万元。

1993 年，两级法院共受理一审刑事案件 512 件，审结 496 件，判决发生法律效力的人犯 601 人。其中，判处 10 年以上有期徒刑、无期徒刑和死刑的占 12.9%，判处 10 年以下有期徒刑、拘役、缓刑和管制的占 84.8%，免予刑事处分和宣告无罪的占 2.3%。年内,两级法院召开公判大会 28 次,宣判案件 109 件,宣判犯罪分子 183 人。

1994 年，两级法院共受理一审刑事案件 756 件 1283 人，审结 711 件 1093 人，判决发生法律效力的人犯 696 人。其中，判处 10 年以上有期徒刑、无期徒刑和死刑的占 12.4%；判处 10 年以下有期徒刑、拘役、缓刑、管制的占 84.3%；免予刑事处分和宣告无罪的占 2.9%。两级法院对呈上升态势的杀人、抢劫、强奸等严重刑事犯罪活动及犯罪分子，依法从重从快给予严惩。重点开展“打击制毒、贩毒、吸毒专项斗争”审判和宣传活动。市中院在新华广场举行“6・26”国际禁毒日宣传活动暨公开打击处理吸毒、贩毒违法犯罪分子大会,公开宣判案件 3 件,判处犯罪分子 11 人,现场销毁鸦片和海洛因。严厉打击经济犯罪活动，促进反腐败斗争深入开展，依法审判 200 余件贪污受贿、挪用公款、诈骗等严重经济犯罪案件。集中召开公判大会 15 次，宣判刑事案件 92 件 182 人。

1995 年，两级法院共受理一审刑事案件 818 件，审结 780 件。两级法院把打击经济犯罪,严惩腐败分子作为刑事审判工作重点,共审结经济犯罪案件 449 件 691 人。涉案金额万元以上大案 44 件，同比增长近 1 倍。年内，两级法院到学校、企业、农村以就案讲法、就地审判等方式开展法律宣传 20 余次，旁听人数 8 万人次；召开公判大会 21 次，宣判刑事案件 117 件 178 人。对确有悔改、立功表现的 1450 名服刑人员给予减刑或假释。

1996 年，两级法院共受理一、二审刑事案件 1344 件，审结 1304 件，同比分别上升 46.4% 和 52.3%。从重从快审判刑事案件，5—7 月，审结 388 件严重危害社会治安的犯罪案件，集中召开公判大会 31 次，宣判刑事案件 217 件，判处严重刑事犯罪分子 309 人。4 月 4 日，市中院公开审理呼和浩特地区首例虚开增值税发票犯罪案件；6 月 18 日，市中院与回民区法院、玉泉区法院在乌兰恰特剧场联合召开关于“打击毒品犯罪专项活动”公开宣判大会。公开宣判 4 起制造贩卖毒品案的 10 名犯罪分子。

1997 年，两级法院共受理一审刑事案件 794 件，审结 772 件，判处各类犯罪分子 822 人。其中，判处 5 年以上有期徒刑直至死刑的 290 人，占罪犯总数 35.3%。先后组织 4 次大规模公判大会，依法处决一批严重危害社会治安的刑事罪犯。

1998 年，两级法院共受理一审刑事案件 832 件，审结 816 件，判处各类犯罪分子 961 人。

1999 年，两级法院全年共审结各类刑事案件 1260 件，判处犯罪分子 1398 人。年内，召开公判大会 23 次，集中宣判案件 69 件，判处罪犯 145 人。市中院复查 1998 年审结的 23 件刑事大案。1999—2003 年，判处经济犯罪案件有罪人犯 139 人、贪污受贿等职务犯罪有罪人犯 156 人。

2000 年，两级法院共审结各类刑事案件 1074 件，判处犯罪分子 1100 多人。年内，共审结减刑案件 1421 件 1421 人，假释案件 45 件 45 人。

2001 年，两级法院共审结一审刑事案件 1081 件 1514 人，判决发生法律效力的 902 件 1251 人；审结“严打”整治重点犯罪案件 274 件 491 人。市中院分别于 4 月、6 月、9 月、12 月，参加全区公开宣判 4 次，自行召开公判大会 19 场次，公开宣判案件 115 件，判处犯罪分子 171 人。办理减刑、假释 1992 人。

2002 年，两级法院共审结一审刑事案件 981 件，判处犯罪分子 1411 人，判处 5 年以上有期徒刑、无期徒刑、死刑的 284 人，保持对犯罪分子的高压态势，审结经济犯罪一审案件 30 件，判处犯罪分子 41 人。两级法院在“严打”整治中贯彻“依法从重、从快”方针，重点开展涉黑案件的审理。

2003 年，两级法院共审结各类刑事案件 1208 件，判处犯罪分子 1358 人。其中，判处 5 年以上有期徒刑、无期徒刑直至死刑 310 人，重刑占 22.9%。8 月 8 日，市中院首次采用注射药物方式依法对 4 名罪犯执行死刑。

2004—2005 年，两级法院受理各类刑事案件 3437 件，审结 3304 件。其中，2004 年受理各类刑事案件 1580 件，审结 1518 件；2005 年，受理各类刑事案件 1857 件，审结 1786 件。审结破坏市场经济秩序案件 83 件 122 人，审结贪污贿赂等职务犯罪案件 65 件 72 人。对不构成犯罪的 3 人依法宣告无罪，对确有悔改和立功表现的 3239 名服刑人员依法予以减刑或假释。2004 年 3 月 15 日，市中院审理孙某票据诈骗案，该案涉案金额之大，造成国家损失之大，属自治区首例。2005 年 4 月，市中院刑事审判一庭公开开庭审理 3 名外国人寻衅滋事案，分别判处三被告拘役 6 个月。这是呼和浩特市法院 1986 年以后审理的首例外国人犯罪案件。8 月 15—19 日，市中院公开开庭审理特大贩卖婴幼儿案，对贩卖 43 个婴幼儿的任某等 17 名罪犯依法予以严惩。

2006 年，两级法院受理一审刑事案件 1600 件，同比下降 4.19%，审结 1521 件，判处罪犯 2196 人。年内，两级法院共判处 7 年以上有期徒刑、无期徒刑直至死刑的罪犯 204 人；判处合同诈骗、金融诈骗、制售伪劣商品等经济犯罪案件 21 件 35 人；判处贪污、贿赂等渎职犯罪 25 件 25 人；贯彻“宽严相济”的刑事政策，对具有法定或酌定从轻、减轻、免予处罚情节的刑事被告人，依法判处免予刑事处分 33 人；对不构成犯罪的 3 名刑事被告人依法宣告无罪；对确有悔改和立功表现的 2020 名服刑人员依法予以减刑或假释。

2007 年，两级法院共受理一审刑事案件 1711 件，审结 1561 件，判处罪犯 1902 人。

2008 年，两级法院共受理一审刑事案件 2047 件，审理各类刑事案件 1898 件 2832 人。其中，一审刑事案件比 2007 年增加 336 件，呼和浩特市刑事犯罪有上升趋势。两级法院共审结严重暴力犯罪和危害社会治安的犯罪案件 1672 件 2661 人。其中，判处 5 年以上有期徒刑直至死刑的 204 人；依法审结破坏金融安全和经济秩序犯罪案件，判处金融诈骗、合同诈骗、偷税抗税、侵吞国有资产、非法集资等涉众型经济犯罪案件 41 件 83 人；依法审结职务犯罪，判处贪污贿赂等犯罪案件 70 件 99 人。贯彻宽严相济的刑事政策，对 86 名未成年罪犯判处非监禁刑，依法审理减刑假释案件 1139 件，鼓励服刑人员改过自新。

2009 年，两级法院审理各类刑事案件 2038 件 3356 人。严厉打击严重暴力犯罪、“两抢一盗”等多发性犯罪和涉黑、涉毒等有组织犯罪。年内，共审结该类危害社会治安的犯罪案件 1877 件 3109 人。其中，判处 5 年以上有期徒刑直至死刑的 477 人；依法严惩破坏金融安全和经济秩序犯罪，判处金融诈骗、合同诈骗、偷税抗税、侵吞国有资产、非法集资等涉众型经济犯罪案件 55 件 91 人；依法严惩职务犯罪，判处贪污贿赂等犯罪案件 106 件 150 人。对具有从轻、减轻处罚情节的犯罪分子予以从宽处理，依法判处管制、拘役、缓刑 1057 人。

2010 年，两级法院共受理各类刑事案件 2626 件，审结 2491 件。其中，市中院受理 444 件，审结 410 件。依法审结制造销售假冒伪劣商品、非法经营、合同诈骗等破坏社会主义市场经济秩序犯罪案件 90 件。依法审结贪污、渎职等职务犯罪案件 100 件。对 78 名未成年罪犯判处非监禁刑；依法审理减刑假释案件 3421 件。

2011 年，两级法院共受理各类刑事案件 2540 件，审结 2452 件。其中，市中院受理 322 件，审结 303 件。依法审结制造销售假冒伪劣商品、非法经营、金融诈骗、合同诈骗等案件 61 件；依法严惩工程建设、土地出让、产权交易、医药购销、资源开发、金融等领域的职务犯罪，共审结贪污贿赂、渎职等职务犯罪案件 87 件，对 130 名未成年罪犯判处非监禁刑，依法审理减刑假释案件 5139 件，发放司法建议 35 件，被采纳 20 件。

2012 年，两级法院共受理各类刑事案件 2780 件，审结 2695 件。判处 5 年以上有期徒刑、无期徒刑和死刑的罪犯 214 人，判处 5 年以下有期徒刑、管制、拘役、缓刑、单处附加刑、免予刑事处罚的2756人。

2013年，两级法院全年共受理刑事案件2804件，审结2611件；审理减刑、假释案件4698件。依法审结侵犯公民人身权利、民主权利和财产犯罪案件1223件1874人。依法审结贪污贿赂、渎职犯罪案件86件166人。依法审结合同诈骗、非法经营等破坏社会主义市场经济秩序犯罪案件154件234人。依法从轻、减轻或免除处罚，免予刑事处罚111人。

2014年，两级法院共受理刑事诉讼案件2945件，审结2610件。市中院办理减刑、假释案件3769件。两级法院审结杀人、抢劫、绑架、强奸等犯罪案件1166件，判处罪犯1604人；审结国家工作人员贪污贿赂、渎职侵权犯罪案件52件，判处罪犯98人；审结毒品犯罪案件313件，判处罪犯375人。年内，依法宣告2名被告人无罪，免予刑事处罚45人；依法惩治危害校园安全犯罪，加强对未成年人的保护。市中院会同自治区未成年犯管教所、第一女子监狱和呼和浩特第一、第二监狱设立审判法庭，规范减刑假释案件审理。对职务犯罪、破坏金融管理秩序和金融诈骗犯罪、涉黑犯罪三类减刑、假释案件，一律开庭审理。

2015年，两级法院受理各类刑事案件3145件，审结2875件。其中，依法审结杀人、强奸、绑架和抢劫、抢夺等严重危害社会治安犯罪案件1073件，判处罪犯1491人。判处5年以上有期徒刑、无期徒刑、死刑570人；审结毒品犯罪案件400件，判处罪犯543人；依法审结贪污贿赂、渎职犯罪案件55件，判处罪犯104人；审结非法集资高达13.42亿元、参与者多达11.65万人次、卷宗2700余册，非法集资额、参与人、卷宗数均为呼和浩特市历史最高的非法集资案；采取“圆桌审判”方式，保护未成年人合法权益，判处未成年罪犯151人。落实未成年人犯罪记录封存制度，封存118人的犯罪档案。市中院裁定减刑4055件，裁定假释50件。落实十二届全国人民代表大会常务委员会第十六次会议审议通过的《关于特赦部分服刑罪犯的决定》，市中院办理全国特赦案件的40%，共209件。

二、民事案件审判

1986年，两级法院共受理一审民事案件1760件，审结1538件。市中院受理二审民事案件152件，审结119件。城乡经济体制改革，民事法律关系发生变化，民事纠纷案件种类增多，范围扩大。民事案件审理中，婚姻家庭案件占60%；宅基地、房屋买卖和债务纠纷案件明显增多。1987年，两级法院贯彻《中华人民共和国民法通则》，开展民事审判工作。全年共受理一审民事案件2115件，审结1798件。市中院受理二审民事案件218件，审结175件。1988年，两级法院共受理一审民事案件2202件，审结1871件。市中院受理二审民事案件340件，审结269件。离婚、债务、继承案件呈现上升趋势；房屋纠纷案件基本与1987年持平；赔偿纠纷案件略有下降；

土地、山林、水利纠纷案件增幅较大。民事审判活动中出现新类型纠纷案件，受理肖像权案件2件、名誉权案件5件。1989年，两级法院共受理一审民事案件3770件，审结3310件，同比分别上升41.6%和40.4%。市中院受理二审民事案件310件，审结256件。在受理的民事案件中，离婚案件占49.2%，债务案件占27%，名誉权、肖像权、著作权案件9件。房屋、土地纠纷案件上升，损害赔偿、继承案件下降。市中院指定新城区法院和郊区罗家营人民法庭为民事审判方式改革试点。

1990年，两级法院共受理一审民事案件3659件，同比下降2.9%，审结3347件，同比上升3.7%。市中院受理二审民事案件340件，审结269件。在审结的案件中，婚姻家庭纠纷1904件，债务纠纷836件，赔偿纠纷298件，三类案件占民事案件总数的90.8%，同比上升1.7%。市中院明确由法院包揽搜集调查证据。1991年，两级法院受理一审民事案件3745件，审结3536件。调解结案1387件，判决1302件；当事人申请撤诉723件。市中院受理二审民事案件457件，结案371件。其中，维持原判151件，改判54件，发回重审59件，撤回上诉78件。从民事案件受理情况看，离婚、损害赔偿及房屋纠纷同比呈现上升趋势；债务案件同比有所下降；知识产权案件由1990年1件增加到4件。1992年，两级法院受理一审民事案件3769件，审结3574件。市中院受理二审民事案件473件，审结423件。审理的民事案件中，人身权案件较1991年成倍增加，房屋纠纷类案件增加54%以上。1993年，两级法院受理一审民事案件4148件，审结3946件。婚姻家庭案件较多，其次是债务纠纷案件。年内，市中院设立婚姻家庭调解中心。

1994—1998年，公民法律意识增强，民事诉讼逐年上升。其间，两级法院共受理一审民事案件2.83万件，审结2.83万件，民事案件占全部案件的74.8%。其间，市中院修改《呼和浩特市中级人民法院关于处理人身损害赔偿案件的意见》，提高赔偿标准，制定《呼和浩特中级人民法院关于处理精神损害赔偿案件的意见》，明确精神损害赔偿标准。两级法院审理劳动争议案件，保障劳动者依法享有的各项权利，正确调处劳动者和用工单位的矛盾。审理房地产案件，对拆迁人单纯请求强制拆迁的案件不予受理。市中院审结自治区首例软件盗版侵权案件。1998年，自治区高院将市中院和玉泉区法院、托克托县法院确定为建立“民事审判工作质量控制体系”试点单位，市中院成立“民事审判工作质量控制体系”编写组。1999年，两级法院共审结一审、二审和再审民事案件8301件。年内，“民事审判工作质量控制体系”措施开始在两级法院试行。

2000年，两级法院共审结一审、二审和再审民事案件8503件。2001年，两级法院共审结一审、二审和再审民事案件9014件。制定《呼和浩特市中级人民法院办案证据规则（试行）》，推行民事案件限期举证制度。

2002年，两级法院共审结一审、二审和再审民事、商事案件1.03万件。两级法院按照《人民法院五年改革纲要》要求，完成刑事、民事、行政审判体系改革，建立“大民事审判格局”。通过改革民事审判方式，审判效率提高，全市无一起超审限案件；审判质量提高，基层法院一审案件上诉率18.8%，同比下降0.8%。市中院二审对基层法院一审上诉案件改判数占一审案件总数2.2%，同比下降0.8%。民商事案件调解结案率提高至43.8%，同比提高2.7%。赛罕区巴彦镇人民法庭被评为全国法院系统先进集体。

2003年，两级法院完善调解制度，注重用调解手段化解人民内部矛盾，审慎处理涉及农民、企业下岗职工、低保失业人员等弱势群体利益的案件和婚姻家庭、财产流转、相邻关系等公序良俗案件的审理。2004年，市中院出台《为全市经济社会发展提供有力司法保障的具体意见》《依法规范城市房屋拆迁案件审理具体意见》《依法审理好企业破产案件的具体意见》。2005年，两级法院共受理各类民商事案件1.15万件，同比上升10.9%，审结1.06万件，同比上升7.5%。

2006年，两级法院共受理各类民商事案件1.05万件，同比下降8.69%；审结9402件，结案率89.73%，结案标的金额6.3亿元。依法审理自治区电缆厂、市制锁厂、市造纸总厂等13家国有企业破产案；依法审结房屋拆迁、土地征用转让、建设工程纠纷案件1402件；依法审结借贷纠纷案件1025件，为银行追回逾期贷款1.13亿元，依法审结土地承包、流转合同纠纷、宅基地纠纷、农用生产资料购销合同纠纷等涉农案件170件；审结涉及农民工工资的劳动合同纠纷121件，结案标的额298.9万元；依法审判某游泳馆水质污染致340多名儿童患病索赔案等涉及众多群众利益案件。建立庭前和解制度，全年共调解结案4895件，调解结案率52.01%。

2007年，两级法院共受理各类民商事案件1.06万件，审结9652件。其中，涉及招商引资、重点项目、旧城区和城中村改造的房屋拆迁、土地征用、建设工程承包、房地产纠纷案件439件；涉及金融监管、信贷投资的借贷纠纷案件1237件；涉及市场秩序和诚信经营的各类合同纠纷案件1122件；涉及科技和文化产业发展的专利和知识产权纠纷案件55件；依法审结农村土地承包、征地补偿、宅基地、农用生产资料销售等涉农案件115件；依法审结涉及婚姻家庭、相邻关系、损害赔偿、医疗和养老等民事纠纷案件6968件。

2008—2012年，两级法院共受理各类民商事案件6.63万件，审结6.50万件。共审结金融借贷、房地产开发、加工承揽、货物买卖等合同纠纷案件3.05万件，涉案金额53.14亿元。审结涉及土地征用、房屋拆迁、项目建设、企业改制等影响较大的案件2454件，审结涉农案件8832件。依法审结涉及人民群众健康权的医患纠纷、保险纠纷等案件2567件；涉及老人、妇女、儿童合法权益的家庭纠纷案件5892件；涉及劳动就业权利的案件1817件。其间，市中院印发《审理农村土地承包权继承流转纠纷中几个问题的意见》《行政、民事诉讼案件交叉问题处理原则的意见》《建立重大疑难复杂案件协调指导工作机制的意见》。

2013 年，两级法院受理民商事和知识产权案件 1.91 万件，审结 1.68 万件，结案标的 31.45 亿元。年内，审结民间借贷纠纷案件 1111 件，审结知识产权纠纷案件 183 件，审结民生案件 5546 件。建立民生案件"绿色通道"，为农民工追索劳动报酬 470 余万元。

2014 年，两级法院开展预约立案、邮寄立案和巡回办案，实行案件繁简分流，适用小额速裁程序审理简易案件，减轻当事人诉讼负担。建立律师、人大代表、政协委员等绿色通道，在诉讼服务中心（立案大厅）设电子触摸屏、法官信箱。推进司法救助，为确有困难的当事人缓、减、免诉讼费 764.4 万元。全年共审理民商事和知识产权案件 2.41 万件，审结 1.98 万件。借鉴"枫桥经验"，指导、支持人民调解，通过调解和撤诉方式处理民商事和知识产权案件 1.11 万件。

2015 年，两级法院共受理民商事和知识产权案件 3.22 万件，审结 2.83 万件。市中院组织基层法院与自治区保监局、自治区保险行业协会联合建立保险纠纷诉讼与调解对接机制。选定新城区法院和赛罕区法院的交通巡回法庭为试点。新城区法院被自治区高院确定为全区多元化纠纷解决机制改革示范法院。两级法院以调解和撤诉方式处理案件 1.35 万件。平等保护各类市场主体合法权益，依法审结各类买卖合同纠纷案件 4817 件。集中开展"维护农村金融债权专项活动"审理工作，全年处理涉农金融案件 1103 件，标的 5.93 亿元。依法解决事关群众切身利益的纠纷，年内，审结婚姻家庭、继承纠纷案件 2778 件，人身、医疗等损害责任纠纷案件 2512 件，劳动争议案件 1305 件，住房、宅基地使用权、土地使用承包权等涉及房地产案件 601 件。市中院知识产权庭审理自治区首例涉及蒙古文要素组合的胡某诉自治区某公司侵害商标专用权案。

三、经济案件审判

1986 年，两级法院共受理一审经济纠纷案件 402 件（含旧存 52 件），审结 303 件，结案率 75.4%，涉案标的 4284 万余元。1987—1988 年，两级法院共受理经济纠纷案件 1264 件，审结 977 件。其中，市中院受理一审经济案件 24 件，审结 17 件；受理二审经济案件 157 件，审结 133 件。

1989 年，两级法院共受理经济纠纷案件 925 件，审结 799 件。在受理的经济纠纷案件中，经济合同纠纷占 90.8%。其中，购销合同纠纷案件占 66.7%。因超越经营范围、倒卖重要生产资料和紧缺消费品，利用合同骗取预付款等引起的纠纷占比较大。企业间追偿拖欠货款、债务清偿等案件均有所上升。1990 年，两级法院共受理一审经济纠纷案件 925 件，审结 835 件，审结标的额 5483 万余元。其中，审结借贷合同纠纷案件 206 件，购销合同纠纷案件 441 件，工程承包合同纠纷案件 52 件，财产租赁合同纠纷案件 40 件。

1991—1998 年，两级法院共受理一审经济纠纷案件 7031 件，审结 6877 件，结案标的 11.59 亿元。调处内蒙古毛条总厂、内蒙古第四毛纺织厂、内蒙古化工机械厂、内蒙古第一毛纺织厂、呼和浩特市火柴厂、呼和浩特市油泵油嘴厂等 20 多家国有企业破产案件，资产总额 8 亿元。

1999—2003 年，两级法院审理各种经济交往中发生的侵权纠纷、企业改制等诉讼案件 1.22 万件。其间，两级法院审理和执行破产、联营、租赁、兼并、股份制改造等国企改革中发生的纠纷案件 1823 件。审理和执行金融秩序整顿和金融体制改革中发生的纠纷案件 6350 件。审理各类涉外民商事案件 15 件。

2004—2008 年，市中院印发《为全市经济社会发展提供有力司法保障的具体意见》《依法规范城市房屋拆迁案件审理具体意见》，针对 16 家国有企业破产改制所涉及近万名职工的安置问题，先后制定《依法审理好企业破产案件的具体意见》《关于企业破产案件清算组严格按照法律程序履行职责并接受人民法院监督工作的通知》《依法规范国有企业破产案件审理工作的意见》。依法审理内蒙古电缆厂、呼和浩特市制锁厂、呼和浩特市造纸总厂等 28 家国有企业破产兼并改制案件。配合旧城区和城中村改造工作，依法审结房屋拆迁、土地征用转让、建设工程纠纷案件 1402 件，依法审结借贷纠纷案件 1025 件，为银行追回逾期贷款 1.13 亿元。2009 年，依法为金融部门和企业清偿到期债权，共审结金融借贷、房地产开发、加工承揽、货物买卖等合同纠纷案件 4617 件，为金融部门和企业挽回损失 8.7 亿元。调解处置内蒙古鹿王羊绒投资公司涉外行政案件，避免近 6000 万元的国家赔偿。

2010—2011 年，两级法院依法审结在转方式、调结构、促发展、惠民生过程中发生的金融借贷、房地产开发、建设工程、加工承揽、货物买卖等合同纠纷 10574 件，为金融部门和企业挽回损失 23.33 亿元。2012 年，市中院修订《为全市经济社会发展提供有力司法保障的具体意见》《依法规范城市房屋拆迁案件审理具体意见》。2013 年，两级法院审结民间借贷纠纷案件 1111 件。2014 年，两级法院成立法官工作站配合房屋征收拆迁工作。

2015 年，两级法院依法审理申请破产和保险、票据等与企业、公司有关的纠纷案件 197 件。市中院受理呼和浩特市首例涉及群体性利益的大通鑫房地产开发有限责任公司申请破产和解案，召开 197 人参加的债权人会议。审结各种买卖合同纠纷案件 4817 件，处理涉农金融案件 1103 件，标的额 5.93 亿元。

四、行政案件审判

1987 年以前，呼和浩特市两级法院未受理行政案件。1987 年，市法院设立行政审判庭，把调节辖区“民告官”纠纷引入司法程序，通过行政诉讼的方式解决“民”

与“官”之间的民事纠纷。1988 年，托克托县法院受理一起行政诉讼案件，经审理以自动撤诉结案。后经市中院复查，认定此案不符合行政诉讼受理范围，托克托县法院以行政案件受理是有误的。对此，市中院组织各基层院院长和相关行政审判人员在托克托县法院召开案情分析会，统一对行政案件的理解。1989—2003 年，两级法院受理行政案件数量逐年增加，累计案件 1227 件，审结 1227 件。

2004—2007 年，两级法院受理行政诉讼案件 967 件，审结 811 件。其中，依法撤销、变更具体行政行为或确认具体行政行为无效的 194 件，占 25%；维持行政机关具体行政行为 186 件，占 24%。通过协调达成和解 345 件，占 44.4%；指定异地管辖被告为县级人民政府的行政行为 42 件，审查办理非诉行政案件 794 件；依法审结土地行政案件 41 件，探矿采矿行政案件 8 件。

2008—2012 年，两级法院共受理各类行政诉讼案件 1967 件，审结 1930 件。判决维持具体行政行为，确认具体行政行为合法、驳回原告诉讼请求的 183 件；判决撤销具体行政行为，确认具体行政行为违法、判决履行法定职责、行政赔偿的案件 225 件，向相关行政部门发司法建议函 127 件。其中，两级法院通过被告变更行政行为、引入案外人协调、原告和第三人调解等方式进行协调处理，原告撤诉案件 771 件。

2013 年，两级法院共受理行政诉讼案件 305 件，审结 245 件。其中，审结一审行政诉讼案件 179 件，维持具体行政行为 15 件，撤销 28 件。一审行政诉讼案件和解撤诉 72 件，占结案的 40.22%。全年依法受理行政非诉案件 99 件，审结 94 件，裁定准予执行 31 件。市中院行政庭审理的某房地产开发公司诉市人防办人防行政征收案，成为自治区首例被最高人民法院作为指导性案例予以发布。

2014 年，两级法院受理行政诉讼案件 267 件，审结 227 件；审查行政非诉案件 205 件。市中院印发《呼和浩特市中级人民法院关于公安机关行政诉讼案件的司法审查意见》，向社会公布行政审判白皮书。全年向行政机关发建议和意见函 6 件。

2015 年，两级法院受理行政诉讼案件 473 件，审结 416 件，同比分别上升 43.55% 和 45.45%；审查行政非诉案件 281 件，同比上升 26.94%。市政府出台制定《呼和浩特市行政机关败诉案件通报制度》，市中院向社会公布《劳动与社会保障案件司法审查报告》行政审判白皮书。

五、控告申诉案件审判

1986 年，两级法院共处理群众来信 1260 件，接待来访群众 3400 余人次，调处各类简易纠纷 261 件，审查受理各类刑事、民事和经济案件 2663 件。两级法院均设立院长接待日。1987—1990 年，两级法院共受理各类诉讼及减刑假释案件 1.65 万件，审结处理 1.52 万件。

1991 年，两级法院共受理各类诉讼及减刑假释案件 7280 件，同比增加 282 件，审结 6826 件，审结率 93.7%，同比增加 0.8%。为国家、集体挽回经济损失 137 万余元；受理再审案件 99 件，同比增加 41 件。审结 73 件，同比增加 25 件，审结率 73.7%。收到各种告诉申诉信件 532 件，处理 375 件。接待告诉申诉来访 5130 人次，处理 3526 人次，与 1990 年基本持平。调处各类简易纠纷 101 件。1992 年，两级法院共受理各类诉讼及减刑假释案件 7015 件，审结 6643 件，审结率 94.7%。其中，审查立案各种申诉案件 59 件，审结 47 件。接待并处理来访 9861 人次；依法审查减刑案件 1256 件，假释 23 件。处理各种告诉申诉信件 1145 件，接待并处理来访 9861 人次。1993 年，两级法院共受理各类诉讼及减刑假释案件 7683 件，审结 7245 件，审结率 94.3%。审查立案各种申诉案件 62 件，审结 48 件。处理各种告诉申诉信件 1085 件，接待并处理来访 9561 人次。

1994—1998 年，两级法院共受理一审刑事、民事、经济、行政等各类案件 3.79 万件。其中，受理一审刑事案件 4153 件；受理一审民事案件 2.83 万件；受理一审经济纠纷案件 5000 件，诉讼标的额 10 亿余元；受理一审行政案件 419 件；审结二审、再审案件 4900 件；受理市检察院提出抗诉案件 85 件，经市中院审理，维持原判 44 件，改判或部分改判 27 件，裁定发回重审的 7 件；检察院撤回抗诉的 4 件，裁定终止 3 件。

1999—2003 年，两级法院共受理各类案件 8.44 万件，审结 7.93 万件。其中，受理执行案件 1.78 万件，执结 1.56 万件。市中院印发《关于坚持司法为民、便民诉讼的若干规定》，在立案、信访、审判、执行和司法作风方面做出 42 项具体规定，积极开展司法救助工作，对 2137 起案件减缓免诉讼费 605 万元，保障社会弱势群体的诉讼权利。2001 年，市中院负责信访接待的立案庭被最高人民法院表彰为“全国法院系统先进集体”。

2004—2007 年，两级法院共受理各类诉讼和执行案件 9.01 万件，审结和执结 8.30 万件，审限内结案率 99%，结案标的总额 39.21 亿元。受理各类再审案件 774 件，审结 692 件。其中，改判原审确有错误的 239 件，撤销原判发回重审的 70 件，维持原判的 180 件，调解解决和自愿撤诉的 47 件。为当事人依法缓减免诉讼费 1150.9 万元。

2008—2013 年，市中院制定《关于联合接访和领导干部下访工作的若干规定（试行）》《关于落实最高人民法院“四个必须”“五项制度”的实施意见（试行）》《呼和浩特中级人民法院突发事件处置预案》，会同市检察院制定《关于再审建议引起民事行政案件再审程序的规定》。建立“百名法官下基层”长效机制，开展诉前排查化解矛盾纠纷。全市各级法院系统在立案大厅设立诉讼调解组、律师工作室，通过诉前调解，一些简单民事纠纷未进入审判程序就得以化解。两级法院共受理各类诉讼和执行案件 15.8 万件，审执结 14.8 万件。受理申诉申请再审案件 850 余件，审结 670 件。受理检察机关抗诉案件 231 件，审结 229 件。

2015年，市中院建立网上申诉信访平台，健全涉诉信访终结机制，畅通信访案件入口和出口。开通与最高人民法院远程视频接访平台，通过远程视频接访连线最高人民法院直接接谈10人次。5月1日，全市法院开始实行立案登记制度。全面实行预约立案、上门立案和人民法庭立案，为行动不便的残疾人、老年人和偏远群众提供诉讼便利。在诉讼服务大厅设立ATM方便缴纳诉讼费用，实现当场交付。两级法院共受理各类案件4.99万件，审执结4.17万件。市中院为49名刑事被害人、申请执行人发放救助金160万元，为当事人缓、减、免诉讼费1016.73万元。

第三节　监督执行

一、审判监督

1986年，市法院复查全部起义投诚案件，对应该平反纠正的给予平反纠正，协调有关部门解决善后问题。1987年，两级法院审结刑事、民事、经济再审案件116件。其中，维持原判占48.6%，改判占34.5%，其他处理占16.9%。重点复查统战工作领域案件，对符合政策和法律的案件，全部给予处理并落实政策。1988年，两级法院审结刑事、民事、经济再审案件193件，处理各种告诉申诉来信1879件，接待并处理来访9600余人次。

1989—1993年，两级法院共受理各类申请再审案件846件，审结675件。其中，维持原判占79.9%，改判占20.1%。1993年5月，市中院制定《关于错案及违背审判原则、制度追究责任的暂行规定（试行）》。

1994—1998年，两级法院加大审判监督力度，依照错案责任追究制度，共追究办错案和有执法过错的审判人员19人，其间共审结二审、再审案件4900件，对原判确有错误的依法予以改判。1997年6月，市人大常委会印发《关于在全市各级人民政府、人民法院、人民检察院实行执法责任制的决定》。1998年，按照中央政法委和最高人民法院的部署，两级法院有计划、分阶段开展“集中教育整顿”活动。1999年，市中院制定《关于加强审判工作，提高办案质量的若干意见》《审委会议事规则》《民事、经济审判工作质量控制体系》。两级法院实行“立审分立”“审执分立”“审监分立”制度，以及法官审判业务实绩通报制度，强化差错案件追究制度。

1999—2003年，两级法院共处理群众来信来访7.47万人次，回应群众反映，引导群众维权，依法解决纠纷，开展司法救助。2000年，市中院立案庭信访工作受到最高人民法院和自治区党委政法委的表彰。

2004—2007年，两级法院推出“党员法官接待岗”制度。市中院制定《为加快呼和浩特市经济社会发展提供有力司法保障的意见》《充分发挥审判职能作用，为做好“迎庆创模”工作提供有力司法保障的意见》《加强对基层法院审判工作监督指导的若干意见》《人民法庭审判管理的若干意见》。建立完善审判监督程序审理案件通报、流程管理案件通报、国家赔偿案件通报、司法统计通报和目标考核项目月通报等6项通报制度。针对审判环节上容易发生的问题，在全自治区法院系统率先实行重大案件请示报告制度、二审拟改判案件征询一审法院意见制度、上级法院改发案件分析制度。开展“十佳调解案例”“十佳调解能手”评选活动。两级法院共受理各类再审案件774件，审结692件。其中，改判原审确有错误239件，撤销原判发回重审70件，维持原判180件，调解解决和自愿撤诉47件。

2008年，市中院受理刑事、民事、行政二审诉讼案件2025件。其中，民事侵权类案件增长45.48%、婚姻家庭类案件增长24.9%，刑事二审案件下降14.29%，行政二审案件下降50%。全年再审立案242件。2009年，两级法院一审息诉服判率82.85%，二审改发率7.4%，裁判正确率99%。开展“涉诉信访百日攻坚活动”，接待处理信访1661件次，办结中央和自治区交办的信访案件37件。2010年，两级法院通过“集中清理涉诉信访积案活动”，共清理越级上访案件70件，办结59件。

2011年，市中院制定《关于进一步加强审判管理工作的意见》《案件质量评查办法》《发回重审、改判案件差错评定暨责任追究办法》《关于联合接访和领导干部下访工作的若干规定（试行）》《关于落实最高人民法院“四个必须”“五项制度”的实施意见（试行）》《呼和浩特市中级人民法院突发事件处置预案》。2012年，成立审判管理办公室，建立基层法院对市中院二审改判发回案件异议反馈、二审拟改发案件审查把关制度，建立审限跟踪、目标考核和二审再审改判案件、国赔案件、违法违纪等案件评查分析通报制度和审判业绩考核体系。市中院法官与53名自治区人大代表和119名自治区政协委员建立“一对一”联络制度。2013年，全市121名人民陪审员参与审判各类案件3457件，人均参审案件28.57件。两级法院建立“百名法官和党员干部下基层”长效机制，下基层进行诉前排查化解矛盾纠纷1000人次。

2014年，市中院制定《呼和浩特市中级人民法院关于在互联网公布裁判文书的实施意见》《呼和浩特中级人民法院关于推进两级法院司法公开三大平台建设的实施意见》，建立科技法庭，推进庭审全程录音录像；建立失信被执行人名单制度，通过报刊、新媒体、电视等传媒曝光失信被执行人689人，开通官方微博“青城天平”。全年，各类案件一审后当事人服判息诉率89.89%，二审后达到98%。全市9个基层法院增加选任人民陪审员174人。全年人民陪审员参加审理案件4192件，占一审普通程序案件的92.29%。

2015年，市中院开通与最高人民法院远程视频接访平台，通过远程视频接访连线最高人民法院直接接谈10人次。两级法院全年上网公布裁判文书1.15万份。在网站开设曝光台，公开发布失信被执行人信息 2154 例，限制出境 4 人次，采取上述措施后 251 人自行履行判决义务。市中院公布失信被执行人信息量同比上升 3 倍。赛罕区法院被最高人民法院评为全国有效实施失信被执行人名单制度示范法院。

二、案件执行

1986—1988 年，两级法院受理执行案件 5829 件，执行 2351 件，执结标的 2680 余万元，其中民事执行案件执行率 52.8%、经济案件执行率 38.4%，经济纠纷案件判决后“执行难”问题比较突出，特别是一些企业“三角债”问题比较严重，法律关系复杂，执行难度大。

1989—1993 年，两级法院共受理执行案件 1.37 万件，执行 8414 件。其中，对应该执行的 8724 件民事案件，执行 6162 件；对应该执行的 4526 件经济案件，执行 1948 件，执结标的 6974.29 万元。一些企业严重亏损，无力还债，在应执行经济纠纷案件中无法执行案件占 49%。

1994—1998 年，两级法院执结各类案件 1.51 万件。组织全市范围的“执行大会战”，开展跨省委托执行，清理外地债权。1999 年，两级法院共受理执行案件 4583 件，执结 3963 件，执结标的 2.18 亿元。市法院会同市检察院、市公安局联合印发《关于拒不执行人民法院判决、裁定犯罪案件的暂行规定》。

2000—2003 年，全市开展“集中清理积案攻坚战”“金融案件专项执行”活动，召开“被执行人大会”。市中院制定《呼和浩特市中级人民法院关于执行裁决权与实施权分离的意见》《呼和浩特市中级人民法院关于执行案件收费的意见》，实行债权凭证、指定执行、提级执行、交叉执行、集中执行、曝光执行、执行听证等措施。两级法院共受理执行案件 1.32 万件，执结 1 万余件。

2004—2007 年，两级法院将“代位清偿”方法引入执行机制解决拖欠农民工工资问题，开展“司法为民执行月”及拖欠工程款和农民工工资案件专项执行。两级法院共受理执行案件 1.72 万件，执结 1.53 万件，执结率 88.6%，执结标的 12.1 亿元。执结拖欠农民工工资案件 1357 件，为农民工讨回 2000 余万元。

2008—2012 年，市委成立“集中清理执行积案活动领导小组”。市中院建立“执行案件定期督办通报制度”“执行案件责任追究制度”。市中院和各基层法院每月向市委“集中清理执行积案活动领导小组”报送执行案件进展情况，中院每月公开通报 1 次。两级法院受理执行案件 1.68 万件，执结 1.55 万件，执结率 92%，执结标的 41.18 亿元。开展“集中清理执行积案”“反规避执行”“执行突击月”“执行会战”“创建无执行积案法院”“清理涉党政机关‘执行难’案件专项行动”等活动，网上公布拒不执行生效裁判的单位和个人 83 次，对拒不履行生效裁判的 37 人依法予以处理，其中拘留 34 人、罚款 3 人。对被执行人确无履行能力而申请人生活确有困难的予以救助530余万元。

2013年，围绕解决“执行难”和树立司法权威的要求，两级法院建立失信被执行人名单制度，构建综合治理“执行难”的工作格局。全市法院受理执行案件3804件，执结3158件，结案标的额25.71亿元。开展清理涉党政机关“执行难”案件专项行动，排查清理5年以上涉党政机关执行积案66件，执结标的额2.21亿元。

2014年，两级法院受理执行案件5220件，执结3072件，执行到位61.92亿元。开展“涉民生案件专项集中执行活动”，执结涉及民生案件163件，执行金额1398.65万元。

2015年，两级法院建立具备网络查控、远程指挥、快速反应、信息公开等功能的执行指挥体系。通过网络查控系统，查询被执行人6694名、银行存款2.04亿元。两级法院受理执行案件9086件，执结5145件。开展“集中打击拒不执行生效判决、裁定等犯罪行为”专项行动。司法拘留拒不执行判决、裁定的被执行人或相关人员249人，判处罪犯或移送纪检监察、公安机关10人。

第四节　其他工作

一、国家赔偿

1995年1月，《中华人民共和国国家赔偿法》实施，市中院设立赔偿委员会，负责审理刑事、行政和民事国家赔偿案件。1995—2003年，两级法院受理申请国家赔偿案件26件，审结26件，决定赔偿7件。

2004—2012年，两级法院受理申请国家赔偿案件60件，审结60件，决定赔偿21件，赔偿金额129.48万元。

2013—2015年，两级法院建立国家赔偿案件听证会制度和国家赔偿联动机制。两级法院受理国家赔偿申请案件36件，审结15件，赔偿金额56.47万元。

二、法庭建设

1986年，市中院设在回民区贝尔路，建有小型法庭2个，办公条件相对简陋，由于法庭数量不足，不少案件无法在法庭开庭审判，只能在办公室进行，大型案件的审理需借用其他单位的场地。

1989年，新城区人民法院搬迁，新址建有审判法庭1个；郊区人民法院增设西菜园、巧报、黄合少3个人民法庭；土默特左旗人民法院恢复察素齐人民法庭。1990年8月，新城区法院设立新城区东风路人民法庭，是市区内设立的首个派出法庭。1991年，郊区人民法院搬迁，新址有审判法庭3个。1994—1998年，全市新建、改建人民法庭18个。

1997 年，新城区人民法院搬迁，新址是呼和浩特市法院系统首座多功能现代化的审判办公楼，也是华北地区第一个具备现代办公条件的基层人民法院。1998 年 10 月，市中院封闭刑场落成，结束在荒郊野外执行死刑的历史。至 1999 年，全市设人民法庭 34 个。

2000 年，郊区人民法院更名为赛罕区人民法院，新城区法院东风路人民法庭划归赛罕区人民法院、罗家营人民法庭更名为巴彦（白塔）人民法庭、八拜人民法庭更名为金河人民法庭。玉泉区人民法院撤销西菜园、桃花 2 个人民法庭。托克托县人民法院撤销乃只盖人民法庭。

2001—2002 年，和林格尔县人民法院先后撤销大红城、新店子、公喇嘛、城关 4 个人民法庭，新建盛乐园区人民法庭；托克托县人民法院撤销新营子人民法庭；新城区人民法院设立毫沁营人民法庭。至 2002 年末，两级法院共设人民法庭 29 个。其中，24 个人民法庭有办公场所、5 个借用乡镇政府办公地；组成合议庭的法庭 10 个，其他人民法庭人员配置在 3 人以下，在适用普通程序审理案件时，必须向其他法庭或法院提前预约借人，武川县法院的 6 个人民法庭均为 1 人庭。2005 年，针对基层人民法庭设置不合理，司法资源浪费严重等情况，市中院重新规划法庭设置，整合司法资源，将原有 22 个法庭撤并为 9 个。

2006—2010 年，市中院审判办公综合大楼建成并投入使用。年内，完成市中院和 9 个基层法院建设，彻底改变了“审判无庭、办公无房”“一人庭、二人庭”的现象。完成两级法院的局域网建设使用，开通与高院的三级联网，初步实现“法庭智能化、审判管理网络化、楼宇管理自动化”的目标。更新和配齐 9 个派出法庭的审判用车，开展巡回审判活动。

2011—2015 年，两级法院建成科技法庭 45 个，其中市中院 12 个、旗县法院 33 个，部分实现科技法庭同步录音录像庭审功能。全市 14 个人民法庭全部配备电子查询设备，立案场所增设诉讼指南引导栏。同时配备巡回审判车辆，部分人民法庭配备具有电子签章等系统的巡回审判车。

第四章　司法行政

第一节　机　构

一、呼和浩特市司法局

1986 年，呼和浩特市司法局（简称市司法局）内设机构为普法教育办公室、劳教委员会办公室、劳改劳教管理科、人民调解科、公证律师科、宣教科、政工科、办公室。下设二级单位劳动教养管理所、呼和浩特市律师事务所。1987年，市司法局接管自治区法学会所属的呼和浩特市第三律师事务所，并更名为呼和浩特市第二律师事务所。1988年7月，市政府批准撤销呼和浩特市劳动改造大队，人员并入呼和浩特市劳动教养管理所。市司法局劳改劳教工作管理科更名为劳动教养工作管理科。1989年，根据司法部要求，人民调解科更名为基层科，业务范围由单一的人民调解发展为人民调解、司法助理员与司法所、基层法律服务，刑释解教人员安置帮教、“148”法律服务专线等多项工作。

1992年，呼和浩特市经济律师事务所成立，为合作制性质。1993年，市委依法治市领导小组成立，领导小组办公室设在市人大常委会。1994年12月3日，市长办公会议决定依法治市领导小组办公室由科级升格为副处级，办公室设在市司法局。

1996年7月，根据《呼和浩特市党政机关机构改革方案》，市司法局增设党委办公室（兼管纪检工作）、劳教委员会办公室、政策法律研究室、财务审计科，人民调解工作管理科更名为基层工作管理科。调整后的内设机构为办公室、党委办公室（挂纪检办牌子）、政工科（挂警务办公室牌子）、公证律师工作管理科、法治宣传教育科、劳动教养工作管理科、劳教委员会办公室、政策法律研究室、财务审计科、普法领导小组办公室、依法治市领导小组办公室、基层工作管理科；下设呼和浩特市劳动教养管理所、呼和浩特市律师事务所、呼和浩特市第二律师事务所、呼和浩特市公证处。10月，呼和浩特市律师事务所、呼和浩特市第二律师事务所分别更名为内蒙古华远律师事务所、内蒙古康泰律师事务所。12月，市司法局政工科更名为政治处。

1999年11月，呼和浩特市律师协会、呼和浩特市法律援助中心分别成立。2001年，呼和浩特市依法治市领导小组和普法领导小组合并为依法治市领导小组，办公室仍设在市司法局。12月，市政府批准撤销市司法局党委办公室、劳教委员会办公室、财务审计科；劳动教养工作管理科、政治处分别更名为劳动教养工作管理办公室、政治部。

2002年，市司法局设立纪检监察室，政策法律研究室更名为法规教育科。至2002年末，市司法局内设办公室、政治部、律师公证工作管理科、法规教育科、基层工作管理科、依法治市领导小组办公室（挂法治宣传教育科牌子）、劳动教养工作管理办公室、纪检监察办公室。下设呼和浩特市劳动教养管理所、呼和浩特市公证处、呼和浩特市法律援助中心、呼和浩特市律师协会。

2004年，成立市人民调解员协会。市司法局设办公室、政治部、纪检监察室、律师公证工作管理科、法规教育科、基层工作管理科、呼市依法治市领导小组办公室、劳动教养管理办公室8个职能科室。下设劳动教养管理所、律师协会、法律援助中心，以及16家直属律师事务所、2家公证处。下辖公证员协会、基层法律工作者协会、人民调解员协会、“148”法律服务指导中心。

2006年，市司法局内设办公室、政治部、律师公证工作管理科、法规教育科、基层工作管理科、市依法治市领导小组办公室（法治宣传科）、劳动教养管理办公室、国家司法考试办公室8个职能科室。

2010年，机构设置为办公室、政治部、律师公证工作管理科、基层工作科、依法治市领导小组办公室（法治宣传科）、法律援助工作科、法治科（司法鉴定管理办公室）、国家司法考试科、劳动教养管理科、行政事项审批办公室、纪检监察室、离退休人员工作科12个职能科室。下设劳动教养管理所、法律援助中心、律师协会、公证协会，以及28家直属律师事务所、5家公证处、10家司法鉴定所和1个“148”法律服务中心。

2012年，市司法局设办公室、政治部、律师公证工作管理科、法治科、基层工作管理科、呼市依法治市领导小组办公室（挂法治宣传科牌子）、劳动教养管理办公室、司法考试办公室、行政审批办公室、法律援助工作科、司法鉴定科、纪检监察室、离退休人员工作科13个职能科室。下设劳动教养管理所、法律援助中心、律师协会、公证协会，以及32家直属律师事务所、5家公证处、10家司法鉴定所和1个“148”法律服务中心。

2014年3月，劳动教养管理所更名为强制隔离戒毒所；6月，劳动教养管理科更名为强制隔离戒毒管理科。2015年，法律援助工作科更名为社区矫正管理科，离退休人员工作科更名为信息网络技术科。

截至2015年，市司法局设办公室、政治部、律师公证工作管理科、法治科、基层工作管理科、呼市依法治市领导小组办公室（挂法治宣传科牌子）、戒毒管理办公室、司法考试办公室、行政审批办公室、法律援助工作科、司法鉴定科、纪检监察室、离退休人员工作科13个职能科室。下辖的二级单位包括1个强制隔离戒毒所、1个法律援助中心、1个律师协会、45家直属律师事务所、1个公证协会、5个公证处、12个司法鉴定所、1个“148”法律服务中心。

二、旗县区司法局

1986年，呼和浩特市所辖新城区、回民区、玉泉区以及土默特左旗、托克托县、郊区均设立司法局。

1992年，托克托县司法局撤销，成立托克托县法治监审委员会，内设司法科。1995年，托克托县法治监审委员会撤销，恢复设立托克托县司法局。1995年、1996年，乌兰察布盟所辖清水河县、和林格尔县、武川县划归呼和浩特市。

2000年6月，呼和浩特市调整区划，郊区更名为赛罕区，郊区司法局相应更名为赛罕区司法局。至此，呼和浩特市所辖新城区、回民区、玉泉区、赛罕区、土默特左旗、托克托县、和林格尔县、武川县、清水河县9个旗县区均设司法局。

第二节 普法宣传

一、“一五”普法

1986年，市委制定普及法律常识的五年规划，市人大常委会作出法治宣传教育的决议。全市法治宣传由市委普及法律常识领导小组组织领导，相继成立普法专门机构2354个，配备普法宣传员640名。“一五”普法期间，呼和浩特市在全体干部、职工、青少年和65岁以下城镇居民、60岁以下的农牧民中进行普法宣传。普法内容包括《中华人民共和国宪法》《中华人民共和国民族区域自治法》《中华人民共和国刑法》《中华人民共和国刑事诉讼法》《中华人民共和国民事诉讼法（试行）》《中华人民共和国婚姻法》《中华人民共和国继承法》《中华人民共和国经济合同法》《中华人民共和国森林法》《中华人民共和国草原法》《中华人民共和国兵役法》《中华人民共和国治安管理处罚条例》等。全市100万人接受普及法律常识教育。其中，干部参学率100%，合格率96%。青少年参学率100%，合格率100%。

二、“二五”普法

1991—1995年，“二五”普法期间，市委成立依法治市领导小组，办公室设在市人大常委会，后改设市司法局，与市普法领导小组办公室合署一套机构。全市各级普法机构以宣传《中华人民共和国宪法》《中华人民共和国民族区域自治法》为核心，针对《中华人民共和国警察法》《中华人民共和国公司法》等30部专业法律法规，制定普法规划980个，配备法治宣传员8000余名，举办骨干培训班162期，举办市级领导普法学习班2期，县处级干部学法班7期，科级干部学法班33期，一般干部培训班40期。先后展出宣传栏837块，发放宣传材料38万份，组织发行普法教材3.5万册，自编教材1万册。

三、“三五”普法

1996—2000年，“三五”普法期间，全市组织161万人参加普法学习。市普法领导小组组长与95个地区和部门的领导签订“三五”普法依法治理目标责任状。制定《领导干部学法制度》，普法依法治理工作实现目标化管理并列入年度领导班子实绩考核内容。组建15人普法讲师团，共举办普法骨干培训519期，授课3744课时，培训2.64万人次，落实普法教材10.6万册。举办副处级以上领导干部法治讲座199期，中心组法治讲座21期，副科级以上干部法治学习和普法学习班331期。副处级以上领导干部1026人次参加普法考试。全市86所小学、165所中学和20所大专院校把法治教育课程纳入教学计划，做到教师、教材、课时“三保证”。51家司法、行政执法单位建立健全本单位的执法责任制度。确定各类依法治理试点533个。

四、“四五”普法

2001—2005年，“四五”普法期间，全市各级普法领导小组组长均由各地区、各部门主要领导担任，普法任务纳入全市工作目标统一管理，定期考核。建立干部学法用法考试制度和建档制度，修订完善行政执法责任制及其考核方案等8项制度。结合防治“非典”“严打”“三八”妇女节、安全生产和“普法20周年”等工作开展法治宣传，共设置法治宣传点1310个，出动宣传车1230辆次，发放宣传材料42.9万份，解答法律咨询10.20万人次，在呼和浩特电视台、广播电台开设《云中绿岛》《法治播报》等5个法治宣传栏目。举办252期领导干部法治讲座，培训市本级单位公务员、事业单位工作人员和企业经营管理人员7896人。青少年法治教育做到“计划、课时、师资、教材四落实”。市普法领导小组制定《加强社区、农村依法治理工作的实施意见》，举办“法律进社区”和“民主法治示范村”创建活动，向农牧民赠送法律图书10万册。

五、“五五”普法

2006—2010年，“五五”普法期间，市委、市政府将普法、依法治理工作纳入全市经济社会发展总体规划。市政府及9个旗县区政府全部建立政府法律顾问团。组建10支5800人法治宣传员队伍，成立“呼和浩特市‘五五’普法讲师团”，建立“呼和浩特普法网”，在呼和浩特电视台、广播电台创办《与法同行》《说法论道》《直通首府》《访谈》等法治宣传栏目。市区主要路口设立38块电子显示屏，滚动播放各类法律法规。组织举办主题法治宣传活动320次，发放宣传资料355万份，编印普法书籍120万册。开展“法律六进”（法律进机关、进乡村、进社区、进学校、进企业、进单位）活动，制定“法律六进”实施方案、创建标准和联席会议制度。制定首府“民主法治示范村（社区）”创建标准，赛罕区巧报镇大台什村、和林格尔县盛乐镇姑子板村，先后被司法部评为全国第三批、第四批“民主法治示范村”。

六、“六五”普法

2011—2015年，“六五”普法期间，市人大常委会通过《呼和浩特市人大常委会关于深入开展法治宣传教育推进法治呼和浩特建设的决议》。市委印发《关于加快建设法治呼和浩特的意见》，完善各级党委（组）中心组学法、领导干部任前考法等制度。市依法治市领导小组制定《“谁执法谁普法”责任制》。全市共举办副处以上领导干部法治讲座30场，旗县区举办科级干部法治讲座100场。开展主题宣传活动440次，发放宣传资料475万份；在新闻媒体开辟《与法同行》《交警说交通》

法治宣传栏目。建成3个法治文化公园（广场）、10个法治图书阅览站、30条法治文化长廊（街）、300个普法学法大讲堂。开通呼和浩特普法微信公众平台，将“呼和浩特普法网”改版为“法治呼和浩特网”，增设在线咨询、在线调查、视频点播、法律服务查询四大便民服务平台，总访问量达300多万人次。开展呼和浩特首届“十佳法治人物”评选、普法知识竞赛活动。建立公务员法治教育的任前培训、任职培训和年度培训长效机制。组建专兼职人员相结合的法治宣传队伍，建立社区法务室。组织“法治文艺下乡村”演出300余场，印发《农民法律知识读本》等普法书籍80余万册。全市各级各类学校把法治教育纳入总体教学计划，各中小学校全部聘请法治副校长、法治辅导员，建立青少年法治教育基地42个。每年对企业经营管理人员进行法律知识培训考试，金融、通信等企业聘请法律顾问团。全市建成3个法治文化公园（广场）、10个法治图书阅览站、30条法治文化长廊（街）、300个普法学法大讲堂。有224个建制村、234个社区开展“民主法治示范村（社区）”创建活动。

第三节　基层司法

一、法律服务

1986年，呼和浩特市有基层法律服务机构62个，占全市乡镇、街道数的95%。承担培训调解人员、调解疑难纠纷，开展法治宣传、教育挽救失足青少年、办理法律服务辅助性工作和公证联络业务、协助乡（镇）政府推行乡规民约等工作。1989年，市司法局在郊区西菜园乡成立西菜园司法所，是自治区第一家司法所。

1990年1月，司法部印发《关于整顿乡镇法律服务所的通知》，决定用两年时间整顿乡镇法律服务所。市司法局按照《关于乡镇法律服务所暂行规定》《关于进一步加强乡镇法律服务所组织建设的若干意见》《乡镇法律服务所财务管理办法》《乡镇法律服务所业务档案管理办法》，对全市乡镇法律服务所进行规范整顿。1993年，新城区海拉尔路办事处法律服务所被自治区司法厅授予“自治区优秀法律服务所”荣誉称号。

1995年，市司法局在全市各乡、镇、街道成立司法所，采取垂直管理。1998年，开展队伍集中教育整顿，重点整顿少数基层法律服务人员执业过程中的违法违纪问题。

2001年3月，自治区司法厅将所属的中平、中泰2个法律服务所移交市司法局。全市基层法律服务工作者担任法律顾问392家，协办公证2018件，民事代理1007件，避免和挽回经济损失101万元。3月，市司法局分别与市妇联、市消费者协会联合进行为期3天的大型宣传活动，共散发传单3500份，接待咨询260人次。

2002年，在全市范围内开展整顿规范法律服务秩序，通过宣传动员、自查自纠、总结验收三个阶段的扎实工作，全市的法律服务秩序得到好转。全市“148”法律服务共接受电话咨询470次，接待来访440人次，调处矛盾纠纷216件。举行由呼和浩特晚报社、市司法局、市社保局共同举办的每周一次的“走进群众生活、倾听群众心声”活动，先后在地质局小区、友谊小区、团结小区、9个旗县区所在地进行法治宣传咨询活动。同年，玉泉区小黑河乡被自治区司法厅授予“自治区文明基层法律服务所”、呼和浩特市第一法律服务所吕战宙被授予“十佳基层法律服务工作者”荣誉称号。“148”法律服务热线启用“12348”法律服务专用电话统一号码。

2003年，全市9个旗县区司法局全部开通“148”法律服务热线电话，负责解答法律咨询。2004年，抓住国家推进政法机关“两所一庭”建设机遇，市司法局将司法所进行收编直管，全市104个乡镇（街道）全部建立司法所。“12348”法律服务平台接受电话咨询4720次，接待来访652人次，调处矛盾纠纷462件。同年，内蒙古自治区法律工作者协会呼和浩特市分会成立。2005年，市法律援助中心建立农民工接待室，解答农民工法律咨询1800多人次，为农民工讨回工资29万余元。同时，在市劳教所建立法律援助工作站。

2006年，全市司法所开始实行以司法局管理为主，镇、街道（办事处）管理为辅的管理体制，司法所全部实现“收编直管”“立户列编”。全年，全市基层法律服务工作者代理诉讼案件135件、非诉129件、调解纠纷322件、解答法律咨询1417次，担任法律顾问287家，办理法律援助案件32件。“12348”协调指挥中心与市妇联组建“妇女维权法律服务志愿者队”，开展法治宣传、妇女儿童维权、法律进社区等工作。“12348”法律服务平台共接受电话咨询3236次，接待来访626人次，调处矛盾纠纷531件。

2007年，全市有法律服务所64家，有基层法律工作者194人，全市法律服务所担任法律顾问221家，代理诉讼事务197件，代理非诉事务193件，解答法律咨询3343件，办理涉及农民工的法律事项25件，“12348”法律服务专线共接受电话咨询798次，接待来访群众642人次，调处矛盾纠纷48件。

2008年，各律师事务所开通信访法律咨询电话，建立起接访值班制度。法律援助中心抽调3名经验丰富的律师、法律服务工作者到市信访部门工作，为各类涉法、涉诉信访案件出具法律意见，引导上访群众以理性、合法的方式反映诉求。加强对律师代理敏感性案件和群体性事件的指导，成立律师代理敏感案件、群体性事件指导委员会，做到重大案件及时上报。2009年，制定法律服务为新农村建设服务的新举措，为农民（居民）减免法律服务收费、建立对口帮扶联系点、开展送法下乡（街道、居委会）活动。

2010年，市司法局认真落实自治区、呼市两级领导的批示和建议，在新城区保和少镇、8个街道办事处及其所辖46个社区、26个村委会成立法务室。

2013年，全市律师在475家部门担任法律顾问，办理各类案件3451件，提供法律援助86件，参加社会公益活动1335场次，接待信访案件256件，引导群众解决涉法问题40余人次，息诉罢访30余件，成功化解群体性上访事件6起。至年末，9个旗县区全部开通法律服务热线电话。

2015年5月，呼和浩特市“12348”公共法律服务平台开通，每天配备1名律师负责解答来访人员法律咨询和接听解答市法律援助中心咨询电话，并严格执行早8点到20点一天12小时的工作时间，实现法律咨询、人民来访、法律服务三位一体的服务功能。截至2015年末，解答各类来电咨询4564个，其中民事类咨询3001个，刑事类咨询232个，行政类咨询152个，其他1179个。接待来访咨询1300人次，解答法律援助服务热线电话1600多个。逐步实现基层公共法律服务全覆盖。

二、法律援助

1999年11月，呼和浩特市法律援助中心成立，隶属市司法局公证律师科。2000年7月，司法部召开全国法律援助工作会议，总结部署法律援助工作和表彰法律援助先进集体、先进个人，市法律援助中心受到表彰。

2001年，市法律援助中心承办法律援助案件25件。2002年，成立市“148”协调指挥中心，建立“148”法律服务平台，全市法律服务热线联网，解答法律咨询，提供法律服务。2003年，设立具有独立法人资格的市法律援助中心。全年办理法律援助案件91件，受援人560余人。

2004—2005年，市法律援助中心重点抓劳动争议案件的法律援助工作，指派和办理各类援助案件274件，其中刑事案件94件、民事案件775件、行政案件4件。其中，在“都市华庭游泳馆儿童游泳致病”事件中，为少年儿童及家长提供法律援助，受理民事赔偿329件。

2006年，市法律援助中心共接待来访群众850人次，办理援助案件106件，其中刑事案件53件、民事案件53件，涉及残疾人、妇女、未成年人的46件。市司法局会同自治区总工会共同建立维权中心，指派律师定期值班，扩大援助覆盖面。

2008—2010年，市法律援助机构承办各类法律援助案件共计1650件。其中，刑事案件710件，涉及未成年人的有382件，涉及盲人、聋哑人的有17件，其他案件311件；民事案件892件，涉及农民工的有392件，涉及农民的有384件，涉及残疾人的有85件，其他案件131件；行政案件48件，涉及残疾人的有14件，其他案件

34件。

2011年，在市总工会、团市委、市妇联、市残联、市老龄委设立法律援助工作站，拓展工作领域。2012年，全市法律援助机构共承办各类法律援助案件1740件。其中，刑事案件177件，民事案件939件，非诉讼案件624件，加大非诉讼法律援助案件承办力度。

2013年，市法律援助机构承办的案件数量同比增长61%，和林格尔县、武川县法律援助接待场所达到自治区规定的法律援助便民服务窗口建设标准。全市建成达标工作站96个，工作点354个。先后在内蒙古第二监狱、内蒙古第四监狱成立法律援助工作站。全年共办理案件达1848件，其中申请案件1678件，通知指定案件170件，接待咨询1.26万人次。

2014年，在各旗县区工青妇、残联、交警队、司法所等部门建成达标法律援助工作站116个。全市共办理各类援助案件1923件，接待来电来访人数达1.2万人次，市法律援助中心共协助信访和其他部门处理涉法涉诉案件30多起。

2015年，呼和浩特市以及各旗县区司法局与信访、工会、妇联、残联、老龄委、团委、交警、监狱、看守所、军人军属等机关单位，纵向在各社区、乡镇、工业园区成立各级法律援助工作站，形成以市区县法律援助中心为龙头，镇（乡）法律援助站为基础，村（居委会）法律援助联络室为补充的三级法律援助网络体系。法律援助工作站与司法所合署办公，实行两块牌子、一套人马，由司法助理员兼职法律援助工作。截至2015年，全市有达标法律援助工作站228个，联络点1250个。

三、人民调解

2001年，按照自治区党委办公厅、政府办公厅《关于转发〈内蒙古自治区社会治安综合治理委员会关于进一步加强矛盾纠纷排查调处工作实施意见〉的通知》精神，呼和浩特市加强各级民间纠纷调停处置组织的建设工作，市、旗县区、乡镇（街道）均成立以党委、政府主要领导和政法机关、民政、土地、工商、财政、工青妇等部门负责人组成的矛盾纠纷排查调处领导小组，各主管单位、部门也建立相应的领导小组。全市共有矛盾纠纷调处领导小组180个。其中，市级1个，旗县区及主管部门（单位）63个，乡镇（街道）116个；村（居）委会建立调解委员会1754个、调解小组5147个，调解人员1.29万人。完善矛盾纠纷排查调处规章制度，市、旗县区和主管部门（单位）、乡镇（街道）、村（居）委会四级都建立健全了矛盾纠纷排查调处工作制度。排查出各类矛盾纠纷2079件，调处2009件，调解成功率97%；民间矛盾纠纷16件，调处16件；其他矛盾纠纷140件，调处128件。建立市、旗县区、乡镇（街道）三级领导包案制度，其中市领导包案19件，旗县区党政领导包案34件，占矛盾纠纷总数的37%。

2002 年，市司法局本着“巩固、发展、提高、规范”的原则，加强基层司法局、基层调委会和司法调解中心的规范化、标准化建设。全市 104 个基层司法所中规范化司法所达 94 个，调委会“四落实”标准达到 90%。托克托县中滩乡河口村调委会由于工作规范，成效显著，被评为全市先进调委会。在和林格尔县新店子乡、黑老夭乡开展人民调解同诉讼制度相衔接的试点工作。全年共排查纠纷 2234 起，调解处理 2165 起，调处成功率达 96.9%。调处群体性纠纷 57 件。

2003 年，全市各级调解委员会充分利用三级网络调解组织，会同并协助公安、工商、卫生防疫、城建、物价等部门，把各种不安定因素解决在基层。对托克托县在工程建设征地、小城镇拆迁中引发的矛盾纠纷，及时介入，做到防患于未然。

2004 年，全市各乡镇（街道）人民调委会实现会议、印章、调解、回访、记录簿、统计台账“六统一”，村（居）人民调委会实现“五有”（有标识牌、相对固定场所、印章、调解回访记录、统计台账）、“四落实”（落实组织、制度、工作、报酬），建立起预防、发现、排查、调处矛盾纠纷的经常性运行机制。全市建立矛盾纠纷排查调处小组 156 个，其中市级 1 个、旗县区及主管部门 63 个、乡镇（街道）92 个。建立乡镇调委会 104 个，村级调委会 1754 个，调解小组 5147 个，调解人员 1.29 万名，形成四级调解网络。全年，共排查各类矛盾纠纷 1755 起，调处 1719 起，调解成功率 98%。

2005 年，全市各级调委会共调解各类矛盾纠纷 1502 起，调解成功 1459 件，成功率达 97%，全市司法所调解各类矛盾纠纷 1036 件，防止群体性上访 59 件，防止群体性械斗 14 起。2006 年，全市司法所开展矛盾纠纷大排查 50 次，参与调解疑难复杂民间纠纷 512 件，为基层政府提司法建议 79 条。

2007 年，全市共建立调委会 1362 个。其中，村（居）调委会 1048 个，乡镇（街道）调委会 212 个，企事业单位调委会 67 个，区域、行业调委会 3 个，其他 32 个；有调解人员 7129 名，共调解各类纠纷 2067 件，调解成功 1999 件。

2008—2010 年，开展规范化人民调解委员会创建活动，在市劳动和社会保障局、市消费者协会、赛罕区交警队成立行业性、区域性人民调解组织。调整全市矛盾纠纷排查调处领导小组，制定矛盾纠纷排查调处方案，将土地征用、房屋拆迁、村务管理等突出矛盾纠纷作为工作重点。至 2010 年末，全市建立调委会 1413 个，其中村（居）调委会 999 个，乡镇（街道）调委会 230 个，企事业单位调委会 96 个，区域、行业调委会 55 个，其他 33 个。

2011 年，为深入推进三项重点工作，市司法局与市公安局建立“公调对接”机制，从适用范围、组织机构、对接程序、工作职责、经费保障等方面做了详细规定，全市 9 个旗县区 13 个“公调对接”试点全面运行。为充分发挥人民调解在化解道路交通事故民事损害赔偿方面的积极作用，化解交通事故引发的矛盾纠纷，促进社会和谐建设，与市公安局、内蒙古保险行业协会呼和浩特市分会联合制定印发《道路交通事故民事损害赔偿纠纷人民调解工作暂行办法》《关于贯彻实施〈中华人民共和国调解法〉的实施意见》。9个旗县区全部建立道路交通事故民事损害赔偿纠纷人民调解委员会。

2013年，市民政局与市卫生局联合成立呼和浩特市医疗纠纷第三方人民调解委员会，负责全市医疗纠纷的调查、调解、评估、法律咨询等服务，规范医疗纠纷人民调解程序，建立健全管理制度。年末，全市有乡镇调委会74个，村级调委会1357个，调解人员7674名。全年共调解各类纠纷2.39万件，成功调解2.33万件，成功率97.3%。

2015年，全市共有司法所81个，全部配备执勤用车。全年共受理各类纠纷1.17万件，调解1.17万件，调解率100%；调解成功1.14万件，成功率97.8%。协调市房产局建立物业调解委员会。

四、社区矫正与安置帮教

2000年后，呼和浩特市逐步建立由市、旗县区、乡镇党委、政府分管领导牵头，社会治安综合治理委员会办公室、司法行政和公安、民政、工商、劳动部门，以及团委、妇联等群众团体参与的刑释解教人员安置帮教组织，协同开展刑释解教人员的帮教安置工作，降低重新犯罪率，发挥着社会稳定“第一道防线”作用。

2001年，全市建立安置帮教工作领导机构1851个，安置帮教工作专兼职人员4428名，基本形成县、乡、村三级安置帮教网络。各乡镇（街道）依托司法所和司法助理员建立起帮教工作站。根据工作需要，调整补充市刑释解教人员安置帮教领导小组，增加工商局、税务局、市关工委为成员单位。市司法局会同市工商局、市税务局出台《关于对刑释解教人员就业享受优惠政策的通知》《关于安置刑释解教人员享受有关税收优惠政策的通知》，保证了刑释解教人员“就业上有门路，生活上有着落。”全年，落实帮教136名，安置105名，未发现有重新犯罪。

2002年，市司法局制定《呼和浩特市安置帮教工作要点》，把刑释解教人员的安置帮教工作纳入全市各级党政领导机关的议事日程。经衔接落实帮教人员1684名，安置1588人（含自谋职业、打工、农村安排土地等），安置率达92%。

2003年，组织共青团呼和浩特市委、内蒙古民族歌舞团、电力学校、共青团回民区委等单位深入市劳教所，开展联合帮教活动。在三八节期间，市司法局律师协会组织部分女律师深入市女子劳教所，向帮教人员宣讲法律知识，免费赠送法律书籍1000余册。2005年，全市有刑释解教人员239名，经有关部门衔接落实帮教230名，帮教率达96%。通过各种途径安置203人，安置率达85%。

2006年，组织旗县区党政探视团到市劳教所开展帮教，签订帮教协议书192份。

年末，全市共有安置帮教机构 27 个，接管刑满释放人员 154 人，解除劳教人员 32 人，开展帮教 122 人，落实安置 126 人。

2007 年，市司法局对近 5 年来的刑释解教人员进行全面摸底排查，建立刑释解教人员信息数据库，实现计算机“信息化”管理。对重点监控对象进行定期走访，杜绝重新违法犯罪。对全市社区矫正对象进行调查摸底，开展社区矫正试点。加强安置帮教基地建设，重点在托克托县、武川县建成 2 家有首府特点的安置帮教实体。年末，全市建立各级安置帮教机构 658 个，接管刑满释放人员 476 人、解除劳教人员 174 名，通过各种途径安置 317 人，接受帮教人员 593 人。

2008 年，呼和浩特市正式启动社区矫正工作，成立市社区矫正工作领导小组，组长由政法委书记担任，成员单位由市中级法院、市检察院、市公安局、市综治办、市委编办、市人事局、市财政局、市民政局、市劳动和社会保障局、市总工会、团市委、市妇联、市司法局组成。领导小组下设办公室，办公室设在市司法局。协调市综治办等 13 部门制定《关于加强刑释解教人员安置帮教基地建设的意见》，争取政策扶持，多渠道开展安置帮教工作。加强安置帮教基地建设，托克托县建成呼和浩特首家安置帮教基地。至 2008 年末，全市共建立各级安置帮教机构 658 个，接收两劳释解人员 823 名、安置 313 名、帮教 612 人。

2010 年 9 月 30 日，呼和浩特市首个社区矫正公益劳动基地——“呼和浩特市赛罕区社区矫正公益劳动基地”，在赛罕区金河镇根堡村蔬菜基地建成运行。2011 年，对社区矫正服刑人员采用 GPS 进行管理。至 2013 年末，累计接收社区矫正人员 3145 名，累计解除矫正 1797 名，在教对象 1348 名。

2014 年，市司法局起草《社区矫正执法文书格式》，社区矫正执法文书增加为 22 种。市司法局、市公安局、市检察院、市法院联合出台《关于进一步规范社区矫正衔接管理工作的实施意见》。年内，112 名社区民生志愿者分配到各旗、县、区司法局从事社区矫正工作。

2015 年，市司法局组建社区矫正管理支队，所属 9 个旗县区全部建立社区矫正执法大队，均配备 3 名以上工作人员。各旗县区依托本地资源，设立社区矫正公益劳动基地。玉泉区社区矫正教育服务中心接收社区矫正人员 200 多名。托克托县双河镇、和林县经济开发区司法所启用社区矫正指纹录入系统，录入辖区内社区矫正人员指纹，弥补手机 GPS 定位不足的缺陷，遏制社区矫正人员存在的人机分离现象。市司法局及所属 9 个旗县区司法局全部购置社区矫正执法特种车辆。截至 2015 年末，全市累计接收矫正人员 5045 人，累计解除矫正人员 3427 人，在矫人员 1618 人。

第四节 律师、公证

一、律师工作

1987年，全市律师为292个机关、企事业单位担任常年法律顾问，为聘方避免和挽回经济损失450余万元。代理民事诉讼2110件，非诉讼代理285件，协助法院和有关单位及时解决矛盾和避免经济损失207万元。接待来访群众996次，代写法律文书6997件，解答法律询问1.05万次，全市办理刑事案件辩护1457起。1988年7月，呼和浩特市成立第一家合作制律师事务所——合众律师事务所。1995年，律师事务所组织形式和管理运作模式改革，形成国资、合作、合伙3种形式并存的管理运行模式。1996年，呼和浩特市召开第一次律师代表大会，成立市律师协会。

2000年，市司法局与3个直属国资律师事务所脱钩转制，界定国有资产范围，逐步完善律师事务所主体资格。2001年，成立专门业务委员会，完善律师协会的各项运行规则。新增律师事务所4所。全市律师担任法律顾问224家，办理刑事案件262件，代理民事、经济、行政案件1093件，非诉案件390件。2002年，对全市22家律师事务所及4家法律援助中心的172名律师进行年检注册。开展主题为“律师为建立诚信制度提供法律服务”的律师义务咨询日活动，会同有关部门修订律师收费标准。东日律师事务所创办“法律直播间”栏目。2003年，全市律师共办理各类案件2655件。2004年，全市律师共办理经济、民事、行政案件1614件，办理刑事辩护及代理案件298件，担任法律顾问231家。

2005年，全市律师办理经济、民事、行政诉讼案件1742件，办理刑事辩护及代理案件339件，办理非诉讼法律事务650件，解答法律咨询4535件，代写法律文书1573件。担任法律顾问221家，其中担任各级政府法律顾问26家。至2005年，办理刑事案件辩护及代理6694件。

2006年，对直属21家律师事务所、旗县区17家律师事务所及6家法律援助中心的347名律师进行年检注册。全市律师担任法律顾问259家。办理民事案件1232件、经济案件327件、行政诉讼案件96件，办理刑事辩护及代理案件327件、非诉讼法律事务387件；解答法律咨询3810件，代写法律文书1842件。

2007年，对全市35家律师事务所、327名律师进行年检注册。全年，全市律师办理民事案件1626件、办理刑事辩护及代理案件429件；办理行政诉讼案件107件，办理非诉讼法律事务338件；解答法律咨询4202件，代写法律文书1694件。

2008年，对全市40家律师事务所、421名律师进行了年检注册。全市律师担任法律顾问291家。其中，担任各级政府、机关单位法律顾问26家，担任事业单位法律顾问34家，担任企业法律顾问155家。办理民事案件1393件、行政案件45件、刑事辩护及代理案件390件、非诉讼法律事务378件，解答法律咨询4275件，代写法律文书598件。

2010—2014年，各律师事务所开通信访法律咨询电话，建立起接访值班制度。市司法局还定期抽调律师、法律服务工作者到市信访局、工会、妇联等部门，为处理各类涉法、涉诉信访案件出具法律意见，引导上访群众以理性、合法的方式反映诉求，维护社会和谐稳定。

2015年，呼和浩特市率先实现法律顾问在三级政府和国有大中型企业的全覆盖，先后成立市政府法律顾问律师团和企业法律顾问律师团，分级建立优秀律师人才库。实现公检法机关律师参与化解和代理涉法涉诉信访案件的全覆盖。推进公职律师、公司律师队伍建设，重点推进市公安系统公职律师全覆盖试点。解决清水河县、武川县律师资源不足的问题，巩固律师事务所在旗县的全覆盖。首次启动申请执业律师人员考核面试活动。

二、公证工作

1986年，呼和浩特市有市公证处、新城区公证处、回民区公证处、玉泉区公证处、土默特左旗公证处、托克托县公证处、郊区公证处7家公证处。1994年，开始实行公证员资格考试，两年1次。

2001年7月，成立呼和浩特市第二公证处，为自治区首家合作制公证处。全市各级公证机关共办理各类公证1.42万件。2002年，开展公证员职业道德、执业纪律教育评查活动。同时对全市8家公证处34名公证员进行了年检注册。2003年，全市共办理各类公证事项6990件。2004年1月，市公证员协会成立。同年，市司法局对全市公证员队伍执业行为进行规范整顿。至2005年，全市公证机构共办理各类公证事项20.84万件。其中，办理经济公证事项9.27万件，民事公证事项7.33万件，涉外公证事项4.24万件。

2006—2007年，市司法局制定公证执业保证金制度，在市公证队伍中开展岗位训练。全市公证机构共办理各类公证事项6.54万件，其中涉外公证9245件，涉港澳台87件。

2008年，赛罕区公证处与回民区公证处合并，各公证机构调整更名。自治区公证处更名为呼和浩特市华盟公证处，市公证处更名为呼和浩特市青城公证处，市第二公证处更名为呼和浩特市蒙正公证处，新城区公证处更名为呼和浩特市北方公证处，回民区公证处更名为呼和浩特市仲泰公证处，玉泉区公证处更名为呼和浩特市同德公证处。全市11家公证机构共办理国内公证事项3.73万件，办理涉外公证5662件，办理涉港澳台68件，接待来访群众1.87万人次，收费547万元。2009年，开展公证机构改革，将新城区、玉泉区和回民区公证处整体划归市司法局管理。

2010 年，为改善呼和浩特市公证执业环境，规范公证执业秩序，提高公证质量，以创建和提供高效优质法律服务为前提的科学的和谐的执业竞争机制，自治区公证处与市直属五家公证机构法人代表共同签署《呼和浩特市市区公证机构遵守行业规则承诺书》，同时成立市公证惩戒委员会。

2013 年 12 月，市律师公证员工会联合会成立。公证工作从国内和涉外民事公证发展到国内和涉外经济公证，办证总数 10 年增长 11 倍。

2014—2015 年，开展全市公证机构案卷质量检查活动和公证遗嘱备案查询工作。组织开展公证服务收费改革、机构经费、税收、编制等政策调研，为制定公证收费标准提供依据。

第五节　其他工作

一、劳动教养

1986 年，市司法局所属劳改大队专门收押 5 年以下有期徒刑罪犯。1988 年 10 月，劳改大队撤销，45 名民警调回劳教所，劳改人员分别遣送到牛连沟监狱和呼和浩特第二监狱执行劳动改造。

1990 年后，市劳动教养管理所按照“教育、感化、挽救”的方针和“三像”（对待劳教人员要像父母对待子女那样、老师对待学生那样、医生对待病人那样）要求，做到文明管理“八件事”（饭吃饱、觉睡好、不打骂、让洗澡、医疾病、有劳保、不逃跑、改造好），实行文明管理，尊重劳教人员人格，严禁打骂、体罚、虐待、侮辱、歧视，保障劳教人员劳教期间的合法权益。1992 年开始，按照自治区司法厅和劳教局要求，市劳动教养管理所建立学习宣传、生产安全、生活卫生、文体娱乐、纪律监督等管理制度，每年组织开展“百日安全”等活动，确保劳教场所安全稳定。

1999—2000 年，根据司法部提出的“两个不允许、一个压缩”（不允许出现影响全国的事件、不允许出现影响全省的事件，在监所范围内也要把小的事件压缩到最低限度）工作目标和要求，开展“创四无劳教所”（年内无逃跑、无重大事故、无非正常死亡、无重大生产事故）活动，开展安全承包责任制管理，层层签订安全承包责任状，狠抓“四防”（防脱逃、防重大事故、防非正常死亡、防重大安全生产事故）为重点的场所安全稳定工作。

2001 年，按照“收得下、管得住、跑不了、改造好”的要求，坚持“稳定压倒一切”和“三个绝不能”。

2002年，申报成立呼和浩特市戒毒劳教所，与市劳动教养管理所两块牌子一套人马。全面开展“大（中）队达标升级”活动，落实劳教人员逃跑率、追回率、发案率、破案率、改好率、转化率、入学率、及格率、帮教覆盖率等控制指标。会同各级关心下一代工作委员会创办“家属帮教学校”“法律帮教中心”，获得自治区劳教局的好评。在自治区划类升级考评中市劳教所获第一名的好成绩。

2003年，自治区劳教局制定《关于创办劳教特色工作实施方案》《劳教人员封闭、半开放、开放式管理实施细则》，构建劳教工作新的管理模式。开放式管理主要适用于劳教期不足半年，非戒毒和非流窜作案劳教人员；半开放式管理适用于宽管劳教人员，即恶习程度不深、日常表现较好、思想稳定的劳教人员；封闭式管理适用于普管和严管劳教人员，主要指戒毒劳教人员、新入所以及流窜劳教人员。

2004年，全面推行“三式”（分组式、覆盖式、专责式）和“三试”（试学、试农、试工）管理模式，建立起安全防范长效机制。开展专项治理，重点打击所王、所霸。制定周密的禁毒方案，严防毒品流入劳教场所。2005年，制定《呼市劳教所实行封闭、半开放、开放式管理实施方案》，全面推行“三种管理”模式。至2006年末，市劳动教养管理所在册劳教人员334人，在所309人，新收174人，解除劳动教养209人，累计所外执行6人。全所难改人员所内转化率达100%，戒毒人员毒瘾戒断率达100%。

2008年，建立健全防控、排查、应急处置、领导责任和责任追究五项机制，制定《呼市劳教所四项长效机制实施方案》，组织137名劳教人员参加自治区政治统考，在劳教人员中开展爱国主义教育、行为规范教育、扫盲文化课教育。开展职业技术教育，重点开展种植、养殖和手工业习艺，组织56名劳教人员参加全国物业管理员职业资格考试。

2010年，市劳动教养管理所全面开展部级现代化文明劳教所创建工作。组织各旗县党政领导、政法、综治等部门到劳教所开展“联帮联教”探视慰问活动。2011年后，劳教人员的教育工作从单纯的法治教育，发展为法治教育、文化教育、职业技能教育、回归社会教育、辅助教育等内容。

2013年12月28日，全国人民代表大会常务委员会通过了关于废止有关劳动教养法律规定的决定。至2013年末，市劳动教养管理所累计收容劳教人员7985人次。2014年初，市劳动教养管理所撤销，场所保留强制隔离戒毒所牌子，职能转变为收容矫治强制隔离戒毒人员。

二、强制隔离戒毒

2008年6月，《中华人民共和国禁毒法》实施后，市劳教所开始收治强制隔离戒毒人员。2010年2月，市劳动教养管理所加挂市强制隔离戒毒所牌子。

2013 年末，市劳动教养管理所（强制戒毒所）完成新旧劳教所场所改造工作，收治劳教、吸毒人员 870 多人。

2014 年，市劳动教养管理所撤销后，市强制隔离戒毒所修订规范管理工作流程。加强会见管理，严防违禁物品流入场所。把握戒毒人员思想动态，防止发生安全事故。制定外出就诊和住院管理规定，成立所外就医评审领导小组。与地方医院签订合作协议，制定应急处置预案并定期开展演练。实行场所公开日制度，邀请媒体、社区、各级政法委、社会志愿者团体、戒毒人员家属共同参与帮教。建立门诊、巡诊、会诊、送诊、出入所体检、艾滋病抗体筛查、传染病筛查等制度。与市第一医院、市第二医院达成合作协议，在市第一医院建立戒毒人员就医“绿色通道”，市第二医院在市戒毒所设立门诊，每周五派出专家入所会诊，并在市第二医院设立专用病房 2 间。每年组织戒毒人员参加国家职业资格考试，使戒毒人员获得一技之长。

2015 年，市强制隔离戒毒所推进规范化建设基础年工作，杜绝所内发案和吸贩毒案件。全年，所内未发生殴打、体罚、虐待戒毒人员等违法违纪案件。市强制隔离戒毒所场所扩建工程列入呼和浩特市“十三五”建设规划。

三、司法鉴定

2005 年 12 月，呼和浩特市第一医院司法鉴定所成立，是呼和浩特市首家司法鉴定机构。

2007 年，自治区司法厅委托市司法局管理 3 家司法鉴定机构，全市司法鉴定机构增至 4 家。业务范围包括法医临床、法医病理、物证等方面。

2008 年，市司法局与市属 8 个鉴定机构签订目标管理责任状，将司法鉴定工作纳入司法行政目标管理体系，同时对所属司法鉴定机构名称、住所、资金数额、业务范围、执业鉴定人资格等进行检查。4 月，在新华广场举行“强化面向社会服务司法鉴定管理，构建社会主义和谐首府”的司法鉴定宣传活动，8 家司法鉴定机构参加。

2009 年，协调完成内蒙古医学院打造西北地区一流司法鉴定机构的预案和前期筹备工作。2012 年，全市开展司法鉴定质量建设年活动。2013 年，市司法局开展“其他类”司法鉴定机构清理整顿工作，与自治区司法厅委托管理的 12 个鉴定机构签订目标管理责任状，把司法鉴定工作纳入司法行政目标管理体系。

2015 年 4 月，以司法行政门户网站为平台，建立司法鉴定机构和司法鉴定人诚信档案。11 月，呼和浩特市各司法鉴定机构全部运行信息化综合管理系统。截至 2015 年末，市司法局受自治区司法厅委托管理的司法鉴定机构有 12 家，累计完成司法鉴定 5930 件，其中“三大类”（法医类、物证类、声像资料）鉴定 3901 件、“其他类”鉴定 2209 件。

四、国家司法考试

2002年，按照自治区司法厅部署，市司法局制定《国家司法考试呼和浩特考区考务工作方案》《考点考场设置布置标准》，组织实施首次国家司法考试。全市有1078人报名参加司法考试，其中36人通过资格考试。

2003年开始，国家司法考试实行网上预报名。2004年后，国家司法考试时间固定在每年9月的第三个周末举行。

2005—2008年，呼和浩特市考区报名考生5286人，实际参加考试4834人，通过考试取得资格1039人。2009年，全市有478名考生通过了国家司法考试，参考率、通过率均创历史新高。司法部、自治区司法厅巡视组对呼市考务工作给予高度评价。

2010年，在自治区率先成立市国家司法考试协调领导小组，建立司法考试协调领导小组成员单位联席会议制度，将纪检、公安、武警、保密、教育、卫生、无线电管理等单位纳入联席会。每年考试期间市司法局邀请自治区司法厅、市人大、市政府、市政协、市纪委、市委政法委以及市法院、市检察院组成督考组，监督考试组织实施工作。2011年，全市共有2425名考生通过国家司法考试。

2012年开始，实现司法考试考点考场全部设置在高考标准化考场。市司法局、市保密局共同成立保密工作领导小组，制定《司法考试保密工作方案》《司法考试试卷保密管理方案》《保密员工作流程》，对考试考点、考场设置，试卷运送、试卷保管等进行明确规定，通过细化考务流程，提升标准化水平。2013年，考试工作实现全程网络化管理，通过网上报名3227人，实际参考2259人，有695人通过考试。2014年，呼和浩特市承担了乌兰察布市的考试任务，考生总计3960多人，共设立132个考场，刷新了呼市考区人数和考场设置纪录。在公安、武警、无线委、卫生、防疫、两所大专院校等10多个部门近460名考务人员的配合下，完成考试任务，受到自治区司法厅的表彰奖励。

2015年，全市网上报名考生4585人，符合报名条件的考生4266人，通过考试成绩合格人员1018人。截至2015年，呼和浩特市完成14次司法考试，共有2.85万人次报名参加司法考试，其中5999人通过合格分数线。

第二十二篇

人力资源和社会保障

第一章　管理机构

第一节　行政管理

一、呼和浩特市劳动和社会保障局

1986—2000 年，呼和浩特市劳动局先后设立办公室、劳动调配科、劳动工资科、培训科、劳动保险福利科、劳动保护科、锅炉压力容器检查科、人事教育科、培训就业科、养老保险科、医疗保险科、失业保险科、劳动仲裁科、劳动监察科、法制科、基金管理监督科等职能科室；下设市就业服务中心、市社会保险资金管理中心、市技工学校、市劳动监察大队、市劳动保障统计信息中心等事业单位。

2001 年 10 月，呼和浩特市劳动局更名为呼和浩特市劳动和社会保障局。2002 年，机构改革撤销基金管理监督科，增设纪检监察室、规划财务科。改革后，市劳动和社会保障局内设办公室、人事教育科、纪检监察室、就业培训科、劳动工资科、养老保险科、失业保险科、医疗保险科（挂市劳动鉴定委员会办公室牌子）、规划财务科、法制科、劳动监察科、劳动争议仲裁科（挂市劳动争议仲裁委员会办公室牌子）12 个科室；下设市就业服务中心、市社会保险资金管理中心、市劳动监察大队、市劳动和社会保障局机关事务服务中心、市劳动和社会保障统计信息中心、市职业介绍中心、市劳动培训中心、市技工学校、市劳动大厦招待所 9 个事业单位。

2007 年，成立市医疗保险管理中心，市劳动监察大队调整为市劳动监察大队支队。至此，市劳动和社会保障局下设 10 个事业单位。2009 年，内蒙古纺织技工学校移交呼和浩特市管理。成立市劳动能力鉴定中心、市职业技能鉴定中心。至此，市劳动和社会保障局内设办公室、人事教育科、纪检监察室、就业培训科、劳动工资科、养老保险科、失业保险科、医疗保险科（挂市劳动鉴定委员会办公室牌子）、规划财务科、法制科、劳动监察科、劳动争议仲裁科（挂市劳动争议仲裁委员会办公室牌子）12 个科室；下设市就业服务中心、市社会保险资金管理中心、市医疗保险管理中心、市劳动监察支队、内蒙古纺织技校、市劳动和社会保障局机关事务服务中心、市劳动和社会保障统计信息中心、市职业介绍中心、市劳动培训中心、市技工学校、市劳动能力鉴定中心、市职业技能鉴定中心、市劳动大厦招待所 13 个事业单位。

2010 年 12 月，市劳动和社会保障局与市人事局合并，成立市人力资源和社会保障局。

二、呼和浩特市人事局

1986年，呼和浩特市人事局（简称市人事局）内设10个科室。至1997年底，市人事局内设办公室、干部调配科、专技管理科、工资福利科、任免奖惩科、军转办公室、政策法规科、职称科、培训科等9个科室，与市编制委员会办公室合署办公。2001年8月，机构改革，市人事局与市编制委员会办公室分设。市人事局内设办公室、政策法规科、公务员管理科、人才流动调配科、专业技术人员管理科、工资与离退休人员管理科、军队转业干部安置科、职称科、监察室，另设机关党总支；下设人才服务中心、人事培训考试中心、国际人才交流协会、军转干部服务中心、机关事务服务中心5个事业单位。

2007年，增设人事人才信息科，共设10个科室，并设机关党委。2010年，撤销监察室，设审批办。至此，市人事局内设办公室、政策法规科、人事人才信息科、公务员管理科、人才流动调配科、专业技术人员管理科、工资与离退休人员管理科、军队转业干部安置科、职称科、审批办10个科室，并设机关党委；下设人才服务中心、人事培训考试中心、国际人才交流协会、军转干部服务中心、机关事务服务中心5个事业单位。

三、呼和浩特市人力资源和社会保障局

2010年12月，市人事局和市劳动和社会保障局合并，成立呼和浩特市人力资源和社会保障局（简称市人社局）。至2015年，市人社局内设办公室、人事教育科、政策法规科、财务科、就业促进科（挂市农民工工作联席会议办公室牌子）、公务员录用任免科、公务员考核培训奖惩科、事业单位人事管理科、专业技术人员管理科、军官转业安置科（挂市军队转业干部安置工作领导小组办公室牌子）、工资福利科、职业能力建设科、劳动关系科（挂市发展和谐劳动关系工作联席会议办公室牌子）、人力资源市场科、人才开发科、养老保险科、城乡居民社会保险科、医疗生育保险科、工伤保险科、审计监督科、劳动监察科、调解仲裁管理科（挂市劳动人事争议仲裁办公室牌子）、信息科、信访科、行政事项审批办公室、机关党委、离退休人员工作科、宣传调研科28个职能科室；下设就业服务中心、社会保险资金管理中心、医疗保险管理中心、劳动监察支队、人才服务中心、人事培训考试中心、军转干部服务中心、国际人才交流协会、内蒙古纺织技校、技工学校10个事业单位。

第二节　事业单位

一、呼和浩特市人才服务中心

1984年，呼和浩特市人才服务中心成立，前身是呼和浩特市人才开发交流服务

中心，办公场所设在市政府招待所。1995 年，市人才服务中心搬迁至内蒙古社会科学院办公楼。1998 年再次搬迁到大学路体育场八号门。市人才服务中心借用市劳动和社会保障局劳动力市场召开招聘会，会场由露天开展转入室内举办。2001 年，市人才服务中心搬迁至自治区文化厅文化干校内，面积 600 余平方米。2003 年，市政府依托市五金大楼建成首府人才市场，面积 6870 平方米。4 月，呼和浩特市人才开发交流服务中心更名为呼和浩特市人才服务中心，内设办公室、人事代理科、市场管理科、档案管理科、培训科、法规科、信息科、物业办公室、大中专毕业生就业指导科。2010 年，机构改革后为市人社局管理事业单位。

二、呼和浩特市人事培训考试中心

1999 年 8 月，呼和浩特市人事培训考试中心成立。2001 年，明确为市人事局所属事业单位。2006 年，市人事培训考试中心内设办公室、考试科、培训科、信息科。2010 年，机构改革后为市人社局管理事业单位。截至 2015 年，市人事培训考试中心内设综合科、培训科、考试科。

三、呼和浩特市社会保险资金管理中心

1986 年，市劳动局设企业养老保险统筹办公室。1993 年 4 月，成立呼和浩特市行政机关、事业单位养老保险基金统筹办公室，为市人事局所属事业单位。1994 年 7 月，成立呼和浩特市社会保险事业管理局，为市劳动局所属事业单位。1999 年，市卫生局公费医疗办公室机构编制及人员整建制划转市社会保险事业管理局。2002 年 3 月，呼和浩特市社会保险事业管理局更名为呼和浩特市社会保险资金管理中心。2003 年 5 月，中心增设农村养老保险科和事业单位养老保险科。6 月，将赛罕区社保经办机构的职能、人员及基金整体上划市劳动保障部门管理。至 2006 年末，社保中心内设综合科、基金稽审科、基金管理科、养老保险业务一科、养老保险业务二科、养老保险业务三科、账户管理科、待遇支付科、补充保险科、区直属企业科、农村养老保险科、离退休人员社会化管理科。2010 年，机构改革后为市人社局管理事业单位。

四、呼和浩特市劳动保障监察支队

1999 年 4 月，呼和浩特市劳动监察大队成立。2006 年，大队内设综合科、案件受理科、案件审理科、监管一科、监管二科、监管三科、监管四科、监管五科。2008 年，呼和浩特市劳动监察大队更名为呼和浩特市劳动保障监察支队。2010 年，机构改革后为市人社局管理事业单位。

五、呼和浩特市人力资源和社会保障局统计信息中心

呼和浩特市人力资源和社会保障局统计信息中心前身为呼和浩特市社会保险事业管理局下设的信息科。2002 年 3 月，呼和浩特市劳动和社会保障统计信息中心成立。2010 年，呼和浩特市劳动和社会保障统计信息中心更名为呼和浩特市人力资源和社会保障局统计信息中心，内设需求部、运维部、社保卡部、人事培训部、统计部、业务部。

六、内蒙古纺织技工学校

1983 年 9 月，呼和浩特市纺织职工中等专业学校成立，隶属市纺织工业局，属行业办校。位于呼和浩特市锡林南路 49 号，占地面积 2794 平方米，建筑面积 4670 平方米，建有教学办公楼和学生公寓及食堂。

1992 年，设立天津工业大学（原天津纺织工学院）内蒙古函授站，是自治区人社厅批准的国家职业技能鉴定站，市人社局批准的职业技能定点培训机构、高校毕业生创业实训基地。

1995 年 5 月，呼和浩特市纺织职工中等专业学校更名为内蒙古纺织技工学校。学校设党政办公室、教务处、学生工作处、总务处、培训处、工会（挂团委牌子），后增设职业技能鉴定站办公室、财务室、综合治理办公室。

2000 年，市纺织工业局改革后，学校由市经贸委代管。2009 年 2 月，划归市劳动和社会保障局管理。2010 年，机构改革后为市人社局管理事业单位。2014 年 7 月，学校整体搬迁至回民区新华西街金海工业园区，与呼和浩特市技工学校共用校区。截至 2015 年，学校设党政办公室（工会）、教务科、学生培训科、职业技能鉴定站办公室、财务科、综合治理办公室、总务科。开办纺织、针织、服装、机械保全、机电一体化、计算机、电子信息、电子商务、现代物流、现代家庭服务、形象设计、美容美发、化妆造型、烹饪、中式面点等 30 余个专业，并开展纺织、服装、电工、美容美发、化妆造型、家政服务、养老护理、育婴等 16 个专业（工种）的职业技能鉴定工作。

第二章　人事管理

第一节　人事制度改革

1986 年，根据中共中央印发的《关于科学技术体制改革的决定》《关于教育体制改革的决定》，呼和浩特市先在教育、科技领域进行体制改革。1987 年后，呼和浩特市人事制度改革按照“改革集中统一管理的现状，建立科学的分类管理体制，改变用党政干部的单一模式管理所有人员的状况，形成各具特色的管理制度”的原则，部分地区、事业单位在领导体制改革、管理体制改革、任用制度改革、专业技术职务聘任制度改革、工资分配制度改革等方面进行初步探索，并恢复职称评聘工作，适当下放事业单位人事管理权限。市政府先后出台《关于组织动员社会各类专业技术人员支援扶持“四小”企业的若干规定》《关于外商企业招聘技术、管理人员及有关问题的规定》，鼓励“四小”企业可以跨地区招聘和借用人才，对不同地区、不同所有制的在职人员应聘按照“双轨制”（外商投资企业在本企业实行一套管理办法的同时，有关部门仍然按原所有制身份进行管理）管理。

1988年1月，市政府批转市人事局《关于企业内部人事制度改革的暂行规定》，把竞争机制引进企业用人制度，改变委任制，实行干部聘任制；改变一般干部的调配制，实行聘用制；改变干部终身制为任期制；实行层层聘任，取消工人与干部的界线，不拘一格选用人才，并规定近亲回避制度。1989年5月，市委组织部、市人事局联合印发《关于国家机关补充工作人员实行考试的通知》，改革干部的录用、选调制度，较好地把住机关的“进口关”。1990年9月，市人事局、市体制改革委员会联合印发《关于进一步完善国营企业内部人事干部制度改革的意见》，对稳定企业人事政工队伍、聘任干部的程序和调整下来干部的待遇做出相应的规定。

1992年，按照中共十四大提出建立社会主义市场经济体制改革的战略方针，对事业单位改革相应提出建立与社会主义市场经济体制相配套的新型管理体制的要求，按照机关、企业和事业单位的不同特点，逐步建立健全分类管理的人事制度。8月，市政府批转市人事局《关于深化人事制度加快人才合理流动意见的报告》《机关、事业单位干部、职工停薪留职暂行办法》《专业技术人员业余兼职暂行办法》《机关事业单位干部职工辞职暂行办法》《加快人才合理流动意见的报告》等。1993年，市人事局、组织部联合下发《关于加快全市事业单位干部人事制度改革的试点意见》，按意见要求在文化、卫生、教育系统进行人事制度、分配制度等方面的试点，为事业单位建立分类管理体制、搞活内部分配制度提供政策依据。呼和浩特市事业单位管理体制、用人制度、分配制度和社会保险制度改革进入试点阶段。首批在呼和浩特市公路管理局进行试点工作。针对企业的人事制度改革，印发《关于加强企业人事管理若干问题的意见》，进一步规范全市企业干部人事制度改革的指导、协调和服务工作。

2000年后，呼和浩特市推行以聘用制度和岗位管理制度为重点，深化事业单位人事制度改革。同年，为适应事业单位体制改革的要求，逐步建立政事职责分开、单位自主用人、人员自主择业、政府依法管理、配套措施完善的分类管理体制，并建立一套适合科、教、文、卫等各类事业单位特点，符合专业技术人员、管理人员和工勤人员各自岗位要求的具体管理制度。

2002年7月，国务院办公厅转发人事部《关于在事业单位试行人员聘用制度的意见》，明确聘用制度的相关政策规定，对聘用制推行工作提出具体要求。该文件的出台，标志着一种新型的、符合社会主义市场经济要求的事业单位人事制度开始建立，标志着国家机关、企业、事业单位分类管理的人事管理体制框架基本形成。2003 年，呼和浩特市施行《呼和浩特市教师考试聘用实施办法（试行）》，全市中小学等事业单位开始面向应届大中专毕业生招聘。

2005 年，《呼和浩特市事业单位公开招考聘用工作人员暂行办法》出台。2007 年，《呼和浩特市人民政府关于修改〈呼和浩特市事业单位公开招考聘用工作人员暂行办法〉第十二条、第十三条、第十五条、第十七条的通知》进一步规范招聘程序，明确权限职责。至此，实现事业单位公开招聘制度的规范化。

2006 年，为规范事业单位新进人员管理、促进“新老”制度衔接，《呼和浩特市直属事业单位新进人员管理办法（试行）》《呼和浩特市直属事业单位新进人员试行聘用合同制管理办法》《呼和浩特市直属事业单位新进人员列编注册办法（试行）》《呼和浩特市直属事业单位新进人员基本养老保险制度改革办法（试行）》等颁布实施，通过聘用合同，以契约的形式确定单位和职工的权利和义务。在事业单位新进人员中实行新的管理办法，改变事业单位实际存在的身份终身制，实现事业单位人事管理由身份管理向岗位管理转变，由单纯行政管理向法制管理转变，由行政依附关系向平等人事主体转变，由国家用人向单位用人转变，实现事业单位人事管理的科学化、法治化。同时，聘用制度按照公开、平等、竞争、择优的原则，引入竞争激励机制，彻底解决事业单位人事管理中长期存在的“平均主义”“大锅饭”“铁饭碗”“终身制”等问题，解决能上不能下、能进不能出、干好干坏一个样等积弊。同年，在全市教育系统开展招考聘用教师工作，共招考聘用 130 人，并按照新进人员管理办法，实行聘用合同管理。

2008 年，市人事局对全市事业单位数量、人员数量和人员结构等基本情况及 2003 年 12 月 31 日后的超编人员进行调查统计，并制定《呼和浩特市事业单位岗位设置管理实施意见》《呼和浩特市直属事业单位人员聘用实施工作指导意见》。同年，事业单位专业技术人员、管理人员、工勤技能人员实行岗位管理。年内，组织召开全市事业单位岗位设置管理工作会议，启动呼和浩特市事业单位岗位设置管理工作。组织市电视台等 27 个事业单位，面向社会公开招考聘用工作人员 138 人。

2010 年，为规范聘任工作，《呼和浩特市直属事业单位人员聘用实施工作指导意见》《呼和浩特市直属事业单位岗位聘用工作有关问题的通知》《呼和浩特市直属事业单位专业技术岗位聘任工作审批程序》《呼和浩特市直属事业单位工勤技能岗位聘任工作审批程序》印发施行。同年，呼和浩特市率先在教育、农牧系统开展事业单位岗位设置首次聘用工作。并完成市教育局下属 24 家事业单位、市农牧业局下属 14 家事业单位的岗位使用情况及空缺岗位数量的核准工作。

2011 年，完成事业单位的岗位设置核准及聘用工作。其中，市四区 336 家事业单位共核准、聘用岗位 18437 个，旗县（区）1502 家事业单位共核准、聘用岗位 38432 个，全部兑现工资。同年，规范市本级行政机关和事业单位津贴补贴工作，全市参照公务员法管理事业单位工作人员工资待遇全部兑现。

截至 2015 年，基本建立符合各类事业单位自身特点的政事职责分开、单位自主用人、人员自主择业、政府依法监管、配套措施完善的科学分类管理体制，建立一套符合专业技术岗位、管理岗位、工勤岗位人才成长规律的管理制度，内容涵盖事业单位岗位设置、人员聘用、合同管理、竞争上岗、公开招聘、工资分配、考核奖惩、辞职辞退、养老保险等方面。建立完善人事争议仲裁制度，维护了事业单位工作人员的合法权益。

第二节　公务员管理

一、公务员考录

2005 年，《中华人民共和国公务员法》（简称《公务员法》）实施后，为把住公务员队伍的“入口”，呼和浩特市按照《公务员法》和国家、自治区关于公务员考录工作的各项政策，坚持“凡进必考”“公开、平等、竞争、择优”的原则，按照程序，制定和申报考录计划、网上报名资格初审、进入面试人员资格复审、体检、考察、录用等考试录用各环节，公开透明，阳光运作。

2007—2015 年，呼和浩特市通过自治区组织的 9 次四级联考，考录公务员 1148 名，一批素质较高、年龄较轻、学历层次较高的优秀人才进入各级党政机关。2010 年，《呼和浩特市市直机关遴选公务员暂行办法》印发施行。2013—2015 年，共组织公务员和事业单位考试等各类社会化考试 60 余场次，参考人数约 21 万人。

二、公务员登记及任免

2005 年，全市组织实施并规范公务员职务任免和录用工作。当年，办理任免议案 4 件，政府任免 6 件。

2006 年 10 月，市委、市政府印发《呼和浩特市公务员法实施方案》，全市公务员登记工作启动。市人事局对全市使用国家行政编制的机关工作人员总数进行调查摸底，就公务员的自然情况、占编情况、取得现身份情况、职位设置、人员配备等 98 项内容逐一进行审查、核实。同时，印发《关于严肃公务员登记工作中有关纪律的通知》，明确要求严格掌握政策界限，对不按国家行政编制限额和规定条件、程序登记的，由公务员主管部门宣布无效，并责令其按照规定予以纠正；对在登记过程中违反工作纪律、弄虚作假的，由纪检监察机关追究领导责任。并严格要求按照《综合管理类公务员非领导职务设置管理办法》设置非领导职数。至2007年7月，全市行政机关公务员登记工作完成，核准行政编制总数12093个，登记总人数12093名（不含离岗人员），暂缓登记52人，不予登记171人，提前离岗600人。其中，政府序列准予登记为9715人，暂缓登记12人，不予登记171人，提前离岗549人；党群序列准予登记2864人，暂缓登记32人，提前离岗93人。并建立公务员管理信息库和日常登记申报审核制度。同年，按照参照公务员法管理的规定，审核、上报政府系统8个单位参照公务员法管理。为市科技局等11个单位审批主任科员67名、副主任科员68名、科员80名。

2008年，开展申请参照公务员法管理单位人员的审核工作，符合条件的196名。年内，批准参照管理单位216名公务员的过渡考试和472人的档案审核、复审工作。同年，市人事局制定《呼和浩特市科级及以下公务员非领导职务任免审批暂行规定》，为市统计局等10个单位审批主任科员21名、副主任科员8名。

2009年，全市有91家单位被批准列入参照管理单位。其中，市级直属单位42家，旗县（区）单位49家。截至年底，为1357名符合过渡条件且考试合格的人员办理过渡登记手续。

2011年，登记公务员和参照公务员法管理单位工作人员72人，审批科级以下非领导职务569人，为市法制办首次遴选公务员4人。办理公务员录用手续45人，为311名参照公务员法管理单位工作人员办理过渡登记手续。2013年，《呼和浩特市公务员日常登记管理办法》印发实行。

2012—2015年，全市公务员考录遵照“凡进必考”要求，经一年试用期后，如期对上一年度考录公务员进行登记、参公登记，公务员登记工作逐步规范化。

三、公务员考核奖惩

2005年开始，全市公务员考核实行平时考核与年度考核相结合，并建立公务员考评结果公示制。

2007年，对全市1.39万名党政机关工作人员进行年度考核评议。2008年，根据公务员法，受理1起公务员申诉控告案件。同年，开展“群众满意的公务员”“群众满意的公务员集体”评选表彰活动，表彰20个先进集体、50个先进个人，促进公务员作风建设。2011年，建立考核联系点制度，全市确立三级考核联系点10个机关单位、810人。

2012—2015年，全市按年度印发公务员考核文件，明确考核等次、优秀比例等，奖惩工作逐步规范。

四、公务员教育培训

2005年，《中华人民共和国公务员法》实施后，市人事局在确保初任培训和任职培训全覆盖的基础上，有针对性地开展专门业务培训和以更新知识为重点的在职培训，并将公务员廉政建设教育纳入公务员培训。同年，市人事局制定《关于进一步加强公务员培训质量评估工作意见》，并结合培训工作开展质量评估工作。每年培训工作结束后，统一对考试成绩进行登记，逐步完善培训工作登记制度。年内，在市委党校举办《中华人民共和国公务员法》培训，分3期对全市1075名科级以下公务员进行培训、考试。

2005年，举办计算机、英语、公务员法、电子政务、人事岗位资格、过渡公务员、专业技术人员继续教育等各类培训34期，培训5681人。组织开展《中华人民共和国公务员法》学习、宣传和全员培训工作，全市共举办60期公务员法培训班，1.19万人参加培训。

2006年，市人事局制定《呼和浩特市公务员“十一五”培训规划》。同年，为提高人事考试机构保障和人事考试安全能力，市人事局研究制定《呼和浩特市人事培训考试突发事件应急预案》。2007年，举办10期政府系统科级以下公务员公共管理核心内容课程培训，市直和旗县1444名公务员参加培训。

截至2015年，举办各类公务员培训班294期，培训5.27万人次。其中，初任培训164人次，任职培训1935人次，更新知识培训2.6万人次，专业培训1.16万人次，东西部对口培训18人次，人事干部业务培训1109人次，公务员法培训1.19万人次。2014年开始，在全市推行行政机关公务员在线学习。

第三节　专业技术人员管理

一、职称评定、聘任

1994年，呼和浩特市专业技术职称工作由市科委划转到市人事局。同年，市人事局成立职称科，具体负责此项工作。

2000年开始，全市事业单位根据职能职责设定专业技术岗位，专业技术人员取得职称后，工作单位人事部门根据岗位情况到市人事局职称科办理岗位聘用手续后，方可兑现工资待遇。同时，对受聘到正高级岗位上的专业技术人员，市政府每人每月发放500元岗位补贴。

2004年，市人事局将各旗县（区），市各主管部门初级职称评审权收回，与中级职称相同，统一由市人事局组织评委会评审。2005年，市人事局对728份高级职称和58个专业的1079份中、初级职称参评材料进行接收、审查。年内，会同市农牧业局印发《呼和浩特市民间兽医专业技术资格评审暂行办法》，组织召开全市首届民间兽医职称评审会，为350名兽医从业人员评定相应职称。

2006年，市人事局按照“按需设岗、科学设岗、公开公平、竞争择优”的原则，为275人办理专业技术资格岗位聘任手续。全年，审查整理1006份参加高级专业技术资格评审的参评材料，并为62个专业的2139名专业技术人员评定中、初级专业技术资格。同年，突破以往本系统、本地评委评审本系统、本地专业技术人员的旧模式和小圈子，联合包头市人事局、鄂尔多斯市人事局召开评审会，对三地68名申报新闻系列的中、初级专业技术人员进行评审。年内，印发《关于做好非公有制专业技术人员、农牧民技术人员专业技术资格评审工作的通知》，对非公有制专业技术人员、农牧民技术人员开展专业技术资格评审工作，为非公企业和基层一线专业技术人才提供服务。2007年，完成全市62个专业的2653名专业技术人员中、初级专业技术资格的评审工作，与包头市人事局合作对两地57名申报新闻系列的中、初级专业技术人员进行了评审。

2008年，全市开始推行事业单位用人制度改革，工作人员实行岗位管理，专业技术人员职称评聘彻底分离。凡符合条件的专业技术人员均可申报职称,取得职称后，根据单位岗位设置情况聘用到某一岗位，享受与岗位对应的工资待遇。年内，完成2208份高级专业技术资格申报材料审查推荐工作。成立呼和浩特市中小学教师高级专业技术资格评审领导小组，首次承办全市中小学高级教师专业技术资格评审工作。全年评审1673人，通过1331人，通过率为79.6%。年内，召开中、初级专业技术资格评审会议，评审57个专业2320人，2295人取得专业技术资格；召开全市非公有制专业技术资格评审会议，评审5个专业1019人。

2009年,全市有1211人通过高级专业技术资格申报及中小学教师高级职称评定，通过率达到79.2%；有4098人通过中、初级专业技术资格职称和非公有制专业技术资格评审，取得相应专业技术资格；为1580名调动和新进人员办理了初级专业技术岗位聘任及转正定级手续。2010年，全市有2484人参评高级专业技术资格，2126人获得中初级专业技术职称，1712人获得非公有制专业技术职称，23人破格评审获得中级专业技术职称。

2011年，建立和完善申报信息网上预审制度和职称评审工作公开公示制度。全年，共受理1635人参评高级专业技术职称，1794人获得中初级专业技术职称，2208名非公有制人员获得专业技术职称。

2012年，市人社局专业技术管理科和职称科合并为专业技术人员管理科，负责职称工作。2013年，非公有制企业停止职称评审工作，将非公有制企业专业技术职称统一纳入社会化职称评审体系。同年，市人社局制定《呼和浩特市专业技术职务资格量化评审办法》，职称评审采取量化打分的办法，并首先在中小学教师职称评审中使用。

截至2015年，全市专业技术人才总量15.3万余人，比2000年增长近1倍。其中，具有高级职称人员约3万人，具有中级职称人员约6.7万人，具有初级职称人员约5.5万人。全市职称工作与事业单位岗位设置进行有效衔接，申报职称严格按照所设同级岗位数5%的比例申报。

二、培训教育及考核

1994年开始，市人事局每年组织开展专业技术人员公共课和专业课的学习，并把参加继续教育培训作为职称评审的必备条件之一，从制度上保证参训比例和培训质量，提高专业技术人员的水平能力。1996年9月，自治区人事厅印发《内蒙古自治区专业技术人员继续教育实施办法》，要求高、中级专业技术人员每年脱产接受继续教育的时间累计不少于40学时，初级专业技术人员每年脱产接受继续教育的时间累计不少于32学时。1997年，市人事局制定《专业技术人员继续教育实施办法》。至2000年，全市专业技术人员继续教育参训率年均超90%。

2005年9月,市人事局出台《呼和浩特市专业技术人员继续教育管理暂行办法》，规范全市专业技术人员的继续教育工作。全年，参加继续教育的专业技术人员达3.96万人。2006—2008年，对4家继续教育培训基地资格进行重新认定，批准3家，并对全市84家单位的人才工作进行年终目标考核。在伊利集团成立“呼和浩特市专业技术人员继续教育培训基地”；在市档案局设立“专业技术人员继续教育培训基地”，主要承担全市档案专业技术人员继续教育工作。至2008年末，全市共有4家继续教育培训基地。

2009年，市人事局对4家继续教育培训基地进行审核验收。2010年，举办继续教育培训班19期，培训专业技术人员3810人。组织参加全国专业技术人员计算机应用能力考试、全国专业技术人员职称外语考试、全国专业技术人员经济师资格考试、全市公开招考聘用社区工作人员考试、全市事业单位公开招考聘用工作人员考试。2011年，组织2.36万名专业技术人员进行继续教育培训。

2012年,《呼和浩特市高技能人才培养规划（2012—2020）》《关于加强我市高技能人才队伍建设的实施方案》等促进技能人才发展的制度性文件出台，政策体系建立完善。

2013年,全市共组织职业技能鉴定1.37万人。其中,培养技师、高级技师602人。在全区世界职业技能大赛选拔赛中，呼和浩特市取得自治区总分第一名、服务类项目团体第一名、技术类项目团体第二名的成绩。

截至2015年，全市技能人才总量突破22万人，技能人才总量提升技能人才培训年均增加1.5万人，高技能人才年均增长10%，基本满足产业结构优化升级和企业发展需求。

第四节　企业退休职工与军转干部管理

一、企业离退休人员社会化管理

2000年，市政府印发《呼和浩特市人民政府关于开展企业离退休人员社会化管理（试点）工作的通知》，呼和浩特市企业退休人员社会化管理服务工作开始实施。同年，市劳动局成立企业离退休人员社会化管理服务科，具体负责依托社区开展企业离退休人员社会化管理服务的指导工作。2009年1月，呼和浩特市启动企业退休人员指纹影像信息采集认证。

截至2015年，市本级累计接转13.8万名企业退休人员人事档案并移交社区管理。全市18.6万名企业离退休人员全部从原单位剥离，纳入社区，实现社会化管理。全市9个旗县（区）共建立街道（乡镇）劳动保障事务所92个，社区劳动保障工作站234个，配备专兼职工作人员571人。全市基本形成两级政府、三级管理、四级服务网络的企业离退休人员社会化管理服务格局。

二、军转干部安置与管理

1986—2000年，国家在军队转业干部安置政策上，没有形成一部正式的法规条例，只是在对之前的军队转业干部安置政策进行改进和完善的基础上，以中办、国办、中央军委办公厅联合印发关于做好当年军队转业干部安置工作的意见的通知的方式，指导当年的军队转业干部安置工作，自治区在国家精神的指导下，结合实际，制定符合自治区区情的军队转业干部安置相关政策，呼和浩特市根据国家、自治区的相关精神，制定当年的安置方案，安置方式采取指令性计划分配办法。其间，市军队转业干部安置工作小组统筹全市军队转业干部安置工作，办公室设在市人事局。

2001—2004年，呼和浩特市按照中共中央、国务院、中央军委《关于印发〈军队转业干部安置暂行办法〉的通知》要求，改变单一计划安置办法，实行计划分配与自主择业相结合的方式安置军队转业干部。

2005年，呼和浩特市军转干部服务中心成立，主要负责自主择业军转干部的医疗保险、取暖费、独生子女费的发放等工作。同年，完成计划分配军转干部和随迁随调军转干部家属的安置任务，并为自主择业军转干部办理报到、注册手续、核定退役金等。年内，建立企业军转干部数据库。

2006年，制定印发《解决部分企业军转干部生活困难问题转移支付资金使用管理办法》。同时，对计划分配军转干部开展岗前培训工作。2008—2010年，完成自治区下达的军转干部、自主择业干部和随调家属的安置工作。2011年，实现对自主择业军转干部的动态管理，为企业军转干部发放困难补助、慰问金、再就业工资。

2014年后，呼和浩特市开始参照《内蒙古自治区中直、区直单位采取考核量化赋分安置军队团职以下计划分配转业干部实施办法（试行）》《军队团职以下转业干部服役期间德才表现和贡献考核项目及赋分标准（试行）》要求，对军队团职以下计划分配转业干部采取考核量化赋分的办法进行安置。

第五节　人才服务

一、人才招聘

1984年，呼和浩特市人才服务中心成立，办公场所设在市政府招待所。1985年，呼和浩特人才市场挂牌，但无市无场。1986年，呼和浩特市人才服务中心制定《人才招聘管理制度》《人才档案管理及收费规定》，印制《人才招聘书》《人才招聘劳动合同》，并成立仲裁机构，调解劳资双方矛盾，维护受聘人员的合法权益。

1995年8月15日，呼和浩特市召开第一场人才招聘会。1998年，市人才服务中心借用市劳动和社会保障局劳动力市场召开招聘会，招聘会开始由露天转入室内举办。2003年，市政府收购呼和浩特市五金大楼，建成首府人才市场。

2005年，市人才服务中心制定《呼和浩特市人才市场执法管理须知》，严格规范人才中介机构许可设立程序。当年，接受人才中介服务机构设立申请3家、审批1家，在首府人才市场查处违规招聘单位30家。全年，共举办大型人才交流会7次，定期举办医药、财会、计算机、营销等各类人才专场招聘会66次，网上人才招聘会3次。累计有3000多家用人单位进场招聘，提供就业岗位6.5万个，进场求职者5.5万余人次。

2006年8月18日，市人才服务中心在首府人才市场首次举办人才招聘夜市，参会单位92家，3000多名求职者参加了招聘会。在举办各类招聘会中，为方便大中专毕业生求职，实行免费参会、免费入库、免费推荐、免费发布个人信息、免费推荐实习的“五免”政策，下岗职工、离退休人员、军转干部等免费参加人才交流会。与包头市、鄂尔多斯市人才交流中心共同举办呼、包、鄂地区大型人才交流会。组织召开全国人才市场第四届高校毕业生就业服务周呼和浩特市人才招聘大会、西部十二省十三市首届网上人才交流大会、2006金秋自治区网上招聘月活动。全年，共举办大型人才交流会7次，定期人才交流会34次，高校毕业生、医药、财会、计算机、营销等专场招聘会44次，网上人才招聘会10次。累计5000家次用人单位进场招聘，8.7万人次进场求职，提供8000个就业岗位。

2007—2009年，首府人才市场通过人才交流大会、专场招聘会和网上招聘等方式，举办综合性和专业性人才招聘会280次，进场招聘单位2.61万个次，进场求职人员39.83万人次，提供就业岗位34.04万个。

2010年，全市举办人才交流会121场。其中，大型人才交流会9次，专场招聘会80次，定期招聘会32次。上会招聘单位共9373个次，提供岗位15.05万个次，参会人数约18万人次。

2011年，全市举办各类现场招聘会469场次，接待登记各类用人单位1.03万个次，提供就业岗位9.9万个次，接待各类求职人员18万人次，通过市场实现就业2.18万人。召开网上人才招聘会5次，共发布用人单位554个、岗位1.14万个。2013年，首府人才市场更名为呼和浩特市人力资源市场。

截至2015年，全市人力资源市场累计召开2000余场招聘会，有近1.6家用人单位上会招聘，提供岗位数约30万个，近400万人次参会，有约60万人通过人才市场实现就业。

二、人才引进

1990年，市人才服务中心开始建设呼和浩特市人才数据库，收录全市人才信息数据，进行分类管理，开展人才咨询、人才统计、人才余缺分析等相关工作。

1993年，市人才服务中心在新华小学召开全市人才交流大会，参会单位30多家，设置20余个招聘窗口，为企事业单位招聘200余人。呼和浩特经济技术开发区首次参会，并通过人才交流会，引进各类急需人才100人。

2004年2月，市政府制定印发《呼和浩特市培养、引进、使用高层次优秀人才若干规定》，成立人才开发专项资金管理领导小组，设立人才开发专项资金，用于高层次优秀人才的培养、引进、补贴、奖励等。

2005年，为加强高层次和留学人员创业基地的建设，在呼和浩特经济技术开发区建立中国·呼和浩特留学人员创业园。全年，共引进人才904人，派遣人才390人。为5名人员申请政府特岗津贴，为547名各类人员审批知识分子补贴，向自治区推荐5名参加自治区深入生产第一线做出突出贡献科技人员表彰人选。

2006年，为解决全市高、精、尖优秀人才短缺问题，在严格控制行政机关、事业单位进人的同时，对高层次优秀人才到呼市工作开辟“绿色通道”。凡引进的高层次优秀人才，不受编制、户口、工资总额限制，对引进的高层次优秀人才既严格把关，又在办事程序上做到方便快捷。全年，共引进136名高层次优秀人才，其中博士研究生4人，硕士研究生125人，高级专业技术资格人员7人；有17人入选“新世纪321人才工程”第三层次人选。为享受特殊岗位政府补贴人员申请并发放补贴，为94名受聘上岗正高级专业技术人员申请发放特殊岗位政府补贴，为获得科技进步奖的人员发放政府津贴，为231家单位的998人审批知识分子生活补贴。

2007年7月，在内蒙古国际会展中心召开自治区首次全国性的“2007年中国·呼和浩特人才智力交流大会”，大会共吸引区内外405家用人单位。其中，21个省、自治区、直辖市，33个城市98家，区内各盟市307家。大会共提供7123个就业职位，有2.3万人进场择业。

2008年,为呼和浩特职业学院等11家单位引进86名高层次优秀人才。根据《呼和浩特市“十一五”引进国外智力工作规划》，对全市外国专家工作及分布情况进行摸底调查，全市共有6家企业、7家事业单位从美国、德国、韩国、奥地利、瑞士、日本、新西兰、白俄罗斯等国家引进在册外国专家47人。

2009年，根据呼和浩特市经济社会发展规划，市人社局修订《呼和浩特市培养引进使用高层次人才若干规定》，组织实施“新世纪百千万人才工程”“511人才培养工程”“333人才引进工程”“111企业经营管理人才选拔培养工程”，39名优秀人才分别获“自治区有突出贡献中青年专家”“自治区深入生产一线做出突出贡献科技人员”“内蒙古杰出人才奖”。年末，全市有在册外籍专家66人。

2010年，市人社局为高校毕业生办理人才引进服务5099人次。审核接收档案3211份,转出档案1392份。办理“双向选择”就业手续58份,签订人事代理协议51份，审批落户1798人。2011年，修订《呼和浩特市培养、引进、使用高层次人才若干规定》，提高人才准入门槛，优化待遇政策，完善保障措施。同年，印发施行《呼和浩特市贯彻落实“草原英才”工程实施意见》。

2013年，市政府印发《呼和浩特市培养引进高层次人才规定》。全年，共引进院士10人，全日制博士5名，引进外国专家85名，累计为各类企业引进海归博士和优秀人才86名。组织申报引进国外技术管理人才项目5个,引智成果示范推广基地(单位)3个。

2014年，全市引进外籍专家72人，自治区命名引进国外智力成果示范推广基地（单位）3家。全年完成高技能人才职业鉴定6334人。选拔推荐国家和自治区级优秀人才17人。2015年，全市新增高技能人才4770人，引进国外技术、管理人才及项目3个，引进外国专家5人。

三、高等院校毕业生服务

1986年，部分高等院校毕业生分配制度实行“供需见面”“产销结合”的方针。呼和浩特市在高校毕业生分配时，坚持统筹考虑，加强重点、兼顾一般，面向基层、专业对口的原则,尽量做到学用一致,合理分配。派专人于暑假前赴京、津、沪等地区，向呼市籍学生赠送“家书”，吸引人才回到家乡参加建设。1986—1991年，全市共接受安置大中专院校毕业生4898人，为长期家居农村的926户知识分子办理“农转非”户口。

1996年,市委、市政府按照人事部《国家不包分配大专以上毕业生择业暂行办法》，制定“三支一扶”、社区民生志愿者、人才储备等多项促进人才就业的优惠政策，使高校毕业生有机会投身到基层岗位。

2006年，呼和浩特职业学院成立高校毕业生实习就业指导中心，进行毕业生实习、就业推荐、人事代理、培训等工作。全年，推荐123名毕业生到7家用人单位实习。人才服务中心提供毕业生档案查询服务2018次，户籍管理服务2662人次；出具毕业生接收证4224份，商调及调档函851份；与1133人签订挂靠人才服务中心集体户协议，并办理手续。同年，将48名“三支一扶”大学生下派到各旗县（区），充实一线人才队伍。

2007年，组织参加全国人才市场第五届高校毕业生就业服务周活动。协调并推荐伊利集团、北京华联综合超市2家企业作为呼和浩特市的高校毕业生就业见习基地。为高校毕业生设立人事代理服务绿色通道，全年为476名毕业生提供免费人事代理和档案转递服务，为1844人办理免费落户手续。

2008年，举办呼和浩特市高校毕业生专场招聘会和2008年金秋大型人才交流会暨大中专毕业生就业洽谈会。年内，选拔28名高校毕业生到村任职，为市四区公开招聘195名社区工作人员，并为其中的低保家庭考生单独划定分数线。同年，伊利集团挂牌国家级高校毕业生就业见习示范基地。

2009年，市政府印发《关于促进普通高校毕业生就业工作指导意见》。同年，为市第一医院等45个事业单位公开招考聘用212名工作人员；为市辖5个旗县公开招考聘用199名大学生村干部；分配154名“三支一扶”大学生和184名“民生工作志愿者”；为市四区公开招考聘用193名社区工作人员，并为41名低保家庭考生和残疾人考生单独划定分数线。

2010年，全市实现高校毕业生就业1.4万人，就业率为85.2%。其中，通过公务员考录、社区招聘、事业单位公开招聘落实就业920人；通过首府人才市场落实就业6715人；基层服务项目计划就业落实1176人。基层服务项目计划中，“三支一扶”计划落实160人，面向中小企业选拔储备高校毕业生计划落实430人，“村官”计划落实180人，社区民生志愿服务计划落实163人，西部志愿者计划落实100人，农村特岗教师计划落实143人。高校毕业生创业培训计划210人，落实330人，完成157.1%，创业成功率为30%；就业见习计划900人，落实900人，完成100%。为116名高校毕业生提供创业小额担保贷款696万元。

2011年，把困难家庭高校毕业生的就业援助工作纳入政府援助困难群体就业政策体系，在事业单位和社区招考中，对低保家庭考生免收报名和体检费用；在社区招考中，对低保家庭考生和残疾人考生采取单独划线录取的优惠政策。全市实现高校毕业生就业1.58万人，就业率为87.74%。其中，高校毕业生创业培训完成600人，265人成功创业。就业见习计划完成900人。

2013 年，市政府制定《关于进一步促进普通高等学校毕业生就业工作实施意见》，明确 24 条政策措施。“三支一扶”、社区民生志愿者等服务基层项目计划共招募毕业生 2911 人。高校毕业生创业培训 850 人，为 140 名高校毕业生提供小额担保贷款 1300 万元，各类创业园为 84 名大学生提供创业场地。全市事业单位招聘高校毕业生 1321 人，党政机关考录公务员 411 人，开发公益性岗位 450 个。服务基层项目计划录用贫困家庭高校毕业生 256 人，为城乡低保家庭高校毕业生发放一次性求职补贴 2.8 万元。全市实现高校毕业生就业 1.6 万人，就业率为 90.98%。

2015 年，全市 2.05 万名高校毕业生实现就业，就业率为 91.71%。截至 2015 年，高校毕业生创业培训完成 1.04 万名；基层项目计划招募高校毕业生 1.09 万人。2014—2015 年，对离校未就业高校毕业生和贫困家庭的毕业生开展帮扶，为呼和浩特职业学院 521 名大学生发放一次性求职补贴 52.1 万元，共有 4 万余人实现就业。

第六节　工资福利

1986 年，国家机关行政人员、专业技术人员均实行以职务工资为主要内容的结构工资制。分为基础工资、职务工资、工龄津贴、奖励工资 4 个部分。1990 年，按国务院批转人事部、国家计委、财政部《一九八九年调整国家机关、事业单位工作人员工资实施方案》规定，为全市 4.17 万人办理调资审批工作，其中行政机关 1.12 万人、事业单位 3.05 万人，办理提高离退休人员待遇 5760 人。

1993 年 10 月，按照《国务院关于机关和事业单位工作人员工资制度改革问题的通知》，对全市机关、事业单位的工资制度进行中华人民共和国成立后的第三次重大改革。事业单位工资制度与机关分离，实行制度上的脱钩，初步建立符合事业单位自身特点的工资制度。公务员实行职级工资制，基本工资由职务工资、级别工资、基础工资、工龄工资组成。其中，职务工资和级别工资是职级工资构成的主体。事业单位实行职务（岗位）等级工资制，根据不同类型，对专业技术人员分别实行专业技术职务工资制、专业技术岗位工资制，管理人员实行职员等级工资制，工人实行技术等级工资制和等级工资制。

1997 年，按照《内蒙古自治区人事厅关于机关工作人员中连续三年考核为优秀人员晋升级别工资问题的通知》《内蒙古自治区人事厅关于事业单位 3% 人员晋升工资档次的通知》，为全市机关连续 3 年被评为优秀人员和事业单位 3% 工作人员办理工资晋级审批。至 2005 年，市人事局共办理机关、事业单位工作人员各类工资补贴、津贴、奖励、定级和工资变动等审批手续 2.6 万人次。同年，为划转到市教育局的铁路司机学校、铁路成人中专、炼油厂学校、电力中学、铁路电大的人员重新套改工资。

2006年7月1日开始，按照《国务院关于改革公务员工资制度的通知》《人社部、财政部关于印发事业单位工作人员收入分配制度改革方案的通知》，全市开始进行第四次工资制度改革。此次改革涉及公务员职级工资制，即将基本工资构成由职务工资、级别工资、基础工资、工龄工资简化为职务工资、级别工资；在清理不合理津贴补贴的基础上，将地方、部门发放的津贴补贴统一归并为规范津贴补贴；完善地区津贴制度，完善艰苦边远地区津贴制度，建立实施范围和津贴类别评估指标体系，适当扩大实施范围，增设津贴类别，提高津贴标准；在清理规范津贴补贴的基础上，实施地区附加津贴制度。事业单位实行岗位绩效工资制度，与机关工资制度进一步脱钩。同时，对专业技术人员、管理人员和工勤人员设置薪级工资标准。对不同岗位规定不同的起点薪级。每年对年度考核结果为合格及以上等次的工作人员，增加一级薪级工资。

2008年后，按照《职工带薪年休假条例》《机关事业单位工作人员带薪年休假实施办法》，开始实施机关事业单位工作人员带薪年休假制度。

2010年，按照相关政策规定，调整市本级公务员及事业单位人员津贴补贴。制定《呼和浩特市本级公共卫生与基层医疗卫生事业单位绩效工资实施方案》，完成全市公共卫生与基层医疗卫生事业单位绩效工资改革。2011年起，实行职工未休年休假发放工资报酬政策。2013年，全面推进事业单位绩效工资实施工作，启动其他事业单位绩效工资改革。

2014年，对全市机关事业单位基本工资标准进行调整。集中开展机关事业单位“吃空饷”问题专项清理和集中治理。2015年，开始实施乡镇机关事业单位人员工作补贴制度。

第三章　劳动管理

第一节　劳动制度改革

一、劳动合同制度

1986年，呼和浩特市按照国务院《国营企业实行劳动合同制暂行规定》《内蒙古自治区国营企业实行劳动合同制实施细则》，国营企业部分行业、工种在劳动工资计划招用工人外，开始实行劳动合同制，国有、集体企业用工仍然沿用计划用工制度。

1995年10月，市政府印发《关于加快全面实行劳动合同制工作的通知》，成立呼和浩特市劳动制度改革领导小组，建立劳动合同制进展情况月报告制度，劳动合同制度在全市全面实施。同月，市劳动局与市工商局联合印发《关于私营企业、个体经济组织实行劳动合同制的通知》，建立工商、劳动部门验证监察联动机制，督促全市私营企业、个体工商户依法和与之建立劳动关系的劳动者签订劳动合同。

2001 年 3 月，市政府印发《呼和浩特市劳动合同管理暂行规定》，这是全市第一部关于劳动合同管理的政府规章。对用人单位与劳动者建立劳动关系，劳动合同的订立及变更、终止、续延和解除，无效劳动合同的确认和处理，劳动合同的管理以及争议处理等作出明确规定，全面规范全市劳动合同制度。

2005 年，根据劳动和社会保障部《关于加强建设等行业农民工劳动合同管理的通知》，市劳动和社会保障局制定建筑行业灵活就业人员简易劳动合同书范本，明确规定建筑业企业与招用人员（包括农民工）建立劳动关系，应当按照自治区《劳动合同规定》签订书面劳动合同。

2006 年，各级劳动保障部门以建立和谐稳定的劳动关系为出发点，积极开展劳动合同签订和集体合同审查工作，从源头上规范企业用工行为。2008 年 1 月 1 日起施行《中华人民共和国劳动合同法》。此后，呼和浩特市陆续推出劳动合同制度三年行动计划、中小企业劳动合同制度专项行动、农牧民工签订劳动合同春暖行动等提升劳动合同签订率的专项行动及措施，劳动合同综合签订率 95% 以上。

2010—2015 年，市人社局为规范企业用工行为，提高农民工劳动合同签订率，加强技能培训、工资支付、职业安全、参加社会保险等权益维护工作，定期开展拖欠农民工工资专项检查，加大工资保障金制度执行情况的监督检查，建立完善工资保障金制度、欠薪应急周转金制度、欠薪报告制度、行政司法联动打击恶意欠薪制度、地区政府负总责制度等长效机制，努力做好农民工工资支付工作。

二、劳动用工管理

1992 年以前，国家处于计划经济时期，国营、集体企业是全市主要用工主体，企业用工实行计划用工制度，企业用工须由计委下达招用工计划，经劳动部门办理招工手续后方可录用。按照招工方式和用工形式职工可以分为国营固定工、国营合同工、集体工、“五七工”、占地工、临时工等。企业无论实行固定工还是合同制招工，都需到劳动部门办理招工手续，填报招工花名册。

1992 年，《内蒙古自治区劳动人事厅关于贯彻〈企业法〉给企业放权的决定》出台，将劳动人事部门负责的全民所有制企业的机构编制权、工资分配权、用工自主权、人事管理权、流动调配权下放企业。其中，下放用工自主权明确企业可按照有关规定，自主用工，签订劳动合同，劳动部门不再办理招工手续，企业招工后到劳动部门备案。同年，劳动部颁布《劳动合同鉴证实施办法》后，呼和浩特市开始推行劳动合同鉴证工作，用人单位与劳动者签订劳动合同后到劳动部门进行鉴证，劳动部门对企业提供的劳动合同书和备案花名册进行盖章鉴证，鉴证实行有偿服务。

1992—2002 年，劳动合同签订鉴证工作由市劳动局劳动仲裁科负责，2002 年起由市劳动局劳动工资科负责。劳动部门通过开展劳动合同鉴证，为用人单位和劳动者提供政策、法规咨询。

2004 年，制定用人单位劳动保障诚信评价办法，并在市本级 52 户用人单位进行试点。全市共新签、补签劳动合同 4.16 万人。其中，市本级新签、补签劳动合同 1.93 万人，各旗县（区）新签、补签劳动合同 2.23 万人；累计鉴证劳动合同 3.99 万人，鉴证率为 96%。

2005—2006 年，加强对企业工资分配的宏观指导，完善企业最低工资保障制度和工资集体协商制度，发布全市上一年度劳动力市场工资指导价位，并根据全市经济发展和企业经济效益的实际情况，制定出台增加在岗职工工资的指导意见。全市共新签、补签劳动合同 5.85 万人，其中市本级新签补签劳动合同 2.41 万人，各旗县（区）新签、补签劳动合同 3.44 万人。

2008 年 6 月，市劳动和社会保障局印发《关于废止企业劳动合同鉴证办法的通知》，劳动合同鉴证从此结束，改行劳动合同备案，劳动部门不再在劳动合同书上盖章。7 月，市劳动和社会保障局印发《关于建立劳动用工备案制度的通知》，劳动用工备案实行属地管理，劳动用工实行用工备案制，全市各类用人单位与劳动者建立劳动关系，都要到所在地县级以上劳动部门办理用工备案手续，用工备案不收取费用。2009 年，全市共有 3539 户企业办理了劳动用工备案，41 户企业签订集体合同。累计新签、补签劳动合同 7.45 万人，其中市本级新签、补签 2.8 万人，旗县（区）新签、补签 4.65 万人。

2012 年，认真贯彻自治区政府进一步促进劳动关系和谐稳定的实施意见，完善协调劳动关系三方机制，选择 1 ～ 2 个旗县（区）进行创建和谐劳动关系示范试点。同时，以贯彻劳动合同法为重点，全面推进劳动用工实名备案动态管理制度。10 月，市人力资源和社会保障局成立由多部门组成的劳动用工网上备案工作领导小组，按照自治区研发的网上用工备案系统填报流程，在全市推行劳动用工网上备案制度。

2013 年，全市劳动用工备案率 100%。其中网上备案 5000 户，115 万人实现劳动用工动态管理。实行工资集体协商制度的单位达 8654 家，涉及职工 39.85 万人，6165 家用人单位建立劳动争议调解组织。2014 年，经过 2 年试运行，全面推行劳动用工网上备案制度。年末，全市 85 家单位被评为和谐劳动关系单位。

2015 年，全市累计录入网上劳动用工备案单位 7898 户，备案人数 19.22 万人。完成劳动保障监察“两网化”管理全覆盖目标。2010—2015 年，全市累计新签、补签、续签劳动合同 29.8 万余人。

第二节　就业与再就业

一、城乡就业

1997年，实施优化资本结构后，全市累计出现下岗失业人员12.5万人。截至年底，分流安置下岗职工9.1万人，再就业率83%以上，高于同期全国、全区平均水平。城镇登记失业率控制在4.5%以内，保持全市就业局势的基本稳定。2001—2002年，各级公共职介机构集中举办现场洽谈交流会450余次，提供有效就业岗位约7.5万个。针对大多数下岗失业人员技能单一的情况，各级劳动技能培训机构开展多渠道、多层次转岗转业培训。

2003年，全市通过多种形式实现就业和再就业3.45万人，完成自治区下达呼和浩特市目标任务2.8万人的123%。其中，新增劳动力就业6848人；下岗失业人员再就业2.76万人，完成目标任务2.5万人的111%。城镇登记失业率保持在4.5%，全市就业局势基本稳定。年内，全市开发公益性岗位1.08万个；各级公共职业介绍机构集中举办洽谈交流活动258次，累计提供就业岗位5.12万个次，接待求职人员4.27万人次，开展职业指导3.44万人次，共有2.81万名求职者与用人单位达成求职意向。全市完成职业技能培训2.9万人。其中，培训下岗失业人员2.35万人。共发放“再就业优惠证”6.19万本，做到应发尽发。全年累计安置“4050”人员1.23万人，占领取优惠证“4050”人员总数的64.6%。

2004年，全市累计实现就业和再就业3.78万人。其中，安置下岗失业人员再就业2.20万人，安置新增劳动力就业1.59万人，城镇登记失业率为4.8%，控制在5%的目标任务之内。全年，全市共创办社区就业服务实体751个，安置下岗失业人员3270人，企业吸纳安置5755人，公益性岗位安置1842人，自谋职业6422人，灵活就业4688人。各级劳动力市场共集中举办现场招聘洽谈会160次，接待入市用人单位1.2万个次，提供就业岗位6.55万个次，接待入市求职人员5.67万人次，进行职业指导2.45万人次，达成用工意向1.57万人，组织劳务输出3.64万余人。按照公益性岗位优先安置，用人单位招聘优先推荐，再就业政策优先保证的“三优先”原则，对“双下岗”人员和大龄就业困难人员开展再就业援助。全年，全市9786户夫妻双下岗家庭中有1.16万人实现再就业，占总数的60%；累计安置“4050”人员再就业6010人。在社区平台建设工作中，年内先后分3批对810名社区平台工作人员进行劳动保障业务培训，规范社区平台工作内容，建立下岗失业人员基本情况等7种台账，完善各项工作制度和岗位责任制。全年，全市共组织各类培训机构完成就业培训3.11万人。其中，培训下岗失业人员2.1万人，下岗失业人员就业培训率95%。与市扶贫办、市农业局等部门联合开展进城务工人员就业和创业培训，规划建立 10 所专门开展进城务工人员就业培训的“新市民学校”，培训进城务工人员 2.04 万人。

2006 年，全市劳动力市场累计举办洽谈交流活动 215 次，接待入市求职人员 4.80 万人次，提供有效就业岗位 5.3 万个，通过现场双向选择及日常推荐介绍达成意向 1.56 万人。全市完成职业技能培训 3.12 万人。其中，培训下岗失业人员 1.30 万人，累计完成职业技能鉴定 1.12 万人，鉴定合格率 99%。全市新增社区就业实体 519 个，城镇新增就业 2.87 万人，安排下岗失业人员 2.26 万人。其中，安排“4050”人员再就业 6178 人。城镇登记失业率控制在 4.1%。

2007 年，全市城镇新增就业 3.29 万人，安置下岗失业人员再就业 2.23 万人。其中，安置“4050”人员再就业 6828 人。帮助 777 户、789 名零就业家庭成员实现就业，实现每户零就业家庭至少 1 人实现就业的目标。城镇登记失业率为 3.85%，控制在 4% 的目标范围之内，全市就业局势基本稳定。全年共审核发放再就业优惠证 7708 个，核发优惠证总数累计 11.32 万个，全市共筹集就业再就业资金 1.2 亿元。各级公共职介机构共集中举办劳动用工洽谈交流活动 309 次，接待入市用工单位 5209 个次，累计提供就业岗位 6.69 万个，接待入市求职人数 6.53 万人次，现场招聘达成意向 2.16 万人。按照培训质量高、就业效果好、社会认同的原则，在全市 45 家公办和民办职业培训机构中，认定 29 家培训机构，作为全市就业再就业定点培训机构。组织就业再就业培训 2.22 万人。其中，培训下岗失业人员 6976 人，农村劳动力转移就业培训 6430 人，创业培训 1503 人。全市 774 名社区平台劳动保障工作人员全部实现持证上岗。

2009 年，全市城镇新增就业 3.53 万人，安置下岗失业人员再就业 2.14 万人，安置就业困难对象 4831 人。城镇登记失业率为 3.83%。同年，呼和浩特市被列为 82 个国家级创建创业型城市之一。为鼓励创业，市财政每年安排不少于 500 万元，旗县(区)财政每年安排不少于 50 万元用于设立创业基金，创业培训补贴标准由每人 800 元提高到 1000 元。全年，共认定创业培训机构 13 家。同时，启动示范所、站建设工程，当年创建充分就业社区 50 个。

2010 年，全市城镇新增就业 3.38 万人，安置下岗失业人员再就业 2.08 万人，安置就业困难对象 5967 人。城镇登记失业率为 3.64%，控制在全年 3.9% 的目标任务之内。全年，共举办创业培训班 306 期，参加创业培训 7596 人。全市共认定创业培训机构 48 家。为城乡创业者发放小额担保贷款 2.12 亿元。扩大就业困难群体的认定和援助范围，由“4050”下岗失业人员和零就业家庭成员，扩大到城镇登记失业 1 年以上的大龄失业人员、劳动能力鉴定达到 5 ~ 10 级的登记失业残疾人、被征地“4050”失业农民以及低保家庭中男 45 周岁以上、女 35 周岁以上登记失业人员。全市享受社会保险补贴政策的就业困难人员 3.2 万人，公益性岗位聘用就业困难人员 5025 人，零就业家庭实现出现一户解决一人目标。

2011年，全市累计实现城镇新增就业3.79万人，城镇失业人员再就业2.02万人，安置就业困难人员5372人。城镇登记失业率为3.7%，低于4%的控制目标。全年，完成创业培训7992人，培训后成功创业3411人，创业带动就业1.5万人；发放小额担保贷款1.51亿元，扶持带动就业8750人。全年，城镇就业再就业培训1.27万人，完成职业技能鉴定1.42万人。全市新增公益性岗位103个，公益性岗位聘用人员总数4445人。全市享受社保补贴政策的灵活就业人员2.5万人。

2013年，全市实现新增就业4.03万人。城镇登记失业率为3.61%，控制在3.8%的目标任务之内。扶持创业带动就业，建设各类创业园和孵化基地14个，组织创业培训8033人，为3211名创业者发放小额担保贷款2.42亿元，扶持创业4700人，直接带动就业1.5万人。建立发展家庭服务业促进就业联席会议制度，出台扶持家庭服务业发展政策措施，依托日信海清公司建成“95081”家庭服务业公益信息服务平台，打造日信海清、仁和家政等家庭服务实训基地，组织培训家庭服务人员3227人。全年，组织完成职业技能培训1.14万人，启动职业技能特色品牌培训工作，帮助6288名就业困难人员实现就业。建立10万平方米实训基地项目，推进呼和浩特大学生创业就业综合服务中心建设，启动区市共建玉泉区进城务工人员综合服务中心规划设计工作。

2014年，全市城镇新增就业4.1万人，城镇登记失业率控制在3.54%，低于目标任务0.26个百分点。全年，开展各类技能培训3.1万人次，在原有14家实训基地的基础上新增4家电子商务人才实训基地。全力做好就业困难人员就业援助工作，深入推进农村劳动力转移就业工作，采取多种方式帮助1.47万名高校毕业生实现就业，全面加强就业服务体系建设。2015年，全市城镇新增就业4.09万人，城镇登记失业率控制在3.56%，低于地域目标任务0.24个百分点。

二、劳动力转移就业

2005年后，呼和浩特市开始逐步关注农村劳动力转移就业工作。2008年，农村劳动力转移就业10.87万人。其中，初次转移就业3.03万人。年内，新建培训基地9个。2009年，全市农村富余劳动力转移就业14.07万人。其中，转移就业6个月以上的9.26万人，转移就业6个月以下的4.8万人，消除农村零转移家庭3123户。

2010年，全市农业富余劳动力转移就业16.6万人，消除农村零转移家庭1386户。在全市1004个建制村建立起村级劳动保障工作站，并为每村配备1名劳动保障协理员，专门从事农村劳动力转移就业服务和社会保障工作。确定3个农民工创业园区，引导农民工自主创业。

2011年，组织全市农村富余劳动力转移就业培训1.02万人，农村富余劳动力转移就业16.97万人。其中，转移就业6个月以上12.85万人，6个月以下4.12万人。2013年，推进就业困难人员就业和农村劳动力转移就业工作，共帮助6288名就业困难人员实现就业，农村劳动力转移就业规模达到19.4万人。2015年，全市组织农村劳动力转移就业培训1.23万人，农村劳动力转移就业23.77万人。

第三节　劳动仲裁与执法检查

一、劳动争议仲裁

1987年，国务院颁布《国营企业劳动争议处理暂行规定》。至1990年，呼和浩特市及所属旗县（区）均成立仲裁委员会，各级仲裁委员会下设办公室，办公室设在同级劳动人事部门。由于当时受案范围，仅局限于国营合同工，仲裁工作主要围绕国营企业签订劳动合同的推行和合同鉴证工作，劳动争议案件很少发生。

1993年，国务院颁布《中华人民共和国企业劳动争议处理条例》，劳动部发布《劳动争议仲裁委员会办案规则》，同时将《国营企业劳动争议处理暂行规定》废止，该规定将主体范围扩大到所有企业、国家机关、事业单位、社会团体及其职工以及个体工商户及其帮工、学徒，受案范围列入因执行国家有关工资、保险、福利、培训、劳动保护的规定发生的争议，并增加兜底性条款。1995年1月1日，《中华人民共和国劳动法》颁布施行，呼和浩特市按照"一调一裁两审"的劳动争议调解仲裁制度框架，开展劳动争议仲裁工作。

2003年，全市各级劳动仲裁部门受理劳动争议案件155件，结案155件。通过案外调解的办法解决了一大批劳动争议纠纷，有力地维护了全市劳动用工秩序和劳动者的合法权益。2004年，制定兼职劳动仲裁员聘任管理办法和劳动争议案件举证规则，规范了劳动争议案件的审理程序，劳动争议案件的处理质量明显提高。全年共接待劳动争议申诉案件248件。其中，案外处理37件，立案受理188件，结案188件，结案率为100%；市本级立案受理105件，结案105件，结案率为100%。

2005年，建立完善劳动关系三方协调机制，印发《企业调解委员会工作及组织规则》，明确调解委员会的工作职责和调解程序。妥善处理转制破产企业职工安置过程中的劳动关系问题，集中开展内蒙古化纤总厂、市糖厂、市第二橡胶厂等破产企业职工分流安置工作，共分流安置职工3248人。各旗县开展并完成供销、二轻系统职工分流安置工作。2006年，共接待劳动争议申诉案件339件。其中，案外处理68件，立案受理271件，结案266件，结案率为98.2%。2007年，共受理劳动争议申诉案件549件。其中，案外调解151件，立案398件，结案390件，结案率98%。

2008—2010年，全市各级仲裁部门加强国家劳动争议调解仲裁立法，逐步健全配套制度，形成一整套完善的法律法规政策体系。依据劳动争议调解仲裁工作程序、行政法规和部门规章等，规范开展劳动人事争议仲裁工作。2011年，建立完善重大劳动人事争议联动工作机制，强化争议预防。推动劳动人事争议仲裁院建设。至2012年，市本级、3个旗县（区）仲裁机构完成仲裁院建设。

2013年，全市受理劳动人事争议调解仲裁案件793件，结案775件，结案率为97.73%。2015年，立案受理劳动人事争议案件1191件，结案1156件，结案率97.06%。受理拖欠工资案件428件，结案417件，为2.14万名农民工解决拖欠工资4.5亿元。

二、劳动保障执法检查

1997年，劳动部推行劳动保障年检制度。同年，市和旗县（区）劳动保障监察机构开始对全市所有用人单位遵守劳动法律法规情况进行检查，检查内容包括单位劳动用工、劳动工资发放、职工社会保险缴纳等。1998—2001年，针对劳动者最关心、最迫切的社会热点、难点问题，劳动保障监察机构独立或联合有关单位开展大检查。先后开展社会保险费征缴执法大检查、拖欠农民工工资大检查、禁止使用童工情况大检查、民办职业中介机构大检查等。

2002年，市劳动局组织全市各级劳动保障部门在全市范围内开展以加强劳动合同和外来劳动力管理、推行职业资格证书制度、规范社会保险关系为主的劳动用工制度执法大检查。累计检查各类用人单位近2000户次，涉及职工17万人次，检查覆盖率90%以上。2003年，全市各级劳动保障监察机构重点围绕劳动合同签订、社会保险参保及缴费、休息休假制度落实、执行最低工资标准及工资支付情况，在全市范围内对各类用人单位进行检查，依法规范企业劳动用工行为。全年，共检查各类用人单位2155户，涉及职工9.5万人，新签补签劳动合同4.07万人。各级劳动监察部门累计受理举报投诉案件450件，其中受理拖欠农民工工资举报投诉案件300余件，为劳动者追回工资、抵押金568万元。2004年，重点围绕劳动合同签订、社会保险参统及缴费、休息休假制度落实、执行最低工资标准、农民工权益保护等方面，对3106户各类用人单位依法进行检查，检查覆盖率80%。办理劳动用工年检2085户。受理劳动保障监察投诉举报案件1173件，涉及劳动者1.75万人。其中，市本级受理1018件，各旗县（区）受理155件，共处理投诉举报案件968件，占受理案件总数的82.5%；累计为8784名农民工追回拖欠工资3905万元，占投诉拖欠总额的91%。2005年，共依法检查用人单位3106户，检查覆盖率80%；办理劳动用工年检2085户；受理劳动保障监察投诉举报案件1173件，涉及劳动者17468人。

其中，市本级受理1018件，各旗县（区）受理155件，共处理投诉举报案件968件，占受理案件总数的82.5%。累计为8784名农民工追回拖欠工资3.91万元，占投诉拖欠总额的91%。

2006年，共依法检查用人单位4253户，检查覆盖率90%，办理劳动用工年检3822户，受理劳动保障监察投诉举报案件825件，涉及劳动者2.3万人，共处理投诉举报案件669件，结案率81%，为农民工追回拖欠工资2393.21万元。2007年，各级劳动保障监察机构累计检查各类用人单位3827户，覆盖职工25.56万人，受理投诉举报案件458件，涉及7501人。结案348件，结案率80%。为农民工追回拖欠工资3312万元，清欠率94%。全年，全市累计新签、补签劳动合同8.78万人，鉴证7.46万人，鉴证率85%。其中，市本级新签、补签3.75万人，旗县（区）新签、补签5.03万人。2009年，全市各级劳动保障监察机构累计检查各类用人单位5101户、覆盖职工23.8万人。全市共立案查处农民工欠薪投诉案件339件，结案322件，结案率95%。为6139名农民工清欠工资4553万元。推进劳动保障监察“网络化”“网格化”建设，9个旗县（区）建立77个监察网格。

2010—2012年，全市劳动保障监察“网格化”“网络化”实现全覆盖，用人单位信息采集录入率达到80%以上，劳动监察投诉举报案件结案率达到95%。加大专项执法检查力度，建立完善跨地区协作办案、重大劳动保障违法案件查处情况通报、行政司法联动等工作机制，严厉打击侵害劳动者权益的违法行为。查处投诉举报案件结案率达到95%以上。加强劳动监察执法基础能力建设，着力解决人员、经费、装备不足等问题。2013年，开展人力资源市场秩序清理整顿、劳动用工与社会保险及农民工工资清欠等专项行动。书面审查企业6719户，覆盖职工33.57万人；共受理劳动保障监察投诉举报案件1320件，结案1257件，结案率为95%；受理劳动保障监察投诉举报案件1320件，结案1257件，结案率为95%。为3.32万名农民工清欠工资6.53亿元。2014年，开通农民工维权绿色通道，对农民工维权案件快立、快调、快审、快裁，及时有效地维护劳动者合法权益。全年受理劳动争议案件1244件，结案1223件，结案率达98.31%，维护当事人权益金额达2118.11万元。

2015年，共完成劳动用工书面审查6543户，覆盖职工31.05万人。共立拖欠劳动者工资案件366件，涉及2.67万人，金额7.7亿元。结案281件，为1.53万名劳动者追回工资4.5亿元。未结案件85件，涉及1.14万人，金额3.2亿元。设立咨询接待受理台、投诉举报热线电话等多种投诉举报渠道，共接待涉及拖欠工资、社会保险、不签订劳动合同、收取押金等问题的投诉及咨询5.32万余人次。全年，共排查存有重大隐患的拖欠案件85件，涉及1.14万人，3.2亿元。

第四节　企业收入分配

一、劳动力市场工资指导

1999 年，为建立与现代企业制度相适应的企业工资收入分配制度，劳动和社会保障部印发《关于建立劳动力市场工资指导价位制度的通知》，发布劳动力市场工资指导价位制度。

2001 年起，呼和浩特市开始发布劳动力市场工资指导价位。至 2011 年，累计发布 1360 个次工种（职业）的高、中、低位和平均工资，以及 26 个学历的工资指导价位。2012 年，按照自治区的要求，开展第二次企业薪酬调查，完善工资指导线、人力资源市场工资指导价位、行业人工成本指导、工资支付保障制度，引导企业合理进行工资分配。发布 201 个工种（职业）的高、中、低位和平均工资，以及 5 个学历的高、中、低位和平均工资指导价位。研究规范市属国有企业负责人薪酬管理办法，控制收入分配差距。

2013 年起，按照自治区发布劳动力市场工资指导价位相关要求，呼和浩特市工资指导价位每两年发布 1 次。当年，发布 2013—2014 年呼和浩特市劳动力市场 210 个工种（职业）的高、中、低位和平均工资，以及 4 个学历的高、中、低位和平均工资指导价位。

2015 年，对全市 1500 家企业进行年度薪酬调查，统计并发布 2015—2016 年呼和浩特市劳动力市场工资指导价位，发布 251 个工种（职业）的高、中、低位和平均工资，以及 5 个学历的高、中、低位和平均工资指导价位。

二、在岗职工平均工资

1986 年后，呼和浩特市多次调整工资标准，恢复奖金制度，增加津贴、建立最低工资制度，拓宽职工收入渠道，职工收入水平逐步提高。截至 2015 年，全市在岗职工平均工资由 1986 年的 1280 元增至 53698 元，增长 41 倍多，年均增长 14.7%。

1986—2015 年呼和浩特市职工人数及工资一览表

表 22-3-1

年份	年末职工数（人）	职工工资总额（万元）	职工平均工资（元）
1986	397821	50153	1280
1987	408913	53949	1323
1988	420795	62097	1506
1989	419369	67071	1604

续表 22-3-1

年份	年末职工数（人）	职工工资总额（万元）	职工平均工资（元）
1990	434017	75252	1750
1991	449426	87015	1953
1992	467663	108342	2337
1993	483638	142207	2881
1994	496661	191395	3800
1995	477370	199528	4200
1996	472391	217747	4597
1997	460086	241430	5195
1998	433662	241453	5486
1999	344395	233909	6648
2000	311265	244190	7548
2001	291748	262112	8717
2002	283168	322778	11158
2003	286669	378397	13092
2004	288177	488657	16663
2005	294293	597507	19715
2006	292050	696228	22948
2007	293742	807126	26732
2008	297348	937267	30872
2009	298707	1057177	33997
2010	310692	1200455	37685
2011	320453	1369546	40476
2012	335508	1575290	44402
2013	404342	2049486	48635
2014	412795	2170163	50467
2015	407177	2227518	53698

说明：1999 年以后职工均指在岗职工。在岗职工平均工资 = 在岗职工工资总额 / 在岗职工平均人数

三、最低工资标准

1995 年 6 月，依据《内蒙古自治区企业最低工资暂行规定》及其实施细则，呼和浩特市开始施行最低工资保障制度。截至 2015 年，先后对企业最低工资标准进行 13 次调整。

1995—2015 年部分年份呼和浩特市最低工资标准一览表

表 22-3-2　　单位：元 / 月

年度	呼和浩特市最低工资标准		
	执行文件号	市区	旗县
1995	内政府令〔1995〕63 号	180	160
1997	内政发〔1997〕131 号	210	190
1999	内政办字〔1999〕41 号	270	250
2002	内政发〔2002〕82 号	330	310
2004	内政发〔2004〕68 号	420	400
2006	内政字〔2006〕297 号	560	520
2007	内政字〔2007〕303 号	680	620
2010	内政办发电〔2010〕73 号	900	820
2011	内政办发〔2011〕106 号	1050	980
2012	内政办发〔2012〕81 号	1200	1100
2013	内政办发电〔2013〕54 号	1350	1250
2014	内政办发〔2014〕67 号	1500	1400
2015	内政办发电〔2015〕53 号	1640	1540

第四章　社会保障

第一节　养老保险

一、城乡基本养老保险

1986 年启动实施养老保险制度后，呼和浩特市相继制定实施城镇职工养老保险、企业补充养老保险、失地农民养老保险、事业单位新进人员养老保险、城乡居民养老保险、机关事业单位养老保险制度。

1991 年 6 月，按照国务院《关于企业职工养老保险制度改革的决定》，呼和浩特市开始建立多层次体系架构、多渠道筹资机制，实行社会统筹与个人缴费相结合。1992 年 5 月，开始推行企业化管理的集体所有制事业单位及其职工参加所在地区的基本养老保险工作，明确集体所有制企业职工养老保险实行基本养老保险加补充养老保险的办法。1994 年 5 月，市政府印发《关于加快社会保障制度改革的实施方案》。1996 年，市政府印发《呼和浩特市城镇职工社会养老保险制度改革实施办法》，开始实行社会统筹和个人账户相结合的养老保险制度。至 2002 年底，全市养老保险参保人数达到 18.6 万人，养老保险基本实现全覆盖。

2003年，全面推行新的养老金计发办法，完善原国有、集体企业解除劳动关系人员参保续保办法，完成为企业离退休人员增加生活补贴工作。全市征缴清欠各项社会保险费首次突破5亿元大关，达到5.24亿元，其中征缴清欠养老保险费3.29亿元、补充养老保险费151万元。2004年，全市城镇居民养老保险参统职工分别达到22.05万人，其中养老保险累计扩面续保7.59万人。全年各级社会保险经办机构核定移交地税部门养老保险征缴额4.53亿元，征缴清欠养老保险费3.52亿元，补充养老保险费353万元。2006年，全市城镇居民养老保险参统职工27.55万人。核定年度缴费额9.4亿元，其中历年欠费额1.69亿元。征缴养老保险费9.74亿元，其中直属企业征收2.04亿元。

2007年1月1日起，呼和浩特市实行企业职工基本养老保险市级统筹。全市基本养老保险基金调剂统筹，坚持旗县自我保障为主、市级调剂统筹为辅的原则，最终实现基本养老保险基金由市级统一核算、管理和使用。同时，完善养老保险基金市级调剂金制度。当年，全市城镇居民基本养老保险参统人数达34.15万人，其中养老保险扩面新增参统职工2.66万人。征缴清欠养老保险费10.95亿元，征缴补充养老保险费40万元，发放养老金11.15亿元。2008年，全市城镇居民基本养老保险参统人数35.22万人，当年新增参统人数1.66万人，市本级参统职工29.50万人，5个旗县参统职工5.72万人。全市共核定基本养老保险费10.12亿元，征缴基本养老保险费7.37亿元，发放养老金10.15亿元。2009年10月，呼和浩特市开始实行基本养老保险自治区级统筹，实行全区基本养老保险统一管理，各盟市分级负责。全市城镇居民基本养老保险参统职工36.3万人，核定各项社会保险费21.33亿元，其中核定基本养老保险费14.72亿元，移交地税部门基本养老保险历年欠费1.43亿元。全年共支出各项社会保险费20.3亿元，其中为10.46万名企业离退休人员发放养老金14.3亿元，社会化服务率达到100%。2010年，全市城镇职工基本养老保险参保人数达37.3万人，核定各项社会保险费28.127亿元，其中核定城镇职工基本养老保险费20.05亿元。

2011年，全市城镇居民养老保险参保人数37万人，有14.44万名60周岁以上的城乡居民享受养老保险待遇。2012年，落实养老保险自治区级统筹的基金预算管理，制定呼市城乡居民养老保险制度与国家、自治区制度的衔接办法，启动托克托县和市四区的新农保工作，全市城乡居民社会养老保险制度实现全覆盖。年末，全市城镇居民养老保险参保人数37.4万人。各项社会保险费核定总额达到40.68亿元，其中基本养老达25.91亿元；征缴总额达到38.36亿元，其中基本养老达到24.61亿元。

2013年，全市城镇居民养老保险参保人数达38.65万人，城乡居民养老保险参保人数达到66.27万人。全年共支出各项社会保险金53.04亿元，其中为16.93万名企业离退休人员发放养老金 38.51 亿元、为 17 万名 60 周岁以上的城乡居民发放养老金 2.9 亿元。

2014 年，呼和浩特市按照国务院印发的《关于建立统一的城乡居民基本养老保险制度的意见》，将新型农村社会养老保险与城乡居民社会养老保险整合起来，建立统一的城乡居民基本养老保险制度。同年，自治区人社厅印发《关于内蒙古自治区城乡养老保险制度衔接的实施意见》，确定自治区城乡居民养老保险制度衔接相关规定。全市城乡居民养老保险参保人员 65.38 万人。为全市 14.62 万名退休人员调整养老金，月人均增加 196.01 元，月平均养老金水平 2135 元。

2015 年底，全市城镇企业养老保险参保职工 58.91 万人（含退休），城乡居民养老保险参保人员 62.58 万人。为 17.34 万名退休人员调整养老金，月人均增加养老金 208.7 元，月平均养老金水平 2186 元。

2015 年，自治区政府办公厅印发《内蒙古自治区企业职工基本养老保险自治区统筹办法》，要求“基本养老保险基金由自治区级统筹管理和使用”。同年，呼和浩特市养老保险实现自治区级统筹，多层次的养老保险政策体系框架基本确立。截至 2015 年末，全市参加城镇职工基本养老保险人数达 43.83 万人。为 18.39 万名企业离退休人员发放养老金 48.68 亿元，为 19.09 万名城乡居民发放养老金 3.79 亿元。

二、企业职工基本养老保险

1998 年，根据自治区政府《关于建立统一的企业职工基本养老保险制度的实施意见》《内蒙古自治区城镇私营企业职工和个体劳动者基本养老保险办法》，呼和浩特市城镇企业职工养老保险覆盖行政区域内的城镇私营企业和个体经营组织，私营企业主及其职工、个体劳动者和雇工，城镇企业职工养老保险制度基本形成全国统一的模式、制度和基本政策框架（确保下岗职工的基本生活、确保企业离退休人员按时足额领到养老金）。

2000 年，市政府办公厅印发《关于进一步加强基本养老保险扩面征缴工作的通知》，要求全市各类私营、外资企业、股份制企业和个体经济组织，国有、集体企业的临时工、农民工，机关事业单位合同工、临时工要全部纳入覆盖范围，依法参加基本养老保险。

2002 年，全市累计筹集下岗职工基本生活保障资金 1.65 亿元。其中，中央和自治区财政转移支付补助资金 1.10 亿元，市本级财政调整支出结构安排 2500 万元，失业保险金调剂安排 2000 万元，企业自筹 1003 万元；为 77 户国有企业的 2.2 万名进入就业服务中心的下岗职工发放基本生活费并代缴各项社会保险费 1.48 亿元，其中为 1.49 万名滞留就业服务中心的下岗职工发放基本生活费和代缴各项社会保险费 7352 万元，为 5.82 万名企业离退休人员发放养老金 3.35 亿元，做到了按时足额发放，当期没有发生新的拖欠。

2003年，面对企业退休人员不断增加、保险基金收不抵支的巨大压力，加大扩面征缴力度、争取上级补助资金和调整市、县财政支出结构，多渠道筹集资金，为全市6.28万名企业离退休人员发放养老金及生活补贴3.79亿元，其中市本级发放3.42亿元，5个旗县发放3699万元，发放率均达到100%。

2004年，市劳动和社会保障局印发《关于未参加基本养老保险统筹的原国有、集体企业职工办理基本养老保险关系实施意见》，为原国有、集体企业解除劳动关系人员接续社会保险关系，解决国有、集体企业改革遗留问题。针对困难企业、私营企业和个体工商户扩面难的实际，出台调整养老保险费缴费费率的政策，将过去28%单一的缴费费率调整为28%、18%和12%。全年为6.85万名企业离退休人员发放养老金5.12亿元，其中市本级为5.89万名企业离退休人员发放养老金4.54亿元、各旗县为9622名企业离退休人员发放养老金5750万元。

2005年12月，按照《国务院关于完善企业职工基本养老保险制度的决定》要求，扩大全市基本养老保险覆盖范围，逐步建立实现可持续发展的基本养老保险制度。城镇各类企业职工、个体工商户和灵活就业人员均参加企业职工基本养老保险。城镇个体工商户和灵活就业人员参加基本养老保险的缴费基数为当地2004年度在岗职工平均工资，缴费比例为20%。其中，8%计入个人账户，退休后按企业职工基本养老金计发办法计发基本养老金。

2006年1月1日起，个人账户的规模统一由本人缴费工资的11%调整为8%，全部由个人缴费形成，单位缴费不再划入个人账户。通过扩大养老保险的覆盖面，调整各级财政支出结构等措施，多渠道筹集资金，全年共为8.84万名企业离退休人员发放养老金8.70亿元。其中，市本级为6.62万名企业离退休人员发放养老金6.82亿元，各旗县为1.07万名企业离退休人员发放养老金9705万元。企业离退休人员社会化管理服务工作稳步推进。市本级移交企业退休人员人事档案4417份，征收社会化管理服务费622万元，全市有7.69万名企业离退休人员纳入社区管理，社会化管理服务率为100%。2007年，为9.64万名企业离退休人员发放养老金11.15亿元。

2009年，呼和浩特市全面组织实施城镇居民养老保险，市政府印发《呼和浩特市城镇居民社会养老保险暂行办法》《关于呼市开展城乡居民社会养老保险工作方案》。至2010年，呼和浩特市完成10.98万名企业退休人员调待工作，月人均增加养老金227元，调整后月人均养老金1656元。

2011年，将全市1.5万名未参保“五七工”和未参保集体企业职工纳入企业职工基本养老保险参保范围，2.57万名国有企业未参保退休人员纳入城镇职工医保范围，占应解决退休人员的97.5%。全年，为11.57万名企业离退休人员和6057名遗属发放养老金22.07亿元，社会化发放率达到100%。2012年，全市城镇企业养老保险参保职工51.21万人（含退休），城乡居民养老保险参保64.26万人。13.81万名企业离退休人员实行社会化管理服务。

2013年，按照市政府《关于对原国有集体企业大龄下岗失业人员社会保险缴费救助的意见》精神，6700名原国有集体企业大龄下岗失业人员享受社会保险缴费救助。全市城镇企业养老保险参保职工55.58万人（含退休），城乡居民养老保险参保人员66.27万人。全市有16.93万名企业离退休人员实行社会化管理服务。为15.8万名企业退休人员月人均增加养老金182元，月人均养老金水平2080元。

2014年，全市1.14万名原国有集体企业大龄下岗失业人员享受社会保险缴费救助。17.53万名企业离退休人员实行社会化管理服务。为全市14.62万名退休人员调整养老金，月人均增加养老金196.01元，月平均养老金水平2135元。

2015年底，全市18.39万名企业离退休人员实行社会化管理服务。1.3万名原国有集体企业大龄下岗失业人员享受社会保险缴费救助。为17.34万名退休人员调整养老金，月人均增加养老金208.7元，月平均养老金水平2186元。

三、被征地农牧民养老保险

2005年，市政府印发《关于印发呼和浩特市被征地农转非人员养老保险暂行办法的通知》，妥善解决被征地农牧民的社会保障问题。至2006年，全市有17个建制村的1.65万人参加被征地农转非人员养老保险，共征缴失地农民养老保险费2.14亿元。2007年，征缴失地农民养老保险费1.56亿元。

2012年，市政府印发《关于被征地农民参加城镇职工基本养老保险问题的通知》，将被征地农民纳入城镇职工基本养老保险制度，全市6.21万被征地农民参加城镇职工基本养老保险。

2014年，市政府印发《关于进一步做好我市被征地农民养老保险工作的补充通知》。2015年，完成大青山前坡9个建制村2万多名被征地村民参保核定缴费工作。

四、新型农村社会养老保险

2008年，呼和浩特市按照个人缴费、集体补助和政府补贴相结合的方式，建立新型农村社会养老保险制度。2009年，市政府印发《呼和浩特市农村社会基本养老保险暂行办法》，就全市农村居民参加社会基本养老保险作出详细规定。明确采用社会统筹与个人账户相结合的模式，基金由个人缴费、集体补助、政府补贴构成，基本养老金由基础养老金和个人账户养老金组成。同年，和林格尔县和清水河县被国家列为新型农村养老保险试点县，全市新农保试点覆盖率为80%。全市农村居民实现缴费30万人，为13.23万名参保到龄人员发放养老金8657万元。城镇居民当年实现缴费2265人，为1.11万名参保到龄人员发放养老金6287万元。

2014 年，呼和浩特市按照国务院印发的《关于建立统一的城乡居民基本养老保险制度的意见》，将新型农村社会养老保险与城乡居民社会养老保险整合起来，建立统一的城乡居民基本养老保险制度。同年，自治区人社厅印发《关于内蒙古自治区城乡养老保险制度衔接的实施意见》，确定自治区城乡居民养老保险制度衔接相关规定。

五、机关事业单位养老保险

2015 年，呼和浩特市根据《国务院关于机关事业单位工作人员养老保险制度改革的决定》《内蒙古自治区人民政府办公厅关于印发机关事业单位工作人员养老保险制度改革实施办法的通知》要求，从 2014 年 10 月 1 日开始实施机关事业单位养老保险制度改革，改革适用于公务员法管理单位、参照公务员法管理的机关（单位）、事业单位及其编制内的工作人员。同年，按照国务院办公厅印发《机关事业单位职业年金办法》，全市机关事业单位及其工作人员参加机关事业单位基本养老保险的基础上，逐步建立补充养老保险制度。年末，初步完成 1397 个参保单位数据采集工作，登记参保 6.7 万人。

六、企业退休人员社会化管理

2000 年 10 月，呼和浩特市根据中共中央、国务院关于建立独立于企事业单位之外的社会保障体系的要求，市政府决定开展企业离退休人员实行社会化管理试点工作，印发《呼和浩特市人民政府关于开展企业离退休人员社会化管理（试点）工作的通知》，建立市、区、街道办事处、居委会四级管理服务网络。同时选择市四区 6 个街道办事处开展试点工作，其中新城区、回民区各 2 个，玉泉区、赛罕区各 1 个。

2002—2003 年，累计投入 1000 万元，全面完成市四区 26 个街道办事处“两个中心”（社会化管理服务中心、就业服务中心）建设。2004—2005 年，全市社会化管理服务中心实现计算机联网管理，累计有 6.62 万名企业离退休人员和 1.1 万名登记失业人员移交社区实行社会化管理，分别占总数的 97% 和 99%。

2006 年，全年市本级移交企业退休人员人事档案 4417 份，征收社会化管理服务费 622 万元，全市累计有 7.69 万名企业离退休人员纳入社区管理。截至 2015 年，全市有 17.34 万名企业离退休人员纳入社会化管理，社会化服务率 100%。

第二节　基本医疗保险

一、城镇职工基本医疗保险

1998 年，根据国务院《关于建立城镇职工基本医疗保险制度的决定》，呼和浩特市开始实施医疗保险工作，覆盖范围从城镇机关、企事业单位的职工及退休人员逐步扩展到非公有经济组织从业人员、城镇灵活就业人员、农村进城务工人员等。同年，为解决企业退休人员的医疗保险待遇，在市社会保险事业管理局组建医疗保险科，负责2万余名企业退休人员的医疗保险工作。当年，呼和浩特市被列为全国医疗保险制度改革20个重点联系城市之一。

1999年12月，市政府发布《呼和浩特市城镇职工基本医疗保险实施办法》，总体思路是按照"低水平、广覆盖、统账结合、谁缴费、谁享受"的原则，建立城镇职工基本医疗保险制度。基本医疗保险费由用人单位和职工个人共同缴纳，单位费率为6%，个人费率为2%，建立统账结合的基本医疗保险制度和保障基金，统筹基金支付设起付线和封顶线。同时，将市卫生局管理的机关事业单位公费医疗和企业管理的医疗保障，统一归口市劳动保障部门管理。城镇职工基本医疗保险制度建立之初，为确保医疗保险基金不出风险，待遇水平确定得较低，1个年度内所能支付的医疗费用最高限额为2.5万元。统筹基金主要用于支付住院费用和门诊特殊慢性病的费用，个人账户主要用于门诊就医购药的费用。

2000年1月1日，全市基本医疗保险工作启动，曾经沿袭50年之久的职工公费和劳保医疗制度退出历史舞台。职工医疗费用由国家和单位包揽变为国家、单位和个人共同负担，稳定筹资机制和来源，控制医疗费用过快增长。同年，市政府印发《呼和浩特市城镇职工大额医疗保险暂行办法》，规定参加基本医疗保险的单位和职工必须同时参加城镇职工大额医疗保险，大额医疗保险费每人每年缴纳100元。其中，单位缴纳50元，个人缴纳50元。参保人员在定点医疗机构发生的在基本医疗保险最高支付限额以上、大额医疗保险最高支付限额以下符合规定的医疗费，由大额医疗保险基金支付，切实解决大病患者个人负担问题。

2002年，为适应就业结构和就业方式的变化，市政府制定《呼和浩特市城镇职工基本医疗保险实施办法补充规定》，对就机构改革和企业转制分流人员医疗保险关系接续事宜做出明确规定。

2003年，市政府制定《呼和浩特市城镇职工基本医疗保险特殊慢性病病种和门诊治疗管理办法》，参保职工患有明确诊断的符合规定的特殊慢性病病种，在定点医疗机构门诊和定点零售药店所发生的符合规定的费用，根据不同病种由统筹基金实行限额报销。年内，为妥善解决困难企业和困难群体的基本医疗需求，按照"适当降低缴费率，不设个人账户，保住院、保大病"的原则，制定《呼和浩特市城镇职工基本医疗保险住院统筹管理办法》。当年，全市征缴清欠基本医疗保险费1.15亿元、大额医疗保险费803万元。

2004年，市政府制定《关于解决困难企业及其职工参加城镇职工基本医疗保险的实施意见》《关于解决困难群体参加城镇职工基本医疗保险的实施意见》《呼和浩特市城镇职工基本医疗住院统筹保险办法》《呼和浩特市市本级离休干部医疗保险管理暂行办法》。全市医疗保险参保人员达50.8万人，其中市本级为22.2万人、各旗县4.5万人、呼铁局12.6万人、自治区本级11.5万人，统筹覆盖率达到90%。全年各级社会保险经办机构核定移交地税部门征缴医疗保险1.77亿元、大额医疗保险1580万元，征缴清欠基本医疗保险费1.59亿元、大额医疗保险费1537万元。

2005年10月，呼和浩特市医疗保险管理中心成立。市四区和城镇所有用人单位按属地管理原则先后纳入市本级医疗保险范围，各旗县按照统一政策、分级运作的办法建立职工基本医疗保险制度。

2006年，全市基本医疗保险参保人数31.59万人，征缴医疗保险费3.55亿元，基本医疗支付2.05万人次，统筹基金支付9760.04万元，大额医疗支付730人次，统筹基金支付1609万元；公务员补助支付439人次，统筹基金支付184万元；个人划卡结算支付195.29万人次，账户基金支付7215.49万元。2007年，呼和浩特市被列为全国79个开展城镇居民医疗保险试点城市之一，建立城镇居民医疗保险制度，在制度上实现全覆盖。

2008年，全市基本医疗保险参统职工37.29万人。其中，农牧民参保4.40万人，市本级参统职工29.7万人，5个旗县参统职工7.58万人。全市核定基本医疗保险费4.31亿元。其中，市本级核定3.6亿元，5个旗县核定7060万元；征缴基本医疗保险费3.62亿元（市本级征缴3.09亿元，5个旗县征缴5295万元）。支付基本医疗保险费1.97亿元。其中，市本级支付1.65亿元，5个旗县支付3264万元。全年，全市大额医疗参统职工34.53万人。其中，市本级参统职工27.18万人，5个旗县参统职工7.35万人。全市共核定大额医疗保险费2899万元。其中，市本级核定2064万元，5个旗县核定835万元。全市共征缴大额医疗保险费2927万元。其中，市本级征缴2407万元，5个旗县征缴520万元。全市共支付大额医疗保险费1482万元。其中，市本级支付1136万元，5个旗县支付346万元。

2009年12月，市政府发布《呼和浩特市城镇职工基本医疗保险实施办法》《呼和浩特市城镇职工基本医疗保险门诊统筹暂行办法》，进一步明确城镇职工基本医疗保险包括统账结合医疗保险、住院统筹医疗保险和门诊医疗统筹保险，实行市和旗县分级管理，逐步过渡到市级统筹。年末，全市城镇居民基本医疗、大额医疗保险参保人数分别达到40.01万人、36.79万人；城镇居民基本医疗保险参保人数达45.1万人；核定基本医疗保险费3.76亿元，核定大额医疗保险费3292万元；为3.7万人次支付基本医疗保险基金4.21亿元，为1056人次支付大额医疗保险基金2856万元，为6022人次支付城镇居民基本医疗保险基金1479万元。

2010年，城镇职工基本医疗保险实行市级统筹后，统筹基金支付比例在原报销比例的基础上提高 8 个百分点，政策范围内住院统筹基金在不同等级医院、不同支付段平均报销比例 92% ～ 93%，最高支付限额为 19 万元。制定出台《呼和浩特市城镇职工基本医疗保险补充保险实施办法》，基本医疗保险基金支付 2 万元以上的患者平均报销比例提高 9.4%。1 个年度内大额补充保险基金最高支付限额为 12 万元，减轻了参保人员患大病医疗负担。同年，按照自治区总体部署，将“五七工”纳入城镇职工基本养老保险范围，全市共审核认定并纳入保险范围 1.4 万人，有 8633 人享受养老金待遇。全市城镇职工基本医疗保险政策和待遇实现统一。

2011 年，市政府制定《呼和浩特市城镇职工基本医疗保险市级统筹实施办法》《关于调整城镇居民基本医疗保险待遇水平的意见》《呼和浩特市城镇居民基本医疗保险特殊慢性病治疗实施细则》《关于进一步规范城镇基本医疗保险转外就医登记备案的通知》。明确连续参保缴费的最低年限，提高城镇职工基本医疗保险统筹层次；提高分段报销比例，将城镇居民基本医疗保险年度最高支付限额由原来的 8 万元提高到 13 万元；规定居民医保慢性病实行准入制，分甲类病种 5 种和乙类病种 12 种，减轻居民门诊慢性病负担；将转外审批改为转外备案登记手续，方便参保人员因病转外就医，简化城镇职工医保转外备案办理手续，简化办事流程。全年，为 10.65 万人次支付基本医疗保险基金 7.22 亿元，为 1.27 万人次支付城镇居民基本医疗保险基金 5005 万元。

2012 年，全市城镇职工基本医疗保险人数达 47.46 万人，城镇居民基本医疗保险参保人数达 54.62 万人，基本医疗征缴额达 9.38 亿元。全市城镇职工基本医疗支付达 10 亿元。

2014 年 1 月 1 日起，实施《呼和浩特市城镇职工基本医疗保险门诊统筹结算管理办法》，将职工医保门诊统筹封顶线从原来的 1500 元提高到 4000 元，并将报销比例三级医院从 50% 提高为 60%、二级医院从 50% 提高为 80%，特殊慢性病门诊治疗中原高于 4000 元限额的乙类慢性病病种比照甲类慢性病种，实行随时申报备案，低于 4000 元的乙类慢性病统一按 4000 元标准执行，切实减轻参保职工的普通门诊费用负担。城镇居民医保财政补贴标准提高到 320 元，生育保险津贴人均提高 211 元，工伤保险 1 ～ 4 级伤残津贴人均提高 377 元，1 ～ 4 级生活护理费人均提高 113 元，一次性工亡补助金人均增加 4.99 万元，一次性医疗补助金人均增长 2118 元。全年，为 6.3 万人次支付医疗保险待遇 13 亿元，为 94.28 万人次支付门诊统筹待遇 1.16 亿元，为 2733 人次支付工伤保险待遇 4387 万元，为 8181 人次支付生育保险待遇 8053 万元。全市参加城镇职工基本医疗保险人数达 112.26 万人。

2015 年，全市基本形成较为完善的医疗保险政策框架体系，在基金征缴、待遇保障、基金管理、定点医疗机构和零售药店管理、个人账户管理、特殊人群医疗保险、公务员医疗补助、大病医疗保险等方面制定并完善管理制度和操作办法，规范基本医疗保险的管理。全市参加城镇职工基本医疗保险人数达58.49万人，为122万人次支付医疗保险统筹基金7.9亿元，为538万人次支付医疗保险个人账户资金4.5亿元。

二、其他群体基本医疗保险

2000年，市政府印发《关于“文化大革命”基残人员参加医疗保险有关问题和处理意见》。2001年，印发《关于企业退休工伤人员参加医疗保险有关问题的处理意见》，解决特殊历史时期造成的特殊困难群体和企业老工伤人员的医疗待遇问题。2002—2003年，出台《呼和浩特市国家公务员医疗补助暂行办法》《呼和浩特市市本级国家公务员医疗补助实施细则》，公务员医疗补助的实施，确保了国家公务员的医疗待遇。2003年，为解决个体从业人员、自由职业者和以非全日制、临时性、弹性工作等形式灵活就业人员的基本医疗保险需求，出台《关于城镇灵活就业人员参加基本医疗保险有关问题的通知》。

2006年，市政府印发《关于解决市属国有集体企业破产关闭前退休人员参加基本医疗保险有关问题的意见》，规定破产转制企业在资产变现或转制时，一次性为退休人员缴纳基本医疗保险安置费和大额医疗保险费，退休人员终身享受医疗保险待遇；对既无资金、又无资产的破产企业退休人员，由政府承担费用，直接纳入基本医疗保险范围；对经营困难的企业，采取协议分批缓交、先享受待遇的办法，解决了退休人员的医疗保险问题。同年，印发《关于建筑、矿山等高风险企业农民工参加医疗保险实施意见》，明确农民工参加医疗保险和被征地农转非人员参加医疗保险的办法。

2007—2008年，市政府针对全市城镇人口35%以上的城镇中小学生、学龄前儿童、非从业老人以及重度残疾人员、特困低保居民缺失医疗保险，以及慢性病治疗费用大、学生儿童易伤害等问题，先后印发《呼和浩特市医疗保险管理中心关于城镇居民基本医疗保险特殊慢性病管理有关问题的通知》《呼和浩特市医疗保险管理中心关于规范在校学生意外伤害就诊结算程序的通知》。2009年，印发《呼和浩特市国家公务员医疗补助办法》。

2010年，将城镇居民异地就医人员发生医疗费用的报销比例提高5%；特检特治费用自付比例降低10%；慢性病病种由老年人5种、少年儿童7种统一增加为17种；老年人的意外伤害住院治疗和非在校儿童意外伤害门诊治疗纳入统筹报销；门诊治疗一个年度内最多支付2000元；城镇居民基本医疗保险年度内门诊及住院累计最高支付限额为13万元。

2011年5月，市人社局印发《关于呼和浩特市城镇居民基本医疗保险大学生门诊统筹结算有关问题的意见》，保证大学生普通门诊待遇的落实。

2014年，市人社局印发《呼和浩特市城镇居民大病补充保险实施办法》，城镇居民大病补充保险实行市级统筹，全市统一政策、统一管理、统一待遇标准、统一业务流程，年度最高支付限额由8万元提高至10万元。

截至2015年，全市统一城乡居民医保制度，城里人、农村人享受到同等医疗保障待遇，基本医疗保险制度实现市级统筹。

第三节　其他保障

一、工伤保险 生育保险

2001年1月，市本级出台工伤保险制度。2002年4月，全市启动工伤、生育保险落实工作，保障工伤职工和生育期间女职工的基本生活和医疗保健需要。2003年，全市征缴清欠工伤保险费389万元、生育保险费307万元。2004年，全市工伤、生育保险参保职工分别达17.98万人、13.22万人，征缴工伤保险1189万元、生育保险793万元，征缴清欠工伤保险费525万元、生育保险费386万元。2005年，《呼和浩特市工伤保险条例实施办法》印发施行，工伤事故调查和认定、劳动能力鉴定的规范程序和相关制度陆续建立。

2006年，进一步规范工伤保险、生育保险报销程序，审核合格的费用按月予以结算。全年工伤保险医疗支付524人次，工伤医疗费、一次性伤残补助金、伤残津贴、工亡补助金等合计323.54万元。生育保险医疗费支付1039人、医疗费支付102.02万元，享受生育津贴578人、支付278.07万元。2007年，工伤保险基金支出720万元；生育保险基金支出659万元。

2008年，全市工伤保险参统职工25.32万人。其中，农牧民参保5.05万人，市本级参统职工21.41万人，5个旗县参统职工3.91万人。全市共核定工伤保险费3625万元。其中，市本级核定3011万元，5个旗县核定614万元。全市共征缴工伤保险费2821万元。其中，市本级征缴2284万元，5个旗县征缴537万元。全市共支付工伤保险费751万元。其中，市本级支付629万元，5个旗县支付122万元。

2009年，市政府印发《呼和浩特市城镇职工生育保险实施办法》。年末，全市基本工伤、生育保险参统人数27.33万人、23.59万人。全年，全市共核定工伤保险费2800万元，核定生育保险费2482万元；为580人次支付工伤保险基金1203万元，为2401人次支付生育保险基金1106万元。2010年，全市基本工伤保险参保人数达到28.35万人，基本生育保险参保人数达到25.56万人；核定城镇职工工伤保险费3585万元，核定生育保险费2985万元。

2011年，开展“老工伤”人员纳入工伤保险统筹管理，明确统筹范围和资金筹集渠道，对449家国有企业、111家集体企业的5348名老工伤人员进行实名登记。全市参加城镇职工基本工伤、生育保险人数分别达30.55万人、29.75万人。提高伤残津贴、护理费、抚恤金等工伤保险支付标准。全年为706人次支付工伤保险基金1971万元，为3256人次支付生育保险基金2336万元。

2012年，全市城镇职工工伤保险、生育保险参保人数分别达34.51万人（其中农民工参保9.7万人）、30.74万人，城镇职工工伤、生育保险额分别达8950万元、6714万元，工伤、生育保险额分别达8715万元、6043万元。

截至2015年，全市参加工伤保险人数为39.01万人，参加生育保险人数为36.12万人。当年，为952人次支付工伤保险待遇3251万元，为9708人次支付生育保险待遇8470万元。同年，下调工伤保险缴费费率；将未就业人员配偶生育医疗费纳入生育保险支付范围，交通事故或由第三人造成工伤的支付工伤保险待遇。

二、失业保险

1986年，国务院以及自治区政府陆续颁布职工待业保险相关规定。1987年，呼和浩特市启动实施失业保险工作后，全市逐步建立和完善失业保险参保登记、缴费管理、失业登记、失业金发放及建立个人缴费记录、失业人员实行社会化管理等相关政策和制度。1988年，市劳动局发布《关于呼市地区国营企业富余职工问题的调查报告》，对1988—1990年可能出现的国营企业待业职工和富余人员分别进行调查和预测，在调查研究的基础上提出扩大待业职工的范围，将国营企业富余职工列入职工待业保险对象，适当控制从厂内待业转为社会待业的流量，每年以不超过企业职工总数3%为宜。全年，全市应缴待业保险基金单位846个，实缴单位849个。1989年，待业保险实际收缴700余个单位，职工17万余人。

1990年起，失业保险征缴范围覆盖国营企业、机关团体事业单位、企业化管理的事业单位。1991年，呼和浩特地区建立起集体所有制企业职工待业保险体系。6月，呼和浩特市第一次出现2名终止合同的待业职工，发放待业职工生活救济费586元。同年，市政府印发《呼和浩特市县以上集体所有制企业职工实行待业保险暂行办法》，首先把职工待业保险扩大到县以上集体所有制企业。

1993年，全市有500余个国有企业的11.30万名缴纳职工待业保险基金，受益企业11家，安置待业职工4169名。内蒙古电子仪器厂成为全市第一家接受救济的国有企业。当年，向该公司职工一次性发放10.2万元待业救济金，并分两次借给生产自救金40万元，用于发展生产。

1994年，待业保险更名为失业保险。全年，收缴基金379.33万元。因旗县（区）效益不佳，企业无力支付待业保险金，造成保险金收缴困难，完成计划的34.8%。1994—1998年，呼和浩特市逐步扩大失业保险覆盖范围，将保障对象扩大到撤销和解散企业的职工，停产整顿企业被精减的职工，企业辞退、除名或者开除的职工等7类、9种人员；将企业化管理的事业单位列入参保范围；将缴费基数由企业职工标准工资之和改为工资总额，规定国有企业缴费比例为0.6%，最高不超过1%，并对失业保险待遇的计发办法进行改革。

1998年，全市国有企业普遍建立再就业服务中心，保障下岗职工基本生活。再就业服务中心的资金来源，原则上由财政、社会（主要从失业保险基金调剂）、企业三方按"三三制"的办法分担，即财政预算安排1/3，企业负担1/3，社会筹集1/3。1998—2003年，全市国有企业下岗职工基本生活保障进入失业保险并轨的高峰期。其间，制定出台国有企业职工基本生活保障向失业保险并轨政策，建立失业保险基金市级统筹制度。为3.3万名"进中心"（再就业中心）下岗职工从失业保险基金调剂基本生活保障费7346.92万元,为5.2万名"出中心"下岗职工发放失业保险金1.16亿元，保障其失业期间的基本生活。

2005年6月，呼和浩特市劳动和社会保障局印发《关于失业保险有关问题的通知》,明确领取过一次性安置费3年后未能实现再就业且距法定退休年龄不足2年（含2年）的失业人员，可申请享受失业保险待遇。同年，市政府批转《呼和浩特市劳动社保局关于失业人员参加基本医疗保险有关问题意见》，自2005年10月1日起启动全市失业人员基本医疗保险制度，印发《失业人员参加医疗保险的通知》《失业保险实行市级统筹的通知》《关于领取安置补偿费失业人员失业保险金有关问题的通知》。全年，向地税部门移交失业保险参统职工27.78万人，年度缴费1.10亿元，其中市本级移交19.84万人、8682万元。

2006年，出台一次性领取安置补偿费"4858"人员享受失业保险待遇和失业人员参加医疗保险的政策，解决与企业解除劳动关系大龄失业人员的生活保障和失业人员的医疗保障问题。为7651名失业人员发放失业保险金2964万元，其中市本级发放失业保险金2714万元、各旗县（区）为失业人员发放失业保险金232万元，平均每人每月领取失业保险金340元。2007年，征缴失业保险费9397万元，共为7335名失业人员发放失业金2384.28万元。2008年，市劳动和社会保障局发布《呼和浩特市失业保险基金实行市级统筹方案》。

2009—2010年，受国际金融危机影响，全市部分企业出现暂时性生产经营困难。市劳动和社会保障局、市财政局、市地税局、市经济委员会联合发布《关于采取积极措施减轻企业负担稳定就业局势的通知》，明确通过缓缴、减免、补贴失业保险的措施，减轻企业负担。为21户困难企业发放社保补贴162.6万元、岗位补贴4356.95万元，涉及职工1.55万人。至2010年，全市失业保险参保人数达39.5万人，核定失业保险费1.82亿元。

2011 年，全市为 7070 名失业人员发放失业金 3992 万元。2012 年，失业保险核定、失业待遇审核、失业待遇支付实现并网运行。

2014 年，市政府办公厅转发《内蒙古自治区人民政府办公厅关于援助困难企业稳定就业岗位的意见》，初步提出援企稳岗政策。当年，为受去产能、淘汰落后产能、兼并重组影响的 4 户困难企业发放稳定岗位补贴 60.01 万元。

2015 年 3 月 1 日起，呼和浩特市失业保险费率由 3% 降至 2%，进一步减轻企业负担，促进就业稳定。

三、社会保障卡

2000 年后，市劳动局多方筹资 1600 多万元，开发建设全市劳动保障计算机信息网络系统。至 2002 年末，全市劳动力市场、劳动监察、各项社会保险等业务全部实现计算机化管理，市本级和各旗县（区）劳动保障信息系统实现联网。2003 年，按照劳动保障部社区平台建设要求，开展社区劳动保障工作平台和“金保工程”建设。市社保中心与定点医疗机构和零售药店全面实现联网，养老、失业、工伤、生育四险软件投入试运行。2011 年，全面启动“第二代社会保障卡”工作。截至 2015 年，全市累计制、发社会保障卡 168 万张，建成社会保障卡综合应用网点 560 多个，持卡可在网点领取居民养老保险待遇。建成人社综合服务中心 70 多个，持卡可在服务中心办理居民参保、核定和社保费代扣。大力推广参保单位网上核定，全年共有 3428 家单位使用网报系统办理社会保险申报与核定业务。推广应用网上经办大厅、手机客户端、微信公众号、自助一体机、智能 POS 终端、“12333”电话和短信、综合柜员平台等服务设施及功能，智慧人社服务体系逐步完善。

第二十三篇

民　政

第一章　管理机构

第一节　行政管理

1986 年，呼和浩特市民政局（简称市民政局）内设政工科、办公室、计划财务科、优抚科、救灾救济科、社会事务科、基层政权建设科、侨务办公室、归国华侨联合会、退伍军人安置办公室、军队离退休干部安置办公室，下设呼和浩特市民政工业公司。1989 年，市民政局增设区划地名办公室、社会团体登记管理办公室。

1993 年，成立呼和浩特市双拥办公室。1995 年，成立呼和浩特市农村社会养老保险办公室。至 1996 年，市民政局内设办公室、优抚科、复员退伍军人军队离退休干部安置办公室、救灾救济福利科、行政区划科、基层政权建设科、社会事务科、社团登记管理办公室、计划财务科、政工科、纪检（挂监察、审计科的牌子）、侨务办公室 12 个职能科室。下设事业单位有市军供站、市社会福利院、市老年公寓管理处、市光荣院、市特殊教育学校、市收容遣送站、市殡葬管理处、市大青山公墓管理处、市募捐办公室、市北郊敬老院、市婚姻登记处、市陵园、市殡仪馆、市地名委员会办公室、市社会福利生产办公室、市精神康复医院 16 个事业单位。

2000 年 8 月，成立呼和浩特市军队离退休干部第四休养所。2001 年，市民政局内设办公室、政工科、计划财务科、救灾救济科、优抚科、退伍军人和军队离退休干部安置办公室、基层政权和社区建设科、社会福利和社会事务科、民间组织登记管理科、区划地名办公室。下辖市社会福利被服厂、市立新木器厂、市建筑塑料厂、市胶印厂 4 家福利企业，以及市社会福利院、市儿童福利院、市北郊敬老院、市光荣院、市精神康复医院、市康复综合医院（按摩医院）、市特殊教育学校、市殡葬管理处、市殡仪馆、内蒙古革命烈士陵园（大青山革命公墓管理处）、大黑河陵园、市收容遣送站、市军供站、募捐办、老年大学、老年事业服务中心和市军队离退休干部第一、第二、第三、第四休养所 20 家事业单位。

2002 年，市人事局所属市老龄委员会办公室，以及市经济和贸易委员会承担的民办非企业单位登记管理和协调抗灾救灾职能划转至市民政局。2003 年 7 月，市政府侨务办公室不再与市侨联合署办公，机构及人员编制转隶市外事办。市归国华侨联合会机构单设，由市委统战部代管。

2004 年 6 月，成立呼和浩特市慈善总会。8 月，增设社区建设办公室；基层政权与社区建设科改为基层政权建设科；市收容遣送中转接收站更名为呼和浩特市救助管理站，挂市受害妇女避救站牌子。2005年，增设政策法规科、社会工作科。2008年11月，增设行政事项审批办公室。2009年9月，市陵园退出事业单位管理序列。

2010年，市民政局增设离退休人员工作科、行政事项审批办公室。4月，根据市机构编制委员会《关于市社区工作办公室职责等问题的批复》，市社区工作办公室为市民政局所属，相当于副处级事业单位。8月，市救助管理站增挂呼和浩特市流浪未成年人救助保护中心的牌子。2011年2月，市民政局所属呼和浩特市城市居民最低生活保障办公室更名为呼和浩特市城乡社会救助办公室，加挂呼和浩特市低收入家庭核对中心牌子。2012年3月，市敬老院加挂呼和浩特市老年养护院牌子。

2015年，市民政局内设办公室、人事科、财务科、政策法规科、民间组织管理科、优抚科、退伍军人和军队离退休干部安置办公室（呼和浩特市退伍军人和军队离退休干部安置领导小组办公室）、救灾救助科（市减灾委员会办公室）、社会福利和慈善事业促进科、社会事务科、基层政权建设科、区划地名办公室、社会工作科、行政事项审批办公室14个职能科室，以及纪检监察室、离退休人员工作科；下设市拥军优属拥政爱民工作领导小组办公室、市军队离退休干部服务管理中心、市社区工作办公室、市老龄工作委员会办公室、市军供站、内蒙古革命烈士陵园（挂呼和浩特市大青山公墓管理处）、市精神康复医院（挂复退军人精神康复中心）、市社会福利院、市救助管理站（挂受害妇女避救站、市流浪未成年人救助保护中心）、市儿童福利院、市特殊教育学校、市光荣院、市城乡社会救助办公室（挂市城市低收入家庭核对中心牌子）、市殡葬管理处、市社会福利生产办公室、市老年事业服务中心、市盲人按摩医院（市盲人按摩医疗培训中心）、市老年公寓管理处、市敬老院、市福利彩票发行管理中心、市殡仪馆，以及市军队离退休干部第一、第二、第三、第四休养所25个事业单位。

第二节 事业单位

一、呼和浩特市社会福利院（呼和浩特市老年公寓管理处）

1986年，呼和浩特市社会福利院内设政工股、管教股、医务室、办公室，为全额拨款事业单位，有职工59名。收养院民130人，其中老人80人、儿童20人、婴儿30人。1988年，成立呼和浩特市社会福利综合服务公司。1993年4月，呼和浩特市老年公寓管理处成立，与市社会福利院实行一套人马、两个机构。1999年，撤销市社会福利院儿童部。

2007年，市福利院整体规划搬迁至赛罕区昭乌达路南市民政福利院内。建筑面积 1.7 万平方米，使用面积 1.52 万平方米，设床位 249 张。2012 年 12 月，市福利院整体搬迁至市民政福利园区内。

2015 年 4 月，市老年公寓重新面向社会开放，收住自费老人。截至年末，收养特困对象 194 人，社会老人入住老年公寓 5 人。

二、呼和浩特市儿童福利院

1999 年 5 月，在市社会福利院儿童部基础上，单独成立呼和浩特市儿童福利院，位于回民区县府街中段。2000 年，依据民政部要求开始涉外送养工作。

2007 年 5 月，市儿童福利院在赛罕区金桥开发区民政福利园区内建设新院。7 月，被民政部确定为第一批社会工作人才队伍建设试点单位。2008 年 8 月，被民政部确定为“残疾孤儿手术康复明天计划”脑瘫康复训练示范基地。10 月，市儿童福利院整体搬迁至市民政福利园区内。

2012 年 10 月，市儿童福利院设立特殊教育教材全国推广试验班。2013 年 10 月，成立社会工作部和志愿者服务站。同年被民政部确定为“首批全国社会工作服务示范单位”。2015 年 10 月，市儿童福利院入选“草原英才”工程——内蒙古自治区社会工作人才团队。

三、呼和浩特市敬老院

1991 年，为解决城郊养老服务及保障，呼和浩特市决定在位于郊区西菜园乡厂汉板村 110 国道北侧建设呼和浩特市敬老院。经费实行差额拨款，3 年后逐步过渡到自收自支。1994 年，建成并投入使用。建有综合办公楼 1 栋、老人服务楼 1 栋以及餐厅和锅炉房等附属设施，占地面积约 666.67 平方米，建筑面积 1800 平方米。1994 年，呼和浩特市北郊敬老院成立，为自收自支的科级事业单位。1998 年，敬老院进行改扩建，老人住宅楼 1500 平方米，床位 120 张，是当时较好的养老机构，但由于地处市郊交通不便，入住率仅 50% 左右。

2003 年，因呼和浩特市二环路扩建，敬老院无法正常运营，迁建至玉泉区小黑河镇后桃花村东侧，占地面积约 15.47 万平方米，2004 年 9 月投入使用。

2005 年 3 月，呼和浩特市北郊敬老院更名为呼和浩特市敬老院。2010 年，经市委、市政府批准对市敬老院进行规划扩建，扩建完成后，拥有老人生活服务楼 5 栋，建筑面积 2.2 万平方米，床位 800 张。2011 年，呼和浩特市老年养护院成立，与敬老院并行管理。2012 年 3 月，经市编委批准加挂“呼和浩特市老年养护院”牌子。

2015 年 12 月，经市编委批准为公益一类事业单位，内设办公室、政工股。截至年底，收养特困对象 13 人，社会老人入住 59 人。

四、呼和浩特市精神康复医院

1986—2009 年，呼和浩特市精神康复医院位于新城区兴安北路康复街 28 号，占地面积4.5万平方米，建筑面积4020平方米，设有4个病房，是全市唯一一所以收治“三无”、优抚对象中家庭经济困难的精神病患者及流浪乞讨精神病患者为主的社会福利医疗机构。其间，陆续新建住院康复楼、餐厅、澡堂、洗衣房、门诊大楼、综合住院楼。

2009年，市精神康复医院增挂复退军人精神康复中心牌子，填补呼和浩特市没有优抚医院的空白。5月，市精神康复医院迁入市民政福利院。2010年6月，经自治区发展和改革委员会批准立项，市精神康复医院建筑面积1.8万平方米，占地面积4.39万平方米，设置床位350张。2012年3月开工建设，2015年末投入使用。医院内设医疗办、护理部、门诊部、药房、住院处、办公室、人事科、财务科、工会、综合办、伙食科等科室，设病房7个。

五、呼和浩特市盲人按摩医院

呼和浩特市盲人按摩医院暨呼和浩特市盲人按摩培训中心，是自治区唯一一家以盲人中医按摩、盲障学员培训为主，以中医理疗为辅的非营利性专科医院，为市民政局集体所有制下属单位。前身为呼和浩特市盲人按摩联合诊疗所，后更名为呼和浩特市康复综合医院。

1988年，呼和浩特市康复综合医院购买位于北垣街96号临街房屋设为门诊部，营业面积160多平方米。1991年改扩建后，建筑面积约1000平方米。2001年，医院纳入事业编制管理。

2004年，呼和浩特市康复综合医院更名为呼和浩特市盲人按摩医院，同时增挂呼和浩特市盲人按摩培训中心牌子。2005年改造扩建，2007年末投入使用。2011年，医院被民政部命名为全国民政系统行风建设示范单位。2012年，医院开展中医理疗康复服务。

六、呼市特殊教育学校

呼和浩特市特殊教育学校前身为呼和浩特市盲聋哑学校，是集学前教育（康复训练）、九年义务教育、高中职业教育、残疾人成人职业培训为一体的标准化寄宿制特殊教育学校。位于新城区马神庙街5号，占地面积1.49万平方米，建筑面积4300平方米。至1990年，共有24届404名学生毕业，其中盲生29名。

1991年，呼和浩特市盲聋哑学校更名为呼和浩特市特殊教育学校，开始招收智障学生，开展培智教育。2001年，学校成立职业高中，招收高中学生。初期开设的职业课有服装设计与制作、计算机运用、美工绘画。2004年开始，开设职业高中课程。

2009年，学校迁入市民政福利院。2010年，被中国残疾人联合会授予国家级残疾人实训基地。截至2015年，学校有教学楼、职业综合楼、食堂宿舍楼，建筑面积2.35万平方米，有5000平方米的塑胶球场和运动场地。学校根据国家公布的教学大纲，开设所有规定课程，同时根据地方特点及学生就业需求有针对性开设校本课程。

学制包括小学、初中、职业高中。

七、呼和浩特市殡仪馆

呼和浩特市殡仪馆始建于1962年，位于呼和浩特市南郊。1992年，市政府决定在新城区哈拉沁村兴建呼和浩特市新殡仪馆。1992年7月，呼和浩特市殡葬管理所更名为呼和浩特市殡葬管理处。1997年，新殡仪馆竣工建成并投入运营。占地面积7.26万平方米，建筑面积5500平方米。主体由办公楼、殡仪服务主楼和火化车间组成。馆区布局分为业务、火化区和办公生活娱乐区。殡仪馆内设党支部、办公室、政工科、财务科、绿化科、业务科、服务中心、车队和火化车间。2015年12月，市编办批复殡仪馆为公益二类事业单位。

八、呼和浩特市救助管理站

呼和浩特市救助管理站前身为呼和浩特市收容遣送站，始建于1959年1月，位于回民区县府街，占地面积3300平方米，建筑面积2200平方米，设置床位50张。2004年8月，市收容遣送中转接收站更名为呼和浩特市救助管理站，挂市受害妇女避救站牌子。主要开展对呼和浩特市区范围内生活无着的流浪乞讨人员特别是流浪未成年人的临时救助、救治、管理、教育、护送和安置，兼负省际中转救助护送工作，并为本市遭受家庭暴力的妇女提供临时紧急避救服务。2007年10月，市委、市政府启动呼和浩特市流浪未成年人救助保护中心建设工程。2008年9月开工建设，2009年竣工投入使用。中心占地面积1.31万平方米，建筑面积8392平方米，设置床位300张，总投资2200万元。2010年8月，呼和浩特市流浪未成年人救助保护中心成立。

2014年7月，呼和浩特市救助管理站被民政部评为寒冬送温暖专项救助行动工作突出单位。

九、呼和浩特市慈善总会

2003年，呼和浩特市慈善总会成立，隶属市民政局。2004年6月，市机构编制委员会印发《关于成立呼和浩特市慈善总会的批复》，明确内设机构包括募捐科、计财科。因工作需要，自设宣传联络部、募集捐赠部、基金管理部、项目部4个日常办事部门。2009年，市慈善总会内设办公室、计财科、募集捐赠科。2014年1月，市慈善总会获得公益性捐赠税前扣除资格。2015年12月，市慈善总会在社会组织评估中获AAAA级社会团体。

十、呼和浩特市福利彩票发行管理中心

1992年10月，在呼和浩特市社会福利有奖募捐委员会办公室基础上，成立呼和浩特市福利彩票发行管理中心，隶属市民政局。2004年8月，更名为呼和浩特市福利彩票发行管理中心。

截至2015年，福彩中心下设财务部、综合部、宣传部、市场一部、市场二部、工会。

全市有电脑福利彩票投注站 625 家。

十一、呼和浩特市城乡社会救助办公室

2003 年，呼和浩特市城市居民最低生活保障办公室成立。2011 年，更名为呼和浩特市城乡社会救助办公室，加挂呼和浩特市城市低收入家庭核对中心牌子。2012 年，变更为参照公务员管理单位。

十二、呼和浩特市社区工作办公室

2002 年 1 月，呼和浩特市文明社区建设领导小组成立，办公室设在市民政局。2004 年，成立呼和浩特市社区建设办公室，隶属市民政局。内设综合科、社区服务科、社区管理科。2009 年，呼和浩特市社区建设办公室更名为呼和浩特市社区工作办公室，隶属关系不变。

十三、呼和浩特市社会福利生产办公室

1986 年，呼和浩特市民政工业管理所成立。1997 年，更名为呼和浩特市社会福利生产办公室。2008 年 12 月，市社会福利生产办公室列为参照公务员法管理单位。

十四、呼和浩特市双拥办

1993 年 8 月，呼和浩特市机构编制委员会《关于市双拥办为常设机构并增加编制的批复》明确，市拥军优属拥政爱民工作领导小组办公室（简称市双拥办）为市民政局内设科室。

1995 年 12 月，市双拥办编制单列，挂靠市民政局。2008 年，市双拥办增设军地协调科。至 2009 年，市双拥办内设秘书科、军地协调科。

2015 年 12 月，市机构编制委员会明确市双拥办为公益一类事业单位。

十五、呼和浩特市军供站

呼和浩特军供站始建于 1966 年。自设立后，年均服务社会 3 万人次。先后获“全国正规化建设合格单位”“自治区文明单位”“市双拥模范单位”等荣誉。2013 年，被民政部和中央军委后勤保障部确定为“全国重点军供站”。

十六、呼和浩特市老龄委员会办公室

呼和浩特市老龄工作委员会前身为 1984 年成立的市老龄问题委员会，属议事协调机构，办公室设在市人事局。1991 年 7 月，市老龄问题委员会更名为呼和浩特市老龄委员会。

2000 年 5 月，市老龄委设立宣教科。2001 年 9 月，市老龄委整建制划归市民政局管理。2005 年 12 月，市老龄委列入参照公务员法管理范围。截至 2015 年，市老龄委内设办公室、宣教科 2 个科室。

第二章　基层政权建设

第一节　村民自治与村务公开

一、村民自治

1986年，呼和浩特市土默特左旗、托克托县和郊区3个旗县（区）共辖45个乡、673个村。各乡普遍制定乡规民约、村规民约。1990年11月，在北京召开的中国基层政权研究会主办中国乡镇百颗星授奖会上，郊区巧报乡入选中国乡镇百颗星行列。

1993年，全市开展村（居）民委员会换届选举工作，加强基层政权建设。同年，市民政局印发《呼和浩特市开展村（居）民自治示范工作方案》《呼和浩特市开展村（居）民自治示范达标创优验收标准》，开展村民自治示范活动。

1997年，全市54个乡成为村民自治工作达标乡镇，占乡镇总数的56.25%。同年，完成1095个村委会的第三届换届选举工作，乡村基层政权建设得到巩固加强。

2001年初，按照自治区党委、政府《关于调整撤并苏木乡镇和嘎查村的意见》要求，成立全市撤并乡镇工作领导小组，制定《呼和浩特市撤并乡镇工作方案》，各旗县（区）按照市撤并乡镇方案安排，撤并乡镇19个，撤并率为19.8%。

2002年，对村委会问题比较突出和集中的赛罕区前巧报村、双树村、讨号板村委会，依照《中华人民共和国村民委员会组织法》和实施办法规定的程序和要求，依法进行罢免和重新选举。

2003年，健全和完善民主选举、民主决策、民主管理、民主监督制度，建立健全村务公开档案，实行民主评议制度。全市有998个村委会完成换届选举。

2006年，全市第六届村民委员会选举工作领导小组下派包村干部2000人，深入乡镇、建制村指导督查选举工作，共举办不同类型的培训班150多次，开展各种形式的宣传活动，发放宣传品10万余份。全市有966个村委会完成换届选举，5个村进行“村改居”。

2009年，全市进行第七届村民委员会换届选举，市委办公厅、市政府办公厅印发《关于做好全市第七届村民委员会换届选举工作的实施意见》。全市有995个村完成村委会换届选举工作任务；本届村委会选举共有选民80.91万人，参加直接投票71.08万人，参选率为87.8%，选举出村委会主任995人、副主任290人、委员2055人；主任连选连任的579人、村党支部书记当选主任97人。新当选的村委会主任中党员555人，占56.5%；具有大专以上文化程度的67人，初中以上文化程度的870人。在换届选举中，认真贯彻落实民政部、全国妇联《关于进一步加强新形势下妇女参加村民委员会工作的意见》精神，妇女参政议政得到村民认可，全市选出462名女性成员，其中主任21人、副主任及委员441人。

2012年，全市进行第八届村委会换届选举，全市有965个村进行村委会换届选举，其中957个村完成村委会换届选举。同年，按照《中华人民共和国村民委员会组织法》《中华人民共和国城市居民委员会组织法》《呼和浩特市人民政府办公厅关于做好撤村建居体制转换有关工作的通知》要求，全市进行集中“村改居”工作，共有44个村委会改设居委会。

2015年，全市按照《内蒙古自治区嘎查村民委员会换届选举规程》，开展第九届村委会换届选举，1007个村按期完成换届，其中建制村965个、“村改居”42个。全市具有参选资格的村（居）民90.71万人，实际参加投票82.77万人，参选率91.3%。选举产生村委会主任964名、“村改居”主任42名。在选举产生的新一届村（居）“两委”班子中，书记、主任“一肩挑”的41人，“两委”成员交叉任职568人。

二、村务公开

1998年，市民政部门制定《呼和浩特市关于在农村普遍实行村务公开和民主管理制度的实施方案》，印发《村务公开和民主管理的主要内容》《宣传提纲》，召开全市村务公开、民主管理现场会，开展村务公开规范化建设活动，全面实行村务公开。至年末，6个旗县（区）的800个村委会建立村务公开栏制度。

2001年，市委、市政府联合印发《关于在全市农村进一步加强村务公开和民主管理工作的意见》，组成村务公开领导小组对全市9个旗县（区）的15个乡镇、45个村委会的村务公开工作进行检查。2003年，全市1007个村委会，全部实行村务公开，设置村务公开栏。

2005年，市委办公厅、市政府办公厅印发《关于进一步推进村务公开和民主管理的实施意见》，调整全市村务公开协调领导小组，健全和完善村务公开和民主管理工作领导体制和工作机制。

2007年，市民政局按照《中共呼和浩特市委员会关于加强农村基层党风廉政建设的实施意见》要求，联合市纪检委、监察局对全市乡镇和部分街道办事处领导干部和村委会主任，特别是近500名新任村委会主任进行社会主义新农村建设、农村基层党风廉政建设、村务公开民主管理制度建设为主要内容的培训。

2008年，市委办公厅、市政府办公厅印发《关于开展“村务公开民主管理示范单位”创建活动的通知》。全市各级民政部门召开村务公开工作协调会，推动村务公开和民主管理示范单位创建活动实施，同时编制完成村务公开目录。

2009年2月，赛罕区被全国村务公开与民主管理协调小组授予“全国村务公开与民主管理示范单位”荣誉称号。至2010年，全市普遍实行村务公开和民主管理制度，建立固定的村务公开栏，公开率100%，村务公开和民主管理工作基本实现规范化、制度化。同年，根据自治区纪委《关于扩大“村民代表会议常设制”试点的意见》，制定《“村民代表会议常设制”试点实施方案》，推进“村民代表会议常设制”试点工作。

2013年，市委、市政府印发《关于进一步加强和完善村务公开和民主管理工作的实施意见》，明确村务公开的时间、内容、形式和监督。同时，为加强以村务公开为主要内容的民主监督工作，落实村民会议、村民代表会议、居民议事会制度，全面推行“532”工作法，要求村级重大事项的决策管理、组织实施，都必须严格履行“五道程序”（党支部提议、“两委”商议、党员大会审议、嘎查村民代表会议或嘎查村民会议决议、“两委”共同组织实施）、依次通过“三次审核”（苏木乡镇成立由党政主要负责人任组长，党委委员、农经、土地、司法、公安派出所及其他相关单位负责人为成员的嘎查村务协调指导小组，对嘎查村“两委”商议形成的意见进行把关，对党员大会和嘎查村民代表会议或嘎查村民会议审议表决的程序进行把关，对嘎查村议定事项执行后的财务收支账目进行入村“审结”把关）、坚持实行“两个公开”（决议执行前向群众公开实施方案，决议执行后向群众公开实施过程及结果），建立全体村（居）民共同参与基础上的事务管理模式，启动村务公开民主监督实践创新活动。截至2015年，全市965个建制村、42个“村改居”的村全部成立村务监督委员会，加强农村集体资金、资产的管理和审计，探索新形势下开展村务公开和民主管理的途径和方式，村务公开率100%。赛罕区西把栅前不塔气村被民政部评为第六批全国民主法治示范村（社区）。

第二节　社区居委会

一、社区建设

1986年，民政部倡导社区建设以社区服务为主，以民政服务为重点，在开展社区服务的过程中不断扩大服务对象、扩展服务内容。社区服务从最初探索社会福利社会办和职工福利向社会开放，向社会生活更多领域拓展和延伸。1988年5月30日，呼和浩特市开始在回民区光明路办事处开展社区服务试点。

1993年，全市有社区服务网点1126个。其中，社区服务中心66个，家务劳动服务公司（站）21个，便民服务网点216个，社区经济实体98个，服务小组722个。至1996年，全市形成以服务设施为依托，以发展社区服务中心和经济实体为重点的社区服务三级网络，社区服务覆盖面达80%，以专业服务和志愿者服务相结合的社区服务队伍逐步发展壮大。1997年，全市社区服务中心346个，便民利民服务网点2992个。土默特左旗筹资200万元，建成旗县（区）首家社区服务中心。通过开展社区服务吸纳下岗职工 500 多名。1998 年，在新城区、回民区、玉泉区分别建成 1 个社区服务示范办事处，各农业旗县(区)也因地制宜开始开展社区服务工作。1999 年，民政部制定《全国社区建设试验区工作实施方案》，明确社区建设的具体内容。

2001 年，市政府按照民政部《关于"社区老年福利服务星光计划"实施方案》要求，召开全市社区建设暨社区老年福利服务设施"星光计划"启动工作会议，制定具体实施方案。全市共投入资金 3864.8 万元，建成总建筑面积 3.60 万平方米，覆盖市四区 26 个街道办事处、3 个乡镇、227 个社区居委会的 100 个"星光计划"老年之家项目点。

2002 年，全市建成社区卫生服务中心共 187 个，社区服务网点 228 个、社区服务设施 2420 个、体育设施 656 个。建成新城区芳汀花园社区等 12 个符合"八个一"（开展一次活动报到、点亮一个微心愿、参与一次文明宣传、开展一次创建督导、走访一名困难群众、参加一次社区座谈、解决一个实际问题、提出一条创建建议）标准的样板文明社区。

2004 年，按照 5 ∶ 3 ∶ 2 的比例，搭建 120 平方米以上社区建设办公室公用房和 300 平方米社区活动中心。市四区 238 个社区居委会整合为 229 个。办公用房实现产权自有（包括公产）的 110 个，自有率 48.03%；全市 120 平方米以上办公用房的社区居委会 93 个，占全市的 40.61%;驻区单位、开发商提供长期稳定使用的 89 个，占全市的 38.86%；全市具有一定规模的社区活动中心 112 个，占全市的 48.91%；全市 300 平方米以上的社区活动中心有 83 个，占全市的 36.25%；全市社区居委会微机 135 台，占全市的 58.95%；全市社区居委会有电话 188 部，占全市的 82.09%，平均使用率 90%；室外体育路径设施 581 套，室内健身器材 737 件；社区卫生服务站（中心）143 个；全市"星光老年之家"111 个。新城区投资 300 多万元新建了 2000 平方米集多种服务功能为一体的区级综合性社区服务中心；投资 70 余万元建立社区服务呼叫中心和社区卫生服务呼叫中心。

2006 年，国务院颁布《关于加强和改进社区服务工作的意见》，提出要逐步建立覆盖社区全体成员、服务主体多元、服务功能完善、服务质量和管理水平较高的社区服务体系。市委、市政府注重发挥主导功能，从资金补助、硬件建设、队伍建设等多方面，强化对社区服务工作的推进开展，坚持福利性、公益性的社区服务的本质属性，引导社区公共服务组织、非营利组织等参与社区服务。

2007 年，"呼和浩特市文明社区建设领导小组"更名为"呼和浩特市社区建设领导小组"，并对组成人员进行调整。同年，通过《关于进一步加强和改进社区建设工作的若干意见》的落实，部分社区无办公用房、无活动场所或设施不达标的问题得到解决，市四区社区建设办公室公用房第一批 26 个社区办公用房分别开工或建成并相继投入使用；总面积 4798 平方米，平均面积 185 平方米。通过共驻共建、国债项目、自建、租赁等多种途径，全市办公用房达 120 平方米平台建设标准的社区有 87 个，占全市 44%；活动中心达 300 平方米的有 99 个，占全市的 49.5%。

2008 年，对市四区 3000 户以下的 38 个社区进行撤并调整。同年，市区两级投入 4100 万元，新建完成 80 个社区办公用房。年末，市四区 193 个社区中，办公用房面积达 120 平方米以上的有 174 个，达标率为 90.2%。社区活动服务用房面积达 300 平方米的有 117 个，达标率为 60.6%。市财政为每个社区安排办公预算经费 5000 元，市四区为每个社区安排办公预算经费 1.5 万元，使每个社区办公经费均在 2 万元以上，为社区各项工作的开展提供保障。

2009 年，市委、市政府印发《关于加快推进三级公共服务体系建设的指导意见》。召开全市社区建设工作会议，明确提出社区建设重点要全面转到以为居民服务为中心的主题上，从推进政府公共服务入手，构建三级公共服务体系建设。年内，市四区共续建、新建、改扩建社区办公用房和活动中心 42 个，建筑面积 1.93 万平方米，总投资 3190 万元；5 个旗县建成 4 个社区办公用房和活动中心，建筑面积 3900 平方米，总投资 600 万元。同时制定全市养老服务政策规划，要求社区服务（活动）用房面积在 300 平方米以上的社区搭建为老服务平台，全市有 174 个社区搭建起社区为老服务平台。

2010 年，市及市四区合计投资约 7000 万元，新建、改扩建成社区服务中心 38 个，乡镇公共服务中心 22 个，建设总面积 2.78 万平方米。“十一五”期间，全市累计投入社区建设资金 3 亿多元，建成 300 平方米以上社区服务用房 122 个；市、区财政每年按照分级补贴的原则，为每个社区落实办公经费 3 万元以上，并建立了自然增长机制。

2011 年，新建 2 个街道养老服务中心和 8 个社区养老服务中心。截至年底，全市提供老年人日间照料服务的社区 11 个（新城区 4 个、玉泉区 2 个、赛罕区 5 个），设置床位 130 张，主要提供日间休闲娱乐、医疗保健（依托社区卫生服务站提供床位和医疗技术支持）、午间休息等服务。

2012 年，为充分利用社区所有资源满足老年人足不出社区实现养老服务需求的目标，要求办公场所在 300 平方米以上的社区要全部成立居家养老服务中心或老年活动中心，条件具备的要重点建设老年人日间照料中心。当年，全市新建老年人日间照料中心 16 个，筛选出 27 个公益性服务项目，发放奖励资金 14.6 万元。全年，共完成 38 个社区办公、活动用房和 3 个乡镇公共服务中心的新建和改扩建任务，总建筑面积 3 万平方米。

2013 年，全市共新建、改扩建社区办公活动用房 43 处，新增建筑面积 5.68 万平方米。其中，开工建设 8 个 5000 平方米以上的精品示范社区。全市拥有 300 平方米以上面积的办公活动用房的社区 246 个，占社区总数（274 个）的 90%。建成社区老年人日间照料室 50 个，设置床位 712 张。

2014 年，市四区办公活动用房新建、改扩建社区办公活动用房 47 处，新增建筑面积 4.04 万平方米。其中，开工建设 2 个 5000 平方米以上的精品示范社区。2015 年，全市新建完成社区服务用房项目 7 个，新增建筑面积 4480 平方米。

二、社区管理

20 世纪 80 年代末，国家社会工作恢复重建。1993 年，在全市开展村（居）民委员会换届选举工作，加强基层政权建设。同年，市民政局印发《呼和浩特市开展村（居）民自治示范工作方案》《呼和浩特市开展村（居）民自治示范达标创优验收标准》，开展村（居）民自治示范活动。年末，全市有办事处 20 个，居委会 360 个。1997 年，全市 411 个社区居委会完成第三届换届选举工作。2000 年，国务院办公厅发布《关于加快实现社会福利社会化的意见》，鼓励各类机构开始聘用专业社会工作者。年末，呼和浩特市从市、区、街道派 907 名优秀干部到社区工作，对老居委会主任实行一次性退养安置，全市社区干部队伍建设工作逐步开始。2002 年，新城区被评为全国社区建设示范城区，赛罕区被评为自治区社区建设示范活动先进城区。

2003 年，传染性非典型肺炎疫情发生后，全市社区居委会建立起有效的防控工作运行机制，形成“横到边，纵到底”的社区防控网络，为抗击“非典”的蔓延，发挥重要作用。按照《呼和浩特市社区考评办法》及甲级社区验收工作安排，市文明社区建设领导小组命名新城区仁和社区等 15 个社区为甲级一等社区，回民区通道北街社区等 30 个社区为甲级二等社区，赛罕区地质局南街社区等 27 个社区为甲级三等社区，并给予奖励。

2004 年，市委、市政府制定《关于加强和改进新时期社区工作的意见》，召开全市社区工作会议，总结、部署社区工作，表彰 11 个共驻共建先进单位，命名 72 个甲级社区；推荐上报自治区文明社区示范点 6 个，经自治区文明办、民政厅命名确定赛罕区中专路西社区、新城区长海社区等 4 个社区“全区第三批创建文明社区示范点”。同时，由自治区环保局、民政厅确定新城区艺术厅北街社区等 3 个社区为自治区绿色环保试点社区。同年，市委组织部印发《关于进一步实施街道社区党建工作“综合示范区”工程的意见》《呼和浩特市街道社区党建工作“综合示范区”工程实施方案》，在全市 26 个街道中选择 5 个确定为自治区“综合示范区”工程创建单位，确定 10 个街道作为市级“综合示范区”工程创建单位。全市 234 个社区居委会中，有室外体育路径设施 581 套，室内健身器材 737 件；社区卫生服务站 143 个，星光老年之家 111 个。全市有社区志愿者服务队伍 289 支、1.61 万人，文体队伍 229 支、4222 人，有 76 个社区服务中心、175 个社区服务站、957 个社区服务网点、429 套社区服务设施；176个基层妇女儿童维权站；234个社区全部建有关工委组织；全市有4159名离退休党员的党组织关系转入社区。开展第二期万家社区图书室援建活动，市、区、街道按1∶1∶1的比例列支图书援建经费。至2005年末，市四区共建立社区222个。2006年，全市甲级社区160个，占市区社区总数的72%。完成平台建设任务的社区有169个，占市区社区总数的82%。

2007年，全市街道初步实现以社区建设为中心，以城市管理和社会保障为重点的职能转变。对原有居委会规模进行第四次整合，把254个社区调整为247个社区，其中市区200个、旗县47个。在全市开展面向特殊群体的社会救助、社会福利和优抚保障服务，面向居民的便民利民服务，面向社区单位的社会化服务，面向下岗失业人员的再就业服务和社会保障服务，逐步形成以街道和社区为依托的服务体系。

2008年,全面实施社区信息化网络平台“一网”（全市“和谐社区”网站群）、“两库”（人口基础数据库和社区业务管理数据库）、“两个中心”（全市社区服务统一呼叫平台“116114”和全市社区信息化数据存储交换中心）建设，有151个社区设置集中服务大厅，市四区193个社区全部实现信息联网。同年，启动社会工作规范化试点，呼和浩特市儿童福利院被确定为全国第一批社会工作人才队伍建设试点单位。从2008年开始，呼和浩特市采取公开招考的方式，择优录用全日制普通高等院校本科以上大学生到社区工作，连续招考5年，并集中进行岗前培训，实现“一个社区至少5名本科大学生”的目标。

2009年，全市有社区工作人员3087人，其中正式工作人员1680名、“4050”人员1407人，平均每个社区有7名正式工作人员，6名“4050”工作人员。社区干部大专以上学历占67.9%。同年，在内蒙古大学建立社区工作者培训基地，逐步探索建立学历教育培训、职业资格培训、岗位任职培训、专题训练培训为主的社区专职工作者教育培训体系。委托内蒙古大学社会学和公共管理学院专家教授，对全市所有社区工作者，进行社区工作系统专业培训。6月29日，全国深化政务公开推进政务服务经验交流会在呼和浩特市召开，呼和浩特市社区服务平台作为三级公共服务体系建设的重要内容向与会者进行展示。并承办了“全国和谐社区建设推进会”。2008—2010年，呼和浩特市连续3年公开招考577名全日制本科毕业生到社区工作，提高社区工作队伍整体素质。在6个社区开展为老服务试点工作，与社会化为老服务机构合作开展社区居家养老服务呼叫系统服务模式。新城区、赛罕区被民政部命名为全国和谐社区建设示范城区，新城区西街街道被民政部授予全国和谐社区建设示范街道荣誉；新城区老缸房社区、回民区友谊巷社区、玉泉区清泉街社区、赛罕区学府花园路社区被民政部命名为全国和谐社区建设示范社区。2011年，按照《呼和浩特市第七届社区居民委员会换届选举工作方案》要求，完成224个居民委员会第七届社区居民委员会换届选举工作。全市有12个社区为居家老年人提供日间照料、建立跟踪提醒档案、定期体检、紧急呼叫等服务。

2012年，为贯彻落实中央和自治区加强和创新社会管理，全面推进社会建设的要求，市委、市政府印发《关于加强社区建设工作推进社会管理创新的实施意见》，为全市社区建设提供重要的工作指导和政策保障。同时，在赛罕区成立首家社区综合服务呼叫中心，并在市四区开设分中心，初步整合社会各类服务资源，打造社会化的居家养老服务平台。按照市委、市政府《关于开展社区网格化服务管理工作的实施意见》要求，推进开展网格化管理试点工作。

2013年，引导和鼓励社会化为老服务机构——福源社区服务信息中心（社区居家养老服务呼叫系统）参与社区服务，开设服务功能9大类，100余项，发展各类加盟企业130多家，组建应急服务队伍12支，在全市范围内共计安装电子保姆1300多户，发展平台用户5000余户。组织开展身边的“社区好人”推荐评选活动。共分“助人为乐好人”“见义勇为好人”“诚实守信好人”“孝老爱亲好人”“敬业奉献好人”5个类别。加强社区工作宣传，与市属广播电台合办大型专题广播栏目《和谐社区》。

2014年，社区管理以居家养老作为重点，引导、鼓励企业和民办非企业机构参与居家养老服务，推广普及“一键通”紧急救助呼叫系统、社区服务热线电话、门户网站、“一卡通”便民服务卡智能结算系统等社区服务信息平台和“12349”便民为老服务平台。11月，民政部公布第二批全国和谐社区建设示范单位名单，新城区、玉泉区、赛罕区被评为全国和谐社区建设示范城区，新城区老缸房社区等5个社区被评为全国和谐社区建设示范社区。通过广播栏目《和谐社区》，对各社区报送的贴近社区实际、符合居民意愿、服务理念先进、社会效益明显的127个公益性服务项目进行公开评选，对其中41个活动项目进行表彰。同时，开展“社区好人”推荐、评选，评选出10名在助人为乐、诚实守信、孝老爱亲、敬业奉献等方面有突出表现的先进个人，并给予表彰奖励。

2015年，按照中央、自治区关于加快推进“智慧社区”建设的意见要求，制定《智慧呼和浩特——智慧社区技术建议方案》，选择30个社区开展创新服务示范社区建设。按照中央和自治区相关要求，结合全市农村工作实际，市委、市政府印发《呼和浩特市关于深入推进农村社区建设试点工作的实施意见》，为推进农村社区建设工作提供政策依据。按照自治区社区足球发展要求和市政府足球工作的安排部署，制定《关于促进社区足球发展的实施意见》，开展社区足球的宣传、社区足球队伍组建和各级社区足球联赛的参赛组织工作。为加强社区办公、活动用房管理，巩固社区建设成果，市民政局向各旗县（区）印发《呼和浩特市关于开展社区工作用房和服务用房报市社区办备案的通知》，各地区收集社区服务用房建设资料并登记造册备案，建立电子档案，实现社区办公活动用房长期稳定使用，确保国有资产不流失。回民区中山西路办事处吕祖庙街社区被评为第六批“全国民主法治示范村（社区）”。

第三章　拥军优属

第一节　创建双拥模范城

1991年，呼和浩特市开始创建双拥模范城工作。1992—1993年，驻呼部队完成修整路面、清理排水沟工程，开展道路建设、街道美化、绿化种植等建设任务。从1993年4月起，市内各停车场免收部队车辆停车费。

1995年，市委出台《关于进一步做好1995—1997年拥军优属、拥政爱民工作的三年规划》《关于进一步加强双拥工作的意见》，年内分批分次解决部队随军家属、子女随迁、随调、就业、落户等问题。市和旗县（区）财政为在乡的复员军人提高5元补助。延伸2条市内公共汽车终点线路，方便部队官兵出行。1996—1998年，对双拥路、爱民路等道路进行日常养护和道路硬化。

2000年，驻呼军警民共建大青山生态工程，营造“万亩双拥林”和110国道绿色通道工程。

2001—2003年，市委、市政府制定《2001年至2003年呼市双拥工作三年规划》。在元旦、春节、八一建军节等重大节日期间，分别开展不同形式的拥军优属慰问活动，共发放慰问金（慰问品）117.2万元。开展军地互办实事活动，市财政先后拨款1700余万元，用于支持部队建设和优抚对象、退伍军人、军队离退休干部的各项待遇落实。筹款1.33亿元，修建金海大道和爱民路。协调驻呼部队开展植树造林等各类活动，兴建希望小学。

2005年，宣传呼呼和浩特市双拥工作所取得成绩和在双拥工作中涌现出来的先进典型、先进人物事迹。同时，市民政局在《呼和浩特日报》开辟专栏，对全市双拥工作进行连续报道，呼和浩特电台、呼和浩特电视台报道30多次。组织驻呼部队干部战士500多人参加自治区及呼市全民义务植树劳动，植树6000多棵。下发《呼和浩特市双拥工作意见》《呼和浩特市双拥模范城标准》。组织协调市委、市政府在内蒙古军区汽车团举行“援建军营图书室，共建学习型军营”系列活动，向驻呼解放军、武警部队赠送价值10万元的图书。协调驻呼高校，开展科技拥军活动，内蒙古大学派出12名优秀教师，担负武警指挥学校授课任务。

2007年，在全国双拥工作表彰大会上，呼和浩特市被全国双拥工作领导小组命名为全国双拥模范城，土默特左旗等7个旗县（区）被自治区党委、政府、内蒙古军区命名为双拥模范旗县（区），市民政局等6个单位被自治区党委、政府、内蒙古军区命名为爱国拥军模范单位。

2008—2010年，传统节日期间，全市各级党政领导带队慰问部队、军烈属优抚对象。以爱国主义教育基地为阵地，开展国防教育。2011年，累计发放慰问金185.75万元。2012年，配合部队圆满完成神舟九号飞船发射、回收服务保障等任务。在全国双拥模范城（县）命名暨双拥模范单位和个人表彰大会上，呼和浩特市第七次获“全国双拥模范城”称号。2013年，创办《青城双拥》内部刊物。开展纪念延安双拥运动70周年征文活动，收集征文18篇，其中1篇被《中国双拥》杂志登载。

2014年，按照《全国双拥模范城（县）创建命名管理办法》，市双拥办制定印发《双拥工作意见》《双拥工作任务分解表》，走访慰问驻呼解放军、武警部队，开展形式多样、内容丰富的军民共建活动。

2015年，全市各级党政领导带队慰问部队88次，慰问优抚对象1751户、光荣院和优抚医院5所，投入慰问金286.3万元，发放慰问信1.5万份，完成双拥电视专题片《塞外青城 鱼水情深》摄制。驻呼军警部队参加20余项重点工程建设。驻呼军警部队帮扶困难群众500余人，捐款捐物合计38万元。援建学校7所，帮助困难学生200余人，资助款物合计30万元。8月份，自治区双拥模范城检查考评组对呼市7个旗县（区）进行了为期8天的双拥模范城（县）创建工作检查考评，检查考评组对呼市双拥模范城创建工作给予充分肯定。截至2015年，呼和浩特市7次被自治区党委、政府、内蒙古军区命名为“双拥模范城”，7次获得“全国双拥模范城”荣誉称号。

1991—2011年呼和浩特市获“自治区双拥模范城”称号单位一览表

表23-3-1

年度	单位	个数
1991	新城区民政局、回民区人民政府、玉泉区小召前街办事处、郊区攸攸板乡人民政府、土默特左旗把什乡人民政府、托克托县第一中学	6
1992	呼和浩特市、新城区、回民区、玉泉区	4
1994	呼和浩特市、土默特左旗	2
1996	呼和浩特市、郊区、托克托县、和林格尔县	4
2000	呼和浩特市、土默特左旗、托克托县、和林格尔县、武川县	5
2002	呼和浩特市、土默特左旗、托克托县、和林格尔县、清水河县、武川县	6
2007	呼和浩特市、新城区、回民区、玉泉区、赛罕区、土默特左旗、和林格尔县、武川县	8
2011	呼和浩特市、土默特左旗、托克托县、和林格尔县、武川县	5

第二节　退役军人安置

一、退役士兵安置

1988年开始，呼和浩特市根据国务院颁布的《退伍义务兵安置条例》，开展退役军人安置工作。1993年，复员干部生活困难补助费标准由每人每月500元提高到800元。按标准落实其养老、医疗保险和采暖补贴待遇。1999年，为复员干部和企业下岗失业志愿兵军龄办理视同缴费年限认定。

2001年3月1日，《内蒙古自治区退役士兵安置办法》颁布施行。同年，市民政局协调市四区和部队，召开关于接收第三批无军籍职工的军地协调会和市长办公会，为210名无军籍职工解决安置经费。2002—2005年，完成年度退役士兵、军队退休干部接收安置，完成一次性安置随军家属和军队子女入托入学工作。

2006年，结合《呼和浩特市直属事业单位考试考核安置城镇退役士兵的办法》，采取多渠道、多形式的办法安置退役士兵。同时引入市场机制，实行安置任务有偿转移。推进城镇退役士兵自谋职业的优惠政策，引导和鼓励退役士兵到民营企业就业，深化退役士兵安置改革，通过考试录用29名城镇退役士兵进入市直属事业单位工作。

2007年，根据士兵安置优待政策，向2006年冬季入伍新兵发放优待安置证和2006年度退役士兵待安置期间补助费、自谋职业一次性补助金，并会同市劳动社保局为2005—2006年度自谋职业的退役士兵办理养老和医疗保险事宜。对市本级2007年度退役士兵进行职业技能培训，部分退役士兵取得汽车驾驶、计算机中级职业资格证书。考试录用52名城镇退役士兵在市直机关事业单位工作。

2008年，全面开展退役士兵职业技能培训工作，培训率80%；退役士兵农村两用人才使用率89.65%，超额完成上级确定的80%的目标任务。2008—2010年，通过考试考核先后录用183名城镇退役士兵进入市直属事业单位工作，其余人员通过多种形式进行安置。

2011—2015年，呼和浩特市加大退役士兵自主择业力度，从安置就业向技能培训、扶持就业和自谋职业方向转变，同时大幅度提高退役士兵自谋职业补助标准，采取多种形式和办法鼓励退役士兵和转业士官自谋职业、自主创业。加强对城镇退役士兵的职业技能培训，开设汽车驾驶、汽车维修、维修电工和办公自动化等专业，免费开展退役士兵全员职业教育培训。及时为符合安置政策的退役士兵发放待安置期间生活费，并办理落户手续。完成年度退役士兵安置任务，通过考试考核择优录用490余名城镇退役士兵进入市直属单位工作，有170余人选择自谋职业，其他分别安置到市四区和市内各类企业。为1993—1999年军队转业干部发放生活困难补助。完成第六批 129 名无军籍退休退职职工接收安置任务，并落实生活、医疗等各项待遇。

二、军队离退休干部安置

1986 年，呼和浩特市按照国务院、中央军委《批转民政部、总政治部关于做好移交地方的军队离休退休干部安置管理工作的报告的通知》要求，对军队离休干部进行安置，保障各项待遇等。

1993 年 12 月，按照民政部、总政治部《关于给移交政府安置的军队离休干部发放粮油价格补助的通知》，为军队离休干部（含武警）每人每月粮油价格补助 10 元。1994 年开始，为军队离休干部每年暑期每人每月补助 20 元的防暑降温费。1995 年后，市政府每年安排 100 多万元用于军休干部医疗、取暖补贴。1998 年，为了更好地保障军休干部集体活动、看病就医用车，开始实行“定额补贴，超支自理，节约归己”的用车计程收费办法。同时，为保证军休干部看病就医得到保证，将军休干部纳入医疗保障体系。

2001 年，第三、第四干休所按要求如期完成休干房改工作。2006 年，市民政局完成军队离休退休干部和无军籍职工的接收安置任务。2007 年，在军休干部居住相对集中的地方设立 3 个服务站；开展“和谐军休家园、和谐军休家庭”创建活动。为 2005—2006 年接收安置的军休干部办理随迁户籍落户、医保。

2008—2015 年，严格按计划接收移交地方安置的军队退休干部和退休士官，落实生活、医疗等各项待遇，结合军休干部特点，开展形式多样、亲情化、人性化服务活动。按要求为军休干部调整离退休费和生活补贴，为遗属调整生活补助。

第三节　优抚　褒扬

一、优抚

1988 年 8 月 1 日，国务院颁布实施《军人抚恤优待条例》。1989 年后，呼和浩特市按照规定对中国人民解放军现役军人、服现役或者退出现役的残疾军人，以及复员军人、退伍军人、烈士遗属、因公牺牲军人遗属、病故军人遗属、现役军人家属，开展国家抚恤优待补助工作。

1992 年，市政府印发《〈军人抚恤优待条例〉实施细则》，明确军人抚恤优待实行国家、社会、群众三结合的优抚制度；驻呼国家机关、社会团体、企事业单位和人民群众，应当依照国家的规定，履行各自应尽的职责和义务；各级工会、共青团、妇联、学校、民兵等组织，要积极组织职工、青少年、妇女、民兵为当地驻军和优抚对象，开展服务活动，并将此项活动列为精神文明建设的重要内容；各级政府、国家机关、人民团体、企事业单位均应积极主动地做好拥军优属工作。同年，按照民政部的要求，开展创建“文明光荣院”活动。

1993年，把解决重点优抚对象的“三难”（生活难、住房难、医疗难）问题纳入“双拥”工作重点，采取多种形式，多层次、多渠道筹集资金，主动争取财政拨一点、民政事业费列一点、群众优待金筹一点、群众帮一点和个人拿一点的办法解决“三难”问题。1998年后，结合开展“爱心献功臣活动”，广泛动员社会力量，解决“三难”问题。

2001年，全市下拨在乡老复员军人定补经费94万元，各类伤残人员、烈属等军人家属的抚恤金按时按标准兑现。根据相关文件精神，提高伤残人员和“三属”定补标准，特一等伤残人员护理费标准相应提高。全市筹集拥军优属保障金19.2万元，投入17.8万元解决优抚对象的“三难”问题。同年，农村义务兵家属优待金户均2141元。

2002年，全市筹集拥军优属保障金28万元，投入20.41万元，解决476名优抚对象的“三难”问题。对二等乙级以上伤残人员医疗费实行实报实销，其余伤残人员全部加入医疗保险，城镇优抚对象全部纳入低保范围。

2003年，下拨在乡老复员军人定期定量补助费94万元，按时足额兑现在乡老复员军人抚恤金。全市投入30.06万元，解决优抚对象的“三难”问题，重点解决优抚对象医疗难问题。7个旗县（区）实行农村义务兵家属优待金财政转移支付，优待金的发放年底前全部兑现。

2004年，根据自治区民政厅《关于建立重点优抚对象抚恤补助标准自然增长机制的通知》精神，市民政局、市财政局联合印发《关于建立重点优抚对象抚恤补助标准自然增长机制的通知》，从7月1日起，呼和浩特市建立重点优抚对象抚恤补助标准自然增长机制，提高重点优抚对象的抚恤补助标准，每三年提标1次，使他们的生活水平随着全市人民的生活水平逐步提高。同年，城镇优抚对象纳入低保范围，每月人均130元。

2005年，为解决优抚对象医疗难问题，各旗县（区）还对优抚对象医疗实行减免政策。全市重点优抚对象享受每人每月平均153元低保待遇，比2004年平均增长23元。将重点优抚对象纳入农村低保，标准为每人每年720元。农村义务兵家属优待金全部实行财政转移支付，优待金的发放年底前全部兑现。完成全市各类伤残人员换发伤残证工作，对1355名伤残人员进行换证。

2006年，呼和浩特市光荣院被自治区民政厅授予“二星级文明光荣院”，武川县光荣院被授予“一星级文明光荣院”。2007年，城镇重点优抚对象享受城镇居民最低生活保障补助标准为每人每月平均189元，比2006年每人每月平均增长36元；在乡优抚对象享受农村低保标准为每人每月平均83元。

2009年，市政府办公厅印发《呼和浩特市优抚对象医疗保障实施细则》，优抚对象看病难的问题得到解决。2010年，两次提高自谋职业金补助标准，退伍义务兵从2万元提高到5万元，转业士官从3.2万元提高到7万元。2006—2010年，全市累计发放各类优抚对象定期抚恤金9723.21万元。

2012年，全市城镇重点优抚对象享受最低生活保障待遇标准为每人每月平均387元，比2011年增长67元。农村重点优抚对象享受低保待遇标准为每人每月175元，比2011年增长10元。2013年，为全市优抚对象进行健康体检、发放各类药品41种，共11.47万元。

2011—2015年，共投入慰问金2250.35万元，定期抚恤金1.78亿元，"三难"（生活困难、医疗困难和住房困难）资金1158.19万元。

2015年呼和浩特市在乡和城镇务工残疾军人（含伤残民兵民工）抚恤金标准表

表23-3-2

等级	残疾性质	抚恤金标准（元/年）	自然增长机制（元/月）	合计（元/年）
一级	因战	60210	250	63210
	因公	58310	250	61310
	因病	56400	250	59400
二级	因战	54490	250	57490
	因公	51620	250	54620
	因病	49690	250	52690
三级	因战	47810	250	50810
	因公	44930	250	47930
	因病	42080	250	45080
四级	因战	39180	250	42180
	因公	35370	250	38370
	因病	32500	250	35500
五级	因战	30610	250	33610
	因公	26760	250	29760
	因病	24850	250	27850
六级	因战	23920	250	26920
	因公	22630	250	25630
	因病	19120	250	22120
七级	因战	18170	250	21170
	因公	16260	250	19260

续表 23-3-2

等级	残疾性质	抚恤金标准（元／年）	自然增长机制（元／月）	合计（元／年）
八级	因战	11470	250	14470
	因公	10500	250	13500
九级	因战	9530	250	12530
	因公	7650	250	10650
十级	因战	6690	250	9690
	因公	5730	250	8730

2015 年呼和浩特市“三属”定期抚恤金标准表

表 23-3-3

类别	定补（元／年）		自然增长机制（元／月）	合计（元／年）
烈属	城镇	19120	250	22120
	农村	14510	250	17510
因公牺牲军人遗属	城镇	16410	250	19410
	农村	13850	250	16850
病故军人遗属	城镇	15440	250	18440
	农村	13270	250	16270

2015 年呼和浩特市在乡老复员军人、带病回乡退伍军人、两参、60 周岁烈士子女、60 周岁退役士兵定期生活补助标准表

表 23-3-4

时期	定补（元／月）	自然增长机制（元／月）		生活补贴（元／年）	合计（元／年）
抗日战争时期入伍	980	城镇	390	1000	17440
		农村	370	1000	17200
解放战争时期入伍	980	城镇	340	500	16340
		农村	320	500	16100
新中国成立后入伍	980	城镇	320	500	16100
		农村	310	500	15980
带病回乡退伍军人	416	250		—	7992
两参人员	460	250		—	8520
60 周岁烈士子女	600	250		—	10200
60 周岁退役士兵	20 元 × 服役年限	在服役年限基础上每人每月提高 250 元			

说明：2015 年标准（抚恤金从 2015 年 10 月 1 日起执行、自然增长机制从 2016 年 1 月 1 日起执行）

二、烈士褒扬

中华人民共和国成立后，全市有烈士 184 名（不包括抗美援朝烈士），其中，1986—2015 年烈士 37 名。1986—2011 年，呼和浩特市按照《国务院关于发布〈革命烈士褒扬条例〉的通知》《军人抚恤优待条例》《革命烈士纪念建筑物管理保护办法》和 2004 年 10 月 1 日施行的《军人抚恤优待条例》相关规定落实烈士褒扬工作。

2011 年 8 月 1 日起施行新修订的《烈士褒扬条例》。2013 年 6 月 28 日起施行《烈士纪念设施保护管理办法》。2014 年 8 月 31 日，第十二届全国人民代表大会常务委员会第十次会议表决通过《关于设立烈士纪念日的决定》，规定每年 9 月 30 日国家举行纪念烈士活动。

2014 年开始，每年 9 月 30 日，自治区、呼和浩特市、市四区党政军班子及自治区、市、区各直属机关、中小学生代表、各族各界代表参加公祭活动。

第四章　社会救助

第一节　城乡最低生活保障

一、城市最低生活保障

1997 年，呼和浩特市按照《国务院关于在全国建立城市居民最低生活保障制度的通知》精神，开始建立城市居民最低生活保障制度，实施城市低保工作。《通知》明确，城市居民最低生活保障制度的保障对象是家庭人均收入低于当地最低生活保障标准的持有非农业户口的城市居民，并明确保障标准。同年，市民政局印发《呼和浩特市城市居民最低生活保障制度实施方案》及暂行办法。

1998 年，全市用于保障群众最低生活的救助资金 324.4 万元。其中，市财政拨款 247.5 万元，市三区财政拨款 76.92 万元。6 个农业旗县（区）的 14 个镇用于最低生活的救助资金 65.3 万元，有 7518 户、18427 人享受最低生活保障线。

2002 年，呼和浩特市出台《呼和浩特市实施城市居民最低生活保障制度办法》。全市居民最低生活保障制度实行各级人民政府负责制。市民政局负责本市行政区域内城市居民最低生活保障管理工作；各旗县（区）民政局以及街道办事处和乡镇人民政府负责本行政区域内城市居民最低生活保障的具体管理审批工作。城市居民最低生活保障制度，遵循保障城市居民基本生活和国家保障与社会帮扶相结合的原则，鼓励劳动自救。2003 年，根据市政府常务会议精神，市民政局协调有关部门成立市低保办公室，同时将市区月低保标准从 170 元提高到 180 元，和林格尔县、清水河县低保标准由 78 元提高到 90 元，武川县由 91 元提高到 111 元，托克托县提高到

124元。年末，全市有城镇低保对象14195人，其中在职职工610人、在中心的下岗人员914人、离岗人员8353人、离退休人员1203人、失业人员2107人、“三无”人员1008人。

2004年，市政府出台《呼和浩特市城镇廉租住房管理办法》《呼和浩特市城市低保家庭冬季取暖补贴实施办法》《呼和浩特市城市居民最低生活保障制度实施细则》等一系列法规性文件，为解决低保家庭住房、取暖、教育、医疗等方面的困难提供政策依据。各旗县（区）建立低保资金专户，做到专户储存、专款专用、封闭运行。调整城镇低保标准，市四区月低保标准由180元提高到190元，土默特左旗、和林格尔县分别提高到112元和100元，全市平均标准达143.7元。

2005年，市政府办公厅印发《呼和浩特市城市居民最低生活保障工作流程》，规范低保工作申请、审批、发放等各个环节的工作。年末，全市新增低保对象3417人、退保335人，增标3212人、减标139人，实现低保对象有进有出，补差标准有升有降的动态管理。市四区低保标准由190元提高到200元，5个旗县低保标准在原标准的基础上提高10元以上，具体标准自定。年末，全市城镇低保对象达23007户、45455人，全年支出低保金4317.9万元。

2006年，市政府印发《关于推进城乡社会救助体系建设意见的通知》，明确健全和完善城市居民最低生活保障制度，逐步增加城市低保资金在公共财政中的支出比例，建立城市低保资金预算的自然增长机制。2007年，全年城市低保对象63924人，占全市非农业人口的6.4%，比2006年增加1.1万人。城市居民最低生活保障标准每人每月230元，月人均补差134.9元，全年支出城市低保金9200.4万元，比2006年增长2376万元，增长35%。为进一步规范城市低保的申请、审批，简化工作程序，在和林格尔县开展实施城市低保“一站式”审批试点。至2010年，全市低保人数由2005年末的6万人增加到14.9万人。

2011年，全市城市低保标准市四区提高40元，达到每人每月380元，土默特左旗、托克托县、和林格尔县提高60元，达到每人每月300元，武川县、清水河县提高50元，达到每人每月290元。月人均补助水平达到272.64元，比2010年12月增加33元。年末，全市保障城市低保对象36816户、71238人，累计支出城市低保金2.77亿元，其中一次性和临时性补贴4136万元。2012年，市四区的城市低保标准每人每月提高50元，5个旗县的城市低保标准提高80元。

2013年，市四区的城市低保标准提高到每人每月550元，5个旗县统一提高到每人每月500元，全市城市低保平均保障标准达到531元，比2012年提高119元。全市保障城市低保对象25783户、46970人，占非农业人口的4.2%；累计支出城市低保金2.85亿元（含一次性生活补贴、电价补贴），月人均补助水平409.44元，同比提高 110.64 元。2014 年，全市有保障城市低保对象 23645 户、42203 人，占非农业人口的 3.62%。累计支出城市低保金 2.16 亿元，发放临时价格补贴 881.91 万元，电价补贴 185.79 万元，残疾人补贴 316.9 万元，冬季取暖补贴 1446.83 万元。全市有城镇“三无”人员 656 人，集中供养标准为每人每月 1600 元，分散供养标准为每人每月 1200 元。

2015 年，市政府印发《呼和浩特市最低保障对象认定办法（试行）》，对全市低保人员进行重新认定，要求各旗县（区）民政部门以及乡镇人民政府、街道办事处，依据本办法开展低保核查认定工作，以户籍、年龄、疾病、残疾、赡（抚、扶）养人情况、家庭收入情况、财产状况、医药费等支出，以及民主评议情况等综合因素认定低保救助对象。同时，对资格条件、申请低保救助家庭应提供的材料、不予认定情况、收入核定、民主评议和公示等作出详细规定。同年，市四区城市低保标准提高到每人每月 565 元，5 个旗县城市低保标准提高到每人每月 515 元。全市保障城市低保对象 17010 户、29768 人，月人均补助水平达到 399.24 元，发放低保金 1.83 亿元。

1997—2015 年呼和浩特市城市低保保障情况一览表

表 23-4-1

年度	市区保障标准（元／月·人）	旗县保障标准（元／月·人）	低保人数（人）	资金支出（万元）	月人均补助水平（元）
1997	100	60 ～ 80	5496	369.9	56.1
1998	110	60 ～ 80	6757	370.9	59.2
1999	143	78 ～ 104	7692	613.5	84.7
2000	143	78 ～ 104	9674	719.8	62
2001	143	78 ～ 104	12442	1038	69.5
2002	170	78 ～ 104	23038	1600.6	71.7
2003	180	90 ～ 120	30245	2600	80.2
2004	190	90 ～ 120	32803	3313	87.9
2005	200	110 ～ 130	46684	4297.5	91
2006	210	120 ～ 140	53110	6823.74	113.5
2007	230	150 ～ 160	63924	9200.4	134.9
2008	260	170 ～ 180	74878	15237.81	186.81
2009	300	200	76559	18535.92	206
2010	340	240	73938	21482.66	239.65
2011	380	290 ～ 300	71238	23567.13	272.64
2012	430	370 ～ 380	56490	21600.97	298.8
2013	550	500	46970	25752.6	409.44
2014	550	500	42203	21606.02	400.8
2015	565	515	29786	18348.42	399.24

二、农村最低生活保障

1997年，在武川县开展农村社会保障体系建设试点，制定《武川县农村社会保障制度暂行办法》，建立农村最低生活保障线制度。全县农村最低生活保障线标准为550元。年内，武川县安字号乡最先筹资1.95万元，对46户、127人实行最低生活保障线救济。同年，全市6个农业旗县（区）相继组建专门组织机构，配备专职工作人员，并出台管理办法和实施方案。

1998年，农村最低生活保障工作在全市6个农业旗县（区）的20个乡镇全面铺开，共有1691人享受救济，发放保障金14.58万元。

2000年后，市委、市政府把“低保”工作列为旗县（区）及市直有关部门领导班子目标考核的主要内容，逐步规范“低保”资金的使用管理，全市所有乡镇、街道实行对“低保”对象“先公示、后审批”的审批办法。2005年，市政府印发《呼和浩特市农村居民最低生活保障办法（试行）》，全市开始实施农村居民最低生活保障。凡持有呼和浩特市农村户口的常住农村居民，共同生活的家庭成员人均生活水平低于当地最低生活保障标准的，均可申请享受农村居民最低生活保障待遇。保障标准为每人每年720元，每半年发放一次保障金。当年，全市保障对象有14229户、20961人，发放保障金1232.54万元。

2006年，呼和浩特市按照《内蒙古自治区人民政府关于建立农村牧区最低生活保障制度的通知》，开始建立农村牧区最低生活保障制度。农村牧区居民最低生活保障对象是共同生活的家庭成员年人均收入低于户籍所在地最低生活保障标准的持有本地居民常住户口的农村牧区居民。结合呼和浩特市的实际情况，将家庭年人均纯收入农区低于625元（含625元）、牧区低于825元（含825元）的特困农牧民纳入保障范围，每人每年补助水平不低于360元。

2007年，全市有农村低保对象57930人，占全市农业人口的5%，比2006年增加3万人，年人均补助水平543元，全年支出农村低保资金3144万元，比2006年增加1678万元，增长115%。2008年，全市农村低保人数达到75997人，年人均补助水平达840.3元，全年支出农村低保金6386.25万元。至2010年，农村低保标准由2006年的每人每年720提高到1900元，年人均补助水平由513元增加到1177元。

2011年，全市农村低保标准提高300元，达到每人每年2200元，全市保障农村低保对象62854户、74146人，累计支出农村低保金1.15亿元，其中一次性和临时性补贴1297万元。2012年，市四区农村低保标准在2011年基础上提高600元，达到每人每年2800元，5个旗县的农村低保标准提高300元，达到每人每年2500元。年末，全市保障农村低保对象63305户、74092人，占农业人口的6.1%，累计支出农村低保金1.34亿元（含一次性生活补贴、残疾人补贴），年人均补助水平达到1563.3元，与2011年同期相比提高182.7元。中央、自治区补助的8781万元和市本级的3364.4万元农村低保资金全部下拨至各旗县（区）。

2013年，全市农村低保保障标准提高至每人每年3500元。2014年，全市保障农村低保对象65299户、74423人，占农业人口的6.3%，累计支出农村低保金2.17亿元，年人均补助水平2922元。

2015年，市政府印发《呼和浩特市最低保障对象认定办法（试行）》，确定个人劳动力系数，家庭收入降低系数、家庭收入核定因素、家庭收入扣减标准、民主评议和公示的内容流程，统一全市低保核查、核算标准，实现按户施保、差额救助。各旗县（区）、各乡镇依据本办法开展低保核查认定工作，村（居）委会协助做好相关工作。依据户籍、年龄、疾病、残疾、赡（抚、扶）养人情况、家庭收入情况、财产状况、医药费等支出以及民主评议情况等综合因素认定低保救助对象。农村低保年人均补差金额低于400元的按400元给予补助。同年，全市农村低保标准提高至每人每年3644元，保障农村低保对象52107户、88740人，年人均补助水平达到2350.4元，发放低保金2.09亿元。

2005—2015年呼和浩特市农村低保保障情况一览表

表23-4-2

年度	保障标准（元/年·人）	低保人数（人）	资金支出（万元）	年人均补助水平（元）
2005	720	15163	564	372
2006	720	28589	1466	513
2007	1000	57930	3144	542.8
2008	1200	75997	6386.25	840.32
2009	1400	75997	7251.1	954
2010	1900	74946	8797.78	1173.9
2011	2200	73927	10206.12	1380.6
2012	2800	74092	11452.7	1563.3
2013	3500	72534	21098.03	2908.7
2014	3500	74423	21746.7	2922
2015	3644	88740	20857.58	2350.4

三、“五保”供养

1989年开始，全市各级政府投资对敬老院进行改造提升，新建敬老院6所，翻修重建5所。1993年，建成并投入使用的呼和浩特市北郊敬老院，主要职责是安排好部分“五保”和低收入老人的生活，也接收符合收养条件的自愿自费入院老人。至1993年末，全市有敬老院43所，乡村救灾扶贫经济实体和敬老院“以院办厂”

共37个。全市共收养“五保”（保吃、保穿、保烧、保教、保葬）老人1038名。

1994年，国务院颁布第一个《农村“五保”供养工作条例》，明确“五保”供养的对象是村民中符合条件的老年人、残疾人和未成年人；无法定扶养义务人，或者虽有法定扶养义务人，但是扶养义务人无扶养能力的；无劳动能力的；无生活来源的。“五保”供养的内容包括供给粮油和燃料，供给服装、被褥等用品和零用钱，提供符合基本条件的住房，及时治疗疾病，对生活不能自理者有人照料，妥善办理丧葬事宜。至1997年，全市有660名“五保”老人实行集中供养。20世纪90年代末，撤乡并镇后，敬老院数量随之减少。

2005年，市民政局会同市财政局、市发展和改革委员会联合转发自治区《关于加强农村“五保”供养工作的通知》，明确供养标准、资金来源渠道，集中供养按照每人每年1200元、分散供养每人每年800元的标准纳入农村低保，做到应保尽保。为改善敬老院基础设施，提高集中供养率，投资120万元，新建敬老院4所，维修敬老院2所。

2006年，按照自治区民政厅《关于加强农村“五保”供养工作的通知》要求，市政府印发《关于推进城乡社会救助体系建设意见的通知》，明确供养标准，即分散“五保”供养对象年供养标准不低于800元，集中供养“五保”对象年供养标准不低于1200元，并随着经济的发展和群众生活水平提高适度调整供养标准。同时，将此项工作纳入当地经济与社会发展规划，充分利用乡镇合并和学校布局调整后的闲置资源，搞好敬老院建设和改造，集中供养率达到30%以上。对分散供养的“五保”老人要明确代养人及代养人的责任，并签订协议，保障“五保”老人老有所养。全年，向自治区民政厅申请敬老院项目17所，申报敬老院捐赠项目3所。

2007年，呼和浩特市提高农村“五保”供养标准，集中供养标准由每人每年1200元提高到每人每年1300元，分散供养标准由每人每年800元提高到每人每年1000元。投入敬老院建设资金1558万元，其中自治区补助资金191万元、市财政投入240万元、各旗县（区）投入1127万元，新建敬老院13所、改扩建5所，新增床位355张。年末，全市有“五保”供养对象7396人，发放“五保”供养资金808.78万元。其中，集中供养2306人（家庭代养1546人），分散供养5090人，集中供养率达31%。全市建成敬老院36所、床位1180张。

2008年，农村“五保”集中供养和分散供养标准分别提高到每人每年1500元、1200元。全年对7459名“五保”供养对象发放供养资金975.12万元。新建、改扩建敬老院10所，新增床位255张，床位总计1435张，床位利用率96.2%，集中供养率35.8%。

2010年，农村“五保”集中供养和分散供养标准提高到每人每年3000元、2000

元。全年对 7265 名“五保”供养对象发放五保供养资金 1646.15 万元，支出农村敬老院建设资金 7266 万元，新建、改扩建敬老院 12 所，新增床位 1104 张，集中供养能力为 30.5%。

2011 年，全市农村“五保”集中供养标准和分散供养提高到每人每年 4500 元、2300 元,全市供养农村“五保”对象 6978 名,其中集中供养 1213 名、分散供养 5765 名，发放“五保”供养资金 1818.09 万元。全市有敬老院 47 所，床位 3303 张，其中新增床位 1090 张，集中供养能力为 46%，完成自治区提出的敬老院集中供养能力 45% 的民生任务。

2013 年，市政府印发《关于加强农村“五保”供养服务管理工作的通知》，加快提升全市农村“五保”集中供养能力和管理服务水平。农村“五保”集中供养和分散供养标准分别提高到 7500 元、4800 元。2014 年，全市新建敬老院 1 所，改扩建 2 所敬老院，对散、小、危敬老院进行整合，整合后全市有敬老院 40 所。

2015 年，针对全市敬老院发展现状，重点推行以新城区综合养老服务中心、赛罕区黄合少敬老院为“公建公营”试点,以土默特左旗大岱敬老院为“公建民营”试点，以武川县可可以力更镇中心敬老院分院为“民办公助”试点，打造星级敬老院管理模式，开创“以点带面、典型引路”的新局面。5 月，市民政局印发《呼和浩特市 2015 年敬老院建设实施方案》，指导试点敬老院进行基础设施配套和设施设备项目改造提升建设。10 月，在武川县可可以力更镇中心敬老院分院召开全市农村敬老院建设管理规范现场推进会。截至 2015 年末，全市供养“五保”对象 6218 人，其中集中供养 766 人、分散供养 5452 人，发放供养资金 2458.31 万元。

2006—2015 年全市“五保”供养情况一览表

表 23-4-3

年度	供养标准（元 / 年 · 人）		供养人数（人）		供养资金（万元）
	集中供养	分散供养	集中人数	分散人数	
2006	1200	800	1628	5831	659.66
2007	1300	1000	2306	5090	808.78
2008	1500	1200	2668	4791	975.12
2009	1800	1500	2284	4845	1137.87
2010	3000	2000	1683	5582	1646.15
2011	4500	2300	1213	5765	1818.09
2012	5500	2600	983	5588	1985.87
2013	7500	4800	965	5378	3295.99
2014	7500	4800	945	5448	3250.79
2015	7500	4800	766	5452	2458.31

2006—2015 年全市农村敬老院及供养人数统计表

表 23–4–4

年度	敬老院（所）	供养人数（人）
2006	56	1628
2007	56	2306
2008	56	2668
2009	50	2284
2010	50	1683
2011	46	1213
2012	46	983
2013	40	965
2014	40	945
2015	40	766

第二节　专项救助

一、医疗救助

2005 年 3 月，市民政局、市卫生局、市财政局印发《呼和浩特市农村医疗救助工作实施方案》，建立基本规范的医疗政策，明确救助对象、救助方法和范围。6 月，市政府印发《呼和浩特市城市医疗救助试点工作暂行办法》，呼和浩特市开始建立城市医疗救助制度，实施医疗救助政策。基本医疗救助实行分类限额补贴救助，患常见病的 A 类重点保障对象，每人每年医疗补贴为 120 元；患常见病的 B 类特殊保障对象，每人每年医疗补贴为 100 元；患常见病的 C 类基本保障对象，每人每年医疗补贴为 80 元。旗县（区）按农业人口每人每年 1 元配套资金 119.7 万元，发放农村医疗救助金 58.6 万元，救助特困大病人员 158 人。共对 88 名患大病的低保对象实施救助，发放救助金 21.96 万元。2006 年，对 6458 名患大病的城乡低保对象实施医疗救助，其中资助参加合作医疗人员 5646 人，发放救助金 189.2 万元。

2008 年，全市发放医疗救助资金 2124.2 万元，救助 11.56 万人次，较 2007 年分别增加 5.27 万人次、1543.3 万元。同年，市政府印发《关于全面建立和完善城乡医疗救助制度的意见》，对原有医疗救助工作进行改进，明确救助范围，取消大病病种限制，拓展救助方式，实行有病即救。2006—2010 年，全市共筹集城乡医疗救助资金 1.08 亿元，救助城乡困难群众 39.5 万人次，受益面 57%。

2011 年 9 月，为减轻农村布鲁氏菌病（简称布病）患者的经济负担，提高全市农村布病医疗保障水平，市卫生局、市民政局印发《关于呼和浩特市农村布鲁氏菌病医疗保障水平试点实施方案的通知》。对农村布病的救治对象和标准做出明确规定，全市累计支出医疗救助金 4065 万元，救助困难群众 13.5 万人次。

2013 年，市政府印发《关于进一步完善城乡医疗救助制度的意见》，扩大医疗救助范围，完善救助方式，增加肺癌、脑梗死、白血病等 21 种重特大疾病医疗救助，提高救助标准。在全市推行住院医疗救助“一站式”即时结算服务，确定市第一医院、市第二医院和市精神康复医院为重特大疾病定点医疗救助机构，各旗县（区）医院被确定为普通疾病住院定点医疗救助机构。至年末，827 名困难群众享受住院医疗救助“一站式”即时结算服务，结算住院医疗救助资金 86.71 万元。全年救助医疗困难群众 10.2 万人次，发放医疗救助金 5338.39 万元。

2014 年，市政府办公厅印发《关于进一步完善城乡医疗救助制度的补充意见》，对于医疗救助方式的门诊医疗救助在原有特殊慢性病门诊和大病门诊救助的基础上增加普通疾病门诊医疗救助和疾病应急救助。全市城乡医疗救助资金实行统筹，全年医疗救助 19.70 万人次，发放救助资金 7211 万元。其中，直接救助 4.64 万人次，支出 6218 万元；资助参合参保 15.06 万人次，支出 993 万元。

2015 年，市政府办公厅转发市民政局等部门《关于进一步完善医疗救助制度意见的通知》，明确对重点医疗救助对象、低收入医疗救助对象和因病致贫医疗救助对象的救助方式、比例和救助额度做出具体的规定，提高救助比例和年最高救助额度；新增因病致贫医疗救助对象的救助，因病致贫医疗救助对象患 24 种重特大疾病的或患其他疾病住院治疗的费用经医疗保险机构报销后个人自付部分超过家庭年总收入的，超过部分，由旗县（区）民政部门按照 80% 的比例给予救助，年最高救助额度为 5 万元；对重点医疗救助对象中的农村“五保”对象、城镇“三无”人员、孤儿患病住院治疗不分病种，政策范围内个人自付部分实现 100% 救助。截至 2015 年末，全市有医疗救助对象 11.25 万人次，发放救助资金 6684 万元。其中，直接救助 1.67 万人次，支出 5789 万元；资助参合参保 9.58 万人次，支出 895 万元。

2005—2015 年呼和浩特市医疗救助统计表

表 23-4-5

年度	城市医疗		农村医疗	
	直接救助（人次）	直接救助金额（万元）	救助（人次）	救助金额（万元）
2005	331	51	1228	65
2006	375	57	1201	259
2007	519	117	1734	386
2008	21745	941	16322	951
2009	15888	778	13696	1093
2010	21547	1010	13529	1579
2011	18629	1045	16152	2557

续表 23-4-5

年度	城市医疗		农村医疗	
	直接救助（人次）	直接救助金额（万元）	救助（人次）	救助金额（万元）
2012	16984	1154	13796	2298
2013	13184	1597	29135	3255
2014	46421	6218	—	—
2015	16705	5789	—	—

二、取暖救助

2004 年起，呼和浩特市开始为市四区低保家庭发放冬季取暖补贴政策。11 月，市政府办公厅印发《呼和浩特市城市低保家庭冬季取暖补贴实施办法》，凡长期居住在呼和浩特市的市民，属市四区管理的城市低保家庭，按低保家庭住楼房和住平房 2 类实施取暖补贴。对于居住楼房的低保家庭，按居住面积 60 平方米所需取暖费为标准，由供暖部门减免所需取暖费的 40%，另 60% 由市政府以代金券的形式发给住楼房低保家庭取暖补贴；对居住面积在 60 平方米以下的低保家庭按其实际居住面积发放取暖补贴。对于住平房以原煤取暖的低保家庭按每个取暖期内 1.5 吨原煤的标准予以补贴。全年，为 8952 户低保家庭发放取暖补贴资金 448 万元。

2005 年，对低保对象实施分类重点救助工作。市四区发放取暖补贴代金券 5676 户、登记平房户取暖补贴 6658 户。

2006 年 9 月，市民政局、市财政局、市建委联合印发《关于实施 2006—2007 年度城市低保家庭冬季取暖补贴方案》，明确规定取暖补贴发放标准及形式。居住平房的低保家庭冬季取暖补贴按每户 1.5 吨原煤所需 450 元由市四区民政局加发到低保户社会化发放存折中。居住楼房的低保家庭，按居住面积 60 平方米所需取暖费为标准（不足 60 平方米按其实际居住面积计算），60% 部分由政府拨付市建委供热办，另 40% 部分由供暖单位减免。全年，享受取暖补贴的城市低保家庭有 15469 户，发放取暖补贴 798 万元。

2008 年，为减轻居民热费负担，缓解供热企业成本上升压力，城市低保家庭平房按每户 1.5 吨煤炭、每吨 380 元标准，每户共计 570 元，由市政府给予补贴。楼房低保户按每户 60 平方米建筑面积、3.68 元 / 平方米 · 月的标准，由市政府给予补贴。2006—2010 年，全市投入取暖补贴资金 8199.5 万元，为市四区的城市低保家庭发放冬季取暖补贴。

2011 年 10 月至 2012 年 10 月，全市每年安排冬季取暖补贴资金 1898 万元，对市四区的城市低保家庭给予冬季取暖补贴。2013 年 10 月，安排城市低保家庭冬季取暖补贴资金 1580.78 万元。

2014 年 10 月，全市安排 1540.18 万元，对市四区的城市低保家庭给予冬季取暖补贴。其中，平房户每户补贴 570 元，共发放 377.34 万元；楼房户按建筑面积 60 平方米补贴，补助资金由市财政集中支付中心直接拨付各供热单位。

2015 年 10 月，累计为市四区 11429 户城市低保家庭发放冬季取暖补贴资金共 1020.2 万元。对城市低保户按照平房户和楼房户两种形式给予取暖补贴，平房低保户每户补贴 570 元，住楼低保户以 60 平方米计算，60 平方米以内包括 60 平方米的取暖费全部由市财政负担，超出 60 平方米部分由低保户缴纳，每户最高补贴 1324.8 元。

2004—2015 年呼和浩特市取暖救助保障户数、发放资金统计表

表 23-4-6

年度	取暖补贴			
	户数（户）	资金支出（万元）	补贴标准（元）	
			平房	楼房
2004—2005	8952	448	450	60 平方米所需
2005—2006	12160	600	450	60 平方米所需
2006—2007	15469	798.8	450	60 平方米所需
2007—2008	17571	917.3	450	60 平方米所需
2008—2009	21071	1908.8	570	60 平方米所需
2009—2010	23664	2285.87	570	60 平方米所需
2010—2011	23283	2288.7	570	60 平方米所需
2011—2012	22728	1898（预算）	570	60 平方米所需
2012—2013	18015	1898（预算）	570	60 平方米所需
2013—2014	15681	1580.78	570	60 平方米所需
2014—2015	15131	1540.18	570	60 平方米所需
2015—2016	11429	1020.2	570	60 平方米所需

三、教育救助

2005 年，市委办公厅、市政府办公厅印发《关于抓紧解决好特困家庭大学生按时入学问题的紧急通知》，确保“不让一个考上大学的孩子，因家庭困难而辍学”。市民政局印发《关于做好贫困大学生救助工作的紧急通知》，明确救助对象范围并对当年通过高考被录取的大专以上贫困大学生给予一次性入学补助 2000 元。同年，按照贫困大学生救助申请审批程序，建立救助档案，分别采取财政出资、政府借款、社会捐助等办法筹集救助金，结合市财政下拨的 118 万元贫困大学生救助金，对 849 名贫困大学生进行一次性救助。

2006 年，市民政局等部门印发《关于对贫困家庭学生实施教育救助工作方案》，将救助对象分为三类，分别是城市和农村享受最低生活保障家庭中的大学生和高中生，城市和农村非低保家庭中因生活困难不能入学或面临辍学的贫困大学生和高中生，因病、因灾及其他不可抗拒的原因造成家庭贫困以致入学受到影响的贫困大学生和高中生。经过甄选，对全市 1037 名城乡低保家庭应届贫困大学生实施教育救助，发放救助金 207 万元。

2008 年，市政府制定《呼和浩特市贫困家庭非义务教育阶段学生救助管理办法》，明确救助原则、救助对象、救助工作程序。救助对象包括城乡低保家庭及特别困难的城乡低保边缘家庭中非义务教育阶段的学生。全市 2194 名贫困大学生得到教育救助，发放救助金 495.55 万元，较 2007 年分别增加 816 人和 230 万元。2006—2010 年，全市累计支出教育救助金 1917.3 万元，救助贫困家庭大学生 9597 人、高中生 3597 人，兑现“不让一个考上大学的孩子因家庭困难而辍学”的承诺。2011 年，全市通过民政部门救助贫困大学生 2802 名，发放救助金 682.41 万元，4762 名低保家庭的高中生享受全额低保救助。

2012 年，市政府印发《家庭经济困难大学生政府资助办法》，明确市民政部门负责低保家庭大学生的审核、认定及资助具体实施工作，并规范资助的范围、对象及申请条件。同时将低保家庭新入学的大学生一次性救助标准由每人 2000 元提高到 6000 元，对低保家庭在读大专以上和高中学生本人给予全额低保救助。全年，全市救助低保家庭新入学大学生 1154 名，发放救助金 665 万元；将 2802 名在读大学生、4762 名在读高中生纳入全额低保。2013 年，全市 1633 名困难家庭学生每人获得 6000 元的教育救助。

2014 年，市政府办公厅印发《关于做好呼和浩特市家庭经济困难大学生政府资助工作的通知》，明确城乡低保家庭大学生享受自治区人民政府资助，不再享受此类资助；自愿放弃接受高等教育机会，或因其他原因未进入高校就读的家庭经济困难高中毕业生，不在资助范围之内。全年救助 1710 名困难家庭学生，发放教育救助资金 5285 万元。2014 年后，教育救助工作由市教育局管理。

截至 2015 年，全市形成从学前教育到本科教育的资助体系，各项学生资助政策涵盖全市近 40 万名学生，除义务教育保障资金外，全市每年各项资助政策下达资金 6 亿元。满足全市各类受教育阶段贫困学生接受教育的要求，实现“不让一个学生因家庭经济困难而失学”的承诺。

第三节　救灾救济

1986—1988 年，呼和浩特市遭受严重旱灾，民政部门先后下拨救灾款 173.5 万元，发放救灾衣被 600 余套，调运返粮 6775 吨。

1993 年，部分乡村遭受春旱、大风、洪涝、冰雹等自然灾害，农业受灾面积 6.78

万公顷，成灾面积4.94万公顷，受灾人口10.45万人。其中，特重灾民2.3万人。全年安排下拨救灾款119万元，救灾粮155吨，衣被7000套。

1997年，全市6个农业旗县（区）普遍遭受旱灾，部分地区遭受洪、雹等灾害，有22个乡镇、14.5万人、13.67万公顷农作物受灾，直接经济损失1.4亿元。市民政部门下拨救灾款130万元，救灾衣被价值21.03万元，救灾粮5吨，妥善安置灾民，保障灾民基本生活，维护灾区稳定。同年，全市民政部门开展救灾管理体制改革，建立救灾工作分级负责、救灾款分级负担的体制，5个旗县（区）建立县级79个乡级“双储会”，储备粮食1795吨，储备资金111.5万元，起到有灾救灾、无灾防灾的作用。

1998年，全市大部分地区遭受低温冷冻、风雹、洪涝、病虫害等多种自然灾害的袭击，有15.6万公顷农作物受灾，成灾面积12.6万公顷、绝收面积3.9万公顷，因灾死亡4人、伤病355人，减产粮食18万吨，倒塌及损坏房屋1653间，死亡牲畜6674头（只），直接经济损失4.9亿元。市民政部门下拨救灾款274万元，发放帐篷、棉被、棉衣、鞋、面粉等生活物资。

1999—2001年，呼和浩特市连续3年遭受严重旱灾。2001年，全市因旱受灾面积30.3万公顷，绝收面积17.53万公顷。全市有31万人因旱灾缺粮。入夏后部分地区遭受洪涝和冰雹灾害，造成农作物大面积减产、人畜伤亡、房屋倒塌。针对灾情，市、县两级共下拨救灾款1085万元，救灾面粉1150吨，救灾衣被9800件（套）。市本级自然灾害救济费支出100万元，旗县、乡镇支出51.8万元，全部用于救灾。年内，对全市的重灾区、特困户、“五保”户及敬老院进行慰问，共发放慰问金5.6万元，面粉7吨，猪肉、药品若干。为锡林郭勒盟雪灾和乌海市乌达矿务局困难企业，分别开展救灾捐赠、扶困捐助活动，捐赠物资6900余件、衣物2万余件，捐款280万元。

2002年，全市农牧业形势总体向好，但由于连续3年特大干旱以及局部地区冰雹、洪涝和雪灾等自然灾害十分严重，全市农作物受灾面积16.05万公顷，成灾面积11.56万公顷，粮食减产27.78万吨。全市受灾人口55.8万人，成灾人口48.9万人，因灾倒塌房屋513间，死亡牲畜1900头（只），直接经济损失5.3亿元。市县两级民政部门下拨救灾款860万元，救灾面粉98.3吨，调拨救灾帐篷60顶，编织袋10万余条，发放慰问金1万元，重建维修房屋91户213间。市县乡三级财政配套列支205万元。

2003年，受洪涝、风雹、冷冻等多种自然灾害影响，全市农作物受灾面积5.20万公顷，成灾面积4.87万公顷。全市受灾人口26.9万人，损失粮食654吨，因灾倒塌房屋452间，死亡牲畜419头（只），减产粮食4.08万吨，直接经济损失2.3亿元。灾情发生后，民政部门下拨救灾款40万元、救灾面粉250吨，调拨救灾帐篷60顶，下拨救灾衣被650套。按照救灾款分级负担的原则，在冬令期间下拨地方财政配套款116万元，用于安置灾民、倒房重建和灾民口粮衣被救济。同年，按照“专款专用，重点使用”原则，救灾款物发放坚持公开直接发放，救灾面粉实行市政府招标采购，并配合审计、监察等部门进行跟踪检查，确保救灾款物发放的准确性和时效性，保证灾民的基本生活和灾区的社会稳定。

2004年，民政部门下拨救灾款475万元、救灾面粉200吨，调拨救灾帐篷30顶，下拨救灾衣被4550套，对10.51万受灾群众进行救助。同年，组织向锡林郭勒盟地震灾区捐助活动，收到捐款150万元，捐物1.5万余件，其中100万元用于锡林郭勒盟灾区。

2005年，呼和浩特地区遭受继2001年后较为严重的旱灾，部分地区遭受病虫灾害、风雹和洪涝灾害。全市77个乡镇、870个村严重受灾，因各类自然灾害受灾人口75.3万人，受灾面积28.5万公顷，绝收面积12.7万公顷，倒塌房屋17间，受灾牲畜65.35万头（只），饮水困难人口11万人，因灾死亡大牲畜165头只，直接经济损失10.9亿元。全年，民政部门共下拨救灾款910万元，发放救灾面粉10万千克，下拨救灾衣被6100套，全部用于解决受灾群众的口粮、衣被等生活必需品。

2006年，全市40个乡镇、1008个建制村遭受不同程度的风雹、洪涝、冷冻死、病虫害等自然灾害，造成房屋倒塌损坏、牲畜死亡和农作物减产、绝收，受灾人口71.2万人，直接经济损失8.78亿元。全市下拨救灾款540万元，下拨救灾面粉40万元，下拨救灾衣被2550套。

2007年，呼和浩特市遭受40年来最为严重的干旱、风雹等自然灾害，全市受灾人口32.7万人，农作物受灾面积28.36万公顷，其中绝收面积14.49万公顷。草场受灾面积34.87万公顷。直接经济损失8.98亿元。全年共下拨救灾款1455万元，发放救济面粉500吨，衣被1.1万余件（套），救助各类受灾人口15.6万人，切实解决了重灾户和特困户的基本生活，确保灾区社会稳定。同时，为进一步规范灾害救助管理，建立《灾区救助花名册》，以户为单位发放灾民救助卡4.2万张，救灾款实行社会化发放。

2008年，全市因各种自然灾害累计受灾人口60.10万人，农作物受灾面积18.63万公顷，直接经济损失8.85亿元。全年，共下拨救灾救济资金880万元，救灾被褥1500套。开展支援四川省汶川灾区抗震救灾捐助活动，共接收社会捐款1577.6万元，物资折价301.87万元，全部赠往地震灾区。

2010年，呼和浩特市先后发生强沙尘暴、干旱、风雹、洪涝及病虫害等多种自然灾害，累计受灾人口66.27万人，因灾死亡1人，紧急转移安置受灾群众460人，因灾倒塌房屋129间，损毁房屋947间，直接经济损失16.09亿元。全年，累计下拨救灾资金 1880 万元。

2011 年，全市发生严重旱灾。旱灾呈现受灾面积大、干旱程度深、损失严重等特点，干旱面积约 51.19 万公顷，占总耕地面积 92.74%；农作物受灾面积 21.4 万公顷，其中，成灾面积 16.13 万公顷，绝收面积 3.66 万公顷，受灾人口 50.28 万人，饮水困难人口 14.31 万人，饮水困难大牲畜 34.85 万头（只），直接经济损失 11.71 亿元。全年共下拨救灾资金 2030 万元，保证受灾群众有饭吃、有衣穿、有房住。清水河县投入抗旱救灾资金 200 万元，购置各类抗旱设施。

2012 年，受各种自然灾害影响，全市累计受灾人口为 36.96 万人。因灾死亡 9 人，紧急转移安置 1.53 万人；农作物受灾面积 13.32 万公顷，绝收面积 2.75 万公顷；倒塌房屋 849 间，严重损坏房屋 3352 间，一般损坏房屋 3059 间；因灾死亡大牲畜 45 头（只），因灾死亡羊只 3383 头（只）。直接经济损失 11.46 亿元。全年，下拨救灾资金 1040 万，有效救助灾民 3.61 万人。

2013 年，全市因各种自然灾害累计受灾人口 275 万人，因灾死亡 5 人，紧急转移安置 1265 人；农作物受灾面积 10.91 万公顷，其中成灾面积 6.64 万公顷，绝收面积 1.42 万公顷；倒塌房屋 425 间，严重损坏房屋 525 间，一般损坏房屋 1020 间；因灾死亡大牲畜 14 头（只）、羊 1153 只。全市因灾造成直接经济损失 5.5 亿元，其中农业损失 4.2 亿元。灾情发生后民政部门积极开展救灾工作，下拨 2210 万元冬春救助款，保障受灾群众的基本生活。新城区东风路街道兴安北路社区等 8 个社区，被国家减灾委和民政部命名为“全国综合减灾示范社区”。

2014 年，全市因各种自然灾害累计受灾人口为 10.7 万人，因灾造成直接经济损失 1.5 亿元。年内，全市共 12 个社区被国家减灾委和民政部命名为全国综合减灾示范社区。

2015 年，新城区、赛罕区、土默特左旗、托克托县、和林格尔县、清水河县、武川县分别遭受风雹、洪涝、干旱、雪灾等自然灾害侵袭，全市造成 30.3 万人受灾，因灾死亡 2 人；农作物受灾面积 15.22 万公顷，其中农作物绝收面积 2.18 万公顷；因灾倒损房屋 42 间；灾害造成直接经济损失 9 亿元。灾害发生后，市民政局紧急下拨救灾资金 1457 万元。同年，市政府印发《呼和浩特市救灾应急预案》《呼和浩特市救灾资金管理使用条例》，健全完善救灾应急体系建设，加强对救灾资金和救灾物资的监督管理。建成市本级和清水河县、武川县救灾应急物资储备库。有 3 个旗县（区）配备开通救灾专用海事卫星电话，5 个旗县配备救灾专用车辆。截至 2015 年，全市共有 20 个社区被国家减灾委和民政部命名为全国综合减灾示范社区。

第五章　社会福利

第一节　养老事业

20 世纪 80 年代末期，呼和浩特市的养老福利事业主要包括对入住社会福利院的“三无”对象管理、提高收养人员生活标准以及医疗救治等。

1989—1994 年，全市新建敬老院 6 所，翻修重建 5 所。1992 年，呼和浩特市老年公寓管理处成立。1993 年，呼和浩特市北郊敬老院建成。年末，全市建成敬老院 43 所，乡村救灾扶贫经济实体和敬老院“以院办厂”共 37 个。1997 年，新建托克托县敬老院。

2001 年，市政府批转市民政局等部门《关于大力扶持社会福利事业发展意见》，全市社会资本进入社会养老福利领域。同年，市民政局制定《关于实施社区老年福利服务“星光计划”工作方案》，在市四区选定 100 个点，采取新建、改扩建、购置等办法，建成功能配套、方便实用、面向老年人的社区老年福利服务设施 30 个。至 2002 年，先后投入资金 3864.8 万元，建成总建筑面积 3.6 万平方米，覆盖市四区 26 个街道办事处、3 个乡镇、227 个社区居委会的 100 个“星光计划”老年之家项目点。2004 年，市精神康复医院楼、北郊敬老院迁入新址，回民区回族老年公寓建成并投入使用。全市社会福利机构床位数增至 1247 张。

2005 年开始，对社会力量举办养老福利机构每张床位每月资助 100 元床位运营补贴。2006 年，按照“公办民营、民办公助”原则，鼓励社会力量兴办社会福利事业，加快社会福利社会化的步伐，初步形成以居家为基础、社区为依托、机构为补充的社会福利发展格局。全市兴办福利机构 14 家，床位数 1534 张，其中公办福利机构床位数 1396 张、社会办福利机构床位数 1383 张。

2008 年，全市社会福利机构达到 24 家，其中社会力量兴办 12 家。社会福利机构床位数 3464 张，比 2007 年增长 58.8%；养老福利机构床位数 2201 张，比 2007 年增长 49.3%。同年，市民政局免费为全市老年人办理“敬老优待证”。

2009 年，呼和浩特市启动社会福利中心建设项目，先后申报建设市本级老年养护院和 11 个旗县（区）级综合社会福利中心、综合老年养护院项目。至 2010 年，全市有养老福利机构 20 家，其中公办 6 家、社会力量办 14 家，设置床位数 3424 张。市民政局对 13 家符合资助条件的社会办养老福利机构床位，按照“民办公助”每张床位每月补贴 100 元的标准予以补贴，全年发放补贴 140.02 万元。

2011 年，全市有养老福利机构 23 家，其中公办 6 家、社会力量办 17 家，新建旗县（区）综合福利中心 6 家，共设置床位 4744 张。同年，市民政局首次对全市

275 名福利机构从业人员进行业务技能培训，并颁发市劳动社保局和内蒙古卫生职业学校核发的结业证书，养老机构从业人员队伍向职业化、专业化方向转变。

2013 年，呼和浩特市为重点解决农村 60 岁以上留守老年人及因伤病等丧失劳动能力人员的养老问题，逐步提高公共服务均等化水平，基本实现农村养老服务全覆盖，推动全市农村、城镇养老福利事业协同发展，启动农村互助养老幸福院建设项目。同年，市政府决定在民政福利院建设示范性老年公寓，项目总建筑面积 5.07 万平方米，设置床位数 703 张，总投资约 1.94 亿元。年末，全市有养老机构 38 家，其中公办养老福利机构 5 家、公办旗县（区）综合福利中心 6 家，公办老年养护院 5 家、民办养老福利机构 22 家，设置床位数 7976 张，平均每千名老人拥有机构养老床位数 22 张。同年，市四区 60 周岁以上老年人全部免费乘坐公交车。为 3.83 万名 70 岁以上老年人免费办理乘坐公交车人身意外伤害保险，共缴纳保费 91.84 万元。

2014 年 3 月，自治区民政厅、财政厅印发《内蒙古自治区养老服务机构等级评定办法》，将养老机构服务场所、服务管理划分为 5 个等级。全市评定三级养老机构 2 家，二级机构 1 家，其余的为一级养老机构。10 月，市政府制定《关于加快发展养老服务业的实施意见》，对全市养老服务业的健康发展进行了详细规划部署和政策扶持。同年，12349 便民为老服务平台运营，全市养老事业开启“互联网 + 养老”服务模式。

2015 年 10 月，12349 便民为老服务中心正式启动运营，利用现代化手段为老年人提供 6 大类 100 余项专项服务。建成社区老年人日间照料室 77 个，开展康复护理、文体娱乐、信息咨询、老年教育等服务项目。12 月 31 日，市政府印发《呼和浩特市政府购买居家养老服务实施方案（试行）》，受益群体覆盖三大类老年人，具体内容包含生活照料、医疗保健、家政服务、精神慰藉、法律援助、紧急救助等 6 大类 29 项 90 多条居家养老服务。截至 2015 年末，全市建成运营的养老机构有 33 家，包括公办养老福利机构 6 家，旗县（区）综合福利中心 6 家，民办养老福利机构 21 家，投入使用养老床位数 6850 张，平均每千名老人拥有养老床位数 18.9 张，资助社会办养老机构床位运营补贴 957.01 万元。建成农村互助幸福院 58 所、1988 户。各旗县（区）有老年公寓 22 家，除回民区穆斯林老年公寓外，其余 21 家为经民政部门许可的民办养老机构，由辖区民政局负责许可和运营监管。

第二节　孤残儿童福利

1989—1993 年，呼和浩特市聋哑学校盲童宿舍建成，呼和浩特市儿童福利事业进入实质性发展阶段。1996 年，市儿童福利院开始开展城镇社区或农村家庭寄养工作。

同年，救助流浪儿童中心建成并交付使用。

1999 年，按照自治区民政厅、计划委员会、财政厅、教育委员会、卫生厅、交通厅联合印发《关于进一步发展孤残儿童福利事业的通知》要求，呼和浩特市加大对孤残儿童养护、医疗、教育等方面的保障，开展特殊教育和训练，整合社会资源，探索多种养育方式，加快社会化步伐。对社会福利机构收养的就读于小学初中的学龄儿童免掉所有的学杂费、书本费，并给予必要的资助。对就读于高中、中专、高等院校的孤儿免收学费、住宿费。同年，呼和浩特市儿童福利院投入使用，位于呼和浩特市回民区县府街，占地面积 2800 平方米，建筑面积 3400 平方米，内设床位 150 张。

2001 年，按照民政部印发《儿童福利机构基本规范》，市民政局逐步完善全市福利机构的服务功能，满足孤残儿童生活、心理与社会融入的需求，对在机构内集体供养的孤残儿童，选择了家庭化养护方式，按照家庭养育方式对儿童进行培养，通过情感交流、培养亲情关系，为将来融入社会、自强自立奠定了基础。市儿童福利院制定《行政人员抱孩子制度》，要求行政人员做好本职工作，到一线抱孩子，与儿童进行交流，开展基础性功能训练和引导式教育。

2004 年，市民政局启动“明天计划”工作，在民政部资金未到位的情况下，采取民政厅资助和儿童福利院自筹的办法，为 9 名孤残儿童实施康复手术治疗。此外，对 46 名孤残儿童实施家庭寄养，13 名实施家庭助养。

2005—2006 年，为 33 名具有手术适应症的孤残儿童进行康复治疗；对 126 名孤残儿童分别实施家庭寄养，22 名孤残儿童实施家庭助养。

2007 年，呼和浩特市启动民政福利院建设项目，主要包括新建儿童福利院、社会福利院、流浪未成年人救助保护中心、救助管理站及军休干部服务管理中心等建设项目。其中，新建儿童福利院被民政部列为“蓝天计划”的重点项目。民政福利院暨新建儿童福利院项目于 2008 年投入使用。新建儿童福利院位于金桥开发区，占地面积 2.2 万平方米，建筑面积 1.24 万平方米，内设 500 张床位，是全区收养规模最大的、呼和浩特市唯一的一所集养护、教育、康复、安置为一体的儿童福利机构。年内，共为 57 名孤残儿童实施了手术，治疗有效率 98%。全年，市民政局对 13 名孤残儿童实施家庭寄养，24 名孤残儿童实施家庭助养。

2008 年，完成全市贫困家庭患有五官科和外科疾病的 200 余名患儿的统计和手术申报工作。实施“重生行动”，为贫困家庭中患有唇腭裂的 5 名儿童免费实施康复手术治疗。

2010 年，市儿童福利院、特殊教育学校、流浪未成年人救助保护中心（救助管理站）、社会福利院等重点项目建成，提升了全市社会福利基础设施水平。全年，为贫困家庭278名先天性心脏病残疾儿童、唇腭裂患儿、疝气儿童提供免费手术矫治。全年支出孤儿集中供养和分散供养资金580.32万元。

2011年，全市孤儿集中、分散供养标准分别由每人每月1060元和860元提高到1200元和900元。全年供养孤儿917名，供养经费1109.88万元。实施“明天计划”“重生行动”“西部贫困家庭疝气儿童手术康复计划”，为62名孤儿和困难家庭儿童实施免费康复手术治疗。

2014年，全市孤儿集中供养标准提高至每人每月1800元，分散供养标准提高至每人每月1500元。艾滋病儿童供养标准提高至每人每月1500元。年末，全市有孤儿699人。

2015年，根据自治区民政厅《关于保障事实无人抚养和困境儿童基本生活费的通知》要求，市民政局完成对事实无人抚养儿童、困境儿童的排查、审核、录入等工作。全年支出孤儿供需供养经费1398.37万元。

第三节　临时救助

2003年8月1日，国务院公布《城市生活无着的流浪乞讨人员救助管理办法》，同时民政部发布《城市生活无着的流浪乞讨人员救助管理办法实施细则》。2004年，市民政局依据《城市生活无着的流浪乞讨人员救助管理办法》《城市生活无着的流浪乞讨人员救助管理办法实施细则》，在呼和浩特火车站和中山西路等繁华地段和人员流动较集中的地区设立街面救助联系点2个、固定求助站4个。2003—2004年，市救助管理站共救助流浪乞讨人员1234人。

2005年，市民政局印发《呼和浩特市城市生活无着落流浪乞讨人员救助管理工作的意见》，同时在全市主要繁华街道设置救助管理引导牌8个，方便流浪乞讨人员求助，配合城管、市容、公安等部门对街面流浪乞讨人员进行劝导、护送。临时救助管理工作实现从强制收容遣送向自愿受助、无偿救助的重大转变。2005—2006年，全市共接待安置救助对象5436人，其中护送返家599人、资助自走人员4837人。

2008年，市救助管理站接待安置救助对象5618人。特别是在四川汶川大地震发生后，帮助四川省阿坝藏族羌族自治州黑水县80余名藏族群众安全返乡。2009年，呼和浩特市流浪未成年人救助保护中心（救助管理站）竣工投入使用。

2010年，市政府印发《呼和浩特市建立城乡居民临时生活救助制度意见的通知》，全面实施临时救助工作，明确救助对象、条件、标准及程序，救助标准确定临时救助的比例和最高限额。

2012年，全市民政部门开展“接送流浪孩子回家”专项救助行动，市民政局与市综治办等八部门联合转发《关于在全国开展“接送流浪孩子回家”专项行动的通知》，成立市流浪乞讨人员救助管理工作协调领导小组，明确各成员单位的职责任务。制定印发《呼和浩特市关于加强和改进呼市流浪未成年人救助保护工作的实施意见》。全年共救助流浪乞讨人员 1.87 万人次，其中救助流浪未成年人 926 人次。市救助管理站被自治区民政厅评为“全区民政系统行风建设示范单位”“全区民政系统先进集体”。2013—2014 年，开展“流浪孩子回校园”专项活动，累计救助流浪未成年人 131 名。

2014 年，为有效解决群众在生活中遭遇的突发性、临时性、紧迫性困难问题，按照《内蒙古自治区人民政府办公厅关于印发〈内蒙古自治区开展“救急难”试点工作方案〉的通知》要求，市民政局制定《呼和浩特市开展“救急难”试点工作方案》，确定新城区、玉泉区为自治区级“救急难”（政府对遭遇突发事件、意外伤害、重大疾病或其他特殊原因导致基本生活陷入困境，其他社会救助制度暂时无法覆盖或救助之后基本生活暂时仍有严重困难的家庭或个人给予的应急性、过渡性救助）试点地区，回民区、赛罕区、武川县为市级试点地区。

2015 年，市政府印发《呼和浩特市关于进一步健全完善临时救助制度的通知》，对申请受理、审核、审批程序、救助范围、救助标准、保障措施等做了明确的规定，首次将外来务工人员和在读大中专院校非本户籍学生纳入救助范围，打破户籍制度限制，救助标准按照当地城镇最低生活保障标准、共同生活成员、困难延续时限 3 个要素确定。全年，实施临时救助 5051 户次，发放救助金 954.43 万元；救助遭遇突发性、临时性困难人员 181 人次，发放救助金 52.75 万元。各旗县（区）均启动“救急难”工作，新城区被确定为国家级“救急难”试点地区。从 2008 年开始，呼和浩特救助管理站每年从 11 月 15 日至次年 2 月 15 日开展“百日暖冬救助专项行动”。截至 2015 年，先后开展 8 次专项行动，确保市区内流浪乞讨人员得到及时有效的救助，杜绝流浪乞讨人员冻、饿死街头现象发生。

2003—2015 年呼和浩特市救助站救助量统计表

表 23-5-1　　　　单位：人

年份	救助量
2003	148
2004	1086
2005	1901
2006	3535
2007	3884
2008	5618

续表 23-5-1

年份	救助量
2009	7016
2010	12426
2011	19076
2012	16246
2013	14733
2014	13398
2015	17160
合计	116227

2010—2015 年呼和浩特市临时救助情况统计表

表 23-5-2 单位：万元

年份	救助人次	救助资金	中央、自治区补助	市本级配套	旗县（区）配套
2010	4922	500.5	134	50	316.5
2011	1063	111.72	258	—	—
2012	1857	231.21	258	80	190
2013	3903	683.65	258	452	185
2014	4717	744.9	819	397.5	130
2015	6419	1025.18	943	499.46	60

说明：表中“—”表示无数据

第四节　福利彩票

1989 年，呼和浩特市开始开展福利彩票销售工作，主要依靠多点销售即开型福利彩票，销售情况起伏不定。1994 年以后，市福彩中心率先在全区组织开展即开型福利彩票大奖组销售，年销量由几十万元提升到几百万元。

2001 年，全市设立 252 个电脑福利彩票销售点。4 月 8 日，内蒙古风采电脑福利彩票开通销售。年底，实现彩票销售 1000 余万元，销售量排全区第一。为配合全市“星光计划”启动实施，举办即开型彩票销售活动，销售彩票 92 万元。

2002 年，内蒙古风采电脑福利彩票“35 选 7”（2004 年停售）、“29 选 7”（2003 年停售）和“22 选 5”（2009 年停售）游戏在呼和浩特市上市销售，同时停售“32 选 7”和“10 选 5+1”游戏。全年，完成 1931 万元的销售任务，为全市筹集 83 万元的福利资金。

2003 年，电脑福利彩票“双色球”游戏上市销售。截至 10 月底，共销售福利彩票 1920 万元，其中，电脑福利彩票销售 1740 万元，即开型彩票 180 万元。

2004 年，电脑福利彩票“3D”游戏上市销售。截至 11 月底，共销售福利彩票 3571 万元，筹集社会福利金 268 万元，其中，电脑福利彩票销售 3344 万元，即开型彩票在下半年全国暂停发行的情况下销售 227 万元。

2005 年，呼和浩特市福彩中心率先在全区引进视频彩票，建立“中福在线”大学东路销售厅，开通“中福在线”“开乐彩”等玩法，实现全区首家在线即开票销售厅的开通销售。截至 11 月底，销售彩票 7500 万元，其中，在线即开型福利彩票完成 50 万元。

2006 年，“中福在线”乌兰察布东路销售厅建成开业。同年，福彩中心通过 ISO 9001—2000 国际质量认证，成为全国第一个通过该认证的地市级福彩机构。当年，福利彩票共销售 1.2 亿元，筹集福利彩票公益金 900 余万元。

2007 年，电脑福利票“七乐彩”游戏上市销售，并首次实现全年销量突破 2 亿元大关。同年，全市新增投注站 50 个，“中福在线”文化宫街销售厅开业运行，“刮刮乐”即开型彩票上市运营。

2008 年，上半年即开型彩票“刮刮乐”上市销售，成为全区率先发行“刮刮乐”网点即开型彩票的试点盟市。全年，销售福利彩票 2.46 亿元。与 2007 年相比销量增加 4200 余万元，增长 20%。

2009 年，十分钟开奖的“时时彩”电脑福利彩票上市销售。同时，在公益资助方面，呼和浩特市福彩中心申请 20 万元福彩公益金首次开展“福彩公益金资助贫困大学生”活动，帮助 50 名贫困学生。

2010 年，呼和浩特市“中福在线”地质局南街销售厅建成开业。全年，销售福利彩票 2.92 亿元。2006—2010 年，全市福利彩票销售额 11.37 亿元，筹集公益金 8707 万元。

2011 年，销售福利彩票 3.8 亿元。同时，呼和浩特市彩民喜中双色球一等奖，1261.9 万元大奖再创最高奖金纪录。中福在线八一市场销售厅落成营业，全年销售福利彩票 3.8 亿元。

2012 年，销售福利彩票 4.2 亿元，筹集 3000 余万元公益金。2013 年，产生 5 名一等奖得主，中奖金额为 3183.5 万元。全年，销售福利彩票 5.48 亿元领跑全区。2014 年，推广“福彩便民店”，加强对福利彩票专营店的标准化建设。全年，共销售福利彩票 5.52 亿元，筹集福彩公益金 4100 余万元，销售总额列自治区第一。

2015 年，开展建设“阳光福彩”专项行动，确保福利彩票“安全运营，健康发展”。丰州路销售厅于 1 月投入使用，同时，对中福在线大学东路销售厅及乌兰察布东路销售厅进行翻修。全年，销售福利彩票 7.13 亿元，筹集福彩公益金约 5250 万元。

第六章　社会事务管理

第一节　婚姻登记与收养管理

一、婚姻登记

1987 年，市民政局开展婚姻登记人员发证培训工作，并在玉泉区开展婚姻建档试点工作。1988 年，婚姻建档工作推广至回民区。同年，对婚姻登记收费工作进行检查清理。

1992 年 7 月 1 日开始，为加强婚姻登记工作的管理，市三区（新城区、回民区、玉泉区）居民的婚姻登记工作由市民政局婚姻登记处统一办理，形成有效的婚姻登记档案。市民政局婚姻登记处开展“一条龙”服务工作，主要内容包括结婚登记、婚前教育、婚前健康检查、结婚照相、婚姻咨询、离婚调解和登记。市婚姻登记处设在人民公园南路自治区荣誉军人康复医院一楼，并由医院负责婚前检查和结婚照相。当事人申请结婚登记时，应当提交户口证明、居民身份证，所在单位、村民委员会或者居民委员会出具的婚姻状况证明，离过婚的，还应当持离婚证。同时，当事人需要到指定的医疗保健机构进行婚前健康检查，向婚姻登记管理机关提交婚前健康检查证明。市三区各办事处自 1992 年 7 月 1 日后停止办理婚姻登记手续。各旗县仍然执行原来的由乡、民族乡、镇的人民政府办理婚姻登记的办法。

1993 年，市政府颁发《呼和浩特市治理违法婚姻暂行办法》，加强全市的婚姻管理。全年办理结婚登记 1150 对，协议离婚 550 对，涉外婚姻 32 对。

1994 年，国务院发布《婚姻登记管理条例》，明确规定国务院民政部门主管全国的婚姻登记管理工作。县级以上地方各级人民政府的民政部门主管本行政区域内的婚姻登记管理工作。婚姻登记管理机关，在城市是街道办事处或者市辖区、不设区的市政府的民政部门，在农村是乡、民族乡、镇的人民政府。按照条例规定，市三区群众办理婚姻登记仍由市民政局婚姻登记处负责办理，各旗县继续执行之前的规定。

1997 年，全市办理结婚登记 1.46 万对，办理协议离婚登记 960 对，办理涉外结婚登记 29 对，婚姻登记合格率 100%。同年，在坚持自愿原则的基础上，开展摄影、化妆、婚纱等服务。1998 年，全市办理结婚登记 1.02 万对，涉外婚姻 40 对，办理协议离婚 1084 对，办理夫妻关系证明 212 对。

2000 年 7 月，市委、市政府印发《关于进一步完善和强化城区功能的意见》，对全市婚姻登记处予以撤销，各旗县（区）民政局分设婚姻登记处，负责本辖区的婚姻登记工作。在各旗县（区）民政局设立婚姻登记处开展婚姻登记工作后，全市婚姻登记工作逐步走向正轨。

2001 年 4 月 28 日，第九届全国人民代表大会常务委员会第二十一次会议通过《关于修改〈中华人民共和国婚姻法〉的决定》。同年，市民政局组织开展《中华人民共和国婚姻法》（修正）的宣传。当年，办理结婚登记 8779 对，办理涉外婚姻登记 33 对，协议离婚登记 1562 对。补办夫妻关系证明 156 个，复婚 24 对。登记合格率 100%。婚姻登记、国内收养登记法治化水平明显提高。

2003 年，国务院颁布《婚姻登记条例》。全年，办理结婚登记 7220 对，协议离婚登记 1179 对，复婚 47 对，补办证件 209 个；办理涉外结婚登记 41 对，离婚登记 1 对。2005 年，根据自治区民政厅要求，规范和调整 9 个旗县（区）的婚姻登记机关，全市设婚姻登记管理机构 47 个。

2007 年开始，全市婚姻登记实现计算机化，避免在制证过程因登记员手工填写出现姓名或身份证号码填写错误等诸多问题。全市 9 个旗县（区）婚姻登记处使用计算机系统录入当事人信息、打印婚姻证件。随后，登记系统由单机版发展为网络实时登记，信息采集由人工输入转变为身份证读卡器自动读取。2008—2009 年，共办理结婚登记 3.91 万对，离婚登记 4278 对；涉外结婚登记 114 对，涉外离婚登记 9 对。

2010 年，建立婚姻登记信息化平台，全面提升婚姻登记服务水平。新城区、回民区、玉泉区、土默特左旗民政局被评为全国婚姻登记规范化单位。全年办理结婚登记 1.83 万对，离婚登记 2454 对；涉外婚姻结婚登记 58 对，涉外离婚登记 52 对。2011 年 7 月 8 日，民政部印发《民政部关于开展婚姻登记机关等级评定工作的通知》，各婚姻登记处开展等级评定工作。全年，办理结婚登记 2.02 万对，离婚登记 2861 对；办理涉外结婚登记 57 对，涉外离婚登记 7 对。

2012 年，婚姻登记工作开展标准化建设，各旗县（区）婚姻登记处用房面积为 120 平方米以上。按照标准化建设的要求，分设候登区、结婚登记室、离婚登记室、档案室、颁证宣誓厅。全市 9 个旗县（区）民政局婚姻登记处全部配备电脑、打印机、身份证识别器等设施设备，婚姻登记工作实现在线登记、电子档案信息查询和电脑打证等服务，并开通网上预约服务，实现婚姻登记信息化管理。婚姻登记全市联网后，通过婚姻登记情况信息化管理，有效杜绝重婚现象的发生。全年办理国内结婚登记 2.08 万对，离婚登记 2971 对；补办结婚证 9008 对，补办离婚证 211 对，开具单身证明 1.36 万份；办理涉外结婚登记 60 对，涉外离婚登记 6 对。2012 年，市民政局被民政部授予“全国婚姻登记机关等级评定工作贡献突出单位”，玉泉区民政局婚姻登记处被民政部评为“国家 AAAA 级婚姻登记机关”。

2014 年，新城区民政局婚姻登记处被民政部授予“国家 AAAA 级婚姻登记机关”。2014—2015 年，全市共办理国内结婚登记 4.19 万对，离婚登记 1.1 万对；补办婚姻登记 5.1 万对，开具（无）婚姻登记记录证明 7.03 万份；办理涉外结婚登记 139 对，涉外离婚登记 15 对。登记合格率 100%。

2005—2015 年呼和浩特市婚姻登记情况表

表 23-6-1

年份	办理结婚（对）	办理离婚（对）	补办结婚证（对）	补办离婚证（对）	单身证明（份）
2005	12019	1454	328	38	157
2006	15363	1446	394	34	220
2007	17380	1753	1086	54	276
2008	18593	2021	1442	108	713
2009	20536	2257	2169	169	1211
2010	18333	2454	5108	184	3854
2011	20248	2861	8096	264	9257
2012	20829	2971	9008	211	13610
2013	20874	4512	15730	363	33965
2014	21507	5419	28560	408	37428
2015	20413	5588	23470	1253	32966

二、收养管理

1992 年开始，市民政局按照《中华人民共和国收养法》有关规定，严格遵守国家有关计划生育方面的政策和法律、法规，同时开展国内收养和涉外收养，保障被收养人的权利。市民政局社会福利科具体承办涉港、澳、台胞以及华侨收养登记，各旗县（区）民政局也相应开始开展收养登记工作。1993 年，全市办理收养登记 23 件。1996 年，办理孤儿弃婴收养登记 42 个。2001 年，办理国内收养登记 25 件。

2003 年 12 月 18 日，民政部、国家档案局联合发布《收养登记管理办法》。全年办理国内收养 20 件，涉外收养 10 件。2005 年，办理收养登记 40 件，其中中国公民收养 38 件、华侨收养 2 件，登记合格率 100%。

2008 年，本着“以人为本、儿童至上、区别对待、依法办理”的原则，市民政局严格遵照民政部等五部委《关于解决国内公民私自收养子女有关问题的通知》要求，处理已形成的私自收养问题。各旗县（区）民政局依法办理收养登记手续，建立规范登记管理制度。全年办理收养登记 22 件，登记合格率 100%。2010 年，办理中国公民收养登记 9 件。2011 年，办理涉外收养登记 31 件、中国公民收养登记 8 件，登记合格率 100%。2012—2015 年，累计办理各类收养登记 33 件。

第二节　社会组织管理

一、社会团体管理

1986 年，呼和浩特市成立第一个社会团体——呼和浩特市消费者协会。1989 年 10 月，国务院颁布实施《社会团体登记管理条例》。同年，市民政局设立呼和浩特市社会团体登记管理办公室。

1996 年，市民政局制定《呼市社会团体组织通则若干规定》《呼市社团财务管理规定》等法规性文件。建立健全社团档案。当年，新注册登记社团 9 个，经审查注销 4 个。年末，全市有注册登记社团 215 个。

1998 年，市民政局印发《社团章程示范文本》。

2001 年，全市新增注册社团 12 个，其中变更 2 个、审批社团分支机构 1 家。依法注销社团 2 个。2005 年，重点对市属 114 家社会团体进行清理整顿，其中对 4 家名存实亡的社会团体进行注销登记。2005—2006 年，全市共新审批注册登记社会组织 54 家。至 2007 年末，全市依法登记注册的社会组织有 543 个，其中社会团体 216 个、民办非企业单位 327 个。2008 年，全市登记社会团体 13 个。

2009—2011 年，按照市委、市政府安排部署，指导符合条件成立基层党组织的社会组织申请成立党组织，扩大社会组织党建工作覆盖面。开展对社会团体“小金库”专项治理，对社会团体零申报且未进行重点检查的 140 个市属社会团体进行了全面复查。至 2011 年末，全市有注册登记社会团体组织 376 个。

2012 年，成立呼和浩特市社会组织评估委员会，制定各类社会组织评估指标。2013 年，全市新增登记社会团体 14 个，对 611 个社会组织进行年检。

2014 年，按照《内蒙古自治区社会组织直接登记办法(试行)》，对行业协会商会类、科技类、公益慈善类、城乡社区服务类社会组织实行直接登记。全市依法直接登记社会组织 11 个，其中行业协会 5 个、科技类 2 个、公益慈善类 3 个、城乡社区服务类 1 个。对市本级 1148 个社会组织进行年度检查。9 月，根据中共中央组织部《关于规范退（离）休领导干部在社会团体兼职问题的通知》和自治区《关于清理规范全区党政机关干部兼任社会组织职务的通知》，在全市范围内集中开展清理规范党政领导干部兼任社会组织职务专项工作，全市共有 901 名党政干部不再兼任社会组织领导职务，其中厅级 28 名、处级 291 名、科级及以下 582 名；32 名领导干部不再兼任行业协会法人代表。

2015 年，通过改革社会组织登记管理制度，对行业协会、商会、科技、公益慈善和城乡社区服务类社会组织实行直接登记，简化登记手续，降低费用，先后有 20

个为弱势群体和社区居民服务的公益组织直接登记并有序开展活动。全年，依法登记新的社会团体25个，办理直接登记的社会团体25个，注销的社会组织9个。同年，市民政局印发《呼和浩特市社会组织评估管理办法》，安排40个社会组织申请参加等级评估，对全市1298个注册登记的社会组织进行档案审查整理。为在市四区成立社会组织孵化基地（社区社会组织服务中心），市政府印发《呼和浩特市人民政府关于加强和创新社会组织培育发展与规范管理的意见》《呼和浩特市社会组织孵化基地管理暂行办法》《关于建立呼和浩特市社会组织孵化基地实施方案的通知》等，建立社会组织孵化基地。市民政局从社会组织福利彩票公益基金出资60万元，在市本级和市四区建立社会组织孵化基地。8月，社会组织孵化园区挂牌，呼和浩特市家韵社区服务中心、有所社会工作服务中心、德泽公益事业服务中心、12349便民为老服务中心、仁和乐龄为老服务中心、心悦心理服务中心、睿联凯舟社会工作发展中心、社工协会入驻园区。截至2015年底，全市有各类社会团体298个。其中，有AAAA级社会团体6个，包括物业管理协会、机动车驾驶员培训行业协会、肉类协会、药品学会、慈善总会、财政学会；有AAA级社会团体9个，包括民办教育协会、互联网协会、建筑业协会、酒店用品协会、哲学学会、家庭教育学会、消费者协会、太极拳协会、警车协会。

二、民办非企业单位管理

1985年，呼和浩特市第一家社会服务机构，即民办非企业单位——呼和浩特市政协补习学校成立。截至1997年底，全市有民办非企业1793个。

2001年开始，各类社会服务机构数量明显增多。同年，市民政局完成教育等部门所属的41家民办非企业单位的发证工作。2002年，协调市卫生局、市劳动部门、社会福利部门、科技部门等签订有关民办非企业单位复查登记的双边文件，对上述部门所属的民办非企业单位开展复查登记。

2005年，市民政局组织部分民间组织参加自治区民管局举办的“非营利组织会计制度培训”和关于开展非营利组织诚信与自律学习班的学习。组织旗县（区）登记的6家农村专业经济协会的法人、负责人参加自治区民政厅召开的“全区农村牧区专业经济协会现场会议”。全年受理登记民办非企业单位56个。2007年末，全市有注册登记民办非企业单位327个，注册登记农村专业经济协会40个。

2011年，全市有注册登记民办非企业单位524个。2013年，全市新登记民办非企业单位16个。年内，申报中央财政支持社会组织参与社会服务项目2个。

2015年，依法登记新的民办非企业单位34个，办理直接登记的民办非企业单位20个。11月，呼和浩特市扶贫基金会在民政部注册成立，基金会属于公募基金会，原始基金数额为400万元，来源于政府捐赠。截至2015年，全市有社会服务机构386个，其中教育事业类有148个、民政事业类73个、体育事业类69个、劳动事业类60个、科技事业9个、社会中介服务业11个、卫生事业7个、文化事业6个、其他类型3个。获得AAAA级的社会服务机构有工业职业学校、敬业学校、内蒙古农业大学附属秋实中学、启秀中学、市明德学校、日信海清职业培训学校、福源社区服务信息中心、富康老年公寓、小百灵聋儿听力语言康复训练中心；获得AAA级的社会服务机构有汽车工程职业技术学校、华育信息职业培训学校、新城区福沃斯语言培训学校、回民区致远培训学校、儒科职业培训学校、赛罕区士林培训学校、仁和职业培训学校、万联职业培训学校、睿联凯舟社会工作发展中心、社康老年综合服务中心、祥和老年公寓、金河夕阳红康乐园、天泽老年公寓、恺撒体育健身俱乐部、快乐星孤独症儿童训练中心、呼和浩特红十字博爱医院。

第三节　老龄工作

一、开展活动

1996年8月,《中华人民共和国老年人权益保障法》颁布实施，后每年10月，呼和浩特市集中开展《中华人民共和国老年人权益保障法》宣传教育及为老服务活动。印制宣传读本,免费向全市有关机关、企事业单位、老年社团组织、社区等发放。

1997年，市政府印发《关于对60周岁以上老年人实行敬老优待服务的通知》，明确凡居住在呼和浩特市行政辖区内，持有常住户口，年满60周岁以上的老年人可以办理“敬老优待证”，凭证可以享受敬老优待内容，涉及游览市区各公园、名胜古迹、图书馆、博物馆、文化宫和到各级老年活动中心参加活动，免收门票；在社区“星光老年之家”参加活动予以免费;免费使用市区各收费公厕;各律师事务所、法律服务所和公证处，免费提供有关老年赡养方面的法律咨询；市公交公司按半价办理月票乘车（不包括中巴车）；到市属医院就医，免收普通挂号费，并优先挂号、就诊等。1999年，呼和浩特市进入人口老龄化城市序列。

2003年开始，每年春节市老龄办慰问百岁老人。2004—2009年，健全老龄工作机构，发展老年服务设施和服务项目，组织多项老年人文娱体育活动，逐步完善敬老优待服务工作。同时开展“重阳敬老月”慰问、宣传、文体活动和“敬老孝星”评比等工作。

2010年8月开始,每年开展一届敬老“孝星”评选表彰。每年评选出270名敬老“孝星”，每人1000元奖励。同年，市政府印发《关于对60周岁以上老年人实行敬老优待服务的通知》，明确全市年满60周岁以上（包括外地在呼居住）的老年人，均属优待对象。优待对象凭市政府颁发的“敬老优待证”，享受游览政府投资主办的各类公园（大青山动物园、湿地公园、乌素图森林公园、和林格尔县南山公园等）、古迹（五塔寺、白塔等）、旅游景点（哈素海等）和到博物馆、纪念馆、文化宫、老年活动中心等各类公益性公共文化服务场所参加活动，门票免费；昭君博物院对老年人实行门票半价收费，非政府投资的武川县哈达门高山牧场对老年人实行门票半价收费；呼和浩特市（公主府）博物院对60周岁以上，70周岁以下的老年人实行门票半价收费，对70周岁以上（含70周岁）的老年人门票免费；到自治区驻呼医院、市属医院和旗县（区）医院就医，免收普通挂号费，各医院要设立老年优待窗口，社区医院、门诊（所）等医疗卫生服务机构要积极为老年人开展健康卫生服务；免费使用市环卫部门管理的各收费公厕；免费享受有关老年赡养方面的法律咨询服务；各级司法部门、律师事务所、法律服务所和公证处等，应向老年人提供法律服务和法律援助；半价购买公交月票和普通票乘坐公交车（不包括中巴车），70周岁以上老年人持“敬老优待证”，办理乘车卡，免费乘坐市内公交车（不包括中巴车），公交车上要设老年人专座等敬老优待服务，优待对象本人持证有效。

2011年1月，根据自治区政府办公厅《关于印发自治区80岁以上低收入老年人高龄津贴发放管理办法的通知》要求，全市开始实施高龄津贴发放工作，发放范围是呼和浩特市户籍，年龄在80周岁以上（含80周岁）低收入和无固定工资收入的老年人（领取离退休工资、社保退休工资和低保金的高龄老人暂不享受高龄津贴）。高龄津贴按年龄实行分档发放，标准为80～99周岁，每人每月100元；100周岁以上（含100周岁），每人每月300元。2014年，呼和浩特市将80岁以上城乡低保老年人纳入高龄津贴实施范围。

2012年，市老龄工作委员会成立呼和浩特市“敬老文明号”创建活动领导小组，领导小组办公室设在市老龄委办公室。2013年，市政府决定市四区60周岁以上老年人全部免费乘坐市内公交车，免费为70周岁以上乘坐公交车的老年人办理人身意外伤害保险。

2014年，全市发放高龄津贴3142万元，2.66万名高龄老人受益。同时，将农牧区5053名80周岁以上享受低保老人全部纳入高龄津贴发放范围。全年，有11.4万名老年人办理敬老优待证。投入91.8万元为3.83万名70周岁以上老年人免费办理乘坐公交意外伤害保险。5月1日起，全市政府投资建设的旅游景点全部对老年人免费开放。

2015年，市政府办公厅印发《关于政府购买居家养老服务实施方案（试行）》，开始推行政府购买居家养老服务。政府购买居家养老服务的保障对象为具有呼和浩特市户籍且实际居住在本市范围内的90岁以上高龄老人，每月可享受300元政府购买居家养老服务补助，80岁以上低收入老人（无固定工资收入、低保老人）、60

岁以上“三无”（无劳动能力、无生活来源、无赡养人和抚养人）老人，每月可享受150元政府购买居家养老服务补助。政府购买服务内容有精神慰藉、生活照料、家政服务等6大类29项90余条。其中，50%的资金用于购买送餐配餐服务项目；30%的资金用于购买生活照料服务项目；20%的资金用于购买家政服务项目。通过政府公开招标，确定内蒙古浩翔餐饮有限责任公司等7家企业为政府购买居家养老服务定点单位。2003—2015年，为全市百岁老人送去50余万元的春节慰问金和慰问品。

二、老年大学

1991年，呼和浩特市老年大学成立，隶属市人事局老龄办。学校创立初期条件艰苦、设施简陋、师资不足、课程单一，无固定教学场地。1991—1993年，租用团结巷1间平房作为教室。1993年后，办学地设在呼和浩特市体育场。1998年，老龄办划归市民政局老龄委，老年大学随之归口民政局老龄委管理。

2003年，老年大学办学地设在呼和浩特市职业学院。2005年，老年大学划归市老干部局管理。2007—2015年后，老年大学设在呼和浩特市老年活动中心。

第四节　殡葬管理

1987年，呼和浩特市开始推行火葬。1988年，市政府印发《殡葬改革管理工作细则》。同年，呼和浩特市殡仪馆开始实行自负盈亏。1989—1993年，市区火化率每年均在97%以上，最高年份达99%。同时对农村土葬进行改革，其间约有100个村委会建立集体公墓147座。

1996年，在国道110线以北坝口子一带开展平坟工作，全年平坟970座。全年，市区死亡人口火化率98%，农村火化区火化率55%。

1997年，市政府发布《关于禁止制作、销售和焚烧殡葬用品的通告》。同年，完成呼和浩特市新殡仪馆、骨灰长廊的搬迁和筹建工作。1998年，市政府印发《呼和浩特市殡葬管理条例》。同年，市民政局联合多部门取缔非法制作、销售殡葬用品摊点30多处，规范殡葬用品市场。查处违章土葬13起，平迁坟1.42万座，还田、还林、还牧9.33公顷。全市社会火化率33.6%。

2001—2005年，全市改革土葬、推行火葬，引导群众逐步破除陈规陋习，文明节俭办丧事。规划公益性公墓10余处，加大对经营性公墓的管理和监督检查力度，严格执行年检制度。加强对医院太平间的管理，防止尸体流失。会同工商等部门，对市内殡葬用品销售点进行清理整顿。完成殡葬服务中心移交殡仪馆管理的工作。至2005年末，全市社会火化率达60%。2007年开始，对呼和浩特市大黑河陵园1.2

万余座坟墓实施整体搬迁，新建呼和浩特市民政福利院。

2008年8月，市人大常委会颁布实施新修订的《呼和浩特市殡葬管理条例》，加强对全市火葬区和医院太平间的管理，社会火化率明显提高。2009年，对全市公益性公墓进行申报和检查。启动内蒙古革命烈士陵园新建殡葬用品销售市场、停车广场和祭奠园工程建设项目。

2010—2013年，连续开展全国殡葬系统“优质服务月”活动，倡导“文明祭扫、平安清明”，协调有关部门共同做好清明期间群众祭扫活动的组织、协调、服务和安全保障工作。开展以“加强行风建设，提升殡葬服务，倡导文明祭祀，创建平安清明”为主题殡葬系统行风建设月活动，宣传贯彻《呼和浩特市殡葬管理条例》，营造文明祭扫、平安清明的良好氛围。

2014年，推进“公园式”陵园改造工作，7家经营性公墓投入绿化、美化和景观建设投入资金5537.8万元，栽种树木25.4万株，种植草坪5.2万平方米、树墙2700余米，建设景观30处。清明节期间，组织开展“文明低碳祭扫·清明树新风”主题宣传月和行风建设月活动。全年为193名符合条件的丧者免除基本殡葬服务费用34.5万元。4月，作为重点民生项目，位于赛罕区榆林镇陶卜齐村北侧的呼和浩特市殡仪馆新建项目奠基，项目用地总面积91.6万平方米，建筑总面积约7万平方米，按使用功能分为办公服务、业务、殡仪服务、火化、骨灰寄存、集散广场、祭扫、绿色生态公园、公益性和经营性公墓等区域。

2015年，组织开展“文明祭扫、生态安葬”为主题的宣传月和行风建设月活动。推进惠民殡葬工作，为180名符合条件的丧者免除基本殡葬服务费用。清明节期间接待扫墓群众43万多人次，车辆6.9万多辆，未发生一例突发事件，实现文明祭扫、平安清明的工作目标。全面启动新城区、回民区公益性墓地和零散墓地改造、搬迁工作。大青山前坡经营性公墓投入绿化改造资金4353.5万元，种植树木4万余株，修建草坪6万余平方米，栽种灌木20.8万丛，种植树墙3.7万余米，建设景观45处。

第七章　地名管理

第一节　地名普查

1985年，呼和浩特市完成第一次全国地名普查工作，共普查登记各类地名1763条，基本查清呼和浩特地区分类记地名的现状、历史及其变化发展的情况。同时，对全市地名进行标准化、规范化处理，设置地名标志，建立地名档案工作机制，编撰出版《呼和浩特市地名志》。

1991年5—12月，市地名办公室针对第一次全国地名普查时遗漏的地名，以及地名普查后新产生的地名和普查时有争议不准确的地名进行补查、更新。

2009年，完成市级、市辖旗县区边界358公里的界线联检，土默特左旗沙尔沁乡撤乡建镇行政区划调整工作。9月，呼和浩特市地名网全面开通。

2011年，完成呼和浩特市与乌兰察布市行政区域界线联检和6条旗县区行政区域界线联检任务。2012年6月1日起，《呼和浩特市地名管理条例》经自治区第十一届人民代表大会常务委员会第二十八次会议批准，正式施行。圆满完成呼和浩特市与鄂尔多斯市行政区域界线联检和5条旗县区行政区域界线联检任务。

2014年，圆满完成与乌兰察布市行政区域界线联检和旗县区行政区域界线联检任务。对武川县与包头市达茂旗界线纠纷进行实地踏勘调研和调解。按照国务院、民政部、自治区民政厅、市政府关于开展第二次全国地名普查工作的有关要求，呼和浩特市于2014年7月至2018年6月在全市范围内，以县级为单位开展第二次全国地名普查。7月，市政府办公厅印发《关于开展第二次全国地名普查的通知》，成立呼和浩特市第二次全国地名普查领导小组及领导小组办公室，召开市第二次全国地名普查工作会议暨普查培训会，以多种形式广泛宣传地名普查的目的和意义。10月，市地名普查领导小组印发《呼和浩特市第二次全国地名普查实施方案》，安排部署全市地名普查工作，确定新城区、玉泉区、赛罕区、土默特左旗为第一批地名普查试点单位，普查工作在试点单位全面展开。

2015年，各旗县（区）相继成立第二次全国地名普查领导小组，制定普查实施方案，召开动员大会，举办地名普查培训班等。回民区、托克托县、和林格尔县、清水河县、武川县作为第二批普查单位，有序进行地名普查的外业调查、填表等各项工作。

第二节　地名命名

1984年12月，市政府按照国务院《关于地名更名的暂行规定的通知》要求和自治区政府有关规定，在第一次全国地名普查的基础上，对全市的自然村庄、山川河流、名胜古迹、城镇街道等地名进行规范化和标准化处理。经自治区政府审查批准后，公布施行标准地名，对已经公布的标准地名一律不准随意改名。其间，对市区9条主要街道分别移借自治区管辖的呼伦贝尔盟、兴安盟、哲里木盟、昭乌达盟、锡林郭勒盟、乌兰察布盟、伊克昭盟、巴彦淖尔盟、阿拉善盟的名称进行命名。

2000年后，随着旧城区改造、新城区扩张，街路巷发生变化，地名标准不统一和不规范的问题比较突出，存在一路多名、有路无名、地名拼写不规范等问题，给人民群众生产生活带来不便。

2003 年 4 月，市政府发布《关于对城区道路进行命名的决定》，对城区主要干道（八横十纵）命名更名 68 条，次干道、支路、小街巷更名 58 条，次干道、小街巷命名 27 条；拍卖冠名权的次干道支路 14 条；宣布消失街路巷名 74 条。

2007 年 8 月，市政府批准赛罕区政府对金桥开发区 44 条新建道路进行命名，其中主干道 11 条、次干道 33 条。

2010—2011 年，对城区“一街五区”97 条道路地名进行命名更名规划。

2012—2014 年，完成全市地名数据库信息录入任务，共采集地名信息条目 214019 条。完成武川县二份子乡撤乡建镇和玉泉区镇街道办事处行政区划调整及清水河县单台子乡撤乡建镇更名的调研论证、上报，以及《中华人民共和国政区大典·内蒙古卷·呼和浩特篇》部分内容的补充完善和市区街路巷门牌设置工作。

2015 年 9 月，对赛罕区 25 条新建、延伸扩建道路进行实地调查和审核，经市政府批复，同意道路命名更名。同年，市地名办编制印发《呼和浩特市地名普查登记表填写手册》，组织各旗县（区）普查办工作人员赴自治区试点旗县学习，并与自治区地图院联合编制完成《呼和浩特市政区图》《呼和浩特市街区图》《呼和浩特市城区影像图》。

第二十四篇

扶贫脱困

第一章　扶贫管理

第一节　管理机构

1987年前，呼和浩特市扶贫工作由呼和浩特市民政局代管，扶贫工作主要依托民政部门救济、救助方式具体落实到贫困户及贫困人口。1987年底，根据国务院《关于加强贫困地区经济开发工作的通知》要求，呼和浩特市将扶贫业务由市民政局代管移交给政府，专门成立呼和浩特市扶贫领导小组，下设办公室负责全市扶贫工作。土默特左旗、托克托县、郊区也先后成立相应机构。1988年12月，为适应扶贫经济开发工作的需要，经市委、市政府研究决定将呼和浩特市扶贫领导小组更名为呼和浩特市贫困地区经济开发领导小组，办公室更名为呼和浩特市经济开发办公室。

20世纪90年代中期，依照自治区扶贫领导机构调整，呼和浩特市贫困地区经济开发领导小组调整为呼和浩特市扶贫开发领导小组，呼和浩特市经济开发办公室随之更名为呼和浩特市扶贫开发领导小组办公室。

2001年，在机构改革中，市委、市政府考虑到扶贫任务的艰巨性，保留市、县两级扶贫工作机构，增加市三区扶贫办机构。呼和浩特市扶贫开发领导小组办公室为市政府常设议事机构，行政定编19人。各旗县（区）的扶贫办也单独设立。

2009年，呼和浩特市扶贫办内设项目科、综合科、社会扶贫科、世行科、移民科；下设扶贫培训中心。

2011年，呼和浩特市扶贫开发领导小组办公室更名为呼和浩特市扶贫开发办公室，为市政府直属机构。内设综合科、项目管理科、扶贫规划科、社会扶贫科、移民扶贫科和革命老区建设科；下设扶贫培训中心。

2013年，经市编制委员会办公室批准，撤销呼和浩特市扶贫开发办办公室扶贫培训中心，成立贫困地区信息监测中心，核定事业编制15人。全办行政在编人员共25人，机关内设综合科、项目管理科、扶贫规划科、社会扶贫科、移民扶贫科和革命老区建设科；下设贫困地区信息监测中心，事业在编人员15人。

2014年，根据市政府办公厅《关于印发呼和浩特市农村工作委员会主要职责内设机构和人员编制规定的通知》，设立呼和浩特市农村工作委员会，为呼和浩特市政府工作部门，不再保留市委农村牧区工作部、市扶贫开发办公室。将市委农村牧区工作部、市扶贫开发办公室职责划入呼和浩特市农村工作委员会。市农村工作委员会内设办公室、计划财务科、政策法规科、经济社会发展科、城乡统筹发展科、村镇建设管理科、就业培训科、扶贫项目管理科、社会扶贫科、革命老区建设科10个工作机构；下设市农村工作委员会机关事务服务中心、市贫困地区信息监测中心，为市农村工作委员会二级预算单位。

第二节　资金管理

1986—1988年，自治区累计下拨呼和浩特市各类扶持资金1433万元，其中低息贷款798万元。1994年，国务院《“八七”扶贫攻坚计划》发布后，呼和浩特市相继开展京蒙对口扶贫项目、农村牧区人畜饮水解困工程、移民扶贫开发工程、贷款扶贫项目、产业化扶贫工程等扶贫工程和扶贫项目。

1996年，呼和浩特市投入到贫困地区的各项扶贫资金2700多万元。其中，支农支发资金515万元，社会扶贫资金1000多万元，市财政投入400多万元，其中自筹800万元。在资金的使用上，重点扶持有助于解决贫困人口温饱的种养业以及相关的加工业。坚持统筹安排，集中攻坚，重点使用的原则，坚持扶贫资金的安排，必须到村，项目覆盖到户的原则，把国家的投入作为“引子”，鼓励农民多投入，提高扶贫资金的使用效益，推动贫困地区经济的发展。同时，严格扶贫资金的管理，加强审计、检查制度。

1997年，呼和浩特市社会扶贫投入资金2230多万元。市扶贫办与有关部门配合，将扶贫资金“捆”起来集中攻坚。投放的重点主要以解决群众的温饱为主，坚持到村、到户。对投资10万元以上的扶贫项目进行一次检查，针对检查出资金到位差的问题，及时向市政府反映，市政府专门召开会议进行研究解决。同时，加强对扶贫资金的审计和检查，严格资金管理、使用等方面的纪律。

1998年，市扶贫办会同市农业局和各旗县（区）扶贫办人员组成3个“温饱工程”检查验收小组，采取对调检查、随机抽样、对照台账和实地丈量相结合的办法进行检查验收。财政支农支发扶贫资金下达后，先后深入4个国贫县的贫困乡、村、户，重点检查扶贫资金的到位和投资10万元以上扶贫项目的实施情况。配合市监察、审计、财政等部门对1997年、1998年两年四项扶贫资金投入、管理使用及效益等进行全面的执法检查和审计，避免资金管理使用中的挤占、挪用等违规违纪现象的发生。同时，开始实行项目立碑挂牌，明确项目内容和有关单位及责任人的职责，主动接受社会监察和有关部门检查。全年，全市投入扶贫资金7145.6万元。其中，财政扶贫资金1910.9万元（包括市本级配套450万元），以工代赈资金1572.7万元，信贷扶贫资金

3662 万元。

2001 年，全市下达财政扶贫资金 1724 万元，其中定向部分 760 万元、非定向部分 564 万元、移民经费 400 万元。市扶贫办会同市计委、财政局对 2000 年各项扶贫资金的到位、使用情况进行督查和审计。

2004 年，全市完成“千村扶贫开发工程”投资 4700 多万元，完成世行投资 878 万元，社会扶贫投入（含实物折款）达 2385 万元，其中国家机关和北京市实际投入 584.4 万元。2005 年，下达整村推进扶贫资金 1183 万元，市财政投入财政扶贫资金 1400 万元用于产业化扶贫、70 万元资金用于高效覆膜作物补贴、20 万元用于解决 3 个贫困县人畜饮水困难，落实世行项目各项投资 613.86 万元，全市社会扶贫总投入 1798.32 万元（含实物折款）。

2006 年，全市产业化扶贫投入 300 万元，重点贫困县投入扶贫资金 554.28 万元，移民扩镇扶贫总投资 487.55 万元。按照人均 300 元的补助标准，采取培训券的方式累计培训 7589 人。全市财政扶贫资金到位率、扶贫开发配套资金到位率达 100%。2007 年，全市投入整村推进专项资金 1550 万元，投入劳动力转移培训资金 222 万元。

2008 年，自治区扶贫办确定整村推进重点贫困村 24 个，每个村投入 100 万元，其中市级配套 10 万元、旗县（区）配套 20 万元；市级社会扶贫投入 1265.86 万元（含实物折款），其中用于中棚建设资金 207.6 万元、“对口”帮扶为 4 个国家扶贫开发工作重点县投入资金 500 万元。全年共投入农村扶贫资金 4.5 亿元，其中市财政投入扶贫资金 3000 多万元。

2009 年，争取自治区扶贫资金 4000 余万元。投入整村推进各类扶贫资金 4527 万元。其中，国家和自治区财政扶贫资金投入 2170 万元，配套及自筹资金 2357 万元；自治区下达产业化扶贫项目财政扶贫资金总额 1220 万元、劳动力转移培训费 230 万元；下达连片开发试点项目总投资 5300 多万元，其中国家和自治区投入财政扶贫资金 1000 万元，市、县整合各类资金 4200 多万元；自治区移民扩镇项目投资 1230 万元；国家定点帮扶单位、市级包扶单位和旗县（区）社会扶贫投入 1268.7 万元（含物折款）。

2010 年，争取自治区整村推进扶贫资金 3200 万元、产业化扶贫项目资金 1197 万元、科技扶贫项目资金 200 万元，自治区下达劳动力转移培训费 175 万元，完成自治区第六期移民扩镇扶贫项目投资 1618.59 万元，中央国家机关和北京市对口扶贫投入资金 500 万元，革命老区扶贫开发“一村一品”项目下达资金 300 万元。

2011 年，呼和浩特市出台《呼和浩特市扶贫项目资金管理办法》，严格把好项目审核申报关、项目实施关、项目验收关，凡是申报的扶贫项目必须从项目库中提取，每个项目的实施都要挂牌、立碑、公示，每笔扶贫资金都要上网公示，使扶贫资金的使用公开、透明。全年争取自治区整村推进项目财政扶贫资金 2350 万元、产业化扶贫项目资金 747 万元；自治区第七期移民扩镇扶贫项目计划总投资 5036 万元，其中自治区扶贫移民专项资金 1200 万元；集中连片开发项目申请国家自治区财政扶贫资金 500 万元，争取自治区科技扶贫项目资金 150 万元；市级部门投入社会帮扶资金 576.8 万元，中央直属企业定点帮扶投入资金 500 万元。

2012 年，全市实施 30 个整村推进重点村项目，计划总投入 7.28 亿元。其中，自治区财政 2250 万元、市级财政 9000 万元、贴息贷款 2.52 亿元、行业（部门）及企业投入 1.63 亿元、群众自筹 1.96 亿元；产业化扶贫项目申请自治区财政扶贫资金 3422 万元；革命老区扶贫项目总投资 3067.2 万元，包括自治区老区建设资金 600 万元。

2013 年，把涉农资金集中用于整村推进重点村和新农村建设示范村，每个村投入不低于 4000 万元，旗县（区）整合资金和市社会扶贫投入达 5 亿多元。全年，全市 30 个整村推进项目村完成投资 6.52 亿元，其中自治区财政扶贫资金 2100 万元、市本级财政扶贫资金 9000 万元、旗县（区）及企业投入 5.38 亿元；实施自治区第八期扶贫移民项目总投资 4833.62 万元，其中自治区专项资金 900 万元、县财政配套资金 380 万元、整合资金 120 万元、农户自筹 3433.62 万元；争取自治区产业化扶贫项目专项资金 250 万元、连片开发扶贫项目资金 1000 万元、老区扶贫项目专项资金 800 万元；对符合条件的 20.58 万户低收入农户每户发放煤补 600 元，共计 1.23 亿元；全市行业扶贫和社会扶贫投入 1280 万元（含实物折款）。

2014 年，按照自治区和呼和浩特市制定的扶贫攻坚“四到村四到户”（规划到村到户、项目到村到户、干部到村到户、领导到村到户）项目管理指导意见，各旗县（区）制定相应的扶贫项目管理指导意见和贫困村贫困户补贴方案，将 207 个项目村计划实施的项目进行县、乡、村三级公告公示。全市累计下达整村推进财政专项资金 8015 万元，其中自治区 3015 万元、市本级 5000 万元；落实社会扶贫资金 5991.66 万元（含实物折款）；核实发放煤补农户 23 万户，发放资金 1.43 亿元。

2015 年，呼和浩特市制定完善《呼和浩特市 2015 年“四到村四到户”扶贫攻坚工程考核细则》《呼和浩特市生态脆弱地区移民扶贫项目验收办法（试行）》等监督管理制度，定期不定期对重点工作所涉项目资金进行监督检查。全市累计投入“四到村四到户”扶贫项目资金 1.5 亿元；投入“金融扶贫富民工程”2000 万元，其中清水河县、武川县各 1000 万元；投入社会扶贫资金 5323.129 万元（含实物折款）。

第二章　扶贫区域及状况

第一节　扶贫区域

1984年，托克托县被列为国贫县。1988年，呼和浩特市按照《关于核查贫困户摸清贫困状况的通知》，各旗县对1985年普查情况作核实。

1990年，对全市范围内所有农牧民户进行认真细致的普查，各旗县（区）在全面普查基础上，自治区扶贫办组织验收。1993年，组织开展两次全面普查，完成旗县（区）建簿、乡镇造册、户立卡的任务，为贫困户建立档案。

1995年、1996年，随着乌兰察布盟和林格尔县、清水河县、武川县先后划归呼和浩特市后，全市国贫县由托克托县1个增加到4个，分别是托克托县、和林格尔县、清水河县、武川县。

2001年，清水河县、武川县被自治区确定为移民扩镇试点县。同年，把贫困人口相对集中的新城区、赛罕区、土默特左旗、托克托县、和林格尔县、清水河县、武川县47个乡的150个建制村作为社会扶贫的重点。

2002年，和林格尔县、清水河县、武川县中国西部世界银行贷款扶贫项目正式通过专家评审，进入实施阶段。项目覆盖3个县、23个乡、86个村的1.51万户，受扶人口达到6.02万人。

2003年，扶贫移民扩镇项目在巩固完善2002年移民点的同时，争取到清水河县、武川县2个项目工程。清水河县移入区在王桂窑乡，武川县移入区在哈乐镇。

2004年，全市社会扶贫力量主要向清水河县、武川县倾斜，确定2个县27个贫困乡镇、130个重点贫困村。2005年，自治区批准呼和浩特市整村推进36个重点贫困村，武川县争取到第四期扶贫开发移民扩镇项目，移民扩镇移入区为可可以力更镇，并完成第三期移民扩镇2个县的后续工作。

2006年，武川县、和林格尔县被列入扶贫到户贷款贴息试点旗县，清水河县争取到自治区实施的“贫困嘎查村发展互助资金”项目。

2007—2008年，市扶贫办组成3个专门工作组，对各旗县（区）实施整村推进的重点村进行摸底调查，通过深入村户、实地了解情况，按照贫困线的基本标准，确定并上报自治区扶贫办47个实施整村推进重点村，并在《呼和浩特日报》进行公示。

2009年，市老区建设促进会为土默特左旗、和林格尔县“一村一品”项目投资40万元。在武川县的上秃亥乡刘家、麻迷兔、白泥壕和哈乐镇五福堂、白水泉5个建制村的15个自然村组织实施以县为单位，整合资金、整村推进、连片开发试点。

2010年，清水河县宏河镇永兴村和赛罕区榆林镇二道河新村实施第六期移民扩镇项目。

2011年10月，自治区政府办公厅印发《内蒙古自治区扶贫标准调整方案》《内蒙古自治区国家和自治区扶贫开发工作重点旗县调整方案的通知》。武川县保留国家扶贫开发重点县；清水河县调出国家扶贫开发重点县名单，列为自治区扶贫开发重点县。

2012年3月，国务院扶贫开发领导小组办公室发布《国家扶贫开发工作重点县名单》，武川县列入国家扶贫开发重点县，清水河县列为自治区扶贫开发重点县。

第二节　贫困状况

1986年，呼和浩特市对全市45个乡镇、627个建制村、1132个自然村的16.2万户进行全面普查，通过一查、二看、三议、四确定的方法，按照中央制定的人均收入不足120元、口粮不足150千克的贫困户标准，初步确定全市有贫困户2.16万户，其中属于救济对象的有4645户。通过普查摸清了贫困乡村户的实际情况、分布和类型，为制定扶贫措施编制发展规划提供依据。

1987年，为做到分期分批实施扶贫计划，根据国务院贫困地区经济开发领导小组和国家计划委员会的部署，在调查研究和旗县（区）规划基础上，结合呼和浩特自然、经济特点，编制《呼和浩特地区2000年发展规划》，总的目标是“七五”期间解决温饱，人均年收入达到200元；“八五”期间脱贫，年人均收入达到350元；“九五”期间实现富裕，年人均收入达到500元。

1988年，随着国家将贫困户标准年人均收入调整为200元以下后，呼和浩特市对全市贫困户的状况进行普查，全市共有农户16万户近70万人。其中人均收入不足200元的贫困户有48126户，占总农户的30%。全市有乡镇45个，其中贫困乡20个、贫困村354个、贫困户3.84万户，贫困户占20个贫困乡农户总数的51%；其余25个乡镇零散贫困户9700户，贫困户占25个非贫困乡总农户11%；老区乡5个，户数为1.60万户，其中贫困户3366户，占老区农户21%。

1991年，自治区政府确定全区贫困户人均收入500元、人均占有粮食400千克为达到温饱线。贫困扶持标准定为农区人均收入不足300元，牧区不足500元。1995年、1996年，和林格尔县、清水河县、武川县划归呼和浩特市。

1997年，全市贫困人口15.58万人，其中土默特左旗1.73万人、托克托县1.18万人、郊区8319人、和林格尔县4.17万人、清水河县4.45万人、武川县3.22万人。

2001年，全市解决10.48万贫困人口温饱问题。2002年解决6.78万贫困人口的温饱问题。2004 年、2005 年、2006 年分别解决了 3.08 万、3.43 万、3.5 万贫困人口温饱问题，贫困人口逐年减少。

2007 年，因严重干旱、雹灾等自然灾害影响，导致部分贫困村民因灾“返贫”的人数增加，全市返贫人口达 8.9 万人。2008—2010 年，全市每年稳定解决温饱人口 3.2 万人以上，重点贫困村人均收入全部超过 200 元。

2011—2014 年，呼和浩特市通过实行“两项制度”有效衔接，坚持开发式扶贫和到村到户，年均完成 3 万人的减贫任务。到 2014 年，全市自治区级贫困村 67 个、市级贫困村 140 个，贫困户 2.49 万户、贫困人口 6.07 万人。全市纳入低保的贫困户 1313 户、贫困人口 3171 人；未纳入低保的贫困户 2.36 万户、贫困人口 5.75 万人。

2015 年，通过实施“四到村四到户”扶贫项目、金融扶贫富民工程、社会扶贫等，全市扶贫开发精准脱贫总体目标 1.4 万贫困人口全部脱贫。

第三节　建档立卡

1988 年，按照《关于核查贫困户、摸清贫困状况的通知》要求，各旗县组织力量对 1985 年普查情况进行核实，明确扶持对象，分清各种类型，做到心中有数。郊区、土默特左旗、托克托县均完成“县建库、乡造册”任务。

1990 年，按照自治区扶贫办统一安排，历时两个月，对全市范围内所有农牧民户进行认真细致的普查，各旗县（区）在全面普查基础上，由自治区扶贫办抽调专人组织验收。

1993 年，组织开展两次全面普查，摸清全市贫困状况及分布情况。完成旗县（区）建簿、乡镇造册、户立卡的任务，为贫困户建立档案，为各级政府制定扶贫政策、采取措施提供翔实的资料。

1997 年，为使扶贫工作制度化、规范化，结合自治区开展的全区贫困人口普查，呼和浩特市建立和完善市、县、乡三级贫困人口台账，基本做到市掌握到贫困村，旗县掌握到贫困户。

2004 年，呼和浩特市开展贫困地区劳动力转移培训情况统计监测，市、旗县（区）扶贫办加强统计监测，市级有被培训人员花名册，旗县做到按人建档立卡，培训资料录入计算机管理。

2006 年，自治区扶贫办在全区范围内开展贫困户建档立卡工作。呼和浩特市成立专门的工作机构，抽调专人到贫困乡镇、村认真调查摸底，对贫困户逐一建档立卡，基本做到户有卡、村有册、乡有簿。为全市各旗县（区）扶贫部门配备专用计算机，将贫困户资料全部录入计算机，实行动态跟踪管理。

2007—2008年，市扶贫办在每个旗县各选择1～2个贫困村作为监测点，每个区选择1个监测点，与统计部门配合，按照国家统计规程进行统一，并由此推算出各旗县（区）贫困人口年人均增收情况。土默特左旗把贫困监测分为三类，即黄土丘陵区、黑河灌区、大青山沿山革命老区，通过对3个点汇总，以点带面，推算出全旗贫困人口人均增收情况，准确掌握脱贫进展情况。对贫困人口现状进行普查，针对贫困人口底数不清的问题，各旗县（区）按照年人均纯收入1500～2000元的标准线对贫困人口标准进行摸底调查，在把握动态因素基础上，通过客观分析，完成贫困户建档立卡任务。

2010—2013年，结合自治区扶贫办在全区重点旗县全面推开“两项制度”有效衔接试点工作，市扶贫办抽组人员分组深入到各旗县（区），对全市扶贫状况进行摸底，基本摸清全市贫困人口数量、分布的区域以及致贫返贫原因。按照自治区坚持扶贫开发与最低生活保障“双轮驱动”要求，全面完成对全市低保户、扶贫对象的识别和建档立卡工作，实行“一卡、两落实、三到户”（建档立卡，规划落实、责任落实，项目到户、资金到户、帮扶到户）工作机制，确保扶贫对象得到有效扶持。

2014—2015年，以旗县为单位，按照“规模控制、分级负责、精准识别、动态管理”的原则，对全市每个贫困村、贫困户进行建档立卡，完成对贫困村、贫困户逐村逐户登记造册，并录入计算机信息系统管理。各旗县（区）通过入户调查、群众评议、公告公示、村民代表大会通过、抽查验收、信息录入等确定精准扶持对象，实行动态管理，有进有出，建立信息网络系统。按照一村一策、一户一法的工作机制，根据贫困对象的贫困原因，逐村逐户集中力量进行精准扶持，确保实现精准脱贫。根据《内蒙古自治区扶贫对象退出管理工作方案》要求，逐步建立健全呼和浩特市建档立卡扶贫对象退出管理工作机制。

第三章　扶贫开发

第一节　专项扶贫

一、基础设施建设

1987年，托克托县乡两级政府安排贴息贷款3万元，为伍什家乡石家壕村打小土井120眼，使该村有200亩水浇地产量增至每亩200千克，比旱地增产180千克。年末，全村人均占有粮食330千克，一年实现温饱，彻底解决全村没有一亩水浇地、亩均产粮15～20千克、吃粮靠返销的历史。

1990年后，国家提出实施“八七”扶贫攻坚计划和自治区“三七”扶贫攻坚计划，呼和浩特市从贫困地区的实际出发，把加强贫困地区基础设施建设，改善贫困地区生产、生活条件作为扶贫工作重点，千方百计地筹集财力、物力、人力，因地制宜地建设一批基础设施工程。1996 年，全市以治水改土和小流域治理为主，共为贫困地区新打机电井 30 眼，实现水浇地 2200 公顷，建成旱作基本田 5333.33 公顷，小流域治理面积 7200 公顷。架设农用线路 61 千米，解决 3.67 万人、7.98 万头（只）牲畜饮水问题。

1997 年，呼和浩特市把所有扶贫资金集中向“水”倾斜，用较短的时间使贫困地区人均实现 1 亩水浇地或水灌溉农田，为稳定解决温饱创造条件。武川县重点抓“881”水利工程（三年内新打深井 800 眼，发展水浇地 8 万亩，加上原有水浇地，人均实现 1 亩），没有水利条件的地方以等高田为主建设旱作稳产田，三年完成 2 万公顷。结合人畜饮水“380”工程（自治区按照国家解决农村牧区人畜饮水的有关规定，“九五”期间为基本解决农村牧区 380 万人口、1020 万牲畜的饮水困难和防氟改水而兴建的各种供水工程）的实施，大力解决人畜饮水困难的问题。为贫困地区通电 487.45 千米、修建公路 747.5 千米。为贫困地区修建学校 58 所、修缮贫困乡卫生院 11 所，为 13 个乡安装程控电话。

到 2000 年末，采用电网送电、风力发电、太阳能发电等多种手段，为全市 580 个自然村的 1.7 万户贫困农民通了电。通过实施人畜饮水“380”工程、防氟改水工程、扶贫饮水工程，全市共解决 23.7 万人、49.4 万头（只）牲畜的饮水问题。加快公路建设，县与县基本通油路，乡与乡基本通砂石路，村与村基本通简易路。全市所有贫困乡接通程控电话，促进贫困地区与外界的联系。

二、实施旱作“温饱工程”

20 世纪 90 年代开始，呼和浩特市针对贫困地区种植结构传统、单一、低效，造成群众收入增长缓慢等因素，调整种植与养殖结构，实施旱作“温饱工程”，推进贫困地区的农业向优质高效方向发展。1994 年，“温饱工程”的种植面积 8400 公顷。1996 年，针对全市贫困地区大部分都处在山区、半山区和干旱缺水地区，土地贫瘠、广种薄收、靠天吃饭等自然状况，市委、市政府决定在全市贫困地区范围内，广泛实施投资少、见效快、家家户户都能受益的旱地地膜玉米或土豆的“温饱工程”建设。集中有限财力，一次性投入 340 万元（每亩补贴 20 元），每个贫困人口人均种植 1 亩旱地覆膜玉米或土豆。全市实际完成覆膜作物种植面积 1.95 万公顷，其中地膜玉米完成 1.57 万公顷，每亩增产粮食 250 多千克，增收 200 元。扶贫资金的投入产出比达 1 ∶ 10，成为农业投入回报率最高的项目。同时在土默特左旗、和林格尔县、郊区等地的贫困乡开展饲草青贮试点。

1997 年，全市完成“温饱工程”种植任务 1.87 万公顷。平均每亩增产 250 千克，增收200元。补贴地膜款257万元。1998年，呼和浩特市采取鼓励措施，贫困户每种1亩地膜作物补贴10元地膜款，全市共补贴430万元，完成“温饱工程”种植面积3.24万公顷，粮食总产量达20万吨，平均每亩增产250千克，贫困户人均增收200多元。截至2000年，全市“温饱工程”的种植面积4.5万公顷。同时，为适应市场需求，根据“奶业兴市”战略，把扶持奶牛业发展作为扶贫开发的一项重点工作，对增加贫困户收入、推动贫困地区的经济发展起到带动作用。

三、产业化扶贫

1998年开始，呼和浩特市把建立蛋鸡养殖基地，形成小规模大群体格局作为推进农业产业化发展的有效途径，落实扶贫到户的一条重要措施。沿和林格尔县、清水河县境内的国道109线、国道209线两侧计划用3年的时间，扶持发展100个蛋鸡养殖村，以贫困户为主，每户养300只左右的蛋鸡，建成100万只蛋鸡养殖带。到1998年末，和林格尔县、清水河县的3个乡、7个村、67户蛋鸡饲养量达2万多只，户均增收5000余元。

2000年后，围绕“奶牛兴市”的战略目标，以伊利公司和蒙牛公司为龙头，根据地理位置，重点扶持赛罕区、土默特左旗、托克托县、和林格尔县贫困户发展奶牛养殖，全市的奶牛养殖基地不断扩大，贫困户的收入稳定增加。2001年，全市奶牛存栏达到14万头，部分贫困户通过饲养奶牛脱贫致富。同时，扶持牲畜“种子工程”，引进500多头（只）牲畜，加强配种站建设。市扶贫办与内蒙古大学合作举办1期牛胚胎移植培训班。国贫县项目点开展牛胚胎移植，同时扶持暖棚舍饲育肥牛、羊以及猪的改良和兔的饲养。

2002—2005年，呼和浩特市根据贫困地区农牧业资源和生产力发展水平，统筹开展贫困地区奶牛、肉羊、肉兔、玉米、马铃薯、草业、蔬菜、中药材8类产品主导产业的开发。市政府办公厅印发《产业化扶贫实施方案》《贫困地区发展肉羊实施方案》，围绕盛乐园区新建的蒙羊公司，在和林格尔县、清水河县、武川县建立肉羊基地，采取“财政补一点，银行贷一点，群众筹一点”的办法筹措资金，全市调进小尾寒羊23.68万只，投入财政扶贫资金1400万元。市四区、土默特左旗、托克托县、和林格尔县奶牛饲养，清水河县、武川县舍饲圈养肉羊生产等均初具规模，武川县马铃薯、土默川玉米、清水河县小杂粮优势和特色种植带初步形成。

2006—2007年，呼和浩特市政府要求各地巩固发展奶牛、马铃薯、玉米、蔬菜、饲草料、药材等几大主导产业的同时，突出肉羊、生猪、旅游等重点产业的发展。通过培植特色产业拓展增收渠道，延伸产业链条助推贫困农民增产增收，逐步拓宽公司＋基地＋农户的产业化发展之路。按照经济控制区、限制区、发展区的总体布局，确定不同区域产业化扶贫方针方向、发展重点和扶贫对象。

2008 年，通过优先抓好贫困村的产业发展，培育新型优势产业，挖掘适应市场的传统产业，集中发展肉羊养殖、蔬菜、马铃薯种植“三大项”主导产业。年内，重点扶持和林格尔县、清水河县、武川县的肉羊养殖基地建设，发展肉羊 7.57 万只。

2009—2010 年，在各旗县（区）申报的基础上，市扶贫办与有关部门共同筛选先后向自治区争取产业化扶贫项目 35 个，申请项目资金 2460 余万元。产业重点以肉羊养殖、蔬菜种植、马铃薯、小香米、奶牛、玉米、农家乐旅游为主，通过公司 + 基地 + 贫困户和公司 + 协会 + 贫困户的产业化模式，培育和壮大贫困地区一批主导产业。向自治区组织申报科技扶贫项目——新城区温室大棚建设项目、和林格尔县马铃薯繁育项目、优质肉羊繁育项目和清水河县脱毒马铃薯基地建设项目，争取国家和自治区财政扶贫资金 200 万元。

2011—2013 年，争取自治区产业化扶贫项目 31 个，下达资金 4420 余万元。在赛罕区、土默特左旗、清水河县的 5 个村实施设施农业、奶牛肉羊养殖和大棚蔬菜种植，实现贫困农民增产增收。

2014—2015 年，在全市 207 个贫困村实施“四到村四到户”扶贫攻坚项目，重点围绕食用菌、设施农业、优质牧草、肉羊养殖、山林虫草鸡、马铃薯、杂粮等几大特色产业实施，因地制宜发展苜蓿草种植、蔬菜保护地建设、奶牛肉羊生猪家禽规模化养殖、休闲观光旅游、特色经济作物种植及加工销售等产业基地，增强农村发展活力和后劲，拓宽农民增收渠道。产业基地建设朝着规模化方向发展，涌现出一批种植养殖专业村、特色专业村、大蒜种植专业村、食用菌种植专业村等，初步形成一村一品的规模化生产格局。

四、千村扶贫开发工程

2001 年，自治区推出“扶贫开发十年规划”，在全区启动“千村扶贫开发工程”。呼和浩特市按照自治区要求，对 9 个旗县（区）1997—2000 年人均纯收入和水、电、路、邮、广播电视“五不通”情况进行详细摸底调查，筛选出重点扶持贫困村的数量以及分年度扶持的对象，上报自治区扶贫办。根据自治区扶贫办下达的 49 个重点村，编制村级扶贫规划。针对农业基础设施薄弱的实际，重点发展以“水”为主的农牧业基础设施建设和种养业。全年发展水浇地 4280 公顷，建旱作基本田 7860 公顷，解决 6.56 万人和 11.87 万头（只）牲畜的饮水问题，修路 404 千米，架设农电线路 555.2 千米，种草种树 1.79 万公顷。

2002 年，自治区扶贫办下达呼和浩特市“千村扶贫工程”重点村 248 个，其中启动 146 个。市扶贫办制定《千村扶贫开发工程实施办法》，将重点扶持的贫困村名额分配到各旗县（区）。结合开展“水利和种草养畜扶贫年”活动，制定《呼和浩特市开展水利和种草养畜扶贫年活动实施方案》，将水浇地、种草、养畜三项任务指标进行分解，按照自治区补贴标准协调和落实扶贫资金。全市发展水浇地4433.33公顷，发展旱作田5626.67公顷，养畜17.37万个绵羊单位；解决了7.67万人、11万头（只）牲畜的饮水问题；架设电线265.6千米，修路496.7千米。

2003—2004年，呼和浩特市按照2002年启动的146个重点村工程项目实施规划，重点开展贫困村的水、电、路等基础设施建设。全市扶贫项目区种植优良牧草2.09万公顷，新增牲畜16.12万只绵羊单位；贫困地区新增水浇地1.07万公顷，建设旱作基本田5580公顷；解决人畜饮水11.68万人、17.35万头只；架设供电线路431千米，修建道路770.4千米。在交通便利且具备发展奶牛养殖的贫困地区，扶持贫困户发展奶牛养殖；在交通不便的贫困地区，重点扶持贫困户发展舍饲育肥肉羊。截至2004年末，为全市贫困地区农民投资4700多万元，用于购进奶牛、肉羊，发展养殖。

五、整村推进扶贫到户

2005年，自治区对扶贫开发工程项目进行调整，把“千村扶贫开发工程”改为“整村推进扶贫到户工程”。呼和浩特市将36个整村推进重点贫困村名额分配到各旗县(区),下达整村推进扶贫资金1183万元,平均每个重点村安排33万元。各旗县(区)、乡镇、重点贫困村结合实际，制定整村推进扶贫规划，开展项目实施。

2006年，对自治区下达的47个整村推进重点贫困村指标，各旗县（区）进行认真筛选，并以旗县（区）扶贫开发领导小组的名义上报市扶贫办，市扶贫办为了做到公开、透明和便于群众监督，在《呼和浩特日报》将47个重点村名单进行公示，并按每个重点村2份报纸分发到各重点村。同时，要求47个重点村认真制定整村推进扶贫工作规划或实施方案，完成建档立卡任务，每个村突出选好一个主导产业，努力增加贫困农民的收入。

2007年，根据个别扶贫项目季节性强的特点，在自治区扶贫办对重点村及扶贫项目资金未审批的情况下，市扶贫办重点安排一些既能让群众直接受益，又能让扶贫效益得到保障的打井、垫渠、蔬菜大棚种植、养殖等基础项目。对扶贫资金、扶贫项目以及帮扶物资进行整合，全市共投入整村推进专项资金1550元，全部用于重点贫困村建设。

2008年，自治区扶贫办确定呼和浩特市整村推进重点贫困村24个，每个村投入100万元，其中市级配套10万元、旗县（区）配套20万元。按照开源和节流并重，在干旱缺水重点贫困村，积极发展旱作基本田建设。同时，兼顾贫困村教育、文化、卫生等社会事业发展，把小额信贷、劳动力转移培训、社会扶贫等计划实施内容相对集中地安排在重点村。

2009年，自治区扶贫办下达整村推进扶贫重点贫困村31个，投入整村推进各类扶贫资金 4527 万元，其中国家和自治区财政扶贫资金投入 2170 万元、配套及自筹资金 2357 万元。重点实施以农田水利基础设施建设和能够增加贫困农民收入等主导产业，全市重点贫困村人均收入全部超过 200 元。

2010 年，自治区扶贫办下达整村推进扶贫重点村 32 个，投入整村推进各类扶贫资金 3200 万元，每个村安排扶贫资金 100 万元，其中自治区专项资金 70 万元、市级配套 10 万元、旗县（区）配套 20 万元。2011 年，向自治区争取 28 个整村推进扶贫重点村项目，共争取财政扶贫资金 2350 万元。

2012 年，自治区扶贫办下达整村推进重点村 14 个，要求每个村投入达到 450 万元，其中财政专项扶贫资金投入 150 万元、整合资金 300 万元。同时，呼和浩特市下达整村推进重点村 30 个，主要向清水河县、武川县 2 个国贫、区贫重点县倾斜。市扶贫办从土默特左旗、托克托县、和林格尔县、清水河县、武川县上报的整村推进重点村中筛选出 16 个村作为市级扶贫工作重点。对 30 个重点村进行详细摸底调查，摸清底数。

2013 年，在实施整村推进扶贫过程中，各地区因地制宜，采用“公司 + 基地 + 贫困户”“公司 + 合作社 + 贫困户”“合作社 + 贫困户”“公司 + 贫困户”等管理和运行模式，通过企业化运作、股份合作、集约经营，贫困户通过土地出租、在公司中务工和效益中分红来增加收入。召开整村推进扶贫项目评审会和全市整村推进扶贫现场会，实地参观武川县圪顶盖村整村推进扶贫项目。引进 20 多家企业参与整村推进重点村进行扶贫项目建设，缓解上级扶贫资金不足和当地自筹能力有限的问题。争取到中央专项彩票公益金 1500 万元，用于支持武川县革命老区整村推进项目。年末，全市 30 个整村推进项目村全部开工建设，完成投资 6.52 亿元，其中自治区财政扶贫资金 2100 万元、市本级财政扶贫资金 9000 万元、旗县（区）及企业投入 5.38 亿元。重点发展设施农业、设施农业 + 养鸡、设施农业 + 养羊、设施农业 + 旅游业、规模化养牛养羊、规模化种植马铃薯及优质牧草。把涉农资金集中用于整村推进重点村和新农村建设示范村，每个村投入不低于 4000 万元。

2014 年，根据自治区党委办公厅、政府办公厅印发《深入推进扶贫攻坚工程“三到村三到户”工作方案》要求，呼和浩特市在扶贫开发整村推进项目中，实施“四到村四到户”。全市确定整村推进重点贫困村 207 个，其中 67 个自治区级贫困村每村每年配套安排 15 万元整村推进扶贫资金，140 个市级贫困村每村每年安排 60 万元整村推进扶贫资金。整村推进扶贫项目以产业扶持为主，重点实施规模化设施农业、草业、农家乐休闲旅游等项目，按照缺什么补什么的原则，引进龙头企业、能人或合作组织参与，落实责任、精准扶贫、增加投入、股份合作、效益分红，坚持做到“四到村四到户”，对确定的产业扶持项目连续扶持四年。年末，全市 207 个项目村有 92

个开工。年内下达财政专项资金 8015 万元，其中自治区 3015 万元、市本级 5000 万元，重点发展食用菌、设施农业、优质牧草、肉羊（牛）养殖、马铃薯、山林虫草鸡等特色产业。

2015 年，市委、市政府在克服经济下行压力大、资金筹集难、财政支出多等情况下，投入 1.5 亿元，用于 207 个贫困村产业生产发展，在项目实施中把“四到村四到户”工作与新农村示范村建设、生态移民项目等相结合，将项目资金捆绑使用，集中力量进行扶持，形成“政府投、行业帮、银行贷、社会筹、群众集”的多元扶贫投入机制。2015 年末，全市 1.4 万贫困人口全部脱贫。

六、移民扶贫

2001 年，清水河县、武川县被自治区确定为移民扩镇试点县。针对部分贫困地区生存条件和生态环境恶劣的实际，结合退耕还林还草计划、小集镇建设、土房改造，制定全市移民扩镇规划，项目总投资 1000 万元，其中自治区专项移民资金投入 400 万元，其余部分由地方配套、银行贷款、自筹等办法解决。

2002 年，清水河县、武川县移民扩镇各项工程全部完工，两县各建移民新村 1 个，移民搬迁入住 200 户、800 人。移入区的主导产业分别以奶牛养殖和蔬菜种植为主。清水河县和武川县移民扩镇工程被自治区、市验收领导小组评为优质工程。

2003 年，争取到清水河县、武川县 2 个移民扩镇项目工程，移入区的主导产业均以养殖业为主。清水河县的迁入区选择在王桂窑乡，占地面积 10 公顷；武川县的迁入区选择在哈乐镇，占地面积 8 公顷。项目总投资 1199.03 万元，其中上级专项移民资金 400 万元、地方配套 310.03 万元、自筹 149 万元、银行贷款 300 万元、股份筹资 40 万元，移民搬迁 200 户、834 人。2004 年末，清水河县、武川县扶贫移民扩镇示范区项目工程全部完工。

2005—2006 年，组织实施自治区扶贫开发移民扩镇项目——武川县可可以力更镇移民扩镇工程，总投资 487.55 万元，其中自治区补贴 200 万元。迁入人口 100 户、402 人。同时完成清水河县、武川县移民扩镇项目工程复验。

2007 年，为使移民实现“搬得出、稳得住、能致富”的目标，市扶贫办对清水河县、武川县的 4 个移民点进行专题调研，解决部分扶贫移民新村的道路和排水问题，修筑砂石路、排水沟。通过招商，在清水河县移民新村新建肉鸡养殖基地。

2008 年，全市确定资金整合试点村 16 个，其中清水河县、武川县各 6 个，土默特左旗、和林格尔县各 2 个。项目选择坚持优先发展生产，确保贫困农民稳定增收，重点向农田水利基础设施建设和种养业项目倾斜。为和林格尔县西沟门移民小区的移民扩镇项目投入资金 200 万元，开发水浇地 33.33 万公顷，打配套机电井 2 眼，架设低压线 6 千米，安装变压器 2 台，修建砂石路 13 千米，绿化栽树 1170 株。赛罕区投入移民扶贫资金1000万元，其中整村推进扶贫资金30万元，将黄合少镇的大苏计、小苏计自然村进行合并整合，重建移民新村，实施移民100户。回民区在攸攸板镇壕赖沟村实施生态移民扶贫开发旅游项目，项目一期投入7000万元，其中投入扶贫资金126万元，打配套深井1眼，新建住宅90户。新城区引进奥醇酒业对黄合少乡碌碡沟自然村实施开发式移民，对23户村民进行合理补偿后，实行分散安置。武川县将移民新村统一划归可可以力更镇大兴昌建制村管理，并对移民新村的土地进行分配。

2009年，组织实施自治区扶贫移民扩镇项目2个，分别为清水河县移民区宏河镇永兴村、赛罕区移民区榆林镇二道河新村。项目区计划投资1618万元，搬迁200户660人。到2010年末，完成投资1618.59万元，新建住宅1.06万平方米，圈舍7000平方米、中棚433.6平方米，种植经济林87.53公顷。

2011年，争取自治区移民扩镇扶贫项目4个，由回民区、赛罕区、土默特左旗、清水河县具体组织实施。项目总投资5036万元，其中自治区扶贫移民专项资金1200万元，搬迁400户、1118人。

2012年，组织和林格尔县、清水河县实施自治区移民扩镇扶贫项目。项目区总投资4833.62万元，其中自治区专项资金900万元、县财政配套资金380万元、整合资金120万元、农户自筹3433.62万元，新建住宅300套、3.49万平方米，搬迁300户。同时，按照市委、市政府决定，市、县两级筹集资金，按照“收缩转移、集中发展”战略部署和“三区”（禁止开发区、限制开发区和优势开发区）规划布局，把自然条件和生态环境恶劣，特别是严重缺水，已不具备生存和发展条件，人口在20户以下的自然村进行整村搬迁。清水河县、武川县实施易地移民搬迁各500户，移入区建在县城所在地，每户解决1套经济适用住房和安排1名劳动力就业，采取“无土安置”的方式进行扶贫移民。至2013年末，武川县完成6个自然村整村移民214户、665人，同时在西乌兰不浪镇新建100户移民小区，全部入住；清水河县建成760套移民房，全部入住。

2014—2015年，呼和浩特市将生态移民规划与全市村镇发展规划及产业发展规划紧密结合，重点在小城镇、沿路沿线和产业发展基础条件较好地区进行集中安置，推进生态移民建设和产业开发有机融合，启动建设一片、带动发展一片、脱贫致富一片。在充分尊重移民意愿并结合旗县（区）整体发展思路的基础上，移民户可以通过一步融城、迁入城镇所在地、中心村等形式自主选择安置方式。项目涉及新城区、和林格尔县、清水河县、武川县4个区县，先后从生态脆弱地区移民扶贫搬迁2832户、8722人。其中，有土安置427户、1524人；无土安置2405户、7198人。武川县结合城乡建设用地增减挂钩项目及农业转移人口城镇化试点工程，对县境西北部风蚀沙化区6个自然村212户、603人按照自主选择安置地的方式实施移民。同时，比照城镇企业职工基本养老保险，对于具备条件的，采取一次性缴满15年全额41947元的一半进行补贴，为移民办理养老保险。对于年老体弱者可以进幸福院或享受其他社会保障。清水河县宏河镇生态移民工程，配套产业为蔬菜温室大棚，人均纯收入7900元。武川县耗赖山乡迁入区以食用菌种植和畜牧养殖为主要产业支撑，移民通过食用菌大棚、草原伊佳肉牛肉羊养殖场用工600余人，人均月工资收入可达2500～3000元。同时，对移民耕地实行土地流转，享受惠农种粮补贴、退耕还林补贴等各项补助。武川县二份子乡有1万多亩土地进行流转种草，恢复生态333.33公顷。新城区恼包村迁入区先后栽植树木313.33公顷、种草143.33公顷，周边全部进行绿化和亮化，生态环境显著改善。通过生态移民，有效降低迁出区生态的人畜负载，植被得到保护和恢复，野生动物明显增多，生物多样性得到维持与发展。

七、连片开发扶贫

2009年，根据国务院扶贫办、财政部关于开展“以县为单位，整合资金，整村推进，连片开发试点”的要求，呼和浩特市争取到国家和自治区“整合资金、整村推进、连片开发”试点项目。连片开发试点项目选择在武川县上秃亥乡刘家村、麻迷兔村、白泥壕村和哈乐镇五福堂村、白水泉村5个建制村的15个自然村实施，涉及农户572户、2131人，项目总投资5723.85万元，其中国家和自治区投入财政扶贫资金1000万元，市、县整合资金4723.85万元。项目重点围绕马铃薯产业，以开发喷灌圈、低压管灌、微灌等节水灌溉和生产设施配套建设为主，发展高产稳产田1333.33公顷，新建节水灌溉田800公顷。发展养殖户260户，户均饲养基础母羊20只。

2010—2012年，集中连片开发项目申请国家、自治区财政扶贫资金500万元，在清水河县城关镇、宏河镇7个建制村建设水利灌溉配套工程。按照自治区扶贫办的要求，组织清水河县、武川县分别制定《集中连片扶贫开发规划》。

2013年，为武川县争取到连片开发扶贫项目1个，落实项目资金1000万元。截至2015年，呼和浩特市围绕新农村建设“生产发展、生活富裕、乡风文明、村容整洁、管理民主”的要求，坚持“因地制宜、规划先行、农民主体、连片推进”的原则，全市共建设示范村244个，扶贫开发、新农村示范村相结合建设取得成效。

八、革命老区扶贫

2009年，呼和浩特市老区建设促进会成立后，积极主动与有关部门协调配合，在全市老区村大力推进“一村一品”“村企结对”“村校结对”工作。因地制宜地发展以乳业、肉羊、马铃薯、小杂粮、蔬菜等特色产业为主的龙头企业，逐步扩大奶牛养殖小区和蔬菜种植基地的建设，形成“企业＋基地＋农户”的产业化经营模式，提高老区贫困人口的生活水平。

2010年，争取自治区老区建设促进会的支持，实施“一村一品”老区扶贫项目。自治区、呼市两级和老区旗县共投入“一村一品”项目资金1400万元，其中市级安排“一村一品”项目10个，下达项目资金300万元。

2011年，组织实施“一村一品”老区扶贫项目59个，围绕肉羊养殖、养猪、养鸡、水利工程、特色种植等产业，投入资金1600万元，其中争取自治区革命老区扶贫资金1000万元、市级配套400万元、旗县（区）配套200万元。同时，组织全市各族各界人士开展“爱心书箱”捐赠活动，为贫困地区孩子捐送书籍800余套；救助贫困大学生20名，发放救助金每人4000元。

2012年，自治区老区建设促进会下达老区扶贫项目6个、整乡推进项目1个，项目主要以奶牛、肉羊、家禽养殖和马铃薯种植为主。项目总投资3067.2万元，其中申请自治区老区建设资金600万元。项目覆盖人口3643人，解决贫困人口1640人，实现人均增收1184元。

2013年，争取自治区老区建设促进会老区扶贫项目8个，其中整乡推进项目1个、“一村一品”项目7个，配套资金800万元。

2014—2015年，在新城区、赛罕区、土默特左旗、和林格尔县、清水河县、武川县6个旗县（区）的10个村，重点实施设施农业、养羊养鸡、林木种苗繁育、红色旅游基地建设、药材、优质牧草和小杂粮种植等老区扶贫项目。

九、劳动力转移培训

1986年后，呼和浩特市把提高贫困乡镇的干部和开发项目责任人的业务素质和管理能力作为扶贫、经济开发工作的重点。

1988年，利用年初和年终农闲季节，对全市80多名乡镇主要领导进行培训，并组织赴山东省沂蒙山区2个全国重点贫困县学习。同时，采取“小型、灵活、速成”的办法，组织开展农村实用技术培训，因地制宜、因势利导、因人施教，基本上做到“一个项目，培训一批人，带动一大片”。市妇联在全市农村贫困乡镇举办各类实用技术培训班134期，培训农村妇女2900多人次，收集致富信息1000余条。市科协发挥科技优势，专门成立实用技术培训领导小组，开展新技术推广、应用，举办各类实用技术培训班551期，受训人员达7万多人，其中贫困户54人。通过培训，有50%以上的人掌握一门实用技术。

1989年，市农业科技推广站到土默特左旗、托克托县，开展各类实用技术培训，特别是在地膜玉米“温饱工程”的实施中，发挥了很大作用。

1991年后，呼和浩特市采取典型示范、典型引路，开展边培训边指导生产、召开现场会进行现场培训和发放技术操作手册等各种形式的培训，使贫困农民掌握一定的生产技能。到1996年，全市培训贫困人口达4万多人次，发放各类科技资料10万余册。组织定点扶贫工作团（队）长、各旗县扶贫办主任到山西省、河北省、山东省、贵州省等地学习考察。

1998—2000年，按照分级培训的办法，坚持实地、实用、实效的原则，组织举办全市贫困乡镇的乡镇长培训班，对41个贫困乡镇的乡镇长及各级扶贫干部进行养殖业技术、农业产业化等方面知识辅导。各包扶单位和有关部门在每年春耕生产之际，举办以旱作“温饱工程”为主的农牧业适用技术培训；在农闲季节组织大专院校、文化、卫生、科技部门及文艺团体开展科技、卫生、法律等知识培训，累计培训贫困农民达9万多人次。

2001—2003年，呼和浩特市重点开展农牧业“种子工程”、旱地覆膜、舍饲圈养、饲草氨化、饲草青贮、饲草料配方等适用技术的推广，组织县、乡两级世行项目专职项目管理人员培训，各项目县因地制宜开展了管理人员、技术人员和农户的培训，市、县两级共培训项目管理及技术人员200多人，对贫困农民进行技术培训17.32万人次。

2004年开始，呼和浩特市把贫困地区劳动力转移培训作为扶贫开发工作的重点，完善专门的组织领导机构，明确专门的办事机构和工作人员，按照公开、公平、公正的原则，向社会公开招标。经过认真筛选，市、旗县（区）两级扶贫办分别确定各自的培训机构，建立规范化的培训管理机制。到2005年，全市共培训3万余人，转移就业1.8万余人，转移就业率达到80%。

2006年，自治区扶贫办印发《关于进一步做好2006年贫困地区劳动力转移培训工作的通知》，呼和浩特市贫困地区转移培训任务8000人。按照人均300元的补助标准，采取培训券的方式，累计培训7589人，转移就业5312人。确定呼和浩特市职业技术学院、呼和浩特市琦浦职业学校为自治区首批示范培训基地，统一挂“内蒙古自治区贫困地区劳动力转移培训示范基地”的牌子。

2007—2008年，全市共投入资金220多万元，通过劳动力转移培训基地，分别举办不同规模、不同内容的培训班，将部分学有所长的培训人员向用人单位推荐，采取多种形式畅通贫困村民的就业渠道。有条件的旗县，根据市场需求，组织实施订单培训，提高转移就业率。组织申报认定4个劳动力转移培训机构。响应国务院扶贫办和中国留学人才发展基金会联合开展的“雨露计划”腾飞工程——中西部万名应用人才助学行动大型公益活动，免费输送49名贫困学生到湖南省长沙环球职业学院就读。

2009—2011年，自治区累计下达劳动力转移培训费405万元，按年度对“4050”

人员进行基地认定和指标分解。举办全市“雨露计划”信息管理监测系统培训班。结合实际，采取政企、校企、政企校联合办学、“订单”培训、直接就业的就业培训模式。

2012年，市委、市政府决定，对农村贫困家庭在校大学生，协调资金救助，每人提供政府救助金6000元。市扶贫办联合市人力资源和社会保障局召开现场招聘会，对近三年毕业而未稳定就业的贫困大学生协调就业。对有外出就业愿望的贫困家庭劳动力通过举办“精品培训班”，开展转移就业技能培训。

2013年，通过举办职业技能精品培训班，采取“订单”培训、定向就业的方式，市扶贫办信息监测中心与内蒙古健隆生化淀粉有限公司联合举办为期4个月的生物发酵技能培训班，有122名贫困地区的青壮年参加培训，结业后全部在内蒙古健隆生化淀粉有限公司就业，实现100%转移就业。同时，联合市老区促进会举办挖掘机培训班，培训学员60名；其他专业共完成技能培训442人，转移442人，转移率100%。有针对性地对赛罕区、土默特左旗、托克托县、清水河县、武川县从事蔬菜种植的273名贫困农民进行技术培训。组织全市贫困地区扶贫干部91人进行业务培训。全年共完成各类培训826人。

2014—2015年，组织开展贫困地区劳动力转移技能培训和贫困农民实用技术培训。采取集中培训和实地培训相结合的形式，集中培训一周，实地培训两周，主要培训蔬菜种植技术、养殖技术、食用菌栽培技术等。通过技术培训，把有劳动能力的贫困人口吸纳到龙头企业或合作组织，使其掌握生产技能，成为技术产业工人，实现再次收入分配。

第二节　金融扶贫

一、世行贷款扶贫

1997年10月，武川县被正式确定为中国西部扶贫世界银行贷款（简称世行贷款）项目区。

1999年1月，开始实施项目与投资项目先导工程。12月30日，项目正式签字。项目总投资4648万元，其中世行贷款280万美元（折合人民币2324万元），世行贷款与国内配套资金比例为1∶1。国内配套资金中，自治区配套1162万元，占50%，市级配套116.2万元，占5%，旗县级配套348.6万元，占15%，农民投工投劳投物自筹折款697.2万元，占30%。

2000年，项目正式启动，实施项目覆盖武川县10个贫困乡镇、31个贫困村，受益户达8688户，受益人口33796人。包括土地与农户开发、灌溉与土地开发、机构建设与人力资源开发 3 个分项目、19 个子项目。

2001 年，和林格尔县、清水河县争取为世行贷款扶贫项目县，总投资 5733.82 万元，其中世行贷款 270 万美元（每县各 135 万美元），约合人民币 2241 万元。国内配套资金按 1 ：1 比例匹配，自治区占 50%，市、县分别占 5%、15%、农民投工投劳 30%。项目贷款期 17 年，建设期 3 年。

到 2002 年末，全市利用世行贷款金额 558.7 万美元，其中和林格尔县 135 万美元、清水河县 135 万美元、武川县 280 万美元，以及自治区、市、县配套以及农户自筹，项目总投资达 1 亿元。项目覆盖 23 个乡、86 个村的 15054 户，受扶人口达 60216 人。

2003 年，自治区下达世行贷款扶贫项目任务资金 4066 万元。和林格尔县、清水河县、武川县按照项目的具体要求，完成建设、采购、报账、监测各个环节任务，经自治区世行办验收通过。

2004 年，按照世行贷款扶贫项目县种植业计划，利用农闲时间，项目区以县为单位组织培训，完成农户培训 1871 人次。同时，按照世行备忘录的要求开展项目总体验收评价的各项准备工作。全年共完成投资 878 万元，重点是发展奶牛养殖业，采购奶牛 592 头，建青贮窖 642 处。

2005 年是世行贷款扶贫项目实施的最后一年。为迎接检查验收，呼和浩特市完善软件建设，开展世行项目实施程序、管理程序的培训，完善项目档案和技术的标准化。全部落实项目要求的各项投资共计 613.86 万元，其中武川县完成 112.12 万元、和林格尔县完成 84.39 万元、清水河县完成 417.35 万元。种植脱毒马铃薯 173.8 公顷、种植脱毒马铃薯原种 11.4 公顷，养奶牛 256 头、养羊 2430 只、养肉牛 768 头，建青贮窖 390 处，发展管道灌溉 72 公顷，完成培训 3368 人。市、县分别对项目进行了总体验收和评价。

2006 年，清水河县代表自治区接受世行竣工验收，受到世界银行专家和自治区世行办的好评和肯定。

2007 年后，呼和浩特市进行世行贷款扶贫项目后续管理工作，开展世行贷款扶贫项目债务状况调研，建立贷款回收和滚动使用管理办法，充分发挥世行贷款的作用和效益。

二、扶贫到户贷款贴息

2006 年开始，呼和浩特市开展扶贫到户贷款贴息试点和贫困村发展互助资金项目，和林格尔县、武川县被列入扶贫到户贷款贴息试点县。其中，武川县发放扶贫到户贴息贷款 900 万元，资金主要用于春耕生产和生态畜牧业发展，全县 4610 户、1.61 万人受益。

2007 年，全市扶贫到户贴息贷款项目由和林格尔县、武川县 2 个试点县扩大到托克托县、和林格尔县、清水河县、武川县 4 个扶贫工作重点县，贴息资金 200 万元。为及时掌握贷款完成情况，市扶贫办制定《呼市扶贫到户贴息贷款实施方案》，建立监测点，实行“阳光操作”，每季度按时上报实施进度。

2008 年，全市发放扶贫贷款贴息资金 130 万元，项目惠及贫困农民 3610 户。

2009 年，武川县简化扶贫到户贷款贴息报账程序，完成 2005—2008 年扶贫到户贴息资金 180 万元，全县 7610 户、2.61 万人受益。

2010 年，全市发放到户贷款贴息资金 90 万元，资金主要用于农户购买籽种、化肥和小型农机具、发展生态畜牧业等优势产业。经过实地考察、评审，为 5 家扶贫龙头企业争取贷款贴息资金 100 万元。

2011 年开始，市扶贫办组成专题调研组，对全市扶贫贴息贷款运行情况进行调研，认真总结扶贫贴息贷款的主要做法、经验和使用效率，并提出改进扶贫贴息贷款运行机制建议。2012 年，自治区下达呼和浩特市扶贫贴息资金 150 万元，用于扶贫龙头企业发展。

2013 年，根据自治区扶贫办《关于推荐产业化扶贫贷款贴息项目的通知》，组织各旗县（区）对扶贫龙头企业、农民合作社和“一县一业”扶贫项目进行核查、审定和申报。推荐 33 家为产业化扶贫贷款贴息项目，其中扶贫龙头企业 17 家（包括自治区扶贫龙头企业 5 家）、农民合作社 15 家、“一县一业” 1 家。协调武川县开展小额信贷扶贫项目。当年，清水河县被列为 2013 年实施小额信贷扶贫项目，总投资 3000 万元，其中中国扶贫基金会投资 2100 万元，自治区、市、县投资 900 万元。

2014 年，自治区下达清水河县、武川县金融扶贫贷款规模 2000 万元，按照 8 ~ 10 倍放大扶贫贷款 1.44 亿元，其中强农贷 3200 万元、富农贷 1.12 亿元。贷款覆盖清水河县、武川县 17 个乡镇、190 个建制村、4 户扶贫龙头企业，惠及农户 2360 户。覆盖建档立卡贫困户 1327 户、贫困人口 3793 人。两县共为 1091 户农户发放贷款 1108 万元，主要用于种植业和养殖业。

2015 年，自治区实施金融扶贫富民工程，投入呼和浩特市“金融扶贫富民工程” 2000 万元，其中清水河县、武川县各 1000 万元。全年共发放贷款 1.46 亿元，其中富农惠 1.38 亿元，强农贷 800 万元。在贫困村中选不出实施项目的，采取专项扶贫资金作为风险抵押金，以 5 ~ 10 倍放大额度向金融部门贷款，形成的收益用于贫困户的生产生活。

三、互助资金扶贫

2006—2007 年，清水河县争取到自治区实施的“贫困嘎查村发展互助资金”项目，发放“互助资金” 75 万元，农户自愿入股 7.38 万元，覆盖 232 个项目户。

2008 年，在清水河县贫困村发展互助资金取得成功经验的基础上，新增和林格尔县贫困村发展互助资金扶贫 10 个村，每个村投入 20 万元。2010 年，选定 9 个整村推进重点村作为互助资金试点村（每个旗县〈区〉1 个），为整村推进的顺利开展做了很好的补充。2011 年，新增新城区 1 个村、托克托县 1 个村、清水河县 5 个村实施互助资金项目，共投入资金 135 万元。至 2011 年末，全市互助资金项目村达 22 个，资金总计 360 万元。扶持的项目以种植业和养殖业为主。

2012 年，呼和浩特市扩大贫困村互助资金试点范围，新增 26 个贫困村，每个村安排扶贫资金 20 万元，共计 520 万元，主要用于贫困户发展种养业和加工业等项目。2013 年，市扶贫办为加强互助资金试点项目管理，制定下发《呼和浩特市互助资金项目实施方案（试行）》，与金融部门合作，放大互助金使用规模，覆盖更多贫困户，基本可以满足贫困户发展生产所需资金，提高贫困户自我发展的能力。

2014—2015 年，贫困户通过入社实行 3 ~ 5 户联保，降低贷款风险门槛，为贫困户发展产业经济提供便利。

第三节　社会扶贫

一、对口帮扶

1997 年开始，根据中共中央统一部署，部分中央直属企业、北京市东城区和西城区等对口帮扶呼和浩特市。特别是北京市东城区、西城区对口帮扶清水河县、和林格尔县等贫困县。至 1998 年，北京市东城区和西城区为两县累计投入扶贫资金 650 余万元。

2002 年，中国通用技术集团公司投资 350 万元帮助托克托县修建一条城镇道路，为武川县捐赠电脑 20 台，同时在药材加工方面做了大量的前期工作。中国化工进出口总公司投资 150 万元帮助清水河县发展地方工业，投资 150 万元帮助和林格尔县发展教育事业。北京市西城区投资 60 万元，重点帮助和林格尔县完成农业培训中心配套工程项目及京蒙种薯基地建设项目。

2003—2008 年，通过积极协调中国化工进出口总公司、中国通用技术（控股）有限公司和北京市东城区、西城区，在托克托县、和林格尔县、清水河县、武川县 4 个国家扶贫开发重点县，开展定点扶贫和“对口”帮扶工作，累计投入对口帮扶资金 2800 余万元。

2009—2010 年，中国通用技术集团控股有限公司为托克托县、武川县捐助 158.4 万元用于教育扶贫。中国中化集团为和林格尔县、清水河县投入资金 600 万元，北京市东城区为清水河县投入资金 120 万元，推动贫困地区产业化发展。

2011年，中国通用技术（集团）有限责任公司、中国中化集团公司对托克托县、和林格尔县、清水河县、武川县开展富有成效的定点帮扶工作，重点实施农业科技、教育和基础设施等项目建设，累计投入资金500万元。

二、定点帮扶

从1986年开始，呼和浩特市抽调全市65个市直机关、企事业单位的840名干部职工和科技人员，承担36个乡镇的扶贫任务，帮助贫困乡、村修订脱贫规划，筛选脱贫致富的好项目，提供各种信息。为贫困乡村从各渠道累计筹集资金88万元、支援钢材331吨、木材296立方米、化肥503吨以及一批农用物资。组织动员一些厂矿企业单位下乡进行技术传帮带，扩散产品等。呼和浩特市地毯厂、呼和浩特运动衣厂、呼和浩特市制锁厂等企业，帮助土默特左旗善岱村、保同河村地毯厂、铁帽乡运动衣厂和郊区保合少乡制锁分厂培训管理人员和技术骨干，扩大生产项目，增加经济收入，密切工农关系，加快脱贫致富步伐。

从1994年开始，呼和浩特市为加大扶贫力度、拓展扶贫领域，组织开展社会扶贫工作。实行市级领导联系贫困乡、机关企事业单位和驻呼部队包村、干部包户的定点帮扶制度。采取市属中小学和市属医院分别与贫困乡村中小学和卫生院“结对子”形式，开展教育和医疗卫生扶贫。

1996年，全市有31位市级领导联系6个旗县（区）28个贫困乡镇，104个机关企事业单位、266名工作队员定点扶持109个贫困村。扶贫工作队共新建和维修小学50所，为小学捐赠桌凳1800套及其他教学用品；为贫困户捐衣物1万多件；新打机井18眼、压水井24眼，配套水泵20台、新增变压器18台，购买覆膜机16台，渠道衬砌8000米、截伏流灌渠4处、引洪淤澄工程3处，建蔬菜大棚30个；调种畜2000头（只），上电11个村共25.4千米。解决人畜饮水机防氟改水14个村共11000人，并帮助贫困乡村建饲料加工厂8个；购买化肥450吨、地膜30吨、籽种450千克。向贫困地区投钱投物折款1000余万元。

1997年，市级领导联系的贫困乡增加到32个，定点帮扶贫困村的机关、企事业单位、部队增加到137个，下派工作队员增加到308名。组建土默特左旗、托克托县、和林格尔县、清水河县、武川县5个扶贫工作分团。组织动员教育、医疗卫生单位开展“结对子”扶贫活动。选择城镇108所有实力的中小学与贫困乡村108所中小学“结对子”，提供必要的教学设备和器材等，帮助贫困乡村提高教学水平和师资质量，改善办学条件。抽调22家驻呼医疗单位同22个贫困乡卫生院的医务人员进行代培、进修、专家医师定期下乡坐诊，开展义诊、送医送药下乡等活动，提供必要的医疗设备和器械，帮助建立基层合作医疗组织，逐步解决贫困农民看病难和因病致贫的问题。组织开展自治区、市、县、乡级干部2.25万多名同贫困户“结对子”，建立联系制度，加上村干部和党员包扶贫困户、富户帮穷户，基本做到贫困户都有帮扶对子。

1998年，把从土默特左旗撤出的17个包扶单位和新抽调的10个单位，重点向和林格尔县、清水河县、武川县3个国贫县倾斜，加大对特困乡、村、户的帮扶力度。组织经济实力较强的新城区、回民区和郊区分别对口帮扶和林格尔县、清水河县、武川县。全市市级领导联系32个贫困乡，142个单位343名队员包扶140个贫困村，108所市县学校和27家驻呼及县属医院分别同贫困乡村108所中小学、27个贫困乡卫生院“结对子”。重新组建托克托县、和林格尔县、清水河县、武川县4个扶贫工作分团，各贫困乡相应成立扶贫工作队。全市社会扶贫投入资金2785.18多万元（含实物折款），为贫困地区扩大水浇地2.61万亩，发展养殖业1.41万头（只），为68个村1353户通上电，修建校舍58所，解决4.03万人、3.56万头只牲畜的饮水，修路420千米，资助贫困学生2781人。至2000年末，社会各界累计为呼和浩特市贫困地区投入扶贫资金达1.5亿元（含实物折款）。

2001年，市委、市政府将扶贫人口相对集中的新城区、赛罕区、土默特左旗、托克托县、和林格尔县、清水河县、武川县的47个乡150个建制村，作为社会扶贫重点，实行市级领导联系贫困乡，党政机关、企事业单位包扶贫困村制度，组织有实力的医疗卫生单位和市区中学分别与19个贫困乡卫生院和30所贫困乡中学“结对子”。同时组建6个扶贫工作分团，下派队员155名。在遭受连续三年严重旱灾的情况下，组织动员各包扶单位筹措资金用于紧急打井、送水、配套水利设施，扩大抗旱浇灌面积，发动单位干部职工为贫困村抗旱捐款、捐物，全市包扶单位投入抗旱资金150多万元。

2002—2004年，根据新时期扶贫开发工作的新特点，将社会扶贫与自治区提出的“千村扶贫开发工程”相结合，制定《呼和浩特市2002—2004年社会扶贫工作实施方案》，将全市59个乡的152个贫困村作为社会扶贫的重点，一定三年。确定市级包乡领导联系59个乡镇，156个单位包扶152个重点贫困村，29所有实力的中学与土默特左旗、和林格尔县、清水河县、武川县4个旗县贫困乡的29所中学“结对子”，21个医疗单位同和林格尔县、清水河县、武川县的21个贫困乡卫生院“结对子”。组建6个扶贫工作分团，下派156名扶贫工作队员蹲点扶贫。全市社会扶贫累计投入6500余万元（含实物折款及旗县〈区〉社会扶贫投入），社会扶贫参与单位680余个，蹲点扶贫干部1300余人。

2005—2008年，全市社会扶贫力量继续向清水河县、武川县倾斜，市级领导联系两县27个贫困乡镇，132个单位包扶122个贫困村，27所学校、18个医院与27个贫困乡学校和18个贫困乡医院“结对子”，下派扶贫工作队员132名。动员和组织35名民营企业家任贫困村名誉村长。全市社会扶贫力量每年为贫困地区投入达

1500 万元（含实物折款）。

2009—2010 年，社会扶贫工作逐步向“大扶贫”格局转变，全市 36 位市级领导联系贫困村，135 个单位下派 135 名扶贫队员，15 家医院、27 所学校组成 2 个扶贫工作团包扶土默特左旗、清水河县、武川县的贫困村。落实自治区社会扶贫工作促进会“金秋助学”扶困助学行动，为 6 名贫困学生通过减免学费，就读内蒙古老区职业技术学校和天津建设管理学校。组织各社会扶贫工作分团、工作队、各包扶单位、结对子学校和医院开展“送温暖、献爱心”活动，慰问贫困户 530 户和贫困学生 300 名。

2011 年，按照《呼和浩特市 2011—2015 年社会扶贫工作实施方案》，全市社会扶贫重点对土默特左旗、清水河县、武川县 40 个贫困村进行帮扶，一定 5 年，不脱贫、不脱钩。全市 37 位市级领导、128 个市直单位 128 名队员包扶 16 个贫困乡镇、40 个贫困村。市四区 27 所学校与土默特左旗、清水河县、武川县 18 所中学“结对子”扶贫，并组建扶贫工作团队。全年各级部门共投入社会帮扶资金 576.8 万元。

2012 年，制定《2012 年社会（企业）扶贫实施方案》《呼和浩特市贯彻落实〈中国农村扶贫开发纲要（2011—2020 年）〉实施意见主要政策措施分工方案》。全市 32 位市级领导、124 个市直单位、71 家企业、62 家异地商会、重点民营企业包扶 30 个整村推进重点村。全年各级部门投入帮扶资金 7553.32 万元（含实物折款）。市委组织部、市委农牧部、市财政局、市农牧局、市金融办等部门对扶贫开发工作给予大力的支持和密切配合。针对全市扶贫投入较多的实际，市纪委监委派驻市扶贫办纪检监察组提前介入，从项目的立项到评审，自始至终参与，并在每次会议上强调，要把好项目资金使用管理关，做到预防在前，“关口”前移。

2013 年，市委、市政府以转作风、见行动为契机，按照“领导挂点、一把手负责、单位引领、企业参与、干部帮扶、社会支持”的总要求，制定下发《2013 年全市社会扶贫工作实施方案》。全市 38 名市级领导联系整村推进扶贫项目村和新农村建设示范村，有 30 名副处级干部任整村推进扶贫项目村工作组组长，旗县（区）建立领导包扶贫困村责任制。有 133 个单位、67 家企业帮助整村推进项目村和新农村示范村，有 27 所学校、16 家医院与贫困地区的学校和医院“结对子”。全年，市级部门共投入社会帮扶资金 1280 万元（含实物折款），组织动员承担社会扶贫工作任务的单位为帮扶点贫困党员、贫困户送去慰问金 25 万元（含实物折款）。

2014，为深入贯彻落实自治区扶贫攻坚“三到村三到户”工作要求，市委、市政府出台《呼和浩特市 2014—2017 年社会扶贫工作实施方案》，动员全社会力量参与精准扶贫工作，确保每个“四到村四到户”扶贫项目村都有 1 名市级领导联系，有 1 名副处级或副处级后备干部带队任队长。实行“领导挂点、一把手负责、单位引领、企业参与、干部帮扶、社会支持”的形式，采取市旗县（区）帮扶单位和工作人员一对一或一对几的包扶贫困户帮扶制度，对207个重点村进行帮扶。

2015年，呼和浩特市严格按照《呼和浩特市2014—2017年社会扶贫工作实施方案》要求，由38位市级领导联系贫困村，组织全市180个党政机关、企事业单位、驻呼有关单位和16家医院、27所学校参与社会扶贫工作。市级领导带头深入扶贫点调研，各部门认真落实帮扶工作，下派184名工作队员驻村开展扶贫工作，帮助贫困村落实年度帮扶工作，引资金、建项目、抓落实，为贫困村经济发展注入新的活力。

第二十五篇

教　育

第一章　教育管理

第一节　管理机构

一、教育行政管理

1986年，呼和浩特市教育局（简称市教育局）内设党委办公室、行政办公室、教育科、业余教育科、幼儿教育科、民族教育科、计划财务科、人事科、勤工俭学办公室、落实政策办公室、基础设施建设科、团委12个职能科室。

1996年10月，呼和浩特市教育委员会（简称市教委）成立，工作职能不变。内设党委办公室（教育系统工会）、行政办公室、纪检监察科、人事科、计划财务科、民族教育科、基础教育科、职业教育科、成人教育科、体育卫生与艺术科、幼儿特殊教育科、师资培训科、教育督导室、招生考试管理中心、综合治理办公室、团委16个职能科室。

2002年5月，市教委更名为市教育局，工作职能不变。内设党委办公室、行政办公室、人事科、计划财务科、民族教育科、基础教育科、职业与成人教育科、幼特教育科、体育卫生与艺术教育科、政策法规科、师资培训与语言文字科、纪检监察室、督导室、团委14个职能科室。2006年，市教育局增设德育科。

2015年，市教育局内设党委办公室、行政办公室、人事科、财务科、政策法规科、基础教育科、职业与成人教育科、民族教育科、师资培训与语言文字科（市汉语委员会办公室）、督导室（市政府教育督导团办公室）、体育卫生与艺术教育科、德育科、青少年工作科、学校安全管理科、行政事项审批办公室、纪检监察室16个职能科室。

二、所属事业单位

1986年，市教育局下设市教师进修学校、教育研究室、勤工俭学工程队、教学仪器供应站、电化教育馆、少年宫、校办工业公司、教育科学研究所8个事业单位。1996年10月，市教委成立后，组建市教育委员会机关事务中心。

2002年5月，市教委更名为市教育局，所属事业单位包括考试中心、教学研究室、教育科学研究所、少年宫、职业技术教育中心、教学仪器站、设计室、勤工俭学管理中心、电化教育馆。

2015年，市教育局所属事业单位包括教学研究室、招生考试管理中心、教育科学研究所、少年宫、电化教育馆、职业技术教育中心、勤工俭学管理中心、教学仪器站、校舍设计室。

三、直属管理学校

1986—1996 年，市教育局直属中小学、幼儿园 34 所，包括纯高中学校 2 所、完全中学 8 所、纯初中学校 10 所、初中附设职业高中学校 5 所、纯职业高中学校 5 所、蒙古族学校、市工读学校、兴安路民族小学、市蒙古族幼儿园。

1999 年，市教委印发《关于调整市区部分学校管理体制的实施意见》，按照“中等及中等以下教育由地方人民政府管理”“义务教育事业实行地方负责、分级管理”的原则，将呼和浩特市实验中学（市第三中学）、呼和浩特市第五中学、呼和浩特市第六中学和呼和浩特市第十八中学等 23 所学校分别下放到市四区管理。市教委直接管理市蒙古族学校、土默特中学、土默特学校、回族中学、呼和浩特市第一中学、呼和浩特市第二中学、呼和浩特市第十四中学、呼和浩特市第一职业中等专业学校、呼和浩特市第二职业中等专业学校（南校区）、呼和浩特市第三职业中等专业学校、工读学校 11 所学校。

2004 年，市教育局整建制接收管理呼和浩特铁路司机学校、铁路成人中等专业学校、内蒙古电力中学、炼油厂学校等 4 所学校，将呼和浩特市工读学校并入呼和浩特市第三职业中等专业学校。

截至 2015 年，市教育局直属管理呼和浩特市蒙古族学校、土默特学校、土默特中学、回族中学、呼和浩特市第一中学、呼和浩特市第二中学、呼和浩特市第四中学（原内蒙古电力中学）、呼和浩特市第十四中学、呼和浩特市第十七中学、呼和浩特市第二职业中等专业学校、呼和浩特市第三职业中等专业学校、商贸旅游学校、机械工程学校、工程学校、实验幼儿园 15 所学校（幼儿园）。

第二节　教育体制改革

一、教育教学改革

1986 年，《中华人民共和国义务教育法》颁布，呼和浩特市开始普及九年义务教育（简称“普九”），实行义务教育地方负责、分级管理。同年 7 月，市委、市政府召开教育工作会议，部署“七五”计划期间全市教育发展的任务和规划，印发《关于贯彻〈中共中央关于教育体制改革的决定〉的意见》。市教育局先后印发《加强初中教育管理的意见》《关于加强小学教育工作提高教学质量的几点意见》《关于加强初中工作的若干意见》。

1991 年，呼和浩特市开始实施“普九”教育。1992 年，呼和浩特市被国家教育委员会（简称国家教委）确定为城市教育综合改革试点城市。同年，为端正办学指导思想，市教育局印发《关于检查学校寒假补课的情况通报》《关于检查学校补课的第二次通报》《关于减轻小学生过重课业负担，提高小学教育教学质量的意见》。

1994 年，呼和浩特市“一区三校”（回民区，实验中学、苏虎街实验小学、玉泉区民族实验小学）被国家教委确定为全国教育整体改革实验基地，进入全国教育整体改革先进行列。同时，开展以爱国主义教育为主的道德教育，在德育队伍建设、基地建设、制度建设、育人环境建设、教材使用等方面进行改革与探索。部分中小学开展中华民族传统美德教育实验。在教育教学研究方面，组织开展大规模研究活动。先后开展“义务教育教材实验”“各学科德育渗透”“学大纲活动”“深研教材，优化教法”等学习研讨活动。

1995 年，呼和浩特市召开全市教育工作会议，市委、市政府明确提出“一保吃饭，二保教育”“科教兴市”的主导战略，确立教育优先发展的战略地位。

1996 年，新城区、回民区、玉泉区、郊区和土默特左旗的“普九”工作均提前通过自治区的评估验收，有 2 所小学成为自治区义务教育实验学校，18 所中小学成为自治区义务教育示范学校。1998 年，托克托县通过国家教委审查认定，成为全国第四批“两基”（基本普及九年义务教育，基本扫除青壮年文盲）达标县。

1999 年，全市“普九”工作实行“一票否决制”。全市“普九”人口覆盖率以旗县（区）为单位计算达到 90.7%。针对行政管理区域调整，提出《关于调整市区部分学校管理体制的实施意见》，将市教委管理的 23 所中小学、幼儿园，划归到市四区管理。

2000 年，市委、市政府印发《关于贯彻〈中共中央、国务院关于深化教育改革全面推进素质教育的决定〉的实施意见》《市政府关于进一步加强民族教育工作的决定》。呼和浩特市在 4 所小学实施“素质教育科学化整体改革实验”。呼和浩特市教育学院与呼和浩特市师范学校合并，成立呼和浩特教育学院。同时，对呼和浩特市职工大学、呼和浩特市管理干部学院和呼和浩特市广播电视大学办学体制进行改革。按照《呼和浩特市社会力量办学管理办法》，取消部分规模小的职业学校，将呼和浩特市第三职业学校、呼和浩特市第七职业学校、呼和浩特市第八职业学校改办成初中校；取消呼和浩特市第一中学、呼和浩特市第二中学初中部；取消土默特学校小学部，增设民族职业高中部；取消呼和浩特市第二十五中学小学部，办成纯初中学校。对旗县（区）职业教育进行结构调整，每个旗县集中办好一处综合职业教育中心，合并、撤销农村教学点 44 个，全市农村教学点缩减为 668 个。

2002 年，全市 9 个旗县（区）全部实行“以县为主”的教育管理体制，中小学教职工工资全部上收到旗县统一管理、统筹教育发展规划、统筹教育经费投入、统筹师资队伍建设。市教育局印发《关于规范义务教育阶段办学行为的通知》，对九年义务教育阶段的“择校生”进行坚决制止，杜绝“校中校”的出现。同年，深化高等教育改革，实现教育学院、呼和浩特市职工大学、呼和浩特市管理干部学院和市广播电视大学4所高等教育学校的合并重组，新组建呼和浩特职业学院。年内，呼和浩特市教育局实施“朝阳行动计划”，为94所学校安装校园网络平台。

2003年，呼和浩特市把学前教育纳入基础教育体系，整体规划，分类要求，确立教育行政部门主管、有关部门分工负责的学前教育管理体制。先后印发《关于加快呼和浩特市幼儿教育改革和发展的意见》《呼和浩特市关于加快发展农村幼儿教育的意见》，推进幼儿教育改革。同年，开展以社区为学前教育基础网络、教办园为骨干的幼儿教育试点，探索公办与民办相结合的多种形式办园体制，构建并完善0～6岁托幼一体化的学前教育体系。市区实现普及学前三年教育，农村基本普及学前一年教育。同时，实施“优质高中建设工程”，扩大优质教育资源。印发《关于高中教育发展与建设的意见》，推进基础教育课程改革和考试评价制度改革。全市9个旗县（区）全部成为课程改革实验县。

2004年，对全市高中招生办法和内容及高中毕业考试制度进行改革，市教育局印发《呼和浩特市关于普通高中招生考试改革的决定》《呼和浩特市关于从2004年起在呼和浩特市普通高中进行毕业考试制度改革的实施方案》《呼和浩特市教育局关于建立新的评价体系和2005年初中毕业考试与高中招生制度改革的决定》。同年4月，自治区教育厅在呼和浩特市召开全区基础教育课程改革实验经验交流会议，现场参观市区中小学课程改革取得的成果，并观摩课程改革实验教师的示范课。

2005年9月，市政府召开全市小学教育现场会，印发《呼和浩特市关于小学教育改革与发展的指导意见》《呼和浩特市关于进一步调整中小学布局的意见》。全市农村共减少小学164所，减少教学点305个，减少中学12所。取消呼和浩特市土默特中学初中部和土默特学校高中部。

2006年9月，市委、市政府召开全市教育工作会议，制定《市委、市政府关于进一步加快教育改革与发展的决定》，会议明确全市教育工作的目标和任务，印发《呼和浩特市农村综合改革义务教育体制改革的实施方案》《呼和浩特市关于农村义务教育体制改革专项指导工作培训提纲》，全市共撤并小学155所、教学点122个、中学9所。同年，市教育局制定《呼和浩特市中、小学学生学籍管理办法》，要求凡属辖区内居住的适龄儿童，包括流动人员子女、盲聋哑、智力障碍等残疾儿童，所在辖区政府及教育行政部门和学校，均按《中华人民共和国义务教育法》规定的入学年龄发放入学通知书或动员其入学；保证盲聋哑、智力低下等残疾儿童进入当地特殊教育学校，接受规定年限的义务教育；全市不允许有任何形式的小学升初中的招生考试，实行相对就近划片入学，保证本地区所有的小学毕业生均能升入初中；取消九年义务教育阶段一切形式的借读生；凡按时到录取学校报到注册的高中学生，取得普通高中学籍；

市教育局招生考试管理中心在每年 9 月底前将录取花名册交市教育局建立学籍档案，不得二次出具录取登记表；原则上取消各种形式的市内借读生。

2007 年，市政府制定《呼和浩特市九年义务教育学校标准》，有计划、分阶段地改善城乡中小学的办学条件，盘活重组教育资源，缩小校际差距。为推进教育均衡发展，扶持薄弱初中学校，市教育局印发《关于普通高中招生中扶持薄弱初中的意见》，从 2007 年开始由市属 5 所自治区示范性普通高中每校安排 1 个班（50 人）的录取名额用于接收薄弱初中的生源。为鼓励民办教育发展，市教育局制定《关于评估呼和浩特市民办教育机构办学水平的指标体系（试行）》《呼和浩特市民办教育协会章程（草案）》《呼和浩特市民办教育学校标准》等。安排专项资金 200 万元，用于奖励有一定办学规模和办学效益突出的民办学校，特别拿出一部分资金资助农村民办义务教育学校和家庭经济困难学生完成学业。同年，市教育局重新修订《呼和浩特市学校安全管理规章制度》《呼和浩特市学校安全事故应急预案》《呼和浩特市学校食物中毒事故行政责任追究暂行规定》《呼和浩特市中小学校安全管理办法》等有关安全管理的规章制度，确保各级各类学校不发生重大安全事故。

2008 年，呼和浩特市开始实施“城乡教育三年规划”，主要从干部挂职、师资培训、送教下乡、对口教研、职校共建、成立教学大讲堂 6 个方面开展城乡教育共建活动。2009 年，从秋季学期开始，按照自治区规定，全市普通高中学校起始年级全部开展高中新课程改革实验。

2010 年，市政府印发《关于加快呼和浩特市幼儿教育事业发展的实施意见》，安排专项资金，加大市内四区公办幼儿园新建力度；扶持农村地区乡镇中心幼儿园建设力度。年底，全市共有各级各类学校、幼儿园 769 所。其中，市属大学 1 所、中等专业学校 40 所、普通中学 120 所、职业中学 33 所、小学 429 所、特殊教育学校 5 所和幼儿园 135 所，在校生 42.7 万人。

2011 年，市政府印发《呼和浩特市教育事业“十二五”发展规划》《关于“十二五”期间加快呼和浩特市教育改革和发展的决定》《关于加快发展呼和浩特市学前教育的实施意见》《关于进一步加强呼和浩特市教师队伍建设的实施意见》《关于建立与完善呼和浩特市中小学评价制度的指导意见》。同时，组织市区 8 所自治区示范高中和 4 家市直属二级单位，对位于市区远郊的呼和浩特市第十二中学、呼和浩特市第二十一中学、呼和浩特市第二十八中学和航天学校从学校管理、教育教学、教师专业发展、学校文化建设等方面进行帮扶。同年，完成自治区政府教育督导团“双高”“普九”评估验收，托克托县获全市首个“双高”“普九”县和自治区首个“双高”“普九”农业旗县称号。

2012 年，在全市推行加强学前教育基础设施建设、严格控制中小学校班容量和严格执行义务教育阶段学生入学规定的3项教育改革。2013年，启动并推进中考招生制度改革，制定《呼和浩特市中考改革方案》，科学合理地设置考试形式及考试科目。

2014年起，市教育局制定《呼和浩特市义务教育阶段实行学区制管理工作方案》，按照“相对就近、优势互补”原则对全市中小学校进行学区划分，由强校、弱校组成联盟，共享教育资源，推进教育均衡发展。组建15个办学联盟，开展联盟制办学和学区制管理。

2015年，市政府印发《呼和浩特市县域义务教育均衡发展规划实施方案》。方案要求各旗县（区）按照“布点合理、规模适度”“缺什么、补什么”的原则，统筹安排国家和自治区涉及义务教育的各类“工程”和“项目”，做好本地区义务教育中小学校建设规划。启动义务教育阶段中小学校长交流轮岗和校长职级制试点，先行在赛罕区区域内条件成熟的学校间开展校长交流。实施“学区制”“教育联盟”等办学形式，切实解决群众“上好学”的问题。利用“全国中小学生学籍信息管理系统”，实行“一人一籍、籍随人走”，提高学籍管理信息化水平，遏制学生无序流动。

二、招生制度改革

1986年，呼和浩特市按照《内蒙古自治区关于初等义务教育新生入学、缓学、免学的暂行规定》，各旗县（区）下发“入学通知书”和缓学“批准书”。1992年起，逐步过渡到对口招生，就近入学。

1999年，市教委印发《呼和浩特市中学招生改革实施意见》，对初中招生办法进行改革，市区小学升初中一律取消各种形式的考试，小学毕业生全部按中小学校址划片、计算机随机派位的办法相对就近入学，市区70所小学的9381名毕业生和意向升入民族中学的921名毕业生，分别按意向全部由计算机派位到市区各普通中学和民族中学。高中招生增加了体育考试，市区37所学校的1006名初中毕业生和6个农业旗县（区）的初中毕业生首次参加体育考试。对部分重点高中招生实行“统招”“分招”相结合的招生办法，在市区16所教办中学扩招高中学生2500多名，高中升学率由57.9%上升到80%。

2001—2005年，呼和浩特市相继出台《呼和浩特市关于普通高中招生考试改革的决定》《呼和浩特市关于从2004年起在呼和浩特市普通高中进行毕业考试制度改革的实施方案》《呼和浩特市教育局关于建立新的评价体系和2005年初中毕业考试与高中招生制度改革的决定》，改革高中招生办法和内容，实行统一的“九科五考”（9门学科：语文、数学、外语、物理、化学、生物、政治、历史、地理；5张试卷：语文试卷、数学试卷、英语试卷、文综试卷和理综试卷）。

2006年，市教育局印发《呼和浩特市关于2006年初中毕业生综合素质评价和初中毕业考试与高中招生制度改革的意见》《关于中考工作实施阳光招生的意见》，完善课程改革评价体系和高中招生考试制度，在初中升高中工作中实现阳光招生。针对新课程改革和高考改革要求，对下一年度中考分值进行适当调整，政治考试分值减少 20 分；加试体育，体育分值 15 分计入中考总分。调整后的分值从 2007 年中考起执行。

2007 年，指定 18 所中小学接收进城务工人员子女入学，共有 5.7 万名外来务工人员的子女在呼和浩特解决了入学问题，绝大多数进城务工人员子女进入居住地附近学校就读，收费与当地城镇学生一致，同时享受国家义务教育“两免”政策。

2010 年，市教育局为贯彻落实教育部和自治区教育厅有关“均衡教育资源，规范办学行为”，以及市委、市政府关于改革中学招生制度的指示和要求，印发《关于 2010 年中考初中学校“分招”名额分配的通知》，将 6 所自治区示范性高中招生计划的普通高中部分的 50% 分配到市区各公办初中学校，并在初中毕业生志愿填报过程中进行分流指导，确保分招工作平稳有序推进。

2011 年，在小学升初中电脑派位工作中，首次采用学生身份证号信息确认系统，确保派位学生信息的唯一性。严格执行义务教育阶段学生“划片、免试、就近”入学，严格控制公办义务教育学校各类入学招生考试行为，逐步消除“择校热”现象。同年，将“分招”资格确定为通过电脑派位且在派位校就读满 3 年的学生，同时确定录取线下 30 分为“分招”生最低控制线，保证各校“分招”学生的基本素质与基本能力，避免形成两极分化。

2012 年，全市小学派位工作满足第一志愿比例达 66%。市四区的农业户籍学生可报考自治区示范性高中，没有市四区户籍的义务教育初中结业生，可报名参加全市统一考试，凭考试成绩报考。2013 年，呼和浩特市启动并推进中考招生制度改革，制定《呼和浩特市中考改革方案》，科学合理设置考试形式及考试科目范围。

2014 年，通过实施“七科五考 + 结业考试 + 体质测试”中考招生制度改革，在初二年级进行地理、生物结业考试。将体育考试调整为体质测试，增加选考技巧项目，在公证机关监督下向全社会公开抽定选测项目，引进高科技设备确保选测项目实现智能化。同年，市教育局印发《呼和浩特市小学新生入学工作办法》，在全市小学新生入学及中考分招政策实施中，实现进城务工人员子女与城镇学生同城待遇。

2015 年，市区内“幼升小”首次实行适龄儿童网上信息采集、报名注册、划片就近入学模式。同时，对符合入学条件的非本市市区户籍进城务工人员随迁子女，由居住地教育局根据“两为主”（流入地为主、公办学校为主）原则安排其入学。赛罕区、回民区、玉泉区因部分片区入学压力较大、优质资源不足，还采用多校划片。市区“小升初”招生采取公办学校电脑派位与民办学校网上报名录取相结合的方式，根据适龄学生人数、学校分布、学校规模、交通状况等实际情况，为每所义务教育学校划定片区范围。每个学生都有 5 ～ 6 个入学志愿,派位未能进入热点学校的学生,仍可依据志愿派入其他学校。“小升初”电脑派位巩固率提高到 88.7%。中考首次采用网上填报志愿和实时动态录取，取消“分招”录取线下 30 分的限制，直接将统招计划的 50% 作为“分招”名额分配到市四区所有初中学校，取消择校生。同时，根据中考情况,对中考“统招”“分招”“零择校”情况进行全程跟踪,规范中考招生行为。

第三节　教学管理

一、德育

1986 年，市委、市政府召开学校思想政治工作座谈会，贯彻《中共中央关于教育体制改革的决定》《中共中央关于进一步加强青少年教育预防青少年犯罪的通知》《中共中央关于改革学校思想品德和政治理论课程教学的通知》。

1987 年，市教育局确定中小学德育主要内容，印发《呼和浩特市小学生行为规范要求》《呼和浩特市初中生道德规范要求》《呼和浩特市高中生理想教育大纲》，制定与上述内容相配套的《班主任工作手册》《学生思想品德考核评定意见》。

1988 年，呼和浩特市贯彻国家教委《中学生德育大纲》《小学生德育纲要》《小学生日常行为规范》要求，确定呼和浩特市第六中学、呼和浩特市第十九中学、呼和浩特市第十四中学、苏虎街小学、满族小学、贝尔路小学、通顺街小学和郊区八拜乡后三富小学为自治区、市两级德育试点校。1989 年，全市中小学德育工作会议召开，推广“实施操行评分细则”“班主任德育课”“学生行为规范训练法”等经验。

1990 年，市教育局在小学推行“愉快教育”，在初中推行“成功教育”。同年，召开全市德育经验交流会，表彰德育先进工作者，研究德育新途径，加强课堂德育渗透教育，评选“十佳”中学生，进行“国情教育”“时事教育”，举办德育展览。

1991 年,市教育局评选并表彰“十佳”中学生,评选“助人为乐”“艰苦奋斗”“见义勇为”中学生 100 人。举办全市中小学德育展览,接待市区及土默特左旗、托克托县、郊区中小学师生 5.7 万余人。严格规范各学校升国旗制度。在市区 22 所学校中开展军训。配合市委宣传部、市文化局、团市委共同组织全市中小学生系列化电影教育活动，共有 30 余万人次观看历史、国情、国防教育等题材影片 15 部。1992 年开始，呼和浩特市提出将德育工作重心下移，重点加强学生良好品德的培养和日常行为规范教育，在部分中小学开展中华民族传统美德教育实验。

1995 年，市教育局开始小学教育整体改革实验。1996 年，组织全市中小学生向小英雄段永福学习活动；组织 8 万余名中小学生参加“迎接对香港行使主权”读书活动；组织全市 3 万名中学生到爱国主义教育基地国防教育中心参观、活动；4 万余名中小学生参观防震减灾展览，提高了学生防震、减灾意识；组织5万余名中小学生观看电影《刘胡兰》。批准呼和浩特市第十三中学成立少年学校。对9个旗县(区)及市直属39所学校的体育教学进行观摩评估，组织全市中小学生参加全区电子琴比赛、全区小歌手比赛、全区第二届小学生校园集体舞大赛等比赛。

1999年，市教委制定《关于全面推行中小学实施素质教育的若干意见》《关于构建呼和浩特市地区素质教育教学整体优化新体系的意见》，开展自治区首批实验区，即新城区、回民区的素质教育。在全市教育系统开展素质教育大学习、大讨论和论文征集活动，编辑20万字的《校长谈素质教育》和30万字的《呼和浩特素质教育文集》。同年，市教委对9个旗县（区）的“减负”工作进行检查，并联合市城市社会经济调查队对呼和浩特地区的200名中小学生、200名家长和200名教师进行问卷调查。年内，举办全市中小学生田径运动会、全市中小学生美术书法大赛、中学生篮球赛和以“欢歌颂祖国，笑迎新世纪”为主题的中小学幼儿园艺术节，有4万余名中小学生参加活动。选拔5名中小学生参加全国第七届“华罗庚金杯”赛决赛，4人获得铜牌。

2000年2月，市委、市政府印发《关于贯彻〈中共中央、国务院关于深化教育改革全面推进素质教育的决定〉的实施意见》。同年，市教委制定《关于进一步减轻中小学生过重课业负担的意见》，要求各级各类学校严格执行课程计划、一律不得按学生学业成绩排队、公布名次，并对学生用书、在校时间、作业量等做出硬性规定；对旗县（区）教育部门和中小学实施素质教育的情况进行了评估考核。

2001年，组织426名小学生代表参加自治区党委宣传部举办的“庆祝建党80周年群众歌咏大赛”，获二等奖。2002年开始，市区中小学实施新一轮课程改革实验。

2003年3月，传染性非典型肺炎疫情期间，呼和浩特市在全国率先开通“空中课堂”，最大程度地减轻疫情对全市教育领域的影响。9月，市属5个农村旗县中小学启动课程改革实验。同年，在全市青少年中开展以“热爱首府，建设首府”为主题的一系列教育活动和体育、艺术比赛，先后获得全国、全区各级各类艺术奖1030人次，市第二中学学生武龙参加全国中学生越野赛获男子组第二名。

2004年，呼和浩特市印发《关于进一步加强和改进未成年人思想道德建设实施意见》，在全市中小学生中开展丰富多彩的教育活动，参加活动的学生达10多万人。和林格尔县第一中学学生李玮在人民大会堂参加全国第一届中小学生艺术表演；呼和浩特市第二中学学生武龙到法国参加世界中学生越野锦标赛。4月，全区基础教育课程改革实验经验交流会在呼和浩特召开，市教育局向与会代表作课程改革实验的主题经验介绍。同时，为办好家长学校，制定家长学校章程和考核、奖励制度，成立家庭教育讲师团。

2005年，市政府组织召开全市小学教育现场会，交流、展示全市小学素质教育、课程改革成果。年内，印发《呼和浩特市关于小学教育改革与发展的指导意见》《呼和浩特市关于中小学布局调整的意见》。把中小学思想道德建设工作情况列为旗县（区）年度教育工作评估的重要内容，每年评估1次。举办全市中小学幼儿园艺术节。同时把国防教育与爱国主义教育、学生行为规范教育、入学教育有机结合起来，采用多种形式对学生进行国防教育。全市参加军训学生达3.8万余人。至2005年，市区和农村家长学校的开办率分别达100%和85%，家长入学率分别达98%和70%。

2006年，市教育局制定《呼和浩特市中小学、幼儿园德育工作常规》《呼和浩特市中小学、幼儿园不同年级段学生德育工作实施要点》，规范学生校园行为、社会行为、家庭行为等日常行为。年内，呼和浩特市第二中学、蒙古族学校代表队分别获得自治区中学生足球锦标赛男子和女子组冠军，呼和浩特市铁路第一中学、呼和浩特市铁路第二中学分别获得自治区中学生男子排球赛冠、亚军。举办全市中小学幼儿园艺术节，开展各种学校体育、卫生、艺术和国防教育活动。

2007年，召开全市德育工作会议，印发《呼和浩特市中小学、幼儿园德育工作常规》《呼和浩特市中小学、幼儿园分年级段德育工作实施要点》，对学生的习惯养成教育及社会实践活动做出详细规定和要求。年内，组织全市中小学生田径运动会、全市中小学幼儿园艺术节的节目和作品的评选活动和首届农村旗县中学生篮球赛等大型活动。

2008年，开展“阳光体育运动”，吸引广大青少年学生走向操场、走进大自然、走到阳光下，参加体育锻炼，促进学生全面发展。为提高学生体质，把中考体育测试成绩比重由15分提高到30分。

2009年，实施“德育提效工程”。开展“全市中小学班主任专业能力大赛”，落实全市班主任“5111计划”（班主任每学年写5篇教育随笔，读1本教育专著，研究1个教育现象，写1篇教育案例）。将中小学校园文化建设纳入对各地区和学校的综合督导评估体系，推动特色品牌学校建设。市教育局先后印发《加强中小学校园文化建设的意见》《呼和浩特市教育局庆祝建国60周年系列活动方案》，在全市各中小学校组织“知校徽、遵校训、树校风、唱校歌、明校史”系列活动以及歌咏比赛、征文演讲、知识竞赛。组织参加全区中学生足球锦标赛，呼和浩特市获男子组冠亚军和女子组冠军。

2010—2012年，全面开展校园文化建设，将中小学校园文化建设纳入到对各地区和学校的综合督导评估体系，通过评比表彰等评价机制，促进学校校园文化建设。开展“学党史、唱赞歌、树美德”和百万中小学“小手拉大手，共建文明城”等系列活动。推进“每天锻炼一小时”校园体育活动，开展“一校一品”创建工作，创建体育特色学校 24 所，艺术特色学校 17 所。

2013 年，在全市开展“做一个有道德的人”系列教育活动。呼和浩特市第一中学市级道德模范苏钰同学入选由中共中央文明办评出的“中国好人榜”，成为全区唯一一位入选者。组织全市 1 万多名青少年参加全市中学生田径运动会、集体跳绳、集体毽球、中学生足球、篮球和全市少数民族传统体育运动会等大型活动。呼和浩特市第一中学女子排球和呼和浩特市铁路第一中学男子排球代表队，在全区中学生排球锦标赛上分获高中女子组和男子组冠军。

2015 年，呼和浩特市确立基础教育改革重大攻坚课题 15 项，采用团队攻坚的形式，寻找适合全市中小学课堂教学改革的有效途径和方法。加快推进《校园足球发展三年行动计划》，创建国家级校园足球特色学校 81 所，幼儿游戏足球试点园 6 所，校园足球队员达 2400 人，参与校园足球活动 6 万余人。组织参加首届自治区“主席杯”校园足球联赛，取得所有组别冠军。

二、教材使用

20 世纪 80 年代初开始，呼和浩特市各小学均使用 5 个省市编写的小学六年制教材，包括课本和教学参考书。

1990 年秋，全市各中小学开始进行义务教育教材实验。呼和浩特市是自治区唯一一个试验点，也是全国各试验点中面大（全市）、类全（中、小学、农村、城市、汉族、少数民族）的试验点。试验人民教育出版社编辑出版的“六三制”和“五四制”两套义务教育教材。确定新城区苏虎街小学、回民区第一小学、玉泉区清泉街小学，呼和浩特市第三中学、呼和浩特市第十中学、呼和浩特市第十九中学各 1 个班为人民教育出版社直属样本班。玉泉区小召小学、回民区贝尔路小学、新城区满族小学，呼和浩特市第六中学、呼和浩特市第十四中学、呼和浩特市第三十四中学各 1 个班为市级直属样本班，通过试验评价义务教育教学计划、教学大纲和教材。分别于 1990—1996 年完成第一轮实验，1997—2002 年完成第二轮实验。各学科使用的教材和教学大纲，由教育部统一审定，由人民教育出版社统一编制。

2002 年，全市各中小学开始执行自治区义务教育课程设置，义务教育课程设有品德与生活（一、二年级）、品德与社会（三至六年级）、思想品德（七至九年级）、历史与社会（或选择历史、地理）、科学（七至九年级可选择生物、物理、化学）、语文、数学、第二语言、体育（一至六年级）、体育与健康（七至九年级）、艺术（或选择音乐美术）、综合实践活动。自治区开设的地方课程有手工制作（一至三年级）、阅览（一至三年级）、科技小制作（四至六年级）、工艺品制作（七年级）、科技制作（八年级选修）、再生能源（八年级选修）、生态与经济（九年级选修）、民族团结与法制教育（九年级选修）、第三语言（七至九年级选修）。城市小学从三年级起减去语文、自治区地方课、体育锻炼各一课时，改上英语课。

2003—2015 年，全市各级中小学校均结合本校实际，开设电脑课、英语课、阅读课、科学课、综合实践课、环保课等，部分学校开设阅读指导、趣味数学、书法、礼仪、心理健康等校本课，以及体育类、艺术类、科技类、技能类和特色类选修课。

三、学制课程

20 世纪 80 年代末，呼和浩特市按照《呼和浩特市全日制六年制小学教学试行草案》，市区小学学制由五年制改为六年制。全日制中学实行六年制学制，即初中 3 年、高中 3 年。根据教育部规定，市区中小学全年寒暑假 12 周，其中寒假 7 周、暑假 5 周。全年上课时间为 40 周，第一学期 18 周半，其中教学时间为 17 周、复习考试 1 周、机动 3 天（主要用于庆祝重要节日和大型文体活动）；第二学期为 21 周半、其中教学时间为 19 周、复习考试 2 周、机动 3 天。

1990 年后，课程设置按照国家相关规定，全市中、小学执行两套教学计划，两套相应的教学大纲。小学开设思想品德、语文、数学、自然、地理、历史、体育、音乐、美术、劳动 10 门课程；课外活动有早读、自习、科技文娱活动、体育活动、周会、班会。教育行政部门严令各校严格执行教学计划，严格按各科教学大纲进行教学。并把这一内容作为对学校目标管理的重要内容。同年，市教育局检查学生课业负担和乱编、乱印复习资料的情况，在市区 6 所中学查出 60 种非课本用书、复习资料、试题集等，通报并给予制止。

2000 年，为推进义务教育学制改革，市教委下达《关于在全市中小学起始年级实施“五四”学制的通知》，并制定有关措施予以保证。9 月 1 日开学时，全市小学一年级全部实行“五四”学制。2002 年开始，根据自治区政府《关于义务教育学制改革的意见》要求，全市小学实行六年制。

2003 年，呼和浩特市启动实施基础教育课程改革，全市 9 个旗县（区）全部成为课程改革实验县。小学阶段需开设国家课程、自治区课程和校本课程 3 类。国家课程开设 9 门，除开设语文、数学、体育、音乐、美术课程外，增设品德与生活（三年级以上为品德与社会）、外语、科学、综合实践活动（信息技术、研究性学习、社区服务与社会实践、劳动与技术教育）4 门课程。自治区课程有一至三年级手工制作。校本课程内容自选或开发。

2002 年开始，初中课程设思想品德（七至九年级），历史与社会（或选择历史、地理），科学（七至九年级可选择生物、物理、化学），语文，数学，第二语言，体育与健康（七至九年级），艺术（或选择音乐、美术），综合实践活动。自治区开设的地方课程有工艺品制作（七年级）、科技制作（八年级选修）、再生能源（八年级选修）、生态与经济（九年级选修）、民族团结与法制教育（九年级选修）、第三语言（七至九年级选修）。

2006年后，呼和浩特市推进中小学德育课程改革。全市小学一年级全部开设品德与生活课，小学三年级全部开设品德与社会课，初中一年级全部开设思想品德课。全市中小学校普遍开展中小学生心理健康教育、青春期教育、远离毒品教育和安全教育。针对新课程改革和高考改革要求，对下一年度中考分值进行适当调整，政治考试分值减少20分，加试体育，体育分值15分计入中考总分，调整后的分值从2007年中考开始执行。

第二章 基础教育

第一节 学前教育

1986年,呼和浩特市按照《国家教育委员会关于进一步办好幼儿学前班的意见》，加强对学前教育的教学和管理，对幼儿园和学前班办班条件、师资、教材等方面严格执行国家标准。9月开始,全市幼儿园、托儿所实行分家管理。幼儿园按年龄设小班、中班、大班。学前教育各项课程活动执行《幼儿园教育纲要（试行草案）》，开设语言、计算、音乐、美术等课程。同时，注重培养幼儿自理能力、劳动习惯、品德修养，促进德、智、体、美全面发展。城镇学前班实行全日制教学，招收本学区内6周岁幼儿入学。

1988年开始，市财政对幼儿教育的投资按20%的比例逐年递增。1989年，市教育局首次对全市幼儿园进行分类定级考评，共评出一类幼儿园35所、二类幼儿园17所、三类幼儿园19所、简易园2所。1986—1990年，市政府先后投资近400万元，新建和翻建市区幼儿园8所。全市幼儿园发展到86所，学校附设学前班368个，接受学前教育的幼儿3.09万人，幼儿教师1152人，分别比1985年增长43.3%、87.7%、61.1%和5.8%，市区幼儿入园率80%，农村大部分幼儿受到学前一年教育。1990年，呼和浩特市被自治区教育厅评为幼儿教育工作先进市。

1991年后，全市幼儿教育向办园体制社会化、办园形式多样化趋势转变，一批教育手段先进、教学内容丰富、具有各自特色水平的示范园和试点园不断涌现。英语、计算机、美术、舞蹈等教学成为正规幼儿教育内容的有益补充。办园物质条件得到改善，玩具、教具、乐器、图书资料等齐全，厨房设备向电气化发展。至1995年末，全市共集资、捐资3000余万元，改建、新建中小学、幼儿园28所，改建、新建量超过前十年的总和。全市幼儿园发展到111所，学校附设学前班491个，接受学前教育的学龄前儿童4.03万人。市区3 ~ 6岁幼儿入班入园率为98.6%，6岁幼儿入园率为100%。市区基本实现凡是学龄前儿童均受过学前教育。土默特左旗、托克托县、郊区大部分农村基本普及学前一年幼儿教育。同时，为促进幼儿教育事业向科学化、规范化、条理化发展，市教育局先后制定《呼和浩特市幼儿园工作规程实施细则》《呼和浩特市幼儿一日生活管理条例》《呼和浩特市幼儿园思想品德方案》《呼和浩特市学前班管理条例》等，组织开展幼儿教育科研和教学交流、观摩活动。根据《幼儿园管理条例》的规定，对市内部分企业和个人开办幼儿园进行考核验收，有10所幼儿园符合标准挂牌，与公办幼儿园享受同等待遇。全年认定一类乙级幼儿园1所、二类甲级幼儿园7所、二类乙级幼儿园1所、三类幼儿园3所。

1997年10月，国务院《社会力量办学条例》颁布施行后，呼和浩特市开始幼儿园办园体制和管理体制改革，部分企业办幼儿园收归教育部门举办，部分采取停办、变相安置或者个体承包等方式转化为社会力量办园。至2000年，全市社会力量办园比例达15.8%。

1986—2000年呼和浩特市幼儿园情况一览表

表25-2-1

年份	幼儿园数（所）	在园幼儿数（人）	教职工数（人）
1986	327	27174	3119
1987	—	—	—
1988	74	26767	3559
1989	86	18962	2772
1990	86	16967	2743
1991	94	18964	2906
1992	139	22875	3286
1993	111	21609	2955
1994	111	40303	2932
1995	131	45164	3285
1996	101	41635	2980
1997	91	33486	3062
1998	112	41468	2942
1999	114	32548	1794
2000	169	34560	2770

说明：表中“—”表示无数据

2001—2005年，市政府先后印发《关于加快呼和浩特市幼儿教育改革和发展的意见》《呼和浩特市关于加快发展农村幼儿教育的意见》，把学前教育纳入基础教育体系，整体规划，分类要求，确立教育行政部门主管、有关部门分工负责的学前教育管理体制，推进幼儿教育改革。开展以社区为学前教育基础网络、公办园为骨干的幼儿教育试点，建立公办与民办相结合的多种形式办园体制，构建并完善 0 ~ 6 岁托幼一体化的学前教育体系。2005 年，经自治区教育厅组织评估验收，回民区第一幼儿园、回民区第二幼儿园达到自治区示范幼儿园基本标准，被自治区教育厅命名为自治区示范幼儿园，新城区曙光幼儿园被自治区教育厅评为自治区民办示范性幼儿园。

2006—2007 年，为贯彻《中共中央、国务院关于进一步加强和改进未成年人思想道德建设的若干意见》，市教育局制定《呼和浩特市中小学、幼儿园德育工作常规》《呼和浩特市中小学、幼儿园分年级段德育工作实施要点》，对儿童的习惯养成教育及社会实践活动做出详细的规定和要求。全市各级各类幼儿园根据《呼和浩特市幼儿园综合评估指标体系》《教职工岗位责任制》《幼儿一日生活制度》《消毒制度》《安全管理制度》《幼儿园家长联系制度》《呼和浩特市民办幼儿园评估标准》，进行规范管理。同时，加强对 0 ~ 3 岁早期教育的研究和开发，逐步实施学龄前儿童 0 ~ 6 岁一体化教育。多渠道解决全市低收入家庭和部分流动人口学龄前儿童入园问题，充分利用撤点并校后闲置的校产开办幼儿园，并将农村乡镇幼儿园全部纳入统一管理。2008 年，市区范围内幼儿园全部取消学前班。

2010 年，市委、市政府市先后印发《呼和浩特市教育事业发展“十一五”规划》《呼和浩特市人民政府关于加快呼和浩特市幼儿教育事业发展的实施意见》，提出“深化学前教育办学体制改革，建立和完善以公办幼儿园为骨干和示范，以民办幼儿园为主体，公办与民办相结合，以社区为基础的学前教育服务网络，加快农村学前教育发展，每个乡镇都要办一所中心幼儿园”的奋斗目标；制定《呼和浩特市中小学、幼儿园规划建设条例》，使全市中小学、幼儿园用地规划和建设、学校安全管理逐步走上规范化、法治化的轨道，幼儿教育办学形式呈多元化的格局。在公办幼儿园中，既有政府投资、政府部门举办的幼儿园，也有企事业单位举办的幼儿园；在民办幼儿园中，有个人独资兴办的幼儿园、实行股份制的幼儿园，也有大型财团兴办的幼儿教育集团，以及部分公有民助的幼儿园（主要形式有国有民助、小学代办“幼儿园”，名园带“民园”等）。2010 年开始，全面实现小学 6 周岁入学，小学适龄儿童入学率 99.78%。

2011—2012 年，市委、市政府制定印发《关于“十二五”期间加快呼和浩特市教育改革和发展的决定》《关于加快发展呼和浩特市学前教育的实施意见》《呼和浩特市教育事业“十二五”发展规划》及任务分工方案，规范执行《幼儿园登记注册管理办法》，对符合《呼和浩特市幼儿园综合评估标准》的发放登记注册证书，逐步整顿关停撤并无证幼儿园。针对大量农村人口流入城市，农村中小学生数量减少、部分校舍闲置的情况，市教育局将旗县（区）闲置校舍增设附属幼儿园，并安置剩余的小学教师。同年，按照《呼和浩特市学前教育三年行动计划（2011—2013 年）》，确定规划新建、改扩建公办幼儿园 93 所，增加幼儿园学位 1.98 万个，并依托幼儿教育优势教育资源成立"幼儿教育培训基地"，逐步发展"幼儿教育集团"。至 2013 年末，全市投入资金 2.1 亿元，完成新建、改扩建幼儿园 56 所，建成一批软硬件设备较好的公办幼儿园。

2014 年，市教育局制定实施《呼和浩特市学前教育三年提升行动计划（2014—2016 年）》，启动公办幼儿园建设项目 37 个，逐步配齐新建幼儿园专任教师。按照"公建民营"的办学模式，建设和托管 21 个新建小区配套幼儿园建设项目。出台民办幼儿园扶持政策，通过政府购买服务、输出园长和教师、减免水电房租等奖励性政策，扶持 18 所规模较大、办学质量较好的民办幼儿园做大做强。

2015 年，全市新建、续建公办幼儿园 11 所，扶持新建民办幼儿园 1 所。出台认定和扶持普惠性民办幼儿园办法，通过加强政府性资金使用和引导民间资金进入学前教育领域，年末，全市学前教育入园率达 85%。同时，成立学前教育联盟，开展示范幼儿园创建，推动 3 ~ 4 所市级示范园提升为自治区级示范园。

2001—2015 年呼和浩特市学前教育情况一览表

表 25-2-2

年份	园数（所）	班数（个）		幼儿数（人）		教职工数（人）
		总数	其中：学前班（大班）	总数	其中：学前班（大班）	
2001	86	—	—	31812	—	2428
2002	108	1260	698	37088	20451	2858
2003	105	1230	662	33112	19340	2511
2004	129	1255	662	35726	18495	2799
2005	121	1216	589	34428	16701	2800
2006	131	1204	529	31728	14940	2995
2007	131	1134	470	30826	12771	3109
2008	131	1103	272	30325	7159	3109
2009	135	1073	249	28900	6316	3109
2010	158	1243	61	34737	1098	3946
2011	204	2088	807	42020	19368	4669
2012	225	1712	730	48354	22862	5485

续表 25-2-2

年份	园数（所）	班数（个）		幼儿数（人）		教职工数（人）
		总数	其中：学前班（大班）	总数	其中：学前班（大班）	
2013	255	1922	792	51020	23079	6146
2014	287	2166	916	57225	26065	6878
2015	320	2402	1026	61283	28250	7714

说明：表中“—”表示无数据

第二节　普及九年制义务教育

1986年，全市有中小学校768所，在校学生总数18.91万人。其中，小学665所，在校学生12.81万人；初中103所，在校学生6.1万人。《中华人民共和国义务教育法》颁布实施后，市委、市政府先后印发《加强初中教育管理的意见》《关于加强小学教育工作提高教学质量的几点意见》《关于进一步提高教育教学质量的意见》《关于加强初中工作的若干意见》，全面推进“普九”的顺利实施。至1990年末，全市有小学678所，在校学生13.55万人；有普通中学95所，完全中学29所，在校学生6.22万人。小学升初中的升学率为88.21%。适龄儿童入学率99.06%。其中，市区100%，土默特左旗、托克托县、郊区98.48%，年巩固率98.49%。

1994年，市区内新城区、回民区、玉泉区提前一年通过自治区“普九”工作验收。1995年、1996年，郊区和土默特左旗的“普九”工作均提前两年通过自治区评估验收。

1997—1998年，随着“普九”工作的推进，市区初高中物理、化学、生物教学仪器配备均达一类或二类部颁标准，小学自然实验室均全部达到新二类标准。中小学校图书总量达103.3万册，许多学校建起语音室、配备计算机。托克托县通过国家教委审查认定，成为全国第四批“两基”达标县。

1999年初，市教委成立推进清水河县“两基”达标领导小组，实行“一票否决制”，同时为清水河县划拨“两基”专项补助资金250万元，新建、改建、维修校舍，配备教学仪器、图书资料和学生课桌椅，改善办学条件。并向市区中小学师生发出为清水河县捐赠图书的号召，捐赠图书38万册以及部分教学仪器和设备，捐款4万余元。10月，清水河县通过自治区“两基”评估验收组验收。至年末，全市“普九”人口覆盖率以旗县（区）为单位计算达90.70%，完成扫除青壮年文盲2486人，全市青壮年非文盲率99.02%。

2000年，市教委印发《关于在全市小学起始年级实施“五四”学制的通知》。9月1日开学时，全市小学一年级全部实行“五四”学制。市辖9个旗县（区）全部实现“两基”达标，成为自治区首批“两基”达标盟市。全市4个项目县的62个乡进入“义教工程”,新建、改建中小学155所。年末,全市有初中73所,在校生人数8.32万人；小学879所，在校生人数20.62万人。

2001年，全市有两2所小学被自治区教育厅评为自治区义务教育实验学校，2所小学被自治区教育厅评为自治区义务教育示范学校。2003年，除和林格尔县外，全市8个旗县（区）均开展第一轮“两基”巩固提高复查。2004年，土默特左旗、武川县被自治区教育厅评为自治区“两基”巩固提高先进地区。全市有7个旗县（区）获国家和自治区“两基”巩固提高先进县称号。

2006年开始，全部免除农村义务教育阶段学生学杂费、对贫困家庭学生免费提供教科书并补助寄宿生生活费、市区义务教育贫困学生免收学杂费。同年，市教育局制定《呼和浩特市农村义务教育体制改革的实施方案》《呼和浩特市关于农村义务教育体制改革专项指导工作培训提纲》，完成撤并小学教学点190个，撤并农村初中13所。同时，市教育局印发《关于中考工作实施阳光招生的意见》，实施中考“阳光工程”；针对新课程改革和高考改革要求，经过广泛征求意见，对下一年度中考分值进行了适当调整，政治考试分值减少20分，加试体育分值15分计入中考总分，调整后的分值从2007年中考开始执行。

2007年，全市小学适龄儿童入学率99.9%，初中阶段毛入学率99.4%，青壮年非文盲率稳定在99%以上，居自治区各盟市前列。同年，在全市城镇义务教育阶段学校实施“两免”（免除学生的学杂费、免费提供教科书），受助学生人近30万人。

2008年，全市共有小学539所，普通中学126所，普通中小学在校生33.72万人，中小学教职工2.43万人。小学、初中辍学率分别控制在0.28%和1.48%，城乡青壮年文盲率控制在1%以下，“两基”人口覆盖率99%。2009年，呼和浩特市义务教育阶段提前实现免费教育。小学、初中适龄儿童入学率分别达99.78%和98.74%，残障儿童入学率80%左右。

2010年，市教育局制定《呼和浩特市“两基”巩固提高的双高意见》（高水平、高质量地普及九年义务制教育）。在市区各公办初中学校开始实行中考“分招”制，将6所自治区示范性高中招生计划的普通高中部分的50%分配到市区各公办初中学校。全面实施小学6周岁入学。至2010年末，全市有普通中学125所，在校生人数15.66万人。其中，初中69所，在校生人数9.88万人；小学361所，在校生人数17.75万人。适龄儿童入学率99.8%，初中入学率99%；残疾儿童入学率85%。全市青壮年人口非文盲率基本保持在99%以上。

2011年，呼和浩特市完成自治区政府教育督导团“双高”“普九”评估验收，托克托县获全市首个“双高”“普九”县和自治区首个“双高”“普九”农业旗县称号。

2012年，全市有普通中学114所、小学268所，其中自治区级义务教育示范学校47所、市级义务教育示范校153所、自治区级普通高中示范学校6所。2013年，全市有3所高中加入自治区示范性高中行列，全市有自治区示范性高中9所。

2014年，为推进落实《呼和浩特市县域义务教育均衡发展规划实施方案》，市教育局组织召开全市农村教育工作研讨会，确定赛罕区与和林格尔县2015年通过国家县域义务教育均衡达标的基本目标；制定《呼和浩特市义务教育阶段实行学区制管理工作方案》，组建15个办学联盟，开展联盟制办学和学区制管理，各旗县（区）学区制管理体系初见规模。

2015年，市教育局在赛罕区选取条件成熟的学校，启动开展全市义务教育阶段中小学校长交流轮岗和校长职级制试点。引进名校办学资源，推进特色化办学，自治区示范高中校均开设选修课60门，特别是创新实验室与创客空间的使用，提升学生的创新意识与能力。10月，赛罕区、和林格尔县通过国家义务教育发展基本均衡县评估认定，赛罕区成为自治区通过认定的旗县（区）中学校数最多、学生数最多的县（区）。截至2015年，全市有初中学校55所，在校生人数8.83万人；小学212所，在校生人数16.95万人。

1988—2015年呼和浩特市初等义务教育学校情况一览表

表25–2–3

年份	学校数（所）			在校学生人数（人）		
	初中	小学	合计	初中	小学	合计
1988	104	673	777	55224	131143	186367
1989	92	652	744	53671	133094	186765
1990	95	678	773	52199	135508	187707
1991	71	689	760	53291	140318	193609
1992	30	681	711	15851	147117	162968
1993	29	642	671	15337	151643	166980
1994	47	663	710	53747	155894	209641
1995	59	818	877	64401	176689	241090
1996	71	998	1069	73455	207795	281250
1997	82	979	1061	76243	212454	288697
1998	77	922	999	77071	208423	285494
1999	84	861	945	83815	204513	288328
2000	73	879	952	83162	206207	289369
2001	78	861	939	84523	201815	286338

续表 25-2-3

年份	学校数（所）			在校学生人数（人）		
	初中	小学	合计	初中	小学	合计
2002	85	800	885	90517	203288	293805
2003	93	773	866	98128	196151	294279
2004	98	725	823	100119	191025	291144
2005	85	649	734	96946	185331	282277
2006	74	693	767	95511	183966	279477
2007	70	580	650	95052	186464	281516
2008	64	539	603	97011	183195	280206
2009	62	429	491	96815	182956	279771
2010	69	361	430	98801	177507	276308
2011	70	341	411	95667	176940	272607
2012	63	268	331	93441	173249	266690
2013	61	258	319	90821	169455	260276
2014	57	218	275	89877	168693	258570
2015	55	212	267	88300	169454	257754

第三章　中等教育

第一节　高中教育

1986—1990 年，呼和浩特市全面落实《中华人民共和国教育法》《中华人民共和国教师法》《中华人民共和国未成年人保护法》《中华人民共和国义务教育法》《中国教育改革和发展纲要》，集中调整基础教育的内部结构，坚持办特色学校，创名牌学校，全市教育改革和学校建设取得了突破性进展，普通高中阶段教育基本形成比较完善的教育体系，为教育面向 21 世纪打下良好的基础。

1991—1995 年，呼和浩特市以“稳定现有规模，着重提高教育质量”为宗旨，贯彻实施国家教委颁布的《高中教学计划的调整意见》和自治区教育厅关于《高中教学计划的调整意见》，切实把高中教育从“升学教育”“应试教育”向素质教育转变。截至 1995 年，全市城市高中普及率达 82.1%、农村 32.9%。全市普通高中毕业率逐年提高，高考录取率连续几年在全区排名前列。普通高中在校生由 1990 年的 1.59 万人控制到 1.5 万人。全市 7 所完全中学进入自治区普通高中管理先进学校行列，1 所民族中学被评为自治区普通高中管理先进学校。

1996 年，呼和浩特市贯彻《现行普通高中教学计划的调整意见》，开始实施高二后分流制度，对分流到职业中学的学生经考核基本合格者，实行“双证制”（学历证书、职业资格证书）的优惠政策。同时，实施会考制度，组织全市各年级会考。1996 年，全市新增自治区普通高中管理先进学校 1 所。高考升学人数首次突破 2000 人，达到 2256 人，升学率为 29.14%。

1999 年，呼和浩特市开始在原招生计划的基础上，市区 16 所教办中学扩招高中学生 2500 余人。市区高中升学率由原计划的 57.9% 上升到 80%。凡属有资格分招的学校初中毕业生，中考分数在所报志愿学校的统招分数线以下、自费分数线以上的考生，均有资格参加分招。实施分招时，把参与分招的高中学校的分招人数的 1/2，作为基数平均分到有资格参与分招的初中学校，其余分招人数根据市教委对各初中学校进行年度考核的结果和荣获先进校的次数为基本依据进行分配。

2001 年，市区基本普及高中阶段教育，农村地区高中阶段入学率 69%。呼和浩特市第一中学、呼和浩特市第二中学被自治区教育厅评为自治区首批示范性普通高级中学。2002 年，市教育局制定《关于高中教育发展与建设的意见》。全市高中入学比例为 20%。

2003 年，市教育局印发《呼和浩特市关于普通高中招生考试改革的决定》，改革高中招生办法和内容，实行“九科五考”制。全市高考录取总人数达 14741 人，录取率为 79.5%，比 2002 年提高 19.4 个百分点。2004 年起，市政府筹措资金 4500 万元，启动 7 所中学建设项目。同年，全市高考成绩 600 分以上考生有 578 人。其中，文科 27 人，占全区 22%；理科 551 人，占全区 15%。600 分以上考生比例和总数排在自治区首位。取得自治区文科总分前三名和多项单科第一的好成绩。

2005 年后，为合理规划普通高中学校布局，确定市区高中“三条主线”方案。南线以内蒙古师范大学附属实验中学为龙头，建设南片的呼和浩特市第六中学、呼和浩特市第十八中学；中线以新华大街为轴线，打造呼和浩特市第一中学、呼和浩特市第二中学、呼和浩特市第十四中学和呼和浩特市第二中学新校区等优质高中；北线以土默特中学为核心，带动辐射西北片的呼和浩特市铁路第一中学、内蒙古机电职业技术学院（后改为基础教育学校）等高中学校。形成南北中均衡发展的优质高中教育格局。截至 2005 年，市区优质高中 50%，较原定 45% 的目标提高 5 个百分点。全市有普通高中 69 所，高中阶段入学率 81.6%，比自治区平均水平高 30 多个百分点。

2006 年，呼和浩特市逐步取消办学规模小、质量差、效益低的高中。在市区东部新建市第二中学新校区。2007 年，全市本科上线 6478 人，高考成绩 600 分以上学生比例在自治区连续处于领先地位。2007 年、2008 年呼和浩特市取得自治区高考文科、理科状元的好成绩。

2009年，全市高考报名人数减少5000多人，本科上线人数10989人，取得自治区文科状元和4个单科第一名。600分以上考生占自治区600分以上考生总数的22%，一本上线考生人数占自治区一本上线考生总数的19.6%。从2009年秋季起，全市普通高中学校全部进入高中新课程改革实验。市教育局对全市普通高中新课程改革进行培训，以校本研修与培训相结合，对新课程管理者和教师坚持“不培训、不上岗，先培训、后上岗”。

2010年，全市高考600分以上文理科学生共263人，获得自治区文科、理科总分和蒙古语授课理科状元，一本上线人数占全区一本上线人数的10%以上。截至2010年，全市有4所国家级示范性普通高中，12所自治区级示范普通高中；高中入学率达90%，优质高中教育资源达40%。逐步形成以优质高中为支撑的高中教育格局。

2012年，全市新增3所自治区示范性普通高中，分别为呼和浩特市第六中学、呼和浩特市第十八中学，和林格尔县第一中学。和林格尔县第一中学成为全市首所获此殊荣的旗县中学。

2014年，呼和浩特市对市区公办初高中进行整合分离。呼和浩特市第五中学与呼和浩特市铁路第二中学进行初高中整合，呼和浩特市第五中学办初中、呼和浩特市铁路第二中学办高中；呼和浩特市第七中学与呼和浩特市第二十八中学进行初高中整合，呼和浩特市第二十八中学办初中、呼和浩特市第七中学办高中。当年，全市一本上线考生人数占自治区一本上线考生总人数的19.3%；600分以上考生占自治区600分以上考生总人数的19.1%；农村旗县二本上线率达30.9%。

2015年开始，呼和浩特市第五中学、呼和浩特市第二十八中学停止高中招生，三年内完成初、高中彻底分离；呼和浩特市第十八中学逐步缩小整体办学规模，高中每年级8～10个平行班，初中规模不超出高中规模；呼和浩特市第三十八中学逐步扩大高中办学规模。2015年，全市普通高中完成网报录取12927人，录取率为97%。市区8所自治区示范普通高中招生5007人，全市有46所初中的2162人通过“分招”方式进入自治区示范高中。当年，全市高考一本上线率24.01%，其中市第二中学获自治区文科总分（裸分）第一。蒙古语授课文科、理科一本录取率80.1%。

1986—2015年呼和浩特市普通高中情况一览表

表25-3-1

年份	学校数（所）	在校学生数（人）
1986	31	17405
1987	—	—
1988	31	14700

续表 25-3-1

年份	学校数（所）	在校学生数（人）
1989	31	14528
1990	31	14966
1991	31	15590
1992	62	51111
1993	49	50281
1994	32	15105
1995	35	16546
1996	40	19166
1997	40	20965
1998	38	22449
1999	43	26468
2000	61	31618
2001	67	33854
2002	69	39272
2003	73	42556
2004	69	46975
2005	67	52195
2006	68	59133
2007	62	57913
2008	62	56999
2009	58	56381
2010	56	57750
2011	52	59754
2012	51	61709
2013	50	61450
2014	63	60930
2015	54	57961

说明：表中“—”表示无数据

2015年呼和浩特市区高级中学一览表

表25-3-2

办学体制	学校	
公办	呼和浩特市第一中学	呼和浩特市第二中学
	内蒙古师范大学附属实验中学	呼和浩特市第五中学
	呼和浩特市第六中学	呼和浩特市第七中学
	呼和浩特市第九中学	呼和浩特市第十二中学
	呼和浩特市第十六中学	呼和浩特市第十八中学
	呼和浩特市第二十一中学	呼和浩特市第二十八中学
	呼和浩特市第二十九中学	呼和浩特市第三十八中学
	呼和浩特市第四十中学	呼和浩特市蒙古族学校
	呼和浩特市回民中学	北京四中呼和浩特市分校
	呼和浩特市铁路第二中学	赛罕区民族中学
	航天中学	内蒙古师范大学附属盛乐实验中学
民办和其他部门办	呼和浩特市体育运动学校	呼和浩特市锦盛达学校
	呼和浩特市开来中学	呼和浩特市敬业学校
	呼和浩特市桥华学校	呼和浩特市国飞学校
	呼和浩特市金马学校	呼和浩特市喜善中学
	呼和浩特市剑桥中学	

第二节　中等专业教育

1986年，呼和浩特市有各类中等专业学校33所，包括呼和浩特交通学校、内蒙古邮电学校、内蒙古银行学校、内蒙古气象学校、内蒙古工业学校、内蒙古石油化工学校、内蒙古建筑学校、内蒙古建材学校、内蒙古电子学校、内蒙古水利学校、内蒙古二轻工业学校、内蒙古粮食学校、内蒙古广播学校、内蒙古电力学校、内蒙古地质学校、内蒙古农业学校、内蒙古医学院附设护士学校、内蒙古医院附设卫生学校、呼和浩特市卫生学校、内蒙古财政学校、内蒙古商业学校、内蒙古供销学校、内蒙古工商行政管理学校、内蒙古人民警察学校、内蒙古司法学校、呼和浩特武警指挥学校、内蒙古劳改干校中等专业班、内蒙古体育运动技术学校、内蒙古艺术学校、呼和浩特市戏曲班、内蒙古蒙文专科学校、内蒙古民族师范学校、呼和浩特师范学校。在校学生共有1.3万人，其中少数民族学生1583人。有教职工4973人，专任教师2084人。

1994年，国家教委印发《关于普通中等专业学校招生与就业制度改革的意见》，提出普通中等专业学校的招生就业机制要改变“招生由国家统一计划、毕业由国家统一包分配”的形式，逐步建立起“上学自己交纳部分费用、毕业大部分人自主择业”的机制。

自1998年起，自治区直属和盟市所属普通中等专业学校（含师范学校），全部实行招生并轨改革。随着高等教育学校扩招，联合办学模式推广，中等专业教育出现招生难、就业难、生源质量差等困难和问题，中等专业教育招生数和在校生人数日趋下降。

2000年9月，按照“共建、调整、合作、合并”的方针，呼和浩特师范学校并入呼和浩特教育学院。2002年，市教育局对各类中等专业学校采取“合并、共建、联办、划转”等方式进行布局结构调整，以重点学校为龙头，将科类相似、地域相近的中等专业学校实行合并办学。办学层次不适应部门对人才培养层次要求的中等专业学校，按条件转制为培训机构。办学规模小、条件差、达不到合格标准的学校，适当撤并。通过布局结构调整，呼和浩特地区出现了一批“双元制”的中等专业学校，形成多层次、多规格的办学格局。

截至2015年，全市有中等专业学校38所，在校学生3.31万人；教职工1978人，其中专任教师1121人。有内蒙古经贸学校、内蒙古医院附属卫生学校、内蒙古电力学校、内蒙古广播电视中等专业学校，以及呼和浩特市艺术学校、呼和浩特市卫生学校、呼和浩特幼儿教师进修学校等专业特点突出和办学特色鲜明的中等专业学校。

第三节　中等职业教育

1986年，呼和浩特市计划委员会、劳动和教育部门配合协作，在招工中优先录用职业技术学校毕业生。市属职业高中计划内招生1828人，有在校生5181人，分别占高中阶段学生总数的38.9%和34.2%。职业技术教育向多形式、多层次、多规模培养专业技术人才的方向发展。全市职业高中联办专业占招生专业的60%，加入联合办学的单位发展到30多家。同时，呼和浩特市与哈尔滨市道外区、沈阳市皇姑区、长春市宽城区、北京市西城区正式建立跨省协作关系，共同组建北方五市区职业技术教育协作会。

1987年，市教育局制定《呼和浩特市职业中学暂行工作条例》，逐步扭转中等教育结构不合理的局面。全市中等专业学校和技工学校在内的职业类学校在校生与普通中学在校生的比例达到1 ∶ 1。为突出职业特点，市教育局研究决定，除民办学校外，所有直属职业高中均按顺序排名。其中，呼和浩特市第七中学、呼和浩特市第十九中学和呼和浩特市第三十五中学附设职业高中除随职业高中排名外，初中部分保持原称。呼和浩特市职业学校、呼和浩特市第四中学、呼和浩特市第十五中学、呼和浩特市第十七中学、呼和浩特市第二十七中学、呼和浩特市第三十一中学、呼和浩特市第三十七中学、呼和浩特市第一建筑职业中学、呼和浩特市第七中学、呼和浩特市第十九中学、呼和浩特市第三十五中学，分别命名为呼和浩特市第一至呼和浩特市第十一职业高中。同年9月，呼和浩特市工读学校附设的职业高中被命名为呼和浩特市益民职业学校，呼和浩特市第三十三中学归市体委管理，改称呼和浩特市第一业余体校。同时，逐步实行“双证制”，要求各校会同有关部门及专业技术人员制定好各专业的技术等级考核标准。

1988年，为规范职业高中专业技能训练的范围和技能考核的标准，市职教中心编制印发《专业技术等级考核标准》，包括23种专业的各级别技术工种部颁考核标准，5种专业上岗必备的规格要求。

1989年开始，市教育局加强各职业高中学籍管理，三年制专业的学生必须在校完成二年半的教学任务，在三年级的第二学期可提前上岗生产实习，实习结束后，经毕业考核，合格者颁发职业高中毕业证书。至1989年，全市有职业高中24所，在校生数6593人，占高中在校生的46.64%。

1990年，市教育局开展定类考评，呼和浩特市第五职业高中被定为优秀学校，呼和浩特市第二职业高中等7所学校被定为一类学校。

1987—1990年职业高中在校学生情况一览表

表25-3-3　　　　单位：人

年份	在校生人数	招生人数	毕业人数
1987	7363	2454	2152
1988	6363	2541	2952
1989	6593	2557	1941
1990	6755	2648	1946

1991年1月，呼和浩特市第二职业高中被国家教委认定为首批“省级重点职业高级中学”。同年，市政府根据自治区关于开展“职教年”活动的意见，决定开展“呼和浩特市‘职教年’”活动，下达《关于开展“职教年”活动的通知》，明确提出10项工作任务、8条政策措施。

1992年3月，针对全市在办15所职业高中开办的专业相近问题，市教育局对各学校专业布局进行了适当调整。分别开设电子电器、烹饪专业、幼师、美术、机械、财会、商业经营、旅游服务、服装、食品、机械、毛纺、建筑、商业、印刷以及园林等专业。11月，在土默特左旗召开呼和浩特市城市职业教育研讨会，会议提出改革学校内部管理体制，提高办学质量等实施意见。会后，全市各职业高中，特别是重点职业高中普遍进行学校内部管理体制改革，建立教学、实习、生产、经营一条龙的实体单元。

从 1993 年起，全市职业高中招收自费生被列入招生计划，市区职业高中的招生总数与普通高中比例突破 4 ∶ 6，提升至 5 ∶ 5。呼和浩特市属职业高中开始推行“双证制”，有 15 所学校 25 种专业进行专业技术考核。全市职业高中的主体专业都有各自的校内实习场所和满足日常教学需要、具有先进教学设备的专业教室。

1991—1995 年，呼和浩特市先后制定《关于加强呼和浩特市职业高中教学工作的意见》《关于加强职业高中德育工作的意见》《职业高中学籍管理办法》《职业高中办学水平评价方案》等，修订财经类、服务类、现代化办公类等 18 个专业的教学计划。各校采取岗位自修、函授学习、脱岗进修等培训办法，提高学生职业技能。1991 年、1993 年，呼和浩特市第一职业高中和呼和浩特市第五职业高中先后被自治区政府评定为省级重点职业高中，呼和浩特市第四职业高中和呼和浩特市第九职业高中被认定为盟市级重点学校。1995 年，为创建国家级重点职业高中，市政府决定撤销呼和浩特市第四职业高中建制，合并为呼和浩特市第二职业高中。同年，经国家级重点职业高中评估组评估验收，呼和浩特市第二职业高中以排名全区第二的成绩入选全区首批国家级重点职业高中备选学校行列。截至 1995 年，全市有职业中学 32 所。其中，职业初中和“3 + 1”学校 12 所，私立职业高中 2 所；开设专业 47 个；有在校生 8621 人，其中市区职业高中在校生 6970 人。全市职业高中设立校办企业和专业实体 45 个（家）。

1996 年，市教委将市第一职业高中、市第二职业高中、市第五职业高中改办为市第一职业中等专业学校、市第二职业中等专业学校、市第三职业中等专业学校。针对全市职业高中专业设置的实际，对三年制职业高中财经类、电子类、服装类的 18 个专业教学计划进行审定，制定《呼和浩特市职业高中实习管理办法》，针对不同专业下达专业技术等级考核标准，严格规定考核程序，并把职业高中参加考核合格率和参考率作为评估学校的重要依据，规定没有参加技能考核、没有领到专业技术等级证书的学生不予发毕业证。全年，有 15 所学校、24 个专业的 1355 名毕业生参加技能考核，认定为中级工 600 余人、初级工 700 余人，发放由劳动部统一监制的专业技术等级证书。组织第三届职业中等专业学校、职业高中招生专业咨询活动，编辑《呼和浩特职业教育报》招生专业专刊。针对报考职业中等专业学校、职业高中的生源状况，将呼和浩特市第一职业中等专业学校的计算机应用金融财经电算化专业的计划内、外招生全部改成自费。全年，3 所职业中等专业学校实际招生 1247 人，占全市职业高中招生人数 3102 人的 40%；有在校生 3489 人，校均在校生 1163 人，占全市职业中等专业学校、职业高中在校生 7855 人的 44%。

1997 年，市教委在和林格尔县召开职业教育现场经验交流会，会议总结、交流职业教育发展的经验，并将和林格尔县创建职业教育中心的经验和做法在全市进行推广。针对劳动力市场的萎缩，各类职业学校不同程度地出现生源不足的现象，市教委根据各地区的实际下达《全市职业高中 1997—2000 年招生计划》，对职业教育招生给予宽松的政策，放宽职业高中招生和入学年龄限制。

1998 年，根据自治区教委《关于大力发展职业教育的意见》，市教委把加强职业教育作为深化农村教育综合改革的重点，实行“农科教”统筹管理，按照普通教育、职业教育、成人教育“三教”结合的发展模式，要求全市普通初中普遍实行初中后分流，以“3 + 1”或“3 + 短”的形式，对初中生进行农村实用技术教育。实行“绿色证书”制度，农村职业初中和“3 + 1”模式班级学生主要学习种植、养殖技术，进行农业优良品种繁育，承担农业科技项目推广。针对农村职业教育薄弱环节，印发《关于呼和浩特市 6 个农业旗县（区）在 2000 年前各创建一所职业教育中心或骨干性、示范性职业学校的安排意见》。同时，市区各职业高中与各旗县（区）专业相关学校建立城乡教育协作关系，在专业师资、实习基地、专业设施等方面得到优势互补，农村职业中学成为市区职业高中开展社会实践、劳动教育的基地。

1999 年，和林格尔县职业教育中心通过自治区级重点职业高中验收，郊区职业教育中心、武川县职业高中被自治区教育厅评为盟市级重点职业高中。同年，全市职业高中招收新生 4008 人，在校生总人数 1.13 万人，职业高中在校生占普通高中在校生总数的 32.5%。同时，市教委组织职业中等专业学校、职业中学参与全市再就业培训，市区 6 所职业高中以编织技术、美容美发、服装制作、微机应用等实用性较强的专业为基础，面向社会下岗、转岗人员开展实用技术培训，进行择业观教育，先后举办 23 期培训班，1279 人免费参加再就业实用技术培训。为保证职业高中培养目标的实现，市教委实行全市职业高中统一会考制度，重新修订《呼和浩特市三年制职业高中教学计划》，制定《呼和浩特市职业高中政治、语文、数学及部分专业课考试大纲》，规范职业高中学制和教学管理，明确规定学生在校学习时间为 5 个学期，并将全市职业高中统考由第四学期进行调整为第五学期进行，技术等级考核在第六学期进行。1997—2000 年，先后有 782 名职高毕业生对口升入高等院校。至 2000 年，赛罕区、托克托县、和林格尔县、清水河县、武川县均各自建起 1 所示范性职业高中或职业教育中心。其中，赛罕区、托克托县、清水河县和武川县用于建设职业高中教学和实习大楼累计投资 1265 万元，建筑面积 1.87 万平方米。全市职业高中在校生占整个高中在校生比例为 3.2% ~ 5%。全市建成国家级重点职业高中 1 所、自治区级重点职业高中 3 所、盟市级重点职业高中 5 所。

2001 年 11 月 2 日，市政府召开呼和浩特市职业教育发展 20 周年总结表彰会议，14 个先进集体、137 名先进个人和 34 名从事职业教育 20 年的教育工作者受到表彰奖励。2001 年后，受普通高等教育学校扩招和人才重心上移等多种因素的影响，职业教育招生大幅下降。呼和浩特市调整职业高中办学方向，把为当地经济建设培养人才的单一目标转向既为当地经济建设培养人才，又为高等院校输送合格新生的双重目标。

2003 年，市政府修订《关于大力推进职业教育改革与发展的实施意见》，市教育局制定《呼和浩特地区职业学校布局结构调整方案》《呼和浩特市教育局关于评估呼和浩特市民办教育机构办学水平的指标体系（试行）》《呼和浩特市民办教育协会章程（草案）》。组织市属职业中等专业学校、各旗县（区）职业学校、驻呼普通中等专业学校、高等职业学校对口升学技能考核工作，共涉及 14 个专业、1329 名考生，其中市内考生 462 人、旗县（区）考生 521 人、驻呼普通中等专业学校考生 346 人，共评出优秀等级学生 203 人。2003 届中等职业学校毕业生 1868 人，参加高职对口升学考试被录取 1027 人，年内就业 841 人。

2004 年，市教育局印发《关于 2004 年职业高中毕业生对口升学技能考核的通知》，组织进行全市中等职业学校毕业生报考高等职业院校技能考核，共有 17 所中等职业学校的 1528 名考生分别参加计算机、电器、烹饪、幼师、美工设计、财会、旅游、农学、牧医、医护、建筑、化工 12 个专业类别的技能测试。其中，1297 名考生评定为“合格”等级，取得参加高职招生的报名考试资格；231 名考生评定为“优秀”等级，获得在对口报考高职院校入学考试总成绩的基础上增加 20 分的奖励。同年，呼和浩特市第三职业中等专业学校与益民学校（工读）合并。

2004 年，市委、市政府印发《呼和浩特市百万农民科技培训工程实施方案》，市教育局在各旗县（区）职业教育中心建立并启动农民培训工程。至 2005 年，累计培训农民 130 多万人次，培训农村基层干部 5 万多人，发放资料 71.6 万份册。同时，市教育局根据全市经济发展状况，围绕电子、乳品、电力、生物制药等专业，建立长短结合的“订单”式培养、点菜式教学的职业教育培养模式。全市中等职业学校招生人数 5745 人，较 2004 年增长 30.5%。学校在开设计算机等 16 个传统专业基础上，新增乳品等 4 个特色专业。至 2005 年，全市共有中、高等职业学校 31 所，中等职业学校在校生人数约 3 万人，中等职业学校与普通高中在校生比例达到 3 ∶ 7。中等职业学校毕业生升入对口高等职业学校的占 26.6%，就业率 98.7%。

2006 年，呼和浩特市职业教育优先发展与乳品、电力、IT 制造业、生物制药、冶金化工、机械制造和服务业相关的专业。市政府将市机械工程职业技术学校确定为紧缺技能型人才培训基地，把第二职业学校北校的汽修服务专业确定为国家级半工半读试点职业学校及重点专业。创建首批自治区级中等职业教育精品专业点6个，市级中等职业学校精品专业点8个。全市中等职业学校开设专业78个。其中，新增专业11个，联合办学专业占三分之一；开展各类职业培训短期班92期，培训8991人次。农业旗县建立起农村劳动力转移培训基地10个，开展乳品、养殖、建筑、计算机、农业技术等农民科技培训515期，培训约3.84万人次，发放资料7000多份。截至2006年，全市有中等职业学校25所，职业初中18所，民办中等职业学校3所，在校生1.7万人，各类中等职业技术学校在校生数占整个高中阶段在校生数29.1%，招生数与普通高中招生数之比为1∶2.8。全市中等专业学校毕业生7531人，就业率97.7%。取得职业资格证书占86%。

2007年，国家、自治区出台对中等职业学校贫困学生在一定范围内发放生活补助费的政策，资助标准每生每年1500元。除中央和自治区下拨的专项资金外，呼和浩特市拨出专款222.5万元用于发放中职学生补助，近2万名中职学生受益，受益面100%。

2008年，呼和浩特市调整优化职业教育布局，在新城区东二环与北二环东南角新建内蒙古工程学校和商贸旅游职业学校。在开设计算机、电器、烹饪等16个传统专业基础上，新增乳品、生态、旅游、家政服务等特色专业。设立市政府中等职业教育学生奖学金，奖学金覆盖面为中等职业学校在校生的3%，每人奖励2000元。同年，为呼和浩特市机械工程学校、呼和浩特市第二职业学校、呼和浩特市第三职业学校新建实训楼。全市有职业高中22所、职业初中11所，在校生2.33万人，职业普通高中在校生比例为3∶7。中职学校毕业生总数5564人，就业率95%。取得职业资格证书的占86%。

2009年，市教育局编制完成《呼和浩特市职业教育基础能力建设工程规划》。全年，职业教育招生1.2万人，实现职业教育与普通教育比例4∶6。创建1所自治区重点中等职业学校和5个自治区职业教育实训基地。

2000—2009年呼和浩特市中等职业教育概况一览表

表25-3-4

年份	学校数（所）			学生数（人）		
	合计	初中	高中	合计	初中	高中
2000	43	29	14	18759	11780	6979
2001	34	21	13	19727	12038	7689
2002	31	21	5	19893	12364	7529
2003	34	24	10	21712	13523	8189

续表 25-3-4

年份	学校数（所）			学生数（人）		
	合计	初中	高中	合计	初中	高中
2004	33	23	10	20086	11666	8420
2005	31	20	11	20724	10872	9852
2006	32	18	14	20448	8950	11498
2007	30	13	17	22084	6829	15255
2008	33	11	22	23297	5850	17447
2009	33	11	22	21888	5216	16672

2010 年，在第三届全国职业技能大赛中，代表自治区参赛的市教育系统选手有18人，在15个集体或个人项目中获奖。全市中等职业学校5.68万人次获得国家助学金，资助总额 4257 万元；为 2.84 万人次获得家庭经济困难学生和涉农涉牧专业学生免予学费，资助总额 4602.8 万元。

2011 年，举办全市中等职业技能大赛，选出 72 名优秀选手参加自治区中等职业技能大赛，获一等奖 17 个、二等奖 15 个、三等奖 18 个、优秀奖 12 个。选拔 36 名优秀选手参加全国中等职业技能大赛，获二等奖 3 个、三等奖 2 个。

2012 年，在全国中等职业技能大赛中获呼和浩特市首个职业技能组一等奖，实现零的突破。市机械工程职业技术学校获国家中等职业教育改革发展示范校称号。2013 年，全市有中等职业学校 58 所，在校学生总数 4.27 万人，其中职业高中 18 所，在校学生 1.06 万人。

2014 年，呼和浩特市规划新建职业技术教育园区。将呼和浩特市商贸旅游职业学校、呼和浩特市第二职业中等专业学校、呼和浩特市第三职业中等专业学校、内蒙古工程学校、呼和浩特市机械工程职业技术学校、呼和浩特市卫生学校、呼和浩特市艺术学校、呼和浩特市技工学校 8 所中职学校进行重新整合，改变原有管理体制和财政体制，交由市教育局统一管理，并按专业方向区分，组成 7 所规模较大的中等职业学校。

2015 年，呼和浩特市商贸旅游职业学校被教育部批准为自治区唯一一所国家首批现代学徒制试点单位，内蒙古工程学校和内蒙古环成职业学校被批准为自治区现代学徒制试点单位。截至 2015 年末，全市有中等职业学校 58 所，在校学生 4.2 万人。其中，职业高中 15 所，在校学生数 8971 人；技工学校 5 所，在校学生 2291 人。拥有国家级重点中等职业学校 7 所，自治区级重点中等职业学校 9 所。中等职业学校就业率在 95% 以上。

2010—2015 年呼和浩特市中等职业教育学校基本情况一览表

表 25-3-5

年份	学校数（所）				在校学生数（人）				教职工数（人）			
	总数	其中			总数	其中			总数	其中		
		中等专业学校	职业高中学校	成人中等专业学校		中等专业学校	职业高中学校	成人中等专业学校		中等专业学校	职业高中学校	成人中等专业学校
2010	65	39	21	5	71637	52225	16747	2665	3586	1978	1503	105
2011	65	42	17	6	66520	55272	10083	1165	3453	2174	1170	109
2012	60	37	18	5	51148	40355	10725	68	3401	1890	1380	131
2013	58	35	18	5	42658	31729	10639	290	3425	1846	1429	150
2014	57	37	15	5	43771	34423	9136	212	3392	1979	1260	153
2015	58	38	15	5	42102	33064	8971	67	3598	1978	1396	224

2015 年呼和浩特市技工学校一览表

表 25-3-6　　单位：人

学校	招生数	在校学生数	毕业生数	教职工数
内蒙古纺织技工学校	653	1189	425	56
呼和浩特机床附件总厂技工学校	—	42	42	32
呼和浩特市技工学校	121	603	223	68
内蒙古铁路高级技工学校	107	170	—	135
呼和浩特新东方技工学校	287	287	—	85

说明：表中“—”表示无数据

第四章　普通高等教育

第一节　驻区高等教育

1986 年，呼和浩特市有驻区普通高等教育院校 9 所，分别是内蒙古大学、内蒙古师范大学、内蒙古农牧学院、内蒙古林学院、内蒙古工学院、内蒙古医学院、内蒙古财经学院及民办青山大学和丰州联合大学。其中，内蒙古大学、内蒙古师范大学是全国重点大学；内蒙古大学具有博士学位授予资格，内蒙古工学院、内蒙古医学院具有硕士学位授予资格。驻区高校有在校学生 1.95 万人，教职员工 9396 人，其中专任教师 3870 人；成人高校 6 所，其中广播电视大学 1 所、管理干部学院 1 所、职工大学 2 所、教育学院 2 所，在校学生 1.42 万人，教职员工 1601 人，其中专任教师 701 人。1987 年 3 月，国家教委批准建立内蒙古大学艺术学院。

1993 年，经国家教委批准，内蒙古工学院更名为内蒙古工业大学。1994 年，经自治区教育厅批准，内蒙古大学艺术学院开始招收本科学生。1995 年，有驻呼普通高等院校 12 所。其中，国家办学 8 所，社会力量办学 4 所。有在校学生 3.19 万人，教职员工 1.07 万人，其中专任教师 4846 人。有成人高等学校 5 所，在校学生 1.42 万人，教职员工 1255 人，其中专任教师 629 人。1997 年，内蒙古大学被国家教委批准为国家“211 工程”重点建设院校。1999 年，内蒙古医学院获得同等学力人员申请硕士学位的授权资格。

2000 年，按照自治区政府《关于高校结构性布局调整的决定》，内蒙古教育学院并入内蒙古师范大学，内蒙古农牧学院和内蒙古林学院合并为内蒙古农业大学，内蒙古财经学院与内蒙古经济管理干部学院合并为内蒙古财经学院，内蒙古蒙文专科学校和内蒙古民族师范学校合并为内蒙古民族高等专科学院。

2001 年，内蒙古农业大学成为国家西部大开发“一省一校”重点支持建设大学。同年 12 月，内蒙古大学艺术学院与内蒙古大学实现实质性合并，学院的建设发展延续相对独立的运行机制，在人、财、物、办学等方面独立运行。2003 年，内蒙古工业大学晋升为博士学位授权单位，内蒙古医学院获准成为临床医学硕士专业学位培养单位。经自治区政府批准，内蒙古电子学校升格为内蒙古电子信息职业技术学院。同年，获教育部批准，内蒙古电子信息职业技术学院成为全国 35 所国家示范性软件职业技术学院之一。

2004 年，内蒙古大学成为自治区政府和教育部“省部共建”大学。内蒙古大学艺术学院开始培养硕士研究生。2005 年，内蒙古财经学院取得硕士学位授予权。2006 年，内蒙古财税职业学院与内蒙古工商行政管理学校并入内蒙古财经学院。

2009 年，内蒙古财税职业学院撤销，内蒙古民族高等专科学院升格为呼和浩特民族学院。内蒙古医学院被自治区政府确定为自治区博士学位授权立项建设单位。

2011 年，内蒙古工业大学入选教育部“卓越工程师教育培养计划”第二批名单。2012 年，经教育部批准，内蒙古财经学院更名为内蒙古财经大学；内蒙古医学院更名为内蒙古医科大学。内蒙古大学入选国家中西部高校综合实力提升工程（中西部“一省一校”国家重点建设大学）；内蒙古农业大学成为国家林业局和自治区政府“省部共建”高校。同年，自治区政府根据内蒙古艺术学院的发展实际，决定报请教育部批准内蒙古大学艺术学院独立设置为内蒙古艺术学院。2013 年，内蒙古农业大学进入国家“中西部高等教育振兴计划”支持院校行列。2014 年 12 月，内蒙古师范大学入选教育部卓越教师培养计划。

2015 年 4 月，教育部印发《教育部关于同意建立内蒙古艺术学院的函》，同意在内蒙古大学艺术学院（资源）基础上建立内蒙古艺术学院。8 月，自治区政府印发《内蒙古自治区人民政府关于成立内蒙古艺术学院和鄂尔多斯应用技术学院有关事宜的通知》，正式批准独立设置内蒙古艺术学院。

截至 2015 年，呼和浩特市有驻区高等教育学校 24 所，在校学生 23.52 万人，毕业生 6.15 万人；教职工 1.86 万人，其中专任教师 1.22 万人。成人高等院校 1 所，在校学生 3.37 万人，毕业生 2.32 万人；教职工 587 人，其中专任教师 269 人。

2015 年呼和浩特市驻区高等院校一览表

表 25-4-1　　单位：人

类别	院校	在校学生数	研究生数	毕业生数	教职工数	专任教师
普通高等院校	内蒙古大学	21773	5088	5261	1952	1107
	内蒙古工业大学	22688	2549	5370	2045	1437
	内蒙古农业大学	31113	2591	8071	2616	1581
	内蒙古医科大学	12968	1473	3541	1506	926
	内蒙古师范大学	31115	3081	7993	2250	1400
	内蒙古财经大学	20358	636	5216	1491	960
	呼和浩特民族学院	8042	未设立	1644	566	410
	内蒙古艺术学院	3780	未设立	—	574	434
	内蒙古大学创业学院	6795	未设立	1324	296	229
	内蒙古师范大学鸿德学院	7884	未设立	1460	457	350
	内蒙古建筑职业技术学院	9202	未设立	2967	570	435
	内蒙古丰州职业学院	2039	未设立	446	86	44
	呼和浩特职业学院	12753	未设立	4327	1144	727
	内蒙古电子信息职业技术学院	10185	未设立	3571	567	439
	内蒙古机电职业技术学院	10163	未设立	3332	590	496
	内蒙古化工职业学院	8618	未设立	2174	486	362
	内蒙古商贸职业学院	9897	未设立	3363	597	375
	内蒙古警察职业学院	1130	未设立	—	230	127
	内蒙古体育职业学院	428	未设立	95	136	94
	内蒙古科技职业学院	1203	未设立	156	105	53
	内蒙古北方职业技术学院	2348	未设立	479	133	65
	内蒙古经贸外语职业学院	2109	未设立	232	82	48
	内蒙古工业职业学院	447	未设立	414	27	4
	内蒙古能源职业学院	1552	未设立	86	82	49

续表 25-4-1

类别	院校	在校学生数	研究生数	毕业生数	教职工数	专任教师
成人高等院校	内蒙古自治区广播电视大学	1467	未设立	906	587	269

说明：表中“—”表示无数据

第二节　市属高等教育

1986 年，呼和浩特市属高等教育院校有呼和浩特市教育学院、呼和浩特市职工大学、呼和浩特市管理干部学院。在校学生 1908 人，教职工 428 人。1988 年，撤销内蒙古广播电视大学呼和浩特市工作站，成立呼和浩特市内蒙古广播电视大学分校，业务受内蒙古广播电视大学指导。

20 世纪 90 年代，市属 4 所高等院校以学历教育和学历补充教育为主要办学任务，同时，为农村初中和职业技术教育培养部分师资力量。

1999 年，市教委提出呼和浩特市高等教育改革意见，理顺市管高等教育院校及各类成人高等教育学校的管理体制，走“联合共建、资源共享、优势互补”的发展道路。

2000 年，为优化呼和浩特市师范教育资源，完成“三级师范”向“两级师范”的过渡，将呼和浩特师范学校并入市教育学院。合并后的呼和浩特市教育学院承担中小学教师及管理人员岗位培训和继续教育等非学历教育。

2002 年，呼和浩特市教育学院、呼和浩特市管理干部学院、呼和浩特市职工大学、呼和浩特市广播电视大学合并组建为呼和浩特职业学院，成为呼和浩特市举办的唯一一所全日制综合类高等院校。2004—2006 年，又先后接收内蒙古广播电视大学呼和浩特铁路局分校、呼和浩特铁路中等专业学校、内蒙古广播电视学校、内蒙古技师培训学院，完成 9 校合并。其间，市财政局连续 3 年，每年拨出 100 万元作为政府贴息资金用于学院基础建设。学院合并组建后，确定“立足首府，引领全区，面向优势产业，培养职业能力强、综合素质高、发展潜力大的高技能型人才”的定位，形成食品生物技术、应用化工技术、旅游管理等 6 大重点建设专业群，开设文化教育、财经、制造、旅游管理等 12 个大类、56 个高等职业教育专业。其中，重点建设专业 13 个，自治区级品牌专业 9 个，自治区重点建设专业 1 个，自治区级精品课程 17 门。与内蒙古师范大学、内蒙古工业大学、内蒙古农业大学、内蒙古财经大学、集宁师范学院合办 5 个本科专业。学院设有“一所、一站、十五基地”，包括国家职业技能鉴定所，呼和浩特普通话水平测试站，呼和浩特市高技能人才培训基地等 15 个培训基地。设高等教育研究所、历史文化研究所、生化研究所、马铃薯研究院、大数据研究院 5 个科研机构；凝乳酶实验室、脱毒马铃薯育种实验室、生物化学实验室 3 个重点实验室。

2010 年，呼和浩特职业学院新区（东校区）在赛罕区呼和浩特高等职业教育园区建成投入使用。至此，学院分东校区、西校区，东校区位于赛罕区巴彦镇高职园区、西校区位于新城区通道北路 58 号，总占地面积 151.2 万平方米，建筑面积 63.48 万平方米。

2012 年，呼和浩特市创新职业教育体制机制，通过自治区、呼和浩特市两级共建，引进、支持各类高等教育学校以及科研机构创办教育教学基地。2014 年，启动并实施呼和浩特职业学院新校区三期建设。

2015 年 12 月，市政府印发《关于加快发展现代职业教育的实施意见》，要求高等职业教育以提高人才培养质量为核心，以增强特色发展为重点，促进呼和浩特职业学院由注重规模发展向注重内涵和特色发展转变，发挥高职教育的示范、引领、辐射作用，形成具有呼和浩特市特色的现代职业教育体系。截至 2015 年，呼和浩特职业学院有全日制在校学生 1.5 万人；教职工 1144 人，其中专任教师 727 人；自治区突出贡献中青年专家 2 人，外籍专家 8 人，国家行业教学名师 1 人，自治区教学名师 7 人，自治区教学团队 7 个，院士工作室 1 个。学院连续 4 年被自治区教育厅评为全区普通高等教育学校毕业生就业工作年度先进单位，被教育部评为人才培养优秀院校。

第五章　其他教育

第一节　成人教育

1986 年后，呼和浩特市农村成人教育在扫除青壮年文盲、农民技术培训和教育培训网络建设方面取得明显成果。到 1995 年，全市每个乡镇均建有 1 所集教育、生产、科技、推广、综合服务为一体的乡镇农民文化技术学校，有 93.9 万人次接受 1 ~ 2 项实用技术培训，有 2.47 万户成为科技示范户，有 6348 人领到“绿色证书”。全市青壮年非文盲率 97.2%。企业职工教育由原来的以文化培训为主，转化为以提高职工专业技能和学历层次为主。在职干部职工的继续教育也得到长足进步。截至 1995 年，全市有成人高等教育学校 4 所，成人中等专业学校 14 所，开设成人自学考试本科、专科专业 50 个。培养具有本科、专科学历学生 6113 人。

20 世纪 90 年代开始，成人教育以岗位培训和继续教育为重点，发展职工全员培训和下岗、转岗、再就业培训，坚持先培训后就业、先培训后上岗、持证上岗制度。市教委出台全市农牧民教育五年规划，推动旗县（区）“燎原计划”示范乡建设，表彰20个“燎原计划”示范乡。1999年，全市参加岗位培训、资格培训、技术等级培训的职工累计8.49万人，全市参加高等、中等教育学习的职工共1.41万人。截至2000年，全市有三级农民文化技术学校1182所，培训农民72万人次，19万人领到“绿色证书”，完成扫盲任务1.54万人。青壮年人口非文盲率99.2%。

2001年后，呼和浩特市加强农村教育综合改革，9个旗县（区）全部建立“三教统筹”（普通教育、职业教育、成人教育统筹）发展的新体制。2004年，市教育局将评估方法由以识字量为主转变为以对学员通过学习后在生活、生产中实际应用能力方面进行考核为主。至2004年末，全市15～50周岁的青壮年人口为114.67万人，青壮年文盲为4846人，其中丧失学习能力的文盲、半文盲为926人。全市非文盲率达99.66%，巩固率为100%。2005年，市教育局成立农民职业技能培训工程领导小组和教育局职业技能培训工程督查组，下发《呼和浩特市教育局农民培训工程实施方案》《呼和浩特市农村综合改革义务教育体制改革的实施方案》《呼和浩特市关于农村义务教育体制改革专项指导工作培训提纲》。组织106名职业学校教师参加农民技能培训“百人科技讲师团”，编印《呼和浩特市教育系统农民培训工程丛书——农民培训读本》等资料。全市有5个旗县开办建筑、计算机应用、电工、奶牛养殖等农民实用技术培训班，培训农民工1.7万人次。截至2005年，全市有旗县级扫盲专兼职干部405人，扫盲兼职教师338人，116个乡镇、街道办事处都配有扫盲专兼职干部和教师；5个农村旗县建有培训中心，建有乡级文化技术学校96所、村级文化技术学校1081所，有在校生约5万多人。每年扫除青壮年文盲近1000人，开展实用技术培训累计2万余人，培训农民130余万人次，培训农村基层干部5万余人，发放资料71.6万份（册）；累计培训家庭技术员近53万人，有21万余人领取“绿色证书”。

2006年，呼和浩特市建立以学习需求为导向的扫盲机制，开展扫盲课程和教学改革。重点推进贫困地区、少数民族和妇女“普九”和扫盲工作，并将扫除15～50周岁的青壮年文盲作为重中之重，彻底扫除有学习能力的15～24周岁的文盲。截至2015年，全市青壮年人口非文盲率基本保持在97%以上，巩固率100%。

第二节　民办教育

1993年，市政府同意呼和浩特市教育学院刘桐孙等申请成立私立呼和浩特市敬业学校，成为呼和浩特市第一个民办学校。

1997年7月31日，国务院颁布实施《社会力量办学条例》。同年，市教委对30余所民办教育机构进行检查，对符合条件的办学单位予以登报公布。1999年，全市有95个经市教育行政部门批准成立的各级各类民办教育机构。其中，普通中小学19所，职业中学3所，非学历中等专业学校9所。

2000年，为鼓励支持社会力量办学机构兴办职业教育，为规范社会力量办学行为，《呼和浩特市社会力量办学管理办法》经市人大常委会和自治区人大常委会批准实施。同年，新批准社会力量创办的中学有10所、小学4所。截至2000年，全市有社会力量办学机构116个，其中中学33所、小学14所、幼儿园5所，非学历中等专业学校10所，其中职业中学8所，有在校生700多人。

2004年，市教育局制定《呼和浩特市教育局关于评估呼和浩特市民办教育机构办学水平的指标体系（试行）》《呼和浩特市民办教育协会章程（草案）》，并将市教育行政部门审批的、所有独立设置的95所民办教育机构，包括21所民办中学、13所高考补习班、61所职业培训学校，划归各学校办学驻地的区教育局进行管理，弥补全市教育资源的不足，缓解区域学校布局不平衡状况。同时，加强对民办教育机构的管理，对由市教育局审批的各级各类民办教育机构进行财务审计和年检，并予以公布。

2005年，市委、市政府召开首次民办教育工作会议，成立呼和浩特民办教育协会。出台《市委、市政府关于大力发展民办教育的决定》，提出鼓励和扶持民办教育发展的政策措施和目标要求。截至2005年，全市有民办中小学、幼儿园280多所，在校学生约4.3万人。其中，小学生约2.4万人，初中生约1.3万人，高中生约6000人。

2006年，市政府组织召开民办学校专题会议，印发《关于民办学校招收义务教育阶段学生有关问题的批复》，公布合格民办学校名单，规范民办学校义务教育阶段的招生工作。为鼓励民办教育发展，市政府连续两年设立专项经费，用于表彰奖励先进民办学校。同时，根据自治区教育厅要求在全市开展民办示范学校创建活动，评出市级民办示范校13所，推荐呼和浩特市敬业学校等12所民办学校为自治区民办示范学校。

2008年，呼和浩特市修订《呼和浩特市社会力量办学管理办法》。市教育局对民办中小学进行评估，并制定《2008年全市民办中小学教师社会保险补贴办法》。市四区及和林格尔县11所民办中小学和职业学校的200余名教师享受到补贴，补贴标准为每人1500元。截至2008年末，经市教育行政部门审批的各类民办教育机构285所，民办中小学、幼儿园在校学生数5万余人，民办中小学在校生占全市中小学生比例达20%以上。

2009年，市教育局对全市323所民办学校进行评估，9所民办学校被评为自治区示范民办学校。为稳定民办学校教师队伍，对符合条件的425名民办中小学教师办理社会保险补贴63.9万元。

2010年，市人大常委会修订通过《呼和浩特市民办教育促进条例》。在全市范围开始实施民办义务教育学校“两免”政策。同时，市教育局组织对公办学校举办或参与举办的全日制民办中小学进行清理整顿，通过整顿和规范，使依托公办学校举办的民办学校依法做到了“四独立一分离”，即有独立的法人资格、独立财务核算、独立招生、独立颁发学业证书和具有与公办学校相分离的独立校舍等基本教育教学设施。截至2010年末，全市共有民办学校378所，在校生12.21万人，专任教师4531人。全市民办学校累计投入7.9亿元，学校占地面积453万平方米，校舍建筑面积352万平方米，学校教育教学设备设施总值3083.47万元，图书130.89万册。全市民办学校在校生超过1000人以上规模的有18所。其中，民办小学、普通初高中17所；民办中等职业学校1所；自治区民办示范学校9所。

2012年，全市有获得招生资格的民办教育机构257所。其中，民办中小学校有呼和浩特市鸿德国际学校、呼和浩特市曙光学校、呼和浩特市金马学校、呼和浩特市开来中学、呼和浩特市敬业学校、内蒙古农业大学附属秋实中学、土默特左旗志达学校、呼和浩特市武海滨网球学校等56所；民办中等职业学校有呼和浩特市新城区职业技术教育中心、内蒙古西北工业技术学校、内蒙古工业职业技术学校等37所；民办幼儿园有呼和浩特市曙光双语幼儿园、呼和浩特市新城区山水双语幼儿园、回民区海西中心幼儿园、呼和浩特市赛罕区丁香苑幼儿园、土默特左旗启蒙幼儿园、和林格尔县曙光幼儿园、清水河县天使幼儿园、武川县阳光双语幼儿园等164所。

2015年，自治区教育厅进行新一轮民办学校示范校评估，8所民办中小学、中职学校被评为自治区民办教育示范学校。截至2015年，全市共有各级各类民办学校342所，民办中小学、幼儿园有在校生9.7万人。学校涵盖学前教育、基础教育、职业教育、教育业余培训服务等多个门类，形成较为完整的多元教育服务体系。

第三节　特殊教育

1986年，呼和浩特市有特殊教育学校1所——呼和浩特市聋哑学校，隶属市民政局，是集学前教育（康复训练）、九年义务教育、高中职业教育、残疾人成人职业培训为一体的标准化寄宿制特殊教育学校，占地面积1.49万平方米，建筑面积4300平方米。学校有教学班11个，有在校学生144人，其中聋哑学生122人、盲生22人。有教职工54人，其中专任教师32人。学校使用教育部统编《聋哑学校语文、数学教学大纲试行草案》进行教学。1991年，呼和浩特市盲聋哑学校更名为呼和浩特市特殊教育学校，开始招收智障学生。

1995 年，全市有特殊教育学校 2 所，在校学生 241 人，教职工 99 人，残疾儿童入学率 67%。其中，市特殊教育学校有在校学生 183 人，教职工 94 人。

2001 年后，呼和浩特市鼓励和支持社会力量举办各层次特殊教育学校（机构），形成以特殊教育学校为骨干、普通学校举办特殊教育班和残疾儿童少年随班就读为主体，以送教上门和社区服务为补充，各类教育并举、学段衔接、普职融通、医教结合的特殊教育体系。呼和浩特市特殊教育学校挂牌成立职业高中，招收高中学生。截至 2010 年，全市有特殊教育学校 5 所，在校学生 318 人，教职工 114 人，残疾儿童入学率 85%。

2014 年，市教育局制定《呼和浩特市特殊教育提升计划（2014—2016）》，提高特殊教育生人均经费标准，加强特殊教育随班就读管理。残疾儿童入学率提高至 85%。新建 1 所高标准特殊教育学校，形成相对完整的特殊教育体系。

截至 2015 年，全市有特殊教育学校 6 所，在校学生 421 人，教职工 138 人，残疾儿童入学率 95%。其中，呼和浩特市特殊教育学校开设小学、初中、职业高中，有教学班 17 个，在校生 175 人，教职工 81 人。其中，盲部教学班 4 个、聋部教学班 13 个、培智班 2 个。

第六章　教师队伍与教育科研

第一节　教师队伍

一、教师录用

1986 年，呼和浩特市按照《内蒙古自治区中小学民办教师选招为公办教师的具体规定》，全市有 160 多名民办教师被选招为公办教师。到 1990 年，全市有小学专任教师 8435 人，有普通初中专任教师 399 人；有小学蒙古语授课教师 123 人，普通初中蒙古语授课教师 71 人；有民办教师 2750 人。公办与民办教师比为 1 ∶ 0.28，民办教师占比 2.1%；土默特左旗、托克托县、郊区公办与民办教师之比为 1 ∶ 0.52，民办教师占比 38.2%。

1994 年，全市有 952 名民办教师转为公办教师。2001 年，根据市政府批转《关于教职工全员聘任制的实施意见》，市教委在全系统推行教职工聘任制。

从 2003 年开始，改革传统的师范院校毕业生统一分配的办法，采取公开招考办法聘用教师。市教育局拟定《呼和浩特市关于教师考试聘用的实施办法（试行）》，成立教师招考聘用领导机构。2003 年，市直属学校单位招聘教师 100 多人，旗县（区）

招聘教师约350人。开始实施教师资格制度，对935名在职高中及中等专业学校教师进行资格认定。2004年，全市招考中小学教师462人。

2006—2007年，全市公开招聘教师448人。对直属职业学校专业课教师招聘考试进行试点改革，实行一年一聘。2009年，全市公开招聘教师418人。2010年，完成自治区教育厅交办为农村旗县招录特岗教师（“农村义务教育阶段学校教师特设岗位”计划教师）的任务，录用145人。

2011年，有7142人参加全市教师招聘考试，录用515人；为农村旗县招录特岗教师62人。2012年，市教育局分2批招聘教师586人；为5个农村旗县招聘特岗教师104人。新招聘教师占公办学校教师总数的15.4%。

2015年，全市公开招聘教师549人。在市区学校选拔9名优秀教师到武川县、清水河县支教1年。根据市区教师严重短缺的状况，从武川县、清水河县调出280名中小学编制，分别为市直属部分学校增加编制70名，为市内四区学校增加编制210名，确保市区中小学教师有编有岗。截至2015年末，全市幼儿园、中小学、中等职业学校教职工总数3.71万人，其中幼儿园在职人员7714人、中心学校在职人员2.58万人、中等职业学校在职人员3598人。

2001—2015年呼和浩特市幼儿园、中小学、中等职业学校教职工统计表

表25-6-1　　　　单位：人

年份	幼儿园	小学	普通中学	中等职业学校	合计
2001	2428	12693	10391	1980	27492
2002	2858	12302	10908	1843	27911
2003	2511	12420	11361	1853	28145
2004	2799	12218	11725	1662	28404
2005	2800	12026	11540	1633	27999
2006	2995	11962	11759	1690	28406
2007	3109	11795	11809	1846	28559
2008	3293	12271	11838	2148	29550
2009	3231	12626	12136	2098	30091
2010	3946	12595	12710	1503	30754
2011	4669	11344	13662	3651	33326
2012	5485	11262	14008	3533	34288
2013	6146	11199	14419	3425	35189
2014	6878	11161	14213	3392	35644
2015	7714	11093	14677	3598	37082

二、教师管理

1986 年，小学教师学历达标率为 70.92%，领取专业合格证书的专业合格率为 11.18%。初中教师学历达标率为 66.55%，领取专业合格证书的专业合格率为 6.13%。中小学教师中胜任教学工作的约占 60%，基本胜任约占 36%，不胜任的约占 4%。

1992 年开始，呼和浩特市每年拨出 30 万元专款为教师办实事。1995 年，多次开展教学能手和教学新秀的评选活动。全市高中教师学历合格率为 55.54%，初中教师学历合格率为 75.45%，小学教师学历合格率为 84.79%。全市有 39 名中小学特级教师，有中学高级职称教师 406 人，中级职称教师 3328 人。

1999 年,市教委修订《呼和浩特市教职工队伍管理条例》。在全市中小学开展“构建素质教育教学整体优化新体系”的活动。开展学历补偿教育、教师继续教育培训，共培训小学教师 8189 人次、中学教师 3062 人次。对 457 名小学校长、159 名中学校长分别进行岗位培训。全市小学专任教师学历合格率 93.79%，初中专任教师学历合格率 89.42%。

2000 年，市教委制定《呼和浩特市关于推进教师职业道德的意见》，加强教师学历补偿教育、启动教师培养计划，开展素质教育教学整体优化新体系的教改研究，增强教师在学科教学中实施素质教育的能力。全年，有 2671 人次参加了教师进修班、骨干教师培训班。

2001 年，全市小学专任教师学历合格率 94.81%，初中专任教师学历合格率 90.8%。2002 年，市教育局组织近百名校长、教研人员到国家高级教育行政学院参加“基础教育改革专题研修班”。

2003 年，通过各种形式的学历补偿教育，全市小学专任教师学历合格率 98%，初中专任教师学历合格率 92%，普通高中教师学历合格率 69%，职业高中专任教师学历合格率 44%，职业初中专任教师学历合格率 71%。同年，开展教育系统“师德标兵”评选活动，表彰 100 名“师德标兵”。组织培训新任小学校长 46 人，中学任课教师 273 人，小学任课教师 480 人；培训新任教师 2980 人次，培训合格率为 96.5%；培训幼儿园教师 530 人，其中获得初级证书 238 人、中级证书 140 人、高级证书 66 人；培训小学教师 556 人，其中获得初级证书 186 人、中级证书 178 人、高级证书 113 人；培训中学教师 443 人，其中获得高级证书 21 人。

2004 年，市教育局印发《呼和浩特市中小学教师人才库建设方案》，加强骨干教师队伍的管理。全年，组织培训新任小学校长 53 人，中学各任课教师 122 人，小学各任课教师 167 人，培训新任教师 1352 人次，培训合格率为 97.5%；参加自治区骨干教师培训 17 人，培训率为 85%；进行全市中小学信息技术培训，全市共培训幼儿园教师 780 人，小学教师 3841 人，中学教师 948 人，普通话培训 956 人。

2005 年，市教育局印发《关于开展师德教育、师风大检查和加强学校管理、规范教师行为的意见》，实施教师队伍建设工程，提高教师队伍整体素质。全年，培训教师 1653 人。暑假在北京大学举办第一期课程改革培训班，聘请教育部和知名学校课程改革专家讲学，培训教师 118 人。开展信息技术培训工作，培训中小学、幼儿园教师 7022 人，培训合格率 96.5%。组织 4518 人参加课程改革实验教师培训，培训合格后持证上岗。全市职业学校文化课、专业课、实习教师比例基本为 4 ：4 ：2，“双师型”（双职称型，双素质型）专业教师占专任教师的 11%，低于全国平均水平。全市有各类职业学校教师 1633 人，学历合格率 67%。

2006 年，市教育局举办市级语文、数学、外语骨干教师培训班，培训 700 余人，选拔出自治区级骨干教师 215 人。为全市 597 名教师办理教师资格认定。开设“名师讲堂”并录制节目在呼和浩特教育城域网上传输，实现网络教学，资源共享。截至 2006 年末，全市有小学专任教师 1.02 万多人，普通中学专任教师 8500 多人。小学教师合格率为 99.1%，初中教师合格率为 97.9%，高中教师合格率为 80.5%，职业初中教师合格率 84.32%，职业高中教师合格率 65.38%。全市具有高级职称教师 1600 万人，中级职称 3300 人，分别占普通中学专任教师总数的 19.3% 和 38.6%。

2007 年，市教育局投资 30 余万元对农村英语教师进行培训。依据《呼和浩特市教育局关于“名师”建设与管理的意见》，建立呼和浩特市中小学教师人才库。组织全市特级教师、学科带头人、教学能手，定期参加各级各类教研教改、送教下乡活动，录制并开通名师讲堂，上传到呼和浩特教育城域网，进行网络教学，实现资源共享。

2009 年，市教育局表彰全市教育系统的 192 个先进集体和 2505 名先进个人。首次对 100 名优秀青年教师授予证书并给予奖励。市教育局先后投入专项资金 75 万元，对 1846 名高中教师、671 名农村英语教师、773 名骨干教师和 1600 名各学科教师开展不同层次的业务培训。

2010 年，市教育局组织以中小学英语、音乐、体育、美术、教育技术等学科为主题的专业培训活动。同时，建立教育培训基地，培训教师超过 1 万多人次，支出培训经费 300 多万元。结合高中阶段新课程改革，通过走出去、引进来的方式，对全市高中教师进行全员培训。为提升学校心理教育水平，推出中小学心理精品课程培训，打造具备专业水平的心理健康教育教师队伍。同年，全市招考录用中小学教师 535 人。2011 年，市教育局组织全市中小学各类培训活动 20 多次，共培训教师 4600 多人次。

2013 年，以华东师范大学教育培训资源为依托，建立校长培训基地和教师发展基地，启动校长后备人才培养。逐步建立统一的中小学教师职务、职称系列，在中小学、中等职业学校开展设置正高级教师职务、职称试点。全年，全市教育系统招录中小学教师467人，招聘特岗教师48人，蒙古语授课和蒙汉语兼通岗位教师43人，“双师型”教师20人。

2015年，召开全市“名师工程”启动仪式暨教师专业发展培训会。全年，培训骨干级教师1万多人次。制定《呼和浩特市中小学校长三年培训计划》，培训校长252人。制定《关于开展“师德师风建设年”暨评选全市“师德楷模”活动实施方案》，从全市教师队伍中评选出15名“师德楷模”，在《呼和浩特日报》开辟专栏进行系列报道。有1个单位评为全国先进集体，7人获全国模范教师、先进工作者、优秀教师称号。

2006—2015年呼和浩特市中小学、中等职业学校专任教师一览表

表25-6-2

年份	小学			中学			中等职业学校		
	专任教师数（人）	其中学历合格教师（人）	教师学历合格率（%）	专任教师数（人）	其中学历合格教师（人）	教师学历合格率（%）	专任教师数（人）	其中学历合格教师数（人）	教师学历合格率（%）
2006	10246	10176	99.32	8503	7763	91.30	1255	898	71.55
2007	10054	9973	99.19	8381	7832	93.45	1278	984	79.34
2008	10199	10147	99.49	8573	—	—	—	—	—
2009	10374	10333	99.60	8768	8408	95.89	1445	1193	82.56
2010	10201	10178	99.77	9088	8750	96.28	1007	810	80.44
2011	10089	10047	99.58	8967	8676	96.75	2118	1687	79.65
2012	9912	9905	99.93	9160	8905	97.22	1947	1611	82.74
2013	9398	9382	99.83	9313	9068	97.37	2139	1759	82.23
2014	9890	9890	100.00	9629	9401	97.63	1962	1650	84.10
2015	10045	10045	100.00	9767	9532	97.59	1976	1680	85.02

说明：表中“—”表示无数据

第二节　教育科研与督导

一、教育教学研究

从20世纪90年代开始，呼和浩特市在加强教育教学改革与教育科研中，对城市教育结构布局调整、优化资源配置等方面进行改革和探索。1992年，呼和浩特市被国家教委确定为城市教育综合改革试点城市。1994年，呼和浩特市“一区三校”被确定为全国教育整体改革实验基地，进入全国教育整体改革先进行列。先后开展“义

务教育教材实验”“各学科德育渗透”“学大纲活动”“深研教材、优化教法工程”等。

2000年，为适应高考制度改革和“3 + X”考试，市教委召开教育教学工作研讨会，专题研究高考制度改革，并邀请国内外专家学者到呼讲学。同时，市教育科学研究所在开展教学科研工作时，把研究中心下移，把教育科研中心下移到学校，同校本教研相结合；研究内容前移，研究教育教学的前沿问题，使研究内容适度超前；研究理念迁移，把现代教育理论和新课程理念迁移到教育科研工作中去；研究重点转移，由研究“教”向着研究“学”“教”“考”转移；研究水平上移，实现教育教学工作由“经验型”向“科研型”转变，形成“本土化行动、低重心运转，小步子发展，实性评价”的教育科研工作新思路。

2001年后，市教育局针对学校教育科研工作，提出要切实更新观念，强化“科研兴校”意识。各学校开展构建“有效课堂、高效课堂”研究活动，开展小课题研究，培养学科带头人，提高教育教学质量，形成各自的办学特色和办学优势。2002年，全市开始新课程改革。

2003年，市教育局成立呼和浩特市教育科学规划领导小组，下设办公室。印发《关于对呼和浩特市2003年教育科研实验基地学校进行阶段性评估检查通知》。2004年，呼和浩特市第一中学等15所中小学、幼儿园评定为优秀实验基地学校；呼和浩特市蒙古族学校等22所中小学、幼儿园评定为合格实验基地学校。至2005年末，全市共有251项市级课题结题，其中95项课题研究达到市级水平、52项课题研究达到自治区级水平、3项课题研究达到国家先进水平、1项课题研究达到全国领先水平。市教育科学研究所“幼儿园适应性课程体系研究”，获中央教育科学研究所颁发的全国百项德育优秀成果奖；市教育科学研究所、赛罕区机关幼儿园共同编写的《幼儿多元智能操作活动设计》，被定为中央教育科学研究所总课题组重要成果，在全国范围内进行推广；新城区第一幼儿园等13所幼儿园进行的幼儿园学具教学法实验研究、回民区第一幼儿园申报的全国幼儿教育研究会课题“儿童民间游戏教育价值的研究”、市实验幼儿园申报的“在体育活动中促进幼儿心理素质健康发展”等课题，均获全国幼儿教育研究会研究课题优秀成果奖。

2006年，市教育局对全市学校和幼儿园进行教学质量大检查，抽查64所中小学校和15所幼儿园，听课1414节。评定优质课356节，合格课1037节，不合格课21节；查阅教师教案、习题演练本4608人次，翻阅学生作业9万多本。同年，在全市举办九轮中小学、幼儿园“教学开放日”活动，每轮活动均有千余名不同旗县（区）学校的老师参与学习和交流。组织召开4次大规模的教学研讨会。

2007年，组织召开全市教育科研工作会议，印发《呼和浩特市教育局关于加强“十一五”期间中小学教育科研工作的意见》，命名“十一五”教育科研基地校74所、

“十一五”教育科研示范基地校6所。同年12月，接受自治区教育督导团对教科研工作的专项督导评估，市教育研究室和教育科学研究所同时被自治区教育厅授予“内蒙古自治区一级教研机构”“内蒙古自治区一级科研机构”。

2008年，在呼和浩特市第一中学等6所中学组建“学案导学”教学改革项目组，开启小范围课程改革研究与实践，成为全市最早的新课程改革项目学校。2010年，先后在土默特学校召开“先学后教、以学定教、多样化教学模式”现场观摩研讨会；在呼和浩特市第六中学召开创建高质量课堂教学研究成果展示现场会；在市第三十四中学召开基础教育改革重大攻坚课题启动大会。同时，市教育科学规划领导小组办公室启动“中小学微型课题研究”。

2013年，市教育局首次提出，破除教育研究围墙，开阔视野和思路，直接指向基础教育课堂教学改革中的理论引领与实践改进问题，推出新型教育科研行动策略。2014年，市教育科学研究所启动重大攻坚课题项目，从申报的众多课题中筛选出15项学校课题作为首批基础教育改革重大攻坚课题。其中，14项是探索研究适合地区或学校的多样教学模式。2015年，市教育局公布基础教育改革重大攻坚课题评选结果，全市15个学校的课题组，承担了全市基础教育改革重大攻坚课题研究工作。

二、教育评估督导

20世纪90年代初，呼和浩特市制定《呼和浩特市教育督导工作暂行条例》，市、旗县（区）两级教育部门建立教育督导机构，以市直属中小学和农村九年制义务教育为重点，围绕实施素质教育，依法开展督导、检查和评估。市教育局制定《呼和浩特市中学督导评估方案》，在普通中学、民族中学和职业中学建立督导评估体系。1999年，全市12所中小学、3所幼儿园接受自治区学校管理评估，跨入自治区义务教育实验学校、义务教育示范学校和示范幼儿园的行列。

2000年后，呼和浩特市建立旗县（区）“两基”工作年检制度，每年旗县（区）都要按照自治区“两基”巩固提高复查验收标准和指标体系进行自查自评，并以政府名义上报书面自查自评报告，市教育督导团对各旗县（区）的各项指标达到程度和完成情况进行督导、监控。

2005年，根据市政府《关于建立对旗县区人民政府教育工作进行督导评估制度的实施意见》，加大对全市教育热点、难点问题的专项督导和实施素质教育的督导检查力度。2007年，市政府印发《呼和浩特市人民政府关于转发自治区对旗县区人民政府教育工作进行督导评估实施方案的通知》，建立对旗县（区）教育工作督导评估制度。

2008年，市教育局对呼和浩特市第一中学等13所学校完成“三年发展规划”目标的学校进行表彰奖励，同时启动第二轮“发展规划”，逐步推进特色学校建设。同年 5 月，市政府办公厅印发《关于开展三类城市语言文字工作评估的通知》，在 5 个农村旗县启动开展三类城市语言文字工作评估。同时，开展普通话培训测试工作，共培训测试各类人员 2400 多人。自治区汉语言文字工作委员会命名第二中学等 4 所学校为“自治区级语言文字规范化示范校”。

2009 年，赛罕区被自治区教育厅评为自治区级年度教育工作优秀旗县（区）。2010 年，市教育局加强对假期补课和晚自习情况的监督管理，组织开展市区义务教育阶段学校晚自习和周末补课情况突击检查，对检查中部分学校存在的违规补课行为进行通报批评。

2013 年 5 月，呼和浩特市教育督导委员会成立，印发《呼和浩特市教育督导委员会关于贯彻落实〈教育督导条例〉的意见》《呼和浩特市教育督导委员会工作职责》《呼和浩特市教育督导委员会关于印发〈呼和浩特市督学聘任和管理办法〉的意见》《呼和浩特市中小学责任督学挂牌督导实施方案》。同时，按照“专兼职结合，在离岗结合”的原则，聘任教育督导委员会成员单位业务型管理干部、教研骨干、优秀校长等专业人员为督学。10 月，按照自治区教育督导委员会的要求，设立呼和浩特市教育督导评估中心，组织开展《责任督学挂牌督导解读》专题培训，印发《中小学校责任督学工作职责》，聘任督学开展责任区督学挂牌督导。年末，市直属学校和 9 个旗县（区）共 10 个区块全部完成中小学校责任督学挂牌工作。按照自治区统一标准，制作督学公示牌和督学证。全市有 499 所中小学校、幼儿园挂牌。其中，公办中小学校、幼儿园 318 所，民办中小学校 60 所，民办幼儿园 121 所；全市中小学校挂牌比例 100%，幼儿园挂牌比例 65.5%。其中，公办幼儿园 100%，民办幼儿园 59.7%。全市设立督学责任区 92 个，选聘责任督学 108 人，其中兼职责任督学 47 人。

2014 年，根据《呼和浩特市推进义务教育均衡发展规划》，市教育督导委员会制定《关于推进旗县区义务教育均衡发展实施方案》，把推进义务教育均衡发展工作列入各旗县（区）政府年度督导考核体系。编纂完成《呼和浩特市义务教育均衡发展现状调研报告（2014 卷）》。同年，市教育局对 14 所市直属学校实行“发展性评估”管理。选派 18 名挂牌督学组成 6 个督查组，在全市范围内开展规范办学行为“百日”专项督查行动，严肃查处一批违反师德、在职教师违规从事“有偿家教”、乱收费、乱办班、滥发资料等问题。

2015 年，市教育局编辑《责任督学工作手册》，规范督导流程，健全教育督导机构。建立县域义务教育均衡发展差异系数测算工作制度。首次面向全市 9 个旗县（区）及 14 所市直属学校开展“办学满意度”问卷调研，形成《2015 年“办学满意度”年度监测报告》。全市学生满意度为 94.29%，教师满意度为 89.97%，家长满意度为 94.84%。赛罕区作为“国家义务教育质量监测”的样本区，完成对 12 所小学和 8 所初中样本校的义务教育质量监测任务。

第七章　教育投入

第一节　基础设施建设

一、改善中小学办学条件

1986 年，呼和浩特市投资 4819 万元为郊区、土默特左旗、托克托县解决农村中小学的“一无两有”（无危房，有教室、有课桌凳）问题；投资 150 万元为一、二类小学配齐教学设备，为 140 所农村三类完全小学配备体育课所必需的体育器材，校舍面貌得以改变。市区新建教学楼 24 座，建筑面积 8600 平方米。截至 1990 年，市、旗县（区）两级政府累计投入资金 9109 万元，社会集资捐资累计 3100 万元；修建校舍 36.2 万平方米，增置更新学生桌凳 7.01 万单人套；修建校墙 8.71 万延长米，安装校门 478 台，新建厕所 1.74 万平方米。全市各级各类学校装备理化生等仪器约 4.70 万件；投资 218.6 万元购置教学仪器；投资 68 万元购置图书 43.01 万册，生均 2.12 册。城市初中高中物理、化学、生物教学仪器配备均达到教育部要求的一类或二类标准，小学自然实验室均达新二类标准。中小学校图书总量共 103.3 万册，许多学校建起语音室，配备计算机，教学手段逐步现代化。

1990 年呼和浩特市普通中小学校舍情况一览表

表 25-7-1

类别	学生数（人）	学校占地（平方米）	人均占地（平方米）	校舍建设面积（平方米）	人均校舍面积（平方米）
中学	67165	4416912	65.8	538830	8.0
小学	135508	15246072	112.5	491095	3.6

1991—1995 年，全市共新建改造 31 所中小学、幼儿园，总建筑面积 10.95 万平方米，总投资 8403.91 万元；筹集资金 1000 多万元，用于更新添置学生课桌椅，补充教师办公桌椅、实验桌、电教设备及硬化美化校园环境等。市内三区率先完成自治区“两基”达标验收，成为自治区第一个市区全部达标盟市。同时，每年安排 108 户教职工住宅建设，至 1995 年，共新建职工宿舍 18.6 万平方米。1996 年，启动“教师亿元双千户安居工程”，全市城镇以上中小学教师住宅条件得到改善。

2001 年，按照《国务院办公厅转发教育部等部门关于实施中小学危房改造工程意见的通知》要求，呼和浩特市开始实施“中小学危房改造工程”。2002 年，全市中小学校存在危房面积 21 万平方米，其中 D 级危房面积 18.7 万平方米。

2003 年，市教育局印发《“中小学危房改造工程”实施意见》，采用责令形式，对各旗县（区）危房改造和市区 3 所中学的危房改造提出具体要求，并从教育附加费中重点匹配市区危房改造资金。全年投资 6310 万元，改造、排除中小学危房面积 7.66 万平方米。

2004—2005 年，市政府与旗县（区）政府签订“农村中小学危房改造和控制义务教育学生辍学责任状”。全市中小学危房改造工程共完成投资 2.12 亿元，其中争取国家投入 2700 万元、市教育附加费支出 2500 万元、各旗县（区）筹措 1.6 亿元。呼和浩特市第十六中学新建教学楼投入使用，市实验中学和市第十九中学的危房改造工程完工。全市农村中小学 D 级危房基本排除。结合危房改造，全市新建改建校舍共 23 万平方米。同时，投入资金 8054 万元，完成市第一中学、市第十四中学、市回民中学、土默特中学、市第二职业中等专业学校等改造建设任务，建筑面积 3.58 万平方米，完成危房改造排除危房面积 6.01 万平方米，改造建筑面积 10.31 万平方米；总投入 5000 万元，完成市区 6 项“优质高中建设工程”重点工程项目建设。

2006 年，市财政扶持 8000 万元用于建筑项目补助，并将教育附加费的 70% 投入旗县农村学校建设。引进田家炳项目资金 1500 万元。其中，投资 1000 万元扩建呼和浩特市第三职业中等专科学校，投资 200 万元改建呼和浩特市第二职业中等专科学校，投资 300 万元用于呼和浩特铁路司机学校数控技术实训基地建设。

2007—2008 年，市区中小学建设工程总投资 8 亿元，新增教学用地 15 万平方米，完成建筑面积 30 万平方米。在金桥新市区、新城区新北区及旧城区新建、扩建 10 所义务教育学校，建筑面积 46.7 万平方米。同时，从 2008 年开始，分年度实施国家中西部地区农村初中校舍改造工程规划。

2009 年，呼和浩特市启动为期三年的“全国中小学校舍安全工程”，全市 17 所学校建设项目列入工程总投资计划，工程总建设规模 23.48 万平方米，总投资 6.06 亿元。为全市农村寄宿制学校建设工程投入专项资金 1.07 亿元。其中，国家和自治区专项资金 5600 万元，市、县财政专项资金 5083 万元；完成中小学学生宿舍和食堂餐厅建设工程 10.22 万平方米，解决 2 万多名学生寄宿要求。各旗县（区）政府自行安排一批中小学寄宿工程建设，项目概算投入资金 8000 万元，建成中小学学生宿舍和食堂餐厅 2 万平方米，解决 1 万多名学生食宿。

2010 年，全市校安工程重建项目涉及学校 65 所，单体建筑 116 个，建筑面积 47.8 万平方米；加固工程涉及学校 64 所，单体建筑 90 个，建筑面积 29.2 万平方米；重建校舍面积累计 39.2 万平方米。至 2012 年末，工程完工率为 95%。

2014 年，全市共确定农村牧区学校建设项目 86 个，重点推进 16 个建设项目，其中 14 个项目开工建设，开工率为 87%。确定全市教育基础建设项目 59 个，规划建设面积 95.6 万平方米。

2015 年，为优化调整学校规划布局，缓解市区中小学生就学压力，确定新建、续建学校建设项目 31 个。新开工校舍建设项目学校 17 所，完工 15 所，完成主体建设 2 所。7 月 24 日，向自治区成立 70 周年献礼项目工程——呼和浩特市儿童探索博物馆开工建设。

2005—2015 年呼和浩特市教育基础设施投资统计表

表 25-7-2　　单位：万元

年份	年度完成投资	按构成分				按建设性质分						年度新增固定资产
		建筑工程	安装工程	设备工器具购置	其他费用	新建	扩建	改建和技术改造	单纯建造生活设施	迁建	单纯购置	
2005	78591	71125	881	2206	4379	34477	38510	900	4494	未发生	210	74878
2006	129037	110774	156	2379	15728	74066	48076	1130	4585	未发生	1180	76003
2007	208545	178780	497	7291	21977	89146	109769	400	7850	未发生	1380	120068
2008	250387	210341	1515	13735	24796	159816	67962	5425	9422	未发生	7762	193699
2009	266190	242079	66	15577	8468	152833	87213	8410	5674	未发生	12060	227984
2010	181291	166153	115	10330	4693	72615	82000	22908	800	未发生	2968	329202
2011	199604	179416	1630	11459	7099	44701	88540	40144	19300	1000	5919	156148
2012	229752	183763	790	32427	12772	53474	129989	17970	170	未发生	28149	191903
2013	169744	156184	未发生	7560	6000	88095	60339	1560	5000	8200	6550	186185
2014	256837	244082	62	12312	381	131889	85681	5385	2000	21382	10500	287142
2015	269238	未发生	未发生	未发生	未发生	185815	32020	4273	20122	14600	12408	246188

二、信息化建设

1998 年，呼和浩特市开始实施“教育电脑工程”，为城镇以上中小学一次性配备 5000 台多媒体计算机，多所学校建起语音室和多媒体教室，连接因特网。市教育局会同自治区教育厅在市区建设中国教育科研网主干网，年内实现部分中小学计算机上网。

2001 年起，呼和浩特市开展“现代远程教育网络建设工程”，共投入 1349.5 万元，在 325 所农村中小学实现卫星教学收视或教学光盘播放等现代远程教育。截至 2002 年末，全市有 61 所学校完成远程教育卫星地面接收站建设。

2003 年开始，呼和浩特市配合教育部实施“国家三部委农村中小学现代远程教育工程”,国家、自治区共投资5952万元,在全市473所农村中小学安装远程教育设备,实现农村中小学用卫星接收国家优质教育资源进行教学。

2004年,成立呼和浩特市教育网络信息中心,并建成“呼和浩特市教育城域网”。2005年7月15日,呼和浩特市教育城域网第一期工程建设完成并开通使用。全市90%以上的中学教师和65%以上的小学教师,可通过运用信息技术进行教学。2006年,市区53所中小学接入教育城域网。

2007年,全市近90%的农村义务教育学校实现远程数字教育,大多数农村学生与市区学生同样享受到优质教育资源。同年9月,全市开始利用教育城域网进行网络学籍管理。2008年,学生电子学籍管理投入使用,实现学生学籍的电子化管理。2009年,完成农村中小学现代远程教育工程和教育城域网全覆盖任务。

2013年,市教育局成立呼和浩特市教育信息化三年行动计划领导小组,拟定《呼和浩特市教育信息化三年行动计划》,确立教育信息化项目。

2015年,全市中小学全部接入互联网,58%以上教学班配备多媒体教学设备,全市89%的教师均能运用数字教育资源进行教学。同年10月,为整体推进全市教育信息化工作,市教育局召开“全市教育信息化工作推进会议”,制定下发《呼和浩特市教育信息化工作推进方案》《呼和浩特市“同频互动课堂”建设实施方案》《呼和浩特市中小学教师信息技术应用能力提升工程实施方案》,从硬件建设和教材应用方面规范学校信息化工作。

第二节　教育经费

一、经费保障

1986年后,市财政每年对教育公用经费等给予适当增加,财政不定期支持义务教育的一些特殊需要。1987年,市教育局在安排年度预算时对义务教育所需经常性公用经费量给予20%倾斜照顾。教育附加费1095.43万元基本用于义务教育。1986—1990年,呼和浩特市地方财政用于义务教育的财政拨款高于财政经常性收入,五年财政收入平均增长12.23%,教育拨款平均增长13.2%,年生均经费增长57.66%。校办企业收入也逐年增加,1990年纯收入由1987年的35.5万元增加至438.1万元,学生人均收入由1987年的15.85元提高到20.70元。

1991—2000年,市财政安排教育事业支出累计18.31亿元,占全市财政总支出的16.89%。

2002—2003年,自治区和呼和浩特市共安排专项资金470万元,对贫困学生实行救助,受益中小学生每年约1.9万人。2003—2004年,危房改造投入资金1.44亿元。

2004 年 9 月，按照国务院和自治区的相关文件精神，在 5 个农村旗县实施农村义务教育阶段家庭困难子女上学的“两免一补”（免杂费、免书本费，补助寄宿学生的生活费）政策。全市 5 个旗县（区）85% 以上的贫困家庭享受到政策优惠，9 万多名学生得到资助，投入资金共计 1180 万元。

2005 年，全市累计完成教育投资 1.28 亿元，其中，直属学校完成 4632 万元。安排“两免一补”政策专项经费 2436.4 万元，受助学生 12.05 万人。

2006 年，全市落实农村义务教育经费保障机制专项经费 6877 万元。其中，中央和自治区下达专款 3304 万元，市本级匹配资金 1627 万元，旗县（区）匹配资金 1946 万元。全市有 15 万名农村学生享受到政策红利。确定市区 15 个重点学校建设项目，市财政安排市本级教育附加费和其他财政资金 8000 万元，用于拓展校园的拆迁补偿。

2007 年，全市共安排“两免”专项经费 9250.4 万元，受助学生人近 30 万人。职业教育补助金实现全覆盖，除中央和自治区下拨的专项资金之外，市政府拨出专款 222.5 万元用于发放中职学生补助，近 2 万名中职学生全部受益。启动实施中小学、幼儿园、初中等职业学校、特教学校校方责任保险工作。市财政半年缴纳保险费 82.71 万元，受惠学校 943 所，覆盖全部公办学校，受惠学生达 33.08 万余人。落实公用经费、免除杂费、免教科书费 9250.4 万元。其中，自治区安排 80%，呼和浩特市负担 20%。补助寄宿生生活费根据自治区要求，由市级财政和旗县（区）财政各负担 50%。

2009 年，按照国家、自治区对“中等职业学校贫困学生在一定范围内发放生活补助费”的政策，每生每年资助 1500 元。为全市 2.57 万名应享受资助学生，发放资金 1780.4 万元。除中央和自治区下拨的专项资金外，市财政拨出专款 137.03 万元，全市中职学生受资助面达到 100%。中央专项彩票公益金教育助学项目共资助全市 1388 名普通高中贫困学生每人 1000 元，总计 138.8 万元。同年 8 月，国家开发银行生源地信用助学贷款工作在呼和浩特市启动，全市共有 2449 名学生与国家开发银行内蒙古分行签订贷款合同，总计贷款 1262.6 万元。2009—2011 年，累计为 1.53 万多名大学生办理贷款手续，贷款总额 8451.82 万元；对中职学校学生进行的国家助学金资助总额为 7626.68 万元。

2011 年，呼和浩特市实施中等职业学校和高中阶段蒙古语和朝鲜语授课学生、高中阶段家庭经济困难学生“两免”政策，并制定出台合理的经费分担方式。至年末，为全市 10.96 万名中等职业学校和普通高中学校等学生发放“两免”资金 2.0 亿元。

2013 年，发放高中阶段“两免”资金 2.12 亿元，惠及学生 11.45 万人。发放国家助学金 5623.36 万元，惠及学生 5.78 万人。发放国家开发银行生源地信用助学贷款4942万元，惠及学生8794人。发放呼和浩特市户籍新考入大学家庭经济困难大学生补助金1042.2万元，惠及学生1737人。

2014年，发放高中阶段"两免"资金1.98亿元，惠及学生8.82万人。发放国家助学金5028.01万元，惠及学生3.36万人。发放国家开发银行生源地信用助学贷款5440万元，惠及学生9532人。按照自治区《关于家庭经济困难学生实施普通高校新生入学资助政策的意见》的要求，发放呼和浩特市户籍低保家庭子女新考入大学本科生每人一次性补助4万元、专科生3万元，全市共有1475名大学新生享受此项资助，其中本科719人、专科及高职高专756人，发放资助资金5144万元。从2014年开始，对全市除城乡低保家庭外的困难家庭大学生在校就读期间每年资助6000元。有235名大学新生享受此项资助，发放资助资金141万元。

2015年，全市财政性教育支出49.27亿元，占财政性公共支出的13.66%。截至2015年，全市累计投入72亿元，新建、改扩建、加固中小学幼儿园172所，新增中小学、幼儿园学位5万多个。呼和浩特市形成从学前教育到大学本科教育的资助体系，各项学生资助政策涵盖全市近40万名学生。除义务教育保障资金外，全市每年各项资助政策下达资金达6亿元，满足全市各类受教育阶段贫困学生接受教育的要求，实现"不让一个学生因家庭经济困难而失学"。

1986—2015年呼和浩特市教育事业财政支出统计表

表25-7-3

年份	财政支出（万元）		占财政支出比例（%）
	总额	其中：教育事业费	
1986	35089	4854	13.83
1987	34652	5371	15.50
1988	37015	6368	17.20
1989	41333	7015	16.97
1990	45213	8455	18.70
1991	49338	8639	17.51
1992	54119	10353	19.13
1993	67803	13564	20.01
1994	74971	16198	21.61
1995	82137	17915	21.81
1996	104035	19111	18.37
1997	127972	20901	16.33
1998	153745	22891	14.89

续表 25-7-3

年份	财政支出（万元）		占财政支出比例（%）
	总额	其中：教育事业费	
1999	171308	25413	14.83
2000	198645	28075	14.13
2001	276059	36785	13.33
2002	360686	43884	12.17
2003	482538	53307	11.05
2004	613227	67072	10.94
2005	721234	77296	10.72
2006	922229	89846	9.74
2007	1004158	148773	14.82
2008	1331795	181912	13.66
2009	1651684	221858	13.43
2010	1772800	274673	15.49
2011	2556680	316949	12.40
2012	2762927	339840	12.30
2013	2928962	374966	12.80
2014	3107945	385640	12.41
2015	3606450	492723	13.66

第二十六篇

科技 地震 气象

第一章　科学技术

第一节　管理机构

1986 年，呼和浩特市科学技术委员会内设办公室、政工科、科技干部管理科、综合计划科、科技攻关科、科技成果管理科。下设科技情报研究所、新技术开发研究所、地震办公室。1987 年 8 月，呼和浩特应用科学设计研究所成立。

1988 年 12 月，市科学技术委员会调整内设办公室、政工科、科技干部管理科、综合计划科、工业科、农业科、科技成果管理科。同年，科教兴市领导小组办公室成立，机构设在市科学技术委员会。下设科技情报研究所、科技开发中心、计算站、地震办公室、技术市场管理办公室。

1994 年，市科学技术委员会内设办公室、“科教兴市”办公室、人事科、党总支办公室（纪检监察科）、综合计划科、工业科技科、农业与社会发展科技科、科技成果专利科。设立机关事务服务中心，为二级事业单位。1996 年 3 月，地震办公室更名为呼和浩特市地震局，为市科学技术委员会所属副处级事业单位。1997 年，将市商务局管理的市食品科学研究所划归市科学技术委员会管理。

2001 年，呼和浩特市科学技术委员会更名为呼和浩特市科学技术局，挂呼和浩特市知识产权局牌子。市科技局内设办公室、人事科、政策法规与科技合作科、计划与财务科、高新技术发展与产业化科、农村与社会发展科、知识产权科。2002 年，将市纺织工业管理局所属的纺织科研所划归市科学技术局管理。

2006 年 2 月，市地震局析出单设，为市政府直属事业单位；市科技局食品科研所更名为呼和浩特市科技成果推广中心，并加挂呼和浩特市科技创业服务中心牌子；市科技局情报所增挂呼和浩特市科技宣教中心牌子；市科技局计算站更名为呼和浩特市科技信息中心；市科技局纺织科研所更名为呼和浩特市知识产权服务中心。

2014 年 11 月，撤销市科学技术情报研究所，人员编制整建制划转到市科技信息中心；撤销市技术市场管理办公室，技术市场管理职能划归市科技局。同年，成立市科学奖励服务中心。

2015 年，市科技局内设办公室、人事科、政策法规与科技合作科、科研条件与计划财务科、高新技术发展及产业化科、农村科技科、社会发展科技科、知识产权管理科。下设机关事务服务中心、生产力促进中心、科技信息中心、科学奖励服务中心、科技成果推广中心、知识产权服务中心。

第二节　科技体制改革

1986年，呼和浩特市编制《科学技术发展“七五”规划》，要求打破部门所有、条块分割和闭门搞科研的局面，发挥呼和浩特市高等院校和科研单位相对集中的优势，组织多形式多层次的跨部门、跨地区的横向联合；开拓、完善科技市场，加快科技成果的商品化步伐；增加对应用研究的拨款；重视科技人员的培养和提高，逐步实行专业技术职务应聘制。全面启动科技体制改革。

1987年，市政府先后批转《关于进一步推动科研与生产横向联合的若干规定》《呼和浩特市科学技术进步奖励暂行办法》《关于乡镇企业技术人员和从事农、牧、林、渔业技术工作的农民技术人员确定、晋升技术职称的暂行办法》《关于创建技术开发型企业的意见》《关于奖励企业自筹资金开发新产品的暂行规定》《呼和浩特市科学技术成果鉴定管理实施细则（试行）》，推动科学技术体制改革，科学技术管理规范化。

1988年，市科学技术委员会编制《关于深化企业科技改革工作的若干规定》《呼和浩特市经济社会发展战略（2000年）》。1990年1月，市委、市政府组织召开全市企事业单位150多名科技人员举行座谈会，共商“科技兴市”活动大计。3月，呼和浩特市在自治区率先提出实施“科教兴市”战略。10月，建立科技发展基金，并公布《科技发展基金管理暂行办法》。

1991年，市科学技术委员会制定《呼和浩特市科学技术发展“八五”规划及科学技术发展十年规划（1991—2000年）》。1992年6月，市政府发布《呼和浩特市实施“科教兴市”战略推动经济发展暂行规定》，从推进工业企业科技进步、推进农业科技进步、继续推进和深化科研机构改革、加强科技与经济的横向联合4个方面就“科技兴市”战略推动经济发展进行部署。

1995年11月28—30日，呼和浩特市科学技术大会召开，确立科教兴市在呼和浩特市经济社会发展中的主导战略地位。1996年，市科学技术委员会制定《科学技术发展“九五”规划（1996—2000年）》。规划围绕“科教兴市”，突出科技兴工和科技兴农两个重点，加强职业教育和岗位教育，开展科技先进旗县（区）和科技先导型企业双达标活动，抓住科技成果转化，高新技术产业化和科技体制改革3个环节，促进经济和社会的大发展。

1999年10月，呼和浩特市在外省市建立首家科研机构——金河工程上海国家生物工程技术研究中心。2001年，市科学技术委员会编制《呼和浩特市科学技术发展“十五”规划纲要》，通过深化科技体制改革，初步建立适应社会主义市场经济体制和科技自身发展要求的技术创新体系。

2006年，市科技局编制《呼和浩特市科学技术发展“十一五”规划纲要》，提出建设创新型城市的思想，坚持“自主创新、重点跨越、支撑发展、引领未来”的科技工作方针，建设以企业为主体，市场为导向，产学研相结合的科技创新体系，增强科技自主创新能力，为提高呼和浩特市竞争力，推动构建和谐社会，为实现经济、社会与生态环境可持续发展战略目标提供支撑力量。

2008年开始，呼和浩特市的科技计划增设重大科技专项资金。同年，市政府颁布施行《呼和浩特市重大科技专项经费管理办法》。

2011年，市科技局研究编制《呼和浩特市科学技术发展“十二五”规划纲要》，修订《呼和浩特市科学技术奖励办法》。同年，市政府印发《推进自主创新建设国家创新型城市若干意见的通知》。

2014年6月，呼和浩特市启动厅市产学研协同创新科技合作活动，并开始增设厅市产学研协同创新专项资金。10月，呼和浩特市颁布实施《呼和浩特市科技进步促进条例》，首次以立法的形式加强全市科技创新工作。

2015年，市科技局印发《厅市产学研协同创新专项资金使用管理暂行办法》，组织起草《呼和浩特市深化科技体制改革的实施方案》《呼和浩特市人民政府关于实施创新驱动发展战略的意见》《关于加快高新技术企业和科技成长型企业发展的实施意见》等，推进科技体制改革，在科技创新平台建设、高新技术产业发展、农业科技进步、科技合作交流、科技成果转化、知识产权保护等重点工作方面均取得明显成效。

截至2015年，呼和浩特市驻呼国家科研院所有水利部牧区水利科学研究所、中国农业机械化科学研究院呼和浩特分院、中国农业科学院草原研究所；自治区驻呼和浩特市科研院所有内蒙古自治区气象科学研究所、内蒙古自治区矿产实验研究所等41家；市级科研院所有呼和浩特市中蒙医研究所、呼和浩特市粮油科学研究所、呼和浩特市蔬菜技术推广站、呼和浩特市环境科学研究所、呼和浩特市建筑勘察设计研究院有限责任公司、呼和浩特市交通运输科学技术研究所、呼和浩特市园林科研所、呼和浩特市教育科学研究所、呼和浩特市经济社会发展研究中心。拥有自治区级企业研发中心45个，市级研发中心89个，市级工程技术研究中心23个，国家级、自治区级企业技术中心20个，自治区级及以上重点实验室63个，中国科学院、中国工程院院士专家呼和浩特工作站5个。驻呼新型科技研究开发机构有内蒙古乳业技术研究院、内蒙古盛唐国际蒙医药研究院、内蒙古和盛生态科技研究院、内蒙古赛科星家畜种业与繁育生物技术研究院、内蒙古金宇保灵生物技术研究院有限公司、内蒙古矿业科技研究院、内蒙古蒙草种业科技研究院7个。

第三节　科技计划实施

一、计划任务

1986年，全市安排科研项目61项，4个研究课题，总经费355万元。其中，自治区拨款137万元，市财政90万元，旗县（区）财政12万元，企业自筹65万元，贷款51万元。1987年，安排科技计划69项。其中，工农业项目57项、软科学研究项目8项、星火计划4项。工业项目主要从调整机械、轻纺、电子等行业的产品结构出发，强调上水平、上质量、上品种和提高经济效益。农业项目主要从发展城郊型经济出发，在引种、防治病虫害、养殖业等方面安排科研项目。

1988—1991年，共安排科研项目278项。其中，1991年，科研项目主要围绕“科技兴工、科技兴农”安排科技攻关计划、火炬计划、星火计划、科技成果推广计划和软科学研究计划。

1995年，科技计划重点围绕“科技兴工、科技兴农”安排项目117项。其中，科技攻关计划56项、星火计划9项、科技成果推广计划19项、软科学研究计划18项、其他项目15项。1996年，安排科技攻关计划、火炬计划、星火计划、科技成果推广计划和软科学研究计划项目55项。

2001—2005年，全市共支持科技项目201项，主要用于支持科技创新体系、平台、研发中心建设，农业科技项目，工业科技项目，基础社科类科技项目，科技合作项目，科技培训、科普，旗县（区）、开发区、科技项目，政府科技奖励，知识产权和科技计划管理等。

2006—2010年，共安排支持项目385项。重点支持公共科技基础条件能力建设，工业科技创新、科技攻关、产业化、新技术新产品科技成果转化，农业科技创新、新品种引进示范推广、科技成果转化推广，医疗卫生等科技领域的项目。

2011—2015年，共安排支持项目584项。重点支持项目包括呼和浩特市科技创业服务中心、金山高新技术产业开发区科技企业孵化器建设、合创农业科技研究中心实施的“十二五”规划期间科研体系建设和留学人员创业园公共技术服务展示平台，在优势、特色、新兴产业的技术提升方面开展了工农业重大科技项目和关系到社会民生的资源利用、中蒙药发展的重大科技项目等。

二、经费投入

2008年前，呼和浩特市的科技计划设有应用技术研究与开发资金。2008年开始，呼和浩特市的科技计划增设重大科技专项资金。2014年，开始增设厅市产学研协同创新专项资金。科技计划分为科技创新能力建设计划、高新技术产业发展计划、现代农业科技发展计划、社会事业科技发展计划、知识产权发展计划、科技成果推广计划、科技合作与交流计划和科技政策兑现计划。应用技术研究与开发资金主要支持呼和浩特市工业高新技术研究与开发项目、科技型中小企业自主创新项目、新农村建设科技示范项目、农业新技术示范推广应用项目、社会发展科技事业技术创新项目、知识产权项目、已经认定的市级研发机构政策兑现项目等科技研发和推广项目。

1986—1990 年，呼和浩特市财政科技经费投入累计 935.5 万元，包括科技事业费（基本支出经费）、科技项目经费和科技基本建设费。1991—1995 年，全市科技经费投入 1772 万元，其中自治区科学技术委员会划拨 425 万元、市本级财政投入 1347 万元。1996—2000 年，全市应用技术研究与开发专项资金投入 3650 万元。2001—2015 年，国家、自治区、呼和浩特市三级科技项目经费投入 14.92 亿元，其中国家科技项目资金投入 4.23 亿元、自治区科技项目资金投入 3.79 亿元、市本级科技项目资金 6.9 亿元。

1986—1990 年呼和浩特市科技经费投入情况一览表

表 26-1-1

年份	经费总额（万元）	增幅（%）
1986	152	26.14
1987	108.5	–28.62
1988	195	79.72
1989	235	20.52
1990	245	4.26

1991—1995 年呼和浩特市科技经费投入情况一览表

表 26-1-2　　单位：万元

年份	自治区科委划拨	市本级财政投入	科技经费投入总额合计
1991	85.00	210	295
1992	85.00	230	315
1993	85.00	280	365
1994	85.00	300	385
1995	85.00	327	412

1996—2000 年呼和浩特市应用技术研究与开发专项资金投入情况一览表

表 26-1-3

年度	财政预算（万元）	增长百分比（%）	归口管理（万元）	增长百分比（%）
1996	480	46.8	480	46.8
1997	625	30.2	625	30.2
1998	800	28	800	28
1999	830	3.8	830	3.8
2000	915	10.2	915	10.2

2001—2015 年国家、自治区、呼和浩特市三级科技项目经费投入情况一览表

表 26-1-4　　单位：万元

年份	国家投入资金	自治区投入资金	市本级投入资金	合计
2001	620	69	499	1188
2002	410	57	420	887
2003	710	95	404	1209
2004	1000	451	410	1861
2005	1114	314	470	1898
2006	265	460	515	1240
2007	2152	520	705	3377
2008	846	883	3725	5454
2009	1939	2960	5125	10024
2010	5294	3386	6263	14943
2011	12200	2852	6853	21905
2012	10951.2	3268.7	8086	22305.9
2013	3025	8951.5	11343	23319.5
2014	1672	8567	13591.5	23830.5
2015	150	5110	10593.5	15853.5

第四节　高新技术应用

一、机械工业科技

1986—1990 年，呼和浩特机床附件厂完成总投资额 930 万元的技术改造工程，包括开发 CNC 机床配套及精密机床配套所需的动力卡盘、回转油缸、精密可调卡盘、短锥卡盘等高中档卡盘类产品并形成批量生产能力；建立卡盘试验测试研究中心；

建立对美出口卡盘车间；引进西德著名厂商的前段式通孔动力卡盘制造技术。呼和浩特齿轮厂研发的6DL螺杆泵和SC1321A变速箱全部通过技术鉴定。呼和浩特市阀门厂新建具有国内一流水平的精密铸造车间，更新生产设备，完善检测手段，建成较先进的机械加工车间、装配车间、综合辅助车间，采用计算机辅助管理，计算机辅助设计，微机程控高频淬火机床等现代化手段，应用等离子喷焊、气体保护焊、电弧气刨、专用机床、组合机床等新技术新工艺。呼和浩特市橡塑机械厂开发出冷喂料挤出机、复合挤出机、排气式挤出机等一系列新产品；开发的全液压传动，带力矩喂料辊快速内部更换滤胶装置的抽真空排气式挤出机，技术水平达到当时国际先进水平。呼和浩特机床附件厂开发和试制成功KP液压卡盘，初试达到西德提供的同类产品水平。同年，该厂从南京机床厂引进全功能TND-360数控机床，提高了加工效率和产品精度。呼和浩特市玛钢厂按照可锻铸铁车轮轮毂系列标准，生产出蒙DB/HH413–87可锻铸铁车轮和蒙DB/HH414-87农用胶轮车轮毂，具有强度高、抗冲击、耐腐蚀等特点。1990年，呼和浩特机床附件厂建成电动、气动卡盘流水生产线，年产2万台，销往美国、日本和东南亚地区。由呼和浩特机床附件总厂卡盘研究所、呼和浩特机床附件总厂二分厂研究的“KM31A系列精密可调卡盘”项目获呼和浩特市1991年度科学技术进步一等奖。同年，内蒙古煤矿机械厂开发SDG矿用上山带式输送机、KZB型干式变压器、水仓清理机、装车机、移动电钻等新产品，取得很好的经济效益。

1991年，呼和浩特市油泵油嘴厂开发和研制CB306齿轮泵和邢台后盖总成。1992年，开发和研制TL-15液压提升器和分配器，投入小批量试生产并向石家庄拖拉机厂提供了105台样机。1994年1月，呼和浩特市玛钢工业总公司研制生产的“发达”牌FD5080型微型汽车问世，结束呼和浩特地区不生产微型汽车的历史。同年，呼和浩特市锅炉制造总厂设计制造的TC型体内擦洗浮动床钠离子交换器获“中国专利优秀奖”。

2005年，呼和浩特机床附件厂改制为呼和浩特众环集团。集团自主研发生产的卡盘类产品在当年国内的市场占有率约为40%以上，出口量约占国内同类产品出口总量的80%。2007年4月，呼和浩特众环集团开展“刀库与自动换刀装置”项目的研究和攻关，并获2008年自治区科技进步三等奖。同年，内蒙古宏立达橡塑机械有限责任公司研制的“胶辊缠绕装置”获自治区科技进步三等奖。

2006—2010年，呼和浩特市加快对传统产业的技术改造，以传统机械装备制造业为重点，推动向自主创新、低碳经济、信息化的方向转变发展。呼和浩特众环（集团）有限责任公司，自主研发21个品种、60多个系列、近600个规格的新产品，生产的卡盘类产品在国内市场占有率约为40%以上，出口量约占国内同类产品出口总量的

80%。内蒙古宏立达橡塑机械有限公司自主研发的具有运行参数监测系统功能的大规格橡胶冷喂料排气挤出机，整机效益提高 20%。内蒙古瑞隆重工装备制造有限公司自主研发的 EBZ160 型悬臂式掘进机技术达到国内领先水平，填补了自治区大型煤矿机械装备制造领域的空白。

2012 年，众环集团研制的 BT50-80LSY80 工位链式刀库、KT421100A 火车轮毂卡盘荣获中国数控机床展览 CCTM2012 春燕奖；纳顺公司通过科技项目的实施，在 2012—2014 年获得授权 12 项实用新型专利。同年，内蒙古富特橡塑机械有限责任公司研发生产的世界第一条宽幅胶片挤出法热贴合生产线实现两层胶片可热贴合，降低能耗、提高产品质量。“十二五”规划期间，呼和浩特市在机械工业方面投入科技经费 855 万元，引导企业投入 3.2 亿元，主要用于科技成果转化与整机制造产业化，加快技术攻关与产业技术提升，以企业技术进步来推进先进装备制造业的整体效益。华农机械有限公司研制出进出料输送机、大型挤奶转盘机、液态奶运输车等。其中，部分设备取代了国外进口设备。瑞隆公司研发制造的 EBZ 系列采煤掘进机取得完全的自主知识产权并投放市场。

二、冶金石油化工科技

1986 年，呼和浩特炼铁厂 1 号高炉淘汰称量车上料方式，采用皮带机上料计算机控制的新设备，实现槽下过筛，自动控制漏料。1987 年，呼和浩特钢铁厂开始建设 15 平方米烧结机，采用微机控制自动补偿配料工艺。

1986 年，土默特左旗化肥厂生产的骏马牌农用碳酸氢铵被化工部评为优质产品。同年，呼和浩特市化工厂投资 70 万元，实施将烧碱从年产 7000 吨扩建到年产 1 万吨的“万吨碱”技改工程。1987 年，投资 140 万元，扩建固碱、液氯，使其生产能力从年产 2000 吨提高到年产 5000 吨。1988 年，投资 660 万元，实施“万五烧碱”技改工程，再次将烧碱生产能力扩大到年产 1.8 万吨。1989 年，对盐酸、漂粉精挖潜扩建，使盐酸生产规模从年产 1 万吨提高到年产 2 万吨、漂粉精年产 2000 吨。同年，内蒙古工学院与土默特左旗催化剂厂通过科研生产相结合，研制成功新型稀土低铬中温变换催化剂，陆续开发出三氯乙烯、四氯乙烯新产品并通过自治区级产品鉴定。呼和浩特市橡胶厂采用微机设计产品，生产上采用另外自动化程度较高的双模定型硫化机，陆续开发近 20 种新规格品种轮胎。1990 年，呼和浩特市合成洗涤剂厂从意大利引进一套年产 2 万吨全自动洗衣粉生产线。1991 年底开始生产，1992 年投产。同时，新建一条以生产香波为主产品的配套生产线，生产出高效香波专用原料 AHM 表面活性剂。

1994 年，呼和浩特市鑫荣五金化工有限公司承担的呼和浩特市科技攻关计划项目“碱法生产氯化稀土工艺技术条件的研究”，投产后每吨产品降低成本 400 多元。

该项目被评为自治区“金桥工程”优秀奖。

2001—2005年，内蒙古乾坤金银冶炼公司在纯金和纯银的冶炼技术方面取得突破性进展，金银产品的提纯率为99.999%，生产的金银产品在伦敦金银市场上被定为免检产品。内蒙古三联化工公司通过技术改造和技术革新，形成年产24万吨PVC和24万吨离子膜烧碱的产业规模。内蒙古天野化工集团利用新技术在建年产20万吨甲醇项目。内蒙古富特公司与青岛科技大学共同研发和设计新型胶片挤出生产线，通过国家石油和化学工业局的部级鉴定，其工艺和设备在国内外处于领先水平。

2006—2010年，内蒙古大唐国际再生资源公司研发的利用高铝粉煤灰年产20万吨氧化铝项目以及采取化学法预脱硅及碱石灰烧结法工艺技术拥有自主知识产权，实现粉煤灰的综合利用。2008年，内蒙古天野化工公司对世界范围内的15种通用级聚甲醛进行精细的结构剖析，找到了影响聚甲醛质量好坏的关键性结构因素，同时也找到了国内外聚甲醛质量差异的根本原因。依托该技术项目的研究成果，天野公司申请国内发明专利5项。

2011—2015年，托克托县冶金产业链条快速延伸，大唐再生资源、广银铝业、光太铝业、东亚铝业等高新技术企业相继建成，铝生态工业园区初具规模。

三、轻纺及烟草工业科技

1986年，内蒙古毛条厂购进一台长城0520CH微机，使该厂的生产技术和财务管理初步实现信息化。7月，呼和浩特市驼绒分梳厂成功纺出18支牦牛绒细纱。9月，内蒙古第三毛纺织厂从日本岛津制作所引进SEL-202FF电脑横编机。同年，呼和浩特市西装总厂投资500万元引进女装裤子生产线设备和技术。内蒙古化学纤维厂引进西德技术建成年产2000吨涤纶生产线，填补自治区合成纤维生产空白。内蒙古第四毛纺织厂投入480万元进行技术改造，重点改造梳纺设备，购进20世纪80年代国产最新68型梳纺设备，并引进国际先进水平的意大利宽幅剑杆织机4台及配套整理设备，研制生产出高档羊绒毯及驼绒毯。呼和浩特卷烟厂技术改造，引进英国、意大利、荷兰等国家的卷烟制丝生产线及先进的卷、接、包设备，使卷烟工艺流程达到连续化、自动化，同时增加设备本身的检测系统，包装由传统的竖包改为横包。此次技术改造使呼和浩特卷烟厂具备生产各种类型、规格的卷烟技术和工艺手段，达到国际20世纪70年代水平，年生产能力增加到30万箱。

1987年，内蒙古第三毛纺织厂开始生产提花羊毛衫、套裙。同年，该厂利用微机进行产品设计，DF牌羊绒套衫获国家优质产品金奖。该厂生产的12084号驼绒双面雪花大衣呢，采用驼绒与细支优质改良毛、锦纶为原料，双面反复整理，具有呢面丰满、细洁、平整、骨柔而不松的特质。呼和浩特卷烟厂投资500万元从英国、意大利引进制丝生产线主机，对制丝工艺线进行改造，并采用烟丝、梗丝膨胀等新技术，使这条生产线能力由原来的10万箱增加到15万箱，并扩大甲级烟的品种数量。内蒙古第一毛纺织厂投入科技经费114.1万元，建立1条新产品生产线，可实现条染复精梳、马海毛、团绒、花式线、间断印染等生产。羊绒高支纱可实现最高粗纺纱支32支。呼和浩特市毛皮厂进行羊剪绒制品的技术改造，通过技改年加工改良皮13万张。内蒙古青松制衣有限公司建成以生产男西装为主的多条生产流水线，年生产20万套西装。1990年，呼和浩特市西装总厂开发服装设计CDA系统，提高服装设计排料制板的自动化程度。同年，由呼和浩特市化纺器材厂、内蒙古化学纤维厂劳动服务公司研究的“DOY、POY加弹纸质筒管”项目获呼和浩特市科学技术进步奖二等奖。

1991—1995年，呼和浩特市毛皮厂完成“高档毛革结合两用服装”新产品开发项目。内蒙古化纤总厂“稀土永磁提质粘胶纤维的处理方法”获发明专利并开始实施，3年新增产值1000万元，新增利税100万元。内蒙古第一毛纺织厂共投入资金4700万元进行十多项重大技术改造，至1995年末，毛纺锭共8300锭，产品发展成为各类绒线、针织纱、羊绒纱、羊毛时装、针织服装、染色棉纱等九大类100多个品种，成为全国绒线行业中品种最齐全的厂家。“山丹”商标于1992年被自治区工商局评为自治区著名商标。

2000年11月，由内蒙古棉纺厂、内蒙古第四毛纺织厂等企业组建成立内蒙古铁骑纺织有限责任公司。2001年5月初，内蒙古铁骑纺织集团棉纺分厂研制的新产品七彩呢投入生产；9月中旬，新研制的贡丝锦在棉纺分厂投入生产。

2004年，由内蒙古泰龙纺织有限责任公司自主研发的“毛纺织粗梳高支纱产品及装备技术”项目获呼和浩特市科学技术进步二等奖。2005年，内蒙古铁骑纺织有限责任公司全年生产各种棉布215.51万米，羊绒围巾15.53万标条，精纺羊绒纱16.7吨，实现销售收入1.61亿元。

四、乳品工业科技

1986年，呼和浩特市乳品厂投资700余万元扩建奶粉车间一座，于1988年试车投产，生产速溶奶粉。该车间设备主机从丹麦和德国引进，喷雾干燥用微机控制，属国内一流水平。

1997年2月，伊利集团引进第一条世界先进技术利乐包装液态奶生产线投产，延长了液态奶的保质期，并推出伊利纯牛奶、麦芽奶、巧克力奶、草莓奶、酸牛奶等产品。

2000年2月21日，蒙牛集团液态奶生产线投产，生产出第一袋利乐枕包装牛奶。2001年，伊利集团进行液态奶中心实验室的筹建和生产基地的扩建、完成冷饮技改项目及奶粉技改项目的建设。公司引进HACCP危害分析和生产关键控制体系和国际食品行业专用的产品质量认证管理标准体系 GMP，加强产品安全的控制。

2004 年，蒙牛集团建成集欧洲式、美洲式、澳洲式、亚洲式的种草、养牛、挤奶技术于一体的蒙牛澳亚国际牧场，完成与欧美百年养殖技术的接轨。同时，在安徽省马鞍山市、黑龙江省尚志市、山东省汶上县、河北省张家口市等地投资新建万头规模的现代奶牛养殖牧场，实行规范化、集约化养殖。在国内建起第一个奶车桑拿浴车间，将“闪蒸”工艺全面应用到液体奶生产线上。

2005 年，蒙牛集团与国际乳业巨头——丹麦爱氏晨曦(Arla Foods)公司签订协议，双方合作为中国人研制、生产最富有价值的奶粉产品；同年，中国第一款高端牛奶——特仑苏在蒙牛公司问世。6 月，内蒙古乳业研究院在伊利集团成立。2006 年 10 月，蒙牛集团获 IDF 世界乳业创新大奖，这是中国乳业首次荣获国际嘉奖，并入选亚洲品牌 500 强。

2007 年，伊利集团建成中国首个母乳研究数据库，通过持续的中国母乳研究，将研究取得的母乳研究数据库成果运用于配方研发，打破国外奶粉的垄断地位，推出金领冠系列婴幼儿产品，并获 2007—2008 年中国食品工业协会科学技术奖。研发出国内第一款有机奶——伊利金典有机奶。2010 年，伊利集团的脱盐乳清粉生产工艺研究及其产业化示范项目实现投产，各项指标均达到国际领先水平，日处理甜乳清粉 30 吨。至 2010 年末，伊利集团申报专利 35 项，标准 24 项；获国家、省部级奖励 10 项，研发新产品、新材料、新工艺、新装置 23 项，技术集成 10 套，品种筛选 10 个，并成功开发出国内第一款水解乳糖的液态奶系列产品。蒙牛集团年均开发新产品、进行新技术应用 100 余项，成果转化率 80% 以上。推出“奶爵 6 特乳”、“特仑苏”、新养道珍养牛奶等高端新品。

2013 年，内蒙古乳业技术研究院在伊利集团揭牌成立。该研究院是亚洲最大的乳业技术研究院。伊利金典有机奶全程可追溯系统上线，成为中国首个真正实现产品全程可追溯的乳品品牌。同年，伊利母婴营养研究中心“含 α－乳清蛋白和 β－酪蛋白的婴儿配方奶粉及其制备方法”荣获国家知识产权局颁发的发明专利证书。

2015 年 2 月，蒙牛集团 SAP1.0 系统全面上线，项目创造多个业界纪录：实现乳品行业 ERP、CRM 双系统同时上线；短时间内高品质实现全集团财务业务一体化、产供销一体化；6 月，在荷兰阿姆斯特丹召开的第九届全球乳制品代表大会上，蒙牛集团精选牧场纯牛奶，凭借云技术和二维码追溯系统等创新沟通模式，赢得世界乳业创新大奖——“最佳创新商业品牌”(Best New Brand or Business)，成为大会唯一获奖的中国乳业品牌。在工信部公布的 2015 年智能制造试点示范项目名单中，伊利集团凭借“乳品生产智能工厂试点示范项目”成为唯一上榜的乳品企业。伊利集团智能工厂的内容包括奶牛饲养设备设施集成化、规模化，预处理工艺通过自动化设备实现程序化控制，关键的单机设备实现全自动化运行。

五、电子工业科技

1986—1990年，内蒙古电视机厂开发研制不同规格型号的彩色电视机、黑白电视机，“在彩色电视机生产技术改造中采用新技术”项目获1989年自治区科技成果二等奖。呼和浩特市电子设备厂研制的直线电机系列绘图机，采用高精度数字式伺服控制和直线电机驱动技术。内蒙古电机厂投入技术改造资金1740万元。内蒙古漆包线厂研制成功QA聚氨酯漆包圆铜线；QZS彩色聚酯漆包圆铜线；QZ-1/2155/Ⅱ改性聚酯漆包圆铜线；QQ聚乙烯醇缩醛包圆铜线均通过了市级鉴定并投入生产。呼和浩特市电动工具厂投资420多万元，引进台湾深槽电机生产线中的关键生产设备及检测设备。在新产品开发方面重点由一类工具向二类工具转产。在新技术推广方面，开始研究工艺的计算机管理；定转子冲片加工采用高速级进冲床；定子采用先进的等离子焊接；定转子绕线采用半自动绕线机；转子滴浸采用新型滴浸机。呼和浩特市电子元件五厂先后从日本引进两条具有20世纪80年代国际水平的有感和无感薄膜电容器生产线技术，在消化吸收的基础上，运用国产设备建成一条薄膜金属化电容器生产线。呼和浩特市整流器厂利用VMOS管试制成电子节能灯，代替多年使用的电感式镇流器、启辉器，提高光电转换效率。内蒙古电子研究所试制成小气候电脑检测仪，该机使用单板机，对小区域的地面气温、风向、风力等参数集中测量，交付内蒙古牙克石林业管理局（后为内蒙古大兴安岭林业管理局）使用。

2001—2005年，内蒙古正星实业有限公司研发生产的“YTJ-Z1×8型制证一体机”、银安科技公司研发生产的“税控收款机”“第二代身份证读卡机”等在机电一体化研究方面取得突破。呼和浩特市灯泡厂投资253万元，对该厂主要设备CDY24头吹泡机进行配套技术改造。

2008年8月5日，呼和浩特市电视台第一辆电视转播机——“6+2”标清全数字电视转播车启动。2009年8月28日，第一台本土生产的液晶电视在创维电子（内蒙古）有限公司下线。2013年3月，创维电子（内蒙古）有限公司获批立项《模组一体化扩建暨300万台整机扩建项目》，其产品包括网络云计算、云存储、3D显示技术、健康互动、超高清、智能电视等。

六、生物及医学科技

1986年，呼和浩特第二制药厂生产的名牌产品正北芪蜂王浆获自治区优质产品奖；1987年，获自治区科技进步奖三等奖；1988年，获全国首届中成药健康杯金奖、全国首届肾病克星大赛铜奖；1989年，获第三十二届国际养蜂会议金奖；1990年，获中国优质保健产品银奖。

1987年1月，自治区第一座人类冷冻精子库在呼和浩特市中蒙医研究所男性学科建成。1989年3月8日,内蒙古大学实验动物研究中心培育出中国第一胎试管绵羊。

1991—1995年，内蒙古生物制药厂生产的20多种活菌疫菌和细胞繁殖疫菌以及抗菌素药剂，年产值550万元。呼和浩特市甘草制品有限公司承担市科技攻关计划项目“甘草酸盐类系列产品开发”，先后研制生产“甘草酊系列产品”“甘草精霜”产品。产品无毒副作用，是食品、医药、卷烟等行业的理想添加剂。投产后，“甘草酊系列产品”累计产量551吨，实现利税184万元；“甘草精霜”产量348吨，实现利税146万元，产品销往全国26个省市。

2001—2005年，呼和浩特市加强对重大疾病及常见病、多发病、疑难病的防治技术研究，重视重点学科建设，加强对蒙医蒙药的研究开发，构建新药开发创新体系。年产2万吨高效金霉素及年产6000吨莫能菌素的华蒙金河、年产万吨青霉素及阿莫西林的石药集团、国内维生素B12产量最大的金达维药业等一大批生物发酵新技术企业，在托克托电力工业园区建设生产基地，形成以玉米为原料生产高品质生物发酵产品的集聚区。以双奇药业、奥特奇药业、宇航人药业、惠丰药业、凯蒙药业、元和药业、大唐药业等一批中蒙药研发生产企业研发的药品获得国家二类和三类新药证书。2004年11月，自治区首例异体干细胞移植手术在内蒙古自治区人民医院获得成功。同年，内蒙古金宇集团股份有限公司取得新产品“O型—亚洲1型口蹄疫双价弱毒灭活苗”生产批准文号。2005年6月，全区首例体细胞克隆牛在和林格尔县大正美联胚胎移植基地降生,克隆牛“蒙蒙”高0.77米,长1.05米,体重46.5千克。

2006—2010年，呼和浩特市生物技术产业发展迅速，全市生物发酵产业产能达6万立方米，国家生物医药特色产业基地落户托克托电力工业园区，形成玉米—淀粉—液糖—生物制品产业链。石药集团中润制药（内蒙古）公司采用同轴电絮凝技术、EST电吸附技术、双膜法三项技术集成和优化组合的工艺路线，实现青霉素工业污水高标准治理。内蒙古阜丰生物科技有限公司采用生物除味和等离子体除雾除烟带治理工艺，解决复混肥喷浆造粒中产生的臭气和排放的烟带问题，达到国家要求的排放标准。市第一医院首次在全区引进射频消融肺癌治疗技术，为肺癌患者寻找到一种新的、安全有效的治疗方法。在呼和浩特市干旱山区、丘陵区采取营养袋苗、菌根菌苗、生根粉、地膜覆盖、抗旱枪浇水等造林技术，探索出一套适宜在呼和浩特干旱地区的典型造林模式，加快成林速度，提高林业的生态、经济、社会效益。内蒙古和信园蒙草抗旱绿化股份有限公司通过分子生物学手段，选育、培植出多种具有抗旱、抗寒、抗贫瘠、抗盐碱等抗逆性特征的节水抗旱园林景观植物。市园林科研所开展丁香新品种引种、选育、扩繁技术及应用研究项目，研究出适合呼和浩特地区种植的丁香品种及其规模化生产模式、操作方案等。内蒙古赛科星繁育生物技术公司研究成功中国首例、首批克隆马鹿。内蒙古神元生物工程股份有限公司申报的“羊胎盘转移因子注射液”，被农业部授予一类新兽药证书。

2013年，在自治区与广东省的科技合作交流周活动中，市第一医院与广州医学院第一附属医院（广州呼吸疾病研究所）在呼建立以呼吸病研究诊治为主的协作基地和实验室，在流感、禽流感、肺癌、哮喘等项目开展合作，带动少数民族地区呼吸病诊治技术的提升和进步。同年，市中蒙医院开展数字化医院信息管理平台建设，该平台可实现电子病历、智能诊断、合理用药、病历模板、动态床位、图像传输等功能，使医院信息系统互联互通和数据共享。至2014年，内蒙古赛科星繁育生物技术公司在全国4200余个牧场推广应用性控冻精280万支，繁育母犊超过100万头，新增产值50亿元，为奶牛养殖户增加经济效益30亿元。

2015年，围绕人口健康与中蒙医药领域科技需求，实施一个重大科技专项和两个医疗水平提升工程。“呼和浩特地区过敏性鼻炎患者吸入过敏原谱分析”项目的实施，打破呼和浩特地区近20年没有过敏性鼻炎患者吸入过敏原谱研究的状况。

七、电力工业科技

1986年6月，在呼和浩特—丰镇—大同220千伏线路中，内蒙古送变电工程公司第一次完成自治区电力系统线路高频参数测试工作，直接用磁石电话机通话成功。10月，呼和浩特市电缆厂试制VZP矿用屏蔽电钻电缆成功。

1991年，呼和浩特市电缆厂承担呼和浩特市科技攻关计划项目“氯化聚乙烯护套矿用电缆”，该产品技术处于全国领先水平。产品年产量120吨，每年可节约材料费20.4万元，能耗降低50%，每年可节电34200度，降低能耗5万元。“七五”期间，该厂引进两条芬兰连续硫化生产线、三条意大利的小拉生产线、一套西德的电解镀锡机组和美国的局部放电试验设备。

2004年，世界风能行业领先企业维斯塔斯在位于金山开发区的制造基地举行维斯塔斯风力系统（中国）有限公司项目建设启动仪式。2004年6月，大唐内蒙古托克托发电有限公司一期工程首台60万千瓦机组完成168小时试运行并投产使用。

2006年12月，总装机容量120万千瓦的自治区首座抽水蓄能电站在呼和浩特市开工建设。电站枢纽由上水库、下水库和引水发电系统等建筑物组成，设计安装4台30万千瓦的立轴单级可逆混流式机组，设计年抽水用电量26.77亿千瓦时，年发电量20.07亿千瓦时。

2008年1月，全球最大畜禽沼气发电厂——蒙牛生物质能沼气发电厂试运行成功，列入“联合国开发计划署全球环境基金加速中国可再生能源商业化能力建设”项目。同年，内蒙古精诚高压绝缘子有限责任公司“年产6000吨特高压瓷绝缘子项目”，被科技部列入“火炬计划”。2009年，内蒙古精诚高压绝缘子有限责任公司系列超（特）高压瓷绝缘子生产新技术，获自治区科技进步三等奖。2010年，内蒙古精诚高压绝缘子有限责任公司生产的“70-530KN 高压耐污型盘形瓷绝缘子”，被科技部批准为国家重点新产品。

2013 年，内蒙古精诚高压绝缘子有限责任公司的“XP-550、XWP-550 交流系统盘形悬式瓷绝缘子新产品”获呼和浩特市科学技术进步一等奖。2015 年，呼和浩特供电系统完成升级改造，变电站纳入调控一体化管理。

八、信息产业科技

1986 年 7 月 8 日，呼和浩特市电信局卫星地球站建成，并在呼和浩特市举行北京市、呼和浩特市、乌鲁木齐、拉萨卫星通信网开通仪式。1987 年 1 月，内蒙古畜牧科技电子数据库及决策咨询系统在呼建成。1998 年 4 月 9 日，内蒙古大学计算机学院在国内首次研制成功蒙古文刻绘系统软件。

2001—2005 年，以 TCL 电器公司的高清彩电和 TCL 通讯科技控股有限公司的手机，汉鼎光电高端 DVD 产品，兴达电脑年产 10 万台电脑等为代表的电子企业巨头在呼和浩特市设立生产基地。2003 年 1 月 16 日，内蒙古图书馆与内蒙古明安图互联网技术开发有限公司合作研制开发的“蒙古文数字图书馆”网络支撑技术通过专家鉴定，该技术填补了蒙古文国际标准编码在互联网应用技术上的空白。2 月 8 日，呼和浩特软件园成立。2 月 27 日，呼和浩特市第一家旗县（区）网站——新城区信息网站开通。2004 年，市科技局建成科技成果申报评审系统。

2006—2010 年，内蒙古蒙科立软件有限公司与内蒙古日报社共同建设的少数民族综合信息服务平台“中国蒙古语新闻网”和国家面向蒙古国大众的斯拉夫蒙古文门户网“索伦嘎新蒙文网”，成为国家少数民族语言文字新闻信息传播与服务领域的典范。内蒙古蒙瑞科技有限公司自主研发的有线电视数字双向标清机顶盒项目进入产业化阶段，是国家推进三网融合发展的重要终端设备。内蒙古银安科技开发有限公司研发生产的“台式第二代居民身份证阅读器”“银安通 JWZD—800A”等产品在“十一五”规划期间被科技部、国家环保总局、国家工商总局、商务部评定为“国家重点新产品”。2006 年 5 月 20 日，呼和浩特公共科技信息服务平台开通，共包括农业科技信息服务、企业科技信息服务、科研条件与研发信息服务、知识产权服务、科研成果转化推广服务 5 个子平台。

2011—2015 年，蒙科立公司在国内外蒙古文软件市场上的技术和产品占有率达到 70% 以上的份额。其中，蒙古文网站内容管理系统占该市场 80% 的份额。内蒙古天迅网络科技发展有限责任公司的“公交移动电视频道新媒体速传信息服务平台”和“掌上青城”移动互联网应用软件为民众出行提供便利。内蒙古立信电气技术有限责任公司研发的“火电厂燃料全闭环自动监管系统”在包括华能国际电力股份有限公司德州电厂、华能平凉发电有限责任公司等 63 家电力企业应用。2012 年 5 月，呼和浩特云计算产业基地开工奠基。基地依托盛乐园区和鸿盛开发区，占地25平方千米，聚集一批云计算科研机构和产业链各环节核心企业，整合社会各类信息基础设施资源，推出面向不同需求的云计算服务模式，在电子商务、现代物流、旅游会展、中小企业服务、电子政务、城市管理等领域开展云计算应用示范工程，打造国家级大型云计算基地，推动自治区信息化与工业化融合发展和产业转型升级。

九、新能源新材料

1986年，呼和浩特铁路局推广应用太阳能电池9845瓦。该局的太阳能电池推广应用项目获1986年度国家科技进步三等奖。

1987年，和林格尔县恼木气民族中学建成自治区第一座被动式太阳能采暖教室。建筑为砖木结构，由和林格尔县建材局设计，采暖期间可节煤86.1%。

2001—2005年，内蒙古三保高岭土公司、内蒙古金瑞稀土公司、呼和浩特东友稀土公司、内蒙古融信新金属等新材料制造企业加大科技研发力度，生产的稀土金属钕、金属钇等单一稀土和混合氯化稀土等产品远销区内外。

2006年，呼和浩特市引进内蒙古晟纳吉光伏材料有限公司半导体集成电路硅材料、太阳能电池硅材料项目和上海航天八院、南京大陆集团的多晶硅项目。2008年，呼和浩特市引进天津中环集团单晶硅及多晶硅铸锭项目、上海电器集团长江公司和内蒙古日月太阳能科技有限责任公司共同建设年产100兆瓦太阳能电池片、电池组件与50兆瓦太阳能电站项目。同年1月，内蒙古晟纳吉光伏材料有限公司开始进行14～18英寸半导体级大直径硅单晶的研发项目。

2009年5月，内蒙古日月太阳能科技有限责任公司成立，主要从事研发、生产和销售晶体硅太阳能电池片、电池组件及建设高效太阳能光伏电站。8月，公司与内蒙古大学成立内蒙古太阳能电池研究中心，集中力量进行低成本冶金法提纯的多晶硅电池攻关。“十一五”规划期间，形成以内蒙古晟纳吉光伏材料公司、内蒙古神舟硅业公司、内蒙古中环光伏材料公司、内蒙古日月太阳能公司等多晶硅生产、单晶硅硅棒和切片生产、光伏电池片制造、组件生产、光伏发电等完整的硅产业链，以及内蒙古金三角光纤科技有限公司研发生产的塑料光纤、内蒙古京蒙碳纳米材料高科技有限责任公司研制开发的富勒烯、内蒙古航天拓力科技发展公司研发生产的有机纤维等新材料产业。内蒙古神舟硅业有限责任公司开展大型多晶硅还原炉装备及工艺技术研究，解决12对棒多晶硅生产还原炉的国产化问题，使多晶硅生产关键装备的自主创新有了较大突破。内蒙古晟纳吉光伏材料有限公司研究生产重掺半导体级硅单晶棒、硅抛光片、太阳能电池级硅单晶棒、硅单晶片、大直径8～18英寸的硅单晶棒。内蒙古金三角光纤科技有限公司研究生产通信用突变型塑料光纤，技术水平居国内领先。内蒙古京蒙碳纳米材料高科技有限责任公司研制开发的富勒烯提取新工艺，达到国际领先水平。内蒙古航天拓力科技发展公司拥有自主知识产权的F–12高强有机纤维生产技术，达到国内领先水平。

2011—2015年，全市新材料产业发展壮大，依托浩源碳纤维有限公司、金三角公司、航天新材料公司等企业，围绕碳纤维复合材料、纳米抗擦墨、F–12高强有机纤维等一批居国内领先水平的新材料产品展开关键技术攻关，打破国外对国家的新材料技术壁垒。航天新材料公司达到年生产50吨F–12纤维的生产能力。超牌建材公司研制的具有完全的自主知识产权CYM系列超大型超细研磨机，单台一次研磨 –2μm细度93%的超细煤系煅烧高岭土，年生产能力10万吨。中拓铝业公司基于偏析法高纯铝开发出具有国际水平的高性能的高压电子铝箔，具有极高的技术含量。由显鸿新材料(内蒙古)有限公司与香港理工大学纳米技术实验室共同开发的“商品信息安全技术—纳米抗擦墨”项目,在蒙牛集团、双汇集团、国台酒业等企业中应用。内蒙古神舟硅业有限责任公司先后改造建设完成四氯化硅低温转化三氯氢硅、36对棒大型还原炉、二氯二氢硅逆歧化、CDI吸附柱改造等核心技术改进项目，装置均运行平稳，装置产能及性能较原两期装置设计有根本性改变，经过能耗评估，装置整体能耗指标远远低于两套装置原设计技术工艺指标。呼和浩特市博洋可再生能源有限公司研发出新一代太阳能智能控制深井抽水系统，该系统特点是结构简单、性能稳定、操作方便，主要应用于无电地区的抽水灌溉及牲畜饮水。2015年，以中环光伏为龙头的7户光伏制造及配套企业完成产值61.2亿元，同比增长170.8%，占全市工业总量的比重为3.7%。全年共生产单晶硅8580.4万吨，产量位居自治区第一。截至2015年末,呼和浩特市光伏产业链形成从上游的硅材料生产、中游的发电组件制造,到下游的光伏发电应用以及相关配套产业协同发展的局面。

第五节　农牧业技术推广与服务

一、种植业技术推广

1986年1月，呼和浩特市卷烟厂从印度引进烤烟品种在土默特左旗朱尔沟村试种成功，亩产烟叶150千克，定名为呼烟1号（HY01）。同年，全市开始推广大棚生产技术，郊区西把栅乡前不塔气村大棚黄瓜连年高产，亩产创23吨的高产纪录。

1987年，呼和浩特市农业技术推广中心用甜菜废丝加小麦秸秆代替棉籽壳作培养基质生产蘑菇获得成功。1989年，推广模式化栽培小麦1.37万公顷，玉米3333.33公顷，小麦套种玉米3166.67公顷，地膜覆盖玉米2266.67公顷，配方施肥面积1.37万公顷。

1990年，呼和浩特市实施重点农业科技项目3万亩甜菜地膜覆盖，20万亩小麦模式化栽培技术推广。1993 年，乌素图村进行栽种兰州大接杏示范栽培与推广。1995 年，推广种子包衣技术 2.16 万公顷，节约玉米种子 324.2 吨，增产玉米 1.39 万吨，纯增经济效益 1368.12 万元。1998 年，推广中绿一号绿豆。同年，地膜覆盖技术在大田作物栽培中广泛推广，机械铺膜技术在生产中广泛应用，提高了生产效率。

2000 年，呼和浩特市实施种子工程，引进农作物新品种，在全市 6 个农业旗县（区）重点推广 12 项自治区级以上的先进适用技术，经济效益显著。呼和浩特市农牧技术有限公司开展高效利用秸秆营养工程技术及其相关产品的应用推广。2001 年，呼和浩特市引进高油、高淀粉玉米和优质高产专用型马铃薯新品种以及蔬菜、水果等新品种。同年，土默特左旗铁帽乡试种棉花成功。

2001 年后，呼和浩特市推广农牧业新技术包括双覆膜技术、秸秆堆肥技术、秸秆气化技术、SO2 盐碱地改良技术、测土配方施肥技术、厚墙体温棚技术、撒可富复合肥生物技术、黄瓜嫁接技术、膜下滴灌、喷灌、食用菌栽培技术等。2002 年，呼和浩特市园艺科技实验中心开展水苏糖原料银白条的种植技术及种条贮藏技术研究；呼和浩特市种子管理站进行粮饲兼用保绿型玉米品种的选育。

2003 年，呼和浩特市引进各类农作物优良品种 128 个，继续加大新品种的试验、示范、展示力度，为呼和浩特市农业产业结构调整和“奶业兴市”战略的实施筛选出适宜呼和浩特市种植的品种 20 多个。建立以玉米为主的农作物品种展示田 20 公顷，同时展示、推广青贮玉米金坤 9 号 200 公顷，青饲牧草健宝 666.67 公顷，优质蛋白玉米中单 9409 等饲用玉米 6666.67 公顷。同年，加大植物快繁技术的应用推广、蔬菜保鲜技术示范推广的资金支持力度；在试验示范的基础上，重点进行脱毒马铃薯种薯繁育及高产栽培技术、节水灌溉技术和抗旱造林技术等实用技术推广。

截至 2005 年，通过无公害蔬菜标准化生产技术示范推广项目的实施，制定呼和浩特市无公害蔬菜生产地方标准 30 项，对农民进行无公害蔬菜标准化技术培训和业务指导，推广应用高效、低毒、低残留化肥和农药，使标准化蔬菜田每亩平均增产 15% ~ 25%。2007 年，呼和浩特市园艺科技试验中心开展节水灌溉施肥技术在保护地蔬菜栽培中的应用研究；呼和浩特市园林科研所开展丁香新品种引种、选育、扩繁技术应用研究。

2008—2009 年，呼和浩特市实施推广干旱地区设施农业（中棚马铃薯）无公害栽培技术集成与示范、脱毒马铃薯繁育推广体系技术集成应用、清水河县三分地可移动拆装式脱毒马铃薯繁育体系建设技术集成应用、中棚高效种植模式试验示范、优质特色小香米谷子技术集成应用、无公害蔬菜育苗和高效生产技术集成示范等科技重大专项。

2011 年，通过开展杂交谷子新品种引进与模式化栽培技术集成示范，引进张杂谷3号、5号、6号，推广7466.67公顷，平均单产275千克，比当地品种亩产增产50%以上。2012年,呼和浩特市实施“三个百万”工程（玉米高产创建推广100万亩、马铃薯一级以上脱毒种薯推广100万亩、节水灌溉及旱作农业综合技术集成推广100万亩），共增收粮食23.7万吨。

2013年，武川县圣丰农产品专业合作社开展南瓜、马铃薯等有机作物种植示范；呼和浩特市农业技术推广中心开展玉米宽覆膜高密度栽培技术研究示范。2014年,呼和浩特市种子管理站开展旱作微垄覆膜沟播马铃薯水肥耦合机理的研究。同年，土默特左旗恒鑫泰大葱种植农民专业合作社开展大葱新品种引进及无公害栽培技术推广。

二、养殖业技术推广

1986年3月，武川县科委科研项目——太阳能采暖鸡舍及住宅通过自治区鉴定。同年4月,日本北见工业大学金川公夫教授及日本光化成株式会社千叶光律先生一行，到武川县参观太阳能采暖鸡舍等，并进行技术交流。

1987年，和林格尔县城关镇南渠村建成自治区最大的太阳能鸡舍建筑群，建筑面积926平方米。每年在最冷时只需点燃辅助热源15天，其余时间全靠太阳能采暖，即可保证舍内温度高于5℃，平均湿度65%，产蛋率由50%提高至70%。

1991—1995年，呼和浩特市推广奶牛高产试验技术，基本形成呼和浩特地区具有黑白花奶牛品种特征的奶牛群,使群体奶牛单产达6000千克以上。同时，推广“四良四改”（良舍、良种、良料、良法，改冬季冷舍养猪为扣暖棚养猪、改养本地猪为养杂交改良猪、改单一饲料为配合饲料、改传统的“吊架子”养猪为湿拌料饮清水的直线育肥）养猪配套技术。

2000年，呼和浩特市家畜改良站开展奶牛胚胎技术应用。通过第一期畜牧业种子工程建设，呼和浩特市建立奶牛冷配站（点）528个、羊人工授精站点335个。2003年，市科技局、赛罕区农牧局和市奶协共同开展奶牛工程关键技术推广应用及科技服务体系建设，以奶牛工程关键技术项目研发的浓缩饲料作为推广载体，把奶牛高产优质综合配套生产技术规程，在呼和浩特市奶牛基地、旗县（区）进行推广，60%以上的奶农采用该技术，60%的泌乳牛平均单产提高0.6～1吨。2004年，内蒙古大正置业（集团）现代奶牛工程公司开展优质奶牛性别鉴定胚胎移植繁育技术开发、应用及产业化研究。同年，呼和浩特市海日瀚生物技术有限公司承担的“草原羊胚胎综合利用技术产业化开发”获国家星火计划项目立项。

2005—2007年,围绕乳业、肉业两大主导产业,呼和浩特市实施畜牧业种子工程,改良奶牛、肉羊品种，重点开展绿色奶牛工程关键技术集成与示范、肉羊品种改良杂交和快速育肥试验示范、肉羊胚胎移植和品种改良技术研究示范、奶牛性别控制技术示范等项目。

2008—2009 年，呼和浩特市重点实施奶牛性控繁育技术示范、肉羊改良繁育技术集成与应用专项。由土默特左旗科技局承担的高产奶牛优质冻精冷配技术推广项目，完成奶牛推广 4.5 万头，每头增收 1800 元，新增效益 7000 万元。由和林格尔县科技局承担的优质肉羊杂交改良技术项目，推广数量达 12.48 万只，新增效益 936 万元。

2011 年，国家现代肉羊产业技术体系建设在呼和浩特市启动，并在养殖条件较好的乡镇建设肉羊养殖专业村，成立专业合作社，发展壮大肉羊产业。11 月 2 日，国家级农业标准化示范区项目——蒙牛集团组织实施的“奶牛养殖标准化示范区”，通过国家标准化委员会验收。

2014 年，内蒙古犇腾牧业有限公司开展了基因检测技术和活体采卵繁殖技术在超级奶牛筛选和快速扩群应用的研究和示范；内蒙古泰澳牧业有限责任公司开展了肉羊高效杂交组合筛选及配套技术集成示范与品种选育。

2015 年，呼和浩特市“肉羊高效养殖核心技术集成示范”项目建成，形成完整的肉羊扩繁杂交育肥技术体系，建成肉羊扩繁杂交育肥基地，达到年出栏 4000 只的生产能力。

三、农牧业科技服务

1994 年 6—12 月，市政府分别在土默特左旗、托克托县、郊区组织召开 3 次农村社会化科技综合服务体系建设现场经验交流会，在全市范围内形成社会化科技综合服务体系建设热潮。至 1995 年底，达到“五有”（有专业技术人员，有独立的办公场所，有必要的服务设施，有试验示范基地，有经营服务实体）标准的一类站 36 个。对于基本建设抓得好、经营服务有成效的 6 个站，自治区进行挂匾表彰。市政府同时表彰 12 个服务优胜红旗站，在全市开创了齐抓共管、典型引路、注重服务、讲求实效的农村社会化科技综合服务体系建设新局面。

2000 年 5 月 20 日，市科技局举行内蒙古农牧业科技服务体系暨呼和浩特市农业科技服务热线 96048 启动仪式。群众可以通过电话语音应答、专家即席作答的形式，了解有关农牧业生产中的相关实用技术，农产品市场信息，相关涉农的政策、法律、法规等信息。组建的市、县农业科技专家服务团可提供现场服务，真正为农民朋友搭起了致富的桥梁，有效地解决了呼和浩特市农业科技信息“最后一公里”问题。

2012 年，全市全面启动实施科技特派员工作，市科技局印发《呼和浩特市科技特派员农村创业服务行动实施方案》，当年选聘科技特派员 20 名。2013 年选聘 34 名科技特派员，科技特派员工作初见成效，受到各园区、基地等基层农业企业及农户的认可。由于科技特派员数量有限，不能满足基层对农业科技人才的巨大需求。

2014年4月，市委、市政府发布《关于开展农业科技特派员和大学生志愿服务“三农”工作的通知》，要求市科技局会同市农牧业局、财政局开展科技特派员工作。从2014年起，市政府大力支持科技特派员工作，拨专项资金3500万元，做为选聘500名科技特派员的补贴。同年，科技特派员服务覆盖和辐射的设施蔬菜种植面积近6万亩，涵盖各类日光温室（大棚）1.62万栋，解决闲置空棚8789栋，服务涉及的农业科技园区（基地）150余个、规模化养殖场和养殖大户608个，全年共引进203项农业实用技术，164个新品种，创办、领办、合办企业、协会、合作社等经济组织128个。10月，市科技局、市科技创新创业协会主办的呼和浩特科技特派员网站正式开通运行。网站设立培训园地、专家解答、经验交流、供求信息等栏目。

2015年，市科技特派员服务覆盖和辐射的设施蔬菜种植面积达到7万亩，涵盖各类日光温室（大棚）1.88万栋，解决闲置空棚2654栋，服务涉及的农业科技园区（基地）190多个、规模化养殖场和养殖大户616个，共引进农业先进实用技术218项，新品种182个，创办、领办、合办的企业、协会、合作社等经济组织累计达到152个，辐射和带动农户1.5万余户。通过专家和科技特派员的各类技术培训、技术咨询、现场指导服务等活动，全市受益农民达150多万人次。其中，举办各类专题实用技术培训班180期，培训科技特派员和职业化农民1.5万余人次。

第六节　科技成果与奖励

一、科技成果鉴定

呼和浩特市科技成果鉴定工作严格按照科技部、自治区科技厅关于科技成果鉴定的相关要求开展。2000—2015年，全市完成科技成果鉴定291项。

二、科学技术奖励

1986—2015年，呼和浩特市取得一大批科研成果，获国家、自治区和呼和浩特市表彰的有2000余项。

（一）获国家科学技术奖

2000—2015年，全市共获得国家科学技术奖19项。其中，科学技术进步奖二等奖18项，自然科学奖二等奖1项。

（二）获自治区科学技术奖

2001—2015年，呼和浩特市共获得自治区科学技术进步奖147项。其中，科学技术进步奖一等奖14项，科学技术进步奖二等奖29项，科学技术进步奖三等奖104项。

2001—2015 年呼和浩特市获自治区科学技术奖情况一览表

表 26-1-5　　单位：项

年度	一等奖	二等奖	三等奖	合计
2001	—	2	9	11
2002	—	2	2	4
2003	—	1	2	3
2004	—	—	4	4
2005	—	1	6	7
2006	2	—	5	7
2007	2	1	7	10
2008	1	—	6	7
2009	—	1	3	4
2010	3	1	3	7
2011	1	2	8	11
2012	—	5	11	16
2013	1	6	10	17
2014	3	3	16	22
2015	1	4	13	18

说明：表中“—”表示无数据

（三）获市科学技术进步奖

2002—2015 年，全市企事业单位共获得呼和浩特市科学技术进步奖 438 项。其中，科学技术进步奖一等奖 53 项，二等奖 160 项，三等奖 225 项。

2002—2015 年呼和浩特市获市级科学技术奖情况一览表

表 26-1-6　　单位：项

年度	一等奖	二等奖	三等奖	合计
2002—2003	3	6	14	23
2004	2	5	13	20
2005	2	7	13	22
2006	3	8	9	20
2007	5	8	20	33
2008	6	10	14	30
2009	5	9	15	29
2010	3	13	18	34
2011	6	19	18	43

续表 26-1-6

年度	一等奖	二等奖	三等奖	合计
2012	6	18	22	46
2013	4	22	23	49
2014	3	12	20	35
2015	5	23	26	54
2014	3	3	16	22
2015	1	4	13	18

第七节　科技合作与交流

一、国际科技合作与交流

1989 年 2—3 月，呼和浩特市与俄罗斯联邦布里亚特共和国乌兰乌德市开展科技等方面的交流。1991 年 5 月 21 日，呼和浩特市与俄罗斯联邦布里亚特共和国乌兰乌德市签订双方开展科技方面合作和双方提供各自贸易信息的协议。

1992 年，市科委承担中国与希腊开展的“应用稀土植树治沙”技术合作项目。该技术是由希腊爱奥尼亚大学乔治·卡利斯特拉斯教授为在干旱沙漠地区植树而研究发明的一种植树方法，也称为“卡氏植树法”。1992—2002 年，应用该技术共植树 52.48 万株，林木成活率平均提高 10%，果树平均成活率提高 47%，保存率 85% 以上。

2001—2005 年，全市共派出各类科技人员 5 批 190 人前往 15 个国家和地区从事科技活动；接待 20 多个国家和地区的专家、科技管理人员 15 批 500 多人次；组织全市科技人员出国考察培训 25 人次。

2014 年 7 月，在第十一届中国（满洲里）北方国家科技博览会的专项活动之一——科技外交官合作项目推介会上，市科技局将伊利集团报送的“规模化牧场粪污综合利用”技术需求递交驻日使馆。

二、区内外科技合作与交流

1987 年，呼和浩特地区召开科研与生产横向联合座谈会，科研单位、高等院校与企业代表双方签订技术协作、成果转让、联合开发项目 13 项。1998 年 10 月，市科学技术委员会与深圳市科学技术局签署全面开展科技合作交流的协议。根据协议，双方组建深圳、呼和浩特科技合作中心，分别在深圳市、呼和浩特市挂牌运作。

2001—2005 年，市科学技术委员会组织全市企业参加深圳市高交会、北京市科博会、包头市“中国科学院、清华大学科技成果洽谈会”、满洲里市“中俄第二届高新技术成果展示交易会”、巴彦淖尔市“自治区第三届农博会”等科技会展活动，并为企业与科研单位举办座谈会，帮助企业寻找技术合作单位。通过各类交流合作会议，全市企业与清华大学、复旦大学、同济大学、中国科学院等国内30多家高校科研院所建立科技合作关系，签订科技合作协议23项，涉及金额近10亿元。全市企业开展各类科技合作项目78项，通过对外科技合作项目，直接引进资金6000万元；引进技术145项；启动国际科技合作计划项目两项，其中，列入国家政府间科技合作计划项目及科技部国际合作重点计划项目一项。由市科技局主持承担的中德国际科技合作项目，共争取支持资金135万元，对呼和浩特市及周边地区控制风沙、治理水土流失、改善生态环境起到促进作用。市科学技术委员会每年在科技计划立项中对科技合作项目给予倾斜。把对地方经济拉动作用强的科技成果转化作为重大科技项目，集中经费，重点扶持。其中，对内蒙古农业大学与清华大学共同合作的“烟气脱硫副产物改良土壤实验示范研究”项目支持资金50万元；对由市水务局、水利部水利科学研究所共同承担的“呼和浩特市污水资源开发及土地环境可持续利用技术研究和乳业饲草节水栽培综合技术应用示范”项目支持资金20万元。

2006—2010年，全市企业与中国科学院、清华大学、北京大学等16家高校、科研院所建立稳定的产学研依托关系。伊利集团与法国、加拿大、比利时等乳业强国的科研院所合作开展乳品基础科学、新产品开发和畜牧兽医技术等方面的研究。伊利集团承担的国家“十一五”科技支撑项目、呼和浩特市科技重大项目“脱盐乳清粉生产工艺研究及其产业化示范项目”，与中国农业大学开展科技合作，在奶酪生产中对副产品甜乳清粉的提取进行技术攻关，取得重大成果，建立日处理36吨产业化示范生产线，使国内乳品原料摆脱完全依赖进口的现状，年新增利润2190万元。托克托县与广东溢多利生物科技股份有限公司在呼签订“酶制剂”项目协议。项目投资8000万元，建设规模为12个30立方米液体发酵生产线及配套的生产及生活设施。

2011年5月，呼和浩特市与中国科学院北京分院科技合作座谈会召开，中国科学院生物、物理、化学、微生物等10多个科研机构的代表与首府地区的11家科技创新企业就“十二五”规划期间科技合作项目进行沟通、实地调研，并进行4项科技合作项目的签约。

2012年4月，呼和浩特市第一医院与武警总医院、空军总医院、海军总医院开展远程医疗合作，建立远程医疗服务平台，该平台可为全市9个旗县（区）及帮扶区域内的患者提供远程会诊、手术转播、专家异地手术等高技术医疗服务，同时也可实现异地医护人员培训、教学。6月，呼和浩特市第一医院开始与上海华山医院在神经外科领域开始开展技术合作。8月，内蒙古工业大学分别与市区5家企业签署合作协议。

2013年5月，在“首届内蒙古—广东科技合作活动周”上，市政府与广州市政府缔结友好城市关系并举办经贸科技交流活动，与广东省3家企业签订科技合作协议。11月,呼和浩特市·内蒙古农业大学科技合作签约暨成果发布会举行。签约会上，内蒙古农业大学专家围绕燕麦高产高效栽培与保护性种植模式等8个方面进行成果发布，内蒙古农业大学与呼和浩特市企业在9个研究方面签署科技合作协议。

2014年6月，广州医科大学附属第一医院广州呼吸疾病研究所呼和浩特市第一医院临床协作部启动。临床协作部主要在流感、肺癌、哮喘等项目方面开展合作。6月30日，市政府、自治区教育厅、自治区科技厅在和林格尔县联合召开科技合作签约暨驻呼高校、科研院所产学研合作交流座谈会。

2015年，内蒙古瑞隆重工装备公司承担的呼和浩特市重大科技专项“EBZ160型悬臂式掘进机”项目，与辽宁工程技术大学和内蒙古工业大学开展产学研科技合作，成功研制具有稳定性能强、功率大、掘进速度快等特点的新型EBZ160型悬臂式掘进机，填补了自治区掘进机项目的空白。在生物技术研发上，赛科星公司与国内外多家院校和科研机构合作，奶牛性控冻精制备新技术研发取得重大成果，累计在全国推广应用280万支，经济和社会效益显著。“十二五”规划期间，呼和浩特市共组织企业181家次,参加各级各类科技会展活动,促成科技合作与技术交易近百项次。其间，先后组织企业参加中国国际高新技术成果交易会、北京国际科技产业博览会、中国西部国际博览会、满洲里中俄蒙科技展暨高新技术产品展览会等国际国内科技会展活动。

第八节　知识产权保护

一、专利管理

1985年10月，呼和浩特市科学技术委员会设立科技成果管理科。1994年，科技成果管理科更名为科技成果专利科。2001年，科技成果专利科更名为知识产权科。同年12月，呼和浩特市知识产权局成立。

2006年2月,呼和浩特市纺织科研所更名为呼和浩特市知识产权服务中心。3月，呼和浩特市知识产权工作领导小组成立，并建立知识产权工作领导小组联席会议制度。2008年5月，市知识产权服务中心被国家知识产权局认定为第二批国家专利技术（呼和浩特）展示交易中心。

2010年10月，知识产权科更名为知识产权管理科。各旗县（区）知识产权工作由旗县（区）科技行政部门具体负责，经济技术开发区的知识产权工作由开发区经济发展局负责。

二、专利申请与授权

1987年11月，呼和浩特铁路局科研所研制的“自回水客车上水装置”技术获得国家专利。“八五”计划期间呼和浩特市累计授权专利254件。其中，发明专利13件、实用新型专利200件、外观设计专利41件。1994年2月，呼和浩特市锅炉制造总厂设计制造的TC型体内擦洗浮动床钠离子交换器，被国家专利局授予“中国专利优秀奖”。

2001—2015年，全市累计申请专利15190件。其中，发明专利4888件、实用新型专利6347件、外观设计专利3955件，分别占累计专利申请量的32.2%、41.9%和26%。按发明创造申请人的身份划分，职务发明专利申请9457件，占申请量的62.3%。其中，企业专利申请6972件、大专院校专利申请1443件、科研单位申请965件、机关团体专利申请77件；非职务发明专利申请5733件，占申请量的37.7%。全市累计授权专利9728件。其中，发明专利1655件、实用新型专利4815件、外观设计专利3258件，分别占累计专利申请量的17.0%、49.5%和33.5%。按发明创造授权人的身份划分，职务发明专利授权6041件，占授权量的62.1%。其中，企业专利授权4793件、大专院校专利授权664件、科研单位授权546件、机关团体专利授权38件；非职务发明专利授权3687件，占授权量的37.9%。截至2015年末，呼和浩特市累计专利申请量和授权量均居自治区第一，全市有效发明专利拥有量1655件，居自治区首位。

2001—2015年呼和浩特市专利申请量统计表

表26-1-7　　单位：件

年度	项目	按专利类型分			按所在单位及职务类型分					
		发明	实用新型	外观设计	非职务	职务	其中			
							大专院校	科研单位	工矿企业	机关团体
2001	259	37	103	119	161	98	7	7	83	1
2002	331	53	109	169	166	165	2	10	151	2
2003	447	55	140	252	224	223	5	5	213	0
2004	535	69	130	336	244	291	9	14	267	1
2005	465	57	124	284	196	269	8	12	248	1
2006	702	113	170	419	262	440	16	9	415	0
2007	744	222	236	286	315	429	27	10	390	2
2008	966	350	290	326	370	596	37	21	537	1
2009	773	286	292	195	318	455	45	22	387	1
2010	910	422	343	145	407	503	79	67	355	2

续表 26-1-7

年度	项目	按专利类型分			按所在单位及职务类型分					
		发明	实用新型	外观设计	非职务	职务	其中			
							大专院校	科研单位	工矿企业	机关团体
2011	1452	538	681	233	570	882	82	171	628	1
2012	1452	505	696	251	548	904	142	93	663	6
2013	1729	726	759	244	457	1272	297	198	768	9
2014	1811	681	853	277	487	1324	317	154	831	22
2015	2614	774	1421	419	1008	1606	370	172	1036	28
总计	15190	4888	6347	3955	5733	9457	1443	965	6972	77

2001—2015 年呼和浩特市专利授权量统计表

表 26-1-8　　单位：件

年度	项目	按专利类型分			按所在单位及职务类型分					
		发明	实用新型	外观设计	非职务	职务	其中			
							大专院校	科研单位	工矿企业	机关团体
2001	202	15	78	109	109	93	2	2	86	3
2002	184	15	68	101	99	85	1	4	79	1
2003	290	22	81	187	130	160	0	5	154	1
2004	306	31	97	178	157	149	3	5	141	0
2005	313	23	98	192	132	181	6	4	171	0
2006	338	24	96	218	139	199	5	9	183	2
2007	476	26	170	280	193	283	13	6	264	0
2008	505	35	259	211	236	269	9	9	251	0
2009	597	58	208	331	271	326	15	11	300	0
2010	633	111	319	203	273	360	37	28	293	2
2011	876	198	474	204	329	547	67	137	343	0
2012	1140	318	554	268	435	705	59	54	592	0
2013	1130	286	663	181	300	830	86	96	645	3
2014	1119	179	744	196	313	806	120	84	589	13
2015	1619	314	906	399	571	1048	241	92	702	13
总计	9728	1655	4815	3258	3687	6041	664	546	4793	38

三、专利保护与转化

1993 年，呼和浩特市锅炉辅机厂根据市场需求自行研究开发“TC 型体内擦洗浮动床钠离子交换器”，实现该厂钠离子交换器产品的升级换代，到 1995 年新增产值 600 万元，新增利税 120 万元。该产品参加 1995 年北京国际环保展览，获中国专利优秀奖。同年，内蒙古化纤总厂开始实施“稀土永磁提质粘胶纤维的处理方法”发明专利，3年新增产值1000万元，新增利税100万元。呼和浩特市驼绒梳纺厂“一种粗纺梳毛机”实用新型专利，该专利实施后，1994—1995年创产值3200万元，新增利税566万元，创汇240万美元，获专利转让费450万元。内蒙古第二毛纺织总厂“细并捻纺纱打断器”专利，不经并捻工艺过程，由细纱一步纺成合股纱。用这种纱生产出的高档精纺毛织物面料质量好、成本低、生产效率高，是流行国际市场的产品。该专利实施后，1993—1994年企业新增产值1255万元，新增利税203万元。呼和浩特市合成洗涤剂厂获得“羊绒净洗剂及制作方法”专利，选用特殊表面活性剂及助剂合成羊绒净洗剂，主要用于洗涤山羊绒，代替价格昂贵的同类进口产品，是经济价值和技术含量高的精细类洗涤用品，累计新增产值365万元、新增利税172万元。1995年，全市专利技术实施后创产值超百万元的有11项，共创产值7428万元，新增利税1305万元，创外汇240万美元。

20世纪90年代，呼和浩特市斜多管除尘器、磁场扫描式理疗机、稀土永磁提质粘胶纤维处理方法、舌板重锤连续放灰装置等分别获得自治区、市级科技进步奖；全方位旋转窗、九转回天医疗保健内裤等专利，分别在全国专利博览会、展览会获金奖。

2005年，市知识产权局与自治区知识产权局、市公安局、市工商局等部门联合开展保护知识产权专项整治行动，重点对食品、医药领域的专利侵权、假冒专利和冒充专利行为进行执法检查。先后对有关商店的109项专利标识产品进行现场抽查，对不合格产品进行当场处理。

2006年3月，呼和浩特市知识产权工作领导小组成立，建立知识产权工作领导小组联席会议制度，并制定《呼和浩特市专利费用资助及奖励暂行办法》《呼和浩特市知识产权工作领导小组联席会议制度》《呼和浩特市人民政府知识产权工作领导小组联席会议成员单位工作职责》《呼和浩特市知识产权工作领导小组关于推进知识产权工作的实施方案》，完善地方知识产权法规和政策体系建设。

2009年8月，全市6家企业、1名个人的11项专利代表自治区参加“第十八届昆明发明展览会”，共获得2项金奖、3项银奖、5项铜奖。同年，承办第三届中国专利周内蒙古地区专利技术展示交易会，展出专利共计402件，有3项达成合作意向。呼和浩特市通过国家知识产权试点城市验收。

2010年4月23日，自治区西部六盟市贯彻实施新专利法联合执法研讨会在呼举行。11月7—13日，由市政府、自治区知识产权局、市知识产权局、国家专利技术（呼和浩特）展示交易中心承办的2010·第四届中国专利周内蒙古地区专利技术展示交易会在内蒙古展览馆举行。同年9月，呼和浩特市金环锅炉制造有限责任公司的《热超导高技术涡旋式燃气锅炉》等4项专利技术在第十九届全国发明展览会上获得银奖。

2011年后，市委、市政府相继印发《呼和浩特市政府关于加强知识产权工作的通知》《呼和浩特市专利费用资助及奖励暂行办法》《呼和浩特市实施国家知识产权试点城市工作方案》《呼和浩特市知识产权事业发展“十一五”规划》《呼和浩特市专利费用资助及奖励办法》《呼和浩特市知识产权事业发展“十二五”规划》等，基本形成促进呼和浩特市知识产权事业发展的配套政策措施体系。2012年8月，市知识产权局印发《呼和浩特市知识产权工作试点单位认定管理办法（试行）》。

2015年，市科技局启动知识产权执法维权“护航”专项行动。同年，修订《呼和浩特市知识产权工作试点单位认定管理办法》《呼和浩特市专利费用资助及奖励办法》《呼和浩特市知识产权工作试点单位认定管理办法》等政策性文件。全年，全市共开展专利执法检查19次，涉及商品种类12.69万种，检查带有专利标识的商品660件，查处假冒专利案件22件，处理专利侵权案件2件。

2011—2015年，市知识产权局累计对1132件专利产品进行执法检查，查处问题商品100件，调解或处理专利侵权案件4件。累计对流通领域2000余件次专利产品进行执法检查。市文化局收缴及公开销毁侵权盗版及非法出版物共57万册（张）。市中级法院共受理知识产权民事案件403件。

第二章　地震监测

第一节　管理机构

1996年3月，呼和浩特市科学技术委员会内设的地震办公室，更名为呼和浩特市地震局（简称市地震局），为市科学技术委员会所属副处级事业单位。

2006年2月，市地震局与市科技局改变隶属关系，整建制划出，为市政府直属事业单位。

2008—2015年，市地震局内设办公室、震害防御科、监测预报科、数据台网办、执法监察科、行政审批办、工程地震研究室。

第二节　监测台网建设

一、地震监测台网

1986年，在呼和浩特建设由7个子台组成的呼和浩特遥测地震台网，形成自治区地震遥测台网建设的初步格局。2001年，呼和浩特遥测地震台网建立。遥测地震台网共有 3 个子台，台网西起土默特左旗察素齐镇，东至乌兰察布市凉城县，南到清水河县，经向横跨 190 千米，纬向纵连 200 千米，覆盖面积约 3.5 万平方千米。呼和浩特遥测地震台网建成后，自治区内发生 ML > 5.0 级地震能在 30 分钟内初步定出震中位置。

2013 年 8 月，市政府投资 100 万元建成地震自动速报系统。通过中国地震台网数据实时共享系统，并获取国内和国外 384 个台站的实时波形数据。其中，三分量台站 80 个，单分量台站 304 个。台站以采用宽频带地震计为主，以甚宽带地震计为辅，配用 24 位 IP 数据采集器，采用网通公司的 2 兆光纤通过 IP 地址方式将数据实时接入呼和浩特市地震局网络数据中心。监控范围西起新疆东至黑龙江，北起蒙古国南到陕西的广大区域，基本均匀覆盖了国家的“三北”区域，对“三北”地区 2 级以上地震能够实现速报。同时，引入呼和浩特市周边 18 个台站数据建成呼和浩特市地震局虚拟台网，可以快速对发生在本地区的有感地震进行速报，对本地区 1.5 级以上地震能够准确定位。系统对发生在本地区的有感地震一般 3 分钟内可以给出初步定位结果，缩短地震速报时间。

二、监测预报观测点

截至 2015 年，呼和浩特市共有 7 个前兆观测点，为水位、水温、气象三要素、水化、地温观测，属地方台站。

市地震局四毛水井位于市中心中山西路一号（原内蒙古第四毛纺织厂院内，现维多利时代城地下二层）。该井成井于 1985 年 8 月 19 日，为抽水自流井，井深 151.71 米，水温 8℃，涌水量 2840 立方米 / 日。水质好、受干扰小，水汞正常含量 40.1 纳克 / 毫升，背景值 47.2 纳克 / 毫升。1993 年，采用 XG-4 型数字测汞仪观测以后，取得较为稳定的观测数据，对多次地震有较好的映震关系。观测资料在参加自治区地震局评比中，位列首位，从 1996 年参加全国统评，连续 6 年获优，1998 年获第八名。2006 年停测。

东古楼水井位于赛罕区西把栅乡东古楼村南约 600 米处，构造位置处于阴山山前构造带的南部边缘，大黑河河谷断裂的北侧。该井始建于 1986 年 3 月，1989 年 1 月投入 SW-40 型水位自记仪进行观测并被列入自治区地震地下流体观测井网之一，主要观测项目是地下水位，辅助观测气压和水温。该井深 146.28 米，开孔直径 170 毫米。观测含水层属第四系中更新流孔隙承压水，水质良好，为 HCO_3-Ca-Mg 型水，水温为 9℃，矿化度为 264.4 毫米 / 升，酸碱（pH）值为 7.7。1993 年 9 月，对该井进行清洗，井深 135 米，井孔状态良好，每天记录的固体潮反应明显。对多次 5 级以上地震均有明显水震波效应。2006—2009 年停测，2009 年 8 月恢复观测。截至 2015 年底，仍在使用。

土默特左旗把什乡沙尔沁村水井成井于20世纪70年代，位于大青山前坡，系土默特左旗打井队用钻机钻成。原井深130米，井口直径219毫米，井管材料为钢管。2001年3月12日实测井深为102.7米，观测含水层属地下潜水，于2001年9月26日安装数字化水位仪开始观测。2006年因无水停测。

土默特左旗10米地温观测站位于土默特左旗把什乡，1982年建点。后因板极问题中断，1985年，重新增上地温仪。每年高值在11月至次年1月，低值在6—7月，与气温成反比。1998年1月，张北6.2级地震；1999年3月，张北5.6级地震前均出现高值异常，持续时间3个月后恢复正常。2001年，因“10米地温仪”无法修复停测。

和林格尔县水井位于城关镇苏家湾村，海拔高度为1138米。1976年6月成井，1999年1月1日开始观测。观测仪器为：SW-40型自记式水位仪，2001年8月，增加数字化水温仪，辅助观测手段是气压。该井井深14米，井口直径100毫米，井管材料为水泥管，观测含水层属基岩裂隙水，固体潮反应较好。2006年，因周边新增农用井，致无水停测。

和林格尔县樊家夭观测井位于和林格尔县樊家夭村，构造位置处于和林格尔断裂构造带的西南部边缘，海拔1145.34米。2011年，使用中科光大水位观测仪。截至2015年，仍在使用。

托克托县古城乡水井位于古城乡古城村。该井始建于1999年4月，井深78米，井管材料为水泥管，井口直径290毫米，管壁厚40毫米，井管露出地面46厘米。1999年11月26日，安装SW-40型水位自记仪。2000年1月，开始观测，并于2001年7月安装数字化水位仪。该井自观测以后，水位曲线变化正常，能观测水位固体潮形态，但该井受农用周围抽水影响较大，于2007年停测。

第三节　震害及防御

一、地震灾害

2003年6月10日11时24分，托克托县永圣域乡（北纬40度45分，东经111度28分）发生4.2级地震，自治区地震局、市地震局立即派出现场工作队赴地震现场开展工作。现场工作队考察市四区及托克托县、和林格尔县、土默特左旗10个乡40个村。此次地震有感范围北起呼和浩特市区，南至托克托县永圣域乡南哼县营，东至和林格尔县公喇嘛乡，西至土默特左旗察素齐镇，震感强烈。长轴为70千米，呈北东70度，短轴方向北西20度，长35千米，面积约1924平方千米。宏观震中位于托克托县永圣域乡与土默特左旗沙尔营乡交界处，震中烈度为V度。通过地震现场宏观考察，4.1级地震的宏观震中在土默特左旗沙尔营乡吉雅图北纬40度35.5分、东经111度32.5分，震中烈度为Ⅴ度，宏观震中与微观震中基本吻合。Ⅴ度区西起托克托县古城乡南斗林盖村，东至托克托县新营子镇章盖营村，北起土默特左旗沙尔营乡朝忽闹村，南至托克托县古城乡缸房沟村。呈北东走向椭圆形展布，大体与鄂尔多斯北缘断裂平行。震中区等震线为北东向椭圆形展布，地震能量北东向衰减慢，北西向衰减快，等震线长轴方向与鄂尔多斯北缘断裂的走向趋一致。这次地震主要是受鄂尔多斯北缘断裂活动影响较大，从余震序列空间展布特征和地震烈度衰减等综合分析，这次地震发震构造可能是鄂尔多斯北缘断裂的次级构造。震中区地震发生时多数人听到地声像推土机从附近驶过，明显感觉到门窗振动作响、尘土掉落，室内的人感到惊慌，振动持续时间很短。个别房屋产生细微裂缝，学校、医院等公共设施和民用建筑物基本完好，不影响使用。地震没有造成房屋倒塌、人畜伤亡，未造成严重破坏和损失。

二、抗震设防管理

呼和浩特市在全国地震烈度区划图中，处于地震基本烈度为Ⅷ度区域，是全国52个重点抗震设防城市之一。1985年，市政府根据自治区政府1983年常务会议精神，决定编制呼和浩特市抗震防灾规划，并制定《城市抗震防灾规划编制工作暂行规定》，委托自治区地震局负责完成规划的基础研究——呼和浩特市地震小区划工作。1987年11月，完成并经国家地震烈度评定委员会审查通过呼和浩特市地面65平方千米地震区划，作为呼和浩特市建设规划的依据，地震动参数可供工程抗震设计使用及参考。

2000年，自治区地震局先后上报《〈呼和浩特市活断层探测与危险性评价〉项目可行性研究报告》《〈呼和浩特市活断层探测与地震危险性评价〉工程初步设计》。经中国地震局立项论证，呼和浩特市被列入全国首批20个大城市活断层探测与地震危险性评价城市。

2003年12月开始，实施“呼和浩特市活断层探测与地震危险性评价”项目，属于国家发展和改革委员会立项的“十五”国家重大建设项目“中国数字地震观测网络”专题，是“中国地震活断层探测技术系统”的20个子项目之一。

2007年12月底，由北京大学科技开发部、中国地震局地球物理研究所等10个单位承担，共同协作完成有关该项目的13个专题工作任务，并陆续经中国地震局专家组评审验收通过，完成各阶段成果报告9项，完成“呼和浩特市活断层探测与地震危险性评价”项目竣工验收。

2008—2015年，呼和浩特市地震安全性评价工作完成40项重大工程建设工程场地地震安全性评价项目，包括能源、交通、机场及高层建筑等。主要有长庆—呼和浩特市输气管道工程、托克托县蒲滩黄河大桥、呼和浩特白塔机场扩建工程、内蒙古自治区人民医院等多个高层建筑工程场地地震安全性评价。2015 年 12 月，玉泉区地震科普馆建成，是全市首个旗县（区）防震减灾科普教育基地。

三、应急避难场所建设

2013 年，经过前期调研、考察、筛选呼和浩特市公园、绿地、广场情况，确定在市四区实施应急避难场所的建设任务。项目总投资 6750 万元，分年度实施。项目一期工程共建设 11 个应急避难场所。其中，Ⅰ类避难场所 4 处（新城区 1 处、玉泉区 1 处、赛罕区 2 处）；Ⅲ类避难场所 7 处（回民区 2 处、玉泉区 3 处、赛罕区 2 处）。项目建设可用篷宿总面积 103 万平方米，可容纳避灾人员 42.5 万人。应急避难场所共建设水井 29 眼、暗坑式厕所 43 个（固定厕所 2 个）、电力管 1800 米、给水管道 300 米、人行道 9.03 万平方米、路灯基座 244 个、电缆 1200 米、应急指示标牌 363 套。

2015 年 4 月 6 日，呼和浩特市应急避难场所项目一期工程开工建设。

呼和浩特市应急避难场所规划建设项目一览表

表 26-2-1

序号	应急避难场所名称	篷宿面积（万平方米）	容纳人数（万人）	位置	性质
1	敕勒川广场避难场所	25.9	4.14	自治区党政办公大楼正南处	广场
2	满都海公园避难场所	5.62	3	乌兰察布西街南侧，昭乌达路西侧，满都海西巷东侧	公园
3	春度公园避难场所	6.11	3.26	乌兰察布东街南侧	公园
4	阿尔泰游乐园避难场所	37.5	20	康复街南侧，呼哈铁路西路西侧，兴安北路东侧	广场 绿地
5	公主府公园避难场所	4.53	3	新华东街与展览馆东路交叉西南（调整到金桥广场）	公园
6	玉泉区政府广场避难场所	0.9	0.48	小黑河南，昭君路西侧	广场
7	菩提塔公园避难场所	2.5	1.3	鄂尔多斯大街南，养鱼池东巷西侧	公园
8	大召广场避难场所	2.1	1.1	大南街西侧，新生街西侧，大召西夹道东侧	广场
9	青城公园避难场所	9.7	1.9	中山路南侧，大学路北侧，石羊桥路东侧，公园东路西侧	公园
10	永恒之门广场避难场所	1.99	1.06	成吉思汗西街与西二环交界处（调整到扎达盖公园）	广场
11	新华公园、回民区政府避难场所	6.2	3.3	新华西街南侧，阿拉善南路西侧，永盛巷东侧	公园 广场

第四节　应急救援

2007 年，呼和浩特市依托市公安消防支队组建地震救援队。市地震救援队按照《公安部消防局地震救援队建设标准》，分别成立 45 人的重型搜救队和 30 人的轻型搜救队，配备七大类 60 余件（套）救援器材。

市地震救援队组建以后，先后成功处置“5・12”汶川地震救援和“8・1”呼和浩特市巴彦塔拉饭店坍塌事故救援。

2011 年，呼和浩特市综合应急救援支队成立。2013 年，市综合应急救援支队组织参加呼和浩特市地震救援队拉动演练。2014 年，市综合应急救援支队参加五省（区）跨区域 72 小时地震救援实战拉动演练。

第三章　气象测报

第一节　管理机构

1983 年 10 月，呼和浩特市气象局（简称市气象局）内设办公室、业务科、政工科、气象台。下辖土默特左旗气象局、托克托县气象局、郊区气象局。气象台下设中长期预报组、短期预报组、地面观测组、机传组、报务组、填图组、服务组。11 月，市气象局撤销，市气象台所有气象业务交由自治区气象台负责，人事政工交由自治区气象局人事处负责，气象器材与装备交由自治区气象器材供应站负责，人工防雹工作交由市政府负责。同年，市政府成立呼和浩特市气象管理科，负责托克托县、土默特左旗、郊区气象局的业务管理。

1990 年，呼和浩特市气象管理科与郊区气象局合署办公。1992 年 5 月，恢复市气象局建制，与自治区气象灾害监测服务中心合署办公，设办公室、业务科、财务科。1994 年，增设综合产业科。1995—1996 年，和林格尔县气象局、武川县气象局、清水河县气象局陆续划归市气象局管辖。1998 年 1 月，呼和浩特市气象台恢复。1999 年 2 月，增设呼和浩特市气象科技开发中心。

2000 年，郊区气象局更名为赛罕区气象局。2001 年，呼和浩特市决策气象服务中心成立，挂靠呼和浩特市气象台。2002 年 3 月，市气象局调整内设科室为办公室（人事科）、业务科、计划财务与产业发展科。2003 年，呼和浩特市雷电预警防护中心成立。2005 年 2 月，增设气象执法队，与业务科合署办公。同年 8 月，呼和浩特市气象学会恢复。2006 年，增设信息保障中心和财务结算中心。2008 年底，增设人事监察科挂靠办公室，增设政策法规科挂靠业务科。同年，呼和浩特市生态与农业气象中心成立，挂靠呼和浩特市气象台；成立呼和浩特市专业气象台和呼和浩特市雷电预警防护中心，挂靠呼和浩特市气象科技服务中心。

2014 年 11 月，呼和浩特气象站由自治区气象局大气探测和装备保障中心划转至市气象局管理。截至 2015 年，市气象局内设办公室（法规科）、人事监察科、业务管理科、计划财务科。直属事业单位包括呼和浩特市气象台（呼和浩特市人工影响天气中心、呼和浩特市气候生态环境监测评估中心）、呼和浩特市气象灾害防御中心（呼和浩特市决策气象服务中心、呼和浩特市雷电防御中心）、呼和浩特市气象技术装备保障与信息中心、呼和浩特市气象局财务核算中心（呼和浩特市气象局机关服务中心）、呼和浩特市气象行政执法队。旗县级气象局 6 个，分别为土默特左旗、托克托县、和林格尔县、清水河县、武川县、赛罕区气象局（呼和浩特蔬菜气象试验站与赛罕区气象局合署办公）。

第二节　气象观测

一、观测站网

呼和浩特市有国家级地面气象观测站 7 个：呼和浩特国家基本气象站，1914 年 9 月 20 开始观测，1937—1945 年观测资料中断；武川县国家一般气象站、土默特左旗国家一般气象站、托克托县国家一般气象站、和林格尔县国家一般气象站、清水河县国家一般气象站，均于 1959 年 1 月 1 日开始观测，资料连续；赛罕区国家一般气象站，1986 年 1 月 1 日至 2000 年 12 月 31 日，2001 年 1 月 1 日至 2015 年 12 月 31 日连续观测。2003 年，清水河县气象局由 6 类艰苦站升级为 5 类艰苦站。2015 年，清水河县气象局升级为 3 类艰苦站，土默特左旗、托克托县气象局定为 5 类艰苦站，和林格尔县、武川县定为 6 类艰苦站。

1985 年 11 月，呼和浩特气象站探测科划转至内蒙古大气探测中心。探测科设地面组和高空组。1993 年，探测科设高空站、地面站、制氢及气球广告服务。1997 年，在地面观测小楼顶安装 C 波动 707 测风雷达，增建办公室 32 平方米。2006 年，组建呼和浩特观象台，设高空科、地面科。

至 2009 年，建设两要素（气温、降水）区域自动气象站 14 个，四要素（气温、降水、风向、风速）区域自动气象站 5 个，六要素（气压、气温、相对湿度、风向、风速、降水）区域自动气象站 4 个。2012 年，建设单雨量站 40 个。2013 年，建设单雨量站 14 个、七要素（风速、风向、温度、湿度、气压、光照 / 总辐射、光学雨量）交通站 1 个。

2014 年，建设 4 要素区域自动气象站 24 个。包括呼和浩特基本站 2013 年迁址时遗留下来的观测站在内。2015 年 1 月，呼和浩特观象台划转至市气象局。截至 2015 年，全市共有区域自动气象站 103 个。

二、地面观测

各站目测项目有云状、云量、云向、能见度、天气现象，地面状态。各站器测项目有气温、最高气温、最低气温、相对湿度、气压、风向、风速、降水量、地面温度、地面最高温度、地面最低温度，以及 5 厘米、10 厘米、15 厘米、20 厘米浅层地温和 40 厘米、80 厘米深层地温，冻土深度、雪深、雪压、日照，大型蒸发、小型蒸发。其中，气温、气压、相对湿度、降水量、风向风速有连续自记观测。

自 2004 年 1 月 1 日开始使用自动观测仪器，自动定时观测时次为每日 24 个时次，各站开始自动观测时间分别为：呼和浩特气象站 2004 年 1 月 1 日，土默特左旗、托克托县、和林格尔县、清水河县、武川县气象局为 2005 年 1 月 1 日，赛罕区气象局为 2010 年 1 月 1 日。

2014 年，呼和浩特气象站人工观测时次由原每日 8 个时次更改为 6 个时次。土默特左旗、托克托县、和林格尔县、清水河县、武川县气象站人工观测时次均为每日 3 个时次。

2013 年以前，气象观测数据采用气象电报形式传输。呼和浩特气象站每天定时观测时次拍发天气报、4 次拍发补充天气报，每月拍发气候月报；6 个国家一般站定时观测时次拍发天气加密报、不定时拍发重要天气报，每旬第一天拍发旬月报，托克托县、武川县、清水河县拍发航危报（航空天气报告和危险天气通报），呼和浩特气象站拍发预约航危报。2014 年 1 月 1 日，以上各种报文停止拍发，观测数据以 Z 文件格式每小时定时传输。2015 年 4 月 1 日，开始自动观测数据实现每 10 分钟自动传输。

截至 2015 年，全市人工观测仪器包括干湿球温度表、最高温度表、最低温度表、毛发温度表、动槽式水银气压表、维尔德测风器、雨量筒、地面温度表、地面最高温度表、地面最低温度表，5 厘米、10 厘米、15 厘米、20 厘米曲管温度表，40 厘米、80 厘米直管地温表，乔唐式日照计（FJ–2 型），量雪尺，称雪器，达尼林冻土器，蒸发皿，双金属温度计、毛发湿度计、空盒气压计，EL 型电接风向风速计、虹吸雨量计。

三、农业气象观测

根据作物发育期标准，从每年播种到收获期进行不定期观测。1985—2008 年，土默特左旗气象局为全国农业气象基本观测点。

2004 年，和林格尔县气象局开始为二级农气观测站，主要观测项目有马铃薯、大豆、玉米生育期监测及土壤水分观测。2008 年升级为一级农业气象观测站，观测项目有小麦、玉米、高粱的生育期监测，自然物候观测、土壤水分观测。同年，武川县气象局升级为一级农业气象观测站，主要观测项目有小麦、马铃薯、莜麦、油菜生育期监测，土壤水分观测。

2010—2015 年，全市共建设自动土壤水分观测站点 7 个。其中，土默特左旗、和林格尔县、武川县各 2 个，分别位于固定地段和作物地段；托克托县 1 个位于固定地段。

四、生态气象观测

2004 年，根据《内蒙古气候生态环境监测系统建设一期实施方案》，呼和浩特市生态环境气象监测站有赛罕区、土默特左旗、托克托县、和林格尔县、清水河县及武川县气象局。观测任务为土壤水分及土壤特性、农作物生长发育的监测、气象灾害和气象衍生灾害的监测。此外，土默特左旗、托克托县气象局承担土壤盐碱成分观测任务，清水河县气象局承担大气沉降量观测任务，赛罕区气象局（呼和浩特市蔬菜气象试验站）承担甘蓝的生育期观测。

观测及数据上传时次为土壤水分每月逢三逢八进行观测，次日 10 时前上传；干土层、土壤渗透深度、土壤冻结与解冻观测数据形成后，次日 10 时前上传；地下水位观测数据形成后，次月 1 日 10 时前上传。农作物生长发育期观测数据形成后，次日 10 时前上传。春季、8 月中旬、秋季森林可燃物要素观测数据形成后，次日 10 时前上传。气象灾害和气象衍生灾害要素观测数据形成后，次日 10 时前上传。土壤盐碱成分土样每年 5 月 10 日和 11 月 10 日前邮寄到锡林浩特国家气候观象台。

五、其他观测

1985—2012 年，呼和浩特高空气象探测站位于内蒙古自治区气象局院内，主要观测项目是大气各高度上的温度、湿度、气压、风向、风速。1992 年 1 月 1 日，呼和浩特基本站开始酸雨观测，观测项目为降水的 pH 值和电导率。

2009 年 7 月，和林格尔安装闪电定位仪并投入业务运行。2013 年 1 月 1 日，赛罕区气象站开始大气成分观测，观测项目为 $PM_{1.0}$、$PM_{2.5}$ 和 PM_{10} 质量浓度观测。同年，呼和浩特高空气象探测站迁至乌素图实验林场。

六、气象信息网络

1988 年以前，全市地面气象观测信息通过邮局以电报形式传输。1988 年，建设完成 24 路微机转报系统并投入业务运行，实现自动实时气象信息，气象资料电报的收集、汇总、选站、转发业务处理。

1990 年，建成短波单边带低速数据辅助通信网，取代短波莫尔斯电台发报。1993 年，经微波电路与自治区气象局组建计算机远程通信网。1996 年，建成连接市气象局与自治区气象局的气象专用网。1998年，旗县及旗县以下气象台站开始与呼和浩特市气象局连接，形成气象通信专用网，实现实时和非实时气象信息传输。

1999年，市气象局完成气象卫星综合应用业务系统的建设。2000年，投入业务运行，构成以卫星通信为主，地面通信为辅的新一代气象通信网和计算机信息处理系统。2004年，建成全市数字宽带网络气象通信业务系统。

2012年6月1日开始,中国气象局卫星广播系统（CMACast系统）投入业务运行,市气象局每天通过CMACast系统接收信息量极为庞大的气象资料。

第三节　天气预报

一、天气预报业务

1983年11月，呼和浩特市气象台撤销，呼和浩特市行政区域的气象预报业务由自治区气象台承担。1998年1月，恢复呼和浩特市气象台建制，开始负责呼和浩特地区短时、短期、中期、长期天气预报及灾害性天气预警信号的制作和发布。呼和浩特市气象台采用天气雷达、卫星云图、数值预报产品等现代化手段制作客观定量天气预报。

根据中国气象局《气象灾害预警信号发布与传播办法》与呼和浩特市的实际，确定呼和浩特市旗县灾害预警信号为暴雨、暴雪、寒潮、大风、沙尘暴、高温、干旱、雷电、冰雹、霜冻、大雾、霾、道路结冰。预警分为四级：Ⅳ级（一般）、Ⅲ级（较重）、Ⅱ级（严重）、Ⅰ级（特别严重），依次用蓝色、黄色、橙色和红色表示。市气象台负责域内预警信号发布、解除与传播的管理工作；旗县（区）气象台负责域内预警信号发布、解除与传播的管理工作。预警信号由呼和浩特市域内的广播、电视、因特网、电子显示装置等媒介及时向社会发布预警信号。

1998年1月，呼和浩特市长期天气预报业务恢复运行。1999年，Micaps1.0（现代化人机交互气象信息处理和天气预报制作系统）本地化安装与调试运行，天气预报制作实现从传统的手工填绘天气图加经验外推预报法向以Micaps1.0为工作平台的人机交互为主的数值预报订正模式的转变。

2003年，春季沙尘暴日数预测业务运行。2004年，生态与农业气象监测中心及各旗县气象局开展玉米、小麦、马铃薯及粮食总产量预报。同年，火险期（9月至翌年5月）大风日数、相对湿度等气象要素预测业务投入运行。2005年4月，灾害性天气短时临近预警业务开始运行。6月1日起，气象灾害预警信号制作发布业务开始运行。同年，引进生活指数预报业务，根据城市居民生活需要制作人体舒适度指数、穿衣指数、感冒指数、空气污染气象条件、紫外线强度、洗车指数等预报。

2007年，新一代多普勒天气雷达产品资料在市气象台与各旗县（区）局共享，并在各旗县（区）短时临近天气预报业务中应用。2009年，呼和浩特短期预报平台开发完成，实现气象要素综合预报提示、气候查询、气象要素MICAPS格式显示、气象要素各站点地图显示以及预报产品检验等功能。

2010年，0～2小时临近预报和0～12小时短时预报业务运行。2011年5月开始，市气象局与市国土资源局每年5月1日至9月30日联合制作发布地质灾害气象等级预报及地质灾害预警产品。同年12月，呼和浩特地区24小时精细化预报业务开始运行。同年,市气象台及旗县(区)灾害性天气短时临近预报业务系统(SWAN1.0)引进与本地化业务运行。

2012年5月，预报时效为3小时的大城市精细化天气预报业务开始运行。预报要素为天气现象和定时气温，预报站点主要为市四区、重要广场、工业园区、农业园区和旅游景区。同年，Micaps3.0天气预报业务系统本地化开发运行，增加雷达基数据和"知道"产品、中尺度天气交互分析、本地落区预报制作等功能。

2013年，呼和浩特市短期气候预测业务平台和呼和浩特市大城市精细化预报平台业务运行。0～24小时，间隔为1小时、3小时；24～48小时，间隔6小时；48～72小时，间隔12小时的预报产品制作业务化。5月，"中小河流山洪地质灾害预警平台"投入业务运行。同时，从2013年开始，每年汛期不定期制作发布中小河流山洪地质灾害预警；春季沙尘暴气候趋势预测系统及气象要素（气温）客观预报法投入业务运行。9月11日起，根据中国气象局预测减灾司要求，每日8时、20时制作发布呼和浩特市空气污染气象条件预报。2013年、2015年，灾害性天气短时临近预报业务系统分别升级为SWAN1.6、SWAN2.0，并支持本地化业务运行。

2014年，呼和浩特地区冬季降水相态的客观预报业务运行。2015年，气象干旱预测预警业务运行。同年10月，以街道社区为预报站点的0～24小时内、时效为3小时的精细化预报投入业务运行。

二、天气预报发布

呼和浩特市天气预报发布分为定期发布和不定期发布。定期发布的天气预报包括每日10时和17时发布短期天气预报，预报时效为0～72小时；预报要素：未来24小时天气现象、风向风速、最高气温、最低气温。每天17时发布中期逐日滚动预报，预报时效为96～168小时；预报要素：未来24小时天气现象、风向风速、最高气温、最低气温。

2005年4月开始，制作发布短时天气预报，每日6时、12时、18时发布。每日17时制作发布24小时精细化预报，预报天气现象、风向风速、最低温度、最高温度。每日10时和17时制作发布3小时精细化预报，预报天气现象、最低温度、最高温度。每周日发布周天气预报，预报时效为 1 周，预报天气过程。每月 10 日、20 日、30 日发布旬天气预报，预报时效为 10 天，预报天气过程。上月月末制作发布延伸期过程预测，预报时效 30 天，预报天气过程。

在短期气候趋势预测中，月末制作发布月预测，预报时效为 1 个月；预报未来 1 个月平均气温及降水量情况。季度末制作发布季度预测，预报时效为 1 季度；预报要素包括未来一个季度平均气温及降水量情况、第一场透雨出现时段（春季短期气候预测）、终霜冻日期（春季短期气候预测）、大风日数（春季短期气候预测）、沙尘暴、扬沙日数（春季短期气候预测）、森林火险指数（春季短期气候预测）、初霜冻日期（春季短期气候预测）。年底制作发布年景预测，预报时效为 1 年，预报冬季（1—2 月）、春季（3—5 月）、夏季（6—8 月）平均气温及降水量情况。

不定期发布预报预警类报告，包括临近预报、突发气象灾害预警信号（含解除）、中小河流山洪地质灾害预报、气象预报信息、重要天气信息、重要气象报告。同时，不定期发布专业专题和服务类报告，包括防汛预报、防凌预报、重大社会活动、重要节假日专题预报。农作物定植期、生育期、采收期及产量预报。

第四节　气象服务

一、决策气象服务

1998 年，呼和浩特市气象台恢复，开展气象预报服务和农业气象情报等。

2001 年，呼和浩特决策气象服务中心成立，挂靠气象台。决策气象服务包括重大天气服务、重大社会活动服务、专业专项气象服务。其中，重大天气服务包括气象预报信息、重要气象报告、重大气象信息专报，天气公报、雨（雪）情公报，灾情直报。

2005 年，增加临近预报和气象灾害预警服务；重大社会活动服务即为各种大型会议、运动赛事等制定气象服务方案，提供天气气候预报预测、人工影响天气、专项气象服务等;专业专项气象服务是针对防凌、防汛、抗旱、防火、节假日、中高考、春播、秋收等提供专题气象分析、专题气象服务，制作气象信息专报，气象服务专报，气候预测等。同年，建立手机短信决策气象服务群组，采用气象短信的方式开展决策气象服务。

2009 年，开发呼和浩特市气象信息网决策气象服务模块，利用气象信息网开展决策气象服务。

呼和浩特市气象信息网决策气象服务产品一览表

表 26–3–1

产品名称	产品内容及形式	服务时间
气象预报信息	主要针对天气过程制作的服务产品，内容主要包括：天气类型、开始时间、结束时间、影响程度、防御建议等	适时
重大气象报告	针对灾害性、关键性、转折性天气制作的预报产品，包含建议启动相关应急响应措施等	适时
临近预报	针对突发性天气发布的时效为 0 ～ 2 小时以内的预报产品	适时
突发气象灾害预警	针对暴雨、雷电、暴雪、寒潮、大风、沙尘暴、霜冻、高温、道路结冰、冰雹、大雾、霾、干旱等气象灾害发布的预警	适时
天气提示	针对局地性可能发生的天气制作的提示性服务产品	适时
天气公报	雨、雪、霜冻、沙尘等天气实况、人工增雨情况公报	适时
气象灾情通报	干旱、雪灾、洪涝和暴雨、冰雹、霜冻、低温冷害、冷雨湿雪、高温、寒潮、大风（沙尘暴）等主要气象灾害的灾情报告	及时
气象灾情公报	月、季、年气象灾害公报	有灾害发生时
防凌预报	主要针对黄河呼和浩特段开封河制作的气象产品，内容主要包括：黄河呼和浩特段开河实况监测信息、黄河呼和浩特段当天各测站平均气温、未来 3 天天气趋势及未来 5 天天气预报	每年开河期、封河期
防汛预报	主要针对全市汛期的天气预报产品，内容主要包括：全市未来 3 天天气现象、风向风速、最低气温、最高气温	每年汛期
抗旱预报	主要针对全市出现干旱的区域进行逐小时预报，内容包括天气现象、风向风速、最低气温、最高气温及降水	适时
防火预报	主要针对全市出现火点的区域进行逐小时预报，内容包括天气现象、风向风速、最低气温、最高气温及降水	适时
节假日气象服务	主要针对全国各节假日制作天气预报，内容包括假日期间天气趋势、天气现象、风向风速、最低气温、最高气温	节假日
中高考	主要针对全市中高考期间制作天气预报，内容包括中高考期间天气趋势及 3 天滚动天气现象、风向风速、最低气温、最高气温	中高考期间
专题服务	市委、市政府或其他相关部门等决策需要确定气象服务	适时
气象参考	为市委、市政府领导提供的气象参考，主要有气候预测、实况评述、专题分析、气象新闻、新技术方法、生活气象、气象知识等栏目	每月
昭君文化节气象服务	昭君文化节系列气象服务：会期天气概率统计、中短期气候预测、精细化预报、人工影响天气作业等	2001—2015 年

续表 26-3-1

产品名称	产品内容及形式	服务时间
历届草原那达慕大会	会期天气概率统计、中短期气候预测、精细化预报、人工影响天气作业等	呼和浩特地区活动期间
APEC 会议空气质量保障气象服务	会议期间的保障性服务产品，包括一周天气趋势预报、未来三天天气现象、最低温度、最高温度、风向风力、相对湿度、未来三天空气污染气象条件等	2014 年 10 月 31 日至 11 月 12 日
足球甲级联赛服务	比赛时段内呼市市区制作的逐 6 小时天气预报产品，内容包括呼市地区天气现象、最低温度、最高温度、风向风力及影响分析	2015 年联赛期间
抗日战争胜利 70 周年阅兵仪式气象服务	主要针对活动期间呼市市区制作的天气预报产品，内容包括未来 72 小时天气趋势预报、呼市地区天气现象、最低温度、最高温度、风向风力、相对湿度及空气污染气象条件预报	2015 年 8 月 27 日至 9 月 4 日
首届中国—蒙古国博览会暨第九届中国民族商品交易会	主要针对活动期间呼市市区制作的天气预报产品，内容包括未来三天天气现象、最低温度、最高温度、风向风力、影响分析及 24 小时生活指数预报	2015 年 10 月 22—26 日

二、公共气象服务

1998 年以前，呼和浩特市报刊气象服务由内蒙古气象科技服务中心负责。同年 1 月，恢复呼和浩特市气象台后，《呼和浩特市日报》头版报眼位置刊发呼和浩特市未来 24 小时天气预报，呼和浩特市人民广播电台在固定时段播发由呼和浩特市气象台发布的常规天气预报、节假日天气预报及高考、中考期间的天气趋势预报等内容。7 月，呼和浩特市交通广播电台成立，在固定时段播发由呼和浩特市气象台发布的常规天气预报、节假日天气预报及高考、中考期间的天气趋势预报等内容；在节目中设立连线板块介绍实时天气情况及天气变化动态。同年 1 月，由市气象局提供气象信息、呼和浩特市电视台负责制作的无主持人电视天气预报节目播出。主要播出市区及土默特左旗、托克托县、和林格尔县、清水河县、武川县的城镇天气预报。播出时间为 18 时 55 分和 22 时 15 分。

2000 年 8 月，制作电视天气预报节目，每日送呼和浩特市电视台、呼和浩特市有线电视台播出。主要播出市区及土默特左旗、托克托县、和林格尔县、清水河县、武川县的城镇天气预报。播出时间为：呼和浩特市电视台 18 时 55 分和 22 时 15 分；呼和浩特市有线电视台（一套）20 时 10 分；呼和浩特市有线电视台（二套）22 时 20 分。

2004 年起，《呼和浩特晚报》开辟专栏刊登综合气象信息。同年年初，制定手机气象短信服务业务推广方案，规范全市的短信制作、发布、取消的业务流程，手机气象短信业务开始作为气象服务的主要手段。手机气象短信的主要服务内容：未来

24 小时天气预报、旬天气预报、临近天气预报、气象灾害预警。发布时次为：未来 24 小时天气预报 8 时和 17 时；旬天气预报：每旬末 10 时；临近天气预报、气象灾害预警即时发布。

2004 年 6 月，呼和浩特市农牧经济综合信息网接入因特网运行，全市建有旗县级分中心 5 个，各站点重点发布具有当地特色的农牧业信息。设有新闻中心、市场信息、农牧业科技、气象信息、地方特产、政策法规、草原旅游 8 个栏目。兴农网日接受旗县级站点上载各类信息 40 余条。2004—2006 年，市气象台与《北方新报》合作开办固定版面的气象科普宣传专栏——《晓霞说天气》。

2005 年 6 月，呼和浩特市气象信息网站开通。网站包括天气预报、气象要闻、气象科普、媒体气象等栏目。2006 年起，在全市主要乡镇所在地先后布设 GSM 无线电子显示屏 80 余块，发布未来 24 小时天气预报、临近天气预报和气象灾害预警信息。

2007 年 1 月，呼和浩特市人民广播电台城市生活广播开播，在固定时段播发由呼和浩特市气象台发布的常规天气预报、节假日天气预报及高考、中考期间的天气趋势预报等内容。同年，呼和浩特人民广播电台的新闻广播、交通广播、城市生活广播增加呼和浩特市及周边地区公路沿线天气预报、呼和浩特市紫外线辐射强度预报、人体舒适度预报、风沙指数预报、气象与健康、全市旅游景点天气预报、空气污染气象条件预报内容；在节目中设立连线板块介绍实时天气情况及天气变化动态，并及时插播气象灾害预警信息。2008 年，市气象局与中国移动呼和浩特市分公司合作利用移动手机网络，在全市农村布设 380 套信息机 + 大喇叭，发布未来 24 小时天气预报、临近天气预报和气象灾害预警信息。

2011 年 10 月，呼和浩特市气象影视中心成立，建成电视节目录制演播室。2012 年 8 月，“呼市天气”新浪官方微博、“呼市天气”腾讯官方微博上线。每天定时更新全市未来 24 小时预报、7 日预报，天气资讯，专题服务信息、预警信息、短时临近预报，及重要天气信息等。10 月 1 日，有主持人的《天气预报》节目亮相荧屏。节目在呼和浩特市新闻综合频道 18 时 55 分、22 时 15 分、12 时 45 分、14 时 10 分，都市生活频道 20 时 10 分、13 时 10 分，影视娱乐频道 22 时 10 分、13 时 15 分，一天播出 8 次。至 2013 年，呼和浩特市农牧经济综合信息网发布各类信息 20 多万条。其中，气象信息和价格信息为特色服务。2014 年 10 月，“呼市气象”微信公众号上线。

三、专项气象服务

1990—2004 年，防雷装置安全检测工作由自治区气象局负责呼和浩特地区防雷技术服务工作。2005 年 4 月 1 日起，市气象局开始进行建筑物防雷工程跟踪质量检测工作。同年，市气象局对全市重点建设工程项目进行设计技术评价。2007 年，防雷装置检测技术达到综合性全面检测水平，检测范围覆盖各行各业，涵盖计算机网络系统，易燃易爆场所、学校、人员聚集场所、医疗卫生、化工、通信、交通运输、广播电视、文物保护、金融证券、体育、旅游、游乐场所等各个领域。

2012 年起，市气象局开始发布呼和浩特地区道路交通气象预报服务，包括天气实况监测服务、气象预警服务。同时，城市内涝预报气象服务业务投入运行，不定时通过媒介发布呼和浩特市城市内涝风险预报产品。完成《呼和浩特新机场建设气象条件可行性报告》。2013 年起，市气象局负责组织管理本行政区域内的较大和一般雷电灾害调查工作。完成呼和浩特市城市内涝风险普查，调查掌握主城区易涝点基本情况、城市内涝风险的基本情况、供排水管网系统的最新变更等情况。2014 年 5 月，完成呼和浩特市暴雨强度公式编制。10 月，完成呼和浩特市太阳能资源评估。2015 年，呼和浩特城市内涝灾害评估系统投入业务运行，不定时通过媒介发布呼和浩特市城市内涝风险评估产品。

四、突发气象灾害防御

1990 年开始，呼和浩特市开展防雷工作。同年，自治区大气探测中心、自治区气象局物资供应站相继成立呼和浩特市避雷检测所。1993 年，呼和浩特市避雷检测所开始开展防雷工程业务。

2003 年 6 月，呼和浩特市气象雷电防御中心成立。9 月，市政府颁布《呼和浩特市建（构）筑物防雷工程设计审核、跟踪质量检测及竣工验收实施办法》。

2009 年，呼和浩特市开展气象为农服务“两个体系”建设。2011 年 4 月 4 日，《呼和浩特市气象条例》批准施行。同年，托克托县、清水河县等 5 个旗县开始独立开展防雷工程设计审核、竣工验收。

2012 年，全市 45 个乡镇全部成立气象防灾减灾领导机构，实现乡有气象助理员，村有气象信息员。380 个建制村安装气象预警信息接收终端，农村气象监测预报预警信息传播受众面不断扩大。2012 年，建立 8 个示范社区气象信息服务站、安装预警信息电子显示屏，实时发布信息。市和旗县（区）政府全部出台重大气象灾害专项应急预案，同时建立由政府主导，气象、应急、移动、联通、电信等部门参加的重大气象灾害预警信息发布绿色通道。重大气象灾害预警服务中，市气象局与移动、联通、电信合作，全网向社会公众发布重大气象灾害预警信息，实现信息及时送达。

2015 年 4 月，国家预警发布系统在市气象局运行。11 月 30 日，市政府办公厅印发《呼和浩特市重污染天气应急预案》的通知。

第五节　气象科研

一、科研项目应用

2012 年，市气象局开始组建预报业务创新团队、气候与农业气象创新团队、城市气象服务创新团队、技术保障创新团队。市气象局业务管理科负责全市的气象科研项目申报、审批、立项、验收、业务准入等管理工作。同年，市气象局科研团队完成的“呼和浩特市精细化预报业务系统”投入业务应用。

2013 年，呼和浩特市分区精细化天气预报系统建设项目投入业务运行。同年，开展厚墙体日光温室小气候特征及调控策略研究、华北日光温室小气候资源高效利用技术研究、呼和浩特市农业气候资源精细化区划及马铃薯农业气象灾害风险区划研究、呼和浩特市太阳能资源评估等项目研究。

2014 年，呼和浩特春季沙尘暴气候趋势预测系统、呼和浩特市气象业务综合服务平台、技术装备数字化动态化保障平台投入业务运行。同年，市气象局科研团队编制的呼和浩特市的暴雨强度公式，为定义城市精确的暴雨排水标准提供科学的决策依据。组织开展呼和浩特市大青山前坡植被恢复监测评估。

2015 年，呼和浩特市城市内涝预报预估服务系统业务运行，填补了自治区城市内涝预报和预估的空白。同年，市气象局组织开展呼和浩特精细化预报业务建设项目研究、呼和浩特市 2011—2015 年冬半年降水相态变化分析和呼和浩特雾霾天气成因及预报方法研究。

截至 2015 年，市气象局与市环保局合作，搭建大气环境数据监测及预报预警业务平台，开展大气污染联合会商及预报预警业务；组建技术攻关组，在大气环境和气象领域、空气质量预警预报技术等方面联合开展科学研究和技术开发，联合申报各类科研项目，深化科研合作；呼和浩特气象站与民航内蒙古空管分局合作，实现气象观测数据共享，加强气象观测设施及观测数据在航空气象、气候变化及生态保护中的作用。

二、人工影响天气

1984 年，呼和浩特市人工降雨防雹办公室成立，隶属市农牧水利局，开展人工影响天气防雹工作。1992 年，由市农牧业局和市气象局共同承担全市的人工影响天气工作。

1990 年以后，“三七”式双管高炮替换部分单管高炮，并逐步配备高频电话进行联系业务。2000 年前后，由于城市建设及城市安全的需要，离城区较近的“三七”高炮防雹作业点撤销。

2002 年，市气象局购置 7 部增雨（雪）火箭作业发射架及牵引车，配发至各旗县。2003 年，成立中部飞机增雨基地，每年由自治区气象局组织、实施飞机增雨工作，开始使用 1 架 Y–12 型飞机增雨。同年，开始防雹作业点标准化建设，绘制安全射界图，建设弹药库。

2010 年，全市 44 个作业点开展高炮防雹工作，每个作业点配备临时存储弹药保险箱，部分作业点配备视频监控系统。2011 年，人工影响天气联防平台本地化业务投入运行。2012 年，在海拔较高的大青山安装两台人工增雨景观烟炉。同年起，在土默特左旗、托克托县、和林格尔县等地安装雨滴谱仪，提高人工影响天气效果监测评估能力。截至 2015 年，市气象局为部分作业点增添防盾牌，选择有民爆物品运输资质的公司负责弹药运输，将弹药运输和存储管理规范化，并在土默特左旗杨家堡炮点、托克托县古城炮点安装自动控制系统，开始对高炮自动化改造进行试验。

第二十七篇

文　化

第一章　文化管理

第一节　管理机构

一、呼和浩特市文化局

1986 年，呼和浩特市文化局（简称市文化局）增设社会文化管理科、戏剧创作研究室、艺术档案室。1989 年 3 月，设立书刊组。9 月，恢复采编组、分编组、目录组、外借组、宣传辅导组、内部资料组、信息编辑组、行政办公室。

1996 年机构改革，市文化局内设办公室、党委办公室（挂纪委、监察科的牌子）、计划财务科、人事劳资科、社会文化管理科、艺术科。

2001 年，市文化局调整内设科室为办公室、党委办公室、人事科、计划财务科、社会文化科、艺术科。2005 年，市文化局增设文化科、产业科、机关事务中心。直属单位包括市群艺馆、市图书馆、市艺术学校、市展览馆、市博物馆、市艺术档案馆、晋剧团、民间歌舞剧团、民族歌舞团、市文物事业管理处、电影公司、文学艺术研究所、书画院、文化市场管理办公室、文艺干部培训班。

2009 年，市文化局内设党委办公室、行政办公室、人事科、计划财务科、社会文化科、艺术科、行政审批科、文化产业科、文化市场管理科。下设市文物事业管理处、市艺术学校、市场管理办公室等 15 个二级单位。

2010 年 10 月，根据《内蒙古党委办公厅、政府办公厅关于印发〈呼和浩特市人民政府机构改革方案〉的通知》精神，设呼和浩特市文化局（加挂呼和浩特市新闻出版局牌子），为市政府工作部门。内设办公室、人事科、社会文化科（非物质文化遗产保护科）、艺术科、文化市场科、文化产业科、文物科、新闻出版科、行政事项审批办公室、纪检监察室 10 个科室。

2012 年，设离退休人员工作科。2013 年，增设对外联络协调办公室、网络视听节目管理科、文物督察科、统计信息科。同年，市文化局与呼和浩特市广播电视局合并，成立呼和浩特文化新闻出版广电局，下设文化产业科。

2013 年 9 月，根据自治区机构编制委员会《关于文化体制改革涉及盟市以下机构调整的通知》精神，设呼和浩特市文化广播电影电视局（挂新闻出版局牌子），为市政府工作部门，将市文化局、市广播电影电视局承担的行政职能划入市文化广播电影电视局。内设办公室、监察室、机关党支部、人事科、财务科、传媒管理科、科技科、宣传管理科、网络视听科、电影管理科、文化市场产业科、社会文化科（非物质文化遗产保护科）、艺术科、文物科、新闻出版科、事务中心、安全播出调度中心、基建办和行政事项审批办公室。2014 年 12 月，更名为市文化新闻出版广电局。

二、所属事业单位

（一）呼和浩特市文化艺术档案馆

1986 年，市文化局增设戏剧创作研究室艺术档案室。1990 年，市文化局筹备成立呼和浩特市文化艺术档案馆。1991 年 3 月，艺术档案室从戏剧创作研究室析出单设，成立市文化艺术档案馆，馆址位于回民区公园西路 188 号文艺大楼。

1995 年 10 月，成立呼和浩特市档案学会文化艺术分会。11 月，由文化艺术档案馆组织牵头，成立呼和浩特市戏曲票友协会。1999 年 11 月，市文化艺术档案馆晋升为自治区一级档案馆。

2005—2015 年，市文化艺术档案馆内设办公室、业务科。档案管理的主要门类有文书、艺术、会计、科技、声像五大类，各门类和载体的档案全部编制检索工具。共收藏艺术、科技、基建、设备、会计等各类档案 9800 多卷，照片档案 8000 多张，录像档案 102 卷。全馆有档案柜 26 套，其他设备有摄像机、照相机等。

（二）呼和浩特市图书馆

1986 年 9 月，呼和浩特市图书馆内设信息编辑部，编辑图书馆信息。1988 年 7 月，市图书馆设立参考咨询组、蒙文图书借阅组、信息参考编辑组、图书采编组、劳动服务公司对外公共图书服务部。1989 年 3 月，设立书刊组。9 月，恢复采编组、分编组、目录组、外借组、宣传辅导组、内部资料组、信息编辑组、行政办公室。

1992 年 1 月，市图书馆迁至公园东路。新馆占地面积 3500 平方米，建筑面积 7890 平方米。1992 年 7 月，改革图书管理体制，开设“热门图书出租处”。1993 年 6 月 1 日，成立图书馆少儿部；10 月，市图书馆学会成立。

2012 年，市图书馆设立电子阅览室。2013 年，市图书馆设立视听室。2014 年 7 月，成立全国文化信息资源共享工程呼和浩特支中心办公室。2015 年，成立活动部，负责“鸿雁阅读”推广活动。同年，设视障阅览室。

（三）呼和浩特民族美术馆

呼和浩特民族美术馆前身为呼和浩特市展览馆，馆址位于公园东路，占地面积 1.2 万平方米，展厅面积 3000 多平方米。1982 年，市展览馆划归市文化局，事业单位性质不变。

2006 年 12 月，市展览馆拆除，并在原址改建呼和浩特民族美术馆。呼和浩特市展览馆更名为呼和浩特民族美术馆。截至 2015 年，呼和浩特民族美术馆内设展览部、创作研究部、文化资料开发部、信息采编和艺术培训部、对外联络部、剧场管理部、保卫部、办公室、工会、党委办公室等。

（四）呼和浩特市群众艺术馆

1979 年 7 月，市政府将市文化馆改称为呼和浩特市群众艺术馆。截至 2015 年，市群艺馆内设声乐部、器乐部、舞蹈部、美术摄影部、社文部、策划部、调研部、办公室、档案室、财会室、培训部、综治部、综合管理部。

（五）呼和浩特市书画院

1987 年 12 月，呼和浩特市书画院成立。院址设在新城区新城西街汇通酒店，后迁至呼和浩特市职工大学。1995 年 10 月，迁入回民区中山西路。2002 年 5 月，迁入青城公园。截至 2015 年，市书画院内设行政办公室、研究室、教学培训部、展览策划部等。

（六）呼和浩特市艺术学校

1979 年 5 月，内蒙古艺术学校在呼和浩特设戏曲班，同时成立呼和浩特市艺术学校，主要培养二人台、晋剧演员。2000 年，呼和浩特市商业技工学校与内蒙古大学艺术学院呼和浩特市分校（戏曲班）整建制合并。2003 年 4 月，更名为内蒙古艺术学院呼和浩特市分校（戏曲班）。5 月，自治区政府印发《关于组建呼和浩特市艺术学校的批复》，同意呼和浩特市影视艺术职工中专学校、呼和浩特市商业技工学校并入内蒙古艺术学校呼和浩特市分校，组建呼和浩特市艺术学校，校址位于回民区坝口子村南。截至 2015 年，呼和浩特市艺术学校内设行政办公室、招生就业办公室、教务处、学生科、总务处、财务室、保卫科、舞蹈科、声乐科、器乐科、现代音乐部、戏曲科等。学校开设舞蹈、声乐、器乐、现代音乐、美术、影视表演、晋剧、二人台等专业，并设有蒙语授课班。

（七）呼和浩特市文学艺术创作研究所

1984 年 2 月，呼和浩特市文化局设立戏剧创作研究室，内设创作室、研究室、资料室、办公室。

1990 年 6 月，呼和浩特市戏剧创作研究室更名为呼和浩特市文学艺术创作研究所。截至 2015 年，体制未变。

（八）呼和浩特民族演艺集团晋剧院

1986 年，呼和浩特市青年晋剧团并入呼和浩特市晋剧团。1987 年 9 月，剧团分成两个演出队，实行竞标承包。1988 年 5 月，市晋剧团再次分团，市青年晋剧团析出单设。1989 年 11 月，市青年晋剧团再次并入市晋剧团。

2013 年，呼和浩特市晋剧团更名为呼和浩特民族演艺集团晋剧院，转为企业。

（九）呼和浩特二人台艺术研究剧院

1986 年，呼和浩特市民间歌剧团，内设演出一团、演出二团、办公室、演员队、乐队、舞美队、艺术研究委员会。1988 年 1 月，呼和浩特市民间歌剧团更名为呼和浩特市民间歌舞剧团。

2010 年，市民间歌舞剧团内设演出一团、演出二团、民乐团、办公室、演员队、乐队、舞美队、艺术研究委员会、非遗办公室、职工代表会。2013 年 3 月，市民间歌舞剧团转隶至呼和浩特民族演艺集团。2015 年，更名为呼和浩特二人台艺术研究院，内设办公室、演员队、乐队、舞美队、艺委会、非遗办公室、职工代表会。同年，呼和浩特二人台艺术剧院被文化部确定为全国地方戏创作演出重点院团。

（十）呼和浩特民族演艺集团民族歌舞剧院

1986 年，呼和浩特民族歌舞剧院成立，其前身是呼和浩特市直属乌兰牧骑。

2013 年，呼和浩特民族演艺集团成立。呼和浩特市民族歌舞团转为其下辖团，并更名为呼和浩特民族演艺集团民族歌舞剧院，下设舞剧团、声器乐队、舞美服装部、编教部、党政办公室。

（十一）呼和浩特市文物事业管理处

1977 年，呼和浩特市文物古迹管理所成立。1981 年，昭君文物保护管理所成立。1984 年，市长办公会议决定成立呼和浩特市文物保护管理委员会，常设机构为呼和浩特市文物事业管理处。呼和浩特市文物古迹管理所更名为呼和浩特市文物事业管理处，设昭君墓文物保护管理所、五塔寺文物保护管理所、白塔文物保护管理所及文物旅游服务部。

1997 年，市文物事业管理处内设文物保护一科、文物保护二科、宣传科、档案室、资料室、保卫科、办公室、计财科、工会。2003 年，增设多松年文物保护管理所。

2005—2015 年，市文物事业管理处内设文物保护一科、文物保护二科、文物保护三科（文物稽查科）、宣传科、古建研究室、档案室、资料室、办公室、计财科、保卫科、“四有”（有保护范围、有保护标志、有记录档案、有保护机构）工作室。下设昭君墓文物保护管理所、五塔寺文物保护管理所、白塔文物保护管理所、多松年烈士故居文物保护管理所。2006 年，昭君墓正式更名为昭君博物院，是世界首座匈奴历史博物馆。

（十二）呼和浩特市博物馆

1989 年 2 月，呼和浩特市博物馆成立。馆址位于新城区公主府街。市博物馆内设办公室、保卫部、宣教部、陈列研究部、古建保护研究部、资料保管部、内蒙古壁画保护中心。截至 2015 年，职能和体制不变。

（十三）将军衙署博物院

1986 年，绥远城将军衙署被自治区政府批准为自治区级文物保护单位，由自治区文化厅负责保护管理。1992 年，依托绥远城将军衙署成立将军衙署博物院暨内蒙古自治区书画院。1997 年，划归内蒙古博物馆管理。

2002 年 6 月，自治区文物交流中心接管将军衙署博物院。2003 年 6 月，正式对外开放。2006 年 5 月，绥远城墙和将军衙署被国务院公布为第六批全国重点文物保护单位。

2007 年 6 月，自治区文物交流中心与将军衙署博物院合并为内蒙古自治区将军衙署博物院，属自收自支事业单位。内设办公室、保卫科、文物保管科、宣传教育部、古建筑保护部、文物征集部、陈列展览部、研究室。2009 年 5 月，将军衙署博物院被国家文物局评定为国家二级博物馆。

2012 年 10 月，将军衙署博物院整建制移交呼和浩特市政府管理。2013 年，将军衙署博物院内设办公室、财务科、人事科、宣传教育部、文物保护部、研究部、征集部、展览陈列部、改扩建办公室、保卫科（综治办）、古建保护部。

（十四）呼和浩特市文化市场管理办公室

1985 年，呼和浩特市文化市场管理办公室成立，为市群众艺术馆下设股级部室。1989 年，呼和浩特市文化市场管理委员会成立，设文化、公安、工商、市容联合办公室，设书刊、台球、电子游戏、录像、舞会、综合等职能科室。同年，土默特左旗、郊区分别成立文化市场管理办公室。

1993 年 6 月，成立呼和浩特市文化市场稽查队，隶属市文化市场管理办公室。同年，呼和浩特市“扫黄打非”工作领导小组办公室设在市文化市场管理办公室，统一管理全市工作。1994 年 6 月，土默特左旗、托克托县、郊区的文化市场由所在地文化市场办直接管理，成立“扫黄打非”领导小组。

1995 年，托克托县文化市场管理委员会成立。1996 年，组建新城区、回民区、玉泉区文化市场稽查队。1997 年，武川县文化市场管理委员会成立。1999 年，市场办增设印刷行业管理科。2000 年，新城区、玉泉区、回民区文化市场管理办公室成立。2001 年，和林格尔县文化市场管理办公室成立。

2011 年 8 月，按照国家、自治区文化市场综合执法改革要求，将原市文化局、广播电视局、新闻出版局各自设立的文化市场执法机构及“扫黄打非”机构合并，整合多家相关部门履行的行政执法职能，成立呼和浩特市文化市场综合执法局，代表市政府开展文化市场综合执法。

（十五）呼和浩特市非物质文化遗产保护中心

2013 年 8 月，呼和浩特市文化局文艺干部训练班更名为呼和浩特市非物质文化遗产保护中心（简称非遗保护中心）。2014 年 6 月，呼和浩特市非物质文化遗产保护中心挂牌。截至 2015 年，全市共设立 5 个非遗传习基地和 7 个非遗传习所。和林格尔县传习基地包括国家级非物质文化遗产项目和林格尔剪纸传习所、非物质文化遗产和林格尔项目传习基地、非物质文化遗产项目和林格尔剪纸、搿份子、面塑所（喇叭盖）。土默特左旗传习基地包括国家级非物质文化遗产项目土默特左旗脑阁传习所；武川县传习基地包括国家级非物质文化遗产项目武川爬山调传习基地、非物质文化遗产项目武川莜面饮食制作技艺传习所；托克托县传习基地包括非物质文化遗产项目托克托县项目传习基地（托克托县酒厂）、非物质文化遗产项目托克托县剪纸传习所（托克托县第六小学）；清水河县传习基地包括非物质文化遗产清水河项目传习所、非物质文化遗产清水河项目传习基地（老牛湾）。

第二节　文化市场管理

一、监督管理

1986年底，呼和浩特市文化市场管理办公室（简称市场办）公布《舞会音乐茶座暂行规定》《舞会管理须知》《舞厅乐队考核制度》，发放舞会许可证、伴奏（唱）许可证、娱乐场所安全合格证、营业执照等规定。1988年，对私营图书馆全部叫停，查处无证经营户，补办一批台球经营许可证。1989年，公布《呼和浩特市舞会市场管理暂行规定》《呼和浩特市社会文化管委会办公室工作制度》，制定实施《书刊市场管理办法》《录像发行放映暂行规定》和其他游艺活动规定及其配套的奖惩制度。成立文化经营者协会，内设舞会协会、书刊协会、音像协会。

1992年，市场办公布《营业性舞会、音乐茶座管理规定》《营业性录像管理办法》《书刊市场管理办法》《电子游艺管理规定》《舞厅伴奏、伴唱人员管理规定》等规章制度。1993年，市场办实施《呼和浩特市文化市场管理条例》《呼和浩特市互联网上网服务营业场所管理办法》等行政法规，开通“12318”文化市场举报电话。1994年6月，市场办按要求将自治区级单位主管的歌舞厅、卡拉OK厅、夜总会、录像发行、放映、书刊二级批发、零售、电子游戏、台球经营点等共112家单位，一次性移交至自治区。

1998年1月，市场办印发《呼和浩特市文化市场管理办公室规章制度汇编》，召开全市音像制品经营单位负责人大会，签订音像市场经营管理责任书。对全市500家台球、书刊、歌舞娱乐场所进行整顿与管理。

2001年，市场办与各区旗县（区）文体局签订2001年度《呼和浩特地区文化市场目标管理责任状》。市场办等部门对全市700多家网吧重新审核登记，与经营户签订《守法经营责任状》。2002年，市场办将《印刷业许可证》《出版物印刷许可证》《包装装潢印刷许可证》三证合一，全部换发成新闻出版总署统一印制的《印刷业经营许可证》，并实行年检制度。同年11月15日，实施新《互联网上网服务营业场所管理条例》。2003年，市场办印发《关于加强寒假期间网吧管理的通知》，向社会宣传严禁未成年人进入网吧的规定。

2004 年，市政府颁布《呼和浩特市互联网上网服务业营业场所管理办法》《呼和浩特市娱乐场所管理办法》。2005 年，开通“12318”举报电话，全面启动三级网络远程监控管理平台，上线率居全区第一，实现了网吧智能化管理。

2007 年 8 月 26—29 日，第十四届全国大城市文化市场管理工作研讨会在呼和浩特市召开，来自北京等 26 个城市的文化局局长、文化市场管理处处长、稽查队队长共 180 余名代表参加会议。2008 年，开通“呼和浩特市市场管理网”，并将网址向社会公示，设置网上举报平台。

2011 年 8 月，市文化市场综合执法局成立后，及时进行人事分工和内设科室的设置，统一了执法车辆标识，在自治区率先统一了行政执法服装。各旗县（区）综合执法改革同步推进，进一步理顺了文化市场管理体制，形成了市、旗县（区）一体，上下联动的工作格局。2012 年，为保障全市文化市场的和谐、健康、安全、稳定，建立呼市地区文化市场目标管理责任制并逐级签订责任状，加强对旗县（区）的监控和管理。

2014 年，全面推进文化市场北疆稳定工程，应用全国文化市场技术监管平台，构建四级行政监管体制和六位一体的监督体系。组织开展文化市场专项行动，加强网吧、网络、娱乐场所、演艺活动、艺术品市场监管。2015 年，落实文化经营企业红黑榜发布制度，按照“守信者得益、失信者受损”的原则，对“红榜”企业优先办理相关行政审批、审核，减少监管频次，对“黑榜”企业实施重点监管。成立全市演出、娱乐行业协会，网吧行业协会，新闻出版、发行行业协会，切实履行行业协会的职能，引领行业规范，合法经营。

二、“扫黄打非”

1987 年 8 月，市场办会同市公安局、工商局组成联合检查组，开展打击销售、批发、出租、出售非法出版物和贩卖、复制、传播淫秽录像等违法行为。对全市国营、集体、个体经营的 64 家书店、书摊和 46 处音像店进行大检查，查获销毁非法出版书刊 788 本、非法出版录像带 183 盘。

1988 年 9—11 月，市场办联合公安机关，对全市国营、集体、个体 100 多家书摊网点进行清查，共查获淫秽书刊 904 册，非法出版物 43 册，以刊代书非法出版物 8952 册，查收港台色情录像带 207 盘。1989 年上半年，市场办收缴非法出版书报刊和色情淫秽书刊 5 万多册，查获非法音像制品 58 盘。同年 6 月，持续 3 个多月对全市文化市场进行治理整顿，收缴内容不健康的书报刊 492 种、3 万多册，封存 98 种、1.7 万册，销毁 293 种、5000 多册，查处书刊销售点 10 处。

1991 年 12 月，市场办组织“铁扫帚”行动，查办水文地质中心宿舍 2 个非法出版物加工点。1993年，对火车站、大学路、电影宫、巴彦塔拉、旧城等书报刊、音像经营摊点进行为期1个月的检查，共收缴格调低下非法出版物120多册，查禁无照经营点5处，处罚两家放映复制带的经营点。对全市16条主干道的街边台球进行清理。1994年11月，对全市470家经营场所进行全面复查、验收，查处非法经营点2处，证照不全经营点15处，没收非法刊物368册，收缴赌牌机、苹果机、电脑主板30块。1992年，郊区文化市场办成立，负责台球、营业性演出等业务管理。

1995年7—8月，市场办会同公安、城建等职能部门，对全市300多家电子游戏室、台球室、录像厅进行复查，对40家因容留中小学生入内的经营户给予罚款或吊销文化经营许可证的处罚。9月，针对录像厅乱写广告、放映内容不健康的片子，市场办查处录像厅10家，吊销文化经营许可证2家，关闭无证经营户2家，扣缴非法录像带近200盘。同年，郊区“扫黄打非”工作领导小组成立，全年收缴非法图书期刊500多册、录像带300多盒。

1996年10月中旬，文化部派专人对呼和浩特市文化市场进行暗访、暗查，对市场办工作给予表扬。1997年，郊区市场办收缴非法图书期刊2500多册，录像带600多盒。

1998年，市场办与自治区“扫黄打非”办公室，在为期3个月的行动中，检查、整顿音像、书刊、娱乐经营场所500多家，收缴非法音像制品7000多盘、非法书刊8000多册。3月，在内蒙古公路机械处举行全市公开销毁非法音像制品和书刊现场会。

1999年2月，市“扫黄打非”领导小组在内蒙古公路工程处召开全市公开销毁非法音像制品和书刊现场会，销毁淫秽色情、侵权盗版的音像制品和书刊1万多册（盒）。3月，市“扫黄打非”办公室与自治区“扫黄打非”办公室在自治区党委礼堂门口公开销毁一批非法出版书刊2000多册。7月，在自治区党委礼堂门口集中销毁非法出版物3万多册。同年，市场办被自治区“扫黄打非”领导小组评为先进集体。

2000年1月，市场办会同自治区文化市场管理处稽查队对通达商场音像市场进行突击检查，查缴盗版音像制品1万张。市场办所属的新城区、回民区、玉泉区稽查队分别对所属辖区的影像经营单位进行突击检查，查获非法影像制品1.1万盒。对群众反映强烈的文化宫街电子游戏经营场所进行清理整顿，检查发现有7家电子游戏厅利用电子游戏进行赌博，依据《娱乐场所管理条例》第三十四条分别予以罚款、没收赌博设备。2月，自治区、市两级“扫黄打非”领导小组组织文化、公安、工商等部门，在内蒙古公路工程处召开全市公开销毁非法音像制品现场会，销毁反动、淫秽、盗版音像制品3万多盒（张）。3月，联合检查组在内蒙古公路工程局进行销毁盗版音像制品现场会，销毁非法盗版音像制品1.1万盒（张）。6月，对全市电子游戏场所突击检查，取缔3家赌博摇奖场所，收缴赌博用具3套，电脑主机箱20台。

市场办被自治区“扫黄打非”领导小组评为先进集体，被市政府授予依法行政先进集体的称号。

2001年，市场办对全市2000多户文化经营场所进行检查，收缴非法书刊6100多册，非法音像制品1.1万多盒，收缴盗版软件1.2万张，没收盗版书刊20多册，查封1处盗印中学教材的印刷厂。5月，市场办对全市700多家网吧进行摸底调查，对不合格网吧重新审核登记，并与经营户签订《守法经营责任状》。

2002年，市场办在全市开展为期10个月的非法出版物查缴行动。查缴非法书刊5.07万册，销毁非法影像制品5.8万盒（张）。2003年，市场办执法人员重点清查大学路文化商城、禾太电脑广场等经营场所，收缴盗版音像制品2万多张，非法图书、口袋书、日本卡通书等8000余册，对无证经营户进行取缔。8月，开展为期2个月的秋季反盗版教材、教辅读物的专项治理行动，查处经销盗版教辅读物的20多家商户。市场办连续两年被自治区“扫黄打非”领导小组评为先进集体。

2004年1月，市场办对全市6家网吧、2家电子游戏厅进行突击检查，查处黑网吧1家，没收电脑主机箱12台、电子游戏板10块。5月，市场办对市内四区网吧进行抽查，检查经营场所12家，扣留电脑主机15台。在位于乌兰察布路的6家特价书店查获各类盗版图书450多种，5000多册，价值13万元。根据北京外语音像出版社、外语教学研究出版社举报，在大学路文化商城没收盗版《新概念英语》450册，价值1.3万元。查获盗版2004年国家职业药师资格考试系列丛书88册，价值9000多元，并对出售盗版图书的2家书店进行查处。同年，新城区市场办建立网吧长效管理机制，加大对网吧的检查频度，对48家违规网吧进行处罚。

2005年，全市销毁非法影像制品现场会上，销毁10万张非法影像制品。寒假、春节期间销毁非法电子游戏机、赌博机30多台，电路板40多块。查处回民区巴彦淖尔北路、钢铁路等地非法电子游戏厅7家，查缴电子游戏电路板73块，现场销毁电子游戏机12台，并对非法经营业主进行行政处罚。对赛罕区中专路、回民区牛街等地的歌厅、酒吧、茶吧进行清理整顿。

2006年，市文化市场办出动执法人员3000多人次，车辆900多台次，检查网吧800余家次，查处违规经营网吧300多家，扣留电脑主机200多台，取缔黑网吧33家，检查歌舞娱乐场所60多家；检查出版物销售点100多家，清理取缔非法出版物游商摊点168处，查缴非法书报刊5万多册；检查音像店800多家、查处违规经营音像店190余处，共收缴盗版音像制品和计算机软件3万多张；销毁盗版光盘10万张；检查电子游戏经营场所220家，取缔黑电子游戏厅60余家；检查印刷厂780家，行政处罚40多家；受理举报210件，停业整顿36家，立案27起，移交案件1起，办结案件21起，未结案5起。收缴盗版自考教材6000多册，收缴台式投币型赌博机

300余台，非法电子游戏机电路板500多块。完成全市240家网吧的年检验证工作。

2007年，清理取缔非法出版物游商摊点80多家，查缴非法书报刊3万多册；检查音像门店100多家次，查处违规经营音像门店50家，共收缴盗版音像制品和计算机软件4万多张；检查电子游戏经营场所80多家次，取缔黑电子游戏厅30家，没收游戏机电路板200多块；检查印刷厂500多家次，行政处罚200多家；受理举报307件，停业整顿17家；立案10起，移送2起，结案8起。对全市所有网吧进行重新登记与换证，共换发《文化经营许可证》348家。市文化市场办被文化部评为2006年度全国文化市场行政执法先进单位，被全国“扫黄打非”工作小组评为2006年度反盗版百日行动有功集体，被市委、市政府授予市劳动模范先进单位称号。

2008年，开展全国集中销毁侵权盗版及非法出版物活动内蒙古分会场活动，对8万多张非法音像制品、8.6万余张盗版软件、电子出版物、非法书报刊进行绿色环保处理。全年共出动执法人员2900多人次，车辆700多台次。检查网吧1270多家次，扣留电脑主机箱170多台；检查歌舞娱乐场所200多家次；检查出版物经营场所370多家，收缴非法书报刊1.7万多册；检查音像经营场所400多家次，收缴盗版音像制品和计算机软件6万多张；检查电子游戏经营场所3000多家，没收游戏机电路板4000多块；检查印刷厂600多家。行政处罚150家，受理举报353件，立案204起，结案203起，移交1起。对“碧海云天”等3家娱乐场所违规行为予以停业整顿行政处罚。

2009年，全年共出动执法人员6800人次；检查网吧1200多家，查处黑网吧31家，向工商部门移交黑网吧31家。聘请网吧“五老”（老干部、老战士、老专家、老教师、老模范）义务监督员372人，检查歌舞娱乐场所200多家，检查书刊经营场所746家次。受理举报305起，立案225起，结案225起。市场办被国家版权局授予全国查处侵权盗版案件有功单位，被市委、市政府授予全市劳动模范先进单位称号。

2010年，深入贯彻落实“反盗版天天行动”，开展违法音像制品销毁活动，组织实施文化市场管理的各项专项整治工作，重点对网吧、出版物市场、印刷市场、图书音像市场、演出娱乐市场加大清理整顿力度，保护正常的市场运作和经营秩序。

2011年，市场办组织开展建党90周年文化市场专项保障行动，开展印刷企业、出版物市场专项检查行动、规范旗县出版物市场经营秩序专项行动、校园周边集中整治专项行动、取缔无证无照经营专项行动、冬季文化市场安全执法检查等系列专项整治行动，共检查各类经营场所3900家次，查处违规经营场所510家次。受理“12318”举报266起。共受理行政审批65件。

2012年，对辖区内火车站、汽车站、繁华街道、出版物固定门店等进行集中检查，对红旗街北口无证游商进行清查，现场查缴盗版图书2500余册、盗版音像、软件 2000 余张，清理无证游商 5 家。2013 年，文化市场综合执法部门共出动执法人员 1.26 万人次，检查各类文化经营场所 4389 家次，受理“12318”举报 50 件。

2014 年，在自治区文化市场执法大比武开幕活动中，托克托县文化市场综合执法大队案卷被评为优秀案卷。2015 年，全市共检查各类场所 1485 家，其中检查网吧 782 家，歌舞娱乐场所 594 家，游艺娱乐场所 3 家，图书音像销售场所 103 家，印刷企业 3 家。对存有安全隐患的 50 家场所责令现场整改，并依法查处 12 家违规歌舞娱乐场所、21 家违规网吧。

第二章　公共文化

第一节　服务体系建设

一、文化场馆建设

1986 年，呼和浩特市内三区和土默特左旗、托克托县、郊区 6 个旗县均设有文化馆，还有呼和浩特市群众艺术馆、呼和浩特市展览馆、呼和浩特市图书馆，以及自治区文化厅直属群众艺术馆和内蒙古博物馆、内蒙古展览馆、内蒙古图书馆。

1998 年，市文化局配合市委宣传部、市文明办开始组织实施中宣部、中央文明办、文化部“百县千乡宣传文化工程计划”示范文化站建设。2003 年，争取中央拨款 200 多万元，建成宣传文化中心 2 座，示范文化站 11 个，新建的土默特左旗图书馆、文化馆，托克托县图书馆、文化馆，和林格尔县图书馆、文化馆，武川县图书馆、文化馆投入使用。

2004 年初，呼和浩特市开始实施“百县千乡宣传文化工程第二期计划”。2007—2008 年，自治区文化厅下达呼和浩特市乡镇综合文化站建设项目 4 个。年末，完成土默特左旗塔布赛文化站、和林格尔县羊群沟乡综合文化站建设。2008 年，土默特左旗察素齐镇文化站、武川县大青山乡文化站竣工。2008 年末，新增武川县哈乐镇、上秃亥乡、二份子乡、哈拉合少乡、可可以力更镇、西乌兰不浪镇；土默特左旗把什乡、枳芨梁乡、善岱镇、沙尔沁乡、台阁牧镇；和林格尔县盛乐镇、城关镇、舍必崖乡、新店子乡；托克托县伍什家乡 16 个乡镇综合文化站建设项目。至 2009 年，16 个文化站建设先后竣工。

2010 年，自治区文化厅下达第四批乡镇综合文化站建设项目 20 个，其中托克托县五申镇综合文化站、古城乡综合文化站竣工。

2011 年起，市政府印发《呼和浩特市公共图书馆、文化馆（群艺馆）、民族美术馆、文化站免费开放实施方案》，就免费开放时间、范围、目标和保障措施等做出具体规定，全市公共图书馆、美术馆、博物馆、文化馆、纪念馆、文化站全部免费开放。图书馆、文化馆（群艺馆）及市民族美术馆每周开放时间不低于56小时，乡镇（街道）综合文化站（活动中心）、村（社区）综合文化活动室每周开放时间不低于42小时。全年，全市投资1010万元，陆续对40个乡镇综合文化站进行改造建设，其中新建文化站（区域服务中心）22家。

2012年开始，对9个旗县（区）乡村的424个文化室进行改造建设，为321个文化室配发乐器、图书等。2015年1月，市委、市政府印发《关于加快构建现代公共文化服务体系的意见》，全面加强基层文化服务设施建设，推进公共文化设施供给逐渐向标准化、均等化发展。5月，呼和浩特市在全国西部12个申报城市中获全票通过，排名第四。9月，市政府成立市创建国家公共文化服务体系示范区工作领导小组，负责全市创建工作的领导、组织和协调，研究解决创建工作中的重大问题。各区旗县（区）政府成立相应的创建工作领导机构，对照《国家公共文化服务体系示范区创建标准（西部）》《呼和浩特市创建国家公共文化服务体系示范区责任书》《呼和浩特市创建国家公共文化服务体系示范区建设规划》，开展国家公共文化服务体系示范区建设工作。截至2015年末，全市旗县（区）乡镇、村、街道、居委会，都有配套建设的文化馆、文化站、文化室达到全覆盖。赛罕区文化馆被文化部评估审定，被评为国家一级文化馆，新城区文化馆被自治区文化厅评自治区二级文化馆，回民区、土默特左旗、托克托县、武川县文化馆被自治区文化厅评为自治区三级文化馆。截至2015年末，全市共有图书馆10个、博物院（馆）5个、群艺馆（文化馆）11个、展览馆2个、青少年宫5个、民族剧院1个、影剧院9个、非遗展示馆1个、乡镇综合文化站66个、村（社区）综合文化活动室774个、农家（草原）书屋1004个、文化大院（户）50家。全市文化场馆的总面积达4.9万平方米。基本形成覆盖市、旗县（区）、乡镇（街道）、村（社区）的四级公共文化设施网络体系。

二、文化大院建设

2007年始，全市各区旗县（区）乡村相继建设文化大院，以丰富农村群众文化生活，以政府扶持、集体投资或个人投资等多种方式，先后建起格局相同、规模不等，自主经营，无偿服务的农村文化大院。

2008年，赛罕区金河镇八拜村宝华文化大院成立，文化大院组建的小剧团在赛罕区各村镇及周边地区进行巡回惠民演出。2009年，赛罕区榆林镇后乃莫板村民韩金文建设的“和盛文化大院”投入使用，位于该村南，占地面积3880平方米，建筑面积1308平方米，设施较为齐全，室内设有图书室、阅览室、书画室、创作室，室外有健身活动器械、篮球场，多功能厅一层可容纳100多人，听讲座，放电影，唱大戏、搞培训，开大会。二层是“和盛民俗文化博物馆”，馆藏“老物件”600多件，免费常年对外开放。文化大院宗旨是“修行、明德、博学、积善”。2009年8月10日，文化大院被市委、市政府评为呼和浩特市第十一届“十佳时代新事”。

2012年，托克托县北半球文化大院建成，由民营企业呼和浩特市北半球演出有限责任公司投资260万元，占地2400平方米。大院内设演艺厅（400平方米，舞台、座椅、灯光、音响俱全）、排练室、图书阅览室、棋牌室、书画展厅、健身广场、演职人员餐厅、职工宿舍等。购置灯光音响、演出车辆，组建民乐队、舞蹈队、二人台演出队、晋剧票友队。文化大院从2013年底开始运行，有文艺爱好者40多人常年在大院活动，有健身队和文艺团队近百人在大院排练。玉泉区小黑河镇达赖庄村文化大院参加唱歌、跳舞、表演小戏的村民有60多人，每到春节、元宵节、昭君文化节等节日，村剧团就外出表演，每年演出30～40场，节目自编自演接地气，场场幽默诙谐笑声不断，深受群众喜爱。

2013年5月，和林格尔县以农村文化大院为主体举办首届内蒙古盛乐古城雅达牧文化庙会。文化大院组建农民业余剧团，县文化体育广电局赠送部分乐器、音响等设备，演出队为左邻右舍进行乡村惠民演出，定期组织专业文化人才到各个文化大院“送文化”，为农村提供专业文艺指导。

截至2015年，和林格尔县有农村文化大院25家，均由农民自投资金创建；土默特左旗乡村成立3个文化大院，每个文化大院建筑面积100平方米以上；新城区保合少镇恼包村文化大院成为本地区旅游观赏景点。其中，文化大院的威风锣鼓队，阵容强规模大，受到游客称赞，文化大院的村史陈列室，更是吸引了四面八方的参观者;武川县有的文化大院建在红色基地，以旅游为依托，借助大青山红色旅游景点，开办农家乐，接待来宾，让游客既参观抗战史，也接受红色文化教育。

三、全民阅读机制建设

2006年，在市委宣传部、文明办、新闻出版集团、文化局、广电局、教育局、共青团、工会、妇联共同倡导下，全民阅读活动正式启动，在全市掀起全民读书热。2015年，创新公共文化服务供给方式，推进现代公共文化服务体系与全民阅读长效机制建设。市民群众凭借全市城乡通用的“鸿雁”读书卡,在新华书店各网点享受“你荐书、我买单”服务。使“鸿雁悦读”成为呼和浩特市和自治区公共文化服务知名品牌。

四、百人百组百万人工程建设

2008年起，呼和浩特市开始创建“百人百组百万人工程”。该工程为市政府推出的公益性文化惠民服务工程，以具有专业特长的“百人”为单位，组建“百个”专业组别，如文学组100人，工匠组100人，非遗传承100人等，带动“百万人”参与各种文化活动。截至2015年末，全市建有传习、示范、培训、体验基地25个，组建不同类型的文化文艺组别65个，吸纳社会各类艺术表演团体193个，拥有正式会员 1 万多人。举办百姓民俗文化节、民间文化艺术节、“春暖青城·爱在呼和浩特”、中国传统文化节日活动等系列公益性群众文化活动，累计参与活动人数 30 多万人次，受益群众近百万人。

2013 年、2015 年，呼和浩特市“百人百组百万人工程”两次被自治区党委宣传部授予全区宣传思想文化工作创新奖。

五、共享工程建设

2007 年，呼和浩特市共享工程首批县级支中心建设项目包括土默特左旗、武川县支中心，两个项目支中心各安排资金 68 万元。2008 年 4 月，按照自治区文化厅的要求，完成卫星天线底座、机房、电子阅览室、供电等建设。2011 年，新城区、武川县被自治区文化厅评为自治区文化信息共享工程示范点，和林格尔县被文化部评为“少数民族民间艺术之乡”。截至 2015 年，全市 9 个旗县（区）居民通过共享工程进行阅读。

六、创建国家公共文化服务体系示范区（项目）

2014 年，根据自治区文化厅、自治区财政厅《开展国家公共文化服务体系示范区（项目）创建工作的通知》，成立由市文化局、财政局领导任组长的全市公共文化服务体系示范区（项目）创建工作领导小组，统筹指导、协调全市示范区（项目）创建工作。通过收集、审核、上报等程序，推荐赛罕区、新城区申报国家公共文化服务体系示范区，推荐新城区图书馆文化信息资源工程电子阅览室申报国家公共文化服务体系示范项目。2015 年 7 月，呼和浩特市被文化部、财政部列入第三批创建国家公共文化服务体系示范区名单。

七、“文化惠民一卡通”工程

2013 年，呼和浩特市“文化惠民一卡通”活动启动，凭借“一卡通”，低保群众可享受免费参观文化（文物）景点、文化场馆，优惠观看电影、演出等文化惠民政策。2014—2015 年，市四区的 2000 名低保人员享受“文化惠民一卡通”优惠。

第二节　文化惠民活动

一、送文化下乡

1992 年 9 月，市文化局组织市群艺馆到土默特左旗、托克托县、郊区文化站进行调研辅导，向基层文化站捐赠价值 3000 多元的乐器、图书、戏装等。1996 年 12 月，中央宣传部、国家科委、农业部、文化部等 10 个部委联合下发《关于开展文化、科技、卫生“三下乡”活动的通知》。1997 年新春开始，呼和浩特市开始组织“三下乡”活动。

1997—2004 年，连续开展各类文化下乡活动。组织市民间歌剧团等文艺团体到赛罕区太平庄乡、黄合少乡等演出地方小戏和轻音乐；组织市书画院创作人员随队下乡，为农民捐赠图书、义写春联等。2004 年，市文化局被自治区政府授予全区“科技、文化、卫生”三下乡先进集体。

2005 年，联合 14 个委办局，组织 600 多人，到新城区毫沁营乡下新营子、赛罕区榆林镇小台村、铁骑集团和赛罕区、托克托县等乡镇建设工地进行慰问演出。书画院随队下乡，为农民捐赠图书，义写春联 300 多副，发放宣传材料 1000 多份。各旗县（区）专业、业余文艺队伍为农民群众演出 100 多场。

2006—2015 年，市文化局组织专业人员连年开展慰问演出、送春联及书画作品、捐书，为乡村百姓开展送戏、送电影等文化送下乡活动。

二、送电影下乡

2008 年 8 月，为贯彻落实国家广电总局、国家发展和改革委员会、财政部、文化部《关于进一步做好新时期农村电影工作的通知》精神，市文化局组织召开全市农村电影放映工作会议。

2009 年 4 月，首家呼和浩特新农村数字电影院线有限责任公司，在赛罕区大台小康示范村举行启动仪式。截至年末，形成覆盖全市 9 个旗县（区）、45 个乡镇、1003 个建制村的全新数字电影放映网。全年，完成 1.2 万多场放映任务。

2010 年 5 月，全市农村电影工作落实国家“2131”工程（指在 21 世纪，广大农村每月每村至少放映一场电影）新一轮公益巡演启动仪式，在和林格尔县舍必崖乡西厂圪洞村举行。至 10 月末，完成农村公益放映 120 余场，观众达 320 万人次。

2015 年 12 月，全市有电影放映队 34 支，拥有胶片数字放映设备 52 部，从事农村电影放映工作人员近 100 人。全年，为 5 个旗县的乡镇农村及偏远山老区群众免费放映电影 10 万余场。同时，在每年八一建军节期间，慰问子弟兵放映电影 20 余场。在纪念抗日战争胜利 70 周年期间，放映电影 290 场。

三、送文化进社区

2005 年，由市委、市政府主办，市文化局牵头承办，依托社区文化设施和工作力量，举办首届“文化进社区”活动。活动以文艺演出为主，吸引社区文艺爱好者和社会文艺团体开展文艺演出 50 场，5000 多人次参与演出，约 15 万人次观看演出。2008 年，“文化进社区”活动被市文化局评为“呼和浩特市十佳活动”之一。

2010 年，第六届“文化进社区”活动历时 5 个月，主要包括文艺演出、电影放映、知识讲座、非物质文化遗产展示等 13 项活动，走进全市 121 个社区、乡村、广场，完成宣传演出 230 场，3 万多人直接参与各项活动，50 多万人观看演出，直接公益投入或拉动社会公益投入 10 多万元，开展帮助贫困地区学校建图书馆，帮扶社区贫困户、贫困党员家庭等公益活动，直接受益者超过 5000 人。2013 年，活动获自治区首届群众文化活动群星项目奖。10月，被文化部授予第十六届群星项目奖。

截至2015年，呼和浩特市共举办11届“文化进社区”大型公益活动。全市100多个专业文艺团体和群众文艺团体的近万名文艺工作者，每年深入9个旗县（区）的100多个社区、乡村、学校、军营、厂矿，开展各类公益演出、宣传、服务活动200多场，参与群众数百万人次。

四、慰问农民工演出

2008年4月29日，由市文化局，玉泉区委、区政府共同主办的庆祝“五一”国际劳动节暨慰问农民工活动，在玉泉区大召广场内蒙古合和置业有限公司开发改造建设现场举行，汇集农民工约300多人，这是首次专门为农民工进行的慰问演出。

2009年4月28日，市委、市政府主办，市文化局承办的2009年呼和浩特市庆五一慰问农民工活动在赛罕区呼和浩特市绿地中央广场建设工地举行。市民间歌舞剧团为农民工献上拉丁舞、男女生独唱、小品和鼓乐等表演，表达对劳动者的敬意和祝福。

2010—2015，市文化局、群艺馆、民间歌舞剧团、新思路文化艺术发展有限公司的演职人员，先后为农民工进行慰问演出。同时在演出现场设有义诊点、法律咨询点、精神文明宣传台以及义务理发点等。市电影公司在赛罕区绿地广场建设工地、新城区上新营子村的移民工地、回民区海亮广场建设工地、玉泉区大召阿拉坦汗广场施工现场放映电影，为农民工赠送电影票，请农民工进影院免费观看《功夫之王》《画壁》《画皮》《聊斋志异》等热播影片，以丰富农民工的业余文化生活。

第三节　群众文化活动

一、组织群众艺术活动

1986年6月，市群艺馆组织4500多人的文艺队伍，参加春节、元宵节社火活动表演。1987年5月，组织参加市文化局、市电视台、市文联举办的全市业余歌手电视大赛，美术、摄影、书法展，同时完成庆国庆文艺联欢和大型团体操的创编、排练、辅导任务。1988年，举办首届振兴中华钢笔书法大赛、青城首届小作家有奖征文活动，与郊区文化馆联合举办首届庆丰收农村歌手大奖赛。

1990年，市群艺馆主办呼和浩特市首届文化馆、文化站农民摄影艺术创作班，首届全市少儿钢琴、电子琴大赛。8月，首次开办文化夜市。

1996—1997年，市群艺馆承办首届“我爱青城”艺术节暨第七届中小学幼儿园艺术节现场美术作品大赛。完成大型文艺表演“团结奋进的内蒙古”的编创与辅导。举办全市业余歌手大赛，为自治区业余歌手大赛选送歌手52名。1999年，完成庆祝中华人民共和国成立 50 周年文艺晚会的创编培训任务。

2000 年，市群艺馆组织全市群众文化系列专业作者参加全国第一届爱中华国画、油画大展，组织全市专业书法、摄影作者参加展望新世纪沪、津、蒙三地美术摄影展。主办全市中老年健身球、健身操比赛，18 个代表队 300 多人参赛。

2005—2006 年，全市各旗县（区）在春节、元宵节期间相继组织焰火晚会、传统社火、民间文艺大巡游、大型灯展、游九曲、棋类、球赛类、书画摄影展、贺岁新片放映及京剧、晋剧票友演唱会等活动，直接参与活动者数万人。

2007 年，市群艺馆在春节、元宵节期间举行文艺联欢暨非物质文化遗产展示活动。由市民间歌剧团、市属 9 个旗县（区）组成近 3000 人的表演队进行高跷、旱船、花轿、跑驴、花绢秧歌、霸王鞭、双扇秧歌等表演，展示申报自治区“非遗”名录的代表作二人台、满族八角鼓戏。2008 年，主办呼和浩特市首届春节、元宵节文化庙会。同年，实施呼和浩特文化人才（库）百人百组百万人工程，在内蒙古大学艺术学院建立文化产业教学实践基地。2011 年 2 月，呼和浩特市文化庙会获文化部颁发的群星奖。

2013 年 1 月，市群艺馆主办的业余团队授牌展演在民族剧场举行，内蒙古民族曲艺团、内蒙古师范大学音乐学院、内蒙古二人台艺术团共 22 支文艺团队参演。2014—2015 年，在呼和浩特民族美术馆连续举办两届“群星璀璨 · 呼和浩特中国画作品展”。

二、举办群众文化活动

（一）广场消夏文化活动

2005 年起，呼和浩特市在每年 6—9 月的每个周末和重大节假日以及昭君文化节期间，举办“崇尚文明、爱我家园”广场消夏文化活动，主会场设在新华广场，在 9 个旗县（区）和金川、如意开发区设立 11 个分会场。2006 年后，文化广场消夏活动逐步扩展到各旗县（区）边远乡村，成为广大老百姓的文化娱乐大餐，有专业、业余等演出团体参加，万余名演职人员无偿演出，以歌舞、器乐、戏曲、红歌会、广场舞、诗歌朗诵、模特走秀等多种形式在广场、社区、剧院专场演出，同时放映露天电影。截至 2015 年，“崇尚文明、爱我家园”广场消夏文化节连续举办 11 届，年受众近百万人次。

（二）青城公园游园活动

2009 年 10 月 1 日，为庆祝中华人民共和国成立 60 周年，市文化局举办青城公园游园活动，游园活动内容包括庆祝中华人民共和国成立 60 周年专场文艺演出、二人台专场文艺演出、呼和浩特市“非遗”展示、书画展览、现场笔会、城市建设图片展、灯谜竞猜、群众性体育展示、垂钓比赛等。10 月 2 日，在市新华广场举行庆祝中华人民共和国成立 60 周年专场文艺演出暨 2009 年群众文化活动闭幕式，对 2009 年“崇尚文明、爱我家园”广场文化活动、第五届“文化进社区”活动中涌现出的先进集体和个人进行表彰，市群艺馆、内蒙古新思路文化艺术发展有限公司等38个单位获先进集体称号，10人获先进个人称号。同时，市文化局圆满完成第三届中国少儿合唱节、第十一届亚洲艺术节文艺巡演和花车巡演活动。

（三）呼和浩特民歌合唱会演

2010年9月8—10日，首届中国·呼和浩特民歌合唱会演在呼和浩特举办。合唱会演由文化部社会文化司、自治区文化厅、呼和浩特市政府共同主办，中国合唱协会、市文化局、内蒙古隆格尔草原文化传播有限责任公司承办。北京、辽宁、吉林、河北、山西、湖北、浙江、江苏、贵州、广东、广西、海南等省、自治区、直辖市的16个合唱团及内蒙古自治区的9支合唱团25支团队1500多人参加。9月8日晚，在内蒙古乌兰恰特大剧院举行开幕式晚会。之后，举行3场民歌合唱专场演出和闭幕式颁奖合唱音乐会。此次会演活动评出金奖7个、银奖12个、铜奖6个。

（四）其他群众演出活动

2014年，“大地情深——群星奖获奖作品”全国巡演活动在呼和浩特进行专场文艺演出，吉林省、山东省、江苏省、重庆市和内蒙古自治区等8个省、自治区、直辖市140余名群众文化工作者参与此次巡演。晚会展示舞蹈、音乐、曲艺等门类的艺术风格，展现不同地域的文化风情。同年，市文化局组织各演艺单位参加第二届中国·韩城“司马迁杯”全国锣鼓大赛，赛罕区古韵艺术团的《鼓韵》表演节目获优秀表演奖、优秀编导奖；组织参加第七届中国原生态民歌大赛初选，武川县两对组合参加初选，一对组合入选自治区文化厅初赛。

三、开展校园文艺活动

1988年12月1日，市群艺馆举办青城首届小作家有奖征文活动，应征稿件1500份，选出900份参赛作品，评出一等奖9名、二等奖30名、三等奖64名，优秀辅导教师奖99名，集体组织奖8名。1990年6月，市文化局、市文联、市群艺馆等联合举办首届全市少儿钢琴、电子琴大赛。1992年5月29日，市群艺馆与少年宫联合举办全市少儿幼儿“四琴”（钢琴、手风琴、小提琴、扬琴）大赛，210名选手参加。1994年6月，市教育局、市群艺馆联合举办“舞美杯”小学生课间操比赛。1998年5月，《小作家有奖征文集》出版，在呼和浩特市、包头市、和林格尔县等80多所学校发行1500册。1991年8月29日，市群艺馆举办青城第三届“伊利杯”小作家现场作文竞赛，全市65所学校1900多名中小学生参加竞赛。1993年11月20日，市教育局、市群艺馆联合举办第二届呼和浩特市中小学生歌手大赛，184名选手参赛。1994年6月14日，市教育局、市群艺馆联合举办“舞美杯”小学生课间操比赛，全市69所小学4万名儿童参赛。1996年8月，自治区文化厅、自治区妇联与市群艺馆联合承办第二届“希望杯”内蒙古少儿美术、书法、摄影大赛，全区3000多名中小学生参加比赛。

1998年5月，市群艺馆辅导的百灵鸟合唱队5位小歌手参加内蒙古电视台娜荷芽节目录制。6月，市群艺馆参加中央电视台举办的“我与电视”全国书画大赛。2000年12月3日，承办“春蕾杯”青少年器乐大奖赛，350名选手参赛。

2003年8月，市群艺馆举办全市“春蕾杯”少儿器乐、声乐大赛。2007年12月10日，市群艺馆一行15人到湖北宜昌市参加第十四届“群星奖”大赛，《小小摔跤手》获“群星表演奖”。2009年6月19日至10月2日，市群艺馆在广场举办“红色革命歌曲教、学、唱”活动，庆祝中华人民共和国成立60周年。同年8月9—10日，承办第三届中国少年儿童合唱节，全国22个省、自治区、直辖市和澳门特别行政区的25支代表队1000多名少年儿童参加。比赛设“小百灵”“小云雀”“小黄鹂”3个奖。

2010年12月10—19日，市群艺馆承办全市第四届少儿舞蹈、声乐、美术大赛，并到各校进行辅导。2011年1月3日，由市文化局、教育局、市文联主办，市群艺馆承办的呼和浩特市第四届少儿美术大赛优秀艺术作品展在市民族美术馆举办。展出的作品系此次大赛中获“星光奖”和“佳作奖”及部分优秀奖作品，计300余幅。

2015年12月11日，由市体育总会主办，市文化新闻出版局、市群艺馆等单位协办的呼和浩特市“宏焱杯”体育文艺风采大赛，在赛罕区民族小学文体中心举行决赛，市群艺馆“蓝色萨风”萨克斯乐团获大赛一等奖。

第四节　大型文化节庆活动

一、呼和浩特昭君文化节

1999年8月20—30日，呼和浩特市在民间昭君庙会基础上，由呼和浩特市昭君墓文管处主办，在昭君墓旅游区举办呼和浩特第一届昭君文化节。开展理论研讨、旅游文化、民俗文化展览、表演等10项文化旅游活动。2000年8月22—31日，举办呼和浩特第二届昭君文化节。从此届开始，呼和浩特昭君文化节更名为中国·呼和浩特第二届昭君文化节。文化节期间，举办文艺活动10多场，吸引海内外游客20余万人，首府旅游接待能力首次明显提升，开始打造四星级、五星级酒店。截至2015年，呼和浩特市先后组织举办16届中国·呼和浩特昭君文化节。文化节期间，举办多项文艺演出、民间艺术、观光旅游、体育赛事、经贸会展、论坛研讨等活动。中国·呼和浩特昭君文化节被国家旅游局确定为中国100个民间艺术节之一，被国际节庆协会（IFEA）评为“中国最具发展潜力的十大节庆活动”之一。

二、中国·呼和浩特国际民间艺术节

2001年8月23—28日，由自治区政府和中国文联共同主办，市委、市政府承办第一届中国·呼和浩特国际民间艺术节，主题为“天下一家”。艺术节举行期间，来自五大洲13个国家的600多位艺术家带来异国风情的艺术节目。呼和浩特市演艺集团多个乌兰牧骑与来自各国民间艺术家载歌载舞，轮番登台。2005年，中国·呼和浩特第四届国际民间艺术节和CIOFF第九届亚洲国际民间艺术节获全国十大演出盛事银奖。截至2010年，相继举办7届中国·呼和浩特国际民间艺术节。来自英国、芬兰、德国、希腊、印度尼西亚、以色列、韩国、马来西亚、蒙古国、波兰、俄罗斯、斯洛伐克、西班牙、泰国、土耳其等二十几个国家的表演团体，以及香港、台湾和国内多个民间艺术团为呼和浩特地区群众献上具有异国风情和民族特色的节目，并进行艺术大巡游。

三、中国·呼和浩特少数民族文化旅游艺术节

2011年8月16日至9月1日，由文化部、国家民委、自治区政府主办，呼和浩特市政府、自治区文化厅、自治区民族事务委员会、自治区旅游局承办，市文体局具体实施举办第一届中国·呼和浩特少数民族文化旅游艺术节。艺术节主题为“共同团结奋斗、共同繁荣发展、弘扬民族文化、共建和谐家园”。活动期间，举办民族题材新歌演唱会，少数民族地区自然风光摄影展，少数民族地区民族服饰展示等活动。来自全国15个省区市的演艺界人士和著名歌唱家蒋大为、殷秀梅、腾格尔、曲比阿乌等纷纷登台献艺。至2014年，连续举办4届中国·呼和浩特少数民族文化旅游节。活动期间，先后举办全国少数民族少年儿童舞蹈展演、全国少数民族器乐演奏会、全国少数民族地区摄影展；组织举办第三届全国少数民族戏剧会演、“首届全国少数民族优秀舞蹈作品展演”、“全国少数民族地区旅游摄影作品展”等。

2015年，第五届中国·呼和浩特少数民族文化旅游艺术节改称中国·呼和浩特少数民族文化旅游艺术活动，主办、承办、实施单位不变。活动期间，举办首届全国少数民族优秀声乐作品展演，共收到全国各地尤其是少数民族地区文艺团体报送作品369个，精选60部优秀作品分3场进行展演。同时，举办第三届呼和浩特国际民族文化产业博览会等活动。

第三章　艺术创作

第一节　二人台创作

1986年2月，中国唱片社北京分社为内蒙古二人台录制盒式带，亢文彬、李桂梅、

董文、段八旺演出的小戏《闹元宵》入选。3月，二人台传统小戏《闹元宵》与内蒙古二人台演出队演出的《走西口》《打金钱》《挂红灯》等组成一台“母体戏”，第七次赴京作汇报演出3场。中国唱片公司将《闹元宵》录制成立体声盒式磁带，向全国发行。10月，由内蒙古电视台摄制、民间歌剧团与杭锦后旗乌兰牧骑联合排演的电视戏曲片《二倔头趣事》播出。

1987年9月，市民间歌剧团与市民族歌舞团联合排演大型历史歌舞剧《塞上昭君》，成为内蒙古自治区成立40周年献礼节目，并多次在各地电台、电视台演出，并进京演出。10月，《塞上昭君》剧组赴京，在天桥剧场为中共十三大代表作专场演出。《塞上昭君》在北京演出期间，中央电视台、中央电台，湖北电视台、湖北电台，武汉电视台、武汉电台，内蒙古电视台、内蒙古电台，呼和浩特电视台、呼和浩特电台及波兰国家电视台、波兰国家电台播放演出实况。

1989年1月，市民间歌舞剧团参加自治区文化厅举办的全区改革题材文艺调演，演出器乐合奏《土默川啊！美丽的川》、现代小戏《王满囤卖鸡》。其间，剧团与市民族歌舞团联合排演5场次流行歌曲剧《酒坛新秀》。10月，由自治区文化厅、内蒙古广播电视厅、中国戏剧家协会内蒙古分会、中国戏剧家协会山西省分会、中国戏剧家协会河北省分会联合主办的三省区二人台表演艺术山丹杯电视大奖赛在呼和浩特市开幕，市民间歌舞剧团有35名演员进入专业组与业余组决赛，5名演员获奖。

1992年4月，市民间歌剧团参加全国首届小品大赛，《浪子回头金不换》获三等奖。1993年9月，应全国企业文化节组委会的邀请，市民间歌舞剧团参加文化部、人民日报社等6个部门举办的1993企业文化节，获特别奖，并获优秀表演奖、创作奖。同年，赴山西省太原市参加全国地方戏（北方片）调演，演出节目《接婆婆》《回关南》《闹元宵》，获剧目创作奖。

1995年10月，市民间歌舞剧团赴成都参加中国第四届戏剧节，演出二人台大型历史剧《也兰公主》，中央电视台、成都电视台等转播演出实况。12月，《也兰公主》在北京民族文化宫参加文化部、国家民族事务委员会联合举办的少数民族题材“孔雀杯”文艺调演，获金奖。1996年2月，市委、市政府授予《也兰公主》市长特别奖。11月，《也兰公主》被中宣部评为第五届全国“五个一工程”入选作品奖。

2001年7月，自治区文化厅举办小戏、小品大奖赛，市民间歌舞剧团小品《送礼》《新女婿登门》《相亲》，获三项导演一等奖、三项个人表演一等奖。2002年，排演的现代小戏《搓莜面的女人》，赴福建省南安市参加由中国文联、中国剧协举办的2002年“曹禺戏剧文学奖·小品小戏奖”及“郑成功杯”大赛，获剧目、导演、音乐、演员等7项奖励。

2003年9月，首届中国国际小戏艺术节在山东省滨州博兴举办，民间歌舞剧团演出的《走西口》《闹元宵》获 11 项国家级奖励。2004 年，二人台小戏《叔嫂情》《鸿雁南飞》分别参加赴京演出和自治区专业文艺调演。《牌子曲》《走西口》在山西省、陕西省、河北省、内蒙古自治区四省区二人台艺术电视大奖赛中，荣获优秀组织奖。专场二人台“土默川情韵”参加自治区专业文艺调演，获演出优秀奖和组织奖，参演节目获金牌 1 枚、铜牌 3 枚。

2005 年，市民间歌舞剧团创作、排演二人台现代歌剧《好官牛玉儒》，经自治区党委宣传部批准在全国各地进行百场巡回演出。市文研所柳志雄创作的二人台小戏《叔嫂情》获首届中国戏剧小戏小品“优秀剧目奖”“观众最喜爱剧目奖”。2006 年 3 月，呼和浩特市二人台学会成立。9 月，首届内蒙古自治区二人台戏曲调演在乌兰察布市丰镇市、集宁区举行。呼和浩特市民间歌舞剧团代表呼和浩特市参加调演，演出二人台小戏《打金钱》《走西口》《叔嫂情》《闹元宵》及二人台对唱《惊五更》选段等。同年，二人台由呼和浩特民间歌舞剧团申报成为国家级非物质文化遗产，并成为传承单位。

2008 年，新创作的农村题材二人台现代戏《花开花落》，首次进行了惠民演出和巡回演出，得到观众肯定与好评。7 月，中国文联、中国剧协专家到呼和浩特市民间歌舞剧团观看《花落花开》。

2009 年，《花落花开》获自治区“五个一工程”奖戏剧组第一名、首届内蒙古二人台艺术节优秀剧目“金奖”“优秀剧本创作奖”。8—9 月，由自治区文化厅、包头市政府共同主办，包头市文化局、土默特右旗政府联合承办的自治区首届二人台艺术节，市民间歌舞剧团小戏《顶灯》《游春缘》，牌子曲《推碌碡》，二人台现代戏《花落花开》参演。同年，呼和浩特二人台学会组织举办了第三届蒙晋陕冀四省区二人台大赛。

2010 年，为传承保护非物质文化遗产“二人台”，以 Flash 动漫的形式制作了二人台《打金钱》《挂红灯》等传统剧目。《花落花开》获文化部、财政部 2009—2010 年度国家舞台艺术精品工程资助剧目。

2011 年 7 月，市民间歌舞剧团第十三次到北京参加全国现代戏优秀剧目展演，获全国现代戏优秀剧目展演奖。8 月，在自治区戏剧家协会主办的自治区第三届“娜仁花”大奖赛，市民间歌舞剧团《花落花开》（节选）、古装戏《五姑娘》（节选）、传统小戏《打金钱》、《挂红灯》、《走西口》、《卖碗》等参赛。9 月，应山西省太原市委、市政府邀请，《花落花开》剧组参加在山西省太原市举办的第二届晋商文化艺术周。

2012 年 2 月，由市委、市政府主办，市委宣传部承办，《花落花开》在内蒙古人民会堂进行 4 天的慰问演出活动。4 月，中央电视台戏曲频道《戏曲采风》栏目摄制组在民族剧场拍摄《花落花开》，对剧团的系列采访活动通过《戏曲采风》栏目分期播放。5月，到上海参加上海国际交响音乐节，演唱二人台唱腔选段（由上海民乐团伴奏），获最佳优秀节目奖。6月，《山村九品官》获自治区第十一届精神文明建设“五个一工程”奖。7月，赴青海西宁参加西北五省交响音乐节，演唱二人台唱段（由广西艺术剧院交响乐团伴奏）。8月，参加张家口举办的“大好河山杯”冀蒙晋陕四省区东西路二人台邀请赛，演出二人台牌子曲《八板》、对唱《跳粉墙》，获最佳演奏奖及优秀表演奖。

2013年，市民间歌舞剧团更名为呼和浩特二人台艺术研究院。10月，《花落花开》参加在山东淄博举行的第十届中国艺术节、第十四届文华奖参评剧目演出，获第十四届文华奖。

2014年，《花落花开》入选参加第四届全国地方戏（南北片）优秀剧目展演，在北京中国评剧大剧院演出两场。7月，大型二人台都市场景剧《万家灯火万家梦》参加由自治区文化厅主办的第十一届中国·内蒙古草原文化节优秀剧目展演。呼和浩特市二人台艺术剧院被文化部确定为全国地方戏创作演出重点院团。二人台艺术剧院两次成功申报国家艺术基金人才培养项目，有8位老艺术家分四次入选文化文旅部“名家传戏——当代戏曲名家收徒传艺”工程。

2015年，小品《牵挂》获自治区小戏小品（汉语）大赛小品类三等奖。创作二人台现代戏《神牛湾》，被市委宣传部将其列为重点剧目。民间歌舞剧院张银霞、冀光华参演的剧目二人台《走西口》片段在第二届中国黄河流域戏剧红梅竞演中荣获银奖。截至2015年，二人台艺术剧院共排演大小剧（节）目近500个，演出《打金钱》《闹元宵》《借冠子》《顶灯》《卖碗》《叔嫂情》《走西口》《方四姐》《五姑娘》《花烛恨》《墙头记》《茶瓶计》等二人台传统经典剧目。《塞上昭君》《接婆婆》《慈母情》《也兰公主》《红岩》《好官牛玉儒》《花落花开》《枣林沟的故事》《老牛湾》《万家灯火万家梦》《万家灯火团结梦》《钦差醉酒》《山村九品官》《咱也来圆梦》《黄河恋》《多松年》及大型二人台音乐晚会《古道乡音》等新创现代剧（节）目，多次参加全国戏曲会演，并赴日本大阪、奥地利维也纳金色大厅进行交流展演。多次获中宣部“五个一工程”奖和自治区“五个一工程”奖。

第二节　晋剧创作

1986年10月，市文化局举办首届“昭君杯”戏曲歌舞大赛，市晋剧团排演的大型民族历史剧《满都海》参赛，获多项奖，内蒙古电视台录播演出实况。演出《成吉思汗的女儿》，获多项奖。1987年2月，呼和浩特人民广播电台播出华北七市广播会演,《跑城》《写状》《洞房》《劈殿》等清唱节目首批播出。7月,市晋剧团演出《成吉思汗的女儿》，庆祝内蒙古自治区成立三十周年。

1990年1月，市晋剧团参加呼和浩特市第三届“昭君杯”戏曲歌舞大奖赛,《洪湖赤卫队》《华云寺》分别获奖。同年11月，赴京参加第二届中国戏剧节，第八届中国戏剧梅花奖评演，演出《行舟》《责弟》《牢房》折子戏，宋转转获中国第八届戏剧梅花奖。12月,市晋剧团在内蒙古政府礼堂举行参加第二届中国戏剧节汇报演出。

1991年5月，第八届中国戏剧梅花奖组委会在北京市人民剧场举行颁奖演出晚会，宋转转出演晋剧《满盘错》《珍珠塔・报喜》。同年，纪念毛泽东《在延安文艺座谈会上的讲话》发表49周年，市晋剧团公演《算粮》《责弟》。

1992年1月，市晋剧团在呼和浩特市第四届“昭君杯”歌舞戏剧展演中作观摩演出。1993年11月，参加呼和浩特市第五届“昭君杯”戏曲歌舞大奖赛，演出《嫁衣案》《牧羊圈·舍饭》，获多项奖。1994年12月，演出大型民族历史剧《佐汗巾帼》（《满都海》）获自治区“五个一工程”奖。

1998年1月，市晋剧团与内蒙古京剧团、通辽市评剧团合作的戏曲联唱参加内蒙古电视台举办的北疆之春春节联欢晚会。1999年，歌舞《春潮赞》参加内蒙古电视台春节联欢晚会。

2001年，市晋剧团戏歌《青城赞歌》参加中国广播电视学会、北京电视台联合举办的广播电视第三届戏歌邀请赛。12月，在乌兰恰特剧场举办晋剧演出月活动，上演晋剧传统剧目《打金枝》等。

2003年9月，中国戏剧家协会在山西省举办首届中国戏曲红梅奖演唱比赛，内蒙古剧协选送呼和浩特市晋剧团11名青年演员到太原分赛区参加比赛，有4名演员进入八强，并分别获奖。12月，参加由中国剧协主办，中共河南省委宣传部、中国戏剧家协会艺术发展中心、河南省金谷种业有限公司承办的首届中国戏曲红梅奖演唱比赛，青年演员渠建红获金奖。

2005年11月，市晋剧团、市民族歌舞团联合演出新编民族历史晋剧《满都海》,在浙江省宁波市凤凰影剧院参加第九届中国戏剧节演出，获优秀入选剧目奖，演出期间,《宁波日报》《宁波晚报》《东南商报》等报刊对《满都海》进行连续报道。同年,《满都海》获2005年自治区“五个一工程”奖。2006年，市晋剧团编排的“何小菊折子戏专场”在北京民族宫大剧院演出,并参加第二十三届梅花奖评选,何小菊被誉为“草原晋剧之花”。

2007年,《满都海》参加由文化部文化司、国家民委、中国少数民族戏剧学会、山西省大同市政府共同主办的“第一届中国少数民族戏剧会演”。12月，第二十三届中国戏剧梅花奖颁奖盛典在江苏省苏州市举行,市晋剧团演员何小菊主演《卖妙郎·舍子》《哑女告状·焚楼》，获第二十三届中国戏剧梅花奖、首届中国戏剧奖。

2009年6月，在山西省太原市举办的“向祖国汇报——庆祝中华人民共和国成立60周年暨第三届全国地方戏优秀剧目（南北片）展演”，《满都海》荣获“优秀参演剧目”奖。10月，《满都海》参加首届内蒙古自治区民族文艺汇演，荣获二等奖。同年，渠建红主演的折子戏参加在杭州举办的第二十四届中国戏剧梅花奖颁奖盛典，获第二十四届中国戏剧梅花奖。

2011年8月，《满都海》参加在乌海市举行的迎接自治区成立60周年优秀剧（节）目调演，获自治区“五个一工程”奖戏剧组第一名、第八届内蒙古草原文化节优秀剧目展演优秀剧目奖。演员渠建红获第二十五届中国戏剧梅花奖。

2013年，市晋剧团更名为呼和浩特民族演艺集团晋剧院。4月，晋剧院新编大型廉政历史晋剧《一钱太守》在民族剧场进行首场汇报演出。9月1日，第二十三届、第二十五届“梅花奖”获得者何小菊、渠建红参加在北京人民大会堂举办的“庆祝中国戏剧梅花奖创办30周年”大会。11月，由市晋剧团承揽排练的草原儿童动漫剧《豆思牛与鬼狐狸之神秘来客》，开始在各盟市巡回演出。2014年，晋剧团打造的三部玩笑戏《打杠子》《砸锅》《罗锅抢亲》，以及新编历史移植剧目《谢瑶环》在民族剧场进行首场演出。

2015年4月，呼和浩特民族演艺集团晋剧院携《满都海》到浙江省宁波市巡回演出。11月，《豆思牛与鬼狐狸之神秘来客》剧组一行到重庆市、湖北省武汉市、山东省潍坊市等地开始全国巡演。同年，晋剧院参赛作品《打杠子》在自治区小戏小品大赛中荣获小戏类三等奖。

第三节 歌舞剧创作

1986年，市直属乌兰牧骑为多个国家的参观、访问、观光、旅游团体近4000人次进行接待演出，为50多个国内各省、自治区、直辖市访问、参观团体8000多人演出近500场。同年，市直属乌兰牧骑改制为市民族歌舞团，成为国有市级少数民族文艺表演团体。至2000年，市民族歌舞团培养一批颇具影响力的舞蹈表演艺术家、歌唱家、乐器演奏家及编导、指挥、词曲、舞美创作人才，创作排演大型艺术片《大青山怀抱》，歌舞剧《塞上昭君》，舞剧《故乡》《血染的风采》，民族舞剧《香溪情》《昭君出塞》，舞蹈《昭君情缘》《奔腾》《原始的力量》等。

2001年，市民族歌舞团编排的舞蹈《达斡尔族姑娘》，在华北地区五省市舞蹈比赛中获创作表演两个一等奖；舞蹈《搏克》获全区舞蹈比赛二等奖、创作三等奖；大型民族舞剧《香溪情》、独舞《牧羊女》分别被评为自治区“五个一工程”奖，并到蒙古国乌兰巴托参加与呼和浩特市建立友好城市十周年庆祝活动，受到市政府表彰。

2003 年，市民族歌舞团以舞剧《香溪情》为重点，对其进行深加工。该剧被选中参加文化部在福建省福州市举办的全国第三届舞蹈观摩演出，并荣获剧目奖。歌舞团新创编《眷恋》《踏青》《誓言》《三人舞》《走过 2003 年春天》以及歌伴舞等近十几个舞蹈节目；恢复排练《鄂尔多斯妇女》《敖特尔风情》等 10 多个内蒙古精品舞蹈，创作排练低音笛子独奏曲《勒勒车》。2004 年，创编《穿新靴的小伙子》《马背情韵》《舞博人》等舞蹈节目，并在中国首届蒙古舞蹈大赛中获 2 项金奖、3 项银奖、3 项铜奖。歌舞团的声乐演员获第十三届少数民族艺术孔雀奖暨第五届全国少数民族声乐比赛通俗唱法二等奖。

2005 年，市民族歌舞团李宏获中国星全国声乐、器乐大奖赛民族管乐组“金奖”；独唱演员杨继龙获第七届全国声乐大赛“纪念奖”；舞蹈《穿新靴的小伙子》和歌曲《你在我们心坎里》获自治区“五个一工程”奖；独唱演员通格拉获自治区第二届长调歌曲演唱大赛职业组一等奖；达木获自治区首届民歌演唱大赛职业组一等奖。2006 年，舞蹈《穿新靴的小伙子》《鸿雁声声》《舞博人》，在自治区首届电视舞蹈大赛上获 2 项金奖，1 项银奖，1 项铜奖及音乐创作奖。2007 年，大型实景舞蹈诗《昭君情缘》到新加坡参加第十四届“春城洋溢华夏”文化艺术旅游展演活动，在新加坡维多利亚剧场演出 4 场。大型民族曲艺音诗《草原传奇》参加第七届“相约北京”国际艺术节开幕式，首次在人民大会堂演出。

2009 年夏，国家民委指派市民族歌舞团到德国、荷兰、比利时，参加德国第十届 CIOFF 国际民俗节，荷兰 SIVO 第二十五届国际民俗舞蹈节、比利时第三十四届埃萨德赫姆世界舞蹈艺术节，共演出 32 场。4 人舞蹈《北方歌谣》获第十届自治区“五个一工程”奖。2011 年，双人舞《鸿雁声声》入围全国第九届舞蹈比赛决赛，获鼓励奖。

2013 年，市民族歌舞团更名为呼和浩特民族演艺集团民族歌舞剧院。同年，与北京天创国际演艺有限公司合作排演大型民族舞剧《马可·波罗传奇》赴美国布兰森驻场演出。全年，《马可·波罗传奇》在国内外演出 600 多场，并获第三届全国少数民族戏剧节比赛金奖、第五届全国少数民族文艺汇演银奖、自治区“五个一工程”奖、中国旅游特色剧目奖及第五届中国旅游投资艾蒂亚国际旅游金奖等；群舞《戈壁沙丘》获第九届中国舞蹈“荷花奖”作品金奖，独舞《姥姥的背景》《赛拜努》和双人舞《遥远的图腾》获十佳作品称号，《姥姥的背景》《遥远的图腾》获自治区第十届艺术创作萨日娜奖。2014 年，《马可·波罗传奇》入选国家艺术基金资助项目名录。

2015 年，舞蹈《舞胡杨》《斗熊》分别获自治区第四届蒙古舞大赛金奖、银奖；歌曲《家乡》在“放飞中国梦、相聚在北京——2015 全国大型音乐展演盛典”中获作品词曲金奖;《马可·波罗传奇》获第五届“艾迪亚”中国最佳旅游演艺项目金奖，获美国布兰森市最佳舞蹈团、最佳戏剧作品奖;群舞《戈壁沙丘》《爷爷们》获第九届、第十一届中国舞蹈·荷花奖民族民间舞作品金奖；群舞《舞胡杨》《斗熊》《丘陵踏歌》《敬》《蹄印》《小巴特尔与喜羊羊》,双人舞《遥远的图腾》,独舞《姥姥的身影》《练》《赛拜努》《琴·情》《一滴水》《德吉》,歌曲《追梦的春天》《爱我内蒙古》《画一样的草原酒一样的歌》《走马》《相约去草原》均获得省部级和自治区“五个一工程”奖。

第四节　影视剧创作

1986年，孙书祥创作大型现代歌剧《山清水秀》，董舒创作蒙古族历史剧《满都海·斯琴》,云川创作蒙古族历史剧《成吉思汗的女儿》,刘文科创作历史剧《崇祯借饷》,张然明、徐步伟、都均一创作历史剧《满都海》等。

1987年5月，市歌剧团排演由柳志雄创作的大型现代歌剧《大雁沟》，内蒙古京剧团排演由朱秉龙创作的大型现代戏《第二个太阳》，郊区乌兰牧骑排演由孙书祥创作的大型现代歌剧《山清水秀》,郊区晋剧团排演由刘文科创作的历史剧《崇祯借饷》。6月，市民间歌剧团排演大型历史歌舞剧《塞上昭君》并成立剧组。1988年，云川、张然明创作12集电视连续剧《忽必烈》剧本，侯广峰创作电视剧本《昭君传》。

1990年,市文研所创作拍摄的系列电视片《倾斜》在呼和浩特电视台播映。1991年，张然明执笔创作的7集电视剧《财道》，当年播映并参加华北电视剧评奖。1994年，张然明、云川等创作的电视文学剧本《忽必烈》出版。1995年，云川创作的电视文学剧本《乌兰夫》入围全国“五个一工程”奖；马铁创作的国画《狂奔》获全国第二届少数民族百花奖优秀奖。

2000年，市文研所组织创作人员编写人口普查专题晚会节目小品《普查》、小戏《疑难杂症》等。2002年10月,柳志雄创作的小品《投诉热线》《最后一头驴》获“曹禺戏剧文学奖·小品小戏奖”大赛三等奖。2005年10月，由市文化局主办、市文研所承办创刊的《呼和浩特文化》出版。2007年，电影剧本《上弦月》被广州一家电影公司选中拍摄。

2014年6月，柳志雄编剧的《月照金河套》获第十届中国·内蒙古草原文化节戏剧类编剧奖。7月，以“梦圆清水河，情系老牛湾”为主题的呼和浩特市文学艺术创作培训班暨新创文化旅游文艺作品研讨会在清水河县举办。

2015年，市文研所创作大型爬山调抗战历史剧本《青山儿女》。同年7月，由武川县乌兰牧骑开排，首演成功。市委组织部将其推荐为中组部远程教育示范剧目。

12 月，电视剧《神牛湾》获全区 2015 年度电影、电视剧、戏剧剧本征集活动优秀剧本奖。

第五节　书法绘画创作

1987 年，康庄楷书作品《李贺诗》、王廼欣楷书作品《姜夔〈读书谱〉句》入选第三届全国书法展。《韦应物诗》入选中国书法家作品邀请展。

1989 年，康庄楷书作品《杜子美诗》、李清波行书作品、杨鲁安篆书作品入选全国第四届书法展。刘峰、刘兆平、马铁根据《江格尔长诗》创作的巨幅国画作品到北京、美国等地展出。刘峰的中国画《雪原》《雏鹰》随文化部的外事活动赴日本冈崎市参加中日书法交流展。

1991 年，水墨画《今天明天》发表在《连环画报》封底。1992 年，康新民书法作品《袁牧诗一首》入选全国第五届书法篆刻展。王廼欣隶书作品《韦应物诗〈东郊〉》在第一届国际枫叶奖中国书画创作展中获佳作奖并被收藏。同年，马铁出版《马铁画选》。1993 年，刘峰的中国画《曙光》《深情》被毛主席纪念堂展出并收藏。1994 年，马铁国画《大漠旋律》由全国人大常务委员会收藏，周鼎创作的国画《额吉的梦》在北京美协展出。1995 年，王廼欣隶书作品《诗似・书如联》入选全国第六届书法篆刻展。康新民行书作品《陆游诗》、王迺欣隶书作品《容台别集句》、李力行书作品《杜甫诗》书法作品获首届华北书法奖。

1996—1999 年，刘峰的水墨人物作品《水神李国安》在全国首届孺子牛书画展中获银奖，国画《任弼时》入选纪念党中央毛主席进驻延安 60 周年名人书画展，中国画作品《公仆》参加纪念周恩来 100 周年诞辰书画展，中国画《正气图》获共和国 50 周年社会主义研讨会一等奖。王迺欣隶书作品《益智・学古》入选全国第七届书法篆刻展；李力行书作品《古诗一首》入选《当代硬笔书法作品集》。

2000 年，王廼欣隶书作品《秋夕》获内蒙古自治区第六届艺术创作萨日纳奖。2002 年，康新民行草作品《毛泽东诗一首》书法作品入选全国书法名家作品邀请展（广州美协主办）。康新民行书作品《书就・琴来》、王迺欣隶书作品《墨梅》入选中国书法艺术节全国书法名家作品邀请展。李力行草作品《大漠晨曲》书法作品入选喜迎十六大第三届当代中国书法名家作品展。

2003 年，王迺欣隶书作品《学书有感》入选第十四届中日友好自作诗书法交流展。李力书法作品《古诗三首》入选首届中国敦煌国际书法艺术节全国书法小品展。2005 年，李力书法作品《古诗两首》入展全国第四届正书大展。2006 年，王廼欣书法作品《进德修业》、李力书法作品《陆游诗一首》入选内蒙古、湖北书法交流展。

2007年9月，王逌欣主编《丁香芳菲——呼和浩特书画集》，由内蒙古大学出版社出版发行。2008年，王逌欣隶书作品《宗龙·追汉》、李力行书作品《陆放翁诗》入选当代书坛名家系统工程全国千人千作展。2009年11月，郭剑利中国画作品《线描人物》获第二届内蒙古写生作品展二等奖。2011年，郭剑利中国画作品《童趣》获自治区第二届青年美术作品展二等奖。

2012年5月，王逌欣主编《呼和浩特书画论文集》，由内蒙古大学出版社出版发行。同年，李力行书作品《辛弃疾词》入选纪念中国书法家协会成立30周年中国书法家协会会员优秀作品展。同年11月，郭剑利作品《轮滑》获喜迎党的十八大暨庆祝内蒙古自治区成立65周年自治区美术作品展二等奖（内蒙古美协主办）。

2015年，郭剑利中国画作品《阿卡贝拉》入选自治区第十二届草原文化节美术作品展；《暮归》获自治区第三届青年美术作品展一等奖。

第四章　图书馆　美术馆

第一节　场馆建设

一、图书馆

1986年开始，市图书馆由原来每周开馆不足30小时改为52小时，每周开馆6天，接待读者1000人次。同年，图书馆多次开展业务学习班，邀请内蒙古图书馆研究馆馆员常作然主讲图书分类、图书编目。图书馆由专人对分类目录、读者目录、题名目录、著者目录进行整理排序。1989年，按照图书顺序号打包排列，闭馆整理文献资料。

1990年10月9—10日，在呼和浩特地区首届公共图书馆业务竞赛中，市图书馆由郭燕云、赵小莉、张浩如组队参赛，获团体第一名。截至1990年，市图书馆馆藏图书、报纸合订本目录有《绥远全志》《五原厅志》《临河县志》《集宁县志》《清水河县志》《和林格尔厅志》《土默特志》《蒙古律例》《乌里雅苏台志》《布特哈志略》《科布多事宜》《西北垦务调查汇册》《绥远通志稿》《绥远河套十大干渠及乌加河退水图表计划书》《20世纪30年代内蒙古西部地区文学作品选》《申报》《良友画报》等30多万册。

1991年3月，市图书馆向土默特左旗民族中学捐赠图书3.83万册，书架7个。1992年7月，图书馆全体员工竞聘上岗，改革图书管理体制并开设"热门图书出租处"。同年，向基层图书馆、文化站和部队捐赠图书2000多册、书架34个。1993年2—5月，市图书馆对旗县（区）及本馆图书管理员进行培训。同年6月1日，成立图书馆少儿部，并对外开放。10月20日，市图书馆学会成立大会暨第一届年会在市图书馆举行。12月21日，市图书馆举办"纪念毛泽东同志100周年诞辰理论座谈会"。1994年8月3日，市图书馆向内蒙古第二监狱赠书5500册。同年9月中旬，市文化局和市图书馆联合对新城区图书馆、土默特左旗图书馆、托克托县图书馆、郊区图书馆进行评估验收。

1996年初，市图书馆自筹资金正式成立装订室，把积压6年的“过刊”“过报”装订成册，为国家节约资金5万余元。1997年6月25至7月1日，市图书馆举办“迎大庆、庆回归呼和浩特地区首届图书节”，共有13家图书发行单位参加，展出销售图书1万多册。1998年2月，市图书馆流通部将馆内服务窗口由13个增加到17个。同年6月，自治区文化厅组织专家对市图书馆进行评估验收，图书馆获809分的好成绩，被文化部授予国家二级图书馆。8月，自治区档案局授予市图书馆机关档案工作目标管理自治区一级先进单位称号。9月，在全市行业文明竞赛中获百花奖。1999年2月，图书馆与市民间文艺家协会联合举办呼和浩特市连环画民间收藏展。同年5月，接收全国政协常委、香港知名人士石景宜捐赠的图书2000多册。10月，市图书馆被文化部评为国家二级公共图书馆。2000年3月底至6月初，全馆开展图书清点、清查及国有资产登记核准工作，据统计，有藏书、文献39.96万册（卷）。

2005年1月，市图书馆职工向新城区毫沁营镇文化站，捐赠农业科普和种植养殖技术方面的新书140册。同年5月中旬，分别向土默特左旗图书馆捐赠、赛罕区图书馆转交北京国信集团出版的《中小学实用图书馆》光盘库各一套。6月，支出2万元购书经费，购入新版少儿图书1500多册，对未成年读者免费开放、免证自由阅览。同月，将一套价值3800元的《中小学实用图书馆》光盘库捐赠给未成年犯管教所。7月22日至8月7日，图书馆组织呼和浩特市图书馆第三届书市，在昭君文化节期间开业。截至2005年末，市图书馆藏书40.67万册，流通部有普通中文图书37.01万册（包括少儿部1.20万册），地方文献2198册，蒙古文图书6751册，工具书6929册，港台图书7400册，古籍文献1.33万部（其中四库全书1500册、善本139部），另有《申报》（合订本400册），《良友画报》（合订本23册）。

2009年9月，市图书馆正式成立本土作家作品阅览室，添置12组书架、8个阅览室。2012年，市图书馆设立电子阅览室。2013年设立视听室，有碟片、CD及DVD，可满足读者对于音视频阅览的需求。2013年，市图书馆推进数据库创建，开展中文图书、期刊回溯建库工作，完善1928种5076册图书的数据信息。全年共接待读者4.31万人次，其中少儿读者2.95万人次；流通图书32.46万册次；年入藏新书460种、1884册，加工整理图书4528种、8761册。对市属9个旗县（区）图书馆实地评估。2014年，对所属旗县（区）图书馆进行系统性辅导和技术培训，同时参与制作策划、实施管理，并负责图书馆微信公众平台的推广应用。

2015年，市图书馆创新公共文化服务方式，设置视障阅览室，为特殊群体提供阅读服务。市财政下拨150万元购书经费，购买新书2万册，新增报纸期刊300多种，完成 3 万册馆藏期刊回溯建库工作，共接待读者 10 万多人次，图书流通量 6.5 万余册次。购买文献数据库（包括博看期刊报纸数据库、维普考试数据库、大连少儿数据库），新增电子图书 5 万册，建成移动图书馆，实现手机阅读、预定和续借服务。建成 5 个图书流动站、4 个服务网点，24 个社区、学校、工地服务网点，共有流动图书 7800 多册。开展“青城文化大讲堂”10 多场。举办昭君书画展、纪念抗战暨反法西斯战争胜利 70 周年书画展等书法、美术、收藏、历史文献展览活动近百次。玉泉区图书馆推出“云借阅”服务，通过二维码扫描可免费下载、阅读。武川县图书馆开展“书香武川”读书竞赛活动。同年，市图书馆成立活动部，负责图书馆线上线下的组织推广实施，开展阅读推广活动。负责“鸿雁阅读”推广和鸿雁书屋、分馆及流动站建设。截至 2015 年，市图书馆馆藏图书总量 48.10 万册，其中古籍文献 1.37 万册，地方文献 4056 册，工具书 6443 册，报刊 5.10 万份。

2006—2015 年呼和浩特市图书馆馆藏图书一览表

表 27-4-1　　单位：册

年份	总藏书量	当年购入图书	其中				
			古籍文献	地方文献	普通中文书	工具书	报刊
2006	400620	620	13688	—	380489	6443	—
2007	405476	4856	13688	—	385345	6443	—
2008	426722	21246	13688	—	406591	6443	—
2010	429421	986	13688	—	409290	6443	—
2011	432744	3323	13688	—	42613	6443	—
2012	434823	2079	13688	4000	414692	6443	13688
2013	465541	30718	13688	4483	445410	6443	51000
2014	470541	5000	13688	4056	450410	6443	62523
2015	480959	10418	13688	4056	460828	6443	51000

说明：表中“—”表示无数据

二、展览馆

1986 年，市展览馆承办全国书法展，本馆康庄作品参加展览。1989 年，市展览馆为解决部分职工住宅问题，筹建宿舍楼一个单元。1990 年，市展览馆帮助土默特左旗建立 19 个文化站。

1991 年，自治区首届那达慕大会筹委会确定在市展览馆举办全区商品交易会，市政府为市展览馆拨款 300 多万元，改造装修展厅 3500 平方米，新建办公楼一座，占地面积 1472 平方米，新增展架 120 套。

1992 年 5 月，市展览馆完善后勤设施，展厅增加设备；展厅招商百余家家具厂商参加展销活动，形成呼和浩特市颇具规模家具市场。1993 年 3 月，市展览馆继续扩大展厅面积。同年 4 月，市展览馆贯彻执行文化部文件精神，实行事业单位企业化管理，确定为文化事业单位企业化管理内部试点单位。展览馆为一级法人经营实体，市文化局将人、财、物权力下放，展览馆实行自主经营，自负盈亏，并筹集资金 25 万元新建占地 800 平方米塑钢大棚用于家具展销。至此，家具市场常年展销，成为展览馆创收主要来源。

1994 年，市展览馆自筹资金 7 万多元，邀请四川省重庆歌乐山烈士陵园管理处到呼联合举办中美合作所史实展览。1995 年，自筹经费 5.3 万元，举办纪念抗日战争胜利五十周年展览。同年，撰写市展览馆 50 年发展史。

1996 年 1 月，为迎接自治区成立 50 周年大庆，经市文化局批准，市展览馆自筹资金 700 万元建设展览展销大楼，建筑面积 7000 平方米，设计四层，每层展厅使用面积 1500 平方米，为混凝土框架结构。同年，承办内蒙古自治区成立 50 周年·呼和浩特成就展览。1997 年，自筹资金 2 万元举办 1997 香港回归祖国展览，并承担市委宣传部主办的呼和浩特市民族团结成就展览及自治区成立 50 周年纪念邮票首发式大型庆祝活动。

1998 年，市展览馆举办呼和浩特市改革开放二十年成就图片展览。1999 年，举办中华人民共和国辉煌五十周年暨迎接 1999 澳门回归图片展览等各类展览共 36 次。

2000 年 3 月，市展览馆库房改建为家具展厅，至 2002 年，家具市场展销面积增至 1 万多平方米，参展厂商稳定在 100 家左右。

2006 年，市委、市政府决定拆除市展览馆，在原址改建新馆，更名为呼和浩特民族美术馆。

三、民族美术馆

2006 年，市委、市政府决定，在市展览馆原址改建呼和浩特民族美术馆。2008 年 12 月，呼和浩特民族美术馆建成，并举办庆祝改革开放 30 周年书法、绘画、摄影暨开馆展。2009 年，呼和浩特民族美术馆举办庆祝中华人民共和国成立 60 周年呼和浩特书画作品展、成就图片展、呼和浩特市老年书画作品展。

2011 年，呼和浩特民族美术馆完成小剧场工程验收。2012 年 9 月，中国美术馆馆长范迪安、全国美术委员会秘书长钱林祥莅临民族美术馆指导工作，给予高度评价。同年，呼和浩特民族美术馆举办庆祝建党 91 周年和庆祝中共十八大系列展览。

2013 年 7 月 1 日，呼和浩特民族美术馆根据市委、市政府要求，与演艺集团正式签订剧场托管协议。同年 9 月 8 日至 10 月 5 日，引进“我们的土地、我们的身体——澳大利亚土著艺术展”。

2014 年 7 月，呼和浩特民族美术馆三楼杨鲁安藏珍馆正式对外免费开放，展厅陈列杨鲁安先生收藏的碑帖、古今字画、印章、钱币、青铜器及个人字画共 437 件，并陆续更换其余 7891 件文物。

2015 年，呼和浩特民族美术馆制定《呼和浩特民族美术馆理事会章程（草案）》，明确理事会和管理层职责、权利和义务；形成以议事、咨询、监督与管理执行为主要构架的法人治理结构。6 月 9 日，呼和浩特民族美术馆召开第一届理事会成立大会暨第一次会议。

第二节　评估定级

2007 年，文化部、自治区文化厅联合开展全国第三次文化馆评估工作。对照《全国第三次文化馆评估标准》，市文化局对 9 个旗县（区）的文化馆进行审核数据、实地检查、验收、复查。

2009—2011 年，呼和浩特市开展第四次全国公共图书馆评估定级工作，同时成立第四次全国公共图书馆评估定级工作领导小组，对全市 10 个公共图书馆进行评估。新城区文化馆、赛罕区文化馆被评为二级馆，土默特左旗文化馆被评为三级馆。

2011 年，根据自治区文化厅《关于开展第三次全区文化馆评估定级工作的通知》精神，市文化局进行专题研究和布置，于同年 2 月 26 日转发文化厅文件，印发《通知》，针对全市情况提出具体整改要求，成立由分管局长为组长的呼和浩特市文化馆评估工作领导小组，并召集市馆及各旗县（区）文化局、文化馆有关人员会议，学习自治区文件精神和评估工作细则等，要求各馆对照标准自查自纠，努力改进文化馆的各项工作。5 月，评估小组先后对 9 个区旗县文化馆进行评估。

2013—2014 年，根据自治区文化厅《关于开展全区第五次全区公共图书馆评估定级工作的通知》，市文广局在全市开展第五次县以上公共图书馆评估定级工作。此次参评的有新城区图书馆、回民区图书馆、赛罕区图书馆、土默特左旗图书馆、托克托县图书馆、清水河县图书馆、武川县图书馆。通过对区旗县图书馆设施与设备、经费与人员、文献资源、服务工作、协作协调、管理与表彰、重点文化工程等方面展开实地评估。参评的 7 家图书馆在全面落实文化部公共图书馆免费开放政策，公共空间、设施、场地，电子阅览室等全部免费，书刊文献全部开架借阅。全国文化信息资源共享工程的相关服务落到实处。不定期举办各类型讲座、培训、展览、宣传等各类型公共服务活动，起到良好的社会文化服务与宣传效果。同年，呼和浩特市图书馆、新城区图书馆被文化部评定为国家三级图书馆。

2014 年，根据自治区文化厅安排部署，全市新建 62 个乡镇（区域服务中心），综合文化站全部建成。并对全市 62 个乡镇文化站进行评估抽查，完成呼和浩特市乡镇文化站评估报告。基层有 4 个区域服务中心自筹资金建起文化站并投入使用。2014—2015 年，和林格尔县、武川县参加文化部开展“中国民间文化艺术之乡”评审、命名工作，经自治区文化厅初选，和林格尔剪纸入选自治区上报名单。

第五章　非物质文化遗产保护

第一节　资源普查

2006 年开始，呼和浩特市组织有关机构对全市的非物质文化遗产资源进行了全面普查。初步普查有非物质文化遗产项目 160 多项，经过挖掘、整理、申报，列入国家级名录 5 项，列入自治区级名录 28 项，列入市级非物质文化遗产名录 53 项，列入旗县（区）级名录 59 项。全市有国家级传承人 4 名，自治区级传承人 16 名，市级传承人 104 名。初步建立起国家、自治区、市、旗县（区）四级非物质文化遗产名录体系，为呼和浩特市非物质文化遗产保护工作顺利开展提供了依据。

2007 年，根据《国务院关于加强文化遗产保护的通知》《国务院办公厅关于加强我国非物质文化遗产保护工作的意见》及自治区政府办公厅印发《内蒙古自治区非物质文化遗产名录申报评定暂行办法》，市文化局制定《呼和浩特市非物质文化遗产名录申报评定暂行办法》。

截至 2015 年，全市有国家级非遗项目 5 项、自治区级非遗项目 42 项、市级非遗项目 67 项，确定国家级、自治区级和市级非遗代表性传承人 116 名。市区及 9 个旗县（区）建起非遗传习基地 12 个，收藏非遗作品及民俗展品 700 多件。

第二节　代表性项目

一、国家级代表性项目

2006 年 5 月，市民间歌舞剧团传统戏剧二人台，入选第一批国家级非物质文化遗产名录。2008 年和 2011 年，和林格尔剪纸等 4 个项目分别入选第二、第三批国家级非物质文化遗产名录。截至 2015 年，全市有二人台、剪纸（和林格尔剪纸）、抬阁（脑阁）、爬山调、晋剧 5 个项目入选国家级非物质文化遗产名录，和林格尔剪纸名家段建珺，二人台艺术表演家武利平、霍伴柱被命名为国家级非遗代表性传承人。

2015 年呼和浩特市国家级非遗代表性项目一览表

表 27–5–1

批次	项目名称	申报单位	类别
第一批	二人台	呼和浩特市民间歌舞剧团	传统戏剧
第二批	剪纸（和林格尔剪纸）	和林格尔县文化馆	传统美术
	抬阁（脑阁）	土默特左旗文化馆	传统舞蹈
	爬山调	武川县文化馆	传统音乐
第三批	晋剧	呼和浩特市群众艺术馆	传统戏剧

（一）二人台

地方戏二人台是融民歌、舞蹈、曲艺、器乐、戏曲、小品为一体的综合性民间艺术。二人台的风格流派,有“西路”与“东路”之分。西路二人台主要流行于呼和浩特市、包头市、巴彦淖尔市、鄂尔多斯市、陕西省榆林地区、山西省忻州地区，东路二人台主要流行于乌兰察布市、山西省雁北地区、河北省张家口地区。二人台的演唱形式分硬码戏，带鞭戏与对唱三大类。硬码戏注重唱、念、做，要求表演者有较好的嗓音条件，带鞭戏则注重舞蹈表演，对唱由二人交替演唱，无（或很少）念白与做科。另有牌子曲的演奏，俗称“耍牌子”，同是二人台表演艺术的组成部分。由内蒙古中部地区、内蒙古西部地区汉族民歌演变的唱腔如《打樱桃》《压糕面》《打后套》，由晋民歌演变的唱腔如《走西口》《五哥放羊》《珍珠倒卷帘》等都是二人台的经典曲目。

（二）剪纸

和林格尔剪纸由生活在和林格尔的广大农牧劳动妇女群体为创作主体，群众性广泛、文化内涵深厚的原生态本原文化，是一部集中反映“农耕与草原图腾”历史的活化石。和林格尔剪纸艺术总体上呈现出粗犷豪放、深沉厚重的主体气质，反映了北方质朴奔放、热情率真的性格特征和令人神往、遐想万千的多民族民俗景观。2003 年 3 月，和林格尔县被文化部命名为中国民间剪纸艺术之乡。

（三）脑阁

流行地以土默特左旗毕克齐镇为代表。民国年间，该地的脑阁多有组成“家班”进行表演者:父亲扛架子，母亲拿拐子，大儿子扛凳子，小儿子上架子。脑阁的“脑”是内蒙古西部地区的方言，就是把东西举起扛在肩上的意思；脑阁下面的人为“色脚”，上身套上铁架子；上面被脑的儿童叫“色芯”，用铁架子固定起来。要求“色脚”腰要挺直，扭动时将劲全部用在膝盖以下的小腿上，其动作特点是扭、颤、摆、行走、舞动和旋转，在行进中带动上边被举起的儿童一同摆动。一般“色芯”选择 3 ~ 8 岁的漂亮男童或女童，身穿颜色艳丽的衣服，扮成各种历史或戏剧中的英雄人物，再以花草彩云装饰。随着欢快，铿锵的锣鼓节奏，头和胳膊自然地舞蹈起来，显得婀娜多姿、活泼烂漫，可爱动人。

（四）爬山调

爬山调也称爬山歌、山曲儿，是流行于内蒙古中西部地区的一种短调民歌。有山区类爬山调和平原类爬山调之分。节奏自由，音域宽广，大跳较多，拖腔悠长；听起来刚健挺拔，高亢奔放，体现山区人民的气质与胸怀。唱词短小精悍，语言多用乡土方言重叠词，字数无定，虚实相间。爬山调以徵调式、商调式和宫调式为多。大多是两乐句的乐段结构，下句大多是上句的变化重复，上下乐句的落音一般是属、主关系或下属、主关系，或同主音的八度关系。节拍多为二拍子或四拍子，偶尔也能见到三拍子或变换拍子。除五声音阶的旋律常见外，六声音阶甚至七声音阶的旋律也能见到。爬山调是当地人民在山野田间抒发情感的民歌体裁。其内容大都是根据自己的亲身感受即兴创作的，朴实无华，平中见奇，既是劳动人民心声的自然流露，又是该地区的生活风貌和风土人情的一面镜子。

（五）晋剧

又称中路梆子，流传于内蒙古中西部地区，最初与北路梆子一起通称大戏，后改称为中路梆子。呼和浩特地区的中路梆子老生演员在发声、唱腔、吐字等方面表现高亢激越、朴实无华；花脸的声音宽厚、唱腔舒展简洁，既稳健豪爽、又奔放辽阔；生角其演唱风格有的挺拔刚烈、有的柔和抒情；花旦由于受内蒙古风土人情的影响，在发声、唱腔、吐字等方面形成既高亢激昂，又婉转抒情的艺术特色；青衣是中路梆子中最注重唱功的行当，特别是大段的乱弹，讲究“咬字真，声调美，嘴巧、扣紧”等特点；丑角是真假声结合，用滑音、颤音、八度跳进等手法，形成了呼和浩特地区中路梆子丑角幽默风趣、滑稽诙谐的演唱风格。呼和浩特地区中路梆子上演的传统剧目有《打金枝》《秦香莲》《梵王宫》《算粮》《杨门女将》等。

二、自治区级代表性项目

2007 年 6 月，自治区政府公布《第一批自治区级非物质文化遗产名录》，呼和浩特市有《王昭君传说》《二人台》《爬山调》等 11 个项目入选。截至 2015 年，呼和浩特市共有 5 批次、42 项入选自治区级非物质文化遗产代表性项目，有自治区级代表性传承人共计 20 人，其中国家级传承 3 人。

（一）民间文学类

王昭君传说　王昭君在中国古代历史上，同西施、貂蝉、杨贵妃共同被誉为四大美女。公元前 37 年，王昭君以“良家子”的身份被选入汉元帝宫。公元前 33 年，呼韩邪单于入朝求亲，昭君自愿请求和亲。昭君出塞后长城内外出现了长达 60 多年的和平与繁荣，呈现出“剑戟归田尽，牛羊绕塞多”的和平局面。在内蒙古地区，凡是与昭君有关的一山一水、一草一木，都有美丽动人的故事。这些故事大多都表

达了人们对昭君的怀念和崇敬之情，倾注了对她的赞美与爱戴，表现出对民族友好、和睦相处、和平欢乐生活的向往。王昭君传说故事本身，包含着丰富的传奇色彩和戏剧性，吸引着从古至今文人墨客的视线，她的美貌、她的命运、她的高尚品质以及对后代的巨大影响，自然而然地成为文学家、艺术家们发掘不尽的“宝藏源泉”。

2015 年呼和浩特市自治区级非遗代表性项目一览表

表 27–5–2

批次	项目名称	申报地区或单位	类别
第一批	王昭君传说	呼和浩特市	民间文学
	二人台	呼和浩特市	传统戏剧
	爬山调	武川县	传统音乐
	脑阁	土默特左旗	传统舞蹈
	查玛	呼和浩特市	传统舞蹈
	双墙秧歌	托克托县	传统舞蹈
	八角鼓	新城区	曲艺
	剪纸（和林格尔剪纸）	和林格尔县	传统美术
	满族婚俗	新城区	民俗
	莜面饮食制作技艺	武川县	传统技艺
	托克托传说故事	托克托县	民间文学
第二批	呼和浩特满族太平鼓舞	新城区	传统舞蹈
	中路梆子	呼和浩特市	传统戏剧
	武家泥塑	和林格尔县	传统美术
	炕围画	呼和浩特市	传统美术
	民间木嵌技艺	呼和浩特市	传统技艺
	蒙古族香牛皮靴制作技艺	呼和浩特市	传统技艺
	麦香村烧卖制作技艺	呼和浩特市	传统技艺
	“王一帖”膏药	玉泉区	传统医药
	骡驮轿婚俗	清水河县	民俗
	满族服饰	新城区	民俗
	古路板龙灯节	新城区	民俗
	大盛魁行商文化	呼和浩特市	民俗
第三批	高跷（土默特慢板高跷）	呼和浩特市	传统舞蹈
	秧歌（清水河踢鼓子秧歌）	清水河县	传统舞蹈
	清水河瓷艺	清水河县	传统技艺
	青城德兴源烧卖	玉泉区	传统技艺
	面塑（青城面塑）	新城区	传统美术

续表 27-5-2

批次	项目名称	申报地区或单位	类别
第四批	“蒙奥神”膏药制作技艺	内蒙古老科学技术工作者协会	传统医药
	西水磨九曲灯	玉泉区	民俗
	剪纸（赛罕剪纸）	赛罕区	传统美术
第五批	锣鼓艺术（寿阳鼓）	托克托县	传统音乐
	蒙古族皮画（土默特皮画）	呼和浩特市	传统美术
	泥塑（银家泥塑）	赛罕区	传统美术
	布艺（清水河布艺）	清水河县	传统美术
	面塑（托克托面塑）	托克托县	传统美术
	秧歌（赛罕高跷秧歌）	赛罕区	传统舞蹈
	回族撂跤	回民区	传统杂技
	蒙古族金银器制作技艺（蒙镶制作工艺）	呼和浩特市	传统技艺
	中医正骨疗法（三空李氏正骨）	三空李氏正骨医院	传统医药
	回族婚礼	回民区	民俗
	祭敖包（土默特祭敖包）	土默特左旗	民俗

托克托传说故事 托克托县传说故事的内容具有鲜明的地方性，从多方面多角度反映了托克托县地区的历史、地貌、风物、风情世故、人物活动、经济文化等。在语言上具有浓厚的方言特色，生动、形象、活泼、风趣。流传在托克托县的民间故事，虽然不一定说托克托的事、人、物，但在流传过程中，各代艺人们已有意识地按照当地的文化习俗作了艺术加工，使其思想艺术、语言特色等方面“本土化”，从而也成为根生土长的托克托故事。按其内容分，可大致分为地方风物传说、地名传说、寺庙传说、狐鬼传说、爱情故事、生活故事、动植物故事、笑话故事、历史传奇故事及创世神话故事等。

（二）传统音乐

《寿阳鼓》是保存完整的一支民间传统社火节目皇杠的表演曲。“走西口”的寿阳人把寿阳皇杠伴奏曲《寿阳鼓》带到了黑水泉，并在当地传播开来，成为托克托县不可或缺的社火节目。寿阳鼓融鼓、铙、钹等打击乐于一体，以鼓为主调，铙、钹有机整合，和谐衬托。全曲由顺调、歇锤子、硬鼓子、双锤、四砸、九锤子、六砸等套曲组成，而且各套曲交替穿插进行，组成一曲激昂雄伟、动人心弦的锣鼓大曲。既可一鼓独奏，又可以多鼓组成群奏的浩大乐队表演。寿阳鼓是民间文艺表演艺术中典型的打击乐代表作，同时寿阳鼓也成为经典锣鼓曲牌，是民间社火文化瑰宝。

（三）传统舞蹈

查玛　查玛是藏语音译，蒙古语又译为“恰木”，民间俗称“跳鬼”。一般在每年农历正月十五、六月十五随寺庙祭祀仪式举行。祭祀仪式分为诵经、晾佛、送巴令、跳查玛四部分，其中，跳查玛是整个祭祀仪式中内容最丰富、用时最长、最引人注目的一项仪式。查玛将纷繁复杂的宗教教义通过具体的艺术形式来展示，通过舞蹈语言弘扬宗教教义，表演者是寺庙内受过专门训练的喇嘛，戴面具、穿专门服饰，分场次表演蕴含深刻的藏传佛教故事。在长期的流传过程中又融入了蒙古民族古老的萨满文化和大漠草原上的原生舞蹈与音乐形态，具有深刻的思想内涵和艺术价值，有蒙古族艺术“活化石”之称。

双墙秧歌　双墙秧歌是托克托地区土生土长并以其诞生地命名的民间舞蹈节目。清代时，托克托县的河口镇是塞内外闻名遐迩的水旱码头，位于河口镇东的双墙村独立承担了每年社火日的节目演出，历经300多年，终于形成了独具特色的双墙秧歌。双墙秧歌分为文秧歌和武秧歌，表演形式有“过街”演出和“打场子”演出。演出节目大都具有一定的戏剧情节，并且能够表现、刻画剧中人物的一些思想感情和性格特征。剧目取材于西游记、水浒传、白蛇传、杨家将等故事，吸取了戏曲中的文唱武打等表演艺术。文秧歌有《海蚌戏渔翁》《货郎》等70多个节目；武秧歌有《打焦赞》《孙悟空大闹老鼠洞》《武松醉打蒋门神》等50多个节目。

满族太平鼓舞　太平鼓舞也叫“单鼓”或“羊皮鼓”，是满族民间的一种传统文娱项目，边击鼓，边歌舞。据满族父老相传，早在老罕王努尔哈赤准备起兵打天下时，为了遮掩明廷耳目，让男人们在地窖里面打造兵器，令妇女在地窖上面跳羊皮鼓舞，利用鼓上铁环声掩护地下的打铁声，并声言为天下太平而歌舞，故名“太平鼓舞”。昔年玩太平鼓的人，多为民间青壮年人，老年人们有时也常玩耍敲打，但多半是给青年们做些示范或起教习作用。民间有“打太平鼓儿，唱太平歌儿，贺太平盛世，过太平年儿”的说法。这是满族以太平鼓、太平歌来憧憬天下太平的美好明天。

土默特慢板高跷　土默特左旗陶思浩村流传着一种高跷，它的舞蹈动作和锣鼓器乐的节奏都很缓慢，当地人民把这种高跷叫慢板高跷，是土默川人民根据自己的喜好和审美情趣在原有高跷艺术表演的基础上改编而来。慢板高跷一般由24人表演，领舞是扛婆与老汉，即一扛一丑领队。慢板高跷的特点是：“慢”“高”“跳”。“慢”是节奏慢，每个动作需要一小节的伴奏音乐；“高”是跷子高，跷子高度为一米二；“跳”是舞蹈动作一步一跳，跳中有扭，像一种放慢了的跑跳步。它比一般的高跷舞蹈节奏慢，动作幅度大、停顿时间长、造型夸张，表演起来难度较大。

清水河踢鼓子秧歌　清水河踢鼓子秧歌是由清水河县土生土长的乡民创造，并以其诞生地命名的民间舞蹈节目，兴起于清代末期，至今在韭菜庄、北堡、小庙子等地一些村子里仍保留着每年正月串村表演的习俗。踢鼓子秧歌由鼓道、前八角、后八角、络旌、歌手、经手、杂工约30人组成完整的表演实体，配有锣、鼓、钹、镲以及唢呐、笙等乐器，踢着鼓点以舞蹈形式表演。演出节目具有一定的戏剧情节，并且能够表现、刻画剧中人物的思想内涵和性格特征。踢鼓子秧歌的传统节目有《天地牌子》《单偷营》《双偷营》《梅花阵》《引魂阵》《五雷阵》《八角楼》《小场》等10多种，唱段数百首，舞蹈形式丰富多彩。

赛罕高跷秧歌　赛罕高跷秧歌是以秧歌舞步（俗称十字交叉步）为基本舞步，最大的艺术特点是乡土气息浓厚，形式自由活泼，不受舞台空间限制，既可以说唱俚歌小曲，也可以表演短小故事。配有笙、管、唢呐、拍板等伴奏乐器，引得观众翘首仰望。文跷多扮作戏中人物，武跷主要是杂耍，表演高难技巧为主，或扮作小丑，打诨取乐。赛罕区辖区内的大台什村、保全庄村、太平庄村、八拜村、罗家营村等地的高跷秧歌经历了历代艺人的口传身教得以传承。巧报镇大台什村、保全庄的高跷秧歌更是以古典、奇特、舞步变化多、技巧高享誉青城。2008年巧报镇被自治区文化厅授予“民间社火艺术之乡”。

（四）曲艺

八角鼓因鼓身有8个角而得名，又称单鼓，是清代时期满族人用于自娱的一种拍击膜鸣乐器，外观小巧玲珑，制作精细，除可作为乐器演奏外，还有着较高的艺术欣赏价值。鼓体扁小,鼓面呈八角形,代表当时清代的八旗。七面框边内各嵌2～3枚小铜钹，一面嵌钉柱缀鼓穗，寓意五谷丰登。呼和浩特地区的八角鼓戏是以多种唱腔、多重曲牌和乐器组成的联奏联唱，有场次、布景、完整的故事人物和情节内容，演员化妆、穿戏服表演，曲调悠扬、婉转，具有很高的艺术鉴赏性。

（五）传统体育、游艺与杂技

回族摞跤有百余年的历史，主要以基本功训练和对抗式实战训练为主。基本功训练有其自身一套训练方法和系统，同时融入回族特有的武术动作，如“汤瓶拳”“回回十八弹腿”“查拳”等。对抗性实战训练有基本手法、抓把、基本步法、基本动作、倒地法。回族摞跤以技巧对抗力量的摔法取胜，俗称“以巧破千斤，以智取胜”。

（六）传统美术

炕围画　炕围画是一种在炕围墙（框）上作画的民间绘画艺术，也称墙围画。呼和浩特地区的“炕围画艺术”从清代末期至20世纪80年代最为盛行,具有形式多样、题材广泛、构图饱满、造型夸张、色彩艳丽等特点。农家人每当建盖新房，在砌好大炕之后，请来画匠在炕面以上约80厘米的墙壁上绘制图画。炕围画内容广泛，情节动人，生活气息浓郁。早期描绘多为宣扬贤孝、明世礼教等内容，后发展到古典小说和传统戏曲中的人物。古人将炕围画作为一种绘画鉴赏，同时用来教育子孙后代学贤行孝，传承中华民族传统文化。

武家泥塑　武家泥塑是在半农半牧社会基础上产生的一种民间工艺，是中原文化和草原文化交融的产物。武家祖籍山西，乾隆初年走西口到和林格尔县。武家泥塑的题材、内容、艺术表现形式是为适应劳动人民而产生的具有浓厚的乡土气息和地方特色，制作工艺、题材选择和色彩运用趋于质朴、粗犷与厚重等民间艺术特点。古装的人物有“桃园三结义”“八洞神仙”“白蛇传”等，供老人观赏；儿童玩的有“趴娃娃”“一团和气”“扳不倒”，还有能发音的小老虎、小狗、公鸡、货郎鼓（俗称“不郎鼓”）等。

赛罕剪纸　剪纸在传承中与当地草原文化相互吸收、相互交融、相互渗透，形成赛罕剪纸。从运用范围可分为生活装饰、喜庆祝福、辟邪祭祀、服饰等；从题材内容上分为现实生活、历史人物、神话人物、民间传说、祝愿祈福等。既给普通农民家庭带来欢庆的气氛，也给节日增添鲜活的色彩。赛罕剪纸自然活泼，清晰明快，简约淡雅、细腻饱满，达到一种主题鲜明、热情奔放的艺术境界。

土默特皮画　土默特皮画传承至今，已历经九代，它汲取壁画、彩绘、装饰画等美术特色，利用牛皮革、羊皮革做“画纸”，采用烙印、雕刻、浮雕、平面绘画等技法，使其造型具有层次感。制作一件土默特皮画作品需经过 6 大工艺，65 道工序，其中包括火烙、皮雕、刀刻、起鼓、模具雕刻等，采用特殊的描绘、着色、层染、抛光、定形等一系列手工技艺才能完成。其技艺价值体现在纯手工制作，每道工序的精细程度都难以用机器所替代。

银家泥塑　银家泥塑随着呼和浩特召庙文化的发展逐步传承下来，主要从事寺庙佛像泥塑、寺庙神像泥塑、寺庙壁画等。银家泥塑千姿百态，形神兼备，情景交融，折射出强烈的民俗功利性，富有生动的艺术审美性和地方特色。具有地方民族特色的历史、文化、科学价值。银家泥塑形体上站、坐、卧、悬，兼而有之，小到尺余，大到近丈。人物形象逼真，表情丰富，个性鲜明，有独特的艺术风格和深厚的文化魅力。

清水河布艺　清水河布艺是流传于清水河县以布为原料，集民间剪纸、刺绣、缝制工艺为一体的精美布制艺术品。清水河布艺题材广泛，有花鸟鱼虫、家禽家畜、古禽瑞兽，人物形象等，品种有十二生肖、老虎、金蟾枕、钱包、唐装、莲花帽、折叠式皇帝药枕等上百种。清水河布艺以构图饱满、造型生动、色彩绚丽、工艺奇特的艺术风格独树一帜。

托克托面塑　面塑俗称捏面人。清代，晋陕地区的捏面人手工技艺被带到托克托，逐渐形成独具特色的托克托县面塑技艺。随着人口和村落的增多，捏制面制品也成了每个家庭妇女必备的手艺。托克托地区面塑制品主要以节日面塑、祭祀面塑和人生仪礼面塑等形态流传。节日面塑主要有枣山山和寒燕燕，祭祀面塑主要有面人，人生仪礼面塑主要有面鱼、面锁、寿桃和大供、小供。

（七）传统技艺

民间木嵌技艺　民间木嵌是把木料以卯榫结构做成凹陷的槽，再用特定规律镶嵌入小木块，塞满后形成有意义的吉祥图案。木嵌技艺起源于清雍正年间，清宫造办处领班工匠孟传义，首创以碎木拼嵌成图案的技艺，所制家具收藏于故宫博物院和观复博物馆（雍正万字纹画桌）。此后孟家代代相传，直至今日。该技艺图案多为环形，有连续环状的山字，有万字不到头的连环，有八卦太极图、寿字图、长城图等，寓意各不相同。

蒙古族香牛皮靴制作技艺　蒙古靴作为蒙古服饰的重要组成部分，体现着蒙古民族特有的文化蕴涵。蒙古香牛皮靴造型精致，做工考究，种类也多。多用牛皮、马皮、羊皮制作，结实耐用，防水抗寒性能好，制作一双传统工艺的蒙古皮靴，要经历50多道工序方可完成，每道工序的细腻程度和要求之高，是其他鞋类生产无法比拟的。现蒙古族香牛皮靴样式有军样靴（又称大板尖）、皂样靴、武步员靴（朝靴）、大仙靴、抓地虎靴、三抱靴（又称小板尖）、八宝童靴。

清水河瓷艺　清水河县的黑矾沟是一个盛产日用白瓷的地方，居住在这里的人们祖祖辈辈以瓷业为生，至今仍有保存尚好的宋、元、明、清古窑址群20多座。黑矾沟的优质黏土可塑性好，吸附力强，耐火度较高。匠人师傅靠手工将泥段揉制成型，然后置于火炕上或烘干架上待胚体加热烘干至形体稳定，通过特殊工艺让胚体经高温烧制出陶瓷器。清水河陶瓷历史悠久，影响力较大。黑矾沟的古瓷窑址是中国北方“磁州窑”系列的杰出代表。

青城面塑　青城面塑制作方法分为生面塑和熟面塑，运用面粉及色料调和好的面团，再辅以塑刀、剪子、梳子，结合揉、搓、挑、按、捏等手法，制作的作品从童男童女、面娃娃逐渐发展到戏曲人物、花鸟鱼虫等。青城面塑可大可小，可奢可简，取材方便，其造型简练生动、形象逼真、色彩艳丽。

麦香村烧卖制作技艺　麦香村始于1927年。据《绥远通志稿》记载“惟市内所售捎卖一种，则为食品中之特色，因茶肆带卖之”，俗语谓“附带”为捎，故称捎卖。麦香村传统烧卖以内蒙古河套优质小麦面粉做面皮，精选内蒙古锡林郭勒盟和呼市和林格尔地区绵羊羔肉为主料，配以毕克齐大葱与当地特产胡麻油，皮薄、肉鲜、馅香滑嫩、汁肥味好、香鲜不腻。

青城德兴源烧卖　青城德兴源始于1901年在归化城（今旧城一带）开的一家糕点铺，主营糕点和烧卖。德兴源烧卖有自己独特的制作技艺，是用特制的擀面锤，把和好揉到的面垫着淀粉擀成薄薄的皮，再碾成荷叶状，新鲜羊肉配葱姜等佐料拌成馅，再勾以熟淀粉，成为干湿适度，红、白、绿相间，香味扑鼻的烧卖馅，把馅放在烧卖皮子里轻轻捏成石榴状，上笼蒸七八分钟即熟。烧卖出笼，顿时鲜香四溢。观其形，晶莹透明，皮薄如蝉翼，柔韧而不破，用筷子夹起来垂垂如细囊，置于盘中团团如小饼，人称“玻璃饺子”，又称“水馅”烧卖，烧卖吃起来清香爽口，味浓而不腻。

莜面饮食制作技艺　莜麦又称燕麦，有相当高的营养价值。莜面的制作技艺有窝窝、鱼鱼、刨折子、山药鱼子、山药糕、圪团、饺饺、山药条条、煮鱼子、丸丸、块垒等。莜面的制作必须经过“三熟”，即加工成面前要将麦粒炒熟、和面前要用开水烫熟，上笼后要用旺火蒸熟。所有这些莜面食品在蒸熟后配上各种凉汤或热汤便可食用，其风味独特、回味无穷。

蒙古族金银器錾刻技艺　蒙古族金银錾刻主要以錾刻为主，錾刻又分为阴錾、阳錾、平錾和镂空 4 个工艺类别。用普通的铁具自制出各种各样的小錾子是錾刻的主要工具，同时也需要锤子、皮老虎、钳子等共同完成錾刻工艺。利用金银柔软和延展的肌理特性，经过手工錾刻打造出精美的工艺品，造型复古、独特，手工錾刻浮雕图案细腻、质朴，充分展示了錾刻手工艺无可替代的作用和魅力，具有唯一性。

（八）传统医药

“王一贴”膏药　“王一贴”膏药从创办至今已流传 400 多年，数百年间保持自家单传、自配、自制、自销的传统。“王一贴”膏药是中药剂型，其主要成分有牛黄、鹿茸、乳香、穿山甲、乌蛇、生杜仲、柴胡、龟板、胡油、冰片、天麻、沉香、白芷、天花粉、川贝、血竭、续断、汉三七、没药等 40 多味中草药。制作时先把各种药材碾成粉末状，再加塞外胡油下锅煎，在这过程中根据不同的油温分别下入不同的药材，熬成“王一贴”膏药——虎骨追风膏（1992 年更名为风湿骨痛膏）。它对颈椎、胸椎、腰椎间盘突出、骨质增生、肩周炎、风湿性关节炎、腰肌劳损、跌打损伤等具有独特疗效及高度渗透力，治愈后不易复发，且使用方便、药力持久。

“蒙奥神”膏药制作技艺　“蒙奥神”膏药是蒙古族祖传膏药，它具有消肿止痛、散热、祛风湿、调节人体“协日乌素”（类似湿热）的独特功效。适用于腰腿疼痛、关节风湿痛、跌打损伤、软组织挫伤等。“蒙奥神”膏药原料均采自深山草原，主要成分有胡日根・其合（峪黄、酸模）、达楞・图茹（棉大戟）、格希根（大黄）、甭阿（制草乌）、朝高日根（龙牙香）、扎日（麝香）、姜黄、松香、樟脑、高度纯粮酒等 20 多味药材和辅料。药材经晾晒、阴干、自制。粗加工、洗涤加工处理和特殊方法炮制后，再进行捣块、碾磨，不同的药材放入不同的脚凳进行碾磨，要求达到细粉状，再混匀，最后与蛋清之类的黏合辅料调和涂抹或摊于布料以备用。膏药渗透力强、消肿止痛作用快，是“蒙奥神”药膏的显著特点之一。

“三空李氏正骨”“三空李氏正骨”起源于清康熙十七年（1678 年）。在清代，“三空接骨匠”主要针对创伤骨科病和老年退行性病进行治疗，运用保守的接骨手法，根据不同的骨伤、关节脱位类型进行手法复位，加强外固定，并配合祖传中草药配方辅助治疗，免去了开刀治疗的痛苦。李家的中草药配方有“接骨散”“接骨丹”“早期汤药”“外敷洗剂”“药酒”等多种珍贵配方，针对不同类型、不同阶段的骨伤患者给予配合用药，疗效显著。具有愈合快、感染率低、恢复周期短等优势。

（九）民俗

满族婚俗 清乾隆四年（1739年）绥远城建成后，八旗官兵到此驻防，家属随后迁入，满族婚礼随之传入绥远城。至今保留着一套比较完整的相亲、定亲、成婚、回门礼仪程序。满族婚礼五更娶亲，花桥到婆家门前大门紧闭，新郎从天地桌上取出弓箭向轿的上方虚射三箭（女真人抢亲的遗俗），新娘换婆家的鞋踩红毡，大拿（司仪）开始唱喜歌，跨马鞍、过火盆，在天地桌前拜北斗。正当午时“木昆达”（族长）主持婚礼，高唱“阿桑本毕”歌，手拿马刀，一边切肉抛向空中，再拿一盅酒倒在地上，高呼“马尼哈阿布卡那”（谢天谢地），新人行三拜大礼后，步入宴席。第二天夫妻回门，当天必须返回。满族婚俗涵盖满族历史、文化、风情、礼仪各个方面，是满族民俗文化的集中展现。

满族服饰 满族服饰又称“旗装”，其服饰高雅华丽，色彩多以淡雅的白色、蓝色、紫色为主，红色、粉色、淡黄色、黑色也是其服饰的常用色。样式分男女两种，清初男子旗装为圆领、大襟、箭袖（马蹄袖），四面开衩，系扣袢，腰中束带；冬季在棉袍外套一件长到肚脐、四面开衩、对襟的短褂，俗称马褂（满语鄂多赫），也有外套马甲。清末，由四开衩改为左右两开衩，箭袖多改为平袖。女式旗装基本与男式相同，只是在领口、前襟、袖口等处镶饰花边。

骡驮轿婚俗 清水河县地处黄土高原丘陵区，沟壑纵深，道路崎岖难行，只适合人、骡、驴单行，“骡驮轿”娶亲方式随之产生。“骡驮轿”是用两头骡子一前一后驮（架）着花轿，花轿顶呈现拱形，三面封闭，一面开口，封闭的花棱格雕有“鸳鸯戏水”“五子登科”“喜鹊登枝”等图案。娶亲时轿顶用红绸盖顶，红绸帏子扎边，“骡驮轿”的两头骡子也头扎红缨，身系铜铃，整个娶亲队伍（有司仪，鼓乐班）披红挂绿，鼓乐喧天，鞭炮齐鸣。“骡驮轿”是清水河县山区人民群众喜闻乐见的一种娶亲方式，是劳动人民智慧的结晶。

古路板龙灯节 古路板村的每年二月二传统节日龙灯节已延续200多年。活动通常从二月初一开始，为期3天，到二月初三夜结束。项目包括过庙会、绕九曲、唱社戏、扭秧歌等。活动由村里公认的德高望重的老者负责筹划和组织，不论天气好坏，每年照办不误。

大盛魁行商文化 大盛魁，创始人王相卿、张杰、史大学，是清代开办在内蒙古地区规模最大的一家旅蒙商号。大盛魁总号最初设于乌里雅苏台，后迁驻归化城，初时以乌里雅苏台、科布多为中心，活动遍及内蒙古西部和外蒙古大部分地区。大盛魁的经营范围遍及全国，经营牲畜、皮毛、药材、日用百货等业务。大盛魁商号首创中国西部第一家股份制企业，成功地创办了大盛魁票号（股票）及银行信贷的雏形。同时，大盛魁商号开辟的驼道茶路，是继西域丝绸之路后的又一条横跨欧亚大陆的商贸通道。

回族婚礼　回族对婚礼特别重视和讲究，回族的婚姻习俗大都是按照教规办，主张不铺张浪费、不用烟酒招待客人、不贴喜字、不放鞭炮及独有的民族服饰显得婚礼庄重文雅；娶亲不看“黄道吉日”，通常都选“主麻日”（星期五），婚礼当天邀请 2 ~ 4 位阿訇做证婚人，由阿訇诵读《古兰经》，为家人祈求平安，为新人祝福；新人的双方父亲“转手”，意为相互道喜，赞颂穆圣。后由新郎、新娘宣读“清真言”“作证词”，随后，阿訇诵读“祝贺词”，宣读“从今天起你俩结为夫妇”！一对新人及两位男亲家和阿訇一同签署“婚约证书”；第二天新郎、新娘带点心等礼品去娘家“回门”；第三天两家的女性长辈和嫂子、姊妹举行宴请，共同见证一个新家庭的诞生。

土默特祭敖包　“祭敖包”由蒙古族传统习俗“祭天”活动转化而来。土默特地区的敖包多用石块堆垒，筑于高阜处，其上多悬挂风旗、哈达和彩带，一般由主敖包和围绕在周围的 12 个较小敖包组成，所以也称作“十三敖包”。土默特祭祀敖包的仪式很隆重，一般在农历五月中旬举行。在主祭主持下，陪祭诸人点燃祭坛上的香和柏叶，熏坛清洁敖包，手持点燃的炷香，按顺时针转敖包三周，向敖包献上哈达和祭品，再由喇嘛吹响法号诵经，焚香致礼。参加祭祀仪式的人们要往敖包上添加石头，并把祭品摆放在敖包的祭祀台上。人们面向主祭，祈求降福，保佑人畜两旺。

三、市级代表性项目

2006 年开始，呼和浩特市组织有关机构对全市的非物质文化遗产进行挖掘、整理、申报。截至 2015 年，市政府公布 5 批非物质文化遗产项目名录，包括民间文学、传统技艺、传统音乐、传统舞蹈、传统美术、民俗等代表性项目 67 项，市级非遗传承人共 4 批次、96 人。

2015 年呼和浩特市级非物质文化遗产代表性项目一览表

表 27-5-3

批次	项目名称	申报地区或单位	类别
第一批	王昭君传说	呼和浩特市文物事业管理处	民间文学
	爬山调	武川县	传统音乐
	驼歌	回民区	传统音乐
	脑阁	土默特左旗	传统舞蹈

续表 27-5-3

批次	项目名称	申报地区或单位	类别
第一批	查玛	玉泉区文化馆、呼和浩特市非物质文化遗产保护中心、呼和浩特市大召管理委员会	传统舞蹈
	双墙秧歌	托克托县	传统舞蹈
	高跷秧歌	赛罕区	传统舞蹈
	剪纸	和林格尔剪纸学会	传统美术
	二人台	呼和浩特市民间歌舞剧团	传统戏剧
	八角鼓	新城区	曲艺
	满族婚俗	新城区	民俗
	骡驮轿	清水河县	民俗
第二批	托克托民间故事	托克托县	民间文学
	满族太平鼓舞	新城区	传统舞蹈
	呼和浩特晋剧（北路、中路梆子）	呼和浩特市群众艺术馆	传统戏剧
	托克托民间曲艺	托克托县	曲艺
	炕围画	呼和浩特市群众艺术馆	传统美术
	武家泥塑	和林格尔县	传统技艺
	蒙古靴手工制作工艺	呼和浩特市群众艺术馆	传统技艺
	民间木嵌技艺	热河桌精品馆、呼和浩特市群众艺术馆	传统技艺
	王一贴膏药	玉泉区	传统医药
	老字号大盛魁	呼和浩特市群众艺术馆	民俗
	满族服饰	新城区	民俗
	武川莜面制作技艺	武川县	民俗
	麦香村烧卖制作技艺	呼和浩特市欧亚长江商贸有限责任公司	民俗
	古路板龙灯节	新城区	民俗
	厂圪洞庙会	和林格尔县	民俗
	慢板高跷	呼和浩特市群艺馆、土默特左旗	传统舞蹈
第三批	清水河县踢鼓子秧歌	清水河县	传统舞蹈
	托克托县剪纸	托克托县	传统美术
	毫沁营剪纸	新城区	传统美术
	青城德兴源烧卖	玉泉区	传统技艺
	青城面塑	新城区	传统技艺
	和林炖羊肉	和林格尔县	传统技艺
	清水河布艺	清水河县	传统技艺
	黑矾沟瓷艺	清水河县	传统技艺
	九曲黄河阵	托克托县	民俗
第四批	蟠龙山民间传说故事	新城区	民间文学
	和林民间鼓匠班	和林格尔县	传统音乐
	摺份子	和林格尔县	传统音乐

续表 27-5-3

批次	项目名称	申报地区或单位	类别
第四批	赛罕剪纸技艺	赛罕区	传统美术
	毫沁营炕箱画	新城区	传统美术
	仿真微型工艺制作	新城区	传统技艺
	马头琴制作技艺	回民区敕勒川口簧研究所	传统技艺
	和林格尔捏面人	和林格尔县	传统技艺
	付氏整体辨证推拿疗法	新城区	传统医药
	“蒙奥神”膏药制作技艺	内蒙古老科学技术工作者协会	传统医药
	土左旗九曲	土默特左旗	民俗
	呼和浩特回族婚礼	回民区	民俗
	托克托民间社火	托克托县	民俗
	祭敖包	土默特左旗	民俗
	西水磨儿曲灯	玉泉区	民俗
第五批	回族摞跤	回民区	传统体育、游艺与杂技
	新城蛋雕	新城区	传统美术
	蒙古皮画	玉泉区	传统美术
	托克托面塑	托克托县	传统美术
	赛罕窗花	赛罕区	传统美术
	赛罕风箱制作技艺	赛罕区	传统技艺
	银家泥塑制作技艺	赛罕区	传统技艺
	组装型牛角雕制作技艺	和林格尔县	传统技艺
	抿豆面制作技艺	清水河县	传统技艺
	毛毡制作技艺	武川县	传统技艺
	蒙镶传统手工制作技艺	呼和浩特市非遗保护中心	传统技艺
	青城糖画制作技艺	呼和浩特市非遗保护中心	传统技艺
	三空李氏正骨	玉泉区	传统医药
	前大井九曲灯游会	清水河县	民俗

（一）传统音乐

驼歌　当年驼工们牵引着骆驼，一路向西、向北，往返于内地和境外，开辟出了从呼和浩特至西北各省及外蒙古的驼道——“丝茶驼道”。驼工们跑运输时，为了消遣长路的寂寞，自编自创出了一种民歌——驼歌。

摞份子　由鼓点和唱曲组成是在民间社火活动基础上发展而来的一种独特民间唱腔，一个人以说唱形式，在鼓点的配合下，连接各种表演的一种独特的表演形式。“摞份子”脱胎于民间，其内容表达上，早期反映人民疾苦，期盼美好生活。后期反映农村的风土人情，描绘美好生活等。从风格上讲，其唱腔浑厚粗犷，似说似唱，似叙似述，地方气息浓郁，是老百姓自娱自乐的独特文化表演艺术形式。

（二）曲艺

托克托民间曲艺种类颇多，主要有快板（又称莲花落、呱嘴）、串话（又称顺口溜）、口技、说书（又称叨书、讲故事）、讲说、说唱（就说就唱）等等。快板是托克托县曲艺的主要表演形式，代表性节目有传统的“王婆骂鸡”“苏先生钻炕洞”“罗成算卦”等。曲艺表演道具简单，甚至不需任何道具，它可登上大雅之堂展示风采，也可在民间群众围观处的一席之地就即兴表演。曲艺的节目内容来自民间，内容丰富，语言生动，妙趣横生。托克托民间曲艺一个显著特点是汉族曲艺艺术与少数民族艺术的彼此结合，相互融合，从而形成了自己的独特风格和地区特色。

（三）传统美术

新城蛋雕　蛋雕，也称蛋雕琢画。是一门集美术、书法、雕刻等多项技法于一体的艺术。是以各种禽类蛋壳为创作载体，它的特殊性在于其又薄又脆加之又没韧性，蛋雕的设计与创作要有扎实的美术和雕刻功底，手稳，下刀准。做蛋雕就如同走钢丝一样，每一步都如履薄冰，所以蛋雕作品只有零分和一百分的区别。新城蛋雕种类繁多，但凡在纸上能表现出的所有对象，基本上就能在鸡蛋壳上惟妙惟肖地刻画出来，有人物肖像、花鸟鱼虫、京剧脸谱、诗文字画等。

毫沁营炕箱画　炕箱画是漆画的一种衍生形式。流传在新城区毫沁营镇的传统民间美术。北方人习惯睡炕，为便于存放被褥衣物，有在炕上放箱柜的习俗。炕箱画内容有花卉山水、人物风景、鸟兽鱼虫。画面简洁干净，中心烘托得主次分明，并吸收了南北画派之所长，不但具有北国的火辣与奔放，又极富江南园林的清秀与雅气。

（四）传统技艺

和林炖羊肉　“和林炖羊肉”是呼和浩特地区极具特色的美味佳肴，由于和林格尔县地形、植被等特点，当地的土种羊喝矿泉水，吃中草药，跳窜坡岩长大，属纯天然绿色养殖，肉质独特，最适宜炖食。炖法独特，所用配料少，保持了羊肉的原汁原味。和林炖羊肉味美肉鲜，老少兼宜。

仿真微型工艺制作　仿真微型，就是把创作的物品全部按一定的比例缩小，外形不变、材料不变，更适合把玩收藏、摆设、展示。仿真微型工艺品的制作过程简单，首先从备料中选合适的原材料剥皮或成型晾干，量尺做记号、裁锯，刨至需要的尺寸，经过打卯榫等粗加工，制成模型，然后再打磨修整各种部件进行细加工，最后抹胶安装成型。刷磁漆一到两次晾干，最后配备装饰包装处理完成。仿真微型工艺品可大可小，可奢可简，取材方便，作品造型生动逼真，富有感染力。

马头琴制作技艺　马头琴是一种弓拉弦鸣音乐乐器，因琴杆上端雕有马头而得名，是蒙古民族的代表性乐器。马头琴由共鸣箱、琴头、琴杆、弦轴、琴码、琴弦和琴弓等部分组成，制作以手工为主，有百余个步骤。共鸣箱呈正梯形，也有极个别的做成六方形或八方形，琴箱框板多由乌木、红木或桑木等硬杂木制成，上下框板的中央开有装入琴杆的通孔，左右侧板上分别开出音孔，琴箱正背两面蒙以马皮、牛皮或羊皮，皮面上彩绘民族图案为饰，也有正面蒙皮、背面蒙以薄木板的。琴头琴杆多用一整段优质木料制作，呈方柱形，顶端向前弯曲，造型为雕刻精美的马头，有的是在琴杆上端直接雕出，也有的是雕好以后粘上去的；弦槽后开，多有槽盖，两侧横置两个弦轴。弦轴又称把子，采用黄杨木或琴杆木料制作，轴杆为圆锥体，轴柄呈圆锥形、八方形、瓜棱形或扁耳形，圆锥形轴柄外表刻有直条瓣纹，便于拧转，有的轴顶为圆球形。琴杆为半圆形柱状体，前平后圆，正面为按弦指板，上端设有山口，下端装入琴箱上下框板的通孔中。皮面中央置木制桥形琴码。张两条马尾弦，两弦分别用 40 根（里弦）和 60 根（外弦）左右长马尾合成，两端用细丝弦系住，上端缠于弦轴，下端系于琴底的尾柱上。琴弓用藤条或木料制作弓杆，两端拴以马尾为弓毛。反复刷漆涂色后，一把完美的马头琴呈现在手里。一把琴生产周期约为一个半月。

赛罕风箱制作技艺　风箱，是用来产生风力的设备，由箱体、堵风板、推拉杆、风舌与出风嘴等部件套装组合而成。箱体用六块木板组成，顶板为活动盖板，缝隙黏糊密封，长约 85 厘米、宽不足 30 厘米、高约 50 厘米；将所有加工好的料组合在一起，形成风箱的基本框架。为使风箱内光滑便于拉动推拉杆，用黄蜡翻转烘烤，用麻丝均匀涂擦，直到光滑无阻力。然后密闭挡风板，让厚约六分的堵风板略小于风箱内上下左右的空间，四边缚扎胶粘鸡毛，达到密封良好，拉动自如的效果。最后安装推拉杆，上油封顶盖。一个完整的风箱就做成了。

抿豆面制作技艺　抿豆面是清水河县境内最具代表性的特色食品，它以用料普遍、制作简单、口味独特等多方面因素，成为群众喜爱的日常食品。抿豆面先将豆面 60% 和白面 30%、土豆粉面 10% 拌匀，边加水边搅拌至稠糊状，把抿面床置于开水锅上，将拌好的面放到抿面床上，用抿面圪堵将面挤压成 2 ～ 3 厘米蝌蚪状的小段下锅。煮出的抿豆面色泽金黄、入口润滑、豆味飘香，配上独特的卤汤臊子，一碗地道的清水河抿豆面就呈现在大家面前。

毛毡制作技艺　毛毡用料主要以传统优质羊毛为主，手工操作完成。首先用弹毛弓把羊毛弹成蓬松，卷成羊毛卷，把羊毛卷二分之一撒在擀毡用的竹帘子上，温水喷在铺好的羊毛上，让羊毛湿润为止，再把另一半羊毛卷铺在竹帘上，再次喷水；然后将铺好羊毛的毡帘子紧紧地卷起，用四道绳索捆紧，均匀地来回擀动帘子，经过反复碾擀后，毡坯成型，用开水渗透毡坯，洗到要求的尺寸后，对毡坯进行整形；最后把整好形的毡坯放在阳光下晾晒。武川毡匠手工制成的毛毡制品，花纹细腻美观，质地坚实浑厚，毡面坚韧平整，薄厚均匀，美观耐磨。

组装型牛角雕制作技艺　组装型牛角雕是一种比玉雕工艺复杂，对生产人员的审美、造型、想象能力要求极高的技艺，是一种以手工制作为主的复合性生产方式。先按选题的构思，进行平面设计，对角料的体量、色泽、形态加以选择。按照图纸把整角切割成各种块、片形状粗料，将角块（片）加温，手工加以变形，进行细加工。手工雕刻将角块（片）塑造写实或抽象的形体，在表面镶嵌金属（金、银、铜、铅），对镶嵌后的角体进行抛光，最后按图纸要求，将抛光后角雕单体对接胶粘。组装型牛角雕具有鲜明的民族性、地域性，采用写实、写意及抽象的手法，加工制作出反映蒙古族历史文化及现代生产、生活题材的艺术品，具有很高的民族文化艺术价值。

（五）传统医药

付氏传统推拿疗法依据中医传统理论为基础，以传统按摩手法为手段和方法，吸取满族、蒙古族、汉族等推拿按摩的长处，集付氏推拿按摩于一身，自成体系。特点是简洁方便、无毒副作用，对常见病、多发病、疑难杂症都有独到的治疗和预防效果。基本手法有按摩、推拿、捏筋、拍打、理筋等，辅以刮痧、拔罐、放血等，达到“肌触于外，巧生于内，手随心转，法从手生”的功效。

（六）民俗

厂圪洞庙会　厂圪洞庙会是和林格尔县厂圪洞村每年农历四月初八，在厂圪洞“奶奶庙”（又称永安寺），举行的一种祭祀民俗活动。厂圪洞庙会是民间自发形式，自筹自办，带有浓重的地方特色。随着厂圪洞庙会的远近闻名，由单纯的庙会祭祀形式，发展为集商贸、文化、信息交流于一体的民俗活动。

九曲黄河阵　托克托县地区的九曲黄河阵有“十六省九曲”和“十三省九曲”两种，以“十三省九曲”较为普遍。两种阵图布局虽然不同，但都是以“老杆”为中心，等距离呈方形布阵，横竖皆为19排，每排栽19根灯杆，全阵共361根杆。杆顶各设彩灯一盏，中间的老杆上横空盘一条粼光闪烁的巨龙。杆与杆用线绳串联，辟出通道，组成“九州”地域。游人从入口进入，沿通道遍游九州而出，喻前程畅达，万事亨通。且伴有“偷灯”“送灯”“拜老杆（龙）”“猜谜”“对联”等民俗文化活动。

托克托民间社火　社火，又称“耍社火”，托克托民间社火由民间自发组织的“社”来操办，因此当地人又把“社火”理解为私社组织的“红火”，传统活动通常三天，从正月十四到正月十六，十五为正日。托克托社火包括舞龙、舞狮、阁艺、高跷、皇杠、秧歌、跑旱船、跑驴、太平车、大头人、鼓匠等不同形式的内容丰富多彩的歌舞技艺。表演借助各种道具，事先有场面变化编排，有引人入胜的高潮铺垫，有欢快热闹的吹打锣鼓音乐伴奏，表演程序自由，具有鲜明的地方特点，成为广大群众喜闻乐见的民间活动。

土默特左旗九曲　土默特左旗塔布赛乡杭盖村举办“九曲”已有百余年历史。土默特左旗九曲以361根杆为点，上面再加上灯，根据一定线路用麻绳连接成的正方形阵图，图中只有一根老杆，普通杆339根，全长1.5千米。图中共有9个曲曲折折的阵势，每一阵势叫一曲，故名“九曲”。每到元宵佳节，都要摆3天“九曲”，但每天都有不同的含义，正月十四称游心情，这天游一游能在一年里消去忧愁，心情舒畅；正月十五称游财运，这天游一游会财运滚滚来；正月十六为消灾日，这天游一游能去百病，身体健康，长命百岁。

第六章　文　物

第一节　文物管理

一、文物普查

1986年前后，市文物处配合国家能源交通建设，重点对呼和浩特—准格尔煤田公路两侧进行文物普查、清理和征集工作。同时，全面复查呼和浩特地区文物，查明历代文化遗存近千处。其中，历代古城30多座，长城300多里，碑碣、刻石60多处，革命遗址20多处。1987年7月，市文物处编辑的专业刊物《呼和浩特文物》第一期（创刊号）出版。1989年，市文物管理处编辑的《呼和浩特市文物志》初稿完成。

1993年，市长办公会议决定，明确文物管理机构在历史文化名城保护管理工作中进行文物调查勘测和留取资料的审批权。市文物处配合“引黄入呼”水利工程、托克托县发电厂建设工程展开文物调查，勘探文化遗存30多处。1994年，丰州城遗址被自治区政府公布为自治区级文物保护单位。完成万部华严经塔（白塔）四周围墙等保护设施。1998年5月，邀请中国文物研究所蔡润先生对白塔砖雕造像进行考察，并制定化学加固技术方案。1999年，市文物处成立“四有”（有保护范围、有标志说明、有记录档案、有专门机构或者指定专人负责管理）工作室，当年基本完成白塔记录档案资料的收集、整理，建立起档案管理的框架体系。12月，白塔文物景区文物旅游资源纳入呼和浩特地区西部大开发预选项目之一。同年，回民区政府对呼和浩特清真大寺进行保护维修。

2002年11月，市文物处对包头至呼和浩特段的天然气管道铺设工程进行沿线文物普查。2003年，对惠丰轩、大盛魁、元盛德等旧址进行科学测绘，并对塔利村的汉代古墓群进行多次实测，为“四有”工作搜集丰富的资料。市文物处完成全国文物、博物馆单位基本情况普查试点工作，并将自治区级、市级文物保护单位填报、审核的资料、数据全部录入计算机。

2004年6月1日开始，市文物处为呼和浩特市范围内文物市场的经营者办理《文物监管品经营许可证》。同年，市文物处建立自治区首家文物管理综合性网站“呼和浩特文物信息网”。并通过互联网信息中心注册昭君墓、万部华严经塔、金刚座舍利宝塔3个通用网址。同年，市文物处与内蒙古集邮公司联合设计发行《呼和浩特文物》《昭君墓》《万部华严经塔》《金刚座舍利宝塔》4套个性化邮品。

2005年3月，对市区及市属土默特左旗、托克托县、和林格尔县、清水河县、武川县的地上文物和馆藏文物进行全面普查、登记工作。至2005年末，市文物处先后出版《王昭君研究文献目录》《青冢藏墨选》《呼和浩特近代建筑调查汇编》《呼和浩特绥远城专题调查资料汇编》《昭君墓》《万部华严经塔》《金刚座舍利宝塔》等资料和画册，编辑出版专业刊物《呼和浩特文物》5期，编辑印发《文物工作简讯》60多期。报批公布的国家、自治区、市级文物保护单位44处，其中国家级6处，自治区级21处，市级17处。

2006年，呼和浩特市被自治区文物局列为全国第三次文物普查试点盟市之一。按照国家文物局的有关要求，对“大窑遗址”按照科学记录档案的标准将其记录并整理入卷。2008年，全市共勘查发现清水河县保存完好的明清时期民窑窑址群，和林格尔县出土战国时期青铜剑等重要文物。至2009年末，市文物处普查文物点1634处，其中新发现629处、复查1005处。对原有各级文物保护单位及新发现的文化遗迹的“四有”档案进行复查和新立，对文物价值较大、保存状况较好的文化遗迹，详细编制“四有”档案。至年末，完成市境18处第七批全国重点文物保护单位申报材料编录。

2010年，开展市四区第三次文物普查，共普查25个街道、7个镇、6个乡，223个社区居委会和227个建制村。普查不可移动文物点395处，录入相关图纸1412张、照片拍摄近4000多张。其中，录入电子文本1605张，实地获取并录入电子文本当中的GPS点1037个，采集文物标本260袋、建筑构件64件，制作完成电子文本395册。

2011年，在第三次全国文物普查中发现，全市有不可移动文物1534处，复查859处，新发现675处，消失210处。将新发现的16处重要文物申报为市级文物保护单位，制定保护管理办法，采取保护措施。同年，全市共有11处全国重点文物保护单位，50处自治区级文物保护单位，32处市县级文物保护单位。

2013年7月，按照自治区开展第一次可移动文物普查工作的安排部署，市政府制定下发《关于认真做好第一次全国可移动文物普查工作的通知》，成立呼和浩特市可移动文物普查工作领导小组，研究制定普查工作实施方案。

2014年，市文物处将“四有”档案材料和文物普查资料、长城普查数据移交各旗县（区）文物管理部门。开展全市文物违法与消防安全专项督查工作，印发《呼和浩特市开展古城保护中文物违法与消防安全专项督查工作实施方案》。

2015年，内蒙古博物院、自治区文物考古研究所、和林格尔县文物保护管理所组成的联合调查队，对万里茶道和林格尔段遗址进行两个月的考古调查。文物专家经过史料研究、实地调查，确认“万里茶道”和林格尔段考古调查发现多处重要文物遗址，包括车马古道、石碑、寺庙、石刻群等。其中，清代乾隆、嘉庆年间的石碑因记载内容丰富，被自治区文物局列为重要发现。同年，市文物处对全市18处全国重点文物保护单位及61处自治区文物保护单位保护标志进行全面的摸底调查。完成市域范围内历代长城保护基础综合信息的调查、汇总等各项工作，上报国家文物局。

二、考古发掘

（一）鸡鸣驿北魏贵族墓壁画

1993年秋，自治区文物考古工作队在和林格尔县大红城乡榆树梁村，清理发掘一座北魏时期的大型砖室壁画墓。在这座已遭破坏的古墓内，考古工作者发现了一幅近20平方米、10多组的彩绘壁画，壁画色彩鲜艳，内容丰富，绝大部分保存完好，充分展示了1500年前拓跋鲜卑在当地的生产、生活图景。墓葬由墓道、甬道、前室和后室组成，全长22.6米。前、后室为不同时期两次修造，后室早于前室。后室面积有5平方米，形制为四角攒尖顶式，前室近20平方米，正方形。四壁呈弧形外凸。壁画中有出行、燕居行乐、游乐、狩猎、升仙和四神等图像，另外在主题画的空隙处还绘有采桑、莲花、虎牛咬斗、牧羊和鹿的图像。壁画色调有红色、黑色、橘黄和石青几种。画法是先用红色线条作画稿，然后再以墨线勾勒，最后着色。壁画中所绘人物都穿前领开衩的宽式长衫或短衫，成年男子头戴二梁冠，脚穿脚尖上翘的靴子，女子头顶起髻。根据壁画中人物特点以及墓葬的规模与形制分析，考古学家认为该座墓的年代应在公元486年魏孝文帝开始实行新服制以后、迁都洛阳以前，极有可能是一位贵族的墓葬。

（二）清水河县下城湾古城

1997年，自治区文物考古研究所对清水河县窑沟乡下城湾古城进行了考古发掘。揭露面积1025平方米，发现房址4座、灰坑19座、灰沟2条、建筑台基1座，出土大量陶、瓷、铜、铁、石、骨器和建筑材料等遗物。

古城东墙斜向内收，长265米、宽8米、残高6.5米，其南段被毁。东墙中部设城门和长方形瓮城。南墙保存较好，长150米、宽8米、残高8米，中部设城门，宽8米，推测原来有瓮城，后因修筑梯田遭破坏。西城墙沿黄河断崖走向呈不规则形状，长

290米、残宽3 ~ 5米、残高0.5 ~ 1米，保存较差。北墙长245米、宽8米、残高4 ~ 8米，保存较好。城墙四角各设一座角台，墙外筑有马面，马面集中在古城的东北部分城墙，南墙外未发现马面，可能被破坏。北墙的东段和东墙的北段外有护城壕。除西墙部分地段为石板垒砌外，古城的城墙、城、马面、角楼均为夯土建筑。经探查，发现古城的大型建筑主要分布在城内中部和东北部。城墙设马面、角楼、瓮城和护城壕等设施。清理的4座房址中有两座保存较好。

遗物中完整和可复原器物近300件，主要有陶器、瓷器、石器、骨器，并有大量建筑材料如砖、瓦等。经考证，古城为辽金两代相沿使用的宁边州。元至元二年（1265），宁边州建制被撤销，其辖地被东胜州和武州各分一半，原宁边州宁边县成为武州属县，元至元四年（1267）省入武州。古城周边窑址出土的瓷器有属于蒙元时期者，可见古城在元代仍然使用，至元四年以后，宁边县县治虽废，但居民仍在。

（三）土城子唐代壁画墓

1999年7月，自治区文物考古工作者在和林格尔县土城子古城附近挖掘了一座唐代古墓，发现数十平方米的壁画，这在内蒙古草原十分罕见。壁画多为礼俗内容，其中有“仕女图”“十二生肖图”等精美的图画。墓葬为砖券圆形仿木结构穹庐顶墓，墓室结构和壁画保存完好。由墓室、甬道、墓道、墓门四部分组成。墓室直径3.2米，高2.8米，用灰色沟纹砖券砌，周壁自下而上逐渐收缩成圆券顶，从墓门到墓顶大量使用仿木建筑结构。该墓为单室砖墓，清理出土的随葬器物有铜叉、银叉、银簪、白瓷注、塔形器、“开元通宝”三枚、铁钩、漆盘等。墓室彩绘壁画遍布于四壁及墓顶，在一层白灰浆之上施彩，画面以朱红色为主色调，以棕色线条勾勒，再填以黄色、金黄色、白色、棕色、黑色、绿色等。壁画中的人物以及花草等，线条流畅、风格朴拙，布局对称，人物整体形象突出。该墓葬是内蒙古中南部地区发现的同类墓葬中较为完整、规模较大的一座唐代壁画墓。

（四）岔河口遗址

位于清水河县浑河与黄河交汇处的台地上，东、南、西三面濒临河流。1997—1998年进行发掘。岔河口遗址主体处于台地顶端，见有半地穴式房址、坑穴和陶窑等遗迹，为一环状壕沟围绕，面积近6万平方米。壕之东北、东南和南面设出入口，南口两侧的壕底均挖成类似鱼骨状的凸体。此遗址可分三个时段，第一期与半坡文化和后冈一期文化多所相似，第二期年代约为庙底沟文化，第三期属海生不浪文化。环壕建于第一期。

（五）新店子春秋战国墓群

1999年夏，自治区文物考古研究所在和林格尔县新店子乡小板申村西北发现一处春秋战国时期的氏族墓地。探明的 54 座墓葬分布在浑河岸边一处向阳的坡地之上，均为土坑竖穴单人葬，墓宽皆在 1.5 米左右，长为 2 米。大多数的墓上，有祭奠时留下的牛、马、羊头骨，但各墓的数量不等，反映出当时北方草原氏族独特的葬俗。出土的器物有青铜短剑、青铜戈、青铜连珠饰件、铜带扣、铜泡饰件、铜环、弹簧式铜耳环、铜箭头、骨环、骨箭头、骨针管和骨针、蚌饰件、绿松石饰件等。其中一座宽约 1.7 米、长 2 米的墓葬位于近坡底处，该墓的顶部出土了排列较规律的牛头骨 18 具、马头骨 4 具和羊头骨 22 具，数量在墓地内是最多的。墓内有男性骨架一具，仰身直肢，项上戴一件月牙状素面金项圈，十分醒目。在头部左边放着 1 件尖部残损的青铜戈，腰部整齐有序地排列着青铜连珠饰件和多组青铜环，清楚地呈现了当时饰件的组合方式和佩戴方法，同时在头骨和腰部还发现有磨制精细的骨箭头。从墓葬规模和随葬品的丰富程度上初步推断，应是氏族首领的墓葬。该墓葬群保存完好、数量较多。各墓中出土的随葬品数量不一、内容不同。青铜短剑、连珠饰件等大部分随葬品呈现着鲜明的北方草原民族文化特色，然而青铜戈这种中原常用武器的出现，则说明北方少数民族部族早在春秋战国时期，就已经同中原发生了密切的交往和联系。墓地内出土的唯一月牙形金项饰，是内蒙古地区首次经发掘出土的同类型文物，具有很高的考古科研价值。

（六）土城子战国墓群

1997—2002 年，自治区文物考古工作者在和林格尔县土城子古城周边，发掘出战国时期墓葬 1023 座。墓葬中出土有陶罐、陶钵、铜带钩、铜剑、铜戈、铜璜等器物，仿青铜礼器的有鼎、豆、壶、盘、樽等。其中，有些墓葬中出土有大量表明墓主身份和地位的带钩，有石质、铜质之区别，且战国早期、中期、晚期均有出土。尤其值得一提的是出土了一块精美的瓦当，瓦当画面中部为一棵树，两侧有猴子，显得古朴典雅。此外，还发现了多例带有环壕殉人的墓葬，墓葬普遍呈“斗”形，出土有盖式陶斗、盖式陶壶、盖式陶盒等器物，与山西侯马晋墓的形制与出土器物相类，具有鲜明的晋文化因素，说明土城子古城地区曾一度为晋国的属地。

（七）土城子唐代古墓

2002 年 11 月，和林格尔县上土城村希望小学师生在挖自来水管道时，发现一座大型的唐代砖室墓，自治区文物考古研究所、和林格尔县文物管理所对这座墓进行了清理挖掘，获得了重大考古发现。该墓葬保存完好，没有被盗掘过，属双人合葬墓。墓道向南，呈斜坡式。墓门在甬道中部，以砖封堵。墓室呈方形，穹庐顶，内设砖砌棺床，棺床上横放置一副棺椁，棺椁一侧放置有随葬品，主要有陶罐、陶壶、漆盘、瓷碗、瓷注、瓷壶等。正对墓门放置一合方形墓志，志文为楷书，计 28 行 554 字，上书“唐故守左金吾卫大将军试太常卿刘公墓志铭”等字。据志文记载，刘公为墓主人，名如元，生前为单于大都护府左金吾卫大将军，葬于唐贞元十四年（798年），享年75岁。

（八）新店子西汉墓群

2007年，自治区文物考古研究所在和林格尔县新店子镇新店子村发掘了6座汉墓。墓葬群全部为带斜坡式墓道的砖砌多室墓，且墓道均向北。由于早期遭到严重破坏，大部分墓葬未发现随葬品。在其中一座墓葬内，文物工作者发现了一块刻有“宜子孙、富番昌、乐未央”9个字的文字砖，文字清晰，字体精美，十分罕见。该文字砖约24厘米见方。此前，内蒙古地区发现的汉代文字砖多为8字、6字，刻画内容也多为“子孙富贵、长乐未央”等字样，而发现9个字的砖在内蒙古尚属首次，在国内也很少见。根据墓葬形制及出土文字砖推断，该墓群为西汉时期墓葬。

（九）小红城汉代墓群

2008年，自治区文物考古工作者在和林格尔县小红城村发掘7座汉代墓葬，出土了大量陶器、铜器等精美文物。墓葬群出土文物较为丰富。其中，陶器有土釉陶壶15件、陶罐23件、陶灶6件以及陶鼎、陶尊等；铜器包括弩机、铜盖弓帽等武器零件和带钩、车饰小件等生活用具。这些文物为考证当地汉代的文化习俗和社会状况提供了实物资料。

（十）清水河县塔尔梁壁画墓

2010年11月，自治区文物考古研究所对清水河县窑沟乡塔尔梁村墓葬群进行抢救性清理发掘，共清理墓葬两座。两座墓葬结构和出土遗物基本一致，皆为砖砌的穹窿式墓葬，由墓道、甬道、墓门、墓室组成。墓葬枋木结构从顶部的下方开始，有砖雕的垄瓦、椽头、斗拱、立柱。立柱之间多见有砖雕的门、窗、生活工具等。墓葬内遗物不多，但壁画保存较好。壁画内容包括四神、伏羲女娲、宴饮、钓鱼、打猎、抚琴、出行、商旅、耕作、丧葬以及孝子图等。顶部以四神为主，代表4个方位的四神图案。四壁主题内容有表现二十四孝的，可见“王洋卧冰求鲤”“老莱子娱亲”“郭巨埋儿奉母”等；有表现日常生活的“宴饮图”“庖厨图”；有表现民间生活的“农耕图”“打猎图”“角斗图”“钓鱼图”“抚琴图”“打马球图”等；有表现民间风俗的“丧葬图”等；也有一些反映民间商旅的出行、贸易等方面的画面。依据前塔儿梁墓葬内出土的器物及壁画上的内容，基本推断为五代时期墓葬。

（十一）和林格尔县新店子下坝村东梁遗址

2011年5月，为配合呼和浩特至杀虎口高速公路建设，自治区文物考古研究所与呼和浩特博物馆联合组成考古发掘队，对公路沿线和林格尔县新店子乡下坝村东梁遗址进行考古发掘，总面积225平方米。发掘区出土文物较少，皆为陶瓷器残片，共出土陶片26片，瓷片59片。根据地层出土文物标本的特征，推断该遗址是一处元代村落遗址。

（十二）新店子乡西头号墓地

2011 年 6—8 月，为配合呼和浩特至杀虎口高速公路建设，自治区文物考古研究所与呼和浩特博物馆联合组成考古发掘队，在公路施工沿线和林格尔县新店子乡西头号村七号梁耕地内钻探出 6 座墓葬，并进行抢救性挖掘。根据墓葬形制和随葬品特点，推断其中 1 座墓地年代在战国晚期，是内蒙古中南部少见的一种墓葬形制；其他 5 座年代在西汉中晚期。该墓葬保存完好，出土了一批重要的文物。

（十三）沟口子遗址

2012 年 5—7 月，自治区文物考古研究所与呼和浩特博物馆联合组成考古发掘队，对赛罕区黄合少镇沟口村一处新石器时代遗址考古发掘。调查面积 3 万多平方米，重点钻探面积3000多平方米，发掘面积1000多平方米。发现新石器时代遗迹灰坑6个、房址 2 处、灰沟 1 条，汉代土坑竖穴单人仰身直肢墓葬 1 座，汉代遗址和辽代遗址各 1 处，并对石人湾辽墓进行专项调查。出土文物标本（陶片）、石器等 2000 多件。

（十四）外西沟唐代仿木砖墓

2013 年 7 月，和林格尔县新店子镇西沟车站挖排水沟时，发现一座古代砖室墓。自治区文物考古研究所对砖室墓进行抢救性的考古挖掘。该墓形制为仿木结构单砖室墓，由墓道、墓门、甬道、墓室组成。墓门、甬道及顶部遭破坏。墓室顶部平面呈圆形、穹庐顶，底部直径 3.7 米、残高 2.1 米。墓室由青灰色条砖砌筑而成，条砖之间用灰色碱土作浆，制作规整。甬道处有一方石质墓志，记载墓主人下葬的年代为唐代成通九年（868 年）。此次发掘的有明确纪年的仿木结构墓葬，为此类墓葬分期提供标准。

三、文物保护

1986 年，开展万部华严经塔（白塔）的大型维修工程。10 月，国家文物局文物处处长朱长翎、古建筑专家祁英涛、工程师杨烈专程到白塔，代表国家文物局听取维修工程工作和技术的汇报、登塔逐层实地考察后，进行鉴定评议，专家对万部华严经塔进行全面验收并给予高度评价，赞誉为古塔维修的“上乘之作”。

1987 年，自治区文化厅拨款 3 万元，对多松年烈士故居进行复原施工。同年，市政府拨款 98 万元，对昭君墓进行大规模扩建、维修，增筑围墙、硬化地面、绿化环境、修缮仿古建筑，开辟接待室、陈列室、文物书画社、服务社等场所，在墓园内安放由中国著名雕塑家潘鹤设计，高 3.95 米，重 5 吨的“和亲”铜像。自治区主席布赫为铜像题写“和亲”二字。

1988 年 1 月，大窑文化遗址和金刚座舍利宝塔被国务院公布为第三批全国重点文物保护单位。

1990 年 3 月，市文物处将收藏的 736 件文物，全部移交市博物馆。1991 年，市文物处向市政府申报公主府等 11 处市级文物保护单位名单。自治区文物处指定市文物处为“四有”工作试点单位。当年基本完成金刚座舍利宝塔、大窑文化遗址、万部华严经塔 3 个全国重点文物保护单位管理档案的建档以及“四有”档案管理细则的编制工作。

1992 年夏，市文物处与北京大学、自治区文物考古研究所联合进行托克托县海生不浪遗址的发掘，探明遗址的历史年代和文化特征。9 月，市文物处配合城市基本建设，对万寿宫遗址进行探测。探测面积 3600 多平方米，清理出汉白玉柱础 50 多个，石条 40 多根，探明万寿宫大殿和二道宫的位置。10 月，市政府公布长城遗址、石人湾古墓、丰州古城遗址、东沙岗古城遗址、绥远城城墙遗址、喇嘛洞召、乃莫齐召、天主教堂、纯一善社、多松年烈士故居、乌兰夫故居等 11 处文物古迹为呼和浩特市第二批文物保护单位。同年，呼和浩特市召开文物保护工作会议，自治区、市级主管单位参加。

1993 年 7 月，市政府颁布《呼和浩特市文物古迹管理办法》，明确规定文物管理机构、文物保护单位的职责、文物古迹保护范围，以及文物收购、销售办法等。市文物处拍摄 12 集电视小品系列剧《国宝警示录》，并以宣传车、流动展览等形式，深入旗县（区）开展《中华人民共和国文物保护法》宣传。建立文物巡查制度，对辖区内的文物保护工作进行检查。同年，由市文物保护管理委员会与市文物处共同公布《呼和浩特市各级文物保护单位中使（占）用及收藏文物的单位实施保护与安全责任合同的（暂行）管理办法》。市文物处受自治区文物处委托，举办全区“四有”工作培训班，对文物保护单位的档案人员进行业务培训。

1995 年，市文物处配合城乡建设，清理丽苑小区、桥靠、托克托县古城村、和林格尔县土城子乡等建设工地不同时期的墓葬 200 多处，出土文物 1000 多件。

1996 年，市文物处与自治区文物考古研究所及武川县文化馆的文物工作人员，对武川县大青山乡上南滩村元代遗址进行联合考古发掘，发掘面积 100 平方米，出土钱币、铜饰件、瓷器及铁质农具等遗物并制订遗址保护措施。

1997 年 5—10 月，市文物处参加与自治区文物考古研究所，乌兰察布盟博物馆，清水河县、和林格尔县、武川县文管所组成的联合考古队，对国家大型建设项目内蒙古送变电达拉特—丰镇线工程土城段和万家寨水利枢纽工程淹没区进行文物考古发掘工作。同年，在五塔寺展出契丹女尸陈列。

1998 年 4 月，在新城西街电影宫前扩路时，发现清代绥远城阜安门的瓮城遗址，进行考查后立标志碑。

1999 年，市文物处为全市 33 处文物保护单位树立汉白玉保护标志碑，为 14 处文物保护单位建立文物保护机构。

2000年，经自治区文物局批复，市博物馆组建壁画保护修复小组，开始修复馆藏大召经堂壁画。9月，市文物处对市热力公司热源厂建筑工地及墓葬遗址进行文物勘探，勘探面积22万平方米，基本掌握了遗址的地质情况和清代满族墓葬的分布规律，并设置了保护标志。

2001年6月25日，和林格尔县土城子遗址、清水河县明代长城、和硕恪靖公主府被国务院公布为第五批全国重点文物保护单位。根据要求，设置了标牌。同年，完成自治区级文物保护单位“抗日阵亡将士纪念公墓”的纪念碑、纪念堂等建筑设施的保护维修工作。

2002年7—10月，市文物处参加自治区文物考古研究所在110国道基本建设中乌兰察布盟段的考古发掘工作。10月，市文物处对旗县的文物保护单位进行巡查摸底。同年，完成大盛魁、元盛德、惠丰轩、观世音菩萨庙、托克托县河口镇铸铁蟠龙旗杆、蜈蚣坝吉鸿昌题记、小召牌楼、东岳庙和佐领衙署等9处旧址为市级文物保护单位的申报工作。

2003年3月，市文物处对市辖段土默特左旗陶思浩乡妥妥岱遗址进行勘探和考古发掘工作。勘探面积30万平方米，发掘面积500平方米。4月，市政府公布大盛魁、元盛德、惠丰轩、观世音菩萨庙、托克托县河口镇铸铁蟠龙旗杆、蜈蚣坝吉鸿昌题记、小召牌楼、东岳庙、佐领衙署等9处旧址为第三批市级文物保护单位。市文物处为9处文物保护单位设置文物保护标志碑。7月，市文物处对慈灯寺遗址、多松年故居、惠丰轩旧址进行复原维修。12月，市文物处正式向社会公布呼和浩特市区内的第一批88处不可移动文物名单，并予以挂牌保护。同年，呼和浩特市境内11处全国重点文物保护单位列入国家文物一级风险保护单位。

2004年，自治区政府批准昭君墓、大召、将军衙署、乌兰夫故居等文物保护单位的保护范围与建设控制地带。同年，呼和浩特壁画保护中心成立。

2005年，《和硕恪靖公主府保护维修工程方案》经国家文物局批准，维修工程开工建设。此次维修系公主府建成后最大最全面的一次保护性修缮工程，国家投入资金800多万元。5月，在乌兰察布街与昭乌达路交界处，发现原清代绥远城南门遗址，出现古城墙基础和大量青石条。6月，昭君墓文物保护管理所将吉鸿昌碑刻恢复原位，并为昭君墓体前的8块古碑修筑保护短墙。在昭君墓园内墓体的东西两侧，建造两座9米高的花岗岩仿汉墓表。

2006年，昭君墓评为全国重点文物保护单位。2007年9月，和林盛乐博物馆建成并对外开放。

2009年5月，启动清水河明长城保护维修工程，对保存较完整的380米长城进行抢救性保护维修。在和林格尔县、清水河县、武川县、市四区竖立21处长城保护标志碑。

2010年，内蒙古壁画保护中心与敦煌研究院合作建设国家古代壁画与土遗址保护工程技术研究中心内蒙古工作站，并于2011年8月挂牌。

2011年，市文物处编制《昭君墓安全防范系统工程设计方案》《乌素图召文物保护规划》《大召寺乃春庙壁画修复方案》《大召寺乃春庙古建筑维修保护方案》。盛乐古城遗址公园的建设规划得到国家文物局审批。启动和林格尔土城子遗址文物保护一期工程、五塔寺安全防范系统工程、席力图召家庙维修工程。制定印发《呼和浩特市长城保护管理办法》。为15处全国重点文物保护单位和自治区级文物保护单位树立蒙汉文保护标志碑30块，为丰州故城遗址竖警示牌100块，为塔布陀罗亥古城遗址竖警示牌100块，为市四区的长城遗址竖警示牌576块。2011—2012年，市博物馆与自治区文物考古研究所对和林格尔县新店子乡下坝村东梁遗址、和林格尔县新店子乡西头号墓地、赛罕区沟口子遗址进行考古发掘。

2014年，向国家文物局上报文物保护项目49项，有13处文物保护单位获批自治区第五批文物保护单位，落实各级文物保护专项经费3855万元。与9个旗县（区）文体局及市直属文博单位、民族美术馆签订文物安全责任书。开展2014年秋季全市文物安全隐患排查整治工作。按照国家文物局《关于开展古城保护中文物违法与消防安全专项督查工作的通知》精神和工作安排，开展全市文物违法与消防安全专项督查工作，市文物处印发《关于印发〈呼和浩特市开展古城保护中文物违法与消防安全专项督查工作实施方案〉的通知》。同年，市文物处在全市范围内征集文物以完善馆藏文物体系，征集到具有重要历史、艺术、科学及展示价值的文物376件（套）。同时对市级各博物馆陈列展览进行总体规划，提高管理接待服务水平。

2015年，对在可移动文物普查中，按规定时间内报名的文物收藏者和文物信息汇总，进行信息初筛，通知符合征集要求的文物收藏者携带实物到指定场所进行复检。经自治区文物专家鉴定委员会专家现场鉴定、内蒙古价格评估中心依法评估，结合文物持有人意愿，审核、公证文物来源，最终征集10名文物收藏者234件（套）文物，包括历史和民族民俗文物，新征集的瓷器、金银器、铜器等，补充呼和浩特博物馆藏品数量，填补收藏空白。

四、文物保护单位

截至2015年，全市共有各级文物保护单位156处。其中，全国重点文物保护单位18处，自治区级文物保护单位61处，市县级文物保护单位77处，历代长城657.91千米。

2015 年呼和浩特市全国重点文物保护单位、自治区级文物保护单位一览表

表 27-6-1

类别	项目名称	保护级别	地址	时代	批准时间
古建筑	万部华严经塔	全国	赛罕区太平庄乡白塔村	辽代、金代、元代	1982 年 2 月
古建筑	金刚座舍利宝塔	全国	玉泉区五塔寺后街 48 号	清代	1988 年 1 月
古建筑	和硕恪靖公主府	全国	新城区赛罕路公主府街 11 号	清代	1988 年 1 月
古遗址	大窑石器制造场	全国	赛罕区保合少乡大窑村	旧石器时代	1988 年 1 月
古遗址	和林格尔土城子遗址	全国	和林格尔县盛乐镇上土城村	汉代、唐代	2001 年 6 月
古遗址	清水河县明代长城	全国	清水河县北堡乡、暖泉乡、单台子乡、盆地青乡、韭菜庄乡	明代	2001 年 6 月
古建筑	和硕恪靖公主府	全国	新城区公主府街 11 号	清代	2001 年 6 月
古建筑	绥远城墙和将军衙署	全国	新城区新华大街 31 号	清代	2006 年 5 月
古墓葬	王昭君墓	全国	玉泉区桃花乡贾家营村	汉代	2006 年 5 月
近现代重要史迹及代表性建筑	乌兰夫故居	全国	土默特左旗塔布赛乡塔布赛村	清代、民国	2006 年 5 月
古建筑	大召寺	全国	玉泉区大召前街	明代、清代	2006 年 5 月
古遗址	赵长城	全国	回民区攸攸板乡 西乌素图大青山南麓	战国至秦汉时期	2013 年 5 月合并为全国重点文物保护单位
	和林格尔长城次边		和林格尔县	明代	
古遗址	云中郡故城址	全国	托克托县古城白塔村	战国至唐代	2013 年 5 月
古墓葬	东汉壁画墓	全国	和林格尔县新店子镇小板升村	汉代	2013 年 5 月
古建筑	喇嘛洞召（广化寺）	全国	土默特左旗毕克齐镇北 7 千米的大青山中	清代	2013 年 5 月
古建筑	席力图召及家庙	全国	玉泉区石头巷 17 号	清代	2013 年 5 月
古建筑	乌素图召	全国	土默特左旗台阁牧镇东北大青山南坡	清代	2013 年 5 月

续表 27-6-1

类别	项目名称	保护级别	地址	时代	批准时间
古建筑	呼和浩特清真大寺	全国	回民区通道南街 28 号	清代	2013 年 5 月
古建筑	呼和浩特天主教堂	全国	回民区通道南街 50 号	1922 年	2013 年 5 月
近现代重要史迹及代表性建筑	中共绥远地区工作委员会	自治区	玉泉区五十家街巧尔齐召巷 18 号	清代	1964 年 10 月（拆除，异地保护）
近现代重要史迹及代表性建筑	大青山抗日游击队司令部旧址	自治区	武川县蘑菇窑乡	抗日战争时期	1964 年 10 月
古墓葬	和林格尔汉墓	自治区	和林格尔县新店子镇小板申村	东汉	1986 年 5 月
近现代重要史迹及代表性建筑	贾力更烈士故居	自治区	土默特左旗巴什乡巴什村	民国	1986 年 5 月
近现代重要史迹及代表性建筑	多松年烈士故居	自治区	新城区巧报乡麻花板村西营子	民国	1996 年 5 月
近现代重要史迹及代表性建筑	抗日阵亡将士公墓	自治区	新城区海拉尔大街 54 号	民国	1996 年 5 月
近现代重要史迹及代表性建筑	李裕智烈士纪念碑	自治区	托克托县河口镇	民国	1996 年 5 月
古遗址	丰州城遗址	自治区	赛罕区太平庄乡	辽代、金代、元代	1996 年 5 月
古遗址	塔布陀罗亥汉墓及古城	自治区	新城区巴彦镇	汉代	1996 年 5 月
古遗址	东胜卫城（东沙岗古城）	自治区	托克托县城关镇	辽代、金代、元代、明代	1996 年 5 月
古建筑	清水河明清古戏台	自治区	清水河县老牛湾、口子上村、柳清河村	明、清代	1996 年 5 月
近现代重要史迹及代表性建筑	荣耀先烈士故居	自治区	土默特左旗察素旗镇博彦路西园街 4 号	清代	2002 年 12 月特批
近现代重要史迹及代表性建筑	内蒙古自治区政府一号办公楼	自治区	呼和浩特市新华大街 63 号	1955 年	2006 年 9 月
古建筑	魁星楼	自治区	和林格尔县大红城乡骆驼沟村	明代	2006 年 9 月

续表 27-6-1

类别	项目名称	保护级别	地址	时代	批准时间
近现代重要史迹及代表性建筑	绥远省政府礼堂旧址	自治区	新城区二中校园内（呼伦南路 1 号）	1946 年	2006 年 9 月
石窟及石刻	吉鸿昌“化险为夷”碑刻	自治区	呼和浩特市至武川公路 16.5 千米	1926 年	2006 年 9 月
古建筑	惠丰轩	自治区	玉泉区小召前街 158 号	清代	2006 年 9 月
古建筑	小召（牌楼，大殿及遗址）	自治区	玉泉区小召前街	清代	2006 年 9 月
古建筑	元盛德	自治区	玉泉区小召后街 35 号	清代	2006 年 9 月
古建筑	大盛魁	自治区	玉泉区德盛街 18 号	清代	2006 年 9 月
古墓葬	石人湾墓群	自治区	赛罕区黄合少乡石人湾村	辽代	2006 年 9 月
古建筑	土默特议事厅	自治区	玉泉区议事厅巷（大北街 22 号）	清代	2006 年 9 月
古建筑	白塔寺（察素旗召）	自治区	土默特左旗人民路	清代	2006 年 9 月
古建筑	土默特文庙大成殿	自治区	玉泉区土默特学校院内	清代	2006 年 9 月
古建筑	东岳天齐庙（孤魂庙）	自治区	玉泉区养鱼池二巷	清代	2006 年 9 月
古建筑	佐领衙署	自治区	新城区元贞永街 15 号	清代	2006 年 9 月
古建筑	观音庙	自治区	玉泉区泉源巷	清代	2006 年 9 月
古建筑	全化寺	自治区	土默特左旗此老乡朱尔沟村	清代	2006 年 9 月
古建筑	岔河口公主碑	自治区	清水河县岔河口村	清代	2006 年 9 月
其他	龙王庙铸铁蟠龙旗杆	自治区	托克托县河口镇河口村	清代	2006 年 9 月
古建筑	巧尔齐召家庙	自治区	玉泉区石头巷	清代	2006 年 9 月（已拆）
古建筑	弘庆召	自治区	玉泉区南柴火市北巷	清代	2006 年 9 月
近现代重要史迹及代表性建筑	高凤英故居	自治区	保合少乡保合少村	清代	2006 年 9 月

续表 27-6-1

类别	项目名称	保护级别	地址	时代	批准时间
古建筑	乃莫齐召（隆寿寺）	自治区	玉泉区文庙街	清代	2006 年 9 月
近现代重要史迹及代表性建筑	荣祥故居	自治区	回民区一中后街	清代	2006 年 9 月
近现代重要史迹及代表性建筑	绥西抗日动委会旧址	自治区	武川县蘑菇窑乡	1938–1939 年	2006 年 9 月
古墓葬	二道路古墓群	自治区	托克托县	汉、北魏	2006 年 9 月
近现代重要史迹及代表性建筑	蒙古国驻呼和浩特总领馆旧址	自治区	新城区中山路 5 号	现代	2006 年 9 月
近现代重要史迹及代表性建筑	内蒙古自治区博物馆展厅大楼	自治区	新城区	1957 年	2006 年 9 月
古建筑	呼和浩特财神庙（绥蒙抗日救国会旧址）	自治区	玉泉区玉泉二巷 11 号	清代	2006 年 9 月
古遗址	云川卫故城址	自治区	和林格尔县大红城乡大红城村	明代	2006 年 9 月
古遗址	小红城城址	自治区	和林格尔县大红城乡小红城村	元代	2006 年 9 月
古遗址	玉林卫故城址	自治区	和林格尔县新店子镇榆林城村	明代	2006 年 9 月

第二节　博物馆（院）

一、呼和浩特博物馆

1989年，清·恪靖公主府辟为呼和浩特博物馆，占地面积1.8万平方米，主体建筑4800平方米，展出面积1500平方米，常设展览有“清·和硕恪靖公主府复原陈列”。

2001年，呼和浩特博物馆被国务院列为第五批全国重点文物保护单位。2005—2009年，历经五年全面修缮后重新对外开放。2009年被国家文物局评为国家二级博物馆。2010年评为国家AAA级旅游景区。

2010年，内蒙古博物馆旧馆划归呼和浩特博物馆，占地面积1.2万平方米，建筑面积5400平方米，展览面积3650平方米。2013年12月开始向社会公众免费开放。

2014—2015年，呼和浩特博物馆在公主府院内西侧，为40余件馆藏辽金元时期至民国时期碑刻，包括庙宇碑记、墓碑、其他刻石及建筑构件等，搭建仿古碑廊，通过对残断碑刻进行粘接修复清洗，碑刻配座、基座加固等保护措施，尽可能减少碑刻可能出现的损害。

截至2015年，呼和浩特博物馆通过移交、考古发掘、采集、接受捐赠、征集等方式不断丰富馆藏文物数量，涵盖历史、民族民俗、革命史三大类。按照第一次全国可移动文物普查规范标准分为金银器、陶器、瓷器、铜器、钱币等34种文物类别。其中，珍贵文物171件（套），一级文物39件（套），二级文物81件（套），三级文物51件（套）。藏品中的新石器时代磨光石斧、战国青铜戈、4世纪东罗马金币、辽砖雕菩萨头像、元中统元宝交钞纸币、明大召经堂主题壁画、民国绥远都统雁行植棠纪念刻石等文物均反映各个时期的呼和浩特地区历史风貌，为研究呼和浩特地区历史发展脉络提供实物佐证。

2015年呼和浩特博物馆部分馆藏文物一览表

表27-6-2

文物类别	文物数量（件、套）	备注
钱币	17720	
书法 绘画	1140	
铜器	559	
碑帖拓本	486	
瓷器	424	
玺印符牌	328	
石器 石刻 砖瓦	317	

续表 27-6-2

文物类别	文物数量（件、套）	备注
陶器	264	
铁器	219	其他金属器
古籍图书	199	
织绣	172	
雕塑 造像	105	
玉石器 宝石	55	
文具	54	
档案文书	53	
金银器	43	
漆器	39	
票据	36	
乐器 法器	34	
牙骨角器	22	
标本 化石	20	
家具	16	
武器	16	
运输工具	12	包括其他运输工具
度量衡器	12	
玻璃器	10	
皮革	10	
名人遗物	7	
文件	4	包括宣传品
竹木雕	2	
甲骨	1	
珐琅器	1	
邮品	1	
其他	282	
总计	22663	

二、昭君博物院

20世纪80年代初，呼和浩特市昭君墓文物保护管理所成立。1986—1987年，王昭君墓墓体两侧增设梯状踏道，墓顶及墓体前增建两座六角攒尖顶凉亭，增补和亲铜像。1997 年，创建昭君出塞陈列馆，增设汉代阙门、嫱云浮雕、青冢牌坊等。2006 年，昭君墓更名为昭君博物院，新修匈奴文化博物馆、和亲园、昭君纪念馆等主题博物馆区。同年，被国务院列为第六批全国重点文物保护单位。2015 年，昭君博物院作为内蒙古自治区成立七十周年重点献礼工程，开始创建全国唯一一座系统、科学地展示和普及匈奴历史文化沿革的专题性博物馆——匈奴历史博物馆。昭君博物院先后被国家民委命名为全国民族团结进步教育基地，被国家旅游局评为国家 AAAA 级旅游景区，被自治区党委宣传部评为内蒙古自治区第六批社会科学普及基地和内蒙古自治区爱国主义教育示范基地等。

三、将军衙署博物院

1992 年，自治区文化厅依托清代绥远城将军衙署，成立将军衙署博物院，是一所古建类博物馆，占地面积 2.64 万平方米。

2003 年 6 月，将军衙署博物院正式对外开放，展览面积 5000 平方米。2006 年 5 月，将军衙署被国务院公布为第六批全国重点文物保护单位。2009 年，被国家文物局评为国家二级博物馆。2012 年，整建制划归呼和浩特市政府管理。

2013 年，将军衙署博物院被评为国家 AAA 级旅游景区。开放的展厅有大堂、回事处、折房、官房、印房、二堂、箭亭、客厅、三堂、侍卫处、内茶饭房、四堂一楼、四堂二楼 13 处以绥远城将军复原陈列为主的基本陈列展厅，展示绥远城建城史、绥远城将军衙署历史沿革、绥远城的武备、将军衙署建筑原貌展和办公场所复原陈展等主题，展出文物涉及瓷器、木质家具、漆器、玉器、牙角器、珊瑚制品、武备、民族服饰、民族日用品和字画诸项。同时，以东西跨院的"'绥远方式'的伟大胜利"——绥远和平起义纪念展、"堪舆记"——归绥地区历史文化展等为辅助，向社会展示绥远城及将军衙署的丰富历史文化内涵。将军衙署博物院有馆藏文物 11 万件，涵盖陶瓷器、宝石器、金银铜器、木器家具类、文房四宝、字画、古钱币以及杂项等各类文物。

2014 年，经国家文物局批准，呼和浩特市对将军衙署古建筑文物本体进行维修，对其周边环境进行综合整治和改造。

第七章　报纸　新媒体

第一节　管理机构

1978年6月，市委机关报《呼和浩特日报》第二次停刊。1982年1月，经市委常委会研究决定并报自治区党委批准,《呼和浩特晚报》创刊,并成立呼和浩特晚报社,担负市委机关报采编刊发任务。晚报社设总编室、采编一部、二部、三部、四部和群工部。1993年，设总编室、经济部、要闻部、记者部、农村部、时事文体部、副刊部、群工部，另有美术摄影室、校对组、图书资料室。

1996年1月，市委机关报《呼和浩特日报》正式复刊，呼和浩特晚报社更名为呼和浩特日报社。复刊后,呼和浩特日报社机构设日报总编室、党办、工商部、政文部、农村部、理论部、副刊部、摄美部、群工部、晚报部、广告部、办公室、发行总站、印刷厂。

1997年,日报社增设社长办公室,负责《呼和浩特日报》《呼和浩特晚报》的协调、监督和对采编部门的服务工作，并创办了内部小报《首府报人》。晚报部改设总编室、新闻部、副刊部，采编部门实行采编分设制，日报理论、两报副刊部采取采编合一的机制。全社内设机构包括党委办公室、社长办公室、行政办公室、计财科、日报总编室、工商部、政文部、农村部、副刊部、理论部、摄美部、群工部、广告信息部。晚报总编室、新闻部、副刊部、发行总站、印刷厂。

2001年，机构改革后，日报社内设党委办公室、社长办公室、群工部、摄影部、新闻研究室、计财科、广告信息部、物业管理中心、发行部、广告经营公司以及两报采编等部门18个。其中，日报采编部室4个，分别是总编室、采访中心、副刊理论部、周末部；晚报采编部室4个，分别为总编室、采访中心、副刊部、专刊部。2002年1月1日起，《呼和浩特日报》《呼和浩特晚报》正式交邮局发行，同时报社报刊发行公司（自办发行机构）机构撤销，成立发行部。

2007年7月，由呼和浩特日报社发起的自治区盟市报报业联盟成立，并召开盟市报报业联盟工作会议。11月开始，自治区中西部八盟市的8家报社13种报纸联手推出《今日内蒙古》专版，实现新闻联盟。2008年，按照报社体制改革总体方案要求，发行中心、广告中心以提高市场竞争力，加快发展为目标，实行风险抵押承包责任制。

2009年，按照《呼和浩特日报社体制改革总体实施方案》要求，日报社制定绩效管理考核制度、人事管理制度、考勤管理制度等，并细化各部门岗位职责和工作考评办法。同年，呼和浩特市新闻门户网站——塞北新闻网开通。

2011年，根据市委、市政府关于文化体制改革转制的要求，率先成立了内蒙古乳业时报报业有限公司。2014年，日报社按照中央关于深化文化体制改革的精神，结合实际情况，逐步完成对广告中心、发行中心的公司化改造，按照“创新体制、转换机制、面向市场、壮大实力”的方针，实行现代企业制度的管理模式。修订完善《呼和浩特日报社班子议事决策制度》《呼和浩特日报社党务政务事务公开制度》，建立《呼和浩特日报社领导班子成员廉洁从政9项承诺》《呼和浩特日报社新闻宣传纪律》等21项规章制度，并集纳汇编成《呼和浩特日报社规章制度汇编》。

截至2015年，呼和浩特日报社内设总编辑办公室、日报采访中心、日报总编辑助理、日报编辑中心、日报广告中心、晚报总编辑助理、晚报采访中心、晚报编辑中心、晚报编辅中心、乳业时报报业有限公司、网络中心、晚报广告中心、发行中心、印刷厂、党委办公室、行政管理办公室、人力资源办公室和财务计审办公室18个科级机构，主办《呼和浩特日报》、《呼和浩特晚报》、《乳业时报》、塞北新闻网、《文明呼和浩特》和《内部参考》，下设呼和浩特日报社发行总站和呼和浩特日报社印刷厂两个二级事业单位。

第二节　报　纸

一、《呼和浩特日报》

1995年，中共呼和浩特市委决定恢复停刊近18年的机关报《呼和浩特日报》。8月，市委和呼和浩特晚报社派员赴青岛、石家庄、兰州和西安考察，研究论证一社办两报等事宜。10月11日，发行第一期《呼和浩特日报》试刊号，至12月共试刊5期。1996年1月，《呼和浩特日报》正式复刊。复刊后，《呼和浩特日报》版面为对开四版，一周六刊。一版为要闻版，主要刊登新华社重要稿件、国内外与本市重大政治、经济、时事与文化科技新闻。经常配发有针对性的社论、本报评论员文章，短评和照片，政策性与指导性较强。针对社会出现的各种现象，《青城论语》经常出现在一版；二版为综合新闻版，反映全市工农业生产发展情况、各行各业建设成就、市民生活、社会动态等内容，根据新闻内容，有时版名定为“工商新闻”，有时版名定为“综合新闻”，有时版名定为“市场之窗”，有时版名定为“市场大观”，具体的栏目有《观察与思考》《青城写真》《市场动态》《市场漫话》《社会观察》《记者调查》《行家谈市场》《商界动态》《有话直说》《回音壁》《纵横谈》《市场百象》《热门话题》《风景线》《市场之窗》《观象台》《消息树》等，后开设《都市方圆》；三版为“专版”，以贴近老百姓生活为主要内容，生活气息浓厚，版名有“今日土默川”“政法战线”“党建”“计划生育”“读者之友”“政治社会·文化”“论苑”“科技天地”“文摘”

等；四版为时事体育版，以国内外新闻时事、体育为主要内容。栏目有《神州风采》《华夏风采》《环球扫描》《热点追踪》《国际资料》《港澳台传真》《世界政坛》《航天科技》《天文地理》《世界博览》《弘扬主旋律》《人类与环境》《五洲短波》《国际政坛》《国际瞭望》《时事经纬》《新闻人物》《海外通讯》《时事纵横》《缤纷体坛》《五洲简讯》等。

1997 年，《呼和浩特日报》创办内部小报《首府报人》。2000 年后，日报发行移交呼和浩特市邮政局，年发行量 3 万份以上。

2001 年，《呼和浩特日报》开设《庆祝建党 80 周年》《党旗飘飘》《光辉的历程》等栏目，与市委宣传部、市社科联主办《庆祝建党 80 周年征文》。

2004 年，《中共中央、国务院关于促进农民增加收入若干政策的意见》（中央一号文件）出台后，日报社对中央一号文件精神和呼市落实一号文件的行动进行了全方位报道。在一版开设《加强农村工作，促进农业生产》栏目，利用重要位置、大篇幅地对呼市加强农村工作的总体举措进行报道；在二版开设《来自旗县区的报道》《为农民增收创造有利条件》《发展农村经济，增加农民收入》等栏目，从不同侧面对各旗县（区）和社会各界落实一号文件精神的情况进行报道；三版开辟专版，对中央一号文件精神进行解读。对免征农业税、直补发放等工作，及时在头版头条进行报道。

2005 年，开设《落实科学发展观实现经济新跨越》《迎接自治区成立 60 周年大庆首府城建重要工程项目巡礼》《首府特色优势产业系列报道》等专栏，对首府工业经济、商业、招商引资、农牧业产业化等方面进行系列报道。

2007 年 1 月 1 日，《呼和浩特日报》从对开 4 版扩为对开 8 版，实现全彩色印刷，报纸容量也相应增加，《呼和浩特日报》开设《庆祝内蒙古自治区成立 60 周年》《60 年沧桑看变化》《迎大庆首府人该怎样做》《人物专访》等栏目，对自治区成立 60 周年进行宣传报道。7 月，由呼和浩特日报社发起的自治区盟市报报业联盟成立，并召开盟市报报业联盟工作会议。11 月开始，自治区中西部八盟市的 8 家报社 13 种报纸联手推出《今日内蒙古》专版，实现新闻联盟。

2008 年，《呼和浩特日报》开设《实现人民利益构建和谐首府》《走进改造后的“城中村”系列报道》《关注民生构建和谐》等 23 个栏目，并在头版头条开辟《贯彻落实改善民生 63 条》专栏，共刊发文章 1927 篇（幅）；及时报道奥运会场内外的热点新闻，开设《火炬手的心里话》《青城人的奥运情结》《走在 2008 北京奥运会》等专栏 17 个，开设《知识竞赛》《北京奥运会倒计时 50 天》《为奥运加油，为中国喝彩》等专版 45 块；刊发消息、通讯、言论、理论文章、知识介绍共计 970 余篇（幅）；在庆祝改革开放 30 周年宣传报道中，开设《改革开放 30 年看今日呼和浩特》

《庆祝改革开放 30 周年 · 30 人讲述难忘经历》等专栏；开展“城建”十年巨变、“创模”宣传，开设“城市建设十年巨变”“城市建设进行时”等专栏，其中记者魏美丽采写的《“一核两圈”打造首府核心竞争力》、马芳采写的《补足短板，完善功能》、李爽采写的《首府“大公交”力争使百姓出行舒心》受到市委、市政府主要领导的批示。

2009 年，呼和浩特日报社采取多种经营的发展模式，在宣传工作中全面落实“三贴近”（贴近实际、贴近生活、贴近群众）原则，增强了两报采编人员的业务素质，以《呼和浩特日报》的品牌价值为契机，开展形式多样的公益性、创意性活动，以提升日报的社会影响力和知名度。在庆祝中华人民共和国成立 60 周年之际，《呼和浩特日报》开辟《辉煌 60 年 · 经典首府》《迎国庆见行动》《加强民族团结，喜迎 60 华诞》等专栏 14 个，发稿 414 篇，图片 60 幅。第十届昭君文化节期间，《呼和浩特日报》开辟《喜迎第十届昭君文化节》《迎接一会一节集中采访系列报道》等专栏 3 个，刊发稿件 86 篇。围绕“构建和谐社会”主题，《呼和浩特日报》开辟《民生社会综合新闻》《社会养老政策民生问答》《民情热线》《为您服务》等专栏 25 个，共发稿件 1947 篇。围绕市容管理、社区管理等城市管理工作，《呼和浩特日报》开辟《创卫日报社在行动》《创卫进行时》等专栏 12 个，发稿 216 篇。

2010—2013 年，呼和浩特日报社组织开展“走基层、转作风、改文风”活动，在 9 个旗县（区）的社区村庄确定 21 个基层联系点。在《呼和浩特日报》策划了上海世博会、亚运会、“关注青海玉树抗震救灾”、昭君文化节、第十五届世界元老乒乓球锦标赛、“争先创优”、“首府创森成功”、全国政务公开经验交流会、五条主干道以及小街巷改造、“一核双圈一体化”“三大板块”推进首府城市建设、辉煌“十一五”等重大新闻的宣传报道；突出宣传重点，先后完成中国共产党第十八次代表大会、自治区党代会、市党代会、“呼市两会”、建党 90 周年、全市两个文明建设现场会、“城市管网改造”、“首府工业发展”、“大项目引领”、走基层等主题性宣传报道，多种形式全方位地报道活动、会议相关内容。

2014 年，《呼和浩特日报》开设《亮丽风景线》《推进重点工程重点项目》《亮丽风景线 · 全力保障民生》《深化改革文化惠民》等专栏，从首府经济发展、文化繁荣、民族团结、生态文明等 6 个方面进行专题报道。开辟《尽责圆梦创业故事》《委员履职尽责圆梦》《劳动圆梦职工风采》等专栏，组织记者深入基层一线，以动态报道、主题报道、人物报道等形式，生动展示了各行各业干部群众追求梦想的动人故事。设立《民生社会》《关注》专版，开设“民情热线”“帮办”等专栏。广告中心与市金融办举办全区金融单位“最美服务窗口”“最美服务之星”全媒体评选活动。

2015 年，《呼和浩特日报》优化提升“视点新闻”“深度”“海平工作室”“青年文明号”“关注向日葵宝贝”等特色品牌栏目。同时，加强社会主义核心价值观宣传，推出“培育和践行社会主义核心价值观最美青城人”“践行社会主义核心价值观——展行业风采文明从我做起”“弟子规图说”“为雷锋身影点赞”等10多个专栏、专版。对呼市全体道德模范进行为期3个月的报道。围绕“创建全国文明城市”，日报社做“文明城市建设攀新高市民共建共享得实惠”的报道策划，全年完成500多篇“创城”动态报道，开展“讲文明树新风”公益广告的刊发，将公益广告宣传融入节日文化，让社会主义核心价值观无形渗透、点滴融入。开设“勇于担当攻坚克难扎实推进‘四个全面’”等栏目，头版刊发评论员文章，全年刊发相关稿件600多篇。开设“扎实推进重点工作重点项目确保快速路按时全线通车”等多个栏目，重点刊发相关稿件350多篇，发专版20多块。

截至2015年，呼和浩特日报社采用全媒体报道模式，运用官方微博、微信和报社门户网站塞北新闻网等新媒体，及时发布新闻，使公信力、影响力、传播力大大提升。同年8月，在由中国广电传媒联盟和清华大学、北京大学等联合主办的2015传媒中国年度盛典暨融合推动转型主题论坛会上，《呼和浩特日报》被评为2015传媒中国十大创新力地市党报。

二、《呼和浩特晚报》

1982年1月，《呼和浩特晚报》创刊后，一直承担着市委机关报的职能。1994年，《呼和浩特晚报》扩版前为四开四版，一版、二版为新闻，三版、四版为副刊。第一版为要闻版，以本市重要新闻为主，选登自治区和国内外重大政治、军事、外交、经济、文化、科技等新闻；围绕市委、市政府的中心工作，及时反映改革发展中的新成就、新经验、新情况、新问题，宣传党的思想、路线、方针、政策，充分发挥市委机关报的指导作用，同时开辟“言论”“白塔远眺”“东西南北”“标题新闻”“他山石”“雷锋在我们中间”等栏目；第二版为群众生活版，主要报道广大群众和干部职工、农民的文化教育体育生活和经济生活，反映各族人民在新形势下的精神面貌和道德风尚，增强民族团结，促进互助友爱，同时开辟“街谈巷议”“手足篇”“市场漫步”“市场信息”“市场预测”“外地人看青城”“小巷深处”“家务琐谈”“酸刺儿”“法治之窗”“保险之窗”等常设栏目，以及每周一期的“读者来信”和每期必登的体育栏目；第三版为综合知识版，坚持移风易俗，指导生活方针，通过谈天说地，讲古议今，进行革命传统和社会主义道德教育，以及科学文化知识的普及教育，本版轮流刊出《玉泉》《刊大之友》（后改为《刊大、电大、函大之友》），《骆驼刺》（漫画专刊，每半月出一期）3个专版，《玉泉》专版辟有“随感录”“生活之友”“漠南风”“改革论坛”“史林采叶”“一代风流”“青城话古”“草原人物”“知识小品”“你知道吗”“生活顾问”“巴拉根仓故事新编”“谜语”等栏目和“社会主义教育”专栏；第四版为文艺综合版，主要报道文艺动态，刊发文学作品，本版轮流刊出《繁星》(综合文艺版，每周一期，侧重于电影、电视剧、戏剧艺术评价)、《百灵》(文学版，每周二期)、《青城少年》(后改版为《校园》，每周一期)等专版。

1994年1月1日，《呼和浩特晚报》扩版为四开八版，将二版设为“经济新闻”版，三版为“市场”版。1995年3月10日，理论专版《论苑》创刊，从理论上宣传引导呼和浩特市的改革开放和市场经济体制建设。

1996年1月1日，《呼和浩特晚报》一版刊载文告：“《呼和浩特晚报》从今天起不再担任市委机关报的任务”，成为一份纯晚报。同日，在第四版开设文艺副刊《丰州滩》，栏目有《塞上风情》《生活影集》《书法美随笔》《电影漫话》《杂文》《书斋夜话》《艺苑人生》《暮鼓晨钟》等。同年，《呼和浩特晚报》在二版专辟《市场·消费》版，加大对深化企业改革，加快建立市场经济体制，引导转变消费观念的宣传力度，开设“市场漫步”“市场动态”“市场分析”“市场预测”“市场一得”“市场见闻”“消费指南”“外地市场”“营销秘诀”“新产品”“消费知识”“市场综述”“沪市手记”“市场导购”“今日时尚”等栏目，发挥舆论对市场消费的导向作用。1999年12月27日，《论苑》改为《理论与实践》。

2001年1月1日，呼和浩特日报社决定将《呼和浩特晚报》由四开八版扩大为四开十六版，并决定出版《呼和浩特·周末版》，每周出一期彩报。同时，《呼和浩特晚报》推出三档纪念报道。第一个主题是晚报编辑部与市委组织部推出的《我为党旗添光彩》，晚报派记者赴革命老区、工厂、农村、社区、居民住宅，通过群众的切身感受，讴歌当代共产党人的风采；第二个主题是《光荣之旅80年》，刊登一些党史上有重大影响的回忆文章；第三个主题是《共产党人的故事》，在第八版共介绍了14位内蒙古地区早期优秀共产党人的事迹。围绕“首府城市建设年”，专门派出7名文字和摄影记者组成城建报道小组，并开设《突出抓好城市建设年工作》《加快小街小巷改造》《城建大家谈》等专栏。同年，在参加全国晚报年度新闻奖评选中，共获一等奖1篇、二等奖1篇、三等奖2篇，华北区晚报好新闻奖9篇，好标题、好版面共6条(幅)。

2002年12月14日下午5时30分，呼和浩特市几名小学生在青城公园三角湖冰面上玩耍，冰面突然坍塌，一名小学生落入湖中，内蒙古农大学生郝龙彪、内蒙古工商管理学院学生刘业和铁路一小的王超等许多群众闻讯赶来抢救，其救人场面十分感人，郝龙彪、刘业、王超3人不幸牺牲，该事件在全市引起巨大反响。为宣传“12·14”英雄群体的奉献精神，《呼和浩特晚报》从12月16—31日连续追踪报道了英雄群体的英雄事迹，共刊发稿件60多篇，用10块专版生动、全面地报道了英雄们的事迹，在呼和浩特地区产生很大影响。同年，为纪念《呼和浩特晚报》创刊20周年，由报社新闻研究室、社办编辑的《呼和浩特日报社优秀新闻作品选》正式出版，收集了呼和浩特日报社（晚报社）创建后的获奖作品 115 篇（幅）计 20 多万字。

2005 年 1 月 1 日，《呼和浩特晚报》由四开十六版扩为四开二十四版彩报，并将 24 个版面重新定位，使晚报更贴近实际、贴近生活、贴近群众，打造出精品品牌，为青城百姓精神生活提供更好服务。同年，晚报参加全国晚报好新闻、华北地区晚报好新闻等评比活动，获 30 多项奖。2006 年，《呼和浩特晚报》由呼和浩特日报社发行部发行。

2007 年 1 月 1 日，《呼和浩特晚报》由四开二十四版扩为四开三十二版，并实现全彩色印刷，报纸容量也相应增加。在自治区成立 60 周年大庆召开之际，推出 400 个版面的迎庆特刊，全面报道迎庆盛况。

2008 年，《呼和浩特晚报》开设《民情》《有困难找晚报》《30 年见闻》《点滴 30 载》《30 天倒计时》《喜迎第二届民交会 · 第九届昭君文化节》等专栏，共刊发文章、消息、通讯、言论、图片共计 8600 多篇（幅）。

2009 年，《呼和浩特晚报》开辟《人民英雄》《国庆 60 周年特别报道》《话昭君节》等专版 96 块，发稿 622 篇。围绕改善民生专题，《呼和浩特晚报》开辟《民情》《有困难找晚报》等专版 661 块，共刊发稿件 6720 篇。围绕市容管理、社区管理等城市管理工作，《呼和浩特晚报》开辟《创国家卫生城市、建健康文明家园》等专栏，发稿 39 篇。推出"《呼和浩特晚报》加入'西部十年——纪念西部大开发十周年西部十二家省会、自治区首府、直辖市晚报大联动'""2009 年第二届购房日"等活动。

2010 年，《呼和浩特晚报》本着"主流、真知、公信力"的原则，进行改扩版，形成新闻加文娱加周刊的版组格局。专副刊推出《健康周刊》《百灵周刊》《家庭周刊》《收藏周刊》4 个周刊。4 月，《呼和浩特晚报》周末特刊《晚周刊》试刊，5 月 20 日正式创刊。2011—2012 年，先后推出《青城好人》《时评热议》《丰洲夜话》《冬雨说事》等固定常态的精品栏目。9 月起，《呼和浩特晚报》改为每周二出四开三十二版，每周三、四扩为四开四十版，每周五扩为四开四十八版。2013 年，《呼和浩特晚报》交由内蒙古日辰发行物流公司发行。

2014 年，《呼和浩特晚报》推出"记者在基层""纪事""青城好人"等栏目，利用都市报的优势，设立《民情》《热线》《关注》《生活》等专版。晚报广告公司开展"送书香、暖心窝、筑梦想"——助学捐赠公益活动，以此来实现企业与客户的对接。2014 呼和浩特春季车展，吸引 40 多家企业参展。举办 2014 第七届购房日、第二届婚博会，与《南方都市报》合作开展房地产巡展活动。与市工商局合作开展"呼和浩特知名、著名、驰名企业品牌巡展"活动。

2015 年，《呼和浩特晚报》"青城文明号"栏目刊发的系列稿件，受到市领导表扬，为宣传文明呼和浩特起到了正面引导作用。8 月，由中国晚报工作者协会主办、呼和浩特日报社承办的中国晚报工作者协会第30届年会暨“全国晚报总编辑看呼和浩特”大型采访活动在呼市隆重举行，《北京晚报》《今晚报》《重庆晚报》《钱江晚报》《齐鲁晚报》等全国136家晚报社的300多名社长、总编辑参会。与会者通过实地所见、所闻、所感，以专题、专版、通讯、视觉图片等形式刊发“呼和浩特欢迎您”城市欢迎广告及宣传呼和浩特各项事业的稿件230多篇，对呼市经济、文化、生态、旅游等领域进行集中报道，取得巨大的外宣成果。同年，成立晚报小记者团，招收小记者团员600多名，举办各类社会实践活动40多场，开展多次社会实践活动，培养拓展读者群，有效扩大晚报影响力，提高社会声誉。

三、《乳业时报》

2007年7月26日，由呼和浩特日报社主办的全国第一张乳业类报纸《乳业时报》正式面向全国出版发行。《乳业时报》为周刊，对开十二版。其中，一版为“封面人物”，二版为“视点”，三版为“周历”，四版为“天下乳业”，五版为“产业／公司”，六版为“特别报道”，七版为“营销”，八版为“深度／视角”，九版为“养殖／牧场”，十版为“奶牛管理”，十一版为“疫病防治”，十二版为“服务‘三农’”。分别开设“产业纵横”“饮奶知识”“放眼量”“曝光台”“风向标”“国际看点”“牛人录”“致富经”“创意细胞”“营销杂谈”“营销战略”等11个栏目。

2009年6月，《乳业时报》与中国乳业协会共同发起“中国乳业万里行”大型采访活动。2010年8月，《乳业时报》进行改版，将原第三版组改为《生命健康周刊》并策划《世界糖尿病日》《世界艾滋病日》等专题，与内蒙古自治区人民医院、内蒙古医科大学附属医院、内蒙古自治区中医医院等知名医院合作，开设专栏。

2011年，根据市委、市政府关于文化体制改革转制的要求，率先成立内蒙古乳业时报报业有限公司。《乳业时报》参与乳业新国标的讨论，发挥主流行业媒体的职责。与中国奶业协会合作第二次出版《中国奶业大会特刊》。同年，《乳业时报》在呼伦贝尔市设立工作站。

2012年，《乳业时报》依托专业优势，深入追踪报道乳业及相关产业链的各个新闻热点，有效沟通奶农、牧场、乳企、消费者等各个相关团体，全年刊发近560多万字的文稿。在国内先后设立7个通联站，通过对当地企业的深入采访，提升《乳业时报》在行业中的地位，并获得一定的经济效益。同时策划、出版《奶业大会特刊》，举办首届“满意餐饮企业评选活动”和大窑文化低碳环保骑行游等活动，受到业内人士和读者的好评。

2013年6月，《乳业时报》在江西省南昌市主办“全国优质奶源基地评选活动”。2014年，主办“首府满意餐饮企业评选”百姓评选等活动。

2015年，《乳业时报》与内蒙古农牧业龙头企业协会达成共识，建立《乳业时报》内蒙古通联站，同时在北京、哈尔滨建立了通联站，开展多项新闻社会活动。同时加强中国乳品产业网的建设，推送手机报，成立牛博士微信公众平台，实现新媒体与传统媒体的互补。7月，《乳业时报》在内蒙古呼伦贝尔市主办了“全国最美养牛人大型评选活动暨‘养好牛出好奶’百位‘牛人’倡议签名活动”，黑龙江省、河北省、山东省、宁夏回族自治区等省区，以及自治区部分盟市的牧场主和奶业行业100多人参加大会及论坛。在全国200多家参评牧场中，评选出46位优秀牧场主，获评“最美养牛人”称号。

第三节　新媒体

一、塞北新闻网

2009年12月22日，呼和浩特市新闻门户网站——塞北新闻网上线运营。塞北新闻网充分利用互联网的超容量、多媒体、交互性功能，集纳传统媒体的资源优势，拓展创造网络新闻的广泛空间，对呼和浩特市发生的重大主题活动组织专题宣传报道，弥补纸媒新闻的不足。塞北新闻网共分36个版块，栏目包括新闻、资讯、读报、百灵文网、互动、旗县（区）等，含社会、评论、体育、独家、专栏、图片、娱乐、今日内蒙古等52个子栏目，并开设《呼和浩特日报》《呼和浩特晚报》《乳业时报》以及5个旗县报纸的数字报。网站与呼和浩特第一医院合作，提供网站、微信、APP（智能手机第三方应用程序）平台等全方位广告平台支持；为光大银行信用卡办理一站式申请通道提供服务，大量增加了商家的办卡数量，也为广大群众提供了足不出户的方便与快捷；开设有“滴滴打车”手机APP平台，可以在线扫描红包，增加网站的软件下载量和优质增值服务。

2011年，塞北新闻网与英才网合作开通人才频道；与天极网合作开通数码频道，为其提供优质新闻稿件，二级页面共享服务，资讯丰富可读性强，增加了天极网的点击率。

2012年，新闻网对大部分频道进行优化组合，主要频道设置二级页面，在扩容的基础上，充分利用好互联网空间大的优势，同时调整资源和人力开通前期未开通的栏目。为弥补即时新闻的不足，网络中心在党的十八大、昭君文化节、“呼市两会”等报道过程中，专门开设专题页面并配以焦点图，先后发稿近千条。2014年，新闻网推出民生服务等栏目，共刊发相关稿件950多篇。

2015年，“呼市两会”期间，日报、晚报与新闻网共同发起的“网络名人看两会”栏目，成为新亮点，得到了广大网友的热切关注和积极参与，话题点击量达300多万人次。策划太伟滑雪场抢票活动、乌兰恰特歌剧活动、内蒙古体育场演唱会活动、优质美食活动等多项活动。同年，网站与海尔集团签订战略合作平台推广，超额完成全年注册、点击指标，获得合作商好评。

二、塞北牛微

2014 年 6 月，塞北牛微成立。塞北牛微设有“读报”“呼事”“青城眼”“今日菜谱”等特色专栏。塞北牛微以独特的角度、简洁生动的标题、新鲜丰富的内容，积极参与全国、自治区、呼和浩特的各项宣传工作，得到受众者的欢迎和积极互动。

三、掌上呼和浩特

2014 年 8 月，掌上呼和浩特上线运营。掌上呼和浩特是一款面向智能手机用户的呼和浩特本地客户端应用。通过掌上呼和浩特 APP 可以在线阅读《呼和浩特日报》《呼和浩特晚报》《乳业时报》《武川报》《托克托报》《和林格尔报》。掌上呼和浩特 APP 设有许多特色栏目，包括头条、两会报道、本地、读报、民生、财经，娱乐、体育，以及本地美景等。将原汁原味的新闻和信息在第一时间里呈现给用户，使受众随时随地浏览本地新闻、了解本地信息，并可登录报料、互动。

掌上呼和浩特有大量商讯信息发布，包括商业活动、打折促销、房屋出租、招聘求职、征婚交友等项目。观众可以随时随地点到自己需要的信息。还可以查询到美食、酒店、休闲娱乐等商家提供的电话、地址地图、客观点评等信息。

掌上呼和浩特 APP 便民服务栏目有：看电影——提供在线最新电影资讯、票价、在线购票、影评等服务；青城旅游——与途牛合作介绍呼和浩特当地旅游项目、美食、酒店等特色服务；美食团购——搭建美团链接提供特色美食在线阅览、订餐；考试栏目——最新内蒙古自治区考试资讯以及报名成绩查询；其他栏目——提供其他便民周边服务，包括快递查询、地图地位、水电费缴存、手机充值等服务。

第八章　广播　电视

第一节　播出机构

一、广播电台

1986 年，呼和浩特人民广播电台（简称电台）下设 7 个部门，分别是编辑部、新闻部、专题部、文艺部、播出部、广告信息部、发射台。

2010 年，电台内设 16 个部门，分别是党委办公室、行政管理办公室、总编办公室、财务审计办公室、人力资源办公室、活动策划中心、网络信息中心、技术服务中心、新闻中心、蒙古语节目部、广告经营中心、多种经营中心、新闻综合广播、交通广播、城市生活广播、文艺广播。

2012年，电台下设15个部门，分别是党委办公室、行政管理办公室、总编办公室、财务审计办公室、人力资源办公室、活动策划中心、网络信息中心、技术服务中心、新闻中心、蒙古语节目部、广告经营中心、多种经营中心、新闻综合频率、交通广播频率、城市生活频率。11月，呼和浩特人民广播电台、呼和浩特电视台合并。

二、电视台

1986年2月，呼和浩特电视台（简称电视台）成立并开播。发射功率10千瓦，天线高度118米，覆盖呼和浩特市辖行政区域。各旗、县均设插转台。

2005年，电视台共有采编人员85名，技术人员52名；具有副高职称的18人，中级职称63人。2012年，电视台下设新闻综合频道（HTV-1无线、有线双向传输）、都市生活频道（HTV-2有线传输）、影视娱乐频道（HTV-3有线传输），共13档节目，日总播出量54小时。

2012年11月，呼和浩特人民广播电台与呼和浩特电视台合并成立呼和浩特市广播电视台（简称广播电视台），集广播、电视、新媒体等多种业务为一体，并负责自治区对西部地区的转播工作。

2015年，广播电视台内设25个部门，分别是党委办公室、行政办公室、人力资源管理中心、后勤保障中心、群工部、广告管理中心、总编室、广播电视新闻中心、新闻综合广播频率、交通广播频率、城市生活广播频率、文艺广播频率、新闻综合频道、都市生活频道、影视娱乐频道、蒙古语广播电视节目中心、市网络广播电视台、活动策划中心、广播电视节目研发中心、广播电视网络媒资管理中心、广播电视录制中心、广播电视技术中心、广播电视播出检测中心、广播电视发射中心、配电室。

三、有线电视台

1993年，呼和浩特市筹建有线电视台，为准处级事业单位，企业化管理，编制30人，人员从呼和浩特市广播电视局内部调整。1993年11月28日开通试播，到1995年有用户2万多户。2001年10月，呼和浩特市有线电视台整合为内蒙古广播电视网络公司呼和浩特分公司，发展用户21.41万户（含内蒙古有线用户7万户）。2010年6月，内蒙古广播电视网络公司呼和浩特分公司划归内蒙古广电网络公司。

第二节　播出频率、频道

一、广播

1986年初开始，呼和浩特人民广播电台对在听众中逐渐降温的各档教学类《广播讲座》做了撤销、合并、调整。增办《各地之声》《土默川之声》《九州纵横》3个新闻性节目，较大幅度地增加了新闻信息量。增强了新闻节目的深度、广度和时效性，使节目内容更具特色。

1987 年 8 月 1 日，广播电台在仅有一套汉语普通话节目基础上，首次同频率开办了每天 30 分钟的蒙古语节目。10 月，又明确提出“集中优势，精办节目，突出重点，争创名牌节目”的目标。汉语节目将《人民论坛》改为“22567”热线电话，将《青城漫步》节目改版为多栏目的主持人版块节目。改革调整的汉语新闻类节目，于 1988 年 7 月 18 日正式播出。同时建成蒙古语编辑部，增办每天 5 分钟的蒙古语《本市新闻》。蒙古语文艺节目也从由单一的音乐节目，发展为《民族音乐》《蒙古族民间歌曲》《文学欣赏》等综合型文艺节目。

1992 年 7 月 1 日，正式推出《经济大世界》《千家万户》两档主持人直播的版块节目，以主持人“近距离、一对一”谈话式的播音风格，以及开通热线电话让听众直接参与、与听众交流等方式，把广播办得更加贴近听众。同时，将蒙古语广播由原来每天 40 分钟增加为 60 分钟。并把原来穿插在汉语节目之间分散播出，改为集中播出，以方便蒙古族听众收听。

1994 年，汉语节目在总结《经济大世界》《千家万户》两档主持人直播版块节目经验的基础上，陆续增办《耳听八方》《小星星》《青城月光》等 6 个新的主持人直播版块节目；蒙古语广播同时推出了主持人直播版块节目《青城之声》。

1998 年 7 月 1 日，开办调频立体声交通广播，每天播音 1 次，采用主持人直播大版块形式广播。至此，呼和浩特人民广播电台发展成为蒙古文、汉文两种语言，调幅、调频兼备，综合频率和专业频率结合，直播与录播并用的首府新型电台。

1997 年 5 月起，重点对新闻性节目实施了以短、新、快为特点的改革。将《本市新闻》改版为《呼和浩特新闻》，采取“滚动式”编排，随时播出新稿。同时开办了以直播形式的《午间新闻》开辟了新闻性专栏《新闻述评》。重点栏目《各地之声》以选编全国各省、地市台交换的新闻稿为主，具有信息广、时效快、收听率高的特点；《青城漫步》突出新闻性、社会性的主持人综合节目；《千家万户》以生活服务为主，开展社会教育，提供健康、法律、人生和家庭伦理知识性咨询服务。组建经济部，突出了为首府经济建设服务的宣传，节目有《经济天地》《经济立交桥》《耳听八方》。

2010 年 10 月，市人民广播电台与中央人民广播电台联合开办民族之声呼和浩特广播。12 月，呼和浩特人民广播电台文艺广播开播，呼和浩特人民广播电台网站正式开通，实现呼和浩特人民广播电台新闻综合广播、交通广播、城市生活广播、文艺广播以及民族之声呼和浩特广播 5 个频率的在线直播和在线点播。

2015 年，呼和浩特人民广播电台拥有新闻综合广播（中波 882 千赫、调频 92.9 兆赫）、交通广播（调频 107.4 兆赫）、城市生活广播（调频 90.1 兆赫）、文艺广播（调频 99.8 兆赫）以及与中央人民广播电台联合制作播出的民族之声呼和浩特广播（调频 104.5 兆赫）、与托克托人民广播电台联合制作播出的云中之声广播（调频 106.1 兆赫），开办呼和浩特广播网。6 套节目每日累计播出 91 小时。

（一）新闻综合广播

新闻综合广播全天 24 小时播音，共有自办节目 21 档。其中，日播节目 19 档，周播节目 2 档。依托中波 945 千赫、调频 92.9 兆赫双频率覆盖。开设有《呼和浩特新闻》《午间新闻》《929 整点新闻》《连心桥》《市长热线》《财经新干线》《新闻天下》《教育大智慧》《酷评杂谈》《新闻夜夜谈》《与法同行》《岁月留声》《天天向上》《品味书香》《心灵芳园》《益青城》《吃喝玩乐 GO》等节目。

（二）交通广播

1998 年 7 月开播，是自治区开办最早的专业交通广播电台（调频 107.4 兆赫），收听范围覆盖市区及周边旗县，24 小时播出，以移动收听群为主要对象。与市交管支队合作，2 号直播间设在市公安局交通管理支队指挥中心，及时、准确把握路况信息，随时插播即时路况。呼和浩特交通广播开设《领跑早高峰》《1074 交通热线》《大嘴吃四方》《车动力》《下班快乐》《1074 轻松节拍》等节目。2010 年 3 月，交通广播节目改版，突出贴近性、服务性、欣赏性，内容涵盖新闻、资讯、服务、知识、娱乐等方面。

（三）城市生活广播

2006 年 12 月开播，是呼和浩特市第一个 24 小时播出的广播频率（调频 90.1 兆赫）。开设《城市早高峰》《901 朋友圈》《901 政务服务热线》《和谐社区》《咖啡百味茶》《生活导航》《生活美滋滋》《爱家生活馆》《辣妈酷爸》《阳光少年》《枫叶正红》《印象青城》《音乐哈达》《901 Party Day》《午后乐动听》《动听书屋》《玫瑰午夜》《假日七个隆咚呛》《好歌抢走麦克风》等节目。2015 年，城市生活广播举办 100 多场户外直播和公益活动，举办“爱心书屋”“残疾人阅读比赛”等公益活动项目。

（四）文艺广播

2010 年 12 月开播（调频 99.8 兆赫），以音乐、资讯、评书、广播剧、相声小品为主要节目内容，24 小时播出。开设《快乐 998》《音乐那达慕》《草原天籁》《文艺 998》《空中学习讲堂》《经典音乐坊》《星空夜话》《影记》《草原音乐联播》《文苑时光》《文艺小秀》《998 广播剧场》等节目。

（五）蒙古语节目

1988 年 10 月开播，每日录播 35 分钟的蒙古语自办节目，在呼和浩特人民广播电台汉语中波 882 千赫、调频 92.9 兆赫播出。1994 年 3 月，改为直播模式，每天播出 60 分钟的蒙古语自办综合节目。2012 年 1 月，改为每周六、周日播出 2 小时。节目内容包括转播中央人民广播电台、内蒙古广播电视台蒙古语广播，全国、全区新闻联播等。自办节目有《呼和浩特新闻》《盟市动态》《魅力青城》《儿童乐园》《母语之窗》《青春之歌》《文学欣赏》《音乐宝典》《气象交通快讯》《资讯公益时段》10档。

二、电视

1985年1月，呼和浩特电视台开始筹建，1986年2月7日用4频道试播。发射机为一主一备。主机采用北京广播器材厂生产的10千瓦发射机，备用机为1000瓦。所辖区域内人口覆盖率56.7%，每日播出时间约6小时。

1991年8月1日，将每周4次播出改为每周7次播出。1997年，进行机构调整和节目改版，推出《呼和浩特新闻》《晚间新闻》《新闻视点》《社会大观》《经济视野》等11个自办或合办节目（栏目）。8月，市广播电视台先后开办《我的呼和浩特》《蒙古语会话》《人物纪事》等蒙古语节目。《我的呼和浩特》每周1期，每期15分钟；《蒙古语会话》每周2期，每期5分钟，在汉语新闻综合频道播出。

2001年6月，市电视台与市有线电视台合并为1个播出实体，整合为3套节目，日播出47小时。新闻综合频道（HTV-1）无线、有线双向传输，日播出16小时；都市生活频道（HTV-2）有线传输，日播出16小时；影视娱乐频道（HTV-3）有线传输，日播出15小时。2005年，节目信号覆盖清水河县、和林格尔县、托克托县和武川县。2005—2015年电视台有新闻综合、都市生活、影视娱乐3套节目，每日合计播出54小时。

（一）新闻综合频道

新闻综合频道开设《呼和浩特新闻》《政在关注》《青城眼》《直通首府》《晚间新闻》《新闻9+1》等新闻栏目，日播自办新闻类节目150分钟。

（二）都市生活频道

都市生活频道是具有本土地方特色和都市生活特征的综合型专业频道。开设《我是共产党员》《校园》《今天有话说》《都市生活汇》《蒙中医说病》《吃了么》等栏目。

（三）影视娱乐频道

影视娱乐频道以综艺、娱乐节目为主，开设《青城流韵》《星光梦想秀》《艺览青城》《五集剧场》等栏目。

三、有线电视

1993年5月20日，呼和浩特有线电视台试播成功，开通传输12套上星电视节目，开办自办节目1套，发展用户1万多户。1994年，新增电视节目至18个频道，发展终端用户3万户，并开办了第二套自办频道节目，相继推出《都市七彩桥》《今晚八点钟》《少儿百花园》《好歌任你点》《有线荧屏》《家庭影院》《CATV 剧场》《今日青城》等自办栏目和影视剧栏目。

1995 年 12 月，呼和浩特有线电视台建设了第一条光缆主干线，全长 6 千米。1997 年 5 月，呼和浩特有线电视台两套自办节目频道全面改版延长了播出时间，播出时段为 8：30 至零点，时长 15 小时 30 分。

1997 年，呼和浩特有线电视台自筹资金利用一年多的时间于 1998 年 10 月，完成呼和浩特有线电视台 450 兆赫同轴电缆传输网络的升级改造工程。升级改造后网络为 750 兆赫光缆混合传输网络（HFC）。网络覆盖全市区和部分近郊区、经济开发区。光缆全长 100 多千米，光缆总芯数 328 芯，光缆为星形结构。全市设置光节点 86 个，每个光节点为 4 根光纤，用户 2000 户以下。至 1998 年末，发展用户近 15 万户，传输节目 36 套。

2001 年 10 月，呼和浩特市有线电视台经整合，成为内蒙古广播电视网络公司呼和浩特分公司，发展用户 21.41 万户（含内蒙古有线用户 7 万户）。

四、网络电视

2008 年 12 月，市电视台网站开通，具备自办节目点播等功能。2014 年，开通“无线青城”App，加入全国城市网络广播电视台联盟，实现网站、手机端 App 实时收看全台自办节目直播与点播功能。

2015 年，市广播电视台拥有新闻综合、都市生活、影视娱乐 3 个电视频道，3 个频道均为 24 小时连续播出，自办节目占播出总时长的 57%。新闻综合频道每日 18 时至 23 时，10 档新闻节目构成新闻节目黄金收视段。

第三节　新闻宣传

1986 年后，呼和浩特市广播电视局下设呼和浩特人民广播电台、呼和浩特电视台（简称两台）和呼和浩特广播电视报社三家新闻媒体，承担着宣传首府政治、经济、文化等各方面建设和发展的重要任务，坚持“三个贴近”的原则，宣传党的路线、方针、政策，传播科学文化知识，提供娱乐和信息服务等。1993 年，筹建呼和浩特市有线电视台。1998 年 7 月，呼和浩特人民广播电台与市公安局交警支队合办成立交通台，以宣传首府建设、交通发展和交通政策法规为主要内容，节目注重服务性、娱乐性。

2001 年，两台开设《迈进新世纪》《九五话改革》《党旗在我心中》《辉煌历程》《学习“七一”讲话》《实践“三个代表”》《迎接市第九次党代会召开快讯》《青城开盛会，高朋八方来》《抓好城市建设，共建美好家园》《投身西部大开发》《讲文明，树新风》《积极投身生态市建设》《企业之声》等栏目。共播发相关新闻动态消息、专题、评论、录音报道、人物专访、对话类节目、文艺类节目稿件4263条（集）。全年，广播电台在中央人民广播电台播出蒙汉语新闻、专题稿件25条，在内蒙古人民广播电台播出188条。电视台在中央电视台播出8条，在内蒙古电视台播出202条（集）。

2002年，广播电台开办《抓好城市建设，共建美好家园》《青城新曲》《新世纪新青城》等栏目，电视台《新闻视点》举办市长与市民对话节目。累计播发“城市建设年”小街、小巷拆迁，危旧平房改造，美化城市报道754条（集）。播发“全民植树、功在千秋”“呼和浩特市科技兴林”稿件320篇。开设《经济立交桥》《经济大世界》《企业之声》《国企改革》《西部大开发》等栏目。电视台播发党风廉政建设新闻87条、播发蒙语新闻16条、播发评论性节目《新闻视点》4期、《社会大观》节目播发12个专题，播发稿件103篇，播发专题片16个。“昭君文化节”期间，在24个省会城市播出节目，与中央台合作节目两个。电视台在中央台播发专题8个、消息14条，在内蒙古台发稿226条，与全国省会城市台交换新闻28期。广播电台有19个作品获奖，其中国家级3个、自治区级16个。电视台有22个作品获奖，其中国家级奖5个、自治区级奖17个。广播电台与全国52个城市合办节目《飞跃城市》48期。同时，广播电台、电视台开设《曝光台》等栏目，配合市容整治，发挥舆论监督职能。

2003年，两台开设《众志成城抗击“非典”》《团结一心抗击“非典”》《聚焦“非典”》《抗击“非典”交通伴你行》等栏目，新闻、专题发稿3319条（组）。《呼和浩特新闻》由10分钟增至25～30分钟，连续两个月超量采发，播出“非典”疫情相关信息1000多条。《新闻视点》栏目由每周3期增加至每周6期，播出相关专题、评论近50期。“非典”期间，推出大型谈话类节目《抗击“非典”特别访谈》栏目，制作播出抗击“非典”节目25期；左飞字幕万余条次，制作大型系列专题片《青城不会忘记》9集，为被迫停课的中小学生播出“空中课堂”电视讲座节目。

2005—2006年，广播电台在中央人民广播电台、国际广播电台播发消息、专题105条（篇），在内蒙古人民广播电台播发蒙古语、汉语稿件790多条（篇），播发专题4部。电视台在中央电视台新闻直播共发稿18条（篇），内蒙古电视台播发消息、专题630多条（篇）。两台获国家级奖项7个、自治区级奖项5个。2006年，呼和浩特赛区代表队参加全国电视宣传新星大赛总决赛，获一等奖4个、二等奖6个、三等奖4个；大型专题片《中国乳都——呼和浩特》获全国城市台节目评比专题类二等奖。新闻评论《福利院怎么了》获全国城市台新闻评比三等奖。

2007年8月，广播电台新闻中心记者采写的稿件首次在中央人民广播电台《新闻联播》节目中以头条位置播出。10月，市广播电视局协助日本NHK电视台在呼和浩特市进行60分钟《中国铁路大纪行》节目直播。全年，两台在中央级媒体共播发稿件300多条（篇），在自治区媒体发稿800多条（篇），获国家级奖5个，自治区级奖16个。

2008年5月12日，广播电台3个频率全部并机转播中央人民广播电台中国之声抗震救灾消息，开设《爱心涌动》《爱心榜》《后盾》《建宏日记》《前方回传》等栏目报道抗震救灾动态。5月19—21日全国哀悼日，电视台《呼和浩特新闻》增加播出时段，延长至25分钟，播发300多条相关报道，《新闻视点》采制播出10多期节目，《直通首府》制作多个子栏目和两个抗震救灾宣传片。8月，奥运会残奥会期间，电台开设专栏，播放奥运圣火传递活动，采访30多名首府火炬手，制作播出奥运公益广告。电视台《呼和浩特新闻》《直通首府》开设奥运专栏和系列报道，播发报道93条（集）；《新闻视点》推出3期节目；《访谈》《希望田野》《青城纪事》播发11期节目；制作电视歌曲《青城唱响五环颂歌》《奥运梦想》。9月，广播电台各频率根据节目不同定位，以新闻、专题、现场回传等方式，开设《回眸文化节，走向新辉煌》《立足新起点，推动新发展》专栏，报道中国·呼和浩特第九届昭君文化节和中国民族商品交易会。12月，开设《呼和浩特·辉煌30年》《体验改革、见证开放》专栏；新闻综合频率播放系列报道《改革就在身边》《亮点民生促和谐》60多篇；交通频率播放《交通生活在变化》系列访谈节目30多期；城市生活频率播放访谈节目《我看改革开放30年》《30年岁月如歌》20多期。

2009年，市广播电台推出《经典呼和浩特，辉煌60年》系列报道60多篇，大型策划报道《我与祖国共成长》60多篇。同年，市广播电台加入“CBU”中国广播联盟和内蒙古广播联盟，与土默特左旗、托克托县、和林格尔县、武川县联合办台。电视台新闻类栏目开设《深入学习实践科学发展观活动》《科学发展时代楷模》《学习实践科学发展观活动》等10个栏目，《呼和浩特新闻》《直通首府》《新闻视点》《访谈》《青城纪事》等栏目共制作播出相关报道320多条。同时，制作相应的宣传片，在3个频道多时段滚动播出，做好氛围营造；录制播出《全市学习实践科学发展观知识竞赛》等多场活动，完成总结性专题片《科学发展谱新篇》的制作与播出。

2010—2014年，市广播电视台先后完成党的十八大和十八届二中、三中、四中全会，自治区党代会、市党代会、“呼市两会”、建党90周年、全市两个文明建设现场会等重大主题宣传。广播电台《呼和浩特新闻》对昭君文化节开幕式进行全程报道，开设《喜迎一会两节》等3个专栏，发消息70多条，同时推出大型系列报道《文明花开》，采制播发《五大集群助推工业强旗新型工业化》等报道；《新闻视点》推出大型专题报道《魅力土默川》，播发《小城新貌》等专题节目，采制《展民族精品迎八方宾朋》等节目9期；《直通首府》开设《带您逛展会》《讲文明看变化》

等栏目，播发报道 120 多条；《午间播报》开设“首府风景”版块，播发《敕勒川精品奶源基地》等报道；《青城纪事》推出系列节目，采制播出《大召》《公主府》等多期节目；蒙古语节目《我的呼和浩特》采制《老作家阿·敖德斯尔》等多期节目；《访谈》播出专题节目《新起点新辉煌》。电视台完成“一会一节”开幕式文艺晚会的直播，制作迎庆宣传片，在 3 个频道多点播出；安排播出一批电视歌曲、电视风光片以及大量反映本地区民族特点和地域风情的专题片、文艺晚会，加大对首府形象的宣传力度；为土默特左旗制作专题片《上风上水上土旗》。

2015 年，市广播电视台完成党的十八届五中全会、第十六届昭君文化节、践行“三严三实”、“勇于担当、攻坚克难”、中国梦、全国文艺工作座谈会、创建全国文明城市、深化文化改革等主题宣传，准确全面地报道了呼和浩特市城市建设、“三农”工作、工业升级、服务业提升、城市管理、民生改善、教育医疗、深化改革、政务服务等工作情况和成就，为首府的经济社会发展营造了良好的舆论氛围。广播电台《呼和浩特新闻》开设《经典呼和浩特辉煌 60 年》等 5 个版块栏目，相继采制播发报道 100 多条（集）。《新闻视点》推出成就性专题节目《辉煌 60 塞上传奇》、系列专题《美丽的草原我的家》等，陆续播出 10 多期节目；《直通首府》开设《献礼国庆》等 3 个子栏目，共播发报道 100 多条（集）；《午间播报》在“新闻故事”版块中推出《新中国见证的爱情》等系列报道，在“首府风景”版块中推出小短片《国庆特辑》；《访谈》栏目制作播出《传奇将帅——董其武》《我的父亲姚喆》等一系列人物专访，《青城纪事》栏目制作《老牛湾》等 17 期节目。先后开设《送温暖》《直击冬季风暴》《关注高考》等与百姓生活联系紧密的栏目。新闻类节目共播发与民生相关的消息 3000 多条，仅《直通首府》所发民生类稿件就达 2000 多条。相继开设《解读政府工作报告》《应对挑战促进增长》《扩内需促就业保增长》等 5 个栏目，发消息 160 多条；播出系列报道《转危为机保增长》6 期；《午间播报》发消息 397 条；《新闻视点》发节目 33 期；《直通首府》发报道 100 多期。全年涉及突发事件报道 17 例，从正面对政府工作给予及时有力的支持与配合。

第四节　播出监管

2002 年 8 月，根据国家广电总局、自治区广电局要求，市广电局成立以局一把手负总责的安全播出领导小组及安全播出指挥部。成员由各台、部门负责人组成。制定安全播出计划和应急预案，保证零秒停播率。组织有关人员对电台群众参与的广播直播节目进行全面检查。开通与国家广电总局及自治区广电局的直拨电话。

2003—2005 年，市广电局时刻牢记广播电视“安全播出无小事”，采取切实有效的措施，防患于未然。在重大节日、重大活动期间，为确保零秒停播，组织局属各单位、各部门对机房机器主备用设备、传输设施及消防、供电等一切存在影响安全的隐患进行全面彻底的拉网式检查、排查，发现问题及时处理，加强日常维护。严格执行领导值（代）班和24小时电话联系制度。

2006年，为确保安全优质播出，增强广播电视覆盖能力，市广电局投入100多万元更新了广播电视发射设备（电视台新增发射机1部，电台2部）。同时，电视台改建机房自动化播出系统，对电台播出机房进行了更新换代，使广播的声音传得更远、更好，电视的画面质量更加清晰、明亮。

2007年，市广电局建立市级广电播出机构播放节目监播系统，加强对市广播电台、电视台播放节目的监听、监看力度，重拳整治各播出机构播出的虚假违规广告及低俗广告，组织有关人员48小时连续对广播电视播出机构各套节目广告进行监听、监看。9月，按国家广电总局要求，停播全市各播出机构八类涉性药品、医疗、保健品广告及有关医疗资讯、电视购物节目。对全市7个旗县级以上播出机构和5个传送有线电视节目网络机构的播放（传送）节目情况进行检查。

2008年，市广播电台更新了3个频率的短波平台和播出工作站，并先后购置20多台计算机，购买17台数字采访机、3台照相机、1台摄像机。协调市财政局投资260万元对3个频率进行数字化改造。电视台正式启用“6+2”讯道标清全数字电视转播车。该车整体系统设备具备现场录制、直播、转播的功能，满足各种体育赛事、综艺晚会、音乐会等大型活动的现场录制和直播需要，并提高电视台的节目播出信号质量。

2009年4月，市广电局安全播出检测中心成立，负责指导全市广播电视安全播出和突发事件应急处理，组织协调呼和浩特市重大宣传活动期间的广播电视安全播出工作，防范、处置安全播出相关事宜，开展广播电视收听收看信息咨询、技术检测和安全评测等工作。同年，市广电局筹措16万元资金及时更换存在安全隐患的2号变压器和2个电流、电压互感器，10千伏柱设开关，防止重大事故的发生。圆满完成元旦、春节、五一国际劳动节、国庆节，以及自治区、“呼市两会”，“元老杯”乒乓球赛、上海世博会和亚运会、亚残运会期间等各项广播电视安全播出保障任务。

2010年，市广电局按照国家广电总局和自治区广电局对广播电视行业管理工作要求，加强对播出机构、频率频道管理。审核登记市广播电台、电视台和5个旗县广播电视台设立主体、播出机构名称、播出呼号，完成换发《播出机构许可证》《频率频道许可证》工作；对各播出机构频率、频道使用情况进行全面检查，无乱设台、乱设频率道、乱播滥放节目等情况。对市广播电台3个频率、市电视台3个频道，以及5个旗县广播电视播出机构播放的广播电视医疗、食品药品和药品资讯广告节目进行监听监看。对各播出机构公益广告、电视剧中插播广告和时长、数量提出要求和规定，对违反61号令规定的广告节目进行整治、纠正。全年向播放违规广告的播出机构下发“违规广告整改通知书”10份，责令其作出检查，进行整改。

2011年，市广播电台分别对3个频率进行数字化改造，购置移动直播车，节目质量得到较大提升。电视台率先引进数字硬盘播出系统，彻底改善落后的播出系统设备。由于各播出单位确保广播电视安全播出，连续创多年广播电视安全优质播出好业绩。市广电局分别被国家广电总局和自治区广电局评为广播电视安全优质播出先进集体。

2012年，投资100万元进行广播电视数字化更新改造，为电台、电视台分别购置10千瓦固态发射机和2部5千瓦调频发射机，解决两台多年来由于发射机老化、功率小而影响发射和播出的问题。对电视台新闻频道实现数字化准直播建设，改善电视节目播出效果。对第二、第三套节目播出机房因呼市网络分公司上划而分离的设备进行更新改造。筹措资金60多万元，运用最先进的传输技术手段完成呼市电视台第一、第二、第三套电视节目对土默特左旗、托克托县、和林格尔县、清水河县、武川县通过光缆传输的任务，提升首府广播电视直播水平。全年，广播播出总时间2.2万小时、电视播出总时间1.6万小时播出无间断，实现设备、技术、供电“三保障”和广播电视零秒停播。2014年，市广电局核查处理市县播出机构违规广告21条。

2015年，贯彻落实中共中央办公厅、国务院办公厅《关于进一步加强互联网新闻宣传和信息内容安全管理工作的意见》和国家广电总局、信息产业部关于《互联网视听节目管理规定》的要求，市广电局加强对信息网络传播视听节目的监督管理工作，全面开展网络视听节目管理工作，成立传媒机构网络视听节目管理工作领导小组，负责组织和协调全市网络视听节目管理工作，会同市公安局、市国家安全局联合重点清查网站有无播放非法视听节目和无版权视听节目。完善广电行政监管制度，制定广电技术设备维护规程及安全播出相关技术标准。规范播出秩序，整治违规广告，核查处理市县播出机构违规广告39条。开展非法安装使用卫星电视广播地面接收设施专项整治和打击非法电台专项整治工作，清除“卫星锅”（抛物面卫星接收天线）348个，依法查处非法电台21处。

第五节　广播电视工程

一、“村村通”工程

2001年，呼和浩特市开始实施广播电视“村村通”工程。2002年，全市广播电视综合人口覆盖率92.5%，仍有93个盲点村看不到电视。自治区计划委员会和自治区广播电视局为呼和浩特市下拨10个盲点村的“村村通”设备，其余83个盲点村的“村村通”工程经费，由市财政配套划拨60%，旗县（区）和乡财政解决40%。2003年，市广播电视局贷款完成38个盲点村的“村村通”广播电视建设工程和自治区广电局下播的10个盲点村安装任务。2004年，完成电视台第一、第二、第三套节目对土默特左旗、武川县的信号传输。

2005年，呼和浩特市全面启动50户以上自然村“村村通”广播电视建设工程，配套40万元购置相关设备，10月，完成23个盲点村“村村通”广播电视任务，解决了1840户、6624人“看电视难”问题。投资100万元进行广播电视数字化更新改造。电台、电视台分别购置10千瓦固态发射机和2部5千瓦调频发射机，解决发射机老化、功率小而影响发射和播出的问题。全市广播电视人口覆盖率分别为96.5%和93.06%，比1998年分别提高7.50和17.04个百分点。综合覆盖率94.78%，比1998年增加12.27个百分点。

2007年，全市广播电视人口覆盖率分别为96.50%和93.06%，综合覆盖率94.78%。市广电局摸底全市旗县、乡村广播电视返盲点并组织维护。2008年，20户以上已通电自然村全部接通广播电视，全市广播电视综合覆盖率95%以上。

2010年3月，呼和浩特市启动第二批20户以上已通电自然村（新城区、回民区、赛罕区、土默特左旗、托克托县、和林格尔县、武川县、清水河县）“村村通”工程。11月，完成建设任务，为540个自然村安装直播卫星接收设备1.83万套，全市广播电视综合覆盖率达96.81%和93.99%，覆盖人口258.68万人和251.14万人。

2012年，市广播电视覆盖由“村村通”向“户户通”转变，采用直播卫星在有线电视未通的农村地区实施广播电视“户户通”，5.36万户接通广播电视。

2015年，完成农村广播电视“户户通”任务3.23万户，建成地面数字覆盖工程站（点）8个，分别为706台、呼和浩特广播电视台、土默特左旗、托克托县、清水河县、和林格尔县各1个，武川县2个。

二、“村村响”工程

2015年，呼和浩特市完成960个建制村和5个林场的“村村响”（大喇叭）广播建设工程，覆盖2.88万户。其中，新城区24个覆盖1500户，玉泉区50个覆盖964户，回民区5个覆盖55户，赛罕区101个覆盖9798户，土默特左旗296个覆盖3000户，托克托县120个覆盖4500户，和林格尔县148个覆盖5000户，武川县93个覆盖400户，清水河县建成103个，各开发区建成25个。市辖区建成1个平台，5个旗、县各建成1个平台。

第二十八篇

旅　游

第一章　旅游管理

第一节　管理机构

1992年，呼和浩特市旅游事业管理局成立，与呼和浩特市外事办公室合署办公，两块牌子，一套人马。1993年，增设旅游科。

2001年10月，呼和浩特市旅游局（简称市旅游局）成立，内设办公室、规划发展科、旅游促进科、质量管理科。2002年6月，成立呼和浩特市旅游质量监督管理所（简称市旅游质监所）。2003年10月，成立呼和浩特市旅游监察大队。

2004年，市旅游局增设政策法规科。2005年3月，成立呼和浩特市导游管理服务中心。

2008年5月，成立呼和浩特市旅游服务中心（简称市旅游服务中心）；7月，撤销市导游管理服务中心，其职能划归市旅游服务中心。2010年，市旅游局增设统计调研科、行政事项审批办公室。

截至2015年，市旅游局设办公室、规划发展科、旅游促进科、质量管理科、政策法规科、统计调研科、行政事项审批办公室，下设市旅游质监所和市旅游服务中心。

第二节　市场监管

2002年6月，市旅游质监所成立后，按照市政府要求，对全市旅游市场开展执法检查。检查内容包括检查导游，治理“野马”（无照导游员）；检查旅行社，查处“黑社”（未经许可非法经营旅行社业务的企业）；检查旅游交通，查处“黑车”（无运营资质的旅游客运车辆）；检查旅游购物消费、处罚“宰客”行为。全年检查旅游景区7家，旅行社10家。

2003年，重点对导游员、旅行社及其门市部、旅游景区、饭店开展检查，检查旅游景区7家，旅行社5家，饭店19家，导游员31人。查处违规导游员4人，行政处罚1起，罚款1000元。协调处理旅游投诉7件，理赔8200元。

2004—2005年，市旅游质监所全年出动执法人员770多人次，检查导游员1100人次、景区5个次、饭店20多家次、旅行社150多家次；查处无照导游员4人，查处违规导游员75人次；行政处罚10起，处罚金额9100元；协调处理投诉旅游案件

53起，理赔17万元。

2006年，市旅游质监所组织开展规范旅游市场秩序系列行动，重点解决旅行社违规经营、削价竞争、降低服务质量、扰乱旅游市场秩序等问题，对符合要求的旅行社门店核发《旅行社门市部登记证》。开展治理“零负团费”的检查行动，要求旅行社进行旅游报价，实行旅游合同价格公开、透明，对旅游行程中的自费项目保证项目合法，价格公开，选择自由，并写入合同附件的《行程安排表》中。开展整治超范围经营专项行动，重点整治国内旅行社经营国际旅游业务、非出国旅游组团社经营出国旅游与边境旅游业务、区外旅行社在呼和浩特市非法设立办事处及非法从事旅游业务、其他非旅行社中介机构从事旅行社经营等违法经营行为，查处旅行社因团款引发的“甩团”“扣团”等危害游客正当权益的案件。全年共检查旅行社72家，旅行社门店23家，带团导游750人次，旅游车辆720辆；检查星级饭店32家；共查处“黑社”14家，违规门店4家，“黑导”（未取得导游证从事导游业务的人员）6人，违规导游员65人，“黑车”4辆，取消3家星级饭店的星级资格；协调处理投诉25起，理赔1.72万元。

2007年，市旅游质监所全年先后6次会同公安、工商、运输管理等部门开展联合执法检查，取缔“黑社”2家，行政处罚违规社17家次，违规导游员37人，罚款3.65万元；受理旅游案件投诉40起，办结40起；参加在新华广场举办的“3·15维权活动”“安全生产万里行”活动，向社会公众发放《旅游维权指南》《旅游文明礼仪提示》《旅游安全须知》《旅游小常识》等宣传材料3万多份，现场解答旅游问题咨询。

2008年，针对奥运会、民交会、昭君文化节等大型活动多的情况，市旅游质监所加大对旅游市场的监督检查力度，先后组织日常检查130次，联合检查5次，出动执法人员428人次，执法车辆141台次；依法检查旅行社105家次、景区（点）41家次、星级饭店12家次、社会饭店2家次、旅游汽车公司4家次、带团导游356人次、接团旅游车356台次；依法查处无证经营的“黑社”两家、违规旅行社5家、违规导游员57人次；依法对32名违规导游给予IC卡扣分处理、查处导游证漏检人员10人；现场指导带团导游服务质量356人次；行政处罚4起，罚款7000元；协调处理旅游投诉31起，理赔2.4万元。

2009—2010年，市旅游质监所先后组织日常检查247次，联合检查9次，专项检查4次，个案检查38次，出动执法人员2800多人次；依法检查旅行社566家次，景区（点）23家次，星级饭店14家次，非星级饭店1家次，旅游汽车公司9家次，带团导游885人次，接团旅游车885台次；依法查处无证经营的“黑社”5家，违规旅行社13家，违规导游77人次；查出旅行社安全隐患400多处，印发整改意见书100多份。全年受理各类投诉59起，处理投诉33起，退赔金额9.13万元。

2011—2012 年，开展旅游服务质量提升活动，会同相关部门开展联合执法 18 次，与包头、鄂尔多斯等市开展跨地区联合检查 8 次，日常检查 310 多次；出动执法人员 1075 人次、执法车 540 台次；依法检查旅行社 150 家次、景区（点）90 家次、星级饭店 75 家次、旅游汽车公司 10 家次、带团导游 780 人次；依法查处无证经营的“黑社”4 家，违规旅行社 3 家；查处违规导游 16 人，查处“黑导”2 名。开通 24 小时投诉电话，累计接听旅游投诉、咨询电话 2500 多次；依法受理投诉 57 起，理赔金额 49 万多元。

2013 年，市旅游质监所与自治区旅游质监所、包头市旅游质监所联合开展异地检查，共同整顿草原旅游秩序。全年出动检查车辆 300 多次，执法人员 1000 多人次；检查旅行社 240 家次，打击处理“黑社”3 家，对 15 家旅行社下达整改通知；处罚 2 起，罚款 2.99 万元；检查景区 70 家次、旅游购物店 40 家次、飞机场 5 次、火车站 25 次；检查带团导游员 300 多人次，对 5 名违规导游员给予扣分处理。

2014 年，全市开展“百日旅游安全大检查”专项行动，净化旅游市场秩序，维护旅游市场健康环境。4 月，市旅游质监所率市四区执法人员，检查市内的旅行社两年内团队档案、宣传广告、租用车辆合同和应急预案，现场指导规范旅游合同的签订。共检查旅行社 359 家，出动执法人员 1600 人次，出动车辆 540 多台次；检查景区 20 家次、检查星级饭店 40 多家次，购物点 35 家次；检查导游 400 人；对 18 家旅行社下达整改通知，对 30 名导游员进行扣分处理；协调处理投诉 79 起，理赔 6.11 万元。

2015 年，市旅游质监所创新管理模式，发挥各旗县（区）旅游局职能，全面实现旅行社及星级饭店日常管理与服务工作由所辖旗县（区）旅游局负责。同年 4 月，市旅游质监所将旅行社分支机构的备案管理事项下移。至此，所有旅行社及其分支机构日常管理和服务事项全部移交旗县（区）旅游局。全年，共审批旅行社 7 家、出境组团旅行社 4 家；审批出境组团社团队 1123 个、1.71 万人；出动执法人员 780 人次，出动车辆 180 台次；检查旅行社 340 家次，检查景区、购物点 150 家次；检查导游 167 人次。其中，对 13 家旅行社下达整改通知，对两家旅行社进行行政处罚，罚款 5 万元，依法取缔“黑社”1 家；受理投诉 61 起，处理 61 起，理赔 5.62 万元。11 月，与市交通运输管理局联合建设的旅游汽车服务平台进入试运营阶段，使全市旅行社实现选车、用车、合同签署、费用支付等网络化，对旅游车辆市场实现实时监控。

2003—2015 年呼和浩特市旅游质量监督投诉及行政处罚情况表

表 28-1-1

年份	投诉受理情况				行政处罚情况	
	受理数（件）	处理数（件）	理赔金额（元）	理赔率（%）	处罚数（件）	处罚金额（元）
2003	7	7	8200	100	1	1000
2004	40	40	116391	100	7	7300
2005	13	13	54180	100	3	1800
2006	26	26	17165	100	0	0
2007	40	40	38960	100	54	36500
2008	31	31	24000	100	4	7000
2009	33	33	37305	100	0	0
2010	34	34	96014	100	3	10000
2011	25	25	54857	100	6	52000
2012	32	32	435507	100	0	0
2013	21	21	58710	100	2	29890
2014	79	79	611336	100	1	停业整顿 1 个月
2015	61	61	562000	100	2	50000

第二章　旅游资源

第一节　自然资源

一、高山草原类旅游资源

（一）乌素图国家森林公园

乌素图国家森林公园位于大青山中段前坡，东西长约 80 千米，南北平均宽约 10 千米，总面积 8.04 万公顷。由劈柴沟旅游区、白石头沟旅游区、喇嘛洞旅游区、水磨沟旅游区、狩猎区、乌素图旅游中心六部分构成。园内主要以草原生态环境为主，植被覆盖率达 90%。有植物种类 1100 多种，有动物种类 40 多种，其中国家级保护动物两种。园内有乌素图召，总建筑面积 3800 平方米，经明清两代不断扩建形成。

（二）哈达门高山牧场旅游区

哈达门高山牧场旅游区位于武川县大青山乡，距呼和浩特市区 27 千米，景区面积 78 平方千米。2005 年正式对游客开放。为国家 AAA 级旅游景区、国家级森林公园。景区内有森林、草甸草原 7800 公顷，森林覆盖率达 82.5%。主要有桦树、山榆、河柳和人工松林等，植物种类有 700 多种，是呼和浩特市植物种属最多、保护最好的森林和高山草甸草原。野生动物主要有斑羚、梅花鹿、狍子、青羊、狐狸、獾子、野兔、松鼠、啄木鸟、百灵、鹌鹑、猫头鹰、石鸡、画眉等30多种。哈达门沟内泉眼众多，其中以盘龙瀑、三叠瀑、小峡谷、一线泉、水帘洞、瀑布潭、倾银潭、滴翠潭最为著名。沟内建有避暑山庄、饭店、游泳池、溪流小桥、蒙古包群、888级台阶等旅游设施，1200米的旅游步行道，可直达中心景区。主要的景观有哈达门沟、北剑门、琴醉千古、伟人峰、松鼠峰、莲花峰、千仞壁、卧龟岭、芍药坡、驯鹿坡、猫头石、飞来石、缀花草甸、白桦林、落叶松林等。旅游活动项目主要有游牧古城、游牧文化、主题广场，夏营盘游牧体验区，苍狼、白鹿文化主题区，料木山观景台、桦林沟阴山岩画、白塔群。

（三）敕勒川草原文化旅游区

敕勒川草原文化旅游区位于土默特左旗西部，总面积100平方千米，地处呼包鄂黄金三角洲，东距呼和浩特市区65千米，西距包头市区85千米，南距鄂尔多斯市区115千米。旅游区分为两大区域，一大区域以展示和体验蒙元文化为核心，主要景观有景区大门、敕勒川草原、圣主广场、呼和敖包、中国草原自驾车营地等；另一大区域以观光旅游、休闲度假为核心，依托哈素海国家湿地公园资源优势，打造集休闲度假、文化体验、商务会议、观光娱乐、康体养生为一体的综合性旅游区。敕勒川草原文化旅游区为国家AAAA级旅游景区、国家水利风景区、国家湿地公园。

（四）淖尔梁高山湿地草原

淖尔梁高山湿地草原位于武川县东部哈乐镇境内，是阴山山脉最大的高山湿地草原，最高海拔2100米，也是中西部地区唯一保存完好的高山湿地草原。划定为旅游项目景观保护区面积约60平方千米，其中核心区面积约38平方千米，用于旅游开发和项目建设。保护区内属典型的高原气候类型，四季分明，山川地貌形态各异。湿地景观为天然形成、无规则的草滩，分布于积水中，形成沼泽地，为呼和浩特地区乃至阴山与草原接壤地带唯一特殊地貌。湿地草原的四周，奇峰屹立，各具特色。西北侧有突地而起的两座“大石峰”，分布在宿练耗赖村的东西两侧。“西石峰”从西远眺，宛若一双驼峰，从东远眺又似一条卧龙；“东石峰”从西仰望近似一头突发的雄狮。东北边是草原的最高峰，海拔2067米；东南边有一座山峰，称“揽月峰”。坡上坡下灌木种类繁多，自然植被以克氏针茅草为主，并有石生针茅草以及药材、野草、山花分布，狐狸、野兔、獾子、乌蛇、山鸡、半翅随处可见。

（五）圣水梁自然风景区

圣水梁自然风景区位于新城区保合少镇大青山国家生态保护区内，在市区以北30千米左右，海拔2150米。景区内有高山草原、赵长城、原始森林、大峡谷、天然洞穴、怪坡、北魏大墓、大窑文化遗址等景点。景区是内蒙古第一座外景拍摄基地，电视连续剧《成吉思汗》就在这里拍摄完成。影视城主要由三处仿古建筑组成，即城堡区、仿居庸关城门、金顶大帐，依山傍水邻松柏，绵延10多千米，总建筑面积1.38万多平方米。坐落于大青山麓北水泉村南的城堡区，由城墙、城门、墙堡、塔楼组成，从东向西分3层3段，为不闭合式仿西亚古城风格的建筑。顺沟而入，过古烽火台，跨秦汉时期赵长城，即到影视城的又一仿古建筑——仿居庸关城门。在圣水梁城堡约2千米的山顶上，建有一座穹庐顶蒙古包式金顶大帐。

（六）井尔梁高山草原

井尔梁高山草原位于大青山腹地井尔梁、摩天岭地段，西到土默特左旗，北至武川县，东临新城区，占地面积约1137公顷。井尔梁最高海拔为2110米，春季多风少雨，夏季温热多雨，秋季短促凉爽，冬季漫长干冷。井尔梁草原旅游区是阴山山脉最大的高山草原，山川地貌形态各异，原始而壮观，粗犷而秀美。春夏翠绿的草丛，面积广袤绵长，为呼和浩特地区乃至阴山与草原接壤地带的特殊地貌。旅游区内动植物种类多，旅游资源丰富，是呼和浩特大青山生态旅游带重要节点之一。

（七）金銮殿生态旅游区

金銮殿生态旅游区位于土默特左旗毕克齐镇北的大青山自然保护区内。据《北史》记载，北魏道武帝巡幸阴山，曾在山顶建造行宫，遂将此山叫“金銮殿山”。景区自然生态环境独特，地域空间博大，西南侧有1座奇峰异景，如牛状的风蚀巨山尾西首东而卧，仰首处正好有两座小石峰，似一对犄角直刺青天，如同旋风扶摇直上，顶天立地，称为“牛角旋峰”。山巅四周境均为悬崖绝壁，如同一座空中堡垒。金銮殿西南、入沟不远即为千树背。千树背东起金銮殿山顶，西至石门沟底，总面积466.67公顷。区域内植被繁茂，乔木有云杉、落叶松、油松、白桦、山杨，灌木有绣线菊、虎榛子、山黄杆、黄玫瑰，草本有大叶糙苏、大黄、远志、黄芩、金莲花、针茅、地被菊、苔草等。主要野生动物有狍子、青羊、野狸子、野鸡等。千树背西有被称为“小桂林”的黑牛沟。入沟后，山壁陡峭，怪石嶙峋。盛夏期间，鸟语花香，芳草满坡，伴以泉水叮咚，林涛阵阵，石林石柱高低错落，别具特色。

（八）小井沟风景区

小井沟风景区位于大青山南麓呼和浩特市区东北25千米处，占地面积16.7平方千米。2003年正式营业。景区属高山草甸景观，山势险峻、绝壁纵横。最高峰平顶山，山顶阔如平野。沟内有奇山异石、绝壁悬崖，清泉长流。比较突出的有大石羊、老鼠跳板、老鹰咀、悟空望月、仙人棋盘等自然景观，形态逼真。另有平顶山和补换沟更具特色，从北坡穿桦树林登上平顶山，一望无际的土默川平原和美丽青城尽收眼底。景区内有三条支沟风景独特，其中一条位于平顶山北，沟内巨石遍布，形态各异，乱石间点缀很多茶条槭，春秋开花，夏季结果，秋季叶红，尤其秋季可与香山红叶媲美；另一条为都都赖沟，沟深且阔，两面分布阶形台地；还有一条为补换沟，沟细且深，沟底岩石经多年流水冲刷，光滑发亮，往上有石门，如刀劈一般，狭窄处不过十几米。区内已建成平顶山蒙古部落、俄罗斯风情园、农家小院、高山索道、人造湖嬉水园等旅游项目。

（九）城湾云滚洞风景旅游度假区

城湾云滚洞风景旅游度假区位于清水河县窑沟乡下城湾村，距清水河县城50多千米，距呼和浩特市区140千米，2004年投入运营。云滚洞山坐落于黄河北岸的雄关峪口，山体主要由沉积岩构成，岩石中常见螺、蚌、鱼等古水生动植物化石。山中有溶洞隐于山底，据传说可穿越黄河河底到达对岸，冬春之际，洞口吞云吐雾，紫气氤氲，故名云滚洞。景区地处黄河万家寨水库库区，其自然地貌以山地和河谷为主，山体植被覆盖率达60%。陡峭的岩石绝壁形成深切的V字形黄河峡谷，构成浑然天成的壮美自然景观。景区内发现有新石器时代的石斧、石刀等器物，有宋代的古城遗址、古栈道，以及古炮台。

二、综合开发类旅游景区

（一）哈素海旅游景区

哈素海旅游景区位于土默特左旗西部，地处呼包鄂“金三角”腹地，东距呼和浩特市区60千米，西距包头市80千米，呼包高速、国道110线、京包铁路横贯东西。为国家AAAA级旅游景区、国家水利风景区、国家湿地公园。

哈素海是黄河变迁而遗留的牛轭湖，属大黑河水系的外流天然淡水湖泊，水面面积32平方千米，平均水深1.5米，湖底杂草丛生，水质肥沃，盛产草、鲢、鲤、鲫、团头鲂、武昌鱼等鱼类及河虾蟹。湖面芦苇荡内繁衍着各种鸟类，凌空起飞时盘旋在烟波浩渺的湖面上，岸边凉亭水榭柳绿成荫，碧水青山相映成辉，组成一幅十分壮观的图景。有“塞外西湖”之称。

景区拥有草原湿地公园和草原休闲博览园。草原湿地公园主要有烟波渔歌、水鸟保护区、湿地芦苇保护区、海岛生态观光区、哈素海水资源保护区等五大观光区域。游客可以选择水上和环湖两条线路参观游览，还有各种丰富的环湖及水上休闲娱乐项目。草原休闲博览园的项目以温泉养生、休闲度假为主，开放项目有天鹅堡温泉养生中心、天鹅堡温泉度假酒店、戏水乐园、海上田园度假中心等。

（二）托克托黄河旅游开发区

托克托黄河旅游开发区位于托克托县境内，距呼和浩特市区70千米。是以黄河文化为主题的旅游区，2001年正式营业。主要旅游景点包括海眼神泉、南湖公园、“君子津”古渡、民俗旅游村——蒲滩拐。

海眼神泉位于黄河岸边的双河镇郝家窑村，距托克托县城15千米。海眼神泉一米见方，深不可测，终日溢流。每年农历二月，冰雪未融，这里却水草丰茂，一片绿荫；

炎夏凉气袭人，寒冬热气蒸腾，冬暖夏凉。

南湖公园位于托克托县旧城区“东胜卫古城”脚下，面积133.33公顷，其中水面66.67公顷，各种水鸟云集，湖中小岛亭阁假山，湖面芦苇片片，与古城相映成趣；是重要的水产养殖水域，有黄河大鲤鱼、鲫鱼、螃蟹等水生动物。

民俗旅游村——蒲滩拐位于双河镇蒲滩拐村，西临滔滔黄河，东靠黄土高坡。这里依山傍水居高临下，小气候环境，常年气候温和，冬季不冷、夏季不热、农家小院绿树成荫花果飘香，既有江南小村的灵秀，也有塞外农村的风貌。

（三）老牛湾黄河大峡谷旅游景区

老牛湾黄河大峡谷旅游景区位于清水河县境内，地处晋蒙边界黄河流域，是黄河与明长城的交汇点，总面积25.34平方千米，距呼和浩特市区154千米。2000年对游客开放。老牛湾黄河大峡谷旅游资源单体共有8处，其中优良级旅游资源单体7处、普通级旅游资源单体1处。景区内明代古城堡三面环水，保存较完整，保持着明清时期黄土高原建筑风格，城中的房屋院落被中外建筑专家誉为“民居博物馆”。城内街道分布自然，以青石铺地、清水洗街，街道相连。120多座古民居与绿树、古庙相依相映。因地处交通要道，曾是商贸物资运转的重要渡口，商贸活动盛极一时。老牛湾黄河大峡谷景区已成为自治区级服务业聚集区。2014年，被住房和城乡建设部评为中国传统村落，入选中国最美乡村名录，排名第三。2015年11月，通过国家AAAA级旅游景区评审。

（四）白石沟生态旅游景区

白石沟生态旅游景区位于土默特左旗境内五一水库上游白石头沟内，2003年初步开发，2004年对游客开放，相继建成七道沟露营谷、龙潭瀑布、龙潭湖码头、水上乐园、陆地竞技场、轮胎乐园、射击场、沙滩摩托、真人CS野战营、喊泉、漂流、滑草、嘉年华等十几项旅游项目。旅游区整体面积28平方千米，是集观光游览、会议培训、户外拓展的国家AAA级旅游景区、国家水利风景区。景区内山高岭峻，草木葱茏，多条山涧汇成的溪水，蜿蜒百折，纵穿景区，总过水面积达8平方千米，占景区总面积30%。景区内有大面积的次森林（桦树、野梨树、杏树、木瓜树）、人工桦林和果林等，植被覆盖率达到55%以上。有青羊、狍子、野鹿、野兔、鹰、山鸡、石鹞等多种动物。景区主要由1门、2带、8区组成，即旅游区大门、绿化带、漂流带和波光凌空健身娱乐区、接待服务区、西林峡军技娱乐区、奇石沟探险区、休闲区、桃花源度假区、菊花沟水上娱乐区、野生动物饲养场等八大功能区。白石沟生态旅游景区被自治区旅游局列入内蒙古四条旅游精品线路重点景区之一，被市政府列为“十二五”规划时期重点开发建设项目，被市旅游局评为呼和浩特市2011年度优秀旅游景区。

（五）石峡口旅游度假区

石峡口旅游度假区位于清水河县韭菜庄乡，地处黄土丘陵沟壑地区，清水河中游，距呼和浩特市区165千米。景区面积200多平方千米，由石峡口水库、石峡口旅游度假区、摇铃沟生态区三部分组成，主要景点有石峡口兵工厂遗址、石峡口水库、石峡山庄、摇铃沟生态区、神水泉等。景区内芳草萋萋、林木繁茂、气候宜人，植被覆盖率达40%。景区内野生动物、植物资源丰富，有鹿、狍子、黄羊、狐、野兔、山鸡等动物，有芍药、野菊花、山丹丹等植物。

（六）泉寿湾

泉寿湾（又称贾浪沟）位于清水河县喇嘛湾，是一个涵盖生态绿化、度假山庄、民俗体验及休闲娱乐区、农事体验区、创意写生基地、温泉疗养中心、山泉水开发加工等内容的生态旅游区，集民俗、乡村、农业、休闲、养生、观光于一体。景区绿树红山碧水，有8千米长的幽深山谷，石壁上泉眼众多，富含多种矿物质的天然泉水涌出，被誉为“百泉沟”。甘甜的清泉汇成山溪欢快流淌，掬一捧凉凉的清澈泉水喝下，沁人心脾，暑热全消。山溪两岸是红色砒砂岩地貌、形态各异的巨石、几百年树龄的古海红果树，还有树林、花海、草地，山谷内负氧离子含量高，动植物物种的多样性远高于其他区域。

（七）南山旅游景区

南山旅游景区位于和林格尔县中部，城关镇南侧，沿国道209线与蒙牛工业园、盛乐博物馆相连。景区内旅游资源丰富，包含南山公园、民具博物馆、南山文化产业园、西口文化产业园等旅游景区景点，有华夏名亭园、中华钱币坛、东山书法艺术园等人文景观。盛乐百亭园芍药种植面积达20公顷，引进新品种100多个，近20多万株，其中包括“金带围”“冰青”等名贵品种。截至2015年，景区连续举办六届“盛乐芍药旅游节”，成为和林格尔经济发展的盛宴、城市形象的窗口、生态文化的名片。

（八）蒙古风情园

蒙古风情园位于玉泉区南郊，南邻昭君博物院，为国家AAA级旅游景区。始建于2006年，占地面积667.27公顷。风情园内有四星级可汗宫大酒店、成吉思汗纪念堂、马文化博物馆、蒙古大汗营、赛马场、神舟航天台、朵日纳乐园、朵日纳花海、汽车影院、草原浩特、草原渔村、白云塔拉、王爷府、万圣神邸、敕勒海等景点；还有完备的游客服务中心、户外婚庆基地、露营烧烤区、“红领巾”青少年教育基地等功能区。景区定期举办“朵日纳”成吉思汗祭典、蒙古族传统的敖包祭祀、蒙古族祭灶等民俗活动。

（九）蒙亮民族风情园

蒙亮民族风情园位于回民区成吉思汗西街与西二环交会处。景区分3个参观场景，一楼为内蒙古特产食品展厅，二楼为内蒙古羊绒、皮具展厅，三楼为内蒙古民族银饰首饰展厅。景区经营蒙古族特色美食，主要有奶酪宴、炖羊肉、驼肉饼、黄米糕、羊肉串等。同时，集民族特色歌舞演艺、旅游文化产品及农牧业特色产品展示及销售于一体的大型文化产业项目——蒙亮文化演艺广场也是展示内蒙古多元民族文化的一道靓丽风景线。

（十）奥威马文化生态旅游区

奥威马文化生态旅游区位于和林格尔县盛乐镇七杆旗村，2014 年建成开放。园区占地 102.8 公顷，总投资 10.76 亿元，是一家集马文化、马旅游、马生活、马赛事、马教育、马繁育、马交易、马文化博物馆、马文化创意中心、马主题乐园、马衍生品、马产业大数据中心于一体的多功能马文化产业园。

（十一）蒙树生态科技园

蒙树生态科技园位于和林格尔盛乐经济园区，2011 年建成开放。园区有以树木科技生态为主题开发建设的国家 AAA 级旅游景区，集森林旅游、生态研学、自然体验于一体，让旅客在回归自然的同时，体验一粒种子从播种生长到浸染大地的奇妙旅程。景区内有自然课堂、森林氧吧、林间农家、林下禽苑、种质资源圃等 17 个景点，形成一个集森林观光康养、林业科普、自然体验等于一体的综合型生态科技旅游区。

（十二）蒙草·草博园

蒙草·草博园位于和林格尔盛乐经济园区，2015 年建成开放。园区以“乡土植物种质资源”的研究、繁育和展示为主，通过把科技与生态相融合，运用模拟自然、融入自然的表现手法，展示草原上 1800 多种乡土植物种质资源、内蒙古各地区的生态大数据，以及各典型生态区的生态修复技术与产品，让游客重新认识与自己共生共长的花、草、水、土，激发和唤醒人们的生态保护意识，生动体现“人与自然和谐共生”的生态空间，是市民休闲旅游、接受生态科普教育的好去处。

第二节　人文资源

一、博物馆

（一）内蒙古博物院

内蒙古博物院位于新城区东二环与新华东街交会处，建于 2007 年。建筑面积 6.4 万平方米，展览面积 1.5 万平方米，院内珍藏品达 10 多万件（套）。内蒙古博物院为国家一级博物院，国家 AAAA 级旅游景区、科普教育基地、爱国主义教育基地。该院有 4 个基本陈列室，通过实物、图片等展览，展示内蒙古地区远古时期的自然风貌和不同历史时期的社会发展概况。其中，博物院二层的“远古世界”“高原壮阔”“地下宝藏”“飞天神舟”4 个基本陈列板块介绍草原文化的生成之地；三层“草原雄风”“草原天骄”“草原风情”“草原烽火”4 个基本陈列板块以串珠形式展示草原文化从古代—近代—现代的纵向发展线条；四层“草原日出”“风云骑士”“草原服饰”“苍穹旋律”“草原华章”“古道遗珍”6 个专题陈列板块以亮点聚焦方式呈现草原文化。

（二）昭君博物院

昭君博物院位于玉泉区南部，为国家 AAAA 级旅游景区、自治区文物保护单位，也是世界首座匈奴历史博物馆。其前身是昭君墓文物保护管理所，始建于 1981 年，2006 年正式更名为昭君博物院，是依托王昭君墓，以博物馆区为基础，集文物收藏、保护研究、展示和社会教育于一体的“一院多馆”格局的遗址性博物院。占地面积 45.50 万平方米，建筑面积 2.58 万平方米，展厅面积 1.50 万平方米。以“和”文化为主题，设计风格吸取汉代建筑精髓，外观呈现出厚重久远、谦逊辉煌的文化气息；内部由昭君墓、匈奴文化博物馆、单于大帐、和亲宫、昭君宅、昭君出塞 5D 影院、“藏墨苑”书画展厅组成。昭君墓，又称“青冢”，是史籍记载和民间传说中汉代明妃王昭君的墓地。昭君墓始建于西汉时期，夯土筑成。墓体状如覆斗，高达 33 米，距今已有 2000 多年的历史，是中国最大的汉墓之一。

1963 年，国家副主席董必武参观昭君墓后，题写《谒昭君墓》。整个昭君博物院充分展现王昭君的生平事迹和中国源远流长的和亲文化。

（三）内蒙古将军衙署博物院

内蒙古将军衙署博物院位于新城区新城西街，是依托清代绥远城将军衙署而建的古建类博物院，成立于 1992 年，隶属自治区文化厅。整个建筑分为内外两层，院内有三进厅堂，前为办公场所，后为内宅，总占地面积约 1.64 万平方米。

清雍正十三年（1735 年），清王朝为巩固西北边防，决定在归化城（呼和浩特旧城）东北 2.5 千米处另筑新城一座，驻屯满洲八旗官兵。乾隆二年（1737 年）正式动工兴建，乾隆四年（1739 年）建成，命名为绥远城，设绥远城将军统领，并管辖漠南蒙古及大同、宣化的驻军。将军衙署按清一品封疆大吏衙署的格式营造，位居绥远城中心西北处，是当时城中最大的建筑群。民国时期，绥远省政府主席傅作义曾在将军衙署办公。

将军衙署是国内现存规模最大、保存最为完整的清代边疆驻防将军府。内设清蒙古八旗、清将军衙署格局等复原陈列，长年对游客开放。2009 年，内蒙古将军衙署博物院被国家文物局评为国家二级博物馆。2012 年，整建制划归呼和浩特市管理。2014 年，经国家文物局批准，呼和浩特市对将军衙署古建筑文物本体进行维修，对其周边环境进行综合整治和改造。内蒙古将军衙署博物院被评为国家 AAA 级旅游景区、全国重点文物保护单位。

（四）清固伦恪靖公主府博物馆

清固伦恪靖公主府博物馆位于回民区通道北路62号，是康熙皇帝第六女固伦恪靖公主于康熙三十六年（1697年）下嫁喀尔喀蒙古土谢图汗亲王敦多布多尔济后所居府邸。公主府占地面积1.8万平方米，其中建筑面积4800平方米。整座府邸建造遵循传统礼制建筑中轴对称、前堂后寝的理念，现有四进院落，古建房舍69间，前有影壁御道，后有花园马场，府门、仪门、静宜堂、寝宫、配房、厢房、后罩房依例分布。布局整齐，豪华威严，巍峨壮观，文化内涵极为丰富，是全面展示清代满蒙联姻制度、宫廷文化、少数民族历史风俗、古代建筑艺术的重要文化宝库。博物馆常设清代公主日常生活场景复原陈列、公主府变迁史、清固伦恪靖公主与额驸敦多布多尔济生平陈列、喀尔喀蒙古族民俗陈列板块。

2001年，清固伦恪靖公主府博物馆被国务院公布为全国重点文物保护单位。2010年，被评为国家AAA级旅游景区。

（五）托克托县博物馆

托克托县博物馆位于托克托县双河镇，距呼和浩特市区70千米，始建于1992年。展厅面积500平方米，藏品有化石、青铜器、陶器、砖瓦、杯瓶、钱币、杂器等各朝各代的文物珍品，其中西夏白围棋子、汉“云中承印”、清康熙窑变天球瓶、历代货币等具有观赏价值。馆内设有用声光电现代化手段制作的托克托县城模拟沙盘，可了解托克托县自然及人文景观等。

（六）盛乐博物馆

盛乐博物馆位于和林格尔盛乐经济园区。始建于2007年，是全国唯一一座以展示鲜卑历史文化为主的博物馆。占地面积4万平方米，建筑面积5558平方米，2012年被评为国家AAA级旅游景区。博物馆主体建筑采用半地下覆土式、生态环保型建筑。地上部分可登顶俯视盛乐古城全景。

二、红色革命故居、遗址

（一）乌兰夫纪念馆、故居

乌兰夫纪念馆位于回民区乌兰夫公园内，1992年12月23日落成开馆，原国家主席杨尚昆亲笔题写馆名。公园总面积25.33公顷，园内种植的灌木类、针叶类树种达300多种，花卉120多种。其中，纪念馆占地面积3万平方米，建筑面积2100平方米，由主馆、纪念广场、塑像平台、升旗台、碑亭、牌楼六部分组成。整体建筑群将传统建筑风格与现代化建筑技术融为一体，在松柏绿荫的环绕下，形成了以人文景观为内涵，园林绿色为载体，相互衬托的旅游胜地。1997年，乌兰夫纪念馆被中共中央宣传部命名为全国百家爱国主义教育示范基地；2002年，被评为国家AAA级旅游景区；2005年，被中共中央宣传部命名为全国百家红色旅游重点景区；

2006年，被国家民委命名为全国民族团结进步教育基地。

乌兰夫故居位于土默特左旗塔布赛村，距呼和浩特市区50千米，是20世纪初土默特地区具有浓厚民俗特点的民居。故居包括原貌（有正房、东西厢房、碾房、磨房、粮仓房等20多个房间）、展室、书画厅、音像厅、碑墙、怀泽亭、停车场以及乌兰夫家碾打、晾晒粮食的场面和乌兰夫童年时玩耍的芷芨滩等场景，总占地面积1.6万平方米。2005年，乌兰夫故居被中共中央宣传部命名为全国百家红色旅游重点景区。2006年，乌兰夫故居重新修葺后对游人开放，被国务院公布为全国重点文物保护单位，被评为国家AAA级旅游景区。

（二）多松年烈士故居

多松年烈士故居位于新城区呼伦贝尔北路呼和佳地小区，为清末民初传统民居建筑，是多松年烈士青少年时代和父母生活、学习、居住的地方，占地面积1761平方米。2009年，被市委宣传部命名为呼和浩特市爱国主义教育基地。2012年，依托故居建成多松年烈士纪念馆。纪念馆展陈分3个展厅，集中展示多松年反帝、反封建，救国救民的革命历程和不畏强暴、勇于抗争、英勇就义的光辉形象。

（三）贾力更烈士故居

贾力更烈士故居位于土默特左旗把什村。故居建于清代，坐北向南，为硬山顶建筑，筒板瓦盖顶。有正房5间，为烈士生前用房，院内建有东西房各3间。1986年，故居被自治区政府公布为自治区级文物保护单位。2014年，土默特左旗政府在烈士故居新建贾力更烈士纪念馆。

（四）荣耀先烈士故居

荣耀先烈士故居位于土默特左旗察素齐镇博彦路，故居坐北朝南，原有正房5间。2002年，被自治区政府公布为自治区级文物保护单位。2003年，荣耀先烈士故居进行了一期修缮工程，故居院落进行环境整治，并制作图片展，向公众进行展示。2005年，被市委宣传部命名为呼和浩特市爱国主义教育基地。2010年，土默特左旗政府划拨资金对故居本体进行修缮，在故居院内东、西两侧修建两个展厅，展厅面积200平方米，布置有“荣耀先烈士生平事迹展览”基本陈列。

（五）高凤英烈士故居

高凤英烈士故居位于新城区保合少镇保合少村。1929年，高凤英加入中国共产党，抗日战争时期担任大青山蒙古抗日游击队队长。1941年阴历九月，在大青山一次战斗中牺牲，牺牲时年仅33岁。高凤英烈士故居原有一座小街门和6间正房。1984年，由自治区民政厅拨款重修。房内陈列烈士革命事迹和生前遗物。

（六）大青山抗日游击根据地红色旅游区

大青山抗日游击根据地红色旅游区位于武川县中南部大青山乡和德胜沟乡，距呼和浩特市区70千米，距武川县城约40千米。大青山红色革命根据地旅游区是全国著名的革命老区，自治区级文物保护单位，主要包括得胜沟、李齐沟、井尔沟、大青山抗日游击根据地旧址、大青山革命烈士陵园、得胜沟司令部遗址等红色文化旅游资源。1997年，得胜沟八路军司令部和李齐沟“郝区政府”等革命遗址、遗迹修复、重建，恢复原貌。2004年6月，被市委宣传部命名为呼和浩特市爱国主义教育基地。2005年，被中共中央办公厅、国务院办公厅联合列入《国家红色旅游规划纲要》，成为自治区红色旅游资源重点建设项目。同年，得胜沟大青山抗日游击根据地旧址被中共中央宣传部命名为全国百家红色旅游重点景区。2008年，旅游景区完成红色旅游公路、大青山抗日游击根据地展览馆及广场、绿化带、游客服务中心餐饮区、住宿区、农家乐等配套设施建设。其中，展览馆建筑面积1600平方米、广场建设面积4500平方米；游客服务中心餐饮区、住宿区改造面积2300平方米。截至2015年，景区年接待区内外游客3万多人。

（七）苏木沁烈士陵园

苏木沁烈士陵园位于赛罕区榆林镇苏木沁村西南红土梁上，始建于1982年春，是为纪念在解放战争时期平绥战役、察绥战役中壮烈牺牲的烈士而建。1998年春，中共呼和浩特市郊区委员会、呼和浩特市郊区政府命名苏木沁烈士陵园为爱国主义教育基地。陵园坐西向东，整个陵园布局由牌坊、石阶、烈士纪念碑、烈士陵墓4部分组成；占地面积7200平方米，建筑面积3650平方米。

（八）老牛坡红色文化旅游区

老牛坡红色文化旅游区位于清水河县境东南部北堡乡口子上村，距县城约30千米。景区包含北堡乡抗日战争遗址、老牛坡党支部旧址、老牛坡红色教育基地、北堡乡乡村旅游区、四公主德政碑、老牛坡抗日革命根据地纪念馆、明长城遗址等红色旅游资源。

口子上村前一条季节性河将该村一分为二，村南居民多依靠明长城墙体挖掘窑洞居住；村北居民除少数在长城墙体上居住外，多数背靠山体构筑石砌窑洞。连绵的群山高坡沟壑纵横，山脊上蜿蜒起伏的长城墩台相连，一座座单独的、成片的窑洞民居依坡散落，体现了中国传统村落的文明与特色，具有很高的历史研究价值及旅游开发价值。2014年，口子上村被住房和城乡建设部列入第三批中国传统村落名录。

（九）绥蒙各界抗日救国会旧址

绥蒙各界抗日救国会旧址位于玉泉区大召前街东侧的财神庙。建于清代初期，抗日战争时期这里曾发生过悲壮的“厚和惨案”。

1939年初，根据形势的需要，中共绥远省委派中共党员刘洪雄等秘密进入归绥（今呼和浩特）。在中共归绥工委的领导下，成立抗日群众组织绥蒙各界抗日救国会，总部设在财神庙。抗日救国会发展会员200多人，建立3个党支部和多个联络点，领导群众配合大青山抗日游击根据地开展抗日斗争。1940年2月，由于叛徒出卖，抗救会遭到严重破坏，从1940年7月至1941年5月，有190多名抗救会员被捕，刘洪雄等100多人壮烈牺牲。2006年，绥蒙各界抗日救国会旧址财神庙被自治区政府列为自治区级文物保护单位。为保护文物古迹，传承呼和浩特的历史文化，对财神庙的大殿、山门进行修缮，并对大殿东西山墙的清代精美壁画进行整理保护。2007年，恢复大殿原有塑像，并全面开放。2009年，在后罩楼设置绥蒙各界抗日救国会陈列展览，展示绥蒙抗日救国会的兴起及斗争的历史。

三、寺院、道观、清真寺

（一）大召

大召又称无量寺，蒙古语称“伊克召”，意为“大庙”，位于玉泉区大召前街北端，国家AAA级旅游景区。大召始建于明万历七年（1579），明廷赐名“弘慈寺”。大召采用汉庙形式，占地面积3万多平方米，其中建筑面积为8000多平方米，主要建筑有山门、天王殿、菩提过殿、九间楼、经堂、佛殿等，其中经堂和佛殿连在一起，统称为“大殿”。大殿是整个寺庙中唯一一座汉、藏结合风格的喇嘛庙，有双层三开间的前殿，后为经堂和佛殿；在佛堂正中供有一尊2.55米高的银佛像，因此无量寺又称为“银佛寺”；银佛的前面是通天柱，有飞龙盘于其上；银佛的左右分别是宗喀巴和达赖喇嘛三世、达赖喇嘛四世的铜像。在大召山门的屋檐下悬有“九边第一泉”的名匾。“九边第一泉”是指大召前的玉泉井，碑文记载泉水“其性轻而清，其味甘而美”。

（二）席力图召

席力图系蒙古语，意为“首席”或“法座”。席力图召汉名“延寿寺”，建于明代隆庆年间（1567—1572）和万历年间（1573—1620），寺庙因四世达赖的老师第一世席力图活佛长期主持此庙得名。席力图召坐落于玉泉区石头巷北端，建筑面积5000平方米。组成中轴线的建筑物有牌楼、山门、过殿、经堂、大殿。大殿采用藏式结构，四壁用彩色琉璃砖包镶，殿前的铜铸鎏金宝瓶、飞龙、祥鹿与朱门彩绘相辉映，富有强烈的艺术效果。清代康熙皇帝御制“平定噶尔丹纪功碑”立于大殿前列。经堂广厦7楹，金碧辉煌。召庙东南隅有白石雕砌覆钵式喇嘛塔，高15米，中轴线两侧还建有钟楼、鼓楼、亭、仓、舍等。

（三）喇嘛洞召

喇嘛洞召位于土默特左旗毕克齐镇北8千米处，又名“广化寺”，始建于明万历年间（1573—1620年）。喇嘛洞召坐落在山谷内银洞山的南坡，由前后两寺组成。在银洞山两侧的悬崖峭壁上，刻满大大小小的岩刻画100多幅，面积达100多平方米。

有造型各异的佛、菩萨、金刚、罗汉以及黄教大师宗喀巴等佛教造像，有用蒙古文、藏文、梵文等文字刻写的佛经和造型优美的藏式佛塔等。造像采用深浅不同的浮雕技法，线条粗犷，形象古朴，是呼和浩特地区岩刻之一。前寺有天王殿3间，供奉四大天王；大经堂49间、大殿25间，供奉弥勒佛，殿前悬挂蒙古文、汉文、满文、藏文四种文字镌刻的金字“广化寺”匾额。二殿为欢喜佛殿，东西八角楼供奉十八罗汉和观音菩萨。另有阎罗君殿7间。各殿佛像均以黄铜制成，工艺高超，栩栩如生。后寺建在山腰上，凿山为洞，建楼3层，称“钯洞”，塑有全寺最大的坐佛。洞前有石阶124级，整个殿宇雄伟壮观。召院西北方向有安葬历代活佛的石塔数座。清朝诗人范大元曾为喇嘛洞题诗一首：“洞里何人在，寻来总未逢。石床高卧处，只有绿苔封。”

（四）乌素图召

乌素图是蒙古语，意为“有水的地方”。乌素图召位于回民区攸攸板镇乌素图村西沟口的台地上。主要由庆缘寺、法禧寺、广寿寺、罗汉寺、长寿寺组成，总称为乌素图召，建于明清两代。召庙内的庆缘寺、法禧寺、长寿寺、罗汉寺经修缮，逐步恢复原貌，其建筑宏伟壮观，别具特色。乌素图召依山傍水、古柳成荫、环境幽静，素有“杏坞蕃红”的美称，是呼和浩特市“旧八景”之一。召内有一棵近300年的菩提树。召后有一段横亘东西的赵长城遗址，经历2000多年的风雨，其状貌仍清晰可辨。

（五）五塔寺

五塔寺原名“金刚座舍利宝塔”，位于玉泉区五塔寺后街，是国家AAA级旅游景区。清雍正五年（1727）建成，清廷赐名慈灯寺，又名“五塔寺”，是一处藏传佛教寺院。五塔寺的建筑为三重院落，寺庙早已倾塌拆除，仅存金刚座舍利宝塔。金刚座舍利宝塔仿造印度菩提迦耶式塔而建，通高16.5米，由塔基、金刚座、5座小塔组成。塔基高90厘米，金刚座高约8米，座上耸立的5座小塔，中央塔7层，其余5座小塔为5层。四周须弥座上雕刻有佛教吉祥物和五方佛的坐骑。宝塔后面有3块石刻图，分别为六道轮回图、须弥山分布图和蒙古文石刻天文图，其中蒙古文石刻天文图是世界上唯一全部用蒙古文标注的天文图。1986年，五塔寺被国务院公布为全国重点文物保护单位。

（六）太清宫

太清宫位于新城区西落凤街27号，始建于1931年，是呼和浩特地区唯一的一座道教道观。太清宫有山门一间，门前汉白玉蹲狮一对。院内分别建有灵官殿、太虚圣殿、财神殿、玉皇宝殿等。1995年后，道观对外开放。

（七）清真大寺

清真大寺位于回民区通道南街东侧，是回民区内5座清真大寺中规模最大的一座，故称清真大寺，始建于清康熙三十二年（1693），占地面积4000平方米。清真大寺坐东向西，中间为朱红色正门，上有“清真寺”的匾额及“国泰民安”四字。大殿外墙后壁上刻有“正心诚意修身”等字样。正门南北两侧各有旁门，两边是蓝色的墙面。大殿南侧有碑6通，其中以《清重刻洪武御制回辉教百字碑》《重修绥远清真大寺碑》较有价值。寺院东南侧有一座望月楼，高33米，楼的西面书有“望月楼”3个字。

（八）白塔

白塔又名万部华严经塔，位于赛罕区东郊白塔村，距市区18千米，建于辽圣宗年间（983—1031）。白塔平面呈八角形，层高七级，由塔基、塔座、塔身、塔刹组成，通体塔高55.6米，属砖木混合结构楼阁式塔。塔内设有回廊阶梯，可以逐级攀登，直到塔顶。回廊内壁和外壁共镶嵌有9块记载金代维修事迹的石碑，现存6块。塔内现存有古蒙古文、梵文、巴思巴文、契丹文、女真文、突厥文、古叙利亚文等多种少数民族文字的墨书题记，是研究古代少数民族文字的宝贵实物资料。1982年，被国务院公布为全国重点文物保护单位。1983年维修万部华严经塔塔体时，在第二层发现一张“中统元宝交钞”，是国内迄今发现的最早的纸币。

四、公园、老街巷

（一）青城公园

青城公园位于中山西路，始建于1931年，初称龙泉公园。原有一座山岗，名“卧龙岗”，岗下有一涌泉，流水淙淙，名为“老龙潭”，又称“龙泉”。1950年，公园扩建重修后命名为人民公园，园内以泉为中心，栽植杨树、柳树、松树、柏树、桃树、杏树。公园的中心，屹立着人民英雄纪念碑。1955年，在人民英雄纪念碑东北处建有人工湖。一座拱形石桥架湖而过，把人工湖隔成东西两湖。西湖中心建有一座八角水阁凉亭。东湖面积较大，岸边建有游船码头。两湖之间的北端有一座假山，游人沿着堤道通过石拱桥登至山巅，全园景色可见。湖南岸有东西向的人行道，路南侧有荷花池，荷花池西面连接着鱼塘，以供钓鱼爱好者垂钓。1997年6月，人民公园更名为青城公园。已成为拥有山水、林园、植物园、儿童体育场、展览馆等各种游览场所的综合性文化娱乐场所。2003年9月，青城公园免费对市民开放。截至2015年，青城公园总占地面积44.82公顷，其中绿化面积27.57公顷、水域面积9.25公顷、硬化面积为8公顷；绿化覆盖面积37.6公顷，绿地率76.2%，绿化覆盖率80.8%，是呼和浩特市城区的天然“绿肺”。

（二）南湖湿地公园

南湖湿地公园位于玉泉区南二环路以南，昭君路以西，南临玉泉区政府，占地面积1165公顷，2007年建成开园。景区内分湿地景观区、南湖景观区、渔业区、草原风光区、新农村农业项目示范区5个区域，主要景点有芦苇荡、南湖、映波桥、观鸟岛、春和茶榭、秋月酒肆、仿古长廊、垂钓中心、跑马场、文化图腾广场、火神广场、飞镖馆、民俗村等。湿地公园每年接待游客50多万人。

（三）大青山野生动物园

大青山野生动物园位于回民区北郊，北靠大青山，建于2006年9月，总占地面积约820公顷，是内蒙古面积最大，饲养条件最好、形式最新、动物种类最全的动物园，是国家AAA级旅游景区。动物园拥有平原、丘陵、山地等独特而丰富的地形、地貌，为动物的半野生饲养提供了便利条件。园内设有大象馆、长颈鹿馆、鳄鱼馆、百鸟园、水禽湖、猴山、小小动物园等20多个场馆。饲养东北虎、美洲狮、蒙古狼、金钱豹、非洲象、长颈鹿、棕熊等各类珍稀野生动物12大类，近100多个品种，种群数量共2000多头（只）。

（四）满都海公园

满都海公园位于赛罕区乌兰察布西街，始建于1973年，1980年建成开放。公园占地面积22公顷，系湖、河相连的双循环水系布局公园。园内河湖环绕，河上架桥设亭，河边栽花种树。园廊两侧有游亭、展览室、蒙古包、温室等，园内有藕香烟雨、敕勒天苍、古丰轩阁、怡红青坞、广群园芳、方中桥、望青桥、飞虹桥、惠仙桥等景点。

（五）春度廉政文化公园

春度廉政文化公园位于赛罕区丰州路与乌兰察布东路交会处，建于2004年，占地面积12万平方米，绿化覆盖率90.8%。2011年重点改造，2013年，被市纪律检查委员会确定为廉政教育基地。2015年11月，公园被自治区纪律检查委员会、自治区监察厅授予自治区廉政文化建设示范点。公园主要景点有爱莲湖、石刻、廉政广场、清廉园、廉政格言群组、务实园、未名园、廉政文化长廊等，有8000平方米人工湖，湖中心岛有仿古建筑一座。园内有溪流2条、千层石假山1座，配有小桥、码头、亭廊组、凉亭。沿途安置木凳，设立景观灯柱8个，书写格言32条。公园设28个廉政文化总题，分从政、修养、交往、治家4个方面。从政包含爱民富民、勤政、廉政、反贪、公正、法制；修养包含自省、自警、躬行；交往包含友情、择友、待友、诚信、团结；治家包含亲情、家财、家计、家教、勤俭。以中国历史朝代发展为脉络，沿游览路线层层布置。

（六）明清建筑博览园

明清建筑博览园（呼和浩特古城文化园）位于土默特左旗台阁牧镇。1999年，设计规划以呼和浩特市旧城区城市布局为参照，将旧城区改造过程中拆迁的急需保护的一批明清建筑按照“原物利用、不变原状、整旧如旧”的原则进行易地迁建，是规模较大的以易地迁建形式保护的明清建筑群落，形成了一个集古代建筑、历史文化、城市记忆于一体的大型建筑群，同时也按革命纪念地、历史街区，官府民居、店铺商肆、宗教寺庙场所等原有使用功能，形成了不同文化景观但又相对完整的若干园中园。

院内迁建有中共绥远工作委员会旧址巧尔气召西小院、明代边宁古寺、呼和浩特现存最早的明代道教寺庙三官庙、明代观音庙、明代关帝庙、清代官宅参领府、清代三官庙戏台、清代书院芸香书院，以及造型独特的清代商肆九间楼、清代一家银号的小姐绣楼、“德厚堂”主人家的曹家大院、民国时期著名的麦香村饭庄等，整体布局科学合理，建筑风格古色古香。明清建筑博览园就是要将这些从远古而来又要到未来而去的呼和浩特古城文化烙上时代文明的印记，让城市留住记忆，让人们记住过往。通过保护和高质量利用深入探索独具特色的呼和浩特古城文化，从这些丰富的文化宝藏中寻找一些动人的故事，鲜明的符号、独特的风俗，可口的美食、动听的音乐，将它们挖掘、弘扬、传承。

（七）大召历史文化旅游区

大召历史文化旅游区位于玉泉区大南街西侧的老城区内，以大召为核心，北起新生街，南至鄂尔多斯大街（包括路南玉泉广场），西起通顺街西口，东至大南街、大北街。旅游区总面积约 30 万平方米，总商业区占地面积 14 万平方米，是以塞上老街为核心，涵盖通顺大巷、大召前街、月明楼、阿拉坦汗广场、绥蒙抗日救国会旧址等明清风格的历史文化商业街区。辖区有商户 200 多家，主要经营民族饰品、手工艺品、精品茶叶、古玩字画、特色小吃和文化旅游特色产品展示销售。

2013 年，玉泉区政府对塞上老街进行保护性整治和修缮，并增加配套公用设施，以更好地传承其厚重的文化底蕴。修整后的塞上老街是一条具有明清建筑风格的古街，全长 380 米。街上店家众多，售卖货品包括古玩、工艺品、挂毯烫画、皮画、蒙古刀、蒙古酒具、蒙古服饰等。既有老铜匠开的铺子，也有近年发展起来的民族工艺品店。塞上老街的南侧是占地面积 4000 平方米的塞上美食街，汇集当地著名的餐饮老字号。

（八）大盛魁文化创意产业园

2009 年，玉泉区政府在原圪料街一带启动大盛魁文化创意产业园工程建设。圪料街是席力图召东侧的一条街。大盛魁文化创意产业园坐落于大召文化产业群落中，是自治区和呼和浩特市第一个文化创意产业园区，引进国际和国内领先文化创意产业和旅游开发行业先进思维方式和管理模式，弘扬民族文化和草原文化，集聚文化、艺术、创意、旅游、影视、文物、休闲等多方面的内容，是呼和浩特市重点文化产业项目。2015年，大盛魁文化创意产业园开始运营。园区以大东街为界，分为大盛魁文化创意产业园南区和大盛魁文化创意产业园北区，主要经营各类手工艺品、民俗文化特色工艺品、奇石古玩等。

五、工业旅游资源

（一）蒙牛工业旅游区

1999年8月，内蒙古蒙牛乳业（集团）股份有限公司在和林格尔县成立，通过在生产车间设计参观通道等方式展示蒙牛牛奶、冰激凌、酸奶、奶酪、奶粉等消费者所喜爱产品从生产、加工到成品的全线生产流程，展现蒙牛企业文化。蒙牛工业旅游区（又称蒙牛工业园）占地面积65万平方米，建有全封闭蒙牛液态奶生产线和企业文化游览通道。公司成立旅游接待中心，建成一支具有高素质的讲解接待队伍，拥有英汉、蒙汉等双语讲解员，具备承担政府、个人、旅行社等不同团体观光游览的接待能力。2014年，蒙牛对线下工厂参观进行全面升级。创新性地运用互联网模式，先后推出“探访蒙牛工厂——里约活力之旅”“大眼萌翻天蒙牛工厂搞怪之旅”等系列主题工厂参观活动。同时,为了让消费者在工厂参观中有更多更好的体验互动，蒙牛集团还对和林格尔基地六期工厂进行全新升级。2015年，依托“只为点滴幸福”下的“美食、运动、娱乐”三大幸福平台，从多元、趣味的牛奶生活体验出发，整合集团代言明星、热门冠名节目《十二道锋味》等各方资源，全新打造“就是不断奶”“追星星的人”“幸福小食刻”“厂开趣玩”四大主题的工厂参观活动，并创新引入最热门的应用IBeacon和微信摇一摇等数字化技术，让消费者在轻松、愉悦、快乐的体验中见证蒙牛品质、收获牛奶知识、感受点滴幸福。蒙牛工业旅游区先后被评为国家AAAA级旅游景区，被国家旅游局评为全国工农业旅游示范点，被中国企业文化研究会评为中国企业文化建设示范（调研）基地、被自治区旅游厅评为自治区优秀旅游景区，被文化和旅游部评为中国工农业旅游十大影响力品牌。

（二）伊利乳都科技示范园

伊利乳都科技示范园（又称伊利工业园）坐落于呼和浩特市金山开发区，占地面积1466.67公顷。伊利工业旅游始创于2005年,由敕勒川精品奶源基地、创新中心、液态奶生产基地、奶粉全球样板工厂、草原乳文化博物馆共同组成。从青贮、牧草种植、原奶品质把控、全自动生产流水线等多方面展示伊利健康产品的每一个生产环节。伊利工业旅游依托于深厚的乳文化、优质黄金奶源带、先进的乳制品生产车间等资源,逐步形成“智慧精品游”“儿童探索欢乐游”“品质透明行动游”等3条精品线路。在敕勒川精品奶源基地，游客可与小牛进行亲密接触，了解不同奶牛品种，如荷斯坦、西门塔尔、娟珊牛等；在草原乳文化博物馆，游客可系统了解北方游牧民族数百年的乳业文明史，积极传承草原乳文化底蕴；在生产工厂，游客可通过特设的参观通道，全面了解产品的每一个生产环节和生产工艺，零距离感受品质透明化，领略伊利绿色、健康产品的生产全过程。截至 2015 年，园区累计接待游客总量突破 1500 万人次。被评为国家 AAAA 级旅游景区。

第三章　旅游开发

第一节　发展规划

20 世纪八九十年代，呼和浩特市旅游市场尚未形成产业，旅游事业处于发端萌芽阶段。1989 年，呼和浩特市首次接待了日本石子河草原骑自行车旅游团，行程从武川县城开始，经乌兰察布盟四子王旗格根塔拉、包头市达尔罕茂明安联合旗希拉穆仁、固阳县，最后到达包头市区，行程较长。1991 年 8 月，承办自治区首届那达慕大会。20 世纪 90 年代后期，呼和浩特市相继开发了一批森林旅游度假项目，主要开展住森林木屋、吃山珍野味、观森林美景、探动物出没等活动。

进入 21 世纪，随着经济的发展和人均生活水平的提升，旅游业逐渐发展起来，且规模不断扩大。2001 年，全市旅游人数 183 万人次，营业收入 3.6 亿元。同年，市委、市政府决定呼和浩特市创建中国优秀旅游城市，并向国家旅游局提出申请。同时，把旅游专项规划纳入“十五”计划的重点规划之一，由市旅游局牵头，聘请国家首批甲级旅游规划单位——中国城市规划设计院旅游规划中心和中国科学院组成规划组编制《呼和浩特市旅游发展总体规划》。2003 年 11 月，呼和浩特市通过国家旅游局终审验收，正式成为中国优秀旅游城市。

2004 年，呼和浩特市第一部旅游法规《呼和浩特市旅游管理条例》，经自治区十届人大常务委员会第十二次会议审议，批准通过。同年，完成《呼和浩特市旅游发展总体规划》编制。规划范围为“市四区五县（旗）的全部行政地域范围”，总面积 1.72 万平方千米。规划期限为 2003—2005 年，中期为 2006—2010 年，远期为 2011—2020 年。规划还对 2020 年以后的远景发展做出战略性描述。

2005 年，呼和浩特市与山东省威海市、辽宁省鞍山市、陕西省榆林市、湖南省张家界市、北京市延庆、河北省野三坡以及包头市五当召等地的旅游促销团联合召开旅游促销会，加强旅游合作。在广西壮族自治区桂林市旅游交易会上，市旅游局与南宁市旅游局签署了合作协议书。

2006—2010 年，“十一五”规划期间，呼和浩特市在旅游开发建设中始终坚持规划先行、保护与开发并重、科学合理利用资源的原则，完成旗县（区）旅游发展规划的编制，以及大青山旅游带、城市历史宗教文化旅游带、乌兰夫纪念馆、哈素海旅游景区、乌素图生态旅游区、白石沟生态旅游景区、和林格尔南山生态园、托克托县黄河风情园、伊利工业园、蒙牛工业园等景区的规划。编制完成《呼和浩特市旅游资源资料库》《呼和浩特自助旅游手册》《呼和浩特中英文旅游商务手册》《呼和浩特市乡村旅游发展规划》《呼和浩特市乡村旅游指南》等，为广大市民农家乐出游提供便利。至2010年，呼和浩特已形成一个中心、三条旅游带、五大系列的旅游业发展基本格局。一个中心就是“旅游区域中心”，在《呼和浩特国民经济和社会发展“十一五”规划》中，明确提出把呼和浩特市建成自治区旅游区域中心和“京津夏都”的旅游业发展目标。三条旅游带是大青山休闲度假旅游带、城市历史文化宗教旅游带、沿黄河民俗风情旅游带。由敕勒川草原文化旅游景区（南湖湿地、哈素海）、白石沟生态旅游景区、乌素图生态旅游度假区等形成了独具魅力的大青山休闲度假旅游带；清固伦恪靖公主府、大召区块、昭君博物院形成了丰富多彩历史文化旅游带；托克托县海眼神泉生态旅游区、清水河县黄河大峡谷生态旅游区形成了沿黄河民俗风情旅游带。五大系列是休闲度假系列、农家乐旅游系列、工业旅游系列、冰雪旅游系列、红色旅游系列。成吉思汗文化休闲街、赛罕区文化娱乐广场、大青山野生动物园、阿尔泰游乐场、南湖湿地公园形成了最具发展潜力的城市文化休闲、娱乐区；武川县五道沟、和林格尔县姑子板、托克托县葡萄沟—溜湾是呼市三大农家乐重点发展区；伊利、蒙牛两大中国乳业领军集团大力发展工业旅游，形成了集观光、游览、文化体验于一体的两大工业旅游园区；乌素图北极光滑雪场等冰雪旅游项目，逐步打造呼和浩特冰雪旅游品牌；乌兰夫纪念馆、乌兰夫故居、大青山抗日游击根据地经过修缮建设，被中共中央宣传部命名为全国百家红色旅游重点景区。“十一五”期间，全市接待国内外游客从2006年的489万人次增加到2010年的1311.54万人次，平均增幅为28%，旅游收入从2006年的69亿元增长到2010年的183.47亿元，平均增幅28%。呼和浩特市获“中国十大文化生态旅游城市”称号。

2011年，市旅游局完成《呼和浩特市旅游业发展“十二五”规划纲要》的编审上报工作。以得胜沟大青山抗日游击根据地、乌兰夫纪念馆、乌兰夫故居为依托，开展红色旅游主题活动。2013年，完成《呼和浩特市2013—2025年旅游发展总体规划》，以及大青山带、黄河大峡谷旅游景区、白石沟生态旅游景区等旅游建设规划的编制和评审。对新城区大青山前坡生态休闲旅游区、清水河老牛湾黄河大峡谷旅游景区、土默特左旗敕勒川草原文化旅游区、托克托县海眼神泉生态旅游区、回民区乌素图旅游区、玉泉区大召区块等35个重点项目实行动态管理。及时补充、更新旅游项目库，至2013年末，全市旅游项目库入库项目共89项，其中前期项目25项，在建项目64项。全年，全市旅游业总收入328亿元，接待国内外游客2175万人次，其中过夜游客 1172 万人次，两项指标位居自治区首位。

2015 年，编制完成昭君博物院提升方案、总体规划和重点区域的修建性详细规划，《呼和浩特市智慧旅游建设方案》通过专家评审，“呼和浩特智慧旅游孵化基地”在呼和浩特大学城揭牌成立。昭君博物院被自治区旅游局列为自治区品牌景区建设项目，敕勒川草原文化旅游区、清水河老牛湾地质公园、托克托县海眼神泉景区被列为自治区重点建设的精品旅游景区项目。同年，市旅游局组织旅游企业参加俄罗斯伊尔库茨克“贝加尔国家旅游展”、第二十九届香港国际旅游展、蒙古国“乌兰巴托国际旅游展销会”、2015 北京国际旅游博览会、中国北方旅游交易会、中国国际旅游交易会和第十届海峡两岸台北旅展等各类旅游交易会。与山西晋城、陕西神木、河北秦皇岛、江西上饶、云南昆明等市旅游客源地联合召开旅游推介会，共同推介旅游产品及线路。与巴彦淖尔市、乌兰察布市、赤峰市、阿拉善盟、锡林郭勒盟在呼和浩特共同召开旅游推介会。全年，全市共接待游客 3057.43 万人次，其中过夜游客 1425.21 万人次，实现旅游收入 508.61 亿元。

截至 2015 年，全市共有星级饭店 34 家，其中五星级饭店 5 家，四星级饭店 8 家；旅行社 214 家，其中组团社 21 家；乡村旅游（农家乐）接待户 433 家，自治区五星级乡村旅游接待户 2 家，自治区四星级乡村旅游接待户 6 家，农家乐共接待游客 496.6 万人次，营业收入近 3 亿元，解决就业 1 万多人。全市大型旅游汽车公司 11 家，旅游车辆近 704 台；持证导游员 5419 名；国家 A 级景区 23 个。

1990—2015 年呼和浩特市旅游业情况表

表 28-3-1

年份	旅游人数（人次）	营业收入（万元）	年份	旅游人数（人次）	营业收入（万元）
1990	9079	2841	2003	1897000	24770
1991	16158	3423	2004	2622000	294000
1992	20459	4225	2005	3920000	466000
1993	18449	6121	2006	4891000	692100
1994	19941	9477	2007	6223000	934400
1995	20838	10540	2008	6444200	1068100
1996	22331	8718	2009	10337900	1453800
1997	23225	10498	2010	13115400	1834700
1998	25213	14055	2011	16054400	2266100
1999	1246000	65443	2012	18445100	2674400
2000	1667000	83959	2013	21750000	3280000
2001	1830000	36061	2014	25446800	4132000
2002	2107000	37181	2015	30574300	5086100

第二节　景区建设

2001 年，市委、市政府决定申报创建中国优秀旅游城市，争取国债资金 1500 万元、自治区旅游发展专项基金 200 多万元，进行景区整治和开发，累计完成投资 1.8 亿元。昭君墓、五塔寺等 4 家景区被评为国家 AAA 级、AA 级和 A 级旅游景区，大召等其他 4 家景区通过国家旅游局 AAA 级初审，申报国家 A 级以上景区实现零的突破。蒙古风情园作为全市重点旅游项目，2002 年 11 月封冻前，园区一期工程主要景点单体项目的设计工作基本完成，200 顷精品草原全部完工。民营企业敕勒川旅游度假有限责任公司以农家游为特色，累计投资 1200 万元用于基础设施建设。同年，市委、市政府印发《呼和浩特市整顿旅游景区（点）周边环境及内部实施方案》，并成立由市级领导任组长、副组长，市四区政府及旅游、市容、文化、规划、宗教等部门为成员的综合整治领导小组，制定景区（点）综合治理方案，把整治任务分解落实到各地区和有关部门，实行行政领导责任制。通过综合整治，景区（点）内外环境得到明显改观。玉泉区作为全市景区（点）最多的区，为突出商贸旅游的特点，全年共投入 3900 万元，拆除大召、五塔寺周边平房和影响景观的建筑，并对大召、昭君墓、白塔 3 个景区进行绿化、美化和景观文化活动建设。

2003—2004 年，全市景区（点）建设投资 4.9 亿元。哈素海旅游景区被评为国家 AAA 级旅游景区，大召、乌素图国家森林公园、乌兰夫纪念馆 3 家景区通过国家旅游局 AAA 级旅游景区初审。哈达门国家森林公园民俗风情园主体工程完工，太伟高尔夫球场建成运营，并开发了多项体育健身旅游活动项目，全年接待国内外体育健身游客 3 万多人，其中韩国游客近 5000 人。市旅游局投入 200 万元对大召殿院进行整修。在市旅游局指导下，蒙牛工业园、敕勒川人家旅游度假村、蒙丰锦绣园等景区通过国家旅游局的全面评估验收，成为自治区首批国家工农业旅游示范点。托克托县蒲滩拐增加民俗旅游接待点 6 个，突出黄河文化特色，真正体验农家民俗，领略大自然的美好景色，黄金周期间共接待游客 2 万人次，旅游收入达 50 多万元。

2005 年，在市旅游局的争取下，乌兰夫纪念馆、乌兰夫故居、武川大青山抗日革命根据地旧址被中共中央宣传部、国家发展和改革委员会、国家旅游局等 13 个部门确定为全国 100 个红色旅游经典景区。同时，工农业旅游项目的开发建设得到快速发展，太伟运动休闲有限公司、伊利集团等申报国家 A 级旅游景区和“全国工农业旅游示范点”。全年，全市各旅游景点完成投资 15.6 亿元。其中，重点旅游景区（点）项目投资 13.5 亿元、工业旅游项目 1.5 亿元、红色旅游项目 560 万元。

2006—2007 年，市委、市政府以迎接自治区成立 60 周年大庆为契机，统筹规划、全面推进城市建设与改造，打造成吉思汗大街、通道南街、大召区块、东影南路4条特色景观大街，建设蒙古风情园、野生动物园、南湖湿地公园等主题公园，建成哈达门高原牧场、白石沟生态旅游区等一批特色旅游景区和10多个高星级酒店，完成大召、席力图召周边环境改造、昭君博物院三期扩建工程和白塔国际机场改扩建、内蒙古博物院、内蒙古会展中心、乌兰恰特大剧院、传媒大厦、体育馆、体育场等一批建设项目。投资修建了通往大青山抗日游击根据地的一级柏油公路和大青山抗日纪念馆。在周边旗县（区）选择10家农户为呼和浩特市农家乐定点接待户，树立典型，以点带面，推动乡村旅游发展，增加农民收入。呼和浩特市被中国城市经济学会、中国旅游出版社评选为"2006中国旅游竞争能力百强城市"。

2008年，蒙牛工业园、昭君博物院被评为国家AAAA级旅游景区，五塔寺、席力图召被评为国家AAA级旅游景区。21家农家乐旅游接待示范户和1家农家乐被评定为旅游接待示范户,在托克托县举办了农家乐旅游接待户挂牌仪式。2009年,以"三个一批"（竣工一批、开工一批、储备一批）为重点，以旗县（区）重点旅游项目建设为中心，加快实施重点项目带动战略。成吉思汗公园、公主府复原工程、大青山抗日游击根据地二期工程、乌兰夫故居游客中心、香岛农业科技观光园等一批重点项目竣工并投入使用。伊利工业园被国家旅游局评为国家级工业旅游示范点。全年，全市完成旅游固定资产投资56亿元，在建旅游项目91个。

2010年，市旅游局评定"市级优秀农家乐接待户"10家，组织完成国家级农家乐示范户和示范县的初评上报。争取各方资金近百万元，扶持新城区野马图、面铺窑和武川县五道沟等重点农家乐旅游项目建设。全市有"农家乐"旅游接待户180家，接待游客130万人次,旅游收入1.7亿元。争取国家、自治区旅游发展基金近1000万元，用于呼和浩特旅游集散中心、太伟滑雪场、乌兰夫纪念馆、蒙亮草原文化演艺厅等项目基础设施建设。全年完成旅游招商引资项目54个，招商引资金额96亿元。玉泉区"重走茶叶之路"旅游项目完成总体规划编制，投资3000万元，完善酒店、旅游购物、农家乐旅游基础设施建设；回民区投资建设"西贝腾格里拉"、蒙亮新展厅等旅游项目；新城区编制完成"圣水梁旅游景区总体规划"，建设盘龙山少数民族特色博物馆；赛罕区组织各种节庆和农业观光采摘活动；和林格尔县完成东山书法艺术二期工程，启动盛乐古城遗址项目建设；清水河县加大老牛湾、云滚洞、老牛坡等景区基础设施建设；托克托县海眼神泉生态旅游区建成并投入使用；编制完成土默特左旗敕勒川哈素海文化旅游产业园总体规划、详细规划；投资3000万元，完成金銮殿山景区公路建设，正式通车；武川县完成大青山抗日游击根据地红色旅游项目、五道沟农家乐项目续建工程。至2011年，全市共有国家A级旅游景区20家，其中国家AAAA级旅游景区4家、AAA级旅游景区14家、AA级旅游景区2家。

2012年，争取国家、自治区旅游发展资金1170万元，共计13个旅游项目获得支持。其中，用于支持黄河大峡谷旅游区等5家重点景区旅游基础设施建设资金950万元；支持乡村采摘活动，扶持海眼神泉山庄度假村等4家重点农家乐旅游项目基础设施建设资金100万元；支持贾力更故居红色旅游建设资金50万元；用于举办农家乐采摘旅游节等特色旅游节庆活动资金70万元。

2013年，全市35个重点项目完成投资28.63亿元，旅游项目库入库项目有89项，其中前期项目25项、在建项目64项。争取自治区旅游发展资金2620万元，共计20个旅游项目获得支持。

2014年，对申报自治区旅游发展资金的16个景区、6个农家乐项目进行审核。对内蒙古博物院、清水河县老牛湾黄河大峡谷旅游景区、和林格尔南山生态文化旅游园景区、大召历史文化旅游景区、大青山野生动物园等景区升级改造，并开展创建A级旅游景区工作。全年，全市31个重点项目共完成投资20.77亿元；有9个项目获自治区旅游发展资金支持，申请下拨资金1730万元。旅游项目库入库项目有102项，其中前期项目33项、在建项目69项。

2015年，昭君博物院被自治区旅游局列为自治区品牌景区建设项目，敕勒川草原文化旅游景区、清水河老牛湾地质公园和托克托县神泉生态旅游景区被自治区旅游局列为自治区重点建设的精品旅游景区项目。全市申报国家AAAAA级旅游景区1家、AAAA级旅游景区4家、AAA级旅游景区1家。申报星级农家乐4家，其中5星级农家乐1家、4星级农家乐3家，会同市农牧局申报全国和自治区休闲农业与乡村旅游示范点3家。截至2015年末，全市共有农家乐接待单位538家。同时完成全市104个旅游厕所建设任务，并全部投入使用。

2015年呼和浩特市A级旅游景区一览表

表28-3-2

序号	星级	景区（景点）名称	所在地
1	AAAA	昭君博物院	玉泉区
2		伊利乳都科技示范园	金川开发区
3		敕勒川草原文化旅游区	土默特左旗
4		蒙牛工业旅游区	和林格尔县
5		神泉生态旅游区	托克托县
6	AAA	清固伦恪靖公主府博物馆	新城区
7		内蒙古将军衙署博物院	新城区
8		大青山野生动物园	回民区

续表 28-3-2

序号	星级	景区（景点）名称	所在地
9	AAA	内蒙古青少年生态示范园	回民区
10		乌兰夫纪念馆	回民区
11		南湖湿地公园	玉泉区
12		席力图召	玉泉区
13		大召	玉泉区
14		五塔寺	玉泉区
15		蒙古风情园	玉泉区
16		内蒙古敕勒川人家旅游度假村	玉泉区
17		哈素海旅游景区	土默特左旗
18		乌兰夫故居	土默特左旗
19		白石沟生态旅游区	土默特左旗
20		盛乐博物馆	和林格尔县
21		哈达门国家高山牧场旅游区	武川县
22	AA	蒙亮民族风情园	回民区
23		石峡口旅游度假区	清水河
24		城湾云滚洞风景旅游度假区	清水河

第三节　旅游线路

2001 年后，自治区旅游局本着突出特色、优势组合，区域协作、方便进出的原则，聘请专家对全区旅游景区交通住宿进行了优势组合，将全区划分为四大主题板块，规划出了 4 条精品路线。其中，推出呼和浩特—包头—鄂尔多斯—乌兰察布—巴彦淖尔的民族文化、民俗风情、草原沙漠游线路，包括呼和浩特市、包头市、乌兰察布市、鄂尔多斯市和巴彦淖尔市的部分地域。旅途有草原、沙漠、温泉、河流、湖泊、民俗、古迹、现代工农业景观、草原城市风貌等 9 类旅游资源。其中成吉思汗陵园、响沙湾、恩格贝、格根塔拉草原、昭君墓、五当召、黄河峡谷等最具特色。呼和浩特市、包头市、鄂尔多斯市集中了自治区大部分的四、五星级酒店和大部分的国际、国内旅行社，公路、铁路、航空交通发达，有两条高速公路、三条铁路和两个机场，是自治区旅游设施配套完备、服务规范、旅游产品相对成熟的旅游线路。涉及呼和浩特市的具体线路有：呼和浩特市区—土默特左旗—土默特右旗—包头市区—达拉特旗—鄂尔多斯东胜区—准格尔旗—清水河县—和林格尔县—呼和浩特市区的旅游线路；呼和浩特市区—卓资县—乌兰察布市集宁区—丰镇市—凉城县—呼和浩特市区的旅游路线。

2003 年，自治区旅游局又推出北京、天津、河北、山西—呼和浩特—草原（希拉穆仁、格根塔拉、辉腾锡勒 3 个草原旅游点任选）—包头（五当召、美岱召）—库布齐沙漠（响沙湾）—鄂尔多斯（鄂尔多斯羊绒衫厂）—成吉思汗陵—准格尔旗（黄河峡谷旅游区）旅游线路。

2005 年，市旅游局开辟的市区旅游线路有：公主府—内蒙古博物馆—席力图召、大召—五塔寺—草原民族风情城、苏鲁锭皮艺展示中心—蒙古风情园—昭君博物院—敕勒川人家旅游度假村；万部华严经塔—大窑文化遗址—大青山太伟运动休闲度假村—将军衙署—内蒙古博物馆—公主府—五塔寺—大召、席力图召—草原民族风情城、苏鲁锭皮艺展示中心—蒙古风情园—昭君博物院；伊利工业园—蒙亮民贸公司旅游购物商店—乌兰夫纪念馆—内蒙古博物馆—将军衙署—席力图召、大召—五塔寺—蒙古风情园—昭君博物院。开辟的市区及周边线路有：将军衙署—内蒙古博物馆—公主府—大召—席力图召、五塔寺—草原民族风情城、苏鲁锭皮艺展示中心—蒙古风情园—昭君博物院—蒙牛工业园—和林格尔县南山百亭园；五塔寺—席力图召、大召—蒙亮民贸公司旅游购物商店—内蒙古博物馆—将军衙署—公主府—五道沟农家乐旅游区—哈达门高山牧场—赴草原；公主府—大召、席力图召—五塔寺—草原民族风情城、苏鲁锭皮艺展示中心—蒙古风情园—昭君博物院—托克托黄河风情旅游区—鄂尔多斯市。

2010 年后，市旅游局推出 6 条精品线路，分别是呼和浩特东线、南线、西线、北线、市区内线路、黄河旅游线。其中，东线、北线为草原观光旅游线路，包括线路一：呼和浩特地方特色美食餐饮区—大青山高山草原牧场—沿途观赏大青山风光—途经革命老区武川县—参观大青山抗日游击根据地—抵达希拉穆仁草原，进入草原旅游区，欣赏辽阔美丽的大草原；线路二：呼和浩特地方特色美食餐饮区—大青山高山草原牧场—农家乐体验—大青山抗日游击根据地—格根塔拉草原—二连浩特—蒙古异国风情游；线路三：呼和浩特—古丰州遗址—亚洲最大的风力发电厂—辉腾锡勒草原。西线为沙漠风光、西域民族风情旅游线路：呼和浩特—伊利工业园—美岱召—武当召—中国北方兵器城—库布齐沙漠响沙湾旅游景区，乘索道游览大漠风光、骑骆驼游沙漠、滑响沙、滑沙船、沙漠滑翔伞等，到鄂尔多斯赴成吉思汗陵等，前往阿拉善盟航天城、欣赏迷人的胡杨林。市区内线路为城市历史宗教文化旅游线路：乌素图国家森林公园—大青山野生动物园—公主府—乌兰夫纪念馆—文化特色景观街—内蒙古博物院—将军衙署—大召—席力图召—五塔寺—昭君博物院—蒙亮民族商品购物中心。南线及黄河旅游线为黄河峡谷风光、沙漠风情、蒙晋民俗文化旅游环线：呼和浩特—托克托县黄河风情旅游区—库布齐沙漠旅游区—薛家湾现代煤炭城市观光—黄河大峡谷、云滚洞旅游度假区—老牛湾景区—万家寨水利枢纽—和林格尔县南山生态园—蒙牛工业园区。

第四章　旅游服务

第一节　旅行社

1986年之前，全市基本上没有旅行社，只有一些涉及旅游服务的公司。1989年，内蒙古中国旅行社与中国国际旅行社呼和浩特分社分署办公。同年成立内蒙古海外旅游总公司，与内蒙古中国旅行社合署办公，为自治区及呼和浩特地区唯一有自主外联权的一类旅行社。1991年，自治区批准成立首家符合国务院《旅行社暂行管理条例》规定的三类旅行社——内蒙古北疆旅行社。1992年12月，内蒙古铁道国际旅行社成立，隶属于呼和浩特铁路局，属三类旅行社，主要经营国内旅游业务。1993年，呼和浩特地区有23家三类旅行社。1994年后，随着国内旅游的兴起，三类旅行社数量迅速增加。

2002年，市旅游局对呼和浩特地区的61家旅行社，包括13家国际旅行社、近千名专兼职导游员进行接管，制定《呼和浩特市旅行社管理办法》，初步理顺行业管理体制，并对接管后的旅行社就旅行社档案、导游员档案进行整理、建档，同时要求旅行社与导游员重新签订规范的劳动合同书。2003年，市旅游局组织全市旅游企业成立呼和浩特市旅游协会，形成行业自律与行政管理并重管理的格局，促使旅游企业健康、有序地发展。针对全市旅行社、导游人员众多，管理比较困难的状况，市旅游局投入20多万元购置导游员IC卡管理系统，并对全市500多名专职导游员实行导游员IC卡计分制管理，通过网络化管理建立数据库，从而做到条理清楚、管理规范，确保对旅行社、导游员的有效管理。

2005年，市旅游局根据《旅行社管理条例》等规定，初审上报国内旅行社10家。根据旅游行风建设的实际需要和要求，市旅游局成立旅游行风评议领导小组，在全行业积极开展文明单位评比工作，共有10家旅行社、6家星级饭店被评为全市旅游行业文明单位。10月，举办“呼和浩特地区首届导游员大赛”。2006年，初审上报国内旅行社20家，国际旅行社4家。

2009年，完成导游员年检及IC卡换发工作。自治区首届金牌导游员大赛中，呼和浩特市4名导游员被授予“全区十大金牌导游员”称号。年末，全市有旅行社163家，其中国际旅行社18家；有专兼职导游员近2000人；有大型旅游车队6家，车辆221台。

2011年，市旅游局对呼和浩特市云川旅行社等13家旅行社初审上报，上报内蒙古盛祥国际旅行社等5家旅行社为国际组团旅行社。受理备案北京好运通等14家旅行社分社及内蒙古凯撒旅行社等9家旅行社的服务网点。按照国家旅游局的要求，完成旅行社网上填报工作。做好16家组团社有关中国公民出境旅游团的审验工作。市旅游局制定《旅行社星级管理办法》，强化对旅行社的服务与管理。至2011年末，全市共有旅行社188家，其中组团社17家。外地驻呼旅行社分社32家。2012年，初审上报内蒙古金荣旅行社等17家旅行社，受理备案11家旅行社分社及内蒙古盛祥国际旅行社等4家旅行社的服务网点。

2013年，全市有旅行社255家，其中分社45家、国际组团旅行社20家；有旅行社服务网点59家；有持证导游员5449名。

2014年，市旅游局向自治区旅游局初审上报旅行社4家，并得到批准。受理备案旅行分社3家、发展旅行社服务网点20家。上报内蒙古绿野旅行社等3家旅行社进入国际组团旅行社行列，完成20家组团社有关中国公民出境旅游团的审验工作。受理500多人申办导游证及中级导游证的申报工作。

截至2015年，全市共有旅行社224家，其中国际组团旅行社26家；有持证导游员5838名；乡村旅游（农家乐）接待户433家，自治区级五星级乡村旅游接待户2家，自治区四星级乡村旅游接待户6家，农家乐共接待游客496.6万人次，营业收入近3亿元，解决就业1万多人。

第二节　旅游住宿

1986年，呼和浩特市旅游贸易开发公司与香港嘉运泰企业有限公司合资兴建了全市首家中外合资旅游饭店——昭君大酒店。1992年，全市有旅游饭店（指有卫生间的标准饭店）20多家，拥有客房2000多间，床位4000多张。

1993年后，呼和浩特市先后由企业投资建设了内蒙古草原明珠大酒店、内蒙古金辉大酒店等一批旅游饭店。2000年后，旅游饭店建设高速发展，伊泰大酒店、内蒙古国航大厦、呼和浩特假日酒店等一批三星级以上大酒店相继投入使用。2007年，呼和浩特香格里拉大酒店、内蒙古锦江国际大酒店开业运营。

2008年，根据国家旅游局《绿色旅游饭店评定标准》，市旅游局对内蒙古饭店、国航大厦、宾悦大酒店、假日酒店等银叶级绿色旅游饭店进行初评，经过整改和验收，4家酒店都被评为金叶级绿色旅游饭店。依据国家旅游局《旅游饭店星级划分和评定标准》，初审上报金仕顿大酒店为四星级旅游饭店；初审上报呼和浩特香格里拉大酒店、内蒙古锦江国际大酒店为五星级旅游饭店。组织“迎奥运星级饭店服务技能大赛”。2009年，全市有旅游星级饭店35家，总客房数5173间，总床位数1.47

万张。

2011 年，市旅游局积极推荐高档次社会饭店加入星级饭店的行列，对喜来登等 4 家拟上星级饭店进行辅导，其中上报五星级酒店 1 家、四星级酒店 2 家，核准三星级酒店 1 家。在全市星级饭店中继续开展金叶级、银叶级绿色旅游饭店的创建工作，倡导低碳旅游方式，推进节能降耗。举办了全市星级饭店服务技能大赛，提升星级饭店的服务质量。至 2011 年末，全市共有星级饭店 32 家，其中五星级饭店 4 家、四星级饭店 7 家、三星级饭店 12 家、二星级饭店 9 家。

2012 年，市旅游局指导并上报五星级酒店 1 家（喜来登大酒店），并接受国家旅游局星级评定委员会的评定；四星级酒店 1 家（维利斯大酒店），正式挂牌。截至 2015 年，全市有星级宾馆、酒店 36 家，有住宿接待设施床位 15.70 万余张。

2015 年呼和浩特市星级酒店一览表

表 28-4-1

序号	星级	酒店名称	所属辖区
1	五星级	内蒙古饭店	新城区
2		内蒙古新城宾馆	新城区
3		呼和浩特喜来登酒店	新城区
4		呼和浩特香格里拉大酒店	新城区
5		内蒙古锦江国际大酒店	新城区
6	四星级	内蒙古国航大厦	新城区
7		内蒙古金士顿大酒店	新城区
8		维力斯大酒店	新城区
9		内蒙古华辰大酒店	新城区
10		蒙古风情园可汗宫大酒店	玉泉区
11		呼和浩特假日酒店	回民区
12		内蒙古宾悦大酒店	赛罕区
13		内蒙古金岁大酒店	赛罕区
14	三星级	昭君大酒店	新城区
15		内蒙古大天酒店	新城区
16		内蒙古巴彦塔拉饭店	新城区
17		呼和浩特市华天大酒店	新城区
18		金辉大酒店	回民区
19		金兰港大酒店	回民区
20		白塔机场宾馆	回民区
21		内蒙古蒙达宾馆	回民区

续表 28-4-1

序号	星级	酒店名称	所属辖区
22	三星级	帝豪酒店	回民区
23		天元大酒店	回民区
24		内蒙古电力满都拉宾馆	玉泉区
25		呼和浩特阳光酒店	赛罕区
26		有信大酒店	托克托县
27		和林格尔巨华宾馆	和林格尔县
28	二星级	呼铁局恒诺培训中心	新城区
29		内蒙古金马大酒店	回民区
30		呼和浩特铁路宾馆	回民区
31		呼和浩特市铁道饭店	回民区
32		航空宾馆	赛罕区
33		托克托县政府宾馆	托克托县
34		武川宾馆	武川县
35		武川丰驰大酒店	武川县
36		武川明珠电力酒店	武川县

第三节　旅游交通

一、航空

1991 年，呼和浩特白塔机场被国务院批准为航空口岸机场，1993 年，被国际民航组织正式确认和公布为国内 14 个国际定期航班机场之一，成为自治区经贸往来和对外开放的重要窗口。

2007 年 7 月，呼和浩特白塔国际机场经过第三次扩建，工程竣工并投入使用。扩建后，航站区新建 5.45 万平方米航站楼，机场等级由 4D 级升为 4E 级，可供 B-747 及以下大型客机起降，并能保证空中客车 A380 客机备降，成为华北地区重要的航空枢纽机场，是北京首都机场的备降机场。新航站楼投入使用后，白塔机场的登机桥由 4 部增至 13 部，停机位由 16 个增至 32 个，可满足年旅客吞吐量 300 万人次的需要。

“十二五”期间，呼和浩特市按照完善机场布局、提高综合配套能力、建设现代化空中交通管理系统的目标，加快构建以呼和浩特为中心、覆盖全区、辐射全国及周边国家和地区的航空网络，支持旅游企业开展包机业务，逐步开通呼和浩特与主要客源地之间的“空中快线”，重点开通呼和浩特与京津环渤海地区、长江三角洲、珠江三角洲等地区直达航空线和港澳台航线。旅游、民航部门密切合作，扩大地区性包机业务，实现民航、铁路、公路“三票联售”和“往返联售”等售票方式，构建旅游交通协调体系。截至2015年，与29家航空公司建立了航空业务往来，开辟通往国内外64个城市的139条航线。

二、铁路

呼和浩特市有开往北京、兰州、海拉尔、二连浩特的旅客列车，有经过呼和浩特市开往西安、常州的旅客列车。1990年，增开呼和浩特至蒙古国首都乌兰巴托的国际列车。1999年1月21日，内蒙古铁道国际旅行社首次开通呼和浩特—香港“草原铁龙号”旅游专列，共发送游客708人。2011年，开通专营内蒙古全境游的“草原之星”旅游专列，横贯内蒙古东西3400千米，成为深受游客欢迎的游览方式。

三、公路

截至2015年，呼（呼和浩特）武（武川）一级公路、呼（呼和浩特）托（托克托）高速公路、清水河县—和林格尔县高等级公路建成通车，扩建清水河县大饭铺—云滚洞、老牛湾景区道路。修建呼和浩特市区—乌素图森林公园、呼和浩特市区—小井沟旅游区、呼和浩特市区—白石沟生态旅游区、托克托县—神泉生态旅游区等次级旅游生态路。完善呼和浩特—哈索海—美岱召—五当召—响沙湾—成吉思汗陵内蒙古西部旅游精品线路。

引进大型汽车租赁公司入驻呼和浩特，与航空、铁路、客运专线客流对接，扩大自由行比例，带动休闲度假旅游发展。全市有大型旅游汽车公司12家，旅游车辆715台。

第四节　旅游商品

1987年，内蒙古饭店、昭君大酒店开设了商品部。1989年，呼和浩特蒙亮民贸公司旅游购物中心开业，该中心位于钢铁路回民区政府对面永盛巷，营业面积5000平方米。主要经营民族工艺品、旅游纪念品、牛角制品、羊绒制品、石头系列、奶制品、民族服饰等。游客可参观生产制作过程。是呼和浩特市旅游局旅游定点购物场所。

1991年，自治区旅游事业管理局审核批准内蒙古文物总店、内蒙古工艺美术服务部为自治区旅游购物定点商店。1992年，国务院印发《关于发展旅游商品生产和销售问题的批复》，自治区旅游事业管理局推荐10家企业作为自治区旅游商品定点生产厂家候选单位。经审核选定，内蒙古第三毛纺织厂生产的羊绒围巾成为全国旅游商品定点生产厂家。

2000年后，随着旅游购物需求的增加，特色购物场所不断增加。呼和浩特市一些大型宾馆饭店内均设有商品部，昭君墓等较大旅游区也有专设的旅游购物场所。2000年，内蒙古华地宝玉石厂生产的蒙艺牌蒙古刀、牛角结盟杯工艺品获全国旅游商品“天马奖银奖”；2003年获“苁蓉杯”首届内蒙古自治区旅游纪念品、工艺品设计大赛民俗奖、创新奖。

2005年底，呼和浩特市苏鲁锭皮业有限责任公司所属呼和浩特市蒙古礼品城迁入玉泉区昭君路内蒙古农业科学院西侧，营业面积300多平方米。以自产蒙古皮画、皮囊壶、皮制工艺品为主，兼营蒙古族民族用品、奶食品、牛（羊）肉干、民族服饰等数百个品种的旅游纪念品、工艺品。所属苏鲁锭皮囊酒业是全国首家制作、生产皮囊酒的专业企业。蒙古礼品城是市旅游局旅游定点购物场所。

2012年，蒙亮民贸有限公司“蒙亮”商标成为内蒙古著名商标。2013年开工兴建集酒店、民族特色歌舞演艺、旅游文化产品购物于一体的蒙亮演艺广场。

截至2015年，呼和浩特市有旅游商品生产企业160多家，销售网点700多家，经营工艺品、小食品、土特产品、民族用品、酒水五大类1000多个品种，从业人员2万多人，年销售额近60亿元。生产企业多数为民营企业和个体企业，开发的民族旅游产品蒙古族服饰、头饰、牛角、牛蹄工艺品、皮画、刀具、皮囊壶等特色旅游产品成为市场销售的主导产品。2015年,在全国旅游商品“百佳十强”的评选活动中，呼和浩特市推选的苏鲁锭皮艺有限公司《梦回远古》皮雅艺术花瓶，荣获“中国十强旅游商品”的荣誉称号；在中国国际旅游商品博览会上，漠上行皮艺有限公司生产的“皮质冰箱贴”获全国旅游商品大赛铜奖；在云南国际旅游交易会——全国特色旅游商品大赛上，“蒙牛奶酪系列”“苏鲁锭阴山烟雨箱包系列”荣获金奖，“蒙亮奶茶系列”荣获银奖。

第二十九篇

医疗　卫生

第一章　医疗卫生管理

第一节　管理机构

1986 年，呼和浩特市卫生局（简称市卫生局）设医政科、药政科、中蒙医科、卫生防疫科、科教科、妇幼卫生科、行政办公室、政工科、体制改革办公室、公费医疗办公室、地方病防治办公室、纪检科、市爱国卫生运动委员会办公室。下设事业单位有市第一医院、市第二医院（传染病医院）、市中蒙医院、市口腔医院、市妇幼保健院、市结核病防治所、市职业病防治研究所、市药品检验所、市健康教育所、市卫生防疫站、市卫生局劳动服务公司、市医疗器械维修所、市卫生科技产业协会、市卫生学校。

1987 年，市卫生局恢复设立红十字会办公室，并成立卫生系统工会。1988 年，成立呼和浩特市药品监督员办公室，与药品检验所合署办公。1990 年，撤销政工科，增设党委办公室、人事科、综合治理办公室。

1991 年，成立呼和浩特市农村改水与环境卫生项目办公室，是呼和浩特市爱国卫生运动委员会直属事业单位。1993 年，市卫生局成立监察科。1995 年，成立呼和浩特市卫生监督站。

1996 年，市卫生局调整机构设置，工会、团委、综合治理办公室并入党委办公室，体制改革办公室并入行政办公室；地方病防治办公室、红十字会办公室、公费医疗办公室改为事业单位。1997 年 8 月，成立呼和浩特市医学科学新技术推广中心，为市卫生局所属事业单位。

2000 年，市卫生监督站更名为市卫生执法监督所。2002 年，市农村改水与环境卫生项目办公室转为市卫生局所属事业单位。2003 年，撤销市卫生执法监督所，组建市卫生监督所，隶属市卫生局。2004 年，市农村改水与环境卫生项目办公室撤销；呼和浩特市医学科学新技术推广中心更名为呼和浩特市卫生考务培训中心。

2005 年 7 月，市卫生执法监督所更名为市卫生局卫生监督所；市职业病防治研究所撤销，其职能一部分与市防疫站合并为市疾病预防控制中心，一部分与市地方病防治领导小组办公室合并为市地方病防治中心。至此，市卫生局内设党委办公室、行政办公室、监察室、人事科、科教科、财务科、法监科、基妇科、医政科、中医科、疾控科、干保科 12 个职能科室；下设市第一医院、市第二医院、市第三医院、市蒙医中医医院、市口腔医院、市妇幼保健医院、市健康教育所、市结核病防治所、市医疗器械维修所、市爱国卫生委员会办公室、市医学科学新技术推广中心、市农村改水项目办公室、市疾病预防控制中心、市卫生监督所、市地方病防治中心、市卫生学校16个事业单位。

2007年，市卫生局撤销基妇科，成立农卫科、妇社科、呼和浩特120医疗急救指挥中心。2008年，成立呼和浩特市新型农村合作医疗办公室。2009年，成立行政审批办公室。至2013年，市卫生局内设机构调整为：党委办公室、办公室、人事科、财务科、医政科、医疗服务监管科、疾控预防控制科（挂呼和浩特市爱国卫生运动委员会办公室牌子）、政策法规和卫生监督科、妇幼卫生科、基层卫生管理科、中蒙医科（挂呼和浩特市蒙中医药管理局）、科技教育科、干部保健科、卫生应急办公室、药物政策与基本药物制度科、行政事项审批办公室、纪检监察室17个职能科室。

2014年，市卫生局与市人口和计划生育委员会合并组建为呼和浩特市卫生和计划生育委员会（简称市卫计委）。内设办公室、党务和群众工作办公室、人事科、规划与信息科、财务科、政策研究与体制改革科、法治与综合监督科、卫生应急办公室、疾病预防控制科、医政医管科、基层卫生管理科、药物政策与基本药物制度科、妇幼健康服务科、计划生育基层指导科、计划生育家庭发展科、流动人口计划生育服务管理科、宣传与考核评价科、科学教育科、干部保健科、蒙医中医科、机关党委、机关纪委22个职能科室；下设市第一医院、市第二医院（传染病医院）、市第三医院、市蒙医中医医院、市口腔医院、市疾控中心、120医疗急救指挥中心、市卫生学校、市妇幼保健院、市结核病防治所、市地方病防治中心、市健康教育所、市卫生考务培训中心、市卫生计生药具管理中心、市卫生计生综合监督执法局、市计划生育协会16个事业单位。

第二节　医疗卫生改革

一、医疗服务体系建设

20世纪80年代，全市卫生资源与社会需求之间的矛盾逐渐显现，城市三级医疗网络相互断离影响了医疗服务体系整体建设。进入20世纪90年代，市卫生局开始探索实施社区卫生服务一体化管理，其后，社区卫生服务体系建设得到较快发展。全市医疗卫生机构、人员、床位、固定资产显著增加。至2005年，全市医疗卫生系统固定资产总值61.16亿元。

2006—2010年，国家、自治区、市和县级累计安排专项资金2.76亿元，支持128个医疗卫生机构项目建设。城市三级医院与县级医院建立对口支援和协作关系，并通过培养培训、对口支援、执业医师招聘等多种手段，改善基层卫生服务条件，提升基层卫生服务能力。2010 年，全市共有医疗卫生机构 2133 所，拥有开放床位 1.43 万张。全市医疗卫生系统固定资产总值为 138.94 亿元。

2011—2015 年，呼和浩特市按照“抓好龙头、强化枢纽、筑牢网底”的思路，加强医疗卫生基础设施建设。全市累计投资 40 多亿元，新建市第一医院、市蒙医中医医院、市妇幼保健医院，在市第一医院建成老年病房楼、全科医生规范化临床培训基地和科研实验综合楼，改扩建市第二医院艾滋病房楼、市结核病防治所。新建改扩建旗县医院、蒙中医院等 10 所，改扩建乡镇卫生院 78 所，建成社区卫生服务中心（服务站）203 个，其中新建政府办社区卫生服务中心 17 个。投入资金 5120 万元，为全市 640 个建制村全部建成标准化村卫生室，配齐基本诊疗设备，完善健康档案，实现计算机互联网远程就诊。截至 2015 年，市第一医院硬件条件达到三级甲等综合医院标准，市第二医院、市蒙中医院、市口腔医院均达到三级专科医院标准，辖区内 10 家县级医院均达到二级综合医院标准。全市有各级各类医疗卫生机构 2322 所，其中三级医院 19 所、二级医院 24 所、一级医院 81 所、社区卫生服务机构 203 所、门诊部 33 所、厂矿等医务所（室）54 所、乡镇卫生院 78 所、村卫生室 992 所、个体诊所 812 所、卫生监督机构 11 所、疾病预防控制机构 11 所、地方病防治中心 2 所、急救指挥中心 1 所、血液中心 1 所。

二、公立医院综合改革

2000 年，呼和浩特市开始推行病人选医生、药品集中招标采购、人事制度和分配制度改革。年内，市卫生局印发《呼和浩特市医药卫生科技成果奖励办法》。全年，共申请立项科研项目 14 项。

2002 年，全市公立医院开始推行聘用制度，新录用人员由“单位人”变为“社会人”。同时，加强岗位管理，拉开工资分配档次，建立起一套卫生专业技术人员、管理人员和工勤人员的管理制度，形成人员能进能出、职务能上能下、待遇能升能降的用人和分配机制，并在局属各事业单位推行专业技术人员职称竞争聘任制。同年，呼和浩特市在医疗卫生领域推行首访责任制和定期评价医疗质量制度。群众到医院来访时被问到的第一个工作人员即为“首访责任人”。同时，由市卫生局对医院的医疗服务质量实行定期评价制度，主要对病历书写质量、三级查房与病程记录、诊疗规范和效果、合理用药与院内感染、护理质量管理等指标进行评价。同年，在局属医疗单位及旗县（区）医院继续推行病人选择医生、患者住院费用一日清单制、单病种最高限价制、药品收支两条线管理等多项改革。

2007—2011 年，市卫生局在托克托县医院、和林格尔县医院开展公立医院改革试点。以病人为中心完善公立医院内部运行机制，完善预约诊疗制度，推行双休日和节假日门诊，开展87个病种的临床路径管理工作。开展“优质护理服务示范工程”“医疗质量万里行”等活动。2011年，市卫生局制定《呼和浩特市医师定期考核管理工作实施方案（试行）》，确定29所考核机构，制定考核程序、形式、考核内容和考核要求。

2012年，市卫生局成立呼和浩特市卫生局公立医院改革推进领导小组，探索政事分开、管办分开、医药分开、营利与非营利分开。全市公立医院实行全员聘用制，实现医疗机构全行业统一监管，开展医院评审评价工作，建立医师定期考核机制。年内，继续优化门诊服务流程，以现场预约、社区转诊预约、“12580”健康导航预约、“12320”电话预约、网上预约等多种方式开展预约诊疗服务，推行双休日、节假日门诊，开展门诊预检分诊导诊工作，对老弱残患者实行陪检陪送等优化门诊服务。基层医疗卫生服务机构建立以县级医疗机构为龙头、乡镇卫生院（社区卫生服务中心）为枢纽、村卫生室（社区卫生服务站）为基础的覆盖全市、多层次、多形式的基层医疗卫生服务体系。截至年底，全市有社区卫生服务中心27个，社区卫生服务站157个，社区有专业技术人员1539人，初步建成“20分钟医疗卫生服务圈”，社区卫生服务居民覆盖率95%以上。

2013年，土默特左旗、武川县、清水河县列入第二批公立医院改革试点旗县。同年，市卫生局制定《呼和浩特市医疗纠纷人民调解工作实施方案（试行）》，建立第三方调处工作机制，预防和化解医疗纠纷。

2015年，市政府印发《呼和浩特市城市公立医院综合改革方案》，改革范围覆盖自治区级医院、市级医院、区级医院、解放军和武警部队医院，以及院校、企业医院等在内的全市38家公立医院。自12月1日起，全市公立医院全部取消药品加成，实施零差率销售。同年，市卫计委制定出台公立医院法人治理结构工作实施方案、取消药品加成补偿资金管理办法、“先看病、后付费”诊疗服务模式实施方案、改善医疗服务行动计划、医师多点执业实施办法、医疗联合体建设试点方案、促进社会办医实施意见和公立医院综合改革试点效果评价考核方案等配套政策。

三、新型农村合作医疗

2005年，呼和浩特市开始在托克托县试点开展新型农村合作医疗（以下简称新农合）工作。试点旗县覆盖农民15.84万人，参加合作医疗12.8万人，按统计人口计算参合（参加合作医疗）率为80.81%，按实际人口计算参合率为90.33%。全年，支出新农合基金302.7万元。其中，为3.83万人次报销门诊费用71万元，为3364人次报销住院费用231.7万元。

2006年，新农合工作在全市农业旗县全面铺开。新增土默特左旗、清水河县为国家级试点旗县，和林格尔县、武川县为市级试点旗县。同年，试点地区覆盖农民

83.84 万人，参加合作医疗 60.90 万人。按统计人口计算参合率为 72.64%，按实际人口计算参合率为 82.93%。全年，支出新农合基金 1300.32 万元。其中，为 12.03 万人次报销门诊费用 212.59 万元，为 1.03 万人次报销住院费用 1087.73 万元。参合农民住院报销的金额占住院费用的比重由 2005 年的 25% 提高到 28%,高于全国平均水平。

2007 年 10 月，呼和浩特市新型农村合作医疗办公室成立，设在市卫生局基层卫生科。全市有农民 115.09 万人，86.93 万人参加新型农村合作医疗。

2008 年，全市有参合农民 90.20 万人，参合率 95%。住院总费用 8150.34 万元，补偿总金额 2634.99 万元，补偿比 30.96%；住院分娩补偿 1470 人次，住院总费用 156.11 万元，补偿 28.22 万元；特殊病种大额门诊补助 477 人次，补偿金额 38.54 万元。

2009 年，全市有常住农民 95.54 万人，参合农民 92.68 万人，参合率为 96.99%，高于自治区 5 个百分点。同年，全市实行“一证通”，参合农民持合作医疗证，可在全市范围内就近自主就医。6 月，启动市级新农合医疗网络信息平台，实现市、旗县（区）、乡镇及村的数据录入。累计有 184.72 万人次通过新农合获得补偿，受益面 95.71%。参合农民住院报销金额占住院费用的比重由 2005 年的 24.73% 提高到 40%，高于全国平均水平，农民因病致贫、因病返贫问题得到缓解。

2011 年 6 月，呼和浩特市新型农村合作医疗办公室更名为呼和浩特市新型农村合作医疗管理中心。2012 年，全市有农民 96.82 万人，参合农民 93.41 万人，参合率为 96.47%，高于国家要求的 95% 参合率。

2013 年，全市新型农村合作医疗人均筹资达到 364 元，参合率 97.47%；政策范围内住院费用报销比例为 75% 以上，其中乡镇卫生院报销比例为 100%；补偿封顶线提高到 10 万元。将 21 种疾病纳入新农合大病保障范围，其中有 17 种疾病首次引入商业保险参与经办管理，对结核病、布鲁氏杆菌病患者实行免费治疗。至 2013 年末，全市共支出新农合基金 2.79 亿元，累计报销 77.7 万人次。

2014 年，全市新型农村合作医疗人均筹资标准达到 430 元，参合率 98.83%；补偿封顶线提高到 12 万元；新农合取消市外转诊手续，方便群众看病就医。门诊慢性病病种由 17 种扩大到 24 种。将民营医疗机构起付线由 800 元降低到 300 元，报销比例由 70% 提高到 80%。全市新农合定点医疗机构提供蒙中医药服务的新农合补偿比提高 15%。完善“协议控费标准”，将儿童苯丙酮尿症、尿道下裂、产科急危重症纳入新农合重大疾病保障范围。新农合首次引入商业保险经办管理，有 17 个病种列入二次补偿范围，报销比例为 70%，减轻人民群众的就医负担。至年末，共支出新农合基金 3.26 亿元，其中新农合住院基金支出 3.0 亿元。住院就诊报销 9.54 万人次，累计报销 80.2 万人次，住院实际报销补偿比例为 44.04%。新农合患者在省级及以上医疗机构就诊率为 28%，地市级医疗机构为 20%，县级医疗机构为 31%，乡镇级医疗机构为18%，其他医疗机构为3%。

2015年，全市新型农村合作医疗人均筹资标准为504元，参合率为98.86%；补偿封顶线提高到15万元。开展跨省就医直报试点，呼和浩特市成为全国首家跨省就医新农合直报城市，有9名转诊患者在北京大学人民医院顺利就医。启动重大疾病商业补充保险，为9200人次发放大病二次补偿资金3098.75万元。实行分级累进补偿制度，慢性病及特殊病种大额门诊医药费用封顶线提高一倍，恶性肿瘤、再生障碍性贫血等疾病增至4000元。至2015年末，共支出新农合基金4.27亿元，住院实际报销补偿比例为50.49%。新农合患者在县级以下医疗机构就诊率达到59%。逐步形成分级诊疗模式。

第三节　医药管理

一、医政管理

2000年，市卫生执法监督所成立后，初步实现卫生监督与监测工作的分离。2004年，市卫生局制定《呼和浩特市医疗质量控制与管理试行办法》，加强临床医疗督查工作，规范医疗服务行为。同年，推行院务公开制度，院内实行财务、药械、后勤、人事四公开。年内，成立呼和浩特市打击非法行医专项整治领导小组，对全市医疗市场监督工作进行组织协调。全年，共取缔无证诊所433家，查处非法坐堂行医60家，医疗机构监督率为100%。全市累计核发医疗机构执业许可证412家。其中，西医诊所200家，口腔诊所83家，厂矿卫生所94家，医院35家。9个旗县（区）共校验医疗机构1664家。

2005年，为加强医院管理，市卫生局制定《呼和浩特市医院管理年活动实施方案》《首府百姓放心医院评比标准》《呼和浩特市医院五室建设标准》。年内，验收换发医疗机构执业许可证92家。其中，西医诊所31家，口腔诊所17家，厂矿卫生所14家，医院15家，其他医疗机构15家。全年，检查各类医疗机构2636户次、药店38户次。其中，未取得医疗机构执业许可证从事诊疗活动的384户次，诊疗活动超出执业许可登记范围的35户次，使用非卫生技术人员从事医疗卫生技术工作的27户次；取缔非法医疗机构384家，没收普通药品388箱、中草药220千克，没收医疗器械211台（件）。督查旗县（区）医疗机构109户，并下达督察意见书。

2007—2012年，全市推进医药卫生体制改革，覆盖城乡的医疗卫生服务体系逐步完善，疾病防治能力不断增强，基本医疗保障制度稳步发展。全市医疗卫生机构和技术人员持续增加，各类医疗卫生机构由2007年的1815个增加到2012年的2163个，每千人拥有床位数由2007年的3.68张提高到2011年的4.54张，每千人拥有执业医师数由2007年的3.12人增加到2011年的3.49人。至2012年末，全市有床位1.31万张，比2007年增长31.46%；有医疗专业技术人员2.14万人，比2007年增长29.6%。其中，执业（助理）医师9725人，比2007年增长41.64%;注册护士8684人，比2007年增长44.52%。医疗服务能力和诊疗技术提高，医院年诊疗人次由2007年的596.9万人次上升到2011年833.4万人次，增长39.6%；卫生院、社区卫生服务中心年诊疗人次逐年上升，逐步形成“小病不出乡、大病不出县、康复在家庭”的医疗卫生服务格局。同时开展订单定向免费培养卫生人才工作、全科医师转岗培训、基层卫生技术人员技能培训。其间，为乡镇卫生院招收50名定向免费医学生，招聘执业医师7人。对154名基层医务人员进行全科医生转岗培训，在岗培训乡镇卫生人员1098人次、卫生室人员3450人次、城市社区卫生服务人员642人次。安排城市医疗卫生机构医师包括自治区三级医院医师到基层医疗卫生机构服务400多人次。卫生费财政拨款从2007年的9893.54万元增加到2012年的1.81亿元，增长率为82.6%。至2012年末，全市有乡镇卫生院78个，有村卫生室992个，专业技术人员2790人。

2013年，市卫生局下放审批事项8项。全年，受理卫生审批服务事项5491件，办结率99.7%。2015年，市卫计委继续下放行政审批事项11项，同时，接受自治区卫计委下放的消毒类产品经营许可等事项，共有审批管理项目14项。全年受理卫生行政审批服务事项6491件，全部办结。

截至2015年，全市有各级各类医疗卫生机构2317个，其中三级及三级管理的医院19个、二级及二级管理的医院24个。全市注册执业医师1.26万人,注册护士1.44万人，平均每千人拥有执业（助理）医师4.13人，注册护士4.7人。全市医疗卫生机构有床位1.60万张，平均每千人拥有床位5.22张。

二、药政管理

1988年，市卫生局制定《药品审批监督检验收费管理暂行办法（讨论稿）》。同年7月，成立呼和浩特市药品监督员办公室，与药品检验所合署办公。

2000年后，市卫生局组织药政科对非法广告和无证行医，特别是“钉子户”进行集中整顿，对个体诊所进行审核、验收、发证。

2005年，全市组织开展药品集中招标采购2次，共有242家企业2361个品规的药品中标。全市医疗机构与中标企业签订购销合同750份，累计中标药品4609种。同时，开展全市卫生系统第一次医用耗材及实验室用品集中招标采购，参加招标的医疗机构包括市卫生局直属医院、市疾控中心、市结核病防治所及旗县（区）医院等17家。招标品种涉及低值、高值医用耗材及实验室用品等207种。经过评标专家认真评审，最终确定26家企业129个品种的医用耗材和实验室用品中标。通过招标，规范了医疗机构医用耗材及实验室用品的采购，保证了医疗用品的质量，中标价与医疗机构原采购价相比，平均下降18%。

2006—2007年，在全市58家医疗机构中推行药品集中招标采购制度，临床使用的招标药品达到3666种，纳入医保目录的药品全部实行招标采购。2008年，全年医疗机构药品总采购量为6.89亿元，中标药品采购额为6.01亿元，中标药品采购量占临床用药总量的87.23%，让利患者1.18亿元。医疗机构采购中标耗材5000多万元。至2012年，全市1082个政府办基层医疗卫生机构基本药物实行零差率销售，基本药物集中采购价格下降，国家基本药物和自治区增补目录药物平均降幅为30%。

2014年，全市政府办基层医疗卫生机构全部实施基本药物制度，采购基本药物的医疗机构有98个，基层医疗机构采购基本药物2694万元。

2015年，全市80所乡镇卫生院、21个社区卫生服务中心全部实行基本药物制度，强化基本药物在基层医疗机构配备使用的主导地位，同时，为满足基层分级诊疗双向转诊的群众用药需求，允许医疗卫生机构配备金额比例不高于35%的非基本药物。基本药物采购突破单一货源承诺，实行县乡村一体化捆绑式配送模式，增强基层和边远地区的药品供应保障能力。开展常用低价药品网上集中采购工作，遴选基层药品配送企业8家，旗县级以上公立医院药品配送企业40家。为规范医疗卫生机构和医药生产经营企业采购、药品供应、医用设备、医用耗材等行为，制止非法交易活动，打击商业贿赂行为，全市各医疗机构按需开展网上高值医用耗材阳光采购工作。

三、中蒙医药管理

20世纪80年代，呼和浩特市中蒙医研究所、呼和浩特市中蒙医院生产、使用中医、蒙医医药制剂。

1988年，呼和浩特市中蒙医医院综合大楼投入使用。医院蒙药房有内服成药160多种，药浴单药材276种，专家协定处方药10多种。医院制剂室建筑总面积2070平方米，有专业技术人员11名。制剂室生产的蒙药制剂品种153种，包括丸剂（水丸）、汤剂、散剂（内服、外用）、硬胶囊剂、颗粒剂、洗剂、口服液等。医院设蒙药药浴科，占地面积3000多平方米。

2012年，全市社区卫生服务中心均能开展6种以上中蒙医药服务项目，85%的社区卫生服务站均能提供4种以上中医药服务项目。

2013年，全市74.36%的乡镇卫生院设置中医科，49.5%的村卫生室提供蒙中医药服务。

截至2015年，全市有10家社区卫生服务中心、13家乡镇卫生院设置了蒙医馆、中医馆，并且能够运用蒙药中药饮片成药及5种以上蒙中医药技术方法，开展常见病、多发病基本医疗和预防保健服务，72%的乡镇卫生院设有蒙医科或中药科，61%的村卫生室、84% 的社区卫生服务中心，能够提供蒙医药或中医药服务。

第二章　医疗服务

第一节　综合医院

一、呼和浩特市第一医院

1986 年 6 月，呼和浩特市第一医院（简称市第一医院）制定《创建文明医院试行方案》《文明医院检查评比记分标准》。同年，成立医疗事故管理委员会。

1987 年 5 月，市卫生局成立劳动服务公司以及医院车队和医院劳动服务公司。10 月，成立市第一医院职称改革领导小组。

1988 年，医院制定《医院管理条例》。6 月，市卫生局对外招聘承包经营市第一医院，医院聘任各科负责人。

1987—1990 年，市第一医院健全《急诊患者首诊负责制》《手术分级分类及批准权限规定》《主治医师以上人员下门诊制度》《行政管理人员下门诊制度》等。1990 年 7 月，编写完成《呼和浩特市第一医院医疗质量管理实施办法》。

1991 年，根据自治区三级医疗评分标准的要求，市第一医院成立分级管理委员会，下设分级管理委员会办公室；医疗事故鉴定委员会、医疗护理质量委员会、院内感染委员会、病案管理委员会、学术委员会、药事委员会。同年，成立市第一医院社会治安综合治理领导小组。

1993—2000 年，市第一医院制定《加强社会监督、开展群众举报的规定》《医德医风管理规定》《门诊医德“五要”“五不要”》《党委工作议事规则及纪律规定》等。

2005 年，医院投资 230 万元购置 1 台 DR 照相机，是全市第一台数字化 X 光照相机。

2011 年，市第一医院成立医师定点考核管理委员会和物业公司监督管理委员会。2014 年 11 月，医院通过《呼和浩特市第一医院合同制管理办法（修订版）》《外聘返聘人员管理制度（修订版）》等制度。

2015 年，市第一医院疼痛科开展首例“吗啡泵置入术”，填补呼和浩特地区治疗癌痛综合症的空白。同年 9 月，神经内科完成首例缺血性脑血管病介入治疗。截至年末，医院设有临床科室 48 个，医技科室 16 个，行政后勤科室 28 个以及 ICU、NICU、RCU 等重症监护病房，有编制床位 1500 张。

二、呼和浩特市第三医院

呼和浩特市第三医院（简称市第三医院）位于回民区钢铁路西段，前身为呼钢职工医院，始建于1958年。1996年12月，移交市政府管理。医院共有2个院区，房屋建筑面积1万多平方米，有床位450多张。医院行政科室有党务办公室、行政办公室、人事科、医务科、财务科、医保科、总务科、保卫科。临床科室有内科、外科、妇科、中医科、放射科、功能科、药械科、护理部、社区办、康复科。

2007年，医院制定人事分配制度改革方案，定编定岗，实行岗位聘用制，未聘人员实行待岗制度。

2010年，市第三医院承建光明路社区卫生服务中心建设项目，2012年建成投入使用。

2013年，医院开设无假日门诊。2014年，医院增设中医康复诊疗室、口腔科。截至2015年，医院设住院床位120张。

三、呼和浩特市中蒙医医院

呼和浩特市中蒙医医院（简称市中蒙医医院）前身为呼和浩特市中蒙医院，成立于1962年，是一所以蒙医、中医为主的综合性医疗机构。

1988年，市中蒙医医院综合大楼投入使用。1995年，市中蒙医医院设立蒙医特色专科，包括蒙医哮喘病专科、蒙医紫癜病专科、蒙医妇科、蒙医针灸科。

2002年，确定市中蒙医医院蒙医五疗科等学科为中蒙医专科专病建设重点学科。

2012年，市委、市政府批准市中蒙医医院新医院迁建项目，并将此项目列为全市重要民生工程和自治区成立70周年献礼工程予以重点支持。新医院规划建筑面积8.5万平方米，设置床位720张。

2013年，市中蒙医医院通过国家三级民族医院评审，晋升为三级乙等医院，医院的蒙医五疗科被国家中医药管理局列为“十二五”重点专科，脾胃病科、蒙医哮喘病科被列为市级重点专科。

截至2015年，市中蒙医医院设有蒙医、中医、西医门诊科室66个，住院科室23个，医技科室7个。其中蒙医门诊科室21个、中医28个、西医17个。拥有国家重点专科1个，自治区重点专科5个，市重点专科5个，全国名老中医药专家传承工作室2个。配置有1.5T核磁、64排螺旋CT、血管造影机等大型诊断设备30件；拥有蒙中医特色治疗设备104种1476件。市中蒙医医院与俄罗斯联邦布里亚特共和国东方医学院、色楞格省综合医院、乌兰巴托传统医学科学院等多家医学院签署合作意向书，缔结为友好医院。

第二节　专科医院

一、呼和浩特市口腔医院

呼和浩特市口腔医院（简称市口腔医院）建于1985年，是自治区成立最早的口腔医疗专科医院。1988年开始，市口腔医院实行承包经营责任制。

1996年，市口腔医院被市政府定为人事制度、分配制度改革试点单位。

1997年，医院进行分配制度改革，打破原有工资，实行三级工资制（上拨工资、任务工资、奖励工资）。同年，经卫生部评审批准为“二级甲等”口腔专科医院。2011年，市口腔医院实行全员聘用制。

2012年，市口腔医院被自治区卫生计生委员会核准为三级口腔专科医院、中华慈善总会“微笑列车——唇腭裂矫治项目”定点医院、内蒙古医科大学附属呼和浩特口腔医院、呼和浩特市口腔医学质量控制中心、呼和浩特市口腔健康教育基地。同年9月，医院大楼新址落成，占地面积近2万平方米，建筑面积8442平方米，业务用房建筑面积3848平方米。市口腔医院设有临床医疗、辅助科室17个，有行政职能科室18个。其中，牙体牙髓科、口腔颌面外科、口腔修复科、口腔正畸科、口腔种植科、儿童牙病科、牙周黏膜科、老年综合科等专科建设达到自治区先进水平。医院设有特色诊疗项目，包括显微根管治疗、隐形矫治、舌侧矫治、瓷贴面美学修复、精密附着体、牙周系统治疗和牙周手术、无痛治疗、微创拔牙、心电监护拔牙、颌面部肿瘤切除术、射频热凝术和撕脱术、自体牙移植、即拔即种即修复、笑气舒适镇静技术等。配备高档牙科综合治疗椅80台，病床33张。拥有意大利管路自动清洁消毒口腔综合治疗椅、STA无痛麻醉仪、超声根管治疗仪、彼岸种植机、热牙胶根管充填仪、种植体动度测量仪、锥形束CT机、芬兰口腔全景机、数字化牙片宝、德国迪尔正负压抽吸系统等先进诊疗设备，并从意大利引进先进灭菌设备。新引进牙科显微镜、CAD-CAM系统、椅旁扫描仪、笑气吸入镇痛系统、多功能激光治疗平台、皮肤色素疾病性激光治疗系统、点阵射频等先进诊疗设备，医疗技术和医疗设备均属西北地区一流。

二、呼和浩特市第二医院

1986年，呼和浩特市第二医院（简称市第二医院）前身为呼和浩特市传染病医院，位于玉泉区石羊桥南路三里营。

1988年，市第二医院开始实行职工代表大会制度。7月，在玉泉区五里营村新建大楼，1990年9月竣工交付使用。1991年，呼和浩特市传染病医院更名为市第二医院。

1996 年 9 月，市第二医院成为内蒙古医学院、包头医学院的教学医院（实习医院），承担着医学院校传染病临床教学和学生实习工作。1997 年，市第二医院获评三级乙等传染病专科医院。

2001 年，市第二医院成为首都医科大学附属北京佑安医院分院。2003 年春季，呼和浩特市出现传染性非典型肺炎疫情，医院实现零感染率、低死亡率、高治愈率的目标。

2010 年，市第二医院新建艾滋病病房楼，2013 年建成并投入使用。市第二医院建筑面积增加至 2.12 万平方米，床位数增至 448 张。2014 年，被北京佑安医疗联盟确定为联合临床与转化医学研究基地，并被市卫计委定为呼和浩特市传染性疾病质量控制中心。

截至 2015 年，市第二医院设置科室 47 个。其中，临床科室 17 个、医技医辅科室 13 个、行政职能科室 17 个。医院有国家级中医药防治传染病重点研究室临床基地，有自治区级临床重点学科（专科）2 个，分别为传染病重点学科、中医传染病重点专科；有市级重点专科 9 个，分别为传染病科、肝病消化科、结核病科、感染性疾病妇产科、中西医肝病科、中西医艾滋病科、中西医结核病科、中西医皮肤病科、中西医布病科。医院特色诊疗技术包括血液净化、人工肝、母婴阻断、介入治疗等，其中血液净化技术年诊治患者 1000 多人次，传染病妇产科年接产 500 多人，开展乙型肝炎（简称乙肝）、艾滋病、梅毒母婴阻断，年母婴阻断近 400 人。特色诊断技术有基因诊断、免疫诊断、细菌检测、艾滋病毒检测等。市第二医院加入全国结核病医疗联盟。

第三章　疾病预防控制

第一节　计划免疫

一、计划免疫管理

1986 年 10 月，呼和浩特市计划免疫协调小组成立，市区由驻呼医院防保科承担计划免疫工作。

1987 年后，各旗县（区）卫生防疫站相继成立计划免疫科（组）。农区乡（镇）卫生院的专职防疫大夫及乡村医生负责计划免疫工作。1988 年，市区设立 20 个防保站，负责儿童计划免疫及妇幼保健工作。

1991 年 3 月，卫生部、联合国儿童基金会、世界卫生组织组成的联合审评组对呼和浩特市郊区以县为单位儿童 12 月龄内“四苗”接种率进行评审，取得 4 个 100% 的成绩。1992 年后，采用“批质量保证抽样法”进行考核。

1996 年，呼和浩特市以乡（镇、办事处）为单位实现第三个儿童四种疫苗棉衣接种率 85% 的目标。7 岁以下儿童建卡、建证、卡证符合率均达 100%。

2003 年，对全市计划免疫工作进行考核检查，结果显示，常规免疫接种率均达到国家要求 85% 以上，但部分地区未达到呼和浩特市规定接种率标准（90%），乙肝首针及时率部分旗县未达标。

2006 年，为防止乙脑、流脑、流感在呼和浩特流行，组织开展乙脑、流脑、流感疫苗接种工作，共向基层发放乙脑疫苗 3.19 万人份、流脑疫苗 1.8 万人份，A + C 流脑疫苗 2.2 万人份，流感疫苗 8787 人份。全市除清水河县、武川县未开展接种外，乙脑疫苗应种 4.11 万人，受种 2.42 万人，接种率 58.8%。流脑疫苗全市（清水河县未开展接种）应种 6.16 万人，受种 2.75 万人，接种率 45%（A 群应种 3.11 万人，受种 8500 人，接种率 40%；A + C 应种 40525 人，受种 1.9 万人，接种率 47%）。

2008 年，各旗县（区）均建立儿童信息网，所有接种单位将 2005 年 1 月 1 日以后出生的儿童接种信息录入儿童预防接种信息管理系统客户端。儿童信息网平台开通以后即与国家信息平台实现数据交换。

2014—2015 年，呼和浩特市持续开展国家免疫规划信息管理系统运行工作，建立、完善全市免疫规划信息管理系统。

2004—2010 年呼和浩特市“五苗”接种情况表

表 29-3-1　　单位：%

年份	建卡率	建证率	合格接种率							
			BCG	TOPV		DPT		HepB	MV	
				基免	加强	基免	加强	接种率	基免	加强
2004	98.5	98.3	98.9	97.9	—	—	—	95.8	97.1	—
2005	—	—	100	100	91.1	99.81	99.23	99.62	99.6	—
2006	—	98.3	97.1	97.5	—	97.1	—	95.4	93.3	—
2007	—	100	100	100	—	100	—	100	100	—
2008	100	100	100	100	95.8	99.7	98.6	100	99.7	97.6
2009	100	100	100	100	96.4	99.2	96.9	99.2	97.7	99.2
2010	100	100	100	100	—	98.2	—	100	99.6	—

2011—2015 年呼和浩特市扩大国家免疫规划疫苗免疫接种情况表

表 29-3-2　　单位：%

时间	建卡率	建证率	合格接种率												
			BCG	TOPV		DPT		HepB	MV		乙脑	流脑A群	甲肝	流脑A+C群	白破
				基免	加强	基免	加强	接种率	基免	加强					
2011	100	100	99.4	100	98.9	100	98.9	97.1	99.4	98.3	87.7	92.8	87.8	—	—
2012	99.6	100	100	99.5	—	99.5	98.4	97.4	96.9	97.3	90.1	93.9	90.6	—	—
2013	100	100	99.2	100	—	99.7	98.9	98.9	100	98.9	98.7	99.5	96.6	—	—
2014	99.2	100	100	100	—	100	100	100	100	99.7	100	99.7	98.9	—	—
2015	99.4	100	100	100	98.6	100	99.4	100	100	98.1	97.8	98.9	97.2	92.5	97.5

二、免疫接种

1985 年，呼和浩特市实行预防接种一人一卡一证制度。1986 年起，呼和浩特市实行新的免疫程序。1987 年起，市区改为门诊免疫，每周 1 ～ 2 次；农区为双月免疫。

1988 年，全市开始在城乡推行计划免疫补偿制度。同年，市卫生局印发《呼和浩特市消灭脊髓灰质炎规划》，明确至 1993 年全市保持无脊髓灰质炎野毒株引起的麻痹型病例发生。

2002 年，呼和浩特市首次推广使用流脑 A ＋ C 群疫苗和水痘疫苗的接种。同年，市四区以及和林格尔县、清水河县发生出疹性疾病，经流行病学调查和实验室检验判定为麻疹和风疹暴发流行，对麻疹疫区 0 ～ 15 岁人群应急接种麻疹疫苗 2.6 万人份，风疹疫区 0 ～ 15 岁人群应急接种风疹疫苗 3.1 万人份。

2004 年，呼和浩特市开展水痘疫苗预防接种工作。2007 年，呼和浩特市将预防 15 种传染病的疫苗纳入国家免疫规划，实施扩大国家免疫规划。扩大的疫苗共 14 种，在全国范围内使用的乙肝疫苗、卡介苗、脊灰疫苗、百白破疫苗、麻疹疫苗、白破疫苗等 6 种国家免疫规划疫苗基础上，以无细胞百白破疫苗替代百白破疫苗，将甲肝疫苗、流脑疫苗、乙脑疫苗、麻腮风疫苗纳入国家免疫规划，对全市适龄儿童进行常规接种。

1987—2003 年呼和浩特市儿童“四苗”接种统计表

表 29-3-3　　单位：人份

年份	卡介苗		脊髓灰质炎疫苗		百白破混合制剂		麻疹疫苗		乙肝疫苗	
	应种数	实种数	应种数	实种数	应种数	实种数	应种数	实种数	应种数	实种数
1987	17529	15794	17529	14057	17529	13603	17529	15037	—	—
1988	17598	17243	17364	17277	16847	16695	16664	16515	—	—

续表 29-3-3

年份	卡介苗		脊髓灰质炎疫苗		百白破混合制剂		麻疹疫苗		乙肝疫苗	
	应种数	实种数	应种数	实种数	应种数	实种数	应种数	实种数	应种数	实种数
1989	7321	6205	8174	8082	8016	7918	7461	7390	—	—
1990	18780	18582	18084	17884	17500	17277	19468	19201	—	—
1991	15874	15568	20258	19500	19974	19140	20130	19031	—	—
1992	15904	15567	16569	16058	16771	15070	14853	14225	—	—
1993	14073	13914	48703	48047	47612	47026	16165	15944	14272	14271
1994	13827	13743	45480	45046	43841	43404	14643	14398	16288	16283
1995	13996	13499	47778	45535	47058	44843	16823	16074	16399	16059
1996	13744	13240	44344	42442	43920	41949	15294	14538	21546	20906
1997	—	—	—	—	—	—	—	—	—	—
1998	—	—	—	—	—	—	—	—	—	—
1999	—	—	—	98.04%	—	98.53%	—	97.36%	-	98.02%
2000	—	—	—	97.20%	—	98.14%	—	97.43%	-	98.16%
2001	14548	13987	17743	17538	17492	17237	17374	17058	11978	11805
2002	13906	13780	16327	16095	15761	15533	15690	15419	11751	11615
2003	12038	11896	16666	16429	15316	15003	17309	16951	11847	11573

说明：1989 年为 1—6 月统计数据，表中“—”表示无数据，1999—2000 年数据为接种率

1994—2002 年呼和浩特市“五苗”报告接种率一览表

表 29-3-4　　单位：%

年份	卡介苗	脊髓灰质炎疫苗	百白破疫苗	麻疹疫苗	乙肝疫苗
1994	99.09	99.18	98.92	98.75	95.17
1995	96.03	94.52	52	93.06	99.18
1998	95.00	95.00	94.00	92.00	91.00
1999	98.29	98.04	98.53	97.36	98.02
2000	98.38	97.38	96.50	96.75	98.15
2001	98.71	97.86	97.62	96.52	97.52
2002	99.10	98.60	98.60	98.30	98.80

2003—2007 年呼和浩特市“五苗”报告接种一览表

表 29-3-5

年份	乙肝疫苗			卡介苗			脊灰疫苗			百白破疫苗			麻疹疫苗		
	应种数（人份）	实种数（人份）	接种率（%）	应种数（人份）	实种数（人份）	接种率（%）	应种数（人份）	实种数（人份）	接种率（%）	应种数（人份）	实种数（人份）	接种率（%）	应种数（人份）	实种数（人份）	接种率（%）
2003	11847	11573	97.4	12038	11896	98.8	16666	16429	98.6	15316	15003	98	17309	16951	97.9
2004	14678	14446	98.4	16139	16020	99.3	17430	17155	98.4	16565	16260	98.2	14340	13932	97.2
2005	19512	19281	98.8	15655	15574	99.5	21366	21113	98.8	21247	20988	98.8	21419	21054	98.3
2006	21831	21592	98.9	22358	22089	98.8	24084	23824	98.9	23443	23169	98.8	22622	22247	98.8
2007	26595	26473	99.5	26231	26172	99.8	28677	28482	99.3	27850	27577	99	27545	27212	98.8

2008 年 8 月，呼和浩特市开始在农村开展甲肝疫苗接种工作，并在全市开展流脑疫苗、乙脑疫苗、麻风疫苗、麻腮疫苗的接种工作。同年，新增加流脑疫苗 A 群 4.9 万人份、A ＋ C 群 2.77 万人份、乙脑疫苗 7400 人份、麻风疫苗 1.97 万人份、麻腮疫苗 1.48 万人份、免费甲肝疫苗 4860 人份。

2008—2015 年呼和浩特市扩大国家免疫规划接种疫苗接种情况一览表

表 29-3-6

年份	乙肝疫苗			卡介苗			脊灰疫苗			百白破疫苗			白破疫苗		
	应种数（人份）	实种数（人份）	接种率（%）	应种数（人份）	实种数（人份）	接种率（%）	应种数（人份）	实种数（人份）	接种率（%）	应种数（人份）	实种数（人份）	接种率（%）	应种数（人份）	实种数（人份）	接种率（%）
2008	27854	27685	99.39	26340	26318	99.92	29329	29079	99.15	28650	28401	99.13	3254	3150	96.80
2009	27475	27277	99.28	27397	27389	99.97	29883	29677	99.31	30243	30002	99.20	5468	5444	99.56
2010	27891	27655	99.15	26221	26218	99.99	29552	29203	98.82	28806	28452	98.77	5745	5649	98.33
2011	29821	29689	99.56	28578	28550	99.90	30138	29964	99.42	30560	30369	99.38	11647	11551	99.18
2012	32856	32735	99.63	32160	32142	99.94	34129	33974	99.55	33657	33507	99.55	12223	12128	99.22
2013	34468	34303	99.52	28065	28047	99.94	35670	35509	99.55	36000	35757	99.33	20322	20218	99.49
2014	33191	33022	99.49	33510	33480	99.91	35102	34944	99.55	34092	33909	99.46	18937	18795	99.25
2015	35579	35462	99.67	22627	22620	99.97	34447	34312	99.61	36005	35870	99.63	23404	23249	99.34

三、疫苗种类及数量

1986—2007 年，呼和浩特市常规使用的疫苗有麻疹疫苗、脊髓灰质炎疫苗、百白破混合制剂、伤寒三联菌苗、乙脑疫苗、流脑菌苗、白破二联制剂、精制白喉类毒素、卡介苗、炭疽菌苗、狂犬疫苗、乙肝疫苗、流感疫苗，共 13 种。

2008—2015 年，呼和浩特市常规使用的疫苗有卡介苗、脊髓灰质炎疫苗、百白破疫苗、麻疹疫苗、乙肝疫苗、白破二联制剂、乙脑疫苗、A + C 流脑疫苗、甲肝疫苗、麻风疫苗、麻腮疫苗、麻风腮疫苗、A 群流脑疫苗等。

1986—2003 年呼和浩特市常规疫苗应发数量统计表

表 29-3-7　　单位：万人份

年份	麻疹疫苗	脊髓灰质炎疫苗	百白破混合制剂	伤寒三联菌苗	乙脑疫苗	流脑菌苗	白破二联制剂	精制白喉类毒素	卡介苗	炭疽菌苗	狂犬疫苗	乙肝疫苗	流感疫苗
1986	7.00	15.00	10.00	3.00	6.00	20.00	—	6.00	31048	1.2	0.05	—	—
1987	2.43	15.23	14.73	—	1.00	20.00	—	—	48045	—	—	—	—
1988	9.59	12.23	12.45	—	—	20.00	—	—	46960	—	—	—	—
1989	7.38	18.22	10.91	2.60	0.79	20.00	0.42	—	51253	—	—	—	—
1990	10.50	9.00	10.00	1.00	10.00	20.00	2.30	100	10.43	—	—	—	—
1991	12.50	8.60	8.00	1.00	10.00	20.00	2.30	—	11.00	—	—	—	—
1992	12.50	27.00	12.00	1.00	10.00	20.00	2.00	11.00	—	—	—	—	—
1993	9.60	35.00	16.00	—	8.40	7.40	5.60	—	18.00	—	—	—	—
1994	7.20	8.20	16.00	—	7.20	—	2.40	—	—	—	—	—	—
1995	7.51	10.45	14.00	—	6.60	—	28.00	—	11.00	—	—	0.58	—
1996	11.11	6.96	8.39	—	—	—	3.35	—	11.40	—	—	—	—
1997	—	—	—	—	—	—	—	—	—	—	—	—	—
1998	3.41	6.96	9.09	—	—	—	—	—	3.42	—	—	0.50	—
1999	7.43	8.32	9.44	—	4.68	—	—	—	6.98	—	—	—	—
2000	13.31	26.15	15.79	—	4.98	—	—	—	8.38	—	—	1.00	—
2001	8.79	23.66	10.53	—	4.98	—	—	—	8.07	—	—	0.46	—
2002	9.87	14.30	9.41	—	—	—	—	—	11.18	—	—	1.02	—
2003	9.07	22.90	10.38	—	—	—	—	—	11.28	—	—	1.42	—

说明：1986—1989 年卡介苗数为接种人数；表中“—”表示无数据

2004—2007 年呼和浩特市各种免疫规划疫苗应发数量统计表

表 29-3-8　　单位：万人份

年份	卡介苗	脊髓灰质炎疫苗	百白破疫苗	麻疹疫苗	乙肝疫苗	白破二联制剂	乙脑疫苗	流脑疫苗
2004	12.9	14.3	8.7	11.2	1.7	—	3.0	0.34
2005	6.8	8.5	7.3	8.8	2.5	—	4.0	4.0
2006	—	—	—	—	—	—	—	—
2007	8.0	7.2	8.4	7.0	2.8	—	2.3	—

说明：表中“—”表示无数据

2008—2015 年呼和浩特市各种免疫规划疫苗应发数量统计表

表 29-3-9　　单位：万人份

年份	卡介苗	脊髓灰质炎疫苗	百白破疫苗	麻疹疫苗	乙肝疫苗	白破二联制剂	乙脑疫苗	A＋C流脑	甲肝	麻风	麻腮	麻风腮	A群流脑
2008	6.6	15.3	13.8	2.9	3.1	0.72	0.74	2.8	0.48	1.9	1.4	—	4.9
2009	11.0	14.0	14.8	—	2.3	1.3	4.7	4.5	1.1	1.8	1.6	0.83	8.5
2010	8.6	18.8	2.7	—	6.2	5.0	4.3	5.6	1.1	2.0	1.2	1.7	12.6
2011	8.9	33.4	3.3	—	2.3	3.3	1.7	4.1	1.7	2.3	1.1	2.3	9.4
2012	6.5	10.7	3.4	16.0	2.8	2.4	4.2	4.3	2.0	3.0	—	2.7	7.6
2013	6.6	10.9	3.9	11.2	3.6	4.0	4.9	6.3	2.3	3.3	—	3.0	9.9
2014	10.0	11.3	9.5	10.0	2.8	0.97	5.4	4.0	2.5	3.2	—	3.8	12.0
2015	17.5	20.0	15.5	—	3.3	3.3	7.0	6.2	3.3	8.1	—	4.0	6.3

说明：表中“—”表示无数据

四、计划免疫控制

1986 年后，随着接种率不断提高，相应传染病发病率随之大幅下降。麻疹、白喉、百日咳、脊髓灰质炎，4 种疾病发病率均达到国家控制指标。自 1989 年起，全市新生儿乙肝疫苗预防接种列入计划免疫后，城市新生儿接种率均在 85% 以上。“五苗”报告接种率均达到国家要求指标。

呼和浩特市不同时期四种计划免疫针对疾病年平均发病率一览表

表 29-3-10　　单位：1/10 万

病种	1983—1992 年（计划免疫）	1993—2002 年（计划免疫）	2003—2015 年（免疫规划）
麻疹	4.46	2.72	7.44
百日咳	3.30	0.13	0.02
脊髓灰质炎	0	0	0
白喉	0.18	0	0

1986—2015 年呼和浩特市计划免疫针对疾病年发病率一览表

表 29-3-11　　单位：1/10 万

年份	麻疹	百日咳	白喉
1986	1.01	2.02	0
1987	0.76	2.75	0
1988	2.90	0.76	0
1989	11.17	1.42	0

续表 29-3-11

年份	麻疹	百日咳	白喉
1990	0.69	0.76	1.52
1991	0.79	0.43	0
1992	0.14	0.28	0
1993	3.82	0.14	0
1994	7.67	0.01	0
1995	1.80	0.00	0
1996	2.83	0.36	0
1997	2.69	0.25	0
1998	1.17	0.15	0
1999	0.27	0.05	0
2000	1.34	0.14	0
2001	1.86	0	0
2002	2.76	0.04	0
2003	1.45	0	0
2004	1.45	0.05	0
2005	24.42	0.12	0
2006	6.80	0.05	0
2007	9.60	0.08	0
2008	34.20	0	0
2009	5.01	0	0
2010	2.11	0	0
2011	0.59	0	0
2012	0.49	0	0
2013	4.34	0	0
2014	3.74	0	0
2015	2.50	0	0

（一）麻疹

由于麻疹发病年龄后移，为预防高年龄组人群发病，呼和浩特地区自 1988 年以后，每年 9—10 月为大中专院校新生和初中一年级、高中三年级学生接种麻疹疫苗，有效控制全市成年人麻疹暴发流行。

1994 年，土默特左旗白庙子乡麻疹疫情发病 97 例。1995 年，麻疹发病 34 例。1996 年，麻疹发病 52 例，发病率为 2.67/10 万。1997 年，相关疾病发病率均达到国家的控制标准，持续多年均未超标。1999 年，发病率 0.29/10 万。

2001 年，对麻疹监测系统报告的 25 例疑似病例采血样 13 份，经急性期麻疹 IgM 监测，5 例为阳性。

2007 年，对全市 2 ~ 7 岁的儿童进行麻疹疫苗的强化免疫，免疫应种儿童 6.21 万人，实种儿童 5.62 万人，接种率为 90.58%。2009 年，对全市 8 月龄至 14 岁儿童进行麻疹疫苗强化免疫。应种 34.56 万人，受种 33.51 万人，接种率为 97.0%。

2010 年 9 月，对 8 月龄至 4 岁儿童进行麻疹疫苗强化免疫，全市共接种麻疹疫苗 10.31 万人，累计接种率为 99.17%。2011 年，对 8 月龄至 14 岁，小学、初中、高中等新入学学生，新入学的大中专学生中累计接种麻疹疫苗少于 2 剂次的人群开展麻疹疫苗查漏补种工作。全市共接种麻疹疫苗 5.85 万人，累计接种率为 95.0%。

2014—2015 年，开展麻疹疫苗查漏补种工作，全市共接种麻疹疫苗 5.66 万人。

（二）脊髓灰质炎

1986—1992 年，全市无新发脊髓灰质炎病例。1987 年，对 0 ~ 9 岁人群脊髓灰质炎中和抗体抽样调查，各型抗体阳性率 93.62% 以上，抗体几何平均滴度均在 1 ∶ 21 以上，三型抗体总阳性率在 88% 以上，起到保护、屏障作用。

1993 年、1994 年，全市开展两轮 4 岁以下儿童脊髓灰质炎疫苗强化免疫日活动。1993 年，开展脊髓灰质炎人群抗体水平调查。

1997 年，对市三区的 0 ~ 4 岁健康儿童进行肠道病毒情况调查，共采集 160 份粪便标本，阳性标本 15 份，带毒率为 9.38%。其中，脊灰Ⅰ型病毒 1 份，脊灰Ⅱ型病毒为 2 份，带脊灰病菌病毒率为 1.88%，其他肠道病毒 12 份，带毒率为 7.9%。

1993—2003 年呼和浩特市脊髓灰质炎疫苗强化免疫统计表

表 29-3-12

年份	年龄组	儿童数（人）	第一轮接种率（%）	第二轮接种率（%）
1993	0 ~ 47 个月	82459	79707（96.67）	79766（95.00）
1994	0 ~ 4 岁	93053	96.73	96.73
1995	0 ~ 4 岁	80164	97.30	97.30
1996	—	—	97.83	97.9
1997	—	—	85% 以上	85% 以上
1998	—	—	—	—
1999	2 岁	—	96.31	—
	4 岁	—	—	97.59
2000	2 岁	—	97.97	—
	4 岁	—	96.45	—

续表 29-3-12

年份	年龄组	儿童数（人）	第一轮接种率（%）	第二轮接种率（%）
2001	0 ~ 3 岁（局部地区）	—	97.91	98.10
2002	0 ~ 3 岁（流动儿童）	—	98.60	98.10
2003	0 ~ 4 岁（流动儿童） 0 ~ 4 岁（常驻儿童）	—	96.60 94.95	99.51 97.43

说明：表中“—”表示无数据

2006 年，根据自治区卫生厅《转发卫生部关于印发〈全国卫生系统生物医学实验室脊髓灰质炎病毒封存登记清册工作实施方案〉的通知》要求，对全市卫生系统生物医学实验室进行摸查及清册登记，共登记生物医学实验室 152 个。

2011 年，市疾病预防控制中心组织全市 9 个旗县（区）旗县级及以上医院开展 AFP 病例回顾性调查工作。同年，开展呼和浩特市脊髓灰质炎野病毒输入与传播风险评估工作，根据各项指标综合得分，对 9 个旗县（区）进行风险判定，清水河县为高风险区，新城区、回民区、玉泉区、赛罕区、托克托县、和林格尔县为中风险区，土默特左旗、武川县为低风险区。

2003—2015 年脊髓灰质炎疫苗强化免疫、查漏补种、补充免疫统计表

表 29-3-13

年份	项目	年龄组	第一轮			第二轮		
			应种（人）	实种（人）	接种率（%）	应种（人）	实种（人）	接种率（%）
2003	强化免疫	2 月龄 ~ 3 岁	114771	110793	96.53	—	—	—
2004	强化免疫	2 月龄 ~ 3 岁	—	—	—	57418	56162	97.81
2005	—	—	—	—	—	—	—	—
2006	强化免疫	2 月龄 ~ 3 岁	62602	61135	97.65	—	—	—
2007	强化免疫	2 月龄 ~ 3 岁	—	—	—	67182	65734	97.8
2008	强化免疫	2 月龄 ~ 3 岁	59901	57877	96.62	63397	61459	96.44
2009	—	—	—	—	—	—	—	—
2010	强化免疫	流动儿童	17578	16700	95	18508	17576	95
2011	强化免疫	2 月龄 ~ 4 岁	89521	86209	96.3	101093	100689	99.6
2012	查漏补种	2 月龄 ~ 3 岁	8315	8057	96.9	6332	6269	99
2013	强化免疫	2 月龄 ~ 3 岁	104885	102158	97.4	106242	103693	97.6
2014	查漏补种	2 月龄 ~ 3 岁	7050	6903	97.91	6723	6583	97.92
2015	补充免疫	2 月龄 ~ 6 岁	17370	17054	98.18	16090	15793	98.15

说明：表中“—”表示无数据

五、免疫监测

（一）麻疹监测

1982 年，呼和浩特市大面积普种麻疹疫苗以后，麻疹发病一直处于散发状态。1986 年，发病率为 0.93/10 万。人群中形成麻疹免疫屏障。

1994 年，对农村 124 名小学生进行麻疹抗体水平监测，结果显示免疫前抗体阳性率 88.71%，几何平均滴度 1 ：8.32。再免后的阳性率 100%，几何平均滴度 1 ：50.7。

2001 年，全年报告疑似麻疹病例 87 例（包括特殊人群暴发 48 例），无死亡病例报告，发病率 4.2/10 万。2002 年，全市确诊病例 49 例，发病率 2.31/10 万。

2006 年，在新城区、和林格尔县开展人群麻疹、白喉抗体水平抽样调查工作。2008—2015 年，市疾病预防控制中心开展健康人群麻疹抗体水平监测工作。

2008—2015 年呼和浩特市健康人群麻疹抗体水平监测结果一览表

表 29-3-14

年份	监测人数（人）	阳性人数（人）	阴性人数（人）	阳性率（%）
2008	302	203	99	67.2
2009	309	287	22	92.9
2010	300	266	34	88.7
2011	301	263	38	87.4
2012	300	282	18	94.0
2013	300	293	7	97.7
2014	322	315	7	97.8
2015	350	328	22	93.7

（二）乙肝监测

1989 年起，呼和浩特市将新生儿乙肝疫苗预防接种列入计划免疫工作，城市新生儿接种率均在 85% 以上。1992 年，呼和浩特市将乙肝疫苗纳入儿童计划免疫管理，加强全市乙肝疫苗接种管理。

1993 年，全市 6207 名新生儿接种乙肝疫苗，对学龄前儿童提供 1.08 万份乙肝疫苗的预防接种服务，并对新生儿乙肝疫苗接种上卡、上证工作进行检查指导、考评，上证、上卡率 95%。至 1994 年，市三区新生儿和学龄前儿童乙肝疫苗接种率 100%；托克托县城关镇为 100%；土默特左旗为 42%。同年，对全市 452 例 5 岁以下儿童进行乙肝抗体水平监测，结果抗 -HBs（乙肝病毒表面抗体）阳性率 92.92%。1995 年，全市新生儿 5507 人接种乙肝疫苗 5238 人份，接种率 95.12%。

1997 年，经调查统计乙肝疫苗接种率城镇为 90%，农村平均为 52.48%。2003

年6月1日起，凡新生儿全部免费接种乙肝疫苗，同时要求首针及时接种率85%以上。

2007年，市卫生局对旗县（区）进行乙型肝炎血清流行病调查，共采集血液标本1456份。结果显示，人群乙肝表面抗体阳性率为53.93%，抗体达保护性水平的占比40.01%。

2009年，全市开展乙肝疫苗查漏补种接种工作。应补种1994年、1995年出生的儿童2.01万人，实种2.09万人；应补种1996年、1997年出生的儿童1.40万人，实种1.50万人；应补种1998—2001年出生的儿童1.83万人，实种1.98万人。达到乙肝疫苗查漏补种接种率指标要求。

2010年开始，全市常规免疫接种率达到国家免疫规划的目标要求，“五苗”全程接种率均大于90%，新生儿乙肝疫苗首针及时接种率为96.56%。新生儿乙肝疫苗接种率均高于98%以上，及时接种率高于97%以上。此后，乙肝免疫接种率不再做具体统计，只做抽查。

（三）脊髓灰质炎监测

1987年，市防疫部门对0～9岁人群脊髓灰质炎中和抗体抽样调查。

1987年呼和浩特市脊髓灰质炎中和抗体阳性率、GMT与年龄分布情况表

表29-3-15

年龄组（岁）	调查人数（人）	Ⅰ型			Ⅱ型			Ⅲ型		
		阳性数（人）	阳性率（%）	GMT	阳性数（人）	阳性率（%）	GMT	阳性数（人）	阳性率（%）	GMT
0	30	25	83.3	36.7	29	96.7	53.2	28	93.3	33.5
1	24	20	83.3	57.0	22	91.7	71.8	22	91.7	46.6
2	27	27	100.0	84.8	26	96.3	42.4	26	96.3	28.1
3～4	30	30	100.0	92.6	28	93.3	31.3	30	100.0	34.3
5～9	30	30	100.0	86.4	29	96.7	28.5	28	93.33	21.1

1999年，全市各医院进行脊髓灰质炎、麻疹、新生儿破伤风主动监测700余次。全年有脊髓灰质炎强化免疫增供疫苗14.4万人份。

2000年，呼和浩特市开展“消灭脊髓灰质炎扫荡式免疫活动”。全市9个旗县（区）全部建立AFP监测点医院，发现疑似病例报告数13例。2002年，呼和浩特地区出现病例6例，排除一例，病例报告率1.51/10万，48小时流调率100%，按时随访率100%，双份合格便标本采集率100%，样品及时送检率100%，检验结果均为阴性，排除脊髓灰质炎病例。2007年，全市出现病例总数12例，AFP便标本分离结果均为阴性。AFP报告发病率3.8/10万，呼和浩特市AFP病例报告发病率均达到WHO

和卫生部 AFP 监测评价指标的要求。

2015 年，全市出现病例总数 7 例，AFP 便标本分离结果均为阴性。AFP 报告发病率 1.72/10 万，48 小时调查率为 100%，14 天内双份便采集率 85.71%，便标本 7 天内送达率 85.71%，75 天随访表及时送达率 100%。

2004—2015 年呼和浩特市 AFP 病例监测结果一览表

表 29-3-16

年份	AFP 病例总数	AFP 报告发病率 1/10 万	监测结果和指标
2004	3	1	AFP 便标本分离结果均为阴性，AFP 报告发病率 1/10 万，呼和浩特市 AFP 病例报告发病率均达到了 WHO 和国家卫生部 AFP 监测评价指标的要求
2005	6	1.4	AFP 便标本分离结果均为阴性，AFP 报告发病率 1.4/10 万，呼和浩特市 AFP 病例报告发病率均达到了 WHO 和国家卫生部 AFP 监测评价指标的要求
2006	11	4.6	AFP 便标本分离结果均为阴性，AFP 报告发病率 4.6/10 万，呼和浩特市 AFP 病例报告发病率均达到了 WHO 和国家卫生部 AFP 监测评价指标的要求
2007	12	3.8	AFP 便标本分离结果均为阴性，AFP 报告发病率 3.8/10 万，呼和浩特市 AFP 病例报告发病率均达到了 WHO 和国家卫生部 AFP 监测评价指标的要求
2008	7	3.5	AFP 便标本分离结果均为阴性，AFP 报告发病率 3.5/10 万，呼和浩特市 AFP 病例报告发病率均达到了 WHO 和国家卫生部 AFP 监测评价指标的要求
2009	4	1.43	AFP 便标本分离结果均为阴性，AFP 报告发病率 1.43/10 万，呼和浩特市 AFP 病例报告发病率均达到了 WHO 和国家卫生部 AFP 监测评价指标的要求
2010	8	1.99	AFP 便标本分离结果均为阴性；AFP 报告发病率 1.99/10 万，48 小时调查率为 100%，14 天内双份便采集率 50%，便标本 7 天内送达率 75%，75 天随访表及时送达率 100%
2011	8	1.99	AFP 便标本分离结果均为阴性；AFP 报告发病率 1.99/10 万，48 小时调查率为 100%，14 天内双份便采集率 50%，便标本 7 天内送达率 75%，75 天随访表及时送达率 100%
2012	11	2.76	AFP 便标本分离结果均为阴性；AFP 报告发病率 2.76/10 万，48 小时调查率 100%，14 天内双份便采集率 81.82%，便标本 7 天内送达率 100%，75 天随访表及时送达率 100%，均达到 WHO 和国家卫生部 AFP 监测评价指标要求

续表 29-3-16

年份	AFP 病例总数	AFP 报告发病率 1/10 万	监测结果和指标
2013	4	1	AFP 病例均采集双份粪便标本，病毒分离均为阴性；AFP 报告发病率 1/10 万，48 小时调查率为 100%，14 天内合格便标本采集率为 75%，便标本 7 天送自治区脊灰实验室及时率为 75%，分离结果 28 天内反馈率 100%，75 天随访表及时送达率 100%
2014	3	0.71	AFP 病例均采集双份粪便标本，病毒分离均为阴性；AFP 报告发病率 0.71/10 万，48 小时调查率为 100%，14 天内合格便标本采集率为 33.33%，便标本 7 天送自治区脊灰实验室及时率为 33.33%，75 天随访表及时送达率 100%
2015	7	1.72	AFP 便标本分离结果均为阴性；AFP 报告发病率 1.72/10 万，48 小时调查率为 100%，14 天内双份便采集率 85.71%，便标本 7 大内送达率 85.71%，75 天随访表及时送达率 100%，均达到 WHO 和国家卫生部 AFP 监测评价指标要求

（四）其他流行病监测

1967—1989 年，全市对学龄前儿童和小学一年级学生普遍进行白喉的人工自动免疫，无白喉病例报告。1985 年 11 月至 1986 年 1 月，对呼和浩特地区 50 岁以下人群进行白喉易感性监测。经测，有近 70% 的人群具有白喉免疫力，但各年龄组阳性率波动很大（9.16% ~ 58.82%）。凡全程和加强免疫者全部阴转。

1986 年呼和浩特市不同年龄组锡克氏试验阳性率情况表

表 29-3-17

年龄组（岁）	调查人数（人）	阳性人数（人）	阳性率（%）
0 ~ 1	106	10	9.43
2 ~ 5	251	23	9.16
6 ~ 10	308	77	25.0
11 ~ 15	323	139	43.03
16 ~ 20	68	40	58.82
21 ~ 25	71	33	46.48
26 ~ 30	61	32	52.46
31 ~ 35	61	23	37.71
36 ~ 50	65	22	33.85
合计	1314	399	30.37

1990 年 5—7 月，呼和浩特市区发生一次白喉暴发。暴发初期开展白喉易感性监测（锡克氏试验）。儿童少年免疫状况良好，青壮年白喉易感性很高，病例发生在

17 ~ 50 岁年龄组，与监测结果一致。白喉流行期间，市区及土默特左旗、托克托县、郊区等进行大面积精白类预防接种。

1992 年夏季，对白喉易感性再次进行监测。15 岁以下人群具有较高的免疫力，与 1990 年监测结果相比，大年龄组人群免疫力提高。

1992 年呼和浩特市不同年龄组人群白喉锡克氏试验阳性率情况表

表 29-3-18

年龄组（岁）	调查人数（人）	阳性人数（人）	阳性率（%）
2 ~ 5	119	0	0
6 ~ 10	150	10	6.67
11 ~ 15	153	17	11.11
16 ~ 20	146	21	14.38
21 ~ 25	143	54	37.76
26 ~ 30	150	55	36.67
31 ~ 35	134	49	36.57
36 ~ 40	122	39	31.97
41 ~ 45	139	34	24.46
46 ~ 50	140	37	26.43

（五）预防接种异常反应监测

1986—2005 年，在预防接种工作中有极少数受种者出现一过性低热或一过性稀疏皮疹反应。

2006 年，土默特左旗（1 例）、托克托县（4 例）、武川县（6 例）发生 11 例卡介苗接种异常。2008 年，全市上报并处理预防接种不良反应 4 例。其中，卡介苗接种异常反应 3 例（腋下淋巴结肿大），乙肝疫苗接种异常反应 1 例（神经性水肿）。2009 年，通过全国药品不良反应监测网络向国家药品不良反应监测中心上报预防接种不良反应 13 例。

2010—2015 年，上报疑似预防接种异常反应 760 例。其中，一般反应 640 例，异常反应 108 例，偶合症 12 例。

第二节　职业病防治

一、职业病调查

1986 年，呼和浩特市职业病研究所开展职业病有害因素工厂、工人建档建卡工作，共调查 46 个工厂。全年，体检 5888 人次。其中，粉尘 3116 人次、铅 287 人次、苯 449 人次、噪声 2050 人次。年内，检测 26 家粉尘企业，89 个粉尘作业点；15 家毒物企业，37 个毒物作业点；17 家噪声企业，81 个噪声作业点。

1987 年，在 145 个厂矿开展职业病体检，体检 6173 人次。同年，招工体检 224 人次，驾驶员体检 1956 人次。49 个厂矿开展职业病体检，体检 4999 人次。其中，接触粉尘工人 4233 名、接触铅工人 35 名、接触苯工人 545 名、接触噪声工人 28 名、接触锰工人 28 名、布病工人 130 名。同年，对 23 个系统所属 297 个厂矿进行建档建卡工作，建档率 100%，建立职工健康卡片 1.36 万份。年内，检测 100 家粉尘企业，224 个粉尘作业点；73 家毒物企业，81 个毒物作业点；33 家噪声企业，163 个物理因素作业点。

1988 年，根据《全国尘肺病现状调查实施方案》的要求，开展尘肺调查试点工作，共调查 332 个工厂，诊断尘肺病人 283 名。其中，尘肺Ⅰ期 227 名，Ⅱ期 55 名，Ⅲ期 1 名，死亡 27 名。全年，完成大型团体职业病体检 8472 人次，初复诊 672 人次。年内，检测 43 家粉尘企业，115 个粉尘作业点；4 家苯及苯系物企业及 5 个作业点；6 家锰作业企业及 10 个作业点；4 家铅作业企业及 9 个作业点；90 个噪声作业点。

1989 年，呼和浩特市颁布实施《劳动卫生工作管理办法》。同年，开始开展职业病报告工作。全年，共完成职业团检（包括招生、招工及驾驶员体检）10766 人次。

1990 年，完成职业病体检 1.62 万人次，体检率 42%。全年，共检测职业病危害因素 173 个厂家，总检测率 36.7%。对 13 个系统 49 个单位的 2145 人进行布病流行病学调查。

1992 年，建立 12 个厂矿企业档案。同年，开展预防性体检，以接触粉尘、毒物作业的普查为重点，定时定期对生物因素布病、噪声作业工人进行专项检查及听力测试。其中，接触粉尘 2675 人次、接触毒物体检 337 人次、司机体检 1824 人次、招工体检 1303 人次，共体检 6139 人次。

1993 年，市职业病研究所对外联系调查了解工厂 66 个，并对 36 个粉尘、毒物危害较大的企业做了部分有害作业工人的预防性体检，劳动卫生学评价工厂 66 个，补建工业卫生档案 5 个。

1994 年，市职业病研究所开展以接触粉尘、毒物、噪声、布病等作业的工人为重点普查对象的预防性体检工作。全年，对有害作业工人体检 4437 人，机动车司机体检 2.02 万人，呼吸功能测定 1212 人次，临时常规功能检查 3211 人次，常规生化检查项目 5432 人次，免疫检查 116 人次，粉尘作业普查胸片 3000 张。

1996 年，市职业病研究所对 38 个工厂（单位）进行卫生检验工作。全年，完成各种生物样品计 1167 人份，完成作业生产环境监测厂矿 23 个，监测点 147 个。劳动卫生学评价报告 20 份。

1997 年，对全市 102 个工厂企业进行劳动卫生学调查。全年，监测 18 个工厂，以及 41 个粉尘、23 个毒物、74 个物理因素监测点，完成劳动卫生学评价 18 份。对全市 100 个锅炉房进行粉尘监测及劳动卫生监督，实测点数 230 个。1998 年，全年监测厂矿 22 个，监测点 375 个。

2000—2001 年，对全市 207 个厂矿企业进行预防性卫生监督。2012 年，增加检测建筑卫生学指标作业点。当年检测 100 个作业点。2013 年，增加检测气象条件作业点。当年检测 45 个作业点。

2014—2015 年，市职业病研究所增加检测环境因素（高温、气象条件）样品。其间，共检测 182 个样品。

2008—2015 年呼和浩特市职业病调查情况一览表

表 29-3-19

年份	职业病危害评价报告（份）	检测有害因素作业样品数（个）	有害样品类别及合格率					
			粉尘（个）	合格率（%）	有毒物质（个）	合格率（%）	物理因素（个）	合格率（%）
2008	22	4427	998	69.65	1689	99.70	1740	80.73
2009	18	6820	1762	76.30	1447	99.1	3611	81.64
2010	25	8064	3760	84.6	2671	98.7	1633	86.8
2011	32	2963	748	70.32	743	97.58	1472	83.97
2012	18	1336	296	72.64	352	83.81	588	91.84
2013	13	1796	339	80.53	301	100	1005	86.17
2014	7	1024	150	60	120	100	696	68.1
2015	1	1083	90	84.4	176	100	693	76.2

二、职业病诊治

1986 年，呼和浩特市职业病研究所开设病床 30 张，收治尘肺病患者 30 例、铅吸收 5 例。开设矽肺家庭病床 16 张，出诊 700 多次。1987 年，开设矽肺家庭病床 70 人次、治疗矽肺患者 42 人次、布病 28 人次。出诊 1080 多次。

1988 年，市职业病研究所经过对 45 个单位摸底调查，1646 人接触布鲁氏杆菌，诊断布病 7 人。全年，共收治职业病患者 35 名，开设家庭病床 18 人次，开展对收治尘肺患者临床抗矽中西药治疗观察及动态观察，收治部分铅吸收、锰吸收布病职业病患。1989 年，共收治职业病患者 93 名，全年病床使用率 93.7%，好转率 90.2%。开设家庭病床 38 人次。

1990 年，收治职业病患者 86 名，收治率 25%。1991 年，收治各种职业病患者 84 人次，住院总床数 7636 人次。1992 年，共诊断 123 名尘肺患者，各种中毒及生物因素造成的职业病患者共 14 名。收治各种职业病患者 73 人次，床位使用率 64.75%。

1995 年，开展三资企业的建档建卡工作和临时工的健康体检及发放健康许可证工作。开设病床 35 张，收治病人 107 人次，总住院天数 7651 天。其中，收治各期尘肺病病人 96 人，四氯乙烯、汞锰中毒、布病等病人 11 人。诊断职业病病人 260 人。其中，诊断尘肺病人 257 人，职业中毒 3 人，慢性布病 12 人。

1998 年，收入治疗住院患者 93 人，床位占用数 7150 人次，床位使用率 62%，床位周转率每年 4 次，平均住院天数每人 90 天。全年，诊断职业病病人 247 人。1999 年，共收住院病人 92 人次，主要以尘肺病为主，床位使用率 65.4%。

2000 年，在 70 个企事业单位开展职业性健康监护，对 5600 人进行健康检查，对 5128 名有害作业工人进行体检。收入住院患者 123 人，好转有效率 98% 以上，全年床位占用数 9154 天，床位使用率 72.7%。2003 年，对接触有害作业工人和其他作业劳动者进行职业性健康监护体检及一般性体检，约 3014 人体检。

2005 年，呼和浩特市职业病防治所与市疾病预防控制中心合并，组建呼和浩特市职业病诊断管理科。2007 年，市疾控中心职业病诊断管理科更名为市职业卫生与中毒控制科。

2015 年，对 53 家用人单位的 4849 人次进行职业健康检查。岗前体检未发现职业禁忌证，岗中体检发现 2 名噪声职业禁忌证者，未发现疑似职业病。

第三节　传染病防控

一、传染病病种报告

20 世纪 80 年代，按照《中华人民共和国急性传染病管理条例》规定应报告的甲、乙两类 25 种传染病中，呼和浩特市有报告的病种 15 种。同时，新增流行性感冒、病毒性肝炎、白喉、流行性乙型脑炎等病种。

1989 年，《中华人民共和国传染病防治法》颁布，规定甲、乙、丙三类传染病共计 35 种。1995—1996 年，武川县、和林格尔县、清水河县相继划入呼和浩特市，法定传染病病种逐渐增加，除鼠疫、钩端螺旋体、黑热病、登革热、疟疾、血吸虫病、绦虫病、包虫病外，其他 27 种传染病陆续都有报告。20 世纪 90 年代末期，新增病种发病数有增加趋势。

2000 年以后，先后发现 HIV（人类免疫缺陷病毒）感染者和 AIDS（艾滋病）病人。2003 年 3—5 月，传染性非典型肺炎暴发流行。

2004 年 12 月 1 日起，新修订的《中华人民共和国传染病防治法》施行，规定甲、乙、丙三类传染病共 37 种。

截至 2015 年，全市纳入法定传染病管理的传染病共 39 种。

1986—2015年呼和浩特市急性传染病发病率、死亡率、病死率统计表

表29-3-20

年份	人口数（人）	发病数（人）	发病率（1/10万）	死亡数（人）	死亡率（1/10万）	病死率（%）
1986	1285921	4369	339.76	8	0.62	0.18
1987	1308966	4055	309.79	6	0.46	0.15
1988	1333497	2920	218.97	13	0.98	0.45
1989	1361322	3091	227.06	5	0.37	0.16
1990	1383066	2263	163.62	7	0.51	0.51
1991	1394512	2803	210.00	8	0.57	0.57
1992	1406089	2436	173.25	1	0.07	0.07
1993	1411872	1634	115.73	7	0.50	0.50
1994	1446380	2029	140.28	6	0.41	0.41
1995	1460121	1978	101.68	3	0.15	0.15
1996	1803336	2365	119.65	3	0.15	0.15
1997	2003737	3213	160.35	11	0.55	0.34
1998	2043638	2856	139.75	9	0.44	0.32
1999	2077838	3593	172.92	1	0.05	0.03
2000	2092000	2642	126.29	2	0.09	0.08
2001	2118338	2458	112.04	3	0.14	0.12
2002	2134542	2250	105.41	7	2.98	0.31
2003	2138853	2744	128.29	16	0.75	0.58
2004	2122884	6217	290.67	3	0.14	0.05
2005	2481429	7677	357.50	20	0.93	0.26
2006	2424416	9303	383.72	8	0.33	0.09
2007	2432103	9611	395.17	13	0.53	0.14
2008	2436621	11450	469.91	8	0.33	0.07
2009	2441517	15838	648.70	10	0.41	0.06
2010	2445484	9735	398.08	5	0.20	0.05
2011	2866620	13691	477.60	11	0.38	0.08
2012	2877721	12171	422.94	9	0.31	0.07
2013	2873395	12186	424.10	10	0.35	0.08
2014	2910999	11826	406.25	8	0.27	0.07
2015	2919221	10764	368.73	9	0.31	0.08

二、突发性传染病控制

（一）霍乱

1986—1997年，呼和浩特市无霍乱病历报告。1998年7月11日至9月4日土默特左旗北什轴乡西红岱村发生以腹泻为主要症状的病例，累计发病70例，发病率

9.76%，死亡 3 例。经流行学调查、病原学证实，为一起埃尔托霍乱弧菌小川流行株所致的霍乱暴发。经查，首发病例 1998 年 3 月在山西省煤矿打工，曾与湖南、湖北等地民工一起吃住，接触密切。7 月 9 日返回西红岱，7 月 11 日发病，7 月 16 日其母及好友相继发病，出现同样症状并又参与 7 月 18 日本村已故亲属的丧葬活动，之后本家亲戚、邻居相继发病。造成该病蔓延的主要原因包括：传染源未采取任何隔离措施；时值夏季，苍蝇密度高，防蝇设施差，苍蝇污染食物，造成传播；由于雨量多，厕所粪便随之外溢，进而增大了外环境的污染；7 月 18—29 日，霍乱流行期间村民有过 3 次聚餐活动，增加了接触频度。

1999—2015 年，全市无霍乱病例报告。

（二）流行性脑脊髓膜炎

1985 年冬季开始，呼和浩特市开展大规模流行性脑脊髓膜炎（简称流脑）A 群多糖体疫苗接种，使用疫苗 21 万人份。1986 年，全市流脑发病率 5.13/10 万。1987—2015 年，发病率一直维持 0.03/10 万 ~ 5.13/10 万，发病率呈下降趋势。其间，1990 年、2010 年、2012—2013 年、2015 年，全市无病例报告。

（三）猩红热

1986 年，全市猩红热发病率较高，为 24.88/10 万，无死亡病例报告。1988 年，在呼和浩特市蒙古族学校学生中发生一起猩红热暴发，发病 31 人，及时采取措施后，疫情得到控制。

1992 年，土默特左旗把什乡参将村猩红热暴发，发病 91 例，罹患率为 7.53%，其中小学生 60 人，学龄前儿童 31 人。年龄最小的 8 个月，年龄最大的 13 岁，5 ~ 13 岁患儿占总病例数的 94.51%。由于及时采取措施，疫情得到控制，未引起扩大蔓延。2000 年，托克托县中滩乡河口小学暴发猩红热，发病 35 例，及时采取措施，平息了疫情。截至 2015 年，历年均有发病，属散发病例，数量较小。

（四）流感

1989—2003 年，无流行性感冒（简称流感）病例报告。2004 年，《中华人民共和国传染病防治法》修订后，对丙类传染病监测情况要求上报，呼和浩特市开始检测流感报告病例数据。

2006 年 3—5 月，在清水河县喇嘛湾小学发生 264 例流感，托克托县新营子镇新营子村小学发生 203 例流感等 4 起突发公共卫生事件，均及时采取相应控制措施，疫情平息。全市流感发病率 38.61/10 万。此后 5 年间，流感的发病率一直维持在 0.27/10 万 ~ 5.09/10 万。

2009 年 9 月 19 日，内蒙古师范大学报告甲型 H1N1 流感病例 18 例，患者全部为学生，疫情发生后，内蒙古师范大学对校园进行封闭式管理，追踪密切接触者 131

例并进行集中医学观察。9月30日，所有病例均痊愈出院，经一个最长潜伏期观察无新增病例出现，内蒙古师范大学甲型H1N1流感疫情扑灭。

2014年，全市监测哨点共报告上呼吸道发热病例4317例，发热肺炎病人1434例，流感样病例413例。

（五）流行性乙型脑炎

1986—2002年，呼和浩特市累计发生流行性乙型脑炎32例，发病率0.07/10万～0.15/10万。乙型脑炎处于高度散发状态。2003—2015年，呼和浩特地区无乙型脑炎病例报告。

（六）病毒性肝炎

1986年，呼和浩特市病毒性肝炎发病率为45.41/10万。之后，该病发病率呈逐年上升趋势。1989年开始，全市开展新生儿乙肝疫苗接种工作。

1990年，通过病毒性肝炎流行病学调查研究显示，甲肝感染率为73.79%，乙肝感染率为24.12%。其中，HBsAg（乙肝病毒表面抗原）阳性率2.31%，抗-HBs阳性率17.47%，抗-HBc（乙肝病毒核心抗体）阳性率14.95%。

1992年，呼和浩特市将乙肝疫苗纳入儿童计划免疫管理范畴，按计划免疫程序进行儿童基础免疫。1994年，市级以上医疗单位开展病毒性肝炎分型诊断，并对城区急性散发性病毒性肝炎病人进行病原分型调查研究，呼和浩特地区病毒性肝炎谱中，甲肝占比30%，乙肝占比23.75%，丙肝占比5%，丁肝占比1.25%，戊肝占比13.35%，混合型占比18.75%，未分型占比7.5%。

1999年，因全市水源污染引起的甲肝暴发流行，波及乡镇（办事处）27个，中小学校68所，发病病例502人，发病率24.56/10万。和林格尔县疫情流调270人，采样检测HBsAg阳性7人，抗-HBs阳性37人，抗-HBc阳性49人，判定为一起乙肝疫情；土默特左旗6个乡14个村共发病109人。

2007年，全市病毒性肝炎发病率较高，达197.11/10万。经有效应对，此后病毒性肝炎发病率呈现稳步下降趋势。截至2015年，全市病毒性肝炎病发病率为124.72/10万。

（七）痢疾

1986—1992年，痢疾发病数占全市传染病总发病数的50%左右。其中，1986年发病率为258.26/10万。1993—1995年，痢疾发病率居报告传染病的第二位，第一位是病毒性肝炎。1996年，郊区黑兰不塔村因水污染引起细菌性痢疾暴发流行，共发病病例426例，罹患率42.60%。

1998年，内蒙古医学院因水污染引起痢疾、腹泻病共861例，发病率14.24%，所有病例均出现不同程度的腹泻、腹痛伴水样便，便次约每日20～30次，偶有黏液脓血便。个别患者伴有里急后重，采集典型病人便样 19 份，进行痢疾、伤寒、副伤寒、致病性大肠菌等培养，检出阳性菌 3 份，福氏志贺氏菌。

2008 年后，全市痢疾报告发病逐年减少。2015 年，全市痢疾发病率为 3.33/10 万，位居传染病报告的第十位。

（八）伤寒与副伤寒

1986—1990 年，呼和浩特市伤寒与副伤寒发病率在 10/10 万左右。1990 年，内蒙古水利学校报告副伤寒乙类传染病 7 例，罹患率为 3.5%。1991 年，武警呼市警犬基地报告 4 例副伤寒乙类传染病，罹患率为 3.33%。

1992 年 5 月 19—24 日，内蒙古工商行政管理学校丙型副伤寒暴发，确诊 114 人，罹患率为 27.80%。经流行病学和血清学证实为丙型副伤寒暴发流行，为自治区范围内首次暴发。经查，传染源为食堂炊事员，传播因素为被污染的食物。8—10 月，土默特左旗把什乡马群村发生丙型副伤寒流行，染病 124 人，罹患率为 7.29%，由日常生活接触引起。1994 年，土默特左旗哈素乡马群村发生丙型副伤寒，发病 25 例。1996 年，全市发病率达 15.08/10 万。

2006—2015 年，全市伤寒与副伤寒病例数为 2 ~ 15 例，发病率为 0.07/10 万 ~ 0.62/10 万，均为散在发病，未见流行报告。2015 年，发病率最低，为 0.07/10 万。

（九）斑疹伤寒

20 世纪 80 年代末至 90 年代初，斑疹伤寒在呼和浩特地区无病例报告。1992 年发生 1 例，1998 年发生 3 例。1999 年 8 月 5—18 日，和林格尔县发病 116 例，发病率 5.58/10 万，波及 16 个村庄。发病病人以青壮年为多，经流行病学调查，该次疫情的发生与鼠、蚤有关。经调查，当地鼠密度达 87%。

2000 年，市防疫部门对和林格尔县公喇嘛乡疫区人群进行监测采样 22 人，检出阳性 16 人，阳性率 72.73%。

2002—2015 年，每年均有病例报告，累计病例 30 例，发病率 0.03/10 万 ~ 0.19/10 万。

（十）炭疽

1987 年，呼和浩特市发生 1 例炭疽传染病。1988—1994 年，全市无病例报告。1995—2015 年，全市累计发生 71 例，发病率在 0.05/10 万 ~ 1.50/10 万。其间，1997 年 5 月，郊区、清水河县、和林格尔县发生 6 起人畜间炭疽病流行，发病 30 例。2001 年，土默特左旗枳芨梁乡刘宝圪旦村发生皮肤炭疽病人 1 例，原因为食用剥剖不明原因的死羊，表现为右手中指皮肤损伤处出现红斑水泡、溃疡、黑痂周围组织呈非凹陷水肿、不痛、伴两侧腋下淋巴结肿大，经抗生素治疗，病情稳定。2002 年 9 月，和林格尔县樊家窑乡羊群沟大队当间沟村发病 2 例，均在同一家庭，均因剥剖不明原因死羊而发病。

（十一）狂犬病

1986—2015年，呼和浩特地区狂犬病累计发生42例，所有病例处于高度散发状态。暴露者农村多于城市，发病率为2.02%。暴露源主要是狗，年平均暴露频度为28.46/10万，以4—9月为高。男性染病比例高于女性。农民占比30.65%，学生占比22.84%，青少年及壮年大于幼年及老年，但各年龄组患病率无显著性差异。暴露后发病与暴露源的种类、咬伤的部位、程度、是否及时正确地进行预防注射、治疗等因素有关。

（十二）流行性出血热

1995年3月，土默特左旗毕克齐镇发生首例流行性出血热病例，经流行病学调查、临床症状和血清学检测确认，并通过宿主动物监测、健康人群血清学检测，判定毕克齐镇存在流行性出血热自然疫源地。1995—2015年，累计发生29例，死亡3例，发病率0.03/10万～0.37/10万，所有病例均为散发病例。

（十三）疟疾

1996年，发生1例疟疾感染病例。2003年、2008年各报告1例输入性疟疾病例。2010年以后，因人员流动逐年增大，输入性疟疾增多。截至2015年，全市共报告6例疟疾病例，均为散发输入性病例。

（十四）麻风

1997年，内蒙古医学院附属医院诊断1例麻风病人。患者为女性，27岁，根据临床表现和病理等确认为瘤型麻风病。确诊后，即将患者送河北省某麻风病院隔离治疗。截至2015年，全市再无本地麻风病例报告。

（十五）手足口病

1986—2008年，由于手足口病不属于法定传染病，故没有疫情相关报告。2008年5月2日起，卫生部将手足口病列入《中华人民共和国传染病防治法》规定的丙类传染病，当年报告手足口病1448例，发病率59.43/10万。

2009—2015年，全市手足口病发病率在62.86/10万～253.41/10万，并呈逐年下降趋势。其中，死亡6例。呼和浩特市手足口病发病有明显的时间聚集性，发病主要集中在6、7月份。全市9个旗县（区）均有发病，病例主要集中在市区，以散发为主，轻症病例占比90%以上。发病年龄以0～6岁散居儿童、幼托儿童和学生为主，发病人群中男性多于女性。

三、慢性非传染性疾病防治

2009年9月开始，呼和浩特市开展慢性非传染性疾病防治工作。其中，赛罕区依托慢病综合示范区创建开展健康主题公园、健康社区、健康一条街等支持性环境建设。

2011年，慢性非传染性疾病防治工作列入国家公共卫生专项资金支持项目。

同年，市卫生局转发自治区卫生厅《关于印发中西部儿童口腔疾病综合干预项目工作规范（2011版）的通知》，儿童口腔疾病综合干预工作在全市开展。同年，确定市疾控中心和各旗县（区）疾控中心承担严重精神障碍管理，内蒙古自治区精神卫生中心和各辖区乡镇卫生院或社区卫生服务中心承担报告管理。

2012年，赛罕区被自治区卫健委确定为自治区慢性病综合防控示范区。同年，市卫生局、市民政局、市公安局联合印发《关于规范使用〈死亡医学证明书〉和加强死因统计及管理工作的通知》，并同时启动全市死因监测工作。

2014年2月，市卫生局印发《关于呼和浩特市2013年度脑卒中高危人群筛查和干预项目实施方案的通知》，项目由内蒙古自治区人民医院承担，每年由不同地区配合内蒙古自治区人民医院完成项目工作。6月，市卫生局印发《关于呼和浩特市肿瘤监测工作实施方案的通知（试行）》，全面启动全人群肿瘤监测工作。2015年，上报2538例。

2013—2015年呼和浩特市开展“中西部儿童口腔疾病综合干预项目”情况表

表29-3-21

年度	项目区	医疗机构名称	任务数（人）	完成数（人）	封闭完好率（%）
2013—2014	回民区	回民区疾控中心	4000	4019	—
	新城区	刘氏口腔医院	2000	2024	—
	赛罕区	赛罕区疾控中心	2000	2106	—
2014—2015	回民区	回民区疾控中心	3000	3334	97.47
	玉泉区	市口腔医院	3000	3000	100
	赛罕区	赛罕区疾控中心	2000	2011	98.10

说明：表中“—”表示无数据

2014—2015年呼和浩特市重性精神疾病基本数据一览表

表29-3-22

年份	在册患者数（人）	发现率（‰）	年管理率（%）	服药率（%）
2014	5133	1.78	62.19	75.53
2015	6168	2.12	82.46	72.08

2013—2015 年呼和浩特市开展死因监测情况一览表

表 29-3-23

年份	死亡数（人）	死亡率（1/10 万）	死因顺位前五位
2013	11738	408.5	循环系统、肿瘤、呼吸系统疾病、伤害、消化系统疾病
2014	12370	424.94	心脏病、恶性肿瘤、脑血管病、呼吸系统疾病、损伤及中毒
2015	12433	425.9	心脏病、恶性肿瘤、脑血管病、呼吸系统疾病、损伤及中毒

2013—2015 年呼和浩特市脑卒中高危人群筛查和干预项目实施情况一览表

表 29-3-24　　单位：人

年度	项目选址地区	任务数	完成数	高危数	复筛数
2013—2014	新城区、和林格尔县	6000	6030	1500	1360
2014—2015	赛罕区、武川县	6000	6002	1329	—

说明：表中“—”表示无数据

四、传染性非典型肺炎（SARS）

传染性非典型肺炎（简称“非典”）是一种由冠状病毒引起的急性呼吸道传染病，世界卫生组织命名其为严重急性呼吸综合征。临床特征为发热、干咳、气促，并迅速发展至呼吸窘迫，外周血白细胞计数正常或降低，胸部 X 线为弥漫性间质性病变表现。

2003 年 3 月 26 日，内蒙古医学院附属医院报告呼和浩特市首例疑似“非典”病例，患者女性，3 月 18 日发病，3 月 24 日到内蒙古医学院附属医院就医，3 月 25 日因发热待查收入中医科病房。该病例系民航空乘人员，因 3 月 15 日接触机上一名患病乘客导致感染。与此同时，同一机组的另一名空乘人员也出现症状，并收治入院。3 月 26 日，内蒙古医学院附属医院将 2 位患者按“非典”疑似病例予以隔离治疗，并上报疫情。其中，1 名“非典”患者相继感染其家人、为其治疗的中医科大夫和同病房的部分患者及陪护人员，成为呼和浩特市“非典”疫情暴发流行的传染源。

4 月 11 日，呼和浩特地区发现的首例输入性“非典”疑似病例被卫生部专家组确诊。至 5 月 26 日，全市累计报告“非典”病例 141 例，发病率为 6.59/10 万，报告死亡病例 15 例，病死率为 10.64%。从 3 月 15 日首发病例输入，到 5 月 13 日最后一例报告病例（按病例收治日期），共流行 60 天。诊断病例分布在 7 个旗县（区），其中新城区 35 例、回民区 49 例、玉泉区 13 例、赛罕区 40 例、土默特左旗 2 例、托克托县 1 例、和林格尔县 1 例。发生以家庭为中心的点状暴发。

疫情发生后，针对“非典”经过呼吸道近距离飞沫传播的特点，以及缺乏疫苗的情况，卫生部门立即作出切断传染源、有效控制疫情扩散的决策，在疫情发生早期，市卫生系统紧急抽调流行病学技术人员，进行拉网式调查、流行病学追踪调查，摸清传播链，全市医学观察密切接触者和一般接触者7008人。全市各级医疗卫生单位执行疫情零报告和日报告制度。同时，采取电话咨询、网络传输、现场指导、查疑质询等方式，保证疫情信息的畅通、准确，每天及时向社会公众发布疫情信息。

呼和浩特市传染性非典型肺炎防控指挥部成立疫情分析专家组，建立疫情统计数据库，每天科学分析和预测疫情发展动态，完成15期日分析、5份专题分析和7份综合分析报告。消毒分队协同流调队对“非典”患者，疑似“非典”以及密切接触者的住宅、单位和周边环境均进行消毒处理。“非典”期间共出动车辆260多台次，出动医护人员570人次，对180多个疫点进行消毒。对公交公司、出租车公司、长途汽车公司及宾馆、饭店、商业场所进行消毒人员的培训、技术指导和监督检查。先后在内蒙古胸科医院、内蒙古自治区人民医院、内蒙古医学院附属医院、呼和浩特市第一医院、呼和浩特市传染病院设立“非典”病房，定点收治“非典”患者，并及时向定点医院拨付专项资金和呼吸机、血气分析仪等急需仪器设备，加强基础设施建设，改善医疗条件。

第四节　地方病防治

一、鼠疫

1986年前，呼和浩特市曾发生过3次人间鼠疫流行，波及176个自然村，56条街道，数千人死亡。1986年5月，由自治区灭鼠考核鉴定专家组和呼和浩特市灭鼠总指挥部组成的联合检查、验收小组对回民区、玉泉区、新城区、郊区、土默特左旗、铁路系统等6个单位的4200多间房进行调查，呼和浩特市鼠密度由17.78%下降到0.04%，灭鼠效果为99%以上。呼和浩特市25个镇级以上单位达到无鼠害指标要求。呼和浩特市“一役达标”灭鼠突击活动于3月12日开始，采取1周4次饱和投饵法。据估算统计，此次灭鼠活动共消灭家鼠23.9万只。至此，呼和浩特市成为全国第一个无鼠害省会城市。

2006年后，全市鼠防工作利用中央财政补助地方公共卫生事业专项资金，对鼠疫监测点进行房屋改造，增设检验设备。确定武川县为鼠疫自然疫源地，设立鼠疫监测工作站，开展重点监测。除武川县以外的其他旗县（区）为非自然疫源地，作为常规监测，主要掌握家野鼠种群分布及密度变化。

2010 年，在武川县二份子乡历史动物鼠疫疫点附近发现的 2 只自毙长爪沙鼠体内检出鼠疫菌。

2014 年，武川县对鼠疫监测工作站房屋设施进行重建。2015 年，市财政下拨 15 万元用于鼠疫监测工作站配套设施。市、县疾控中心基本配备鼠疫应急装备，储备一定数量的应急处理物资。按照《呼和浩特市鼠疫防治应急处理预案》要求，制定《呼和浩特市鼠疫应急处理技术方案》，成立全市鼠疫应急处理队伍。每年市卫生局和市地方病防治中心对各旗县（区）专业防治机构进行定期检查并组织应急演练，人员培训合格率达 98% 以上。

二、布鲁氏菌病

20 世纪 80 年代后期到 90 年代末，市防疫部门在呼和浩特地区畜间采集牛、羊、猪血清、胎盘等材料 4.26 万份，均未检出布病阳性材料，人畜间布病感染和发病程度达到自治区规定的控制标准，未出现报告病例。

2001 年后，随着畜牧业发展，牲畜数量大幅增加，畜及畜产品交易流动频繁，由于畜牧检疫监管体系不健全，免疫出现漏洞，加之养殖户缺乏布病防治知识，人、畜间布病疫情出现回升趋势。2006 年，呼和浩特南部地区出现人畜间布病暴发点，其他旗县（区）病例也出现并增多，个别地区局部出现暴发流行。

2008—2010 年，新发病例数处于快速上升阶段，特别是 2009 年后，报告病例超千例。病例主要集中在农村地区，占发病总数的 95.75%，疫情呈现由山区向川区扩散，由农村向城区蔓延。

2010 年 11 月，呼和浩特市启动人间布病防治项目。当年布病报告病例数上升趋势开始趋缓。至 2011 年末，全市有 55 个乡镇（办事处）、829 个自然村、15 个居委会、4 个牧场有病例报告。全年每月均有病例报告，集中在 5—8 月。同年，呼和浩特市地方病防治中心制定《呼和浩特市布病患者诊断治疗管理方案》，开展急性期病例诊断治疗和管理，基层医疗机构发现的疑似病人必须转诊到县级疾控中心进行确诊，病人确诊后建立个人档案，由指定的医疗机构或乡镇卫生院负责患者的规范化督导治疗与管理。和林格尔县探索尝试新的布病诊疗和管理办法，在全区范围内首先推行人间布病防治关口前移，将布病筛查诊断治疗延伸到乡镇卫生院。2011 年后，疫情总体呈现缓慢下降趋势。

2012 年，市政府印发《呼和浩特市“十二五”布病防控实施方案》。2013 年，市卫生局印发《呼和浩特市农村布鲁氏菌病新农合定点救治医疗机构名单的通知》，确定布病新农合救治定点医疗机构 23 家，基本覆盖全市所有布病流行区域。市地方病防治中心综合门诊部承担新农合市级定点布病门诊治疗工作，为全市农村布病患者提供规范化免费治疗服务。

三、地方性砷中毒

20世纪90年代初，在呼和浩特地区发现全国第二个饮水型地方性砷中毒病区，病区面积广，人口多，病区环境复杂，病情严重。1990年5月，在送医送药下乡活动中，在土默特左旗的枳芨梁乡枳芨梁村发现掌跖角化过度及躯干部皮肤色素异常表现的首批病人，随之又查明附近的郭家铁门更村也有同样疾患，且皮肤癌、脏器癌高发，危害近半个世纪。

1991年3月，中国预防医学科学院环境卫生、卫生工程研究所专家及区内有关人员组成考察组，经查，认定枳芨梁村为饮水型砷中毒病区。在饮用高砷水的人群中，任何年龄均可受害。患者年龄最大的76岁，最小的5岁。砷中毒病区恶性肿瘤死亡位于全部死因的第二位，水砷摄入总量与恶性肿瘤死亡率间有相关关系，即水砷摄入总量越高，恶性肿瘤死亡率越高。

1991—2000年，在所有的病例中，中度、重度病例约占一半，轻度病例较少。2001—2010年，在市政府及联合国儿基会项目和中央转移支付项目的资金支持下，呼和浩特地区开展多次大规模病区调查及高砷水源的筛查工作，基本摸清高砷水和砷中毒病区的分布范围，确定呼和浩特地区饮水型地方性砷中毒主要分布于盆地中西部，国道110线以南的土默特左旗大部、托克托县北部、和林格尔县北部，波及面积约3500平方千米。全市高砷村与病区村人口近13万人，可疑与轻度病例占总检出数的92.71%。临床表现以色素脱失为重，掌跖角化次之。全市砷中毒病情较20世纪90年代初减轻。

2011—2015年，呼和浩特市通过实施人畜饮水380工程、国债防病改水等项目，使部分病区群众喝到符合卫生标准的饮用水，病情缓解。按照《重大公共卫生服务项目内蒙古地方性砷中毒防治项目实施方案》的要求，在全市157个病区村和高砷村随机抽出7个自然村进行水砷含量和改水工程运行状况及病情的连续监测工作。组织开展病区消除评估和项目监测工作，在改水工程运行良好且水砷含量合格的59个病区村共调查暴露人口2.08万人，砷中毒患者检出率为9.90%。截至2015年末，全市砷中毒病区村和高砷村改水率100%，病区村改水工程正常使用率为81.69%，高砷村改水工程正常使用率为90.70%。

四、地方性氟中毒

根据多年的水质监测和流行病学调查结果，呼和浩特市水氟含量超标地区主要分布于国道110线以南、黄河以北、和林格尔丘陵区以西广大地区及阴山以北，武川县丘陵区的低洼地区，面积约4000平方千米。历史病区分布范围较广，病情比较严重。20世纪80年代，呼和浩特市开始实施地方性防氟改水工程。至2010年，全市有76.27%的病区村开展改水降氟防治工作。在土默特左旗、托克托县、和林格尔县、武川县的氟病区自然村中采用分层随机抽样的方法抽出轻病区村、中病区村、重病区村进行氟中毒病情调查。监测结果表明，呼和浩特市地方性氟中毒轻病区、中病区病情得到一定控制，但重病区病情仍然很严重。

2011 年后，在托克托县 3 个病区村组织开展连续监测工作，3 个监测村全部进行改水，儿童氟斑牙检出率在改水措施落实后有下降趋势。

2015 年，组织开展病区控制评估和项目监测，对所有改水病区村进行 8 ~ 12 岁儿童氟斑牙检查，结果显示，呼和浩特市儿童氟斑牙检出率为 0.13，低于地方性氟中毒控制标准（≤ 30%），流行强度属于阴性。呼和浩特市氟中毒病区儿童氟斑牙病情得到较好控制。截至 2015 年底，呼和浩特市饮水型地方性氟中毒病区分布在 8 个旗县（区）32 个乡镇 633 个自然村，病区人口 35 万人。"十二五"规划期间，有 92.89% 的病区村开展改水降氟防治工作。

五、碘缺乏病

呼和浩特地区碘缺乏病主要分布在偏远、贫困山区和丘陵区，各旗县（区）均有不同程度碘缺乏病分布流行，尤以和林格尔县、清水河县、武川县为重，土默特左旗、回民区、新城区北部山区甲状腺肿大率高于平原地区。1995 年，全市开始实施全民食盐加碘。经食盐加碘干预，8 ~ 10 岁儿童甲状腺肿大率显著下降，控制在 5.0% 以下，尿碘中位数波动在 200 微克 / 升 ~ 300 微克 / 升，部分人群有碘营养过剩现象；碘盐覆盖率连续稳定在 98% 以上，碘盐合格率在 96% 以上。2000 年，达到国家消除碘缺乏病阶段目标和可持续消除碘缺乏病的目标。

2011—2015 年，全市碘缺乏病进入持续消除阶段，碘盐覆盖率、碘盐合格率、合格碘盐使用率均在 90% 以上，处于较高水平，甲状腺肿大率在 5% 以下，符合持续消除碘缺乏病标准。

2015 年以后，允许无碘盐在市场销售，但必须有明确的标志是无碘盐还是碘盐，由消费者根据自身情况进行选择。

第四章　妇幼保健

第一节　妇女保健

一、围产保健

1988 年，呼和浩特市新城区、玉泉区、回民区开始系统开展围产保健工作。1989 年，全市推行母子保健保偿工作，对孕产妇及儿童健康进行系统管理。全年，全市孕妇入保率为 42.47%，儿童入保率为 29.17%。同年，农村在新法接生基础上进行孕产妇系统管理，各旗县（区）选择孕产妇管理试点，逐步开展围产保健工作。

1990年，市区围产保健工作基本形成程序化管理。早孕建卡及高危评分工作在各防保站开展。农村妇女保健重点转入孕产妇系统管理，各旗县（区）保健所加强对女乡医及接生员进行培训。1992年开始，围产保健工作进入制度化、规范化轨道，妇女保健工作重点转移至常规管理工作。

2000年，全市孕产妇管理率为88%，儿童保健覆盖率为93.9%。同年，在托克托县和清水河县启动降低孕产妇死亡和新生儿破伤风项目工作，组织全市妇幼保健专项技术考试。

2002年，对全市从事母婴保健专项技术服务的49所乡镇卫生院和73名工作人员进行考试考核发证工作，对从事母婴保健专项技术工作的机构和人员全部实现准入管理和证件化管理。当年，孕产妇保健率90%以上，孕产妇系统管理率80%以上，儿童保健覆盖率90%以上，儿童系统管理率75%以上。

2005年，在医疗机构建立孕产妇急救绿色通道，其中4个县医院建立了孕产妇急救中心。全市住院分娩率从2004年的84%提高到92.6%。全市孕产妇系统管理率从2004年的80%提高到89%，儿童系统管理率从76%提高到85%。

2007—2012年，孕产妇死亡率从2007年的48.5/10万下降到2012年的32.42/10万。婴儿死亡率由2007年的18.03‰下降到2012年的8.46‰。2012年，孕产妇管理率为93.23%，住院分娩率为99.76%。0 ~ 6岁儿童管理率为92.8%。至2012年，完成农村妇女增补叶酸预防神经管畸形3.03万人，农村孕产妇住院分娩补助3.49万人。2013年，有8237名农村孕产妇住院分娩获得补助，1.34万名育龄妇女免费补服叶酸。

截至2015年，全市孕产妇死亡率由2014年的25.9/10万下降至14.85/10万，婴儿死亡率从2014年9.48‰下降至6.48‰。年内，建立9个孕产妇、儿童危急症抢救中心和21个双向转诊绿色通道，成立24个急救小组。全市孕产妇系统管理率为城市99.21%、农村99.75%。

二、妇女病普查及健康体检

妇科病普查主要以预防宫颈癌为主。1987—1988年，普查率为95%。1989年，普查对象减少，市区应查妇女12.53万人，实查2.54万人，普查率20.3%，患病率36.7%，宫颈糜烂占51.1%，居第一位。

1990年，为提高市区妇女病普查面，走访186个单位，普查1324人，患病率58.60%。其中，发病首位的为宫颈炎，治疗率100%。

1992年，市卫生局、市总工会、市劳动局、市妇联联合印发《关于进一步为女职工妇科病普查普治工作的通知》，要求二次检查间隔时间最长不得超过2年，由各级妇幼保健部门承担检查工作，并进行划片管理。1997年，对46个单位2207人进行妇女病普查，患病率 42.5%。

2001 年，对 22 个单位 980 人进行妇女病普查普治。2007—2012 年，为 6.24 万名农村妇女进行宫颈癌检查，为 160 名农村妇女进行乳腺癌检查。

2011 年，赛罕区在全市率先开展预防艾滋病、梅毒、乙肝母婴传播项目工作。2013 年，农村妇女宫颈癌、乳腺癌免费筛查人数分别为 3.67 万人和 5034 人。

2015 年 6 月，预防艾滋病、梅毒和乙肝母婴传播项目实现全覆盖。全市 44 个拥有母婴保健技术服务的医疗机构，负责上报感染艾滋孕产妇，梅毒孕产妇个案卡，每月收集、汇总、审核，按时上报预防艾滋病、梅毒、乙肝母婴传播项目月报，并督促患者检查及治疗。

三、婚前检查

1985 年，由全市各级妇幼保健机构承担婚前检查及咨询，妇幼部门承担婚前教育，民政部门负责婚姻登记。1989 年，全市婚检 1.91 万人次，病检率为 5.8%。

1992 年，市区婚姻登记、婚前检查、婚前教育统一由荣军康复医院承担，各区保健所（院）的婚前检查门诊停诊。1996 年 7 月，市民政部门同意妇幼保健部门继续承担婚前检查工作，恢复门诊。

2007—2012 年，免费婚前医学检查 4.57 万人，婚检率保持在 93% 以上。2013 年后，全市建立免费婚前医学检查工作长效机制，婚检率保持在 90% 以上。

2015 年，全市免费婚前医学婚检率持续保持在 92% 以上。

第二节　儿童保健

一、散居儿童管理

1986 年，城市有散居儿童 1168 人，体检率为 74.5%，“四二一”（指定期检查的时间是出后 1 月到 42 天第一次到保健站检查；以后每 3 个月检查一次，第一年检查 4 次；到 1 ~ 3 岁每半年一次；3 岁以后每年一次）体检率一岁内 53.2%，身高超均值 63%，体重超均值 61.9%，双超率 48.9%，佝偻病患病率为 27.6%，贫血患病率为 43.8%。

1989 年，城市散居儿童 2.69 万人，占城市儿童总数 58.88%，入保儿童 1.43 万人，入保率为 66.38%，入保儿童体检率为 75.91%，身高超均值 55.85%，体重超均值 59.75%，双超率 44.08%，佝偻病患病率为 19.54%，贫血患病率为 6.5%，龋齿患病率为 36.49%，沙眼患病率为 6.6%。农村儿童 9.12 万人，入托 2489 人，入托率为 2.73%，入托儿童体检率为 98.12%，身高超均值 52.64%，体重超均值 57.44%，双超率 47.93%。佝偻病患病率为 24.9%，贫血患病率为 16.8%，龋齿患病率为 33.27%，沙眼患病率为 19.63%。

1990 年，儿童保健工作主要在市区开展。市区有散居儿童 2.71 万人，占市区儿童总数的 59.45%。入保散居儿童 2.08 万人，入保率 76.64%。在各防保站体检儿童 399 人次，化验血色素 139 人次。全市散居儿童体检率 71.13%。随着全市 20 个防保站的设立，从 1990 年起，城市散居儿童保健工作基本上由各防保站承担。市妇幼保健院儿保科制定散居儿童健康检查表、体弱儿管理、新生儿访视等系统管理表格印发至各防保站，与各区保健所一起指导防保站的各项业务，并定期检查。

1992 年，全市 2 岁以内儿童入保率 90% 以上，1 岁以内达 100%；有入保儿童体检率约 80%，“四二一”体检符合率约 60%。1993 年，散居儿童的管理重点在保偿制度的落实上，入保儿童的“四二一”体检符合率为 75.3%。

1995 年，城市散居儿童系统保健覆盖率 71.8%。2 岁以内散居儿童保健覆盖率 70.8%；城市儿童生长发育监测率 71.8%，城市新生儿建卡率 48.5%，城市 3 岁以下儿童入保率 91.1%。1996 年开始，各旗县（区）散居儿童工作由各旗县（区）保健所负责，市妇幼保健院每年定期下乡检查指导工作。

2007 年，对 0 ～ 7 岁散居儿童进行贫血、佝偻病调查，验血 HB 人数共 2.01 万人，贫血患病率 2.31%，在对 8.7 万个 7 岁以下儿童体检时，发现佝偻病患者 957 例，患病率 1.09%。

2008 年 6 月，市保健院对市级 6 所幼儿园儿童进行体检，对市区新入园儿童进行入园前体格检查，有传染病者劝其暂缓入园或饮食隔离，保证儿童管理正规化。呼和浩特市儿童保健监测及系统管理网络形成后，全市各级保健机构对辖区内学龄前儿童进行系统管理，每年定期体检，了解营养状况和智力发育情况，载入健康档案，汇总分析管理数据。

2015 年，城市、农村 7 岁以下儿童保健覆盖率均在 97% 以上，3 岁以下儿童系统管理率在 96% 以上。

二、儿童卫生保健

1986 年后，呼和浩特市开始开展初级卫生保健工作。1989 年，呼和浩特市将幼儿园卫生保健纳入幼儿园分类标准，共验收 68 所幼儿园。其中，一类幼儿园 33 所、二类幼儿园 16 所、三类幼儿园 19 所。有食堂的托幼机构 68 所。其中，一级膳食管理 46%，二级膳食管理 24%，三级膳食管理 30%。1990 年，全市有食堂的托幼机构 71 所。其中，一级膳食管理 56.34%，二级膳食管理 19.72%；一级膳食营养 56.34%，二级膳食营养 19.72%。

1993 年起，由市卫生局划片管理后，市妇幼保健院每年对辖区幼儿园儿童进行常规体检和保健。1994 年，在 13 所托幼机构开展体检工作，儿童体检 1535 人，体检率 98.2%。经统计，身高超均值 66.8%；体重超均值 56%；双项超均值 45.6%。

2000 年，为全市 58 所托幼机构颁发卫生保健合格证，对 36 所一类甲级、13 所一类乙级、7 所乙类甲级、2 所乙类乙级托幼园所颁发等级牌匾。全年，开展儿童体检 5440 人次。其中，小学体检 367 人，入托体检 1423 人次，入学体检 178 人，新上岗工作人员体检 13 人，计算机测试 619 人，眼科治疗 188 人次，查视力 57 人次，健康门诊查视力 787 人次，测听力 787 人次，测色觉 178 人次，测视力 178 人次，入幼儿园治疗 35 人次，口腔科氟透治疗 1148 人次，测口感锌 1132 人次。2003 年 8 月，开展儿童感觉综合测试新项目，共检儿童 410 人。

2007 年，城区儿童集体检查 2.57 万人，系统管理率 98.95%。其中，检出沙眼 680 例、肥胖 394 例、龋齿 7329 例、视力不良 1972 病、营养不良 895 例、佝偻病 27 例，其他疾病 70 例。共矫治病例 5012 例，其中沙眼矫治率 100%，矫治龋齿 3546 例，治疗视力不良 758 例，对 2.34 万例儿童进行眼保健，2.11 万例儿童进行视力保健，2.53 万例儿童进行口腔保健。2 岁以内儿童佝偻病预防投药 491 例，驱虫投药 9395 例，其他疾病预防投药 4.43 万例。农区儿童检查 6799 例，系统管理率 96.69%，其中沙眼 1014 例、肥胖 54 例、营养不良 256 例、龋齿 1321 例、视力不良 93 例、佝偻病 27 例，其他疾病 70 例。共矫治病例 2823 例，其中沙眼矫治率 100%，矫治龋齿 813 例，治疗视力不良 10 例，对 4456 例儿童进行眼保健，3433 例儿童进行视力保健，5724 例儿童进行口腔保健。2 岁以内儿童佝偻病预防投药 6 例，驱虫投药 48 例。

2008 年，联合新城区、玉泉区、回民区、赛罕区保健所及防保站进行辖区内儿童微量元素检测工作，共检测 4097 人次。2009 年，全市 7 岁以下儿童保健覆盖率 93.60%。

2011 年，全市统一印制使用“儿童保健手册”“儿童保健卡”，对 10.68 万名 0 ~ 6 岁儿童进行登记，建立健康档案，规范儿童保健管理。

2012 年，市保健院对市区 6 所市级幼儿园 2661 名儿童进行体检，查出病患者 795 例，患病率 29.9%。其中，沙眼 31 人，占 3.9%；龋齿 485 例，占 61.0%；视力不良 92 例，占 1.2%；身高、体重双超标者 844 人，占 31.7%。

2014—2015 年，开展儿童常见病、多发病的预防宣传，以及健康咨询等服务性工作，对辖区内托幼机构进行关于托幼机构消毒、儿童膳食营养计算与评价以及新规范的实施，对手足口病、流感、猩红热等流行病进行工作指导。针对传染病流行特点，对所辖幼儿园印发《加强托幼园所手足口病防控工作的通知》《手足口病预防控制指南》《手足口病消毒及隔离制度》等宣教资料，市妇幼保健院与市卫生局监督科、市疾控中心检查小组对全市托幼机构进行专项工作督导。2015 年，全市有 0 ~ 7 岁儿童 14.33 万人。其中，系统管理人数 13.33 万人，管理率 93.0%。眼保健人数 5.04

万人，占 65.9%；视力保健人数 8.43 万人，占 58.8%；口腔保健人数 5.11 万人，占 66.5%。对 0 ~ 3 岁儿童全部实行“四二一”管理，定期进行监测评价；对 3 ~ 7 岁儿童进行常规体检。

三、出生缺陷监测

2000 年起，全市开展出生缺陷监测工作，由市妇幼保健院管理。对全市 9 个监测医院进行质量监控，包括围产儿数、围产儿死亡数、双胎及出生缺陷数字的漏报及上报数字的核实。截至 2015 年，监测医院增加到 14 家，国家重点监测点有 9 家医院。

第五章　卫生监督

第一节　监督管理

1986—1990 年，市卫生局每年开展两次群众性灭鼠工作，降低鼠密度。其间，建立监测站 1 个，开展流动监测工作。

2000 年，全市区域卫生规划工作启动，全年建立 20 个部、81 个站，形成社区卫生服务网络，覆盖率为 79.05%。至 2002 年，全市有社区卫生服务站 115 所。同年，新城区卫生监督所、赛罕区卫生监督所挂牌成立。为加强农村卫生工作，市卫生局编制《“十五”期间农村卫生建设规划》《关于呼和浩特市农村卫生改革与发展实施意见》《呼和浩特市农村卫生改革试点县工作方案》，并确定赛罕区、托克托县、武川县为农村卫生改革试点旗县（区）。2002 年，市卫生局获“全国卫生监督先进集体”荣誉称号。

2005 年，市卫生局发放各类卫生许可证 8641 户。其中，食品生产经营单位卫生许可证 8450 户、公共场所卫生许可证 171 户、饮用水卫生许可证 20 户。全年实施卫生监督 4.23 万户次，合格率 98.3%。

2007—2012 年，市卫生局开展食品安全、非法行医和采供血、违法宣传、生活用水、医疗美容、公共场所等专项整治活动 30 次。其间，在自治区率先开展区域卫生信息化试点建设和全国首批居民健康卡试点工作，建立公共信息网络。全市县级以上医疗卫生机构和乡镇卫生院、传染病疫情和突发公共卫生事件全部实现网络直报，各级疾病预防控制中心对网络直报系统每天实时监控。

2013 年，全市聘任卫生监督协管员 783 人，卫生监督协管服务工作覆盖面为 100%。同年，建立统一的突发公共卫生事件监测预警网络体系，实行 24 小时值班制度，修订完善应急预案 30 多部。

2015 年，市卫计委制定《呼和浩特市卫生计生委行政复议和行政应诉工作规程》。

在市四区实行卫生监督网格化管理，分片包干。全年检查医疗美容机构 308 户，许可的放射诊疗机构 51 户，验收病原微生物实验室 24 家，消毒产品检查药店 129 家、超市 8 家、医疗机构 11 家，包括消毒剂、抗抑菌制剂卫生用品共 565 个品种。加强生活用水卫生监督监测，对市区 11 家市政集中供水厂、2 家自建式集中供水厂，以及直管的 23 户二次供水单位进行监督检查，监督覆盖率 100%。

第二节　食品卫生监督

1988 年，根据自治区卫生厅等厅局转发的《关于城乡集体和个体开业经营医药商品的意见》，市卫生部门、医药部门、工商部门核发 12 个药品经营许可证，并协助自治区卫生厅验收新建药厂 1 个、车间 1 个、医院普通制剂室 2 个。年内，市卫生局药政科会同市工商等部门查处药品生产、经营、医疗单位不合格药品案件 30 多起，罚没款 6820 元。

1996 年，培训从业人员 3.32 万人。监测各类食品 750 份，合格 693 份，合格率 92.40%；监测餐具 707 份，合格 529 份，合格率 74.82%。在市区，以街道为单位开展食品专项整治活动，检查整顿食品经营摊点和餐饮业 1897 户。

1998 年，市卫生局制定《食品卫生行政执法过错和错案责任追究制度和办法》《食品卫生监督员工作纪律》等规章制度。同年，开展专项监督检查，共检查小餐馆 225 户，街头食品摊点 129 户，检查早市、农贸市场 15 个、839 户，取缔无卫生许可证非法经营食品摊点 91 户，销毁不符合卫生要求的食品 921 千克，增加卫生设施 280 户，清理店外店 177 户、街头小炒 50 户。1999 年，对入呼 156 个食品生产厂家的 193 个系列产品进行登记，市售外埠食品索证率同比提高 5%。

2000 年，市卫生局制定《呼和浩特市面及面制品卫生整顿方案》《保健食品卫生整顿方案》《街头食品、中小型餐馆整顿方案》。对进入呼和浩特市的 234 户生产厂家 291 个系列品种的食品进行登记，办理准销证 135 个。完成 4 次大中专院校食堂食品的卫生监督联组检查。对日常大众食品进行抽样检查，共采样 212 份进行检测，检验合格 192 份，合格率为 90.56%。

2001 年，成立驻呼大中专院校食堂食品卫生管理协会。开展食品卫生监测工作，全年抽检地产及市售外埠 21 类食品 1226 份，平均抽检合格率为 92.50%。其他抽检 478 份，合格率为 97.90%。2002 年，登记备案入呼食品 28 户 70 个系列品种，办理准销证 28 个。

2003 年，市卫生局制定《呼和浩特市食品卫生许可证发放标准》。同年，开始实行卫生监督综合执法，共出动卫生执法人员 1.53 万人次，车辆 3054 台次，检查食品生产经营单位 2.13 万户次，检查各级医疗机构 1.11 万户次，查获、销毁不合格食品、化妆品、伪劣药品 5.8 吨，案值 26.1 万元。重点开展“非典”防治期间餐饮业和学校食堂市场整顿。同年，印发《关于加强非典期间食品生产经营卫生监督管理工作的通知》。2000—2003 年，市卫生、医药、工商等部门开展粮油、保健食品、水产、酒类等 10 余项专项整治工作，通过治理整顿，粮食合格率由 52% 上升至 98%；用甲醛浸泡水产的情况明显减少；“假花椒、假草果”基本绝迹。

2006 年，市卫生局安装并运行国家卫生监督执法报告系统。截至年底，对全市 65 所大中专院校的 156 户食品生产经营单位实施监督全覆盖。2007 年，市卫生局开展卫生监督专项整顿工作，“卫监 1 号”行动以加强农村食品为目标，重点整治城乡接合部小型餐饮单位和农村食品生产经营单位，检查农村和城乡接合部中小型餐饮单位和食品生产销售食杂店 2357 户次。“卫监 2 号”行动检查大中专院校 57 所、中小学校 250 所、幼儿园 31 所，其中学校集体食堂 327 户、小卖部 21 户，针对存在问题下达卫生监督意见书，依法取缔 6 家未取得卫生许可证的经营户。同年，制定《呼和浩特市小饭桌卫生管理暂行规定》，开展小饭桌专项检查。

2008 年，食品卫生监督量化分级管理实施率达 96.32%，标示“食品卫生等级标志”，告知消费者餐饮单位的就餐风险度。为保证北京奥运会期间的卫生安全，按照《2008 年北京奥运会期间卫生保障工作方案》，重点开展食品和进京食品卫生、饮用水卫生、公共场所卫生等卫生监督保障工作，开展“迎奥运、保安全”食物中毒事件应急处置演练，协助疾病控制中心等部门开展医疗机构和传染病的卫生监督工作。奥运保障期间，现场检测样品农残、亚硝酸盐、食物温度、碘盐含量、油酸价、过氧化值等约 1000 份。

2009 年，市卫生局开展以小型餐饮单位、学校食堂、小饭桌和小型食品加工单位、小型食品商店为重点的创建国家级卫生城市“卫生监督 1 号”专项行动。印发《学生“小饭桌”卫生专项整治通告》，将全市学生“小饭桌”纳入卫生监督管理。

2010 年，市卫生局开展地沟油、一次性餐筷、问题乳粉等专项检查整顿工作。2011 年，对餐饮服务环节非法添加和滥用食品添加剂行为进行专项检查。先后就涮肥羊精选麻辣底料等 5 种罗丹明 B 火锅底料、违法添加邻苯二甲酸酯类物质、“4 家企业生产的 8 种食品”等情况。召开专项整顿工作会议。加强对提供火锅、自制饮料、自制调味品等服务的餐饮单位使用食品添加剂的日常监管，对非法添加“吊白块”、硼砂及滥用色剂等违法行为进行打击，加强对亚硝酸盐等高风险食品添加剂的管理，依法查处在食品消费环节滥用食品添加剂的行为。在重大活动期间，对承担接待任务的餐饮、住宿单位进行全面卫生监督，对餐饮业接办 100 人以上集体宴席进行登记备案和监督保障。

2012 年，市卫生局重点监督检查学校食堂，加强鲜肉和肉制品采购管理，严格执行《餐饮服务食品采购索证索票管理规定》。2013 年，加强生活饮用水、传染病防治、公共场所卫生监督和打击非法行医工作，专项整治口腔和骨科诊疗机构不正当使用医用辐射装置行为，打击未取得医疗机构执业许可证、放射诊疗许可证、放射工作人员证、无医学影像专业资格的人员擅自开展诊疗活动的违法行为。市疾控中心对市区 11 家集中供水厂、61 户二次供水单位、8 户自备水单位进行监督检查，监督检查 44 次，监督覆盖率 100%；集中供水水源水合格率 88.6%，出厂水合格率 100%；督促 180 名管供水人员进行健康体检和卫生知识培训工作，培训合格率 100%；按照《内蒙古自治区 2013 年公共卫生专项监督检查工作方案》要求，开展日供水千吨以上集中式供水水厂水质消毒情况和居民住宅区二次供水储水设备卫生管理情况专项监督检查；加强对直管院校的城市管网水、二次供水、自备井进行水质监测。

2014 年后，餐饮服务监管职能由卫生部门移交到食品监督管理部门，市食品药品监督管理局履行餐饮服务单位许可、变更、延续的现场验收和审批发证工作，推进餐饮服务食品安全量化分级管理。

1996—2011 年呼和浩特市食品卫生监督检查情况一览表

表 29-5-1

年份	发放卫生许可证（张）	体检人数（人）	检出“五病”（例）	监督检查（户次）	销毁食品（千克）	罚款（万元）
1996	6236	33387	218	48991	5846	11.33
1997	—	15074	0	3149	1117	4.3
1998	236	16244	191	4182	921	—
1999	220	13376	138	—	—	—
2000	240	13930	137	3551	20000	7.05
2001	239	15920	1990	97	—	—
2002	262	17512	—	—	1517	—
2003	1248	—	54	21289	5800	19.82
2004	—	23265	232	7968	—	—
2005	697	—	254	—	—	—
2006	—	—	—	19226	—	24.5
2007	1245	32241	280	—	—	—
2008	1722	30289	233	3462	—	11.69
2009	1089	31813	281	1554	1150	5.13
2010	—	—	—	2485	600	10
2011	—	—	—	2755	—	—

说明：表中“—”表示无数据

第三节　学校卫生监督

一、防范学生视力低下和龋齿患病

1986—2007 年，全市中小学生视力低下率和龋齿患病率呈上升趋势。

2008 年，由呼和浩特市眼视光专业机构组织建立《学生视力健康档案管理系统》中心数据库，学校负责把学生基本信息按要求录入数据库、专业眼视光中心负责建立近视防控自我定性监测系统、建立两级筛查机制。

2010 年后，各学校组织学生做眼保健操，在“阳光体育”的基础上，保证学生室外活动时间。小学低年级和幼儿园重点推广和普及“理视健眼操”或“阳光亮眼操”。“理视健眼操”或“阳光亮眼操”的专业指导和培训由市教育局体卫艺科组织，市疾控中心学校卫生科、宇航时代眼视光中心负责技术指导。

1991—2002 年呼和浩特市中小学生视力检查和龋齿发病情况一览表

表 29-5-2

年份	受检人数（人）	视力低下人数（人）	视力低下率（%）	受检人数（人）	龋齿患病人数（人）	患龋率（%）
1991	27162	9800	36.08	13581	6310	46.46
1992	52001	20395	29.22	9936	2866	0.29
1993	54295	20708	38.14	10416	3471	0.33
1994	49023	18007	36.73	8428	2074	0.25
1995	57350	21872	38.14	10422	3367	0.32
1996	122299	32289	26.40	12217	4369	0.36
1997	122324	34827	28.47	12247	4523	0.37
1998	130270	34304	26.33	13494	4050	0.30
1999	116960	47938	40.99	8882	2606	0.29
2000	20122	7937	39.44	20122	13468	0.66
2001	19963	10227	51.23	19963	10580	0.53
2002	22690	14292	62.99	22690	20821	0.92

2009—2015 年呼和浩特市中小学生视力检查和龋齿发病情况一览表

表 29-5-3

年份	受检人数（人）	视力低下人数（人）	视力低下率（%）	受检人数（人）	龋齿患病人数（人）	患龋率（%）
2009	62234	52099	83.71	62239	18091	29.07
2010	47229	41630	88.14	47229	12401	26.26

续表 29-5-3

年份	受检人数（人）	视力低下人数（人）	视力低下率（%）	受检人数（人）	龋齿患病人数（人）	患龋率（%）
2011	68530	57160	83.41	68528	16569	24.18
2012	16434	2618	15.93	72095	14780	20.50
2013	15252	2499	16.38	69716	11825	16.96
2014	2356	1104	46.81	62262	11084	17.80
2015	3694	401	10.85	60840	10902	17.92

二、驱虫工作

1990年，在全市人群中普及丙硫咪唑进行驱虫。1991年以后，蛔虫感染情况明显下降。1992年，按照国家教委和卫生部要求连续十年进行学生肠道蠕虫综合防治。至1993年，城市小学生蛔虫感染率基本控制在5%，提前两年达到国家规定的控制目标。

自1992年开始，对全市学生营养不良及肥胖情况进行调查。自1993年开始，对全市部分中小学进行营养性贫血调查工作。

1991—2002年呼和浩特市中小学生蛔虫感染率一览表

表 29-5-4

年份	受检人数（人）	感染人数（人）	感染率（%）
1991	2997	505	16.85
1992	3467	398	11.48
1993	11427	746	6.53
1994	2345	620	26.44
1995	1669	273	16.36
1996	27315	4815	17.63
1997	32523	3262	10.03
1998	40572	4129	10.18
1999	30825	2725	8.84
2000	3190	341	10.68
2001	2070	165	7.97
2002	1023	61	5.96

2005—2014年呼和浩特市中小学生蛔虫感染率一览表

表 29-5-5

年份	受检人数（人）	感染人数（人）	感染率（%）
2005	228	0	0
2006	4402	19	0.43

续表 29-5-5

年份	受检人数（人）	感染人数（人）	感染率（%）
2009	7223	58	0.80
2010	240	0	0
2011	7366	41	0.56
2012	7173	29	0.36
2013	5360	15	0.28
2014	240	14	5.83

1992—2002 年呼和浩特市学生贫血患病情况一览表

表 29-5-6

年份	监测人数（人）	贫血人数（人）	患病率（%）
1992	6331	2768	43.72
1993	7908	2956	37.38
1994	7105	2352	33.10
1995	10910	2725	24.98
1996	811	363	44.76
1997	1990	407	20.45
1998	4350	1008	23.17
1999	3137	664	21.17
2000	—	—	—
2001	5092	1143	22.45
2002	15862	3629	22.88

说明：表中“—”表示无数据

2005—2014 年呼和浩特市学生贫血患病情况一览表

表 29-5-7

年份	监测人数（人）	贫血人数（人）	患病率（%）
2005	5067	518	10.22
2010	596	28	4.70
2014	480	19	3.96

1992—2002 年呼和浩特市学生营养不良及肥胖情况一览表

表 29-5-8

年份	体检人数（人）	营养不良人数（人）	营养不良率（%）	肥胖人数（人）	肥胖率（%）
1992	12788	2745	21.47	755	5.90
1993	16507	3706	22.45	905	5.50

续表 29-5-8

年份	体检人数（人）	营养不良人数（人）	营养不良率（%）	肥胖人数（人）	肥胖率（%）
1994	14358	2956	20.59	861	6.00
1995	14608	2663	18.23	868	5.94
1996	22768	3468	15.23	959	4.21
1997	25649	3401	18.26	1626	6.34
1998	29604	3021	10.20	1658	5.60
1999	26486	2472	9.33	1645	6.21
2000	15107	4839	32.03	1074	7.11
2001	18963	3823	20.16	1316	6.94
2002	22690	6011	26.49	2053	9.05

2009—2015 年呼和浩特市学生营养不良及肥胖情况一览表

表 29-5-9

年份	体检人数（人）	营养不良人数（人）	营养不良率（%）	肥胖人数（人）	肥胖率（%）
2009	62239	4408	7.08	10828	17.40
2010	47229	2541	5.38	8494	17.98
2011	68528	4077	5.95	13003	18.97
2012	72095	4283	5.94	14519	20.14
2013	69716	4758	6.82	14320	20.54
2014	62262	4514	7.25	12811	20.58
2015	60840	4927	8.10	12002	19.73

三、学生健康教育

根据国家教育委员会、卫生部颁发的《学校卫生工作条例》，普通中小学必须开设健康教育课，普通高等学校、中等专业学校、技工学校、农业中学、职业中学应当开设健康教育选修课或者讲座。1992 年开始，呼和浩特地区中小学生健康教育列入教学计划，按照教学大纲进行，大中专院校开设心理、生理咨询讲座，在大中小学校普及卫生知识。

1993 年，全市开展 0 ～ 15 岁儿童胰岛素依赖型糖尿病回顾性流行病学调查；选择两所中学的初一、高一学生开展肠道蛔虫感染定点定群监测任务。在全市中小学开设健康教育课，普及口腔卫生保健知识的宣传，在低氟地区推广含氟牙膏防龋措施的宣传教育。针对驻呼大中专院校新生传染病暴发流行情况，组织进行新生入学传染病监测工作。

1995 年，对市直属 29 所中学、职业学校的饮食卫生进行监督管理。1996 年，对市属25所中学的小卖部和食堂进行食品卫生监督检查，并对125名从业人员进行健康检查。对入学新生进行传染病体检，共检查25所学校6491人，查出乙肝病毒表面抗原阳性者191人，复查人数为32人。

1997年，在15所直属中学开展学校教学卫生和教室卫生监测工作。所监测学校平均20%的教室采光系数低于卫生标准，40%的教室照明设施不符合卫生标准，32.9%的教室黑板反光系数不符合卫生标准。

2000年，在市直属中学建立系统的学生健康、保健及常见病防治档案，对学校卫生进行监督监测，监测覆盖率100%，教室采光照明合格率为100%，人工照明合格率为98%，人均面积合格率为52.51%。

2002年后，按照国家标准，每年开展直属学校教室环境卫生监测工作，监测覆盖率为100%。2014年，搭建完成学生健康监测信息系统。

2015年5月1日起，开始试运行学生健康监测信息系统，及时报告学校内预警预报疾病、传染病的发生，统计报告学生晨检和出勤情况。

第四节　爱国卫生运动

1986年、1987年，呼和浩特市先后被全国爱国卫生运动委员会命名为灭鼠先进城市、灭蟑先进城市。1995年，呼和浩特市被全国爱国卫生运动委员会命名为国家卫生城市。

1996年，呼和浩特市开始开展自治区卫生城镇和爱国卫生创建工作，相继印发《呼和浩特市爱国卫生创建活动管理办法》《呼和浩特市爱国卫生达标（先进）单位考核暂行标准》《呼和浩特市爱国卫生示范社区考核暂行标准》《呼和浩特市爱国卫生示范建制村考核暂行标准》。

2005年起，呼和浩特市把农村改厕工作作为新农村建设的重要内容，先后建成卫生无害化户厕11.77万座。

2007年，呼和浩特市灭蚊达标工作通过自治区爱国卫生运动委员会办公室检查验收。同年，呼和浩特市被自治区爱国卫生运动委员会命名为内蒙古自治区卫生城市。

2009年，市委、市政府将创建国家卫生城市与创建国家森林城市、创建国家环保模范城市活动结合起来，实施“三城同创”，并启动创建国家卫生城市工作。

2011年，呼和浩特市成立创建国家卫生城市指挥部。实施市容市貌、食品安全和公共场所、建筑工地及拆迁工地、农贸市场、病媒生物防制、居民区、城中村和城乡接合部卫生的专项整治。至2012年底，完成农村卫生改厕11万座，农村卫生厕所普及率为35.29%，农村环境卫生条件显著改善。

2013 年，呼和浩特市通过自治区卫生城市复查。呼和浩特市结合城乡环境卫生整洁行动，对城中村和城乡接合部进行整治，改造拆迁城中村 50 个，完成二环路以内 29 个城中村环卫作业。由市环卫部门接管工作，使城中村道路有专人清扫，公厕有专人清掏，垃圾有专人清运。同时，采取“以块为主、专块结合”的方式，每年定期组织开展城乡环境卫生综合整治活动，以清理积存垃圾、治理脏乱差为重点，组织辖区机关、企事业单位、驻地部队、社区居民开展义务劳动，集中清理城中村、城乡接合部以及周边地区的积存垃圾。

截至 2015 年，全市共创建自治区卫生城镇 3 个、自治区级卫生单位 20 个、自治区级卫生村 2 个，市级爱国卫生达标先进单位 286 个，爱国卫生达标单位 260 个、卫生示范社区 94 个、卫生示范村 49 个。建立市、区、街道（乡镇）、社区、单位五级病媒生物防制网络体系，成立自治区首家病媒生物防制协会。定期开展孳生地调查和病媒生物密度监测工作，基本掌握主要病媒生物种类和消长规律。

第三十篇

体　育

第一章　体育管理

第一节　管理机构

1986年，呼和浩特市体育运动委员会内设政工科、训练科、学校体育科、职工体育科、宣传科研科、办公室。下设呼和浩特市人民体育场、呼和浩特市西郊体育场、呼和浩特市第二业余体校、呼和浩特市第三业余体校（军体校）、呼和浩特市体育工作大队、呼和浩特市体育分会等事业单位。

1990年12月，呼和浩特市体育运动委员会决定将呼和浩特市体育分会更名为呼和浩特市体育总会。1997年，撤销呼和浩特市体育工作大队，成立呼和浩特市体育局机关事务服务中心、呼和浩特市体育市场管理办公室、呼和浩特市体育活动中心，呼和浩特市第二业余体校更名为呼和浩特市业余体育运动学校。1999年，呼和浩特市体育训练馆成立。

2001年，机构改革，呼和浩特市体育运动委员会更名为呼和浩特市体育局，是市政府主管体育工作的直属机构，内设办公室、人事科、群众体育科、竞技体育科、体育经济科。下设呼和浩特市体育局机关事务服务中心、呼和浩特市业余体育运动学校、呼和浩特市体育训练馆、呼和浩特市体育总会、呼和浩特市体育市场管理办公室、呼和浩特市人民体育场、呼和浩特市东郊体育场。

2002年12月，呼和浩特市业余体育运动学校与呼和浩特市第三业余体校合并，成立呼和浩特市体育运动学校。

2008年，成立呼和浩特市体育彩票管理中心。2009年，成立呼和浩特市乒乓球训练中心。

截至2015年，呼和浩特体育局内设党委办公室、办公室、人事科、群众体育科、竞技体育科、青少年体育科、行政事项审批办公室。下设呼和浩特市体育局机关事务中心（呼和浩特市足球运动中心）、呼和浩特市体育运动学校、呼和浩特市体育训练馆、呼和浩特市体育总会、呼和浩特市体育场、呼和浩特市体育活动中心、呼和浩特市体育市场管理办公室、呼和浩特市体育彩票管理中心、呼和浩特市乒乓球训练中心。

第二节　体育运动学校

1986年，呼和浩特市业余体育运动学校更名为呼和浩特市第二业余体校。1997年，呼和浩特市第二业余体校更名为呼和浩特市业余体育运动学校。

2001年，呼和浩特市业余体育运动学校被国家体育总局评为“全国群体工作先进单位”。2002年，呼和浩特市体育运动学校被自治区体育局评为“全区青少年体育工作先进单位”。12月，呼和浩特市业余体育运动学校与呼和浩特市第三业余体校合并，成立呼和浩特市体育运动学校，是呼和浩特地区唯一全日制重点体育运动学校。

2003年，经市政府与哈尔滨体育学院协商，在呼和浩特市体育运动学校设立哈尔滨体育学院教学训练基地，每年在内蒙古西部地区招收50名运动训练专业本科体育人才。同年，射击、跆拳道项目被自治区体育局命名为首批“竞技体育后备人才培养基地”。

2005年，呼和浩特市体育运动学校被国家体育总局命名为自治区唯一一个“国家高水平体育后备人才基地”。2007年，被自治区体育局命名为“内蒙古竞技体育后备人才培养基地”。

2009年，呼和浩特市体育运动学校被评为“自治区优秀竞技体育后备人才基地”。在全国第十一届运动会上，学校射箭运动员刘招远、阿斯尔获金牌，古典跤运动员萨仁满都呼、吉仁太，自由跤运动员李全、马术运动员李帅分别获铜牌，取得呼和浩特市历史上最好成绩。

截至2015年，呼和浩特市体育运动学校常设田径、篮球、足球、乒乓球、拳击、柔道、国际跤、中国跤、体操9个训练项目。校内有400米田径场及标准足球场、篮球场2个，以及摔跤馆、柔道馆、举重馆、跆拳散打馆等。有训练队21个，专职教练员26名，其中高级教练员4名、中级教练员14名。有在校运动员1100多人，设初中、高中、中专、大学4个教学层次共15个常规教学班。为国家、自治区和解放军以及其他兄弟省市运动队、高等院校培养、输送运动员1000多名，由体校输送培养的优秀运动员获各类全国冠军30多人次，获自治区冠军328人次，其中射击运动员纪海平获2001年世界杯射击总决赛冠军和2002年釜山亚运会冠军。涌现出高凤莲、杨慧萍、高红、纪海平、王舟舟、张奇、刘招远、邱东娜、刘丹、付庆男、琪格琦等一批优秀的体育人才。

第二章　群众体育

第一节　发展概况

1986—1995 年，呼和浩特市每年组织开展较大的群众体育活动有 20 多次。主要包括各旗县（区）综合运动会或田径运动会，呼和浩特市体育局、呼和浩特市体育总会和呼和浩特市体育协会、俱乐部举办的一些较大规模的比赛。

1995 年 10 月，《中华人民共和国体育法》《全民健身计划纲要》颁布实施后，呼和浩特市体育协会、俱乐部逐年增加，社区体育广泛普及，每年规模较大和参与人数较多的群众体育活动和比赛有 30 ~ 60 次，群众体育活动和比赛次数有 300 ~ 500 次。

2003 年，市委、市政府印发《关于加快体育事业发展的实施意见》，提出以增强人民体质、提高全民族整体素质为根本目标，坚持体育为人民服务、为经济建设和社会发展服务，构建面向大众的多元化体育服务体系；贯彻实施《全民健身计划纲要》《奥运争光计划纲要》，加强竞技体育基础队伍建设；加大依法行政、依法治体和科技兴体的工作力度，推进群众体育社会化、体育管理科学化，加快体育产业发展进程；加大体育基础设施建设工作的力度，保证体育事业持续、健康发展。在此基础上，根据首府体育事业发展需要，市体育局制定《呼和浩特市体育设施管理办法（草案）》《呼和浩特市体育经营活动管理办法（草案）》，其中《呼和浩特市体育经营活动管理办法》被市政府列入立法计划项目。

2005 年，市体育局组织开展万人登山活动。7 月，按照自治区体育局的要求，组织 9 个旗县（区）对全市的公共体育设施进行详细普查、登记，对全市体育设施进行整体规划。研究制定《2005—2010 年体育产业发展规划》，明确呼和浩特市体育产业的发展目标、主要任务和具体措施，加强对发展体育产业的宏观指导。按照国家体育总局《关于进一步规范和加强体育市场管理工作的实施意见》，对全市从事体育经营活动的游泳、保龄球、台球等场馆进行执法检查，办理体育经营许可证。对体育经营管理人员和体育专业技术人员进行专业技能培训和考核，颁发资格证书。至 2005 年末，全市登记注册从事体育经营活动场馆共有 128 家，注册培训人员 161 名。

2006 年，呼和浩特市将开展群众性体育活动纳入体育行政主管部门实绩考核目标。按照“月月有活动、季季有赛事、年年有创新”的思路，群众体育活动的规模和档次得到提升。全市经常参加体育锻炼人数逐年增加，形成市、旗县（区）、社区乡镇三级全民健身网络。呼和浩特市与内蒙古滨海投资股份有限公司合作成立呼和浩特市滨海职业足球俱乐部，举行“滨海杯”明星足球赛，并将每年的6月6日确定为“呼和浩特足球日”。引进原西藏惠通陆华足球俱乐部，成立呼和浩特市足球队，为呼和浩特市足球事业的发展奠定了基础。同年，市体育局将体育人才队伍建设列入全市“十一五”人才发展规划，制定并完善体育人才数据库，同时积极组织专业技术人员参加自治区体育局举办的业务培训班，培训率达50%以上。

2007年6月，全国省（区）市计划单列市体育局局长联席会议在呼和浩特市召开。来自广州、成都、南京、合肥、上海、深圳等22个城市的体育工作者参会，交流经验。9月，由全球体育组织联盟、呼和浩特体育总会联合举办的首届世界华人体育产业发展研讨会在呼和浩特市举行。世界华人组织联盟部分官员及企业家参加会议。来自新加坡华人足球会、新加坡国际狮子会、世界华人运动会赛事策划部以及内蒙古大学、呼和浩特市体育局的有关专家学者就《建设世界华人运动会内蒙古基地的设想》《呼和浩特体育事业发展成果与趋势》等进行发言。

2008年，呼和浩特市完成全国第三次群众体育现状调查工作，市体育局被国家体育总局评为全国第三次群众体育现状调查先进集体。4月，成立呼和浩特市体育市场管理办公室稽查大队。2009年开始，每年8月8日开展全民健身日活动。

2010年6月，市政府印发《关于进一步加强体育工作的意见》，为全市体育事业的发展提供了政策支持和保障。同时，市体育局加强体育行政审批工作，进驻市政务服务中心，集中受理二级运动员、二级裁判员、二级社会体育指导员资格证的申办审批，共接待申办审批事项378件，审核批准355件。加强对体育市场的日常检查指导和对体育行业职业技能的管理培训，严格执行登记备案制度，对全市152家体育经营场所进行全面清查。成立呼和浩特市电子竞技协会、风行骄子飞行俱乐部、逸夫拓展训练俱乐部，全市体育协会发展到31个、俱乐部38个。同年，市体育局完成国家第三次国民体质监测工作，对全市17个监测点的2816人进行全面体质监测。至2010年末，全市体育人口（指经常从事身体锻炼、身体娱乐，接受体育教育，参加运动训练和竞赛，具有统计意义的一种社会群体）达到103.6万人，占全市总人口的42.3%。全市共培训社会体育指导员1350名，其中国家级16名、一级267名、二级414名、三级653名。创建自治区级体育先进社区3个。

2011年，市体育局印发《呼和浩特市体育后备人才基地管理办法》《呼和浩特市体育传统项目学校管理办法》《呼和浩特市青少年体育俱乐部管理办法》，命名体育后备人才基地、传统项目学校、青少年体育俱乐部各10所。成立田径运动管理中心，统筹全市各中小学田径人才资源。市体育局被自治区体育局命名为内蒙古自治区体育社会科学研究基地。

2012年，依托首府优势，市体育局组织人员参加自治区政府举办的全区首届体育大会22个项目的比赛，承办4个项目的比赛，取得较好成绩。先后举办世界行走日活动、呼和浩特首届民族弓箭国际邀请赛、“阿含·桐山”杯中国职业围棋快棋赛决赛、全国女子围棋甲级联赛、全国象棋甲级联赛、北方八省区全国业余网球邀请赛、全区第二届老年人象棋比赛、内蒙古业余网球公开赛、呼和浩特第八届“昭君杯”全国保龄球邀请赛、全国保龄球锦标赛、全国中小学跆拳道比赛，环哈素海自行车赛等大型体育活动。市体育总会充分发挥34个协会、43个俱乐部的作用，全年举办冬泳、保龄球、棋类、信鸽等20个项目共70多次不同级别的比赛。

2013—2014年，呼和浩特市以建设“一线两带”全民健身网络体系为重点，在城区南北中初步形成全民健身网络体系。“一线”即沿城区中心大街——新华大街、中山大街一线，依托乌兰夫公园、青城公园（人民体育场）、新华广场、满都海公园、展览馆小广场（东郊体育场），建设并命名主题体育公园和健身广场，派驻社会体育指导员组织开展广场健身操、太极拳、健身气功、健身腰鼓、街舞、室外乒乓球等健身项目，有计划地配备体育器材，形成具有一定规模、活动项目相对固定的晨晚练点。“两带”分布在城市南北区域。“北带”即生态体育健身带，沿大青山南麓，东起新城区新建赛马场，西至回民区乌素图森林公园，依托大青山国家级登山步道、青少年生态园、青少年生态路，利用已建设的体育基础设施和初步形成的体育活动形式，开展自行车骑游、万人登山、徒步穿越、马术等活动，融体育基础设施于生态环境建设中，形成生态体育健身带。“南带”即休闲体育健身带，东起赛罕区敕勒川广场、西至玉泉区境内蒙古风情园和南湖湿地公园，依托环城水系沿线建成的篮球广场、羽毛球馆、健身广场、垂钓园和骑射场等体育场馆设施，开展万人健步行、球类、水上项目和骑马、射箭等活动，为大众开展体育活动提供场所，引导市民休闲与健身相结合，将科学健身的理念融入休闲生活，提升生活质量和生活品位，从而形成休闲体育健身带。同时，形式多样开展全民健身运动。以场地设施、组织架构、活动安排、丰富内容为抓手，将无形的社会基础设施变为有形的体育活动场所，通过组织万人登山、“奥林匹克日”长跑、“健康快车”进社区、“世界行走日”等活动，打造首府全民健身品牌活动。

截至2015年，呼和浩特市连续多年推广举办的健康快车进社区、全民健身日庆祝活动、世界行走日活动、民族民间健身项目展示大会和“五个一万”（万人健康跑、万人骑行、万人登山、万人太极拳、万人健步行）系列活动，以及全国保龄球邀请赛、健身气功展示等大型全民健身活动已成为固定赛事，群众参与规模不断扩大、全民健身活动逐步形成品牌，其中万人登山被列为全国群众登山大会系列活动。全市体育人口占总人口40%以上。据2015年自治区第三次体育场地普查统计，全市共有各类体育场地2537处，场地面积6.5亿平方米，建筑面积7213万平方米，用地面积9.93

亿平方米，健身路径6705条。全民健身组织建立到乡镇、社区、村，各类体育协会、俱乐部发展到92个，有体育健身指导员5424个，其中国家级113个、一级678个、二级1881个、三级2752个。每年组织较大的群众体育活动和赛事60～100次，群众体育活动和赛事500～700多次。

第二节　职工体育

1986—1999年，市体委牵头，联合市总工会、市妇联、市教委、市直属机关党工委以及驻呼大行业体协、业余体协、矿业工会，开展丰富多样的职工体育活动和竞赛。尤其是行业工会、体协和各个企业开展的职工体育活动有声有色，赛事频繁，参与职工较多。主要活动项目有足球、篮球、羽毛球、乒乓球、射击、田径等。许多大型企业和单位兴办运动队，如内蒙古第二毛纺织厂、内蒙古第三毛纺织厂、呼和浩特市针织厂、内蒙古电视机厂、呼和浩特市钢铁厂、呼和浩特市公安局等单位成立了足球队和篮球队，参加市级、自治区级比赛，以及全国行业比赛。至1999年末，全市有基层体协50多个，举办规模较大的活动和赛事30多次，参与的职工近两万人。党政机关、事业单位开展的体育活动也丰富多样，每1～2年举办一届田径运动会，每年都举办篮球、乒乓球、羽毛球等球类比赛以及棋类、射击、长跑等比赛。

2000年后，随着城区面积的不断扩大，社区建设的加强，职工体育活动主要由市属相关部门和单项体育协会俱乐部以及各社区组织开展。除市体育局联合市总工会、市妇联等相关部门组织的干部职工活动和赛事外，许多干部职工直接参加单项体育协会、俱乐部和社区的体育活动和赛事。驻呼大型企业举办的大型体育活动和赛事较少，只举办一些单项体育活动和赛事。

截至2015年，呼和浩特市建立以政府为主导的“大群体”工作机制，市体育局协调市直属机关党工委、市总工会、市残疾人联合会、市教育局等部门，广泛调动体育协会、体育俱乐部和社会力量的积极性，推进体育社会化进程。与市直属机关党工委、市总工会、市残联等部门，先后联合举办全市职工乒乓球比赛、全市机关干部职工第九套广播体操培训和推广展示活动等多项比赛和活动。

第三节　社区体育

20世纪80年代后，呼和浩特市参加体育健身的人群逐年增多，社区体育逐步兴起。1995年，《中华人民共和国体育法》《全民健身计划纲要》颁布实施，促进了社区体育的发展。1997年8月，自治区体育局在满洲里市召开全区社区体育现场会，启动体育彩票公益金，用于实施城市社区的“全民健身工程”，为社区居民就近参加健身活动提供方便。1997 年开始，市政府每年和各旗县（区）签订《呼和浩特市体育工作目标管理责任书》，对各旗县（区）体育工作进行检查评估，其中社区体育工作是责任书的重要检查评估内容，也是实绩考核的重要内容，从组织领导和管理保障方面强化社区体育工作。

2000 年后，全市新建和改建大批公共体育活动场所，包括呼和浩特市人民体育场、呼和浩特市体育馆、呼和浩特市乒羽中心、呼和浩特市体育运动学校以及人民公园体育馆、公主府公园体育馆、全民健身中心等。同时，随着旧城区拆迁改造和新建小区的不断加快，公园、广场、小型体育馆、社区体育活动场所不断增加。

2003 年，市委、市政府印发《关于加快体育事业发展的实施意见》，明确将群众体育活动开展情况作为文明单位、文明社区、文明乡镇评选的必备条件，对各级领导班子和领导干部进行考核奖励。2004 年，增建全民健身路径和组织社区篮球、呼和浩特市中老年太极拳（剑）等赛事，新城区海东路办事处长海社区被中央文明办和国家体育总局授予“全国城市体育先进社区”称号，锡林路办事处、呼和浩特市第二中学被国家体育总局命名为全国健身气功先进活动站点、国家级体育传统项目学校。

2008 年 5 月，新城区海拉尔东路街道办事处公安厅社区体育健身俱乐部成功创建为国家级社区体育健身俱乐部。至 2008 年末，全市共创建国家级社区俱乐部 1 个，国家级先进街道办事处 2 个，自治区级先进社区 3 个，自治区级先进街道办事处 7 个，自治区级体育先进县 1 个，自治区级先进乡镇 3 个，自治区级优秀全民健身活动站点 15 个。为 9 个旗县（区）的社区、广场、公园、机关、企事业单位、乡镇共配备安装全民健身路径 96 条。

2009 年，全市开展“体育进社区”活动，组织不同层次人群开展不同类型的社区文化体育活动，培养社区体育健身骨干，不断探索社区资源共享，服务市民健身的新路子。市体育局、新城区东风路街道办事处、赛罕区西把栅乡及呼和浩特市第十四中学被国家体育总局评为全国群众体育先进单位，有 4 人被评为全国群众体育先进个人。

2010 年，市体育局启动并组织开展“2010 年体育健康快车十进社区”活动，以群众体育表演、趣味性体育活动、展板展示等方式向社区居民普及健身知识，3.5 万名社区居民直接参与此项活动。

2011 年，市委、市政府制定《呼和浩特市全民健身计划纲要（2011—2015 年）》，对社区体育的组织领导、场地器材设施、服务指导体系、财政预算投入等都有明确的规定和要求，进一步规范和加强社区体育工作。组织开展各类体育健身趣味活动，推出“一区一县一旗一品牌”活动，初步形成市、旗县（区）、乡镇街道、社区农村四级全民健身服务网络体系。2012年，建成社区全民健身活动点40个。

截至2015年，市体育局为全市安装健身路径2000多套，全市200多个社区都建起文体活动站，并配备体育活动器材。全民健身组织建设不断完善，有专人负责，并有社会体育指导员进行指导。社区体育坚持以小型、灵活、多变、趣味、安全为原则，开展丰富多彩的体育活动，如网球、乒乓球、羽毛球、篮球、健身秧歌、健身操、游泳、登山等活动开展得红红火火，成为首府的一道亮丽风景线。

第四节　农村体育

20世纪80年代末，呼和浩特市一些旗县、乡镇定期或不定期召开综合运动会，主要包括球类比赛和田径比赛，市体委组织市属旗县（区）举办一些单项比赛，如篮球、象棋等。各级体育、农业行政部门和农牧民体育协会通过开展争创体育先进旗县、体育先进苏木乡镇和“亿万农牧民健身”等活动，推动全市农牧民体育的进一步发展。

1997年，市政府和各旗县（区）签订《呼和浩特市体育目标管理责任书》，对旗县、乡镇全民健身的组织领导、场地设施、经费投入、健身指导等进行明确规定，并评估检查。

2002年，呼和浩特市土默特左旗被自治区体育局评为自治区体育先进县、新城区毫沁营镇被评为自治区体育先进乡镇。2004年，市体育局结合参加自治区第五届农牧民运动会，开展“体育三下乡”活动。

2006年，市体育局对全市9个旗县（区）进行建制村室外体育设施调查摸底，在掌握基层农村实际情况后，组织各旗县（区）文体（广电）局申报试点建制村。制定并向9个旗县（区）下发了《呼和浩特市2006年农牧民体育健身工程试点实施方案》，指导他们开展工作。6月初，协同自治区体育局对申报的试点建制村进行了实地检查验收。2007年，市体育局为新城区毫沁营镇讨思浩村、土默特左旗塔布赛乡塔布赛村等12个建制村安装篮球架、乒乓球台，实施农村健身工程。11月，组织协调各级农民体协举办首届农民趣味性运动会。

2009年，全市共有78支农民体协队伍利用农闲和传统节日，开展秧歌、舞龙、高跷等农民群众喜闻乐见的体育文娱活动，使体育成为建设社会主义新农村的重要内容。2010年，为60个建制村进行场地建设和器材配置，配备健身路径。

2011年，市体育局下拨资金130万元，支持9个旗县（区）群众体育活动。帮助托克托县、和林格尔县申报国家体育总局“雪炭工程”资金帮扶，帮助武川县申报国家级体育中心建设资金。

2012 年，土默特左旗、和林格尔县、武川县先后建成“雪炭工程”综合文体馆，清水河县“雪炭工程”完成申报。土默特左旗投资 1.2 亿，建设占地面积 4 公顷的体育中心。年末，全市已建成 19 个乡镇小型体育健身中心和 1 个街道办事处全民健身活动站，建成建制村农民体育健身工程 156 个。

截至 2015 年，全市有农民健身工程 419 个，38 个乡镇建设了小型体育健身中心；成立全民健身领导小组，配备社会体育指导员，培养体育爱好者和骨干队伍，壮大农村体育队伍，加强对基层体育工作的指导。农村体育活动日益活跃，本着因地制宜，广泛开展小型、多样的农民喜闻乐见的群众体育活动原则，开展丰富多样的活动，如篮球、乒乓球、扭秧歌、健身操等活动，组队参加旗县（区）及市级比赛，促进了农村文化建设。

第五节　老年人体育

1983 年，呼和浩特市老年体协成立，体协主席由市级离退休领导担任。老年体协成立后，得到市委老干部局、市财政局、市体育局等部门支持和帮助，拥有固定的办公、活动场所及经费预算支出。

1986 年后，老年体协每年举行 10 多次老年体育活动和体育赛事，主要项目有门球、乒乓球、羽毛球、网球、中国象棋、蒙古象棋、秧歌、体育舞蹈、气功、钓鱼、健身球操、广场舞等，每年有上万人参加老年体协赛事。

1995 年后，随着呼和浩特市经济发展，社区建设的不断加强以及《中华人民共和国体育法》《全民健身计划纲要》《全民健身工作条例》的颁布实施，老年体育迅速发展，领导机构、体育活动场所和设施不断完善，参加体育活动的老年人逐年增加，晨练广场有气功、走步、健身球操、羽毛球、乒乓球等活动。各社区棋牌室，门球、乒乓球、羽毛球室内外的场地，游泳池、游泳馆等体育活动场所，活动者以老年人居多，且大多能常年坚持活动、锻炼身体。

2005 年，市老年体协在市体育馆主办呼和浩特市地区老年人乒乓球比赛，市老干部活动中心、市邮政局、市工商局、和林格尔县老年体协等 8 家单位的 60 多名选手参加比赛。2007 年，在自治区首届老年人体育运动会上，呼和浩特市代表团取得 5 个单项第一及团体总分第一的好成绩。

2014 年 11 月，市老年体协选派代表参加在湖南省长沙市召开的全国友好城市“松柏”老年体育协作会，并以“更好推动老年人科学健身活动”为主题作大会发言。2015 年 6 月，市老年体协主办呼和浩特市 2015 年 9 个旗县（区）老年人门球联赛。

同年，组队参加自治区第二届老年人体育运动会，市老年体协获全区老年运动会“优秀组织奖”。

第三章　学校体育

第一节　科目设置与教学

1986—1990年，全市各中小学校、职业高级中学依据《学校体育工作条例》《学校卫生工作条例》和教学大纲的要求，全面施行“二课、二操、二活动”，即每周上两节体育课，每天做一次早操（课间操）和一次眼保健操，每周开展两次课外体育活动，保证学生每天有一小时体育活动时间。

1991年开始，体育科目成为学生毕业、升学考试科目。全市各级各类学校均建立“学生体育合格情况登记卡”。评选各级“三好学生”，体育合格均作为重要条件之一。全市小学升初中加试体育科目（分值为10分），项目有50米跑、立定跳远、掷铅球。初中升高中加试体育科目（分值为30分，后调整为40分），成绩计入升学考试总分，项目有立定跳远、掷铅球（后改为实心球）、800米跑（女）、1000米跑（男）3项。

2000年，全市中小学校启动“33211”工程，即三课（体育课、健康教育课、艺术课）、三操（早操、课间操、眼保健操）、二活动（体育锻炼活动、科技文体活动）、一会（田径运动会）、一节（艺术节）。学校体育教学的内容是理论与实践相结合。理论课为体育基本知识、保健体育与卫生、锻炼身体的基本原则与方法及各类运动项目的基本知识等；实践课授以田径、球类（篮球、足球、排球、羽毛球、乒乓球）、体操、武术、队列队形等基本动作和要领，有条件的学校还开设游泳课。体育课的教学形式灵活多样。一些学校除按照教学大纲组织教学外，还根据实际需要安排国家体育锻炼标准中的项目开展教学。每学年都组织开展体育教研活动10多次。通过继续教育和教研活动，体育教师的教学水平和教学质量都有了提高。

截至2015年，全市有体育教师5000多名。各级各类体育活动场地、设施、师资配备和经费投入不断完善和提高。各学校认真贯彻德智体全面发展方针，按照《学校体育工作条例》《学校体育工作条例实施办法》保证体育教学质量和体育课余活动时间，定期举办中小学生运动会及体育比赛，使青少年掌握基本运动技能，培养终身参加体育锻炼的良好习惯，积极创造条件，开展形式多样的业余训练，提高体育运动水平，培养高素质的群众体育骨干和竞技体育后备人才，学校体育工作不断规范化、制度化。

第二节 学校体育活动

一、开展活动

1986—2015 年，呼和浩特地区学校的体育活动主要集中于早操、课间操和课外活动。学校学生体育活动时间每天最少 1 小时。体育传统项目学校和业余体校学生的体育活动和训练时间更长。体育传统项目学校参训学生每天最少训练 2 小时，市级体校和旗县（区）业余体育学校训练时间每天在 4 小时左右。呼和浩特市是全国青少年校园足球活动布局试点城市之一。

学校体育竞赛主要集中于校运会、旗县（区）中小学田径运动会以及全市田径运动会，个别优秀的体育传统项目学校代表全市参加自治区运动会或代表自治区参加全国比赛。呼和浩特市蒙古族学校女子足球队、呼和浩特市第二中学足球队、呼和浩特市第一中学女排，曾多次代表呼和浩特市参加自治区或全国比赛。

二、体育赛事

1986 年 9 月，市体育局举办大中专院校、小学武术比赛。11 月，举办呼和浩特市地区中专学校学生乒乓球赛。1989 年，市体委与市教育局、中专体协共同组织全市中专学生竞赛活动 30 项次。

1992 年 4 月，举办呼和浩特市地区中专篮球赛；11—12 月，举办呼和浩特市地区高校、中专学校乒乓球邀请赛。1994 年，全年组织学校单项比赛 28 项，共 678 场次，参加比赛的学生有 3567 人。1999 年，市体委组织代表队参加全国第十四届轮滑赛、全国“贝贝杯”足球赛、全国少年拳击赛、全国少年业余体校乒乓球赛，以及自治区青少年速度滑冰比赛、自治区射击赛、自治区游泳赛、自治区“青城杯”乒乓球赛、自治区百队足球赛、自治区古典式摔跤赛、自治区少年田径赛、摔跤赛、柔道赛，共获金牌 29 枚、银牌 32 枚、铜牌 38 枚。

2003 年 3 月，市体育局、市教育局共同承办了全市中学生自行车拉力赛，赛程全长 26 千米，市属中学、新城区、回民区、玉泉区、赛罕区各中学的 1000 多名中学生参加比赛。2006 年 2 月，在市体育馆举办中、小学生羽毛球比赛。

2010 年 1 月，由市体育局、市体育总会主办，市羽毛球协会承办呼和浩特市第五届“飞翱体育·圣兰戈杯”中小学生羽毛球赛，有 150 人参加比赛。同年，由市体育局、体育总会主办，呼和浩特市中呈轮滑俱乐部承办的“中呈杯”第二届全市中小学生速滑比赛，有 100 多人参加比赛。在全市 48 所中小学举办 500 多场校园足球联赛。通过比赛，从 49 所试点学校选拔出优秀的队员参加全国青少年校园足球活动夏令营和冬令营，获“最佳射手奖”和“最佳才艺展示奖”两个奖项。

2011年，全年组织700多场校园足球比赛，近万名学生参加。举办全市中学生田径运动会和全市青少年网球、羽毛球、乒乓球、足球比赛，组队参加在满洲里市举办的中蒙俄体育夏令营活动、在青岛市举办的全国青少年“未来之星”阳光体育节和在武汉市举办的“阳光体育”全国体育传统项目学校田径比赛。

2012年，市体育局举办了全市中小学生田径运动会、呼和浩特市青少年乒乓球赛、呼和浩特市网球赛、呼和浩特市羽毛球锦标赛和呼和浩特市中学生篮球联赛。2013年8月，全国青少年跆拳道赛暨中国、日本、韩国国际邀请赛在土默特中学体育馆举行，来自日本、韩国及全国15个省区市的600多名运动员参加比赛。

1989—2015年呼和浩特市蒙古族学校女子足球队参赛成绩表

表30–3–1

年度	比赛名称	成绩
1989	北方四省城市女足邀请赛	金牌
	“奇星杯”全国青年女子足球邀请赛	第四名
1990	全国青年女子足球锦标赛	第六名
1991	全国青年女足邀请赛	第五名
1992	“洁华杯”全国青年女足邀请赛	金牌
	全国青年女足锦标赛	金牌
1993	“三奇星杯”全国青年女足锦标赛	银牌
	第四届世界中学生运动会女子足球锦标赛	金牌
1995	第六届全国中学生运动会足球赛	第五名
1999	第七届全国中学生运动会足球赛	第五名
2000	内蒙古自治区“三好杯”中学生锦标赛	金牌
2003	内蒙古自治区中学生锦标赛	金牌
2005	内蒙古自治区中学生运动会足球赛	银牌
2006	内蒙古自治区中学生锦标赛	金牌
2007	内蒙古自治区中学生锦标赛	金牌
2008	内蒙古自治区中学生运动会足球赛	金牌
2009	第十届全国中学生运动会足球赛	第九名
2010	内蒙古自治区中学生锦标赛	银牌
2011	内蒙古自治区中学生运动会足球赛	金牌
	第十一届全国中学生运动会足球赛	第四名
2012	内蒙古自治区中学生锦标赛	金牌
2014	第十二届全国中学生运动会足球赛	第七名
	全国中学生足球锦标赛	第五名
	内蒙古自治区第十三届运动会足球赛	金牌

续表 30-3-1

年度	比赛名称	成绩
2015	首届内蒙古国际青少年校园足球中、俄、蒙 3 国邀请赛	金牌
	内蒙古自治区“主席杯”	金牌
	内蒙古自治区中学生运动会足球赛	金牌
	内蒙古自治区青少年女子足球锦标赛	金牌
	内蒙古自治区足球乙级联赛	银牌
	中国“初元杯”全国青少年足球邀请赛	银牌

2009—2015 年呼和浩特市第一中学女子排球队参赛成绩表

表 30-3-2

年度	比赛名称	成绩
2009	全国中学生排球联赛	冠军
	内蒙古自治区中学生排球赛	季军
2010	内蒙古自治区中学生排球赛	季军
2011	内蒙古自治区中学生排球赛	亚军
	全国第十一届中学生运动会女排赛	冠军
2012	全国中学生排球锦标赛	第四名
	内蒙古自治区中学生排球赛	亚军
2013	内蒙古中学生排球赛	冠军
2014	内蒙古第十三届运动会	金牌
2014	“中俄蒙”国际青少年运动会女排赛	季军
2015	内蒙古自治区第十三届中学生运动会女排赛	季军
	内蒙古青少年“体彩杯”排球锦标赛	亚军
	内蒙古青少年项目特色学校排球锦标赛	冠军

第三节　传统项目学校

1986 年开始，呼和浩特市体育传统项目学校的业余训练工作随着体育的深化改革，认真贯彻国家体委“缩短战线、突出重点、向奥运会靠拢”的战略目标，结合当地实际情况，对传统布局逐年进行调整，对传统项目学校的设置进行合理安排，体育传统学校和参加传统项目业余训练的学生均有较大的发展。市四区及各旗县(区)均有业余体校，坚持常年训练，主要项目有田径、球类等。至 1989 年，全市有市级体育传统项目中学 11 所、小学 34 所，主要业余训练项目有田径、球类、射击、射箭、武术等。常年参加业余训练的学生有 500 多名，各个训练点有专人管理，有专项训练的教练员，并有详细的全年训练计划和周训练安排。

1995 年后，随着多种客观原因，各旗县（区）的业余体校逐渐衰落、关闭，业余训练项目逐步下放到传统体育项目学校，各传统体育项目学校开展了单一的专项业余训练，如呼和浩特市第二中学的男女篮球，呼和浩特市第一中学的女排，呼和浩特市蒙古族学校的女子足球，托克托县第一中学的田径等。

截至 2015 年，全市共有自治区级体育传统项目学校 11 所，有市级传统项目学校 58 所。

第四章　竞技体育

第一节　参加国际赛事

一、柔道

1986 年，在荷兰举办的第四届世界女子柔道锦标赛上，高凤莲获 +72 公斤级金牌，这是中国柔道运动员获得的第一个世界冠军。同年 12 月，在第四届国际女子柔道锦标赛上，高凤莲获 +72 公斤级金牌、无差别级银牌。

1987 年，在德意志联邦共和国埃森举办的第五届世界柔道锦标赛上，高凤莲获 +72 公斤级金牌、无差别级金牌，刘桂珠获 56 公斤级银牌；在日本福冈举办的第五届国际柔道锦标赛上高凤莲获 +72 公斤级金牌，刘桂珠获 56 公斤级铜牌。同年，在美国举办的第五届太平洋地区柔道锦标赛上，张秀清获无差别级金牌、–72 公斤级银牌；常凤霞获 52 公斤级金牌；彭友金获 72 公斤级铜牌；敖登获 56 公斤级铜牌；单德花获 66 公斤级铜牌。

1988 年，在叙利亚举办的亚洲柔道锦标赛上，高凤莲获 +72 公斤级金牌、无差别级金牌；在韩国汉城举办的第二十四届奥运会上，高凤莲获 +72 公斤级银牌；刘桂珠获 56 公斤级银牌。

1989 年，在北京市举办的第六届太平洋柔道锦标赛上，常凤霞获 52 公斤级金牌；高凤莲获 +72 公斤级金牌；刘桂珠获 61 公斤级银牌。同年，在南斯拉夫贝尔格莱德举办的第六届世界柔道锦标赛上，高凤莲获 +72 公斤级金牌。

1990 年，在北京市举办的第十一届亚运会上，常凤霞获 52 公斤级银牌，吕秀云获 +72 公斤级铜牌。1994 年，在埃及举办的世界青年柔道锦标赛上，鄂金红获 66 公斤级铜牌。

1995 年，在哥伦比亚举办的第一届太平洋运动会上，斯琴花日获 –72 公斤级铜牌；在日本举办的世界大学生运动会上，秦玉英获 +61 公斤级铜牌。

1996 年，在欧洲系列赛上，秦玉英获 +61 公斤级铜牌；在越南举办的亚洲柔道锦标赛上，秦玉英获 +61 公斤级铜牌。1997 年，在韩国举办的东亚运动会上，秦玉英获 +61 公斤级铜牌。

二、射击

1991 年 3 月，王润喜在墨西哥举办的世界杯赛上，获标准手枪铜牌；同年 9 月，王润喜在北京举行的第七届亚洲锦标赛上，获标准手枪个人冠军、团体冠军，个人成绩破亚洲纪录。

1995 年 10 月，王润喜在印度尼西亚举办的亚洲锦标赛上，获手枪速射团体冠军、标准手枪团体冠军、中心发火手枪团体铜牌。

1998 年 8 月，纪海平在西班牙巴塞罗那举办的第四十七届世界射击锦标赛上，获手枪速射团体亚军，个人第五名。

2001 年 5 月，纪海平在韩国举办的世界杯赛上，获手枪速射项目铜牌；纪海平在德国慕尼黑举行的射击世界杯总决赛上，以 737 环的成绩获手枪速射冠军，成为中国在射击世界杯总决赛中获手枪速射金牌的首位选手。

2002 年 9 月，纪海平在韩国釜山举办的第十四届亚运会上，获手枪速射项目团体冠军。

三、女子曲棍球

1990 年，呼和浩特市体工队女子曲棍球队代表国家队参加第十一届亚洲运动会，获银牌；女子曲棍球队杨慧萍获“亚运会最佳射手”称号。1991 年，女子曲棍球队代表国家队参加第十六届大学生运动会、第三届世界杯赛、第二十五届奥运会。

四、自由式摔跤

1986 年，在加拿大举办的国际邀请赛中，苏亚拉图获铜牌。1989 年，在国际邀请赛中，苏亚拉图获铜牌；同年，在日本举办的自由跤国际邀请赛中，苏亚拉图获银牌。在 1990 年、1992 年国际邀请赛上，苏亚拉图均获银牌。

第二节　参加国内赛事

一、参加全国城市运动会

1988 年 10 月，在山东省济南市举办的第一届全国城市运动会上，呼和浩特市运动员高连峰获男子十项全能银牌；其伊拉特获男子柔道 78 公斤级银牌；彭友金获女子柔道 72 公斤级以上级银牌、无差别级银牌；马丽香获女子柔道 52 公斤级铜牌；姜凤梅获女子柔道 66 公斤级铜牌。

1991 年 9 月，在河北省唐山市举办的第二届全国城市运动会上，呼和浩特市运动员杨印获古典式摔跤 82 公斤级银牌；白顺获自由式摔跤 74 公斤级获银牌；照日格图获男子柔道86公斤级银牌；阎永峰获男子柔道95公斤级铜牌；霍玉荣获女子柔道无差别级铜牌。

1995年10月，在江苏省南京市举办的第三届全国城市运动会上，呼和浩特市运动员金柱获古典式摔跤100公斤级金牌；敖特根巴特获男子柔道95公斤以下级金牌；秦玉英获女子柔道61公斤级金牌；斯琴花日获女子柔道72公斤以下级金牌；霍玉荣获女子柔道无差别级金牌；杜久辉获男子三级跳远银牌；王琦获女子七项全能银牌；姜向梅获女子运动手枪60发银牌；哈日呼获男子柔道71公斤级银牌；鄂金红获女子柔道66公斤级银牌。

1999年9月，在陕西省西安市举办的第四届全国城市运动会上，呼和浩特市代表团57名运动员参加射击、射箭、国际式摔跤、柔道、击剑、田径等6个大项58个小项的角逐，共获2枚金牌、3枚银牌、3枚铜牌，团体总分204分，金牌数和团体总分分列57个代表团的第23位和第24位，代表团并获体育道德风尚奖和优秀后备人才输送奖。射箭运动员萨仁、自由式摔跤65公斤级运动员赛音毕力格获金牌。

2003年10月，在湖南省长沙市举办的第五届全国城市运动会上，呼和浩特市代表团由88人组成，其中运动员56人，参加国际跤、击剑、举重、射击、跆拳道、田径等8个项目的比赛。获2枚金牌、4枚银牌、5枚铜牌，总分137分，排名第30位，获体育道德风尚奖。男子古典式60公斤级运动员新额宝力格、田径男子10000米运动员张云山获金牌。

2007年10月，在湖北省武汉市举行的第六届全国城市运动会上，呼和浩特市代表团49名运动员参加了举重、国际式摔跤、射箭、柔道、射击、田径、跆拳道7个项目的决赛，最终取得3金4银2铜的成绩。

2011年10月，在江西省南昌市举办的第七届全国城市运动会上，呼和浩特市代表团参加10个项目的预赛，共有摔跤、柔道、跆拳道、举重、田径、乒乓球、射击、射箭、拳击9个项目的46名运动员进入决赛，获1金3银3铜的成绩。

2013年12月，经国务院批准，第八届全国城市运动会正式更名为第一届全国青年运动会。2015年10月，呼和浩特市代表团参加全国青年运动会暨第一届全国青年运动会，获4金4银4铜的成绩。

二、其他赛事

（一）女子曲棍球比赛

1986年5月，呼和浩特市体工队女子曲棍球队参加在吉林省长春市举办的全国联赛，获银牌；7月，参加在山东省青岛市举办的全国邀请赛，获金牌；8月，参加在甘肃省兰州市举办的全国冠军赛杯赛，获银牌；10月，参加在江西省举办的全国锦标赛，获金牌。

1987年5月，呼和浩特市体工队女子曲棍球队参加在吉林省长春市举办的全国第六届运动会预赛，获金牌；7月，参加在甘肃省兰州市举办的全国女子曲棍球冠军赛，获冠军；9月，参加在山东省青岛市举办的全国青年锦标赛，获金牌；11月，参加在广东省佛山市举办的全国第六届运动会决赛，获金牌。

1988年3月，呼和浩特市体工队女子曲棍球队参加在重庆市举办的全国联赛，获金牌；7月，参加在山东省青岛市举办的全国青年锦标赛，获铜牌；7月，参加在甘肃省兰州市举办的全国曲棍球冠军杯赛，获冠军；8月，参加在吉林省长春市举办的全国曲棍球锦标赛，获银牌；9月，参加全国青年曲棍球锦标赛，获铜牌。

1989年3月，呼和浩特市体工队女子曲棍球队参加在重庆市举办的全国冠军赛，获银牌；6月，参加在甘肃省兰州市举办的第二届全国青运会预赛，获铜牌；9月，参加在辽宁省大连市举办的全国青运会女子曲棍球决赛，获铜牌。

1990年3月，呼和浩特市体工队女子曲棍球队参加在重庆市举办的全国冠军赛，获金牌；参加第一届亚洲俱乐部杯赛，获铜牌。1991年3月，参加在重庆市举办的全国冠军杯赛，获第七名；4月，参加在北京市举办的全国女子曲棍球锦标赛，获第四名；5月，参加在北京市举办的全国锦标赛，获金牌；7月，参加在北京市举办的全国曙光杯赛，获银牌；8月，参加在北京市举办的全国青年锦标赛，获第七名。

1992年3月，呼和浩特市体工队女子曲棍球队参加在重庆市举办的全国冠军赛，获银牌；7月，参加在黑龙江省齐齐哈尔市举办的全国“曙光杯”赛，获铜牌；9月，参加在北京市举办的全国锦标赛，获银牌。同年，到香港访问比赛，获冠军。

1993年5月，呼和浩特市体工队女子曲棍球队参加在北京市举办的全国第七届运动会预选赛，获第四名；7月，参加在北京市举办的全国第七届运动会决赛，获金牌。

1994年7月，呼和浩特市体工队女子曲棍球队参加在甘肃省兰州市举办的全国青年锦标赛，获第四名。1995年7月，参加在甘肃省兰州市举办的全国锦标赛，获第四名；参加在甘肃省兰州市举办的全国冠军赛，获金牌。1996年，参加全国曲棍球联赛，获铜牌；参加在天津市举办的全国冠军赛，获第四名。1997年10月，参加在上海市举办的全国第八届运动会，获铜牌。

（二）柔道比赛

1986年3月，呼和浩特市体工队柔道队在宁夏回族自治区银川市参加全国柔道锦标赛，高凤莲获+72公斤级金牌、无差别级金牌，刘桂珠获56公斤级金牌，单德花获66公斤级金牌，李翠琴获61公斤级金牌，敖登获52公斤级银牌，柔道队获团体金牌。9月，在呼和浩特市参加全国柔道冠军赛，敖登获52公斤级金牌，刘桂珠获56公斤级金牌，常凤霞获56公斤级银牌，陈凤莲获61公斤级金牌。

1987年8月，呼和浩特市体工队柔道队在河北省保定市参加全国少年女子柔道锦标赛，获少年组团体冠军；10月，在广东省广州市参加全国第六届全运会，高凤莲获+72公斤级银牌，张秀清获–72公斤级银牌。

1988年3月，呼和浩特市体工队柔道队在广西壮族自治区桂林市参加全国女子柔道锦标赛，获团体铜牌；高凤莲获+72公斤级冠军和无差别级第四名，吕成林获66公斤级金牌，铜戈拉获–72公斤级金牌。6月，在江苏省苏州市参加全国青年女子柔道锦标赛，获团体金牌；常凤霞获52公斤级金牌，陈丽坤获61公斤级金牌，铜戈拉获–72公斤级金牌、无差别级银牌，彭友金获+72公斤级银牌、无差别级铜牌。10月，在辽宁省鞍山市参加全国柔道冠军赛，常凤霞获52公斤级金牌，陈丽坤获61公斤级金牌。刘桂珠在第二十四届奥运会上，获女子柔道56公斤级银牌。

1989年4月，呼和浩特市体工队柔道队在湖北省孝感市举办的全国柔道锦标赛上，获团体银牌；常凤霞获52公斤级金牌，刘桂珠获56公斤级银牌，张秀清获–72公斤级金牌，彭友金获+72公斤级铜牌。9月，在辽宁省沈阳市参加全国青运会女子柔道决赛，常凤霞获52公斤级金牌，彭友金获无差别级银牌，铜戈拉获–72公斤级铜牌。11月，在湖南省岳阳市参加全国女子柔道冠军赛，吕成林获61公斤级铜牌。

1990年3月，呼和浩特市体工队柔道队在北京举办的亚运会选拔赛上，常凤霞获52公斤级金牌，铜戈拉获–72公斤级银牌，高凤莲获+72公斤级铜牌。4月，在北京市举办的全国柔道锦标赛上，常凤霞获52公斤级铜牌；6月，在湖北省武汉市举办的全国青年女子柔道锦标赛上，郝美凤获–72公斤级银牌，刘建军获48公斤级铜牌。

1991年4月，呼和浩特市体工队柔道队在江西省萍乡市举办的全国柔道锦标赛上，常凤霞获52公斤级铜牌。9月，在全国青年女子柔道锦标赛上，霍玉荣获+72公斤级铜牌；10月，在辽宁省沈阳市举办的全国柔道冠军赛上，常凤霞获52公斤级金牌。1992年4月，在北京市举办的全国柔道锦标赛上，常凤霞获52公斤级金牌。

1993年4月，呼和浩特市体工队柔道队在北京市举办的东亚运动会选拔赛上，鄂金红获61公斤级金牌，敖登获66公斤级金牌，斯琴花日获–72公斤级铜牌，霍玉荣获无差别级铜牌。3月，在甘肃省兰州市举办的女子柔道邀请赛上，李冬青获52公斤级金牌，鄂金红获61公斤级金牌，斯琴花日获–72公斤级金牌，霍玉荣获+72公斤级金牌，秦玉英获56公斤级铜牌，吕秀云获无差别级铜牌。9月，在北京市举办的全国第七届运动会上，常凤霞获52公斤级银牌，霍玉荣获无差别级铜牌。

1994年6月，呼和浩特市体工队柔道队在江西省井冈山市举办的全国柔道锦标赛上，斯琴花日获+72公斤级铜牌；11月，在陕西省咸阳市举办的全国柔道冠军赛上，秦玉英获61公斤级金牌。

1995年7月，呼和浩特市体工队柔道队在天津市举办的全国柔道冠军赛上，秦玉英获61公斤级金牌，斯琴花日获72公斤级金牌。10月，在江苏省举办的全国第三届城市运动会上，秦玉英获61公斤级金牌，斯琴花日获–72公斤级金牌，霍玉荣获无差别级金牌。

1996年4月，呼和浩特市体工队柔道队在浙江省温州市举办的全国柔道锦标赛上，秦玉英获61公斤级金牌，斯琴花日获–72公斤级金牌。10月，在天津市举办的全国柔道冠军赛上，斯琴花日获–72公斤级铜牌。

（三）射击比赛

1990年9月，王润喜参加在北京市举行的第十一届亚洲亚运会，获射击项目手枪速射个人冠军、团体第二、中心发火手枪团体冠军、标准手枪团体冠军并破亚洲纪录。

1997年，纪海平参加在上海市举行的第八届全国运动会上，获手枪速射项目个人冠军。1998年，纪海平包揽年度手枪速射项目全国比赛所有金牌。

第三节 参加自治区赛事

一、内蒙古自治区运动会

（一）内蒙古自治区第六届运动会

1986年2月、7月18日至8月25日，内蒙古自治区第六届运动会分别在海拉尔市、通辽市、集宁市、包头市4个赛区进行，呼和浩特市体育代表团参加田径、射击、举重、航空模型、速度赛马、体操、国际式摔跤、蒙古式摔跤、柔道、射箭、武术、中国象棋、国际象棋、足球、篮球、排球、乒乓球、游泳等项目的比赛。呼和浩特市体育代表团获金牌79.5枚、总分1140.5分，均列金牌第一位。3人打破自治区纪录，14人打破自治区少年纪录，4次打破自治区团体纪录。

（二）内蒙古自治区第七届运动会

1991年1—9月，内蒙古自治区第七届运动会在呼和浩特市举行。运动会分为甲类、乙类比赛项目。甲类有足球（男）、篮球、排球和长跑（男子5000米、10000米，女子3000米、5000米）4项。乙类分奥运项目和非奥运项目两种，奥运项目有田径、国际式摔跤、柔道、射箭、射击、举重（男）、乒乓球、游泳和速度滑冰9项；非奥运项目有中国式摔跤、举重（女）、航空模型、搏克4项。速度滑冰于1月22日比赛，其他项目于5—9月在呼和浩特市陆续举行。呼和浩特市体育代表团获金牌67枚，总分2186分，均列第一位。1人打破全国少年纪录，73人打破自治区青少年纪录。

（三）内蒙古自治区第八届运动会

1994年7月14—25日，内蒙古自治区第八届运动会在呼和浩特市举行。本届运动会分甲类、乙类，共19项。其中甲类7项，即足球、篮球、排球、网球、棋类、武术、羽毛球。乙类12项，即田径、国际式摔跤、柔道、射击、射箭、举重、拳击、乒乓球、速度滑冰、游泳、搏克。呼和浩特市代表团获金牌 62 枚，总分 2233.5 分，均列第一位。38 人破自治区青少年纪录。

（四）内蒙古自治区第九届运动会

1998 年 8 月 22—26 日，内蒙古自治区第九届运动会在包头市举行。呼和浩特市体育代表团获金牌 99 枚，总分 3795.5 分，金牌总数列第一位，团体总分列第二位。

（五）内蒙古自治区第十届运动会

2002 年 5—8 月，内蒙古自治区第十届运动会在包头市举行。呼和浩特市体育代表团获金牌 124 枚，获团体总分 3308 分。金牌总数列第一位，团体总分列第二位。呼和浩特市代表团荣获“体育道德风尚奖”。其中，39 人破自治区青少年纪录。

（六）内蒙古自治区第十一届运动会

2006 年，内蒙古自治区第十一届运动会在通辽市举行。呼和浩特市体育代表团共有 365 人参加了 14 个大项中 13 个大项 322 个小项的比赛，经过 45 天的激烈角逐，获金牌 144.5 枚、银牌 89 枚、铜牌 63 枚，有 8 人破四项自治区纪录，12 人破 16 项自治区青少年纪录，荣获金牌、奖牌榜首，并获体育道德风尚奖。

（七）内蒙古自治区第十二届运动会

2010 年 8 月，内蒙古自治区第十二届运动会在乌海市举行。呼和浩特市体育代表团派出 531 人组成的代表团，其中运动员 420 人。获金牌 132.5 枚、奖牌 254.5 枚，居金牌榜首，有 32 人打破 18 项自治区青少年纪录，同时获“体育道德风尚奖”。

（八）内蒙古自治区第十三届运动会

2014 年，内蒙古自治区第十三届运动会在赤峰市举行。呼和浩特市体育代表团由 494 人组成，参加田径、国际式摔跤，射击、篮球、足球、网球，速度滑冰等 18 个大项的比赛，获金牌 162 枚、银牌 50 枚、铜牌 93 枚，金牌总数位列第一位。有 4 人 2 次打破 2 项自治区射击青少年纪录、2 人 4 次打破自治区举重青少年纪录、2 人 6 次打破 6 项自治区举重纪录，40 名参赛队员达到国家一级运动员水平。

二、内蒙古自治区少数民族运动会

1985 年 8 月 11 日至 10 月 3 日，第一届全区少数民族传统体育运动会在锡林浩特市、哲里木盟和巴彦浩特市 3 个赛区举行。呼和浩特市体育代表团参加搏克、中国式摔跤、速度赛马等项目的比赛。

1989 年 8 月 25—28 日，第二届全区少数民族传统体育运动会在呼和浩特市举行。呼和浩特市体育代表团参加射击、射箭、国际式摔跤等项目的比赛。

1995 年 7 月 22—24 日、8 月 5—9 日，第三届全区少数民族传统体育运动会分别在哲里木盟库伦旗和伊克昭盟伊金霍洛旗阿勒腾希热镇举行。呼和浩特市体育代表团参加射击、射箭、搏克等项目的比赛。

1999年6月26—29日，第四届全区少数民族传统体育运动会在哲里木盟科尔沁左翼后旗甘旗卡镇举行。呼和浩特市体育代表团参加了搏克、赛马、射箭等项目比赛。

2002年8月28—31日，第五届全区少数民族传统体育运动会在兴安盟乌兰浩特市举办。呼和浩特市体育代表团参加搏克、赛马，射箭和马术等项目的比赛和表演。

2006年，第六届全区少数民族传统体育运动会在阿拉善盟阿拉善左旗巴彦浩特市举办，呼和浩特市体育代表团获金牌4枚、银牌7枚、铜牌6枚，并被授予“体育道德风尚奖”。

2010年9月，内蒙古自治区第七届少数民族传统体育运动会在鄂尔多斯市举办。呼和浩特市体育代表团参加搏克、射箭、蒙古象棋等8个项目的比赛和表演，获金牌1枚、银牌5枚、铜牌6枚。

2013年8月8—11日，第八届全区少数民族传统体育运动会在锡林郭勒盟召开。呼和浩特市体育代表团参加搏克、赛马等项目的比赛，获金牌2枚、银牌7枚、铜牌10枚。

三、内蒙古自治区残疾人运动会

1985年，第三届全区伤残人运动会在乌兰察布盟集宁市举办，呼和浩特市体育代表团参加乒乓球、拔河等项目的比赛。

1987年，第四届全区伤残人运动会在乌兰察布盟集宁市举办。呼和浩特市体育代表团参加田径、乒乓球等项目的比赛，获团体总分第一名的成绩。

1991年10月8—10日，第五届全区伤残人运动会（第一届全区残疾人运动会）在呼和浩特市举办。呼和浩特市体育代表团参加田径、乒乓球等项目的比赛。获总分第二名的成绩。

2004年10月10—12日，第二届全区残疾人运动会暨第一届特殊奥林匹克运动会在呼和浩特市举办。呼和浩特市体育代表团获残疾人运动会团体第三名。

2007年7月30日至8月1日，第三届全区残疾人运动会暨第二届特殊奥林匹克运动会在呼和浩特市举办。呼和浩特市体育代表团参加田径、乒乓球、举重等项目的比赛。

2011年6月25—27日，第四届全区残疾人运动会在鄂尔多斯市达拉特旗举办。呼和浩特市体育代表团参加田径、举重、乒乓球、羽毛球、盲人柔道、中国象棋、射箭等项目的比赛，获金牌18枚、银牌7枚、铜牌8枚。

第四节　承办体育赛事

1994年8月，由宋庆龄基金会、中国足球协会等主办，呼和浩特市政府承办的第十届全国“贝贝杯”足球赛在呼和浩特市举办。北京、上海、天津、重庆、郑州、南京、沈阳、长沙、广州、武汉、西安等22个地区代表队及呼和浩特一队、呼和浩特二队、包头队参加比赛。

1995年10月，由中国奥委会主办、中国自行车运动协会承办的国际奥委会主席杯全国百城市自行车赛在呼和浩特市举办。1997年8月，承办全国钓鱼轮赛区第六届钓鱼比赛。

2003年8月，全国汽车场地越野锦标赛在呼和浩特市举行。2005年7月，主办全国重点学校射击锦标赛，来自北京、上海、广州、武汉、郑州、南昌、长春、哈尔滨、洛阳、无锡、杭州、昆明等19个地区的278名运动员参加比赛。同月，由中国羽毛球协会主办、呼和浩特市承办“奥威·威克多杯”东西南北中全国业余羽毛球选手大赛。9月，共青团呼和浩特市委员会、呼和浩特市体育局、呼和浩特市人民体育场承办全国U–17“耐克杯”足球联赛。大连实德、沈阳金德、深圳健力宝、上海申花、长春亚泰、上海中邦、河南建业、天津泰达、新疆队、陕西国力、天津火车头等球队参加联赛。

2006年，呼和浩特市承办“维尔胜杯”全国羽毛球邀请赛、全国保龄球公开赛、全国“维尔胜大师杯”网球团体赛暨呼和浩特市分站赛、“苍实杯”全国跆拳道邀请赛等赛事。2007年9月，承办第七届全国“市长杯”乒乓球赛，19个省区市共计47个城市的188名厅级以上干部参加了比赛。2008年7月，由中国乒协少年委员会“奥星杯”执委会主办、呼和浩特市承办了“红双喜·奥星杯”全国少年儿童乒乓球比赛。

2009年，呼和浩特市主办全国业余足球联赛内蒙古赛区呼和浩特市足球超级联赛、呼和浩特市黑马足球队与蒙古国足球队友谊赛；承办中国、蒙古国、德国三国汽车运动越野赛。2011年，承办了全国青少年跆拳道选拔赛、全国中学生跆拳道总决赛。

2013年，呼和浩特市承办了中国式摔跤全国锦标赛、全球华人羽毛球混合团体邀请赛、中国之队国际足球赛、中美篮球明星对抗赛等。2014年，承办了内蒙古呼和浩特市第二届全球华人羽毛球邀请赛。

2015年，呼和浩特市承办了中优足球队主场比赛，观赛人数场均达2万多人，其中客队及其球迷到呼和浩特市参赛、观赛累计超过1万人。呼和浩特赛区获中甲联赛“全国最佳人气赛区”奖。

1986—2015年呼和浩特市国际级、国家级裁判员名录

表30–4–1

姓名	性别	出生年份	体育项目	级别	主要成绩
王国桥	男	1958年	柔道	国际A级裁判员	2008年北京奥运会裁判员、2012年伦敦奥运会裁判员

续表 30-4-1

姓名	性别	出生年份	体育项目	级别	主要成绩
姚宏君	女	1963 年	曲棍球	国际级裁判	2005 年世界青年女子曲棍球锦标赛裁判员、2008 年第二十九届奥运会裁判员、2014 年第二届青奥会裁判员
蔺　惠	女	1964 年	射击	国际 B 级裁判员	2002 年上海射击世界杯赛裁判员、2005 年澳门第四届东亚运动会裁判员、2009 年国际射联世界杯总决赛裁判员、2010 年第十六届亚洲运动会裁判员、2011 年深圳第二十六届世界大学生夏季运动会裁判员
吴广琳	男	1966 年	射击	国际 B 级裁判员	担任过五场射击世界杯裁判长工作
王清华	女	1966 年	柔道	国际 B 级裁判	2008 年北京奥运会柔道裁判员；曾担任亚运会、全国运动会、世锦赛、大师赛、大满贯赛、大奖赛裁判员
托　雅	女	1969 年	柔道	国际 A 级裁判员	2008 年中国北京第 24 届奥运会柔道比赛技术官员、2013 年第十二届全国运动会柔道比赛副裁判长
王成云	男	1961 年	中国式摔跤	国家级裁判员	1993 年第七届全国运动会裁判员、全国农运会裁判员、全国民族运动会和国际比赛裁判员、全国锦标赛裁判员、2003 年全国重大比赛裁判长、2007 年广州全国民族运动会裁判长
郭　敏	女	1972 年	跆拳道	国家级裁判	2003 年全国跆拳道锦标赛裁判员、2005 年第十届全国运动会跆拳道预赛裁判员、2012 年全国跆拳道锦标赛裁判员、2012 年全国青年跆拳道锦标赛裁判员

1986—2015 年呼和浩特市国家级教练员名录

表 30-4-2

姓名	性别	出生年份	体育项目	级别	主要成绩
董雅臣	男	1955 年	柔道教练	国家级	曾任呼和浩特市女子柔道队总教练，国家女子柔道队教练，培养出高凤莲、刘桂珠等一批优秀运动员，曾获国家体委颁发的荣誉证书
窦兴文	男	1957 年	女子曲棍球队教练	国家级	带领呼和浩特市女子曲棍球队在全国锦标赛、全国联赛、全国冠军杯赛、全国综合性运动会上共取得 8 次全国冠军；在全国邀请赛、青年锦标赛上共取得 4 次全国冠军，取得 9 次亚军；1987 年、1990 年获国家体育运动三级奖章

续表 30-4-2

姓名	性别	出生年份	体育项目	级别	主要成绩
马尔宁	男	1958 年	中国式摔跤教练	国家级	中国式摔跤国家级裁判、国际级裁判，曾荣立二等功；2004—2014 年，先后 32 次完成国家体育总局选派国内、国际中国式摔跤比赛的裁判工作，先后担任副裁判长、仲裁

第五章　体育产业

第一节　体育场馆

一、场馆建设

1986 年后，呼和浩特市加大体育场馆建设力度。至 1989 年，先后修建大型、中型、小型体育场地 1230 多个。其中大型场馆 4 个（甲级、丙级体育场各 1 个；乙级体育馆 1 个；赛马场 1 个）、田径运动场 48 个（内含有 11 人制足球场），主要是各中学、大学的教学场地。

2005 年，为迎接内蒙古自治区成立 60 周年庆典活动，市政府投资 6.4 亿元兴建呼和浩特市体育场，占地面积 12.2 公顷，建筑面积 5.7 万平方米，可容纳观众 5.7 万人。2009 年 12 月，投资 6500 万元的呼和浩特市乒乓球训练中心落成。2009 年至 2010 年 10 月，先后利用体育彩票公益金，投资 1000 多万元对呼和浩特市体育活动中心（原东郊体育场）、呼和浩特市体育运动学校、呼和浩特市人民体育场内场、外围和“工”字马路进行维修改造、绿化、硬化，增设健身设施，重新铺设塑胶跑道和人造草坪。实施全民健身工程，为广大市民改善健身环境、提高健身质量服务。至 2010 年底，全市共安装全民健身路径 188 条；6 个乡镇兴建小型体育健身中心，156 个建制村实施“农民体育健身工程”。

据第六次全国体育场地普查统计，至 2013 年，呼和浩特地区共有体育场地 2537 个。其中室内体育场地 403 个、室外体育场地 2134 个；场地面积 646.73 万平方米、建筑面积 72.13 万平方米、用地面积 992.85 万平方米；健身路径数量达 6705 条。以 2013 年末呼和浩特地区常住人口 300.11 万人计算，呼和浩特人均体育场地面积为 2.16 平方米。较大型体育场地有体育场 25 个，其中市区有 2 个甲级体育场，土默特左旗和托克托县各有 1 个乙级体育场，其他均为全市各大中专院校的丙级体育场；田径场 55 个（内含有足球场），体育馆 6 个、室内游泳池（馆）21 个、高尔夫球场 1 个，室外马术场 4 个。

2014年，在成吉思汗大街呼和浩特体育场西侧，投资7亿元，新建面积1.45万平方米的呼和浩特游泳跳水馆、3.2万平方米的体育馆，以及新体校的教学楼、田径场。2015年，足球改革发展试点工作推进以后，赛罕区榆林镇依托呼和浩特市第十中学创建呼和浩特市青少年足球训练基地，该基地占地面积248亩，共建有17片足球场，其中11人制足球场有3片，达到自治区（省）级青少年足球训练中心规格。2014—2015年累计投资1700万元，在青城公园建设1个小型综合体育馆，面积为2860平方米，可开展门球、乒乓球等项目活动；在公主府公园建设1个小型综合体育馆，面积为1800平方米，可开展篮球、乒乓球、羽毛球等项目的活动。

二、体育场馆

（一）呼和浩特市人民体育场

1986年，为迎接内蒙古自治区成立40周年活动，适应自治区、首府社会事业发展需求，自治区和呼和浩特市两级政府决定，共投资1260万元，对呼和浩特市人民体育场进行改扩建。在原址上重新建成后的呼和浩特市人民体育场，是当时内蒙古地区建筑面积最大、投资最多，使用功能较全的综合性体育活动场地。在主体育场周边配套建设1个标准田径场、1个小运动场、1个有固定看台的灯光篮球场、1个网球馆、3个游泳池、4个篮球场、4个室外网球场、1个乒乓球训练房。占地面积19.19万平方米、建筑面积1.51万平方米、场地面积1.56万平方米。

1997年，庆祝内蒙古自治区成立50周年之际，将呼和浩特市人民体育场的炉渣灰土质跑道改建为塑胶跑道，足球场中央仍为绿化草坪。2004年，为举办国际足球邀请赛，重新铺设符合国际足球比赛专用的草坪及自动喷灌系统。2010年，将原塑胶跑道表层打磨后，进行补充铺垫，同时将足球比赛专用草坪更换为人工塑料草坪。全市许多中小学、市四区田径运动会及文体表演都在这里举办，是呼和浩特地区全民健身、业余训练、大型文体活动和庆典活动的主要场所之一，免费对社会公众开放。

（二）内蒙古体育馆

内蒙古体育馆位于成吉思汗大街呼和浩特体育场东侧300米，建于2006年，占地面积6.67万平方米，建筑面积3.33万平方米，场地面积2.59万平方米，投资金额为5.02亿元。可容纳观众7000人，是呼和浩特地区最大的综合体育馆，可开展篮球、排球、乒乓球、羽毛球、毽球、体操、武术等活动。

（三）呼和浩特体育场

建于2005年，投资近6亿元，占地面积12万平方米，建筑面积5.7万平方米，场地面积1.8万平方米，内有标准8道400米田径场、标准足球场，可容纳观众5.7万人。2007年建成，是自治区成立60周年庆典的主会场之一。

（四）内蒙古新华大街体育馆

建于1976年，投资780万元，占地面积6800平方米，建筑面积1.54万平方米，房屋建筑面积400平方米，看台系钢混结构，装设座椅，有观众席位5286个，馆内装设电动计时计分器。可开展篮球、排球、乒乓球、羽毛球、摔跤、柔道、体操等多种室内体育比赛和活动，是呼和浩特地区重要公共文体活动中心和大型集会场所。

（五）内蒙古赛马场

建于1956年。1986年投资1500万元重建，1987年建成。占地面积32万平方米，建筑面积8300平方米，是自治区成立40周年庆典的主会场之一，日常用于自治区专业马术队的训练，非训练期间群众可进入活动。

（六）呼和浩特乒乓球训练中心

建于2009年，投资900万元，占地面积2.2万平方米，建筑面积1.6万平方米。内有乒乓球训练馆、比赛馆、健身房。2012年又在北侧新建成网球、保龄球馆，投资1050万元，占地面积6600平方米，建筑面积4566平方米，场地面积4225平方米，一楼有24条保龄球道，二楼有2片网球场，可开展网球、羽毛球、保龄球活动。

（七）呼和浩特市体育训练馆

1999年，呼和浩特市体育运动委员会自筹资金570万元，在位于回民区公园东路中段人民体育场西北角兴建体育训练馆，占地面积1838平方米，建筑面积1390平方米，场地面积1120平方米，内有标准的篮球场地，并可转换成6块标准场地的羽毛球场地。2000年10月投入使用。

（八）呼和浩特体育活动中心

呼和浩特体育活动中心（原名东郊体育场），建于1997年，位于赛罕区内蒙古展览馆东路26号，占地面积4.86公顷，建成初期的体育设施只有3个露天游泳池（深水池、浅水池、儿童池）、简易土质田径场（内有足球场）以及一座简易二楼用于办公和游泳更衣。2004年，改建为400米塑胶田径场和天然草坪足球场。2009年6月，市体育局协调有关单位筹措资金95万元，对场地进行改造、绿化周边环境，安装55套健身路径。2010年4月，市体育局利用体育彩票公益金投入700多万元改造场地。建成塑胶篮球场4处、网球场3处、羽毛球场4处、人造草坪门球场2处、人造草坪五人制足球场2处，翻修400米塑胶跑道，9月投入使用。2011年4月，进一步进行绿化、美化，并配置10张室外乒乓球台；10月，中心被命名为国家级全民健身活动中心。2013年10月，拆除露天游泳池和二楼游泳辅助用房及办公室。2014年3月，在原址新建全民健身中心综合体育馆。新建场馆建筑面积1.12万平方米，分为游泳区、羽毛球区、多功能活动区及管理办公区。改建后的呼和浩特体育活动中心有楼层3层，一层设有标准比赛用游泳池1个（50米×25米×2米），游泳训练池 1 个（30 米 ×18 米 ×1.6 米），儿童戏水池 1 个（水深 1 米）；北侧设有标准羽毛球场 10 块；二层为整体健身区；三层为办公区域。

三、场馆经营

1986—1996 年，呼和浩特市的体育产业以机关、事业单位、企业主办为主，市场个体经营为辅，产业构成比较单一，产业数量稀少，产值低微，处于萌芽培育状态。主要产业有呼和浩特市体委主办的体育用品修理厂、体委招待所、体委体育用品门市部、体育场游泳池、网球馆以及一些大行业、宾馆主办的游泳池、网球馆、乒乓球馆、羽毛球馆等。还有一些市场个体经营的体育用品门市部、台球馆等。

1997 年，为引导体育市场健康、规范发展，成立呼和浩特市体育市场管理办公室，对全市体育市场进行监督、检查、审批等工作，对从业人员每年进行培训，对一些项目的从业人员进行考试认证。

2000 年后，随着改革深入，经济发展，城市建设加快，体育产业有了较大的发展。2003 年，市委、市政府印发《关于加快体育产业事业发展的实施意见》，将体育产业的发展纳入当地各级政府经济发展规划，鼓励培养体育市场，多元投资兴办体育产业。在体育场馆建设中，对立项、征地和配套费用给予优先和减免，将免征体育彩票偶然所得税全部返还体育部门，用于体育场馆建设。体育产业从业人员、经营项目逐年增多，整个市场以个体经营为主。至 2005 年，全市登记注册从事体育经营活动的共有 128 家，注册培训人员 161 人，为群众科学健身和规范体育市场提供了保障。体育健身娱乐项目发展较快，主要项目包括台球、旱冰、游泳、网球、羽毛球、乒乓球、保龄球、冰雪项目、射击、射箭、健身、武术、散打等。体育用品服装经营的数量大幅增加。时尚产业项目，如轮滑、攀岩、高尔夫球也从无到有。

2006 年后，依据《中华人民共和国体育法》《内蒙古自治区体育市场管理条例》，对全市所有体育经营场所进行调查、注册登记及督查，重点加强高危体育经营项目的日常监管。组织体育经营活动从业人员和专业技术人员进行学习培训，提升体育市场经营者的法治观念。并按照相关标准，审核颁发体育经营许可证。全市共有注册登记从事体育经营活动的业主 240 家，注册人员 110 人。

2007 年，市体育局充分利用体育资源优势，挖掘体育产业潜力，按照体育事业“管办分离”的原则，组建内蒙古圣奥文化体育产业发展有限责任公司。公司代政府行使投资人权益，依托体育文化事业，整合资源优势，形成发展规模。

截至 2015 年末，全市共有体育经营场所 500 多家，从业人数 1.5 万余人。邀请赛、交流赛、职业联赛和体育明星进校园等各类赛事活动推动了体育项目本身的发展，拉动了体育装备、体育中介、体育传媒、体育表演等相关产业的发展。据不完全统计，仅中甲职业联赛一项拉动相关产业消费超过 3000 万元。

2015年呼和浩特市体育经营场馆统计表

表 30-5-1　　单位：户（家）

地区	游泳	台球	跆拳道、武术	滑冰、轮滑	健身	射箭
新城区	13	25	4	2	9	1
回民区	9	12	—	2	8	—
玉泉区	2	11	—	—	—	—
赛罕区	13	9	4	2	20	3
土默特左旗	2	6	1	2	1	—
托克托县	—	4	2	—	—	—
和林格尔县	2	8	—	—	—	—
清水河县	—	2	1	—	—	—
武川县	1	—	—	—	—	—

说明：表中“—”表示无经营场馆

第二节　体育彩票

2002年5月，呼和浩特市体育彩票销售管理中心成立。截至2015年，全市体育彩票网点数、销量由2002年的50家、861万元增加到480家、4.16亿元，有效弥补了体育事业发展资金的不足。

2002—2015年呼和浩特市体育彩票网点数、销量、排名情况

表 30-5-2

年份	网点数量（家）	销量（万元）	自治区排名
2002	50	861	第三位
2003	80	1608	第四位
2004	200	1532	第四位
2005	230	3850	第五位
2006	260	6292	第五位
2007	300	7768	第三位
2008	335	13600	第三位
2009	420	14700	第二位
2010	450	13200	第二位
2011	450	17200	第二位
2012	450	19200	第二位
2013	450	26200	第三位
2014	460	32800	第四位
2015	480	41600	第四位

第三十一篇

精神文明建设

第一章 思想道德建设

第一节 文明市民教育

一、讲文明、树新风主题教育

1986年,开展“做文明市民,创文明单位,建文明城市”等一系列群众性教育活动,宣传老山英模报告团、呼和浩特市“6·12”抢险、农村妇幼保健医生梁月英等英模事迹。1988年,为抵制农村封建迷信和红白事大操大办的歪风,开展移风易俗教育。1989年,在全市开展以“爱国、爱岗、创业、奋进”为主题的职业道德教育活动。

1990年,市委宣传部印发《关于深入持久开展学雷锋活动的通知》,组织学雷锋树新风事迹报告会,印发6万册《向雷锋同志学习》书籍。同年,召开全市学雷锋总结表彰大会,表彰20个雷锋先进集体,10名学雷锋标兵,90个学雷锋先进个人。

1991年,组织全市7万余名中小学生观看《雷锋》等25部影片。1992年,开展“岗位学雷锋,行业树新风”活动,各行各业涌现出一大批学雷锋先进集体和先进个人。1993年,制作学雷锋电视专题片《润物细无声》。

1994年开始,呼和浩特市精神文明建设委员会办公室(简称市文明办)确定每年3月组织开展学雷锋主题活动。3月,呼和浩特市精神文明建设委员会(简称市文明委)印发《关于表彰全市精神文明建设先进工作者的决定》,授予刘永兴等29人“呼和浩特市精神文明建设先进工作者”称号。同年,开展首届呼和浩特“三十佳”(十佳优秀市民、十佳时代新事、十佳社会公益活动)评选表彰活动。1996年,针对全市团体、个人在饭店用餐存在讲排场、浪费粮食的不文明现象,市文明委在全市宾馆、饭店推行“剩餐打包”制度。1997年,为迎接自治区星级文明城市检查验收,市文明委组织开展“我为大庆做贡献,文明行为从我做起”主题活动。

1997—1998年,组织开展“讲文明、树新风”活动,持续推进呼和浩特市精神文明建设的发展。1998年11月,市文明办分别命名表彰10个文明乡(镇)示范点、20个文明村示范点和20户“十星级小康文明示范户”。

2002年,市文明办印发《中共呼和浩特市委关于贯彻落实〈公民道德建设实施纲要〉的意见》《呼和浩特市流动人口社会公德教育计划》《呼和浩特市文明市民学校2002—2003年教育计划》。编印《呼和浩特市文明市民公约》《文明市民教育读本》《文明市民教育三字经100句》。

2003年，在全市开展“三百明星”系列评选活动，即“百名师德标兵”“百个诚信单位”“百户文明家庭”。2004年，市文明办印发《呼和浩特文明市民教育纲要》。2006年，在全市开展“七个一”（制定一套2006—2007年呼和浩特市开展文明礼仪教育的宣传活动方案；培训一批文明礼仪骨干；在电视台开展一系列文明礼仪专题讲座；进行一次文明礼仪知识竞赛；开展一场以规范文明礼仪服务为主要内容的文明礼仪展示活动，重点在“窗口”单位开展竞赛；评选表彰一批“文明礼仪示范窗口”“文明礼仪服务标兵”；组织一次“文明形象”大家谈活动）主题活动。

2008年，呼和浩特市铁兆义、李翠琴、颜旻、杨永旺、耿成全、金海被评为全区道德模范。2010年，市文明办制定《呼和浩特市提高全民素质综合评价指标体系》。组织开展“争当文明市民、共建宜居首府”城市管理综合整治工作。

2011年，举办“弘扬中华传统文化，做有道德的人”呼和浩特首届大型公益论坛，弘扬社会主义核心价值观和中华优秀传统文化。截至2011年，共评选出11届呼和浩特“三十佳”，累计推出110名优秀市民、110件时代新事和110项社会公益活动。

2012年，全年举办道德讲堂活动100多场。同年，市文明委表彰12位“最美青城人”。特木钦、武荷香被自治区文明委授予自治区第三届道德模范荣誉称号。

2013年6月，市文明委发布实施《呼和浩特市帮扶生活困难道德模范实施办法》。组织开展“我推荐、我评议身边好人”“最美青城人暨道德模范”“美德少年”评选表彰等活动。以文明餐桌、文明交通、文明上网、文明秩序四大行动为重点，开展道德领域突出问题专项教育和治理活动，创办文明呼和浩特、中国文明网·呼和浩特精神文明网。在中央电视台财经频道联合国家统计局、中国邮政集团公司、北京大学国家发展研究院开展的大型社会公众调查活动——中国经济生活大调查的评选中，呼和浩特市被评为全国最具幸福感的十大省会城市。

2014年，开展首届“青城最美交警、协勤、协管员”评选活动和首届呼和浩特市“社区好人”评选活动。同年，市文明委印发《呼和浩特市帮扶和礼遇道德模范实施办法》，明确帮扶礼遇对象和条件、帮扶礼遇程序等，体现全社会对道德模范的尊敬和关爱。

2015年，市文明委组织开展呼和浩特市“十大时代新事”“十大社会公益活动”评选活动。为提升市民素质，市文明办举办“做谦恭有礼青城人”系列活动、“珍爱生命、文明交通”“爱护环境、拒绝车窗抛物”“文明在手中 垃圾勿乱丢”“节约粮食、文明用餐”“文明排队、维护公共秩序”，及呼和浩特市“十大不文明行为”等活动。年内，市文明办开展“争做文明有礼的青城人——百场文明礼仪宣讲活动”。

二、社会主义核心价值观教育

2006年10月，中共十六届六中全会通过《中共中央关于构建社会主义和谐社会若干重大问题的决定》，第一次明确提出“建设社会主义核心价值体系”重大命题和战略任务。同年，市文明办在全市开展关于社会主义荣辱观的学习教育及宣讲活动。

2007—2009 年，全市精神文明建设工作以开展社会主义荣辱观教育活动、加强和改进未成年人思想道德建设为重点，贯彻《公民道德建设实施纲要》，持续推进道德实践活动和群众性精神文明创建活动、“知荣辱、树新风、我行动”道德实践活动等。

2010 年,市文明办制定《呼和浩特市提高全民素质综合评价指标体系》。2011 年，举办“弘扬中华传统文化，做有道德的人”呼和浩特首届大型公益论坛，弘扬社会主义核心价值观和中华优秀传统文化。

2014 年，在全市各机关、社区、企业、学校和村镇开展“践行社会主义核心价值观、弘扬雷锋精神”巡讲活动，全年巡讲 15 场。同月,《呼和浩特市培育和践行社会主义核心价值观，加强公民道德建设，提升市民文明素质实施方案》印发全市执行。2015 年，市文明办出台《呼和浩特市 2015—2017 年培育和践行社会主义核心价值观三年行动计划》。

第二节　爱国主义教育

一、开展教育活动

1989 年，市委宣传部印发《关于在全市深入进行形势教育的实施意见》，并编印发放 1.3 万册《建国四十周年宣传提纲》《爱国主义、社会主义、艰苦奋斗、国情教育百题解答》。

1992 年 1 月，市文明办编写 3 期国际、国内形势教育材料。1994 年，中共中央宣传部颁布《爱国主义教育实施纲要》。为贯彻落实《爱国主义教育实施纲要》，市文明办印发《贯彻爱国主义教育实施纲要细则》，并组织实施“百部爱国主义教育优秀影视片宣传战役”和全市大中专院校师生“爱我中华”文艺演出活动。

1995 年，市委宣传部印发《呼和浩特市 1995—1997 年重点实施爱国主义教育“33377”工程的安排意见》，即学习《邓小平文选》一、二、三卷；重点管好市、处、科三级领导干部；组织爱国主义教育宣讲、报告、演讲 3 个团；加强 7 项基本建设；开展 7 项主题活动。

1996 年 12 月，对市二中“学十佳，树新风，见行动”等 20 项优秀爱国主义教育活动和 1995—1996 年度优秀爱国主义教育教材予以表彰。同年，市文明委组织召开全市爱国主义教育经验交流会。

1997 年，评选呼和浩特市第二中学等 20 家单位为 1995—1997 年度爱国主义教育先进集体。为落实《爱国主义教育实施纲要》，加强学校爱国主义教育，市文明委在少年儿童中开展“读好书、树理想、争做四有接班人读书计划”活动。

1998年5月，市文明办印发《呼和浩特市1998—2000年爱国主义教育规划》。规范爱国主义教育礼仪，深化爱国主义教育活动。1999年，市文明委表彰全市爱国主义教育先进集体、爱国主义教育优秀活动和爱国主义教育优秀教材。

2005年，市文明办组织1万人参加“内蒙古自治区纪念中国人民抗日战争暨反法西斯战争胜利60周年知识竞赛”活动。

2008年4月，市文明办印发《关于组织中学生免费参观呼和浩特地区国家级爱国主义教育基地的通知》。2010年9月2日，举办呼和浩特各界纪念中国人民抗日战争暨世界反法西斯战争胜利65周年活动。2008—2015年，为弘扬中华优秀传统文化，营造传统节日欢乐祥和氛围，市文明办在春节、元宵节、清明节、端午节、七夕节、中秋节、重阳节等传统节日期间，开展“我们的节日”主题活动。

二、教育基地建设

1996年7月，乌兰夫纪念馆、内蒙古博物院、大青山革命公墓、昭君墓4家单位被自治区党委宣传部命名为首批自治区级爱国主义教育基地。

2004年，全市有77个爱国主义教育基地，其中国家级3个、省级4个、市级22个、旗县级48个。2005年11月，托克托县博物馆、新城区素质教育基地被自治区党委宣传部命名为第二批自治区级爱国主义教育基地。2008年，武川县德胜沟抗日根据地旧址、新城区国防教育中心、内蒙古大学民族博物院被自治区党委宣传部命名为第三批自治区级爱国主义教育示范基地。

2009年4月，市委宣传部印发《呼和浩特市爱国主义教育基地管理办法（试行）》，加强对爱国主义教育基地建设、管理和使用，规范爱国主义教育基地的评选命名程序，发挥爱国主义教育基地的重要教育作用。

2011年10月，伊利集团、内蒙古土默特博物馆、内蒙古演出服务中心乌兰恰特电影厅、青城公园烈士塔被自治区党委宣传部命名为第四批全区爱国主义教育示范基地。至2014年，全市有市级爱国主义教育示范基地35个，分别为新城区多松年烈士纪念馆、苏虎街实验小学爱国主义教育基地、内蒙古电影博物馆、清·固伦恪靖公主府、华北军第五十九军抗日阵亡将士公墓纪念碑、呼和浩特市青少年活动中心；回民区呼和浩特市第一中学、呼和浩特市第十三中学国防教育展厅、内蒙古青少年生态园、中山西路回族小学；玉泉区呼和浩特五塔文物保管所、呼和浩特市土默特学校文庙（大成殿）、绥蒙抗日救国会旧址；赛罕区内蒙古妇女儿童中心、赛罕区青少年素质教育活动基地、呼和浩特市档案馆、呼和浩特市规划展览馆、苏木沁烈士纪念碑、赛罕区名言小学；土默特左旗青山烈士陵园、土默特左旗乌兰夫纪念馆；托克托县李裕智烈士陵园、托克托县黄河河口、托克托县第一中学素质教育基地、黑水泉明泉文化教育基地、云中文博园；和林格尔县南山生态文化园、蒙牛乳业（集团）股份有限公司、和林格尔县烈士纪念碑、和林格尔盛乐经济园区；武川县可可以力更镇青山园、大青山革命烈士陵园、武川县档案馆；清水河县北堡乡老牛坡党员干部党性教育基地；金川工业园区。

2015 年，因各旗县（区）申报市级爱国主义教育示范基地单位数量少、条件不成熟，故未进行命名。

第三节　未成年人及青年思想道德建设

一、未成年人思想道德建设

1986 年，在全市各中、小学校开展多种形式的理想、纪律教育，组织"劳动模范报告团""法制教育现身说法汇报会""英烈报告团"到校宣讲。为加强未成年人思想道德建设，1988 年，完成中小学国旗下讲话教材的编制工作。同年，举办"国情、市情"教育讲座，并开展师生思想状况调查。

1991 年，在中小学生中开展观影活动。全市 30 所中学、60 所小学共 7 万多名中小学生观看《闪闪的红星》《甲午风云》《雷锋》等 20 部影片，对中小学生进行中国近现代史教育和国情教育。

1994 年，市文明办印发《关于加强和改进基础德育教育工作决定》《关于基础德育教育工作实施细则》。1996 年，呼和浩特市大中专、中小学升国旗制度作为八大制度之一，纳入市文明委制定的《呼和浩特市爱国主义教育有关制度》，列为政府部门督导、检查、评估学校教育的内容之一。

2000 年，市文明办印发《加强和改进全市思想政治工作意见》，提出要做好学校思想政治工作，通过加强政治理论和法治教学，组织社会实践活动，全面提高学生的思想政治素质。

2004 年，市文明办印发《关于加强和改进未成年人思想道德建设的实施意见》。2007 年，全市多部门联动，对学校、网吧、爱国主义教育基地、公益性文化设施、校外活动场所、社区家长学校、"五老"（老干部、老战士、老专家、老教师、老模范）队伍、特殊群体未成年人等开展未成年人思想道德建设工作进行调研。至年末，全市 77 个爱国主义教育基地均对未成年人集体参观免费开放。

2008 年，组织中学生免费参观呼和浩特地区国家级爱国主义教育基地。同时，要求全市各教育部门把组织参观爱国主义教育基地作为加强中学德育工作的重要内容，列入学校德育工作计划。

2009 年 1 月，市文明委开展全市未成年人思想道德建设工作测评。3 月，呼和浩特市未成年人思想道德建设工作领导小组、呼和浩特市净化社会文化环境协调小组成立，在市委宣传部增设未成年人思想道德建设处，并将未成年人思想道德建设工作纳入文明城市、文明村镇、文明单位测评体系，加强未成年人思想道德建设工作。2009年，呼和浩特市被中央文明委命名为第二届全国未成年人思想道德建设工作先进城市。

2010年，市文明办组织市属4家媒体到呼和浩特市第十六中学、玉泉区五塔东街小学、赛罕区先锋路小学、回民区光明路社区、玉泉区小西街社区，以及对关爱未成年犯的“爱心妈妈”张莲云、常年从事特殊教育的教师张美丽和张秀丽姐妹、身残志坚服务青少年的寒星和自强不息的“全国十佳自强女孩”武彦4名先进个人，进行未成年人思想道德建设工作典型宣传专题采访。

2012年，呼和浩特市第二中学被评为“第二届全国未成年人思想道德建设工作先进单位”。同年，市文明办组织开展“做一个有道德的人”主题系列实践活动。年内，10首优秀童谣作品获得自治区表彰。其中，回民区贝尔路小学学生王凡铭创作的童谣《小白杨》获第三届全国优秀童谣征集活动优秀奖，作品入选中央文明办印发的《中华是我家》优秀童谣作品集。呼和浩特市清水河县城关镇第三小学学生马源被自治区党委宣传部、自治区文明办、自治区教育厅、共青团内蒙古自治区委员会、自治区妇女联合会授予首届内蒙古自治区美德少年。2013年，市文明办开始组织在全市中小学校建立“道德讲堂”。2014年4月，在全市开展“弘扬传统美德 放飞人生梦想”大型公益巡回演讲活动。11月，呼和浩特市第四中学学生李柏萱、新城区团结小学学生王东麟被授予第三届内蒙古自治区美德少年。

2015年，市文明办制定《加强校园文化建设的实施意见》《中小学、幼儿园德育工作常规》。利用重要节点，开展“敦品励学·成才圆梦”等活动，推动中国梦、社会主义核心价值观、文明礼仪、民族精神等教育进教材、进“道德讲堂”。同年，依托内蒙古精神卫生中心建成呼和浩特市未成年人心理健康指导中心，中心设有8个功能室。年内，市文明办开展爱国主义教育示范基地“小讲解员培训”、媒体“小记者社会体验计划”等活动，使其成为校外的实践基地，拓展未成年人素质教育的空间。阳光少年特木钦获全国道德模范提名奖；孝老爱亲的苏钰入选“中国好人榜”；庞雪梅获自治区道德模范提名奖。

二、青年思想道德教育

1986年开始，呼和浩特市按照《中共中央关于社会主义精神文明建设指导方针的决议》要求，以学雷锋活动为载体，开展青少年素质和思想道德教育。1997年，市文明办组织市属和驻呼各机关、部队、企事业单位参加“学雷锋、迎大庆清洁城市义务劳动”活动。1998年，市文明委印发《1998—2000年爱国主义教育规划》，要求将青少年作为重点，突出中华人民共和国成立50周年成就教育和国情、市情教育等内容，加强爱国主义氛围和礼仪教育。

2003 年，市文明委印发《加强文明市民教育的意见》，明确提出对青少年重点抓好礼仪教育、法制教育、养成教育。2005 年，为帮助“网瘾青少年”这一特殊群体恢复正常的学习和生活，全市多部门举办“挽救网瘾少年——呼和浩特市陶宏开专场大型报告会”。

2007 年，新城区、赛罕区的青少年素质教育活动基地，玉泉区“红领巾”德育实践基地、回民区各办事处成立青少年服务活动中心，成为青少年生活、学习的第二课堂。2008 年，实施“西部开发助学工程”，向自治区文明办推荐品学兼优、家庭贫困、无力完成学业的 5 名高中生和 7 名大学生。

2010 年，市文明办开展“传唱优秀童谣、做有道德的人”网上签名寄语活动、“山花工程”大青山助学捐赠仪式、“向西部地区送电脑”等活动，动员社会各界力量关注贫困失学儿童。无锡市党政代表团捐款 50 万元资助老区贫困学生。市妇联开展“‘双合格’家庭宣传教育活动”获第一届自治区未成年人思想道德建设工作创新案例一等奖，呼和浩特晚报社、市儿童福利院、托克托县第一小学和武川县第一中学分别获创新案例三等奖。

2011 年，呼和浩特市争取中央“专项彩票公益金支持乡村学校少年宫建设”项目，有 3 所学校获首批建设资金 60 万元。市文明办组织参加自治区首届中小学校园文化艺术大赛活动，开展了“中华经典诵读”“童心向党歌咏比赛”，引导未成年人体验传统文化魅力。呼和浩特市选送的《过大年眊姥姥》荣获第二届全国优秀童谣三等奖，并被中央文明办《中华是我家》收录。

2012 年，市文明办举办“最美青城人”电视颁奖晚会暨“呼和浩特市首届美德少年”评选等活动。

2015 年，市文明委制定《关于社区家长学校指导意见》等文件，通过家庭教育百人宣讲、家长学校讲座、家教咨询热线、安康宣传栏和亲情图书站、“感恩教育”和“赏识教育”讲座，宣传科学的家庭教育理念，推动形成和谐的亲子关系。

第二章　文明创建活动

第一节　创建文明城市活动

1995 年，呼和浩特市开始开展创建文明城市活动。1996 年，市文明委提出加强呼和浩特市精神文明建设的意见。同年，市委、市政府批准命名新华东街为文明示范街。

1997 年，市文明委命名民航呼和浩特白塔机场小区等 5 个小区为文明示范小区，中山东路等 3 条街道为文明示范街道，察素齐镇、西园村等 18 个乡镇、村为文明示范乡镇、村。

1998 年，市文明办联合多部门举办“讲文明树新风，创建国家卫生城”知识竞赛电视公开赛。1999 年，市文明委命名新华东街、中山西路、公园西路为呼和浩特市无垃圾、无便迹、无痰迹街道。同年，中山西路被中共中央宣传部、中央文明办评为全国“百城万店无假货”活动示范街，内蒙古民族商场有限责任公司被评为全国“百城万店无假货”活动示范店。2000 年，新城西街、昭乌达路、大南街、人民路被评为全国“百城万店无假货”活动示范街，并在中山西路两端各建一座“百城万店无假货”示范街彩虹桥。

2001 年，中山西路被中共中央宣传部、中央文明办、国家经贸委命名为第四批“全国百城万店无假货”示范街。2006 年，组织开展“创建全国文明城市——首府媒体大联动，百万市民大参与”活动。2008 年，中山西路被重新确认为全国“百城万店无假货”活动示范街，内蒙古民族商场有限责任公司被重新确认为全国“百城万店无假货”活动示范店。

2010 年，市文明委制定《呼和浩特市公共文明指数测评体系和测评工作操作办法》。2013 年，市文明委、志愿者联合会开展“同走交通文明路、共创和谐文明城”文明交通志愿劝导活动，在全市营造“有序、安全、畅通、和谐”的道路交通环境。2015 年，呼和浩特市被中央精神文明建设指导委员会办公室评选为全国文明城市提名城市。

第二节　文明村镇户、文明社区小区创建

一、文明村镇户创建

1990 年，全市开展创文明乡镇、村活动，提倡移风易俗，反对封建迷信，倡导健康文明的生活方式。1992 年，在全市农村开展创建文明村镇活动和“一乡两村十户”系列评比活动。1995 年，在农村开展文明乡镇、文明村和“十星级小康文明户”的升级评比活动。

1996 年，呼和浩特市托克托县城关镇被自治区文明委命名为 1995—1996 年度全区星级文明城市竞赛（丙组）优胜城镇，并予以表彰。1997 年，市文明委召开全市农村精神文明建设经验交流会，命名土默特左旗察素齐镇等 10 个乡镇为文明乡镇示范点、土默特左旗察素齐镇西园村等 20 个村为文明村示范点、土默特左旗毕克齐镇官保村高甲绪等 20 户为十星级小康文明示范户。

2000年6月，市文明委命名赛罕区巴彦镇等4个建制镇为二星级文明建制镇、土默特左旗善岱镇等5个建制镇为一星级文明建制镇、新城区毫沁营乡府兴营村段美莲家庭等50户为“十星级小康文明示范户”。同年，市文明委命名呼和浩特市第二十一中学、呼和浩特市第五中学、玉泉区石羊桥东路小学、呼和浩特市第十八中学为呼和浩特市第一批交通安全学校。

2002年，市文明委命名回民区攸攸板乡塔布板村等10个村为交通安全文明村。同年，市文明办、市建委在全市公交线路中开展“创建文明公交线路”竞赛活动，评选1路等10条公交线路为文明公交线路。

2003年，市文明委组织4个城区、5个旗县、18个乡镇、28个村参加竞赛活动，新城区获自治区十佳文明城区称号，土默特左旗获自治区十佳文明旗县称号，赛罕区大台村获自治区十佳文明村称号。

2011年，推动“三下乡”活动与文明村镇创建的联动机制，创建文明生态村和“首府文明通道”。托克托县黑水泉村被中共中央宣传部、中央文明办评为全国文明村。赛罕区舍必崖村等4个村被自治区党委宣传部、自治区文明办命名为全区文明村镇。2012年，市文明委在全市各级文明单位中广泛开展结对帮扶农村开展文明创建活动。

2013—2015年，按照中央文明办的总体部署，市文明委在全市农村持续开展文化广场创建活动。回民区攸攸板镇、新城区保合少镇恼包村被中共中央宣传部、中央文明办评为全国文明村。

二、创建文明社区、小区

1997年，全市开始开展创建文明社区活动。评选年度城区文明小区11个、农村旗县(区)文明小区15个、文明示范小区5个。至1998年,全市有市级文明小区45个,市级文明示范小区6个,市级文明示范街道4条;旗县(区)级文明小区88个,旗县(区)级文明街道48条。

2001年，市文明办印发《关于社区资源共享的意见》《呼和浩特市创建文明社区管理办法》。2010年,市文明办印发《呼和浩特市文明社区测评标准》,并以此为依托,逐年推出市级文明社区创建典型。

2011年，组织开展“文明小区”“文明楼栋”“文明家庭”等群众性创建活动。

2015年，市委宣传部制定《呼和浩特市居民小区测评细则》、每季度对全市社区进行测评。

第三节　文明行业、单位创建

1986年，在全市开展以城镇为重点的自建和军民、警民、工农等各种形式的共建文明单位活动。1987 年，市委宣传部开展创建文明单位和双优服务活动。

1995 年，开展行业文明杯竞赛和爱厂爱岗、艰苦奋斗和创建文明企业活动。1996 年，市文明委对呼和浩特市第二中学等 20 个优秀爱国主义教育活动单位进行表彰。1998 年，市文明办、市工商局命名通达小商品批发市场等 14 处市场为 1997 年度市级文明市场。1999 年，市文明委、市旅游局在全市范围内开展评选文明风景旅游区示范点活动。市文明委命名市公安局回民区分局通道街派出所等 5 个单位为优质规范服务示范点。

2000 年，市文明办对全市文明单位进行核查，对 20 个单位予以通报表扬；对 64 个单位予以确认；对 3 个单位予以警告、批评；撤销 11 个单位荣誉称号。同年，命名民族商场等 9 家商店为“放心店”、市公交总公司 4 路 14 号车组等 15 个单位为全市窗口行业文明服务示范点。至 2000 年，全市有 102 个单位在行业文明杯竞赛活动中获得荣誉称号。

2001 年，市文明办在全市窗口行业开展规范化服务达标竞赛活动。2002 年，印发《呼和浩特市文明单位建设管理办法》，对市级文明单位实行届期制。在窗口服务行业开展“十佳文明服务窗口单位”评比活动，命名“呼和浩特市公安局交警支队回民大队新华广场岗”等 10 个单位为呼和浩特市“十佳窗口单位”；民族商场等 31 个单位为文明服务示范单位。同年，在全市所有风景旅游区中普遍开展创建文明风景旅游区活动。

2003 年，在自治区两个文明建设经验交流会上，呼和浩特市土默特左旗巡警大队被自治区文明委命名为自治区标兵文明单位。组织开展全市窗口行业为“迎会”做贡献活动和创建文明公交线路、文明出租车、文明畅通路、文明样板街活动，评出规范化达标单位 60 个，文明公交线路 10 条、文明出租车 200 辆、文明畅通路 4 条、文明样板街 5 条。

2004 年，市文明委命名蒙牛集团等 100 个企业、窗口服务行业为百佳文明诚信单位。同年，市文明委、市交通局在客运出租行业开展“迎文化节、诚信经营、文明服务、树行业形象”活动。2005 年，在自治区两个文明建设经验交流会上，呼和浩特市推荐申报的 7 个自治区级文明单位标兵和 33 个自治区级文明单位受到命名表彰。在全国精神文明表彰会上，呼和浩特市 14 个单位荣获国家级奖励。

2007 年，呼和浩特市接受自治区“百城万店无假货”活动示范街、示范店检查验收组检查验收，命名和林格尔县城关镇步行一条街、呼和浩特维多利商厦等 4 个商店为自治区第二批“百城万店无假货”示范街、示范店。2008 年，在中国·呼和浩特第九届昭君文化节期间，组织 200 辆出租车免费接送参加第二届中国民族商品交易会和第九届昭君文化节的宾客。

2009 年，开展“迎六十国庆、树行业新风、建文明窗口”行业创建活动，组织进行《文明礼赞——迎接新中国六十华诞呼和浩特地区群众性精神文明创建活动巡礼》。2010 年，启动公共文明指数测评工作，重新修订《呼和浩特市文明市民公约》，制定出台《呼和浩特市文明社区测评标准（试行）》。开展首届政务文明示范点评比活动，命名呼和浩特市政务服务中心等 9 个单位为第一批政务文明示范点。以迎接上海世博会和广州亚运会为契机，在全市窗口行业（系统）开展首届“文明杯”规范化服务竞赛活动。

2013 年，市文明委在呼和浩特地区市级以上文明单位中开展“六个一”（一堂、一队、一餐桌、一牌、一点、一传播）活动。2014 年，市委宣传部、市文明办、市广播电视台组织开展“文明从我做起”行业风范演讲比赛。呼和浩特市第十四中学、中国移动呼和浩特市分公司、赛罕区检察院、玉泉区国税局被中共中央宣传部、中央文明办评为全国文明单位。

2015 年，市文明办、市工商行政管理局、市个体劳动者私营企业协会授予呼和浩特市刘氏口腔医院有限责任公司等 100 家企业和 100 名个体工商户为呼和浩特市 2015 年度“最美诚信企业”“最美诚信个体工商户”。

第四节　志愿服务活动

2005 年，市文明办印发《呼和浩特志愿者服务条例》。2008 年，开展“迎奥运、讲文明、树新风”志愿服务行动，围绕践行文明礼仪、遵守公共秩序、提高服务质量、优化城乡环境、搞好窗口建设、维护社会治安。

2011 年，市文明办印发《关于在全市广泛开展志愿服务活动的通知》，推动全市社会志愿服务组织建设，组织志愿者深入社区、学校、企事业单位、农村，把生活困难群众和老年人、残疾人作为重点对象，开展送温暖、献爱心、倡文明、促和谐的社会志愿服务活动。

2012 年 9 月，市文明委印发《关于成立呼和浩特市志愿服务工作领导小组的通知》，完善呼和浩特市志愿服务领导体制和工作机制，推动志愿服务事业深入发展。

2013 年 5 月，市文明办成立呼和浩特志愿者联合会，协调组织全市志愿服务组织和志愿服务活动。市创建全国文明城市指挥部办公室、市文明办和呼和浩特志愿者联合会共同举办“我参与　我践行　为文明添彩”——首府创建全国文明城市志愿服务集中活动。全市科普、医疗、巾帼、环保、交通、社区、文艺等方面的志愿者和市四区、驻呼高校、爱心车队志愿者以及城管、国税、工商、供电等系统的干部职工共 8000 多人参与现场活动。同时，启动“同走交通文明路、共创和谐文明城”

文明交通志愿劝导活动，有9所驻呼大专院校的2000多名志愿者，在全市24个主要路口开展文明交通宣传劝导活动。在一个月的活动中，上岗1.28万人次，上岗时间累计1920小时。

2014—2015年，市文明办在全市组织开展“拒绝车窗抛物、城市管理大家行”暨“我为维护首府公共秩序添光彩”志愿服务大型宣传倡议活动，为期1个月的“爱呼市、爱整洁、爱文明城市管理文明行”主题宣传活动，以及“爱在青城——为8000名环卫工人送冬衣、为道德模范赠送年货”等公益活动。市文明办开通呼和浩特市志愿服务公益网。

人　物

人物传略
烈士简介
人物名录

人物传略

奎　璧（1903—1986 年），字子璋，蒙古族，土默特左旗善岱镇保同河人。

1921 年，奎璧入土默特高等小学校读书。1923 年，考入北京蒙藏学校，并加入中国社会主义青年团。1925 年 3 月，奎璧作为绥远特别区代表参加了在北京召开的国民会议促成会全国代表大会。同年，加入中国共产党，与多松年、乌兰夫、吉雅泰等在北京蒙藏学校组成内蒙古地区第一个中国共产党支部，与多松年、乌兰夫等主持创办了内蒙古地区第一个革命刊物——《蒙古农民》。之后受党组织委派到外蒙古党务学校学习。1927 年春回国，先后在宁夏、内蒙古等地开展革命活动。1929 年，奎璧任中共西蒙工作委员会宣传委员，负责宣传和交通工作。同年 10 月，因叛徒告密，奎璧被捕入狱，被国民党当局以共产党嫌疑犯的罪名判刑 2 年。1931 年，奎璧获释，以小商人、小学教员和报社职员身份为掩护，继续从事革命活动。全面抗战爆发后，奎璧深入土默特地区农村，组织农民建立抗日救国会，从事抗日活动。1938 年 9 月，八路军开辟大青山抗日游击根据地后，奎璧在大青山抗日游击支队领导下，从事抗日活动。1939 年底，奎璧赴延安陕北公学学习。1941 年春，奎璧回到大青山抗日游击根据地，任中共土默特蒙古工作委员会负责人、绥西地委蒙民部长。抗日战争胜利后，奎璧先后任内蒙古自治运动联合会常委、组织部部长，中共巴（巴彦塔拉）乌（乌兰察布）盟工作委员会书记兼巴乌军区政委，中共锡（锡林郭勒）察（察哈尔）盟工作委员会书记、中共锡察行政委员会主任、中共锡察军区政委，中共冀热察区委员会委员，内蒙古自治政府委员及民政部部长，内蒙古共产党工作委员会委员。

中华人民共和国成立后，奎璧历任绥远省人民政府副主席，内蒙古自治区副主席，内蒙古人民委员会副主席，中共蒙绥分局组织部部长，自治区党委副书记兼自治区监察委员会书记、组织部部长，自治区党委书记处书记兼监察委员会书记，政协内蒙古自治区委员会副主席、主席，第五届、第六届全国人民代表大会常务委员会委员；中共七大代表，中共八大中央候补委员，中共十二届二中全会增选为中共中央顾问委员会委员，1985 年 9 月主动离任。

1986 年 2 月 9 日，奎璧逝世，终年 83 岁。

云北峰（1915—1986年），蒙古族，土默特左旗北什轴村人。

少年时，云北峰在土默特高等小学校读书，毕业后前往南京政治学校蒙藏班求学。1936年秋，云北峰回到家乡，在蒙旗师范学校附属小学当教员，与中共党组织取得联系，参加革命活动。全面抗战爆发后，参加组织绥远蒙旗抗敌后援会，支援绥东抗战。1938年，接受大青山抗日根据地党组织的指示，在呼和浩特一带进行抗日活动。1940年，云北峰带领大青山地区党组织选送的第四批蒙汉族青年去延安学习。1945年，云北峰加入中国共产党。同年，被调往伊克昭盟，开展解放伊克昭盟的工作，历任中共东郡工委书记，中共伊克昭盟盟委委员、中共郡王旗委书记。

中华人民共和国成立后，云北峰参加绥远省河套地区土改工作团，负责协助河套地委解决土改中的民族关系问题。1952年，任中共河套地委副书记、河套专员公署专员。1955年，任中共乌兰察布盟委第一书记、盟长、盟军分区政委。1957年，任内蒙古自治区城建局局长、党组书记。1962年，任内蒙古自治区农牧林委员会主任、党组书记，内蒙古自治区党委代常委。1976年后，云北峰主持内蒙古自治区农牧林办公室工作。1978年，调任中国社会科学院民族研究所所长、党委书记。1979年，任全国人民代表大会常务委员会民族委员会秘书长、党组副书记，同时兼任全国人民代表大会常务委员会机关党组成员。

1986年8月12日，云北峰逝世，终年71岁。

李　森（1902—1987年），蒙古族，土默特左旗马群村人。

李森19岁时，为反抗民族压迫，参加土默特旗地方武装绥远骑兵补充团。1925年，在中共党员乌兰夫等人的影响下，参加革命。1927年，加入中国共产党。1929年，受中共绥远党组织委派，到外蒙古学习；同年冬，奉派回国，担任共产党地下交通员，在包头、归绥等地从事秘密交通工作，先后掩护王若飞、乌兰夫、曾涌泉等共产党员往返于延安、土默川地区、外蒙古和苏联。抗日战争时期，任中共土默特蒙古工作委员会负责人、大青山蒙古抗日游击队队长、中共三段地工委游击队队长。1941—1943年，入延安民族学院和中共西北党校学习。解放战争时期，任内蒙古自治运动联合会军事部蒙古骑兵独立旅副旅长、内蒙古自治运动联合会执行委员、内蒙古自治政府委员、内蒙古察哈尔盟公安局局长、内蒙古骑兵第十二师师长。

中华人民共和国成立后，李森历任中共绥远省蒙古工作委员会负责人、绥远省民族事务委员会副主任、绥远省人民政府监察委员。蒙绥合并后，任内蒙古自治区民族事务委员会副主任，当选为政协内蒙古自治区第四届委员会副主席，内蒙古自治区第一届、第二届、第三届人民代表大会代表。

1987年8月9日，李森逝世，终年85岁。

乌兰夫（1906—1988年），又名云泽、云时雨，土默特左旗塔布赛村人。

1923年夏，乌兰夫从土默特高等小学校毕业后，考入北京蒙藏学校学习。同年12月加入中国社会主义青年团。1925年9月转为中国共产党党员。同年10月赴苏联莫斯科中山大学学习。1928年初毕业后，乌兰夫在莫斯科东方大学、中山大学做教学翻译工作。同年6月，参与中国共产党第六次全国代表大会会议文件的翻译工作。1929年6月，受组织委派回到家乡开展工作，组织建立中共西蒙工委，历任中共西蒙工委组织委员、书记。全面抗战爆发后，乌兰夫任蒙旗独立旅、国民革命军新编第三师政训处代理副主任、中共地下党委书记。1941年8月，乌兰夫赴延安，任延安民族学院教育长、陕甘宁边区政府民族事务委员会主任。抗日战争胜利后，历任绥蒙政府主席、中共晋察冀边区中央局委员、中共内蒙古工作委员会书记、内蒙古自治运动联合会主席兼军事部部长、内蒙古军政学院院长、内蒙古自治学院院长。1947—1949年，先后担任中共中央东北局委员、内蒙古共产党工作委员会书记、内蒙古自治政府主席、内蒙古军区司令员兼政委，领导内蒙古自治区的政权建设、军队建设、党组织建设、经济文化建设，完成农村土地改革和牧区民主改革任务。

中华人民共和国成立后，乌兰夫先后任中央人民政府委员，政务院委员，国防委员会委员，中央民族事务委员会党组书记、副主任、主任，中央民族学院院长，华北行政委员会委员，中共中央华北局副书记，中共中央内蒙古分局书记，绥远省人民政府主席。1954年后，历任国务院副总理、中共内蒙古自治区党委第一书记、内蒙古自治区人民委员会主席、内蒙古军区司令员兼政委、内蒙古大学校长、中共中央华北局第二书记、内蒙古自治区政协主席。1955年，被授予上将军衔，荣获一级解放勋章。1975年、1978年，当选为第四届、第五届全国人民代表大会常务委员会副委员长，政协全国第五届委员会副主席。1977—1982年，任中共中央统战部部长，主持起草《中华人民共和国民族区域自治法》。1983年，当选为中华人民共和国副主席。1988年，当选为第七届全国人民代表大会常务委员会副委员长。中共第七届中央候补委员，中共第八届中央委员、政治局候补委员，中共第十届至十二届中央委员，中共第十一届和十二届中央政治局委员。

1988年12月8日，乌兰夫逝世，终年82岁。

李井泉（1909—1989年），江西省临川县（今抚州市临川区）人。

1917年，李井泉入乡小学接受启蒙教育。1923年，李井泉考入江西省立第三师范。在学校里，李井泉接受革命思想，常利用节假日回乡向村民们宣传民主革命思想，并组织农民进行抗租、抗霸斗争。1926年，李井泉加入中国共产主义青年团。1927年8月，18岁的李井泉随八一南昌起义部队走上革命道路。1930年，转为中国共产党党员。历任中国工农红军第一方面军总司令部直属队办公室秘书长、红军第三十五军政治委员、赣南独立三师政治委员，红军第二十一军政治委员，红军第三军团第四师政治部主任等职。全面抗战爆发后，李井泉任八路军第一二〇师第三五八旅政委，率部在晋西北岢岚、五寨一线开展抗日游击战争。1938 年 8 月，根据中共中央和毛泽东指示，八路军第一二〇师决定由第三五八旅第七一五团和师直骑兵营一个连，组成八路军大青山抗日游击支队（后称大青山骑兵支队），李井泉任支队司令员兼政委，率部挺进大青山，建立大青山抗日游击根据地。1940 年 11 月，晋西北军区成立，李井泉任三五八旅兼第三军分区政治委员，率部坚持抗战。1942 年 9 月，任中共中央晋绥分局组织部部长。同年冬，任抗日军政大学总校政治委员，为人民军队输送大批军政干部。1945 年 7 月，任晋绥野战军政治委员，协助贺龙领导晋绥军民展开对日伪军的攻势作战。抗日战争胜利后，任中共中央晋绥分局书记、晋绥军区政治委员，领导晋绥解放区的土地改革运动，支援西北人民解放战争。1949 年，绥远和平解放后，中共中央任命李井泉为军委直属兵团政委、晋绥军区政委兼四川工委书记，配合晋绥野战军入川作战。

中华人民共和国成立后，李井泉历任中共川西区党委第一书记、川西行政公署主任兼军区政委，四川省政府主席，西南协作委员会主任委员，西南三线建设委员会主任，中共四川省委第一书记兼省军区第一政委，中共中央西南局书记、第一书记兼成都军区第一政委。中共第八届中央委员、中共中央政治局委员，中共第十届、第十一届中央委员，中共中央顾问委员会常务委员，第三届、第四届、第五届全国人民代表大会常务委员会副委员长。

1989 年 4 月 24 日，李井泉逝世，终年 80 岁。

李自勉（1921—1989 年），蒙古族，土默特左旗把什村人。

1939 年 7 月，李自勉赴延安参加革命。1940 年 6 月，加入中国共产党。1942 年，从陕北公学、延安民族学院毕业，受党组织委派，到伊克昭盟乌拉尔林蒙古工作委员会做民族上层人士的统战工作。1943 年 5 月，在伊克昭盟武装起义中任财政股长。同年 7 月，在八路军陕甘宁边区警备三旅直属骑兵大队、三边警备旅任文化教员、副政治指导员。1944 年 5 月，调晋西北偏关，随同部队做敌后工作，后被组织派回内蒙古地区开展工作，先后在乌兰察布盟、锡林郭勒盟及东北等地坚持军事斗争和政治斗争，历任绥远省察素齐游击队政治教导员、内蒙古骑兵独立旅第一团政治部主任，乌兰察布盟保安总队总队长、内蒙古骑兵第十六师三团副团长兼参谋长。1948 年 10 月，任内蒙古军区警卫团副团长兼参谋长。

1950 年，李自勉任内蒙古骑兵第八团团长。后长期在保卫战线工作，历任内蒙古公安总队检查科科长、蒙绥公安总队干校校长、公安第二团团长、内蒙古公安厅武警总队副总队长、公安部队内蒙古总队副总队长，被授予上校军衔。1955—1958年，就读于南京高级步兵学校，获中华人民共和国三级独立自由勋章、三级解放勋章。1965年后，历任中国人民解放军独立第二师副师长、乌兰察布军分区副司令员、呼和浩特警备区司令员、中共呼和浩特市委常委。第一届、第二届、第三届自治区人民代表大会代表，呼和浩特市第七届人民代表大会常务委员会副主任。1981年5月离休。1988年8月，被中央军委授予独立功勋勋章。

1989年8月11日，李自勉逝世，终年68岁。

安正福（1909—1990年），四川省阆中市人。

1933年9月，安正福参加中国工农红军，1934年1月加入中国共产党。历任班长、排长、连指导员。1938年6月，随大青山抗日游击支队开辟大青山抗日游击根据地。1942年5月，晋绥军区塞北军分区从大青山骑兵支队第一团抽调9名指战员组成精干的武装工作队，由安正福任队长，到和林格尔地区开辟根据地，开展敌后斗争。安正福认真执行抗日民族统一战线政策，发动群众，团结上层，争取伪军，孤立日军，建立了南北长130多里，东西宽70多里的根据地和一支200多人的游击队。1944年，成立和林格尔县民主政权，安正福任县委书记兼代理县长。1945年1月，中共中央晋绥分局指出："要以安正福武工队的工作方法为典型，先做群众工作，争取伪军，然后挤掉敌人据点。"同年，安正福当选为中国共产党第七次全国代表大会代表。抗日战争胜利后，安正福曾任晋绥军分区团政治处主任，骑兵旅第四团政委，第七师政治部主任、副政委，山西岚县军事干部学校指导员。

中华人民共和国成立后，安正福历任新疆阿勒泰军分区政委、焉耆军分区司令员、乌鲁木齐军分区司令员、新疆国防工业办公室主任等职。1955年，被授予大校军衔。1978年离休。

1990年7月13日，安正福逝世，终年81岁。

赵展山（1914—1990年），又名赵虎旺，陕西省府谷县人。

1930年，赵展山加入中国共产主义青年团。1931年，转入中国共产党。土地革命时期，参加中国工农红军第七支队创建武装斗争。抗日战争期间，任八路军第一二〇师教导团某连指导员、中共河曲县委书记等。解放战争时期，历任中共河（曲）府（谷）县委书记、河府县县长、晋绥二分区公安处长、中共晋绥二地委组织部长和副书记等职。

中华人民共和国成立后，赵展山历任中共绥远省和林格尔县、中共萨拉齐县委书记、中共平地泉地委书记，中共乌兰察布盟委书记，内蒙古自治区燃料化工厅厅长，中共呼和浩特市委第一书记，政协呼和浩特市第四届委员会主席，内蒙古自治区经委副主任。1979 年 12 月至 1983 年 4 月，任政协内蒙古自治区第四届委员会副主席。中国共产党第八次全国代表大会代表。1983 年 5 月离休。

1990 年 8 月 4 日，赵展山逝世，终年 76 岁。

李文精（1917—1991 年），蒙古族，土默特左旗兵州亥人。

1935 年，李文精入土默特高等小学校读书。1939 年 7 月，在延安抗日军政大学学习，不久转入陕北公学五十五队（蒙古青年队）。1942 年 5 月，加入中国共产党。之后，受党组织委派回到内蒙古，先后在鄂托克旗、归武县、陶林县等地工作，历任民族科科长、内蒙古游击大队大队长、内蒙古骑兵第十一师政治部主任、独立三团政委等职。

中华人民共和国成立后，李文精历任中共土默特工委书记兼土默特学校校长，中共土默特特别旗旗委书记、副旗长兼绥远省委统战部处长，土默特旗土地改革委员会主任，绥远省民工委研究室主任，绥远省民委副主任，平地泉人民委员会副主席、主席。乌兰察布盟委书记兼盟长、自治区高级人民法院院长兼党组书记、中共内蒙古自治区纪律检查委员会常委、自治区党委政法领导小组副组长、自治区政法机关党委书记、中共内蒙古自治区顾问委员会常委。

1991 年 11 月 6 日，李文精逝世，终年 74 岁。

杨植霖（1911—1992 年），又名王士敏、雨三、天虹、长河，土默特左旗台阁牧镇什报气村人。

杨植霖幼年在村私塾读书。1919 年 3 月，入什报气村国民小学。1924 年 9 月，转到毕克齐镇区立高级小学。1925 年秋，杨植霖考入冯玉祥创办的绥远五族学院，被编入中学部学习。上学期间，加入中国共产主义青年团。后参加绥远地区的农民运动，兼任归绥县农民协会秘书。1928 年，杨植霖从中山学院毕业。1929 年，入北平新农农业学校，与中共党组织取得联系，投入北平地下革命斗争。1930 年，加入中国共产党。1931 年 1 月，杨植霖回到毕克齐母校任教，积极参与组织中共绥远特委。7 月，因中共绥远特委遭破坏而被捕，关押在“绥远第一模范监狱”。其间，在王若飞的领导下进行了不屈不挠的狱中斗争。1933 年，杨植霖出狱后以归绥城东滕家营名言小学为据点，开展地下革命活动。1938 年，组织抗日团武装，在大青山区开展抗日游击斗争。同年，抗日团改编为八路军绥蒙游击大队，杨植霖任政治委员兼绥蒙游击大队大队长。1939 年 3 月，中共绥远省委正式成立，杨植霖任中共绥西地委书记。1940年3月，任绥西专员公署专员。8月，晋绥第二游击区行政公署驻绥察办事处成立，杨植霖任副主任。1941年4月，任绥察行政公署行署主任兼绥西专员公署专员，主持颁布《绥察行署各级政府职权暂行规定》《绥察行政公署施政纲领》，发布《关于动员各党派、各民族、各阶级、爱国人士组成抗日民族统一战线的布告》《告绥察境内各民族书》等。1942年初，杨植霖奉调延安中央党校学习。其间，向中共中央和毛泽东主席汇报了绥远抗日斗争情况，参加大生产运动。1945年，任中共绥蒙区委委员，绥蒙政府副主席、主席。1947年9月，杨植霖任晋西北行署建设处代理处长，领导晋西北冶炼、军工、被服厂等工作。1948年10月，包头解放，杨植霖任包头军管会政委。

中华人民共和国成立后，杨植霖历任绥远省人民政府主席兼绥远军政委员会副主席、中共绥远省委党校校长，绥远省第一届各界人民代表大会协商委员会副主席，中共中央蒙绥分局委员，内蒙古自治区副主席，中共中央内蒙古分局副书记，内蒙古自治区政协主席，内蒙古自治区人民委员会副主席，中共内蒙古自治区委员会副书记，中共中央华北局委员。1962年1月，杨植霖调任青海省第一书记、省军区第一政委、省政协主席。1966年5月，任中共中央西北局书记处书、兰州军区政委。1978年12月，杨植霖调任甘肃省委书记。1979年12月，当选为甘肃省政协主席。后任全国政协常委、中央顾问委员会委员等职务。著有长篇小说《王若飞在狱中》，诗集《凯歌》《两地集》，诗歌小说集《青山儿女》《青山欲晓》等。

1992年9月10日，杨植霖逝世，终年81岁。

黄　厚（1913—1992年），又名黄加瑞，江西省安福县人。

黄厚青少年时为反抗地主剥削，参加当地的农民暴动。1929年担任村苏维埃主席，1930年加入中国共产党，1931年参加中国工农红军。土地革命战争时期，任红六军团第十六师第四十九团副排长、连副政治指导员、指导员。在长征中，黄厚参加了著名的抢渡金沙江战斗以及金华山攻坚战、龙家寨攻坚战和龙其口攻坚战等战斗。抗日战争时期，黄厚历任八路军第一二〇师三五八旅七一五团连政治指导员、营政治教导员，绥蒙军区骑兵一团副政治委员，骑兵第四支队支队长，骑兵二团团长。解放战争时期，任绥蒙军区绥东军分区司令员，参与指挥了集宁防御战、包头进攻战、蒙古寺防御战等战斗。

中华人民共和国成立后，黄厚参加抗美援朝作战，任中国人民志愿军第六十六军一九八师副师长，参加了第四次战役。回国后，历任绥蒙军区察哈尔盟军分区司令员，平地泉军分区司令员，内蒙古军区司令部副参谋长、参谋长，内蒙古军区副司令员兼参谋长、内蒙古军区司令员。1955年，被授予大校军衔，1961年晋升为少将军衔。获三级八一勋章、二级独立自由勋章、一级解放勋章。1981 年 7 月，黄厚离休。1988 年，被中央军委授予中国人民解放军一级红星功勋荣誉章。

1992 年 1 月 11 日，黄厚逝世，终年 79 岁。

佛　鼎（1905—1993 年），蒙古族，新城区保合少村人。

1919 年 6 月，佛鼎于归绥十王庙蒙文小学毕业，考入土默特高等小学校。1923 年 5 月，参加归绥学生界抵制日货的斗争。同年秋，考入北京蒙藏学校学习。1924 年加入中国共产党。1925 年 10 月，佛鼎受党组织派遣，赴莫斯科中山大学学习。1926 年 8 月，转到东方大学研究班学习，并负责内蒙古学员的学习和思想工作。1928 年 6 月，中国共产党第六次全国代表大会在莫斯科召开，佛鼎参与会议文件的翻译工作。1929 年 6 月，受党组织委派回到家乡开展工作，建立中共西蒙工委，任中共西蒙工委书记。1930 年 9 月，共产国际安排佛鼎返回苏联，后在莫斯科东方大学研究院专门研究中国少数民族问题。1932 年，在东方大学任教。1934 年，佛鼎接受共产国际委派，开始研究苏联的民族问题和中国的少数民族问题，写出了专著《内蒙古民族革命史》。1935 年，佛鼎调回苏联莫斯科东方语言大学，担任了红色博士学院历史系教授。之后，在共产国际东方部的太平洋研究院工作，后被派到苏维埃因塔煤炭矿区担任矿长、代总工程师。

1957 年 7 月，佛鼎携全家回国。1958 年 2 月，任内蒙古煤炭管理局党组副书记、副局长兼总工程师。1987 年离休，享受自治区副主席级待遇。

1993 年 1 月 6 日，佛鼎逝世，终年 88 岁。

孔　飞（1911—1993 年），蒙古族，通辽市科尔沁左翼中旗人。

孔飞青少年时期就读于沈阳东北大学附中。九一八事变后，在北平知行中学、北平东北大学学习，初步接受马克思主义思想。1935 年 9 月，在北平东北大学参加中共领导的华北民众武装自卫会，参加了北平一二・九学生抗日救亡运动。1936 年 2 月，参加中华民族解放先锋队，任北平东北大学法学院“民先会”分队长。1936 年 4 月加入中国共产党。全面抗战爆发后，孔飞离开北京，参加并领导学生战地工作团，先后担任西安东北大学党支部书记、西安党的学委委员，宣传抗日救国思想，参加抗日斗争。1938 年 7 月赴延安，在抗日军政大学第一大队学习。毕业后，分配到中共中央宣传部工作，后调任中共中央西北工作委员会民族问题研究室研究员，并负责党支部工作。1940 年，受中共中央西北工作委员会指派，到晋绥敌占区作民族问题调查研究。抗日战争胜利后，遵照党中央的指示，赴内蒙古东北地区工作，先后任内蒙古自治运动联合会卓索图盟分会副主任、主任，领导和指挥卓索图、昭乌达、锡林郭勒剿匪战斗和敌后游击战，保卫当地人民政府和群众的生命财产，巩固和扩大解放区，为保卫土地改革和民主政权建设，配合辽沈战役进行工作。卓索图盟纵队先后整编为内蒙古人民解放军第十师、中国人民解放军内蒙古军区骑兵第三师，孔飞任师长。

中华人民共和国成立后，孔飞任内蒙古军区副司令员兼参谋长。1955 年，孔飞被授予少将军衔，获二级解放勋章、一级红星功勋荣誉章。1978 年 10 月，孔飞任内蒙古自治区革命委员会主任、内蒙古自治区党委副书记。1979 年 12 月，内蒙古自治区召开第五届人民代表大会第二次会议，孔飞当选为内蒙古自治区主席。

1993 年 1 月 23 日，孔飞逝世，终年 82 岁。

关和璋（1913—1995 年），号剑琴，满族，新城区人。

关和璋自幼受祖父、父母等影响，对绘画产生浓厚的兴趣，后由绥远城八旗旗务处推荐，保送进入中山学院学习。1928 年，由中山学院师范第二班毕业留校，先后任小学部教员、主任等。1934 年，关和璋考入北平京华美术学院专攻中国画，兼习国画理论、诗词、书法等知识，毕业后回到归绥，任伪蒙古联盟自治政府防疫处技术员，伪蒙古联盟自治政府会计处职员，美术兼音乐教员。抗日战争胜利后，先后任伊克昭盟中学和归绥市恒清中学美术、音乐教员。

中华人民共和国成立后，关和璋在绥远省畜牧局从事宣传工作。1954 年，关和璋调任内蒙古画报社编辑。1956 年，当选为中国美术协会内蒙古分会驻会理事。1958 年后，当选为第二届、第三届、第四届呼和浩特市人民代表大会代表。1979 年，关和璋出席中国文学艺术界联合会第四次全国代表大会。1986 年，参加内蒙古自治区各族各界爱国人士为“四化”作贡献表彰大会，获先进个人奖章。1980 年，当选为内蒙古文学艺术界联合会委员。1981 年后，当选为政协内蒙古自治区第四届、第五届委员。中国美术家协会会员、内蒙古美术家协会常务理事。著有《颐园论画》《关山画语》《书画装裱法》《中国画法概论》等专著。被自治区党委统战部授予“内蒙古爱国人士先进个人”奖。1987 年，关和璋被聘为自治区文史研究馆研究员。1989 年被聘为馆员。

1995 年 3 月，关和璋逝世，终年 82 岁。

王建功（1906—1996 年），又名王冠三，土默特左旗台阁牧镇兵州亥村人。

1923 年，王建功入土默特高等小学校读书。同年 5 月，参加了归绥各校联合打砸“盛记”洋行抵制日货的爱国运动。1925 年 6 月，参加中共绥远工委领导的归绥青年学生声援“五卅”惨案受难者的活动。同年 10 月，赴广州黄埔军校第四期学习。

1926年3月，经中共北方区委介绍转入毛泽东主办的广州第六期农民运动讲习所学习，5月，加入中国共产党。9月，以农民运动特派员的身份回到绥远，在归绥一带开展农民运动和党的工作，建立了中共归绥西区委员会，担任区委书记。1927年3月，组织和发动归绥农牧民进行反清丈土地运动，即“孤魂滩事件”。“四一二”反革命政变后，王建功在中共顺直省委的领导下，组建中共绥远特别支部，任书记，并组建和恢复5个基层支部。1931年4月，中共绥远特委成立，王建功任农委委员。后被捕，关押在“绥远第一模范监狱”，在狱中参加王若飞领导的狱中斗争。1932年出狱后，以归绥城东滕家营名言小学教员身份为掩护，开展抗日救亡活动。全面抗战爆发后，王建功历任山西牺牲救国同盟会（简称牺盟会）决死队第五队政治工作员、中共绥西工委军事委员。1938年5月，赴延安抗大学习。之后，奉派到晋西北，历任八路军第一二〇师政治部、民运部干事、队长、科长，晋西北静乐专属民政科长。1941年春，王建功奉调回大青山抗日游击根据地工作，历任中共绥察区委秘书长、绥察行署绥西专署副专员。1942年8月，赴延安中共中央党校学习。1945年，任绥蒙区党委绥中地委组织部部长。解放战争期间，王建功历任晋西北山阴县第一区土改工作队副队长，晋西北朔县南榆林区土改工作团团长。1948年秋，调绥蒙政府工作，任民政处处长，后任绥蒙政府民政厅厅长。

中华人民共和国成立后，历任绥远省政府委员兼民政厅副厅长、党组书记，内蒙古自治区民政厅副厅长。1979年1月，当选为内蒙古自治区纪律检查委员会常委，1980年当选为政协内蒙古自治区第四届委员会副主席。1984年以正省级待遇离休。著有《九十年间——王建功回忆录》。

1996年9月3日，王建功逝世，终年90岁。

靳崇智（1914—1996年），土默特左旗善岱镇朝号村人。

靳崇智幼年读私塾，青年时期在绥远一中、北平一中就读。1935年，积极参加一二·九学生爱国运动。1936年8月，加入中国共产党。同年秋考入燕京大学，半年后投笔从戎。全面抗战爆发后，靳崇智在第二战区民族革命战争战地总动员委员会从事抗日工作，先后任山西新军暂编第一师第四十四团政治处组织干事、指导员、教导员。1939年，先后担任暂编第一师第四十四团供给处主任、第三十六团民用股长、师部供应主任。1941年3月，靳崇智赴大青山抗日游击根据地工作，任绥察行署财政处财政科科长。1942年，任绥西专署副专员兼武归县县长，绥中专署副专员、专员。1946年，靳崇智任绥蒙政府财政处处长，参加绥包战役及和平解放绥远的工作。1948年担任绥远省财政厅厅长、省政府委员。

中华人民共和国成立后，靳崇智历任财政部副司长、国家建设银行副行长、化学工业部化肥司司长、全国政协副秘书长等职。政协全国第六届、第七届委员会委员。

1996 年 5 月 8 日，靳崇智逝世，终年 82 岁。

孟　绍（1920—1997 年），蒙古族，土默特左旗毕克齐镇人。

孟绍先后在毕克齐私学、土默特旗旗立毕克齐小学、毕克齐县立小学、土默特旗高等小学校读书。1935 年，入北平蒙藏专科学校读书。其间，受中共党员毕力格巴图尔指使，秘密组织“特声图书馆”，在青年学生中宣传抗日救国的进步思想。1939 年，孟绍出资与人创办“正风高级女子职业学校”，以学校为掩护，为中共地下工作人员提供活动联络点。1941 年，孟绍考入北平大学法学院攻读经济学，获学士学位。1945 年大学毕业后，相继在绥远恒清中学、土默特小学任教并任训育主任、教导主任，并与中共地下党保持联系，继续为党工作。1947 年，孟绍协助土默特旗总管荣祥重新创办土默特中学。

中华人民共和国成立后，孟绍任土默特中学校长，以“宽收严教，全面负责”为核心，提出“全面负责，兼顾两头，因材施教，循序渐进”16 字办学方针。1954 年，孟绍当选为政协内蒙古自治区委员会常委、呼和浩特市人民代表大会人民委员会委员。1979 年后，担任呼和浩特市教育局副局长。1984—1995 年，历任内蒙古自治区委员会常委、政协呼和浩特市委员会副主席，先后获自治区、呼和浩特市两级民族团结先进个人、民族教育先进工作者称号。

1997 年 8 月 7 日，孟绍逝世，终年 77 岁。

奇峻山（1917—1998 年），又名巴音扎布，蒙古族，土默特左旗善岱镇人。

1939 年夏，经中共地下党员奎璧动员，奇峻山赴延安陕北公学学习。1940 年 3 月，加入中国共产党。同年秋，奇峻山受党组织派遣回到大青山，被任命为绥西大青山蒙古游击队指导员。1941 年 10 月，任武（川）固（阳）十区区长。1942 年春，奉命担任武归县民主政府蒙政科科长兼一区区长，后历任绥远省归绥县政府科长、中共归绥工作委员会委员、归绥县县长。抗战胜利后，任绥蒙军区蒙古骑兵旅二团政治部主任，内蒙古自治联合会锡林郭勒分会主任，中共锡林郭勒盟工委书记。

中华人民共和国成立后，奇峻山历任兴安盟副盟长、盟长兼兴安盟人民法院院长，兴安盟政协主席，内蒙古东部区行政公署财政厅厅长，呼伦贝尔盟盟长，内蒙古自治区林业厅党委书记、厅长，中共呼伦贝尔盟委书记、盟公署党委书记、中共内蒙古自治区党委委员。1973 年后，担任中共黑龙江省委委员、黑龙江省呼伦贝尔盟革命委员会领导小组组长，呼伦贝尔盟委书记，军分区第一政委，内蒙古自治区第五届人大常委会党组副书记、副主任，内蒙古自治区顾问委员会常务委员等职，中国共产党第十次、第十一次全国人民代表大会代表。

1998年4月29日，奇峻山逝世，终年81岁。

陈介平（1913—1998年），又名陈渔农，女，呼和浩特市人。

陈介平11岁读小学，后考入绥远省女子师范学校。1929年，陈介平毕业后，在女师附小任教。1936年，组织成立绥远省妇女会，创办《绥远妇女》专刊，号召妇女投入抗日救亡活动，组织学生自卫军及女生救护队并参加支援前线工作。1937年，在第二战区民族革命战争战地总动员委员会工作。1938年，赴延安抗日军政大学学习，同年加入中国共产党。历任陕甘宁边区妇联宣传教育科科长，绥远省妇联筹备委员会副主任、省妇委书记兼归绥市民主妇联主席，绥远省民主妇联主席，内蒙古自治区民主妇联党组书记、第二主任，内蒙古自治区计划生育领导小组副组长，内蒙古自治区人大常委会专职委员，内蒙古自治区妇运史编纂委员会副主任、内蒙古自治区儿童基金会理事。

1989年，陈介平获全国、内蒙古自治区"老有所为精英奖"。内蒙古自治区第一届、第二届、第三届、第五届人民代表大会代表，政协内蒙古自治区第一届至第四届委员会委员、第一届至第三届委员会常委；中国妇女第二次、第三次、第四次全国代表大会代表，全国妇联第四届执委。

1998年12月2日，陈介平逝世，终年85岁。

康翠玲（1930—1998年），女，山西省朔县（今朔州市朔城区）人。

康翠玲8岁随母亲金玉玺在大同、绥远等地搭班演出，10岁踩着跷子（系一尺多高的矮高跷）登台，主演《七世姻缘》《琵琶记》《狐狸缘》等传统戏。

中华人民共和国成立后，排演《兄妹开荒》《白毛女》《王秀鸾》等现代戏。1954年，与王静卿、亢金锐合演《西厢记》。1955年，与王静卿合演移植朝鲜古典名剧《春香传》，参加自治区文艺会演，获演出一等奖、演员一等奖。1957年，参演的现代戏《嘎达梅林》参加第二次自治区文艺会演，获演员一等奖。1960年7月，康翠玲出席第三次中国文学艺术界联合会代表大会，受到毛泽东、刘少奇、朱德、周恩来等党和国家领导人的接见。1964年，在《江姐》中扮演江姐，中央人民广播电台为全剧录音，向全国播放。康翠玲在40余年演艺生涯中，共演出传统戏200余个，现代戏30余个。其中《春香传》《打金枝》《江姐》由中央人民广播电台录制唱片，《三滴血》《赐环》《献杯》《写状》由内蒙古人民广播电台录音录像。康翠玲历任呼和浩特市晋剧团团长、中国剧协内蒙古分会副主席、呼和浩特市文联副主席，国家一级演员，多次当选自治区和市人民代表，艺术生涯编入《中国艺术家辞典》《中国妇女名人辞典》。

1998 年，康翠玲逝世，终年 68 岁。

许光荣（1933—1999 年），江苏省南京市人。

1951 年，许光荣参加工作，1956 年加入中国共产党。先后在华北人民革命大学、政务院机关事务管理局工作。后历任哈尔滨中建部省工业建筑工程公司技术员，长春中建部直属工程公司股长，中建部华北包头总公司副科长，北京中建部八局二公司科长，大同中建部八局四公司宣传部部长，呼和浩特市中建部八局一公司党总支书记，市建筑公司党委书记，市建委副主任，市政府副市长、党组成员，政协呼和浩特市第七届委员会主席、党组书记。1994 年退休。

1999 年 2 月，许光荣逝世，终年 66 岁。

武达平（1911—1999 年），又名丕荣，托克托县人。

1927 年春，武达平高小毕业。1929 年夏，考入归绥中山学院学习，在校期间，积极参加反帝爱国活动。1931 年冬，参加中共领导的外围组织绥远反帝大同盟，任中山学院反帝大同盟负责人、反帝大同盟小组组长。1933 年 1 月，加入中国共产党。9 月，参与创办归绥塞原社，为《塞原》撰写文章。1935 年 11 月，与杨植霖等在归绥成立抗日民众救亡会，被推为理事，领导抗日救亡活动。1937 年 3 月，绥远牺盟会成立，武达平负责组织工作，先后秘密选送 80 余名进步青年赴山西牺盟会学习。5 月，在“左联”负责人任白戈指导下，成立绥远文艺界抗战协会，当选为理事。9 月，与潘纪文等创办《绥远抗战日报》。1938 年 3 月，任察哈尔、绥远游击军司令部参谋。5 月，中共晋西北党委组建中共大青山特委，武达平是组成人员之一，并在晋察绥边区工作委员会任组织部部长。1939 年，中共绥远省委成立，武达平先后任中共绥中特委书记兼宣传部部长、绥东工委书记、绥中地委书记兼武装部长。

中华人民共和国成立后，武达平历任绥远省文教厅党组书记兼省文联主席，内蒙古自治区文教办公室副主任，内蒙古自治区党委统战部副部长，政协内蒙古自治区委员会秘书长，内蒙古自治区科委党组副主任、副书记兼科协主席，内蒙古自治区文委副主任、党组副书记，内蒙古自治区科委主任、党组书记，内蒙古自治区双退办公室书记，政协内蒙古自治区第三届委员会副主席。

1999 年 6 月，武达平逝世，终年 88 岁。

马　农（1917—2000 年），又名马福元，回族，河北省定县人。

1938 年，马农加入中国共产党。1939 年 10 月，任河北省定县西牛村农会主任、村长。1940 年 9 月至 1949 年 2 月，历任定县民政科科长、三区区长、事业科科长、交通科副科长。

中华人民共和国成立后，历任绥远省萨拉齐县减租反霸工作团团长，归绥市回民区区长、书记，中共呼和浩特市委统战部副部长、部长、市委常委，呼和浩特市第五届人民代表大会常务委员会副主任，政协呼和浩特市第三届委员会秘书长、政协呼和浩特市第四届委员会副主席、政协呼和浩特市第五届委员会党组书记。1985年离休。

2000年10月，马农逝世，终年83岁。

石生荣（1919—2000年），陕西省神木县人。

1935年，石生荣参加中国工农红军。同年，由共青团员转为中国共产党党员。全面抗战爆发后，石生荣奔赴抗日前线晋绥边区工作。1938年2月至1939年，任右和清（右玉、和林格尔、清水河）县一区区委书记，雁北挺进支队第三大队队长，右和清县游击大队指导员。1940年1月，赴延安中央党校学习，任第四十二支部书记。1941年，石生荣从延安中央党校学习归来，先后任山西省右平（右玉、平鲁）县游击大队指导员、平鲁县武委会主任。1943年12月，参加中共塞北区工委整风学习。1944年1月，任中共绥南工委委员。抗日战争胜利后。石生荣任绥远省清水河县县长、县游击大队队长、县委书记。在中共晋绥委员会的领导下，石生荣带领县游击大队“七出八进”清水河，与国民党军对抗，最终彻底解放清水河。1949年2月，石生荣任绥蒙军区供给部政委。

中华人民共和国成立后，石生荣历任中共乌兰察布盟委副书记兼组织部部长、书记，乌兰察布盟军分区副政委、政委，中共察哈尔盟委书记、军分区政委，内蒙古红山电站筹委会党委书记，内蒙古自治区煤炭局局长、党组书记，包头市委书记处书记，巴彦淖尔盟委副书记、革委会副主任兼乌达矿务局党委书记，内蒙古自治区农牧场管理局副局长，内蒙古自治区贫协党组书记、副主任，内蒙古自治区农办主任、党组书记，内蒙古自治区纪委副书记，乌海市市委书记、军分区政委，乌兰察布盟委书记、军分区政委，内蒙古自治区党委副书记，政协内蒙古自治区第五届、第六届委员会主席、党组书记。中国共产党第十二次全国代表大会代表，中央纪律检查委员会委员，政协全国第七届委员会委员。

2000年6月22日，石生荣逝世，终年81岁。

云布龙（1937—2000年），蒙古族，土默特左旗人。

1962年，云布龙从太原工学院机械系毕业，历任太原重型机械厂技术员、检查站站长。1973年6月，在内蒙古工学院任教，后任党委委员、团委书记。1980年后，任自治区标准计量局党组成员、处长、副局长。1981 年 12 月，任内蒙古大学党委常委、副书记、副校长、党委书记。1990 年 8 月，任自治区高级人民法院党组副书记、副院长。1992 年 5 月，任内蒙古自治区政府党组成员、副主席。1994 年 12 月后，任自治区党委副书记、纪委书记。十五届中共中央委员。1998 年 1 月，任内蒙古自治区主席。

2000 年 6 月 12 日，在锡林郭勒盟正蓝旗桑根达来苏木考察工作途中，因车祸不幸殉职，终年 63 岁。

李　贵（1915—2001 年），包头市固阳县人。

1937 年 9 月，李贵参加革命。1938 年 1 月加入中国共产党。1939 年，李贵以小学教员身份在巴彦淖尔盟临河地区从事抗日救亡工作。同年赴延安中央组织部训练班、陕北公学、中央党校学习，任陕北公学学生会副主任。1942 年后，历任西北公学教务处指导员、绥蒙情报处绥南情报站站长、绥蒙训练队第八队指导员、绥蒙公安局情报科副科长、包头市公安局副局长、绥远省公安厅科长。

中华人民共和国成立后，李贵历任中共绥远省陕坝地委委员、专署党组副书记，绥远省公安厅副处长，内蒙古自治区公安厅处长、副厅长。中共呼伦贝尔盟委副书记，大兴安岭林业局局长，内蒙古自治区林业厅副厅长、党组副书记，政协呼和浩特市第四届委员会主席，中共呼和浩特市委第一书记，中共包头市委副书记、书记，中共巴彦淖尔盟委第一书记。1977 年 10 月后，任中共中央统战部副部长、常务副部长、全国人民代表大会民族委员会第五届党组书记，第六届、第七届全国人民代表大会常务委员会委员，民族委员会副主任委员。中国共产党第十一届中央委员会委员。1994 年离休。

2002 年 8 月，李贵逝世，终年 86 岁。

章叶频（1916—2002 年），原名章启勋，托克托县人。

1928 年，章叶频考入归绥中山学院。1937 年 1 月，与武达平等人组织绥远牺盟会。同年 9 月，担任《绥远抗战日报》副刊编辑，笔名哨兵，发表很多鼓舞民众抗战士气的诗文。1938 年，在陕坝负责编辑以团结抗日为宗旨的《一条线》油印刊物。同年 5 月，经中共绥蒙组织部部长李衡介绍，到中共绥蒙委员会工作。7 月 29 日，中共绥蒙委员会批准章叶频为中共候补党员。后历任晋察冀边区中共行唐县委宣传部副部长、中共灵寿县委宣传部副部长、中共广灵县委宣传部部长、中共宣化县委宣传部部长、中共丰镇县委宣传部部长、中共怀仁县委副书记、萨拉齐县县长、中共归绥县委书记。

中华人民共和国成立后，章叶频历任中共归绥市委宣传部部长兼团委书记、中苏友协分会会长，归绥市第一届、第二届、第三届人民代表大会代表、政协第一届委员会委员。1955 年，任内蒙古党校教育长。1956 年，任中共内蒙古自治区党委宣传部秘书长，后调《实践》杂志社任副主编。1959 年，任自治区教育厅副厅长。1966 年 1 月，任内蒙古自治区文教委员会副主任兼教育局局长。1972 年，任内蒙古党校党领导小组第一副组长。1980 年，任中共内蒙古自治区顾问委员会顾问。1983 年离休。

2002 年，章叶频逝世，终年 86 岁。

陈炳宇（1918—2003 年），又名云宪文、青巴图，蒙古族，土默特右旗美岱召镇什连气村人。

1937 年，陈炳宇肄业于国民党中央政治学院附属蒙藏学校包头分校师范部。1939 年 8 月，赴延安陕北公学、延安民族学院学习。1942 年 8 月，任中共塞北工委情报处热察绥驻蒙古办事处主任，11 月加入中国共产党。1944 年，任中共绥蒙区委员会城工部干事。后历任内蒙古自治运动联合会常务委员、内蒙古自治运动联合会青年部副部长、察哈尔盟副盟长、锡林郭勒盟副盟长、锡林郭勒盟工会宣传部部长。

中华人民共和国成立后，陈炳宇历任呼伦贝尔纳文慕仁盟副盟长、盟长，内蒙古东部区行政公署民政厅厅长、内蒙古东部区行政公署党组干事会干事、内蒙古东部区政法党组副书记，包头市副市长、中共包头市委员会常委、中共包头市委员会政法党组书记，内蒙古自治区监察厅副厅长。1963 年，任呼和浩特市代市长兼呼和浩特市语文工作委员会主任、中共呼和浩特市委书记、呼和浩特市市长。1965 年，任内蒙古自治区地质局副局长、党委副书记。1977 年后，任内蒙古自治区地质局局长、中共内蒙古自治区党委书记，内蒙古自治区计划委员会副主任、党组成员。1979 年，任中共乌兰察布盟委员会委员、常委、第一书记，乌兰察布军分区第一政治委员。1980 年，任内蒙古自治区副主席、党组副书记，政协内蒙古自治区第五届委员会副主席、党组副书记，中共内蒙古自治区顾问委员会副主任。政协全国第六届委员会委员、中国国际文化交流中心内蒙古分会理事长。

2003 年 2 月 10 日，陈炳宇逝世，终年 85 岁。

云福祥（1932—2003 年），蒙古族，和林格尔县城关小南沟村人。

1953 年，云福祥加入中国共产党。历任和林格尔县新店子公社党委副书记、新丰公社党委书记、和林格尔县县长、中共和林格尔县委副书记。1991 年，当选为政协乌兰察布盟委员会副主席。在新丰公社任职时，恰逢 1976 年 4 月 6 日的 6.3 级大地震。新丰地处震中，震灾十分严重。云福祥带领群众抗灾抢险，组织生产自救，制定“三年计划”，第一年筑路盖房，要求路宽能跑汽车，房要抗住八级地震；第二年绿化荒山野岭，发展农业生产；第三年改变新丰穷模样。修建简易公路50余千米，新建房屋2000余间，在沙山上植树造林1300多公顷，改良水浇地20多公顷。震后第二年向国家交售粮食1.68万千克，第三年摘掉吃返销粮的穷帽子。云福祥当选县长后，带领全县人民种树种草，绿化家乡，治理浑河畔上的白二爷沙坝。栽植乔木200多公顷、灌木3200公顷、种草近2667公顷，以及各种果树、葡萄、花卉、药材等，锁住水土流失。1986年，云福祥被全国绿化委员会授予全国绿化劳动模范称号；获国家林业局“三北”防护林建设一期工程劳动模范称号；被内蒙古自治区政府授予劳动模范称号。

2003年5月，云福祥逝世，终年71岁。

苏　林（1913—2004年），又名刘公望，江苏省阜宁人。

1938年，苏林参加豫南金家寨工作队工作，1942年加入中国共产党。1938—1948年，历任潢洲县边区游击队政治部工作队小队长，淮南中学主任，六合县文教科马集区科长、区长，淮南行署东南办事处秘书科长，中共淮南嘉山县委宣传部部长，中共兴安省委分委委员、海拉尔市市长，中共呼纳盟委宣传部部长、书记。1949年3月，中共呼伦贝尔盟委秘书长、宣传部部长。

1952年4月至1985年，历任中共满洲里市委副书记、书记兼市长，中共呼伦贝尔盟委常委、副盟长、副书记。内蒙古革命委员会民政局书记、局长，内蒙古自治区民族事务委员会副主任、副书记，内蒙古自治区党委统战部副部长、顾问。中共呼和浩特市委委员、常委、书记，1979年11月，任政协呼和浩特市第五届委员会主席。1985年离休。

2004年5月，苏林逝世，终年91岁。

寒　峰（1915—2004年），又名李成林，蒙古族，土默特左旗察素齐镇人。

寒峰幼年读私塾。1932年，入土默特高等小学校读五年级。1934年入北平蒙藏学校。1935年，在北平参加一二·九学生运动。1939年3月，加入中国共产党，在新三师做地下工作，历任新三师宣传干事，连、营政治指导员，团政治主任、政委等职。1941年，寒峰赴延安，先后在中央党校、民族学院研究班学习和工作，并参加了大生产运动。抗日战争胜利后，寒峰受组织派遣从延安回到内蒙古工作，先后任绥蒙军区骑兵独立旅政治部主任，内蒙古人民自卫军第十六师副政委兼中共察锡地区工委委员，内蒙古骑兵第五师副师长、代师长、党委书记，国防骑兵第五师政委、党委书记。内蒙古军区政治部副主任等职。

中华人民共和国成立后，寒峰在南京军事学院速成系学习，1955 年授予大校军衔。历任内蒙古自治区燃料化工厅副厅长、党组成员，内蒙古自治区电力工业局局长、党组书记，内蒙古自治区水利电力厅副厅长、党组书记，内蒙古自治区电管局局长、党组书记，中共包头市委书记兼市长。中共十一届三中全会后，寒峰负责组建新的纪检机构，担任内蒙古自治区纪律检查委员会书记，并兼任内蒙古自治区人民代表大会常务委员会副主任。1983 年，任内蒙古自治区顾问委员会常委。1989 年离休，享受自治区政府主席级待遇，并担任内蒙古延安精神研究会、延安大学暨延安民族学院校友会名誉会长。

2004 年 1 月 31 日，寒峰逝世，终年 90 岁。

牛玉儒（1952—2004 年），蒙古族，通辽市人。

1970 年 5 月，牛玉儒在通辽县农村插队锻炼。1971 年 12 月，在哲里木盟委办公室工作。1975 年 11 月，加入中国共产党。1977 年 3 月，担任通辽县莫力庙公社党委书记。1978 年 2 月，在中央民族学院干部培训班政治专业学习。1979 年 7 月，在哲里木盟委组织部工作。1980 年 5 月，调内蒙古自治区政府办公厅工作。1983 年 3 月，在内蒙古自治区纪律检查委员会先后任秘书长、常委。1989 年 11 月，先后任内蒙古自治区政府副秘书长兼政府办公厅主任，政府党组成员、秘书长兼政府办公厅党组书记。1996 年 11 月，任中共包头市委副书记、市长。2001 年 2 月，任内蒙古自治区副主席、政府党组成员。2003 年 4 月，任中共内蒙古自治区党委常委、中共呼和浩特市委书记。第九届全国人民代表大会代表。

在呼和浩特市工作期间，牛玉儒带领市委“一班人”，充分调动人大、政府、政协领导班子和广大干部群众的积极性、创造性，在过去工作的基础上，解放思想，抓住机遇，自我加压，奋力赶超，再创发展新优势，实现发展新跨越，取得显著成效。2003 年，夺取了抗击非典型肺炎和经济建设的双胜利，生产总值增速跃居全区和全国 27 个省会（首府）前列。城市建设力度进一步加大，市容市貌明显改观。2004 年，全市经济社会继续快速协调发展，优势产业集群进一步做大，城市建设步伐进一步加快，人民生活水平进一步提高，财政收入和城乡居民收入在 2003 年的基础上翻一番。因长期超负荷工作，积劳成疾。在住院治疗期间，牛玉儒仍心系事业，忘我工作，忍受着病痛的折磨，全身心地关注和牵挂着呼和浩特市的经济社会发展，几乎每天都通过电话询问、指导和督促重点工程的进展情况，带病两次考察城市建设和开发区的工作。去世前不到一个月，仍以顽强的毅力，主持召开市委九届六次全委会议，作了激情澎湃、鼓舞人心、催人奋进的工作报告，进一步描绘了呼和浩特市经济社会发展的宏伟蓝图。

2004年8月14日，牛玉儒逝世，终年52岁。牛玉儒去世后，中共中央总书记胡锦涛等中央领导同志作出重要指示，对牛玉儒给予了高度评价，号召广大干部特别是领导干部向牛玉儒学习，做牛玉儒式的好干部。2005年2月，牛玉儒被评为感动中国2004年度十大人物，被称为新时代共产党员的榜样。

感动中国颁奖词：名叫牛玉儒，人像孺子牛，背负着草原人的幸福上路，这幸福是他的给养，也是他的方向。风雨人生、利弊得失，他兢兢业业地遵循着“位卑未敢忘忧国”的祖训。为官一任，他给我们留下激情燃烧的背影，让精神穿越时代常青。他让活着的人肃然起敬；他让天空成为雄鹰的故乡！

汪宇平（1910—2005年），满族，辽宁省辽阳市人。

汪宇平先后就读于上海复旦大学经济系、北平中国大学经济系。抗日战争胜利后，任沈阳日报社社长。1951年，应聘于内蒙古自治区文教部。1954年，到呼伦贝尔盟进行考古调查，对居住在额尔古纳河流域的鄂温克人予以特别关注。返回呼和浩特后，展出征集文物，系统介绍鄂温克人情况。1956年4月，汪宇平穿越沙漠来到鄂尔多斯市乌审旗境内萨拉乌苏河畔，发现河套人的顶骨、股骨化石以及石器和古生物标本，以及旧石器时代遗址一处，证实了“河套人”的真实存在。经过著名古人类考古学家裴文中教授鉴定，认为汪宇平发现的人顶骨化石其年代应为3.5万年前，成为中华人民共和国成立后一次重要的考古发现。1971年，汪宇平在回民区坝口子村发现北魏时期文化遗址。1973年，在新城区保合少乡大窑村南山发现距今约70万年前的旧石器时代遗址——“大窑文化”遗址。汪宇平在50多年的考古工作中，先后发现古人类文化遗址20余处，征集和发现数十件国宝级文物以及一定数量的阴山岩画和大量古生物化石标本。1992年，汪宇平被聘为内蒙古自治区文史研究馆馆员。

2005年6月，汪宇平逝世，终年95岁。

董毅民（1920—2005年），山东省茌平县人。

1938年11月，董毅民参加革命，1939年3月加入中国共产党。1938—1949年，任山东省茌平县抗日联合会副主任、书记、武装大队大队长，平原省原阳县副县长、县长，绥远省萨拉齐县县长、中共绥远省萨拉齐县委书记，集宁专员公署副专员。1949—1984年，历任内蒙古自治区平地泉行政区副主席，内蒙古自治区农业厅副厅长，内蒙古自治区农牧场管理局副局长、党组书记，内蒙古自治区畜牧厅副厅长，中共呼和浩特市委副书记、书记，中共乌兰察布盟委书记，政协呼和浩特市第五届、第六届委员会主席、党组书记。1986年离休。

2005年11月，董毅民逝世，终年85岁。

塔　拉（1920—2006年），又名云生祥、老成、李明，蒙古族，土默特左旗塔布赛乡白庙子村人。

1939年，塔拉在大青山抗日游击根据地参加革命，后转赴延安，先后在陕北公学、延安民族学院学习，历任战士、学员、队长等职务。1942年加入中国共产党。1945年初，受党组织委派重返大青山抗日前线，参与组建内蒙古人民自卫军骑兵独立旅并任该旅三团政治部主任。解放战争时期，参与组建内蒙古军政干校、内蒙古自治学院、内蒙古军政大学，并相继担任内蒙古军政干校二队政治指导员、内蒙古自治学院军事部副政委、内蒙古军政大学二院政治部副主任等职。1947年，任内蒙古军区警卫团团长兼政委，同时兼任内蒙古自治政府乌兰浩特卫戍区司令。

中华人民共和国成立后，塔拉历任中国人民解放军兴安盟军分区政治部主任、副政委，乌兰察布盟军分区副政委，昭乌达盟军分区副政委、政委，内蒙古军区司令部副参谋长、副司令员等职务。1955年被授予上校军衔，1960年晋大校军衔，曾获二级解放勋章和独立自由勋章。曾任“土默特文化研究会”会长，内蒙古延安大学暨延安民族学院和延安精神研究会副会长、名誉会长。1981年以正军职离休。

2006年7月14日，塔拉逝世，终年86岁。

苏谦益（1913—2007年），托克托县河口镇人。

苏谦益幼年在河口镇小学读书，后就读于归绥第一中学。1931年，在绥远省立第三小学、绥远中山学院附小任教员。1932年10月，加入中国共产党。与杨一帆、杜如薪等人组建中国共产党归绥中心县委，负责县委宣传工作。同时任绥远省反帝大同盟省委宣传委员。1933年4月，被捕入狱。在狱中与王若飞等人开展狱中斗争。1936年8月，苏谦益被释放。1937年，苏谦益到山西雁北地区任牺盟会特派员，后任临县牺盟会中心区秘书、党组书记，晋绥行署第四分区专员。1941年1月，晋西区党委派苏谦益前往大青山抗日游击根据地工作，任绥察行政公署副主任、党团书记。1943年，任中共绥察区委副书记、塞北区行政公署副主任。1947年5月，任中共绥远省党校校长。1948年6月，任中共绥蒙区党委副书记;9月，兼任绥蒙军区副政委。

中华人民共和国成立后，苏谦益历任中共绥远省委副书记、中共绥远省委代理书记、蒙绥军区党委常委、绥远省政治协商会议主席、内蒙古军区党委常委、中共包头市委第一书记、自治区政府副主席等。1960年末，苏谦益任中共中央华北局候补书记、书记。1978年，任北京工业学院（今北京理工大学）党委书记、院长。1983年，任中共中央整党指导委员会江西省巡视组组长。1984年，任河南省巡视组组长。1985年，任东北三省联络组组长。中国共产党第八次全国代表大会代表，第一届、第二届全国人民代表大会代表；政协全国第六届、第七届常务委员会委员。

2007 年 10 月 19 日，苏谦益逝世，终年 94 岁。

杨鲁安（1928—2009 年），又名继曾、龙公，回族，天津市人。

1951 年，杨鲁安从南开大学毕业后，任中国建设银行内蒙古分行投资研究所副研究员。工作之余，收藏古币、玺印、铜镜、瓦当、六朝写经，以及历代碑帖拓本、名家字画。其书法作品，参加全国第二届、第三届、第四届、第七届书法篆刻展。在第三届中国书法篆刻电视大赛中获荣誉奖。2000 年，中国书法家协会授予他“德艺双馨”书法家称号。其书法作品收入《中国当代书法作品集》《二十世纪书法大展作品集》《收藏》等书籍；篆刻作品参加西泠印社主办的全国印社篆刻联展、迎接香港回归祖国社员百印展，以及 1997 年 10 月中国文联、中国书法家协会主办的首届中国（天津）书法艺术节全国印社篆刻艺术作品邀请展。1993 年 3 月，杨鲁安向呼和浩特博物馆捐赠仰韶彩陶、汉唐铜镜和辽金瓷器等各类文物 55 件。1999 年 10 月，杭州西泠印社成立中国印学博物馆，杨鲁安捐赠古代玺印和其他金石文物 216 件。2000 年 7 月，向呼和浩特市政府捐赠各类文物 8000 多件、图书 2000 多册。2002 年 8 月 1 日，杨鲁安藏珍馆在呼和浩特市开馆，展出所捐藏品中的 2000 多件珍品。

杨鲁安先后任内蒙古政协委员兼文史委员会副主任，中国书法家协会会员、西泠印社理事、北疆印社社长、内蒙古书协顾问、内蒙古博物馆顾问。1987 年，杨鲁安被内蒙古自治区文史研究馆聘为研究员，1998 年聘为馆员。

2009 年，杨鲁安逝世，终年 80 岁。

潮洛濛（1922—2010 年），又名晧星、丁贵善，蒙古族，土默特左旗把什村人。

潮洛濛幼时在家乡小学读书。1934 年开始，先后在绥远蒙旗师范、巴彦淖尔盟盟立师范、北平蒙藏学校求学，在求学的过程中，他逐渐接受了进步思想。1940 年 1 月，潮洛濛参加革命。年底，中共土默特工委选送潮洛濛等到延安学习。1945 年夏，受党组织委派到清水河开展对敌斗争，同年 6 月加入中国共产党。抗日战争胜利后，潮洛濛先后任察素齐镇副镇长、内蒙古人民自卫军骑兵旅连指导员、第十六师政治部宣传科科长。1946 年 5 月，先后任锡林郭勒盟副盟长、盟长、盟委书记。

1951 年 4 月，在中央马列学院深造。1954 年 8 月后，历任东部区党委宣传部部长，中共呼伦贝尔盟委书记，中共内蒙古自治区党委宣传部副部长，内蒙古自治区计划委员会主任、党组书记，内蒙古自治区文教办公室副主任、中共内蒙古自治区党委宣传部部长，内蒙古自治区第六届人大常委会副主任、党组成员、中共内蒙古自治区顾问委员会常委。1996 年 10 月离休。离休后，任内蒙古延安精神研究会、延安大学暨民族大学大学校友会会长、内蒙古自治区老区建设促进会会长。

2010年2月20日，潮洛濛逝世，终年88岁。

张国民（1944—2010年），山西省代县人。

1964年9月，张国民入中国人民大学农业经济系农业经济专业学习。1969年8月，在北京市石化总厂劳动锻炼。1970年9月后，历任伊克昭盟鄂托克旗革命委员会、伊克昭盟行署办公室干事。1979年9月后，先后任内蒙古自治区政府办公厅秘书处干事，内蒙古自治区党委政研室副处级研究员、正处级研究员、副主任，内蒙古自治区党委副秘书长，内蒙古自治区党委副秘书长兼政研室主任，巴彦淖尔盟委书记，中共呼和浩特市委副书记、呼和浩特市市长，内蒙古自治区政府秘书长，内蒙古自治区党委常委、宣传部部长，内蒙古自治区人民代表大会常务委员会副主任、党组成员，内蒙古自治区社会科学界联合会主席。2009年7月退休。

2010年6月9日，张国民逝世，终年66岁。

克力更（1916—2012年），又名成以博、成新宇，蒙古族，土默特右旗苏波盖村人。

1929年，克力更进入归化城土默特高等小学校读书，后考入归绥正风学校。1932年经土默特旗署官费保送，入北平蒙藏学校读书。1935年毕业后，回家乡在土默特高等小学校任庶务主任兼体育教员。1937年，参加蒙旗独立旅，并加入中国共产党，与乌兰夫等一起从事党的秘密工作，先后任连、营、团的政治指导员及干训班班主任、党委委员等职。1941年1月，赴延安参与延安民族学院的创办工作，并任研究员和研究组长。延安大生产运动中，克力更担任队长。1945年初，克力更随乌兰夫一道投入内蒙古民族解放运动中。11月，内蒙古自治运动联合会成立后，克力更任联合会执委会常委兼宣传部副部长。1946年4月，参加在承德举行的内蒙古自治运动统一会议（即“四三”会议）。1947年5月，内蒙古自治政府成立时，当选为临时参议会驻会参议员。1949年9月，克力更任中国新民主主义青年团内蒙古委员会书记，并作为副团长，代表中国青年出席匈牙利召开的世界青年代表大会。

中华人民共和国成立后，克力更历任内蒙古监察委员会主任，中共内蒙古东部区党委秘书长，内蒙古自治区工业厅厅长，中共内蒙古自治区党委常委、统战部部长，内蒙古自治区人民代表大会常务委员会副主任，内蒙古顾问委员会副主任，政协全国第五届委员会常委，政协全国第六届委员会委员，政协内蒙古自治区第一届委员会委员，政协内蒙古自治区第二届委员会常委，政协内蒙古自治区第三届、第四届副主席，第一届、第二届、第三届、第五届自治区人民代表大会代表，第五届自治区人民代表大会常务委员会副主任。1996年离休后，任内蒙古延安大学暨延安民族学院校友会顾问、内蒙古自治区老龄委员会名誉主席、内蒙古环境生态优化协会会长，内蒙古土默特文化研究会顾问。

2012年10月3日，克力更逝世，终年96岁。

和兴革（1923—2012年），蒙古族，河北省平泉县人。

1946年，和兴革参加革命，同年9月加入中国共产党，历任中共锡林郭勒盟工委副书记、内蒙古自治区财贸办副主任、内蒙古自治区经委副主任、呼和浩特铁路局党委书记、中共呼和浩特市委副书记、呼和浩特市政府代市长、呼和浩特市第八届人民代表大会常务委员会主任等职，1986年离休。

2012年7月5日，和兴革逝世，终年90岁。

巴图巴根（1924—2012年），蒙古族，吉林省镇赉县莫莫格乡人。中共党员。

1942年，巴图巴根入内蒙古王爷庙育成学院学习。1945年，参加内蒙古人民革命青年团。10月，任内蒙古人民革命青年团执行委员会委员、总务部部长、呼伦贝尔盟本部秘书长。1946年8月，任兴安盟喜扎嘎尔旗减租减息群众工作团副团长、内蒙古人民革命青年团部长。1947年，任内蒙古人民自卫军第五师政治部副主任。同年5月，当选为内蒙古自治政府临时参议会议员。1949年，任中国人民解放军驻呼伦贝尔盟骑兵独立九团政委、新民主主义青年团内蒙古自治区委员会委员、执行委员会委员，新民主主义青年团呼伦贝尔盟委员会书记。

中华人民共和国成立后，历任中共呼伦贝尔盟委宣传部副部长、盟委委员、盟委秘书长、盟委宣传部部长，中共内蒙古自治区东部区委员会宣传部副部长，中共甘肃省蒙古族自治州（今内蒙古自治区阿拉善盟）工委第二书记，中共巴彦淖尔盟委第一书记兼军分区政委。1966年7月，任中共呼和浩特市委第一书记、市长。1967年9月，任中共巴彦淖尔盟委书记。1973年10月，任中共伊克昭盟委第一书记兼军分区政委。1979年11月，任内蒙古自治区副主席。1982年11月，任中共内蒙古自治区党委常委、内蒙古自治区副主席。1983年3月，任中共内蒙古自治区党委副书记。1988年6月，任内蒙古自治区第七届人民代表大会常务委员会主任、党组书记。1993年5月，任政协全国第八届委员会常委、民族和宗教事务委员会副主任。第四届至第七届全国人民代表大会代表，全国人民代表大会第五届二至四次会议提案审查委员会委员，中国共产党第八次代表大会、第十四次代表大会代表，中国共产党第十二届、第十三届中央候补委员。2001年2月离休。

2012年9月9日，巴图巴根逝世，终年88岁。

云志安（1920—2013年），蒙古族，土默特左旗沙尔沁乡什拉乌素村人。

1937 年，云志安入土默特高等小学校学习，在地下党组织的影响下，1939 年 7 月参加革命，在大青山抗日根据地党组织的安排护送下奔赴延安，先后进入陕北公学、延安民族学院、延安大学学习，参加大生产运动。1945 年，云志安加入中国共产党。后受组织委派，回到绥远省清水河县参加对敌武装斗争。7 月初，受中共绥蒙区委派遣到大青山抗日游击根据地工作。

抗日战争胜利后，八路军晋绥、晋察冀军区发动绥包战役，云志安配合围城部队搜集情报和提供后勤保障。1946 年后，历任内蒙古自治运动联合会乌兰察布盟镶红旗支会主任、巴乌大队政治部主任、自治运动联合会锡林郭勒盟分会秘书处长，乌兰浩特市市长、市委第一书记，内蒙古自治区林业厅供销局局长，大兴安岭牙克石烤胶厂党委书记，内蒙古自治区民委副主任。1972 年后，历任呼和浩特市革命委员会副主任、中共呼和浩特市委副书记兼呼和浩特市纪律检查委员会书记、呼和浩特市人民代表大会常务委员会主任。1984 年起，任中共呼和浩特市委员会顾问和内蒙古顾问委员会委员。1995 年 5 月离休，2009 年 9 月起享受自治区副主席级待遇。

2013 年 1 月 25 日，云志安逝世，终年 93 岁。

陈登崑（1917—2014 年），河北省故城县三郎乡陈田村人。

1933 年，陈登崑考入河北省立第九师范学校。1934 年加入中国共产主义青年团、反帝大同盟和左翼作家联盟。1936 年，因积极参加学生运动，宣传抗日，被校方开除。回乡后任村小学教员。全面抗战爆发后，陈登崑寻找党组织，参加抗日斗争。1938 年 2 月，八路军第一二九师东进纵队进驻南宫，陈登崑赴南宫参加抗日军政干部训练班学习。学习结束后，回故城县组建抗日民主政府，陈登崑任政府教育科科长。1938 年 6 月，加入中国共产党。1939 年 3 月，组建中共故城县委员会，陈登崑任县委书记。同年冬，调中共冀南五地委任组织部部长。1943 年，参加太行整风运动，同年 11 月任中共冀南五地委书记、军分区政委。1949 年 9 月，任中共衡水地委书记。

1950 年，陈登崑任中共包头市委书记。1951 年 7 月，任中共归绥市委书记。1953 年，任中共中央华北局办公厅副主任兼华北局直属机关党委副书记。1954 年，调重庆钢铁公司任党委书记兼总经理，后任重庆市建设委员会副主任。1986 年离休，享受副部级待遇。

2014 年，陈登崑逝世，终年 97 岁。

苏　和（1925—2015 年），又名王明清、巴雅蓬古楞，蒙古族，土默特左旗毕克齐镇乌尔素村人。

1945 年 11 月，苏和参加革命，后在绥蒙建国学院、内蒙古军政学院学习。1946

年 5 月加入中国共产党，后任内蒙古自治运动联合会锡林郭勒盟分会工作组组长、组织科科长。1948 年 8 月，任中共锡林郭勒盟东部联合旗委书记、旗长，中共锡林郭勒盟工委秘书长、副盟长，中共中央内蒙古分局农牧部处长，中共河套地委常委、河套行政区人民委员会副主任，内蒙古自治区牧区建设委员会办公室副主任，华北局农业办公室畜牧处副处长，中共呼和浩特市委书记处书记兼第一副市长。1973 年 10 月后，历任中共呼和浩特市委书记，中共乌海市委第一书记，中共锡林郭勒盟委书记，内蒙古自治区党委常委、呼和浩特市委书记。1984 年 7 月，任国家民委副主任、党组成员。1987 年 1 月离休。

2015 年 11 月 6 日，苏和逝世，终年 90 岁。

烈士简介

王志平（1953—2008 年），吉林省白城市镇赉县人。1969 年 12 月参加工作，1972 年 5 月加入中国共产党。1982 年，包头高等师范专科学校毕业后，分配到包头市委组织部。1984 年后，历任包头市国家安全局副局长、市监察局副局长、市政府秘书长、市政府办公厅党组书记、呼和浩特市检察院检察长。2001 年 9 月后，历任呼和浩特市委常委、秘书长，市政府常务副市长。2004 年 4 月，任呼和浩特市委副书记、纪委书记。2006 年 10 月，任呼和浩特市委副书记。2008 年 2 月 5 日，在工作岗位不幸遇害。2 月 15 日，被自治区民政厅追认为革命烈士。

吴文艺（1954—1995 年），呼和浩特市人。1970 年参军入伍。1973 年加入中国共产党。在部队中，历任排长、连长、作训参谋等职，多次荣立三等功。1988 年，转业至呼和浩特市公安局工作。1992 年，任新城公安分局治安队队长。1993 年，任中山东路派出所指导员。1994 年，任东风路派出所所长。1995 年 3 月 16 日，在执行抓捕任务时，被犯罪嫌疑人用枪杀害，不幸牺牲。1996 年 6 月，被自治区民政厅追认为革命烈士，自治区公安厅追记一等功。

赵冬冬（1956—1975 年），女，山东省淄博市人。1974 年高中毕业，来到土默特左旗善岱公社善岱大队插队。在插队期间，不仅奋战在农田基本建设工地上，还利用业余时间担任理论宣传员。1975 年 12 月 4 日，在平河坝造农田劳动中，遭遇冻土层塌方，不幸牺牲，年仅 19 岁。赵冬冬牺牲后，被追认为中共党员、革命烈士，并被授予呼和浩特市“优秀知识青年”光荣称号。

宝力格（1968—2007 年），包头市达尔罕茂明安联合旗人。1987 年 10 月，参加中国人民武装警察部队。1993 年 7 月，加入中国共产党。1990 年 4 月，参加公安工作，历任呼和浩特市公安局防暴支队二大队三中队、刑警支队一大队民警，玉泉区分局刑警大队民警、刑警大队三中队指导员。从警 18 年中，参与侦破刑事案件 1000 余起，抓获犯罪嫌疑人 300 余名，荣立个人三等功 3 次、获嘉奖 2 次。2007 年 5 月 16 日，在玉泉区抓捕特大故意杀人案犯罪嫌疑人时不幸牺牲。宝力格牺牲后，被自治区人民政府追认宝力格为革命烈士，被人事部、公安部追授“全国公安系统一级英雄模范”称号。

郭利新（1972—1999年），呼和浩特市人。1989年参军入伍，1991年加入中国共产党，历任边防检查员、副班长、班长等职。1991年12月复员。1994年3月被正式录用为人民警察，在呼和浩特市公安局防暴巡警支队二大队工作。1998年12月，调入呼和浩特市公安局小召派出所，从事刑警工作。1999年4月25日凌晨，在盘查可疑分子时，被歹徒连刺数刀，不幸牺牲。2000年11月，被自治区民政厅追认为革命烈士。

周俊琴（1972—1999年），女，呼和浩特市土默特左旗人。1988年12月成为农村金融干部。1999年4月2日下午，在呼和浩特市海拉尔东路巧报信用社海拉尔分社遭到持枪歹徒抢劫，为保护国家和人民财产不幸牺牲，年仅25岁。

张占春（1972—2007年），锡林郭勒盟太仆寺旗人，中共党员。1991年12月入伍，锡林郭勒盟公安消防支队战士。1995—1997年，张占春在天津消防指挥学校学习。毕业后，历任呼和浩特市公安消防支队特勤一中队代理副中队长、副中队长、一中队指导员。2004年4月，任呼和浩特市公安局新城分局消防科参谋。2007年7月，任清水河县消防大队副大队长。先后受到内蒙古自治区公安消防总队、呼和浩特市公安消防支队嘉奖8次，两次被评为优秀共产党员，并荣立个人三等功1次。2007年10月8日22时45分，张占春由于积劳成疾，突发心脏病，牺牲在自己的工作岗位上，年仅35岁。张占春牺牲后，被自治区人民政府追授“草原消防卫士”称号，被共青团内蒙古自治区委员会、共青团呼和浩特市委员会分别追授“青年五四奖章”。

云海珠（1974—1999年），女，包头市土默特右旗人。1993年进入呼和浩特市郊区小黑河信用社工作。1995年10月，调入巧报信用社。1999年4月2日下午，在呼和浩特市海拉尔东路巧报信用社海拉尔分社遭到持枪歹徒抢劫，为保护国家和人民财产不幸牺牲，年仅23岁。

兰建国（1975—2009年），呼和浩特市土默特左旗人。1998年参加工作，先后任呼和浩特市第二监狱分队长、管教干事、副分监区长。2007年4月，任呼和浩特市第二监狱三监区副主任科员。2009年10月17日，呼和浩特市第二监狱4名罪犯实施越狱，兰建国在与罪犯搏斗中不幸牺牲。兰建国牺牲后，被自治区民政厅追认为革命烈士，被司法部追授全国司法行政系统“一级英雄模范”称号。

郝龙彪（1982—2002年），巴彦淖尔市乌拉特前旗人，内蒙古农业大学农学院2002级2班学生。2002年12月14日下午，3名小学生在呼和浩特市青城公园三角湖上玩耍时，由于冰面断裂掉入水中。闻讯而来的市民迅速展开大营救，有20多人为救人掉入了冰窟中，近百名群众参与救援。营救中，年仅20岁的大学生郝龙彪献出了宝贵的生命。12月25日，郝龙彪被自治区党委、政府追授“舍己救人英雄”称号，被共青团内蒙古自治区委员会追授“全区青年五四奖章”；2003年3月，被教育部追授“舍己救人英雄”称号，被自治区民政厅追认为革命烈士。

刘　业（1984—2002年），乌海市人，内蒙古工商行政管理学校学生。2002年12月14日下午，为勇救在呼和浩特市青城公园三角湖掉入冰窟中的3名小学生，年仅18岁的中专学生刘业献出了宝贵的生命。12月25日，刘业被自治区党委、政府追授“舍己救人英雄”称号，被共青团内蒙古自治区委员会追授“全区青年五四奖章”。2003年3月，被教育部追授“舍己救人英雄”称号，被自治区民政厅追认为革命烈士。

王　超（1990—2002年），江西省抚州市东乡县人，呼和浩特铁路第一小学学生。2002年12月14日下午，为勇救在呼和浩特市青城公园三角湖掉入冰窟中的3名小学生，年仅12岁的小学生王超献出了宝贵的生命。12月25日，王超被自治区党委、政府追授“舍己救人英雄”称号，被自治区少工委追授“舍己救人好少年”；2003年3月，被教育部追授“舍己救人英雄”称号，被自治区民政厅追认为革命烈士。

张　旭（1991—2011年），吉林省四平市山门镇人。2008年12月入伍，2010年3月，任呼和浩特市公安消防支队武川县消防支队攻坚班班长。服役期间，先后参加灭火扑救36次，抢险救援35次，抢救遇难被困群众78人次，保护财产价值652万元。因表现突出，多次受到消防支队嘉奖。2011年2月10日晚，在处置省道311线武固段（呼和浩特市武川县—包头市固阳县，该路段位于大青山腹地）90千米处杨树坝村路段一辆大货车起火事故后，返程途中，因降雪道路结冰，车辆发生侧滑失控。在危急情况下，张旭将身边战友用力推出了危险范围，自己因身体失衡被甩在左侧车门边，不幸被侧翻的车身压在车下，不幸牺牲。张旭牺牲后，被公安部追认为革命烈士，被自治区公安厅追认为中共党员。

杨小伟（1992—2015年），呼和浩特市清水河县人。2010年12月，应征入伍，任武警哈尔滨市消防支队化工中队一班班长，2013年5月加入中国共产党。2015年1月2日，在哈尔滨道外区太古街日杂仓库火灾扑救中，不幸牺牲，年仅23岁。1

月 4 日，被公安部追认为革命烈士，并颁发献身国防金质纪念章。

程　骜（1993—2012 年），呼伦贝尔市海拉尔区人。2011 年 12 月入伍，呼和浩特市公安消防支队武川县大队战士。2012 年 6 月 25 日 17 时 30 分，武川县突降暴雨，一辆货车在武川县至哈乐镇 14 千米漫水桥处被洪水围困，1 人遇险。程骜所在消防大队官兵成功将被困群众救出。但程骜为抢救落水的战友，不幸牺牲，年仅 19 岁。程骜牺牲后，被公安部追认为革命烈士，被自治区公安厅追记个人一等功，被共青团内蒙古自治区委员会、共青团呼和浩特市委员会分别追授“青年五四奖章”，被内蒙古公安消防总队追认为中共党员，被中共呼和浩特市委、市政府追授为“青城消防卫士”，被武川县委、县政府追授“爱民卫士”称号，被共青团武川县委员会追授“武川县杰出青年卫士”。

人物名录

劳动模范

1989—2015 年全国劳动模范获得者

表 1

获奖时间	劳动模范
1989 年	裴兰锁、许天英、韩瑞、满贵、崔素梅、高凤莲（女）、葛健、郑俊怀 *、彭继远、王东晓、康连祥、刘永财、洪峡（女）、吕兰英（女）、范德元、陈宝岩
2000 年	马梦华、杜连成、夏冬梅、韩贵、贾登科、郭顺喜、乌兰（女）、裴登泰、智呼声、原智明、赵锦
2005 年	李建平 *、郭小明、王福和、杨文俊、张君、夏海军
2010 年	温红瑞、李翠琴、杨小虎、刘荣华、王喜莲（女）、武荷香（女）
2011 年	陈青华、吴洪涛、魏福龙、高毛女（女）
2015 年	巴根纳、高晓路、满宏、王海军、王汇利、辛刚刚、张翀宇

1986—2014 年全国五一劳动奖章获得者

表 2

获奖时间	奖章获得者
1986 年	耿荣荣（女）、刘国仁、刘存仁、李华（女）、高凤莲（女）
1987 年	赵世明
1988 年	胡祖根、许天英、唐绍平
1990 年	赵殿礼、唐振文、刁卫平、云文广
1991 年	段来宝、白双柱、张翀宇、白光国
1992 年	刘永财、荣文彬、梁民忠、彭继远
1993 年	王继业、云秀梅（女）、王维珍
1996 年	汤进富、贾子禄、张同和
1997 年	乌兰（女）、裴登泰、吕鹏序
1998 年	姬英英、邱连军、李吉源
1999 年	蒿慧敏、孟杰、白爱华（女）
2001 年	张明华、白毓玲（女）
2002 年	丁九恩、周玉双

续表 2

获奖时间	奖章获得者
2003 年	白亚琴（女）、郑润民、郝党政、王跃、乌日嘎、张宏世、杨文俊、张君、满宏
2006 年	潘刚、刘俊梅（女）、蒲俊智
2008 年	赵桂芬（女）、特木其勒、马荣旺
2009 年	吴海棠（女）
2010 年	董海瑞、白宝如、屈惠华（女）
2013 年	李小青（女）、蔺蒙
2014 年	燕翠平（女）、高晓路

1987—2015 年自治区劳动模范获得者

表 3

获奖时间	劳动模范
1987 年	武富锁（民政部劳模）、李映芳（女）、索伦娜（女）、裴兰锁、徐美玲（女）、高凤莲（女）、张鸿霞（女）、张元玺、许天英、胡祖根、刘功、唐振文、秦补奎、乌力吉、王杰、云秀梅（女）、孙文忠、黄青山、李文刚、邵日新、曲有义、黄俊、纪永红（女）、李惠来、耿荣荣（女）、刘存仁、云文广、王玉、王宗华、荣宝辉、贾彦亭（女）、贾通文、黄绍、白光国、靳全枝（女）、李长命、李华（女）、贾贵、孙维芳、唐绍平、靖德义、梁勤、李瑞贞（女）、李瑞恒、陈良才（女）、成石柱、韩瑞、薛文智、郑俊怀 *、刘兴林、胡长林、张生科、王三厚、蒙姜二拉、王瑞廷、冯志明、黄学富、赵文彬（女）、赵云海、董雅臣、武巧英（女）、徐化民、刘国仁、崔素梅（女）、罗吉瑞、刘玉蓉（女）、刘爱武（女）、赵竹林、梁月英（女）、罗振东、陈国珍（女）、乌兰娜日（女）、任可兰、成永义（教育部劳模）、谭耀荣（建设部劳模）、谢金铎、曲美芳（女）、郝天河、王怀雷、刘树春（全国军转干部先进个人）、武福锁、高敬东（女）、安金花（女）
1988 年	郝秀芬（女）、赵建春（女）
1989 年	赵爱萍（女）、张松根、要力行、王淑美（女）、梁民忠、郑延河、胡秀珍（女）、云秀梅（女）、许天英、曲有义、关秀琴（女）、邱喜元、石云山、云秀英（女）、关秀梅（女）、谢振华、马战地、刘功、王辛、朱靓（女）、白光国、章素珍（女）、段来宝、唐绍平、裴兰锁、崔秀芬（女）、白双柱、李华（女）、刘学参、刘永财、侯玉萍（女）、张翀宇、包玉芳、陈志珍（女）、詹志鸿、张利权、张蓉、崔素梅、董雅臣、高凤莲（女）、张向平、侯贤舜、汤进富、韩瑞、云文华、赵来拴、董少云、张生科、贾连成、王明明、王慕尧、韩钊
1990 年	黄玉瑛（女）、侯才旺、白伟全、岳培懋、云惠文、姚一平、张美云（女）、刁兰俊（女）、张凤翔
1992 年	刘峰（女）、巴拉吉、陈福花（女）、于蛇蛇

续表 3

获奖时间	劳动模范
1994 年	兰忠、李惠来、李玉兰（女）、李伟、张松楼、库香云（女）、孟令竹（女）、李生海、黄全喜、柏恩临、郑培勤、李生海
1995 年	邵增群、张晓芳（女）、马战地、陈洪斌、刘庆临、张全福、张耀平、许崇东、杨清、康连祥、张翠仙（女）、程福明、郑俊怀 *、荣文彬、胡国华（女）、段志彦、贾子禄、王义、葛健、刘秀庭、王家业、王维珍、杨文魁、张景焕、丁占先、张同和、贾贵、彭继远、云文广、娜仁高娃（女）、杨海山、刘永财、李福善、巫松亭、王双才吕殿文、佟伟（女）、洪峡（女）、白秀青（女）、贾连仲、张善继、李静波、王焕人、常桂兰（女）、吕兰英（女）、王士廉、赵明亮、刁卫平、杨贵拴、王先士、杨补旺、云文华、韩瑞、高仁金、王东晓、董桂花（女）、段占华、刘班小（板）、杨玉珍（女）、王建强、张亨、云喜庆、芦发林（卢）
1996 年	张金城、巩宪三、王彪、董秀清（女）
1999 年	杨翠仙（女）、王秀英
2000 年	张富全、杜连成、渠本显、韩凤玉、张君、苏春燕（女）、裴登泰、冯润怀、杨桂琴（女）、郭顺喜、武舜、白毓玲（女）、马梦华、苏晓明、张桐、韩伯信、吴彩花（女）、方颖（女）、成绥生、乌兰（女）、申作宏、赵美英（女）、张锅扣、赵建安、韩贵平、王招斌、黄克利、刘忠礼、郝党政、王二梅（女）、孙卫国、刘仪、王树义、白雅琴（女）、夏冬梅（女）、白爱华（女）、白永强、银根喜、李明、宇晓琴（女）、李红霞（女）、刘良贵、智呼声、张庆敏、韩瑞清（女）、张根柱、杨三文、李二小、高文祥、贾登科、补埃善、石玉山、陈忠、邓维康、金义、樊荣、马俊骧、孙涛、李文
2001 年	郑润民、陈光临、王秀瑛（女）
2003 年	董文科、张江雁（女）、李树贵、王铁小
2004 年	解美林（女）、董秀莲（女）、郭晓华、刘廷俊、张连秀（女）、姜美（女）、罗跃章、弓成林、赵桂芬（女）、王湘强、倪广善
2005 年	孙海泉、谷超今、王美清（女）、任勇、乔志、孙佳宁、温存良、曲贵善、史钦、贾苏明、杨廷秀、王福和、王忠元、刘士杰、田建伟、张峰、邓勇、张和平 *、巴秀清（女）、武斌、李建平 *、李大成、赵俊生、王继宏、张明华、周宝祯、郝艳涛、刘富明、杨福龙、康瑞、沈增平、樊四四、高二忠、杨日增、夏海军、刘银红、范进、党浩、刘荣华、马文斌、刘忠旺、刘俊梅（女）、石富、乌日吉雅（女）、郭小明、董奋龙、高桦（女）、王永贵、郝福、王守常、云文清、渠建红（女）、蒲俊智、杜刚、吴万庆、周和平、孙驰、满宏、王国华（女）、郝力（女）、李淑琴（女）、王琴双、吴刚毅、滕晓光、邓承远、安俊威、孙玉斌、李飞雄、张新瑞、云玉亭、白宝如、张丽芸、张和平、林瑞 、杨生文、李晓波、宋小青（女）、王黑小、贾改改
2006 年	李星超、银孝、宋炳仁

续表 3

获奖时间	劳动模范
2007 年	宿志强、马晓燕（女）、车艳（女）、杨建雄、董金怀、贾英祥、李海鹰、郑家和、付建华、张国兴、郭树、郭炳胜、马新民、林青枝（女）
2010 年	张丽（女）、云全甫、陈月明、刘向林、曹英琪、铁玉兰、赵峰、王太平、武荷香、丁守荣、刘伟、孙富、王五团、闫维智、葛天明、徐瑞平、白国清、妥明亮、朱彪、郝军、杨有换、杜六小、王汇利、王喜莲、张渊、智富财、白瑛、丁圣、姜果禄、范仁义、杨君英、苏雨堂、云二召、乔根善、孟俊先、张杰、诺敏、李文阁、王晶、杨瑞清、孙长青、张艳丽、吴和义、何小菊、温红瑞、孙福禄、云慧民、刘鹏、傅庆生、云鉴、李巴日斯、乌兰巴特尔、王兴建、张守礼、郑子林、闫俊民、耿瑞枫、于晓义、乔力群、高晓路、丁美荣、包建军、王峰、张和义、刘兰凤、索莉娅、徐俊平、张少波、郭建民、杜雄勇、杜吉旺、陈瑞英、柴晓葵、赵国栋、张锐、杨小虎、王悦、李翠琴、耿成全、赵建生、云华、李利平、王万昌、蔡罗恒、张红
2012 年	潘瑾、丁守荣、云文广、云安民、云丽琴（女）、云轶波（女）、云彩清（女）、伏飞平、邢明旺、张先军、张志浩、张贵祥　、陈桂杰（女）、孟娅茹（女）、宛正、宝力格、青梅（女）、郝艳、涛索、连红（女）、萨仁（女）、领小（女）、智华、郭存宇、宋慧、葛莉英（女）、王虎林、唐中权、张道树、杨桂花（女）、汤俊文、王慧民、刘永峰、静爽（女）、齐永富、王莉（女）、韩称星、陈利新、王银涛、崔小女（女）、刘文胜、任艳荣（女）、李小平、王强
2015 年	吴伟、梁山、李子波、王瑞红（女）、郝润威、王建军、白利国、梁丽花（女）、王海军、朱余洪、陈九连、刘向阳、张来源、王笑兰（女）、辛刚刚、云琰岭、范恩义、云怀青、杨拴桃（女）、赵永青、刘树梅（女）、邢林梅（女）、张成忠、云佩龙、樊三小、范冬梅（女）、王宝石、索艳霞（女）、王忠厚、王鹏飞、刘永胜、高瑞才、王得明、刘淑兰（女）、巴根纳、倪二仝、李盛楠（女）、王文柱、武凯、梁旭荣、燕林生、丁元明、冯大庆、朱红梅（女）、马黎明、王美荣（女）、池树刚、韩冬青、乔招晓、常淑明、冀晓宾（女）、白静（女）、李少莉（女）、张素华（女）、何文华（女）、王宪富、杨鑫泰、田少鹏、陈静（女）、高宇、姬卫东、乌兰（女）、王翠英（女）、李锐（女）、邵飞（女）、仝静（女）、郭丽霞（女）、石三虎、李丽英（女）、郭炳胜、赵和平、贾玉冰

三八红旗手

1989—2014年全国三八红旗手获得者

表4

获得时间	姓 名	工作单位、职务
1989年	岳玉荣	内蒙古化纤厂
	高凤莲	呼和浩特市体工队
1997年	白光琴	呼和浩特市民贸公司
2004年	李变霞	呼和浩特市妇女联合会副主席
	戈文英	呼和浩特市和林格尔县城关一小语文教师
2006年	平淑英	呼和浩特市广播电视局副局长
2008年	吴世勇	呼和浩特市公安局刑警支队技术中心教导员
	贾卫红	呼和浩特市妇女联合会宣传部部长
2009年	张莲云	呼和浩特市“爱心之家”创始人
	何小菊	呼和浩特市晋剧团副团长
	乌日娜	呼和浩特市妇女联合会儿童部部长
	屈惠华	呼和浩特市实验中学校长
2010年	何永慧	呼和浩特市玉泉区小黑河镇大库伦村妇联主任兼计生主任
2012年	王喜莲	呼和浩特市武川县川宝绿色农产品有限公司董事长
2014年	李淑清	呼和浩特市新城区人民法院院长

1998—2012年自治区三八红旗手获得者

表5

获得时间	姓 名	工作单位、职务
1998年	刘利生	呼和浩特市郊区妇联主席
	寒 星	呼和浩特市光明路工人东村48栋5号
1999年	寒 星	呼和浩特市光明路工人东村48栋5号
	高红梅	内蒙古金元集团股份有限公司包装车间

获得时间	姓 名	工作单位、职务
1999 年	卢　云	呼和浩特市第一中学
	白光琴	内蒙古威蒙房地产开发有限公司
	郭玉珍	呼和浩特市武川县农业技术推广中心
	云秀兰	呼和浩特市武川县妇联
2000 年	徐　翔	呼和浩特市文化局
	乔守玮	呼和浩特市第二中学
	周　康	呼和浩特市电信分公司传输中心
	孟宪姊	呼和浩特市商业银行大学路支行第一营业部
2000 年	张菊花	呼和浩特市商业银行车站支行
	白爱华	呼和浩特市新城区公安分局西街派出所
	荣彦林	呼和浩特市土默特中学
2002 年	宋小青	呼和浩特市玉泉区公安分局
2003 年	陈晓鸽	呼和浩特市妇女联合会党组书记、主席
	康　毅	呼和浩特市教育学院办公室主任
	杨　君	呼和浩特市新城区公安分局西街派出所户籍警
	云丽珠	中共呼和浩特市回民区委书记
	元俊秀	呼和浩特市托克托县人民检察院民事行政检察科科长
	戈文英	呼和浩特市和林县城关一小语文教师
	陈助君	呼和浩特市煤气化总公司第二营业所所长
	薄惠敏	呼铁局工程处机械工程段财务主任
	张素荣	内蒙古邮政储汇局科长
	云姝奇	呼和浩特市妇女联合会副主席
	云凌岩	呼和浩特市回民区妇女联合会主席
	云利青	呼和浩特市工商局赛罕区分局党组书记、局长
	杨月清	呼和浩特市防疫站副科长
	刘亚玲	呼和浩特市第一看守所民警
	董月仙	呼和浩特市泰尔力图医疗保健用品有限公司生产厂长
	朝乐梦	呼和浩特市朝乐梦时装有限责任公司经理

续表 5

获得时间	姓 名	工作单位、职务
2003 年	唐桂兰	呼和浩特市第二医院院长、主治医师
	张江雁	呼和浩特市第一医院副主任医师、护理部主任
	耿文彦	呼和浩特市第一医院主治医师
2005 年	王　艳	呼和浩特市第一中学党支部书记
	王喜莲	呼和浩特市武川县哈乐镇农民
	邢燕菊 *	呼和浩特市人大常委会副主任
	李国月	内蒙古国月影视文化发展传播有限责任公司董事长
	图　亚	呼和浩特市回民区光明路办事处副书记兼纪检书记
	曹　丽	呼和浩特市回民区计划生育局主任
	曾　梅	安利（中国）日用品有限公司内蒙古分公司业务营运经理
	松文华	呼和浩特市纪委监察局副局长
	张瑞霞	呼和浩特市种子管理站站长
	张金晖	呼和浩特日报社总编辑助理
	孙尚先	呼和浩特市清水河县中心幼儿园园长
	云海艳	呼和浩特市新城区毫沁营镇政府干部
	云红霞	呼和浩特市玉泉区环境卫生管理局干部
	张改枝	呼和浩特市赛罕区黄合少镇五路村妇代会主任
	宋金侠	伊利集团股份有限公司人力资源部总经理
	鲍晨姝	呼和浩特边防检查站执勤业务一科副科长
	毅　敏	呼和浩特边防指挥学校高级讲师
2009 年	曾　屏	呼和浩特市中级人民法院审判监督庭庭长
	陈黎明	呼和浩特铁路运输中级人民法院审委会专职委员
	云聪丽	呼和浩特市人民检察院政治部副主任
	谷淑改	呼和浩特市公安局指挥中心政秘科科长
	郭云丽	呼和浩特市公安局赛罕区分局人民路派出所民警
	葛永华	呼和浩特市公安局新城区分局东街派出所指导员
	李宇霞	呼和浩特市公安局网监支队支队长

续表 5

获得时间		姓 名	工作单位、职务
2009 年		金秀桃	呼和浩特市司法局党委副书记、纪委书记
		姚金兰	呼和浩特第一监狱财务科科长
		赵 宏	呼和浩特第二监狱离退休老干部服务科科长
		彭玉梅	呼和浩特女子劳教所二大队大队长
2010 年	自治区三八红旗手标兵	刘 晶	呼和浩特市赛罕区人民政府区长
	自治区三八红旗手	王国华	呼和浩特市财政局副局长
		刘 晶	呼和浩特市赛罕区人民政府区长
		李淑清	呼和浩特市中级人民法院刑事审判一庭庭长
		韩红霞	呼和浩特市妇女联合会组织联络部部长
		王金霞	呼和浩特市创美色彩文化传播有限公司总经理
		韩 冬	呼和浩特市人民广播电台新闻中心记者
		李慧玲	呼和浩特市科学技术局农村与社会发展科科长
		云枝梅	呼和浩特市土默特左旗委宣传部部长
		田晨俊	呼和浩特市托克托工业园区管委会财务部部长
		云素珍	呼和浩特市和林格尔县蒙古族小学副校长
		孙 燕	呼和浩特市清水河县广播电视局副局长
		兰熙鹏	呼和浩特市武川县兴旺农副产品专业合作社理事长
		石艳秋	呼和浩特市新城区财政局局长
		库 霞	呼和浩特市新城区妇女联合会干部
		史 莉	呼和浩特市回民区城管大队副大队长
		闫 静	呼和浩特市玉泉区通道街小学校长
2012 年	自治区三八红旗手标兵	屈惠华	呼和浩特市实验中学校长
	自治区三八红旗手	刘业平	呼和浩特市纪委宣教室主任
		魏桂贤	中国建设银行内蒙古分行营业部副总经理
		李欣莉	呼和浩特市妇女联合会副主席

续表 5

获得时间		姓 名	工作单位、职务
2012 年	自治区三八红旗手	胡丽妹	内蒙古东日律师事务所主任
		王　婧	呼和浩特城建档案馆党支部书记
		乌云其米格	呼和浩特市民族歌舞团副团长
		吴云其木格	呼和浩特市地震局办公室副主任
		董桂清	呼和浩特市土默特左旗台阁牧镇达尔架小东营村党支部书记
		李一之	呼和浩特市回民区通道街办事处三顺店社区党支部书记

附　录

第 册

呼和浩特市人民政府关于呼和浩特市实施“科技兴市”战略的决定

1990 年 3 月 21 日

党的十三大把加快科学技术发展放到经济发展战略首要位置的指导思想和邓小平同志关于“科学技术是第一生产力”的英明论断，是全国实施“科技兴市”战略的重要理论依据和行动指南。党的十三届五中全会又重申：“把科学技术放在优先发展的地位”，进一步推动了全国各地研究和实施“科技兴市”战略的发展。呼和浩特市是自治区的首府、是全区的政治、经济、文化中心，具有经济、技术、人才的相对优势，一九八八年市委六届四次全委扩大会议上提出的“三十二字”工作指导方针中，已明确了“科教先行”、为我市实施“科技兴市”战略，创造了一定的条件。为在全市实施“科技兴市”战略，市人民政府特作如下的决定：

一

实行“科技兴市”是我市经济和社会发展的一项十分重要的战略选择。“科技兴市”总的指导思想是：坚持“一个中心、两个基本点”的基本路线，以稳定为大局，以科技为先导，以经济为中心，以教育为基础，以推动科技进步为关键，促进全市经济、科技、教育、社会的协调发展，逐步把我市建成物质文明和精神文明的现代化城市。

“科技兴市”的具体指导思想是：

——依靠科技进步和提高劳动者素质，推动经济发展和社会进步；

——建立科技、经济紧密结合，相互促进的机制，形成科技、经济、教育和社会四位一体的发展体系；

——以“科技兴工”和“科技兴农”为重点，依靠科技进步，改进传统产业，建立和发展新兴产业，优化产业结构和产品结构，实现“速度、效益、生态、后劲”相统一，促进社会主义商品经济的发展；

——大力加强软科学研究和科学普及工作，提高各级领导的决策水平和全市人民的科技意识；

——发展全方位、大跨度、多层次、多渠道的横向联合，尤其是生产和科研的联合，实现人才、技术、资金、资源等生产要素的最佳组合，促进我市科研与生产一体化发展；

——引进、推广、消化、吸收国内外先进科学技术和现代化管理，并不断配套、创新，使我市经济发展建立在较高的技术起点上；

——以培养中初级适用人才为主，造就大批社会急需的“有理想、有道德、有文化、有纪律”的专业人才、努力提高全市劳动者的科技文化素质。

二

呼和浩特市实施“科技兴市”的总体目标是围绕全市经济、社会发展的总体战略。到本世纪末全市国民生产总产值达480000万元，工农业总产值达690400万元。其中，工业总产值达650000万元，农业总产值达44000万元，实现粮食总产量3.5亿千克，充分发挥科学技术的先导作用，使我市经济发展逐步引向以内涵为主的发展道路，逐步把我市建设成为经济、社会繁荣，科学技术先进，具有民族特色的、多功能的、开放型的社会主义现代化的中心城市。在部署上，本着“着眼远期、立足中期、落实近期”的原则，大体上分为一年的准备起步阶段，五年的实施阶段和五年的初见成效阶段。

近期（1990—1995年）的主攻目标是把经济搞上去，以“科技兴农”“科技兴工”为启动点和突破口，带动整个经济、社会的发展。

中期（到2000年）和远期目标是要逐步达到经济、科技、教育、社会的协调发展，推进整个城市现代化建设的进程。高新技术产业有较大的发展，科技进步的贡献额要达到50% ~ 60%以上。

“科技兴市”近期（1990—1995年）的重要目标是：

1. 我市重点产业中骨干企业的生产技术、生产工艺水平，要达到国外的发达国家（20世纪）70年代末80年代初的水平，一些具有特色的企业要再攀新台阶，争当国家队员；

2. 在我市要逐步建立起高、新技术产业，以生物工程、机电一体化技术为主，试办新城科技试验区，并要初步形成科技试验区的雏形，使高新技术产业的产值在我市总产值中占有一定的比重；

3. 努力创建我市科技先导型企业、发挥科技先导型企业示范作用，力争使科技先导型企业在我市的企业中占15%；

4. 大力推广应用科技成果，使工业科技成果推广应用率达50%以上，农业科技成果推广应用率达60%以上；

5. 科技进步因素对工业生产增长的贡献额达40%以上；

6. 加强新产品的开发研制，促进产品更新换代，力争在五年内使全市 25% 的企业达到“一主二辅三储备”，即一要有主导产品、二要有辅助产品、三要有储备产品，要在五年内使新产品创造的产值和利税占全市工业总产值和利税比重分别达到 25%。

“科技兴市”的近期目标要靠踏踏实实的工作来实现，其中搞好“科技兴工”和“科技兴农”是最关键的两个环节。

1. 科技兴工：

“科技兴工”的关键环节在于推进企业技术进步，围绕企业的技术进步，要抓好几个方面的工作：

（1）全市企业要把科技进步的指标纳入承包经营责任制中，并认真进行考核。今年（1990 年）要开展创建科技先导型企业的试点工作，以后逐步铺开。创先进企业或上等级企业，不仅要看当年的经济效益，而且要衡量科技进步的程度。凡完不成科技进步指标的企业，不能评为先进企业或上等级企业。

（2）全市企业要逐步建立和健全总工程师负责制和技术开发体系，并要广泛持久地开展群众性的“双增双节”和技术革新活动，加快企业技术进步的步伐。要采取倾斜政策，扶持一批骨干企业大力开发高技术含量、高附加值的产品。逐步形成我市和自治区的新的拳头产品，跻身于国内国际市场。

（3）有计划、有步骤地把发展应用电子技术、生物工程技术、新材料、新能源的高、新技术产业，列为我市工业结构和产品结构调整的重点内容，并逐步形成自己的特色，带动产业结构乃至整个经济结构的调整，充分发挥科学技术的超前作用。

（4）积极引进、消化、吸收国内外先进成果，大力改造传统工业，注入技术进步因素，并加以创新，改变我市工业企业传统技术的旧有形态，使我市工业企业的技术素质跃居自治区的前列。

2. 科技兴农：

（1）围绕我市农业发展规划，发挥科学技术优势。通过产前、产中、产后的科技全程服务和各种形式的技术承包，引进、示范、推广先进的农业适用技术成果、使我市粮食及副食品生产要跃上新的台阶。

（2）做好“星火计划”“丰收计划”“菜篮子工程”和“绿色工程”的协调和衔接工作，提高全市农牧民的科技意识和文化素质，因地制宜地变资源优势为商品优势，促进农村生产由自然经济向商品经济转化，依靠科学技术大幅度地提高农业生产的经济效益。

（3）逐步建立起以农业专业技术人员为主体与农村各专业技术协会紧密配合的农业技术推广服务体系。要稳定和发展农业技术推广队伍，为加速农业科技成果推广的工作，做出积极的贡献。

（4）努力提高农民的文化素质。到1995年，要为全市每个农户培养一个初中级的家庭技术员。

三

我市实行“科技兴市”要本着实事求是、奋发进取的精神，重点着力做好起步阶段和实施阶段的工作。为保证我市“科技兴市”的顺利实施，要采取以下的主要措施：

1. 加强“科技兴市”的领导，成立以市政府主要负责同志及有关委、办、局领导参加的“科技兴市”领导小组，统管全市的“科技兴市”工作。实行例会办公制度，下设“科技兴市”办公室，处理具体的日常工作，并负责组织、协调、督促检查各单位的执行情况。同时要建立高层次的“科技兴市”顾问团，为市领导宏观决策提供科学的依据，保证“科技兴市”的顺利实施。

2. 抓好宣传和舆论导向、创造“科技兴市”的大气候。

围绕“科技兴市”的目的、意义，广泛开展“科技兴市”的普及宣传活动，强化全市各族人民的科技意识。通过多渠道多形式的宣传活动，全市从机关到工厂、农村，从干部、科技人员到工人、农民都要树立依靠科技进步的思想意识，增强依靠科技振兴呼市的紧迫感和责任感。特别是各级领导干部要明确树立“大科技”的观念和“首位观念”，在此基础上制定切实可行的又能鼓舞人心的“科技兴市”实施方案，促进呼和浩特市的全面振兴。

3. 在实际行动中，要切实把发展科学技术摆在我市经济建设的首位。

在治理整顿的形势下，今后我市国民经济跃上新台阶，加速现代化的进程，实现本世纪翻番达小康大业，都在于大力发展科学技术。

为此，今后我市经济部门制订全市国民经济发展的中长期规划和年度计划，必须立足于科技进步、发展的具体目标和措施，在各项经济工作中都要充分发挥科学技术的先导作用。

各级综合管理部门和经济部门都要为实行“科技兴市”出主意，开“绿灯”、办实事、作贡献。并要与科技部门通力合作，协同作战共同演好科技大合唱。

科技管理部门和科技协会组织在“科技兴市”中起着重要的组织作用。因此要充分加强各级科委、科协的力量，并要加强科技部门的自身建设，努力提高政治业务素质，改进工作作风，以适应“科技兴市”的发展要求。

4. 抓紧建立与健全我市科技工作网络，不断完善科技和经济相结合的运行机制。

（1）建立健全工业科技管理体系和开发体系。不断增强企业的技术开发和技术吸收能力。全市要把工业企业中科技管理和开发体系的建立，放到重要的议事日程上来，大中型企业要全面实行总工程师技术负责制，对企业科技进步负全面的责任。小型企业要配备技术副厂长，真正使企业的科技工作有人抓、有人管。同时要大力发展厂办技术开发机构。对于因条件差、能力弱的“四小企业”，可以通过横向联合的办法，同区内外的科研机构、大专院校联办多种形式的技术开发机构，找到技术依托单位。通过建立健全科技管理和开发体系工作，使我市逐步形成以全民研究所为龙头、厂办科研所为主体、民办科研所为辅助的三级科研网络。

（2）建立健全旗县区科技管理指挥网络。土默特左旗、托克托县、郊区要设立科技副旗县区长，并进而设立科技副乡长，加强对农村科技工作的领导。

5. 加快科技体制改革，充分发挥科研机构和科技人员的积极作用。

在实施“科技兴市”战略中，继续推进以“双改”为重点的科技体制改革工作，努力协调呼市地区科研机构和科技人员的积极性。通过制订和完善各项改革政策，发挥“一体两翼”（即以企业技术力量和技术开发为主体、科研机构、大专院校为两翼）作用。促进多层次、多种形式的科研生产横向联合，推动全市科技与经济的紧密结合。

同时，在我市已经初步形成的技术市场的基础上，要按照“放开、搞好、扶持、引导”的方针，进一步完善技术市场的管理运行机制，更好地发挥其作用。

6. 逐步增加全社会对科技资金的投入。在治理整顿的大环境中，为了确保“科技兴市”的顺利实施，我市要广开财路，建立多元化的科技投资体系。

第一，建立市旗县区企业三级科技发展基金。

（1）市财政要逐年增加科技三项经费的拨款比例，近年内要达到市财政总支出的1%，并以高于财政经常性收入增长的速度增加。今明两年（1990—1991年），市财政拿出200万元垫底基金，与科技三项费用有偿回收部分捆在一起为全市科技发展基金，滚动使用；要进一步改革科技三项费用拨款制度，提高科技经费的有偿回收率，通过拨改贷、有偿回收、贴息贷款等方式，增加全市科技发展基金总额。

（2）旗县区一级科技发展基金，要由旗县区财政划拨本年度财政支出1%，作为旗县区科技发展基金。市科委根据旗县区划拨的科技发展基金数额，划拨一定的匹配资金，共同用于本地区科学技术的发展。

（3）企业科技发展基金要从产品销售收入中提取1%，同时从折旧费中拿出15%用于产品开发和科技开发。

第二，加强科技部门与金融部门的合作，金融部门要引导科技资金投向，划出总贷款额度的10% ~ 15%，作为科技贷款，并要积极从多方面吸引和扩大资金来源。

第三，依照税法减免新产品的产品税、增值税，鼓励企业增加技术储备，以提高市场竞争能力，使企业取得更大的效益。

第四，要支持经济效益显著的、带头的、重大的“科技兴市”项目的实施，采取特殊的支持措施和倾斜的政策，保证项目的实施完成。

7. 努力创造一个“尊重知识、尊重人才”的良好的社会环境。

知识分子是工人阶级的一部分，是“科技兴市”的骨干力量。各级领导、各有关部门都要重视和发挥各类科技人才的作用。要动员他们积极进入经济这个主战场，开展科技攻关，发挥科技威力。并要继续在政治上、工作上、生活上关心知识分子，帮助他们解决实际困难，努力为他们创造一个发挥专长的良好环境。同时，知识分子也要加强政治思想和专业技术的学习，发扬尽心尽力的奉献精神、一丝不苟的科学精神、奋发图强的自立精神、勇攀高峰的拼搏精神、互相配合的协作精神、为国分忧的主人翁精神，为振兴中华、振兴呼市发出自己全部的光和热。

为鼓励在“科技兴市”中做出突出贡献的各类人才，我市将设立“科技兴市市长特别奖”，每年进行一次表彰和奖励活动。

“科技兴市”是关系全局的长远大事。今年为我市“科技兴市”的起步年，1991年是科技进步年。市人民政府号召全市各族人民行动起来，全市广大的科技人员行动起来，各有关部门行动起来，为实施“科技兴市”战略献计献策、建功立业。市人民政府相信，在党的一系列方针政策指引下，经过全市人民长期不懈的努力，依靠科学技术，全面振兴呼和浩特市的奋斗目标一定能够实现。

呼和浩特市实施西部大开发战略优惠政策

呼政发〔2001〕73号

2001年7月1日

第一章　总则

第一条 为实施西部大开发战略，进一步加大招商引资力度，加快经济社会的快速发展，根据国家和自治区实施西部大开发战略的若干政策，结合我市实际，制定本政策。

第二条 本政策适用于本市辖区以外来呼投资兴办的各类企业、事业，包括独资、合资和合作企业。

第二章　对外开放政策

第三条 本市辖区内所有资源、产业、市场，除国家有特殊规定外，均对外开放。外来投资企业在我市依法从事经营活动和开办各种事业，不限投资的领域和行业，不限设立企业的条件、经营地域和持股比例，不限经营范围，不限投资方式，不限产品内外销比例。

第四条 外来投资企业投资额在300万美元或3000万元人民币以下，不需要国家和自治区平衡的非限制性项。

第五条 外来投资者投资道路、桥梁、隧道等项目，享有道路沿线土地使用和开发其他产业的优先权。投资开发地下空间（含修建地下防空工程）项目，按照城市建设总体规划，享有该项目的地面开发和使用优先权。

第六条 以BOT、TOT方式兴办垃圾处理厂、污水处理厂、城市供水水源和净水厂以及道路改造项目的，除享受国家和自治区鼓励外来投资的各项优惠政策外，给予延长经营期5～10年的优惠，并允许外商开展包括人民币在内的项目融资。

第七条 外来投资企业可采用多种方式参与我市国有、集体企业的产权、股权购置和技术改造。市内国有企业以现有厂房、场地、设备出资的合资、合作项目，经评估确认资产价格后，成交价可下浮 10% ～ 20%。

第八条 外来投资企业在我市兴办各类项目，可减半征收城市基础设施配套费和增容费，其中建筑面积在 7000 平方米以上的可减半征收人防建设费。对出口企业、高新技术企业和投资城市基础设施的企业，免征城市基础设施配套费。

第九条 外来投资企业中的外方工作人员，可办理一年内多次使用的有效签证。凡需出国（境）或赴港澳地区进行商务活动的，凭身份证即可向市公安机关申请办理出国（境）手续。

第十条 对年出口创汇 200 万美元以上（含 200 万美元）的企业，地方财政在一定期限内，按创汇 1 美元补贴 0.05 元人民币的标准给予内陆运输补贴。取得边境小额贸易权的企业，免领出口许可证，享受《内蒙古自治区边境贸易证书》规定的待遇。放宽自营出口经营权标准，其注册资金由 300 万元调整到 100 万元人民币；私营出口企业的经营权标准比照国有、集体企业的标准和办法办理。

第十一条 设立外经贸中小企业融资担保基金，为中小企业出口融资进行担保。

第三章　税收政策

第十二条 实行免税优惠。

（一）外来投资者在我市兴办实际投资额在 50 万元人民币以上的一般性企业和项目，从获利年度起 3 年内免征企业所得税；免税期满后，2 年内减按 15% 的税率征收。

（二）外来投资者在我市兴办国家重点鼓励类企业或项目，且实际投资额在 1000 万元人民币以上的，从获利年度起 5 年内免征企业所得税。

（三）外来投资者投资鼓励类产业或优势产业的项目，在投资额内进口自用先进技术设备及其配套的配件、备件，除国家规定不予免税的商品外，免征关税和进口环节增值税。

（四）凡收购、兼并我市 100 万元人民币以上停产、半停产企业或亏损企业，并安置原企业职工 80% 以上的外来投资企业，经批准，对从该企业征收的营业税、所得税和增值税的地方留成部分的 70%，连续三年予以减免。

（五）对改造亏损企业的联合项目，在企业以实现利润弥补以前年度的亏损后，再连续 3 年免征企业所得税。

（六）对从事种植业、养殖业和农林产品初加工业的农口企业、事业单位，暂免征收企业所得税。

（七）中央、自治区驻呼科研机构转制后，凡符合企业所得税纳税人条件的，5 年内免征企业所得税。

（八）对以废气、废料、废渣为主要生产原料的企业，5 年内免征所得税。

（九）对为保护生态环境，退耕还生态林、草产出的农业特产品收入，自取得收入年份起，10 年内免征农业特产税。

（十）科研机构、高等院校转化职务科技成果的，以股份或出资比例等股权形式给予个人奖励；在获奖人取得股份、出资比例时，免征其个人所得税。

第十三条 实行减税优惠。外来投资者在我市兴办国家重点鼓励类企业或项目，除前 5 年享受免征企业所得税外，从第 6 年开始，5 年内减按 15% 的税率征收企业所得税。

第十四条 实行抵补税收优惠。

（一）纳税人发生年度亏损，可以用以后年度实现利润逐年延续弥补，最长可延期 5 年。

（二）允许企业的技术开发费在税前列支。盈利企业发生的研究开发新产品、新技术、新工艺费用比上年实际增长 10% 以上的，除据实列支外，可再按实际发生额的 50% 抵扣当年应纳税所得额；亏损企业只能据实列支，不再增加抵扣。

（三）投资符合国家产业政策的技术改造项目，其项目所需的国产设备投资的 40%，可从购置设备后新增的企业所得税中抵免，抵免的最长期限为 5 年。

第四章 土地和资源政策

第十五条 实行优惠的“五荒”地治理政策。凡使用国有荒山荒地进行恢复林草植被等生态环境保护建设的，在建设投资和绿化工作到位后，即可按呼政发〔1999〕91 号文件规定取得国有土地使用权，期限为 50 年。期满后还可申请延续，也可继承或有偿转让。凡在“五荒”地上植树造林的，用材林 20 年、果树 7 年内免收一切税费。凡在 150 以上坡耕地和沙化严重的平原地上按要求实现了退耕还林还（草）的，经有关部门核准，可享受免征农业税、提留款和义务工等优惠政策。

第十六条 保障建设用地。对实施城市基础设施建设、兴办教育事业以及国家重点扶持的能源、交通、水利等项目的，市人民政府以划拨方式提供土地使用权。国道、省道以及县乡公路的建设用地可比照铁路、民航用地免征耕地占用税。

第十七条 外来投资企业依法取得土地使用权后可进行土地成片开发，土地使用权的最长期限分别为：农业用地 50 年，住宅用地 70 年，工业用地 50 年，商业服务用地 40 年。期满后还可依法申请延续。

第十八条 外来投资企业投资 500 万元人民币以上鼓励类项目、并以出让方式取得土地使用权的，经政府批准，土地出让金可在十年内按协议分批缴纳。足额支付土地出让金后，可依法转让、出租或抵押。以租赁方式取得土地使用权的，在规定的建设期内，可免缴土地租金。企业投入运营后经营仍有困难的，经申请获准，土地租金可予减免。以行政划拨方式取得土地使用权的，企业将土地使用权转让、出租或抵押时，向土地行政管理部门补交土地出让金后即可依法进行；取得土地使用权的投资者，还可以土地使用权作价入股创办新企业。

第十九条 实行资源开发优惠政策。投资国家紧缺矿产资源开发或运用新技术、新方法提高综合利用开发水平的，其探矿权、采矿权使用费第一年全额免征，第二、三年减半征收，第四至第七年免征 25%。对矿山企业进行合资合作或兼并重组，可免缴国家出资形成的采矿价款。个体私营企业有偿取得的探矿权、采矿权，可依法继承、转让，采矿权还可出租、抵押。个体私营矿山可按有关规定申请减免矿产资源补偿费和资源税。

第五章　人才政策

第二十条 设立人才开发专项资金。该项资金列入财政预算，主要用于人才开发、引进、补贴、培养、奖励等。

第二十一条 实行特殊津贴制度。对本市企事业单位聘任的在职两院院士、博士生导师、正高级职称者、博士，政府每月分别给予特殊津贴。

第二十二条 对有突出贡献的人员实行重奖。对在本市范围内从事教育科研工作，并在技术创新、高新技术产业化、引进先进技术等方面做出突出贡献，为地区经济发展带来巨大经济效益者实行重奖，经评审认定，给予个人一次性奖金 20 万 ~ 100 万元人民币。

第二十三条 鼓励科技人员跨地区流动。对外来人才，本人要求暂不办理调动手续、暂不迁入户口的，实行特聘工作证及工作寄住证制度，由市政府有关部门办理“两证”手续。持有“两证”的人员可享受与用人单位职工及常住户口居民同等的待遇。

第二十四条 高级专家、博士、留学回国的高层次优秀人才可不受用人单位编制限制，同时可实行双职双薪制度。对已到退休年龄并办理了退休手续、现仍承担我市重大经济建设项目的高级专业技术人才以及我市重要工作岗位急需的特殊人才，经政府主管部门批准，可适当延聘，不占单位编制和岗位数额。

第六章　科技发展政策

第二十五条 鼓励技术创新。应用开发科技成果的企业、事业单位，可以从该项目的新增利润中连续三年提取 10% 以上的资金，对主要科技人员和有关人员进行奖励。以自主研制的高新技术成果参股的，成果价值占注册资本比例最高可达 35%。政府资助的科技成果开发项目，项目实施的前三年，职务技术成果的完成人和成果转化的实施者享有不低于 60% 的成果股权收益，后三年享有不低于 40% 的成果股权收益。社会力量资助科研机构和高等院校的研究开发经费，可按一定比例在计税所得额中扣除。

第二十六条　扶持高新技术产业。政府抽出部分科技三项费建立高新技术风险投资基金，支持有条件的企业设立高新技术产业创业服务中心和风险投资机构，为创业者提供中试条件和融资、管理服务。对在我市兴办的高新技术企业，政府可以划拨方式提供土地使用权。高新技术企业兼并本市困难企业后，被兼并企业的房产可减免房产税。对自行开发生产软件产品的企业，一般纳税人按 17% 的税率征收，对其实际税负超过 6% 的，采取"即征即退"的办法退还企业；对小规模纳税人按 6% 的税率征收,企业的工资支出按实际发生额在所得税税前扣除。对高新技术产品出口，实行增值税零税率政策。

第二十七条　支持科技成果转化。高等院校、科研院所将科技成果转让给本市企业，一次性转让收益免征所得税中的地方部分。技术转让和与之相关的技术咨询、技术服务的收入，免征营业税。

第七章　教育发展政策

第二十八条　外来投资者在我市兴办高中以下教育，可免缴其办学的税费。

第二十九条　鼓励外来投资者在我市发展非义务教育，举办普通高中及中高等职业教育，参与学校后勤设施建设。在减免有关费用方面，享受与公办学校同等的优惠政策。

第八章　投资服务及其他政策

第三十条　禁止向企业乱摊派、乱收费、乱罚款。取消所有不合理收费，制定统一收费标准,规范收费行为,严格执行"两证一书一票一卡"制度（《收费许可证》《收费员证》,《进企业收费审批通知书》，统一收据、收费登记卡），维护企业合法权益。对违规收费，企业有权拒交。

第三十一条　简化注册办证手续，提高办事效率。由有关部门组成"一条龙"服务中心，对投资者实行"一厅式"服务，并公开审批程序，减少审批环节，规范审批行为，强化审批监督。对我市经济社会发展有重大影响的项目和事业，采取“特事特办、一事一议、跟踪服务”的办法，帮助投资者及时协调解决遇到的困难和问题。

第三十二条 实行检查登记制、许可制。凡进入外来投资企业执行检查任务的人员，必须向被检查企业出示市人民政府出具的检查许可证明，佩戴行政执法标志并进行登记。对未出具有效检查许可证明的，企业有权拒绝检查。

第三十三条 市、旗县区政府分别设立外来投资企业投诉中心，设立投诉电话，负责受理投诉，对投诉案件进行调查处理，并及时反馈处理结果。

第三十四条 引入中介机构作为招商引资代理。对引资成功的代理商按协议支付中介服务费；对引进国外和辖区外直接投资的个人，由受益单位从实际到位资金中给予不低于1%的奖励。

第九章　附则

第三十五条 本政策由呼和浩特市人民政府法制办公室解释。

第三十六条 本政策自发布之日起施行，各有关部门要严格执行，并据此制定具体实施办法。

呼和浩特市“一核双圈”总体规划纲要（2008—2020年）

（2008年12月20日中国共产党呼和浩特市第十届委员会第七次全体会议通过）

进入新世纪以来，市委、市政府始终坚持以科学发展观为统领，大力推进经济结构战略性调整，积极融入西部大开发，广泛开展区域经济合作，经济实力大幅提升，发展质量明显提高，首府经济社会实现了又好又快发展，为进一步推进首府城乡一体化奠定了坚实的基础。为贯彻落实好党的十七届三中全会精神，促进城乡经济社会协调均衡发展，现结合我市实际，组织编制了“一核双圈”规划纲要。

一、指导思想、规划目标和基本原则

1. 指导思想

以科学发展观为统领，全面落实党的十七届三中全会和自治区党委八届八次全委会议精神，坚持发展是硬道理的战略思想，按照工业反哺农业、城市支持农村和多予少取放活的方针，继续实施“向东看”发展战略，在“一核双圈”（市四区范围内的核心区，以五个旗县所在地为节点、50千米为半径的半小时经济圈和城镇圈）范围内，合理布局现代农业、新型工业和现代服务业发展，在提升中心城区城市功能的同时，加快卫星城和小城镇建设，完善城镇体系，扎实推进新农村建设，着力破除城乡二元结构，加快形成城乡经济社会一体化发展新格局。

2. 规划目标

强化“一核双圈”核心区的服务职能，明确五个旗县产业定位，实现城乡产业结构升级、布局优化、发展方式转变；增强核心区与五个旗县的交通联系，改善旗县城关镇的基础设施条件，统筹安排市域公共服务设施与基础设施的配套建设，全面推进社会事业，不断改善生态环境；实现区域内发展规划一体化、产业布局一体化、基础设施建设一体化、文化事业建设一体化、公共服务一体化、管理体制一体化，确保全市城乡居民收入和社会保障水平走进全国前列，把呼和浩特市建设成城镇化体系结构合理、城镇要素配置均衡、城镇交通有机连接、宜学宜居宜创业的现代化草原大都市。

近期目标（2008—2015年）：在全面完成“十年巨变”各项任务的基础上，基本实现核心区工业项目外移、完成二环路内城中村改造、改善城市环境，优化完善城市功能布局；卫星城、小城镇建设取得重大进展，产业集聚发展，县域经济进一步壮大。

远期目标（2016—2020 年）:城乡产业布局进一步优化，核心区功能进一步完善，卫星城、小城镇建设水平进一步提升，最终实现城乡一体化。

3. 基本原则

——促进产业聚集，实施错位发展

第三产业向中心城区集聚，第二产业向旗县区工业园区集聚。产业发展突破区县分割，功能分区、优势互补、错位发展。

——巩固和加强首府农业的基础地位

始终把促进农业与工业、服务业协调发展作为基础性工程。特别要加大对农业的投入，以设施农业为突破口，大力发展现代农业，不断增强农业综合实力和发展后劲。

——巩固环境友好成果

注重产业布局和循环经济、节能减排的合理性和同步性，避免造成新的污染。二环路之内不再新建任何排放烟尘、污水的工业企业，三环路内不再摆布类似生物发酵企业等污染较为严重的企业。

——合理利用开发土地

未来呼市可利用的土地资源将主要集中在二、三环之间和卫星城镇，土地的合理利用和开发将为城市功能建设提供重要保障。要防止土地利用上的浪费，为长远发展预留空间。

——基础设施建设先行

加大基础设施投入力度，高起点规划、高标准建设各类基础设施，使各种资源和要素能够在城乡之间、“一核双圈”内均衡配置、自由流动。

二、城镇圈建设重点

打造三个层次的城镇圈：即二环路以内的城市核心区和中心服务区、二环路与三环路之间的组团式发展区、三环路以外的卫星城区。

1. 核心区城市建设

（1）城市布局

核心区的发展重点是二环路以内的区域，主要发展现代服务业。在城市总体规划中调整并合理安排城市功能布局，对矛盾较为突出的城市工业布局重新调整并与各旗县的开发区、工业区统筹考虑，实施“退二进三”战略。明确和强化核心区服务功能，完善城市公共服务配套设施，合理安排区级服务中心，强化城市商业中心、金融中心、文化中心、科技中心、教育中心、会展中心、体育中心及休闲中心与其他服务职能的地位；增强城市景观建设，加大对地方民族文化的挖掘与研究，加大对历史文化街区的保护，增强城市特色与品位；改善城市交通状况，完善市政基础设施配套建设，增强城市防灾减灾能力，提高人居环境质量。

（2）交通建设

——规划构建综合交通体系

构建对外交通和城市道路交通协调发展的城市综合交通系统，加强综合枢纽建设，实现对外交通与城市交通之间的顺畅衔接，提高城市综合交通系统整体性的效率。

——实施公共交通优先政策

建立呼和浩特城市轨道和BRT地面快速公交及常规公交相结合的城市公共客运一体化交通系统。加强公交换乘设施的建设。

——优化完善城市骨架路网格局

根据城市总体布局，强化中心城区骨架道路建设，完善核心区、组团内路网，构建城市快速路和主干路主通道，形成大城市交通网络，加强中心区与组团之间的联系。

（3）市政建设

继续完善城市基础设施的配建，加大对市政管网设施的改造和完善。控制开采深层承压水、合理利用黄河水、加大对中水的回用和设施建设；城区给水设施进行必要的改造，在城市中实现分质供水；排水采用雨、污分流制。供电、供热、电信、燃气、消防、邮政等设施在城市功能逐步调整的过程中应对各专业布局、管线适时进行调整，适应城市发展的需求。

（4）景观建设

形成“三轴、三区、六带”景观结构。

“三轴”：指城市三条重要景观轴，分别是以成吉思汗大街为依托的蒙元文化景观轴、以通道街为依托南北延伸的民族特色景观轴和以新华大街为依托东西延伸的城市现代景观轴。

“三区”：是指以新华大街、中山路区域为主，包括具有历史文化特色的通道街构成的中心景观风貌区；小黑河与大黑河之间新市区中心的景观风貌区；东二环路东以行政办公、文化生活为主的行政文化中心景观区。

“六带”：是指大黑河、小黑河、乌素图沟、扎达盖河、哈拉沁沟五条穿越中心城区的主要滨水景观带和大青山沿山山坡景观带。

2. 小城镇建设

（1）城镇空间结构规划

沿着主要区间交通干道和市域对外交通干道形成“一轴三区”城镇空间分布格局。

一轴：城市群延展区。以110国道为轴线，是呼和浩特市域城镇发展密集的轴线。

协同发展区：和林格尔城关镇、盛乐镇、新店子镇、沙尔沁乡距离呼和浩特中心城区较近，交通便利，应该加强基础设施和社会服务系统的建设与完善，改善投资环境，以盛乐工业园区和如意工业园区新区为工业发展重点，吸收农牧业剩余劳动力向城市集中，提高城镇化水平。

沿黄能矿城镇发展区：以托克托县双河镇和清水河县喇嘛湾镇为主的黄河沿岸地区，在托克托工业园区的带动下，电力资源、能矿资源和水资源相对比较丰富，容易形成产业发展的聚集效应，两县工业园区共同拉动该区域的城镇发展。

农牧业城镇发展区：清水河县是市域农牧业资源较为丰富的区域，城镇建设以生态、适居为主题，城乡统筹协调发展。武川县作为呼和浩特市的北部生态屏障，生态型城镇的建设将会使可可以力更镇成为呼市北部的生态重镇。

（2）水资源

通过调整产业结构、节水型社会建设，采取综合节水技术、工程措施、节水管理等，进一步加强水资源管理力度，使呼和浩特市的用水效率与效益得到大幅度提升。加大再生水资源和城市雨水资源的利用力度，合理配置水资源，实施分质供水措施，科学利用水资源，保障呼和浩特市经济社会的可持续发展。

（3）城镇交通

——交通规划布局

实现首府的中心城市职能，打造国家级综合交通主枢纽，形成“一环五轴七放射”的综合交通框架。

一环：核心区与五个旗县组成的交通网。通过交通环线，串联五个城关镇，传递核心区辐射作用。

五轴：指四横一纵综合运输通道，突出五条交通主轴的发展。

七放射：指以区域干线为主要载体，加强核心区与五个旗县及各工业区的“七条交通走廊带”建设，形成放射状对外交通，促进区域交流与合作。

连通土左旗到和林县至山西杀虎口道路的同时，加强城关镇与周边乡镇和农村的交通联系，形成便捷快速的路网。

——公路发展规划

推进国道、省道的升级改造，构筑外通内联的市域高速公路主骨架。严格控制公路两侧的建设用地，同时建设公路两侧 20 米至 100 米的防护绿地。

实现首府与其他地区以高速公路和一级公路连通，市域内在现有国、省道的基础上，打通萨拉齐至双河镇至新营子至和林城关镇至凉城的公路。

核心区到旗县以二级及二级以上公路为主连通，所有具备条件的乡镇通沥青、水泥路，具备条件的建制村通公路。

——公共交通规划

在核心区与各旗县以及各旗县之间建立公共交通系统，加强综合换乘设施建设，提高运营效率，进而加强各旗县之间的空间联系，努力实现短途客运与公交一体化，为实现城乡一体化奠定坚实的基础。

——航空港规划

加强白塔国际机场建设，拓展通往周边国家、欧美各国和国内所有干线机场定期或旅游航线市场，加快建设白塔航空城，逐步完善基础设施，积极培育发展临空经济。

——快速轨道交通发展规划（远景）

在公路联系的基础上，规划设置核心区与各旗县快速轨道交通网络，初步规划三条轨道线路，增强各旗县与中心区的联系。

3. 新农村建设

坚持保护耕地、合理集约、节约土地资源，将人口规模小的村庄合村并点，整理和规范村庄建设用地。着力加强农民最急需的生活基础设施建设，同时改善社会主义新农村建设的物质条件，加快发展农村社会事业，从多方面加强农村公共服务设施，增加对农村教育、卫生等社会事业的投入。逐步建立农村社会保障制度。加强村庄规划和人居环境治理。

三、经济圈建设重点

1. 农牧业发展

（1）农牧业产业规划总体思路

促进和发展现代农牧业、设施农业，使农牧业形成区域化、规模化、专业化、集约化、标准化格局，将绝大多数农民纳入产业链条，加大农畜产品加工，加大生态旅游和产业化基地建设的力度，促进农业向二、三产业延伸。

（2）组团发展区

作为第二圈层的农业发展目标，将该区域发展成为城市“后勤基地”，发展特色养殖业、蔬菜种植业和生态农业，积极发展现代农牧业。在保持原有农田大体不动的前提下，改造现有城乡接合部的村庄，合理规划利用这一区域的农村集体用地和建设用地，重点实施城郊组团式集群开发，使农民就地转移、集中居住、服务共享。

2. 工业发展

（1）工业发展基本思路

应着力构筑以高科技、高附加值为主的非资源依赖型新型工业体系。工业发展应向旗县转移，加快工业园区的基础设施建设，着力打造产业集群效应明显、具有循环经济特点的工业区。

核心区发展高新技术、高附加值、低污染的项目，重点打造服务型经济，为首府打造“宜居”品牌作保障，预留总部经济项目空间。旗县区开发区（工业园区）加快污染处理设施建设，吸纳核心区项目转移。园区间在产业定位上，坚持突出优势、错位发展、互为补充；引导企业大力推进清洁生产，发展循环经济，构建市域整体循环产业体系。

（2）产业规划

一核心区：6个园区调整城市用地布局，改变工业（尤其是污染工业）包围城市的格局，走核心区以服务型经济为主、旗县发展农牧业和工业的道路。

鸿盛工业园区：积极推动将工业用地调整为居住或服务性产业用地，定位为高科技研发园区，使城市空间布局发展更加合理。

如意工业园区：应纳入城市整体用地布局，增加相应的商业用地，打造以总部基地为主的中心商务区。开发区的既有工业项目和招商引资的新项目可以选址在如意工业园区新区建设。

金川工业园区：与呼和浩特出口加工区、金山开发区统一定位、统一规划，互为补充、协调发展。保留乳制品加工业和电子信息产业，确定园区的定位为无污染的高新技术产业及现代物流业。

裕隆工业园区和金川二期园区：近期适度保留园区工业布局，远期要调整改变园区的工业布局。尤其对污染重的、大型的工业项目要严格控制。

金海工业园区：调整工业园区设置。

金桥开发区：在保留和完善已形成的电力、硅产业、石化产业集群的同时，近期适度控制工业，加强环境保护，远期对园区的用地性质重新调整。

——旗县区

五个旗县着力发展拉动经济快速增长的产业群体，加大对园区的基础设施建设，明确园区产业定位，以便能够更好地承接核心区的工业项目转移，同时注重环境保护。

土默特左旗：金山开发区，与金川工业园区统一规划，统一定位，是以高新技术产业及现代物流业为主的科工贸一体的开发区。

托克托县、清水河县：相邻的两个园区在发展各自优势产业基础上，依托托克托工业园区的发展优势，将两个园区定位为区域内以电力、重化工、生物制药、冶金、建材、光伏材料、发酵为主的工业强区。同时两县园区应协调规划、设施共享，减少重复投资。

和林格尔县：以盛乐经济园区为重点，将和林格尔县建设成为以农畜产品加工及现代种养殖业为主的工业强县。盛乐经济园区定位为区域内特色鲜明的食品工业园区，承接核心区同类项目，同时在产业链上与如意工业园区新区应有良好的衔接，并规划建设新店子电力产业区和二道河石材建材园区。

如意工业园区新区：是如意工业园区新的发展空间，定位为高新技术产业园区，承接核心区内如意工业园区的转移项目，同时在产业发展上，与盛乐经济园区应有良好的衔接，优势互补，共同发展。

武川县经济技术开发区：通过产业升级，产业延伸；发展特色种养殖业和农畜产品加工业；科学合理，综合高效利用矿产资源，大力发展清洁能源；发展红色、历史、绿色生态旅游业，注重引进非资源依赖性劳动密集型产业。

3. 服务业发展

深度挖掘和充分发挥首府优势，大力发展金融、信息服务、科技服务、商务服务、物流、会展等生产性服务业，加快发展商贸服务、教育培训、旅游、房地产、社区服务等消费性服务业，壮大规模和影响力，形成各具特点和优势的产业聚集区；优化空间布局，进一步完善空间网络，构建以核心区为中心、各中心城镇为节点的服务网络体系；努力提高服务层次，以呼包鄂及周边为基本服务圈，辐射西部及俄蒙地区。

——物流业

（1）规划定位

是呼包鄂经济区物流整体协调的中心城市、环渤海经济圈向中西部辐射的物流枢纽城市、国家向北开放重要国际物流节点城市。

（2）规划布局

可以归纳为“两带两区七中心多网点”空间布局结构。

“两带”：一是沿京包铁路和高速公路干线，依托东西部两大物流园区和呼运物流信息中心，形成集宁、呼和浩特、包头物流主发展带；二是依托准东铁路、呼准铁路、省道 103 公路等交通基础设施，发展贯穿鄂尔多斯、准格尔旗、托克托县的以煤焦、化工、电解工业为服务对象的工业原料专业物流，形成鄂尔多斯准格尔、托克托县重货物流发展带。

“两区”：依托两带的物流发展轴线形成白塔、金山两个物流园区。

“七中心”主要建设 7 个物流中心：美通无公害农产品物流中心、呼运物流中心、金桥物流中心、呼准恒诺物流中心、和林物流中心、武川物流中心、清水河物流中心。

多网点：十个交易市场和多个城乡物流配送网点等。

——旅游业

将我市旅游业规划为跨空间、多层次、多元化的“草原都市”旅游新形象，确立在自治区旅游产业链条中的龙头地位。

重点打造三个旅游带、九个精品旅游项目。三个旅游带分别是：沿大青山旅游带、历史文化旅游带、沿黄河旅游带。九个精品旅游项目分别是：乌素图生态度假区、敕勒川草原文化旅游区、白石头沟生态旅游区、哈达门高原牧场旅游区、大青山太伟运动休闲度假村、历史文化旅游区、乳都工业旅游区、黄河风情旅游区、大南山旅游区。并且大力发展特色旅游：如节庆会展旅游、红色旅游等。

四、生态建设重点

1. 功能区划

将呼和浩特市划分为北部风蚀沙化治理区、大青山生态综合治理区、土默川平原绿化区、城市园林绿化区、南部低山丘陵水土保持治理区等 5 个不同类型区域。

2. 生态布局

以“一河、两山、四带、七区”为重点进行建设。

“一河”：建设黄河东岸在我市境内长 106.84 千米 500 ~ 1000 米宽的防护林，控制泥沙对黄河的输入量。

“两山”：对我市境内的大青山、蛮罕山内的荒山、荒坡采取人工造林，对现有的林地和灌木林地采取围栏封育和人工促进更新的方式进行全面保护和治理，森林覆盖率达到 60% 以上。

“四带”：分别是北部风蚀沙化治理带、大青山前坡冲积扇区经济林带、大小黑河及东西两河园林景观带、高速公路绿化带。

“七区”：分别是土默川立体造林样板区、和林县园区绿化和丘陵地改善样板区、清水河县小流域改造治理示范区、托克托县平原绿化示范样板区、新城区首府后花园示范样板区、乌素图生态娱乐度假、造林示范样板区、市四区的生态公园示范样板。

力争到 2020 年，实现经济增长方式显著转变、生态环境全面改善、生态经济初显成效、生态文化整体提升、可持续发展能力显著增强、人与自然和谐相处，建成山水相依、集约循环、和谐共生的生态型森林城市。

五、保障措施

1. 成立实施“一核双圈”总体规划的市级协调领导机构，下设各专业指挥部，协调组织各专业部门编制各项规划，充分发挥各地区、各部门的积极性和主动性，大力协作，共同推动规划的组织实施。

2. 研究制定实施规划的支撑体系，各级政府要切实转变职能，正确履行职责，为规划实施创造良好的体制、机制、政策、市场等环境。

3. 要根据全市经济社会发展不断变化，在经济社会分析、技术预测和定期评估的基础上，建立规划实施的动态调整机制，进行及时的、必要的调整、充实、完善。

4. 加强监督与管理，建立严格的考核奖惩制度，对涉及实施“一核双圈”总体规划实施的地区和部门的领导班子实行跟踪考核。市委、市政府要组织专项督查组，定期加强督促检查，及时协调解决建设过程中的困难和问题，促进规划顺利推进。

中共呼和浩特市委员会 呼和浩特市人民政府关于进一步加强禁牧工作的意见

（2012年7月12日）

《呼和浩特市人民政府关于禁止放牧的通告》(呼政发〔2000〕57号)、《中共呼和浩特市委办公厅 呼和浩特市人民政府办公厅关于进一步加强禁牧工作的通知》(呼党办通〔2006〕45号)下发以来,我市禁牧工作取得一定成效,但个别地区有反弹现象。为进一步加强生态建设，加大生态建设成果保护力度，市委、市政府决定重申在全市范围内进一步加强禁牧工作，并提出如下意见。

一、禁牧工作的重要意义

禁牧工作是恢复和改善生态系统实现人与自然和谐相处的重要手段。呼和浩特市作为自治区的首府，禁牧工作的好坏关系到首府生态安全和社会经济长远发展。各级党委、政府及广大干部群众要以科学发展观为指导，深化对禁牧工作重要性和艰巨性的认识，进一步增强抓好禁牧工作的紧迫感和责任感。

二、加强领导，健全机构

为有效开展全市禁牧工作，市委、市政府成立呼和浩特市禁牧工作领导小组。禁牧工作在各级地方党委的领导下，实行地方各级人民政府行政首长负责制，各旗县区、乡（镇）党委、政府的主要领导和分管领导是本行政区域禁牧工作的第一责任人和直接责任人，建立并明确“一把手”亲自抓、负总责的领导机制。

各旗县区党委、政府要把禁牧工作列入重要议事日程，切实加强组织领导，要相应成立由党委一把手任组长、政府一把手任副组长的禁牧工作领导小组，层层建立目标责任制，把禁牧工作的责任、任务具体落实到部门、乡（镇）、村、户，采取责任人包乡（镇）村、包山、包沟、包片的办法，签订责任状，做到职责明确、任务明确、分工明确、责任到人，一级抓一级，层层抓落实，形成市、县、乡、村四级禁牧网络机制，确保禁牧工作在短期内取得明显成效。

三、禁牧工作的总体目标

全市范围内的所有林业用地，包括有林地、疏林地、灌木林地、未成林造林地、宜林地一律实行禁牧。

禁牧工作的总体目标是：以“三个代表”重要思想为指导，深入贯彻落实科学发展观，坚持“以人为本、生态优先、依法治理、全面禁牧”的原则，加大城乡生态建设力度和森林城市建设成果保护力度，力争在“十二五”期间将首府建成环境优美、适宜人居的绿色城市，实现人与自然、社会、环境和谐共处。

四、主要政策措施

实行禁牧并不是限制畜牧业发展，而是保护生态建设成果的重大举措。为确保禁牧工作推得开、稳得住、不反弹，各旗县区党委、政府要根据实际，研究禁止放牧后实行舍饲圈养的具体政策措施。

（一）制定并出台鼓励舍饲圈养的扶持政策

建立长效机制，对主动配合禁牧、实行舍饲圈养的农牧户要给予政策上的扶持和资金上的补贴。

1. 要积极争取国家草原生态保护补贴资金，实施政策扶持，建立禁牧舍饲的长效机制。各级地方政府研究、制定禁牧舍饲补贴政策，将补贴资金列入各地财政预算。补给对象要对养羊、放牧严格区分。

2. 全面普及舍饲养畜。要把推进舍饲养畜作为调整畜牧业发展的重要举措和禁牧的配套措施，积极引导广大群众改变传统放养方式，普及舍饲养畜，引进繁育良种，改善种畜结构，提高种畜质量。对于不具备舍饲圈养条件的农牧民养殖户，要给予帮助扶持。

3. 加快草产业的发展，为禁牧舍饲提供保障。山区、丘陵区旗县，政府要在土地政策和种草资金补贴方面给予农牧户扶持，指导农牧民有计划地种植紫花苜蓿、草木樨等优质牧草，实施好玉米秸秆青贮工程，解决好舍饲养畜的饲草问题。同时要鼓励农牧民将旱坡地全部退作人工草地，将人工牧草面积稳定在可供养牲畜头只数额范围内，为建设舍饲圈养饲料基地奠定基础。

（二）坚持依法禁牧，确保禁牧成效

为确保禁牧工作扎实、稳定、有序开展并取得实效，各旗县区党委、政府及市有关部门要各司其职、齐抓共管、形成禁牧工作的合力。各级森林公安要严格贯彻执行《中华人民共和国森林法》《中华人民共和国草原法》《中华人民共和国水土保持法》《呼和浩特市封山育林管理办法》等法律法规及有关规章制度，依法开展禁牧工作，全面落实禁牧工作各项措施，在执法巡护中要坚持教育和处罚相结合的原则，对擅自偷牧、放牧的责任人依法进行林业行政处罚，情节严重构成犯罪的，要依法追究其刑事责任。同时，市各有关部门要依法履行禁牧监管责任，按照各自的职责职能对林区、农区、水土流域治理区范围内禁牧工作进行监督指导，合力推进禁牧工作进程，确保禁牧工作取得实效。

（三）强化监督管理，建立禁牧督查制度

各旗县区党委政府和市有关部门要加强对禁牧工作的领导，认真履行禁牧工作的监督管理职能，建立禁牧督查制度，定期听取工作汇报，检查各项措施落实情况，及时发现和解决出现的问题，每半年向市委、市政府报告禁牧工作情况。各地要结合实际，对乡镇林地要建立长效监管机制；对乡镇党委、政府及村两委会制定具体考核办法，落实具体责任人，实行责任追究制度。市禁牧工作领导小组将不定期对各地的禁牧工作进行督查，对在禁牧区域放牧的旗县区，将在全市通报批评并责令其整改，整改无效的，要从严追究旗县区长和分管旗县区长的责任。

（四）加强舆论宣传，营造良好氛围

各级新闻媒体要对禁牧工作开展广泛宣传，将市委、市政府保护生态环境、推行禁牧工作的相关精神和重要意义宣传到位，做到家喻户晓、人人皆知；对舍饲圈养典型户进行宣传报道；对重点林区散养放牧、毁坏林木，造成生态环境退化的行为要公开曝光，充分发挥新闻媒体的监督、教育和引导作用，营造禁牧的良好舆论氛围。

呼和浩特市人民政府
关于加快发展服务业的实施意见

呼政发〔2015〕20号

2015年2月10日

各旗、县、区人民政府，市各委、办、局，各企业、事业单位：

为贯彻落实党的十八届三中全会精神和自治区经济社会发展思路，推进我市国家服务业综合改革试点工作取得突出成效，进一步促进我市服务业健康快速发展，根据《国务院关于加快发展生产性服务业促进产业结构调整升级的指导意见》（国发〔2014〕26号）及《内蒙古自治区人民政府关于加快推进服务业发展的指导意见》（内政发〔2013〕80号）等相关文件精神，结合我市实际，制定本实施意见。

一、加快服务业发展的紧迫性和重要性

服务业是我市最具发展潜力和最能彰显首府优势的产业，也是我市经济发展的稳定器和加速器。大力发展服务业，特别是现代服务业，对于充分发挥首府优势、提升首府城市综合竞争力、打造呼包银榆经济区中心城市和国家向北开放桥头堡具有十分重要的意义。多年来，市委、市政府高度重视服务业工作，采取了一系列政策措施，全市服务业发展取得了明显成效。但与服务业发展先进地区相比，还存在较大差距，主要体现在首府服务业优势和潜能没有得到充分发挥和释放，与工业化、信息化、城镇化和农牧业现代化快速发展的需求不相适应。2015年是我市全面完成国家服务业综合改革试点任务关键的一年，也是我市“十二五”规划目标能否实现最重要的一年，各地区各部门要充分认识加快发展服务业的紧迫性和重要性，把发展服务业工作提升到更加突出位置，多措并举，强力推进，实现服务业健康快速发展。

二、指导思想和发展目标

（一）指导思想

认真贯彻落实党的十八届三中全会精神和自治区经济社会发展思路，按照打造“两个一流”、推进“三个建设”、实现“两个率先”的总体要求，全面深化服务业改革和创新，强化规划引导、先行先试、集聚发展、项目推动、政策扶持，改造提升传统业态，培育打造新兴业态，构筑首府特色的现代服务业体系，进一步完善城市服务功能，提升首府综合竞争力。

（二）发展定位

发挥呼市承东启西，连南接北面向俄蒙的独特区位优势，加强与环渤海经济区、呼包银榆经济区及东南沿海地区的合作，全力打造“五个中心”、建设“四个基地”、构建“三个体系”。到 2020 年，把我市打造成为立足首府、服务全区、辐射西北、面向俄蒙，民族特色鲜明的区域性中心城市，进一步增强我市的综合竞争力和影响力。“五个中心”即区域性金融中心、区域性现代物流中心、区域性商贸会展中心、国际草原文化创意与交流中心、区域性科教服务中心。“四个基地”即国家云计算产业基地、国家电子商务示范基地、区域性地区总部基池、区域性旅游综合服务基地。“三个体系”即构建集健康体检、健康管理、体育健身、健康保险等为一体的健康服务体系，建成布局合理、规模适度、功能完善、覆盖城乡的养老服务体系和与人民群众生活需求相适应的规范、便捷、安全、优质社区服务体系。

（三）发展目标

做大规模。建成一批发挥首府优势、体现首府特色的重大项目，综合服务功能不断提升，服务业拉动经济增长、服务全区的能力明显增强。到 2020 年，服务业增加值在全区中比重达到 30% 以上，占全市生产总值的比重达到 70% 左右。

做优结构。改造提升传统服务业，加快培育现代服务业，推动服务流程、服务产品、服务模式创新，云计算、电子商务、文化创意、服务外包等新兴服务业快速发展。到 2020 年，金融、物流、旅游、信息、商务、养老、家政等现代服务业在服务业中的比重进一步提高，基本形成以现代服务业为主体的新型服务业结构。

做足特色。培育一批在全国或区域有影响力的服务业品牌，建设完善一批产业集聚、功能完善、特色鲜明的现代物流园区、商贸功能区、旅游休闲区、中央商务区、科技创业园区、文化创意产业园区等六大类 20 个现代服务业集聚区。到 2020 年，空间布局得到进一步优化，重点领域取得突破性进展，品牌化、集约化水平显著提高，发展特色更加鲜明。

三、发展重点

（一）现代物流业

抓住我市被列为国家一级物流园区城市的重要机遇，合理调整物流空间布局，完善物流基础设施，按照“两港、四区、两园、一带”的城市物流布局体系，依托新机场建设，规划建设空港综合物流港，形成辐射周边的航空物流中心；发挥区位优势，加快建设沙良铁路大型综合物流港；沿绕城高速外侧加快推进白庙子铁路货运物流园区、城发（恼包）仓储配送园区、兴盛综合物流园区和金山铁通仓储配送园区，积极推进大红城煤炭物流园和嘉和煤炭物流园建设；规划建设绕城高速公路外侧家具、建材、机电等专业市场，形成集物流、信息流、资金流为一体的现代物流和专业市场带；加快无水港建设，规划建设保税物流园区，适时推动向自由贸易区的转型发展；加强物流信息平台建设，加快发展城市配送体系，加强与物流链联系紧密城市的合作到2020年，引进5家以上的3A级物流企业，形成完善的“物流园区—物流分拨中心—专业物流配送中心”三级物流运作网络，把我市建设成为区域性现代物流中心。

（二）商贸服务业

优化商业布局，增强商贸流通服务业的辐射能力，建设城市新商圈，重点打造东客站商圈、新华东街商圈、滨河商圈、锡林南路商圈等新商圈；加大专业市场建设力度，进一步完善农畜产品市场体系，鼓励和引导本土连锁经营等新兴业态通过参股、控股、并购、品牌输出、加盟等形式迅速扩展；培育现代商贸企业，推广连锁经营、特许经营等新兴经营模式，运用电子商务等现代流通方式，增强商品集散和辐射能力；积极发展会展业，全力办好中蒙博览会、中国民族商品交易会、中国·呼和浩特国际云计算产业博览会、内蒙古药品交易会和昭君文化节、少数民族文化旅游艺术节、中国内蒙古草原文化节等会展活动；积极与国家相关部门、国家级行业协会、国内外知名展览公司合作举办各类专业会议和展会，培育一批有影响力的会展品牌，提升会展业发展水平，促进会展业与旅游业、商贸服务业及相关产业协同发展，将我市建设成为区域性商贸会展中心。

（三）金融业

健全金融服务体系，继续加强大型商业银行以及证券、保险、期货、信托等金融机构的引进工作，继续加大融资租赁、产业基金、私募基金、股权交易引进力度；促进银行机构深化体制改革，加强金融创新，健全内控机制，防范金融风险；完善治理机制，支持符合条件的企业改制上市；鼓励支持民间资本参与地方金融机构增资扩股，推动内蒙古银行、金谷农村合作银行做强做大；构建金融商务区，吸引金融机构和知名企业地区性总部进驻，将我市建设成为区域性金融中心。

（四）文化产业

深入挖掘草原文化、黄河文化、昭君文化等历史文化资源，加快马文化产业园、大盛魁文化创意产业园、鸿盛文化创意产业园、内蒙古文化产业新城、园博园等一批特色鲜明的新型文化创意产业园区建设步伐，推动创意设计、新兴媒体、动漫设计、文化艺术、演艺娱乐等重点行业快速发展，支持文化与旅游、科技和文化遗产保护融合发展，把我市打造成为民族文化大市，引导促进文化产业集中集聚发展，将我市建设成为国际草原文化创意与交流中心。

（五）教育与科技服务业

充分利用我市科研院所集中、高校众多的科教资源优势，围绕特色优势产业和人才市场的需求，依托各类科技创新载体，整合开放公共科技服务资源，推动技术集成创新和商业模式创新，积极发展新兴科技服务业态。大力开展云计算、物流、会展、家政、养老等新兴职业教育，加快职业教育培训力度、加强实训基地建设；加快生产力促进中心等创新创业基地建设，发挥好内蒙古自治区大学科技园、留学人员创业园的作用，培育和壮大科技服务主体，创新科技服务模式，延展科技创新服务链。到2020年,新建一批国家和自治区级重点实验室和研究中心,培育一批科技服务机构，基本形成覆盖全市的科技服务体系，将我市建设成为区域性科教服务中心。

（六）云计算产业

加快中国电信、中国移动、中国联通数据中心一期建设并投入使用，尽快启动二期建设；加快建设国家（内蒙古）云应用检测中心、中国国际商务电子信息园；加强网络基础设施和通信光缆建设；构建完善云计算产业链，加快引进和培育一批有影响力的云计算相关行业龙头企业入驻，重点加快洛可可、中航信息集团、中商云谷、菜鸟网络、曙光、浪潮、未来国际等知名企业项目的引进和建设步伐；大力发展政府公共服务、城市管理等云计算应用服务，全面推进智慧呼和浩特建设；推进云计算应用示范中心、云计算技术研发中心建设。到2020年，初步形成云计算应用企业的集聚发展态势，把我市建设成为国家云计算产业基地。

（七）电子商务

以积极创建国家电子商务示范城市为契机，加快盛乐现代服务业集聚区、鸿盛工业园区、金海电子商务基地、金川工业园区和玉泉区电子商务产业园等电子商务集聚区建设；积极培育绿色食品、大宗农畜产品、俄蒙跨境电子商务、草原数字丝绸之路等电子商务龙头企业；加强信息化基础设施建设，实施惠民信息工程；加快电子商务交易平台建设，推进电子支付创新应用；加强物联网应用的示范和推广，完善电子商务物流配送体系。到2020年，初步形成电子商务政策规划完善、支撑体系健全、基础设施和交易保障设施完备、服务和应用广泛深入的良好发展格局，把我市建设成为国家电子商务示范基地。

（八）旅游业

整合旅游资源，推进旅游与文化融合发展，突出草原文化、召庙文化和旅蒙晋商文化特色，加快推进大青山前坡休闲旅游度假区、敕勒川草原文化产业园区、黄河大峡谷国家地质公园、神泉生态旅游区、乌素图生态旅游区、哈达门高原牧场、大召区块、蒙亮文化演艺广场等一批重点项目建设，加强智慧旅游建设，提高旅游公共服务水平，巩固完善与环渤海地区的旅游合作机制，推进跨省区的旅游区域合作，实现优势互补，推动旅游业规模化、产业化发展，将我市建设成西北地区旅游综合服务基地。

（九）总部经济

坚持市场主导和政府引导相结合、大力引进和重点培育相结合，重点引进世界500强企业、中国500强企业、中国制造业500强企业、中国服务业500强企业、跨国公司、国内大企业等在呼和浩特设立综合型总部、地区总部或职能型总部机构；着力引进国内尤其是自治区内民营总部企业，培育本土优势总部企业，以如意总部基地城市品牌为核心，构建呼包银榆经济区企业总部集群，将我市打造成为区域性总部基地。

（十）健康服务业

发挥我市作为自治区医疗保健服务中心的作用，大力发展医疗服务、健康养老服务、健康体检咨询、全民体育健身、健康文化和旅游等多样化健康服务。培育健康服务业相关支撑产业，鼓励社会资本兴办医疗机构；发挥首府医疗卫生机构集聚优势，进一步提升医疗服务水平，积极发展蒙医药和医疗保健，构建集健康体检、健康管理、体育健身、健康保险等为一体的健康服务体系。

（十一）养老服务业

鼓励社会力量兴办养老机构、家政服务中心，支持建设一批社会化养老公寓，开展公办养老机构改制试点；统筹规划建设社区医疗卫生服务中心，加快推进社区老年人日间照料中心、农村互助养老幸福院等养老服务设施建设，创建形式多样的养老服务，大力发展居家养老服务网络，推动医养融合发展。到2020年，力争把我市建成以居家为基础、社区为依托、机构为支撑的，布局合理、规模适度、功能完善、覆盖城乡的养老服务体系。

（十二）社区服务业

加大便民市场建设力度，着力建设一刻钟便民生活圈，不断增强城市服务功能。鼓励企业在社区开设直营连锁社区店，打造一批便民菜店、平价商店；建设社区电子商务配送与存储设施，方便居民购物；积极培育、引进一些高端家政企业，带动发展家庭保洁、病人看护、婴幼看护、家务管理等行业，促进家庭服务企业规模化、品牌化和网络化发展，社区服务业吸纳就业人数明显增加，建成与人民群众生活需求相适应的规范、便捷安全、优质的社区服务体系

四、政策措施

（一）完善投融资政策

引导和鼓励金融机构增加对我市服务业的信贷投放，开发适合服务业需要的金融产品；指导、支持服务企业通过改制上市、企业债券、中期票据等方式直接融资；

建立中小商贸流通企业公共服务平台，拓宽服务企业融资渠道；推动建立呼和浩特市服务业发展投融资服务平台，以服务业集聚区为载体，策划一批规模大、发展前景好、投资效益高的重大项目，向银行申请统一授信；探索建立各类社会资本参与的服务业股权投资基金，支持符合条件的服务业企业集团申报设立财务公司等非银行金融机构。

（二）加大财政资金扶持力度

统筹使用市级扶持服务业发展的各类资金，从 2015 年开始，市财政每年安排不低于 1 亿元的服务业发展引导资金，通过贴息、补助和奖励等方式，落实扶持服务业发展的政策，培育服务业发展载体和支持服务业重点项目等，并随财政收入的增长不断扩大规模；市发展改革委和市财政局研究制定服务业发展引导资金管理办法，优化使用结构，充分发挥财政资金的导向作用，切实提高使用效益。

（三）鼓励现代服务业集聚发展

按照提高首府服务业集聚力和辐射力的要求，根据优化空间布局、促进集约发展的原则，支持布局建设一批现代服务业集聚区，对被列入自治区级服务业集聚区的，由市服务业引导资金给予 50 万元的奖励；经自治区认定的服务业集聚区，其园区内现代服务业重点项目执行工业园区用地价格；但此土地只能用于发展现代服务业项目，不得自行变更用途或出让；缴纳城镇土地使用税确有困难的，经自治区地税部门批准可予以减免；服务业集聚区内的生产性服务业企业，按照开发区工业企业相关政策实行;对现代服务业集聚区内建设工业设计和研发设计、信息服务、金融服务、检验检测、展示交易、中介服务、人才培育等公共服务平台，经认定后，在市服务业发展引导资金中安排一定比例进行补助。

（四）支持服务业综合改革试点

充分运用国家服务业综合改革试点赋予我市的“先行先试”政策，对经济基础好、总量规模大、服务优势明显、发展特色鲜明的旗县区，积极推荐列入国家服务业综合改革试点和自治区服务业改革创新试点，在项目、资金、土地等安排上重点倾斜，在政策保障、发展模式、管理方式等方面进行改革创新，积极开展国家电子商务示范城市、信息惠民示范城市、智慧城市示范城市、肉类蔬菜流通追溯体系建设试点城市建设，鼓励各旗县区开展符合本地特色的专项服务业改革试点，对取得显著成果，具有示范推广效应的，由市服务业发展引导资金给予一定的经费补助。

（五）支持服务业品牌培育和标准化建设

对新获得国家驰名商标和自治区著名商标、中华老字号的服务业企业，由市级服务业发展引导资金分别给予 100 万元和 50 万元的一次性奖励。对获得国家和自治

区服务业标准化试点（示范）项目的企业，由服务业发展引导资金分别给予50万元和30万元的一次性奖励

（六）加大土地供应保障

逐步增加现代服务业建设用地比重，在新增建设用地指标的安排上适当向现代服务业项目用地倾斜。按照《内蒙古自治区加快服务业发展若干政策规定》（内政发〔2013〕9号）有关条款在用地方面给予相应的优惠政策。对符合国家产业政策的服务业项目，企业范围内的荒山、林地、湖泊等尚未利用的土地以及利用改造的废弃土地在缴纳城镇土地使用税方面给予政策支持；利用工业厂房、仓储用房、可利用的传统院落、传统商业街和历史文化保护街区等存量房产和土地资源，转型兴办现代物流、金融服务、信息服务、研发设计、文化创意、旅游等新兴服务业，凡符合城市总体规划和历史文化街区保护规定的，原产权单位以划拨方式取得的土地使用权保持不变，5年内不对划拨土地的经营行为征收年地租。若发生出让行为，须经相关部门审批，并按相关政策依法补交土地出让金。

（七）加大对生产性服务业支持力度

对经认定的服务业集聚区内的生产性服务业用水、用电、用气与工业同价。对工业企业分离出的非核心业务，在水、气方面实行原企业相同的价格政策。符合条件的生产性服务业重点领域企业，可申请参与电力用户与发电企业直接交易试点。

五、保障措施

（一）加强组织领导，增强服务业发展合力

建立和完善联席会议制度，加强我市服务业发展的指导和综合协调能力，统筹推进全市服务业的发展，协调解决服务业发展及重点项目建设中的重点、难点问题；各旗县区要设立相应的组织领导机构和工作机构，确保服务业工作的顺利开展，加快旗县区服务业的发展；加强市服务业领导小组成员单位的交流与合作，形成推动服务业发展的工作合力。

（二）强化规划引导，推进服务业重点项目建设

进一步完善全市服务业发展总体规划，编制完善相关行业发展规划和地区服务业发展规划，形成服务业总体规划、行业规划、地区规划衔接协调的规划体系。要在规划中谋划一批服务业重点项目，作为规划的支撑和实现规划目标的保障；优先推荐生产性服务业和服务业集聚区公共服务平台项目争取国家和自治区服务业发展引导资金扶持。

（三）建立统计考核体系，完善服务业发展机制

建立政府统计、部门统计和行业统计互为补充的服务业统计调查体系，建立现代服务业统计指标体系，建立健全有关部门信息共享机制，逐步形成年度、季度信

息发布机制，定期发布相关发展报告，有关部门和企业要积极配合，定期提供相关情况和数据。市统计局牵头抓紧研究制定服务业集聚区统计制度，建立集聚区考核评价体系，健全电子商务等新兴服务业统计指标体系；健全动态管理、督促检查等制度，将服务业年度重点工作和主要目标任务纳入年度督查考核指标体系。

六、附则

本文件自下发之日起执行。按照国家和自治区出台的政策，服务业重点行业主管部门要制定加快本行业发展的实施细则或配套政策，报市政府批准后尽快出台。各旗县区政府要结合本地实际，认真研究制定具体实施意见。

呼和浩特市人民政府
关于加快文化产业发展的若干政策意见

呼政字〔2015〕40号

2015年2月9日

各旗、县、区人民政府，市各委、办、局，各企业、事业单位：

为了深入贯彻落实党的十八大和十八届三中、四中全会精神，进一步优化我市文化产业发展环境，实现文化产业跨越发展，根据国家和自治区有关促进文化产业发展的优惠政策和意见，结合我市实际，特制定本政策意见。

一、关于市场准入

（一）鼓励和支持非公有资本和外资进入法律法规未禁止的文化产业领域，在投资核准、资质认定、证照办理等方面同国有文化企业享受同等待遇。

（二）创办符合国家规定的文化企业，其经营范围涉及国务院公布的前置许可改为后置许可项目的，可由工商部门先行颁发营业执照，确认其主体资格，待企业取得相关批准文件或许可证后，再开展经营活动。

（三）对于从事文化创意、动漫设计等文化企业，本着不扰民、无污染的原则，在征得相关业主同意后，可将住宅登记为经营场所，并允许同一经营场所注册多个市场主体。

（四）转制文化单位在办理转制登记时，其经营范围涉及前置许可审批项目的，可由工商部门先办理转制登记颁发营业执照，确认其主体资格，待企业办理完许可证的变更后，再开展经营活动。经营性文化事业单位已转制为企业的，在改制重组过程中变更名称登记和办理土地使用证、房屋产权证等过户手续时，除国家规定的收费外可免收相关费用。

二、关于财政政策

（五）充分发挥市文化产业发展专项资金的引导作用。根据《呼和浩特市人民政府转发自治区人民政府关于进一步促进文化产业发展若干政策意见的通知》（呼政发〔2012〕77号）文件精神，2015年市财政安排文化产业发展专项资金3000万元，以后逐年递增。

（六）专项资金采取项目补助、贷款贴息、保险补贴、绩效奖励等方式，专项用于引导扶持符合我市文化产业发展和相关政策的文化产业重点项目建设、培育骨干文化企业、扶持重点转制文化企业发展等。各旗县区也要设立文化产业发展专项资金，并随着文化产业的发展逐年增加。

（七）对于列入市级重点文化产业建设项目的，按市重点建设项目管理办法进行管理。在贷款贴息、融资担保等方面给予扶持，对其建设资金国内贷款部分，按照当年实际贷款额度所付利息，给予一定额度的贴息补贴。

（八）对因承担公益性文化服务而产生财务亏损的国有文化企业，经市级财政部门审核，并履行相关审批手续后，采取政府购买服务的形式予以补贴。

三、关于投融资政策

（九）积极推进文化产权交易、产业投资基金、信用担保等投融资平台建设，拓宽文化产业高新技术融资渠道，鼓励有条件的文化企业通过企业上市、发行企业债券等多渠道筹措资金，提高融资能力。

（十）对列入市级重点文化产业项目的，加大市级本级预算内基本建设资金的支持力度。积极向上争取中央、自治区预算基本建设投资资金支持重点文化产业项目。

（十一）继续鼓励非公有资本进入文化产业领域，具体政策按《国务院关于非公有资本进入文化产业的若干决定》（国发〔2005〕10 号）和《国务院办公厅关于印发文化体制改革中经营性文化事业单位转制为企业和进一步支持文化企业发展两个规定的通知》（国办发〔2014〕15 号）执行。

（十二）鼓励相关政府资金向文化产业倾斜。市级财政安排的服务业发展、高新技术产业发展、中小企业发展等专项资金，应按照资金管理办法，向文化企业和文化产业集聚区倾斜，形成支持文化产业发展合力。

（十三）文化企业可采取多种方式出资、融资。投资人可以用货币、实物、知识产权、土地使用权、股权、债权、自有的科技成果等可用货币估价并能依法转让的财产出资。

四、关于土地政策

（十四）全市在编制主体功能区规划、土地利用总体规划、市旗县区域总体规划和城市总体规划时，应明确保障文化产业发展用地的措施。各地在制定和安排年度用地计划时，要根据本地文化产业发展需要，逐步提高文化产业用地比例。要优先安排文化产业重大项目新增建设用地指标，对市以上重点文化产业集聚区项目及列入鼓励类的文化产业重大项目，在供地安排上首先予以倾斜。文化产业项目用地在履行招拍挂出让程序前，市土地收储中心应当征求文化部门的意见。

（十五）对列入文化产业重点项目的，在确定土地出让价格时，可比照所在地土地等别相对应的工业用地出让标准，但不低于所在级别基准地价的 70%，也不低于土地前期开发成本和国家、自治区、市级规定收取的相关费用之和。依法取得的文化产业项目用地，未经批准，不得擅自改变用途，满两年未动工开发的，政府可以无偿收回土地使用权。

（十六）对文化产业重点项目用地，经旗县区及以上人民政府同意，可按国家有关规定在一年内分期缴纳土地出让金，按照“收支两条线”办法管理，所缴纳土地出让金在按国家规定扣除相关专项资金后，优先用于所在区域的基础设施建设。

（十七）支持利用社会存量房地资源兴办文化产业，利用工业厂房、历史文化街区等划拨土地转型兴办文化产业，经市文化体制改革专项小组认定，市人民政府批准，原产权单位以划拨方式取得的土地使用权保持不变，政府可在5年内不对划拨土地的经营行为征收土地收益。

五、关于税收政策

（十八）继续执行《国务院办公厅关于印发文化体制改革中经营性文化事业单位转制为企业和进一步支持文化企业发展两个规定的通知》（国办发〔2014〕15号）和《内蒙古自治区人民政府关于进一步促进文化产业发展的若干政策意见》（内政发〔2012〕94号）等关于支持文化事业单位转企改制及其发展文化产业的优惠扶持政策，确保转制文化企业享受增值税、所得税、营业税、出口文化产品退税等各项优惠待遇落实到位。

（十九）对从事文化产业支撑技术等领域的文化企业，按规定认定为高新技术企业的，按照《国务院办公厅关于印发文化体制改革中经营性文化事业单位转制为企业和进一步支持文化企业发展两个规定的通知》（国办发〔2014〕15号），减按15%的税率征收企业所得税；开发新技术、新产品、新工艺发生的研究开发费用，允许按国家税法规定，在计算纳税所得额时加计扣除。具体按上级有关规定执行。

（二十）按照《国务院办公厅关于印发文化体制改革中经营性文化事业单位转制为企业和进一步支持文化企业发展两个规定的通知》（国办发〔2014〕15号），经认定并符合软件企业相关条件的动漫企业，可申请享受国家现行鼓励软件产业发展的所得税优惠政策；2017年底前，符合条件的动漫企业，按规定享受增值税优惠政策；经认定的动漫企业自主开发、生产动漫直接产品，确需进口的商品可按现行规定享受免征进口关税和进口环节增值税的优惠政策。

（二十一）关于对小微文化企业所得税优惠，根据《财政部国家税务总局关于小型微利企业所得税优惠政策有关问题的通知》（财税〔2014〕34号）和《内蒙古自治区人民政府关于修改内政发〔2012〕88号文件有关小型微利企业所得税优惠政策的通知》（内政发〔2014〕87号）文件和其他由国家、自治区制定的相关税收政策执行。

（二十二）根据《内蒙古自治区人民政府关于进一步促进文化产业发展的若干政

策意见》(内政发〔2012〕94号),国家和自治区鼓励新办文化企业,自工商注册之日起,5年内免征企业所得税地方分享部分。

六、关于人才政策

（二十三）鼓励从事文化创意策划、创意设计、文化产业经营管理等高层次文化产业人才来我市从事文化建设、文艺创作和文化产业投资，认定管理办法参照自治区规定执行并享受自治区各项优惠政策。

（二十四）经市文化主管部门推荐的高层次文化产业人才，可享受《呼和浩特市培养引进使用高层次优秀人才若干规定》等优惠政策。

七、关于奖励政策

（二十五）获文化部命名的“国家级文化产业示范基地（园区）”自治区文化厅命名的“自治区级文化产业示范基地（园区）”等称号的单位一次性给予奖励，以本意见实施之日后取得称号时间为准，同一年同一项目获不同认定的，依照从高不重复予以奖励。

（二十六）鼓励文化企业开拓市场。我市文化企业经申报同意参加国际、国内文化产业博览会、展览会的，根据其参展费用，对展位费给予补助。

（二十七）鼓励和支持原创影视作品（除商业广告之外）。对著作权在我市的原创影视产品，在中央电视台首播的、在自治区（省）级电视台首播的、在首府广播电视台首播的，分别给予一次性奖励。

（二十八）对经认定的符合我市文化产业发展导向的民营文化企业，自本意见实施之日起，按其连续三年对其地方财政贡献，给予一定额度的奖励。对利用本地市级以上非遗文化资源开发的项目，销售额达到一定额度，按当年销售额适当给予奖励。

（二十九）每两年组织开展市级文化产业重点企业评定工作，凡被认定为市级重点文化企业的给予奖励，并授予“市级重点文化企业”称号。

八、附则

（三十）继续执行中央和自治区关于支持文化体制改革和文化产业发展的各项配套政策。

（三十一）各旗县区人民政府和各相关单位要认真贯彻落实本政策意见，并结合本地区、本部门实际，制定促进文化产业发展更加优惠的办法和措施。

（三十二）本政策意见中的文化产业和文化企业实质符合国家统计局颁布的《文化及相关产业分类2012》名录，面向市场从事文化产品生产和文化相关产品生产的各类所有制经营性行业和企业。

（三十三）享受本政策意见的须是在我市登记注册，实现业务收入并依法纳税的企业法人单位。

（三十四）《呼和浩特市文化产业发展专项资金管理办法》和《重点文化企业和产业园区（基地）命名和管理办法》由市文化体制改革专项小组会同有关部门拟定后下发实施。

（三十五）本政策意见自印发之日起实行。

索　引

表格索引

（上册）

1 ~ 9

H

Z

（中册）

1 ~ 9

H

（下册）

H

标题索引

（上册）

符号

A

B

C

D

E

F

G

H

J

P

Q

R

S

T

W

X

Y

（中册）

符号

1 ~ 9

A

B

C

D

F

G

H

L

M

N

P

Q

R

S

T

W

X

Y

Z

（下册）

符号

A

B

C

D

E

F

J

P

Q

R

S

T

W

X

Y

Z

编纂始末

2011年11月，呼和浩特市人民政府转发《内蒙古自治区人民政府关于加快推进全区第二轮修志工作的通知》，呼和浩特市地方志编修办公室（简称市方志办）开始着手开展《呼和浩特市志》续志的编纂工作，组织相关科室制订编纂实施方案、拟订编纂大纲等。2016年初，根据《国务院办公厅关于印发全国地方志事业发展规划纲要（2015—2020年）的通知》《内蒙古自治区人民政府办公厅关于印发地方志事业发展实施方案（2016—2020年）的通知》精神，结合呼和浩特市地方志工作实际，正式启动了《呼和浩特市志（1986—2015）》编修工作。回顾续志编纂过程，是一个不断耕耘、不断前进、终见成果的过程，整个续志的编纂经历了组织部署、搜集资料、撰写初稿、编辑加工、评审验收、送交出版等诸多环节，从正式启动至2020年10月送交出版，整个续志编修工作历时6年有余，大致经历了以下四个阶段。

第一阶段，筹备启动阶段。2016年初，为确保续志编修工作顺利启动和开展，市方志办对《呼和浩特市志（1986—2015）》编纂实施方案和编纂大纲做了进一步的修订和完善。编目大纲经自治区地方志办公室审定后，市方志办积极协调市政府办公厅印发了《关于开展〈呼和浩特市志（1986—2015）〉编纂工作的通知》，正式启动续志编修工作。同时印发《〈呼和浩特市志（1986—2015）〉编纂方案》，并成立由时任市委副书记、市长为主任，市政府秘书长为副主任，市各部委办局“一把手”、旗县区长、开发区管委会主任为委员的《呼和浩特市志（1986—2015）》编纂委员会，领导续志编纂工作。7月，为提高稿件质量，市方志办组织召开全市地方志工作人员培训会议，邀请齐家璐、王广才两位全国知名地方志专家，对120余家市志承编单位编纂人员进行了培训。会上，向各单位发放了资料编写要求及各单位分解任务。8月，市方志办拟订并报请市政府印发《呼和浩特市地方志事业发展实施方案（2016—2020年）》，明确提出到2020年底完成二轮志书编修任务，为全面完成续志编修工作提供了有力的组织保障。

第二阶段，资料搜集阶段。2016年8月，进入资料搜集、整理、汇编阶段。为提高志书资料征集及编写水平，市方志办及时编印并下发了《呼和浩特市第二轮修志指导手册》《呼和浩特市地方志编修著述辑录》，为各地区、各部门开展地方志编修工作提供指导和借鉴。同时，为加快推动地方志工作，协调市政府办公室分别于

2017年、2019年向各旗县区、各单位印发《关于加快推动地方志工作的通知》《关于加快推进全市修志编鉴及志书蒙古文翻译工作的通知》。在搜集整理资料间隙，市方志办还完成了《呼和浩特年鉴》2015卷至2020卷共6卷的编纂出版任务；编纂出版《呼和浩特革命春秋》，编印《呼和浩特市年鉴编撰工作指南》《呼和浩特革命遗址普查》；完成《呼和浩特市志》上册、中册、下册蒙古文翻译任务；开通运行“呼和浩特市地情网”；帮助市妇联、市科技局、市公安局、经济技术开发区等单位开展部门志、专业志的编纂出版工作。

第三阶段，志稿编纂阶段。由于续志编纂涉及面广、时间跨度长、承编单位多，有的单位档案资料保存不完整等，导致资料上报进度缓慢，初稿撰写工作迟迟未能开展。针对该问题，市方志办及时调整工作思路和方法，采用边写边搜、边搜边写的办法迅速开展初稿撰写。2018年9月14日，为解决已报稿件质量不一及资料欠缺等问题，市方志办再次组织召开了呼和浩特市地方志业务培训会议，共有全市各部委办局、企事业单位近150多人参加培训。会上，就各单位在续志及年鉴工作过程中，反映集中的资料收集难、稿件编写难等问题进行了集中梳理和解答。2019年，续志编修工作进入攻坚阶段，对仍进行资料收集的单位，市方志办通过经常性沟通、协调、指导，帮助推进工作。对因机构改革等原因导致工作滞后的个别单位，市方志办也予以重点关注并及时指导。2020年初，由于突如其来的新冠疫情，对续志编纂工作及全市二轮志书编纂工作造成了很大影响。面对困难，我们始终坚持社区疫情防控和续志工作“两不误”，市方志办工作人员不厌其烦地与这些单位联系，取得了他们的理解和支持，同时对部分单位存在的资料缺失等问题，积极主动地协助查找。如工业编中，因20世纪90年代国有企业转制破产后，档案管理疏漏，造成资料缺失，导致传统工业部分难以成稿。为此，市方志办第一时间派人到市档案馆，历时月余，查阅大量相关档案资料，获得了部分有价值的一手资料。通过不断的付出，形成了300多万字的续志评审稿，并报送自治区地方志办公室审查。

第四阶段，评审出版阶段。2020年8月27日，由自治区地方志办公室主持，邀请有关专家、学者，在市政府6楼常务会议室召开《呼和浩特市志（1986—2015）》评审会，与会评委从篇目设计、体例规范、资料运用等方面对《呼和浩特市志（1986—2015）》评审稿提出了具体的修改意见。会后，市方志办组织召开编纂工作会，对各位评委提出的意见建议，逐条逐项加以归类梳理，对每一个问题认真分析，消化理解，融会贯通，达成共识。全体编辑人员分工负责，集中精力和时间认真修改完善。之后，市方志办邀请自治区方志界及相关领域的专家学者，对修改后的志稿作了进一步的审读，对专家们提出的许多具有建设性的意见建议，编辑人员均认真核对，充分吸收。同时，对民族、宗教、保密、人口、公安等涉及政策、保密等问题，联系相关部门进一步审核把关。2020年10月，最终形成《呼和浩特市志（1986—2015）》终审稿，报送自治区地方志办公室终审验收，并与志书界权威出版机构——方志出版社取得联系，签订出版合同。在志书出版过程中，出版社对《呼和浩特市志（1986—2015）》实行了严格责任编辑初审、专家复审、总编终审的“三审”制度，切实保证了志书质量。

《呼和浩特市志（1986—2015）》编修工作的顺利完成，得益于市委、市政府领导的高度重视与大力支持，得益于自治区地方志办公室领导、专家的精心指导与帮助，得益于全市各有关部门的通力协作和积极配合，得益于方志出版社对志书出版的支持和严格细致的三审把关。在续志编修期间，自治区地方志办公室领导及盟市志业务处专家赴市方志办指导工作十余次，对续志送审稿和终审稿进行了认真审读，并提出了高质量的评审意见。续志攻坚阶段，市领导多次听取工作汇报，批示加快推进地方志工作，并于2019年3月以市政府办公室名义印发《关于进一步加快推进地方志工作的通知》。志书编纂过程中得到市委办公室、市政府办公室、市委组织部、市统计局、市档案局、市保密局、市文旅局、市图书馆等120余家市直部门和各旗县区相关部门的大力协助，150余名组稿人员为续志提供了大量翔实的文字资料和许多珍贵的图片资料，全体修志工作者始终坚持“为党立言、为国存史、为民修志”的使命担当，本着对历史高度负责的事业心和责任心，数易其稿，不断完善，圆满完成了本轮修志任务。在此，对支持和帮助《呼和浩特市志（1986—2015）》编修工作的各位领导、专家，对所有为编纂出版作出贡献的单位和个人，致以崇高的敬意和衷心感谢！

由于编纂水平有限，志书中难免存在诸多不足之处，敬请各位读者批评指正。

《呼和浩特市志（1986—2015）》编辑部

2022年11月